Fritz · Pielsticker
Handbuch zum Mediationsgesetz

Fritz · Pielsticker

Handbuch zum Mediationsgesetz

2. überarbeitete und erweiterte Auflage 2020

herausgegeben von

Prof. Dr. Roland Fritz
Rechtsanwalt (Frankfurt am Main)
Präsident des VG a.D.
Zertifizierter Mediator
Mediator (M.A.) und Supervisor
Gesellschafter der adribo-GbR

Dr. Dietrich Pielsticker
Rechtsanwalt und Notar (Berlin)
Attorney-at-Law, New York
Zertifizierter Mediator
Mediator (M.A.)
Gesellschafter der adribo-GbR

Luchterhand Verlag 2020

Zitiervorschlag: [Kurz]Titel/Bearbeiter, Kap. 6 Rdn. 26

Bibliografische Information der Deutschen Nationalbibliothek

Die Deutsche Nationalbibliothek verzeichnet diese Publikation in der Deutschen Nationalbibliografie; detaillierte bibliografische Daten sind im Internet über http://dnb.d-nb.de abrufbar.

ISBN 978-3-472-09577-4

www.wolterskluwer.de

Alle Rechte vorbehalten.

© 2020 Wolters Kluwer Deutschland GmbH, Wolters-Kluwer-Straße 1, 50354 Hürth.

Das Werk einschließlich aller seiner Teile ist urheberrechtlich geschützt. Jede Verwertung außerhalb der engen Grenzen des Urheberrechtsgesetzes ist ohne Zustimmung des Verlages unzulässig und strafbar. Das gilt insbesondere für Vervielfältigungen, Übersetzungen, Mikroverfilmungen und die Einspeicherung und Verarbeitung in elektronischen Systemen.

Verlag und Autor übernehmen keine Haftung für inhaltliche oder drucktechnische Fehler.

Umschlagkonzeption: Martina Busch, Grafikdesign, Homburg Kirrberg

Satz: Datagroup-Int SRL, Timisoara, Romania

Druck und Weiterverarbeitung: Williams Lea & Tag GmbH

Gedruckt auf säurefreiem, alterungsbeständigem und chlorfreiem Papier.

Verzeichnis der Bearbeiterinnen und Bearbeiter

Nicole Etscheit, M.A.
Rechtsanwältin (Berlin)
Fachanwältin für Familienrecht
Gesellschafterin der adribo GbR, Gesellschaft für modernes Konfliktmanagement
Zertifizierte Mediatorin (M.A.)

Günter Erdmann
Rechtsanwalt (Hamburg)
Gesellschafter der adribo GbR, Gesellschaft für modernes Konfliktmanagement
Zertifizierter Mediator

Prof. Dr. Roland Fritz, M.A.
Rechtsanwalt (Frankfurt am Main)
Präsident des Verwaltungsgerichts a.D.
Supervisor
Gesellschafter der adribo GbR, Gesellschaft für modernes Konfliktmanagement
Zertifizierter Mediator (M. A.)

Michael Klenk
Rechtsanwalt (Frankfurt am Main)
Business Coach, Organisationsberater
Zertifizierter Mediator

Heiner Krabbe
Diplom-Psychologe und Psychotherapeut (Münster)
Trainer, Supervisor
Mediator (BAFM)

Dr.-Ing. Moritz Lembcke
Rechtsanwalt (Hamburg)
Wirtschaftsmediator

Dr. Martin P. Lögering
Rechtsanwalt (Hamburg)
Fachanwalt für internationales Wirtschaftsrecht

Dr. Dietrich Pielsticker, M.A.
Rechtsanwalt und Notar (Berlin)
Attorney-at-Law (New York)
Gesellschafter der adribo GbR, Gesellschaft für modernes Konfliktmanagement
Zertifizierter Mediator (M. A.)

Beate Schneider-Koslowski
Rechtsanwältin (München)
Fachanwältin für Familienrecht
Rechtsanwältin für Cooperative Praxis
Vorstandsmitglied der DVCP und des MNCP
Mediatorin

Dr. Hans-Patrick Schroeder, MLE
Rechtsanwalt (Hamburg)
Lehrbeauftragter
Wirtschaftsmediator (CVM)
Zertifizierter Mediator

Dr. Piet Sellke, M.A.
Soziologe und Politikwissenschaftler (Esslingen)
Lehrbeauftragter, Coach
Gesellschafter der adribo GbR, Gesellschaft für modernes Konfliktmanagement
Zertifizierter Mediator

Miriam T. R. Stegmann, LL.B.
Rechtsreferendarin (Hamburg)
Mediatorin

Fabian Sturm
Rechtsanwalt (Hamburg)

Prof. Dr.-Ing. Matthias Sundermeier
Technische Universität Berlin
1. Vors. der Deutschen Gesellschaft für Außergerichtliche Streitbeilegung
in der Bau- und Immobilienwirtschaft e.V. (DGA-Bau)

Vorwort zur 2. Auflage

Mehr als sieben Jahre sind seit dem Inkrafttreten des Mediationsgesetzes vergangen. Die Mediation wie auch andere Verfahren der konsensualen Konfliktbeilegung haben sich in der Bundesrepublik Deutschland etabliert, wenngleich noch immer nicht in einem solchen Umfange, wie es seinerzeit von vielen, darunter den Herausgebern dieses Werkes, prognostiziert worden war. Neuere Untersuchungen weisen zwar aus, dass das Verfahren der Mediation in der Bevölkerung wie in der Wirtschaft ausreichend bekannt ist. Sie zeigen zugleich, dass es allerdings häufig an »Mut« fehlt, die ausgetretenen Pfade der Konfliktbeilegung zu verlassen und stattdessen den Versuch einer konsensualen Lösung zu unternehmen. Und im wirtschaftlichen Bereich scheint noch eine weitere Tendenz hinzuzukommen: Unternehmen meiden häufig die Begrifflichkeit »Mediation« und wählen stattdessen lieber die Bezeichnung »Dialog«, auch wenn sie mit der Anwendung von Phasen, Methoden und Techniken der Mediation einverstanden sind.

Die nunmehr vorliegende Auflage des Kommentars orientiert sich an den Entwicklungen, die sich in Gesetzgebung, Schrifttum und Rechtsprechung seit der Erstauflage ergeben haben. Dementsprechend findet sich im Kommentarteil unter Teil 1 nicht nur eine Aktualisierung der Vorschriften des Mediationsförderungsgesetzes, sondern in Teil 2 eine umfassende Kommentierung der Verordnung über die Aus- und Fortbildung von zertifizierten Mediatoren, zudem in Teil 3 eine Kommentierung der einschlägigen Normen des Verbraucherstreitbeilegungsgesetzes und in Teil 4 von Vorschriften des Rechtsdienstleistungsgesetzes. Zudem wurden die Teile 5 und 6, die lehrbuchartigen Charakter aufweisen, grundlegend überarbeitet und ergänzt. Dazu zählen, was Methodik und Anwendungsbereiche anbelangt, vor allem die Darstellungen zu den unterschiedlichen Anwendungsbereichen der Mediation und zur Online-Mediation. Bereits die ersten Wochen der aktuellen Covid-19 Pandemie haben deutlich gemacht, dass ODR zukünftig verstärkt an Bedeutung gewinnen wird und in Mediatorenkreisen ein starkes Bedürfnis nach umfassender Information und seriöser Unterstützung besteht. Im Bereich der anderen Verfahren der außergerichtlichen Konfliktbeilegung sind die Beiträge zur Organisationsentwicklung, zum Coaching, zur Moderation und zur anwaltliche Vergleichsvermittlung neu hinzugekommen, der Beitrag zur Cooperativen Praxis wurde umfassend aktualisiert.

Für alle, die mit Aus- und Fortbildung befasst sind – seien es Lernende oder seien es Lehrende – dürfte die vorangestellte Übersicht nach der Anlage zur ZMediatAusbV von besonderem Interesse sein, erschließen sich doch mit ihrer Hilfe unschwer die Inhalte des vorliegenden Handbuchs im Hinblick auf die Anforderungen, die für »Zertifizierte Mediatorinnen und Mediatoren« eine Rolle spielen. Das für einen Ausbildungslehrgang geforderte Basiswissen lässt sich auf diese Weise unschwer identifizieren, zuordnen und anwenden.

Die Herausgeber sind außerordentlich erfreut darüber, dass das bewährte Autorenteam der Erstauflage durch ausgewiesene Experten und Expertinnen und zugleich media-

Vorwort zur 2. Auflage

tionserfahrene Praktiker und Praktikerinnen erweitert werden konnte: Günter Erdmann, Michael Klenk, Beate Schneider-Koslowski, Dr. Piet Sellke, Miriam T.R. Stegmann und Fabian Sturm haben nicht nur neue Inhalte und Bereiche bearbeitet, sondern zugleich durch veränderte Ansätze und Sichtweisen das Werk abgerundet und vertieft.

Dem gesamten Autorenteam gilt unser herzlicher Dank, der zugleich Paul Niemann von Wolters Kluwer für die vorzügliche Begleitung und Unterstützung während der Entstehungsphase mit einschließt.

Zum Abschluss noch ein Hinweis:

Die in diesem Handbuch verwendete maskuline Form wurde um der besseren Lesbarkeit willen verwendet. Sie steht für Personen jeden Geschlechts.

Frankfurt am Main, Berlin   Prof. Dr. Roland Fritz, M.A.

im April 2020   Dr. Dietrich Pielsticker, M.A.

Vorwort (zur 1. Auflage)

Ironisch und nicht ganz zu Unrecht hatte der Kommentator einer angesehenen deutschen Tageszeitung im Januar 2012 die Frage aufgeworfen, ob im Zusammenhang mit dem parlamentarischen Ringen um das Mediationsförderungsgesetz nicht die Möglichkeit einer Mediation in Betracht gezogen werden sollte. Er tat dies zu einem Zeitpunkt, da die Frist zur Umsetzung der Europäischen Mediationsrichtlinie im Mai 2011 bereits lange abgelaufen und wegen einer Auseinandersetzung zwischen Bundestag und Bundesrat über die Zukunft der gerichtsinternen Mediation ein Ende der Gesetzgebungsverfahrens nicht absehbar war.[1] Inzwischen hat der vom Bundesrat einberufene Vermittlungsausschuss sein Votum abgegeben und das Gesetz ist am 26. 07. 2012 in Kraft getreten.

Das vorliegende Gesetzeswerk in der Form eines Artikelgesetzes normiert in seinem Artikel 1 das Mediationsgesetz, während sich die übrigen Artikel mit den notwendigen Modifikationen und Anpassungen der jeweiligen Verfahrensordnungen befassen. Erst der Blick auf alle Vorschriften des Mediationsförderungsgesetzes lässt ein Gesamtbild dessen entstehen, was der deutsche Gesetzgeber nunmehr geregelt hat. Von daher umfasst die vorliegende Kommentierung auch die vielfachen Änderungen der einzelnen Prozessordnungen und orientiert sich im Aufbau an der parlamentarischen Vorgabe. Das erfordert um der Handhabbarkeit des Werkes Willen vielfach Querverweisungen, gelegentlich Dopplungen.

Keine Vorschriften finden sich im Regelwerk zu dem, was der Gesetzgeber als »andere Verfahren der außergerichtlichen Streitbeilegung« bezeichnet, so dass eine Kommentierung insoweit nicht in Betracht kam, stattdessen die Darstellungsform umfassender Einzelbeiträge gewählt wurde. Das Gleiche trifft auf die notwendigen Hintergrundinformationen zu Methoden, Techniken, Anwendungsfeldern etc. der Mediation zu, die sich ebenfalls in Einzeldarstellungen finden, um die jeweiligen Kommentierungen des Mediationsgesetzes nicht zu überfrachten. An zahlreichen Stellen wurden »Hinweise für die Praxis« aufgenommen, die Mustertexte wie sonstige Praxisanregungen enthalten. Hieraus erklärt sich die Unterzeile der Titelei als »Kommentar – Handbuch – Mustertexte«.

Juristische und psycho-soziale Grundberufe prägen die Mediatorenschaft in Deutschland; für die Autoren des Werkes gilt nichts anderes. Sie alle haben vielfache Erfahrungen als langjährig tätige Streitschlichter in ganz unterschiedlichen Disziplinen sammeln können, sei es in der beruflichen wie in der universitären Mediationsausbildung und -fortbildung, in der Wirtschafts wie in der Gemeinwesen- und Familienmediation, im außergerichtlichen wie im gerichtlichen Streitschlichtungssektor. Die daraus resultierende Vielfalt der Sichtweisen entspricht der praktizierten Wirklichkeit von ADR, findet ihren Niederschlag in den jeweiligen Kommentierungen und Darstellungen und

---

[1] *Merati-Kashani* NVwZ 2011, 400 f.

Vorwort

vermittelt dem Nutzer ein breites Spektrum der unterschiedlichen Ansätze außergerichtlicher Konfliktbeilegung.

Den Prozess des Entstehens des vorliegenden Werkes haben viele kritisch begleitet; ihnen allen gilt unser Dank. Besonders verpflichtet fühlen wir uns Günter Apell, Lothar Aweh, Iva Fleiner, Wolfram Henkel, Camilla Hölzer, Karsten-Michael Ortloff, Frank Schreiber und Arno Tautphäus für kollegialen Rat und fachliche Hinweise. Anregungen und Verbesserungsvorschlägen für eine 2. Auflage sehen wir aufgeschlossen entgegen.

Frankfurt am Main, Berlin Prof. Dr. Roland Fritz, M.A.

im August 2012 Dr. Dietrich Pielsticker, M.A.

Inhaltsverzeichnis

Vorwort zur 2. Auflage	VII
Vorwort	IX
Abkürzungsverzeichnis	XXI
Literaturverzeichnis	XXIX
Übersicht nach der Anlage zur ZMediatAusbV	LXXIII

Teil 1 Gesetz zur Förderung der Mediation und anderer Verfahren der außergerichtlichen Konfliktbeilegung (Mediationsförderungsgesetz) ... 1

A.	Gesetzestext	1
B.	Einleitung	11
I.	Geschichte der Mediation (MediationsG)	12
II.	Gesetz zur Förderung der Mediation	14
III.	Gesetz zur Förderung der Mediation und anderer Verfahren der außergerichtlichen Konfliktbeilegung – Artikel 2 Änderung der Zivilprozessordnung	43
IV.	Weitere Entwicklungen nach Erlass des MediationsG seit 2012	44
V.	Ausblick	46
C.	Artikel 1 Mediationsgesetz – Kommentierung	47
	Einführung	47

§ 1 MediationsG Begriffsbestimmungen ... 48

I.	Regelungsgegenstand und Zweck	49
II.	Grundsätze/Einzelheiten	50
III.	Hinweise für die Praxis	63

§ 2 MediationsG Verfahren; Aufgaben des Mediators ... 65

I.	Regelungsgegenstand und Zweck	67
II.	Grundsätze/Einzelheiten	69
III.	Hinweise für die Praxis	127

§ 3 MediationsG Offenbarungspflichten; Tätigkeitsbeschränkungen ... 131

I.	Regelungsgegenstand und Zweck	133
II.	Grundsätze/Einzelheiten	135
III.	Hinweise für die Praxis	163

§ 4 MediationsG Verschwiegenheitspflicht ... 166

I.	Regelungsgegenstand und Zweck	167
II.	Grundsätze/Einzelheiten	168
III.	Hinweise für die Praxis	179

§ 5 MediationsG Aus- und Fortbildung des Mediators; zertifizierter Mediator ... 181

I.	Regelungsgegenstand und Zweck	182
II.	Grundsätze/Einzelheiten	184

§ 6 MediationsG Verordnungsermächtigung ... 193

I.	Regelungsgegenstand und Zweck	194

Inhaltsverzeichnis

II. Grundsätze/Einzelheiten	195
§ 7 MediationsG Wissenschaftliche Forschungsvorhaben; finanzielle Förderung der Mediation	207
I. Regelungsgegenstand und Zweck	208
II. Grundsätze/Einzelheiten	209
III. Kritik	218
§ 8 MediationsG Evaluierung	220
I. Regelungsgegenstand und Zweck	221
II. Grundsätze/Einzelheiten	223
§ 9 MediationsG Übergangsbestimmung	229
I. Regelungsgegenstand und Zweck	230
II. Grundsätze/Einzelheiten	231
D. Artikel 2 Änderung der Zivilprozessordnung – Kommentierung	**234**
Einführung	234
§ 41 ZPO Ausschluss von der Ausübung des Richteramtes	236
I. Regelungsgegenstand und Zweck	237
II. Grundsätze/Einzelheiten	238
§ 159 ZPO Protokollaufnahme	241
I. Regelungsgegenstand und Zweck	242
II. Grundsätze/Einzelheiten	243
III. Hinweise für die Praxis	246
§ 253 ZPO Klageschrift	247
I. Regelungsgegenstand und Zweck	248
II. Grundsätze/Einzelheiten	249
III. Hinweise für die Praxis	253
§ 278 ZPO Gütliche Streitbeilegung, Güteverhandlung, Vergleich	254
I. Regelungsgegenstand und Zweck	255
II. Grundsätze/Einzelheiten	259
III. Hinweise für die Praxis	274
§ 278a ZPO Mediation, außergerichtliche Konfliktbeilegung	277
I. Regelungsgegenstand und Zweck	278
II. Grundsätze/Einzelheiten	279
III. Hinweise für die Praxis	290
E. Artikel 3 Änderung des Gesetzes über das Verfahren in Familiensachen und in den Angelegenheiten der freiwilligen Gerichtsbarkeit – Kommentierung	**291**
Einführung	291
§ 23 FamFG Verfahrenseinleitender Antrag	292
I. Regelungsgegenstand und Zweck	293
II. Grundsätze/Einzelheiten	294
III. Hinweise für die Praxis	296
§ 28 FamFG Verfahrensleitung	297

I.	Regelungsgegenstand und Zweck	298
II.	Grundsätze/Einzelheiten	299
III.	Hinweise für die Praxis	303

§ 36 FamFG Vergleich ... 304

I.	Regelungsgegenstand und Zweck	305
II.	Grundsätze/Einzelheiten	306
III.	Hinweise für die Praxis	316

§ 36a FamFG Mediation, außergerichtliche Konfliktbeilegung ... 316

I.	Regelungsgegenstand und Zweck	317
II.	Grundsätze/Einzelheiten	318
III.	Hinweise für die Praxis	328

§ 81 FamFG Grundsatz der Kostenpflicht ... 328

I.	Regelungsgegenstand und Zweck	329
II.	Grundsätze/Einzelheiten	330

§ 135 FamFG Außergerichtliche Konfliktbeilegung über Folgesachen ... 334

I.	Regelungsgegenstand und Zweck	334
II.	Grundsätze/Einzelheiten	336
III.	Hinweise für die Praxis	339

§ 150 FamFG Kosten in Scheidungssachen und Folgesachen ... 340

I.	Regelungsgegenstand und Zweck	341
II.	Grundsätze/Einzelheiten	342

§ 155 FamFG Vorrang- und Beschleunigungsgebot ... 345

I.	Regelungsgegenstand und Zweck	346
II.	Grundsätze/Einzelheiten	347

§ 156 FamFG Hinwirken auf Einvernehmen ... 348

I.	Regelungsgegenstand und Zweck	350
II.	Grundsätze und Einzelheiten	352
III.	Hinweise für die Praxis	356

F. Artikel 4 Änderung des Arbeitsgerichtsgesetzes – Kommentierung ... 357
Einführung ... 357

§ 54 ArbGG Güteverfahren ... 358

I.	Regelungsgegenstand und Zweck	359
II.	Grundsätze/Einzelheiten	360
III.	Hinweise für die Praxis	369

§ 54a ArbGG Mediation, außergerichtliche Konfliktbeilegung ... 370

I.	Regelungsgegenstand und Zweck	371
II.	Grundsätze/Einzelheiten	371
III.	Hinweise für die Praxis	381

§ 55 ArbGG Alleinentscheidung durch den Vorsitzenden ... 381

I.	Regelungsgegenstand und Zweck	382
II.	Grundsätze/Einzelheiten	383

§ 64 ArbGG Grundsatz ... 384

Inhaltsverzeichnis

I.	Regelungsgegenstand und Zweck	385
II.	Grundsätze/Einzelheiten	386

§ 80 ArbGG Grundsatz 386

I.	Regelungsgegenstand und Zweck	386
II.	Grundsätze/Einzelheiten	387

§ 83a ArbGG Vergleich, Erledigung des Verfahrens 387

I.	Regelungsgegenstand und Zweck	387
II.	Grundsätze/Einzelheiten	388

§ 87 ArbGG Grundsatz 388

I.	Regelungsgegenstand und Zweck	389
II.	Grundsätze/Einzelheiten	389

G. Artikel 5 Änderung des Sozialgerichtsgesetzes – Kommentierung 391

§ 202 SGG Entsprechende Anwendung des GVG und der ZPO 391

I.	Regelungsgegenstand und Zweck	392
II.	Grundsätze/Einzelheiten	394

H. Artikel 6 Änderung der Verwaltungsgerichtsordnung – Kommentierung 417

§ 173 VwGO Entsprechende Anwendung des GVG und der ZPO 417

I.	Regelungsgegenstand und Zweck	418
II.	Grundsätze/Einzelheiten	420

I. Artikel 7 Änderung des Gerichtskostengesetzes – Kommentierung 443

§ 69b GKG Verordnungsermächtigung 443

I.	Regelungsgegenstand und Zweck	443
II.	Grundsätze/Einzelheiten	445
III.	Hinweise für die Praxis	451

J. Artikel 7a Änderung des Gesetzes über Gerichtskosten in Familiensachen – Kommentierung 452

§ 61a FamGKG Verordnungsermächtigung 452

I.	Regelungsgegenstand und Zweck	452
II.	Grundsätze/Einzelheiten	453

K. Artikel 8 Änderung der Finanzgerichtsordnung – Kommentierung 456

§ 155 FGO Anwendung von GVG und von ZPO 456

I.	Regelungsgegenstand und Zweck	457
II.	Grundsätze/Einzelheiten	459

L. Artikel 9 Inkrafttreten – Kommentierung 472

Teil 2 Verordnung über die Aus- und Fortbildung von zertifizierten Mediatoren 473

A.	Verordnungstext	473
B.	Einleitung	479

Inhaltsverzeichnis

C.	Vorschriften – Kommentierung	482
§ 1	ZMediatAusbV Anwendungsbereich	482
I.	Regelungsgegenstand und Zweck	482
II.	Grundsätze/Einzelheiten	485
III.	Hinweise für die Praxis	486
§ 2	ZMediatAusbV Ausbildung zum zertifizierten Mediator	490
I.	Regelungsgegenstand und Zweck	492
II.	Grundsätze/Einzelheiten	495
III.	Hinweise für die Praxis	518
§ 3	ZMediatAusbV Fortbildungsveranstaltung	527
I.	Regelungsgegenstand und Zweck	528
II.	Grundsätze/Einzelheiten	531
III.	Hinweise für die Praxis	537
§ 4	ZMediatAusbV Fortbildung durch Einzelsupervision	543
I.	Regelungsgegenstand und Zweck	544
II.	Grundsätze/Einzelheiten	545
III.	Hinweise für die Praxis	556
§ 5	ZMediatAusbV Anforderungen an Aus- und Fortbildungseinrichtungen	560
I.	Regelungsgegenstand und Zweck	560
II.	Grundsätze/Einzelheiten	562
III.	Hinweise für die Praxis	565
§ 6	ZMediatAusbV Gleichwertige im Ausland erworbene Qualifikation	566
I.	Regelungsgegenstand und Zweck	567
II.	Grundsätze/Einzelheiten	567
§ 7	ZMediatAusbV Übergangsbestimmungen	571
I.	Regelungsgegenstand und Zweck	572
II.	Grundsätze/Einzelheiten	573
§ 8	ZMediatAusbV Inkrafttreten	580
I.	Regelungsgegenstand und Zweck	580

Teil 3   Verbraucherstreitbeilegungsgesetz ... 581

A.	Gesetzestext	581
B.	Einleitung	600
I.	Regelungshintergrund	600
II.	Bezug zur Mediation	603
C.	Vorschriften – Kommentierung	605
§ 1	VSBG Anwendungsbereich	605
I.	Regelungsgegenstand und Zweck	605
§ 6	VSBG Streitmittler	605
I.	Regelungsgegenstand und Zweck	606
II.	Mediator als Streitmittler	606

XV

Inhaltsverzeichnis

§ 7 VSBG Unabhängigkeit und Unparteilichkeit des Streitmittlers 607
  I. Regelungsgegenstand und Zweck 607
  II. Parallele zum § 3 MediationsG 608
§ 15 VSBG Beendigung des Verfahrens auf Wunsch der Parteien 608
  I. Regelungsgegenstand und Zweck 609
  II. Verfahrensbeendigung durch Mediationsvereinbarung. 609
§ 16 VSBG Unterrichtung der Parteien. 610
  I. Regelungsgegenstand und Zweck 610
§ 17 VSBG Rechtliches Gehör 611
  I. Regelungsgegenstand und Zweck 611
  II. Auswirkungen auf Mediationsverfahren 612
§ 18 VSBG Schlichtungsvorschlag 612
  I. Regelungsgegenstand und Zweck 612
  II. Ergänzende Anwendung und Normkonflikte 613
  III. Praxisrelevanz der Mediation im VSBG. 613
§ 19 VSBG Schlichtungsvorschlag 614
  I. Regelungsgegenstand und Zweck 614
  II. Bezug zur Mediation 615
§ 20 VSBG Verfahrensdauer 616
  I. Regelungsgegenstand und Zweck 616
  II. Verfahrensdauer in der Mediation. 617
§ 21 VSBG Abschluss des Verfahrens 617
  I. Regelungsgegenstand und Zweck 618
  II. Verfahrensabschluss in der Mediation 618
§ 22 VSBG Verschwiegenheit 618

Teil 4 Gesetz über außergerichtliche Rechtsdienstleistungen 621
  A. Gesetzestext 621
  B. Einleitung.. 636
    I. Regelungshintergrund. 636
    II. Bezug des RDG zur Mediation 637
    III. Konsequenzen für die Mediationspraxis 638
  C. Vorschriften – Kommentierung. 640
§ 2 RDG Begriff der Rechtsdienstleistung. 640
  I. Regelungsgegenstand und Zweck 640
  II. Rechtsdienstleistungen im Mediationsverfahren 641
§ 3 RDG Befugnis zur Erbringung außergerichtlicher Rechtsdienstleistungen 644
  I. Regelungsgegenstand und Zweck 645
  II. Rechtsdienstleistungsverbot und Mediation 645
§ 5 RDG Rechtsdienstleistungen im Zusammenhang mit einer anderen Tätigkeit 646
  I. Regelungsgegenstand und Zweck 647

II. Anwendung auf Rechtsdienstleistungen im Rahmen des Mediationsverfahrens... 647

Teil 5 Methodik und Anwendungsbereiche der Mediation 649
Einleitung 649

A. **Ursache und Entwicklung von Konflikten** 651
I. Einführung. 652
II. Begriff 653
III. Die Entwicklung der Konflikttheorien 654
IV. Die Typisierung von Konflikten 660
V. Die Ursachen von Konflikten 666
VI. Die Dynamik von Konflikten 673
VII. Konflikteskalation und Interventionsmöglichkeiten. 678

B. **Bedeutung und Methodik der Mediation**. 680
I. Bedeutung der Mediation. 681
II. Methodik der Mediation. 683
III. Die mediationsanaloge Supervision. 704

C. **Psychologische Aspekte, Hintergründe und Dynamiken** 708
I. Einführung. 710
II. »Das Gespräch« 710
III. Emotionen 712
IV. Hocheskalierte Konflikte. 715
V. Konfliktfeld Familie 721
VI. Konfliktfeld Arbeit, Mobbing. 740

D. **Besondere Formen: Kurz-Zeit-Mediation**. 745
I. Allgemeines 745
II. Prüfung von Zeitfenster und Konfliktgeeignetheit. 747
III. Umfassende Vorbereitung in der Vorlaufphase. 747
IV. Umsetzung der Vorbereitung und Durchführung der Kurz-Zeit-Mediation 751
V. Hinweise für die Praxis. 752

E. **Besondere Formen: Co-Mediation** 754
I. Allgemeines 754
II. Vorteile einer Co-Mediation 755
III. Risiken einer Co-Mediation 756
IV. Problematik der sog. fachlichen Ergänzung. 757
V. Einzelne Aspekte der Co-Mediation 757
VI. Rechtliche Rahmenbedingungen. 759
VII. Hinweise für die Praxis. 760

F. **Besondere Formen: Online-Mediation**. 764
I. Allgemeines 764
II. Mediation als eine Variante der Alternativen Streitbeilegung, ADR 765
III. Online-Mediation als Sonderform der Mediation 765
IV. Ausblick 783
V. Hinweise für die Praxis. 784

Inhaltsverzeichnis

G.	Anwendungsbereiche der Mediation: Zivilrecht...................	795
I.	Allgemeines	796
II.	Wirtschaftsrecht	805
III.	Erbrecht	816
IV	Familienrecht	819
V.	Arbeitsrecht	832
VI.	Nachbarrecht	834
VII.	Mietrecht	835
VIII.	Wohnungseigentumsrecht...................................	838
IX.	»Allgemeines« Zivilrecht	839
H.	Anwendungsbereiche der Mediation: Öffentliches Recht	844
I.	Allgemeines	844
II.	Verwaltungsrecht	844
III.	Sozialrecht	846
IV.	Steuerrecht	848
I.	Anwendungsbereiche der Mediation: Strafrecht......................	850
I.	Allgemeines	850
II.	Täter-Opfer-Ausgleich	851
III.	Mediation im Strafvollzug	851

Teil 6 Andere Verfahren der außergerichtlichen Konfliktbeilegung 853
Einleitung 853

A.	Zusammenfassende Darstellung alternativer Konfliktbeilegungsmethoden im Überblick	855
I.	Einführung...	855
II.	Verfahren, in denen die Parteien das Ergebnis bestimmen	856
III.	Verfahren, in denen Dritte das Ergebnis bindend bestimmen	863
IV.	Verfahrenskombinationen....................................	865
B.	Ökonomische Aspekte alternativer Streitbeilegung	869
I.	Ökonomische Bedeutung des Konfliktmanagements.....................	870
II.	Ökonomische Kriterien effizienter ADR-Verfahren	874
III.	Zusammenfassung/Resümee	897
IV.	Hinweise für die Praxis.......................................	898
C.	Organisationsentwicklung und Mediation	899
I.	Einführung...	899
II.	Veränderungsansätze..	900
III.	Wesenselemente von Organisationen	903
IV.	Prozessschritte der Organisationsentwicklung......................	905
V.	Mediation und Organisationsentwicklung – das Zusammenspiel	908
VI.	Hinweise für die Praxis.......................................	911
D.	Coaching..	912
I.	Coaching als Weg alternativer Konfliktbeilegung.....................	913
II.	Vertiefung zum Konflikt-Coaching im Einzelsetting	931
III.	Hinweise für die Praxis.......................................	951

Inhaltsverzeichnis

E.	Moderation – einschließlich Beteiligungs- und Dialogverfahren	968
I.	Moderation von Konflikten	968
II.	Moderation im Rahmen von Beteiligungs- und Dialogverfahren (Partizipationsverfahren)	972
III.	Hinweise für die Praxis	975

F.	Anwaltliche Vergleichsvermittlung	980
I.	Einführung	980
II.	Verfahrensanforderungen	981
III.	Hinweise für die Praxis	983

G.	Cooperative Praxis – »CP« (Kooperatives Anwaltsverfahren)	984
I.	Begriffsbildung und Definition	984
II.	Verfahrensbeschreibung	986
III.	Verfahrensablauf	991
IV.	Dogmatische Einordnung und Abgrenzung zu anderen ADR-Verfahren	1000
V.	Rolle der Anwälte und Qualifikationsanforderungen	1001
VI.	Anwendungsbereiche der Cooperativen Praxis	1003
VII.	Hinweise für die Praxis	1006

H.	Schlichtung	1012
I.	Definition und Ablauf des Schlichtungs-Verfahrens	1012
II.	Rechtsdogmatische Einordnung	1013
III.	Auswirkung der Schlichtung auf die Verjährung	1015
IV.	Vollstreckbarkeit eines im Schlichtungsverfahren erzielten Vergleichs	1017
V.	Hinweise für die Praxis	1017

I.	Adjudikation	1021
I.	Definition und Ablauf des Adjudikations-Verfahrens	1021
II.	Rechtsdogmatische Einordnung und Abgrenzung zu anderen ADR-Verfahren und dem Schiedsgerichtsverfahren	1022
III.	Adjudikation als besonderes ADR-Verfahren für Baukonflikte	1025
IV.	Anwendungsbereich der Adjudikation und Verzahnung mit anderen ADR-Verfahren (Systematisches Baukonfliktmanagement)	1028
V.	Hinweise für die Praxis	1032

J.	Schiedsgerichtsbarkeit	1033
I.	Begriff und Wesen der Schiedsgerichtsbarkeit	1033
II.	Abgrenzung zu anderen Verfahren der außergerichtlichen Konfliktbeilegung	1041
III.	Rechtsquellen der Schiedsgerichtsbarkeit	1043
IV.	Schiedsvereinbarung	1044
V.	Institutionelle Schiedsgerichtsbarkeit und ad-hoc-Schiedsgerichtsbarkeit	1047
VI.	Ausgestaltung und Ablauf des Schiedsverfahrens	1049
VII.	Gerichtliche Aufhebung und Vollstreckbarerklärung eines Schiedsspruchs	1056
VIII.	Gestufte Konfliktlösungsverfahren/Hybridverfahren	1061
IX.	Hinweise für die Praxis	1068

K.	Schiedsgutachten	1072
I.	Definition des Schiedsgutachtens	1073
II.	Rechtsdogmatische Einordnung des Schiedsgutachtens	1073
III.	Möglichkeit rechtlicher Beurteilung	1075
IV.	Person des Schiedsgutachters	1075

Inhaltsverzeichnis

V.	Entscheidung	1077
VI.	Verfahrensgarantien im Schiedsgutachten und materiell-rechtliche Natur	1091
VII.	Richterliche Ersatzbestimmung	1092
VIII.	Verfahrenskosten	1095
IX.	Gerichtliche Durchsetzung eines Schiedsgutachtens	1095
X.	Haftung des Bürgen	1097
XI.	Hinweise für die Praxis	1097

Teil 7 Europäische Regelungen 1099

A. **Entstehungsprozess der Richtlinie 2008/52/EG des Europäischen Parlaments und des Rates (Mediationsrichtlinie)** 1099
I. Einführung 1100
II. Hintergrund und Dilemma des europäischen Gesetzgebers 1103
III. Grünbuch 2002 1107
IV. Europäischer Verhaltenskodex für Mediatoren 1116
V. Erster Entwurf der EU-Mediationsrichtlinie 2004 1116
VI. Weitere Entwürfe der EU-Mediationsrichtline 1128
VII. EU-Mediationsrichtlinie vom 21. Mai 2008 1132
VIII. Zwischen-Resümee 1136
IX. Europäische Entwicklung seit der EU-MedRL 1138

B. **Richtlinie 2008/52/EG des Europäischen Parlaments und des Rates (Mediationsrichtlinie) -RL-Text-** 1141

C. **Richtlinie 2013/11/EU des Europäischen Parlaments und des Rates (Alternative Streitbeilegung in Verbraucherangelegenheiten) -RL-Text-** 1151

D. **Verordnung (EU) Nr. 524/2013 des Europäischen Parlaments und des Rates (Online-Streitbeilegung in Verbraucherangelegenheiten) -VO-Text-** 1182

E. **Europäischer Verhaltenskodex für Mediatoren -Text-** 1203

Sachregister 1207

Abkürzungsverzeichnis

a.A.	anderer Ansicht
Abs.	Absatz
Abl.	Amtsblatt
AcP	Archiv für civilistische Praxis
ADR	Alternative Dispute Resolution
adribo	Alternative Dispute Resolution for Institutes, Businesses and Organisations, www.adribo.com
AEUV	Vertrag über die Arbeitsweise der Europäischen Union
a.F.	alte Fassung
AG	Aktiengesellschaft
AktG	Aktiengesetz
Alt.	Alternative
AnwBl.	Anwaltsblatt, Zeitschrift
AO	Abgabenordnung
ArbG	Arbeitsgericht
ArbGG	Arbeitsgerichtsgesetz
Art.	Artikel
Aufl.	Auflage
b-Arbitra	Belgian Review of Arbitration
BAFM	Bundes-Arbeitsgemeinschaft für Familien-Mediation
BAG	Bundesarbeitsgericht
BATNA	Best Alternative To A Negotiated Agreement
BauGB	Baugesetzbuch
BauR	Baurecht, Zeitschrift
BauSV	Der Bausachverständige, Zeitschrift
BB	Der Betriebs-Berater, Zeitschrift
BDVR	Bund Deutscher Verwaltungsrichter
BeckOK	Beck'scher Online Kommentar
BeckRS	Beck-Rechtsprechung
Begr. BT-Drucks.	Begründung des Gesetzentwurfes der jeweiligen Bundestagsdrucksache
Beschl.	Beschluss
Betrieb	Der Betrieb, Zeitschrift
BeurkG	Beurkundungsgesetz
BFH	Bundesfinanzhof
BGB	Bürgerliches Gesetzbuch
BGBl.	Bundesgesetzblatt
BGH	Bundesgerichtshof
BGHZ	Entscheidungen des Bundesgerichtshofs in Zivilsachen
BJ	Betrifft Justiz, Zeitschrift
BMJ	Bundesministerium der Justiz
BMJV	Bundesministerium der Justiz und für Verbraucherschutz
BNotO	Bundesnotarordnung
BORA	Berufsordnung für Rechtsanwälte
BPtK	Bundespsychotherapeutenkammer
BRAGO	Bundesrechtsanwaltsgebührenordnung

Abkürzungsverzeichnis

BR	Bundesrat
BRAK	Bundesrechtsanwaltskammer
BRAO	Bundesrechtsanwaltsordnung
BReg.	Bundesregierung
BR-Drucks.	Bundesrats-Drucksache
BSG	Bundessozialgericht
bspw.	beispielsweise
BT	Bundestag
BT-Drucks.	Bundestags-Drucksache
BVerfG	Bundesverfassungsgericht
BVerfGE	Entscheidungen des Bundesverfassungsgerichts, Amtliche Sammlung
BVerwG	Bundesverwaltungsgericht
BVerwGE	Entscheidungen des Bundesverwaltungsgerichts, Amtliche Sammlung
bzgl.	bezüglich
bzw.	beziehungsweise
ca.	circa
CETA	Umfassendes Wirtschafts- und Handelsabkommen EU-Kanada
CL	Collaborative Law
CP	Collaborative Practice
CPO	Civilprozessordnung
DB	Der Betrieb, Zeitschrift
ders.	derselbe
d.h.	das heißt
dies.	dieselbe
DIS	Deutsche Institution für Schiedsgerichtsbarkeit e.V.
Diss.	Dissertation
D&O-Versicherer	Anbieter von Directors-and-Officers-Versicherungen
DÖV	Die öffentliche Verwaltung, Zeitschrift
DNotZ	Deutsche Notar-Zeitschrift
Dr.	Doktor
DRiZ	Deutsche Richterzeitung
DS	Der Sachverständige, Zeitschrift
DStR	Deutsches Steuerrecht, Zeitschrift
DVCP	Deutsche Vereinigung für Cooperative Praxis
DVBl.	Deutsches Verwaltungsblatt, Zeitschrift
DVO	Durchführungsverordnung
EGZPO	Einführungsgesetz zur Zivilprozessordnung
EMRK	Europäische Menschenrechtskonvention
etc.	et cetera
EU	Europäische Union
EuGH	Gerichtshof der Europäischen Gemeinschaften
EUMed-RL	Richtlinie 2008/52/EG des Europäischen Parlaments und des Rates vom 21. Mai 2008 über bestimmte Aspekte der Mediation in Zivil- und Handelssachen
EuR	Europarecht, Zeitschrift
EUR	Euro

Abkürzungsverzeichnis

EuZW	Europäische Zeitschrift für Wirtschaftsrecht
EWS	Europäisches Wirtschafts- und Steuerrecht
E-ZMediatAusbV	Verordnungsentwurf des BMJV für eine Verordnung über die Aus- und Fortbildung von zertifizierten Mediatoren (Bearbeitungsstand 31.01.2014)
f.	folgende
FamFG	Gesetz über das Verfahren in Familiensachen und in den Angelegenheiten der freiwilligen Gerichtsbarkeit
FamGKG	Gesetz über Gerichtskosten in Familiensachen
FamPra	Die Praxis des Familienrechts, Zeitschrift
FEEZI(V)	Freiwilligkeit, Eigenverantwortlichkeit, Ergebnisoffenheit, Zukunftsorientiertheit, Informiertheit, Vertraulichkeit (Kriterien eines Mediationsverfahrens)
ff.	fortfolgende
FG	Finanzgericht
FGG	Gesetz über die Angelegenheiten der freiwilligen Gerichtsbarkeit
FGO	Finanzgerichtsordnung
Fn.	Fußnote
FPR	Familie, Partnerschaft, Recht, Zeitschrift
FS	Festschrift
G	Gesetz
GBl.	Gesetzblatt
GbR	Gesellschaft bürgerlichen Rechts
GewArch	Gewerbearchiv, Zeitschrift
GewSchG	Gewaltschutzgesetz
GG	Grundgesetz
ggf.	gegebenenfalls
GKG	Gerichtskostengesetz
GMAA	German Maritim Arbitration Association
GmbH	Gesellschaft mit beschränkter Haftung
GRUR	Zeitschrift für gewerblichen Rechtsschutz und Urheberrecht
GVBl.	Gesetz und Verordnungsblatt
GVG	Gerichtsverfassungsgesetz
hA	herrschende Auffassung
HERA	Fortbildungs GmbH der Hessischen Rechtsanwaltschaft
hM	herrschende Meinung
HOAI	Honorarordnung für Architekten und Ingenieure
Hrsg.	Herausgeber
HS	Halbsatz
IAJ	Institut für anwaltsorientierte Juristenausbildung
IBA	International Bar Assiciation
IBAN	International Bank Account Number
IBB	Informationen für die Bildungs- und Berufsberatung, Zeitschrift
IBR	Immobilien-&Baurecht, Zeitschrift
IBW	Institut für Bauwirtschaft
ICC	International Chamber of Commerce
i.d.F.	in der Fassung

XXIII

Abkürzungsverzeichnis

i.d.R.	in der Regel
IDR	Journal of International Dispute Resolution, Zeitschrift
IHR	Internationales Handelsrecht, Zeitschrift
insb.	insbesondere
InsO	Insolvenzordnung
i.S.d.	im Sinne des
i.V.m.	in Verbindung mit
JEFTA	Freihandelsabkommen EU-Japan
JIntArb	Journal of International Arbitration
JR	Juristische Rundschau, Zeitschrift
juris	Juristisches Informationssystem für die Bundesrepublik Deutschland
JuS	Juristische Schulung, Zeitschrift
JVA	Justizvollzugsanstalt
JZ	Juristen Zeitung
Kap.	Kapitel
KG	Kammergericht
KoKon	Kooperative Konfliktlösung
KOM	Kommission
KostO	Kostenordnung
KSchG	Kündigungsschutzgesetz
KTS	Zeitschrift für Insolvenzrecht
LAG	Landesarbeitsgericht
LCIA	London Court of International Arbitration
LG	Landgericht
lit.	littera (Buchstabe)
LKRZ	Zeitschrift für Landes- und Kommunalrecht Hessen, Rheinland-Pfalz, Saarland
LSG	Landessozialgericht
M.A.	Master of Arts
m.a.W.	mit anderen Worten
MarkenG	Gesetz über den Schutz von Marken und sonstigen Kennzeichen
M&A	Mergers and Acquisitions
MAX	Mediation-Arbitration-Extended, erweitertes Med-Arb-Verfahren
MDR	Monatszeitschrift des Deutschen Rechts
Med-Adj	Mediation-Adjunction, Kombination von Mediation und Adjudikationsverfahren
MEDALOA	Mediation and Last Offer Arbitration
MedArb	Mediation-Arbitration
MediationsG	Mediationsgesetz
MittBayNot	Mitteilungen des Bayerischen Notarvereins, der Notarkasse und der Landesnotarkammer Bayern
MNCP	Münchner Netzwerk für Cooperative Praxis
M.M.	Master of Mediation
MusterBO	Musterberufsordnung
MüKO	Münchner Kommentar
m.w.N.	mit weiteren Nachweisen

Abkürzungsverzeichnis

MwSt	Mehrwertsteuer
Nachw.	Nachweise
NAI	Nederlands Arbitrage Instituut
n.F.	neue Fassung
NJ	Neue Justiz, Zeitschrift
NJOZ	Neue Juristische Online-Zeitschrift
NJW	Neue Juristische Wochenschrift, Zeitschrift
NJW-RR	Neue Juristische Wochenschrift Rechtsprechungs-Report, Zeitschrift
NK	Zeitschrift Neue Kriminalpolitik
Nr.	Nummer
Nrn.	Nummern
NVwZ	Neue Zeitschrift für Verwaltungsrecht
NVwZ-RR	NVwZ-Rechtsprechungs-Report
NZA	Neue Zeitschrift für Arbeitsrecht
NZBau	Neue Zeitschrift für Baurecht und Vergaberecht
NZFam	Neue Zeitschrift für Familienrecht
NZG	Neue Zeitschrift für Gesellschaftsrecht
NZI	Neue Zeitschrift für Insolvenz- und Sanierungsrecht
NZS	Neue Zeitschrift für Sozialrecht
ODR	Online Dispute Resolution
ÖAR	Ökonomische Analyse des Rechts
o.g.	oben genannt
OGHBrZ	Oberster Gerichtshof für die Britische Zone
OHG	Offene Handelsgesellschaft
OLG	Oberlandesgericht
Öst. AnwBl.	Österreichisches Anwaltsblatt, Zeitschrift
OVG	Oberverwaltungsgericht
PatG	Patentgesetz
PPP	Public Private Partnership
Prof.	Professor
RAK	Rechtsanwaltskammer
RBerG	Rechtsberatungsgesetz
RDG	Gesetz über außergerichtliche Rechtsdienstleistungen
Rdn.	Randnummer (werksinterne Verweise)
RegE	Regierungsentwurf
resp.	respektive
RG	Reichsgericht
RGRK	Reichsgerichtsräte-Kommentar
Rn.	Randnummer (werksexterne Verweise)
RIW	Recht der Internationalen Wirtschaft, Zeitschrift
Rspr.	Rechtsprechung
RVG	Rechtsanwaltsvergütungsgesetz
S	Satz
S.	Seite
s.	siehe

Abkürzungsverzeichnis

SCC	Arbitration Institute of the Stockholm Chamber of Commerce
SchiedsVZ	Zeitschrift für Schiedsverfahren
SchlHA	Schleswig-Holsteinische Anzeigen, Justizministerialblatt für Schleswig-Holstein
SchiedsVZ	Zeitschrift für Schiedsverfahren
SG	Sozialgericht
SGb	Die Sozialgerichtsbarkeit, Zeitschrift
SGB	Sozialgesetzbuch
SGG	Sozialgerichtsgesetz
SIAC	Singapore International Arbitration Centre
SMART	Specific, Measurable, Achievable, Realistic, Timed
s. o.	siehe oben
sog.	sogenannt
SoldG	Soldatengesetz
StGB	Strafgesetzbuch
StPO	Strafprozessordnung
StVollzG	Strafvollzugsgesetz
TAK	Transaktionskosten
u. a.	unter anderem
Übers.	Übersicht
UNCITRAL	United Nations Commission on International Trade Law
Urt.	Urteil
UrhWahrnG	Urheberrechtswahrnehmungsgesetz
usf.	und so fort
u. U.	unter Umständen
UWG	Gesetz gegen den unlauteren Wettbewerb
v.	vom
VANKK	Verschwiegenheit, Allparteilichkeit, Neutralität, Keine Rechtsberatung, Keine Lösungsvorschläge (Kriterien eines Mediators)
VBlBW.	Verwaltungsblätter für Baden-Württemberg, Zeitschrift
VersAusglG	Gesetz zum Versorgungsausgleich
VersR	Zeitschrift für Versicherungsrecht
VerwArch	Verwaltungsarchiv, Zeitschrift
VG	Verwaltungsgericht
VGH	Verwaltungsgerichtshof
vgl.	vergleiche
VO	Verordnung
VOB/B	Vergabe- und Vertragsordnung für Bauleistungen – Teil B: Allgemeine Vertragsbedingungen für die Ausführung von Bauleistungen
Vol.	Volume
Vorb.	Vorbemerkung
vs	versus (gegen)
VSBG	Verbraucherstreitbeilegungsgesetz
VuR	Verbraucher und Recht, Zeitschrift
VVG	Versicherungsvertragsgesetz
VwGO	Verwaltungsgerichtsordnung
VwV	Verwaltungsvorschrift

Abkürzungsverzeichnis

WAVE	Wertschätzung, Ausblick, Verständnis, Einwilligung (sog. Vierer-Schritt zwischen den Mediationsphasen)
WATNA	Worst Alternative To A Negotiated Agreement
WEG	Wohnungseigentumsgesetz
WIPO	World Intellectual Property Organization
WRP	Wettbewerb in Recht und Praxis, Zeitschrift
WpHG	Wertpapierhandelsgesetz
ZAP	Zeitschrift für die Anwaltspraxis
z.B.	zum Beispiel
ZEV	Zeitschrift für Erbrecht und Vermögensnachfolge
ZfBR	Zeitschrift für deutsches und internationales Bau- und Vergaberecht
ZfIR	Zeitschrift für Immobilienrecht
ZGS	Zeitschrift für Vertragsgestaltung, Schuld- und Haftungsrecht
ZHR	Zeitschrift für das gesamte Handelsrecht und Wirtschaftsrecht
ZIP	Zeitschrift für Wirtschaftsrecht
ZKM	Zeitschrift für Konfliktmanagement
ZMediatAusbV	Verordnung über die Aus- und Fortbildung von Zertifizierten Mediatoren (Zertifizierte-Mediatoren-Ausbildungs-Verordnung)
ZPO	Zivilprozessordnung
ZRP	Zeitschrift für Rechtspolitik
ZUR	Zeitschrift für Umweltrecht
ZVglRWiss	Zeitschrift für Vergleichende Rechtswissenschaft
ZWE	Zeitschrift für Wohnungseigentumsrecht
ZZP	Zeitschrift für Zivilprozess

Literaturverzeichnis

Abeln, Christoph, Mediation – (K)eine Alternative zur Einigungsstelle? Personalführung 2000, 62 ff.

Abdel Wahab, Mohamed S/Katsh, Ethan/Rainey, Daniel, Online Dispute Resolution: theory and practice – A treatise on technology and dispute resolution, 2012

Acker, Wendelin, Außergerichtliche Konfliktlösungsmodelle unter Einbeziehung angloamerikanischer Modelle, 4. IBW-Symposium, 15. September 2008 in Kassel, Innovative Abwicklungsformen für Bauprojekte: Partnering und PPP, Institut für Bauwirtschaft (IBW) (Hrsg.), 2006

Acker, Wendelin/Konopka, Silvia, Schiedsgutachten im Bau- und Anlagenbauvertrag: Grenzen und Möglichkeiten, SchiedsVZ 2003, 256 ff.

Ade, Juliane/Gläßer, Ulla, Das Recht in der Mediation, ZKM 2013, 57 ff.

Aden, Menno, Internationale Handelsschiedsgerichtsbarkeit: Kommentar zu den Schiedsverfahrensordnungen ICC – DIS – Wiener Regeln – UNCITRAL – LCIA, 2. Aufl. 2002

Adler, Peter, e-Mediation – Können wir die Mediation einsparen? http://www.peteradler.at/ueberpa/docs/AdlerSalzburg2005.pdf

Ahrens, Martin, Mediationsgesetz und Güterichter – Neue gesetzliche Regelungen der gerichtlichen und außergerichtlichen Mediation, NJW 2012, 2465 ff.

Aksen, Gerald/Böckstiegel, Karl-Heinz/Mustill, Michael J./Patocchi, Paolo Michele/Whitesell, Anne Marie, Global Reflections on International Law, Commercial and Dispute Resolution – Liber Amicorum in honour of Robert Briner, 2005

Alexander, Nadja, International and Comparative Mediation. Legal Perspectives, 2009

Alexander, Nadja/Ade, Juliane/Olbrich, Constantin, Mediation, Schlichtung, Verhandlungsmanagement, 2005

Alf-Jähnig, Rainer/Hanke, Thomas/Preuß-Scheuerle, Birgit, Teamcoaching, manager Seminare, 2018

Allmayer-Beck, Max J., Außergerichtliche Streitbeilegung, Österreichisches Anwaltsblatt 2010, 421 ff.

Althaus, Stefan/Heidl, Christian, Der öffentliche Bauauftrag. Handbuch für den VOB/B-Vertrag, 2010

Andres, Dirk/Leithaus, Rolf (Hrsg.), Insolvenzordnung, 4. Aufl. 2018

Apell, Günter-Richard/Reimers, Wolfgang, Gerichtsnahe Mediation in der hessischen Verwaltungsgerichtsbarkeit, LKRZ 2007, 1 ff.

Arndt, Herbert, Der Prozeßvergleich, Deutsche Richterzeitung 1965, 188 ff.

Arntz, Thomas, Die missglückte Eskalationsklausel, SchiedsVZ 2014, 237 ff.

Aschauer, Christian, Mediation im Internationalen Vertragsrecht, in: Czernich, Dietmar/Geimer, Reinhold (Hrsg.), Streitbeilegungsklauseln im internationalen Vertragsrecht, Rechtswahlvereinbarung, Gerichtsstandsvereinbarung, Schiedsvereinbarung und Mediation in Deutschland, Österreich und der Schweiz, 2017, S. 491 ff.

Auerbach, Elisa, Mediation bei Mobbingfällen in Unternehmen, ZKM 2015, 14

Bacher, Klaus, Elektronisch eingereichte Schriftsätze im Zivilprozess, NJW 2009, 1548

Bachmann, Birgit/Breidenbach, Stephan/Coester-Waltjen, Dagmar/Heß, Burkhard/Nelle, Andreas/Wolf, Christian (Hrsg.), Grenzüberschreitungen, 2005

Literaturverzeichnis

Baden-Württemberg, Modellversuch »Außergerichtliche Konfliktbeilegung« am Landgericht Stuttgart und Amtsgericht Stuttgart, Abschlussbericht Justizministerium Baden-Württemberg, 2002

Bader, Jochen Frank, Gerichtsinterne Mediation am Verwaltungsgericht, 2009

Bader, Johann/Funke-Kaiser, Michael/Stuhlfauth, Thomas/von Albedyll, Jörg, Verwaltungsgerichtsordnung, 5. Aufl. 2011

Bader, Peter/Creutzfeldt, Malte/Friedrich, Hans-Wolf, ArbGG, Kommentar, 5. Aufl. 2008

Balkowski, Ben, Der Zivilprozeß in der DDR von 1945 bis 1975 zwischen bürgerlicher Rechtstradition und Sozialismus, Dissertation 1999

Ballreich, Rudi/Glasl, Friedrich, Konfliktmanagement und Mediation in Organisationen, 2011

Ballreich, Rudi/Glasl, Friedrich, Mediation in Bewegung, 2007/2011

Bamberger, Ernst, Friedensrichter, Deutsche Juristen-Zeitung 1911, 966 ff.

Bamberger, Heinz Georg/Roth, Herbert (Hrsg.), BGB, 11. Aufl. 2008

Bannink, Frederike, Praxis der positiven Psychologie, 2012

Barabas, Friedrich, Rechtsanspruch auf Beratung! Der § 17 KJHG und seine Konsequenzen für die Kommunalpolitik, Beratung Aktuell 1 – 2001, 1 ff.

Bargen, Jan Malte von, Gerichtsinterne Mediation, 2008

Bargen, Jan Malte von, Mediation im Verwaltungsverfahren nach Inkrafttreten des neuen Mediationsförderungsgesetzes, ZUR 2012, 468 ff.

Bargen, Joachim von, Außergerichtliche Streitschlichtungsverfahren (Mediation) auf verwaltungsrechtlichem Gebiet in rechtsvergleichender Perspektive, EuR 2008, 200 ff.

Bargen, Joachim von, Konfliktlösung mittels richterlicher Mediation als Alternative zum konventionellen Verwaltungsprozess, Die Verwaltung 2010, 406 ff.

Bargen, Joachim von, Mediation im Verwaltungsprozess, DVBl. 2004, 468 ff.

Bargen, Joachim von, Mediation im Verwaltungsrecht, BDVR-Rundschreiben 2004, 55 ff.

Von Bargen, Malte, Mediation im Verwaltungsverfahren nach Inkrafttreten des Mediationsförderungsgesetzes, ZUR 2012, 468 ff.

Barth, Gernot/Krabbe, Heiner, Fallsupervision an Gerichten

Bastine, Reiner, Zu kurz gesprungen, ZKM 2011, 59 f.

Battis, Ulrich, Mediation in der Bauleitplanung, DÖV 2011, 340 ff.

Bauer, Joachim, Warum ich fühle, was du fühlst. Intuitive Kommunikation und das Geheimnis der Spiegelneurone, Hamburg, 2005

Baumann, Antje/Weigand, Frank-Bernd (Hrsg.), Practitioner's Handbook on International Commercial Arbitration, 3. Aufl. 2019

Baumbach, Adolf, Zivilprozessordnung, 69. Aufl. 2011; 70. Aufl. 2012

Baumbach, Hendrik/Garnier, Claudia, Das Schiedsverfahren im spätmittelalterlichen Deutschland, SchiedsVZ 2019, 181 ff.

Baumbach, Adolf/Hopt, Klaus J., Handelsgesetzbuch, 33. Aufl. 2008

Baumbach, Adolf/Hueck, Alfred (Hrsg.), GmbH-Gesetz, 21. Aufl. 2017

Baumbach, Adolf/Lauterbach, Wolfgang/Albers, Jan/Hartmann, Peter, Zivilprozessordnung mit FamFG, GVG, 70. Aufl. 2012

Baumgärtel, Gundel/Hergenröder, Carmen S./Houben, Peter, RVG Kommentar zum Rechtsanwaltsvergütungsgesetz, 15. Aufl. 2011

Literaturverzeichnis

Bayerlein, Walter (Hrsg.), Praxishandbuch Sachverständigenrecht, 4. Aufl. 2008

Beck, Lucia, Mediation und Vertraulichkeit, 2009

Beck, Ulrich/Beckstein-Gernsheim, Elisabeth, Das ganz normale Chaos der Liebe, 2005

Becker, Markus/Brandt, Editha/Rühl, Bärbel, Supervision für Mediator/innen, ZKM 2009, 118 ff.

Beisel, Daniel, Mediation im Erbrecht, in: *Haft, Fritjof/von Schlieffen, Katharina*, (Hrsg.), Handbuch Mediation, 3. Aufl. 2016, S. 707 ff.

Baizeau, Domitille/Loong, Anne-Marie, Multi-tiered and Hybrid Arbitration Clauses, in: *Arroyo, Manuel* (Hrsg.), Arbitration in Switzerland: The Practitioner's Guide, 2013, 1451 ff.

Benda, Ernst, Richter im Rechtsstaat, Deutsche Richterzeitung 1979, 357 ff.

Benedict, Christoph, Mehrvertragsverfahren, Mehrparteienverfahren, Einbeziehung Dritter und Verbindung von Verfahren, SchiedsVZ 2018, 306 ff.

Benesch, Birgit, Der Güterichter nach § 36 V FamFG – Erfahrungen und Möglichkeiten im familiengerichtlichen Verfahren, NZFam 2015, 807 ff.

Bercher, Anne/Engel, Martin, Richtungsentscheidungen für die Mediation in Deutschland, JZ 2010, 226 ff.

Berger, Klaus Peter, Herausforderungen für die (deutsche) Schiedsgerichtsbarkeit, SchiedsVZ 2009, 289 ff.

Berger, Klaus Peter, Integration mediativer Elemente in das Schiedsverfahren, RIW 2001, 881 ff.

Berger, Klaus Peter, Private Dispute Resolution in International Business: Negotiation, Mediation, Arbitration, Volume II, 3. Aufl. 2015

Berger, Thomas, Internetbasierte Interventionen bei psychischen Störungen, 2015

Berkel, Karl, Konflikttraining: Konflikte verstehen, analysieren, bewältigen, 9. Aufl. 2010

Berlin, Christof, Verbraucherschlichtung und Verbraucherstreitbeilegungsgesetz (VBSG), in: *Klowait, Jürgen/Gläßer, Ulla*, Mediationsgesetz, 2. Aufl. 2018, S. 887 f.

Berlit, Uwe, Das Elektronische Gerichts- und Verwaltungspostfach bei Bundesfinanzhof und Bundesverwaltungsgericht, JurPC Web-Dok. 13/2006, Abs. 1–54

Berner, Fritz/Hirschner, Joachim, Vom Planen zum Bauen, in: *Englert, Klaus/Eschenbruch, Klaus/Langen, Werner/Vygen, Klaus* (Hrsg.), Festschrift für Klaus Dieter Kapellmann zum 65. Geburtstag, Vom Bau-SOLL zum BAU-IST, 2007, S. 13 ff.

Bernhardt, Hanspeter/Winograd, Bianca, Interdisziplinäre Co-Mediaton: Zur Zusammenarbeit von Rechtsanwälten und Psychologen in der Trennungs- und Scheidungsphase, in: *Haft, Fritjof/von Schlieffen, Katharina*, (Hrsg.), Handbuch Mediation, 3. Aufl. 2016

Bernhardt, Hans-Peter, Die Stimme des Kindes in der Trennungs- und Scheidungsmediation, ZKM 2015, 68 ff.

Bernhardt, Wilfried, Juris-PraxisKommentar Internetrecht, 2014

Bernuth, Wolf H. von, Schiedsverfahren und Strafverfahren, SchiedsVZ 2018, 277 ff.

Bertelsmann Stiftung, Beteiligungskompass, Stand 2015, www.beteiligungskompass.org

Besemer, Christoph, Mediation, Vermittlung in Konflikten, 4. Aufl. 1997

Bewley, Truman F., Advances in Economic Theory: Fifth World Congress, 1987

Binder, Anette, Die sog. »Kooperative Praxis« als »Konvergenz« von Rechtsverfahren und Mediation, Masterarbeit FU Hagen, 2010, www.an-kom.de

Literaturverzeichnis

Bischof, Hans Helmut/Jungbauer, Sabine/Bräuer, Antje/Curkovic, Jaka/Mathias, Wolfgang/ Uher, Jochen D., RVG Kommentar, 4. Aufl. 2011

Bisle, Michael, Mediation im Gesellschaftsrecht als Alternative zum Zivilprozess, NWB 2019, 1989 ff.

Blankenburg, Erhard/Gottwald, Walther/Strempel, Dieter (Hrsg.), Alternativen in der Ziviljustiz, 1982

Blankley, Kirsten, Keeping a Secret from Yourself: Confidentiality When the Same Neutral Serves Both as Mediator and Arbitrator in the Same Case, Baylor Law Review 2011, 319 ff

Böckstiegel, Karl-Heinz, Die Schiedsgerichtsbarkeit in Deutschland – Standort und Stellenwert, SchiedsVZ 2009, 3 ff.

Böckstiegel, Karl-Heinz/ Berger, Klaus Peter, Bredow, Jens (Hrsg.), Schiedsgutachten versus Schiedsgerichtsbarkeit, Schriftenreihe der Deutschen Institution für Schiedsgerichtsbarkeit, Bd. 21, 2007

Böckstiegel, Karl-Heinz/Kröll, Stefan/Nacimiento, Patricia, Arbitration in Germany: The Model Law in Practice, 2. Aufl. 2014

Böhlk, Hans-Joachim, Die Freestyle Justiz oder Warum der Staat nicht über alles nachdenken muss, BRAK-Mitteilungen 2002, 207 f.

Böhm, Katharina, Das Schiedsgutachten in Streitigkeiten aus Bau- und Anlagenverträgen, in: *Böckstiegel, Karl-Heinz, Berger, Klaus Peter, Bredow, Jens* (Hrsg.), Schiedsgutachten versus Schiedsgerichtsbarkeit, Schriftenreihe der Deutschen Institution für Schiedsgerichtsbarkeit, Bd. 21, 2007, S. 87 ff.

Bohnacker, Thorsten (Hrsg.), Sozialwissenschaftliche Konflikttheorie, 2005

Bohnacker, Thorsten/Imbusch, Peter, Begriffe der Friedens- und Konfliktforschung, in: *Imbusch, Peter/Zoll, Ralf* (Hrsg.), Friedens- und Konfliktforschung, 1999

Bohnenkamp, Andreas, Unparteilichkeit des Notars bei Tätigkeiten nach § 24 Abs. 1 BNotO? Dissertation, Uni Bielefeld 2003

Bold, Antje, Adjudication-Verfahren: Regelungen für das Verfahren zur vorläufigen außergerichtlichen Streitbeilegung, in: *Kapellmann, Klaus D./Vygen, Klaus*, Jahrbuch Baurecht 2009, Aktuelles, Grundsätzliches, Zukünftiges, 2009, S. 115 ff.

Bold, Antje, Vorläufige baubegleitende Streitentscheidung durch Dispute Adjudication Board (DAB) in Deutschland, 2008

Bombe, Ekkehard, Schiedsgerichtsverfahren in Bausachen, IBR 2006, 1312

Bonacker, Thorsten (Hrsg), Sozialwissenschaftliche Konflikttheorie, 2002

Boochs, Wolfgang, Mediation im Steuerrecht, DStR 2006, 1062 ff.

Boog, Christopher, The New SIAC/SIMC AMA Protocol: A Seamless Multi-Tiered Dispute Resolution process Tailored to the User's Needs, Asian Dispute Review 2015, 91 ff.

Borris, Christian, Gesellschaftsrechtliche Streitigkeiten in der Schiedspraxis, SchiedsVZ 2018, 242 ff.

Born, Manfred/Ghassemi-Tabar, Nima/ Gehle, Burkhard (Hrsg.), Münchner Handbuch des Gesellschaftsrechts: Gesellschaftsrechtliche Streitigkeiten (Corporate Litigation), 5. Aufl. 2016

Borowski, Sascha/Röthemeyer, Peter/Steike, Jörn, Verbraucherstreitbeilegungsgesetz, 2016

Borowsky, Martin, Adjudication in Großbritannien – ein Modell für Baustreitigkeiten in Deutschland?, ZKM 2007, 54 ff.

Borowsky, Martin, Das Schiedsgutachten im Common Law: ein rechtsvergleichender Beitrag zum Begriff der Schiedsgerichtsbarkeit, 2001

Literaturverzeichnis

Borris, Christian, Mini-Trial, in: *Deutsche Institution für Schiedsgerichtsbarkeit* (Hrsg.), Alternative Dispute Resolution, DIS – MAT V, 1999, S. 67 ff.

Borris, Christian, Streiterledigung bei (MAC-) Klauseln in Unternehmenskaufverträgen: ein Fall für »Fast-Track« – Schiedsverfahren, BB 2008, 294 ff.

Bosman, Lise (Hrsg.), ICCA International Handbook on Commercial Arbitration, Ergänzung Nr. 98, März 2018

Böttger, Andreas/Hupfeld, Jörg, Mediatoren im Dienste der Justiz, ZKM 2004, 155 ff.

Bötticher, Eduard, »Besinnung auf das Gestaltungsrecht und das Gestaltungsklagerecht«, in: *von Caemmerer, Ernst/Nikisch, Arthur/Zweigert, Konrad* (Hrsg.), Festschrift für Hans Dölle, Vom deutschen zum europäischen Recht: Deutsches Privat- und Zivilprozessrecht, Rechtsvergleichung (Bd. I), 1963, S. 41 ff.

Bötticher, Eduard, Gestaltungsrecht und Unterwerfung, 1964

Brändle, Peter, Final-offer Arbitration als letztes Angebot in der Güteverhandlung, BJ 2014, 130 ff

Brändle, Peter/Schreiber, Frank, Mediation in der hessischen Sozialgerichtsbarkeit als richterliche Tätigkeit, BJ 2008, 351 ff.

Brauns, Hendrik, Online-Mediation, http://www.jurawelt.com/studenten/seminararbeiten/sonst/342

Breidenbach, Stephan/Gläßer, Ulla, Selbstbestimmung und Selbstverantwortung im Spektrum der Mediationsziele, Kon:Sens 1999, 207 ff.

Breidenbach, Stephan/Coester-Waltjen, Dagmar/Heß, Burkhard/Nelle, Andreas/Wolf, Christian (Hrsg.), Konsensuale Streitbeilegung, 2001

Breunlich, Bernhard/Fürst, Gerhart Conrad, Sechs auf einen Streich – Mediation im Handelsrecht, ZKM 2008, 189 ff.

Breyer, Wolfgang (Hrsg.), Unternehmerhandbuch Bau: Mittelständische Bauunternehmen sicher durch Krisen führen, 2005

Brodocz, André/Vorländer, Hans, Freiheiten im Europäischen Binnenmarkt

Broochs, Wolfgang, Mediation im Steuerrecht, DStR 2006, 1062

Brose, Johannes, Gewaltfreie Kommunikation im Gerichtssaal, ZKM 2018, S. 12

Bubert, Christoph, Kurz-Mediation in Baukonflikten?, Forum Baukonfliktmanagement, werner-baurecht.de, 16. 09. 2009

Budde, Andrea, § 19 Mediation im Arbeitsrecht, in: *Henssler, Martin/Koch, Ludwig* (Hrsg.), Mediation in der Anwaltspraxis, 2. Aufl. 2004, S. 649 ff.

Bühl, Walter (Hrsg.), Konflikt und Konfliktstrategie, 1973

Bühring-Uhle, Christian, Designing Procedures for Effective Conflict Management, in: *Bühring-Uhle, Christian/Kirchhoff, Lars/Scherer, Gabriele* (Hrsg.), Arbitration and Mediation in International Business, 2. Aufl. 2006, S. 247 ff.

Bühring-Uhle, Christian/ Kirchhoff, Lars/ Scherer, Gabriele, Arbitration and Mediation in International Business, 2. Aufl. 2006

Bumiller, Ursula/Harders, Dirk, FamFG Freiwillige Gerichtsbarkeit – Gesetz über das Verfahren in Familiensachen und in den Angelegenheiten der freiwilligen Gerichtsbarkeit (FamFG), 10. Aufl. 2011

Bundesministerium für Bildung und Forschung, Grundsatzpapier des Bundesministeriums für Bildung und Forschung zur Partizipation, Stand 2016, www.zukunft-verstehen.de

Literaturverzeichnis

Bundesrechtsanwaltskammer, Stellungnahme vom Oktober 2010 zum Referentenentwurf eines Gesetzes zur Förderung der Mediation und anderer Verfahren der außergerichtlichen Konfliktbeilegung vom 04. 08. 2010, S. 1 ff.

Bundesverband der Gütestellen e.v., Stellungnahme zum Referentenentwurf eines Gesetzes zur Förderung der Mediation und anderer Verfahren der außergerichtlichen Konfliktbeilegung vom 04. 08. 2010

Bushart, Clemens, § 278a ZPO als Schnittstelle zwischen Gerichtsverfahren und außergerichtlicher Mediation. Eine Untersuchung richterlichen Verweisungsverhaltens, 2019

Busse, Daniel, Die Bindung Dritter an Schiedsvereinbarungen, SchiedsVZ 2005, 118 ff.

Büte, Dieter, Die Kostenentscheidung in Familiensachen, FuR 2009, 649 ff.

Butler, Richard, Draft Directive on Mediation, 2002

Calliess, Gralf-Peter, Grenzüberschreitende Verbraucherverträge – Rechtssicherheit und Gerechtigkeit auf dem elektronischen Weltmarktplatz, 2006

Cameron, Nancy J., Deepening the Dialogue, 2. Aufl. 2015

Carl, Eberhard, Qualitätssicherung im Referentenentwurf zum Mediationsgesetz, ZKM 2010, 177 ff.

Carl, Eberhard, Vom richterlichen Mediator zum Güterichter, ZKM 2012, 16 ff.

Carl, Eberhard/Copin, Jean-Pierre/Ripke, Lis, Das deutsch-französische Modellprojekt professioneller Mediation: Ein Model für die internationale Zusammenarbeit bei grenzübergreifenden Kindschaftskonflikten, Kind-Prax Spezial 2004, 25 – 28

Chrocziel, Peter/Samson-Himmelstjerna, Friedrich von, § 39 Mediation im gewerblichen Rechtsschutz, in: *Haft, Fritjof/Schlieffen, Katharina von* (Hrsg.), Handbuch Mediation, 3. Aufl. 2016, S. 899 ff.

Ciompi, Die emotionalen Grundlagen des Denkens. Entwurf einer fraktalen Affektlogik, 1998

Clostermann Guido/Josephi, Katja/Kleine-Tebbe, Andreas/Niewisch-Lennartz, Antje/Vogelei, Carolin, Gerichtsnahe Mediation im öffentlichen Recht, SGb 2003, 266 ff.

Coase, Ronald H., The Problem of Social Cost, Journal of Law and Economics1960, 1 ff.

Colberg, Sabine, Pilotprojekt »Mediation im Medizinrecht« gestartet, Tagungsbericht, MedR 2012, 178

Conley Tyler, Melissa/Raines, Susan Summers, The Human Face of On-line Dispute Resolution, Conflict Resolution Quarterly, 2006

Coogler, O. J., Structured Mediation in Divorce Settlement, 1978

Corleone, Leo, Interkulturelles Risikomanagement, 2019

Cormick, Gereald W., The Theory and Practise of Enviromental Mediation, The Enviromental Professional 1980, 24 ff.

Coser, Lewis A., Theorie sozialer Konflikte, 1965

Coulson, Robert, Medaloa: A practical technique for resolving international business disputes, Journal of International Arbitration 1994, 111 ff.

Cowley, Patrick, International Group Insolvencies – International Protocols, Lehman Brothers, in: *Wilhelm, Marco* (Hrsg.), Konzerninsolvenzrecht, 2018, S. 265 ff.

Creifelds, Carl/Weber, Klaus, Rechtswörterbuch, 20. Aufl. 2011

Dahrendorf, Ralf, Gesellschaft und Freiheit, 1961

Literaturverzeichnis

Dahrendorf, Ralf, Konflikt und Freiheit, 1972

Dahrendorf, Ralf, Zu einer Theorie des sozialen Konflikt, in: *Hamburger Jahrbuch für Wirtschafts- und Gesellschaftspolitik*, 1958

Datcheva, Dessislava, Mediation. Gesetzliche Regelung und Praxis in Bulgarien, OER 53, 2007, 430 – 434

Dauner-Lieb, Barbara/Heidel, Thomas/Ring, Gerhard (Hrsg.), Anwaltkommentar BGB, Bd. 2, Schuldrecht, 2005

Deckenbrock, Christian/Henssler, Martin (Hrsg.), Rechtsdienstleistungsgesetz – Kommentar, 4. Aufl., 2015

Decker, Eric, Das neue beschleunigte Verfahren der Deutschen Institution für Schiedsgerichtsbarkeit, SchiedsVZ 2019, 75 ff.

Decker, Frauke/Peschke, Angelika, Vom Gericht »geschickte« Medianden, ZKM 2016, 120 ff.

Dehner, Ulrich /Dehner, Renate, Transaktionsanalyse im Coaching, managerSeminare, 2013

Deinhardt, Richard (Hrsg.), Deutscher Rechtsfriede. Beiträge zur Neubelebung des Güteverfahrens, 1916

Del Duca, Louis/Rule, Colin/Loebl, Zbynek, Facilitating Expansion of Cross-Border E-Commerce – Developing a Global Online Dispute Resolution System (Lessons Derived from Existing ODR Systems – Work of the United Nations Commission on International Trade Law), 2012, S. 59

Dendorfer, Renate, Aktives Vergleichsmanagement – Best Practice oder Faux pas schiedsrichterlicher Tätigkeit? SchiedsVZ 2009, 276 ff.

Dendorfer, Renate, Konfliktlösung durch Mediation bei Gesellschafterstreitigkeiten, MittBayNot 2008, 85 ff.

Dendorfer, Renate/Krebs, Thomas. Konfliktlösung durch Mediation bei Gesellschafterstreitigkeiten, MittBayNot 2008, 85 ff.

Dendorfer, Renate/Lack, Jeremy, The Interaction Between Arbitration and Mediation: Vision vs. Reality, SchiedVZ 2007, 195 ff.

Dendorfer-Ditges, Renate/Poschab, Reiner, § 82 Mediation und Konfliktmanagement in der Arbeitswelt, in: *Moll, Willhelm* (Hrsg.), Münchener Arbeitshandbuch Arbeitsrecht, 4. Aufl. 2017, S. 2855 ff.

Derleder, Peter/Knops, Kai-Oliver/Bamberger, Heinz Georg, Handbuch zum deutschen und europäischen Bankrecht, 2004

Dettenborn, Henry/Eginhard, Walter, Familienrechtspsychologie, 3. Aufl. 2016

Deutsch, Morton/Coleman, Peter (Hrsg.), Handbook of conflict resolution. Theory and practice, 2000

Deutsches Familienrechtsforum e.V. (Hrsg.), Modelle alternativer Konfliktregelungen in der Familienkrise (Schriftenreihe des Deutschen Familienforums, Bd. 3), 1982

Diel, Diane, The Definition of Collaborative Practice – Moving From Branding To Unification, Collaborative Review, 13/1, S. 22 f.

Diez, Hannelore, Mediationsanaloge Supervision in den verschiedenen Feldern von Mediation, ZKM 2000, 160 ff., 227 ff.

Diez, Hannelore/Krabbe, Heiner/Engler, Karen, Werkstattbuch Mediation, 2019

Dixit, Avinash K./Skeath, Susan, Games of Strategy, 2. Aufl. 2004

Literaturverzeichnis

Döbereiner, Walter, »Anfechtung und Geltendmachung der Unwirksamkeit eines Schiedsgutachtens durch den/die Schiedsgutachter«, VersR 1983, 712 ff.

Dörk, Tina, Kritik an der Umsetzung der Europäischen Mediationsrichtlinie (2008/52/EG) in das deutsche Recht, 2013

Dralle, Dorothee, Angemessenes Honorar für eine anwaltliche Mediation – sinnvolle Inhalte einer Gebührenvereinbarung, in Berliner Anwaltsblatt 2012, 263 ff.

Duden, Synonymwörterbuch, Ein Wörterbuch sinnverwandter Wörter, 5. Aufl. 2010

Düll, Rudolf, Der Gütegedanke im römischen Zivilprozeßrecht. Ein Beitrag zur Lehre der Bedeutung von arbiter, actiones arbitrariae, Verfahren in iure und exceptio, 1931

Dürschke, Joachim, Mediation – ein Weg im sozialgerichtlichen Verfahren, SGb 2001, 533 ff.

Dürschke, Joachim, Güterichter statt Mediator – Güteverhandlung und Mediation im sozialgerichtlichen Verfahren, NZS 2013, 41 ff.

Dürschke, Joachim/Josephi, Katja, Gerichtsinterne Mediation in der Sozialgerichtsbarkeit – gesetzlicher Regelungsbedarf für Mediation, SGb 2010, 324 ff.

Duss-von Werdt, Josef, Die letzten 2500 Jahre der Mediation, in: *Geißler/Rückert*, Mediation – die neue Streitkultur, 2000, S. 115 – 132

Duss-von Werdt, Josef, Mediation in Europa, Studienbrief der Fernuniversität Hagen (71003 – 1–01–F.1), 1999

Duve, Christian, Brauchen wir ein Recht der Mediation, AnwBl. 2004, 1 ff.

Duve, Christian, Das Gesetz zur Rettung der gerichtlichen Mediation, ZKM 2012, 108 ff.

Duve, Christian, Vermeidung und Beilegung von Gesellschafterstreitigkeiten, AnwBl. 2007, 389 ff.

Duve, Christian/Eidenmüller, Horst/Hacke, Andreas, Mediation in der Wirtschaft – Wege zum professionellen Konfliktmanagement, 3. Aufl. 2019

Duve, Christian/Keller, Moritz, Privatisierung der Justiz – bleibt die Rechtsfortbildung auf der Strecke? – Ein Beitrag zur Auflösung des Spannungsverhältnisses von Privatautonomie und Rechtsfortbildung in der Schiedsgerichtsbarkeit, SchiedsVZ 2005, 169 ff.

Duve, Christian/Sattler, Maximilian, Der Kampf ums Recht im Jahr 2030 – Die Zukunft privatrechtlicher Rechtsverfolgung – und was sie für Anwälte bedeutet, AnwBl. 2012, 2

Duve, Helmuth, Verfahrensdesign – Alternativen zum Dispute Board, BauR 2008, 1531 ff.

Ebenroth, Karlheinz/Boujong, Carsten Thomas/Joost, Detlev, Handelsgesetzbuch, Kommentar, Bd. 2, 2001

Eckert, Claudia, IT-Sicherheit – Konzepte – Verfahren – Protokolle, 9. Aufl. 2014

Ehle, Bernd/Jahnel, Werner, Revision der Swiss Rules – erhöhte Effizienz und Flexibilität, SchiedsVZ 2012, 9 ff.

Ehlers-Hofherr, Angela, Anmerkungen zum Urteil des BGH vom 21.9.2017 – IX ZR 34/17 in NJW 2017, 3446 f.

Eidenmüller, Horst (Hrsg.), Alternative Streitbeilegung, 2011

Eidenmüller, Horst, Mediationstechniken bei Unternehmenssanierungen, BB 1998, Beilage 10, 19 ff.

Eidenmüller, Horst, Caucus-Mediation und Mediationsgesetz, ZIP 2016, Beilage zu Heft 22, S. 18

Eidenmüller, Horst, Die Auswirkung der Einleitung eines ADR-Verfahrens auf die Verjährung, SchiedsVZ 2003, 163 ff.

Eidenmüller, Horst, Establishing a Legal Framework for Mediation in Europe: The Proposal for an EC Mediation Directive, SchiedsVZ 2005, 124 ff.

Eidenmüller, Horst, Hybride ADR-Verfahren bei internationalen Wirtschaftskonflikten, RIW 2002, S. 1-11.

Eidenmüller, Horst, Mediationstechniken bei Unternehmenssanierungen, BB 1998, Beilage 10, 19 ff.

Eidenmüller, Horst, Verjährungshemmung leicht gemacht – Prospekthaftung der Telekom vor der Gütestelle, NJW 2004, 23 ff.

Eidenmüller, Horst, Zertifizierte Mediatoren, NJW-aktuell 2016, 15

Eidenmüller, Horst/Fries, Martin, Entwicklung und Regulierung des deutschen Mediationsmarktes, AnwBl. 1/2017, 23 ff.

Eidenmüller, Horst/Hacke, Andreas/Fries, Martin, Vier Supervisionen von vier Praxisfällen erforderlich, https://www.mediatorenausbildung.org/zertifizierter-mediator/#praxisfaelle (Datum des Zugriffs: 15.02.2018)

Eidenmüller, Horst/Wagner, Gerhard (Hrsg.), Mediationsrecht, 2015

Eisele, Jörg, Strafrecht und Strafprozess, in: *Haft, Fritjof/von Schlieffen, Katharina* (Hrsg.), Handbuch Mediation, 3. Aufl. 2016, S. 1061 ff.

Eisele, Jörg, Öffentliche Streitbeilegungsverfahren – Zwischen Mediation, Schlichtung, Moderation und Schaulaufen der Akteure, ZRP 2011, 113

Elfring, Klaus, »Deadlock« beim paritätischen Equity Joint Venture, NZG 2012, 895 ff.

Elsing, Siegfried, Streitverkündung und Schiedsverfahren, SchiedsVZ 2004, 88 ff.

Enaux, Manfred, Mitwirkung von Sachverständigen in der erichtsinternen Mediation in Bausachen, in: *Heiermann, Wolfgang/Englert, Klaus* (Hrsg.), Baurecht als Herausforderung – Festschrift für Horst Franke zum 60. Geburtstag, 2009, S. 47 ff.

Endruweit, Günter (Hrsg.), Moderne Theorien der Soziologie, 1992

Endruweit, Günter/Trommsdorf, Gisela, Wörterbuch der Soziologie, 2002

Engel, Martin, Collaborative Law in der deutschen Anwaltspraxis, ZKM 2010, 112 ff.

Engel, Martin, Dr. Collaborative Law – Mediation ohne Mediator, Dissertation, 2010

Engel, Martin, Neue Methoden in der Mediation, ZKM 2007, 68 ff.

Engel, Martin, Transatlantische Impulse für die Beilegung von Rechtsstreitigkeiten – Mehr als nur Mediation: Adjudikation, Kokon-Verfahren und Online-Streitbeilegung bieten Chancen für Anwälte, AnwBl. 2012, 13 ff.

Engel, Martin/Hornuf, Lars, Mediation als Vebraucherschutz – oder Verbraucherschutz vor Mediation? SchiedsVZ 2012, 26 ff.

Engel, Martin/Schricker-Heinke, Vanessa, Rechtliche und ökonomische Grundlagen der Adjudikation, in: *Forum Baukonfliktmanagement*, werner-baurecht.de, 18. 11. 2010

Engelhardt, Emily, Online-Supervision, Neue Perspektiven für die Praxis, https://www.dgsf.org/service/wissensportal/online-supervision-neue-perspektiven-fuer-die-praxis-2014 (Datum des Zugriffs 15.02.2018)

Engelhardt, Helmut/Sternal, Werner, FamFG Kommentar zum Gesetz über das Verfahren in Familiensachen und in den Angelegenheiten der freiwilligen Gerichtsbarkeit, 17. Aufl. 2011

Englert, Klaus/Schalk, Günther, Mediation als unverzichtbarer Teil des Streitlösungssystems in Bausachen, BauR 2009, 874 ff.

Literaturverzeichnis

Epstein, Samuel, Integration of cognitive and psychodynamic unconscious, Am. Psychologist 1994, 709 ff.

Erlei, Martin/Leschke, [xxx]MMartin/Sauerland, Dirk, Institutionenökonomik, 3. Aufl., 2016 Ermann, Walter (Begr.), Bürgerliches Gesetzbuch, Bd. I, 12. Aufl. 2008

Erpenbeck, Mechtild, Wohin mit Wut und Empörung? Coaching zur Selbststeuerung im Konflikt, Coaching Magazin 4/2017, www.coaching-magazin.de/ausgaben

Esser, Josef, Grundsatz und Norm in der richterlichen Fortbildung des Privatrechts: Rechtsvergleichende Beiträge zur Rechtsquellen – und Interpretationslehre, 1956

Esser, Kristina/Troja, Markus, Lehrmodul 10: »Ein Bild sagt mehr als tausend Worte« , ZKM 2008, 117 ff.

Etscheit, Nicole, Externe Mediation in der Praxis der Berliner Familiengerichte, unveröffentlichte Masterarbeit, 2008

Etscheit, Nicole, Verweisung in die außergerichtliche Mediation – Ergebnisse einer Erhebung zum Umgang der Berliner Familienrichter mit § 278 Abs. 5 S. 2 Zivilprozessordnung (ZPO), in: *Gläßer, Ulla/Schroeter, Kirsten* (Hrsg.), Gerichtliche Mediation, 2011, S. 143 ff.

Evangelische Akademie Bad Boll, FamilienMEDIATION – ihre gesetzliche Verankerung durch Wissenschaft und Politik, Tagung vom 1. bis 3. März 2002, Bad Boll, Protokolldienst 6/03

Ewer, Wolfgang, Wenn nur der Konsens zählt – was bleibt für das Gerichtsverfahren?, AnwBl. 2012, 18 ff.

Ewig, Eugen, Mediationsgesetz 2012: Aufgabe und Rolle des beratenden Anwalts, ZKM 2012, 4 ff.

Eyer, Eckhard, Im Mittelstand ist die Grenze zwischen Wirtschafts- und Familienmediation fließend, ZKM 2000, 277 ff.

Eylmann, Horst/Vaasen, Hans-Dieter, Bundesnotarordnung, Beurkundungsgesetz, 3. Aufl. 2011

Falke, Josef/Gessner, Volkmar, Konfliktnähe als Maßstab für gerichtliche und außergerichtliche Streitbehandlung, in: *Blankenburg, Erhard/Gottwald, Walther/Strempel, Dieter* (Hrsg.), Alternativen in der Ziviljustiz, 1982, S. 289 ff.

Felstiner, William L. F./Abel, Richard/Sarat, Austin, The Emergence of Transformation of Disputes: Naming, Blamin, Claiming, Law and Society Review, Vol. 15, Number 3 – 4 (10/81), 630

Feuerich, Wilhelm E./Weyland, Dag, Bundesrechtsanwaltsordnung, 9. Aufl. 2016

Fichter, Joseph H., Grundbegriffe der Soziologie, 1970

Figdor, Helmuth, Hochstrittige Scheidungsfamilien und Lösungsstrategien für die Helfer. Aus der Praxis der psychoanalytisch- pädagogischen Erziehungsberatung, in: *Scheuerer-Englisch, Hermann/Hundsalz, Andreas/Menne, Klaus* (Hrsg.), Jahrbuch der Erziehungsberatung, Bd. 7, 2008, S. 57 ff.

Figdor, Helmuth, Scheidungskinder – Wege der Hilfe, 2007

Fischer, Christian/Unberath, Hannes (Hrsg.), Grundlagen und Methoden der Mediation – Tagung vom 22./23. März 2013 in Jena, 2014

Fischer, Thomas u. a., Strafgesetzbuch und Nebengesetze, 66. Aufl. 2019

Fischer, Ulrike, § 13 Mediation im Familienrecht, in: *Henssler, Martin/Koch, Ludwig* (Hrsg.), Mediation in der Anwaltspraxis, 2. Aufl. 2004, S. 393 ff.

Literaturverzeichnis

Fischer-Dieskau, Stefanie/Hornung, Gerrit, Erste höchstrichterliche Entscheidung zur elektronischen Signatur, NJW 2007, 2897

Fisher, Roger/Ury, William/Patton, Bruce, Das Harvard-Konzept, 22. Aufl. 2004

Flohr, Eckard, Masterfranchise-Vertrag, 4. Aufl. 2010

Foerste, Ulrich, §§ 253 – 287 ZPO, in: *Musielak, Hans-Joachim/Voit, Wolfgang* (Hrsg.), ZPO, 16. Aufl. 2019

Francken, Johannes Peter, Das Arbeitsgericht als Multi-Door- Courthouse, NJW 2006, 1103 ff.

Francken, Johannes Peter, Erforderliche Nachbesserungen im Mediationsgesetz und im Arbeitsgerichtsgesetz, NZA 2012, 249 ff.

Frank, Liane/Westendorp, Sylvette, Cooperative Praxis: Wertschätzend verhandeln und Konflikte in Handlungsstärke verwandeln BECK Stellenmarkt, 5/19

Franke, Horst, Konfliktmanagement, in: *Viering, Markus G./Liebchen, Jens H./Kochendörfer, Bernd* (Hrsg.), Managementleistungen im Lebenszyklus von Immobilen, 2007, S. 393 ff.

Franke, Horst/Engler, Klaus/Halstenberg, Michael/Kuffer, Johann/MeyerPostelt, Eva-Martina/Miernik, Helmut, Kommentar zur Streitlösungsordnung für das Bauwesen SL-Bau, 2011

Franke, Horst/Kemper, Ralf/Zanner, Christian/Grünhagen, Matthias, VOB-Kommentar, 3. Aufl. 2007

Frege, Michael/Keller, Ulrich/Riedel, Ernst, Insolvenzrecht, 8. Aufl. 2015

Friedman, Garry J., Die Scheidungs-Mediation. Anleitung zu einer fairen Trennung, 1999

Friedrich, Fabian M., Verjährungshemmung durch Güteverfahren, NJW 2003, 1781 ff.

Friedrich, Nikola, Mediation und die Herstellung von Verfahrensgerechtigkeit in sozialrechtlichen Konflikten, ZKM 2012, 180 ff.

Friedrichsmeier, Hans, Der Rechtsanwalt als Mediator, in: *Haft, Fritjof/von Schlieffen, Katharina* (Hrsg.), Handbuch Mediation, 2. Aufl. 2009, S. 837 ff.

Fries, Martin, Mediator vs. Zertifizierter Mediator: Was ist der Unterschied? https://www.mediatorenausbildung.org/mediator-vs-zertifizierter-mediator-was-ist-der-unterschied/ (Datum des Zugriffs: 15.02.2018)

Fritz, Roland, Berufsbild des Mediators und Ausbildungsvoraussetzungen, in: *Fritz, Roland/Karber, Bernd/Lambeck, Rainer*, Mediation statt Verwaltungsprozess? 2004, S. 137 ff.

Fritz, Roland, Das Gütesiegel »Zertifizierter Mediator«, ZKM 2014, 62 ff.

Fritz, Roland, Der – verpasste – Königsweg im Bahnkonflikt: Mediation, NJW 2008, 2312 ff.

Fritz, Roland, Ein Anreiz zur Weiterbildung, IHKWirtschaftsforum 03.2017, 45 f.

Fritz, Roland, Mediation, S. 303 ff, in: *Eiding-Hoffmann-Hoeppel* (Hrsg), Verwaltungsrecht und Erläuterungen, 2017

Fritz, Roland, Mediation – Vorurteil und Wirklichkeit, in: *Fritz, Roland/Gerster, Rainald/Karber, Bernd/Lambeck, Rainer*, Im Geiste der Demokratie und des sozialen Verständnisses, Festschrift Verwaltungsgericht Gießen, 2007, S. 319 ff.

Fritz, Roland, Mediationsvereinbarung und »mediativer Vergleich«, LKRZ 2009, 281 ff.

Fritz, Roland, Nicht immer gleich zum Gericht, Deutsches Ärzteblatt 2013 (51/52), 2503

Fritz, Roland, Nicht jeder Streit muss vor Gericht, Deutsche Handwerkszeitung 2014 (Ausg. 1-2), 4

Literaturverzeichnis

Fritz, Roland, Passgenaue Lösungen, Deutsches Ingenieurblatt 2015, 52

Fritz, Roland, Rechtliche Einschätzungen und Lösungsvorschläge des Güterichters – gesetzliches Gebot oder Regelverstoß? ZKM 2015, 1

Fritz, Roland, Tiefe statt Breite – Erfolgsfaktoren eines gelungenen Beteiligungsprozesses, S. 87 ff, in: *Holemans, Baggern ist Bio!* Rees 2019

Fritz, Roland, Zertifizierung für langjährig praktizierende Mediatoren – Rechtsnebel statt Rechtsklarheit, Die Mediation 2017, 60 ff.

Fritz, Roland, »Administrative Optimierung durch mediative Kompetenzen, SchVw HE/RP 2014, 144

Fritz, Roland, »Wenn Genossen streiten...« – Plädoyer für neue Formen der Auseinandersetzungen im Genossenschaftsrecht, S. 35 ff, in: *Fritz Roland/ Herzberg, Anja / Kühnberger, Manfred*, Festschrift für Jürgen Keßler, 2015

Fritz, Roland/Fritz, Elisabeth, Richter als gerichtsinterne Mediatoren, FPR 2011, 328 ff.

Fritz, Roland/Fritz, Elisabeth, Wirtschaftsmediation, 2009

Fritz, Roland/Karber, Bernd/Lambeck, Rainer, Mediation statt Verwaltungsprozess? 2004

Fritz, Roland/Klenk, Michael, Einzelgespräche, ZKM 2016, 164, 210

Fritz, Roland/Krabbe, Heiner, Gerichtsinterne Mediation – der Faktor »Zeit«, NVwZ 2011, 396 ff.

Fritz, Roland/Krabbe, Heiner, Neue Entwicklungen in der anwaltlichen Mediationspraxis, NJW 2011, 3204

Fritz, Roland/Krabbe, Heiner, Plädoyer für Qualität und Nachhaltigkeit der Güterichterausbildung, NVwZ 2013, 29

Fritz, Roland/Krabbe, Heiner, Supervision im richterlichen Bereich, Betrifft JUSTIZ 2016, 65 ff.

Fritz, Roland/Krabbe, Heiner, (Einzel-)Supervision für zertifizierte Mediatoren – Teil 1, ZKM 2017, 89 ff.; Teil 2 ZKM 2017, 149 ff

Fritz, Roland/Pielsticker, Dietrich (Hrsg.), Mediationsgesetz, Kommentar, 2013

Fritz, Roland/Pielsticker, Dietrich, Verordnung über die Aus- und Fortbildung zertifizierten Mediatoren, Kommentar, 2018

Fritz, Roland /Schroeder, Patrick, Der Güterrichter als Konfliktmanager im staatlichen Gerichtssystem, NJW 2014, 1910 ff.

Fritz, Roland/Sellke, Piet, Beteiligungsverfahren in Bad Neuenahr-Ahrweiler, Gemeinde und Stadt 2016, 46

Fritz, Roland/Sellke, Piet, Mediation und Partizipation – Fortschritt für festgefahrene Projekte, ISTE Jahresbericht 2017/2018, S. 106

Fritz, Roland/Sellke, Piet/Wachinger, Gisela, Vorausschauendes Konfliktmanagement – Bürgerbeteiligung beim Bau eines Wohnheims für Flüchtlinge, BWGZ 2016, 225

Froomkin, A. Michael, ICANN's »Uniform Dispute Resolution Policy« – Causes and (Partial) Cures, Brooklyn Law Review 67, 2002, 605

Funcke, Amelie/Havenith, Eva, Moderations-Tools, managerSeminare, 6. Aufl. 2019

Galtung, Johan, Theorien zum Frieden, in: *Senghaas, Dieter* (Hrsg.), Kritische Friedensforschung, 1972, S. 201 ff.

Gamache, Susan, Collaborative Divorce Coaching – Working Toward A Definition and Theoretical Location for the Family Therapist, Collaborative Review, 2013/1, S. 24 ff.

Literaturverzeichnis

Gassen, Dominik, Digitale Signaturen in der Praxis – Grundlagen, Sicherheitsfragen und normativer Rahmen, 2003

Gehlen, Hans von, Angemessene Vertragsstrafe wegen Verzugs im Bau- und Industrieanlagenbauvertrag, NJW 2003, 2961 ff.

Gehrlein, Markus, Wirksamkeitsmängel von Schiedsgutachten, VersR 1994, 1009 ff.

Geimer, Reinhold, Notarielle Vollstreckbarerklärung von Anwaltsvergleichen, DNotZ 1991, 266 ff.

Geis, Ivo, Beweisqualität elektronischer Dokumente, in: *Hoeren/Sieber/Holznagel*, Handbuch Multimedia-Recht, Teil 13.2

Geiseler, Jens, Glasl im Interview, ZKM 2014, S. 171

Geißler, Peter/Rückert, Klaus, Mediation – die neue Streitkultur, 2000

Gemählich, Rainer, Das bayerische Güterichterprojekt, Spektrum der Mediation 40/2010, 37 ff.

Gennen, Klaus, Praktischer Einsatz elektronischer Signaturen in Deutschland, DuD 2009, 661

Gerdemann, Simon, Transatlantic Whistleblowing: Rechtliche Entwicklung, Funktionsweise und Status quo des Whistleblowing in den USA und seine Bedeutung für Deutschland, 2018

Gerhardt, Peter, § 1 Die Ermittlung des unterhaltsrechtlich relevanten Einkommens, in: *Wendl, Philipp/Dose, Hans-Joachim*, Das Unterhaltsrecht in der familienrechtlichen Praxis, 10. Aufl. 2019

Gerold, Wilhelm/Schmidt, Herbert/von Eicken, Kurt/Madert, Wolfgang/Müller-Rabe, Steffen, Rechtsanwaltsvergütungsgesetz, Kommentar, 17. Aufl. 2006

Gibbons, Llewellyn Joseph/Kennedy, Robin M/Gibbs, Jon Michael, Cyber-Mediation: Computer-Mediated Communications Medium Massaging the Message, New Mexico Law Review 32, 2002, 27

Giesen, Bernhard, Die Konflikttheorie, in: *Endruweit, Günter* (Hrsg.), Moderne Theorien der Soziologie, 1992, S. 87 ff.

Glasl, Friedrich, Entwicklung der Konflikttheorie in den letzten Dezennien, ZKM 2017, S. 174 ff.

Glasl, Friedrich, Konfliktfähigkeit statt Streitlust und Konfliktscheue, 2. Aufl., 2015

Glasl, Friedrich, Konfliktmanagement, 11. Aufl. 2017

Glasl, Friedrich/Kalcher, Trude/Piber, Hannes, Professionelle Prozessberatung, 3. Aufl. 2014.

Glasmachers, Marion, Familiendynamisch begründete Interventionsansätze – Alternative Konfliktlösungsversuche in den USA, in: *Evangelische Akademie Bad Boll FamilienMEDIATION* – ihre gesetzliche Verankerung durch Wissenschaft und Politik, Tagung vom 1. bis 3. März 2002, Bad Boll, Protokolldienst 6/03, S. 104 ff.

Gläßer, Ulla, § 2 MediationsG, in: *Klowait, Jürgen /Gläßer, Ulla*, Mediationsgesetz, 2. Aufl. 2018, S. 166 ff.

Gläßer, Ulla, Die Diskussion hat begonnen, Spektrum der Mediation 65/2016, 43

Gläßer, Ulla, Mediation und Beziehungsgewalt, 2008

Gläßer, Ulla/Kirchhoff, Lars/Wendenburg, Felix, Konfliktmanagement in der Wirtschaft: Bestandsaufnahme und Entwicklung, 2014

Gläßer, Ulla/Kublik, Joanna, Einzelgespräche in der Mediation, ZKM 2011, 89 ff.

Literaturverzeichnis

Gläßer, Ulla/Schroeter, Kirsten (Hrsg.), Gerichtliche Mediation, 2011

Glunz, Robert, Systemisches Konsensieren. Entscheidungsfindung in Gruppen und Vorbeugung von Konflikten, ZKM 2019, 13 ff.

Göbel, Elisabeth, Neue Institutionenökonomik, 2002

Göcken, Stephan, Mediationsgesetz – Anwaltschaft begrüßt »zertifizierten Mediator«, NJW-aktuell, 52/2011, 16

Göldner-Dahmke, Sabine, Mediation im Arbeitsrecht: Alternative zum Güteverfahren und zur Einigungsstelle, SchlHA 2010, 54 ff.

Gössl, Susanne L., Das Gesetz über die alternative Streitbeilegung in Verbrauchersachen – Chancen und Risiken, NJW 2016, 838-842

Göthel, Stephan, Mediation und M&A-Transaktionen –Zeit zur Teambildung! M&A Review 2014, S. 404 ff.

Gottwald, Walther, Modelle der freiwilligen Streitschlichtung unter besonderer Berücksichtigung der Mediation, WM 1998, 1257

Gräber, Fritz/Stapperfend, Thomas, FGO, 7. Aufl. 2010

Grabow, Michael, Das kostenfreie Informationsgespräch nach § 135 FamFG, FPR 2011, 33 ff.

Gralla, Mike/Sundermeier, Matthias, Adjudikation – außergerichtliches Streitlösungsverfahren für Baukonflikte auf gesetzlicher Basis? Eine empirisch-baubetriebliche Betrachtung, Bauingenieur 2008, 238 ff.

Gralla, Mike/Sundermeier, Matthias, Bedarf außergerichtlicher Streitlösungsverfahren für den deutschen Baumarkt. – Ergebnisse der Umfrage des Deutschen Baugerichtstags e.V. -, in: Baurecht (BauR) 38 (2007), S. 1961-1974

Greger, Reinhard, Abschlussbericht zum Forschungsprojekt »Außergerichtliche Streitbeilegung in Bayern«, 2004

Greger, Reinhard, Abschlussbricht zum Modellversuch Güterichter, ZKM 2007, 180 ff.

Greger, Reinhard, Abschlussbericht zur Evaluation des Modellversuchs Güterichter, 2007

Greger, Reinhard, Auf dem Weg zu einem deutschen Mediationsgesetz, ZKM 2010, 120 ff.

Greger, Reinhard, Das neue Verbraucherstreitbeilegungsgesetz, MDR 2016, 365-370

Greger, Reinhard, Der »zertifizierte Mediator« – Heilsbringer oder Schreckgespenst? ZKM 2012, 16 ff.

Greger, Reinhard, Die neue Zertifizierungsverordnung für MediatorenInnen, Spektrum der Mediation 66/2017, 49 ff.

Greger, Reinhard, Die von der Landesjustizverwaltung anerkannten Gütestellen: Alter Zopf mit Zukunftschancen, NJW 2011, 1478 ff.

Greger, Reinhard, Die Reglementierung der Selbstregulierung – Zum Referentenentwurf eines Mediationsgesetzes, ZRP 2010, 209 ff.Greger, Reinhard, Erste Erfahrungen mit dem bayerischen Güterichterprojekt, ZKM 2006, 68 ff.

Greger, Reinhard, Güterichter – ein Erfolgsmodell, ZRP 2006, 229 ff.

Greger, Reinhard, Mediation und Gerichtsverfahren in Sorge- und Umgangsrechtskonflikten, Pilotstudie zum Vergleich von Kosten und Folgekosten, erstellt im Auftrag des Bundesministeriums der Justiz, 2010

Greger, Reinhard, Stand und Perspektiven der außergerichtliche Streitbeilegung in Bayern, ZKM 2004, 196.

Greger, Reinhard, Stellungnahme zum Entwurf eines Gesetzes zur Förderung der Mediation und anderer Verfahren der außergerichtlichen Konfliktbeilegung, 2010, S. 1 ff.

Greger, Reinhard, Verbraucherstreitbeilegung: Kein Durchbruch, viele Fragen, VuR 2019, 43-47

Greger, Reinhard, Verlässlichkeit und Transparenz, ZKM 2011, 86 ff.

Greger, Reinhard, Was wird aus der gerichtsinternen Mediation? Spektrum der Mediation 40/2010, 18 ff.

Greger, Reinhard, Zertifizierung oder Lizenzierung? Was ist erlaubt? Mediation aktuell vom 31. Januar 2018, https// www.mediationaktuell.de/news/zertifizierung-oder-lizensierung-was-ist-erlaubt?pk_ campaign=2018_01_MA_NL_Im_Fokus__Zertifizierung__Lizensierung_und_die_ Professionalisierung_de&pk_kwd=03_Zertifizierung_oder_Lizensierung__Was_ist_ erlaubt__01_Empfehlungen_ (Datum des Zugriffs: 15.02.2018)

Greger, Reinhard/Stubbe, Christian, Schiedsgutachten: Außergerichtliche Streitbeilegung durch Drittentscheidungen, 2007

Greger, Reinhard/Unberath, Hannes, Mediationsgesetz: Recht der alternativen Konfliktlösung – Kommentar, 2012

Greger, Reinhard/Unberath, Hannes/Steffek, Felix, Recht der alternativen Konfliktlösung, 2. Aufl. 2016

Greger, Reinhard/Weber, Das neue Güterichterverfahren – Arbeitshilfe für Richter, Rechtsanwälte und Gerichtsverwaltung, MDR-Sonderbeilage zu Heft 18/2012

Greiter, Ivo, »Vergiften ist unpassend«, ZKM 2004, 65 ff.

Grieger, Winfried, Außergerichtliche Streitbeilegung – Welches Modell?, in: *Heiermann, Wolfgang/Englert, Klaus* (Hrsg.), Baurecht als Herausforderung – Festschrift für Horst Franke zum 60. Geburtstag, 2009, S. 91 ff.

Grilli, Peter J., Vom Anwalt zum Schlichter – Ein amerikanischer Mediator berichtet –, AnwBl. 1997, 533

Groß, Michael, Intellectual Property und Mediation, in: *Klowait, Jürgen/Gläßer, Ulla*, Mediationsgesetz, 2. Aufl. 2018, S. 680 ff.

Grünbuch 2002, Grünbuch über alternative Verfahren zur Streitbeilegung im Zivil- und Handelsrecht, Kommission der Europäischen Gemeinschaft, vom 19. 4. 2002, KOM (2002) 196 endgültig

Grziwotz, Herbert, Mediation mit Bezug zum öffentlichen Recht im Bau- und Nachbarrecht, in: *von Schlieffen, Katharina/Wegmann, Bernd* (Hrsg.), Mediation in der notariellen Praxis, 2002, S. 251 ff.

Gummert, Hans (Hrsg.), MAH Personengesellschaftsrecht, 2. Aufl. 2015

Günther, Klaus/Hilber, Marc, § 15 Mediation im Zivilrecht, insbesondere Wirtschaftsrecht, in: *Henssler, Martin/Koch, Ludwig* (Hrsg.), Mediation in der Anwaltspraxis, 2. Aufl. 2004, S. 485 ff.

Güth, Werner/Schmittberger, Rolf/Schwarze, Bernd, An Experimental Analysis of Ultimatum Bargaining, Journal of Economic Behavior and Organization 3, 1982, S. 367-388

Habbe, Julia Sophia/Gieseler, Konrad, Freunde kann man sich aussuchen, Familie hat man – Strategien zur Vermeidung und Lösung von Konflikten in Familienunternehmen, NZG 2016, 1010 ff.

Literaturverzeichnis

Habersack, Mathias/Tröger, Tobias, Preisfeststellung durch Schiedsgutachten beim Unternehmenskauf, DB 2009, 44 ff.

Habscheid, Walther J., Das Schiedsgutachten – Ein Grenzgebiet zwischen materiellem Recht und Prozessrecht, in: *Nipperdey, H. C.* (Hrsg.), Festschrift für Heinrich Lehmann zum 80. Geburtstag, Das Deutsche Privatrecht in der Mitte des 20. Jahrhunderts, Bd. II, 1956, S. 789 ff.

Habscheid, Walther J., Schiedsvertrag und Schiedsgutachtenvereinbarung, KTS 1957, 129 ff.

Hadidi, Haya/Mödl, Robert, Die elektronische Einreichung zu den Gerichten, NJW 2010, 2097

Haft, Fritjof, Zum Entwurf einer Adjudikations-Ordnung für Baustreitigkeiten (AO-Bau), Forum Baukonfliktmanagement, werner-baurecht.de, 25. 05. 2009

Haft, Fritjof/Kindhäuser, Urs/Neumann, Ulfried/Paeffgen, Hans U., Strafgesetzbuch, 3. Aufl. 2010

Haft, Fritjof/von Schlieffen, Katharina (Hrsg.), Handbuch Mediation, 1. Aufl. 2002, 2. Aufl. 2009, 3. Aufl. 2016.

Hakenberg, Michael, Das neue Verbraucherstreitbeilegungsgesetz – Streitschlichtung 2.0? EWS 2016, 312-317

Hamann, Hartmut/Lennarz, Thomas, Sieben Regeln für eine schnelle, einfache und gute Schiedsklausel, BB 2007, 1009 ff.

Hammacher, Peter, Mediation in Bausachen. Konflikte am Bau vermeiden und lösen, BauSV 2008, 48 ff.

Hammacher, Peter/Erzigkeit, Ilse/Sage, Sebastian (Hrsg.), So funktioniert Mediation im Planen + Bauen, 3. Aufl. 2014

Hammerbacher, Paulus-Titus, Chancen und Risiken der Familienmediation am Beispiel des neuen Kindschaftsrechts, Dissertation 2000

Hanefed, Inka/Wittinghofer, Mathias A., Schiedsklauseln in Allgemeinen Geschäftsbedingungen, SchiedsVZ 2005, 217 ff.

Hannemann, Thomas/Wiegner, Michael (Hrsg.), Münchener Anwaltshandbuch Mietrecht, 5. Aufl. 2019

Hansen, Susan/Schroeder, Jeanne/Gehl, Kathy, The child specialist role in client choice of process, Collaborative Review, 2013/1, S. 13 ff.

Harbst, Ragnar/Winter, Jeremy, Adjudication in England – Das erste Jahrzehnt, BauR 2007, 1974-1983

Harms, Regina/Schmitz-Vornmoor, Andreas, Abschluss der Mediation, ZKM 2013, 154 ff.

Hart, Oliver/Holmström, Bengt, The Theory of Contracts, in: *Bewley, Truman F.*, Advances in Economic Theory: Fifth World Congress, 1987

Hartfield, Günter, Wörterbuch der Soziologie, 1972

Hartges, Monika, Außergerichtliche Konfliktlösung in Deutschland -Modell ÖRA-, Dissertation 2003

Hartmann, Christoph, Sicherung der Vertraulichkeit, in: *Haft, Fritjof/von Schlieffen, Katharina* (Hrsg.), Handbuch Mediation, 2. Aufl. 2009, S. 1087 ff.

Hartmann, Martin/Rieger, Michael/Pajonk, Brigitte, Zielgerichtet moderieren. Ein Handbuch für Führungskräfte, Berater und Trainer, 1997

Hartmann, Peter, Kostengesetze, 42. Aufl. 2012

Hartmann, Peter, Mediationsnovelle und Gericht, MDR 2012, 941 ff.
Hartung, Wolfgang/Scharmer, Hartmut, Berufs- und Fachanwaltsordnung, 6. Aufl. 2016
Hauck, Friedrich/Helml, Ewald/Biebl, Josef, Arbeitsgerichtsgesetz, Kommentar, 4. Aufl. 2011
Haueter, Erna/Spiegel, Miriram Victory, Vom Mehrwert einer interdisziplinären Teamarbeit, Perspektive/Schwerpunkt 1/2014, S. 16 ff.
Haynes, John M., The Fundamentals of Family Mediation, 1994
Hebeler, Timo, Die Gefährderansprache, NVwZ, 1364 ff.
Heckmann, Dirk, Authentifizierung zwischen Datenschutz und Technikmisstrauen – Belastungsproben für den elektronischen Personalausweis, DuD 2009, 656
Heckmann, Dirk, Juris-PraxisKommentar Internetrecht – [Telemediengesetz, E-Commerce, E-Government], 4. Aufl. 2014
Heckschen, Heribert, Chancen und Grenzen für Mediation im gesellschaftlichen Notariat, ZKM 2002, 215 ff.
Heckschen, Heribert, Mediation und Gesellschaftsrecht, in: *von Schlieffen, Katharina/Wegmann, Bernd* (Hrsg.), Mediation in der notariellen Praxis, 2002, S. 193 ff.
Hehn, Markus, Entwicklung und Stand der Medition – ein historischer Überblick, in: *Haft, Fritjof/von Schlieffen, Katharina* (Hrsg.), Handbuch Mediation, 2. Aufl. 2009, S. 175 ff.
Heiland, Gregor, Forderungssicherungsgesetz: Als Anspruch ist § 648a BGB ein scharfes Schwert!, IBR 2008, 493
Heineman, Jörn, Anordnung und Durchführung eines Informationsgesprächs nach § 135 Abs. 1 FamFG, in FamRB 2010, 125 ff.
Heinemann, Jörn, FamFG für Notare, 2009
Heizmann, Elke, Der Steuerberater als Wirtschaftsmediator, 2018
Helm, Ulrich/Bechtold, Anke F., Der Mini-Trial, ZKM 2002, 159 ff.
Henckel, Wolfram, Die mündliche Verhandlung im Zivilprozess aus kommunikationspsychologischer Sicht, ZZP 1997, 91 ff.
Henckel, Wolfram, Elemente der Mediation im arbeitsgerichtlichen Verfahren, dargestellt am Modell des Kündigungsschutzprozesses, NZA 2000, 929 ff.
Hennig, Werner (Hrsg.), Sozialgerichtsgesetz, Kommentar, 2009
Henssler, Martin/Deckenbrock, Christian, Das neue Mediationsgesetz: Mediation ist und bleibt Anwaltssache!, DB 2012, S. 159 ff
Henssler, Martin/Kilian, Matthias, Die interprofessionelle Zusammenarbeit bei der Mediation, ZKM 2000, 55 ff.
Henssler, Martin/Koch, Ludwig (Hrsg.), Mediation in der Anwaltspraxis, 2. Aufl. 2004
Henssler, Martin/Prütting, Hanns, Bundesrechtsanwaltsordnung, 5. Aufl. 2019
Herms, Andrea/Schwartz, Hansjörg, Mediation im Erbrecht, Kon:Sens 1999, 182 ff.
Herrberg, Antje, Die EU als Akteur in der Internationalen Friedensmediation: A Sleeping Beauty?, konfliktDynamik 2012, 46 ff.
Hertel, Anita von/Vovsik, Wolfgang, Zeittafel zur Geschichte der Mediation unter www.mediation-dach.com
Hess, Burkhard, Rechtsgrundlagen der Mediation, in: *Haft, Fritjof/von Schlieffen, Katharina* (Hrsg.), Handbuch Mediation, 2. Aufl. 2009, S. 1053 ff.
Hess, Burkhard, Vebrauchermediation, ZZP 118 (2005), 427 ff.

Literaturverzeichnis

Heussen, Benno, Die Auswahl des richtigen Verfahrens – ein Erfahrungsbericht, in: *Haft, Fritjof/von Schlieffen, Katharina* (Hrsg.), Handbuch Mediation, 2002, S. 217 ff.

Heussen, Benno/Hamm, Christoph (Hrsg.), Beck'sches Rechtsanwalts-Handbuch, 11. Aufl., 2016

Hilger, Norbert, Zur Geltung des beschränkten Untersuchungsgrundsatzes im neuen Schiedsverfahrensrecht, BB 2000, Beilage 8, 2 ff.

Hinojal, Eugenia/Mohsler, Gabriele: Die Suche nach dem richtigen Gleichgewicht zwischen Transparenz und Schutz der Vertraulichkeit innerhalb des FRAND-Rahmens, GRUR 2019, 674 ff.

Hinrichs, Ulrike (Hrsg.), Praxishandbuch Mediationsgesetz, 2014

Hinterhölzl-Widi, Daniela, Online-Mediation. Erweist sich Online-Mediation als taugliches Instrument in Österreich?, ARGE Bildungsmanagement Wien, 2009

Hirsch, Günter, Ansprache des Präsidenten des Bundesgerichtshofes beim 3. Konfliktmanagement-Kongress 2006 in Hannover am 08. 07. 2006, www.bundesgerichtshof.de

Hirsch, Günter, Schlichtung, ZKM 2013, 15 ff.

Hirtz, Bernd, Einforderung des Rechtsgesprächs im Zivilprozess ist Anwaltssache, AnwBl. 2012, 21 ff.

Hobbes, Thomas, Leviathan or the Matter, Forme and Power of a Commonwealth Ecclesiastical and Civil, 1651

Hobeck, Paul/Mahnken, Volker/Keitel, Theodor, FamFG, Kommentar zum Gesetz über das Verfahren in Familiensachen und die Angelegenheit der freiwilligen Gerichtsbarkeit, 2009

Hobeck, Paul/Mahnken, Volker/Koebke, Max, Schiedsgerichtsbarkeit im internationalen Anlagenbau – Ein Auslaufmodell? SchiedsVZ 2007, 225

Hoeren, Thomas, Internet und Recht – Neue Paradigmen des Informationsrechts, NJW 1998, 2849

Hoeren, Thomas/Sieber, Ulrich/Holznagel, Bernd, Handbuch Multimedia-Recht – Rechtsfragen des elektronischen Geschäftsverkehrs

Hoffmann, Christian/Borchers, Kim Corinna, Das besondere elektronische Anwaltspostfach – Eine Förderung des elektronischen Rechtsverkehrs mit den Gerichten, CR 2014, 62

Hoffmann, Hermann/Maurer, Andreas, Bedeutungsverlust staatlicher Zivilgerichte: Einem empirischen Nachweis auf der Spur, TranState working papers No. 133, Universität Bremen, 2010

Hoffmann-Becking, Michael/Gebele, Alexander (Hrsg.), Beck'sches Formularbuch Bürgerliches, Handels- und Wirtschaftsrecht, 13. Aufl. 2019

Hofmeister, Lisa Katharina, Online Dispute Resolution bei Verbraucherverträgen – Rechtlicher Rahmen und Gestaltungsmöglichkeiten, 2012

Hofmeister, Lisa Katharina/Slopek, David E. F., Schutzfähigkeit von Online Dispute Resolution-Verfahren – Fallbeispiel Cybersettle, ZKM 2013, 28

Hohmann, Jutta/Morawe, Doris, Praxis der Familienmediation, 2001

Hök, Götz-Sebastian, »Schiedsgutachten: Urkunde im Urkundsprozess?«, IBR 2008, 308

Hök, Götz-Sebastian, Dispute Adjudication in Deutschland?, IBR 2007, 55

Hölzer, Camilla, Mediation im Steuerverfahren, ZKM 2012, 119 ff.

Literaturverzeichnis

Hölzer, Camilla/Schnüttgen, Helena/Bornheim, Wolfgang, Mediation im Steuerrecht nach dem Referentenentwurf zum Mediationsgesetz, DStR 2010, 2538 ff.

Holznagel, Bernd/Ramsauer, Ulrich, § 40 Mediation im Verwaltungsrecht, in: *Haft, Fritjof/ von Schlieffen, Katharina* (Hrsg.), Handbuch Mediation, 3. Aufl. 2016, S. 921 ff.

Holznagel, Bernd/Ramsauer, Ulrich, Mediation im Verwaltungsrecht, in: *Hommerich, Christoph/Kriele, Dorothea* (Hrsg.), Marketing für Mediation, Ergebnisse einer Befragung der Mitglieder der Arbeitsgemeinschaft Mediation im Deutschen Anwaltsverein, Forschungsberichte des Soldan Instituts für Anwaltsmanagement, Bd. 1, 2004; S. 683 ff., Management Summary unter http://www.soldaninstitut.de

Hommerich, Christoph/Kriele, Dorothea (Hrsg.), Marketing für Mediation, Ergebnisse einer Befragung der Mitglieder der Arbeitsgemeinschaft Mediation im Deutschen Anwaltsverein, Forschungsberichte des Soldan Instituts für Anwaltsmanagement, 2004

Hommerich, Christoph/Prütting, Hanns/Ebers, Thomas/Lang, Sonja/Traut, Ludger, Rechtstatsächliche Untersuchung zu den Auswirkungen des Zivilprozessrechts auf die gerichtliche Praxis – Evaluation ZPO-Reform, 2006

Hopt, Klaus J./Steffek, Felix, Mediation – Rechtstatsachen, Rechtsvergleich, Regelungen, 2008

Hopt, Klaus J; Steffek, Felix, Mediation, in: *Hopt/Steffek*, Mediation, 2008

Horn, Klaus Peter/Brick, Regine, Organisationsaufstellung und systemisches Coaching, 2006

Horn, Simon, Der Eilschiedsrichter im institutionellen Schiedsverfahren, SchiedsVZ 2016, 22 ff.

Horndasch, K.-Peter/Viefhues, Wolfram, FamFG – Kommentar zum Familienverfahrensrecht, 2. Aufl. 2010

Hornmann, Gerhard, Hessisches Gesetz über die öffentliche Sicherheit und Ordnung, 2. Aufl. 2008

Hornung, Gerrit, Die digitale Identität – Rechtsprobleme von Chipkartenausweisen: Digitaler Personalausweis, elektronische Gesundheitskarte, JobCard-Verfahren, 2005

Hornung, Solveig, Eignung und Auswahl von TeilnehmerInnen für Mediationsausbildungen, Spektrum der Mediation 66/2017, 19 ff.

Horst, Peter M., Die Kosten der Mediation, in: *Haft, Fritjof/von Schlieffen, Katharina* (Hrsg.), Handbuch Mediation, 2. Aufl. 2009, S. 1147

Horvath, Günther J., Juristisches Konfliktmanagement in internationalen Großprojekten – Vertragsrechtliche Problemstellungen und Lösungsstrategien in der Praxis, in: *Nicklisch, Fritz* (Hrsg.), Öffentlich-private Großprojekte – Erkenntnisse aus nationaler und internationaler Sicht, Heidelberger Kolloquium Technologie und Recht 2004, 2005, S. 135 ff.

Horvath, Günther J., Schiedsgerichtsbarkeit und Mediation – Ein glückliches Paar? SchiedsVZ 2005, 292 ff.

Hörl, Katharina/Weiser, Stefan, Mediation in der Verbraucherstreitbeilegung, Erfahrungen aus Österreich und Deutschland, ZKM 2019, 231 ff.

Huber, Peter, Schiedsvereinbarung im Scheidungsrecht, SchiedsVZ 2004, 280 ff.

Huber, Huber, Erwin (Hrsg.), Mut zur Konfliktlösung 2014.

Hückstädt, Gerhard, Gerichtliche Mediation beim Landgericht Rostock, Neue Justiz 2005, 289–295

Literaturverzeichnis

IACP Access to collaboration, Collaborative Review, Winter 2014, Issue 1

IACP Standards & Ethics, www.collaborativepractice.com

ICC, 2017 Arbitration Rules and 2014 Mediation Rules, 2017

Illies, Stefan, SL Bau – Vierte Säule wirklich tragfähig? Forum Baukonfliktmanagement, werner-baurecht.de, 13. 10. 2010

Imbusch, Peter/Zoll, Ralf (Hrsg), Friedens- und Konfliktforschung. Eine Einführung mit Quellen, 1996

Imbusch, Peter/Zoll, Ralf (Hrsg.), Friedens- und Konfliktforschung, 1999

Imfeld, Guido, Alternative Streitschlichtung und das Selbstverständnis der Anwaltschaft, Kammerforum 2/2012 der RAK Köln

Initiative neue Qualität der Arbeit, Führungskultur im Wandel, www.inqa.de/DE/Angebote/Publikationen

Jandt, Silke, Beweissicherheit im elektronischen Rechtsverkehr – Folgen der europäischen Harmonisierung, NJW 2015, 1205

Jansen, Nicola, Die außergerichtliche obligatorische Streitschlichtung nach § 15 a EGZPO, Dissertation 2000

Jansen, Nicola, Die historische Entwicklung des Güteverfahrens in Deutschland, ZKM 2003, 24 ff.

Janssen, Bettina, Willkommen – Widerstand gegen innerbetriebliche Mediation, ZKM 2019, 49 ff.

Jäntges, André/Schwartz, Hansjörg, Mediation bei Fusionen – Chancen und Grenzen, ZKM 2010, 25 ff.

Jarass, Hans D./Pieroth, Bodo, Grundgesetz für die Bundesrepublik Deutschland, 15. Aufl. 2018

Jenkel, Carolin, Der Streitschlichtungsversuch als Zulässigkeitsvoraussetzung in Zivilsachen, Dissertation 2002

Jenkins, Joryn, A Free Divorce Handbook, 2015

Jenkins, Joryn, Changing The Way The World Gets Divorced, 2016

Jenkins, Joryn, Managing your Collaborative Practice for Passion & Profit, 2016

Jensen, Michael C./Meckling, William H., Theory of the Firm: Managerial Behaviour, Agency Costs and Ownership Structure, Journal of Financials Economics 1976, 305-360

Jochens, Norbert, Eine allgemeine Verfahrenslehre der Konfliktbearbeitung, ZKM 2019, S. 84

Johlen, Heribert/Oerder, Michael (Hrsg.), MAH Verwaltungsrecht, 3. Aufl. 2012

Johnston, David/Handa, Sunny/Morgan, Charles, Cyberlaw – What you need to know about doing business online, 1997

Johnston, Janet, Sackgasse Scheidung. Wie geht es weiter? 1991

Jost, Fritz, Das Mediationsgesetz und die Haftungsfrage, ZKM 2011, 168 ff.

Jost, Peter–J., Die Prinzipal-Agenten-Theorie im Unternehmenskontext, in: *ders.* (Hrsg.), Die Pinzipal-Agenten-Theorie in der Betriebswirtschaftslehre, 2001, S. 11-43

Jost, Peter-J., Strategisches Konfliktmanagement in Organisationen. Eine spieltheoretische Einführung, 2. Aufl. 1999

Joussen, Jacob, Schlichtung als Leistungsbestimmung und Vertragsgestaltung durch einen Dritten, 2005

Literaturverzeichnis

Julian, Nicolas, Start-Up und Konflikt – Gesetzliche Vorgaben zu CBD, 2019

Jung, Heike, Mediation – ein Ansatz zu einer »Entrechtlichung sozialer Beziehungen«? in: *Jung/Heike, Neumann, Ulfrid* (Hrsg.), Rechtsbegründung – Rechtsbegründungen. Günter Ellscheid zum 65. Geburtstag, 1999, S. 68 ff.

Jung, Heike, Mediation: Paradigmenwechsel in der Konfliktregelung? in: *Schwind, Hans-Dieter/Kube, Edwin/Kühne, Hans-Heiner* (Hrsg.), Festschrift für Hans-Joachim Schneider zum 70. Geburtstag, 1998, S. 913 ff.

Jung, Martin/Lembcke, Moritz/Steinbrecher, Alexander/Sundermeier, Matthias, Die Adjudikation im Baustreit – Alternative zur Mediation oder ihr Schrittmacher?, ZKM 2011, 50 ff.

Justizministerium Baden-Württemberg, Modellversuch »Außergerichtliche Konfliktbeilegung« am Landgericht Stuttgart und Amtsgericht Stuttgart, Abschlussbericht, 2002

Kabat-Zinn, Jon, Im Alltag Ruhe finden, 2015

Kaldenkerken, Carla van, Die Diskussion hat begonnen, Spektrum der Mediation 2016, 43 f. (44)

Kaldenkerken, Carla van, Supervision und Intervision in der Mediation, 2014

Kaldenkerken, Carla van, Supervision – ein Diskus zum Präzisierungsbedarf -, Spektrum der Mediation 78/2019, 42 ff.

Kaldenkerken, Carla van, Wissen was wirkt, 2014

Kals, Elisabeth/Prantl, Judith, Mediationsbereitschaft in Unternehmen, Spektrum der Mediation 76/2019, 13 ff.

Kapellmann, Klaus D./Vygen, Klaus, Jahrbuch Baurecht 2009, Aktuelles, Grundsätzliches, Zukünftiges, 2009

Kassing, Uwe, § 37 Mediation im Insolvenzrecht, in: *Haft, Fritjof/von Schlieffen, Katharina* (Hrsg.), Handbuch Mediation, 3. Aufl. 2016, S. 845 ff.

Katsh, Ethan, ODR: A Look at History, in: Abdel Wahab/Katsh/Rainey, Online Dispute Resolution: theory and practice, 2012, 9

Katsh, Ethan/Rifkin, Janet/Gaitenby, Alan, E-Commerce, E-Disputes, and E-Dispute Resolution: In the Shadow of »eBay Law«, Ohio State Journal on Dispute Resolution 15, 2000, 705

Kaufmann-Kohler, Gabrielle, Online Dispute Resolution and its Significance for International Commercial Arbitration, in: *Aksen/Böckstiegel/Mustill/Patocchi/Whitesell*, Global Reflections on International Law, Commercial and Dispute Resolution, 2005, 437

Keidel, Theodor, FamFG, Gesetz über das Verfahren in Familiensachen und in den Angelegenheiten Gerichtsbarkeit, 17. Aufl. 2011

Kemper, Rainer, Aussetzung des Umgangsrechts bis zur Teilnahme an einer Mediation, FamFR 2010, 162

Kempf, Eberhard, § 50 der Psychologe als Mediator, in: *Haft, Fritjof/von Schlieffen, Katharina* (Hrsg.), Handbuch Mediation, 3. Aufl. 2016, S. 1175 ff.

Kempf, Eberhard/Trossen, Arthur, Integration der Mediation in förmliche Familiengerichtsverfahren, ZKM 2000, 166 ff.

Kerner, Hans-Jürgen, § 47 Mediation beim Täter-Opfer-Ausgleich, in: *Haft, Fritjof/von Schlieffen, Katharina* (Hrsg.), Handbuch Mediation, 3. Aufl. 2016, S. 1097 ff.

Literaturverzeichnis

Kersten, Fritz/Bühling, Selmar, Formularbuch und Praxis der Freiwilligen Gerichtsbarkeit, 22. Aufl. 2008

Kessen, Stefan/Troja, Markus, Die Phasen und Schritte der Mediation als Kommunikationsprozess, in: *Haft, Fritjof/von Schlieffen, Katharina* (Hrsg.), Handbuch Mediation, 2. Aufl. 2009, S. 293 ff., § 13

Kettiger, Daniel, Fachbuch Wirkungsorientierte Gesetzgebung im Rahmen des Projekts »Neue Verwaltungsführung NEF 2000«, 2001

Keydel, Birgit/Knapp, Peter, Zwei plus zwei gleich fünf – Praxisbericht zum Thema Co-Mediation, ZKM 2003, 57 ff.

Kielholz, Annette, Online-Kommunikation – Die Psychologie der neuen Medien für die Berufspraxis, 2008

Kilger, Hartmut, Mediation im Sozialrecht, in: *Haft, Fritjof/Kindhäuser, Urs/Neumann, Ulfried/Paeffgen, Hans U.,* Strafgesetzbuch, Bd. 1, 3. Aufl. 2010

Kilger, Hartmut, § 20 Mediation im Sozialrecht, in: *Henssler, Martin/Koch, Ludwig* (Hrsg.), Mediation in der Anwaltspraxis, 2. Aufl. 2004, S. 671 ff.

Kindhäuser, Urs/Neumann, Ulfrid/Paeffgen, Hans-Ullrich (Hrsg.), Strafgesetzbuch, 5. Aufl. 2017

Kirchhoff, Lars, Wirtschaftsmediation in Deutschland – Momentausnahme und Perspektiven, ZKM 2007, 108 ff.

Klausa, Ekkehard/Rottleuthner, Hubert, Alternative Rechtsform und Alternative zum Recht. Jahrbuch für Rechtssoziologie und Rechtstheorie Bd. VI, 1980

Klein, Benjamin/Crawford, Robert G./Alchian, Armen, A., Vertical Integration, Approbriable Rents, and the Competitive Contracting Process, The Journal of Law and Economics, Vol. 21, 1978, 297-326

Kleine, Lucas, Die Schiedsgerichtsbarkeit aus Sicht ihrer Nutzer, SchiedsVZ 2008, 145 ff.

Kleine-Cosack, Michael, Bundesrechtsanwaltsordnung, 7. Aufl. 2015

Kleine-Cosack, Michael, Heidelberger Kommentar zum Rechtsdienstleistungsgesetz, 3. Aufl., 2014

Kleinrahm, Joachim, § 17 Mediation im Miet- Wohnungseigentums- und Nachbarrecht, in: Henssler, Martin/Koch, Ludwig (Hrsg.), Mediation in der Anwaltspraxis, 2. Aufl. 2004, S. 573 ff.

Klose, Bernhard, Das Urkundenverfahren als Chance der Bauhandwerkersicherung? NJ 2009, 89 ff.

Kloster-Harz, Doris Alternative Streitschlichtungsverfahren, Cooperative Praxis/ Collaborative-Law-Verfahren, in: *Gerhardt/v. Heintschel-Heinegg/Klein,* Handbuch des Fachanwalts Familienrecht, 11. Aufl. Kap. 20 B, S. 2876 ff

Klowait, Jürgen, Innerbetriebliche Mediation, in: *Klowait, Jürgen/Gläßer, Ulla,* Mediationsgesetz, 2. Aufl. 2018, S. 611 ff.

Klowait, Jürgen/Gläßer, Ulla (Hrsg.), Mediationsgesetz, 2. Aufl. 2018

Knaevelsrud, Christine/Wagner, Birgit/Böttche, Maria, Online-Therapie und – Beratung. Ein Praxisleitfaden zur onlinebasierten Behandlung psychischer Störungen, 2016

Knapp, Peter (Hrsg), Konfliktlösungstools, managerSeminare, 2012

Kniffka, Rolf, Das Bau- und Vergaberecht im Umbruch – Die Rede zur Einführung in den 1. Deutschen Baugerichtstag, BauR 2006, 1549 ff.

Literaturverzeichnis

Koch, Harald, Mediation im internationalen Streit, in: *Bachmann, Birgit/Breidenbach, Stephan/Coester-Waltjen, Dagmar/Heß, Burkhard/Nelle, Andreas/Wolf, Christian* (Hrsg.), Grenzüberschreitungen, 2005, S. 402 ff.

Koebke, Max, Schiedsgerichtsbarkeit im internationalen Anlagenbau – Ein Auslaufmodell?, SchiedsVZ 2007, 225 ff.

Kolodey, Christa, Mobbing – Psychoterror am Arbeitsplatz und seine Bewältigung, 2005

König, Oliver/Schattenhofer, Karl, Einführung in die Gruppendynamik, 9. Aufl. 2018

Köntges, Helmut/Mahnken, Volker, Die neue DIS-Verfahrensordnung für Adjudikation (DIS-AVO), SchiedsVZ 2010, 310 ff.

Kopp, Ferdinand/Schenke, Wolf-Rüdiger, VwGO, 15. Aufl. 2007

Koppmann, Werner, Für den Anspruch auf Sicherheitsleistung nach § 648 a BGB ist das Urkundsverfahren nicht statthaft, IBR 2009, 1084

Korintenberg, Werner/Lappe, Friedrich/Bengel, Manfred/Reimann, Wolfgang, Kostenordnung, 18. Aufl. 2010

Kornblum, Udo, Die Rechtsnatur der Bestimmung der Leistung in den §§ 315 bis 319 BGB, AcP Bd. 168 (1968), 450 ff.

Kornblum, Udo, Probleme der schiedsrichterlichen Unabhängigkeit, 1968

Korte, Hans-Jörg, Fallbeispiele Gerichtlicher Mediation im Zivilrecht, in: *Gläßer, Ulla/Schroeter, Kirsten* (Hrsg.), Gerichtliche Mediation, 2011, S. 201 ff.

Korte, Hans-Jörg, Mediation im Sozial- und Verwaltungsrecht, SchlHA 2/2010, 52

Korte, Hans-Jörg, § 173 VwGO, in: *Klowait, Jürgen/Gläßer, Ulla*, Mediationsgesetz, 2. Aufl. 2018, S. 465 ff.

Korteweg-Wiers, Marietta, Mediation oder Rechtsprechung, in: *Fritz, Roland u. a.* (Hrsg.), Im Geiste der Demokratie und des sozialen Verständnisses, Festschrift Verwaltungsgericht Gießen, 2007, S. 359 ff.

Kotzur, Jonas, Die außergerichtliche Realisierung grenzüberschreitender Verbraucherforderungen: Eine rechtsvergleichende Untersuchung zur Bedeutung der Verbraucherschlichtung, 2018

Kraayvanger, Jan/Richter, Malte, US-Beweishilfe in Schiedsverfahren – ein Anschlag auf die internationale Schiedsgerichtsbarkeit? SchiedsVZ 2008, 161 ff.

Krabbe, Heiner, Belastende Gefühle von Kindern in Partnerschaftskrisen der Eltern, Perspektive Mediation 2009, 147 ff.

Krabbe, Heiner, Die Kunst des Fragens, ZKM 2014, S. 185 ff.

Krabbe, Heiner, Die mediationsanaloge Supervision, Kon:Sens 1999, 160 ff.

Krabbe, Heiner, Einvernehmen herstellen – Eine gute Idee mit offenen Fragen in der Praxis, ZKJ 2016, 392 ff.

Krabbe, Heiner, Kurz-Mediation. Die Kunst der Gesamtmediation in einer Sitzung, ZKM 2004, 72 ff.

Krabbe, Heiner/Fritz, Roland, Konzept und Praxis der Supervision im Bereich anwaltlicher Tätigkeit, NJW 2016, 694 ff

Krabbe, Heiner/Fritz, Roland, Die Kurz-Zeit-Mediation – und ihre Verwendung in der gerichtsinternen Praxis, ZKM 2009, 136 ff., 176 ff

Krabbe, Heiner/Fritz, Roland, Werkstattbericht Kurzzeitmediation, ZKM 2013, 76 ff.

Literaturverzeichnis

Krabbe, Heiner, Werkstattbericht: Hochstrittige Parteien in der Mediation, ZIM 2018, 43 ff.

Krabbe, Heiner/Fritz, Roland, (Einzel-)Supervision für zertifizierte Mediatoren – Teil 2, ZKM 2017, 149 ff.

Kracht, Stefan, Rolle und Aufgaben des Mediators – Prinzipien der Mediation, in: *Haft, Fritjof/von Schlieffen, Katharina* (Hrsg.), Handbuch Mediation, 2. Aufl. 2009, S. 267 ff.

Kraft, Volker/Schwerdfeger, Sitta, Das Mediationsgesetz, ZKM 2011, 55 ff.

Krallmann, Dieter/Ziemann, Andreas, Grundkurs Kommunikationswissenschaft, 2001

Kraus, Robert M./Morsella, Ezequiel, Communications and Conflict, in: *Deutsch, Morton/Coleman, Peter* (Hrsg.), Handbook of conflict resolution. Theory and practice, 2000

Kreissl, Stephan, Mediation – Von der Alternative zum Recht der Integration in das staatliche Konfliktlösungssystem, SchiedsVZ 2012, 230-244

Krenzler, Michael, Rechtsdienstleistungsgesetz, 2. Aufl. 2017

Kröll, Stefan, »Pathological« arbitration agreements before German Courts – short notes on the occurence of a recent decision by the Higher Regional court Hamm, IHR 2006, 255 ff.

Kröll, Stefan, Schiedsrechtliche Rechtsprechung 2006, SchiedsVZ 2007, 145 ff.

Kröll, Stefan, 50 Jahre UN-Übereinkommen über die Anerkennung und Vollstreckung ausländischer Schiedssprüche – Standortbestimmung und Zukunftsperspektive, SchiedsVZ 2009, 40 ff.

Kröll, Stefan/Mistelis, Loukas A., u.a. (Hrsg.), International Arbitration and International Commercial Law: Synergy, Convergence and Evolution, 2011

Krüger, Wolfgang/Rauscher Thomas (Hrsg.), Münchener Kommentar zur Zivilprozessordnung: ZPO, Bd. 1, 5. Aufl., 2016

Krüger, Wolfgang / Rauscher, Thomas (Hrsg.), Münchener Kommentar zur Zivilprozessordnung, Bd. 3, 5. Aufl. 2017

Kruse, Petra, Der öffentlich-rechtliche Beauftragte, 2007

Kübler-Ross, Elisabeth, Befreiung aus der Angst. Berichte aus den Workshops. Leben, Tod und Übergang, 1994

Kuffer, Johann/Wirth, Axel, Handbuch des Fachanwalts. Bau- und Architektenrecht, 2. Aufl. 2007

Kuhlmann, Bernd/Rieforth, Joseph, Das Neun-Felder-Modell. Strategischlösungsorientiertes Vorgehen im Mediationsprozess, ZKM 2004, 52 ff.

Kunkel, Peter-Christian/Kepert, Jan/Pattar, Andreas, Sozialgesetzbuch VIII, 6. Aufl. 2016

Künzl, Reinhard, Das Güterichterverfahren bei den Gerichten für Arbeitssachen, MDR 2016, 952, 955

Kulms, Rainer, Alternative Streitbeilegung durch Mediation in den USA, in: *Hopt/Steffek*, Mediation, 2008, 403

Lachmann, Jens-Peter, Handbuch für die Schiedsgerichtspraxis, 3. Aufl. 2008

Lack, Jeremy, Appropriate Dispute Resolution (ADR): The Spectrum of Hybrid Techniques Available to the Parties, in: *Ingen-Housz, Arnold* (Hrsg.), ADR in Business: Practice and Issues across Countries and Cultures II, 2010, S. 429 ff.

Lägler, Dagmar, Mediation und Kindeswohl – Kleine Familienkonferenz gefällig? ZKM 2016, 137 ff.

Lammers, Claas-Hinrich, Emotionsbezogene Psychotherapie. Grundlagen, Strategien und Techniken, 2007

Lammers, Claas-Hinrich, Narzisstische Persönlichkeitsstörungen, Seminarunterlagen 2008

Laule, Gerhard, Zur Bestimmung einer Summe durch mehrere Dritte nach billigem Ermessen, DB 1969, 769 ff.

Laumen, Hans-Willi, Beweisführung und Beweisaufnahme im Schiedsverfahren, MDR 2015, 1276 ff.

Lazarus, Richard S., Emotion and Adoption, 1991

Lehmann, Matthias, Wertpapierhandel als schiedsfreie Zone? – Zur Wirksamkeit von Schiedsvereinbarungen nach § 37 h WpHG, SchiedsVZ 2003, 219 ff.

Leiss, Myrto, Collaborative Law – ein neues Verfahren der alternativen Streitregelung, IDR 2005, 174 ff.

Leiss, Myrto, Einzelgespräche – ein probates Mittel in der Mediation, ZKM 2006, 74

Lembcke, Moritz, Aktuelle Entwicklungen bei der Alternativen Streitbeilegung im Baurecht, NJW 2013, 1704 ff.

Lembcke, Moritz, Abgrenzung des Schiedsgutachtens von Schlichtung und Schiedsgerichtsverfahren, ZGS 2009, 548 ff.

Lembcke, Moritz, Adjudication-Verfahren kein Schiedsgerichtsverfahren, IBR 2008, 1014

Lembcke, Moritz, Adjudikation durch Nichtjuristen nach Rechtsdienstleistungsgesetz zulässig, IBR 2009, 1362

Lembcke, Moritz, Adjudikation verfassungswidrig?, BauR 2010, 1122 ff.

Lembcke, Moritz, Adjudikation: Vollendete Tatsachen und Justizgewährleistung im materiellen Prozessrecht, BauR 2011, 1897 ff.

Lembcke, Moritz, Auslegung einer leistungsfeststellenden Schiedsgutachtenvereinbarung. Anmerkung zu OLG Düsseldorf, Urt. v. 19. 06. 2007 – I-24 U 210/06, IBR 2008, 1227

Lembcke, Moritz, Baukonfliktmanagement – Weg aus dem ADR-Wirrwarr durch Institution-Clearing?, in: *Gralla, Mike/Sundermeier, Matthias* (Hrsg.), Festschriften für Udo Blecken zum 70. Geburtstag, Innovationen im Baubetrieb, Wirtschaft – Technik – Recht, 2011, S. 417 ff.

Lembcke, Moritz, Bauprozesse – Wenn der Rechtsstaat zum Problem wird, ZRP 2010, 260 ff.

Lembcke, Moritz, Braunschweiger Baubetriebsseminar 2007 des Institutes für Bauwirtschaft und Baubetrieb (IBB) – »Streitvermeidung und Streitbeilegung: etablierte Verfahren und neue Wege«, BauR 2007, 939 ff.

Lembcke, Moritz, Bürgenhaftung im Kontext von Schiedsgutachten, NZBau 2009, 421 ff.

Lembcke, Moritz, Das Gutachten im Spannungsfeld von richterlicher Rechtsfindung, Beweisbeschluss und Parteivortrag, DS 2007, 303 ff.

Lembcke, Moritz, Der Urkundsprozess in Bausachen, in: Baurecht (BauR) 40 (2009), S. 19-28

Lembcke, Moritz, Die Influenz von Justizgewährungsanspruch, Rechtsprechungsmonopol des Staates und rechtlichem Gehör auf außergerichtliche Streitbeilegungsverfahren, NVwZ 2008, 42 ff.

Lembcke, Moritz, Ein Schiedsgutachter kann nicht wegen Befangenheit abgelehnt werden. Anmerkung zu OLG München, Urt. v. 09.01.2008 – 20 U 3478/07, IBR 2008, 301

Lembcke, Moritz, Haftung des Schiedsgutachters und des Adjudikators, DS 2011, 96 ff.

Literaturverzeichnis

Lembcke, Moritz, Keine Befangenheit des Richters bei vorheriger Mediatorentätigkeit. Anmerkung zu LAG Frankfurt, Beschl. v. 07.07.2009 – 12 Ta 304/09, IBR 2009, 3370

Lembcke, Moritz, Keine Befangenheit eines Schiedsrichters bei Weitergabe von Verfahrensdetails an Mediator. Anmerkung zu OLG Frankfurt, Beschl. v. 26.06.2008 – 26 SchH 2/08, IBR 2008, 549

Lembcke, Moritz, Keine Haftung des § 648 a BGB-Bürgen für Nachträge nach § 1 Nr. 3, 4 S. 1, 2 VOB/B?, NZBau 2010, 158 ff.

Lembcke, Moritz, Klage auf Sicherheitsleistung nicht im Urkundenprozess, IBR 2008, 629

Lembcke, Moritz, Kommentierung der Streitlösungsordnung für das Bauwesen (SL-Bau) werner-baurecht.de, Forum Baukonfliktmanagement, Verfahrensordnungen, 13. 08. 2010

Lembcke, Moritz, Kommentierung zum Diskussionsvorschlag einer Adjudikations-Ordnung für Baustreitigkeiten des Deutschen Baugerichtstages e.V. (AO-Bau/DBGT), werner-baurecht.de, Forum Baukonfliktmanagement, Verfahrensordnungen, 03. 05. 2010

Lembcke, Moritz, MedAdj: Gemeinsam, BauR 2010, 1 (Editorial)

Lembcke, Moritz, Mediation in Baustreitigkeiten durch Adjudikation?, ZKM 2009, 122 ff.

Lembcke, Moritz, Rechtsnatur des Adjudication-Verfahrens. Auflösend bedingtes Schiedsgutachten, IBR 2008, 1198

Lembcke, Moritz, Rechtsnatur des Verfahrens mit der vorgesetzten Stelle nach § 18 Nr. 2 VOB/B – Leistungsbestimmungsrecht nach § 315 BGB, BauR 2009, 1666 ff.

Lembcke, Moritz, Risiken und Chancen im Zusammenhang mit neuen Verfahren zur Baukonfliktbewältigung am Beispiel der Architektenhaftpflichtversicherung, VersR 2010, 723 ff.

Lembcke, Moritz, Schiedsgutachten nicht vorläufig bindend! Anmerkung zu OLG Jena, Urt. v. 26.09.2007 – 2 U 227/07, IBR 2009, 485

Lembcke, Moritz, Selbständiges Beweisverfahrens bei Schiedsgutachtenklausel unzulässig!, Anmerkung zu OLG Bremen, Beschl. v. 30.01.2009 – 1 W 10/09, IBR 2009, 431

Lembcke, Moritz, Streitbeilegung bei Bauprojekten – Adjudication-Verfahren als Vorbild für vorläufig bindendes Schiedsgutachten, ZfIR 2008, 36 ff.

Lembcke, Moritz, Unrichtiges Schiedsgutachten bindet! Anmerkung zu OLG Düsseldorf, Urt. v. 28.03.2008 – 16 U 88/07, IBR 2008, 550

Lembcke, Moritz, Urkundenprozess – Zulässige Beweismittel und Darlegungslast, MDR 2008, 1016 ff.

Lembcke, Moritz, Urkundenprozess in Bausachen, BauR 2009, 19 ff.

Lembcke, Moritz, Was bedeutet »durch die IHK bestellter Gutachter« in Schiedsgutachtenklausel? Anmerkung zu OLG Brandenburg, Urt. v. 04.12.2008 – 5 U 67/05, IBR 2009, 429

Lembcke, Moritz, Zur Teilanfechtung einer schiedsgutachterlichen Entscheidung, ZGS 2010, 261 ff.

Lembcke, Moritz/Sundermeier, Matthias, Adjudikations-Ordnung für Baustreitigkeiten (AO-Bau) – Regelungsvorschläge einer vertraglichen Verfahrensordnung zur Konfliktbewältigung bei Bauprojekten, BauR 2009, 741 ff.

Lenz, Christina/Salzer, Michael/Schwarzinger, Friedrich (Hrsg.), Konflikt, Kooperation, Konsens, 2. Aufl. 2012

Leonhard, Marc, Internationaler Industrieanlagenvertrag: Konfliktvermeidung und Konflikterledigung, BB 1999, Beilage Nr. 9, 13 ff.

Leutheusser-Schnarrenberger, Sabine, Die Mediations-Richtlinie und deren Implementierung, ZKM 2012, 72 ff.

Levin, Louis, Die Bundesratsverordnung zur Entlastung der Gerichte vom 9. September 1915, Deutsche Juristen-Zeitung 1915, 966 ff.

Levin, Louis, Die Entlastungsverordnung vom 9. September 1915 und die Neugestaltung des bürgerlichen Rechtsstreits, Beiträge zur Erläuterung des deutschen Rechts. Jg. 60, 1916, 1 – 55, in: *Digitale Bibliothek des Max-Planck-Instituts für Europäische Rechtsgeschichte* 2010 – 09 – 5T15:29:20Z

Levin, Louis, Prozeßnot und Rechtsfrieden, Deutsche Juristenzeitung 1915, 870 ff.

Lew, Julian David Mathew, Multi-Institutionals Conciliation and the Reconciliation of Different Legal Cultures, in: *van den Berg, Albert Jan* (Hrsg.), New Horizons in International Commercial Arbitration and Beyond, 2005, S. 421 ff.

Leymann, Heinz, Mobbing, 2006

Limbury, Alan, ADR in Australia, in: *Ingen-Housz, Arnold* (Hrsg.), ADR in Business: Practice and Issues across Countries and Cultures II, 2010, S. 429 ff.

Lindner, Martin, Klarer Vertrag, dennoch Streit: Eine Familienmediation, ZKM 2008, 12 ff.

Lionnet, Klaus, Handbuch der internationalen und nationalen Schiedsgerichtsbarkeit: systematische Darstellung der privaten Handelsschiedsgerichtsbarkeit für die Praxis der Parteien, 2. Aufl. 2001

Löer, Lambert, Referentenentwurf eines Mediationsgesetzes, ZKM 2010, 179 ff.

Löer, Lambert, in: *Klowait/Gläßer*, § 278 ZPO Rn 17

Löer, Lambert, Umsetzung des Güterichtermodells in der Praxis, ZKM 2015, 112

Lögering, Martin P., Die Eignung schiedsgerichtlicher Verfahren zur Lösung baurechtlicher Konflikte, ZfBR 2010, 14 ff.

Lögering, Martin P., Neue GMAA-Schiedsgerichtsordnung, HANSA International Maritime Journal, 03/2017, 36 f.

Lohmann, Renate/Sauthoff, Detlef, Mobbing und Mediation, ZKM 2007, 149 ff.Löning, Annette, Das lachende Erbe oder die Eskalation des Familiendramas, Kon:Sens 1998, 16 ff.

Lörcher, Gino/Lörcher, Torsten, Durchsetzbarkeit von Mediationsergebnissen, in: *Haft, Fritjof von Schlieffen, Katharina* (Hrsg.), Handbuch Mediation, 2. Aufl. 2009, S. 1119 ff.

Lüer, Dieter W/Splittgerber, Andreas, Kommunikationsmöglichkeiten in der Online-Mediation, in: *Märker/Trénel*, Online-Mediation 2003, 63

Lukas, Roland, Mediation in individual- und kollektivarbeitsrechtlichen Konflikten, in: *Klowait, Jürgen/Gläßer, Ulla*, Mediationsgesetz, 2. Aufl. 2018, S. 635 ff.

Lütkehaus/Pach, Basiswissen Mediation, 2019

Mackensen, Lutz, Großes deutsches Wörterbuch, 1977

MacNeil, Ian R., Contracts: Adjustment of Long-Term Economic Relations under Classical, Neoclassical and Relational Contract Law, (1977) Nw. U. L. Rev. Bd. 72, 854 ff.

MacNeil, Ian R., Econonic Analysis of Contractual Relations: Its Shortfalls and the Need for a Rich Classificatory Apparatus, (1981) Nw. U. L. Rev. Bd. 75, 1018 ff.

MacNeil, Ian R., The Many Futures of Contract, (1974) S. Cal. L. Rev. Bd. 47, 691 ff.

MacNeil, Ian R., The New Social Contract, An Inquiry into Modern Contractual Relations, 1980

Literaturverzeichnis

Madaus, Stephan, Das Konzerninsolvenzrecht – die Ziele des Gesetzgebers, NZI-Beilage 2018, 4 ff.

Magnus, Ulrich, Mediation in Australia: Development and Problems, in: *Hopt, Klaus/ Steffek, Felix* (Hrsg.), Mediation Principles and Regulation in Comparative Perspective, 2012

Mähler, Gisela/Mähler, Hans-Georg, Mediation im Spektrum außergerichtlicher Konfliktbeilegung, AnwBl. 1997, 535

Mähler, Gisela/Mähler, Hans-Georg, § 31 Familienmediation, in: *Haft, Fritjof/von Schlieffen, Katharina* (Hrsg.), Handbuch Mediation, 3. Aufl. 2016, S. 667 ff.

Mähler, Hans-Georg/Mähler, Gisela, Cooperative Praxis, – Collaborative practice/ collaborative law – ZKM 3/2009

Mähler, Hans-Georg /Mähler, Gisela Cooperative Praxis – Collaborative Law, Ein mediationsanaloges Verfahren im Aufschwung, mediationaktuell, Interview in zwei Teilen v. 7.2.2014, S. 4 www.mediationaktuell.de/news/

Mähler, Hans-Georg /Mähler, Gisela Ein mediationsanaloges Verfahren im Aufschwung, mediationaktuell, Interview in zwei Teilen v. 5.3.2014; www.mediationaktuell.de/news/

Mähler, Hans-Georg/Mähler, Gisela, Cooperative Praxis: Fürsprechersystem im mediativen Bewusstsein, ZKM 4/2016, 150 f.

Mähler, Hans-Georg/Mähler, Gisela, Familienmediation, in: *Haft, Fritjof/von Schlieffen, Katharina* (Hrsg.), Handbuch Mediation, 2. Aufl. 2009, S. 457 ff.

Mähler, Hans-Georg/Mähler, Gisela/Frank, Liane/Wölke, Gertrud, In welcher Weise wirkt die besondere Kultur Deutschlands auf die Entfaltung von C.P. ein? Collaborative Review, Vol 13/2

Malinowski, Jörg/Lenz, Christina, Konfliktmanagement in einem Vertriebsunternehmen, ZKM 2008, 123 ff.

Märker, Oliver/Trénel, Matthias, Online-Mediation – Neue Medien in der Konfliktvermittlung mit Beispielen aus Politik und Wirtschaft, 2003

Mangoldt, Herrmann von/Klein, Friedrich, Das Bonner GG, 4. Aufl. 1999

Mankowski, Peter, Zur Einstufung der Wirtschaftsmediation als genehmigungspflichtige Rechtsbesorgung, MDR 2001, 1198-1200

Martinek, Michael/Semler, Franz-Jörg/Habermeier, Stefan/Flohr, Stefan, Vertriebsrecht, 3. Aufl. 2010

Marx, Ansgar/Prell, Irmgard, Mietermediation, ZKM 2006, 59 ff.

Maslow, Abraham H., A theory of human motivation. Psychological Review, 1943, 370 ff.

Masser, Kai/Engewald, Bettina/Scharpf, Lucia/Ziekow, Jan, Die Entwicklung der Mediation in Deutschland. Bestandaufnahme nach 5 Jahren Mediationsgesetz, 2018

Matefi, Gabriella, Mediation bei häuslicher Gewalt?, FamPra 2003, 260 ff.

Matscher, Franz, Schiedsgerichtsbarkeit und EMRK, in: *Habscheid, Walther J.* (Hrsg.), Festschrift für Heinrich Nagel, 1987, S. 227 ff.

Matthies, Karl-Heinrich, Ein Erfahrungsbericht: Neue Wege der Justiz Modellprojekt gerichtsnahe Mediation bei dem Landgericht Göttingen, veröffentlich unter http://www.landgericht-goettingen.niedersachsen.de

Mattioli, Maria/Eyer, Eckard, Mediation in Arbeitskonflikten, Arbeit und Arbeitsrecht 2011, 468 ff.

Mattioli, Maria/Trenczek, Thomas, Mediation nach Klageerhebung, BJ 2010, 323 ff.

Maturano, Janice, Mindful Leadership, 2015

Maunz, Theodor/Dürig, Günter (Begr.), 86. Ergänzungslieferung 2019

McGeary Fossum, Ellie/Fossum, James The Role of the Child Specialist in a Collaborative Divorce, Collaborative Review, 2006, S. 12 ff.

McIlwrath, Michael/Savage, John, International Arbitration and Mediation. A Practical Guide, 2010

Meistrich, Shireen B./Plant, Duane, Der Paradigmenwechsel im CLP: Ein unendlicher Prozess, Perspektive/Schwerpunkt 1/2014, S. 10 ff.

Meller-Hannich/Nöhre, Monika, Ein zeitgemäßer Rahmen für Zivilrechtsstreitigkeiten, Aktuelle Herausforderungen an die gerichtliche und außergerichtliche Rechtsdurchsetzung, NJW 2019, 2522 ff.

Metzger, Tilman, Das duale Modell der Mediationsausbildung, Spektrum der Mediation 66/2017, 30 ff.

Meyer, Birte/Schricker, Vanessa, »Mediiert und finanziert«, ZKM 2008, 156 ff.

Meyer-Großner, Lutz, Strafprozessordnung, 62. Aufl. 2019

Meyer-Ladewig, Jens/Keller, Wolfgang/Leitherer, Stephan, Sozialgerichtsgesetz, 9. Aufl. 2008

Mickley, Angela, Mediation als Friedensmission und Krisenprävention, ZKM 2007, 36 ff.

Middendorf, Jörg, Coaching-Umfrage Deutschland 2017, www.coachingumfrage.wordpress.com

Migge, Björn, Businesscoaching, 2. Aufl. 2017

Migge, Björn, Handbuch Coaching und Beratung, 4. Aufl. 2018

Ministerium der Justiz (DDR), Kommentar zum Zivilgesetzbuch der Deutschen Demokratischen Republik vom 19. Juni 1975 und zum Einführungsgesetz zum Zivilgesetzbuch der Deutschen Demokratischen Republik vom 19. Juni 1975, Herausgegeben vom Ministerium der Justiz, 1983

Mitglieder des Bundesgerichtshofes (Hrsg.), Das Bürgerliche Gesetzbuch mit besonderer Berücksichtigung der Rechtsprechung des Reichsgerichts und des Bundesgerichtshofes, Bd. II, 1. Teil, §§ 241 – 413, 12. Aufl. 1976

Mittermaier, Carl Joseph Anton, Die neueste Prozeßgesetzgebung mit beurtheilender Darstellung der neuen Entwürfe für Baiern und die Niederlande und der Prozeßordnung für die Untergerichte des Königreichs Hannover, AcP 1828, 144 ff., 269 ff., 426 ff.

Moltmann-Willisch, Anne-Ruth/Kraus, Anna-Maria/von Hammerstein, Felicitas, Konfrontation oder Kooperation? ZKM 2011, 26 ff.

Möller, Mirko, Rechtsfragen im Zusammenhang mit dem Postident-Verfahren, NJW 2005, 1605

Monßen, Hans-Georg, Bringt die ZPO-Reform den Durchbruch für die Mediation?, ZKM 2003, 116 ff.

Monßen, Hans-Georg, Die gerichtsnahe Mediation, AnwBl. 2004, 7 ff.

Monßen, Hans-Georg, Fördert das Mediationsgesetz die gerichtsnahe Mediation?, ZKM 2011, 10 ff.

Montada, Leo/Kals, Elisabeth, Mediation. Lehrbuch für Psychologen und Juristen, 2001

Moore, Christopher W., The Mediation Process: Practical Strategies for Resolving Conflict, 3. Aufl. 2003

Literaturverzeichnis

Motzke, Gerd/Bauer, Günter/Seewald, Thomas, Prozesse in Bausachen, Privates Baurecht, Architektenrecht, 2009

Münch, Ingo von (Begr.)/Kunig, Philip (Hrsg.), Grundgesetzkommentar, 6. Aufl. 2012

Muhr, Michaela, Die geschichtliche Entwicklung der Mediation in Deutschland und Russland in den letzten 15 Jahren, Master-Theses zur Erlangung des Masters of Art, 2006

Müller, Birgit, Distributives und integratives Verhandeln, 2011

Müller, Eve Sarah/Loschelder, David/Höhe, Benjamin/Husc, Onno, Gruppenkonflikte: Fallstricke und Gegenmaßnahmen, Erkenntnisse aus der psychologischen Verhandlungs- und Mediationsforschung veranschaulicht an »Stuttgart 21«, ZKM 2019, S. 8 ff.

Müller, Henning, Die Container-Signatur zur Wahrung der Schriftform, NJW 2013, 3758

Müller, Henning, Die Übermittlung und Prüfung der elektronischen Signatur des gegnerischen Schriftsatzes, NJW 2015, 822

Müller, Holger/Broscheit, Guido, Das Internationale Online-Schiedsgericht JustFair – Ein Bericht. Eine Ankündigung. Oder ein Nachruf? SchiedsVZ 2006, 197

Müller, Werner/Keilmann, Annette, Beteiligung am Schiedsverfahren wider Willen?, SchiedsVZ, 113 ff.

Mullins, Laurie J., Management and Organizational Behaviour, 4. Aufl. 1995

Münch, Joachim, §§ 1025 – 1061 ZPO, in: *Krüger, Wolfgang/Rauscher, Thomas* (Hrsg.), Münchener Kommentar zur ZPO, Bd. 3, 5. Aufl. 2017

Musielak, Hans-Joachim, Kommentar zur Zivilprozessordnung: mit Gerichtsverfassungsgesetz, 6. Aufl. 2008, 7. Aufl. 2009, 8. Aufl. 2011

Musielak, Hans-Joachim/Borth, Helmut, § 28 FamFG, 6. Aufl., 2018, Rn 9

Musielak, Hans-Joachim/Borth, Helmut, Familiengerichtliches Verfahren, 2. Aufl. 2011

Musielak, Hans-Joachim/Borth, Helmut/Grandel, Mathias, Familiengerichtliches Verfahren, 3. Aufl. 2012

Musielak, Hans-Joachim/Voit, Wolfgang, Kommentar zur Zivilprozessordnung mit Gerichtsverfassungsgesetz, 16. Aufl. 2019

Muthers, Christof, Das Kölner Mediationsprojekt, KammerForum 2007, Heft 3, 1

Natter, Eberhard/Gross, Roland (Hrsg.), Arbeitsgerichtsgesetz, 2010

Nelle, Andreas, »Multi-Door Courthouse Revisited« – Wie steht es um die gerichtsnahen Alternativen?, in: *Eidenmüller, Horst* (Hrsg.), Alternative Streitbeilegung, 2011

Neuenhahn, Hans-Uwe, Streit um 400 Millionen beigelegt, ZKM 2000, 81 ff.

Neuhof, Rudolf, Der Sanierungsmediator, NZI 2011, 667 ff.

Neumann, Gerhard, Am wichtigsten im Coaching ist die Haltung, nicht die Tool-Box, Coaching-Magazin 1/2014, www. coaching-magazin.de/ausgaben

Neumann-Duesberg, Horst, Gerichtliche Ermessensentscheidung nach §§ 315 ff. BGB, JZ 1952, 705 ff.

Neumayr, Matthias, Die Verordnung (EG) Nr. 44/2001 (»Brüssel-I«-VO), 14. 6. 2005, S. 3, ERA-forum, 172

Neuvians, Nicola, Mediation in Familienunternehmen, ZKM 2011, 93 ff.

Nicklisch, Fritz (Hrsg.), Öffentlich-private Großprojekte – Erkenntnisse aus nationaler und internationaler Sicht, Heidelberger Kolloquium Technologie und Recht, 2004

Literaturverzeichnis

Nicklisch, Fritz, Gutachter-, Schieds- und Schlichtungsstellen – rechtliche Einordnung und erforderliche Verfahrensgarantien, in: *Böckstiegel, Karl-Heinz/Glossner, Ottoarndt* (Hrsg.), Festschrift für Arthur Bülow zum 80. Geburtstag, 1981, S. 159 ff.

Nicklisch, Fritz, Rechtsfragen des Subunternehmervertrages bei Bau- und Anlageprojekten im In- und Auslandsgeschäft, NJW 1985, 2361 ff.

Nicklisch, Fritz, Sales Contracts against Construction Contracts – Their Similarities and Differences in Civil Law, IBL Bd. 16 (1988), 253 ff.

Nicklisch, Fritz, Schätzorganisationen – Beiträge zum Sachverständigen- und Schiedsgutachtenrecht, ZHR Bd. 136 (1972), Teil 1: Seite 1 – 30, Teil 2: 97 ff.

Nicolas, Julian, Emotion and New Aims, 2. Aufl., 2020

Nidostadek, André, Mediation bei Arbeitsplatzkonflikten und der Grundsatz der Freiwilligkeit, ZKM 2014, 55 ff.

Niedermeier, Robert/Damm, Maximilian/Splittgerber, Andreas, Cybercourt: Schieds- und Schlichtungsverfahren im Internet, K&R 2000, 431

Niedersachsen, Projektabschlussbericht, Projekt Gerichtsnahe Mediation in Niedersachsen, Februar 2005, vom Niedersächsischen Justizministerium und Konsens e.V. (http://www.berlin.de/sen/justiz/gerichte/kg/mediation)

Niedersächsisches Justizministerium: Justiz in Niedersachsen. Zahlen, Daten, Fakten, 2007

Niedostadek, André (Hrsg.), Praxishandbuch Mediation, 2010

Niedostadek, André, Mediation im gewerblichen Rechtsschutz, ZKM 2007, 50 ff.

Nierhauve, Christian, Standards der Mediation – Best Practice, in: *Haft, Frietjof/von Schlieffen, Katharina* (Hrsg.), Handbuch Mediation, 2. Aufl. 2009, S. 1173 ff.

Nigmatullina, Dilyara, Aligning Dispute Resolution Processes with Global Demands for Change: Enhancing the Use of Mediation and Arbitration in Combination, Belgian Review of Arbitration, 2019, 7 ff.

Nigmatullina, Dilyara, The Combined Use of Mediation and Arbitration in Commercial Dispute Resolution: Results from an International Study, Journal of International Arbitration 2016, 37 ff.

Nordholtz, Christian/Mekat, Martin (Hrsg), Musterfeststellungsklage, 2019

Notter, Nikolaus H., Der Richter am Arbeitsgericht als Mediator, Der Betrieb 2001, 874 ff.

Oechsler, Jürgen, Wille und Vertrauen im privaten Austauschvertrag, Die Rezeption des Relational Contract im deutschen Vertragsrecht in rechtsvergleichender Kritik, RabelsZ 1996 (60. Bd.), 91 ff.

Oertzen, Jürgen von, Gruppensupervision nicht mehr zulässig, Spektrum der Mediation 77/2019, 45 f.

Oghigian, Haig, The Meditation/Arbitration Hybrid, Journal of International Arbitration 2003, 75 ff.

Olenhusen, Peter Götz von, Gerichtsmediation – Richterliche Konfliktvermittlung im Wandel -, ZKM 2004, 104 ff.

Ortloff, Karsten-Michael, Berliner Pilotprojekt: Gerichtsmediation, AnwBl. 2004, 229 – 230

Ortloff, Karsten-Michael, Europäische Streitkultur und Mediation im deutschen Verwaltungsrecht, NVwZ 2007, 35

Ortloff, Karsten-Michael, Gerichtsinterne Mediation – Verbot durch Gesetz?, NJW 2012, Editorial

Literaturverzeichnis

Ortloff, Karsten-Michael, Mediation außerhalb und innerhalb des Verwaltungsprozesses, NVwZ 2004, 385 ff.

Ortloff, Karsten-Michael, Neue Methoden des Verhandelns: Über den Einfluss der Mediation auf den Verwaltungsprozess, in: *Schmidt-Aßmann, Eberhard u. a.* (Hrsg.), Festgabe 50 Jahre Bundesverwaltungsgericht, 2003, S. 727 ff.

Ortloff, Karsten-Michael, Vom Gerichtsmediator zum Güterichter im Verwaltungsprozess, NVwZ 2012, 1057 ff.

Ortloff, Karsten-Michael, § 104 VwGO, in: *Schoch, Friedrich/Schneider, Jens-Peter/Bier, Wolfgang* (Hrsg.), Verwaltungsgerichtsordnung, 36. Aufl. 2019

Oster, Jan, Normative Ermächtigungen im Regulierungsrecht, Eine vergleichende Untersuchung behördlicher Entscheidungsspielräume in der deutschen und amerikanischen Netzinfrastrukturregulierung, 2010

Österreichische Gesellschaft für Umwelt und Technik (ÖGUT), Handbuch Öffentlichkeitsbeteiligung www.partizipation.at/praxiswissen

Palandt, Otto, Bürgerliches Gesetzbuch, 68. Aufl. 2009, 70. Aufl. 2011, 71. Aufl. 2012, 78. Aufl. 2019

Pappas, Brian, Med-Arb and the Legalization of Alternative Dispute Resolution, Harvard Negotiation Law Review, 2015, 159 ff.

Paul, Christoph C., Pre-Court Consideration of Mediation, ZKM 2011, 122 ff.

Paul, Christoph C./Schwartz, Hansjörg, Interdisziplinäre Co-Mediation, in: *Henssler, Martin/Koch, Ludwig* (Hrsg.), Mediation in der Anwaltspraxis, 2. Aufl. 2004, S. 253 ff.

Paul, Cornelius/Weber, Christoph, Familien- und Scheidungsmediation (inkl. grenzüberschreitender Aspekte), in: *Klowait, Jürgen/Gläßer, Ulla*, Mediationsgesetz, 2. Aufl. 2018, S. 691 ff.

Paul, Cornelius/Weber, Christoph, § 69b GKG, in: *Klowait, Jürgen/Gläßer, Ulla*, Mediationsgesetz, 2. Aufl. 2018, S. 473

Paul, Insa/Block, Torsten, Gerichtliche Mediation an Amtsgerichten, in: *Gläßer, Ulla/Schroeter, Kirsten* (Hrsg), Gerichtliche Mediation, 2011, S. 215 ff.

Paul, Stefan, Mediation – Ein Thema für Finanzgerichte? DStR 2008, 1111 ff.

Paulhus, Delroy L., Normal Narcissism. Two minimal accounts, Psych. Inq. 2001, 228 ff.

Paulus, Christoph/Hörmann, Martin, Emotionale Kompetenz im Insolvenzverfahren, NZI 2013, 623 ff.

Peter, James T., Med-Arb in International Arbitration, American Review of International Arbitration, 1997, 1 ff.

Peters, Bele Carolin, Der Gütegedanke im deutschen Zivilprozessrecht. Eine historische – soziologische Untersuchung zum Gütegedanken in Zivilverfahrensrecht seit 1879. Dissertation 2004

Peukert, Rüdiger, Familienformen im sozialen Wandel, 2008

Pfisterer, Thomas, Konsens und Mediation im Verwaltungsbereich, 2004

Piazolo, Marc, Effizienz und Verteilungsgerechtigkeit. Welche Position nehmen Menschen tatsächlich ein, in: 6th International Conference on Management, Enterprise and Benchmarking, 2008, S. 123-133

Pichlmeier, Andreas, Die Konkurrenz von Zugewinnausgleich und Unterhalt, NZFam 2014, 385 ff.

Picot, Arnold/Dietl, Helmut/Franck, Egon, Organisation. Eine ökonomische Perspektive, 4. Aufl. 2005

Pielsticker, Dietrich, Analyse der Motive und Interessen des EU-Gesetzgebers und verschiedener Interessengruppen an dem Erlass der EU-Richtlinie über bestimmte Aspekte der Mediation in Zivil- und Handelssachen vom 21. Mai 2008 im Rahmen einer Darstellung des gesetzgeberischen Entscheidungsprozesses, Masterarbeit 2008

Pitkowitz, Nikolaus, Die neuen Mediationsregeln in der EU – Ist Österreich noch Wegbereiter?, SchiedsVZ 2005, 81 ff.

Pitkowitz, Matthias M./Richter, Marie-Therese, May a Neutral Third Party Serve as Arbitrator and Mediator in the same Dispute? SchiedsVZ 2009, 225 ff.

Pitschas, Rainer, Mediation als kollaborative Governance, DÖV 2011, 333 ff.

Pitschas, Rainer, Mediation als Methode und Instrument der Konfliktmittlung im öffentlichen Sektor, NWwZ 2004, 396 ff.

Pitschas, Rainer/Walther, Harald (Hrsg.), Mediation in der Verwaltungsgerichtsbarkeit, Speyerer Arbeitsheft Nr. 173, 2005

Pitschas, Rainer/Walther, Harald (Hrsg.), Mediation in der Verwaltungsgerichtsbarkeit, Speyerer Arbeitsheft Nr. 173, 2005

Plagemann, Hermann (Hrsg.), Sozialrecht, 3. Aufl. 2009

Plassmann, Michael, Fünf Jahre Mediationsgesetz – Quantität durch Qualität, BRAK-Mitteilungen 6/2017, 265 ff.

Plassmann, Michael, »Zertifizierung light« – Verbraucher und Mediatoren in der Zertifizierungsfalle? AnwBl. 1/2017, 26 ff.

Player, Jane/de Westgaver, Claire Morel, IP Mediation, in: *Cook, Trevor/Garcia, Alejandro I.*, International Intellectual Property Arbitration, 2010, S. 331 ff.

Podzun, Christoph, Der Fortbildungsnachweis nach § 15 FAO in der Kammerpraxis, KammerReport (RAK Hamm), Heft 5/2010

Pondy, Louis R., Organizational Conflict: Concepts and Models, Administrative Science Quarterly, Vol. 12, Number 2, 1967

Ponschab, Reiner, Stolpersteine aus dem Weg räumen, Disput Resolution http://www.disputeresolution-magazin.de/stolpersteine-aus-dem-weg-raeumen/ (Datum des Zugriffs: 15.02.2018)

Ponschab, Reiner, Streitschlichtung – Anwaltssache – Begrüßung und Einführung in das Thema –, AnwBl. 1997, 520

Pornbacher, Karl/Loos, Alexander/Baur, Sebastian, Aktuelle Neuerungen im internationalen Schiedsrecht, BB 2011, 711 ff.

PricewaterhouseCoopers/Europa-Universität Vidrina, Studie: Konfliktmanagement in der deutschen Wirtschaft – Entwicklungen eines Jahrzehnts, Frankfurt (Oder) 2016

Priebe, Christoph F., Effizienzgewinn durch die Adjudikations-Ordnung für Baustreitigkeiten (AO-Bau), Forum Baukonfliktmanagement, werner-baurecht.de, 26. 06. 2009

Primus, Nathalie, Ist Neutralität in der Mediation möglich?, ZKM 2009, 104

Probst, Martin, Gerichtliche Mediation in der Rechtsmittelinstanz, in: *Gläßer, Ulla/Schroeter, Kirsten* (Hrsg), Gerichtliche Mediation, 2011, S. 227 ff.

Proksch, Roland, Hypothesen gestützte, Theorie geleitete strategische Kommunikation, ZKM 2008, 141 ff.

Literaturverzeichnis

Proksch, Roland, Reform des familiengerichtlichen Verfahrens durch das FamFG – Möglichkeit für Mediation, ZKM 2010, 39 ff.

Proksch, Roland, Risiken eines Fluges ohne Co-Pilot, ZKM 2016, 100 ff.

Proksch, Roland, Förderung der Familienmediation durch das Mediationsgesetz, ZKM 2011, 173 ff.

Prosch, Alexandra, Mobbing am Arbeitsplatz. Literaturanalyse mit Fallstudie, 1995

Prütting, Hanns, Das neue Mediationsgesetz: Konsensuale Streitbeilegung mit Überraschungen, AnwBl. 3/2012, 204 ff.

Prütting, Hanns, Mediation und Gerichtsbarkeit, ZKM 2006, 100 ff.

Prütting, Hanns, Mediation und weitere Verfahren konsensualer Streitbeilegung – Regelungsbedarf im Verfahrens- und Berufsrecht, JZ 2008, 847-852

Prütting, Hanns, Rechtsberatung zwischen Deregulierung und Verbraucherschutz, Gutachten zum 65. Deutschen Juristentag, in: Verhandlungen des 65. Deutschen Juristentages Bonn 2004, Band I: Gutachten, Teil G+H, 2004

Prütting, Hanns, § 33 Mediation im Arbeitsrecht, in: *Haft, Fritjof/von Schlieffen, Katharina* (Hrsg.), Handbuch Mediation, 3. Aufl. 2016, S. 733 ff.

Prütting, Hanns/Heck, Wolfgang/Krafka, Alexander/Schmidt, Uwe/Taxis, Norbert, Außergerichtliche Streitschlichtung. Handbuch für die Praxis, 2002

Prütting, Hanns /Helms, Tobias, Gesetz über das Verfahren in Familiensachen und Angelegenheiten der freiwilligen Gerichtsbarkeit, 4. Aufl. 2018

Puchta, Wolfgang Heinrich, Ist der Vergleichsversuch in Rechtsstreitigkeiten zweckmäßig in die Hände der Gerichte gelegt? – und was läßt sich von der Anordnung eigener Vermittlungsämter erwarten? AcP 1836, 214 ff.

Quinke, David, § 1061 ZPO und der Meistbegünstigungsgrundsatz des UNÜ, SchiedsVZ 2011, 169 ff.

Quitsch, Svenja, Mediation in der internationalen zivilen Konfliktbearbeitung, Spektrum der Mediation 76/2019, 32 ff. 77/2019, 36 ff.

Rabinovich-Einy, Orna/Katsh, Ethan, Lessons from Online Dispute Resolution for Dispute Systems Design, in: *Abdel Wahab/Katsh/Rainey*, Online Dispute Resolution: theory and practice, 2012, 51

Rabinovich-Einy, Orna/Katsh, Ethan, Technology and the Future of Dispute Systems Design, Harvard Negotiation Law Review 17, 2012, 151

Radin, Margaret Jane/Rothchild, John A/Reese, R. Anthony/Silverman, Gregory M., Internet Commerce – The Emerging Legal Framework, 2. Aufl. 2006

Rafi, Anusheh, Die neue Rechtsverordnung über Aus- und Fortbildung von zertifizierten Mediatoren (ZMediatAusbV), Spektrum der Mediation, 65/2016, 41 f.

Rauber, Sarah, Investor-Staat-Mediation – Zukunftsmusik oder Utopie, ein erster Überblick zu Verfahren und Anwendungskontext, ZKM 2019, 93 ff.

Rauen, Christopher, Coaching-Tools, managerSeminare 2013

Rauscher, Bert, Das Schiedsgutachtenrecht: unter besonderer Berücksichtigung der Regelungen der Praxis des Massenverkehrs, 1969

Rauscher, Thomas/Wax, Peter (Hrsg.), Münchener Kommentar zur Zivilprozessordnung, Bd. 3, 3. Aufl. 2008

Reddemann, Luise, Imagination als heilende Kraft zur Behandlung von Traumafolgen und ressourcenorientierten Verfahren, 2009

Literaturverzeichnis

Redmann, Britta, Mediation – erfolgreiche Alternative zur Einigungsstelle, Fachanwalt für Arbeitsrecht 2000, 76 ff.

Reeg, Axel, The New Arb-Med-Arb Protocol of the Singapore International Arbitration Centre, IWRZ 2015, 15 ff.

Reetz, Carola, Wo wollen wir denn hin? Mediation und CLP aus anwaltlicher Sicht, Perspektive/ Schwerpunkt 1/2014, S. 33 ff.

Reinhardt, Harry/Ludolph, Dietmar, Der zertifizierte Mediator, https://www.dgmw.de/wpcontent/uploads/2016/09/ZMediatAusbVerordnung-Der-zertifizierte-Mediator.pdf (Datum des Zugriffs: 15.2.2018)

Reiss, Michael, Komplexität meistern im Konfliktmanagement, ZKM 2018, S. 86 ff.

Reiter, Harald, Aktuelle Praxis des Güterichterverfahrens am Landgericht Augsburg (gerichtsinterne Mediation), www.justiz.bayern.de//landgerichte/augsburg/aktuelle_hinweise_zum_g_terrichterverfahren__gerichtsinterne_mediation_.pdf

Reitz, Kristina, Ohne Beziehung kein Rechtsstreit? – Ergebnisse zum Modellprojekt Gerichtsnahe Mediation an hessischen Verwaltungsgerichten, ZKM 2008, 1 ff.

Richter, Rudolf/Furubotn, Eivik Grundtvig, Neue Institutionenökonomik, 4. Aufl. 2010

Rickert, Anne, Online-Mediation im virtuellen Raum, ZKM 2009, 168 ff.

Rieble, Volker/Gutfried, Michael, Spezifikationskauf und BGB-Schuldrecht, JZ 2008, 593 ff.

Riehm, Thomas, Die Haftung von Mediatoren – Damoklesschwert über dem Flipchart? ZKM 2019, 120 ff.

Ripke, Lis, Paraphrasieren mit beidseitiger Situationsdefinition, ZKM 2004, 70

Ripke, Lis, Recht und Gerechtigkeit in der Mediation, in: *Haft, Fritjof/von Schlieffen, Katharina* (Hrsg.), Handbuch Mediation, 2. Aufl. 2009, S. 161 ff.

Ripke, Lis/Trocha, Roland, Das Hexenwerk ist das Normale, ZKM 2011, 124 ff.

Risse, Jörg, Adjudication – Ein Heilmittel für Baustreitigkeiten?!, in: *Nicklisch, Fritz* (Hrsg.), Öffentlich-private Großprojekte – Erkenntnisse aus nationaler und internationaler Sicht, Heidelberger Kolloquium Technologie und Recht, 2004, 2005, S. 168 ff.

Risse, Jörg, Beilegung von Erbstreitigkeiten durch Mediationsverfahren, ZEV 1999, 205 ff.

Risse, Jörg, Konfliktmanagement und ADR, ZKM 2004, 244 ff.

Risse, Jörg, Neue Wege der Konfliktbewältigung: Last-Offer-Schiedsverfahren, High/Low-Arbitration und Michigan-Mediation, in: BB – Supplement Mediation und Recht, 16-22

Risse, Jörg, Wirtschaftsmediation, 2003

Risse, Jörg, Wirtschaftsmediation, NJW 2000, S. 1614

Risse, Jörg/Wagner, Christof, Mediation im Wirtschaftsrecht, in: *Haft, Fritjof/von Schlieffen, Katharina* (Hrsg.) Handbuch Mediation, 2. Aufl. 2009, S. 553 ff.

Röthemeyer, Peter, Der Zertifizierte Mediator – ein schwieriges Konstrukt von hoher praktischer Bedeutung, Die Mediation 2016, 58 f.

Röthemeyer, Peter, Die Zertifizierung nach der ZMediatAusbV, ZKM 2016, 195 ff.

Röthemeyer, Peter, Die Zertifizierungsfiktion, ZKM 2014, 65 ff.

Röthemeyer, Peter, Gerichtsmediation im Güterichterkonzept, ZKM 2012, 116 ff.

Röthemeyer, Peter, Neues vom BMJV: Supervision und Mediationskongress 2020, ZKM 2019, 228

Literaturverzeichnis

Rogers, Carl R., Die klientenzentrierte Gesprächspsychotherapie, 16. Aufl. 2003

Rogers, Carl R., Entwicklung der Persönlichkeit, 2002

Rohrbach, Bernd, Kreativ nach Regeln – Methode 635, eine neue Technik zum Lösen von Problemen, Absatzwirtschaft 1969, 73 – 76

Rombach, Annett/Shalbanava, Hanna, The Prague Rules: A New Era of Procedure in Arbitration or Much Ado about Nothing? SchiedsVZ 2019, 53 ff.

Roquette, Andreas J./Otto, Andreas, Vertragsbuch Privates Baurecht: kommentierte Vertragsmuster, 2005

Rosenberg, Marshall B., Gewaltfreie Kommunikation, 12. Aufl. 2016

Rosenberg, Marshall B./Seils, Gabriele, Konflikte lösen durch gewaltfreie Kommunikation, 2012

Rosoff, Jacob, Hybrid Efficiency in Arbitration: Waiving Potential Conflicts for Dual Role Arbitrators in Med–Arb and Arb–Med Proceedings, Journal of International Arbitration 2009, 89 ff.

Ross, Donna, Med-Arb/Arb-Med: A More Efficient ADR Process or an Invitation to a Potential Ethical Disaster?, in: *Rovine, Arthur W.* (Hrsg.), Contemporary Issues in International Arbitration and Mediation – The Fordham Papers 2012, 2013, S. 352 ff.

Roth, Alvin E./Prasnikar, Vesna/Okuno-Fujiwara, Masahino/Zamir, Shmuel, Bargaining and Market Behavior in Jerusalem, Ljubljana, Pittsburgh and Tokyo: An Experimental Study. American Economic Review 81 (1991), 1068-1095

Rothhaupt, Oliver, Die außergerichtliche Streitbeilegung durch Entscheidung eines neutralen Dritten: Zur Übertragbarkeit der im internationalen Anlagengeschäft etablierten Verfahren auf das private Baurecht, 2008

Roundtable der Coachingverbände zur Profession Coach, www.roundtable-coaching.eu

Rule, Colin, Online Dispute Resolution for Business – B2B, E-Commerce, Consumer, Employment, Insurance, and Other Commercial Conflicts, 2002

Rule, Colin/Singh, Harpreet, ODR and Online Reputation Systems – Maintaining Trust and Accuracy Through Effective Redress, in: *Abdel Wahab/Katsh/Rainey*, Online Dispute Resolution: theory and practice 2012, 163

Säcker, Franz Jürgen/Rixecker, Roland (Hrsg.), Münchener Kommentar zum Bürgerlichen Gesetzbuch, 6. Aufl. 2012

Saenger, Ingo (Hrsg.), Zivilprozessordnung, 8. Aufl. 2019

Saenger, Ingo/Eberl, Stephanie/Eberl, Walter, Schiedsverfahren: Kommentierung der §§ 1025-1066 ZPO, Muster, Erläuterungen

Safran, Jeremy D., Widening the Scope of Cognitive Therapy. The therapeutic relationship, emotion und the process of change, 1998

Salger, Hanns-Christian/Trittmann, Rolf (Hrsg.), Internationale Schiedsverfahren, 2019

Sander, Frank/Crespo, Mariana Hernandez, Exploring the Evolution of the Multi-Door-Courthouse, University of St. Thomas, Law Journal 2008, Vol. 5:3

Schael, Wolfgang, Die Terminologie in Familienstreitsachen nach der bevorstehenden Reform des Familienverfahrensrechts, FamRZ 2009, 7 ff.

Schäfer, Hans-Bernd/Ott, Claus, Lehrbuch der ökonomischen Analyse des Zivilrechts, 5. Aufl. 2012

Schardt, Ramona, Neue Regelungen der DIS-Schiedsgerichtsordnung zur Steigerung der Verfahrenseffizienz, SchiedsVZ 2019, 28 ff.

Literaturverzeichnis

Schellenberg, James A. The Science of Conflict, 1992

Schellhorn, Helmut u.a., SGB VIII, 5. Aufl. 2017

Scherer, Klaus, Appraisal considered as a process of emotion. A component process approach, in: *Scherer, Klaus/Schorr, Angela/Johnstone, Tom* (Hrsg.), Appraisal process in emotion, 2001

Scherer, Klaus/Schorr, Angela/Johnstone, Tom (Hrsg.), Appraisal process in emotion, 2001

Scheuerer-Englisch, Hermann/Hundsalz, Andreas/Menne, Klaus (Hrsg.), Jahrbuch der Erziehungsberatung, 2008

Schiffer, Tassilo, Rechtsbeziehung, Rechtsdurchsetzung und Haftung in virtuellen Schlichtungsverfahren – Dargestellt am Beispiel »Online Confidence«, 2003

Schippel, Helmut/Bracker, Ulrich, Bundesnotarordnung, 9. Aufl. 2011

Schlehe, Volker, Der Bausachverständige als Schiedsgutachter und Mediator, DS 2010, 10 ff.

Schlieffen, Katharina von/Wegmann, Bernd (Hrsg.), Mediation in der notariellen Praxis, 2002

Schlosser, Peter F., Schiedsgerichtsbarkeit, Schiedsgutachtenwesen und Höchstpersönlichkeit der Entscheidungsbefugnis, in: *Berger, Klaus Peter/Borges, Georg/ Herrmann, Harald/Schlüter, Andreas/Wackerbarth, Ulrich* (Hrsg.), Festschrift für Norbert Horn zum 70. Geburtstag, Zivil- und Wirtschaftsrecht im Europäischen und Globalen Kontext, 2006, S. 1023 ff.

Schlosser, Peter F., Der gegenwärtige Entwicklungsstand des Rechts des Schiedsgutachtens, in: *Böckstiegel, Karl-Heinz, Berger, Klaus Peter, Bredow, Jens* (Hrsg.), Schiedsgutachten versus Schiedsgerichtsbarkeit, Schriftenreihe der Deutschen Institution für Schiedsgerichtsbarkeit, Bd. 21, 2007

Schmelz, Frieder, UDRP-Verfahren und Domainrechtsstreit: Auf der Suche nach dem anwendbaren Recht, GRUR-Prax 2012, 127

Schmelz-Buchhold, Andrea, Mediation bei Wettbewerbsstreitigkeiten, 2010

Schmidt, Frank H., Mediation bei Streitigkeiten im Wohnungseigentumsrecht und Nachbarrecht, ZWE 2009, 432 ff.

Schmidt, Frank H., Konfliktmanagement in einer Sparkasse, ZKM 2006, 90 ff.

Schmidt-Ahrendts, Nils/Höttler, Phillip, Anwendbares Recht bei Schiedsverfahren mit Sitz in Deutschland, SchiedsVz 2011, 267 ff.

Schmitz-Vornmoor, Andreas, Mediation aus notarieller Sicht, in: *Klowait, Jürgen/Gläßer, Ulla*, Mediationsgesetz, 2. Aufl. 2018, S. 844 ff.

Schmitz-Vornmoor, Andreas, Mediation und Konfliktvorsorge in Erbangelegenheiten, in: *Klowait, Jürgen/Gläßer, Ulla*, Mediationsgesetz, 2. Aufl. 2018, S. 716 ff.

Schmitz-Vornmoor, Andreas/Vornmoor, Astrid, Medations- und Verhandlungspraxis im Notariat, ZKM 2012, 51 ff.

Schmiedel, Liane, Erfolgreiche Nachbarn, ZKM 2011, 14 ff.

Schmoeckel, Mathias/Rückert, Joachim/Zimmermann, Reinhard (Hrsg.), Historisch-kritischer Kommentar zum BGB, Bd. II, 2007

Schnapp, Friedrich, Einmal Behörde – immer Behöre? – Überlegung zum Behördenbegriff im Sozialrecht, NZS 2010, 241 ff.

Schneider, Norbert/Wolf, Hans-Joachim/Volpert, Joachim (Hrsg.), Familiengerichtskostengesetz, 2009

Literaturverzeichnis

Schoch, Friedrich/Schneider, Jens-Peter/Bier, Wolfgang (Hrsg.), Verwaltungsgerichtsordnung, Werkstand 36. Ergänzungslieferung Februar 2019

Schoen, Thorsten, Konfliktmanagementsysteme für Wirtschaftsunternehmen, 2003

Scholtissek, Friedrich-Karl, Der Architekt und die Neuerungen des Forderungssicherungsgesetzes, NZBau 2009, 91 ff.

Schopper-Brigel, Elise, »Collaborative Law – Austrian Style«, Öst.AnwBl. 2003, 392 f.

Schramke, Hein-Jürgen, Gesetzliche Regelungen für eine Adjudikation in Bausachen? Tätigkeit und vorläufige Ergebnisse des Arbeitskreises VII des Deutschen Baugerichtstags, BauR 2007, 1983 ff.

Schramke, H.-J.: Neue Formen des Streitmanagements im Bau und Anlagenbau – Dispute Review Boards und Adjudication, in: Neue Zeitschrift für Baurecht und Vergaberecht (NZBau) 3 (2002), S. 409-413

Schreiber, Frank, In Gefahr und höchster Not bringt der Mittelweg den Tod, BJ 2010, 310

Schreyögg, Astrid, Konfliktcoaching, 2011

Schröder, Rainer, Pflichtteilsrecht, DNotZ 2001, 465 ff.

Schröder, Rainer/Gerdes, Stefanie/Teubner-Oberheim, Nikola, Laienbeteiligung im Bauprozess, in: *Kapellmann, Klaus D./Vygen, Klaus* (Hrsg.), Jahrbuch Baurecht 2009, Aktuelles, Grundsätzliches, Zukünftiges, 2009, S. 81 ff.

Schroeder, Hans-Patrick, Mareva Injunctions and Freezing Orders in International Commercial Arbitration, SchiedsVZ 2004, 26 ff.

Schroeder, Hans-Patrick / Pfitzner, Tanja, Effective Conflict Management in business-to-business disputes in Germany, in: *Roth/Geistlinger*, Yearbook on International Arbitration Vol III (2013), 327 ff.

Schubert, Klaus/Martina Klein, Das Politiklexikon, 4. Aufl. 2006

Schulz v. Thun, Friedemann, Miteinander reden Band 2, 2016

Schulz v. Thun, Friedemann, Miteinander reden, Band 3, 2013.

Schulze-Hagen, Alfons, Plädoyer für Adjudikation in Deutschland, BauR 2007, 1950 ff.

Schumann, Karin von, Coaching mit mediativen Ansätzen, Coaching-Magazin 3/2013, www.coaching-magazin.de/ausgaben

Schütt, Philipp, Fast-Track Arbitration: Das neue beschleunigte Verfahren der ICC, SchiedsVZ 2017, 81 ff.

Schütze, Rolf, Alternative Streitschlichtung – Zur Übertragbarkeit ausländischer Erfahrungen, ZVglRWiss 97, 117 ff.

Schütze, Rolf, Die Bestimmung des schiedsrichterlichen Verfahrens, insbesondere bei Anwendung dem deutschen Prozessrecht unbekannten Beweisformen, SchiedsVZ 2018, 101 ff.

Schütze, Rolf (Hrsg.), Institutionelle Schiedsgerichtsbarkeit, 3. Aufl. 2018

Schütze, Rolf, Kollisionsrechtliche Probleme der Schiedsvereinbarung, insbesndere der Erstreckung ihrer Bindung auf Dritte, SchiedsVZ 2014, 274 ff.

Schütze, Rolf, Schiedsgericht und Schiedsverfahren, 6. Aufl. 2016

Schwab, Karl Heinz/Walter, Gerhard, Schiedsgerichtsbarkeit: Systematischer Kommentar zu den Vorschriften der Zivilprozeßordnung, des Arbeitsgerichtsgesetzes, der Staatsverträge und der Kostengesetze über privatrechtliche Schiedsgerichtsverfahren, 7. Aufl. 2005

Schwab, Norbert/Weth, Stephan (Hrsg.), Arbeitsgerichtsgesetz, 3. Aufl. 2011

Schwaiger, Michael, Anmerkungen zum Urteil des BGH vom 21.9.2017 – IX ZR 34/17, NZFam 2018, 23

Schwartz, Hans Victor, Ein Beitrag zur Geschichte der Mediation in Europa, 2005, http://himev.de1.cc/wp-content/themes/th_himev/pdf/Ein_Beitrag_zur_Geschichte_der_Mediation_in_Europa.pdf

Schwartz, Hans Victor, § 14 Mediation im Erbrecht, in: *Hensslerm, Martin/Koch, Ludwig* (Hrsg.), Mediation in der Anwaltspraxis, 2. Aufl. 2004, S. 457 ff.

Schwartz, Hansjörg/Geier, Franziska, Externe Experten im Mediationsverfahren, ZKM 2000, 196 ff.

Schwartz, Hansjörg/Zierbock, Peter, Nachfolge in Familienunternehmen, ZKM 2001, 224 ff.

Schwarz, Karin, Mediation – Collaborative Law – Collaborative Practice, 2010

Schweizer, Adrian, Techniken des Mediators – Übersicht, in: *Haft, Fritjof/von Schlieffen, Katharina* (Hrsg.), Handbuch Mediation, 2. Aufl. 2009, S. 321 ff.

Schwintowski, Hans-Peter, Die Verjährung von Ansprüchen auf Rückzahlung überhöhter Stromentgelte, ZIP 2006, 2302 ff.

Seehausen, Maria, Die emotionale Wirkung von Paraphrasieren, ZKM 2019, 164 ff

Seibert, Max-Jürgen, Mediation in der Verwaltungsgerichtsbarkeit, NVwZ 2008, 365 ff.

Senghaas, Dieter (Hrsg.), Kritische Friedensforschung, 1972

Sensburg, Patrick, Mediationsgesetz – Rechtsausschuss schafft Interessenausgleich, NJW-aktuell, 52/2011, 14

Sessler, Anke, Schiedsgutachten in Post-M&A- Streitigkeiten, in: *Böckstiegel, Karl-Heinz/Berger, Klaus Peter/Bredow, Jens* (Hrsg.), Schiedsgutachten versus Schiedsgerichtsbarkeit, Schriftenreihe der Deutschen Institution für Schiedsgerichtsbarkeit, Bd. 21, 2007, S. 97 ff.

Shaughnessy, Patricia Louise/Tung, Sherlin (Hrsg.), The Powers and Duties of an Arbitrator: Liber Amicorum Pierre A. Karrer, 2017

Sieg, Karl, Die feststellenden Schiedsgutachter im Privatversicherungsrecht, VersR 1965, 629 ff.

Sienz, Christian, Bürge an Schiedsgutachtenklausel im Bauvertrag nicht gebunden – Anmerkung zu OLG Düsseldorf, Urt. v. 13.11.2003 – 12 U 55/03, IBR 2004, 13

Sieveking, Ramon, Schiedsgutachtenverträge nach deutschem und New Yorker Recht. Eine rechtsvergleichende Untersuchung der Sach- und Interessengerechtigkeit des deutschen Schiedsgutachtenrechts, 2007

Simmel, Georg, Der Streit, in: *Bühl, Walter* (Hrsg.), Konflikt und Konfliktstrategie, 1973

Snuck, Leo, La Liberté Professionnelle du Médiateur, 2017

Sodan, Helge/Ziekow, Jan (Hrsg.), Verwaltungsgerichtsordnung, 5. Aufl. 2018

Soergel, Theodor (Begr.)/Siebert, Wolfgang (Hrsg.), Bürgerliches Gesetzbuch, 2007

Spangenberg, Ernst, Anmerkung zu OLG Köln, Beschl. v. 03. 06. 2011, ZKM 2012, 29 ff.

Spangenberg, Brigitte/Spangenberg, Ernst, Familienmediation und Macht, ZKM 2019, 185 ff.

Spellbrink, Wolfgang, Mediation im sozialgerichtlichen Verfahren – Baustein für ein irrationales Rechtssystem, DRiZ 2006, 88 ff.

Literaturverzeichnis

Spindler, Gerald/Rockenbauch, Matti, Die elektronische Identifizierung – Kritische Analyse des EU-Verordnungsentwurfs über elektronische Identifizierung und Vertrauensdienste, MMR 2013, 139

Stark, Carsten, Die Konflikttheorie von Georg Simmel, in: *Bonacker, Thorsten* (Hrsg), Sozialwissenschaftliche Konflikttheorie, 2002, S. 83 ff.

Staub, Hermann (Begr.), Handelsgesetzbuch Großkommentar, 4. Bd., 4. Aufl. 2004

Staudinger, Ansgar/Stein, Friedrich/Jonas, Martin (Hrsg.), Kommentar zur Zivilprozessordnung, 20. Aufl. 1988, 21. Aufl. 1994, 22. Aufl. 2005

Staudinger, Julius von (Begr.), Kommentar zum Bürgerlichen Gesetzbuch, 2004

Steffek, Felix, Regelung der Mediation, RabelsZ 2010 (74. Bd.), 841 ff.

Stein, Friedrich/Jonas, Martin, Die Zivilprozeßordnung für das Deutsche Reich, 14. Aufl. 1928

Steinbrück, Ralph, Wirtschaftsmediation und außergerichtliche Konfliktlösung – Chance für Unternehmen, Anwälte und Gerichte –, AnwBl. 1999, 574

Steiner, Thomas, Das Güterichterverfahren, in: *Horst Eidenmüller/Gerhard Wagner*, Mediationsrecht, 2015, S. 280 ff.

Steiner, Thomas/Wandl, Ursula/Colberg, Sabine, Mediation im Medizinrecht, Mediator 2015, 4 ff.

Stelkens, Ulrich, Das Gesetz zur Neuregelung des verwaltungsgerichtlichen Verfahrens (4. VwGOÄndG), das Ende einer Reform?, NVwZ 1991, 209 ff.

Stephan, Michael/Rötz, Christian, 4. Marburger-Coaching-Studie 2016/2017, www.marburgercoachingstudie.de

Streng, Franz, §§ 46-47, in: *Kindhäuser/Neumann/Paeffgen* (Hrsg.), Strafgesetzbuch, 2017, S. 1910 ff.

Stubbe, Christian, DIS-Schiedsgutachtenordnung (DIS-SchGO) und DIS-Gutachtenordnung (DIS-GO), SchiedsVZ 2010, 130 ff.

Stubbe, Christian, Kombination des Schiedsgutachtensverfahren mit anderen Verfahrenstypen, in: *Böckstiegel, Karl-Heinz/Berger, Klaus Peter/Bredow, Jens* (Hrsg.), Schiedsgutachten versus Schiedsgerichtsbarkeit, Schriftenreihe der Deutschen Institution für Schiedsgerichtsbarkeit, Bd. 21, 2007, S. 75 ff.

Stubbe, Christian, Konfliktmanagement bedarfsgerechte Streitbeilegungsinstrumente, SchiedsVZ 2009, 321 ff.

Stubbe, Christian, Schiedsgutachten als modernes ADR-Instrument, SchiedsVZ 2006, 150 ff.

Stubbe, Christian, Wirtschaftsmediation und Claim Management, BB 2001, 685 ff.

Stürner, Rolf, Die Aufgabe des Richters, Schiedsrichters und Rechtsanwalts bei der gütlichen Streiterledigung, Juristische Rundschau 1979, 133 ff.

Stumm, Gerhard/Pritz, Alfred, Wörterbuch der Psychotherapie, 2. Aufl. 2009

Sundermeier, Matthias, Gestaltungsvorschläge einer »Neuen« Vertragsordnung für Bauleistungen – eine ingenieurökonomische Analyse des VOB/B-Bauvertrages, 2008

Sussman, Edna, Combinations and Permutations of Arbitration and Mediation: Issues and Solutions, in: *Ingen-Housz, Arnold* (Hrsg.), ADR in Business: Practice and Issues across Countries and Cultures II, 2010, S. 381-398

Tautphäus, Arno, Das Thüringer Güterichterverfahren, Spektrum der Mediation, 40/2010, 26 ff.

Literaturverzeichnis

Tautphäus, Arno/Fritz, Roland/Krabbe, Heiner, Fristlose Kündigung wegen Vertrauensbruchs – neue Methoden der Konfliktbeilegung, NJW 2012, 364 ff.

Tesler, Pauline H. Collaborative Law, 3. Aufl. 2016

Tesler, Pauline H., Collaborative Law – Kollaborative Rechtspraxis, American Journal of Family Law, Vol. 13 (1999), 215-225

Teubert, Benjamin, Mediative Verhandlungsführung im gerichtlichen Verfahren – ein Praxisbeispiel, ZKM 2011, 186 ff.

Theuerkauf, Klaus, Konfliktmanagement in Kooperationsverträgen der Wirtschaft, 2005

Thomann, Christoph/Schulz von Thun, Friedemann, Klärungshilfe, Handbuch für Therapeuten, Gesprächshelfer und Moderatoren in schwierigen Situationen, 1988

Thomas, Heinz/Putzo, Hans/Reichold, Klaus/Hüßtege, Rainer/Seiler, Christian, Zivilprozessordnung, 30. Aufl. 2009; 32. Aufl. 2011, 40. Aufl. 2019

Thomas, Holger/Wendler, Jan, Das neue Mediationsgesetz – Wesentliche Inhalt und Folgen für die Mediation im Steuerrecht, DStR 2012, 1881-1884

Thomas, Holger, §§ 54, 54a ArbGG, in: *Klowait, Jürgen/Gläßer, Ulla,* Mediationsgesetz, 2. Aufl. 2018, S. 439 ff.

Thomsen, Cornelia Sabine, Mediationsanaloge Supervision in Theorie und Praxis, Spektrum der Mediation 2009, 24 ff.

Tipke, Klaus/Kruse, Heinrich Wilhelm, Abgabenordnung, Finanzgerichtsordnung, Kommentar, Loseblattwerk

Tirole, Jean, The Theory of Industrial Organization, 10. Aufl. 1998

Titi, Catherine/Gómez, Katia Fach (Hrsg.), Mediation in International Commercial and Investment Disputes, 2019

Tochtermann, Peter, Die Unabhängigkeit und Unparteilichkeit des Mediators, 2008

Tögel, Rainer/Rohlff, Daniel, Die Umsetzung der EU-Mediationsrichtlinie, ZKM 2010, 86 ff.

Tomm, Karl, Die Fragen des Beobachters: Schritte zu einer Kybernetik zweiter Ordnung in der systemischen Therapie, 2009

Treier, Volker/Wernicke, Stephan: Die Transatlantische Handels- und Investitionspartnerschaft (TTIP) – Trojanisches Pferd oder steiniger Weg zum Olymp? EuZW 2015, 334 ff.

Trenczek, Thomas, Ablauf und Phasen einer Mediation – Mediationsleitfaden, in: Trenczek/Berning/Lenz, Mediation und Konfliktmanagement, 2013, Kap. 3.2

Trenczek, Thomas, Allparteilichkeit – Anspruch und Wirklichkeit, ZKM 2016, 230 ff.

Trenczek, Thomas, Alternatives Konfliktmanagement in der Bürgergesellschaft, Spektrum der Mediation, 19/2005, 64 – 72

Trenczek, Thomas, Stand und Zukunft der Mediation – Konfliktvermittlung in Australien und Deutschland, SchiedsVZ 2008, 135 ff.

Trenczek, Thomas/Berning, Detlev/Lenz, Christina, Mediation und Konfliktmanagement, 2013

Trenczek, Thomas/Mattioli, Maria, Mediation und Justiz, Spektrum der Mediation 40/2010, 4 ff.

Trittmann, Rolf/Hanefeld, Inka, § 1030 Arbitrability, in: *Böckstiegel, Karl-Heinz/Kröll, Michael/Nacimiento, Patricia* (Hrsg.), Arbitration in Germany, 2. Aufl. 2014, S. 126 ff.

Literaturverzeichnis

Troja, Markus/Stubbe, Christian, Lehrmodul 5: Konfliktmanagementsysteme, ZKM 2006, 121 ff.

Trossen, Arthur, Integrierte Mediation, ZKM 2001, 159 ff.

Tutschka, Geertje, Coaching ist das, was der juristischen Fachausbildung fehlt, Coaching-Magazin 1/2019, 17, www.coaching-magazin.de/ausgaben

Uffmann, Katharina, Überwachung der Geschäftsführung durch einen schuldrechtlichen GmbH-Beirat, NZG 2015, 169 ff.

Unberath, Hannes, Eckpunkte der rechtlichen Gestaltung des Mediationsverfahrens, ZKM 2012, 12 ff.

Unberath, Hannes, Mediationsklauseln in der Vertragsgestaltung, NJW 2011, 1320 ff.

Unberath, Hannes, Mediationsverfahren, ZKM 2011, 4 ff.

UNCTAD, E-COMMERCE AND DEVELOPMENT REPORT, 2003 (27.10.2003)

Vehling, Jens, »Die Vertraulichkeit der Mediation« oder »Die Ankunft eines Dogmas in der Realität« – Ein Bericht aus der Praxis, DRiZ 2011, 62 ff.

Viefhues, Wolfram, Das Gesetz über die Verwendung elektronischer Kommunikationsformen in der Justiz, NJW 2005, 1009

Viering, Markus G./Liebchen, Jens H./Kochendörfer, Bernd (Hrsg.), Managementleistungen im Lebenszyklus von Immobilen, 2007

Vogel, Diffamierung des nicht einigungsbereiten Elternteils im Kindschaftsverfahren, NZFam 2015, 802 ff.

Vogt, Melanie/Vogt, Victor, Gerichtliche Mediation in Strafvollzugssachen (GMS), Konsensuale Konfliktbearbeitung im gerichtlichen Verfahren – eine Alternative? NK 2015, 81 ff.

Voigt, Rüdiger, Der kooperative Staat. Krisenbewältigung durch Verhandlung? 1995

Volmer, Dirk, Das Schiedsgutachtenrecht – Bestandsaufnahme und Fragen der Praxis, BB 1984, 1010 ff.

Vorwerk, Volkert/Wolf, Christian (Hrsg.), Beck'scher Online-Kommentar ZPO, 33. Ed., Werkstand: 1.7.2019.

Vygen, Klaus, Streitvermeidung, Streitschlichtung und Streitentscheidung – Mögliche Vereinbarungen in Bau-, Architekten- und Ingenieurverträgen, in: *Frank* (Hrsg.), Festschrift für Ulrich Werner zum 65. Geburtstag, 2005, S. 11 ff.

Vygen, Klaus/Schubert, Eberhard/Lang, Andreas, Bauverzögerung und Leistungsänderung. Rechtliche und baubetriebliche Probleme und ihre Lösungen, 5. Aufl. 2008

Wagner, Christof, Mediation im privaten Baurecht: Eine Alternative zum Bauprozess, BauR 2004, 221 ff.

Wagner, Christof, Mediation und Adjudikation – Zwei mögliche Wege aus dem Dilemma des Bauprozesses, BauR 2009, 1491

Wagner, Gerhard, Anmerkung zu LG Heilbronn, Urt. v. 10. 09. 2010, ZKM 2011, 29 f.

Wagner, Gerhard, Anmerkung zu OLG München, Beschl. v. 20. 05. 2009, ZKM 2009, 158 f.

Wagner, Gerhard, Der Referentenentwurf eines Mediationsgesetzes, ZKM 2010, 172 ff.

Wagner, Gerhard, Sicherung der Vertraulichkeit von Mediationsverfahren durch Vertrag, NJW 2001, 1398

Wagner, Gerhard, Vertraulichkeit der Mediation, ZKM 2011, 164 ff.

Literaturverzeichnis

Wagner, Gerhard/Braem, Maike, Anmerkung zu Anwaltsgericht Meckl.-Vorpomm., Beschl. v. 01. 08. 2007, ZKM 2007, 195 f.

Wagner, Gerhard, Grundstrukturen eines deutschen Mediationsgesetzes, RabelsZ 2010 (74. Bd.), S. 794 ff.

Wagner, Gerhard, Das Mediationsgesetz – Ende gut, alles gut?, ZKM 2012, 110 ff.

Walther, Harald, Mediation in der Verwaltungsgerichtsbarkeit, in: *Pitschas, Rainer/Walther, Harald* (Hrsg.), Mediation in der Verwaltungsgerichtsbarkeit, Speyerer Arbeitsheft Nr. 173, 2005, S. 16

Walther, Harald, Richter als Mediatoren – Ein Modellprojekt in der hessischen Verwaltungsgerichtsbarkeit, DRiZ 2005, 127 ff.

Walz, Robert (Hrsg.), Das ADR-Formularbuch, 2. Aufl., 2017

Walz, Robert (Hrsg.), Formularbuch – Außergerichtliche Streitbeilegung, 2006

Wasmuth, Ulrike, Friedensforschung als Konfliktforschung, in: *Imbusch, Peter/Zoll, Ralf* (Hrsg), Friedens- und Konfliktforschung. Eine Einführung mit Quellen, 1996, S. 180 ff.

Wassermann, Rudolf, Neue Streitkultur, NJW 1998, 1685 ff.

Watzlawick, Paul/Beavin, Janet H./Jackson, Don D., Menschliche Kommunikation, Formen, Störungen, Paradoxien, 2000

Weber-Monecke, § 1361, in: Münchener Kommentar zum BGB, Band 8, §§ 1287-1588, 7. Aufl. 2017

Wegmann, Bernd, Die Familien-GdbR, ZKM 2000, 126 ff.

Wegmann, Bernd, Erbengemeinschaft im Unternehmensbereich, ZKM 2000, 154 ff.

Weigand, Frank-Bernd (Hrsg.), Practitioner's Handbook on International Arbitration, 2002

Weiler, Eva/Schlickum, Gunter, Praxisbuch Mediation, 2008

Weißleder, Wolfgang M., Mediation im Arbeitsrecht: Alternative zum Güteverfahren und zur Einigungsstelle?, SchlHA 2010, 55 ff.

Weitz, Tobias Timo, Gerichtsnahe Mediation in der Verwaltungs-, Sozial- und Finanzgerichtsbarkeit, 2008

Wendl, Philipp/Dose, Hans-Joachim (Hrsg.), Das Unterhaltsrecht in der familienrechtlichen Praxis, 10. Aufl. 2019

Wendt, Christoph, Konfliktmanagement und Mediation in der Versicherungswirtschaft, in: Klowait, Jürgen/Gläßer, Ulla, Mediationsgesetz, 2. Aufl. 2018, S. 751 ff.

Wenzel, Nicola, Die Verordnung über die Aus- und Fortbildung von zertifizierten Mediatoren, Spektrum der Mediation, 66/2017, 46 ff.

Werner, Ulrich/Pastor, Walter, Der Bauprozess. Prozessuale und materielle Probleme des zivilen Baurechts, 13. Aufl. 2011

Westpfahl, Lars/Busse, Daniel, Vorläufige Maßnahmen durch ein bei Großprojekten vereinbartes ständiges Schiedsgericht, SchiedsVZ 2006, 21 ff.

Weyer, Friedhelm, FoSiG: Anspruch aus § 648a Abs. 1 BGB ein scharfes Schwert?, IBR 2008, 701

Wieczorek, Bernhard (Begr.), Zivilprozeßordnung und Nebengesetze: Großkommentar, 3. Aufl. 1994

Wiegand, Christoph, ›Adjudication‹ – beschleunigte außergerichtliche Streiterledigungsverfahren im englischen Baurecht und im internationalen FIDICStandardvertragsrecht, RIW 2000, 197-202

Literaturverzeichnis

Will, Hans-Dieter, Mediationskostenhilfe im Familienbereich-was ist möglich? Die Mediation IV/2019, 5 ff.

Williamson, Oliver E., Die ökonomischen Institutionen des Kapitalismus: Unternehmen, Märkte, Kooperationen, 1990

Wimmer, Raimund/Wimmer, Ulrich, Verfassungsrechtliche Aspekte richterlicher Mediation, NJW 2007, 3243

Windau, Der Güterichter im prozessualen Kontext – sinnvolle Ergänzung oder Fremdkörper?, juris Monatszeitschrift 2019, S. 52 ff.

Wirth, Axel (Hrsg.), Darmstädter Baurechtshandbuch – Privates Baurecht, 2. Aufl. 2005

Wolff, Reinmar, Empfiehlt sich eine Reform des deutschen Schiedsverfahrensrechts? Schiedsvz 2016, 293 ff.

Wolff, Reinmar, Gestaltung einer vertragsübergreifenden Schiedsklausel, SchiedsVZ 2008, 59 ff.

Wolff, Reinmar, Grundzüge des Schiedsverfahrensrechts, JuS 2008, 108 ff.

Wunsch, Ute, Das Spannungsverhältnis zwischen außergerichtlicher und gerichtlicher Mediation, 2014

Wyss, Lukas F., Vorsorgliche Maßnahmen und Beweisaufnahme – die Rolle des Staatlichen Richters bei internationalen Schiedsverfahren aus Schweizer Sicht, SchiedsVZ 2011, 194 ff.

Yunis, Bettina, Alternative Streitbeilegung über elektronische Datennetze, 2011

Zenk, Kati, Mediation im Rahmen des Rechts, 2008

Zerhusen, Jörg, Alternative Streitbeilegung im Bauwesen. Streitvermeidung, Schlichtung, Mediation, Schiedsverfahren, 2005

Ziegler, Karl-Heinz, Das private Schiedsgericht im antiken römischen Recht, Dissertation 1970, 1971

Ziegler, Ole, § 44 Mediation, in: *Plagemann, Hermann* (Hrsg.), Münchener Anwaltshandbuch Sozialrecht, 5. Aufl. 2018

Ziehe, Katja, Collaborative Law & Practice, Konfliktlösung außerhalb der Gerichte, Perspektive/Schwerpunkt 1/2014, 4 ff.

Ziehe, Katja, Handle with care: außergerichtliche Konfliktlösungsmethoden als Allheilmittel? FamPra.ch 2/2017

Ziekow, Jan, Mediation in der Verwaltungsgerichtsbarkeit, NVwZ 2004, 390 ff.

Ziemons, Michael, Internet basierte Ausbildungssupervision, 2010

Zillesen, Horst, Was leistet Mediation für ein demokratisches Gemeinwesen? – Vom liberalen Rechtsstaat zur Zivilgesellschaft, SchlHA 2007, 119 ff.

Zöller, Richard/Geimer, Reinhold/Lückemann, Clemens (Hrsg.), Zivilprozessordnung, 32. Aufl. 2018

Zöllner, Wolfgang/Noack, Ulrich, § 47 Abstimmung, Anh. § 47 Mangelhaftigkeit von Gesellschaftsbeschlüssen, in: *Baumbach, Adolf/Hueck, Alfred* (Hrsg.), GmbH-Gesetz, 21. Aufl. 2017, S. 1126 ff.

Übersicht nach der Anlage zur ZMediatAusbV[1]

Nummer	Inhalt des Ausbildungslehrgangs	Fundort im Handbuch
1.	Einführung und Grundlagen der Mediation	Teil 5 B.; Teil 1 B.
1. a)	– Grundlagen der Mediation	Teil 5 B. II.
1. a) aa)	– Überblick über Prinzipien, Verfahrensablauf und Phasen der Mediation	Teil 5 B. II.1., 2. Teil 1 C. § 1 Rdn. 16 ff., § 2 Rdn. 51 ff.
1. a) bb)	– Überblick über Kommunikations- und Arbeitstechniken in der Mediation	Teil 5 B. II. 3.
1. b)	– Abgrenzung der Mediation zum streitigen Verfahren und zu anderen alternativen Konfliktbeilegungsverfahren	Teil 6 A., C. bis K.
1. c)	– Überblick über die Anwendungsfelder der Mediation	Teil 5 G., H., I.
2.	Ablauf und Rahmenbedingungen der Mediation	Teil 5 B.
2. a)	– Einzelheiten zu den Phasen der Mediation	Teil 5 B. II. 2.
2. a) aa)	– Mediationsvertrag	Teil 1 C. § 2 Rdn. 13 ff., 205
2. a) bb)	– Stoffsammlung	Teil 5 B. II. 2. b)
2. a) cc)	– Interessenserforschung	Teil 5 B. II. 2. c)
2. a) dd)	– Sammlung und Bewertung von Optionen	Teil 5 B. II. 2. d), e)
2. a) ee)	– Abschlussvereinbarung	Teil 5 B. II. 2. f)
2. b)	– Besonderheiten unterschiedlicher Settings in der Mediation	Teil 5 B.II. 5., D., E., F.
2. b) aa)	– Einzelgespräche	Teil 1 C. § 2 Rdn. 124 ff.
2. b) bb)	– Co-/Teammediation, Mehrparteienmediation, Shuttle-Mediation	Teil 5 E. Teil 1 C. § 1 Rdn. 30 f
2. b) cc)	– Einbeziehung Dritter	Teil 1 C. § 2 Rdn. 133 ff.

---

[1] Vgl. zur Anlage: Teil 2 A. und C. § 2 ZMediatAusbV, Rdn. 22 ff.

Übersicht nach der Anlage zur ZMediatAusbV

Nummer	Inhalt des Ausbildungslehrgangs	Fundort im Handbuch
2. c)	– Weitere Rahmenbedingungen	Teil 1 C. § 2 Rdn. 145 ff.
2. c) aa)	– Vor- und Nachbereitung von Mediationsverfahren	Teil 5 B. II. 2. a) Teil 5 D. 3. Teil 1 C. § 2 Rdn. 18 ff; § 5 Rdn. 25
2. c) bb)	– Dokumentation/Protokollführung	Teil 1 C. § 2 Rdn. 191, 196 ff.
3.	**Verhandlungstechniken und –kompetenz**	Teil 5 B. II. 2. e)
3. a)	– Grundlagen der Verhandlungsanalyse	Teil 5 B. II. 2. e)
3. b)	– Verhandlungsführung und Verhandlungsmanagement: intuitives Verhandeln, Verhandlung nach dem Harvard-Konzept/ integrative Verhandlungstechniken, distributive Verhandlungstechniken	Teil 1 C. § 5 Rdn. 27 Teil 5 B. II. 2. e)
4.	**Gesprächsführung, Kommunikationstechniken**	Teil 5 A. V. 3.
4. a)	– Grundlagen der Kommunikation	Teil 5 A. V. 3.
4. b)	– Kommunikationstechniken (z.B. aktives Zuhören, Paraphrasieren, Fragetechniken, Verbalisieren, Reframing, verbale und nonverbale Kommunikation)	Teil 5 B. II. 3., 4.; C. II.
4. c)	– Techniken zur Entwicklung und Bewertung von Lösungen (z.B. Brainstorming, Mindmapping, sonstige Kreativitätstechniken, Risikoanalyse)	Teil 5 B. II. 2. d), e)
4. d)	– Visualisierungs- und Moderationstechniken	Teil 5 B. II. 5.
4. e)	– Umgang mit schwierigen Situation (z.B. Blockaden, Widerstände, Eskalationen, Machtungleichgewichte)	Teil 5 C. IV. Teil 5 A. V. 4.
5.	**Konfliktkompetenz**	Teil 5 A.
5. a)	– Konflikttheorie (Konfliktfaktoren, Konfliktdynamik und Konfliktanalyse; Eskalationsstufen; Konflikttypen)	Teil 5 A. I. bis VI. Teil 5 B. II. 2. a)
5. b)	– Erkennen von Konfliktdynamiken	Teil 5 C.

Übersicht nach der Anlage zur ZMediatAusbV

Nummer	Inhalt des Ausbildungslehrgangs	Fundort im Handbuch
5. c)	– Interventionstechniken	Teil 5 A. VII.
		Teil 5 C. IV. 3.
6.	**Recht der Mediation**	Teil 1 bis 4
		Teil 1 C. § 5 Rdn. 29
6. a)	– Rechtliche Rahmenbedingungen: Mediatorenvertrag, Berufsrecht, Verschwiegenheit, Vergütungsfragen, Haftung und Versicherung	Teil 5 B. II. 2. e), f); Teil 1 C § 2 Rdn. 13 ff., 23 ff; § 3 Rdn. 7 ff.; § 4 Rdn. 6 ff.
6. b)	– Einbettung in das Recht des jeweiligen Grundberufs	Teil 1 C. § 2 Rdn. 3
6. c)	– Grundzüge des Rechtsdienstleistungsgesetzes	Teil 4 B., C.
7.	**Recht in der Mediation**	Teil 1 C. § 5 Rdn. 30
		Teil 5 B. I.
7. a)	– Rolle des Rechts in der Mediation	Teil 5 B. I. 1.
7. b)	– Abgrenzung von zulässiger rechtlicher Information und unzulässiger Rechtsberatung in der Mediation durch den Mediator	Teil 1 C. § 2 Rdn. 178 ff.
7. c)	– Rolle des Mediators in Abgrenzung zu den Aufgaben des Parteianwalts	Teil 1 C. § 1 Rdn. 33 ff.
		Teil 1 C. § 2 Rdn. 50 ff., 110 ff.
		Teil 6 F. II. 2.
7. d)	– Sensibilisierung für das Erkennen von rechtlich relevanten Sachverhalten bzw. von Situationen, in denen den Medianden die Inanspruchnahme externer rechtlicher Beratung zu empfehlen ist, um eine informierte Entscheidung zu treffen	Teil 1 C. § 2 Rdn. 166 ff.
7. e)	– Mitwirkung externer Berater in der Mediation	Teil 1 C. § 2 Rdn. 174 ff.
7. f)	– Rechtliche Besonderheiten der Mitwirkung des Mediators bei der Abschlussvereinbarung	Teil 1 C. § 2 Rdn. 185 ff.

Übersicht nach der Anlage zur ZMediatAusbV

Nummer	Inhalt des Ausbildungslehrgangs	Fundort im Handbuch
7. g)	– Rechtliche Bedeutung und Durchsetzbarkeit der Abschlussvereinbarung unter Berücksichtigung der Vollstreckbarkeit	Teil 1 C. § 2 Rdn. 189 ff.; Teil 5 B. II. 2. f)
8.	**Persönliche Kompetenz, Haltung und Rollenverständnis**	Teil 1 C. § 2 Rdn. 1 ff. Teil 7 E.
8. a)	– Rollendefinition, Rollenverständnis	Teil 1 C. § 2 Rdn. 1 ff. Teil 7 E.
8. b)	– Aufgabe und Selbstverständnis des Mediators (insbesondere Wertschätzung, Respekt und innere Haltung)	Teil 1 C. § 2 Rdn. 13 ff., 83 ff. Teil 6. G. V.
8. c)	– Allparteilichkeit, Neutralität und professionelle Distanz zu den Medianden und zum Konflikt	Teil 5 B. II. 1. e) Teil 1 C. § 2 Rdn. 52 ff.
8. d)	– Macht und Fairness in der Mediation	Teil 1 C. § 2 Rdn. 116 ff.
8. e)	– Umgang mit eigenen Gefühlen	Teil 5 A. V.
8. f)	– Selbstreflexion (z.B. Bewusstheit über die eigenen Grenze aufgrund der beruflichen Prägung und Sozialisation)	Teil 5 B. III.

Teil 1 Gesetz zur Förderung der Mediation und anderer Verfahren der außergerichtlichen Konfliktbeilegung (Mediationsförderungsgesetz)

A. Gesetzestext

Gesetz zur Förderung der Mediation und anderer Verfahren der außergerichtlichen Konfliktbeilegung

vom 21.07.2012[1] (BGBl. I S. 1577)

Der Bundestag hat das folgende Gesetz beschlossen:

Artikel 1 Mediationsgesetz (MediationsG)[2]

§ 1 Begriffsbestimmungen

(1) Mediation ist ein vertrauliches und strukturiertes Verfahren, bei dem Parteien mit Hilfe eines oder mehrerer Mediatoren freiwillig und eigenverantwortlich eine einvernehmliche Beilegung ihres Konflikts anstreben.

(2) Ein Mediator ist eine unabhängige und neutrale Person ohne Entscheidungsbefugnis, die die Parteien durch die Mediation führt.

§ 2 Verfahren; Aufgaben des Mediators

(1) Die Parteien wählen den Mediator aus.

(2) Der Mediator vergewissert sich, dass die Parteien die Grundsätze und den Ablauf des Mediationsverfahrens verstanden haben und freiwillig an der Mediation teilnehmen.

(3) Der Mediator ist allen Parteien gleichermaßen verpflichtet. Er fördert die Kommunikation der Parteien und gewährleistet, dass die Parteien in angemessener und fairer Weise in die Mediation eingebunden sind. Er kann im allseitigen Einverständnis getrennte Gespräche mit den Parteien führen.

(4) Dritte können nur mit Zustimmung aller Parteien in die Mediation einbezogen werden.

(5) Die Parteien können die Mediation jederzeit beenden. Der Mediator kann die Mediation beenden, insbesondere wenn er der Auffassung ist, dass eine eigenverantwortliche Kommunikation oder eine Einigung der Parteien nicht zu erwarten ist.

---

1 Dieses Gesetz dient der Umsetzung der Richtlinie 2008/52/EG des Europäischen Parlaments und des Rates vom 21.05.2008 über bestimmte Aspekte der Mediation in Zivil- und Handelssachen (ABl. L 136 v. 24.05.2008, S. 3).
2 Geändert durch Art. 135 Zehnte ZuständigkeitsanpassungsVO vom 31.08.2015 (BGBl. I S. 1474).

(6) Der Mediator wirkt im Falle einer Einigung darauf hin, dass die Parteien die Vereinbarung in Kenntnis der Sachlage treffen und ihren Inhalt verstehen. Er hat die Parteien, die ohne fachliche Beratung an der Mediation teilnehmen, auf die Möglichkeit hinzuweisen, die Vereinbarung bei Bedarf durch externe Berater überprüfen zu lassen. Mit Zustimmung der Parteien kann die erzielte Einigung in einer Abschlussvereinbarung dokumentiert werden.

§ 3 Offenbarungspflichten; Tätigkeitsbeschränkungen

(1) Der Mediator hat den Parteien alle Umstände offenzulegen, die seine Unabhängigkeit und Neutralität beeinträchtigen können. Er darf bei Vorliegen solcher Umstände nur als Mediator tätig werden, wenn die Parteien dem ausdrücklich zustimmen.

(2) Als Mediator darf nicht tätig werden, wer vor der Mediation in derselben Sache für eine Partei tätig gewesen ist. Der Mediator darf auch nicht während oder nach der Mediation für eine Partei in derselben Sache tätig werden.

(3) Eine Person darf nicht als Mediator tätig werden, wenn eine mit ihr in derselben Berufsausübungs- oder Bürogemeinschaft verbundene andere Person vor der Mediation in derselben Sache für eine Partei tätig gewesen ist. Eine solche andere Person darf auch nicht während oder nach der Mediation für eine Partei in derselben Sache tätig werden.

(4) Die Beschränkungen des Absatzes 3 gelten nicht, wenn sich die betroffenen Parteien im Einzelfall nach umfassender Information damit einverstanden erklärt haben und Belange der Rechtspflege dem nicht entgegenstehen.

(5) Der Mediator ist verpflichtet, die Parteien auf deren Verlangen über seinen fachlichen Hintergrund, seine Ausbildung und seine Erfahrung auf dem Gebiet der Mediation zu informieren.

§ 4 Verschwiegenheitspflicht

Der Mediator und die in die Durchführung des Mediationsverfahrens eingebundenen Personen sind zur Verschwiegenheit verpflichtet, soweit gesetzlich nichts anderes geregelt ist. Diese Pflicht bezieht sich auf alles, was ihnen in Ausübung ihrer Tätigkeit bekannt geworden ist. Ungeachtet anderer gesetzlicher Regelungen über die Verschwiegenheitspflicht gilt sie nicht, soweit
1. die Offenlegung des Inhalts der im Mediationsverfahren erzielten Vereinbarung zur Umsetzung oder Vollstreckung dieser Vereinbarung erforderlich ist,
2. die Offenlegung aus vorrangigen Gründen der öffentlichen Ordnung (ordre public) geboten ist, insbesondere um eine Gefährdung des Wohles eines Kindes oder eine schwerwiegende Beeinträchtigung der physischen oder psychischen Integrität einer Person abzuwenden, oder
3. es sich um Tatsachen handelt, die offenkundig sind oder ihrer Bedeutung nach keiner Geheimhaltung bedürfen.

Der Mediator hat die Parteien über den Umfang seiner Verschwiegenheitspflicht zu informieren.

A. Gesetzestext **Teil 1**

§ 5 Aus- und Fortbildung des Mediators; zertifizierter Mediator

(1) Der Mediator stellt in eigener Verantwortung durch eine geeignete Ausbildung und eine regelmäßige Fortbildung sicher, dass er über theoretische Kenntnisse sowie praktische Erfahrungen verfügt, um die Parteien in sachkundiger Weise durch die Mediation führen zu können. Eine geeignete Ausbildung soll insbesondere vermitteln:
1. Kenntnisse über Grundlagen der Mediation sowie deren Ablauf und Rahmenbedingungen,
2. Verhandlungs- und Kommunikationstechniken,
3. Konfliktkompetenz,
4. Kenntnisse über das Recht der Mediation sowie über die Rolle des Rechts in der Mediation sowie
5. praktische Übungen, Rollenspiele und Supervision.

(2) Als zertifizierter Mediator darf sich bezeichnen, wer eine Ausbildung zum Mediator abgeschlossen hat, die den Anforderungen der Rechtsverordnung nach § 6 entspricht.

(3) Der zertifizierte Mediator hat sich entsprechend den Anforderungen der Rechtsverordnung nach § 6 fortzubilden.

§ 6 Verordnungsermächtigung

Das Bundesministerium der Justiz und für Verbraucherschutz wird ermächtigt, durch Rechtsverordnung ohne Zustimmung des Bundesrates nähere Bestimmungen über die Ausbildung zum zertifizierten Mediator und über die Fortbildung des zertifizierten Mediators sowie Anforderungen an Aus- und Fortbildungseinrichtungen zu erlassen. In der Rechtsverordnung nach Satz 1 können insbesondere festgelegt werden:
1. nähere Bestimmungen über die Inhalte der Ausbildung, wobei eine Ausbildung zum zertifizierten Mediator die in § 5 Absatz 1 Satz 2 aufgeführten Ausbildungsinhalte zu vermitteln hat, und über die erforderliche Praxiserfahrung;
2. nähere Bestimmungen über die Inhalte der Fortbildung;
3. Mindeststundenzahlen für die Aus- und Fortbildung;
4. zeitliche Abstände, in denen eine Fortbildung zu erfolgen hat;
5. Anforderungen an die in den Aus- und Fortbildungseinrichtungen eingesetzten Lehrkräfte;
6. Bestimmungen darüber, dass und in welcher Weise eine Aus- und Fortbildungseinrichtung die Teilnahme an einer Aus- und Fortbildungsveranstaltung zu zertifizieren hat;
7. Regelungen über den Abschluss der Ausbildung;
8. Übergangsbestimmungen für Personen, die bereits vor Inkrafttreten dieses Gesetzes als Mediatoren tätig sind.

§ 7 Wissenschaftliche Forschungsvorhaben; finanzielle Förderung der Mediation

(1) Bund und Länder können wissenschaftliche Forschungsvorhaben vereinbaren, um die Folgen einer finanziellen Förderung der Mediation für die Länder zu ermitteln.

(2) Die Förderung kann im Rahmen der Forschungsvorhaben auf Antrag einer rechtsuchenden Person bewilligt werden, wenn diese nach ihren persönlichen und wirtschaftlichen Verhältnissen die Kosten einer Mediation nicht, nur zum Teil oder nur in Raten aufbringen kann und die beabsichtigte Rechtsverfolgung oder Rechtsverteidigung nicht mutwillig erscheint. Über den Antrag entscheidet das für das Verfahren zuständige Gericht, sofern an diesem Gericht ein Forschungsvorhaben durchgeführt wird. Die Entscheidung ist unanfechtbar. Die Einzelheiten regeln die nach Absatz 1 zustande gekommenen Vereinbarungen zwischen Bund und Ländern.

(3) Die Bundesregierung unterrichtet den Deutschen Bundestag nach Abschluss der wissenschaftlichen Forschungsvorhaben über die gesammelten Erfahrungen und die gewonnenen Erkenntnisse.

§ 8 Evaluierung

(1) Die Bundesregierung berichtet dem Deutschen Bundestag bis zum ... [einsetzen: Angabe des Tages und des Monats des Inkrafttretens dieses Gesetzes sowie die Jahreszahl des fünften auf das Inkrafttreten folgenden Jahres] auch unter Berücksichtigung der kostenrechtlichen Länderöffnungsklauseln über die Auswirkungen dieses Gesetzes auf die Entwicklung der Mediation in Deutschland und über die Situation der Aus- und Fortbildung der Mediatoren. In dem Bericht ist insbesondere zu untersuchen und zu bewerten, ob aus Gründen der Qualitätssicherung und des Verbraucherschutzes weitere gesetzgeberische Maßnahmen auf dem Gebiet der Aus- und Fortbildung von Mediatoren notwendig sind.

(2) Sofern sich aus dem Bericht die Notwendigkeit gesetzgeberischer Maßnahmen ergibt, soll die Bundesregierung diese vorschlagen.

§ 9 Übergangsbestimmung

(1) Die gerichtsinterne Mediation in Zivilsachen durch einen nicht entscheidungsbefugten Richter während eines Gerichtsverfahrens, die vor dem ... [einsetzen: Datum des Tages des Inkrafttretens dieses Gesetzes nach Artikel 12] an einem Gericht angeboten wird, kann unter Fortführung der bisher verwendeten Bezeichnung (gerichtlicher Mediator) bis zum ... [einsetzen: Datum des ersten Tages des 13. auf die Verkündung folgenden Kalendermonats] weiterhin durchgeführt werden.

(2) Absatz 1 gilt entsprechend für die Mediation in der Verwaltungsgerichtsbarkeit, der Sozialgerichtsbarkeit, der Finanzgerichtsbarkeit und der Arbeitsgerichtsbarkeit.

Artikel 2 Änderung der Zivilprozessordnung

Die Zivilprozessordnung in der Fassung der Bekanntmachung vom 5. Dezember 2005 (BGBl. I S. 3202; 2006 I S. 431; 2007 I S. 1781), die zuletzt durch Artikel 3 des Gesetzes vom 22. Dezember 2011 (BGBl. I S. 3044) geändert worden ist, wird wie folgt geändert:

1. In der Inhaltsübersicht wird nach der Angabe zu § 278 folgende Angabe eingefügt:
»§ 278a Mediation, außergerichtliche Konfliktbeilegung«.
2. § 41 wird wie folgt geändert:
   a) In Nummer 7 wird der Punkt am Ende durch ein Semikolon ersetzt.
   b) Folgende Nummer 8 wird angefügt:
   »8. in Sachen, in denen er an einem Mediationsverfahren oder einem anderen Verfahren der außergerichtlichen Konfliktbeilegung mitgewirkt hat.«
3. Dem § 159 Absatz 2 wird folgender Satz angefügt:
»Ein Protokoll über eine Güteverhandlung oder weitere Güteversuche vor einem Güterichter nach § 278 Absatz 5 wird nur auf übereinstimmenden Antrag der Parteien aufgenommen.«
4. § 253 Absatz 3 wird wie folgt gefasst:
»(3) Die Klageschrift soll ferner enthalten:
   1. die Angabe, ob der Klageerhebung der Versuch einer Mediation oder eines anderen Verfahrens der außergerichtlichen Konfliktbeilegung vorausgegangen ist, sowie eine Äußerung dazu, ob einem solchen Verfahren Gründe entgegenstehen;
   2. die Angabe des Wertes des Streitgegenstandes, wenn hiervon die Zuständigkeit des Gerichts abhängt und der Streitgegenstand nicht in einer bestimmten Geldsumme besteht;
   3. eine Äußerung dazu, ob einer Entscheidung der Sache durch den Einzelrichter Gründe entgegenstehen.«
5. § 278 Absatz 5 wird wie folgt gefasst:
»(5) Das Gericht kann die Parteien für die Güteverhandlung sowie für weitere Güteversuche vor einen hierfür bestimmten und nicht entscheidungsbefugten Richter (Güterichter) verweisen. Der Güterichter kann alle Methoden der Konfliktbeilegung einschließlich der Mediation einsetzen.«
6. Nach § 278 wird folgender § 278a eingefügt:
»§ 278a Mediation, außergerichtliche Konfliktbeilegung
   (1) Das Gericht kann den Parteien eine Mediation oder ein anderes Verfahren der außergerichtlichen Konfliktbeilegung vorschlagen.
   (2) Entscheiden sich die Parteien zur Durchführung einer Mediation oder eines anderen Verfahrens der außergerichtlichen Konfliktbeilegung, ordnet das Gericht das Ruhen des Verfahrens an.«

Artikel 3 Änderung des Gesetzes über das Verfahren in Familiensachen und in den Angelegenheiten der freiwilligen Gerichtsbarkeit

Das Gesetz über das Verfahren in Familiensachen und in den Angelegenheiten der freiwilligen Gerichtsbarkeit vom 17. Dezember 2008 (BGBl. I S. 2586, 2587), das zuletzt durch Artikel 4 des Gesetzes vom 15. März 2012 (BGBl. 2012 II S. 178) geändert worden ist, wird wie folgt geändert:
1. Die Inhaltsübersicht wird wie folgt geändert:
   a) Nach der Angabe zu § 36 wird folgende Angabe eingefügt:
   »§ 36a Mediation, außergerichtliche Konfliktbeilegung«.
   b) In der Angabe zu § 135 wird das Wort »Streitbeilegung« durch das Wort »Konfliktbeilegung« ersetzt.
2. Nach § 23 Absatz 1 Satz 2 wird folgender Satz eingefügt:
   »Der Antrag soll in geeigneten Fällen die Angabe enthalten, ob der Antragstellung der Versuch einer Mediation oder eines anderen Verfahrens der außergerichtlichen Konfliktbeilegung vorausgegangen ist, sowie eine Äußerung dazu, ob einem solchen Verfahren Gründe entgegenstehen.«
3. Nach § 28 Absatz 4 Satz 2 wird folgender Satz eingefügt:
   »Über den Versuch einer gütlichen Einigung vor einem Güterichter nach § 36 Absatz 5 wird ein Vermerk nur angefertigt, wenn alle Beteiligten sich einverstanden erklären.«
4. Dem § 36 wird folgender Absatz 5 angefügt:
   »(5) Das Gericht kann die Beteiligten für den Versuch einer gütlichen Einigung vor einen hierfür bestimmten und nicht entscheidungsbefugten Richter (Güterichter) verweisen. Der Güterichter kann alle Methoden der Konfliktbeilegung einschließlich der Mediation einsetzen. Für das Verfahren vor dem Güterichter gelten die Absätze 1 bis 4 entsprechend.«
5. Nach § 36 wird folgender § 36a eingefügt:
   »§ 36a Mediation, außergerichtliche Konfliktbeilegung
   (1) Das Gericht kann einzelnen oder allen Beteiligten eine Mediation oder ein anderes Verfahren der außergerichtlichen Konfliktbeilegung vorschlagen. In Gewaltschutzsachen sind die schutzwürdigen Belange der von Gewalt betroffenen Person zu wahren.
   (2) Entscheiden sich die Beteiligten zur Durchführung einer Mediation oder eines anderen Verfahrens der außergerichtlichen Konfliktbeilegung, setzt das Gericht das Verfahren aus.
   (3) Gerichtliche Anordnungs- und Genehmigungsvorbehalte bleiben von der Durchführung einer Mediation oder eines anderen Verfahrens der außergerichtlichen Konfliktbeilegung unberührt.«
6. § 81 Absatz 2 Nummer 5 wird wie folgt gefasst:
   »5. der Beteiligte einer richterlichen Anordnung zur Teilnahme an einem kostenfreien Informationsgespräch über Mediation oder über eine sonstige Möglichkeit der außergerichtlichen Konfliktbeilegung nach § 156 Absatz 1 Satz 3 oder einer richterlichen Anordnung zur Teilnahme an einer Beratung nach § 156 Absatz 1

Satz 4 nicht nachgekommen ist, sofern der Beteiligte dies nicht genügend entschuldigt hat.«
7. § 135 wird wie folgt geändert:
   a) In der Überschrift wird das Wort »Streitbeilegung« durch das Wort »Konfliktbeilegung« ersetzt.
   b) Absatz 1 wird wie folgt geändert:
      aa) Die Absatzbezeichnung »(1)« wird gestrichen.
      bb) In Satz 1 wird das Wort »Streitbeilegung« durch das Wort »Konfliktbeilegung« ersetzt.
   c) Absatz 2 wird aufgehoben.
8. In § 150 Absatz 4 Satz 2 wird nach der Angabe »§ 135« die Angabe »Abs. 1« gestrichen.
9. Dem § 155 wird folgender Absatz 4 angefügt:
   »(4) Hat das Gericht ein Verfahren nach Absatz 1 zur Durchführung einer Mediation oder eines anderen Verfahrens der außergerichtlichen Konfliktbeilegung ausgesetzt, nimmt es das Verfahren in der Regel nach drei Monaten wieder auf, wenn die Beteiligten keine einvernehmliche Regelung erzielen.«
10. § 156 wird wie folgt geändert:
    a) Absatz 1 wird wie folgt geändert:
       aa) Satz 3 wird wie folgt gefasst:
       »Das Gericht kann anordnen, dass die Eltern einzeln oder gemeinsam an einem kostenfreien Informationsgespräch über Mediation oder über eine sonstige Möglichkeit der außergerichtlichen Konfliktbeilegung bei einer von dem Gericht benannten Person oder Stelle teilnehmen und eine Bestätigung hierüber vorlegen.«
       bb) In Satz 4 wird nach dem Wort »kann« das Wort »ferner« eingefügt.
       cc) In Satz 5 werden die Wörter »Die Anordnung ist« durch die Wörter »Die Anordnungen nach den Sätzen 3 und 4 sind« ersetzt.
    b) In Absatz 3 Satz 2 werden nach dem Wort »Beratung« ein Komma sowie die Wörter »an einem kostenfreien Informationsgespräch über Mediation oder einer sonstigen Möglichkeit der außergerichtlichen Konfliktbeilegung« eingefügt.

Artikel 4 Änderung des Arbeitsgerichtsgesetzes

Das Arbeitsgerichtsgesetz in der Fassung der Bekanntmachung vom 2. Juli 1979 (BGBl. I S. 853, 1036), das zuletzt durch Artikel 6 des Gesetzes vom 24. November 2011 (BGBl. I S. 2302) geändert worden ist, wird wie folgt geändert:
1. Dem § 54 wird folgender Absatz 6 angefügt:
   »(6) Der Vorsitzende kann die Parteien für die Güteverhandlung sowie deren Fortsetzung vor einen hierfür bestimmten und nicht entscheidungsbefugten Richter (Güterichter) verweisen. Der Güterichter kann alle Methoden der Konfliktbeilegung einschließlich der Mediation einsetzen.«

2. Nach § 54 wird folgender § 54a eingefügt:
»§ 54a Mediation, außergerichtliche Konfliktbeilegung
(1) Das Gericht kann den Parteien eine Mediation oder ein anderes Verfahren der außergerichtlichen Konfliktbeilegung vorschlagen.
(2) Entscheiden sich die Parteien zur Durchführung einer Mediation oder eines anderen Verfahrens der außergerichtlichen Konfliktbeilegung, ordnet das Gericht das Ruhen des Verfahrens an. Auf Antrag einer Partei ist Termin zur mündlichen Verhandlung zu bestimmen. Im Übrigen nimmt das Gericht das Verfahren nach drei Monaten wieder auf, es sei denn, die Parteien legen übereinstimmend dar, dass eine Mediation oder eine außergerichtliche Konfliktbeilegung noch betrieben wird.«
3. § 55 Absatz 1 Nummer 8 wird wie folgt gefasst:
»8. über die Aussetzung und Anordnung des Ruhens des Verfahrens;«.
4. In § 64 Absatz 7 werden nach den Wörtern »der §§ 52, 53, 55 Abs. 1 Nr. 1 bis 9, Abs. 2 und 4,« die Wörter »des § 54 Absatz 6, des § 54a,« und nach den Wörtern »ehrenamtlichen Richter,« die Wörter »Güterichter, Mediation und außergerichtliche Konfliktbeilegung,« eingefügt.
5. In § 80 Absatz 2 Satz 1 werden nach den Wörtern »ehrenamtlichen Richter,« die Wörter »Mediation und außergerichtliche Konfliktbeilegung,« eingefügt.
6. In § 83a Absatz 1 werden nach den Wörtern »oder des Vorsitzenden« die Wörter »oder des Güterichters« eingefügt.
7. In § 87 Absatz 2 Satz 1 werden nach den Wörtern »ehrenamtlichen Richter,« die Wörter »Güterichter, Mediation und außergerichtliche Konfliktbeilegung,« eingefügt.

Artikel 5   Änderung des Sozialgerichtsgesetzes

In § 202 Satz 1 des Sozialgerichtsgesetzes in der Fassung der Bekanntmachung vom 23. September 1975 (BGBl. I S. 2535), das zuletzt durch Artikel 8 des Gesetzes vom 22. Dezember 2011 (BGBl. I S. 3057) geändert worden ist, werden nach dem Wort »Zivilprozeßordnung« die Wörter »einschließlich § 278 Absatz 5 und § 278a« eingefügt.

Artikel 6   Änderung der Verwaltungsgerichtsordnung

In § 173 Satz 1 der Verwaltungsgerichtsordnung in der Fassung der Bekanntmachung vom 19. März 1991 (BGBl. I S. 686), die zuletzt durch Artikel 5 Absatz 2 des Gesetzes vom 24. Februar 2012 (BGBl. I S. 212) geändert worden ist, werden nach dem Wort »Zivilprozeßordnung« die Wörter »einschließlich § 278 Absatz 5 und § 278a« eingefügt.

Artikel 7 Änderung des Gerichtskostengesetzes

Das Gerichtskostengesetz vom 5. Mai 2004 (BGBl. I S. 718), das zuletzt durch Artikel 10 des Gesetzes vom 24. November 2011 (BGBl. I S. 2302) geändert worden ist, wird wie folgt geändert:
1. Dem § 70 wird folgender § 69b vorangestellt:
»§ 69b Verordnungsermächtigung
Die Landesregierungen werden ermächtigt, durch Rechtsverordnung zu bestimmen, dass die von den Gerichten der Länder zu erhebenden Verfahrensgebühren über die in den Nummern 1211, 1411, 5111, 5113, 5211, 5221, 6111, 6211, 7111, 7113 und 8211 des Kostenverzeichnisses bestimmte Ermäßigung hinaus weiter ermäßigt werden oder entfallen, wenn das gesamte Verfahren nach einer Mediation oder nach einem anderen Verfahren der außergerichtlichen Konfliktbeilegung durch Zurücknahme der Klage oder des Antrags beendet wird und in der Klage- oder Antragsschrift mitgeteilt worden ist, dass eine Mediation oder ein anderes Verfahren der außergerichtlichen Konfliktbeilegung unternommen wird oder beabsichtigt ist, oder wenn das Gericht den Parteien die Durchführung einer Mediation oder eines anderen Verfahrens der außergerichtlichen Konfliktbeilegung vorgeschlagen hat. Satz 1 gilt entsprechend für die in den Rechtsmittelzügen von den Gerichten der Länder zu erhebenden Verfahrensgebühren; an die Stelle der Klage- oder Antragsschrift tritt der Schriftsatz, mit dem das Rechtsmittel eingelegt worden ist.«
2. In Nummer 1640 der Anlage 1 (Kostenverzeichnis) wird im Gebührentatbestand die Angabe »§ 148 Abs. 1 und 2« durch die Wörter »§ 148 Absatz 1 und 2 des Aktiengesetzes« ersetzt.

Artikel 7a Änderung des Gesetzes über Gerichtskosten in Familiensachen

Dem § 62 des Gesetzes über Gerichtskosten in Familiensachen vom 17. Dezember 2008 (BGBl. I S. 2586, 2666), das zuletzt durch Artikel 10 des Gesetzes vom 23. Mai 2011 (BGBl. I S. 898) geändert worden ist, wird folgender § 61a vorangestellt:

»§ 61a Verordnungsermächtigung

Die Landesregierungen werden ermächtigt, durch Rechtsverordnung zu bestimmen, dass die von den Gerichten der Länder zu erhebenden Verfahrensgebühren in solchen Verfahren, die nur auf Antrag eingeleitet werden, über die im Kostenverzeichnis für den Fall der Zurücknahme des Antrags vorgesehene Ermäßigung hinaus weiter ermäßigt werden oder entfallen, wenn das gesamte Verfahren oder bei Verbundverfahren nach § 44 eine Folgesache nach einer Mediation oder nach einem anderen Verfahren der außergerichtlichen Konfliktbeilegung durch Zurücknahme des Antrags beendet wird und in der Antragsschrift mitgeteilt worden ist, dass eine Mediation oder ein anderes Verfahren der außergerichtlichen Konfliktbeilegung unternommen wird oder beabsichtigt ist, oder wenn das Gericht den Beteiligten die Durchführung einer Mediation oder eines anderen Verfahrens der außergerichtlichen Konfliktbeilegung vorgeschlagen hat. Satz 1 gilt entsprechend für die im Beschwerdeverfahren von den Oberlandesgerichten zu erhebenden Verfahrensgebühren; an die Stelle der Antragsschrift tritt der Schriftsatz, mit dem die Beschwerde eingelegt worden ist.«

Artikel 8 Änderung der Finanzgerichtsordnung

In § 155 Satz 1 der Finanzgerichtsordnung in der Fassung der Bekanntmachung vom 28. März 2001 (BGBl. I S. 442, 2262; 2002 I S. 679), die zuletzt durch Artikel 2 Absatz 35 des Gesetzes vom 22. Dezember 2011 (BGBl. I S. 3044) geändert worden ist, werden nach dem Wort »Zivilprozessordnung« die Wörter »einschließlich § 278 Absatz 5 und § 278a« eingefügt.

Artikel 9 Inkrafttreten

Dieses Gesetz tritt am Tag nach der Verkündung in Kraft.[3]

---

3 Das Bundesgesetzblatt ist am 25.07.2012 ausgegeben worden.

B. Einleitung

Übersicht

	Rdn.
I. Geschichte der Mediation (MediationsG)	1
II. Gesetz zur Förderung der Mediation	8
1. Frühe Entwicklungen	8
2. Güteverfahren	10
a) Regelung in der CPO/ZPO seit 1879	10
b) Die Emminger-Novelle und das obligatorische Güteverfahren seit 1924	12
c) Das Güteverfahren seit 1944	15
d) Der Gütegedanke in der DDR	16
e) § 279 Abs. 1 ZPO (Vereinfachungsnovelle zur ZPO – 01. 01. 1977)	19
f) Die Öffnungsklausel des § 15a EGZPO – 01. 01. 2000	21
aa) Einführung	21
bb) Gesetzliche Umsetzung in den Bundesländern	23
3. Mediation	27
a) Historische Entwicklung in Deutschland	27
aa) Gedanken zu Alternativen in der Ziviljustiz – 1977	27
bb) Gründung erster Fachverbände – 1992	30
cc) OSZE – Übereinkommen über Vergleich- und Schiedsverfahren – 1994	31
b) Erste Projekte zu alternativen Verfahren	32
aa) Cochemer Praxis – 1992	32
bb) Regensburger Justizprojekt – 1992	33
cc) Integrierte Mediation – Altenkirchener Modell – 1997	34
c) Rechtsanwaltschaft und Juristenausbildung	35
d) Förderung und Projekte auf Bundes- und Landesebene	38
aa) Baden-Württemberg	39
bb) Niedersachsen	40
cc) Internationale Familienmediation Deutschland-Frankreich	41
dd) Hessen	42
ee) Berlin	43
ff) Rheinland-Pfalz	44
gg) Mecklenburg-Vorpommern	45
hh) Bayern	46
ii) Schleswig Holstein	47
jj) Sachsen-Anhalt	48
kk) Nordrhein-Westfalen	49
ll) Bremen	50
mm) Thüringen	51
nn) Hamburg	52
oo) Brandenburg	53
pp) Saarland	54
qq) Sachsen	55
e) Rechtsprechung des BVerfG und BGH	56
f) Europäische Ebene	58
4. Gesetzgebungsverfahren	60
a) Referentenentwurf 2010	61

Teil 1 Mediationsförderungsgesetz

        b) Gesetzesentwurf 2011 63
        c) Rechtsausschuss 66
        d) Bundestag und Bundesrat 71
        e) Vermittlungsausschuss 73
        f) Inkrafttreten 75
        g) Änderung des MediationsG 76
III. Gesetz zur Förderung der Mediation und anderer Verfahren der außergerichtlichen Konfliktbeilegung – Artikel 2 Änderung der Zivilprozessordnung 78
IV. Weitere Entwicklungen nach Erlass des MediationsG seit 2012 80
    1. Gesetz zur Umsetzung der Richtlinie über alternative Streitbeilegung in Verbraucherangelegenheiten und zur Durchführung der Verordnung über Online-Streitbeilegung in Verbraucherangelegenheiten 19. Februar 2016 ... 80
    2. Gesetz über die alternative Streitbeilegung in Verbrauchersachen vom 19. Februar 2016 81
    3. Verordnung über die Aus- und Fortbildung von zertifizierten Mediatoren 21. August 2016 83
    4. Bericht der Bundesregierung über die Auswirkung des Mediationsgesetzes auf die Entwicklung der Mediation in Deutschland und über die Situation der Aus – und Fortbildung der Mediatoren vom Juli 2017 86
V. Ausblick 88

I. Geschichte der Mediation (MediationsG)

1 Das Mediationsgesetz (MediationsG) stellt in Deutschland einen vorläufigen Schluss- und Höhepunkt einer jahrtausendlangen Entwicklung dar. Denn der der Mediation zugrunde liegende Gedanke, Konflikte durch besondere Verhandlungs- und Vermittlungsstrategien beizulegen, ist nicht erst in jüngerer Zeit entstanden: Es gilt als sicher, dass Konflikte schon immer auch im Wege des Vermittelns und Verhandelns unter Einbeziehung einer dritten Person (Vermittler) gelöst wurden – lange bevor es Rechtsnormen und staatliche Organisationen gab. In Japan und China, aber ebenso in weiten Teilen Afrikas wurden immer schon Konflikte im Wege des Vermittelns mit dem Ziel des Konsenses, der Kooperation und der Harmonie beigelegt.[1]

2 Auch in Europa fanden bereits in vorchristlicher Zeit ähnliche Konfliktlösungsverfahren Anwendung, bei denen eine dritte Partei eine Vermittlerrolle in einem Konflikt übernahm. So haben im antiken **Griechenland** kleinere Städte sich als Vermittler angeboten, wenn es zum Streit zwischen den großen und mächtigen Stadtstaaten Sparta und **Athen** kam. Der bekannte athenische Staatsmann und Weise **Solon**[2] (640 – 560 v. Chr.) hat in den Jahren 594 und 593 v. Chr. als Vermittler einen für das Zusammenleben ernsten Konflikt zwischen verschiedenen Klassen in Athen beigelegt.[3] In **Frank-**

---

[1] Vgl. *Hehn* in: *Haft/von Schlieffen* (Hrsg.), Handbuch Mediation, § 8 Rn. 3 ff.
[2] Solon wird von Demetrios von Phaleron folgender Ausspruch zugeschrieben »Sitze nicht zu Gericht, sonst wirst du dem Verurteilten ein Feind sein.«
[3] *Duss-von Werdt*, Mediation in Europa, S. 29.

reich spielte bereits im Mittelalter (10./11. Jahrhundert) die Vermittlung zur Beilegung von Konflikten eine große Rolle.[4]

Der **Westfälische Frieden** (1648), mit dem der 30-jährigen Krieg sein Ende fand, ist entscheidend durch die Vermittlung des venezianischen Gesandten **Alvise Contarini** zustande gekommen, der über fünf Jahre zwischen den Streitparteien vermittelte. Contarini war von allen Streitparteien in die Rolle des Vermittlers gewählt worden und zu seinen Grundprinzipien gehörte es, seine Neutralität zu wahren, die Informiertheit der Parteien zu gewährleisten und sämtlichen Parteien, unabhängig von ihrem politischen und militärischen Einfluss, Gehör zu verschaffen. Contarini, früher auch Botschafter in Frankreich, England und an der Kurie in Rom und späterer Doge von Venedig, der aus Dankbarkeit auch im Vertragstext rühmend erwähnt wird, wird zudem auf einem zeitgenössischen Stich als »Mediator« bezeichnet.[5] Man kann ihn als einen »Wegbereiter des Mediationsverfahrens moderner Prägung«[6] bezeichnen. 3

Der Begriff »**Mediator**«[7] hat seinen etymologischen Ursprung im Griechischen (μέσος[8]) und wurde aus der lateinischen Sprache (medius und mediare[9]) in nachklassischer Zeit entwickelt und hat sich so ohne Veränderung bis heute erhalten. 4

Aus der jüngeren Zeit sei als ein Beispiel für Vermittlung unter Anwendung von Mediationsgedanken der Friedensschluss von **Camp David** (1979) zwischen Ägypten und Israel erwähnt, indem der amerikanischen Präsidenten Jimmy Carter erfolgreich die Friedensverhandlungen in den Jahren 1978 und 1979 zwischen Anwar al-Sadat (Ägypten) und Menachem Begin (Israel) begleitete.[10] Der **Vermittlungsgedanke** hat, wie im Schrifttum dargestellt wird, in zahlreichen anderen Fällen bei der Lösung von Konflikten eine entscheidende Rolle gespielt.[11] 5

Anfang der 70er Jahre begann man vornehmlich in angloamerikanischen Ländern wie den USA und Australien, die Mediation[12] als alternative Form der Streitbeilegung zu nutzen. Dies anfänglich bei Familienkonflikten,[13] im Rahmen von Tarifverhandlun- 6

---

4 Vgl. *Hehn* in: *Haft/von Schlieffen* (Hrsg.), Handbuch Mediation, § 8 Rn. 3 ff.
5 Vgl. *Schwartz*, Ein Beitrag zur Geschichte der Mediation in Europa, S. 1 ff.; *Duss-von Werdt*, Mediation in Europa, S. 29; *Hehn* in *Haft/von Schlieffen* (Hrsg.), Handbuch Mediation, § 8 Rn. 13.
6 *Schwartz*, Ein Beitrag zur Geschichte der Mediation in Europa, S. 2.
7 Mediator, -oris, m., Mittelsperson, Mittler.
8 μέσος, η, ον, mitten, in der Mitte, zwischen.
9 Medius, -a, -um, mitten, in der Mitte; medius, -i, m., Mitte; mediare, medio, mediavi, mediatus, halbieren, in der Mitte sein, in der Mitte teilen.
10 *Hehn* in: *Haft/von Schlieffen* (Hrsg.), Handbuch Mediation, § 8, Rn. 16.
11 *Hehn* in: *Haft/von Schlieffen* (Hrsg.), Handbuch Mediation, § 8, Rn. 10 ff.
12 Griechisch Ratschlag, Beschluss, Klugheit, Verschlagenheit; μηδομαι ersinnen, einen Beschluss fassen, klug, listig, aber auch sich um etwas kümmern, für etwas sorgen (*Pape*, Handwörterbuch der griechischen Sprache, 3. Aufl. 1914); lateinisch »mediare« teilen.
13 *Coogler*, Structured Mediation in Divorce Settlement; *Breitenbach*, Mediation: Struktur, Chancen und Risiken von Vermittlung im Konflikt, S. 271.

gen[14] und bei großen öffentlichen Planungsvorhaben.[15] In Kalifornien wurden 1973 erstmals bei Sorgerechts- und Besuchsstreitigkeiten »**conciliation**[16] **courts**« eingeschaltet.[17] Von den **USA** gelangte die Idee der Mediation in den 1980iger Jahren auch nach Europa und **Deutschland**. Zeitgleich begann die Entwicklung in **Frankreich**, wo bereits 1978 zur außergerichtlichen Schlichtung von zivilrechtlichen Streitigkeiten die Institution des »conciliateurs«[18] geschaffen wurde.[19] 1996 wurde dort die gerichtsnahe Mediation (médiation judiciare) eingeführt, wonach ein Richter im Einverständnis der Parteien einen Dritten mit der Durchführung eines Mediationsverfahrens bestimmen kann.[20]

7   Neben anderen Entwicklungen war für das MediationsG in **Deutschland** ausschlaggebend, dass der europäische Gesetzgeber am 21. Mai 2008 die **Richtlinie 2008/52/EG** des Europäischen Parlaments und des Rates über bestimmte Aspekte der Mediation in Zivil- und Handelssachen[21] (nachfolgend »**EUMed-RL**«) verabschiedet hat,[22] wodurch der Bundesgesetzgeber zum Handeln gezwungen war, um zumindest die Vorgaben dieser Richtlinie umzusetzen.[23]

II. Gesetz zur Förderung der Mediation

1. Frühe Entwicklungen

8   Mediation als alternatives Konfliktlösungsverfahren ist, wie oben angesprochen, in Deutschland etwa seit dem Beginn der 1980er Jahre ein Thema, also bereits lange vor Erlass der EU-Mediationsrichtlinie[24] (EUMed-RL) im Jahr 2008 und seit mehr als 30 Jahren vor Erlass des MediationsFG aus dem Jahr 2012. Nun handelt es sich bei der Mediation um ein ganz eigenes Lösungsverfahren für Konflikte, denn u. a. ist der allparteiliche Mediator nicht befugt, den Konflikt zu entscheiden, sondern die Konfliktparteien lediglich bei der Suche nach einer eigenverantwortlichen Entscheidung zu unterstützen. Die Mediation basiert dabei auf der Idee, dass die Konfliktparteien, ohne auf Positionen gestützte Lösungsziele, lösungsoffen und interessenorientiert außerhalb des rechtlichen Rahmens eine einvernehmliche Lösung des

---

14 *John Haynes* entwickelte den Ansatz, der als »Labor Mediation« in den USA bekannt wurde.
15 *Ripke* in: *Haft/von Schlieffen* (Hrsg.), Handbuch Mediation, § 7 Rn. 8 ff., der auf ein großes Vermittlungsverfahren im Zusammenhang mit der Planung des Staudamms am Snoqualnee River – USA Bundesstaat Washington in den Jahren 1973/1974 verweist.
16 Englisch für: Aussöhnung, Versöhnung, Schlichtung, Schlichtungsverfahren.
17 Vgl. www.afccnet.org (Webseite der Association of Family and Conciliation Courts), zur Historie, wonach bereits 1963 die Wurzeln für diese konsensualen Verfahren gelegt wurden.
18 Französisch: der Vermittler, der Abwiegler.
19 Vgl. *Jung*, Mediation: Paradigmenwechsel in der Konfliktregelung, S. 919.
20 Art. 131 – 1 bis 131 – 15 des Code de procédure civile.
21 ABl. L 136 v. 24. 05. 2008, S. 3.
22 Vgl. *Prütting* AnwBl. 2012, 204 f.
23 Vgl. umfassend Europäische Regelungen, I.
24 Richtlinie 2008/52/EG des Europäischen Parlaments und des Rates über bestimmte Aspekte der Mediation in Zivil- und Handelssachen, ABl. L 136 v. 24. 05. 2008, S. 3.

Konflikts erarbeiten. Wesentlich sind dabei die freiwillige Teilnahme an der Mediation und der versöhnende Wunsch, eine für beide Seiten dauerhaft tragfähige Lösung zu erzielen.

Der Konsensgedanke als Grundlage für die Lösung eines Konflikts findet sich bereits im römischen Recht.[25] Dem deutschen Recht ist bis heute der **Gütegedanke**, also »*der Gedanke staatlicher Rechtshilfe zur Herbeiführung eines außerstreitlichen gütlichen Ausgleichs bestehender privatrechtlicher Differenzen*«[26] bekannt. Dieser Gedanke, auch als »**Sühnegedanke**« oder »**gütliche Einigung**« bezeichnet, lässt sich schriftlich niedergelegt »bis in die Anfänge der deutschen Zivilprozesse zurückverfolgen.«[27] Bestanden hat er wohl schon immer. Es darf vermutet werden, dass er die Basis jeglicher Streitlösung von Menschen war, die, je kleiner die Gruppe, in der ein Konflikt auftrat, war, umso mehr an einer einvernehmlichen und nachhaltigen, den Zusammenhalt der Gruppe nicht gefährdenden Lösung interessiert sein mussten. Im Folgenden soll nur auf die Entwicklung in den letzten Jahrzehnten eingegangen werden.[28] Wegen der historischen Entwicklung der Anfänge von Schlichtung und Güteverfahren wird auf die Literatur verwiesen.[29]

2. Güteverfahren

a) Regelung in der CPO/ZPO seit 1879

Bereits die **Zivilprozessordnung von 1879**[30] sah in § 268 CPO (ab 01. 04. 1910[31] § 296 ZPO) vor, dass das Gericht »*in jeder Lage des Rechtsstreits die gütliche Beilegung desselben oder einzelner Streitpunkte versuchen oder die Parteien zum Zwecke des Sühneversuchs vor einen beauftragten oder ersuchten Richter verweisen*« kann.[32] Nach § 471

---

25 Vgl. *Düll*, Der Gütegedanke im römischen Zivilprozeßrecht.
26 *Stein/Jonas*, Die Zivilprozeßordnung für das Deutsche Reich, vor § 495, S. 1202.
27 *Stein/Jonas*, Die Zivilprozeßordnung für das Deutsche Reich, vor § 495, S. 1202, wie er ausführt, dass »er Staat gerade auf dem Gebiete der streitigen Gerichtsbarkeit neben der eigentlichen Rechtsprechung Pflichten prozeßhygienischer Fürsorge hat.«.
28 Zur historischen Entwicklung der Mediation: vgl. *Hehn* in: *Haft/Schlieffen* (Hrsg.), Handbuch Mediation, § 8; *Duss-von Werdt*, Mediation in Europa, Studienbrief der Fernuniversität Hagen (71003 – 1–01–F.1); *Breitenbach*, Mediation: Struktur, Chancen und Risiken von Vermittlung im Konflikt, S. 7 ff.; *Hammbacher*, Chancen und Risiken der Familienmediation am Beispiel des neuen Kindschaftsrechts, S. 13 ff.
29 Vgl. *Peters*, Der Gütegedanke im deutschen Zivilprozessrecht; *Jansen*, ZKM 2003, 24 ff., die dort von dem Streit zwischen Befürwortern und Gegnern eines Schlichtungsansatzes berichtet, der in der ersten Hälfte des 19. Jahrhunderts zwischen Carl Joseph Anton Mittermaier und Heinrich Puchta ausgetragen wurde. Vgl. dazu u. a. *Hartges*, Außergerichtliche Konfliktlösung Deutschland – Modell ÖRA –, S. 139 ff.; *Hehn* in: *Haft/von Schlieffen* (Hrsg.), Handbuch Mediation, § 6.
30 Civilprozeßordnung v. 30. 01. 1877, RGBl. 1877, Nr. 166, S. 83.
31 RGBl. Nr. 30 v. 11. 06. 1909.
32 *Peters*, Der Gütegedanke im deutschen Zivilprozessrecht, Anhang: Peters verweist auf die »Bürgerliche Prozeßordnung für das Königreich Hannover von 1850«, die in § 175 dem Kläger das Recht gibt, vor Klageerhebung den Beklagten »behufs Sühneversuch« vorladen

CPO (ab 01. 04. 1910[33] § 510c ZPO) konnte zudem eine Partei bereits vor Klageerhebung »zum Zwecke eines **Sühneversuchs** den Gegner vor das Amtsgericht laden«. Kam es dann zu einem Vergleich, wurde dieser sofort protokolliert, andernfalls wurde der Rechtsstreit auf der Grundlage des mündlichen Vortrags sofort verhandelt (§ 471 Abs. 2 CPO). In Ehesachen durfte die mündliche Verhandlung erst festgesetzt werden, wenn ein Sühneversuch erfolgt war (§§ 570 ff. CPO; ab 01. 04. 1910[34] §§ 608 ff. ZPO). Da die Parteien zu dem **Sühnetermin** nicht zwingend erscheinen mussten, war diesem Streitbeilegungsverfahren letztlich kein Erfolg beschert, obwohl aus einem im Sühnetermin geschlossenen Vergleich unmittelbar die Zwangsvollstreckung möglich war (§ 794 Ziff. 2 ZPO),[35] was ein Jahrhundert später (1976) bei der Reform des Scheidungsrechts zu dessen Abschaffung führte.[36]

11 »*Die Erkenntnis der Jahr für Jahr steigenden Prozeßnot, gegen die die Vorschriften der ZPO über den gerichtlichen Sühneversuch und der Landesgesetzgebungen über außergerichtliche Sühneversuche vor Schiedsmännern oder* **Friedensrichtern** *Abhilfe nicht habe schaffen können, sowie der Wunsch, Mittel zur Steuerung dieser Not zu finden*«, *führten zu einer Rechtsfriedensbewegung,*[37] *aus der sich 1915 die* »**Vereinigung der Freunde des Güteverfahrens**«[38] gründeten. Deren Ziel war es, bei den Amtsgerichten den Sühneversuch vor Eintritt in die mündliche Verhandlung zur Pflicht zu machen. Wegen des bereits herrschenden Ersten Weltkriegs sollte der Sühnegedanke allerdings »nur bedingt der ›Güte‹ dienen, sondern vielmehr in Zeiten des Krieges einen soweit wie möglich geordneten Justizalltag aufrechterhalten«[39] und den Zusammenhalt der Bevölkerung nach dem Motto fördern: »Im Toben des Weltkriegs sind wir alle einander näher gerückt, das Einigende

zu lassen; den »Entwurf einer Prozeßordnung für den Preußischen Staat von 1864«, der in § 275 dem Gericht die Befugnis gab, auf eine gütliche Beilegung des Rechtsstreits oder einzelner Streitpunkte auch durch Verweisung der Parteien an ein Gerichtsmitglied hinzuwirken; »Entwurf einer bürgerlichen Prozeßordnung für das Königreich Sachsen von 1865«, die in § 186 dem Richter die Befugnis gab, Vergleichsverhandlungen zu versuchen, und in bestimmten Verwandtschaftsangelegenheiten musste eine gütlichen Einigung versucht werden (§ 187). Das Nichterscheinen zur Vergleichsverhandlung konnte mit Geldbuße oder Gefängnisstrafe geahndet werden (§ 188); »Prozeßordnung in bürgerlichen Rechtsstreitigkeiten für das Königreich Bayern von 1869«, wonach in jeder Lage der Sache ein Sühneversuch durch das Gericht, durch ein Gerichtsmitglied oder ein Einzelgericht versucht werden konnte.
33 RGBl. Nr. 30 v. 11. 06. 1909; diese Vorschrift fiel mit der Gesetzesnovelle zum 01. 06. 1924 und der Einführung des obligatorischen Güteverfahrens nach §§ 495a ff. ZPO (vgl. Rdn. 12 f.).
34 RGBl. Nr. 30 v. 11. 6. 1909.
35 *Levin*, Die Entlastungsverordnung vom 9. September 1915 und die Neugestaltung des bürgerlichen Rechtsstreits, S. 1 ff.
36 *Jansen* ZKM 2003, 24 ff.; Gesetz zur Reform des Ehe- und Familienrechts (1. EheRG) v. 14. 06. 1976, BGBl. I, 1421.
37 *Hartges*, Außergerichtliche Konfliktlösung Deutschland-Modell ÖRA-, S. 141.
38 Deutsche Juristen-Zeitung 1915, 692; vgl. *Peters*, Der Gütegedanke im deutschen Zivilprozeßrecht, S. 87 f.
39 *Jansen*, Die außergerichtliche obligatorische Streitschlichtung nach § 15 a EGZPO, S. 98.

tritt hervor, das Trennende zurück.«[40] Mit der **Entlastungsverordnung vom 9. September 1915**[41] sollte die Idee der »Umgestaltung des bürgerlichen Streitverfahrens« und der »Neubelebung des Sühneverfahrens«[42] aufgegriffen werden. Doch scheute man sich dann aber in Zeiten des Krieges, »tiefgreifende Änderungen« vorzunehmen.[43] Dennoch wurde intensiv über das Für und Wider eines Güteverfahrens gestritten, wobei es auch um die Frage ging, ob dieses außerhalb der Gerichte oder an diese angegliedert stattfinden sollte.[44] Denn der Richter stehe für Kampfeslust und der außerhalb des Gerichts tätige **Friedens-** oder **Volksrichter** (so einige Vorschläge[45]) stehe für friedliche Kompromisslösungen.[46] Wegen seiner fakultativen Rechtsnatur erlangte das **Güteverfahren** (§§ 18 – 20 der Verordnung[47]) daher keine große Bedeutung.[48] Es wurde mit der **ZPO-Novelle von 1924** wieder aufgehoben.[49]

b) Die Emminger-Novelle und das obligatorische Güteverfahren seit 1924

Aufgrund der besonderen politischen und wirtschaftlichen Umstände in der **Weimarer Republik** bestand ein großes Interesse daran, kostengünstige und schnelle Verfahrensalternativen zu Gerichtsprozessen zu finden.[50] Mit der nach dem damaligen Reichsjustizminister Emminger genannten Novelle[51] (Verordnung über das Verfahren in bürgerlichen Rechtsstreitigkeiten vom 14. Februar 1924,[52] die am 01. Juni 1924 in Kraft trat.) wurde durch §§ 495a ff. ZPO das **obligatorische Güteverfahren** eingeführt:[53]

12

---

40 *Deinhardt*, Deutscher Rechtsfriede, S. 33.
41 RGBl. 1915, S. 562. Die Verordnung wurde aufgrund § 3 des Ermächtigungsgesetzes v. 04. 08. 1914 (RGBl. 1914, 327) erlassen.
42 *Levin*, Die Entlastungsverordnung vom 9. September 1915 und die Neugestaltung des bürgerlichen Rechtsstreits, S. 38; *Levin*, Deutsche Juristen-Zeitung 1915, 870.
43 *Levin*, Die Entlastungsverordnung vom 9. September 1915 und die Neugestaltung des bürgerlichen Rechtsstreits, S. 38.
44 *Jansen* ZKM 2003, 26; *Bamberger*, Deutsche Juristen-Zeitung 1911, Nr. 15, S. 966 ff., der auf vergleichbare Institutionen in Italien, Dänemark und der Schweiz verweist; *Levin* Deutsche Juristen-Zeitung 1915, 872.
45 *Jansen* ZKM 2003, 26.
46 *Jansen* ZKM 2003, 26.
47 *Stein/Jonas*, Die Zivilprozeßordnung für das Deutsche Reich, vor § 495, S. 1254 ff.
48 *Levin* Deutsche Juristen-Zeitung 1915, 960. 972; *Stein/Jonas*, Die Zivilprozeßordnung für das Deutsche Reich,vor § 495, S. 1201 ff.
49 Verordnung v. 19. 06. 1925, RGBl. I, S. 88; *Stein/Jonas*, Die Zivilprozeßordnung für das Deutsche Reich, Einleitung § 6 III.
50 *Jansen* ZKM 2003, 27; *Peters*, Der Gütegedanke im deutschen Zivilprozessrecht, S. 101.
51 Vgl. *Jansen* ZKM 2003, 27; *Jansen*, Die außergerichtliche obligatorische Streitschlichtung nach § 15 a EGZPO, S. 99 ff.
52 RGBl I, 135; 562.
53 Die in § 495a Abs. 1 Nr. 1 – 6 ZPO genannten Ausnahmen erlauben die unmittelbare Klageerhebung; *Jansen* ZKM 2003, 27.

13 »*Der Erhebung der Klage muß ein Güteverfahren vorangehen*«[54] (§ 495a ZPO). Dies galt nur für Verfahren vor den Amtsgerichten, da nur beim »amtsgerichtlichen Güteverfahren ein glatter, eine Verzögerung ausschließender Übergang zum Streitverfahren und die Verwertung der Ergebnisse der Güteverhandlung in dem anschließenden Streitverfahren möglich«[55] schienen. Es handelte sich dabei um ein »selbständiges, auf gütlichen Ausgleich gerichtetes Verfahren«, bei dem der Richter aufgrund eines Güteantrags in einem nicht öffentlichen Verfahren nicht als »**Streitentscheider**«, sondern als »**Mittler**« tätig wurde.[56] Den Parteien war es auch möglich, »an ordentlichen Gerichtstagen (…) ohne vorherigen Antrag und ohne Terminsbestimmung zur Güteverhandlung vor Gericht« zu erscheinen (§ 500 ZPO).

Um in das streitige Verfahren zu gelangen, musste vor der Gütestelle ein »erfolgloser Ausgleichsversuch stattgefunden« haben, an dem die Parteien beteiligt waren.[57]

14 Auch nach Erlass der **Emminger-Novelle** gab es erhebliche Auseinandersetzungen zwischen Richterschaft, die der Novelle eher positiv gegenüberstand, und der Anwaltschaft, der die deutlich gestärkte Stellung der Richter missfiel.[58] Nach großen anfänglichen Erfolgen nahm die Anzahl der Güteverfahren trotz steigender Anzahl an Prozessen in den 1930iger Jahren stetig ab.[59] Daneben entsprachen auch urteilende und Entscheidungen treffende Richter mehr dem politischen Zeitgeist.[60]

c) Das Güteverfahren seit 1944

15 1944 wurde aufgrund Verordnung[61] das obligatorische Güteverfahren abgeschafft (»Ein besonderes Güteverfahren findet nicht statt.« § 5 S. 1 der Verordnung) und

---

54 Dies galt u. a. nicht: »1. wenn wegen des Anspruchs innerhalb des letzten Jahres vor einer durch die Landesjustizverwaltung eingerichteten oder anerkannten Gütestelle ein Ausgleich unter den Parteien erfolglos versucht worden ist; 2. wenn wegen des Anspruchs bereits ein Güteantrag wegen Aussichtslosigkeit des Anspruchs zurückgewiesen ist; 3. in Urkunden- und Wechselprozessen; 4. für Widerklagen; 5. wenn die Zustellung an den Gegner im Ausland oder durch öffentliche Bekanntmachung erfolgen muß; 6. wenn nach dem Ermessen des Gerichts die alsbaldige Klageerhebung durch einen sonstigen wichtigen Grund gerechtfertigt wird, insbesondere wenn mit Rücksicht auf die Art des Anspruchs, die Verhältnisse der Beteiligten oder besondere Umstände der Versuch einer gütlichen Beilegung aussichtslos erscheint«.
55 *Stein/Jonas*, Die Zivilprozeßordnung für das Deutsche Reich, vor § 495, S. 1202.
56 *Stein/Jonas*, Die Zivilprozeßordnung für das Deutsche Reich, vor § 495, S. 1206.
57 *Stein/Jonas*, Die Zivilprozeßordnung für das Deutsche Reich, vor § 495, S. 1207.
58 Vgl. *Peters*, Der Gütegedanke im deutschen Zivilprozessrecht, S. 111 f., 115 f.
59 *Jansen* ZKM 2003, 29; *Peters*, Der Gütegedanke im deutschen Zivilprozessrecht, S. 116 ff.
60 Vgl. *Peters*, Der Gütegedanke im deutschen Zivilprozessrecht, S. 126, wo der im Nationalsozialismus herrschende Widerspruch zwischen dem in allen Lebensbereichen herrschenden »Kampfgedanken« einerseits und dem Vorrang der Volksgemeinschaft, dem sich die Interessen des einzelnen zum »Wohle des Ganzen« unterzuordnen hatten, andererseits beschreibt.
61 Verordnung über außerordentliche Maßnahmen auf dem Gebiete des bürgerlichen Rechts, der bürgerlichen Rechtspflege und des Kostenrechts aus Anlaß des totalen Krieges (Zweite Kriegsmaßnahmenverordnung) vom 27. 09. 1944; RGBl I, 229.

die Richter lediglich angehalten, »*in jeder Lage des Verfahrens auf eine gütliche Beilegung des Rechtsstreits*« hinzuwirken (§ 5 S. 2 der Verordnung).[62] Nach Kriegsende wurde das Güteverfahren in der britischen und in der französischen Zone, anders als in der amerikanischen Zone, wieder eingeführt,[63] nachdem es an einigen Oberlandesgerichten bereits wieder praktiziert wurde.[64] Mit dem **Rechtseinheitsgesetz 1950**[65] wurde § 495a ZPO aufgehoben und das Güteverfahren für die gesamte Bundesrepublik Deutschland gänzlich abgeschafft, lediglich § 495 ZPO wurde um Absatz 2 ergänzt, wonach »*der Richter (…) in jeder Lage des Verfahrens auf eine gütliche Beilegung des Rechtsstreits hinwirken*« soll.

d) Der Gütegedanke in der DDR

In der **DDR** galt nach deren Gründung die alte Zivilprozessordnung aus dem Jahr 1879 mit gewissen Änderungen aufgrund Erlasses anderer Gesetze fort.[66] Wie in der britischen und französischen Zone wurde auch in der sowjetischen Zone das Güteverfahren vor den Amtsgerichten wieder eingeführt.[67] Das **obligatorische Güteverfahren**, das in der DDR nicht unumstritten war, wurde aber als ein Verfahren angesehen, dass der »Verwirklichung der Interessen der Werktätigen« diente.[68]

16

Ab 1. Januar 1976 galten dann in der DDR das **Zivilgesetzbuch der DDR (ZGB)**[69] und die neue Zivilprozeßordnung (ZPO).[70] Das ZGB beschrieb in §§ 13 bis 16 die »Grundsätze für das Zusammenwirken von Bürgern und Betrieben«, wonach die »**gesellschaftlichen Erfordernisse**« und die »**Regeln des sozialistischen Zusammenlebens**« (§ 13 ZGB) zu berücksichtigen waren. Ergänzend bestimmte § 15 Abs. 2 ZGB, dass die Ausübung eines Rechts dann unzulässig war, wenn damit »…den Grundsätzen sozialistischer Moral widersprechende Ziele verfolgt« wurden. Folgerichtig schrieb § 16 ZGB vor: »*Dem Verlangen auf Rechtsschutz sollen eigene Bemühungen der Beteiligten um eine Beilegung des Konflikts vorausgehen.*« Damit sollten sich die Beteiligten im Konflikt-

17

---

62 Vgl. *Peters*, Der Gütegedanke im deutschen Zivilprozessrecht, S. 128, wo ausführt wird, dass der Gütegedanke nicht aus ideologischen Gründen aufgegeben worden sei, sondern allein, um Verfahren zu straffen und Personal für den Kriegseinsatz freistellen zu können.
63 *Jansen* ZKM 2003, 29; *Peters*, Der Gütegedanke im deutschen Zivilprozessrecht, S. 130.
64 Zentral-Justizblatt für die Britische Zone 1948, S. 55.
65 Art. 2 Nr. 61, 62, 67 Gesetz zur Wiederherstellung der Rechtseinheit auf dem Gebiete der Gerichtsverfassung, der bürgerlichen Rechtspflege, des Strafverfahrens und des Kostenrechts v. 12. 09. 1950. BGBl. I, 455.
66 Befehl Nr. 49 der sowjetischen Militäradministration, Entfernung aller NSDAP-Mitglieder aus dem Justizdienst v. 04. 09. 1945; *Peters*, Der Gütegedanke im deutschen Zivilprozessrecht, S. 139 f.
67 *Balkowski*, Der Zivilprozeß in der DDR von 1945 bis 1975, S. 55 f.; *Peters*, Der Gütegedanke im deutschen Zivilprozessrecht, S. 141 f.
68 *Peters*, Der Gütegedanke im deutschen Zivilprozessrecht, S. 142, m.w.H.
69 Zivilgesetzbuch der Deutschen Demokratischen Republik v. 19. 06. 1975; GBl. I. 1975 Nr. 27 S. 465.
70 Gesetz über das gerichtliche Verfahren in Zivil-, Familien- und Arbeitsrechtssachen – Zivilprozeßordnung – DDR GBl. 1975 I Nr. 29 S. 533.

fall erst einmal selbst um eine Einigung bemühen, was dem »Prinzip der eigenverantwortlichen Gestaltung der Zivilrechtsbeziehungen« entsprach und eine »Fortsetzung des Grundsatzes der vertrauensvollen Zusammenarbeit« darstellte.[71] § 12 Abs. 2 Ziff. 2 ZPO sah daher auch vor, dass die Klageschrift einen Hinweis enthalten sollte, welche Bemühungen die Beteiligten vor Klageerhebung unternommen hatten, eine eigenverantwortliche Konfliktlösung zu erreichen. Ferner sollte nach § 12 Abs. 2 Ziff. 3 ZPO auch angegeben werden, welche Kollektive der Werktätigen, sonstige Organisationen oder staatliche Organe in dieser Sache bereits tätig waren bzw. zur Beilegung des Konflikts beitragen könnten.

18 Der von den Regeln des sozialistischen Zusammenlebens getragene Gütegedanke (im Gesetz wird dieser Begriff nicht verwandt, sondern nur von »**Einigung**« gesprochen) setzte sich in der Verpflichtung der Gerichte fort, zu prüfen, ob in der mündlichen Verhandlung eine Einigung der Parteien herbeigeführt werden konnte (§ 45 Abs. 2 ZPO). Sollte diese Einigung aber nicht mit den Grundsätzen des sozialistischen Rechts in Einklang stehen, konnte der Richter die Protokollierung der Einigung ablehnen (§ 46 Abs. 1 u. 3 ZPO). Bereits außerhalb eines anhängigen Verfahrens konnten sich Bürger gemeinsam an die Kreisgerichte wenden, deren Richter sie bei der Einigung ihrer Zivil- oder Familienrechtskonflikte unterstützen konnte (§ 47 ZPO), wodurch streitige Verfahren vermieden werden sollten. Daneben gab es im zivil- und arbeitsrechtlichen Bereich »**Gesellschaftliche Gerichte**«,[72] die zwar die erste Stufe der Gerichtsbarkeit darstellten konnten, aber von den staatlichen Gerichten getrennt waren. Zwar wurden viele Streitigkeiten bereits vor den Gesellschaftlichen Gerichten durch Einigung beendet. Um Streitschlichtung handelte es sich nicht, da auch Entscheidungen gefällt wurden.[73] Die **Gesellschaftlichen Gerichte** wurden nach der Wende durch die in den Neuen Bundesländern eingerichteten Schiedsstellen ersetzt.[74]

e) § 279 Abs. 1 ZPO (Vereinfachungsnovelle zur ZPO – 01. 01. 1977)

19 In der Bundesrepublik wurden zum 01. 07. 1977 mit der **Vereinfachungsnovelle**[75] **zur Zivilprozessordnung** § 296 ZPO und § 495 Abs. 2 ZPO zum neuen § 279 Abs. 1 ZPO zusammengefasst, in dem es hieß: »*Das Gericht soll in jeder Lage des Verfahrens auf eine gütliche Beilegung des Rechtsstreits oder einzelner Streitpunkte bedacht sein.*« Und das Gericht »*kann die Parteien für einen Güteversuch vor einen beauftragten oder ersuchten Richter verweisen.*« Aus der »**Kann-Vorschrift**« des § 296 ZPO wurde die »**Soll-Vorschrift**« des § 279 Abs. 1 ZPO, die sowohl für die Verfahren vor dem Amtsgericht wie auch vor dem Landgericht galt. Die Richter sollten damit

---

71 Kommentar zum Zivilgesetzbuch der Deutschen Demokratischen Republik v. 19. 06. 1975, Ministerium der Justiz, 1983, S. 45.
72 Gesetz über die Gesellschaftlichen Gerichte v. 25. 03. 1982, GBl. I. S. 269; Konfliktkommissionsordnung vom 12. 03. 1982, GBl. I. S. 274.
73 Jenkel, Der Streitschlichtungsversuch als Zulässigkeitsvoraussetzung in Zivilsachen, S. 70.
74 Gesetz über die Schiedsstellen in den Gemeinden vom 13. 09. 1990, GBl. I. S. 1527.
75 Gesetz zur Vereinfachung und Beschleunigung gerichtlicher Verfahren v. 03. 12. 1976, BGBl. I, 3281.

durchaus auf einen Vergleich »**hinwirken**«,[76] obwohl dieser Begriff nicht ins Gesetz übernommen wurde. Aus der Überzeugung, dass der Vergleich »Ruhe und Zufriedenheit« bringt, während ein Urteil nur »neue Wunden schlägt«,[77] sah man nun Vergleich und Urteil als gleichwertiges Mittel zur Konfliktlösung.[78] Von der Einführung eines eindeutig **obligatorischen Güteverfahrens** wurde zwar weiterhin abgesehen,[79] doch verbreitete sich das Schlagwort »**Schlichten ist besser als Richten**«.[80]

In der unmittelbaren Folgezeit begann man auch mit der Suche nach anderen Möglichkeiten der Konfliktlösung.[81] Auslöser war die Zunahme an Gerichtsverfahren und die damit verbundene deutliche Überlastung der Gerichte. Die Rechtsgewährung wurde damit zu einem »knappen Gut«.[82] Dies führte dann aber erst in der 2. Hälfte der 90iger Jahre zu konkreten gesetzgeberischen Maßnahmen.

f) Die Öffnungsklausel des § 15a EGZPO – 01. 01. 2000

aa) Einführung

Mit dem am 01. 01. 2000 in Kraft getretenen **Gesetz zur Förderung der außergerichtlichen Streitbeilegung**[83] wurde mit der **Öffnungsklausel des § 15a EGZPO**[84] den Bundesländern die Möglichkeit gegeben, als Voraussetzung für bestimmte Klagen einen außergerichtlichen Güteversuch zu fordern. Damit wurde von gesetzgeberischer Seite ein ganz neuer Weg der außergerichtlichen Streitschlichtung eingeschlagen.[85] Wegen der zu erwartenden starken Zunahme der Gerichtsverfahren wollte man durch die Verlagerung der Konfliktregelung weg von den Gerichten, hin zu **Streitschlichtungsstellen** um kostengünstigere und schnellere Konfliktlösungen bei gleichzeitiger Entlastung der Gerichte zu erreichen.[86] Daneben sah man aber auf Vorteile, die ganz ähnlich auch für Mediationsverfahren gelten. So heißt es in der Gesetzesbegründung:»**Konsensuale Lösungen** können darüber hinaus in manchen Fallgestaltungen eher dauerhaften Rechtsfrieden stiften als eine gerichtliche Entscheidung. In einem Schlichtungsverfahren können nämlich Tatsachen berücksichtigt werden, die für die Lösung des Konflikts der Parteien von wesentlicher oder

---

76 So § 495 Abs. 2 ZPO vor 1950.
77 *Arndt* DRiZ 1965, 188, 189.
78 *Peters*, Der Gütegedanke im deutschen Zivilprozessrecht, S. 22 m.w.V.
79 Vgl. *Jansen* ZKM 2003, 29.
80 *Stürner* JR 1979, 133.
81 *Peters*, Der Gütegedanke im deutschen Zivilprozessrecht, S. 23 f.; *Jansen*, Die außergerichtliche obligatorische Streitschlichtung nach § 15a EGZPO, S. 27.
82 *Benda* DRiZ 1979, 357 (362).
83 Gesetz zur außergerichtlichen Streitbeilegung vom 15. 12. 1999, BGBl. I S. 2400 i.d.F. v. 17. 12. 2008, BGBl. I S. 2586.
84 Vgl. *Jansen* ZKM 2003, 29; *Peters*, Der Gütegedanke im deutschen Zivilprozessrecht, S. 25 ff.
85 Zur Entstehungsgeschichte des § 15a EGZPO vgl. *Jenkel*, Der Streitschlichtungsversuch als Zulässigkeitsvoraussetzung in Zivilsachen, S. 95.
86 BR-Drucks. 605/96, S. 52 ff.; BT-Drucks. 14/163, S. 15.

ausschlaggebender Bedeutung, rechtlich jedoch irrelevant sind. Vermittelnde Lösungen sind auch möglich, wenn im streitigen Verfahren nur voll zu Lasten der einen und zugunsten der anderen Partei entschieden werden könnte.«[87]

22 Die Diskussionen im Vorfeld um § 15a EGZPO waren ähnlich kontrovers wie in der Vergangenheit, als es zum Beispiel bei Erlass der **ZPO 1879** oder auch im Zuge der **Entlassungsnovelle von 1915** um die Einfügung eines obligatorischen Güteverfahrens ging. Auch die Argumente »Für« und »Gegen« die Umsetzung in landesrechtliche Vorschriften waren sehr ähnlich.[88] Als Gründe für die Neureglung wurden die Entlastung der Justiz, die Beschleunigung der Konfliktbeilegung, Kosteneinsparung, aber auch die Verbesserung der Streitkultur[89] genannt. Einige Befürworter sahen in diesem neuen außergerichtlichen Güteverfahren erstmalig die Möglichkeit, auf diese Weise die Mediation in **Deutschland** zu fördern.[90]

bb) Gesetzliche Umsetzung in den Bundesländern

23 Durch Landesgesetz kann seither bestimmt werden, dass eine Klageerhebung erst dann zulässig ist, wenn vor einer durch die Landesjustizverwaltung eingerichteten oder anerkannten Gütestelle der Versuch unternommen worden ist, die Streitigkeit einvernehmlich beizulegen. Diese Möglichkeit beschränkt sich auf vermögensrechtliche Streitigkeiten bis zu einem Geldeswert von 750 €, auf Ansprüche aus dem **Nachbarrecht** in einigen ausgesuchten Fällen, auf Streitigkeiten über Ansprüche wegen **Verletzung der persönlichen Ehre**, die nicht in **Presse und Rundfunk** begangen worden sind und auf Streitigkeiten über Ansprüche nach Abschnitt 3 des allgemeinen **Gleichbehandlungsgesetzes**.

24 Von dieser Ermächtigung hat **Bayern**[91] als erstes Bundesland Gebrauch gemacht, andere Bundesländer, wie **Baden-Württemberg**,[92] **Brandenburg**,[93] **Hessen**,[94] **Niedersachsen**,[95]

---

87 BR-Drucks. 605/96, S. 52 ff.; BT-Drucks. 14/163, S. 15.
88 Vgl. *Hartges*, Außergerichtliche Konfliktlösung Deutschland – Modell ÖRA, S. 146 f. mit zahlreichen Literaturhinweisen.
89 *Jenkel*, Der Streitschlichtungsversuch als Zulässigkeitsvoraussetzung in Zivilsachen, S. 103 ff. m.w.H.
90 *Hartges*, Außergerichtliche Konfliktlösung Deutschland – Modell ÖRA, S. 146 f; *Jenkel*, Der Streitschlichtungsversuch als Zulässigkeitsvoraussetzung in Zivilsachen, S. 108 f.
91 Bayerisches Gesetz zur obligatorischen außergerichtlichen Streitschlichtung in Zivilsachen und zur Änderung gerichtsverfassungsrechtlicher Vorschriften (Bayerisches Schlichtungsgesetz) v. 25. 04. 2000, Bayerisches GVBl. Nr. 11/2000, S. 268.
92 Gesetz zur obligatorischen außergerichtlichen Streitschlichtung (Schlichtungsgesetz) v. 28. 06. 2000, Baden-Württemberg GBl. 2000, S. 470 ff.
93 Gesetz zur Einführung einer obligatorischen außergerichtlichen Streitschlichtung im Land Brandenburg (Brandenburgisches Schlichtungsgesetz) v. 05. 10. 2000, GVBl. I S. 134.
94 Hessisches Gesetz zur Ausführung von § 15a des Gesetzes betreffend die Einführung der Zivilprozessordnung v. 06. 02. 2001, Hessisches GVBl. I S. 98.
95 Niedersächsisches Gesetz zur obligatorischen außergerichtlichen Streitschlichtung (Niedersächsisches Schlichtungsgesetz) v. 17. 12. 2009, Nds. GVBl. Nr. 28/2009 S. 482.

B. Einleitung **Teil 1**

Nordrhein-Westfalen,[96] Saarland,[97] Sachsen Anhalt[98] und Schleswig Holstein[99] sind dem gefolgt. Die Gesetze waren bis auf das Schlichtungsgesetz in **Baden-Württemberg** zeitlich befristet.[100] Manche wurden vom jeweiligen Landesgesetzgeber verlängert, wobei häufig die vermögensrechtlichen Streitigkeiten aus dem Katalog genommen wurden. In **Hamburg** gibt es bereits seit den 20ziger Jahren des letzten Jahrhunderts die Einrichtung einer **Öffentlichen Rechtsauskunft und Vergleichsstelle (ÖRA)**, die auf den Regelungen des **Hamburger Landrechts** und der damaligen ZPO (§ 496a i. d. F. vom 1. 6. 1924) beruhten. Die unterschiedlichen gesetzlichen Regelungen mündeten 2010 in einer neuen gesetzlichen Regelung,[101] die ihre Legitimation nicht aus § 15 a EGZPO bezieht.

Auf weitere obligatorische außergerichtliche Streitschlichtungsverfahren,[102] z. B. nach § 111 **Arbeitsgerichtsgesetz**,[103] §§ 28, 37 **Arbeitnehmererfindungsgesetz**,[104] §§ 14, 16 **Urheberwahrnehmungsgesetz**,[105] §§ 104, 87 **Sachenrechtsbereinigungsgesetz**[106] und § 305 **Insolvenzordnung**,[107] wird ergänzend hingewiesen. Diese Gesetze sehen vor, dass vor Einleitung eines gerichtlichen Klageverfahrens ein außergerichtlicher Schlichtungsversuch unternommen werden muss. 25

Mit der **ZPO-Reform zum 1. Januar 2002**[108] setzte der Gesetzgeber das Ziel, die gütliche Streitbeilegung zum wesentlichen Inhalt des Zivilprozesses zu machen, fort. Der 26

---

96 Gesetz zur Ausführung von § 15a des Gesetzes betreffend die Einführung der Zivilprozeßordnung v. 09. 05. 2000, GV. NRW. 32/2000, S. 475.
97 Gesetz zur Ausführung von § 15a des Gesetzes betreffend die Einführung der Zivilprozessordnung (Landesschlichtungsgesetz) v. 21. 02. 2001, Saarländisches Amtsbl. 2001, 532.
98 Schiedsstellen- und Schlichtungsgesetz v. 22. 06. 2001, GVBl. LSA 2001, 214.
99 Gesetz zur Ausführung von § 15a des Gesetzes betreffend die Einführung der Zivilprozessordnung (Landesschlichtungsgesetz) v. 11. 12. 2001, Schleswig-Holstein GVOBl. 2001, 361.
100 Z. B. in Bayern bis 31. 12. 2005; NRW bis 30. 9. 2005.
101 Gesetz über die Öffentliche Rechtsauskunft- und Vergleichsstelle (ÖRA-Gesetz) v. 16. 11. 2010, HambGVBl 2010, S. 603 (i. d. F. vom 19. 04. 2011 HambGVBl 2011, S. 123) mit der die VO über die Öffentliche Rechtsauskunft- und Vergleichsstelle v. 04. 02. 1946 und die Geschäftsordnung für die Öffentliche Rechtsauskunft- und Vergleichsstelle v. 15. 11. 1946 (Sammlung des bereinigten hamburgischen Landesrechts I 333-a und I 333-a-1) aufgehoben wurden. Vgl. *Hartges*, Außergerichtliche Konfliktlösung Deutschland – Modell ÖRA, S. 52 ff.
102 Vgl. *Jenkel*, Der Streitschlichtungsversuch als Zulässigkeitsvoraussetzung in Zivilsachen, S. 85 f., (87 f.) m.w.N.
103 Arbeitsgerichtsgesetz v. 02. 07. 1979, BGBl. I S. 853, 1036 i.d.F. v. 14. 06. 2011, BGBl. I S. 1050.
104 Gesetz über Arbeitnehmererfindungen v. 31. 07. 2009, BGBl. I S. 2521.
108 Gesetz über die Wahrnehmung von Urheberrechten und verwandten Schutzrechten v. 09. 09. 1965, BGBl. I S. 1294 i.d.F. v. 26. 10. 2007, BGBl. I S. 2513.
106 Gesetz zur Sachenrechtsbereinigung im Beitrittsgebiet v. 21. 09. 1994, BGBl. I S. 2457 i.d.F. v. 08. 12. 2010, BGBl. I S. 1864.
107 Insolvenzordnung v. 05. 10. 1994, BGBl. I S. 2866 i.d.F. v. 21. 10. 2011, BGBl. I S. 2082.
108 BGBl. I 2001, S. 1887.

neu gefasste § 278 Abs. 5 Satz 2 ZPO (»*In geeigneten Fällen kann das Gericht den Parteien eine außergerichtliche Streitschlichtung vorschlagen.*«) sieht nunmehr vor, dass das Gericht die Entscheidung über den Streit an die Parteien zurückgeben kann. Dabei hat der Gesetzgeber an Mediation als eine wichtige Form der außergerichtlichen Streitbeilegung gedacht.[109] Obwohl manche Mediatoren damit den Weg für die gerichtsnahe Mediation endgültig als geebnet ansahen[110] und von einem Umdenkprozess in der Gesellschaft hin zu einer neuen Streitkultur sprachen,[111] wurde diese Verfahrensmöglichkeit auch sehr kritisch begleitet, und als »**Freestyle Justiz**«[112] nicht ernst genommen, teilweise auch als ungeeignet angesehen[113] und daher auch abgelehnt.[114] Dennoch wurde damit den Gerichten die Möglichkeit eröffnet, den Parteien Mediation als außergerichtliche Streitschlichtung zu empfehlen,[115] wovon aber nur wenig Gebrauch gemacht wurde.[116]

3. Mediation

a) Historische Entwicklung in Deutschland

aa) Gedanken zu Alternativen in der Ziviljustiz – 1977

27 Im Zuge der sich gegen Ende der 70iger Jahre abzeichnenden knapper werdenden Ressourcen innerhalb der staatlichen Gerichtsbarkeit gewann zum einen der **Gütegedanke** weiter an Bedeutung, aber gleichzeitig begann man auch mit der Suche nach anderen Möglichkeiten der Konfliktlösung.[117] So fand 1977 in Berlin die Veranstaltung der Rechtssoziologen »Alternative Rechtsformen und Alternativen zum Recht« und 1981 die Tagung des Bundesministeriums der Justiz »Alternativen in der Ziviljustiz« statt.[118]

28 1982 hat sich das Deutsche Familienrechtsforum bei einer Tagung in **Bad Boll** der Frage nach Modellen alternativer Konfliktregelungen in der Familienkrise angenom-

---

109 *Prütting* ZKM 2006, 100, (101); *Etscheit*, Externe Mediation in der Praxis der Berliner Familiengericht, S. 2.
110 *Monßen* ZKM 2003, 116.
111 *Peters*, Der Gütegedanke im deutschen Zivilprozessrecht, S. 26.
112 *Böhlk* BRAK-Mitt. 2002, 207 ff.
113 *Greger* ZKM 2004, 196 (197), der für das Land Bayern ein positives Fazit zieht.
114 Vgl. *Monßen* ZKM 2003, 116 ff.
115 Vgl. *Hirsch*, Ansprache des Präsidenten des Bundesgerichtshofes beim 3. Konfliktmanagement- Kongress 2006 in Hannover am 08. 07. 2006, www.bundesgerichtshof.de.
116 *Hommerich/Prütting/Ebers/Lang/Traut*, Rechtstatsächliche Untersuchung zu den Auswirkungen des Zivilprozessrechts auf die gerichtliche Praxis, S. 84; *Etscheit*, Verweisung in die außergerichtliche Mediation – Ergebnisse einer Erhebung zum Umgang der Berliner Familienrichter mit § 278 Abs. 5 S. 2 Zivilprozessordnung (ZPO) in *Gläßer/Schroeter* (Hrsg.) Gerichtliche Mediation, S. 144.
117 *Peters*, Der Gütegedanke im deutschen Zivilprozessrecht, S. 23 f; vgl. *Jung*, Mediation – ein Ansatz zu einer »Entrechtlichung sozialer Beziehungen«?
118 *Peters*, Der Gütegedanke im deutschen Zivilprozessrecht, S. 24 m.w.H.

men.[119] Dort wurde erstmalig der Öffentlichkeit die Mediation anhand eines Erfahrungsberichts aus den **USA** vorgestellt.[120] Die Mediation ist damals allerdings nicht auf ein breites Interesse gestoßen. Bereits 1980 gab es Veröffentlichungen zu Fragen alternativer Rechtsformen und Alternative zum Recht.[121] Diese Veröffentlichungen basierten auf Ergebnissen einer Arbeitstagung, auf der 1977 in Berlin Rechtssoziologen zum ersten Mal über Mediation diskutiert haben.[122] 1981 wurde in Stuttgart das »**Stuttgarter Modell**« entwickelt, bei dem sich die vom Gesetzgeber bei der Eherechtsreform 1977 zwar diskutierte aber letztlich abgelehnte Idee einer interdisziplinierenden Besetzung des Familiengerichts praktiziert wurde. Ziel war es Familienkonflikte außergerichtlich zu lösen.[123] Im Dezember 1983 veröffentlichte die **Bundesregierung** eine Broschüre mit dem Titel »**Schlichten ist besser als Richten**« – Beratung und Schlichtung von Streitfällen«.[124]

1988 wurde am Psychologischen Institut der Universität Heidelberg erstmalig die Aus- und Weiterbildung in Mediation angeboten. Zum 1. Januar 1991 trat das **Gesetz zur Neuordnung des Kinder- und Jugendhilferechts (Kinder-Jugendhilfe-Gesetz, KJHG)** in Kraft, das als Beratungskonzept zwar noch nicht die Mediation erwähnte, aber doch erstmalig die eigenverantwortliche Konfliktlösung durch die Eltern im Rahmen des § 17 des KJHG förderte.[125]

29

bb) Gründung erster Fachverbände – 1992

Im Januar 1992 wurde in Bad Boll die **Bundes-Arbeitsgemeinschaft für Familien-Mediation e. V. (BAFM)** mit dem Ziel gegründet, die Familienmediation zu fördern. Bereits im Mai 1992 folgte die Gründung des **Bundesverband Mediation e.V. (BM)** – damals noch »Mediation e.V.« –, einem interdisziplinären Fachverband für Mediation. In diese Zeit fiel auch die Einführung des Ombudsmannverfahrens der privaten Banken. Es handelt sich hierbei um die unbürokratische und effektive Möglichkeit einer außergerichtlichen Streitbeilegung bei Meinungsverschiedenheiten zwischen Banken und ihren Kunden bei einem Beschwerdewert bis 10.000,00 DM

30

---

119 Vgl. *Deutsches Familienrechtsforum e.V.* (Hrsg.) Modelle alternativer Konfliktregelungen in der Familienkrise.
120 *Muhr*, Die geschichtliche Entwicklung der Mediation in Deutschland und Russland in den letzten 15 Jahren, S. 3; *Glasmachers*, Familiendynamisch begründete Interventionsansätze – Alternative Konfliktlösungsversuche in den USA, S. 104.
121 *Klausa/Rottleuthner*, Alternative Rechtsform und Alternative zum Recht, S. 279 – 316; *Rottleuthner*, Alternativen in Arbeitskonflikten, in: Klausa/Rottleuthner (Hrsg.), Alternative Rechtsform und Alternative zum Recht, S. 263 – 278.
122 *Hertel/Vovsik/Fischer/Wiese*, Zeittafel zur Geschichte der Mediation unter www.mediation-dach.com.
123 Deutsches Familienrechtsforum e.V., www.welt-des-familienrechts.de.
124 *Hertel/Vovsik/Fischer/Wiese*, Zeittafel zur Geschichte der Mediation unter www.mediation-dach.com.
125 BT-Drucks. 13/4899, S. 75; *Barabas*, Rechtsanspruch auf Beratung! Der § 17 KJHG und seine Konsequenzen für die Kommunalpolitik, Beratung Aktuellonline: http://www.beratung-aktuell.de/artikelsammlung.html1 – 2001, S. 4.

(jetzt: 5.000,00 EUR). Hierbei handelt es sich allerdings um ein Verfahren, dass mit einem Schlichterspruch endet, wenn der Konflikt nicht auf andere Weise beendet wird.

cc) OSZE – Übereinkommen über Vergleich- und Schiedsverfahren – 1994

31 Am 15. Dezember 1992 unterzeichnete die Bundesrepublik Deutschland das Stockholmer Übereinkommen über Vergleich- und Schiedsverfahren innerhalb der **OSZE**.[126] Dieses trat am 5. Dezember 1994 in Kraft. Mittlerweile haben 33 europäische Staaten das Übereinkommen ratifiziert. Es sieht u. a. eine vergleichsweise Beendigung von Streitigkeiten vor, bei denen »alle Möglichkeiten für eine gütliche Beilegung ausgeschöpft«[127] werden sollen. 1994 wurde der **Österreichische Bundesverband für Mediation (ÖBM)** in Wien gegründet, der sich maßgeblich für eine gesetzliche Regelung der Mediation in Österreich einsetzt.

b) Erste Projekte zu alternativen Verfahren

aa) Cochemer Praxis – 1992

32 1992 entwickelte sich die »**Cochemer Praxis**« mit dem Ziel, Eltern Hilfestellung bei Fragen des Umgangs mit ihren Kindern nach einem Scheidungsverfahren oder einer Trennung zu geben. So wurde ein interdisziplinärer **Arbeitskreis** »**Trennung und Scheidung**« mit den verschiedenen Personen und Institutionen, die bei einem Scheidungsverfahren oder der Trennung von Partnern beteiligt waren, gegründet.[128] Dazu gehörten neben dem Gericht, das Jugendamt, die Anwaltschaft, Sachverständige und weitere Beratungsstellen. Bei gerichtlichen Verfahren sollte die Sichtweise des Kindes stärker nach dem Motto berücksichtigt werden: Parteiisch sein im Sinne des Kindes, neutral gegenüber den Eltern.[129] Die »**Cochemer Praxis**« kann als erster Schritt auf dem Wege zur »**Integrierten Mediation**« angesehen werden.[130]

bb) Regensburger Justizprojekt – 1992

33 Um 1992 entstand auch das »**Regensburger Justizprojekt**«. Beim Familiengericht Regensburg standen Psychologen zur Verfügung, zu denen das Gericht die Parteien direkt aus der Verhandlung zur Beratung schicken konnte. Dabei handelte es sich weniger um Mediation, als vielmehr um eine ergänzende Dienstleistung des Gerichts.

---

126 BGBl. 1995 II S. 1326.
127 Vgl. Art. 21 Abs. 2 Verfahrensordnung des Vergleichs- und Schiedsgerichtshofs innerhalb der OSZE v. 01. 02. 1997.
128 *Trossen* in: *Haft/von Schlieffen* (Hrsg.), Handbuch Mediation § 40, Rn. 31.
129 Vgl. www.ak-cochem.de.
130 *Trossen* in: *Haft/von Schlieffen* (Hrsg.), Handbuch Mediation § 40, Rn. 32.

cc) Integrierte Mediation – Altenkirchener Modell – 1997

1997 begann man – initiiert durch den Gedankenaustausch zwischen einem Richter und einem Psychologen – am Amtsgericht Altenkirchen im Westerwald, über ein Modell nachzudenken, die Mediation unmittelbar im gerichtlichen Verfahren zu integrieren und zu nutzen, und bereits ein Jahr später wurde dies umgesetzt und unter dem Namen »**Altenkirchener Modell**« als Beispiel für »**integrierte Mediation**« bekannt.[131] In den Jahren 1997 und 1998 fand Mediation auch stärker Anwendung bei familienrechtlichen Streitigkeiten. Dabei stellte die Neuregelung des Kindschaftsrechts durch die Schaffung des § 17 Abs. 2 KJHG[132] im Jahr 1996 und die Festlegung der gemeinsamen elterlichen Sorge (§ 1671 Abs. 1 BGB in Verbindung mit § 52 Abs. 1 FGG) eine neue Entwicklung der Konfliktbehandlung dar,[133] denn das Familiengericht darf nunmehr die Konfliktparteien an entsprechende Beratungsstellen verweisen, die auch Mediation als Lösungsverfahren anbieten.

34

c) Rechtsanwaltschaft und Juristenausbildung

1996 wurde im **Schlussbericht der Bundesrechtsanwaltskammer (BRAK)**Ausschuss Mediation erstmalig festgestellt, dass es sich bei Mediation um eine anwaltliche Tätigkeit handelt.[134] Im Hinblick auf das Sachlichkeitsgebot des § 43b BRAO wurde zudem beschlossen, dass Rechtsanwälte auf ihre Tätigkeit als Mediator nur hinweisen dürfen, wenn eine Mediationsausbildung nachgewiesen wird.[135] Im November 1996 wurde die **Berufsordnung der Rechtsanwälte (BORA)** beschlossen,[136] wonach der Rechtsanwalt »seine Mandanten (…) konfliktvermeidend und streitschlichtend zu begleiten« hat (§ 1 Abs. 3 BORA). Als Folge der von der Bundesrechtsanwaltskammer Ende 1996 getroffenen Beschlüsse, erweiterten einige große Versicherungsgesellschaften ab Dezember 1996 den Umfang des versicherten Risikos der anwaltlichen Haftpflichtversicherungen um die Tätigkeit als Mediator.[137]

35

Der Deutsche Anwaltsverein gründet im Mai 1998 die **Arbeitsgemeinschaft Mediation**, die eine 1. Fachtagung am 5. Dezember 1998 in Frankfurt/Main veranstaltete. 1998 erschien die erste interdisziplinäre Zeitschrift zum Thema Mediation »KON:SENS«, die seit 1999 als »Zeitschrift für Konfliktmanagement-ZKM« herausgegeben wird. Die **Berufsordnung der Rechtsanwälte (BORA)** wurde zum 1. Juli 2003 um den § 7a

36

---

131 *Kempf/Trossen* ZMK 2000, 166 ff.; *Trossen* ZKM 2001, 159 ff.; vgl. *Trossen* in: *Haft/von Schließen* (Hrsg.), Handbuch Mediation§ 40 Rn. 30.
132 Art. I des Kinder- und Jugendhilfegesetzes v. 26. 06. 1990 (BGBl. I S. 1163), i. d. F.d Bekanntmachung v. 15. 03. 1996 (BGBl. I S. 477).
133 *Hammerbacher*, Chancen und Risiken der familienmediation am Beispiel des neuen Kindschaftsrechts, S. 3.
134 BRAK-Mitteilungen 1996, 186.
135 BRAK-Mitteilungen 1996, 186.
136 Beschluss der Satzungsversammlung bei der Bundesrechtsanwaltskammer am 29. 11. 1996, Amtliche Bekanntmachung in BRAK-Mitt. 1996, S. 241 ff.
137 *Hertel/Vovsik/Fischer/Wiese*, Zeittafel zur Geschichte der Mediation unter www.mediation-dach.com.

BORA ergänzt, der festlegt, dass sich ein Rechtsanwalt nur dann als Mediator bezeichnen darf, wenn er »durch (eine) geeignete Ausbildung nachweisen kann, dass er die Grundsätze des Mediationsverfahrens beherrscht.«[138]

37 In der Juristenausbildung in Deutschland wurde erkannt, dass »Aufgaben und Arbeitsmethoden (...) der Konfliktvermeidung und Streitschlichtung«[139] zu kurz kommen. Das Gesetz zur Reform der Juristenausbildung vom 11. Juli 2002[140] (seit 1. Juli 2003 in Kraft) hat daher erstmalig die Kompetenzen in »Streitschlichtung« und »Mediation« zum Inhalt des juristischen Studiums erklärt (§ 5a Abs. 3 Satz 1 Deutsches Richtergesetz). Sie werden als »interdiziplinäre Schlüsselqualifikationen« und »unverzichtbare Fähigkeiten und Fertigkeiten moderner Juristinnen und Juristen« angesehen.[141] Im März 2004 veröffentlicht das **Soldan Institut für Anwaltsmanagement** einen Forschungsbericht über Marketing für Mediation,[142] wonach die größten Marktchancen für Mediation in den Bereichen der familiären Konflikte und der Wirtschaftsmediation gesehen werden.zum 1. Juli 2004 tritt das **Rechtsanwaltsvergütungsgesetz**[143] (**RVG**) in Kraft, das in § 34 den Begriff der »Mediation« erstmals gesetzlich erwähnt.

d) Förderung und Projekte auf Bundes- und Landesebene

38 Mit dem zum 1. Januar 2000[144] geschaffenen § **15a EGZPO** und der **ZPO-Reform** zum 1. Januar 2002[145] sahen manche den Weg für die **gerichtsnahe Mediation** endgültig als geebnet an.[146] Es wurde von einem Umdenkprozess in der Gesellschaft hin zu einer neuen Streitkultur gesprochen.[147] Neben den aufgrund der **Öffnungsklausel des § 15a EGZPO** in den einzelnen Bundesländer entstandenen Landesgesetzen,[148] begann man auch auf Länderebene, sich mit der Idee der Mediation vertraut zu machen. Erst am 29./30. Juni 2005 wurde dann auf der **76. Justizministerkonferenz** ein 10-Punkte-Programm zur Förderung der konsensualen Streitbeilegung[149] verabschiedet. Zu diesem Zeitpunkt gab es bereits zahlreiche Mediationsprojekte an vielen Gerichten.

---

138 Beschlüsse der 4. Sitzung der 2. Satzungsversammlung bei der Bundesrechtsanwaltskammer am 25./26. 04. 2002, Amtliche Bekanntmachung in BRAK-Mitt. 2002, 219.
139 BT-Drucks. 14/7176 001, S. 10.
140 BGBl I 2002, 2592.
141 BT-Drucks. 14/7176, S. 8;BT-Drucks. 14/7463, S. 10.
142 *Hommerich/Kriele*, Marketing für Mediation. Dort finden sich auch Ausführungen, was die Motive der Konfliktparteien sind, sich für Mediation zu entscheiden.
143 Rechtsanwaltsvergütungsgesetz v. 05. 052004, BGBl. I S. 718, (788).
144 BGBl. I, S. 2400.
145 BGBl. I, S. 1881.
146 *Monßen* ZKM 2003, 116.
147 *Peters*, Der Gütegedanke im deutschen Zivilprozessrecht, S. 26.
148 S. Rdn. 24.
149 Konferenz der Justizministerinnen und -minister vom 29./30. 06. 2005/Auszug aus den Beschlüssen »große Justizreform«, DRiZ 2005, 213 f.

B. Einleitung **Teil 1**

aa) Baden-Württemberg

Auf Initiative des Justizministeriums in **Baden-Württemberg** fand 1997 eine Veranstaltung zum Thema »Außergerichtliche Streitschlichtung – eine Chance zur Entlastung der Zivilgerichtsbarkeit?« statt. Dabei war auch die freiwillige außergerichtliche Streitschlichtung Thema. Bereits 2000 begann ein auf zwei Jahre angelegter Modellversuch einer gerichtsnahen Mediation am AG und LG Stuttgart. Die beteiligten Richter sollten bei geeigneten Verfahren auf alternative Konfliktlösungsverfahren hinweisen und entsprechend geeignete Mediatoren empfehlen. Folgten die Parteien dem Vorschlag, wurde das gerichtliche Verfahren ausgesetzt.[150] Der im Dezember 2002 vom Justizministerium Baden-Württemberg vorgelegte Abschlussbericht fasst die Erfahrungen zusammen: »*Die Erfahrungen des Stuttgarter Modellversuchs sprechen dafür, künftige Projekte eher im vorgerichtlichen Bereich anzusiedeln und auf einen kürzeren Zeitraum anzulegen. Dabei soll auf die bewährte Zusammenarbeit zwischen Mediatoren, Anwaltschaft und Justiz zurückgegriffen werden, die im Rahmen des Arbeitskreises über vier Jahre erfolgreich funktioniert hat. Die Teilnehmer des Modellversuchs und die Mitglieder des Arbeitskreises bleiben daher aufgerufen, auch in der Zukunft zur Förderung der außergerichtlichen Konfliktbeilegung zusammenzuwirken.*«[151] Daneben wird am Verwaltungsgericht Freiburg **gerichtsintegrierte Mediation**[152] und am Landgericht Mannheim die außergerichtliche Mediation (Mannheimer Mediationsprojekt MAMP) nach Vorbild des Modellversuchs in Stuttgart angeboten.[153] Im Landgerichtsbezirk Heidelberg wurde 2010 das interdisziplinäre »**Heidelberger Mediationsprojekt**« unter dem Motto »für jeden Konflikt den passenden Mediator« in Leben gerufen.

39

bb) Niedersachsen

Im März 2002 startete das Land **Niedersachsen** an einigen Gerichten[154] mit einem dreijährigen Modellversuch »Gerichtsnahe Mediation als Verfahrensangebot innerhalb der Justiz«[155] und übernahm damit eine gewisse Vorreiterrolle.[156] Angeregt vom vormaligen niedersächsischen Justizminister *Pfeiffer*, wird Mediation (gestützt auf

40

---

150 Vgl. Justizministerium Baden-Württemberg, Modellversuch »Außergerichtliche Konfliktbeilegung« am Landgericht Stuttgart und Amtsgericht Stuttgart, Abschlussbericht, S. 2 ff.
151 Vgl. Justizministerium Baden-Württemberg, Modellversuch »Außergerichtliche Konfliktbeilegung« am Landgericht Stuttgart und Amtsgericht Stuttgart, Abschlussbericht, S. 14.
152 Verwaltungsgericht Freiburg, www.vgfreiburg.de.
153 Mannheimer Anwaltsverein »Mediationsprojekt MaMP«, www.mannheimer-anwaltsverein.de.
154 Amtsgerichte Hildesheim und Oldenburg, Landgerichte Hannover und Göttingen und Sozial- und Verwaltungsgericht Hannover (vgl. *Böttger/Hupfeld* ZKM 2004, 155 ff.).
155 *Böttger/Hupfeld* ZKM 2004, 155; *von Olenhusen* ZKM 2004, 104 ff.
156 *Matthies*, Ein Erfahrungsbericht: Neue Wege der Justiz – Modellprojekt gerichtsnahe Mediation bei dem Landgericht Göttingen, veröffentlicht unter http://www.landgericht-goettingen.niedersachsen.de; vgl. Projektabschlussbericht – Projekt Gerichtsnahe Mediation in Niedersachsen, Februar 2005, vom Niedersächsischen Justizministerium und Konsens e.V.

analoge Anwendung von § 278 Abs. 5 ZPO) seitdem in Niedersachsen unter dem Motto »Schlichten statt richten«[157] als Alternative bei Gerichtsverfahren erstmalig nicht außerhalb des Gerichts, sondern durch zu Mediatoren ausgebildeten Richtern innerhalb des Gerichts angeboten und hat rasch eine hohe Zustimmungsrate bei den dort tätigen Richtern erlangt.[158]. Bei einem Scheitern der Mediation war der Richtermediator nicht zur Entscheidung des Rechtsstreits befugt. Niedersachsen hat im Jahr 2007 ein Mediation- und Gütestellengesetz als reines Landesgesetz[159] in den Gesetzgebungsprozess des Landes eingebracht, das nach der Landtagswahl 2008 verabschiedet werden sollte. Dazu kam es nicht mehr, da aufgrund der **EUMed-RL** im Mai 2008 nunmehr der Bundesgesetzgeber in der Pflicht stand.

cc) Internationale Familienmediation Deutschland-Frankreich

41 Die Bundesregierung begann 2003 mit einem Modellprojekt zur professionellen internationalen Familienmediation, wobei der Schwerpunkt bei deutsch-französischen Fällen mit Kindesumgang lag.[160] Da aber Mediation in dieser Zeit, wie eine Untersuchung von *Proksch* zeigte, in vielen Jugendämtern bereits als »Standardangebot« genutzt wurde,[161] sah die **Bundesregierung** keine Notwendigkeit für »breit angelegte staatliche Initiativen zur finanziellen Unterstützung und Entwicklung außergerichtlicher Möglichkeiten der eigenverantwortlichen Regelung von Konflikten im familienrechtlichen Bereich (insbesondere zur Lösung von Kindschaftsrechtsstreitigkeiten)«.[162] Zudem unterstützte die Bundesregierung die »weitere Etablierung von außergerichtlichen Streitschlichtungs- und Mediationsmöglichkeiten« sowie die Förderung von Modellprojekten in den Bundesländern, wie die »gerichtsnahen Mediationsstellen« in **Niedersachsen.**[163] Gleichzeitig hatte die Bundesregierung den Plan, eine bundesweite Informationsplattform über die unterschiedlichen Mediationsangebote aufzubauen, um »den qualitativen und quantitativen Nutzen dieser Verfahren für unser Justizsystem zu steigern und die Chancen einer Inanspruchnahme von qualifizierten Angeboten in diesem Bereich für den Bürger zu verbessern«.[164]

---

157 Schon *Levin* spricht 1915 von »Schlichten anstatt des Richtens«; vgl. *Levin* Die Entlastungsverordnung vom 9. September 1915 und die Neugestaltung des bürgerlichen Rechtsstreits, S. 42.
158 *Böttger/Hupfeld* ZKM 2004, 155 (157).
159 Im Land Niedersachsen wurde am 24. 04. 2007 das Gesetz über die Einführung eines Mediations- und Gütestellengesetzes sowie zur Änderung anderer Gesetze in den Landtag eingebracht; vgl. Nds-Drs. 15/3708.
160 BT-Drucks. 15/2399, S. 9; vgl. *Carl/Copin/Ripke* KindPrax 2004, 25 ff.
161 BT-Drucks. 15/2399, S. 9.
162 BT-Drucks. 15/2399, S. 8.
163 BT-Drucks. 15/2399, S. 9.
164 BT-Drucks. 15/2399, S. 9.

dd) Hessen

Seit Herbst 2003 bestehen in **Hessen** am LG Frankfurt und seit Mai 2004 an allen hessischen Verwaltungsgerichten erster und zweiter Instanz Projekte zur gerichtsnahen Mediation.[165]   42

ee) Berlin

Bereits im Oktober 2003 startete das Pilotprojekt der Gerichtsmediation am Verwaltungsgericht Berlin, für das ein Vorsitzender Richter von der Justizverwaltung freigestellt wurde, um allein als Gerichtsmediator in gerichtsanhängigen Verfahren tätig zu werden, was damals bundesweit einmalig war.[166] Im Herbst 2004 begann die Projektgruppe Mediation an den Berliner Zivilgerichten, die die Durchführbarkeit von **gerichtsinternen Mediationen** durch **Richtermediatoren** prüfen sollte.   43

ff) Rheinland-Pfalz

In **Rheinland-Pfalz** begann etwa im Jahr 2004 im Bezirk des OLG Koblenz das Projekt »**Integrierte Mediation in Familiensachen**«, bei dem Familienrichter mit dem Ziel in Mediation ausgebildet wurden, Gerichtsfälle zu mediieren, die sie als Richter auch entscheiden sollten. Man griff auf die Erfahrungen mit der »**Cochemer Praxis**« und dem »**Altenkirchener Modell**« zurück.[167] Die »**Integrierte Mediation**« hat das Ziel, die Mediation, also die konsensuale Konfliktlösung, bereits in der anwaltlichen Beratung, aber insbesondere auch innerhalb des Gerichtsverfahrens zu berücksichtigen, um so eine einvernehmliche Lösung zu erreichen. Definiert wird sie heute als eine »Verfahrensweise, welche die Mediation wie ein hybrides Verfahren in streitige Prozesse einbezieht, um eine konsensual verhandelte Streitbeilegung zu ermöglichen«.[168] Innerhalb des Gerichtsverfahrens besteht die Aufgabe der Richter darin, unter Einbeziehung anderer Beratungsstellen, wie Jugendamt, Verfahrenspfleger, Sachverständige, eine Ebene der Kommunikation zwischen den Parteien zu finden, die entsprechende einvernehmliche Lösungen ermöglichen. Bis heute sind mehr als 90 Richter entsprechend ausgebildet worden, und das Modell findet mittlerweile auch im Ausland Anwendung.[169]   44

gg) Mecklenburg-Vorpommern

Seit Februar 2004 wird in **Mecklenburg-Vorpommern** gerichtliche Mediation am LG und OLG Rostock, sowie am VG Rostock angeboten. Dort hat man sich neben den inhaltlichen Aufgaben auch mit äußeren Gegebenheiten besonders beschäftigt, um den Konfliktparteien, den Weg in die Mediation angenehm zu gestalten. So wurde eine Serviceeinheit »**Gerichtliche Mediation**« geschaffen, deren Mitarbeiter   45

---

165 *Walther* DRiZ 2005, 127.
166 *Ortloff* AnwBl. 2004, 229.
167 *Trossen* in *Haft/von Schlieffen* (Hrsg.), Handbuch Mediation, § 40, Rn. 32.
168 *Trossen* in *Haft/von Schlieffen* (Hrsg.), Handbuch Mediation, § 40, Rn. 10.
169 *Trossen* in *Haft/von Schlieffen* (Hrsg.), Handbuch Mediation, § 40, Rn. 36.

nicht nur die Mediationsräume vorbereiten, sondern auch die Konfliktparteien an einem besonderen Treffpunkt im Eingangsbereich des LG Rostock, dem »**Mediationspoint**«, empfängt.[170]

hh) Bayern

46 In **Bayern** entwickelte das Bayerische Staatsministerium der Justiz im Jahr 2004 das Konzept »**Modellversuch Güterichter**«, das am 1. Januar 2005 an acht Landgerichten startete. Die speziell geschulten Güterichter sind keine Mediatoren, sondern werden als ersuchte Richter nach § 278 Abs. 5 S. 1 ZPO außerhalb der streitigen Gerichtsverhandlung tätig. Sie sind nicht entscheidungsbefugt und in der Wahl der anzuwendenden Konfliktlösungsverfahren in der Güteverhandlung frei, wobei ein starker Bezug zur Mediation besteht.[171] Die Güteverhandlung findet nur mit Zustimmung der Parteien statt. Bei einer Einigung kann vor dem **Güterichter** ein Vergleich geschlossen werden, scheitert sie hingegen, wird die streitige Verhandlung vor einem anderen Richter fortgesetzt.[172] Das **Güterichtermodell** wird mittlerweile in Bayern landesweit umgesetzt.

ii) Schleswig Holstein

47 In **Schleswig Holstein** wird gerichtliche Mediation seit Herbst 2005 bei der Ordentlichen Gerichtsbarkeit,[173] seit Sommer 2008 an den Verwaltungsgerichten[174] und jüngst auch an den Sozial- und Arbeitsgerichten angeboten.

jj) Sachsen-Anhalt

48 Im Januar 2006 begann in **Sachsen-Anhalt** das Projekt »**Gerichtsinterne Mediation**«, das sich ausschließlich auf bereits bei Gericht anhängige Verfahren beschränkt.[175]

kk) Nordrhein-Westfalen

49 Zeitgleich beginnt in **Nordrhein-Westfalen** die Erprobung der »**Prozessbegleitenden Mediation**«, die bei den Sozialgerichten, den Verwaltungsgerichten und der ordentlichen Gerichtsbarkeit von Richtern und Rechtsanwälten durchgeführt wird.[176] Seit Februar 2007 wird an dem AG und LG Köln das Projekt »**Anwaltliche Mediation**

---

170 Vgl. *Hückstädt* Neue Justiz 2007, 289 (290).
171 Vgl. Justiz in Bayern – Landgericht München I »Gerichtsinterne Mediation durch den Güterichter«, www.justiz.bayern.de.
172 Vgl. *Greger* ZKM 2007, 180 ff.; *Greger* ZKM 2006, 68 ff.; vgl. *Greger*, Abschlussbericht zum Forschungsprojekt »Außergerichtliche Streitbeilegung in Bayern«.
173 Vgl. OLG Schleswig Holstein, »Mediation«, www.schleswig-holstein.de.
174 Vgl. OVG Schleswig Holstein, »Mediation«, www.schleswig-holstein.de.
175 Ministerium für Justiz und Gleichstellung Sachsen-Anhalt, www.sachsen-anhalt.de.
176 Vgl. Justiz-online, Justizportal Nordrhein-Westfalen, »Prozessbegleitende Mediation«, www.justiz.nrw.de.

im Gerichtsverfahren« durchgeführt.[177] Das »**Kölner Modell**« sieht Mediationen außerhalb des gerichtlichen Verfahrens durch entsprechend ausgebildete Rechtsanwälte vor, wenn diese von dem zuständigen Richter eines bereits anhängigen Verfahrens empfohlen wird.[178] Seit 1. Oktober 2011 findet beim Arbeitsgericht Bonn und seit November 2011 im Landesarbeitsgerichtsbezirk Düsseldorf bei Verfahren vor den Arbeitsgerichten Düsseldorf, Krefeld und Oberhausen die **richterliche Mediation** statt.

ll) Bremen

Im Mai 2008 bietet das LG Bremen erstmals gerichtsnahe Mediation an.[179] Da es sich um bei Gericht anhängige Verfahren handelt, die von Richtern mediiert werden, ist von **gerichtsinterner Mediation** auszugehen.

50

mm) Thüringen

In *Thüringen* startete im September 2008 das Pilotprojekt »Thüringer Güterichter«, bei dem den Parteien die Möglichkeit angeboten wird, im Rahmen einer **gerichtsinternen Mediation** unter Leitung eines Güterichters eine Lösung für die bereits bei Gericht anhängige Streitigkeit zu finden.[180] Dieses Projekt führt das Konzept des bayerischen Güterichtermodells fort und weitet es auf die Arbeits- und Verwaltungsgerichtsbarkeit sowie die AG und OLG aus.[181]

51

nn) Hamburg

Im Rahmen der seit den 20iger Jahren des letzten Jahrhunderts bestehenden Einrichtung einer »**Öffentlichen Rechtsauskunft und Vergleichsstelle Hamburg**« (ÖRA), die eine eigene gesetzlichen Grundlage[182] hat, wurden bereits 1999 Mediationsverfahren in familien- und erbrechtlichen Angelegenheiten eingeführt,[183] später auch in Arbeits- und Wirtschaftskonflikten.[184] Die gerichtliche Mediation wird an sämt-

52

---

177 Vgl. Justiz-online, Justizportal Nordrhein-Westfalen, »Prozessbegleitende Mediation«, www.justiz.nrw.de.
178 *Muthers*, KammerForum 2007, 1.
179 Landgericht Bremen, Mediation, www.landgericht.bremen.de.
180 Vgl. Freistaat Thüringen Justizministerium, »Pilotprojekt: Thüringer Güterichter«, www.thueringen.de.
181 Vgl. *Greger*, Forschungsprojekte, www.reinhard-greger.de.
182 Gesetz über die Öffentliche Rechtsauskunft- und Vergleichsstelle (ÖRA-Gesetz) v. 16. 11. 2010, HambGVBl 2010, S. 603 (i. d. F. v. 19. 04. 2011 HambGVBl 2011, S. 123) mit der die VO über die Öffentliche Rechtsauskunft- und Vergleichsstelle v. 04. 02. 1946 und die Geschäftsordnung für die Öffentliche Rechtsauskunft- und Vergleichsstelle v. 15. 11. 1946 (Sammlung des bereinigten hamburgischen Landesrechts I 333-a und I 333-a-1) aufgehoben wurden. Vgl. *Hartges*, Außergerichtliche Konfliktlösung Deutschland – Modell ÖRA, S. 52 ff.
183 *Hartges*, Außergerichtliche Konfliktlösung Deutschland – Modell ÖRA, S. 105.
184 Beratung und Vorbeugung; Oera, www.hamburg.de.

lichen Amtsgerichten, der Sozialgerichtsbarkeit, dem LG Hamburg seit 2008 und dem OVG Hamburg seit 2009 angeboten.[185]

oo) Brandenburg

53 Seit Ende 2009/Anfang 2010 wird im Rahmen eines Pilotprojektes an sechs Mediationsgerichten (OLG Brandenburg, LG Potsdam, LG Frankfurt/Oder, LG Neuruppin, AG Cottbus und am AG Potsdam) gerichtsinterne Mediation in der ordentlichen Gerichtsbarkeit erfolgreich durchgeführt.[186]

pp) Saarland

54 Im **Saarland** startete Anfang 2010 das Pilotprojekt zur gerichtsnahen Mediation, an dem das Landgericht, das Landessozialgericht sowie das Sozialgericht teilnehmen.[187]

qq) Sachsen

55 Seit Januar 2010 gibt es in **Sachsen** zahlreiche gerichtsinterne Mediationsprojekte. So werden am Sächsischen Oberverwaltungsgericht,[188] an den Sozialgerichten in Chemnitz und Leipzig sowie beim Sächsischen Landessozialgericht[189] **richterliche Mediation** angeboten.

e) Rechtsprechung des BVerfG und BGH

56 Seit 2004 wird das Thema Mediation auf der jährlichen Tagung der Präsidenten der Oberlandesgerichte, des Kammergerichts, des Bayerischen Obersten Landesgerichts und des Bundesgerichtshofs ausführlich erörtert. Auch die Präsidenten der Obersten Gerichtshöfe der Europäischen Union befassen sich in einer Arbeitsgruppe mit diesem Thema.[190]

Der **BGH** entschied am 23. November 2004,[191] dass ein Einigungsversuch der Klageerhebung vorausgehen muss, wenn durch Landesrecht ein obligatorisches Güteverfahren vorgeschrieben ist. Eine ohne den Einigungsversuch erhobene Klage ist als unzulässig abzuweisen.

---

185 Hamburger Justiz, »Mediation«, http://justiz.hamburg.de.
186 Vgl. Ministerium der Justiz Brandenburg, »Gerichtliche Mediation«, www.mdj.brandenburg.de.
187 Vgl. Politik & Verwaltung, Landgericht Saarbrücken, Pressemitteilung v. 25. 02. 2012 »Einführung der Gerichtsnahen Mediation«, www.saarland.de.
188 Vgl. Oberverwaltungsgericht, Richterliche Mediation, www.justiz.sachsen.de.
189 Vgl. Sächsisches Landessozialgericht, Pressemitteilung v. 15. 01. 2010 »Sächsische Sozialgerichte bieten Mediation an«, www.justiz.sachsen.de.
190 *Hirsch*, Ansprache des Präsidenten des Bundesgerichtshofes beim 3. Konfliktmanagement- Kongress 2006 in Hannover am 08. 07. 2006, www.bundesgerichtshof.de.
191 BGHZ 161, 145 (149).

B. Einleitung   **Teil 1**

Das **BVerfG** führte am 14. Februar 2007 in einem Beschluss[192] über die Abweisung 57
einer Schadensersatzklage wegen Nichtdurchführung eines Schlichtungsverfahrens
gemäß § 10 des Gütestellen- und Schlichtungsgesetzes des Landes Nordrhein-Westfalen (GüSchlG NRW) aus:

*»Der allgemeine Justizgewährungsanspruch gewährleistet zum einen, dass überhaupt ein
Rechtsweg zu den Gerichten eröffnet ist Der Gesetzgeber ist nicht gehalten, nur kontradiktorische Verfahren vorzusehen. Er kann auch Anreize für eine einverständliche Streitbewältigung schaffen, etwa um die Konfliktlösung zu beschleunigen, den Rechtsfrieden zu fördern
oder die staatlichen Gerichte zu entlasten. Ergänzend muss allerdings der Weg zu einer
Streitentscheidung durch die staatlichen Gerichte eröffnet bleiben. (...) Die Einführung
der obligatorischen Streitschlichtung durch § 10 GüSchlG NRW bezweckt in verfassungsrechtlich unbedenklicher Weise – ebenso wie die Ermächtigung in § 15 a EGZPO – zum
einen die Entlastung der Ziviljustiz. (...) Darüber hinaus soll durch Konsensbildung eine
schnellere und kostengünstigere Lösung der betroffenen Streitigkeiten und zugleich ein Beitrag zum dauerhaften Rechtsfrieden ermöglicht werden, der durch das gerichtliche Verfahren so nicht erreicht werde. (...) Eine zunächst streitige Problemlage durch eine einverständliche Lösung zu bewältigen, ist auch in einem Rechtsstaat grundsätzlich
vorzugswürdig gegenüber einer richterlichen Streitentscheidung.«*

f) Europäische Ebene

In **Österreich** ist mit Wirkung zum 1. Mai 2004 das Zivilrechts-Mediations-Gesetz 58
nebst Verordnung über die Ausbildung zum eingetragenen Mediator[193] in Kraft
getreten. Damit waren erstmals in Europa Mediation und die Ausbildung zum Mediator detailliert gesetzlich geregelt. Auf einer Konferenz in Brüssel wurde am 2. Juli 2004
der **European Code of Conduct for Mediators**[194] verabschiedet.[195]

Am 21. Mai 2008 erging die **Richtlinie 2008/52/EG** des Europäischen Parlaments 59
und des Rates über bestimmte Aspekte der Mediation in Zivil- und Handelssachen[196]
(**EUMed-RL**), mit der die Mitgliedsstaaten der EU verpflichtet wurden, diese innerhalb von 36 Monaten nach deren Erlass in nationales Recht umzusetzen.

---

192 BVerfG – 1 BvR 1351/01.
193 Österreichisches BGBl. I Nr. 29/2003; Verordnung des Bundesministers für Justiz über
     die Ausbildung zum eingetragenen Mediator (ZivMediat-AV), Österreichisches BGBl. II.
     Nr. 47/2003. Gesetz und Verordnung regeln u. a. Mediation als Begriff in Zivilrechts-
     sachen, die Voraussetzungen und das Verfahren für die Eintragung von Personen in die
     Liste der eingetragenen Mediatoren, die Rechte und Pflichten der Mediatoren und die
     Hemmung von Fristen durch den Beginn des Mediationsverfahrens.
194 Abgedruckt in ZKM 2004, 148; vgl auch http://ec.europa.eu/civiljustice/adr/adr_ec_
     code_conduct_en.pdf.
195 Vgl. auch Europäische Regelungen, I.
196 ABl. L 136 v. 24. 05. 2008, S. 3.

4. Gesetzgebungsverfahren

60 In Erwartung der **EUMed-RL** hatte das Bundesministerium der Justiz bereits im Jahr 2007 eine rechtsvergleichendes Gutachten zur Mediation[197] in Auftrag gegeben, das 2008 veröffentlich wurde. Am 18. April 2008 trat erstmals auf Einladung des Bundesministeriums der Justiz eine Expertenkommission, die aus Vertretern der Wissenschaft und unterschiedlicher Verbände bestand, zur Frage zusammen, ob die sich damals bereits abzeichnende europäische Entwicklung zur Mediation auch für eine innerstaatliche Regelung der Mediation genutzt werden sollte. Die Expertenkommission, die mehrfach tagte, sollte zudem das Ministerium bei der Umsetzung der **EUMed-RL** in innerstaatliches Recht bei der Formulierung eines Gesetzesentwurfs unterstützen. Damit war der eigentliche Gesetzgebungsprozess, der zur Verabschiedung des vorliegenden Mediationsgesetzes führte, eröffnet. Angeregt wurde diese Diskussion noch dadurch, dass sich der **67. Deutsche Juristentag** im September 2008 in Erfurt u. a. intensiv mit Mediation befasste

a) Referentenentwurf 2010

61 Am 19. Juli 2010 legte das **Bundesjustizministerium** einen ersten **Referentenentwurf** eines Gesetzes zur Förderung der Mediation und anderer Verfahren der außergerichtlichen Streitbeilegung den beteiligten Ressorts zur Abstimmung vor. Dieser Entwurf[198] wurde mit aktuellem Bearbeitungsstand am 5. August 2010 an die Länder und die unterschiedlichen Verbände zur Stellungnahme versandt. Zur Begründung des Entwurfs hieß es u. a.:

*»Wesentliches Ziel des Entwurfs ist es, die Mediation und andere Verfahren der außergerichtlichen Konfliktbeilegung zu fördern. Bislang sind die verschiedenen Formen der Mediation, nämlich die unabhängig von einem Gerichtsverfahren durchgeführte Mediation (**außergerichtliche Mediation**), die während eines Gerichtsverfahrens außerhalb des Gerichts durchgeführte Mediation (**gerichtsnahe Mediation**) und die innerhalb eines Gerichts von einem nicht entscheidungsbefugten Richter durchgeführte Mediation (**richterliche Mediation**) weitgehend ungeregelt. Für die richterliche Mediation soll eine ausdrückliche rechtliche Grundlage geschaffen werden. Darüber hinaus ist die Richtlinie 2008/52/EG des Europäischen Parlaments und des Rates vom 21. Mai 2008 über bestimmte Aspekte der Mediation in Zivil- und Handelssachen (Mediations-RL) bis zum 20. Mai 2011 in deutsches Recht umzusetzen.«*[199]

---

197 Vgl. *Hopt/Steffek*, Mediation.
198 Referentenentwurf des Bundesministeriums der Justiz Gesetz zur Förderung der Mediation und anderer Verfahren der außergerichtlichen Konfliktbeilegung, http://gesetzgebung.beck.de/sites/gesetzgebung.beck.de/files/RefE_Mediationsgesetz_20100803.pdf.
199 Referentenentwurf des Bundesministeriums der Justiz Gesetz zur Förderung der Mediation und anderer Verfahren der außergerichtlichen Konfliktbeilegung, http://gesetzgebung.beck.de/sites/gesetzgebung.beck.de/files/RefE_Mediationsgesetz_20100803.pdf, S. 1.

Mit diesem Entwurf sollte durch Änderung der ZPO und anderer Verfahrensordnungen die Rechtsgrundlage für **gerichtsinterne Mediation**, die damit als richterliche Tätigkeit und nicht als **Justizverwaltungstätigkeit** anzusehen war, geschaffen werden.[200] Der als Mediator tätige Richter sollte nach dem Entwurf zu § 278a Abs. 2 ZPO (**Referentenentwurf**) zudem den in der Mediation erzielten Vergleich protokollieren und den Streitwert festsetzen dürfen.[201]

Die im Entwurf enthaltene Regelung der **gerichtsinternen Mediation** wurde zum Teil stark kritisiert, da damit die gerichtsinterne Mediation einseitig gefördert und die Tätigkeit der außergerichtlichen Mediatoren benachteiligt würde.[202] Stellungnahmen gaben u. a. der **Deutsche Notarverein**,[203] der **Deutsche Richterbund**,[204] der **Deutsche Anwaltverein**[205] durch die Ausschüsse Außergerichtliche Konfliktbeilegung (unter Mitwirkung des Geschäftsführenden Ausschusses der Arbeitsgemeinschaft Mediation), die **Bundesrechtsanwaltskammer**,[206] der **Deutsche Steuerberaterverband**[207] **Gesamtverband der Deutschen Versicherungswirtschaft**[208] ab.

62

b) Gesetzesentwurf 2011

Am 12. Januar 2011 legte die Bundesregierung einen ersten Gesetzesentwurf (**Regierungsentwurf**)[209] vor, mit dem die außergerichtliche und gerichtsinterne Mediation gesetzlich geregelt werden sollten. Der Entwurf entsprach strukturell dem **Referentenentwurf**, enthielt aber bereits wichtige Änderungen aufgrund der geäußerten Kritik. So war die Möglichkeit, dass der die Mediation durchführende Richter auch den erzielten Vergleich protokollieren und den Streitwert festlegen können sollte, entfernt worden. Die gerichtsinterne Mediation sollte nach § 278a Abs. 1 ZPO (Regierungsentwurf) zwar eine Option sein, doch sollten die Richter den Parteien

63

---

200 *Carl* ZKM 2012, 16 (17).
201 Referentenentwurf des Bundesministeriums der Justiz Gesetz zur Förderung der Mediation und anderer Verfahren der außergerichtlichen Konfliktbeilegung, http://gesetzgebung.beck.de/sites/gesetzgebung.beck.de/files/RefE_Mediationsgesetz_20100803.pdf, S. 6.
202 *Carl* ZKM 2012, 16 (17).
203 Schreiben v. 30. 09.2010, www.dnotv.de.
204 Stellungnahme Nr. 35/2010 im September 2010, http://www.drb.de.
205 Stellungnahme Nr. 58/2010 im September 2010 http://www.bundesgerichtshof.de/SharedDocs/Downloads/DE/Bibliothek/Gesetzesmaterialien/17_wp/mediationsg/stellung_dav_refe.pdf?__blob=publicationFile.
206 Stellungnahme im Oktober 2010, Nr. 27/2010, www.brak.de.
207 Schreiben vom 01. 10. 2010, http://www.bundesgerichtshof.de/SharedDocs/Downloads/DE/Bibliothek/Gesetzesmaterialien/17_wp/mediationsg/stellung_dstv_refe.pdf?__blob=publicationFile.
208 GDV-Stellungnahme vom 21. 12. 2010; http://www.gdv.de/2010/12/gdv-stellungnahme-zum-referentenentwurf-eines-mediationsgesetzes/.
209 Gesetzentwurf der Bundesregierung, Gesetz zur Förderung der Mediation und anderer Verfahren der außergerichtlichen Konfliktbeilegung, Bearbeitungsstand 08. 12. 2010, http://gesetzgebung.beck.de/sites/gesetzgebung.beck.de/files/RegEMediationsgesetz.pdf.

zunächst eine gerichtsnahe Mediation oder ein anderes Verfahren der außergerichtlichen Konfliktbeilegung vorschlagen. Über § 278 Abs. 5 ZPO (Regierungsentwurf) wurde die Möglichkeit geschaffen, die Parteien an einen Güterichter zu verweisen, womit die in **Bayern** und **Thüringen** angewandten **Güterichtermodelle** fortgeführt werden konnten.[210]

64 In einer unmittelbaren Stellungnahme begrüßte die bayerische Regierung den Gesetzesentwurf und sah darin eine ausdrückliche Bestätigung des seit fast sechs Jahren erfolgreich funktionierenden Güterichtermodells.[211] Dagegen wandte sich der **Deutsche Richterbund** in einer Stellungnahme[212] gegen die geplante »Beschneidung der bewährten gerichtsinternen Mediation«. Die **Bundesrechtsanwaltskammer**[213] bemängelte den Entwurf wegen der gesetzlichen Regelung der gerichtsinternen Mediation als »Schwächung der außergerichtlichen Mediation«. Der **Gesamtverband der Deutschen Versicherungswirtschaft** beklagte in zwei Stellungnahmen,[214] dass der Entwurf keine Qualitätskriterien für die Ausbildung der Mediatoren vorsah und es so bei einer »Schmalspurausbildung« bleiben könnte.

65 Dazu nahm der **Bundesrat** unter Berücksichtigung der Empfehlungen seiner Ausschüsse[215] und unter Berücksichtigung einiger Anträge aus den Ländern **Niedersachen**,[216] **Thüringen**[217] und **Schleswig-Holstein**[218] am 18. März 2011 Stellung,[219] der den Entwurf positiv aufnahm, aber Änderungen für die praktische Anwendung und Umsetzung des Gesetzes forderte.[220] Der von der **Bundesregierung** eingebrachte Entwurf eines Gesetzes zur Förderung der Mediation und anderer Verfahren der außergerichtlichen Konfliktbeilegung vom 1. April 2011,[221] einschließlich der Gegenäußerung[222] der Bundesregierung zur Stellungnahme des **Bundesrats**, wurde in ersten Lesung

---

210 *Carl* ZKM 2012, 16 (17).
211 Pressemitteilung Nr. 4/11 v. 12. 01. 2011 des Bayerischen Staatsministeriums der Justiz und für Verbraucherschutz, http://www.justiz.bayern.de/ministerium/presse/archiv/2011/detail/4.php.
212 Pressemitteilung Nr. 1/11 v. 19. 01. 2011 und 4/11 v. 06. 04. 2011, www.drb.de; Stellungnahme Nr. 6/11 im März 2011, www.drb.de.
213 Presseerklärung Nr. 1/11 v. 14. 01. 2011, www.brak.de.
214 GDV-Stellungnahme v. 25. 02. 2011 und 13. 04. 2011; http://www.gdv.de/tag/mediationsgesetz/.
215 BR-Drucks. 60/1/11.
216 BT-Drucks. 60/2/11.
217 BT-Drucks. 60/3/11.
218 BT-Drucks. 60/4/11.
219 BR-Drucks. 60/11 (B); Erläuterung 881 BR v. 18.03.11; vgl. Pressemitteilung Nr. 42/11 des Bundesrats, www.bundesrat.de.
220 BR-Drucks. 60/11.
221 BT-Drucks. 17/5335.
222 BT-Drucks. 17/5496.

am 14. 4. 2011 im Bundestag[223] erörtert und zur weiteren Beratung in den **Rechtsausschuss** überwiesen.

c) **Rechtsausschuss**

Der **Deutsche Richterbund** versuchte, am 23. Mai 2011 mit einer weiteren Stellungnahme[224] auf den Gesetzgebungsprozess u. a. zugunsten der gerichtsinternen Mediation Einfluss zu nehmen. Die **Neue Richtervereinigung** begrüßte den Entwurf und sah dagegen lediglich bei den Anforderungen an die Ausbildung der Mediatoren Nachbesserungsbedarf.[225] Ebenfalls im Mai 2011 legte die **Bundesrechtsanwaltskammer** eine Stellungnahme[226] nebst Formulierungsvorschlag[227] zur Zertifizierung von Mediatoren vor. 66

Die erste öffentliche Anhörung des **Rechtsausschusses**[228] fand am 25. Mai 2011 statt. Streitpunkt war insbesondere die im Entwurf vorgesehene gerichtsinterne Mediation, gegen deren gesetzliche Festlegung starker Widerstand bestand, wogegen man über eine gesetzliche Festlegung der Ausbildungs- und Fortbildungsregelungen für Mediatoren einig war.[229] 67

Mit zwei kurz aufeinander folgenden Presseerklärungen[230] machte die **Neue Richtervereinigung** auf ihre Bestürzung aufmerksam, dass die gerichtsinterne Mediation nicht mehr Gegenstand der gesetzlichen Regelung werden sollte. Die **Justizministerkonferenz** am 9. November 2011 unterstützte den Vorschlag der Länder **Schleswig-Holsteins**, **Niedersachsens**, **Hessens** und **Mecklenburg-Vorpommerns**, dass in dem Gesetz »bei Erhalt der Methodenvielfalt, die richterliche Mediation gesetzlich verankert werden« sollte.[231] **Hamburg** drohte sogar mit der Anrufung des Vermittlungsausschusses, falls das Gesetz die in Hamburg so erfolgreich praktizierte gerichtsnahe Mediation unmöglich machen sollte.[232] 68

---

223 Vgl. Deutscher Bundestag-Textarchiv- 2011, »Ausbildung der Mediatoren bleibt Knackpunkt«, www.bundestag.de.
224 Stellungnahme Nr. 14/11 v. 23. 05. 2011, www.drb.de.
225 Pressemitteilung v. 25. 05. 2011, www.nrv-net.de.
226 Stellungnahme Nr. 32/11 im Mai 2011, www.brak.de.
227 Stellungnahme Nr. 33/11 im Mai 2011; vgl. auch Presseerklärung Nr. 8/11 der BRAK v. 25. 05. 2011, beides www.brak.de.
228 Vgl. Deutscher Bundestag Textarchiv-2011, »Experten uneins über Regelungen der Mediation«, u. a. zu den Sachverständigen, die gehört wurden; Aktuelle Meldung (hib) v. 19. 05. 2011 und 25. 05. 2011; alles unter www.bundestag.de.
229 Vgl. Stellungnahmen der Sachverständigen vor dem Rechtsausschuss, http://www.bundestag.de/bundestag/ausschuesse17/a06/anhoerungen/archiv/10_Mediation/04_Stellungnahmen/index.html.
230 Stellungnahme der Neue Richtervereinigung v. 22. und 29. 11. 2011, www.nrvnet.de.
231 Ministerium für Justiz, Gleichstellung und Integration des Landes Schleswig-Holstein, www.schleswig-holstein.de.
232 Pressemeldungen der Justizbehörde in Hamburg v. 30. 11. 2011, www.hamburg.de/justizbehoerde.

69 Dennoch befürwortete die Mehrheit der Sachverständigen, die gerichtsinterne Mediation in Form des **Güterichtermodells** fortzusetzen oder für die gerichtsinterne Mediation Gebühren zu erheben.[233] Mit **Beschlussempfehlung**[234] vom 1. Dezember 2011 einigten sich die beteiligten Fraktionen im **Rechtsausschuss** auf einen Gesetzesentwurf, der das Ziel haben sollte, die Mediation im Bewusstsein der Bevölkerung und der in der Rechtspflege tätigen Berufsgruppen stärker zu verankern. Gleichzeitig wurde die gerichtsinterne Mediation aus dem Entwurf gestrichen und ein erheblich erweitertes **Güterichterkonzept** beschlossen, das auch auf die Verfahrensordnungen der Arbeits-, Finanz-, Sozial-, Verwaltungs-, Patent- und Markengerichte ausgedehnt wurde.[235]

70 In einer Stellungnahme begrüßt die **Bundesrechtsanwaltskammer** die im Gesetz vorgesehene »Rollenklarheit« der Richter, die nun nicht mehr als Richtermediatoren, sondern allenfalls als Güterichter tätig werden sollen, wohingegen »Mediation ein Verfahren ist, das aufgrund seiner besonderen Anforderungen nur außerhalb des Gerichtes angeboten werden kann«.[236]

d) Bundestag und Bundesrat

71 Am 15. Dezember 2011 beriet der **Bundestag** den Gesetzentwurf[237] der **Bundesregierung** zur Förderung der Mediation in zweiter und dritter Lesung und nahm ihn in der Fassung der Beschlussempfehlung des **Rechtsausschusses**[238] einstimmig an. In einer Pressemitteilung »**Schlichten statt richten**« erklärte die Bundesregierung dazu:

»Mit dem Gesetz trägt die Bundesregierung den neuesten Entwicklungen in der Schlichtungskultur Rechnung. Es soll die Eigenständigkeit der Streitparteien stärken und gleichzeitig helfen, die Gerichte zu entlasten. Die Mediation soll damit als eine wichtige Form der Konfliktbeilegung eine gesetzliche Grundlage erhalten. Das Gesetz beschreibt unter anderem die wesentlichen Aufgaben der Mediatorinnen und Mediatoren und soll deren Neutralität und Unabhängigkeit sichern. Außerdem wird die Vollstreckbarkeit von Vereinbarungen, die in Mediationen getroffen wurden, erleichtert.«[239]

»Die Mediation ermöglicht den Streitenden in einem strukturierten Verfahren, sich mit Unterstützung eines Mediators zu einigen, anstatt sich gleich vor einem Richter zu treffen. Die gesetzliche Verankerung der Mediation hilft, Streitigkeiten eigenverantwortlich zu lösen. Gerichtsverfahren, die viel Zeit, Geld und Nerven kosten, können vermieden werden.

Im Rahmen der Beratungen des Deutschen Bundestages wurde der ursprüngliche Gesetzentwurf weiter verbessert. Die Qualität der Aus- und Fortbildung von Mediatoren wird

---

233 *Carl* ZKM 2012, 16 (17).
234 BT-Drucks. 17/8058 v. 01. 12. 2011.
235 *Carl* ZKM 2012, 16 (18).
236 Stellungnahme Nr. 19/11 v. 01. 12. 2011, www.brak.de.
237 BT-Drucks. 17/5335 und 17/5496.
238 BT-Drucks. 17/8058.
239 Pressemitteilung v. 16. 12. 2011, www.bundesregierung.de.

gesetzlich weiter abgesichert. Die Anforderungen an die Grundkenntnisse und Kernkompetenzen eines »einfachen« Mediators werden präzisiert. Zusätzlich wird die Bezeichnung »zertifizierter Mediator« gesetzlich verankert und das Bundesjustizministerium durch Gesetz ermächtigt, in einer Rechtsverordnung verbindliche Standards für den »zertifizierten Mediator« festzulegen.

Die ursprünglich ebenfalls geplante gesetzliche Verankerung der in zahlreichen Ländern praktizierten richterlichen Mediation wurde im Rahmen der parlamentarischen Beratungen in ein erweitertes Güterichtermodell überführt. Während sich ein Mediator jeder rechtlichen Bewertung zu enthalten hat, darf der Güterichter rechtliche Bewertungen vornehmen und den Parteien eine Lösung des Konfliktes vorschlagen. Dieses Güterichtermodell schafft so eine klare Trennung der unterschiedlichen Rollen von Richtern und Mediatoren. Es ermöglicht den Richtern, die bisher als richterliche Mediatoren tätig waren, die auf diesem Gebiet erworbenen Kenntnisse und Erfahrungen in ihrer Rolle als Güterichter weiterhin gewinnbringend einzusetzen. Die Vertraulichkeit im Güterichtermodell ist geschützt: Die Verhandlung vor dem nicht entscheidungsbefugten Güterichter ist nur mit Zustimmung der Parteien öffentlich; auch ein Verhandlungsprotokoll darf nur mit Zustimmung aller Beteiligten erstellt werden.«[240]

Daneben gab es aber auch kritische Stimmen aus dem **Bundestag**, die in der Abschaffung der **gerichtlichen Mediation** eine Schwächung der Idee der Mediation sehen.[241]

Nach der einstimmigen Verabschiedung des MediationsG[242] im **Bundestag** ging man davon aus, dass auch der Bundesrat am 10. Februar 2012 dem Gesetz zustimmen würde. Überraschenderweise empfahl der **Rechtsausschuss** des Bundesrates,[243] den **Vermittlungsausschuss** gemäß Art. 77 Abs. 2 GG mit dem Ziel einzuberufen, »zur Aufrechterhaltung der Methodenvielfalt außergerichtlicher Konfliktbeilegung (…) die richterliche Mediation in den Prozessordnungen ausdrücklich« zu verankern.[244]

Der **Bundesrat** begrüßte grundsätzlich die Förderung der Mediation durch das MediationsG. Doch sah der **Bundesrat**, dass zur weiteren Etablierung und Inanspruchnahme der Mediation die Verbraucher noch besser über Mediation informiert werden müssten. Zur weiteren Begründung[245] hieß es u. a.:

»Zu der hierfür notwendigen Entwicklung des zutreffenden und zielführenden Methodenverständnisses trägt das inzwischen weit verbreitete Angebot der Gerichtsmediation wie kein anderer Bereich bei. Zudem wäre es nicht verbrauchergerecht, im Falle versäumter oder gescheiterter vorgerichtlicher Streitbeilegung die Gerichtsmediation deshalb zu versagen,

---

240 Pressemitteilung des Bundesministeriums der Justiz v. 15. 12. 2011, www.bmj.de.
241 Erklärung nach § 31 GOBT der Bundestagsabgeordneten Mechthild Dyckmans, Jörg van Essen und Gudrun Kopp, http://www.tenos.de/aktuelles/Erklaerung_ Dyckmans-van-Essen-Kopp_2011–12–15.pdf; zum Streitstand vgl. Carl ZKM 2012, 16, (18 f).
242 Vorlage BR-Drucks. 10/12.
243 Empfehlung der Ausschüsse, BR-Drucks. 10/1/12.
244 Empfehlung der Ausschüsse, BR-Drucks. 10/1/12, S. 1.
245 Anrufung des Vermittlungsausschusses durch den Bundesrat, BR-Drucks. 10/12.

weil der objektiv beste Zeitpunkt der Anwendung des konsensualen Streitlösungsverfahrens versäumt sei.

Die gerichtsinterne Mediation ist in den letzten Jahren zu einem festen Bestandteil einer modernen und bürgernahen Justiz geworden. () Die Gerichtsmediation ist eine wirtschaftliche Art der Streitschlichtung. Ihre Akzeptanz und Verbreitung bedarf der Förderung durch geeignete Maßnahmen. Es fehlt eine gesetzliche Regelung. Diese Vorteile bestehen auch für die mediationsbegleitenden Rechtsanwälte. Gerichtsinterne und außergerichtliche Mediation sind einander ergänzende Konfliktlösungsverfahren. Die gerichtsinterne Mediation trägt erheblich zur zunehmenden Bekanntheit und Akzeptanz der außergerichtlichen Mediation bei und soll dies auch weiterhin tun.

Die Richterschaft hat die Mediation auch begrifflich positiv besetzt und ihr Seriosität verliehen. Diese zugunsten der außergerichtlichen Mediation wirkenden Fördereffekte würden erheblich geschwächt, wenn der Begriff der Mediation für das gerichtliche Streitlösungsverfahren nicht mehr verwendet würde. Soweit gesetzliche Klagefristen bestehen, kann eine außergerichtliche Mediation im Übrigen von vornherein keine Alternative gegenüber der gerichtsinternen Mediation darstellen, weil das Gesetz keine Möglichkeit vorsieht, den Ablauf der Klagefrist durch Einleitung eines außergerichtlichen Mediationsverfahrens zu verhindern. Beispielsweise besteht für die Klage auf Zustimmung zu einem Mieterhöhungsverlangen eine Ausschlussfrist von drei Monaten (§ 558b Abs. 2 S. 2 BGB). Bei Arbeitsverhältnissen besteht für Kündigungsschutzklagen eine Klagefrist von drei Wochen (§ 4 S. 1 des Kündigungsschutzgesetzes). Um in diesen Fällen einen Rechtsverlust zu verhindern, ist zwingend Klage zu erheben. Besonders in diesen Fällen, in denen die Streitsache ohnehin bei Gericht anhängig ist, wäre es nicht angemessen, die Betroffenen von einer bevorzugten richterlichen Mediation abzuschneiden.

Die vom Deutschen Bundestag beschlossene Überführung in ein »erweitertes Güterichterkonzept« wird dem Bedürfnis für eine Fortführung der Angebote gerichtsinterner Mediation nicht gerecht.«[246]

Einige Bundestagsabgeordnete haben dies zum Anlass genommen, bereits zu betonen, dass der Deutsche Bundestag an der einstimmig verabschiedeten Gesetzesfassung festhalten wird.

e) Vermittlungsausschuss

73 Am 27. Juni 2012 erzielte der, auf Verlangen des Bundesrates einberufene **Vermittlungsausschuss**, bestehend aus Vertretern von Bund und Ländern einen Einigungsvorschlag bezüglich der Abänderung des MediationsG.[247] Entscheidend war die vorgeschlagene Änderung bzw. Ergänzung des § 278 Abs. 5 ZPO, § 36 Abs. 5 S. 1 und S. 2 FamFG und § 54 Abs. 6 ArbGG, wodurch die gerichtliche Mediation durch einen **Güterichter** weiterhin möglich sein soll, denn der Streit um die gerichtlichen Mediation war ausschlaggebend für die Einberufung des Vermittlungsausschusses.

---

246 Anrufung des Vermittlungsausschusses durch den Bundesrat, BR-Drucks. 10/12, S. 2, 3.
247 Vgl. BT-Drucks. 17/10102.

Unabhängig davon sollte sich auch nach der Beschlussempfehlung lediglich der außergerichtliche Streitschlichter als »Mediator« bezeichnen können.

Am 28. Juni 2012 nahm der **Deutsche Bundestag** in seiner 187. Sitzung die Beschlussempfehlung des Vermittlungsausschusses[248] zum MediationsG an.[249] Am 29. Juni 2012 beschloss der **Bundesrat** in seiner 898. Sitzung, gegen das am 15. Dezember 2011 und am 28. Juni 2012 verabschiedete MediationsG keinen Einspruch einzulegen.[250]

f) Inkrafttreten

Das Mediationsgesetz (MediationsG) wurde am 21. Juli 2012 als Art. 1 im »Gesetz zur Förderung der Mediation und anderer Verfahren der außergerichtlichen Konfliktbeilegung« ausgefertigt und vom Bundespräsidenten unterzeichnet. Am 25 Juli 2012 wurde das Gesetz im Bundesgesetzblatt verkündet[251] und trat gemäß Art. 9 Gesetz zur Förderung der Mediation und anderer Verfahren der außergerichtlichen Konfliktbeilegung am Folgetag, dem 26. Juli 2012 in Kraft.

g) Änderung des MediationsG

Das MediationsG hat eine für seinen Inhalt unbedeutende Änderung durch Art. 135 Zehnte Zuständigkeitsanpassungsverordnung vom 31 August 2015[252] erfahren. Nunmehr heißt es in § 6 Satz 1 MediationsG »Justiz und für Verbraucherschutz«.

Vollständig zu zitieren ist das MediationsG nunmehr:

»Mediationsgesetz vom 21. Juli 2012 (BGBl. I S. 1577) geändert durch Art. 135 der Verordnung vom 31. August 2015 (BGBl. I S. 1474)«

III. Gesetz zur Förderung der Mediation und anderer Verfahren der außergerichtlichen Konfliktbeilegung – Artikel 2 Änderung der Zivilprozessordnung

Im Rahmen des Artikelgesetzes, dem Gesetz zur Förderung der Mediation und anderer Verfahren der außergerichtlichen Konfliktbeilegung, das in Art. 1 das MediationG enthält, wurde in Art. 2 auch die Zivilprozessordnung geändert. So wurden u.a.
- § 253 Abs. 3 ZPO so gefasst, dass fortan eine Klageschrift Angaben darüber zu enthalten hat, ob vor Klageerhebung der Versuch einer Mediation oder eines anderen Verfahrens der außergerichtlichen Konfliktbeilegung vorausgegangen ist, sowie eine Äußerung dazu, ob einem solchen Verfahren Gründe entgegenstehen;
- § 278 ZPO um den wichtigen Abs. 5 ergänzt, wonach das Gericht die Parteien für die Güteverhandlung sowie für weitere Güteversuche an einen hierfür bestimmten

---

248 BT-Drucks. 17/10102.
249 BR-Drucks. 377/12.
250 BR-Drucks. 377/12 (B).
251 BGBl. I S. 1577.
252 BGBl. I S. 1474.

und nicht entscheidungsbefugten Richter (Güterichter) verweisen kann. Der Güterichter kann dabei alle Methoden der Konfliktbeilegung einschließlich der Mediation einsetzen.

– der § 278a ZPO (Mediation, außergerichtlichen Konfliktbeilegung) eingefügt. Danach kann das Gericht den Parteien eine Mediation oder ein anderes Verfahren der außergerichtlichen Konfliktbeilegung vorschlagen. Sollten die Parteien sich zur Durchführung einer Mediation oder eines anderen Verfahrens der außergerichtlichen Konfliktbeilegung entscheiden, wird das Gericht das Ruhen des Verfahrens anordnen.

79 Der Gesetzgeber verfolgt mit diesen Änderungen der ZPO das Ziel, dass nicht nur außergerichtlich die Mediation und andere außergerichtliche Konfliktbeilegungsverfahren Anwendung finden, sondern auch bei bereits anhängigen Gerichtsverfahren diese Möglichkeit der Konfliktbeilegung für die Parteien besteht. So besteht die Möglichkeit innerhalb des Gerichts die Konfliktlösung vor einem Güterichter, der auch Methoden der Mediation anwenden darf, oder außerhalb des Gerichts im Rahmen einer Mediation oder eines anderen Verfahrens der außergerichtlichen Konfliktbeilegung zu suchen.

IV. Weitere Entwicklungen nach Erlass des MediationsG seit 2012[253]

1. Gesetz zur Umsetzung der Richtlinie über alternative Streitbeilegung in Verbraucherangelegenheiten und zur Durchführung der Verordnung über Online-Streitbeilegung in Verbraucherangelegenheiten 19. Februar 2016

80 Bei dem »Gesetz zur Umsetzung der Richtlinie über alternative Streitbeilegung in Verbraucherangelegenheiten und zur Durchführung der Verordnung über Online-Streitbeilegung in Verbraucherangelegenheiten« vom 19. Februar 2016[254] handelt es sich um ein Artikelgesetzes, mit dem die Richtlinie 2013/11/EU des Europäischen Parlaments und des Rates vom 2. Mai 2013 über die alternative Beilegung verbraucherrechtlicher Streitigkeiten und zur Änderung der Verordnung (EG) Nr. 2006/2004 und der Richtlinie 2009/22/EG (Richtlinie über alternative Streitbeilegung in Verbraucherangelegenheiten)[255] umgesetzt wurde. Wesentlicher Inhalt ist in Art. 1 das »Gesetz über die alternative Streitbeilegung in Verbrauchersachen« (s. Ziffer 3). Die weiteren Art. 2 bis Art. 24 beinhalten dadurch notwendige Änderungen in anderen Gesetzen.

---

253 Es handelt sich um Entwicklungen in Deutschland. Wegen der Entwicklungen auf europäischer Ebene wird auf Teil 7 B. verwiesen.
254 BGBl. I S. 254.
255 Vgl. Teil 7 B. 1. und D.

2. Gesetz über die alternative Streitbeilegung in Verbrauchersachen vom 19. Februar 2016

Das »Gesetz über die alternative Streitbeilegung in Verbrauchersachen (Verbraucherstreitbeilegungsgesetz – VSBG)«[256] erging am 19. Februar 2016. Es wurde als Art. 1 des Gesetzes vom 19. Februar 2016, dem »Gesetz zur Umsetzung der Richtlinie über alternative Streitbeilegung in Verbraucherangelegenheiten und zur Durchführung der Verordnung über Online-Streitbeilegung in Verbraucherangelegenheiten«, vom Bundestag beschlossen und ist gem. Art. 24 Abs. 1 Satz 3 dieses Gesetzes am 1. April 2016 in Kraft getreten. § 40 Abs. 2 bis 5 (die Europäische Plattform zur Online-Streitbeilegung betreffend) und § 42 (Verordnungsermächtigung betreffend) treten gem. Art. 24 Abs. 1 Satz 1 des Gesetzes am 26. Februar 2016 in Kraft. §§ 36 und 37 (die Informationspflichten von Unternehmern betreffend) treten gem. Art. 24 Abs. 1 Satz 2 dieses G am 1. Februar 2017 in Kraft. 81

Im Einzelnen vgl. Teil 3. 82

3. Verordnung über die Aus- und Fortbildung von zertifizierten Mediatoren 21. August 2016

Am 21. August 2016 wurde die »Verordnung über die Aus- und Fortbildung von zertifizierten Mediatoren«[257] (Zertifizierte-Mediatoren-Ausbildungsverordnung – ZMediatAusbV) erlassen. Der Verordnungsgeber, das Bundesministerium der Justiz (nunmehr: Bundesministerium der Justiz und für Verbraucherschutz) hat sich mit der Verabschiedung dieses Gesetzes, das seine Grundlage in der Ermächtigungsnorm des § 6 MediationsG hat, viel Zeit gelassen. Die Verordnung ist erst am 1. September 2017 in Kraft getreten. 83

Wesentlicher Inhalt der Verordnung ist die Regelung der Ausbildung zum zertifizierten Mediator, die Fortbildung des zertifizierten Mediators sowie die Anforderung an die Einrichtungen zur Aus- und Fortbildung des zertifizierten Mediators (§ 1 ZMediatAusbV). 84

Im Einzelnen vgl. Teil 2. 85

4. Bericht der Bundesregierung über die Auswirkung des Mediationsgesetzes auf die Entwicklung der Mediation in Deutschland und über die Situation der Aus- und Fortbildung der Mediatoren vom Juli 2017

Dem »Bericht der Bundesregierung über die Auswirkung des Mediationsgesetzes auf die Entwicklung der Mediation in Deutschland und über die Situation der Aus- und Fortbildung der Mediatoren« vom Juli 2017[258] liegt die »Rechtstatsächliche Unter- 86

---

256 BGBl. I S. 254, 1039.
257 BGBl I S. 1994.
258 Abrufbar über die Webseite https://www.bmjv.de des Ministeriums der Justiz und für Verbraucherschutz; https://www.bmjv.de/SharedDocs/Downloads/DE/Service/Studien-UntersuchungenFachbuecher/Evaluationsbericht_Mediationsgesetz.pdf?__blob=publicationFile&v=1 (Datum des Zugriffs: 17.01.2020).

suchung im Auftrag des Ministeriums der Justiz und für Verbraucherschutz« vom 14.06.2017[259] (Evaluationsbericht 2017) zugrunde. Anlass für den Evaluationsbericht Mediation 2017 ist der Auftrag in § 8 Abs. 1 MediationsG an die Bundesregierung, die danach bis zum 26 Juli 2017 »auch unter Berücksichtigung der kostenrechtlichen Länderöffnungsklauseln, über die Auswirkungen des (Mediations-) Gesetzes auf die Entwicklung der Mediation in Deutschland und über die Situation der Aus- und Fortbildung der Mediatoren« zu berichten hat. In diesem »Bericht insbesondere zu untersuchen und zu bewerten, ob aus Gründen der Qualitätssicherung und des Verbraucherschutzes weitere gesetzgeberische Maßnahmen auf dem Gebiet der Aus- und Fortbildung von Mediatoren notwendig sind.«

87 Mit diesem Bericht legt die Bundesregierung nach eigener Einschätzung »die erste flächendeckende empirische Untersuchung über die Nutzung von Mediation in Deutschland«. Der Bericht zeigt, dass »Mediation als alternatives Instrument der Konfliktbeilegung in Deutschland einen festen Platz in der Streitbeilegungslandschaft einnimmt, allerdings noch nicht in einem Maße genutzt wird, wie es wünschenswert wäre.« Das Potenzial der Mediation sei noch nicht entfaltet, so der Evaluationsbericht 2017 weiter[260]. Zum weiteren Inhalt sei verwiesen auf die Kommentierung zu § 8 MediationsG Rdn. 27 ff.

V. Ausblick

88 Wohin sich die Mediation und die weiteren Verfahren zur alternativen Konfliktlösung in der Zukunft entwickeln werden, kann nur gemutmaßt werden. Allerdings werden auf uns in allen gesellschaftlichen Bereichen weitere notwendigen und unabwendbaren Änderungen in der Wirtschaft, umschrieben mit »Industrie 4.0« oder »Wirtschaft 4.0«, durch die Digitalisierung und die weitere Globalisierung und nicht zuletzt durch den Klimaschutz zukommen. Dazu kommen Veränderungen durch zunehmende Migration und die Sorge um den Erhalt unserer Lebensgrundlagen, die ökologischen Gefährdungen ausgesetzt sind. Einen großen Einfuß werden die heute noch nicht absehbaren Folgen der Anfang des Jahres 2020 weltweit aufgetretenen Coronakrise (COVID-19-Virus) auf unser zukünftiges privates, öffentliches und wirtschaftliches Leben haben. Diese Veränderung, hin zur »next Society«, also der modernen Gesellschaft, wird nicht frei von Konflikten zu erreichen sein. Hier wird man, um den Zusammenhalt der Gesellschaft nicht zu gefährden, geradezu gezwungen sein, einen großen Teil dieser Konflikte durch alternative Konfliktlösungsverfahren, Mediation, Partizipationsverfahren u.a. im Vorhinein zu vermeiden. Denn gerichtliche Verfahren sind schon allein wegen ihres fehlenden konsensualen Charakters, aber auch wegen ihrer Schwerfälligkeit und Dauer dazu weit weniger geeignet. Damit liegt gerade in der Zukunft eine große Chance für die Mediation und sonstige alternativen Konfliktlösungsverfahren. Dies wird der Gesetzgeber zunehmend erkennen und dafür einen noch umfangreicheren rechtlichen Rahmen schaffen müssen.

---

259 Vgl. Fn. 259.
260 Vgl. Fn. 259.

C. Artikel 1 Mediationsgesetz – Kommentierung

Einführung

Der Gesetzentwurf der Bundesregierung vom 01. 04. 2011,[1] der im Wesentlichen auf den zuvor veröffentlichten Referentenentwurf vom 04. 08. 2010 zurückgeht, hatte einen vielstimmigen Chor ausgelöst, der von grundsätzlicher Zustimmung bis differenzierter Ablehnung reichte.[2] In Anbetracht jahrelanger Debatten und umfassender Veröffentlichungen einerseits als auch der mit Mediation und ADR verbundenen wirtschaftlichen Interessen von Ausbildungsinstituten und Anwaltschaft andererseits verwunderte das nicht. Im Gesetzgebungsprozess hat der Rechtsausschuss insbesondere die Kritik von Anwaltseite aufgegriffen. Durch die von ihm initiierten Modifikationen hat das Gesetz nicht unerhebliche Änderung erfahren,[3] die sodann durch Beschluss des Vermittlungsausschusses noch einmal korrigiert wurden.[4] Die gerichtliche Mediation ging in einem – neu eingeführten – erheblich erweiterten Institut des Güterichters auf und die Anforderungen an Aus- und Fortbildung wurden ebenfalls gesetzlich geregelt und zwischenzeitlich durch die Verordnung über die Aus- und Fortbildung von zertifizierten Mediatoren vom 21. August 2016 umgesetzt.

1

Kernstück des als Artikelgesetz ausgestalteten Mediationsförderungsgesetzes ist das in Artikel 1 geregelte Mediationsgesetz, das sich mit seinen neun Vorschriften im Anwendungsbereich als umfassend, in der Regelungsdichte gleichwohl als schlank präsentiert[5] und das im parlamentarischen Prozess die oben angesprochenen Änderungen erfahren hat: Neben Legaldefinitionen im erheblich abgespeckten § 1 MediationsG enthält es einen umfangreichen Pflichtenkatalog für Mediatoren (vgl. §§ 2 bis 5 MediationsG), wovon die Tätigkeitsbeschränkungen wie auch die Verschwiegenheitspflicht in eigenen Vorschriften umfassend normiert sind (§§ 3, 4 MediationsG). Zudem erstrecken sich die Regelungen auf Aus- und Fortbildung (§§ 5, 6 MediationsG) wie auch auf wissenschaftliche Forschungsvorhaben zur finanziellen Förderung der Mediation (§ 7 MediationsG), eine zwischenzeitlich erfolgte Evaluation (§ 8 MediationsG) und auf Übergangsbestimmungen, die im Zusammenhang mit der gerichtlichen Mediation Bedeutung erlangten (§ 9 MediationsG). Die Änderung, die das Mediationsgesetz durch Art. 135 Zehnte ZuständigkeitsanpassungsVO vom 31.08.2015 (BGBl. I S. 1474) erfahren hat, betrifft lediglich die Neubezeichnung des Bundesministeriums der Justiz und für Verbraucherschutz in § 6 MediationsG.

2

Daneben wird in den weiteren acht Artikeln des Mediationsförderungsgesetzes eine Reihe von bestehenden Gesetzen geändert, beginnend mit der Zivilprozessordnung bis hin zu den fachgerichtlichen Verfahrensordnungen. Sie betreffen im Wesentlichen das

3

---

1 BT-Drucks. 17/5335.
2 Vgl. hierzu umfassend m.w.N. Einleitung Rdn. 60 ff; ferner *Ahrens* NJW 2012, 2465.
3 *Ortloff* NJW 2012, Heft 3 Editorial, *Göcken* NJW-aktuell, 52/2011, 16.
4 BT-Drucks. 17/10102.
5 *Wagner* ZKM 2010, 172 ff.; *Duve* ZKM 2012, 108.

erheblich erweiterte Institut des Güterichters sowie das Umfeld gerichtlicher Empfehlungen und Beschlüsse zur außergerichtlichen Streitbeilegung.

Die Änderung des Gerichtskostengesetzes enthält in Artikel 7 Nr. 1, ähnlich wie Artikel 7b, eine kostenrechtlichen Länderöffnungsklausel, von der allerdings bislang noch kein Gebrauch gemacht wurde. Die weitere Änderung in Artikel 7 Nr. 2 ist ausschließlich redaktioneller Art, dient der Korrektur eines Fehlers, der sich durch Art. 12 Nr. 6 Buchst. b des Gesetzes vom 22. Dezember 2010 (BGBl. I S. 2248) ergeben hatte und steht daher in keinem Zusammenhang mit dem Mediationsförderungsgesetz.

§ 1 Begriffsbestimmungen

(1) Mediation ist ein vertrauliches und strukturiertes Verfahren, bei dem Parteien mithilfe eines oder mehrerer Mediatoren freiwillig und eigenverantwortlich eine einvernehmliche Beilegung ihres Konflikts anstreben.

(2) Ein Mediator ist eine unabhängige und neutrale Person ohne Entscheidungsbefugnis, die die Parteien durch die Mediation führt.

Übersicht	Rdn.
I. Regelungsgegenstand und Zweck	1
1. Systematischer Zusammenhang	1
2. Europäische Mediationsrichtlinie	3
II. Grundsätze/Einzelheiten	4
1. Legaldefinition der Mediation (Absatz 1)	4
a) Verfahrensstrukturen	9
aa) Parteibegriff	9
bb) »Strukturiertes« Verfahren	12
cc) Einvernehmliche Konfliktbeilegung	15
b) Verfahrensprinzipien	16
aa) Vertraulichkeit	16
bb) Freiwilligkeit	19
cc) Eigenverantwortlichkeit	22
dd) Informiertheit	23
c) Rechtlicher Rahmen	26
2. Co-Mediation (Absatz 1)	30
3. Legaldefinition des Mediators (Absatz 2)	33
a) Unabhängigkeit	34
b) Neutralität	38
c) Fehlende Entscheidungsmacht	43
d) »Führen« der Parteien	45
e) Grundberufe	48
f) Zertifizierter Mediator gem. § 5 Abs. 2 MediationsG	50
III. Hinweise für die Praxis	51
1. Mustertexte für Mediationsklauseln	51
2. Mediatorenvertrag	54
3. Mustertext für (separate) Honorarvereinbarung	55

I. Regelungsgegenstand und Zweck

1. Systematischer Zusammenhang

Die Vorschrift hat im Laufe des Gesetzgebungsprozesses einschneidende Veränderungen erfahren. Sowohl der Referentenentwurf[1] wie auch der Gesetzentwurf der Bundesregierung[2] differenzierten noch zwischen außergerichtlicher, gerichtsnaher und gerichtsinterner Mediation und grenzten diese gegeneinander ab; von daher erklärt sich auch die Bezeichnung der Norm als »Begriffsbestimmungen«. Auf Vorschlag des Rechtsausschusses findet sich im Gesetz nur noch ein einheitlicher Mediationsbegriff, der in Absatz 1 definiert wird. Absatz 2 enthält eine Legaldefinition des Begriffs des Mediators, die durch den Begriff des »zertifizierten Mediators gem. § 5 Abs. 2 MediationsG« und für die Übergangsphase des § 9 MediationsG durch den im Vermittlungsausschuss (wiederum) eingeführten Begriff des »gerichtlichen Mediators«[3] zu ergänzen ist bzw. war. Allerdings schweigt das Gesetz, was die Unterscheidung zwischen einem Mediator und einem zertifizierten Mediator auf der Rechtsfolgenseite anbelangt und ist daher nur als eine Begriffsbestimmung, hingegen nicht als eine Verbotsnorm zu erachten: Die **Bezeichnung** »Mediator« ist auch nach dem MediationsG **nicht geschützt** und es bestehen keine Zulassungsvoraussetzungen für die Ausübung der Tätigkeit.[4] Wird den Ausbildungsanforderungen (vgl. § 5 MediationsG) nicht entsprochen, dann löst dies keine Verwaltungs- oder Strafsanktionen aus, kann vielmehr nur durch die Vertragsparteien (Anfechtung des Mediatorenvertrages, ggf. Schadensersatzansprüche) oder durch Mitbewerber/Interessensverbände (Unterlassungsansprüche wegen unlauteren Wettbewerbs) geahndet werden.

An die Begriffsbestimmungen in den Absätzen 1 und 2 sind, wie sich aus den weiteren Normen des Mediationsförderungsgesetzes ergibt, konkrete Folgen geknüpft:[5] So können in ein **Mediationsverfahren** beispielsweise Dritte einbezogen (§ 2 Abs. 4 MediationsG) oder es kann im Rahmen des Güterichterkonzepts angewendet werden (vgl. § 278 Abs. 5 ZPO). Den Terminus »**Mediator**« rechtlich klar zu definieren war u. a. erforderlich im Hinblick auf die Verfahrensobliegenheiten nach § 2 Abs. 2, 6 MediationsG und die Verschwiegenheitspflicht nach § 4 MediationsG.

2. Europäische Mediationsrichtlinie

Die Vorschrift des § 1 MediationsG entspricht im Wesentlichen dem **Art. 3 EUMed-RL**, der allerdings auch noch die Mediation durch einen Richter vorsieht, der nicht für ein Gerichtsverfahren in der betreffenden Sache zuständig ist. Die Legaldefinition des Mediators in Art. 3 b EUMed-RL umfasst neben der Unparteilichkeit zudem die Merkmale »wirksam« und »sachkundig«.

---

1 http://www.centrale-fuer-mediation.de/media/RefE_Mediationsgesetz_20100803.pdf.
2 BT-Drucks. 17/5335.
3 BT-Drucks. 17/10102.
4 *Leutheusser-Schnarrenberger* ZKM 2012, 72 ff. (73).
5 Begr. BT-Drucks. 17/5335, B., Zu Artikel 1, Zu § 1.

II. Grundsätze/Einzelheiten

1. Legaldefinition der Mediation (Absatz 1)

4 Das Gesetz geht von einem **umfassenden Mediationsbegriff** aus, der sich an die Legaldefinition in Art. 3 EUMed-RL anlehnt. Unter den Begriff der Mediation nach Absatz 1 sind zunächst alle Bemühungen von Konfliktparteien zu subsumieren, in einem vertraulichen und strukturierten Verfahren mithilfe eines neutralen Dritten freiwillig und eigenverantwortlich eine einvernehmlich Konfliktlösung anzustreben.

5 Dies betrifft in erster Linie Konflikte, die unabhängig von der Frage einer etwaigen gerichtlichen Klärung zwischen den Parteien bestehen und (nahezu)[6] **alle Lebenssachverhalte** betreffen können, angefangen mit
- Auseinandersetzungen zwischen natürlichen Personen/juristischen Personen des Privatrechts über
- Auseinandersetzungen zwischen natürlichen Personen/juristischen Personen des Privatrechts und juristischen Personen des öffentlichen Rechts (Trägern hoheitlicher Gewalt)[7] bis hin zu
- Auseinandersetzungen zwischen juristischen Personen des öffentlichen Rechts (Trägern hoheitlicher Gewalt).[8]

6 Es spielt keine Rolle, ob es sich um eine nationale oder um eine grenzüberschreitende Streitigkeit handelt. Die **Weite des Begriffs** der Mediation korrespondiert mit dem Ziel des Gesetzgebers, gerade die außergerichtliche Konfliktbeilegung im Bewusstsein der Bevölkerung wie auch der in der Rechtspflege tätigen Berufsgruppen stärker zu verankern und die Streitkultur nachhaltig zu stärken.[9] Soweit es sich um den so beschriebenen Bereich außergerichtlicher Konflikte handelt, wurde hierfür bislang die Bezeichnung der **außergerichtlichen Mediation** verwandt, während nach Wegfall der Bezeichnung »gerichtliche Mediation« zukünftig nur noch von »Mediation« die Rede sein soll.[10]

7 Aber auch wenn ein Konflikt bereits bei einem Gericht anhängig gemacht wurde, ist eine Konfliktlösung im Rahmen einer Mediation (noch) möglich, wobei grundsätzlich alle Rechtsgebiete und alle Gerichtsbarkeiten in Betracht kommen. Grundsätzlich insoweit, als Einigungen im Rahmen einer Mediation in bestimmten Bereichen (so z. B. in Teilen des Familienrechts) nicht in Betracht kommen und auch im Bereich der

---

6 »Nahezu« deshalb, weil im Hinblick auf bestimmte Institute (z.B. Ehescheidung, Adoption) wie auch aus Gründen des ordre public Mediationen ausgeschlossen sein können.
7 Vgl. zur Mediation im Verwaltungsverfahren *von Bargen* ZUR 2012, 463 ff.
8 Mediation findet auch statt zwischen Völkerrechtssubjekten; vgl. hierzu *Hehn*, Entwicklung und Stand der Mediation – ein historischer Überblick, S. 175 ff. (179 f.), ferner *Herrberg* konflikt Dynamik 2012, 46 ff., *Mickley* ZKM 2007, 36 ff; *Quitsch* Spektrum der Mediation 76/2019, 32 ff.
9 Begr. BT-Drucks. 17/5335, A., II., IV. 3.
10 Vgl. Kommentierung zu § 9 MediationsG, Rdn. 8.

Strafgerichtsbarkeit Mediationen[11] ausgeschlossen sind. Dementsprechend können die Gerichte den Parteien eine Mediation (oder ein anderes Verfahren der außergerichtlichen Konfliktlösung) vorschlagen, wenn es sich um einen hierfür **geeigneten** Fall handelt (vgl. § 278a Abs. 1 ZPO, § 36a Abs. 1 FamFG, § 54a Abs. 1 ArbGG, § 202 Satz 1 SGG, § 173 Satz 1 VwGO, § 155 FGO). Entscheiden sich die Parteien hierzu, so ordnet das Gericht das Ruhen des Verfahrens an. Aber auch die Parteien selbst können – ohne Vorschlag des Gerichts – übereinstimmend um ein Ruhen des Verfahrens nachsuchen, um eine außergerichtliche Streitbeilegung durchzuführen. Kommt es zu einer Mediation außerhalb des gerichtlichen Verfahrens, so ist hierfür der Begriff der **gerichtsnahen Mediation** einschlägig.

Nur noch in der Übergangsphase des § 9 MediationsG war das zulässig, was bis dahin als **gerichtsinterne Mediation**[12] bezeichnet wurde:[13] Der Versuch der Streitbeilegung durch einen besonders ausgebildeten und nicht entscheidungsbefugten Richter während eines Gerichtsverfahrens und ausschließlich im Wege der Mediation, wobei der gerichtliche (oder richterliche) Mediator in die Organisationsstruktur des jeweiligen Gerichts eingebunden war.[14] An die Stelle der gerichtsinternen Mediation in der früheren Form ist – von der o.g. Übergangsphase abgesehen – **nunmehr** das **erheblich erweiterte Institut des Güterichters** getreten (vgl. § 278 Abs. 5 ZPO), welches dem Güterichter zwar die Freiheit der Methodenwahl einräumt (z. B. Moderation, richterliches Vergleichsgespräch, Konfliktcoaching, Schlichtung, Mediation etc.), ihm jedoch zugleich die Last aufbürdet, zwischen den einzelnen Verfahren und ihrer unterschiedlichen Anwendung streng zu differenzieren: **Methodenfreiheit verlangt Methodenklarheit**; dementsprechend wird es beispielsweise in einem Mediationsverfahren (bislang) als nicht zulässig erachtet, dass der Mediator den Konfliktparteien einen eigenen Lösungsvorschlag unterbreitet. Allerdings ist es denkbar, dass der Güterichter den Konfliktparteien bzgl. der von ihnen noch nicht gelösten Fragen die Durchführung eines anderen Verfahrens vorschlägt.[15]

8

---

11 Der Täter-Opfer-Ausgleich weist zwar eine gewisse Nähe zur Mediation auf, betrifft aber den staatlichen Strafanspruch insoweit nur mittelbar, als das Gericht gem. § 46a StGB die Strafe mildern oder von ihr absehen kann. Eine Mediation über die Strafe oder das strafgerichtliche Verfahren als solches kommt nicht in Betracht; vgl. jedoch zum Deal im Strafprozess § 257c StPO. Zur Thematik auch *Eisele*, Strafrecht und Strafprozess, S. 781 ff. (808 ff.), ferner die Ausführungen bei Teil 5 I.
12 Vgl. zur Terminologie die Kommentierung zu § 9 MediationsG, Rdn. 8.
13 Umfassend hierzu *Gläßer/Schroeter* (Hrsg.), Gerichtliche Mediation; *von Bargen*, Gerichtsinterne Mediation.
14 Zu den Besonderheiten der gerichtlichen Mediation und den zu beachtenden Formalien vgl. die Kommentierung zu § 9 MediationsG, Rdn. 11 ff.
15 Umfassend hierzu *Fritz/Schroeder* NJW 2014, 1910 ff (1914).

a) Verfahrensstrukturen

aa) Parteibegriff

9 Der **Parteibegriff**, den die Legaldefinition des Absatzes 1 verwendet, ist **untechnisch** zu verstehen und umfasst natürliche Personen, juristische Personen des Privatrechts[16] wie des öffentlichen Rechts[17] als auch Vereinigungen.[18] Juristische Personen wie auch Vereinigungen werden dabei im Mediationsverfahren durch natürliche Personen repräsentiert; für sie wird auch der Begriff der »**Medianden**« verwendet. Steht die Mediation im Zusammenhang mit einem gerichtlichen Verfahren, so umfasst der Parteibegriff beispielsweise auch die »Beteiligten« des verwaltungsgerichtlichen oder familienrechtlichen Streitverfahrens.

10 Die Legaldefinition lässt die **Anzahl** der Parteien offen, die an einem Mediationsverfahren teilnehmen: Abhängig vom jeweiligen Konfliktfall können dies u. U. nur zwei, ggf. aber auch mehrere Personen sein, sog. Mehrparteienmediation.

11 Nicht unter den Parteibegriff des § 1 Abs. 1 MediationsG fallen sog. **Dritte** im Sinne von § 2 Abs. 4 MediationsG: Damit sind in erster Linie Parteivertreter, insbesondere Rechtsanwälte, gemeint, ferner (weitere) Personen die ebenfalls in den Konflikt involviert sind oder beispielsweise als Sachverständige zur Konfliktlösung hinzugezogen werden.

bb) »Strukturiertes« Verfahren

12 Der Ablauf eines Mediationsverfahrens folgt bestimmten Regeln, für die sich der Begriff des Stufen- bzw. des »**Phasenmodells**« etabliert hat:[19] Je nach Ausbildungsschule bzw. -institut werden dabei zwischen vier und acht Phasen/Stufen unterschieden.[20]

13 Eine einheitliche und umfassende Struktur lässt sich allerdings nur schwer darstellen. **Mediation** ist keine monolithische Methode im Sinne von »*one size fits all*«, sondern **variiert nach Einsatzfeld:**[21] Dementsprechend werden Mediationen mit wenigen Medianden im Bereich des Familienrechts zum Teil anderen Regeln folgen als Mediationen

---

16 Z.B. Aktiengesellschaft, GmbH, rechtsfähige Genossenschaft, eingetragener Verein.
17 Z.B. Bund, Länder, Gemeinden und Gemeindeverbände, Landkreise, ferner rechtsfähige Körperschaften wie Universitäten, Berufskammern (z. B. Handwerkskammer, IHK, Rechtsanwaltskammer etc.) und – soweit körperschaftliche verfasst – Kirchen.
18 Anders als im Verwaltungsprozess, der gem. § 61 Nr. 2 VwGO den Begriff der Vereinigungen kennt, »soweit ihnen ein Recht zustehen kann«, ist dieser Zusatz für das Mediationsverfahren nicht zu verlangen. Unter Vereinigungen können daher nicht rechtsfähige Vereine ebenso wie BGB-Gesellschaften fallen, aber auch beispielsweise Elternbeiräte, Bewohner eines Studentenwohnheims oder auch Fachschaften, soweit sich diese durch ein Mindestmaß an Organisation auszeichnen.
19 *Kessen/Troja*, Die Phasen und Schritte der Mediation als Kommunikationsprozess, S. 293 ff.
20 Vgl. hierzu umfassend die Darstellung in Teil 5, B. II.
21 *Wagner* ZKM 2010, 172 ff. (175).

mit einer großen Zahl von Konfliktbeteiligten im Bereich des Wirtschaftsrechts,[22] in einer Kurz-Zeit-Mediation[23] werden andere Schwerpunkte gesetzt und Methoden angewendet als in einer herkömmlichen Langzeitmediation. Es kommt hinzu, dass es sich bei der Mediation um ein Verfahren handelt, das – wie der Gesetzgeber zutreffend betont[24] – noch stark in der Entwicklung begriffen ist.

Unterzieht man den Begriff des »strukturierten Verfahrens« einer systematischen Betrachtungsweise, so lassen sich aus den Regelungen der §§ 2 bis 4 MediationsG **weitere Merkmale** herausfiltern, zu denen beispielsweise Informations- und Hinweispflichten zu rechnen sind. 14

cc) Einvernehmliche Konfliktbeilegung

Die einvernehmliche Konfliktbeilegung durch die Konfliktparteien selbst ist **das zentrale Merkmal**, dass die Mediation von den Streitbeilegungsmethoden unterscheidet, in denen ein Dritter für die Parteien eine Lösung herbeiführt, sei es als Schiedsrichter oder als (staatlicher) Richter. Es korrespondiert mit der fehlenden Entscheidungskompetenz des Mediators, dessen Aufgabe es (lediglich) ist, die Parteien durch das Verfahren zu führen und dabei zu unterstützen, ihre eigenen Interessen herauszufinden und wechselseitig anzuerkennen, allseits vorteilhafte Einigungsoptionen zu entwickeln und darauf aufbauend eine gemeinsame, von allen mitgetragene Vereinbarung zur dauerhaften Konfliktlösung zu finden.[25] 15

b) Verfahrensprinzipien

aa) Vertraulichkeit

Im Schrifttum ist es einhellig anerkannt, dass Vertraulichkeit für den Erfolg einer Mediation wesentlich ist;[26] dementsprechend stellt auch die Gesetzesbegründung hierauf ab:[27] Nur im vertraulichen Rahmen einer Mediation werden die Konfliktparteien bereit sein, ihre regelungsbedürftigen Interessen und die hierfür wesentlichen Informationen sich wechselseitig und offen mitzuteilen. Die Vertraulichkeit bildet einen **geschützten Rahmen**, innerhalb dessen die Konfliktparteien zu gemeinsamen Überzeugungen gelangen können, die die notwendige Grundlage für eine von allen als gerecht empfundenen Lösung darstellt.[28] 16

Als Ausfluss der Eigenverantwortlichkeit und Freiwilligkeit der Parteien ist es anzusehen, wenn diese vom Grundsatz der Vertraulichkeit abrücken und vereinbaren, vom 17

---

22 Vgl. hierzu umfassend die Darstellung in Teil 5, G.
23 *Krabbe/Fritz* ZKM 2010, 136 ff., 176 ff.; vgl. zudem umfassend die Darstellung in Teil 5, D.
24 Begr. BT-Drucks. 17/5335, A., II.
25 Begr. BT-Drucks. 17/5335, B., Zu Artikel 1, Zu § 1.
26 *Kracht*, Rolle und Aufgabe des Mediators – Prinzipien der Mediation, S. 267 ff. (289).
27 Begr. BT-Drucks. 17/5335, B., Zu Artikel 1, Zu § 1.
28 Vgl. hierzu auch die Darstellung unter Methodik in Teil 5, B. II.

Konflikt ebenfalls betroffene Dritte oder Personen mit besonderem Sachverstand zu dem Mediationsgespräch hinzuzuziehen.

18 Das Verfahrensprinzip der Vertraulichkeit ist von Gesetzes wegen nur bedingt geschützt: Was den Mediator und seine Hilfspersonen anbelangt, so unterliegen sie gem. § 4 MediationsG einer Verschwiegenheitspflicht.[29] Diese erstreckt sich jedoch nicht auf die miteinander verhandelnden Konfliktparteien, ihre Anwälte und etwaige zum Verfahren hinzugezogene Dritte. Der Schutz der Vertraulichkeit muss insoweit durch Parteivereinbarung und Verschwiegenheitsverpflichtungen gesichert werden.[30]

bb) Freiwilligkeit

19 Das Prinzip der Freiwilligkeit bedeutet, dass die Konfliktparteien **selbst und ohne äußeren Zwang** entscheiden, ob sie eine Mediation durchführen wollen oder nicht.[31]

20 Gem. § 2 Abs. 2 MediationsG hat sich der Mediator zu vergewissern, dass die Medianden freiwillig an der Mediation teilnehmen. **Ratio legis** dieses Tatbestandsmerkmals ist es, zwischen den Konfliktbeteiligten eine möglichst offene Verhandlungsatmosphäre zu schaffen, die ihnen eine Verhandlung ohne jeglichen äußeren Druck ermöglicht. **Ausfluss der Freiwilligkeit** ist zudem, dass jede Partei ohne Nachteile jederzeit aus dem Mediationsverfahren wieder ausscheiden kann.[32]

21 Eine bereits bei Vertragsschluss vereinbarte **Mediationsklausel**,[33] im Konfliktfall vor Anrufung eines Gerichts zunächst den Versuch einer gütlichen Einigung im Wege der Mediation unternehmen zu wollen, steht dem Prinzip der Freiwilligkeit nicht entgegen; zum Zeitpunkt der Vereinbarung, mithin bei Vertragsschluss, bestand jedenfalls Freiwilligkeit.[34] Ob sich eine Mediationsklausel jedoch in der Sache – eben wegen des Prinzips der Freiwilligkeit – (gerichtlich) durchsetzen lässt, wenn ein Konfliktbeteiligter letztlich nur pro forma an einem Mediationsgespräch teilnimmt, ohne ernsthaft an

---

29 Vgl. Kommentierung zu § 4 MediationsG, Rdn. 9 ff., 17 ff.
30 Vgl. umfassend die Kommentierung zu § 4 MediationsG, Rdn. 23.
31 *Kracht*, Rolle und Aufgabe des Mediators – Prinzipien der Mediation, S. 267 ff. (289); vgl. ferner auch die Darstellung in Teil 5, B. II.
32 *Kracht*, Rolle und Aufgabe des Mediators – Prinzipien der Mediation, S. 267 ff. (284); bei innerbetrieblichen Konflikten vgl. *Niedostadek* ZKM 2014, 55; *Klowait/Gläßer*, Mediationsgesetz, 2. Aufl., § 1 MediationsG, Rn. 14.
33 Umfassend hierzu: Unberath, NJW 2011, 1320 ff. (1321); *ders.*, ZKM 2012, 12 ff. (13 f.); *Duve/Eidenmüller/Hacke*, S. 316 f.
34 Davon zu unterscheiden ist die Frage, ob bei Vorliegen einer »Mediationsklausel mit vorläufigem Klageverzicht« einer gleichwohl erhobenen Klage das fehlende Rechtsschutzbedürfnis entgegensteht (verneinend LG Heilbronn, U. v. 10. 09. 2010, ZKM 2011, 29). Mit der Rechtsprechung des BGH zum dilatorischen Klageverzicht (U. v. 23. 11. 1983, NJW 1984, 669 – Schlichtungsklausel –; U. v. 18. 11. 1998, NJW 1999, 647) ist von der Rechtswirksamkeit derartiger Klauseln auszugehen; ausführlich, auch zur AGB-Kontrolle: *Wagner* ZKM 2011, 29 f.; *Unberath* NJW 2011, 1320 ff. (1323).

einer konsensualen Lösung interessiert zu sein, hängt von den jeweiligen Umständen des Einzelfalles ab.[35]

cc) Eigenverantwortlichkeit

Die Autonomie bzw. Eigenverantwortlichkeit der Parteien umfasst alle Absprachen und Maßnahmen, die vor, während und ggf. nach der Mediation von den Parteien getroffen werden und bezieht sich insbesondere auf den Inhalt der zur Beilegung des Konflikts zu treffenden Vereinbarung.[36] 22

dd) Informiertheit

Der Grundsatz der Informiertheit geht davon aus, dass eine konfliktangemessene und nachhaltige Lösung nur möglich ist, wenn die Konfliktparteien sich über den **tatsächlichen und** insbesondere auch **rechtlichen Rahmen**, innerhalb dessen sie sich bewegen, im Klaren sind.[37] 23

Nicht unumstritten ist, wer dafür zu sorgen hat, dass die Parteien hinreichend informiert sind. Soweit dies – in allgemeiner Form – durch den Mediator geschieht, werden zum einem die Grenzen des RDG zu beachten sein; bei einem Anwaltmediator dürfte dies allerdings unproblematisch sein. Zum anderen verpflichtet das Gesetz den Mediator zur Neutralität (vgl. § 1 Abs. 2 MediationsG): Die Aufklärung über rechtliche wie tatsächliche Umstände kann sich für die Konfliktbeteiligten als janusköpfig erweisen. Ein möglicher Vorteil eines Konfliktbeteiligten kann mit einem denkbaren Nachteil des anderen Konfliktbeteiligten korrespondieren, sodass die Information hierüber durch den Mediator als Verletzung seiner Neutralität empfunden werden kann. Es gilt daher, sensibel und parteiangemessen mit dem Thema umzugehen, jedenfalls dann, solange keine unabdingbaren gesetzlichen Vorschriften wie beispielsweise strafrechtlich bewehrte Normen oder auch unabdingbare Formvorschriften wie notarielle Beurkundungen[38] zu beachten sind. 24

---

35 Zutreffend weist *Wagner* (ZKM 2011, 29) darauf hin, aus dem Umstand, dass kein Zwang zur Einigung in der Sache bestehe, lasse sich nicht herleiten, dass bereits ein Versuch zur Einigung sinn- und gegenstandslos sei. Vertragsparteien gehe es bei Vertragsabschluss vielmehr darum, für einen möglichen Konfliktfall über eine weitere Handlungsoption zu verfügen, die dann auch – mit offenem Ausgang – genutzt werden müsse.
36 Umfassend zum Streit zwischen der Lehre von der passiven und der aktiven Mediation und mithin zur Rolle des Mediators im Verfahren *Kracht*, Rolle und Aufgabe des Mediators – Prinzipien der Mediation, S. 267 ff. (286); vgl. hierzu auch die Darstellung unter Teil 5, B. II.
37 Vgl. hierzu auch die Darstellung unter Teil 5, B. II.
38 Notarielle Beurkundung ist beispielsweise gesetzlich vorgeschrieben für den Grundstückskaufvertrag (§ 311b Abs. 1 BGB), das Schenkungsversprechen (§ 518 Abs. 1 BGB), die Verfügung über einen Miterbenanteil (§ 2033 BGB), den Erbverzichtsvertrag (§ 2348 BGB), den Erbschaftskauf (§ 2371 BGB) oder die Abtretung von Anteilen an einer GmbH (§ 15 Abs. 2 GmbHG).

25 Das Gesetz trifft in § 2 Abs. 6 MediationsG eine klare Regelung erst für den Fall der Einigung und verpflichtet den Mediator darauf hinzuwirken, dass die Parteien eine Vereinbarung in Kenntnis der Sachlage treffen und ihren Inhalt verstehen. Ist eine Partei nicht fachlich beraten, so hat der Mediator auf die Möglichkeit hinzuweisen, die Vereinbarung bei Bedarf durch **externe Berater** überprüfen zu lassen.[39]

c) Rechtlicher Rahmen

26 Die Übereinkunft zur Durchführung einer Mediation stellt rechtlich betrachtet eine Vertragsabrede der Parteien dar, deren rechtliche Einordnung im Schrifttum kontrovers diskutiert wird.[40] Ausgehend von den unterschiedlichen Inhalten – prozessuale wie materiellrechtliche Abreden – wird man von einem **zusammengesetzten Vertrag** mit Verhandlungs-, Prozess- und Verjährungselementen auszugehen haben.[41]

Die Mediationsabrede kann als Mediationsklausel bereits in einem früheren Vertrag zwischen den Parteien niedergelegt sein oder erst ad hoc zur Beilegung eines aufgetretenen Konflikts vereinbart werden.

27 Es ist anzuraten, in der **Mediationsklausel** bereits das Verfahren der Mediation zumindest in groben Zügen – ggf. unter Hinweis auf eine Mediationsordnung – festzulegen (Verfahrensstrukturen, Kooperationsverpflichtung, Geheimhaltung, Ausschluss paralleler (Schieds-)Gerichtsverfahren[42]), soweit möglich bereits Regelungen bezüglich des Mediators[43] zu treffen und darauf zu achten, dass durch ein derartiges Verfahren keine **Verfristung** eintritt.[44]

28 Der Vertrag der Parteien mit dem Mediator ist als ein (gesonderter) **Geschäftsbesorgungsvertrag** mit Regelungen über Leistung, Pflichten, Honorar und Haftung anzusehen (vgl. §§ 675, 611 BGB).[45] In der Regel werden Mediationsabrede und Mediatorenvertrag in einem gemeinsamen »Mediationsvertrag« zusammengefasst.

29 Die **Abschlussvereinbarung** einer erfolgreichen Mediation ist als bürgerlich-rechtlicher **Vergleich** im Sinne von § 779 BGB zu qualifizieren. Sie kann gem. §§ 794 Abs. 1

---

39 Mediatoren bedürfen, wie aus § 2 Abs. 3 Nr. 4 RDG folgt, keiner Erlaubnis nach dem RDG, solange sie den Parteien nicht rechtliche Regelungsvorschläge unterbreiten; vgl. auch *Greger*, ZKM 2012, 16.
40 Vgl. zum Meinungsstand *Hess*, Rechtsgrundlagen der Mediation, S. 1053 ff. (1062 f.).
41 *Beck*, Mediation und Vertraulichkeit, S. 45.
42 Zur Kombination einer Mediationsvereinbarung mit einer Schiedsvereinbarung, sog. Eskalationsklausel, vgl. *Hess*, Rechtsgrundlagen der Mediation, S. 1053 ff. (1060 f.).
43 Um der Gefahr zu entgehen, bereits in der Gegenwart für eine »ferne Zukunft« einen Mediator bestimmen zu müssen, kann auch ein sog. Mediationsorganisationsvertrag mit einem professionellen Dienstanbieter abgeschlossen werden, dessen Verfahrensordnung Anwendung findet und der entweder für die Vorhaltung einer Liste mit Mediatoren oder gar für die Bestimmung eines Mediators zuständig ist, *Hess*, Rechtsgrundlagen der Mediation, S. 1053 ff. (1058, 1065 f.); *Unberath* ZKM 2012, 12 ff. (15).
44 *Unberath* ZKM 2012, 12 ff. (13).
45 *Hess*, Rechtsgrundlagen der Mediation, S. 1053 ff. (1065).

Nr. 1, 796a – c ZPO zur Ermöglichung einer Zwangsvollstreckung tituliert werden;[46] ggf. bietet sich auch eine Titulierung als Schiedsspruch mit vereinbartem Wortlaut (§ 1053 Abs. 1 Satz 2 ZPO) an.[47]

2. Co-Mediation (Absatz 1)

Das Gesetz geht davon aus, dass ein Mediationsverfahren von einem oder auch von mehreren **Mediatoren** geleitet werden kann; hierfür hat sich der Begriff der **Co-Mediation bzw. Team-Mediation** etabliert.[48] Zu Recht schweigt der Gesetzgeber hinsichtlich der Umstände wann dies angezeigt ist als auch hinsichtlich der Zahl der Co-Mediatoren und sonstiger Faktoren, die in diesem Zusammenhang eine Rolle spielen können (z. B. unterschiedliche Herkunftsberufe der Mediatoren).[49] Es obliegt allein den Medianden, ob sie sich für einen oder mehrere Mediatoren entscheiden (vgl. § 2 Abs. 1 MediationsG). 30

Zu den (vorvertraglichen) Pflichten des von den Konfliktparteien benannten Mediators zählt es hingegen, diese darüber in Kenntnis zu setzen, wenn er eine Co-Mediation für notwendig oder gar unabdingbar hält; im letzteren Falle wird er die (Einzel-)Mediation ablehnen. Gründe, die für das Tätigwerden mehrer Mediatoren sprechen, können vielfältige sein: Sie können der besonderen Konfliktsituation geschuldet sein, aber auch den Bedürfnissen des Mediators selbst.[50] 31

Für die Medianden dürfte von nicht unerheblicher Bedeutung sein, dass der Einsatz mehrerer Mediatoren in aller Regel mit einer deutlichen Erhöhung des Honorars verbunden sein wird.[51] 32

3. Legaldefinition des Mediators (Absatz 2)

Absatz 2 enthält eine Definition des Mediators, die bewusst zurückhaltend formuliert ist und gerade kein klar umrissenes Berufsbild beschreibt.[52] Der Gesetzgeber hat sich auch insoweit ersichtlich von der Überlegung leiten lassen, dass das Mediationsverfahren als ein dynamisches Verfahren neueren Entwicklungen und Veränderungen gegenüber offen bleiben und diese »Offenheit« auch Konsequenzen für die in diesem Verfahren tätigen Personen gelten soll. Ob sich ein Streitschlichter selbst als Mediator bezeichnet oder nicht ist – wie zutreffend im Schrifttum erläutert wird – unerheblich:[53] Alle Personen, die das Berufsbild ausfüllen, unterfallen den Anfor- 33

---

46 *Lörcher/Lörcher*, Durchsetzbarkeit von Mediationsergebnissen, S. 1119 ff. (1124 f.).
47 *Hess*, Rechtsgrundlagen der Mediation, S. 1053 ff. (1058); Unberath ZKM 2012, 12 ff. (15).
48 *Diez*, Werkstattbuch Mediation, S. 229 ff.; *Henssler/Koch*, Mediation in der Anwaltspraxis, § 1 Rn. 16, § 8.
49 *Bernhardt/Winogradt*, Interdisziplinäre Co-Mediation, S. 877 ff.
50 Vgl. hierzu auch die Ausführungen nebst Checkliste in Teil 5, E.
51 Zum Honorar vgl. *Horst*, Die Kosten der Mediation, S. 1147 ff.
52 Begr. BT-Drucks. 17/5335, B., Zu Art. 1, Zu § 1.
53 *Ahrens* NJW 2012, 2465 (2467).

derungen an Aufgaben, Tätigkeitsbeschränkungen, Verschwiegenheitspflicht sowie an eine geeignete Aus- und Fortbildung. Absatz 2 wird nunmehr ergänzt durch § 5 Abs. 1 Satz 1 MediationsG der verlangt, dass der Mediator die Parteien in **sachkundiger Weise** durch eine Mediation muss führen können und durch § 5 Abs. 2, 3 MediationsG, durch den eine Qualitätsstufe, nämlich die des zertifizierten Mediators, eingeführt wurde.

a) Unabhängigkeit

34   Dem Begriff der Unabhängigkeit wohnt ein personales und ein sachbezogenes Element inne: Das **personale Element** betrifft die Unabhängigkeit von den Konfliktparteien. Der Mediator wird zwar von den Konfliktparteien ausgesucht und bestimmt, jedoch unterliegt er ihnen gegenüber keinerlei Weisungen. Gleiches trifft zu, soweit Auftraggeber und Konfliktparteien nicht identisch sind: Auch gegenüber dem Auftraggeber, beispielsweise dem Personalchef einer Firma, der für einen bestimmten Konflikt in einer Abteilung seines Unternehmens ein Mediationsgespräch für angezeigt hält, ist der Mediator **unabhängig** und **weisungsfrei**. Als Ausfluss dieser Unabhängigkeit ist das Recht des Mediators zu nennen, eine **Mediation abzubrechen**, wenn seine Unabhängigkeit nicht gewahrt wird.[54] Soweit im Rahmen von Verwaltungsverfahren behördeninterne Mediationen durchgeführt werden, gilt die Weisungsfreiheit ebenfalls für behördliche Mediatoren.

35   Das **sachbezogene Element** der Unabhängigkeit betrifft den Mediationsprozess, das Mediationsverfahren: Hierfür ist allein der Mediator verantwortlich, es sei denn es geht um Verfahrensfragen oder -prinzipien, die abdingbar und/oder verhandelbar sind. Das kann beispielsweise in gewissem Maße die Verschwiegenheitspflicht betreffen (vgl. § 4 Satz 3 MediationsG), die Einbeziehung Dritter (vgl. § 2 Abs. 4 MediationsG) oder aber Ort, Zeit und Umstände der Durchführung des Mediationsgesprächs.[55] Dabei ist zu berücksichtigen, dass der Mediator im Auftrag der Medianden für diese tätig wird. In der Kontraktphase, also dem (Erst-)Gespräch und der Verhandlung des Mediators mit den Medianden, ob und unter welchen Kautelen er als Mediator tätig werden wird, können und müssen die Umstände geklärt und verabredet werden, unter denen die Mediation stattfinden soll. Dabei steht es dem Mediator frei darüber zu befinden, welche konkreten sachlichen Bedingungen er – nicht zuletzt im Interesse der Konfliktparteien – für das Verfahren akzeptieren will und kann.

36   Zum sachlichen Element zählt zudem das, was der Gesetzgeber mit »zu starker Bindung in Bezug auf die Verfahrensgegenstände der Mediation« beschrieben hat:[56] Von einer Unabhängigkeit wird man nicht ausgehen können, wenn der Mediator beispielsweise eine Immobilie, über deren Verkaufspreis die Parteien sich auseinandersetzen, selbst erwerben möchte oder wenn es um Umstände geht, wie sie in § 3 Abs. 2, 3 Media-

---

54   Vgl. auch § 2 Abs. 5 Satz 2 MediationsG und die dortige Kommentierung, Rdn. 114 ff.
55   Zu den Gefahren, die aus dem Einfluss des Mediators für das Verfahren erwachsen können: *Unberath* ZKM 2011, 4 ff. (6).
56   Begr. BT-Drucks. 17/5335, B., Zu Artikel 1, Zu § 1.

tionsG geregelt sind. Im Übrigen sind Unabhängigkeit und die unten beschriebene Neutralität eng miteinander verzahnt.[57]

Die Kehrseite der dem Mediator vom Gesetz zugestandenen Unabhängigkeit stellt die **Offenbarungspflicht** nach § 3 Abs. 1 MediationsG dar. Danach hat er den Parteien alle Umstände offenzulegen, die seiner Unabhängigkeit entgegenstehen könnten und darf als Mediator nur tätig werden, wenn die Parteien dem ausdrücklich zustimmen.[58]   37

b) Neutralität

Die Neutralität des Mediators ist für das Mediationsverfahren grundlegend, wobei im Schrifttum zwischen persönlicher Neutralität und Verfahrensneutralität differenziert wird:[59] **Persönliche Neutralität** meint, dass der Mediator nicht selbst in den Konflikt verstrickt ist und dass er von keinen eigenen persönlichen Betroffenheiten und Interessen geleitet wird.   38

Die **Verfahrensneutralität** hingegen betrifft die Prozessführung durch den Mediator. Sie ist, wie es der Gesetzgeber unter Hinweis auf die Literatur ausdrückt, eine wesentliche Quelle seiner Autorität im gesamten Verfahren.[60] Er hat sich bei der Verfahrensgestaltung so verhalten, dass nicht der Eindruck einer einseitigen Parteinahme entsteht. Von daher muss er für alle Konfliktparteien gleichermaßen »da sein« und ist zu einer unparteilichen Verhandlungsführung und zur Gleichbehandlung der Parteien verpflichtet: Etwaige Informationen – so sie denn nicht vertraulich sind – sind an alle Medianten gleichermaßen weiterzugeben und alle Parteien müssen gleichermaßen an seinem Fachwissen partizipieren können.   39

Dabei kann es – abhängig vom Konflikt, den Parteien oder der Dynamik – erforderlich werden, dass sich der Mediator – bildlich gesprochen – auf die Seite der einen oder anderen Konfliktpartei begibt, um beispielsweise stellvertretend deren Position zu erläutern,[61] Machtgefälle auszugleichen[62] oder aber auch um Manipulationsversuche zu unterbinden.[63] Diese Interventionen erfolgen im Sinne der Aufrechterhaltung, Weiterführung und Förderung des Kommunikationsprozesses zwischen den Medianden. Statt des Begriffs der Verfahrensneutralität wird in diesem Zusammenhang auch von der   40

---

57 Vgl. unter Rdn. 38, ferner auch die Darstellung in Teil 5, B. II.
58 Vgl. im Einzelnen Kommentierung zu § 3 MediationsG, Rdn. 7 ff.
59 *Kracht*, Rolle und Aufgabe des Mediators, S. 267 ff. (273); *Fritz/Fritz*, Wirtschaftsmediation, S. 9.
60 Begr. BT-Drucks. 17/5335, B., Zu Artikel 1, Zu § 1.
61 Zur Technik des »Doppelns«: *Ballreich/Glasl*, Mediation in Bewegung, S. 132; *Weiler/Schlickum*, Praxisbuch Mediation, S. 25.
62 *Alexander/Ade/Olbrisch*, Mediation, Schlichtung, Verhandlungsmanagement, S. 105 f.; vgl. hierzu auch die Regelungen des Europäischen Verhaltenskodex für Mediatoren, 3.1, abgedruckt in Teil 7, E.
63 *Alexander/Ade/Olbrisch*, Mediation, Schlichtung, Verhandlungsmanagement, S. 68 ff.

Allparteilichkeit des Mediators gesprochen, der – im Ganzen betrachtet – um der konstruktiven, nachhaltigen Konfliktlösung willen aufseiten aller Parteien steht.[64]

41 Die **Sicherstellung der Neutralität** des Mediators kann zum einen **durch** das Auswahlverfahren der **Parteien** selbst erfolgen, wobei der Grundsatz gilt, dass ein Mediator nicht in Betracht kommt oder ausscheiden muss, wenn ihn eine der Konfliktparteien für nicht neutral hält. Soweit die Parteien **Kriterien für ein Auswahlverfahren** erstellen, müssen diese von allen getragen werden. Zum anderen muss die Sicherstellung der Neutralität auch **durch** den **Mediator** selbst erfolgen: Stellt er – unabhängig von einer Auswahl durch die Parteien selbst – Umstände fest, die seine **Neutralität ausschließen**, so darf er das Verfahren nicht durch- oder weiterführen (vgl. § 3 Abs. 2 MediationsG).[65]

42 Liegen hingegen Umstände vor, die die Neutralität des Mediators (nur) beeinträchtigen könnten, so hat er diese den Parteien offenzulegen (vgl. § 3 Abs. 1 Satz 1 MediationsG) und darf nur tätig werden, wenn die Parteien dem ausdrücklich zustimmen (§ 3 Abs. 1 Satz 2 MediationsG).[66] Vergleichbares gilt für die Fälle der Beschränkungen nach § 3 Abs. 3, 4 MediationsG.

c) **Fehlende Entscheidungsmacht**

43 Die fehlende Entscheidungskompetenz des Mediators korrespondiert mit der Selbst- bzw. Eigenverantwortlichkeit der Konfliktparteien: Da der Mediator – anders als ein Schlichter oder (Schieds-)Richter – keine Lösungsvorschläge unterbreitet oder über den Streit selbst entscheidet, müssen die **Medianden** die Lösung ihres Problems selbst erarbeiten. Von daher zählt es, wie es der Gesetzgeber beschreibt, zu den Hauptaufgaben des Mediators, ohne eigene Entscheidungsbefugnis den Konfliktparteien dabei behilflich zu sein, dass diese selbst ihre eigenen Interessen erkennen, für alle Beteiligten vorteilhafte Einigungsoptionen entwickeln und eine einvernehmliche und nachhaltige Lösung ihres Konflikts vereinbaren.[67]

44 Welche **Techniken** der Mediator einsetzt, um namentlich in Phase 4 (Optionensuche) und Phase 5 (Verhandlung) die Parteien bei der Suche nach einer Lösung behilflich zu sein, bleibt ihm überlassen und ist abhängig vom Konflikt, den Parteien und der Dynamik des Verfahrens. Während es in bestimmten Konstellationen angezeigt sein kann, den Parteien Beispielsfälle erfolgreicher Einigungen zu benennen, muss dies immer dann unterbleiben, wenn damit die Gefahr verbunden ist, die Parteien könnten dies als einseitige Einflussnahme auffassen.[68]

---

64 *Montada/Kals*, Mediation, S. 46 ff.; *Fritz/Fritz*, Wirtschaftsmediation, S. 9.
65 *Kracht*, Rolle und Aufgabe des Mediators, S. 267 ff. (274).
66 Vgl. im Einzelnen Kommentierung zu § 3 MediationsG, Rdn. 30 ff.
67 Begr. BT-Drucks. 17/5335, B., Zu Artikel 1, Zu § 1.
68 Umfassend mit Hinweisen zum Schrifttum, wenn die Parteien den Mediator ausdrücklich ermächtigen, Lösungsvorschläge zu unterbreiten: *Klowait/Gläßer*, Mediationsgesetz, 2. Aufl., § 1 MediationsG, Rn 25.

d) »Führen« der Parteien

Der Begriff des Führens, der im Zusammenhang mit dem Tätigwerden des Mediators vom Gesetz verwendet wird, stellt klar, dass der Mediator die **Verantwortung für den Prozess**, für das Gelingen des Verfahrens trägt. Da dieses von der Eigenverantwortlichkeit der Parteien geprägt ist, bedeutet Führen im hiesigen Zusammenhang, für eine gelingende Kommunikation zwischen den Beteiligten zu sorgen und diese zielgerichtet durch das Verfahren zu geleiten. Das beginnt im Vorfeld in der sog. Vorphase und zieht sich hin bis zur abschließenden Vereinbarung der Parteien, ggf. darüber hinaus, soweit eine Bestandsaufnahme in einer Nachphase gewünscht und vereinbart wird. Im Einzelnen bedeutet dies u. a. die Festlegung des Settings, die Vereinbarung und Beachtung von Verfahrensregeln, die Schaffung und Aufrechterhaltung einer konflikt- und parteiangemessenen Verhandlungsatmosphäre, die Kontrolle des Verfahrensabschlusses (»SMART«) etc.[69]

Im Schrifttum besteht Einigkeit, dass dies nur gelingen kann, wenn der Mediator gegenüber den Medianten eine **emphatische Grundhaltung** an den Tag legt (»4 M«: Mediatoren müssen Menschen mögen). Er muss mithin über die Bereitschaft und Fähigkeit verfügen, sich in die Vorstellungswelt der Konfliktparteien einzufühlen, d. h. für eine wohlwollende, akzeptierende Atmosphäre zu sorgen, die Verständnis und Einfühlsamkeit ausstrahlt und die die jeweiligen Medianten mit ihren Unklarheiten, Widersprüchlichkeiten und subjektiven Wahrheiten annimmt.[70] Selbstwahrnehmung und -reflektion vonseiten des Mediators sind hierfür unabdingbare Voraussetzungen.[71]

Die »Führung«, von der in Absatz 2 die Rede ist, wird nunmehr durch § 5 Abs. 1 Satz 1 MediationsG insoweit ergänzt, als es dort heißt, dass der Mediator die Parteien in **sachkundiger Weise** durch die Mediation führen soll. Damit hat der Gesetzgeber im parlamentarischen Prozess auf ein Merkmal des Art. 3 lit. b EUMed-RL Bezug genommen, das zunächst im nationalen Regelwerk so nicht vorgesehen war. Aus dem weiteren Zusammenhang des § 5 Abs. 1 MediationsG folgt, dass von einer **sachkundigen Führung** ausgegangen werden kann, wenn der Mediator über Kenntnisse der Mediation sowie deren Ablauf und Rahmenbedingungen, über Verhandlungs- und Kommunikationstechniken,[72] über Konfliktkompetenz und Kenntnisse über das Recht der Mediation sowie über die Rolle des Rechts in der Mediation verfügt (vgl. § 5 Abs. 1 Satz 2 Nr. 1 bis 4 MediationsG) und sich zudem in praktischen Übungen, Rollenspielen und Supervision bewährt hat (vgl. § 5 Abs. 1 Satz 2 Nr. 5 MediationsG).[73]

---

69 Begr. BT-Drucks. 17/5335, B., Zu Artikel 1, Zu § 1; ferner *Kracht*, Rolle und Aufgabe des Mediators, S. 267 ff. (280 ff.).
70 *Thomann/Schulz von Thun*, Klärungshilfe, S. 73; *Rogers*, Die klientenzentrierte Gesprächspsychotherapie, S. 214.
71 *Alexander/Ade/Olbrisch*, Mediation, Schlichtung, Verhandlungsmanagement, S. 106 f.
72 Umfassend hierzu *Schweizer*, Techniken der Mediation, S. 321 ff.
73 Vgl. insgesamt Kommentierung zu § 5 MediationsG, Rdn. 31 f., zu den Einzelnen Merkmalen im Übrigen die einschlägigen Lehrbücher wie z. B. *Haft/Schlieffen* (Hrsg.), Handbuch Mediation, *Diez*, Werkstattbuch Mediation, *Niedostadek* (Hrsg.), Praxishandbuch Mediation, *Weiler/Schlickum*, Praxisbuch Mediation.

e) Grundberufe

48 Die weit überwiegende Zahl der Personen, die als Mediatoren tätig sind, stammen aus ganz **unterschiedlichen »Grundberufen«** und arbeiten nicht hauptberuflich bzw. ausschließlich als Mediatoren. Neben Anwälten, Richtern, Steuerberatern, mithin Vertretern »juristischer« Grundberufe, finden sich vielfach Psychologen und Sozialarbeiter, aber auch Lehrer, Pfarrer, Ärzte etc., also Vertreter überwiegend psycho-sozialer Grundberufe.

49 Für viele dieser Grundberufe (beispielsweise Rechtsanwälte, aber auch Psychologen, Ärzte etc.) gibt es zum Teil detaillierte gesetzliche und **berufsrechtliche Regelungen**, die die Berufsangehörigen zu beachten haben.[74] Die Vorschriften des MediationsG sind hierzu die spezielleren Regelungen und gehen dem jeweiligen Berufsrecht vor, wenn zwischen beiden ein Widerspruch auftreten sollte;[75] ansonsten gelten die berufsrechtlichen Vorschriften grundsätzlich weiter,[76] wobei dies jedoch von Berufsrecht zu Berufsrecht unterschiedlich geregelt ist.[77] Für Rechtsanwälte ist insoweit § 18 BORA einschlägig, der die Anwendbarkeit des anwaltlichen Berufsrechts auf die Tätigkeit als Mediator ausdrücklich vorschreibt.[78]

f) Zertifizierter Mediator gem. § 5 Abs. 2 MediationsG

50 Die Einführung des zertifizierten Mediators durch die Regelung in § 5 Abs. 2, 3 MediationsG[79] greift ein Anliegen des Bundesrates im Gesetzgebungsprozess auf, im Interesse des Verbraucherschutzes sicherzustellen, dass bestimmte **Kernkompetenzen als grundlegende Standards** gesetzlich normiert und eine Zertifizierung durch Verordnungsermächtigung ermöglicht wird.[80] Während der »nicht-zertifizierte« Mediator den Anforderungen an Grundkenntnisse und Kernkompetenzen entsprechen soll, wie sie in § 5 Abs. 1 MediationsG ihren Niederschlag gefunden haben, darf sich nur derjenige als »zertifizierter Mediator gem. § 5 Abs. 2 MediationsG« bezeichnen, der eine Ausbildung abgeschlossen hat, die die Ausbildungsstandards inzwischen erlassenen Rechtsverordnung nach § 6 MediationsG erfüllt,[81] die auch auf Praxiserfah-

---

74 *Hartmann*, Sicherung der Vertraulichkeit, S. 1087 ff. (1091 ff.); *Alexander/Ade/Olbrisch*, Mediation, Schlichtung, Verhandlungsmanagement, S. 152.
75 *Ahrens* NJW 2012, 2465 (2466), der von einem »Berufsgesetz für Mediatoren« spricht.
76 Begr. BT-Drucks. 17/5335, B., Zu Art. 1, Zu § 1.
77 Umfassend *Greger/Unberath/Steffek*, Recht der alternativen Konfliktlösung, 2. Aufl., § 1 MediationsG, Rn. 82 ff.
78 § 18 BORA: *»Wird der Rechtsanwalt als Vermittler, Schlichter oder Mediator tätig, so unterliegt er den Regeln des Berufsrechts«.* Siehe auch *Hess*, Rechtsgrundlagen der Mediation, S. 1053 ff. (1068 ff.).
79 Vgl. im Einzelnen die Kommentierung zu § 5 MediationsG, Rdn. 33 ff., 39 f.
80 Begr. BT-Drucks. 17/5335, Anlage 3, Zu Artikel 5. Zur Zertifizierung siehe auch *Tögel/Rohlff* ZKM 2010, 86 ff.
81 Vgl. im Einzelnen die Kommentierung zu § 6 MediationsG, Rdn. 25 f.

rung und einen Ausbildungsabschluss abstellt.[82] Die Vorteile einer Zertifizierung dürften sich in wettbewerbsrechtlicher Hinsicht niederschlagen.[83] Ein unberechtigtes Führen der Bezeichnung »zertifiziert« kann wettbewerbsrechtliche Sanktionen auslösen. Soweit ein Mediator auf andere »Zertifikate« (ausgestellt durch Ausbildungsinstitute etc.) verweist, wird es auf die konkreten Umstände ankommen, um eine Verwechslung mit § 5 Abs. 2 MediationsG auszuschließen.

III. Hinweise für die Praxis

1. Mustertexte für Mediationsklauseln

Im Gegensatz zur reinen Absichtserklärung, in einem Konfliktfall die Durchführung einer Mediation zu erwägen,[84] führt die unbedingte Verpflichtung der Vertragsparteien, im Konfliktfalle vor Klageerhebung eine Mediation durchzuführen, zu einem dilatorischen Klageverzicht.[85] Je nach Komplexität des zugrunde liegenden Vertrages empfiehlt sich die Vereinbarung einer **erweiterten** oder nur einer **einfachen Mediationsklausel**. 51

▶ **(Erweiterte) Mediationsklausel**[86]
1. Die Parteien verpflichten sich, alle Probleme, die sich aus dieser Vereinbarung (diesem Vertrag) oder bei deren (dessen) Durchführung ergeben, gütlich und in direkten Verhandlungen zu lösen. 52
2. Gelingt es den Parteien nicht innerhalb von … (*Zahl*) Tagen nach der Aufforderung einer Partei zur Aufnahme von Verhandlungen, ihre Meinungsverschiedenheiten gütlich beizulegen, werden sie ein Mediationsverfahren gemäß der im Zeitpunkt der Anrufung geltenden Verfahrensordnung der … (DIS,[87] EUCON[88] etc.) durchführen.[89]
3. Zum Mediator wird bestimmt … (*Name*). [Oder: Mit der Bestimmung eines Mediators wird die (DIS, EUCON) betraut].
4. Für den Fall, dass sich die Parteien nicht binnen … (*Zahl*) Tagen seit der Ernennung des Mediators geeinigt haben, vereinbaren sie die Durchführung eines Schiedsverfahrens gemäß der im Zeitpunkt der Anrufung geltenden Verfahrensordnung der … (DIS etc.).

---

82 So auch *Greger* ZKM 2012, 16 ff. (17, 18). Ausbildungsabschluss ist jedoch nicht mit Abschlussprüfung gleichzusezten. Vgl. im Übrigen die Kommentierung der ZMediatAusbV unter Teil 2 C.
83 *Wagner* ZKM 2010, 172 ff. (175).
84 »Corporate pledge«, *Unberath* NJW 2011, 1320 ff. (1321).
85 *Wagner*, Anm., ZKM 2011, 29 f.; *Unberath* NJW 2011, 1320 ff. (1323).
86 Vgl. auch *Duve/Eidenmüller/Hacke/Fries*, Mediation, S. 309 ff; *Unberath* NJW 2011, 1320 ff. (1321); *Greger/Unberath/Steffek*, Recht der alternativen Konfliktlösung, 2. Aufl., § 1 MediationsG, Rdn. 154.
87 www.dis-arb.de.
88 www.eucon-institute.de.
89 Wenn nicht auf eine Verfahrensordnung Bezug genommen wird, dann empfiehlt sich die Aufnahme weitergehender Regelungen betreffend Verschwiegenheit, Fristen etc.

Fritz

Oder:

Erzielen die Parteien nicht innerhalb von … (*Zahl*) Tagen seit der Ernennung eines Mediators eine Einigung, so steht es ihnen frei, den Rechtsweg zu beschreiten. Für diesen Fall wird … (*Name*) als Gerichtsstand vereinbart.

▶ **(Einfache) Mediationsklausel**[90]

53
1. Die Vertragsparteien sind sich einig, dass bei allen sich aus diesem Vertrag ergebenden Streitigkeiten (einschließlich solcher über das rechtswirksame Zustandekommen des Vertrages, seine Abänderung oder Aufhebung) zunächst der Versuch einer gütlichen Einigung im Rahmen einer Mediation unternommen wird.
2. Zum Mediator wird bestimmt … (*Name*).

2. Mediatorenvertrag

54 Einen **separaten Mediatorenvertrag** abzuschließen wird sich **nur** in **Ausnahmefällen** und allenfalls dann anbieten, wenn der Mediator vorab getrennte Vorgespräche führen soll und die Parteien erst danach endgültig zu entscheiden gedenken, ob eine Mediation in Betracht kommt. Denkbar ist auch, dass aufgrund einer erweiterten Mediationsklausel noch ein separater Mediatorenvertrag erforderlich wird.[91]

In aller Regel werden die Parteien mit dem Mediator sofort eine **umfassende Mediationsvereinbarung** schließen, die neben seiner Beauftragung und dem Honorar alle für ein Mediationsverfahren wichtigen Kautelen enthält.[92]

3. Mustertext für (separate) Honorarvereinbarung

55 Eine Honorarvereinbarung kann (Vertrags-)Teil eines Mediationsvertrages sein oder auch separat geschlossen werden. Wird die Zeit der Vor- und Nachbereitung gesondert berechnet, so muss sie vom Mediator den Medianden gegenüber jeweils nachgewiesen werden. Findet keine gesonderte Berechnung statt, so ist dies bei der Höhe des Stundensatzes zu berücksichtigen.[93] Wird ein Co-Mediator hinzugezogen, so ist dies bei der Honorarvereinbarung in Ansatz zu bringen.

Wird keine Honorarvereinbarung geschlossen, so bemisst sich die Vergütung gem. § 612 Abs. 1, 2 BGB; es ist dann das »übliche« Honorar zu vergüten.[94] Die Medianden haften im Zweifel als Gesamtschuldner, §§ 421, 427 BGB.

---

90 Vgl. *Pfisterer*, Konsens und Mediation im Verwaltungsbereich, S. 153 f; *Greger/Unberath/Steffek*, Recht der alternativen Konfliktlösung, 2. Aufl., § 1 MediationsG, Rn. 158.
91 *Fritz* in *Eiding/Hoffmann-Hoeppel*, Verwaltungsrecht, § 8 Rn. 52 ff.
92 *Fritz* in *Eiding/Hoffmann-Hoeppel*, Verwaltungsrecht, § 8 Rn. 63 ff.
93 Statt individueller Festsetzung können auch die Honorargrundsätze von (Mediations-) Organisationen wie DIS, EUCON, (örtliche) IHKs vereinbart werden.
94 Vgl. zur strittigen Frage, was als ein übliches Honorar bzw. übliches Zeithonorar anzusehen ist, die umfangreichen Ausführungen mit Nachweisen zur Rechtsprechung bei *Horst*,

▶ **Honorarvereinbarung**[95]

1. Die Medianden ... (*Namen*) und der Mediator ... (*Name*) vereinbaren ein nach Stundenaufwand zu berechnendes Zeithonorar zuzüglich (*oder: einschließlich*) einer Vor- und Nachbereitungszeit. Angefangene Stunden werden je fünf Minuten anteilig berechnet.
2. Das Honorar beträgt ... (*Zahl*) Euro pro Stunde, zuzüglich gesetzlicher Mehrwertsteuer. Wird ein Co-Mediator hinzugezogen, so beträgt das Honorar insgesamt ... (*Zahl*) Euro pro Stunde, zuzüglich gesetzlicher Mehrwertsteuer, mithin .... (*Zahl*) Euro. Eine angemessene Abschlagzahlung kann verlangt werden.
3. Die Kosten des Mediationsverfahrens tragen die Medianden je zur Hälfte. Die eigenen Kosten, einschließlich etwaiger Anwaltskosten, trägt jede Partei selbst. Ggf.:
4. Reise- und Übernachtungskosten werden gegen Nachweis gesondert erstattet. Die Kosten ggf. anzumietender Tagungsräume, von Getränken, Spesen und Sonstigem (z. B. Beiziehung von Sachverständigen) werden separat abgerechnet und den Medianden direkt in Rechnung gestellt.

56

§ 2 Verfahren; Aufgaben des Mediators

(1) Die Parteien wählen den Mediator aus.

(2) Der Mediator vergewissert sich, dass die Parteien die Grundsätze und den Ablauf des Mediationsverfahrens verstanden haben und freiwillig an der Mediation teilnehmen.

(3) Der Mediator ist allen Parteien gleichermaßen verpflichtet. Er fördert die Kommunikation der Parteien und gewährleistet, dass die Parteien in angemessener und fairer Weise in die Mediation eingebunden sind. Er kann im allseitigen Einverständnis getrennte Gespräche mit den Parteien führen.

(4) Dritte können nur mit Zustimmung aller Parteien in die Mediation einbezogen werden.

(5) Die Parteien können die Mediation jederzeit beenden. Der Mediator kann die Mediation beenden, insbesondere wenn er der Auffassung ist, dass eine eigenverantwortliche Kommunikation oder eine Einigung der Parteien nicht zu erwarten ist.

(6) Der Mediator wirkt im Falle einer Einigung darauf hin, dass die Parteien die Vereinbarung in Kenntnis der Sachlage treffen und ihren Inhalt verstehen. Er hat die

---

Die Kosten der Mediation, S. 1147 ff. (1154 ff.), zugleich zur Frage der Gebühren, auch einer Erfolgsgebühr, bei Anwaltsmediatoren. Im Übrigen vgl. die Kommentierung zu § 2 MediationsG, Rdn. 47 ff.

95 Vgl. *Fritz* in *Eiding/Hoffmann-Hoeppel*, Verwaltungsrecht, § 8 Rn. 55 ff; Redmann, Mediation, S. 167.

Teil 1 Artikel 1 Mediationsförderungsgesetz

Parteien, die ohne fachliche Beratung an der Mediation teilnehmen, auf die Möglichkeit hinzuweisen, die Vereinbarung bei Bedarf durch externe Berater überprüfen zu lassen. Mit Zustimmung der Parteien kann die erzielte Einigung in einer Abschlussvereinbarung dokumentiert werden.

Übersicht

	Rdn.
I. Regelungsgegenstand und Zweck	1
1. Systematischer Zusammenhang	1
2. Berufsrecht	3
3. Europäische Mediationsrichtlinie	4
II. Grundsätze/Einzelheiten	7
1. Auswahl des Mediators (Absatz 1)	7
a) Ausdruck des Selbstbestimmungsrechts	7
b) »Konkludente« Auswahl eines Mediators	8
2. Vertragliches Verhältnis der Handelnden	13
a) Mediatorvertrag	13
b) Mediations- oder Verfahrensvereinbarung	17
c) Auftragsannahme	22
3. Haftung des Mediators	23
a) Allgemeines	24
b) BGH-Urteil vom 21.9.2017	25
c) Leistungsstörungen	28
d) Haftungsbegrenzung	33
e) Vermögensschadensversicherung	34
4. Pflichten des Mediators vor der Mediation (Absatz 2)	39
a) Informationsgespräch	39
aa) Verständnis der Parteien	39
bb) Umfang des Kenntnisstands bzw. der Information	43
cc) Weitere Informationen	47
dd) Dokumentation	50
b) Grundsätze des Mediationsverfahrens (Absatz 2, 1. HS, 1. Alt.)	51
aa) Neutralität	52
bb) Freiwilligkeit	57
cc) Selbstverantwortlichkeit	63
dd) Informiertheit	66
ee) Vertraulichkeit	72
c) Ablauf des Mediationsverfahrens (Absatz 2, 1. HS, 2. Alt.)	75
aa) Phasen der Mediation	76
bb) Teilnehmer des Mediationsverfahrens	78
cc) Dauer der Mediation	79
d) Kosten der Mediation	82
aa) Honorar des Mediators	82
bb) Weitere Kosten der Mediation	98
e) Alternativen zur Mediation	100
f) Freiwilligkeit der Teilnahme (Absatz 2, 2. HS)	102
5. Verhältnis des Mediators zu den Parteien (Absatz 3 Satz 1)	110
6. Förderung der Mediation (Absatz 3 Satz 2, 1.HS)	114
7. Angemessene und faire Einbindung der Parteien (Absatz 3 Satz 2, 2.HS)	116
a) Angemessen und fair	116

b)	Empowerment	118
c)	Gewährleisten	119
8.	Getrennte Gespräche (Absatz 3 Satz 3)	124
	a) Einzelgespräche	126
	b) Allseitiges Einverständnis	130
9.	Teilnahme Dritter (Absatz 4)	133
	a) Dritter	134
	b) Einbeziehung	135
	c) Zustimmung	136
	d) Vertraulichkeit	138
10.	Beendigung der Mediation (Absatz 5)	139
	a) Beendigung durch die Parteien (Absatz 5 Satz 1)	139
	aa) Parteien	140
	bb) Jederzeit	143
	cc) Kündigung	144
	b) Beendigung durch den Mediator (Absatz 5 Satz 2)	145
	aa) Eigenverantwortliche Kommunikation	148
	bb) Einigung	150
	cc) Sonstige Gründe	152
	dd) Mediator	153
	ee) Kann-Vorschrift	154
11.	Einigung, Beratung, Abschlussvereinbarung (Absatz 6)	157
	a) Kenntnis der Sachlage und inhaltliches Verständnis (Absatz 6 Satz 1)	157
	aa) Einigung	158
	bb) Vereinbarung	159
	cc) In Kenntnis der Sachlage	161
	dd) Inhaltliches Verständnis der Vereinbarung	162
	ee) Vergewisserung, Hinwirken	163
	b) Hinzuziehung externer Berater (Absatz 6 Satz 2)	166
	aa) Teilnahme ohne fachliche Beratung	169
	bb) Bedarf	170
	cc) Hinweispflicht	172
	dd) Vor Abschluss der Vereinbarung	173
	ee) Externe Berater	174
	ff) Rechtsinformationen durch Mediator	178
	gg) Dokumentationspflicht	184
	c) Abschlussvereinbarung (Absatz 6 Satz 3)	186
	aa) Rechtlicher Charakter	189
	bb) Form	191
	cc) Zustimmung	193
	dd) Inhalt	195
	ee) Dokumentation	196
III.	Hinweise für die Praxis	201

I. Regelungsgegenstand und Zweck

1. Systematischer Zusammenhang

Die Vorschrift regelt bestimmte **Mindestnormen** für ein strukturiertes Mediations- 1
verfahren und konkretisiert die Verantwortung, d. h. **Pflichten und Aufgaben**, des

Mediators in diesem Verfahren.[1] Dadurch soll gewährleistet werden, dass Mediationen gewissen Anforderungen genügen, wobei Kernelemente des **Europäischen Verhaltenskodex für Mediatoren**[2] Berücksichtigung fanden.[3] Gleichzeitig wird mit dieser Vorschrift auch die besondere Verantwortung der Mediatoren hervorgehoben, einen Rahmen für ein strukturiertes Verfahren zu schaffen, in dem den Parteien eine »selbstverantwortete Konfliktlösung ermöglicht«[4] wird.

2   Damit werden in dieser Vorschrift – sowie in den weiteren Paragrafen – erstmalig die **Grundpflichten des Mediators** normiert, die sich bisher nur aus Lehrsätzen einer allgemeinen Übereinkunft bzw. einer »herrschenden« Meinung und aus den sehr unterschiedlichen Ausbildungskonzepten für Mediatoren ableiten ließen. Daraus resultiert, dass sich der einzelne Mediator bisher zum Teil unterschiedlichen Normen und Verfahrensweisen bei der Durchführung eines Mediationsverfahrens verpflichtet fühlte,[5] die auf berufsspezifischen Regelungen (gesetzliche Regelungen wie auch Standesrichtlinien) des jeweiligen Ausgangsberufs des Mediators sowie allgemeinen Verhaltenskodices (z. B. Vorgaben durch Mediationsfachverbände, Europäischer Verhaltenskodex für Mediatoren) beruhen.

2. Berufsrecht

3   Das **Berufsrecht**, beispielsweise der Rechtsanwälte, Notare, Steuerberater und Psychologen, hat nach wie vor Auswirkungen auf das Verhältnis zwischen MediationsG und dem jeweiligen Berufsrecht. Die Regelungen des MediationsG gehen dem jeweiligen Berufsrecht, soweit zwischen beiden ein Widerspruch auftritt, vor. Insoweit ist das **MediationsG lex specialis**. Berufsrechtliche Regelungen bleiben neben dem MediationsG anwendbar, soweit sie sich auch auf die mediatorische Tätigkeit erstrecken und insoweit eine Ergänzung zum MediationsG darstellen. Zu beurteilen ist dies nach dem jeweiligen Berufsrecht (für Rechtsanwälte ist beispielsweise die Tätigkeit als Mediator in § 18 BORA geregelt[6]). Damit wird im Kern mit dem MediationsG ein »**einheitliches Berufsrecht**«[7] für Mediatoren geschaffen.

3. Europäische Mediationsrichtlinie

4   Art. 3 EUMed-RL (»Begriffsbestimmung«) beschreibt bereits einige **Pflichten und Aufgaben** des Mediators, die dieser bei Durchführung einer Mediation zu beachten hat. So sieht Art. 3 lit. a) EUMed-RL vor, dass es sich bei »Mediation« um ein »freiwilliges« Verfahren handelt, mit dem Ziel, eine »Vereinbarung« über die Beilegung der Streitigkeit zu erzielen. Gleichzeitig hat der »Mediator« nach Art. 3 lit. b)

---

1 Begr. BT-Drucks. 17/5335, S. 14.
2 Abgedruckt unter Teil 7 E.
3 Begr. BT-Drucks. 17/5335, S. 14.
4 Begr. BT-Drucks. 17/5335, S. 14.
5 So war beispielsweise lange die Durchführung von Einzelgesprächen (Caucus) durch den Mediator umstritten; das MediationsG sieht dies als Möglichkeit mittlerweile vor.
6 Begr. BR-Drucks. 60/11, S. 19.
7 *Prütting* AnwBl. 2012, 204 (205).

EUMed-RL »*eine Mediation auf wirksame, unparteiische und sachkundige Weise durchzuführen*«, und zwar unabhängig von seinem Auftrag, »*unabhängig von (...) der Art und Weise, in der (der Mediator) für die Durchführung der Mediation benannt oder mit dieser betraut wurde.*«

Die in Art 3 **EUMed-RL** normierte »**Freiwilligkeit**« wird allerdings auch durch den europäischen Gesetzgeber nicht als zwingend erachtet, denn in Art. 5 Abs. 2 EUMed-RL (»**Inanspruchnahme der Mediation**«) wird einschränkend erklärt, dass nationale Rechtsvorschriften, »*nach denen die Inanspruchnahme der Mediation vor oder nach Einleitung eines Gerichtsverfahrens verpflichtend oder mit Anreizen oder Sanktionen verbunden ist,*« von der Richtlinie unberührt bleiben. 5

Zum Teil werden einige der beschriebenen Pflichten und Aufgaben in Art. 4 **EUMed-RL** (»**Sicherstellung der Qualität der Mediation**«) wiederholt. Grundsätzlich will Art. 4 EUMed-RL nicht nur die Qualität der Aus- und Fortbildung der Mediatoren, sondern auch die **Qualität der Mediation** sicherstellen – und zwar mit dem Ziel, dass diese für die Parteien »wirksam, unparteiisch und sachkundig durchgeführt wird« (Art. 4 Abs. 2 EUMed-RL). 6

II. Grundsätze/Einzelheiten

1. Auswahl des Mediators (Absatz 1)

a) Ausdruck des Selbstbestimmungsrechts

Die Auswahl des Mediators durch die Parteien ist Ausdruck ihres **Selbstbestimmungsrechts** im Mediationsverfahren.[8] Diesem wesentlichen Grundsatz der Mediation, der maßgeblich auf dem Prinzip der **Eigenverantwortlichkeit**[9] der Parteien beruht,[10] trägt auch das Gesetz Rechnung.[11] Die Auswahl des Mediators erfolgt entweder durch die Eigeninitiative der Parteien oder indem sie sich für einen von einem Dritten, z. B. vom Gericht, **vorgeschlagenen** Mediator entscheiden. Die Parteien einigen sich auf einen Mediator, den sie selbst ausgesucht und ggf. aufgrund eines **Vorgespräches** gemeinsam ausgewählt haben, und beauftragen diesen durch Abschluss eines Mediatorvertrages, wobei die Beauftragung auch durch einen Dritten (z. B. Arbeitgeber) erfolgen kann. 7

b) »Konkludente« Auswahl eines Mediators

Die eigenverantwortliche Entscheidung der Parteien für einen Mediator muss aber auch gegeben sein, wenn dieser von dritter Seite **vorgeschlagen** wird und die Parteien in der Auswahl des Mediators eingeschränkt sind. So hatte der **Bundesrat** in 8

---

8 Begr. BT-Drucks. 17/5335, S. 14.
9 S. die Kommentierung zu § 1 MediationsG, Rdn. 22.
10 Vgl. *Kracht* in: *Haft/von Schlieffen*, Handbuch Mediation, § 12, Rn. 102 f.; ferner die Kommentierung zu § 1 MediationsG, Rdn. 21.
11 Begr. BR-Drucks. 60/11, S. 19.

seiner Stellungnahme zum Entwurf des MediationsG[12] noch angeregt, Absatz 1 um den Satz »*Ein Anspruch auf einen bestimmten richterlichen Mediator besteht nicht*« zu ergänzen. Damit sollte bei einer **gerichtsinternen Mediation** die Möglichkeit erhalten bleiben, einen Mediator durch gesonderte Geschäftsverteilung zu bestimmen.[13] Das ist zwar durch Streichung der gerichtsinternen Mediation in § 1 MediationsG grundsätzlich obsolet geworden und kann sich deshalb nur noch auf die in § 9 geregelte **Übergangsphase** beziehen. Doch sind weiterhin Situationen denkbar, in denen ein Dritter den Parteien einen Mediator vorschlägt (z. B. der Arbeitgeber bei einem **innerbetrieblichen** Konflikt) und die Parteien sich mehr oder minder verpflichtet fühlen, sich dieser Auswahl »anzuschließen«. Dies könnte besonders dann der Fall sein, wenn z. B. ein Arbeitgeber das Honorar des Mediators bei einer innerbetrieblichen Mediation übernimmt.

9 Der Gesetzgeber geht in solchen Fällen offenbar davon aus, dass die Parteien einen entsprechenden Vorschlag für einen Mediator auch »**konkludent**«[14] annehmen können. Was das heißen soll, kann nur vermutet werden: Aus der Zustimmung der Parteien, an einer Mediation mit dem von dritter Seite vorgeschlagenen Mediator teilnehmen zu wollen, kann auf die **eigenverantwortliche Auswahl** des Mediators (»konkludent«) durch die Parteien geschlossen werden. Dieses Verständnis von »eigenverantwortlicher Auswahl« des Mediators war im Zusammenhang mit der ursprünglich geplanten Schaffung des Instituts der »**gerichtsinternen Mediation**« nötig, um bei der Auswahl des Mediators einerseits den elementaren Grundsatz der Mediation, das **Selbstbestimmungsrecht** der Parteien, nicht zu missachten, aber andererseits den Richtermediator allein durch das Gericht (gemäß Geschäftsverteilungsplan) bestimmen zu können. Dies ist zwar durch Wegfall der gerichtsinternen Mediation hinfällig geworden, doch gelten diese Überlegungen auch für alle anderen denkbaren Fälle, in denen ein Dritter einen Mediator vorschlägt und diesen sogar kraft seiner Autorität, die z. B. auf einem Über-/Unterordnungsverhältnis im Arbeitsleben, auf Übernahme der Kosten für die Mediation beruht, bestimmt.

10 Zwar kann jede Partei den von dritter Seite vorgeschlagenen Mediator ablehnen, letztlich durch Ablehnung des Mediationsverfahrens an sich. Wäre nun die »**Auswahl**« des Mediators von dritter Seite Bedingung für die Durchführung der Mediation, hätte die Ablehnung des Mediators durch die Parteien zur Folge, dass die Mediation nicht durchgeführt werden könnte, obwohl sich die Parteien ausdrücklich dafür entschieden haben. Diese Konsequenz entspricht weder Ziel noch Auftrag des Gesetzes, das gerade die Mediation und andere **alternative Konfliktlösungsverfahren fördern** will.

11 Daher wird man von einer »**konkludenten**« eigenverantwortlichen Auswahl des Mediators durch die Parteien nach entsprechendem Vorschlag von dritter Seite nur ausgehen können, wenn den Parteien bekannt ist, dass sie grundsätzlich jeden ihnen vorgeschlagenen Mediator ablehnen können und ein anderer Mediator ausgewählt werden kann.

---

12 Begr. BR-Drucks. 60/11, S. 2.
13 Begr. BR-Drucks. 60/11, S. 2.
14 Begr. BT-Drucks. 17/5335, S. 14, 21.

Gründe für die **Ablehnung des Mediators** müssen nicht genannt werden, da es hier allein auf das Vertrauen der einzelnen Partei zum Mediator ankommt. Sollten die Parteien der Meinung sein, einen ihnen vorgeschlagenen Mediator nicht ablehnen zu können, wäre der Erfolg einer Mediation zumindest nachhaltig gefährdet, da den Parteien ihre Selbstverantwortlichkeit für den Lösungsprozess gar nicht bewusst ist.

Davon getrennt zu beurteilen sind eingegangene Verpflichtungen aus **Mediationsklauseln** oder sonstigen Schlichtungsregularien in privatschriftlichen Vereinbarungen oder Satzungen (von Gesellschaften, Vereinen, Verbänden), im Konfliktfall einer Mediation unter Leitung eines ggf. bereits bestimmten Mediators zuzustimmen. 12

2. Vertragliches Verhältnis der Handelnden

a) Mediatorvertrag

Der Mediatorvertrag regelt das Verhältnis des Mediators und ggf. Co-Mediators mit den Konfliktparteien. Regelungsinhalt des Mediatorvertrages ist allein die Pflicht des Mediators gegenüber den ihn beauftragenden Parteien, zur Lösung eines Konflikts ein Mediationsverfahren nach Maßgabe des MediationsG durchzuführen, und die Pflicht der Parteien, die Mediator dafür ein gewisses Entgelt zu bezahlen. Der Mediatorvertrag kann auch mit einem Dritten, der an die Mediationsverfahren nicht teilnimmt, abgeschlossen werden. So kann ein Unternehmer einen Mediator beauftragen und bezahlen, eine Mediation mit Mitarbeitern seines Unternehmens durchzuführen. Ist der Vertrag nicht auf die Durchführung einer Mediation gerichtet, sondern auf ein anderes alternatives Konfliktlösungsverfahren gerichtet, handelt es sich nicht um einen Mediatorvertrag[15]. Weiterer Inhalt des Mediatorvertrags können die Dauer und gegebenenfalls Terminierung der Mediation, die Beendigung des Vertrags, die Protokollierung und die Dokumenten-/Aktenaufbewahrung, Fragen zur Verschwiegenheit und der Fälligkeit des Honorars sein[16]. Für den Anwaltsmediator empfiehlt es sich zudem, mit dem Parteien zu vereinbaren, inwieweit diese vom Mediator auch rechtliche Hinweise, gegebenenfalls eine rechtliche Beratung im Verlauf der Mediation erwarten. Dies hat aufgrund der Rechtsprechung des BGH[17] aus dem Jahr 2017 Bedeutung für die Frage, nach welchen Maßstäben der Mediator für seine Tätigkeit haftet (s. Rdn. 25). 13

Der Mediatorvertrag ist ein Dienstvertrag i.S.d. § 611 BGB,[18] wonach der Mediator seine Dienste schuldet, nicht aber den Mediationserfolg. Vereinzelt wird der Mediatorvertrag als mehrseitiger Geschäftsbesorgungsvertrag (§ 675 BGB) qualifiziert.[19] So 14

---

15 *Greger* in: *Greger/Unberath/Steffek*, Recht der alternativen Konfliktlösung, § 2 MediationsG, Rn. 34.
16 *Hess* in: *Haft/von Schlieffen* (Hrsg.), Handbuch Mediation, § 17, Rn. 63 ff.
17 BGH in NJW 2017, S. 3442, 3443.
18 *Greger* in: *Greger/Unberath/Steffek*, Recht der alternativen Konfliktlösung, § 2 MediationsG, Rn. 36; *Gläßer* in *Klowait/Gläßer*, Mediationsgesetz, § 2, Rn. 20.
19 *Sprau* in: *Palandt*, Bürgerliches Gesetzbuch, § 675, Rn. 30; *Hess* in: *Haft/von Schlieffen*, Handbuch Mediation, § 43, Rn. 30.

hat der BGH[20] im Jahr 2017 geurteilt, dass es sich bei dem Vertrag eines Anwaltsmediators mit den Konfliktparteien regelmäßig um einen mehrseitigen Anwaltsdienstvertrag i.S.v. §§ 611 Abs. 1, 675 Abs. 1 BGB handelt, wenn der Anwaltsmediator im Einvernehmen mit den Parteien rechtliche Lösungsvorschläge erarbeiten soll. Diese Meinung ist nicht zutreffend, da der Mediator keine fremden Interessen wahrnimmt und keine Tätigkeit wirtschaftlicher Art erbringt, was Voraussetzung für die Annahme eines Geschäftsbesorgungsvertrages wäre.[21] Denn der Mediator handelt allparteilich und vertritt, anders als z.Bsp. ein Rechtsanwalt oder Steuerberater, nicht die fremden Interessen einer Partei.[22] Der Mediator wird »nicht als Parteivertreter tätig, sondern vermittelt als neutraler Dritter zwischen den Parteien.[23] Dies gilt auch für den Anwaltsmediator, wenn er als Mediator tätig ist. Dies verkennt der BGH in der zitierten Entscheidung, da in dem zugrunde liegenden Scheidungsfall die beauftragte Rechtsanwältin ausdrücklich von einem Ehepartner mandatiert worden war und in dessen Auftrag auch den Scheidungsantrag bei Gericht stellte. Eine gleichzeitige Tätigkeit als Mediatoren in dieser Angelegenheit wäre damit grundsätzlich bereits ausgeschlossen.

15 Wird ein Vertrag mit einer Mediationsorganisation abgeschlossen (institutionelle Mediation), die u.a. eine Verfahrensordnung, technische Infrastruktur und insbesondere eine Liste von Mediatoren bereitstellt, so handelt es sich dabei nicht um einen Mediatorvertrag. Dieser wird jeweils gesondert mit dem Mediator abgeschlossen, gegebenenfalls durch die Mediationsorganisation, die dazu vom Mediator bevollmächtigt worden ist.[24]

16 Der Mediationsvertrag unterliegt keinem besonderen Formerfordernis. Es empfiehlt sich bereits aus Beweiszwecken, diesen allerdings schriftlich abzufassen bzw. sich eine mündliche Vereinbarung schriftlich – ggf. per E-Mail in Textform – bestätigen zu lassen. Der Mediatorvertrag kann sowohl vom Mediator als auch von jeder einzelnen Konfliktpartei zu jederzeit fristlos gekündigt werden, da es sich bei der Tätigkeit des Mediators um »Dienste höherer Art« handelt, die ihm »aufgrund besonderen Vertrauens« iSd § 627 BGB übertragen werden[25]. Die Konfliktparteien sind im Hinblick auf die vom Mediator geschuldete Leistung Gesamtgläubiger und schulden ihrerseits dem Mediator gegenüber als Gesamtschuldner das Honorar (§§ 421, 428 BGB)[26]. Der

---

20 BGH in NJW 2017, S. 3442 ff; NZFam 2018, S. 18 ff. 2006 hat das AG Lübeck entschieden, dass sie um eine anwaltliche Dienstleistung iSd § 611 BGB handelt, wenn die Mediation durch einen Anwalt angeboten wird (29.09.2006; 24 C 1853/06- http://www.gesetze-rechtsprechung.sh.juris.de/jportal/portal/t/q60/page/bsshoprod.psml/js_pane/Dokumentanzeige#focuspoint; (Datum des Zugriffs: 25.11.2019)).
21 *Sprau* in: *Palandt*, BGB, § 675, Rn. 3, 4; BGH Z 45, S. 223, 228.
22 So auch *Greger* in: *Greger/Unberath/Steffek*, Recht der alternativen Konfliktlösung, § 2 MediationsG, Rn. 36; *Gläßer* in: *Klowait/Gläßer*, Mediationsgesetz, § 2, Rn. 20.
23 BGH Beschluss v. 14.1.2016 – I ZR 98/15, S. 6, Rdn. 7 (abzurufen über Webseite des BGH).
24 *Hess* in: *Haft/von Schlieffen*, Handbuch Mediation, § 43, Rn. 32; *Greger* in *Greger/Unberath/Steffek*, Recht der alternativen Konfliktlösung, § 2 MediationsG, Rn. 35.
25 *Greger* in: *Greger/Unberath/Steffek*, Recht der alternativen Konfliktlösung, § 2 MediationsG, Rn. 47.
26 *Hess* in: *Haft/von Schlieffen*, Handbuch Mediation, § 43, Rn. 30.

Mediator ist verpflichtend iSd § 613 BGB, die Mediation selbst durchzuführen und kann diese grundsätzlich nicht auf Dritte übertragen.

b) Mediations- oder Verfahrensvereinbarung

Vom Mediatorvertrag zu unterscheiden ist die Mediationsvereinbarung (auch: Verfahrensvereinbarung). Beide Verträge können allerdings auch inhaltlich zusammengefasst werden, sodass die Konfliktparteien mit dem Mediator lediglich die Mediationsvereinbarung abschließen, die den Mediatorvertrag beinhaltet. Davon zu unterscheiden sind 17

- die **Mediationsklausel/Mediationsabrede**, die zwischen zwei oder mehreren Personen darüber abgeschlossen wird, dass im Fall eines Konflikts eine Mediation als Konfliktlösungsverfahren durchgeführt wird.[27] Dies wird häufig in Verträgen in Form einer Mediationsklausel (z. B. an Stelle einer Schiedsgerichtsklausel) geregelt;[28] und
- die **Mediationsabschlussvereinbarung** (Abschlussvereinbarung), mit denen die Konfliktparteien am Ende einer erfolgreichen Mediation das von Ihnen erzielte Ergebnis schriftlich festlegen (z.Bsp. in Form eines Vergleichs iSd § 779 Abs. 1 BGB).

Der Mediator hat die Parteien vor Beginn einer Mediation auf die Möglichkeit hinzuweisen, eine Mediationsvereinbarung abzuschließen. Im Rahmen einer Mediationsvereinbarung können die Parteien »grundlegende Verfahrens-, **Kommunikations- und Verhaltensregeln**«[29] festlegen. 18

Die **Mediationsvereinbarung** kann umfangreiche Regeln enthalten, u. a. über die
- persönliche Teilnahme der Parteien an den Mediationssitzungen,
- Vertretung von Personengemeinschaften und juristischen Personen und deren Verhandlungskompetenz,
- Teilnahme von Beratern der Parteien,
- Hinzuziehung von externen Gutachtern,
- Ort und Dauer der Mediation insgesamt,
- Dauer der einzelnen Mediationssitzungen,
- Beendigung der Mediation,
- über einen respektvollen Umgang in der gemeinsamen Kommunikation,[30]
- Vertraulichkeit,
- Offenlegung oder Geheimhaltung von Informationen und Beweisverwertung von Erkenntnissen aus dem Mediationsverfahren,
- Zeugnisverweigerungsrecht des Mediators,
- Durchführung von Einzelgesprächen und den Umgang mit den daraus gewonnenen Informationen,
- Fragen zur Erstellung von Protokollen,

---

27 *Hess* in: *Haft/von Schlieffen* (Hrsg.), Handbuch Mediation, § 43, Rn. 12 ff.
28 Vgl. *Unberath* NJW 2011, S. 1320 ff.
29 Begr. BT-Drucks. 17/5335, S. 15.
30 Begr. BT-Drucks. 17/5335, S. 15.

- Umgang mit bereits anhängigen Verfahren (z. B. Gerichtsverfahren, Verwaltungsverfahren),
- Verzicht der Verjährungseinrede,
- Kosten der Mediation und Vergütung des Mediators,
- Information der Öffentlichkeit, Medien, Presseverlautbarungen,
- Einsichtsrechts in die Mediationsakte,[31]
- Aufbewahrung von Unterlagen aus dem Mediationsverfahren,
- Sanktionen bei Verstoß gegen Absprachen,-
- Überwachung der Umsetzung der Mediationsabschlussvereinbarung.

19 Abhängig vom jeweiligen Mediationsverfahren (Parteien, Konfliktstoff, Dauer und Umfang der Mediation) werden solche Regeln Anwendung finden. Generell wird der Mediator aber bei allen Mediationsverfahren mit den Parteien vor Beginn der Mediation bestimmte Regeln für den gegenseitigen Umgang während der Mediation vereinbaren, die in erster Linie die Kommunikation betreffen und deren Befolgung eine **positive Kommunikation** zwischen Personen erst ermöglicht (z. B. den anderen aussprechen lassen; Ich-Botschaften verwenden; keine beleidigende Ansprache; verständliche Sprache verwenden etc.).

20 Zahlreiche Regeln, die Eingang in eine Mediationsvereinbarung finden können, betreffen unmittelbar das Verhältnis der Parteien zum Mediator und dessen Rolle in der Mediation. Damit können die Regelungen der Mediationsvereinbarung durchaus Teil des Mediatorvertrags sein bzw. umgekehrt, was meistens auch der Fall sein dürfte, da der Mediator diese Verfahrens-, Kommunikations- und Verhaltensregeln mit den Parteien besprechen und zusammenfassen wird. Es empfiehlt sich, die **Mediationsvereinbarung**, wie alle anderen die Durchführung oder Beendigung der Mediation betreffenden Vereinbarungen, **schriftlich** abzuschließen. Bei einer Vielzahl von Mediationen, z. B. mit wenigen Parteien und kurzer Dauer, wird der Mediator aber Verfahrens-, Kommunikations- und Verhaltensregeln mit den Parteien besprechen, und die Parteien werden der Einhaltung dieser Regelungen mündlich zustimmen.

21 Der Mediator hat mit den Parteien über diese vertraglichen Möglichkeiten somit **vor Beginn der Mediation**, aber gegebenenfalls nach einem Informationsgespräch, zu sprechen. Der Gesetzgeber geht zwar davon aus, dass ein entsprechender Hinweis »zu Beginn der Mediation«[32] geboten sein kann. Aus verfahrenssystematischen Gründen ist damit der Zeitpunkt der Entscheidung der Parteien für die Durchführung der Mediation und vor Abschluss der vertraglichen Regelungen (Mediatorvertrag, Mediationsvereinbarung) gemeint. Da die Mediationsvereinbarung aber ganz wesentliche und für die Parteien sogar entscheidungsbeeinflussende Regelungen (z. B. Verschwiegenheit, Vertraulichkeit, Beweisverwertungsverbote) enthalten kann, sollte der Mediator frühzeitig die Parteien auf diese Möglichkeit der Regelungsautonomie hinweisen.

---

31 Begr. BT-Drucks. 17/5335, S. 15.
32 Begr. BT-Drucks. 17/5335, S. 15.

c) **Auftragsannahme**

Grundsätzlich ist in Mediator, wie jeder Dienstleister (vgl. für den Rechtsanwalt 22
§ 44 BRAO[33]), der seine Tätigkeit öffentlich anbietet, verpflichtet, unverzüglich mitzuteilen, ob er einen Auftrag zur Durchführung einer Mediation annimmt oder ablehnt. Voraussetzung ist, dass dem Mediator eine entsprechend konkrete Anfrage (Angebot) vorliegt. Auf allgemeine Fragen, z. B. über den Ablauf einer Mediation, muss der Mediator hingegen nicht reagieren. Der Mediator, der schuldhaft diese unverzügliche Reaktion versäumt, macht sich gegebenenfalls schadensersatzpflichtig.[34]

3. Haftung des Mediators

a) **Allgemeines**

Der Mediator haftet wie jeder andere Dienstleister für **schuldhaftes Handeln.** Man- 23
gels Sonderregelungen gelten die für alle Schuldverhältnisse anwendbaren Ansprüche aus §§ 280 ff. BGB, es können ferner Ansprüche aus § 311 Abs. 2. 241 Abs. 2 BGB[35] bereits vor Abschluss oder nach Kündigung eines Mediatorenvertrags nach §§ 627, 628 BGB, sowie deliktische Ansprüche nach § 823 ff. BGB gegeben sein.[36] Bisher waren allerdings die Pflichten des Mediators nicht normiert. Es fehlte zudem eine »allgemein gültige« Übereinkunft, was der Mediator zu tun und was er zu unterlassen hat. Damit war das Haftungsrisiko des Mediators auf solche Fälle beschränkt, die entweder eine eindeutige Verletzung allgemeiner Sorgfaltspflichten oder einen Verstoß gegen den Mediatorvertrag oder berufsrechtliche Regelungen (z. B. beim Anwaltsmediator) darstellten.[37] Da es keine sondergesetzliche Anwaltshaftung gibt (Ausnahme § 44 S. 1 BRAO), finden für den als Mediator tätigen Anwalt auch nur die skizzierten allgemeinen Haftungsregelungen Anwendung.

Das Haftungsrisiko des Mediators hat sich durch das **MediationsG** insoweit erhöht, 24
als die Pflichten des Mediators nun vielfach klarer bestimmt bzw. das MediationsG einen eindeutigen Raum für rechtliche Interpretationen zulässt. Es bleibt abzuwarten, in welchem Umfang die Rechtsprechung die Verletzung der vom Gesetz vorgegebenen Pflichten als Grundlage für Haftungsansprüche ansehen wird, doch hat sich der vom Mediator zu beachtende Pflichtenkatalog und damit sein **Haftungsrisiko deutlich verschärft.**

---

33 Trotz seiner allgemeinen Tätigkeitspflicht aus § 15 BNotO kann der als Mediator tätige Notar Mediatiosaufträge ablehnen.
34 *Greger* in: *Greger/Unberath/Steffek*, Recht der alternativen Konfliktlösung, § 2 MediationsG, Rn. 105 ff.
35 *Greger* in: *Greger/Unberath/Steffek*, Recht der alternativen Konfliktlösung, § 2 MediationsG, Rn. 56.
36 Vgl. *Jost* ZKM 2011, S. 168 ff.; *Prütting* in: *Haft/von Schlieffen* (Hrsg.), Handbuch Mediation, § 46, Rn. 2.
37 *Prütting* in: *Haft/von Schlieffen* (Hrsg.), Handbuch Mediation, § 46, Rn. 14 ff.

b) BGH-Urteil vom 21.9.2017

25 Rechtsprechung zur Haftung und zum Haftungsumfang des Mediators gibt es erkennbar nicht[38], mit Ausnahme der Entscheidung des BGH[39] aus dem Jahr 2017 über die Haftung des Anwaltsmediators. Die Besonderheit dieses Falles liegt darin, dass in einem Scheidungsfall eine Rechtsanwältin, die eine Schlichtungsstelle betreibt, mit den Eheleuten vereinbart hatte, einvernehmlich rechtliche Lösungsvorschläge zu entwickeln. Gleichzeitig hatte die Rechtsanwältin für einen Ehepartner den Scheidungsantrag bei Gericht gestellt. Übt der Rechtsanwalt in einem solchen Fall seine Tätigkeit auch als Mediator aus, sieht der BGH darin einem mehrseitigen Anwaltsdienstvertrag (s. Rdn. 14), woraus grundsätzlich die Haftung des Anwaltsmediators nach den Maßstäben der Anwaltshaftung folge.[40] Der BGH versäumt es leider, zwischen der Tätigkeit als Rechtsanwalt (die Rechtsanwältin hatte im vorliegenden Fall auch für einen Ehepartner den Scheidungsantrag bei Gericht gestellt) und als Mediator scharf zu trennen.[41] Er billigt dem Rechtsanwalt in ein und demselben Fall völlig unproblematisch zu, gleichzeitig auch als Mediator tätig sein zu können. Darin liege »kein Verstoß gegen das Verbot der Wahrnehmung widerstreitender Interessen, weil der Anwalt im Auftrag beider Konfliktparteien als Vermittler handelt, deren gemeinsames Interesse an einer einvernehmlichen Konfliktlösung verfolgt und gem. §§ 2 Abs. 3 S. 1, 3 Abs. 1 MediationsG zur unparteiischen Verhandlungsführung verpflichtet«[42] sei.

26 Dieser strengere Haftungsmaßstab soll für den Anwaltsmediator bereits gelten, wenn die rechtliche Beratung hinter der Tätigkeit als Mediator zurückbleibt, und er nur allgemein rechtlich informiert oder einzelne rechtliche Hinweise gibt[43]. Unabhängig davon, wie kritisch man das Urteil des BGH sieht, sollten Rechtsanwälte, die als Mediatoren tätig sind, sich der strengen Haftungsmaßstäbe des BGH im Klaren sein. Will der Anwaltsmediator also nicht nach den strengeren anwaltlichen Maßstäben haften, sollte er auf jede Form der Rechtsberatung im Rahmen einer Mediation verzichten[44], und dies gegebenenfalls auch bereits im Mediatorvertrag mit den Parteien ausdrücklich ausschließen (vgl. Rdn. 13).

27 Neben dem MediationsG wird auch in Zukunft der jeweilige Mediatorvertrag Grundlage für die Beschreibung der Pflichten des Mediators bleiben. So ausdrücklich der BGH[45] in seiner Entscheidung von 2017. Ergänzend sei darauf hingewiesen, dass das

---

38 *Gläßer* in: *Klowait/Gläßer*, Mediationsgesetz, § 2, Rdn. 26.
39 BGH, NJW 2017, S. 3442; vgl. *Riehm* ZKM 2019, 120 ff.
40 BGH, NJW 2017, S. 3442, 3444.
41 *Greger* bezeichnet die Rechtsanwältin als »Scheidungsmanagerin« und führt weiter aus, dass es fatal sei, dass der BGH deren Tätigkeit als Mediation qualifiziert habe: ZKM-Blog vom 13.10.2017. https://blog.otto-schmidt.de/mediation/2017/10/13/bgh-verurteilt-mediatorin-zu-schadensersatz/#comment-2 (Datum des Zugriffs: 25.11.2019).
42 BGH, NJW 2017, S. 3442, 3443.
43 *Ehlers-Hofherr* NJW 2017, S. 3446.
44 *Schwaiger* NZFam 2018, S. 23.
45 BGH, NJW 2017, S. 3442, 3443.

Handeln oder Unterlassen des Mediators neben den vertraglichen und gesetzlichen Haftungstatbeständen des Zivilrechts, grundsätzlich auch nach strafrechtlichen Haftungstatbeständen beurteilt werden kann.[46]

c) Leistungsstörungen

Inwieweit etwaige Schadensersatzansprüche gegen einen Mediator durchsetzbar sind, hängt insbesondere von folgenden Fragen ab: a) welche Pflichten hat der Mediator, b) liegt eine schuldhafte Verletzung dieser Pflichten vor und c) ist diese schuldhafte Pflichtverletzung kausal für einen Schaden, der einer Konfliktpartei oder einem Dritten entstanden ist. Die Beweislast trägt dabei derjenige, der den Schaden behauptet, also die Konfliktpartei oder der Dritte[47]. 28

Bei der Durchsetzung eines Schadensersatzanspruchs gelten im Übrigen die Grundsätze und Regeln des allgemeinen Schuldrechts (§§ 275 – 304, 320 -326 BGB). Kommt es zwischen den Parteien im Rahmen ihres vertraglichen Verhältnisses zu Störungen, sogenannten Leistungsstörungen, ist zu unterscheiden zwischen Nichterfüllung, Unmöglichkeit der Leistung, Vorzug einer Partei und den wichtigen Fällen der Schlechtleistungen. Eine Nichterfüllung liegt vor, wenn eine Partei ihrer vertraglichen Leistungspflicht nicht nachkommen. Sollte bspw. der Mediator die vertraglich vereinbarte Leistung nicht erbringen können, so spricht man von Unmöglichkeit der Leistung, einer Form der Nichterfüllung[48]. Er ist dann von seiner vertraglichen Pflicht zur Leistung befreit (§ 275 BGB). Der Mediator verliert dann aber auch seinen Anspruch auf das Honorar. Dabei spielt es keine Rolle, ob das Leistungshindernis bereits bei Abschluss des Mediatorvertrages bestand (anfängliche Unmöglichkeit § 311a BGB) oder ob dies erst nach Abschluss des Vertrages aufgetreten ist (nachträgliche Unmöglichkeit § 275 BGB). In Verzug kommt der Mediator, wenn er seine Leistungen grundsätzlich erbringen kann, dies aber trotz Aufforderung unterlässt. Umgekehrt kann auch jede andere Partei in Verzug, z.Bsp. Zahlungsverzug, kommen. Die Nichterfüllung kann ggf. gerechtfertigt sein, wenn der Vertragspartei ein Leistungsverweigerungsrecht zusteht. Von der Nichterfüllung zu unterscheiden ist die Schlechterfüllung, bei der zwar grundsätzlich geleistet wird, diese Leistung aber nicht den vereinbarten Vertragspflichten (vgl. Rdn. 31, 32) entspricht. 29

Die Rechtsfolgen der Leistungsstörungen können sein a) das Erlöschen des Anspruchs auf Leistung (§ 275 BGB), b) das Erlöschen des Anspruchs auf die Gegenleistung (§ 326 BGB), c) Schadensersatz (§§ 280 ff., 311a BGB), Rücktritt vom Vertrag (§§ 323 – 326 BGB, die Leistung von Aufwendungsersatz (§ 284 BGB) und die Herausgabe des Ersatzes (§ 285 BGB). 30

---

46 *Prütting* in: *Haft/von Schlieffen* (Hrsg.), Handbuch Mediation, § 46, Rn. 67 ff.
47 *Gläßer* in: *Klowait/Gläßer*, Mediationsgesetz, § 2, Rn. 28.
48 Sollte nur die verpflichtete Partei nicht in der Lage sein, die Leistung zu erbringen, so spricht man von subjektiver Unmöglichkeit; sollte niemand dazu in der Lage sein, so handelt es sich um objektive Unmöglichkeit.

Pielsticker

31 Bei Prüfung der Frage, ob ein Vertrag ordnungsgemäß erfüllt wurde, oder ob eine mangelhafte Erfüllung (Schlechtleistung) vorliegt, ist auf die Vertragspflichten (§ 241 BGB) abzustellen; man unterscheidet zwischen Haupt- und Nebenleistungspflichten. Hauptleistungspflichten sind solche Pflichten, die den Grund für den Vertragsabschluss darstellen, z.Bsp. die Durchführung einer Mediation gegen Bezahlung. Nebenleistungspflichten hingegen sind die Pflichten, die zur Erfüllung der Hauptleistungspflichten erbracht werden müssen. Diese hängen von den Umständen des jeweiligen Vertragsverhältnisses ab, wie z.Bsp. besondere Treuepflichten, Aufklärung – und Mitteilungspflichten, Schutzpflichten, Obhutspflichten.

32 Art und Umfang der Haupt- und Nebenleistungspflichten ergeben sich zum einen aus Gesetzen (z.Bsp. MediationsG, BGB) und Rechtsprechung, zum anderen ganz wesentlich aus dem zugrunde liegenden Vertrag (Mediatorvertrag, Mediationsvereinbarung) und den allgemeinen Pflichten und Geboten, deren Beachtung im jeweils besonderen Fall üblicherweise erwartet werden kann.

d) Haftungsbegrenzung

33 Grundsätzlich besteht für den Mediator die Möglichkeit, mit den Parteien innerhalb des gesetzlichen Rahmens eine Haftungsbegrenzung zu vereinbaren. Allerdings kann die Haftung für vorsätzliches Handeln vertraglich nicht ausgeschlossen werden (§ 276 Abs. 3 BGB). Zudem muss der Mediator bei Gestaltung vorformulierter Vertragsbedingungen die Regelungen der §§ 305 ff. BGB beachten. Angehörige besonderer Berufsgruppen (Rechtsanwälte, Notare, Steuerberater, Architekten u.a.), die als Mediatoren tätig sind, haben zudem die jeweils berufsspezifischen Regelungen zu beachten.[49]

e) Vermögensschadensversicherung

34 Ob der Mediator sein Haftungsrisiko durch den Abschluss einer **Vermögensschadensversicherung** verringert, hat er selber zu entscheiden. Eine Pflicht dazu sieht das MediationsG nicht vor. Etwas anderes gilt nur für die Mediatoren, die aus berufsrechtlichen Regelungen ihrer Herkunftsberufe (z.B. Rechtsanwälte, Notare, Steuerberater) gezwungen sind, eine Vermögensschadenshaftpflichtversicherung (Berufshaftpflichtversicherung) abzuschließen.

35 Für Rechtsanwälte, die als **Anwaltmediatoren** einer anwaltlichen Tätigkeit nachgehen (vgl. § 1 RVG), ergibt sich diese Pflicht aus § 51 BRAO, der nach § 18 BORA Anwendung findet. (Nach § 18 BORA unterliegt der Rechtsanwalt, der als Mediator tätig wird, den Regeln des anwaltlichen Berufsrechts.) Die Berufsregeln der Rechtsanwälte der Europäischen Union (CCBE)[50] enthalten keine entsprechenden Vorgaben. Ob die **anwaltliche Berufshaftpflichtversicherung** die Tätigkeit auch als Mediator abdeckt,

---

49 Vgl. dazu *Greger* in: *Greger/Unberath/Steffek*, Recht der alternativen Konfliktlösung, § 2 MediationsG, Rn. 64 ff.
50 Rat der Anwaltschaften der Europäischen Union (Conseil des Barreaux de L'Union Européenne – CCBE) v. 28. 11. 1998 in Lyon, vgl. www.anwaltverein.de.

hat der Rechtsanwalt abzuklären, andernfalls muss er eine Zusatzversicherung abschließen.

Notare haben nach § 19 a BNotO eine Berufshaftpflichtversicherung zu unterhalten.[51] 36
Wird ein Notar als Mediator tätig, so handelt es sich um eine »sonstige Betreuung der Beteiligten auf dem Gebiete vorsorgender Rechtspflege« i.S.v. § 24 Abs. BNotO, und damit um eine **Amtshandlung** i.S.v. § 24 Abs. 1 BNotO.[52] Daraus ist zu schlussfolgern, dass der Notar für die Tätigkeit als Mediator ebenfalls eine entsprechende Berufshaftpflichtversicherung haben muss. Auch für den Notar gilt, dass er prüfen muss, ob seine Berufshaftpflichtversicherung die Tätigkeit als Mediator abdeckt; andernfalls muss auch er eine **Zusatzversicherung** abschließen.

Andere Berufsgruppen, wie Steuerberater (§§ 67, 72 StBerG), Architekten und Bauingenieure, Ärzte, haben ebenfalls eine Berufshaftpflichtversicherung abzuschließen. 37
Ob diese auch die Tätigkeit als Mediator abdeckt, ist im Einzelfall zu klären.

Der Mediator hat wohl kaum die Pflicht, im Rahmen des Informationsgespräches die 38
Parteien auf seine grundsätzliche Haftung bei Verstoß gegen seine Sorgfaltspflichten hinzuweisen. Der allgemeine Gedanke der Haftung eines Dienstleisters für von ihm verursachte Schäden ist in der Bevölkerung so verbreitet, dass es keines Hinweises bedarf. Er hat daher auch nicht die Pflicht, auf eine von ihm etwa für die Tätigkeit als Mediator abgeschlossene Vermögensschadensversicherung hinzuweisen. Es könnte lediglich ein für die Parteien **nützlicher Hinweis** sein, der ihnen die Entscheidung über einen bestimmten Mediator leichter machen kann.

4. Pflichten des Mediators vor der Mediation (Absatz 2)

a) Informationsgespräch

aa) Verständnis der Parteien

Der Mediator[53] hat sich in einem sog. **Informationsgespräch** über den Kenntnisstand der Parteien[54] bzgl. der Grundsätze und des Ablaufs des Mediationsverfahrens 39
(1. HS) und deren freiwillige Teilnahme (2. HS) daran »**zu vergewissern**«. Er kann dabei entsprechende Kenntnisse bei den Beteiligten nicht voraussetzen oder aus bestimmten Umständen vermuten, sondern muss sich in einem Gespräch davon **überzeugen**, dass jeder Beteiligte über entsprechende Informationen bereits verfügt. Sollte dies nicht der Fall sein oder sollte der Mediator den Eindruck gewinnen, dass entsprechende Kenntnisse bei einigen oder allen Beteiligten nicht vorliegen, so hat er aktiv in einem Gespräch die Parteien gemeinsam oder auch einzeln zu informieren. Sollten Beteiligte mitteilen, sie seien bereits durch Dritte, z. B. Gericht oder

---

51 Dieser Haftungsumfang wird über § 67 Abs. 3 Nr. 3 BNotO noch erweitert.
52 *Eylmann/Vaasen*, Bundesnotarordnung, Beurkundungsgesetz, § 24 BNotO, Rn. 2, 46 ff.; *Schippel/Bracker*, Bundesnotarordnung, § 24 Rn. 22; *Korintenberg/Lappe/Bengel/Reimann*, Kostenordnung, § 30, Rn. 56a.
53 Vgl. hierzu die Kommentierung zu § 1 MediationsG, Rdn. 33 ff.
54 Vgl. hierzu die Kommentierung zu § 1 MediationsG, Rdn. 9 ff.

andere Stellen, informiert worden, so hat sich der Mediator ebenfalls vom konkreten Kenntnisstand der Parteien durch entsprechende Nachfragen zu vergewissern und gegebenenfalls weitere Aufklärung zu leisten. Inhalt des Informationsgesprächs ist noch nicht der eigentliche Konflikt.

40   Die **sorgfältige Durchführung** des Informationsgespräches ist eine der wichtigen, »vornehmen« Pflichten des Mediators, da sich eine Partei auf ein eigenverantwortliches Konfliktlösungsverfahren nur einlassen kann, wenn sie Verfahrensgrundsätze und Ablauf kennt und die eigenen Erwartungen an die Mediation vorher besprechen konnte. Nur so kann vermieden werden, dass eine Partei vom späteren Mediationsverfahren enttäuscht ist, weil sie aus Unkenntnis andere Erwartungen an die Mediation hatte.

41   Das Informationsgespräch hat naturgemäß **vor Beginn** der Mediation stattzufinden, damit die Parteien entscheiden können, ob sie an einem solchen Verfahren teilnehmen möchten. Ob einzelne, anfänglich **versäumte**, **Informationen** noch während des Mediationsverfahrens nachgeholt werden können, wird wohl nicht grundsätzlich zu verneinen sein. Problematisch könnte es werden, wenn sich durch die nachgeholten Informationen die Vorstellungen der Parteien über Verfahren und Ablauf so ändern, dass sie sich bei früher Kenntnis dieser Informationen gegen die Mediation entschieden hätten, nun möglicherweise das Vertrauen in den Mediator verlieren, und die Mediation daher scheitert. Dies könnte **Haftungsfragen** auslösen. Vertiefende Informationen zum Mediationsverfahren, die über das gesetzlich verlangte Maß an Information hinausgehen, oder Informationen, die erst aufgrund des Verlaufs der Mediation erforderlich werden sollten, können hingegen immer gegeben werden.

42   Der Mediator hat sich zudem zu vergewissern, ob die Parteien die Informationen **verstanden** haben. Dieser gesetzliche Anspruch geht über die reine **Informationspflicht**, die der Mediator erfüllen muss, deutlich hinaus. Das Gesetz schweigt dazu, wie der Mediator diese Gewissheit erlangen kann. Letztlich ist diese Verpflichtung kaum nachprüfbar zu erfüllen. Der Mediator kann allenfalls im Gespräch einen **subjektiven Eindruck** davon erlangen, ob seine Informationen von allen Beteiligten verstanden worden sind. Er wird die Parteien nicht nach ihrem Kenntnisstand »abfragen« können. Der Mediator wird aber verpflichtet sein, gerade bei unterschiedlich selbstbewusst agierenden Parteien (z. B. bei innerbetrieblichen Mediationen, deren Beteiligte im Über-/Unterordnungsverhältnis zueinander stehen) zu gewährleisten, das alle Beteiligten ausreichend Gelegenheit haben, Fragen an den Mediator zu stellen. Der Mediator sollte sich auch von jedem Beteiligten durch direkte Ansprache **bestätigen** lassen, dass die Informationen über Grundsätze und Verfahren verstanden worden sind bzw. ob der einzelne Beteiligte dazu noch Fragen hat.

bb) Umfang des Kenntnisstands bzw. der Information

43   Der Gesetzgeber stellt bei der Beantwortung der Frage, von welchem Kenntnisstand sich der Mediator bei den Beteiligten überzeugen muss bzw. welchen Grad an Information er zu gewährleisten hat, **hohe Anforderungen**. So heißt es in der Gesetzesbe-

gründung,[55] dass der Mediator zu **gewährleisten** habe, »dass die Parteien über Sachlage und das Verfahren **voll informiert** sind.« Der Begriff der vollen Informiertheit, wonach die Parteien in Kenntnis aller für eine abschließende Entscheidung im Mediationsverfahren wesentlichen Informationen verfügen müssen[56], ist als ein Grundsatz der Mediation durchaus bekannt. Diese Bedeutung kann hier aber keine Anwendung finden. Denn bei den Informationen über Grundsätze und Ablauf einer Mediation handelt es sich zum Teil um Fachkenntnisse, für deren Verständnis eine entsprechende Ausbildung erforderlich ist. Eine quasi Ausbildung der Beteiligten im Schnelldurchgang zu Mediatoren kann der Gesetzgeber ersichtlich nicht gemeint haben.

Vom Ergebnis her und unter Berücksichtigung des gesetzgeberischen Anspruchs sollte nach dem **Informationsgespräch** mit dem Mediator jede Partei aufgrund ihrer Kenntnis über a) den Ablauf des Mediationsverfahrens (vgl. Rdn. 75 ff.), b) die Grundsätze eines Mediationsverfahrens (vgl. Rdn. 51 ff.), c) die Beteiligten und deren jeweilige Rolle (vgl. Rdn. 78) sowie d) die sonstigen alternativen Konfliktlösungsverfahren (vgl. Rdn. 100) entscheiden können, ob Mediation für sie das **geeignete Verfahren** zur Lösung ihres Konflikts ist. Die Entscheidung darüber, wie umfangreich und tiefgehend dieser Kenntnisstand zu sein hat, ist dabei keine Frage des beruflichen Selbstverständnisses des Mediators (**Berufsethos**). Der Mediator hat vielmehr sicherzustellen, dass keine Partei während der Mediation »Überraschungen« in Bezug auf das Verfahren in einem Umfang erlebt, der zu einem Abbruch der Mediation führen könnte. 44

Die **Pflicht** des Mediators ist es, den entsprechenden Kenntnisstand bei den Parteien zu gewährleisten. Dabei kann der **Umfang der erforderlichen Erklärungen** des Mediators bei jeder Partei unterschiedlich sein, u. a. kann das Informationsbedürfnis der Parteien vom Konfliktstoff und von den Zielen abhängen, die die Parteien mit der Mediation verfolgen. Dies hat der Mediator im Gespräch mit den Parteien herauszufinden. Hier liegt durchaus ein **Haftungsrisiko** für den Mediator. Zwar ist es zum Zeitpunkt des Informationsgesprächs zwischen den Parteien und dem Mediator noch nicht zum Vertragsschluss (Mediatorvertrag, Mediationsvereinbarung[57]) gekommen, doch finden die Grundsätze über die vorvertraglichen Sorgfalts- und Informationspflichten Anwendung(§ 311 Abs. 2 Nr. 1 BGB – culpa in contrahendo). Bei entsprechender Verletzung dieser Pflichten kann sich ein **Schadensersatzanspruch** aus § 241 Abs. 2 BGB und §§ 280 ff. BGB ergeben.[58] 45

Im Ergebnis muss jede Partei so umfangreich über Grundzüge und Ablauf der Mediation informiert sein, dass 46

---

55 Begr. BT-Drucks. 17/5335, S. 15.
56 Vgl. zu Einzelheiten unten Rdn. 31 ff.
57 Vgl. Rdn. 13 ff; *Greger* in: *Greger/Unberath/Steffek*, Recht der alternativen Konfliktlösung, § 2 MediationG, Rn. 36. *Gläßer* in: *Klowait/Gläßer*, Mediationsgesetz, § 2, Rn. 20.
58 Vgl. die Kommentierung zu § 1 MediationsG, Rdn. 1 ff.; ferner *Hess*, Rechtsgrundlagen der Mediation, S. 1053 ff. (1062 f.).

- sie eine **eigenverantwortliche Entscheidung** für oder gegen die Mediation treffen kann[59],
- die Mediation als **Verfahren formal einwandfrei** durchgeführt werden kann, d. h. die Erwartungen der Parteien an Form und Ablauf des Mediationsverfahrens nicht enttäuscht werden (wobei es nicht darauf ankommt, dass die Mediation auch mit einer Einigung der Parteien beendet wird) und
- der Mediator **keinerlei Haftungsrisiko** ausgesetzt ist.

cc) Weitere Informationen

47 Der Mediator ist gehalten, auf Anfragen der Beteiligten Auskunft über seine Ausbildung, seine Fortbildung und auch darüber zu erteilen, ob er die Voraussetzungen eines »zertifizierten Mediators« erfüllt (§ 3 Abs. 5 MediationsG). Er muss dies nicht ungefragt tun. Allerdings fördert das Wissen darüber das Vertrauen der Parteien in den Mediator und in den Ablauf der Mediation. Ggf. bietet es sich für den Mediator auch an, über seine Erfahrungen mit Mediations- bzw. anderen Konfliktlösungsverfahren unter Beachtung der Verschwiegenheitspflicht zu berichten, damit die Parteien entscheiden können, ob ihnen der Mediator geeignet erscheint, sie bei der Lösung eines Konfliktes zu unterstützen.

48 Ferner hat der Mediator im Rahmen des Informationsgespräches zu prüfen, ob Umstände vorliegen, die seine Unabhängigkeit und Neutralität beeinträchtigen könnten (§ 3 Abs. 1 MediationsG), und ob Ausschlusskriterien nach § 3 Abs. 2, 3 MediationsG vorliegen. Sollten entsprechende Umstände gegeben sein, hat der Mediator die Beteiligten darauf hinzuweisen, und, um ggf. einen möglichen Ausschluss nach Abs. 3 zu vermeiden, das Einverständnis der Parteien einzuholen.

49 Selbstverständlich ist im Rahmen des Informationsgespräches auch über die Kosten, den voraussichtlich Zeitaufwand und die Örtlichkeit für die Durchführung der Mediation zu informieren.

dd) Dokumentation

50 Der Mediator sollte aufgrund des bestehenden Haftungsrisikos ein eigenes Interesse daran haben, spätere Vorwürfe zu vermeiden, er sei seinen Pflichten nach Absatz 2 nicht oder nicht ausreichend nachgekommen. Die Erfüllung dieser Pflichten sollte er daher zweckmäßigerweise **schriftlich dokumentieren**[60] und ggf. den Beteiligen ein entsprechendes **Merkblatt** aushändigen. Ferner sollte er sich den Inhalt des Informationsgesprächs, die Übergabe des Merkblatts und das Verständnis über Grundsätze und Ablauf des Mediationsverfahrens sowie die freiwillige Teilnahme der Parteien an der Mediation schriftlich bestätigen lassen.

---

59 *Gläßer* in: *Klowait/Gläßer*, Mediationsgesetz, § 2, Rn. 78.
60 *Greger* in: *Greger/Unberath/Steffek*, Recht der alternativen Konfliktlösung, § 2 MediationG, Rn. 110.

b) **Grundsätze des Mediationsverfahrens (Absatz 2, 1. HS, 1. Alt.)**

Zu den maßgeblichen und die Mediation prägenden **Grundsätzen** gehören die Neu- 51
tralität (Allparteilichkeit), die Freiwilligkeit, die Selbstverantwortlichkeit, die Informiertheit und die Vertraulichkeit.

aa) Neutralität[61]

Die Neutralität des Mediators ist ein wesentliches Grundprinzip des Mediationsver- 52
fahrens[62] und »unerlässliche Voraussetzung für das Gelingen der Mediation«.[63] Sie
ist gesondert in § 2 Abs. 3 Satz 1 und in § 3 MediationsG (s. dort) geregelt. Die
Neutralität bezieht sich nicht nur auf die persönlichen Merkmale des Mediators,
d. h. die Unabhängigkeit von den Beteiligten (**Neutralität der Person**)[64], sondern
betrifft auch die Verfahrensneutralität (**Neutralität im Verfahren**).[65] Die Neutralität
der Person ist dabei nach objektiven Kriterien zu bestimmen (objektive Neutralität),
wohingegen die Neutralität im Verfahren maßgeblich von der mit den Parteien
abgeschlossenen Vereinbarung (Mediatorenvertrag, Verfahrensvereinbarung), die
dem Mediationsverfahren zugrunde liegt, abhängt (relative Neutralität).[66] Auf dieser
Neutralität basiert das Vertrauen der Parteien in die Person des Mediators und auch
in das Verfahren; gleichzeitig schöpft der Mediator seine Autorität aus seiner neutralen Rolle gegenüber den Parteien.[67]

Die **Neutralität der Person** des Mediators betrifft seine Unabhängigkeit, die nach 53
objektiven Kriterien[68] zu beurteilen ist. Die Vorschrift des § 3 Abs. 1 Satz 1 MediationsG sieht in einer Art **Generalklausel** vor, dass der Mediator alle Umstände offenzulegen hat, die seine Unabhängigkeit beeinträchtigen können (§ 3 Abs. 1 S. 1 MediationsG). Solche Umstände können vorliegen, wenn z. B.
- eine persönliche oder geschäftliche Verbindung zwischen Mediator und einer Partei besteht[69],
- der Mediator in derselben Sache bereits für eine Partei als Berater (z.Bsp. Rechtsanwalt, Notar, Steuerberater) oder
- als Sachverständiger oder Zeuge tätig war oder
- der Mediator ein finanzielles oder sonstiges eigenes Interesse am Ausgang des Verfahrens hat.[70]

---

61 Vgl. die Kommentierung zu § 1 MediationsG, Rdn. 33 ff.
62 *Breidenbach*, Mediation, S. 145.
63 Begr. BT-Drucks. 17/5335, S. 15.
64 *Kracht* in: *Haft/von Schlieffen* (Hrsg.), Handbuch Mediation, § 12, Rn. 25 ff.
65 *Kracht* in: *Haft/von Schlieffen* (Hrsg.), Handbuch Mediation, § 12, Rn. 18 ff., 30.
66 *Kracht* in: *Haft/von Schlieffen* (Hrsg.), Handbuch Mediation, § 12, Rn. 17.
67 *Kracht* in: *Haft/von Schlieffen* (Hrsg.), Handbuch Mediation, § 12, Rn. 10; *Breidenbach*, Mediation, S. 145.
68 *Kracht* in: *Haft/von Schlieffen* (Hrsg.), Handbuch Mediation, § 12, Rn. 40.
69 Begr. BT-Drucks. 17/5335, S. 16.
70 Begr. BT-Drucks. 17/5335, S. 16.

In diesen Fällen darf der Mediator nur tätig werden, wenn die Parteien ausdrücklich zustimmen (§ 3 Abs. 1 S. 2). In besonderen Fällen kann dies sogar angezeigt sein, wenn einer oder mehrere der vorgenannten Ausschlussgründe den Mediator gerade als besonders geeignet erscheinen lassen, eine Mediation durchzuführen, z. B. weil die Parteien die zu ihnen bestehende besondere Nähebeziehung des Mediators als Grundlage des Vertrauens und der Vertraulichkeit besonders schätzen und wünschen.[71] Wesentlich ist, dass der Mediator nicht nur sich selbst prüft, sondern auch im Gespräch mit den Parteien überprüft, ob **Ausschlussgründe** in seiner Person vorliegen. Sollten die Parteien trotz Vorliegens von Ausschlussgründen die Neutralität des Mediators für die Mediation als gegeben ansehen, so hat der Mediator dennoch zu entscheiden, ob er nach seinem **berufsethischen Selbstverständnis** die Neutralität in seiner Person gewährleisten kann. Sollte er Zweifel daran haben, muss er die Mediation ablehnen.

54 **Konkrete Ausschlussgründe** benennt die Vorschrift in § 3 Absätze 2 und 3 MediationsG. Danach darf als Mediator nicht tätig werden,
– wer vor der Mediation in derselben Sache für eine Partei tätig gewesen ist (§ 3 Abs. 2 MediationsG – absoluter Ausschlussgrund), oder
– wenn eine mit dem Mediator in derselben Berufsausübungs- oder Bürogemeinschaft verbundene andere Person vor der Mediation in derselben Sache für eine Partei tätig gewesen ist, (§ 3 Abs. 3 MediationsG – relativer Ausschlussgrund), wobei dies nicht gilt, wenn die Parteien sich im Einzelfall nach umfassender Information damit einverstanden erklären und Belange der Rechtspflege dem nicht entgegenstehen (§ 3 Abs. 4 MediationsG).

55 Die **Neutralität im Verfahren** betrifft die Entscheidungen, die der Mediator während eines Mediationsverfahren zu treffen hat. Maßstab für diese Entscheidungen sind neben den allgemeinen Prinzipien, die Grundlage für jedes Mediationsverfahren sind, im besonderen Maße die vor Beginn einer Mediation getroffene Vereinbarung mit den Parteien, die u. a. bestimmte Regeln für das Verhalten der Parteien und des Mediators sowie den Ablauf der Mediation beinhalten kann und deren Inhalt bei jeder Mediation anders sein wird (**relative Neutralität**). Der Begriff der relativen Neutralität bezieht sich allein darauf, dass die Neutralität im Verfahren von den Parteien gemeinsam mit dem Mediator bei jeder Mediation definiert werden kann. Im Rahmen einer solchen Vereinbarung handelt der Mediator dann neutral (nicht »relativ neutral«).[72]

56 Das Prinzip der Neutralität wird häufig auch durch den Begriff der »**Allparteilichkeit**« ersetzt. Damit soll die aktive Rolle des Mediators, der eben keine »kühle« und unbeteiligte (neutrale) Rolle in Bezug auf die Parteien spielt, hervorgehoben und unterstrichen werden.[73] Der Begriff der Allparteilichkeit folgt zudem dem Gedanken, dass

---

71 *Kracht* in: *Haft/von Schlieffen* (Hrsg.), Handbuch Mediation, § 12, Rn. 38 ff.
72 A.A. *Kracht* in: *Haft/von Schlieffen* (Hrsg.), Handbuch Mediation, § 12, Rn. 23, der den Begriff der »relativen Neutralität« ablehnt.
73 *Kracht* in: *Haft/von Schlieffen* (Hrsg.), Handbuch Mediation, § 12, Rn. 24, der darin eine Begriffsverwirrung sieht. *Montada/Kals*, Mediation, S. 46 ff.; *Fritz/Fritz*, Wirtschaftsmediation, S. 9; Begr. BT-Drucks. 17/5335, S. 15.

Neutralität grundsätzlich nicht immer erreicht werden kann, da jeder Mediator mit einer bestimmten inneren Haltung basierend auf seinem individuellen soziokulturellen Hintergrund den Parteien gegenübertritt.[74] Überzeugend scheint daher der Ansatz zu sein, dass der Mediator allparteilich gegenüber den Parteien handelt und sich neutral im Hinblick auf den Inhalt, der Gegenstand des Mediationsverfahren ist, verhalten sollte.[75]

bb) Freiwilligkeit

Die Freiwilligkeit der Parteien bei der Teilnahme an der Mediation ist ein weiterer wesentlicher Grundsatz dieses Verfahrens. Der Gesetzgeber hat diesen in Abs. 2 gesondert erwähnt (2. HS), womit seiner besonderen Bedeutung Ausdruck verliehen wird. Dieser Grundsatz ergibt sich auch aus Art. 3 Abs. 1 und dem 13. **Erwägungsgrund EUMed-RL**, ohne dass er näher definiert wird. Allerdings lässt die EUMed-RL »*nationale Rechtsvorschriften, nach denen die Inanspruchnahme der Mediation verpflichtend oder mit Anreizen oder Sanktionen verbunden ist, unberührt (…), solange diese Rechtsvorschriften die Parteien nicht daran hindern, ihr Recht auf Zugang zum Gerichtssystem wahrzunehmen*« (vgl. 14. Erwägungsgrund der EUMed-RL). Der EuGH hat dazu in einem Urteil[76] vom 14.06.2017 ausgeführt, dass »die Freiwilligkeit der Mediation folglich nicht in der Freiheit der Parteien, dieses Verfahren in Anspruch zu nehmen oder nicht« besteht und es daher auch nicht auf den verpflichtenden oder freiwilligen Charakter der Mediationsregelung ankomme, sondern darin, dass »die Parteien selbst für das Verfahren verantwortlich sind und es nach ihrer eigenen Vorstellung organisieren und jederzeit beenden können«. Freiwilligkeit bedeutet insoweit, dass keine Partei, aus welchem Grund auch immer, gezwungen werden kann, an einer Mediation bis zu deren Ende teilzunehmen. Die Freiwilligkeit liegt in der Möglichkeit, eine begonnene – auch durch nationale Rechtsvorschriften oktroyierte Mediation – jederzeit beenden zu können und sich auch einer Lösung im Mediationsverfahren zu verschließen. Eingeschränkt ist die Freiwilligkeit nur insoweit, vergleichbar mit einer vom Arbeitgeber »gewünschten« innerbetrieblichen Mediation[77] zwischen Mitarbeiter[78], dass man sich ihr nicht bereits zu Beginn grundlos[79] verweigern darf. So gibt es betriebliche Konfliktsituation, bei denen der Arbeitgeber gehalten ist, die Mediation als Konfliktlösung zu berücksichtigen.[80]

57

---

74 Vgl. *Primus* ZKM 2009, 104, (105): »*Neutral widerspricht grundsätzlich dem, wie Menschen sich in ihrer Umwelt zurechtfinden, nämlich selektiv, wahrnehmend und bewertend*«.
75 Vgl. auch *Ripke* ZKM 2004, 70.
76 EuGH Urteil vom 14.06.2017, C-75/16, Rn. 50, abrufbar über www.curia.europa.eu/juris (Datum des Zugriffs: 15.01.2020).
77 Vgl. *Janssen* ZKM 2019, 49 ff.
78 Wegen der möglicherweise erforderlichen Zustimmung zu einer Mediation mit Mitarbeitern durch den Betriebsrat vgl. BAG Beschluss v. 30.06.2015, 1 ABR 71/13.
79 *Greger* in: *Greger/Unberath/Steffek*, Recht der alternativen Konfliktlösung, § 2 MediationsG, Rn. 121, führt dazu aus: »Freiwilligkeit bedeutet nicht Beliebigkeit.«.
80 S. dazu BAG Urteil v. 19.07.2016, 2 AZR 637/15 in NZA 2017, 116 ff. Das BAG führt dort aus, dass die Mediation, zumindest das Angebot einer Mediation, unter bestimmten

58 Das deutsche Recht sieht in § 278a Abs. 1 ZPO vor, dass das Gericht »den Parteien eine Mediation oder ein anderes Verfahren der außergerichtlichen Konfliktbeilegung vorschlagen« kann: Es kann aber nicht den Mediator aussuchen.[81] Diesem reinen Vorschlagsrecht kann das Gericht dadurch Nachdruck verleihen, dass es – auch ohne Antrag der Parteien – das Ruhen des Gerichtsverfahrens beschließt (§ 278a Abs. 2 ZPO). Dieses kann dann erst wieder durch Schriftsatz einer der Parteien an das Gericht wieder aufgenommen werden.

Dagegen gibt § 15 Abs. 10 UWG dem Gericht die Möglichkeit, den Parteien einen Schlichtungsversuch vor der Einigungsstelle aufzuerlegen. Das OLG Saarbrücken hat in einem Verfahren über die Rückführung von Kindern in die USA die das ablehnende Mutter unter Androhung eines Ordnungsgeldes von 3000 €, ersatzweise Ordnungshaft, gezwungen, an einer von dem die Rückführung betreibenden Vater vorgeschlagenen Mediation teilzunehmen. Der Beschluss[82] enthält dazu leider keine Begründung.

59 Das Gericht kann zudem nach § 278 Abs. 5 ZPO die Parteien für die Güteverhandlung sowie für weitere Güteversuche an einen hierfür bestimmten und nicht entscheidungsbefugten Richter[83] (Güterichter) verweisen, der alle Methoden der Konfliktbeilegung einschließlich der Mediation einsetzen kann. Dieser Richter ist nicht befugt, Entscheidungen zu treffen. Die Verweisung des Rechtsstreits an den Güterichter setzt keinen Antrag voraus. Die Parteien müssen aber vor der Verweisung dazu gehört werden. Grundsätzlich kann die Verweisung, soweit diese vom Gericht als aussichtsreich angesehen wird, sogar gegen den Willen der Parteien erfolgen.[84] Dass dies bereits aus prozessökonomischen Gründen vermieden werden sollte, ist naheliegend, da die Parteien zum einen die Güteverhandlung jederzeit abbrechen können und zum anderen diese kaum erfolgreich abgeschlossen werden kann, wenn die Parteien diesem Verfahren nicht ausdrücklich zugestimmt haben.

60 Dem in § 1 Abs. 1 MediationsG enthaltenen Grundsatz der Freiwilligkeit steht auch nicht entgegen, dass ein Rechtsschutzversicherer die Gewährung des Versicherungsschutzes für ein Gerichts- oder Verwaltungsverfahren von einer vorher erfolglos durchgeführten Mediation, bei der der Versicherer zudem den Mediator (der ggf. Angestellter der Versicherung ist oder in einem dauerhaften Auftragsverhältnis zur Versicherung steht) bestimmt, abhängig macht. Denn dies, so der BGH[85], sei durch die »grundsätzlich bestehende Vertragsfreiheit« und die vom Versicherungsnehmer »privatautonom eingegangene Selbstbindung« gedeckt, wonach die Leistungspflicht des Versicherers nur »im

---

Voraussetzungen eine für den Arbeitgeber angezeigte Möglichkeit sein kann, um sich nach Ausschöpfung sämtlicher sonstiger Möglichkeiten schützend vor seinen Arbeitnehmer zu stellen, wenn dieser einem unberechtigten Kündigungsverlangen Dritter ausgesetzt ist.
81 OLG Koblenz, Beschluss vom 21.01.2014, 13 WF 43/14 in BeckRS 2014, S. 4015.
82 OLG Saarbrücken, Beschluss vom 10.07.2017, 6 UF 98/15, in dem es lediglich im Tatbestand des Beschlusses einen Hinweis auf die angeordnete Mediation gibt.
83 VG Göttingen Beschluss vom 27.10.2014, 2 B 986/13.
84 Begr. BT-Drucks. 17/5335, S. 20; *Foerste* in: *Musielak/Voit*, ZPO, § 278, Rn. 14.
85 BGH Beschluss v. 14.01.2016, I ZR 98/15; mit diesem Beschluss wurde das noch gegenteilig lautende Urteil des OLG Frankfurt vom 09.04.2015, 6 U 110/14, aufgehoben.

vereinbarten Umfang« bestehe. Dem stehen, so der BGH[86] weiter, auch die in §§ 126 bis 128 VVG geregelten Ausnahmen nicht entgegen. Auch widerspreche es nicht dem Grundsatz der Vertragsfreiheit und dem Postulat der Unabhängigkeit des Mediators, wenn der Rechtsschutzversicherer sein Angebot durch Übernahme der Kosten für ein Mediationsverfahren erweitere und hierfür auch den Mediator auswähle. Denn der Versicherungsnehmer habe nach den Allgemeinen Versicherungsbedingungen jederzeit die Möglichkeit, den vom Versicherer bestimmten Mediator abzulehnen und vom Mediationsverfahren Abstand zu nehmen und zudem bliebe ihm nach erfolgloser Mediation das Recht der freien Anwaltswahl nach § 127 Abs. 1 S. 1 VVG.[87] Inwieweit der Versicherungsnehmer aber zumindest das Mediationsverfahren begonnen haben muss, um diese Rechte auszuüben, erläutert der BGH nicht. So wird der Versicherungsnehmer zumindest zu einem ersten – meist telefonischen – Kontakt mit dem Mediator bereit sein müssen.

Damit ist jede Art der vertraglichen »Selbst«verpflichtung, vor Beginn einer gerichtlichen Auseinandersetzung, eine Mediation oder zumindest ein Informationsgespräch über eine Mediation mit einem Mediator durchzuführen, wirksam, soweit entsprechende Klauseln nicht gegen §§ 307, 309 Ziff. 14 BGB verstoßen. Das LG Heilbronn irrt daher in seinem Urteil vom 10.09.2010[88], wenn es eine vertraglich vereinbarte Mediationsklausel, also vor Anrufung des ordentlichen Gerichts eine Mediation durchzuführen, als »reine Förmelei« für unwirksam ansieht, da die Mediation von den Parteien jederzeit beendet werden könne. 61

Die Freiwilligkeit, also die Entscheidungshoheit der Parteien, eine Mediation durchzuführen oder nicht, kann an gesetzliche Grenzen stoßen, die eine Mediation geradezu verbieten. So hat das BVerwG am 15.11.2018[89] entschieden, dass für eine »freiwillige und eigenverantwortliche konsensuale Konfliktbeilegung (..) im Recht des öffentlichen Dienstes ab dem Zeitpunkt kein Raum mehr (ist), in dem zureichende tatsächliche Anhaltspunkte vorliegen, die den Verdacht eines Dienstvergehens rechtfertigen. Ab diesem Moment muss die dienstvorgesetzte Stelle zum Disziplinarverfahren übergehen, einerseits um den Beamten vor möglichen disziplinaren Rechtsverlusten zu schützen und andererseits die Gesetzmäßigkeit des Verwaltungshandelns durch Wahrung der beamtenrechtlichen Dienstpflichten nach den §§ 33 ff. BeamtStG durchzusetzen.« 62

Im Einzelnen vgl. auch Nr. 4. f) Rdn. 102 ff.

cc) **Selbstverantwortlichkeit**

Das Prinzip der **Selbstverantwortlichkeit** (Eigenverantwortlichkeit) als Ausdruck der Privatautonomie, dem unverzichtbaren Grundwert unserer freiheitlichen Rechts- und Verfahrensordnung (Art. 1 und 2 Abs. 1 GG), besagt, dass die Parteien allein mit der Unterstützung des Mediators, der das Verfahren leitet, ihren Konflikt selbst- 63

---

86 BGH Beschluss v. 14.01.2016, I ZR 98/15.
87 BGH Beschluss v. 14.01.2016, I ZR 98/15.
88 LG Heilbronn Urteil vom 10.09.2010, 4 O 259/09 in ZKM 2011, S. 29 – 31.
89 BVerwG Urteil vom 15.11.2018, 2 C 60/17 in NVwZ, S. 470, 472.

bestimmt lösen sollen.⁹⁰ Der Mediator ist kein inhaltlicher Berater und trifft für die Parteien im Hinblick auf etwaige Lösungsoptionen auch keine Entscheidungen. Damit ist der Mediator weder Schlichter, noch Schiedsrichter, an den die Parteien die Entscheidung delegieren können, wie bei einem Richter. Die Selbstverantwortlichkeit schließt zudem grundsätzlich aus, dass der Mediator den Parteien inhaltliche Vorschläge im Laufe des Mediationsverfahrens, insbesondere im Rahmen der Lösungssuche, unterbreitet. Bei den Parteien könnte dadurch leicht der Eindruck der Einflussnahme und damit der Parteilichkeit des Mediators (Grundsatz der Neutralität) entstehen, der das Mediationsverfahren gefährden würde.

64 Ob und in welchem **Umfang** der Mediator auf die **Selbstverantwortlichkeit** der Parteien im Mediationsverfahren Einfluss nehmen darf, ist umstritten. So wird einerseits den Parteien eine größtmögliche Rolle zugedacht, bei der der Mediator allein der Kommunikator bzw. Verfahrensverwalter ist und jegliche Verantwortung für den Kreis der Beteiligten und das Ergebnis der Mediation ablehnt (**passive Mediation**). Andererseits wird verlangt, dass der Mediator Verantwortung für das Mediationsergebnis übernimmt, und daher Einfluss auf den Kreis der Beteiligten bei einer Mediation nehmen kann und auch inhaltliche Vorschläge einbringen soll (**aktive Mediation**).⁹¹ Argumente für die aktive Mediation sind, dass eine Einigung im Mediationsverfahren, die eine für den Mediator erkennbare Benachteiligung einer Partei bedeutet und auf die er Einfluss nehmen möchte, nicht auf Dauer angelegt ist. Ebenso können sich die Parteien nicht auf etwas einigen, was rechtlich unzulässig wäre.⁹² Dieser Gefahr wird aber durch die Beachtung des Grundsatzes der **Informiertheit** zu begegnen sein. Hier hat der Mediator auf jeden Fall die Pflicht, die Parteien zu warnen und ihnen entsprechende Beratung durch Dritte zu empfehlen, wie es u. a. in § 2 Abs. 6 MediationsG vorsieht.

65 Allerdings hat der Mediator immer für ein faires und sich an den allgemeinen Prinzipien der Mediation orientiertes Verfahren zu sorgen und ggf. eine schwächere Partei zu schützen. Stellt er z. Bsp. mangelnde Rechtskenntnisse oder falsche Vorstellungen über die Konsequenzen einer in Betracht kommenden Vereinbarung bei einer Partei fest, so hat er dies zu problematisieren und der Partei die Möglichkeit anzubieten, sich entsprechend von dritter Seite informieren zu lassen. Verstößt er gegen diese grundlegenden Aufgaben, verletzt er seine Pflichten als Mediator und macht sich ggf. schadensersatzpflichtig.⁹³ Dabei hat der Mediator jeden Anschein der Parteinahme und der Intransparenz zu vermeiden und sein Handeln u.a. an den Grundsätzen der Allparteilichkeit, der Wahrung der Selbstverantwortlichkeit der Parteien (d.h. jede Art von Bevormundung und Belehrung zu unterlassen) und des Machtgleichgewichts zwischen den Parteien auszurichten.⁹⁴

---

90 *Gläßer* in: *Klowait/Gläßer*, Mediationsgesetz, § 2, Rn. 6.
91 Vgl. *Kracht* in: *Haft/von Schlieffen* (Hrsg.), Handbuch Mediation, § 12, Rn. 103 f.
92 Vgl. *Kracht* in: *Haft/von Schlieffen* (Hrsg.), Handbuch Mediation, § 12, Rn. 103 f.
93 *Greger* in: *Greger/Unberath/Steffek*, Recht der alternativen Konfliktlösung, § 2 MediationsG, Rn. 166.
94 *Greger* in: *Greger/Unberath/Steffek*, Recht der alternativen Konfliktlösung, § 2 MediationsG, Rn. 166.

dd) Informiertheit

Informiertheit[95] bedeutet, dass die Parteien in Kenntnis aller für eine Entscheidung wesentlichen Informationen verfügen. Das bezieht sich zum einen auf die formale Informiertheit bezogen auf das Mediationsverfahren, dessen Ablauf und Prinzipien, auf den Mediator, dessen Ausbildung und Erfahrung und etwaige zu offenbarende Umstände oder Hinderungsgründe nach § 3 MediationsG sowie andererseits auf die materielle Informiertheit über sämtliche Tatsachen des zugrunde liegenden Konflikts, den Kreis der möglichen Beteiligten, aber ebenso auf die allgemeine Rechtslage. Es ist die Aufgabe des Mediators, für die Informiertheit der Parteien zu sorgen, soweit er das gewährleisten kann. Voraussetzung ist, dass der Mediator ein Informationsdefizit bei einer Partei erkennt. So hat er sich über die formale Informiertheit der Parteien bereits im Informationsgespräch ein Bild zu machen und zwar auch durch aktives Hinterfragen, und fehlende Informationen zu ergänzen. 66

Im tatsächlichen Bereich (materielle Informiertheit) kann der Mediator dafür sorgen, dass sämtliche Gespräche nur unter Beteiligung aller Parteien stattfinden, um einen **gleichen Informationsstand** zu gewährleisten. Sollte der Mediator von einer Partei, z.Bsp. bei Einzelgesprächen, oder von dritter Seite (z. B. Sachverständiger) besondere Informationen erhalten, so hat er diese allen Beteiligten zugänglich zu machen, es sei denn, sie sind ihm vertraulich mitgeteilt worden. In diesem Fall hat er die Vertraulichkeit zu respektieren. 67

Die Informiertheit im tatsächlichen Bereich umfasst auch besondere **Fachkenntnisse**, die für eine Entscheidung von Bedeutung sind, die nicht die Rechtslage betreffen (s.u.). Dabei kann es sich u. a. um technische, naturwissenschaftliche, wirtschaftliche oder finanzspezifische Fachkenntnisse handeln. 68

Die Parteien müssen auch über die **Rechtslage** informiert sein, um eine rechtlich zulässige Abschlussvereinbarung schließen zu können, aber auch um für sich entscheiden zu können, was sie für sich als angemessen und fair ansehen. Dies gilt in besonderem Maße, wenn Parteien rechtlich bindende Erklärungen abgeben, sie auf Rechte verzichten oder neue Verpflichtungen, z.Bsp. auch Zahlungsverpflichtungen, eingehen.[96] 69

Nehmen an einer Mediation Rechtsanwälte oder sonstige Fachleute teil und beraten die jeweiligen Parteien, so ist der Mediator insoweit von der Verantwortung entlastet, die entsprechende Informiertheit der Parteien zu gewährleisten. Hier hat er allenfalls auf das Problem der »**Waffengleichheit**« hinzuweisen, wenn nicht alle Parteien durch Rechtsanwälte oder sonstige Fachleute beraten werden. Erkennt der Mediator hingegen, dass bei einer Partei entsprechendes Wissen, z. B. über besondere technische Fachkenntnisse oder über die Rechtslage fehlen, so hat er darauf hinzuweisen und durch besondere Verfahrensgestaltung (z. B. Unterbrechen der Mediation) der Partei die Möglichkeit einzuräumen, sich bei einem Rechtsanwalt, Steuerberater oder sonstigem Fachmann zu infor- 70

---

95 Vgl. *Kracht* in: *Haft/von Schlieffen* (Hrsg.), Handbuch Mediation, § 12, Rn. 114 ff.
96 *Greger* in: *Greger/Unberath/Steffek*, Recht der alternativen Konfliktlösung, § 2 MediationsG, Rn. 188.

mieren oder z. B. ein Sachverständigengutachten einzuholen. Diese Fachleute können auch zu einem bereits laufenden Mediationsverfahren hinzugezogen werden.

71 Verfügt der Mediator aufgrund seines **Grundberufes** (z. B. der Anwaltsmediator) über besondere Kenntnisse, werden die Parteien häufig gerade an diesem Fachwissen partizipieren wollen.[97] Denn oftmals wählen die Parteien gerade einen Mediator, der über besonderes Fachwissen verfügt, damit gewährleistet ist, dass der Mediator den Konfliktstoff versteht. Zur Wahrung seiner Neutralität sollte der Mediator grundsätzlich keine fachlichen Hinweise, so z. Bsp. der **Anwaltsmediator** keine Auskünfte zur Rechtslage geben; jedenfalls nicht solche, die die konkrete Konfliktlage betreffen. Da fachliche Hinweise aus den unterschiedlichen Perspektiven der Parteien von der einen als positive, von der anderen aber als negative Auskunft verstanden werden können, insbesondere rechtliche Auskünfte nur in seltenen Fällen tatsächlich rein objektiv sind, kann dies bei einer Partei Vorbehalte gegenüber dem Mediator und seine Allparteilichkeit entstehen lassen. Sollte dies den Verlust des Vertrauens in seine Person zur Folge haben, wäre die Mediation gescheitert. Allgemein gehaltene Rechtsauskünfte darf der Mediator hingegen geben[98], wobei selbst ein Hinweis z.Bsp. auf die »ständige Rechtsprechung des BGH« bei einer Partei schnell den Eindruck der mangelnden Neutralität entstehen lassen kann und sich der Mediator dadurch zudem einem größeren Haftungsrisiko aussetzt. Auf etwaige Formalien, wie die etwaige Schriftlichkeit oder Beurkundungspflicht eines besonderen Inhalts einer Mediationsabschlussvereinbarung, hat der Mediator aber immer hinzuweisen, um spätere Haftungsfolgen auszuschließen.

ee) **Vertraulichkeit**

72 Das Prinzip der **Vertraulichkeit** ist ein weiterer wesentlicher Pfeiler der Mediation.[99] Damit soll gewährleistet werden, dass die im Rahmen einer Mediation von den Parteien offenbarte Informationen in einem späteren Gerichtsverfahren nicht gegen die andere Partei verwandt werden, sollte die Mediation scheitern. Denn dies würde die Preisgabe von Informationen, die aber für ein Gelingen der Mediation wichtig erscheinen, verhindern. So richtet sich der Grundsatz der Vertraulichkeit an verschiedene Adressaten und kann nur auf unterschiedliche Weise gewährleistet werden. Zum einen soll ausgeschlossen werden, dass die Parteien den Mediator oder andere in die Durchführung der Mediation eingebundene Dritte (nicht Parteien) in einem anschließenden Gerichtsverfahren als Zeugen benennen können. Zum anderen geht es darum, dass vertrauliche Informationen aus der Mediation von einer Partei in einem Gerichtsverfahren nicht zulasten der anderen Partei verwendet werden sollen.

73 Art. 7 **EUMed-RL (Vertraulichkeit der Mediation)** fordert mit bestimmten Einschränkungen, dass »*weder Mediatoren noch die in die Durchführung des Mediationsverfahrens eingebundenen Personen gezwungen sind, in Gerichts- und Schiedsverfahren in Zivil- und*

---

97 Vgl. *Kracht* in: *Haft/von Schlieffen* (Hrsg.), Handbuch Mediation, § 12, Rn. 116.
98 *Greger* in: *Greger/Unberath/Steffek*, Recht der alternativen Konfliktlösung, § 2 MediationsG, Rn. 187; vgl. *Ade/Gläßer* ZKM 2013, S. 57 ff.
99 Umfassend hierzu die Kommentierung zu § 4 MediationsG, Rdn. 45 ff.

Handelssachen Aussagen zu Informationen zu machen, die sich aus einem Mediationsverfahren oder im Zusammenhang mit einem solchen ergeben.« Diese Vorgaben hat der Gesetzgeber in § 4 MediationsG (**Verschwiegenheitspflicht**) umgesetzt, aus dem sich nunmehr für alle Mediatoren und für die in die Durchführung der Mediation eingebundenen Dritten gemäß § 383 Abs. 1 Nr. 6 ZPO in Zivilverfahren und in allen auf diese Regelung Bezug nehmenden Verfahren ein **Zeugnisverweigerungsrecht** ergibt.[100]

Das MediationsG bestimmt ausdrücklich keine Vertraulichkeit im Verhältnis zwischen den Parteien. Um die Vertraulichkeit auch zwischen den Parteien zu sichern (**Geheimhaltung**) und um eine Verwendung von Informationen vor Gericht durch eine Partei zu verhindern (Beweisverwertungsverbot), müssen die Parteien wie schon vor Erlass des MediationsG jedoch eine entsprechende Vereinbarung treffen, die ggf. **Sanktionen** (Vertragsstrafen) vorsieht, sollte eine Partei dagegen verstoßen.[101] Allerdings ist eine Verschwiegenheitsvereinbarung der Parteien »nicht geeignet, zwingendes Recht zu verdrängen.«[102] In einem noch nicht rechtskräftig gewordenen Urteil entschied das VG Minden, dass eine Behörde gegenüber Journalisten ihren gesetzliche Aussagepflichten nachkommen muss und sich nicht auf die mit den Parteien abgeschlossene Verschwiegenheitsvereinbarung berufen kann.[103]

74

c) **Ablauf des Mediationsverfahrens (Absatz 2, 1. HS, 2. Alt.)**

Der Gesetzgeber verlangt, dass die **Parteien** auch über den Ablauf des Mediationsverfahrens »**voll**« informiert sind, versäumt aber zu erläutern, was er darunter versteht, sondern führt nur aus: Zu Beginn der Mediation kann es angebracht sein, dass die Parteien in einer **Vereinbarung** »grundlegende Verfahrens-, Kommunikations- und Verhaltensregeln«, »Regelungen über Geheimhaltung und Beweisverwertung von Erkenntnissen aus dem Mediationsverfahren«, »Fragen der Vergütung«, »den Umfang des Einsichtsrechts in die Mediationsakten« sowie ggf. »Regeln über einen respektvollen Umgang in der gemeinsamen Kommunikation« verhandeln und festlegen.[104] Diese Details sind aber nur ein Teil des Ablaufs eines Mediationsverfahrens. Unter »voller« Information ist daher ein **umfassendes Bild** über das Mediationsverfahren zu verstehen, aufgrund dessen sich jede Partei entscheiden kann, ob sie an einem solchen Verfahren teilnehmen möchte und bereit ist, sich bestimmten Regularien zu unterwerfen.

75

aa) **Phasen der Mediation**

Der Ablauf eines Mediationsverfahrens als Kommunikationsprozess wird maßgeblich durch die vorgegebenen Inhalte, die in **Phasen** zusammengefasst werden,

76

---

100 Begr. BT-Drucks. 17/5335, S. 17.
101 Begr. BT-Drucks. 17/5335, S. 15; *Kracht* in: *Haft/von Schlieffen* (Hrsg.), Handbuch Mediation, § 12, Rn. 132. *Greger* in: *Greger/Unberath/Steffek*, Recht der alternativen Konfliktlösung, § 2 MediationsG, Rn. 137 f.
102 VG Minden, Urteil vom 17.02.2017, 2 K 608/15.
103 VG Minden, Urteil vom 17.02.2017, 2 K 608/15.
104 Begr. BT-Drucks. 17/5335, S. 15.

bestimmt.[105] Die unterschiedliche Zusammenstellung der ansonsten übereinstimmenden Inhalte führt dazu, dass in Literatur und Praxis Mediationsverfahren mit unterschiedlicher Anzahl von Phasen vorgestellt werden. Meist geht man von fünf[106] oder sechs Phasen aus. Hier soll von sechs Phasen[107] ausgegangen werden, über deren Inhalt und Bedeutung der Mediator die Parteien zu informieren hat bzw. sich davon überzeugen muss, dass die Parteien darüber in »vollem« Umfang informiert sind. Dieses gesetzlich verpflichtende Informationsgespräch kann man als weitere, eigene Phase der Mediation oder als eine die Vorbereitung der Mediation betreffende Maßnahme ansehen. Der Ablauf der Mediation anhand des Phasenmodells ist dabei nicht statisch, sondern flexibel, sodass sich auch während der Mediation jederzeit die Parteien bspw. auf weitere Themen einigen können.[108]

77 So hat der Mediator die einzelnen Phasen
- Informationsgespräch, Vorbereitung und Mediationsvertrag,
- Themensammlung,
- Interessenklärung,
- Lösungssuche, Optionensammlung,
- Bewertung und Auswahl der Lösungsoptionen,
- Abschluss der Mediationsvereinbarung

zumindest so weit zu erläutern, dass die Parteien sich ein Bild vom Verfahren und ihrer eigenen Beteiligung am Verfahren machen können. Auch hier gilt der Grundsatz, dass die Parteien so umfangreich zu informieren sind, dass sie während der Mediation keine Überraschungen im Hinblick auf Verfahren und Ablauf erleben, die möglicherweise den Fortgang der Mediation gefährden könnten. Allerdings hat der Mediator diese Information nur in einem vernünftigen Umfang zu erteilen, denn eine Ausbildung zum Mediator soll damit nicht erreicht werden.

bb) Teilnehmer des Mediationsverfahrens

78 Zur Information über den Ablauf des Mediationsverfahrens gehört es auch, den Parteien die möglichen **weiteren Teilnehmer** und deren Funktion in der Mediation zu beschreiben. Dazu zählen neben dem Mediator (ggf. Co-Mediator), die Parteien, deren Vertreter (Rechtsanwälte), neutrale Sachverständige und Berater der Parteien (Steuerberater, Architekten und sonstige Fachleute) sowie für den Abschluss der Mediationsvereinbarung ggf. der Notar. Mit den Parteien ist auch zu erörtern, ob es der Teilnahme weiterer Beteiligter zur Lösung des Konfliktes bedarf. Die Parteien sollten über die Rolle der Teilnehmer so weit informiert sein, damit sie gerade bei mangelnden fachlichen Kenntnissen den Umfang der Unterstützung durch Dritte kennen, aber auch damit verbundene Kosten und die Dauer der Mediation einzuschätzen vermögen.

---

105 Vgl. hierzu umfassend die Darstellung unter Methodik, II., Rdn. 35 ff.
106 *Gläßer* in: *Klowait/Gläßer*, Mediationsgesetz, § 2, Rn. 82.
107 Vgl. *Kessen/Troja* in: *Haft/von Schlieffen* (Hrsg.), Handbuch Mediation, § 13, Rn. 4 ff.
108 *Gläßer* in: *Klowait/Gläßer*, Mediationsgesetz, § 2, Rn. 82.

cc) Dauer der Mediation

Die Parteien haben grundsätzlich ein großes Interesse daran, die bestehenden Konflikte möglichst zeitnah zu lösen. Dabei ist die Darstellung der **zeitlichen Abfolge** des Mediationsverfahrens besonders im Vergleich zu anderen Verfahren, wie Gerichts- und Schiedsverfahren, besonders entscheidungsrelevant. Der Mediator hat daher
- über die zeitliche Abfolge der Mediation zu informieren,
- seine eigene terminliche Verfügbarkeit, die der Parteien und die sonstiger Dritter anzusprechen und abzustimmen und
- auf die Verfügbarkeit von Sitzungsräumen, wenn diese angemietet werden müssen, hinzuweisen.

79

Grundsätzlich gilt, die Verfügbarkeit sämtlicher Teilnehmer und des Mediators vorausgesetzt, dass mit der Mediation relativ kurzfristig nach Beendigung des **Informationsgespräches**, manchmal im unmittelbaren Anschluss an das Informationsgespräch, begonnen werden kann, was ein unschätzbarer Vorteil gegenüber gerichtlichen Verfahren bedeutet.

Die **zeitliche Abfolge** eines Mediationsverfahrens kann sich zusammensetzen aus
- dem Informationsgespräch, das mit der Entscheidung für oder gegen die Mediation und der Auswahl des Mediators endet,
- dem Abschluss des Mediationsvertrags zwischen Parteien und Mediator,
- der Mediation, die abhängig vom Konfliktfall stundenweise oder ganztägig an einem oder mehreren (getrennten oder aufeinander folgenden) Terminen stattfindet,
- dem Abschluss der Mediationsvereinbarung bzw. der Protokollierung des Mediationsergebnisses, was entweder in der letzten Mediationssitzung stattfindet oder im Anschluss daran durch die Parteien selbst oder deren Berater oder einen sonstigen Dritten (z. B. Notar) geschieht, und
- ggf. eine später stattfindende Evaluation der Umsetzung des Ergebnisses der Mediation.

80

Wichtig ist zudem der **Hinweis**, dass sich bei einem Scheitern des Mediationsverfahrens ein **anschließendes Gerichtsverfahren** natürlich um die Dauer des begonnenen Mediationsverfahrens verzögert. Auf der anderen Seite macht ein erfolgreiches Mediationsverfahren nicht nur das gerichtliche Verfahren in der 1. Instanz, sondern auch ein mögliches Berufungsverfahren in der 2. Instanz überflüssig.

81

d) Kosten der Mediation

aa) Honorar des Mediators

Die Entscheidung, ob eine Mediation durchgeführt werden soll, wird nicht zuletzt von den damit verbundenen Kosten beeinflusst, wobei das **Honorar** des Mediators meist einen wesentlichen Anteil dieser Kosten ausmacht. Daneben können weitere Kosten für Berater der Parteien (beispielsweise Rechtsanwalt, Steuerberater), Sachverständige, Notar, Gutachten etc., aber auch für Auslagen, wie Reisekosten, Anmietung von Räumen, Schreib- und Telekommunikationsauslagen, anfallen.[109] Im Rah-

82

---

109 Vgl. unten Rdn. 98 ff.

men des **Informationsgesprächs** sollte »offen und mutig«[110] mit den Parteien über die Höhe des Honorars für den Mediator (und ggf. Co-Mediator), die weiteren Kosten und die Frage, wer Schuldner dieser Kosten ist, gesprochen werden.

83 Das Honorar des Mediators richtet sich grundsätzlich nach einer zwischen ihm und den Parteien abgeschlossenen **Honorarvereinbarung**. Diese sollte zur Vermeidung späterer Unstimmigkeiten mit sämtlichen Parteien schriftlich abgeschlossen werden. Daraus haften die Parteien auch im Zweifel[111] dem Mediator als Gesamtschuldner. Die Parteien sollten die Kosten gleichermaßen tragen, damit daraus keine »gefühlten« Abhängigkeiten der Parteien untereinander und auch nicht der Schein der Parteilichkeit[112] des Mediators entsteht. Wie die Parteien dies aber untereinander regeln, bleibt allein ihnen überlassen. Bei Mediationen, an der kommunalen Verwaltungen beteiligt sind, kann es durchaus sein, dass die Kosten nur die andere Partei trägt, da der Kommune entsprechende Gelder nicht zur Verfügung stehen und andernfalls die Mediation nicht zustande käme.

84 Die **Höhe des Honorars** können die Parteien frei verhandeln. Sollte keine Honorarvereinbarung abgeschlossen worden sein, gilt § 612 Abs. 1 BGB, wonach eine »Vergütung als stillschweigend vereinbart gilt, wenn die Dienstleistung den Umständen nach nur gegen eine Vergütung zu erwarten ist.« Hinsichtlich der Höhe des Honorars bestimmt § 612 Abs. 2 BGB, dass die »übliche Vergütung« als vereinbart anzusehen ist. Hierbei handelt es sich i. d. R. nicht um einen festen Betrag, sondern um eine Spanne, die sich nach einer festen Übung für gleiche oder ähnliche Dienstleistungen an einem bestimmten Ort unter Berücksichtigung der persönlichen Verhältnisse[113] der Parteien und Art und Umfang des Konfliktstoffes richtet.

85 Für **Rechtsanwälte**[114] hat der Gesetzgeber klargestellt, dass diese, wenn sie als Mediatoren (nicht, wenn der Rechtsanwalt seinen Mandanten in einem Mediationsverfahren als Berater begleitet!) tätig werden, u.a wegen ihrer »streitverhütenden und damit justizentlastenden Wirkung«[115] eine **anwaltliche Tätigkeit** i.S.v. § 1 Abs. 1 RVG[116] erbringen. Damit findet § 34 Abs. 1 Satz 1 RVG Anwendung, der ausdrücklich vorsieht, dass Rechtsanwälte auf den Abschluss einer **Gebührenvereinbarung** hinwirken sollen (**Soll-Vorschrift**), wodurch die in der Mediation erforderliche Transparenz auch im Hinblick auf das Honorare des Mediators gewährleistet ist.[117] Dabei ist es unwesentlich, ob es sich bei den Parteien um **Verbraucher** (§ 13 BGB) handelt oder nicht.[118] Darüber hinaus enthält das RVG für die Mediatortätigkeit keinen gesonderten **Gebührentatbestand**.[119]

---

110 *Bischof/Jungbauer/Bräuer/Curkovic/Mathias/Uher*, RVG, § 34, Rn. 77.
111 *Hess* in: *Haft/von Schlieffen* (Hrsg.), Handbuch Mediation, § 43, Rn. 45.
112 *Bischof/Jungbauer/Bräuer/Curkovic/Mathias/Uher*, RVG, § 34, Rn. 77.
113 BGH NJW 2006, 2472; *Palandt*, § 612, Rn. 8; *Münchener Kommentar* § 612, Rn. 29 ff.
114 Vgl. *Dralle* Berliner Anwaltsblatt 2012, 263 ff.
115 Begr. BT-Drucks. 15/1971, S. 196.
116 Gesetz v. 05. 05. 2004 (BGBl. I S. 718, 788) i. d. F. v. 24. 11. 2011 (BGBl. I S. 2302).
117 Begr. BT-Drucks. 15/1971, S. 196.
118 *Baumgärtel/Hergenröder/Houben*, RVG, § 34, Rd. 19.
119 Vgl. *Friedrichsmeier* in: *Haft/von Schlieffen* (Hrsg.), Handbuch Mediation, § 34, Rn. 53; *Bischof/Jungbauer/Bräuer/Curkovic/Mathias/Uher*, RVG, § 1, Rn. 92, 93.

Zwar muss eine Vergütungsvereinbarung nach RVG grundsätzlich schriftlich abgefasst, und als Vergütungsvereinbarung oder in ähnlicher Weise bezeichnet werden ferner muss sie von anderen Vereinbarungen mit Ausnahme der Auftragserteilung deutlich abgesetzt sein, (§ 3 a Abs. 1 Satz 1 und 2 RVG). Dies gilt aber ausdrücklich nicht für die **Gebührenvereinbarung** nach § 34 RVG (vgl. § 3a Abs. 1 Satz 3 RVG). Diese ist daher **formlos** gültig. Dennoch empfiehlt es sich bereits aus **Beweiszwecken** dringend, eine solche Vergütungsvereinbarung schriftlich abzufassen. Den **Inhalt**[120] der Gebührenvereinbarung bestimmen die Parteien. Sollte keine Gebührenvereinbarung abgeschlossen (§ 34 Abs. 1 Satz 2 RVG) oder diese nicht nachweisbar sein, erhält der Mediator sowie der Anwaltsmediator Gebühren nach den Vorschriften des bürgerlichen Rechts gemäß § 612 Abs. 2 BGB i.V.m § 315 Abs. 1 BGB.[121] 86

Sollte der Anwaltsmediator mit den Parteien keine Gebührenvereinbarung abgeschlossen haben, so wird § 612 Abs. 2 BGB durch § 34 Abs. 1 Satz 3 RVG eingeschränkt. Handelt es sich bei den Parteien um Verbraucher (§ 13 BGB), so erhält der Anwaltsmediator nur die in § 34 Abs. 1 Satz 3 RVG genannten Beträge (190 EUR/250 EUR).[122] 87

Das Honorar des Anwaltsmediators bemisst sich üblicherweise nach dem **Zeitaufwand**, entweder nach Stunden- oder Tagessätzen, und entspricht grundsätzlich den Honorarsätzen der beratenden Rechtsanwälte.[123] Damit ist der Anwaltsmediator frei bei der Vereinbarung der Höhe seines Honorars. Anerkannt ist, dass bei der **Bemessung** des Stundensatzes u. a. die Bedeutung der Angelegenheit, die dem Konflikt zugrunde liegt, das Vermögen/Einkommen der Parteien, Sitz und Größe der Kanzlei, in der der Mediator tätig ist, zu berücksichtigen und in ihrer Gesamtheit zu würdigen sind.[124] Grenze ist die **Sittenwidrigkeit** der Honorarhöhe nach § 138 BGB.[125] 88

In einer Studie im Jahr 2004[126] wurden **Stundensätze von Anwaltsmediatoren** zwischen 20 € und 400 €, am häufigsten 150 €, genannt. Andere nennen 200 € bis 400 €, die für Mediationen in Ehe- und Familiensachen üblich sind,[127] 180 € bis 420 € für einen »Businessmediator« und weit darüber hinausgehende Stundensätze bei Mediationen in Wirtschaftssachen; dabei wird auf die Anwaltshonorare verwiesen, die derzeit üblicherweise zwischen 150 € bis 600 € liegen, und dass eine Unterschreitung eines Honorars von 150 € nicht mehr zeitgemäß sei.[128] Das OLG Koblenz[129] hat in einer 89

---

120 Vgl. dazu ausführlich *Bischof/Jungbauer/Bräuer/Curkovic/Mathias/Uher*, RVG, § 34, Rn. 91 ff. mit Mustervereinbarungen; *Dralle* Berliner Anwaltsblatt 2012, 263 (264).
121 *Bischof/Jungbauer/Bräuer/Curkovic/Mathias/Uher*, RVG, § 34, Rn. 88.
122 *Baumgärtel/Hergenröder/Houben*, RVG, § 34, Rn. 19.
123 *Baumgärtel/Hergenröder/Houben*, RVG, § 34, Rn. 18.
124 *Dralle* Berliner Anwaltsblatt 2012, 263, (264) m.w.H.
125 *Bischof/Jungbauer/Bräuer/Curkovic/Mathias/Uher*, RVG, § 34, Rn. 13, 80.
126 *Hommerich/Kriele*, Marketing für Mediation, S. 4.
127 *Gerold/Schmidt/v. Eicken/Madert/Müller-Rabe*, Rechtsanwaltsvergütungsgesetz, § 34, Rn. 107; vgl. *Dralle* Berliner Anwaltsblatt 2012, 263 (264) m.w.N.
128 *Horst* in: *Haft/von Schlieffen* (Hrsg.), Handbuch Mediation, § 47, Rn. 49 f.; *Gerold/Schmidt/v. Eicken/Madert/Müller-Rabe*, Rechtsanwaltsvergütungsgesetz, § 4, Rn. 34.
129 OLG Koblenz, Beschluss vom 21.01.2014, 13 WF 43/14 in BeckRS 2014, S. 4015.

Entscheidung im Jahr 2014 einen Stundensatz zwischen 150,00 und 250,00 € für nicht überzogen gehalten. Bei wirtschaftlich bedeutenden Fällen dürften auch Tagessätze zwischen 3.000 € und 5.000 € nicht unangemessen sein.[130]

90 Da Mediator und Parteien frei in der Gestaltung der Gebührenvereinbarung sind, können sie auch ein **Pauschalhonorar**[131] oder eine dem RVG entsprechende **Geschäftsgebühr** von bis zu 2,5 (Nr. 2300 VV) und/oder Einigungsgebühr von 1,5 (Nr. 1000 VV) bezogen auf einen festgelegten Geschäftswert vereinbaren. Sollte die Gebührenvereinbarung aber auf die Gebührentatbestände des RVG nicht Bezug nehmen, so kann neben dem beispielsweise vereinbarten Stundenhonorar keine weitere Gebühr nach RVG, beispielsweise eine Einigungsgebühr nach VV Nr. 1000 RVG, anfallen. Denn die Gebührenvereinbarung nach § 34 Abs. 1 RVG lässt daneben keine weiteren gesetzlichen Gebühren nach RVG zu.[132] Die Regelungen des RVG gelten grundsätzlich nur für den Anwaltsmediator, der die Parteien unbedingt vor Beginn der Mediation darauf hinweisen sollte, wie er und ggf. auf Basis welchen Geschäftswerts er abrechnen wird, um mögliche Schadensersatzansprüche zu vermeiden.[133]

Der Mediator kann auch mit den Parteien ein **Erfolgshonorar** vereinbaren. Dem Anwaltsmediator dürfte dies nach § 49b Abs. 2 BRAO nicht verwehrt sein. Ob dies ratsam ist, ist davon abhängig, wie der Mediator gemeinsam mit den Parteien den »Erfolg« definiert.[134] Denn da der Mediator dadurch an einem erfolgreichen Abschluss der Mediation interessiert sein dürfte, könnte dies Einfluss auf seine Verfahrensführung und seine Neutralität haben. Da er sich dieser Gefahr und den damit verbundenen Haftungsrisiken nicht aussetzen sollte, sollte die Vereinbarung eines Erfolgshonorars vermieden werden.

91 Mittlerweile tragen etliche **Rechtsschutzversicherungen** die Kosten der Mediation. Die Tarifvielfalt ist aber noch sehr unübersichtlich. So tragen manche Rechtsschutzversicherungen die Kosten für eine bestimmte Anzahl von Mediationssitzungen, andere erstatten die Kosten bis zu einen Höchstbetrag. Manche Rechtsschutzversicherung versucht, die Streitschlichtung durch Mediation dadurch zu fördern, dass auf den Selbstbehalt, der vom Versicherten in gerichtlichen Verfahren zu tragen ist, verzichtet wird. Sollten die Parteien oder nur eine Partei rechtsschutzversichert sein, so sollte vor Beginn der Mediation geklärt werden, welche Kosten die Rechtsschutzversicherung erstatten wird. Der Mediator hat beim Informationsgespräch auf die Möglichkeiten der Inanspruchnahme der Rechtsschutzversicherung hinzuweisen.

92 Ein Rechtsanwalt, der als Mediator tätig ist und im Rahmen der Mediation den Parteien **rechtliche Auskunft** gibt, kann diese Tätigkeit nicht gesondert abrechnen. Unab-

---

130 *Horst* in: *Haft/von Schlieffen* (Hrsg.), Handbuch Mediation, § 47, Rn. 53; vgl. zum Ganzen auch *Bischof/Jungbauer/Bräuer/Curkovic/Mathias/Uher*, RVG, § 34, Rn. 95 ff.
131 *Dralle* Berliner Anwaltsblatt 2012, 263 (264).
132 *Dralle* Berliner Anwaltsblatt 2012, 263 (265).
133 *Horst* in: *Haft/von Schlieffen*, Handbuch Mediation, § 47, Rn. 40, 41.
134 *Dralle* Berliner Anwaltsblatt 2012, 263 (265); *Bischof/Jungbauer/Bräuer/Curkovic/Mathias/Uher*, RVG, § 34, Rn. 104.

hängig von der Frage, ob der Anwaltsmediator gut beraten ist, wenn er im Rahmen eines Mediationsverfahrens, das er als Mediator leitet, eine rechtliche Auskunft erteilt, drückt sich seine rechtliche Fachkompetenz bereits in der Höhe seines mit den Parteien vereinbarten Honorars aus.[135]

Begleitet ein **Rechtsanwalt** seinen Mandanten in einem **Mediationsverfahren** und berät ihn rechtlich, richtet sich sein Honoraranspruch nicht nach § 34 RVG, sondern nach Nr. 2300 VV RVG, soweit es sich um ein Mediationsverfahren außerhalb eines gerichtlichen Verfahrens handelt. Entsprechend fällt je nach Geschäftswert eine Gebühr zwischen 0,5 bis 2,5 an. Die Mediation im Zuge eines gerichtlichen Verfahrens (gerichtsnah oder gerichtsintern) ist Angelegenheit des gerichtlichen Verfahrens i.S.v. § 15 Abs. 1 und 2 RVG und damit auch gebührenrechtlich Bestandteil des gerichtlichen Verfahrens.[136]   93

Der Honoraranspruch des Rechtsanwalts, der in einem bereits anhängigen Gerichtsverfahren auf Anregung des Gerichts an einem Mediationsgespräch vor einem Güterichter teilnimmt, bestimmt sich – soweit keine gesonderte Gebührenvereinbarung abgeschlossen worden ist – allein nach den Vorschriften des RVG. D.h. sollte das Mediationsgespräch scheitern und nach einer weiteren mündlichen Verhandlung ein Urteil ergehen, stehen dem Rechtsanwalt lediglich die Verfahrens- und eine Termingebühr (Nr. 3100, 3104 VV RVG) zu; sollte es bei dem Mediationsgespräch zu einer Einigung kommen, erhöht sich der Honoraranspruch neben Verfahrens- und Termingebühr um die 1,0 Einigungsgebühr (Nr. 1000, 1003 VV RVG).   94

Wird ein **Notar als Mediator** tätig gilt Folgendes: Der Notar ist »unabhängiger Träger eines öffentlichen Amtes« (§ 1 BNotO). Bei seiner Tätigkeit als Mediator oder Moderator, die als »sonstige Betreuung der Beteiligten auf dem Gebiete vorsorgender Rechtspflege« i.S.v. § 24 Abs. BNotO angesehen wird,[137] handelt es sich daher »regelmäßig« um eine Amtshandlung i.S.v. § 24 Abs. 1 BNotO.[138] Daher ist der Notar verpflichtet, für seine Tätigkeit die gesetzlichen Gebühren zu erheben (§ 17 Abs. 1 BNotO). Die einschlägige KostO enthält allerdings für Verfahren der Streitbeilegung keine ausdrückliche Regelung, sodass nur auf die Auffangnorm des § 147 Abs. 2 KostO zurückgegriffen werden kann.[139] Der Geschäftswert ist nach § 30 Abs. 1 KostO nach freiem Ermessen zu bestimmen und hängt vom Gegenstand der Streitbeilegung ab. Allerdings sollte dabei auch das Ergebnis der Mediation berücksichtigt werden. Von dem so ermittelten Wert wird ein Teilwert in Höhe von 30 – 50 % für angemessen erachtet.[140]   95

---

135 *Bischof/Jungbauer/Bräuer/Curkovic/Mathias/Uher*, RVG, § 1, Rn. 54, § 34, Rn. 108 ff.
136 Wegen weiterer vertiefender Ausführungen vgl. *Bischof/Jungbauer/Bräuer/Curkovic/Mathias/Uher*, RVG, § 34, Rn. 106 ff.
137 *Eylmann/Vaasen*, Bundesnotarordnung, Beurkundungsgesetz, § 24 BNotO, Rn. 2, 46 ff.; *Schippel/Bracker*, Bundesnotarordnung, § 24 Rn. 22.
138 *Eylmann/Vaasen*, Bundesnotarordnung, Beurkundungsgesetz, § 24 BNotO, Rn. 2, 46 ff.; *Schippel/Bracker*, Bundesnotarordnung, § 24 Rn. 22; *Korintenberg/Lappe/Bengel/Reimann*, Kostenordnung, § 30, Rn. 56a.
139 *Korintenberg/Lappe/Bengel/Reimann*, Kostenordnung, § 147 Rn. 30d.
140 *Korintenberg/Lappe/Bengel/Reimann*, Kostenordnung, § 147 Rn. 30d.

96 Handelt es sich um einen **Anwaltsnotar**, also einen Notar, der auch als Rechtsanwalt zugelassen ist, so gilt das bisher Gesagte. Nur kann der Anwaltsnotar wählen, ob er aus seinem Grundberuf als Rechtsanwalt oder als Notar die Mediation durchführt. Inwieweit dabei die etwas flexibleren Abrechnungsmöglichkeiten seines Honorars als Rechtsanwalt eine Rolle spielen, hat er zu entscheiden. Der hauptamtliche Notar, der also nicht auch Rechtsanwalt ist (sog. Nur-Notar), wird dagegen seine Tätigkeit als Mediator nicht von seiner Tätigkeit als Notar trennen können, und hat daher sein Honorar nach der KostO zu berechnen.

97 Für Psychologen, Architekten, Steuerberater, Wirtschaftsprüfer, Psychologen, Soziologen und sonstige Berufsgruppen, die fast alle **keine berufsspezifischen Regelungen** aus ihren Herkunftsberufen für die Tätigkeit als Mediator kennen, gilt es, das Honorar frei zu vereinbaren.

bb) Weitere Kosten der Mediation

98 Im Rahmen eines Mediationsverfahrens können neben dem Honorar für den Mediator weitere Kosten anfallen für
 – die Berater der Parteien (Rechtsanwälte, Steuerberater, Architekten etc.),
 – Sachverständige oder Zeugen,
 – Gutachten,
 – Dolmetscher,
 – den Abschluss der Mediationsvereinbarung (durch Notar oder sonstige Dritte),
 – Auslagen wie
  – Telekommunikationsauslagen, Schreib-, Foto-, Dokumentationskosten,
  – Raummiete, besonderes Setting,
 – Reise-, Hotelkosten.

Die Kosten für die **eigenen Berater** der Parteien fallen bei einem Mediationsverfahren, bei dem es um die Beurteilung fachbezogener Fragen geht, regelmäßig an. Das Gebot der Informiertheit verlangt in vielen Fällen die Interessen wahrende Beratung. Die übrigen der genannten Kosten – mit Ausnahme der Auslagen – entstehen dagegen nur unter besonderen Voraussetzungen. Sachverständige oder schriftliche Gutachten werden erforderlich, wenn das nötige Fachwissen zur Beurteilung eines Sachverhalts bei den Beteiligten nicht vorhanden, dies aber für das Mediationsverfahren entscheidend ist (z. B. bei einem komplexen Bau- oder Arzthaftungskonflikt).

99 Die Höhe der jeweiligen Kosten hängt von entsprechenden Vereinbarungen ab oder richtet sich nach **berufsspezifischen Gebührenordnungen** (z. B. Rechtsanwaltsvergütungsgesetz; Steuerberatergebührenverordnung,[141] Honorarordnung für Architekten und Ingenieure.[142]. Die Auslagen sowie Reisekosten werden grundsätzlich je nach Ent-

---

141 Steuerberatergebührenverordnung (StBGebV) v. 17. 12. 1981 (BGBl. I S. 1442), i. d. F.v. 12. 07. 2016 (BGBl. I S. 2360).
142 Honorarordnung für Architekten und Ingenieure (HOAI) vom 11. 08. 2009 (BGBl. I S. 2732) i. d.F. v. 17.07.2013 (BGBl. I S. 2276).

stehung und angefallener Höhe abgerechnet. Der Ausgleich von Dokumentationskosten und ähnlichem kann auch pauschal vereinbart werden.

e) **Alternativen zur Mediation**

Neben der Mediation gibt es zahlreiche **andere Konfliktlösungsverfahren**, von denen hier nur die Adjudikation, Cooperative Praxis, Schiedsgutachten, Schiedsgerichtsbarkeit, Schlichtung, Med-Arb/Arb-Med-Verfahren genannt werden sollen.[143] Selbstverständlich gehört auch das gerichtliche Verfahren dazu. Um gerade dieses zu vermeiden, suchen die Parteien ein alternatives Konfliktlösungsverfahren. Der Mediator muss daher entscheiden, ob er den Parteien neben der Mediation auch andere Verfahren vorstellt. So hat sich der Mediator davon zu überzeugen, dass die Parteien die Grundzüge und Ablauf des Mediationsverfahrens verstanden haben. Daraus ergibt sich grundsätzlich noch nicht die Pflicht, die Parteien auch über **andere Verfahren** zur Streitbeilegung zu unterrichten. 100

Der Mediator hat die Pflicht, bereits in einem sehr frühen Stadium, also noch vor Abschluss des Mediatorenvertrags, zu prüfen, ob die Mediation das für die Parteien und die Lösung des Konflikts geeignete Verfahren ist.[144] Dies hat er auch während einer bereits begonnenen Mediation immer wieder zu prüfen. Hat er entsprechende Zweifel, muss er dies mit den Parteien zu besprechen. Allerdings können die Parteien über die Frage, ob für sie die Mediation das geeignete Verfahren ist, oftmals nur entscheiden, wenn ihnen andere (alternative) Konfliktlösungsverfahren zumindest in Grundzügen bekannt sind. Der Mediator hat in diesen Fällen auf alternative Verfahren hinzuweisen. Man wird auch von jedem Mediator verlangen können, dass er andere Konfliktlösungsverfahren zumindest in Grundzügen kennt. Um Haftungsrisiken zu vermeiden, hat er ggf. auf andere Fachleute zu verweisen. So wird man nicht von jedem Mediator verlangen können, dass er mit den verschiedenen gerichtlichen Verfahren vertraut ist, sollte er z.Bsp. wegen einer möglichen Verjährungsproblematik die Mediation für ungeeignet halten. Hier hat er die Parteien an einen Anwalt zu verweisen. Sollte der Mediator aber nach eigener kritischer Prüfung die Mediation für das geeignete Verfahren halten, und sollten die Parteien in die Mediation einwilligen, hat er die Parteien über andere Konfliktlösungsverfahren, wenn überhaupt, so nur sehr grob skizziert zu informieren. 101

f) **Freiwilligkeit der Teilnahme (Absatz 2, 2. HS)**

Der Mediator hat sich nicht nur zu vergewissern, dass die Parteien »**freiwillig**« an der Mediation teilnehmen, sondern er hat die Freiwilligkeit zu **gewährleisten**.[145] Die **Freiwilligkeit** der Beteiligten ist eine entscheidende Verfahrensvoraussetzung für die Mediation. Das bedeutet, dass sich kein Beteiligter aus welchem Grund auch immer, gezwungen fühlen darf, an der Mediation teilnehmen zu müssen. Auch psychologi- 102

---

143 Zu Einzelheiten vgl. die Darstellung unter Teil 6.
144 *Greger* in: *Greger/Unberath/Steffek*, Recht der alternativen Konfliktlösung, § 2 MediationsG, Rdn. 123. *Gläßer* in: Klowait/Gläßer, Mediationsgesetz, § 2, Rn. 85.
145 Begr. BT-Drucks. 17/5335, S. 15.

scher Druck darf dazu nicht führen.¹⁴⁶ Das Prinzip der Freiwilligkeit hat der Mediator während des Informationsgespräches mit den Parteien zu erörtern. Er hat sich vor Beginn der Mediation anhand der Erklärungen der Beteiligten zu vergewissern, dass sie an der Mediation freiwillig teilnehmen. Er muss besonders bei bestimmten Beteiligten-Konstellationen, die auf ein unterschiedliches Machtverhältnis schließen lassen, die Frage der Freiwilligkeit sorgfältig prüfen.

103 Das Gesetz verlangt, dass die **Teilnahme** freiwillig erfolgen muss, wobei sich dies auf den Zeitraum vom Anfang bis zum Ende des Mediationsverfahrens bezieht. Die Freiwilligkeit muss daher zu **Beginn** des Mediationsverfahrens vorliegen. Damit ist die Teilnahme eines Beteiligten an einer Mediation, die »mit leichtem Druck« (z. B. bei einer innerbetrieblichen Mediation) erreicht wird, grundsätzlich ausgeschlossen. Jede Mediation z. B. zwischen zwei Arbeitnehmern, denen der Arbeitgeber eine Mediation zur Vermeidung anderweitiger arbeitsrechtlicher Konsequenzen (Kündigung) empfohlen hat, um einen Konflikt zu lösen, wäre damit von Anfang an abzulehnen. Ob dies die Intention des Gesetzgebers ist, darf bezweifelt werden, da mit dem MediationsG doch gerade die außergerichtliche Konfliktlösung gestärkt werden soll.

104 Der Mediator wird bei der Entscheidung, ob er unter diesen Umständen eine Mediation beginnen kann, die Frage nach seiner Aufgabe und Rolle in der Mediation und seine Haltung als Mediator (**Berufsethos**) beantworten müssen. Weder bestimmte Ideologien noch Wertevorstellungen sollte er in die Mediation einbringen wollen. Er sollte vielmehr eine **Ausgewogenheit** zwischen der konkreten Anforderung der Aufgabe, den Parteien und sich selbst finden. Dabei können Verfahrensrahmen und Prinzipien ein »gutes Korsett«¹⁴⁷ für den Mediator sein. In Zweifelsfällen kann der Mediator Begrifflichkeiten, wie Selbstverantwortlichkeit oder Freiwilligkeit, nur aufgrund seiner ethischen Haltung in der Rolle als Mediator ausfüllen. Damit sind Prinzipien keine Dogmen, sondern »Hilfen für die praktische Anwendung«, an denen der Mediator selbstreflektierend seine Haltung ausrichtet.¹⁴⁸

105 Man wird daher das gesetzlich geforderte Gebot der »**Freiwilligkeit**« in besonderen Fällen darauf reduzieren können, dass die Parteien ggf. dem Mediationsverfahren als Konfliktlösungsverfahren noch zweifelnd gegenüberstehen, sich möglicherweise auch durch besondere Umstände oder von Dritten, z. B. Vorgesetzten, Arbeitgebern, dazu gedrängt fühlen. Erforderlich dürfte aber sein, dass die Parteien trotz dieser Vorbehalte sich eindeutig dazu erklären, dass sie den Konflikt eigenverantwortlich lösen möchten. Im Laufe der Mediation muss sich der Mediator davon überzeugen, dass sich die »Vorbehalte« der Parteien gegen das Verfahren in »Freiwilligkeit« an der Teilnahme umwandeln. Denn ohne diesen Prozess wird die Mediation scheitern, da die Parteien nicht eigenverantwortlich eine tragfähige und dauerhafte Mediationsvereinbarung erarbeiten können.

---

146 *Kracht* in: *Haft/von Schlieffen* (Hrsg.), Handbuch Mediation, § 12, Rn. 99.
147 *Kracht* in: *Haft/von Schlieffen* (Hrsg.), Handbuch Mediation, § 12, Rn. 6.
148 *Kracht* in: *Haft/von Schlieffen* (Hrsg.), Handbuch Mediation, § 12, Rn. 8.

Der Mediator hat dieses Problem mit den Beteiligten zu erörtern und deren Zustimmung zur Mediation trotz **fehlender Freiwilligkeit** einzuholen. Letztlich hat er aufgrund des Informationsgespräches die Entscheidung zu treffen, ob er die Mediation unter diesen Umständen verantworten kann und ob es Anzeichen dafür gibt, dass die Parteien aus Überzeugung und damit freiwillig an der Mediation teilnehmen. 106

Zur Freiwilligkeit gehört selbstverständlich, dass die Parteien nicht unter Zwang oder Drohung an der Mediation teilnehmen.[149] Zudem müssen sie in der Lage sein, ihren Willen kundzutun und geschäftsfähig sein. Eine nicht geschäftsfähige Person, mit der die Durchführung einer Mediation grundsätzlich nicht ausgeschlossen ist, ist dabei im Verfahren aber durch einen Dritten, einen Betreuer oder sonstigen Vertreter, zu unterstützen und bei Abschluss der Mediationsabschlussvereinbarung zu vertreten. 107

Da die Freiwilligkeit der Parteien während des gesamten Mediationsverfahrens grundsätzlich vorhanden sein muss, hat sich der Mediator auch **ständig** hierüber zu **vergewissern** und die Mediation abzubrechen, wenn er der Überzeugung ist, dass diese bei einem Beteiligten nicht mehr vorliegt. 108

Zu Fragen, inwieweit man sich vertraglich zur Durchführung einer Mediation (bspw. bei Abschluss einer Rechtsschutzversicherung) vor Beginn eines Gerichtsverfahrens verpflichten kann vgl. Rdn. 57 ff. 109

5. Verhältnis des Mediators zu den Parteien (Absatz 3 Satz 1)

Der Mediator ist **allen Parteien** gleichermaßen zur Neutralität **verpflichtet**. Vgl. dazu auch Rdn. 52 ff. 110

Hier liegt ein gewisses **Haftungspotential** für den Mediator. Parteien spüren sehr genau, wenn der Mediator nicht mehr neutral agiert und z. B. einer Partei gegenüber weniger Verständnis zeigt als der anderen Partei gegenüber. Die mangelnde Neutralität kann bereits zu Beginn der Mediation vorliegen oder sich im Laufe des Mediationsverfahrens aus den unterschiedlichsten Gründen entwickeln. Häufig ist es eine spontane Äußerung des Mediators, die zumindest einer Partei das **subjektive Empfinden** der mangelnden Neutralität des Mediators gibt. Sollte diese Partei daraufhin die Mediation abbrechen und dem Mediator unter Hinweis auf die **Verletzung des Neutralitätsgebots** z. B. die Bezahlung seines Honorars verweigern (vgl. § 628 Abs. 1 S. 2 BGB), wird es für die Beurteilung der Pflichtverletzung durch den Mediator nicht allein auf das subjektive Empfinden (Empfängerhorizont) der Parteien ankommen können. Denn damit könnte auch gegen Ende einer sonst erfolgreich verlaufenden Mediation jeder Honoraranspruch eines Mediators zunichte gemacht werden. Vielmehr hat die Partei die Pflichtverletzung des Mediators ggf. gerichtlich nachprüfbar nachzuweisen. Die Partei in insoweit auch beweispflichtig. 111

Der Mediator sollte daher vor Handlungen, die das Gefühl der mangelnden Neutralität bei Parteien entstehen lassen können (z. B. die Erteilung eines rechtlichen Hinweises durch den Anwaltsmediator), die Parteien auf diese Gefahr hinweisen und sich ihre 112

---

149 Zum Problem oktroierter Mediationsverfahren siehe oben Rdn. 57 ff.

ausdrückliche Zustimmung dazu einholen. Die von den Parteien erteilte Zustimmung zu der entsprechenden Handlung des Mediators kann allerdings das sich danach dennoch entstehende Empfinden der mangelnden Neutralität bei zumindest einer Partei nicht immer vermeiden, sondern lediglich einen Haftungsgrund vermeiden. Sollte dem Mediator mangelnde Neutralität vorgeworfen werden, so ist es sinnvoll, wenn er die damit in Zusammenhang stehenden Äußerungen und Umstände dokumentiert. Das gilt insbesondere, wenn dieser Vorwurf Anlass für die Beendigung der Mediation ist.

113 Neutralität bedeutet grundsätzlich auch Unabhängigkeit, d.h. der Mediator muss vergleichbar einem Richter weisungsungebunden, selbstbestimmt und ohne Zwang handeln können.[150] Dies bedeutet auch, dass der Mediator auch wirtschaftlich unabhängig sein muss, zumindest darf er in keinem wirtschaftlichen oder auch sonstigen Abhängigkeitsverhältnis zu einer Partei stehen. Grundsätzlich kann der Mediator, wenn er nicht selbstständig tätig ist, bei einer Organisation, einer Rechtsschutzversicherung[151] oder auch einem Unternehmen (zur Durchführung innerbetrieblichen Mediationen) angestellt sein

6. Förderung der Mediation (Absatz 3 Satz 2, 1.HS)

114 Der Mediator hat im Mediationsverfahren die Kommunikation der Parteien zu fördern. Wie jede **Interaktion von Personen** (nach *Watzlawick*,[152] »*kann man nicht nicht kommunizieren*«) basiert Mediation auf der Kommunikation[153] der Beteiligten, einerseits der Parteien untereinander und andererseits der Parteien mit dem Mediator. Kommunikation ist dabei nicht auf Wort und Schrift (**verbale Mittel**) beschränkt. Dazu gehört vielmehr auch die Art des Sprechens, Sprachgeschwindigkeit, Lautstärke, Wortwahl (**paraverbale Mittel**) sowie jede weitere Art des Versendens von Botschaften, wie Mimik und Körperhaltung (**nonverbale Mittel**),[154] wobei er weitaus größere Teil einer Information über die Form (97 %) als über den Inhalt (3 %) kommuniziert wird.[155] Diese Kommunikation zu **strukturieren**, zu leiten und zu fördern, ist Pflicht des Mediators. Der Mediator fördert die Kommunikation u.a. dadurch, dass er die Parteien darin unterstützt, sich klar und unmissverständlich auszudrücken. Dabei hat der Mediator den Parteien immer mit Respekt und Aufmerksamkeit zu begegnen und sich einer Ausdrucksweise zu bedienen, die keine Bewertungen und Einschätzungen der Parteien oder deren Handlungen vermuten lässt, damit seine Neutralität nicht in Zweifel gezogen werden kann. So sollte er ironische oder humorige Bemerkungen bereits wegen der Gefahr, falsch verstanden zu werden, völlig unterlassen. Dies bedeutet nicht, dass er mit den Parteien nur völ-

---

150 *Gläßer* in: *Klowait/Gläßer*, Mediationsgesetz, § 2, Rn. 106.
151 Vgl. dazu Rdn. 60.
152 *Watzlawick/Beavin/Jackson*, Menschliche Kommunikation, S. 53.
153 Von lat. communicare, communico: jemandem etwas mitteilen, mit jemandem etwas besprechen, jemanden an etwas teilnehmen lassen, etwas gemeinsam machen, vereinigen, zusammenlegen.
154 Vgl. *Kempf* in: *Haft/von Schlieffen* (Hrsg.), Handbuch Mediation, § 35, Rn. 10 f.
155 *Schweizer* in: *Haft/von Schlieffen* (Hrsg.), Handbuch Mediation, § 14, Rn. 14.

lig unemotional und nüchtern kommunizieren muss. Grundsätzlich stehen dem Mediator eine Vielzahl (nach *Ripke*[156] gibt es wohl ebenso viele Interaktionsstile, wie es Mediatoren gibt.) von unterschiedlichen Kommunikationsmethoden und -techniken zur Verfügung.[157] Sollte die eine Methode nicht den gewünschten Kommunikationserfolg bringen, hat der Mediator eine andere zu wählen. Denn »der Wert der Kommunikation ist das Resultat, das diese hervorruft.«[158]

Zu den wichtigsten Kommunikationstechniken,[159] die der Mediator einzusetzen hat, gehören u. a. das **aktive Zuhören**, das **Paraphrasieren** und unterschiedliche Fragetechniken.[160] So hört der Mediator jeder Partei aufmerksam zu, gibt das Gehörte mit eigenen Worten wieder und lässt sich dann von der Partei bestätigen, dass er sie richtig verstanden hat.[161] Aber auch alle weiteren Techniken, mit denen der Mediator in der Lage ist, die Kommunikation innerhalb des Mediationsverfahrens positiv fördern (beispielsweise Kreativtechniken), kommen hier zur Anwendung. 115

7. Angemessene und faire Einbindung der Parteien (Absatz 3 Satz 2, 2.HS)

a) Angemessen und fair

Der Mediator hat zu gewährleisten, dass »die Parteien in **angemessener** und **fairer** Weise in die Mediation eingebunden sind«. Dabei bedeutet »**angemessen**«, die geeigneten und gebotenen Maßnahmen zu ergreifen, um die Mediation im Interesse der Parteien zu fördern; dies bezieht sich damit auf die Methodik der Mediation, wobei diese bei jeder Mediation anders sein kann, und der Mediator im Rahmen seiner großen Gestaltungsfreiheit[162] diese situativ anpassen oder ändern sollte. So hat der Mediator bereits den Rahmen für die Mediation (Setting) so zu schaffen, dass den Parteien je nach eigenem Bedürfnis Möglichkeiten für eine Unterbrechung gewährt werden. Der Mediator sollte emotionale Empfindungen einer Partei nicht noch fördern, sondern durch »Normalisieren« darauf eingehen, d.h. die Partei ggf. auch für einen gewissen Zeitraum mit Nachfragen zu verschonen oder auf unmittelbare verbale Beteiligung zu verzichten. Eine Partei darf auch einmal schweigen.[163] 116

»**Fair**« bezieht sich auf den Umgang der Beteiligten miteinander in der Mediation, und meint ein »gleichberechtigtes«, »anständiges«, »ehrliches« und den Regeln entsprechendes Verhalten der Beteiligten.Damit hat der Mediator zusammenfassend darauf zu achten, 117

---

156 *Ripke* ZKM 2004, 70 ff., die von »Mediatorinnen« spricht, damit aber wohl Mediatoren und Mediatorinnen meint.
157 Begr. BT-Drucks. 17/5335, S. 15.
158 *Schweizer* in: *Haft/von Schlieffen* (Hrsg.), Handbuch Mediation, § 14, Rn. 14.
159 Vgl. umfassend unter Teil 5 B. II.
160 *Kessen/Troja* in: *Haft/von Schlieffen*, Handbuch Mediation, § 13, Rn. 29.
161 *Gläßer* in: *Klowait/Gläßer*, Mediationsgesetz, § 2, Rn. 126.
162 *Greger* in: *Greger/Unberath/Steffek*, Recht der alternativen Konfliktlösung, § 2 MediationsG, Rn. 150.
163 *Gläßer* in *Klowait/Gläßer*, Mediationsgesetz, § 2, Rn. 132.

dass die mit den Parteien vereinbarten Verfahrensregeln eingehalten werden[164], und jede Partei ausreichend, gleichberechtigt und ohne jeden inneren Zwang an der Kommunikation während der Mediation teilnehmen kann. Die **Verfahrensregeln** ergeben sich aus der Verfahrensvereinbarung der Parteien,[165] dem Mediatorvertrag, aber auch aus den allgemeinen Grundsätzen über Verfahren und Ablauf einer Mediation. Das Postulat der »fairen Einbindung« ist auch an den Mediator persönlich und sein Verhalten gegenüber den Parteien gerichtet. Gläßer fasst dies treffend als »Balance zwischen der notwendigen Unterstützung der Parteien und ihrer Gleichbehandlung«[166] zusammen.

b) Empowerment

118   Sollte eine Partei das Gefühl haben, an der Mediation nicht gleichberechtigt teilnehmen zu können, kann dies vielfältige Gründe haben, z. B. das Bestehen eines Machtungleichgewichts zwischen den Parteien (z. B. bei einer innerbetrieblichen Mediation zwischen Geschäftsführer und Mitarbeiter) oder eines Abhängigkeitsverhältnisses (zwischen Eltern und Kinder) oder unterschiedlicher Fähigkeiten der Parteien bei den sprachlichen Ausdrucksmöglichkeiten oder ein Unterschied der sozialen Stellung der Parteien. Der Mediator hat die Partei, die nach eigenem, subjektivem Empfinden oder nach Überzeugung des Mediators nicht gleichberechtigt an der Mediation teilnimmt, u. a. durch besondere Kommunikationsmethoden zu ermutigen und zu unterstützen (**Empowerment**), das subjektive Gefühl der Macht- und Einflusslosigkeit zu überwinden, damit sie »ihren Interessen, Bedürfnissen und Wünschen Ausdruck verleihen«[167] kann. So kann sich der Mediator auch einmal einer Partei »etwas intensiver oder länger zuwenden«[168] als der anderen Partei, wenn dies für die Mediation förderlich ist.

c) Gewährleisten

119   Der Gesetzgeber stellt hier einen sehr hohen Anspruch an den Mediator. Zwar kennt das Recht des Dienstvertrags (§§ 611 ff. BGB) den Begriff »**gewährleisten**« nicht. Im allgemeinen Sprachgebrauch versteht man darunter aber, dass eine bestimmte Leistung, ein bestimmter Erfolg »sichergestellt« oder »garantiert«[169] wird. Der Mediator schuldet den Parteien daher nahezu die erfolgreiche Umsetzung des gesetzlichen Auftrags, die Parteien in angemessener und fairer Weise in die Mediation einzubinden, wonach die Verfahrensregeln von den Parteien einzuhalten sind und sie gleichberechtigt an der Mediation teilnehmen können. Damit sind die Pflichten des Mediators in einem **objektiver Rahmen** beschrieben, und es ist nicht allein auf die subjektiven Fähigkeiten des einzelnen Mediators abzustellen sein. Hier besteht das

---

164 Begr. BT-Drucks. 17/5335, S. 15; *Gläßer* in: *Klowait/Gläßer*, Mediationsgesetz, § 2, Rn. 133.
165 Vgl. oben Rdn. 17 ff.
166 *Gläßer* in: *Klowait/Gläßer*, Mediationsgesetz, § 2, Rn. 134.
167 *Kessen/Troja* in: *Haft/von Schlieffen* (Hrsg.), Handbuch Mediation, § 13, Rn. 27.
168 *Gläßer* in: *Klowait/Gläßer*, Mediationsgesetz, § 2, Rn. 138.
169 Begr. BT-Drucks. 17/5335, S. 15.

Haftungsrisiko des Mediators, wenn es ihm z. B. mangels Ausbildung oder ausreichender Kenntnis von Kommunikationstechniken nicht gelingt, diese Pflicht zu erfüllen. Um eine etwaige Pflichtverletzung des Mediators beurteilen zu können, wird man auf den durchschnittlich gut ausgebildeten und erfahrenen Mediator abstellen müssen. Bei allen redlichen Bemühungen ist der Mediator aber auch auf das kooperative und konstruktive Verhalten der Parteien angewiesen. Dem Mediator hier eine Pflichtverletzung nachzuweisen, wird für die Parteien nicht einfach sein.

Dass der Mediator den **Erfolg** hinsichtlich der Umsetzung der beschriebenen Pflichten schuldet, wird man nun vernünftigerweise nicht verlangen können, da dies maßgeblich auch von dem Verhalten der Parteien abhängt. Er hat aber – auch wiederholt – auf die Parteien angemessen und fair **einzuwirken**, damit diese u.a. die Verfahrensregeln beachten. Dies hat er bei allen Parteien gleichermaßen einzufordern, da sonst der Eindruck der Parteilichkeit entstehen kann. 120

Damit ist es auch Aufgabe des Mediators, die Einhaltung der Verfahrensregeln durchzusetzen. Sanktionsmittel stehen dem Mediator dazu allerdings nahezu nicht zur Verfügung. Er kann lediglich den **Abbruch der Mediation** androhen. Ggf. kann er eine Mediationssitzung abbrechen und die erneute Aufnahme der Mediation davon abhängig machen, dass sich die Parteien noch einmal zur Einhaltung der vereinbarten Regeln verpflichtend erklären. 121

Der Mediator muss die Mediation abbrechen, wenn es ihm trotz intensiver Bemühungen nicht gelingt, die Parteien »in angemessener und fairer Weise in die Mediation« einzubinden. Zum Abbruch ist er auch berechtigt, wenn er für sich persönlich entscheidet, unter den gegebenen Umständen die Mediation nicht weiter führen zu können. Dies sollte der Mediator aber den Parteien vorher ankündigen. 122

Der Mediator hat mit den Parteien einen Mediatorvertrag abgeschlossen hat. Daher kann er eine Mediation **nicht willkürlich**, sondern nur aus Gründen abbrechen, die ihm eine Fortführung der Mediation unzumutbar machen. Das gilt insbesondere für die Beendigung der Mediation im Ganzen. Hier müssen ausreichende Gründe für eine fristlose **Kündigung** des Mediatorvertrags durch den Mediator vorliegen. Ob und inwieweit die Kündigung ohne Vorliegen dieser Voraussetzungen nach § 627 BGB (**Fristlose Kündigung** bei Vertrauensstellung) möglich ist, dürfte wohl davon abhängen, wie weit das Mediationsverfahren bereits fortgeschritten ist. Befindet sich die Mediation nach einigen Sitzungen bereits mitten in der Phase der Interessenklärung oder kurz vor der Bewertung der Lösungsoptionen, könnte die Kündigung nach § 627 BGB (keine Kündigung zur Unzeit) ausgeschlossen sein.

Zur Anwendung von Absatz 5 Satz 2, wonach der Mediator die Mediation beenden kann, wird auf die dortigen Ausführungen verwiesen.[170] Bei dieser »**Kann-Vorschrift**« hat der Gesetzgeber nur bestimmte Umstände als Kündigungsgründe im Blick. 123

---

170 Vgl. unten Rdn. 145 ff.

8. Getrennte Gespräche (Absatz 3 Satz 3)

124 Das Gesetz spricht von »getrennten Gesprächen«. In der Mediationsliteratur wird dagegen nahezu ausnahmslos der Begriff »**Einzelgespräche**« benutzt. Begrifflich liegt der Unterschied darin, dass »Einzelgespräche« immer nur mit einer Partei geführt werden, und »getrennte Gespräche« bei einem Mehrparteienverfahren auch mit mehr als einer Partei gleichzeitig möglich sein können. Solche Gespräche sind in einer Mediation bereits unter dem Gesichtspunkt der Transparenz, der Gleichberechtigung der Parteien und dem Neutralitätsgebots des Mediators schwer vorstellbar, wenn es sich nicht um Mediationen mit einer großen Teilnehmerzahl handelt. Hier bieten sich u.a. zur Themen- und Interessenklärung innerhalb einer Gruppe getrennte Gespräche an. Da der Gesetzgeber auch selbst in der Gesetzesbegründung[171] den Begriff »Einzelgespräch« benutzt, scheint es sich hier lediglich um eine redaktionelle Unsauberkeit zu handeln.

125 Der Mediator kann in einem Mediationsverfahren mit Zustimmung aller Parteien Einzelgespräche führen. Dies war im Schrifttum lange Zeit umstritten.

a) Einzelgespräche

126 Der Mediator kann mit den Parteien getrennte Gespräche (sog. **Caucus**) führen, bei denen die jeweilige Partei dem Mediator gegenüber bestimmte **Informationen offenbart**, die sie der anderen Partei nicht mitteilen möchte.[172] Das kann ganz unterschiedliche Gründe haben. So kann die Partei fürchten, aus dieser Information könnte die andere Partei einen Nutzen zuungunsten der die Information preisgebenden Partei ziehen und diese Information u. U. in einem anschließenden Gerichtsverfahren gegen diese Partei nutzen. Einzelgespräche können u. a. der Klärung der Interessenlage einer Partei (z. B. möchte eine Partei ihre wirtschaftliche Situation, den anhängigen Patentrechtsstreit, eine Krankheit preisgeben oder die Schaffung eines Präzedenzfalls vermeiden), der realistischeren Einschätzung der Rechtslage (meist überschätzen die Parteien die Aussichten eines Gerichtsverfahrens zu ihren eigenen Gunsten, was die Einigung verhindern kann), der weniger abwertenden Einschätzung von Lösungsoptionen, die die Gegenseite genannt hat (Parteien sind gegenüber Lösungsvorschlägen der anderen Partei oft negativ voreingenommen[173]) und der Bearbeitung von Emotionen.

127 Ob **Einzelgespräche**[174] mit den Parteien grundsätzlich in Betracht zu ziehen sind, war eine viel diskutierte Thematik. So seien diese bereits mit dem Grundsatz der Gewährung des **rechtlichen Gehörs** (Art. 103 GG, Art. 6 EMRK, § 1042 ZPO) nicht ver-

---

171 Begr. BT-Drucks. 17/5335, S. 15.
172 Umfassend nunmehr zur Bedeutung, zu Vor- und Nachteilen, zur Geltung der Mediationsprinzipien, zu Anlässen, zu Organisation und Setting sowie zur Anwendung unterschiedlicher Tools *Fritz/Klenk* ZKM 2016, 164 ff, 210 ff; vgl. auch *Leiss* ZKM 2006, 74.
173 *Risse/Wagner* in: *Haft/von Schlieffen* (Hrsg.), Handbuch Mediation, § 23, Rn. 88 ff.; *Leiss* ZKM 2006, 74, 76.
174 Vgl. *Gläßer/Kublik* ZKM 2011, S. 89 ff.

einbar.[175] Dies wird von der herrschenden Literatur aber abgelehnt, da dieser Grundsatz auf das Mediationsverfahren keine Anwendung findet.[176] Ein wesentliches Problem ist die Frage, wie der Mediator mit den nur ihm offenbarten Informationen in der Mediation umgeht. Er wird diese ohne Zustimmung der entsprechenden Partei nicht preisgeben dürfen. Dieses **Vertraulichkeitsproblem** kann die weitere Mediation belasten, da der Mediator aus Sorge, die vertraulichen Informationen preiszugeben, u. U. nicht mehr unbefangen handeln kann.[177] Je weniger sich der Mediator aber in die Phase der Lösungsfindung selber mit Vorschlägen einbringt, desto geringer ist dieses Problem.[178] Er kann dem auch dadurch begegnen, dass er sich die Zustimmung der Partei einholt, diese Information oder Teile davon auch der anderen Partei mitteilen zu dürfen, die in einer Vielzahl von Fällen auch gegeben wird, nachdem die Partei zuerst mit dem Mediator darüber vertraulich sprechen konnte.[179] Grundsätzlich ist die Sicherung der **Vertraulichkeit** eine wesentliche Aufgabe für den Mediator.[180] Diese kann u. a. im **Mediatorvertrag** besonders geregelt werden, soweit diese nicht durch die Bestimmungen in § 4 MediationsG gesichert ist.

Es besteht zudem die Gefahr, dass Einzelgespräche genutzt werden könnten, den Mediator z. B. durch Informationen zu **beeinflussen**, denen die andere Partei wegen ihres vertraulichen Charakters nicht widersprechen kann. Dadurch kann die Neutralitätspflicht des Mediators gefährdet werden.[181] Der Mediator hat auch bei Einzelgesprächen die Grundsätze der Mediation zu beachten. Er darf er insbesondere seine Neutralitätspflicht nicht verletzten und keine rechtliche Beratung erteilen.[182]

128

Generell wird in Einzelgesprächen, insbesondere in **Wirtschaftsmediationen**,[183] ein »wertvolles Instrument der mediativen Streitbeilegung«[184] gesehen, wovon offenbar auch der Gesetzgeber ausgeht. Aus dem Gebot der Neutralität hat der Mediator mit allen Parteien Einzelgespräche zu führen. Er sollte sogar darauf achten, dass die »Parteien möglichst gleich viele und gleich lange Einzelgespräche führen, und zwar auch dann, wenn dies inhaltlich nicht notwendig wäre.«[185] An den Einzelgesprächen können die die Parteien jeweils beratenden Rechtsanwälte oder sonstige Berater teilnehmen.

129

---

175 Vgl. *Hess* in: *Haft/von Schlieffen* (Hrsg.), Handbuch Mediation, § 43, Rn. 53 ff.
176 *Breidenbach/Coester-Waltjen/Heß/Nelle/Wolf* (Hrsg.), Konsensuale Streitbeilegung, S. 45, 76; *Greger* in *Greger/Unberath/Steffek*, Recht der alternativen Konfliktlösung, § 2 MediationsG, Rn. 156.
177 *Leiss* ZKM 2006, 74, (75).
178 *Leiss* ZKM 2006, 74, (77).
179 *Leiss* ZKM 2006, 74, (77).
180 Vgl. *Kracht* in: *Haft/von Schlieffen* (Hrsg.), Handbuch Mediation, § 12, Rn. 123 ff.
181 Vgl. *Kracht* in: *Haft/von Schlieffen* (Hrsg.), Handbuch Mediation, § 12, Rn. 122.
182 *Greger* in: *Greger/Unberath/Steffek*, Recht der alternativen Konfliktlösung, § 2 MediationsG, Rn. 165.
183 *Risse* NJW 2000, 1614 (1616).
184 *Leiss* ZKM 2006, 74, 77.
185 *Risse/Wagner* in: *Haft/von Schlieffen* (Hrsg.), Handbuch Mediation, § 23, Rn. 186.

Ggf. können Einzelgespräche auch nur mit den beratenden Rechtsanwälten geführt werden. Auch dies ist mit den Parteien abzustimmen.[186]

Werden die Einzelgespräch so ausgeweitet, dass der Mediator zwischen den Parteien von Einzelgespräch zu Einzelgespräch pendelt und Lösungsvorschläge überbringt, spricht man von »**Shuttle-Mediation**«.[187]

b) Allseitiges Einverständnis

130 Der Mediator kann Einzelgespräche nur im **allseitigen Einverständnis** durchführen. Das Gesetz schweigt dazu, wer die Zustimmung zu erteilen hat. Denn »allseitig« könnte bedeuten, dass grundsätzlich alle an der Mediation Beteiligten ihre **Zustimmung** dazu erklären müssen. Von den Einzelgesprächen wie von der gesamten Mediation sind **unmittelbar nur die Parteien**, nicht jedoch sonstige Dritte betroffen. Daher kommt es grundsätzlich nur auf die Zustimmung der Parteien an.[188] Die Zustimmung kann der Mediator nicht als gegeben annehmen, sondern er hat sich ausdrücklich mit den Parteien darüber zu vereinbaren. Sollte der Vorschlag zur Durchführung von Einzelgesprächen allerdings von den Parteien kommen, so hat auch der Mediator seine Zustimmung zu erklären. Denn er könnte diese ablehnen, weil er grundsätzliche Einwände hat oder sie für den besonderen Fall als ungeeignet ansieht.

131 Die Zustimmung kann zu **jedem Zeitpunkt** der Mediation erteilt werden. Sinnvoll ist es sicherlich, dies bereits im Mediatorvertrag oder in der Verfahrensvereinbarung zu klären. Aber sollte sich erst im Laufe einer Mediation ergeben, was nicht selten ist, die Notwendigkeit für Einzelgespräche ergeben, dann kann darüber ad hoc entschieden werden.[189] Auch die anfänglich von den Parteien abgelehnte Zustimmung kann im Laufe des Verfahrens erteilt werden. Die Zustimmung kann, wenn sie nicht bereits im Mediatorvertrag vereinbart wurde, mündlich erteilt werden. Der Mediator sollte diese aber für eigene Zwecke dokumentieren. Sollte eine Partei ihre Zustimmung zur Durchführung von Einzelgesprächen im Laufe des Verfahrens **widerrufen**, ist damit so zu verfahren, wie mit dem Widerruf jeder im Mediatorvertrag oder der Verfahrensvereinbarung geregelten Verpflichtung. Die Parteien müssen mit Unterstützung des Mediators darüber eine Einigung erzielen oder die Mediation scheitert.

132 Sollte der Mediator Einzelgespräche durchzuführen, ohne vorher das Einverständnis der Beteiligten eingeholt zu haben, liegt darin eine erhebliche Verletzung seiner gesetzlich normierten Pflicht.[190] Sollte eine Partei dies zum Anlass nehmen, die Mediation abzubrechen, so verliert der Mediator seinen Honoraranspruch und muss gegebenen-

---

186 *Gläßer* in: *Klowait/Gläßer*, Mediationsgesetz, § 2, Rn. 153.
187 *Risse* NJW 2000, 1614, (1616); *Risse/Wagner* in: *Haft/von Schließen* (Hrsg.), Handbuch Mediation, § 23, Rn. 84.
188 *Greger* in: *Greger/Unberath/Steffek*, Recht der alternativen Konfliktlösung, § 2 MediationsG, Rn. 157.
189 A.A. *Kracht* in: *Haft/von Schließen* (Hrsg.), Handbuch Mediation, § 12, Rn. 122.
190 *Greger* in: *Greger/Unberath/Steffek*, Recht der alternativen Konfliktlösung, § 2 MediationsG, Rn. 163.

falls bereits an ihn gezahltes Honorar zurückerstatten. Inwieweit der Mediator zur weiteren Schadensersatzleistung verpflichtet werden könnte, hängt vom jeweiligen Einzelfall ab.

9. Teilnahme Dritter (Absatz 4)

Sollen Dritte in die Mediation einbezogen werden, so bedarf es dazu der Zustimmung aller Parteien. Dies folgt bereits aus dem Prinzip der **Eigenverantwortlichkeit**, die wiederum Ausfluss der vom Gesetzgeber postulierten »Parteiautonomie« ist.[191] 133

a) Dritter

Dritte können grundsätzlich alle Personen sein, die nicht unmittelbar von der Mediation oder vom Ergebnis der Mediation, betroffen sind, daran aber dennoch teilnehmen sollen. Hierbei handelt es sich insbesondere um Parteivertreter, wie z. B. Rechtsanwälte,[192] Berater, wie z. B. Steuerberater, Architekten, aber auch Gutachter und Sachverständige und Zeugen, aber auch sonstige Begleitpersonen der Parteien, solange über deren Teilnahme Einigkeit besteht. 134

b) Einbeziehung

Einbeziehung ist so zu verstehen, dass der Dritte **persönlich** in der Mediation anwesend ist.[193] Diese Einbeziehung kann zeitlich begrenzt sein, wie z. B. bei Gutachtern oder Zeugen. Außerhalb der Mediation kann sich jede Partei weiterer Personen als Berater oder Unterstützer bedienen, die auf das Mediationsverfahren unmittelbar aber keinen Einfluss nehmen dürfen. D.h. sie dürfen weder schriftlich noch mündlich mit den Beteiligten der Mediation in Kontakt treten. Soweit an diese aber vertrauliche Inhalte des Mediationsverfahrens weitergegeben werden sollen, bedarf es dazu der Zustimmung aller Parteien.[194] 135

c) Zustimmung

Die Begriffe Zustimmung und **Einverständnis**, i.S.v. allseitigem Einverständnis, werden hier synonym verwendet.[195] Die Teilnahme eines Rechtsanwalts als Parteivertreter oder Berater einer Partei ist daher nur mit Zustimmung aller Parteien möglich.[196] Der Mediator hat darauf zu achten, dass in einem solchen Fall alle Parteien anwaltlich begleitet werden, bzw. die nicht anwaltlich vertretene Partei auf die damit verbundenen Nachteile hinzuweisen. Sollte der Mediator im Laufe der Mediation erkennen, dass diese mangelnde Vertretung bei einer Partei zu einem Informationsdefizit führt, hat er die Informiertheit sicherzustellen (**Informationsgebot**). 136

---

191 Begr. BT-Drucks. 17/5335, S. 15.
192 Begr. BT-Drucks. 17/5335, S. 15; kritisch *Duve* ZKM 2012, 108 f. (109).
193 Begr. BT-Drucks. 17/5335, S. 15.
194 *Gläßer* in: *Klowait/Gläßer*, Mediationsgesetz, § 2, Rn. 161.
195 Begr. BT-Drucks. 17/5335, S. 15.
196 Begr. BT-Drucks. 17/5335, S. 15.

137 Sollte der Mediator der Überzeugung sein, dass es für den Erfolg der Mediation auf die Teilnahme weiterer Dritter ankommt, so hat er dies mit den Parteien zu besprechen und deren Zustimmung einzuholen. Der Mediator kann nicht darauf bestehen, dass seiner Überzeugung gefolgt wird. Er hat auch keinen Recht, eine Mediation aus diesem Grunde zu beenden. In einem solchen Fall sollte der Mediator allerdings zur Vermeidung späterer Vorwürfe, seine Empfehlung protokollieren.

Übrigen gelten die Ausführungen, die oben unter Rdn. 125 ff. zum allseitigen Einverständnis bei Einzelgesprächen dargestellt wurden, im vorliegenden Zusammenhang entsprechend. So ist insbesondere die Einbeziehung Dritter zu jedem Zeitpunkt des Mediationsverfahrens möglich.

d) Vertraulichkeit

138 Das in § 1 Abs. 1 MediationsG normierte und sich aus den allgemeinen Grundsätzen der Mediation ergebende Gebot der Vertraulichkeit wird insoweit zur Disposition der Parteien gestellt, als diese **frei entscheiden** können, ob sie das Mediationsverfahren für Dritte öffnen und damit die Vertraulichkeit insoweit einschränken.[197] Die Parteien können mit Dritten eine gesonderte Vertraulichkeitsvereinbarung treffen und ihre Zustimmung für deren Teilnahme davon abhängig machen.

10. Beendigung der Mediation (Absatz 5)

a) Beendigung durch die Parteien (Absatz 5 Satz 1)

139 Der **Referentenentwurf** des Bundesministeriums der Justiz vom 4. August 2010 sah eine Beendigung des Verfahrens durch die Parteien nicht vor. Durch Absatz 5 Satz 1 MediationsG ist nunmehr ausdrücklich klargestellt, dass selbstverständlich auch die Parteien das Mediationsverfahren jederzeit beenden können.[198] Dieses Recht folgt bereits aus dem Prinzip der **Freiwilligkeit**.[199]

aa) Parteien

140 Jede Partei, die an einer Mediation teilnimmt, kann die Mediation **beenden.** Dieser Beschluss muss nicht von allen an der Mediation teilnehmenden Parteien gemeinsam getroffen werden. Insoweit ist der Gesetzestext »Die Parteien können...« missverständlich. Andere Beteilige (zum Mediator vgl. Satz 2) können ihre »unterstützende« Tätigkeit im Mediationsverfahren auch einstellen, aber nicht das Mediationsverfahren beenden. Aus dem Grundsatz der **Freiwilligkeit** folgt nicht nur, dass die Parteien ohne äußeren Druck oder Zwang an der Mediation teilnehmen, sondern auch die Möglichkeit haben, das Verfahren zu beenden, ohne Sanktionen gleiche welcher Art befürchten zu müssen.

---

197 Begr. BT-Drucks. 17/5335, S. 15.
198 *Kraft/Schwerdtfeger* ZKM 2011, 56.
199 Begr. BT-Drucks. 17/5335, S. 15.

Ob und inwieweit der Mediator versuchen soll, eine Partei, die die Mediation beenden 141
möchte, zur **Fortsetzung des Verfahrens** zu motivieren, hängt vom Einzelfall ab. Sollte
die Partei den Mediator als parteilich und voreingenommen wahrnehmen, so wird eine
Fortsetzung der Mediation weniger wahrscheinlich sein, als bei Bedenken über Verfahrensabläufe oder wegen eines ungehörigen Verhaltens der anderen Partei. Dies kann
in der Mediation mit dem Ziel erörtert werden, **Verfahrensänderungen** mit den Parteien abzustimmen oder die erneute Zusage einer Partei, die abgestimmten Verfahrensregeln zukünftig beachten zu wollen, zu erhalten, um so entsprechende Bedenken
auszuräumen. Zumindest sollte der Mediator aber mit den Parteien diskutieren, welche
Alternativen die Parteien nach Beendigung der Mediation haben, ihren Konflikt zu
lösen. Abhängig vom Ausblick dieser Szenarien setzen die Parteien möglicherweise die
Mediation fort. Der Mediator darf dabei keinen Druck auf die Parteien ausüben, um
die Mediation um jeden Preis zu retten.

Das Recht, die Mediation jederzeit beenden zu können, steht den Parteien auch dann 142
zu, wenn sie zu einer Mediation »gedrängt« (z.Bsp. durch den Arbeitgeber) wurden,
oder die Parteien sich vertraglich verpflichtet haben, Streitigkeiten erst einmal im Wege
einer Mediation zu lösen, bevor man den Gerichtsweg einschlagen kann (vgl. Rdn. 60,
Rechtsschutzversicherung).

bb) Jederzeit

»Jederzeit« bedeutet, dass die Parteien zu jedem Zeitpunkt des Verfahrens die Media- 143
tion beenden können. Mit dieser normierten Erlaubnis zum Abbruch der Mediation
werden etwaige **Schadensersatzansprüche** der anderen Partei, die diese aufgrund des
Abbruchs hat (z. B. Durchführung eines gerichtlichen Verfahrens, weitere Beraterkosten, Kosten für ein anschließendes Schiedsverfahren) grundsätzlich **ausgeschlossen**. Ob Schadensersatzansprüche in besonderen Fällen dennoch möglich sind, ist
ggf. nach allgemeinen zivilrechtlichen Grundsätzen zu prüfen.

cc) Kündigung

Rechtlich handelt es sich bei der Beendigung der Mediation durch eine Partei um 144
eine fristlose **Kündigung** i.S.v. § 627 Abs. 1 BGB (**Vertrauensstellung**), die nicht
begründet zu werden braucht. Die Partei, die das Verfahren beenden möchte, muss
dies aufgrund des bestehenden Mediatorvertrags dem Mediator mitteilen. Dies kann
mündlich, fernmündlich oder schriftlich geschehen, wenn der Mediatorvertrag keine
andere Form ausdrücklich vorsieht. Der Mediator hat sicherzustellen, dass die andere
Partei von der Beendigung der Mediation erfährt. Abhängig vom Inhalt einer etwaigen Mediationsvereinbarung ist diese gegenüber der anderen Partei ggf. auch zu
kündigen bzw. die andere Partei unmittelbar von der Kündigung des Mediatorvertrags zu informieren. Sollte der Mediator von einer Partei erfahren, dass die andere
Partei die Mediation nicht mehr fortsetzen möchte, sollte er sich bei dieser Partei
zumindest durch eine direkte Kontaktaufnahme rückversichern, und sich den Beendigungswunsch bestätigen lassen.

b) Beendigung durch den Mediator (Absatz 5 Satz 2)

145 Auch der Mediator kann die Mediation **beenden**. Dieses grundsätzliche Recht resultiert aus der Pflicht des Mediators, den »Verfahrensrahmen zu beachten und die Einhaltung der Verfahrensregeln zu garantieren«.[200] Allerdings – anders als bei den Parteien – müssen für die Beendigung der Mediation durch den Mediator bestimmte **Gründe** vorliegen. Das Gesetz nennt zwei Gründe: Wenn eine »eigenverantwortliche Kommunikation« oder eine »Einigung der Parteien« nicht zu erwarten ist. Diese Aufzählung ist, wie aus dem Tatbestandsmerkmal »insbesondere« folgt, nicht abschließend, sondern nur beispielhaft.

146 Der Mediator hat die Entscheidung allein nach seinem **subjektiven Eindruck** (»er der **Auffassung** ist«) zu treffen. Er beurteilt aufgrund seines in der Mediation bereits gewonnenen Eindrucks die Parteien und deren Verhalten oder schätzt den zukünftigen Verlauf der Mediation ein (»zu **erwarten** ist«).

147 »Erwarten« bedeutet, der Mediator hält es für wahrscheinlich und vorhersehbar, dass eine eigenverantwortliche Kommunikation oder eine Einigung der Parteien nicht möglich ist. Da dies nicht immer eindeutig festgestellt werden kann, hat sich der Mediator ausgehend von einem entsprechenden Eindruck eine feste Überzeugung zu bilden. Diese kann er im Gespräch mit den Parteien über seinen gewonnenen Eindruck verfestigen. Die gesetzliche Regelung in Absatz 2 verpflichtet den Mediator, unter Anwendung entsprechender Kommunikationstechniken[201] die eigenverantwortliche Kommunikation der Parteien zu fördern und zu gewährleisten. Erst wenn er diese Möglichkeiten ergebnislos ausgeschöpft hat, kann er die Entscheidung über die Beendigung der Mediation treffen.

aa) Eigenverantwortliche Kommunikation

148 **Eigenverantwortliche Kommunikation** ist die Voraussetzung, damit eine Partei gleichberechtigt, selbstständig, unabhängig,[202] informiert und ohne Zwang und äußeren Druck an einer Mediation teilnehmen kann. Stellt sich nach Beginn der Mediation heraus, dass eine Partei in der Fähigkeit zum eigenverantwortlichen Handeln erheblich eingeschränkt oder hierzu überhaupt nicht fähig ist, kann der Mediator die Mediation beenden.[203] Davon ist z. B. dann auszugehen, wenn eine Partei unter einer »schweren psychischen Erkrankung« leidet oder »massiv suchtabhängig« ist.[204] Ob eine entsprechende Erkrankung oder eine Suchtabhängigkeit vorliegt, die die Partei in ihrer eigenverantwortlichen Kommunikation zumindest erheblich einschränkt, wird ein Mediator mangels fachlicher Vorbildung selten beurteilen können. Eine entsprechende Ausbildung wird man von ihm auch nicht verlangen können.

---

200 Begr. BT-Drucks. 17/5335, S. 15.
201 S. Rdn. 114.
202 Synonyme sind: autark, autonom, eigenmächtig, eigenständig, emanzipiert, selbstständig, souverän, unabhängig, ungebunden; vgl. Duden, Synonymwörterbuch, 2010.
203 Begr. BT-Drucks. 17/5335, S. 16.
204 Begr. BT-Drucks. 17/5335, S. 16.

Er ist hier allein auf Vermutungen und seine eigene Lebenserfahrung angewiesen. Eine erhebliche Einschränkung der eigenverantwortlichen Kommunikation liegt aber nicht erst bei einem so massiven Krankheitsbild oder Suchtverhalten vor, wenn es vom Mediator erkannt werden kann, sondern dies ist oftmals bereits deutlich unter diesem Niveau anzunehmen. Daher eignen sich die vom Gesetzgeber erwähnten Gründe kaum als Maßstab für den Mediator, eine Mediation zu beenden.

Der Mediator daher wird die Mediation immer dann beenden können, wenn er der »Auffassung ist«, dass eine Partei nicht in der Lage ist, eigenverantwortlich und selbstbestimmt unter Wahrung der eigenen Interessen an der Mediation teilzunehmen. So können sich entsprechende Hindernisse z. B. aus einem **Machtungleichgewicht** zwischen den Parteien, einer Gewaltproblematik zwischen den Beziehungsparteien, einer sprachlichen Barriere (Mediation mit einer fremdsprachigen Partei), einer großen emotionalen Erregung einer Partei in Bezug auf die andere Partei oder den Konfliktstoffes ergeben. Dies gilt aber auch, wenn eine Partei durch wiederholte Missachtung der vereinbarten Verfahrensregeln die eigenverantwortliche Kommunikation der Parteien untereinander unmöglich macht, und dem Mediator die »angemessene und faire Einbindung« (vgl. Absatz 3) aller Parteien in das Verfahren nicht gelingt 149

bb) Einigung

Die Beendigung durch den Mediator ist auch möglich, wenn er eine **Einigung** der Parteien nicht mehr erwartet. Einigung ist dabei sehr weit zu verstehen, nicht nur im Sinne einer schriftlichen **Vereinbarung** oder **Abschlussvereinbarung**. Vielmehr bedeutet **Einigung** jede Art von Absprache und Übereinkunft zwischen den Parteien, die entweder einen Konflikt zwischen den Parteien beendet oder die bei einem noch nicht endgültig gelösten Konflikt zumindest das weitere Vorgehen der Parteien außerhalb der Mediation einvernehmlich beschreibt. Damit muss die Einigung ein Mindestmaß an beiderseitiger Verpflichtung enthalten. Die Übereinstimmung der Parteien, dass die Mediation gescheitert ist, ist daher keine Einigung i.S. dieser Regelung, allenfalls eine konvergierende Feststellung. 150

Der Erwartung des Mediators, dass eine Einigung der Parteien nicht möglich ist, können unterschiedliche Gründe zugrunde liegen. So können die Parteien im Laufe der Mediation ihr Interesse daran verlieren, oder dieses Interesse fehlte von Anfang an, z. B. bei einer vom Arbeitgeber »geforderten« Mediation. Denkbar ist auch, dass die Konfliktsituation während der Mediation eskaliert oder eine gleichberechtigte Kommunikation zwischen den Parteien unmöglich ist. 151

cc) Sonstige Gründe

Aus der beispielhaften Nennung der vorgenannten Beendigungsgründe (»insbesondere«) ergibt sich, dass der Mediator auch aus **anderen Gründen** die Mediation beenden kann. Dabei kann es sich um Gründe handeln, die eine ordnungsgemäße (nach den gesetzlichen und den mit den Parteien und dem Mediator vereinbarten Vorgaben) Fortsetzung der Mediation oder eine Einigung der Parteien nicht »erwarten« lassen oder sogar unmöglich machen. Dabei hat der Mediator Grundsätze und 152

Ablauf des Mediationsverfahrens, den Verfahrensrahmen und die vereinbarten Verfahrensregeln als Maßstab zu berücksichtigen. Die Gründe für die Beendigung der Mediation können damit bei den beteiligten Parteien oder im Verfahren selbst oder im Verfahrensdesign liegen.

dd) Mediator

153 Es sind auch Umstände aus der **Sphäre des Mediators** denkbar,[205] die den Mediator zur Beendigung der Mediation veranlassen können. Solche Umstände können dem Mediator erst während der Mediation bewusst oder bekannt werden, z. B.
 – fehlende fachlicher Kenntnisse im Hinblick auf den Konfliktstoff,
 – persönliche Ungeeignetheit wegen Komplexität des Verfahrens,
 – persönliche Ungeeignetheit wegen Verlust der Neutralität, u. a. wegen emotionalem Engagement für den Konfliktstoff oder Parteinahme für eine Partei,
 – Überschreitung eigener psychischer oder ethisch-moralischer Grenzen[206],
 – mangelnde Akzeptanz des Mediatores als Leiter des Verfahrens durch die Parteien,
 – Hinderungsgründe nach § 3 MediationsG,
 – der Versuch einer Partei, den Mediator zur Durchsetzung eigener Interessen zu missbrauchen[207] oder
 – versuchte Einflussnahme auf die Mediation von dritter Seite, wie Arbeitgeber, der an der Mediation nicht teilnimmt.[208]

Wenn solche Gründe erkennbar werden, die zur Beendigung der Mediation führen, sollte der Mediator in geeigneten Fällen mit den Parteien besprechen, ob die Fortsetzung der Mediation mit einem anderen Mediator sinnvoll ist.[209] Dies liegt bereits aus haftungsrechtlichen Gründen im Interesse des Mediators, da er beispielsweise in den Fällen des § 3 Abs. 2 MediationsG das Vorliegen von in seiner Person liegenden Ausschlussgründen vor Beginn der Mediation hätte sorgfältig prüfen müssen.

ee) Kann-Vorschrift

154 Das Gesetz formuliert, dass der Mediator die Mediation beenden »**kann**«, wenn eine eigenverantwortliche Kommunikation oder eine Einigung der Parteien nicht zu »erwarten ist«. Diese Regelung ist wenig präzise und für den Mediator kaum handhabbar. Denn sie scheint ihm einerseits ein **weites Ermessen** einzuräumen, die Mediation jederzeit beenden zu können. Andererseits scheint der Gesetzgeber mit der beispielhaften Nennung von schweren Gründen (psychische Erkrankung und massive Suchtabhängigkeit[210]), die die Beendigung der Mediation rechtfertigen können,

---

205 Begr. BT-Drucks. 17/5335, S. 15.
206 *Gläßer* in: *Klowait/Gläßer*, Mediationsgesetz, § 2, Rn. 227 f.
207 *Greger* in: *Greger/Unberath/Steffek*, Recht der alternativen Konfliktlösung, § 2 MediationsG, Rn. 193.
208 *Gläßer* in: *Klowait/Gläßer*, Mediationsgesetz, § 2, Rn. 223 f.
209 Begr. BT-Drucks. 17/5335, S. 15.
210 Begr. BT-Drucks. 17/5335, S. 15.

den **Ermessensspielraum** des Mediators deutlich einengen zu wollen. Das Vorliegen dieser Gründe wird die Fortsetzung einer Mediation aber unmöglich machen. Auch die mangelnde Fähigkeit zur eigenverantwortlichen Kommunikation einer Partei wird den Mediator die Mediation nicht fortsetzen lassen können. Ebenso wenn erkennbar und zu erwarten ist, dass die Mediation nicht mit einer Einigung endet, sondern scheitern wird.

Insbesondere bei Vorliegen **gesetzlicher Tätigkeitsbeschränkungen** (§ 3 Abs. 2 MediationsG) hat der Mediator kein Ermessen, die Mediation fortzusetzen oder zu beenden. Er muss die Mediation beenden. 155

Daraus folgt im Ergebnis, dass der Mediator die Mediation **beenden muss**, wenn aus den oben genannten Gründen die Mediation nicht im Interesse der Parteien in einem ordnungsgemäßen Mediationsverfahren durchgeführt werden kann oder trotz ordnungsgemäßem Verfahren eine Einigung der Parteien unwahrscheinlich ist. Auch hier liegt ein bestimmtes **Haftungsrisiko** für den Mediator, der in Verkennung offensichtlicher Anzeichen z. B. für ein Scheitern der Mediation diese ohne Einwilligung der Parteien fortsetzt. Letztlich hat jeder Mediator die Pflicht, den Verlauf der Mediation und die Parteien in der Mediation, aber auch sich selber ständig daraufhin sorgfältig zu beobachten, ob er den ordnungsgemäßen Verfahrensablauf nach den genannten Kriterien gewährleisten kann. Kann er das nicht, hat er die Mediation zu beenden. 156

11. Einigung, Beratung, Abschlussvereinbarung (Absatz 6)

a) Kenntnis der Sachlage und inhaltliches Verständnis (Absatz 6 Satz 1)

»Der Mediator wirkt im Falle einer Einigung darauf hin, dass die Parteien die Vereinbarung in Kenntnis der Sachlage treffen und ihren Inhalt verstehen.« 157

aa) Einigung

Von einer **Einigung** i.S. dieser Vorschrift ist dann auszugehen, wenn die Parteien eine Übereinstimmung erreichen, wonach der in der Mediation behandelte Konflikt ganz oder zumindest zum Teil gelöst ist, und wie sie ggf. in Zukunft damit umgehen werden. Auch das **Übereinkommen** der Parteien, dass sie ein anderes Konfliktlösungsverfahren versuchen werden, nachdem sie die Mediation als ungeeignet erkannt haben, stellt eine Einigung dar. Die Einigung muss eine bestimmte **inhaltliche Relevanz** haben, d. h. einen Regelungsinhalt, da andernfalls eine Vereinbarung zwischen den Parteien, die der Einigung nachfolgen soll, ohne Bedeutung wäre. Die übereinstimmende Aussage der Parteien in einer Mediation, man sei sich einig, dass »sich etwas ändern solle« oder dass man »zum Wohle und im Interesse der gemeinsamen Kinder handeln wolle« stellt keine Einigung dar, sondern ist ein übereinstimmender Wunsch, sich einigen zu wollen. Denn dieser postulierten Einigkeit fehlt noch der Bindungswille zu konkreten gegenseitigen Verpflichtungen. Eine Einigung muss zumindest so konkret sein, dass daraus ein Handeln oder Unterlassen abzuleiten ist. Die Einigung soll im Anschluss in eine Vereinbarung zwischen den Parteien münden. 158

bb) Vereinbarung

159 Eine Vereinbarung ist eine **bindende Verabredung**[211] zwischen zwei oder mehreren Parteien, die die Regelung einzelner Punkte beinhaltet. Sie wird freiwillig geschlossen und kann in der Form eines Vertrages fixiert sein. Durch die Abgabe **gleichgerichteter Willenserklärungen** begründen die Parteien ein Schuldverhältnis, welches sowohl hinsichtlich des Abschlusses als auch in Bezug auf den Inhalt ihrer freien Bestimmung unterliegt. Erforderlich ist, dass sich die Willenserklärungen der an der Vereinbarung beteiligten Parteien inhaltlich vollständig decken.[212]

160 Der Abschluss der Vereinbarung ist **formlos** und damit auch **mündlich** möglich. Es empfiehlt sich aber aus naheliegenden Gründen eine schriftliche Mediationsvereinbarung abzuschließen. Zum einen wegen des Umfangs der vereinbarten Lösungen und Verpflichtungen und zum anderen, um das Verabredete in Zweifelsfälle zukünftig für die Parteien überprüfbar zu machen. Zudem stellt die Unterzeichnung einer schriftlichen Vereinbarung – ggf. mit dem Mediator – einen für die Parteien sichtbaren Abschluss des Mediationsverfahrens dar, was eine bessere psychologische Wirkung auf die Parteien hat, als ein »Händeschütteln« nach einer mündlichen Übereinkunft, deren genauen Inhalt schon am Folgetag niemand mehr kennt. Durch die **Schriftlichkeit** bekommt die Vereinbarung nicht nur einen höheren **Grad der Verbindlichkeit**, sie bewahrt die Parteien auch vor möglichen Erinnerungslücken und garantiert in stärkerem Maße die künftige Umsetzung. Schließlich hat der Akt des Unterzeichnens für die Parteien auch einen symbolischen Wert und steigert die **Wertschätzung und Akzeptanz** der gemeinsam erarbeiteten Lösung.[213]

cc) In Kenntnis der Sachlage

161 Die Parteien sollen sich ihrer Situation zum Zeitpunkt des Abschlusses der Vereinbarung bewusst sein, d. h. sie müssen über die zur Beurteilung der für das Konfliktthema erforderlichen Sach- und ggf. Rechtsinformationen verfügen. Dies folgt bereits aus dem **Grundsatz der Informiertheit**. Damit soll gewährleistet werden, dass die Parteien keine bindenden Entscheidungen treffen, ohne alle hierfür erheblichen Tatsachen zu kennen. Relevant ist z. B. in einer Scheidungsmediation mit Vermögensauseinandersetzung u.a. die Kenntnis aller gemeinsamer und getrennter Bankkonten, der Wert von vorhandenen Immobilien abzüglich Kreditbelastungen, die Steuerbescheide nebst -erklärungen, der Wert des Hausrates und der Lebensversicherungen und bei einer Erbmediation u.a. die Kenntnis über der Umfang des Nachlasses und den Wert der einzelnen Nachlassgegenstände. Die Parteien benötigen in diesem Fall einen vollständigen Überblick über die finanzielle Situation. Sie benötigen aber auch Kenntnis über die Rechtslage, z.Bsp. was bedeutet Zugewinngemeinschaft, wie wird der Zugewinnausgleich ermittelt, berechnet welche Folgen hat die Gütertrennung. Zum Zeitpunkt der Einigung und bei Formulierung einer Vereinbarung sollten den

---

211 *Mackensen*, Großes Deutsches Wörterbuch.
212 *Creifelds*, Rechtswörterbuch.
213 *Kessen/Troja* in: *Haft/von Schlieffen* (Hrsg.), Handbuch Mediation, § 13, Rn. 75.

Parteien alle nötigen Informationen vorliegen, wenn der Mediator das Mediationsverfahren ordnungsgemäß durchgeführt hat, d.h. er hat bereits während der Mediation dafür gesorgt, dass sich die Parteien informieren konnten, wenn er Informationsdefizite erkannt oder eine Partei diese beklagt hat.

dd) Inhaltliches Verständnis der Vereinbarung

»Verständnis« bedeutet das Erfassen und Durchdringen eines Sachverhalts oder eines Regelungsinhalts. Zweck dieser Regelung ist sicherzustellen, dass die Parteien Inhalt und Bedeutung der Vereinbarung verstehen, sich der daraus folgenden Konsequenzen, ob in tatsächlicher, rechtlicher oder finanzieller Art, bewusst sind und jede Partei auch die persönliche Auswirkungen und Folgen für sich selbst einschätzen kann. Die Beteiligten müssen davon nicht nur eine vage, sondern eine deutliche und klare Vorstellung haben, um von einem »Verständnis« i.S. dieser Vorschrift auszugehen. 162

ee) Vergewisserung, Hinwirken

Im **Referentenentwurf** des Bundesministeriums für Justiz vom 4. August 2010 lautete die Vorschrift ursprünglich in § 2 unter Absatz 4: »*Der Mediator vergewissert sich im Falle einer Einigung, dass die Parteien die Vereinbarung in voller Kenntnis der Sachlage treffen und ihren Inhalt verstehen.*« Diese Formulierung war auf vielfache Kritik gestoßen, weil sich hier die berechtigte Frage stellte, in welcher Art und Weise sich der Mediator vom Kenntnisstand der Sachlage und dem inhaltlichen Verständnis der Parteien überzeugen soll.[214] Zudem berücksichtigte diese Formulierung nur bedingt, dass der Mediator – unabhängig von seiner Grundausbildung – nicht selten mit Sachverhalten befasst ist, die ihm fachlich unbekannt sind und deren konkreten Regelungsbedarf und -inhalt er selbst gar nicht abschließend beurteilen kann.[215] 163

Die nun **geltende Fassung** der Vorschrift in Absatz 6 Satz 1 (»*der Mediator* wirkt darauf hin, *dass die Parteien .... verstehen.*«) ist aus diesem Grund **nicht** mehr **erfolgsbezogen** formuliert.[216] Trotz dieser abgeschwächten Formulierung, geht der Gesetzgeber weiterhin davon aus, dass der Mediator verpflichtet ist, sich zu »**vergewissern**«, dass die Parteien eine Vereinbarung in Kenntnis der Sachlage treffen und ihren Inhalt verstehen.[217] Der Mediator hat daher im Gespräch mit den Parteien und durch Rückfragen sicherzustellen, dass die Parteien nach seiner Überzeugung die Sach- und ggf. auch die Rechtslage im Hinblick auf das Konfliktthema sowie den Inhalt der Vereinbarung und deren Folgen kennen und einschätzen können. Über den genauen Umfang und Art und Weise der **Hinwirkungspflicht** des Mediators schweigt der Gesetzgeber. Letztlich ausreichend ist der subjektive Eindruck des Mediators, dass die Parteien die erforderliche Kenntnis und das nötige Verständnis haben, wobei der Mediator es sich nicht 164

---

214 Vgl. *Kraft/Schwerdtfeger* ZKM 2011, 56.
215 Vgl. Stellungnahme der Bundesrechtsanwaltskammer zum Referentenentwurf, Nr. 27/2010.
216 Vgl. *Kraft/Schwerdtfeger* ZKM 2011, 56.
217 Begr. BT-Drucks. 17/5335, S. 15.

zu einfach machen darf. Er hat vielmehr durch Rückfragen, Erläuterungen u.a. und unter Berücksichtigung der unterschiedlichen Vorbildung und eines möglichen unterschiedlichen Verständnisgrades der Parteien seinen subjektiven Eindruck zu gewinnen.

165 Die Hinwirkungspflicht des Mediators findet dort ihre Grenzen, wo die Eigenverantwortlichkeit der Parteien beschnitten wird. So darf der Mediator sein Verständnis von der Einigung der Parteien nicht zum Maßstab für den Inhalt einer Vereinbarung machen, sondern lediglich durch Hinterfragen die Parteien darin unterstützen, mögliche Unklarheiten und Missverständnisse selbst zu erkennen und zu beseitigen. Schon gar nicht darf er die Parteien zu einer bestimmten inhaltlichen Regelung drängen. Er sollte vielmehr darauf hinwirken, dass die Parteien eine inhaltlich umfassende, auf Dauer angelegte und förmlich wirksame Vereinbarung treffen. So ist seine Hinwirkungspflicht umso größer je mehr es um Fragen der Form und der Vollständigkeit einer Vereinbarung, aber desto geringer je mehr es um inhaltliche Fragen der Vereinbarung geht.

b) Hinzuziehung externer Berater (Absatz 6 Satz 2)

166 Der Mediator ist verpflichtet, Parteien, die ohne fachliche Beratung an der Mediation teilnehmen, auf die Möglichkeit hinzuweisen, bei Bedarf die die Mediation abschließende Vereinbarung durch **externe Berater** überprüfen zu lassen, wenn die Mediationsvereinbarung rechtliche Folgewirkungen hat.[218] Dazu zählt insbesondere die **Hinzuziehung von Rechtsanwälten** vor Abschluss einer Vereinbarung, wenn eine Partei in der Mediation keine rechtliche Begleitung hatte.[219] Neben den Rechtsanwälten, an die der Gesetzgeber in erster Linie gedacht hat[220], gehören dazu aber sämtliche anderen Berater, wie Steuerberater, Wirtschaftsprüfer, Architekten und sonstige für die Lösung des Konflikts nötige sachkundige Dritte.[221]

167 Der erste Entwurf des Gesetzes sah noch vor, dass der Mediator die Parteien auf die Hinzuziehung fachlicher Berater hinweisen »soll«.[222] Nach Kritik insbesondere vonseiten der Bundesrechtsanwaltskammer[223] wurde die Regelung verstärkt und verpflichtet nun den Mediator zu diesem Hinweis, indem er darauf **hinzuweisen** »hat«. Auch wenn man in der Kritik der Bundesrechtsanwaltskammer die Durchsetzung bestimmter Interessen vermuten könnte, so ist Folge dieser Änderung, dass sie eben nicht nur Rechtsanwälten, sondern sämtlichen möglichen fachlichen Beratern wie Steuerberatern, Architekten, Bauingenieuren etc., zugutekommt.

168 Die Regelung verzichtet allerdings darauf, die Parteien zu verpflichten, vor Abschluss einer Vereinbarung, fachliche Beratung in Anspruch zu nehmen. Damit trifft den

---

218 Begr. BT-Drucks. 17/5335, S. 15; *Kracht* in: *Haft/von Schlieffen* (Hrsg.), Handbuch Mediation, § 12, Rn. 70 ff.
219 Begr. BT-Drucks. 17/8058, S. 18.
220 Begr. BT-Drucks. 17/8058, S. 18.
221 *Gläßer* in: *Klowait/Gläßer*, Mediationsgesetz, § 2, Rn. 290.
222 Gesetzentwurf in BT-Drucks. 17/5335, S. 5.
223 BRAK-Stellungnahme-Nr. 27/2010, Oktober 2010.

Mediator die Verantwortung zu entscheiden, wann er die Parteien auf die nach seiner Ansicht nach erforderliche fachliche Beratung hinweist.

aa) Teilnahme ohne fachliche Beratung

Den Mediator trifft die Hinweispflicht grundsätzlich nur bei den Parteien, die **ohne fachliche Berater** an der Mediation teilnehmen. Aus dem Sinn der Regelung ergibt sich, dass »**an der Mediation teilnehmen**« die unmittelbare Teilnahme an den Mediationssitzungen bedeutet. Sollte eine Partei ohne entsprechenden Berater an den Mediationssitzungen teilnehmen, so hat sich der Mediator darüber informieren, ob die Partei außerhalb der Mediation im Hinblick auf das Konfliktthema fachlich beraten wird. Bestätigt die Partei dies, trifft den Mediator keine weitere Hinweispflicht. Er sollte sich allerding vor Unterzeichnung der Vereinbarung noch einmal die externe Beratung von der Partei bestätigen lassen. Dies sollte er auch **dokumentieren**. 169

bb) Bedarf

Den Mediator trifft die Hinweispflicht allerdings nur, wenn er für externe fachliche Beratung einen **Bedarf** sieht, d. h. diese Beratung von der Partei benötigt wird. Dies wird in erster Linie von dem Konfliktthema, dem Regelungsinhalt einer zu schließenden Mediationsvereinbarung und dem Grad und der Vorbildung der Partei abhängen. So ist ein Bedarf an fachlicher Beratung bei Mediationen, z. B. bei zwischenmenschlichen Verhaltenskonflikten, die schon im Stadium des Konflikts nicht justiziabel sind (z. B. bestimmte familiäre oder innerbetriebliche Konflikte, Nachbarstreitigkeiten oder Konflikte zwischen Gesellschafter), nicht oder eher selten gegeben. Denn die daraus folgenden Mediationsvereinbarungen enthalten oftmals auch nur Einigungen über zukünftiges miteinander Umgehen (Benehmen), und sind in ihrer Durchsetzung ebenfalls nicht justiziabel. Sollten solche Mediationsvereinbarungen aber rechtlich relevante Regelungen enthalten, ergibt sich daraus ein Bedarf an fachlicher Beratung. 170

Wenn der Mediator den Bedarf für gegeben hält, hat er zu prüfen und durch gezielte Fragen in Erfahrung zu bringen, ob eine Partei entsprechende **fachliche Beratung** benötigt. Es bedarf also des **aktiven Handelns** durch den Mediator. Aus der Kenntnis, dass eine Partei nicht fachlich beraten ist, resultiert dann seine **Hinweispflicht**. Der Mediator hat also den Bedarf in jedem Einzelfall und für jede Partei gesondert zu prüfen. Insoweit hat er einen bestimmten Ermessensspielraum. Um sich keinem Haftungsrisiko auszusetzen, sollte er im Zweifel diesen Bedarf für gegeben halten und die Parteien entsprechend hinweisen. 171

cc) Hinweispflicht

Der Hinweis auf die **fachliche Beratung** durch externe Berater knüpft an das Prinzip der rechtlichen **Informiertheit** der Parteien an. Nur eine in vollem Umfang informierte Partei ist in der Lage, eine Vereinbarung über bestimmte Verpflichtungen, die Aufgabe von Rechten zugunsten der anderen Partei oder eines anderen Beteiligten und über die Erlangung eigener Rechte abzuschließen. Da sich Parteien 172 von einer später als für sie nachteilig empfundenen Vereinbarung gerne trennen möchten, sind nur solche Vereinbarungen von nachhaltiger Dauer, die mit entsprechender fachlicher Kenntnis und daher oft mit fachlicher Unterstützung verhandelt worden sind. Daher ist die **Hinweispflicht**, der der Mediator nachkommen muss, ein **Garant** für den Abschluss einer von den Parteien als dauerhaft fair empfundenen Vereinbarung, an die sie sich leichter gebunden fühlen.

dd) Vor Abschluss der Vereinbarung

173 Die **Hinweispflicht** auf die fachliche Beratung bezieht sich auf den Zeitpunkt vor Abschluss der Mediationsvereinbarung, d. h. **vor** Unterzeichnung der Vereinbarung. Der Gesetzgeber hat darauf verzichtet, dies ausdrücklich durch die Voranstellung des Wortes »beabsichtigte« Vereinbarung deutlich zu machen. Denn es ergibt sich aus dem Zusammenhang von Absatz 6 Satz 1 und 2 eindeutig, dass sich der Wortlaut nicht auf eine bereits abgeschlossene Vereinbarung beziehen kann.[224] Diese Auslegung entspricht auch Sinn und Zweck des Grundsatzes der (rechtlichen und fachlichen) Informiertheit der Parteien, die natürlich vor Abschluss einer sie bindenden Vereinbarung gegeben sein muss.

ee) Externe Berater

174 Der Mediator hat sich zunächst einmal die Frage zu stellen, welcher **fachlichen Beratung** eine Partei zur Bewältigung des Konfliktthemas bedarf. Abhängig vom Konfliktstoff können dies neben Rechtsanwälten sämtliche Berater sein, die mit ihren Fachkenntnissen eine Partei erst in einen Wissens- und Kenntnisstand bringen, der ihr eine Entscheidung in der Mediation möglich macht. Das können u. a. Wirtschaftsprüfer, Steuerberater, Architekten, technische Sachverständige oder Psychologen sein.[225] Der Gesetzgeber geht davon aus, dass es sich bei der externen fachlichen Beratung zumeist um anwaltliche Berater handelt.[226]

175 Sollte die **fachliche Beratung** nicht oder nicht alleine durch einen Rechtsanwalt gewährleistet werden können, sondern eine weitere fachliche Beratung erforderlich sein, so muss der Mediator die Partei auch darauf hinweisen, welchen fachlichen Hintergrund der Berater haben sollte. Man wird hier **nicht zu hohe Ansprüche** an den Mediator stellen können, den erforderlichen Berater von seiner beruflichen Vorbildung zu identifizieren. Der Mediator kann sich aber selbst zum Maßstab machen und sich fragen, ob er den Sachverhalt noch versteht oder nicht und welcher Berater Abhilfe schaffen könnte.

176 Da es nahezu immer bei der Formulierung einer Mediationsvereinbarung um rechtliche Regelungen geht, sollte der Mediator auf die **Beratung durch einen Rechtsanwalt** immer hinweisen, wenn die Partei nicht entsprechend beraten ist. Dass der Mediator

---

224 Begr. BT-Drucks. 17/5335, S. 15; Begr. BT-Drucks. 17/5496, S. 1.
225 Begr. BT-Drucks. 17/5335, S. 15.
226 Begr. BT-Drucks. 17/8385, S. 18.

allerdings eine Partei darauf hinweisen muss, dass der begleitende Rechtsanwalt z. B. als ausgewiesener Fachanwalt für Gesellschaftsrecht für die Beratung in einer Familienmediation eher ungeeignet erscheint, wird man wohl ablehnen müssen. Der Mediator würde damit grundsätzlich seine **Beurteilungskompetenz** überschreiten. Erscheint dem Mediator aber die Beratung durch den die Partei begleitenden Rechtsanwalt als in hohem Maße unzureichend, z. B. wenn ein Anwaltsmediator dies gut beurteilen kann, dann hat der Mediator auf diesen Umstand hinzuweisen. In ganz extremen Fällen wäre auch an eine Beendigung der Mediation durch den Mediator nach § 2 Abs. 5 MediationsG zu denken.

Ggf. ist der Entwurf der Vereinbarung auch wegen seiner Beurkundungspflicht einem Notar zur abschließenden rechtlichen Beurteilung, soweit es inhaltliche Vollständigkeit und Vollstreckungsklauseln betrifft, vorzulegen, und zwar durch die an der Vereinbarung beteiligten Parteien gemeinsam. Denn der Notar ist nach § 14 Abs. 1 BNotO nicht »Vertreter einer Partei, sondern unabhängiger und unparteiischer Betreuer der Beteiligten.« Dabei bedeutet Unparteilichkeit auch Neutralität gegenüber den am Beurkundungsverfahren Beteiligten. Sollte der Mediator auch Notar sein, steht einer Beurkundung der Vereinbarung durch den Mediator nichts im Wege.[227] Soweit er dann als Notar tätig ist, hat er die Parteien in den Grenzen seiner notariellen Neutralitätspflicht zu beraten[228]. Der Notar, der die Parteien vorher als Mediator bei der Konfliktlösung unterstützt hat, muss allerdings sorgfältig die Balance zwischen der Allparteilichkeit einerseits und andererseits der auch inhaltlichen Beratungspflicht des Notars gegenüber den Parteien wahren, damit die Parteien wegen einer inhaltlichen (rechtlichen) Beratung durch den Notar, die die Parteien als einseitig zugunsten einer Partei empfinden, nicht noch am Ende des Mediationsverfahrens das Vertrauen in den Mediator/Notar verlieren. 177

ff) Rechtsinformationen durch Mediator

In Mediationen werden **insbesondere Anwaltsmediatoren** von den Parteien gelegentlich um Rechtsrat gefragt. Grundsätzlich kann und darf Mediation auch **Rechtsinformationen** durch den Mediator in einem begrenzten Rahmen beinhalten und auch rechtliche Regelungsmöglichkeiten zur Diskussion stellen, wobei die Gestaltung der Rechtsverhältnisse immer den Konfliktparteien im Rahmen ihrer Eigenverantwortung obliegt.[229] 178

Abzugrenzen sind die allgemeinen rechtlichen Informationen von rechtlichen Vorschlägen oder Regelungen, die nach dem **Rechtsdienstleistungsgesetz (RDG)** zu beurteilen sind.[230] Nach § 2 Abs. 3 Nr. 4 RDG ist eine Rechtsdienstleistung nicht, »die Mediation und jede vergleichbare Form der alternativen Streitbeilegung, sofern die Tätigkeit 179

---

227 *Greger/Unberath/Steffek*, Recht der alternativen Konfliktlösung, § 2 MediationsG, Rn. 340.
228 Vgl. *Greger/Unberath/Steffek*, Recht der alternativen Konfliktlösung, § 2 MediationsG, Rn. 218.
229 Begr. BT-Drucks. 17/5335, S. 15; vgl. *Ade/Gläßer* ZKM 2013, S. 57 ff.
230 Vgl. hierzu umfassend die Ausführungen zum RDG unter Teil 4 B.

nicht durch rechtliche Regelungsvorschläge in die Gespräche der Beteiligten eingreift.« Unbedenklich sind nach § 5 Abs. 1 Satz 1 RDG dagegen »Rechtsdienstleistungen im Zusammenhang mit einer anderen Tätigkeit, wenn sie als Nebenleistung zum Berufs– oder Tätigkeitsbild gehören.« Dies ist, so das RDG weiter (Satz 2), nach dem Inhalt und Umfang der Rechtsdienstleistung und ihrem »sachlichen Zusammenhang mit der Haupttätigkeit unter Berücksichtigung der Rechtskenntnisse zu beurteilen, die für die Haupttätigkeit erforderlich sind.« So ist von einer reinen Nebenleistung auszugehen, wenn der »Schwerpunkt der Haupttätigkeit auf nichtrechtlichem Gebiet«[231] liegt, der rechtliche Regelungsvorschlag im Verhältnis zur Gesamtmediation nur einen Randbereich betrifft.[232] Im Vordergrund muss damit die nicht rechtliche Dienstleistung stehen. Ein Verstoß gegen § 5 RDG führt zur Nichtigkeit des Vertrags nach § 134 BGB und zwar im Zweifel nicht nur im Einzelnen, sondern nach § 139 BGB in seiner Gesamtheit.[233]

180 Grundsätzlich ist damit der Nur-Mediator, befugt, in bestimmtem Umfang den Parteien als **rechtsdienstleistende Nebentätigkeit** Rechtsinformationen zu geben, z. Bsp. eine **allgemeine Darstellung** rechtlicher Handlungsoptionen geben oder die grundsätzlichen Voraussetzungen einer einverständlichen Scheidung, die gesetzliche Erbfolge, die Voraussetzungen für die Übertragung eines Grundstücks oder eines Gesellschaftsanteils erläutern. Mischt sich der Mediator jedoch in die Gespräche der Parteien mit eigenen rechtlichen Regelungsvorschlägen ein oder leistet konkrete Rechtsberatung im Zusammenhang mit dem Konfliktfall handelt es sich um eine Rechtsdienstleistung, die nach § 2 Abs. 3 Nr. 4 RDG nicht mehr erlaubnisfrei ist Diese darf grundsätzlich nur der Anwaltsmediator leisten, der dabei aber seine Neutralitätspflicht nicht aus dem Blick verlieren sollte.

181 Wird der Mediator beispielsweise bei der **Formulierung** der von den Parteien erarbeiteten Einigung behilflich, liegt darin **keine Rechtsdienstleistung**. In die inhaltliche Abfassung der Abschlussvereinbarung darf er hingegen durch eigene rechtliche Regelungsvorschläge nur eingreifen, wenn die Grenzen des § 5 RDG eingehalten werden. Dies könnte der Fall sein, wenn es beispielsweise bei einer Umgangsregelung darum geht festzulegen, ob die Umgangswochenenden im zweiwöchentlichen Rhythmus jeweils nach den Ferien neu beginnen oder fortlaufend zählen.

182 Erlaubnisfrei ist in einer Familienmediation die Darstellung, welche Einkünfte und welche Abzugsposten zu berücksichtigen sind, um den Unterhaltsanspruch zu berechnen. Eine **erlaubnispflichtige Rechtsdienstleistung** liegt hingegen vor, wenn der Mediator anhand dieser Zahlen eine Bewertung vornimmt oder gar den Unterhalt im konkreten Fall berechnet. Dies wäre nicht nur ein Verstoß des Mediators gegen das Rechtsdienstleistungsgesetz, sondern auch ein **Verstoß des Anwaltsmediators** gegen das Prinzip der Neutralität im Mediationsverfahren.

---

231 OLG Bremen, Urteil vom 30.09.2011, 2 U 41/11, NJW 2012, S. 81.
232 Begr. BT-Drucks. 17/5335, S. 16.
233 OLG Bremen, Urteil vom 30.09.2011, 2 U 41/11, NJW 2012, S. 81, 82.

Spätestens dann, wenn es um die Frage der richtigen Einordnung von Ansprüchen und 183
Rechten geht, und in welchen Bereichen für die Lösung des Konflikts von einer Partei
Rechte aufgegeben werden, ist anwaltliche Beratung erforderlich. Diese Einschätzung
darf weder der rechtskundige Mediator noch der Anwaltsmediator vornehmen. Da bei
einem Verstoß gegen diese ihm obliegenden Pflichten eine **Haftung** in Betracht
kommt[234], sollte der Mediator sich von den Parteien (schriftlich) bestätigen lassen, dass
er eine externe Fachberatung im konkreten Fall für erforderlich hält, und den Parteien
nahegelegt hat, diese in Anspruch zu nehmen.

gg) Dokumentationspflicht

Aus Absatz 6 Satz 1 und 2 folgt keine **Dokumentationspflicht**.[235] Eine Dokumen- 184
tation (schriftlich und ggf. durch Fotos von Inhalten auf Flipcharts) des Ablaufs des
Mediationsverfahrens, der Einigung und des Inhalts der Abschlussvereinbarung
empfiehlt sich, wenn der Mediator es als sinnvoll erachtet. Inwieweit der Mediator
diese Dokumentation den Parteien (oder allen Beteiligten) zugänglich macht oder
sie nur für seine Zwecke fertigt, bleibt dem Mediator überlassen. Es wird sich meist
anbieten, die Protokolle, die der Mediator von jeder Mediationssitzung anfertigen
sollte, zumindest den Parteien zukommen zu lassen. Dies erleichtert es den Parteien
und dem Mediator – insbesondere auch nach Abschluss der Mediation – Einzelheiten nachzulesen, eine Lösung und den Weg der Parteien dorthin nachvollziehen und
im Fall einer späteren Evaluierung des Falles mit den Parteien darauf zurückgreifen
zu können und Entwicklungen zu dokumentieren.

Die Dokumentation sollte grundsätzlich durch den Mediator oder einen an der Media- 185
tion teilnehmenden Mitarbeiter des Mediators erfolgen. Wegen der Gefahr der Parteilichkeit und der einseitigen Wiedergabe ist die Erstellung der Dokumentation durch
die Parteien beratende Dritte grundsätzlich ausgeschlossen.

c) Abschlussvereinbarung (Absatz 6 Satz 3)

Mit Zustimmung der Parteien kann und sollte die erzielte Einigung in einer **Abschluss-** 186
vereinbarung dokumentiert werden. Damit führt der Gesetzgeber neben dem bereits
in Satz 1 und 2 verwendeten Begriff der »Vereinbarung«, die die Einigung der Parteien wiedergeben soll, einen weiteren Begriff für die die Mediation beendende
Übereinkunft der Parteien ein. Ob es einen qualitativen Unterschied zwischen beiden Rechtsinstituten gibt, erläutert der Gesetzgeber nicht.

»Vereinbarung« und »**Abschlussvereinbarung**« regeln die Einigung der Parteien, die 187
diese in der Mediation erreicht haben.[236] Aus Satz 1 und 2 wird anhand der Verpflichtungen, die der Mediator gegenüber den Parteien vor Abschluss der Vereinbarung hat,
deutlich, welch hohen Stellenwert das Gesetz der »Vereinbarung« beimisst. Aus der

---

234 Begr. BT-Drucks. 17/5335, S. 16.
235 Begr. BT-Drucks. 17/5335, S. 16.
236 Vgl. *Harms/Schmitz-Vornmoor* ZKM 2013, S. 154 ff.

Erwähnung des Begriffs »Vereinbarung« in § 4 Nr. 1 MediationsG, der sich auf »die Offenlegung des Inhalts der im Mediationsverfahren erzielten Vereinbarung zur Umsetzung oder Vollstreckung dieser Vereinbarung« bezieht, ergibt sich eindeutig, dass der Gesetzgeber mit dem Begriff der »Vereinbarung« die das Mediationsverfahren beendende vertragliche Übereinkunft meint. Der Begriff der »Abschlussvereinbarung« wird hingegen nur in Absatz 3 erwähnt.

188 Bei der **Abschlussvereinbarung**, die der Zustimmung der Parteien bedarf, kann es sich nur um die Vereinbarung handeln, die die Parteien entweder alleine oder gemeinsam mit dem Mediator zum Abschluss einer Mediation schriftlich niederlegen. Die Abschlussvereinbarung wird damit nicht von externen Beratern entworfen und von diesen nicht geprüft. Der Sinn für diese Unterscheidung erschließt sich nicht. Es wäre besser gewesen, der Gesetzgeber hätte deutlicher formuliert, was er meint, z. B.: »Die Parteien können alleine oder mit dem Mediator die erzielte Einigung in einer Vereinbarung dokumentieren.«

aa) Rechtlicher Charakter

189 **Abschlussvereinbarung** und Vereinbarung haben grundsätzlich denselben rechtlichen Charakter. Es handelt sich um einen zwei- oder mehrseitigen Vertrag.[237] Die Vereinbarung kann auch unter den entsprechenden Voraussetzungen für **vollstreckbar** erklärt werden.[238] Handelt es sich bei dem Mediator um einen Rechtsanwalt oder Notar, so kann aber auch die von den Parteien gemeinsam mit dem Mediator abgefasste Abschlussvereinbarung für vollstreckbar erklärt werden. Da die Abschlussvereinbarung die Einigung der Parteien dokumentieren soll, kann es sich grundsätzlich nicht um eine unverbindliche Erklärung der Parteien handeln. Insbesondere dann nicht, wenn rechtlich durchsetzbare Regelungen Inhalt der Abschlussvereinbarung sind.

190 Sollte die Einigung der Parteien nicht justiziable Absprachen enthalten, so wird es grundsätzlich ausreichend sein, wenn die Abschlussvereinbarung in Form einer **informellen gemeinsamen Erklärung**[239] abgefasst wird.

bb) Form

191 Das Gesetz sieht vor, dass die Abschlussvereinbarung **dokumentiert** werden kann. Das bedeutet, dass die Parteien letztlich über deren Form entscheiden können. Entscheiden sich die Parteien für die Dokumentation, was nach Abschluss der Mediation der Regelfall ist[240], so folgt daraus bereits die Schriftform. Welche weitere Form im Übrigen eingehalten werden muss, richtet sich nach dem Regelungsinhalt und dem Zweck, den die Parteien mit der Abschlussvereinbarung verfolgen. Haben die Parteien sich z. B. im Rahmen einer Scheidungsmediation oder einer erbrechtlichen

---

237 *Kessen/Troja* in: *Haft/von Schlieffen*, Handbuch Mediation, § 13, Rn. 76.
238 Vgl. die Kommentierung zu § 1 MediationsG, Rdn. 29.
239 *Kessen/Troja* in: *Haft/von Schlieffen*, Handbuch Mediation, § 13, Rn. 76.
240 *Gläßer* in: *Klowait/Gläßer*, Mediationsgesetz, § 2, Rn. 297.

Mediation über die Verpflichtung, z.Bsp. ein Grundstück (§ 311 b Abs. 1 BGB) oder GmbH-Geschäftsanteile (§ 15 Abs. 4 GmbHG) zu übertragen, geeinigt, so muss die Abschlussvereinbarung **notariell beurkundet** werden.[241] Ansonsten ist die Schriftform ohne notarielle Beurkundungs- oder Beglaubigungspflicht ausreichend.

Verpflichtet sich eine Partei zu einer Zahlung eines Geldbetrag an die andere Partei, so kann die Abschlussvereinbarung auch die Erklärung über die Unterwerfung unter die **sofortige Zwangsvollstreckung** enthalten. Dies verleiht der Zahlungspflicht einen gewissen Nachdruck und vermeidet zugunsten der Gläubigerpartei, dass er die Schuldnerpartei gerichtlich in Anspruch nehmen muss, sollte diese ihrer zahlungsverpflichtung nicht nachkommen. Ein Vollstreckungsunterwerfung kann außerhalb eines gerichtlichen Verfahrens wirksam nur erklärt werden 192

– in einem von Anwälten im Namen und mit Vollmacht ihrer Parteien abgeschlossenen Vergleich (§ 796a ZPO), der beim zuständigen Amtsgericht hinterlegt und von diesem für vollstreckbar erklärt wird; d.h. die Abschlussvereinbarung muss von den Anwälten der Parteien abgeschlossen und unterzeichnet werden;
– in einer notariellen Urkunde (§ 794 Abs. 1 Nr. 5 ZPO); und
– in einem Vergleich vor einer durch die Landesjustizverwaltung eingerichteten oder anerkannten Gütestelle (§ 794 Abs. 1 Nr. 1 ZPO).

Aus Praktikabilitätsgründen, aber auch aus Kosten-[242] und Zeitgründen[243] bietet sich oftmals die notarielle Beurkundung an, wobei diese auch nur auf den vollstreckbaren Inhalt beschränkt werden kann, und neben der von dem Mediator, den Parteien oder deren Anwälte gefertigten Abschlussvereinbarung gefertigt wird.

cc) **Zustimmung**

Selbstverständlich bedarf es, wie bei jeder Einigung, der Zustimmung der Parteien hinsichtlich des Regelungsinhalts der erzielten Einigung. Dies folgt aus dem Grundsatz der Privatautonomie, der insoweit nur eingeschränkt ist, wie es gilt, gesetzliche Formvorschriften einzuhalten. 193

Soweit die Parteien eine Lösung ihres Konflikts gefunden haben, die die Zustimmung Dritter erforderlich macht, so ist diese im Zuge der Abschlussvereinbarung einzuholen. Gegebenenfalls bedarf es auch Genehmigungen von Verwaltungsbehörden u.ä., die zu beantragen und einzuholen sind. 194

dd) **Inhalt**

Grundsätzlich sind die Parteien frei, den Inhalt der Abschlussvereinbarung zu vereinbaren. Der Inhalt darf aber nicht gegen gesetzliche Verbote (§ 134 BGB) oder die guten Sitten (§ 138 BGB) verstoßen. Darauf hat der Anwaltsmediator hinzuweisen. Der Mediator, der nicht auch als Anwalt tätig ist, hat im Zweifelsfall den 195

---

241 Auch Eheverträge (§ 1410 BGB) und Erbverträge (§ 2276 BGB) sind zu beurkunden.
242 *Gläßer* in: *Klowait/Gläßer*, Mediationsgesetz, § 2, Rn. 313.
243 *Greger/Unberath/Steffek*, Recht der alternativen Konfliktlösung, § 2 MediationsG, Rn. 340.

Parteien zu empfehlen, sich vor Unterzeichnung der Abschlussvereinbarung anwaltlich beraten zu lassen, oder den Entwurf der Abschlussvereinbarung anwaltlich überprüfen zu lassen.

ee) Dokumentation

196 In der Mediationspraxis ist es sehr verbreitet, dass der Mediator die von den Parteien in der Mediation erzielte Einigung schriftlich zusammenfasst und **dokumentiert**; als neutraler Dritter wird er dabei auf eine neutrale Formulierung der **Abschlussvereinbarung** achten. Diese Vorgehensweise trägt dazu bei, neue Konflikte über Formulierungen zwischen den Parteien zu vermeiden. Die Parteien haben nach Erhalt des Entwurfs Gelegenheit, Änderungs- und Ergänzungswünsche einzubringen.

197 Beim Entwurf der Abschlussvereinbarung durch den Mediator besteht die Gefahr, dass der Mediator durch seine eigene Sprache und Formulierungen die Einigung der Parteien so interpretiert, dass die Parteien ihren Willen im Entwurf nicht abgebildet sehen und dies möglicherweise als Parteinahme zugunsten einer Partei **missverstehen** können.

198 Der Mediator muss sich daher bei der Formulierung der Abschlussvereinbarung eng an die meist stichwortartig niedergelegte Einigung halten. Um die Einigung auszuformulieren kann er sich, soweit erforderlich, der **Sitzungsprotokolle** und **Zwischenergebnisse** der Mediation bedienen, und im Übrigen die Interessen und Bedürfnisse der Parteien zur Grundlage der konkreten Formulierung machen. In der Praxis hat es sich erwiesen, dass eine Einleitung zum Hintergrund des Konflikts, ähnlich einer Präambel in Verträgen, hilfreich ist, um darzulegen vor welchem Hintergrund die verbindlichen Regelungen der Abschlussvereinbarung entstanden sind.

199 Die **Parteien** und der **Mediator** können auch gemeinsam während einer Mediationssitzung die Abschlussvereinbarung entwerfen. Dies hat den Vorteil, dass die Parteien ihre Einigung in ihrer eigenen Sprache abfassen und dadurch Missverständnisse gleich zu Beginn ausgeschlossen sind und ein späterer Interpretationsspielraum gering ist. Dabei kann der Mediator den **Formulierungsprozess positiv unterstützen**, indem er diesen moderiert und darauf achtet, dass die Formulierungen den formellen Kriterien entsprechen (Aufbau einer Vereinbarung, ggf. vollstreckbarer Inhalt). Diese Handhabung ist zeitaufwendiger, hat jedoch den Vorteil, dass sich die Parteien deutlich intensiver mit der von ihnen geschaffenen Regelung identifizieren.[244]

200 Möglich ist auch, dass die Parteien die Abschlussvereinbarung **selbst formulieren** oder sie durch die sie beratenden Rechtsanwälte entwerfen lassen. Sollte der Mediator nicht auch Rechtsanwalt sein, hat dies den Vorteil, dass die Vereinbarung rechtlich richtig abgefasst wird und sich der Mediator damit von einem nicht unerheblichen haftungsrisiko befreit. Da in den meisten Fällen dann beide Parteien anwaltlich beraten sind, wird die Überprüfung der Vereinbarung durch beide Anwälte einen gewissen Grad an richtiger Wiedergabe der Einigung garantieren. Die Formulierung der Abschlussvereinbarung allein durch die Parteien, also ohne anwaltliche Unterstützung, dürfte in

---

244 *Kessen/Troja* in: *Haft/von Schlieffen* (Hrsg.), Handbuch Mediation, § 13, S. 317.

den seltensten Fällen in zufriedenstellender Weise gelingen. Denn selbst bei einem Konflikt unter Rechtsanwälten (z. B. über die finanzielle Beteiligung an einer Sozietät), werden die Parteien die Abschlussvereinbarung nicht mit der nötigen Formulierungsobjektivität entwerfen. Die Parteien werden daher kaum in der Lage sein, eine ausgewogene Abschlussvereinbarung zu formulieren, die die mit dem Mediator erreichte Einigung angemessen wiedergibt. Es besteht die Gefahr, dass der Konflikt durch einzelne Formulierungen, die nach Wahrnehmung des anderen vor- bzw. nachteilig sein könnte, wieder auflebt. Trotz erreichter Einigung ist das Vertrauen der Parteien zueinander in seltenen Fällen zu diesem Zeitpunkt wieder hergestellt.

III. Hinweise für die Praxis

§ 2 MediationsG ist neben den §§ 3 und 4 MediationsG Kernstück des Gesetzes. Er enthält erstmalige eine gesetzliche **Normierung der Pflichten** des Mediators gegenüber den Parteien, die deutlich über die bisher den allgemeinen zivilrechtlichen Vorschriften entnommen Pflichten eines Mediators als Geschäftsbesorger/Dienstleister hinausgehen. Eine Verletzung dieser Pflichten führt zu einer Haftung des Mediators und kann Schadensersatzansprüche auslösen. 201

Die Regelungen von § 2 MediationsG sind nicht an allen Stellen so eindeutig formuliert, als dass sich daraus eindeutig ablesen ließe, in welchem Umfang sich der Mediator »zu vergewissern« hat, ob er »einen Hinweis geben« muss oder die »Parteien ausreichendes inhaltliches Verständnis« für eine Vereinbarung aufbringen. Der Mediator wird sich daher häufig fragen müssen, ob er allen gesetzlich vorgeschriebenen Pflichten nachgekommen ist. Aus diesem Grund und zur **Vermeidung eines Haftungsrisikos** sollte der Mediator im Zweifel und bei nicht eindeutigem Sachverhalt die unterschiedlichen gesetzlich normierten Pflichten eher strenger anwenden und z. B. die Parteien eher häufiger »hinweisen« als seltener. Insbesondere wenn der Mediator sich über den Kenntnisstand und das Verständnis der Parteien Gewissheit verschaffen muss, sollte er dies durch häufiges Nachfragen tun. 202

Da sich das persönliche Befinden der Parteien, ihr Empfindungen, ihre Aufnahmefähigkeit, ihre Reaktion auf den Mediator und die andere Partei und ihre persönliche Situation außerhalb des in der Mediation behandelten Konflikts im Laufe des Mediationsverfahrens ändern wird und einer Entwicklung unterworfen ist, sollte der Mediator im Laufe des Verfahrens auch bereits erteilte **Hinweise wiederholen**, sich über Kenntnisstand und Verständnis bei den Parteien rückversichern und nachfragen, ob es im Hinblick auf Grundsätze und Verfahren der Mediation Unklarheiten gibt. 203

Zur eigenen Absicherung sollte der Mediator seine Hinweise, Informationen und die durch Fragen erreichte Vergewisserung über einen bestimmten Kenntnisstand bei den Parteien entsprechend § 2 Abs. 2 MediationsG **schriftlich dokumentieren** und sich ggf. von den Parteien bestätigen lassen. Eine Bestätigung könnte beispielsweise wie folgt aussehen: 204

▶ **Erklärung nach § 2 Abs. 2 MediationsG**

Der Mediator hat die Partei/en in einem Informationsgespräch am .... über die Grundsätze und den Ablauf eines Mediationsverfahres einschließlich der weiteren sich aus § 2 MediationsG ergebenden Rechte und Pflichten ausführlich unterrichtet und auf die zusammenfassenden Ausführungen auf seiner Homepage unter www..........de/auf die übergebenen Informationsbroschüre »Titel der Broschüre« hingewiesen. Der Mediator hat sämtliche Fragen der Parteien in diesem Zusammenhang ausführlich beantwortet.

Der Mediator hat sich im Gespräch mit den Parteien und durch Nachfrage bei den Parteien im Sinne von § 2 Abs. 2 MediationsG vergewissert, dass die Parteien die Grundzüge und den Ablauf eines Mediationsverfahrens sowie die weiteren sich aus § 2 MediationsG ergebenden Rechte und Pflichten verstanden haben.

Die Parteien bestätigen dies mit ihrer Unterschrift.

(Ort)......, den................... ....

....

(Partei) (Partei)

205 Der nachfolgende Entwurf eines Mediatorenvertrags dient als Formulierungsvorschlag, wobei dieser den Gegebenheiten des jeweiligen Konfliktfalls angepasst werden muss.

▶ **Mediatorenvertrag**

Zwischen

1 .... *(Name u. Anschrift)*

anwaltlich beraten durch:... *(Name u. Anschrift)*

2 .... *(Name u. Anschrift)*

anwaltlich beraten durch:.... *(Name u. Anschrift)*

– nachstehend gemeinsam »**Parteien**« –

und

3. Rechtsanwalt .... *(Name u. Anschrift)*

[ggf. auch

4. Dipl. Psychologin .... *(Name u. Anschrift)*]

– nachstehend [gemeinsam] der »**Mediator**« –

– Parteien und Mediator nachstehend gemeinsam auch »**Vertragsparteien**« –

I. Auftrag

Die vorstehend genannten Parteien vereinbaren hiermit, ein Mediationsverfahren zur außergerichtlichen Streitbeilegung durchzuführen. Sie beauftragen hiermit den Mediator, hinsichtlich des zwischen den Parteien entstandenen Konflikts .... (Kurzbeschreibung) tätig zu werden.

II. Verfahren

1. Die Vertragsparteien sind sich darüber einig, dass das Mediationsverfahren, soweit nichts anderes vereinbart worden ist, nach den Regelungen des MediationsG durchgeführt wird. Der Mediator bekennt sich ferner zu den Regelungen des Europäischen Verhaltenskodex für Mediatoren.
2. Ziel der Mediation ist es, die eigenverantwortliche Konfliktregelung durch die Parteien. Der Mediator fördert als neutraler Vermittler die Suche nach interessengerechten Einigungsmöglichkeiten.
3. Der Mediator erklärt, dass keine Umstände vorliegen, die seine Unabhängigkeit und Neutralität beeinträchtigen könnten.[245]
4. Die Parteien verpflichten sich, die Mediation durch einen von Fairness, Offenheit und gegenseitigen Respekt geprägten Verhandlungsstil zu fördern. Dazu gehört insbesondere die Bereitschaft der Parteien, Informationen offen zu legen, die die Einigungschancen erhöhen.
5. Die Vertragsparteien verpflichten sich ausdrücklich zur Verschwiegenheit über alles, was ihnen im Rahmen des Mediationsverfahrens bekannt geworden ist.
6. Das Mediationsverfahren findet nicht öffentlich statt.
7. Der Mediator darf im Einverständnis aller Parteien mit den Parteien »Einzelgespräche« führen. Die Vertragsparteien vereinbaren gesondert, wie der Mediator mit den dort erhaltenen Informationen im Mediationsverfahren umzugehen hat.
8. Den Parteien ist bekannt, dass in dem Mediationsverfahren eine (Rechts-)Beratung durch den Mediator nicht stattfinden soll und sie einen Rechtsanwalt ihrer Wahl konsultieren können. Der Mediator empfiehlt den Parteien grundsätzlich, vor Abschluss einer den Konflikt beendenden Vereinbarung, diese mit einem Rechtsanwalt ihrer Wahl zu besprechen.
9. Hinsichtlich Verjährungs- und Ausschlussfristen finden die gesetzlichen Regelungen Anwendung. Der Mediator weist darauf hin, dass bestimmte gesetzliche Fristen, z. B. 3-wöchige Frist zur Einreichung der Kündigungsschutzklage im Arbeitsrecht, Berufungs- und sonstige Rechtsmittelfristen, einschließlich der Frist zur Begründung von Rechtsmitteln, durch Parteivereinbarung nicht gehemmt werden können und daher zu beachten sind, um Rechtsansprüche nicht zu verlieren.

---

245 Ggf. Erklärungen entsprechend § 3 Abs. 1 oder Abs. 4 MediationsG und zu einer erforderlichen Entbindung der Schweigepflicht wegen eines Vorverfahrens.

10. Der Mediator wird das Ergebnis der Mediation in einer Mediationsabschlussvereinbarung schriftlich dokumentieren.[246] Sollten einzelne Ansprüche aus der Mediationsabschlussvereinbarung vollstreckbar sein können, weist der Mediator auf die damit verbundene Kosten für eine Vollstreckbarerklärung nach § 796a ff. ZPO oder für eine notariellen Beurkundung hin.
11. Die Parteien können das Mediationsverfahren jederzeit einseitig beenden. Für diesen Fall verpflichten sich die Parteien, die bis zur Beendigung entstandenen Kosten des Mediators zu tragen.

III. Vergütung

1. (**Stundenhonorar**)

Für seine Tätigkeit während des gesamten Mediationsverfahrens erhält der Mediator eine Vergütung von _____ €/Stunde/alternativ _____ €/Tag (Mediationszeit und Vor- u. Nachbereitungszeit) zzgl. der gesetzlichen Mehrwertsteuer (derzeit in Höhe von 19 %), somit gesamt _____ €, zzgl. etwaiger Kosten für Schreibauslagen, Fotodokumentation, Telekommunikationsauslagen, Reisekosten und sonstiger Auslagen. Soweit nichts anderes vereinbart ist, gelten die Vorschriften des Rechtsanwaltsvergütungsgesetz (VV zum RVG Nr. 7000 bis 7006) entsprechend.

alternativ.: (**Vergütungsregelung nach Gegenstandswert**)

Für seine Tätigkeit während des gesamten Mediationsverfahrens erhält der Mediator eine Vergütung nach dem Gegenstandswert entsprechend dem Rechtsanwaltsvergütungsgesetz und zwar in Form einer bis zu 2,5 fachen Geschäftsgebühr (VV zum RVG Nr. 2300) bezogen auf einen Gegenstandswert von _____ €.

ergänzend: (**Einigungsgebühr; ggf. in Erfolgsfall**)

Für den Fall, dass das Mediationsverfahren durch eine einvernehmliche Abschlussvereinbarung endet, erhält der Mediator (alternativ: für die schriftliche Formulierung der Abschlussvereinbarung) eine 1,5 fache Einigungsgebühr entsprechend dem Rechtsanwaltsvergütungsgesetz (VV zum RVG Nr. 1000) bezogen auf einen Gegenstandswert von _____ €.

Die Vergütung und die sonstigen Auslagen werden vor den Parteien je zur Hälfte/zu gleichen Teilen als Gesamtschuldner bezahlt.

Der Mediator ist berechtigt, einen angemessenen Vorschuss auf das Honorar zu verlangen.

IV. Verfahrenskosten

1. Sofern es für die Durchführung des Mediationsverfahrens notwendig ist, bestimmte Maßnahmen zu ergreifen, wird der Mediator von den Parteien

---

246 Dies kann alternativ durch die Berater der Parteien und falls erforderlich durch einen Notar geschehen.

hierzu ermächtigt. Der Mediator ist berechtigt, solche Maßnahmen sowohl im eigenen Namen für Rechnung der Parteien, als auch im Namen der Parteien zu veranlassen.
2. Sofern die von dem Mediator als notwendig erachteten Maßnahmen Kosten verursachen (z. B. Zustellungen, Zeugenladungen, Gutachterkosten, Raummiete etc), hat der Mediator dies den Parteien vorher mitzuteilen und diesen Gelegenheit zur Stellungnahme über kostenreduzierende Maßnahmen zu geben.
3. Der Mediator ist berechtigt, auf solche Kosten einen angemessenen Vorschuss zu verlangen.
4. Solche Kosten werden von den Parteien je zur Hälfte/zu gleichen Teilen zu treuen Händen an den Mediator geleistet und von diesem in angemessener Zeit abgerechnet.

V. Haftung [247]

VI. Allgemeines

Änderungen und/oder Ergänzungen dieses Vertrages bedürfen der Schriftform. Auch das Schriftformerfordernis kann nur schriftlich abbedungen werden.

Salvatorische Klausel ... [248]

Mediationsvereinbarung für den Fall des Streits der Vertragsparteien untereinander .... [249]

(Ort) ......, den ....

....

....

(Partei) (Partei) (Mediator/en)

§ 3 Offenbarungspflichten; Tätigkeitsbeschränkungen

(1) Der Mediator hat den Parteien alle Umstände offenzulegen, die seine Unabhängigkeit und Neutralität beeinträchtigen können. Er darf bei Vorliegen solcher Umstände nur als Mediator tätig werden, wenn die Parteien dem ausdrücklich zustimmen.

(2) Als Mediator darf nicht tätig werden, wer vor der Mediation in derselben Sache für eine Partei tätig gewesen ist. Der Mediator darf auch nicht während oder nach der Mediation für eine Partei in derselben Sache tätig werden.

---

247 Hinsichtlich der möglichen Vereinbarung eines Haftungsausschlusses hat der Anwaltsmediator §§ 51 und 51 a BRAO zu beachten. Auf berufsspezifische und sonstige gesetzliche Vorgaben, insbesondere die Einschränkung des Haftungsausschlusses nach § 309 Nr. 7 BGB wird verwiesen.
248 Auf einen Formulierungsvorschlag wird verzichtet.
249 Auf einen Formulierungsvorschlag wird verzichtet.

(3) Eine Person darf nicht als Mediator tätig werden, wenn eine mit ihr in derselben Berufsausübungs- oder Bürogemeinschaft verbundene andere Person vor der Mediation in derselben Sache für eine Partei tätig gewesen ist. Eine solche andere Person darf auch nicht während oder nach der Mediation für eine Partei in derselben Sache tätig werden.

(4) Die Beschränkungen des Absatzes 3 gelten nicht, wenn sich die betroffenen Parteien im Einzelfall nach umfassender Information damit einverstanden erklärt haben und Belange der Rechtspflege dem nicht entgegenstehen.

(5) Der Mediator ist verpflichtet, die Parteien auf deren Verlangen über seinen fachlichen Hintergrund, seine Ausbildung und seine Erfahrung auf dem Gebiet der Mediation zu informieren.

Übersicht

	Rdn.
I. Regelungsgegenstand und Zweck	1
1. Normgefüge und systematischer Zusammenhang	1
2. Europäische Mediationsrichtlinie	6
II. Grundsätze/Einzelheiten	7
1. Offenbarungspflicht (Absatz 1 Satz 1)	7
a) Adressat	9
b) Umfang	10
c) Zeitpunkt	13
d) Inhalt	15
aa) Unabhängigkeit	16
(1) Geschäftliche Verbindungen	17
(2) Eigenes Interesse	20
bb) Neutralität	23
cc) Persönliche Verbindungen	27
dd) Inkompatibilität	31
e) Dispensierung durch die Parteien (Absatz 1 Satz 2)	32
aa) Kenntnis der Parteien	33
bb) Ausdrückliche Zustimmung	34
cc) Form, Dokumentation	37
2. Nicht abdingbare Tätigkeitsbeschränkung (Absatz 2)	39
a) Vor der Mediation (Absatz 2 Satz 1)	40
b) Tätigwerden für eine Partei	41
c) Sachverhaltsidentität	45
d) Ausschluss als Mediator tätig zu werden	49
e) Während und nach der Mediation (Absatz 2 Satz 2)	53
f) Zustimmung der Parteien	58
3. Tätigkeitsbeschränkung bei Berufsausübungs- oder Bürogemeinschaft (Absatz 3)	59
a) Andere Person	61
b) Berufsausübungs- oder Bürogemeinschaft	63
c) Verbunden	66
d) Vor der Mediation (Absatz 3 Satz 1)	69
e) Während und nach der Mediation (Absatz 3 Satz 2)	71

	f) Ausschluss als Mediator tätig zu werden	72
	g) Zustimmung der Parteien	73
4.	Dispensierung (Absatz 4)	74
	a) Bezugnahme auf Absatz 3	75
	b) Betroffene Parteien	76
	c) Einzelfall	80
	d) Einverständniserklärung	81
	aa) Nach umfassender Information	81
	bb) Zeitpunkt	84
	cc) Form, Dokumentation.	85
	e) Belange der Rechtspflege	87
5.	Informationspflichten (Absatz 5)	91
	a) Fachlicher Hintergrund	93
	b) Ausbildung	94
	c) Erfahrung	101
	d) Regelungsadressat	102
	e) Informationspflicht auf Verlangen	103
	f) Wahrheitsgebot und Folgen eines etwaigen Verstoßes	104
	g) Form	105
III. Hinweise für die Praxis		108

I. Regelungsgegenstand und Zweck

1. Normgefüge und systematischer Zusammenhang

Die Regelung bezweckt nach dem Willen des Gesetzgebers die Sicherung der **Neu-** 1 **tralität**, die sich aus § 2 Absatz 3 Satz 1 MediationsG ergibt, und die **Unabhängigkeit** des Mediators.[1] Für den Güterichter, der nicht als Mediator im Sinne dieses Gesetzes angesehen wird,[2] ergeben sich diese Gebote nicht aus dem MediationsG, sondern aus den normierten Regelungen des Rechtsstaatsprinzip (vgl. Art, 97 Abs. 1 GG, § 1 GVG, § 25 DRiG). Die Wahrung der Unabhängigkeit des Mediators dient dem Schutz des Vertrauensverhältnisses zwischen Mediator und Parteien und darüber hinaus dem Vertrauen, das die Bevölkerung in die Mediation als Konfliktlösungsverfahren hat bzw. entwickelt. Verständlich ist die Forderung nach Unabhängigkeit des Mediators aber erst, wenn der damit verfolgte Zweck deutlich wird. Dieser Zweck kann nur auf den Schutz und die Wahrung der **Verfahrensgrundsätze** der Mediation, wie den Grundsatz der Neutralität und der Überparteilichkeit, gerichtet sein.[3] Damit wird auch die kumulative und nicht alternative Nennung des Begriffspaars »Unabhängigkeit« und »Neutralität« in der Vorschrift verständlich.

---

1 Begr. BT-Drucks. 17/5335, S. 16.
2 Vgl. *Goltermann* in: *Kloweit/Gläßer*, Mediationsgesetz, § 3, Rn. 5 mit weiteren Hinweisen.
3 Vgl. BVerfG – 1 BvR 238/01, NJW 2003, 2520, 2521, das im Hinblick auf die in § 43a Abs. 4 BRAO ausführt, dass die Wahrung der Unabhängigkeit des Rechtsanwalts u. a. auf die Geradlinigkeit der anwaltlichen Berufsausübung, »also darauf, dass ein Anwalt nur einer Seite dient«, ausgerichtet ist. Auf den Mediator bezogen, der nicht einer Seite dient, bedeutet dies, den Parteien gleichermaßen, eben »neutral« zu dienen.

2 *Unberath*[4] hingegen hält die Verwendung des Begriffs »Neutralität« in § 3 Absatz 1 MediationsG für »überflüssig, ja (...) irreführend«, da Neutralität und Überparteilichkeit die **Verfahrensgerechtigkeit** einschließen und sich somit allein auf die Durchführung des Verfahrens nach § 2 MediationsG beziehen, § 3 MediationsG dagegen nur die »in der Person des konkreten Mediators angelegte(n) Interessenkonflikte und ähnliche Umstände« regelt. Das überzeugt nicht: Da die möglichen Folgen einer Abhängigkeit des Mediators, nämlich der mögliche Verlust seiner Neutralität, für das Mediationsverfahren essentiell sind, ist die Verwendung des Begriffs »Neutralität« in § 3 Absatz 1 MediationsG konsequent. Denn es ist die gesetzgeberische Prämisse, die für das Mediationsverfahren wesentliche Neutralität zu gewährleisten.[5]

3 § 3 MediationsG enthält in Absätzen 1, 4 und 5 bestimmte **Offenbarungs- und Informationspflichten** des Mediators gegenüber den Parteien, die durch die Regelung in § 4 Satz 4 MediationsG, wonach der Mediator die Parteien über den Umfang seiner **Verschwiegenheitspflicht** zu informieren hat, ergänzt werden.[6] Dabei ist der Gesetzgeber mit der Normierung dieser Pflichten über die Vorgaben der EUMed-RL, die dazu keine Regelung enthält, hinaus gegangen.[7] Die Absätze 2 und 3 hingegen regeln, wann der Mediator seine Tätigkeit nicht oder nur mit Zustimmung der Parteien ausüben darf. Vor dem Hintergrund der umfangreichen Rechtsprechung zu den Offenbarungspflichten des Rechtsanwalts im Zusammenhang mit dem Verbot der Vertretung widerstreitender Interessen handelt es sich bei den in § 3 MediationsG kodifizierten Pflichten des Mediators nach *Henssler/Deckenbrock*[8] um eine »schlichte Selbstverständlichkeiten«. Sie vermuten, dass der Gesetzgeber hier die Entwicklung nicht der Rechtsprechung überlassen wollte, die ohne Zweifel zum selben Ergebnis gekommen wäre.[9]

4 Nach Absatz 1 hat der Mediator alle Umstände zu offenbaren, die seine Unabhängigkeit und Neutralität beeinträchtigen können (**Offenbarungspflicht**); von dem sich daraus ergebenden **Tätigkeitsverbot** können die Parteien den Mediator jedoch entbinden. Absatz 2 regelt hingegen die nicht abdingbaren Tätigkeitsbeschränkungen, während Absatz 3 Tätigkeitsbeschränkungen in Fällen von Sozietäten betrifft, die jedoch durch die Parteien abdingbar sind (Absatz 4 – **Aufklärungspflicht**). Mit diesen Vorschriften wird das für die Anwaltschaft nach § 43a Absatz 4 BRAO bereits geltende Verbot, widerstreitende Interessen zu vertreten, auf andere Grundberufe ausgedehnt.[10] Dem Verbraucherschutz und der Markttransparenz sind die **Informationspflichten** bezüglich der Qualifikation des Mediators nach Absatz 5 geschuldet.

---

4 *Unberath* ZKM 2012, 12 (13).
5 Begr. BT-Drucks. 17/5335, S. 16, wo im Hinblick auf § 3 Abs. 2 MediationsG fast ausnahmslos auf den Begriff »neutral« Bezug genommen wird.
6 Vgl. Kommentierung zu § 4 MediationsG, Rdn. 42 ff.
7 *Goltermann* in: *Kloweit/Gläßer*, Mediationsgesetz, § 3, Rdn. 1.
8 *Henssler/Deckenbrock* DB 2012, 159 (164).
9 *Henssler/Deckenbrock* DB 2012, 159 (164).
10 Begr. BT-Drucks. 17/5335, S. 16.

Die Regelung in Absatz 1 stellt im Hinblick auf die mögliche Beeinträchtigung der 5
Neutralität des Mediators eine weitere **Handlungsanweisung** an den Mediator dar.
Bereits aus § 2 Abs. 3 Satz 1 MediationsG ergibt sich, dass das **Neutralitätsgebot** (»*Der Mediator ist allen Parteien gleichermaßen verpflichtet.*«) tragende Grundlage für die Mediation ist. Sollte der Mediator die Neutralität von Anfang nicht besitzen oder im Laufe des Verfahrens verlieren, so darf er die Mediation nicht durch- bzw. weiterführen; auch nicht mit der Zustimmung der Parteien. Sollten dem Mediator dagegen »nur« Umstände bekannt sein, die seine Neutralität beeinträchtigen können, so hat er diese den Parteien zu offenbaren und darf die Mediation nur mit der ausdrücklichen Zustimmung der Parteien beginnen oder fortführen.

2. Europäische Mediationsrichtlinie

Die Offenbarungspflichten und Tätigkeitsbeschränkungen des § 3 MediationsG 6
nehmen im weitesten Sinne Bezug auf den **Erwägungsgrund Nr. 17** und
Art. 4 EUMed-RL, die beide darauf abstellen, dass die Mediation in »unparteiischer«
Weise erfolgen wird. Zudem wird dort auf den **Europäischen Verhaltenskodex für Mediatoren** verweisen, der in seinem Nr. 2.1 vorgibt, dass »Umstände, die die Unabhängigkeit eines Mediators beeinträchtigen oder zu einem **Interessenkonflikt** führen könnten oder den Anschein erwecken, dass sie seine Unabhängigkeit beeinträchtigen oder zu einem Interessenkonflikt führen, (...) der Mediator diese Umstände offenlegen (muss) bevor er seine Tätigkeit wahrnimmt oder bevor er diese fortsetzt, wenn er sie bereits aufgenommen hat.«

II. Grundsätze/Einzelheiten

1. Offenbarungspflicht (Absatz 1 Satz 1)

Offenbarungspflichten bestehen nach der gefestigten Rechtsprechung des BGH für 7
jeden Vertragspartner aus dem besonderen Vertrauensverhältnis, das dann entsteht,
wenn sich ein Vertrag zwischen Parteien anbahnt. Jede Partei hat den anderen Teil
über solche Umstände **aufzuklären**, die den Vertragszweck (des anderen) vereiteln
können und daher für seine Entscheidung von wesentlicher Bedeutung sind, sofern
er die Mitteilung nach der Verkehrsauffassung erwarten kann.[11] Die Offenbarungspflicht besteht sogar dann, wenn die Parteien entgegengesetzte Interessen verfolgen.[12]

Die Offenbarungspflichten finden sich nicht in den besonderen **Berufsgesetzen** 8
der Grundberufe,[13] lediglich § 1036 ZPO (Ablehnung eines **Schiedsrichters**) normiert die
Pflicht des möglichen Schiedsrichters, »alle Umstände offen zu legen, die Zweifel an
(seiner) Unparteilichkeit oder Unabhängigkeit wecken können.« (»**Offenlegungspflicht**«[14]). Denn wenn der Gesetzgeber als Ersatz für staatliche Gerichte eine **Privatgerichtsbarkeit** zulässt, kann diese nur verfassungskonform sein, wenn an der Über-

---

[11] BGH VIII ZR 32/00, S. 6; VIII ZR 236/06, S. 13.
[12] BGH VIII ZR 236/06, S. 13.
[13] *Henssler/Deckenbrock* DB 2012, 159 (164).
[14] *Baumbach/Lauterbach/Albers/Hartmann*, ZPO, § 1036, Rn. 1.

parteilichkeit und Neutralität des Schiedsrichters keine Zweifel bestehen, da dies zu den elementaren Grundlagen jeder Rechtsprechung gehört.[15] Dieser sich aus **Art. 97 Abs. 1 GG** ergebende Grundsatz gilt grundsätzlich auch für die Mediation, bei der es sich um ein Verfahren der außergerichtlichen Konfliktlösung handelt, das den Rechtsfrieden nachhaltig fördern soll, wobei die Unabhängigkeit und Neutralität des Mediators unerlässliche Voraussetzung für das Gelingen der Mediation ist.[16] Auch der Notar hat eine gewisse Offenbarungspflicht, da er im Rahmen des § 3 BeurkG die Beteiligten an einem Beurkundungsverfahren nach einer Vorbefassung im Sinne von § 3 Abs. 1 Nr. 7 BeurkG befragen und damit eine etwaige Vorbefassung auch »offenbaren« muss.

a) Adressat

9 Der Mediator hat nur gegenüber den **Parteien** die **Offenbarungspflicht** wahrzunehmen und nicht auch gegenüber sonstigen am Mediationsverfahren Beteiligten. Auch wenn die Parteien von bevollmächtigte **Beratern**, z. B. Rechtsanwälten, im Mediationsverfahren begleitet werden, so hat der Mediator sich direkt an die Parteien zu wenden, da nur diese als unmittelbar an der Mediation und dem Lösungsverfahren beteiligte Personen die **Zustimmung** nach Satz 2 erteilen können. Diese Entscheidung kann den Parteien nicht von Dritten abgenommen werden.

b) Umfang

10 Die Vorschrift verpflichtet den Mediator, die Parteien über **alle Umstände** zu informieren, die seine Unabhängigkeit und Neutralität beeinträchtigen können. Die dem Schiedsrichter nach § 1036 ZPO obliegenden Offenbarungspflichten sind nach dem sog.»**parteiobjektiven Maßstab**« des § 42 ZPO zu beurteilen.[17] Der Schiedsrichter muss danach nicht über »**alles Mögliche**« informieren,[18] sondern nur wenn aus Sicht der ablehnenden Partei nachvollziehbar ein einigermaßen objektiv vernünftiger Grund besteht, der die Befürchtung begründet, der Schiedsrichter werde nicht unparteiisch und sachlich entscheiden.[19] Eine rein subjektive unvernünftige Vorstellung der Partei ist dagegen unerheblich.[20] Dieser **parteiobjektivierte Maßstab** ist bei § 3 Abs. 1 MediationsG allerdings nicht anzulegen. Denn hier reicht bereits der **subjektive Maßstab**. Die Parteien der Mediation können aus jedem beliebigen Grund entscheiden, den Mediator nicht in Anspruch nehmen zu wollen. Sie haben also ein berechtigtes Interesse, »**alles Mögliche**« zu erfahren, was die Neutralität und Unabhängigkeit des Mediators beeinflussen könnte.

11 Aus der Formulierung »**beeinträchtigen können**« wird zudem deutlich, dass der Mediator bereits bei dem geringsten Anzeichen dafür, dass seine Unabhängigkeit und Neu-

---

15 *Zöller*, ZPO, § 1034, Rn. 4.
16 Begr. BT-Drucks. 17/5335, S. 11 (15).
17 *Baumbach/Lauterbach/Albers/Hartmann*, ZPO, § 1036, Rn. 2.
18 *Zöller*, ZPO, § 1036, Rn. 9.
19 *Baumbach/Lauterbach/Albers/Hartmann*, ZPO, § 42, Rn. 10.
20 *Baumbach/Lauterbach/Albers/Hartmann*, ZPO, § 42, Rn. 10.

tralität gefährdet sein könnten, die Parteien über diese Umstände zu informieren hat. Ihn trifft die **Offenbarungspflicht** also nicht erst, wenn er für sich feststellt, dass seine Unabhängigkeit und Neutralität beeinträchtigt sind. Da die Unabhängigkeit und Neutralität des Mediators ein hohes und für den Erfolg der Mediation nahezu unverzichtbares Gut ist, ist die Schwelle, entsprechende Umstände zu offenbaren, sehr niedrig anzusetzen. Auch soll der Mediator die Entscheidung, ob eine Beeinträchtigung vorliegt, die an seiner neutralen Verhandlungsführung zweifeln lässt, nicht selber treffen, sondern sie den beteiligten Parteien überlassen.[21]

Der Mediator hat bei der Information der Parteien sicherzustellen, dass er damit nicht gegen seine **Verschwiegenheitspflicht** gegenüber einzelnen Parteien oder sonstigen Dritten verstößt, die er aufgrund eines früheren Mandats- oder Auftragsverhältnis, ggf. aus einer früheren Mediation (§ 4 MediatiosG), zu beachten hat. Hier sind insbesondere Rechtsanwälte (§ 43a Abs. 2 BRAO), Notare (§ 18 Abs. 1 BNotO) und Steuerberater (§ 57 Abs. 1 StBerG i.V.m. § 5 BOStB) zu erhöhter Aufmerksamkeit verpflichtet; aber auch sonstige Berufsgruppen sollten sich ihrer entsprechenden Verpflichtung bewusst sein, die sich u. a. aus der jeweiligen Berufsordnung, einer vertraglichen Absprache oder auch aus § 203 StGB (**Verletzung von Privatgeheimnissen**) ergibt. Eine Verletzung kann auch das Vertrauen der Parteien in den Mediator erschüttern, der offenbar mit vertraulichen Informationen wenig sorgfältig umzugehen scheint, aber auch ggf. **Haftungs-** und **Unterlassungsansprüche** auslösen. Der Mediator hat sich entweder von der **Schweigepflicht** entbinden zu lassen, was er möglichst schriftlich machen sollte, oder die entsprechende Information nicht preiszugeben. Sollte diese Information allerdings für die Beurteilung seiner Unabhängigkeit und Neutralität wesentlich sein, muss der Mediator ggf. die Durchführung der Mediation von sich aus ablehnen. 12

c) Zeitpunkt

Die Offenbarungspflicht beginnt mit dem ersten **Informationsgespräch**, das der Mediator mit den Parteien führt, und setzt sich über die gesamte Dauer des Mediationsverfahrens fort. Denn es können sich auch nach Beginn der Mediation Umstände ergeben, die die Unabhängigkeit und die Neutralität des Mediators beeinträchtigen. Der Mediator hat daher ständig eine gewisse Selbstprüfung vorzunehmen. 13

Für den Schiedsrichter gilt Ähnliches: Sobald er Anhaltspunkte für entsprechende Umstände hat, hat er diese den Parteien unverzüglich und ohne schuldhaftes Zögern (vgl. § 121 Abs. 1 S. 1 BGB) offenzulegen. Dieser Offenlegungspflicht hat er bis zum Ende des schiedsrichterlichen Verfahrens nachzukommen (§ 1036 ZPO).[22] 14

d) Inhalt

Umstände, die die Unabhängigkeit und Neutralität des Mediators beeinträchtigen können, »sind insbesondere persönliche oder geschäftliche Verbindungen zu einer 15

---

21 *Goltermann* in: *Kloweit/Gläßer*, Mediationsgesetz, § 3, Rn. 15.
22 *Baumbach/Lauterbach/Albers/Hartmann*, ZPO, § 1036, Rn. 2.

Partei oder ein finanzielles oder sonstiges eigenes Interessen am Ergebnis der Mediation«.[23]

aa) Unabhängigkeit

16 **Unabhängigkeit** hat u. a. die Bedeutung von Eigenständigkeit, Freiheit, Selbstständigkeit und Selbstbestimmung und findet sich häufig in Begriffspaaren wie »finanzielle Unabhängigkeit«, »wirtschaftliche Unabhängigkeit« oder auch »richterliche Unabhängigkeit«. **Abhängig** ist eine Person, die z. B. in ihrer wirtschaftlichen, sozialen, politischen Stellung von jemandem oder von etwas abhängig ist. D. h. jemand, der von persönlichen Zwängen oder Sachzwängen beeinflusst nicht eigenverantwortlich handeln kann,[24] und damit nicht frei von Interessenkonflikten ist. Dazu gehören insbesondere, aber nicht abschließend, z. B. »**geschäftliche Verbindungen**« des Mediators zu einer Partei oder ein finanzielles oder sonstiges eigenes Interesse des Mediators am Ergebnis der Mediation.[25]

(1) Geschäftliche Verbindungen

17 **Geschäftliche Verbindungen** sind anzunehmen, wenn der Mediator z. B. aus seiner Tätigkeit als Mediator oder aus seinem sonstigen Herkunftsberuf mit einer Partei beruflich in Verbindung steht. Dazu zählt in jedem Fall aber nicht ausschließlich jede bezahlte **auftragsbezogene Tätigkeit** für eine Partei – insbesondere bei wiederholer Beauftragung[26] – und jede Beauftragung einer Partei durch den Mediator, aber auch Aufsichtsrat- und Beiratsmandate. Geschäftliche Verbindungen im Sinne der Vorschrift sind auch anzunehmen, wenn diese sich noch nicht realisiert haben, sondern noch in der **Akquisitionsphase** befinden. Die Unterscheidung zwischen persönlicher und geschäftlicher Verbindung kann dabei nicht immer eindeutig vorgenommen werden.

18 Die **geschäftliche Verbindung** braucht nicht nur unmittelbar zu einer Partei zu bestehen, sondern kann auch zu einem Dritten bestehen, der an der Mediation gar nicht teilnimmt, sie aber initiiert und ggf. auch bezahlt. Davon ist z. B. bei einer innerbetrieblichen Mediation zwischen Mitarbeitern eines Unternehmens auszugehen, wenn der Mediator eine berufliche Verbindung zur Geschäftsleitung des Unternehmens hat, auf deren »Wunsch« bzw. »Anregung« die Mediation stattfindet.

19 Der in einem Unternehmen **angestellte Mediator**, der ausnahmslos innerbetriebliche Konflikte zwischen den Mitarbeitern in diesem Unternehmen mediieren soll, gehört aus seiner **beruflichen Abhängigkeit** als Angestellter des Unternehmens ebenfalls in die Kategorie, wonach er seine geschäftliche Verbindung offenbaren muss. Dies gilt auch, wenn er bei Durchführung einer Mediation nicht an Weisungen z.B. des Arbeit-

---

23 Begr. BT-Drucks. 17/5335, S. 16.
24 Duden, Das Synonymwörterbuch, S. 931.
25 Begr. BT-Drucks. 17/5335, S. 16.
26 *Greger* in: *Greger/Unberath/Steffek*, Recht der alternativen Konfliktlösung, § 3 MediationsG, Rn. 15.

gebers gebunden ist. Sollte das im Übrigen nicht gegeben sein, scheidet eine Mediation aus, da der Mediator die Neutralität nicht gewährleisten kann.[27] Der angestellte Mediator darf nicht davon ausgehen, dass den Parteien seine Stellung z. B. im Unternehmen, in einem Verband etc. bekannt ist. Er muss dies daher vor Beginn der Mediation zumindest thematisieren.

(2) Eigenes Interesse

Sobald der Mediator mit der Mediation ein über die eigentliche Mediation hinausgehendes **eigenes Ziel** verfolgt, daraus einen eigenen Nutzen oder Vorteil ziehen möchte oder damit eine bestimmte Absicht verbindet, handelt der Mediator nicht mehr unabhängig. Dieses **eigene Interesse** am Verhandlungsergebnis kann materieller, d. h. meist **finanzieller** (ausgenommen ist das Mediatorenhonorar), oder **immaterieller** Art sein und es kann sich in einem unmittelbaren oder mittelbaren Vorteil zeitnah oder erst in der Zukunft ausdrücken. Alles, was letztlich für den Mediator einen über das Mediatorenhonorar und die mit einem erfolgreichen Mediationsabschluss verbundene Eigenwerbung hinausgehenden Vorteil bedeutet, fällt darunter. Der Vorteil kann z. B. in dem Versprechen eines Geschäftsführers eines Unternehmens liegen, bei erfolgreichem Abschluss mit einer weiteren Beauftragung als Mediator bei innerbetrieblichen Konflikten rechnen zu können. Der Mediator kann ggf. bei einer Mediation über eine öffentliche Baumaßnahme auch selbst Betroffener dieser Baumaßnahme sein (z. B. Flughafenplanung) und damit ein eigenes Interesse am Ausgang eines Mediationsverfahrens haben. 20

Sollte der Mediator ein **eigenes Interesse** an der Mediation haben, wird sich dies meist auf das **Ergebnis der Mediation** richten. Es sind aber auch Fälle denkbar, bei denen der Mediator durchaus ein Interesse an einem Scheitern der Mediation haben könnte, wenn für ihn entweder keine Einigung der Parteien oder auch eine nach dem Scheitern der Mediation zu erwartende gerichtlich Entscheidung von Vorteil wäre. 21

Die Unabhängigkeit ist auch dann nicht gegeben, wenn der Mediator nicht unmittelbar ein eigenes Interesse am Ausgang der Mediation hat, sondern eine ihm persönlich oder geschäftlich nahestehende Person, die z. Bsp. in einem wirtschaftlichen Abhängigkeitsverhältnis zu dem Auftraggeber des Mediationsverfahrens steht.[28] 22

bb) Neutralität

Die **Neutralität** des Mediators ist eines der Grundprinzipien der Mediation, das bereits in § 2 Absatz 2 Satz 1 MediationsG (»Grundsätze der Mediation«)[29], und § 2 Absatz 3 Satz 1 MediationsG (»gleichermaßen verpflichtet«)[30] geregelt ist. Dar- 23

---

[27] *Greger* in: *Greger/Unberath/Steffek*, Recht der alternativen Konfliktlösung, § 3 MediationsG, Rn. 16.
[28] *Greger* in: *Greger/Unberath/Steffek*, Recht der alternativen Konfliktlösung, § 3 MediationsG, Rn. 21.
[29] Vgl. Kommentierung zu § 2 Abs. 2 MediationsG, Rdn. 51 ff.
[30] Vgl. Kommentierung zu § 2 Abs. 3 MediationsG, Rdn. 110 ff.

unter ist die Unparteilichkeit, Sachlichkeit und Vorurteilsfreiheit zu verstehen, wobei es bei der Beurteilung nicht allein auf eine objektive Betrachtungsweise ankommt, sondern auf die subjektive Wahrnehmung durch die Mediationsparteien.[31]

24 Eine scharfe Trennung der Gründe, die eine **Gefährdung der Unabhängigkeit** vermuten lassen und den Gründen für die Annahme einer **fehlenden Neutralität** ist schwierig. Ein Mediator, der nicht neutral ist, kann sehr wohl unabhängig sein, aber ein Mediator, der nicht unabhängig ist, wird vermutlich nicht neutral handeln können, wobei durchaus Ausnahmen vorstellbar sind. Die Annahme der mangelnden Unabhängigkeit setzt allerdings weiter voraus, dass der Mediator sich in einem **geschäftlichen Näheverhältnis** zu einer Partei oder einem Dritten, der z. B. als Auftraggeber auf die Mediation Einfluss ausübt, befindet, das seine Entscheidungsfreiheit beeinflusst. *Greger* beschreibt »Neutralität« treffend, als »eine innere Einstellung, die darauf gerichtet ist, das Verfahren in einer den Anforderungen des § 2 Abs. 3 entsprechenden, unparteiischen, allen Beteiligten in gleichem Maße gerecht werdenden Weise zu führen«.[32]

25 Die fehlende Neutralität ist immer bei Vorliegen eines **besonderen persönlichen Näheverhältnisses** zwischen Mediator und Partei anzunehmen.

26 Nicht nach § 3 MediationsG zu beurteilen sind die Fälle, bei denen der Mediator während eines Verfahrens seine Neutralität verletzt, z. B. wenn er während des Verfahrens Hinweise erteilt oder Rechtsauskünfte gibt, die für eine Partei vorteilhaft sind, oder er einer Partei deutlich mehr Raum im Verfahren gibt, ihre Interessen und Bedürfnisse darzulegen. Daraus könnten gegebenenfalls den Parteien und auch der Mediator Konsequenzen ziehen, die das Mediationsverfahren beeinflussen, sogar beenden. Die Prüfung, ob die Unabhängigkeit und die Neutralität des Mediators gegeben ist und die sie eigentlich daraus gegebenenfalls gegebene Offenbarungspflicht hat allerdings vor Beginn des Mediationsverfahren stattzufinden.[33]

cc) Persönliche Verbindungen

27 **Persönliche Verbindungen** sind anzunehmen, wenn es ein besonderes unmittelbares oder mittelbares **Näheverhältnis** zwischen Mediator und einer Partei oder Mediator und einer der Partei nahestehenden Person gibt. Vergleichbar dem Mediator soll auch der Notar »im Interesse einer geordneten und vorsorgenden Rechtspflege bereits dem Anschein einer **Gefährdung** der Unabhängigkeit und Unparteilichkeit entgegenwirken.«[34] Diese Gefährdung wird nach **§ 3 BeurkG** angenommen, wenn an

---

31 Begr. BT-Drucks. 17/5335, S. 16. Vgl. *Kracht* in: Haft/von Schlieffen, Handbuch Mediation, § 12, Rn. 9 ff.; ferner Kommentierung zu § 2 MediationsG, Rdn. 23 ff, *Greger* in: *Greger/Unberath/Steffek*, Recht der alternativen Konfliktlösung, § 3 MediationsG, Rn. 37.
32 *Greger* in *Greger/Unberath/Steffek*, Recht der alternativen Konfliktlösung, § 3 MediationsG, Rdn. 38.
33 *Greger* in: Greger/Unberath/Steffek, Recht der alternativen Konfliktlösung, § 3 MediationsG, Rn. 39 ff, dessen »Fallgestaltungen« den Kern des § 3 MediationsG nicht treffen.
34 Begr. BT-Drucks. 13/4184, S. 36; *Eylmann/Vaasen*, Bundesnotarordnung, Beurkundungsgesetz, § 3 BeurkG, Rn. 1.

der Beurkundung bestimmte, dem Notar nahe stehende Personen, beteiligt sind, was für den Notar zu einem Beurkundungsverbot (**Mitwirkungsverbot**) führt. Ähnlich gefasst sind die Gründe für den **Ausschluss** und die **Ablehnung eines Richters** von der Ausübung des Richteramtes in §§ 41, 42 ZPO.

Die Gedanken des § 3 BeurkG und der §§ 41, 42 ZPO auf das MediationsG zu übertragen, erscheint naheliegend und angemessen. Wenn der Gesetzgeber dem Notar als **ultima ratio** die Mitwirkung an einer Beurkundung bei Beteiligung der in § 3 BeurkG genannten Personen und dem Richter die Ausübung des Richteramts bei Beteiligung der in § 41 ZPO genannten Personen untersagt, so sollte der Mediator bei der Beteiligung eben dieser Personen an der Mediation zumindest einen Umstand erkennen, der seine persönliche Unabhängigkeit gefährden könnte. Das heißt aber im Umkehrschluss, dass die Gefährdung des Mediators auch bei anderen als den in § 3 BeurkG genannten Personen an der Mediation nicht ausgeschlossen werden kann. Der **Katalog** ist daher **nicht abschließend**, und jeder Mediator sollte im Zweifel eine persönliche Nähe, die auch noch so entfernt scheint, den Parteien offenbaren.

28

Ein **besonderes Näheverhältnis** ist auf jeden Fall anzunehmen bei
- dem jetzigen oder auch früheren Ehepartner oder heterosexuellem oder homosexuellem Lebenspartner – unabhängig von der Begründung der Lebenspartnerschaft nach dem LPartG – oder Verlobten,
- Angehörigen, zu denen ein Verwandtschaftsverhältnis (vgl. §§ 1589, 1754, 1770 BGB) oder Schwägerschaftsverhältnis (vgl. § 1590 Abs. 1 BGB, § 11 Abs. 2 LPartG) besteht,
- Personen, deren gesetzlicher Vertreter der Mediator ist, z. B. wenn der Mediator als Vormund, Pfleger, Betreuer, Beistand oder Insolvenzverwalter handelt,
- Personen, für die der Mediator aufgrund gewillkürter Vertretungsmacht tätig war – nicht notwendigerweise in derselben Sache,
- Sachen, in denen der Mediator selber Partei ist oder zu einer Partei in dem Verhältnis eines Mitberechtigten, Mitverpflichteten oder Regressberechtigten steht.

29

Zu offenbarende Umstände können sich auch einer **geschäftlichen** oder **beruflichen Verbindung** oder einer **vorherigen Befassung** mit dem Sachverhalt (vgl. auch Absatz 3) ergeben. So beispielsweise bei
- Personen, die ebenso wie der Mediator, Mitglied in derselben politischen Partei, demselben Verein (z. B. Sportverein) oder beruflichen Verband/Netzwerk sind, wobei Struktur und Größe der Vereinigung zu berücksichtigen sind. Allein aus der gemeinsamen Mitgliedschaft des Mediators und einer Partei in einer beruflichen Standesorganisation, z. B. der Rechtsanwaltskammer, ist aber nicht auf ein besonderes Näheverhältnis zu schließen,
- Personen, die wie der Mediator (z. B. der in einem Unternehmen angestellte Mediator) demselben Unternehmen angehören, wobei die Stellung weder des Mediators noch der Partei z. B. als Geschäftsführer oder Vorstand, Mitarbeiter (Angestellter, Arbeitnehmer), Gesellschafter oder Aktionäre wesentlich ist.

30

- Grundsätzlich gehören dazu auch die Personen, mit denen der Mediator beruflich verbunden ist (vgl. § 3 Abs. 1 Nr. 4 BeurkG). Diese Personengruppe ist gesondert in Absatz 3 erwähnt.
- Wenn der Mediator in derselben Sache bereits als Zeuge oder als Sachverständiger gehört wurde, ist von einer vorherigen Befassung auszugehen.
- Wenn der Mediator bereits an einem Mediationsverfahren oder einem anderen Verfahren der außergerichtlichen Konfliktbeilegung oder einem gerichtlichen Verfahren in derselben Sache, ggf. mit identischen Parteien beteiligt war.

dd) Inkompatibilität

31 »Dem Gebot der Unabhängigkeit und der Neutralität widerspricht es in besonderem Maße, wenn (…) ein Mediator vor, während oder nach einer Mediation in derselben Sache für eine Partei tätig wird.«[35] Dies hat eine gesonderte Regelung in § 3 Absatz 2 MediationsG gefunden.

e) Dispensierung durch die Parteien (Absatz 1 Satz 2)

32 Sollten nach Satz 1 Umstände vorliegen, die die Unabhängigkeit und Neutralität des Mediators **gefährden** können, so ist der Mediator verpflichtet, die Durchführung der Mediation abzulehnen oder eine bereits begonnene Mediation abzubrechen, es sei denn die **Parteien entbinden** ihn von dieser Verpflichtung, indem sie ihre ausdrückliche **Zustimmung** dazu erteilen.

aa) Kenntnis der Parteien

33 Die Parteien müssen umfänglich vom Mediator über **alle Umstände** informiert sein und die Möglichkeit haben, Fragen an den Mediator zu stellen. Der Mediator ist grundsätzlich frei in seiner Entscheidung, wie er die Parteien informiert.[36] Um sämtliche Umstände ausreichend zu erörtern, damit die Parteien eine Entscheidungsgrundlage haben, empfiehlt sich ein **persönliches Gespräch** mit den Parteien. Bei weniger komplexen und eindeutigen Sachverhalten kann der Mediator seiner Offenbarungspflicht auch **schriftlich** oder auf **elektronischem** Wege nachkommen. Der Mediator muss auf jeden Fall den Weg wählen, der zu einer ausreichenden Kenntnis der **Parteien** führt. Grundsätzlich kann der Mediator die Parteien auch in getrennten Gesprächen informieren.

bb) Ausdrückliche Zustimmung

34 Nachdem die Parteien vom Mediator über sämtliche Umstände informiert worden sind, haben sie alleine die **Entscheidung** zu treffen, ob dieser Mediator die Mediation durchführen soll oder nicht. Stimmt nur eine Partei nicht zu, ist der Mediator von der Mediation ausgeschlossen. Die Durchführung der Mediation ist damit nur

---

35 Begr. BT-Drucks. 17/5335, S. 16.
36 Begr. BT-Drucks. 17/5335, S. 16.

möglich, wenn alle an der Mediation beteiligten Parteien ihre **Zustimmung** dazu erteilen, dass der bestimmte Mediator die Mediation durchführt.

Der Mediator hat sich die **ausdrückliche Zustimmung** einzuholen, d.h. dass er jede Partei gesondert befragen und von jeder Partei eine so eindeutige Antwort erhalten muss, dass darin eine eindeutige Zustimmung zu sehen ist. Noch vorhandene Zweifel oder die Unentschlossenheit bei einer Partei schließen die Zustimmung im Sinne dieser Vorschrift aus. Eine mutmaßliche Zustimmung reicht damit nicht aus.[37] Sollte eine Partei ihre endgültige Zustimmung z. B. von ihrem Eindruck über den Mediator in der ersten Mediationssitzung abhängig machen wollen, so ist darin grundsätzlich keine ausreichende Zustimmung zu sehen. Zwar kann eine Partei jederzeit im Laufe des Verfahrens ihr Vertrauen in den Mediator verlieren, doch sollte eine Mediation nicht mit **Vorbehalten** an der Unabhängigkeit und der Neutralität des Mediators beginnen, auch wenn die Partei sich erst einmal einverstanden erklärt. Zumindest müssen in einem solchen Fall auch die anderen Parteien bereit sein, das **Risiko** zu tragen, dass die Mediation doch noch abgebrochen werden kann. 35

Die Zustimmung der Parteien ist grundsätzlich **vor Beginn** der Mediation durch die Parteien zu erteilen. In den meisten Fällen wird die Zustimmung bereits während des Gespräches mit dem Mediator, in dem er die besonderen Umstände offenbart, erteilt oder versagt werden. Diese Erklärung kann von der Partei auch später abgegeben werden, entweder mündlich oder auch in schriftlicher Form. Sollte eine Partei durch einen Rechtsanwalt vertreten werden, kann auch dieser die Erklärung für die Partei abgeben. Die Offenbarung der Umstände muss aber ausschließlich **gegenüber den Parteien** erfolgen, damit diese sich einen eigenen persönlichen Eindruck vom Mediator und der Art und Weise, wie er seiner Offenbarungspflicht nachkommt, machen können. 36

cc) **Form, Dokumentation**

Die Zustimmung kann **grundsätzlich formlos** mündlich oder schriftlich erteilt werden. Abhängig von der jeweiligen Mediation ist daran zu denken, dass der Mediator nach der mündlichen Information in einem **Schreiben** an die Parteien noch einmal den wesentlichen Inhalt der Umstände zusammenfasst, die seine Unabhängigkeit und Neutralität gefährden können. Es scheint unbedingt ratsam zu sein, dass sich der Mediator nach Möglichkeit die Zustimmung der Parteien **schriftlich** geben lässt oder eine mündlich erteilte Zustimmung gegenüber den Parteien schriftlich bestätigt (vgl. **Formulierungsvorschlag** Rdn. 109). Beides dient der **Dokumentation** über die Einhaltung der gesetzlichen Vorgaben und der Vermeidung möglicher späterer Vorwürfe der Parteien, sie seien nicht oder nicht ausreichend informiert worden. 37

Auch die ggf. erforderliche Erklärung über die Entbindung von der Schweigepflicht (**Schweigepflichtentbindungserklärung**) sollte der Mediator schriftlich erhalten. Es bietet sich hier unter Umständen an, dass der Mediator eine solche Erklärung dem Erklärenden bereits als Entwurf zusendet. 38

---

37 So auch *Goltermann* in: *Kloweit/Gläßer*, Mediationsgesetz, § 3, Rn. 19.

2. Nicht abdingbare Tätigkeitsbeschränkung (Absatz 2)

39 »Dem Gebot der Unabhängigkeit und Neutralität widerspricht es in besonderem Maße, wenn (...) ein Mediator vor, während oder nach einer Mediation in derselben Sache für eine Partei tätig wird.«[38] Die Regelung des Absatzes 2 enthält daher eine gesetzliche **Tätigkeitsbeschränkung** des Mediators, von der ihn die Parteien **nicht entbinden** können und die der Mediator nach eigener Prüfung und ohne Rücksprache mit den Parteien selbst zu beachten hat.

a) Vor der Mediation (Absatz 2 Satz 1)

40 Satz 1 der Vorschrift regelt die »**Vorbefassung**« des Mediators durch eine frühere Tätigkeit für eine Partei. Danach ist als Mediator ausgeschlossen, wer bereits **vor der Mediation** in derselben Sache für eine Partei tätig war, unabhängig davon, wann diese Tätigkeit in der Vergangenheit stattgefunden hat. Es gilt, dass eine Vorbefassung in derselben Sache »nicht verjährt«. Dieses Tätigkeitsverbot gilt neben dem Rechtsanwalt für **jeden Mediator**, der früher als Interessenvertreter, Berater, Betreuer oder sonstiger Dienstleister für eine Partei tätig war.

b) Tätigwerden für eine Partei

41 Das MediationsG definiert den Begriff »**Tätigwerden**« zwar nicht, doch wird aus der Begründung zum MediationsG deutlich, dass sich der Gesetzgeber hier die Vorgaben aus dem anwaltlichen Bereich zum Vorbild nimmt.[39] So ist es dem Rechtsanwalt nach § 43a Abs. 4 BRAO verboten, **widerstreitende Interessen** »zu vertreten« – wobei dies nicht einschränkend, sondern im Sinne von »tätig werden« zu verstehen ist.[40] Dies entspricht auch § 3 Abs. 1 BORA, der an § 43a Abs. 4 BRAO anknüpft und diesen präzisiert. Danach darf der Rechtsanwalt »nicht tätig werden, wenn er eine andere Partei, die nunmehr als Partei eines Mediationsverfahrens in Betracht kommt, in derselben Rechtssache im widerstreitenden Interesse bereits beraten oder vertreten hat ...«. In § 356 StGB, der Parteiverrat u. a. durch einen Anwalt unter Strafe stellt, wird der Begriff des »Dienens« verwandt, womit jede berufliche Tätigkeit eines Rechtsanwalts, durch die das Interesse des Auftraggebers durch Rat oder Beistand gefördert werden soll, gemeint ist.[41]

42 Da die anwaltliche Berufspflicht sogar über die Strafbestimmung des § 356 StGB hinausgehen soll[42], ist der Begriff des »**Tätigwerden**« zumindest in anwaltlicher Hinsicht **sehr weit zu fassen**. Er bedeutet daher nicht nur die Vertretung einer Partei nach außen oder deren Beratung, sondern jede rechtliche oder tatsächliche Tätigkeit des Anwalts für seine Partei, und zwar unabhängig davon, ob sein Verhalten seinem Mandanten

---

38 Begr. BT-Drucks. 17/5335, S. 16.
39 Begr. BT-Drucks. 17/5335, S. 16.
40 *Feuerich/Weyland*, BRAO, § 43a BRAO, Rn. 66; *Henssler/Prütting*, Bundesrechtsanwaltsordnung, § 43a BRAO, Rn. 186.
41 *Feuerich/Weyland*, BRAO, § 43a BRAO, Rn. 66.
42 Begr. BT-Drucks. 12/4993, S. 27.

schadet oder der anderen Partei nützt.[43] Allgemeine Auskünfte, die mit dem Ziel der Mandatserteilung gegeben werden (»**Vertragsanbahnungsverhältnis**«) gehören allerdings nicht dazu.[44] Zwar hat der Rechtsanwalt bereits im Stadium der Vertragsanbahnung **Schutz- und Rücksichtnahmepflichten** zu beachten. Doch gehen diese nicht so weit, dass sie »den massiven Eingriff in die Vertragsfreiheit des Anwalts, der mit dem Verbot der Vertretung widerstreitender Interessen verbunden ist, (...) rechtfertigen«.[45]

Damit darf ein Mediator nicht tätig werden, wenn er vorher in derselben Sache für eine Partei unabhängig von seinem **Herkunftsberuf** in dem beschriebenen Umfang aufgrund eines Vertragsverhältnisses zumindest beratend tätig war. Das gilt auch, wenn er von einer Partei lediglich beauftragt war, die Möglichkeiten einer **gütlichen Einigung** mit der anderen Partei »auszuloten«.[46] Denn dies setzt einseitige Informationen einer Partei voraus. Diese Regelung findet nicht nur auf Rechtsanwälte Anwendung, sondern gilt für sämtliche Herkunftsberufe, d. h. auch für Steuerberater, Psychologen, Architekten, Ärzte, Lehrer u. a. 43

Nicht darunter fallen Tätigkeiten des **Mediators** oder eines **Notars** oder eines sonstigen Dritten, wenn die frühere Tätigkeit in derselben Sache im gemeinsamen Auftrag der Parteien erfolgte, die nunmehr Parteien der Mediation sein sollen. So kann beispielsweise der Notar, der für beide Parteien einen Ehevertrag entworfen und beurkundet hat, mit diesen Parteien eine Mediation z. B. über die Umsetzung des Ehevertrags durchführen. Der Notar muss sich allerdings jeglicher rechtlicher Interpretationen seines eigenen Vertrags enthalten, um die gebotene Unabhängigkeit und Neutralität nicht zu verlieren. Daneben besteht grundsätzlich die Gefahr, dass sich bei der Mediation ein Mangel an der Urkunde herausstellt. In diesem Fall muss der Mediator, der vorher in derselben Sache als Notar tätig war, die Mediation abbrechen. 44

c) Sachverhaltsidentität

Von »**derselben Sache**« ist immer dann auszugehen, wenn der Mediation und der parteilichen Beratung der gleiche Lebenssachverhalt zugrunde liegt.[47] Dabei ist maßgeblich, dass der sachliche Inhalt der anvertrauten Interessen »bei natürlicher Betrachtungsweise auf ein innerlich zusammengehöriges, einheitliches Lebensverhältnis« zurückzuführen ist.[48] Ist der Sachverhalt, mit dem der Mediator als Berater – beispielsweise als mandatierter Anwalt, beratender Architekt oder beauftragter Psychologe – befasst war **auch nur teilweise** mit dem Konfliktstoff, der Gegenstand der Verhandlung in der Mediation sein soll, **identisch** oder überschneidet er sich damit, 45

---

43 *Feuerich/Weyland*, BRAO, § 3 BORA, Rn. 4, § 43a BRAO, Rn. 66.
44 *Henssler/Prütting*, Bundesrechtsanwaltsordnung, § 43a BRAO, Rn. 192.
45 *Henssler/Prütting*, Bundesrechtsanwaltsordnung, § 43a BRAO, Rn. 192.
46 Begr. BT-Drucks. 17/5335, S. 16; *Henssler/Deckenbrock* DB 2012, 159 (164).
47 Begr. BT-Drucks. 17/5335, S. 16.
48 *Feuerich/Weyland*, BRAO Bundesrechtsanwaltsordnung, § 43a BRAO, Rn. 60 f.

so kann der Mediator in dieser Sache nicht tätig werden.[49] Auch durch einen längeren Zeitablauf oder einen Wechsel der beteiligten Parteien wird die Einheitlichkeit des Lebenssachverhalts nicht aufgehoben.[50]

▶ **Beispiele:**

46
- Die Beratung einer Partei bei der Gründung einer Gesellschaft mit mehreren Gesellschaftern schließt eine anschließende Mediation durch denselben Berater mit allen Gesellschaftern über das Gesellschafterverhältnis aus (gilt für den Rechtsanwalt und den Steuerberater).
- Die arbeitsrechtliche Beratung des Geschäftsführers einer GmbH wegen des Arbeitsverhältnisses mit einem Mitarbeiter schließt eine anschließende Mediation zwischen Geschäftsführer und Mitarbeiter durch den beratenden Anwalt aus.
- Die Beratung einer Partei bei Abschluss eines Ehevertrags schließt eine Mediation der Ehepartner bei Trennung und Scheidung durch den Berater als Mediator aus, soweit es um Fragen geht, die der Ehevertrag regelt.
- Die Bauüberwachung im Auftrage des Bauherrn durch einen Architekten schließt die Mediation zwischen Bauherrn einerseits und Bauunternehmer oder Bauhandwerkern andererseits durch denselben Architekten aus.
- Die Betreuung eines Ehepartners durch einen Eheberater wegen ehelicher Probleme schließt die Mediation hierüber mit den Ehepartnern aus.
- Wird ein Patient von einem Psychologen betreut und kommt dabei u. a. das Verhältnis zu einem Dritten zur Sprache, so ist der Psychologe bei einer Mediation mit dem Patienten und dem Dritten als Mediator ausgeschlossen.

47
Die vorgenannten Beispiele gelten selbstverständlich grundsätzlich auch für andere **Berufsgruppen**, soweit sie die beschriebenen Tätigkeiten ausüben können.

Ob dies im Bereich **nichtjuristischer Vorbefasstheit** stets Anwendung findet, wird im Hinblick auf die Berufsfreiheit des Mediators nach Art. 12 Abs. 1 GG sowie die durch Art. 2 Abs. 1 gewährleistete Privatautonomie der Parteien mit guten Argumenten zumindest in bestimmten Konstellationen infrage gestellt (vgl. hierzu ausführlich Teil 6, Abschnitt D, Rdn. 39 ff, 55 ff.). Zu denken wäre bspw. an Berater (Organisationsberater, Coaches, Supervisoren), die zunächst zur Beilegung eines Konflikts mit einer Partei begonnen haben zu arbeiten und später ohne Beraterwechsel weitere am Konflikt Beteiligte zur Durchführung einer Mediation hinzuziehen möchten – unter Aufklärung und voller Transparenz und mit ausdrücklichem Einverständnis der bisherigen und neuen Beteiligten. Allerdings würde nach der eindeutigen Gesetzeslage ein entsprechend abgeschlossener Mediatorvertrag wegen Verstoßes gegen ein gesetzliches Verbot (§ 134 BGB) nichtig sein. Dies bedeutet für den Mediator ein hohen Haftungsrisiko verbunden mit dem Verlust des Honoraranspruchs. Eine baldige gerichtliche Klärung ist hier nicht zu erwarten.

---

49 Begr. BT-Drucks. 17/5335, S. 16; *Hensseler/Prütting*, Bundesrechtsanwaltsordnung, § 43a BRAO, Rn. 199.
50 *Hensseler/Prütting*, Bundesrechtsanwaltsordnung, § 43a BRAO, Rn. 199.

Grundsätzlich ist es dem Rechtsanwalt gestattet, bei **nicht identischem**, aber gleich- 48
artigem **Lebenssachverhalt** erst für und später gegen dieselbe Partei tätig zu werden
(z. B. die Vertretung einer Hausverwaltung gegen den Wohnungseigentümer A und
danach die Vertretung des Wohnungseigentümers B gegen die Hausverwaltung).[51] Dies
ist grundsätzlich auch dem Mediator zuzubilligen. Unabhängig davon, dass er dabei
die Pflichten zur **Verschwiegenheit** beachten muss, hat er aber sämtliche Umstände
des früheren Tätigwerdens nach § 3 Abs. 1 MediationsG den Parteien zu offenbaren.
Er ist darüber hinaus für die anschließende Tätigkeit als Mediator auf die ausdrückliche **Zustimmung** der Parteien angewiesen.

d) **Ausschluss als Mediator tätig zu werden**

Der Mediator hat die Umstände, die ggf. zu seinem Ausschluss als Mediator führen 49
können, **so früh wie möglich** zu prüfen. Diese Prüfung muss spätestens in dem Stadium abgeschlossen sein, auf das üblicherweise der Abschluss des Mediatorenvertrags
folgt. Denn mit Abschluss des Mediatorenvertrags beginnt die eigentliche Mediation,
von der der Mediator ausgeschlossen ist.

Bereits beim **Informationsgespräch** mit den Parteien – einzeln oder gemeinsam – wird 50
der Mediator die Parteien nicht nur über Grundsätze und Ablauf des Mediationsverfahrens unterrichten, sondern sich mit ihnen auch über den Konfliktgegenstand und
den Kreis der Beteiligten am Mediationsverfahren mit den Parteien austauschen. Das
Informationsgespräch ist zwar nicht Teil der Mediation selbst; es hat aber für die Vorbereitung der Mediation bereits eine besondere Bedeutung (vgl. § 2 Abs. 2 MediationsG), die über eine reine **Vertragsanbahnung** hinausgeht. Das Informationsgespräch
ist somit eher Teil des gesamten Mediationsverfahrens, bestehend aus Informationsgespräch, Mediation und Abschlussvereinbarung als ein völlig davon getrennt zu sehen-
des Vorgespräch.

Um als Mediator bereits im **Informationsgespräch** nicht »tätig« zu werden im Sinne 51
der Vorschrift, ist es daher erforderlich, dass der Mediator als **erste Handlung** die Informationen bei den Parteien erfragt (Parteien und Konfliktgegenstand), die ihm die
Prüfung einer möglichen früheren Tätigkeit für eine Partei ermöglicht. Sollte sich dabei
eine frühere Tätigkeit für eine der Parteien bestätigen, hat der Mediator die weitere
Tätigkeit, unabhängig davon, in welchem Stadium sich das Informationsgespräch befindet, abzubrechen. Sollte dem Mediator bereits bei der ersten Kontaktaufnahme durch
eine Partei oder durch sonstige Informationen die frühere Tätigkeit für eine Partei
bekannt geworden sein, so sollte er auch im Rahmen des Informationsgespräches nicht
mehr für die Parteien tätig werden, um nicht den Anschein der Unabhängigkeit und
der Neutralität zu wecken, obwohl er bessere Kenntnisse hat.[52]

Sollte dem Mediator erst **im Laufe der Mediation** aus eigenem Versäumnis oder sons- 52
tigen Gründen bewusst werden, dass er in derselben Sache bereits für eine Partei tätig

---

51 *Henssler/Prütting*, Bundesrechtsanwaltsordnung, § 43a BRAO, Rn. 201.
52 *Kracht* in *Haft/von Schlieffen*, Handbuch Mediation, § 12, Rn. 36.

war, hat er seine Mediatortätigkeit unverzüglich einzustellen. Sollte der Mediator bei der Feststellung der Vorbefassung seine **Prüfungspflichten schuldhaft verletzt** haben, können sich Haftungsansprüche gegen ihn ergeben.

e) Während und nach der Mediation (Absatz 2 Satz 2)

53   Satz 2 der Vorschrift regelt die **Vorbefassung** durch die Tätigkeit als Mediator. Damit darf der Mediator **während oder nach einer Mediation** in derselben Sache für keine Partei tätig werden. Dieses Tätigkeitsverbot gilt spätestens ab Unterzeichnung des Mediatorenvertrags, denn ab diesem **Zeitpunkt** ist der Mediator den Parteien vertraglich zur Durchführung der Mediation verpflichtet. Die Mediation hat damit begonnen. Ab diesem Zeitpunkt ist dem Mediator daher jede Tätigkeit für eine Partei in derselben Sache untersagt.

54   Problematisch sind die Fälle, bei denen ein **Informationsgespräch** mit den Parteien stattgefunden hat, es aber nicht zur Durchführung der Mediation, nicht zum Abschluss des Mediatorenvertrags, kommt. Sollte der Mediator von den Parteien bereits während des Informationsgesprächs **mediationsrelevante Informationen** (z. B. persönliche Angaben der Parteien zum Konfliktgegenstand, erste Informationen zu ihren Interessen und Beweggründen oder zur Einschätzung der eigenen Rechtspositionen) erhalten haben, die diese im Vertrauen auf die Unabhängigkeit und die Neutralität des Mediators diesem anvertraut haben, so ist der Mediator bereits ab diesem Zeitpunkt von jeder weiteren Tätigkeit für eine Partei in derselben Sache **ausgeschlossen**. Allerdings wird es nicht immer eindeutig zu bestimmen sein, ab wann der Mediator durch die Informationen, die er im Informationsgespräch von den Parteien erhalten hat, als vorbefasst anzusehen ist. Der Mediator sollte bereits aus eigener Vorsicht mit der Übernahme eines Mandats von einer Partei in derselben Sache zumindest ab Eintritt in das Informationsgespräch mit beiden Parteien sehr zurückhaltend sein und seine Vorbefassung sorgfältig prüfen.

55   Sollte sich dagegen zu einem ganz frühen Zeitpunkt, z. B. bei der ersten Kontaktaufnahme durch eine Partei, herausstellen, dass die Durchführung der Mediation mit diesem Mediator, z. B. wegen fehlender Fachkenntnisse, nicht möglich ist, ist der Mediator von einer anschließenden Parteivertretung **nicht ausgeschlossen**. Sollte der Mediator ausgeschlossen sein, weil er in derselben Sache bereits vorbefasst ist, gilt Satz 1.

56   **Nach Abschluss** der Mediation ist der Mediator ebenfalls von jeder weiteren Tätigkeit für eine an der Mediation beteiligte Partei in derselben Sache ausgeschlossen. Dieses Tätigkeitsverbot gilt **zeitlich unbegrenzt**, nach dem Grundsatz, dass eine Vorbefassung in derselben Sache nicht »verjährt«.

57   Die Beispiele für Tätigkeiten, die dem Mediator nach Beendigung der Mediation untersagt sind, entsprechen den oben unter Rdn. 44 genannten Tätigkeiten (nur in umgekehrter Reihenfolge), z. B. darf der Anwaltsmediator nach gescheiterter Ehemediation einen Ehepartner nicht gegen den anderen im Scheidungsverfahren vertreten.

f) Zustimmung der Parteien

Der Mediator kann von dem in Absatz 2 enthaltenen **Tätigkeitsverbot** selbst durch die Zustimmung aller an der Mediation beteiligten Parteien **nicht entbunden** werden. Denn eine Partei wird einem Mediator die für die Lösung des Konflikts notwendige Offenheit nicht entgegenbringen, wenn sie befürchten muss, dass der Mediator nach einem etwaigen Scheitern der Mediation die Interessen der Gegenpartei vertritt und dabei das in der Mediation erlangte Wissen zu ihrem Nachteil nutzt.[53] Dies gilt ebenso für die Fälle, in denen der Mediator bereits vor der Mediation in derselben Sache für eine Partei tätig war, denn eine neutrale Durchführung der Mediation ist dann nicht mehr möglich. Dabei kommt es nicht nur darauf an, ob der Mediator zur neutralen Durchführung der Mediation in der Lage ist, sondern ob er von den Parteien als **neutral wahrgenommen** wird. Sobald der Mediator aber einseitig Informationen von einer Partei aus einer Tätigkeit in derselben Sache erhalten hat, wird er von der anderen Partei nicht mehr als »unbeschriebenes Blatt« wahrgenommen.[54] Daher ist das Tätigkeitsverbot des Absatzes 2 nicht mit der Zustimmung der Parteien zu umgehen.

58

3. Tätigkeitsbeschränkung bei Berufsausübungs- oder Bürogemeinschaft (Absatz 3)

Die Vorschrift des Absatzes 2 untersagt einer Person als Mediator tätig zu werden, wenn diese Person selbst – in eigener Person – für eine Partei in derselben Sache tätig (vorbefasst) gewesen ist. Nach Absatz 3 besteht dieses Tätigkeitsverbot auch, wenn andere Personen, mit denen der in Aussicht genommene Mediator in derselben **Berufsausübungs- oder Bürogemeinschaft** verbunden ist, insoweit vorbefasst waren. Mit dieser Vorschrift wird das für die Anwaltschaft bereits nach § 43a Abs. 4 BRAO geltende Verbot auch auf alle anderen **Grundberufe** ausgedehnt.[55]

59

Diese Ausdehnung des Vorbefassungsverbotes auf die mit dem in Aussicht genommenem Mediator beruflich verbundenen Kollegen ist unter Beachtung der **Freiheit der Berufsausübung** (Art. 12 Abs. 1 GG) in verfassungsrechtlicher Hinsicht nicht unumstritten.[56] Das **BVerfG**[57] (»Entscheidung zum Sozietätswechsel«) hat den mit einer solchen Regelung verbundenen Eingriff in das Grundrecht der Freiheit der Berufsausübung wegen hinreichender Gründe des **Gemeinwohls** grundsätzlich als verfassungskonform angesehen.[58] Allerdings hat das BVerfG ergänzend ausgeführt, dass das Tätigkeitsverbot nicht absolut und uferlos gilt, sondern Ausnahmen zugelassen sein müssen[59], was im Anschluss an das Urteil des BVerfG am 1. Juli 2006 zu einer Novellierung von

60

---

53 Begr. BT-Drucks. 17/5335, S. 16.
54 Begr. BT-Drucks. 17/5335, S. 16.
55 Begr. BT-Drucks. 17/5335, S. 16.
56 *Feuerich/Weyland*, BRAO, § 3 BORA, Rn. 8, 9.
57 BVerfGE 108, 150 ff, NJW 2003, 2520.
58 *Henssler/Prütting*, Bundesrechtsanwaltsordnung, § 43a BRAO, Rn. 166.
59 BVerfGE 108, 150 ff, NJW 2003, 2520.

§ 3 BORA geführt hat. Eine entsprechende Ausnahmeregelung enthält § 3 MediationsG in Absatz 4.[60]

a) Andere Person

61 Nach den Vorstellungen des Gesetzgebers fällt darunter insbesondere jeder Rechtsanwalt, mit dem der mögliche Mediator entsprechend beruflich verbunden ist.[61] Grundsätzlich gehören aber zu diesem Kreis alle Personen aus den unterschiedlichen Berufen, die für eine Partei in **derselben Sache**[62] vorher im eigenen Grundberuf **tätig** war.[63] So ist der in Aussicht genommene Anwaltsmediator, der in einer Rechtsanwalts- und Steuerberatersozietät tätig ist, als Mediator ausgeschlossen, wenn ein Steuerberater (»andere Person«) aus der Sozietät vorher eine Partei in derselben Sache beraten hat. Gleiches gilt für den Psychologen einer Beratungsstelle, dessen Kollege (»andere Person«) vorher eine Partei in derselben Sache beraten hat.

62 Nicht zu den (anderen) Personen zählt der **Mediator** oder **Notar**, der vorher für dieselben Parteien in derselben Sache tätig war.[64] Hier fehlt es bereits an der einseitigen Tätigkeit für eine Partei. Zudem sind der Mediator und der Notar in ihrer Grundtätigkeit keine Interessenvertreter, sondern den beteiligten Parteien **gleichermaßen verpflichtet**, neutral und unabhängig zu handeln. Damit kann z. B. bei einer gescheiterten Mediation diese von einem anderen Mediator aus demselben Büro aufgenommen und fortgesetzt werden. So ist auch ein Anwaltsmediator als Mediator nicht ausgeschlossen, einen Konflikt zu mediieren, obwohl sein Sozius als Notar in derselben Sache tätig war. Voraussetzung ist allerdings, dass es jeweils um dieselben Parteien geht und der Konflikt seine Ursache nicht in der Tätigkeit der vorher handelnden Person hat. Ist bspw. Gegenstand des Konflikts u. a. die Amtstätigkeit des vorher tätigen Notar oder streiten die Parteien über die rechtliche Interpretation eines vom Notar entworfenen Vertrags, so ist die Tätigkeit des Sozius als Mediator zwar nicht nach Absatz 1 Satz 3, sondern nach Absatz 1 Satz 1 ausgeschlossen, es sei denn die Parteien erklären ihre ausdrückliche **Zustimmung** (Absatz 1 Satz 2).

b) **Berufsausübungs- oder Bürogemeinschaft**

63 Unter Berufsausübungs- und Bürogemeinschaft sind sämtliche **Rechts- und Organisationsformen** zu verstehen, die für eine **gemeinsame Berufsausübung** geeignet sind. Für die Rechtsanwälte ergibt sich das aus § 43a Abs. 4 BRAO und § 3 Abs. 2 BORA.[65] Dazu zählen neben der Gesellschaft bürgerlichen Rechts, die Partnerschaftsgesellschaft, die Anwalts-GmbH und die Anwalts-AG, aber auch jede sonstige

---

60 Begr. BT-Drucks. 17/5335, S. 16.
61 Begr. BT-Drucks. 17/5335, S. 16.
62 Vgl. oben Rdn. 45 ff.
63 Vgl. oben Rdn. 43 ff.
64 Vgl. oben Rdn. 44.
65 BVerfGE 108, 150 ff., NJW 2003, 2520, das trotz fehlender Erstreckungsklausel davon ausgeht, dass § 43a Abs. 4 BRAO auch Fälle der gemeinsamen Berufsausübung umfasst.

Art der verfestigten Kooperation in Form der Bürogemeinschaft.[66] Auch Schein- oder Außensozietäten zählen dazu, wobei es unerheblich ist, ob das Mandat nur einem Sozietätsmitglied oder der gesamten Sozietät erteilt ist.[67] Auch alle zulässigen Rechtsformen ausländischer Rechtsordnungen, wie z. B. die Europäische wirtschaftliche Interessenvereinigung (EWIV)[68] oder die bei Anwälten zunehmend beliebter werdende LLP,[69] gehören dazu.

Dies gilt so auch für alle anderen **Berufsgruppen** (Architekten, Steuerberater, Wirtschaftsprüfer, Psychologen, Soziologen, sonstige Berater), die sich zur gemeinsamen Berufsausübung verabreden und organisieren. Soweit es diesen Berufsgruppen rechtlich gestattet ist, sind auch weitere Organisationsformen wie die Unternehmergesellschaft (haftungsbeschränkt), der Verein oder die Kommanditgesellschaft oder auch die Limited (Ltd.)[70] denkbar. 64

Aber auch alle Formen der **gemeinschaftlichen Büronutzung** gehören dazu, soweit diese nicht so organisiert ist, dass eine Kenntnis von **gegenseitigen Auftragsverhältnissen** ausdrücklich ausgeschlossen ist. Das wird aber kaum möglich sein, da der Zweck der Bürogemeinschaft (überwiegend) darin liegt, bestimmte Büroeinrichtungen (Sekretariat, Telefonanlage, Besprechungsräume, Computeranlage und sonstige technische Einrichtungen) oder auch die Zuarbeit von Mitarbeiter aus Kostengründen gemeinsam zu nutzen. Dadurch kann aber jeder Kollege innerhalb der Bürogemeinschaft jederzeit von den Aufträgen des anderen Kenntnis erlangen.[71] 65

c) Verbunden

Verbunden bedeutet jede Art der **rechtlichen oder organisatorischen Zusammenarbeit** mit Kollegen. Das kann im Rahmen eines partnerschaftlichen Verhältnisses zur gemeinsamen beruflichen und wirtschaftlichen Zusammenarbeit als Gesellschafter einer Personengesellschaft (Sozien in einer Anwaltssozietät) oder einer juristischen Person (Gesellschafter einer Steuerberatungs GmbH) oder als Kollege in einer Bürogemeinschaft oder als Angestellter und freier Mitarbeiter sein. 66

Allein bei der Bürogemeinschaft kommt es auch darauf an, dass neben der organisatorischen auch eine gewisse **örtliche Verbundenheit**, beispielsweise in Form eines gemeinsamen Büros, in dem Personal und Betriebsmittel gemeinsam genutzt werden,[72] besteht, was den Zweck dieser Organisationsform ausmacht. Auch Mischformen, wie 67

---

66 *Feuerich/Weyland*, BRAO, § 3 BORA, Rn. 11.
67 *Feuerich/Weyland*, BRAO, § 3 BORA, Rn. 11.
68 Europäische wirtschaftliche Interessenvereinigung, eine nach Europäischem Recht (Verordnung [EWG] Nr. 2137/85 des Rates vom 25. Juli 1985) zu gründende Gesellschaft.
69 Limited Liability Partnership, eine Rechtsform der Personengesellschaften nach britischem und amerikanischem Recht.
70 Die Limited, Private Limited Company by shares, wird nach britischem Recht gegründet und ist der Unternehmergesellschaft (haftungsbeschränkt) ähnlich.
71 *Feuerich/Weyland*, BRAO, § 3 BORA, Rn. 11.
72 BGH, Beschluss vom 25.7.2005, NJW 2005, 2692, 2693.

die nur tageweise Anwesenheit im Büro der Bürogemeinschaft, sind ausreichend. Bei allen auf Basis eines Gesellschaftsvertrags bestehenden Zusammenschlüssen von Berufskollegen kommt es auf die Örtlichkeit der Berufsausübung nicht an. So kann es sich um Sozietäten von Rechtsanwälten oder anderen Berufsgruppen handeln, die an unterschiedlichen Standorten in einer Stadt, in einem Land oder auch international tätig sind.[73] Von der in Absatz 3 gemeinten »Verbundenheit« ist nicht auszugehen bei Kooperationen von Berufskollegen oder Angehörigen unterschiedlicher Berufe, die gelegentlich zusammenarbeiten oder sich ihren Mandanten empfehlen, solange sie nicht durch ein gemeinsames Büro verbunden sind.[74]

68   Das Tätigkeitsverbot **besteht** nur so lange fort, wie die rechtliche und organisatorische Verbindung zu dem bereits vorher für eine Partei in derselben Sache tätigen Kollegen andauert.[75] Nach Ausscheiden dieses Kollegen aus der Berufsausübungs- und Bürogemeinschaft kann eine Person aus dieser Bürogemeinschaft als Mediator tätig sein. Da ihn dann grundsätzlich die Offenbarungspflicht nach § 3 Abs. 1 MediationsG trifft, werden die Parteien aber ihre ausdrückliche **Zustimmung** erteilen müssen.

d)   Vor der Mediation (Absatz 3 Satz 1)

69   Satz 1 der Vorschrift regelt das Tätigkeitsverbot des in Aussicht genommenen Mediators für den Fall, dass bereits **vor der Mediation** eine mit ihm in derselben Berufsausübungs- und Bürogemeinschaft verbundene Person in derselben Sache für die Partei tätig war.[76]

70   Die sich zu einer Berufsausübungs- und Bürogemeinschaft verbundenen Personen haben durch entsprechende **organisatorische Einrichtungen** sicherzustellen, dass die Überprüfung einer Tätigkeit in derselben Sache durch einen Kollegen kurzfristig gewährleistet ist. Dabei ist besonders bei überörtlichen Kanzleien oder Bürozusammenschlüssen ständig und zeitnah aktualisiert die Möglichkeit einer **Interessenkollision** im Blick zu behalten.

e)   Während und nach der Mediation (Absatz 3 Satz 2)

71   Satz 2 der Vorschrift regelt das sich an die Tätigkeit als Mediator anschließende Tätigkeitsverbot. Damit darf eine mit dem Mediator in derselben Berufsausübungs- und Bürogemeinschaft verbundene Person **während oder nach einer Mediation** in derselben Sache für keine Partei tätig werden. So kann nach einer gescheiterten Mediation durch einen Anwaltsmediator dessen Kollege (Sozius) nicht die anwaltliche Vertretung einer der Parteien übernehmen.[77]

---

73   *Feuerich/Weyland*, BRAO, § 3 BORA, Rn. 11.
74   *Greger* in: *Greger/Unberath/Steffek*, Recht der alternativen Konfliktlösung, § 3 MediationsG, Rn. 55; BGH, Beschluss vom 25.7.2005, NJW 2005, 2692, 2693.
75   *Henssler/Deckenbrock* DB 2012, 159 (164).
76   Vgl. Rdn. 59 ff.
77   Begr. BT-Drucks. 17/5335, S. 16; vgl. Rdn. 59 ff.

f) Ausschluss als Mediator tätig zu werden

Es gelten hier die Ausführungen, wie sie oben im Zusammenhang mit der Regelung in Absatz 2 gemacht wurden.[78]

72

g) Zustimmung der Parteien

Wegen der Möglichkeit, den Mediator oder auch die andere Person von dem Tätigkeitsverbot zu entbinden, ist auf die folgenden Ausführungen zur **Dispensierung** nach Absatz 4 zu verweisen.

73

4. Dispensierung (Absatz 4)

Die Beschränkungen des Absatzes 3 gelten nicht, wenn sich die **betroffenen Parteien** im Einzelfall nach umfassender Information damit **einverstanden** erklärt haben und **Belange der Rechtspflege** dem nicht entgegenstehen. Diese Ausnahmeregelung, die der Regelung in § 3 Abs. 2 BORA nahezu wörtlich entspricht, ist »verfassungsgemäßer Ausfluss des Grundsatzes der Verhältnismäßigkeit«.[79] Die Entbindung in Einzelfällen von dem in Absatz 3 vorgesehenen Tätigkeitsverbot ermöglicht die Mediatorentätigkeit trotz vorhergehender Vertretung oder Beratung einer Partei in derselben Sache durch einen Kollegen innerhalb derselben **Berufsausübungs- und Bürogemeinschaft**.[80] Umgekehrt ist es unter den in Absatz 3 vorgesehenen Voraussetzungen möglich, dass nach einer gescheiterten Mediation ein Kollege die anschließende anwaltliche Vertretung einer Partei übernimmt. Denkbar ist damit auch, dass bei einem laufenden Mediationsverfahren eine Partei die erforderliche rechtliche Beratung durch einen Kollegen innerhalb derselben Berufsausübungs- und Bürogemeinschaft erfährt.

74

a) Bezugnahme auf Absatz 3

Absatz 4 bezieht sich nur auf die in Absatz 3 genannten Beschränkungen. Das Tätigkeitverbot nach Absatz 2 ist **absolut**. Denn nach dem Grundsatz, dass auch der Rechtsanwalt niemals **widerstreitende Interessen** vertreten darf[81], darf auch der Mediator nicht zum anschließenden Berater einer Partei in derselben Sache werden oder im Anschluss an eine Beratung einer Partei die Mediation in derselben Sache durchführen. Mediation und Parteivertretung in einer Person schließen sich damit aus.[82]

75

---

78 Vgl. Rdn. 49 ff.
79 *Feuerich/Weyland*, BRAO, § 3 BORA, Rn. 12; Begr. BT-Drucks. 17/5335, S. 16.
80 Begr. BT-Drucks. 17/5335, S. 16.
81 *Feuerich/Weyland*, BRAO, § 3 BORA, Rn. 12.
82 *Henssler/Deckenbrock* DB 2012, 159 (164).

b) Betroffene Parteien

76 Bei den **betroffenen Parteien** kann man zwischen den »Mediations-« und den »Streit«-Parteien unterscheiden. »**Mediations**«-**Parteien** sind jene Parteien, die in derselben Sache an einer Mediation bereits teilgenommen haben, an ihr gerade teilnehmen oder in der Zukunft teilnehmen sollen. Zu den »**Streit**«-**Parteien** gehört zum einen die Partei (ggf. auch mehrere), die in derselben Sache vor, während oder nach einer Mediation eine Tätigkeit im Sinne von Absatz 3 erfährt, und zum anderen die Partei (ggf. auch mehrere), gegen die sich diese Tätigkeit richtet oder die davon direkt oder indirekt betroffen ist. Betrifft die anwaltliche Beratung eines Ehepartners die Einleitung eines Scheidungsverfahrens, müssen selbstverständlich beide Ehepartner einer anschließenden Mediation über die Scheidungsfolgen zustimmen. Richtet sich die vorangegangene anwaltliche Beratung für einen Gesellschafter gegen mehrere andere Mitgesellschafter, so müssen alle zustimmen, wenn in derselben Sache eine Mediation durchgeführt werden soll. Dies gilt gleichermaßen, wenn erst eine Mediation durchgeführt worden ist, und danach die Beratungstätigkeit für eine Partei in derselben Sache aufgenommen wird.

77 Es sind Fälle denkbar, bei denen sich eine anwaltliche Beratung für eine Partei (A) gegen mehrere Personen (B und C) richtet, und die anschließende Mediation nur mit A und B durchgeführt wird. So könnte es bei einem Konflikt zwischen mehreren Gesellschaftern (A, B und C) einer Beratungskanzlei bereits eine Einigung zwischen A und C gegeben haben. In diesem Fall ist die Zustimmung zur Durchführung der Mediation nur von A und B erforderlich, da die Interessen des C durch die anschließende Mediation nicht mehr betroffen werden. Sollte mit C noch keine Einigung erzielt worden sein, so wäre grundsätzlich auch ohne seine Zustimmung eine Mediation zwischen A und B möglich, wenn sich das überhaupt als sinnvoll erweisen sollte, da grundsätzlich alle am Konflikt beteiligten Parteien an der Mediation teilnehmen sollten.

78 Das Gleiche gilt, wenn sich beispielsweise der Kreis der Parteien nach anfänglicher Mediation oder vorangegangener streitigen Tätigkeit vergrößern sollte. Haben A und B eine streitige Auseinandersetzung geführt und erkennen, dass eine Mediation in derselben Sache nur sinnvoll ist, wenn daran auch C teilnimmt, so bedarf es nicht der Zustimmung des C, damit der Mediator ein Kollege derselben Berufsausübungs- und Bürogemeinschaft sein kann.

79 **Betroffene Parteien** sind damit nur diejenigen Personen, die an der Mediation teilnehmen und in derselben Sache Beteiligte einer Tätigkeit im Sinne des Absatzes 3 sind.[83]

c) Einzelfall

80 Es handelt sich bei der Vorschrift nach Absatz 4 um eine reine **Ausnahmeregelung**. Allein darauf weist der Gesetzgeber mit dem Hinweis auf eine mögliche Entbindung vom Tätigkeitsverbot »**im Einzelfall**« hin. In jedem Einzelfall, der eine Entbindung

---

[83] *Feuerich/Weyland*, BRAO, § 3 BORA, Rn. 15.

vom gesetzlich normierten Tätigkeitsverbot bedeutet, müssen die betroffenen Parteien **abwägen**, ob sie ihre Zustimmung erteilen wollen. Diese kann nicht pauschal für eine Vielzahl von Fällen erteilt werden. Schon aus dem verständlichen Wunsch der Parteien, ihre Interessen in der Mediation und bei einer sonstigen Tätigkeit im Sinne von Absatz 3 wahren zu wollen, werden sie – was die Zukunft allerdings noch zeigen muss –, mit der Erteilung der Zustimmung aller Voraussicht nach äußerst zurückhaltend umgehen.

d) Einverständniserklärung

aa) Nach umfassender Information

Die betroffenen Parteien sind über **sämtliche Umstände** zu informieren, die sie 81 benötigen, um jeweils für sich entscheiden zu können, ob eine **Entbindung** des in Absatz 3 bestimmten Tätigkeitsverbots sie in ihren Rechten und in den Möglichkeiten, ihre Interessen wahrzunehmen und durchzusetzen, beeinträchtigen könnte. Die Parteien sind wahrheitsgemäß und vollständig **aufzuklären**, damit sie die daraus resultierenden Folgen und Gefahren einschätzen können.[84] Dabei kommt es nicht darauf an, dass bestimmte Folgen und Beeinträchtigungen sicher eintreten oder auch nur wahrscheinlich sind, sondern allein, ob diese möglich erscheinen. Die prinzipielle Überzeugung einer Partei, ihre Zustimmung in Fällen des Absatzes 3 zu verweigern, ist nicht zu beanstanden.

Inhalt und Umfang der Information entspricht den **Tatsachen und Umständen**, die 82 zu einer Anwendung von Absatz 3 führen. Die betroffenen Parteien müssen damit umfassend z. B. über die anwaltliche Vertretung durch einen Berufskollegen aus derselben **Berufsausübungs- und Bürogemeinschaft** in derselben Sache bzw. über die Durchführung einer Mediation in derselben Sache durch einen Berufskollegen aus derselben Berufsausübungs- und Bürogemeinschaft in Kenntnis gesetzt werden. Dazu gehört es auch, den Parteien die Umstände darzulegen, die zur Annahme führen, dass es sich um **dieselbe Sache** handeln könnte.[85] Sollte sich eine frühere anwaltliche Vertretung, die eine anschließende Tätigkeit als Mediator eigentlich ausschließen würde, erst im Laufe einer Mediation aus Unkenntnis herausstellen, so sind den Parteien auch die Umstände darzulegen, die zu dieser Unkenntnis geführt haben.[86]

Der Umfang der Information hat dort seine Grenzen, wo die aufklärende Person ihrer 83 **Verschwiegenheitspflicht** nachkommen muss. Kann eine ausreichende Aufklärung der betroffenen Parteien nur unter Preisgabe geheimhaltungsbedürftiger Informationen erfolgen, so muss diese Information versagt werden. Sollte den Parteien die erforder-

---

84 BVerfGE 108, 150, NJW 2003, 2520; vgl. im Hinblick auf § 3 Abs. 2 S. 2 BORA, Satzungsversammlung der Bundesrechtsanwaltskammer in BRAK-Mitt. 2006, S. 212 (214).
85 *Feuerich/Weyland*, BRAO, § 3 BORA, Rn. 15.
86 *Feuerich/Weyland*, BRAO, § 3 BORA, Rn. 15.

liche Aufklärung durch das Aufzeigen abstrakter Gefahren nicht ausreichen, um ihre Zustimmung zu erteilen, hat die Tätigkeit nach Absatz 3 zu **unterbleiben**.[87]

bb) Zeitpunkt

84 Die betroffenen Parteien haben ihr Einverständnis **vor Beginn** der jeweiligen nach Absatz 3 verbotenen Tätigkeit zu erklären. Sollte sich erst im Laufe einer Tätigkeit herausstellen, dass es sich um eine nach Absatz 3 verbotene Tätigkeit handelt, können die Parteien auch **unverzüglich nach Bekanntwerden** der Umstände noch ihr Einverständnis erklären.[88]

cc) Form, Dokumentation

85 Die betroffenen Parteien können ihr **Einverständnis formlos** mündlich oder schriftlich erteilen. Sollte das Einverständnis für die Durchführung einer Mediation erforderlich sein, kann dieses z. B. im ersten Informationsgespräch mit den Parteien vom Mediator eingeholt werden. Die betroffenen Parteien haben das Einverständnis selbst gegenüber dem Mediator zu erklären. Sollte das Einverständnis für die Durchführung einer Tätigkeit im Anschluss an eine Mediation erforderlich sein, so kann dieses Einverständnis z. B. auch von dem anwaltlichen Vertreter der jeweils betroffenen Partei erteilt werden.

86 Es empfiehlt sich, die erteilten Informationen, die Grundlage für eine Entscheidung der betroffenen Parteien nach Absatz 4 sind, **schriftlich zu dokumentieren**[89] und den Parteien auch in Schriftform zu überreichen (vgl. **Formulierungsvorschlag** Rdn. 111). Ebenfalls scheint es angezeigt zu sein, dass sich die Person, die sich von einem Tätigkeitsverbot nach Absatz 3 entbinden lassen möchte, die Einverständniserklärungen der betroffenen Parteien ebenfalls schriftlich erteilen lässt.[90]

e) Belange der Rechtspflege

87 Neben der **Einverständniserklärung** der betroffenen Parteien verlangt die Vorschrift, dass keine **Belange der Rechtspflege** einer Entbindung des Tätigkeitsverbots nach Absatz 3 entgegenstehen. Beide Voraussetzungen müssen kumulativ vorliegen. Neben den subjektiven Interessen der Parteien sind damit die **Belange der Allgemeinheit** als objektives Kriterium gleichwertig zu berücksichtigen.[91] Die Belange der Rechtspflege konkretisieren sich u. a. in der **unabhängigen, verschwiegenen und gradlinigen Wahrnehmung der Mandanteninteressen** durch den Rechtsanwalt.[92] Das **BVerfG**

---

87 Vgl. im Hinblick auf § 3 Abs. 2 Satz 2 BORA, Satzungsversammlung der Bundesrechtsanwaltskammer in BRAK-Mitt. 2006, S. 212 (214).
88 *Feuerich/Weyland*, BRAO, § 3 BORA, Rn. 15.
89 Begr. BT-Drucks. 17/5335, S. 12.
90 Vgl. Rdn. 37.
91 *Feuerich/Weyland*, BRAO, § 3 BORA, Rn. 19.
92 Vgl. im Hinblick auf § 3 Abs. 2 Satz 2 BORA, Satzungsversammlung der Bundesrechtsanwaltskammer in BRAK-Mitt. 2006, S. 212, 214.

führt dazu aus, dass diese Eigenschaften nicht zur Disposition der Mandanten stehen. Der Rechtsverkehr müsse sich vielmehr darauf verlassen können, dass der Pflichtenkanon des § 43a BRAO befolgt werde, damit die angestrebte Chancen- und Waffengleichheit der Bürger untereinander und gegenüber dem Staat gewahrt wird und die Rechtspflege funktionsfähig bleibt. Dies bedeute indessen nicht, dass die Definition, was den Interessen des eigenen Mandanten und damit zugleich der Rechtspflege dient, abstrakt und verbindlich ohne Rücksicht auf die konkrete Einschätzung der hiervon betroffenen Mandanten vorgenommen werden dürfe.[93] Es liege in der »gesetzesgeleiteten verantwortlichen Einschätzung der betroffenen Rechtsanwälte, ob die Konfliktsituation oder doch jedenfalls das Ziel der Vermeidung zukünftiger Störungen des Vertrauensverhältnisses eine Mandatsniederlegung gebiete«.[94] Ein entsprechender verantwortlicher Umgang mit einer solchen Situation, der auch die Ablehnung eines Mandats bedeuten könne, sei von einem Rechtsanwalt zu verlangen.[95]

In tatsächlicher Hinsicht stellt das BVerfG maßgeblich darauf ab, dass **die Verschwiegenheitspflicht** gegenüber dem Mandanten gewahrt wird. Diese könne u. a. in einer Kanzlei durch die räumliche Trennung der Rechtsanwälte (bei **überörtlichen Sozietäten oder Bürogemeinschaften**), durch organisatorische Vorkehrungen (**Chinese wall**[96]), durch die Ausgestaltung des Vertragsverhältnisses (Sozius, Angestellter oder freier Mitarbeiter), durch ihre schiere Größe oder die fachliche Abschottung der verschiedenen Bereiche einer Kanzlei gewährleistet werden.[97]

88

Ob diese Grundsätze des **BVerfG** auf das MediationsG eins zu eins übertragen werden können, ist zumindest zweifelhaft. *Henssler* sieht in dem Tatbestandsmerkmal »**Belange der Rechtspflege**« ein »konturloses Merkmal (...), aus dem sich keine verwertbaren Anforderungen ableiten lassen«.[98] Auch der Gesetzgeber scheint hier keine hohen Erwartungen zu haben. Es sei eine häufig in psychologischen Beratungsstellen anzutreffende Praxis, zunächst eine Kontakt suchende Person zu beraten und anschließend eine Mediation anzubieten, was mit der Zustimmung der Parteien zulässig sei.[99] Gleichzeitig bezieht sich der Gesetzgeber auf die Rechtsprechung des **BVerfG** und erklärt ausdrücklich, dass das in § 43a Abs. 4 BRAO geltende Verbot, widerstreitende Interessen zu vertreten, mit dem MediationsG auch auf andere Grundberufe ausgedehnt wird.

89

---

93 BVerfGE 108, 150; NJW 2003, 2520.
94 BVerfGE 108, 150; NJW 2003, 2520.
95 BVerfGE 108, 150; NJW 2003, 2520.
96 »Chinese wall« bedeutet Abteilungen oder Bürostandorte einer Kanzlei organisatorisch und ggf. räumlich so voneinander zu trennen, dass es zu keinem Informationsaustausch kommt und damit Interessenkonflikte vermieden werden.
97 BVerfGE 108, 150; NJW 2003, 2520.
98 *Henssler/Deckenbrock* DB 2012, 159 (164); *Henssler/Prütting*, Bundesrechtsanwaltsordnung, § 3 BORA, Rn. 19.
99 Begr. BT-Drucks. 17/5335, S. 16.

90 Im Ergebnis wird man sich den vom **BVerfG** genannten Kriterien stellen müssen. Das wird wohl auch die zukünftige Rechtsprechung zeigen.[100] So ist das vom Gesetzgeber gewählte Beispiel über die Beratung und anschließende Mediation durch dieselbe psychologische Beratungsstelle irreführend. Denn je weniger Berufsträger in derselben **Berufsausübungs- und Bürogemeinschaft** tätig sind, desto geringer ist die Wahrscheinlichkeit, dass diese untereinander keine Kenntnis von den Fällen erhalten, mit denen ein anderer Kollege befasst ist. Damit kann dem grundsätzlichen Gebot der Verschwiegenheitspflicht nicht entsprochen werden. Das bedeutet in der Praxis, dass durch **organisatorische Maßnahmen** sichergestellt sein muss, dass die in derselben Berufsausübungs- und Bürogemeinschaft tätigen Kollegen keine inhaltlichen Kenntnisse von entsprechenden vorangegangen Tätigkeiten erlangen. Bei kleineren Berufsausübungs- und Bürogemeinschaft wird dies häufig nur gelingen, wenn dies überörtlich organisiert und tätig sind. In diesem Fall müsste die Tätigkeit, zu der die betroffenen Parteien ihr Einverständnis erklären sollen, an einem anderen Bürostandort durchgeführt werden, als die vorangegangene Tätigkeit in derselben Sache. Der vom Gesetzgeber beschriebene Fall der psychologischen Beratungsstelle, die quasi alles aus einer Hand macht, ist damit nicht vorstellbar.

5. Informationspflichten (Absatz 5)

91 Absatz 5 legt dem Mediator umfangreiche **Informationspflichten betreffend** seine **Qualifikation** auf. Mit der Norm, die sich bereits im Gesetzentwurf der Bundesregierung findet,[101] sollte dem Umstand Rechnung getragen werden, dass keine gesetzlichen Mindestqualifikationen im Gesetz vorgesehen waren und die **Qualitätssicherung** dem Markt überlassen bleiben sollte.[102]

92 Die §§ 5 und 6 MediationsG[103] normieren die Anforderungen an die Kernkompetenzen des Mediators wie auch die Voraussetzungen für das Führen der Bezeichnung »zertifizierter Mediator«. Der Gesetzgeber hat zwischenzeitlich auch von der Ermächtigungsnorm des § 6 MediationsG Gebrauch gemacht und am 21.August 2016 die »Verordnung über die Aus- und Fortbildung von zertifizierten Mediatoren (ZMediatAusbV)«[104] erlassen, die am 1. September 2017 (§ 8 ZMediatAusbV) in Kraft getreten ist. Die ZMediatAusbV regelt in 8 Paragrafen »die Ausbildung zum zertifizierten Mediator«, »die Fortbildung des zertifizierten Mediators sowie Anforderungen an die Einrichtungen zur Aus– und Fortbildung« zum zertifizierten Mediator (§ 1 ZMediatAusbV). Gleichwohl gibt es nach wie vor kein gesetzlich geregeltes Berufsbild für Mediatoren und dementsprechend auch keine Zulassungsvoraussetzungen für die Ausübung dieser Tätigkeit. Wer den gesetzlichen Anforderungen der §§ 5, 6 MediationsG nicht genügt, hat behördliche Sanktionen nicht zu befürchten. Das hat sich auch durch

---

100 *Henssler/Deckenbrock* DB 2012, 159 (163).
101 Begr. BT-Drucks. 17/5335, S. 16.
102 Begr. BT-Drucks. 17/5335, S. 16.
103 Begr. BT-Drucks. 17/8058, S. 6.
104 BGBl. I S. 1994; Weiteres in *Fritz/Pielsticker*, Verordnung über die Aus- und Fortbildung von zertifizierten Mediatoren – ZMediatAusbV –, 2018 sowie in Teil 2.

die Einführung der ZMediatAusbV für die Personen, die sich als »Mediator« bezeichnen, nicht geändert. Denn durch die Verordnung wird allein die Berufsbezeichnung »Zertifizierter Mediator« gesetzlich geschützt. Voraussetzung für die Führung dieser Bezeichnung ist nach § 5 Abs. 2 MediationsG eine Ausbildung, die den Anforderungen des § 6 MediationsG entspricht. Es gibt allerdings weder ein behördliches Zulassungssystem noch eine behördliche Kontrolle der Ausbildung und der in der Verordnung nominierten Fortbildungspflichten.[105] Dies hat der Gesetzgeber den daran »interessierten Kreisen« überlassen, denen es danach freistehe, »sich aus eigener Initiative auf ein privatrechtliches Gütesiegel für solche Ausbildungen zu einigen, die den festgelegten Anforderungen entsprechen«.[106] Es handelt sich somit um eine reine »Selbstzertifizierung«. Allerdings haben die Parteien einen Anspruch vom »zertifizierten Mediator« Auskunft darüber zu erhalten, ob er die Voraussetzungen für das Führen dieser Bezeichnung nach der ZMediatAusbV erfüllt. Für den »Mediator« gilt die Pflicht zur Offenlegung seines fachlichen Hintergrundes, seiner Ausbildung und seiner Erfahrung auf dem Gebiet der Mediation ebenso, allerdings können die Parteien hier keine verpflichtenden Ausbildungskriterien etc. als Maßstab erwarten. Sollte der »Mediator« die in Paragrafen fünf und sechs normierten Kernkompetenzen mangels Ausbildung nicht haben, drohen keinerlei Sanktionen. Allenfalls **Schadensersatzforderungen** der Parteien oder wettbewerbsrechtliche Ansprüche anderer Mediatoren kommen in Betracht.[107] Von daher ist es im Hinblick auf **Qualitätssicherung** und **Markttransparenz** nach wie vor sinnvoll, die Eignung der Mediatoren für die Parteien transparent zu halten, um ihnen eine informierte Auswahlentscheidung zu ermöglichen.

a) Fachlicher Hintergrund

Die Norm verpflichtet den Mediator, über seinen fachlichen Hintergrund zu informieren. Dazu zählen beispielsweise **Studium** und **ausgeübter Beruf**, Zusatzausbildungen und –qualifikationen, aber auch spezifische Berufserfahrungen wie Auslandsaufenthalte, Lehrtätigkeiten und/oder wissenschaftliche Betätigungen. Für Konfliktparteien kann es durchaus von Interesse sein zu wissen, ob ein Mediator vom Grundberuf her Jurist oder Steuerberater, Psychotherapeut oder Sozialarbeiter, Seelsorger oder Mediziner ist, um nur einige Berufe zu nennen.

b) Ausbildung

Der Begriff der Ausbildung meint im vorliegenden Zusammenhang die »**Ausbildung zum Mediator**« und umfasst grundsätzlich alle Informationen, die zur Beurteilung der Fähigkeiten und Kenntnisse des Mediators von Bedeutung sind. Dies betrifft einmal die **Art der Ausbildung**[108], mithin die Frage nach theoretischen und/oder praktischen Schwerpunkten, zum anderen aber auch das Ausbildungsinstitut, wobei private (z. B. RAK-FSG, IKOM-Frankfurt, Deutsche Anwaltsakademie, Mediations-

93

94

---

105 Vgl. Teil 2 C. § 1, Rdn. 6.
106 Begr. BT-Drucks. 17/8085, S. 11; ferner Teil 2 C. § 1, Rdn. 6.
107 *Greger* ZKM 2012, 16 ff.
108 Begr. BT-Drucks. 17/5335, S. 16.

werkstatt Münster, Centrale für Mediation etc.) wie öffentliche Einrichtungen (z. B. Europa-Universität Viadrina Frankfurt/Oder, Fernuniversität Hagen etc.) hierzu zählen. Von Bedeutung ist ferner die **Dauer der Ausbildung**[109], also die Stundenzahl, die die Ausbildung umfasste, ggf. ergänzt durch Hinweise auf besondere Schwerpunkte der Ausbildung wie Familienrecht, Wirtschaftsrecht, Arbeitsrecht etc. Der **Erwerb besonderer Ausbildungsqualifikationen** wie Diplome, universitäre Abschlüsse (Master of Arts), aber auch die des neu geschaffenen »zertifizierten Mediators nach § 5 Abs. 2 MeditionsG zählt ebenfalls hierzu.

95   Für den »zertifizierten Mediator« bestimmt nun § 2 ZMediatAusbV verbindlich, wie eine Ausbildung auszusehen hat, denn nur derjenige der eine Ausbildung zum zertifizierten Mediator abgeschlossen hat, darf sich als solcher bezeichnen (§ 2 Abs. 1 ZMediatAusbV). Diese Ausbildung setzt sich aus einem 120 Präsenzzeitstunden umfassenden Ausbildungslehrgang und einer Einzelsupervision im Anschluss an eine als Mediator oder Co-Mediator durchgeführte Mediation zusammen (§ 2 Abs. 2 ZMediatAusbV). So muss der Ausbildungslehrgang bestimmte in einer Anlage zur Verordnung enthaltene Inhalte vermitteln sowie praktische Übungen und Rollenspiele umfassen (§ 2 Abs. 3 ZMediatAusbV). Die Anlage zur Verordnung sieht acht im Einzelnen bezeichnete Bereiche vor und nennt dafür jeweils auch Zeitvorgaben.[110]

Die Mindestanzahl von 120 Zeitstunden und deren Aufteilung auf die acht Bereiche ist im Verordnungstext normiert (§ 2 Abs. 4 ZMediatAusbV). Ferner sieht die Verordnung vor, dass der zertifizierte Mediator entweder während des Ausbildungslehrgangs oder innerhalb eines Jahres nach dessen erfolgreicher Beendigung an einer Einzelsupervision im Anschluss an eine als Mediator oder Co-Mediator durchgeführte Mediation teilnehmen muss (§ 2 Abs. 5 ZMediatAusbV).

96   Ganz wesentlich im Zusammenhang mit der Informationspflicht, der der zertifizierte Mediator gegenüber der/den Partei/en nachkommen muss, ist insbesondere auch § 2 Abs. 6 ZMediatAusbV, demzufolge über den erfolgreichen Abschluss der Ausbildung von der Ausbildungseinrichtung eine Bescheinigung auszustellen ist. Diese Bescheinigung darf erst ausgestellt werden, wenn der gesamte nach § 2 Abs. 3 und 4 ZMediatAusbV vorgeschriebene Ausbildungslehrgang erfolgreich beendet und eine Einzelsupervision nach § 2 Abs. 5 ZMediatAusbV durchgeführt ist.[111]

97   Auf Verlangen der Parteien hat also der zertifizierte Mediator die entsprechende Bescheinigung vorzulegen. Allerdings gibt es gesonderte Regelungen für Mediatoren, die vor dem 1. September 2017 ihre Ausbildung durchgeführt haben. So darf sich auch derjenige als »zertifizierter Mediator bezeichnen, wer vor dem 26. Juli 2012 eine Ausbildung zum Mediator im Fall von mindestens 90 Zeitstunden abgeschlossen und anschließend als Mediator oder Co-Mediator mindestens vier Meditationen durchgeführt hat« (§ 7 Abs. 1 ZMediatAusbV). Ebenso darf sich als zertifizierter Mediator bezeichnen,

---

109 Begr. BT-Drucks. 17/5335, S. 16.
110 Vgl. Teil 2 C. § 2, Rdn. 24.
111 Vgl. Teil 2 C. § 2, Rdn. 101.

»wer vor dem 1. September 2017 einen der Anforderung des § 2 Abs. 3 und 4 genügenden Ausbildungslehrgang erfolgreich beendet hat und bis zum 1. Oktober 2018 an einer Einzelsupervision im Anschluss an eine als Mediator oder Co-Mediator durchgeführte Mediation teilgenommen hat« (§ 7 Abs. 2 ZMediatAusbV). Und schließlich enthält die Ausbildungsverordnung in ihrem § 6 ZMediatAusbV noch besondere Regelungen für im Ausland erworbene Qualifikationen (siehe unten Rdn. 100).[112]

Quasi als Abschluss der Ausbildung sieht die Verordnung »eine Verifizierung der in der Ausbildung erlangten Inhalte und Fähigkeiten«,[113] durch die Teilnahme an vier Einzelsupervisionen vor. So heißt es in der Verordnung: »Innerhalb der zwei auf den Abschluss einer Ausbildung nach § 2 folgenden Jahren hat der zertifizierte Mediator mindestens viermal an einer Einzelsupervision, jeweils im Anschluss an eine als Mediator oder Co-Mediator durchgeführte Mediation, teilzunehmen. Die Zweijahresfrist beginnt mit der Ausstellung der Bescheinigung nach § 2 Abs. 6 zu laufen« (§ 4 Abs. 1 ZMediatAusbV). Über jene nach Absatz 1 durchgeführte Einzelsupervision ist von dem Supervisor eine Bescheinigung auszustellen, die den in § 4 Abs. 2 ZMediatAusbV im Einzelnen aufgeführten Anforderungen genügen muss.[114]

98

Der zertifizierte Mediator hat aber nicht nur die in §§ 2 und 4 ZMediatAusbV normierte Ausbildung nebst Einzelsupervision durchzuführen, sondern »nach Abschluss der Ausbildung regelmäßig an Fortbildungsveranstaltungen teilzunehmen«, wobei »der Umfang der Fortbildungsveranstaltungen innerhalb eines Zeitraums von vier Jahren mindestens 40 Zeitstunden beträgt« (§ 3 Abs. 1 ZMediatAusbV). »Ziel der Fortbildungsveranstaltungen ist 1. eine Vertiefung und Aktualisierung einzelner in der Anlage aufgeführter Inhalte oder 2. eine Vertiefung von Kenntnissen und Fähigkeiten in besonderen Bereichen der Mediation« (§ 3 Abs. 2 ZMediatAusbV). Über die erfolgreiche Teilnahme an einer Fortbildungsveranstaltung ist von der Fortbildungseinrichtung eine Bescheinigung auszustellen, deren Anforderungen sich aus § 3 Abs. 3 ZMediatAusbV ergeben.[115]

99

Die Informationspflicht des zertifizierten Mediators umfasst somit auch die Darlegung, dass er sich fortgebildet und auch weiterhin berechtigt ist, die Bezeichnung »zertifizierter Mediator« zu führen. Der zertifizierte Mediator hat damit auf entsprechendes Verlangen der Parteien sämtliche in der ZMediatAusbV genannten Bescheinigungen vorzulegen.

Die ZMediatAusbV regelt die Gleichstellung von im Ausland erworbenen Qualifikationen. So darf sich als zertifizierter Mediator auch bezeichnen, »wer 1. im Ausland eine Ausbildung zum Mediator im Umfang von mindestens 90 Zeitstunden abgeschlossen hat und 2. anschließend als Mediator oder Co-Mediator mindestens vier Mediationen durchgeführt hat« (§ 6 ZMediatAusbV). Dies stellt gegenüber den »inländischen« Mediatoren eine deutliche Privilegierung der »ausländischen« Mediatoren dar, denn

100

---

112 Vgl. Teil 2 C. § 6, Rdn. 1 ff. § 7, Rdn. 1 ff.
113 Vgl. Teil 2 C. § 4, Rdn. 2.
114 Vgl. Teil 2 C. § 4, Rdn. 50 ff.
115 Vgl. Teil 2 C. § 3, Rdn. 34 ff.

diese müssen eine vom zeitlichen Umfang her deutlich geringerer Ausbildung durchführen und zudem gelten die Fortbildungsverpflichtungen der §§ 3 und 4 für sie nicht.[116] Es gibt auch keinerlei Vorgaben in der Verordnung, wie die Ausbildung und die vier durchgeführten Mediationen nachzuweisen wären. Hier sind alleine die Informationen verlangenden Parteien gefordert, die ihnen vorgelegten Nachweise zu prüfen und als ausreichend und überzeugend anzuerkennen.

c) Erfahrung

101 Der Begriff der Erfahrung bezieht sich auf **verschiedene Aspekte:** Für die Parteien dürfte dabei von vorrangigem Interesse sein zu erfahren, **wie lange** und wie häufig der Mediator konfliktbeilegend **tätig** bereits war und ist; auch die Erfolgsquote seiner Bemühungen dürfte von Bedeutung sein, ferner die **Bereiche**, in denen er (überwiegend bzw. schwerpunktmäßig) arbeitet, also beispielsweise Wirtschaftsmediation, Gemeinwesenmediation, Familienmediation etc. Gleiches gilt für den Umstand, welcher **Methoden** er sich bedient, ob er überwiegend alleine oder in Zusammenarbeit mit anderen Mediatoren tätig ist, ob er bei Bedarf **Kurz-Zeit-Mediation** anbietet etc. Schließlich empfiehlt es sich, falls es für den jeweiligen Mediator zutreffen sollte, darauf hinzuweisen, dass er im Bereich der Supervision, der Ausbildung, der Lehre etc. aktiv ist. Beim zertifizierten Mediator sollten sich bereits einige dieser Informationen aus den gegebenenfalls von ihm vorgelegten Bescheinigungen über Ausbildung, Fortbildung und Supervision ergeben.

d) Regelungsadressat

102 Die Verpflichtung aus den Regelungen des Absatzes 5 richtet sich an **alle Mediatoren**, gleich ob sie haupt- oder nebenberuflich tätig sind, ob ein Mediationsverfahren auf Vorschlag des Gerichts[117] oder auf Initiative der Konfliktparteien zurückzuführen ist, ob ein Honorar anfällt oder ob das Verfahren pro bono durchgeführt wird usw. Sie gilt insbesondere sowohl für Mediatoren als auch für zertifizierte Mediatoren. Im Übergangszeitraum des § 9 MediationsG gilt die Verpflichtung zudem für gerichtliche Mediatoren.

e) Informationspflicht auf Verlangen

103 Das Gesetz verpflichtet den Mediator, nur »**auf Verlangen**« der Parteien zur Auskunftserteilung. Von sich aus ist er hierzu nicht verpflichtet, wenngleich es sich aus Gründen der Akquisition und Eigenwerbung grundsätzlich empfiehlt, die in Absatz 5 benannten Informationen freiwillig zu erteilen. Die Informationspflicht besteht immer nur in einem **konkreten** Mediationsfall, dabei allerdings auch **schon im Vorfeld** eines sich anbahnenden Mediatorenvertrages. Sie hat ausschließlich gegenüber den Parteien zu erfolgen, nicht gegenüber ins Verfahren einbezogenen Dritten gem. § 2 Abs. 4 MediationsG und auch **nicht gegenüber Mitbewerbern**.

---

116 Vgl. Teil 2 C. § 6, Rdn. 18.
117 Vgl. § 278a ZPO, § 36a FamFG, § 54a ArbGG.

f) Wahrheitsgebot und Folgen eines etwaigen Verstoßes

Es versteht sich von selbst, dass die Informationen, die der Mediator den Parteien auf Verlangen zukommen lassen muss, der Wahrheit entsprechen müssen. Ein Verstoß gegen die **Wahrheitspflicht** kann zur Kündigung eines Mediatorenvertrages führen, u. U. haftungsrechtliche Konsequenzen wie **Schadensersatzansprüche** nach sich ziehen, wettbewerbsrechtliche Abmahnungen bedingen und ggf. in strafrechtlicher Hinsicht von Bedeutung sein. 104

g) Form

Der Informationspflicht kann auf **vielfältige Weise** genügt werden, da der Gesetzgeber insoweit keine Regelung getroffen hat: So ist es vorstellbar, dass der Mediator die Informationen nach Absatz 5 in standardisierter Form auf seiner **Homepage** einstellt und die Parteien hierauf verweist. Möglich ist zudem, den Umfang der Verschwiegenheitspflicht in einem **Informationsblatt** niederzulegen und dieses den Konfliktparteien zugänglich zu machen. Soweit sich ein Mediator dieser Formen bedient ist anzuraten, diese Informationen mit denen über die Verschwiegenheitspflicht nach § 4 Satz 4 MediationsG zu verbinden. 105

Anders beim zertifizierten Mediator, denn dieser kann der Informationspflicht nur genügen, wenn er auf Verlangen der Parteien die in §§ 2, 3 und 4 ZMediatAusbV vorgesehenen Bescheinigungen über Ausbildung, Fortbildung und Supervision vorlegt. Dabei ist es ausreichend, den Parteien die Bescheinigungen zur Einsicht vorzulegen. Eine Pflicht, den Parteien die Bescheinigungen zur Verfügung zu stellen, besteht hingegen nicht. 106

Schließlich kann es angezeigt sein, die Parteien auf Verlangen individuell **mündlich aufzuklären** und/oder einen entsprechenden Passus in den **Mediatorenvertrag**[118] aufnehmen oder die erteilte Information anderweitig zu dokumentieren, ggf. den Parteien gegenüber schriftlich zu bestätigen. 107

III. Hinweise für die Praxis

Der Mediator sollte seine **Offenbarungspflicht** nach § 3 Abs. 1 MediationsG ernst nehmen und in Zweifelsfällen eher den Parteien die Entscheidung überlassen, welche Informationen sie benötigen, um sich ein umfassendes Bild über die Qualifikation des Mediators machen zu können, als selbst darüber zu entscheiden. Er sollte dieser Pflicht auch so **zeitig** wie möglich nachkommen, um den Vorwurf zu vermeiden, die Parteien hätten bei rechtzeitiger Offenbarung früher entscheiden und ggf. einen anderen Mediator auswählen können. Zudem können den Parteien durch eine verspätete Offenbarung Kosten entstehen, für die sie ggf. den Mediator in Anspruch nehmen. Dringend zu empfehlen ist dem Mediator, sowohl die Tatsachen, die Inhalt der Offenbarung sind, und die Zustimmung der Parteien schriftlich zu **dokumentieren**. Dies kann durch Unterzeichnung einer vom Mediator vorbereiteten Erklä- 108

---

118 Vgl. Formulierungsvorschlag Rdn. 112.

rung durch die Parteien geschehen oder durch eine schriftliche Zusammenfassung der entsprechenden Tatsachen einschließlich der Wiedergabe der Zustimmung der Parteien, die der Mediator den Parteien übergibt.

109 Beispiel für eine von den Parteien zu unterzeichnende Zustimmungserklärung:

> **»Zustimmungserklärung nach § 3 Abs. 1 MediationsG**
>
> Als Mediator habe ich die Parteien A und B in dem Mediationsverfahren wegen Erbstreitigkeit am ...*(Datum)*... darüber informiert, dass ich als Coautor zusammen mit A und weiteren Autoren im Jahr 2012 gemeinsam ein Buch verfasst habe. Gleichzeitig habe ich darauf hingewiesen, dass mir A nur von der gemeinsamen Buchpräsentation persönlich bekannt ist. Daraus entstehen keinerlei persönliche oder wirtschaftliche Interessen zwischen A und mir Gründe für eine Beeinträchtigung meiner Unabhängigkeit und Neutralität bestehen nach meiner Überzeugung daher nicht.
>
> Ich habe die Parteien auf die Bedeutung von § 3 Abs. 1 MediationsG hingewiesen. Nach Erörterung sämtlicher Umstände bestätigen die Parteien, dass sie ebenfalls keine Gründe für eine Beeinträchtigung meiner Unabhängigkeit und Neutralität erkennen.
>
> Die Parteien erteilen mit Ihrer Unterschrift ausdrücklich ihre Zustimmung, dass ich unter den genannten Umständen in diesem Mediationsverfahren als Mediator tätig werde.
>
> Berlin, den .... Unterschriften der Parteien ....«

110 Im Lichte der Rechtsprechung des **BVerfG** sollte man die Umstände für die Annahme einer Tätigkeitsbeschränkung nach Absatz 3 sorgfältig prüfen. Dies gilt besonders für die Mediatoren, die aus ihrem Herkunftsberuf als Rechtsanwalt nicht geschult sind, sich diesen Fragen zu stellen. So kann folgende **Faustregel** hilfreich sein, die eine genaue Prüfung des Tätigkeitsverbotes aber nicht überflüssig macht: Von einem Tätigkeitsverbot ist desto eher auszugehen, je geringer die Anzahl der Personen innerhalb einer Büroeinheit ist, mit denen der Mediator seinen Beruf gemeinsam ausübt, und je geringer die Anzahl der Bürostandorte ist. Je größer die Anzahl der Berufskollegen in einem Büro ist und je weiter diese auf unterschiedliche Bürostandorte verteilt sind, desto eher ist ein Tätigkeitsverbot auszuschließen.

Auch hier gilt, dass der Mediator sich eher einmal zu viel, als einmal zu wenig eine **Einverständniserklärung** der Parteien nach Absatz 4 geben lassen sollte.

111 Beispiel für eine von den Parteien zu unterzeichnenden Einverständniserklärung:

> **»Einverständniserklärung nach § 3 Abs. 3, 4 MediationsG**
>
> Als Mediator habe ich die Parteien A und B in dem Mediationsverfahren wegen Erbstreitigkeiten am ...*(Datum)*... darüber informiert, dass ich mit Frau Müller und weiteren Kollegen in einer überörtlichen Anwalts- und Mediationskanzlei tätig bin. Frau Müller hat A im Jahre 2011 in derselben Erbstreitigkeit gegen B

anwaltlich beraten. Frau Müller ist als Anwältin in unserem Bürostandort in X-Stadt tätig. Ich bin in unserem Büro in Berlin tätig. Ein Informationsaustausch in dieser Sache hat zwischen uns bis heute nicht stattgefunden. Auch auf andere kanzleiinterne Weise sind mir Informationen aus der anwaltlichen Betreuung durch Frau Müller nicht bekannt geworden. Aufgrund unserer kanzleiinternen Organisation ist auch für die Zukunft sicher gestellt, dass ein solcher Austausch von Informationen nicht stattfinden wird.

Ich habe die Parteien auf die Bedeutung von § 3 Abs. 3 und 4 MediationsG hingewiesen.

Nach Erörterung sämtlicher Umstände erklären die Parteien mit ihrer Unterschrift, dass sie mit meiner Tätigkeit als Mediator in derselben Sache einverstanden sind.

Berlin, den .... Unterschriften der Parteien ....«

Den **Informationspflichten nach Absatz 5** kann der Mediator mit einer generellen Information auf seiner Homepage und/oder einem Hinweis- und Informationsblatt genügen, die folgenden Inhalt aufweisen sollte: 112

▶ **Informationen nach § 3 Abs. 5 MediationsG**
- **Name** und ggf. akademischer Titel des Mediators
- **Grundberuf** (Bezeichnung), dazu Ausbildung (Bezeichnung, Ort, Dauer), ggf. Zusatzqualifikationen, spezifische Berufserfahrungen, Lehrtätigkeiten etc.
- **Mediationsausbildung** (Ausbildungsinstitut, Dauer [Stunden], Zeit [Monate], besondere Abschlussqualifikationen [Master of Arts, Diplom, zertifizierter Mediator nach § 5 Abs. 2 MediationsG])
- **Mediationserfahrung** (Dauer der Tätigkeit, ggf. Anzahl der mediierten Konflikte oder solcher von besonderer Bedeutung, ggf. Erfolgsquote, Mediationsschwerpunkte [Wirtschaftsmediation, Familienmediation etc.], besondere Mediationsmethoden [Co-Mediation, Kurz-Zeit-Mediation etc.], sonstige Besonderheiten wie Supervisor, Trainer, Coach etc.).
- **Bescheinigungen** Der zertifizierte Mediator kann darüber hinaus seine Bescheinigungen über Ausbildung, Fortbildung und Einzelsupervision auf seine Homepage stellen oder als Anlage einem Hinweis – und Informationsblatt anfügen.

Zudem empfiehlt es sich zu dokumentieren, dass die Parteien entsprechend § 3 Abs. 5 MediationsG informiert wurden, beispielsweise durch eine gesonderte schriftliche Bestätigung der Parteien und/oder durch einen entsprechenden Passus im Mediatorvertrag. Dieser könnte beispielsweise folgenden Inhalt haben: 113

»Die Parteien wurden, unter Hinweis auf die Homepage des Mediators (oder: »durch Überlassung eines entsprechenden Informationsbelegs«; ggf auch: »und durch ergänzende mündliche Ausführungen«) über die Informationspflichten des Mediators und die einschlägigen Umstände gem. § 3 Abs. 6 MediationsG unterrichtet (ggf: »sowie über die Verschwiegenheitspflicht gem. § 4 Satz 4 MediationsG«).«

§ 4 Verschwiegenheitspflicht

Der Mediator und die in die Durchführung des Mediationsverfahrens eingebundenen Personen sind zur Verschwiegenheit verpflichtet, soweit gesetzlich nichts anderes geregelt ist. Diese Pflicht bezieht sich auf alles, was ihnen in Ausübung ihrer Tätigkeit bekannt geworden ist. Ungeachtet anderer gesetzlicher Regelungen über die Verschwiegenheitspflicht gilt sie nicht, soweit
1. die Offenlegung des Inhalts der im Mediationsverfahren erzielten Vereinbarung zur Umsetzung oder Vollstreckung dieser Vereinbarung erforderlich ist,
2. die Offenlegung aus vorrangigen Gründen der öffentlichen Ordnung (ordre public) geboten ist, insbesondere um eine Gefährdung des Wohles eines Kindes oder eine schwerwiegende Beeinträchtigung der physischen oder psychischen Integrität einer Person abzuwenden, oder
3. es sich um Tatsachen handelt, die offenkundig sind oder ihrer Bedeutung nach keiner Geheimhaltung bedürfen.

Der Mediator hat die Parteien über den Umfang seiner Verschwiegenheitspflicht zu informieren.

Übersicht

	Rdn.
I. Regelungsgegenstand und Zweck	1
1. Systematischer Zusammenhang	1
2. Europäische Mediationsrichtlinie	5
II. Grundsätze/Einzelheiten	6
1. Verschwiegenheitspflicht (Satz 1)	6
a) Umfang und Inhalt	6
b) Zeugnisverweigerungsrecht	9
2. Personenkreis (Satz 1)	14
a) Mediator	14
b) In die Durchführung des Mediationsverfahrens eingebundene Personen	17
c) Parteien oder Dritte	21
3. Umfang der Verschwiegenheitspflicht (Satz 2)	24
4. Entbindung von der Verschwiegenheitspflicht	26
5. Gesetzliche Ausschluss der Verschwiegenheitspflicht	27
a) Regelungen außerhalb des MediationsG (Satz 1, 3)	27
b) Umsetzung oder Vollstreckung einer Mediationsvereinbarung (Satz 3 Nr. 1)	28
c) Offenlegung wegen ordre public (Satz 3 Nr. 2)	31
aa) Vorrangige Gründe der öffentlichen Ordnung	31
bb) Gefährdung des Kindeswohls	33
cc) Schwerwiegende Beeinträchtigung physischer Integrität	36
dd) Schwerwiegende Beeinträchtigung psychischer Integrität	39
d) Offenlegung wegen Offenkundigkeit oder fehlender Geheimhaltung (Satz 3 Nr. 3)	40
6. Informationspflicht über Umfang der Verschwiegenheit (Satz 4)	41
7. Folgen eines Verstoßes gegen Verschwiegenheitspflicht	43
8. Sicherung einer Vertraulichkeitsabrede	44

III. Hinweise für die Praxis 47
1. Mustertext für Information über Verschwiegenheitspflicht 47
2. Mustertexte für Parteivereinbarung und Verschwiegenheitsverpflichtung ... 49

I. Regelungsgegenstand und Zweck

1. Systematischer Zusammenhang

Die Vorschrift über die Verschwiegenheitspflicht zählt zu den drei großen »V«, die – neben Verjährung und Vollstreckung – dem nationalen Gesetzgeber zur Regelung durch die EUMed-RL auferlegt sind. Im Gesetzgebungsverfahren war die Vorschrift nicht weiter strittig; einer vom Bundesrat angeregten Präzisierung des Satzes 1[1] haben sich Bundesregierung[2] – und ihr folgend die Gesetzgebungsorgane – nicht angeschlossen. 1

Mit der Regelung in § 4 MediationsG findet eine Überschneidung zu denjenigen gesetzlichen Regelungen statt, die bislang schon für bestimmte Berufsgruppen wie Rechtsanwälte, Ärzte, Psychologen eine Schweigepflicht begründen.[3] Nunmehr gilt die Verschwiegenheit für alle Mediatoren, unabhängig von ihrem Herkunftsberuf (vgl. § 383 Abs. 1 Nr. 6 ZPO i.V. m. § 4 Satz 1 MediationsG). 2

Die **Verschwiegenheitspflicht** ist im MediationsG **nicht umfassend**, aber auch nicht abschließend normiert und überlässt es den Konfliktbeteiligten, die gesetzliche Regelung des § 4 MediationsG im Rahmen ihrer Dispositionsbefugnis durch vertragliche Abreden zu präzisieren oder zu erweitern. Dies bürdet im Konfliktfalle den Prozessparteien das Risiko auf, ob eine vertragliche Abrede vom Gericht als wirksam erachtet wird oder nicht und konterkariert die Absicht des EU-Gesetzgebers, die Transaktionskosten in diesem Bereich durch verbindliche Regelungen zu senken.[4] Zudem kommen Parteivereinbarungen für den Bereich des Strafprozesses nicht in Betracht.[5] 3

---

1 Begr. BT-Drucks. 17/5335, Anl. 3, Zu Artikel 1 (§ 4 Satz 1 MediationsG). Der Bundesrat verwies auf die Intention des Gesetzgebers, dass neben dem Mediator nur seine Hilfspersonen der Verschwiegenheitspflicht unterliegen sollen, was durch den Gesetzeswortlaut nicht hinreichend deutlich werde.
2 Begr. BT-Drucks. 17/5496, Zu Nummer 5.
3 Vgl. umfassend zu Rechtsanwälten und Notaren, Diplompsychologen, Diplompädagogen, Sozialarbeiter und Sozialpädagogen, Ehe-, Erziehungs-, Jugend- und Suchtberatern, Steuerberatern, vereidigten Buch- und Wirtschaftsprüfern und Richtern: *Hartmann*, Sicherung der Vertraulichkeit, S. 1087 ff. (1091 ff.); *Beck*, Mediation und Vertraulichkeit, S. 95 ff.
4 Ebenso *Wagner* ZKM 2011, 164 ff. (166).
5 Begr. BT-Drucks. 17/5335, B., Zu Artikel 1, Zu § 4.

4   Es bietet sich an, vertragliche Abreden beispielsweise an den Formulierungen des Art. 7 Abs. 2 ICC ADR-Regeln,[6] Art. 20 UNCITRAL Conciliation Rules[7] oder § 10 Abs. 1 DIS-Mediationsordnung[8] auszurichten.[9]

2. Europäische Mediationsrichtlinie

5   § 4 MediationsG dient der Umsetzung von **Art. 7 Abs. 1 EUMed-RL**, wonach »*weder Mediatoren noch in die Abwicklung des Mediationsverfahrens eingebundene Personen gezwungen sind, in Gerichts- oder Schiedsverfahren in Zivil- und Handelssachen Aussagen zu Informationen zu machen, dies sich aus einem Mediationsverfahren oder im Zusammenhang mit einem solchen ergeben*«. Von der Möglichkeit des Absatzes 2, strengere Maßnahmen zum Schutz der Vertraulichkeit bei der Mediation zu erlassen, hat der Gesetzgeber keinen Gebrauch gemacht.

II. Grundsätze/Einzelheiten

1. Verschwiegenheitspflicht (Satz 1)

a) Umfang und Inhalt

6   Nach § 4 Satz 1 MediationsG sind die in der Vorschrift genannten Personen grundsätzlich zur Verschwiegenheit verpflichtet.[10] Die Pflicht gilt gegenüber jedermann, auch gegenüber den Vertretern der Parteien wie deren Anwälten.

7   Die Verschwiegenheit umfasst zwei Aspekte: Sie betrifft einmal den **stattfindenden Gesprächs- und Verhandlungsprozess** und sichert so die Vertraulichkeit des Verfahrens[11] durch Ausschluss von Öffentlichkeit. Der Ausschluss von Öffentlichkeit umfasst nicht allein die Abwesenheit Dritter während des Mediationsgesprächs, sondern auch den Wegfall von Verlautbarungen im Anschluss daran. Hierdurch entsteht ein geschützter Raum, innerhalb dessen die Konfliktparteien zu gemeinsamen Überzeugungen gelangen können, die die notwendige Grundlage für eine von ihnen als gerecht empfundene Lösung darstellt.

8   Der zweite Aspekt meint ein nach gescheiterter Mediation möglicherweise **nachfolgendes Gerichts- oder Schiedsverfahren**. Mit der Verschwiegenheitspflicht soll sichergestellt werden, dass etwaige im Verfahren gemachte Angebote, Zugeständnisse, Vergleichsvorschläge, Meinungsäußerungen, Einigungsoptionen etc., gleich von welcher am Mediationsverfahren teilnehmenden Person unterbreitet, durch den Mediator und die anderen in Satz 1 benannten Personen bekannt werden. Der Mediator wie auch

---

6   http://www.iccwbo.org/uploadedFiles/Court/Arbitration/other/german.pdf.
7   www.uncitral.org.
8   http://www.dis-arb.de/en/16/rules/dis-mediationsordnung-10-medo-id19.
9   Zur Umsetzung vgl. unten Rdn. 50 ff.; zur Problematik umfassend *Wagner* ZKM 2011, 164 ff. (166 f.).
10 Dies betrifft in der Übergangsphase des § 9 MediationsG auch gerichtliche Mediatoren und das entsprechende Servicepersonal der Geschäftsstellen.
11 Vgl. insoweit auch die Kommentierung zu § 1 Abs. 1 MediationsG, Rdn. 16 ff.

die anderen Personen sollen diese wie auch sonstige die Parteien betreffende Informationen weder von sich aus preisgeben dürfen noch über eine Benennung als Zeuge in einem Prozess zur Aussage verpflichtet sein.[12]

b) Zeugnisverweigerungsrecht

Über die Verschwiegenheitspflicht des Satzes 1 wächst den dort Benannten ein **Zeugnisverweigerungsrecht gem.** § 383 Abs. 1 Nr. 6 ZPO zu: Danach sind Personen zur Zeugnisverweigerung berechtigt, denen kraft ihres Amtes Tatsachen anvertraut sind, deren Geheimhaltung durch gesetzliche Vorschrift geboten ist. Als **gesetzliche Vorschrift** im Sinne des § 383 Abs. 1 Nr. 6 ZPO ist die Regelung der Verschwiegenheitspflicht in § 4 Satz 1 MediationsG anzusehen.

9

Anvertraut im Sinne der Vorschrift meint die Kenntniserlangung von Tatsachen im Zusammenhang mit der besonderen Vertrauensstellung, die der Mediator oder die anderen in § 4 Satz 1 MediationsG zur Verschwiegenheit verpflichteten Personen einnehmen.[13] Nicht erforderlich ist, dass es sich um Tatsachen handelt, die besonders als vertraulich deklariert wurden oder um solche, die beispielsweise in einem Caucus (Einzelgespräch) mitgeteilt wurden.

10

Es reicht aus, wenn sie **bei Gelegenheit** der Ausübung der Mediatorentätigkeit bekannt wurden (vgl. insoweit auch § 4 Satz 2 MediationsG). Von daher umfasst die Vorschrift nicht allein die Tatsachen, die während einer laufenden Mediation zur Kenntnis gelangen, sondern auch solche, von denen der Mediator im Vorfeld einer Mediation, also im Rahmen der Vertragsanbahnung für eine Mediation (sog. Vorphase), erfährt. Dabei ist es unerheblich, ob es später zum Abschluss eines Mediatorenvertrages kommt oder nicht. Haben die Parteien mit dem Mediator eine Nachbetreuung (sog. Nach- oder Überprüfungsphase)[14] vereinbart, so umfassen die obigen Ausführungen auch diesen Teil.

11

Das **Zeugnisverweigerungsrecht** des § 383 Abs. 1 Nr. 6 ZPO bezieht sich nur auf **Zivilverfahren**; über die entsprechenden Verweisungen in den einzelnen Prozessordnungen besteht das Zeugnisverweigerungsrecht aber auch in den **anderen Rechtsgebieten**.[15] Somit sind auch die Verfahren nicht ausgenommen, die durch die Untersuchungsmaxime bestimmt sind, wie dies im Familienrecht (§ 26 FamFG), aber insbesondere auch im Verwaltungsprozess (§ 86 VwGO) und im sozialgerichtlichen Verfahren (§ 103 SGG) der Fall ist. Ein Zeugnisverweigerungsrecht im Strafprozess

12

---

12 Im Schrifttum (*Kracht*, Rolle und Aufgabe des Mediators, S. 267 ff. (290)) wird auf die Gefahren aufmerksam gemacht, die aus Aufzeichnungen aller Art über den Verlauf des Verfahrens erwachsen und angeraten, erst gar keine gemeinsamen Protokolle zu führen oder diese nach Abschluss des Verfahrens zu vernichten oder zu anonymisieren (str.).
13 *Zöller*, ZPO, 29. Aufl., § 383 Rn. 11; *Thomas/Putzo*, ZPO, 30. Aufl., § 383 Rn. 6.
14 Vgl. zu den Phasen die Ausführungen unter Methodik, II. Rdn. 35 ff.
15 Vgl. insoweit § 98 VwGO, § 46 Abs. 2 ArbGG i.V.m. § 495 ZPO, § 118 Abs. 1 SGG, § 29 Abs. 2 FamFG.

steht nur denjenigen Mediatoren zu, die unter die Vorschrift des § 53 Abs. 1 Nr. 3 StPO fallen, also Rechtsanwälte, Notare, Wirtschaftsprüfer und Steuerberater.[16]

13 Gäbe es keine dem § 4 Satz 1 MediationsG entsprechende Regelung, so bestünde die Gefahr, dass die strikte Rollentrennung, die das Mediationsverfahren namentlich in Bezug auf den Mediator auszeichnet, nämlich dass dieser als Vermittler und nicht als Entscheider fungiert, aus der Sicht der Konfliktparteien relativiert und damit ihre Bereitschaft zu konstruktivem Verhalten geschmälert würde.

2. Personenkreis (Satz 1)

a) Mediator

14 **Adressat** der Norm ist zunächst derjenige, der als Mediator für Konfliktparteien tätig wird, also die unabhängige und neutrale Person ohne Entscheidungsbefugnis, die die Parteien durch die Mediation führt (vgl. § 1 Abs. 2 MediationsG).[17] Dies ist unproblematisch in den Fällen, in denen es zum Abschluss eines Mediatorenvertrages gekommen ist. Sinn und Zweck der Vorschrift sprechen dafür, bereits denjenigen als Adressaten der Vorschrift anzusehen, dem eine Mediation nur angetragen wird – sei es von einer Partei oder von allen Konfliktbeteiligten –, ohne dass es dann zur Abschluss eines Mediatorenvertrages kommt. Für Personen, die im Kontext anderer Verfahren der außergerichtlichen Konfliktbeilegung tätig werden, gilt § 4 MediationsG nicht. Hier ist zu schauen, ob sonstige berufsrechtliche Regelungen greifen oder vertragliche Verschwiegenheitsvereinbarungen abgeschlossen wurden.[18]

15 Wird die Mediation zusammen mit einem oder mehreren anderen Mediator in **Co-Mediation** bzw. Team-Mediation durchgeführt,[19] so betrifft die Verschwiegenheitspflicht auch den Co-Mediator. Es kann dahingestellt bleiben, ob als Co-Mediator derjenige anzusehen ist, der beispielsweise allein wegen seiner besonderen Sprachkenntnisse zu einem Verfahren hinzugezogen wurde; handelt es sich ausschließlich um Übersetzungstätigkeit, so erwächst die **Verschwiegenheitspflicht** jedenfalls aus der Stellung als sog. **Hilfsperson des Mediators.**

16 § 4 Satz 1 MediationsG trifft weder ein Einschränkung hinsichtlich der **Qualifikation** eines Mediators noch hinsichtlich der **Anwendungsfelder**, in denen er tätig wird: Daher obliegt die Verschwiegenheitspflicht zertifizierten wie nichtzertifizierte Mediatoren, hauptberuflichen Mediatoren ebenso wie denjenigen, die nur gelegentlich konfliktlösend aktiv sind, auch unabhängig davon, ob dies für ein Honorar geschieht oder pro bono. Schließlich spielt es auch keine Rolle, ob es sich beispielsweise um eine Fami-

---

16 Vgl. hierzu *Greger/Unberath/Steffek*, Recht der alternativen Konfliktlösung, 2. Aufl., § 4 MediationsG Rn. 28 m.w.N. zum Schrifttum.
17 In der Übergangsphase des § 9 MediationsG betrifft ist dies auch gerichtliche Mediatoren.
18 *Greger/Unberath/Steffek*, Recht der alternativen Konfliktlösung, 2. Aufl. § 4 MediationsG, Rn. 9.
19 Vgl. hierzu Kommentierung zu § 1 Abs. 1 MediationsG, Rdn. 32 ff., ferner die Ausführungen nebst Checkliste unter Teil 5 D. 3.

lien- oder eine Wirtschaftsmediation handelt, ob diese im privaten Bereich (Nachbarschaft) oder im öffentlichen Sektor (z. B. Schule) stattfindet. In allen Fällen gilt die Verschwiegenheitspflicht des Satzes 1 und damit korrespondierend das Zeugnisverweigerungsrecht des § 383 Abs. 1 Nr. 6 ZPO.

b) In die Durchführung des Mediationsverfahrens eingebundene Personen

Zur Verschwiegenheit sind auch diejenigen verpflichtet, die in die Durchführung des Mediationsverfahrens eingebunden sind. Ausgehend vom Wortlaut der Norm kann hiervon eine Vielzahl von Personen umfasst werden, angefangen von den Mitarbeitern des Mediators über Bevollmächtigte der Parteien bis hin zu Sachverständigen etc. Sowohl die historische Interpretation wie auch der systematische Zusammenhang, in dem die Norm des § 4 MediationsG steht, lässt jedoch eine **restriktive Auslegung** angezeigt erscheinen. Nach Auffassung der Bundesregierung[20] orientiert sich die Vorschrift unmittelbar an Art. 7 Abs. 1 der EUMed-RL, der in der deutschen Übersetzung von »in die **Abwicklung** des Mediationsverfahrens« eingebundene Personen spricht. Der Terminus »Abwicklung«, wenngleich ein Synonym für »Durchführung«, macht im Sprachverständnis die enge Anbindung dieser Personen zum verantwortlichen Mediator deutlich. Dementsprechend heißt es auch in der Gesetzesbegründung, der **Kreis** der hierunter fallenden Personen sei **eng** zu verstehen.[21] 17

Ausgehend hiervon wird man unter die Vorschrift mithin **nur** diejenigen Personen fassen können, die vom Mediator als **Hilfspersonen** zu seiner Unterstützung eingesetzt werden:[22] 18
- Bürokräfte, die für die Vorbereitung, Durchführung und Abwicklung der Mediation mit Organisations-, Kommunikations- und Schreibarbeiten beauftragt werden,
- Übersetzer, deren Hilfe sich der Mediator im Vorfeld von Mediationsgesprächen wie auch während der Mediation selbst bedient,
- Fachpersonen, deren Rat/Information der Mediator zur Vervollständigung seiner Feldkompetenz bedarf.

Zu den Obliegenheiten des Mediators zählt es, durch gewissenhafte Auswahl und Belehrung seiner Hilfspersonen dafür Sorge zu tragen, dass dem Verschwiegenheitsgebot des § 4 Satz 1 MediationsG genügt wird. Bei Verletzungen des Verschwiegenheitsgebots durch Hilfspersonen kann eine zivilrechtliche Haftung des Mediators über §§ 278, 831 BGB als auch der Hilfspersonen selbst in Betracht kommen. 19

Ebenso wie dem Mediator steht auch seinen Hilfspersonen ein Zeugnisverweigerungsrecht gem. § 383 Abs. 1 Nr. 6 ZPO zu.[23] 20

---

20 Begr. BT-Drucks. 17/5496, Zu Nummer 5.
21 Begr. BT-Drucks. 17/5335, B., Zu Artikel 1, Zu § 4.
22 *Wagner*, ZKM 2011, 161 ff. (166).
23 In der Übergangsphase des § 9 MediationsG gilt dies auch für das vom richterlichen Mediator eingesetzte Servicepersonal der Geschäftsstelle.

c) Parteien oder Dritte

21 **Parteien**, ihre gesetzlichen Vertreter, ihre Bevollmächtigten als auch sonstige **Dritte** im Sinne von § 2 Abs. 4 MediationsG, die am Mediationsgespräch teilnehmen, **fallen nicht unter** den Personenkreis des **Satzes 1**.[24] In einem nach gescheiterter Mediation sich anschließenden Gerichts- oder Schiedsgerichtsverfahren sind daher die Parteien durch § 4 MediationsG nicht gehindert, umfassend – auch zum Mediationsverfahren selbst – vorzutragen, entsprechende Beweisanträge zu stellen und Dokumente sowie sonstige Unterlagen aus dem Verfahren in den Prozess einzuführen.[25]

22 Die Vertraulichkeit untereinander und im Hinblick auf etwaige Dritte zu sichern, obliegt alleine den Parteien, wobei dem Mediator jedoch eine entsprechende Hinweispflicht aus dem Mediatorenvertrag erwächst. Als adäquates Mittel hierfür steht den Parteien die Möglichkeit offen, untereinander eine sog. **Parteivereinbarung**[26] mit einem entsprechenden **Vortrags- und Beweismittelverbot**[27] abzuschließen und zugleich zu regeln, wie der Umgang mit Einzelgesprächen und geheim zu haltenden Informationen gesichert werden soll.[28] Dies geschieht in aller Regel zu Beginn des Mediationsverfahrens. Eine derartige Parteivereinbarung umfasst auch die Bevollmächtigten, vgl. § 166 BGB, § 85 ZPO.[29]

23 Gleiches gilt im Hinblick auf **Dritte**, die in das Verfahren einbezogen werden: Auch mit ihnen müssen die Parteien eine entsprechende Vereinbarung treffen. Verstöße gegen Parteivereinbarungen als auch mit Dritten abgeschlossene Vereinbarungen können haftungsrechtliche Ansprüche nach sich ziehen.

---

24 Begr. BT-Drucks. 17/5335, B., Zu Artikel 1, Zu § 4.
25 Nach *Klowait/Gläßer*, Mediationsgesetz, 2. Aufl., § 4 MediationsG, Rn. 30 werden von einer Vertraulichkeitsabrede nicht erfasst vertragliche oder gesetzliche Auskunftsansprüche: so im Familienrecht (§§ 1379, 1580, 1605 BGB), im Gesellschaftsrecht (§§ 118, 166 HBG, § 131 AktG, § 51a GmbHG), im Erbrecht (§§ 2012, 2027, 2057, 2314 BGB).
26 Vgl. hierzu *Wagner/Braem* ZKM 2007, 194 ff.
27 *Wagner* ZKM 2011, 164 ff. (166) bringt das auf folgende Formel: »*Die Partei soll durch das gescheiterte Mediationsverfahren nichts an prozessualer »Munition« hinzugewinnen, doch sie behält alle Pfeile in ihrem Köcher, die sie zuvor schon hatte*«.
28 Begr. BT-Drucks. 17/5335, B., Zu Artikel 1, Zu § 4. Haben die Parteien die Möglichkeit von Einzelgesprächen (Caucus) gem. § 2 Abs. 2 Satz 3 MediationsG vereinbart, so macht es Sinn, der Verschwiegenheitspflicht auch solche Informationen unterfallen zu lassen, die der Mediator nur von einer Partei im Rahmen eines Caucus vertraulich erlangt hat, sog. interne Vertraulichkeit. Sie dürfen der anderen Partei nicht offenbart werden. Insoweit empfiehlt sich eine entsprechende Parteivereinbarung abzuschließen, die zudem im Fall einer Co-Mediation die Weitergabe an den Co-Mediator erlaubt (vgl. insoweit auch Art. 4 Abs. 2 des Europäischen Verhaltenskodex, abgedruckt unter Europäische Regelungen, III.).
29 Die vertragliche Vertraulichkeitsabrede begründet für den Anwalt nach der Rechtsprechung keine strafbewehrte gesetzliche Schweigepflicht gem. § 203 Abs. 1 Nr. 3 StGB und stellt keine Berufspflicht nach § 43 Abs. 2 BRAO dar, Anwaltsgericht Meckl.-Vorpomm., Beschl. v. 01. 08. 2007 – I AG 6/07, ZKM 2007, 194 ff.

3. Umfang der Verschwiegenheitspflicht (Satz 2)

Die Verschwiegenheitspflicht und daraus resultierend das Zeugnisverweigerungsrecht nach § 383 Abs. 1 Nr. 6 ZPO umfasst **alles**, was dem Mediator bzw. den von ihm eingebundenen Personen **in Ausübung ihrer Tätigkeit bekannt geworden** ist. Wenngleich sich das »alles« in erster Linie auf die **Umstände eines Mediationsverfahrens**, mithin etwaige unterbreitete Angebote, Zugeständnisse, Vergleichsvorschläge, Meinungsäußerungen, Einigungsoptionen etc. bezieht, sind darüber hinaus aber auch **sonstige Informationen** betreffend die Parteien selbst, also ihre persönlichen Lebensumstände, ihre beruflichen und wirtschaftlichen Umstände sowie damit zusammenhängend Geschäftsgeheimnisse etc. gemeint. 24

In Ausübung bedeutet die Erlangung von Kenntnissen nicht allein aufgrund einer durchgeführten Mediation, sondern betrifft auch Informationen, die dem Mediator im Vorfeld einer Mediation (sog. Vorphase) zugeflossen sind, unabhängig davon, ob es später zu einem Mediationsvertrag gekommen ist oder nicht. Gleiches gilt, wenn die Parteien mit dem Mediator sich auf eine sog. Nach- oder Überprüfungsphase verständigt haben.[30] Zutreffend wird allerdings im Schrifttum darauf hingewiesen, dass durch die Vorschrift des § 4 MediationsG nicht ausgeschlossen ist, dass ein Mediator Informationen aus einer Mediation in einem anderen Kontext für sich ausnutzt.[31] 25

4. Entbindung von der Verschwiegenheitspflicht

Wenngleich im Gesetz nicht geregelt, bleibt es den Parteien als Ausfluss ihrer Dispositionsmaxime unbenommen, im allseitigen Einvernehmen sowohl den Mediator als auch seine Hilfspersonen von der **Verschwiegenheitspflicht zu entbinden**,[32] und zwar generell wie auch nur bestimmte Tatsachen und/oder Umstände betreffend. Dies gilt auch, soweit die Parteien untereinander Vertraulichkeit vereinbart oder diese auf Dritte erstreckt haben. Zur Vermeidung etwaiger Unstimmigkeiten oder gar Auseinandersetzungen ist anzuraten, einen derartigen Dispens schriftlich zu fixieren. 26

5. Gesetzliche Ausschluss der Verschwiegenheitspflicht

a) Regelungen außerhalb des MediationsG (Satz 1, 3)

Die Verschwiegenheitspflicht nach § 4 Satz 1 MediationsG steht unter dem Vorbehalt einer abweichenden **gesetzlichen Regelung** außerhalb des Mediationsgesetzes. Hierzu rechnen gesetzliche Auskunftspflichten wie nach den §§ 6, 8 Infektionsschutzgesetz für die dort genannten Personen, wenn sie zugleich als Mediatoren tätig werden, aber auch Fälle rechtfertigenden Notstandes gem. § 34 StGB und solche 27

---

30 Vgl. zu den Phasen die Ausführungen unter Methodik, II. Rdn. 35 ff.
31 *Greger/Unberath/Steffek*, Recht der alternativen Konfliktlösung, 2. Aufl., § 4 MediationsG Rn. 2: Ein Anwaltsmediator nutzt in einem anderen Verfahren die Erkenntnisse aus der Mediation für sein taktisches Vorgehen.
32 Begr. BT-Drucks. 17/5335, B., Zu Artikel 1, Zu § 4.

der §§ 138, 139 StGB (Nichtanzeige geplanter Straftaten).[33] Die Verschwiegenheitspflicht greift zudem dann nicht, wenn der Mediator in Bezug auf seine Person schutzwürdige Belange (Wahrnehmung berechtigter Interessen, § 193 StGB)[34] anführen kann, wie dies bspw. bei einer Verteidigung gegen Haftpflichtansprüche, gegen straf- oder berufsrechtliche Vorwürfe oder bei der Durchsetzung seines Honoraranspruchs der Fall sein kann.[35]

b) Umsetzung oder Vollstreckung einer Mediationsvereinbarung (Satz 3 Nr. 1)

28 Von der Verschwiegenheitspflicht ist der Mediator **gesetzlich dispensiert**, wenn er den Inhalt einer erzielten Vereinbarung offenlegt, weil dies zur Umsetzung oder Vollstreckung erforderlich ist.

29 Unter **Umsetzung** können vielfältige Handlungen verstanden werden, die jeweils abhängig vom Inhalt der erzielten Vereinbarung sind. Wurden der Mediator oder eine seiner Hilfspersonen von den Parteien übereinstimmend mit einer Umsetzung beauftragt, so bedarf es keines Rückgriffs auf § 4 Satz 3 Nr. 1 MediationsG. Sinn macht die Regelung daher nur, wenn es sich um Fallkonstellationen handelt, in denen der Mediator im Auftrag nur einer Partei tätig wird, weil sich die andere Partei nicht an die Vereinbarung hält und sein Tätigwerden mit einer Information Dritter verbunden ist.

30 Gleiches gilt, soweit das Gesetz von **Vollstreckung** spricht, wenngleich die Sinnhaftigkeit der Regelung nach Wegfall[36] der ursprünglich im Regierungsentwurf vorgesehenen Vollstreckbarerklärung der Mediationsvereinbarung nach § 796d ZPO[37] deutlich reduziert ist. Allerdings können Mediationsvereinbarungen nach den vorhandenen Strukturen der §§ 794 ff., 796a ff. ZPO vollstreckbar gemacht werden.[38]

c) Offenlegung wegen ordre public (Satz 3 Nr. 2)

aa) Vorrangige Gründe der öffentlichen Ordnung

31 Der Grundsatz des **ordre public** besagt im vorliegenden Zusammenhang, dass eine Durchbrechung der Verschwiegenheitspflicht deshalb erforderlich ist, weil deren Einhaltung sonst zu Ergebnissen führen würde, die mit den Grundwerten der deut-

---

33 In der Übergangsphase des § 9 MediationsG ist für richterliche Mediatoren zu beachten, dass diese nach wie vor Richter und als Amtsträger nicht nur den Parteien verpflichtet sind. Ihnen obliegen weiterhin besondere Anzeigepflichten, beispielsweise nach § 116 AO oder nach § 6 SubvG; vgl. insoweit Begr. BT-Drucks. 17/5335, B., Zu Artikel 1, Zu § 4.
34 *Klowait/Gläßer*, Mediationsgesetz, 2. Aufl., § 4 MediationsG, Rn. 34.
35 *Greger/Unberath/Steffek*, Recht der alternativen Konfliktlösung, 2. Aufl., § 4 MediationsG Rn. 20 f.
36 BT-Drucks. 17/8058, III., Zu Artikel 2 – neu –, Zu den Nummern 6 – alt –, 7 – alt – und 8 – alt –.
37 Vgl. Begr. BT-Drucks. 17/5335, B., Zu Artikel 1, Zu Nummer 7.
38 *Leutheusser-Schnarrenberger* ZKM 2012, 72 ff. (73).

schen Rechtsordnung nicht zu vereinbaren wären. Der Gesetzestext spricht in diesem Zusammenhang von **vorrangigen Gründen der öffentlichen Ordnung**.[39]

Der unbestimmte Rechtsbegriff der öffentlichen Ordnung ist wegen seiner Unschärfe und Offenheit restriktiv auszulegen, stellt er doch ein Einfallstor für sonst nur schwer zu fassende Anschauungen und Auffassungen dar, die häufigen Änderungen unterworfen sein können. Dieser Gefahr wird auch durch das einschränkende Tatbestandsmerkmal der **vorrangigen Gründe** nur bedingt begegnet. 32

Hilfreich sind in diesem Zusammenhang jedoch die vom Gesetzgeber aufgeführten **Regelbeispiele**. Aus ihnen kann gefolgert werden, dass weitere Durchbrechungen des Grundsatzes der Verschwiegenheit nur zulässig sein sollen, sofern sie hinsichtlich ihrer Intensität und Schwere den Regelbeispielen vergleichbar sind und dies **geboten** ist. Geboten bedeutet, dass eine Durchbrechung der Verschwiegenheitspflicht in besonderem Maße angezeigt sein muss, weil jedes anderes Verhalten, gemessen an den Grundwerten der deutschen Rechtsordnung, sonst unerträglich wäre.[40] Dabei ist stets prüfend in den Blick zu nehmen, ob nicht die Mediation selbst ein geeignetes Mittel ist, zu einer effektiven und endgültigen Wiederherstellung des ordre public beizutragen.

bb) Gefährdung des Kindeswohls

Hierunter ist, wie aus § 1666 BGB[41] folgt, eine Gefährdung des körperlichen, geistigen oder seelischen Wohls des Kindes oder seines Vermögens zu verstehen. Anders als bei § 1666 BGB, der bereits beim Vorliegen der vorstehend genannten Merkmale ein Einschreiten des Familiengerichts notwendig macht, ist für eine Durchbrechung der Verschwiegenheitspflicht zudem erforderlich, dass die Offenlegung der Informationen, die der Mediator erlangt hat, geboten ist.[42] 33

Geboten bedeutet in diesem Zusammenhang, dass es **keinen anderen** Weg als den der Offenlegung gibt, um eine Gefährdung des Kindeswohl **abzuwenden:** weder durch die Mediation selbst noch durch konkretes Ansprechen der Gefährdungen bei den Medianden. 34

---

39 Unter öffentlicher Ordnung wird gemeinhin verstanden »die Gesamtheit jener ungeschriebenen Regeln für das Verhalten des Einzelnen in der Öffentlichkeit, deren Beobachtung nach den jeweils herrschenden Anschauungen als unerlässliche Voraussetzung eines geordneten staatsbürgerlichen Gemeinwesens betrachtet wird«, vgl. *Hornmann*, HSOG, § 11 Rn. 18 ff., der zutreffend die Kritik an der Weite und Unbestimmtheit des Begriffs wiedergibt und für eine restriktive Handhabung plädiert.
40 Vgl. Begr. BT-Drucks. 17/5335, B., Zu Artikel 1, Zu Nummer 4.
41 § 1666 BGB: »*(1) Wird das körperliche, geistige oder seelische Wohl des Kindes oder sein Vermögen gefährdet und sind die Eltern nicht gewillt oder nicht in der Lage, die Gefahr abzuwenden, so hat das Familiengericht die Maßnahmen zu treffen, die zur Abwendung der Gefahr erforderlich sind. (2) In der Regel ist anzunehmen, dass das Vermögen des Kindes gefährdet ist, wenn der Inhaber der Vermögenssorge seine Unterhaltspflicht gegenüber dem Kind oder seine mit der Vermögenssorge verbundenen Pflichten verletzt oder Anordnungen des Gerichts, die sich auf die Vermögenssorge beziehen, nicht befolgt.*«.
42 Vgl. Begr. BT-Drucks. 17/5335, B., Zu Artikel 1, Zu Nummer 4.

35 Aber auch die Form der Offenlegung wie auch die Adressaten, denen gegenüber die Gefährdung kundgetan wird, sind von Belang; hier sind die Grundsätze der Geeignetheit und Erforderlichkeit zu beachten. In aller Regel werden Beratungsstellen, das Jugendamt oder die Polizei zu verständigen sein.

Die Restriktionen, denen § 4 Satz 3 Nr. 1 MediationsG im Vergleich zu § 1666 BGB unterliegt, beruhen darauf, dass der Mediator in erster Linie den Medianden verpflichtet ist, die durch § 4 Satz 1 MediationsG geschützt werden sollen.

cc) Schwerwiegende Beeinträchtigung physischer Integrität

36 Das Gesetz verwendet im Zusammenhang mit diesem Regelbeispiel den Begriff »**Person**«. Hieraus kann abgeleitet werden, dass damit der Kreis möglicher Betroffener über den der am Mediationsverfahren Beteiligten hinausgeht.

37 Die **körperliche Unversehrtheit**, die geschützt werden soll und eine Durchbrechung der Verschwiegenheitspflicht zulässt, muss zudem **schwerwiegend** beeinträchtigt sein, was im Sinne einer Intensität und/oder Dauer zu verstehen ist. In der Gesetzesbegründung ist von Misshandlungen die Rede.[43]

38 Es ist stets eine **Einzelfallbetrachtung** angezeigt: Kommt in einem Mediationsverfahren beispielsweise eine einmalige oder allenfalls in großen Zeitabständen auftretende körperliche Züchtigung in Form einer Ohrfeige zur Sprache, so handelt es sich hierbei zwar um eine Beeinträchtigung der physischen Integrität, jedoch mangelt es am Tatbestandsmerkmal »schwerwiegend«. Hingegen kann ein einmaliger Schlag, der Verletzungen (Prellungen und/oder Knochenbrüchen) nach sich zieht, bereits das Tatbestandsmerkmal schwerwiegend erfüllen. Auch bei diesem Regelbeispiel muss die Offenlegung geboten sein. Dabei wird stets darauf abzustellen sein, ob Wiederholungsgefahr vorliegt und aus welchen Gründen die betroffene Person dies bislang selbst nicht offenbart hat.

dd) Schwerwiegende Beeinträchtigung psychischer Integrität

39 Unter psychischer Integrität im Sinne dieses Regelbeispiels sind das Empfindungsleben, die Vorstellungswelt, das Gefühlsleben, die Selbstachtung, die Willens- und Betätigungsfreiheit und das Recht auf Identität, Individualität und freie Entfaltung der Persönlichkeit zu verstehen.[44] Auch hier ist erforderlich, dass eines der benannten Merkmale schwerwiegend beeinträchtigt ist und eine Durchbrechung der Verschwiegenheitspflicht geboten ist, insbesondere die Mediation nicht dazu beitragen kann, die Beeinträchtigung zu beseitigen.

---

43 Vgl. Begr. BT-Drucks. 17/5335, B., Zu Artikel 1, Zu Nummer 4.
44 Vgl. http://www.enzyklo.de/Begriff/psychische.

d) Offenlegung wegen Offenkundigkeit oder fehlender Geheimhaltung (Satz 3 Nr. 3)

Die Verschwiegenheitspflicht des § 4 Satz 1 MediationsG umfasst keine Umstände, die in der Öffentlichkeit bereits bekannt sind,[45] beispielsweise durch Selbstoffenbarung der Betroffenen oder durch Veröffentlichung in den allgemein zugänglichen Medien.[46] Sie kommt zudem nicht in Betracht, wenn Umstände und Tatsachen ihrer Bedeutung nach keiner Geheimhaltung bedürfen, weil sie in Bezug auf Personen oder Umstände ohne Belang sind (Bedeutungsloses). Hier kommt es jeweils auf den Einzelfall an, wobei Mediatoren wie auch ihren Hilfspersonen stets eine Zurückhaltung hinsichtlich öffentlicher oder sonstiger Verlautbarungen bezüglich ihrer Medianden anzuraten ist, um das notwendige Vertrauensverhältnis durch unbedachte Äußerungen nicht zu gefährden. 40

6. Informationspflicht über Umfang der Verschwiegenheit (Satz 4)

Das Gesetz verpflichtet Mediatoren,[47] die Konfliktparteien über den Umfang der Verschwiegenheitspflicht zu informieren, enthält jedoch keine Vorgaben, wie dies zu geschehen hat. 41

Der Informationspflicht kann auf **vielfältige Weise** genügt werden: So ist es vorstellbar, dass der Mediator die Informationen hierüber in standardisierter Form auf seiner Homepage einstellt und die Parteien hierauf verweist. Möglich ist zudem, den Umfang der Verschwiegenheitspflicht in einem Informationsblatt niederzulegen und dieses den Konfliktparteien zugänglich zu machen. Schließlich kann es angezeigt sein, die Parteien individuell mündlich aufklären oder einen entsprechenden Passus in den Mediatorenvertrag aufnehmen. In allen Fällen ist anzuraten, diese Information zu Beginn eines Mediationsverfahrens mitzuteilen, ggf. verbunden mit den notwendigen Mitteilungen nach § 3 Abs. 1 und 5 MediationsG.[48] 42

7. Folgen eines Verstoßes gegen Verschwiegenheitspflicht

Ein Verstoß gegen die Verschwiegenheitspflicht durch den Mediator oder seine Hilfspersonen ist gem. § 203 Abs. 1 Nr. 3 StGB strafbar, wenn der Mediator zu den in der Vorschrift genannten Berufsgruppen zu rechnen ist (Rechtsanwälte, Notare, Steuerberater, Diplompsychologen, staatlich anerkannte Sozialarbeiter, Mitarbeiter bestimmter Beratungsstellen, Amtsträger). Sie stellt zudem eine vertragliche Verletzung des Mediatorenvertrages dar und kann, je nach Fallgestaltung, haftungsrechtliche Konsequenzen nach sich ziehen. Zugleich sind Schadenersatzansprüche nach 43

---

45 Vgl. die entsprechenden Ausnahmeregelungen von der Verschwiegenheitspflicht für Rechtsanwälte in § 43a Abs. 2 Satz 3 BRAO und für Beamte in § 61 Abs. 1 S. 2 BBG.
46 *Hartmann*, Sicherung der Vertraulichkeit, S. 1087 ff. (1101).
47 In der Übergangsphase des § 9 MediationsG gilt dies auch für gerichtliche Mediatoren und ihre aus der Amtsstellung sich ergebenden weitergehenden Anzeigepflichten.
48 Vgl. Kommentierung zu § 3 Abs. 1, 5 MediationsG, Rdn. 7 ff., 89 ff.

§ 823 BGB denkbar.[49] Eine Haftung für die vom Mediator in die Durchführung des Mediationsverfahrens eingebundenen Hilfspersonen kommt über die §§ 278, 831 BGB in Betracht. Deliktische Ansprüche können auch gegen die Hilfspersonen selbst gerichtet sein, § 823 BGB.

8. Sicherung einer Vertraulichkeitsabrede

44 Haben die Parteien untereinander Vertraulichkeit verabredet, so bedarf diese der Sicherung, wenn sie wirksam sein soll.[50] Hierfür kommt ein sog. **prozessualer Geständnisvertrag** in Betracht. Seine rechtliche Zulässigkeit folgt aus dem Dispositionsgrundsatz und der Verhandlungsmaxime:[51] Steht danach ein bestimmtes Tun oder Unterlassen im Belieben der Parteien (z. B. das Vorbringen von Angriffs- oder Verteidigungsmitteln, Beweisführung durch Beweisantritt), so können sie sich hierüber verständigen (vgl. §§ 138 Abs. 3, 288 ff., 399, 404 Abs. 4 ZPO).[52] Eine **Beschränkung** erfährt die **Gestaltungsfreiheit** jedenfalls durch gesetzliche Verbote, durch die guten Sitten, durch Treu- und Glauben, durch nicht disponible Interessen der Rechtspflege (Versuch eines Prozessbetruges).[53]

45 Die **Sicherung der Vertraulichkeitsabrede** kann auf vielfältige Weise erfolgen:
– Erfüllungsklage aus dem prozessualen Geständnisvertrag auf Unterlassung von Äußerungen oder Einführung von Urkunden, die der Vertraulichkeitsabrede widersprechen.
– Vertraglicher oder deliktischer Haftungsanspruch.[54]
– Einwand im Prozess gegen das abredewidrige Verhalten, dass dem Prozessvertrag entgegensteht. Folgt das Gericht dem nicht und berücksichtigt den Sachvortrag oder erhebt Beweis,[55] so muss dieser Verfahrensfehler gem. § 295 Abs. 1 ZPO rechtzeitig gerügt werden, um ihn in der nächsten Instanz korrigieren lassen zu können.

---

49 Denkbar sind Verletzungen des allgemeinen Persönlichkeitsrechts oder des Rechts am eingerichteten und ausgeübten Gewerbebetrieb, *Jost* ZKM 2011, 168 ff. (171 m.w.N.). Umfassend hierzu *Greger/Unberath/Steffek*, Recht der alternativen Konfliktlösung, 2. Aufl., § 4 MediationsG Rn. 36 ff.
50 Es empfiehlt sich, auch eine Regelung bezüglich der vom Mediator in vertraulichen Einzelgesprächen erzielten Informationen zu vereinbaren, auch in Bezug auf einen ggf. hinzugezogenen Co-Mediator. Vgl. im Übrigen umfassend zur Wahrung der Vertraulichkeit durch die Parteien *Greger/Unberath/Steffek*, Recht der alternativen Konfliktlösung, 2. Aufl., § 4 MediationsG Rn. 49 ff.
51 *Hartmann*, Sicherung der Vertraulichkeit, S. 1087 ff. (1104).
52 *Wagner* NJW 2001, 1398 f. (1399); *Wagner/Braem* ZKM 2007, 194 ff. (195).
53 *Zöller*, ZPO, 29. Aufl., vor § 128, Rn. 32; *Hartmann*, Sicherung der Vertraulichkeit, S. 1087 ff. (1104).
54 *Hartmann*, Sicherung der Vertraulichkeit, S. 1087 ff. (1116 f.).
55 *Hartmann*, Sicherung der Vertraulichkeit, S. 1087 ff. (1105).

Gleiches gilt, soweit die Parteien mit Dritten, die in das Verfahren einbezogen wurden, eine Vertraulichkeitsabrede getroffen haben.[56]

III. Hinweise für die Praxis

1. Mustertext für Information über Verschwiegenheitspflicht

Die notwendige Information über die Verschwiegenheitspflicht des Mediators und seiner Hilfspersonen kann mündlich, schriftlich oder durch Einstellung auf der Homepage des Mediators erfolgen. Es ist anzuraten, die Erfüllung der Informationsverpflichtung schriftlich zu dokumentieren, sinnvollerweise im Mediatorenvertrag, ggf. unter Aufnahme des folgenden Musters, das sich am Gesetzestext orientiert:

▶ **Information über Verschwiegenheitspflicht**

Der Mediator hat die Parteien darüber informiert, dass sowohl er als auch die von ihm in die Durchführung des Mediationsverfahrens eingebundenen Personen, die von ihm entsprechend belehrt und verpflichtet wurden, zur Verschwiegenheit verpflichtet sind.

Die Verschwiegenheitspflicht bezieht sich auf alles, was ihnen in Ausübung der Mediation bekannt geworden ist,
- insbesondere im Verfahren unterbreitete Angebote, Zugeständnisse, Vergleichsvorschläge, Meinungsäußerungen, Einigungsoptionen etc. sowie
- sonstige Informationen betreffend die Parteien selbst, also ihre persönlichen Lebensumstände, ihre beruflichen und wirtschaftlichen Umstände sowie etwaige damit zusammenhängende Geschäftsgeheimnisse.

Ungeachtet anderer gesetzlicher Regelungen über die Verschwiegenheitspflicht gilt diese nicht, soweit
- die Offenlegung des Inhalts der im Mediationsverfahren erzielten Vereinbarung zur Umsetzung oder Vollstreckung dieser Vereinbarung erforderlich ist,
- die Offenlegung aus vorrangigen Gründen der öffentlichen Ordnung geboten ist, insbesondere um eine Gefährdung des Wohles eines Kindes oder eine schwerwiegende Beeinträchtigung der physischen oder psychischen Integrität einer Person abzuwenden, oder
- es sich um Tatsachen handelt, die offenkundig sind oder ihrer Bedeutung nach keiner Geheimhaltung bedürfen.

Die Parteien können weitergehende Parteivereinbarungen treffen, die auch die Vertraulichkeit des Inhalts von Einzelgespräche des Mediators (und ggf. eines Co-Mediators) gegenüber der anderen Partei regeln.

Ort, Datum, Unterschriften

---

56 *Greger/Unberath/Steffek*, Recht der alternativen Konfliktlösung, 2. Aufl., § 4 MediationsG Rn. 71 ff.

2. Mustertexte für Parteivereinbarung und Verschwiegenheitsverpflichtung

49 Es empfiehlt sich, gleich zu Beginn eines Mediationsverfahrens eine Parteivereinbarung betreffend Verschwiegenheit und Vertraulichkeit im Hinblick auf die Parteien selbst und auf den Mediator abzuschließen. Werden von Beginn an Dritte zum Verfahren hinzugezogen, so sollten auch sie unmittelbar mit einbezogen werden, ansonsten spätestens dann, wenn ihre Teilnahme feststeht. Werden zu einem späteren Zeitpunkt der Mediation spezifische (vom Inhalt her besonders bedeutsame) Dokumente in das Verfahren eingeführt, so empfiehlt sich eine Klarstellung, dass sich die Verschwiegenheit auch hierauf bezieht.[57] Schriftform ist für alle Vereinbarungen zu empfehlen, die Verabredung einer **Vertragsstrafe** wird beispielsweise eher in Wirtschaftsmediationen denn in Familienmediatonen in Betracht kommen.

▶ **Parteivereinbarung**

50 Die Medianden des Mediatonsverfahrens (*Namen*) kommen wie folgt überein:

In Gerichts- oder Schiedsverfahren dürfen nicht vorgetragen oder vorgelegt werden

Dokumente, Stellungnahmen oder Mitteilungen
- der anderen Partei,
- des Mediators oder
- des/der am Verfahren beteiligten Dritten (*Name, Wohnort*),

wenn nicht die an der Offenlegung interessierte Partei auch ohne das Mediationsverfahren dazu in der Lage gewesen wäre.

Dem Verbot des Satzes 1 unterliegen ferner
- Ansichten und Vorschläge, die von einer Partei im Rahmen des Mediationsverfahrens im Hinblick auf eine gütliche Einigung geäußert oder gemacht wurden,
- Zugeständnisse der anderen Partei im Rahmen des Mediationsverfahrens,
- Ansichten und Vorschläge des Mediators,
- Ansichten und Vorschläge am Verfahren beteiligter Dritter,
- die Tatsache, dass eine Partei im Rahmen des Mediationsverfahrens sich zum Abschluss eines Vergleichs bereit erklärt hat.

Bei einer Zuwiderhandlung gegen die o.g. Verbote wird eine Vertragsstrafe in Höhe von ... (*Summe*) Euro fällig. Eine Aufhebung der o.g. Verbote ist nur schriftlich möglich.

Ort, Datum, Unterschriften

---

[57] Zur Behandlung von Urkunden vgl. *Greger/Unberath/Steffek*, Recht der alternativen Konfliktlösung, 2. Aufl., § 4 MediationsG Rn. 80 ff.

▶ **Verschwiegenheitsverpflichtung Dritter**

Herr (*Name, Wohnort*) 51

verpflichtet sich zur Verschwiegenheit hinsichtlich aller Tatsachen, Meinungsäußerungen und Umstände, die ihm im Zusammenhang mit seiner Teilnahme an dem Mediationsverfahren (*Namen der Medianten*) bekannt geworden sind. Dies betrifft nicht Tatsachen, die offenkundig sind oder ihrer Bedeutung nach keiner Geheimhaltung bedürfen.

Ort, Datum, Unterschriften

§ 5 Aus- und Fortbildung des Mediators; zertifizierter Mediator

(1) Der Mediator stellt in eigener Verantwortung durch eine geeignete Ausbildung und eine regelmäßige Fortbildung sicher, dass er über theoretische Kenntnisse sowie praktische Erfahrungen verfügt, um die Parteien in sachkundiger Weise durch die Mediation führen zu können. Eine geeignete Ausbildung soll insbesondere vermitteln:
1. Kenntnisse über Grundlagen der Mediation sowie deren Ablauf und Rahmenbedingungen,
2. Verhandlungs- und Kommunikationstechniken,
3. Konfliktkompetenz,
4. Kenntnisse über das Recht der Mediation sowie über die Rolle des Rechts in der Mediation sowie
5. praktische Übungen, Rollenspiele und Supervision.

(2) Als zertifizierter Mediator darf sich bezeichnen, wer eine Ausbildung zum Mediator abgeschlossen hat, die den Anforderungen der Rechtsverordnung nach § 6 entspricht.

(3) Der zertifizierte Mediator hat sich entsprechend den Anforderungen der Rechtsverordnung nach § 6 fortzubilden.

Übersicht

	Rdn.
I. Regelungsgegenstand und Zweck	1
1. Normentwicklung und systematischer Zusammenhang	1
2. Europäische Mediationsrichtlinie	6
II. Grundsätze/Einzelheiten	7
1. Zur rechtlichen Stellung des Mediators	7
2. Prinzip der Eigenverantwortung (Absatz 1 Satz 1, 1. HS)	9
3. Aus- und Fortbildung (Absatz 1 Satz 1)	12
a) Geeignete Ausbildung	13
b) Regelmäßige Fortbildung	14
c) Sinnhaftigkeit des Prinzips der Eigenverantwortung	15
d) Aus- und Fortbildungsinhalte (Absatz 1 Satz 1, 2. HS)	16
aa) Theoretischen Kenntnisse	16

bb)	Praktische Erfahrungen	17
cc)	Wechselseitigkeit von Theorie und Praxis	18
e)	Bedeutung unterschiedlicher Herkunftsberufe.	19
f)	Zielsetzung der Aus- und Fortbildung (Absatz 1 Satz 1, letzter HS)	20
	aa) »Führen«	21
	bb) Führen »in sachkundiger Weise«	23
4. Anforderungen an geeignete Ausbildung (Absatz 1 Satz 2)		24
a)	Kenntnisse über Grundlagen der Mediation sowie deren Ablauf und Rahmenbedingungen (Absatz 1 Satz 2 Nr. 1)	25
b)	Verhandlungs- und Kommunikationstechniken (Absatz 1 Satz 2 Nr. 2)	27
c)	Konfliktkompetenz (Absatz 1 Satz 2 Nr. 3)	28
d)	Rechtliche Kenntnisse (Absatz 1 Satz 2 Nr. 4)	29
	aa) Recht der Mediation	29
	bb) Rolle des Rechts in der Mediation	30
e)	Praktische Übungen, Rollenspiele, Supervision (Absatz 1 Satz 2 Nr. 5)	31
5. Zertifizierter Mediator (Absatz 2)		33
a)	Rechtliche Anforderungen	33
b)	Rechtsverordnung nach § 6 MediationsG	36
6. Fortbildungsverpflichtung des zertifizierten Mediators (Absatz 3)		39

I. Regelungsgegenstand und Zweck

1. Normentwicklung und systematischer Zusammenhang

1 Die **Problematik der Qualitätssicherung**, mithin der Anforderungen an Aus- und Fortbildung von Mediatoren, wurde im Schrifttum schon seit Jahren kontrovers erörtert und zählte dementsprechend von Beginn der Gesetzgebungsarbeiten an zu den mit am intensivsten diskutierten Fragen:[1] Dabei kollidierten grundrechtsfreundliche und (markt)liberale Überlegungen mit Forderungen nach staatlicher Reglementierung und Kontrolle.[2] Neben den Mediationsverbänden und der Anwaltschaft[3] waren vor allem Vertreter der Versicherungswirtschaft[4] daran interessiert, die Mediatorenlandschaft durch gesetzliche Vorgaben transparent zu gestalten und Anreize für Qualifizierung zu geben. Dementsprechend reichten die Überlegungen von Berufszulassungsregelungen über öffentliche Bestellungen und Schutz der Berufsbezeichnung bis hin zu Zertifizierungsmodellen und Einbindung in das Rechtspflegesystem.[5]

2 Die **Bundesregierung**, die sich der Bedeutung von Kernkompetenzen und dementsprechender Aus- und Fortbildung wohl bewusst war, hat dennoch auf freiwillige Mindeststandards abgestellt und mit ihrem Gesetzesentwurf auf **Staatsferne und Selbstverantwortung** gesetzt. Es sei ausreichend, so heißt es in der Gesetzesbegründung, die

---

1 *Nierhauve*, Standards der Mediation – Best Practice, S. 1173 ff.
2 Vgl. *Fritz* in *Fritz/Karber/Lambeck*, Berufsbild des Mediators und Ausbildungsvoraussetzungen, S. 137 ff. (139 m.w.N.).
3 Vgl. beispielhaft Deutscher Bundestag, 17. Wahlperiode, Rechtsausschuss, Protokoll Nr. 51.
4 *Tögel/Rohlff* ZKM 2010, 86 ff.
5 *Greger* ZKM 2012, 16 m.w.N.; umfassend *Klowait/Gläßer*, Mediationsgesetz, 2. Aufl., § 1 MediationsG, Rn. 7 ff.

Mediatoren anzuhalten, in eigener Verantwortung sicherzustellen, dass sie die Parteien in sachkundiger Weise durch die Mediation führen. Eine gesetzliche Regelung, insbesondere eine detaillierte Regelung des Berufsbildes mit einheitlichen Aus- und Fortbildungsstandards, sei – nicht zuletzt vor dem Hintergrund des Bemühens von Mediations- und Berufsverbänden um inhaltliche Mindeststandards – derzeit nicht erforderlich.[6]

Demgegenüber forderte der **Bundesrat** in seiner Stellungnahme zum Gesetzentwurf 3 fachliche Grundqualifikationen und gegebenenfalls Zusatzqualifikationen für Spezialbereiche, die nicht der alleinigen Beurteilung des Mediators überlassen bleiben dürften. Grundlegende Standards der Aus- und Fortbildung sollten gesetzlich geregelt und eine Verordnungsermächtigung, insbesondere für eine mögliche Zertifizierung, vorgesehen werden.[7]

Während die Bundesregierung in ihrer Gegenäußerung noch Bedenken im Hinblick 4 auf die Berufsfreiheit und den notwendigen kostenträchtigen Aufbau bürokratischer Strukturen äußerte,[8] entschied sich der **Rechtsausschuss** für ein zweistufiges Modell:[9] Er empfahl aus Gründen der Qualitätssicherung und Markttransparenz die Anforderungen an die Grundkenntnisse und Kernkompetenzen zu präzisieren und die Bezeichnung »zertifizierter Mediator« gesetzlich zu verankern; zudem sollten – im Zusammenspiel mit einer von der Bundesregierung zu erlassenden Verordnung – die Voraussetzungen für das Führen der Bezeichnung festgelegt werden.[10] Mit den Ergänzungen des Absatzes 1 und den Einfügungen der Absätze 2 und 3 wurden die o. g. Anliegen des Bundesrates aufgegriffen und haben nunmehr im Gesetz ihren Niederschlag gefunden.

Der in Absatz 1 **neu eingefügte Satz 2** benennt fünf theoretische bzw. praktische Min- 5 destkriterien, die für eine geeignete Ausbildung eines Mediators sprechen sollen. **Absatz 2** regelt die Voraussetzungen für die neu eingeführte Bezeichnung des »zertifizierten Mediators« und in **Absatz 3** geht es um die Erforderlichkeit entsprechender Fortbildung eines »zertifizierten Mediators«. Dabei wird die Vorschrift des § 5 Abs. 2, 3 MediationsG durch § 6 MediationsG ergänzt, der das Bundesministerium der Justiz und für Verbraucherschutz zum Erlass einer Verordnung über die Aus- und Fortbildung von zertifizierten Mediatoren ermächtigt, die dieser mit der ZMediatAusbV umgesetzt hat.

2. Europäische Mediationsrichtlinie

§ 5 MediationsG dient, im Verbund mit § 6 MediationsG, der **Umsetzung von** 6 **Art. 4 EUMed-RL.** Bereits im **Erwägungsgrund Nr. 16** wird ausgeführt, die Mit-

---

6 Begr. BT-Drucks. 17/5335, B. Zu Artikel 1, Zu § 5; vgl. auch *Wagner* ZKM 2012, 110 ff. (114).
7 BT-Drucks. 17/5335, Anl. 3, 6., Zu Artikel 1 (§ 5 MediationsG).
8 BT-Drucks. 17/5496, Zu Nummer 6 und 7.
9 *Göcken* NJW-aktuell, 52/2011, 16.
10 BT-Drucks. 17/8058, III. Zu Artikel 1, Zu § 5, Zu § 6 – neu –.

Fritz

gliedstaaten sollten die Aus- und Fortbildung von Mediatoren und die Einrichtung wirksamer Mechanismen zur Qualitätskontrolle in Bezug auf die Erbringung von Mediationsdiensten mit allen ihnen geeignet erscheinenden Mitteln fördern. In Art. 4 Abs. 1 EuMed-RL wird dementsprechend auf die Förderung von Verhaltenskodizes sowie auf wirksame Verfahren zur Qualitätskontrolle abgestellt und in Art. 4 Abs. 2 EUMed-RL bestimmt, dass die Mitgliedstaaten die Aus- und Fortbildung von Mediatoren fördern um sicherzustellen, dass die Mediation für die Parteien wirksam, unparteiisch und sachkundig durchgeführt wird.

II. Grundsätze/Einzelheiten

1. Zur rechtlichen Stellung des Mediators

7 Wer als **Mediator** im Sinne des § 1 Abs. 2 MediationsG tätig werden will, der muss den ihm durch die §§ 2 bis 6 MediationsG nicht unerheblich auferlegten **Aufgaben und Pflichten** genügen: Seien es Vergewisserungen oder Hinweispflichten im Sinne von § 2 Abs. 2, 6 MediationsG, Offenbarungspflichten oder Tätigkeitsbeschränkungen im Sinne von § 3 MediationsG, Verschwiegenheitspflichten im Sinne § 4 MediationsG oder auch Ausbildungsobliegenheiten nach §§ 5, 6 MediationsG.

8 Gleichwohl geht auch der Gesetzgeber davon aus, dass es ein **gesetzlich geregeltes Berufsbild** für Mediatoren nicht gibt und demnach auch keine Zulassungsvoraussetzungen für die Ausübung dieser Tätigkeit.[11] Derjenige, der den gesetzlichen Anforderungen nicht genügt, sieht sich möglicherweise Schadenersatzforderungen oder wettbewerbsrechtlichen Ansprüchen ausgesetzt;[12] behördliche Sanktionen hat er hingegen nicht zu befürchten. Zutreffend wird in diesem Zusammenhang im Schrifttum[13] darauf hingewiesen, dass
– Mediatoren keiner Erlaubnis nach dem RechtsdienstleistungsG bedürfen, solange sie nicht rechtliche Regelungsvorschläge unterbreiten,[14]
– die Bezeichnung »Mediator« weiterhin gesetzlich nicht geschützt ist, weil § 1 Abs. 2 MediationsG nur eine Begriffsbestimmung enthält und keine Verbotsnorm darstellt,[15] und
– es keine Möglichkeit der öffentlichen Bestellung von Mediatoren gibt.

Die Führung der Bezeichnung als »zertifizierter Mediator« nach Absätzen 2 und 3 ist gesetzlich verankert und wird hinsichtlich der Voraussetzungen im Einzelnen durch

---

11 Vgl. Begr. BT-Drucks. 17/5335, A. II. und B. Zu Artikel 1, Zu § 1; *Leutheusser-Schnarrenberger* ZKM 20012, 72 ff. (73).
12 Vgl. Begr. BT-Drucks. 17/8058, III., Zu Artikel 1, Zu § 5; *Göcken* NJW-aktuell 52/2011, 16; *Fritz* ZKM 2014, 62.
13 Vgl. mit umfangreichen Nachweisen zum Schrifttum *Greger* ZKM 2012, 16.
14 Vgl. § 2 Abs. 3 Nr. 4 RDG und *Krenzler*, RDG, § 2 Rn. 216 ff.
15 Vgl. Kommentierung zu § 1 MediationsG, Rdn. 1. Für Rechtsanwälte, die als Mediatoren tätig werden, gilt jedoch § 7a BORA.

die Rechtsverordnung nach § 6 MediationsG – nämlich die ZMediatAusbV – konkretisiert.[16]

2. **Prinzip der Eigenverantwortung (Absatz 1 Satz 1, 1. HS)**

Mediation als komplexes Konfliktlösungsverfahren lässt sich nach h. M. nur durchführen, wenn Mediatoren zumindest über eine **fachliche Grundqualifikation** verfügen und **ggf. Kenntnisse in Spezialbereichen** (Familienrecht, Schulrecht, Arbeitsrecht etc.) aufweisen. Was dies im Einzelnen bedeutet, insbesondere auf welchen (Ausbildungs-) Pfaden dies zu erreichen ist, wurde und wird unterschiedlich gesehen. 9

Der Gesetzgeber war daher gut beraten, dem Drängen von Anwaltschaft und Verbänden nach einer umfassenden Deklination dessen, was hierfür erforderlich ist und insbesondere wie eine Grundqualifikation nachgewiesen werden kann, nicht nachzukommen, sondern dies **in eigener Verantwortung** bei den jeweiligen Mediatoren zu belassen. Denn zum einen handelt es sich bei der Mediation um eine Konfliktlösungsmethode, die sich in einer permanenten Weiterentwicklung befindet, zum anderen sind die tatsächlichen Gegebenheiten praktizierter Mediatorentätigkeit zu beachten. Diese findet in ganz verschiedenen Feldern und in ganz unterschiedlicher Intensität statt – angefangen von Schülermediation oder privater Vereinsmediation auf der einen Seite über Familienmediation mit hochemotionalen Konfliktparteien[17] bis hin zu Großgruppen-Mediationen in staatlichen Planungsverfahren und/oder Bauvorhaben. Hier jeweils – von Gesetzes wegen – die gleichen Ausbildungsvoraussetzungen und den gleichen Wissens- und Kenntnisstand verlangen und bei einem etwaigen Fehlen dies u. U. sanktionieren zu wollen, würde schwerlich der Vielfalt der Mediations- und Mediatorenlandschaft gerecht werden noch verfassungsrechtliche verbürgten Freiheitsrechten genügen. 10

Zwar sind die vorgebrachten Argumente von **Qualitätssicherung** und **Markttransparenz** nicht von der Hand zu weisen. Intensität und Umfang von Aus- und Fortbildung konnte der Gesetzgeber aber deshalb im Verantwortungsbereich der jeweiligen Mediatoren belassen, weil er ihnen mit § 3 Abs. 5 MediationsG eine Informationspflicht auferlegt hat – so haben sie auf Verlangen der Parteien ihren fachlichen Hintergrund, ihre Ausbildung und ihre Erfahrung auf dem Gebiet der Mediation dazutun[18] – und zugleich das **Qualifikationsmerkmal** des »**zertifizierten Mediators**« eingeführt hat, für das andere Regelungen gelten. 11

3. **Aus- und Fortbildung (Absatz 1 Satz 1)**

Der Gesetzgeber geht zutreffend davon aus, dass nur derjenige erfolgreich in der Lage sein wird, als Mediator (vgl. hierzu § 1 Abs. 2 MediationsG) im Rahmen eines 12

---

16 S. hierzu unten Rdn. 33 ff.
17 Vgl. die Darstellung unter Teil 5, C.IV.
18 Vgl. zur konkreten Umsetzung, beispielsweise auch durch ein Informationsblatt und/oder Homepage und/oder mündliche Erläuterung die Kommentierung zu § 3 Abs. 5 MediationsG.

bestehenden Konflikts tätig zu werden, der das hierfür **notwendige »Handwerkszeug«** erlernt hat, es beherrscht und es zudem auf aktuellem Wissensstand hält.[19] Dass es sich bei der Mediation um eine ausgesprochen anspruchsvolle Tätigkeit handelt, die spezifisches Wissen, umfassende Kompetenzen und konfliktangemessene Haltung voraussetzt, ist im Schrifttum unumstritten und unterscheidet sie daher grundlegend von anderen Konfliktlösungsverfahren wie beispielsweise der Gesprächsmoderation[20] oder auch der anwaltlichen[21] oder richterlichen Vergleichsvermittlung.[22]

a) Geeignete Ausbildung

13 Soweit es in der Eigenverantwortung des einzelnen Mediators liegt, sich die erforderliche Sachkunde und die notwendigen praktischen Fähigkeiten hierfür anzueignen, geht Absatz 1 Satz 1 davon aus, dass dies durch eine **geeignete Ausbildung** erfolgen soll, wobei der **unbestimmte Rechtsbegriff** der »**Geeignetheit**« hinsichtlich der Grundkenntnisse und Kernkompetenzen eine inhaltliche Konkretisierung durch Absatz 1 Satz 2 erfährt.

b) Regelmäßige Fortbildung

14 Zudem soll erworbenes Wissen rekapituliert und ggf. erfolgte Weiterentwicklungen im Blick behalten werden, weshalb es nach der Vorschrift des Absatz 1 Satz 1 auch **regelmäßiger Fortbildungen** bedarf. Anders als zur Geeignetheit der Ausbildung verhält sich das Gesetz zum Begriff der »Regelmäßigkeit« nicht. Da jedoch in der Gesetzesbegründung für den zertifizierten Mediator im Sinne des Absatz 2 eine zehnstündigen Fortbildung im Zeitraum von zwei Jahren für notwendig erachtet wurde,[23] die nunmehr nach § 3 ZMediatAusbV auf 40 Stunden in vier Jahren konkretisiert worden ist, ist für den nicht qualifizierten Mediator im Lichte des Grundrechts aus Art. 12 Abs. 1 GG betrachtet von einer deutlich längeren Zeitspanne zwischen Ausbildung und Fortbildung bzw. Fortbildung und Fortbildung auszugehen, zudem auch von einer entsprechend reduzierten Stundenzahl.

c) Sinnhaftigkeit des Prinzips der Eigenverantwortung

15 Die Bedeutung der Regelung, statt detaillierter gesetzlicher Vorgaben die **konkrete Ausgestaltung** dem Mediator selbst **in eigener Verantwortung** zu überlassen,[24] erschließt sich bezüglich der Fortbildung insoweit, als es immer nur auf die jeweiligen konkreten Umstände hinsichtlich des einzelnen Mediators ankommen kann, um die Frage nach der »Regelmäßigkeit« beantworten zu können. Derjenige, der

---

19 Begr. BT-Drucks. 17/5335, B. Zu Artikel 1, Zu § 5.
20 Vgl. hierzu die Darstellung unter Teil 6, E.
21 Vgl. hierzu die Darstellung unter Teil 6, F.
22 Die Anforderungen an Aus- und Fortbildungen gelten daher auch für den Güterichter nach § 278 Abs. 5 ZPO.
23 Begr. BT-Drucks. 17/8058, III. Zu Artikel 1, Zu § 5.
24 S. hierzu die obigen Ausführungen zum Prinzip der Eigenverantwortung, Rdn. 9 ff.

mehrfach im Jahr als Mediator tätig ist, wird u. U. weniger Fortbildung im klassischen Sinne zur Auffrischung seiner in der Ausbildung erworbenen Kenntnisse und Fertigkeiten benötigen als derjenige, der nur gelegentlich (oder gar nicht) und/oder nur in großen Zeitspannen als Mediator tätig ist. Während für den Erstgenannten u. U. Fall-Supervision angezeigt sind, um etwaige »handwerkliche« Fähigkeiten wie auch Einstellungen und Verhaltensweisen kritisch zu hinterfragen, wird der nur gelegentlich als Mediator Tätige eher in kürzeren Abständen sowohl seine theoretische Kenntnisse auffrischen wie auch seine praktischen Fähigkeiten schärfen müssen. Die vielfältigen Fortbildungsangebote der einschlägigen Institute (vgl. nur www.adribo-academy.de) nehmen hierauf Bezug.

d) **Aus- und Fortbildungsinhalte (Absatz 1 Satz 1, 2. HS)**

aa) **Theoretischen Kenntnisse**

Theoretische Kenntnisse im hier interessierenden Zusammenhang umfassen zunächst die gesamte Bandbreite dessen, was in Absatz1 Satz 2 Nr. 1 bis 5 angesprochen ist, ferner das Wissen um die notwendigen Inhalte persönlicher Kompetenzen (das umfasst beispielsweise das eigene Rollenverständnis sowie die Fähigkeit zur Selbstkritik und Selbsterkenntnis) und die Erforderlichkeit einer mediatorischen Haltung.[25]   16

bb) **Praktische Erfahrungen**

Praktische Erfahrungen lassen sich auf vielfältige Weise erwerben: zunächst stellvertretend für die Wirklichkeit durch Übungen und Rollenspiele, zudem durch Hospitationen bei anderen Mediatoren, ferner im Rahmen von Co-Mediationen und schließlich durch die Inanspruchnahme von Supervisionen.[26]   17

cc) **Wechselseitigkeit von Theorie und Praxis**

Theoretische Kenntnisse und **praktische Erfahrungen** stehen in einem **wechselseitigen**, sich ergänzenden **Verhältnis**: So hilft beispielsweise die umfassende Kenntnis über Verhandlungs- und Kommunikationstechniken allein nicht weiter, um Konflikbeteiligte bei der Lösung ihres Problems zu unterstützen, wenn es an der praktischen Erfahrung mangelt, mit diesem Wissen zu arbeiten und es effektiv und fallbezogen einzusetzen. Andererseits mag ein Mediator durchaus über praktische Erfahrungen im Umgang mit schwierigen Personen verfügen; fehlt es hingegen am notwendigen theoretischen Wissen, sei es beispielsweise über die Rolle des Rechts in der Mediation oder über die Bedeutung von Macht und Fairness, so wird auch bei dieser Konstellation eine die Parteien zufriedenstellende Lösung kaum erarbeitet werden können.   18

---

25 Vgl. Begr. BT-Drucks. 17/5335, B., Zu Artikel 1, Zu § 5.
26 Vgl. Begr. BT-Drucks. 17/5335, B., Zu Artikel 1, Zu § 5; Greger/Unberath/Steffek, Recht der alternativen Konfliktlösung, 2. Aufl., § 5 MediationsG, Rn. 8.

e) Bedeutung unterschiedlicher Herkunftsberufe

19 Bereits in der Begründung des Regierungsentwurfs wird im Zusammenhang mit den Anforderungen an die Ausbildung auf die **Bedeutung** unterschiedlicher **Quellberufe** von Mediatoren abgestellt, die es zu berücksichtig gilt:[27] Mediatoren, die keinen **juristischen Berufshintergrund** aufweisen, sollten demnach für typische Sachverhaltskonstellationen sensibilisiert werden, bei denen Parteien ohne anwaltliche Beratung oder eigene rechtliche Vorkenntnisse unbewusst Rechtsverluste drohen können. Bei Grundberufen mit **seelsorgerischem oder sozialpädagogischem Hintergrund** wird zudem darauf zu achten sein, stets die nötige Distanz zum Konflikt und den involvierten Parteien zu bewahren, während für Mediatoren mit juristischem Herkunftsberuf in der Mediationsausbildung ggf. der Erwerb wesentlicher Kommunikationstechniken und Konfliktkompetenzen ebenso von Bedeutung sein kann wie die Sensibilisierung für die Schwierigkeiten, die durch zu einseitige Orientierung an Parteiinteressen oder ein stark lösungsorientiertes Arbeiten entstehen können.

f) Zielsetzung der Aus- und Fortbildung (Absatz 1 Satz 1, letzter HS)

20 Die Zielsetzung einer an theoretischen Kenntnissen und praktischen Erfahrungen orientieren Aus- und Fortbildung ist im erfolgreichen Prozessverlauf zu sehen, der im Gesetz dahin gehend beschrieben wird, die Parteien in **sachkundiger Weise** durch die Mediation zu **führen**. Damit wird an die Regelung des § 1 Abs. 2 MediationsG angeknüpft, in der der Mediator als unabhängige und neutrale Person ohne Entscheidungsbefugnis beschrieben wird, die »die Parteien durch die Mediation führt«.

aa) »Führen«

21 Mit dem Begriff des »**Führens**« soll klargestellt werden, dass der Mediator die **Verantwortung für den Prozess**, für das Gelingen des Verfahrens trägt. Da dieses von der Eigenverantwortlichkeit der Parteien geprägt ist, bedeutet »führen«, für eine gelingende Kommunikation zwischen den Parteien zu sorgen und diese zielgerichtet durch das Verfahren zu geleiten. Das beginnt bereits im **Vorfeld** in der sog. Vorphase und zieht sich hin bis zur abschließenden Vereinbarung der Parteien; je nach Konfliktkonstellation und/oder Wunsch der Parteien kann eine Bestandsaufnahme (oder fortführende Begleitung) in einer **sog. Nachphase** in Betracht kommen. Im Einzelnen bedeutet dies u. a. die Festlegung des Settings, die Vereinbarung und Beachtung von Verfahrensregeln, die Schaffung und Aufrechterhaltung einer konflikt- und parteiangemessenen Verhandlungsatmosphäre, die Kontrolle des Verfahrensabschlusses etc.[28]

22 Dass dies nur gelingen kann, wenn der Mediator gegenüber den Parteien eine **emphatische Grundhaltung** an den Tag legt, ist als ungeschriebenes Tatbestandsmerkmal Konsens. Er muss mithin über die Bereitschaft und die Fähigkeit verfügen, sich in die

---

[27] Vgl. Begr. BT-Drucks. 17/5335, B., Zu Artikel 1, Zu § 5.
[28] Begr. BT-Drucks. 17/5335, B., Zu Artikel 1, Zu § 1.

Parteien, ihren Konflikt und ihre Einstellung einzufühlen, mithin für eine wohlwollende, akzeptierende Atmosphäre zu sorgen, die Verständnis und Einfühlsamkeit ausstrahlt und die die einzelnen Medianden mit ihren Unklarheiten, Widersprüchlichkeiten und subjektiven Wahrheiten annimmt.[29] Selbstwahrnehmung und -reflektion von Seiten des Mediators sind hierfür unabdingbare Voraussetzungen.[30]

bb) Führen »in sachkundiger Weise«

Da eine emphatische Grundhaltung allein keine Garantie für eine professionelle Mediation bietet, verlangt das Gesetz unter Anknüpfung an ein Merkmal des Art. 3 lit. b EUMed-RL zudem, dass die Parteien **in sachkundiger Weise** durch die Mediation geführt werden sollen. Die Sachkunde, über die der Mediator verfügen soll, um der Zielsetzung des Absatz 1 Satz 1 gerecht werden zu können, setzt einschlägige theoretische Kenntnisse und praktische Fähigkeiten voraus. Ob diese jeweils im Einzelfall ausreichen, um in sachkundiger Weise eine Mediation durchzuführen, lässt sich von Gesetzes wegen abstrakt nicht bestimmen. Festlegen lässt sich allein der Weg, den ein Mediator zu beschreiten hat, damit angenommen werden kann, dass er über die entsprechende Sachkunde verfügt, nämlich das Absolvieren einer geeigneten Ausbildung, die auf dieses Ziel hin ausgerichtet ist und die den Merkmalen des Absatzes 1 Satz 2 Nr. 1 bis 5 gerecht wird. 23

4. Anforderungen an geeignete Ausbildung (Absatz 1 Satz 2)

Die in Absatz 1 Satz 2 aufgeführten Inhalte sind, wofür das Tatbestandsmerkmal **»insbesondere«** spricht, jedenfalls geeignet, dass die erforderliche Grundqualifikation erworben wird. Weitere Bereiche können, müssen aber nicht hinzukommen: Diese können beispielsweise Kenntnisse in besonderen Anwendungsfeldern wie der Familien- oder der Gemeinwesenmediation umfassen, aber auch vertieftes Wissen über besondere Arbeitsformen wie Kurz-Zeit-Mediation[31] oder alternative Konfliktbeilegungsformen wie beispielsweise die Cooperative Praxis.[32] 24

a) Kenntnisse über Grundlagen der Mediation sowie deren Ablauf und Rahmenbedingungen (Absatz 1 Satz 2 Nr. 1)

Grundlagen der Mediation umfassen jedenfalls die Prinzipien, den Verfahrensablauf und die Phasen der Mediation, ferner die Abgrenzung zu anderen Konfliktlösungsverfahren[33] und einen Überblick über die Anwendungsfelder, während **Ablauf und Rahmenbedingungen** die Merkmale der Vor- und Nachbereitung sowie etwaiger 25

---

29 *Thomann/Schulz von Thun*, Klärungshilfe, S. 73; *Rogers*, Die klientenzentrierte Gesprächspsychotherapie, S. 214.
30 *Alexander/Ade/Olbrich*, Mediation, Schlichtung, Verhandlungsmanagement, S. 106 f.
31 Vgl. hierzu die Darstellung unter Teil 5, D.
32 Vgl. hierzu die Darstellung unter Teil 6, G.
33 Vgl. hierzu die Darstellung unter Teil 6, A.

Dokumentationen betreffen, aber auch besondere Settings wie Einzelgespräche, Co-Mediation etc.

26 Im Übrigen gilt für Nummer 1 wie auch die folgenden Nummern 2 bis 5, dass grundsätzlich die vom Gesetzgeber in der Begründung zu § 6 MeditationsG[34] jeweils aufgeführten Inhalte zur Interpretation herangezogen werden können, wobei es auf der Hand liegt, dass sich Intensität und Tiefe der in der Ausbildung behandelten Themen von den Anforderungen einer 120stündigen Präsenzzeit-Ausbildung unterscheiden.

b) **Verhandlungs- und Kommunikationstechniken (Absatz 1 Satz 2 Nr. 2)**

27 Dieses Merkmal umfasst jedenfalls die Kenntnis über Verhandlungen nach dem Harvard-Konzept, aber auch über aktives Zuhören, Paraphrasieren, besondere Fragetechniken sowie über Grundtechniken zur Entwicklung, Bewertung und Darstellung von Lösungen.[35]

c) **Konfliktkompetenz (Absatz 1 Satz 2 Nr. 3)**

28 Hierzu zählt das Wissen über Konfliktfaktoren, -dynamiken, -analyse und -typen, ferner über Eskalationsstufen und Interventionstechniken.[36]

d) **Rechtliche Kenntnisse (Absatz 1 Satz 2 Nr. 4)**

aa) **Recht der Mediation**

29 Hierunter fällt die Kenntnis der Vorschriften des Mediationsgesetzes und der dadurch bedingten rechtlichen Rahmenbedingungen wie beispielsweise Mediatoren- und Mediationsvertrag, Honorarregelung etc., aber auch berufsrechtliche Regelungen, die sich aus der Zusammenarbeit mit unterschiedlichen Grundberufen wie beispielsweise dem eines Rechtsanwalts oder Psychologen ergeben können.[37]

bb) **Rolle des Rechts in der Mediation**

30 Die Bedeutung des Rechts in der Mediation meint jedenfalls die Abgrenzung von rechtlich zulässiger Information zur unzulässigen Rechtsberatung nach dem RDG, Bedeutung und Mitwirkung bei Abschlussvereinbarungen etc.

e) **Praktische Übungen, Rollenspiele, Supervision (Absatz 1 Satz 2 Nr. 5)**

31 Zutreffend stellt das Gesetz in seinem Anforderungskatalog auf die Bedeutung praktischer Übungen und von Rollenspielen ab: Nur dadurch wird der angehende Mediator in die Lage versetzt, das theoretische Wissen fall- und konfliktbezogen anzuwen-

---

34 BT-Drucks. 17/8058, III., Zu Artikel 1, Zu § 6 – neu –.
35 Umfassend hierzu *Schweizer*, Techniken der Mediation, S. 321 ff.; s. auch Methodik, Teil 5 B. II.
36 Vgl. hierzu die Darstellung unter Teil 5, A.
37 Vgl. umfassend *Köper*, Die Rolle des Rechts im Mediationsverfahren.

den. Unter Anleitung eines erfahrenen Trainers werden realitätsnah Mediationen geübt und anschließend analysiert.

Supervision, die in der Ausbildung gelehrt und vermittelt werden soll, versteht sich als berufsbegleitende Qualifizierung, durch die der Mediator in die Lage versetzt wird, seine Fähigkeiten zu optimieren, sei es in der Einzelsupervision, in der Gruppensupervision oder in der Peer-Gruppen-Supervision.[38]

5. Zertifizierter Mediator (Absatz 2)

a) Rechtliche Anforderungen

Verbände,[39] Ausbildungsinstitute,[40] öffentlich rechtliche Körperschaften[41] etc. haben in der Vergangenheit denjenigen, die bei ihnen eine Ausbildung absolviert haben, häufig sog. Zertifikate als Nachweis einer besonders qualifizierten Ausbildung erteilt. Absatz 2 steht der Verwendung dieser Zertifikate insoweit entgegen, als hieraus nicht die Qualitätsbezeichnung »zertifizierter Mediator« abgeleitet und verwendet werden darf, wenn denn nicht die Voraussetzungen des § 2 ZMediatAusbV gegeben sind.

Als zertifizierter Mediator darf sich nur derjenige bezeichnen, der eine Ausbildung zum Mediator abgeschlossen hat, die den Anforderungen der **Rechtsverordnung nach § 6 MediationsG**, also der **ZMediatAusBV**, entspricht. Da nach dem Willen des Gesetzgebers diese Rechtsverordnung erst ein Jahr nach ihrem Erlass in Kraft treten sollte[42] und tatsächlich auch in Kraft getreten ist (vgl. § 9 ZMediatAusbV), war die Verwendung der Qualitätsbezeichnung »zertifizierter Mediator« bis dahin blockiert.[43] Dies gilt nicht für die Verwendung universitärer Diplome und Titel[44] wie beispielsweise ein an der Europa-Universität Viadrina aufgrund eines Mediationsstudiums erworbene Titel »Master of Arts« (M.A.); diese dürfen immer geführt werden.

Wer ein ihm bereits verliehenes »Zertifikat« (weiterhin) verwenden will, muss dies so gestalten, dass eine Verwechselung mit dem nach Absatz 2 vorgesehenen »zertifizierten Mediator« ausgeschlossen ist.[45] Allerdings zieht auch insoweit ein Verstoß gegen die gesetzliche Regelung keine behördlichen, sondern nur haftungs- oder wettbewerbs-

---

38 Vgl. *Fritz/Krabbe* ZKM 2017, 89 ff; ferner die Ausführungen zur mediationsanalogen Supervision unter Teil 5, B.III.
39 Vgl. beispielsweise Centrale für Mediation (www.centrale-fuer-mediation.de), BAFM, BM etc.
40 Vgl. beispielsweise HERA, Fortbildungs- und Service GmbH der Hessischen Rechtsanwaltschaft; adribo ACADEMY (www.adribo-academy.de).
41 Vgl. beispielsweise IHKs sowie andere eine Mediationsausbildung anbietende Kammern.
42 Begr. BT-Drucks. 17/8058, III., Zu Artikel 1, Zu § 6 – neu –.
43 *Greger*, ZKM 2012, 16.
44 Vgl. hierzu auch die Darstellungen bei *Haft/von Schlieffen*, Handbuch Mediation, 1. Aufl., 7. Kapitel Aus- und Weiterbildung, ferner *Klowait/Gläßer*, Meditionsgesetz, 2. Aufl., § 5 MediationsG, Rn. 38 ff.
45 Zu denken wäre an die Verwendung einer Klammerbezeichnung, beispielsweise »Mediator (BAFM)« oder »Mediator (Zertifizierung CfM)«.

rechtliche Konsequenzen nach sich.[46] Das Gesetz sieht keine Zertifizierungsstelle vor, die dem Mediator die Qualitätsbezeichnung verleihen könnte; es regelt ausschließlich die Befugnis, wer die Bezeichnung führen darf. Von daher gibt es auch keine Stelle, die die Berechtigung des Führens dieser Bezeichnung überprüfen könnte.[47]

b) Rechtsverordnung nach § 6 MediationsG

36 Eine Rechtsverordnung nach § 6 MediationsG soll vor allem nähere Bestimmungen über die Ausbildung zum zertifizierten Mediator enthalten (§ 6 Satz 1 MediationsG) und Übergangsbestimmungen für Mediatoren, die bereits vor Inkrafttreten des Gesetzes als Mediatoren tätig waren (§ 6 Satz 2 Nr. 8 MediationsG). Zudem geht der Gesetzgeber davon aus, dass an die Qualifikation »zertifizierter Mediatoren« hohe Anforderungen zu stellen sind, die sich von dem Standard des Absatz 1, der von jedem Mediator erwartet werden kann, deutlich unterscheiden. Dies betrifft nicht nur Inhalte und Umfang einer Aus- und Fortbildung, sondern in besonderem Maße auch Praxiserfahrung und einen Ausbildungsabschluss, der jedoch keine Abschlussprüfung sein darf, da es hierfür an einer gesetzlichen Ermächtigung mangelt.[48]

37 Ausbildungsinstitute, die zukünftig für die Ausbildung zum zertifizierten Mediator verantwortlich sein werden, sollen nach den Vorstellungen des Gesetzgebers ihrerseits zertifiziert werden;[49] diese Zertifizierung sollte einer öffentlich-rechtlichen oder beliehenen Institution übertragen werden.[50] Davon hat der Verordnungsgeber in der ZMediatAusbV allerdings keinen Gebrauch gemacht. Soweit zudem Anforderungen an die in den Aus- und Fortbildungseinrichtungen eingesetzten Lehrkräfte festgesetzt werden sollten(§ 6 Satz 2 Nr. 5 MediationsG), finden sich nunmehr entsprechende Regelungen in § 5 ZMediatAusbV.

38 Eine im Ausland durchgeführte Ausbildung berechtigt zur Führung der Bezeichnung »zertifizierter Mediator«, wenn die Ausbildung den Anforderungen der Rechtsverordnung nach § 6 MediationsG, nämlich dem § 6 ZMediatAusbV entspricht. Entsprechendes gilt, soweit Fortbildungen (nunmehr §§ 3, 4 ZMediatAusbV) zu absolvieren sind.[51]

---

46 Umfassend *Greger/Unberath/Steffek*, Recht der alternativen Konfliktlösung, 2. Aufl., § 5 MediationsG, Rn. 22 ff.
47 Vgl. Kommentierung zu § 6 MediationsG, Rdn. 35.
48 Vgl. Kommentierung zu § 6 MediationsG, Rdn. 8.
49 Vgl. § 6 Satz 1 MediationsG.
50 Vgl. die Kommentierung zu § 6 MediationsG, Rdn. 40, ferner *Greger* ZKM 2012, 16 ff. (17), der zutreffend auf die Anforderungen der Dienstleistungsrichtlinie verweist (vgl. Art. 26 Abs. 1 lit. a der Richtlinie 2006/123/EG des Europäischen Parlaments und des Rates über Dienstleistungen im Binnenmarkt v. 12. 12. 2006, ABl. 2006 L 376, S. 36).
51 Begr. BT-Drucks. 17/8058, III., Zu Artikel 1, Zu § 5.

6. Fortbildungsverpflichtung des zertifizierten Mediators (Absatz 3)

Während der nicht zertifizierte Mediator in eigener Verantwortung für eine regelmäßige Fortbildung zu sorgen hat, muss sich der zertifizierte Mediator entsprechend den Anforderungen der Rechtsverordnung nach § 6 MediationsG, also der ZMediatAusbV, fortbilden. Damit soll der Qualitätsstandard, den der Gesetzgeber für die Bezeichnung »zertifizierter Mediator« verlangt, auch für die Zukunft sichergestellt werden.[52] 39

Allerdings fehlt es auch in diesem Zusammenhang an einer Regelung für diejenigen, die den Anforderungen an eine Fortbildung nicht genügen: Da dem Mediator kein Zertifikat nach § 6 Abs. 2 MediationsG verliehen wird, kann es ihm bei Nichterfüllung der Fortbildungsanforderungen weder entzogen noch (bei nachträglicher Erfüllung) wiederum erteilt werden (sog. Rezertifizierung).[53] 40

§ 6 Verordnungsermächtigung

Das Bundesministerium der Justiz und für Verbraucherschutz wird ermächtigt, durch Rechtsverordnung ohne Zustimmung des Bundesrates nähere Bestimmungen über die Ausbildung zum zertifizierten Mediator und über die Fortbildung des zertifizierten Mediators sowie Anforderungen an Aus- und Fortbildungseinrichtungen zu erlassen. In der Rechtsverordnung nach Satz 1 können insbesondere festgelegt werden:
1. nähere Bestimmungen über die Inhalte der Ausbildung, wobei eine Ausbildung zum zertifizierten Mediator die in § 5 Absatz 1 Satz 2 aufgeführten Ausbildungsinhalte zu vermitteln hat, und über die erforderliche Praxiserfahrung;
2. nähere Bestimmungen über die Inhalte der Fortbildung;
3. Mindeststundenzahlen für die Aus- und Fortbildung;
4. zeitliche Abstände, in denen eine Fortbildung zu erfolgen hat;
5. Anforderungen an die in den Aus- und Fortbildungseinrichtungen eingesetzten Lehrkräfte;
6. Bestimmungen darüber, dass und in welcher Weise eine Aus- und Fortbildungseinrichtung die Teilnahme an einer Aus- und Fortbildungsveranstaltung zu zertifizieren hat;
7. Regelungen über den Abschluss der Ausbildung;
8. Übergangsbestimmungen für Personen, die bereits vor Inkrafttreten dieses Gesetzes als Mediatoren tätig sind.

---

52 Der Gesetzgeber legt, wie sich aus der Begründung ergibt (BT-Drucks. 17/8058, III., Zu Artikel 1, Zu § 5), zudem großen Wert auf praktische Erfahrungen und spricht davon, dass »*nach Abschluss der Ausbildung innerhalb von zwei Jahren praktische Erfahrungen in mindestens vier Fällen zu erwerben und zu dokumentieren sind und anschließend alle zwei Jahre eine Fortbildung von mindestens 10 Stunden zu absolvieren ist*«. Kritisch hierzu *Wagner* ZKM 2012, 110 ff. (114). Der VO-Geber hat in der ZMediatAusbV allerdings einen anderen Schwerpunkt gesetzt, vgl. dort §§ 3, 4 ZMediatAusV.
53 Umfassend hierzu, auch mit (im Hinblick auf den Gesetzesvorbehalt sehr weitgehenden) Lösungsvorschlägen wie »Abmahnungen durch die Ausbildungseinrichtungen«: *Greger* ZKM 2012, 16 ff. (18).

Teil 1 Artikel 1 Mediationsförderungsgesetz

Übersicht

	Rdn.
I. Regelungsgegenstand und Zweck	1
1. Systematischer Zusammenhang	1
2. Europäische Mediationsrichtlinie	4
II. Grundsätze/Einzelheiten	5
1. Ermächtigungsnormen	5
a) Ermächtigungsadressat (Satz 1)	6
b) Bestimmung von Inhalt, Zweck und Ausmaß	7
c) Entbehrlichkeit einer Zustimmung	10
2. Regelungsbereiche, abstrakt	12
3. Konkretisierung der Ermächtigung (Satz 2)	16
a) Inhalte der Ausbildung (Satz 2 Nr. 1)	17
b) Inhalte der Fortbildung (Satz 2 Nr. 2)	21
c) Mindeststundenzahl (Satz 2 Nr. 3)	23
aa) Ausbildung	23
bb) Fortbildung	26
d) Zeitliche Abstände für Fortbildungsmaßnahmen (Satz 2 Nr. 4)	29
e) Anforderungen an Lehrkräfte (Satz 2 Nr. 5)	30
f) Zertifizierung durch Aus- und Fortbildungseinrichtung (Satz 2 Nr. 6)	31
g) Abschluss der Ausbildung (Satz 2 Nr. 7)	32
h) Übergangsbestimmung für bereits tätige Mediatoren (Satz 2 Nr. 8)	33
4. Gesetzgeberische Erwartungen an ein Ausbildungscurriculum	36
5. Vorgesehenes Inkrafttreten	39

I. Regelungsgegenstand und Zweck

1. Systematischer Zusammenhang

1 Nachdem der Gesetzgeber in Ergänzung des Entwurf der Bundesregierung nunmehr den »zertifizierten Mediator gem. § 5 Abs. 2 MediationsG« als Qualitätsmerkmal (sog. Gütesiegelmodell)[1] in das Gesetz eingeführt hat, hat er davon Abstand genommen, die Inhalte der Aus- und Fortbildung sowie die Anforderungen an Aus- und Fortbildungseinrichtungen unmittelbar durch (Bundes-) Gesetz selbst zu regeln, sondern den Weg über eine **Verordnungsermächtigung** gewählt (vgl. **Art. 80 GG**). Das erscheint aus vielerlei Gründen sachgerecht und betrifft die Komplexität der Materie einerseits und den vielfältigen Wandel und die Weiterentwicklung, dem konsensuale Konfliktbeilegungsmodelle und insbesondere die Mediation unterliegen, andererseits. Für den Bereich der Ausbildung findet sich in der Gesetzesbegründung bereits einen nahezu ausformulierten Verordnungsentwurf;[2] der Gesetzgeber verdeutlicht damit, inwieweit er die Ausbildung jedenfalls geregelt sehen will.[3]

2 Auf den Erlass einer Verordnungsermächtigung im Hinblick auf Mindeststandards hatte bereits der Bundesrat in seiner Stellungnahme zum Gesetzentwurf der Bundes-

---

1 *Wagner* ZKM 2012, 110 ff. (114).
2 BT-Drucks. 17/8058, III., Zu Artikel 1, zu § 6 – neu –.
3 *Göcken* NJW-aktuell, 52/2011, 16.

regierung gedrängt;[4] diese hatte dann in ihrer Gegenäußerung eine weiter Prüfung im Gesetzgebungsverfahren unter Einbeziehung der maßgeblichen Mediations- und Berufsverbände zugesagt.[5]

Nach Auffassung des Bundesrates ist damit eine wesentliche Förderung der Mediation verbunden. Denn die als unbefriedigend zu bezeichnende Entwicklung der Mediation sei auf einen Mangel an **Markttransparenz** zurückzuführen. Sowohl mediationswilligen Verbrauchern als auch professionellen Nachfragern wie beispielsweise Versicherungen mangele es an einem »Marktüberblick zu Angebot, Herkunftsberuf, Schwerpunkten und Kosten sowie allgemein und bezogen auf den konkreten Streitfall zur Geeignetheit konkreter Mediatorinnen und Mediatoren«.[6] § 6 MediationsG wurde mittlerweile insoweit geändert, als durch Art. 135 Zehnte ZuständigkeitsanpassungsVO vom 31. August 2015 (BGBl. I S. 1474) das Bundesministerium der Justiz umbenannt wurde in Bundesministerium der Justiz und für Verbraucherschutz. Mit der Verordnung über die Aus- und Fortbildung von zertifizierten Mediatoren – ZMediatAusbV- vom 21. August 2016 (BGBl. I S. 1994) hat das Bundesministerium sodann von der VO-Ermächtigung Gebrauch gemacht.[7] 3

2. Europäische Mediationsrichtlinie

Mit der Verordnungsermächtigung greift der Gesetzgeber den **Erwägungsgrund Nr. 16** der EUMed-RL sowie **Art. 4 EUMed-RL** auf. Danach sollen die Mitgliedstaaten mit allen ihnen geeignet erscheinenden Mitteln wirksame Verfahren zur Qualitätskontrolle für die Erbringung von Mediationsdiensten fördern, ferner die Aus- und Fortbildung von Mediatoren, um sicherzustellen, dass die Mediation für die Parteien wirksam, unparteiisch und sachkundig durchgeführt wird. 4

II. Grundsätze/Einzelheiten

1. Ermächtigungsnormen

§ 6 MediationsG i.V.m. § 5 Abs. 2 MediationsG stellen die Ermächtigungsnormen dar, deren es nach Art. 80 Abs. 1 GG bedarf, wenn rechtsetzende Gewalt auf die Exekutive übertragen werden soll. 5

a) Ermächtigungsadressat (Satz 1)

Als Ermächtigungsadressat im Sinne von Art. 80 Abs. 1 Satz 1 GG hat der Gesetzgeber das **Bundesministerium der Justiz und für Verbraucherschutz** bestimmt und sich damit im Rahmen seiner Ermächtigungsmöglichkeiten gehalten: Ein Bundes- 6

---

4 Vgl. BT-Drucks. 17/5335, Anl. 3, Zu Artikel 1 (§ 5 MediationsG).
5 BT-Drucks. 17/5496, Zu Nummer 6 und 7.
6 Vgl. BT-Drucks. 17/5335, Anl. 3, Zu Artikel 1 (§ 5 MediationsG).
7 Vgl. hierzu den Verordnungstext wie auch die Kommentierung der einzelnen Vorschriften der ZMediatAusbV unter Teil 2 C.

minister wird als möglicher Delegatar in der Verfassung benannt; die geschlechterneutrale Bezeichnung »Bundesministerium« ist unschädlich.

b) **Bestimmung von Inhalt, Zweck und Ausmaß**

7 § 6 MediationsG ist zudem an den Anforderungen zu messen, die nach dem Konkretisierungsgebot des Art. 80 Abs. 1 Satz 2 GG zu beachten sind: **Inhalt, Zweck und Ausmaß** der erteilten Ermächtigung müssen im Gesetz selbst bestimmt sein. Daran würde es fehlen, wenn die Ermächtigung so unbestimmt wäre, dass nicht mehr vorausgesehen werden kann, in welchen Fällen und mit welcher Tendenz von ihr Gebrauch gemacht werden wird und welchen Inhalt die aufgrund der Ermächtigung erlassene Verordnung haben könnte.[8]

8 Indem der Gesetzgeber in § 6 Satz 1 MediationsG ausführt, welche Fragen durch die Verordnung geregelt werden sollen, nämlich
   – Aus- und Fortbildung des zertifizierten Mediators und
   – Anforderungen an Aus- und Fortbildungseinrichtungen,
   – jeweils konkretisiert durch § 6 Satz 2 Nr. 1 bis 7 MediationsG,
   – ferner eine Übergangsbestimmung für bereits tätige Mediatoren (vgl. § 6 Satz 2 Nr. 8 MediationsG),

genügt er nicht nur den Anforderungen an die inhaltliche Bestimmung (»theoretische und praktische Ausbildungsinhalte«), sondern setzt zugleich die Grenzen hierfür fest (»kein Prüfungsverfahren,[9] keine behördliche Vollzugs- und oder Sanktionsregelungen«) und macht das Ziel deutlich, das er damit erreichen will (»Qualitätssicherung und Markttransparenz«).

9 Es kommt hinzu, dass nach der Rechtsprechung des Bundesverfassungsgerichts[10] Inhalt, Zweck und Ausmaß der Ermächtigung nicht ausdrücklich im Gesetzestext bestimmt sein müssen, wenn denn nach den herkömmlichen Interpretationsgrundsätzen, wozu auch die Entstehungsgeschichte und Gesetzesbegründung zählt, sich das Konkretisierungsgebot erschließen lässt: Da die Gesetzesbegründung zum Regelungsbereich detaillierte Ausführungen enthält,[11] kann vorliegend am gesetzgeberischen Wollen kein Zweifel bestehen.

c) **Entbehrlichkeit einer Zustimmung**

10 Die vom Bundesministerium der Justiz und Verbraucherschutz in Kraft gesetzte ZMediatAusbV konnte **ohne** die **Zustimmung des Bundesrates** ergehen. Einer Zustimmung hätte es nur bedurft, wenn einer der in Art. 80 Abs. 2 GG benannten

---

8 BVerfGE 1, 14 (60), 58, 257 (277).
9 A.A. wohl *Greger* ZKM 2012, 16 ff. (18). Keine Prüfungen im herkömmlichen Sinne wie beispielsweise Universitäts- oder Staatsprüfungen stellen Nachweise über Praxiserfahrungen durch Falldokumentationen oder durch Fallsupervisionen dar.
10 BVerfGE 19, 354 (362); 24, 1 (15); 38, 348 (358).
11 Begr. BT-Drucks. 17/8058, III. Zu Artikel 1, Zu § 6 – neu –.

Regelungsbereiche betroffen gewesen wäre oder das Mediationsförderungsgesetz selbst der Zustimmung des Bundesrates bedurft hätte. Da es sich um ein Einspruchsgesetz handelt, konnte das zuständige Ministerium eine entsprechende Verordnung alleine erlassen.

Die ZMediatAusbV hält sich in dem durch §§ 6, 5 Abs. 2 MediationsG vorgegebenen Rahmen und benennt gem. Art. 80 Abs. 1 Satz 3 GG zudem ihre Rechtsgrundlage. 11

2. Regelungsbereiche, abstrakt

Die Ermächtigungsnorm des § 6 MediationsG benennt in Satz 1 und in Satz 2 Nr. 8 zunächst abstrakt die **vier Regelungsbereiche**, die im Zusammenhang mit dem Qualitätsmerkmal »zertifizierter Mediator« (§ 5 Abs. 2 MediationsG) durch eine Verordnung konkretisiert werden sollen: 12
– Bestimmungen über die Ausbildung,
– Bestimmungen über die Fortbildung,
– Anforderungen an Aus- und Fortbildungseinrichtungen,
– Übergangsbestimmungen für bislang schon tätige Mediatoren.

Für die drei ersten Bereiche finden sich sodann Satz 2 weitere Konkretisierungen, für alle vier Bereiche zudem in der Gesetzesbegründung.[12]

Detaillierte Regelungen des Berufsbildes des zertifizierten Mediators mit einheitlichen Aus- und Fortbildungsstandards, wie sie durch den Verordnungsgeber geschaffen werden sollen, stellen **Beschränkungen der Berufsfreiheit** im Sinne der Rechtsprechung des Bundesverfassungsgerichts zu Art. 12 Abs. 1 GG dar und sind nur zulässig, soweit sie zum Schutz besonders wichtiger Gemeinschaftsgüter zwingend erforderlich sind.[13] Als Ausprägung des Verhältnismäßigkeitsgrundsatzes ist mithin eine sorgfältige Prüfung angezeigt, ob dem Schutz der Gemeinschaftsgüter Vorrang vor dem Freiheitsanspruch des Einzelnen einzuräumen ist und ob dieser Schutz nicht mit weniger belastenden bzw. einschneidenden Mitteln gesichert werden kann. Dabei ist stets die Regelungsmöglichkeit zu wählen, die den geringsten Eingriff in die Freiheit der Berufswahl nach sich zieht. 13

Die Regelungen, die der Gesetzgeber durch die Verordnungsermächtigung vorgesehen hat, stellen **subjektive Zulassungsvoraussetzungen** für das Berufsbild des »zertifizierten Mediators gem. § 5 Abs. 2 MediationsG« dar, weil sie die Aufnahme der beruflichen Tätigkeit von persönlichen Fähigkeiten und Fertigkeiten abhängig macht.[14] Gleiches gilt, soweit es um die Anforderungen für Aus- und Fortbildungseinrichtungen sowie die eingesetzten Lehrkräfte geht. 14

Als **besonders wichtiges Gemeinschaftsgut** ist vorliegend der Schutz der Verbraucher zu sehen: Sie sollen darauf vertrauen dürfen, dass ein zertifizierter Mediator über die 15

---

12 Begr. BT-Drucks. 17/8058, III. Zu Artikel 1, Zu § 6 – neu –.
13 Grundlegend BVerfGE 7, 406 ff. (Apothekenurteil).
14 *Fritz*, Berufsbild des Mediators und Ausbildungsvoraussetzungen, S. 37 ff. (139); *Greger* ZKM 2011, 86.

theoretischen und praktischen Kenntnisse und Fertigkeiten verfügt, um dem ihm angetragenen Konflikt angemessen, qualifiziert und unter Beachtung der rechtlichen und fachspezifischen Implikationen bearbeiten zu können. Der Verordnungsgeber war daher gehalten, bei der Umsetzung der in Satz 2 Nr. 1 bis 8 genannten Regelungsbereiche darauf zu achten, ob seine beschränkenden Vorschriften im Sinne des Verbraucherschutzes **geeignet, erforderlich und angemessen** sind. Dabei spielt es vorliegend keine Rolle, dass der Gesetzgeber in § 5 MediationsG von einem zweistufigen Regelungsmodell[15] ausgegangen ist. Im umkämpften Markt der alternativen Streitschlichtung kommt dem Zertifizierungsmodell des Gesetzgebers bereits aus wirtschaftlichen Erwägungen eine besondere Bedeutung zu, weshalb eine Verweisung auf die Tätigkeit als »nicht-zertifizierter« Mediator keine Rechtfertigung für unverhältnismäßige Beschränkungen dargestellt hätte.

3. Konkretisierung der Ermächtigung (Satz 2)

16 Aus § 6 Satz MediationsG folgt, dass in der Rechtsverordnung insbesondere die in Satz 2 Nr. 1 bis 8 genannten Inhalte festgelegt werden können. Aus den Tatbestandsmerkmalen »insbesondere« und »können« ergibt sich, dass es dem Verordnungsgeber überlassen bleiben sollte, ob er sich auf die benannten Bereiche beschränken oder ob er weitere Regelungen hinzufügen möchte.[16] Eine Nichtregelung einer der in Satz 2 aufgeführten Punkte dürfte im Hinblick auf das gesetzgeberische Ziel der Einführung des Qualitätsmerkmals »zertifizierter Mediator« wohl nicht in Betracht kommen, wenngleich der Verordnungsgeber letztlich nicht gezwungen werden konnte, überhaupt eine Verordnung zu erlassen. Darauf dürfte es zurückzuführen sein, dass viel Zeit bis zum Erlass der ZMediatAusbV verstrichen ist.

a) Inhalte der Ausbildung (Satz 2 Nr. 1)

17 Eine Ausbildung zum zertifizierten Mediator muss die **Inhalte** umfassen, die in § 5 Abs. 1 Satz 2 Nr. 1 bis 5 MediationsG aufgeführt sind:
– Kenntnisse über Grundlagen der Mediation sowie deren Ablauf und Rahmenbedingungen,
– Verhandlungs- und Kommunikationstechniken,
– Konfliktkompetenz,
– Kenntnisse über das Recht der Mediation sowie über die Rolle des Rechts in der Mediation,
– praktische Übungen, Rollenspiele und Supervision.

18 Zudem muss im Rahmen der Ausbildung **Praxiserfahrung** gesammelt werden (vgl. Satz 2 Nr. 1 letzter Halbsatz). Herkömmlich geschieht dies dadurch, dass nach erfolgter Ausbildung die Mediatoren innerhalb eines bestimmten Zeitraums (beispielsweise eines Jahres) die Durchführung einer gewissen Zahl von Mediationen (in der Regel

---

15 *Göcken* NJW-aktuell 52/2011, 16.
16 Eine abgeschlossene Berufsausbildung oder gar ein Hochschulstudium als Eingangsvoraussetzung zu fordern wäre durch die Ermächtigungsnorm nicht gedeckt.

vier) als Mediator oder Co-Mediator dokumentieren müssen. Es spricht nichts dagegen, dies auch in einer Ausbildungsverordnung entsprechend festzulegen, die auch Regelungen über Art und Umfang von Dokumentationen und/oder Fallsupervisionen enthalten kann.

Welchen Inhalt eine Ausbildungsverordnung im Einzelnen haben könnte, hat der Gesetzgeber in der **Gesetzesbegründung bis ins Detail** dargestellt.[17] Möglicherweise wird sich herausstellen, dass ein derartiges Curriculum bereits zu detailliert beschrieben ist, andererseits aber Spezialisierungen in bestimmten Bereichen (Wirtschaftsrecht, Familienrecht, Gemeinwesenmediation etc.) nicht hinreichend in den Blick nimmt. 19

Spezialisierungen und Qualifizierungen hingegen von weiteren kostenintensiven Ausbildungsstunden abhängig zu machen, würde zwar für die Ausbildungsinstitute lukrativ sein, kaum aber den Maßstäben genügen, die nach Art. 12 Abs. 1 GG an berufsfreiheitsbeschränkende Regelungen in diesem Bereich zu stellen sind.[18] Dementsprechend ist der Verordnungsgeber von einer 120 Präsenzzeitstunden umfassenden Ausbildung ausgegangen, ein Umstand, den zentrale Ausbildungsinstitute aus letztlich wirtschaftlichen Erwägungen nicht mitzutragen bereit sind und eine höhere Stundenzahl favorisieren.[19] 20

b) Inhalte der Fortbildung (Satz 2 Nr. 2)

Fortbildungsverpflichtungen sind einer Vielzahl von Berufen nicht unbekannt und finden sich bei Ärzten, Psychologen, Rechtsanwälten etc. Der Gesetzgeber hat sich aus Gründen der Qualitätssicherung dazu entschieden, dies auch für zertifizierte Mediatoren zu verlangen. Gerade im Bereich der alternativen Konfliktlösungsmethoden, der nicht als statisch, sondern als ausgesprochen innovativ zu bezeichnen ist, ist dies grundsätzlich als sinnvolle Maßnahme zu erachten, auch im Hinblick auf Art. 12 Abs. 1 GG. 21

Hierfür kommen in Betracht 22
– zunächst alle Bereiche, die Gegenstand der Ausbildung sind und in § 5 Satz 2 Nr. 1 bis 5 MediationsG beschrieben werden,
– ferner bestimmte Mediationsfelder (z. B. Familienmediation, Wirtschaftsmediation, Gemeinwesenmediation etc.[20]),
– zudem andere Verfahren der alternativen Konfliktbeilegung (z. B. Cooperative Praxis, Adjudikation etc.[21]),

---

17 Vgl. hierzu die Ausführungen unter Rdn. 36 ff.
18 Vgl. mit weiteren Nachweisen: *Fritz*, Berufsbild des Mediators und Ausbildungsvoraussetzungen, S. 137 Fn. 4, 139.
19 *Fritz* ZKM 2014, 62 ff; *Fritz*, »Basiswissen Mediation« und »Standard QVM 2019«, 2. September 2019, https://adribo.de/aktuelles/(Datum des Zugriffs: 20. März 2020).
20 S. hierzu die Darstellungen unter Teil 5, G.
21 S. hierzu die Darstellungen unter Teil 6, A., G., I.

- wie auch bestimmte Methoden und Techniken (z. B. Kurz-Zeit-Mediation, Co-Mediation etc.[22]).

c) **Mindeststundenzahl (Satz 2 Nr. 3)**

aa) **Ausbildung**

23 Die Frage, wie viele Stunden für eine qualifizierte Ausbildung zum Mediator erforderlich sind, wird schon seit Jahren im Schrifttum höchst kontrovers diskutiert. Die Beispiele und Erfahrungen in den USA machen deutlich, dass das starre Erfordernis einer **Mindeststundenzahl** für eine erfolgreiche Mediatorentätigkeit eine Chimäre ist.[23]

24 Der Gesetzgeber geht in der Gesetzesbegründung nunmehr davon aus, dass »die Ausbildung zu einem zertifizierten Mediator nach gegenwärtigem Erkenntnisstand« eine »Mindeststundenzahl von **120 Stunden**« vorsehen sollte. Der Begriff der Mindeststundenzahl von 120 Stunden taucht sodann im Zusammenhang mit einer Übergangsregelung für bereits praktizierende Mediatoren wiederum auf und wurde auch in der ZMediatAusbV in der Form von 120 Präsenzzeitstunden so übernommen.

25 In Anbetracht der Lobbyarbeit der Mediationsverbände und Ausbildungsinstitute im Gesetzgebungsprozess war kaum damit zu rechnen, dass der Verordnungsgeber weniger als 120 Stunden festschreiben würde. Die generelle Festsetzung einer Mindeststundenzahl in dieser Höhe verkennt jedoch, dass bestimmte Berufsgruppen wie Psychologen, Kommunikationswissenschaftler, Juristen etc. bereits wertvolles Wissen vorzuweisen haben, das zumindest anrechenbar sein sollte. Mit guten Gründen hatte daher in der Vergangenheit die BRAK für Rechtsanwälte eine Ausbildung von 90 Stunden als ausreichend erachtet. Jedenfalls war der Verordnungsgeber im Hinblick auf Art. 12 Abs. 1 GG nicht gehindert, auf die Mindeststundenzahl ein abgeschlossenes Hochschulstudium in den oben genannten Fächern oder eine vergleichbare Ausbildung beispielsweise als Coach oder Kommunikationstrainer in angemessenem Umfang anzurechnen; davon hat er allerdings in der ZMediatAusbV keinen Gebrauch gemacht. Keine Regelung findet sich im Gesetz zur Frage etwaiger Konsequenzen bei unzulässigem Gebrauch der Bezeichnung »zertifizierter Mediator«; Verwaltungs- und/oder Strafsanktionen kommen nicht in Betracht, allenfalls privatrechtliche Folgen wie Abmahnungen oder Kündigung von Mediatorenverträgen.[24]

---

22 *Fritz/Krabbe*, NJW 2011, 3204; *Krabbe/Fritz*, ZKM 2010, 136 ff., 176 ff., sowie die Darstellungen unter Teil 5, D. und E.
23 Vgl. hierzu schon *Duve* IDR-Beilage 7, S. 9 zu BB 2002, Heft 46 m.w.N.
24 Vgl. hierzu *Greger* ZKM 2012, 16 ff. (17); *Göcken* NJW-aktuell 52/2011, 16.Umfassen nunmehr *Greger/Unberath/Steffek,* Recht der alternativen Konfliktlösung, 2. Aufl., § 5 MediationsG, Rn. 22 ff.

bb) Fortbildung

Eine **regelmäßige Fortbildung** ist zweifellos sinnvoll, um erlerntes Wissen und erworbene Fähigkeiten zu überprüfen, zu erweitern und fortzuentwickeln. Dies kann auf vielfältige Weise geschehen, im Eigen- wie im Fernstudium, durch Fortbildungsmaßnahmen bei einem Fortbildungsinstitut, aber auch im Rahmen eines Arbeitskreises oder eines Netzwerkes. Im Hinblick auf die Bedeutung der praktischen Aspekte der Mediation wird gerade der Austausch mit anderen Mediatoren über konkrete Fälle etc. für alle Beteiligten von hohem Nutzen sein. Wenn allerdings Inhalt und Umfang von Fortbildung durch Verordnung vorgegeben werden und zugleich Kosten nach sich ziehen, dann stellt sich die Frage nach der **Verhältnismäßigkeit** einer derartigen Regelung. 26

Dem Gesetzgeber schwebte eine Mindeststundenzahl für Fortbildungsmaßnahmen von zehn Stunden innerhalb eines Zeitraums von zwei Jahren vor.[25] 27

Wenn der Gesetzgeber, wie in der Begründung deutlich wird, eine zehnstündige Fortbildungsmaßnahme favorisiert, die sich beispielsweise aus zwei Fortbildungseinheiten zu je fünf Stunden zusammensetzen kann, dann ist dies im Hinblick auf die oben[26] beschriebenen möglichen Inhalte aus didaktischen Gründen zweifellos sinnvoll. Ob der hierfür angedachte Zweijahresrhythmus dem Verhältnismäßigkeitsgrundsatz genügt, wirft – nicht zuletzt aus finanziellen Erwägungen – Fragen auf. Ebenfalls nicht geregelt sind Sanktionen bei Nichterfüllung der Fortbildungspflicht: Im Schrifttum wie im vorliegenden Kommentar wird die Auffassung vertreten, dass damit die Berechtigung entfällt, sich »zertifizierter Mediator gem. § 5 Abs. 2 MediationsG« zu nennen.[27] 28

d) **Zeitliche Abstände für Fortbildungsmaßnahmen (Satz 2 Nr. 4)**

Der Verordnungsgeber hat dies nunmehr dahingehend geregelt, als nach § 3 ZMediatAusbV innerhalb eines Zeitraumes von vier Jahren vierzig Stunden Fortbildung zu absolvieren sind. 29

e) **Anforderungen an Lehrkräfte (Satz 2 Nr. 5)**

Die Ausführungen zur Berufsfreiheit gelten auch insoweit, als durch die Verordnung die Anforderungen an Lehrkräfte geregelt werden. Umfängliche Praxiserfahrung in alternativer Streitbeilegung, insbesondere in Mediationsverfahren, werden für Lehrkräfte grundsätzlich verlangt werden können, u. U. zudem Erfahrung in der Lehrtätigkeit. Es ist allerdings zu beachten, dass auch und gerade die alternative Streitbeilegung vom (internationalen) **Wissenstransfer** lebt. Die Einbeziehung von 30

---

25 Begr. BT-Drucks. 17/8085, III. Zu Artikel 1, Zu § 5.
26 Vgl. Rdn. 21 ff.
27 *Greger* ZKM 2012, 16 ff. (18). Unklar bleibt bei dieser Vorgehensweise jedoch, ob und wie die Berechtigung wieder erlangt werden kann. Insoweit ist an einen erneuten Ausbildungslehrgang unter Anrechnung bereits absolvierter Präsenzzeitstunden und Inhalte zu denken.

(ausländischen) Trainern oder Praktikern sollte jedenfalls durch restriktive Regelungen in diesem Bereich nicht unmöglich gemacht werden. Soweit staatliche Hochschulen in diesem Bereich aktiv sind, werden ohnehin andere Anforderungen an die Lehre zu stellen sein als dies bei privaten Instituten der Fall sein wird. Von daher könnte es als ausreichend erachtet werden, wenn die Lehrkräfte eines privaten Instituts unter der Anleitung **eines** zertifizierten Ausbilders tätig werden.

f) Zertifizierung durch Aus- und Fortbildungseinrichtung (Satz 2 Nr. 6)

31 In diesem Zusammenhang ist an einen für alle Aus- und Fortbildungseinrichtungen **einheitliche Zertifizierungsnachweis** zu denken, der neben der Bezeichnung des Ausbildungsinstituts den Namen des Absolventen, der in der Aus- oder Fortbildung eingesetzten Lehrkräfte sowie die Anzahl der Stunden und der vermittelten Inhalte enthält. Im Übrigen ist Satz 2 Nr. 6 im Zusammenhang mit Satz 1 zu sehen, wonach der Verordnungsgeber Regelungen über die an Aus- und Fortbildungseinrichtungen zu stellenden Anforderungen erlassen kann.

g) Abschluss der Ausbildung (Satz 2 Nr. 7)

32 Was der Gesetzgeber unter »Regelungen über den Abschluss der Ausbildung« versteht, erschließt sich nicht ohne Weiteres; auch die Gesetzesbegründung verhält sich hierzu nicht. Eine Prüfung kann im Hinblick auf die Anforderungen nach Art. 80 Abs. 1 GG jedenfalls nicht gemeint sein;[28] dies hätte der Gesetzgeber klar zum Ausdruck bringen müssen. Denkbar sind jedoch Vorschriften über Praxisnachweise oder darüber, wie im Fall versäumter Ausbildungsinhalte vorzugehen ist.

h) Übergangsbestimmung für bereits tätige Mediatoren (Satz 2 Nr. 8)

33 Dass bereits seit langem tätige Mediatoren, die u. U. noch dazu in der Aus- und Fortbildung aktiv sind, nicht ohne Weiteres dem Regime einer noch zu erlassenden Ausbildungsverordnung unterworfen werden können, war auch dem Gesetzgeber bewusst. In der Gesetzesbegründung hierzu heißt es:

34 *»Ein Mediator, der bereits vor Inkrafttreten der Rechtsverordnung eine Ausbildung im Inland oder im Ausland absolviert hat, die den Anforderungen oder Mindeststundenzahl von 120 Stunden nach der Rechtsverordnung entspricht, darf sich mit Inkrafttreten der Rechtsverordnung als zertifizierter Mediator bezeichnen. Soweit die bereits absolvierte Ausbildung nicht alle nach der Rechtsverordnung erforderlichen Ausbildungsinhalte oder weniger als 120 Stunden umfasst, genügt eine Nachschulung zu den noch fehlenden Ausbildungsinhalten.*

In einer Übergangsregelung soll für die Mediatoren, die vor dem Inkrafttreten des Gesetzes eine Ausbildung von weniger als 120 Stunden absolviert haben, vorgesehen werden, dass bei Einhaltung einer Mindeststundenzahl von 90 Stunden die fehlenden Ausbildungsinhalte durch praktische Erfahrungen als Mediator oder durch Fortbildungen ausgeglichen werden

---

28 A.A. wohl *Greger* ZKM 2012, 16 ff. (18).

können. Die Mindeststundenzahl von 90 Stunden entspricht der bisherigen durchschnittlichen Mindestausbildungsdauer und gewährleistet, dass der Mediator zumindest die in § 5 Absatz 1 festgelegten Kenntnisse und Kompetenzen hat.«[29]

Der Gesetzgeber hält es danach für angezeigt, dass diejenigen Mediatoren, die die Voraussetzungen der zu erlassenden Rechtsverordnung erfüllen, sich als zertifizierter Mediator bezeichnen können. Ob dies ohne eine Verifizierung sinnvoll ist, darf bezweifelt werden.[30] Von daher stellt sich die Frage, ob nicht eine **Institution zur Überprüfung** der Voraussetzungen zuständig sein sollte, und zwar sowohl für diejenigen, die Voraussetzungen der zu erlassenden Ausbildungsverordnung erfüllen wie für die, die noch einer Nachschulung bedürfen oder deren fehlende Stunden durch Praxisnachweis kompensiert werden sollen. In Betracht hierfür kommt eine privatrechtlich wie auch eine öffentlich-rechtlich organisierte Stelle.[31]

35

4. Gesetzgeberische Erwartungen an ein Ausbildungscurriculum

Der vom Bundesministerium der Justiz und für Verbraucherschutz initiierte **Arbeitskreis** »Zertifizierung für Mediatorinnen und Mediatoren« hatte sich bereits am 20. 05. 2010 auf Ausbildungsinhalte geeinigt.[32] Der Gesetzgeber geht ersichtlich davon aus, dass der Verordnungsgeber sich hieran orientieren solle; um dies zu unterstreichen, ist in der Gesetzesbegründung für den Ausbildungsbereich bereits folgendes Curriculum dargestellt:[33]

36

»I. Einführung und Grundlagen der Mediation

37

Gewichtung: 18 Stunden (15 Prozent)
1. Definitionen
2. Grundlagen der Mediation
  a) Überblick zu Prinzipien, Verfahrensablauf und Phasen
  b) Überblick zu Kommunikations- und Arbeitstechniken in der Mediation.
3. Abgrenzung der Mediation zum streitigen Verfahren und anderen alternativen Konfliktbeilegungsverfahren.
4. Überblick über die Anwendungsfelder der Mediation.

---

29 BT-Drucks. 17/8058, III. Zu Artikel 1, Zu § 6 – neu –.
30 *Greger* ZKM 2012, 16 ff. (18) vertritt die Auffassung, im Gesetz sei eine Zertifizierung durch einen besonderen Akt nicht vorgesehen, sodass auch eine Rezertifizierung nicht möglich sei.
31 S. unten Rdn. 39 ff.
32 *Leutheusser-Schnarrenberger* ZKM 2012, 72 ff (73).
33 Begr. BT-Drucks. 17/8085, III. Zu Artikel 1, Zu § 6 – neu –. Dieses Curriculum entspricht in den Punkten I. bis IX. einschließlich der prozentualen Gewichtungen den von den Verbänden entwickelten Standards. Es ist allerdings für den Verordnungsgeber nicht bindend, vgl. auch *Ahrens* NJW 2012, 2465 ff. (2468). Vgl. nunmehr die Anforderungen in der ZMediatAusbV unter Teil 2 C.

Teil 1 Artikel 1 Mediationsförderungsgesetz

II. Ablauf und Rahmenbedingungen der Mediation

Gewichtung: 30 Stunden (25 Prozent)
1. Einzelheiten zu den Phasen der Mediation
   a) *Mediationsvertrag,*
   b) *Stoffsammlung,*
   c) *Interessenerforschung,*
   d) *Sammlung und Bewertung von Optionen,*
   e) *Abschlussvereinbarung.*
2. Besonderheiten unterschiedlicher Settings in der Mediation
   a) *Einzelgespräche,*
   b) *Co-/Teammediation, Mehrparteienmediation, Shuttle-Mediation,*
   c) *Einbeziehung Dritter (z. B. Kinder, Steuerberater, Gutachter).*
3. Weitere Rahmenbedingungen
   a) *Vor- und Nachbereitung von Mediationsverfahren,*
   b) *Dokumentation/Protokollführung.*

III. Verhandlungstechniken und -kompetenz

Gewichtung: 12 Stunden (10 Prozent)
1. *Grundlagen der Verhandlungsanalyse.*
2. *Verhandlungsführung und Verhandlungsmanagement:*

Intuitives Verhandeln, Verhandlung nach dem Harvard- Konzept/integrative Verhandlungstechniken, distributive Verhandlungstechniken.

IV. Gesprächsführung, Kommunikationstechniken

Gewichtung: 18 Stunden (15 Prozent)
1. *Grundlagen der Kommunikation.*
2. *Kommunikationstechniken: aktives Zuhören, Paraphrasieren, Fragetechniken, Verbalisieren, Reframing, verbale und nonverbale Kommunikation.*
3. *Techniken zur Entwicklung und Bewertung von Lösungen (Brainstorming, Mindmapping, sonstige Kreativitätstechniken, Risikoanalyse).*
4. *Visualisierungs- und Moderationstechniken.*
5. *Umgang mit schwierigen Situationen (z. B. Blockaden, Widerstände, Eskalationen, Machtungleichgewichte).*

V. Konfliktkompetenz

Gewichtung: 12 Stunden (10 Prozent)
1. *Konflikttheorie (Konfliktfaktoren, Konfliktdynamik und Konfliktanalyse; Eskalationsstufen; Konflikttypen).*
2. *Erkennen von Konfliktdynamiken.*
3. *Interventionstechniken.*

VI. Recht der Mediation

Gewichtung: 6 Stunden (5 Prozent)

1. *Rechtliche Rahmenbedingungen: Mediationsvertrag, Berufsrecht, Verschwiegenheit, Vergütungsfragen, Haftung und Versicherung.*
2. *Einbettung in das Recht des jeweiligen Grundberufs.*
3. *Grundzüge des Rechtsdienstleistungsgesetzes.*

VII. Recht in der Mediation, Ermöglichung einer rechtlich informierten Entscheidung bei rechtlich relevanten Sachverhalten

Gewichtung: 12 Stunden (10 Prozent)
1. *Rolle des Rechts in der Mediation.*
2. *Abgrenzung von zulässiger rechtlicher Information und unzulässiger Rechtsberatung in der Mediation durch den Mediator.*
3. *Abgrenzung zu den Aufgaben des Parteianwalts.*
4. *Sensibilisierung für die rechtliche Relevanz bestimmter Sachverhalte bzw. rechtzeitige Empfehlung an die Medianten, in rechtlich relevanten Fällen externe rechtliche Beratung in Anspruch zu nehmen.*
5. *Mitwirkung von Rechtsanwälten in der Mediation selbst.*
6. *Rechtliche Besonderheiten der Mitwirkung des Mediators bei der Abschlussvereinbarung.*
7. *Rechtliche Bedeutung und Durchsetzbarkeit der Abschlussvereinbarung unter Berücksichtigung der Vollstreckbarkeit.*

VIII. Persönliche Kompetenz, Haltung und Rollenverständnis

Gewichtung: 12 Stunden (10 Prozent)
1. *Rollendefinition, Rollenkonflikte.*
2. *Aufgabe und Selbstverständnis des Mediators.*
3. *Mediation als Haltung, insbesondere Wertschätzung, Respekt und innere Haltung.*
4. *Allparteilichkeit, Neutralität und professionelle Distanz zu den Medianten und zum Konflikt.*
5. *Macht und Fairness in der Mediation.*
6. *Umgang mit eigenen Gefühlen.*
7. *Selbstreflexion.*
8. *Vernetzung.*
9. *Bewusstheit über die eigenen Grenzen aufgrund der beruflichen Prägung und Sozialisation.*

IX. Praxis und Supervision und Intervision in der Ausbildung
1. *Rollenspiele mit Feedback und Analyse.*
2. *Information über die Bedeutung von Supervision.*

X. Praktische Erfahrung und Nachweis von Fällen
1. *praktische Erfahrungen in eigenen Mediationsfällen, auch als Co-Mediator.*
2. *praktische Erfahrungen im Rahmen von Supervision, Inter- oder Covision.«*

Das **Curriculum**, das dem Gesetzgeber vorschwebte, stellte auf den **seinerzeitigen Erkenntnisstand** im Zusammenhang mit einer Ausbildung ab. Der Verordnungsgeber war jedoch nicht gehindert, den Ausbildungsbereich in einzelnen Punkten zu verändern, neue hinzuzufügen oder die vorhandenen anders zu gewichten. Dementsprechend hat er mit der

ZMediatAusbV darauf geachtet, dass die Ausbildungsinhalte den Erfordernissen der Praxis gerecht werden und sich nicht durch die Aufnahme neuer Anforderungen für die Ausbildungsinstitute ertragreiche Claims ergaben, die von Auszubildenden wie auch bereits seit langem praktizierenden Mediatoren teuer zu bezahlen wären.

5. Vorgesehenes Inkrafttreten

39 Der Gesetzgeber hegte die Erwartung, dass die vorgesehene Rechtsverordnung erst **ein Jahr** nach ihrem Erlass in Kraft tritt. Dabei ließ er sich von der Überlegung leiten, dass hierdurch die maßgeblichen Mediatoren- und Berufsverbände, die berufsständischen Kammern, die Industrie- und Handelskammern sowie andere berufsständischen Gruppen die notwendige Zeit erlangen würden, um sich auf eine bestimmte Stelle zu einigen, die für die Zertifizierung der Ausbildungsträger zuständig sein sollte. Ersichtlich schwebte dem Gesetzgeber eine **privatrechtlich organisierte Stelle** vor,[34] möglicherweise unter Federführung der Versicherungswirtschaft, der an einer Förderung der Mediation besonders gelegen ist.[35] Dazu ist es aber nicht gekommen.

40 Zudem wäre der Verordnungsgeber nicht gehindert gewesen, dies auch anders zu regeln. Es hätte sich angeboten, die entsprechende Institution bei einer **öffentlich-rechtlichen Körperschaft** einzurichten.[36] In Betracht hierfür gekommen wären beispielsweise die Industrie- und Handelskammer oder die Rechtsanwaltskammer, die über hinreichende Erfahrung mit Zertifizierungen verfügen. Soweit hiergegen Bedenken bestünden, weil beide Institutionen ebenfalls als Ausbildungsträger tätig sind, wäre auch an eine **staatliche Stelle** – Regierungspräsidium (Bezirksregierung), Innen- oder Justizministerium, Bundesamt für Justiz – oder an eine gerichtliche Stelle – Oberlandesgericht, Oberverwaltungsgericht/VGH – zu denken gewesen.[37] Das Zertifizierungskonzept geht mithin von einer Zertifizierungsstelle aus, die diejenigen Aus- und Fortbildungsträger zertifiziert, bei denen Mediatoren eine Aus- und Fortbildung ableisten können, die sie sodann zur Führung der Bezeichnung »zertifizierter Mediator gem. § 5 Abs. 2 MediationsG« berechtigt.[38]

---

34 BT-Drucks. 17/8058, III., Zu Artikel 1, zu § 5.
35 *Tögel/Rohlff* ZKM 2010, 86 ff.
36 So auch *Greger* ZKM 2012, 16 ff. (17), der in diesem Zusammenhang auf die Anforderungen des Art. 12 Abs. 1 GG und der Richtlinie 2006/123/EG des Europäischen Parlaments und des Rates über Dienstleistungen im Binnenmarkt vom 12. 12. 2006, ABl. EU Nr. L 376, 36 verweist und ebenfalls eine öffentlich-rechtliche oder eine beliehene Institution fordert.
37 Vgl. hierzu auch *Greger* ZKM 2011, 86 ff. (87); ferner *Mattioli/Trenczek* BJ 2010, 323 ff. (330), die sich für ein »Mediationsinstitut«, vergleichbar dem niederländischen »Nederlands Mediation Instituut, NMI« oder einer eigenständigen Mediatorenkammer stark machen. Letztere könne auch als Beschwerdestelle zur Aufarbeitung und Regelung von Beschwerden und »Kunstfehlern« sowie als zentrale Anlaufstelle zur leichteren Auffindbarkeit von passgenauen außergerichtlichen Angeboten zur einvernehmlichen, außergerichtlichen Streiterledigung dienen.
38 *Greger/Unberath/Steffek,* Recht der alternativen Konfliktlösung, 2. Aufl., § 5 MediationsG, Rn. 17.

Schließlich sollte die Jahresfrist zwischen Erlass der Rechtsverordnung und ihrem   41
Inkrafttreten den Ausbildungsträgern die Möglichkeit eröffnen, ihre **Lehrpläne** auf das
Curriculum der ZMediatAusbV **abzustimmen**.

§ 7 Wissenschaftliche Forschungsvorhaben; finanzielle Förderung der Mediation

(1) Bund und Länder können wissenschaftliche Forschungsvorhaben vereinbaren, um die Folgen einer finanziellen Förderung der Mediation für die Länder zu ermitteln.

(2) Die Förderung kann im Rahmen der Forschungsvorhaben auf Antrag einer rechtsuchenden Person bewilligt werden, wenn diese nach ihren persönlichen und wirtschaftlichen Verhältnissen die Kosten einer Mediation nicht, nur zum Teil oder nur in Raten aufbringen kann und die beabsichtigte Rechtsverfolgung oder Rechtsverteidigung nicht mutwillig erscheint. Über den Antrag entscheidet das für das Verfahren zuständige Gericht, sofern an diesem Gericht ein Forschungsvorhaben durchgeführt wird. Die Entscheidung ist unanfechtbar. Die Einzelheiten regeln die nach Abs. 1 zustande gekommenen Vereinbarungen zwischen Bund und Ländern.

(3) Die Bundesregierung unterrichtet den Deutschen Bundestag nach Abschluss der wissenschaftlichen Forschungsvorhaben über die gesammelten Erfahrungen und die gewonnenen Erkenntnisse.

Übersicht

	Rdn.
I. Regelungsgegenstand und Zweck	1
1. Systematischer Zusammenhang	1
2. Europäische Mediationsrichtlinie	4
II. Grundsätze/Einzelheiten	5
1. Wissenschaftlichen Forschungsvorhaben (Absatz 1)	6
a) Kann-Vorschrift für Bund und Länder	6
b) Vereinbarung von wissenschaftlichen Forschungsvorhaben	8
c) Zweck der wissenschaftlichen Forschungsvorhaben	11
d) Träger der Forschungsvorhaben	14
2. Finanzielle Förderung der Mediation (Absatz 2)	15
a) Bewilligung der Förderung (Absatz 2 Satz 1)	16
aa) Förderung	17
bb) Auf Antrag	18
cc) Bedürftigkeit	19
dd) Keine Mutwilligkeit	22
ee) Kann-Vorschrift	23
b) Entscheidung über den Antrag auf Förderung (Absatz 2 Satz 2)	24
c) Unanfechtbarkeit der Entscheidung (Absatz 2 Satz 3)	25
d) Einzelheiten zur Förderung (Absatz 2 Satz 4)	26
e) Vorhandene Förderungen	28
3. Unterrichtung des Deutschen Bundestages (Absatz 3)	29
III. Kritik	32

Teil 1   Artikel 1 Mediationsförderungsgesetz

I. Regelungsgegenstand und Zweck

1. Systematischer Zusammenhang

1   Mit § 7 MediationsG erhalten Bund und Länder die Möglichkeit, aufgrund wissenschaftlich ermittelter Erkenntnisse zu entscheiden, ob und gegebenenfalls wie eine bundesweite **finanzielle Förderung** der Mediation in Deutschland eingeführt werden kann.[1] Ferner soll bereits jetzt auf Grundlage der zu initiierenden **Forschungsvorhaben** im Einzelfall eine **Mediationskostenhilfe** an einzelne Konfliktparteien bezahlt werden können.

2   Aufgrund der derzeitigen finanziellen Situation der öffentlichen Haushalte war der Gesetzgeber nicht bereit, nach dem Vorbild der Prozesskostenhilfe auch eine **Mediationskostenhilfe** einzuführen. Die gesetzliche Einführung einer Mediationskostenhilfe hätte die Zustimmung der Bundesländer im Bundesrat bedurft (Art. 104a GG), was der Gesetzgeber vermeiden wollte.[2] Sieht man von den **kostenrechtlichen Länderöffnungsklauseln** in § 69b GKG und § 61a FamGKG ab, die auf Betreiben des Vermittlungsausschusses in diese Gesetze eingefügt wurden, so ist die doppelte **Ermessensregelung** des § 7 MediationsG die einzige Vorschrift zur finanziellen Förderung der Mediation, was zu umfangreicher Kritik[3] geführt hat. Grund für diese Zurückhaltung des Gesetzgebers ist, dass zunächst anhand von **Forschungsvorhaben** geprüft werden soll, ob die bereits existierende hohe finanzielle Belastung der Länder durch die Prozess- und Verfahrenskostenhilfe dadurch verringert werden kann, dass die Mediation finanziell gefördert wird.[4] Die Ergebnisse dieser Forschungsvorhaben dienen dann als Grundlage für die zukünftige Entscheidung, ob und in welcher Form Regelungen zur bundesweiten finanziellen Förderung der außergerichtlichen Konfliktbeilegung und der Mediation eingeführt werden sollen.[5]

3   Der Gesetzentwurf der Bundesregierung vom 01. 04. 2011[6] sah noch vor, dass **Forschungsvorhaben** allein im Zusammenhang mit Mediationen in **Familiensachen** durchgeführt werden sollten, da es sich bei Familienstreitigkeiten besonders häufig um mediationsgeeignete Konflikte handelt und in diesem Bereich »die Ausgaben für die Verfahrenskostenhilfe besonders hoch sind und weiter steigen«.[7] Diese Einschränkung stieß auf Kritik,[8] weil das Ziel des MediationsG die Förderung der Mediation in sämtlichen dafür geeigneten Konfliktbereichen sei und eben nicht deren Etablierung nur

---

1   Begr. BT-Drucks. 17/5335, S. 18.
2   *Paul/Weber* in: *Klowait/Gläßer*, Mediationsgesetz, § 7, Rn. 7, die dort ausführen, der Gesetzgeber habe »aus verschiedenen Gründen« vermeiden wollen, die Zustimmung des Bundesrats einzuholen. Leider werden diese Gründe nicht genannt.
3   Vgl. unten Rdn. 28 ff.
4   Begr. BT-Drucks. 17/5335, S. 19.
5   Begr. BT-Drucks. 17/5335, S. 19.
6   Begr. BT-Drucks. 17/5335, S. 6.
7   Begr. BT-Drucks. 17/5335, S. 18.
8   Vgl. Stellungnahme der Bundesrechtsanwaltskammer zum Referentenentwurf, 2010, S. 14; Stellungnahme der Centrale für Mediation (CfM) zum Referentenentwurf, 2010, S. 7.

in Familiensachen. Der Gesetzgeber hat sich dem auf Vorschlag des Rechtsausschusses[9] angeschlossen, sodass die Regelung nunmehr uneingeschränkt in **sämtlichen Rechtsbereichen** Anwendung findet. Auf diese Weise ist eine breitere »Erkenntnisgrundlage aus den Forschungsvorhaben« gewährleistet.[10]

2. Europäische Mediationsrichtlinie

Die EUMed-RL vom 21 Mai 2008 (Richtlinie 2008/52/EG) gibt in **Erwägungsgrund Nr. 17** sowie **Art. 5 Abs. 2 EUMed-RL** zwei Hinweise, die mit den Regelungen in § 7 in Zusammenhang stehen. In Erwägungsgrund N. 17 heißt es, dass die Mitgliedstaaten Mechanismen festlegen sollen, »die auch den Rückgriff auf marktgestützte Lösungen einschließen können, aber sie sollten nicht verpflichtet sein, diesbezüglich Finanzmittel bereitzustellen«. Der europäische Gesetzgeber entlastet die Mitgliedstaaten geradezu, über die Einführung einer Mediationskosten nachzudenken, und präferiert offen eine marktwirtschaftlich ausgerichtete Lösung, d.h. Mediation muss man sich leisten können. 4

II. Grundsätze und Einzelheiten

Die Vorschrift des § 7 MediationsG beeinhaltet zwei verschiedene Ermessensstufen. In Absatz 1 wird die Entscheidung, ob an einem oder mehreren Gerichten des jeweiligen Bundeslandes überhaupt ein Forschungsvorhaben initiiert wird, in das Ermessen von Bund und Ländern gestellt (**1. Ermessenstufe**). Sofern die Ermessensentscheidung auf der 1. Stufe positiv entschieden wird, dh. ein entsprechendes Forschungsvorhaben durchgeführt wird, findet sich sich in Absatz 2 S. 1 der Vorschrift eine weitere Ermessensstufe (**2. Ermessenstufe**), die es in das Ermessen des jeweiligen Gerichts stellt, ob dem einzelnen Antragsteller im konkreten Fall eine Förderung gewährt wird. 5

1. Wissenschaftlichen Forschungsvorhaben (Absatz 1)

a) Kann-Vorschrift für Bund und Länder

§ 7 Abs. 1 MediationsG eröffnet dem Bund und den Ländern die Möglichkeit, wissenschaftliche **Forschungsvorhaben** zu vereinbaren, um die Folgen einer finanziellen Förderung der Mediation für die Länder zu ermitteln. Die Regelung basiert auf **Art. 91b Abs. 1 Nr. 1 GG** (Gemeinschaftsaufgaben, Verwaltungszusammenarbeit), wonach Bund und Länder aufgrund von Vereinbarungen in Fällen **überregionaler Bedeutung** bei der Förderung von Einrichtungen und Vorhaben der wissenschaftlichen Forschung außerhalb von Hochschulen zusammenwirken können. Mit § 7 Abs. 1 MediationsG schafft der Gesetzgeber nun die erforderliche Rechtsgrundlage 6

---

9 BT-Drucks. 17/8058.
10 Begr. BT-Drucks. 176 Begr. BT-Drucks. 17/5335, S. 18.151, S. 24.

»für wissenschaftliche Forschungsvorhaben außerhalb von Hochschulen, um die Auswirkungen der finanziellen Förderung«[11] der Mediation festzustellen.

7   Bund und Länder haben ein **weites Ermessen** (1. Ermessensstufe)[12] darüber zu entscheiden, ob und an welchen Gerichten entsprechende **Forschungsvorhaben** vereinbart, d. h. durchgeführt, werden sollen. Es kann nur gehofft werden, dass Bund und Länder wegen der Lage der öffentlichen Haushalte hier nicht zu zurückhaltend agieren werden, sondern sich möglichts viele Bundesländer möglichst schnell an den Forschungsvorhaben zur Mediationskostenhilfe beteiligen.[13] Denn die zwangsläufige Alternative wäre für eine rechtsuchende Partei, sich für ein gerichtliches Verfahren zu entscheiden, um dort Prozesskostenhilfe beantragen zu können. Dies würde dem Sinn und Zweck des Gesetzes zuwiderlaufen. Im Übrigen sollten entsprechende Vereinbarungen zeitnah nach Inkrafttreten des Gesetzes getroffen werden, um die nach Absatz 3 vorgesehene Unterrichtung des Deutschen Bundestages über die gesammelten Erfahrungen und Erkenntnisse, die Voraussetzung für weitere Entscheidungen durch den Gesetzgeber ist, ggf. zusammen mit dem Bericht nach § 8 Abs. 1 Satz 1 MediationsG vornehmen zu können.

b) Vereinbarung von wissenschaftlichen Forschungsvorhaben

8   Die wissenschaftlichen Forschungsvorhaben werden auf der Grundlage entsprechender Vereinbarungen zwischen Bund und Ländern begonnen. Der **Rechtsnatur** nach handelt es sich bei den **Vereinbarungen** um **Verwaltungsabkommen** oder **Staatsverträge**.[14] Diese können zwischen dem Bund und allen Ländern wie auch zwischen dem Bund und einzelnen Ländern abgeschlossen werden.

9   **Wissenschaftliche Forschung** i.S.v. **Art. 91b Abs. 1 Nr. 1 GG** wird definiert als »geistige Tätigkeit, deren Ziel es ist, in methodischer, systematischer und nachprüfbarer Weise neue Erkenntnisse zu gewinnen«.[15] Die entsprechenden Vorhaben müssen sich an diesen Kriterien messen lassen. Dies bedeutet zum einen, dass die Vorhaben, die daraus zu gewährende finanzielle Förderung und die Vergabevoraussetzungen in tatsächlicher und rechtlicher Hinsicht sehr konkret definiert werden und überprüfbar sein müssen. Da es sich um Vorhaben handelt, aus denen Rechtsuchende praktische, d. h. finanzielle Hilfe, erfahren sollen, was mit verwaltungstechnischer Arbeit verbunden ist, wird zum anderen eine wissenschaftliche Begleitung dieser Vorhaben von dritter Seite (u. a. Wissenschaftlichen Einrichtungen, Hochschulen, Fachleuten) erforderlich sein.

---

11 Begr. BT-Drucks. 17/5335, S. 18.
12 Vgl. Rdn. 5.
13 Plenarprotokoll 17/149, Deutschen Bundestag, S. 17844.
14 Von *Münch/Kunig*, Grundgesetzkommentar, Art. 91b, Rn. 12; *Maunz/Dürig*, Kommentar zum Grundgesetz, Art. 91b, Rn. 34; *Jarass/Pieroth*, Grundgesetz für die Bundesrepublik Deutschland, Art. 91b, Rn. 2; a. A. von *Mangoldt/Klein*, Das Bonner GG, Anm. IV. 5.
15 BVerfGE 35, 79 (113).

Wie die Forschungsvorhaben **inhaltlich** gestaltet werden, ist nicht explizit geregelt. Aus 10
Absatz 2 Satz 2 ergibt sich, dass jedenfalls nicht nur die Auswirkungen einer finanziellen Förderung zu untersuchen sind, sondern auch die Art und Weise der finanziellen Förderung (z. B. **Mediationskostenhilfe**) abstrakt in den **Forschungsvorhaben** zu definieren und zu regeln sind. Das bedeutet, dass jedes Forschungsvorhaben u. a. Bedingungen beschreiben muss, deren Erfüllung durch den einzelnen Rechtsuchenden dann Voraussetzung für die Zahlung (»**Förderung**«) einer Art Mediationskostenhilfe ist. Diese im Rahmen des Forschungsvorhabens festgelegte Förderung kann dann im konkreten Einzelfall von dem einzelnen Rechtsuchenden beantragt werden (vgl. § 7 Abs. 2 Satz 1 MediationsG). Aus § 7 Abs. 2 Satz 4 MediationsG ergibt sich ferner, dass die »Einzelheiten« in den jeweiligen Vereinbarungen zu regeln sind. Aufgrund systematischer Auslegung ist davon auszugehen, dass sich der Begriff »**Einzelheiten**« insbesondere auf die in § 7 Abs. 2 Sätze 1 – 3 MediationsG erwähnte »finanzielle Förderung« sowie deren »Beantragung und Bewilligung« bezieht. Art und Weise der finanziellen Förderung bleibt somit der Vereinbarung zwischen Bund und Ländern überlassen.

c) Zweck der wissenschaftlichen Forschungsvorhaben

Alleiniger Zweck der wissenschaftlichen Forschungsvorhaben ist, die **Folgen einer** 11
finanziellen Förderung der Mediation für die Länder zu ermitteln. Dieser abstrakte Zweck des Gesetzes führt als positive Auswirkung zur unmittelbaren finanziellen Unterstützung einzelner Rechtsuchender. Somit erfüllt das Gesetz auch einen individuellen Zweck.

Die Forschungsvorhaben sollen die **Folgen** ermitteln, d. h. sämtliche Auswirkungen, 12
die aufgrund der finanziellen Förderung zu beobachten sind. Wobei sich aus dem mit der Bestimmung verfolgten Ziel wiederrum ableiten lässt, dass in erster Linie die **finanziellen Auswirkungen** bei den Ländern zu ermitteln sind, was mit einer erhofften Entlastung der Justiz einhergeht. In der Gesetzesbegründung heißt es, dass die Forschungsvorhaben Auskunft darüber geben sollen, »inwieweit die finanziellen Belastungen der Länder reduziert werden können«.[16] Diese Aspekte waren im Übrigen bereits mit ausschlaggebend für die Einführung einer gesetzlichen Regelung zur Förderung der Mediation.

Da die Kosten der Mediation meist geringer sind als die Kosten eines Gerichtsverfahrens, ist davon auszugehen, dass auch die staatliche Belastung im Fall einer Kostenhilfe 13
für Mediation geringer sein werden, als die derzeitige Belastung der Haushalte durch die Prozess- und Verfahrenskostenhilfe. Voraussetzung dafür ist allerdings, dass zumindest eine große Anzahl von Mediationen erfolgreich abgeschlossen werden und kein Gerichtsverfahren mehr erforderlich werden wird, sodass die Ausgaben des Staates lediglich umgewidmet werden und nicht zusätzlich anfallen.

---

16 Begr. BT-Drucks. 17/5335, S. 18.

d) Träger der Forschungsvorhaben

14 Die Forschungsvorhaben muss der Bund gemeinsam mit den Ländern vereinbaren, da die finanzielle Förderung der Mediation »in erstere Linie die Länderhaushalte tangiert«. Die Aufgabe, die Forschungsvorhaben durchzuführen, liegt bei den **Ländern**. Denn die Länder trifft auch die Aufgabe, die Gerichte zu bestimmen, bei denen die **Forschungsvorhaben** durchgeführt werden (vgl. Absatz 2 Satz 2).

2. Finanzielle Förderung der Mediation (Absatz 2)

15 In Absatz 2 regelt der Gesetzgeber nur sehr grob den Ablauf bzw. die Voraussetzungen für die Gewährung einer finanziellen Förderung der Mediation. Die nähere Ausgestaltung überlässt er den Vereinbarungen zwischen Bund und Ländern (vgl. Absatz 2 Satz 3).

a) Bewilligung der Förderung (Absatz 2 Satz 1)

16 Nach dieser Bestimmung kann die Förderung im Rahmen der Forschungsvorhaben auf Antrag einer rechtsuchenden Person im Einzelfall **bewilligt** werden, wenn diese nach ihren **persönlichen und wirtschaftlichen Verhältnissen** die Kosten einer Mediation nicht, nur zum Teil oder nur in Raten aufbringen kann und die beabsichtigte Rechtsverfolgung oder Rechtsverteidigung **nicht mutwillig** erscheint.

aa) Förderung

17 In Absatz 2 Satz 1 wird erstmals der Begriff der »**Förderung**« konkret erwähnt. Die Art, den Umfang und die Ausgestaltung dieser Förderung hat der Gesetzgeber jedoch nicht geregelt, sodass diese in den Vereinbarungen zwischen Bund und Ländern festzulegen sind. Mithin kann die **Ausgestaltung** der Förderung in jedem einzelnen Forschungsvorhaben unterschiedlich ausfallen und muss beispielsweise auch nicht die gesamten Kosten einer Mediation umfassen. Mediation meint im vorliegenden Zusammenhang eine Mediation, die durchgeführt wird, nachdem bereits bei Gericht ein **Rechtsstreit anhängig** gemacht wurde.[17] Dabei spielt es allerdings keine Rolle, ob sich die Parteien hierzu aufgrund eines Vorschlags des Gerichts gem. § 278a Abs. 1 ZPO, § 36a Abs. 1 FamFG oder § 54a Abs. 1 ArbGG entschlossen haben oder von sich aus dem Gericht unterbreitet haben, den Versuch einer konsensualen Lösung im Rahmen einer Mediation zu unternehmen.

bb) Auf Antrag

18 Beantragt werden kann die Förderung nach dieser Vorschrift zunächst durch jede **rechtsuchende Person**. Die nach Absatz 1 getroffene Vereinbarung wird ggf. weitere

---

[17] *Paul/Weber* in: *Klowait/Gläßer*, Mediationsgesetz, § 7, Rn. 10, die lediglich darauf abstellen, »dass der Konflikt auch Gegenstand eines gerichtlichen Verfahrens sein könnte.« Dies scheint zu kurz zugreifen, da das Gericht aber über den Antrag entscheiden und somit ein entsprechendes Verfahren bereits bei Gericht anhängig sein muss.

Anforderungen an die **Antragsberechtigung** stellen. Die rechtssuchende Person bzw. deren Berater müssen daher zunächst in Erfahrung bringen, ob bei dem für das Verfahren zuständigen Gericht überhaupt ein Forschungsvorhaben durchgeführt wird und welche inhaltlichen Anforderungen darin an die Antragsberechtigung gestellt werden.

cc) **Bedürftigkeit**

Bewilligt werden kann die Förderung, wenn die rechtsuchende Person nach ihren **persönlichen und wirtschaftlichen Verhältnissen** die Kosten einer Mediation nicht, nur zum Teil oder nur in Raten aufbringen kann und die beabsichtigte Rechtsverfolgung oder Rechtsverteidigung **nicht mutwillig** erscheint. Die Regelung zur Bedürftigkeit knüpft an § 114 Satz 1 ZPO, der die Voraussetzungen für die Gewährung für Prozesskostenhilfe erwähnt.[18] Allerdings verzichtet Absatz 2 Satz 1 MediationsG im Gegensatz zu § 114 Satz 1 ZPO auf das Tatbestandsmerkmal, wonach die beabsichtigte Rechtsverfolgung oder Rechtsverteidigung hinreichende **Erfolgsaussichten** haben muss, da rechtliche Aspekte und der rechtliche Erfolg in einer Mediation gerade nicht das ausschlaggebende Moment sind.[19] Ferner verzichtet Absatz 2 darauf näher anzuführen, welche konkreten **Tatsachen** bzgl. der Vermögensverhältnisse oder des Streitgegenstandes in welcher Form seitens des Antragstellers dargelegt werden müssen. Diese Einzelheiten zu regeln, bleibt den Vereinbarungen nach Absatz 1 vorbehalten, was sich aus Absatz 2 Satz 4 ergibt. Im Übrigen kann auf die zu § 114 Satz 1 ZPO entwickelten Grundsätze zur **Bedürftigkeit** zurückgegriffen werden.[20]

Mit **Kosten** der Mediation meint das Gesetz zunächst das Honorar des Mediators, das je nach Art und Umfang der Mediation stark variieren kann, und von den Parteien im Vorfeld meist als Stundenhonorar vereinbart wird.[21] Ferner fallen eventuell zusätzliche Kosten durch externe Berater oder durch eine notarielle Beurkundung der Mediationsvereinbarung an. Die Förderung muss nicht alle anfallenden Kosten umfassen, kann vielmehr auch pauschalierende Regelungen vorsehen. Darin liegt eines der Probleme, da es eine wie bspw. für Rechtsanwälte vergleichbare Gebührentabelle (RVG) für die Durchführung eines Mediationsverfahrens nicht gibt. Möglich wäre es, sich an dem gesetzlichen Gebührenrahmen für Rechtsanwälte zu orientieren oder an den Gerichtskosten für die erste Instanz.[22] Das OLG Köln hat in einem Beschluss vom 3.6.2011, also ungefähr ein Jahr vor Inkrafttreten des Mediationsgesetzes, entschieden, dass Pro-

---

18 Begr. BT-Drucks. 17/5335, S. 18.
19 Begr. BT-Drucks. 17/5335, S. 18.
20 Vgl. beispielhaft *Thomas/Putzo*, ZPO, § 114 Rn. 7 ff; *Zöller*, ZPO, § 114 Rn. 30 ff.
21 Vgl. zum Honorar die Kommentierung zu § 2 MediationsG.
22 *Paul/Weber* in: *Klowait/Gläßer*, Mediationsgesetz, § 7, Rn. 15.

zesskostenhilfe auch die Kosten für ein gerichtsnahes[23] Mediationsverfahren umfassen.[24] Das Gericht begründete dies seinerzeit u.a. mit der Hoffnung, dass der Gesetzgeber »der besonderen Bedeutung und Vorzugswürdigkeit einer Konfliktbeilegung ohne streitige gerichtliche Entscheidung durch die Einführung eines Gesetzes zur Förderung der Mediation« Rechnung getragen wird.[25] Dies entspreche im Übrigen auch der Rechtsprechung des Bundesverfassungsgerichtes, »wonach es auch in einem Rechtsstaat grundsätzlich vorzugswürdig ist, eine zunächst streitige Problemlage durch eine einverständliche Lösung zu bewältigen statt durch eine richterliche Streitentscheidung«.[26] Das OLG Köln führte in seiner sehr sorgfältig begründeten Entscheidung weiter aus, dass nur »notwendige Kosten« (§ 91 Abs. 1 ZPO) im Rahmen der Prozesskostenhilfe bewilligt würden und die Parteien daher gehalten seien, die Kosten gering zu halten, was andererseits nicht dazu führen dürfe, dass die berechtigten Belange der Parteien beeinträchtigt würden. Im Zweifel sollten die Parteien hinsichtlich der Höhe der für das Mediationsverfahren anfallenden Kosten bei Gericht nachfragen, ob diese genehmigt würden.[27] Die Entscheidung des OLG Köln weist somit einen Weg, wie man heute, nach Erlass des Mediationsgesetzes, diese Fragen lösen könnte.

21 Die Bundesregierung sieht sich derzeit nicht in der Pflicht, eine Mediationskostenhilfe auf den Weg zu bringen und verweist darauf, dass der Evaluationsbericht[28] »im Ergebnis jedenfalls zum gegenwärtigen Zeitpunkt von einer allgemeinen bereichsunabhängigen Regelung zu Mediationskosten Hilfe ab(rät)«.[29]

dd) Keine Mutwilligkeit

22 Was das Tatbestandsmerkmal der fehlenden **Mutwilligkeit** anbelangt, so finden grundsätzlich auch insoweit die zu § 114 Satz 1 ZPO entwickelten Prinzipien Anwendung, zumal der Gesetzgeber in seiner Begründung auf § 114 Satz 1 ZPO verweist. Danach liegt der Ausschlussgrund der Mutwilligkeit vor, wenn eine verständige nicht hilfsbedürftige Person ihre Rechte nicht **in gleicher Weise** verfolgen würde.[30] Es sollen Unbemittelte in die gleiche Lage versetzt werden können wie Bemittelte; allerdings verlangt dieses Gebot keinen sinnlosen Einsatz staatlicher Mittel.[31] Zu § 114 ZPO

---

23 Es handelt sich dabei um eine Mediation oder ein anderes Verfahren der außergerichtlichen Konfliktbeilegung, dass das Gericht nach § 278 a ZPO vorschlagen kann. Sollten sich die Parteien dafür entschieden, ordnet das Gericht einstweilen das Ruhen des bei Gericht anhängigen Verfahrens an.
24 OLG Köln, Beschluss vom 3.6.2011 (25 UF25/10), BeckRS 2011, 24961.
25 OLG Köln, Beschluss vom 3.6.2011 (25 UF25/10), BeckRS 2011, 24961.
26 VerfG, Beschluss vom 14.2.2007, BVerfG, 1 BvR 1351/01 in NJW-RR 2007, 1073).
27 OLG Köln, Beschluss vom 3.6.2011 (25 UF25/10), BeckRS 2011, 24961.
28 Bericht der Bundesregierung über die Auswirkungen des Mediationsgesetzes auf die Entwicklung der Mediation in Deutschland und über die Situation der Aus- und Fortbildung der Mediatoren. Abzurufen unter: https://www.bmjv.de/SharedDocs/Artikel/DE/2017/071917_Bericht_Mediationsgesetz.html (Datum des Zugriffs: 17.11.2019).
29 Antwort der Bundesregierung auf eine Kleine Anfrage, BT-Drucks 19/4099, S. 3.
30 Begr. BT-Drucks. 17/5335, S. 18.
31 BGH FamRZ 10, 1147 f.; BGH JurBüro 81, 1169 f.

ist dafür als Maßstab entwickelt worden, ob eine bemittelte Partei bei Abwägung zwischen dem erzielbaren Vorteil und dem dafür einzugehenden Kostenrisiko ihre Rechte in der Art und Weise wahrnehmen würde, wie es die unbemittelte Person beabsichtigt.[32] Während sich dieser Maßstab im Rahmen von § 114 ZPO sowohl auf das »ob« als auch auf das »wie« der Rechtsverfolgung vor Gericht bezieht, meint »**Rechtsverfolgung oder Rechtsverteidigung**« im hiesigen Kontext die Geltendmachung eigener Rechte und Interessen in einem Verfahren der Mediation. Die etwas unglückliche Wortwahl des Gesetzes ist ersichtlich dem Umstand geschuldet, dass sich der Gesetzgeber an den tatbestandlichen Voraussetzungen der Prozesskostenhilfe orientierte, ohne insoweit den Besonderheiten eines Mediationsverfahrens terminologisch Rechnung zu tragen.

ee) **Kann-Vorschrift**

Die Entscheidung, ob die beantragte Förderung gewährt wird, steht im **Ermessen** (2. Ermessensstufe[33]) des zuständigen Gerichts, d. h. es besteht kein Rechtsanspruch des Hilfebedürftigen auf die beantragte Förderung. Es handelt sich viel mehr um eine **Einzelfallentscheidung**. Voraussetzung für die Bewilligung der Förderung ist jedenfalls, dass an dem für das Verfahren zuständigen Gericht ein Forschungsvorhaben initiiert worden ist und die beantragte Förderung im Rahmen des Forschungsvorhabens bleibt. Es ist auch hier davon auszugehen, dass die nähere Ausgestaltung des Ermessens wiederum in den nach Absatz 1 zu treffenden Vereinbarungen zwischen Bund und Ländern geregelt werden wird, wie sich aus Absatz 2 Satz 4 ergibt. Man kann nur hoffen, dass der Bund ausreichende Mittel zur Verfügung stellt und die Länder auf diese Mittel auch zurückgreifen. Denn andernfalls droht eine »soziale Schieflage, da der Zugang zur Mediation für sozial Schwache erschwert würde«.[34]

23

b) **Entscheidung über den Antrag auf Förderung (Absatz 2 Satz 2)**

Über den Antrag entscheidet das für das Verfahren **zuständige Gericht**. Damit ist das Gericht gemeint, das im Fall einer streitigen gerichtlichen Auseinandersetzung zuständig wäre. Gegenstand der Entscheidung ist nicht, ob ein Konflikt auch geeignet ist im Wege einer Mediation gelöst zu werden, da dies dem Grundsatz der Eigenverantwortlichkeit widersprechen würde.[35]

24

c) **Unanfechtbarkeit der Entscheidung (Absatz 2 Satz 3)**

Die Entscheidung des zuständigen Gerichts ist **unanfechtbar**. Rechtsmittel sind damit nicht vorgesehen, was verfassungsrechtlich als bedenklich angesehen wird.[36]

25

---

32 BGH FamRZ 10, 1147 f.; BGH JurBüro 81, 1169 f.
33 Vgl. Rdn. 5.
34 *Petermann*, Plenarprotokoll 17/149, Deutscher Bundestag, S. 17842.
35 *Paul/Weber* in: *Klowait/Gläßer*, Mediationsgesetz, § 7, Rn. 12.
36 *Greger* in: *Greger/Unberath/Steffek*, Recht der alternativen Konfliktlösung, § 7 MediationG, Rn. 13.

d) Einzelheiten zur Förderung (Absatz 2 Satz 4)

26 Sämtliche in dieser Vorschrift **nicht geregelten Einzelheiten** sind in den nach Absatz 1 zustande gekommenen Vereinbarungen zwischen Bund und Ländern zu regeln.[37]

27 Keine Angaben finden sich in der Gesetzesbegründung, inwieweit Bund und Länder in ihren Vereinbarungen von den wenigen Vorgaben des § 7 MediationsG **abweichen** können, z. B. ob sie vereinbaren können, dass der Antrag auf finanzielle Förderung unter bestimmten Voraussetzungen zu bewilligen ist, d. h. die Bewilligung nicht im Ermessen des Gerichts zu stehen braucht (vgl. § 7 Abs. 2 Satz 1 MediationsG). Es ist davon auszugehen, dass die Vereinbarungen die Regelungen des § 7 MediationsG ergänzen können, solange sie nicht dessen Sinn und Zweck unterlaufen.

e) Vorhandene Förderungen

28 Auch wenn der Gesetzgeber bisher noch nicht bereit war, eine Mediationskostenhilfe gesetzlich einzuführen, so gibt es dennoch verschiedene bereits bestehende Möglichkeiten, für ein Mediationsverfahren staatliche Hilfe zu erhalten. So hat die Rechtsprechung unter anderem entschieden, dass die Prozesskostenhilfe auch die Kosten für ein gerichtsnahes Mediationsverfahren umfassen.[38] Das Familiengericht kann nach § 135 FamFG anordnen, dass die Parteien, einzeln oder gemeinsam, an einem kostenlosen Informationsgespräch über Mediation oder eine sonstige Möglichkeit der außergerichtlichen Konfliktbeilegung über Scheidungsfolgesachen teilnehmen. Sollten die Parteien sich in diesem Rahmen zu einem entsprechenden Verfahren entscheiden, wären die dafür anfallenden Kosten über die Prozesskostenhilfe mit abgedeckt. Nach dem Beratungshilfegesetz (§§ 1, 2 BerHG) werden unter den dort genannten Voraussetzungen Kosten für die anwaltliche Vertretung im Rahmen eines Mediationsverfahrens, nicht jedoch die Kosten des Mediators, übernommen.[39] Daneben gibt es zahlreiche gemeinnützige Organisationen, die kostenlose Mediationen u.a., insbesondere in Trennungsangelegenheiten, Scheidungsverfahren und den damit zusammenhängenden Konflikten anbieten. In Hamburg unterstützt die Öffentliche Rechtsauskunft- und Vergleichsstelle (ÖRA) neben Rechtsberatung und Streitschlichtung auch Mediation in Familien- und erbrechtlichen Angelegenheiten, sowie im Arbeit- und Wirtschaftsrecht.[40] Zudem sei auf verschiedene Rechtsschutzversicherungen hingewiesen, die auch einen Mediationsrechtsschutz anbieten, entweder als Alternative zum gerichtlichen Verfahren oder als zwingendes »Vorverfahren« vor Beschreitung des Rechtswegs. Der BGH[41] hat ein solches zwingendes

---

37 Begr. BT-Drucks. 17/5335, S. 19.
38 Vgl Rdn. 20.
39 *Greger* in: *Greger/Unberath/Steffek*, Recht der alternativen Konfliktlösung, § 7 MediationG, Rn. 18.
40 https://www.hamburg.de/oera/ (Datum des Zugriffs: 23.11.2019).
41 BGH, Beschluss v. 14.01.2016 in ZKM 2016, S. 107–108. Der BGH führt aus, dass die privatautonom eingegangene Selbstbindung des Versicherungsnehmers zugunsten der Mediation dem Prinzip der Freiwilligkeit (§ 1 Abs. 1 MediationsG) nicht widerspreche, denn nach den Allgemeinen Versicherungsbedingungen stehe es dem Versicherungsnehmer

Vorverfahren als rechtlich zulässig angesehen und zwar auch dann, wenn der Rechtsschutzversicherer den Mediator auswählt und unabhängig davon, ob dieser Rechtsanwalt ist oder nicht. Die Kostenübernahme ist völlig unterschiedlich geregelt.[42]

3. Unterrichtung des Deutschen Bundestages (Absatz 3)

Die **Bundesregierung** hat nach Abschluss der wissenschaftlichen Forschungsvorhaben den Deutschen Bundestag über die gesammelten Erfahrungen und die gewonnenen Erkenntnisse **zu unterrichten**, da die wissenschaftlichen Forschungsvorhaben eine überregionale Bedeutung haben. Als **Zeitpunkt** der Unterrichtung wird der Abschluss »der wissenschaftlichen Forschungsvorhaben« genannt. Unklar ist, ob eine Unterrichtung nach Abschluss jedes einzelnen Forschungsvorhabens oder wie es der Wortlaut impliziert, nach Abschluss »der wissenschaftlichen Forschungsvorhaben« und damit nach Abschluss sämtlicher Forschungsvorhaben erfolgen soll. Im Sinne einer Weiterentwicklung und steten Verbesserung der Forschungsvorhaben wäre es wünschenswert die Unterrichtung jedenfalls nicht erst am Ende sämtlicher Forschungsvorhaben vorzunehmen. Ziel der Unterrichtung des Deutschen Bundestages ist es allerdings, diesen in »die Lage zu versetzen, über eine bundesweite Förderung der Mediation und deren Modalitäten zu entscheiden«.[43] Dies kann sinnvoll aber erst geschehen, wenn dem Bundestag die Ergebnisse der Forschungsvorhaben in ihrer Gesamtheit vorliegen. Daher macht auch nur die Unterrichtung über sämtliche Ergebnisse Sinn. 29

Eine **Frist**, bis zu der die Unterrichtung über die Ergebnisse der Forschungsvorhaben zu erfolgen hat, sieht die Vorschrift nicht vor. Allerdings geht der Gesetzgeber davon aus, dass die Frist des § 8 Abs. 1 Satz 1 MediationsG (**26. Juli 2017**) hier entsprechend Anwendung findet. Denn der **Evaluationsbericht** nach § 8 Abs. 1 MediationsG soll auch Ausführungen über die Erforderlichkeit einer finanziellen Förderung der Mediation enthalten,[44] wodurch sich dieser Bericht erübrigen würde.[45] 30

Unter gesammelten Erfahrungen und gewonnenen Erkenntnissen ist die **Gesamtheit** der während der Zeit des Forschungsvorhabens erlangten und relevanten Ergebnisse u verstehen. 31

---

    frei, den ausgebildeten Mediator abzulehnen und auch vom Mediationsverfahren insgesamt Abstand zu nehmen.
42 *Dörk*, Kritik an der Umsetzung der Europäischen Mediationsrichtlinie (2008/52/EG) in das deutsche Recht, 2013, S. 55, 56.
43 Begr. BT-Drucks. 17/5335, S. 19.
44 Begr. BT-Drucks. 17/8058, S. 20.
45 *Greger* in: *Greger/Unberath/Steffek*, Recht der alternativen Konfliktlösung, § 7 MediationG, Rn. 15.

III. Kritik

32 Obwohl die **Förderung der Mediation** und die **Entlastung der staatlichen Gerichte** ausdrückliches Ziel des MediationsförderungsG ist,[46] enthält das Gesetz weder einen das Interesse und die Akzeptanz der Mediation bei den »rechtsuchenden Personen« frühzeitig fördernden, finanzieller Anreiz noch eine ausdrückliche bundesweite Regelung zur Kostenhilfe (**Mediationskostenhilfe**) im Fall einer Bedürftigkeit ähnlich der Prozess- und Verfahrenskostenhilfe.

33 Einen **frühzeitigen finanziellen Anreiz** hätte man beispielsweise dadurch schaffen können, dass ein bestimmtes vorgerichtliches Verhalten eines Rechtsuchenden, u. a. der Versuch einer Mediation, bei der Kostenentscheidung im Rahmen eines Gerichtsprozesses berücksichtigt würde. Denn Untersuchungen belegen, dass streitige Gerichtsverfahren nach versuchten, aber gescheiterten Mediationen »durch die mediative Konfliktbearbeitung schneller und zudem noch sehr häufig durch einen Vergleich zu regeln sind«.[47]

34 Eine derartige **Mediationskostenhilfe** hätte ähnlich den Regelungen über die Prozesskostenhilfe (§§ 114 ff. ZPO) ausgestaltet werden können. Der Gesetzgeber hat darauf verzichtet, obwohl ihm die ständig steigenden Ausgaben der Länder für die eigentliche Prozesskostenhilfe bekannt sind und Untersuchungen belegen, dass viele über Prozesskostenhilfe finanzierte Gerichtsverfahren vermieden werden könnten, wenn es mehr erfolgreich abgeschlossene außergerichtliche Konfliktlösungsverfahren gäbe.[48] So haben erste Untersuchungen,[49] die in Vorbereitung des MediationsG von dem Bundesministerium der Justiz in Auftrag gegeben wurden, gezeigt, dass die Kosten einer Mediation jedenfalls in **Sorge- und Umgangsrechtskonflikten** erheblich geringer sind als die Kosten eines streitigen Gerichtsverfahrens. Dies gilt auch für alle sonstigen gerichtlichen Verfahren, wenn die Kosten für ein gerichtliches Verfahren über zwei Instanzen betrachtet werden. Die außergerichtlichen Mediationsverfahren mithilfe einer Mediationskostenhilfe zu fördern, würde daher nach diesen Untersuchungen die steigenden Ausgaben für die Prozess- und Verfahrenskostenhilfen senken und zu einer Einsparung von Ressourcen bei Bund und Ländern führen.

35 Zahlreiche **europäische Länder**[50] haben eine finanzielle Förderung der Mediation bereits erfolgreich eingeführt, wobei sich Art und Weise der Förderung unterscheiden.[51] So wird in einigen Staaten[52] nur eine bestimmte Anzahl von Mediationsstunden gefördert und das Honorar des Mediators nur bis zu einer bestimmten Höhe erstattet.

---

46 Begr. BT-Drucks. 17/5335, S. 11.
47 Stellungnahme der Bundesrechtsanwaltskammer zum Referentenentwurf, 2010, S. 17.
48 Begr. BT-Drucks. 17/5335, S. 18.
49 *Greger*, Mediation und Gerichtsverfahren in Sorge- und Umgangsrechtskonflikten.
50 Österreich, Frankreich, Belgien, England, Portugal, Niederlande, Schweiz vgl. Länderberichte in *Hopt/Steffek*, Mediation, S. 103 ff., 183 ff., 259 ff., 329 ff.
51 Referentenentwurf des Bundesministeriums der Justiz, 04. 08. 2010, S. 22.
52 Vgl. Länderberichte zu Frankreich, Niederlande, Österreich, in *Hopt/Steffek*, Mediation, S. 183 ff., 105 ff., 329 ff.

Die Tatsache, dass der deutsche Gesetzgeber versäumt hat, eine bundesweite finanzielle 36
Förderung der Mediation einzuführen, ist vielfach kritisiert worden. Dieses **Versäumnis**
steht im Widerspruch zu der beabsichtigten Förderung der außergerichtlichen Streitbeilegung und Mediation und führt nicht zu der angestrebten Entlastung der Justiz:

So sei es nicht ausreichend, wenn der Gesetzgeber in verschiedenen Normen sowohl den 37
Rechtsanwälten auferlege an die Möglichkeit der Mediation zu denken (z. B. § 253 ZPO,
§ 1 Abs. Abs. 3 BORA), als auch den Gerichten die Möglichkeit einräume, die Teilnahme
an einem Informationsgespräch zur außergerichtlichen Konfliktbeilegung anzuordnen (z. B.
§§ 135, 156 FamFG), in letzter Konsequenz aber dem Rechtsuchenden **keine staatliche
Unterstützung** für das Konzept der außergerichtlichen Streitbeilegung zur Seite zu stellen.[53]

Auch wird angeführt,[54] es sei eine »geradezu absurde Situation«,[55] dass der Staat strei- 38
tige Verfahren finanziere und laut einer Untersuchung zu Umgangs- und Sorgerechtskonflikten[56] »sogar befeuere«,[57] der Gesetzgeber es dann jedoch versäume, die **Zugangsbarrieren zur Mediation zu beseitigen** und im Vorfeld die einvernehmliche
Konfliktlösung zu fördern, um streitige Verfahren zu vermeiden.[58]

Die derzeitige Rechtslage führe zu der Situation, dass weniger bemittelte Rechtsuchende 39
geradezu in die gerichtliche Auseinandersetzung getrieben würden, da Klageverfahren
durch die Prozesskostenhilfe finanziert würden, während die außergerichtliche Streitbeilegung selbst bezahlt werden müsse.[59] Ohne Kostenübernahme stelle die Mediation
keine **Alternative zum Gerichtsverfahren** dar.[60] Es sei zu befürchten, dass sich ein
»gespaltener Markt« entwickele und sich nur finanziell besser Gestellte den Versuch
einer Mediation leisten könnten.[61] Diese **Benachteiligung** sei durch nichts, auch nicht
durch leere Haushaltskassen gerechtfertigt.[62]

Auch die positiven Erfahrungen der **Rechtsschutzversicherungen**, die in Modellpro- 40
jekten zunächst begrenzt die Kosten der Mediation übernommen haben und die Übernahme der Mediationskosten nun zunehmend in ihre Leistungskataloge aufnehmen
zeigten, dass sich die Förderung der Mediation bereits aus Kostengründen lohne.[63]

---

53 Stellungnahme der Bundesrechtsanwaltskammer zum Referentenentwurf, 2010, S. 15.
54 *Greger*, Stellungnahme zum Referentenentwurf, 2010, S. 2; *Greger* ZRP 2010, 212 (213).
55 *Greger*, Stellungnahme zum Referentenentwurf, 2010, S. 2.
56 *Greger*, Mediation und Gerichtsverfahren in Sorge- und Umgangsrechtskonflikten.
57 *Greger*, Stellungnahme zum Referentenentwurf, 2010, S. 2.
58 *Greger*, Stellungnahme zum Referentenentwurf, 2010, S. 2; Stellungnahme der Bundesrechtsanwaltskammer zum Referentenentwurf, 2010, S. 14.
59 *Greger* ZRP 2010, 212 (213); Stellungnahme der Bundesrechtsanwaltskammer zum Referentenentwurf, 2010, S. 16.
60 Stellungnahme der Centrale für Mediation (CfM) zum Referentenentwurf, 2010, S. 7.
61 Stellungnahme der Bundesrechtsanwaltskammer zum Referentenentwurf, 2010, S. 14.;
vgl. Plenarprotokoll 17/149, Deutscher Bundestag, S. 17838, S. 17840, S. 17842.
62 Stellungnahme der Centrale für Mediation (CfM) zum Referentenentwurf, 2010, S. 7.
63 *Greger* ZRP 2010, 212 (213).

41 Unverständlich sei vor diesem Hintergrund, dass der Gesetzgeber lediglich **Forschungsvorhaben** anrege, anstatt gleich, ggf. auch mit vorsorglicher Befristung oder beschränkt auf bestimmte Konfliktarten und beschränkt in der Höhe, Regelungen zur finanziellen Förderung zu treffen.[64] Durch weitere Evaluationen und mögliche Nachbesserungen der Regelungen könnten die **Kostenrisiken des Staates** weiter minimiert werden.[65] Die derzeitige Beschränkung auf Forschungsvorhaben sei »nachlässig«.[66]

42 Der gegenwärtige Erkenntnisstand spricht für die oben dargestellte Kritik. Es bleibt daher zu hoffen, dass der Gesetzgeber spätestens nach entsprechender Unterrichtung die notwendigen Konsequenzen ziehen und eine Förderung der Mediation umsetzen wird, die diesen Namen verdient.[67]

§ 8 Evaluierung

(1) Die Bundesregierung berichtet dem Deutschen Bundestag bis zum 26. Juli 2017, auch unter Berücksichtigung der kostenrechtlichen Ländereröffnungsklauseln, über die Auswirkungen dieses Gesetzes auf die Entwicklung der Mediation in Deutschland und über die Situation der Aus- und Fortbildung der Mediatoren. In dem Bericht ist insbesondere zu untersuchen und zu bewerten, ob aus Gründen der Qualitätssicherung und des Verbraucherschutzes weitere gesetzgeberische Maßnahmen auf dem Gebiet der Aus- und Fortbildung von Mediatoren notwendig sind.

(2) Sofern sich aus dem Bericht die Notwendigkeit gesetzgeberischer Maßnahmen ergibt, soll die Bundesregierung diese vorschlagen.

Übersicht

	Rdn.
I. Regelungsgegenstand und Zweck	1
1. Allgemeines	1
2. Europäische Mediationsrichtlinie	4
II. Grundsätze/Einzelheiten	6
1. Evaluierung und Berichterstattung (Absatz 1)	6
a) Evaluierung	6
b) Bericht	9
c) Frist	10
d) Inhalt (Absatz 1 Satz 1)	11
aa) Auswirkungen des MediationsG	12
bb) Situation der Aus- und Fortbildung	13
cc) Kostenrechtliche Ländereröffnungsklauseln	16
e) Schwerpunkt des Berichts (Absatz 1 Satz 2)	19
aa) Qualitätssicherung	21
bb) Verbraucherschutz	24
cc) Notwendigkeit gesetzgeberischer Maßnahmen	25

---

64 *Greger* ZRP 2010, 212 (213).
65 *Greger* ZRP 2010, 212 (213).
66 *Bastine* ZKM 2011, 59 f.
67 So auch *Paul/Weber* in: *Klowait/Gläßer*, Mediationsgesetz, § 7.

2. Vorschlag gesetzgeberischer Maßnahmen (Absatz 2).................. 26
3. Evaluationsbericht der Bundesregierung........................... 27

I. Regelungsgegenstand und Zweck

1. Allgemeines

Das MediationsG ist innerhalb von fünf Jahren nach Inkrafttreten einer **Evaluierung** 1
zu unterziehen, die dem Gesetzgeber in einem Bericht vorzulegen ist. § 8 Mediationsg war nicht von Anfang an Inhalt des Gesetzentwurfes, sondern wurde erst später aufgrund der **Beschlussempfehlung des Rechtsausschusses**[1] in das Gesetz eingefügt. Der Gesetzgeber will damit deutlich zum Ausdruck bringen, dass die Einführung des MediationsG nur ein erster Schritt auf dem Weg hin zur tatsächlichen Akzeptanz und Verbreitung der Mediation ist, und es noch einige Zeit und ggf. Änderungen des MediationsG bedarf, bis Mediation erfolgreich in unserem System verankert und akzeptiert ist.[2] Denn »die Mediation als Instrument zur Konfliktlösung und die Anforderungen an Mediatoren befinden sich noch in der Entwicklung«[3] und »die Rahmenbedingungen für Konfliktlösungen durch Mediation werden mit dem MediationsG erstmals gesetzlich geregelt«.[4] *Greger* nennt diese Vorschrift eine der wichtigsten des ganzen Gesetzes.[5]

Die Bundesregierung ist gemäß § 8 Abs. 1 Satz 1 MediationsG gehalten, auch unter 2
Berücksichtigung der **kostenrechtlichen Ländereröffnungsklauseln** zum einen die **Auswirkungen des MediationsG** auf die **Entwicklung der Mediation in Deutschland** und zum anderen die **Situation der Aus- und Fortbildung der Mediatoren** zu evaluieren und dem Deutschen Bundestag einen Bericht über die Evaluierung zu erstatten.[6] Ziel des Berichtes ist herauszufinden, ob und inwieweit weitere gesetzgeberische Maßnahmen insbesondere auf dem Gebiet der Aus- und Fortbildung von Mediatoren notwendig sind (Absatz 1 Satz 2). Entsprechende Vorschläge für weitere gesetzgeberische Maßnahmen sollen dann von der Bundesregierung erfolgen (Absatz 2).

Absatz 1 Satz 2 erwähnt ausdrücklich, dass der **Bericht** und **Evaluation** die Situation 3
der Aus- und Fortbildung der Mediatoren besonders untersuchen und bewerten soll. Grundsätzlich sollen aber sämtliche verbesserungswürdigen oder sonst wesentlichen Themenbereiche bei der Evaluation Berücksichtigung finden. So könnte insbesondere die Frage der **finanziellen Förderung** im Rahmen der Evaluation weiter untersucht und bewertet werden. Vor diesem Hintergrund soll dann entschieden werden, ob weitere gesetzliche Maßnahmen notwendig erscheinen. Untersucht werden soll mithin, ob die Ziele des MediationsG, dh. insbesondere die **Förderung der Mediation** und die Ent-

---

1 BT-Drucks. 17/8058.
2 Plenarprotokoll 17/149 des Deutschen Bundestages, S. 17839.
3 Begr. BT-Drucks. 17/8058, S. 20.
4 Begr. BT-Drucks. 17/8058, S. 20.
5 *Greger* in: *Greger/Unberath/Steffek*, Recht der alternativen Konfliktlösung, § 8 MediationG, Rn. 1.
6 Begr. BT-Drucks. 17/8058, S. 20.

lastung der Justiz,[7] erreicht werden konnten oder ob es Verbesserungsbedarf beim MediationsG gibt.

2. Europäische Mediationsrichtlinie

4 Auch die **EUMed-RL** sieht in Art. 11 (»Überprüfung«) eine **Evaluierung und Berichterstattung** zur Anwendung der EUMed-RL vor. Danach soll die Kommission dem **Europäischen Parlament**, dem Rat und dem Europäischen Wirtschafts- und Sozialausschuss bis zum 21. Mai 2016, und damit acht Jahre nach Inkrafttreten der EUMed-RL, über die Anwendung der Richtlinie und insbesondere über die Entwicklung der Mediation in der gesamten Europäischen Union und die Auswirkungen der EUMed-RL in den Mitgliedstaaten Bericht erstatten. Ferner sieht Art. 11 S. 2 EUMed-RL vor, dass dem Bericht, »soweit erforderlich, Vorschläge zur Anpassung dieser Richtlinie beizufügen« sind.

5 Die Kommission hat am 6.8.2016 den »Bericht der Kommission an das Europäische Parlament, den Rat und den Europäischen Wirtschaft- und Sozialausschuss über die Anwendung der Richtlinie 2008/52/EG des Europäischen Parlaments und des Rates über bestimmte Aspekte der Mediation in Zivil– und Handelssachen«[8] vorgelegt. Als Ergebnis wird festgestellt, dass die EUMed-RL für die »EU einen Mehrwert darstellt«. In dem Bericht heißt es: »Durch eine Bewusstseinssteigerung unter nationalen Gesetzgebern hinsichtlich der Vorteile der Mediation zeigte die Umsetzung der Mediationsrichtlinie eine beträchtliche Wirkung auf die Gesetzgebung in einigen Mitgliedstaaten. Das Ausmaß der Auswirkungen der Richtlinie auf die Mitgliedstaaten variiert je nachdem, welchen nationalen Mediationssysteme bereits zuvor angewendet wurden.«[9] »Wo die Umsetzung der Richtlinie wesentliche Änderungen am bestehenden Mediationsrahmen oder die Einführung eines umfangreichen Mediationssystems zur Folge hatte, ist ein wichtiger Schritt in Richtung der Vereinfachung des Zugangs zur alternativen Streitbeilegung und zu einem ausgeglichenen Verhältnis zwischen Mediations- und Gerichtsverfahren getan worden.«[10] Weiter heißt es: »Mediation kann helfen, unnötige Gerichtsverfahren auf Kosten des Steuerzahlers zu vermeiden und den Zeitaufwand und die Kosten im Zusammenhang mit Gerichtsprozessen zu reduzieren. Dies kann langfristig eine außergerichtliche Kultur schaffen, in der es keine Gewinner oder Verlierer, sondern Partner gibt.«[11] Der Bericht befasst sich im Einzelnen mit den Artikeln der EUMed-RL und deren Umsetzung in den Mitgliedstaaten. Zu Art. 5 Abs. 2 EUMed-RL (Rechtsvorschriften, die zur Nutzung von Mediation verpflichten oder die Anreize oder Sanktionen vorsehen) führt der Bericht allerdings fälschlich aus, dass in Deutschland »Prozesskostenhilfe immer bei Gerichtsmediation gewährt« würde, im Zusammenhang mit außergerichtlicher Mediation allerdings nur begrenzt.[12] Das deut-

---

7 Begr. BT-Drucks. 17/5335, S. 18.
8 COM/2016/0542 final (hier: Kommissionsbericht).
9 Kommissionsbericht, S. 4.
10 Kommissionsbericht, S. 4.
11 Kommissionsbericht, S. 12.
12 Kommissionsbericht, S. 9.

sche MediationsG (erlassen im Jahr 2012) hat allerdings die Gerichtsmediation ausdrücklich nicht berücksichtigt.

II. Grundsätze und Einzelheiten

1. Evaluierung und Berichterstattung (Absatz 1)

a) Evaluierung

Der **Begriff Evaluierung** bedeutet im allgemeinen Sinne die »Bewertung« und »Beurteilung« von Sachverhalten und stammt ursprünglich aus dem Bereich der Sozialwissenschaften, wo er als »Analyse und Bewertung eines Sachverhalts, vor allem als Begleitforschung einer Innovation« verstanden wird. In der Rechts- und Verwaltungswissenschaft dienen Evaluationen von Gesetzen und Verordnungen dazu, die Auswirkungen staatlichen Handelns unter Einsatz wissenschaftlicher Methoden zu erfassen.[13] Evaluationen setzen in der Regel auf der Wirkungsebene und nicht auf der Leistungsebene an, denn beurteilt werden insbesondere die Wirkungen, die Zielerreichung/Vollzugskonformität (Effektivität, Wirksamkeit) sowie die Wirtschaftlichkeit (im Sinne der Kosten-Nutzen-Effizienz).[14] Damit können neue Gesetze und Verordnungen den tatsächlichen Gegebenheiten angepasst und auf eine sichere Grundlage gestellt werden, ihr Vollzug besser auf die mit dem Gesetz angestrebten Ziele ausgerichtet und Transparenz im Hinblick auf staatliches Handeln gewährleistet sowie die Ergebnisse und Schlussfolgerungen im Rahmen von Aufgabenüberprüfungen zusammengefasst werden. 6

Die Pflicht des Gesetzgebers zur **Prognose-, Beobachtungs-** und **Nachbesserungspflicht** bei Gesetzen und Verordnungen, also auch zur nachträglichen Prüfung (retrospektive Evaluation) der wesentlichen Aus- und Nebenwirkungen neuer Gesetze als eine Form der **Gesetzesfolgenabschätzung**, ergibt sich nach ständiger Rechtsprechung des Bundesverfassungsgerichts[15] aus den grundrechtlichen Schutzpflichten des Gesetzgebers. Die Gesetzesfolgenabschätzung erfolgt nicht nur vor Erlass eines Gesetzes, sondern auch nach dessen Erlass. Es lassen sich mithin drei Phasen der Gesetzesfolgenabschätzung unterscheiden: die **Konzeptionsphase**, die **Durchführungsphase** und die **Auswertungsphase**. Während die ersten zwei Phasen dazu dienen den Gesetzesentwurf zu begleiten, wird in der letzten Phase, das bereits erlassene Gesetz ausgewertet, um so mögliche Regelungsalternativen zu finden. 7

Die Evaluierung des MediationsG bedeutet damit, seine Auswirkungen umfassend und systematisch zu analysieren und zu bewerten. Dadurch sollen Fortschritte und Erfolge aber auch Fehlentwicklungen oder sonstige Missstände erfasst werden. Vor diesem Hintergrund kann der Gesetzgeber dann beurteilen, inwieweit Veränderungen in der Zukunft notwendig sind und die neu eingeführten Regelungen abändern oder ergänzen. 8

---

13 *Kettiger*, Wirkungsorientierte Gesetzgebung, S. 15.
14 *Kettiger*, Wirkungsorientierte Gesetzgebung, S. 15.
15 Vgl. BVerfGE 50, 290 (333); BVerfGE 56, 54 (78); BVerfGE 88, 203 (263).

b) Bericht

9   Die Bundesregierung sollte dem Bundestag »**berichten**«. Wie sich aus dem Titel und Absatz 1 Satz 2 der Vorschrift ergibt, ist darunter die Untersuchung, Bewertung und der abschließende Bericht über die Evaluierung zu verstehen. Dieser Pflicht ist die Bundesregierung am 19.7.2017 nachgekommen und hat den »Bericht der Bundesregierung über die Auswirkungen des Mediationsgesetzes auf die Entwicklung der Mediation in Deutschland und über die Situation der Aus- und Fortbildung der Mediatoren«[16] vorgelegt.

c) Frist

10 Der Bericht hatte bis zum **26. 7. 2017** und damit fünf Jahre nach Inkrafttreten des MediationsG zu erfolgen. Dieser Zeitraum[17] wurde und ist als »hinreichend langer Zeitraum für eine aussagekräftige Evaluation« angesehen.

d) Inhalt (Absatz 1 Satz 1)

11 Der Bericht sollte Stellung nehmen zu den **Auswirkungen des MediationsG** auf die Entwicklung der Mediation in Deutschland und zu der Situation der Aus- und Fortbildung der Mediatoren.

aa) Auswirkungen des MediationsG

12 Die Evaluation zu den **Auswirkungen des MediationsG** auf die **Entwicklung der Mediation** in Deutschland sollte insbesondere die Verbreitung und Akzeptanz von Mediation als Mittel zur Konfliktlösung, die Lebensbereiche, in denen Mediation erfolgreich oder erfolglos praktiziert wird, die Erforderlichkeit einer finanziellen Förderung der Mediation und die Auswirkungen der Mediation auf die Vermeidung oder einvernehmliche Beendigung justizieller Verfahren berücksichtigen.[18] Diese Aufzählung war beispielhaft und nicht abschließend. Die sehr weit und allgemein gehaltene Formulierung der Vorschrift ließ der Bundesregierung die Möglichkeit, in dem Bericht auch alle sonstigen erforderlich erscheinenden Themenbereiche einer Evaluation zu unterziehen.

bb) Situation der Aus- und Fortbildung

13 Gegenstand des Berichts sollte ferner die Evaluierung der **Aus- und Fortbildung** der Mediatoren sein. Dabei war besonders zu berücksichtigen, »ob aus Gründen der **Qualitätssicherung** und des **Verbraucherschutzes** eine intensivere staatliche Überprüfung der Qualifikation von Mediatoren erforderlich ist und ob die Qualifika-

---

16 Im Folgenden »Evaluationsbericht 2017«; abzurufen unter: https://www.bmjv.de/SharedDocs/Artikel/DE/2017/071917_Bericht_Mediationsgesetz.html (Datum des Zugriffs: 23.11.2019).
17 Begr. BT-Drucks. 17/8058, S. 20.
18 Begr. BT-Drucks. 17/8058, S. 20.

tionsanforderungen an Mediatoren an möglicherweise veränderte Anforderungen angepasst werden sollten«.[19] Gegenstand sollte dabei insbesondere die Situation der Aus- und Fortbildung nach den Vorgaben von § 5 MediationsG und auf Grundlage der gemäß § 6 MediationsG vom Bundesministerium der Justiz zu erwartenden Verordnung zur Aus- und Fortbildung sein.

Zum Bereich der Aus- und Fortbildung zählen auch die »**Ausbildungsträger**, die die Aus- und Fortbildung von Mediatoren und deren Zertifizierung organisieren und durchführen«.[20] 14

Die Vorschrift gab auch hier der Bundesregierung einen sehr weiten Raum, sämtliche Aspekte über die Situation der Aus- und Fortbildung der Mediatoren und sämtliche diese beeinflussenden Faktoren zum Gegenstand der Evaluierung zu machen. 15

cc) **Kostenrechtliche Länderöffnungsklauseln**

Die Evaluierung der Auswirkung des Gesetzes auf die Entwicklung der Mediation in Deutschland sollte ferner auch unter Berücksichtigung der **kostenrechtlichen Länderöffnungsklauseln** erfolgen. Diese kostenrechtlichen Länderöffnungsklauseln wurden aufgrund der Beschlussempfehlung des Vermittlungsausschusses[21] in § 69 b **Gerichtskostengesetz (GKG)** und § 61 a **Gesetz über Gerichtskosten in Familiensachen (FamGKG)** aufgenommen. 16

Hierbei handelt sich um **Verordnungsermächtigungen**, die es den Landesregierungen ermöglichen sollten, durch Rechtsverordnung zu bestimmen, dass die **Verfahrensgebühren** über die in den Kostenverzeichnissen bereits vorgesehenen Ermäßigungen hinaus weiter ermäßigt oder sogar entfallen können. Voraussetzung dafür ist, dass das gesamte Verfahren nach einer Mediation oder einer anderen außergerichtlichen Streitbeilegung durch Zurücknahme der Klage oder des Antrags beendet wird, und in der Klage- oder Antragsschrift mitgeteilt worden ist, dass eine Mediation oder ein anderes Verfahrens der außergerichtlichen Konfliktbeilegung durchgeführt oder abgestrebt wird, oder wenn das Gericht den Parteien die Durchführung einer Mediation oder eines anderen Verfahrens der außergerichtlichen Konfliktbeilegung vorgeschlagen hat.[22] 17

Inwieweit der damit verbundene Kostenanreiz Auswirkungen auf die Mediation, z. B. die Akzeptanz der Mediation bei der rechtsuchenden Bevölkerung fördert, sollte ausdrücklich Gegenstand der Evaluierung sein. 18

e) **Schwerpunkt des Berichts (Absatz 1 Satz 2)**

Nach Absatz 1 Satz 2 der Vorschrift sollte **wesentlicher Inhalt** des Berichts die Untersuchung und Bewertung sein, ob aus Gründen der Qualitätssicherung und des Ver- 19

---

19 Begr. BT-Drucks. 17/8058, S. 20.
20 Begr. BT-Drucks. 17/8058, S. 20.
21 Begr. BT-Drucks. 17/10102, S. 3, 4.
22 Plenarprotokoll 898, Bundesrat, S. 296.

braucherschutzes **weitere gesetzgeberische Maßnahmen** hinsichtlich **der Aus- und Fortbildung** der Mediatoren notwendig sind.

20 Diese hervorgehobene Berücksichtigung erklärt sich aus der während des Gesetzgebungsprozesses besonders kontrovers geführten Diskussion über die Frage des »Ob« und des »Wie« einer gesetzlich **normierten Qualitätssicherung** der Aus- und Fortbildung der Mediatoren. Weiterer Grund war das gesetzgeberische Ziel, mit der Evaluierung auch die Überprüfung und ggf. Verbesserung der Regelungen des MediationsG zu erreichen. Diese Aufzählung hebt jedoch lediglich ein besonderes Ziel des Berichts hervor und ist nicht abschließend zu verstehen; so sollte daneben ebenfalls untersucht und bewertet werden, ob andere Gründe (z. B. die Ergebnisse der **Forschungsvorhaben** nach § 7 MediationsG) die Einführung weiterer gesetzgeberischen Maßnahmen notwendig machen.

aa) Qualitätssicherung

21 Der Mediator benötigt eine qualifizierte und intensive Ausbildung, um die Mediation, die ein komplexes Konfliktlösungsverfahren darstellt, kompetent durchführen zu können.[23] Aus Gründen der **Qualitätssicherung** und der **Markttransparenz** sind in § 5 Abs. 1 MediationsG die Anforderungen an die Grundkenntnisse und Kernkompetenzen des Mediators festgelegt.[24] § 5 MediationsG unterscheidet zwischen dem »**Mediator**« und dem »**zertifizierten Mediator**«. Der »Mediator« hat in eigener Verantwortung seine Aus- und Fortbildung zu sichern (vgl. § 5 Abs. 1 MediationsG). Die Voraussetzungen für die Aus- und Fortbildung des »zertifizierten Mediators« sind in einer vom Bundesministerium der Justiz noch zu erlassenden Verordnung zu bestimmen (vgl. § 5 Abs. 2 und 3 i. V. m. § 6 MediationsG).

22 Einheitliche, sich am Markt bereits durchgesetzte Ausbildungsstandards gibt es derzeit noch nicht. Dementsprechend haben die am Markt agierenden **Mediationsverbände** und **Ausbildungsinstitute** unterschiedliche Ausbildungsstandards. Vergleichbare und standardisierte Bestimmungen über die Aus- und Fortbildung der Mediatoren würden jedoch Markttransparenz schaffen und wären daher im Verbraucherinteresse wünschenswert. Dies könnte bei den Verbrauchern auch das für die Durchsetzung der Mediation am Markt erforderliche Vertrauen schaffen. Auch die **Versicherungswirtschaft** (z. B. Rechtsschutzversicherungen) fragt nach einheitlichen Ausbildungsstandards zur Qualitätssicherung,[25] um Mediatoren an ihre Versicherungsnehmer empfehlen zu können.

23 Solange die Bundesregierung nicht im Verordnungswege Bestimmungen über die Aus- und Fortbildung des »**zertifizierten Mediators**« vorgegeben hatte, handelte jeder Mediator im Hinblick auf seine Aus- und Fortbildung nur nach eigener Verantwortung (und seinen finanziellen Möglichkeiten!). Es schien daher dringend erforderlich zu sein, die Qualitätssicherung zum Gegenstand der Evaluierung zu machen und u. a. zu unter-

---

23 Begr. BT-Drucks. 17/8058, S. 18.
24 Begr. BT-Drucks. 17/8058, S. 18.
25 Begr. BR-Drucks. 60/11, S. 5.

suchen und zu bewerten, ob die jetzigen Regelungen ausreichen, um die Qualität der Aus- und Fortbildung der Mediatoren sicherzustellen. Dem ist die Bundesregierung aber durch Erlass der »Verordnung über die Aus- und Fortbildung von zertifizierten Mediatoren (Zertifizierte-Mediatoren-Ausbildungsordnung – ZMediatAusbV)[26] vom 21.8.2016 zuvorgekommen.

bb) Verbraucherschutz

Verbraucher im Sinn der Vorschrift ist jede Person, die als Partei oder sonstiger 24 Beteiligter an einer Mediation teilnimmt bzw. für die Mediation als Konfliktlösungsverfahren in Betracht kommt. Dieser Personenkreis sollte und soll vor Mediatoren geschützt werden, die **ohne ausreichende Qualifikation** ihre Tätigkeit anbieten.[27] Zudem sollte eine Markttransparenz geschaffen werden, durch die dem Verbraucher der Zugriff auf den Mediationsmarkt erleichtert und die Inanspruchnahme der Mediation gewährleistet wird. Qualitätssicherung und Verbraucherschutz sind eng miteinander verknüpft und beide Aspekte sind entscheidend für die Anforderungen, die an die Aus- und Fortbildung der Mediatoren zu stellen sind. Auch dem hat die Bundesregierung durch die ZMediatAusbV Rechnung getragen.

cc) Notwendigkeit gesetzgeberischer Maßnahmen

Der Gesetzgeber sollte im Rahmen der Evaluation die Notwendigkeit von **weiteren** 25 **gesetzgeberischen Maßnahmen** prüfen und diese im Bericht darstellen und vorschlagen (vgl. Absatz 2). Während **Art. 11 EUMed-RL** davon spricht, dass Änderungen der Richtlinie erfolgen sollen, sofern dies »erforderlich« ist, verwendet der deutsche Gesetzgeber die Formulierung »notwendig«, was im Ergebnis dieselbe Bedeutung hat. Weitere gesetzliche Regelungen müssten daher im Lichte des Art. 12 GG unerlässlich und zwingend sein, damit der Gesetzgeber in der Zukunft entsprechend tätig wird.

2. Vorschlag gesetzgeberischer Maßnahmen (Absatz 2)

Sofern die **Bundesregierung** aufgrund des Berichts feststellen sollte, dass weitere 26 gesetzgeberische Maßnahmen notwendig sind, um das Ziel des MediationsförderungsG zu erreichen und um sonstige mögliche negative Entwicklungen zu korrigieren oder positive Entwicklungen zu verstärken, soll sie entsprechende gesetzgeberische Maßnahmen vorschlagen. Der Inhalt und Umfang der Maßnahmen hängt entscheidend von dem Ergebnis des Berichtes über die Evaluation ab, aber auch von der weiteren Entwicklung im Bereich der **Europäischen Union**.

---

26 BGBl. I S. 1994; vgl. hierzu umfassend die Ausführungen unter Teil 2.
27 Begr. BR-Drucks. 60/1/11, S. 3.

3. Evaluationsbericht der Bundesregierung

27 Die Bundesregierung hat am 19.7.2017 dem Deutschen Bundestag den »**Bericht der Bundesregierung über die Auswirkungen des Mediationsgesetzes auf die Entwicklung der Mediation in Deutschland und über die Situation der Aus- und Fortbildung der Mediatoren**«[28] vorgelegt. Dem 215 Seiten starken Bericht, im Auftrag des Bundesministeriums der Justiz und für Verbraucherschutz erstellt durch das Deutsche Forschungsinstitut für Öffentliche Verwaltung Speyer, ist eine ebenso knappe wie ernüchternde Zusammenfassung vorangestellt:

»1. Die Zahl der durchgeführten Mediationen ist auf einem gleichbleibenden niedrigen Niveau. Die Mediationen konzentrieren sich dabei überwiegend auf einige wenige Mediatoren.

2. Die Mediationstätigkeit bietet nur geringe Verdienstmöglichkeiten. Viele Mediatoren sind in der Ausbildung tätig.

3. Während die Mediationskostenhilfe von den Mediatoren als bestes Instrument zur Förderung der Mediation gehalten wird, rät der Bericht jedenfalls zum gegenwärtigen Zeitpunkt von einer allgemeinen, bereichsunabhängigen Regelung zur Mediationskostenhilfe ab.

4. Die Vollstreckbarkeit von Mediationsvereinbarungen wird von den Mediatoren im geringsten Maße als weiterführendes Instrument zur Förderung der Mediation erachtet. Für eine Sonderregelung zur Vollstreckbarmachung von Mediations(ergebnis)vereinbarungen sieht auch der Bericht keinen Bedarf.

5. Die Zertifizierung von Mediatoren, wie sie derzeit ausgestaltet ist, hat für die Nutzer wenig Relevanz. Inwieweit ein einheitliches öffentlich-rechtliches Zertifizierungssystem dies zu ändern vermag, ist empirisch nicht belegbar.«[29]

28 Weiter heißt es dort: »Der vorliegende Bericht ist die erste flächendeckende empirische Untersuchung über die Nutzung von Mediation in Deutschland. Er zeigt, dass Mediation als alternatives Instrument der Konfliktbeilegung in Deutschland einen festen Platz in der Streitbeilegungslandschaft einnimmt, allerdings noch nicht in einem Maße genutzt wird, wie es wünschenswert wäre. Das Potential der Mediation ist noch nicht voll entfaltet. Ein unmittelbarer gesetzgeberischer Handlungsbedarf, insbesondere auf dem Gebiet der Aus- und Fortbildung von Mediatoren, ergibt sich aus dem Bericht nicht. Sowohl von einer allgemeinen Regelung der Mediationskostenhilfe als auch von Sonderregelungen zur Vollstreckbarkeit von Mediationsvereinbarungen rät der Bericht ab. Die Bundesregierung wird jedoch den Bericht zum Anlass nehmen, um im Austausch mit den betroffenen Kreisen auf der Grundlage der Erkenntnisse des Berichts zu überlegen, wie das mit dem Mediationsgesetz verfolgte Ziel der Förderung von Mediation langfristig noch besser verwirklicht werden kann.«[30]

---

28 S. Rdn. 9a.
29 Evaluationsbericht, S. 2.
30 Evaluationsbericht, S. 3.

Der Evaluationsbericht basiert auf einer bundesweiten Befragung von 1244 Mediatoren, von denen 42 % Berater bzw. Coaches, 20 % Anwälte, 11 % Pädagogen, 9 % Psychologen, 6 % Architekten oder Ingenieure, 1 % Richter und 10 % Sonstige waren.[31] Die Erfahrung dieser Personen bezogen sich auf Mediationen, die in folgenden Bereichen stattfanden: 26 % Unternehmen, 22 % Familie und Partnerschaft, 12 % Organisationen/Wirtschaft, 10 % Nachbarschaftsstreitigkeiten, 8 % Erziehung, 6 % Gesundheitswesen, 5 % Kirche, 4 % öffentlicher Bereich, 3 % Zivilsachen, 3 % Bau–/Architektensachen.[32] nahezu die Hälfte der Mediationen (49 %) findet intern in Organisationen (Unternehmen, Kirchen, Gesundheitswesen, Schulen etc.) statt, 36 % im Bereich Partnerschaft, Familie und Nachbarschaft und lediglich 15 % entfallen auf Wirtschaftsmediation und Bau- und Architektensachen.[33]   29

Der Evaluationsbericht gibt damit erstmalig einen zusammenfassenden Überblick über die Situation der Mediation und der handelnden Mediatoren in Deutschland. Er stellt fest, dass die Mediationszahlen seit 2014 auf niedrigem Niveau verharren.[34] Zwar sei die Mediation in Deutschland bekannt, aber das Interesse daran scheint über die Jahre nachgelassen zu haben.[35] Ernüchternd ist auch die Feststellung auf die Frage, ob das Mediationsgesetz 2012 die Entwicklung der Mediation spürbar beeinflusst habe. 26 % der Befragten sehen eine positive/sehr positive Auswirkung, 69 % keine Auswirkung und 4 % sogar negative Einflüsse.[36]   30

Der Evaluationsbericht endet mit Feststellungen über die Sinnhaftigkeit der Anforderungen an den »Zertifizierten Mediator«: Diese werden »im Wesentlichen Auswirkungen auf den Ausbildungsmarkt der Mediation haben. Die »Kunden« werden, das haben alle Interviews und Workshops ergeben, kaum zwischen einem zertifizierten und einem nicht-zertifizierten Mediator unterscheiden können. (…) Für diejenigen Interessenten, die auf Vermittlung oder Empfehlung nachfragen, ist die Zertifizierung ohnehin unerheblich«.[37]

§ 9 Übergangsbestimmung

(1) Die Mediation in Zivilsachen durch einen nicht entscheidungsbefugten Richter während eines Gerichtsverfahrens, die vor dem 26. Juli 2012 an einem Gericht angeboten wird, kann unter Fortführung der bisher verwendeten Bezeichnung (gerichtlicher Mediator) bis zum 1. August 2013 weiterhin durchgeführt werden.

(2) Absatz 1 gilt entsprechend für die Mediation in der Verwaltungsgerichtsbarkeit, der Sozialgerichtsbarkeit, der Finanzgerichtsbarkeit und der Arbeitsgerichtsbarkeit.

---

31 Evaluationsbericht, S. 63.
32 Evaluationsbericht, S. 64.
33 Evaluationsbericht, S. 64, 65.
34 Evaluationsbericht, S. 84, 85.
35 Evaluationsbericht, S. 41 ff.
36 Evaluationsbericht, S. 144.
37 Evaluationsbericht, S. 215.

Teil 1 Artikel 1 Mediationsförderungsgesetz

Übersicht

	Rdn.
I. Regelungsgegenstand und Zweck	1
1. Entwicklung der Vorschrift und systematischer Zusammenhang	1
2. Europäische Mediationsrichtlinie	5
II. Grundsätze/Einzelheiten	6
1. Weiterführung gerichtlicher Mediationen in Zivilsachen (Absatz 1)	6
a) Übergangszeitraum	6
b) Grundsätze	7
c) Zeitlich begrenzte Verwendung des Begriffs »gerichtlicher Mediator«	8
d) Status der gerichtlichen Mediatoren	9
e) Verfahrensrechtliche Konsequenzen	11
2. Weiterführung gerichtlicher Mediationen in den Fachgerichtsbarkeiten (Absatz 2)	12

I. Regelungsgegenstand und Zweck

1. Entwicklung der Vorschrift und systematischer Zusammenhang

1 Die Übergangsbestimmung zählt zu den Vorschriften, die im Laufe des Gesetzgebungsprozesses mehrere Änderungen erfahren haben:

Im Referentenentwurf zunächst allein als Öffnungsklausel für die Länder zur Regelung der richterlichen Mediation durch Rechtsverordnung in § 15 GVG konzipiert (*»Die Landesregierungen werden ermächtigt, durch Rechtsverordnung zu bestimmen, dass gerichtsinterne Mediation ... angeboten wird«*),[1] sah der Gesetzentwurf der Bundesregierung in seinem § 7 MediationsG bereits eine Übergangsbestimmung für gerichtsinterne Mediation von einem Jahr nach Inkrafttreten des Gesetzes vor, solange keine Rechtsverordnung entsprechend § 15 GVG erlassen worden wäre.[2]

2 Auf Empfehlung des Rechtsausschusses beschloss der Bundestag sodann in § 9 Abs. 1 MediationsG eine der nunmehr geltenden Regelung im Wesentlichen entsprechende Übergangsbestimmung für »Mediation durch einen nicht entscheidungsbefugten Richter während eines Gerichtsverfahrens« für eine Übergangsdauer von einem Jahr, wobei dies für die ordentliche Gerichtsbarkeit und alle Fachgerichtsbarkeiten gelten sollte; die Bedeutung der Vorschrift erschloss sich aus dem Zusammenhang mit der beschlossenen Einführung des Güterichters in § 278 Abs. 5 ZPO.[3]

3 Im Zuge des vom Bundesrat eingeleiteten Vermittlungsverfahrens erhielt die Vorschrift ihre nunmehr geltende Fassung, die in Absatz 1 um den Halbsatz »unter Fortführung der bisher verwendeten Bezeichnung (gerichtlicher Mediator)« ergänzt wurde. Die Sinnhaftigkeit der Änderung erschließt sich aus dem Zusammenhang mit der gleichfalls im Vermittlungsverfahren erfolgten Änderung des § 278 Abs. 5 ZPO, insbesondere der Einfügung des Satzes 2 in Absatz 5.[4]

---

1 Vgl. Referentenentwurf vom 04. 08. 2010.
2 BT-Drucks. 17/5335.
3 BT-Drucks. 17/8058.
4 BT-Drucks. 17/10102.

Die Gesetzesentwicklung macht somit deutlich, dass die zunächst nur eröffnete Option, im gerichtlichen Verfahren weiterhin Mediation anbieten zu können, sich über eine zeitlich befristete Bestandsgarantie in einer Übergangsphase nunmehr zu einer Gesamtregelung mauserte, die in allen Gerichtsbarkeiten das Verfahrensangebot der Mediation im Rahmen des erheblich erweiterten Instituts des Güterichters zulässt, wobei die Verwendung der Bezeichnung gerichtlicher Mediator nur noch in der Übergangsphase zulässig war und durch die Bezeichnung Güterichter ersetzt wurde. **Die Vorschrift hat sich nunmehr durch Zeitablauf erledigt.** 4

2. Europäische Mediationsrichtlinie

Mit § 9 MediationsG im Zusammenhang mit § 278 Abs. 5 ZPO greift der Gesetzgeber den Erwägungsgrund Nr. 12 sowie Art. 3 lit. a der EUMed-RL auf, die die Möglichkeiten einer Mediation durch einen Richter vorsehen. 5

II. Grundsätze/Einzelheiten

1. Weiterführung gerichtlicher Mediationen in Zivilsachen (Absatz 1)

a) Übergangszeitraum

Absatz 1 der Vorschrift ermöglichte zunächst die Weiterführung der gerichtlichen Mediation in Zivilsachen, mithin der zahlreichen Projekte, die bundesweit von Richtern und Justizverwaltungen initiiert worden waren.[5] In dem im Gesetz bezeichneten Übergangszeitraum von einem Jahr seit Inkrafttreten des Mediationsförderungsgesetzes, mithin bis zum 01. 08. 2013, konnten die Gerichte ihre bisherigen gerichtlichen Mediationsprojekte weiter laufen lassen; **neue Projekte** durften jedoch **nicht** begonnen werden. 6

b) Grundsätze

Der Gesetzgeber stellt in Absatz 1 klar, dass von einer gerichtlichen Mediation nur gesprochen werden durfte, wenn sie von einem **nicht entscheidungsbefugten Richter** angeboten und durchgeführt worden war. Damit nimmt er auf § 1 Abs. 2 MediationsG Bezug und grenzt das besondere Verfahren der Mediation von sonstigen Bemühungen des streitentscheidenden Richters ab, eine Einigung zwischen Verfahrensbeteiligten herbeizuführen. 7

c) Zeitlich begrenzte Verwendung des Begriffs »gerichtlicher Mediator«

Dem Vermittlungsausschuss war ersichtlich daran gelegen, dass nach der Übergangsphase des § 9 MediationsG der Begriff »**gerichtlicher Mediator**« nicht weiter **verwendet** wurde. Die Bezeichnung Mediator wird nunmehr für solche Mediatoren verwendet, die nicht statusmäßig in eine gerichtliche Organisation eingebunden sind, mithin freiberuflich, jedenfalls außergerichtlich tätig werden. Soweit die Methode 8

---

5 Vgl. die angeführten Projekte bei *Gläßer/Schroeter*, Gerichtsinterne Mediation, S. 191 ff.

der Mediation gleichwohl im Rahmen einer gerichtlichen Streitbeilegung durch den Güterichter gem. § 278 Abs. 5 Satz 2 ZPO angeboten und angewendet wird, ist es den Gerichten verwehrt, in diesem Zusammenhang weiterhin von »gerichtlichen Mediatoren« zu sprechen bzw. die entsprechenden Synonyme wie »richterliche Mediatoren«, »Richtermediatoren«, »Gerichtsmediatoren« etc. zu benutzen oder für das Verfahren die Bezeichnungen »gerichtliche Mediation«, »gerichtsinterne Mediation«, »richterliche Mediation«, »Richtermediation«, »Gerichtsmediation« etc. zu gebrauchen.[6] Nach zwischenzeitlich erfolgtem Ablauf der Übergangsphase sind nunmehr nur noch die Bezeichnungen »**Güterichter**« bzw. »**Güterichterverfahren**« zu verwenden, wobei auch der Hinweis »Mediation beim Güterichter« nicht zu beanstanden ist.

d) Status der gerichtlichen Mediatoren

9 Für die gerichtliche Mediation mangelte es an einer ausdrücklichen gesetzlichen Regelung; überwiegend wurde als prozessrechtliche Grundlage § 278 Abs. 5 VwGO in analoger Anwendung herangezogen,[7] zum Teil wurde die gerichtliche Mediation der Tätigkeit der Gerichtsverwaltung zugeordnet.[8] Für den **Übergangszeitraum** ergab sich die **prozessrechtliche Grundlage** aus § 9 MediationsG.

10 Somit konnte die gerichtliche Mediation als **richterliche Tätigkeit eigener Art** eingestuft werden mit der Folge, dass eine **Geschäftsverteilung** durch das gerichtliche **Präsidium** erfolgen musste. Der Grundsatz des gesetzlichen Richters (Art. 101 Abs. 1 GG) fand hingegen auf den gerichtlichen Mediator keine Anwendung.

e) Verfahrensrechtliche Konsequenzen

11 Da der gerichtliche Mediator kein entscheidungsbefugter Richter war, konnte er auch **weder** einen **Vergleich** protokollieren **noch** einen **Streitwert** festsetzen.[9]

---

6 Im Schrifttum wie auch im Gesetzgebungsverfahren wurde in der Vergangenheit keine einheitliche Terminologie gebraucht; während der Gesetzgeber nunmehr von »gerichtlicher Mediation« spricht, hatte noch der Entwurf der Bundesregierung in seinem § 1 Abs. 1 MediationsG den Begriff »gerichtsinterne Mediation« vorgesehen.
7 *Brändle/Schreiber* BJ 2008, 351 ff. (354).
8 *Walther* ZKM 2005, 53.
9 In einigen vor Inkrafttreten des Mediationsförderungsgesetzes bestehenden Modellprojekten wie dem der hessischen Verwaltungsgerichtsbarkeit (vgl. hierzu *Fritz*, FS VG Gießen, S. 319 ff. (330)) wurden die gerichtlichen Mediatoren zwar in analoger Anwendung des früheren § 278 Abs. 5 ZPO beauftragt, im Anschluss an ein Mediationsgespräch ggf. auch einen Vergleich zu protokollieren und einen Streitwert festzusetzen, mithin den »Hut des Mediators« abzunehmen und den »Hut des Richters« aufzusetzen. Die Regelung des § 9 MediationsG hatte demgegenüber den klaren Vorteil, eindeutig zwischen Streitentscheidung durch den Richter und Mediation durch den gerichtlichen Mediator zu unterscheiden. Die angesprochene Problematik hat nunmehr allenfalls noch rechtshistorische Bedeutung.

2. Weiterführung gerichtlicher Mediationen in den Fachgerichtsbarkeiten
   (Absatz 2)

Durch Absatz 2 wurde die Möglichkeit eröffnet, die in den **Fachgerichtsbarkeiten** 12
praktizierten gerichtlichen Mediationsprojekte im **Übergangszeitraum** fortzuführen.
Die Ausführungen im Zusammenhang mit Absatz 1 betrafen daher auch die gerichtliche Mediation in der Verwaltungsgerichtsbarkeit, der Sozialgerichtsbarkeit, der Finanzgerichtsbarkeit und der Arbeitsgerichtsbarkeit.

D. Artikel 2 Änderung der Zivilprozessordnung

Einführung

1 In der ZPO fanden sich bislang Regelungen über Verfahren der außergerichtlichen Konfliktbeilegung allein in § 278 Abs. 5 Satz 2 ZPO.

2 Die Umsetzung der EUMed-RL in nationales Recht, verbunden mit der Implementierung eines gegenüber dem bisherigen Güterichtermodell[1] »**erheblich erweiterten Instituts des Güterichters**« aufgrund der Beschlussempfehlung des Rechtsausschusses[2] und der Ergänzung und Konkretisierung durch den Vermittlungsausschuss[3] machte es erforderlich, die einschlägigen Vorschriften der Prozessordnungen darauf abzustimmen bzw. entsprechende Regelungen neu zu schaffen. Für die Zivilprozessordnung ist dies durch **Artikel 2** des **Mediationsförderungsgesetzes** erfolgt und betrifft nunmehr Fragen der Inkompatibilität, die in § 41 ZPO geregelt sind, Regelungen über den Güterichter (§ 278 Abs. 5 ZPO) und damit zusammenhängend Vorschriften über die Protokollierung (§ 159 Abs. 2 Satz 2 ZPO), Anforderungen an die Klageschrift (§ 253 Abs. 3 ZPO) und Einführung eines gerichtlichen Vorschlagsrechts zur Mediation (§ 278a ZPO). Die noch im Gesetzentwurf der Bundesregierung vorgesehene gerichtsinterne Mediation ist ebenso wie die sinnvollen Regelungen zur Vollstreckbarkeit von Mediationsvereinbarungen[4] nicht in das Gesetz aufgenommen worden. Eine Fortführung der früheren gerichtsinternen[5] Mediationsprojekte durch nicht entscheidungsbefugte Richter war allerdings bis zu einem Jahr nach Inkrafttreten des Mediationsförderungsgesetzes noch möglich (vgl. § 9 MediationsG); die Frist ist zwischenzeitlich verstrichen.

3 Die EUMed-RL verlangt, wie aus ihrem Art. 1 Abs. 2 folgt, eine Umsetzung nur für grenzüberschreitende Streitigkeiten in Zivil- und Handelssachen. Soweit bei den einzelnen Normen der ZPO daher auf die EUMed-RL verwiesen wird, ist diese Einschränkung stets mitzulesen.

4 Die Änderungen der Zivilprozessordnung sind in erster Linie für Parteien, Anwaltschaft und Gerichte von Bedeutung. Mediatoren sind davon insoweit betroffen, als die Gerichte den Parteien eines Rechtsstreits eine Mediation empfehlen können. Zudem folgt aus der Regelung der Verschwiegenheitspflicht in § 4 MediationsG, dass den hiervon Betroffenen (Mediatoren und in die Durchführung des Mediationsverfahrens ein-

---

1 *Tautphäus*, Spektrum der Mediation 2010, S. 26 ff.; *Gemählich*, Spektrum der Mediation 2010, S. 37 ff.
2 Begr. BT-Drucks. 17/8058, B.
3 BT-Drucks. 17/10102.
4 Vgl. die umfasssende Kritik von *Wagner* ZKM 2012, 110 ff. (111), der zutreffend darauf hinweist, dass die Regelungen über notarielle Urkunde und Anwaltsvergleich (§§ 794 Abs. 1 Nr. 5, 796a-796c ZPO) für die Vollstreckbarerklärung aus einem Wohnraummietverhältnis nicht Anwendung finden.
5 Zur Terminologie vgl. Kommentierung zu § 9 MediationsG, Rdn. 8.

gebundene Personen) ein Zeugnisverweigerungsrecht gem. § 383 Abs. 1 Nr. 6 ZPO (und allen hierauf verweisenden Verfahrensordnungen) zusteht.

Keine Regelung enthält das Gesetz im Hinblick auf eine **Verjährung**. Im Schrifttum war angeregt worden, einen speziell auf Mediationsverfahren zugeschnittenen Verjährungstatbestand im Anschluss an die für Schiedsverfahren geltenden Vorschriften der §§ 204 Abs. 1 Nr. 11, 1044 ZPO zu schaffen.[6] Nach Auffassung des Gesetzgebers besteht kein Regelungsbedarf, weil die **Verjährung** bereits gem. **§ 203 Satz 1 BGB** dann **gehemmt** ist, wenn zwischen den Parteien Verhandlungen über den Anspruch oder über die den Anspruch begründenden Umstände schweben, wozu auch die **Mediation** zu zählen ist.[7] Auch Gespräche über den Vorschlag, eine Mediation einzuleiten, sind danach als Verhandlungen im Sinne des § 203 Satz 1 BGB anzusehen.[8]

Nach der Gesetzesbegründung des Regierungsentwurfs ist eine Verjährung auch dann gehemmt, wenn beispielsweise eine Partei eine Mediation vorschlägt und die Gegenpartei signalisiert, den Vorschlag zu prüfen und das Ergebnis der Prüfung mitzuteilen. Die **Hemmung endet**, wenn eine der Parteien eindeutig und klar zu erkennen gibt, eine Mediation nicht beginnen zu wollen. Lassen die Parteien eine Mediation ruhen, weil sie die bisher erzielten Übereinkünfte überprüfen und im Anschluss über eine mögliche Fortsetzung entscheiden wollen, so endet die Hemmung erst, wenn eine Partei eine Fortsetzung des Mediationsgesprächs eindeutig ablehnt; allerdings bestehen insoweit Sonderregelungen für das familien- und arbeitsgerichtliche Verfahren (§ 155 Abs. 4 FamFG, § 54a Abs. 2 Satz 3 ArbGG).

Das Gesetz und die Begründung des Regierungsentwurfs, die auch in diesem Zusammenhang wiederum zivilprozessual geprägt sind, lassen die Besonderheiten der Fachgerichtsbarkeiten außer Acht: Sowohl im arbeitsgerichtlichen Verfahren wie auch in den öffentlich-rechtlichen Gerichtsbarkeiten gibt es **Klagefristen**, die zu beachten sind.[9] Auch für materiell-rechtliche Ausschlussfristen hätte es einer Regelung bedurft.

Für Mediationen und die anderen Verfahren der außergerichtlichen Konfliktbeilegung ist allerdings **§ 204 BGB** mit in den Blick zu nehmen: Danach endet die Hemmung der Verjährung durch Klageerhebung gem. § 204 Abs. 1 Nr. 1 BGB nach Ablauf von 6 Monaten nach der letzten Verfahrenshandlung der Parteien oder des Gerichts (vgl. § 204 Abs. 2 BGB), also der Anordnung des Ruhens des Verfahrens gem. § 278a Abs. 2 ZPO; im Übrigen gilt jedoch weiterhin § 203 Satz 1 BGB.

Schließlich fehlt es auch an durchgreifenden Regelungen, Verfahren der außergerichtlichen Konfliktbeilegung durch **finanzielle Anreize** zu fördern:[10] Weder findet sich in der ZPO eine den §§ 135, 150 Abs. 4 Satz 2 FamFG entsprechende Normierung noch eine solche über Mediationskostenhilfe, sieht man einmal von der wenig gelungenen

---

6 *Wagner* ZKM 2010, 172 ff. (173).
7 Vgl. Begr. BT-Drucks. 17/5335, A., II.
8 Vgl. m.w.N. zu Schrifttum und Rechtsprechung: *Ahrens* NJW 2012, 2465 ff. (2468).
9 *Schreiber* BJ 2010, 310.
10 *Löer* ZKM 2010, 179 ff. (182).

Vorschrift des § 7 MediationsG ab.[11] Die über das Vermittlungsverfahren in das Regelwerk aufgenommene Vorschrift des § 69b GKG kann nur als ein erster Schritt in die richtige Richtung erachtet werden, der jedoch bis zur Bearbeitung der 2. Auflage dieses Kommentars noch keine weiteren Konsequenzen nach sich gezogen hat.

§ 41 Ausschluss von der Ausübung des Richteramtes

Ein Richter ist von der Ausübung des Richteramtes kraft Gesetzes ausgeschlossen:
1. in Sachen, in denen er selbst Partei ist oder bei denen er zu einer Partei in dem Verhältnis eines Mitberechtigten, Mitverpflichteten oder Regresspflichtigen steht;
2. in Sachen seines Ehegatten, auch wenn die Ehe nicht mehr besteht;
2a. in Sachen seines Lebenspartners, auch wenn die Lebenspartnerschaft nicht mehr besteht;
3. in Sachen einer Person, mit der er in gerader Linie verwandt oder verschwägert, in der Seitenlinie bis zum dritten Grad verwandt oder bis zum zweiten Grad verschwägert ist oder war;
4. in Sachen, in denen er als Prozessbevollmächtigter oder Beistand einer Partei bestellt oder als gesetzlicher Vertreter einer Partei aufzutreten berechtigt ist oder gewesen ist;
5. in Sachen, in denen er als Zeuge oder Sachverständiger vernommen ist;
6. in Sachen, in denen er in einem früheren Rechtszug oder im schiedsrichterlichen Verfahren bei dem Erlass der angefochtenen Entscheidung mitgewirkt hat, sofern es sich nicht um die Tätigkeit eines beauftragten oder ersuchten Richters handelt;
7. in Sachen wegen überlanger Gerichtsverfahren, wenn er in dem beanstandeten Verfahren in einem Rechtszug mitgewirkt hat, auf dessen Dauer der Entschädigungsanspruch gestützt wird;
8. in Sachen, in denen er an einem Mediationsverfahren oder einem anderen Verfahren der außergerichtlichen Konfliktbeilegung mitgewirkt hat.

Übersicht

	Rdn.
I. Regelungsgegenstand und Zweck....................................	1
1. Normgefüge	1
2. Europäische Mediationsrichtlinie............................	6
II. Grundsätze/Einzelheiten	7
1. Ausschluss vom Richteramt.................................	7
2. Mediationsverfahren	9
3. Andere Verfahren der außergerichtlichen Konfliktbeilegung.............	13
4. Mitwirkung..	16
a) Verfahrensverantwortlicher...............................	16
b) Sonstige Beteiligung.....................................	20

---

11 *Bastine* ZKM 2010, 59 f. (60); *Kraft/Schwerdtfeger* ZKM 2011, 55 ff. (56).

c) Zeitpunkt. 22
5. Sachidentität. 23
6. Folgen eines Verstoßes gegen die Regelung der Nr. 8 24
7. Verfahren 25
8. Anwendbarkeit der Vorschrift in anderen Gerichtsbarkeiten. 27

I. Regelungsgegenstand und Zweck

1. Normgefüge

Die §§ 41 bis 48 ZPO über die Ausschließung und Ablehnung der Gerichtsperso- 1
nen finden **unmittelbar** nur **Anwendung auf Richter** – einschließlich der ehrenamtlichen Richter – der Zivilgerichtsbarkeit.[1]

Mit der **Neueinfügung** des § 41 Nr. 8 ZPO soll den Besonderheiten des Mediations- 2
verfahrens, insbesondere den Grundsätzen der Offenheit und Vertraulichkeit, Rechnung getragen werden. Parteien, die an einer konsensualen Konfliktlösung beteiligt waren, sollen nach dem Willen des Gesetzgebers nicht befürchten müssen, dass in einem späteren Prozess vor dem streitentscheidenden Richter Tatsachen verwertet werden, die diesem Richter zuvor bekannt geworden sind,[2] und zwar im Rahmen einer Mediation oder eines anderen Verfahrens der außergerichtlichen Konfliktbeilegung. Von daher umfasst die Vorschrift nicht allein Lenkungs- und Leitungsfunktionen in konsensualen Streitbeilegungsverfahren, sondern auch andere Formen von Mitwirkungen.

Keine Rolle spielt es, ob der streitentscheidende Richter unter Umständen lange vor 3
Klageerhebung als »außergerichtlicher« Mediator tätig war oder nach Klageerhebung im Rahmen einer vom Gericht angeregten Mediation nach § 278a ZPO oder seinerzeit als gerichtlicher Mediator im Rahmen der Übergangsregelung des § 9 MediationsG. Die Norm des § 41 Nr. 8 ZPO korrespondiert im Übrigen mit den Vorschriften der §§ 3, 4 MediationsG über Tätigkeitsbeschränkungen und Verschwiegenheitspflicht.

Der in früheren Pilotprojekten zur Mediation gelegentlich ausgeübten und schon sei- 4
nerzeit höchst umstrittenen Praxis, als zuständiger Richter zunächst eine Mediation durchzuführen und im Fall des Scheiterns dann als Spruchrichter zu agieren, ist durch die jetzige Regelung ein Riegel vorgeschoben.

Vom Regelungsgegenstand der Nr. 8 nicht umfasst wird die **Anwendung mediativer** 5
Elemente im gerichtlichen Verfahren.

2. Europäische Mediationsrichtlinie

§ 41 Nr. 7 ZPO dient (auch) der Umsetzung des **Art. 3 lit. a EUMed-RL**, der von 6
einer Trennung der gerichtlichen Mediation und der richterlichen Streitentscheidung ausgeht.

---

1 *Baumbach*, ZPO, 69. Aufl., Übersicht § 41 Rn. 5.
2 Vgl. Begr. BT-Drucks. 17/5335, B., Zu Artikel 3, Zu Nummer 2.

Fritz

II. Grundsätze/Einzelheiten

1. Ausschluss vom Richteramt

7 Als Richter im Sinne der Vorschrift ist immer nur eine **bestimmte Person** anzusehen, nie das Gericht als solches.[3] Unter Richteramt ist die dem Richter übertragene Zuständigkeit gemeint, in einem bestimmten Rechtsstreit rechtsordnende Handlungen vorzunehmen.

8 Der Ausschluss wirkt **kraft Gesetzes** und ist nicht abhängig von der Kenntnis einer Prozesspartei. Die Ablehnung eines Richters wegen Besorgnis der Befangenheit nach § 42 ZPO wird durch die Vorschrift des § 41 ZPO nicht ausgeschlossen; auch können die Parteien den Ausschlussgrund des § 41 Nr. 8 ZPO im Rahmen eines Ablehnungsgesuchs nach §§ 42, 44 ZPO geltend machen.[4]

2. Mediationsverfahren

9 Der Begriff des Mediationsverfahrens wird in § 1 Abs. 1 MediationsG definiert und umfasste für den Übergangzeitraum des § 9 MediationsG auch gerichtliche Mediationen.

10 Um den wünschenswerten Einsatz kommunikativer wie mediativer Elemente durch den streitentscheidenden Richter – sei es in Erörterungs- oder Güteterminen (vgl. § 278 ZPO, § 87 VwGO, § 106 Abs. 3 Nr. 7 SGG, § 54 ArbGG) wie auch in der eigentlichen mündlichen Verhandlung (vgl. §§ 128 ff ZPO; §§ 101 ff. VwGO etc.) – nicht auszuschließen,[5] andererseits dem verfassungsrechtlichen Grundsatz des gesetzlichen Richters gem. Art. 101 Abs. 1 GG zu entsprechen, muss der Begriff des Mediationsverfahrens im hier erörterten Zusammenhang **klar abgrenzbaren Kriterien** genügen.

11 Gründe der Klarheit und Rechtssicherheit verlangen deshalb, dass sich die Parteien eindeutig und nachweisbar auf die Durchführung eines Mediationsverfahrens verständigt haben. In Konflikten, die noch nicht bei Gericht rechtshängig gemacht wurden, wird dies durch einen »Mediationsvertrag zur Durchführung einer Mediation« belegt werden können. Bei rechtshängigen Konflikten kann auf die ebenfalls neue Vorschrift des § 278a Abs. 2 ZPO zurückgegriffen werden, die einen gerichtlichen Ruhensbeschluss verlangt, wenn sich die Beteiligten zur Durchführung einer Mediation entschlossen haben; in familiengerichtlichen Verfahren ist dies gem. § 36a Abs. 2 FamFG ein Aussetzungsbeschluss.

12 Die Tätigkeit als **Güterichter** gem. § 278 Abs. 5 ZPO wird von § 41 Nr. 8 ZPO **ebenfalls** erfasst.[6] Im Fall des Güterichters, der zwar zunächst ein nicht zur Entscheidung berufener Richter ist, jedoch zu einem späteren Zeitpunkt mit dem Streitstoff befasst

---

3 *Thomas/Putzo*, 30. Aufl., ZPO, Vorbemerkung § 41 Rn. 2.
4 *Thomas/Putzo*, 39. Aufl., ZPO, § 41 Rn. 1.
5 Umfassend hierzu *Fritz* LKRZ 2009, 281 ff.
6 *Ahrens* NJW 2012, 2465 ff. (2469); *Röthemeyer* ZKM 2012, 116 ff. (118).

wird, besteht für die Parteien zudem die Möglichkeit einer Ablehnung wegen Besorgnis der Befangenheit gem. § 42 ZPO.

3. Andere Verfahren der außergerichtlichen Konfliktbeilegung

Der Begriff der »anderen Verfahren der außergerichtlichen Konfliktbeilegung« findet sich bereits in der Überschrift des Gesetzes sowie an zahlreichen weiteren Stellen (vgl. nur § 278a ZPO, § 36a FamFG, § 54a ArbGG), wird jedoch durch das Gesetz selbst nicht definiert.   13

Unter Hinweis auf das Schrifttum[7] werden in der Gesetzesbegründung Schlichtungs-, Schieds- und Gütestellen, die Ombudsleute, Clearingstellen und neuere Schieds-[8] und Schlichtungsverfahren wie Shuttle-Schlichtung, Adjudikation, Mini-Trial, Early Neutral Evaluation und Online-Schlichtung aufgezählt und ausgeführt, dass diese Verfahren in den verschiedensten Ausprägungen und Kombinationen praktiziert werden.[9] Die dynamische Entwicklung außergerichtlicher Konfliktbeilegungsverfahren lässt unschwer die Prognose zu, dass zukünftig weitere »Spielarten bestehender Verfahren« sowie neue Verfahren hinzukommen werden.[10]   14

Die **Weite des Begriffes** korrespondiert somit nicht mit der durch die Verfassung vorgeschriebenen Notwendigkeit, einen Richterausschluss nur in den gesetzlich klar definierten Fällen vorzusehen.[11] Die Gesetzesbegründung, die den Richterausschluss in Fällen der Mediation trägt, lässt sich auf die hier benannten andere Verfahren der außergerichtlichen Konflikten nicht ohne Weiteres übertragen. Der hierdurch hervorgerufene Widerspruch ist bei der **Auslegung verfassungskonform** zu beachten.   15

Von daher ist anzuraten, in nicht rechtshängigen Konflikten klare Vereinbarungen zu treffen, die ein entsprechendes Tätigwerden des Dritten dokumentieren; bei rechtshängigen Konflikten kann wiederum auf den gerichtlichen Aussetzungs- oder Ruhensbeschluss abgestellt werden.[12]

4. Mitwirkung

a) Verfahrensverantwortlicher

Im Hinblick auf die bereits angesprochenen verfassungsrechtlichen Vorgaben ist der **Begriff der Mitwirkung** zunächst so zu verstehen, als er die Tätigkeit als **Mediator** oder Co-Mediator (vgl. die Definition in § 1 Abs. 1 MediationsG) **oder** die als eines für ein anderes Verfahren der außergerichtlichen Konfliktbeilegung **Verfahrensverantwortlichen** (Schlichter, Schiedsgutachter etc.) betrifft.   16

---

7 *Risse/Wagner*, Handbuch der Mediation, § 23 Rn. 93 ff.
8 Vgl. zum schiedsgerichtlichen Verfahren auch den Ausschlusstatbestand des § 41 Nr. 6 ZPO.
9 Vgl. Begr. BT-Drucks. 17/5335, A. II.
10 Vgl. hierzu die Ausführungen unter Teil 6 A. I. Rdn. 1 ff.
11 *Musielak*, ZPO, 7. Aufl., § 41 Rn. 3.
12 Vgl. oben Rdn. 11.

17 Dabei wird zwischen **vorbereitenden Handlungen** organisatorischer Art wie Terminsbestimmungen, Informationsübersendungen etc. und solchen zu unterscheiden sein, die ausgehend vom konkreten Konflikt dazu dienen, diesen zielgerichtet einer konfliktbezogenen Lösung zuzuführen. Nur für Letztere trifft der Ausschluss des § 41 Nr. 8 ZPO zu.

18 Dies kann in einem Clearingverfahren wie in einem Schlichtungsverfahren die Anhörung von Beteiligten sein, in einer Early Neutral Evaluation die Befassung mit dem Streitgegenstand, um für das Verfahren eine Bewertung abzugeben oder in einem Mini-Trial die Beratung mit weiteren Entscheidungsberufenen.

19 Wer hingegen – sei es als gerichtlicher Mediator oder sonst als freiberuflicher Mediator – für einen anderen Mediator in Absprache mit den Parteien zu einem Mediationstermin einlädt oder sonst wie nur **vorbereitend unterstützend** tätig wird, hat nicht im Sinne dieser Vorschrift »mitgewirkt«.

b) Sonstige Beteiligung

20 Mitwirkung im Sinne des Gesetzes betrifft über die oben dargestellte Verfahrensverantwortung hinaus zugleich **andere Formen von Beteiligung** in einem konsensualen Streitbeilegungsverfahren, sei es als Konfliktpartei selbst oder als deren Vertreter, Bevollmächtigter etc. Die Beteiligung als Zeuge, Sachverständiger, Gutachter etc. wie auch die als eines zum Verfahren hinzugezogenen Dritten ist ebenfalls hierzu zu rechnen. Allerdings dürften etliche dieser Fallkonstellationen bereits von den Nummern 1 bis 6 des § 41 ZPO erfasst werden.

21 Zumindest missverständlich ist der Ansatz von *Baumbach*,[13] wenn er bereits eine Beratung beliebiger Art und Dauer in Bezug auf ein derartiges Verfahren als Mitwirkung erachtet. Eine **Beratung über ein Verfahren** als solches, das über die jeweiligen Vor- und Nachteile aufklärt, dient allein der Informiertheit eines Konfliktbeteiligten und stellt **keine Mitwirkung** dar.

c) Zeitpunkt

22 Eine Mitwirkung an einer Mediation oder einem anderen außergerichtlichen Konfliktlösungsverfahren mit der Folge eines Ausschlusses liegt auch vor, wenn die Mitwirkung bereits **vor Inkrafttreten** der nunmehrigen Regelung erfolgte; ein relevantes Rückwirkungsverbot war insoweit nicht betroffen.

5. Sachidentität

23 Schließlich ist ein Sachzusammenhang des bereits in einem konsensualen Verfahren behandelten Konflikts mit dem nunmehr gerichtlich anhängig gemachten Konflikt erforderlich, d. h. es muss sich jeweils um den **gleichen Streitgegenstand** handeln.[14] Im Hinblick darauf, dass in einem Mediationsgespräch wie auch in einem anderen

---

13 *Baumbach*, ZPO, 69. Aufl., Rechtspolitischer Ausblick, § 41 ZPO Rn. 15.
14 *Ahrens* NJW 2012, 2465 ff. (2469).

Verfahren der außergerichtlichen Konfliktbeilegung häufig über den eigentlichen Konfliktgegenstand hinaus Probleme erörtert werden, ist ein gesetzlicher Ausschluss im Sinne der Nr. 8 auch dann gegeben, wenn die in der Mediation bzw. der außergerichtlichen Konfliktbeilegung mitbehandelten Probleme nunmehr den Gegenstand des Rechtsstreites bilden.

6. Folgen eines Verstoßes gegen die Regelung der Nr. 8

Der Ausschluss gilt für **jedes Stadium** des gerichtlichen Verfahrens. 24

Wirkt ein ausgeschlossener Richter am Verfahren mit, dann ist die Entscheidung allerdings nicht nichtig, sondern nur **anfechtbar**. Das Gericht selbst kann – mit dem nach dem Geschäftsverteilungsplan vorgesehenen Vertreter – die Prozesshandlung wiederholen, vorausgesetzt es hat sich nicht gebunden oder der Rechtszug ist noch nicht beendet. Ist dies nicht möglich, so sind Rechtsmittel begründet, bei Rechtskraft auch eine Nichtigkeitsklage.

7. Verfahren

Der Ausschluss eines Richters ist **von Amts wegen** zu beachten. Die Parteien können 25
auf die Vorschriften über die Ausschließung nicht wirksam verzichten.

Bestehen Zweifel, ob ein Richter kraft Gesetzes nach Nr. 8 ausgeschlossen ist, so hat 26
gem. § 48 ZPO das für ein Ablehnungsgesuch zuständige Gericht hierüber zu entscheiden. Die Parteien sind zuvor zu hören und die Entscheidung ist ihnen mitzuteilen. Ablehnende wie stattgebende Entscheidung sind unanfechtbar.

8. Anwendbarkeit der Vorschrift in anderen Gerichtsbarkeiten

Über Verweisungsnormen der einschlägigen Prozessordnungen der Fachgerichtsbar- 27
keiten wie beispielsweise § 6 FamFG, § 54 Abs. 1 VwGO, § 60 Abs. 1 SGG, § 46
Abs. 2 ArbGG, § 51 FGO findet die Vorschrift auch in den anderen Gerichtsbarkeiten Anwendung.

§ 159 Protokollaufnahme

(1) Über die Verhandlung und jede Beweisaufnahme ist ein Protokoll aufzunehmen. Für die Protokollführung kann ein Urkundsbeamter der Geschäftsstelle zugezogen werden, wenn dies auf Grund des zu erwartenden Umfangs des Protokolls, in Anbetracht der besonderen Schwierigkeit der Sache oder aus einem sonstigen wichtigen Grund erforderlich ist.

(2) Absatz 1 gilt entsprechend für Verhandlungen, die außerhalb der Sitzung vor Richtern beim Amtsgericht oder vor beauftragten oder ersuchten Richtern stattfinden. Ein Protokoll über eine Güteverhandlung oder weitere Güteversuche vor einem Güterichter nach § 278 Absatz 5 wird nur auf übereinstimmenden Antrag der Parteien aufgenommen.

Teil 1 Artikel 2 Mediationsförderungsgesetz

Übersicht

	Rdn.
I. Regelungsgegenstand und Zweck	1
1. Normgefüge	1
2. Europäische Mediationsrichtlinie	4
II. Grundsätze/Einzelheiten	5
1. Ausnahme von der Protokollpflicht (Absatz 2 Satz 2)	5
2. Güterichter nach § 278 Abs. 5 ZPO	6
3. Weiterer Schutz der Vertraulichkeit	7
4. Protokollpflicht bei übereinstimmendem Antrag	9
5. Form und Inhalt	15
a) Form	16
b) Inhalt	17
6. Folgen eines Verstoßes gegen Protokollersuchen	19
7. Materiellrechtliche Bedeutung der Protokollierung	21
8. Anwendbarkeit der Vorschrift in anderen Gerichtsbarkeiten	22
III. Hinweise für die Praxis	25

I. Regelungsgegenstand und Zweck

1. Normgefüge

1 § 159 ZPO regelt die (grundsätzliche) Verpflichtung, ein Sitzungsprotokoll aufzunehmen und wird ergänzt durch die Vorschriften der §§ 160 bis 165 ZPO, die den Inhalt, das Verfahren bei Anfertigung und Berichtigung sowie die Bedeutung des Protokolls regeln.[1]

2 Die Bedeutung des Protokolls liegt darin, dass es verbindliche Auskunft gibt über den Hergang eines Termins; ihm kommt die **Beweiskraft einer öffentlichen Urkunde** zu.[2]

Während Absatz 1 Satz 1 den Protokollzwang statuiert, bestimmt Satz 2 die Urkundsperson: Entweder übernimmt der zugezogene Urkundsbeamte der Geschäftsstelle die Protokollierung oder sie erfolgt durch den Richter.

Absatz 2 Satz 1 erstreckt die Protokollpflicht außerhalb von Sitzungen auf Verhandlungen vor dem Amtsgericht oder vor einem beauftragten oder ersuchten Richter, wobei Satz 2 für Güteverhandlungen oder weitere Güteversuche vor einem ersuchten Richter eine Ausnahme zulässt.

3 Die Einfügung des Satzes 2 in Absatz 2 erfolgte aufgrund der Beschlussempfehlung des Rechtsausschusses[3] und erklärt sich aus dem Zusammenhang der Abschaffung der bisherigen gerichtlichen Mediation und der gleichzeitigen Implementierung des erheblich erweiterten Instituts des Güterichters. Die endgültige Fassung der Vorschrift erfolgte aufgrund des Beschlusses des Vermittlungsausschusses, der den Terminus »ersuchter Güterichter« durch den des »Güterichters nach § 278 Absatz 5« ersetzte.

---

1 *Thomas/Putzo*, ZPO, 32. Aufl., § 159, Rn. 1.
2 *Baumbach*, ZPO, 69. Aufl., Einführung vor §§ 159 – 165, Rn. 2 m.N. zur Rechtsprechung.
3 Vgl. BT-Drucks. 17/8058.

2. Europäische Mediationsrichtlinie

Wenngleich nicht jedes Tätigwerden eines ersuchten Güterichters in Form einer Mediation erfolgen wird, nimmt § 159 Abs. 2 Satz 2 ZPO gleichwohl den **Erwägungsgrund Nr. 23** der EUMed-RL und die Regelungen der **Art. 1 Abs. 1** und des **Art. 7 der EUMed-RL** auf; denn der Schutz der Vertraulichkeit kann auch geboten sein, wenn der ersuchte Güterichter sich nicht der Mediation bedient, sondern als Konfliktmanager/Streitschlichter sui generis tätig wird.[4]

II. Grundsätze/Einzelheiten

1. Ausnahme von der Protokollpflicht (Absatz 2 Satz 2)

Der Gesetzgeber geht mit Recht davon aus, dass Parteien eher zu einer umfassenden Beratung über eine Lösung ihres Konfliktes bereit sein werden, wenn ihnen im Fall eines Scheiterns der Güteverhandlung ihre Erklärungen und ihr Verhalten in dem nachfolgenden gerichtlichen Verfahren nicht entgegengehalten werden können.[5] Die Vorschrift bezweckt mithin eine Erhöhung des **Schutzes der Vertraulichkeit** einer Güteverhandlung wie auch weiterer Güteversuche, indem sie eine Ausnahme vom Protokollzwang des Absatz 1 Satz 1 festlegt und den Güterichter von der gesetzlichen Pflicht entbindet, ein Protokoll zu erstellen.

2. Güterichter nach § 278 Abs. 5 ZPO

Die Suspendierung vom Protokollzwang betrifft **nur den Güterichter nach § 278 Abs. 5 ZPO**, mithin denjenigen, der hierfür bestimmt und nicht entscheidungsbefugt ist.

3. Weiterer Schutz der Vertraulichkeit

Über die Normierung des Absatzes 2 Satz 2 hinaus wird die Vertraulichkeit eines Gütegesprächs vor einem Güterichter nach § 278 Abs. 5 ZPO noch durch weitere Regelungen geschützt:[6] Hierzu zählt, dass das Gütegespräch unter **Ausschluss der Öffentlichkeit** stattfindet. Das Öffentlichkeitsgebot des § 169 GVG wird dadurch nicht verletzt, da es nur für Verhandlungen vor dem erkennenden Gericht Anwendung findet.[7]

Der Güterichter kann sich zudem gem. § 383 Abs. 1 Nr. 6 ZPO auf ein **Zeugnisverweigerungsrecht** hinsichtlich des Inhalts des Gütegesprächs berufen, wenn ihm als Güterichter Tatsachen anvertraut wurden, deren Geheimhaltung durch ihre Natur oder durch gesetzliche Vorschrift geboten ist.[8]

---

4 *Fritz/Schroeder* NJW 2014, 1910 ff.
5 Vgl. Begr. BT-Drucks. 17/8058, III. Zu Artikel 2 – neu –, Zu Nummer 3 – neu –.
6 Vgl. Begr. BT-Drucks. 17/8058, III. Zu Artikel 2 – neu –, Zu Nummer 3 – neu –.
7 Vgl. *Baumbach*, ZPO, 69. Aufl., § 169 GVG, Rn. 3 mit Nachw. zur Rechtsprechung.
8 Vgl. Begr. BT-Drucks. 17/8058, III. Zu Artikel 2 – neu –, Zu Nummer 3 – neu –; *Röthemeyer* ZKM 2012, 116 ff. (118). Das Zeugnisverweigerungsrecht steht auch den dem Güte-

4. Protokollpflicht bei übereinstimmendem Antrag

9   Die **Regelung** des Absatz 2 Satz 2 ist **abdingbar:** Auf übereinstimmenden Antrag der Parteien ist ein Protokoll zu erstellen. Das Merkmal der Übereinstimmung ist dabei als ein Element des konsensuale Streitbeilegungsverfahren auszeichnenden Prinzips der Freiwilligkeit zu erachten. Parteien im Sinne des Gesetzes sind diejenigen des Ausgangsstreites; auf die Zustimmung etwaiger Dritter, die zum Gütegespräch hinzugezogen wurden, kommt es nicht an.

10 Der Antrag kann zu jeder Zeit während des Gütegesprächs gestellt werden, mithin gleich zu Beginn, im Verlaufe der Verhandlungen oder erst am Ende. Die vom Gesetz insoweit geforderte »Übereinstimmung« stellt sicher, dass die Rechte aller Parteien gewahrt bleiben.

11 In aller Regel werden sich die Parteien erst dann zu diesem Schritt entschließen, wenn eine Einigung bezüglich ihres Konflikts absehbar ist. Haben sie jedoch eine Lösung ihres Konfliktes erzielt und eine Vereinbarung getroffen, sei es in der Form einer Erklärung bezüglich des Sachkonflikts und/oder des anhängigen gerichtlichen Verfahrens (beispielsweise in der Form eines Verzichts (§ 306 ZPO), eines Anerkenntnisses (§ 307 ZPO), einer Klagerücknahme (§ 269 ZPO), einer Hauptsacheerledigung (§ 91a ZPO) oder eines Vergleichs (vgl. § 160 Abs. 3 Nr. 1 ZPO)), so sollte die Vereinbarung wegen des **Beweiswertes einer Niederschrift** stets protokolliert werden. Es kommt hinzu, dass ein gerichtlicher Vergleich einen Vollstreckungstitel (§ 794 Abs. 1 Nr. 1 ZPO) darstellt.

12 Die **richterliche Fürsorgepflicht**[9] gebietet, dass der Güterichter die Parteien, wenn sie sich in der Sache geeinigt haben, **über** die **Bedeutung** einer Protokollierung informiert und eine solche anregt.

13 Verfahrensrechtlich stellt ein Antrag auf Protokollierung eine **Parteiprozesshandlung** im Sinne einer Bewirkungshandlung dar. Sie ist bedingungsfeindlich und unwiderrufbar.[10]

14 Erfolgt eine Protokollierung, so empfiehlt es sich, bereits den »übereinstimmenden Antrag der Parteien« zur Protokollierung in der Niederschrift festzuhalten.

5. Form und Inhalt

15 Form und Inhalt eines in einem Güterichtertermin erstellten Protokolls unterscheiden sich nicht von dem Protokoll eines sonstigen Termins.

a) Form

16 Ein Protokoll ist **schriftlich** zu erstellen, kann allerdings zunächst vorläufig in einer gebräuchlichen Kurzschrift, durch verständliche Abkürzungen oder auf einem Ton-

---

richter zuarbeitenden Servicemitarbeitern der Geschäftsstelle zu, vgl. *Zöller*, ZPO, 29. Aufl., § 383 Rn. 17 m.w.N.
9   Zum Begriff und Umfang *Baumbach*, ZPO, 69. Aufl., § 139 Rn. 1 ff.
10 *Musielak*, ZPO, 8. Aufl., Einf., Rn. 61, 63 f.

oder Datenträger aufgezeichnet werden (§ 160a Abs. 1 ZPO). Es ist vom Güterichter und – sollte er hinzugezogen worden sein – zugleich vom Urkundsbeamten der Geschäftsstelle zu unterschreiben (§ 163 Abs. 1 ZPO). Ist eine Berichtigung eines Protokolls notwendig, weil es unrichtig ist, so geschieht dies entsprechend § 164 ZPO.

b) Inhalt

Was den Inhalt eines Protokolls (Niederschrift) anbelangt, so sind grundsätzlich die Regelungen der §§ 160, 161, 162 ZPO einschlägig: Ort und Tag des Güterichtertermins, die Namen des Güterichters, eines etwaigen Urkundsbeamten der Geschäftsstelle und eines ggf. zugezogenen Dolmetschers, die Bezeichnung des Ausgangsrechtsstreits, die Namen der Erschienenen sowie die Angabe, dass nicht öffentlich verhandelt wurde (vgl. § 160 Abs. 1 ZPO). Die wesentlichen Vorgänge[11] sind aufzunehmen, wobei den Besonderheiten des Güterichtertermins Rechnung zu tragen ist. Zu den wesentlichen Vorgängen zählen jedenfalls ein etwaiges Anerkenntnis, ein Anspruchsverzicht und Vergleich, die Zurücknahme einer Klage oder eines Rechtsmittels und das Ergebnis des Güterichtertermins (vgl. § 160 Abs. 3 ZPO). 17

Zudem können die Parteien die **Aufnahme bestimmter Vorgänge** und Äußerungen beantragen, wobei dies – entsprechend § 159 Abs. 2 Satz 2 ZPO – unter dem Vorbehalt der **Übereinstimmung der Parteien** steht; diese Einschränkung dürfte auch für die wesentlichen Vorgänge im Sinne des § 160 Abs. 2 ZPO gelten. 18

6. Folgen eines Verstoßes gegen Protokollersuchen

Kommt, was nur schwer vorstellbar ist, der Güterichter einem übereinstimmenden Protokollersuchen der Parteien gem. Absatz 2 Satz 2 nicht nach, so bedeutet dies materiellrechtlich eine Amtspflichtverletzung und kann Schadensersatzansprüche nach sich ziehen. In formeller Hinsicht, d. h. der fehlenden Protokollierung, bietet es sich an, in **entsprechender** Anwendung des § 164 ZPO vorzugehen und eine Protokollierung vorzunehmen. 19

Gleiches gilt im Übrigen für den umgekehrten Fall, also einer Protokollierung trotz fehlenden übereinstimmenden Antrages der Parteien; auch hier kommt eine Berichtigung in Betracht.[12] 20

7. Materiellrechtliche Bedeutung der Protokollierung

Die Protokollierung einer nach einem Gütegespräch getroffenen Vereinbarung in Form eines **gerichtlichen Vergleiches** ersetzt nach § 127a BGB die **notarielle Beurkundung**, beispielsweise bei einem Versorgungsausgleich gem. § 7 VersAusglG. Gem. § 925 Abs. 1 Satz 3 BGB kann auch die Auflassung in einem protokollierten Ver- 21

---

11 Zum Begriff vgl. *Baumbach*, ZPO, 69. Aufl., § 160 Rn. 7.
12 Vgl. umfassend zur Berichtigung *Baumbach*, ZPO, 69. Aufl., § 164 Rn. 5 ff; *Musielak*, ZPO, 8. Aufl., § 164 Rn. 1 ff.

Fritz

gleich erklärt werden, wobei gem. § 17 BeurkG Prüfungs- und Belehrungspflichten bestehen.[13] Hingegen ist die Errichtung oder der Widerruf eines Testaments in einem Vergleichsprotokoll nicht möglich,[14] jedoch sind der Abschluss eines Erbvertrages bzw. eines Erbverzichtsvertrages durch Vergleichsprotokoll zulässig und insoweit auch Widerruf oder Aufhebung eines Testamentes durch einen entsprechenden Erbvertrag.

8. Anwendbarkeit der Vorschrift in anderen Gerichtsbarkeiten

22 Für Verfahren in **Familiensachen** und Verfahren in Angelegenheiten der freiwilligen Gerichtsbarkeit hat der Gesetzgeber mit **§ 28 Abs. 4 Satz 3 FamFG** eine vergleichbare Regelung getroffen, die allerdings in Ehesachen und Familienstreitsachen nicht anwendbar ist (§ 113 Abs. 1 Satz 1 FamFG). In **Ehesachen**, also in Verfahren auf Scheidung und Aufhebung sowie auf Feststellung des Bestehens oder Nichtbestehens einer Ehe (vgl. § 121 FamFG), kommt ein **Rückgriff auf § 159 Abs. 2 Satz 2 ZPO nicht** in Betracht, weil die Vorschriften der Zivilprozessordnung über die Güteverhandlung gem. § 113 Abs. 4 Nr. 4 FamFG keine Anwendung finden. In Familienstreitsachen gem. § 112 FamFG hingegen sind gem. § 113 Abs. 1 Satz 2 FamFG die Vorschriften der Zivilprozessordnung und damit auch die Regelungen über den Güterichter und folglich die des § 159 Abs. 2 Satz 2 ZPO anwendbar.

23 Im **arbeitsgerichtlichen Verfahren** ist das »erheblich erweiterte Institut des Güterichters« über die Änderungen in §§ 54 Abs. 6, 64 Abs. 7, 83a Abs. 1 und 87 Abs. 2 Satz 1 ArbGG sowohl im Urteils- wie im Beschlussverfahren vor dem Arbeits- wie dem Landesarbeitsgericht implementiert. Die Vorschrift des § 159 Abs. 2 Satz 2 ZPO über die Protokollierung findet über §§ 46 Abs. 2, 64 Abs. 6, 7, 80 Abs. 2, 87 Abs. 2 ArbGG auch für das Güterichterverfahren im Arbeitsgerichtsprozess Anwendung.

24 Die Anwendbarkeit des § 159 Abs. 2 Satz 2 ZPO im **verwaltungs-, sozial- und finanzgerichtlichen Verfahren** folgt zum einen aus der Einführung des Güterichters nach § 278 Abs. 5 ZPO auch in diesen Gerichtsbarkeiten und zum anderen aus der jeweils einschlägigen Verweisungsnorm des § 105 VwGO, des § 122 SGG und des § 94 FGO. Für das Verfahren vor dem Patentgericht findet § 159 Abs. 2 Satz 2 ZPO über die Verweisungsnormen § 99 Abs. 1 PatentG, § 82 Abs. 1 MarkG ebenfalls Anwendung.

III. Hinweise für die Praxis

25 Für ein auf übereinstimmenden Antrag der Parteien aufgenommenes Protokoll vor dem Güterichter nach § 278 Abs. 5 ZPO bietet sich folgendes Muster an:

▶ **Niederschrift über die nichtöffentliche Sitzung vor dem Güterichter nach § 278 Abs. 5 ZPO**

Gerichtsbezeichnung Ort, Datum

---

13 *Musielak*, ZPO, 8. Aufl., § 159 Rn. 3.
14 *Zöller*, ZPO, 29. Aufl., Vorb. zu §§ 159–165, Rn. 3 m.N. zur Rechtsprechung.

Geschäftsnummer
Gegenwärtig:

Richter ... *(Name)* als Güterichter und zugleich als Protokollführer. Das Protokoll wird vorläufig auf Tonträger aufgezeichnet.

Verfahren

... *(Parteibezeichnung, ggf. Bevollmächtigter)*

gegen

... *(Parteibezeichnung, ggf. Bevollmächtigter)*

An dem Gütegespräch, das auf übereinstimmenden Antrag der Parteien gem. § 159 Abs. 2 Satz 2 ZPO protokolliert wird, nehmen teil ... *(Namen der Anwesenden).*

Die Parteien erklären ...

Die Parteien einigen sich wie folgt ...

Die Parteien schließen folgenden

V e r g l e i c h:

... *(Vergleichstext)*

Laut diktiert, vorgespielt und genehmigt.

(ggf. Streitwert- bzw. Verfahrens- oder Gegenstandswertbeschluss und entspr. Rechtsmittelverzicht mit Diktier-, Abspiel- und Genehmigungsvermerk)

... *(Name)*

Unterschrift Güterichter

§ 253 Klageschrift

(1) Die Erhebung der Klage erfolgt durch Zustellung eines Schriftsatzes (Klageschrift).

(2) Die Klageschrift muss enthalten:
1. die Bezeichnung der Parteien und des Gerichts;
2. die bestimmte Angabe des Gegenstandes und des Grundes des erhobenen Anspruchs, sowie einen bestimmten Antrag.

(3) Die Klageschrift soll ferner enthalten:
1. die Angabe, ob der Klageerhebung der Versuch einer Mediation oder eines anderen Verfahrens der außergerichtlichen Konfliktbeilegung vorausgegangen ist, sowie eine Äußerung dazu, ob einem solchen Verfahren Gründe entgegenstehen;

2. die Angabe des Wertes des Streitgegenstandes, wenn hiervon die Zuständigkeit des Gerichts abhängt und der Streitgegenstand nicht in einer bestimmten Geldsumme besteht;
3. eine Äußerung dazu, ob einer Entscheidung der Sache durch den Einzelrichter Gründe entgegenstehen.

(4) Außerdem sind die allgemeinen Vorschriften über die vorbereitenden Schriftsätze auch auf die Klageschrift anzuwenden.

(5) Die Klageschrift sowie sonstige Anträge und Erklärungen einer Partei, die zugestellt werden sollen, sind bei dem Gericht schriftlich unter Beifügung der für ihre Zustellung oder Mitteilung erforderlichen Zahl von Abschriften einzureichen. Einer Beifügung von Abschriften bedarf es nicht, soweit die Klageschrift elektronisch eingereicht wird.

Übersicht   Rdn.
I. Regelungsgegenstand und Zweck   1
    1. Normgefüge   1
    2. Europäische Mediationsrichtlinie   5
II. Grundsätze/Einzelheiten   6
    1. Begriff der Klageschrift (Absatz 1)   6
    2. Angaben über bisherige Konfliktlösungsversuche (Absatz 3 Nr. 1, 1. Alt.) .. 11
    3. Angaben über zukünftige Konfliktlösungsversuche (Absatz 3 Nr. 1, 2. Alt.) . 12
    4. Angaben über entgegenstehende Gründe 14
    5. Soll-Vorschrift 16
    6. Anwendbarkeit der Vorschrift in anderen Gerichtsbarkeiten ... 21
III. Hinweise für die Praxis 26

I. Regelungsgegenstand und Zweck

1. Normgefüge

1 Die Vorschrift des § 253 ZPO regelt die Voraussetzungen, um wirksam bei Gericht Klage erheben zu können. Während Absatz 1 auf die förmliche Zustellung eines Schriftsatzes (Klageschrift) abstellt, normiert Absatz 2 die für die Klageschrift unabdingbaren Erfordernisse; Absatz 4 verweist auf die einzuhaltenden Vorschriften der §§ 130, 131 und 133 ZPO und Absatz 5 regelt die Schriftform sowie die nötigen Abschriften.[1]

2 Der **neugefasste Absatz 3** enthält als **Sollvorschrift** weitere Erfordernisse, die in der Klageschrift anzugeben sind: Angaben zur Mediation (Nr. 1), zum Streitwert (Nr. 2) und zu einer Entscheidung durch den Einzelrichter (Nr. 3).

3 Neu ist das Erfordernis nach Absatz 3 Nr. 1 sowie die formale Gestaltung des Absatzes 3 nach Nummern. Sie dienen dem Ziel, die Mediation und die außergerichtliche Konfliktbeilegung stärker im Bewusstsein der Bevölkerung und in der Beratungspraxis

---

1 Zu Einzelheiten vgl. *Baumbach*, ZPO, 69. Aufl., § 253 Rn. 1 ff.

der Anwaltschaft zu verankern.² Im Schrifttum fanden sich Stimmen, die von bestehenden Vorbehalten der Anwaltschaft gegenüber Mediation wie auch einer bislang meist unvollständigen Beratungspraxis berichteten;³ dem sollte mit der Regelung entgegengewirkt werden. Im Übrigen ist Absatz 3 inhaltlich unverändert.

Die Bundesregierung⁴ ist der Anregung des Bundesrates⁵ nicht gefolgt, den Halbsatz »sowie eine Äußerung dazu, ob einem solchen Verfahren Gründe entgegenstehen« zu streichen. Durch die auf Vorschlag des Vermittlungsausschusses erfolgte Einfügung der Vorschrift des § 69b GKG in das Regelwerk ergeben sich Auswirkungen auf die Interpretation der Tatbestandsmerkmale des Absatz 3 Nr. 1. 4

2. Europäische Mediationsrichtlinie

Die Vorschrift korrespondiert mit dem Ziel des **Art. 1 Abs. 1 EUMed-RL**, die gütliche Beilegung von Streitigkeiten zu fördern. 5

II. Grundsätze/Einzelheiten

1. Begriff der Klageschrift (Absatz 1)

Die Klageschrift dient der Einleitung eines Prozesses. Die Essentialia, die sie nach Absatz 2 enthalten muss und nach Absatz 3 enthalten soll, gelten grundsätzlich für alle Klageverfahren. 6

Ob die Vorschriften über die Klageschrift auch für ein **einstweiliges Anordnungsverfahren** nach § 935 ZPO zur Anwendung gelangen, lässt sich aus dem Gesetz (§§ 936, 920 ZPO) allein nicht beantworten. Da in § 920 ZPO die inhaltlichen Voraussetzungen nur unvollständig benannt sind, ziehen Rechtsprechung und Schrifttum⁶ § 253 ZPO ergänzend heran. Ausgehend hiervon und der Intention des Gesetzgebers, die konsensuale **Streitschlichtung stärker** im Bewusstsein der Bevölkerung zu **verankern**, spricht vieles dafür, die Sollvorschrift des Absatzes 3 Nr. 1 auch für einstweilige Anordnungsverfahren nutzbar zu machen, zumal eine hinreichende Zahl von Eilverfahren nicht eine umgehende und kurzfristige Entscheidung des Gerichts notwendig machen. Es kommt hinzu, dass gem. § 69b GKG auch nur der in den Genuss einer (zukünftigen) Ermäßigung der Verfahrensgebühren kommen kann, der bei Antragstellung entsprechende Angaben gemacht hat, ob nämlich bereits eine Mediation unternommen wird oder beabsichtigt ist; dies folgt aus der Bezugnahme in § 69b GKG auf Nr. 1211 des Kostenverzeichnisses. 7

Die gleichen Überlegungen treffen auch für **amtsgerichtliche Verfahren** zu, zumal gem. §§ 495, 496 ZPO in Verfahren vor dem Amtsgerichten grundsätzlich die Vorschriften 8

---

2 Begr. BT-Drucks. 17/5335, B., Zu Artikel 3, Zu Nummer 3.
3 *Bercher/Engel* JZ 2010, 226 ff. (230 f.); *Trenczek/Mattioli*, Spektrum der Mediation 40/2010, 4 ff. (11).
4 BT-Drucks. 17/5496 zu Nummer 10.
5 BT-Drucks. 17/5335, Anl. 3 Nummer 10.
6 *Musielak*, ZPO, 8. Aufl., § 920 Rn. 1, 6; *Baumbach*, ZPO, 69. Aufl., § 920 Rn. 4.

über das Verfahren vor den Landgerichten Anwendung finden, wozu nach h. M. auch § 253 ZPO zählt.[7]

9   Hingegen könnte aus dem Umstand, dass der Gesetzgeber die dem früheren § 253 Abs. 3 ZPO korrespondierende Norm des § 520 Abs. 4 ZPO nicht geändert hat, gefolgert werden, dass er die Angaben zu Konfliktlösungsversuchen jedenfalls nicht auf das **Berufungsverfahren** angewandt wissen wollte. Ein Berufungskläger ist aber nicht gehindert, von sich aus entsprechende Angaben zu zukünftige Konfliktlösungsversuchen zu unterbreiten, wenn er dies für angezeigt hält. Auch hat der Vermittlungsausschuss, auf dessen Beschluss hin § 69b Satz 2 GKG in das MediationsförderungsG eingefügt wurde, damit zu verstehen gegeben, dass entsprechende Angaben auch in den Rechtsmittelzügen angezeigt sind, weil sonst eine Ermäßigung der Verfahrensgebühr ausscheidet.

10 Die Einreichung der **Klageschrift** im Verfahren vor dem Landgericht hat **schriftlich** zu erfolgen, wobei neben einer Übersendung per Telefax auch eine elektronische Einreichung gem. § 130a Abs. 2 ZPO möglich ist.[8] Im Verfahren vor dem Amtsgericht ist gem. § 496 ZPO eine Erklärung zu Protokoll der Geschäftsstelle möglich.

2. Angaben über bisherige Konfliktlösungsversuche (Absatz 3 Nr. 1, 1. Alt.)

11 In der Klageschrift soll dargetan werden, ob in der Vergangenheit – mithin vor Klageerhebung – bereits Versuche unternommen wurden, den Konflikt mithilfe einer Mediation oder eines anderen Verfahrens der außergerichtlichen Konfliktbeilegung zu lösen. Diese Informationen sollen das Gericht in die Lage versetzen, die Chancen einer außergerichtlichen Konfliktlösung einschätzen und darauf aufbauend ggf. den Parteien einen Vorschlag gem. § 278a ZPO unterbreiten zu können. Soweit in **Absatz 3 Nr. 1** von Angaben, »ob der Klageerhebung der Versuch einer Mediation ... vorausgegangen ist«, die Rede ist, **umfasst** dies **auch Angaben** darüber, wie es in § 69b Satz 1 GKG heißt, »**ob eine Mediation ... unternommen wird oder beabsichtigt ist**«, weil dies eine der Voraussetzungen für eine mögliche Reduzierung der Verfahrensgebühr ist.

3. Angaben über zukünftige Konfliktlösungsversuche (Absatz 3 Nr. 1, 2. Alt.)

12 Auch die Angaben, ob zukünftigen **Konfliktlösungsversuchen** möglicherweise in Betracht kommen, dienen der Information des Gerichts im Hinblick darauf, den Parteien ggf. aus dem gesamten Spektrum der verfügbaren außergerichtlichen Konfliktlösungsverfahren ein für ihr Problem geeignetes Verfahren zu unterbreiten. Damit wird auf die Parteien – nach Änderung des ursprünglichen Referentenentwurfs, der noch die Angabe verlangte, warum ein solcher Versuch unterlassen wurde[9] – nun-

---

[7] *Musielak*, ZPO, 8. Aufl., § 495 Rn. 2; Baumbach, ZPO, 69. Aufl., § 495 Rn. 1; Zöller, ZPO, 29. Aufl., § 496 Rn. 2; *Thomas/Putzo*, ZPO, 32. Aufl., § 495 Rn. 1. Vgl. im Übrigen die Bezugnahme auf Nr. 1211 des Kostenverzeichnisses in § 69b GKG, die auch das amtsgerichtliche Verfahren betrifft.
[8] *Baumbach*, ZPO, 69. Aufl., § 253 Rn. 105.
[9] Vgl. *Kraft/Schwerdtfeger* ZKM 2011, 55 ff. (58); *Monßen* ZKM 2011, 10 ff. (12).

mehr kein Rechtfertigungsdruck ausgeübt, der sich als Hürde für (nochmalige) Einigungsversuche erweisen könnte.

Sollte sich herausstellen, dass sich die Angaben auf floskelhafte Gründe und/oder **Text-** 13
bausteine beschränken, so wird es Aufgabe der Gerichte sein, im Einzelfall durch richterliche Aufklärungsverfügung insoweit nachzufassen.

4. Angaben über entgegenstehende Gründe

Entgegenstehende Gründe können **vielfältige** sein: 14
- Es kann sich um einen **hoch eskalierten Konflikt** handeln, der nur noch durch einen Machteingriff entschieden werden kann,[10]
- den Parteien kann es um die Entscheidung einer bislang **nicht judizierten Rechtsfrage** gehen,
- zwischen den Parteien besteht ein unüberbrückbares **Machtungleichgewicht**, das einer konsensualen Streitschlichtung entgegensteht,
- der Rechtsstreit stammt aus einem **Rechtsgebiet**, das – wie das Verkehrsunfallrecht – beispielsweise einer Mediation etc. nur in Ausnahmefällen zugänglich ist.

Die Frage, ob dies – aus Sicht des Gerichts – »gute Gründe« sind oder nicht, stellt sich 15
im Hinblick auf die Rechtsschutzgarantie des Art. 19 Abs. 4 GG und das die Mediation prägende Prinzip der Freiwilligkeit nicht. Von daher verbietet es sich für das Gericht, die Parteien zu einem nicht gerichtlichen Konfliktlösungsverfahren zu drängen, wenn diese deutlich gemacht haben, ein solches nicht zu wünschen.

5. Soll-Vorschrift

Die nach Absatz 3 geforderten Angaben, mithin auch die über Mediation nach 16
Absatz 3 Nr. 1, sind allesamt nicht erzwingbar. Hier hätte es sich angeboten, die Regelung als verpflichtend auszugestalten. Fehlende Angaben werden jedoch u. U. Anfragen des Gerichts nach sich ziehen und können von daher zu einer (Verfahrens-) Verzögerung führen. Auch können sie zum Ausschluss einer Reduzierung der Verfahrensgebühr nach § 69b GKG führen.

Die Vorschrift richtet sich ebenso an die **Naturalpartei** wie an die **Prozessbevollmäch-** 17
tigten.

Für die Rechtsanwaltschaft besteht nach **§ 1 Abs. 3 BORA** ohnehin bereits die Ver- 18
pflichtung, ihre Mandantschaft konfliktvermeidend und streitschlichtend zu begleiten.[11] Die Vorschrift führt bislang nur ein Schattendasein.[12] An diese gesetzliche Verpflichtung knüpft die Neuregelung des § 253 Abs. 3 Nr. 1 ZPO an: Bereits in der Beratungspraxis, spätestens beim Abfassen der Klageschrift sollen sich Parteien und Rechtsanwälte mit der Frage auseinandersetzen, ob und wie sie den der beabsichtigten Klageerhebung

---

10 Vgl. *Glasl*, Konfliktmanagement, 5. Aufl., S. 218 ff.
11 *Lembcke* JurBüro 2009, 175 ff.
12 *Greger* ZKM 2010, 120 ff., 123.

zugrunde liegenden Konflikt außergerichtlich beilegen können.[13] Hierüber soll das Gericht mit der Klageschrift informiert werden.

19 Obgleich die Vorschrift im Hinblick auf § 278a Abs. 1 ZPO ersichtlich auf eine Mediation bzw. auf eine andere »außergerichtliche« Konfliktbeilegung abstellt und somit (auch) eine Entlastung der Justiz mit im Blick hat, liegt es für den beratenden Rechtsanwalt wie die Naturalpartei allerdings nahe zu prüfen, ob nicht ein Verfahren vor dem Güterichter gem. § 278 Abs. 5 ZPO in Betracht kommt. Ist dies der Fall, so ist anzuraten, sich auch hierzu in der Klageschrift entsprechend zu äußern.

20 Die bisherigen Erfahrungen mit dem Güterichterverfahren haben deutlich gemacht, dass diese geschätzt wird und Parteien gelegentlich eher bereit sind, einem solchen Verfahren nahe zu treten statt einer »außergerichtlichen Mediation«.[14] Sie gehen mit Recht davon aus, dass die gleiche Professionalität, die sie von einem Richter erwarten, auch von einem Güterichter gezeigt wird.[15]

6. Anwendbarkeit der Vorschrift in anderen Gerichtsbarkeiten

21 Ob die Vorschrift des § 253 Abs. 3 Nr. 1 ZPO über die jeweiligen Verweisungsnormen der Prozessordnungen der Fachgerichtsbarkeiten dort Anwendung findet, ist unklar.[16] § 173 VwGO beispielsweise erklärt die Zivilprozessordnung nur für anwendbar, soweit die VwGO selbst keine Bestimmungen über das Verfahren enthält. Mit den §§ 81, 82 VwGO finden sich jedoch dem § 253 ZPO vergleichbare Regelungen über Klageerhebung und Klageschrift; im sozialgerichtlichen Verfahren und dem Verfahren vor den Finanzgerichten stellt sich die Situation, wie aus §§ 202, 92 SGG bzw. §§ 155, 65 FGO folgt, ähnlich dar.

22 Die Besonderheiten des **verwaltungsgerichtlichen** und des **sozialgerichtlichen Prozesses**, die durch einen einfachen Zugang zum Verfahren auch ohne anwaltliche Vertretung geprägt sind, sprechen nach Auffassung der Bundesregierung gegen eine entsprechende Regelung in diesen Verfahrensordnungen.[17] Das überzeugt im Hinblick auf die Ausgestaltung des Verfahrens als Soll-Regelung und die mittlerweile hohe anwaltliche bzw. rechtskundige Vertretungsdichte in Verfahren vor den Verwaltungs-, Sozial- und Finanzgerichten nicht. Zudem spricht die hier vertretene Anwendung des § 253 Abs. 3 Nr. 1 ZPO im amtsgerichtlichen Verfahren[18] dafür, die **Vorschrift auch in den Fachgerichtsbarkeiten anzuwenden**, ebenso wie die auf Vorschlag des Vermittlungsausschusses in das Regelwerk aufgenommene Vorschrift des § 69b GKG.

---

13 Begr. BT-Drucks. 17/5335, B., zu Artikel 3, Zu Nummer 3.
14 Vgl. auch *Moltmann-Willisch u. a.* ZKM 2011, 26 ff. (27), zum früheren »gerichtlichen Mediator«.
15 *Fritz/Fritz* FPR 2011, 328 ff. m.w.N.
16 Bejahend *Duve* ZKM 2012, 108 f. (109).
17 Begr. BT-Drucks. 17/5335, B., Zu Artikel 6, Zu Nummer 3; Zu Artikel 7, Zu Nummer 3.
18 Vgl. oben Rdn. 8.

Für Verfahren in **Familiensachen** und Verfahren in Angelegenheiten der freiwilligen 23
Gerichtsbarkeit hat der Gesetzgeber mit § 23a Abs. 1 Satz 3 FamFG eine inhaltsgleiche
Regelung getroffen, wobei in den Fällen der §§ 113 Abs. 1 Satz 2, 124 Satz 2 FamFG
wiederum § 253 Abs. 3 Nr. 1 ZPO Anwendung findet.

Im **arbeitsgerichtlichen Verfahren** finden sich mit §§ 46 Abs. 2, 80 Abs. 2 ArbGG 24
Vorschriften, die auf die ZPO verweisen, sodass eine Anwendbarkeit des § 253 Abs. 3
Nr. 1 ZPO sowohl für das Urteils-[19] wie auch das Beschlussverfahren[20] gegeben ist.

Da es sich jedoch – wie oben ausgeführt – bei den Angaben über bisherige oder zukünf- 25
tige Konfliktlösungsversuche ohnehin um nicht erzwingbare Angaben handelt, sollten
die Fachgerichte mit der ersten richterlichen Verfügung diese Angaben bei den Prozessbeteiligten erfragen. Denn die **ratio legis** der Vorschrift, wonach die Parteien über
andere Formen der Streitbeilegung reflektieren sollen, gilt **auch** für die **Fachgerichtsbarkeiten**. Die in der Vorauflage vertretene Erwartung, dass bei entsprechender Handhabung durch die Fachgerichtsbarkeiten die Anwaltschaft sich hierauf zeitnah einstellen und entsprechende Ausführungen in den jeweiligen Klage- und Antragsschriften
machen wird, hat sich allerdings nicht verwirklicht.

III. Hinweise für die Praxis

Sowohl für die Naturalpartei als auch für den zunächst beratenden und sodann das 26
Mandat für eine gerichtliche Auseinandersetzung übernehmenden Anwalt wird sich
regelmäßig die Frage stellen, in welchen Verfahren sich eine Mediation als hilfreich
erweist und in welchen nicht, ob es mithin Kriterien gibt, die für eine **Indikation**
bzw. eine **Kontraindikation** sprechen. Gleiches gilt für andere Verfahren der außergerichtlichen Konfliktbeilegung. Allgemeingültige Parameter werden sich hierfür
nicht finden lassen, zumal es letztlich immer auf das voluntative Element der Konfliktbeteiligten ankommen wird.

Für den Bereich der Mediation lassen sich dem Schrifttum gleichwohl **verschiedene** 27
Ansätze entnehmen, die zumindest Anhaltspunkte dafür bieten, wann der Frage einer
Mediation nähergetreten werden sollte. Das ist dann der Fall, wenn es den Konfliktbeteiligten vorrangig darum geht,
- nichtrechtliche Interessen zu berücksichtigen,
- eine zukunftsorientierte Lösung anzustreben,
- Vertraulichkeit zu wahren oder
- eine schnelle Lösung herbeizuführen

sowie dann, wenn
- es sich um einen komplexen Sachverhalt handelt,
- nichtbeteiligte Dritte in das Verfahren einbezogen werden sollen,
- zwischen den Parteien eine besondere Emotionalität besteht oder
- es um einen grenzüberschreitenden Rechtsstreit geht.

---

19 *BAG* NZA 2009, 685.
20 *BAG* NZA 2010, 1134.

28 Hingegen wird eine konsensuale Streitbeilegung **nicht** in Betracht kommen, wenn beispielsweise
- gesetzliche Bestimmungen den Parteien eine privatautonome Regelung untersagen,
- ein besonderes öffentliches Interesse an der Rechtsdurchsetzung besteht oder
- eine Grundsatzentscheidung begehrt wird.

§ 278 Gütliche Streitbeilegung, Güteverhandlung, Vergleich

(1) Das Gericht soll in jeder Lage des Verfahrens auf eine gütliche Beilegung des Rechtsstreits oder einzelner Streitpunkte bedacht sein.

(2) Der mündlichen Verhandlung geht zum Zwecke der gütlichen Beilegung des Rechtsstreits eine Güteverhandlung voraus, es sei denn, es hat bereits ein Einigungsversuch vor einer außergerichtlichen Gütestelle stattgefunden oder die Güteverhandlung erscheint erkennbar aussichtslos. Das Gericht hat in der Güteverhandlung den Sach- und Streitstand mit den Parteien unter freier Würdigung aller Umstände zu erörtern und, soweit erforderlich, Fragen zu stellen. Die erschienenen Parteien sollen hierzu persönlich gehört werden.

(3) Für die Güteverhandlung sowie für weitere Güteversuche soll das persönliche Erscheinen der Parteien angeordnet werden. § 141 Abs. 1 Satz 2, Abs. 2 und 3 gilt entsprechend.

(4) Erscheinen beide Parteien in der Güteverhandlung nicht, ist das Ruhen des Verfahrens anzuordnen.

(5) Das Gericht kann die Parteien für die Güteverhandlung sowie für weitere Güteversuche vor einen hierfür bestimmten und nicht entscheidungsbefugten Richter (Güterichter) verweisen. Der Güterichter kann alle Methoden der Konfliktbeilegung einschließlich der Mediation einsetzen.

(6) Ein gerichtlicher Vergleich kann auch dadurch geschlossen werden, dass die Parteien dem Gericht einen schriftlichen Vergleichsvorschlag unterbreiten oder einen schriftlichen Vergleichsvorschlag des Gerichts durch Schriftsatz gegenüber dem Gericht annehmen. Das Gericht stellt das Zustandekommen und den Inhalt eines nach Satz 1 geschlossenen Vergleichs durch Beschluss fest. § 164 gilt entsprechend.

Übersicht	Rdn.
I. Regelungsgegenstand und Zweck	1
1. Normzweck	1
a) Gütliche Streitbeilegung	1
b) Güteverhandlung	8
c) Vergleich	11
2. Bisherige und aktuelle Fassung der Vorschrift	13
3. Europäische Mediationsrichtlinie	19
II. Grundsätze/Einzelheiten	20
1. Das Verfahren der Güteverhandlung nach § 278 ZPO	20

a)	Grundsatz	20
b)	Modifikation	23

2. Das »erheblich erweiterte Institut des Güterichters« nach Absatz 5 24
   a) Das bayerisch-thüringische Modell des Güterichters 27
   b) Die Systematik der Änderungen des Rechtsausschusses 32
   c) Die Systematik der Änderungen im Verfahren des
      Vermittlungsausschusses 37
   d) Die Gesetzgebungsmaterialien 38
      aa) Beratungsverlauf und Beratungsergebnisse im federführenden
         Ausschuss 39
      bb) Begründung der Beschlussempfehlung 41
   e) Das Güterichterkonzept in der Zusammenfassung 45
3. Zusammenfassende Darstellung des Verfahrensablaufs vor dem Güterichter . 47
   a) Verweisungsbeschluss des erkennenden Gerichts.................. 47
      aa) Ermessen... 49
         (1) Einverständnis der Parteien 50
         (2) Konstellationen, in denen eine Verweisung ausscheidet 54
      bb) Folgen einer Verweisung 58
   b) Vorgehensweise des Güterichters............................. 60
      aa) Akteneinsicht und Informationsbeschaffung.................. 60
      bb) Verfahrens- und Terminsabsprache......................... 62
      cc) Festlegung des Setting 64
   c) Durchführung der Güteverhandlung 65
   d) Mögliche Ergebnisse und Verfahrensbeendigungen 71
   e) Zeugnisverweigerungsrecht................................. 79
4. Anwendbarkeit der Vorschrift in anderen Gerichtsbarkeiten............. 80
5. Verhältnis von § 278 Abs. 5 ZPO zu § 278a Abs. 1 ZPO............... 82

III. Hinweise für die Praxis 83
  1. Geschäftsverteilungsplan 83
  2. Verweisungs- und Ruhensbeschluss 85
  3. Mustertexte für Parteivereinbarung und Verschwiegenheitsverpflichtung ... 87
  4. Aus- und Fortbildung der Richterschaft........................... 90

I. Regelungsgegenstand und Zweck

1. Normzweck

a) Gütliche Streitbeilegung

§ 278 ZPO ist die zentrale zivilprozessuale Norm, die auf eine gütliche, nichtstreitige Erledigung des Rechtsstreits abstellt:[1] Die Gerichte sind nach Absatz 1 gehalten, ohne besondere Förmlichkeiten auf eine einvernehmliche Regelung des zwischen den Parteien bestehenden Konflikts hinzuwirken. Dieser gesetzliche Auftrag gilt für jeden Prozessabschnitt. 1

---

1 Umfassend hierzu Einleitung, Rdn. 10 ff.

2 Zutreffend wird in der Kommentarliteratur auf die Vorzüge einer gütlichen Einigung abgestellt: Sie dient dem **Rechtsfrieden**, führt überwiegend zu einer **Beschleunigung** der Verfahren und verursacht in der Regel geringere **Kosten**.[2]

3 Der Aufwand, der durch das Gericht zu erbringen ist, um dem gesetzgeberischen Ziel gütlicher Streitbeilegung in der Bundesrepublik Deutschland zu entsprechen und die als unzureichend empfundene Streitschlichtungskultur[3] zu verbessern, wurde in der Vergangenheit allerdings unterschiedlich bewertet:

4 Mehr traditionell geprägt und dementsprechend zurückhaltend formuliert hieß es im *Baumbach*[4] zur früheren Gesetzeslage, der »Richter heiße eben nicht Schlichter« und eine mediationsfreundliche Auslegung sei nicht angezeigt.

5 Die Intention des Gesetzgebers aufgreifend und zutreffend umfassender argumentierend wurde hingegen im *Zöller*[5] betont, der Richter dürfe sich dem gesetzlichen Auftrag einer gütlichen Streitbeilegung nicht deshalb entziehen, weil die Herbeiführung einer unstreitigen Erledigung ggf. einen Mehraufwand an Zeit und Arbeitskraft erfordere. Zu einer echten Befriedung und Vermeidung neuer Prozesse gehöre auch, etwaiges über den konkreten Streitgegenstand hinausgehendes Konfliktpotenzial in gütliche Lösungen mit einzubeziehen und durch konstruktive Lösungen zu bereinigen.

6 Als **Instrumente** einer **gütlichen Einigung** sind die Anregung eines Prozessvergleichs und das Hinwirken auf verfahrensbeendende Parteierklärungen (Klagerücknahme, Anerkenntnis, Verzicht, Erledigungserklärung) zu erachten.

7 Der besondere **formale Rahmen**, innerhalb dessen verschiedene Methoden der Streitschlichtung nach § 278 ZPO zur Anwendung gelangen, sind die Güteverhandlung und weitere Güteversuche (vgl. Absätze 2 und 3). Auch der Güterichter nach Absatz 5 bewegt sich innerhalb dieses formalen Rahmens, wobei das erheblich erweiterten Instituts des Güterichters die Anwendung aller Methoden der Konfliktbeilegung einschließlich der Mediation, mithin auch andere Verfahren der außergerichtlichen Konfliktbeilegung (z. B. durch Schiedsverfahren, Schiedsgutachten etc.)[6] zulässt. Zum formalen Rahmen außerhalb des § 278 ZPO ist § 278a ZPO zu zählen.

b) Güteverhandlung

8 Ähnlich wie im arbeitsgerichtlichen Verfahren nach § 54 ArbGG verpflichtet § 278 Abs. 2 ZPO das Gericht, **vor** einer **mündlichen Verhandlung** eine Güteverhandlung zur gütlichen Beilegung des Rechtsstreits durchzuführen, es sei denn es liegt ein erfolgloser früherer Einigungsversuch vor oder die Güteverhandlung ist erkennbar aussichtslos (sog. **semi-obligatorische Güteverhandlung**).

---

2 Vgl. *Musielak*, ZPO, 8. Aufl., § 278 Rn. 1.
3 BT-Drucks. 14/4722, S. 58, 62, 83.
4 *Baumbach*, ZPO, 69. Aufl., § 278 Rn. 7.
5 *Zöller*, ZPO, 29. Aufl., § 278 Rn. 1.
6 Vgl. nunmehr § 278a ZPO. Siehe auch *Fritz/Schroeder* NJW 2014, 1910 ff.

Die Güteverhandlung vor dem erkennenden Gericht, in der der Sach- und Streitstandes erörtert wird und bei der die Parteien gehört werden sollen, kann unter Verwendung mediativer Elemente durchgeführt werden.[7] Das Gericht kann die Güteverhandlung durch Beschluss an einen Güterichter nach Absatz 5 Satz 1 verweisen, dem nach Satz 2 alle Methoden der Konfliktbeilegung zur Verfügung stehen. Entfallen ist durch die Neuregelung des Absatzes 5 allerdings die Möglichkeit einer Verweisung an einen ersuchten Richter.

Die Handhabung des § 278 Abs. 2, 5 ZPO in der Praxis war und ist bislang höchst unterschiedlich und häufig unbefriedigend. Noch immer verstehen und handhaben die Zivilgerichte die Güteverhandlung ausschließlich im Sinne eines **Vergleichsgesprächs**;[8] nicht selten reduziert sich das Bemühen der erkennenden Gerichte auf die **formale Abfrage**, ob eine gütliche Einigung in Betracht komme oder nicht, um sodann zum bereits vorsorglich geladenen frühen ersten Termin oder Haupttermin (vgl. § 279 ZPO) überzugehen.[9]

c) Vergleich

Absatz 6 regelt das Zustandekommen eines Vergleichs außerhalb der mündlichen Verhandlung. Dies setzt einen schriftlichen Vorschlag voraus, den – neben dem Gericht – auch die Parteien unterbreiten können. Durch gerichtlichen Beschluss werden sodann das Zustandekommen und der Inhalt des Vergleichs festgestellt.[10]

Der Vergleich nach Absatz 6 stellt wie jeder andere Prozessvergleich einen Vollstreckungstitel dar (vgl. § 794 Abs. 1 Nr. 1 ZPO).

2. Bisherige und aktuelle Fassung der Vorschrift

§ 278 Abs. 5 ZPO erfuhr nicht nur in der Vergangenheit, sondern auch im Gesetzgebungsprozess des Mediationsförderungsgesetzes vielfache Änderungen.[11] Vor der jetzt geltenden Fassung hatte Absatz 5 noch folgenden Wortlaut:

»Das Gericht kann die Parteien für die Güteverhandlung vor einen beauftragten oder ersuchten Richter verweisen. In geeigneten Fällen kann das Gericht den Parteien eine außergerichtliche Streitschlichtung vorschlagen. Entscheiden sich die Parteien hierzu, gilt § 251 entsprechend.«

Für die zahlreichen gerichtsinternen Mediationsprojekte fehlte es an einer ausdrücklichen gesetzlichen Regelung. Im Schrifttum war überwiegend die Auffassung vertreten worden, prozessrechtliche Grundlage sei die obige Fassung des § 278 Abs. 5 ZPO in

---

7 Vgl. hierzu *Fritz* LKRZ 2009, 281 ff.; *Teubert* ZKM 2011, 186 ff.
8 Vgl. Begründung BR-Drucks 747/04, I. Allgemeines, S. 20.
9 Vgl. bereits schon früher zum idealen Design einer Güteverhandlung und der entsprechenden Umsetzung *Zöller*, ZPO, 29. Aufl., § 278 Rn. 6 ff.
10 Vgl. auch die ähnliche Regelung des § 106 VwGO.
11 Vgl. die Darstellung bei *Wagner* ZKM 2012, 110 ff. (112 ff.).

analoger Anwendung,[12] während in den Fachgerichtsbarkeiten z. T. auf § 4 Abs. 2 DRiG rekurriert wurde.[13]

15 Der Gesetzentwurf der Bundesregierung sah – in Abänderung des Referentenentwurfs – eine Trennung zwischen Güterichterverfahren und gerichtsinterner Mediation vor; Letztere verankerte er in § 278a ZPO, während § 278 Abs. 5 ZPO lauten sollte:

»*Das Gericht kann die Parteien für die Güteverhandlung vor einen Güterichter als beauftragten oder ersuchten Richter verweisen.*«

Durch die Einfügung des Terminus »Güterichters« sollte ausweislich der Gesetzesbegründung lediglich klargestellt werden, dass das in der Vergangenheit in Bayern und Thüringen praktizierte Modell[14] durch die seinerzeit im Gesetzentwurf noch vorgesehene gesetzliche Regelung der gerichtsinternen Mediation nicht ausgeschlossen werden würde und weiterhin praktiziert werden könnte.[15]

16 Diese Intention wurde durch die Beratungen und Beschlussfassungen im Rechtsausschuss auf den Kopf gestellt. Absatz 5 in der sodann vom Bundestag verabschiedeten Fassung lautete nämlich:

»*Das Gericht kann die Parteien für die Güteverhandlung sowie für weitere Güteversuche vor einen Güterichter als beauftragten oder ersuchten Richter verweisen.*«

Durch den zeitgleichen **Wegfall der gerichtsinternen** Mediation wurde der bayerische und thüringische Sonderweg geadelt mit dem Ziel, die bislang praktizierten unterschiedlichen Modelle der gerichtsinternen Mediation in ein »erheblich erweitertes Institut des Güterichters« überzuführen.[16]

17 Auf die Beschlussempfehlung des **Vermittlungsausschusses**[17] geht die jetzige Fassung des Absatzes 5 zurück. Alles in allem baut sie nunmehr auf der bisherigen Regelung auf, verschiebt Teile davon in den neueingefügten § 278a ZPO und ergänzt den Wortlaut, indem sie klarstellt, dass der **Güterichter** für die Güteverhandlung **bestimmt** sein muss, **nicht entscheidungsbefugt** sein darf und sich **aller Methoden** der Konfliktbeilegung **einschließlich** der **Mediation** bedienen kann.

18 Die **Vorschrift** kann insgesamt als **wenig geglückt** angesehen werden.[18] Das beginnt bereits mit der Einführung des eher verwirrenden und kaum aussagekräftigen Terminus »Güterichter«, der mehr an einen »gütigen Richter« (iudex benevolus) denn an einen hochqualifizierten und besonders ausgebildeten Streitschlichter denken lässt, und endet

---

12 Vgl. umfassend m.w.N. *von Bargen* Die Verwaltung 2010, 422 ff.
13 *Walther*, Mediation in der Verwaltungsgerichtsbarkeit, S. 16.
14 *Gemählich* Spektrum der Mediation, 40/2010, 37 ff.; *Tautphäus* Spektrum der Mediation, 40/2010, 26 ff.; *Kotzian-Marggraf* ZKM 2012, 123 ff.
15 Begr. BT-Drucks. 17/5335 Zu Artikel 3, Zu Nummer 4.
16 Vgl. BT-Drucks. 17/8058, III. Allgemeines; zum Gesetzgebungsverfahren siehe *Carl* ZKM 2012, 16 ff.
17 BT-Drucks. 17/10102.
18 Vgl. nur *Ortloff* Editorial, NJW 3/2012, 5; *Francken* NZA 2012, 249 ff. (251).

mit der Intention der Gesetzgebers, ein »erheblich erweitertes Institut des Güterichters« einzuführen, das sich als Begriff im Gesetz jedoch nicht findet. Selbst im Verbund derjenigen Normen des Mediationsförderungsgesetzes, die Bezüge zum Güterichter aufweisen (§ 159 Abs. 2 Satz 2 ZPO, §§ 28 Abs. 4 Satz 2, 36 Abs. 5 FamFG, §§ 54 Abs. 6, 64 Abs. 7, 83a Abs. 1 und 87 Abs. 2 Satz 1 ArbGG) und selbst nach den durch das Vermittlungsausschussverfahren erfolgten Änderungen erschließt sich nur mit Mühe, was hierunter im Einzelnen zu verstehen ist.

3. Europäische Mediationsrichtlinie

Nachdem der Güterichter nunmehr ein nicht entscheidungsbefugter Richter ist, der sich auch der Methode der Mediation bedienen kann, korrespondiert die Vorschrift mit dem **Erwägungsgrund Nr.** 12 der EUMed-RL und mit **Art. 1 Abs. 1 EUMed-RL**. 19

II. Grundsätze/Einzelheiten

1. Das Verfahren der Güteverhandlung nach § 278 ZPO

a) Grundsatz

Das Gesetz geht in § 278 Abs. 2 ZPO von dem Grundsatz aus, dass eine **Güteverhandlung** von dem **erkennenden Gericht** durchzuführen ist (sog. **semi-obligatorische Güteverhandlung**). Nach der grundsätzlichen Prüfung, ob überhaupt ein Gütetermin in Betracht kommt (vgl. Absatz 2 Satz 1, 2. Halbsatz),[19] erörtert das Gericht den Sach- und Streitstand mit den Parteien unter Würdigung aller Umstände und hört erschienene Parteien persönlich an (Absatz 2 Sätze 2 und 3). 20

Regelungen für das Verfahren der Güteverhandlung enthalten die Absätze 3 und 4: 21

Das persönliche Erscheinen der Parteien zur Verhandlung soll gem. Absatz 3 angeordnet werden, da dies erfahrungsgemäß die Chancen einer gütlichen Einigung erhöht; nur in atypischen Fällen kann davon abgesehen werden.[20] Bei Nichterscheinen der Parteien, d. h. bei Säumnis i.S.d. §§ 330 ff. ZPO, ist gem. Absatz 4 das Ruhen des Verfahrens anzuordnen.

Wer erkennendes Gericht ist, hängt vom Rechtszug ab: Es kann dies ein Spruchkörper (§§ 60, 75 GVG), ein Einzelrichter (§§ 348, 348a, 526, 527 ZPO) oder auch ein Amtsrichter als Einzelrichter (§ 22 Abs. 1 GVG) sein. 22

b) Modifikation

Eine teilweise **Ausnahme** vom Grundsatz des Absatzes 2 regelt nunmehr **Absatz 5**: Für die Güteverhandlung sowie für weitere Güteversuche kann das Gericht die Parteien vor einen Güterichter verweisen, der – im Gegensatz zur bisherigen Rechts- 23

---

19 Vgl. hierzu *Baumbach*, ZPO, 69. Aufl., § 278 Rn. 14 ff.
20 *Baumbach*, ZPO, 69. Aufl., § 278 Rn. 24.

lage – nicht (mehr) dem erkennenden Gericht angehören darf,[21] sondern hierfür bestimmt sein muss und nicht entscheidungsbefugt sein darf.

2. Das »erheblich erweiterte Institut des Güterichters« nach Absatz 5

24 Der Begriff des Güterichters ist **im Gesetz** selbst **nicht definiert**, die Vorschrift des Absatzes 5 enthält nur einige Elemente (»hierfür bestimmt«, »nicht entscheidungsbefugt«, »alle Methoden der Konfliktbeilegung«). Was unter einem Güterichter zu verstehen ist und wie er seine Aufgaben im Einzelnen erfüllen soll, erschließt sich erst im Wege der Interpretation der einschlägigen Normen. Die Klarheit der Gliederung wie der Regelungen im Einzelnen, die die (frühere) Gesetzesinitiative des Freistaates Bayern[22] zur Einführung des Güterichters auszeichnete, lässt das Mediationsförderungsgesetz in diesem Zusammenhang vermissen.

25 Die Regelung des Absatzes 5 Satz 1, wonach das Gericht die Parteien **vor** einen (und) **hierfür bestimmten** Güterichter verweisen kann, der im Übrigen nicht entscheidungsbefugt sein darf, streitet dafür, dass der Güterichter ein besonders ausgebildeter Richter sein muss. Das ist, wie sich aus der historischen und systematischen Interpretation ergibt und noch aufzuzeigen sein wird, ersichtlich der Fall.

26 Um insgesamt nachvollziehen zu können, was sich hinter dem Begriff des »erheblich erweiterten Instituts des Güterichters« verbirgt, ist es erforderlich, die bisherige Entwicklung des »Güterichters«, die durch den Rechtsausschuss und sodann durch das Vermittlungsverfahrens geänderten Vorschriften des Mediationsförderungsgesetzes insgesamt und schließlich die einschlägigen Gesetzesmaterialien in den Blick zu nehmen.

a) Das bayerisch-thüringische Modell des Güterichters

27 Der Begriff des Güterichters geht zunächst auf einen **bayerischen Modellversuch** zurück, der sodann von **Thüringen** übernommen wurde. *Greger* hat diesen Sonderweg wissenschaftlich begleitet, evaluiert und mehrfach beschrieben.[23]

28 Ebenso wie die gerichtlichen Mediationprojekte konnte sich auch das Güterichtermodell auf keine ausdrückliche gesetzliche Grundlage berufen. Ein Versuch des Freistaates Bayern, über den Bundesrat eine entsprechende gesetzliche Regelung zu initiieren,[24] führte zwar zu keinem Erfolg, jedoch orientierte sich die bayerische und thüringische

---

21 Ratio legis der Vorgängervorschrift des jetzigen Absatzes 5, der eine Güteverhandlung durch ein Mitglied des streitentscheidenden Spruchkörpers »als beauftragter Richter« noch vorsah, war es, in geeigneten Fällen den gesamten Spruchkörper von der Aufgabe der Güteverhandlung zu entbinden und somit für eine Entlastung zu sorgen. Einfach gelagerte und für eine Verweisung vor den Güterichter nicht in Betracht kommende Fälle auf diese Weise einer nichtstreitigen Lösung zuzuführen ist nunmehr nicht mehr möglich.
22 BR-Drucks. 747/04.
23 Vgl. nur Abschlussbericht unter www.jura-uni-erlangen.de/aber/gueterichter.htm, ferner *Greger* Spektrum der Mediation 40/2010, 18 ff. und ZRP 2006, 229 ff.
24 Entwurf eines Gesetzes zur Stärkung der gütlichen Streitbeilegung im Zivilprozess, BR-Drucks. 747/04.

Praxis[25] an den Vorschlägen und Überlegungen, die in der Gesetzesinitiative wie folgt beschrieben waren:

»Es handelt sich um einen Richter, der hauptamtlich durch die gerichtliche Geschäftsverteilung mit der Durchführung von Güteverhandlungen und sonstigen Güteversuchen betraut und hierfür in geeigneten Konfliktlösungsmethoden (insbes. Mediation) speziell geschult wird. Der Güterichter soll eng mit dem Streitrichter zusammenarbeiten, der geeignete Fälle an ihn verweist. Primäres Ziel dieser Zusammenarbeit ist es, möglichst alle für eine einvernehmliche Streitbeilegung in Betracht kommenden Fälle vor dem Eintritt in die mündliche Verhandlung abzuschöpfen. Der Güterichter soll daher in erster Linie die Güteverhandlung übernehmen. Aber auch für spätere Schlichtungsversuche soll noch Raum bleiben; deshalb kann der Güterichter auch für sonstige Güteversuche eingeschaltet werden .... Der Güterichter wird nur dann erfolgreich tätig werden, soweit sich die Parteien darauf verlassen können, dass die Erörterungen vor ihm vertraulich bleiben .... Wesentliche Elemente sind in diesem Zusammenhang die Personenverschiedenheit von Güterichter und Streitrichter, die Ausnahme vom Öffentlichkeitsgrundsatz, der regelmäßige Verzicht auf eine Protokollierung der Erörterungen vor dem Güterichter sowie ein Beweisverwertungsverbot hinsichtlich vertraulich erörterter Umstände, das an eine entsprechende Vereinbarung der Parteien anknüpft.«[26] ... *»Den Bedürfnissen der Praxis folgend wird die Verweisungsmöglichkeit außerdem über den Fall der Güteverhandlung hinaus auf alle sonstigen gerichtlichen Güteversuche (»weitere Güteversuche« ...) ausgedehnt. Denn nicht selten eröffnet sich erst in einem späteren Verfahrensstadium – etwa nach einer Beweisaufnahme zu bestimmten wesentlichen Tatfragen – die Möglichkeit und der Bedarf für einen Schlichtungsversuch .... Mit dem Verweisungsbeschluss wird der Güterichter .... zum gesetzlichen Richter im Sinne von Art. 101 Abs. 1 Satz 2 GG .... An die Einschätzung des Streitrichters zur Schlichtungsaussicht ... soll der Güterichter allerdings nicht gebunden sein ... Dabei ist hervorzuheben, dass der Güterichter in der Frage, wie er die Erörterung des Sach- und Streitstandes gestaltet, die nach seinem fachlichen Ermessen im Einzelfall geeignete Methode wählen wird. Das kann insbesondere die bereits erwähnte Mediation sein .... Im Falle einer Einigung der Parteien schließt und protokolliert der Güterichter einen Vergleich im Sinne der §§ 160 Abs. 3 Nr. 1, 794 Abs. 1 Nr. 1 ZPO. Scheitert der Versuch gütlicher Beilegung, so vermerkt der Güterichter dies in den Akten und leitet diese zur Fortsetzung des Verfahrens an den Streitrichter zurück. Gleiches gilt, wenn die Voraussetzungen einer Verfahrenserledigung durch Klagerücknahme, Erledigerklärung oder Anerkenntnis eintreten.«*[27]

Ausgehend hiervon wurde in der Praxis der bayerischen[28] und thüringischen[29] Gerichte unter einem Güterichter, die entsprechende **Qualifikation** und Verankerung im rich-

---

25 *Gemählich* Spektrum der Mediation, 40/2010, 37 ff.; *Tautphäus* Spektrum der Mediation, 40/2010, 26 ff.; *Reiter*, Aktuelle Praxis des Güterichterverfahrens am Landgericht Augsburg, S. 5; *Kotzian-Marggraf* ZKM 2012, 123 ff.
26 Begründung BR-Drucks. 747/04, I. Allgemeines, S. 5.
27 Begründung BR-Drucks. 747/04, II. Zu Artikel 1, zu Nummer 4, S. 9 f.
28 *Gemählich* Spektrum der Mediation 40/2010, 37 ff.; *Reiter*, Aktuelle Praxis des Güterichterverfahrens am Landgericht Augsburg, S. 5; *Kotzian-Marggraf* ZKM 2012, 123 ff.
29 *Tautphäus* Spektrum der Mediation, 40/2010, 26 f.

terlichen Geschäftsverteilungsplan vorausgesetzt,[30] jeder Richter derselben Gerichtsbarkeit außerhalb des streitentscheidenden Spruchkörpers gesehen. Dabei spielte es keine Rolle, ob er demselben Gericht (Organisationseinheit) oder derselben Instanz angehörte. Güterichter wurden somit gerichtsbezogen wie auch gerichtsübergreifend organisiert[31] und tätig, vorausgesetzt die Parteien stimmten dem Güterichterverfahren zu.

31 Der wesentliche Unterschied zu dem in anderen Bundesländern wie auch dem in Bayern in der Verwaltungs- und Sozialgerichtsbarkeit praktizierten Modell der gerichtlichen Mediation bestand darin, dass der **Güterichter nicht** auf die Durchführung einer Mediation **festgelegt** war,[32] sondern die Methode der Konfliktlösung an den Gegebenheiten des Falles und der Parteien ausrichten konnte.[33] Dies reichte von der bloßen Moderation eines Vergleichsgesprächs über ein Schlichtungsverfahren mit Entscheidungsvorschlag bis zur Unterstützung einer parteiautonomen Konfliktlösung mit Mitteln der Mediation.[34]

b) Die Systematik der Änderungen des Rechtsausschusses

32 Die im hier interessierenden Zusammenhang vom Rechtsausschuss veranlassten Änderungen betreffen zum einen die Streichung der im Regierungsentwurf vorgesehenen Bestimmungen zur gerichtsinternen Mediation,[35] zum anderen die Etablierung eines erheblich erweiterten Güterichterkonzepts,[36] das in etlichen Normen des Mediationsförderungsgesetzes seinen, wenn auch unterschiedlichen, Niederschlag gefunden hat und sich nur in einer **Gesamtschau** der Vorschriften erschließt.

33 Dazu zählt, dass die nach dem Regierungsentwurf zunächst allein auf die **Zivilprozessordnung** beschränkte Regelung des Güterichters (mit seinen Elementen der Vertraulichkeit und Freiwilligkeit gem. § 152 Abs. 2 Satz 2 ZPO) nunmehr ebenfalls im Verfahren nach dem FamFG sowie dem arbeits-, sozial-, verwaltungs- und finanzgerichtlichen Prozess Anwendung findet. Keine Anwendung findet hingegen die semi-obligatorische Güteverhandlung nach Absatz 2.

---

30 Vgl. den Geschäftsverteilungsplan des OLG München unter: http://www.justiz.bayern.de/imperia/md/content/stmj_internet/gerichte/oberlandesgerichte/muen chen/gvp_2012.pdf.
31 Vgl. auch BT-Drucks. 17/5496 zu Nummer 11, Begr. BT-Drucks. 17/5335, Anlage 3 Zu Artikel 3 Nummer 4.
32 Auch die Bayerische Justizministerin betonte bei der Einbringung des Gesetzentwurfs im Bundesrat, er sei »*bewusst offen gehalten. Er legt den Güterichter nicht etwa auf die Mediation fest, sondern soll ihm methodische Freiheit geben. Der Entwurf wählt damit einen viel breiteren Ansatz als die meisten der derzeit laufenden Modellversuche zur Richtermediation.*«, Bundesrat, Plenarprotokoll der 804. Sitzung, 506 C.
33 *Greger* Spektrum der Mediation 40/2010, 18 ff. (19).
34 Zur Praxis vgl. *Tautphäus/Fritz/Krabbe* NJW 2012, 364 ff.
35 Vgl. Gesetzentwurf der Bundesregierung BT-Drucks. 17/5335: §§ 1 Abs. 1 Satz 2, 7 Abs. 1, 2 MediationsG, § 15 GVG, §§ 36a Abs. 1, 155 Abs. 4 FamFG, § 54a Abs. 1 ArbGG, § 173 VwGO, § 202 SGG, § 99 PatentG, § 82 MarkenG.
36 *Sensburg* NJW-aktuell, 52/2011, 14; *Göcken* NJW-aktuell, 52/2011, 16.

Dementsprechend hat der Gesetzgeber für Verfahren in **Familiensachen** und in den Angelegenheiten der **freiwilligen Gerichtsbarkeit** mit den §§ 28 Abs. 4 Satz 2, 36 Abs. 5 FamFG eine den Vorschriften der ZPO vergleichbare Regelung geschaffen und damit unterstrichen, dass das erweiterte Güterichterkonzept mit seinem besonderen Schutz der Vertraulichkeit auch im Verfahren nach dem FamFG zur Anwendung gelangen soll.[37] 34

Vergleichbar stellt sich die Rechtslage im **arbeitsgerichtlichen Verfahren** dar,[38] zumal § 54 Abs. 6 ArbGG eine entsprechende Regelung des Güterichters aufweist. Einer eigenständigen Normierung des besonderen Schutzes der Vertrauchlichkeit bedurfte es wegen der Vorschriften der §§ 54 Abs. 3, 46 Abs. 2 ArbGG nicht. 35

Für die Verfahren vor den **Sozial-, Verwaltungs- und Finanzgerichten** hat sich der Gesetzgeber mit kleineren Änderungen in den jeweiligen allgemeinen Verweisungsnormen des § 202 SGG, des § 173 VwGO und des § 155 FGO begnügt, die nunmehr auf §§ 278 Abs. 5 und 278a ZPO Bezug nehmen, nicht jedoch auf die Güteverhandlung nach § 278 Abs. 2 ZPO. Für das Verfahren nach dem **Patent- und Markengesetz** hat der Gesetzgeber wegen der auf die ZPO verweisenden Normen des § 99 Abs. 1 PatentG und des § 82 Abs. 1 MarkenG auf eigene Regelungen verzichtet.[39] 36

c) Die Systematik der Änderungen im Verfahren des Vermittlungsausschusses

Im Vermittlungsverfahren erfuhr Absatz 5 Satz 1 eine Änderung dahin gehend, als die Begriffe beauftragter und ersuchter Richter gestrichen und klargestellt wurde, dass der **Güterichter** ein hierfür **bestimmter** und **nicht entscheidungsbefugter Richter** ist. Zudem wurde ein neuer Satz 2 eingefügt, der klarstellt, dass der Güterichter alle Methoden der Konfliktbeilegung, u. a. die **Methode der Mediation**, anwenden kann. Dies war der Intervention der Länder geschuldet, die ihre erfolgreichen gerichtlichen Mediationsprojekte fortgesetzt wissen wollten,[40] wobei es ihnen mehr auf die Inhalte denn auf die formale Bezeichnung ankam. 37

d) Die Gesetzgebungsmaterialien

Der Wille des Gesetzgebers erschließt sich in erster Linie aus der Begründung der Beschlussempfehlung und dem Bericht des Rechtsausschusses,[41] aber auch aus der Regierungsvorlage, soweit der Ausschuss den Gesetzentwurf unverändert übernommen hat.[42] 38

---

37 Vg. hierzu im Einzelnen die Kommentierung zu §§ 28, 36 FamFG.
38 Vgl. *Francken* NZA 2012, 49 ff.
39 Vgl. BT-Drucks. 17/8058, III. Zu den Artikeln 10 – alt – und 11 – alt –, S. 23.
40 *Ahrens* NJW 2012, 2465.
41 Vgl. BT-Drucks. 17/8058, III. Allgemeines, S. 17.
42 Vgl. BT-Drucks. 17/5335, BT-Drucks. 17/5496.

aa) Beratungsverlauf und Beratungsergebnisse im federführenden Ausschuss

39 Im Verlauf der Beratungen betonte die Fraktion der CDU/CSU, »*mit dem Güterichtermodell schaffe man ein Konzept, dass sowohl der Mediation im Gericht als auch der außerhalb des Gerichts gerecht werde*«.[43]

40 Die FDP-Fraktion stellte fest, die Richterschaft solle »*ihre in den vergangenen Jahren unter der Bezeichnung Mediation erfolgreich betriebenen Aktivitäten fortsetzen können. Hierzu diene das Modell des erweiterten Güterichters, das die mediativen Elemente der bisherigen gerichtlichen Mediation zum großen Teil übernehme. Hervorzuheben sei, dass auch beim erweiterten Güterichter zukünftig die Vertraulichkeit gesichert sei, indem ein Protokoll nur bei Zustimmung aller Beteiligten erstellt werde …*«.[44]

bb) Begründung der Beschlussempfehlung

41 Im Allgemeinen Teil der Begründung der Beschlussempfehlung heißt es zunächst, bei der Verweisung der Parteien an den Güterichter »*können auch an den Gerichten gegebenenfalls besonders geschulte Koordinatoren behilflich sein.*«[45] Weiterhin wird ausgeführt, mit dem Güterichtermodell »*werde dem vom Rechtsausschuss unterstützen Anliegen Rechnung getragen, die Kompetenzen und Erfahrungen der bisherigen richterlichen Mediatoren und die entsprechenden Aus- und Forbildungsmaßnahmen der Länder in vollem Umfang weiter zu nutzen und fortzuentwickeln.*«[46]

42 Im Zusammenhang mit § 1 Abs. 1 MediationsG wird darauf abgestellt, dass der Güterichter – anders als ein gerichtsinterner Mediator – »*u. a. rechtliche Bewertungen vornehmen und den Parteien Lösungen für den Konflikt vorschlagen*« und »*auch ohne Zustimmung der Parteien in Gerichtsakten Einsicht nehmen und auf Wunsch der Parteien einen Vergleich protokollieren*« kann. »*Ein Güterichter ist zwar kein Mediator, er kann in einer Güteverhandlung jedoch zahlreiche Methoden und Techniken der Mediation einsetzen, mit denen insbesondere der Sinn der Parteien für ihre Verantwortlichkeit und ihre Autonomie sowie die Bereitschaft sich aufeinander einzulassen gefördert werden sollen.*«[47]

43 Im Kontext mit der eingeschränkten Protokollierung in § 159 Abs. 2 Satz 2 ZPO werden »*der Schutz der Vertraulichkeit*« und die Durchführung »*der Güteverhandlung oder der weitere Güteversuch vor einem ersuchten Richter*« betont; zugleich wird auf den Schutz der Vertraulichkeit durch weitere Regelungen (§ 169 GVG, § 383 Abs. 1 ZPO) hingewiesen.[48]

44 In der Begründung zur Änderung des § 278 Abs. 5 ZPO heißt es: »*Mit dem weiteren Zusatz »sowie für weitere Güteversuche« wird klargestellt, dass das Gericht die Parteien nicht nur für die erste Güteverhandlung, sondern auch für weitere Güteversuche an den

---

43 Vgl. BT-Drucks. 17/8058, II. S. 16.
44 Vgl. BT-Drucks. 17/8058, II. S. 16 f.
45 Vgl. BT-Drucks. 17/8058, III. Allgemeines, S. 17.
46 Vgl. BT-Drucks. 17/8058, III. Allgemeines, S. 17.
47 Vgl. BT-Drucks. 17/8058, III. Zu Artikel 1, Zu § 1 Abs. 1, S. 17 f.
48 Vgl. BT-Drucks. 17/8058, III. Zu Artikel 2 – neu –, Zu Nummer 3 – neu –, S. 21.

Güterichter verweisen« und »*dass der Güterichter nicht nur an demselben Gericht, sondern auch an einem anderen Gericht tätig sein kann*« und es zudem möglich ist, die Sache an ein Gericht »*einer anderen Gerichtsbarkeit zu verweisen.*« Da es erforderlich sei, dass die Parteien für eine einvernehmliche Konfliktlösung offen seien, komme »*der Verweis vor einen zur Durchführung einer Güteverhandlung bereiten Güterichter nur mit Einverständnis der Parteien in Betracht.*«[49]

e) Das Güterichterkonzept in der Zusammenfassung

Zweck, Bedeutung und Inhalt des neu eingeführten »**erheblich erweiterten Instituts des Güterichters**« erschließen sich aus der obigen Gesamtschau der bisherigen Güterichterpraxis, des systematischen Zusammenhangs der geänderten Vorschriften und des Willens des Gesetzgebers; dabei kommt der **historischen Interpretation** ausnahmsweise deshalb ein **besonderer Stellenwert** zu, weil ein enger zeitlicher Zusammenhang mit dem Inkrafttreten der neu geschaffener Regelungen besteht.[50] Dass der Gesetzgeber die Vorschriften derart offen gestaltet hat mag auch damit zusammenhängen, dass er Raum lassen wollte für Innovationen und Veränderungen. Dazu zählt die Weiterentwicklung der Kompetenzen der Güterichter, auch in Abhängigkeit von Veränderungen im Bereich der Streitschlichtungsverfahren und -methoden, wie auch die Möglichkeit, die Verweisungspraxis von Streitrichter an Güterichter mithilfe besonders geschulter Koordinatoren zu optimieren.[51]   45

Das neue Konzept des erheblich erweiterten Instituts des Güterichters **beinhaltet** demnach, dass es   46
– in allen Gerichtsbarkeiten Anwendung findet,
– nur auf einen nicht entscheidungsbefugten Richter zutrifft,
– allein für fakultative Güteverhandlungen nach § 278 Abs. 5 ZPO wie auch weitere Güteversuche gilt,[52] nicht jedoch für semi-obligatorische Güteverhandlungen nach § 278 Abs. 2 ZPO,
– als richterliche Tätigkeit anzusehen ist und
– der Freiwilligkeit und Vertraulichkeit besondere Aufmerksamkeit zukommen lässt.

Dementsprechend gilt für den einzelnen Güterichter, dass er
– über besondere fachliche Qualifikationen verfügen muss, vergleichbar denen der früheren gerichtlichen Mediatoren (vgl. § 9 MediationsG),

---

49 Vgl. BT-Drucks. 17/8058, III. Zu Artikel 2 – neu –, Zu Nummer 5 – neu –, S. 21.
50 Vgl. BVerfGE 62, 1 (45); 82, 60 (79, 99); 82, 209, (224).
51 Vgl. BT-Drucks. 17/8058, III. Allgemeines, S. 17, ferner *Fritz/Schroeder* NJW 2014, 1910 ff.
52 Mit dem weiteren Zusatz »sowie für weitere Güteversuche« soll ausweislich der Gesetzesbegründung (BT-Drucks. 17/8058, III., Zu Artikel 2 – neu –, Zu Nummer 5 – neu –) klargestellt werden, dass das Gericht die Parteien nicht nur für die erste Güteverhandlung, sondern auch für mögliche weitere Güteversuche an den Güterichter verweisen kann. Nach hier vertretener Auffassung bedeutet es zudem, dass der Güterichter auch mehrere Gütetermine durchführen kann.

- nur mit Einverständnis der Parteien tätig werden kann (sog. fakultative Güteverhandlung),[53]
- am eigenen Gericht aber auch an einem anderen Gericht, sogar dem einer anderen Gerichtsbarkeit, eingesetzt werden kann,[54]
- die Prozessakten einsehen darf,
- sich aller Verfahren der Konfliktbeilegung einschließlich der Mediation bedienen kann, mithin die Freiheit der Methodenwahl hat,
- mit Einverständnis der Parteien Einzelgespräche führen kann,
- rechtliche Bewertungen vornehmen und den Parteien Lösungen für den Konflikt vorschlagen kann,
- mit Zustimmung der Parteien eine Niederschrift erstellen, Anträge entgegennehmen und einen Vergleich protokollieren kann.

3. Zusammenfassende Darstellung des Verfahrensablaufs vor dem Güterichter

a) Verweisungsbeschluss des erkennenden Gerichts

47 Ein Tätigwerden des Güterichters setzt zunächst voraus, dass seitens des erkennenden Gerichts das Verfahren (»die Parteien«) verwiesen wurde.

48 Die Verweisung selbst erfolgt durch **gerichtlichen Beschluss**, der nicht begründet zu werden braucht und **nicht** selbstständig **anfechtbar** ist.[55] Wer als Güterichter in Betracht kommt, ergibt sich aus dem **Geschäftsverteilungsplan** des Gerichts gem. § 21e GVG.[56] Es ist Aufgabe des Präsidiums festzulegen, **wie** diejenigen Richter, die über **entsprechende Ausbildung und Qualifikationen**[57] verfügen, »als Güterichter nach § 278 Abs. 5

---

53 *Röthemeyer* ZKM 2012, 116 ff. (117); a.A. *Carl* ZKM 2012, 16 ff. (19).
54 Vgl. hierzu *Ortloff* NVwZ 2012, 1057 ff.; *Röthemeyer* ZKM 2012, 116 ff. (117); a.A. *Ahrens* NJW 2012, 2465 ff. (2469).
55 *Baumbach*, ZPO, 69. Aufl., § 278 Rn. 55; *Musielak*, ZPO, 8. Aufl., § 278 Rn. 4 zur Anordnung bzw. Unterlassung einer Güteverhandlung.
56 Die Präsidien sind verpflichtet, Güterichter zu bestimmen: vgl. insoweit *Hartmann* MDR 2012, 941; *Röthemeyer* ZKM 2012, 116 ff. (117), ferner auch die Ausführungen unter Rdn. 83 f. Im Schrifttum (*Ortloff* NVwZ 2012, 1057 ff.; *Röthemeyer* ZKM 2012, 116 ff. (117)) wird zutreffend die Auffassung vertreten, bei mehreren Güterichtern an einem Gericht könne es diesen selbst überlassen bleiben, wie sie ihre Geschäfte, d. h. die Reihenfolge ihrer Heranziehung, regeln.
57 So wie in der Vergangenheit vor Inkrafttreten des MediationsG als gerichtlicher Mediator nur derjenige bestellt werden konnte, der eine entsprechende Ausbildung durchlaufen hatte, so kommt auch zukünftig als Güterichter nach § 278 Abs. 5 ZPO nur in Betracht, wer aufgrund entsprechender Ausbildung in der Lage ist, die einschlägigen Methoden der Konfliktbeilegung einschließlich der Mediation einzusetzen. Dabei finden die in § 5 Abs. 1 MediationsG geregelten Standards hinsichtlich der Aus- und Fortbildung auch auf Güterichter entsprechende Anwendung, nicht jedoch die für den zertifizierten Mediator geltenden des § 5 Abs. 2 MediationsG: Vgl. insoweit auch Begr. BT-Drucks. 17/5335, A.II. Weitergehend *Hölzer* ZKM 2012, 119 ff. (121).

ZPO« eingesetzt werden.[58] Den Parteien steht – anders als in einem Mediationsverfahren – kein Wahlrecht hinsichtlich des Güterichters zu.

aa) Ermessen

Grundsätzlich liegt die Verweisung der Parteien an einen Güterichter im **pflichtge-** 49
mäßen Ermessen des erkennenden Gerichts.

(1) Einverständnis der Parteien

Das Gericht muss bei seiner Entscheidung jedoch das für das Güterichterverfahren 50
geltende **ungeschriebenen Tatbestandsmerkmals** der **Freiwilligkeit** beachten: Nur mit Einwilligung der Parteien kann ein Verfahren vor dem Güterichter durchgeführt werden.[59]

Dieser Umstand zeitigt Konsequenzen für die **Verweisungspraxis:** Entweder holt bereits 51
der streitentscheidende Richter das Einverständnis der Parteien für ein Güterichterverfahren ein und verweist sodann das Verfahren, oder er nimmt eine Verweisung vor und der Güterichter holt daraufhin die Zustimmung der Parteien für die Durchführung einer Güteverhandlung ein. Während die Sachnähe des ersuchten Güterichters zu den Verfahren der konsensualen Streitschlichtung und seine besondere fachliche Qualifikation dafür sprechen, ihm die Einholung der Zustimmung zu übertragen, streiten prozessökonomische Gründe – u. U. auch der Grundsatz des rechtlichen Gehörs – dafür, den Streitrichter hiermit zu betrauen.[60] Von daher bietet sich folgende **Vorgehensweise** an: Der Streitrichter informiert die Parteien zunächst über die grundsätzlich möglichen Methoden, die ein Güterichter einsetzen kann und weist darauf

---

58 Es obliegt dem Präsidenten, dem Präsidium das Vorliegen entsprechenden Qualifikationen derjenigen Richter zu unterbreiten, die als Güterichter zur Verfügung stehen. Es ist dies vergleichbar der Information über formale Qualifikationen, wie sie in § 22 Abs. 5, 6 GVG angesprochen sind. Nach *Ortloff* NVwZ 2012, 1057 f.) soll die »Anhörung« der als Güterichter einzusetzenden Richter gem. § 21e Abs. 2 GVG nicht genügen, vielmehr sei deren »Zustimmung« erforderlich, da es sich um eine freiwillig übernommene zusätzliche Aufgabe handele. Dass dieser Ansatz mit den Richteramtspflichten vereinbar ist, kann mit guten Gründen bezweifelt werden; auch die Überlegung, dass ein Güterichter eine Mediation oder eine sonstige Streitschlichtung ebenso wie die Parteien betreiben muss (vgl. insoweit § 2 Abs. 5 Satz 2 MediationsG), dürfte als konkrete Einzelfallentscheidung im vorliegenden Zusammenhang nicht fruchtbar gemacht werden können. Ob es hingegen sinnvoll erscheint, einen zwar entsprechend ausgebildeten, gleichwohl im Hinblick auf die Güterichtertätigkeit unwilligen Richter durch das Präsidium mit einer Aufgabe zu betrauen, die Engagement, Einfühlungsvermögen und Empathie erfordert, ist keine rechtliche, sondern eine tatsächliche Frage, deren Bejahung mit guten Gründen bezweifelt werden kann; vgl. auch Fn. 65.
59 Vgl. *Ewig* ZKM 2012, 4, der die Auffassung vertritt, es erscheine sinnvoll, wenn die Verweisung »nur im Konsens mit den Parteien erfolge«; ebenso *Ortloff* NVwZ 2012, 1057 ff.); *Röthemeyer* ZKM 2012, 116 ff. (117); a.A. *Carl* ZKM 2012, 16 ff. (19); *Duve* ZKM 2012, 108 f. (109).
60 Unkritisch insoweit *Hartmann* MDR 2012, 941 ff. (943).

hin, dass dieser in Absprache mit ihnen die fall- und konfliktangemessene Methode absprechen wird; hierzu holt er ihre Zustimmung ein. Nach sodann erfolgter Verweisung an den Güterichter ist es dessen Aufgabe, in Absprache mit den Parteien das weitere Vorgehen, insbesondere die einzusetzenden Methoden zu erörtern und hierfür das Einverständnis einzuholen.

52 Die Einschaltung eines »**besonders geschulten Koordinators**«[61] könnte u. U. datenschutzrechtliche Probleme aufwerfen. Von daher dürfte es auf die konkrete Ausgestaltung eines derartigen »Court-Dispute-Managers« ankommen: Vom Entlastungseffekt idealiter bei einem Rechtspfleger verankert,[62] müsste dies aber mangels entsprechender gesetzlicher Regelung als (insoweit zulässige) **richterassistierende Verwaltungstätigkeit** organisiert werden.

53 Den Parteien eines Rechtsstreits bleibt es unbenommen, die Durchführung einer Güterichterverhandlung vor einem Güterichter nach § 278 Abs. 5 ZPO selbst anzuregen. Liegt ein **übereinstimmendes Petitum beider Parteien** vor, dann reduziert sich das dem Gericht eingeräumte **Ermessen** zur Verweisung **auf Null**.

(2) Konstellationen, in denen eine Verweisung ausscheidet

54 Das Ermessen ist nicht eröffnet, wenn schon eine Güteverhandlung selbst nicht in Betracht kommen wird, weil nach dem Inhalt der Klageschrift, insbesondere den Ausführungen gem. § 253 Abs. 3 Nr. 1 ZPO, der Klageerwiderung und ggf. der Replik eine gütliche Beilegung des Rechtsstreits **erkennbar aussichtslos** erscheint.[63]

55 Das Gericht wird von einer Verweisung an den Güterichters absehen können, wenn es den Eindruck gewinnt, dass es sich um ein **einfach gelagertes Verfahren** handelt, welches in einer Güteverhandlung schon von dem erkennenden Gericht selbst zu einem gütlichen Abschluss gebracht werden kann.

56 Eine Verweisung kommt ferner nicht in Betracht, wenn eine Partei zu verstehen gegeben hat, dass sie ein solches Verfahren nicht wünscht. Dies ist Ausfluss des Freiwilligkeitsprinzips.

57 Die maßgeblichen Erwägungen, von einer Verweisung an den Güterichter abzusehen, sollten in einem **Aktenvermerk** mit kurzer Begründung festgehalten werden.

bb) Folgen einer Verweisung

58 Die Verweisung eines Rechtsstreits zum Zwecke der Güterverhandlung an den Güterichter führt, anders als in den Fällen des § 278a Abs. 1 ZPO, nicht zum Ruhen des

---

61 Vgl. BT-Drucks. 17/8058, III. Allgemeines, S. 17. Zur (seinerzeitigen) Praxis in den Niederlanden mit besonderen Verweisungsbeauftragten vgl. *Schmiedel* ZKM 2011, 14 ff. (15).
62 Realitätsfern *Carl* ZKM 2012, 16 ff. (20), der hierfür die früheren richterlichen Mediatoren einsetzen wollte.
63 *Thomas/Putzo*, ZPO, 32. Aufl., § 278 Rn. 7.

Verfahrens gem. § 278a Abs. 2 ZPO; jedoch ist **auf Antrag** der Parteien ein **Ruhensbeschluss** gem. § 251 ZPO möglich.

Der Güterichter übt **richterliche Tätigkeit** – aber ohne Entscheidungskompetenz – aus und handelt als gesetzlicher Richter im Sinne des § 16 Satz 2 GVG. Seine konkrete Zuständigkeit folgt aus dem gerichtlichen Geschäftsverteilungsplan gem. § 21e GVG. Den Parteien steht daher – anders als bei einem Mediator und zugleich auch anders als dies bei einem gerichtlichen Mediator in der Übergangsphase des § 9 MediationsG der Fall war – hinsichtlich seiner Person kein Wahlrecht zu.[64]   59

b) Vorgehensweise des Güterichters

aa) Akteneinsicht und Informationsbeschaffung

Der Güterichter wird **Einsicht in** die ihm vom erkennenden Gericht überlassenen **Akten** nehmen und prüfen, welches Verfahren der außergerichtlichen Konfliktbeilegung indiziert ist.   60

Sodann wird er sich mit den Parteien des Rechtsstreits ins Benehmen setzen, ggf. vorab weitere Informationen bei ihnen einholen und. auch klären, ob weitere Personen für die Güteverhandlung hinzuziehen sind (sog. fall- und konfliktangemessenes **Prozessmanagement**).   61

bb) Verfahrens- und Terminsabsprache

Der Güterichter wird den Parteien einen **Verfahrens-** und einen **Terminsvorschlag** unterbreiten: 62

Ausgehend vom Prinzip der **Freiwilligkeit** wie dem der **Informiertheit** der Parteien erscheint es angezeigt, diese bereits zu diesem frühen Zeitpunkt darüber in Kenntnis zu setzen, ob der Güterichter beispielsweise mehr zu einer Schlichtung mit rechtlichen Hinweisen und ggf. einem Vorschlag tendiert oder ob er die Durchführung einer Mediation für angezeigt hält. Dies ist Ausfluss des Grundsatzes »**Methodenklarheit bei Methodenvielfalt**«.[65]

Zwar kann der Güterichter gem. §§ 272, 216 ZPO den Termin der Güteverhandlung bestimmen und gem. § 278 Abs. 3 ZPO das persönliche Erscheinen der Parteien anordnen.[66] In einem auf eine einvernehmliche Lösung angelegten Verfahren sprechen jedoch gute Gründe dafür, in gemeinsamer Absprache einen allen Parteien passenden Termin   63

---

64 Umfassend hierzu *Röthemeyer* ZKM 2012, 116 ff. (118), der zutreffend darauf hinweist, dass gleichwohl Raum besteht für die Berücksichtigung etwa des (übereinstimmenden) Wunsches der Parteien (beispielsweise das Geschlecht des Güterichters betreffend), besonderer fachlicher Kenntnisse und Voraussetzungen wie auch aktueller Belastungssituationen.
65 A.A. *Ortloff* NVwZ 2012, 1057 ff., der die – allerdings durch das Gesetz nicht gedeckte – Meinung vertritt, der Güterichter könne vom Präsidium von vornherein auf die Methode der Mediation festgelegt werden; vgl. auch oben Fn. 58.
66 *Ahrens* NJW 2012, 2465 ff. (2470).

zu wählen und von einer Anordnung nach § 278 Abs. 3 ZPO abzusehen. Ein Anwaltszwang besteht für die Güteverhandlung nicht,[67] bestellte Bevollmächtigte sind jedoch in die Güteverhandlung einzubeziehen.

cc) **Festlegung des Setting**

64 Es obliegt allein dem Güterichter, das Setting für die Güteverhandlung festzulegen; hierbei bietet sich ein **mediationsanaloges Vorgehen** mit dem Ziel einer kommunikationsfördernden Verhandlungsatmosphäre an.[68]

c) **Durchführung der Güteverhandlung**

65 Die Durchführung der Güteverhandlung ist **nicht öffentlich**; das Öffentlichkeitsgebot des § 169 GVG gilt nur für mündliche Verhandlungen vor dem erkennenden Gericht.[69] Der Güterichter wird die Parteien auf die Vorschrift des § 159 Abs. 2 Satz 2 ZPO hinweisen sowie darauf, dass die Vertraulichkeit zudem durch eine Vereinbarung zwischen den Parteien besonders geregelt werden kann, die ggf. in das Verfahren einbezogene Dritte mitberücksichtigt.

66 Die Beachtung des Grundsatzes »**Methodenklarheit bei Methodenvielfalt**« soll den Güterichter davor bewahren, zwischen einzelnen Verfahren der Konfliktbeilegung zu wechseln und Elemente der einzelnen Methoden miteinander zu vermischen: Ein »stockendes oder gar scheiterndes« Mediationsverfahren dadurch retten zu wollen, dass der Güterichter – entgegen seiner eingangs mit den Parteien getroffenen Vereinbarung – sodann einen Lösungsvorschlag unterbreitet, bedeutet eine methodische Fehlleistung und führt zu einem Glaubwürdigkeitsverlust des Güterichters. Denkbar ist allenfalls, dass der Güterichter gemeinsam mit den Parteien übereinkommt, eine bestimmte Methode abzuschließen und mit deren Einverständnis mit einer anderen Methode fortzufahren.[70] Gleichwohl erscheint eine derartige Vorgehensweise nicht unproblematisch, besteht doch die Gefahr einer »Verwässerung« bzw. »Relativierung« der Dynamik des Mediationsprozesses: Die Parteien könnten dann nämlich geneigt sein, sich nicht vorbehaltlos auf das Verfahren der Mediation einzulassen und in den Prozess einzusteigen, weil sie u. U. auf einen Schlichterspruch des »Güterichters« spekulieren.[71]

---

67 Vgl. *Zöller* ZPO, 29. Aufl., § 78 Rn. 46; a.A. *Ewig* ZKM 2012, 4 ff. (5).
68 *Tautphäus* Spektrum der Mediation 40/2010, 26.
69 *Baumbach*, ZPO, 69. Aufl., § 169 GVG Rn. 3 m.N. zur Rechtsprechung.
70 Langfristig wird nicht auszuschließen sein, dass sich eine neue und eigenständige Methode der Konfliktbeilegung durch einen Güterichter entwickelt. Davon scheint auch der Gesetzgeber auszugehen, wenn er in der Begründung des Beschlussempfehlung des Rechtsausschusses (BT-Drucks. 17/8058, III., Zu Artikel 1, Zu § 1 Abs. 1) u. a. ausführt, die in der gerichtsinternen Mediation entwickelten Kompetenzen könnten im Rahmen der Güterichtertätigkeit fortentwickelt werden. Vgl. hierzu *Fritz/Schroeder* NJW 2014, 1910 ff sowie *Fritz* ZKM 2015,1 ff, ferner auch *Brändle* BJ 2014, 130 f.
71 Zutreffend weist auch *Ortloff* NVwZ 2012, 1057 ff. darauf hin, dass in derartigen Fällen wohl kaum damit gerechnet werden kann, dass sich die Kreativität der Konfliktparteien für einen Interessenausgleich uneingeschränkt entfalten wird.

Wenn angezeigt, kann der Güterichter mit den Parteien auch **Einzelgespräche** (Caucus) führen. Nicht zuletzt um die Neutralität des Güterichters nicht zu gefährden bedarf es hierfür stets des Einverständnisses der Parteien. 67

Die Erörterung mit den Parteien ist – anders als in der obligatorischen Güteverhandlung nach Absatz 2 – nicht auf die dem Rechtsstreit zugrunde liegenden entscheidungserheblichen Punkte reduziert; vielmehr wird – unter der Zielsetzung einer konsensualen Lösung – das zur Sprache gebracht, was den Parteien zur Beilegung ihres Konfliktes wichtig ist.[72] Soweit der Güterichter rechtliche Hinweise erteilt, sind diese mangels Entscheidungskompetenz unverbindlich.[73] 68

Dem Güterichter ist es verwehrt, den Parteien **Prozesskostenhilfe** gem. §§ 114 ff. ZPO zu gewähren oder einen Ruhensbeschluss gem. § 251 ZPO zu erlassen, da er nicht »Gericht« im Sinne der genannten Vorschriften ist. Hingegen kann er, unter der Voraussetzung des § 159 Abs. 2 Satz 2 ZPO, einen **Vergleich protokollieren** oder eine **prozessbeendende Erklärung zu Protokoll** nehmen. 69

Ob es ihm gestattet ist, einen Streitwert, Beschwerdewert oder Gegenstandswert festzusetzen, ist streitig.[74] Dafür spricht, die Festsetzung des Streitwertes als Annexkompetenz zur Protokollierung des Vergleichs zu erachten, zumal (nur) der Güterichter Kenntnis vom Umfang und Wert des Vergleichsgegenstandes hat.[75] 70

Zur Vermeidung etwaiger Rechtsstreitigkeiten nach entsprechender Beschlussfassung empfiehlt es sich, einen Rechtsmittelverzicht zu protokollieren.

d) Mögliche Ergebnisse und Verfahrensbeendigungen

Das Güteverfahren vor dem Güterichter kann wie folgt enden: 71

(1) Die Parteien haben sich auf eine Lösung ihres Konfliktes geeinigt. Sie schließen daraufhin einen gerichtlichen Vergleich in der Form des § 160 Abs. 3 Nr. 1 ZPO. Das führt zur Beendigung des anhängigen Rechtsstreits. 72

(2) Die Parteien haben sich auf eine Lösung ihres Konfliktes geeinigt. Der anhängige Rechtsstreit wird durch eine prozessbeendende Erklärung der Parteien (Klagerücknahme § 269 ZPO, Hauptsacheerledigung § 91a ZPO) abgeschlossen. 73

(3) Die Parteien haben sich im Grundsatz auf eine Lösung ihres Konfliktes geeinigt und erbitten einen Vergleichsvorschlag des erkennenden Gerichts gem. § 278 Abs. 6 74

---

72 *Gemählich* Spektrum der Mediation 40/2010, 37 ff. (38).
73 Rechtliche Hinweise, die noch dazu in eine nicht bindende Empfehlung zur Konfliktlösung einmünden, sind das Kennzeichen einer Schlichtung. Vgl. hierzu, auch in Abgrenzung zur Mediation, die Ausführungen unter Teil 6 A. und H.
74 Ablehnend *Ahrens* NJW 2012, 2465 ff. (2470).
75 Vgl. *Zöller*, ZPO, 29. Aufl., § 278 Rn. 27. Die Überlegungen, die die Bundesregierung in ihrem Gesetzentwurf dazu bewogen hatten, für den seinerzeit noch vorgesehenen gerichtsinternen Mediator eine Streitwertfestsetzung nicht zuzulassen (Begr. BT-Drucks. 17/5335, Anl. 3, Zu Artikel 3, Zu Nummern 5 und 6), treffen auf den Güterichter nicht zu.

ZPO nach Maßgabe der in der Güteverhandlung erzielten Eckpunkte. Die Annahme des Vorschlags führt zur Beendigung des anhängigen Rechtsstreits.

75 (4) Die Parteien haben sich im Grundsatz auf eine Lösung ihres Konfliktes geeinigt und unterbreiten – ggf. nach weiterer Prüfung oder Bedenkzeit – dem erkennenden Gericht einen schriftlichen Vergleichsvorschlag gem. § 278 Abs. 6 ZPO. Diese führt dann zur Beendigung des anhängigen Rechtsstreits.

76 (5) Die Parteien haben sich verständigt, außerhalb des anhängigen Verfahrens noch Sachaufklärung zu betreiben und ggf. Dritte als Sachverständige einzuschalten oder aber ein Verfahren der außergerichtlichen Konfliktbeilegung zu beschreiten. Der Rechtsstreit bleibt anhängig, kann jedoch – falls noch nicht geschehen – gem. § 251 ZPO vom erkennenden Gericht zum Ruhen gebracht werden.

77 (6) Die Parteien haben sich hinsichtlich des anhängig gemachten Rechtsstreits nur zum Teil oder überhaupt nicht geeinigt. Der Güterichter gibt – nach vorheriger Anhörung der Parteien, ggf. auch nach entsprechendem »Rückgabebeschluss«[76] – das Verfahren an das erkennende Gericht zurück, das den anhängigen Rechtsstreit in der Lage fortsetzt, in dem er sich befindet, also beispielsweise mit einem frühen ersten Termin oder der Anberaumung einer mündlichen Verhandlung.

78 (7) Beide Parteien erscheinen nicht zum ordnungsgemäß geladenen Gütetermin. Da das Verfahren vor dem Güterichter freiwillig ist, kommt ein Ruhensbeschluss nach § 278 Abs. 4 ZPO nicht in Betracht.[77] Der Güterichter gibt das Verfahren – ggf. nach entsprechendem Beschluss, jedenfalls nach entsprechendem Aktenvermerk – an das erkennende Gericht zurück, das den anhängigen Rechtsstreit in der Lage fortsetzt, in dem er sich befindet, also beispielsweise mit einem frühen ersten Termin oder der Anberaumung einer mündlichen Verhandlung.

e) Zeugnisverweigerungsrecht

79 Eine analoge Anwendung der Verschwiegenheitsregelung des § 4 MediationsG auf den Güterichter scheidet aus. Er kann sich jedoch gem. § 383 Abs. 1 Nr. 6 ZPO auf ein **Zeugnisverweigerungsrecht** hinsichtlich des **Inhalts der Güteverhandlung** berufen, wenn ihm als Güterichter Tatsachen anvertraut wurden, deren Geheimhaltung durch ihre Natur oder gesetzliche Vorschrift geboten ist.[78] Im Übrigen sind Güterichter, auch wenn sie sich beispielsweise der Mediation bedienen, nach wie vor Richter und als Amtsträger nicht nur den Parteien verpflichtet. Sie unterliegen

---

76 Hierdurch wird zugleich für die Parteien eindeutig dokumentiert, dass der Güteversuch als gescheitert zu erachten ist.
77 Erscheint die beklagte Partei nicht zum Gütetermin, so ist es dem »Güterichter nach § 278 Abs. 5 ZPO« verwehrt, ein Versäumnisurteil nach §§ 330 ff. ZPO zu erlassen; *Ahrens* NJW 2012, 2465 ff. (2470).
78 Vgl. Begr. BT-Drucks. 17/8058, III. Zu Artikel 2 – neu –, Zu Nummer 3 – neu –; *Zöller*, ZPO, 29. Aufl., § 383 Rn. 19; *Musielak*, ZPO, 8. Auf., § 383 Rn. 4, 6; *Röthemeyer* ZKM 2012, 116 ff. (118). Das Zeugnisverweigerungsrecht erstreckt sich auch auf die vom Güterichter mit dem Verfahren befassten Servicemitarbeiter der Geschäftsstelle.

daher weiterhin **besonderen Anzeigeverpflichtungen**.[79] In Verfahren mit Amtsermittlungsgrundsatz besteht gleichwohl keine Aussageerzwingung bezüglich des Güterichters.

4. Anwendbarkeit der Vorschrift in anderen Gerichtsbarkeiten

Für Verfahren in Familiensachen und in den Angelegenheiten der **freiwilligen Gerichtsbarkeit** findet sich in § 36 Abs. 5 FamFG eine dem § 278 Abs. 5 ZPO vergleichbare Regelung, wobei in Familienstreitsachen gem. § 112 FamFG i.V.m. § 113 Abs. 1 Satz 2 FamFG die Vorschriften der Zivilprozessordnung und damit auch die Regelungen über den ersuchten Güterichter gem. § 278 Abs. 5 ZPO Anwendung finden. In Ehesachen (vgl. § 121 FamFG) hingegen kommt gem. § 113 Abs. 4 Nr. 4 FamFG ein Rückgriff auf die Regelungen über den Güterichter nicht in Betracht. 80

Im Arbeitsgerichtsprozess ist der Einsatz eines Güterichters über § 54 Abs. 6 ArbGG möglich. Im verwaltungsgerichtlichen Verfahren gelangt § 278 Abs. 5 ZPO über § 173 Satz 1 VwGO, im sozialgerichtlichen Verfahren über § 202 SGG, im finanzgerichtlichen Verfahren über 155 Satz 1 FGO und im Verfahren vor dem Patentgericht über § 99 Abs. 1 PatentG, § 82 Abs. 1 MarkenG zur Anwendung. 81

5. Verhältnis von § 278 Abs. 5 ZPO zu § 278a Abs. 1 ZPO

Weder im Mediationsförderungsgesetz selbst noch in der Gesetzesbegründung und den parlamentarischen Protokollen finden sich Anhaltspunkte für das Verhältnis von § 278 Abs. 5 ZPO zu § 278a Abs. 1 ZPO. Grundsätzlich wird das Gericht jedoch jeweils die gleichen Überlegungen anzustellen und sich zu fragen haben, ob dem Rechtsstreit Konflikte zugrunde liegen, die im Prozess nicht oder nur unzureichend beigelegt werden können. Auch bedarf es für beide Verfahren des Einverständnisses aller Konfliktparteien. Das Verfahren nach § 278 Abs. 5 ZPO dürfte vorzuziehen sein, wenn davon ausgegangen werden kann, dass der Güterichter innerhalb eines überschaubaren Zeitrahmens von zwei, höchstens drei Sitzungen zu einem Ergebnis gelangen wird. Ist hingegen absehbar, dass (auch) eine konsensuale Lösung eine Vielzahl von Terminierungen erforderlich machen wird, so bietet sich der Vorschlag einer (Langzeit-) Mediation gem. § 278a Abs. 1 ZPO an.[80] Das Gleiche gilt, wenn ein anderes Verfahren der außergerichtlichen Konfliktbeilegung in Betracht zu ziehen sein wird, sei es die Cooperative Praxis, ein Schiedsgutachten oder eine Verfahrenskombination.[81] Schließlich dürfen finanzielle Gesichtspunkte nicht außer Acht gelassen werden, sind doch mit dem Güterichterverfahren keine zusätzlichen (Gerichts-) Kosten verbunden, während durch ein Verfahren der Mediation oder 82

---

79 Z.B. nach § 116 AO oder nach § 6 SubvG, vgl. Begr. BT-Drucks. 17/5335, B., Zu Artikel 1, Zu § 4.
80 Auch die Komplexität der Auseinandersetzung kann als Abgrenzungskriterium herangezogen werden: Für Konflikte, die die Parteien in mehreren Prozessen und über mehrere Instanzen gerichtlich austragen, dürfte eher eine Mediation angezeigt sein.
81 Vgl. hierzu die Darstellungen unter Teil 6 A. Rdn. 46 ff.

der außergerichtlichen Konfliktbeilegung weitere Kosten auf die Konfliktparteien zukommen, die durch eine mögliche Reduzierung der Verfahrensgebühren gem. § 69b GKG (bzw. § 61a FamFG für das Verfahren vor dem Familiengericht) nicht kompensiert werden.

III. Hinweise für die Praxis

1. Geschäftsverteilungsplan

83 Die Tätigkeit als nicht entscheidungsbefugter Güterichter nach § 258 Abs. 5 ZPO ist richterliche Tätigkeit und bedarf der Festschreibung im richterlichen Geschäftsverteilungsplan durch das Präsidium. Die Präsidien sind zur Bestimmung von Güterichtern verpflichtet,[82] es sei denn, es besteht eine **gerichtsübergreifende Kooperation**.[83] Es gilt das Jährlichkeitsprinzip. Zum Güterichter kann nur bestimmt werden, wer über eine entsprechende Qualifikation verfügt; es ist Aufgabe des Präsidenten, dem Präsidium die hierfür in Betracht kommenden Richter zu benennen. Ob ein Richter trotz entsprechender Qualifikation gegen seinen Willen vom Präsidium zum Güterichter bestimmt werden kann, ist streitig. Andererseits kann sich das Präsidium nicht sperren, Güterichter im Geschäftsverteilungsplan zu bestellen, wenn Richter mit entsprechender Qualifikation zur Verfügung stehen und mit ihrer Bestellung einverstanden sind. Es bedarf ebenfalls einer Regelung im Geschäftsverteilungsplan, wenn Güterichter für andere Gerichte oder Gerichtsbarkeiten tätig werden sollen.[84] Je nach Größe eines Gerichts kann es sinnvoll sein, spezielle Vertretungsregelungen für mehrere Güterichter vorzusehen als auch Ausgleichsregelungen für Güterichterverfahren zu bestimmen, die zu einer Verfahrensbeendigung geführt haben. Letzteres sollte allerdings stets nur zugunsten von Güterichtern erfolgen und nicht zulasten derjenigen, die Verfahren an den Güterichter verwiesen haben; alles andere widerspräche der Intention des Gesetzgebers, die konsensuale Konfliktbeilegung zu fördern.

84 Eine entsprechende Regelung im Geschäftsverteilungsplan könnte wie folgt aussehen:

▶ **Nicht entscheidungsbefugter Richter als Güterichter**

1. Beim ... (*Name des Gerichts*) sind Güterichter im Sinne von § 278 Abs. 5 ZPO bestimmt, die als nicht entscheidungsbefugte Richter in einer Güteverhandlung sich um eine konsensuale Lösung des Konflikts bemühen und hierfür auch die Grundsätze und Methoden der Mediation einsetzen können.

Die Verweisung zur Güteverhandlung zum Zwecke einer konsensualen Lösung erfolgt mit Zustimmung der Parteien.

Eignet sich das Verfahren aus Sicht des Güterichters nicht für eine interessenorientierte Konfliktbewältigung, nimmt ein Prozessbeteiligter nicht freiwillig an

---

82 *Hartmann* MDR 2012, 941; *Röthemeyer* ZKM 2012, 116 ff. (117).
83 Vgl. hierzu *Röthemeyer* ZKM 2012, 116 ff. (117).
84 Vgl. insoweit auch *Ortloff* NVwZ 2012, 1057 ff.

einer solchen Güteverhandlung teil oder einigen sich die Parteien nicht innerhalb eines Termins oder mehrerer Termine zur Güteverhandlung, gibt der Güterichter das Verfahren zur weiteren Bearbeitung an das erkennende Gericht zurück.

Einigen sich die Parteien im Rahmen eines Vergleichs, so kann der Güterichter den Streitwert festsetzen.

2. Als Güterichter sind bestimmt:

Richter ... (*Namen*)

3. Jede(r) ... (*Einzelrichter, Kammer, Senat*) kann geeignet erscheinende Verfahren der Güterichtergeschäftsstelle zuleiten, nachdem die Parteien ihre Zustimmung erteilt haben und der(die) ... (*Einzelrichter, Kammer, Senat*) die Verweisung gemäß § 278 Abs. 5 Satz 1 ZPO beschlossen hat.

4. Die Verfahren werden in der Reihenfolge ihres Eingangs den Güterichtern ... (*Namen*) nacheinander zugewiesen. Besteht ein Sachzusammenhang mit einer früheren Güteverhandlung, so wird die Angelegenheit dem diesbezüglich zuständigen Güterichter zugewiesen und dies bei der nächsten Sache entsprechend berücksichtigt.

5. Ab ... (*Anzahl*) durchgeführte Güterichterverhandlungen im laufenden Geschäftsjahr erfolgt eine Entlastung von ... (*Anteil*) Arbeitskraftanteilen im kommenden Geschäftsjahr.

2. Verweisungs- und Ruhensbeschluss

Es ist anzuraten, seitens des erkennenden Gerichts nicht nur die Zustimmung der Parteien für eine Verweisung an den Güterichter einzuholen, sondern zugleich **anzuregen**, das Ruhen des Verfahrens zu beantragen.

Ein entsprechender gerichtlicher Beschluss könne folgenden Inhalt haben:

▶ **Beschluss**

1. Der Rechtsstreit wird mit Zustimmung der Parteien an den Güterichter verwiesen.
2. Für die Dauer des Güteverfahrens wird auf Antrag der Parteien das Ruhen des Streitverfahrens angeordnet.

3. Mustertexte für Parteivereinbarung und Verschwiegenheitsverpflichtung

Es empfiehlt sich, gleich zu Beginn eines Verfahrens vor dem Güterichter eine Parteivereinbarung betreffend **Verschwiegenheit und Vertraulichkeit** im Hinblick auf die Parteien selbst und auf den Güterichter abzuschließen. Werden von Beginn an Dritte zum Verfahren hinzugezogen, so sollten auch sie unmittelbar mit einbezogen werden, ansonsten spätestens dann, wenn ihre Teilnahme feststeht. Zugleich ist es ratsam, Dritten eine Verschwiegenheitspflicht aufzuerlegen. Schriftform ist für alle

Vereinbarungen zu empfehlen, die Verabredung einer **Vertragsstrafe** wird allenfalls in Wirtschaftssachen denn in Familiensachen zu erwägen sein.

▶ **Parteivereinbarung**

88 Die Parteien ... *(Namen)* des Verfahrens vor dem Güterichter gem. § 278 Abs. 5 ZPO kommen wie folgt überein:

Im streitigen Gerichtsverfahren vor dem erkennenden Gericht dürfen nicht vorgetragen oder vorgelegt werden

Dokumente, Stellungnahmen oder Mitteilungen
- der anderen Partei,
- des Güterichters oder
- des/der am Verfahren beteiligten Dritten *(Name, Wohnort)*,

wenn nicht die an der Offenlegung interessierte Partei auch ohne das Güterichterverfahren dazu in der Lage gewesen wäre.

Dem Verbot des Satzes 1 unterliegen ferner
- Ansichten und Vorschläge, die von einer Partei im Rahmen des Güterichterverfahrens im Hinblick auf eine gütliche Einigung geäußert oder gemacht wurden,
- Zugeständnisse der anderen Partei im Rahmen des Güterichterverfahrens,
- Ansichten und Vorschläge des Güterichters,
- Ansichten und Vorschläge am Verfahren beteiligter Dritter,
- die Tatsache, dass eine Partei im Rahmen des Güterichterverfahrens sich zum Abschluss eines Vergleichs bereit erklärt hat.

Bei einer Zuwiderhandlung gegen die o.g. Verboten wird eine Vertragsstrafe in Höhe von ... *(Summe)* Euro fällig. Eine Aufhebung der o.g. Verbote ist nur schriftlich möglich.

Ort, Datum, Unterschriften.

▶ **Verschwiegenheitsverpflichtung Dritter**

89 Herr/Frau *(Name, Wohnort)*

verpflichtet sich zur Verschwiegenheit hinsichtlich aller Tatsachen, Meinungsäußerungen und Umstände, die ihm im Zusammenhang mit seiner Teilnahme an dem Güterichterverfahren *(Namen der Parteien)* bekannt geworden sind. Dies betrifft nicht Tatsachen, die offenkundig sind oder ihrer Bedeutung nach keiner Geheimhaltung bedürfen.

Ort, Datum, Unterschriften.

4. Aus- und Fortbildung der Richterschaft

90 Eine adäquate und den Erwartungen des Gesetzgebers gerecht werdende Anwendung der Möglichkeiten des § 278 Abs. 5 ZPO wie auch der des § 278a ZPO setzt ent-

sprechende Grundkenntnisse der Richterschaft über konsensuale Konfliktbeilegung voraus. Aber auch wer als Güterichter eingesetzt werden soll bedarf einer angemessenen Ausbildung.[85]

Ein Curriculum für die **Richterschaft** allgemein, das im Wesentlichen auf Information setzt, könnte mit einem Zeitrahmen von 4 bis 6 Stunden auskommen und folgende Inhalte umfassen: 91
- Gesetzeslage des MediationsförderungsG allgemein,
- Güterichter bisheriger Ordnung/nicht streitentscheidender Güterichter,
- Rolle Dritter im Verfahren,
- Prinzipien der Mediation,
- Vorteile der Mediation,
- andere Verfahren außergerichtlicher Konfliktbeilegung,
- Indikation/Kontra-Indikation von Mediation und anderen Verfahren außergerichtlicher Konfliktbeilegung,
- Information der Parteien über Mediation und andere Konfliktbeilegungsmethoden,
- Form und Konsequenzen einer Abgabe an den Güterichter.

Ein Curriculum für eine Ausbildung **von Güterichtern** sollte (zumindest) drei mal drei Tage (60 Stunden) nebst Eigenstudium und Intervision (20 Stunden) umfassen und könnte, orientiert an § 5 Abs. 1 Satz 2 Nr. 1 bis 5 MediationsG, insbesondere folgende Schwerpunkte beinhalten: 92
- Stufen, Methoden, Techniken der Mediation, Rolle des Mediators/Güterichters,
- Rolle des Rechts, der neuen Gesetzeslage und der Formen und Konsequenzen einer Verfahrensabgabe,
- andere Verfahren außergerichtlicher Konfliktbeilegung,
- Indikation/Kontra-Indikation von Mediation und anderen Verfahren außergerichtlicher Konfliktbeilegung,
- Methodenklarheit bei Methodenvielfalt,
- Zeitmanagement,
- Fallsupervision,
- besondere Praxisfragen.

§ 278a Mediation, außergerichtliche Konfliktbeilegung

(1) Das Gericht kann den Parteien eine Mediation oder ein anderes Verfahren der außergerichtlichen Konfliktbeilegung vorschlagen.

(2) Entscheiden sich die Parteien zur Durchführung einer Mediation oder eines anderen Verfahrens der außergerichtlichen Konfliktbeilegung, ordnet das Gericht das Ruhen des Verfahrens an.

---

85 *Fritz/Krabbe* NVwZ 2013, 29 f.

Teil 1 Artikel 2 Mediationsförderungsgesetz

Übersicht

	Rdn.
I. Regelungsgegenstand und Zweck	1
1. Gesetzgebungsverfahren	1
2. Europäische Mediationsrichtlinie	3
II. Grundsätze/Einzelheiten	4
1. Gerichtlicher Vorschlag (Absatz 1)	4
a) Adressatenkreis	4
b) Ermessen	5
aa) Zivilgerichtliche Verfahren	6
bb) Verfahren in Familiensachen und in Angelegenheiten der freiwilligen Gerichtsbarkeit	9
cc) Verwaltungsgerichtliche Verfahren	11
dd) Sozialgerichtliche Verfahren	14
ee) Arbeitsgerichtliche Verfahren	15
ff) Finanzgerichtliche Verfahren	17
gg) Gerichtliche Mediation	18
hh) Abstrakte, allgemein geltende Kriterien	19
c) Zeitpunkt	21
d) Gericht	25
e) Form	26
2. Vorschlag einer Mediation (Absatz 1, 1. Alt.)	35
a) Begrifflichkeit	35
b) Stufenverhältnis	38
c) Formale und inhaltliche Kriterien	40
3. Vorschlag eines anderen Verfahrens der außergerichtlichen Konfliktbeilegung (Absatz 1, 2. Alt.)	44
a) Begrifflichkeit	44
b) Stufenverhältnis	47
c) Formale und inhaltliche Kriterien	48
4. Vorschlag einer gerichtlichen Mediation im (zwischenzeitlich abgelaufenen) Übergangszeitraum	52
5. Entscheidung der Parteien (Absatz 2)	54
a) Aufgrund eines gerichtlichen Vorschlages	54
b) Eigener Vorschlag der Parteien	56
6. Gerichtlicher Ruhensbeschluss (Absatz 2)	58
7. Anwendbarkeit der Vorschrift in anderen Gerichtsbarkeiten	65
8. Verhältnis von § 278a Abs. 1 ZPO zu § 278 Abs. 5 ZPO	67
III. Hinweise für die Praxis	68

I. Regelungsgegenstand und Zweck

1. Gesetzgebungsverfahren

1 Die **neugeschaffene Vorschrift** übernimmt in Absatz 1 die Regelung einer außergerichtlichen Streitschlichtung aus dem bisherigen § 278 Abs. 5 Satz 2 ZPO und konkretisiert sie auf die Mediation im Sinne des § 1 Abs. 1 MediationsG sowie andere Verfahren der außergerichtlichen Konfliktbeilegung. Der Entwurf der Bundesregie-

rung[1] hatte noch die gerichtsinterne Mediation vorgesehen, die nunmehr aufgrund der Beschlussempfehlung des Rechtsausschusses entfallen ist,[2] sieht man einmal von der zwischenzeitlich erledigten Übergangsregelung in § 9 MediationsG ab. Für die gerichtliche Mediation mangelte es seinerzeit an einer ausdrücklichen gesetzlichen Regelung, weshalb als prozessrechtliche Grundlage überwiegend § 278 Abs. 5 Satz 2 ZPO in analoger Anwendung herangezogen wurde.[3]

Im Hinblick auf die Regelung in Absatz 1 ist es die erklärte Intention des Gesetzgebers, die außergerichtliche Konfliktbeilegung auch bei bereits rechtshängigen Streitigkeiten zu ermöglichen.[4]

2. Europäische Mediationsrichtlinie

§ 278a Abs. 1 ZPO nimmt den **Erwägungsgrund Nr. 12** der **EUMed-RL** auf und dient der Umsetzung der **Art. 1 Abs. 1, Art. 3 lit. a und Art. 5 Abs. 1 EUMed-RL**. So heißt es schon in der Richtlinie, ein Gericht, das mit einer Klage befasst wird, könne die Parteien auffordern, die Mediation zur Streitbeilegung in Anspruch zu nehmen. Das Gericht könne dies sowohl vorschlagen als auch anordnen; dies umfasse auch die Mediation durch einen in der betreffenden Streitsache nicht zuständigen Richter.

II. Grundsätze/Einzelheiten

1. Gerichtlicher Vorschlag (Absatz 1)

a) Adressatenkreis

Nach dem Gesetzeswortlaut ist der gerichtliche Vorschlag einer Mediation oder eines anderen Verfahrens der außergerichtlichen Konfliktbeilegung »**den Parteien**« zu unterbreiten, mithin denjenigen, die zum entsprechenden Zeitpunkt in das Verfahren involviert sind: Das sind Kläger und Beklagter im Urteilsverfahren (vgl. § 253 ZPO), Gläubiger und Schuldner im Zwangsvollstreckungsverfahren (vgl. § 754 ZPO), Antragsteller und Antragsgegner in den anderen Verfahrensarten. Zum Adressatenkreis können auch am Rechtsstreit beteiligte Dritte gem. §§ 64 bis 77 ZPO zählen, wenn sie denn in das jeweilige Verfahren förmlich einbezogen wurden.[5]

b) Ermessen

Ob das Gericht den Parteien einen Vorschlag unterbreitet, liegt alleine in seinem **pflichtgemäßen Ermessen**. Zwar benennt das Gesetz keine Voraussetzungen, die dem Vorschlag des Gerichts vorausgehen sollen; als **ungeschriebenes Tatbestands-**

---

1 BT-Drucks. 17/5335, Artikel 1 § 1 MediationsG, Artikel 3 § 278a ZPO.
2 BR-Drucks. 17/8058, III. Zu Artikel 1, Zu § 1 Abs. 1.
3 Vgl. zum Verfahren der zwischenzeitlich erledigten gerichtlichen Mediation die Kommentierung zu § 9 MediationsG, Rdn. 3 ff.
4 Begr. BT-Drucks. 17/5335 Zu Artikel 3, zu Nummer 5.
5 Vgl. *Baumbach u. a.*, ZPO, 69. Aufl., Übersicht zu § 59, Rn. 1.

merkmal ist stets zu prüfen, ob es sich um einen für eine Mediation oder eine andere außergerichtliche Konfliktlösung **geeigneten** Fall handelt.[6]

aa) Zivilgerichtliche Verfahren

6 Der Vorschlag einer Mediation soll nach dem Willen des Gesetzgebers dann angezeigt sein, wenn dem Rechtsstreit Konflikte zugrunde liegen, die im Prozess nicht oder nur unzureichend beigelegt werden können.

7 So werden in der Gesetzesbegründung für den Zivilprozess beispielhaft Konstellationen benannt, in denen hinter dem den Streitgegenstand bildenden Zahlungsanspruch eine **dauerhafte** persönliche oder geschäftliche **Beziehung** der Parteien besteht, die durch den Ablauf des Rechtsstreits oder dessen Ergebnis beeinträchtigt werden kann. In einem Bau- oder Arzthaftungsprozess, in dem gutachterlich zu klärende Tatsachenfragen streitentscheidend sind, kann es beispielsweise sinnvoll sein, den Parteien ein verbindliches Schiedsgutachten vorzuschlagen.[7]

8 In der Kommentarliteratur[8] wird die Auffassung vertreten, ein gerichtliches Vorschlagsrecht komme auch in Entschädigungsverfahren nach §§ 403 ff. StPO in Betracht.

bb) Verfahren in Familiensachen und in Angelegenheiten der freiwilligen Gerichtsbarkeit

9 Mit § 36a FamFG hat der Gesetzgeber eine für diese Rechtsbereiche spezifische Regelung geschaffen; insoweit wird auf die dortige Kommentierung Bezug genommen.

10 Mediationen bieten sich an bei **personenbezogenen Auseinandersetzungen** (z. B. Umgang, elterliche Sorge) und bei vermögensrechtlichen Streitgegenständen (z. B. Unterhalt, Zugewinn-/Vermögensausgleich),[9] während in Ehe-, Adoptions- und Abstammungssachen Mediationen oder andere Verfahren der außergerichtlichen Konfliktbeilegung regelmäßig ausscheiden.[10]

cc) Verwaltungsgerichtliche Verfahren

11 In einem verwaltungsgerichtlichen Streitverfahren wird das Gericht bei den Beteiligten beispielsweise eine Mediation anregen, wenn es um Verfahrensbeteiligte geht, zwischen denen sich über eine längere Dauer immer wieder neue Konflikte ergeben und damit stets neue Verfahren anhängig werden.[11]

---

6 So auch *Baumbach u. a.*, ZPO, 69. Aufl., II. A., Rechtspolitischer Ausblick II A, § 278a Rn. 7.
7 Begr. BT-Drucks. 17/5335,B., Zu Artikel 3, Zu Nummer 5.
8 *Palandt*, ZPO, 71. Aufl., II A, Rechtspolitischer Ausblick, § 278a Rn. 12.
9 Vgl. *Proksch* ZKM 2010, 39 ff.
10 Begr. BT-Drucks. 17/5335, B., Zu Artikel 4, Zu Nummer 2.
11 Vgl. umfassend die Kommentierung zu § 173 VwGO, Rdn. 1 ff.

Die **Vermeidung** von **Folgeverfahren** wie auch der Umstand, dass zwischen den Beteiligten mehrere Verfahren gleichzeitig anhängig sind, können ebenfalls tragende Gesichtspunkte für den Vorschlag eines Verfahrens der konsensualen Konfliktbearbeitung sein.[12] 12

Zudem ist an besonders verfahrene, hochkomplexe Auseinandersetzungen mit zahlreichen miteinander verwobenen Konfliktpunkten zu denken wie auch an solche, bei denen die Kläger deshalb stark emotionalisiert sind, weil sie sich beispielsweise von einer Behörde bzw. deren Mitarbeitern nicht hinreichend ernst genommen fühlen.[13] 13

dd) Sozialgerichtliche Verfahren

In einem sozialgerichtlichen Prozess[14] wird Mediation u. a vorgeschlagen werden in Verfahren mit komplexen, schnell zu entscheidenden oder ungeklärten Sachverhalten, vor allem in Verbindung mit bedeutenden wirtschaftlichen Folgen für einen Beteiligten oder beide Beteiligte, ferner wenn es um die Anwendung von Normen mit unbestimmten Rechtsbegriffen geht sowie dann, wenn ein Ermessen ausgeübt werden soll.[15] 14

ee) Arbeitsgerichtliche Verfahren

Für das arbeitsgerichtliche Verfahren hat der Gesetzgeber mit § 54a Abs. 1 ArbGG eine inhaltsgleiche Regelung geschaffen; auf die dortige Kommentierung wird verwiesen. 15

In einem Arbeitsgerichtsprozess bietet sich der Vorschlag für eine Mediation beispielsweise in Fällen an, in denen die Parteien auch zukünftig weiterhin zusammenarbeiten werden, in denen eine Vielzahl von Arbeitnehmern betroffen sind oder in denen es um hochemotionalisierte und nicht öffentlich zu erörternde Umstände wie beispielsweise Mobbing geht.[16] 16

ff) Finanzgerichtliche Verfahren

Die Erfahrungen mit Mediation in finanzgerichtlichen Verfahren waren vor Inkrafttreten des Gesetzes eher bescheiden, wenngleich »Verhandlungen« über Steuertatsachen zwischen Finanzbehörden und Steuerpflichtigen, beispielsweise im Rahmen eines Erörterungstermins nach § 79 Abs. 1 Satz Nr. 1 FGO und unter Anwendung des Rechtsinstituts der »tatsächlichen« Verständigung zahlenmäßig wie auch inhaltlich nicht außergewöhnlich sind.[17] Geeignetheit kann in solchen Verfahrenskonstellationen unterstellt werden, in denen es um komplexe Sachverhalte, um atypische 17

---

12 *Ortloff*, in: *Schoch u. a.*, VwGO, § 104, Rn. 82.
13 Vgl. umfassend *von Bargen*, Die Verwaltung 2010, 405 ff. (421 f.).
14 Vgl. umfassend die Kommentierung zu § 202 SGG, Rdn. 1 ff.
15 Vgl. *Dürschke* SGb 2001, 533 ff. (536), sowie das Prüfungsraster von *Brändle/Schreiber* BJ 2008, 351 ff. (352).
16 *Göldner-Dahmke* SchlHA 2010, 54 ff.
17 Vgl. Kommentierung zu § 155 FGO, Rdn. 1 ff.

Fälle oder um neue Sachverhalte geht, ferner ggf. dann, wenn die angegriffenen Entscheidungen einen längeren Zeitraum betreffen oder auf einen solchen Auswirkungen haben.

gg) Gerichtliche Mediation

18 Ob ein Verfahren für eine gerichtliche Mediation geeignet war, spielte nur in der Übergangsphase des § 9 MediationsG eine Rolle. *Von Bargen*[18] hatte in diesem Zusammenhang zutreffend den Begriff des »**spezifischen Leistungsprofils**« entwickelt: Ausgehend von den begrenzten Ressourcen des Gerichts musste der Arbeits- und Zeitaufwand für eine gerichtliche Mediation überschaubar bleiben.[19]

hh) Abstrakte, allgemein geltende Kriterien

19 Abstrakt betrachtet wird das Gericht immer dann eine konsensuale Streitbeilegung in Betracht ziehen, wenn es den Konfliktbeteiligten **vorrangig** darum geht,
– nichtrechtliche Interessen zu berücksichtigen,
– eine zukunftsorientierte Lösung anzustreben,
– Vertraulichkeit zu wahren oder
– eine schnelle Lösung herbeizuführen

sowie dann, wenn
– es sich um einen komplexen Sachverhalt handelt,
– zahlreiche Rechtsstreitigkeiten/Verfahren anhängig sind,
– nichtbeteiligte Dritte in das Verfahren einbezogen werden sollen,
– zwischen den Parteien eine besondere Emotionalität besteht oder
– es um einen grenzüberschreitenden Rechtsstreit geht.

20 Demgegenüber spricht die **Prozessförderungspflicht** des Gerichts dafür, einen Vorschlag nach Absatz 1 nicht zu unterbreiten, weil eine konsensuale Lösung nicht in Betracht kommt und daher ein solches Verfahren den Prozess nur in die Länge ziehen, verteuern oder komplizieren würde.[20] Davon kann ausgegangen werden, wenn beispielsweise
– gesetzliche Bestimmungen den Parteien eine privatautonome Regelung untersagen,
– ein besonderes öffentliches Interesse an der Rechtsdurchsetzung besteht oder
– eine Grundsatzentscheidung begehrt wird.[21]

---

18 *Von Bargen* Die Verwaltung 2010, 405 ff. (422).
19 Vgl. zum Faktor Zeit und der Möglichkeit, diese optimal einzusetzen, *Fritz/Krabbe* NVwZ 2011, 396 ff.
20 *Baumbach u. a.*, ZPO, 69. Aufl., II. A, Rechtspolitischer Ausblick, § 278a Rn. 12.
21 Vgl. in diesem Zusammenhang auch die Versuche im Schrifttum, mithilfe von Checklisten die Mediationsgeeignetheit von Konflikten zu ergründen: *Monßen* AnwBl 2004, 7 ff. (8 f.); *Korteweg-Wiers*, FS VG Gießen, S. 359 ff. (360 Fn. 5; 366 f.).

c) Zeitpunkt

Der Vorschlag kann gegenüber den Parteien grundsätzlich in jedem Stadium des 21
Rechtsstreits erfolgen, also vor und in der mündlichen Verhandlung, aber auch noch
im Rechtsmittelzug. Im Revisionsverfahren dürfte eine außergerichtliche Konfliktlösung eher nicht in Betracht zu ziehen sein.[22]

Gleichwohl bietet es sich grundsätzlich an, den **Vorschlag** für eine nichtstreitige Kon- 22
fliktbeilegung **zu Beginn** eines Prozesses zu unterbreiten. Hierfür sprechen Gründe der
Zeit- und Kostenersparnis für die Parteien wie auch für das Gericht. Zudem wird
erfahrungsgemäß durch ein frühzeitiges Mediationsgespräch der Gefahr weiterer »emotionaler Verletzungen« während des Rechtsstreits entgegengewirkt.

Ob der Vorschlag unmittelbar nach Klageerhebung erfolgt oder nach Klageerwiderung 23
und ggf. Replik, u. U. erst nach Erörterung mit den Parteien oder gar später, ist jeweils
vom **Einzelfall** abhängig – zudem vom Rechtsgebiet und auch von der Gerichtsbarkeit;
schließlich spielen die Informationen nach § 253 Abs. 3 Nr. 1 ZPO eine nicht unerhebliche Rolle.

Rechtliche Bedenken bestehen nicht, einen **Vorschlag** nach Absatz 1 ggf. **mehrfach** zu 24
unterbreiten, also nach zunächst erfolgter Ablehnung durch die Parteien in einer späteren Phase des Prozesses (ggf. nach erfolgter Beweisaufnahme) oder nach einer gescheiterten Mediation- oder einem anderen Konfliktlösungsverfahren. Der erneute Vorschlag
kann sowohl in der gleichen Instanz wie auch im Rechtsmittelzug erfolgen.

d) Gericht

Vom Zeitpunkt, in dem der Vorschlag erfolgt, ist es auch **abhängig**, wer ihn unter- 25
breitet: Grundsätzlich kann dies durch den Vorsitzenden geschehen, nach Übertragung auf den Berichterstatter durch diesen. Erfolgt der Vorschlag (erst) in der mündlichen Verhandlung, so geschieht dies durch den Spruchkörper. Nach erfolgter
Übertragung auf den Einzelrichter ist dieser zuständig.

e) Form

Nach dem Gesetzeswortlaut ist der Vorschlag **weder** an eine **Form** noch an (inhalt- 26
liche) **Voraussetzungen** gebunden.

Das Gericht kann ihn mündlich als auch schriftlich unterbreiten und ist auch nicht 27
gehindert, vor dem eigentlichen Vorschlag bei und mit den Parteien zu sondieren, ob
eine nichtstreitige Konfliktlösung für sie bzw. die Lösung ihres Rechtsstreits in Betracht
kommt.

Das Gericht ist im Rahmen seiner Pflicht aus § 139 ZPO gehalten, den Parteien Inhalt 28
und Umstände des beabsichtigten oder unterbreiteten Vorschlags, auch in Abgrenzung

---

22 Vgl. jedoch zum Verwaltungsprozess *Ortloff*, Festgabe, S. 797.

zu etwaigen Alternativen außergerichtlicher Konfliktlösungen, deutlich zu machen und dabei auf Chancen, Risiken und auch Kosten hinzuweisen.

29 Dass derartige Informationen entsprechende Kenntnisse der Richterschaft voraussetzen und somit auch entsprechende Schulungen erforderlich machen, liegt auf der Hand. Denn nur wer selbst hinreichend informiert ist, wird seiner Informationspflicht gegenüber den Parteien gerecht werden können.

30 **Prozesskostenhilfe** für die Durchführung einer Mediation etc. darf nicht bewilligt werden;[23] für eine Anwendung des § 7 MediationsG fehlt es bislang an der vom Gesetz geforderten Vereinbarung zwischen Bund und Ländern.

31 Erfolgen Vorschlag und ggf. Ablehnung durch die Parteien in der Güteverhandlung oder in der mündlichen Verhandlung, so ist dies gem. § 160 Abs. 2, 3 ZPO in der **Niederschrift** zu vermerken und im Ablehnungsfall das Verfahren in dem Stadium fortzusetzen, in dem es sich befindet.

32 Ob und ggf. wie lange das Gericht den Parteien eine **Frist** einräumt, sich zu seinem Vorschlag **zu äußern**, liegt ebenfalls in seinem pflichtgemäßen **Ermessen**. In einem Klageverfahren dürften drei Wochen, in einem Eilverfahren längstens eine Woche sachangemessen sein.

33 Einen Vorschlag in **Beschlussform** zu erlassen wird nicht verlangt werden können. Gleichwohl wäre es wünschenswert, wenn die Gerichte – um die Bedeutung konsensualer Konfliktlösungsmöglichkeiten zu unterstreichen und um diese zu fördern – den Parteien einen entsprechenden Vorschlag in Form eines verfahrensleitenden, nicht anfechtbaren Beschlusses unterbreiten würden.

34 Anderenfalls sollte aus Gründen der Klarheit der Vorschlag in Form einer **richterlichen Verfügung** erfolgen, aus Gründen der Nachvollziehbarkeit und Dokumentation ist Schriftform anzuraten, wobei die Übermittlung dann auch per Telefax, mündlich/telefonisch oder elektronisch erfolgen kann. Macht das Gericht – fallspezifisch – von seinem Vorschlagsrecht keinen Gebrauch, so sollten die tragenden Erwägungen hierfür jedenfalls in einem **Aktenvermerk** festgehalten werden.

2. Vorschlag einer Mediation (Absatz 1, 1. Alt.)

a) Begrifflichkeit

35 Was eine Mediation ist, folgt aus der **Begriffsbestimmung** des § 1 Abs. 1 MediationsG: Ein vertrauliches und strukturiertes Verfahren, bei dem die Parteien mithilfe eines oder mehrerer Mediatoren freiwillig und eigenverantwortlich eine einvernehmliche Beilegung ihres Konflikts anstreben.

---

[23] A.A. zur früheren Rechtslage OLG Köln, Beschl. v. 03. 06. 2011, ZKM 2012, 29 ff., mit ablehnender Anmerkung von *Spangenberg* ZKM 2012, 31.

Mediation im Sinne des Mediationsgesetzes meint Mediation durch einen **nicht** in das 36
gerichtliche System eingebundenen Mediator, mithin eine sog. »außergerichtliche«
Mediation.

Als Mediator in einer »außergerichtlichen« Mediation wird in aller Regel ein Anwalts- 37
mediator, grundsätzlich aber auch jeder andere freiberuflich tätiger Mediator in Betracht
kommen. Durch die Regelung ist nicht ausgeschlossen, dass auch ein Richter außerhalb seines Amtes – nebenberuflich – in einem vom Gericht vorgeschlagenen Mediationsverfahren tätig werden kann, sofern er denn hierfür eine Nebentätigkeitserlaubnis
erhalten hat.

b) Stufenverhältnis

Mit der Reihenfolge in Absatz 1 hat der Gesetzgeber **kein Stufenverhältnis** zwischen 38
einer Mediation oder einem anderen Verfahren der außergerichtlichen Konfliktbeilegung[24] festgelegt.

Allenfalls der Umstand, dass sich der Gesetzgeber intensiv mit Regelungen zur Media- 39
tion auseinandergesetzt hat könnte dafür streiten, dass er der Mediation eine gewisse
Präferenz zubilligt.

c) Formale und inhaltliche Kriterien

Der Vorschlag einer Mediation kann in der Eingangs-, in der Berufungs- und in der 40
Revisionsinstanz unterbreitet werden. In aller Regel wird ein derartiger Vorschlag in
der auf die Überprüfung von Rechtsfragen beschränkten Revisionsinstanz jedoch
nur ausnahmsweise in Betracht kommen.

Für das von einem Gericht unterbreitete Mediationsverfahren gelten die **gleichen Regeln** 41
wie für jedes andere Mediationsverfahren auch. Wegen der näheren Einzelheiten wird
auf die Kommentierung des Mediationsgesetzes zu Verfahren, Aufgaben, Offenbarungspflichten, Tätigkeitsbeschränkungen und Verschwiegenheitspflicht (§§ 2 bis 4 MediationsG) sowie zur Aus- und Fortbildung (§§ 5, 6 MediationsG) verwiesen.

Eine etwaige in einer Mediation geschlossene Vereinbarung kann dem erkennenden 42
Gericht gem. § 278 Abs. 6 ZPO vorgelegt und das Zustandekommen eines **Vergleichs**
durch Beschluss festgestellt werden. Aus einem gerichtlichen Vergleich kann gem. § 794
Abs. 1 Nr. 1 ZPO die **Vollstreckung** betrieben werden.

Der Vorschlag zur Durchführung einer Mediation kann nicht zugleich mit der Person 43
eines bestimmten Mediators verbunden werden.[25] Hierfür spricht zum einen die neutrale Haltung, die einzunehmen vornehmste Pflicht des Gerichts ist und dem es eben-

---

24 Vgl. hierzu den Überblick unter Teil 6 A. Rdn. 1 ff.
25 A.A. *Baumbach u. a.*, ZPO, 69. Aufl., II. A, Rechtspolitischer Ausblick, § 278a Rn. 12.
 Es spricht jedoch nichts dagegen, die Parteien auf die Rechtsanwaltskammer, die IHK
 oder Mediationsinstitute zu verweisen, die Listen von Mediatoren vorhalten. Es dürfte
 auch nicht zu beanstanden sein, wenn die Gerichte selbst derartige Listen anlegen und

Fritz

falls untersagt ist, den Parteien einen bestimmten Anwalt zu empfehlen; zum anderen ist es Ausfluss des Prinzips der Freiwilligkeit, dass sich die Parteien ihren Mediator selbst auswählen können.

3. Vorschlag eines anderen Verfahrens der außergerichtlichen Konfliktbeilegung (Absatz 1, 2. Alt.)

a) Begrifflichkeit

44 Das **Gesetz schweigt** sich darüber aus, was unter einem »anderen Verfahren der außergerichtlichen Konfliktbeilegung« zu verstehen ist. Der Begriff findet sich bereits in der Überschrift des Gesetzes sowie in § 278a ZPO, § 36a FamFG und § 54a ArbGG, wird jedoch durch das Gesetz selbst nicht definiert.

45 Unter Hinweis auf das Schrifttum[26] werden in der **Gesetzesbegründung** Schlichtungs-, Schieds- und Gütestellen, die Ombudsleute, Clearingstellen und neuere Schieds- und Schlichtungsverfahren wie Shuttle-Schlichtung, Adjudikation, Mini-Trial, Early Neutral Evaluation und Online-Schlichtung aufgezählt[27] und ausgeführt, dass diese Verfahren in den verschiedensten Ausprägungen und Kombinationen praktiziert werden.

46 Es handelt sich hierbei um **keine abschließende Aufzählung**; zu den Verfahren der außergerichtlichen Konfliktbeilegung gehört beispielsweise auch die Cooperative Praxis (Kooperative Anwaltspraxis), die in Deutschland im Entstehen begriffen ist.[28] Zudem kann davon ausgegangen werden, dass über die zurzeit bekannten und praktizierten Konfliktlösungsverfahren hinaus nicht nur neue hinzukommen, sondern die bereits praktizierten Verfahren sich in ihrer Ausgestaltung und Anwendung verändern werden.[29]

b) Stufenverhältnis

47 Es kann auf die bereits oben erfolgten Ausführungen zum Stufenverhältnis verwiesen werden.[30] Der Umstand, dass der Gesetzgeber das Mediationsverfahren umfänglich geregelt hat spricht dafür, dass er diesem gegenüber anderen konsensualen Streitbeilegungsverfahren einen gewissen Vorzug einräumt. Dies geht allerdings **nicht** so weit geht, dass zwischen ihnen ein Stufenverhältnis bestehen würde.

---

die Parteien darauf verweisen. Weitergehend: *Nelle*, »Multi-Door-Courthouse Revisited«, S. 123 ff. (129 f.).
26 *Risse/Wagner*, Mediation im Wirtschaftsrecht, in: *Haft/Schlieffen*, Handbuch der Mediation, S. 553 ff. (580).
27 Vgl. Begr. BT-Drucks. 17/5335, A. II.
28 Vgl. Teil 6 G. Rdn. 1 ff.
29 Wegen weiterer Einzelheiten zu den verschiedenen Verfahrensarten und ihren Inhalten vgl. die Ausführungen unter Teil 6 A. 1. Rdn. 1 ff.
30 Vgl. Rdn. 38.

c) Formale und inhaltliche Kriterien

Der Vorschlag für ein Verfahren der außergerichtlichen Konfliktbeilegung kann in jeder Phase des gerichtlichen Verfahrens erfolgen,[31] wenngleich die Besonderheiten mancher Konfliktbeilegungsverfahren wie beispielsweise Mini-Trial oder Early-Neutral-Evaluation in aller Regel dafür streiten, sie den Parteien nur in der Eingangsinstanz vorzuschlagen. 48

Auch der Vorschlag eines bestimmten Konfliktbeilegungsverfahrens darf nicht mit einer bestimmten Person verbunden werden. Insoweit gelten die oben gemachten Ausführungen.[32] 49

Als **gerichtliche Mediation** wurde eine Mediation bezeichnet, die während eines anhängigen Gerichtsverfahrens von einem nicht entscheidungsbefugten Richter durchgeführt wurde. Der **Unterschied** zum **Güterichter** nach § 36 Abs. 5 FamFG bestand darin, dass der gerichtliche Mediator ausschließlich die Methode der Mediation anwendete, die rechtliche Hinweise wie auch Einigungs- oder Lösungsvorschläge ausschließt, und keine richterlichen Tätigkeiten wie Protokollierung von Vergleichen oder Festsetzung des Streitwertes vornahm. Der Güterichter hingegen bedient sich der gesamten Palette von Streitbeilegungsmethoden einschließlich rechtlicher Hinweise und Einigungsvorschlägen, protokolliert Vergleiche und setzt ggf. den Streitwert fest.[33] 50

Gerichtliche Mediation war **nur in** der **Übergangsphase** des § 9 MediationsG bis zum 1. August 2013 möglich. 51

4. **Vorschlag einer gerichtlichen Mediation im (zwischenzeitlich abgelaufenen) Übergangszeitraum**

Als **gerichtliche Mediation** wurde eine Mediation bezeichnet, die während eines anhängigen Gerichtsverfahrens von einem nicht entscheidungsbefugten Richter durchgeführt wurde. Der **Unterschied** zum **Güterichter** nach § 278 Abs. 5 ZPO bestand darin, dass der gerichtliche Mediator ausschließlich die Methode der Mediation anwendete, die rechtliche Hinweise wie auch Einigungs- oder Lösungsvorschläge ausschließt, und keine richterlichen Tätigkeiten wie Protokollierung von Vergleichen oder Festsetzung des Streitwertes vornahm. Der Güterichter hingegen bedient sich der gesamten Palette von Streitbeilegungsmethoden einschließlich rechtlicher Hinweise und Einigungsvorschlägen, protokolliert Vergleiche und kann nach hier vertretener Auffassung den Streitwert festsetzen.[34] 52

Gerichtliche Mediation war **nur in** der **Übergangsphase** des § 9 MediationsG bis zum 1. August 2013 möglich. 53

---

31 Vgl. insoweit die Ausführungen unter Rdn. 40.
32 Vgl. insoweit die Ausführungen unter Rdn. 43.
33 Vgl. Kommentierung zu § 278 ZPO, Rdn. 60 ff.
34 Vgl. Kommentierung zu § 278 ZPO, Rdn. 70.

5. Entscheidung der Parteien (Absatz 2)

a) Aufgrund eines gerichtlichen Vorschlages

54 Die Entscheidung der Parteien für eine Mediation oder eine andere konsensuale Streitbeilegung ist an **keine Form** gebunden. Sie kann schriftlich, mündlich als auch zu Protokoll geschehen. Sie hat gegenüber dem Gericht zu erfolgen, welches den Vorschlag unterbreitet hat; bei einer nur mündlichen Erklärung einer Partei wird das Gericht einen entsprechenden Aktenvermerk fertigen oder die Erklärung in ein Protokoll aufnehmen.

55 Die Parteien sind an den Vorschlag des Gerichts nicht gebunden, können also, wenn beispielsweise eine Mediation vorgeschlagen wurde, dem Gericht auch übereinstimmend mitteilen, dass sie sich beispielsweise für eine Schlichtung entschieden haben.

b) Eigener Vorschlag der Parteien

56 Die Parteien sind nicht auf einen gerichtlichen Vorschlag angewiesen. Es steht ihnen frei auch selbst einen entsprechenden Vorschlag über das Gericht der anderen Partei zukommen lassen oder bereits übereinstimmend dem Gericht mitzuteilen, dass sie sich beispielsweise für eine Mediation entschieden haben. Regt zunächst nur eine Partei ein Verfahren der außergerichtlichen Konfliktbeilegung an, so sollte das für das Gericht Anlass sein darüber zu reflektieren, seinerseits gem. Absatz 1 den Parteien einen entsprechenden Vorschlag zu unterbreiten.

57 Die Intention des Gesetzes nach Förderung der Mediation wie auch anderer Verfahren der außergerichtlichen Konfliktbeilegung[35] erfordert, dass das Gericht einen entsprechenden Vorschlag einer Partei an die andere Partei zur Stellungnahme weiterleitet. Gem. § 78 Abs. 1 ZPO steht die Entscheidung der Parteien für eine Mediation auch im Anwaltsprozess **nicht** unter **Anwaltszwang**.

6. Gerichtlicher Ruhensbeschluss (Absatz 2)

58 **Zwingende** und daher unanfechtbare Rechtsfolge einer Entscheidung der Parteien für eine Mediation oder ein anderes Verfahren der außergerichtlichen Streitbeilegung ist die Anordnung des Ruhens des Verfahrens gem. § 278a Abs. 2 ZPO i.V.m. § 251 ZPO durch gerichtlichen Beschluss. Eines gesonderten Antrages hierzu bedarf es nicht; er ist in der Erklärung »für« ein konsensuales Verfahren konkludent enthalten.[36]

59 Dies gilt nicht nur in den Fällen, in denen die Parteien sich zu einem entsprechenden Vorschlag des Gerichts gem. § 278a Abs. 2 ZPO verhalten, sondern auch dann, wenn die Parteien aus eigenem Antrieb dem Gericht mitteilen, den Versuch einer konsensualen Einigung im Rahmen einer Mediation bzw. eines anderen außergerichtlichen

---

35 Begr. BT-Drucks. 17/5335, A. II.
36 *Löer* ZKM 2010, 179 ff. (182).

Konfliktbeilegungsverfahrens unternehmen zu wollen: Auch in diesen Fällen ist die Ruhensanordnung zwingende Rechtsfolge.

Aus § 251 Satz 2 ZPO folgt, dass bei einer Ruhensanordnung grundsätzlich wie bei einer Unterbrechung und Aussetzung nach § 249 ZPO der **Lauf einer jeden Frist aufhört** mit Ausnahme der in § 233 ZPO bezeichneten Fristen. Das bedeutet, dass die Notfristen gem. § 224 Abs. 1 Satz 1 ZPO, die Rechtsmittelbegründungsfristen und die Wiedereinsetzungsfrist des § 234 Abs. 1 ZPO weiterhin laufen.[37] 60

Die **Wiederaufnahme** des Verfahrens erfolgt **nicht von Amts wegen**. Kommt in der Mediation oder einem anderen außergerichtlichen Konfliktbeilegungsverfahren eine Vereinbarung nicht zustande und wird insbesondere der Rechtsstreit nicht beendet, so obliegt es den Parteien und nicht dem Streitschlichter (Mediator etc.), ob sie das Gericht hierüber informieren, die Aufhebung des Ruhensbeschlusses beantragen und das Verfahren fortsetzen wollen. 61

In **familien- und arbeitsgerichtlichen Verfahren** gelten insoweit jedoch **Besonderheiten:** Dort nimmt das Gericht grundsätzlich nach drei Monaten das Verfahren wieder auf.[38] 62

Der Ruhensbeschluss des Gerichts ist zudem relevant für die Hemmung der Verjährung: Danach endet die Hemmung der Verjährung durch Klageerhebung (§ 204 Abs. 1 Nr. 1 BGB) nach Ablauf von 6 Monaten nach der letzten Verfahrenshandlung der Parteien oder des Gerichts (vgl. § 204 Abs. 2 BGB), also der Anordnung des Ruhens des Verfahrens gem. § 278a Abs. 2 ZPO; im Übrigen gilt jedoch weiterhin § 203 Satz 1 BGB. 63

Die Entscheidung des Gerichts über die Wiederaufnahme des Verfahrens kann gem. § 252 ZPO angefochten werden. 64

7. Anwendbarkeit der Vorschrift in anderen Gerichtsbarkeiten

Über § 173 Satz 1 VwGO, § 202 Satz 1 SGG und § 155 FGO ist die Vorschrift auch im verwaltungs-, sozial- und finanzgerichtlichen Verfahren anwendbar, über §§ 113 Abs. 1 Satz 2, 124 Satz 2 FamFG zudem in Ehesachen und Familienstreitsachen,[39] über § 99 Abs. 1 PatentG und § 82 Abs. 1 MarkenG im Verfahren vor dem Patentgericht.[40] Dem § 278a Abs. 5 ZPO vergleichbare Regelungen weisen im Übrigen § 36a FamFG und § 54a ArbGG auf. 65

---

37 Vgl. zu Einzelheiten *Baumbach*, ZPO, 69. Aufl., § 251 Rn. 9.
38 Vgl. die Kommentierung zu § 155 Abs. 4 FamFG, Rdn. 10 und zu § 54a Abs. 2 ArbGG, Rdn. 54 ff.
39 Vgl. hierzu umfassend die Einführung FamFG, Rdn. 3.
40 Ob und ggf. in welchem Umfang das Bundespatentgericht den Vorschlag einer Mediation unterbreiten und einsetzen kann, wird, worauf bereits im Referentenentwurf hingewiesen wurde (vgl. Begründung, B., Zu Artikel 11), von den Besonderheiten der verschiedenen Verfahrensarten bestimmt.

66 Nach Auffassung des Gesetzgebers[41] soll eine Verweisung in einzelnen Gesetzen auf die Zivilprozessordnung nicht ohne Weiteres zur Anwendbarkeit der Mediation führen, vielmehr sei auf die **Eigenart der jeweiligen Verfahren** abzustellen; Mediation und außergerichtliche Konfliktbeilegung komme daher nicht in Betracht in den – bundesrechtlich geregelten – Verfahren nach der Wehrdisziplinarordnung und der Wehrbeschwerdeordnung. Das überzeugt nicht, zumal das Prinzip der Freiwilligkeit jeder Partei bzw. jedem Beteiligten die Möglichkeit einräumt, einem Verfahren der konsensualen Streitschlichtung zu widersprechen bzw. nicht zuzustimmen. Von daher wird man auch der Anwendung der Mediation beispielsweise in Verfahren nach der Abgabenordnung nicht grundsätzlich widersprechen können.

8. Verhältnis von § 278a Abs. 1 ZPO zu § 278 Abs. 5 ZPO

67 Da sich zum Verhältnis der o.g. Vorschriften weder dem Gesetz noch der Gesetzesbegründung Anhaltspunkte entnehmen lassen, muss das Gericht zunächst einmal für beide Verfahren grundsätzlich die gleichen Überlegungen zugrunde legen, also neben dem Aspekt der Freiwilligkeit insbesondere die Geeignetheit, ferner Zeit- und Kostenfaktoren sowie die Komplexität der Auseinandersetzung berücksichtigen. Bietet sich im Hinblick auf den konkreten Konflikt ein anderes Verfahren der außergerichtlichen Konfliktbeilegung an, so ist dem jedenfalls gegenüber § 278 Abs. 5 ZPO der Vorrang einzuräumen.[42]

III. Hinweise für die Praxis

68 Für die Parteien dürfte es nicht immer einfach sein, einen qualifizierten Mediator zu finden und sich auf ihn zu verständigen. Insoweit kann nur angeraten werden, sich an die zuständige Rechtsanwaltskammer, die IHK oder die Mediationsverbände zu wenden, die entsprechende **Listen über praktizierende Mediatoren** und ggf. deren Ausbildungsqualifikation und sonstige Qualifikation sowie Zertifizierung vorhalten. Gleiches gilt für Schlichter, Schiedsrichter und andere im Bereich außergerichtlicher Konfliktlösung tätige Personen. Es ist davon auszugehen, dass auch in einzelnen Gerichte derartige Listen vorgehalten werden.

---

41 Begr. BT-Drucks. 17/5335, A., II.
42 Vgl. hierzu auch Rdn. 19 ff., ferner zum Verhältnis von § 278 Abs. 5 ZPO zu § 278a Abs. 1 ZPO die Kommentierung zu § 278 ZPO, Rdn. 82.

E. Artikel 3 Änderung des Gesetzes über das Verfahren in Familiensachen und in den Angelegenheiten der freiwilligen Gerichtsbarkeit

Einführung

Die Fokussierung des Mediationsförderungsgesetzes über seinen Artikel 3 auf Verfahren in Familiensachen konkretisiert sich in etlichen, z. T. neuen Vorschriften des FamFG, mit denen der Gesetzgeber Mediationen und andere Verfahren außergerichtlicher Konfliktbeilegung für diesen Bereich detailreich regelt und damit zugleich auf eine ausdrückliche normative Grundlage stellt. Dies betrifft § 23 Abs. 1 Satz 2 FamFG (Anforderungen an die Antragsschrift), § 28 FamFG (Verfahrenseinleitung), § 36 FamFG (Vergleich), § 36a FamFG (Regelungen über das gerichtliche Vorschlagsrecht), § 81 Abs. 2 Nr. 5 FamFG (Regelungen über die Kostenpflicht), § 135 FamFG (Außergerichtliche Streitbeilegung bei Folgesachen), § 150 Abs. 4 Satz 2 FamFG (Kosten in Scheidungssachen und Folgesachen), § 155 Abs. 4 FamFG (Aussetzung des Verfahrens und Wiederaufnahme) und § 156 Abs. 1 FamFG (Anordnung zur Teilnahme an einem kostenfreien Informationsgespräch). Dabei sind §§ 23 Abs. 1 Satz 2, 28 Abs. 4, 36 Abs. 5, 36a FamFG den korrespondierenden Normen der §§ 159 Abs. 2, 253 Abs. 3, 278 Abs. 5, 278a ZPO im Wesentlichen nachgebildet. 1

Indem der Gesetzgeber die neuen Regelungen in den §§ 23, 28, 36, 36a FamFG und damit in Buch 1 des FamFG verortet, trägt er dem Umstand Rechnung, dass die einvernehmliche Konfliktbeilegung zwar in Familiensachen besonders bedeutsam ist, jedoch auch in den übrigen Angelegenheiten der freiwilligen Gerichtsbarkeit durchaus Fall- und Verfahrenskonstellationen auftreten können, die einer konsensualen Streitbeilegung zugänglich sind.[1] 2

Die durch das Mediationsförderungsgesetz geänderten Vorschriften des Buches 1 finden gem. §§ 113 Abs. 1 Satz 2, 111 Nr. 2 bis 11 und 112 FamFG in Familiensachen des Buches 2 Anwendung, soweit davon Kindschaftssachen, Abstammungssachen, Adoptionssachen, Ehewohnungs- und Haushaltssachen, Gewaltschutzsachen und Versorgungsausgleichssachen sowie eingeschränkt auch Unterhaltssachen, Güterrechtssachen, sonstige Familiensachen und Lebenspartnerschaftssachen betroffen sind. 3

Geht es hingegen 4
– um Ehesachen (dies sind gem. § 121 FamFG Verfahren auf Scheidung der Ehe [Scheidungssachen], auf Aufhebung der Ehe und auf Feststellung des Bestehens oder Nichtbestehens einer Ehe zwischen den Beteiligten) und
– um Familienstreitsachen (Unterhaltssachen nach § 231 Abs. 1 FamFG und Lebenspartnerschaftssachen nach § 269 Abs. 1 Nr. 8 und 9 FamFG, Güterrechtssachen nach § 261 Abs. 1 FamFG und Lebenspartnerschaftssachen nach § 269 Abs. 1

---

1 Begr. BT-Drucks. 17/5335, B., zu Artikel 4.

Nr. 10 FamFG sowie sonstige Familiensachen nach § 266 Abs. 1 FamFG und Lebenspartnerschaftssachen nach § 269 Abs. 2 FamFG),

so verweisen §§ 113 Abs. 1 Satz 2, 124 Satz 2 FamFG auf die allgemeinen Vorschriften der ZPO und die Vorschriften der ZPO über das Verfahren vor den Landgerichten mit der Folge, dass hierfür die in Art. 2 des Mediationsförderungsgesetzes aufgeführten ZPO-Regelungen unmittelbar gelten. Allerdings sind die Regelungen über den Güterichter gem. § 113 Abs. 4 Nr. 4 FamFG in Ehesachen nicht anzuwenden.

5 Die übrigen Angelegenheiten der freiwilligen Gerichtsbarkeit, auf die die allgemeinen Regelungen des Buches 1 des FamFG und mithin auch die Änderungen des Mediationsförderungsgesetzes grundsätzlich Anwendung finden, betreffen u. a. Verfahren in Betreuungs- und Unterbringungssachen (Buch 3, §§ 271 bis 341 FamFG), Verfahren in Nachlass- und Teilungssachen (Buch 4, §§ 272 bis 373 FamFG), Verfahren in Registersachen und unternehmensrechtliche Verfahren (Buch 5, §§ 374 bis 409 FamFG), Verfahren in weiteren Angelegenheiten der freiwilligen Gerichtsbarkeit (Buch 6, §§ 410 bis 414 FamFG) etc.

6 In allen Familiensachen und Angelegenheiten der freiwilligen Gerichtsbarkeit ist die ebenfalls durch das Mediationsförderungsgesetz geänderte Vorschrift über Inkompatibilität (§ 41 Nr. 8 ZPO) anzuwenden, wie aus § 6 FamFG folgt.

7 Die in der Einführung zur Zivilprozessordnung aufgeworfenen Fragen im Zusammenhang mit einem Zeugnisverweigerungsrecht nach § 383 Abs. 1 Nr. 6 ZPO sowie der Verjährung nach § 203 Satz 1 BGB treffen auch für Verfahren in Familiensachen und Angelegenheiten der freiwilligen Gerichtsbarkeit zu; insoweit wird auf die dortigen Ausführungen verwiesen.[2] Die Möglichkeit, finanzielle Anreize für konsensuale Konfliktlösungen im Bereich des FamFG bei gerichtshängigen Verfahren zu schaffen, ergibt sich für die Gesetzgebung der Länder über Art. 7a MediationsförderungsG aus § 61a FamGKG.

§ 23 Verfahrenseinleitender Antrag

(1) Ein verfahrenseinleitender Antrag soll begründet werden. In dem Antrag sollen die zur Begründung dienenden Tatsachen und Beweismittel angegeben sowie die Personen benannt werden, die als Beteiligte in Betracht kommen. Der Antrag soll in geeigneten Fällen die Angabe enthalten, ob der Antragstellung der Versuch einer Mediation oder eines anderen Verfahrens der außergerichtlichen Konfliktbeilegung vorausgegangen ist, sowie eine Äußerung dazu, ob einem solchen Verfahren Gründe entgegenstehen. Urkunden, auf die Bezug genommen wird, sollen in Urschrift oder Abschrift beigefügt werden. Der Antrag soll von dem Antragsteller oder seinem Bevollmächtigten unterschrieben werden.

(2) Das Gericht soll den Antrag an die übrigen Beteiligten übermitteln.

---

2 Vgl. Einführung ZPO, Rdn. 4 ff.

Übersicht

		Rdn.
I.	Regelungsgegenstand und Zweck	1
	1. Normgefüge	1
	2. Europäische Mediationsrichtlinie	5
II.	Grundsätze/Einzelheiten	6
	1. Norminhalt (Absatz 1 Satz 3)	6
	2. Angaben über bisherige Konfliktlösungsversuche (Absatz 1 Satz 3, 1. Alt.)	7
	3. Angaben über zukünftige Konfliktlösungsversuche (Absatz 1 Satz 3, 2. Alt.)	8
	4. Angaben über entgegenstehende Gründe	10
	5. Geeignete Fälle	12
	6. Soll-Vorschrift	13
	7. Anwendungsbereich der Vorschrift	15
III.	Hinweise für die Praxis	16

I. Regelungsgegenstand und Zweck

1. Normgefüge

Die Vorschrift enthält die **formellen Erfordernisse**, die bei einem verfahrenseinleitenden Antrag beachtet werden sollen. Sie wird ergänzt durch Spezialvorschriften wie §§ 1752 Abs. 2 Satz 2, 1762 Abs. 3 BGB, die für das Adoptionsverfahren notarielle Beurkundung verlangen. **1**

§ 23 FamFG betrifft – im Gegensatz zu § 24 FamFG – sowohl **Antragsverfahren**, die im Verfahrensrecht wurzeln, mithin solche nach § 171 Abs. 1 FamFG (Abstammungssachen), § 203 Abs. 1 FamFG (Ehewohnungs- und Haushaltssachen) und § 223 FamFG (Ausgleichsansprüche nach der Scheidung), wie auch **Verfahren, die im materiellen Recht** verankert sind wie beispielsweise nach § 1671 BGB (Trennung der Eltern), § 1752 BGB (Adoptionssachen) und § 1 GewSchG (Gewaltschutzsachen).[1] **2**

Die Anforderungen nach Absatz 1 sind als **Soll-Vorschrift** ausgestaltet, ihr Fehlen ist nicht sanktionsbehaftet. Gleiches gilt für die neu eingefügte Regelung des Absatzes 1 Satz 3, die dem § 253 Abs. 3 Nr. 1 ZPO nachgebildet ist. Auch das Ziel, das mit der Norm erreicht werden soll, entspricht dem des § 253 Abs. 3 Nr. 1 ZPO: Mediation und außergerichtliche Konfliktbeilegung sollen stärker im Bewusstsein der Bevölkerung und in der Beratungspraxis der Anwaltschaft verankert werden. Allerdings ist auch § 61a FamGKG mit in den Blick zu nehmen, der nach entsprechendem Beschluss des Vermittlungsausschusses Eingang in das Gesetz fand und eine Reduzierung der Verfahrensgebühr neben anderen Voraussetzungen dann vorsieht, wenn bereits in der Antragsschrift bestimmte Angaben gemacht wurden. **3**

Nicht gefolgt ist die Bundesregierung[2] der Anregung des Bundesrates,[3] den Halbsatz »sowie eine Äußerung dazu, ob einem solchen Verfahren Gründe entgegenstehen« zu streichen. **4**

---

1 Vgl. *Zöller*, § 23 FamFG, Rn. 1.
2 BT-Drucks. 17/5496 zu Nummer 10.
3 BT-Drucks. 17/5335, Anl. 3, Nummer 10.

2. Europäische Mediationsrichtlinie

5 Die Vorschrift korrespondiert mit dem Ziel des **Art. 1 Abs. 1 EUMed-RL**, die gütliche Beilegung von Streitigkeiten zu fördern.

II. Grundsätze/Einzelheiten

1. Norminhalt (Absatz 1 Satz 3)

6 Der Regelungsinhalt des Absatzes 1 Satz 3 **entspricht im Wesentlichen** dem des § 253 Abs. 3 Nr. 1 ZPO, ist sprachlich auf das FamFG abgestimmt und um das Tatbestandsmerkmal »**in geeigneten Fällen**« ergänzt. Die Antragsschrift dient der Einleitung eines Verfahrens nach dem FamFG mit Ausnahme der Ehesachen (§ 121 FamFG) und der Familienstreitsachen (§ 112 FamFG).[4] Der Begriff des Antrags ist der Terminologie des FamFG geschuldet und umfasst Klagen wie Anträge.[5] Die Vorschrift wird durch § 61a FamGKG ergänzt.

2. Angaben über bisherige Konfliktlösungsversuche (Absatz 1 Satz 3, 1. Alt.)

7 In der Antragsschrift soll dargetan werden, ob in der Vergangenheit – mithin vor Antragstellung – bereits Versuche unternommen wurden, den Konflikt mithilfe einer Mediation oder eines anderen Verfahrens der außergerichtlichen Konfliktbeilegung zu lösen. Zudem bedarf es im Hinblick auf § 61a Satz 1 FamGKG der Mitteilung, ob »eine Mediation … unternommen wird oder beabsichtigt ist«. Diese **Informationen** soll das **Gericht** in die Lage versetzen, die Chancen einer außergerichtlichen Konfliktlösung einschätzen und darauf aufbauend ggf. nach § 36 Abs. 5 FamFG vorgehen zu können oder den Beteiligten einen Vorschlag gem. § 36a FamFG unterbreiten zu können. Sinn und Zweck dieser Angaben ist es insbesondere, dass sich die Anwaltschaft verstärkt mit den Möglichkeiten der außergerichtlichen Konfliktbeilegung beschäftigt und dies vor der Antragstellung noch einmal ausdrücklich mit ihren Mandanten in Erwägung ziehen soll.[6] Da der Gesetzgeber das erwünschte Umdenken nur anstoßen nicht aber durchsetzen kann, schuldet der Rechtsanwalt seinen Mandanten eine umfassende Aufklärung über Alternativen zum gerichtlichen Verfahren, wie z.B. Mediation. Aus der Berufsordnung der Rechtsanwälte geht seine umfassende Beraterfunktion hervor[7].

---

[4] Zur Abgrenzung von Amts- und Antragsverfahren sowie der Unterscheidung eines Verfahrensantrags vom Sachantrag vgl. *Keidel u. a.*, FamFG, § 23 Rn. 3 ff., 11 ff.
[5] *Schael* FamRZ 2009, 7.
[6] Vgl. *Löer* ZKM 2015, 112.
[7] § 1 Abs. 3 BORA: Der Rechtsanwalt hat u.a. »seine Mandanten vor Rechtsverlusten zu schützen, rechtsgestaltend, konfliktvermeidend und streitschlichtend zu begleiten, vor Fehlentscheidungen durch Gerichte und Behörden zu bewahren…«.

3. **Angaben über zukünftige Konfliktlösungsversuche (Absatz 1 Satz 3, 2. Alt.)**

Auch die Angaben, ob zukünftigen Konfliktlösungsversuchen Gründe entgegenstehen, dienen der Information des Gerichts im Hinblick darauf, den Beteiligten ggf. aus dem gesamten Spektrum der verfügbaren außergerichtlichen Konfliktlösungsverfahren ein für ihr Problem geeignetes Verfahren zu unterbreiten. Damit wird auf die Beteiligten – nach Änderung des ursprünglichen Referentenentwurfs, der noch die Angabe vorsah, warum ein solcher Versuch unterlassen wurde[8] – nunmehr kein Rechtfertigungsdruck ausgeübt, der sich als Hürde für (nochmalige) Einigungsversuche erweisen könnte. 8

Sollte sich herausstellen, dass sich die Angaben auf floskelhafte Gründe und/oder Textbausteine beschränken, so wird es Aufgabe der Gerichte sein, im Einzelfall durch **richterliche Aufklärungsverfügung** insoweit nachzufassen. 9

4. **Angaben über entgegenstehende Gründe**

Entgegenstehende Gründe können **vielfältige** sein: 10
- So kann es sich um einen hoch eskalierten Konflikt handeln, der nur noch durch einen Machteingriff entschieden werden kann,[9]
- den Beteiligten kann es um die Entscheidung einer bislang nicht judizierten Rechtsfrage gehen,
- zwischen den Beteiligten besteht ein Machtungleichgewicht, das einer konsensualen Streitschlichtung entgegensteht,
- das Verfahren stammt aus einem Rechtsgebiet, das beispielsweise einer Mediation nur in Ausnahmefällen zugänglich ist.

Die Frage, ob dies – aus Sicht des Gerichts – »gute Gründe« sind oder nicht, stellt sich im Hinblick auf die Rechtsschutzgarantie des Art. 19 Abs. 4 GG und das die Mediation prägende Prinzip der Freiwilligkeit nicht. Von daher verbietet es sich für das Gericht, die Beteiligten zu einem nicht gerichtlichen Konfliktlösungsverfahren zu drängen, wenn diese deutlich gemacht haben, ein solches nicht zu wünschen. 11

5. **Geeignete Fälle**

In Adoptions- und Abstammungssachen, aber auch beispielsweise in bestimmten Verfahren nach den Büchern 3 oder 5 des FamFG, dürfte regelmäßig weder eine Mediation noch ein anderes Verfahren der außergerichtlichen Konfliktbeilegung in Betracht kommen. Von daher sieht § 23 Abs. 1 Satz 3 FamFG vor, dass die Angaben über bisherige und zukünftige Konfliktlösungsversuche nur »in geeigneten Fällen« gemacht werden sollen, mithin solchen, in denen die **Chance** besteht, dass die Beteiligten zu einer **außergerichtlichen Lösung** ihres Konflikts gelangen. Allgemeingültige Kriterien werden sich hierfür nicht finden lassen; der Einzelfall ist entscheidend. Im Bereich des FamFG eignen sich häufig Kindschaftssachen, wie Sorge- und Umgangs- 12

---

8 Vgl. *Kraft/Schwerdtfeger* ZKM 2011, 55 ff. (58); *Monßen* ZKM 2011, 10 ff. (12).
9 Vgl. *Glasl* Konfliktmanagement, 218 ff.

rechtskonflikte für die konsensuale Streitbeilegung, weil Eltern auch nach der Trennung Eltern bleiben und zu Lösungen kommen müssen.

6. Soll-Vorschrift

13   Die nach Absatz 1 geforderten **Angaben**, mithin auch die über Mediation etc., sind allesamt **nicht erzwingbar**. Es handelt sich um eine Soll-Vorschrift, deren Einhaltung nicht durchsetzbar ist; das Gesetz sieht keine Sanktionen vor und es beeinträchtigt auch nicht die Zulässigkeit des Antrags.[10] Fehlende Angaben kann und sollte das Gericht im Rahmen seiner Amtsermittlungspflicht noch vor Antragzustellung einfordern um insbesondere im Hinblick auf eine Güteverhandlung gem. § 113 Abs. 1 S. 2 FamFG oder der Anordnung an einem Informationsgespräch über Mediation nach § 135 S. 1 FamFG vorbereitet zu sein. Dadurch kann es zu einer Verfahrensverzögerung und zu einem möglichen Haftungsrisiko des Rechtsanwaltes kommen, wenn die Zustellung wegen fehlender Angaben mehr als 14 Tage unterbleibt. Sie ist dann gem. § 113 Abs. 1 S. 2 FamFG iVm § 167 ZPO nicht mehr »demnächst« erfolgt. Zudem können sie den Ausschluss einer Reduzierung der Verfahrensgebühr nach § 61a FamGKG nach sich ziehen.

Die Vorschrift richtet sich ebenso an die Naturalpartei wie an die Prozessbevollmächtigten.

14   Für die **Rechtsanwaltschaft** besteht nach § 1 Abs. 3 BORA [11] ohnehin bereits die Verpflichtung, ihre Mandantschaft konfliktvermeidend und streitschlichtend zu begleiten; diese Vorschrift führte in der Vergangenheit eher ein Schattendasein.[12] An diese gesetzliche Verpflichtung knüpft die Neuregelung des § 23 Abs. 1 Satz 3 FamFG an: Bereits in der **Beratungspraxis**, spätestens beim Abfassen der Antragsschrift sollen sich Beteiligte und Rechtsanwälte mit der Frage auseinandersetzen, ob und wie sie den der beabsichtigten Antragstellung zugrunde liegenden Konflikt außergerichtlich beilegen können.[13] Hierüber soll das Gericht mit der Antragsschrift informiert werden.

7. Anwendungsbereich der Vorschrift

15   Die Vorschrift findet **keine Anwendung** auf **Ehesachen** und **Familienstreitsachen**, §§ 113 Abs. 1 Satz 2, 124 Satz 2 FamFG.[14]

III. Hinweise für die Praxis

16   Mit der Frage der **Indikation** bzw. **Contra-Indikation** einer Mediation oder eines anderen Verfahrens der außergerichtlichen Konfliktbeilegung werden sich Beteiligte

---

10   *Löer* ZKM, 2015, 112.
11   Vgl. Fußnote 7.
12   *Greger* ZKM 2010, 120 ff. (123). Zu Rolle und Aufgabe des beratenden Anwalts vgl. *Ewig* ZKM 2012, 4 ff. (59 f).
13   Begr. BT-Drucks. 17/5335, B., Zu Artikel 3, Zu Nummer 3.
14   Vgl. Einführung FamFG, Rdn. 3.

und ihre Anwälte gerade in Verfahren nach dem FamFG regelmäßig befassen. Allgemeingültige Parameter lassen sich hierfür allerdings nur schwer finden, zumal es letztlich immer auf das voluntative Element der Konfliktbeteiligten ankommen wird.

Aus der Praxis lassen sich jedoch Bereiche benennen, in denen Mediationsverfahren häufig zu konsensualen Lösungen führen: Dies betrifft im Zusammenhang mit Trennung und Scheidung neben dem gesamten Komplex der Verantwortung für Kinder wie auch des Umgangsrechts mit Kindern insbesondere Regelungen finanzieller Art (z. B. Trennungsunterhalt) oder die Aufteilung bislang gemeinsam genutzten Wohnraums oder gemeinsamer Gegenstände. 17

Zudem lassen sich dem Schrifttum verschiedene Ansätze entnehmen, die zumindest **Anhaltspunkte** dafür bieten, wann der Frage einer **Mediation** nähergetreten werden sollte. Das ist dann der Fall, wenn es den Konfliktbeteiligten vorrangig darum geht, 18
- nichtrechtliche Interessen zu berücksichtigen,
- eine zukunftsorientierte Lösung anzustreben,
- Vertraulichkeit zu wahren oder
- eine schnelle Lösung herbeizuführen
- sowie dann, wenn es sich um einen komplexen Sachverhalt handelt, nichtbeteiligte Dritte in das Verfahren einbezogen werden sollen,
- zwischen den Parteien eine besondere Emotionalität besteht oder
- es um einen grenzüberschreitenden Rechtsstreit geht.

Hingegen wird eine konsensuale Streitbeilegung nicht in Betracht kommen, wenn beispielsweise 19
- gesetzliche Bestimmungen den Beteiligten eine privatautonome Regelung untersagen,
- ein besonderes öffentliches Interesse an der Rechtsdurchsetzung besteht oder
- eine Grundsatzentscheidung begehrt wird.

§ 28 Verfahrensleitung

(1) Das Gericht hat darauf hinzuwirken, dass die Beteiligten sich rechtzeitig über alle erheblichen Tatsachen erklären und ungenügende tatsächliche Angaben ergänzen. Es hat die Beteiligten auf einen rechtlichen Gesichtspunkt hinzuweisen, wenn es ihn anders beurteilt als die Beteiligten und seine Entscheidung darauf stützen will.

(2) In Antragsverfahren hat das Gericht auch darauf hinzuwirken, dass Formfehler beseitigt und sachdienliche Anträge gestellt werden.

(3) Hinweise nach dieser Vorschrift hat das Gericht so früh wie möglich zu erteilen und aktenkundig zu machen.

(4) Über Termine und persönliche Anhörungen hat das Gericht einen Vermerk zu fertigen; für die Niederschrift des Vermerks kann ein Urkundsbeamter der Geschäftsstelle hinzugezogen werden, wenn dies auf Grund des zu erwartenden Umfangs des Vermerks, in Anbetracht der Schwierigkeit der Sache oder aus einem sonstigen wich-

tigen Grund erforderlich ist. In den Vermerk sind die wesentlichen Vorgänge des Termins und der persönlichen Anhörung aufzunehmen. Über den Versuch einer gütlichen Einigung vor einem Güterichter nach § 36 Absatz 5 wird ein Vermerk nur angefertigt, wenn alle Beteiligten sich einverstanden erklären. Die Herstellung durch Aufzeichnung auf Datenträger in der Form des § 14 Abs. 3 ist möglich.

Übersicht

		Rdn.
I.	Regelungsgegenstand und Zweck.............................	1
	1. Normgefüge	1
	2. Europäische Mediationsrichtlinie.............................	5
II.	Grundsätze/Einzelheiten	6
	1. Ausnahme von der Pflicht einen Vermerk zu fertigen (Absatz 4 Satz 3).....	6
	2. Güterichter nach § 36 Abs. 5 FamFG	7
	3. Weiterer Schutz der Vertraulichkeit	8
	4. Verpflichtung zur Fertigung eines Vermerks bei Einverständnis aller Beteiligten..	12
	5. Form und Inhalt	18
	a) Form	19
	b) Inhalt	20
	6. Folgen eines Verstoßes gegen Absatz 4 Satz 3	22
	7. Besonderheit bei gerichtlichem Vergleich.........................	24
	a) Niederschrift statt Vermerk..................................	24
	b) Materiellrechtliche Bedeutung der Protokollierung eines Vergleichs.....	25
	8. Anwendungsbereich der Vorschrift.............................	26
III.	Hinweise für die Praxis	27

I. Regelungsgegenstand und Zweck

1. Normgefüge

1 Die Vorschrift enthält die wichtigsten Grundsätze, die das Gericht nach einer Verfahrenseinleitung zu beachten hat; die Offenheit der Norm lässt dem Gericht dennoch hinreichend Raum für eine flexible Verfahrensgestaltung.

2 Absatz 1 stellt eine Ergänzung der Amtsermittlungsgrundsatzes des § 26 FamFG dar und verpflichtet das Gericht, auf eine rechtzeitige und vollständige Klärung entscheidungserheblicher Tatsachen hinzuwirken und – in Ausprägung des rechtlichen Gehörs – auf einschlägige rechtliche Gesichtspunkte hinzuweisen.

Nach Absätzen 2 und 3 hat es rechtzeitig auf die Beseitigung von Formfehlern hinzuwirken und dies aktenkundig zu machen. Absatz 4 Sätze 1 und 2 enthalten vereinfachte Regelungen über die Anfertigung von Vermerken über Termine und persönliche Anhörungen.

3 Ein Vermerk gibt Auskunft über den Hergang eines Termins oder einer persönlichen Anhörung, wobei ihm nicht die Beweiskraft zukommt, die ein Protokoll auszeichnet. Als öffentliche Urkunde gem. §§ 415, 418 ZPO kann mit dem Vermerk jedoch die Richtigkeit der festgehaltenen Umstände und Vorgänge bewiesen werden, wobei der

Gegenbeweis durch Beweismittel jeder Art geführt werden kann (§§ 415 Abs. 2, 418 Abs. 2 ZPO).[1] Es liegt im Ermessen des erkennenden Gerichts, ob es für die Niederschrift des Vermerks einen Urkundsbeamten der Geschäftsstelle hinzuzieht; auch besteht nach Absatz 4 Satz 4 die Möglichkeit, den Vermerk durch Aufzeichnung auf einen Datenträger in der Form des § 14 Abs. 3 FamFG zu erstellen.

Die **neueingefügte** Vorschrift des **Absatz 4 Satz 3** beruht auf der Beschlussempfehlung des Rechtsausschusses[2] und erklärt sich aus dem Zusammenhang der Abschaffung der bisherigen gerichtsinternen Mediation und der gleichzeitigen Implementierung des erheblich erweiterten Instituts des Güterichters. Die Regelung **korrespondiert mit** dem ebenfalls neu eingeführten § **159 Abs. 2 Satz 2 ZPO**.[3] Die endgültige Fassung der Vorschrift erfolgte aufgrund des Beschlusses des Vermittlungsausschusses, der den Terminus des »ersuchten Güterichters« durch den des »Güterichters nach § 36 Abs. 5 FamFG« ersetzte.[4]   4

2. Europäische Mediationsrichtlinie

Wenngleich nicht jedes Tätigwerden eines Güterichters in Form einer Mediation erfolgen wird, nimmt § 28 Abs. 4 Satz 3 FamFG dennoch den **Erwägungsgrund Nr. 23** der EUMed-RL und die Regelungen der **Art. 1 Abs. 1** und des **Art. 7 der EUMed-RL** auf; denn der Schutz der Vertraulichkeit kann auch geboten sein, wenn der ersuchte Güterichter sich nicht der Mediation bedient, sondern als Streitschlichter sui generis tätig wird.   5

II. Grundsätze/Einzelheiten

1. Ausnahme von der Pflicht einen Vermerk zu fertigen (Absatz 4 Satz 3)

Die Vorschrift des Absatzes 4 Satz 3 enthält eine **Ausnahme** von der Verpflichtung des Satzes 1, über Termine und persönliche Anhörungen einen Vermerk zu fertigen. Der Gesetzgeber erstrebt ein »**offenes Gütegespräch**«[5] und geht zutreffend davon aus, dass die Beteiligten eher zu einer umfassenden Beratung über eine Lösung ihres Konfliktes bereit sein werden, wenn ihnen im Fall eines Scheiterns der Güteverhandlung ihre Erklärungen und ihr Verhalten in dem nachfolgenden gerichtlichen Verfahren nicht entgegengehalten werden können.[6] Die Vorschrift bezweckt mithin eine Erhöhung des Schutzes der Vertraulichkeit einer Güteverhandlung wie auch weiterer Güteversuche, indem sie eine Ausnahme von der Verpflichtung des Absatz 4 Satz 1 festlegt und den ersuchten Güterichter davon entbindet, einen Vermerk zu fertigen. Die Vorschrift gilt nur in Bezug auf den ersuchten Güterichter, nicht den   6

---

1 *Keidel* FamFG, § 28 Rn. 26.
2 Vgl. BT-Drucks. 17/8058.
3 Vgl. zur Ergänzung die Kommentierung zu § 159 Abs. 2 ZPO, Rdn. 5 ff.
4 BT-Drucks. 17/10102.
5 Begr. BT-Drucks. 17/8058, III. Zu Artikel 3 – neu –, Zu Nummer 3 – neu –.
6 Vgl. zur entsprechenden Vorschrift des § 159 ZPO: Begr. BT-Drucks. 17/8058, III. Zu Artikel 2 – neu –, Zu Nummer 3 – neu –.

beauftragten Richter, weil dieser Teil des erkennenden Gerichts ist. Die Vorschrift lässt jedoch § 36 Abs. 5 S. 2 i. V. m. § 36 Abs. 2 S. 1 FamFG unberührt; einigen sich die Beteiligten im Termin vor dem Güterichter, ist hierzu eine Niederschrift anzufertigen.[7]

2. Güterichter nach § 36 Abs. 5 FamFG

7   Die Suspendierung von der Pflicht, einen Vermerk zu fertigen, betrifft **nur** den **Güterichter** nach § 36 Abs. 5 FamFG, mithin denjenigen, der hierfür bestimmt und nicht entscheidungsbefugt ist.

3. Weiterer Schutz der Vertraulichkeit

8   Über die Normierung des Absatz 4 Satz 3 hinaus wird die Vertraulichkeit eines Gütegesprächs vor einem Güterichter nach § 36 Abs. 5 FamFG noch durch weitere Regelungen geschützt:[8] Hierzu zählt, dass das Gütegespräch unter **Ausschluss der Öffentlichkeit** stattfindet. Das Öffentlichkeitsgebot des § 169 GVG wird dadurch nicht verletzt, da es nur für Verhandlungen vor dem erkennenden Gericht Anwendung findet.[9]

9   Der Güterichter kann sich zudem gem. § 383 Abs. 1 Nr. 6 ZPO auf ein **Zeugnisverweigerungsrecht** hinsichtlich des Inhalts des Gütegesprächs berufen, wenn ihm als Güterichter Tatsachen anvertraut wurden, deren Geheimhaltung durch ihre Natur oder durch gesetzliche Vorschrift geboten ist.[10]

10 Der Güterichter zählt zu den Personen mit besonderer Vertrauensstellung; darauf hat ein Gericht von Amts wegen Rücksicht zu nehmen.[11] »**Anvertraut**« meint die Kenntnisnahme von objektiv vertraulichen Tatsachen in unmittelbarem oder innerem Zusammenhang mit dem Gütegespräch und umfasst dementsprechend auch solche Tatsachen, die dem Güterichter in Vorbereitung des Gütegesprächs von den Beteiligten mitgeteilt werden. Da die Beteiligten eines Gütegesprächs in aller Regel vorab Vertraulichkeit vereinbaren,[12] erwarten sie Verschwiegenheit jedenfalls auch vom Güterichter.

11 Sollte ein Gericht einen entsprechenden Zeugnisverweigerungsgrund nicht beachten, so liegt ein Revisionsgrund vor. Allerdings kann ein solcher Verstoß durch rügelose Einlassung gem. § 295 Abs. 1 ZPO geheilt werden.

---

7   *Musielak/Borth*, § 28 FamFG (6. Aufl. 2018) Rn 9.
8   Vgl. zur entsprechenden Vorschrift des § 159 ZPO: Begr. BT-Drucks. 17/8058, III. Zu Artikel 2 – neu –, Zu Nummer 3 – neu –.
9   Vgl. *Baumbach*, ZPO, 69. Aufl., § 169 GVG, Rn. 3 m. N. zur Rechtsprechung.
10 Vgl. Begr. BT-Drucks. 17/8058, III. Zu Artikel 2 – neu –, Zu Nummer 3 – neu –. Das Zeugnisverweigerungsrecht steht auch den dem Güterichter zuarbeitenden Servicemitarbeitern der Geschäftsstelle zu, *Zöller* ZPO, 29. Aufl., § 383 Rn. 17 m.w.N.
11 *Musielak* ZPO, 8. Aufl., § 383 Rn. 4, 6.
12 Diese Vereinbarung dürfte als Prozessvertrag zu qualifizieren sein: *Baumbach* ZPO 69. Aufl., Grdz. vor § 128, Rn. 49.

4. Verpflichtung zur Fertigung eines Vermerks bei Einverständnis aller Beteiligten

Die Regelung des Absatzes 4 Satz 3 ist abdingbar: Wenn **alle Beteiligten** sich einverstanden erklären, ist ein Vermerk zu fertigen. Das Merkmal der Übereinstimmung (»alle Beteiligte«) ist dabei als ein Element des konsensuale Streitbeilegungsverfahren auszeichnenden Prinzips der Freiwilligkeit zu erachten. Beteiligte im Sinne des Gesetzes sind diejenigen des Ausgangsstreites; auf die Zustimmung etwaiger Dritter, die zum Gütegespräch hinzugezogen wurden, kommt es nicht an. 12

Das Einverständnis kann von den Beteiligten **zu jeder Zeit** während des Gütegesprächs erklärt werden, mithin gleich zu Beginn, im Verlaufe der Verhandlungen oder erst am Ende. Die vom Gesetz insoweit geforderte »Übereinstimmung« stellt sicher, dass die Rechte aller Beteiligten gewahrt bleiben. 13

In aller Regel werden sich die Beteiligten erst dann zu diesem Schritt entschließen, wenn eine Einigung bezüglich ihres Konflikts absehbar ist. Haben sie jedoch eine Lösung ihres Konfliktes erzielt und eine Vereinbarung getroffen, sei es in der Form einer Erklärung bezüglich des Sachkonflikts und/oder des anhängigen gerichtlichen Verfahrens (beispielsweise in der Form eines Verzichts (§ 306 ZPO), eines Anerkenntnisses (§ 307 ZPO), einer Klagerücknahme (§ 269 ZPO), einer Hauptsacheerledigung (§ 91a ZPO), so sollte die Vereinbarung wegen des Beweiswertes eines Vermerks stets festgehalten werden. 14

Die **richterliche Fürsorgepflicht**[13] gem. § 28 Abs. 1, 2 FamFG gebietet, dass der Güterichter die Beteiligten, wenn sich geeinigt haben, über die Bedeutung eines Vermerks informiert und einen solchen anregt. 15

Verfahrensrechtlich stellt das Einverständnis mit der Anfertigung eines Vermerks eine Prozesshandlung im Sinne einer Bewirkungshandlung dar. Sie ist bedingungsfeindlich und unwiderrufbar.[14] 16

Wird ein Vermerk erstellt, so empfiehlt es sich, das Einverständnis aller Beteiligten zur Anfertigung im Vermerk selbst festzuhalten. 17

5. Form und Inhalt

Form und Inhalt eines in einem Güterichtertermin angefertigten Vermerks unterscheiden sich nicht von dem Vermerk eines sonstigen Termins. 18

a) Form

Ein Vermerk ist **schriftlich** zu fertigen, kann allerdings zunächst vorläufig in einer gebräuchlichen Kurzschrift oder durch verständliche Abkürzungen erstellt oder auf einem Ton- oder Datenträger aufgezeichnet werden (Absatz 4 Satz 3 i.V.m. § 14 19

---

13 Zum Begriff und Umfang: *Baumbach*, ZPO, 69. Aufl., § 139 Rn. 1 ff.
14 *Musielak* ZPO, 8. Aufl, Einf., Rn. 61, 63 f.

Abs. 3 FamFG). Aus dem Tatbestandsmerkmal »über« ergibt sich, dass der Vermerk auch **nachträglich** hergestellt werden kann. Er ist vom Güterichter und – sollte er hinzugezogen worden sein[15] – zugleich vom Urkundsbeamten der Geschäftsstelle in entsprechender Anwendung des § 163 Abs. 1 ZPO zu unterschreiben. Ist eine Berichtigung des Vermerks notwendig, weil er unrichtig ist, so geschieht dies in entsprechend Anwendung des § 42 FamFG.[16]

b) Inhalt

20 Was den Inhalt eines Vermerks anbelangt, so empfiehlt es sich, die **Grundsätze** über die **förmliche Protokollierung** (§§ 160, 161, 162 ZPO) heranzuziehen:[17] Ort und Tag des Güterichtertermins, die Namen des Güterichters, eines etwaigen Urkundsbeamten der Geschäftsstelle und eines etwa zugezogenen Dolmetschers, die Bezeichnung des gerichtlichen Verfahrens, die Namen der Erschienenen sowie die Angabe, dass nicht öffentlich verhandelt wurde. Die wesentlichen Vorgänge (Absatz 4 Satz 2)[18] sind aufzunehmen, wobei den Besonderheiten des Güterichtertermins Rechnung zu tragen ist. Zu den wesentlichen Vorgängen zählen jedenfalls ein etwaiges Anerkenntnis, ein Anspruchsverzicht, die Zurücknahme einer Klage oder eines Rechtsmittels und das Ergebnis des Güterichtertermins.

21 Zudem können die Beteiligten die Aufnahme bestimmter Vorgänge und Äußerungen beantragen, wobei dies – entsprechend Absatz 4 Satz 3 – unter dem Vorbehalt der Übereinstimmung der Beteiligten steht; diese Einschränkung dürfte auch für die wesentlichen Vorgänge im Sinne des Absatzes 4 Satz 2 gelten.

6. Folgen eines Verstoßes gegen Absatz 4 Satz 3

22 Kommt, was nur schwer vorstellbar ist, der Güterichter einem übereinstimmenden Begehren der Beteiligten gem. Absatz 4 Satz 3 nicht nach, so bedeutet dies materiellrechtlich eine Amtspflichtverletzung und kann Schadensersatzansprüche nach sich ziehen. In formeller Hinsicht, d. h. bei fehlendem Vermerk, bietet es sich an, in entsprechender Anwendung des § 42 FamFG vorzugehen und einen Vermerk anzufertigen.

23 Gleiches gilt für den umgekehrten Fall, also der Anfertigung eines Vermerks trotz fehlender Übereinstimmung der Beteiligten; auch hier kommt eine **Berichtigung** in Betracht.

---

15 Ob ein Urkundsbeamter hinzugezogen wird, liegt im pflichtgemäßen Ermessen des Güterichters.
16 *Keitel* FamFG, § 28 Rn. 31.
17 *Keitel* FamFG, § 28 Rn. 28.
18 *Keitel* FamFG, § 28 Rn. 26 f.

7. Besonderheit bei gerichtlichem Vergleich

a) Niederschrift statt Vermerk

Schließen die Beteiligten hingegen gem. § 36 Abs. 1 FamFG einen **Vergleich**, so gelangt § 36 Abs. 2 FamFG zur Anwendung, der die Anfertigung einer **Niederschrift** in entsprechender Anwendung der Vorschriften der Zivilprozessordnung vorsieht.[19] Ein gerichtlicher Vergleich stellt einen **Vollstreckungstitel** (§ 794 Abs. 1 Nr. 1 ZPO) dar. 24

b) Materiellrechtliche Bedeutung der Protokollierung eines Vergleichs

Die Protokollierung einer nach einem Gütegespräch getroffenen Vereinbarung in Form eines **gerichtlichen Vergleiches** gem. § 36 FamFG ersetzt nach § 127a BGB die **notarielle Beurkundung**, beispielsweise bei einem Versorgungsausgleich gem. § 7 VersAusglG. Gem. § 925 Abs. 1 Satz 3 BGB kann auch die Auflassung in einem protokollierten Vergleich erklärt werden, wobei gem. § 17 BeurkG Prüfungs- und Belehrungspflichten bestehen.[20] 25

8. Anwendungsbereich der Vorschrift

Die Regelung des § 28 Abs. 4 Satz 3 FamFG ist grundsätzlich in **Familiensachen** und in Verfahren in Angelegenheiten der freiwilligen Gerichtsbarkeit anwendbar; eine Ausnahme bilden Ehesachen und Familienstreitsachen (§ 113 Abs. 1 Satz 1 FamFG), für die die Vorschriften der Zivilprozessordnung gelten. In Ehesachen, also in Verfahren auf Scheidung und Aufhebung sowie auf Feststellung des Bestehens oder Nichtbestehens einer Ehe (vgl. § 121 FamFG), sind die Vorschriften der Zivilprozessordnung über die Güteverhandlung gem. § 113 Abs. 4 Nr. 4 FamFG und damit auch die Regelungen § 159 Abs. 2 Satz 2 ZPO nicht anzuwenden. Anders stellt es sich hingegen in Familienstreitsachen gem. § 112 FamFG dar: Gem. § 113 Abs. 1 Satz 2 FamFG sind die Vorschriften der Zivilprozessordnung, damit auch die Regelungen über den Güterichter und folglich die des § 159 Abs. 2 Satz 2 ZPO anwendbar. 26

III. Hinweise für die Praxis

Für einen im Einverständnis der Beteiligten gefertigten Vermerk vor dem Güterichter bietet sich ein – dem Protokoll entsprechendes – **Vorgehen** an, **wie** es unter III. zu § 159 ZPO dargestellt wurde; vergleichbares gilt im Fall der Protokollierung eines Vergleichs. 27

---

19 Begr. BT-Drucks. 17/8058, III., Zu Artikel 3 – neu –, Zu Nummer 3 – neu –.
20 *Musielak*, ZPO, 8. Aufl, § 159 Rn. 3.

Teil 1 Artikel 3 Mediationsförderungsgesetz

§ 36 Vergleich

(1) Die Beteiligten können einen Vergleich schließen, soweit sie über den Gegenstand des Verfahrens verfügen können. Das Gericht soll außer in Gewaltschutzsachen auf eine gütliche Einigung der Beteiligten hinwirken.

(2) Kommt eine Einigung im Termin zustande, ist hierüber eine Niederschrift anzufertigen. Die Vorschriften der Zivilprozessordnung über die Niederschrift des Vergleichs sind entsprechend anzuwenden.

(3) Ein nach Absatz 1 Satz 1 zulässiger Vergleich kann auch schriftlich entsprechend § 278 Absatz 6 der Zivilprozessordnung geschlossen werden.

(4) Unrichtigkeiten in der Niederschrift oder in dem Beschluss über den Vergleich können entsprechend § 164 der Zivilprozessordnung berichtigt werden.

(5) Das Gericht kann die Beteiligten für den Versuch einer gütlichen Einigung vor einen hierfür bestimmten und nicht entscheidungsbefugten Richter (Güterichter) verweisen. Der Güterichter kann alle Methoden der Konfliktbeilegung einschließlich der Mediation einsetzen. Für das Verfahren vor dem Güterichter gelten die Absätze 1 bis 4 entsprechend.

Übersicht

	Rdn.
I. Regelungsgegenstand und Zweck	1
1. Normgefüge	1
2. Europäische Mediationsrichtlinie	7
II. Grundsätze/Einzelheiten	8
1. Verweisung nach Absatz 5	8
a) Anwendungsbereich der Norm	8
b) Abweichung von § 278 Abs. 5 ZPO	10
2. Gericht	11
3. Das erheblich erweiterte Institut des Güterichters nach Absatz 5	12
4. Darstellung des Verfahrensablaufs vor dem Güterichter	14
a) Entsprechende Anwendung der Absätze 1 bis 4	14
b) Verweisungsbeschluss des erkennenden Gerichts	15
aa) Ermessen	17
(1) Einverständnis der Beteiligten	18
(2) Konstellationen, in denen eine Verweisung ausscheidet	22
bb) Folgen einer Verweisung	26
c) Vorgehensweise des Güterichters	28
aa) Akteneinsicht und Informationsbeschaffung	28
bb) Verfahrens- und Terminsabsprache	30
cc) Festlegung des Settings	33
d) Durchführung des Güteversuchs	34
e) Mögliche Ergebnisse und Verfahrensbeendigungen	41
f) Prozesserklärungen vor dem Güterichter	49
g) Zeugnisverweigerungsrecht	50
5. Verhältnis von § 36 Abs. 5 FamFG zu § 36a Abs. 1 FamFG	51

6. Zurückverweisung nach Scheitern des Güteversuchs?	52
7. Erfahrungen mit § 36 Abs. 5 FamFG.	53
III. Hinweise für die Praxis	54

I. Regelungsgegenstand und Zweck

1. Normgefüge

Im Rahmen des FamFG hat der Gesetzgeber durch eine Reihe von Normen deutlich gemacht, dass es zu den vordringlichen Aufgaben des Familiengerichts zählt, auf einvernehmliche Regelungen hinzuwirken. § 36 FamFG ist dabei die **zentrale Norm** und insoweit § 278 ZPO vergleichbar. Entsprechend der Regelungsbreite des FamFG sind vielfache Besonderheiten zu beachten. 1

Die mit »Vergleich« überschriebene Vorschrift des § 36 FamFG normiert in ihren (bisherigen) vier Absätzen die formalen Voraussetzungen, die zu beachten sind, wenn eine einvernehmliche Regelung in die Form eines Vergleiches abgeschlossen werden soll. 2

Während **Absatz 1 Satz 1** klarstellt, dass ein Vergleich nur insoweit möglich ist, als die Beteiligten über den Gegenstand des Verfahrens verfügen können, soll nach Satz 2 die Verpflichtung der Gerichte, auf eine gütliche Einigung der Beteiligten hinzuwirken, für Gewaltschutzsachen nicht gelten. 3

Die Soll-Vorschrift des **Satzes 2** ist nach der **Neuregelung des § 36a Abs. 5 FamFG** im Lichte dieser Vorschrift zu interpretieren, die darauf abstellt, dass in Gewaltschutzsachen im Sinne von § 210 FamFG die schutzwürdigen Belange der von Gewalt betroffenen Personen zu wahren sind. 4

Über die **Absätze 2 bis 4** werden schließlich die einschlägigen zivilprozessualen Vorschriften über Vergleich und Niederschrift in das familiengerichtliche Verfahren implementiert. 5

Das auf Vorschlag des Rechtsausschusses in das Regelwerk des MediationsförderungsG eingeführte erheblich erweiterte Güterichtermodell[1] gilt nunmehr auch im familiengerichtlichen Verfahren, wie sich aus dem neuen Absatz 5 ergibt. Die in der Vergangenheit in einigen Bundesländern angebotene gerichtsinterne Mediation ist seit dem 1. August 2013 entfallen und wurde durch das für alle Länder verbindliche Güterichterkonzept ersetzt (für die außergerichtliche Mediation und andere Verfahren der außergerichtlichen Konfliktbeilegung vgl. § 36a Rdn. 48) 6

Allein in Familienstreitsachen ergab sich über § 113 Abs. 1 Satz 2 FamFG bislang schon die Möglichkeit, Beteiligte vor einen Güterichter zu verweisen.[2] In diesen Verfahren findet die Bandbreite der Möglichkeiten des § 278 ZPO Anwendung, angefangen mit der Güteverhandlung nach § 278 Abs. 2 ZPO bis hin zum neuen erheblich erweiterten Güterichtermodell nach § 278 Abs. 5 ZPO.[3]

---

1 Vgl. zum Gesetzgebungsprozess die Kommentierung zu § 278 ZPO, Rdn. 13 ff.
2 Begr. BT-Drucks. 17/8058, III. Zu Artikel 3 –neu–, Zu Nummer 4 –neu–.
3 Vgl. Kommentierung zu§ 278 ZPO, Rdn. 46 ff.

2. Europäische Mediationsrichtlinie

7 Nachdem der Güterichter nunmehr ein nicht entscheidungsbefugter Richter ist, der sich auch der Methode der Mediation bedienen kann, korrespondiert die Vorschrift mit dem **Erwägungsgrund Nr. 12** der EUMed-RL und mit **Art. 1 Abs. 1 EUMed-RL**.

II. Grundsätze/Einzelheiten

1. Verweisung nach Absatz 5

a) Anwendungsbereich der Norm

8 Die Regelung des § 36 Abs. 5 FamFG zählt nach ihrer systematischen Einordnung zu den »Allgemeinen Vorschriften« des Buches 1 des Gesetzes über das Verfahren in Familiensachen und in den Angelegenheiten der freiwilligen Gerichtsbarkeit. Diese »Allgemeinen Vorschriften« finden auf die Verfahren nach den Büchern 2 bis 8 grundsätzlich Anwendung, soweit in den einzelnen Büchern nicht Ausnahmen formuliert sind.

9 In Familiensachen des Buches 2 bestehen gem. §§ 113 Abs. 1 Satz 2, 124 Satz 2 FamFG derartige Ausnahmen, als für **Ehesachen**[4] und für **Familienstreitsachen**[5] die allgemeinen Vorschriften der ZPO Anwendung finden. Dabei kommen die Regelungen über die Güteverhandlung nach § 278 ZPO allerdings nur für Familienstreitsachen in Betracht, nicht hingegen für Ehesachen (§ 113 Abs. 4 Nr. 4 FamFG).

b) Abweichung von § 278 Abs. 5 ZPO

10 Der Gesetzestext des Absatzes 5 Satz 1 unterscheidet sich von dem des § 278 Abs. 5 ZPO in **zwei Punkten:**
   – Zum einen durch die Verwendung des Begriffs »Beteiligte« statt »Parteien«. Dieser Umstand ist den unterschiedlichen Terminologien der Prozessordnungen ZPO und FamFG geschuldet.
   – Zum anderen ist in § 278 Abs. 5 ZPO von »Güteverhandlung und von weiteren Güteversuchen« die Rede, während § 36 Abs. 5 Satz 1 FamFG vom »Versuch einer gütlichen Einigung« spricht.

Die unterschiedliche Wortwahl ist dem Umstand geschuldet, dass das FamFG keine Güteverhandlung kennt und bedeutet daher **keinen inhaltlichen Unterschied.**[6] Auch in familienrechtlichen Streitigkeiten ist es zulässig, einen Güteversuch nicht nur in

---

4 Dies sind gem. § 121 FamFG Verfahren auf Scheidung der Ehe (Scheidungssachen), auf Aufhebung der Ehe und auf Feststellung des Bestehens oder Nichtbestehens einer Ehe zwischen den Beteiligten.
5 Hierzu zählen Unterhaltssachen nach § 231 Abs. 1 FamFG und Lebenspartnerschaftssachen nach § 269 Abs. 1 Nr. 8 und 9 FamFG, Güterrechtssachen nach § 261 Abs. 1 FamFG und Lebenspartnerschaftssachen nach § 269 Abs. 1 Nr. 10 FamFG sowie sonstige Familiensachen nach § 266 Abs. 1 FamFG und Lebenspartnerschaftssachen nach § 269 Abs. 2 FamFG.
6 Lediglich in Familiensachen gelangt § 278 Abs. 2 ZPO zur Anwendung, allerdings über die Verweisungsnorm in § 113 Abs. 1 Satz 2 FamFG.

einem, sondern in mehreren Terminen durchzuführen und nach einem erfolglosen Güteversuch (ggf. in einem späteren Verfahrensverlauf) weitere Güteversuche anzubieten.[7]

2. Gericht

Gericht im Verständnis dieser Vorschrift sind alle Gerichte, die für Verfahren nach dem FamFG zuständig sind: Amtsgerichte (Familiengerichte- und Betreuungsgerichte, §§ 23b, 23c GVG), Landgerichte und Oberlandesgerichte. 11

3. Das erheblich erweiterte Institut des Güterichters nach Absatz 5

Absatz 5 Satz 1 verwendet den Begriff des Güterichters als eines hierfür bestimmten und nicht entscheidungsbefugten Richters, der nach Satz 2 alle Methoden der Konfliktbeilegung einschließlich der Mediation einsetzen kann. Was im Einzelnen unter einem Güterichter, namentlich dem »erheblich erweiterten Institut des Güterichters« zu verstehen ist und wie er seine Aufgaben im Einzelnen erfüllen soll, erschließt sich aus einer Gesamtbetrachtung der bisherigen Güterichterpraxis in Bayern und Thüringen, des systematischen Zusammenhangs der geänderten Vorschriften und des Willens des Gesetzgebers, wie dies in der Kommentierung zu § 278 Abs. 5 ZPO dargestellt wurde.[8] 12

Das **neue Konzept** des erheblich erweiterten Instituts des Güterichters bedeutet im hier interessierenden Zusammenhang Folgendes: 13
– Güterichter kann nur ein nicht entscheidungsbefugter Richter sein,
– seine Tätigkeit ist als richterliche Tätigkeit zu qualifizieren,
– er wird nur tätig, soweit es um den/die Versuch(e) einer gütlichen Einigung geht,
– er muss über besondere fachliche Qualifikationen verfügen, die denen der bisherigen gerichtlichen Mediatoren vergleichbar sind,
– er kann am eigenen Gericht, einem anderen Gericht und auch in einer anderen Gerichtsbarkeit eingesetzt werden,
– er wird nur mit Einverständnis der Beteiligten tätig (sog. fakultativer Güteversuch), wobei Vertraulichkeit und Freiwilligkeit das Verfahren prägen,
– er kann die Prozessakten einsehen,
– er kann sich aller Methoden der Konfliktbeilegung bedienen, einschließlich der Mediation,
– er kann rechtliche Bewertungen vornehmen und den Beteiligten Lösungsvorschläge für den Konflikt unterbreiten und
– er kann mit Zustimmung der Beteiligten eine Niederschrift erstellen, einen Vergleich protokollieren und – was streitig ist – den Streitwert festsetzen.

Die Vorteile des Güterichterkonzeptes überwiegen gegenüber denen der gerichtsinternen Mediation: Während ein Richter in seiner Eigenschaft als »echter« gerichtsinterner

---

7 Vgl. Begr. BT-Drucks. 17/8058, III. Zu Artikel 2 – neu –, Zu Nummer 5 – neu –.
8 Vgl. hierzu umfassend die Kommentierung zu § 278 Abs. 5 ZPO, Rdn. 20 ff.

Mediator sich jeder rechtlichen Bewertung zu enthalten gehabt hätte und keinen Lösungsvorschlag hätte machen sollen, kann der Güterichter unter anderem rechtliche Bewertungen vornehmen und den Beteiligten Lösungen für den Konflikt vorschlagen. Im Unterschied zu dem gerichtsinternen Mediator kann der Güterichter auch ohne Zustimmung der Beteiligten in Gerichtsakten Einsicht nehmen und auf Wunsch der Beteiligten eine Einigung protokollieren.[9] *Windau* kritisiert die Vorschrift als eine »Verweisung ins dogmatische Dunkel«[10]. Es sei weder dem Gesetz noch den Gesetzesmaterialien zu entnehmen, welche Folgen diese Verweisung hat, insbesondere bei der Abgrenzung der Befugnisse von Streitgericht und Güterichter bestünden erhebliche Unsicherheiten, die dringend obergerichtlicher Klärung bedürften.

4. Darstellung des Verfahrensablaufs vor dem Güterichter

a) Entsprechende Anwendung der Absätze 1 bis 4

14 Auch für das Verfahren vor dem Güterichter nach Absatz 5 finden die Regelungen der Absätze 1 bis 4 entsprechend Anwendung, mithin die darin geregelten verfahrensrechtlichen **Teilaspekte**. Diese betreffen
– gem. Absatz 1 den Abschluss eines Vergleichs, wobei in Gewaltschutzsachen die schutzwürdigen Belange der von Gewalt betroffenen Personen zu wahren sind,[11]
– gem. Absatz 2 die Protokollierung eines Vergleichs in einer Niederschrift, insoweit in Ergänzung zu § 28 Abs. 4 Satz 3 FamFG,
– gem. Absatz 3 die Möglichkeit, einen Vergleich auch schriftlich entsprechend § 278 Abs. 6 ZPO zu schließen und
– gem. Absatz 4 die Möglichkeit, eine Niederschrift oder einen Beschluss über einen Vergleich entsprechend § 164 ZPO zu berichtigen.

Über die obigen Punkte hinaus wird der Verfahrensablauf durch die im Folgenden dargestellten Aspekten bestimmt.

b) Verweisungsbeschluss des erkennenden Gerichts

15 Ein Tätigwerden des ersuchten Güterichters setzt zunächst voraus, dass seitens des erkennenden Gerichts[12] das Verfahren (»die Beteiligten«) verwiesen wurde.

16 Die Verweisung selbst erfolgt durch **gerichtlichen Beschluss**, der nicht begründet zu werden braucht und nicht selbstständig anfechtbar ist.[13] Wer als Güterichter in Betracht kommt, ergibt sich aus dem **Geschäftsverteilungsplan**[14] des Gerichts gem. § 21e GVG.

---

9 BT-Drs. 17/8058; vgl. *Benesch* NZFam 2015, 807; *Fischer* FUR 2018, 461.
10 *Windau*, Der Güterichter im prozessualen Kontext – sinnvolle Ergänzung oder Fremdkörper?, juris Monatszeitschrift 2019, S. 52 ff.
11 Vgl. die Kommentierung zu § 36a FamFG, Rdn. 13 ff.
12 Zum Gericht vgl. oben Rdn. 11.
13 *Baumbach*, ZPO, § 278 Rn. 55; *Musielak* ZPO, § 278 Rn. 4 zur insoweit vergleichbaren Anordnung bzw. Unterlassung einer Güteverhandlung.
14 So wie bisher schon als gerichtlicher Mediator nur derjenige bestellt werden konnte, der eine entsprechende Ausbildung durchlaufen hatte, so kommt auch zukünftig als Güte-

Es zählt zu den Aufgaben des Präsidiums, wie diejenigen Richter, die über entsprechende Ausbildung und Qualifikationen verfügen, »als Güterichter gem. § 36 Abs. 5 FamFG« eingesetzt werden.[15] Der Güterichter trifft keine Entscheidungen, gleichwohl ist seine Tätigkeit dem Bereich der Rechtsprechung zuzuordnen. Diese richterliche Geschäftsaufgabe ist dem Bestimmtheitsgebot entsprechend im **Geschäftsverteilungsplan** des Gerichts als solche auszuweisen. Der Geschäftsverteilungsplan muss ferner sicherstellen, dass der Güterichter in der gleichen Angelegenheit nicht zugleich als Spruchrichter und auch nicht als geschäftsplanmäßiger Vertreter des entscheidungsbefugten Richters berufen ist[16]. Dies macht es vor allem kleinen Amtsgerichten schwer, die genannten Anforderungen an den Geschäftsverteilungsplan zu erfüllen. Anerkannt ist jedoch, dass im Wege der Rechtshilfe oder Teilabordnung Güterichter mit ihrer Zustimmung auch an andere Gerichte, sogar rechtswegübergreifend, abgeordnet werden können.[17]

Den Beteiligten steht – anders als in einem Mediationsverfahren – kein Wahlrecht hinsichtlich des Güterichters zu. Als gesetzlicher Richter i.S.d. § 16 GVG muss dieser dem Gericht angehören, bei dem der Rechtsstreit anhängig ist.

aa) Ermessen

Grundsätzlich liegt die Verweisung an einen Güterichter im **pflichtgemäßen Ermessen** des erkennenden Gerichts[18]. 17

(1) Einverständnis der Beteiligten

Einer (ausdrücklichen) **Zustimmung der Parteien** bedarf die Verweisung nicht[19], den Parteien ist aber vor der Verweisung **rechtliches Gehör** zu gewähren. Sinnvoll erscheint es, wenn das Gericht bei seiner Entscheidung jedoch das für den Güterichter geltende **ungeschriebene Tatbestandsmerkmal** der Freiwilligkeit beachtet: 18

---

richter nach § 278 Abs. 5 ZPO nur in Betracht, wer aufgrund entsprechender Ausbildung in der Lage ist, alle Methoden der Konfliktbeilegung einschließlich der Mediation einzusetzen. Dabei finden die in § 5 MediationsG geregelten Standards hinsichtlich der Aus- und Fortbildung auch auf Güterichter entsprechende Anwendung: Vgl. insoweit Begr. BT-Drucks. 17/5335, A. II.
15 Es obliegt dem Präsidenten, dem Präsidium das Vorliegen der entsprechenden Qualifikationen zu unterbreiten, vergleichbar der Information über formale Qualifikationen, wie sie in § 22 Abs. 5, 6 GVG angesprochen sind.
16 BeckOK FamFG/Burschel, 31. Ed. 1.7.2019, FamFG § 36 Rn. 51a.
17 *Greger/Weber*, Das neue Güterichterverfahren – Arbeitshilfe für Richter, Rechtsanwälte und Gerichtsverwaltung, MDR-Sonderbeilage zu Heft 18/2012.
18 Vgl. OLG München, 05.12.2018 – 7 U 4091/17.
19 BT-Drs. 17/5335, S. 20; LSG Bayern, Beschluss v. 05.09.2016 – L 2 P 30/16 B; OVG Bautzen, Beschluss v. 06.08.2014 – 1 A 257/10; a.A. BT-Drs. 17/8058, S. 21.

Nur mit Einwilligung der Beteiligten ist ein Verfahren vor dem Güterichter sinnvoll und ggf. zielführend (fakultativer Güteversuch).[20]

19 Dieser Umstand zeitigt Konsequenzen für die **Verweisungspraxis:** Entweder holt bereits der streitentscheidende Familienrichter (oder ggf. der Spruchkörper in der Rechtsmittelinstanz, wenn keine Einzelrichterübertragung vorliegt) das Einverständnis der Beteiligten für ein Güterichterverfahren ein und verweist sodann das Verfahren, oder er nimmt eine Verweisung vor und der Güterichter holt daraufhin die Zustimmung der Beteiligten für die Durchführung eines Güterversuchs ein. Während die Sachnähe des Güterichters zu den Verfahren der konsensualen Streitschlichtung dafür spricht, ihm die Einholung der Zustimmung zu übertragen, streiten prozessökonomische Gründe – u. U. auch der Grundsatz des rechtlichen Gehörs – dafür, den Streitrichter hiermit zu betrauen. Von daher bietet sich folgende **Vorgehensweise** an: Der Streitrichter (Familienrichter) informiert die Beteiligten zunächst über die grundsätzlich möglichen Methoden, die ein Güterichter einsetzen kann und weist darauf hin, dass dieser in Absprache mit ihnen die fall- und konfliktangemessene Methode absprechen wird; hierzu holt er ihre Zustimmung ein. Nach sodann erfolgter Verweisung an den Güterichter ist es dessen Aufgabe, in Absprache mit den Parteien das weitere Vorgehen, insbesondere die einzusetzenden Methoden zu erörtern und hierfür das Einverständnis einzuholen.

20 Die Einschaltung eines »**besonders geschulten Koordinators**«[21] könnte u. U. datenschutzrechtliche Probleme aufwerfen. Von daher dürfte es auf die konkrete Ausgestaltung eines derartigen »Court-Dispute-Managers« ankommen: Vom Entlastungseffekt idealiter bei einem Rechtspfleger verankert,[22] müsste dies dann aber mangels entsprechender gesetzlicher Regelung als zulässige richterassistierende Verwaltungstätigkeit organisiert werden.

21 Den Beteiligten bleibt es unbenommen, die Durchführung einer Güterichterversuchs vor einem Güterichter selbst anzuregen. Liegt ein übereinstimmendes Petitum beider Beteiligten vor, dann reduziert sich das dem Gericht eingeräumte Ermessen zur Verweisung auf Null.

(2) Konstellationen, in denen eine Verweisung ausscheidet

22 Das Ermessen ist nicht eröffnet, wenn schon nach dem Inhalt der Antragsschrift, insbesondere den Ausführungen gem. § 23 Abs. 1 Satz 3 FamFG, der Antragserwiderung und ggf. der Replik eine **gütliche Beilegung** des Rechtsstreits **erkennbar aussichtslos** erscheint.

---

20 Vgl. *Ewig* ZKM 2012, 4, der die Auffassung vertritt, es erscheine sinnvoll, wenn die Verweisung »nur im Konsens« mit den Beteiligten erfolge. A.A. *Carl* ZKM 2012, 16 ff. (19).
21 Vgl. BT-Drucks. 17/8058, III. Allgemeines, S. 17. Zur Praxis in den Niederlanden mit besonderen Verweisungsbeauftragten vgl. *Schmiedel* ZKM 2011, 14 ff. (15).
22 Realitätsfern *Carl* ZKM 2012, 16 ff. (20), der hierfür die früheren richterlichen Mediatoren einsetzen wollte.

Das Gericht wird von einer Verweisung an den Güterichters absehen können, wenn 23
es den Eindruck gewinnt, dass es sich um ein **einfach gelagertes Verfahren** handelt,
welches von dem erkennenden Gericht selbst oder in der Rechtsmittelinstanz ggf. einem
beauftragten Richter zu einem gütlichen Abschluss gebracht werden kann.

Eine Verweisung kommt ferner nicht in Betracht, wenn ein **Beteiligter** zu verstehen 24
gegeben hat, dass er ein solches **Verfahren nicht wünscht**. Dies ist Ausfluss des Freiwilligkeitsprinzips.

Die maßgeblichen Erwägungen, von einer Verweisung an den Güterichter abzusehen, 25
sollten in einem Aktenvermerk mit kurzer Begründung festgehalten werden.

bb) Folgen einer Verweisung

Die Verweisung eines Rechtsstreits zum Zwecke eines Güterversuchs gem. § 36 26
Abs. 5 FamFG an den Güterichter führt, anders als in den Fällen des § 36a Abs. 2
FamFG, nicht zur Aussetzung des Verfahrens; jedoch ist ein **Ruhensbeschluss** gem.
§ 251 ZPO **möglich**. Der Güterichter hat das Verfahren zu fördern und wird dazu
idR einen zeitnahen Termin anberaumen. Anders als im Fall der außergerichtlichen
Mediation gerät das gerichtliche Verfahren deshalb nicht in den Stillstand.

Der Güterichter übt richterliche Tätigkeit – aber ohne Entscheidungskompetenz – aus 27
und handelt als gesetzlicher Richter im Sinne des § 16 Satz 2 GVG. Seine konkrete
Zuständigkeit folgt aus dem gerichtlichen **Geschäftsverteilungsplan** gem. § 21e GVG.
Den Beteiligten steht daher – anders als bei einem Mediator und zugleich auch anders
als bei einem gerichtlichen Mediator in der Übergangsphase des § 9 MediationsG –
hinsichtlich seiner Person kein Wahlrecht zu.

c) Vorgehensweise des Güterichters

aa) Akteneinsicht und Informationsbeschaffung

Der Güterichter wird **Einsicht** in die ihm vom erkennenden Gericht überlassenen 28
Akten nehmen und prüfen, welches Verfahren der außergerichtlichen Konfliktbeilegung indiziert ist.

Sodann wird er sich mit den Beteiligten des Rechtsstreits ins Benehmen setzen, ggf. 29
vorab weitere Informationen bei ihnen einholen und auch klären, ob **weitere Personen**
zum Güteversuch hinzuziehen sind.

bb) Verfahrens- und Terminsabsprache

Der Güterichter wird den Beteiligten einen Verfahrens- und einen Terminsvorschlag 30
unterbreiten.

Ausgehend vom **Grundsatz der Informiertheit** der Beteiligten erscheint es angezeigt, 31
diese bereits zu diesem frühen Zeitpunkt darüber in Kenntnis zu setzen, ob der Güterichter beispielsweise zu einer Schlichtung mit rechtlichen Hinweisen und ggf. einem

Vorschlag tendiert oder ob er die Durchführung einer Mediation für angezeigt hält (Grundsatz der »**Methodenklarheit bei Methodenvielfalt**«).

32 Das **Prinzip der Freiwilligkeit** spricht dafür, in gemeinsamer Absprache einen allen Beteiligten passenden Termin zu wählen und von einer Terminsanordnung abzusehen. Ein Anwaltszwang besteht für den Güteversuch nicht,[23] bestellte Bevollmächtigte sind jedoch einzubeziehen.

cc) Festlegung des Settings

33 Es obliegt allein dem Güterichter, das Setting für den Güteversuch festzulegen; hierbei bietet sich ein **mediationsanaloges Vorgehen** mit dem Ziel einer kommunikationsfördernden Verhandlungsatmosphäre an.[24]

d) Durchführung des Güteversuchs

34 Die Durchführung des Güteversuchs ist **nicht öffentlich**; das Öffentlichkeitsgebot des § 169 GVG gilt nur für mündliche Verhandlungen vor dem erkennenden Gericht.[25] Der Güterichter wird die Beteiligten auf die Vorschrift des § 28 Abs. 4 Satz 3 FamFG hinweisen sowie darauf, dass die Vertraulichkeit zudem durch eine Vereinbarung zwischen den Beteiligten besonders geregelt werden kann, die ggf. in das Verfahren einbezogene Dritte mitberücksichtigt.

35 Die Beachtung des Grundsatzes »**Methodenklarheit bei Methodenvielfalt**« soll den Güterichter davor bewahren, zwischen einzelnen Verfahren der Konfliktbeilegung zu wechseln und Elemente der einzelnen Methoden miteinander zu vermischen: Ein »stockendes oder gar scheiterndes« Mediationsverfahren dadurch retten zu wollen, dass der Güterichter – entgegen seiner eingangs erfolgten Information der Beteiligten – sodann einen Lösungsvorschlag unterbreitet, bedeutet eine methodische Fehlleistung und führt zu einem Glaubwürdigkeitsverlust des Güterichters. Denkbar ist allenfalls, dass der Güterichter gemeinsam mit den Beteiligten übereinkommt, eine bestimmte Methode abzuschließen und mit deren Einverständnis mit einer anderen Methode fortzufahren,[26] was jedoch ebenfalls nicht unproblematisch ist.[27]

36 Wenn angezeigt, kann der Güterichter mit den Beteiligten auch **Einzelgespräche** (Caucus) führen. Um die Neutralität des Güterichters nicht zu gefährden, ist hierfür das Einverständnis der Beteiligten erforderlich.

---

23 Vgl. *Zöller*, ZPO, 29. Aufl, § 78 Rn. 46; a.A. *Ewig* ZKM 2012, 4 ff. (5).
24 *Tautphäus* Spektrum der Mediation 40/2010, 26.
25 *Baumbach*, ZPO, 69. Aufl., § 169 GVG Rn. 3 m.N. zur Rechtsprechung.
26 Langfristig wird nicht auszuschließen sein, dass sich eine neue und eigenständige Methode der Konfliktbeilegung durch einen Güterichter entwickelt. Davon scheint auch der Gesetzgeber auszugehen, wenn er in der Begründung der Beschlussempfehlung des Rechtsausschusses (BT-Drucks. 17/8058, III., Zu Artikel 1, Zu § 1 Abs. 1) u. a. ausführt, die in der gerichtsinternen Mediation entwickelten Kompetenzen könnten im Rahmen der Güterichtertätigkeit fortentwickelt werden.
27 Vgl. die Kommentierung zu § 278 ZPO, Rdn. 68.

Die Erörterung mit den Beteiligten ist nicht auf die dem Rechtsstreit zugrunde liegen- 37
den entscheidungserheblichen Punkte reduziert; vielmehr wird – unter der Zielsetzung
einer konsensualen Lösung – das zur Sprache gebracht, was den Beteiligten zur Beilegung ihres Konfliktes wichtig ist;[28] rechtliche Hinweise bleiben mangels Entscheidungskompetenz unverbindlich.[29]

Dem Güterichter ist es verwehrt, den Beteiligten **Verfahrenskostenhilfe** gem. §§ 114 ff. 38
ZPO zu gewähren oder einen **Ruhensbeschluss** gem. § 251 ZPO zu erlassen, da er
nicht »Gericht« im Sinne der genannten Vorschriften ist. Hingegen kann er, unter der
Voraussetzung der §§ 28 Abs. 4 Satz 3, 36 Abs. 2 FamFG einen Vergleich protokollieren oder eine prozessbeendende Erklärung zu Protokoll nehmen.

Ob es ihm gestattet ist, einen Streitwert, Beschwerdewert oder Gegenstandswert fest- 39
zusetzen, ist streitig. Dafür spricht, die Festsetzung des Streitwertes als Annexkompetenz zur Protokollierung des Vergleichs zu erachten, zumal der (nur) Güterichter Kenntnis vom Umfang und Wert des Vergleichsgegenstandes hat.[30]

Zur Vermeidung etwaiger Rechtsstreitigkeiten nach entsprechender Beschlussfassung 40
empfiehlt es sich, einen Rechtsmittelverzicht zu protokollieren.

e) **Mögliche Ergebnisse und Verfahrensbeendigungen**

Der Güteversuch vor dem Güterichter kann wie folgt enden: 41

(1) Die Beteiligten haben sich auf eine Lösung ihres Konfliktes geeinigt. Sie schließen 42
daraufhin einen gerichtlichen Vergleich in der Form des § 36 Abs. 2 FamFG. Das führt
zur Beendigung des anhängigen Rechtsstreits.

(2) Die Beteiligten haben sich auf eine Lösung ihres Konfliktes geeinigt. Der anhängige 43
Rechtsstreit wird durch eine prozessbeendende Erklärung der Beteiligten (Klagerücknahme, Hauptsacheerledigung) abgeschlossen.

(3) Die Beteiligten haben sich im Grundsatz auf eine Lösung ihres Konfliktes geeinigt 44
und erbitten einen gerichtlichen Vergleichsvorschlag des erkennenden Gerichts gem.
§ 36 Abs. 3 FamFG, § 278 Abs. 6 ZPO nach Maßgabe der in dem Güteversuch erzielten Eckpunkte. Die Annahme des Vorschlags führt zur Beendigung des anhängigen
Rechtsstreits.

(4) Die Beteiligten haben sich im Grundsatz auf eine Lösung ihres Konfliktes geeinigt 45
und unterbreiten – ggf. nach weiterer Prüfung oder Bedenkzeit – dem Gericht einen

---

28 *Gemählich* Spektrum der Mediation 40/2010, 37 ff. (38).
29 Rechtliche Hinweise, die noch dazu in eine nicht bindende Empfehlung zur Konfliktlösung einmünden, kennzeichnen eine Schlichtung; vgl. hierzu, auch in Abgrenzung zur
Mediation, die Ausführungen unter Teil 6 H.
30 *Zöller*, ZPO, 29. Aufl, § 278 Rn. 27. Die Überlegungen, die die Bundesregierung in ihrem
Gesetzentwurf dazu bewogen hatten, für den seinerzeit noch vorgesehenen gerichtsinternen Mediator eine Streitwertfestsetzung nicht zuzulassen (Begr. BT-Drucks. 17/5335,
Anl. 3, Zu Artikel 3, Zu Nummern 5 und 6), treffen auf den Güterichter nicht zu.

schriftlichen Vergleichsvorschlag gem. § 36 Abs. 3 FamFG, § 278 Abs. 6 ZPO. Dieser führt dann zur Beendigung des anhängigen Rechtsstreits.

46 (5) Die Beteiligten haben sich verständigt, außerhalb des anhängigen Verfahrens noch Sachaufklärung zu betreiben und ggf. Dritte als Sachverständige einzuschalten oder aber ein Verfahren der außergerichtlichen Konfliktbeilegung zu beschreiten. Der Rechtsstreit bleibt anhängig, kann jedoch – falls noch nicht geschehen – gem. § 251 ZPO vom Gericht zum Ruhen gebracht werden.

47 (6) Die Beteiligten haben sich hinsichtlich des anhängig gemachten Rechtsstreits nur zum Teil oder überhaupt nicht geeinigt. Der Güterichter gibt – nach vorheriger Anhörung der Beteiligten, ggf. auch nach entsprechendem »Rückgabebeschluss« – das Verfahren an das erkennende Gericht zurück, das den noch anhängigen Rechtsstreit fortsetzt.

48 (7) Beide Beteiligten erscheinen nicht zum verabredeten und ordnungsgemäß geladenen Gütetermin. Der Güterichter gibt das Verfahren – ggf. nach entsprechendem Beschluss, jedenfalls nach entsprechendem Aktenvermerk – an das erkennende Gericht zurück, das den noch anhängigen Rechtsstreit fortsetzt.

f) Prozesserklärungen vor dem Güterichter

49 Im Rahmen der Vergleichsverhandlungen vor dem Güterichter können Prozesserklärungen abgegeben und von ihm protokolliert werden. Auch für das Protokoll des Güterichters gelten §§ 159 ZPO mit der Folge, dass ein protokollierter Vergleich mit vollstreckungsfähigem Inhalt auch einen Vollstreckungstitel iSd § 794 ZPO darstellt. Dies gilt, wenn auch nicht so eindeutig, auch für Prozesserklärungen, die sich auf ein Anerkenntnis, eine Antragsrücknahme oder auch eine übereinstimmende Erledigtklärung beziehen weil kein Grund ersichtlich ist, warum der hoheitlich eingesetzte Güterichter nicht auch zu solchen verfahrensbeendenden Prozesserklärungen mit Zustimmung der Beteiligten befugt sein soll.[31]

g) Zeugnisverweigerungsrecht

50 Eine analoge Anwendung der Verschwiegenheitsregelung des § 4 MediationsG auf den Güterichter scheidet aus. Er kann sich jedoch gem. § 383 Abs. 1 Nr. 6 ZPO auf ein Zeugnisverweigerungsrecht hinsichtlich des Inhalts der Güteversuchs berufen, wenn ihm als Güterichter Tatsachen anvertraut wurden, deren Geheimhaltung durch ihre Natur oder gesetzliche Vorschrift geboten ist.[32] Im Übrigen sind Güterichter, auch wenn sie sich beispielsweise der Mediation bedienen, nach wie vor

---

[31] Vgl. *Löer* in: *Klowait/Gläßer*, § 278 ZPO Rn 17; *Künzl*, MDR 2016, 952, 955.
[32] Vgl. Begr. BT-Drucks. 17/8058, III. Zu Artikel 2 – neu –, Zu Nummer 3 – neu –; *Zöller*, ZPO, 29. Aufl., § 383 Rn. 19. *Musielak*, ZPO, 8. Aufl., § 383 Rn. 4, 6. Das Zeugnisverweigerungsrecht erstreckt sich auch auf die vom Güterichter mit dem Verfahren befassten Servicemitarbeiter der Geschäftsstelle.

Richter und als Amtsträger nicht nur den Beteiligten verpflichtet. Sie unterliegen daher weiterhin **besonderen Anzeigeverpflichtungen**.[33]

5. Verhältnis von § 36 Abs. 5 FamFG zu § 36a Abs. 1 FamFG

Weder im Mediationsförderungsgesetz selbst noch in der Gesetzesbegründung und den parlamentarischen Protokollen finden sich Anhaltspunkte für das Verhältnis der oben benannten beiden Normen. Grundsätzlich wird das Gericht jedoch jeweils die gleichen Überlegungen anzustellen und sich zu fragen haben, ob dem Rechtsstreit Konflikte zugrunde liegen, die im Prozess nicht oder nur unzureichend beilegt werden können. Auch bedarf es für beide Verfahren des Einverständnisses aller Konfliktparteien. Das Verfahren nach § 36 Abs. 5 FamFG dürfte vorzuziehen sein, wenn davon ausgegangen werden kann, dass der Güterichter innerhalb eines überschaubaren Zeitrahmens von zwei, höchstens drei Sitzungen zu einem Ergebnis gelangen wird. Ist hingegen absehbar, dass (auch) eine konsensuale Lösung eine Vielzahl von Terminierungen erforderlich machen wird, so bietet sich der Vorschlag einer (Langzeit-) Mediation gem. § 36a Abs. 1 FamFG an.[34] Das Gleiche gilt, wenn ein anderes Verfahren der außergerichtlichen Konfliktbeilegung in Betracht zu ziehen sein wird.[35] Schließlich dürfen finanzielle Gesichtspunkte nicht außer Acht gelassen werden, sind doch mit dem Güterichterverfahren keine zusätzlichen (Gerichts-) Kosten verbunden, während durch ein Verfahren der Mediation oder der außergerichtlichen Konfliktbeilegung weitere Kosten auf die Konfliktparteien zukommen werden.[36]

51

6. Zurückverweisung nach Scheitern des Güteversuchs?

Scheitert der Güteversuch, ist das Verfahren durch das Streitgericht fortzusetzen. Auch hier stellt sich wieder die Frage nach den rechtlichen Folgen der Verweisung: Geht man davon aus, dass der Rechtsstreit insgesamt in die Hände des Güterichters gelegt wird, muss dieser den Rechtsstreit an das Streitgericht zurückverweisen. Geht man hingegen mit der hier für vorzugswürdig erachteten dogmatischen Konstruktion davon aus, dass der Rechtsstreit (auch) beim Streitgericht bleibt, ist keine Zurückverweisung erforderlich, sondern eine Mitteilung über die (teilweise) Erfolglosigkeit des Güterichterverfahrens an das Streitgericht ausreichend[37].

52

---

33 Z.B. nach § 116 AO oder nach § 6 SubvG, vgl. Begr. BT-Drucks. 17/5335, B., Zu Artikel 1, Zu § 4.
34 Auch die Komplexität der Auseinandersetzung kann als Abgrenzungskriterium herangezogen werden. Für Konflikte, die die Beteiligten in mehreren Prozessen über mehrere Instanzen parallel austragen, dürfte eine Mediation angezeigt sein.
35 Vgl. hierzu die Darstellungen der unterschiedlichen Verfahren unter Teil 6 A. I. Rdn. 1 ff.
36 So z.B. *Bacher* in: BeckOK, ZPO, § 278 Rn. 33; *Assmann* in: *Wieczorek/Schütze*, § 278 Rn. 78.
37 Zustimmend u.a.: *Greger/Weber*, Das neue Güterichterverfahren – Arbeitshilfe für Richter, Rechtsanwälte und Gerichtsverwaltung, MDR-Sonderbeilage zu Heft 18/2012.

7. Erfahrungen mit § 36 Abs. 5 FamFG

53 Das Güterichterverfahren bietet aus der Sicht der Familienrichter eine sehr gute Möglichkeit, auch bei schon gerichtsanhängigen Verfahren, den Beteiligten eine interessenorientierte, auf die Zukunft gerichtete, einvernehmliche und nachhaltige Lösung zu ermöglichen. Gelingt im Bestfall eine umfassende Lösung, eröffnet sich für die Beteiligten die Chance eines Neustarts als getrennt lebende Familie. Der erfolgreiche Abschluss eines Verfahrens stellt für die Güterichter eine befriedigende und sinnstiftende Tätigkeit dar und wird von den Beteiligten und ihren Prozessanwälten überwiegend positiv bewertet[38]. Dies gilt uneingeschränkt in Familiensachen mit finanzieller Thematik wie z.B. Unterhalt oder Zugewinn. In reinen Sorge- oder Umgangsstreitigkeiten, insbesondere während der akuten Trennungsphase, gelingt es meist nicht zu einer Lösung zu kommen, da schon die zeitlichen Ressourcen der Güterichtertätigkeit – in der Regel nicht mehr als zwei mehrstündige Sitzungen – begrenzt sind.

III. Hinweise für die Praxis

54 Zur Einbindung des Güterichters im richterlichen Geschäftsverteilungsplans vgl. die »**Hinweise für die Praxis**« in der Kommentierung zu **§ 278 ZPO**,[39] ferner an gleicher Stelle die Mustertexte für »Beteiligtenvereinbarung über Verschwiegenheit und Vertraulichkeit« sowie für »Vereinbarungen bei Einbeziehung Dritter«.

§ 36a Mediation, außergerichtliche Konfliktbeilegung

(1) Das Gericht kann einzelnen oder allen Beteiligten eine Mediation oder ein anderes Verfahren der außergerichtlichen Konfliktbeilegung vorschlagen. In Gewaltschutzsachen sind die schutzwürdigen Belange der von Gewalt betroffenen Person zu wahren.

(2) Entscheiden sich die Beteiligten zur Durchführung einer Mediation oder eines anderen Verfahrens der außergerichtlichen Konfliktbeilegung, setzt das Gericht das Verfahren aus.

(3) Gerichtliche Anordnungs- und Genehmigungsvorbehalte bleiben von der Durchführung einer Mediation oder eines anderen Verfahrens der außergerichtlichen Konfliktbeilegung unberührt.

Übersicht

	Rdn.
I. Regelungsgegenstand und Zweck.	1
1. Systematischer Zusammenhang	1
2. Europäische Mediationsrichtlinie	3

---

[38] *Benesch*, NZFam 2015, 807 ff.
[39] Vgl. Kommentierung zu § 278 ZPO Rdn. 84 ff.

II. Grundsätze/Einzelheiten	4
1. Gerichtlicher Vorschlag (Absatz 1 Satz 1)	4
a) Adressatenkreis	4
b) Ermessen	8
aa) Allgemeine Voraussetzungen	8
bb) Gewaltschutzsachen (Absatz 1 Satz 2)	14
c) Zeitpunkt	17
d) Gericht	21
e) Form	25
2. Vorschlag einer Mediation (Absatz 1 Satz 1, 1. Alt.)	34
a) Begrifflichkeit	34
b) Stufenverhältnis	37
c) Formale und inhaltliche Kriterien	39
3. Vorschlag eines anderen Verfahrens der außergerichtlichen Konfliktbeilegung (Absatz 1 Satz 1, 2. Alt.)	43
a) Begrifflichkeit	43
b) Stufenverhältnis	45
c) Formale und inhaltliche Kriterien	46
4. Vorschlag einer gerichtlichen Mediation im (zwischenzeitlich abgelaufenen) Übergangszeitraum	48
5. Entscheidung der Beteiligten (Absatz 2, 1. HS)	50
a) Aufgrund eines gerichtlichen Vorschlages	50
b) Eigener Vorschlag der Beteiligten	52
6. Aussetzung des Verfahrens (Absatz 2, 2. HS)	53
7. Gerichtliche Anordnungs- und Genehmigungsvorbehalte (Absatz 3)	57
8. Anwendungsbereich der Vorschrift	59
9. Verhältnis vom § 36a Abs. 1 FamFG zu § 36 Abs. 5 FamFG	60
III. Hinweise für die Praxis	61

I. Regelungsgegenstand und Zweck

1. Systematischer Zusammenhang

Die neugeschaffene Vorschrift ist in ihren Absätzen 1 und 2 nahezu wortgleich mit der Regelung des § 278a ZPO; hinzugekommen sind Absatz 1 Satz 2 sowie Absatz 3. **1**

Der Entwurf der Bundesregierung[1] hatte noch die gerichtsinterne Mediation vorgesehen, diese aufgrund der Beschlussempfehlung des Rechtsausschusses jedoch entfallen lassen und nur für den in § 9 MediationsG vorgesehenen Übergangszeitraum bis zum 1. August 2013 noch gestattet.[2]

Im Hinblick auf die Regelung in Absatz 1 ist es die erklärte Intention des Gesetzgebers, die außergerichtliche Konfliktbeilegung auch bei bereits rechtshängigen Streitigkeiten zu ermöglichen.[4] **2**

---

1 BT-Drucks. 17/5335, Art. § 1 MediationsG, Art. 3 § 278a ZPO.
2 BR-Drucks. 17/8058, III. Zu Artikel 1, zu § 1 Abs. 1.
4 Begr. BT-Drucks. 17/5335, B., Zu Artikel 3, Zu Nummer 5.

2. Europäische Mediationsrichtlinie

3 § 36a Abs. 1 nimmt den **Erwägungsgrund Nr. 12** der EUMed-RL auf und dient der Umsetzung der **Art. 1 Abs. 1, Art. 3 lit. a und Art. 5 Abs. 1 EU-Med-RL**. So heißt es schon in der Richtlinie, ein Gericht, das mit einer Klage befasst werde, könne die Parteien auffordern, die Mediation zur Streitbeilegung in Anspruch zu nehmen. Das Gericht könne dies sowohl vorschlagen als auch anordnen; dies umfasse auch die Mediation durch einen in der betreffenden Streitsache nicht zuständigen Richter.

II. Grundsätze/Einzelheiten

1. Gerichtlicher Vorschlag (Absatz 1 Satz 1)

a) Adressatenkreis

4 In Abgrenzung zu § 278a ZPO spricht die Norm nicht von Parteien, denen der Vorschlag einer Mediation etc. unterbreitet werden kann, sondern von »**einzelnen oder allen Beteiligten**«. Damit greift der Gesetzgeber nicht allein die Terminologie der §§ 7, 113 Abs. 5 Nr. 5 FamFG auf, sondern trifft zugleich eine **inhaltliche Regelung**.

5 Der **Beteiligtenbegriff** des FamFG umfasst neben dem Antragsteller gem. § 7 Abs. 2 FamFG diejenigen, deren Recht durch das Verfahren unmittelbar betroffen wird und diejenigen, die aufgrund des FamFG oder eines anderen Gesetzes von Amts wegen oder auf Antrag zu beteiligen sind. Zudem können gem. § 7 Abs. 3 FamFG auch weitere Personen hinzugezogen werden, soweit dies im FamFG oder einem anderen Gesetz vorgesehen ist.

6 Den Adressatenkreis **nicht** generell auf alle Verfahrensbeteiligten zu erstrecken sondern nur auf einzelne Beteiligte ist der Erkenntnis geschuldet, dass der hinter dem gerichtlichen Verfahren stehende eigentliche Konflikt, um dessen Lösung es in einem nichtstreitigen Verfahren gehen soll, häufig andere Linien und Protagonisten aufweist als dies im gerichtlichen Verfahren der Fall ist. Daher kann es durchaus sinnvoll sein, eine Beteiligung des Jugendamtes in Kindschaftssachen nicht vorzusehen, auch wenn dieses gem. § 162 Abs. 2 FamFG auf seinen Antrag hin am Gerichtsverfahren beteiligt wurde.[5]

7 Zwischen »einzelnen oder allen Beteiligten« zu differenzieren betrifft allein den gerichtlichen Vorschlag nach § 36a Abs. 1 FamFG und daraus folgend die Benennung derjenigen, die dem Vorschlag **zustimmen** müssen, damit die Rechtsfolge nach § 36a Abs. 2 FamFG (Aussetzung des Verfahrens) eintreten kann. Im Mediationsverfahren selbst steht es den Konfliktbeteiligten frei zu bestimmen, ob und ggf. welche weitere Personen/Institutionen zur Mediation hinzuzuziehen sind.

---

5 Begr. BT-Drucks. 17/5335, B., Zu Artikel 4, Zu Nummer 3.

b) Ermessen

aa) Allgemeine Voraussetzungen

Ob und welchen Beteiligten das Gericht den Vorschlag einer Mediation oder eines anderen Verfahrens der außergerichtlichen Konfliktbeilegung unterbreitet, liegt alleine in seinem **pflichtgemäßen Ermessen**. Zwar benennt das Gesetz keine Voraussetzungen, die dem Vorschlag des Gerichts vorausgehen sollen. Als **ungeschriebenes Tatbestandsmerkmal** ist jedoch stets zu prüfen, ob es sich um einen »**geeigneten Fall**« handelt.[6]

Der Vorschlag einer Mediation ist immer dann in Erwägung zu ziehen, wenn dem Rechtsstreit Konflikte zugrunde liegen, die im gerichtlichen Verfahren nicht oder nur unzureichend beigelegt werden können.

Mediationen bieten sich bei **personenbezogenen Auseinandersetzungen** (z. B. Umgang, elterliche Sorge) und bei **vermögensrechtlichen Streitgegenständen** an,[7] während in Ehe-, Adoptions- und Abstammungssachen Mediationen oder andere Verfahren der außergerichtlichen Konfliktbeilegung regelmäßig ausscheiden.[8]

Abstrakt betrachtet wird das Gericht immer dann den Vorschlag einer konsensualen Streitbeilegung in Betracht ziehen, wenn es den Konfliktbeteiligten vorrangig darum geht,
– nichtrechtliche Interessen zu berücksichtigen,
– eine zukunftsorientierte Lösung anzustreben,
– Vertraulichkeit zu wahren oder
– eine schnelle Lösung herbeizuführen,

sowie dann, wenn
– es sich um einen komplexen Sachverhalt handelt,
– zahlreiche Rechtsstreite anhängig sind,
– nichtverfahrensbeteiligte Dritte in das Verfahren einbezogen werden sollen,
– zwischen den Parteien eine besondere Emotionalität besteht oder
– es um einen grenzüberschreitenden Rechtsstreit geht.[9]

---

6 So auch *Baumbach u. a.*, ZPO, 69. Aufl, II. A, Rechtspolitischer Ausblick, § 278a Rn. 7.
7 Vgl. *Proksch* ZKM 2010, 39 ff.
8 Begr. BT-Drucks. 17/5335, B., Zu Artikel 4, Zu Nummer 2.
9 Hier empfiehlt es sich, eine Organisation einzubinden, die auf internationale Konflikte spezialisiert ist, wie z.B. MIKK (www.mikk-ev.de) oder die Arbeitsgruppe des sogenannten Malta-Prozesses (www.hcch.net), die auf zentrale Anlaufstellen hinweisen. Sowohl im Hinblick auf praktische Fragen der Durchführbarkeit bei unterschiedlichen Wohnsitzen und kulturellen Unterschieden als auch hinsichtlich der Um- und Durchsetzung der Mediationslösung in den verschiedenen Ländern sind die Herausforderungen einer grenzüberschreitenden Mediation besonders hoch. Das Berliner Modellprojekt »Mediation in internationalen Kindesentführungsverfahren« lädt Mediatoren von MIKK zum 1. Anhörungstermin mit den Eltern ein, um auszuloten, ob eine Mediation mit den Eltern infrage kommt und die Eltern über das Verfahren zu informieren.

12 Hingegen wird das Gericht eine konsensuale Streitbeilegung **nicht** unterbreiten, wenn beispielsweise
   - gesetzliche Bestimmungen den Parteien eine privatautonome Regelung untersagen,
   - ein besonderes öffentliches Interesse an der Rechtsdurchsetzung besteht oder
   - eine Grundsatzentscheidung begehrt wird.[10]

13 Das Gericht kann – (im Sinne von: darf) – eine Mediation oder ein anderes Verfahren der außergerichtlichen Konfliktbeilegung den Beteiligten auch lediglich nur vorschlagen – für eine unmittelbare Beauftragung eines Mediators durch das Gericht fehlt es an einer gesetzlichen Grundlage, weil das Mediatorrechtsverhältnis zwischen den Parteien und dem Mediator entsteht, denen auch die Auswahl und Beauftragung des Mediators obliegt.[11]

bb) Gewaltschutzsachen (Absatz 1 Satz 2)

14 Eine Mediation ist in Gewaltschutzsachen nicht ausgenommen, jedoch sind die schutzwürdigen Belange der von Gewalt betroffenen Personen zu wahren. Absatz 1 Satz 2 ist auf Vorschlag des Rechtsausschusses in das Gesetz aufgenommen worden, der seinerseits einen Vorschlag des Bundesrates aufgegriffen hat.[12]

15 **Schutzwürdige Belange** im Sinne des Gesetzes können allgemeine und besondere Gefährdungen, Retraumatisierung etc. sein.

16 Diesen schutzwürdigen Belangen kann einmal dadurch Rechnung getragen werden, dass von einem Vorschlag des Gerichts nach Absatz 1 Satz 1 überhaupt abgesehen wird.[13] Denkbar ist auch, allenfalls eine Mediation, aber kein anderes außergerichtliches Streitbeilegungsverfahren zu unterbreiten. Schließlich ist es ebenfalls möglich, den schutzwürdigen Belangen dadurch Rechnung zu tragen, das das Gericht Empfehlungen hinsichtlich der Qualifikation der Mediatoren ausspricht (z. B. einen Mediator mit einem psychosozialen Grundberuf zu wählen). Unter Hinweis auf das einschlägige Schrifttum[14] geht der Gesetzgeber davon aus, dass bei Beachtung der besonderen Bedingungen eine Mediation – anders als gerichtliche gütliche Einigungsversuche – bei vorliegendem Gewalthintergrund ein sinnvoller Weg sein kann, zu einer Konfliktlösung zu gelangen.[15] Das Gericht wird in derartigen Konstellationen die Sinnhaftigkeit einer konsensualen Konfliktlösung besonders sorgfältig prüfen müssen.

---

10 Vgl. in diesem Zusammenhang auch die Versuche im Schrifttum, mithilfe von Check-Listen die Mediationsgeeignetheit von Konflikten zu ergründen: *Monßen* AnwBl 2004, 7 ff. (8 f.); *Korteweg-Wiers*, FS VG Gießen, S. 359 ff. (360 Fn. 5; 366 f.).
11 OLG Koblenz, FamRZ 2015, 437.
12 Vgl. Begr. BT-Drucks. 17/8058, III. Zu Artikel 3 – neu –, Zu Nummer 5 – neu –.
13 Für eine gründliche Prüfung des Einzelfalles *Proksch* ZKM 2011, 173 ff. (175).
14 *Gläßer*, Mediation und Beziehungsgewalt.
15 Begr. BT-Drucks. 17/5335, B., Zu Artikel 4, Zu Nummer 2.

c) Zeitpunkt

Der Vorschlag kann gegenüber den Beteiligten grundsätzlich in **jedem Stadium des Rechtsstreits** erfolgen, also vor und in der mündlichen Verhandlung, aber auch noch im Rechtsmittelzug. Im Revisionsverfahren dürfte eine außergerichtliche Konfliktlösung eher nicht in Betracht zu ziehen sein.[16]   17

Gleichwohl bietet es sich grundsätzlich an, den **Vorschlag** für eine nichtstreitige Konfliktbeilegung **zu Beginn** eines Prozesses zu unterbreiten. Hierfür sprechen Gründe der Zeit- und Kostenersparnis für die Beteiligten wie auch für das Gericht. Zudem wird erfahrungsgemäß durch ein frühzeitiges Mediationsgespräch der Gefahr weiterer »emotionaler Verletzungen« während des Rechtsstreits entgegengewirkt.   18

Ob der Vorschlag unmittelbar nach Antragserhebung erfolgt oder nach Antragserwiderung und ggf. Replik, u. U. erst nach Erörterung mit den Beteiligten oder gar später, ist jeweils vom Einzelfall abhängig und davon, welche Rechtsbereiche des FamFG betroffen sind. Schließlich spielen die Informationen nach § 23 Abs. 1 Satz 3 FamFG eine nicht unerhebliche Rolle.   19

Rechtliche Bedenken bestehen nicht, einen **Vorschlag** nach Absatz 1 ggf. **mehrfach** zu unterbreiten, also nach zunächst erfolgter Ablehnung durch die Beteiligten in einer späteren Phase des Prozesses (ggf. nach erfolgter Beweisaufnahme) oder nach einer gescheiterten Mediation- oder einem anderen Konfliktlösungsverfahren. Der erneute Vorschlag kann sowohl in der gleichen Instanz wie auch im Rechtsmittelzug erfolgen.   20

d) Gericht

Gericht im Verständnis der Vorschrift sind **alle Gerichte**, die für Verfahren nach dem FamFG zuständig sind: Amtsgerichte (Familiengerichte und Betreuungsgerichte), Landgerichte, Oberlandesgerichte und BGH.   21

Handelt es sich um ein Verfahren, für das die Zuständigkeit des **Amtsgerichts** (Familien- oder Betreuungsgerichts) gem. §§ 23b und 23c GVG gegeben ist, so wird ein entsprechender Vorschlag nach § 36a FamFG vom Familien- oder Betreuungsrichter unterbreitet.   22

Befindet sich ein Verfahren in der **Berufung- bzw. Beschwerdeinstanz** und ist die Zuständigkeit des Landgerichtes oder Oberlandesgerichtes (vgl. §§ 72, 119 GVG) gegeben, so kommt es auf den Zeitpunkt an,[17] in dem der Vorschlag unterbreitet werden soll.   23

Grundsätzlich kann dies durch den Kammer- bzw. Senatsvorsitzenden erfolgen, nach Übertragung auf den Berichterstatter sodann durch diesen; erfolgt der Vorschlag (erst) in der mündlichen Verhandlung, so geschieht dies durch den Spruchkörper. Nach erfolgter Übertragung auf den Einzelrichter ist dieser zuständig.   24

---

16 Vgl. jedoch zum Verwaltungsprozess *Ortloff*, Festgabe, S. 797.
17 Vgl. oben Rdn. 17 ff.

e) Form

25 Nach dem Gesetzeswortlaut ist der Vorschlag **weder** an eine **Form noch** an (inhaltliche) **Voraussetzungen** gebunden.

26 Das Gericht kann den Vorschlag mündlich als auch schriftlich unterbreiten und ist auch nicht gehindert, vor dem eigentlichen Vorschlag bei und mit den Beteiligten zu sondieren, ob eine nichtstreitige Konfliktlösung für sie bzw. die Lösung ihres Rechtsstreits in Betracht kommt.

27 Das Gericht ist im Rahmen seiner Pflicht aus **§ 139 ZPO** gehalten, den Beteiligten Inhalt und Umstände des beabsichtigten oder unterbreiteten Vorschlags, auch in Abgrenzung zu etwaigen Alternativen außergerichtlicher Konfliktlösungen, deutlich zu machen und dabei auf Chancen, Risiken und Kosten hinzuweisen.

28 Dass derartige Informationen entsprechende Kenntnisse der Richterschaft voraussetzen und somit auch entsprechende Schulungen erforderlich machen, liegt auf der Hand. Denn nur wer selbst hinreichend informiert ist, wird seiner Informationspflicht gegenüber den Beteiligten gerecht werden können.[18]

29 **Verfahrenskostenhilfe** für die Durchführung einer Mediation etc. darf nicht bewilligt werden;[19] für eine Anwendung des § 7 MediationsG fehlt es bislang an der vom Gesetz geforderten Vereinbarung zwischen Bund und Ländern.

30 Erfolgen Vorschlag und ggf. Ablehnung durch die Beteiligten in der mündlichen Verhandlung, so ist dies gem. § 160 Abs. 2, 3 ZPO in der **Niederschrift** zu vermerken und im Ablehnungsfall das Verfahren in dem Stadium fortzusetzen, in dem es sich befindet.

31 Ob und ggf. wie lange das Gericht den Beteiligten eine **Frist** einräumt, sich zu seinem Vorschlag **zu äußern**, liegt ebenfalls in seinem pflichtgemäßen **Ermessen**. In einem Klageverfahren dürften drei Wochen, in einem Eilverfahren längstens eine Woche sachangemessen sein.

32 Einen Vorschlag in **Beschlussform** zu erlassen, wird nicht verlangt werden können. Gleichwohl wäre es wünschenswert, wenn die Gerichte – um die Bedeutung konsensualer Konfliktlösungsmöglichkeiten zu unterstreichen und um diese zu fördern – den Beteiligten einen entsprechenden Vorschlag in Form eines verfahrensleitenden, nicht anfechtbaren Beschlusses unterbreiten würden.

---

18 Vgl. auch die Erwägungen des Rechtsausschusses, besonders geschulte Koordinatoren, sog. »Court-Dispute-Manager«, hierfür einzusetzen: Begr. BT-Drucks. 17/8058, III. Allgemeines. S. 17.

19 A.A. zur früheren Rechtslage OLG Köln, Beschl. v. 03. 06. 2011, ZKM 2012, 29 ff. mit ablehnender Anmerkung von *Spangenberg* ZKM 2012, 31. Zur Bedeutung einer entsprechenden Regelung gerade für das familienrechtliche Verfahren *Proksch* ZKM 2011, 173 ff. (176).

Anderenfalls sollte aus Gründen der Klarheit der Vorschlag in Form einer **richterlichen** 33
Verfügung erfolgen, aus Gründen der Nachvollziehbarkeit und Dokumentation ist
Schriftform anzuraten, wobei die Übermittlung dann auch per Telefax, mündlich/telefonisch oder elektronisch erfolgen kann. Macht das Gericht – fallspezifisch – von seinem Vorschlagsrecht keinen Gebrauch, so sollten die tragenden Erwägungen hierfür jedenfalls in einem **Aktenvermerk** festgehalten werden.

2. Vorschlag einer Mediation (Absatz 1 Satz 1, 1. Alt.)

a) Begrifflichkeit

Was eine Mediation ist, folgt aus der **Begriffsbestimmung** des § 1 Abs. 1 Mediati- 34
onsG: ein vertrauliches und strukturiertes Verfahren, bei dem die Beteiligten mithilfe eines oder mehrerer Mediatoren freiwillig und eigenverantwortlich eine einvernehmliche Beilegung ihres Konflikts anstreben.

Mediation im Sinne des Mediationsgesetzes meint Mediation durch einen **nicht** in das 35
gerichtliche System eingebundenen Mediator, mithin eine sog. »außergerichtliche« Mediation. Lediglich in der Übergangsphase des § 9 MediationsG kam auch noch eine gerichtliche Mediation in Betracht.

Als Mediator in einer »außergerichtlichen« Mediation wird in aller Regel ein Anwalts- 36
mediator oder ein Mediator mit einem psychosozialen Grundberuf in Betracht kommen, mithin ein freiberuflich tätiger Mediator. Durch die Regelung ist nicht ausgeschlossen, dass auch ein Richter außerhalb seines Amtes – nebenberuflich – in einem vom Gericht vorgeschlagenen Mediationsverfahren tätig werden kann, sofern er denn hierfür eine Nebentätigkeitserlaubnis erhalten hat.

b) Stufenverhältnis

Mit der Reihenfolge in Absatz 1 hat der Gesetzgeber **kein Stufenverhältnis** zwischen 37
einer Mediation oder einem anderen Verfahren der außergerichtlichen Konfliktbeilegung[20] festgelegt. Allenfalls der Umstand, dass sich der Gesetzgeber intensiv mit Regelungen zur Mediation auseinandergesetzt hat könnte dafür streiten, dass er dieser eine gewisse Präferenz zubilligt.

Auch die gerichtliche Mediation stand in der Übergangsphase des § 9 MediationsG 38
gleichberechtigt neben den anderen in Absatz 1 aufgeführten Methoden.

c) Formale und inhaltliche Kriterien

Der Vorschlag einer Mediation kann in der Eingangs-, in der Berufungs- und in der 39
Revisionsinstanz unterbreitet werden. In aller Regel wird ein derartiger Vorschlag in der auf die Überprüfung von Rechtsfragen beschränkten Revisionsinstanz jedoch nur ausnahmsweise in Betracht kommen.

---

20 Vgl. hierzu den Überblick unter Teil 6 A. I. Rdn. 1 ff.

40 Für das von einem Gericht unterbreitete Mediationsverfahren gelten die **gleichen Regeln** wie für jedes andere Mediationsverfahren auch. Wegen der näheren Einzelheiten wird auf die Kommentierung des Mediationsgesetzes zu Verfahren, Aufgaben,[21] Offenbarungspflichten, Tätigkeitsbeschränkungen[22] und Verschwiegenheitspflicht[23] sowie zur Aus- und Fortbildung[24] verwiesen.

41 Eine etwaige in einer Mediation geschlossene Vereinbarung kann dem erkennenden Gericht gem. § 36 Abs. 3 FamFG, § 278 Abs. 6 ZPO vorgelegt und über § 95 FamFG das Zustandekommen eines **Vergleichs** durch Beschluss festgestellt werden. Aus einem gerichtlichen Vergleich kann gem. § 794 Abs. 1 Nr. 1 ZPO die **Vollstreckung** betrieben werden.

42 Der Vorschlag zur Durchführung einer Mediation kann **nicht** zugleich mit der Person eines **bestimmten Mediators** verbunden werden.[25] Hierfür spricht zum einen die neutrale Haltung, die einzunehmen vornehmste Pflicht des Gerichts ist und dem es ebenfalls untersagt ist, den Beteiligten einen bestimmten Anwalt zu empfehlen; zum anderen ist es Ausfluss des Prinzips der Freiwilligkeit, dass sich die Parteien ihren Mediator selbst auswählen können.

3. Vorschlag eines anderen Verfahrens der außergerichtlichen Konfliktbeilegung (Absatz 1 Satz 1, 2. Alt.)

a) Begrifflichkeit

43 Im Gesetz selbst finden sich keine Hinweise darüber, was unter einem »anderen Verfahren der außergerichtlichen Konfliktbeilegung« zu verstehen ist. Der Begriff findet sich in der Überschrift des Gesetzes sowie an zahlreichen weiteren Stellen (vgl. § 278a ZPO, § 54a ArbGG), wird dort jedoch nicht definiert.

44 Unter Hinweis auf das Schrifttum[26] werden in der **Gesetzesbegründung** etliche Verfahrensarten benannt.[27] Es handelt sich hierbei um **keine abschließende Aufzählung**, zumal davon ausgegangen werden kann, dass über die zurzeit bekannten und prakti-

---

21 Kommentierung zu § 2 MediationsG, Rdn. 1 ff.
22 Kommentierung zu § 3 MediationsG, Rdn. 1 ff.
23 Kommentierung zu § 4 MediationsG, Rdn. 1 ff.
24 Kommentierung zu § 5 MediationsG, Rdn. 1 ff.
25 A.A. *Baumbach u. a.*, ZPO, 69. Aufl., II. A, Rechtspolitischer Ausblick, § 278a Rn. 12. Es spricht jedoch nichts dagegen, die Beteiligten auf die Rechtsanwaltskammer, die IHK oder Mediationsinstitute zu verweisen, die Listen von Mediatoren vorhalten. Es dürfte auch nicht zu beanstanden sein, wenn die Gerichte selbst derartige Listen anlegen und die Beteiligten darauf verweisen. Weitergehend: *Nelle*, »Multi-Door-Courthouse Revisited«, S. 123 ff. (129 f.).
26 *Risse/Wagner*, Mediation im Wirtschaftsrecht, in: *Haft/Schlieffen,* Handbuch der Mediation, 1. Aufl., S. 553 ff. (580).
27 Vgl. Begr. BT-Drucks. 17/5335, A. II.

zierten Konfliktlösungsverfahren hinaus neue hinzukommen und die bereits praktizierten Verfahren sich in ihrer Ausgestaltung und Anwendung verändern werden.[28]

b) Stufenverhältnis

Zunächst kann auf die bereits oben erfolgten Ausführungen zum Stufenverhältnis verwiesen werden.[29] Darüber hinaus ist zu ergänzen, dass der Gesetzgeber, wie sich aus der Entstehungsgeschichte ergibt, der Mediation gegenüber anderen konsensualen Streitbeilegungsverfahren einen gewissen Vorzug einräumt, der jedoch nicht so weit geht, dass zwischen ihnen ebenfalls ein Stufenverhältnis bestehen würde. 45

c) Formale und inhaltliche Kriterien

Der **Vorschlag** für ein Verfahren der außergerichtlichen Konfliktbeilegung kann in **jeder Phase** des gerichtlichen Verfahrens erfolgen,[30] wenngleich die Besonderheiten mancher Konfliktbeilegungsverfahren dafür streiten, sie – soweit sie für Konflikte nach dem FamFG überhaupt geeignet sind – nur in der Eingangsinstanz vorzuschlagen. 46

Auch der Vorschlag eines bestimmten Konfliktbeilegungsverfahrens darf nicht mit einer bestimmten Person verbunden werden.[31] 47

4. Vorschlag einer gerichtlichen Mediation im (zwischenzeitlich abgelaufenen) Übergangszeitraum

Als **gerichtliche Mediation** wurde eine Mediation bezeichnet, die während eines anhängigen Gerichtsverfahrens von einem nicht entscheidungsbefugten Richter durchgeführt wurde. Der **Unterschied** zum **Güterichter** nach § 36 Abs. 5 FamFG bestand darin, dass der gerichtliche Mediator ausschließlich die Methode der Mediation anwendete, die rechtliche Hinweise wie auch Einigungs- oder Lösungsvorschläge ausschließt, und keine richterlichen Tätigkeiten wie Protokollierung von Vergleichen oder Festsetzung des Streitwertes vornahm. Der Güterichter hingegen bedient sich der gesamten Palette von Streitbeilegungsmethoden einschließlich rechtlicher Hinweise und Einigungsvorschlägen, protokolliert Vergleiche und kann nach hier vertretener Auffassung den Streitwert festsetzen.[32] 48

Gerichtliche Mediation war **nur in** der **Übergangsphase** des § 9 MediationsG bis zum 1. August 2013 möglich. 49

---

28 Wegen weiterer Einzelheiten zu den verschiedenen Verfahrensarten und ihren Inhalten vgl. die Ausführungen unter Teil 6.
29 Vgl. Rdn. 37 f.
30 Vgl. Rdn. 39 ff.
31 Vgl. Rdn. 39 ff.
32 Vgl. Kommentierung zu § 278 ZPO, Rdn. 70.

5. Entscheidung der Beteiligten (Absatz 2, 1. HS)

a) Aufgrund eines gerichtlichen Vorschlages

50 Die **Entscheidung der Beteiligten** für eine Mediation oder eine andere konsensuale Streitbeilegung ist an **keine Form** gebunden. Sie kann schriftlich, mündlich als auch zu Protokoll geschehen. Sie hat gegenüber dem Gericht zu erfolgen, welches den Vorschlag unterbreitet hat; bei einer nur mündlichen Erklärung eines Beteiligten wird das Gericht einen entsprechenden Aktenvermerk fertigen oder die Erklärung in ein Protokoll aufnehmen.

51 Die Beteiligten sind an den Vorschlag des Gerichts **nicht** gebunden, können also, wenn beispielsweise eine Mediation vorgeschlagen wurde, dem Gericht auch übereinstimmend mitteilen, dass sie sich beispielsweise für eine Schlichtung entschieden haben oder – wenn angeboten – eine gerichtliche Mediation bevorzugen.

b) Eigener Vorschlag der Beteiligten

52 Die **Beteiligten** sind nicht allein auf einen gerichtlichen Vorschlag angewiesen. Es steht ihnen **frei**, auch selbst einen entsprechenden Vorschlag über das Gericht dem anderen Beteiligten zukommen lassen oder bereits übereinstimmend dem Gericht mitzuteilen, dass sie sich beispielsweise für eine Mediation entschieden haben. Regt zunächst nur ein Beteiligter ein Verfahren der außergerichtlichen Konfliktbeilegung (oder der gerichtliche Mediation) an, so sollte das für das Gericht Anlass sein darüber zu reflektieren, seinerseits gem. Absatz 1 Satz 1 den Beteiligten einen Vorschlag zu unterbreiten. Die Intention des Gesetzes nach Förderung der Mediation wie auch anderer Verfahren der außergerichtlichen Konfliktbeilegung[33] erfordert, dass das Gericht einen entsprechenden Vorschlag eines Beteiligten an den anderen zur Stellungnahme weiterleitet.

6. Aussetzung des Verfahrens (Absatz 2, 2. HS)

53 **Zwingende** und daher **unanfechtbare Rechtsfolge** einer Entscheidung der Beteiligten für eine Mediation oder ein anderes Verfahren der außergerichtlichen Streitbeilegung ist eine Aussetzung des Verfahrens gem. § 36a Abs. 2 FamFG i.V.m. § 21 FamFG. Eines gesonderten Antrages hierzu bedarf es nicht; er ist in der Erklärung »für« ein konsensuales Verfahren konkludent enthalten.[34] Dies gilt nicht nur in den Fällen, in denen die Beteiligten sich zu einem entsprechenden Vorschlag des Gerichts gem. § 36a Abs. 1 FamFG verhalten, sondern auch dann, wenn sie aus eigenem Antrieb dem Gericht mitteilen, den Versuch einer konsensualen Einigung im Rahmen einer gerichtsnahen Mediation bzw. eines anderen außergerichtlichen Konfliktbeilegungsverfahrens unternehmen zu wollen: Auch in diesen Fällen ist die Verfahrensaussetzung zwingende Rechtsfolge.

---

33 Begr. BT-Drucks. 17/5335, A. II.
34 Vgl. *Löer* ZKM 2010, 179 ff. (182) zur Ruhensregelung des § 278a Abs. 2 ZPO.

Aus § 21 Abs. 1 Satz 2 FamFG i.V.m. § 249 Abs. 1, 2 ZPO folgt, dass mit der Aussetzung der Lauf einer jeden (echten) Frist aufhört und nach Beendigung der Aussetzung die volle Frist von neuem zu laufen beginnt. Die während der Aussetzung von einem Beteiligten in Ansehung der Hauptsache vorgenommenen Prozesshandlungen sind dem anderen Beteiligten gegenüber ohne rechtliche Wirkung.[35] 54

Kommt in einer Mediation oder einem anderen außergerichtlichen Konfliktbeilegungsverfahren eine Vereinbarung nicht zustande und wird insbesondere der Rechtsstreit nicht beendet, so obliegt es den **Beteiligten** und nicht dem Streitschlichter (Mediator etc.), dies gem. § 250 ZPO durch einen bei Gericht einzureichenden Schriftsatz **anzuzeigen**. Mit der Zustellung des Schriftsatzes durch das Gericht gilt das Verfahren sodann als wieder aufgenommen. 55

Über diese allgemeine Regelung hinaus gilt in Verfahren nach dem FamFG zugleich die **Besonderheit** des § 155 Abs. 4 FamFG: Das Gericht nimmt das Verfahren in der Regel nach drei Monaten wieder auf, wenn die Beteiligten keine einvernehmliche Regelung erzielen.[36] Durch diese Regelung dürften Probleme mit etwaigen sachlichrechtlichen Fristen[37] ausgeschlossen sein. 56

7. Gerichtliche Anordnungs- und Genehmigungsvorbehalte (Absatz 3)

Die Regelung des Absatzes 3 stellt sicher, dass den **Besonderheiten** der Verfahren nach dem **FamFG** auch dann Rechnung getragen wird, wenn die Beteiligten in einem Mediationsverfahren eine gemeinsame Lösung ihres Konfliktes erzielen. Soweit nach dem Gesetz gerichtliche Anordnungs- oder Genehmigungsvorbehalte bestehen, werden diese **nicht** durch konsensual gefundene Lösungen **obsolet**. Dies betrifft beispielsweise Entscheidungen des Gerichts zur Alleinübertragung der elterlichen Sorge gem. § 1671 BGB, gerichtliche Maßnahmen bei Gefährdung des Kindeswohls gem. § 1666 BGB oder die gerichtliche Billigung eines Vergleichs über den Umgang oder die Herausgabe eines Kindes gem. § 156 Abs. 2 FamFG. 57

Den Beteiligen bleibt es unbenommen, übereinstimmend dem entscheidungsbefugten Richter die Gründe für die in der Mediation gefundene Lösung und getroffene Vereinbarung zu schildern. Auch können sie, worauf in der Gesetzesbegründung[38] verwiesen wird, beispielsweise den Mediator von seiner Verschwiegenheitspflicht entbinden und zugleich bitten, entsprechende Informationen dem Gericht zukommen zu lassen. 58

---

35 Vgl. zu Einzelheiten *Baumbach*, ZPO, 69. Aufl., § 249 Rn. 4 ff.
36 Vgl. hierzu die Kommentierung zu § 155 Abs. 4 FamFG, Rdn. 10.
37 Vgl. hierzu die Kommentierung zu § 278a ZPO, Rdn. 68.
38 Begr. BT-Drucks. 17/5335, B., Zu Artikel 4, Zu Nummer 3.

8. Anwendungsbereich der Vorschrift

59 Die Vorschrift findet **keine** Anwendung auf Ehesachen und Familienstreitsachen, §§ 113 Abs. 1 Satz 2, 124 Satz 2 FamFG.[39]

9. Verhältnis vom § 36a Abs. 1 FamFG zu § 36 Abs. 5 FamFG

60 Da sich zum Verhältnis der o.g. Vorschriften weder dem Gesetz noch der Gesetzesbegründung Anhaltspunkte entnehmen lassen, muss das Gericht zunächst einmal für beide Verfahren grundsätzlich die gleichen Überlegungen zugrunde legen, also neben dem Aspekt der Freiwilligkeit insbesondere die Geeignetheit, ferner Zeit- und Kostenfaktoren sowie die Komplexität der Auseinandersetzung berücksichtigen. Bietet sich im Hinblick auf den konkreten Konflikt ein anderes Verfahren der außergerichtlichen Konfliktbeilegung an, so ist diesem jedenfalls gegenüber § 36 Abs. 5 FamFG der Vorrang einzuräumen.[40]

III. Hinweise für die Praxis

61 Spezifische, über § 278a ZPO hinausgehende Praxishinweise ergeben sich für die Regelungen in § 36a FamFG nicht; insoweit kann daher auf die Ausführungen unter § 278a ZPO[41] verwiesen werden. Soweit die Beteiligten nicht auf Vorschlag des Gerichts, sondern von sich aus mitteilen, dass sie sich auf eine Mediation oder ein anderes Verfahren der außergerichtlichen Konfliktbeilegung geeinigt haben, sollten sie – solange noch keine einschlägige Rechtsprechung vorliegt – ihre entsprechende Information an das Gericht hilfsweise mit einem Antrag auf Aussetzung des Verfahrens gem. § 36a Abs. 2 FamFG verbinden.

§ 81 Grundsatz der Kostenpflicht

(1) Das Gericht kann die Kosten des Verfahrens nach billigem Ermessen den Beteiligten ganz oder zum Teil auferlegen. Es kann auch anordnen, dass von der Erhebung der Kosten abzusehen ist. In Familiensachen ist stets über die Kosten zu entscheiden.

(2) Das Gericht soll die Kosten des Verfahrens ganz oder teilweise einem Beteiligten auferlegen, wenn
1. der Beteiligte durch grobes Verschulden Anlass für das Verfahren gegeben hat;
2. der Antrag des Beteiligten von vornherein keine Aussicht auf Erfolg hatte und der Beteiligte dies erkennen musste;
3. der Beteiligte zu einer wesentlichen Tatsache schuldhaft unwahre Angaben gemacht hat;
4. der Beteiligte durch schuldhaftes Verletzen seiner Mitwirkungspflichten das Verfahren erheblich verzögert hat;

---

39 Vgl. Einführung FamFG, Rdn. 3 f.
40 Vgl. hierzu auch Rdn. 8 ff., ferner die Kommentierung zu § 36 FamFG, Rdn. 50.
41 Vgl. Kommentierung zu § 278a ZPO, Rdn. 78 ff.

5. der Beteiligte einer richterlichen Anordnung zur Teilnahme an einem kostenfreien Informationsgespräch über Mediation oder über eine sonstige Möglichkeit der außergerichtlichen Konfliktbeilegung nach § 156 Absatz 1 Satz 3 oder einer richterlichen Anordnung zur Teilnahme an einer Beratung nach § 156 Absatz 1 Satz 4 nicht nachgekommen ist, sofern der Beteiligte dies nicht genügend entschuldigt hat.

(3) Einem minderjährigen Beteiligten können Kosten in Kindschaftssachen [1], die seine Person betreffen, nicht auferlegt werden.

(4) Einem Dritten können Kosten des Verfahrens nur auferlegt werden, soweit die Tätigkeit des Gerichts durch ihn veranlasst wurde und ihn ein grobes Verschulden trifft.

(5) Bundesrechtliche Vorschriften, die die Kostenpflicht abweichend regeln, bleiben unberührt.

Übersicht

	Rdn.
I. Regelungsgegenstand und Zweck	1
1. Normgefüge	1
2. Europäische Mediationsrichtlinie	6
II. Grundsätze/Einzelheiten	7
1. Kostenpflicht, Soll-Entscheidung (Absatz 2 Nr. 5)	7
a) Kostenentscheidung	9
b) Umfang der Kostenpflicht	11
c) Schuldhaftes Handeln	12
2. Richterliche Anordnung nach § 156 Abs. 1 FamFG	17
3. Nichtbefolgen einer richterlichen Anordnung für ein Informationsgespräch (Absatz 2 Nr. 5, 1. Alt.)	20
4. Versäumen einer richterlichen Anordnung für ein Beratungsgespräch (Absatz 2 Nr. 5, 2. Alt.)	21
5. Anfechtbarkeit der Kostenentscheidung	22
6. Anwendungsbereich der Vorschrift	23

I. Regelungsgegenstand und Zweck

1. Normgefüge

Die Vorschrift des § 81 FamFG über den Grundsatz der Kostentragungspflicht ist im **Zusammenhang mit § 80 FamFG** zu lesen, der den Umfang der Kostenpflicht regelt: Mit Kosten sind die Gerichtskosten (Gebühren und Auslagen) und die zur Durchführung des Verfahrens notwendigen Aufwendungen der Beteiligten gemeint. 1

Der **Anwendungsbereich** erstreckt sich auf Familiensachen (vgl. Katalog des § 111 FamFG), wobei in diesen Fällen stets eine Kostenentscheidung zu treffen ist, wie aus § 81 Abs. 1 Satz 3 FamFG folgt. In Ehe- und Familienstreitsachen gelten gem. § 113 2

---

[1] Abs. 3 geändert mit Wirkung zum 01.01.2013 durch Gesetz vom 05.12.2012.

Abs. 1 Satz 2 FamFG die §§ 91 ff ZPO; allerdings sind einige Normen des FamFG wie §§ 132, 150, 243 FamFG auch hier vorrangig.[2]

3 Während § 81 Abs. 1 FamFG dem Gericht grundsätzlich die Möglichkeit einräumt, eine Entscheidung über die Kosten nach billigem Ermessen zu treffen, regelt Absatz 2 als Soll-Vorschrift, in welchen enumerativ aufgezählten Fällen die Kosten des Verfahrens ganz oder teilweise einem Beteiligten auferlegt werden können.

4 Die **Neuregelung** der Kostensanktion in **Absatz 2 Nr. 5** war im Hinblick auf die Änderung des § 156 Abs. 1 Satz 3 FamFG erforderlich geworden. Die bislang bestehende unterschiedliche Behandlung von Kindschaftssachen einerseits und Scheidungs- und Folgesachen andererseits (vgl. § 135 Satz 1 – i.V.m. § 150 Abs. 4 Satz 2 FamFG) ist damit aufgehoben.

5 Die Absätze 3 und 4 des § 81 FamFG betreffen Kostenregelungen, soweit Minderjährige und Dritte betroffen sind und Absatz 5 nimmt Bezug auf entgegenstehende bundesrechtliche Kostenregelungen (vgl. § 183 FamFG).

2. Europäische Mediationsrichtlinie

6 Die Vorschrift bezieht sich auf **Art. 5 Abs. 1 Satz 2, Abs. 2 EUMed-RL**, wonach das Gericht die Parteien auffordern kann, an einer Informationsveranstaltung über Mediation teilzunehmen und diese Aufforderung mit einer Sanktion verbinden kann.

II. Grundsätze/Einzelheiten

1. Kostenpflicht, Soll-Entscheidung (Absatz 2 Nr. 5)

7 Das dem Gericht in Absatz 1 eingeräumte **Ermessen** hinsichtlich der Kostenentscheidung wird in den Fällen des **Absatz 2** deutlich **reduziert**. In Absatz 2 sind die Fälle zusammengefasst, in denen es in der Regel billigem Ermessen (vgl. insoweit Absatz 1 Satz 1) entspricht, wenn ein bestimmter Beteiligter alle oder wenigstens einen Teil der Kosten trägt.[3]

8 Das Gericht soll die Kosten ganz oder teilweise einem Beteiligten auferlegen, wenn ein Regelbeispiel wie das der Nr. 5 verwirklicht ist. Der Soll-Vorschrift ist nur in atypischen Fällen nicht zu folgen.

a) Kostenentscheidung

9 Die Kostenentscheidung, die das Gericht zu treffen hat, umfasst **Gerichtskosten** und **außergerichtliche Kosten**. Von daher empfiehlt es sich, im Tenor entsprechend zu differenzieren.[4]

---

2 Umfassend *Herget*, in: *Zöller*, ZPO, 29. Aufl., § 80 FamFG, Rn. 1.
3 Vgl. *Keitel*, FamFG, § 81 Rn. 50.
4 Vgl. *Keitel*, FamFG, § 81 Rn. 8.

Vorschriften bezüglich der Gerichtskosten finden sich im FamGKG, das die Gerichtskosten in Familiensachen regelt, und in der KostO, die die meisten Angelegenheiten der freiwilligen Gerichtsbarkeit betrifft. 10

b) Umfang der Kostenpflicht

Das Gesetz lässt offen, in welchem Umfang die Kostenpflicht den Beteiligten treffen soll: Es können dies alle Kosten oder auch nur ein Teil derselben sein. Gesichtspunkte wie Verfahrensverzögerung, vergebene Chance auf eine konsensuale Lösung oder das Kindeswohl können in diesem Zusammenhang eine Rolle spielen. 11

c) Schuldhaftes Handeln

Das Gesetz unterstellt zunächst, dass schuldhaftes Handeln bzw. Verhalten auch in den Fällen der Nr. 5 vorliegt, räumt dem Beteiligten allerdings die Möglichkeit ein, dieses »**genügend zu entschuldigen**«. Es handelt sich hierbei um einen **unbestimmten Rechtsbegriff**, der der Interpretation durch das Familiengericht zugänglich ist. 12

Die Voraussetzungen hierfür dürften im Fall nachgewiesener (schwerer) **Erkrankung** oder bei Bettlägerigkeit vorliegen, ferner dann, wenn ein Missverständnis aufgrund einer unklaren richterlichen Anordnung entstanden sein sollte.[5] 13

Auch im Fall von **Ortsabwesenheit** wird man vom Vorliegen einer genügenden Entschuldigung ausgehen können. Erreicht den Beteiligten die gerichtliche Anordnung allerdings noch während seiner Ortsanwesenheit, so wird man von ihm verlangen können, sich mit dem Gericht wegen einer Verhinderung/Terminverlegung vorab in Verbindung zu setzen; dies gilt grundsätzlich auch für andere Verhinderungsgründe, wenn diese im Vorhinein absehbar sind. 14

Eine genügende Entschuldigung kommt ferner dann in Betracht, wenn beispielsweise im Fall des § 156 Abs. 2 Nr. 5, 1. Alt FamFG die vom Gericht benannte Stelle oder Person das Informationsgespräch nicht kostenfrei erteilen oder keine Bestätigung aushändigen sollte. 15

Nach *Baumbach*[6] muss die Schuldlosigkeit genügend dargelegt werden, zudem bei formellen Amtsbetrieb meist nach § 31 FamFG glaubhaft gemacht oder gar nach §§ 29, 30 FamFG bewiesen werden. 16

2. Richterliche Anordnung nach § 156 Abs. 1 FamFG

Eine Kostentragungspflicht kommt nur in Betracht, wenn die nicht befolgten Verpflichtungen nach § 156 Abs. 1 Sätze 3, 4 FamFG auf eine richterliche **Anordnung** gestützt waren. Diese muss als Anordnung **erkennbar** sein (»*Die Teilnahme an ... wird angeordnet*«) und – soweit es um Informationen über Mediation etc. gem. § 156 Abs. 1 Satz 3 FamFG geht – eine bestimmte Stelle oder bestimmte Personen benen- 17

---

5 Vgl. *Keitel*, FamFG, § 81 Rn. 65.
6 ZPO, § 81 FamFG Rn. 9.

nen, die die einschlägigen Informationen geben können. (»*Das Informationsgespräch findet statt bei ... [Name und Anschrift]*«). Es steht dem Gericht frei, einen bestimmten Termin hierfür zu bestimmen oder dem Beteiligten aufzugeben, sich selbst innerhalb eines bestimmten Zeitraumes darum zu bemühen.

18 Voraussetzung ist ferner, dass die Information **kostenfrei** erfolgt und die Stelle bzw. Person über die Teilnahme eine **Bestätigung** erteilt.[7]

19 Zur Vermeidung von Missverständnissen ist angezeigt, eine entsprechende Anordnung **umfassend, eindeutig** und mit **klaren Zeitvorgaben** zu versehen.

3. Nichtbefolgen einer richterlichen Anordnung für ein Informationsgespräch (Absatz 2 Nr. 5, 1. Alt.)

20 Das Gesetz geht in dieser Alternative von einer Säumnis, d. h. Nichtteilnahme an einem kostenfreien Informationsgespräch über Mediation oder eine sonstige Möglichkeit der außergerichtlichen Konfliktbeilegung nach § 156 Abs. 1 Satz 3 FamFG aus, und zwar im Zusammenhang mit Kindschaftssachen wie der elterlichen Sorge bei Trennung und Scheidung, dem Aufenthalt des Kindes, dem Umgangsrecht oder der Herausgabe des Kindes.

Den Familienrichtern wird das Recht eingeräumt, das Nichtbefolgen ihrer Anordnungen zur Teilnahme an einem kostenfreien Informationsgespräch durch einen Beteiligten ohne genügende Entschuldigung kostenrechtlich zu sanktionieren. Dabei handelt es sich um eine Soll-Vorschrift, die das Ermessen der Richter im Regelfall einschränkt, so dass dem säumigen Beteiligten die Kosten ganz oder teilweise aufzuerlegen sind.

Die Gesetzesvorschrift hat weitreichende Diskussionen entfacht über die Reichweite der Elternautonomie und die Frage, ob demjenigen, der sich verweigert, ein Mangel an Elternkompetenz vorzuwerfen ist[8].

Sie wird zum Teil als rechtspolitisch verfehlt betrachtet[9] *oder gar als Strafgebühr,* die sich gegen denjenigen richtet, der letztlich ein gesetzlich vorgesehenes Recht einfordert, nämlich eine gerichtliche Entscheidung zu verlangen. Bei Ausübung dieses Rechts muss er sich aber gerade von demjenigen, den der Gesetzgeber zur Erledigung dieser hoheitlichen Aufgabe berufen hat, nämlich dem Familienrichter, zu anderen Personen wegschicken lassen[10].

Auch wenn die Vorschrift viel Kritik erfahren hat, ist sie im Hinblick auf das erstrebte Ziel, dem Hinwirken auf eine einvernehmliche Regelung[11] zwischen den Eltern über das Sorge- und Umgangsrecht, zu begrüßen. Weder der Grundsatz der Freiwilligkeit

---

7 Vgl. Kommentierung zu § 156 FamFG, Rdn. 11.
8 *Vogel,* NZFam 2015, 802 ff.
9 Keidel/Zimmermann, § 81 Rn 65.
10 Nach *Bork/Jacoby/Schwab,* FamFG, 2. Aufl. 2013, § 81 Rn. 142 hat die Vorschrift einen punitiven Charakter. Ebenso *Keske* in *Schulte-Bunert/Weinreich,* 4. Aufl. 2014, § 81 Rn. 30.
11 BT-Drs. 16/6308, 215.

der Mediation noch die Elternautonomie sind im Ergebnis tangiert. Nach *Vogel*[12] sollen die Eltern beim Hinwirken auf Einvernehmen zunächst über die negative psychologische Auswirkung einer Trennung auf alle Familienmitglieder aufgeklärt werden. Sodann soll bei ihnen Verständnis und Feinfühligkeit für die von den Interessen der Erwachsenen abweichenden Bedürfnisse und für die psychische Lage des Kindes geweckt werden. Deshalb ist Aufklärung wichtig und tut Not; Zwang dagegen ist niemals statthaft. Da es keinen harten Schnitt zwischen Freiwilligkeit und Zwang gibt, vielmehr hierbei fließende Übergänge bestehen, müssen Eigenmotivation gefördert und ausgebaut werden. Die Motive für die Ablehnung der Einigung eines Elternteils sind kennenzulernen und gegebenenfalls auch zu bearbeiten. Deshalb ist es gerechtfertigt, wenn der Gesetzgeber ein *obligatorisches* Probestadium der Pflichtberatung einbaut.

Die Beratungspflicht darf nicht in eine Einigungspflicht umgedeutet werden. Ziel ist auszuloten, ob eine Chance besteht, dass die Fremdmotivation bei kompetenter Beratung zur Eigenmotivation führt und dass neue Denkhorizonte eröffnet und Gesprächskompetenz gefördert werden. Wer sich dieser Offerte ohne nachvollziehbaren Grund verschließt, soll entsprechend bei der Kostentragung benachteiligt werden. Dies kann durchaus in Kindschaftssachen zu empfindlichen Beträgen führen, z.B. wenn ein Sachverständigengutachten beauftragt wird.

4. Versäumen einer richterlichen Anordnung für ein Beratungsgespräch (Absatz 2 Nr. 5, 2. Alt.)

Die 2. Alt. des Absatzes 2 Nr. 5 umfasst die Nichtteilnahme an Beratungen durch Beratungsstellen und -diensten der Träger der Kinder- und Jugendhilfe und war bisher schon im Gesetz verankert.[13]   21

5. Anfechtbarkeit der Kostenentscheidung

Eine isolierte oder unselbstständige Kostenentscheidung ist anfechtbar, wenn der Wert des Beschwerdegegenstandes 600 € übersteigt (vgl. § 61 FamFG).[14]   22

6. Anwendungsbereich der Vorschrift

Durch die Bezugnahme auf § 156 Abs. 1 Sätze 3 und 4 FamFG ist klargestellt, dass die Norm des § 81 Abs. 2 Nr. 5, 1. Alt. FamFG allein in Kindschaftssachen Anwendung findet, dort allerdings auch im Rechtsmittelverfahren.   23

---

12 *Vogel* NZFam 2015, 804.
13 Vgl. zu Einzelheiten *Herget*, in: *Zöller*, ZPO, 29. Aufl., § 81 FamFG Rn. 12.
14 *Herget*, in: *Zöller*, ZPO, 29. Aufl, § 81 FamFG Rn. 14; *Keitel*, FamFG, § 81 Rn. 81 f.

§ 135 Außergerichtliche Konfliktbeilegung über Folgesachen

Das Gericht kann anordnen, dass die Ehegatten einzeln oder gemeinsam an einem kostenfreien Informationsgespräch über Mediation oder eine sonstige Möglichkeit der außergerichtlichen Konfliktbeilegung anhängiger Folgesachen bei einer von dem Gericht benannten Person oder Stelle teilnehmen und eine Bestätigung hierüber vorlegen. Die Anordnung ist nicht selbständig anfechtbar und nicht mit Zwangsmitteln durchsetzbar.

(Absatz 2 aufgehoben)

Übersicht   Rdn.
I. Regelungsgegenstand und Zweck..................................   1
    1. Normgefüge   1
    2. Neufassung   4
    3. Europäische Mediationsrichtlinie..............................   7
II. Grundsätze/Einzelheiten   8
    1. Änderung der Begrifflichkeit (Satz 1).........................   8
    2. Regelungsinhalt des Satzes 1   9
       a) Anordnung eines Informationsgesprächs durch das Gericht..........   10
       b) Personen und Stellen   12
       c) Inhalt des Informationsgesprächs   14
       d) Kosten   15
       e) Teilnahmebestätigung.....................................   16
    3. Regelungsinhalt des Satzes 2   17
    4. Konsequenzen einer Nichtteilnahme   18
    5. Kritik   19
III. Hinweise für die Praxis   20

I. Regelungsgegenstand und Zweck

1. Normgefüge

1   Mit dem zum 1. September 2009 in Kraft getretenen Gesetz über das Verfahren in Familiensachen und in Angelegenheiten der freiwilligen Gerichtsbarkeit (FamFG)[1] wurde das familienrechtliche Verfahren sowie das FGG-Verfahren von Grund auf neu geregelt mit dem Ziel, eine moderne und allgemein verständliche Verfahrensordnung zu schaffen. Dabei sollte u. a. der **Gedanke einer Schlichtung** außerhalb des Gerichts nach dem Vorbild des § 278 Abs. 5 S. 2 ZPO in das **familiengerichtliche Verfahren** übertragen werden, womit nicht zuletzt auch den Bemühungen auf europäischer Ebene, »Mediation und sonstige Möglichkeiten außergerichtlicher Streitbeilegung« den Weg zu bahnen, Rechnung getragen werden sollte.[2] Wegen der Besonderheit der Verfahrensgegenstände und wegen der persönlichen Beziehungen der

---

1 Gesetz v. 17. 12. 2008, BGBl. I, S. 2586 i.d.F v. 22. 12. 2011, BGBl. I, S. 3044.
2 Begr. BT-Drucks. 16/6308, S. 229.

Beteiligten wollte der Gesetzgeber die **Chancen für einvernehmliche Konfliktlösungen**, die sogar über den konkreten Streitgegenstand hinausgehen sollten, unbedingt – und zwar stärker als im allgemeinen Zivilrecht – fördern.[3]

§ 135 FamFG a.F., der mit seiner Regelung beispiellos im bisherigen Recht war, gab (und gibt) dem Familiengericht erstmals die Möglichkeit »anzuordnen«, dass Ehegatten einzeln oder gemeinsam an einem **kostenfreien Informationsgespräch** über Mediation oder einer sonstigen Form außergerichtlicher Streitbeilegung teilnehmen (»Mandatorische Information über Mediation«[4]). Das Gericht hatte (und hat) zwar keine Kompetenz, diese Teilnahme zu erzwingen (vgl. Absatz 1 S. 2), aber die Nichtbefolgung einer solchen Anordnung kann die **negative Kostenfolge** des § 150 Abs. 4 S. 2 auslösen.[5]

Mit der Anordnung eines **Informationsgesprächs** wollte der Gesetzgeber sichergestellt wissen, dass die Ehegatten durch entsprechende Informationen von Mediatoren auch über die Möglichkeiten einer außergerichtlichen Einigung hinsichtlich der Scheidungsfolgesachen nachdenken. Ganz bewusst hat sich der Gesetzgeber dagegen entschieden, die Informationen über Mediation dem entscheidungsbefugten Richter zu überlassen; hiermit soll zum einen im Interesse der Rollenklarheit gewährleistet werden, dass die beteiligten Ehegatten sich außerhalb des Gerichts mit den Möglichkeiten der Mediation beschäftigen und zum anderen die Möglichkeit eröffnet werden, dass im Bestfall die Mediatoren Vertrauen schaffen und zur Mediation motivieren können. Eine **schriftliche Information**, z. B. durch ein Merkblatt, oder in einer Gruppenveranstaltung sah der Gesetzgeber als **nicht ausreichend** an.[6]

2. Neufassung

Mit der Neufassung des § 135 FamFG hat der Gesetzgeber zur **Vereinheitlichung des Sprachgebrauchs** den Terminus »Konfliktbeilegung« in der Überschrift und in Satz 1 eingefügt und den **bisherigen Absatz 2 gestrichen**.

§ 135 Abs. 2 FamFG a.F. lautete: *Das Gericht soll in geeigneten Fällen den Ehegatten eine außergerichtliche Streitbeilegung anhängiger Folgesachen vorschlagen.* Die Regelung entsprach § 278 Abs. 5 S. 2 ZPO a. F. und war insoweit bei Folgesachen, die Familienstreitsachen waren, Spezialnorm, wobei es sich anders als bei der zivilprozessualen Regelung (»kann«) um eine **Soll-Vorschrift** handelte.

Mit der Neueinfügung des § 36a FamFG in das Gesetz und über § 113 Abs. 1 Satz 2 FamFG wird nunmehr der **Regelungsgehalt des neuen § 278a ZPO** im FamFG für sämtliche Familiensachen implementiert.

---

3 Begr. BT-Drucks. 16/6308, S. 229.
4 *Paul* ZKM 2011, 122 (123).
5 Begr. BT-Drucks. 16/6308, S. 229.
6 Begr. BT-Drucks. 16/6308, S. 229.

3. Europäische Mediationsrichtlinie

7 § 135 FamFG entspricht **Art. 5 EUMed-RL**, wonach »das Gericht die Parteien auch auffordern (kann), an einer Informationsveranstaltung über die Nutzung der Mediation teilzunehmen« und diese Aufforderung mit der Androhung von Sanktionen versehen kann.

II. Grundsätze/Einzelheiten

1. Änderung der Begrifflichkeit (Satz 1)

8 Zur Vereinheitlichung des Sprachgebrauchs in den vom Mediationsförderungsgesetz betroffenen Gesetzen wird anstelle des Wortes »Streitbeilegung« der modernere Begriff der »**Konfliktbeilegung**«[7] verwandt, wohl weil dem üblichen deutschen Wort »Streit« weniger Versöhnungspotential innewohnt als dem gemeinhin nur für schwächere Zwistigkeiten stehenden Begriff »Konflikt«.

2. Regelungsinhalt des Satzes 1

9 Auch nach der Änderung verbleibt es bei der Möglichkeit des Familiengerichts in **Scheidungs- und Folgesachen anzuordnen**, dass die Ehegatten einzeln oder gemeinsam an einem **kostenfreien Informationsgespräch** über Mediation oder einer sonstigen Form außergerichtlicher Streitbeilegung teilnehmen. Die Regelung wird **durch den geänderten § 156 Abs. 1 Satz 3 FamFG ergänzt**, wonach diese Anordnung nunmehr ebenfalls in Kindschaftssachen erfolgen kann.

a) Anordnung eines Informationsgesprächs durch das Gericht

10 Das Gericht ordnet die Teilnahme an einem Informationsgespräch nach **freiem Ermessen**[8] an. Es handelt sich um eine **gerichtliche Auflage**, die als Zwischenentscheidung[9] in Form eines Beschlusses[10] oder einer Verfügung[11] ergeht.

11 Die Entscheidung sollte eine wenn auch nur knappe **Begründung** enthalten, damit die für das Informationsgespräch vorgeschlagene Person oder Stelle erfährt, warum das Gericht die entsprechende Entscheidung für **angemessen** hält.[12] Die Entscheidung des Gerichts ist den Parteien nur **zuzustellen** (§ 329 Abs. 2 S. 3 ZPO), wenn sie mit einer Fristsetzung zur Durchführung des Informationsgesprächs verbunden ist; eine Fristsetzung sollte allerdings der **Normalfall** sein. Ansonsten reicht die formlose Mitteilung.[13]

---

7 Begr. BT-Drucks. 16/6308, S. 229.
8 Begr. BT-Drucks. 16/6308, S. 229.
9 Begr. BT-Drucks. 16/6308, S. 229.
10 *Baumbach/Lauterbach/Albers/Hartmann*, ZPO, 69. Aufl, § 135 FamFG, Rn. 3.
11 *Heinemann* FamRB 2010, 125 ff. (127).
12 *Baumbach/Lauterbach/Albers/Hartmann*, ZPO, 69. Aufl., § 135 FamFG, Rn. 3, wo von einer »Anstandspflicht« hinsichtlich der Begründung gesprochen wird.
13 *Heinemann* FamRB 2010, 125 ff. (127).

b) Personen und Stellen

Das Gesetz regelt nicht, wer die Informationsgespräche durchführen soll. Dem Gericht steht in Bezug auf die Auswahl der benannten Person oder Stellen Ermessen zu. Im Hinblick auf die Verordnung über die Aus- und Fortbildung von zertifizierten Mediatoren, die am 1. September 2017 in Kraft getreten ist, sollte das Gericht vorzugsweise zertifizierte Mediatoren benennen, um eine fachlich fundierte Quelle anzubieten, die insbesondere geeignet sind, zu den Interessenten ein Vertrauenverhältnis aufzubauen, welches eine Grundvoraussetzung für die Bereitschaft zur Mediation darstellt[14]. Zwar gab es ursprünglich vonseiten der Rechtsanwälte Kritik,[15] mangels Bereitschaft des Gesetzgebers, zur Förderung der Mediation auch Mediationskostenhilfe einzuführen, kostenlos tätig werden zu sollen. Tatsächlich haben bundesweit Berufs- und Fachverbände ihre Bereitschaft erklärt, diese Informationsgespräche kostenfrei anzubieten.[16]

12

Die **ausgewählte Person kann** die gewünschte Tätigkeit ohne Angabe von Gründen ablehnen.[17]

Das Gericht kann den Ehegatten **mehrere geeignete Personen oder Stellen** zur Auswahl benennen oder auch an eine konkrete Person oder Stelle verweisen. Die Übergabe einer Liste mit entsprechenden Personen oder Stellen ist nicht ausreichend.[18] Der Gesetzgeber geht davon aus, das die Gerichte mit der Zeit eine »zunehmend größere Übersicht« über das Angebot der entsprechenden Dienstleistungen bekommen.[19] Die Gerichte sind daher gehalten, sich eine entsprechende Übersicht zu schaffen.

13

c) Inhalt des Informationsgesprächs

Das Informationsgespräch soll den Ehegatten **ausreichende Kenntnis** über Mediation und sonstige Möglichkeiten der außergerichtlichen Konfliktbeilegung geben, damit sie entscheiden können, ob sie ein solches Verfahren für die Beilegung ihres Konfliktes wählen möchten.[20] Über **Ablauf** und **Inhalt des Gesprächs** macht das Gesetz keinerlei Angaben. Erforderlich wird die Darstellung der unterschiedlichen Verfahren, z. B. Mediation, Cooperative Praxis,[21] notarielle Scheidungsfolgenvereinbarung, sein. Das beinhaltet zumindest die Erläuterung des wesentlichen Inhalts der unterschiedlichen Verfahrensabläufe, die Dauer jedes Verfahrens, die damit verbundenen Kosten und ggf. die Erörterung, welche Person oder Stelle geeignet scheint, ein solches Verfahren durchzuführen.

14

---

14 *Klowait/Gläßer*, 2. Auflage, § 135 FamFG, Rn 4.
15 *Grabow* FPR 2011, 33 ff. (35).
16 *Paul* ZKM 2011, 122 ff. (124); *Grabow* FPR 2011, 33 ff. (35).
17 *Baumbach/Lauterbach/Albers/Hartmann*, ZPO, 69. Aufl, § 135 FamFG, Rn. 5.
18 *Heinemann* FamRB 2010, 125 ff. (127); Münchener Kommentar zur ZPO, § 135 FamFG, Rn. 11a.
19 Begr. BT-Drucks. 16/6308, S. 229; https://www.zertifizierter-mediator.de/zertifizierung.php.
20 Begr. BT-Drucks. 16/6308, S. 229.
21 Vgl. hierzu umfassend die Darstellung unter Teil 6 G.

d) Kosten

15 Das Informationsgespräch ist **kostenfrei**. Voraussetzung ist, dass der entsprechenden Person oder Stelle vor Beginn des Informationsgesprächs die Entscheidung des Gerichts von den Ehegatten mitgeteilt wird. So bleibt die Entscheidungsmöglichkeit, eine kostenfreie Dienstleistung abzulehnen, bestehen. Sollte nicht erkennbar sein, dass es sich um ein Informationsgespräch nach § 135 FamFG handelt, kann der entsprechend tätige **Rechtsanwalt**[22] ein Honorar nach § 34 RVG verlangen, der Notar aber nur, wenn über das Informationsgespräch hinaus ein Mediations- oder Beratungsvertrag abgeschlossen wird.[23] Andere Personen oder Stellen können dies nur aufgrund entsprechender Vereinbarung. Sollte die Person oder die Stelle, die das Informationsgespräch durchführt, eine Vergütung vom Gericht erhalten, so kann eine Erstattung nicht von den Ehegatten verlangt werden.[24] Zudem entstehen **keine Gerichtsgebühren**.

e) Teilnahmebestätigung

16 Über die Teilnahme an dem Informationsgespräch ist den Beteiligten eine **Teilnahmebestätigung** zu erteilen, aus der sich Angaben über die Person oder Stelle, die das Informationsgespräch geführt hat, und der Tag des Gesprächs ergeben. Angaben über den Inhalt und das Ergebnis des Gespräches sind nicht erforderlich.[25]

3. Regelungsinhalt des Satzes 2

17 Die Anordnung nach Satz 1 ist **nicht** selbstständig **anfechtbar** und kann von dem Familiengericht auch nicht mit Zwangsmitteln durchgesetzt werden. Gegen die Entscheidung kann lediglich die Gehörsrüge eingelegt werden (§ 113 Abs. 1 S. 2 FamFG i.V.m. § 321a ZPO), wenn dem/den Ehegatten z. B. keine Möglichkeit der Stellungnahme eingeräumt wurde.[26]

4. Konsequenzen einer Nichtteilnahme

18 Die Nichtteilnahme an einem gerichtlich angeordneten Informationsgespräch kann die **nachteilige Kostenfolge** des § 150 Abs. 4 S. 2 FamFG nach sich ziehen. Die Sanktionierung im Fall einer unentschuldigten Nichtteilnahme am Informationsgespräch wird im Hinblick auf die Freiwilligkeit – ein Grundprinzip der Mediation – nicht zur Disposition gestellt. Art. 5 der europäischen Med-RiLi[27] besagt, dass der Vorschlag, die Anordnung oder sogar die gesetzliche Pflicht zur Teilnahme an einer Mediation nicht im Widerspruch zum Prinzip der Freiwilligkeit steht. Dies zeigt

---

22 *Baumbach/Lauterbach/Albers/Hartmann*, ZPO, 69. Aufl, § 135 FamFG, Rn. 6.
23 *Heinemann*, FamFG für Notare, Rn. 191.
24 *Baumbach/Lauterbach/Albers/Hartmann*, ZPO, 69. Aufl, § 135 FamFG, Rn. 5.
25 *Heinemann* FamRB 2010, 125 ff. (128).
26 *Heinemann* FamRB 2010, 125 ff. (127).
27 Richtlinie 2008/52/EG des Europäischen Parlaments und des Rates vom 21.05.2008 über bestimmte Aspekte der Mediation in Zivil- und Handelssachen, L 135/6.

sich auch schon daran, dass die Beteiligten nicht nur die Mediation selbst sondern auch ein Informationsgespräch jederzeit beenden können[28], ohne dafür Nachteile im gerichtlichen Verfahren zu haben. Lediglich die Teilnahme an einem Informationsgespräch kann verlangt und ggf. mit Kostennachteilen bei Nichtteilnahme sanktioniert werden, Die Teilnahme muss für die Ehegatten jedoch zumutbar sein. In Fällen häuslichen Gewalt ist dies u. U. zu verneinen.[29]

5. Kritik

Bedauert wird vereinzelt, dass der Gesetzgeber weder in der Vergangenheit noch gegenwärtig die Chance genutzt hat, durch das Gericht nicht nur ein Informationsgespräch anzuordnen, sondern die Parteien im Rahmen einer Ermessensentscheidung direkt auf ein Mediationsverfahren verweisen zu können – mit der entsprechenden Kostenfolge nach § 150 Abs. 4 S. 2, sollte sich eine Partei weigern, daran teilzunehmen.[30] So wird u. a. auf das seit 6. April 2011 vor den Familiengerichten in England und Wales gültige Verfahren[31] verwiesen, wonach der Antragsteller und nach entsprechender Aufforderung auch der Antragsgegner an einem Gespräch mit einem Mediator teilnehmen muss (»**Mediation Information and Assessment Meeting**«), bei dem die Aussichten, einen Familienkonflikt mithilfe einer Mediation zu lösen, erörtert und abgewogen werden.[32] Das geht über die reine Information über Mediation hinaus und eröffnet u. U. bereits den Eintritt in ein Mediationsverfahren.[33]   19

Bei der sog. »Mandatorischen Mediation«, die z.B. in einigen Staaten der USA[34] üblich ist und den Beteiligten einen Mediationsversuch vorschreiben, wird an die Überzeugung angeknüpft, dass die Konfliktparteien und ihre Anwälte häufig erst im Rahmen eines konkreten Mediationsversuchs von den Vorzügen und Möglichkeiten einer außergerichtlichen Befriedung erfahren, zumal das Verfahren jederzeit beendet werden kann.

III. Hinweise für die Praxis

Den Familiengerichten ist anzuraten, über die Rechtsanwaltskammern, die IHKs sowie die einschlägigen Verbände **Listen mit Mediatoren** oder Stellen vorzuhalten, die ein Informationsgespräch im oben beschriebenen Sinne durchzuführen in der Lage sind. Nach der Umsetzung der nach § 6 MediationsG zum 01.09.2017 erlassenen Verordnung dürften im Hinblick auf die Qualitätsanforderungen an eine solche Information vor allem zertifizierte Mediatoren im Sinne von § 5 Abs. 2 Media-   20

---

28 Teil 1 C. § 2 Abs. 5 Satz 1 Mediationsgesetz.
29 Begr. BT-Drucks. 16/6308, S. 229.
30 *Wagner* ZKM 2010, 172 ff. (176); *Grabow*, FPR 2011, 33 ff. (36).
31 Sec. 4 Practice Direction 3 A – Pre-Application Protocol for Mediation Information and Assessment, Ergänzung zu The Family Procedure Rules 2010 (2010 No. 2955 (L. 17)), vgl. www.legislation.gov.uk.
32 Vgl. *Steffek* RabelsZ, 74, 841 ff. (867 ff.).
33 *Paul* ZKM 2011, 122 ff. (123).
34 U.a. Kalifornien, Floria, New York.

tionsG in Betracht kommen. Die zertifizierten Mediatoren sind zur Supervision und Fortbildung verpflichtet.

21 **Mustertext** einer nach § 135 FamFG vorzulegenden Teilnahmebestätigung:

▶ **Teilnahmebestätigung zur Vorlage beim Familiengericht**

Herr ... (*Name und Anschrift*)

und

Frau ... (*Name und Anschrift*)

haben heute ... (*Datum*) in der Zeit von ... bis ... (*Uhrzeit*)

gem. § 135 Satz 1 FamFG an einem kostenfreien Informationsgespräch über Mediation und sonstige Möglichkeiten der außergerichtlichen Konfliktbeilegung bei dem unterzeichnenden Mediator (*oder entsprechende Stelle*) teilgenommen.

(*Unterschrift sowie Name und Adresse*)

§ 150 Kosten in Scheidungssachen und Folgesachen

(1) Wird die Scheidung der Ehe ausgesprochen, sind die Kosten der Scheidungssache und der Folgesachen gegeneinander aufzuheben.

(2) Wird der Scheidungsantrag abgewiesen oder zurückgenommen, trägt der Antragsteller die Kosten der Scheidungssache und der Folgesachen. Werden Scheidungsanträge beider Ehegatten zurückgenommen oder abgewiesen oder ist das Verfahren in der Hauptsache erledigt, sind die Kosten der Scheidungssache und der Folgesachen gegeneinander aufzuheben.

(3) Sind in einer Folgesache, die nicht nach § 140 Abs. 1 abzutrennen ist, außer den Ehegatten weitere Beteiligte vorhanden, tragen diese ihre außergerichtlichen Kosten selbst.

(4) Erscheint in den Fällen der Absätze 1 bis 3 die Kostenverteilung insbesondere im Hinblick auf eine Versöhnung der Ehegatten oder auf das Ergebnis einer als Folgesache geführten Unterhaltssache oder Güterrechtssache als unbillig, kann das Gericht die Kosten nach billigem Ermessen anderweitig verteilen. Es kann dabei auch berücksichtigen, ob ein Beteiligter einer richterlichen Anordnung zur Teilnahme an einem Informationsgespräch nach § 135 nicht nachgekommen ist, sofern der Beteiligte dies nicht genügend entschuldigt hat. Haben die Beteiligten eine Vereinbarung über die Kosten getroffen, soll das Gericht sie ganz oder teilweise der Entscheidung zugrunde legen.

(5) Die Vorschriften der Absätze 1 bis 4 gelten auch hinsichtlich der Folgesachen, über die infolge einer Abtrennung gesondert zu entscheiden ist. Werden Folgesachen als selbständige Familiensachen fortgeführt, sind die hierfür jeweils geltenden Kostenvorschriften anzuwenden.

Übersicht

	Rdn.
I. Regelungsgegenstand und Zweck	1
1. Normgefüge	1
2. Änderung	4
3. Europäische Mediationsrichtlinie	5
II. Grundsätze/Einzelheiten	6
1. Kostenaufhebung bei Scheidung (Absatz 1)	6
2. Kostentragung bei Erfolglosigkeit des Scheidungsantrages (Absatz 2)	7
3. Kosten weiterer Beteiligter (Absatz 3)	8
4. Unbilligkeit der Kostenregelung (Absatz 4)	9
a) Fallkonstellationen nach Absatz 4 Satz 1	9
b) Fallkonstellationen nach Absatz 4 Satz 2	11
c) Fallkonstellationen nach Absatz 4 Satz 3	13
5. Abgetrennte Folgesachen (Absatz 5)	14
6. Rechtsmittelinstanz und einstweilige Anordnung	15

I. Regelungsgegenstand und Zweck

1. Normgefüge

§ 150 FamFG entspricht etwa dem **früheren § 93a ZPO** vor Einführung des FamFG und enthält die **Kostenregelung** in Scheidungs- und Folgesachen gemäß §§ 133 ff FamFG.[1] Für Ehe- und Familienstreitsachen gelten nach § 113 Abs. 1 FamFG grundsätzlich nicht die allgemeinen Kostenregelungen des FamFG (§§ 80 ff.), sondern die allgemeinen zivilprozessualen Kostenregelungen der §§ 91 ff ZPO. 1

Für **Scheidungs- und Folgesachen** enthält § 150 FamFG eine weitere – auch gegenüber § 243 FamFG – **Sonderregelung**,[2] wonach die §§ 91 ff ZPO und damit das **zivilprozessuale Erfolgsprinzip** keine Anwendung findet, da dies in Scheidungssachen teilweise nicht zu sachgerechten Ergebnissen führen würde. So wäre der Zeitpunkt, welcher Ehegatte zuerst dem stattzugebenden Scheidungsantrag eingereicht hat ausschlaggebend für die Kostenlast; tatsächlich aber hängt die Reihenfolge der Anträge häufig von Zufällen oder Vereinbarungen der Parteien ab.[3] Ferner geht es in Scheidungssachen um weit mehr als lediglich um wirtschaftliche und rechtliche Aspekte, welche durch die Kostenregelung des § 150 FamFG – insbesondere bzgl. der Folgesachen – in die Entscheidung des Gerichts einbezogen werden können. 2

Getragen ist die Regelung des § 150 FamFG von dem **Prinzip der Kostenaufhebung** (Absatz 1), das nur bei Abweisung oder Rücknahme des Scheidungsantrags (Absatz 2) oder aus Billigkeitserwägungen (Absatz 4 Satz 1) durchbrochen wird. Bei einer Eheaufhebung greift die Vorschrift des § 132 FamFG. Für den Feststellungsantrag nach 3

---

1 Begr. BT-Drucks. 16/6308, S. 233.
2 Begr. BT-Drucks. 16/6308, S. 233.
3 *Musielak/Borth*, Familiengerichtliches Verfahren, 2. Aufl., § 150 Rn. 2.; *Horndasch/Viefhues*, FamFG, 2. Aufl., § 150 Rn. 3.

§ 121 Nr. 3 FamFG gelten die allgemeinen zivilprozessualen Regelungen der §§ 91 ff ZPO. Bei einer Lebenspartnerschaft ist § 270 FamFG zu beachten.

2. Änderung

4 In § 150 FamFG wurde in Absatz 4 Satz 2 nach der Angabe »§ 135« die Angabe »Abs. 1« gestrichen; dies ist der entsprechenden Veränderung des § 135 FamFG geschuldet.[4] Damit hat sich § 150 FamFG nunmehr gegenüber der alten Fassung nur unwesentlich verändert.

3. Europäische Mediationsrichtlinie

5 § 150 Abs. 4 FamFG korrespondiert mit **Art. 5 Abs. 2 EUMed-RL**, der die Möglichkeit gerichtlicher **Sanktionen** bei Nichtinanspruchnahme von Mediationen zulässt.

II. Grundsätze/Einzelheiten

1. Kostenaufhebung bei Scheidung (Absatz 1)

6 Wird dem Scheidungsantrag stattgegeben, enthält § 150 Abs. 1 FamFG den Grundsatz der **Kostenaufhebung** bzgl. **der Scheidungssache** (vgl. § 121 Nr. 1 FamFG) und **der Folgesache** (vgl. § 137 Abs. 2 FamFG). Die Gleichbehandlung und die einheitliche Kostenentscheidung der Scheidungs- und der Folgesache resultiert aus dem **Verbundprinzip** des § 137 FamFG. Ausgenommen davon sind Verfahren, die zum Zeitpunkt der Verbundentscheidung nach § 140 Abs. 1 bis 3 FamFG abgetrennt sind und als selbstständige Verfahren fortgeführt werden (vgl. Absatz 5 Satz 2). Bei der Kostenaufhebung (vgl. § 92 Abs. 1 S. 2 ZPO) hat jeder Ehegatte die Hälfte der angefallenen Gerichtskosten sowie in voller Höhe die eigenen außergerichtlichen Kosten zu tragen hat. Hinsichtlich der außergerichtlichen Kosten einer dritten Person i.S.d § 139 FamFG trifft § 150 Abs. 3 FamFG eine gesonderte Regelung. Gemäß § 150 Abs. 4 FamFG kann das Gericht aus Billigkeitsgründen von den Kostenregelungen der Absätze 1 bis 3 abweichen.

2. Kostentragung bei Erfolglosigkeit des Scheidungsantrages (Absatz 2)

7 Wird der Scheidungsantrag eines Antragstellers (als unzulässig oder unbegründet) abgewiesen oder von diesem zurückgenommen (Absatz 2 Satz 1), hat dieser die Kosten der Scheidungssache und der Folgesachen zu tragen. Das **Kostenprinzip des § 91 ZPO** ist in diesem Fall sachgerecht. Wird der Antrag lediglich bezüglich der Folgesache zurückgenommen, findet § 150 Abs. 1 FamFG Anwendung. Werden die Scheidungsanträge von beiden Beteiligten abgewiesen oder zurückgenommen, sind die Kosten der Scheidungssache und der Folgesachen gegeneinander aufzuheben (Absatz 2 Satz 2). Auch bei Erledigung des Scheidungsverfahrens beispielsweise durch Versöhnung oder Tod (vgl. § 131 FamFG) werden die Kosten gegeneinander aufgehoben. Auch hier ist dem Gericht unter den Voraussetzungen des Absatz 4 die Mög-

---

4 Begr. BT-Drucks. 17/5335, III. Zu Artikel 4, Zu Nummer 6.

lichkeit eröffnet, von der Kostenregelung der Absätze 1 bis 3 aus **Billigkeitsgründen** abzuweichen.

3. Kosten weiterer Beteiligter (Absatz 3)

In einer Folgesache können weitere Beteiligte auftreten. Bestimmte Folgesachen – Unterhaltsfolgesachen oder Güterrechtsfolgesachen – sind nach § 140 Abs. 1 FamFG abzutrennen. Bei nicht nach § 140 Abs. 1 FamFG **abzutrennenden Folgesachen** haben die weiteren Beteiligten ihre außergerichtlichen Kosten selbst zu tragen (Absatz 3). **Weitere Beteiligte** sind z. B. bei Versorgungsausgleichsfolgesachen der **Versorgungsträger** (vgl. § 219 Nr. 3 FamFG), in Ehewohnungszuweisungsfolgesachen der **Vermieter** und in Kindschaftsfolgesachen das **Jugendamt** (vgl. § 204 FamFG). Auch hier kann das Gericht eine abweichende Kostenregelung aufgrund der allgemeinen Billigkeitsklausel in § 150 Abs. 4 FamFG treffen. Einem Verfahrensbeistand sind keine Verfahrenskosten aufzuerlegen (vgl. § 158 Abs. 8 FamFG).

8

4. Unbilligkeit der Kostenregelung (Absatz 4)

a) Fallkonstellationen nach Absatz 4 Satz 1

Aus Billigkeitserwägungen und im Sinn der **Kostengerechtigkeit** hat das Gericht nach § 150 Abs. 4 S. 1 FamFG einen **Ermessensspielraum**, über die Kostenverteilung anders als nach den Regelungen der Absätze 1 bis 3 zu entscheiden. Die »anderweitige Verteilung« der Kosten entspricht der »verhältnismäßigen Kostenteilung« des § 92 Abs. 1 ZPO, d. h. das Gericht kann jede anderweitige Verteilung vornehmen. Dem Gericht steht die Ausübung eines **pflichtgemäßen Ermessens** zu. Das ausgeübte Ermessen muss auf ausreichend überprüfbaren Abwägungen und Begründungen hinsichtlich der Abweichung von den gesetzlichen Regelungen beruhen. Im Gesetz werden für die Eröffnung eines Ermessensspielraums als Beispiele (»**insbesondere**«) die Gesichtspunkte der »**Versöhnung**« (ein über das »kürzere Zusammenleben« hinausgehendes Ziel vgl. § 1567 Abs. 2 BGB) und das »**Ergebnis einer als Folgesache geführten Unterhaltssache oder Güterrechtssache**« angeführt. Bei dem Ergebnis der benannten Folgerechtssachen kann z. B. berücksichtigt werden, dass die geltend gemachten Ansprüche unbegründet oder überhöht waren.[5] Dadurch entstandene **Kosten** können entweder einem Ehegatten ganz auferlegt oder gemäß § 92 ZPO auf beide Ehegatten verteilt werden.[6] Auch Mehrkosten[7] einer Folgesache nach § 95 ZPO sowie die bezüglich einer Unterhaltsfolgesache in § 243 S. 2 Nr. 2 bis 4 FamFG genannten Umstände[8] können berücksichtigt werden.

9

---

5 OLG München, Beschl. v. 16.9.1998 – 11EF 1101/98, NJW –RR 99, S. 366.; *Bumiller/Harders*, FamFG Freiwillige Gerichtsbarkeit 10. Aufl., § 150 Rn. 8; *Horndasch/Viefhues*, FamFG, 2. Aufl., § 150 Rn. 16.
6 OLG München, Beschl. v. 16.9.1998 – 11EF 1101/98, NJW – RR 99, S. 366.
7 OLG München, Beschl. v. 16.9.1998 – 11EF 1101/98, NJW – RR 99, S. 366.
8 *Engelhardt/Sternal*, FamFG, 17. Aufl., § 150 Rn. 8.

10 Anders als noch in § 93 a Abs. 1 S. 2 ZPO a.F. ist der Gesichtspunkt der »unverhältnismäßigen Beeinträchtigung der Lebensführung eines Ehegatten durch die Kostentragung« nunmehr nicht mehr ausdrücklich in § 150 Abs. 4 FamFG erwähnt. Bei dessen Vorliegen wäre er aber weiterhin als möglicher **Ermessensgesichtspunkt** zu berücksichtigen, wie auch weitere im Einzelfall zu prüfende Aspekte, wenn sie den im Gesetz aufgeführten Beispielen an Gewicht und Bedeutung gleich kommen.[9]

b) **Fallkonstellationen nach Absatz 4 Satz 2**

11 Die Fallkonstellation des Absatzes 4 Satz 2 sind diejenigen, die im Zusammenhang mit den durch das Mediationsgesetz erfolgten Änderungen von Belang sind. Das Gericht kann bei seiner Ermessensentscheidung berücksichtigen, ob ein Beteiligter einer richterlichen Anordnung zur Teilnahme an einem **Informationsgespräch nach § 135 FamFG** nicht nachgekommen ist, sofern der Beteiligte dies nicht genügend entschuldigt hat. Mit dieser Regelung trägt der Gesetzgeber der Förderung der außergerichtlichen Streitbeilegung Rechnung und gibt dem Gericht die Möglichkeit einem Ehegatten eine höhere Kostenlast als gesetzlich geregelt aufzugeben. Es genügt das unentschuldigte Nichterscheinen, es kommt nicht darauf an, ob durch die Teilnahme an einem Informationsgespräch das Ergebnis des Verfahrens ein anderes gewesen wäre.[10] Nach ihrem Regelungszweck kann diese Sanktion sich aber nur auf die Kostenlast der betreffenden Kindschaftssache beziehen, die in der Kostenentscheidung in Bezug auf dieses Verfahren, d.h. die Gerichtskosten (Gebühren und Auslagen in Form von Sachverständigenkosten, Kosten des Verfahrensbeistandes) gesondert zulasten dieses Ehegatten festzulegen ist[11]. Ob auch die außergerichtlichen Kosten des anderen Ehegatten auferlegt werden können, ist nach den Umständen des Einzelfalls zu entscheiden; da in einer Kostenentscheidung nach dem Verursacherprinzip zu entscheiden und das *Element der Bestrafung* bei Gerichtskosten unzulässig ist, kann eine Zuweisung der außergerichtlichen Kosten des anderen Ehegatten nur insoweit erfolgen, als diese durch das Verhalten des Ehegatten ausgelöst wurden[12]

12 Als **ausreichende Entschuldigung** sind beispielsweise zu erachten
 – Krankheitsgründe der eigenen Person oder zu betreuender Personen, insbesondere Kinder (jeweils belegt durch ärztliches Attest),
 – zu kurzfristig angesetztes Informationsgespräch (weniger als zwei Wochen Vorlauf),
 – gemeinsam angesetztes Informationsgespräch in Fällen häuslicher Gewalt (abhängig vom Einzelfall).

---

9 *Engelhardt/Sternal*, FamFG, 17. Aufl., § 150 Rn. 8; *Bumiller/Harders*, FamFG, 10. Aufl., § 150 Rn. 7; *Horndasch/Viefhues*, FamFG, 2. Aufl., § 150 Rn. 15.
10 *Bumiller/Harders*, FamFG, 10. Aufl, § 150 Rn. 9.
11 *Musielak/Borth*, 6. Auflage 2018, § 150 FamFG Rn. 14.
12 *Musielak/Borth*, 6. Auflage 2018, § 150 FamFG Rn. 14.

c) Fallkonstellationen nach Absatz 4 Satz 3

Das Gericht soll grundsätzlich eine zwischen den Beteiligten bestehende **Vereinbarung** über die Kosten ganz oder teilweise bei seiner Entscheidung berücksichtigen. Durch die Ausgestaltung der Norm als »Soll- Vorschrift« wird das Gericht nur in Ausnahmefällen von der Parteivereinbarung abweichen;[13] es ist aber nicht an die Kostenvereinbarung gebunden.

5. Abgetrennte Folgesachen (Absatz 5)

Die Absätze 1 bis 4 gelten auch für Folgesachen, über die nach Abtrennung **gesondert entschieden** wird; dies folgt aus Absatz 5 Satz 1. Werden diese ehemaligen Folgesachen als selbstständige Familiensache fortgeführt, finden die jeweils geltenden Kostenvorschriften Anwendung (vgl. Absatz 5 Satz 2).

6. Rechtsmittelinstanz und einstweilige Anordnung

Bei erfolglosem Rechtsmittel finden über § 113 Abs. 1 S. 2 FamFG die allgemeinen zivilprozessualen Vorschriften (§§ 97 ff ZPO) Anwendung. Bei erfolgreichem Rechtsmittel wegen neuen Vorbringens kommt § 97 Abs. 2 ZPO zum Tragen. Im Übrigen gelten die Grundsätze des § 150 FamFG bei der Kostenverteilung in Scheidungs- und Scheidungsfolgesachen auch in der Rechtsmittelinstanz, insbesondere auch der Absatz 4. Sofern ein **Drittbeteiligter** Rechtsmittel einlegt, hat dieser die Kosten bei erfolglosem Rechtsmittel nach § 97 Abs. 1 ZPO zu tragen. Bei erfolgreichem Rechtsmittel haben die Eheleute die Kosten des Rechtsmittelverfahrens im Verhältnis zu dem Drittbeteiligten gemäß § 91 ZPO, bei Teilerfolg nach § 91 ZPO zu tragen. Der auf die Ehegatten entfallende Teil wird nach § 150 Abs. 1 FamFG aufgeteilt.

Einstweilige Anordnungen sind gemäß §§ 113 Abs. 1 S. 1, 51 Abs. 3 FamFG rechtlich selbstständige Verfahren. Die Kostenentscheidung der einstweiligen Anordnung richtet sich nach den allgemeinen Vorschriften (vgl. § 51 Abs. 4 FamFG), d. h. § 150 FamFG findet keine Anwendung.

§ 155 Vorrang- und Beschleunigungsgebot

(1) Kindschaftssachen, die den Aufenthalt des Kindes, das Umgangsrecht oder die Herausgabe des Kindes betreffen, sowie Verfahren wegen Gefährdung des Kindeswohls sind vorrangig und beschleunigt durchzuführen.

(2) Das Gericht erörtert in Verfahren nach Absatz 1 die Sache mit den Beteiligten in einem Termin. Der Termin soll spätestens einen Monat nach Beginn des Verfahrens stattfinden. Das Gericht hört in diesem Termin das Jugendamt an. Eine Verlegung des Termins ist nur aus zwingenden Gründen zulässig. Der Verlegungsgrund ist mit dem Verlegungsgesuch glaubhaft zu machen.

---

13 *Büte* FuR 2009, 650.

(3) Das Gericht soll das persönliche Erscheinen der verfahrensfähigen Beteiligten zu dem Termin anordnen.

(4) Hat das Gericht ein Verfahren nach Absatz 1 zur Durchführung einer Mediation oder eines anderen Verfahrens der außergerichtlichen Konfliktbeilegung ausgesetzt, nimmt es das Verfahren in der Regel nach drei Monaten wieder auf, wenn die Beteiligten keine einvernehmliche Regelung erzielen.

Übersicht

	Rdn.
I. Regelungsgegenstand und Zweck	1
1. Normgefüge	1
2. Gesetzesänderung	6
II. Grundsätze/Einzelheiten	7
1. Wiederaufnahme des Verfahrens (Absatz 4)	7
a) Aussetzung des Verfahrens zur Mediation oder anderer gerichtlicher Konfliktbeilegung	7
b) Wiederaufnahme in der Regel nach drei Monaten	10
2. Fristberechnung	11

I. Regelungsgegenstand und Zweck

1. Normgefüge

1 Der Regelungszweck des § 155 FamFG besteht darin, im Interesse des Kindes die Verfahrensdauer von bestimmten, in Absatz 1 benannten, **Kindschaftssachen** zu verkürzen und diese **beschleunigt und bevorzugt, ggf. auch auf Kosten anderer Verfahren, zu bearbeiten**.[1] Vom Regelungsbereich des § 155 FamFG sind daher nur solche Verfahren umfasst, die **unverzüglicher Klärung** bedürfen, weil eine zu lange Verfahrensdauer die Positionen der Eltern verschärfen, zur Eskalation des Streits und zur Beeinträchtigung des Kindeswohls führen könnte. § 155 FamFG betrifft somit nicht sämtliche Kindschaftssachen nach § 151 FamFG, insbesondere nicht die der elterlichen Sorge, da diese Verfahren einer umfangreichen und ggf. zeitaufwändigen Aufklärung bedürfen.[2] »Der Grundsatz des Kindeswohls prägt und begrenzt zugleich das Beschleunigungsgebot«.[3]

2 Der **Normauftrag des § 155 FamFG** ist, wie sich auch aus den Absätzen 2 und 3 ergibt, im Zusammenhang mit § 156 FamFG zu sehen, wonach das Familiengericht in jeder Lage des Verfahrens auf eine **einvernehmliche Regelung** hinwirken soll und nach § 156 Abs. 1 FamFG die Teilnahme an einem Informationsgespräch über Mediation oder eine sonstige Möglichkeit der außergerichtlichen Streitbeilegung anordnen kann.[4]

---

1 Begr. BT-Drucks. 16/6308, S. 235.
2 Begr. BT-Drucks. 16/6308, S. 235 f.; *Horndasch/Viefhues*, FamFG, § 155 Rn. 4.
3 Begr. BT-Drucks. 16/6308, S. 236.
4 *Musielak*, Familiengerichtliches Verfahren, 2. Aufl., § 155 Rn. 1.

Das Prinzip des **Vorrangs- und Beschleunigungsgebots** nach **Absatz 1** – das nach dem 3
Willen des Gesetzgebers nicht schematisch anzuwenden ist[5] – wird geprägt vom Gedanken des **Kindeswohls**, wie es in § 1697a BGB seinen Niederschlag gefunden hat. Das Kindeswohl, und das hier verankerte Beschleunigungsgebot, gilt in jeder Verfahrenslage und in allen Rechtszügen. Es umfasst auch die einstweilige Anordnung z. B. in Umgangssachen, denn gerade in diesen Fällen ist eine schnelle, dem Kind Klarheit und Sicherheit gebende Entscheidung von großer Bedeutung, um eine zu lange Unterbrechung des Umgangskontaktes zwischen dem Kind und dem nicht betreuenden Elternteil zu vermeiden.[6]

Absatz 2 betrifft Einzelheiten des Termins: Das Gericht soll spätestens **einen Monat** 4
nach Beginn des Verfahrens eine **mündliche Verhandlung** durchführen und die Sache mit den Beteiligten erörtern, das Jugendamt anhören und eine Terminverlegung nur aus zwingenden Gründen, die glaubhaft zu machen sind, vornehmen.

Nach **Absatz 3** soll das persönliche Erscheinen der verfahrensfähigen Beteiligten angeordnet werden. 5

2. Gesetzesänderung

Durch das Mediationsgesetz wurde **Absatz 4** neu in die Vorschrift eingefügt. Die 6
Norm dient ebenfalls der Wahrung des in Kindschaftssachen nach Absatz 1 geltenden Vorrangs- und Beschleunigungsgebotes. Es wird sicher gestellt, dass ein ausgesetztes Verfahren zeitnah wieder betrieben wird.[7]

II. Grundsätze/Einzelheiten

1. Wiederaufnahme des Verfahrens (Absatz 4)

a) Aussetzung des Verfahrens zur Mediation oder anderer gerichtlicher Konfliktbeilegung

Ist eine Kindschaftssache nach Absatz 1, mithin eine solche, die den Aufenthalt, das 7
Umgangsrecht oder die Herausgabe sowie die Gefährdung des Kindeswohl betrifft, wegen einer **Mediation** oder eines anderen Verfahrens der außergerichtlichen Konfliktbeilegung ausgesetzt worden, so verpflichtet Absatz 4 das (Familien-)Gericht, das Verfahren in der Regel nach **drei Monaten** wieder **aufzunehmen**, wenn die Beteiligten keine einvernehmliche Regelung erzielt haben. Während der Begriff der Mediation sich aus § 1 Abs. 1 MediationsG ableiten lässt, findet sich im Gesetz keine Definition, was unter »anderen **Verfahren der außergerichtlichen Konfliktbeilegung**« zu verstehen ist. Von den in der Gesetzesbegründung[8] beispielhaft aufgeführten Verfahren dürften nur die Wenigsten für Kindschaftssachen in Betracht kommen. Gleichwohl ist zu konstatieren, dass die Entwicklung neuer innovativer

---

5 Begr. BT-Drucks. 16/6308, S. 235 f.
6 Begr. BT-Drucks. 16/6308, S. 235 f.
7 Begr. BT-Drucks. 17/5335, S. 23 f.
8 Begr. BT-Drucks. 17/5335, S. 23 f.

Verfahren der außergerichtlichen Konfliktbeilegung weiter voranschreiten wird und neue Verfahren sich ggf. für Kindschaftssachen besonders anbieten werden.

8 Unter **Gericht** im Sinne des Absatz 4 werden sämtliche mit den Kindschaftssachen nach §§ 155, 156 FamFG befassten Gerichte verstanden.

9 Die Vorschrift des Absatz 4 ist im **Zusammenhang mit** § **156 FamFG** und § **36a FamFG** zu lesen. Gemäß § 156 Abs. 1 FamFG soll das Gericht in den Verfahren des § 155 Abs. 1 FamFG sowie in Kindschaftssachen, die die elterliche Sorge betreffen, in jeder Lage des Verfahrens auf **ein Einvernehmen der Beteiligten** hinwirken. Ferner kann das Gericht in diesen Verfahren nach § 156 Abs. 1 S. 3 FamFG die **Teilnahme** an einem Informationsgespräch über Mediation und andere Verfahren der außergerichtlichen Konfliktbeilegung **anordnen**. Sofern sich die Beteiligten zur Teilnahme an einer Mediation entscheiden, setzt das Gericht das Verfahren nach § 36a Abs. 2 FamFG aus.[9]

b) Wiederaufnahme in der Regel nach drei Monaten

10 Nach der Gesetzesbegründung soll die Hauptsache unabhängig von einer ggf. nach § 156 Abs. 3 S. 2 FamFG erlassenen einstweiligen Anordnung in der Regel nach **drei Monaten** wieder aufgenommen werden, wenn keine einvernehmliche Regelung erzielt wurde.[10] Das ist im Schrifttum kritisiert worden, weil die Beteiligten dadurch gezwungen werden könnten, das Verfahren auch **gegen ihre Willen** wieder zu betreiben;[11] das überzeugt jedoch nur bedingt. Denn die Normierung der Wiederaufnahme des Verfahrens **als Regelfall** eröffnet die Möglichkeit, in einzelnen Fällen der außergerichtlichen Konfliktbeilegung den Beteiligten mehr Zeit einzuräumen.[12] Den Beteiligten ist daher anzuraten, wenn sie sich dem Ende der drei Monatsfrist nähern, ggf. das Gericht davon in Kenntnis zu setzen, dass Verhandlungen über eine konsensuale Lösung noch laufen und von daher eine Wiederaufnahme der gerichtlichen Verfahrens nicht angezeigt ist.

2. Fristberechnung

11 Die **drei Monatsfrist** berechnet sich nach § 16 FamFG i. V. m. § 222 ff ZPO i. V. m. §§ 187 ff BGB.

§ 156   Hinwirken auf Einvernehmen

(1) Das Gericht soll in Kindschaftssachen, die die elterliche Sorge bei Trennung und Scheidung, den Aufenthalt des Kindes, das Umgangsrecht oder die Herausgabe des

---

9 Vgl. umfassend die Kommentierung zu § 36a FamFG, Rdn. 1 ff.
10 Begr. BT-Drucks. 17/5335, S. 23.
11 *Trossen*, Stellungnahme zum Mediationsgesetz, http://www.in-mediation.eu/stellungnahme-zum-mediationsgesetz.
12 Begr. BT-Drucks. 17/5335, III. Zu Artikel 4, Zu Nummer 7.

Kindes betreffen, in jeder Lage des Verfahrens auf ein Einvernehmen der Beteiligten hinwirken, wenn dies dem Kindeswohl nicht widerspricht. Es weist auf Möglichkeiten der Beratung durch die Beratungsstellen und -dienste der Träger der Kinder- und Jugendhilfe insbesondere zur Entwicklung eines einvernehmlichen Konzepts für die Wahrnehmung der elterlichen Sorge und der elterlichen Verantwortung hin. Das Gericht kann anordnen, dass die Eltern einzeln oder gemeinsam an einem kostenfreien Informationsgespräch über Mediation oder über eine sonstige Möglichkeit der außergerichtlichen Konfliktbeilegung bei einer von dem Gericht benannten Person oder Stelle teilnehmen und eine Bestätigung hierüber vorlegen. Es kann ferner anordnen, dass die Eltern an einer Beratung nach Satz 2 teilnehmen. Die Anordnungen nach den Sätzen 3 und 4 sind nicht selbständig anfechtbar und nicht mit Zwangsmitteln durchsetzbar.

(2) Erzielen die Beteiligten Einvernehmen über den Umgang oder die Herausgabe des Kindes, ist die einvernehmliche Regelung als Vergleich aufzunehmen, wenn das Gericht diese billigt (gerichtlich gebilligter Vergleich). Das Gericht billigt die Umgangsregelung, wenn sie dem Kindeswohl nicht widerspricht.

(3) Kann in Kindschaftssachen, die den Aufenthalt des Kindes, das Umgangsrecht oder die Herausgabe des Kindes betreffen, eine einvernehmliche Regelung im Termin nach § 155 Abs. 2 nicht erreicht werden, hat das Gericht mit den Beteiligten und dem Jugendamt den Erlass einer einstweiligen Anordnung zu erörtern. Wird die Teilnahme an einer Beratung, an einem kostenfreien Informationsgespräch über Mediation oder einer sonstigen Möglichkeit der außergerichtlichen Konfliktbeilegung oder eine schriftliche Begutachtung angeordnet, soll das Gericht in Kindschaftssachen, die das Umgangsrecht betreffen, den Umgang durch einstweilige Anordnung regeln oder ausschließen. Das Gericht soll das Kind vor dem Erlass einer einstweiligen Anordnung persönlich anhören.

Übersicht

	Rdn.
I. Regelungsgegenstand und Zweck	1
1. Normgefüge	1
2. Gesetzesänderung	2
3. Europäische Mediationsrichtlinie	6
II. Grundsätze und Einzelheiten	7
1. Hinwirken auf Einvernehmen	7
a) Anordnung der Teilnahme an Informationsgespräch (Absatz 1 Satz 3)	7
aa) Anordnung	9
bb) Personen und Stellen	11
cc) Inhalt des Informationsgesprächs	13
dd) Kosten	14
ee) Teilnahmebestätigung	15
b) Anordnung der Teilnahme an einer Beratung (Absatz 1 Satz 4)	16
c) Rechtsmittel gegen Anordnungen (Absatz 1 Satz 5)	18
d) Konsequenzen einer Nichtteilnahme	19
2. Umgangsregelung durch einstweilige Anordnung	20

a) Vorläufige Regelung durch das Gericht (Absatz 3 Satz 2). 20
b) Anhörung des Kindes (Absatz 3 Satz 3). 21
3. Rechtsmittel 22
III. Hinweise für die Praxis 23

I. Regelungsgegenstand und Zweck

1. Normgefüge

1 Regelungszweck des § 156 FamFG ist es, dem Gericht aufzugeben, in bestimmten Kindschaftssachen auf eine **eigenverantwortliche Konfliktlösung** der Eltern hinzuwirken und diese bei der Konfliktlösung zu unterstützen. Eine solche über die allgemeine Pflicht des Gerichts hinausgehende Verpflichtung soll einer langfristigen Lösung des Konflikts und dem **Schutz des Kindeswohls** dienen.[1] Allerdings stellt die Ausgestaltung als **Soll-Vorschrift** klar, dass ein Hinwirken auf ein Einvernehmen insbesondere dann nicht in Betracht kommt, wenn es dem Kindeswohl zuwiderläuft, z. B. in Fällen häuslicher Gewalt.[2] Die Gewährleistung und Förderung des Kindeswohls durch die Eltern hat seine **verfassungsrechtlich Verankerung** u. a. in Art. 6 Abs. 2 Satz 1 GG.[3] Die Eltern haben die **Pflicht**, die mit ihrer Trennung häufig einhergehende Schädigung der Entwicklung des Kindes so gering wie möglich zu halten und »eine vernünftige, den Interessen des Kindes entsprechende Lösung für seine Pflege und Erziehung«[4] zu finden. Staatliches Einschreiten i.S.v. Art. 6 Abs. 2 GG in Familienstreitigkeiten sollte insoweit lediglich in der Unterstützung und Förderung der **eigenverantwortlichen Konfliktlösung** der Eltern bestehen.[5] Eine solche Unterstützung bietet Mediation, wodurch eine einvernehmliche, faire und eine das Kindeswohl in den Vordergrund stellende Lösung gefunden werden kann. Die eigenverantwortliche Konfliktlösung durch die Eltern will der Gesetzgeber auch dadurch fördern, dass die **gerichtliche Anordnung**, an einem kostenlosen Informationsgespräch über Mediation, über die Möglichkeit einer sonstigen außergerichtlichen Konfliktbeilegung (Absatz 1 Satz 3) oder an einer Beratung durch Beratungsstellen und -dienste der Träger der Kinder- und Jugendhilfe (Absatz 1 Satz 4) teilzunehmen, nicht angefochten werden kann. Der Gesetzgeber geht davon aus, dass sich durch die Vermeidung eines gerichtlichen Verfahrens mit richterlicher Anhörung, Sachverständigengutachten, Ermittlungen des Jugendamtes etc. die **Belastung des Kindes** vermindern lässt.[6]

---

1 Begr. BT-Drucks. 16/6308, S. 236 f., *Bumiller/Harders*, FamFG, 10. Aufl., § 156 Rn. 1.
2 Begr. BT-Drucks. 16/6308, S. 236.
3 *Proksch* ZKM 2010, 39 ff. (40); *Proksch* ZKM 2011, 173 ff. (174).
4 BVerfGE 61, 358 (373 ff.).
5 *Proksch* ZKM 2010, 39 ff. (40); *Proksch* ZKM 2011, 173 ff. (174).
6 Begr. BT-Drucks. 13/4899, S. 133 zum früheren§ 52 FGG, wonach das Gericht »über die allgemeine Pflicht zur gütlichen Beilegung von rechtlichen Konflikten« hinauseine besondere Verpflichtung hatte, »im Interesse des betroffenen Kindes auf ein Einvernehmen der Beteiligten hinzuwirken«.

2. Gesetzesänderung

Durch das Mediationsgesetz wurden § 156 Abs. 1 Sätze 3, 4 und 5 sowie Abs. 3 Satz 2 FamFG geändert. Dabei wurde der Begriff »Streitbeilegung« durch »**Konfliktbeilegung**« in § 156 Abs. 1 Satz 3 FamFG ersetzt, was der »Vereinheitlichung« der Begrifflichkeiten in den einzelnen vom Mediationsgesetz betroffenen Gesetzen dienen soll.[7]

Während das Gericht nach Absatz 1 Satz 3 a.F. lediglich auf die Möglichkeit der Mediation oder außergerichtlichen Streitbeilegung hinweisen sollte, kann es nach Absatz 1 Satz 3 n. F. nunmehr auch in **Kindschaftssachen** die Teilnahme an einem **Informationsgespräch** über Mediation oder über eine sonstige Möglichkeit der außergerichtlichen Konfliktbeilegung **anordnen**. Dies war bisher nur in Scheidungs- und Folgesachen gemäß § 135 Satz 1 FamFG möglich. Diese »unterschiedliche und nicht sachgerechte Behandlung« von Kindschafts- und Scheidungs-/Scheidungsfolgesachen ist nunmehr beseitigt.[8] Die geänderte Regelung des § 156 Abs. 1 Satz 3 FamFG gleicht jetzt dem § 135 S. 1 FamFG. Im Unterschied zu § 135 FamFG sind allerdings **Adressaten der Anordnung** die Eltern des von der Kindschaftssache betroffenen Kindes.

Die Änderungen in § 156 Abs. 1 Satz 4 und 5 sowie in Abs. 3 Satz 2 FamFG haben allein klarstellende Bedeutung und ergeben sich aus der Änderung von Satz 3 in § 156 Abs. 1 FamFG.[9]

Die Änderungen in § 156 Abs. 3 Satz 2 FamFG dienen dem **Vorrang- und Beschleunigungsgebot** des § 155 FamFG. Denn auch in den Fällen, in denen das Familiengericht die Teilnahme an einem **Informationsgespräch** zur außergerichtlichen Konfliktbeilegung oder Mediation anordnet, ist das Gericht nunmehr verpflichtet, eine einstweilige Anordnung hinsichtlich des Umgangsrechts zu erlassen.[10] Dies galt bislang nur bei der Anordnung der Teilnahme an einer Beratung oder einer schriftlichen Begutachtung.

3. Europäische Mediationsrichtlinie

§ 156 Abs. 1 Satz 4 FamFG entspricht dem Gedanken, der sich in **Art. 5 EUMed-RL** findet, wonach »das Gericht die Parteien auch auffordern (kann), an einer Informationsveranstaltung über die Nutzung der Mediation teilzunehmen« und dies mit Sanktionen versehen kann. Die EUMed-RL bezieht sich dabei aber allein auf Zivil- und Handelssachen und nicht auf Kindschaftssachen.[11]

---

7 Begr. BT-Drucks. 17/5335, III. Zu Artikel 4, Zu Nummer 8; vgl. auch § 135 FamFG, der dem § 156 Abs. 1 Satz 3 FamFG vergleichbar ist.
8 Begr. BT-Drucks. 17/5335, S. 23.
9 Begr. BT-Drucks. 17/5335, S. 23.
10 Begr. BT-Drucks. 17/5335, S. 23.
11 Begr. EUMed-RL 2008/52/EG, S. 4.

II. Grundsätze und Einzelheiten

1. Hinwirken auf Einvernehmen

a) Anordnung der Teilnahme an Informationsgespräch (Absatz 1 Satz 3)

7   Nach der Neueinfügung des § 156 Abs. 1 Satz 3 FamFG kann das Gericht nunmehr auch **anordnen**, dass die Eltern einzeln oder gemeinsam an einem kostenfreien **Informationsgespräch** über Mediation oder über eine sonstige Möglichkeit der außergerichtlichen Konfliktbeilegung bei einer von dem Gericht benannten Person oder Stelle teilnehmen und eine Bestätigung hierüber vorlegen. Die Vorschrift korrespondiert mit der für Scheidungs- und Folgesachen nahezu wortgleichen Regelung des § 135 FamFG.

8   Die Neuregelung, wonach das Gericht die Teilnahme an einem Informationsgespräch anordnen kann, widerspricht nicht dem **Prinzip der Freiwilligkeit** der Mediation. Die angeordnete Teilnahme an dem Informationsgespräch bedeutet nicht, dass die Eltern sich letztlich für die Durchführung eines Mediationsverfahrens entscheiden müssen. Das Informationsgespräch soll den Eltern lediglich die Chance geben, mehr über Mediation oder über eine sonstige Möglichkeit der außergerichtlichen Konfliktbeilegung und deren Möglichkeiten der Konfliktlösung zu erfahren. Auf dieser Basis sollen die Eltern dann selbstständig und freiwillig eine »**informierte Entscheidung**« treffen, ob sie ein derartiges Verfahren durchführen und dort eine Einigung erzielen wollen.[12]

aa) Anordnung

9   Das Gericht **ordnet die Teilnahme** an einem Informationsgespräch nach **freiem Ermessen** an; es handelt sich um eine **gerichtliche Auflage**, die als Zwischenentscheidung in Form eines Beschlusses oder einer Verfügung ergeht. Das Umgangsrecht eines Vaters darf nicht davon abhängig gemacht werden, dass er an einer Mediation teilnimmt, die den neuen Partner der Kindesmutter einbezieht[13]. Die Entscheidung des OLG Brandenburg zeigt die Grenzen der Einbeziehung der Mediation zur Konfliktbeilegung auf: So sehr es auch einem Bedürfnis entspricht, zu einer einvernehmlichen Lösung aller mit dem Kind in Kontakt stehenden Personen zu kommen, um das Kind so wenig wie möglich zu belasten, so wenig kann der Umgang von der Teilnahme an einer Mediation abhängig gemacht werden. Das wurde bereits in der Vergangenheit angenommen, wie die Entscheidung, die noch zum bisherigen Recht erging, zeigt. Auch die §§ 135, 156 FamFG haben daran aber nichts geändert. Zwar kann das Gericht nun anordnen, dass die Eltern an einem Informationsgespräch über Mediation teilnehmen müssen. Die Nichtbefolgung hat allein kostenrechtliche Folgen (vgl. § 81 Ans. 2 Nr. 5 FamFG). Das darf nicht dadurch umgangen werden, dass der Inhalt der Entscheidung selbst davon abhängig gemacht wird, dass die Beteiligten an der Mediation teilnehmen.[14]

---

12   Begr. BT-Drucks. 17/5335, S. 23, 24.; *Engelhardt/Sternal*, FamFG, 17. Aufl., § 156 Rn. 6.
13   OLG Brandenburg, Beschluss vom 10.03.2010 – 13 UF 72/09.
14   *Kemper* FamFR 2010, 162.

Die Entscheidung sollte eine, wenn auch nur knappe, **Begründung** enthalten, damit 10
die für das Informationsgespräch vorgeschlagene Person oder Stelle erfährt, warum das
Gericht die entsprechende Entscheidung für angemessen hält. Die Entscheidung ist
den Parteien nur zuzustellen (§ 329 Abs. 2 S. 3 ZPO), wenn sie mit einer Fristsetzung
zur Durchführung des Informationsgesprächs verbunden ist; eine Fristsetzung sollte
allerdings der Normfall sein. Ansonsten reicht die formlose Mitteilung.[15]

bb) Personen und Stellen

Das Gesetz regelt nicht, wer das **Informationsgespräch** durchführen soll. Die **Aus-** 11
wahl der geeigneten Personen und Stellen ist den Gerichten überlassen. Die ausgewählte Person kann jedoch die gewünschte Tätigkeit ohne Angabe von Gründen
ablehnen.[16]

In der Gesetzesbegründung heißt es, dass die Familiengerichte auf die »örtlichen Gege- 12
benheiten Rücksicht nehmen und sowohl private Mediationsangebote als auch Mediationsangebote freier und öffentlicher Träger berücksichtigen« sollen.[17] Man kann nur
vermuten, dass der Gesetzgeber hier wie bereits in der Vergangenheit auf die selbstständigen **Mediatoren** und **Mediationsverbände** vertraut, die ein mögliches Interesse
haben werden, Mediation im Markt auch durch kostenfreie Informationsgespräche zu
etablieren. Zwar gab es gerade vonseiten der **Rechtsanwälte** Kritik,[18] kostenlos tätig
werden zu sollen, doch haben u. a. Rechtsanwälte und Mediationsverbände ihre Bereitschaft erklärt, diese Informationsgespräche **kostenfrei** anzubieten.[19]

cc) Inhalt des Informationsgesprächs

Das Informationsgespräch soll den Eltern ausreichende Kenntnis über Mediation 13
und sonstige Möglichkeiten der außergerichtlichen Konfliktbeilegung geben, damit
sie eine qualifizierte Antwort für den Konflikt geben können. Über **Ablauf** und
Inhalt des Gesprächs macht das Gesetz keinerlei Angabe. Erforderlich wird die Darstellung der unterschiedlichen Verfahren wie beispielsweise Mediation oder kooperatives Anwaltsverfahren sein. Das beinhaltet zumindest die **Erläuterung des wesentlichen Inhalts** der unterschiedlichen Verfahrensabläufe, die Dauer des jeweiligen
Verfahrens, die damit verbundenen Kosten und ggf. die Erörterung, welche Person
oder Stelle geeignet erscheint, ein solches Verfahren durchzuführen.

---

15 Vgl. Kommentierung zu § 135 FamFG, Rdn. 10.
16 *Baumbach/Lauterbach/Albers/Hartmann*, ZPO, 69. Aufl., § 135 FamFG, Rn. 5.
17 Begr. BT-Drucks. 17/5335, S. 22, 23.
18 *Grabow* FPR 2011, 33 ff. (35).
19 *Paul* ZKM 2011, 122 ff. (124); *Grabow* FPR 2011, 33 ff. (35); vgl. im Übrigen Kommentierung zu § 135 Abs. 1 FamFG, Rdn. 12 ff.

dd) Kosten

14 Das Informationsgespräch ist **kostenfrei**. Voraussetzung ist, dass der entsprechenden Person oder Stelle vor Beginn des Informationsgesprächs die Entscheidung des Gerichts von den Eltern mitgeteilt wird.[20]

ee) Teilnahmebestätigung

15 Über die Teilnahme an dem Informationsgespräch ist den Beteiligten eine **Teilnahmebestätigung** zu erteilen, aus der sich Angaben über die Person oder Stelle, die das Informationsgespräch geführt hat und der Tag des Gesprächs, ergeben. Angaben über den Inhalt und das Ergebnis des Gespräches sind nicht erforderlich.[21]

b) Anordnung der Teilnahme an einer Beratung (Absatz 1 Satz 4)

16 Ferner kann das Gericht die Teilnahme an einer Beratung nach § 156 Abs. 1 Satz 2 FamFG anordnen. Gemäß Absatz 1 Satz 2 soll das Gericht auf die Möglichkeit der Beratung durch die **Beratungsstellen und –dienste der Träger der Kinder- und Jugendhilfe** (§§ 3 ff SGB VIII[22]) insbesondere zur Entwicklung eines einvernehmlichen Konzepts für die Wahrnehmung der elterlichen Sorge und der elterlichen Verantwortung hinweisen. Durch den Hinweis auf die elterliche Verantwortung soll betont werden, dass die Verantwortung der Eltern unabhängig von der elterlichen Sorge besteht und auch nach der Trennung und Scheidung zu beachten ist.[23]

17 Eine solche **Anordnung** wird das Gericht insbesondere vornehmen, wenn die Eltern im Termin kein Einvernehmen über Regelungen der sorge- und umgangsrechtlichen Fragen erreichen können, das Gericht aber die Chance sieht, dass mithilfe fachlicher Beratung durch einen Dritten ein gemeinsames elterliches Lösungskonzept entwickelt werden kann. In der Anordnung soll das Gericht im Einvernehmen mit dem Jugendamt festlegen, bei welcher Beratungsstelle binnen welcher Frist die Eltern sich beraten lassen sollen. **Vor Erlass der Anordnung** hat das Gericht dem **Jugendamt** Gelegenheit zur **Stellungnahme** zu geben, das zur Abgabe der Stellungnahme auch gemäß § 50 SGB VIII verpflichtet ist. Die Anordnung ist so konkret und nachvollziehbar zu formulieren, dass die Eltern genau wissen, was sie zu tun haben und welches Ziel mit der Anordnung verfolgt wird.[24]

---

20 Vgl. im Übrigen die Kommentierung zu § 135 FamFG, Rdn. 17.
21 *Heinemann* FamRB 2010, 125 ff. (128).
22 Sozialgesetzbuch (SGB) – Achtes Buch (VIII) v. 26.06 1990, BGBl. I S. 1163, zuletzt geändert am 22. 12. 2011, BGBl. I S. 2975, 2976 ff.
23 Begr. zu § 52 Abs. 1 Satz 2 FGG a.F., BT-Drucks. 13/8511, S. 79.
24 *Bumiller/Harders*, FamFG, 10. Aufl, § 156 Rn. 4; OLG Bremen, Beschl. v. 02. 11. 2009, FamRZ 2010, 821.

c) Rechtsmittel gegen Anordnungen (Absatz 1 Satz 5)

Die Anordnung zur Teilnahme am Informationsgespräch oder an der Beratung ist gemäß § 156 Abs. 1 Satz 5 **nicht selbstständig anfechtbar**, aber auch **nicht mit Zwangsmitteln durchsetzbar**. Die Nichtanfechtbarkeit dient der Beschleunigung des Verfahrens. Die Nichtdurchsetzbarkeit liegt in der Natur der Sache, da die Teilnahme an dem Informationsgespräch zumindest eine gewisse Bereitschaft des Zuhörens voraussetzt, die nicht erzwungen werden kann.[25]

18

d) Konsequenzen einer Nichtteilnahme

Ein nicht ausreichend entschuldigtes **Nichtfolgeleisten** einer Anordnung kann **Kostennachteile** nach sich ziehen. Nach § 81 Abs. 2 Nr. 5 FamFG sollen einem Beteiligten die Kosten des Verfahrens ganz oder teilweise auferlegt werden, wenn er einer richterlichen Anordnung nach § 156 Abs. 1 Satz 4 FamFG nicht nachgekommen ist, sofern der Beteiligte dies nicht genügend entschuldigt hat.

19

2. Umgangsregelung durch einstweilige Anordnung

a) Vorläufige Regelung durch das Gericht (Absatz 3 Satz 2)

In Verfahren, die das **Umgangsrecht** betreffen, soll das Gericht sofern die Teilnahme an einem Informations- oder Beratungsgespräch angeordnet ist, den Umgang vorläufig regeln, d. h. den Umgang **anordnen oder ausschließen**. Ziel ist eine mögliche Entfremdung zwischen dem Kind und dem Elternteil, mit dem es nicht den gewöhnlichen Aufenthalt teilt, zu verhindern.[26] Von einer solchen einstweiligen Anordnung kann das Gericht absehen, wenn davon auszugehen ist, dass die Anordnung nur zu einer unwesentlichen Zeitverzögerung führt.[27] Von der als Sollvorschrift formulierten Pflicht einer einstweiligen Anordnung kann das Gericht nur in **Ausnahmefällen** absehen. Ein solcher Fall liegt z. B. vor, wenn im Zeitpunkt der mündlichen Verhandlung absehbar ist, dass die Anordnung nur zu einer unwesentlichen Verzögerung führt.[28]

20

b) Anhörung des Kindes (Absatz 3 Satz 3)

Vor Erlass der einstweiligen Anordnung ist das **Kind** zu hören. Denn zum einen soll sich das Gericht vor der Entscheidung einen persönlichen Eindruck vom Kind verschaffen und zum anderen werden die höchstpersönlichen **Rechte des Kindes** durch die Entscheidung des Gerichts unmittelbar betroffen.[29]

21

---

25 *Horndasch/Viefhues*, FamFG, 2. Aufl., § 156, Rn. 9.
26 Begr. BT-Drucks. 16/6308, S. 237.
27 Begr. BT-Drucks. 16/6308, S. 237.
28 Begr. BT-Drucks. 16/6308, S. 237.
29 BGH, Beschl. v. 14. 5. 2008 – XII ZB 225/06, NJW 2008, 2586 und FamRZ 2008, 1334.

3. Rechtsmittel

22 Gemäß § 57 **FamFG** sind Entscheidungen in Verfahren der einstweiligen Anordnung nach § 156 FamFG nur **anfechtbar**, wenn das Gericht des ersten Rechtszuges aufgrund mündlicher Erörterung über das Aufenthaltsbestimmungsrecht, die Herausgabe des Kindes an den anderen Elternteil oder über einen Antrag auf Verbleiben des Kindes bei einer Pflege- oder Bezugsperson entschieden hat; nicht aber anfechtbar sind Entscheidungen über das Umgangsrecht.[30]

III. Hinweise für die Praxis

23 Was die Personen und Stellen anbelangt, die ein Informationsgespräch durchführen können und was das **Muster** einer Teilnahmebestätigung betrifft, so wird ergänzend auf die Ausführungen unter § 135 **FamFG**[31] verwiesen, die im Wesentlichen auch für § 156 FamFG gelten.

---

30 *Engelhardt/Sternal*, FamFG, 17. Aufl., § 156 Rn. 24.
31 Vgl. die Kommentierung zu § 135 FamFG, Rdn. 23.

F. Artikel 4 Änderung des Arbeitsgerichtsgesetzes

Einführung

Das arbeitsgerichtliches Verfahren ist wie kein zweites auf eine **nichtstreitige Erledigung** des Rechtsstreits ausgerichtet: So bestimmt § 54 Abs. 1 Satz 1 ArbGG, dass in Urteilsverfahren[1] zunächst stets eine Güteverhandlung durchzuführen ist, wobei diese mit Zustimmung der Parteien in einem weiteren Termin alsbald fortgesetzt werden kann (§ 54 Abs. 1 Satz 5 ArbGG). Zudem heißt es in § 57 Abs. 2 ArbGG, eine gütliche Einigung solle während des ganzen Verfahrens angestrebt werden. In der arbeitsgerichtlichen Literatur wird hieraus nicht nur das Recht sondern eine entsprechende Pflicht des Gerichts abgeleitet, wiederholt zum Zwecke der gütlichen Einigung auf die Prozessparteien einzuwirken und mit ihnen die tatsächlichen und rechtlichen Probleme zu erörtern.[2] Und obgleich die Zahl **nichtstreitiger Erledigungen** in der **Arbeitsgerichtsbarkeit** im Vergleich zu den übrigen Gerichtsbarkeiten deutlich **höher** ist, wurde im arbeitsgerichtlichen Schrifttum schon immer nach neuen Wegen konsensualer Streitbeilegung, auch im Wege der Mediation, gesucht.[3] Dementsprechend hatte sich vor Erlass des MediationsG die Arbeitsgerichtsbarkeit bereits frühzeitig, wie beispielsweise in Niedersachsen, mit eigenen Mediationsprojekten positioniert. 1

Durch Artikel 4 des Mediationsförderungsgesetzes wird nunmehr auch den Arbeitsgerichten die Möglichkeit eröffnet, Verfahren an einen Güterichter im Rahmen des »erheblich erweiterten Güterichtermodells« zu verweisen und den Parteien zudem Mediationen wie andere Verfahren der außergerichtlichen Konfliktbeilegung zu empfehlen. Zentrale Normen sind hierbei § **54 Abs. 6 ArbGG** für das erheblich erweitere **Güterichtermodell** und § **54a ArbGG**, der **Mediationen** und außergerichtliche Konfliktbeilegung betrifft. Über die Änderungen in den §§ 64 Abs. 7, 80 Abs. 2 Satz 1, 83a Abs. 1 und 87 Abs. 2 Satz 1 ArbGG wird klargestellt, dass die Vorschrift sowohl im Urteils- wie im Beschlussverfahren und vor dem Arbeits- wie dem Landesarbeitsgericht Anwendung findet; mit § 55 Abs. 1 Nr. 8 ArbGG wird die verfahrensrechtliche Seite des § 54a ArbGG komplettiert. Die Möglichkeit, über die Länderöffnungsklausel in § 69b GKG kostenrechtliche Anreize für das Mediationsverfahren sowie andere Verfahren der außergerichtlichen Konfliktbeilegung zu schaffen, betrifft auch das arbeitsgerichtliche Verfahren; bislang wurde dies jedoch noch nicht umgesetzt. 2

Die durch das Mediationsförderungsgesetz ebenfalls geänderten Vorschriften über **Inkompatibilität** (§ 41 Nr. 8 ZPO), über die **Niederschrift** (§ 159 Abs. 2 Satz 2 ZPO) sowie über die **Klageschrift** (§ 253 Abs. 3 Nr. 1 ZPO) sind auch im Arbeitsgerichtsprozess anwendbar; dies folgt aus §§ 46 Abs. 2, 64 Abs. 6, 7 und 87 Abs. 2 ArbGG. 3

---

1 § 80 Abs. 2 Satz 3 ArbGG eröffnet dem Kammervorsitzenden auch im Beschlussverfahren die Möglichkeit, ein Güteverfahren durchzuführen.
2 *Francken* NJW 2006, 1103 ff. (1105).
3 *Henkel* ZZP 1997, 91 ff., NZA 2000, 929 ff.; *Notter* Der Betrieb, 2004, 874 ff.

Teil 1 Artikel 4 Mediationsförderungsgesetz

4 Was schließlich die in der »Vorbemerkung zur Änderung der ZPO« aufgeworfenen Fragen im Zusammenhang mit einem **Zeugnisverweigerungsrecht** nach § 383 Abs. 1 Nr. 6 ZPO sowie der **Verjährung** nach § 203 Satz 1 BGB anbelangt, so treffen diese auch für Verfahren in der Arbeitsgerichtsbarkeit zu; insoweit wird auf die dortigen Ausführungen verwiesen.

5 Die EUMed-RL verlangt, wie aus ihrem Art. 1 Abs. 2 folgt, eine Umsetzung nur für grenzüberschreitende Streitigkeiten in Zivil- und Handelssachen. Soweit bei den einzelnen Normen des ArbGG daher vergleichend auf die EU-Med-RL verwiesen wird, ist diese Einschränkung stets mitzulesen.

§ 54 Güteverfahren

(1) Die mündliche Verhandlung beginnt mit einer Verhandlung vor dem Vorsitzenden zum Zwecke der gütlichen Einigung der Parteien (Güteverhandlung). Der Vorsitzende hat zu diesem Zweck das gesamte Streitverhältnis mit den Parteien unter freier Würdigung aller Umstände zu erörtern. Zur Aufklärung des Sachverhalts kann er alle Handlungen vornehmen, die sofort erfolgen können. Eidliche Vernehmungen sind jedoch ausgeschlossen. Der Vorsitzende kann die Güteverhandlung mit Zustimmung der Parteien in einem weiteren Termin, der alsbald stattzufinden hat, fortsetzen.

(2) Die Klage kann bis zum Stellen der Anträge ohne Einwilligung des Beklagten zurückgenommen werden. In der Güteverhandlung erklärte gerichtliche Geständnisse nach § 288 der Zivilprozessordnung haben nur dann bindende Wirkung, wenn sie zu Protokoll erklärt worden sind. § 39 Satz 1 und § 282 Abs. 3 Satz 1 der Zivilprozessordnung sind nicht anzuwenden.

(3) Das Ergebnis der Güteverhandlung, insbesondere der Abschluss eines Vergleichs, ist in die Niederschrift aufzunehmen.

(4) Erscheint eine Partei in der Güteverhandlung nicht oder ist die Güteverhandlung erfolglos, schließt sich die weitere Verhandlung unmittelbar an oder es ist, falls der weiteren Verhandlung Hinderungsgründe entgegenstehen, Termin zur streitigen Verhandlung zu bestimmen; diese hat alsbald stattzufinden.

(5) Erscheinen oder verhandeln beide Parteien in der Güteverhandlung nicht, ist das Ruhen des Verfahrens anzuordnen. Auf Antrag einer Partei ist Termin zur streitigen Verhandlung zu bestimmen. Dieser Antrag kann nur innerhalb von sechs Monaten nach der Güteverhandlung gestellt werden. Nach Ablauf der Frist ist § 269 Abs. 3 bis 5 der Zivilprozessordnung entsprechend anzuwenden.

(6) Der Vorsitzende kann die Parteien für die Güteverhandlung sowie deren Fortsetzung vor einen hierfür bestimmten und nicht entscheidungsbefugten Richter (Güterichter) verweisen. Der Güterichter kann alle Methoden der Konfliktbeilegung einschließlich der Mediation einsetzen.

Übersicht

	Rdn.
I. Regelungsgegenstand und Zweck	1
1. Normgefüge	1
2. Europäische Mediationsrichtlinie	4
II. Grundsätze/Einzelheiten	5
1. Verweisung nach Absatz 6	5
a) Grundsatz der obligatorischen Güteverhandlung	5
b) Verweisung an einen Güterichter	8
c) Abweichung von § 278 Abs. 5 ZPO	9
aa) Verweisung durch den Vorsitzenden	10
bb) Güteverhandlung sowie deren Fortsetzung	11
2. Das erheblich erweiterte Institut des Güterichters	12
3. Darstellung des Verfahrensablaufs vor dem Güterichter	14
a) Verweisungsbeschluss	14
aa) Ermessen	17
(1) Einverständnis der Parteien	18
(2) Konstellationen, in denen eine Verweisung ausscheidet	22
bb) Folgen einer Verweisung	26
b) Vorgehensweise des Güterichters	28
aa) Akteneinsicht und Informationsbeschaffung	28
bb) Verfahrens- und Terminsabsprache	30
cc) Festlegung des Setting	33
c) Durchführung des Gütesuchs	34
d) Mögliche Ergebnisse und Verfahrensbeendigungen	40
e) Zeugnisverweigerungsrecht	48
4. Verhältnis von § 54 Abs. 6 ArbGG zu § 54a Abs. 1 ArbGG	49
III. Hinweise für die Praxis	50

I. Regelungsgegenstand und Zweck

1. Normgefüge

§ 54 ArbGG ist dem § 278 ZPO vergleichbar: Beide Vorschriften verpflichten den Vorsitzenden bzw. das Gericht, eine obligatorische (§ 54 Abs. 1 ArbGG) bzw. semi-obligatorische (§ 278 Abs. 2 ZPO) Güteverhandlung zum Zwecke einer gütlichen Einigung durchzuführen. Güteverhandlungen sind für das arbeitsgerichtliche Verfahren von großer Bedeutung, wie nicht zuletzt aus der hohen Zahl von Erledigungen folgt, die regelmäßig erzielt werden. 1

Absatz 1 der Vorschrift delegiert die Güteverhandlung an den Vorsitzenden und lässt ihm für die Durchführung weitgehend freie Hand. Dementsprechend kann er zur Aufklärung des Sachverhalts alle Handlungen vornehmen, die sofort erfolgen können. Die Güteverhandlung ist nicht auf einen Termin beschränkt; mit Zustimmung der Parteien kann sie in einem weiteren Termin fortgesetzt werden. 2

Absatz 2 behandelt Klagerücknahme und gerichtliche Geständnisse, wobei letztere nur dann bindende Wirkung haben, wenn sie zu Protokoll erklärt wurden.

Nach dem Gesetzeswortlaut des **Absatzes 3** ist (zumindest) das Ergebnis der Güteverhandlung, insbesondere der Abschluss eines Vergleichs, in die Niederschrift aufzunehmen. Nimmt eine Partei die Güteverhandlung nicht wahr oder ist die Güteverhandlung erfolglos, so schließt sich die weitere Verhandlung an (**Absatz 4**). Erscheinen oder verhandeln beide Parteien in der Güteverhandlung nicht, so ist nach **Absatz 5** das Ruhen des Verfahrens anzuordnen.

3 Der auf Vorschlag des Rechtsausschusses eingefügte und im Vermittlungsverfahrens endgültig formulierte **Absatz 6** betrifft das erheblich erweiterte Institut des ersuchten Güterichters und korrespondiert im Wesentlichen mit der Regelung des § 278 Abs. 5 ZPO.[1]

2. Europäische Mediationsrichtlinie

4 Nachdem der Güterichter nunmehr ein nicht entscheidungsbefugter Richter ist, der sich auch der Methode der Mediation bedienen kann, korrespondiert die Vorschrift mit dem **Erwägungsgrund Nr. 12** der EUMed-RL und mit **Art. 1 Abs. 1 EUMed-RL**.

II. Grundsätze/Einzelheiten

1. Verweisung nach Absatz 6

a) Grundsatz der obligatorischen Güteverhandlung

5 Das Gesetz geht in seinem Absatz 1 von dem Grundsatz aus, dass die mündliche Verhandlung mit einer Güteverhandlung beginnt. Anders als in § 278 ZPO ist diese **obligatorisch** vorgeschrieben; weder können die Parteien darauf verzichten noch beispielsweise der Vorsitzende auf übereinstimmenden Antrag der Parteien davon absehen. Allerdings bleibt es beiden Parteien unbenommen, zur Güteverhandlung nicht zu erscheinen oder nicht zu verhandeln; dies folgt aus Absatz 5.

6 Regelungen über den Verlauf der Güteverhandlung enthalten Absatz 1 Sätze 2 bis 5 sowie Absätze 2 bis 5 ArbGG, u. a. über Schlichtung und Sachverhaltsaufklärung, über Klagerücknahme und Vergleich, über die Niederschrift und über die Folgen einer Säumnis. Mit Zustimmung der Parteien kann die Güteverhandlung in einem zweiten Termin fortgesetzt werden (Absatz 1 Satz 5). Zuständig für die Durchführung der obligatorischen Güteverhandlung ist der Vorsitzende, mithin der entscheidungsbefugte Richter; hierin liegt der Unterschied zur Güteverhandlung nach Absatz 6. Die obligatorische Güteverhandlung nach Absatz 1 dient zwei Zielen: Sie bezweckt zum einen eine gütliche Beilegung des Rechtsstreits herbeizuführen, zum anderen dient sie im Fall des Scheiterns zugleich der Anberaumung und durch die Erteilung fristgebundener Auflagen der Vorbereitung des Kammertermins; von daher kann sie auch nur durch den entscheidungsbefugten Richter durchgeführt werden.

---

1 Vgl. zum Gesetzgebungsprozess die Kommentierung zu § 278 ZPO, Rdn. 13 ff.

Obligatorische Güteverhandlungen nach Absatz 1 finden **in allen Urteilsverfahren** statt, auch in Schlichtungsverfahren nach § 111 Abs. 2 ArbGG, ferner bei Vollstreckungsabwehrklagen sowie bei Wiederaufnahmeverfahren. 7

Im Hinblick auf die besondere Eilbedürftigkeit geht das Schrifttum[2] davon aus, dass eine Güteverhandlung in Verfahren auf Erlass eines Arrests oder einer einstweiligen Anordnung nicht in Betracht kommt. Ansonsten gilt das Verfahren über die Güteverhandlung **auch im Beschlussverfahren** (§ 80 Abs. 2 AbGG), nicht hingegen in den Rechtsmittelinstanzen.[3]

b) Verweisung an einen Güterichter

Eine Ausnahme vom Grundsatz des Absatz 1, wonach die Güteverhandlung vom Vorsitzenden durchzuführen ist, regelt Absatz 6: Danach können die Parteien für die Güteverhandlung sowie deren Fortsetzung vor einen hierfür bestimmten und nicht entscheidungsbefugten Richter (Güterichter) verwiesen werden. Anders als die obligatorische Güteverhandlung ist die nach Absatz 6 **fakultative** Güteverhandlung ausschließlich auf eine gütliche Einigung des Rechtsstreits ausgerichtet. Der Unterschied wird auch dadurch deutlich, dass die Regelungen über die fakultative Güteverhandlung im Verfahren zweiter Instanz anwendbar sind, wie aus §§ 64 Abs. 7, 87 Abs. 2 ArbGG folgt.[4] 8

c) Abweichung von § 278 Abs. 5 ZPO

Absatz 6 unterscheidet sich von § 278 Abs. 5 ZPO insoweit, als 9
- im Arbeitsgerichtsverfahren statt des Gerichts der Vorsitzende für die Verweisung zuständig ist,
- der Gesetzestext von »Güteverhandlung sowie deren Fortsetzung« spricht statt von »weiteren Güteversuchen«.

aa) Verweisung durch den Vorsitzenden

Indem das Gesetz dem Vorsitzenden und nicht wie in § 278 Abs. 5 ZPO dem Gericht die Aufgabe zuweist, eine Verweisung an den Güterichter vorzunehmen, will es dem besonderen Beschleunigungsgrundsatz des § 9 Abs. 1 ArbGG Rechnung tragen. Im Schrifttum[5] wird daraus gefolgert, dass der **Verweisungsbeschluss des Vorsitzenden** nur vor der Güteverhandlung, in der Güteverhandlung oder im Anschluss daran, jedenfalls vor der (mündlichen) Verhandlung vor der Kammer, erfolgen könne. Denn das Arbeitsgerichtsgesetz differenziere zwischen den Aufgaben des Vorsitzenden und denen der Kammer; eine Verweisung durch die Kammer sehe das Gesetz nicht vor. Dem könnte allerdings entgegengehalten werden, dass die fakultative Güteverhandlung nach Absatz 6 ohnehin nur mit dem Einverständnis der Parteien durchgeführt werden kann, auch noch in zweiter Instanz möglich ist und daher bei entsprechen- 10

---

2 *Schwab/Weth*, ArbGG, 3. Aufl., § 54 Rn. 3.
3 *Natter/Gross*, ArbGG, 2010, § 54 Rn. 7.
4 Vgl. hierzu die Kommentierungen zu § 64 ArbGG, Rdn. 3 und § 87 ArbGG, Rdn. 3.
5 *Francken* NZA 2012, 249 ff. (251).

dem Parteiwillen auch eine »Verweisung sui generis« außerhalb des Regelungsbereichs des § 54 Abs. 6 ArbGG durch die Kammer zulässig sein müsste.

bb) Güteverhandlung sowie deren Fortsetzung

11 Die Verwendung der Begrifflichkeit »Güteverhandlung sowie deren Fortsetzung« meint zum einen, dass die in Absatz 1 geregelte »Verhandlung zum Zwecke der gütlichen Einigung« statt vor dem Vorsitzenden auch **von Beginn an** vor einem **Güterichter**, mithin dem nicht entscheidungsbefugten Richter, stattfinden kann. Damit wird für das arbeitsgerichtliche Verfahren die Möglichkeit eröffnet, in **geeigneten Fällen**[6] mit **Einverständnis der Parteien** sogleich den Versuch einer konsensualen Einigung zu unternehmen, wobei hierfür ganz unterschiedliche Konfliktlösungsverfahren zum Einsatz gelangen können. Zum anderen bedeutet die Regelung, dass eine bereits begonnene obligatorische Güteverhandlung vor dem Vorsitzenden übergeleitet werden kann in ein fakultatives Verfahren vor dem nicht entscheidungsbefugten Güterichter und schließlich, dass das Verfahren vor dem Güterichter nicht unbedingt in einem Termin zum Abschluss gebracht werden muss, sondern dass hierfür Folgetermine anberaumt werden können.

2. Das erheblich erweiterte Institut des Güterichters

12 Absatz 6 Satz 1 verwendet den Begriff des Güterichters als eines hierfür bestimmten und nicht entscheidungsbefugten Richters, der nach Satz 2 alle Methoden der Konfliktbeilegung einschließlich der Mediation einsetzen kann. Was im Einzelnen unter einem Güterichter, namentlich dem »erheblich erweiterten Institut des Güterichters« zu verstehen ist und wie er seine Aufgaben im Einzelnen erfüllen soll, erschließt sich aus einer Gesamtbetrachtung der bisherigen Güterichterpraxis in Bayern und Thüringen, des systematischen Zusammenhangs der geänderten Vorschriften und des Willens des Gesetzgebers, wie dies in der Kommentierung zu § 278 Abs. 5 ZPO dargestellt wurde.[7]

13 Das **neue Konzept** des erheblich erweiterten Instituts des Güterichters bedeutet im hier interessierenden Zusammenhang Folgendes:
– Güterichter kann nur ein nicht entscheidungsbefugter Richter sein,
– seine Tätigkeit ist als richterliche Tätigkeit zu qualifizieren,
– er wird nur tätig, soweit es um den/die Versuch(e) einer gütlichen Einigung geht,

---

6 In Kündigungsstreitigkeiten wird dies wegen des besonderen Beschleunigungsgrundsatzes des § 61a Abs. 2 ArbGG wohl nur in Ausnahmefällen in Betracht kommen. Insoweit vorstellbar sind »parallele Fälle«: eine große Zahl von Kündigungsschutzklagen, die – weil gegen denselben Arbeitgeber gerichtet – auf ein einheitliches, alle gekündigten Arbeitnehmer betreffendes Problem zurückzuführen sind, wie dies beispielsweise bei der Schließung einer ganzen Abteilung eines Unternehmens der Fall ist oder bei der Aufdeckung gemeinschaftlichen vertragswidrigen Handelns zulasten eines Arbeitgebers. Zu denken ist ferner an betriebsbedingte Kündigungen in Betrieben ohne Betriebsrat, sodass es sich anbietet, mithilfe eines Güterichters einen »Sozialplan« zu erarbeiten.
7 Vgl. hierzu umfassend die Kommentierung zu § 278 Abs. 5 ZPO, Rdn. 20 ff.

- er muss über besondere fachliche Qualifikationen verfügen, die denen der früheren gerichtlichen Mediatoren vergleichbar sind,
- er kann am eigenen Gericht, einem anderen Gericht und auch in einer anderen Gerichtsbarkeit eingesetzt werden,
- er wird nur mit Einverständnis der Parteien aktiv (sog. fakultative Güteverhandlung), wobei Vertraulichkeit und Freiwilligkeit das Verfahren prägen,
- er kann die Prozessakten einsehen,
- er kann sich aller Verfahren der Konfliktbeilegung bedienen, einschließlich der Mediation,
- er kann mit Einverständnis der Parteien Einzelgespräche führen,
- er kann rechtliche Bewertungen vornehmen und den Parteien Lösungsvorschläge für den Konflikt unterbreiten und
- er kann mit Zustimmung der Parteien eine Niederschrift erstellen, einen Vergleich protokollieren und – was streitig ist – den Streitwert festsetzen.

3. Darstellung des Verfahrensablaufs vor dem Güterichter

a) Verweisungsbeschluss

Ein Tätigwerden des Güterichters setzt zunächst voraus, dass seitens des Vorsitzenden das Verfahren (»die Parteien«) verwiesen wurde. 14

Die Verweisung selbst erfolgt durch **gerichtlichen Beschluss**, der nicht begründet zu werden braucht. Wird er angefochten, so ist dies als fehlende (bzw. zurückgenommene) Zustimmung zu einer gütlichen Einigung auszulegen und der Beschwerde entsprechend abzuhelfen.[8] Wer als Güterichter in Betracht kommt, ergibt sich aus dem **Geschäftsverteilungsplan**[9] des Gerichts gem. § 21e GVG. Es zählt zu den Aufgaben des Präsidiums festzulegen, wie diejenigen Richter, die über entsprechende Ausbildung und Qualifikationen verfügen, »als ersuchte Güterichter« eingesetzt werden.[10] 15

Den Parteien steht – anders als in einem Mediationsverfahren – kein Wahlrecht hinsichtlich des Güterichters zu. 16

---

8 *Hauck u. a.*, ArbGG, § 78 Rn. 8.
9 So wie in der Vergangenheit als gerichtlicher Mediator nur derjenige bestellt werden konnte, der eine entsprechende Ausbildung durchlaufen hatte, so kommt als Güterichter nach § 278 Abs. 5 ZPO nur in Betracht, wer aufgrund entsprechender Ausbildung in der Lage ist, die einschlägigen Methoden der Konfliktbeilegung einschließlich der Mediation einzusetzen. Dabei finden die in § 5 MediationsG geregelten Standards hinsichtlich der Aus- und Fortbildung auch auf Güterichter entsprechende Anwendung; vgl. insoweit Begr. BT-Drucks. 17/5335, A. II.
10 Es obliegt dem Präsidenten, dem Präsidium das Vorliegen der entsprechenden Qualifikationen zu unterbreiten, vergleichbar der Information über formale Qualifikationen, wie sie in § 22 Abs. 5, 6 GVG angesprochen sind.

aa) **Ermessen**

17 Grundsätzlich liegt die Verweisung an einen Güterichter im pflichtgemäßen Ermessen des Vorsitzenden.

(1) **Einverständnis der Parteien**

18 Das Gericht muss bei seiner Entscheidung jedoch das für den Güterichter geltende **ungeschriebenen Tatbestandsmerkmals** der **Freiwilligkeit** beachten: Nur mit Einwilligung der Parteien kann ein Verfahren vor dem Güterichter durchgeführt werden.[11]

19 Dieser Umstand zeitigt Konsequenzen für die **Verweisungspraxis:** Entweder holt bereits der Vorsitzende das Einverständnis der Parteien für ein Güterichterverfahren ein und verweist sodann das Verfahren, oder er nimmt eine Verweisung vor und der Güterichter holt daraufhin die Zustimmung der Parteien für die Durchführung eines Güterversuchs ein. Während die Sachnähe des Güterichters zu den Verfahren der konsensualen Streitschlichtung dafür spricht, ihm die Einholung der Zustimmung zu übertragen, sprechen prozessökonomische Gründe – u. U. auch der Grundsatz des rechtlichen Gehörs – dafür, den Vorsitzenden mit dieser Aufgabe zu betrauen: Ob nämlich ein Verfahren für eine Verweisung an den Güterichter geeignet ist, wird sich in aller Regel vor Durchführung der obligatorischen Güteverhandlung noch nicht beurteilen lassen.[12] Von daher bietet sich folgende **Vorgehensweise** an: Der Vorsitzende informiert die Beteiligten zunächst über die grundsätzlich möglichen Methoden, die ein Güterichter einsetzen kann und weist darauf hin, dass dieser in Absprache mit ihnen die fall- und konfliktangemessene Methode absprechen wird; hierzu holt er ihre Zustimmung ein. Nach sodann erfolgter Verweisung an den Güterichter ist es dessen Aufgabe, in Absprache mit den Parteien das weitere Vorgehen, insbesondere die einzusetzenden Methoden zu erörtern und hierfür das Einverständnis einzuholen.

20 Die Einschaltung eines »**besonders geschulten Koordinators**«[13] könnte u. U. datenschutzrechtliche Probleme aufwerfen. Von daher dürfte es auf die konkrete Ausgestaltung eines derartigen »Court-Dispute-Managers« ankommen: Vom Entlastungseffekt idealiter bei einem Rechtspfleger verankert,[14] müsste dies aber mangels entsprechender gesetzlicher Regelung als zulässige richterassistierende Verwaltungstätigkeit organisiert werden.

---

11 Vgl. *Francken* NZA 2012, 249 ff. (251); a.A. *Carl* ZKM 2012, 16 ff. (19).
12 Namentlich im Kündigungsschutzprozess liegt in aller Regel vor der obligatorischen Güteverhandlung häufig außer dem Mindestvortrag zur Anwendbarkeit des KündigungsschutzG und der Behauptung, die Kündigung sei sozialwidrig, kein weiterer Sachvortrag vor. Die Sollregelung des § 253 Abs. 3 Nr. 1 ZPO hat insoweit keine durchgreifende Änderung erbracht.
13 Vgl. BT-Drucks. 17/8058, III. Allgemeines, S. 17. Zur (seinerzeitigen) Praxis in den Niederlanden mit besonderen Verweisungsbeauftragten vgl. *Schmiedel* ZKM 2011, 14 ff. (15).
14 Realitätsfern *Carl* ZKM 2012, 16 ff. (20), der hierfür die früheren richterlichen Mediatoren einsetzen wollte.

Den Parteien bleibt es unbenommen, die Durchführung einer Güterichterverhandlung 21
vor einem Güterichter selbst anzuregen. Liegt ein übereinstimmendes Petitum der
Parteien vor, dann reduziert sich das dem Vorsitzenden eingeräumte Ermessen zur Verweisung auf Null.

(2) Konstellationen, in denen eine Verweisung ausscheidet

Das Ermessen ist nicht eröffnet, wenn schon nach dem Inhalt der Klage- bzw. Antrags- 22
schrift, insbesondere den Ausführungen gem. §§ 46 Abs. 2, 80 Abs. 2 ArbGG i.V.m.
§ 253 Abs. 3 Nr. 1 ZPO – ggf. auch der Klage- bzw. Antragserwiderung (vgl. allerdings § 47 Abs. 2 ArbGG) – eine **gütliche Beilegung** des Rechtsstreits **erkennbar
aussichtslos** erscheint.

Der Vorsitzende wird von einer Verweisung an den Güterichters absehen können, wenn 23
er den Eindruck gewinnt, dass es sich um ein **einfach gelagertes Verfahren** handelt,
welches von ihm selbst in einer Güteverhandlung zu einem gütlichen Einigung gebracht
werden kann.

Eine Verweisung kommt ferner nicht in Betracht, wenn eine **Partei** zu verstehen gege- 24
ben hat, dass sie ein solches **Verfahren nicht wünscht**. Dies ist Ausfluss des Freiwilligkeitsprinzips.

Die maßgeblichen Erwägungen, von einer Verweisung an den ersuchten Güterichter 25
abzusehen, sollten in einem Aktenvermerk mit kurzer Begründung festgehalten werden.

bb) Folgen einer Verweisung

Die Verweisung eines Rechtsstreits zum Zwecke einer Güteverhandlung an den 26
Güterichter nach § 54 Abs. 6 ArbGG führt, anders als in den Fällen des § 54a Abs. 2
Satz 1 ArbGG, nicht automatisch zum Ruhen des Verfahrens; jedoch ist ein **Ruhensbeschluss** gem. § 251 ZPO **möglich**.

Der Güterichter übt **richterliche Tätigkeit** – aber ohne Entscheidungskompetenz – aus 27
und handelt als gesetzlicher Richter im Sinne des § 16 Satz 2 GVG. Seine konkrete
Zuständigkeit folgt aus dem gerichtlichen **Geschäftsverteilungsplan** gem. § 21e GVG.
Den Parteien steht daher – anders als bei einem Mediator – hinsichtlich seiner Person
kein Wahlrecht zu.

b) Vorgehensweise des Güterichters

aa) Akteneinsicht und Informationsbeschaffung

Der Güterichter wird **Einsicht** in die ihm vom erkennenden Gericht überlassenen 28
Akten nehmen und prüfen, welches Verfahren der konsensualen Streitschlichtung
indiziert ist.

29 Sodann wird er sich mit den Parteien des Rechtsstreits ins Benehmen setzen, ggf. vorab weitere Informationen bei ihnen einholen und auch klären, ob **weitere Personen** zum Güteversuch hinzuziehen sind.

bb) Verfahrens- und Terminsabsprache

30 Der Güterichter wird den Parteien einen Verfahrens- und einen Terminsvorschlag unterbreiten:

31 Ausgehend vom **Grundsatz der Informiertheit** der Parteien erscheint es angezeigt, diese bereits zu diesem frühen Zeitpunkt darüber in Kenntnis zu setzen, ob der Güterichter beispielsweise zu einer Schlichtung mit rechtlichen Hinweisen und ggf. einem Vorschlag tendiert oder ob er die Durchführung einer Mediation für angezeigt hält (Grundsatz der »**Methodenklarheit bei Methodenvielfalt**«).

32 Das **Prinzip der Freiwilligkeit** spricht dafür, in gemeinsamer Absprache einen allen Parteien passenden Termin zu wählen und von einer Terminsanordnung abzusehen. Ein Anwaltszwang besteht für den Güteversuch nicht (§ 11 Abs. 1 Satz 1, Abs. 4 Satz 1 ArbGG), bestellte Bevollmächtigte sind jedoch einzubeziehen.

cc) Festlegung des Setting

33 Es obliegt allein dem Güterichter, das Setting für den Güteversuch festzulegen; hierbei bietet sich ein **mediationsanaloges Vorgehen** mit dem Ziel einer kommunikationsfördernden Verhandlungsatmosphäre an.[15]

c) Durchführung des Güteversuchs

34 Die Durchführung des Güteversuchs ist **nicht öffentlich**; das Öffentlichkeitsgebot des § 169 GVG gilt nur für mündliche Verhandlungen vor dem erkennenden Gericht.[16] Der Güterichter wird die Parteien auf die Vorschrift des § 159 Abs. 2 Satz 2 ZPO (anwendbar über §§ 46 Abs. 2, 64 Abs. 6, 7, 80 Abs. 2, 87 Abs. 2 ArbGG) hinweisen sowie darauf, dass die Vertraulichkeit zudem durch eine Vereinbarung zwischen den Parteien besonders geregelt werden kann und sollte.

35 Die Beachtung des Grundsatzes »**Methodenklarheit bei Methodenvielfalt**« soll den Güterichter davor bewahren, zwischen einzelnen Verfahren der Konfliktbeilegung zu wechseln und Elemente der einzelnen Methoden miteinander zu vermischen: Ein »stockendes oder gar scheiterndes« Mediationsverfahren dadurch retten zu wollen, dass der Güterichter – entgegen seiner eingangs erfolgten Information der Parteien – sodann einen Lösungsvorschlag unterbreitet, stellt eine methodische Fehlleistung dar und führt zu einem Glaubwürdigkeitsverlust des Güterichters. Denkbar ist allenfalls, dass der Güterichter gemeinsam mit den Parteien übereinkommt, eine bestimmte Methode

---

15 *Tautphäus* Spektrum der Mediation 40/2010, 26.
16 *Baumbach*, ZPO, 69 Aufl., § 169 GVG Rn. 3 m.N. zur Rechtsprechung.

abzuschließen und mit deren Einverständnis mit einer anderen Methode fortzufahren,[17] was jedoch ebenfalls nicht unproblematisch ist.[18]

Wenn angezeigt, kann der Güterichter mit den Parteien auch **Einzelgespräche** (Caucus) führen. Um die Neutralität des Güterichters nicht zu gefährden, ist hierfür das Einverständnis der Parteien erforderlich. 36

Die Erörterung mit den Parteien ist nicht auf die dem Rechtsstreit zugrunde liegenden entscheidungserheblichen Punkte reduziert; vielmehr wird – unter der Zielsetzung einer konsensualen Lösung – das zur Sprache gebracht, was den Parteien zur Beilegung ihres Konfliktes wichtig ist.[19] Soweit der Güterichter rechtliche Hinweise gibt, sind diese mangels Entscheidungskompetenz unverbindlich.[20] 37

Dem Güterichter ist es verwehrt, den Beteiligten **Prozesskostenhilfe** gem. §§ 114 ff. ZPO zu gewähren oder einen **Ruhensbeschluss** gem. § 251 ZPO zu erlassen, da er nicht »Gericht« im Sinne der genannten Vorschriften ist. Hingegen kann er, unter der Voraussetzung des 54 Abs. 3 ArbGG, einen Vergleich protokollieren oder eine prozessbeendende Erklärung zu Protokoll nehmen (vgl. § 54 Abs. 2 ArbGG). 38

Ob es ihm gestattet ist, einen Streitwert, Beschwerdewert oder Gegenstandswert festzusetzen, ist streitig. Dafür spricht, die Festsetzung des Streitwertes als Annexkompetenz zur Protokollierung des Vergleichs zu erachten, zumal (nur) der Güterichter Kenntnis vom Umfang und Wert des Vergleichsgegenstandes hat.[21] Zur Vermeidung etwaiger Rechtsstreitigkeiten nach entsprechender Beschlussfassung empfiehlt es sich, einen Rechtsmittelverzicht zu protokollieren. 39

d) **Mögliche Ergebnisse und Verfahrensbeendigungen**

Der Gütversuch vor dem Güterichter kann wie folgt enden: 40

---

17 Langfristig wird nicht auszuschließen sein, dass sich eine neue und eigenständige Methode der Konfliktbeilegung durch einen Güterichter entwickelt. Davon scheint auch der Gesetzgeber auszugehen, wenn er in der Begründung der Beschlussempfehlung des Rechtsausschusses (BT-Drucks. 17/8058, III. Zu Artikel 1, Zu § 1 Abs. 1) u. a. ausführt, die in der gerichtsinternen Mediation entwickelten Kompetenzen könnten im Rahmen der Güterichtertätigkeit fortentwickelt werden. Die unterschiedlichen Stile beschreibt *Kotzian-Marggraf* ZKM 2012, 123 ff. (125). Vgl. auch *Fritz/Schroeder* NJW 2014, 1910 ff, *Fritz* ZKM 2015, 1 und *Brändle* BJ 2014, 130 ff.
18 Vgl. hierzu Kommentierung zu § 278 ZPO, Rdn. 6 f.
19 *Gemählich* Spektrum der Mediation 40/2010, 37 ff. (38); vgl. auch beispielhaft *Tautphäus/Fritz/Krabbe* NJW 2012, 364 ff.
20 Rechtliche Hinweise, die noch dazu in eine nicht bindende Empfehlung zur Konfliktlösung münden, kennzeichnen eine Schlichtung. Vgl. hierzu, auch in Abgrenzung zur Mediation, die Ausführungen unter Teil 6 H.
21 *Zöller*, ZPO, 29. Aufl., § 278 Rn. 27. Die Überlegungen, die die Bundesregierung in ihrem Gesetzentwurf dazu bewogen hatten, für den seinerzeit noch vorgesehenen gerichtsinternen Mediator eine Streitwertfestsetzung nicht zuzulassen (Begr. BT-Drucks. 17/5335, Anlage 3, Zu Artikel 3, Zu Nummern 5 und 6), treffen auf den Güterichter nicht zu.

41 (1) Die Parteien haben sich auf eine Lösung ihres Konfliktes geeinigt. Sie schließen daraufhin einen gerichtlichen Vergleich in der Form des § 54 Abs. 3 ArbGG. Das führt zur Beendigung des anhängigen Rechtsstreits.

42 (2) Die Parteien haben sich auf eine Lösung ihres Konfliktes geeinigt. Der anhängige Rechtsstreit wird durch eine prozessbeendende Erklärung (Klagerücknahme,[22] Hauptsacheerledigung[23]) abgeschlossen.

43 (3) Die Parteien haben sich im Grundsatz auf eine Lösung ihres Konfliktes geeinigt und erbitten einen Vergleichsvorschlag des erkennenden Gerichts gem. § 278 Abs. 6 ZPO nach Maßgabe der in dem Güteversuch erzielten Eckpunkte. Die Annahme des Vorschlags führt zur Beendigung des anhängigen Rechtsstreits.[24]

44 (4) Die Parteien haben sich im Grundsatz auf eine Lösung ihres Konfliktes geeinigt und werden – ggf. nach weiterer Prüfung oder Bedenkzeit – dem Gericht einen schriftlichen Vergleichsvorschlag § 278 Abs. 6 ZPO unterbreiten. Dieser führt dann zur Beendigung des anhängigen Rechtsstreits.[25]

45 (5) Die Parteien haben sich verständigt, außerhalb des anhängigen Verfahrens noch Sachaufklärung zu betreiben und ggf. Dritte als Sachverständige einzuschalten oder aber ein Verfahren der außergerichtlichen Konfliktbeilegung zu beschreiten. Der Rechtsstreit bleibt anhängig, kann jedoch – falls noch nicht geschehen – gem. § 55 Abs. 1 Nr. 8 ArbGG, § 251 ZPO vom Vorsitzenden zum Ruhen gebracht werden.

46 (6) Die Parteien haben sich hinsichtlich des anhängig gemachten Rechtsstreits nur zum Teil oder überhaupt nicht geeinigt. Der Güterichter gibt – nach entsprechender Anhörung der Parteien, ggf. auch nach Erlass eines entsprechende »Rückgabebeschlusses«[26] – das Verfahren an das erkennende Gericht zurück, das sodann den noch anhängigen Rechtsstreit fortsetzt.

47 (7) Beide Parteien erscheinen nicht zur verabredeten und ordnungsgemäß geladenen Güteverhandlung. Der Güterichter gibt das Verfahren – ggf. nach entsprechendem Beschluss, jedenfalls nach einem Aktenvermerk – an das erkennende Gericht zurück, das den noch anhängigen Rechtsstreit fortsetzt.

---

22 Die Klagerücknahme vor einer Kammerverhandlung lässt die Gerichtsgebühr entfallen, die verbleibenden gerichtlichen Auslagen liegen häufig unter der Niederschlagungsgrenze, *Bader u. a.*, ArbGG, § 54 Rn. 9.
23 Es ist danach nur noch über die Kosten des Verfahrens durch den Vorsitzenden zu entscheiden, §§ 308 Abs. 2, 91a Abs. 1 ZPO, § 128 Abs. 3 ZPO i.V.m. § 46 Abs. 2 Satz 2 ArbGG; vgl. insoweit *Schwab/Werth*, ArbGG, 3. Aufl., § 54 Rn. 33.
24 *Bader u. a.*, ArbGG, 5. Aufl., § 54 Rn. 12; *Schwab/Werth*, ArbGG, § 54 Rn. 33.
25 *Bader u. a.*, ArbGG, 5. Aufl., § 54 Rn. 12a.
26 Diese Vorgehensweise hat den Vorteil, dass (auch) für die Parteien eindeutig dokumentiert wird, dass ihr Güteversuch nunmehr als gescheitert zu erachten ist.

e) Zeugnisverweigerungsrecht

Eine analoge Anwendung der Verschwiegenheitsregelung des § 4 MediationsG auf den Güterichter scheidet aus. Er kann sich jedoch gem. § 383 Abs. 1 Nr. 6 ZPO auf ein Zeugnisverweigerungsrecht hinsichtlich des Inhalts der Güteversuchs berufen, wenn ihm als Güterichter Tatsachen anvertraut wurden, deren Geheimhaltung durch ihre Natur oder gesetzliche Vorschrift geboten ist.[27] Im Übrigen sind Güterichter, auch wenn sie sich beispielsweise der Mediation bedienen, nach wie vor Richter und als Amtsträger nicht nur den Beteiligten verpflichtet. Sie unterliegen daher weiterhin **besonderen Anzeigeverpflichtungen**.[28] 48

4. Verhältnis von § 54 Abs. 6 ArbGG zu § 54a Abs. 1 ArbGG

Weder im Mediationsförderungsgesetz selbst noch in der Gesetzesbegründung und den parlamentarischen Protokollen finden sich Anhaltspunkte für das Verhältnis der oben benannten beiden Normen. Grundsätzlich wird das Gericht jedoch jeweils die gleichen Überlegungen anzustellen und sich zu fragen haben, ob dem Rechtsstreit Konflikte zugrunde liegen, die im Prozess nicht oder nur unzureichend beilegt werden können. Auch bedarf es für beide Verfahren des Einverständnisses aller Konfliktparteien. Das Verfahren nach § 54 Abs. 6 ArbGG dürfte vorzuziehen sein, wenn davon ausgegangen werden kann, dass der Güterichter innerhalb eines überschaubaren Zeitrahmens von zwei, höchstens drei Sitzungen zu einem Ergebnis gelangen wird. Ist hingegen absehbar, dass (auch) eine konsensuale Lösung eine Vielzahl von Terminierungen erforderlich machen wird, so bietet sich der Vorschlag einer (Langzeit-) Mediation gem. § 54a Abs. 1 ArbGG an. Das Gleiche gilt, wenn ein anderes Verfahren der außergerichtlichen Konfliktbeilegung in Betracht zu ziehen sein wird.[29] Schließlich dürfen finanzielle Gesichtspunkte nicht außer Acht gelassen werden, sind doch mit dem Güterichterverfahren keine zusätzlichen (Gerichts-) Kosten verbunden, während durch ein Verfahren der Mediation oder der außergerichtlichen Konfliktbeilegung weitere Kosten auf die Konfliktparteien zukommen werden. 49

III. Hinweise für die Praxis

Zur Einbindung des Güterichters im richterlichen Geschäftsverteilungsplans vgl. die »**Hinweise für die Praxis**« bei § 278 ZPO, ferner an gleicher Stelle die Muster- 50

---

27 Vgl. Begr. BT-Drucks. 17/8058, III. Zu Artikel 2 – neu-, Zu Nummer 3 – neu-; *Zöller*, ZPO, 29. Aufl., § 383 Rn. 19. *Musielak*, ZPO, 8. Aufl., § 383 Rn. 4, 6. Das Zeugnisverweigerungsrecht erstreckt sich auch auf die vom Güterichter mit dem Verfahren befassten Servicemitarbeiter der Geschäftsstelle.
28 Z.B. nach § 116 AO oder nach § 6 SubvG, vgl. Begr. BT-Drucks. 17/5335, B., Zu Artikel 1, Zu § 4.
29 Vgl. hierzu die Darstellungen der unterschiedlichen Verfahren unter Teil 6 A.1. Rdn. 1 ff. Auch die »Komplexität« der Auseinandersetzung kann als ein Abgrenzungskriterium herangezogen werden. Für Konfliktfälle beispielsweise, die die Parteien in mehreren Prozessen über mehrere Instanzen parallel austragen, dürfte statt des Güterichters eine Mediation angezeigt sein.

texte für »Parteienvereinbarung über Verschwiegenheit und Vertraulichkeit« sowie für »Vereinbarungen bei Einbeziehung Dritter«.[30]

§ 54a Mediation, außergerichtliche Konfliktbeilegung

(1) Das Gericht kann den Parteien eine Mediation oder ein anderes Verfahren der außergerichtlichen Konfliktbeilegung vorschlagen.

(2) Entscheiden sich die Parteien zur Durchführung einer Mediation oder eines anderen Verfahrens der außergerichtlichen Konfliktbeilegung, ordnet das Gericht das Ruhen des Verfahrens an. Auf Antrag einer Partei ist Termin zur mündlichen Verhandlung zu bestimmen. Im Übrigen nimmt das Gericht das Verfahren nach drei Monaten wieder auf, es sei denn, die Parteien legen übereinstimmend dar, dass eine Mediation oder eine außergerichtliche Konfliktbeilegung noch betrieben wird.

Übersicht   Rdn.
I. Regelungsgegenstand und Zweck 1
    1. Systematischer Zusammenhang 1
    2. Europäische Mediationsrichtlinie 3
II. Grundsätze/Einzelheiten 4
    1. Gerichtlicher Vorschlag (Absatz 1 Satz 1) 4
        a) Adressatenkreis 4
        b) Ermessen 6
        c) Zeitpunkt 11
        d) Gericht 14
        e) Form 15
    2. Vorschlag einer Mediation (Absatz 1 Satz 1, 1. Alt.) 24
        a) Begrifflichkeit 24
        b) Stufenverhältnis 27
        c) Formale und inhaltliche Kriterien 29
    3. Vorschlag eines anderen Verfahrens der außergerichtlichen Konfliktbeilegung
       (Absatz 1 Satz 1, 2. Alt.) 32
        a) Begrifflichkeit 32
        b) Stufenverhältnis 34
        c) Formale und inhaltliche Kriterien 35
    4. Vorschlag einer gerichtlichen Mediation im (zwischenzeitlich abgelaufenen)
       Übergangszeitraum 37
    5. Abgrenzung zum Einigungsstellenverfahren nach § 76 BetrVG 39
    6. Entscheidung der Parteien (Absatz 2 Satz 1, 1. HS) 40
        a) Aufgrund eines gerichtlichen Vorschlages 40
        b) Eigener Vorschlag der Parteien 42
    7. Gerichtlicher Ruhensbeschluss (Absatz 2 Satz 1, 2. HS) 44
    8. Fortsetzung des Verfahrens 48
        a) Terminsbestimmung (Absatz 2 Satz 2) 48

---

30 Vgl. Kommentierung zu § 278 ZPO, Rdn. 84 ff.

      b) Gerichtliche Wiederaufnahme des Verfahrens (Absatz 2 Satz 3)........ 51
  9. Verhältnis von § 54a Abs. 1 ArbGG zu § 54 Abs. 6 ArbGG............. 57
III. Hinweise für die Praxis 58

I. Regelungsgegenstand und Zweck

1. Systematischer Zusammenhang

Die neu geschaffene Vorschrift ist in Absatz 1 und in Absatz 2 Satz 1 **identisch** mit   **1**
der Regelung des **§ 278a ZPO**. Hinzugetreten sind zudem die Sätze 2 und 3 des
Absatz 2. Sie sind dem Umstand geschuldet, dass im arbeitsgerichtlichen Verfahren
der Beschleunigungsgrundsatz gilt.[1]

Mit § 54a ArbGG werden in arbeitsgerichtlichen Verfahren die Mediation und andere   **2**
Verfahren der außergerichtlichen Konfliktbeilegung nunmehr auf eine ausdrückliche
gesetzliche Regelung gestellt. Im Hinblick auf Absatz 1 Satz 1 ist es die erklärte Intention des Gesetzgebers, die außergerichtliche Konfliktbeilegung auch bei bereits **rechtshängigen Streitigkeiten** zu ermöglichen.[2]

2. Europäische Mediationsrichtlinie

§ 54a ArbGG nimmt den **Erwägungsgrund Nr. 12** der EUMed-RL auf und dient   **3**
der Umsetzung des **Art. 1 Abs. 1, Art. 3 lit. a** und des **Art. 5 Abs. 1 EUMed-RL**.

II. Grundsätze/Einzelheiten

1. Gerichtlicher Vorschlag (Absatz 1 Satz 1)

a) Adressatenkreis

Nach dem Gesetzeswortlaut ist der gerichtliche Vorschlag »den Parteien« zu unter-   **4**
breiten. Den **Begriff der Parteien** verwendet das Arbeitsgerichtsgesetz für das Urteilsverfahren nach §§ 2, 46 ff. ArbGG, während es im Beschlussverfahren nach §§ 2a,
80 ff. ArbGG von **Beteiligten** spricht. Anhaltspunkte dafür, dass § 54a ArbGG allein
für das Urteilsverfahren gelten sollte, sind vorliegend nicht erkennbar, im Gegenteil:
Die für das Beschlussverfahren geltenden Normen der §§ 80 Abs. 2 und 87 Abs. 2
ArbGG verweisen jeweils auf »Mediation und außergerichtliche Konfliktbeilegung«.

Der **Begriff** »der Parteien« ist mithin **untechnisch** zu verstehen und meint alle in einem   **5**
arbeitsgerichtlichen Verfahren Involvierte, mithin Kläger und Beklagte, Antragsteller
und Antragsgegner, zugleich auch weitere Beteiligte nach § 83 Abs. 3 ArbGG.

b) Ermessen

Ob das Arbeitsgericht den Parteien den Vorschlag einer Mediation oder eines ande-   **6**
ren Verfahrens der außergerichtlichen Konfliktbeilegung unterbreitet, liegt alleine
in seinem **pflichtgemäßen Ermessen**. Voraussetzungen hierfür sind dem Gesetz nicht

---

[1] Begr. BT-Drucks. 17/5335, B., Zu Artikel 5, Zu Nummer 2.
[2] Begr. BT-Drucks. 17/5335, B., Zu Artikel 3, Zu Nummer 5; Zu Artikel 5, Zu Nummer 2.

zu entnehmen, jedoch ist stets das **ungeschriebene Tatbestandsmerkmal** zu prüfen, ob es sich um einen »**geeigneten Fall**« handelt.[3]

7 Der Vorschlag einer Mediation ist immer dann in Erwägung zu ziehen, wenn dem Rechtsstreit Konflikte zugrunde liegen, die im gerichtlichen Verfahren nicht oder nur unzureichend beigelegt werden können.

8 In einem Arbeitsgerichtsprozess bietet sich der Vorschlag für eine Mediation beispielsweise in **Fallkonstellationen** an,
– in denen die Parteien auch zukünftig weiterhin zusammenarbeiten werden,
– in denen eine Vielzahl von Arbeitnehmern betroffen sind,
– in denen es um hochemotionalisierte Umstände wie Mobbing etc. geht,[4]
– in denen um die vorzeitige Auflösung von Vertragsverhältnissen gestritten wird,
– in denen die Parteien verwandt oder (nicht mehr) verheiratet sind,
– in denen die Parteien zahlreiche Rechtsstreitigkeiten miteinander austragen, u. U. gleichzeitig und in mehrere Instanzen,
– in denen grundsätzliche persönliche Zerwürfnisse zwischen Geschäftsführung und Betriebsrat zutage treten.

9 **Abstrakt** betrachtet wird das Gericht immer dann eine konsensuale Streitbeilegung in Betracht ziehen, wenn es den Konfliktbeteiligten vorrangig darum geht,
– nichtrechtliche Interessen zu berücksichtigen,
– eine zukunftsorientierte Lösung anzustreben,
– Vertraulichkeit zu wahren oder
– eine schnelle Lösung herbeizuführen,

sowie dann, wenn
– es sich um einen komplexen Sachverhalt handelt,
– nichtbeteiligte Dritte in das Verfahren einbezogen werden sollen,
– zwischen den Parteien eine besondere Emotionalität besteht oder
– es um einen grenzüberschreitenden Rechtsstreit geht.

10 Hingegen wird das Gericht eine konsensuale Streitbeilegung **nicht** unterbreiten, wenn beispielsweise
– gesetzliche Bestimmungen den Parteien eine privatautonome Regelung untersagen,
– ein besonderes öffentliches Interesse an der Rechtsdurchsetzung besteht oder
– eine Grundsatzentscheidung begehrt wird.[5]

---

3 Vgl. hierzu auch *Palandt*, ZPO, 71. Aufl., Rechtspolitischer Ausblick II A, § 278a Rn. 7. Umfassend zur arbeitsgerichtlichen Rechtsprechung *Klowait/Gläßer*, MediationsG, 2. Aufl., 2, §§ 54, 54a ArbGG, Rn 22 ff.
4 *Göldner-Dahmke* SchlHA 2010, 54 ff.
5 Vgl. in diesem Zusammenhang auch die Versuche im Schrifttum, mithilfe von Check-Listen die Mediationsgeeignetheit von Konflikten zu ergründen *Monßen* AnwBl 2004, 7 ff. (8 f.); *Korteweg-Wiers*, FS VG Gießen, S. 359 ff. (360 Fn. 5; 366 f.).

c) Zeitpunkt

Der Vorschlag kann gegenüber den Parteien grundsätzlich in **jedem Stadium des** 11
Rechtsstreits erfolgen, betrifft allerdings nur Urteilsverfahren im ersten Rechtszug und im Berufungsverfahren sowie Beschlussverfahren in den ersten beiden Rechtszügen. Dass der Gesetzgeber Mediationen wie sonstige Verfahren der außergerichtlichen Konfliktlösung für das Verfahren vor dem **Bundesarbeitsgericht nicht** vorgesehen hat, folgt aus den §§ 64 Abs. 7 und 87 Abs. 2 ArbGG mit ihren entsprechenden Verweisen und Bezugnahmen einerseits und der unveränderten Beibehaltung der Regelungen in §§ 72 ff., 92 ff. ArbGG andererseits.

Grundsätzlich bietet es sich an, den **Vorschlag** für eine nichtstreitige Konfliktbeilegung 12
so **frühzeitig** wie möglich zu unterbreiten. Hierfür sprechen Gründe der Zeit- und Kostenersparnis für die Parteien wie auch ggf. für das Gericht. Zudem wird erfahrungsgemäß durch ein frühzeitiges Mediationsgespräch der Gefahr weiterer »emotionaler Verletzungen« während des Rechtsstreits entgegengewirkt.

Obwohl es stets eine Frage des Einzelfalles, des Rechtsgebietes sowie des Kenntnisstan- 13
des des Gerichts (vgl. § 253 Abs. 3 Nr. 3 ZPO) bleiben wird, wann der Vorschlag für eine konsensualen Streitbeilegung erfolgt, so spielt die **Güteverhandlung** nach § 54 ArbGG in diesem Zusammenhang dennoch eine gewichtige Rolle: In ihr erörtert der Vorsitzende mit den Parteien das gesamte Streitverhältnis unter freier Würdigung aller Umstände (§ 54 Abs. 1 Satz 1 ArbGG) mit dem Ziel einer gütlichen Einigung. Der Vorsitzende lernt somit den Streitstoff wie auch die Parteien kennen und kann einschätzen, ob die Unterbreitung einer konsensualen Streitbeilegung sinnvoll ist oder nicht.

d) Gericht

Vom o. g. Zeitpunkt ist es auch abhängig, wer den Vorschlag unterbreitet: Beim 14
Arbeits- wie Landesarbeitsgericht kann dies durch den **Vorsitzenden** geschehen; erfolgt der Vorschlag (erst) in der mündlichen Verhandlung, so ist der **Spruchkörper** hierfür zuständig. Keine Anwendung findet der § 54a ArbGG im Verfahren vor dem Bundesarbeitsgericht.

e) Form

Nach dem Gesetzeswortlaut ist der Vorschlag **weder** an eine **Form noch** an (inhalt- 15
liche) **Voraussetzungen** gebunden.

Das Gericht kann den Vorschlag mündlich als auch schriftlich unterbreiten und ist 16
auch nicht gehindert, vor dem eigentlichen Vorschlag bei oder mit den Parteien zu sondieren, ob eine nichtstreitige Konfliktlösung für sie bzw. die Lösung ihres Rechtsstreits in Betracht kommt.

Das Gericht ist im Rahmen seiner **Aufklärungsverpflichtung** gehalten, den Parteien 17
Inhalt und Umstände des beabsichtigten oder unterbreiteten Vorschlags, auch in Abgren-

zung zu etwaigen Alternativen außergerichtlicher Konfliktlösungen, deutlich zu machen und dabei auf Chancen, Risiken und Kosten hinzuweisen.

18 Dass derartige Informationen entsprechende Kenntnisse der Richterschaft voraussetzen und somit auch entsprechende Schulungen erforderlich machen, liegt auf der Hand. Denn nur wer selbst hinreichend informiert ist, wird seiner Informationspflicht gegenüber den Parteien gerecht werden können.[6]

19 **Prozesskostenhilfe** für die Durchführung einer Mediation etc. darf nicht bewilligt werden;[7] für eine Anwendung des § 7 MediationsG fehlt es bislang an der vom Gesetz geforderten Vereinbarung zwischen Bund und Ländern.

20 Erfolgen Vorschlag und ggf. Ablehnung durch die Parteien in der mündlichen Verhandlung, so ist dies in der Niederschrift zu vermerken und im Ablehnungsfall das Verfahren in dem Stadium fortzusetzen, in dem es sich befindet.

21 Ob und ggf. wie lange das Gericht den Parteien eine **Frist** einräumt, sich zu seinem Vorschlag **zu äußern**, liegt ebenfalls in seinem pflichtgemäßen **Ermessen**, wobei der das arbeitsgerichtliche Verfahren prägende Beschleunigungsgrundsatz zu beachten ist. Je nach Verfahren dürften in einem Urteils- und Beschlussverfahren zwei Wochen, in einem Eilverfahren höchstens eine Woche sachangemessen sein.

22 Den Vorschlag des Gerichts in **Beschlussform** zu erlassen wird nicht verlangt werden können. Gleichwohl wäre es wünschenswert, wenn die Gerichte – um die Bedeutung konsensualer Konfliktlösungsmöglichkeiten zu unterstreichen und um diese zu fördern – den Parteien einen entsprechenden Vorschlag in Form eines verfahrensleitenden, nicht anfechtbaren Beschlusses unterbreiten würden.

23 Anderenfalls sollte aus Gründen der Klarheit der Vorschlag jedenfalls in Form einer **richterlichen Verfügung** erfolgen, aus Gründen der Nachvollziehbarkeit und Dokumentation ist Schriftform anzuraten, wobei die Übermittlung dann auch per Telefax, mündlich/telefonisch oder elektronisch erfolgen kann. Macht das Gericht – fallspezifisch – von seinem Vorschlagsrecht keinen Gebrauch, so sollten die tragenden Erwägungen hierfür jedenfalls in einem **Aktenvermerk** festgehalten werden.

2. Vorschlag einer Mediation (Absatz 1 Satz 1, 1. Alt.)

a) Begrifflichkeit

24 Was eine Mediation ist, folgt aus der **Begriffsbestimmung** des § 1 Abs. 1 **MediationsG**: Ein vertrauliches und strukturiertes Verfahren, bei dem die Parteien mithilfe eines oder mehrerer Mediatoren freiwillig und eigenverantwortlich eine einvernehmliche Beilegung ihres Konflikts anstreben.

---

[6] Auf die Möglichkeit, besonders geschulte Koordinatoren, sog. Court-Dispute-Manager, einzusetzen, hat bereits der Rechtsausschuss hingewiesen, Begr. BT-Drucks. 17/8058, III. Allgemeines, S. 17.

[7] A.A. zur früheren Rechtslage OLG Köln, Beschl. v. 03. 06. 2011, ZKM 2012, 29 ff., mit ablehnender Anmerkung von *Spangenberg* ZKM 2012, 31.

Mediation im Sinne des Mediationsgesetzes meint Mediation durch einen **nicht** in das 25 **gerichtliche System** eingebundenen Mediator, mithin eine sog. »außergerichtliche« Mediation.

Als Mediator in einer »außergerichtlichen« Mediation wird in aller Regel ein Anwalts- 26 mediator in Betracht kommen, jedenfalls ein freiberuflich tätiger Mediator; allerdings kann auch ein Richter außerhalb seines Amtes – nebenberuflich – in einem vom Gericht vorgeschlagenen Mediationsverfahren tätig werden, sofern er hierfür eine Nebentätigkeitserlaubnis erhalten hat.

b) Stufenverhältnis

Mit der Reihenfolge in Absatz 1 hat der Gesetzgeber **kein Stufenverhältnis** zwischen 27 den verschiedenen ADR-Verfahren festgelegt. Allenfalls der Umstand, dass sich der Gesetzgeber intensiv mit Regelungen zur Mediation auseinandergesetzt hat, könnte dafür streiten, dass er dieser eine gewisse Präferenz zubilligt.

Auch die gerichtliche Mediation stand in der Übergangsphase des § 9 MediationsG 28 gleichberechtigt neben den anderen in Absatz 1 aufgeführten Methoden.

c) Formale und inhaltliche Kriterien

Eine Mediation oder ein anderes Konfliktbeilegungsverfahren kann vom Arbeits- 29 gericht wie auch vom Landesarbeitsgericht unterbreitet werden.

Für das von einem Gericht unterbreitete Mediationsverfahren gelten die **gleichen Regeln** 30 wie für jedes andere Mediationsverfahren auch. Wegen der näheren Einzelheiten wird auf die Kommentierung des Mediationsgesetzes zu Verfahren, Aufgaben, Offenbarungspflichten, Tätigkeitsbeschränkungen und Verschwiegenheitspflicht (§§ 2 bis 4 MediationsG), sowie zur Aus- und Fortbildung (§§ 5, 6 MediationsG) verwiesen.

Der Vorschlag zur Durchführung einer Mediation kann nicht mit der Person eines 31 bestimmten Mediators verbunden werden.[8] Dafür spricht zum einen die neutrale Haltung, die einzunehmen vornehmste Pflicht des Gerichts ist und dem es auch untersagt ist, den Parteien beispielsweise einen bestimmten Anwalt zu empfehlen; zum anderen zählt zum Prinzip der Freiwilligkeit in der Mediation, dass sich die Parteien ihren Mediator selbst auswählen können.

---

8 Es spricht nichts dagegen, die Parteien auf die Rechtsanwaltskammer, die IHK oder Mediationsinstitute zu verweisen, die Listen von Mediatoren vorhalten. Es dürfte auch nicht zu beanstanden sein, wenn die Arbeitsgerichte selbst derartige Listen vorhalten und die Parteien darauf verweisen. Weitergehend *Nelle*, »Multi-Door-Courthouse Revisited«, S. 123 ff. (129 f.), a.A. *Baumbach u. a.*, ZPO, 69. Aufl., II. A, Rechtspolitischer Ausblick, § 278a Rn. 12.

3. Vorschlag eines anderen Verfahrens der außergerichtlichen Konfliktbeilegung (Absatz 1 Satz 1, 2. Alt.)

a) Begrifflichkeit

32   Das Gesetz schweigt sich darüber aus, was unter einem »anderen Verfahren der außergerichtlichen Konfliktbeilegung« zu verstehen ist. Der Begriff findet sich bereits in der Überschrift des Gesetzes sowie an zahlreichen weiteren Stellen (vgl. nur § 278a ZPO, § 36a FamFG), wird jedoch durch das Gesetz selbst nicht definiert.

33   Unter Hinweis auf das Schrifttum[9] werden in der **Gesetzesbegründung** weitere ADR-Verfahren benannt.[10] Es handelt sich hierbei um **keine abschließende Aufzählung**, zumal davon ausgegangen werden kann, dass über die zurzeit bekannten und praktizierten Konfliktlösungsverfahren hinaus neue hinzukommen und die bereits praktizierten Verfahren sich in ihrer Ausgestaltung und Anwendung verändern werden.[11]

b) Stufenverhältnis

34   Zunächst kann auf die bereits oben erfolgten Ausführungen zum Stufenverhältnis verwiesen werden.[12] Darüber hinaus ist zu ergänzen, dass der Gesetzgeber, wie sich aus der Entstehungsgeschichte ergibt, der Mediation gegenüber anderen konsensualen Streitbeilegungsverfahren einen gewissen Vorzug einräumt, der jedoch nicht so weit geht, dass zwischen ihnen ebenfalls ein Stufenverhältnis bestehen würde.

c) Formale und inhaltliche Kriterien

35   Der **Vorschlag** für ein Verfahren der außergerichtlichen Konfliktbeilegung kann in **jeder Phase** des gerichtlichen Verfahrens erfolgen,[13] wenngleich die Besonderheiten mancher Konfliktbeilegungsverfahren wie beispielsweise Mini-Trial oder Early-Neutral-Evaluation in aller Regel dafür streiten, sie den Parteien – wenn überhaupt – nur in der Eingangsinstanz vorzuschlagen.

36   Auch der Vorschlag eines bestimmten Konfliktbeilegungsverfahrens darf nicht mit einer bestimmten Person verbunden werden. Insoweit gelten die oben bereits gemachten Ausführungen.[14]

---

9   *Risse/Wagner*, Handbuch der Mediation, § 23 Rn. 93 ff.
10 Vgl. Begr. BT-Drucks. 17/5335, A. II.
11 Wegen weiterer Einzelheiten zu den verschiedenen Verfahrensarten und ihren Inhalten vgl. Teil 6 A. I.
12 Vgl. oben Rdn. 27.
13 Vgl. oben Rdn. 29.
14 Vgl. oben Rdn. 31.

4. Vorschlag einer gerichtlichen Mediation im (zwischenzeitlich abgelaufenen) Übergangszeitraum

Als **gerichtliche Mediation** wurde vor Erlass des Mediationsgesetzes Mediation 37 bezeichnet, die während eines anhängigen Gerichtsverfahrens von einem nicht entscheidungsbefugten Richter durchgeführt wurde. Der **Unterschied** zum **Güterichter** nach § 278 Abs. 5 ZPO bestand darin, dass der gerichtliche Mediator ausschließlich die Methode der Mediation anwendete, die rechtliche Hinweise wie auch Einigungs- oder Lösungsvorschläge ausschließt, und keine richterlichen Tätigkeiten wie Protokollierung von Vergleichen oder Festsetzung des Streitwertes vornahm. Der Güterichter hingegen bedient sich der gesamten Palette von Streitbeilegungsmethoden einschließlich rechtlicher Hinweise und Einigungsvorschlägen, protokolliert Vergleiche und kann nach hier vertretener Auffassung den Streitwert festsetzen.[15]

Gerichtliche Mediation war **nur in** der **Übergangsphase** des § 9 MediationsG bis 38 zum 1. August 2013 möglich.

5. Abgrenzung zum Einigungsstellenverfahren nach § 76 BetrVG

Im Schrifttum[16] wird vielfach die Auffassung vertreten, dass das Einigungsstellen- 39 verfahren, das an zahlreichen Stellen im BetrVG als konfliktlösendes Instrument vorgesehen ist,[17] **das** abschließende Modell der Konfliktbewältigung im Betriebsverfassungsrecht darstelle. Diese Auffassung nimmt jedoch nicht hinreichend in den Blick, dass auch das Einigungsstellenverfahren auf eine streitige Entscheidung hinausläuft, wenn sich die Parteien nicht auf einen Kompromiss einigen und die Stimme des Vorsitzenden in einer Pattsituation den Ausschlag gibt. Von daher sind durchaus Fallkonstellationen denkbar, in denen die Konflikte durch eine Mediation weitaus besser bearbeitet werden können als durch das Einigungsstellenverfahren,[18] beispielsweise wenn es um komplexe Auseinandersetzungen wie die Erstellung von Sozialplänen geht[19] oder wenn die Auseinandersetzung ihren wahren Kern in persönlichen Macht- und/oder Racheerwägungen hat. Für ein Mediationsverfahren sprechen zudem Vertraulichkeit und fehlende Anfechtbarkeit der konsensualen Entscheidung; aber auch Kostengesichtspunkte (vgl. § 76a BetrVG) lassen eine Mediation als lohnenswerte Alternative zu einem Einigungsstellenverfahren erscheinen.[20]

---

15 Vgl. Kommentierung zu § 278 ZPO, Rdn. 70.
16 Vgl. *Göldner-Dahmke* SchHN 2010, 54 f.; *Abeln* Personalführung 2000, 62 ff.
17 Vgl. die Regelungen in §§ 87 Abs. 1, 94 Abs. 1, 109, 111 BetrVG.
18 *Redmann* Fachanwalt Arbeitsrecht 2000, 76 ff.
19 *Weißleder* SchlHN 2010, 55.
20 Vgl. auch *Klowait/Gläßer*, MediationsG, 2. Aufl., 2 §§ 54, 54a ArbGG Rn. 27; a.A. *Abeln* Personalführung 2000, 63 ff. (65).

Fritz

6. Entscheidung der Parteien (Absatz 2 Satz 1, 1. HS)

a) Aufgrund eines gerichtlichen Vorschlages

40 Die **Entscheidung der Parteien** für eine Mediation oder eine andere konsensuale Streitbeilegung ist an **keine Form** gebunden. Sie kann schriftlich, mündlich als auch zu Protokoll geschehen. Sie hat gegenüber dem Gericht zu erfolgen, welches den Vorschlag unterbreitet hat; bei einer nur mündlichen Erklärung einer Partei wird das Gericht einen entsprechenden Aktenvermerk fertigen oder die Erklärung in ein Protokoll aufnehmen.

41 Die Parteien sind an den Vorschlag des Gerichts **nicht** gebunden, können also, wenn beispielsweise eine Mediation vorgeschlagen wurde, dem Gericht auch übereinstimmend mitteilen, dass sie sich beispielsweise für eine Schlichtung entschieden haben.

b) Eigener Vorschlag der Parteien

42 Die **Parteien** sind nicht allein auf einen gerichtlichen Vorschlag angewiesen. Es steht ihnen **frei**, einen eigenen Vorschlag über das Gericht der anderen Partei zukommen lassen oder bereits übereinstimmend dem Gericht mitzuteilen, dass sie sich beispielsweise für eine Mediation entschieden haben. Regt zunächst nur eine Partei ein Verfahren der außergerichtlichen Konfliktbeilegung oder eine Mediation an, so sollte das für das Gericht Anlass sein darüber zu reflektieren, ggf. seinerseits gem. Absatz 1 den Parteien einen Vorschlag zu unterbreiten.

43 Die Intention des Gesetzes nach Förderung der Mediation wie auch anderer Verfahren der außergerichtlichen Konfliktbeilegung[21] erfordert, dass das Gericht einen entsprechenden Vorschlag einer Partei an die andere Partei zur Stellungnahme weiterleitet.

7. Gerichtlicher Ruhensbeschluss (Absatz 2 Satz 1, 2. HS)

44 Zwingende und daher unanfechtbare Rechtsfolge einer Entscheidung der Parteien für eine Mediation oder ein anderes Verfahren der außergerichtlichen Streitbeilegung ist die **Anordnung** des Ruhens des Verfahrens gem. §§ 54a Abs. 2, 46 Abs. 2, 55 Abs. 1 Nr. 8 ArbGG i.V.m. § 251 ZPO durch gerichtlichen Beschluss. Eines gesonderten Antrages hierzu bedarf es nicht; er ist in der Erklärung »für« ein konsensuales Verfahren konkludent enthalten.[22]

45 Dies gilt nicht nur in den Fällen, in denen die Parteien sich zu einem entsprechenden Vorschlag des Gerichts gem. § 54a Abs. 2 ArbGG verhalten, sondern auch dann, wenn die Parteien aus eigenem Antrieb dem Gericht mitteilen, den Versuch einer konsensualen Einigung im Rahmen einer »gerichtsnahen« Mediation bzw. eines anderen außergerichtlichen Konfliktbeilegungsverfahrens unternehmen zu wollen: Auch in diesen Fällen ist die Ruhensanordnung zwingende Rechtsfolge.

---

21 Begr. BT-Drucks. 17/5335, A. II.
22 Vgl. *Löer* ZKM 2010, 179 ff. (182).

Gerichtlicher Beschluss meint in diesem Zusammenhang eine **Entscheidung des Vorsitzenden**, wenn dies außerhalb der streitigen Verhandlung geschieht (§ 55 Abs. 1 Nr. 8 ArbGG); ansonsten ist der Spruchkörper zuständig. 46

Aus § 46 Abs. 2 ArbGG i.V.m. § 251 Satz 2 ZPO folgt, dass bei einer Ruhensanordnung grundsätzlich wie bei einer Unterbrechung und Aussetzung nach § 249 ZPO der Lauf einer jeden **Frist** aufhört mit Ausnahme der in § 233 ZPO bezeichneten Fristen. Das bedeutet, dass die Notfristen gem. § 224 Abs. 1 Satz 1 ZPO, die Rechtsmittelbegründungsfristen und die Wiedereinsetzungsfrist des § 234 Abs. 1 ZPO weiterhin laufen.[23] 47

8. Fortsetzung des Verfahrens

a) Terminsbestimmung (Absatz 2 Satz 2)

Kommt in einer Mediation oder einem anderen außergerichtlichen Konfliktbeilegungsverfahren eine Vereinbarung nicht zustande und wird insbesondere der Rechtsstreit nicht beendet, so obliegt es den Parteien und nicht dem Streitschlichter (Mediator etc), dies gem. § 250 ZPO durch einen bei Gericht einzureichenden Schriftsatz **anzuzeigen**. Mit der Zustellung des Schriftsatzes durch das Gericht gilt das Verfahren sodann als wieder aufgenommen. 48

Absatz 2 Satz 2 sieht zudem die Möglichkeit vor, dass eine Partei bei Gericht einen **Antrag** auf **mündliche Verhandlung** stellt; diesem Antrag ist durch den Vorsitzenden zu entsprechen und Termin – unter Berücksichtigung der Ladungsfrist des § 217 ZPO (3 Tage) – zu bestimmen. Für die Fristberechnung kommen die §§ 222 ZPO i.V.m. §§ 187 Abs. 1, 188 Abs. 1 BGB zur Anwendung.[24] 49

Auch in den Fällen des Absatzes 2 Satz 2 kann es u. U. sinnvoll sein, eine Güteverhandlung anzuberaumen, falls dies bislang noch nicht geschehen war.[25] 50

b) Gerichtliche Wiederaufnahme des Verfahrens (Absatz 2 Satz 3)

Über die oben dargestellte allgemeine Regelung hinaus gilt in Verfahren nach dem ArbGG zugleich die Besonderheit des Absatz 2 Satz 3: Das Gericht nimmt das Verfahren nach **drei Monaten** wieder auf, es sei denn, die Parteien legen übereinstimmend dar, dass eine Mediation oder eine außergerichtliche Konfliktbeilegung noch betrieben wird. Es fällt mithin in den Verantwortungsbereich der Parteien, das Gericht rechtzeitig vor Ablauf von drei Monaten über den Stand der konsensualen Streitschlichtung in Kenntnis zu setzen. Dass das Gericht seinerseits bei den Parteien zum Stand des Verfahrens nachfragt, kann aus der imperativen Regelung des Absatz 2 Satz 3 nicht abgeleitet werden; jedoch ist das Gericht nicht gehindert, die Parteien hierzu anzuhören. 51

---

23 Vgl. zu Einzelheiten *Baumbach*, ZPO, 69. Aufl., § 251 Rn. 9.
24 Vgl. *Bader u. a.*, ArbGG, 5. Aufl., § 47 Rn. 3 mit Berechnungsbeispielen.
25 Begr. BT-Drucks. 17/5335, B. Zu Artikel 5, Zu Nummer 2.

52 **Übereinstimmend** im Sinne der Vorschrift bedeutet nicht zeitgleich. Von daher ist es ausreichend, wenn der Schriftsatz einer Partei, der auf den weiteren Fortgang einer Mediation hinweist, nach Zustellung durch die andere Partei bestätigt wird.

53 Die Mediation (oder ein anderes Verfahren) muss nach dem Gesetzeswortlaut »**weiter betrieben**« werden. Damit ist gemeint, dass die Parteien im Rahmen eines konsensualen Streitbeilegungsverfahrens weiterhin gemeinsam an einer nichtstreitigen Lösung arbeiten und das Verfahren nicht zumindest von einer Partei als gescheitert angesehen wird. »Weiter betrieben« wird ein Verfahren beispielsweise auch dann, wenn die Parteien übereinstimmend einen Gutachter eingeschaltet haben, der zunächst ein Gutachten erstellen soll, bevor sich die Parteien wieder gemeinsam an einen Tisch setzen. Auch Einzelgespräche, wie sie insbesondere in Mediationsverfahren durchgeführt werden, bedeuten nicht, dass das Verfahren fehlgeschlagen ist. Solange ein weiterer gemeinsamer Termin der Parteien im Raume steht, ist vom Fortgang des Mediationsverfahrens auszugehen.

54 Mit Absatz 2 Satz 3 will der Gesetzgeber grundsätzlich sichergestellt wissen, dass Verfahren in der **Hauptsache zeitnah** weiter geführt werden. Durch die Wiederaufnahme des Verfahrens dürften Probleme mit etwaigen sachlich-rechtlichen Fristen ausgeschlossen sein.[26]

55 Für **Streitigkeiten** nach dem **KSchG** bedeutet dies, dass die Parteien in diesen Fällen im Hinblick auf die Dreiwochenfrist des § 4 KSchG die Klageerhebung mit dem Hinweis auf eine geplante oder bereits laufende Mediation oder ein anderes außergerichtliches Konfliktlösungsverfahren verbinden und die Anordnung des Ruhens des Verfahrens beantragen können.[27]

56 Die Entscheidung des Gerichts nach Absatz 2 Satz 3 über die Wiederaufnahme des Verfahrens erfolgt durch den Vorsitzenden (vgl. § 55 Abs. 1 Nr. 8 ArbGG); sie kann gem. §§ 46 Abs. 2, 78 ArbGG i.V.m. §§ 567 ff. ZPO mit der sofortigen Beschwerde angefochten werden.

9. Verhältnis von § 54a Abs. 1 ArbGG zu § 54 Abs. 6 ArbGG

57 Da sich zum Verhältnis der o.g. Vorschriften weder dem Gesetz noch der Gesetzesbegründung Anhaltspunkte entnehmen lassen, muss das Gericht zunächst einmal für beide Verfahren grundsätzlich die gleichen Überlegungen zugrunde legen, also neben dem Aspekt der Freiwilligkeit insbesondere die Geeignetheit, ferner Zeit- und Kostenfaktoren sowie die Komplexität der Auseinandersetzung berücksichtigen. Bietet sich im Hinblick auf den konkreten Konflikt ein anderes Verfahren der außergerichtlichen Konfliktbeilegung an, so ist diesem jedenfalls gegenüber § 54 Abs. 6 ArbGG der Vorrang einzuräumen.[28]

---

26 Vgl. hierzu Kommentierung zu § 278a ZPO, Rdn. 69.
27 Begr. BT-Drucks. 17/5335 zu Art. 5, zu Nr. 2.
28 Vgl. hierzu auch Rdn. 17 ff., ferner in der Kommentierung zu § 54 ArbGG, Rdn. 49.

III. Hinweise für die Praxis

Spezifische, über § 278a ZPO hinausgehende Praxishinweise ergeben sich für die Regelungen in § 54a ArbGG nicht; insoweit kann daher auf die Ausführungen unter »Hinweise für die Praxis« zu § 278a ZPO verwiesen werden.[29] Soweit die Parteien nicht auf Vorschlag des Gerichts sondern von sich aus mitteilen, dass sie sich auf eine Mediation oder ein anderes Verfahren der außergerichtlichen Konfliktbeilegung geeinigt haben, bleibt anzuraten, ihre entsprechende Information an das Gericht hilfsweise mit einem Antrag auf Ruhen des Verfahrens gem. § 54a Abs. 2 ArbGG zu verbinden.

58

§ 55 Alleinentscheidung durch den Vorsitzenden

(1) Der Vorsitzende entscheidet außerhalb der streitigen Verhandlung allein
1. bei Zurücknahme der Klage;
2. bei Verzicht auf den geltend gemachten Anspruch;
3. bei Anerkenntnis des geltend gemachten Anspruchs;
4. bei Säumnis einer Partei;
4a. über die Verwerfung des Einspruchs gegen ein Versäumnisurteil oder einen Vollstreckungsbescheid als unzulässig;
5. bei Säumnis beider Parteien;
6. über die einstweilige Einstellung der Zwangsvollstreckung;
7. über die örtliche Zuständigkeit;
8. über die Aussetzung und Anordnung des Ruhens des Verfahrens;
9. wenn nur noch über die Kosten zu entscheiden ist;
10. bei Entscheidungen über eine Berichtigung des Tatbestandes, soweit nicht eine Partei eine mündliche Verhandlung hierüber beantragt;
11. im Fall des § 11 Abs. 3 über die Zurückweisung des Bevollmächtigten oder die Untersagung der weiteren Vertretung.

(2) Der Vorsitzende kann in den Fällen des Absatzes 1 Nr. 1, 3 und 4a bis 10 eine Entscheidung ohne mündliche Verhandlung treffen. Dies gilt mit Zustimmung der Parteien auch in dem Fall des Absatzes 1 Nr. 2.

(3) Der Vorsitzende entscheidet ferner allein, wenn in der Verhandlung, die sich unmittelbar an die Güteverhandlung anschließt, eine das Verfahren beendende Entscheidung ergehen kann und die Parteien übereinstimmend eine Entscheidung durch den Vorsitzenden beantragen; der Antrag ist in die Niederschrift aufzunehmen.

(4) Der Vorsitzende kann vor der streitigen Verhandlung einen Beweisbeschluss erlassen, soweit er anordnet
1. eine Beweisaufnahme durch den ersuchten Richter;
2. eine schriftliche Beantwortung der Beweisfrage nach § 377 Abs. 3 der Zivilprozessordnung;

---

29 Vgl. Kommentierung zu § 278a ZPO, Rdn. 84 ff.

3. die Einholung amtlicher Auskünfte;
4. eine Parteivernehmung;
5. die Einholung eines schriftlichen Sachverständigengutachtens.

Anordnungen nach Nummer 1 bis 3 und 5 können vor der streitigen Verhandlung ausgeführt werden.

Übersicht

	Rdn.
I. Regelungsgegenstand und Zweck.	1
II. Grundsätze/Einzelheiten	3
1. Entscheidung des Vorsitzenden über Aussetzung des Verfahrens (Absatz 1 Nr. 8, 1. Alt)	3
2. Entscheidung des Vorsitzenden über das Ruhen des Verfahrens (Absatz 1 Nr. 8, 2. Alt.)	6

I. Regelungsgegenstand und Zweck

1 Die Vorschrift regelt – ebenso wie §§ 53, 56 ArbGG – die **Befugnisse** des **Vorsitzenden** und betrifft Entscheidungen außerhalb der streitigen Verhandlung. Sie stellt eine Ausgestaltung des Prinzips des gesetzlichen Richters (Art. 101 Abs. 1 GG) dar, denn Vorsitzender und Kammer sind zwei verschiedene Spruchkörper.[1] § 55 ArbGG findet Anwendung in Verfahren vor dem Arbeits- und dem Landesarbeitsgericht (vgl. § 64 Abs. 7 ArbGG) und differenziert nicht nach der Entscheidungsform, betrifft mithin Urteils- wie Beschlussverfahren.[2]

2 Die Regelung des Absatzes 1 Nr. 8 hat durch das Mediationsförderungsgesetz nunmehr eine Ergänzung hinsichtlich einer Ruhensanordnung erfahren.

Der Umstand, dass der Katalog des § 55 ArbGG **bislang** die Ruhensanordnung nicht aufführte, kann als **gesetzgeberisches Versehen** gewertet werden, zumal das ArbGG schon in der Vergangenheit Regelungen über Ruhensanordnungen aufwies (vgl. § 54 Abs. 5 Satz 1 ArbGG) und im Übrigen im Arbeitsgerichtsprozess **§ 251 ZPO** Anwendung findet. Dementsprechend entschied bislang der Vorsitzende in diesen Fällen allein, es sei denn ein Ruhensantrag wurde im Kammertermin gestellt (§ 251 Satz 1 ZPO) oder beide Parteien waren säumig oder verhandelten nicht (§ 251a Abs. 3 ZPO).[3]

---

1 Zu den Rechtsfolgen einer fehlerhaften Besetzung vgl. *Natter/Gross*, 2010, § 55 Rn. 27, *Bader u. a.*, 5. Aufl., § 55 Rn. 2.
2 *Bader* u. a., 5. Aufl., § 55 Rn. 1.
3 Vgl. *Schwab/Weth*, 3. Aufl., § 55 Rn. 46 ff.

II. Grundsätze/Einzelheiten

1. Entscheidung des Vorsitzenden über Aussetzung des Verfahrens (Absatz 1 Nr. 8, 1. Alt)

Im Katalog des § 55 ArbGG war bislang nur die Entscheidungsmöglichkeit des Vorsitzenden über einen Beschluss zur **Aussetzung** eines Verfahrens vorgesehen; eine entsprechende konkrete Regelung findet sich § 97 Abs. 5 ArbGG. 3

Die **ZPO**, die insoweit im arbeitsgerichtlichen Verfahren Anwendung findet, kennt eine Vielzahl von Regelungen über die **Aussetzung**.[4] Dazu zählen als Wichtigste die §§ 148, 149 ZPO.[5] Es kann zudem nach anderen Regelwerken zu einer Aussetzungen der Verfahrens kommen, so bei Vorlage an das BVerfG nach Art. 100 Abs. 1 GG sowie im Vorabentscheidungsverfahren vor dem EuGH nach Art. 267 AEUV. In diesen Fällen ist für die Entscheidung allerdings die Zuständigkeit der Kammer gegeben. 4

Ein ausgesetztes Verfahren hat die **Wirkung** des § 249 ZPO und wird nach §§ 150 oder 250 ZPO wieder aufgenommen. 5

2. Entscheidung des Vorsitzenden über das Ruhen des Verfahrens (Absatz 1 Nr. 8, 2. Alt.)

Die Anordnung des **Ruhens** des Verfahrens durch den Vorsitzenden soll der **Verfahrensvereinfachung** dienen;[6] die gesetzliche Regelung dürfte dem Umstand geschuldet sein, dass mit der Vorschrift des § 54a Abs. 2 Satz 1 ArbGG i.V.m. § 251 ZPO nunmehr (neben § 54 Abs. 5 Satz 1 ArbGG) eine weitere gesetzliche Ruhensanordnung vorgesehen ist, sodass eine **Komplettierung** des Katalogs des § 55 ArbGG angezeigt war. 6

Aus § 251 Satz 2 ZPO folgt, dass bei einer Ruhensanordnung grundsätzlich wie bei einer Unterbrechung und Aussetzung nach § 249 ZPO der **Lauf** einer jeden **Frist aufhört** und nach Beendigung die volle Frist von neuem zu laufen beginnt. Dies gilt jedoch nicht für die in § 233 ZPO bezeichneten Fristen. Das bedeutet, dass die Notfristen gem. § 224 Abs. 1 Satz 1 ZPO, die Rechtsmittelbegründungsfristen und die Wiedereinsetzungsfrist des § 234 Abs. 1 ZPO weiterhin laufen.[7] 7

Auch in den Fällen einer Ruhensanordnung nach § 54a Abs. 2 Satz 1 ArbGG obliegt es den Parteien und nicht dem Mediator, die Beendigung eines konsensualen Verfahrens gem. § 250 ZPO durch einen beim **Arbeitsgericht** einzureichenden Schriftsatz **anzuzeigen**. Mit der Zustellung des Schriftsatzes durch das Gericht gilt das Verfahren sodann als wieder aufgenommen. 8

Im Übrigen ist, wie sich aus § 54a Abs. 2 Satz 2 ArbGG ergibt, auf **Antrag einer Partei** Termin zur mündlichen Verhandlung zu bestimmen. Aber auch dann kann es, je 9

---

4 Vgl. zu Einzelheiten *Thomas/Putzo*, ZPO, 32. Aufl., Vorb. § 239 Rn. 8.
5 Zu Einzelfällen der Aussetzung im Arbeitsgerichtsprozess s. *Bader u. a.*, 5. Aufl., § 55 Rn. 14.
6 Begr. BT-Drucks. 17/5335, B., Zu Artikel 5, Zu Nummer 3.
7 Vgl. zu Einzelheiten *Baumbach*, ZPO, 69. Aufl., § 251 Rn. 9.

nach Fallgestaltung, sinnvoll sein, eine Güteverhandlung anzuberaumen, falls dies bislang noch nicht geschehen war.[8]

10 Über diese allgemeine Regelung hinaus gilt in Verfahren nach dem ArbGG zugleich die Besonderheit des § 54a Abs. 2 Satz 3 ArbGG: Das Gericht nimmt das ruhende Verfahren nach **drei Monaten** wieder auf, es sei denn, die Parteien legen übereinstimmend dar, dass eine Mediation oder eine andere außergerichtliche Konfliktbeilegung noch betrieben wird.[9] Die Entscheidung des Gerichts erfolgt auch hier durch den Vorsitzenden; es ist dies die Kehrseite seiner Befugnis gem. Absatz 1 Nr. 8.

11 Die Entscheidung über die Wiederaufnahme des Verfahrens kann mit der **sofortigen Beschwerde** (§§ 46 Abs. 2, 78 ArbGG i.V.m. §§ 567 ff. ZPO) angefochten werden.[10]

§ 64 Grundsatz

(1) Gegen die Urteile der Arbeitsgerichte findet, soweit nicht nach § 78 das Rechtsmittel der sofortigen Beschwerde gegeben ist, die Berufung an die Landesarbeitsgerichte statt.

(2) Die Berufung kann nur eingelegt werden,
a) wenn sie in dem Urteil des Arbeitsgerichts zugelassen worden ist,
b) wenn der Wert des Beschwerdegegenstandes 600 Euro übersteigt,
c) in Rechtsstreitigkeiten über das Bestehen, das Nichtbestehen oder die Kündigung eines Arbeitsverhältnisses oder
d) wenn es sich um ein Versäumnisurteil handelt, gegen das der Einspruch an sich nicht statthaft ist, wenn die Berufung oder Anschlussberufung darauf gestützt wird, dass der Fall der schuldhaften Versäumung nicht vorgelegen habe.

(3) Das Arbeitsgericht hat die Berufung zuzulassen, wenn
1. die Rechtssache grundsätzliche Bedeutung hat,
2. die Rechtssache Rechtsstreitigkeiten betrifft
    a) zwischen Tarifvertragsparteien aus Tarifverträgen oder über das Bestehen oder Nichtbestehen von Tarifverträgen,
    b) über die Auslegung eines Tarifvertrags, dessen Geltungsbereich sich über den Bezirk eines Arbeitsgerichts hinaus erstreckt, oder
    c) zwischen tariffähigen Parteien oder zwischen diesen und Dritten aus unerlaubten Handlungen, soweit es sich um Maßnahmen zum Zwecke des Arbeitskampfs oder um Fragen der Vereinigungsfreiheit einschließlich des hiermit im Zusammenhang stehenden Betätigungsrechts der Vereinigungen handelt, oder
3. das Arbeitsgericht in der Auslegung einer Rechtsvorschrift von einem ihm im Verfahren vorgelegten Urteil, das für oder gegen eine Partei des Rechtsstreits er-

---

8 Begr. BT-Drucks. 17/5335, B., Zu Artikel 5, Zu Nummer 2.
9 Vgl. Kommentierung zu § 54a ArbGG, Rdn. 1 ff.
10 Umfassend hierzu *Schwab/Weth*, 3. Aufl., § 55 Rn. 50, § 46 Rn. 52 ff. m.w.N.

gangen ist, oder von einem Urteil des im Rechtszug übergeordneten Landesarbeitsgerichts abweicht und die Entscheidung auf dieser Abweichung beruht.

(3a) Die Entscheidung des Arbeitsgerichts, ob die Berufung zugelassen oder nicht zugelassen wird, ist in den Urteilstenor aufzunehmen. Ist dies unterblieben, kann binnen zwei Wochen ab Verkündung des Urteils eine entsprechende Ergänzung beantragt werden. Über den Antrag kann die Kammer ohne mündliche Verhandlung entscheiden.

(4) Das Landesarbeitsgericht ist an die Zulassung gebunden.

(5) Ist die Berufung nicht zugelassen worden, hat der Berufungskläger den Wert des Beschwerdegegenstands glaubhaft zu machen; zur Versicherung an Eides Statt darf er nicht zugelassen werden.

(6) Für das Verfahren vor den Landesarbeitsgerichten gelten, soweit dieses Gesetz nichts anderes bestimmt, die Vorschriften der Zivilprozessordnung über die Berufung entsprechend. Die Vorschriften über das Verfahren vor dem Einzelrichter finden keine Anwendung.

(7) Die Vorschriften des § 49 Abs. 1 und 3, des § 50, des § 51 Abs. 1, der §§ 52, 53, 55 Abs. 1 Nr. 1 bis 9, Abs. 2 und 4, des § 54 Absatz 6, des § 54a, der §§ 56 bis 59, 61 Abs. 2 und 3 und der §§ 62 und 63 über Ablehnung von Gerichtspersonen, Zustellungen, persönliches Erscheinen der Parteien, Öffentlichkeit, Befugnisse des Vorsitzenden und der ehrenamtlichen Richter, Güterichter, Mediation und außergerichtliche Konfliktbeilegung, Vorbereitung der streitigen Verhandlung, Verhandlung vor der Kammer, Beweisaufnahme, Versäumnisverfahren, Inhalt des Urteils, Zwangsvollstreckung und Übersendung von Urteilen in Tarifvertragssachen gelten entsprechend.

(8) Berufungen in Rechtsstreitigkeiten über das Bestehen, das Nichtbestehen oder die Kündigung eines Arbeitsverhältnisses sind vorrangig zu erledigen.

Übersicht

	Rdn.
I. Regelungsgegenstand und Zweck	1
1. Normgefüge	1
2. Europäische Mediationsrichtlinie	2
II. Grundsätze/Einzelheiten	3

I. Regelungsgegenstand und Zweck

1. Normgefüge

§ 64 ArbGG regelt Voraussetzungen und Umfang der Berufung im arbeitsgerichtlichen Urteilsverfahren und erklärt in seinem Abatz 7 im Einzelnen benannten Regelungen des ArbGG für das Berufungsverfahren für entsprechend anwendbar.   1

2. Europäische Mediationsrichtlinie

§ 64 Abs. 7 ArbGG nimmt den **Erwägungsgrund Nr. 12** der EUMed-RL auf und dient der Umsetzung des Art. 1 Abs. 1, Art. 3 lit. a und des Art. 5 Abs. 1 EUMed-RL.   2

Teil 1 Artikel 4 Mediationsförderungsgesetz

II. Grundsätze/Einzelheiten

3   Durch die in Absatz 7 erfolgte Bezugnahme auf §§ 54 Abs. 6, 54a ArbGG stellt der Gesetzgeber sicher, dass auch im **Berufungsverfahren** vor dem **Landesarbeitsgericht** der Versuch einer gütlichen Beilegung des Rechtsstreits durch einen ersuchten Güterichter sowie ein Vorschlag für eine Mediation oder ein anderes Verfahren der außergerichtlichen Konfliktbeilegung möglich ist. Hinsichtlich der Einzelheiten wird auf die Kommentierungen der §§ 54 Abs. 6, 54a, 55 und 87 ArbGG verwiesen.

§ 80   Grundsatz

(1) Das Beschlussverfahren findet in den in § 2a bezeichneten Fällen Anwendung.

(2) Für das Beschlussverfahren des ersten Rechtszugs gelten die für das Urteilsverfahren des ersten Rechtszugs maßgebenden Vorschriften über Prozessfähigkeit, Prozessvertretung, Ladungen, Termine und Fristen, Ablehnung und Ausschließung von Gerichtspersonen, Zustellungen, persönliches Erscheinen der Parteien, Öffentlichkeit, Befugnisse des Vorsitzenden und der ehrenamtlichen Richter, Mediation und außergerichtliche Konfliktbeilegung, Vorbereitung der streitigen Verhandlung, Verhandlung vor der Kammer, Beweisaufnahme, gütliche Erledigung des Verfahrens, Wiedereinsetzung in den vorigen Stand und Wiederaufnahme des Verfahrens entsprechend; soweit sich aus den §§ 81 bis 84 nichts anderes ergibt. Der Vorsitzende kann ein Güteverfahren ansetzen; die für das Urteilsverfahren des ersten Rechtszugs maßgebenden Vorschriften über das Güteverfahren gelten entsprechend.

(3) § 48 Abs. 1 findet entsprechende Anwendung.

Übersicht	Rdn.
I. Regelungsgegenstand und Zweck	1
1. Normgefüge	1
2. Europäische Mediationsrichtlinie	2
II. Grundsätze/Einzelheiten	3

I. Regelungsgegenstand und Zweck

1. Normgefüge

1   § 80 ArbGG regelt Voraussetzungen und Umfang des arbeitsgerichtlichen Beschlussverfahrens (vgl. § 2a ArbGG) in kollektivrechtlichen Streitigkeiten und erklärt in seinem Absatz 2 im Einzelnen benannten Regelungen des ArbGG für das Beschlussverfahren für entsprechend anwendbar.

2. Europäische Mediationsrichtlinie

2   § 80 Abs. 2 ArbGG nimmt den **Erwägungsgrund Nr. 12** der EUMed-RL auf und dient der Umsetzung des **Art. 1 Abs. 1, Art. 3 lit. a** und des **Art. 5 Abs. 1 EUMed-RL**.

II. Grundsätze/Einzelheiten

Durch die in Absatz 2 erfolgte Bezugnahme auf Mediation und außergerichtliche 3
Konfliktbeilegung stellt der Gesetzgeber sicher, dass der Vorschlag einer Mediation oder eines anderen Verfahrens der außergerichtlichen Konfliktbeilegung auch im **Beschlussverfahren** des ersten Rechtszugs vor dem **Arbeitsgericht** möglich ist. Hinsichtlich der Einzelheiten wird auf die Kommentierung der §§ 54 Abs. 6, 54a und 55 ArbGG verwiesen.

Unschädlich ist, dass in der Vorschrift der Güterichter nicht explizit benannt wird. 4
§ 80 Abs. 2 Satz 2 ArbGG räumt dem Vorsitzenden die Möglichkeit ein, ein Güteverfahren anzusetzen, wobei die für das Urteilsverfahren des ersten Rechtszugs maßgeblichen Vorschriften über das Güteverfahren entsprechend gelten. Dazu zählt nunmehr gem. § 54 Abs. 6 ArbGG **auch** das erheblich erweiterte Institut des **Güterichters**.

§ 83a Vergleich, Erledigung des Verfahrens

(1) Die Beteiligten können, um das Verfahren ganz oder zum Teil zu erledigen, zur Niederschrift des Gerichts oder des Vorsitzenden oder des Güterichters einen Vergleich schließen, soweit sie über den Gegenstand des Vergleichs verfügen können, oder das Verfahren für erledigt erklären.

(2) Haben die Beteiligten das Verfahren für erledigt erklärt, so ist es vom Vorsitzenden des Arbeitsgerichts einzustellen. § 81 Abs. 2 Satz 3 ist entsprechend anzuwenden.

(3) Hat der Antragsteller das Verfahren für erledigt erklärt, so sind die übrigen Beteiligten binnen einer von dem Vorsitzenden zu bestimmenden Frist von mindestens zwei Wochen aufzufordern, mitzuteilen, ob sie der Erledigung zustimmen. Die Zustimmung gilt als erteilt, wenn sich der Beteiligte innerhalb der vom Vorsitzenden bestimmten Frist nicht äußert.

Übersicht

	Rdn.
I. Regelungsgegenstand und Zweck...............................	1
II. Grundsätze/Einzelheiten	2
1. Verfahrenserledigung vor dem Güterichter (Absatz 1, 3. Alt.)............	2
2. Verfahrenseinstellung und Fristsetzungen (Absätze 2 und 3)............	5

I. Regelungsgegenstand und Zweck

Die Vorschrift normiert für das arbeitsgerichtliche **Beschlussverfahren** zwei Möglichkeiten der Verfahrenserledigung: den von den Beteiligten zur Niederschrift erklärten Vergleich oder die übereinstimmend erklärte Hauptsacheerledigung (Absatz 1). Beide Möglichkeiten gelten gem. §§ 90 Abs. 2, 95 Abs. 4 ArbGG entsprechend für das Beschwerde- und das Rechtsbeschwerdeverfahren. Absätze 2 und 4 enthalten Regelungen, wie nach erfolgter Erledigungserklärung – sei es übereinstimmend (Absatz 2) oder sei es einseitig (Absatz 3) – weiter zu verfahren ist.

II. Grundsätze/Einzelheiten

1. Verfahrenserledigung vor dem Güterichter (Absatz 1, 3. Alt.)

2 Zur Entgegennahme der prozessualen Erklärungen eines Vergleichs oder der Hauptsacheerledigung bestimmte das Gesetz bislang das Gericht oder den Vorsitzenden. Durch die Neufassung ist nunmehr der **Güterichter** als die Person hinzugekommen, der gegenüber ein Vergleich oder die Erledigung der Hauptsache erklärt werden kann. Die Vorschrift komplettiert damit die Befugnisse des Güterichters, die ihm für das Urteilsverfahren bereits nach § 54 Abs. 6 i.V.m. Abs. 3 ArbGG zustehen.[1]

3 Der Vergleich oder die Hauptsacheerledigung ist in einer **Niederschrift** zu protokollieren. Über die Verweisungsvorschriften der §§ 46 Abs. 2, 64 Abs. 6, 7, 80 Abs. 2 und 87 Abs. 2 ArbGG findet im Verfahren vor dem ersuchten Güterichter ansonsten die Vorschrift des § 159 Abs. 2 ZPO, wonach ein Protokoll nur bei übereinstimmendem Antrag der Parteien bzw. Beteiligten aufgenommen wird, entsprechende Anwendung.

4 Ein vor dem Güterichter geschlossener und protokollierter Vergleich stellt gem. § 85 Abs. 1 Satz 1 ArbGG, § 794 Abs. 1 Nr. 1 ZPO einen **Vollstreckungstitel** dar.

2. Verfahrenseinstellung und Fristsetzungen (Absätze 2 und 3)

5 Nach dem Wortlaut der Absätze 2 und 3 ist es dem Güterichter nicht gestattet, nach erfolgter Hauptsacheerledigung das Verfahren einzustellen oder bei nur einseitiger Hauptsacheerledigung den Beteiligten eine Frist zur Abgabe einer entsprechenden prozessualen Erklärung zu setzen; das Gesetz benennt nur den Vorsitzenden.

6 Sachliche Gründe lassen sich hierfür nicht ausmachen, vielmehr scheint es sich um ein gesetzgeberisches Versehen zu handeln. Gesichtspunkte der Prozessökonomie sprechen daher dafür, die Regelungen der **Absätze 2 und 3** auch **auf** die Tätigkeit des **Güterichters entsprechend** zu erstrecken.

§ 87 Grundsatz

(1) Gegen die das Verfahren beendenden Beschlüsse der Arbeitsgerichte findet die Beschwerde an das Landesarbeitsgericht statt.

(2) Für das Beschwerdeverfahren gelten die für das Berufungsverfahren maßgebenden Vorschriften über die Einlegung der Berufung und ihre Begründung, über Prozessfähigkeit, Ladungen, Termine und Fristen, Ablehnung und Ausschließung von Gerichtspersonen, Zustellungen, persönliches Erscheinen der Parteien, Öffentlichkeit, Befugnisse des Vorsitzenden und der ehrenamtlichen Richter, Güterichter, Mediation und außergerichtliche Konfliktbeilegung, Vorbereitung der streitigen Verhandlung, Verhandlung vor der Kammer, Beweisaufnahme, gütliche Erledigung des

---

[1] Begr. BT-Drucks. 17/8058, III., Zu Artikel 4 – neu –, Zu Nummer 6 – neu –.

Rechtsstreits, Wiedereinsetzung in den vorigen Stand und Wiederaufnahme des Verfahrens sowie die Vorschriften des § 85 über die Zwangsvollstreckung entsprechend. Für die Vertretung der Beteiligten gilt § 11 Abs. 1 bis 3 und 5 entsprechend. Der Antrag kann jederzeit mit Zustimmung der anderen Beteiligten zurückgenommen werden; § 81 Abs. 2 Satz 2 und 3 und Abs. 3 ist entsprechend anzuwenden.

(3) In erster Instanz zu Recht zurückgewiesenes Vorbringen bleibt ausgeschlossen. Neues Vorbringen, das im ersten Rechtszug entgegen einer hierfür nach § 83 Abs. 1a gesetzten Frist nicht vorgebracht wurde, kann zurückgewiesen werden, wenn seine Zulassung nach der freien Überzeugung des Landesarbeitsgerichts die Erledigung des Beschlussverfahrens verzögern würde und der Beteiligte die Verzögerung nicht genügend entschuldigt. Soweit neues Vorbringen nach Satz 2 zulässig ist, muss es der Beschwerdeführer in der Beschwerdebegründung, der Beschwerdegegner in der Beschwerdebeantwortung vortragen. Wird es später vorgebracht, kann es zurückgewiesen werden, wenn die Möglichkeit es vorzutragen vor der Beschwerdebegründung oder der Beschwerdebeantwortung entstanden ist und das verspätete Vorbringen nach der freien Überzeugung des Landesarbeitsgerichts die Erledigung des Rechtsstreits verzögern würde und auf dem Verschulden des Beteiligten beruht.

(4) Die Einlegung der Beschwerde hat aufschiebende Wirkung; § 85 Abs. 1 Satz 2 bleibt unberührt.

Übersicht

	Rdn.
I. Regelungsgegenstand und Zweck	1
1. Normgefüge	1
2. Europäische Mediationsrichtlinie	2
II. Grundsätze/Einzelheiten	3

I. Regelungsgegenstand und Zweck

1. Normgefüge

§ 87 ArbGG regelt Voraussetzungen und Umfang des arbeitsgerichtlichen Beschwerdeverfahren und erklärt in seinem Absatz 2 die im Einzelnen benannten Regelungen für das Beschwerdeverfahren entsprechend anwendbar. 1

2. Europäische Mediationsrichtlinie

§ 87 Abs. 2 ArbGG nimmt den **Erwägungsgrund Nr. 12** der EUMed-RL auf und dient der Umsetzung des Art. 1 Abs. 1, Art. 3 lit. a und des Art. 5 Abs. 1 EUMed-RL. 2

II. Grundsätze/Einzelheiten

Durch die in Absatz 2 erfolgte Bezugnahme auf die Regelungen des Berufungsverfahrens unter Benennung von »Güterichter, Mediation und außergerichtliche Konfliktbeilegung« stellt der Gesetzgeber sicher, dass der Versuch einer gütlichen Beilegung des Rechtsstreits durch einen ersuchten Güterichter sowie ein Vorschlag für 3 eine Mediation oder ein anderes Verfahren der außergerichtlichen Konfliktbeilegung in kollektivrechtlichen Streitigkeiten auch im **Beschwerdeverfahren** vor dem **Landesarbeitsgericht** möglich ist. Hinsichtlich der Einzelheiten wird auf die Kommentierung der §§ 54 Abs. 6, 54a, und 55 ArbGG verwiesen.

G. Artikel 5 Änderung des Sozialgerichtsgesetzes

§ 202 Entsprechende Anwendung des GVG und der ZPO

Soweit dieses Gesetz keine Bestimmungen über das Verfahren enthält, sind das Gerichtsverfassungsgesetz und die Zivilprozessordnung einschließlich § 278 Absatz 5 und § 278a entsprechend anzuwenden, wenn die grundsätzlichen Unterschiede der beiden Verfahrensarten dies nicht ausschließen.

Übersicht   Rdn.

I. Regelungsgegenstand und Zweck.. 1
   1. Normgefüge und Systematik...................................... 1
   2. Europäische Mediationsrichtlinie................................. 5
II. Grundsätze/Einzelheiten.. 6
   1. Zur Anwendbarkeit des § 41 Nr. 8 ZPO........................ 6
      a) Vorrangige Verweisungsnorm des § 60 Abs. 1 SGG................. 6
      b) Normzweck.. 7
      c) Mediationsverfahren und andere ADR-Verfahren.................. 9
      d) Mitwirkung... 10
      e) Sachidentität.. 12
      f) Verfahrensrechtliche Konsequenzen............................... 13
   2. Zur Anwendbarkeit des § 159 Abs. 2 Satz 2 ZPO............. 15
      a) Vorrangige Verweisungsnorm des § 122 SGG.................... 15
      b) Normzweck.. 16
      c) Adressat der Vorschrift.. 17
      d) Weitergehender Schutz der Vertraulichkeit...................... 18
      e) Protokollpflicht bei übereinstimmendem Antrag................ 20
      f) Form und Inhalt.. 21
   3. Zur Anwendbarkeit des § 253 Abs. 3 Nr. 1 ZPO.............. 22
      a) Verweisungsnorm des § 202 SGG................................. 22
      b) Normzweck.. 23
      c) Angaben über bisherige oder zukünftige Konfliktlösungsversuche...... 24
      d) Angaben über entgegenstehende Gründe......................... 25
      e) Soll-Vorschrift.. 26
   4. Zur Anwendbarkeit des § 278 Abs. 5 ZPO..................... 27
      a) Verweisungsnorm des § 202 SGG................................. 27
      b) Normzweck.. 28
      c) Güteversuche... 29
      d) Verweisung durch das Gericht..................................... 31
      e) Verweisung an einen hierfür bestimmten und nicht entscheidungsbefugten Güterichter.. 32
      f) Darstellung des Verfahrensablaufs vor dem Güterichter....... 34
         aa) Verweisungsbeschluss...................................... 34
         bb) Ermessen.. 36
            (1) Einverständnis der Beteiligten...................... 37
            (2) Konstellationen, in denen eine Verweisung ausscheidet...... 41
         cc) Folgen einer Verweisung................................... 45

g) Vorgehensweise des Güterichters.................................. 47
   aa) Akteneinsicht und Informationsbeschaffung.................. 47
   bb) Verfahrens- und Terminsabsprache.......................... 49
   cc) Festlegung des Setting..................................... 52
   dd) Durchführung des Güteversuchs 53
   ee) Mögliche Ergebnisse und Verfahrensbeendigungen............ 59
h) Zeugnisverweigerungsrecht.. 66
i) Verhältnis der Vorschrift zu § 278a Abs. 1 ZPO 67
j) Hinweise für die Praxis... 68
5. Zur Anwendbarkeit des § 278a ZPO.................................. 69
   a) Verweisungsnorm des § 202 SGG.................................. 69
   b) Normzweck 70
   c) Gerichtlicher Vorschlag (§ 278a Abs. 1 Satz 1 ZPO)................. 71
      aa) Adressatenkreis 71
      bb) Ermessen.. 73
      cc) Zeitpunkt 78
      dd) Gericht.. 82
      ee) Form.. 83
   d) Mediation (§ 278a Abs. 1 Satz 1, 1. Alt. ZPO)..................... 92
      aa) Begrifflichkeit 92
      bb) Stufenverhältnis.. 95
      cc) Formale und inhaltliche Kriterien 97
   e) Andere Verfahren der außergerichtlichen Konfliktbeilegung
      (§ 278a Abs. 1 Satz 1, 2. Alt. ZPO)............................. 101
      aa) Begrifflichkeit 101
      bb) Stufenverhältnis.. 103
      cc) Formale und inhaltliche Kriterien 104
   f) Vorschlag einer gerichtlichen Mediation im (zwischenzeitlich abgelaufenen)
      Übergangszeitraum... 106
   g) Entscheidung der Beteiligten (§ 278a Abs. 2, 1. HS ZPO) 108
      aa) Aufgrund eines gerichtlichen Vorschlages..................... 108
      bb) Eigener Vorschlag der Beteiligten............................. 110
   h) Gerichtlicher Ruhensbeschluss (§ 278a Abs. 2, 2. HS ZPO).......... 112
   i) Verhältnis der Vorschrift zu § 278 Abs. 5 ZPO.................... 119
   j) Hinweise für die Praxis... 120

I. Regelungsgegenstand und Zweck

1. Normgefüge und Systematik

1 § 202 SGG ist durch **Artikel 5 des Mediationsförderungsgesetzes** geändert worden. Die Vorschrift stimmt wörtlich mit § 173 Satz 1 VwGO überein, regelt die subsidiäre Anwendung der Vorschriften des GVG und der ZPO und dient damit der **Komplettierung** der für die Sozialgerichte geltenden **Prozessordnung:** Soweit das SGG keine Bestimmungen über das Verfahren enthält, sind das GVG und die ZPO entsprechend anzuwenden, es sei denn die grundsätzlichen Unterschiede der beiden Verfahrensarten schließen dies aus. Erst wenn sich weder im SGG noch im GVG oder der ZPO passende Regelungen finden, ist der Weg der freien Rechtsfindung eröffnet. Die Verweisung auf das GVG und die ZPO betrifft die jeweils gültigen

Fassungen einschließlich anderer Gesetze wie das EGZPO oder das GKG, die sich inhaltlich auf das Verfahren nach der ZPO beziehen und sie ergänzen.[1]

Ebenso wie die anderen Gerichtsbarkeiten hatte sich auch die Sozialgerichtsbarkeit bereits vor Inkrafttreten des Mediationsförderungsgesetzes mit eigenen gerichtlichen Mediationsprojekten positioniert.[2] Die in der Vergangenheit hierüber geführten Auseinandersetzungen über Sinnhaftigkeit[3] wie rechtliche Zulässigkeit[4] haben sich zwischenzeitlich erübrigt: Die **Implementierung von Mediationen** sowie anderer Verfahren der außergerichtlichen Konfliktbeilegung in das sozialgerichtliche Verfahren erhielt durch die gesetzliche Neuregelung nunmehr eine ausdrückliche rechtliche Grundlage, indem im Wesentlichen auf die einschlägigen **Vorschriften der ZPO** verwiesen wird. Dabei ist es die erklärte Intention des Gesetzgebers, außergerichtliche Streitbeilegung auch bei bereits rechtshängigen Streitigkeiten zu ermöglichen.[5]

Zentrale Norm hierfür ist § 202 SGG. Neben dieser generellen Verweisungsnorm finden sich zahlreiche weitere Regelungen, die auf Vorschriften der ZPO Bezug nehmen, wie beispielsweise § 60 SGG (Ausschließung und Ablehnung von Gerichtspersonen) und § 122 SGG (Niederschrift).

Mit der Neueinfügung von §§ 278 Abs. 5, 278a ZPO in § 202 SGG hat der Gesetzgeber deutlich gemacht, dass die Regelungsbereiche beider Normen auch im Verfahren vor den Sozialgerichten Anwendung finden sollen, soweit dies nicht durch die grundsätzlichen Unterschiede der Verfahrensarten ausgeschlossen ist. §§ 278 Abs. 5, 278a ZPO bilden dabei das **Herzstück der** zivilprozessualen **Änderungen**, um die herum sich weitere Vorschriften gruppieren: § 41 Nr. 8 ZPO, der die Befangenheit betrifft, § 159 Abs. 2 ZPO, der die eingeschränkte Protokollierung regelt sowie § 253 Abs. 3 Nr. 1 ZPO, der besondere Voraussetzungen für die Klageschrift enthält und über § 69b GKG eine Ergänzung erfahren hat. Alle Vorschriften werden im Folgenden in ihren Grundzügen unter Heraushebung der Besonderheiten im sozialgerichtlichen Verfahren dargestellt; im Übrigen wird auf die umfassende Kommentierung dieser Vorschriften verwiesen.

2. Europäische Mediationsrichtlinie

Die über § 202 SGG in Bezug genommenen Vorschriften der ZPO beziehen sich auf die **Erwägungsgründe Nr. 12 und 13** der EUMed-RL und dienen der Umsetzung der **Art. 1 Abs. 1, 3 lit. a, 5 Abs. 1 und 7 EUMed-RL**. In diesem Zusammenhang ist jedoch die Einschränkung in Art. 1 Abs. 2 EU-Med-RL von Relevanz, wonach die Richtlinie nur bei grenzüberschreitenden Streitigkeiten für Zivil- und Handelssachen gilt.

---

1 *Hennig* SGG, § 202 Rn. 1, 2.
2 Vgl. nur *Brändle/Schreiber* BJ 2008, 351 ff.; *Dürschke/Josephi* SGb 2010, 324 ff.; *Clostermann u. a.* SGb 2003, 266 ff.
3 *Spellbrink* DRiZ 2006, 88 ff.
4 Vgl. nur *von Bargen*, Gerichtsinterne Mediation, S. 273 ff. m.w.N.
5 Begr. BT-Drucks. 17/5335, B., Zu Artikel 3, Zu Nummer 5; Zu Artikel 6, Zu Nummer 3.

II. Grundsätze/Einzelheiten

1. Zur Anwendbarkeit des § 41 Nr. 8 ZPO

a) Vorrangige Verweisungsnorm des § 60 Abs. 1 SGG

6 Die Regelung des § 41 Nr. 8 ZPO[6] über die Ausschließung von Richtern findet über die **spezielle Verweisung** in § 60 SGG auch im sozialgerichtlichen Verfahren Anwendung. Danach ist ein Richter **kraft Gesetzes** von der Ausübung des Richteramtes **ausgeschlossen** in Sachen, in denen er an einem Mediationsverfahren oder einem anderen Verfahren der außergerichtlichen Konfliktbeilegung mitgewirkt hat.

b) Normzweck

7 Die Vorschrift bezweckt den **Schutz der Beteiligten**,[7] die an einer (früheren) konsensualen Konfliktlösung beteiligt waren: Sie sollen nach dem Willen des Gesetzgebers nicht befürchten müssen, dass in einem späteren Prozess vor dem streitentscheidenden Richter Tatsachen verwertet werden, die diesem Richter zuvor bekannt geworden sind,[8] und zwar im Rahmen einer Mediation oder eines anderen Verfahrens der außergerichtlichen Konfliktbeilegung.

8 Vom Regelungsgegenstand des § 41 Nr. ZPO **nicht umfasst** wird die Anwendung mediativer Elemente im sozialgerichtlichen Verfahren und die Tätigkeit als Güterichter gem. § 278 Abs. 5 ZPO.

c) Mediationsverfahren und andere ADR-Verfahren

9 Gründe der Klarheit und Rechtssicherheit verlangen, dass sich die Beteiligten eindeutig und nachweisbar auf die Durchführung einer Mediation verständigt haben. Dies wird in nichtrechtshängigen Konflikten durch einen »**Mediationsvertrag**« oder in gerichtlichen Verfahren durch einen **Ruhensbeschluss** gem. § 278a Abs. 2 ZPO belegt werden können. Gleiches gilt, soweit es um ein anderes Verfahren der außergerichtlichen Konfliktbeilegung geht: In nicht rechtshängigen Konflikten sollten klare Vereinbarungen getroffen werden, die ein entsprechendes Tätigwerden des Dritten dokumentieren; bei rechtshängigen Konflikten kann wiederum auf den gerichtlichen Ruhensbeschluss abgestellt werden.

d) Mitwirkung

10 Der Begriff der Mitwirkung umfasst die Tätigkeit als **Mediator** oder Co-Mediator (vgl. die Definition in § 1 Abs. 1 MediationsG) oder die als eines für ein anderes Verfahren der außergerichtlichen Konfliktbeilegung **Verfahrensverantwortlichen** (Schlichter, Schiedsgutachter etc.) und betrifft mithin Lenkungs- und Leitungsfunk-

---

[6] Vgl. umfassend hierzu die Kommentierung zu § 41 ZPO, Rdn. 7 ff.
[7] Das SGG verwendet, wie sich aus § 69 SGG ergibt, statt der Bezeichnung Parteien den Begriff der Beteiligten.
[8] Vgl. Begr. BT-Drucks. 17/5335, B., Zu Artikel 3, Zu Nummer 2.

tionen. Vorbereitende Handlungen zählen hierzu nicht, sondern ausschließlich ein Tätigwerden, durch das der konkrete Konflikt zielgerichtet einer konfliktbezogenen Lösung zugeführt werden soll.

Über die oben dargestellte Verfahrensverantwortung hinaus will § 41 Nr. 8 ZPO auch **andere Formen von Beteiligung** in einem konsensualen Streitbeilegungsverfahren erfassen, sei es als Konfliktbeteiligter selbst oder als dessen Vertreter, Bevollmächtigter etc. Die Beteiligung als Zeuge, Sachverständiger, Gutachter etc. wie auch die als eines zum Verfahren hinzugezogenen Dritten rechnet ebenfalls hierzu, es sei denn, die Inkompatibiliät ergibt sich bereits aus § 41 Nrn. 1 bis 6 ZPO. 11

e) Sachidentität

Die Inkompatibilitätsregelung des § 41 Nr. 8 ZPO verlangt zudem, dass ein Sachzusammenhang des bereits in einem konsensualen Verfahren behandelten Konflikts mit dem später gerichtlich anhängig gemachten Konflikt besteht, d. h. es muss sich jeweils um den **gleichen Streitgegenstand** handeln. 12

f) Verfahrensrechtliche Konsequenzen

Der Ausschluss gilt für **jedes Stadium** des sozialgerichtlichen Verfahrens. Ein Verstoß führt nicht zur Nichtigkeit, sondern nur zur Anfechtbarkeit. Der gesetzliche Ausschluss greift auch, wenn die Mitwirkung bereits vor Inkrafttreten der jetzigen Regelung erfolgte. 13

Der Ausschluss eines Richters ist **von Amts wegen** zu beachten. Die Beteiligten können auf die Vorschriften über die Ausschließung nicht wirksam verzichten. In Zweifelsfällen entscheidet das für ein Ablehnungsgesuch zuständige Landessozialgericht gem. § 60 Abs. 1 Satz 2 SGG über einen Ausschluss. 14

2. Zur Anwendbarkeit des § 159 Abs. 2 Satz 2 ZPO

a) Vorrangige Verweisungsnorm des § 122 SGG

Die Regelung des § 159 Abs. 2 Satz 2 ZPO[9] über die Ausnahme von der Protokollpflicht findet über die spezielle Verweisungsnorm des § 122 SGG, der den Begriff Niederschrift verwendet, auch im sozialgerichtlichen Verfahren Anwendung. Danach wird eine **Niederschrift** über eine Güteverhandlung oder weitere Gütesuche vor einem Güterichter nach § 278 Abs. 5 ZPO **nur** auf **übereinstimmenden Antrag** der Beteiligten aufgenommen. 15

b) Normzweck

Die Bedeutung einer Niederschrift liegt darin, dass sie verbindliche Auskunft über den Hergang eines Termins gibt; ihr kommt somit die **Beweiskraft einer öffentli-** 16

---

9 Vgl. umfassend die Kommentierung zu § 159 ZPO, Rdn. 5 ff.

chen Urkunde zu.[10] Hiervon gem. § 159 Abs. 2 Satz 2 ZPO eine Ausnahme zuzulassen beruht auf der Überlegung, dass Beteiligte eher zu einer umfassenden Erörterung über eine Lösung ihres Konfliktes bereit sein werden, wenn die Verhandlung nicht durch Auseinandersetzungen über zu protokollierende Äußerungen oder Tatsachen belastet wird oder wenn ihnen im Fall eines Scheiterns des Güteversuchs ihre Erklärungen und ihr Verhalten in einem nachfolgenden gerichtlichen Verfahren nicht entgegengehalten werden können.[11] Die Vorschrift dient somit dem Schutz der Vertraulichkeit eines Güteversuchs.

c) Adressat der Vorschrift

17   Die Suspendierung vom »Protokollierungszwang« betrifft **nur** den **Güterichter nach § 278 Abs. 5 ZPO**, mithin denjenigen, der nicht dem erkennenden Gericht angehört.

Wer als Mitglied des Prozessgerichts mit den Beteiligten um eine einvernehmliche Lösung ringt, kennt die Standpunkte der Beteiligten und wird im Fall des Scheitern (mit) über den Streitstoff zu entscheiden haben; ein besonderer Schutz der Vertraulichkeit und damit eine Ausnahme vom »Protokollierungszwang« besteht in diesen Konstellationen nicht.

d) Weitergehender Schutz der Vertraulichkeit

18   Über § 159 Abs. 2 Satz 2 ZPO hinaus wird die Vertraulichkeit eines Gütegesprächs vor einem Güterichter auch dadurch geschützt,[12] dass es unter **Ausschluss der Öffentlichkeit** stattfindet.[13]

19   Der Güterichter kann sich zudem gem. § 118 Abs. 1 SGG, § 383 Abs. 1 Nr. 6 ZPO auf ein **Zeugnisverweigerungsrecht** berufen, wenn ihm als Güterichter Tatsachen anvertraut wurden, deren Geheimhaltung durch ihre Natur oder durch gesetzliche Vorschrift geboten ist.[14]

e) Protokollpflicht bei übereinstimmendem Antrag

20   Die **Regelung** des § 159 Abs. 2 Satz 2 ZPO ist **abdingbar:** Auf übereinstimmenden Antrag der Beteiligten ist eine Niederschrift zu erstellen. Beteiligte im Sinne des Gesetzes sind diejenigen des Ausgangsstreites; auf die Zustimmung etwaiger Dritter,

---

10   *Baumbach*, ZPO, 69. Aufl., Einführung vor §§ 159 – 165, Rn. 2 m.N. zur Rechtsprechung.
11   Vgl. Begr. BT-Drucks. 17/8058, III. Zu Artikel 2 – neu –, Zu Nummer 3 – neu –.
12   Vgl. Begr. BT-Drucks. 17/8058, III. Zu Artikel 2 – neu –, zu Nummer 3 – neu –.
13   Vgl. *Baumbach*, ZPO, 69. Aufl., § 169 GVG, Rn. 3 m.N. zur Rechtsprechung.
14   Vgl. Begr. BT-Drucks. 17/8058, III. Zu Artikel 2 – neu –, Zu Nummer 3 – neu –. Das Zeugnisverweigerungsrecht steht auch den dem Güterichter zuarbeitenden Servicemitarbeitern der Geschäftsstelle zu, *Zöller*, ZPO, 29. Aufl., § 383 Rn. 17 m.w.N.

die zum Gütegespräch hinzugezogen wurden, kommt es nicht an. Der Antrag kann zu jeder Zeit während des Gütegesprächs gestellt werden.

Haben die Beteiligten eine Lösung ihres Konfliktes erzielt und eine Vereinbarung getroffen, sei es in der Form einer Erklärung bezüglich des Sachkonflikts und/oder des anhängigen gerichtlichen Verfahrens (beispielsweise in der Form einer Klagerücknahme (§ 102 SGG),[15] einer Hauptsacheerledigung (§ 197a SGG i. V. m. § 161 Abs. 2 VwGO, bzw. § 193 Abs. 1 Satz 3 SGG)[16] oder eines Vergleichs (vgl. § 101 Abs. 1 SGG), so sollte die Vereinbarung wegen des **Beweiswertes einer Niederschrift** stets protokolliert werden. Es kommt hinzu, dass ein gerichtlicher Vergleich einen Vollstreckungstitel (§ 85 Abs. 1 SGG) darstellt.

f) Form und Inhalt

Die Niederschrift eines Güterichtertermins im sozialgerichtliche Verfahren unterscheidet sich hinsichtlich Form und Inhalt nicht von einer sonstigen Niederschrift; einschlägig sind die §§ 159 ff. ZPO. Die materiell-rechtliche Bedeutung einer Protokollierung besteht auch darin, dass ein gerichtlicher Vergleich die notarielle Beurkundung ersetzt.[17]   21

3. Zur Anwendbarkeit des § 253 Abs. 3 Nr. 1 ZPO

a) Verweisungsnorm des § 202 SGG

Ob § 253 Abs. 3 Nr. 1 ZPO[18] im Verfahren vor den Sozialgerichten anzuwenden ist, ist im Hinblick auf §§ 92, 93 SGG streitig. Die Besonderheiten des sozialgerichtlichen Prozesses, der durch einen einfachen Zugang zum Verfahren auch ohne anwaltliche Vertretung geprägt ist, sollen nach der Begründung des Gesetzesentwurfs dagegen sprechen.[19] Das überzeugt im Hinblick auf die Ausgestaltung der Norm als Soll-Regelung und die mittlerweile **hohe anwaltliche bzw. rechtskundige Vertretungsdichte** in Verfahren vor den Sozialgerichten nicht. Zudem streitet die hier vertretene Anwendung des § 253 Abs. 3 Nr. 1 ZPO im amtsgerichtlichen Verfahren[20] dafür, die Vorschrift über § 202 SGG ebenfalls im sozialgerichtlichen Verfahren anzuwenden. Auch ist im Gesetzgebungsverfahren auf Beschluss des Vermittlungsausschusses die Vorschrift des § 69b GKG in das Regelwerk des Mediationsförderungsgesetzes eingefügt worden, der in seinem Satz 1 auf Nr. 7111 des Kostenverzeichnisses und damit auf Verfahren vor den Sozialgerichten Bezug nimmt.   22

---

15 Wird ein Verzicht auf den prozessualen Anspruch erklärt, so ist dies als Klagerücknahme zu werten, *Meyer-Ladewig u. a.*, SGG, 9. Aufl., § 101 Rn. 25.
16 Ein angenommenes Anerkenntnis hat die Rechtswirkung einer Hauptsacheerledigung, § 101 Abs. 2 SGG.
17 Zum Mustertext eines Güterichterprotokolls vgl. die Kommentierung zu § 159 ZPO, Rdn. 25.
18 Vgl. umfassend die Kommentierung zu § 253 ZPO, Rdn. 6 ff.
19 Begr. BT-Drucks. 17/5335, B., Zu Artikel 6, Zu Nummer 3, Zu Artikel 7, Zu Nummer 3.
20 Vgl. die Kommentierung zu § 253 ZPO, Rdn. 8.

b) Normzweck

23 Die Klageschrift dient der Einleitung eines Prozesses. Die Essentialia, die sie nach Abs. 3 enthalten soll, gelten **für alle Klageverfahren**,[21] nach hier vertretener Auffassung grundsätzlich auch für Verfahren des einstweiligen Rechtsschutzes, es sei denn, eine umgehende und kurzfristige gerichtliche Entscheidung ist unabdingbar. Danach sollen die Beteiligten in der Klage- bzw. Antragsschrift darlegen, ob der Klage bzw. dem Antrag der Versuch einer Mediation oder eines anderen ADR-Verfahrens vorausgegangen ist, sowie eine Äußerung dazu, ob einem solchen Verfahren Gründe entgegenstehen. Die Vorschrift erlangt zudem Bedeutung im Hinblick auf eine Verweisung nach § 278 Abs. 5 ZPO, ferner im Hinblick auf eine mögliche Reduzierung der Verfahrensgebühr nach § 69b GKG, wonach das Gericht auch darüber informiert werden sollte, ob eine Mediation »unternommen wird oder beabsichtigt ist«.

c) Angaben über bisherige oder zukünftige Konfliktlösungsversuche

24 Die Angaben über bisherige, also in der Vergangenheit liegende Konfliktlösungsversuche sollen das Sozialgericht in die Lage versetzen, die Chancen einer außergerichtlichen Konfliktlösung einschätzen und darauf aufbauend ggf. den Beteiligten einen Vorschlag gem. § 278a ZPO unterbreiten zu können oder eine Verweisung an einen Güterichter nach § 278 Abs. 5 ZPO vorzunehmen. Gleiches gilt, soweit sich die Beteiligten zu **zukünftigen Konfliktlösungsversuchen** äußern sollen.

d) Angaben über entgegenstehende Gründe

25 **Vielfältige Gründe** sind vorstellbar, die gegen einen Vorschlag nach § 278a ZPO oder eine Verweisung nach § 278 Abs. 5 ZPO sprechen:
- Es handelt sich um einen hoch eskalierten Konflikt, der nur noch durch einen Machteingriff entschieden werden kann,[22]
- den Beteiligten geht es um die Entscheidung einer bislang nicht judizierten Rechtsfrage,
- zwischen den Beteiligten besteht ein Machtungleichgewicht, das einer konsensualen Streitbeilegung entgegensteht,
- der Rechtsstreit stammt aus einem Rechtsgebiet, das einer konsensualen Lösung nur in Ausnahmefällen zugänglich ist.

e) Soll-Vorschrift

26 Die nach § 253 Abs. 3 ZPO geforderten **Angaben** sind allesamt **nicht erzwingbar**, ihr Fehlen ändert nichts an der Zulässigkeit der Klage; allerdings kann dies im Hinblick auf eine mögliche Reduzierung der Verfahrensgebühr nach § 69b GKG Nach-

---

21 Die Vorschrift gilt auch im Rechtsmittelzug, wie aus § 69b Satz 2 GKG folgt, der zur Interpretation des § 202 SGG i.V.m. § 253 Abs. 3 Nr. 1 ZPO mit seiner Nr. 1750 des Kostenverzeichnisses ergänzend heranzuziehen ist.
22 Vgl. *Glasl*, Konfliktmanagement, 5. Aufl., S. 218 ff.

teile nach sich ziehen. Es obliegt den Sozialgerichten, bei den Beteiligten insoweit nachzufragen, wenn Klage- oder Antragsschrift keine Informationen über die Chancen konsensualer Lösungen enthalten.

4. Zur Anwendbarkeit des § 278 Abs. 5 ZPO

a) Verweisungsnorm des § 202 SGG

Dem sozialgerichtlichen Verfahren ist das **Güteverfahren fremd**, wie es als semi-obligatorisches in § 278 Abs. 2 ZPO[23] oder als obligatorisches in § 54 Abs. 1 ArbGG vorgesehen ist. Indem der Gesetzgeber in § 202 SGG nur den Absatz 5 des § 278 ZPO aufgenommen hat, hat er klargestellt, dass es beim bisherigen Gang der mündlichen Verhandlung gem. § 112 SGG verbleiben soll. Diese Grundentscheidung zeitigt Konsequenzen für die entsprechende Anwendbarkeit des § 278 Abs. 5 ZPO, weil insoweit grundsätzliche Unterschiede der Verfahrensarten bestehen. 27

b) Normzweck

Im Unterschied zum Verfahren nach der ZPO, dem FamFG oder dem ArbGG fehlt es im SGG an einer spezifischen Norm, die den Sozialgerichten die Verpflichtung auferlegt, auf eine **gütliche Einigung** anhängiger Verfahren hinzuwirken. Als allgemeiner Grundsatz[24] ist dies im Verfahren vor den Sozialgerichten gleichwohl von Bedeutung.[25] Mit der Verweisung auf § 278 Abs. 5 ZPO erfährt dieser allgemeine Grundsatz nunmehr eine **besondere Ausprägung** dahin gehend, als das Gericht die Beteiligten für die Güteverhandlung sowie für weitere Güteversuche vor einen hierfür bestimmten und nicht entscheidungsbefugten Richter (Güterichter) verweisen kann. Damit soll das erheblich erweiterte Institut des Güterichters auch im sozialgerichtlichen Verfahren implementiert werden.[26] 28

c) Güteversuche

Obgleich im Gesetz von »Güteverhandlung sowie weiteren Güteversuchen« die Rede ist, sind im Verfahren vor den Sozialgerichten wegen des Fehlens der semi-obligatorischen Güteverhandlung nach § 278 Abs. 2 ZPO **ausschließlich** die **fakultativen Güteversuche** von Bedeutung. Darunter sind Bemühungen des nicht entscheidungsbefugten Güterichters zu verstehen, unter Ausnutzung der gesamten Palette der zur 29

---

23 Vgl. umfassend die Kommentierung zu § 278 ZPO, Rdn. 45 ff.
24 Insoweit vergleichbar für den verwaltungsgerichtlichen Prozess: *Ortloff* NVwZ 2004, 385 ff. (387); vgl. ferner BVerfG, Beschl. v. 14. 02. 2007, ZKM 2007, 128 ff.
25 Vgl. zur Bedeutung des Erörterungstermins für eine konsensuale Streitbeilegung *Meyer-Ladewig u. a.*, SGG, § 106 Rn. 15. Nach *Dürschke* SGb 2001, 532, ist der Erörterungstermin in gewisser Weise einer Güteverhandlung zum Zwecke der gütlichen Beilegung des Rechtsstreits vergleichbar.
26 Begr. BT-Drucks. 17/8058, III., Zu Artikel 5 – neu –, Zu Nummer 3 – alt –; Zu Artikel 2 – neu –, Zu Nummer 5 – neu –; Allgemeines S. 17.

Verfügung stehenden Konfliktlösungsmethoden den Beteiligten bei der Suche nach einer einvernehmlichen Lösung behilflich zu sein.

30 Der Plural »Güteversuche« ist zum einen dahin gehend zu verstehen, dass der Güterichter selbst **mehrere Termine** mit den Beteiligten durchführen kann, zum anderen bedeutet er, dass das Gericht auch nach einem erfolglosen Güteversuch erneut einen solchen Versuch in einem späteren Verfahrensstand anregen kann. Güteversuche vor dem Güterichter können nur mit Zustimmung der Beteiligten erfolgen.[27]

d) Verweisung durch das Gericht

31 Mit dem für eine Verweisung im hier interessierenden Zusammenhang zuständigen Gericht meint das Gesetz die **jeweiligen Spruchkörper** des Sozialgerichts, des Landessozialgerichts und des Bundessozialgerichts, §§ 7, 28, 38, 39 SGG, wenngleich im Revisionsverfahren ein Güterichter wohl eher nicht zum Einsatz kommen dürfte. Im Verfahren vor dem Sozialgericht ergeht die Entscheidung, soweit sie außerhalb der mündlichen Verhandlung erfolgt, durch den Vorsitzenden, ansonsten durch die Kammer. Im Berufungs- und Revisionsverfahren erfolgt sie durch die Senate, es sei denn, es liegt ein Fall des § 155 Abs. 3, 4 SGG vor.

e) Verweisung an einen hierfür bestimmten und nicht entscheidungsbefugten Güterichter

32 § 278 Abs. 5 Satz 1 ZPO verwendet den Begriff des Güterichters als eines hierfür bestimmten und nicht entscheidungsbefugten Richters, der nach Satz 2 alle Methoden der Konfliktbeilegung einschließlich der Mediation einsetzen kann. Was im Einzelnen unter einem Güterichter, namentlich dem »erheblich erweiterten Institut des Güterichters« zu verstehen ist und wie er seine Aufgaben im Einzelnen erfüllen soll, erschließt sich aus einer Gesamtbetrachtung der früheren Güterichterpraxis in Bayern und Thüringen, des systematischen Zusammenhangs der geänderten Vorschriften und des Willens des Gesetzgebers, wie dies in der Kommentierung zu § 278 Abs. 5 ZPO dargestellt wurde.[28]

33 Das neue Konzept des erheblich erweiterten Instituts des Güterichters bedeutet für das Verfahren vor den Sozialgerichten Folgendes:
– Güterichter kann nur ein nicht entscheidungsbefugter Richter sein,
– seine Tätigkeit ist als richterliche Tätigkeit zu qualifizieren,
– er wird nur tätig, soweit es um den/die Versuch(e) einer gütlichen Einigung geht,
– er muss über besondere fachliche Qualifikationen verfügen, die denen der bisherigen gerichtlichen Mediatoren vergleichbar sind,
– er kann am eigenen Sozialgericht, einem anderen Sozialgericht und auch für eine andere Gerichtsbarkeit eingesetzt werden,

---

27 Begr. BT-Drucks. 17/8058, III., Zu Artikel 5 – neu –, Zu Nummer 3 – alt –.
28 Vgl. hierzu umfassend die Kommentierung zu § 278 Abs. 5 ZPO, Rdn. 27 ff.

- er wird nur mit Einverständnis der Beteiligten aktiv, wobei Vertraulichkeit und Freiwilligkeit das Verfahren prägen,
- er kann die Prozessakten einsehen,
- er kann mit Einverständnis der Beteiligten Einzelgespräche führen,
- er kann sich aller Methoden der Konfliktbeilegung bedienen, einschließlich der Mediation,
- er kann rechtliche Bewertungen vornehmen[29] und den Beteiligten Lösungsvorschläge für den Konflikt unterbreiten und
- er kann mit Zustimmung der Beteiligten eine Niederschrift erstellen, einen Vergleich protokollieren und – was streitig ist – einen Streitwertbeschluss erlassen.

f) Darstellung des Verfahrensablaufs vor dem Güterichter

aa) Verweisungsbeschluss

Ein Tätigwerden des Güterichters setzt zunächst voraus, dass das Verfahren (»die Beteiligten«) verwiesen wurde. Die Verweisung selbst erfolgt durch **gerichtlichen Beschluss**, der nicht begründet zu werden braucht und nicht selbstständig anfechtbar ist.[30] Wer als Güterichter in Betracht kommt, ergibt sich aus dem **Geschäftsverteilungsplan**[31] des Gerichts gem. § 21e GVG. Es obliegt dem Präsidium, wie diejenigen Richter, die über entsprechende Ausbildung und Qualifikationen verfügen, »als Güterichter nach § 278 Abs. 5 ZPO« eingesetzt werden.[32]

34

Den Beteiligten steht – anders als in einem Mediationsverfahren – kein Wahlrecht hinsichtlich des Güterichters zu.

35

bb) Ermessen

Grundsätzlich liegt die Verweisung an einen Güterichter im **pflichtgemäßen Ermessen** des Gerichts.[33]

36

---

29 Da er nicht streitentscheidender Richter ist, bleiben diese rechtlichen Bewertungen jedoch unverbindlich.
30 Vgl. *Baumbach*, ZPO, 69. Aufl., § 278 Rn. 55 und *Musielak*, ZPO, § 278 Rn. 4 zur insoweit vergleichbaren Anordnung bzw. Unterlassung einer Güteverhandlung.
31 So wie in der Vergangenheit als gerichtlicher Mediator nur derjenige bestellt werden konnte, der eine entsprechende Ausbildung durchlaufen hatte, so kommt auch als Güterichter nach § 278 Abs. 5 ZPO nur in Betracht, wer aufgrund entsprechender Ausbildung in der Lage ist, alle Methoden der Konfliktbeilegung einschließlich der Mediation einzusetzen. Dabei finden die in § 5 MediationsG geregelten Standards hinsichtlich der Aus- und Fortbildung auch auf Güterichter entsprechende Anwendung. Vgl. insoweit Begr. BT-Drucks. 17/5335, A. II.
32 Es obliegt dem Präsidenten, dem Präsidium das Vorliegen der entsprechenden Qualifikationen zu unterbreiten, vergleichbar der Information über formale Qualifikationen, wie sie in § 22 Abs. 5, 6 GVG angesprochen sind.
33 Obgleich beispielsweise im Sozialrecht die Dispositionsbefugnis der Sozialversicherungsträger und der Sozialberechtigten erheblich eingeschränkt ist (vgl. §§ 31, 32 SGB I), verbleibt im Hinblick auf die auch dort vorhandenen Ermessensvorschriften genügend Raum

(1) Einverständnis der Beteiligten

37 Das Gericht muss bei seiner Entscheidung jedoch das für den Güterichter geltende **ungeschriebenen Tatbestandsmerkmals** der **Freiwilligkeit** beachten: Nur mit dem Einverständnis der Beteiligten kann ein Verfahren vor dem ersuchten Güterichter durchgeführt werden.[34]

38 Dieser Umstand zeitigt Konsequenzen für die **Verweisungspraxis:** Entweder holt bereits der Vorsitzende des Sozialgerichts (bzw. des Senats beim LSG/BSG) das Einverständnis der Beteiligten für ein Güterichterverfahren ein und verweist sodann das Verfahren, oder das Gericht nimmt eine Verweisung vor und der Güterichter holt daraufhin die Zustimmung der Beteiligten für die Durchführung eines Güterversuchs ein. Während die Sachnähe des Güterichters zu den Verfahren der konsensualen Streitschlichtung dafür sprechen könnte, ihm die Einholung der Zustimmung zu übertragen, streiten prozessökonomische Gründe – u. U. auch der Grundsatz des rechtlichen Gehörs – dafür, dem Streitrichter die Einholung der Zustimmung zu übertragen. Von daher bietet sich folgende **Vorgehensweise** an: Der Streitrichter informiert die Beteiligten zunächst über die grundsätzlich möglichen Methoden, die ein Güterichter einsetzen kann und weist darauf hin, dass dieser in Absprache mit ihnen die fall- und konfliktangemessene Methode absprechen wird; hierzu holt er ihre Zustimmung ein. Nach sodann erfolgter Verweisung auf den Güterichter ist es dessen Aufgabe, in Absprache mit den Beteiligten das weitere Vorgehen, insbesondere die einzusetzenden Methoden zu erörtern und hierfür das Einverständnis einzuholen.

39 Die Einschaltung eines »**besonders geschulten Koordinators**«[35] könnte u. U. datenschutzrechtliche Probleme aufwerfen. Von daher dürfte es auf die konkrete Ausgestaltung eines derartigen »Court-Dispute-Managers« ankommen: Vom Entlastungseffekt idealiter bei einem Rechtspfleger verankert,[36] müsste dies aber mangels entsprechender gesetzlicher Regelung als zulässige richterassistierende Verwaltungstätigkeit organisiert werden.

40 Den Beteiligten bleibt es unbenommen, die Durchführung einer Güterichterversuchs vor einem Güterichter selbst anzuregen. Liegt ein **übereinstimmendes Petitum der**

---

für die güterichterliche Tätigkeit zumindest im Rahmen der Sachverhalts und Interessensklärung, solange, wie *Weitz* (Gerichtsnahe Mediation in der Verwaltungs-, Sozial- und Finanzgerichtsbarkeit, S. 109) zutreffend darlegt, kein Verstoß gegen den Vorbehalt des Gesetzes und die Gesetzes- und Selbstbindung der Verwaltung zu befürchten steht.

34 Vgl. Begr. BT-Drucks. 17/8058, III., Zu Artikel 5 – neu –, Zu Nummer 3 – alt –; *Francken* NZA 2012, 249 ff. (251); *Ewig* ZKM 2012, 4; a.A. *Carl* ZKM 2012, 16 ff. (19). Vgl. ferner Bay.LSG, 5.9.2016 – L 2 P 3016 – der eine gleichwohl erfolgte Verweisung als ermessensfehlerhaft erachtet; ebenso Hess. LSG, 30.5.2014 – L 6 AS 132/14 –.

35 Vgl. BT-Drucks. 17/8058, III. Allgemeines, S. 17. Zur (seinerzeitigen) Praxis in den Niederlanden mit besonderen Verweisungsbeauftragten vgl. *Schmiedel* ZKM 2011, 14 ff. (15), ferner *Mattioli/Trenczek* BJ 2010, 323 ff. (310).

36 Realitätsfern *Carl* ZKM 2012, 16 ff. (20), der hierfür die früheren richterlichen Mediatoren einsetzen wollte.

Beteiligten vor, dann reduziert sich das dem Gericht eingeräumte Ermessen zur Verweisung auf Null.

(2) Konstellationen, in denen eine Verweisung ausscheidet

Das Ermessen ist nicht eröffnet, wenn schon nach dem Inhalt der Klageschrift (ggf. der Antragsschrift), insbesondere den Ausführungen gem. § 92 SGG i.V.m. § 253 Abs. 3 Nr. 1 ZPO, der Klageerwiderung (ggf. der Antragserwiderung) und ggf. einer Replik eine **gütliche Beilegung** des Rechtsstreits **erkennbar aussichtslos** erscheint. 41

Das Gericht wird von einer Verweisung an den Güterichter absehen können, wenn es den Eindruck gewinnt, dass es sich um ein **einfach gelagertes Verfahren** handelt, welches von ihm selbst, beispielsweise in einem Erörterungstermin, zu einer gütlichen Einigung gebracht werden kann. 42

Eine Verweisung kommt ferner nicht in Betracht, wenn einer der **Beteiligten** zu verstehen gegeben hat, dass er ein solches **Verfahren nicht wünscht**. Dies ist Ausfluss des Freiwilligkeitsprinzips. 43

Die maßgeblichen Erwägungen, von einer Verweisung an den Güterichter abzusehen, sollten in einem Aktenvermerk mit kurzer Begründung festgehalten werden. 44

cc) Folgen einer Verweisung

Die Verweisung zum Zwecke einer Güterverhandlung an den ersuchten Güterichter führt, anders als in den Fällen des § 54a Abs. 2 Satz 1 ArbGG, nicht automatisch zum Ruhen des Verfahrens; jedoch ist ein **Ruhensbeschluss** gem. § 202 SGG, § 251 ZPO **möglich**.[37] 45

Der Güterichter übt richterliche Tätigkeit aus und handelt als gesetzlicher Richter im Sinne des § 16 Satz 2 GVG. Seine konkrete Zuständigkeit folgt aus dem gerichtlichen **Geschäftsverteilungsplan** gem. § 21e GVG. Den Beteiligten steht daher – anders als bei einem Mediator und zugleich auch anders als bei dem gerichtlichen Mediator in der Übergangsphase des § 9 MediationsG – hinsichtlich seiner Person kein Wahlrecht zu. 46

g) Vorgehensweise des Güterichters

aa) Akteneinsicht und Informationsbeschaffung

Der Güterichter wird **Einsicht** in die ihm vom erkennenden Gericht überlassenen **Akten** nehmen und prüfen, welches Verfahren der konsensualen Streitschlichtung indiziert ist. 47

Sodann wird er sich mit den Beteiligten des Rechtsstreits ins Benehmen setzen, ggf. vorab weitere Informationen bei ihnen einholen und auch klären, ob **weitere Personen** zum Güteversuch hinzuziehen sind. 48

---

37 Vgl. *Meyer-Ladewig u. a.*, SGG, 9. Aufl., Vor § 114, Rn. 4 m.w.N.

bb) Verfahrens- und Terminsabsprache

49 Der Güterichter wird den Beteiligten einen Verfahrens- und einen Terminsvorschlag unterbreiten:

50 Ausgehend vom **Grundsatz der Informiertheit** der Beteiligten erscheint es angezeigt, diese bereits zu diesem frühen Zeitpunkt darüber in Kenntnis zu setzen, ob der Güterichter beispielsweise zu einer Schlichtung mit rechtlichen Hinweisen und ggf. einem Vorschlag tendiert oder ob er die Durchführung einer Mediation für angezeigt hält. Insoweit gilt der Grundsatz der »**Methodenklarheit vor Methodenvielfalt**«.

51 Das **Prinzip der Freiwilligkeit** spricht dafür, in gemeinsamer Absprache einen allen Beteiligten passenden Termin zu wählen und von einer Terminsanordnung abzusehen. Ein Anwaltszwang besteht für den Güteversuch nicht,[38] bestellte Bevollmächtigte sind jedoch einzubeziehen.

cc) Festlegung des Setting

52 Es obliegt allein dem Güterichter, das Setting für den Güteversuch festzulegen; hierbei bietet sich ein **mediationsanaloges Vorgehen** mit dem Ziel einer kommunikationsfördernden Verhandlungsatmosphäre an.

dd) Durchführung des Güteversuchs

53 Die Durchführung des Güteversuchs ist **nicht öffentlich**; das Öffentlichkeitsgebot gem. § 61 Abs. 1 SGG, § 169 GVG gilt nur für Verhandlungen vor dem erkennenden Gericht;[39] zudem ist auch der Erörterungstermin vor dem Vorsitzenden gem. § 106 Abs. 3 Nr. 7 SGG nicht öffentlich.[40] Der Güterichter wird die Beteiligten auf die Vorschrift des § 159 Abs. 2 Satz 2 ZPO (anwendbar über § 122 SGG) hinweisen sowie darauf, dass die Vertraulichkeit zudem durch eine Vereinbarung zwischen den Beteiligten besonders geregelt werden kann.

54 Die Beachtung des Grundsatzes »**Methodenklarheit bei Methodenvielfalt**« soll den Güterichter davor bewahren, zwischen einzelnen Verfahren der Konfliktbeilegung zu wechseln und Elemente der einzelnen Methoden miteinander zu vermischen: Ein »stockendes oder gar scheiterndes« Mediationsverfahren dadurch retten zu wollen, dass der Güterichter – entgegen seiner eingangs erfolgten Information der Beteiligten – sodann einen Lösungsvorschlag unterbreitet, bedeutet eine methodische Fehlleistung und führt zu einem Glaubwürdigkeitsverlust des Güterichters. Denkbar ist allenfalls, dass der Güterichter gemeinsam mit den Beteiligten übereinkommt, eine bestimmte Methode

---

38 Ein Vertretungszwang besteht nur für Verfahren vor dem BSG, §§ 73, 166 SGG.
39 *Meyer-Ladewig u. a.*, SGG, 9. Aufl., § 61 Rn. 2a; *Baumbach*, ZPO, § 169 GVG Rn. 3 m. N. zur Rechtsprechung.
40 *Meyer-Ladewig u. a.*, SGG, 9. Aufl., § 106 Rn. 15a.

abzuschließen und mit deren Einverständnis mit einer anderen Methode fortzufahren,[41] was jedoch ebenfalls nicht unproblematisch ist.[42]

Wenn angezeigt, kann der ersuchte Güterichter mit den Beteiligten auch **Einzelgespräche** (Caucus) führen. Um die Neutralität des ersuchten Güterichters nicht zu gefährden, ist hierfür das Einverständnis der Beteiligten erforderlich. 55

Die Erörterung mit den Beteiligten ist nicht auf die dem Rechtsstreit zugrunde liegenden entscheidungserheblichen Punkte reduziert; vielmehr wird – unter der Zielsetzung einer konsensualen Lösung – das zur Sprache gebracht, was den Beteiligten zur Beilegung ihres Konfliktes wichtig ist. 56

Dem Güterichter ist es verwehrt, den Beteiligten **Prozesskostenhilfe** gem. § 173a SGG, §§ 114 ff. ZPO zu gewähren oder einen **Ruhensbeschluss** gem. § 202 SGG, § 251 ZPO zu erlassen, da er nicht »Gericht« im Sinne der genannten Vorschriften ist. Hingegen kann er, unter der Voraussetzung des § 101 Abs. 1 SGG, einen Vergleich protokollieren oder eine prozessbeendende Erklärung zu Protokoll nehmen. 57

Ob es ihm gestattet ist, einen **Streitwert**, Beschwerdewert oder Gegenstandswert festzusetzen, ist streitig. Dafür spricht, die Festsetzung des Streitwertes als Annexkompetenz zur Protokollierung des Vergleichs zu erachten, zumal (nur) der ersuchte Güterichter Kenntnis vom Umfang und Wert des Vergleichsgegenstandes hat.[43] Zur Vermeidung etwaiger Rechtsstreitigkeiten nach entsprechender Beschlussfassung empfiehlt es sich, einen **Rechtsmittelverzicht** zu protokollieren. 58

ee) Mögliche Ergebnisse und Verfahrensbeendigungen

Der Güteversuch vor dem Güterichter kann wie folgt enden: 59

(1) Die Beteiligten haben sich auf eine Lösung ihres Konfliktes geeinigt. Sie schließen daraufhin einen gerichtlichen Vergleich in der Form des § 101 Abs. 1 SGG. Das führt zur Beendigung des anhängigen Rechtsstreits.

(2) Die Beteiligten haben sich auf eine Lösung ihres Konfliktes geeinigt. Der anhängige Rechtsstreit wird durch eine prozessbeendende Erklärung (Klagerücknahme gem. § 102 60

---

41 Langfristig wird nicht auszuschließen sein, dass sich eine neue und eigenständige Methode der Konfliktbeilegung durch einen Güterichter entwickelt. Davon scheint auch der Gesetzgeber auszugehen, wenn er in der Begründung der Beschlussempfehlung des Rechtsausschusses (BT-Drucks. 17/8058, III., Zu Art. 1, Zu § 1 Absatz 1) u. a. ausführt, die in der gerichtsinternen Mediation entwickelten Kompetenzen könnten im Rahmen der Güterichtertätigkeit fortentwickelt werden. Vgl. auch *Fritz/Schroeder* NJW 2014, 1910 ff, *Fritz* ZKM 2015, 1 und *Brändle* BJ 2014, 130 ff.
42 Vgl. Kommentierung zu § 278 ZPO, Rdn. 68.
43 *Zöller*, ZPO, 29. Aufl., § 278 Rn. 27. Die Überlegungen, die die Bundesregierung in ihrem Gesetzentwurf dazu bewogen hatten, für den seinerzeit noch vorgesehenen gerichtsinternen Mediator eine Streitwertfestsetzung nicht zuzulassen (Begr. BT-Drucks. 17/5335, Anlage 3, Zu Artikel 3, zu Nummern 5 und 6), treffen auf den ersuchten Güterichter nicht zu.

SGG,[44] Hauptsacheerledigung gem. § 197a SGG i. V. m. § 161 Abs. 2 VwGO, § 193 Abs. 1 Satz 3 ZPO[45]) abgeschlossen.

61 (3) Die Beteiligten haben sich im Grundsatz auf eine Lösung ihres Konfliktes geeinigt und erbitten einen Vergleichsvorschlag gem. § 202 SGG, § 278 Abs. 6 ZPO nach Maßgabe der in dem Gütesuch erzielten Eckpunkte. Die Annahme des Vorschlags führt zur Beendigung des anhängigen Rechtsstreits.[46]

62 (4) Die Beteiligten haben sich im Grundsatz auf eine Lösung ihres Konfliktes geeinigt und unterbreiten – ggf. nach weiterer Prüfung oder Bedenkzeit – dem Gericht einen schriftlichen Vergleichsvorschlag § 202 SGG, § 278 Abs. 6 ZPO. Dieser führt dann zur Beendigung des anhängigen Rechtsstreits.

63 (5) Die Beteiligten haben sich verständigt, außerhalb des anhängigen Verfahrens noch Sachaufklärung zu betreiben und ggf. Dritte als Sachverständige einzuschalten oder aber ein Verfahren der außergerichtlichen Konfliktbeilegung zu beschreiten. Der Rechtsstreit bleibt anhängig, kann jedoch – falls noch nicht geschehen – gem. § 202 SGG, § 251 ZPO zum Ruhen gebracht werden.

64 (6) Die Beteiligten haben sich hinsichtlich des anhängig gemachten Rechtsstreits nur zum Teil oder überhaupt nicht geeinigt. Der Güterichter gibt – nach vorheriger Anhörung der Beteiligten, ggf. auch nach Erlass eines »Rückgabebeschlusses« – das Verfahren an das erkennende Gericht zurück, das den noch anhängigen Rechtsstreit fortsetzt.

65 (7) Beide Beteiligten erscheinen nicht zum verabredeten und ordnungsgemäß geladenen Güteversuch. Der Güterichter gibt daher, ggf. nach entsprechendem Beschluss oder Aktenvermerk, das Verfahren an das erkennende Gericht zurück, das den noch anhängigen Rechtsstreit fortsetzt.

h) Zeugnisverweigerungsrecht

66 Eine analoge Anwendung der Verschwiegenheitsregelung des § 4 MediationsG auf den Güterichter scheidet aus. Er kann sich jedoch gem. **§ 383 Abs. 1 Nr. 6 ZPO** auf ein Zeugnisverweigerungsrecht hinsichtlich des Inhalts der Güteversuchs berufen, wenn ihm als Güterichter Tatsachen anvertraut wurden, deren Geheimhaltung durch ihre Natur oder gesetzliche Vorschrift geboten ist.[47] Im Übrigen sind Güterichter, auch wenn sie sich der Mediation bedienen, nach wie vor Richter und als

---

44 Wird ein Verzicht auf den prozessualen Anspruch erklärt, so ist dies als Klagerücknahme zu werten, *Meyer-Ladewig u. a.*, SGG, 9. Aufl., § 101 Rn. 25.
45 Ein angenommenes Anerkenntnis hat die Rechtswirkung einer Hauptsacheerledigung, § 101 Abs. 2 SGG.
46 *Meyer-Ladewig u. a.*, SGG, 9. Aufl., § 101 Rn. 9.
47 Vgl. Begr. BT-Drucks. 17/8058, III. Zu Artikel 2 – neu –, Zu Nummer 3 – neu –; *Zöller*, ZPO, 29. Aufl., § 383 Rn. 19. *Musielak*, ZPO, 8. Aufl., § 383 Rn. 4, 6. Das Zeugnisverweigerungsrecht erstreckt sich auch auf die vom Güterichter mit dem Verfahren befassten Servicemitarbeiter der Geschäftsstelle.

Amtsträger nicht nur den Beteiligten verpflichtet. Sie unterliegen daher weiterhin besonderen **Anzeigeverpflichtungen**.[48]

i) Verhältnis der Vorschrift zu § 278a Abs. 1 ZPO

Das Gericht wird für beide Verfahrensarten (Güterichter einerseits, Mediation andererseits) grundsätzlich die gleichen Überlegungen zugrunde legen, also neben dem Aspekt der Freiwilligkeit insbesondere die Geeignetheit, ferner Zeit- und Kostenfaktoren sowie die Komplexität des Verfahrens berücksichtigen. Bietet sich im Hinblick auf den konkreten Konflikt ein anderes Verfahren der außergerichtlichen Konfliktbeilegung an, so ist diesem jedenfalls der Vorrang einzuräumen.[49]

67

j) Hinweise für die Praxis

Zur Einbindung des ersuchten Richters als Güterichters im richterlichen Geschäftsverteilungsplans vgl. die »**Hinweise für die Praxis**« bei § 278 ZPO,[50] ferner an gleicher Stelle die Mustertexte für »**Beteiligtenvereinbarung über Verschwiegenheit und Vertraulichkeit**« sowie entsprechende »**Vereinbarungen bei Einbeziehung Dritter**«.

68

5. Zur Anwendbarkeit des § 278a ZPO

a) Verweisungsnorm des § 202 SGG

Mit der Einfügung des § 278a ZPO[51] in die Verweisungsnorm des § 202 SGG hat der Gesetzgeber klargestellt, dass Mediationen sowie sonstige Formen außergerichtlicher Konfliktbeilegung auch im sozialgerichtlichen Verfahren zulässig sein sollen und hat diese auf eine ausdrückliche rechtliche Grundlage gestellt.[52] Die grundsätzlichen Unterschiede der Verfahrensordnungen SGG und ZPO schließen die entsprechende Anwendung nicht aus.

69

b) Normzweck

Mit § 278a ZPO sollen Mediationen wie sonstige ADR-Verfahren in das Bewusstsein der in der Rechtspflege Tätigen gerückt und neben dem kontradiktorischen Verfahren die konsensualen Konfliktlösungsmöglichkeiten im Sinne der Einordnung des Bundesverfassungsgerichts[53] etabliert werden. Zugleich ist es die erklärte Intention des Gesetzgebers, außergerichtliche Konfliktbeilegung auch bei bereits rechtshängigen Streitigkeiten zu ermöglichen.[54]

70

---

48 Z.B. nach § 116 AO oder nach § 6 SubvG, vgl. Begr. BT-Drucks. 17/5335, B., Zu Artikel 1, Zu § 4.
49 Vgl. hierzu umfassend die Kommentierung zu § 278 ZPO, Rdn. 82.
50 Vgl. Kommentierung zu § 278 ZPO, Rdn. 85 ff.
51 Vgl. umfassend die Kommentierung zu § 278 ZPO, Rdn. 4 ff.
52 Begr. BT-Drucks. 17/5335, B., Zu Artikel 6, Zu Nummer 3.
53 BVerfG, Beschl. v. 14. 02. 2007, ZKM 2007, 128 ff.
54 Begr. BT-Drucks. 17/5335, B., Zu Artikel 3, Zu Nummer 5.

c) **Gerichtlicher Vorschlag (§ 278a Abs. 1 Satz 1 ZPO)**

aa) Adressatenkreis

71 Nach dem Gesetzeswortlaut ist der gerichtliche Vorschlag »den Parteien« zu unterbreiten. Den Begriff der Parteien verwendet das Sozialgerichtsgesetz nicht, spricht vielmehr in § 69 SGG von **Beteiligten:** Danach sind Kläger und Beklagte die Hauptbeteiligten eines sozialgerichtlichen Verfahrens.[55]

72 Der **Begriff** »der Parteien« ist mithin **untechnisch** zu verstehen und meint alle in einem sozialgerichtlichen Verfahren Involvierte, mithin Kläger und Beklagte in Hauptsacheverfahren, Antragsteller und Antragsgegner in Eilverfahren, Gläubiger und Schuldner im Zwangsvollstreckungsverfahren, zugleich auch weitere Beteiligte nach 75 SGG und Dritte, die über § 74 SGG in einen Rechtsstreit einbezogen sind.

bb) Ermessen

73 Ob das Sozialgericht den Beteiligten den Vorschlag einer gerichtsnahen Mediation oder eines anderen Verfahrens der außergerichtlichen Konfliktbeilegung unterbreitet, liegt alleine in seinem **pflichtgemäßen Ermessen.** Voraussetzungen hierfür sind dem Gesetz nicht zu entnehmen, jedoch ist stets das ungeschriebene Tatbestandsmerkmal zu prüfen, ob es sich um einen »**geeigneten Fall**« handelt.

74 Der Vorschlag einer Mediation ist immer dann in Erwägung zu ziehen, wenn dem Rechtsstreit Konflikte zugrunde liegen, die im gerichtlichen Verfahren nicht oder nur unzureichend beigelegt werden können.[56].

75 In einem Sozialgerichtsprozess bietet sich der **Vorschlag** für eine Mediation beispielsweise an
 – in Verfahren mit komplexen, schnell zu entscheidenden oder ungeklärten Sachverhalten, vor allem in Verbindung mit bedeutenden wirtschaftlichen Folgen für einen oder beide Beteiligte,
 – ferner wenn es um die Anwendung von Normen mit unbestimmten Rechtsbegriffen geht sowie dann,
 – wenn ein Ermessen ausgeübt werden soll.[57]

---

55 *Meyer-Ladewig*, SGG, 9. Aufl., § 69 Rn. 2 m.w.N.
56 Zu den Bereichen, die sich insbesondere für konsensuale Lösungen eignen, zählen ausweislich des Schrifttums (*Weitz*, Gerichtsnahe Mediation in der Verwaltungs-, Sozial- und Finanzgerichtsbarkeit, S. 203 m. w. N.; *Barkow-von Creytz*, in: *Niedostadek* [Hrsg.], Praxishandbuch Mediation, S. 349) beispielsweise Folgende: Streitigkeiten im Sozialhilferecht; Streitigkeiten zwischen Vertragsärzten/Krankenkassen und kassenärztlichen Vereinigungen; Streitigkeiten zwischen Versicherungsträgern und Verbänden; Streitigkeiten im Rentenversicherungsrecht; Streitigkeiten im Aufgabenbereich der BfA; Steitigkeiten im Leistungs-, Reha- und Beitragsrecht etc. Vgl. aber auch die insgesamt zurückhaltend bis kritisch Position von *Kilger*, Mediation im Sozialrecht, in: *Haft/Schlieffen*, Handbuch Mediation, 1. Aufl., S. 715 ff.
57 Vgl. *Dürschke* SGb 2001, 533 ff. (536).

Das bedeutet im Einzelnen, dass das Gericht eine konsensuale Streitbeilegung in 76
Betracht ziehen wird, wenn es den Konfliktbeteiligten vorrangig darum geht,
– nichtrechtliche Interessen zu berücksichtigen,
– eine zukunftsorientierte Lösung anzustreben,
– Vertraulichkeit zu wahren oder
– eine schnelle Lösung herbeizuführen,

sowie dann, wenn
– es sich um einen komplexen Sachverhalt handelt,
– zahlreiche Rechtsstreitigkeiten zwischen den Beteiligten anhängig sind,
– nichtbeteiligte Dritte in das Verfahren einbezogen werden sollen,
– zwischen den Beteiligte eine besondere Emotionalität besteht oder
– es um einen grenzüberschreitenden Rechtsstreit geht.

Hingegen wird das Gericht eine konsensuale Streitbeilegung **nicht** unterbreiten, wenn 77
beispielsweise
– gesetzliche Bestimmungen den Beteiligten eine privatautonome Regelung untersagen,
– ein besonderes öffentliches Interesse an der Rechtsdurchsetzung besteht oder
– eine Grundsatzentscheidung begehrt wird.[58]

cc) **Zeitpunkt**

Der Vorschlag kann gegenüber den Beteiligten grundsätzlich in jedem Stadium des 78
Rechtsstreits erfolgen, auch noch in der Berufungs- und Revisionsinstanz. Im Revisionsverfahren dürfte eine außergerichtliche Konfliktlösung, von Ausnahmefällen abgesehen, eher nicht in Betracht zu ziehen sein.[59]

Gleichwohl bietet es sich grundsätzlich an, den **Vorschlag** für eine nichtstreitige Kon- 79
fliktbeilegung **zu Beginn eines Prozesses** zu unterbreiten. Hierfür sprechen Gründe der Zeit- und Kostenersparnis für die Beteiligten wie auch ggf. für das Gericht. Zudem wird erfahrungsgemäß durch ein frühzeitiges Mediationsgespräch der Gefahr weiterer »emotionaler Verletzungen« während des Rechtsstreits entgegengewirkt.

Ob der Vorschlag unmittelbar nach Klageerhebung erfolgt oder nach Klageerwiderung 80
und ggf. Replik, u. U. erst nach Erörterung mit den Beteiligten oder gar später, ist jeweils vom Einzelfall und vom Rechtsgebiet abhängig.

Rechtliche Bedenken bestehen nicht, einen **Vorschlag** nach § 278a Abs. 1 ZPO ggf. 81
mehrfach zu unterbreiten, also nach zunächst erfolgter Ablehnung durch die Beteiligten in einer späteren Phase des Prozesses (ggf. nach erfolgter Beweisaufnahme) oder nach einer gescheiterten Mediation- oder einem anderen Konfliktlösungsverfahren.

---

58 Vgl. in diesem Zusammenhang auch das Prüfungsraster von *Brändle/Schreiber* BJ 2008, 351 ff. (352), ferner die als ungeeignet erachteten Fälle mit Schwerpunkten im medizinischen Fachbereich etc. nach der Darstellung von *Weitz*, Gerichtsnahe Mediation in der Verwaltungs-, Sozial- und Finanzgerichtsbarkeit, S. 203.
59 Vgl. jedoch zum Verwaltungsprozess *Ortloff*, Festgabe, S. 797.

Der erneute Vorschlag kann sowohl in der gleichen Instanz wie auch im Rechtsmittelzug erfolgen.

dd) Gericht

82 Vom o.g. Zeitpunkt hängt auch ab, wer den Vorschlag unterbreitet: Beim Sozial- wie Landessozialgericht kann dies durch den **Vorsitzenden** geschehen. Erfolgt der Vorschlag (erst) in der mündlichen Verhandlung, so ist der Spruchkörper hierfür zuständig, es sei denn es liegt ein Fall des § 155 Abs. 3, 4 SGG vor.

ee) Form

83 Nach dem Gesetzeswortlaut ist der Vorschlag **weder** an eine **Form noch** an (inhaltliche) **Voraussetzungen** gebunden.

84 Ein **Beschluss** wird hierfür nicht verlangt werden können, wenngleich es wünschenswert wäre, wenn die Gerichte – um die Bedeutung konsensualer Konfliktlösungsmöglichkeiten zu unterstreichen und um diese zu fördern – den Beteiligten einen entsprechenden Vorschlag in Form eines verfahrensleitenden, nicht anfechtbaren Beschlusses unterbreiten würden.

85 Anderenfalls sollte aus Gründen der Klarheit der Vorschlag jedenfalls in Form einer **richterlichen Verfügung** erfolgen, aus Gründen der Nachvollziehbarkeit und Dokumentation ist Schriftform erforderlich, wobei die Übermittlung dann auch per Telefax, mündlich/telefonisch oder elektronisch erfolgen kann.

86 Macht das Gericht – fallspezifisch – von seinem Vorschlagsrecht keinen Gebrauch, so sollten die tragenden Erwägungen hierfür jedenfalls in einem Aktenvermerk festgehalten werden.

87 Das Gericht ist im Rahmen seiner **allgemeinen Aufklärungspflicht** aus §§ 106 Abs. 1, 112 Abs. 2 SGG gehalten, den Beteiligten Inhalt und Umstände des beabsichtigten oder unterbreiteten Vorschlags, auch in Abgrenzung zu etwaigen Alternativen außergerichtlicher Konfliktlösungen, deutlich zu machen und dabei auf Chancen, Risiken und Kosten hinzuweisen.

88 Dass derartige Informationen entsprechende Kenntnisse der Richterschaft voraussetzen und somit auch entsprechende Schulungen erforderlich machen, liegt auf der Hand. Denn nur wer selbst hinreichend informiert ist, wird seiner Informationspflicht gegenüber den Beteiligten gerecht werden können.[60]

---

60 *Fritz/Krabbe* NVwZ 2013, 29. Vgl. auch die Erwägungen des Rechtsausschusses, besonders geschulte Koordinatoren, sog. »Court-Dispute-Manager«, hierfür einzusetzen: Begr. BT-Drucks. 17/8058, III. Allgemeines. S. 17.

Prozesskostenhilfe für die Durchführung einer Mediation etc. darf nicht bewilligt werden;[61] für eine Anwendung des § 7 MediationsG fehlt es bislang an der vom Gesetz geforderten Vereinbarung zwischen Bund und Ländern. 89

Erfolgen Vorschlag und ggf. Ablehnung durch die Beteiligten in der mündlichen Verhandlung, so ist dies gem. § 160 Abs. 2, 3 ZPO in der **Niederschrift** zu vermerken und im Ablehnungsfall das Verfahren in dem Stadium fortzusetzen, in dem es sich befindet. 90

Ob und ggf. wie lange das Gericht den Beteiligten eine **Frist** einräumt, sich zu seinem Vorschlag **zu äußern**, liegt ebenfalls in seinem pflichtgemäßen **Ermessen**. In einem Klageverfahren dürften drei Wochen, in einem Eilverfahren längstens eine Woche sachangemessen sein. 91

d) Mediation (§ 278a Abs. 1 Satz 1, 1. Alt. ZPO)

aa) Begrifflichkeit

Was eine Mediation ist, folgt aus der **Begriffsbestimmung** des § 1 Abs. 1 **MediationsG**: Ein vertrauliches und strukturiertes Verfahren, bei dem die Beteiligten mithilfe eines oder mehrerer Mediatoren freiwillig und eigenverantwortlich eine einvernehmliche Beilegung ihres Konflikts anstreben. 92

Mediation im Sinne des Mediationsgesetzes meint Mediation durch einen **nicht** in das **gerichtliche System** eingebundenen Mediator, mithin eine sog. »außergerichtliche« Mediation. 93

Als Mediator in einer »außergerichtlichen« Mediation wird in aller Regel ein Anwaltsmediator in Betracht kommen, jedenfalls ein freiberuflich tätiger Mediator. Durch die Regelung ist nicht ausgeschlossen, dass auch ein Richter außerhalb seines Amtes – nebenberuflich – in einem vom Gericht vorgeschlagenen Mediationsverfahren tätig werden kann, sofern er hierfür eine Nebentätigkeitserlaubnis erhalten hat. 94

bb) Stufenverhältnis

Mit der Reihenfolge in § 278a Abs. 1 ZPO hat der Gesetzgeber **kein Stufenverhältnis** zwischen einer Mediation oder einem anderen Verfahren der außergerichtlichen Konfliktbeilegung festgelegt. Allenfalls der Umstand, dass sich der Gesetzgeber intensiv mit Regelungen zur Mediation auseinandergesetzt hat könnte dafür streiten, dass er dieser eine gewisse Präferenz zubilligt. 95

Auch die gerichtliche Mediation stand in der Übergangsphase des § 9 MediationsG gleichberechtigt neben den anderen in § 278a Abs. 1 ZPO aufgeführten Methoden. 96

---

61 A. A. zur früheren Rechtslage OLG Köln, Beschl. v. 03. 06. 2011, ZKM 2012, 29 ff., mit ablehnender Anmerkung von *Spangenberg* ZKM 2012, 31.

cc) Formale und inhaltliche Kriterien

97 Der Vorschlag einer Mediation kann in der Eingangs-, in der Berufungs- und in der Revisionsinstanz unterbreitet werden. In aller Regel wird ein derartiger Vorschlag in der auf die Überprüfung von Rechtsfragen beschränkten Revisionsinstanz jedoch nur ausnahmsweise in Betracht kommen.

98 Für das von einem Gericht unterbreitete Mediationsverfahren gelten die **gleichen Regeln** wie für jedes andere Mediationsverfahren auch. Wegen der näheren Einzelheiten wird auf die Kommentierung des Mediationsgesetzes zu Verfahren, Aufgaben, Offenbarungspflichten, Tätigkeitsbeschränkungen und Verschwiegenheitspflicht (§§ 2 bis 4 MediationsG) sowie zur Aus- und Fortbildung (§§ 5, 6 MediationsG) verwiesen.

99 Eine etwaige in einer Mediation geschlossene Vereinbarung kann dem erkennenden Gericht gem. § 202 SGG, § 278 Abs. 6 ZPO vorgelegt und das Zustandekommen eines **Vergleichs** durch Beschluss festgestellt werden. Aus einem gerichtlichen Vergleich kann gem. § 794 Abs. 1 Nr. 1 ZPO die **Vollstreckung** betrieben werden.

100 Der Vorschlag zur Durchführung einer Mediation kann **nicht** zugleich mit der Person eines **bestimmten Mediators** verbunden werden.[62] Hierfür spricht

zum einen die neutrale Haltung, die einzunehmen vornehmste Pflicht des Sozialgerichts ist und dem es ebenfalls untersagt ist, den Beteiligten einen bestimmten Anwalt zu empfehlen; zum anderen ist es Ausfluss des Prinzips der Freiwilligkeit, dass sich die Beteiligten ihren Mediator selbst auswählen können.

e) Andere Verfahren der außergerichtlichen Konfliktbeilegung (§ 278a Abs. 1 Satz 1, 2. Alt. ZPO)

aa) Begrifflichkeit

101 Im Gesetz selbst finden sich keine Hinweise darüber, was unter einem »anderen Verfahren der außergerichtlichen Konfliktbeilegung« zu verstehen ist. Der Begriff findet sich in der Überschrift des Gesetzes sowie an zahlreichen weiteren Stellen (vgl. § 36a FamFG, § 54a ArbGG), wird dort jedoch nicht definiert.

102 Unter Hinweis auf das Schrifttum[63] werden in der **Gesetzesbegründung** etliche Verfahrensarten benannt.[64] Es handelt sich hierbei um **keine abschließende Aufzählung**, zumal davon ausgegangen werden kann, dass über die zurzeit bekannten und prakti-

---

62 A.A. *Baumbach u. a.*, 69. Aufl., ZPO, II. A, Rechtspolitischer Ausblick, § 278a Rn. 12. Es spricht jedoch nichts dagegen, die Beteiligten auf die Rechtsanwaltskammer, die IHK oder Mediationsinstitute zu verweisen, die Listen von Mediatoren vorhalten. Es dürfte auch nicht zu beanstanden sein, wenn die Gerichte selbst derartige Listen anlegen und die Beteiligten darauf verweisen. Weitergehend: *Nelle,* »Multi-Door-Courthouse Revisited«, S. 123 ff. (129 f.).

63 *Risse/Wagner,* Mediation im Wirtschaftsrecht, in: *Haft/Schlieffen,* Handbuch der Mediation, S. 553 ff. (580).

64 Vgl. Begr. BT-Drucks. 17/5335, A. II.

zierten Konfliktlösungsverfahren hinaus neue hinzukommen und die bereits praktizierten Verfahren sich in ihrer Ausgestaltung und Anwendung verändern werden.[65]

bb) Stufenverhältnis

Zunächst kann auf die bereits oben erfolgten Ausführungen zum Stufenverhältnis verwiesen werden.[66] Darüber hinaus ist zu ergänzen, dass der Gesetzgeber, wie sich aus der Entstehungsgeschichte ergibt, der Mediation gegenüber anderen konsensualen Streitbeilegungsverfahren einen gewissen Vorzug einräumt, der jedoch nicht so weit geht, dass zwischen ihnen ebenfalls ein Stufenverhältnis bestehen würde. 103

cc) Formale und inhaltliche Kriterien

Der **Vorschlag** für ein Verfahren der außergerichtlichen Konfliktbeilegung kann in **jeder Phase** des gerichtlichen Verfahrens erfolgen, wenngleich die Besonderheiten mancher Konfliktbeilegungsverfahren dafür streiten, sie – soweit sie für Konflikte nach dem SGG überhaupt geeignet sind – nur in der Eingangsinstanz vorzuschlagen. 104

Auch der Vorschlag eines bestimmten Konfliktbeilegungsverfahrens darf nicht mit einer bestimmten Person verbunden werden. 105

f) Vorschlag einer gerichtlichen Mediation im (zwischenzeitlich abgelaufenen) Übergangszeitraum

Als **gerichtliche Mediation** wurde eine Mediation bezeichnet, die während eines anhängigen Gerichtsverfahrens von einem nicht entscheidungsbefugten Richter durchgeführt wurde. Der **Unterschied** zum **Güterichter** nach § 278 Abs. 5 ZPO bestand darin, dass der gerichtliche Mediator ausschließlich die Methode der Mediation anwendete, die rechtliche Hinweise wie auch Einigungs- oder Lösungsvorschläge ausschließt, und keine richterlichen Tätigkeiten wie Protokollierung von Vergleichen oder Festsetzung des Streitwertes vornahm. Der Güterichter hingegen bedient sich der gesamten Palette von Streitbeilegungsmethoden einschließlich rechtlicher Hinweise und Einigungsvorschlägen, protokolliert Vergleiche und kann nach hier vertretener Auffassung den Streitwert festsetzen.[67] 106

Gerichtliche Mediation war **nur in** der **Übergangsphase** des § 9 MediationsG bis zum 1. August 2013 möglich. 107

---

65 Wegen weiterer Einzelheiten zu den verschiedenen Verfahrensarten und ihren Inhalten vgl. die Ausführungen unter Teil 6 A. I. Rdn. 1 ff.
66 Vgl. oben Rdn. 95.
67 Vgl. Kommentierung zu § 278 ZPO, Rdn. 70.

g) **Entscheidung der Beteiligten (§ 278a Abs. 2, 1. HS ZPO)**
aa) **Aufgrund eines gerichtlichen Vorschlages**

108 Die Entscheidung der Beteiligten für eine Mediation oder eine andere konsensuale Streitschlichtung ist an **keine Form** gebunden. Sie kann schriftlich, mündlich als auch zu Protokoll geschehen. Sie hat gegenüber dem Gericht zu erfolgen, welches den Vorschlag unterbreitet hat; bei einer nur mündlichen Erklärung eines Beteiligten wird das Gericht einen entsprechenden Aktenvermerk fertigen oder die Erklärung in ein Protokoll aufnehmen.

109 Die Beteiligten sind an den Vorschlag des Gerichts nicht gebunden, können also, wenn beispielsweise eine »gerichtsnahe« Mediation vorgeschlagen wurde, dem Gericht auch übereinstimmend mitteilen, dass sie sich beispielsweise für eine Schlichtung entschieden haben.

bb) **Eigener Vorschlag der Beteiligten**

110 Die Beteiligten sind zudem nicht von einem gerichtlichen Vorschlag abhängig. Es steht ihnen frei, selbst einen entsprechenden Vorschlag über das Gericht dem anderen Beteiligten zukommen lassen oder bereits übereinstimmend dem Gericht mitzuteilen, dass sie sich beispielsweise für eine Mediation entschieden haben. Regt zunächst nur ein Beteiligter ein Verfahren der außergerichtlichen Konfliktbeilegung oder der gerichtlichen Mediation an, so sollte das für das Gericht Anlass sein darüber zu reflektieren, seinerseits gem. § 278a Abs. 1 ZPO den Beteiligten einen Vorschlag zu unterbreiten.

111 Die Intention des Gesetzes nach Förderung der Mediation wie auch anderer Verfahren der außergerichtlichen Konfliktbeilegung[68] erfordert, dass das Gericht einen entsprechenden Vorschlag eines Beteiligten an den anderen Beteiligten zur Stellungnahme weiterleitet.

h) **Gerichtlicher Ruhensbeschluss (§ 278a Abs. 2, 2. HS ZPO)**

112 **Zwingende** und daher unanfechtbare **Rechtsfolge** einer Entscheidung der Beteiligten für eine Mediation oder ein anderes Verfahren der außergerichtlichen Streitbeilegung ist die Anordnung des Ruhens des Verfahrens gem. § 202 SGG i. V. m. §§ 278a Abs. 2, 251 ZPO durch gerichtlichen Beschluss. Eines gesonderten Antrages hierzu bedarf es nicht; er ist in der Erklärung »für« ein konsensuales Verfahren konkludent enthalten.[69]

113 Dies gilt nicht nur in den Fällen, in denen sich die Beteiligten zu einem entsprechenden Vorschlag des Gerichts gem. § 278a Abs. 2 ZPO verhalten, sondern auch dann, wenn diese aus eigenem Antrieb dem Gericht mitteilen, den Versuch einer konsensualen Einigung im Rahmen einer gerichtsnahen oder gerichtlichen Mediation bzw. eines

---

68 Vgl. Begr. BT-Drucks. 17/5335, A. II.
69 Vgl. *Löer* ZKM 2010, 179 ff. (182).

anderen außergerichtlichen Konfliktbeilegungsverfahrens unternehmen zu wollen: Auch in diesen Fällen ist die Ruhensanordnung zwingende Rechtsfolge.

Gerichtlicher Beschluss meint in diesem Zusammenhang eine Entscheidung der Kammer bzw. des Senats, es sei denn in der Berufungsinstanz liegt ein Fall des § 155 Abs. 2 Nr. 1 oder Abs. 3, 4 SGG vor. 114

Aus § 202 SGG i.V.m. § 251 Satz 2 ZPO folgt, dass bei einer Ruhensanordnung grundsätzlich wie bei einer Unterbrechung und Aussetzung nach § 249 ZPO der Lauf einer jeden Frist aufhört mit Ausnahme der in § 233 ZPO bezeichneten Fristen. Das bedeutet, dass die Notfristen gem. § 224 Abs. 1 Satz 1 ZPO, die Rechtsmittelbegründungsfristen und die Wiedereinsetzungsfrist des § 234 Abs. 1 ZPO weiterhin laufen.[70] 115

Der Ruhensbeschluss des Gerichts ist zudem relevant für die **Hemmung der Verjährung:** Danach endet die Hemmung der Verjährung durch Klageerhebung (§ 204 Abs. 1 Nr. 1 BGB) nach Ablauf von 6 Monaten nach der letzten Verfahrenshandlung der Parteien oder des Gerichts (vgl. § 204 Abs. 2 BGB), also der Anordnung des Ruhens des Verfahrens gem. § 278a Abs. 2 ZPO; im Übrigen gilt jedoch weiterhin § 203 Satz 1 BGB. 116

Kommt in der gerichtsnahen Mediation oder einem anderen außergerichtlichen Konfliktbeilegungsverfahren eine Vereinbarung nicht zustande und wird insbesondere der Rechtsstreit nicht beendet, so obliegt es den **Beteiligten** und nicht dem Streitschlichter (Mediator etc.), ob sie das **Gericht** hierüber **informieren,** die Aufhebung des Ruhensbeschlusses beantragen und das Verfahren fortsetzen wollen. 117

Im Sozialgerichtsprozess kann die **Wiederaufnahme** eines ruhenden Verfahrens **von Amts wegen** erfolgen. Dies ist nach dem Schrifttum[71] dann der Fall, wenn die Fortdauer des Ruhens nicht mehr zweckmäßig ist, z. B. bei Gefährdung der Rechtsposition eines Beteiligten. In Anbetracht des Prinzips der Freiwilligkeit der Mediation, der zwingenden Rechtsfolge des § 278a Abs. 2 ZPO und der expliziten Regelung des § 54a Abs. 2 Sätze 2, 3 ArbGG spricht jedoch vieles dafür, dies nicht auf ruhende Verfahren im Zusammenhang mit einer Mediation anzuwenden, sondern die Aufhebung des Ruhens des Verfahrens von einer Prozesserklärung eines Verfahrensbeteiligten abhängig zu machen. Gegen die Aufhebungsentscheidung ist gem. § 202 SGG i.V.m. § 252 ZPO, 172 SGG die Beschwerde möglich. 118

i) **Verhältnis der Vorschrift zu § 278 Abs. 5 ZPO**

Das Gericht wird für beide Verfahrensarten (Mediation auf der einen, Güterichter auf der anderen Seite) grundsätzlich die gleichen Überlegungen zugrunde legen, also neben dem Aspekt der Freiwilligkeit insbesondere den der Geeignetheit, ferner Zeit- und Kostenfaktoren sowie die Komplexität der Auseinandersetzung berücksichtigen. 119

---

70 Vgl. zu Einzelheiten *Meyer-Ladewig u. a.*, SGG, 9. Aufl., vor § 114 Rn. 4; *Baumbach*, ZPO, 69. Aufl., § 251 Rn. 9.
71 *Meyer-Ladewig u. a.*, 9. Aufl., SGG, vor § 114 Rn. 5.

Bietet sich im Hinblick auf den konkreten Konflikt ein anderes Verfahren der außergerichtlichen Konfliktbeilegung an, so ist diesem jedenfalls der Vorrang einzuräumen.[72]

j) Hinweise für die Praxis

120 Spezifische, über § 278a ZPO hinausgehende Praxishinweise ergeben sich für die Sozialgerichtsbarkeit nicht; insoweit kann daher auf die Ausführungen unter **§ 278a ZPO, »Hinweise für die Praxis«**, verwiesen werden.[73] Soweit die Beteiligten nicht auf Vorschlag des Gerichts sondern von sich aus mitteilen, dass sie sich auf eine Mediation oder ein anderes Verfahren der außergerichtlichen Konfliktbeilegung geeinigt haben, bleibt anzuraten – solange noch keine einschlägige Rechtsprechung vorliegt –, ihre entsprechende Information an das Gericht hilfsweise mit einem Antrag auf Ruhen des Verfahrens gem. 278a Abs. 2 ZPO zu verbinden.

---

72 Vgl. hierzu umfassend die Kommentierung zu § 278 ZPO, Rdn. 82.
73 Vgl. Kommentierung zu § 278a ZPO, Rdn. 74 ff.

H. Artikel 6 Änderung der Verwaltungsgerichtsordnung

§ 173 Entsprechende Anwendung des GVG und der ZPO

Soweit dieses Gesetz keine Bestimmungen über das Verfahren enthält, sind das Gerichtsverfassungsgesetz und die Zivilprozessordnung einschließlich § 278 Absatz 5 und § 278a entsprechend anzuwenden, wenn die grundsätzlichen Unterschiede der beiden Verfahrensarten dies nicht ausschließen. Gericht im Sinne des § 1062 der Zivilprozessordnung ist das zuständige Verwaltungsgericht, Gericht im Sinne des § 1065 der Zivilprozessordnung das zuständige Oberverwaltungsgericht.

Übersicht

		Rdn.
I.	Regelungsgegenstand und Zweck	1
	1. Normgefüge und Systematik	1
	2. Europäische Mediationsrichtlinie	5
II.	Grundsätze/Einzelheiten	6
	1. Zur Anwendbarkeit des § 41 Nr. 8 ZPO	6
	a) Vorrangige Verweisungsnorm des § 54 Abs. 1 VwGO	6
	b) Normzweck	7
	c) Mediationsverfahren und andere ADR-Verfahren	9
	d) Mitwirkung	10
	e) Sachidentität	12
	f) Verfahrensrechtliche Konsequenzen	13
	2. Zur Anwendbarkeit des § 159 Abs. 2 Satz 2 ZPO	15
	a) Vorrangige Verweisungsnorm des § 105 VwGO	15
	b) Normzweck	16
	c) Adressat der Vorschrift	17
	d) Weitergehender Schutz der Vertraulichkeit	18
	e) Protokollpflicht bei übereinstimmendem Antrag	20
	f) Form und Inhalt	21
	3. Zur Anwendbarkeit des § 253 Abs. 3 Nr. 1 ZPO	22
	a) Verweisungsnorm des § 173 Satz 1 VwGO	22
	b) Normzweck	23
	c) Angaben über bisherige oder zukünftige Konfliktlösungsversuche	24
	d) Angaben über entgegenstehende Gründe	25
	e) Soll-Vorschrift	26
	4. Zur Anwendbarkeit des § 278 Abs. 5 ZPO	27
	a) Verweisungsnorm des § 173 Satz 1 VwGO	27
	b) Normzweck	28
	c) Güteversuche	29
	d) Verweisung durch das Gericht	31
	e) Verweisung an einen hierfür bestimmten und nicht entscheidungsbefugten Güterichter	32
	f) Darstellung des Verfahrensablaufs vor dem Güterichter	34
	aa) Verweisungsbeschluss	34
	bb) Ermessen	36

			(1) Einverständnis der Beteiligten	37

- (1) Einverständnis der Beteiligten ... 37
- (2) Konstellationen, in denen eine Verweisung ausscheidet ... 41
- cc) Folgen einer Verweisung ... 45
- g) Vorgehensweise des Güterichters ... 47
  - aa) Akteneinsicht und Informationsbeschaffung ... 47
  - bb) Verfahrens- und Terminabsprache ... 49
  - cc) Festlegung des Setting ... 52
  - dd) Durchführung des Güteversuchs ... 53
  - ee) Mögliche Ergebnisse und Verfahrensbeendigungen ... 59
- h) Zeugnisverweigerungsrecht ... 66
- i) Verhältnis der Vorschrift zu § 278a Abs. 1 ZPO ... 67
- j) Hinweise für die Praxis ... 68
- 5. Zur Anwendbarkeit des § 278a ZPO ... 69
  - a) Verweisungsnorm des § 173 Satz 1 VwGO ... 69
  - b) Normzweck ... 70
  - c) Gerichtlicher Vorschlag (§ 278a Abs. 1 Satz 1 ZPO) ... 71
    - aa) Adressatenkreis ... 71
    - bb) Ermessen ... 73
    - cc) Zeitpunkt ... 78
    - dd) Gericht ... 82
    - ee) Form ... 83
  - d) Mediation (§ 278a Abs. 1 Satz 1, 1. Alt. ZPO) ... 91
    - aa) Begrifflichkeit ... 91
    - bb) Stufenverhältnis ... 94
    - cc) Formale und inhaltliche Kriterien ... 96
  - e) Andere Verfahren der außergerichtlichen Konfliktbeilegung (§ 278a Abs. 1 Satz 1, 2. Alt. ZPO) ... 100
    - aa) Begrifflichkeit ... 100
    - bb) Stufenverhältnis ... 102
    - cc) Formale und inhaltliche Kriterien ... 103
  - f) Vorschlag einer gerichtlichen Mediation im (zwischenzeitlich abgelaufenen) Übergangszeitraum ... 105
  - g) Entscheidung der Beteiligten (§ 278a Abs. 2, 1. HS ZPO) ... 107
    - aa) Aufgrund eines gerichtlichen Vorschlages ... 107
    - bb) Eigener Vorschlag der Beteiligten ... 109
  - h) Gerichtlicher Ruhensbeschluss (§ 278a Abs. 2, 2. HS ZPO) ... 111
  - i) Verhältnis der Vorschrift zu § 278 Abs. 5 ZPO ... 117
  - j) Hinweise für die Praxis ... 118

I. Regelungsgegenstand und Zweck

1. Normgefüge und Systematik

1 § 173 Satz 1 VwGO ist durch **Artikel 6 des Mediationsförderungsgesetzes** geändert worden. Die Vorschrift stimmt wörtlich mit § 202 SGG überein, regelt die subsidiäre Anwendung der Vorschriften des GVG und der ZPO und dient damit der **Komplettierung** der für die Verwaltungsgerichte geltenden **Prozessordnung:** Soweit die VwGO keine Bestimmungen über das Verfahren enthält, sind das GVG und die ZPO entsprechend anzuwenden, es sei denn die grundsätzlichen Unterschiede der

beiden Verfahrensarten schließen dies aus. Erst wenn sich weder in der VwGO noch im GVG oder der ZPO passende Regelungen finden, ist der Weg der freien Rechtsfindung eröffnet. Die dynamische Verweisung auf das GVG und die ZPO betrifft die jeweils gültigen Fassungen einschließlich anderer Gesetze wie das EGZPO oder das GKG, die sich inhaltlich auf das Verfahren nach der ZPO beziehen und sie ergänzen.[1]

Früher und breiter aufgestellt als die anderen Fachgerichtsbarkeiten hatte sich auch die Verwaltungsgerichtsbarkeit vor Inkrafttreten des Mediationsförderungsgesetzes erfolgreich mit eigenen gerichtlichen Mediationsprojekten positioniert.[2] Die in der Vergangenheit geführten Auseinandersetzungen über Sinnhaftigkeit[3] wie rechtliche Zulässigkeit[4] haben sich zwischenzeitlich erübrigt: Die **Implementierung von Mediationen** sowie anderer Verfahren der außergerichtlichen Konfliktbeilegung in das verwaltungsgerichtliche Verfahren erhielt durch die gesetzliche Neuregelung nunmehr eine ausdrückliche rechtliche Grundlage, indem im Wesentlichen auf die einschlägigen **Vorschriften der ZPO** verwiesen wird. Dabei ist es die erklärte Intention des Gesetzgebers, außergerichtliche Streitbeilegung auch bei bereits rechtshängigen Streitigkeiten zu ermöglichen.[5] 2

Zentrale Norm hierfür ist § 173 Satz 1 VwGO. Neben dieser generellen Verweisungsnorm finden sich zahlreiche weitere Regelungen, die auf Vorschriften der ZPO Bezug nehmen, wie beispielsweise § 54 Abs. 1 VwGO (Ausschließung und Ablehnung von Gerichtspersonen) und § 105 VwGO (Niederschrift). 3

Mit der Neueinfügung von §§ 278 Abs. 5, 278a ZPO in § 173 Satz 1 VwGO hat der Gesetzgeber deutlich gemacht, dass die Regelungsbereiche beider Normen auch im Verfahren vor den Verwaltungsgerichten Anwendung finden sollen, soweit dies nicht 4

---

1 *Kopp* VwGO, 15. Aufl., § 173 Rn. 1, 2.
2 Vgl. zum umfangreichen einschlägigen Schrifttum nur beispielhaft *Bader*, Gerichtsinterne Mediation am Verwaltungsgericht; *von Bargen* Die Verwaltung 2010, 405 ff.; *von Bargen* BDVR-Rundschreiben 2004, 55 ff.; *von Bargen* EUR 2008, 200 ff.; *von Bargen* DVBl. 2004, 468 ff.; *von Bargen*, Gerichtsinterne Mediation, S. 61 ff.; *Fritz*, Mediation – Vorurteil und Wirklichkeit, in: FS VG Gießen, S. 319 ff.; *Fritz/Karber/Lambeck* (Hrsg.), Mediation statt Verwaltungsprozess?; *Fritz/Krabbe* NVwZ 2011, 396 ff., 595 ff.; Holznagel/ Ramsauer, Mediation im Verwaltungsrecht, in: *Haft/Schlieffen* (Hrsg.), Handbuch Mediation, 1. Aufl., S. 683 ff.; *Ortloff*, Grundlagen der Mediation im Verwaltungsrecht; *Ortloff*, Alternative Konfliktlösung – zur Mediation im deutschen Verwaltungsprozess, in: FS Yueh-Sheng Weng, S. 399; *Ortloff*, Mediation und Verwaltungsprozess, in: *Haft/Schlieffen* (Hrsg.), Handbuch Mediation, S. 1007 ff.; *Ortloff* NVwZ 2004, 385 ff.; *Ortloff* NVwZ 2006, 148 ff.; *Ortloff* NVwZ 2006, 1143 ff.; *Ortloff* NVwZ 2007, 33; *Ortloff* NVwZ 2012, 1057 ff.; *Ortloff*, in: *Schoch u. a.*, Kommentar zur VwGO, § 104 Rn. 81; *Pitschas/Walther* (Hrsg.), Mediation in der Verwaltungsgerichtsbarkeit; *Reitz* ZKM 2008, 1 ff.; *R./Apell* LKRZ 2007, 1 ff.; *Schenke*, in: *Aschke/Hase/Schmidt-De Caluwe* Hrsg.), Selbstbestimmung und Gemeinwohl, S. 130 ff.; *Seibert* NVwZ 2008, 365 ff.; *Ziekow* NVwZ 2004, 390 ff.
3 *Pitschas* NVwZ 2004, 396 ff.
4 Vgl. nur *von Bargen*, Gerichtsinterne Mediation, S. 273 ff. m. w. N.
5 Begr. BT-Drucks. 17/5335, B., Zu Artikel 3, Zu Nummer 5; Zu Artikel 6, Zu Nummer 3.

durch die grundsätzlichen Unterschiede der Verfahrensarten ausgeschlossen ist. §§ 278 Abs. 5, 278a ZPO bilden dabei das **Herzstück der** zivilprozessualen **Änderungen**, um die herum sich weitere Vorschriften gruppieren: § 41 Nr. 8 ZPO, der die Befangenheit betrifft, § 159 Abs. 2 ZPO, der die eingeschränkte Protokollierung regelt sowie § 253 Abs. 3 Nr. 1 ZPO, der besondere Voraussetzungen für die Klageschrift enthält und durch § 69b GKG eine Ergänzung erfahren hat. Alle Vorschriften werden im Folgenden in ihren Grundzügen unter Heraushebung der Besonderheiten im verwaltungsgerichtlichen Verfahren dargestellt; im Übrigen wird auf die umfassenden Kommentierungen der einschlägigen Normen der Zivilprozessordnung verwiesen.[6]

2. Europäische Mediationsrichtlinie

5   Die über § 173 Satz 1 VwGO in Bezug genommenen Vorschriften der ZPO beziehen sich auf die **Erwägungsgründe Nr.** 12 **und** 13 der EUMed-RL und setzen **Art.** 1 **Abs. 1, 3 lit. a, 5 Abs. 1 und 7 EUMed-RL** um; in diesem Zusammenhang ist jedoch die Einschränkung in Art. 1 Abs. 2 EUMed-RL zu beachten, wonach die Richtlinie nur bei grenzüberschreitenden Streitigkeiten für Zivil- und Handelssachen gilt und verwaltungsgerichtliche Angelegenheiten nicht umfasst.

II. Grundsätze/Einzelheiten

1. Zur Anwendbarkeit des § 41 Nr. 8 ZPO

a) Vorrangige Verweisungsnorm des § 54 Abs. 1 VwGO

6   Die Regelung des § 41 Nr. 7 ZPO[7] über die Ausschließung von Richtern findet über die **spezielle Verweisung** in § 54 Abs. 1 VwGO auch im verwaltungsgerichtlichen Verfahren Anwendung. Danach ist ein Richter[8] **kraft Gesetzes** von der Ausübung des Richteramtes **ausgeschlossen** in Sachen, in denen er an einem Mediationsverfahren oder einem anderen Verfahren der außergerichtlichen Konfliktbeilegung mitgewirkt hat.

---

6 Soweit bestimmte Gesetze – beispielsweise das KDVG, das SoldatenG, das BDG etc. – ergänzend die VwGO in Bezug nehmen, stellt sich die Frage, ob dies »automatisch« dazu führt, dass die durch das Mediationsförderungsgesetz in die VwGO implementierten Vorschriften Anwendung finden. Soweit derartige Verweisungen unter dem Vorbehalt stehen, dass die betreffenden Bestimmungen mit der Eigenart des jeweiligen Verfahrens vereinbar sind, wird die Anwendbarkeit konsensualer Streitschlichtung jeweils im Einzelfall zu prüfen sein (vgl. Begr. BT-Drucks. 17/5335, A. II., S. 11).

7 Vgl. umfassend hierzu die Kommentierung zu § 41 ZPO, Rdn. 7 ff.

8 Hauptamtliche Richter (§ 15 VwGO), Richter im Nebenamt (§ 16 VwGO), Richter auf Probe und kraft Auftrags (§ 17 VwGO), ehrenamtliche Richter (§§ 19 ff. VwGO).

b) Normzweck

Die Vorschrift bezweckt den **Schutz der Beteiligten**,[9] die an einer (früheren) konsensualen Konfliktlösung beteiligt waren: Sie sollen nach dem Willen des Gesetzgebers nicht befürchten müssen, dass in einem späteren Prozess vor dem streitentscheidenden Richter Tatsachen verwertet werden, die diesem Richter zuvor bekannt geworden sind,[10] und zwar im Rahmen einer Mediation oder eines anderen Verfahrens der außergerichtlichen Konfliktbeilegung.

Vom Regelungsgegenstand des § 41 Nr. 8 ZPO **nicht umfasst** wird die Anwendung mediativer Elemente im verwaltungsgerichtlichen Verfahren[11] und die Tätigkeit als Güterichter gem. § 278 Abs. 5 ZPO.

c) Mediationsverfahren und andere ADR-Verfahren

Gründe der Klarheit und Rechtssicherheit verlangen, dass sich die Beteiligten eindeutig und nachweisbar auf die Durchführung einer Mediation verständigt haben. Dies wird in nicht rechtshängigen Konflikten durch einen »**Mediationsvertrag**« oder im Gerichtsverfahren durch einen **Ruhensbeschluss** zur Durchführung einer Mediation gem. § 278a Abs. 2 ZPO belegt werden können. Gleiches gilt, soweit es um ein anderes Verfahren der außergerichtlichen Konfliktbeilegung geht: In nicht rechtshängigen Konflikten sollten klare Vereinbarungen getroffen werden, die ein entsprechendes Tätigwerden des Dritten dokumentieren; bei rechtshängigen Konflikten kann wiederum auf den gerichtlichen Ruhensbeschluss abgestellt werden.

d) Mitwirkung

Der Begriff der Mitwirkung umfasst die Tätigkeit als **Mediator** oder Co-Mediator (vgl. die Definition in § 1 Abs. 1 MediationsG) oder die als eines für ein anderes Verfahren der außergerichtlichen Konfliktbeilegung **Verfahrensverantwortlichen** (Schlichter, Schiedsgutachter etc.) und betrifft mithin Lenkungs- und Leitungsfunktionen. Vorbereitende Handlungen zählen hierzu nicht, sondern ausschließlich ein Tätigwerden, durch das der konkrete Konflikt zielgerichtet einer konfliktbezogenen Lösung zugeführt werden soll.

Über die oben dargestellte Verfahrensverantwortung hinaus will § 41 Nr. 8 ZPO auch **andere Formen von Beteiligung** in einem konsensualen Streitbeilegungsverfahren erfassen, sei es als Konfliktbeteiligter selbst oder als dessen Vertreter, Bevollmächtigter etc. Die Beteiligung als Zeuge, Sachverständiger, Gutachter etc. wie auch die als eines zum Verfahren hinzugezogenen Dritten rechnet ebenfalls hierzu, es sei denn, die Inkompatibilität ergibt sich bereits aus § 41 Nrn. 1 bis 6 ZPO.

---

9 Die VwGO verwendet, wie sich aus § 63 VwGO ergibt, statt der Bezeichnung Parteien den Begriff der Beteiligten.
10 Vgl. Begr. BT-Drucks. 17/5335, B., Zu Artikel 3, zu Nummer 2.
11 Zum Einsatz mediativer Elemente im Verwaltungsprozess: *Fritz* LKRZ 2009, 281 ff.

e) **Sachidentität**

12 Die Inkompatibilitätsregelung des § 41 Nr. 8 ZPO verlangt zudem, dass ein Sachzusammenhang des bereits in einem konsensualen Verfahren behandelten Konflikts mit dem später gerichtlich anhängig gemachten Konflikt besteht, d. h. es muss sich jeweils um den **gleichen Streitgegenstand** handeln.

f) **Verfahrensrechtliche Konsequenzen**

13 Der Ausschluss gilt für **jedes Stadium** des verwaltungsgerichtlichen Verfahrens. Ein Verstoß führt nicht zur Nichtigkeit, sondern nur zur Anfechtbarkeit.

Der gesetzliche Ausschluss greift auch, wenn die Mitwirkung bereits vor Inkrafttreten der jetzigen Regelung erfolgte.

14 Der Ausschluss eines Richters ist **von Amts wegen** zu beachten. Die Beteiligten können auf die Vorschriften über die Ausschließung nicht wirksam verzichten. In Zweifelsfällen entscheidet das für ein Ablehnungsgesuch zuständige Verwaltungsgericht über einen Ausschluss.

2. **Zur Anwendbarkeit des § 159 Abs. 2 Satz 2 ZPO**

a) **Vorrangige Verweisungsnorm des § 105 VwGO**

15 Die Regelung des § 159 Abs. 2 Satz 2 ZPO[12] über die Ausnahme der Protokollpflicht findet über die spezielle Verweisungsnorm des § 105 VwGO, der den Begriff »Niederschrift« verwendet, auch im verwaltungsgerichtlichen Verfahren Anwendung. Danach wird eine **Niederschrift** über eine Güteverhandlung oder weitere Gütesuche vor einem Güterichter nach § 278 Abs. 5 ZPO **nur auf übereinstimmenden Antrag** der Beteiligten aufgenommen.

b) **Normzweck**

16 Die Bedeutung einer Niederschrift liegt darin, dass sie verbindliche Auskunft über den Hergang eines Termins gibt; ihr kommt somit die **Beweiskraft einer öffentlichen Urkunde** zu.[13] Hiervon gem. § 159 Abs. 2 Satz 2 ZPO eine Ausnahme zuzulassen beruht auf der Überlegung, dass Beteiligte eher zu einer umfassenden Erörterung über eine Lösung ihres Konfliktes bereit sein werden, wenn die Verhandlung nicht durch Auseinandersetzungen über zu protokollierende Äußerungen oder Tatsachen belastet wird oder wenn ihnen im Fall eines Scheiterns des Güteversuchs ihre Erklärungen und ihr Verhalten in einem nachfolgenden verwaltungsgerichtlichen Verfahren nicht entgegengehalten werden können.[14] Die Vorschrift dient somit dem Schutz der Vertraulichkeit eines Güteversuchs.

---

12 Vgl. umfassend die Kommentierung zu § 159 ZPO, Rdn. 5 ff.
13 *Kopp* VwGO, 15. Aufl., § 105 Rn. 1.
14 Vgl. Begr. BT-Drucks. 17/8058, III. Zu Artikel 2 – neu –, Zu Nummer 3 – neu –.

c) Adressat der Vorschrift

Die Suspendierung vom »Protokollierungszwang« betrifft **nur** den **Güterichter nach** 17
§ 278 Abs. 5 ZPO, mithin denjenigen, der nicht dem erkennenden Gericht angehört.

Wer als Mitglied des Prozessgerichts mit den Beteiligten um eine einvernehmliche Lösung ringt, kennt die Standpunkte der Beteiligten und wird im Fall des Scheitern (mit) über den Streitstoff zu entscheiden haben; ein besonderer Schutz der Vertraulichkeit und damit eine Ausnahme vom »Protokollierungszwang« besteht in diesen Konstellationen nicht.

d) Weitergehender Schutz der Vertraulichkeit

Über § 159 Abs. 2 Satz 2 ZPO hinaus wird die Vertraulichkeit eines Gütegesprächs 18
vor einem Güterichter auch dadurch geschützt,[15] dass es unter **Ausschluss der Öffentlichkeit** stattfindet.[16]

Der Güterichter kann sich zudem gem. § 383 Abs. 1 Nr. 6 ZPO auf ein **Zeugnisverweigerungsrecht** berufen, wenn ihm als Güterichter Tatsachen anvertraut wurden, 19
deren Geheimhaltung durch ihre Natur oder durch gesetzliche Vorschrift geboten ist.[17]

e) Protokollpflicht bei übereinstimmendem Antrag

Die **Regelung** des § 152 Abs. 2 Satz 2 ZPO ist **abdingbar:** Auf übereinstimmenden 20
Antrag der Beteiligten ist eine Niederschrift zu erstellen. Beteiligte im Sinne des Gesetzes sind diejenigen des Ausgangsstreites; auf die Zustimmung etwaiger Dritter, die zum Gütegespräch hinzugezogen wurden, kommt es nicht an. Der Antrag kann zu jeder Zeit während des Gütegesprächs gestellt werden.

Haben die Beteiligten eine Lösung ihres Konfliktes erzielt und eine Vereinbarung getroffen, sei es in der Form einer Erklärung bezüglich des Sachkonflikts und/oder des anhängigen gerichtlichen Verfahrens (beispielsweise in der Form einer Klagerücknahme (§ 92 VwGO), einer Hauptsacheerledigung (§ 161 Abs. 2 VwGO) oder eines Vergleichs (vgl. § 106 VwGO), so sollte die Vereinbarung wegen des **Beweiswertes einer Niederschrift** stets protokolliert werden. Es kommt hinzu, dass ein gerichtlicher Vergleich einen Vollstreckungstitel (§ 160 Abs. 1 N. 3 VwGO) darstellt.

f) Form und Inhalt

Die Niederschrift eines Güterichtertermins im verwaltungsgerichtlichen Verfahren 21
unterscheidet sich hinsichtlich Form und Inhalt nicht von einer sonstigen Nieder-

---

15 Vgl. Begr. BT-Drucks. 17/8058, III. Zu Artikel 2 – neu –, Zu Nummer 3 – neu –.
16 Vgl. *Kopp* VwGO, 15. Aufl., § 55 Rn. 4.
17 Vgl. Begr. BT-Drucks. 17/8058, III. Zu Artikel 2 – neu –, Zu Nummer 3 – neu –. Das Zeugnisverweigerungsrecht steht auch den dem Güterichter zuarbeitenden Servicemitarbeitern der Geschäftsstelle zu, *Zöller* ZPO, 29. Aufl., § 383 Rn. 17 m. w. N.

schrift; einschlägig sind die **§ 105 VwGO, §§ 159 ff ZPO.** Die materiell-rechtliche Bedeutung einer Protokollierung besteht auch darin, dass ein gerichtlicher Vergleich die notarielle Beurkundung ersetzt.[18]

3. Zur Anwendbarkeit des § 253 Abs. 3 Nr. 1 ZPO

a) Verweisungsnorm des § 173 Satz 1 VwGO

22 Ob § 253 Abs. 3 Nr. 1 ZPO[19] im Verfahren vor den Verwaltungsgerichten anzuwenden ist, ist im Hinblick auf §§ 82, 81 VwGO streitig. Die Besonderheiten des verwaltungsgerichtlichen Prozesses, der durch einen einfachen Zugang zum Verfahren auch ohne anwaltliche Vertretung geprägt ist, sollen nach der Begründung des Gesetzesentwurfs dagegen sprechen.[20] Das überzeugt im Hinblick auf die Ausgestaltung der Norm als Soll-Regelung und die mittlerweile **hohe anwaltliche bzw. rechtskundige Vertretungsdichte** in verwaltungsgerichtlichen Verfahren nicht. Zudem streitet die hier vertretene Anwendung des § 253 Abs. 3 Nr. 1 ZPO im amtsgerichtlichen Verfahren[21] dafür, die Vorschrift über § 173 Satz 1 VwGO ebenfalls im Verwaltungsprozess anzuwenden. Auch ist im Gesetzgebungsverfahren auf Beschluss des Vermittlungsausschusses § 69b GKG in das Regelwerk des Mediationsförderungsgesetzt eingefügt worden, der in seinem Satz 1 u.a. auf Nr. 5111 des Kostenverzeichnisses verweist, der Verfahren vor den Verwaltungsgerichten betrifft.

b) Normzweck

23 Die Klageschrift dient der Einleitung eines Prozesses. Die Essentialia, die sie nach Abs. 3 enthalten soll, gelten **für alle Klageverfahren,**[22] nach hier vertretener Auffassung grundsätzlich auch für Verfahren des einstweiligen Rechtsschutzes, es sei denn, eine umgehende und kurzfristige gerichtliche Entscheidung ist unabdingbar. Danach sollen die Beteiligten in der Klage- bzw. Antragsschrift darlegen, ob der Klage bzw. dem Antrag der Versuch einer Mediation oder eines anderen ADR-Verfahrens vorausgegangen ist, sowie eine Äußerung dazu, ob einem solchen Verfahren Gründe entgegenstehen. Die Vorschrift erheischt auch Bedeutung im Hinblick auf eine Verweisung nach § 278 Abs. 5 ZPO, ferner im Hinblick auf eine mögliche Reduzierung der Verfahrensgebühr nach § 69b GKG, weshalb das Gericht auch darüber informiert werden sollte, ob eine Mediation »unternommen wird oder beabsichtigt ist«.

---

18 Zum Mustertext eines Güterichterprotokolls vgl. die Kommentierung zu § 159 ZPO, Rdn. 25.
19 Vgl. umfassend die Kommentierung zu § 253 ZPO, Rdn. 6 ff.
20 Begr. BT-Drucks. 17/5335, B., Zu Artikel 6, Zu Nummer 3, Zu Artikel 7, Zu Nummer 3.
21 Vgl. Kommentierung zu § 253 ZPO, Rdn. 8.
22 Die Vorschrift gilt auch im Rechtsmittelzug: vgl. § 69b Satz 2 GKG, der zur Interpretation des § 173 VwGO i.V.m. § 253 Abs. 3 Nr. 1 ZPO ergänzend heranzuziehen ist, wie sich aus der Nr. 5211 des Kostenverzeichnisses zum GKG ergibt.

c) Angaben über bisherige oder zukünftige Konfliktlösungsversuche

Die Angaben über bisherige, also in der Vergangenheit liegende Konfliktlösungsversuche sollen das Verwaltungsgericht in die Lage versetzen, die Chancen einer außergerichtlichen Konfliktlösung einschätzen und darauf aufbauend ggf. den Beteiligten einen Vorschlag gem. § 278a ZPO unterbreiten zu können oder eine Verweisung an einen Güterichter nach § 278 Abs. 5 ZPO vorzunehmen. Gleiches gilt, soweit sich die Beteiligten zu **zukünftigen Konfliktlösungsversuchen** äußern sollen.

24

d) Angaben über entgegenstehende Gründe

Vielfältige Gründe sind vorstellbar, die gegen einen Vorschlag nach § 278a ZPO oder eine Verweisung nach § 278 Abs. 5 ZPO sprechen:
- Es handelt sich um einen hoch eskalierten Konflikt, der nur noch durch einen Machteingriff entschieden werden kann,[23]
- den Beteiligten geht es um die Entscheidung einer bislang nicht judizierten Rechtsfrage,[24]
- zwischen den Beteiligten besteht ein Machtungleichgewicht, das einer konsensualen Streitbeilegung entgegensteht,[25]
- der Rechtsstreit stammt aus einem Rechtsgebiet, das einer konsensualen Lösung nur in Ausnahmefällen oder überhaupt nicht zugänglich ist.[26]

25

e) Soll-Vorschrift

Die nach § 253 Abs. 3 ZPO geforderten **Angaben** sind allesamt **nicht erzwingbar**, ihr Fehlen ändert nichts an der Zulässigkeit der Klage; allerdings kann dies im Hinblick auf eine Reduzierung der Verfahrensgebühr nach § 69b Satz 1 GKG Nachteile nach ziehen. Es obliegt den Verwaltungsgerichten, bei den Beteiligten insoweit nachzufragen, wenn Klage- oder Antragsschrift keine Informationen über die Chancen konsensualer Lösungen enthalten.

26

4. Zur Anwendbarkeit des § 278 Abs. 5 ZPO

a) Verweisungsnorm des § 173 Satz 1 VwGO

Dem verwaltungsgerichtlichen Verfahren ist das **Güteverfahren fremd**, wie es als semi-obligatorisches in § 278 Abs. 2 ZPO[27] oder als obligatorisches in § 54 Abs. 1 ArbGG vorgesehen ist. Indem der Gesetzgeber in § 173 Satz 1 VwGO nur den

27

---

23 Vgl. *Glasl* Konfliktmanagement, 218 ff.
24 Zur Kontrollfunktion der Verwaltungsgerichte auch im Hinblick auf zukünftige Verwaltungsentscheidungen vgl. *Bader*, Gerichtsinterne Mediation am Verwaltungsgericht, S. 75 ff., 84 ff.
25 *Duve/Eidenmüller/Hacke/Fries*, Mediation in der Wirtschaft, 2. Aufl., S. 264 ff.; *Proksch* ZKM 2011, 173 ff. (175).
26 Beispielsweise Streitigkeiten auf Anerkennung als Asylberechtigter.
27 Vgl. umfassend die Kommentierung zu § 278 ZPO, Rdn. 45 ff.

Abs. 5 des § 278 ZPO aufgenommen hat, hat er klargestellt, dass es beim bisherigen Gang der mündlichen Verhandlung gem. § 103 f VwGO wie auch deren Vorbereitung gem. § 87 VwGO verbleiben soll. Diese Grundentscheidung zeitigt Konsequenzen für die entsprechende Anwendbarkeit des § 278 Abs. 5 ZPO, weil insoweit grundsätzliche Unterschiede der Verfahrensarten bestehen.

b) **Normzweck**

28 Ebenso wie in der ZPO, dem FamFG und dem ArbGG findet sich mit § 87 Abs. 1 Satz 2 Nr. 1 VwGO in der Prozessordnung der Verwaltungsgerichte eine Regelung, die explizit auf die gütliche Beilegung eines Rechtsstreits abstellt. Als allgemeiner Grundsatz hat dies über den Erörterungstermin hinaus Bedeutung für den gesamten Verwaltungsprozess. Mit der Verweisung auf § 278 Abs. 5 ZPO erfährt dieser allgemeine Grundsatz nunmehr eine **besondere Ausprägung** dahingehend, als das Gericht die Beteiligten für die Güteverhandlung sowie für weitere Güteversuche vor einen hierfür bestimmten und nicht entscheidungsbefugten Güterichter verweisen kann. Damit soll das erheblich erweiterte Institut des Güterichters auch im verwaltungsgerichtlichen Verfahren implementiert werden.[28]

c) **Güteversuche**

29 Obgleich im Gesetz von »Güteverhandlung sowie weiteren Güteversuchen« die Rede ist, sind im Verfahren vor den Verwaltungsgerichten wegen Fehlens der semi-obligatorischen Güteverhandlung nach § 278 Abs. 2 ZPO **ausschließlich** die **fakultativen Güteversuche** von Bedeutung. Darunter sind Bemühungen des nicht entscheidungsbefugten Güterichters zu verstehen, unter Ausnutzung der gesamten Palette der zur Verfügung stehenden Konfliktlösungsmethoden den Beteiligten bei der Suche nach einer einvernehmlichen Lösung behilflich zu sein.

30 Der Plural »Güteversuche« ist zum einen dahin gehend zu verstehen, dass der Güterichter selbst **mehrere Termine** mit den Beteiligten durchführen kann, zum anderen bedeutet er, dass das Verwaltungsgericht auch nach einem erfolglosen Güteversuch erneut einen solchen Versuch in einem späteren Verfahrensstand anregen kann. Güteversuche vor dem Güterichter können nur mit Zustimmung der Beteiligten erfolgen.[29]

d) **Verweisung durch das Gericht**

31 Mit dem für eine Verweisung im hier interessierenden Zusammenhang zuständigen Gericht meint das Gesetz die **jeweiligen Spruchkörper** des Verwaltungsgerichts, des Oberverwaltungsgerichts und des Bundesverwaltungsgerichts, wenngleich im Revisionsverfahren ein Güterichtereinsatz wohl eher nicht in Betracht kommen dürfte. Im Verfahren vor dem Verwaltungsgericht ergeht die Entscheidung, soweit sie außer-

---

28 Begr. BT-Drucks. 17/8058, III., Zu Artikel 5 – neu –, Zu Nummer 3 – alt –; Zu Artikel 2 – neu – Zu Nummer 5 – neu –; Allgemeines S. 17.
29 Begr. BT-Drucks. 17/8058, III., Zu Artikel 5 – neu –, Zu Nummer 3 – alt –.

halb der mündlichen Verhandlung erfolgt, durch die Kammer, es sei denn es liegt eine Einzelrichterübertragung (§ 6 VwGO) oder ein Fall des § 87a Abs. 2, 3 VwGO vor. Im Berufungs- und Revisionsverfahren erfolgt sie durch die Senate.[30]

e) **Verweisung an einen hierfür bestimmten und nicht entscheidungsbefugten Güterichter**

Absatz 5 Satz 1 verwendet den Begriff des Güterichters als eines hierfür bestimmten und nicht entscheidungsbefugten Richters, der nach Satz 2 alle Methoden der Konfliktbeilegung einschließlich der Mediation einsetzen kann. Was im Einzelnen unter einem Güterichter, namentlich dem »erheblich erweiterten Institut des Güterichters« zu verstehen ist und wie er seine Aufgaben im Einzelnen erfüllen soll, erschließt sich aus einer Gesamtbetrachtung der früheren Güterichterpraxis in Bayern und Thüringen, des systematischen Zusammenhangs der geänderten Vorschriften und des Willens des Gesetzgebers, wie dies in der Kommentierung zu § 278 Abs. 5 ZPO dargestellt wurde.[31] 32

Das **neue Konzept** des erheblich erweiterten Instituts des Güterichters bedeutet im hier interessierenden Zusammenhang Folgendes: 33
– Güterichter kann nur ein nicht entscheidungsbefugter Richter sein,
– seine Tätigkeit ist als richterliche Tätigkeit zu qualifizieren,
– er wird nur tätig, soweit es um den/die Versuch(e) einer gütlichen Einigung geht,
– er muss über besondere fachliche Qualifikationen verfügen, die denen der bisherigen gerichtlichen Mediatoren vergleichbar sind,
– er kann am eigenen Verwaltungsgericht, einem anderen Verwaltungsgericht und auch in einer anderen Gerichtsbarkeit eingesetzt werden,
– er wird nur mit Einverständnis der Beteiligten aktiv, wobei Vertraulichkeit und Freiwilligkeit das Verfahren prägen,
– er kann die Prozessakten einsehen,[32]
– er kann mit Einverständnis der Beteiligten Einzelgespräche führen,
– er kann sich aller Methoden der Konfliktbeilegung bedienen, einschließlich der Mediation,
– er kann rechtliche Bewertungen vornehmen[33] und den Beteiligten Lösungsvorschläge für den Konflikt unterbreiten und
– er kann mit Zustimmung der Beteiligten eine Niederschrift erstellen, einen Vergleich protokollieren und – was streitig ist – einen Streitwertbeschluss erlassen.

---

30 Vgl. für die 1. und 2. Instanz auch die Möglichkeit des § 87a Abs. 2, 3 VwGO, der allerdings für das Revisionsverfahren nicht in Betracht kommt (§ 141 VwGO).
31 Vgl. hierzu umfassend die Kommentierung zu § 278 Abs. 5 ZPO, Rdn. 24 ff.
32 Vgl. zur gerichtsinternen Mediation *Bader*, Gerichtsinterne Mediation am Verwaltungsgericht, S. 205 ff.
33 Anders als beim Berichterstatter nach § 87 Abs. 1 Satz 2 Nr. 1 VwGO ist seine Ansicht jedoch unverbindlich.

f) Darstellung des Verfahrensablaufs vor dem Güterichter

aa) Verweisungsbeschluss

34 Ein Tätigwerden des ersuchten Güterichters setzt zunächst voraus, dass das Verfahren (»die Beteiligten«) verwiesen wurde. Die Verweisung selbst erfolgt durch **gerichtlichen Beschluss**, der nicht begründet zu werden braucht und nicht selbstständig anfechtbar ist.[34] Wer als ersuchter Güterichter in Betracht kommt, ergibt sich aus dem **Geschäftsverteilungsplan**[35] des Gerichts gem. § 21e GVG. Es obliegt dem Präsidium, wie diejenigen Richter, die über entsprechende Ausbildung und Qualifikationen verfügen, »als ersuchte Güterichter nach § 278 Abs. 5 ZPO« eingesetzt werden.[36]

35 Den Beteiligten steht – anders als in einem Mediationsverfahren – kein Wahlrecht hinsichtlich der Person des Güterichters zu.

bb) Ermessen

36 Grundsätzlich liegt die Verweisung an einen Güterichter im **pflichtgemäßen Ermessen** des Gerichts.

(1) Einverständnis der Beteiligten

37 Das Gericht muss bei seiner Entscheidung jedoch das für den Güterichter geltende **ungeschriebenen Tatbestandsmerkmals** der **Freiwilligkeit** beachten: Nur mit dem Einverständnis der Beteiligten kann ein Verfahren vor dem ersuchten Güterichter durchgeführt werden.[37]

38 Dieser Umstand zeitigt Konsequenzen für die **Verweisungspraxis:** Entweder holt bereits der Vorsitzende des Verwaltungsgerichts (bzw. des Senats beim OVG/VGH oder BVerwG) das Einverständnis der Beteiligten für ein Güterichterverfahren ein und ver-

---

34 Die Verweisung an ein anderes Gericht zur Beweisaufnahme (§ 96 Abs. 2 VwGO) ist gem. § 146 Abs. 2 VwGO unanfechtbar und der Verweisung an einen Güterichter vergleichbar; vgl. im Übrigen die Ausführungen zum ungeschriebenen Tatbestandsmerkmal der Freiwilligkeit.

35 So wie in der Vergangenheit als gerichtlicher Mediator nur derjenige bestellt werden konnte, der eine entsprechende Ausbildung durchlaufen hatte, so kommt auch zukünftig als Güterichter nach § 278 Abs. 5 ZPO nur in Betracht, wer aufgrund entsprechender Ausbildung in der Lage ist, alle Methoden der Konfliktbeilegung einschließlich der Mediation einzusetzen. Dabei finden die in § 5 MediationsG geregelten Standards hinsichtlich der Aus- und Fortbildung auch auf Güterichter entsprechende Anwendung: Vgl. insoweit Begr. BT-Drucks. 17/5335, A. II.

36 Es obliegt dem Präsidenten, dem Präsidium das Vorliegen der entsprechenden Qualifikationen zu unterbreiten, vergleichbar der Information über formale Qualifikationen, wie sie in § 22 Abs. 5, 6 GVG angesprochen sind.

37 Vgl. Begr. BT-Drucks. 17/8058, III., Zu Artikel 5 – neu –, Zu Nummer 3 – alt –; *Francken* NZA 2012, 249 ff. (251); *Ewig* ZKM 2012, 4; a.A. *Carl* ZKM 2012, 16 ff. (19).

anlasst sodann einen Verweisungsbeschluss des Spruchkörpers,[38] oder das Gericht nimmt eine Verweisung vor und der Güterichter holt daraufhin die Zustimmung der Beteiligten für die Durchführung eines Güterversuchs ein. Während die Sachnähe des Güterichters zu den Verfahren der konsensualen Streitschlichtung dafür spricht, ihm die Einholung der Zustimmung zu übertragen, streiten prozessökonomische Gründe wie auch der Grundsatz des rechtlichen Gehörs dafür, den Vorsitzenden mit der Einholung der Einwilligung zu betrauen. Von daher bietet sich folgende **Vorgehensweise** an: Der Streitrichter informiert die Beteiligten zunächst über die grundsätzlich möglichen Methoden, die ein Güterichter einsetzen kann und weist darauf hin, dass dieser in Absprache mit ihnen die fall- und konfliktangemessene Methode absprechen wird; hierzu holt er ihre Zustimmung ein. Nach sodann erfolgter Verweisung auf den Güterichter ist es dessen Aufgabe, in Absprache mit den Beteiligten das weitere Vorgehen, insbesondere die einzusetzenden Methoden zu erörtern und hierfür das Einverständnis einzuholen.

Die Einschaltung eines »**besonders geschulten Koordinators**«[39] könnte u. U. datenschutzrechtliche Probleme aufwerfen. Von daher dürfte es auf die konkrete Ausgestaltung eines derartigen »Court-Dispute-Managers« ankommen: Vom Entlastungseffekt idealiter bei einem Rechtspfleger verankert,[40] müsste dies aber mangels entsprechender gesetzlicher Regelung als zulässige richterassistierende Verwaltungstätigkeit organisiert werden. 39

Den Beteiligten bleibt es unbenommen, die Durchführung einer Güterichterversuchs vor einem Güterichter selbst anzuregen. Liegt ein **übereinstimmendes Petitum der Beteiligten** vor, dann reduziert sich das dem Gericht eingeräumte Ermessen zur Verweisung auf Null. 40

(2) **Konstellationen, in denen eine Verweisung ausscheidet**

Das Ermessen ist nicht eröffnet, wenn schon nach dem Inhalt der Klageschrift (ggf. der Antragsschrift), insbesondere den Ausführungen gem. §§ 82, 83 VwGO i. V. m. § 253 Abs. 3 Nr. 1 ZPO, der Klageerwiderung (ggf. der Antragserwiderung) und ggf. einer Replik eine **gütliche Beilegung** des Rechtsstreits **erkennbar aussichtslos** erscheint. 41

Das Gericht wird von einer Verweisung an den Güterichters absehen können, wenn es den Eindruck gewinnt, dass es sich um ein **einfach gelagertes Verfahren** handelt, 42

---

38 Es sei denn es liegt in der ersten Instanz eine Übertragung auf den Einzelrichter gem. § 6 VwGO oder ansonsten ein Fall des § 87a Abs. 2, 3 VwGO vor; letztere Vorschrift findet keine Anwendung im Revisionsverfahren, § 141 VwGO.
39 Vgl. BT-Drucks. 17/8058, III. Allgemeines, S. 17. Zur (seinerzeitigen) Praxis in den Niederlanden mit besonderen Verweisungsbeauftragten vgl. *Schmiedel* ZKM 2011, 14 ff. (15).
40 Realitätsfern *Carl* ZKM 2012, 16 ff. (20), der hierfür die früheren richterlichen Mediatoren einsetzen wollte. Vgl. auch *Mattioli/Trenczek* BJ 2010, 223 ff. (231), die sich – vergleichbar dem australischen (registrar) bzw. niederländischen Vorbild (mediationfunctionaris) – u. a. für gerichtliche Koordinationsstellen aussprechen.

Fritz 429

welches von ihm selbst, beispielsweise in einem Erörterungstermin (vgl. § 87 VwGO), zu einer gütlichen Einigung gebracht werden kann.

43 Eine Verweisung kommt ferner nicht in Betracht, wenn ein **Beteiligter** zu verstehen gegeben hat, dass er ein solches **Verfahren nicht wünscht.** Dies ist Ausfluss des Freiwilligkeitsprinzips.

44 Die maßgeblichen Erwägungen, von einer Verweisung an den ersuchten Güterichter abzusehen, sollten in einem Aktenvermerk mit kurzer Begründung festgehalten werden.

cc) **Folgen einer Verweisung**

45 Die Verweisung eines Rechtsstreits zum Zwecke einer Güterverhandlung an den Güterichter führt, anders als in den Fällen des § 54a Abs. 2 Satz 1 ArbGG, nicht automatisch zum Ruhen des Verfahrens; jedoch ist ein **Ruhensbeschluss** gem. § 173 Satz 1 VwGO, § 251 ZPO **möglich.**[41]

46 Der Güterichter übt richterliche Tätigkeit aus und handelt als gesetzlicher Richter im Sinne des § 16 Satz 2 GVG. Seine konkrete Zuständigkeit folgt aus dem gerichtlichen **Geschäftsverteilungsplan** gem. § 21e GVG. Den Beteiligten steht kein Wahlrecht hinsichtlich seiner Person zu.

g) **Vorgehensweise des Güterichters**

aa) **Akteneinsicht und Informationsbeschaffung**

47 Der Güterichter wird **Einsicht** in die ihm vom erkennenden Gericht überlassenen **Akten** nehmen und prüfen, welches Verfahren der konsensualen Streitschlichtung indiziert ist.

48 Sodann wird er sich mit den Beteiligten des Rechtsstreits ins Benehmen setzen, ggf. vorab weitere Informationen bei ihnen einholen und auch klären, ob **weitere Personen** zum Güteversuch hinzuziehen sind.

bb) **Verfahrens- und Terminabsprache**

49 Der Güterichter wird den Beteiligten einen Verfahrens- und einen Terminvorschlag unterbreiten:

50 Ausgehend vom **Grundsatz der Informiertheit** der Beteiligten erscheint es angezeigt, diese bereits zu diesem frühen Zeitpunkt darüber in Kenntnis zu setzen, ob der Güterichter beispielsweise zu einer Schlichtung mit rechtlichen Hinweisen und ggf. einem Vorschlag tendiert oder ob er die Durchführung einer Mediation für angezeigt hält. Insoweit gilt der Grundsatz der »**Methodenklarheit bei Methodenvielfalt**«.

---

41 Vgl. *Bader u. a.*, VwGO, § 94, Rn. 2.

Das **Prinzip der Freiwilligkeit** spricht dafür, in gemeinsamer Absprache einen allen Beteiligten passenden Termin zu wählen und von einer Terminanordnung abzusehen. Ein Anwaltszwang besteht für den Gütversuch nicht,[42] bestellte Bevollmächtigte sind jedoch einzubeziehen. 51

cc) **Festlegung des Setting**

Es obliegt allein dem Güterichter, das Setting für den Güteversuch festzulegen; hierbei bietet sich ein **mediationsanaloges Vorgehen** mit dem Ziel einer kommunikationsfördernden Verhandlungsatmosphäre an. 52

dd) **Durchführung des Güteversuchs**

Die Durchführung des Güteversuchs ist **nicht öffentlich**; das Öffentlichkeitsgebot gem. § 55 VwGO, § 169 GVG gilt nur für Verhandlungen vor dem erkennenden Gericht.[43] Der Güterichter wird die Beteiligten auf die Vorschrift des § 159 Abs. 2 Satz 2 ZPO (anwendbar über § 105 VwGO) hinweisen sowie darauf, dass die Vertraulichkeit zudem durch eine Vereinbarung zwischen den Beteiligten besonders geregelt werden kann. 53

Die Beachtung des Grundsatzes »**Methodenklarheit bei Methodenvielfalt**« soll den Güterichter davor bewahren, zwischen einzelnen Verfahren der Konfliktbeilegung zu wechseln und Elemente der einzelnen Methoden miteinander zu vermischen: Ein »stockendes oder gar scheiterndes« Mediationsverfahren dadurch retten zu wollen, dass der Güterichter – entgegen seiner eingangs erfolgten Information der Beteiligten – sodann einen Lösungsvorschlag unterbreitet, bedeutet eine methodische Fehlleistung und führt zu einem Glaubwürdigkeitsverlust des Güterichters. Denkbar ist allenfalls, dass der Güterichter gemeinsam mit den Parteien übereinkommt, eine bestimmte Methode abzuschließen und mit deren Einverständnis mit einer anderen Methode fortzufahren,[44] was jedoch ebenfalls nicht unproblematisch ist.[45] 54

Wenn angezeigt, kann der Güterichter mit den Beteiligten auch **Einzelgespräche** (Caucus) führen. Um die Neutralität des ersuchten Güterichters nicht zu gefährden, ist hierfür das Einverständnis der Beteiligten erforderlich. 55

---

42 Ein Vertretungszwang besteht nur für das Berufungs- und Revisionsverfahren, § 67 Abs. 4 VwGO.
43 *Bader u. a.*, VwGO, 5. Aufl., § 55 Rn. 7; *Baumbach*, ZPO, 69. Aufl., § 169 GVG Rn. 3 m. N. zur Rechtsprechung.
44 Langfristig wird nicht auszuschließen sein, dass sich eine neue und eigenständige Methode der Konfliktbeilegung durch einen Güterichter entwickelt. Davon scheint auch der Gesetzgeber auszugehen, wenn er in der Begründung der Beschlussempfehlung des Rechtsausschusses (BT-Drucks. 17/8058, III., Zu Artikel 1, Zu § 1 Abs. 1) u. a. ausführt, die in der gerichtsinternen Mediation entwickelten Kompetenzen könnten im Rahmen der Güterichtertätigkeit fortentwickelt werden. Vgl. auch *Fritz/Schroeder* NJW 2014, 1910 ff, *Fritz* ZKM 2015, 1 und *Brändle* BJ 2014, 130 ff.
45 Vgl. Kommentierung zu § 278 ZPO, Rdn. 68.

56 Die Erörterung mit den Beteiligten ist nicht auf die dem Rechtsstreit zugrunde liegenden entscheidungserheblichen Punkte reduziert; vielmehr wird – unter der Zielsetzung einer konsensualen Lösung – das zur Sprache gebracht, was den Beteiligten zur Beilegung ihres Konfliktes wichtig ist.

57 Dem ersuchten Güterichter ist es verwehrt, den Beteiligten **Prozesskostenhilfe** gem. § 166 VwGO, §§ 114 ff ZPO zu gewähren oder einen **Ruhensbeschluss** gem. § 173 Satz 1 VwGO, § 251 ZPO zu erlassen, da er nicht »Gericht« im Sinne der genannten Vorschriften ist. Hingegen kann er, unter der Voraussetzung des § 106 VwGO, einen Vergleich protokollieren oder eine prozessbeendende Erklärung zu Protokoll nehmen.

58 Ob es ihm gestattet ist, einen **Streitwert**, Beschwerdewert oder Gegenstandswert festzusetzen, ist streitig. Dafür spricht, die Festsetzung des Streitwertes als Annexkompetenz zur Protokollierung des Vergleichs zu erachten, zumal (nur) der ersuchte Güterichter Kenntnis vom Umfang und Wert des Vergleichsgegenstandes hat.[46] Zur Vermeidung etwaiger Rechtsstreitigkeiten nach entsprechender Beschlussfassung empfiehlt es sich, einen **Rechtsmittelverzicht** zu protokollieren.

ee) Mögliche Ergebnisse und Verfahrensbeendigungen

59 Der Güteversuch vor dem Güterichter kann wie folgt enden:

(1) Die Beteiligten haben sich auf eine Lösung ihres Konfliktes geeinigt. Sie schließen daraufhin einen gerichtlichen Vergleich in der Form des § 106 Satz 1 VwGO. Das führt zur Beendigung des anhängigen Rechtsstreits.

60 (2) Die Beteiligten haben sich auf eine Lösung ihres Konfliktes geeinigt. Der anhängige Rechtsstreit wird durch eine prozessbeendende Erklärung (Klagerücknahme gem. § 92 VwGO, Hauptsacheerledigung gem. § 161 Abs. 2 VwGO) abgeschlossen.

61 (3) Die Beteiligten haben sich im Grundsatz auf eine Lösung ihres Konfliktes geeinigt und erbitten einen Vergleichsvorschlag gem. § 106 Satz 2 VwGO nach Maßgabe der in dem Güteversuch erzielten Eckpunkte. Die Annahme des Vorschlags führt zur Beendigung des anhängigen Rechtsstreits.[47]

62 (4) Die Beteiligten haben sich im Grundsatz auf eine Lösung ihres Konfliktes geeinigt und unterbreiten – ggf. nach weiterer Prüfung oder Bedenkzeit – dem Gericht einen schriftlichen Vergleichsvorschlag, den dann das Gericht durch entsprechenden Beschluss zum Gegenstand seines Vorschlags machen kann. Die Annahme durch die Beteiligten führt zur Beendigung des anhängigen Rechtsstreits.[48]

---

46 *Zöller*, ZPO, 29. Aufl., § 278 Rn. 27. Die Überlegungen, die die Bundesregierung in ihrem Gesetzentwurf dazu bewogen hatten, für den seinerzeit noch vorgesehenen gerichtsinternen Mediator eine Streitwertfestsetzung nicht zuzulassen (Begr. BT-Drucks. 17/5335, Anl. 3, zu Artikel 3, zu Nummer 5 und 6), treffen auf den Güterichter nicht zu.
47 *Kopp*, VwGO, 15. Aufl., § 106 Rn. 11 m. w. N.
48 *Stelkens* NVwZ 1991, 209 ff. (216).

(5) Die Beteiligten haben sich verständigt, außerhalb des anhängigen Verfahrens noch 63
Sachaufklärung zu betreiben und ggf. Dritte als Sachverständige einzuschalten oder
aber ein Verfahren der außergerichtlichen Konfliktbeilegung zu beschreiten. Der Rechtsstreit bleibt anhängig, kann jedoch – falls noch nicht geschehen – gem. § 173 Satz 1
VwGO, § 251 ZPO zum Ruhen gebracht werden.

(6) Die Beteiligten haben sich hinsichtlich des anhängig gemachten Rechtsstreits nur 64
zum Teil oder überhaupt nicht geeinigt. Der Güterichter gibt – nach vorheriger Anhörung der Beteiligten und ggf. nach entsprechendem »Rückgabebeschluss« – das Verfahren an das erkennende Gericht zurück, das den noch anhängigen Rechtsstreit fortsetzt.

(7) Beide Beteiligten erscheinen nicht zum verabredeten und ordnungsgemäß geladenen Güteversuch; dies ist als Rücknahme des zuvor erklärten Einverständnisses für 65
einen freiwilligen Güteversuch zu interpretieren. Der Güterichter gibt daher, ggf. nach
entsprechendem Beschluss oder Aktenvermerk, das Verfahren an das erkennende Gericht
zurück, das den noch anhängigen Rechtsstreit fortsetzt.

h) Zeugnisverweigerungsrecht

Eine analoge Anwendung der Verschwiegenheitsregelung des § 4 MediationsG auf 66
den Güterichter scheidet aus. Er kann sich jedoch gem. § 383 Abs. 1 Nr. 6 ZPO
auf ein Zeugnisverweigerungsrecht hinsichtlich des Inhalts der Güteversuchs berufen, wenn ihm als Güterichter Tatsachen anvertraut wurden, deren Geheimhaltung
durch ihre Natur oder gesetzliche Vorschrift geboten ist.[49] Im Übrigen sind Güterichter, auch wenn sie sich der Mediation bedienen, nach wie vor Richter und als
Amtsträger nicht nur den Beteiligten verpflichtet. Sie unterliegen daher weiterhin
besonderen Anzeigeverpflichtungen.[50]

i) Verhältnis der Vorschrift zu § 278a Abs. 1 ZPO

Das Gericht wird für beide Verfahrensarten grundsätzlich die gleichen Überlegungen 67
zugrunde legen, also neben dem Aspekt der Freiwilligkeit insbesondere die Geeignetheit, ferner Zeit- und Kostenfaktoren sowie die Komplexität des Verfahrens berücksichtigen. Bietet sich im Hinblick auf den konkreten Konflikt ein anderes Verfahren
der außergerichtlichen Konfliktbeilegung an, so ist diesem jedenfalls der Vorrang
einzuräumen.[51]

---

49 Vgl. Begr. BT-Drucks. 17/8058, III. Zu Artikel 2 – neu –, Zu Nummer 3 – neu –; *Zöller*,
ZPO, 29. Aufl., § 383 Rn. 19; *Musielak*, ZPO, 8. Aufl, d § 383 Rn. 4, 6. Das Zeugnisverweigerungsrecht erstreckt sich auch auf die vom Güterichter mit dem Verfahren befassten Servicemitarbeiter der Geschäftsstelle.
50 Z.B. nach § 116 AO oder nach § 6 SubvG, vgl. Begr. BT-Drucks. 17/5335, B., Zu Artikel 1, Zu § 4.
51 Vgl. hierzu umfassend die Kommentierung zu § 278 ZPO, Rdn. 82.

j) **Hinweise für die Praxis**

68 Zur Einbindung des ersuchten Richters als Güterichters im richterlichen Geschäftsverteilungsplans vgl. »**Hinweise für die Praxis**« bei § 278 ZPO,[52] ferner an gleicher Stelle die Mustertexte für »**Beteiligtenvereinbarung über Verschwiegenheit und Vertraulichkeit**« sowie entsprechende »**Vereinbarungen bei Einbeziehung Dritter**«.

5. **Zur Anwendbarkeit des § 278a ZPO**

a) **Verweisungsnorm des § 173 Satz 1 VwGO**

69 Mit der Einfügung des § 278a ZPO[53] in die Verweisungsnorm des § 173 Satz 1 VwGO hat der Gesetzgeber klargestellt, dass Mediationen sowie sonstige Formen außergerichtlicher Konfliktbeilegung auch im Verwaltungsprozessrecht zulässig sein sollen und hat diese auf eine ausdrückliche rechtliche Grundlage gestellt.[54] Die grundsätzlichen Unterschiede der Verfahrensordnungen VwGO und ZPO schließen die entsprechende Anwendung nicht aus.

b) **Normzweck**

70 Mit § 278a ZPO sollen Mediationen wie sonstige ADR-Verfahren in das Bewusstsein der in der Rechtspflege Tätigen gerückt und neben dem kontradiktorischen Verfahren die konsensualen Konfliktlösungsmöglichkeiten im Sinne der Einordnung des Bundesverfassungsgerichts[55] etabliert werden. Zugleich ist es die erklärte Intention des Gesetzgebers, außergerichtliche Konfliktbeilegung auch bei bereits rechtshängigen Streitigkeiten zu ermöglichen.[56]

c) **Gerichtlicher Vorschlag (§ 278a Abs. 1 Satz 1 ZPO)**

aa) **Adressatenkreis**

71 Nach dem Gesetzeswortlaut ist der gerichtliche Vorschlag »den Parteien« zu unterbreiten. Den Begriff der Parteien verwendet die Verwaltungsgerichtsordnung nicht, spricht vielmehr in § 63 VwGO von **Beteiligten**: Danach sind Kläger und Beklagte die Hauptbeteiligten eines verwaltungsgerichtlichen Verfahrens.

72 Der **Begriff** »der Parteien« ist mithin **untechnisch** zu verstehen und meint alle in einem verwaltungsgerichtlichen Verfahren Involvierte, mithin Kläger und Beklagte in Hauptsacheverfahren, Antragsteller und Antragsgegner in Eilverfahren, Gläubiger und Schuldner im Zwangsvollstreckungsverfahren, zugleich auch weitere Beteiligte nach 63 VwGO und Dritte, die über § 64 VwGO in einen Rechtsstreit einbezogen sind.

---

52 Vgl. Kommentierung zu § 278 ZPO, Rdn. 85 ff.
53 Vgl. umfassend die Kommentierung zu § 278a ZPO, Rdn. 4 ff.
54 Begr. BT-Drucks. 17/5335, B., Zu Artikel 6, Zu Nummer. 3.
55 BVerfG, Beschl. v. 14. 02. 2007, ZKM 2007, 128 ff.
56 Begr. BT-Drucks. 17/5335, B., Zu Artikel 3, Zu Nummer 5.

bb) Ermessen

Ob das Verwaltungsgericht den Beteiligten den Vorschlag einer gerichtsnahen Mediation oder eines anderen Verfahrens der außergerichtlichen Konfliktbeilegung unterbreitet, liegt alleine in seinem **pflichtgemäßen Ermessen**. Voraussetzungen hierfür sind dem Gesetz nicht zu entnehmen, jedoch ist stets das ungeschriebene Tatbestandsmerkmal zu prüfen, ob es sich um einen »**geeigneten Fall**« handelt. 73

Der Vorschlag einer Mediation ist immer dann in Erwägung zu ziehen, wenn dem Rechtsstreit Konflikte zugrunde liegen, die im gerichtlichen Verfahren nicht oder nur unzureichend beigelegt werden können.[57] 74

In einem Verwaltungsgerichtsprozess bietet sich der **Vorschlag** für eine Mediation beispielsweise an 75
– in Verfahren mit komplexen, schnell zu entscheidenden oder ungeklärten Sachverhalten, vor allem in Verbindung mit bedeutenden wirtschaftlichen Folgen für einen oder beide Beteiligte(n),
– ferner wenn es um die Anwendung von Normen mit unbestimmten Rechtsbegriffen geht sowie dann,
– wenn ein Ermessen ausgeübt werden soll.[58]

Das bedeutet im Einzelnen, dass das Gericht eine konsensuale Streitbeilegung in Betracht ziehen wird,[59] wenn es den Konfliktbeteiligten vorrangig darum geht, 76
– nichtrechtliche Interessen zu berücksichtigen,
– eine zukunftsorientierte Lösung anzustreben,
– Vertraulichkeit zu wahren oder
– eine schnelle Lösung herbeizuführen,

sowie dann, wenn
– es sich um einen komplexen Sachverhalt handelt,
– mehrere Verfahren der Beteiligten gerichtlich anhängig sind oder sich im Widerspruchsverfahren befinden,
– nichtbeteiligte Dritte in das Verfahren einbezogen werden sollen,
– zwischen den Beteiligten eine besondere Emotionalität besteht oder
– es um einen grenzüberschreitenden Rechtsstreit geht.

---

[57] Nahezu alle verwaltungsrechtlichen Gebiete eigenen sich grundsätzlich für eine Mediation, sieht man einmal vom Asylrecht ab. Umfassend hierzu, m. w. N. zu den einzelnen Rechtsgebieten: *Weitz*, Gerichtsnahe Mediation in der Verwaltungs-, Sozial- und Finanzgerichtsbarkeit, S. 200 ff., ferner *Korte*, Fallbeispiele gerichtlicher Mediation im Verwaltungsrecht, in: *Gläßer/Schröter* (Hrsg.), Gerichtliche Mediation, S. 201 ff. (211 ff.); *Fritz*, Mediation – Vorurteil und Wirklichkeit, in: FS Gießen, S. 319 ff. (321 f.); *Weiler/Schlickum*, Praxisbuch Mediation, S. 52.
[58] Vgl. *von Bargen* Die Verwaltung 2010, 405 ff. (421 f.).
[59] Vgl. in diesem Zusammenhang auch das Prüfungsraster bei *Korteweg-Wiers*, FS VG Gießen, S. 359 ff. (360 Fn. 5, 366 ff.).

77 Hingegen wird das Gericht eine konsensuale Streitbeilegung **nicht** unterbreiten, wenn beispielsweise
   – gesetzliche Bestimmungen den Beteiligten eine privatautonome Regelung untersagen,
   – ein besonderes öffentliches Interesse an der Rechtsdurchsetzung besteht oder
   – eine Grundsatzentscheidung begehrt wird.[60]

cc) Zeitpunkt

78 Der Vorschlag kann gegenüber den Beteiligten grundsätzlich in jedem Stadium des Rechtsstreits erfolgen, auch noch in der Berufungs- und Revisionsinstanz. Im Revisionsverfahren dürfte eine außergerichtliche Konfliktlösung, von Ausnahmefällen abgesehen, eher nicht in Betracht zu ziehen.[61]

79 Gleichwohl bietet es sich grundsätzlich an, den **Vorschlag** für eine nichtstreitige Konfliktbeilegung **zu Beginn eines Prozesses** zu unterbreiten. Hierfür sprechen Gründe der Zeit- und Kostenersparnis für die Beteiligten wie auch ggf. für das Gericht. Zudem wird erfahrungsgemäß durch ein frühzeitiges Mediationsgespräch der Gefahr weiterer »emotionaler Verletzungen« während des Rechtsstreits entgegengewirkt.

80 Ob der Vorschlag unmittelbar nach Klageerhebung erfolgt oder nach Klageerwiderung und ggf. Replik, u. U. erst nach Erörterung mit den Beteiligten oder gar später, ist jeweils vom Einzelfall und vom Rechtsgebiet abhängig.

81 Rechtliche Bedenken bestehen nicht, einen **Vorschlag** nach § 278 Abs. 1 ZPO ggf. **mehrfach** zu unterbreiten, also nach zunächst erfolgter Ablehnung durch die Beteiligten in einer späteren Phase des Prozesses (ggf. nach erfolgter Beweisaufnahme) oder nach einer gescheiterten Mediation- oder einem anderen Konfliktlösungsverfahren. Der erneute Vorschlag kann sowohl in der gleichen Instanz wie auch im Rechtsmittelzug erfolgen.

dd) Gericht

82 Vom o.g. Zeitpunkt hängt auch ab, wer den Vorschlag unterbreitet: Beim Verwaltungs- wie beim Oberverwaltungsgericht/Verwaltungsgerichtshof kann dies durch den Vorsitzenden geschehen, es sei denn, es ist ein Berichterstatter bestellt (§ 87a Abs. 1, 3 VwGO) oder es liegt eine Einzelrichterübertragung nach § 6 Abs. 1 VwGO vor. Erfolgt der Vorschlag (erst) in der mündlichen Verhandlung, so ist – wenn kein Fall des § 6 Abs. 1 VwGO oder des § 87a Abs. 2, 3 VwGO vorliegt – der Spruchkörper hierfür zuständig.

---

[60] Zur Kontrollfunktion der Verwaltungsgerichte im Hinblick auf zukünftige Verwaltungsentscheidungen vgl. *Bader*, Gerichtsinterne Mediation am Verwaltungsgericht, S. 75 ff., 84 ff.

[61] Vgl. jedoch zum Verwaltungsprozess *Ortloff*, Festgabe, S. 797.

ee) Form

Nach dem Gesetzeswortlaut ist der Vorschlag weder an eine **Form** noch an (inhaltliche) **Voraussetzungen** gebunden. 83

Ein **Beschluss** wird hierfür nicht verlangt werden können, wenngleich es wünschenswert wäre, wenn die Gerichte – um die Bedeutung konsensualer Konfliktlösungsmöglichkeiten zu unterstreichen und um diese zu fördern – den Beteiligten einen entsprechenden Vorschlag in Form eines verfahrensleitenden, nicht anfechtbaren Beschlusses unterbreiten würden. 84

Ansonsten sollte aus Gründen der Klarheit der Vorschlag jedenfalls in Form einer **richterlichen Verfügung** erfolgen, aus Gründen der Nachvollziehbarkeit und Dokumentation ist Schriftform erforderlich, wobei die Übermittlung dann auch per Telefax, mündlich/telefonisch oder elektronisch erfolgen kann. Macht das Gericht – fallspezifisch – von seinem Vorschlagsrecht keinen Gebrauch, so sollten die tragenden Erwägungen hierfür jedenfalls in einem Aktenvermerk festgehalten werden. 85

Das Gericht ist im Rahmen seiner **allgemeinen Aufklärungspflicht** aus §§ 86 Abs. 1, 3, 104 Abs. 1 VwGO gehalten, den Beteiligten Inhalt und Umstände des beabsichtigten oder unterbreiteten Vorschlags, auch in Abgrenzung zu etwaigen Alternativen außergerichtlicher Konfliktlösungen, deutlich zu machen und dabei auf Chancen, Risiken und Kosten hinzuweisen. 86

Dass derartige Informationen entsprechende Kenntnisse der Richterschaft voraussetzen und somit auch entsprechende Schulungen erforderlich machen, liegt auf der Hand. Denn nur wer selbst hinreichend informiert ist, wird seiner Informationspflicht gegenüber den Beteiligten gerecht werden können.[62] 87

Prozesskostenhilfe für die Durchführung einer Mediation etc. darf nicht bewilligt werden;[63] für eine Anwendung des § 7 MediationsG fehlt es bislang an der vom Gesetz geforderten Vereinbarung zwischen Bund und Ländern. 88

Erfolgen Vorschlag und ggf. Ablehnung durch die Beteiligten in der mündlichen Verhandlung, so ist dies gem. § 160 Abs. 2, 3 ZPO in der **Niederschrift** zu vermerken und im Ablehnungsfall das Verfahren in dem Stadium fortzusetzen, in dem es sich befindet. 89

Ob und ggf. wie lange das Gericht den Beteiligten eine **Frist** einräumt, sich zu seinem Vorschlag **zu äußern**, liegt ebenfalls in seinem pflichtgemäßen **Ermessen**. In einem Klageverfahren dürften drei Wochen, in einem Eilverfahren längstens eine Woche sachangemessen sein. 90

---

62 *Fritz/Krabbe* NVwZ 2013, 29. Vgl. auch die Erwägungen des Rechtsausschusses, besonders geschulte Koordinatoren, sog. »Court-Dispute-Manager«, hierfür einzusetzen: Begr. BT-Drucks. 17/8058, III. Allgemeines. S. 17.
63 A.A. zur früheren Rechtslage OLG Köln, Beschl. v. 03. 06. 2011, ZKM 2012, 29 ff., mit ablehnender Anmerkung von *Spangenberg* ZKM 2012, 31.

d) **Mediation (§ 278a Abs. 1 Satz 1, 1. Alt. ZPO)**

aa) **Begrifflichkeit**

91 Was eine Mediation ist, folgt aus der **Begriffsbestimmung** des § 1 Abs. 1 MediationsG: ein vertrauliches und strukturiertes Verfahren, bei dem die Beteiligten mithilfe eines oder mehrerer Mediatoren freiwillig und eigenverantwortlich eine einvernehmliche Beilegung ihres Konflikts anstreben.

92 Mediation im Sinne des Mediationsgesetzes meint Mediation durch einen **nicht** in das **gerichtliche System** eingebundenen Mediator, jedenfalls eine sog. »außergerichtliche« Mediation. Lediglich für die Übergangsphase des § 9 MediationsG kam auch noch eine gerichtliche Mediation in Betracht.

93 Als Mediator in einer »außergerichtlichen« Mediation wird in aller Regel ein Anwaltsmediator in Betracht kommen, mithin ein freiberuflich tätiger Mediator. Durch die Regelung ist nicht ausgeschlossen, dass auch ein Richter außerhalb seines Amtes – nebenberuflich – in einem vom Gericht vorgeschlagenen Mediationsverfahren tätig werden kann, sofern er denn hierfür eine Nebentätigkeitserlaubnis erhalten hat.

bb) **Stufenverhältnis**

94 Mit der Reihenfolge in § 278a Abs. 1 ZPO hat der Gesetzgeber **kein Stufenverhältnis** zwischen einer Mediation oder einem anderen Verfahren der außergerichtlichen Konfliktbeilegung festgelegt. Allenfalls der Umstand, dass sich der Gesetzgeber intensiv mit Regelungen zur Mediation auseinandergesetzt hat könnte dafür streiten, dass er dieser eine gewisse Präferenz zubilligt.

95 Auch die gerichtliche Mediation stand in der Übergangsphase des § 9 MediationsG gleichberechtigt neben den anderen in § 278a Abs. 1 ZPO aufgeführten Methoden.

cc) **Formale und inhaltliche Kriterien**

96 Der Vorschlag einer Mediation kann in der Eingangs-, in der Berufungs- und in der Revisionsinstanz unterbreitet werden. In aller Regel wird ein derartiger Vorschlag in der auf die Überprüfung von Rechtsfragen beschränkten Revisionsinstanz jedoch nur ausnahmsweise in Betracht kommen.

97 Für das von einem Gericht unterbreitete Mediationsverfahren gelten die **gleichen Regeln** wie für jedes andere Mediationsverfahren auch. Wegen der näheren Einzelheiten wird auf die Kommentierung des Mediationsgesetzes zu Verfahren, Aufgaben, Offenbarungspflichten, Tätigkeitsbeschränkungen und Verschwiegenheitspflicht (§§ 2 bis 4 MediationsG) sowie zur Aus- und Fortbildung (§§ 5, 6 MediationsG) verwiesen.

98 Eine etwaige in einer Mediation geschlossene Vereinbarung kann dem erkennenden Gericht zur Protokollierung in einem Erörterungstermin vorgelegt oder dem Gericht

unterbreitet werden mit der Ersuchen, gem. § 106 Satz 2 VwGO vorzugehen.[64] Aus einem gerichtlichen Vergleich kann gem. § 168 Abs. 1 Nr. 3 VwGO die **Vollstreckung** betrieben werden.

Der Vorschlag zur Durchführung einer Mediation kann **nicht** zugleich mit der Person eines **bestimmten Mediators** verbunden werden.[65] Hierfür spricht zum einen die neutrale Haltung, die einzunehmen vornehmste Pflicht des Verwaltungsgerichts ist und dem es ebenfalls untersagt ist, den Beteiligten einen bestimmten Anwalt zu empfehlen; zum anderen ist es Ausfluss des Prinzips der Freiwilligkeit, dass sich die Beteiligten ihren Mediator selbst auswählen können. 99

e) **Andere Verfahren der außergerichtlichen Konfliktbeilegung (§ 278a Abs. 1 Satz 1, 2. Alt. ZPO)**

aa) **Begrifflichkeit**

Im Gesetz selbst finden sich keine Hinweise darüber, was unter einem »anderen Verfahren der außergerichtlichen Konfliktbeilegung« zu verstehen ist. Der Begriff findet sich in der Überschrift des Gesetzes sowie an zahlreichen weiteren Stellen (vgl. § 36a FamFG, § 54a ArbGG), wird dort jedoch nicht definiert. 100

Unter Hinweis auf das Schrifttum[66] werden in der **Gesetzesbegründung** etliche Verfahrensarten benannt.[67] Es handelt sich hierbei um **keine abschließende Aufzählung**, zumal davon ausgegangen werden kann, dass über die zurzeit bekannten und praktizierten Konfliktlösungsverfahren hinaus neue hinzukommen und die bereits praktizierten Verfahren sich in ihrer Ausgestaltung und Anwendung verändern werden.[68] 101

bb) **Stufenverhältnis**

Zunächst kann auf die bereits oben erfolgten Ausführungen zum Stufenverhältnis verwiesen werden. Darüber hinaus ist zu ergänzen, dass der Gesetzgeber, wie sich aus der Entstehungsgeschichte ergibt, der Mediation gegenüber anderen konsensualen Streitbeilegungsverfahren einen gewissen Vorzug einräumt, der jedoch nicht so weit geht, dass zwischen ihnen ebenfalls ein Stufenverhältnis bestehen würde. 102

---

64 Ein Vergleich nach § 106 Satz 2 VwGO ersetzt nicht die für ein Rechtsgeschäft vorgeschriebene notarielle Form, vgl. *Bader u.a*, VwGO, 5. Aufl., § 106 Rn. 33.
65 A. A. *Baumbach u. a.*, ZPO, 69. Aufl., II. A, Rechtspolitischer Ausblick, § 278a Rn. 12. Es spricht jedoch nichts dagegen, die Beteiligten auf die Rechtsanwaltskammer, die IHK oder Mediationsinstitute zu verweisen, die Listen von Mediatoren vorhalten. Es dürfte auch nicht zu beanstanden sein, wenn die Gerichte selbst derartige Listen anlegen und die Beteiligten darauf verweisen. Weitergehend: *Nelle*, »Multi-Door-Courthouse Revisited«, S. 123 ff. (S. 129 f).
66 *Risse/Wagner*, Mediation im Wirtschaftsrecht, in: *Haft/Schlieffen* (Hrsg.), Handbuch der Mediation, 1. Aufl., S. 553 ff. (S. 580).
67 Vgl. Begr. BT-Drucks. 17/5335, A. II.
68 Wegen weiterer Einzelheiten zu den verschiedenen Verfahrensarten und ihren Inhalten vgl. die Ausführungen unter Teil 6 A. I. Rdn. 1 ff.

cc) Formale und inhaltliche Kriterien

103 Der **Vorschlag** für ein Verfahren der außergerichtlichen Konfliktbeilegung kann in **jeder Phase** des gerichtlichen Verfahrens erfolgen, wenngleich die Besonderheiten mancher Konfliktbeilegungsverfahren dafür streiten, sie – soweit sie für Konflikte nach der VwGO überhaupt geeignet sind – nur in der Eingangsinstanz vorzuschlagen.

104 Auch der Vorschlag eines bestimmten Konfliktbeilegungsverfahrens darf nicht mit einer bestimmten Person verbunden werden.

f) **Vorschlag einer gerichtlichen Mediation im (zwischenzeitlich abgelaufenen) Übergangszeitraum**

105 Als **gerichtliche Mediation** wurde eine Mediation bezeichnet, die während eines anhängigen Gerichtsverfahrens von einem nicht entscheidungsbefugten Richter durchgeführt wurde. Der **Unterschied** zum **Güterichter** nach § 278 Abs. 5 ZPO bestand darin, dass der gerichtliche Mediator ausschließlich die Methode der Mediation anwendete, die rechtliche Hinweise wie auch Einigungs- oder Lösungsvorschläge ausschließt, und keine richterlichen Tätigkeiten wie Protokollierung von Vergleichen oder Festsetzung des Streitwertes vornahm. Der Güterichter hingegen bedient sich der gesamten Palette von Streitbeilegungsmethoden einschließlich rechtlicher Hinweise und Einigungsvorschlägen, protokolliert Vergleiche und kann nach hier vertretener Auffassung den Streitwert festsetzen.[69]

106 Gerichtliche Mediation war **nur in** der **Übergangsphase** des § 9 MediationsG bis zum 1. August 2013 möglich.

g) **Entscheidung der Beteiligten (§ 278a Abs. 2, 1. HS ZPO)**

aa) **Aufgrund eines gerichtlichen Vorschlages**

107 Die Entscheidung der Beteiligten für eine Mediation oder eine andere konsensuale Streitschlichtung ist an **keine Form** gebunden. Sie kann schriftlich, mündlich als auch zu Protokoll geschehen. Sie hat gegenüber dem Gericht zu erfolgen, welches den Vorschlag unterbreitet hat; bei einer nur mündlichen Erklärung eines Beteiligten wird das Gericht einen entsprechenden Aktenvermerk fertigen oder die Erklärung in ein Protokoll aufnehmen.

108 Die Beteiligten sind an den Vorschlag des Gerichts nicht gebunden, können also, wenn beispielsweise eine »gerichtsnahe« Mediation vorgeschlagen wurde, dem Verwaltungsgericht auch übereinstimmend mitteilen, dass sie sich beispielsweise für eine Schlichtung entschieden haben oder – wenn angeboten – eine gerichtliche Mediation bevorzugen.

---

69 Vgl. Kommentierung zu § 278 ZPO, Rdn. 70.

bb) Eigener Vorschlag der Beteiligten

Die Beteiligten sind zudem nicht von einem gerichtlichen Vorschlag abhängig. Es steht ihnen frei, selbst einen entsprechenden Vorschlag über das Gericht dem anderen Beteiligten zukommen lassen oder bereits übereinstimmend dem Gericht mitzuteilen, dass sie sich beispielsweise für eine Mediation entschieden haben. Regt zunächst nur ein Beteiligter ein Verfahren der außergerichtlichen Konfliktbeilegung oder der gerichtlichen Mediation an, so sollte das für das Gericht Anlass sein darüber zu reflektieren, seinerseits gem. § 278a Abs. 1 ZPO den Beteiligten einen Vorschlag zu unterbreiten. 109

Die Intention des Gesetzes nach Förderung der Mediation wie auch anderer Verfahren der außergerichtlichen Konfliktbeilegung[70] erfordert, dass das Gericht einen entsprechenden Vorschlag eines Beteiligten an den anderen Beteiligten zur Stellungnahme weiterleitet. 110

h) Gerichtlicher Ruhensbeschluss (§ 278a Abs. 2, 2. HS ZPO)

Zwingende und daher unanfechtbare **Rechtsfolge** einer Entscheidung der Beteiligten für eine Mediation oder ein anderes Verfahren der außergerichtlichen Streitbeilegung ist die Anordnung des Ruhens des Verfahrens gem. § 173 Satz 1 VwGO i. V. m. §§ 278a Abs. 2, 251 ZPO durch gerichtlichen Beschluss. Eines gesonderten Antrages hierzu bedarf es nicht; er ist in der Erklärung »für« ein konsensuales Verfahren konkludent enthalten.[71] 111

Dies gilt nicht nur in den Fällen, in denen sich die Beteiligten zu einem entsprechenden Vorschlag des Gerichts gem. § 278a Abs. 2 ZPO verhalten, sondern auch dann, wenn diese aus eigenem Antrieb dem Gericht mitteilen, den Versuch einer konsensualen Einigung im Rahmen einer gerichtsnahen oder gerichtliche Mediation bzw. eines anderen außergerichtlichen Konfliktbeilegungsverfahrens unternehmen zu wollen: Auch in diesen Fällen ist die Ruhensanordnung zwingende Rechtsfolge. 112

Gerichtlicher Beschluss meint in diesem Zusammenhang eine Entscheidung der Kammer bzw. des Senats, es sei denn, es liegt beim Verwaltungsgericht eine Übertragung auf den Einzelrichter (§ 6 Abs. 1 VwGO) oder ein Fall des § 87a Abs. 2, 3 VwGO vor. 113

Aus § 173 Satz 1 VwGO i. V. m. § 251 Satz 2 ZPO folgt, dass bei einer Ruhensanordnung grundsätzlich wie bei einer Unterbrechung und Aussetzung nach § 249 ZPO der Lauf einer jeden Frist aufhört mit Ausnahme der in § 233 ZPO bezeichneten Fristen. Das bedeutet, dass die Notfristen gem. § 224 Abs. 1 Satz 1 ZPO, die Rechtsmittelbegründungsfristen und die Wiedereinsetzungsfrist des § 234 Abs. 1 ZPO weiterhin laufen.[72] 114

---

70 Vgl. Begr. BT-Drucks. 17/5335, A. II.
71 Vgl. *Löer* ZKM 2010, 179 ff. (182).
72 Vgl. zu Einzelheiten *Baumbach*, ZPO, 69. Aufl., § 251 Rn. 9.

115 Der Ruhensbeschluss des Gerichts ist zudem relevant für die **Hemmung der Verjährung:** Danach endet die Hemmung der Verjährung durch Klageerhebung (§ 204 Abs. 1 Nr. 1 BGB) nach Ablauf von 6 Monaten nach der letzten Verfahrenshandlung der Parteien oder des Gerichts (vgl. § 204 Abs. 2 BGB), also der Anordnung des Ruhens des Verfahrens gem. § 278a Abs. 2 ZPO; im Übrigen gilt jedoch weiterhin § 203 Satz 1 BGB.

116 Kommt in der gerichtsnahen Mediation oder einem anderen außergerichtlichen Konfliktbeilegungsverfahren eine Vereinbarung nicht zustande und wird insbesondere der Rechtsstreit nicht beendet, so obliegt es den **Beteiligten** und nicht dem Streitschlichter (Mediator etc.), ob sie das **Gericht** hierüber **informieren**, die Aufhebung des Ruhensbeschlusses beantragen und das Verfahren fortsetzen wollen.

i) **Verhältnis der Vorschrift zu § 278 Abs. 5 ZPO**

117 Das Gericht wird für beide Verfahrensarten grundsätzlich die gleichen Überlegungen zugrunde legen, also neben dem Aspekt der Freiwilligkeit insbesondere den der Geeignetheit, ferner Zeit- und Kostenfaktoren sowie die Komplexität der Auseinandersetzung berücksichtigen. Bietet sich im Hinblick auf den konkreten Konflikt ein anderes Verfahren der außergerichtlichen Konfliktbeilegung an, so ist diesem jedenfalls der Vorrang einzuräumen.[73]

j) **Hinweise für die Praxis**

118 Spezifische, über § 278a ZPO hinausgehende Praxishinweise ergeben sich für die Verwaltungsgerichtsbarkeit nicht; insoweit kann daher auf die Ausführungen unter III. »**Hinweise für die Praxis**« zu § 278a ZPO,[74] verwiesen werden. Soweit die Beteiligten nicht auf Vorschlag des Gerichts sondern von sich aus mitteilen, dass sie sich auf eine Mediation oder ein anderes Verfahren der außergerichtlichen Konfliktbeilegung geeinigt haben, bleibt anzuraten – solange noch keine einschlägige Rechtsprechung vorliegt –, ihre entsprechende Information an das Gericht hilfsweise mit einem Antrag auf Ruhen des Verfahrens gem. 278a Abs. 2 ZPO zu verbinden.

---

73 Vgl. hierzu umfassend die Kommentierung zu § 278 ZPO, dort Rdn. 82.
74 Vgl. Kommentierung zu § 278a ZPO, Rdn. 74 ff.

I. Artikel 7 Änderung des Gerichtskostengesetzes

§ 69b Verordnungsermächtigung

Die Landesregierungen werden ermächtigt, durch Rechtsverordnung zu bestimmen, dass die von den Gerichten der Länder zu erhebenden Verfahrensgebühren über die in den Nummern 1211, 1411, 5111, 5113, 5211, 5221, 6111, 6211, 7111, 7113 und 8211 des Kostenverzeichnisses bestimmte Ermäßigung hinaus weiter ermäßigt werden oder entfallen, wenn das gesamte Verfahren nach einer Mediation oder nach einem anderen Verfahren der außergerichtlichen Konfliktbeilegung durch Zurücknahme der Klage oder des Antrags beendet wird und in der Klage- oder Antragsschrift mitgeteilt worden ist, dass eine Mediation oder ein anderes Verfahren der außergerichtlichen Konfliktbeilegung unternommen wird oder beabsichtigt ist, oder wenn das Gericht den Parteien die Durchführung einer Mediation oder eines anderen Verfahrens der außergerichtlichen Konfliktbeilegung vorgeschlagen hat. Satz 1 gilt entsprechend für die in den Rechtsmittelzügen von den Gerichten der Länder zu erhebenden Verfahrensgebühren; an die Stelle der Klage- oder Antragsschrift tritt der Schriftsatz, mit dem das Rechtsmittel eingelegt worden ist.

Übersicht

		Rdn.
I.	Regelungsgegenstand und Zweck	1
	1. Normentwicklung und -gefüge	1
	2. Europäische Mediationsrichtlinie	4
II.	Grundsätze/Einzelheiten	5
	1. Ermächtigungsnorm für Gebührenreduzierung	5
	a) Ermächtigungsadressat	6
	b) Bestimmung von Inhalt, Zweck und Ausmaß	7
	c) Umsetzung	11
	2. Ermäßigung bzw. Wegfall der Verfahrensgebühr (Satz 1)	12
	a) Umfang	12
	b) Voraussetzungen	24
	aa) Klage- oder Antragsrücknahme	25
	bb) Beendigung des gesamten Verfahrens	28
	cc) Verfahrensbeendigung nach einer Mediation	29
	dd) Ankündigung in der Klageschrift gem. § 253 Abs. 3 Nr. 1 ZPO	33
	ee) Gerichtlicher Vorschlag gem. § 278a Abs. 1 ZPO	35
	3. Rechtsmittelverfahren (Satz 2)	36
	4. Geltungsbereich der Vorschrift	38
III.	Hinweise für die Praxis	39

I. Regelungsgegenstand und Zweck

1. Normentwicklung und -gefüge

Mit der Vorschrift, die ebenso wie § 61a FamFGKG erst über das **Vermittlungsverfahren** als **Artikel 7 des Mediationsförderungsgesetzes** in das Regelwerk aufgenom- 1 men wurde,¹ reagierte der Vermittlungsausschuss auf Anregungen, die sowohl den Referentenentwurf wie den Entwurf der Bundesregierung als auch den vom Bundestag verabschiedeten Gesetzentwurf begleitet hatten: dass entgegen der Gesetzesüberschrift von einer »Förderung« der Mediation und anderer ADR-Verfahren nicht gesprochen werden könne, solange nicht der Gesetzgeber finanzielle Anreize für solche gerichtshängige Verfahren schaffen würde, die von den Parteien während der Rechtshängigkeit einer konsensualen Lösung zugeführt würden;² auch der Bundesrat hatte sich seinerzeit in seiner Stellungnahme zum Gesetzentwurf entsprechend kritisch geäußert.³

2 Die Verordnungsermächtigung zur Reduzierung der Verfahrensgebühren ist ein erster **zögerlicher Schritt** in Richtung »**finanzieller Anreiz**«. Der Bundesgesetzgeber überlässt es den Landesregierungen, ob überhaupt und in welchem Umfang sie eine Gebührenreduzierung umsetzen wollen. In Anbetracht des engen finanziellen Handlungsrahmens vieler Justizhaushalte war die Prognose nicht gewagt, dass die Länder von dieser Öffnungsklausel eher zurückhaltend Gebrauch machen werden. Bis zur Zweitauflage dieses Werkes hat noch kein Bundesland einen entsprechenden finanziellen Anreiz gesetzt.⁴

3 Die Vorschrift ist im Übrigen erneut ein Beispiel dafür, dass durch den Vermittlungsausschuss eingebrachte neue Regelungen sich überwiegend als politischer Kompromiss denn als gut durchdachte Vorschriften erweisen, die sich unschwer in bestehende Regelwerke integrieren lassen. Anknüpfungspunkte für eine Gebührenreduzierung sind vorliegend die einschlägigen Nummern des Kostenverzeichnisses, die u. a. »Klage- bzw. Antragsrücknahmen« hinsichtlich der jeweiligen Verfahrensgebühr privilegieren. Allein hierauf abzustellen, nicht jedoch auch auf andere Formen der Beendigung anhängiger gerichtlicher Verfahren, die sich in Mediationsverfahren bewährt haben, erscheint wenig sinnvoll; gerade der Vergleich wie auch die Hauptsacheerledigung hätten sich hierfür angeboten. Es kommt hinzu, dass eine Privilegierung von Verfahren vor den Bundesgerichten, die vom (Bundes-)Gesetzgeber selbst hätte geregelt werden müssen, nach dem MediationsförderungsG nicht vorgesehen ist.

2. Europäische Mediationsrichtlinie

4 Die Vorschrift des § 69b GKG bezieht sich auf den **Erwägungsgrund Nr. 14** der EUMed-RL und auf **Art. 5 Abs. 2 EUMed-RL**, wonach eine »Inanspruchnahme der Mediation vor oder nach Einleitung eines Gerichtsverfahrens ... mit Anreizen ... verbunden« werden kann.

---

1 Vgl. BT-Drucks. 17/10102, Artikel 7.
2 Vgl. nur *Paul* ZKM 2011, 119 ff. (121); *Bastine* ZKM 2010, 59 f. (60); *Göcken* NJW-aktuell, 52/2011, 16; *Kraft/Schwerdtfeger* ZKM 2011, 55 ff. (56); *Mattioli/Trenczek* BJ 2010, 324 ff. (331).
3 BT-Drucks. 17/5335, Anl. 3, Zu Artikel 8.
4 Zur Mediationskostenhilfe vgl. die Kommentierung zu § 7 MediationsG, ferner *Will* Die Mediation IV/2019, 72 ff.

II. Grundsätze/Einzelheiten

1. Ermächtigungsnorm für Gebührenreduzierung

§ 69b GKG ist die **Ermächtigungsnorm**, deren es nach **Art. 80 Abs. 1 GG** bedarf, wenn rechtsetzende Gewalt auf die Exekutive übertragen werden soll. Der Bundesgesetzgeber bestimmt in § 69a GKG nicht selbst das »ob und wie« einer möglichen Ermäßigung der Verfahrensgebühren, sondern überlässt dies den jeweiligen Ländern im Rahmen einer Rechtsverordnung. Da die Länder hiervon Gebrauch machen können, jedoch nicht müssen, nimmt der (Bundes-)Gesetzgeber insoweit in Kauf, dass möglicherweise eine Rechtszersplitterung eintritt. Allerdings zählt die Regelung einer Gebührenermäßigung zu den Tatbeständen, die der Evaluierung gem. § 8 MediationsG unterfielen, ohne dass dies danach zu einer entsprechenden Regelung geführt hätte. 5

a) Ermächtigungsadressat

Als **Ermächtigungsadressat** im Sinne des Art. 80 Abs. 1 Satz 1 GG wird die jeweilige **Landesregierung** benannt, wobei sich die Frage, welches Organ als »Landesregierung« zuständig ist, aus der **Verfassung des jeweiligen Landes** beantwortet.[5] 6

b) Bestimmung von Inhalt, Zweck und Ausmaß

§ 69b GKG ist zudem an den Anforderungen zu messen, die nach dem Konkretisierungsgebot des **Art. 80 Abs. 1 Satz 2 GG** zu beachten sind: **Inhalt, Zweck und Ausmaß** der erteilten Ermächtigung müssen im Gesetz selbst bestimmt sein. Daran würde es fehlen, wenn die Ermächtigung so unbestimmt wäre, dass nicht mehr voraussehbar wäre, in welchen Fällen und mit welcher Tendenz von ihr Gebrauch gemacht werden wird und welchen Inhalt die aufgrund der Ermächtigung erlassene Verordnung haben könnte.[6] 7

Indem der Gesetzgeber auf die Verfahrensgebühren im Zusammenhang mit den von ihm benannten Nummern des Kostenverzeichnisses, auf Mediation und andere Verfahren der außergerichtlichen Konfliktbeilegung sowie auf §§ 253 Abs. 3 Nr. 1, 278a Abs. 1 ZPO abstellt, genügt er den verfassungsrechtlichen Anforderungen an eine **inhaltliche Bestimmung**. 8

Auch das **Ziel**, das er erreichen will, wird aus der Vorschrift deutlich: eine Ermäßigung bzw. Erlass der Verfahrensgebühr als finanzieller Anreiz zur Förderung der Mediation und anderer ADR-Verfahren bei anhängigen Gerichtsverfahren. 9

Schließlich sind auch die **Grenzen** klar erkennbar: Ermäßigung oder Erlass sollen nur in Betracht kommen, wenn ein Verfahren in der Eingangs- wie Rechtsmittelinstanz vor Gerichten der Länder nach einer Mediation oder einem sonstigen ADR-Verfahren durch Klage- oder Antragsrücknahme beendet wird und zuvor entweder (teilweise) die 10

---

5 BVerfGE 11, 77 ff. (86).
6 BVerfGE 1, 14 (60), 58, 257 (277).

Voraussetzungen des § 253 Abs. 3 Nr. 1 ZPO oder die des § 278a Abs. 1 ZPO vorgelegen haben.

c) Umsetzung

11 Machen die Landesregierungen von der ihnen eingeräumten Ermächtigung Gebrauch, dann muss sich die Gebührenreduzierung in dem durch § 69a GKG vorgegebenen Rahmen halten und gem. **Art. 80 Abs. 1 Satz 3 GG** ihre Rechtsgrundlage benennen. Wie aus **Art. 80 Abs. 4 GG** folgt, sind die Länder auch zu einer Regelung durch Gesetz befugt.

2. Ermäßigung bzw. Wegfall der Verfahrensgebühr (Satz 1)

a) Umfang

12 Das Gesetz sieht vor, dass die von den Gerichten der Länder zu erhebenden Verfahrensgebühren über die in den Kostenverzeichnissen bereits vorgesehene Ermäßigung hinaus **weiter ermäßigt** werden oder vollständig **entfallen** können.

Mit dieser Privilegierung sollen zum einen die alternativen Streitbeilegungsverfahren gefördert, zu anderen dem Umstand Rechnung getragen werden, dass eine Klagerücknahme stets mit einer Entlastung der Justiz verbunden ist, da es dann nur noch eines Einstellungsbeschlusses und ggf. – abhängig vom Verfahrensgegenstand – eines Streitwertbeschlusses bedarf. Indem der Gesetzgeber an bestimmte Gebührentatbestände und –ermäßigungen anknüpft stellt er klar, dass **ausschließlich in diesen Fällen** eine **weitere Reduzierung** in Betracht kommen kann. Es sind dies im Einzelnen

13 (1) **Nr. 1211** des Kostenverzeichnisses.

Danach ist in zivilrechtlichen **Verfahren vor den ordentlichen Gerichten** im ersten Rechtszug vor dem Amts- oder Landgericht die für das Verfahren im Allgemeinen (vgl. Nr. 1210) zu erhebende dreifache Gebühr auf eine 1,0-fache Gebühr zu ermäßigen, u. a. bei einer Beendigung des gesamten Verfahrens durch Klagerücknahme.

14 (2) **Nr. 1411** des Kostenverzeichnisses.

Die Regelung gilt für Verfahren des einstweiligen Rechtsschutzes im ersten Rechtszug vor den ordentlichen Gerichten. Die nach Nr. 1410 anfallende 1,5-fache Gebühr ermäßigt sich bei einer Beendigung des gesamten Verfahrens durch Antragsrücknahme auf eine 1,0-fache Gebühr.

15 (3) **Nr. 5111** des Kostenverzeichnisses.

In **Verfahren vor den Verwaltungsgerichten** ermäßigt sich im ersten Rechtszug die 3,0-fache Gebühr für Verfahren im Allgemeinen bei Beendigung des gesamten Verfahrens u. a. durch Klagerücknahme auf eine 1,0-fache Gebühr.

16 (4) **Nr. 5113** des Kostenverzeichnisses.

Dieser Gebührentatbestand betrifft erstinstanzliche Verfahren nach §§ 47, 48 VwGO vor den Oberverwaltungsgerichten/Verwaltungsgerichtshöfen und sieht eine Ermäßigung des 4,0-fachen Gebührentatbestandes für Verfahren im Allgemeinen auf eine 2,0-fache Gebühr u. a. bei einer Beendigung des gesamten Verfahrens durch Klagerücknahme vor.

(5) **Nr. 5211** des Kostenverzeichnisses. 17

In Verfahren des vorläufigen Rechtsschutzes vor den Verwaltungsgerichten und Oberverwaltungsgerichten/Verwaltungsgerichtshöfen ermäßigt sich die 1,5-fache Gebühr der Nr. 5210 auf eine 0,5-fache Gebühr bei Beendigung des gesamten Verfahrens durch Antragsrücknahme.

(6) **Nr. 5221** des Kostenverzeichnisses.

Bei gleichzeitiger erstinstanzlicher Zuständigkeit eines Oberverwaltungsgerichts/Verwaltungsgerichtshofs gilt in Verfahren des vorläufigen Rechtsschutzes, dass die 2,0-fache Verfahrensgebühr bei einer Beendigung des gesamten Verfahrens durch Klagerücknahme sich auf eine 0,75-fache Gebühr verringert.

(7) **Nr. 6111** des Kostenverzeichnisses. 19

In **Verfahren vor den Gerichten der Finanzgerichtsbarkeit** fallen im ersten Rechtszug für Verfahren im Allgemeinen nach der Nr. 6110 Gebühren in Höhe des 4,0-fachen Satzes an, die sich bei Beendigung des gesamten Verfahrens durch Klagerücknahme auf eine 2,0-fache Gebühr ermäßigen.

(8) **Nr. 6211** des Kostenverzeichnisses. 20

In Verfahren des vorläufigen Rechtsschutzes ermäßigt sich die 2,0-fache Gebühr bei Antragsrücknahme, die zur Beendigung des gesamten Verfahrens führt, auf eine 0,75-fache Gebühr.

(9) **Nr. 7111** des Kostenverzeichnisses. 21

In **Verfahren vor den Gerichten der Sozialgerichtsbarkeit** fallen im ersten Rechtszug für Verfahren im Allgemeinen nach der Nr. 7110 Gebühren in Höhe des 3,0-fachen Satzes an, die sich bei Beendigung des gesamten Verfahrens durch Klagerücknahme auf eine 1,0-fache Gebühr ermäßigen.

(10) **Nr. 7113** des Kostenverzeichnisses. 22

In Verfahren vor dem Landessozialgericht ermäßigt sich die 4,0-fache Gebühr bei Klagerücknahme, die zur Beendigung des gesamten Verfahrens führt, auf eine 2,0-fache Gebühr.

(11) **Nr. 8211** des Kostenverzeichnisses. 23

In **Verfahren vor den Gerichten der Arbeitsgerichtsbarkeit** fallen für Urteilsverfahren im ersten Rechtszug nach der Nr. 7110 für Verfahren im Allgemeinen Gebühren in Höhe des 2,0-fachen Satzes an, die sich bei Beendigung des gesamten Verfahrens nach streitiger Verhandlung durch Klagerücknahme auf eine 0,4-fache Gebühr ermäßigen.

b) Voraussetzungen

24 Der Gesetzgeber hat eine mögliche **Gebührenreduzierung** in den oben aufgeführten Gebührentatbeständen von **zahlreichen Voraussetzungen** abhängig gemacht. Es sind dies im Einzelnen:

aa) Klage- oder Antragsrücknahme

25 Die Vergünstigung einer Gebührenermäßigung kann nach dem Wortlaut des Gesetzes **ausschließlich** im Fall einer **Klage- oder Antragsrücknahme** (vgl. § 269 ZPO, § 92 VwGO, § 102 SGG, § 54 Abs. 2 ArbGG, § 72 FGO) in Betracht kommen. Auf die exakte Bezeichnung als »Klage- oder Antragsrücknahme« kommt es nicht an; in Zweifelsfällen ist der wahre Wille des Erklärenden zu erforschen.

26 Eine **Erledigungserklärung** (vgl. § 91a ZPO) wie auch ein **gerichtlicher Vergleich**, lösen die Vergünstigung **nicht** aus, selbst wenn sich die Parteien in beiden Fällen auf eine Kostenregelung verständigt haben sollten. Dies folgt aus dem Umstand, dass die einschlägigen Nummern des Kostenverzeichnisses, auf die der Gesetzgeber in § 69a Satz 1 GKG abstellt, neben der Klage- und Antragsrücknahme weitere Verfahrensbeendigungen wie Anerkenntnisurteil, gerichtlichen Vergleich oder Erledigungserklärung kennen, die alle eine Kostenermäßigung nach sich ziehen. Indem der Gesetzgeber im Zusammenhang mit Mediationen und anderen ADR-Verfahren ausschließlich die Verfahrensbeendigung durch Klage- bzw. Antragsrücknahme benennt, hat er deutlich gemacht, dass er **andere Verfahrensbeendigungen nicht privilegiert** wissen will.

27 Dies wirft in der Praxis nicht unerhebliche Probleme auf: Besteht die Rechtsfolge einer Klagerücknahme (oder Rücknahme eines Antrags oder Rechtsmittels) doch darin, dass derjenige, der die Klage zurücknimmt, die Kosten zu tragen hat,[7] wozu auch die anwaltlichen Kosten der Gegenseite und die eines etwaigen Beigeladenen zählen. Um in den Genuss der Kostenprivilegierung zu kommen, wird es deshalb häufig einer **spezifischen Kostenregelung** in der **Mediationsvereinbarung** bedürfen, um einer möglicherweise nicht gewünschten Kostenfolge der Klagerücknahme zu entgehen.

bb) Beendigung des gesamten Verfahrens

28 Klage- bzw. Antragsrücknahme müssen zu einer Beendigung des **gesamten** Verfahrens führen. Eine Reduzierung der Verfahrensgebühr darf mithin nur für solche Fälle vorgesehen werden, in denen das Prozessverfahren wegen sämtlicher Anträge und wegen aller Beteiligten insgesamt endet. Eine nur teilweise Klage- bzw. Antragsrücknahme, die nach den Prozessordnungen zulässig ist, lässt die jeweilige Verfahrensgebühr weiter bestehen.[8]

---

[7] Vgl. beispielhaft § 269 Abs. 3 ZPO oder § 155 Abs. 2 VwGO.
[8] *Hartmann*, Kostengesetze, KV 1211, Rn. 3.

cc) Verfahrensbeendigung nach einer Mediation

Entsprechend dem gesetzgeberischen Ziel, Mediationen und andere Verfahren außergerichtlichen Konfliktbeilegung zu fördern, sollen nur solche Klage- bzw. Antragsrücknahmen zu einer weitergehende Ermäßigung bzw. zu einem Entfallen der Verfahrensgebühr führen, die als Folge einer **zuvor durchgeführten Mediation** (oder eines anderen ADR-Verfahrens) zu erachten sind. Dabei lässt es der Gesetzgeber dahingestellt, in welchem Kontext die verfahrensbeendende Erklärung abgegeben wird: ob sie mithin übereinstimmende, konsensuale Vereinbarung einer Mediation oder bloßer Reflex auf eine zuvor durchgeführte, aber ergebnislos beendete oder abgebrochene Mediation ist. Teilt der Kläger bzw. Antragsteller dem Gericht mit, es habe ein Mediationsverfahren stattgefunden und es werde nunmehr die Klage bzw. der Antrag zurückgenommen, so löst dies die Gebührenprivilegierung aus; weitergehender Erklärung bedarf es – nicht zuletzt im Hinblick auf das **Prinzip der Vertraulichkeit** (vgl. § 4 MediationsG) – nicht. 29

Mediation meint in diesem Zusammenhang eine »**außergerichtliche Mediation**«, nicht hingegen eine Mediation durch einen Güterichter gem. § 278 Abs. 5 Satz 2 ZPO. Dies folgt aus der Bezugnahme des § 69a GKG auf die Regelungszusammenhänge der §§ 253 Abs. 3 Nr. 1, 278a Abs. 1 ZPO; hätte der Gesetzgeber auch Mediationsverfahren des Güterichters nach § 278 Abs. 5 ZPO privilegieren wollen, dann hätte er dies im Gesetzestext zum Ausdruck gebracht. 30

Für diese Interpretation streiten auch Sinn und Zweck der Regelung, die den Umstand der **Entlastung der Justiz** privilegiert wissen will. Im Fall einer Mediation vor dem Güterichter gem. § 278 Abs. 5 ZPO erbringt die Justiz jedoch ebenfalls nicht unerhebliche Leistungen, die mit Kosten verbunden sind. Von daher war im Gesetzgebungsverfahren sogar angeregt worden, diese Leistungen kostenpflichtig anzubieten.[9] 31

Soweit neben der Mediation auf **andere Verfahren der außergerichtlichen Konfliktbeilegung** abgestellt wird, so handelt es sich um solche Verfahren, wie sie unter Teil 6 A. I. Rdn. 1 ff beschrieben sind. Die dortige Darstellung ist nicht abschließend; der Gesetzgeber selbst geht davon aus, dass die Entwicklung neuer innovativer Verfahren der außergerichtlichen Konfliktbeilegung weitergehen wird.[10] 32

dd) Ankündigung in der Klageschrift gem. § 253 Abs. 3 Nr. 1 ZPO

Um in den Genuss der Reduzierung der Verfahrensgebühr zu kommen ist es weiterhin erforderlich, dass bereits mit Einreichung der Klage- oder Antragsschrift dem Gericht mitgeteilt wurde, ob bereits eine Mediation unternommen wird oder beabsichtigt ist. 33

Damit knüpft § 69b GKG an die Sollvorschrift des § 253 Abs. 3 Nr. 1 ZPO an, ohne allerdings den Text dieser Norm zu übernehmen: Allein eine **bereits stattfindende** oder 34

---

9 Vgl. nur *Paul* ZKM 2011, 119 ff. (121); *Mattioli/Trenczek* BJ 2010, 324 ff. (331).
10 Begr. BT-Drucks. 17/5335, A. II.

beabsichtigte Mediation (oder ein anderes außergerichtliches Konfliktbeilegungsverfahren) kann mithin zu einer Gebührenprivilegierung führen. Da das Gesetz auf den Kläger bzw. Antragsteller abstellt, ist das Tatbestandsmerkmal der »beabsichtigten Mediation« auch allein aus dessen Perspektive zu bewerten, d. h. der Kläger bzw. Antragsteller muss gegenüber dem Gericht deutlich machen, dass er beim Beklagten bzw. Antragsgegner die Durchführung eines Mediationsverfahrens anregen wird. Hierfür wird es eines **konkreten Vorschlags** etwa in dem Sinne bedürfen, dass bereits im verfahrenseinleitenden Schriftsatz der Gegenseite unterbreitet wird, den Versuch einer konsensualen Lösung zu unternehmen. Ausführungen etwa des Inhalts, »einer Mediation oder eines anderen Verfahrens der außergerichtlichen Konfliktbeilegung stehe man aufgeschlossen gegenüber«, »die Durchführung einer Mediation sei erwägenswert« oder »die Herbeiführung einer konsensualen Lösung sei sinnvoll«, reichen hierfür nicht aus. Sollte sich ein Kläger bzw. Antragsteller hierzu nicht eindeutig verhalten, so bleibt es dem Gericht unbenommen, dies beim Kläger bzw. Antragsteller aufzuklären.

ee) **Gerichtlicher Vorschlag gem. § 278a Abs. 1 ZPO**

35 Alternativ zur Mitteilung in der Klage- und Antragsschrift, wie sie vorstehend beschrieben wurde, kommt eine Kostenreduzierung auch in Betracht, wenn die Parteien aufgrund eines **Vorschlag des Gerichts** gem. § 278a Abs. 1 ZPO eine Mediation oder ein anderes Verfahren der außergerichtlichen Konfliktlösung durchgeführt haben. Es genügt danach nicht, wenn die Parteien von sich aus übereinstimmend dem Gericht mitteilen, sie wollten den Weg einer konsensualen Konfliktbeilegung beschreiten und ggf. ein Ruhen des Verfahrens gem. § 278a Abs. 2 ZPO begehren. Vielmehr wird es erforderlich sein, dass die Parteien, wenn sie sich denn mit dem Gedanken tragen, ein Verfahren einer konsensualen Konfliktbeilegung durchzuführen, dem Gericht einen entsprechenden Hinweis geben und einen **Vorschlag** nach § 278a Abs. 1 ZPO **anregen**, damit der Kläger ggf. später in den Genuss der Kostenprivilegierung kommen kann.

3. **Rechtsmittelverfahren (Satz 2)**

36 Satz 2 betrifft die Möglichkeit einer Reduzierung der Verfahrensgebühren im Rechtsmittelverfahren. Dabei gilt die **Regelung des Satzes 1**, der die Nrn. 1211, 1411, 5111, 5113, 5211, 5221, 6111, 6211, 7111, 7113 und 8211 des Kostenverzeichnisses betrifft, **entsprechend** für die in den **Rechtsmittelzügen** vor den **Gerichten der Länder** zu erhebenden Verfahrensgebühren. An die Stelle der Klage- oder Antragsschrift tritt dabei jeweils der Schriftsatz, mit dem das Rechtsmittel eingelegt worden ist.

37 Aus der Verweisung auf Satz 1 folgt, dass nur bestimmte Verfahren privilegiert sein sollen. Es sind dies die Fälle der Nrn. 1221, 1222, 1421, 1422, 1431, 5121, 5123, 5124, 5241, 7121, 7122, 8221 und 8222 des Kostenverzeichnisses.

4. Geltungsbereich der Vorschrift

Der Geltungsbereich des § 69b GKG erschließt sich aus § 1 GKG und betrifft nach dessen Abs. 1 Verfahren vor den ordentlichen Gerichten. Allerdings ist für Verfahren in Familiensachen und für Verfahren vor dem Oberlandesgericht nach § 107 des Gesetzes über das Verfahren in Familiensachen und in den Angelegenheiten der freiwilligen Gerichtsbarkeit das Gesetz über Gerichtskosten in Familiensachen einschlägig (vgl. § 1 FamGKG). Nach § 1 Abs. 2 GKG ist § 69b GKG auch anzuwenden für Verfahren vor den Gerichten der Verwaltungsgerichtsbarkeit, der Finanzgerichtsbarkeit, der Sozialgerichtsbarkeit und vor den Gerichten für Arbeitssachen. 38

III. Hinweise für die Praxis

Die Parteien einer Mediation sind gut beraten, in der abschließenden, den Konflikt beendenden Mediationsvereinbarung eine Kostenregelung hinsichtlich des anhängigen Rechtsstreits zu treffen, die auch die Anwaltskosten einschließlich der Kosten etwaiger Beigeladener betrifft. Denn eine Klage- bzw. Antragsrücknahme als notwendige Voraussetzung für eine Kostenprivilegierung zieht als Rechtsfolge die Kostentragungspflicht der Prozesskosten – einschließlich der Kosten des Anwalts der Gegenseite und die eines etwaigen Beigeladenen – durch den Kläger bzw. Antragsteller nach sich. 39

J. Artikel 7a Änderung des Gesetzes über Gerichtskosten in Familiensachen

§ 61a Verordnungsermächtigung

Die Landesregierungen werden ermächtigt, durch Rechtsverordnung zu bestimmen, dass die von den Gerichten der Länder zu erhebenden Verfahrensgebühren in solchen Verfahren, die nur auf Antrag eingeleitet werden, über die im Kostenverzeichnis für den Fall der Zurücknahme des Antrags vorgesehene Ermäßigung hinaus weiter ermäßigt werden oder entfallen, wenn das gesamte Verfahren oder bei Verbundverfahren nach § 44 eine Folgesache nach einer Mediation oder nach einem anderen Verfahren der außergerichtlichen Konfliktbeilegung durch Zurücknahme des Antrags beendet wird und in der Antragsschrift mitgeteilt worden ist, dass eine Mediation oder ein anderes Verfahren der außergerichtlichen Konfliktbeilegung unternommen wird oder beabsichtigt ist, oder wenn das Gericht den Beteiligten die Durchführung einer Mediation oder eines anderen Verfahrens der außergerichtlichen Konfliktbeilegung vorgeschlagen hat. Satz 1 gilt entsprechend für die im Beschwerdeverfahren von den Oberlandesgerichten zu erhebenden Verfahrensgebühren; an die Stelle der Antragsschrift tritt der Schriftsatz, mit dem die Beschwerde eingelegt worden ist.

Übersicht

	Rdn.
I. Regelungsgegenstand und Zweck	1
1. Normentwicklung und -gefüge	1
2. Europäische Mediationsrichtlinie	2
II. Grundsätze/Einzelheiten	3
1. Ermächtigungsnorm für Gebührenreduzierung	3
2. Ermäßigung bzw. Wegfall der Verfahrensgebühr (Satz 1)	4
a) Umfang	4
b) Voraussetzungen	5
3. Beschwerdeverfahren (Satz 2)	12

I. Regelungsgegenstand und Zweck

1. Normentwicklung und -gefüge

1 Mit der Vorschrift, die zusammen mit § 69b GKG erst über das **Vermittlungsverfahren** als Artikel 7a des **Mediationsförderungsgesetzes** in das Regelwerk aufgenommen wurde,[1] reagierte der Gesetzgeber auf die Kritik mangelnder finanzieller Förderung der Mediation und anderer Verfahren der außergerichtlichen Konfliktbeilegung auch und gerade in Familiensachen.[2] Allerdings überlässt er es

---

[1] Vgl. BT-Drucks. 17/10102, Artikel 7a.
[2] Vgl. nur *Paul* ZKM 2011, 119 ff. (121); *Bastine* ZKM 2010, 59 f (60); *Göcken* NJW-aktuell, 52/2011, 16; *Kraft/Schwerdtfeger* ZKM 2011, 55 ff. (56); *Mattioli/Trenczek* BJ 2010, 324 ff. (331).

den jeweiligen Landesregierungen im Rahmen einer »Öffnungsklausel«, ob überhaupt und in welchem Umfang sie eine Reduzierung von Verfahrensgebühren für das Tätigwerden ihrer (Landes-)Gerichte im Geltungsbereich des § 1 FamGKG einführen wollen. Bis zur Zweitauflage dieses Werkes ist hiervon noch nicht Gebrauch gemacht worden.[3] § 61a FamGKG ist im Wesentlichen der Norm des § 69b GKG nachempfunden, sieht man einmal von den unterschiedlichen Bezugnahmen ab: hier Verfahrensgebühren in Verfahren, die auf Antrag eingeleitet werden, bei § 69b GKG Verfahren nach im Einzelnen benannten Nummern des Kostenverzeichnisses. Wegen der weitgehenden Vergleichbarkeit beider Normen verweist die vorliegende Kommentierung daher vielfach auf die Ausführungen zu § 69b GKG, die ergänzend heranzuziehen sind.

2. Europäische Mediationsrichtlinie

Die Vorschrift des § 61a FamGKG bezieht sich auf den **Erwägungsgrund Nr. 14** 2 der EUMed-RL und auf **Art. 5 Abs. 2 EUMed-RL**, wonach eine »Inanspruchnahme der Mediation vor oder nach Einleitung eines Gerichtsverfahrens ... mit Anreizen ... verbunden« werden kann.

II. Grundsätze/Einzelheiten

1. Ermächtigungsnorm für Gebührenreduzierung

§ 61a FamGKG ist die **Ermächtigungsnorm**, deren es nach **Art. 80 Abs. 1 GG** zur 3 Übertragung rechtsetzender Gewalt auf die Exekutive bedarf.[4] Die Vorschrift genügt den verfassungsrechtlichen Anforderungen hinsichtlich der Benennung des **Ermächtigungsadressaten** sowie der Bestimmung von **Inhalt**,[5] **Zweck und Ausmaß**. Im Rahmen der Umsetzung hat der Ermächtigungsadressat den durch § 61a FamFGKG vorgegebenen Rahmen und das Zitiergebot des Art. 80 Abs. 1 Satz 2 GG einzuhalten; es bleibt ihm unbenommen, statt einer Rechtsverordnung auch die Umsetzungsmöglichkeit eines Gesetzes zu wählen (Art. 80 Abs. 4 GG).

2. Ermäßigung bzw. Wegfall der Verfahrensgebühr (Satz 1)

a) Umfang

Das Gesetz sieht vor, dass die von den Gerichten der Länder zu erhebenden Ver- 4 fahrensgebühren ausschließlich in solchen Verfahren über die in den Kostenverzeichnissen bereits vorgesehene Ermäßigung hinaus **weiter ermäßigt** werden oder vollständig **entfallen** können, die nur **auf Antrag** eingeleitet werden.

---

3 Vgl. zur Mediationskostenhilfe die Kommentierung zu § 7 MediationsG, ferner *Will* Die Mediation IV/2019, 72 ff.
4 Vgl. ergänzend die Kommentierung zu § 69b GKG, Rdn. 4 ff.
5 Was die inhaltliche Bestimmung anbelangt, so stellt § 61a FamFG im Gegensatz zu § 69b GKG auf Verfahrensgebühren in Verfahren ab, die auf Antrag eingeleitet werden.

Das FamFG unterscheidet nämlich in **Familiensachen** zwischen sog. **Antragsverfahren** (23 FamFG) und solchen, die von Amts wegen eingeleitet werden (vgl. § 24 FamFG). In den Angelegenheiten der freiwilligen Gerichtsbarkeit ist insoweit das **materielle Recht entscheidend**, d. h. es bedarf der Prüfung, ob ein Antrag ausschließlich oder in erster Linie der Durchsetzung privater Rechte dient oder ob die Einleitung des Verfahrens vollständig oder überwiegend im öffentlichen Interesse liegt; in Bezug auf Familiensachen sind beispielsweise in den Fällen des § 1666 BGB die Verfahren von Amts wegen einzuleiten.[6]

b) Voraussetzungen

5 Der Gesetzgeber hat eine mögliche Gebührenreduzierung in den oben erwähnten Antragsverfahren von **zahlreichen Voraussetzungen**[7] abhängig gemacht:

6 (1) Dazu zählt eine **Beendigung** des Verfahrens durch **Antragsrücknahme**, wobei dadurch das **gesamte Verfahren** beendet werden muss; eine teilweise Antragsrücknahme ist nicht ausreichend.[8]

7 (2) Handelt es sich um ein Verbundverfahren nach § 44 FamGKG, so muss eine Folgesache beendet werden. Was eine Folgesache ist, ergibt sich aus § 137 Abs. 2 und 3 FamFG:
- Versorgungsausgleichssachen (§ 137 Abs. 2 Nr. 1 FamFG),
- Familiensachen (§ 137 Abs. 2 FamFG), und zwar
- Unterhaltssachen (§ 137 Abs. 2 Nr. 2 FamFG),
- Ehewohnungssachen (§ 137 Abs. 2 Nr. 3 FamFG),
- Haushaltssachen (§ 137 Abs. 2 Nr. 3 FamFG),
- Güterrechtssachen (§ 137 Abs. 2 Nr. 4 FamFG),
- Kindschaftssachen (§ 137 Abs. 3 FamFG).[9]

8 (3) Die verfahrensbeendende Antragsrücknahme führt nur dann zu einer weitergehende Ermäßigung bzw. zu einem Entfallen der Verfahrensgebühr, wenn die Erklärung Folge einer **zuvor durchgeführten außergerichtlichen Mediation** (oder eines anderen ADR-Verfahrens) ist, wobei der Kontext, aufgrund dessen die Rücknahme erfolgt, dahinstehen kann.[10] Ein Verfahren vor dem Güterichter nach § 36 Abs. 5 FamFG zählt nicht hierzu.[11]

---

6 *Musielak/Borth*, Familiengerichtliches Verfahren, 2. Aufl., § 23 Rn. 1 ff.
7 Vgl. ergänzend die Kommentierung zu § 69b GKG, Rdn. 23 ff.
8 Vgl. ergänzend die Kommentierung zu § 69b GKG, Rdn. 24 ff.
9 Vgl. im Einzelnen *Schneider/Wolf/Volpert*, FamGKK, 2009, § 44 Rn. 16.
10 Vgl. ergänzend die Kommentierung zu § 69b GKG, Rdn. 27 f.
11 Vgl. ergänzend die Kommentierung zu § 69b GKG, Rdn. 30 f.

(4) Soweit neben der Mediation auf **andere Verfahren der außergerichtlichen Konfliktbeilegung** abgestellt wird sind damit Verfahren gemeint, wie sie unter Teil 6 A. im Überblick und Teil 6 c. bis K im Einzelnen beschrieben sind.[12]   9

(5) Es muss bereits in der Antragsschrift dem Gericht mitgeteilt worden sein, dass bereits eine Mediation unternommen wird oder beabsichtigt ist. Trotz der Anknüpfung an § 23 Abs. 1 Satz 2 FamFG kann **ausschließlich** eine **bereits stattfindende** oder **beabsichtigte Mediation** (bzw. ein anderes außergerichtliches Konfliktbeilegungsverfahren) zu einer Gebührenprivilegierung führen. Für eine beabsichtigte Mediation bedarf es in der Antragsschrift eines konkreten Vorschlags an die Gegenseite.[13]   10

(6) Alternativ zur Mitteilung in der Antragsschrift kommt eine Kostenreduzierung auch in Betracht, wenn die Beteiligten aufgrund eines **Vorschlag des Gerichts** gem. § 36a Abs. 1 FamFG eine Mediation oder ein anderes Verfahren der außergerichtlichen Konfliktlösung durchgeführt haben.[14]   11

3. Beschwerdeverfahren (Satz 2)

Satz 2 betrifft die Möglichkeit einer Reduzierung der Verfahrensgebühren im Beschwerdeverfahren vor dem Oberlandesgericht. Dabei gilt die **Regelung des Satzes 1** entsprechend, wobei an die Stelle der Antragsschrift der Schriftsatz tritt, mit dem die Beschwerde eingelegt worden ist.   12

---

12 Der Gesetzgeber ist sich darüber im Klaren, dass die Entwicklung neuer Verfahren weitergehen wird: Vgl. Begr. BT-Drucks. 17/5335, A. II.
13 Vgl. ergänzend die Kommentierung zu § 69b GKG, Rdn. 30 f.
14 Vgl. ergänzend die Kommentierung zu § 69b GKG, Rdn. 32.

K. Artikel 8 Änderung der Finanzgerichtsordnung

§ 155 Anwendung von GVG und von ZPO

Soweit dieses Gesetz keine Bestimmungen über das Verfahren enthält, sind das Gerichtsverfassungsgesetz und, soweit die grundsätzlichen Unterschiede der beiden Verfahrensarten es nicht ausschließen, die Zivilprozessordnung einschließlich § 278 Absatz 5 und § 278a sinngemäß anzuwenden. Die Vorschriften des Siebzehnten Titels des Gerichtsverfassungsgesetzes sind mit der Maßgabe entsprechend anzuwenden, dass an die Stelle des Oberlandesgerichts und des Bundesgerichtshofs der Bundesfinanzhof und an die Stelle der Zivilprozessordnung die Finanzgerichtsordnung tritt; die Vorschriften über das Verfahren im ersten Rechtszug sind entsprechend anzuwenden.

Übersicht

	Rdn.
I. Regelungsgegenstand und Zweck	1
1. Normgefüge und Systematik	1
2. Europäische Mediationsrichtlinie	7
II. Grundsätze/Einzelheiten	8
1. Zur Anwendbarkeit des § 41 Nr. 8 ZPO	8
a) Vorrangige Verweisungsnorm des § 51 Abs. 1 FGO	8
b) Normzweck	9
c) Mitwirkung an einem Mediationsverfahren oder anderen ADR-Verfahren	11
d) Verfahrensrechtliche Konsequenzen	14
2. Zur Anwendbarkeit des § 159 Abs. 2 Satz 2 ZPO	15
a) Vorrangige Verweisungsnorm des § 94 FGO	15
b) Normzweck	16
c) Normadressat und Verfahrensrecht	17
3. Zur Anwendbarkeit des § 253 Abs. 3 Nr. 1 ZPO	19
a) Verweisungsnorm des § 155 Satz 1 FGO	19
b) Normzweck und Inhalt	20
4. Zur Anwendbarkeit des § 278 Abs. 5 ZPO	21
a) Verweisungsnorm des § 155 Satz 1 FGO	21
b) Normzweck	22
c) Güteversuche	24
d) Verweisung durch das Gericht	26
e) Verweisung an einen hierfür bestimmten und nicht entscheidungsbefugten Güterichter	27
f) Darstellung des Verfahrensablaufs vor dem ersuchten Güterichter	29
aa) Verweisungsbeschluss	29
bb) Ermessen	30
g) Vorgehensweise des ersuchten Güterichters	31
h) Verhältnis der Vorschrift zu § 278a Abs. 1 ZPO	35
i) Hinweise für die Praxis	36
5. Zur Anwendbarkeit des § 278a ZPO	37

a) Verweisungsnorm des § 155 Satz 1 FGO 37
b) Normzweck 38
c) Gerichtlicher Vorschlag (§ 278a Abs. 1 Satz 1 ZPO) 39
d) Mediation (§ 278a Abs. 1 Satz 1, 1. Alt. ZPO) 41
e) Andere Verfahren der außergerichtlichen Konfliktbeilegung
   (§ 278a Abs. 1 Satz 1, 2. Alt. ZPO) 46
f) Gerichtliche Mediation im (zwischenzeitlich abgelaufenen)
   Übergangszeitraum 47
g) Entscheidung der Beteiligten (§ 278a Abs. 2, 1. HS ZPO) 48
h) Gerichtlicher Ruhensbeschluss (§ 278a Abs. 2, 2. HS ZPO) 49
i) Verhältnis der Vorschrift zu § 278 Abs. 5 ZPO 53
j) Hinweise für die Praxis 54

I. Regelungsgegenstand und Zweck

1. Normgefüge und Systematik

§ 155 Satz 1 FGO ist durch **Artikel 8 des Mediationsförderungsgesetzes** geändert worden und stimmt nahezu wörtlich mit § 202 SGG und § 173 Satz 1 VwGO überein. Die Norm regelt die subsidiäre Anwendung der Vorschriften des GVG und der ZPO und dient damit der **Komplettierung** der für die Finanzgerichte geltenden **Prozessordnung:** Soweit die FGO keine Bestimmungen über das Verfahren enthält, sind das GVG und die ZPO **sinngemäß** anzuwenden, es sei denn die grundsätzlichen Unterschiede der beiden Verfahrensarten schließen dies aus. Erst wenn sich weder in der FGO noch im GVG oder der ZPO passende Regelungen finden, ist der Weg der freien Rechtsfindung eröffnet. Die Verweisung auf das GVG und die ZPO betrifft die jeweils gültigen Fassungen einschließlich anderer Gesetze wie das EGZPO oder das GKG, die sich inhaltlich auf das Verfahren nach der ZPO beziehen und sie ergänzen.[1]

Die Einführung von Mediationen auch im finanzgerichtlichen Verfahren war nicht unumstritten.[2] Nur wenige Finanzgerichte hatten vor Inkrafttreten des Mediationsförderungsgesetzes eigene gerichtliche Mediationsprojekte etabliert[3] bzw. verfügen über ausgebildete Mediatoren.[4]

Für den Rechtsausschuss war es ersichtlich selbstverständlich, das erheblich erweiterte Güterichtermodell wie auch Mediationen (und andere Verfahren der außergerichtlichen Konfliktbeilegung) in Verfahren vor den Finanzgerichten einzuführen.[5] Bereits

---
1 *Tipke/Kruse*, Abgabenordnung, § 155 FGO Rn. 1 ff.
2 Ablehnend *Mellinghof*, www.dgap-medientreff.de; *Fahrenschon*, Pressemitteilung 183/2011 vom 30. 05. 2011 des Bayerischen Staatsministeriums der Finanzen; befürwortend *BVStB*, Stellungnahme vom 07. 03. 2011, www.bvstb.de/aktuelles-presse; *Hölzer/Schnüttgen/Bornheim*, DStR 2010, 2538.
3 FG Bremen, FG Rheinland-Pfalz.
4 FG Köln, FG Schleswig-Holstein, FG Berlin, FG Münster.
5 Begr. BT-Drucks. 17/8058, III. Allgemeines, S. 17.

Teil 1 Artikel 8 Mediationsförderungsgesetz

der Referentenentwurf hatte dies vorgesehen,[6] im Entwurf der Bundesregierung war diese Regelung jedoch wieder gestrichen worden.[7] Die **Implementierung von Mediationen** sowie anderer Verfahren der außergerichtlichen Konfliktbeilegung in das finanzgerichtliche Verfahren erhielt durch die gesetzliche Neuregelung nunmehr eine ausdrückliche rechtliche Grundlage, indem im Wesentlichen auf die einschlägigen **Vorschriften der ZPO** verwiesen wird. Dabei ist es die erklärte Intention des Gesetzgebers, außergerichtliche Streitbeilegung auch bei bereits rechtshängigen Streitigkeiten zu ermöglichen.[8]

3 **Zentrale Norm** hierfür ist § 155 Satz 1 FGO. Neben dieser generellen Verweisungsnorm finden sich zahlreiche weitere Regelungen, die auf Vorschriften der ZPO Bezug nehmen, wie beispielsweise § 51 FGO (Ausschließung und Ablehnung von Gerichtspersonen) und § 94 FGO (Niederschrift).[9]

4 Mit der Neueinfügung von §§ 278 Abs. 5, 278a ZPO in § 155 Satz 1 FGO hat der Gesetzgeber deutlich gemacht, dass die Regelungsbereiche beider Normen auch im Verfahren vor den Finanzgerichten sinngemäß Anwendung finden sollen, soweit dies nicht durch die grundsätzlichen Unterschiede der Verfahrensarten ausgeschlossen ist. §§ 278 Abs. 5, 278a ZPO bilden dabei das **Herzstück der** zivilprozessualen **Änderungen**, um die herum sich weitere Vorschriften gruppieren: § 41 Nr. 8 ZPO, der die Befangenheit betrifft, § 159 Abs. 2 ZPO, der die eingeschränkte Protokollierung regelt sowie § 253 Abs. 3 Nr. 1 ZPO, der besondere Voraussetzungen für die Klageschrift enthält[10] und durch § 69b GKG eine Ergänzung erfahren hat.

5 Der grundsätzlichen Anwendung dieser Vorschriften in Verfahren vor den Finanzgerichten stehen, wie bereits im Referentenentwurf ausgeführt wurde,[11] weder der Grundsatz der Gesetzmäßigkeit der Besteuerung (vgl. § 85 AO) noch die daraus folgende Tatsache entgegen, dass nach h. M. im finanzgerichtlichen Verfahren das Institut des Prozessvergleichs keine Anwendung finden soll.[12] **Anwendungsgebiete** der außergerichtlichen Mediation und der Mediation durch den Güterichter sind die steuerlichen Konflikte, die bereits seit langem mit einer »**tatsächlichen Verständigung**« beigelegt

---

6 Vgl. dort Artikel 8 des Entwurfes; *Hölzer/Schnüttgen/Bornheim* DStR 2010, 2538.
7 Begr. BT-Drucks. 17/5335, A. II., S. 11.
8 Begr. BT-Drucks. 17/5335, B., Zu Artikel 3, Zu Nummer 5; Zu Artikel 6, Zu Nummer 3.
9 Vgl. darüber hinaus *Tipke/Kruse*, Abgabenordnung, § 155 FGO Rn. 2.
10 Vgl. im Einzelnen die Kommentierung zu den jeweiligen Vorschriften in diesem Kommentar.
11 Vgl. Begründung, B., Zu Artikel 8.
12 *Gräber/Stapperfend*, FGO, § 76 Rn. 4; stattdessen kann sich der Steuerpflichtige zu einem Rechtsmittelverzicht verpflichten, während sich die Finanzbehörde bereit erklärt, im Rahmen ihres Ermessensspielraums (vgl. § 5 AO) einen bestimmten Verwaltungsakt zu erlassen, zu ändern oder aufzuheben, sog. »**ungeschriebene Zusage**«: vgl. *Tipke/Kruse*, Abgabenordnung, § 89 AO Tz 116; *Weitz*, Gerichtsnahe Mediation in der Verwaltungs-, Sozial- und Finanzgerichtsbarkeit, S. 113.

werden.[13] Auf diesem Wege können neben schwierigen Sachverhaltsfragen gesetzliche Konkretisierungs- und Ermessensspielräume (Abgrenzung zwischen verschiedenen Einkunftsarten, Aufteilung privater/betrieblicher Aufwendungen, Bewertungsfragen, Zuschätzungen nach Kalkulationsdifferenzen) konsensual ausgefüllt werden,[14] ohne dass gegen Grundsätze der Besteuerung verstoßen würde.[15] Zudem bietet es sich in bestimmten Konstellationen an, über den Streitgegenstand hinausgehende Konfliktpunkte in das Verfahren mit einzubeziehen, beispielsweise im Hinblick auf weitere Veranlagungszeiträume, etwaige Stundungsmöglichkeiten etc.[16] Schließlich dürfte auch eine Übereinkunft über die Kosten des finanzgerichtlichen Verfahrens zulässig sein, da dies weder die Erhebung noch die Festsetzung von Steuern betrifft.[17]

Die Prognose, dass sich konsensuale Streitschlichtung in finanzgerichtlichen Verfahren zunächst nur langsam durchsetzen wird, hat sich bestätigt.[18] Von daher werden die einschlägigen zivilprozessualen Normen im Folgenden lediglich kursorisch in ihren Grundzügen unter Heraushebung der Besonderheiten für das finanzgerichtliche Verfahren dargestellt.[19] 6

2. Europäische Mediationsrichtlinie

Die über § 155 Satz 1 FGO in Bezug genommenen Vorschriften der ZPO beziehen sich auf die **Erwägungsgründe Nr. 12 und 13** der EUMed-RL und setzen **Art. 1 Abs. 1, 3 lit. a, 5 Abs. 1 und 7 EUMed-RL** um; in diesem Zusammenhang ist jedoch die Einschränkung in Art. 1 Abs. 2 EUMed-RL zu beachten, wonach die Richtlinie nur bei grenzüberschreitenden Streitigkeiten für Zivil- und Handelssachen gilt und Steuer- und Zollsachen nicht umfasst. 7

II. Grundsätze/Einzelheiten

1. Zur Anwendbarkeit des § 41 Nr. 8 ZPO

a) Vorrangige Verweisungsnorm des § 51 Abs. 1 FGO

Die Regelung des § 41 Nr. 8 ZPO[20] über die Ausschließung von Richtern findet über die **spezielle Verweisung** in § 51 Abs. 1 FGO auch im finanzgerichtlichen Ver- 8

---

13 Umfassend zur »tatsächlichen Verständigung« und der sich daraus ergebenden »ungeschriebenen Zusage« *Hölzer* ZKM 2012, 119 ff. (120), m.w.N.
14 BMF-Schreiben vom 30. 07. 2008, BStBl. I 2008, 831.
15 BFH, U. v. 08. 10. 2008 – I R 63/07 – BFH/NV 2009, 243 m.w.N.; *Boochs* DStR 2006, 1062 ff.
16 *BVStB*, Stellungnahme vom 7. 3. 2011, www.bvstb.de/aktuelles_press; *Hölzer/Schnüttgen/Bornheim*, DStR 010, 2538 ff. (2541).
17 Vgl. FG Bremen, EFG 2000, 95.
18 Vgl. auch *Paul* DStR 2008, 1111 ff.; *Weitz*, Gerichtsnahe Mediation in der Verwaltungs-, Sozial- und Finanzgerichtsbarkeit, S. 114.
19 Vgl. im Einzelnen die Kommentierung zu den jeweiligen Vorschriften in diesem Kommentar.
20 Vgl. umfassend hierzu die Kommentierung zu § 41 ZPO, Rdn. 7 ff.

Fritz

fahren Anwendung. Danach ist ein Richter[21] **kraft Gesetzes** von der Ausübung des Richteramtes **ausgeschlossen** in Sachen, in denen er an einem Mediationsverfahren oder einem anderen Verfahren der außergerichtlichen Konfliktbeilegung mitgewirkt hat.

b) Normzweck

9   Die Vorschrift bezweckt den **Schutz der Beteiligten**.[22] Sie sollen nicht befürchten müssen, dass in einem späteren Prozess vor dem streitentscheidenden Richter Tatsachen verwertet werden, die diesem zuvor im Rahmen einer Mediation oder eines anderen Verfahrens der außergerichtlichen Konfliktbeilegung bekannt geworden sind.[23]

10 § 51 FGO, § 41 Nr. 8 ZPO **umfassen nicht** die Anwendung mediativer Elemente im finanzgerichtlichen Verfahren[24] und die Tätigkeit als Güterichter gem. § 115 Satz 1 FGO, § 278 Abs. 5 ZPO.

c) Mitwirkung an einem Mediationsverfahren oder anderen ADR-Verfahren

11 Gründe der Klarheit und Rechtssicherheit verlangen, dass sich die Beteiligten eindeutig und nachweisbar auf die Durchführung einer Mediation verständigt haben, beispielsweise durch einen »**Mediationsvertrag**« oder durch einen **Ruhensbeschluss** gem. § 278a Abs. 2 ZPO.

12 Der Begriff der Mitwirkung umfasst die Tätigkeit als **Mediator**, Co-Mediator (vgl. die Definition in § 1 Abs. 1 MediationsG) oder als eines für ein anderes Verfahren der außergerichtlichen Konfliktbeilegung **Verfahrensverantwortlichen** (Schlichter, Schiedsgutachter etc.), aber auch andere Formen der Beteiligung (z. B. als Konfliktbeteiligter, Vertreter, Zeuge, Sachverständiger, Gutachter etc.).

13 Für einen Ausschluss ist erforderlich, dass Sachidentität des bereits in einem konsensualen Verfahren behandelten Konflikts mit dem später gerichtlich anhängig gemachten Konflikt besteht, d. h. es muss sich jeweils um den **gleichen Streitgegenstand** handeln.

d) Verfahrensrechtliche Konsequenzen

14 Der Ausschluss gilt für **jedes Stadium** des finanzgerichtlichen Verfahrens, ist von Amts wegen zu beachten und umfasst auch Mitwirkungen, die vor Inkrafttreten der

---

21 Richter auf Lebenszeit (§ 14 FGO), Richter auf Probe und kraft Auftrags (§ 15 FGO) und ehrenamtliche Richter (§§ 16 ff. VwGO).
22 Die FGO verwendet, wie sich aus § 57 FGO ergibt, statt der Bezeichnung Parteien den Begriff der Beteiligten.
23 Vgl. Begr. BT-Drucks. 17/5335, B., Zu Artikel 3, Zu Nummer 2.
24 Zum Einsatz mediativer Elemente im gerichtlichen Verfahren: *Fritz* LKRZ 2009, 281 ff.; *Weitz*, Gerichtsnahe Mediation im Verwaltungs-, Sozial- und Finanzgerichtsbarkeit, S. 114.

jetzigen Regelung erfolgten. Ein Verstoß gegen § 51 Abs. 1 FGO, § 41 Nr. 8 ZPO führt zur Anfechtbarkeit der gerichtlichen Entscheidung.[25]

2. Zur Anwendbarkeit des § 159 Abs. 2 Satz 2 ZPO

a) Vorrangige Verweisungsnorm des § 94 FGO

Die Regelung des § 159 Abs. 2 Satz 2 ZPO[26] über die Ausnahme der Protokollpflicht findet über die spezielle Verweisungsnorm des § 94 FGO auch im finanzgerichtlichen Verfahren Anwendung. Danach wird eine **Niederschrift**[27] über eine Güteverhandlung oder weitere Güteversuche vor einem Güterichter nach § 278 Abs. ZPO **nur** auf **übereinstimmenden Antrag** der Beteiligten aufgenommen. 15

b) Normzweck

Die Bedeutung einer Niederschrift liegt darin, dass sie verbindliche Auskunft über den Hergang eines Termins gibt; ihr kommt somit die **Beweiskraft einer öffentlichen Urkunde** zu.[28] Hiervon gem. § 159 Abs. 2 Satz 2 ZPO eine Ausnahme zuzulassen dient dem **Schutz der Vertraulichkeit** eines Gütesuchs; im Fall des Scheiterns müssen die Beteiligten nicht befürchten, dass ihnen in einem Gerichtsverfahren Erklärungen etc. entgegengehalten werden.[29] Ergänzt wird dieser Schutz durch die Nichtöffentlichkeit des Güteverfahrens;[30] ob dem Güterichter ein Auskunftsverweigerungsrecht gem. §§ 102, 103 Satz 1 AO, § 4 MediationsG analog zusteht, ist zweifelhaft.[31] 16

c) Normadressat und Verfahrensrecht

Die Suspendierung vom Protokollierungszwang betrifft **nur** den **Güterichter nach § 278 Abs. 5 ZPO**, mithin denjenigen, der hierfür bestimmt und nicht entscheidungsbefugt ist. Auf übereinstimmenden, jederzeit zu stellenden Antrag der Beteiligten ist jedoch eine Niederschrift zu erstellen (§ 152 Abs. 2 Satz 2 ZPO), wobei hinsichtlich der Form und des Inhalts die §§ 159 ff. ZPO einschlägig sind. 17

Haben die Beteiligten eine Lösung ihres Konfliktes erzielt und eine Vereinbarung getroffen, sei es in der Form einer Erklärung bezüglich des Sachkonflikts und/oder des 18

---

25 Vgl. zum Verfahren *Tipke/Kruse*, Abgabenordnung, § 51 FGO, Rn. 15.
26 Vgl. umfassend die Kommentierung zu § 159 ZPO, Rdn. 5 ff.
27 Die FGO verwendet statt es Terminus Protokoll den Begriff der Niederschrift.
28 *Tipke/Kruse*, Abgabenordnung, § 94 FGO Rn. 1.
29 Vgl. Begr. BT-Drucks. 17/8058, III. Zu Artikel 2 – neu –, Zu Nummer 3 – neu –.
30 Vgl. Begr. BT-Drucks. 17/8058, III. Zu Artikel 2 – neu –, Zu Nummer 3 – neu –.
31 Vgl. Begr. BT-Drucks. 17/8058, III. Zu Artikel 2 – neu –, Zu Nummer 3 – neu –. Bejaht man ein Auskunftsverweigerungsrecht des Güterichters, so muss dies entsprechend für die dem Güterichter zuarbeitenden Servicemitarbeitern der Geschäftsstelle gelten. Vgl. auch, m. w. N. zu Rechtsprechung und Schrifttum, zur Notwendigkeit einer beamtenrechtlichen Aussagegenehmigung die umfassende Darstellung bei *Weitz*, Gerichtsnahe Mediation in der Verwaltungs-, Sozial- und Finanzgerichtsbarkeit, S. 451 ff.

anhängigen gerichtlichen Verfahrens (beispielsweise in der Form einer Klagerücknahme (§ 72 Abs. 1 FGO) oder einer Hauptsacheerledigung (§ 138 Abs. 1 FGO), so sollte die Vereinbarung wegen des **Beweiswertes einer Niederschrift** stets protokolliert werden. Die materiell-rechtliche Bedeutung einer Protokollierung besteht u. a. darin, dass sie die notarielle Beurkundung ersetzt.[32]

3. Zur Anwendbarkeit des § 253 Abs. 3 Nr. 1 ZPO

a) Verweisungsnorm des § 155 Satz 1 FGO

19 Ob § 253 Abs. 3 Nr. 1 ZPO[33] auch im Verfahren vor den Finanzgerichten über die Verweisungsnorm des § 155 Satz 1 FGO anzuwenden ist, ist wegen der Vorschriften der §§ 64, 65 FGO **streitig**. Im Referentenwurf war eine entsprechende Anwendung noch unter Hinweis auf die eigenständigen Regelung des § 65 FGO abgelehnt worden: In öffentlich-rechtlichen Verfahren sei mit einer deutlich geringeren Zahl von Mediationsfällen zu rechnen als in zivilprozessualen Verfahren.[34] Diese Überlegungen, so richtig sie auch sein mögen, überzeugen im vorliegenden Zusammenhang allerdings wenig. Der Rechtsausschuss, auf dessen Betreiben die Änderung der FGO in das Gesetz mitaufgenommen wurde, hat sich hierzu nicht verhalten. Nimmt man in den Blick, dass die Norm als Soll-Vorschrift ausgestaltet ist und einschlägige Angabe ohnehin nicht erzwungen werden können, so sprechen keine durchschlagenden Argumente gegen eine entsprechende Anwendung des § 253 Abs. 3 Nr. 1 ZPO im Finanzgerichtsprozess. Es kommt hinzu, dass die Vorschrift über die in das Regelwerk des Mediationsförderungsgesetz eingefügte Vorschrift des § 69b GKG, Nummer 6111 des Kostenverzeichnisses, eine Ergänzung insoweit erfahren hat, als das Gericht auch darüber informiert werden sollte, ob eine »Mediation unternommen oder beabsichtigt ist«. Jedenfalls sollten die Finanzgerichte die einschlägigen Informationen immer dann abfragen, wenn sie nicht schon im Rahmen der Klageerhebung mitgeteilt wurden.

b) Normzweck und Inhalt

20 Nach § 253 Abs. 3 Nr. 1 ZPO soll bereits in der Klageschrift darlegt werden, ob der Klage der Versuch einer Mediation oder eines anderen ADR-Verfahrens vorausgegangen ist sowie eine Äußerung dazu, ob einem solchen Verfahren Gründe entgegenstehen. Durch diese Angaben soll das Finanzgericht bereits zu einem frühen Zeitpunkt in die Lage versetzt werden, die Chancen einer außergerichtlichen Konfliktlösung einschätzen[35] und darauf aufbauend den Beteiligten einen Vorschlag

---

32 Zum Mustertext eines Güterichterprotokolls vgl. die Kommentierung zu § 159 ZPO, Rdn. 25.
33 Vgl. umfassend die Kommentierung zu § 253 ZPO, Rdn. 8.
34 Begründung, B., Zu Artikel 8.
35 Anders als in den übrigen Gerichtsbarkeiten musste sich ein entsprechender Erfahrungswert bei den Finanzgerichten erst aufbauen, da es »außergerichtliche« Mediationen in

gem. § 278a ZPO unterbreiten oder eine Verweisung an einen Güterichter gem. § 278 Abs. 5 ZPO vornehmen zu können.

4. Zur Anwendbarkeit des § 278 Abs. 5 ZPO

a) Verweisungsnorm des § 155 Satz 1 FGO

Dem finanzgerichtlichen Verfahren ist ein **Güteverfahren**, wie es als semi-obligatorisches in § 278 Abs. 2 ZPO[36] oder auch als obligatorisches in § 54 Abs. 1 ArbGG vorgesehen ist, **fremd**. Indem der Gesetzgeber in § 155 Satz 1 FGO nur den Abs. 5 des § 278 ZPO aufgenommen hat, hat er klargestellt, dass es beim bisherigen Gang der mündlichen Verhandlung gem. § 92 ff. FGO wie auch deren Vorbereitung gem. § 76 ff. FGO verbleiben soll. Diese Grundentscheidung zeitigt Konsequenzen für die entsprechende Anwendbarkeit des § 278 Abs. 5 ZPO, weil insoweit **grundsätzliche Unterschiede** der **Verfahrensarten** bestehen. 21

b) Normzweck

Obgleich das finanzgerichtliche Verfahren den Vergleich nicht kennt,[37] findet sich mit § 79 Abs. 1 Satz 2 Nr. 1 FGO gleichwohl eine Regelung, die im Zusammenhang mit einem Erörterungstermin explizit auf eine gütliche Einigung des Rechtsstreits abstellt.[38] Im Übrigen greift auch im Finanzprozess der allgemeine Grundsatz Platz, wonach das Gericht die Beteiligten bei der Bemühung um eine gütlichen Einigung unterstützen soll. 22

Mit der Verweisung auf § 278 Abs. 5 ZPO erfährt dieser allgemeine Grundsatz nunmehr eine **besondere Ausprägung** dahin gehend, als das Gericht die Beteiligten für die Güteverhandlung sowie für weitere Güteversuche vor einen Güterichter nach § 278 Abs. 5 ZPO verweisen kann. Damit soll das erheblich erweiterte Institut des Güterichters, der alle Methoden der Konfliktbeilegung einschließlich der Mediation einsetzen kann, auch im finanzgerichtlichen Verfahren implementiert werden.[39] 23

c) Güteversuche

Im Verfahren vor den Finanzgerichten kommen wegen des oben beschriebenen Fehlens der semi-obligatorischen Güteverhandlung nach § 278 Abs. 2 ZPO **ausschließlich** die **fakultativen Güteversuche** zur Anwendung. Darunter sind Bemühungen des nicht entscheidungsbefugten Güterichters zu verstehen, unter Ausnutzung der gesamten Palette der zur Verfügung stehenden Konfliktlösungsmethoden den Beteiligten bei der Suche nach einer einvernehmlichen Lösung behilflich zu sein. 24

---

diesem Bereich nicht gab und vergleichbare Erfahrungen allenfalls aus dem Institut des Erörterungstermins gem. § 364a AO hätten abgeleitet werden können.
36 Vgl. umfassend die Kommentierung zu § 278 ZPO, Rdn. 45 ff.
37 Kritisch *Tipke/Kruse*, Abgabenordnung, § 78 FGO Rn. 5.
38 Umfassend *Tipke/Kruse*, Abgabenordnung, § 78 FGO Rn. 5 f.
39 Begr. BT-Drucks. 17/8058, III., Zu Artikel 8 – neu –; Allgemeines S. 17.

25 Der Plural »Güteversuche« ist zum einen dahin gehend zu verstehen, dass der Güterichter selbst **mehrere Termine** mit den Beteiligten durchführen kann, zum anderen bedeutet er, dass das Finanzgericht auch nach einem erfolglosen Güteversuch erneut einen solchen Versuch in einem späteren Verfahrensstand anregen kann. Güteversuche vor dem ersuchten Güterichter können nur mit Zustimmung der Beteiligten erfolgen.[40]

d) Verweisung durch das Gericht

26 Mit dem für eine Verweisung zuständigen Gericht sind die **jeweiligen Senate** des Finanzgerichts und des Bundesfinanzhofs gemeint, wenngleich im Revisionsverfahren ein Güterichter wohl eher nicht zum Einsatz kommen dürfte. Im Verfahren vor dem Finanzgericht ergeht die Entscheidung durch den Senat, es sei denn es liegt eine Einzelrichterübertragung (§ 6 FGO) oder ein Fall des § 79a Abs. 3, 4 FGO (sog. konsentierter Einzelrichter) vor.

e) Verweisung an einen hierfür bestimmten und nicht entscheidungsbefugten Güterichter

27 § 278 Abs. 5 Satz 1 verwendet den Begriff des Güterichters als eines hierfür bestimmten und nicht entscheidungsbefugten Richters, der nach Satz 2 alle Methoden der Konfliktbeilegung einschließlich der Mediation einsetzen kann. Was im Einzelnen unter einem Güterichter, namentlich dem »erheblich erweiterten Institut des Güterichters« zu verstehen ist und wie er seine Aufgaben im Einzelnen erfüllen soll, erschließt sich aus einer Gesamtbetrachtung der früheren Güterichterpraxis in Bayern und Thüringen, des systematischen Zusammenhangs der geänderten Vorschriften und des Willens des Gesetzgebers, wie dies in der Kommentierung zu § 278 Abs. 5 ZPO dargestellt wurde.[41]

28 Das **neue Konzept** des erheblich erweiterten Instituts des Güterichters bedeutet im hier interessierenden Zusammenhang Folgendes:
 – Güterichter kann nur ein nicht entscheidungsbefugter Richter sein,
 – seine Tätigkeit ist als richterliche Tätigkeit zu qualifizieren,
 – er wird nur tätig, soweit es um den/die Versuch(e) einer gütlichen Einigung geht,
 – er muss über besondere fachliche Qualifikationen verfügen, die denen eines bisherigen gerichtlichen Mediators vergleichbar sind,
 – er muss als Güterichter bestimmt sein,
 – er kann grundsätzlich für das eigene oder für ein fremdes Finanzgericht und auch für eine andere Gerichtsbarkeit eingesetzt werden,
 – er wird nur mit Einverständnis der Beteiligten aktiv, wobei Vertraulichkeit und Freiwilligkeit das Verfahren prägen,
 – er kann die Prozessakten einsehen,
 – er kann mit Einverständnis der Beteiligten Einzelgespräche führen,

---

40 Begr. BT-Drucks. 17/8058, III., Zu Artikel 5 – neu –, Zu Nummer 3 – alt –.
41 Vgl. hierzu umfassend die Kommentierung zu § 278 Abs. 5 ZPO, Rdn. 20 ff.

- er kann sich aller Methoden der Konfliktbeilegung bedienen, einschließlich der Mediation,[42]
- er kann rechtliche Bewertungen vornehmen und den Beteiligten Lösungsvorschläge für den Konflikt unterbreiten und
- er kann mit Zustimmung der Beteiligten eine Niederschrift erstellen.

f) **Darstellung des Verfahrensablaufs vor dem ersuchten Güterichter**

aa) **Verweisungsbeschluss**

Die Verweisung (»der Beteiligten«) an den Güterichter erfolgt durch **gerichtlichen Beschluss**, der nicht begründet zu werden braucht und nicht selbstständig anfechtbar ist.[43] Wer als Güterichter in Betracht kommt, ergibt sich aus dem **Geschäftsverteilungsplan**[44] des Gerichts gem. § 21e GVG.[45] Der Güterichter nach § 278 Abs. 5 ZPO übt richterliche Tätigkeit aus und handelt als gesetzlicher Richter. 29

bb) **Ermessen**

Die Verweisung an einen Güterichter liegt im **pflichtgemäßen Ermessen** des jeweils zuständigen Spruchkörpers des Finanzgerichts, das jedoch das ungeschriebene Tatbestandsmerkmal der **Freiwilligkeit** zu beachten hat: Nur mit dem Einverständnis der Beteiligten[46] kann ein Verfahren vor dem Güterichter durchgeführt werden.[47] Die Konstellationen, in denen eine Verweisung ausscheidet, entsprechen den bei 30

---

42 *Hölzer* ZKM 2012, 119 ff. (122) empfiehlt für die meisten Steuersachen die Methode der Kurz-Zeit-Mediation. Vgl. zur KZM Teil 5 D.
43 Die Verweisung an ein anderes Gericht zur Beweisaufnahme (§ 81 Abs. 2 FGO) ist gem. § 128 Abs. 2 FGO unanfechtbar und der Verweisung an einen Güterichter vergleichbar; vgl. im Übrigen die Ausführungen zum ungeschriebenen Tatbestandsmerkmal der Freiwilligkeit in der Kommentierung zu § 278 ZPO, Rdn. 50.
44 So wie in der Vergangenheit als gerichtlicher Mediator nur derjenige bestellt werden konnte, der eine entsprechende Ausbildung durchlaufen hatte, so kommt auch als Güterichter nach § 278 Abs. 5 ZPO nur in Betracht, wer aufgrund entsprechender Ausbildung in der Lage ist, alle Methoden der Konfliktbeilegung einschließlich der Mediation einzusetzen. Dabei finden die in § 5 MediationsG geregelten Standards hinsichtlich der Aus- und Fortbildung auch als Güterichter entsprechende Anwendung: Vgl. insoweit Begr. BT-Drucks. 17/5335, A. II. Zu weitgehend wohl *Hölzer* ZKM 2012, 119 ff. (122), die auf die Qualifikation eines zertifizierten Mediators abstellt.
45 Es obliegt dem Präsidenten, dem Präsidium das Vorliegen der entsprechenden Qualifikationen zu unterbreiten, vergleichbar der Information über formale Qualifikationen, wie sie in § 22 Abs. 5, 6 GVG angesprochen sind.
46 Vgl. Begr. BT-Drucks. 17/8058, III., Zu Artikel 5 – neu –, Zu Nummer 3 – alt –; *Francken*, NZA 2012, 249 ff. (251); *Ewig*, ZKM 2012, 4; a.A. *Carl* ZKM 2012, 16 ff. (19).
47 Was die Verweisungspraxis anbelangt, so dürfte es sich anbieten, vor einer Verweisung zunächst das Einverständnis der Beteiligten einzuholen. Der Einsatz eines »Court-Dispute-Managers« (BT-Drucks. 17/8058, III. Allgemeines, S. 17), wie er für die anderen Gerichtsbarkeiten beschrieben wurde, dürfte im Finanzprozess von der Gesamtzahl etwaiger Güterichtertermine abhängig sein.

Fritz

§ 278 Abs. 5 ZPO Beschriebenen. Die Verweisung führt nicht automatisch zum Ruhen des Verfahrens, jedoch ist ein Ruhensbeschluss gem. § 155 Satz 1 FGO, § 251 ZPO möglich.[48]

g) Vorgehensweise des ersuchten Güterichters

31 Die Vorgehensweise des Güterichters in einem Finanzgerichtsprozess unterscheidet sich nicht grundlegend von dem in einer anderen Gerichtsbarkeit:
- Er wird sich um Akteneinsicht und Informationsbeschaffung bemühen,
- abklären, ob weitere Personen zum Güteversuch hinzuzuziehen sind,
- eine Terminsabsprache treffen,
- das Setting festlegen und
- bereits frühzeitig die Beteiligten darüber in Kenntnis setzen, welches Konfliktlösungsverfahren angewendet werden soll (Grundsatz der »**Methodenklarheit bei Methodenvielfalt**«).

32 Die Durchführung des Güteversuchs ist **nicht öffentlich**, Einzelgespräche sind nach Vereinbarung möglich. Darüber hinaus sollte Vertraulichkeit zwischen den Beteiligten verabredet werden. Die Beachtung des Grundsatzes »**Methodenklarheit bei Methodenvielfalt**« soll den Güterichter davor bewahren, zwischen einzelnen Verfahren der Konfliktbeilegung zu wechseln und Elemente der einzelnen Methoden miteinander zu vermischen: Ein »stockendes oder gar scheiterndes« Mediationsverfahren dadurch retten zu wollen, dass der Güterichter – entgegen seiner eingangs erfolgten Information der Beteiligten – sodann einen Lösungsvorschlag unterbreitet, bedeutet eine methodische Fehlleistung und führt zu einem Glaubwürdigkeitsverlust des Güterichters. Denkbar ist allenfalls, dass der Güterichter gemeinsam mit den Beteiligten übereinkommt, eine bestimmte Methode abzuschließen und mit deren Einverständnis mit einer anderen Methode fortzufahren[49] was jedoch ebenfalls nicht unproblematisch ist.[50]

33 Das Zeugnisverweigerungsrecht des Güterichters ist im Steuerverfahren nicht sinnvoll geregelt: § 84 Abs. 1 FGO verweist auf § 102 AO, der eine dem Zeugnisverweigerungsrecht gem. § 383 Abs. 1 Nr. 6 ZPO entsprechende Regelung für Güterichter nicht enthält. Ob eine analoge Anwendung der Vorschriften der §§ 102, 103 AO, § 4 MediationsG für den eine Mediation durchführenden Güterichter in Betracht kommen könnte, ist zweifelhaft.

---

48 *Tipke/Kruse*, Abgabenordnung, § 74 FGO, Rn. 22.
49 Langfristig wird nicht auszuschließen sein, dass sich eine neue und eigenständige Methode der Konfliktbeilegung durch einen Güterichter entwickelt. Davon scheint auch der Gesetzgeber auszugehen, wenn er in der Begründung der Beschlussempfehlung des Rechtsausschusses (BT-Drucks. 17/8058, III., Zu Artikel 1, Zu § 1 Abs. 1) u. a. ausführt, die in der gerichtsinternen Mediation entwickelten Kompetenzen könnten im Rahmen der Güterichtertätigkeit fortentwickelt werden. Vgl. auch *Fritz/Schroeder* NJW 2014, 1910 ff, *Fritz* ZKM 2015, 1 und *Brändle* BJ 2014, 130 ff.
50 Vgl. hierzu die Kommentierung zu § 278 ZPO, Rdn. 78.

Eine etwaige Verständigung der Beteiligten und eine beiderseitige Erledigungserklärung 34
entsprechend § 138 Abs. 1 FGO (oder eine Klagerücknahme nach § 72 Abs. 1 FGO)
kann in einer Niederschrift (vgl. § 159 Abs. 2 Satz 2 ZPO) festgehalten werden; zudem
kann ein Streitwert festgesetzt werden, wobei sich die Protokollierung eines Rechtsmittelverzichts empfiehlt. Einigen sich die Beteiligten hinsichtlich des anhängig gemachten Rechtsstreits nur zum Teil oder überhaupt nicht, so gibt der Güterichter das Verfahren an den nach dem Geschäftsverteilungsplan zuständigen Senat oder Einzelrichter zurück, der den (noch) anhängigen Rechtsstreit fortsetzt.

h) **Verhältnis der Vorschrift zu § 278a Abs. 1 ZPO**

Das Finanzgericht wird für beide Verfahrensarten (Güterichter einerseits, Mediation 35
andererseits) grundsätzlich die gleichen Überlegungen zugrunde legen, also neben
dem Aspekt der Freiwilligkeit insbesondere die Geeignetheit, ferner Zeit- und Kostenfaktoren sowie die Komplexität des Verfahrens berücksichtigen. Bietet sich im
Hinblick auf den konkreten Konflikt ausnahmsweise ein anderes Verfahren der außergerichtlichen Konfliktbeilegung an, so ist diesem jedenfalls der Vorrang einzuräumen.[51]

i) **Hinweise für die Praxis**

Zur Einbindung des Richters als Güterichters im richterlichen Geschäftsverteilungs- 36
plans vgl. die »**Hinweise für die Praxis**« in der Kommentierung zu § 278 ZPO,[52]
ferner an gleicher Stelle die Mustertexte für »**Beteiligtenvereinbarung über Verschwiegenheit und Vertraulichkeit**« sowie entsprechende »**Vereinbarungen bei Einbeziehung Dritter**«.

5. **Zur Anwendbarkeit des § 278a ZPO**

a) **Verweisungsnorm des § 155 Satz 1 FGO**

Mit der Einfügung des § 278a ZPO[53] in die Verweisungsnorm des § 155 Satz 1 37
FGO hat der Gesetzgeber klargestellt, dass Mediationen sowie sonstige Formen
außergerichtlicher Konfliktbeilegung auch im Finanzgerichtsprozess zulässig sein
sollen und hat diese auf eine ausdrückliche rechtliche Grundlage gestellt.[54] Die
grundsätzlichen Unterschiede der Verfahrensordnungen FGO und ZPO schließen
die entsprechende Anwendung nicht aus.

b) **Normzweck**

Mit § 278a ZPO sollen insbesondere Mediationen aber auch sonstige ADR-Ver- 38
fahren in das Bewusstsein der in der Rechtspflege Tätigen gerückt und neben dem

---

51 Vgl. hierzu umfassend die Kommentierung zu § 278 ZPO, Rdn. 82.
52 Vgl. die Kommentierung zu § 278 ZPO, Rdn. 85 ff.
53 Vgl. umfassend die Kommentierung zu § 278a ZPO, Rdn. 4 ff.
54 Begr. BT-Drucks. 17/5335, B., Zu Artikel 6, Zu Nummer 3.

kontradiktorischen Verfahren die konsensualen Konfliktlösungsmöglichkeiten im Sinne der Einordnung des Bundesverfassungsgerichts[55] etabliert werden. Zugleich ist es die erklärte Intention des Gesetzgebers, außergerichtliche Konfliktbeilegung auch bei bereits rechtshängigen Streitigkeiten zu ermöglichen.[56]

c) **Gerichtlicher Vorschlag (§ 278a Abs. 1 Satz 1 ZPO)**

39 Der gerichtliche Vorschlag eines konsensualen Konfliktlösungsverfahrens ist an die Beteiligten (vgl. § 57 FGO) eines finanzgerichtlichen Verfahrens zu richten und steht im pflichtgemäßen **Ermessen** des Finanzgerichts. Von der **Geeignetheit eines** derartigen **Vorschlages** kann in solchen Verfahrenskonstellationen ausgegangen werden, in denen es um komplexe Sachverhalte, atypische Fälle oder um neue Sachverhalte geht, ferner ggf. dann, wenn die angegriffenen Entscheidungen einen längeren Zeitraum betreffen und solche Auswirkungen haben.[57] Gründe der Zeit- und Kostenersparnis sprechen dafür, den Vorschlag für eine nichtstreitige Konfliktbeilegung zu Beginn eines Prozesses zu unterbreiten; zulässig ist es, einen solchen Vorschlag mehrfach anzubieten.

40 **Gericht** im Sinne der Vorschrift ist vor der mündlichen Verhandlung der Vorsitzende bzw. der Berichterstatter (vgl. § 79a Abs. 4 FGO) oder nach entsprechender Übertragung gem. § 6 FGO der Einzelrichter; erfolgt der Vorschlag in der mündlichen Verhandlung, so ist der Senat zuständig.

Nach dem Gesetzeswortlaut ist der Vorschlag weder an eine Form noch an (inhaltliche) Voraussetzungen gebunden; als richterliche Verfügung ist aus Gründen der Nachvollziehbarkeit und Dokumentation allerdings Schriftform erforderlich, wobei die Übermittlung dann auch per Telefax, mündlich/telefonisch oder elektronisch erfolgen kann. Die Einräumung der Äußerungsfrist liegt im richterlichen Ermessen.

Die Bewilligung von Prozesskostenhilfe für die Durchführung einer Mediation ist ausgeschlossen.[58]

d) **Mediation (§ 278a Abs. 1 Satz 1, 1. Alt. ZPO)**

41 Mediation im Sinne der Begriffsbestimmung des § 1 Abs. 1 MediationsG meint Mediation durch einen **nicht** in das **gerichtliche System** eingebundenen Mediator, mithin eine sog. »außergerichtliche« Mediation. Lediglich für die Übergangsphase des § 9 MediationsG kommt auch noch eine gerichtliche Mediation in Betracht.

---

55 BVerfG, B.v. 14. 2. 2007, ZKM 2007, 128 ff.
56 Begr. BT-Drucks. 17/5335, B., Zu Artikel 3, Zu Nummer 5.
57 Wenngleich finanzgerichtliche Entscheidungen nur zwischen den Beteiligten wirken, haben sie gleichwohl sehr häufig eine große Breitenwirkung. Ist eine Entscheidung daher zur Systematisierung des Steuerrechts erforderlich, wird sich eine konsensuale Lösung eher nicht anbieten; vgl. insoweit auch *Tipke/Kruse*, Einf. FGO, Rn. 52 f.
58 A.A. zur früheren Rechtslage OLG Köln, B. v. 3.6.2011, ZKM 2012, 29 ff., mit ablehnender Anmerkung von *Spangenberg* ZKM 2012, 31.

Ein Stufenverhältnis zur gerichtlichen Mediation oder zu einem anderen Verfahren der 42
außergerichtlichen Konfliktbeilegung besteht nicht, wobei jedoch die Besonderheiten
des finanzgerichtlichen Prozesses dafür streiten, als Konfliktlösungsverfahren die Mediation vorzuschlagen.

Der Vorschlag einer Mediation kann vom Finanzgericht wie vom Bundesfinanzhof 43
unterbreitet werden. In aller Regel wird ein derartiger Vorschlag in der auf die Überprüfung von Rechtsfragen beschränkten Revisionsinstanz jedoch nur ausnahmsweise
in Betracht kommen.

Für das nach § 278a Abs. 1 ZPO vorgesehene Mediationsverfahren gelten die **gleichen** 44
Regeln wie für jedes andere Mediationsverfahren auch. Wegen der näheren Einzelheiten wird auf die Kommentierung des Mediationsgesetzes zu Verfahren, Aufgaben,
Offenbarungspflichten, Tätigkeitsbeschränkungen und Verschwiegenheitspflicht (§§ 2
bis 4 MediationsG) sowie zur Aus- und Fortbildung (§§ 5, 6 MediationsG) verwiesen.

Der Vorschlag zur Durchführung einer Mediation kann **nicht** zugleich mit der Person 45
eines **bestimmten Mediators** verbunden werden.[59] Hierfür spricht zum einen die neutrale Haltung, die einzunehmen vornehmste Pflicht des Finanzgerichts ist und dem es
ebenfalls untersagt ist, den Beteiligten einen bestimmten Anwalt zu empfehlen; zum
anderen ist es Ausfluss des Prinzips der Freiwilligkeit, dass sich die Parteien ihren
Mediator selbst auswählen können.

e) **Andere Verfahren der außergerichtlichen Konfliktbeilegung (§ 278a Abs. 1
Satz 1, 2. Alt. ZPO)**

Im Gesetz selbst finden sich keine Hinweise darüber, was unter einem »anderen Ver- 46
fahren der außergerichtlichen Konfliktbeilegung« zu verstehen ist. In der Gesetzesbegründung werden etliche Verfahrensarten benannt,[60] von denen jedoch die Wenigsten für einen finanzgerichtlichen Vorschlag in Betracht kommen dürften.

f) **Gerichtliche Mediation im (zwischenzeitlich abgelaufenen) Übergangszeitraum**

In der Übergangsphase des § 9 MediationsG konnten die Finanzgerichte den Kon- 47
fliktbeteiligten auch eine gerichtliche Mediation vorschlagen, wenn eine solche bereits
vor Inkrafttreten des Mediationsförderungsgesetzes zum Angebot des Finanzgerichts
zählte.

---

59 Es spricht jedoch nichts dagegen, die Beteiligten auf ggf. bei Gericht vorgehaltene Listen
oder solche der Rechtsanwaltskammern, der IHKs oder der Mediationsinstitute zu verweisen; vgl. auch *Nelle*, »Multi-Door-Courthouse Revisited«, S. 123 ff. (129 f.).
60 Vgl. Begr. BT-Drucks. 17/5335, A. II., ferner die Zusammenstellung unter Andere Verfahren, I. Rdn. 1 ff.

g) **Entscheidung der Beteiligten (§ 278a Abs. 2, 1. HS ZPO)**

48 Die Entscheidung der Beteiligten für eine Mediation oder eine andere konsensuale Streitschlichtung ist an **keine Form** gebunden. Sie kann schriftlich, mündlich als auch zu Protokoll geschehen. Die Beteiligten sind an den Vorschlag des Finanzgerichts nicht gebunden, können also beispielsweise statt einer angebotenen außergerichtlichen Mediation auch von sich aus dem Gericht einen entsprechenden Vorschlag unterbreiten.

h) **Gerichtlicher Ruhensbeschluss (§ 278a Abs. 2, 2. HS ZPO)**

49 **Zwingende** und daher unanfechtbare **Rechtsfolge** einer Entscheidung der Beteiligten für eine Mediation oder ein anderes Verfahren der außergerichtlichen Streitbeilegung ist die Anordnung des Ruhens des Verfahrens gem. § 155 Satz 1 FGO i. V. m. §§ 278a Abs. 2, 251 ZPO durch gerichtlichen Beschluss. Eines gesonderten Antrages hierzu bedarf es nicht; er ist in der Erklärung »für« ein konsensuales Verfahren konkludent enthalten.[61]

50 Gerichtlicher Beschluss meint in diesem Zusammenhang eine Entscheidung des Senats, es sei denn es liegt eine Übertragung auf den Einzelrichter vor (§ 6 Abs. 1 FGO).

51 Aus § 155 Satz 1 FGO i. V. m. § 251 Satz 2 ZPO folgt, dass bei einer Ruhensanordnung grundsätzlich wie bei einer Unterbrechung und Aussetzung nach § 249 ZPO der Lauf einer jeden Frist aufhört mit Ausnahme der in § 233 ZPO bezeichneten Fristen. Das bedeutet, dass die Notfristen gem. § 224 Abs. 1 Satz 1 ZPO, die Rechtsmittelbegründungsfristen und die Wiedereinsetzungsfrist des § 234 Abs. 1 ZPO weiterhin laufen.[62]

52 Es obliegt den Beteiligten und nicht dem Streitschlichter (Mediator etc.), das Gericht über das Ergebnis der Mediation zu unterrichten.

i) **Verhältnis der Vorschrift zu § 278 Abs. 5 ZPO**

53 Das Gericht wird für beide Verfahrensarten (Mediation einerseits, Güterichter andererseits) grundsätzlich die gleichen Überlegungen zugrunde legen, also neben dem Aspekt der Freiwilligkeit insbesondere die Geeignetheit, Zeit- und Kostenfaktoren sowie die Komplexität der Auseinandersetzung berücksichtigen. Sollte sich im Hinblick auf den konkreten Konflikt ein anderes Verfahren der außergerichtlichen Konfliktbeilegung anbieten, so ist diesem jedenfalls der Vorrang einzuräumen.[63]

j) **Hinweise für die Praxis**

54 Sieht man von den eingangs dargestellten Besonderheiten im Zusammenhang mit der beschränkten Vergleichsmöglichkeit ab, so ergeben sich keine spezifischen, über

---

61 Vgl. die Kommentierung zu § 278a ZPO, Rdn. 65.
62 *Tipke/Kruse*, Abgabenordnung, § 74 FGO, Rn. 21; *Baumbach*, ZPO, § 251 Rn. 9.
63 Vgl. hierzu umfassend die Kommentierung zu § 278 ZPO, Rdn. 82.

§ 278a ZPO hinausgehende Praxishinweise; insoweit kann daher auf die Ausführungen in der Kommentierung zu § 278a ZPO[64] verwiesen werden. Soweit die Beteiligten nicht auf Vorschlag des Gerichts sondern von sich aus mitteilen, dass sie sich auf eine Mediation oder ein anderes Verfahren der außergerichtlichen Konfliktbeilegung geeinigt haben, bleibt anzuraten ihre entsprechende Information an das Gericht hilfsweise mit einem Antrag auf Ruhen des Verfahrens gem. 278a Abs. 2 ZPO zu verbinden.

---

64 Vgl. die Kommentierung zu § 278a ZPO, Rdn. 85 ff.

L. Artikel 9 Inkrafttreten

Dieses Gesetz tritt am Tag nach der Verkündung in Kraft.

1 Die Vorschrift des **Artikels 9 des Mediationsförderungsgesetzes** ist aus sich heraus verständlich und entspricht der üblichen Klausel. Das (Artikel-)Gesetz zur Förderung der Mediation und anderer Verfahren der außergerichtlichen Konfliktbeilegung ist am 25. 07. 2012 im Bundesgesetzblatt (BGBl. 2012, S. 1577) verkündet worden und dem gemäß am 26. 07. 2012 in Kraft getreten.

2 Der Zeitpunkt des Inkrafttretens spielte eine Rolle im Zusammenhang mit der Evaluierung nach § 8 MediationsG, wonach der Bundesregierung bis zum 26.7. 2017 aufgegeben war, dem Deutschen Bundestag über die Auswirkungen dieses Gesetzes auf die Mediation in Deutschland zu berichten; siehe hierzu die Kommentierung zu § 8 MediationsG.

Der Tag des Inkrafttretens erlangte im Übrigen Bedeutung für die Übergangsbestimmung des § 9 MediationsG, wonach die früheren gerichtsinternen Mediationsangebote noch bis zum 01. 08. 2013 weiterhin durchgeführt werden durften; auf die Kommentierung zu § 9 MediationsG wird Bezug genommen.

Schließlich spielte der Zeitpunkt des Inkrafttretens auch noch eine Rolle im Kontext mit der Übergangsregelung des § 7 Abs. 1 ZMediatAusbV; insoweit wird auf die dortige Kommentierung unter Teil 2 C. § 7 ZMediatAusbV verwiesen.

Teil 2 Verordnung über die Aus- und Fortbildung von zertifizierten Mediatoren

A. Verordnungstext

Verordnung über die Aus- und Fortbildung von zertifizierten Mediatoren (Zertifizierte-Mediatoren-Ausbildungsverordnung – ZMediatAusbV)

vom 21. August 2016 (BGBl. I S. 1994)

Auf Grund des § 6 des Mediationsgesetzes, der durch Artikel 135 der Verordnung vom 31. August 2015 (BGBl. I S. 1474) geändert worden ist, verordnet das Bundesministerium der Justiz und für Verbraucherschutz:

§ 1 Anwendungsbereich

Diese Verordnung regelt
1. die Ausbildung zum zertifizierten Mediator,
2. die Fortbildung des zertifizierten Mediators sowie
3. Anforderungen an die Einrichtungen zur Aus- und Fortbildung nach den Nummern 1 und 2.

§ 2 Ausbildung zum zertifizierten Mediator

(1) Als zertifizierter Mediator darf sich nur bezeichnen, wer eine Ausbildung zum zertifizierten Mediator abgeschlossen hat.

(2) Die Ausbildung zum zertifizierten Mediator setzt sich zusammen aus einem Ausbildungslehrgang und einer Einzelsupervision im Anschluss an eine als Mediator oder Co-Mediator durchgeführte Mediation.

(3) Der Ausbildungslehrgang muss die in der Anlage aufgeführten Inhalte vermitteln und auch praktische Übungen und Rollenspiele umfassen.

(4) Der Umfang des Ausbildungslehrgangs beträgt insgesamt mindestens 120 Präsenzzeitstunden. Die jeweiligen Inhalte des Ausbildungslehrgangs müssen mindestens die in Spalte III der Anlage aufgeführten Zeitstunden umfassen.

(5) Während des Ausbildungslehrgangs oder innerhalb eines Jahres nach dessen erfolgreicher Beendigung müssen die Ausbildungsteilnehmenden an einer Einzelsupervision im Anschluss an eine als Mediator oder Co-Mediator durchgeführte Mediation teilgenommen haben.

(6) Über den erfolgreichen Abschluss der Ausbildung ist von der Ausbildungseinrichtung eine Bescheinigung auszustellen. Die Bescheinigung darf erst ausgestellt werden, wenn der gesamte nach den Absätzen 3 und 4 vorgeschriebene Ausbildungslehrgang

erfolgreich beendet und die Einzelsupervision nach Absatz 5 durchgeführt ist. Die Bescheinigung muss enthalten:
1. Name, Vornamen und Geburtsdatum der Absolventin oder des Absolventen,
2. Name und Anschrift der Ausbildungseinrichtung,
3. Datum und Ort der Ausbildung,
4. gemäß Anlage vermittelte Inhalte des Ausbildungslehrgangs und die jeweils darauf verwendeten Zeitstunden,
5. Datum und Ort der durchgeführten Einzelsupervision sowie
6. Name und Anschrift des Supervisors.

§ 3 Fortbildungsveranstaltung

(1) Der zertifizierte Mediator hat nach Abschluss der Ausbildung regelmäßig an Fortbildungsveranstaltungen teilzunehmen. Der Umfang der Fortbildungsveranstaltungen beträgt innerhalb eines Zeitraums von vier Jahren mindestens 40 Zeitstunden. Die Vierjahresfrist beginnt erstmals mit Ausstellung der Bescheinigung nach § 2 Absatz 6 zu laufen.

(2) Ziel der Fortbildungsveranstaltungen ist
1. eine Vertiefung und Aktualisierung einzelner in der Anlage aufgeführter Inhalte oder
2. eine Vertiefung von Kenntnissen und Fähigkeiten in besonderen Bereichen der Mediation.

(3) Über die erfolgreiche Teilnahme an einer Fortbildungsveranstaltung ist von der Fortbildungseinrichtung eine Bescheinigung auszustellen. Die Bescheinigung muss enthalten:
1. Name, Vornamen und Geburtsdatum der oder des Teilnehmenden,
2. Name und Anschrift der Fortbildungseinrichtung,
3. Datum und Ort der Fortbildungsveranstaltung sowie
4. vermittelte Fortbildungsinhalte und Dauer der Fortbildungsveranstaltung in Zeitstunden.

§ 4 Fortbildung durch Einzelsupervision

(1) Innerhalb der zwei auf den Abschluss seiner Ausbildung nach § 2 folgenden Jahre hat der zertifizierte Mediator mindestens viermal an einer Einzelsupervision, jeweils im Anschluss an eine als Mediator oder Co-Mediator durchgeführte Mediation, teilzunehmen. Die Zweijahresfrist beginnt mit Ausstellung der Bescheinigung nach § 2 Absatz 6 zu laufen.

(2) Über jede nach Absatz 1 durchgeführte Einzelsupervision ist von dem Supervisor eine Bescheinigung auszustellen. Diese Bescheinigung muss enthalten:
1. Name, Vornamen und Geburtsdatum des zertifizierten Mediators,
2. Datum und Ort der durchgeführten Einzelsupervision,
3. anonymisierte Angaben zur in der Einzelsupervision besprochenen Mediation sowie
4. Name und Anschrift des Supervisors.

§ 5 Anforderungen an Aus- und Fortbildungseinrichtungen

(1) Eine Ausbildung nach § 2 oder eine Fortbildung nach § 3 darf nur durchführen, wer sicherstellt, dass die dafür eingesetzten Lehrkräfte
1. über einen berufsqualifizierenden Abschluss einer Berufsausbildung oder eines Hochschulstudiums verfügen und
2. über die jeweils erforderlichen fachlichen Kenntnisse verfügen, um die in der Anlage aufgeführten oder sonstige Inhalte der Aus- oder Fortbildung zu vermitteln.

(2) Sofern eine Lehrkraft nur eingesetzt wird, um bestimmte Aus- oder Fortbildungsinhalte zu vermitteln, müssen sich ihre fachlichen Kenntnisse nur darauf beziehen.

§ 6 Gleichwertige im Ausland erworbene Qualifikation[1]

Als zertifizierter Mediator darf sich auch bezeichnen, wer
1. im Ausland eine Ausbildung zum Mediator im Umfang von mindestens 90 Zeitstunden abgeschlossen hat und
2. anschließend als Mediator oder Co-Mediator mindestens vier Mediationen durchgeführt hat.

§ 7 Übergangsbestimmungen

(1) Als zertifizierter Mediator darf sich bezeichnen, wer vor dem 26. Juli 2012 eine Ausbildung zum Mediator im Umfang von mindestens 90 Zeitstunden abgeschlossen und anschließend als Mediator oder Co-Mediator mindestens vier Mediationen durchgeführt hat.

(2) Als zertifizierter Mediator darf sich auch bezeichnen, wer vor dem 1. September 2017 einen den Anforderungen des § 2 Absatz 3 und 4 genügenden Ausbildungslehrgang erfolgreich beendet hat und bis zum 1. Oktober 2018 an einer Einzelsupervision im Anschluss an eine als Mediator oder Co-Mediator durchgeführte Mediation teilgenommen hat. Wird die Einzelsupervision erst nach dem 1. September 2017 durchgeführt, ist entsprechend § 4 Absatz 2 eine Bescheinigung auszustellen.

(3) In den Fällen der Absätze 1 und 2 beginnen die Fristen des § 3 Absatz 1 Satz 3 und des § 4 Absatz 1 am 1. September 2017 zu laufen. Im Fall des Absatzes 2 Satz 2 beginnen die Fristen abweichend von Satz 1 mit Ausstellen der Bescheinigung zu laufen.

---

1 § 6 dieser Verordnung dient der Umsetzung der Richtlinie 2005/36/EG des Europäischen Parlaments und des Rates vom 7. September 2005 über die Anerkennung von Berufsqualifikationen (ABl. L 255 vom 30.9.2005, S. 22, L 271 vom 16.10.2007, S. 18, L 93 vom 4.4.2008, S. 28, L 33 vom 3.2.2009, S. 49, L 305 vom 24.10.2014, S. 115), die zuletzt durch die Richtlinie 2013/55/EU (ABl. L 354 vom 28.12.2013, S. 132, L 268 vom 15.10.2015, S. 35, L 95 vom 9.4.2016, S. 20) geändert worden ist, sowie der Richtlinie 2013/55/EU des Europäischen Parlaments und des Rates vom 20. November 2013 zur Änderung der Richtlinie 2005/36/EG über die Anerkennung von Berufsqualifikationen und der Verordnung (EU) Nr. 1024/2012 über die Verwaltungszusammenarbeit mithilfe des Binnenmarkt-Informationssystems (»IMI-Verordnung«) (ABl. L 354 vom 28.12.2013, S. 132, L 268 vom 15.10.2015, S. 35, L 95 vom 9.4.2016, S. 20).

§ 8 Inkrafttreten

Diese Verordnung tritt am 1. September 2017 in Kraft.

Anlage Inhalte des Ausbildungslehrgangs

Nummer	Inhalt des Ausbildungslehrgangs	Stundenzahl (Zeitstunden)
I	II	III

1.	Einführung und Grundlagen der Mediation
	a) Grundlagen der Mediation
	    aa) Überblick über Prinzipien, Verfahrensablauf und Phasen der Mediation
	    bb) Überblick über Kommunikations- und Arbeitstechniken in der Mediation
	b) Abgrenzung der Mediation zum streitigen Verfahren und zu anderen alternativen Konfliktbeilegungsverfahren
	c) Überblick über die Anwendungsfelder der Mediation
		18 Stunden

2.	Ablauf und Rahmenbedingungen der Mediation
	a) Einzelheiten zu den Phasen der Mediation
	    aa) Mediationsvertrag
	    bb) Stoffsammlung
	    cc) Interessenerforschung
	    dd) Sammlung und Bewertung von Optionen
	    ee) Abschlussvereinbarung
	b) Besonderheiten unterschiedlicher Settings in der Mediation
	    aa) Einzelgespräche
	    bb) Co-/Teammediation, Mehrparteienmediation, Shuttle-Mediation
	    cc) Einbeziehung Dritter
	c) Weitere Rahmenbedingungen
	    aa) Vor- und Nachbereitung von Mediationsverfahren
	    bb) Dokumentation/Protokollführung
		30 Stunden

3.	Verhandlungstechniken und -kompetenz a) Grundlagen der Verhandlungsanalyse b) Verhandlungsführung und Verhandlungsmanagement: intuitives Verhandeln, Verhandlung nach dem Harvard-Konzept/integrative Verhandlungstechniken, distributive Verhandlungstechniken	12 Stunden

4.	Gesprächsführung, Kommunikationstechniken a) Grundlagen der Kommunikation b) Kommunikationstechniken (z. B. aktives Zuhören, Paraphrasieren, Fragetechniken, Verbalisieren, Reframing, verbale und nonverbale Kommunikation) c) Techniken zur Entwicklung und Bewertung von Lösungen (z. B. Brainstorming, Mindmapping, sonstige Kreativitätstechniken, Risikoanalyse) d) Visualisierungs- und Moderationstechniken e) Umgang mit schwierigen Situationen (z. B. Blockaden, Widerstände, Eskalationen, Machtungleichgewichte)	18 Stunden
5.	Konfliktkompetenz a) Konflikttheorie (Konfliktfaktoren, Konfliktdynamik und Konfliktanalyse; Eskalationsstufen; Konflikttypen) b) Erkennen von Konfliktdynamiken c) Interventionstechniken	12 Stunden
6.	Recht der Mediation a) Rechtliche Rahmenbedingungen: Mediatorvertrag, Berufsrecht, Verschwiegenheit, Vergütungsfragen, Haftung und Versicherung b) Einbettung in das Recht des jeweiligen Grundberufs c) Grundzüge des Rechtsdienstleistungsgesetzes	6 Stunden
7.	Recht in der Mediation a) Rolle des Rechts in der Mediation b) Abgrenzung von zulässiger rechtlicher Information und unzulässiger Rechtsberatung in der Mediation durch den Mediator c) Rolle des Mediators in Abgrenzung zu den Aufgaben des Parteianwalts d) Sensibilisierung für das Erkennen von rechtlich relevanten Sachverhalten bzw. von Situationen, in denen den Medianden die Inanspruchnahme externer rechtlicher Beratung zu empfehlen ist, um eine informierte Entscheidung zu treffen e) Mitwirkung externer Berater in der Mediation f) Rechtliche Besonderheiten der Mitwirkung des Mediators bei der Abschlussvereinbarung g) Rechtliche Bedeutung und Durchsetzbarkeit der Abschlussvereinbarung unter Berücksichtigung der Vollstreckbarkeit	12 Stunden

8.	Persönliche Kompetenz, Haltung und Rollenverständnis a) Rollendefinition, Rollenkonflikte b) Aufgabe und Selbstverständnis des Mediators (insbesondere Wertschätzung, Respekt und innere Haltung) c) Allparteilichkeit, Neutralität und professionelle Distanz zu den Medianden und zum Konflikt d) Macht und Fairness in der Mediation e) Umgang mit eigenen Gefühlen f) Selbstreflexion (z. B. Bewusstheit über die eigenen Grenzen aufgrund der beruflichen Prägung und Sozialisation)	12 Stunden
Gesamt:		120 Stunden

B. Einleitung

Die Verordnung über die Aus- und Fortbildung von zertifizierten Mediatoren (ZMe- 1
diatAusbV) vom 21. August 2016 (BGBl. I S. 1994) ist das fehlende Glied in dem
umfassenden Regelwerk »**Mediation**«, welches mit der Europäischen Mediationsrichtlinie – EUMed-RL – (Richtlinie 2008/52/EG des Europäischen Parlaments
und des Rates vom 21.Mai 2008 über bestimmte Aspekte der Mediation in Zivil-
und Handelssachen (ABl. L 136 v. 24.05.2008, S. 3)) beginnt, sich mit dem nationalen »Gesetz zur Regelung der Mediation und anderer Verfahren der außergerichtlichen Konfliktbeilegung« vom 21. Juli 2012 (BGBl. I S. 1577) fortsetzt und nunmehr
mit der ZMediatAusbV seinen (vorläufigen) Abschluss gefunden hat.

Der Weg bis dahin war **zeitintensiv**: Bereits das nationale Gesetzgebungsverfahren hatte 2
die Fristvorgabe der EUMed-RL nicht eingehalten und statt vor dem 21. Mai 2011
trat das Mediationsgesetz (MediationsG) erst am 26. Juli 2012 in Kraft. Und die ZMediatAusbV ihrerseits ist erst mehr als vier Jahre nach der Verabschiedung der entsprechenden Ermächtigung erlassen worden und über fünf Jahre später am 1. September 2017 in Kraft getreten.

Mit der Ermächtigungsnorm des § 6 MediationsG hatte der Gesetzgeber den Erwä- 3
gungsgrund Nr. 16 der EU-MedRL sowie Art. 4 EU-MedRL aufgegriffen: Danach
sollen die Mitgliedstaaten mit allen ihnen geeignet erscheinenden Mitteln wirksame
Verfahren zur Qualitätskontrolle für die Erbringung von Mediationsdiensten fördern,
ferner die Aus- und Fortbildung von Mediatoren, um sicherzustellen, dass eine Mediation für die Parteien wirksam, unparteiisch und sachkundig durchgeführt wird.

Allerdings hatte der (Bundes-) Gesetzgeber davon Abstand genommen, die Inhalte der 4
Aus- und Fortbildung unmittelbar durch (Bundes-) Gesetz selbst zu regeln, sondern
den Weg über eine Verordnungsermächtigung gem. Art. 80 GG gewählt. Dieser Ansatz
war aus vielerlei Gründen sachgerecht: einmal im Hinblick auf die Komplexität der
Materie, zum anderen wegen des vielfältigen Wandels und der Weiterentwicklung,
denen die konsensuale Streitbeilegung und insbesondere die Mediation unterliegen.
Indem der Gesetzgeber in der Gesetzesbegründung bereits einen nahezu ausformulierten Verordnungsentwurf eingestellt hatte gab er dem Verordnungsgeber zu verstehen,
in welchem Umfang er die Ausbildung geregelt sehen wollte.[1]

Als Ermächtigungsadressat des § 6 MediationsG und somit verantwortlich für die Ver- 5
ordnung ist das Bundesministerium der Justiz (nunmehr: Bundesministerium der Justiz und für Verbraucherschutz) benannt, das die zu erlassende Verordnung ohne Zustimmung des Bundesrates in Kraft setzen konnte. Um so mehr verwundert es, dass mehr als
vier Jahre vergehen mussten, bis eine Verordnung erlassen wurde. Zwar hatte das Ministerium der interessierten (Fach-)Öffentlichkeit bereits mit Datum vom 31. Januar 2014

---

1 Vgl. zu Vorstehendem unter Teil 1 C., § 6 MediationsG, Rdn. 1 ff.

Teil 2 Verordnung über die Aus- und Fortbildung von zertifizierten Mediatoren

einen Referentenentwurf zukommen lassen[2] und hierzu umfangreiche Stellungnahmen eingeholt.[3] Gleichwohl sollten dann noch mehr als zwei Jahre bis zur Veröffentlichung der nunmehr geltenden Verordnung im Bundesgesetzblatt vergehen.

6   Trotz des langen Zeitvorlaufs ist anzumerken, dass die **einzelnen Vorschriften** der Verordnung nicht etwa wohl durchdacht und abgewogen sind, sondern ersichtlich in aller Eile zusammengestellt wurden, nicht immer aus sich heraus verständlich sind, Ungenauigkeiten und Unschärfen enthalten und von daher **vielfach der Interpretation bedürfen**: Der Grund dürfte in dem am 1. April 2016 in Kraft getretenen Verbraucherstreitbeilegungsgesetz (VSBG) zu finden sein. Dieses verlangt von dem in einer Verbraucherschlichtungsstelle tätigen Streitmittler, dass er entweder die Befähigung zum Richteramt besitzt oder »Zertifizierter Mediator« ist. Um daher das VSBG nicht ins Leere laufen zu lassen mussten kurzfristig die Voraussetzungen für den »Zertifizierten Mediator« geschaffen werden. Rechtsklarheit und Rechtssicherheit jedenfalls haben darunter gelitten und es darf unterstellt werden, dass insbesondere Mediatoren mit nichtjuristischem Berufshintergrund sich mit dem reinen Verordnungstext schwer tun werden. Dabei wurde die Zahl der in der Bundesrepublik Deutschland tätigen Mediatoren bereits vor Erlass der Verordnung auf über 7500 Personen geschätzt; mittlerweile dürften weit über 1000 Mediatoren neu hinzugekommen sein. Der Großteil von ihnen, so ist zu vermuten, wird daran interessiert sein, das Gütesiegel »Zertifizierter Mediator« zu erwerben, bietet es doch grundsätzlich die Chance, sich auf dem umkämpften Markt der alternativen Konfliktlösung von anderen Wettbewerbern zu unterscheiden.

7   Die Reaktionen im Schrifttum, bei den betroffenen Verbänden und den jeweiligen öffentlich-rechtlichen Institutionen zu dem Regelwerk schwanken daher zwischen wohlwollender Begrüßung, kritischer Begleitung bis hin zu eindeutiger Ablehnung. Im **Mittelpunkt der Kritik** steht dabei das **Konzept der Selbstzertifizierung**, das auf einen privatrechtlichen Zusammenschluss für eine Überprüfungsinstitution setzte. Dieses ist jedoch (einstweilen zumindest) gescheitert: Verhandlungen der Mediatoren- und Berufsverbände, der berufsständischen Kammern, der IHK und anderer gesellschaftlicher Gruppierungen zur Gründung einer »Gemeinsamen Anerkennungsstelle für Mediationsausbildungen« führten zu keinem Ergebnis,[4] die Etablierung/Beauftragung einer staatlichen Institution ist nicht unumstritten.[5] Aber auch die einzelnen Vorschriften in ihrer konkreten Ausgestaltung wie auch die unterschiedliche Behandlung von Alt-, Übergangs- und Auslandsmediatoren erfuhren und erfahren Kritik. Diese findet sich im Einzelnen in der Kommentierung der jeweiligen Vorschriften wieder.

---

2 https://www.brak.de/w/files/newsletter_archiv/berlin/2014/vo-e_bmjv_zmediatausbv_31.01.14.pdf, (Datum des Zugriffs: 31.10.2019).
3 Vgl. zum Entwurf nur *Fritz* ZKM 2014, 62 ff.
4 Umfassend hierzu *Klowait/Gläßer*, § 6 MediationsG Rn. 7.
5 Vgl. Teil 1 C., § 6 MediationsG Rdn. 39 f.; *Greger/Unberath/Steffek*, § 5 MediationsG Rn. 17 m.w.N.

B. Einleitung **Teil 2**

Die Verordnung ist ein Jahr nach ihrer Veröffentlichung am 1. September 2017 in Kraft getreten. Bereits in der Gesetzesbegründung zu § 6 MediationsG war dies so angelegt gewesen, um den maßgeblichen Mediatoren- und Berufsverbänden, den berufsständischen Kammern und den Industrie- und Handelskammern sowie anderen gesellschaftlichen Gruppen im Interesse einer Vergleichbarkeit der Ausbildungen und einer Qualitätssicherung die Möglichkeit zu geben, sich auf freiwilliger Basis auf eine einheitliche Vorgehensweise zu verständigen.[6] Unterschiedlichen Interessenslagen und einem fehlenden Grundkonsens ist es geschuldet, dass diese Frist ungenutzt verstrichen ist und es bislang keine übergreifenden Absprachen gibt. 8

Schon ein Jahr nach Inkrafttreten der ZMediatAusbV, am **1. Oktober 2018**, stand ein wichtiges Datum für die große Zahl von Mediatoren an, die noch vor der Ägide der ZMediatAusbV eine den Anforderungen des § 2 Abs. 3, 4 ZMediatAusbV genügenden Ausbildungslehrgang erfolgreich beendet hatten: Sie mussten, wie aus § 7 Abs. 2 ZMediatAusbV folgt, an einer Einzelsupervision im Anschluss an eine als Mediator oder Co-Mediator durchgeführte Mediation teilgenommen haben. Und auch für die sog. »Altfälle« des § 7 Abs. 1 ZMediatAusbV und die sog. »Übergangsfälle« des § 7 Abs. 2 ergab sich zum 31. August 2019 eine vergleichbare Frist: Bis dahin mussten sie vier von ihnen durchgeführte Mediationen in einer Supervision behandelt haben.[7] Es steht zu befürchten, dass diese Zeitfenster sich für viele Mediatoren verschlossen haben, ohne dass sie zuvor die Gelegenheit wahrnehmen konnten, die Voraussetzungen für das Gütesiegel »Zertifizierter Mediator« zu erwerben bzw. zu erhalten. Sie werden dann den durch die Verordnung vorgeschriebenen Weg zum Erwerb der Voraussetzungen des »Zertifizierten Mediators« noch einmal beschreiten müssen, wenngleich Ausbildungsgänge durchaus denkbar sind und angeboten werden, die zuvor bereits erworbenes Wissen integrieren und anrechnen.[8] 9

---

6 BT-Drucks. 17/8058, S. 20.
7 Zu Einzelheiten vgl. die Kommentierung zu § 7 ZMediatAusbV.
8 *Sellke*, https://adribo.de/neu-auf-dem-markt-umfassende-kommentierung-der-ausbildungs-verordnung-fuer-zertifizierte-mediatoren-2/(Datum des Zugriffs: 15.03.2020); *Fritz*, https://adribo.de/update-zertifizierter-mediator-ausbildungsgang-zur-re-zertifizierung/ (Datum des Zugriffs: 15.03.2020), ferner https://adribo-academy.de/update-zertifizierter-mediator/ (Datum des Zugriffs: 15.03.2020).

C. Vorschriften – Kommentierung

§ 1 Anwendungsbereich

Diese Verordnung regelt
1. die Ausbildung zum zertifizierten Mediator,
2. die Fortbildung des zertifizierten Mediators sowie
3. Anforderungen an die Einrichtungen zur Aus- und Fortbildung nach den Nummern 1 und 2.

Übersicht   Rdn.
I. Regelungsgegenstand und Zweck   1
    1. Ermächtigungsgrundlage zum Erlass der Verordnung   1
    2. Das Zertifizierungskonzept   5
    3. Geschützte Berufsbezeichnung   8
    4. Konsequenzen unberechtigten Führens des Gütesiegels 11
II. Grundsätze/Einzelheiten 13
    1. Ausbildung zum zertifizierten Mediator (Nummer 1) 13
       a) Formale Ausgestaltung 14
       b) Inhaltliche Vorgaben 16
    2. Fortbildung des zertifizierten Mediators (Nummer 2) 17
    3. Anforderungen an die Einrichtungen zur Aus- und Fortbildung nach den Nummern 1 und 2 (Nummer 3) 19
III. Hinweise für die Praxis 20
    1. Korrekte Verwendung des Gütesiegels 21
    2. Informationsverpflichtung nach § 3 Abs. 5 MediationsG 23
    3. Mustertext eines Abmahnungsschreibens 24
    4. Mustertext einer Unterlassungserklärung 27

I. Regelungsgegenstand und Zweck

1. Ermächtigungsgrundlage zum Erlass der Verordnung

1   Die Vorschrift benennt den Regelungsbereich der Verordnung, nämlich Aus- und Fortbildung des zertifizierten Mediators sowie die Anforderungen an Aus- und Fortbildungseinrichtungen; sie hält sich damit an die wortgleiche Vorgabe des § 6 Satz 1 MediationsG.

2   § 6 i.V.m. § 5 Abs. 2 MediationsG stellen die Ermächtigungsnormen dar, derer es nach Art. 80 Abs. 1 GG bedarf, wenn auf die Exekutive rechtsetzende Gewalt übertragen werden soll. Das in § 6 Abs. 1 Satz 1 als Ermächtigungsadressat (Delegatar) benannte Bundesministerium der Justiz und für Verbraucherschutz hat die Verordnung erlassen und der Regelung des Art. 80 Abs. 1 Satz 3 GG entsprochen, wonach die Rechtsgrundlage in der Verordnung selbst anzugeben ist; sie findet sich im Vorspann vor § 1.

3   Indem die ZMediatAusbV einheitliche Aus- und Fortbildungsstandards normiert, beschränkt sie zugleich die **Berufsfreiheit des Art. 12 Abs. 1 GG**. Derartige Beschrän-

kungen – vorliegend in der Form subjektiver Zulassungsvoraussetzungen bezogen auf das Berufsbild »zertifizierter Mediator« – sind nach der Rechtsprechung des BVerfG nur zulässig, soweit sie zum Schutz besonders wichtiger Gemeinschaftsgüter zwingend erforderlich sind[1]; dabei ist stets zu prüfen, ob dieser Schutz nicht mit weniger belastenden bzw. einschneidenden Mitteln gesichert werden kann.[2]

Als besonders wichtiges Gemeinschaftsgut kommt hier der **Schutz der Verbraucher** in Betracht: Diese sollen darauf vertrauen dürfen, dass ein zertifizierter Mediator über die theoretischen und praktischen Kenntnisse und Fertigkeiten verfügt, um den ihm angetragenen Konflikt angemessen, qualifiziert und unter Beachtung der rechtlichen und fachspezifischen Implikationen bearbeiten zu können. Alle Vorschriften der ZMediatAusbV sind daher danach zu beurteilen, ob ihre die Berufsfreiheit des Mediators beschränkenden Inhalte im Sinne des angestrebten Verbraucherschutzes geeignet, erforderlich und angemessen sind.[3] 4

2. Das Zertifizierungskonzept

Nach § 5 Abs. 2 MediationsG darf jeder, der eine Ausbildung durchlaufen hat, die den Anforderungen der Rechtsverordnung nach § 6 MediationsG entspricht, die Bezeichnung »Zertifizierter Mediator« führen. Die ZMediatAusbV legt die formalen und qualitativen Inhalte sowie weiter Anforderungen für die Aus- und Fortbildung von zertifizierten Mediatoren fest. Sie orientiert sich dabei an den Ausführungen des Rechtsausschusses des Deutschen Bundestages in der Beschlussempfehlung vom 1. Dezember 2011 (BT-Drs. 17/8058). Der Gesetzgeber ging ersichtlich davon aus, dass die Standards gelten sollen, auf die sich der vom BMJ initiierte Arbeitskreis »Zertifizierung für Mediatorinnen und Mediatoren« im Mai 2010 geeinigt hatte. 5

§ 6 MediationsG ermächtigt nicht zur Einführung eines behördlichen Zulassungssystems oder einer behördlichen Kontrolle der Ausbildung. Dementsprechend sieht die ZMediatAusbV dies auch nicht vor. In der Begründung des Entwurfs der ZMediatAusbV (S. 11) wird in diesem Zusammenhang ausgeführt, es habe im Gesetzgebungsverfahren Konsens bestanden, dass auf keine unmittelbare oder mittelbare staatliche Stelle zurückgegriffen werden solle, die die Einhaltung der Ausbildungsinhalte für den zertifizierten Mediator kontrolliere. Es stehe den interessierten Kreisen frei, sich aus eigener Initiative auf ein privatrechtliches Gütesiegel für solche Ausbildungen zu einigen, die den festgelegten Anforderungen (sic!) entsprechen. 6

Dieses Konzept ist im Schrifttum mit guten Gründen kritisiert worden.[4] Der Umstand, dass sich die Praxis (bislang) auf ein gemeinsames privatrechtliches Gütesiegel und eine 7

---

1 Vgl. BVerfGE 7, 406 ff – Apothekenurteil.
2 A. A. *Eidenmüller/Wagner*, Kap. 9 Rdn. 57, die von einer Berufsausübungsregelung ausgehen, zu deren Rechtfertigung bereits vernünftige Gründe des Allgemeinwohls genügten.
3 Umfassend: Teil 1 C., § 6 MediationsG, Rdn. 13 ff.).
4 Vgl. *Greger* Mediation aktuell, 31.01.2018, https://www.mediationaktuell.de/news/zertifizierung-oder-lizensierung-was-ist-erlaubt?pk_campaign=2018_01_MA_NL_Im_Fokus__Zertifizierung__Lizensierung_und_die_Professionalisierung_de&pk_kwd=03_Zertifizie-

Fritz

privatrechtlich organisierte Zertifizierungsstelle nicht einigen konnte, bestätigt die Bedenken.

3. Geschützte Berufsbezeichnung

8 Wer die in der ZMediatAusbV aufgeführten Voraussetzungen erfüllt, darf sich seit dem 1. September 2017 als »**Zertifizierter Mediator**« bezeichnen. Diese **Bezeichnung ist gesetzlich geschützt**, nicht jedoch die (einfache) Bezeichnung »Mediator«.

9 Es gibt allerdings weder eine Zertifizierungsstelle noch einen Zertifizierungsakt. Das hat zur Folge, dass der einzelne Mediator insoweit auch nicht abgesichert ist: Seine Befugnis zur Führung des Gütesiegels »Zertifizierter Mediator« hängt stets an der Erfüllung der tatsächlichen Voraussetzungen entsprechend der ZMediatAusbV.[5]

10 Unproblematisch ist neben der Verwendung des Gütesiegels »Zertifizierter Mediator« bspw. die zusätzliche Bezeichnung »WirtschaftsMediator« oder »Mediator (BAFM)«. Auch dürfen die von Hochschulen und Universitäten verliehenen Qualifikationsbezeichnungen wie M.A. (Master of Arts) oder M.M. (Master of Mediation) zusätzlich geführt werden.

4. Konsequenzen unberechtigten Führens des Gütesiegels

11 Das unberechtigte Führen des Gütesiegel »Zertifizierter Mediator« kann vielfältige rechtliche Konsequenzen nach sich ziehen:

In wettbewerbsrechtlicher Hinsicht kommt der Tatbestand der **irreführenden Werbung** nach § 5 Abs. 1 Satz 2 Nr. 3 UWG in Betracht, gegen den Mitbewerber und Einrichtungen (§ 8 Abs. 3 Nr. 1 – 4 UWG) mit Unterlassungsansprüchen gem. § 8 Abs. 1 UWG vorgehen können. Die sekundäre Darlegungslast, dass er alle Zertifizierungsvoraussetzungen erfüllt, obliegt in einem solchen Fall dem beklagten Mediator.[6] Auch kommt eine Schadensersatzpflicht gegenüber geschädigten Mitbewerbern nach § 9 UWG in Betracht. Ansprüche nach dem Wettbewerbsrecht verjähren gem. § 11 UWG nach sechs Monaten ab Kenntnis oder Kennenmüssen.[7]

12 Täuscht der Mediator seine Medianden über seine berufliche Qualifikation, so kann der **Mediatorenvertrag angefochten** werden (vgl. § 123 BGB sowie § 119 Abs. 2 BGB) mit der Folge, dass der Vertrag nichtig wäre und die Mediatorenvergütung entfiele. Führt dies zudem zu einer Schädigung einer der Medianden, so ist an eine Haftung wegen **Verschuldens bei Vertragsschluss** zu denken (§§ 311 Abs. 2, 241 Abs. 2, 280 Abs. 1 BGB).[8]

---

rung_oder_Lizensierung__Was_ist_erlaubt__01_Empfehlungen_ (Datum des Zugriffs: 31.10.2019); ferner mit weiteren Nachweisen *Eidenmüller/Wagner*, Kap. 9 Rn. 63 ff.
5 *Röthemeyer* ZKM 2016, 195 ff (196).
6 *Eidenmüller/Wagner*, Kap. 9, Rn. 50.
7 Vgl. umfassend hierzu *Greger/Unberath/Steffek*, § 5 MediationsG, Rn. 22 ff.
8 *Greger/Unberath/Steffek*, § 5 MediationsG, Rn. 22 ff.; insoweit eher zurückhaltend *Kloweit/Gläßer*, § 5 MediationsG Rn. 38, Fn. 38.

II. Grundsätze/Einzelheiten

1. Ausbildung zum zertifizierten Mediator (Nummer 1)

Unter einer Ausbildung ist gemeinhin die Vermittlung von Fertigkeiten und Wissen durch eine dazu befugte Einrichtung oder Person zu verstehen. Dabei ist zu differenzieren zwischen der formalen Ausgestaltung der Ausbildung einerseits und deren inhaltlichen Vorgaben andererseits. 13

a) Formale Ausgestaltung

Was unter einer Ausbildung im Kontext der Qualifikation zum »Zertifizierten Mediator« zu verstehen ist, folgt aus § 2 Abs. 2 ZMediatAusbV: 14

Danach setzt sich die Ausbildung zusammen aus einem zielgerichtet auf die Zertifizierung ausgerichteten Ausbildungslehrgang und einer Einzelsupervision, wobei weitere Einzelheiten hierzu in § 2 ZMediatAusbV geregelt sind. Das ist der Grundsatz, den das Regelungswerk zugrunde legt.

Allerdings belässt es die Verordnung hierbei nicht: Geringe Anforderungen stellt sie an Ausbildungen, die im Ausland durchgeführt werden (vgl. § 6 ZMediatAusbV) sowie an solche, die vor dem Erlass des Mediationsgesetzes (vgl. § 7 Abs. 1 ZMediatAusbV) und vor Inkrafttreten der ZMediatAusbV selbst erfolgten (§ 7 Abs. 2 ZMediatAusbV). 15

b) Inhaltliche Vorgaben

Das **Ausbildungscurriculum** für den zertifizierten Mediator ergibt sich aus der **Anlage zur Verordnung**, die mit »Inhalte des Ausbildungslehrgangs« überschrieben ist. Sie ist, wie aus § 2 Abs. 3 ZMediatAusbV folgt, dahin gehend zu ergänzen, dass der Ausbildungslehrgang auch praktische Übungen und Rollenspielen umfassen muss. 16

2. Fortbildung des zertifizierten Mediators (Nummer 2)

Unter einer Fortbildung wird eine Qualifizierung verstanden, die die in einer (Grund-) Ausbildung erworbenen Fähigkeiten und Techniken erhält, erweitert, anpasst oder ausbaut. Von daher spielt, wie noch aufzuzeigen sein wird, die Anlage zur Verordnung eine gewichtige Rolle. 17

Die Verordnung befasst sich in §§ 3 und 4 ZMediatAusbV sowie in § 7 Abs. 3 ZMediatAusbV mit den Details der Fortbildung. 18

3. Anforderungen an die Einrichtungen zur Aus- und Fortbildung nach den Nummern 1 und 2 (Nummer 3)

Details zu den Anforderungen für Einrichtungen nach § 1 Nr. 3 ZMediatAusbV finden sich in § 5 ZMediatAusbV. Dabei geht es allerdings ausschließlich um die in den Einrichtungen eingesetzten Lehrkräfte, nicht hingegen um die Einrichtungen selbst. Für diese werden **weder Standards definiert noch gefordert**. 19

III. Hinweise für die Praxis

20 Die folgenden Hinweise für die Praxis befassen sich mit der korrekten Verwendung des Gütesiegels im beruflichen Alltag (1.), gefolgt von einer Checkliste, wie der »Zertifizierte Mediator« seinen Informationspflichten nach § 3 Abs. 5 MediationsG genügen kann (2.). Zum Abschluss wird das Vorgehen für den Fall eines Verstoßes gegen die Bezeichnungspflicht beschrieben einschließlich eines Mustertextes für ein Abmahnungsschreiben (3.) und eine Unterlassungserklärung (4.).

1. Korrekte Verwendung des Gütesiegels

21 Mediatoren, die die Voraussetzungen zum Führen des Gütesiegels erfüllen und zudem noch weitere Qualifikationen erworben haben und/oder auf eine besondere Spezialisierung hinweisen wollen, können im geschäftlichen Verkehr (auf Homepage, Briefbögen, Visitenkarten, in Anzeigen etc.) bspw. folgende Bezeichnung wählen:

▶ Muster: Verwendung des Gütesiegels

Markus Mustermann, M.A.

Zertifizierter Mediator

WirtschaftsMediator

oder

Marlene Musterfrau

Zertifizierte Mediatorin

Mediatorin (BAFM)

22 Zudem ist es unproblematisch, im hier interessierenden Kontext dem Namen akademische Titel wie »Dr.« »Prof.«, »Dipl. Psych.« etc. oder auch Berufsbezeichnungen wie »Rechtsanwalt«, »Steuerberater«, »Pfarrer«, »Architekt«, Supervisor«, »Coach« etc. voran- oder hintanzustellen. Von der Beifügung des in einem Mediationsstudium erworbenen Titels »M.A.« oder »M.M.« unmittelbar an die Bezeichnung »Zertifizierter Mediator« ist hingegen abzuraten; stattdessen empfiehlt sich die Anfügung an den Namen oder die Verwendung in einer Unterzeile (»Mediator M.A.«).

2. Informationsverpflichtung nach § 3 Abs. 5 MediationsG

23 Mediatoren sind gem. § 3 Abs. 5 MediationsG verpflichtet, Parteien auf deren Verlangen über ihren fachlichen Hintergrund, ihre Ausbildung und ihre Erfahrungen auf dem Gebiet der Mediation zu informieren; dazu zählen nunmehr auch die Voraussetzungen zum Führen des Gütesiegels »Zertifizierter Mediator«. Zur Vermeidung von Unklarheiten bietet es sich an, bspw. auf der eigenen Homepage die im Folgenden aufgeführten Informationen zu veröffentlichen. Zudem ist es möglich, bei Verbänden und Organisationen (bspw. www.mediatorfinden.de oder www.centralregister-mediation.de) die Zertifizierungsnachweise zu hinterlegen.

Anwendungsbereich § 1 ZMediatAusbV

▶ **Muster: Checkliste Informationsverpflichtung**
 – **Name** und ggf. akademische Titel des Mediators
 – **Grundberuf** (Bezeichnung), dazu Ausbildung (Bezeichnung, Ort, Dauer), ggf. Zusatzqualifikationen, spezifische Berufserfahrungen, Lehrtätigkeiten etc.
 – **Mediationsausbildung** (Ausbildungsinstitut, Dauer (Stunden), Zeit (Monate), besondere Abschlussqualifikationen (Master of Arts, Diplom etc.)
 – **Zertifizierungsnachweise** (Bescheinigung gem. § 2 Abs. 6 ZMediatAusbV oder Nachweis der Voraussetzungen der §§ 6, 7 ZMediatAusbV; Nachweis von Fortbildungsveranstaltungen gem. § 3 und von Fortbildung durch Einzelsupervision gem. § 4 ZMediatAusbV)
 – **Mediationserfahrung** (Dauer der Tätigkeit, ggf. Anzahl der mediierten Konflikte und solcher von besonderer Bedeutung, ggf. Erfolgsquote, Mediationsschwerpunkte (Wirtschaftsmediation, Familienmediation etc.), besondere Mediationsmethoden (Co-Mediation, Kurz-Zeit-Mediation etc.), sonstige Besonderheiten (Supervisor, Trainer, Coach etc.)

3. **Mustertext eines Abmahnungsscheibens**

Verwendet ein Mediator unberechtigterweise die Bezeichnung »Zertifizierter Mediator«, so kann grundsätzlich ein anderer Mediator als Mitbewerber **Unterlassungsansprüche nach § 8 Abs. 3 Nr. 1 UWG** geltend machen. Da Mediatoren jedoch berufsbedingt grundsätzlich einer konsensualen Konfliktlösung den Vorzug geben sollten,[9] empfiehlt sich folgende **zweistufige Vorgehensweise**: 24

Bevor mit der Keule des UWG gedroht wird, wäre zunächst ein freundlich gehaltenes kollegiales Schreiben in Betracht zu ziehen verbunden mit der Bitte, die berechtige Führung der Bezeichnung »Zertifizierter Mediator« nachzuweisen oder andernfalls zukünftig auf die Verwendung des Gütesiegels zu verzichten und dies zu bestätigen. 25

Sollte diese Vorgehensweise nicht zum gewünschten Erfolg führen, dann verbleibt nur noch die Möglichkeit, im Wege einer Abmahnung vorzugehen. Dabei ist zu bedenken, dass es dem Abmahnenden obliegt, die Tatsachen für ein unberechtigtes Führen des Gütesiegels darzulegen.[10] Um für den Abgemahnten nicht Kosten durch die Einschaltung eines Rechtsanwaltes auszulösen, kann ein Abmahnungsschreiben auch entsprechend dem anliegenden Mustertext erfolgen, das per Post, Fax oder E-Mail übersandt werden kann. 26

▶ **Muster: Abmahnungsschreiben**

Briefkopf

(Absender)

An

---

9 Ähnlich *Greger/Unberath/Steffek*, § 5 MediationsG Rn. 22.
10 Vgl. zur Beweislastfragen *Greger/Unberath/Steffek*, § 5 MediationsG Rn. 22.

(Empfänger)

Datum

Wettbewerbsrechtliche Abmahnung

Unzulässige Verwendung der Bezeichnung »Zertifizierter Mediator«

Sehr geehrter Herr...., sehr geehrter Herr Kollege,

ich bin als Zertifizierter Mediator bundesweit tätig und bin somit im Verhältnis zu Ihnen ein Mitbewerber im Sinne des § 2 Abs. 3 UWG.

Ich bin vor kurzem auf Ihre Internetwerbung (oder: Ihre Homepage, oder: Ihre Anzeige/Werbebroschüre) aufmerksam geworden, in der Sie Ihre Dienste als Mediator anbieten und dabei die Bezeichnung »Zertifizierter Mediator« verwenden, obgleich Sie die Voraussetzungen, wie sie in der ZMediatAusbV niedergelegt sind, ausweislich Ihrer Webseite nicht erfüllen.

Damit verwirklichen Sie den Tatbestand der irreführenden Werbung nach § 5 Abs. 1 Satz 2 Nr. 3 UWG, gegen den mir ein Unterlassungsanspruch gem. § 8 Abs. 1, Abs. 3 Nr. 1 UWG zusteht.

Als Mediator ist mir daran gelegen, einen Konflikt – wozu auch der oben geschilderte Sachverhalt zählt – nach Möglichkeit konsensual beizulegen. Ich darf Sie deshalb auffordern, künftig im geschäftlichen Verkehr zu Zwecken des Wettbewerbs es zu unterlassen, sich als »Zertifizierter Mediator« zu bezeichnen, insbesondere diese Bezeichnung im Rahmen Ihrer Internet- und sonstigen Werbung zu verwenden.

Die Ihrem Verhalten anhaftende Wiederholungsgefahr kann nur durch Abgabe einer strafbewehrten Unterlassungserklärung ausgeräumt werden. Es genügt nicht, das beanstandete Verhalten lediglich einzustellen. Ihre Unterlassungserklärung muss zudem geeignet sein, eine Wiederholungsgefahr für die Zukunft zu beseitigen. Eine entsprechende Unterlassungserklärung habe ich entworfen und als Anlage beigefügt.

Ich darf Sie deshalb ersuchen, zur Vermeidung eines anwaltlichen Aufforderungsschreibens oder einer gerichtlichen Auseinandersetzung die anliegend beigefügte Unterlassungs- und Verpflichtungserklärung unverzüglich,

spätestens jedoch bis zum... (Frist, Uhrzeit)

ausgefüllt und unterzeichnet im Original an mich zurückzuleiten – zur Fristwahrung ggf. vorab per Telefax. Eine Fristverlängerung kann wegen der Eilbedürftigkeit bei wettbewerbsrechtlichen Auseinandersetzungen nicht gewährt werden.

Ich darf Sie darauf aufmerksam machen, dass ich für den Fall der nicht rechtzeitigen oder nicht ordnungsgemäßen Abgabe der Erklärung oder des Nachweises, dass Sie zur Führung des Gütesiegels berechtigt sind, diesen Vorgang zur weiteren Prüfung an meinen Anwalt weiterreichen werde, damit dann die notwendigen gerichtlichen Schritte geprüft und ggf. zeitnah veranlasst werden können.

Lassen Sie mich auch noch einmal betonen, dass mir daran gelegen ist, diesen wettbewerbsrechtlichen Streitfall gütlich beizulegen. Die Einleitung eines Gerichtsverfahrens würde vor einem Landgericht geführt werden, wobei ich mir den Hinweis erlaube, dass insoweit Anwaltszwang besteht, d.h. auch die Einschaltung eines Rechtsanwalts durch Sie zur Wahrnehmung Ihrer Rechte unumgänglich wäre.

Mit freundlichen, kollegialen Grüßen

(Unterschrift)

Anlage:

Unterlassungserklärung

4. Mustertext einer Unterlassungserklärung

Die folgende Unterlassungserklärung ist dem o.g. Abmahnungsschreiben beizufügen. Unterlassungsschuldner ist derjenige, an den das Abmahnungsschreiben (siehe oben Rdn. 25) gerichtet ist.

Die Unterlassungserklärung kann auch verwendet werden, wenn selbst eine solche gegenüber einem Dritten (Unterlassungsgläubiger) abgegeben werden soll.

▶ **Muster: Unterlassungserklärung**

Herr

(Name, Anschrift)

– Unterlassungsschuldner –

verpflichtet sich, gegenüber

Herrn

(Name, Anschrift)

– Unterlassungsgläubiger-

es ab sofort zu unterlassen, im geschäftlichen Verkehr zu Zwecken des Wettbewerbs die Bezeichnung »Zertifizierter Mediator« zu führen, insbesondere das Gütesiegel in seiner Internetwerbung (ggf.: auf seiner Homepage, in Anzeigen und Werbebroschüren) zu verwenden, solange er die Voraussetzungen nach der ZMediatAusbV dafür nicht erfüllt.

und

für jeden Fall der Zuwiderhandlung eine Vertragsstrafe in Höhe von 5.001,00 Euro an den Unterlassungsgläubiger auf das Konto bei der..... IBAN.... zu zahlen.

(Ort, Datum)

(Unterschrift)

Teil 2 Verordnung über die Aus- und Fortbildung von zertifizierten Mediatoren

§ 2 Ausbildung zum zertifizierten Mediator

(1) Als zertifizierter Mediator darf sich nur bezeichnen, wer eine Ausbildung zum zertifizierten Mediator abgeschlossen hat.

(2) Die Ausbildung zum zertifizierten Mediator setzt sich zusammen aus einem Ausbildungslehrgang und einer Einzelsupervision im Anschluss an eine als Mediator oder Co-Mediator durchgeführte Mediation.

(3) Der Ausbildungslehrgang muss die in der Anlage aufgeführten Inhalte vermitteln und auch praktische Übungen und Rollenspiele umfassen.

(4) Der Umfang des Ausbildungslehrgangs beträgt insgesamt mindestens 120 Präsenzzeitstunden. Die jeweiligen Inhalte des Ausbildungslehrgangs müssen mindestens die in Spalte III der Anlage aufgeführten Zeitstunden umfassen.

(5) Während des Ausbildungslehrgangs oder innerhalb eines Jahres nach dessen erfolgreicher Beendigung müssen die Ausbildungsteilnehmenden an einer Einzelsupervision im Anschluss an eine als Mediator oder Co-Mediator durchgeführte Mediation teilgenommen haben.

(6) Über den erfolgreichen Abschluss der Ausbildung ist von der Ausbildungseinrichtung eine Bescheinigung auszustellen. Die Bescheinigung darf erst ausgestellt werden, wenn der gesamte nach den Absätzen 3 und 4 vorgeschriebene Ausbildungslehrgang erfolgreich beendet und die Einzelsupervision nach Absatz 5 durchgeführt ist. Die Bescheinigung muss enthalten:
1. Name, Vornamen und Geburtsdatum der Absolventin oder des Absolventen,
2. Name und Anschrift der Ausbildungseinrichtung,
3. Datum und Ort der Ausbildung,
4. gemäß Anlage vermittelte Inhalte des Ausbildungslehrgangs und die jeweils darauf verwendeten Zeitstunden,
5. Datum und Ort der durchgeführten Einzelsupervision sowie
6. Name und Anschrift des Supervisors.

Übersicht

	Rdn.
I. Regelungsgegenstand und Zweck	1
1. Abgrenzung (einfacher) Mediator und zertifizierter Mediator	1
2. Abweichungen vom Verordnungsentwurf	5
II. Grundsätze/Einzelheiten	11
1. Berechtigung zum Führen des Gütesiegels (Absatz 1)	11
2. Formale Anforderungen an eine Ausbildung (Absatz 2)	13
3. Ausbildungsteilnehmer	14
4. Ausbildungslehrgang (Absätze 3 und 4)	15
5. Ausbildungscurriculum (Absatz 3)	22
a) Ausbildungsinhalte (Absatz 3)	23
aa) Einführung und Grundlagen der Mediation (Nr. 1 der Anlage)	25
bb) Ablauf und Rahmenbedingungen der Mediation (Nr. 2 der Anlage)	26

cc)	Verhandlungstechniken und -kompetenz (Nr. 3 der Anlage)	27
dd)	Gesprächsführung, Kommunikationstechniken (Nr. 4 der Anlage)	28
ee)	Konfliktkompetenz (Nr. 5 der Anlage)	29
ff)	Recht der Mediation (Nr. 6 der Anlage)	30
gg)	Recht in der Mediation (Nr. 7 der Anlage)	31
hh)	Persönliche Kompetenz, Haltung und Rollenverständnis (Nr. 8 der Anlage)	32
b)	Praktische Übungen und Rollenspiele (Absatz 3)	33
6. Ausbildungsdauer (Absatz 4)		35
a)	Präsenzzeitstunden (Absatz 4 Satz 1)	35
b)	Zeitvorgaben der Anlage (Absatz 4 Satz 2)	36
c)	Kombination von Präsenzzeitstunden und Fern-/Eigenstudium	37
7. Teilnahme an einer Einzelsupervision (Absatz 5)		38
a)	Begrifflichkeit und Definition	39
b)	Setting einer Einzel(-Fall-)Supervision	45
c)	Zeitdauer und Kosten	46
8. Einzel(-Fall-)Supervision in einer Gruppe		47
a)	Prinzipien der mediationsanalogen Supervision	49
aa)	Selbstbestimmtheit	49
bb)	Zukunftsorientierung	50
cc)	Ressourcenorientierung	51
dd)	Optionalität	52
b)	Prozessschritte einer mediationsanalogen Supervision	53
aa)	Vereinbarung über Verfahren und Form, Arbeitskontrakt	53
bb)	Fallpräsentation – Worum geht es?	54
cc)	Bildung von Arbeitsannahmen/Hypothesen – Was ist wohl geschehen?	56
dd)	Suche nach Lösungsmöglichkeiten – Wie kann fortgefahren werden?	57
ee)	Verhandeln und vereinbaren – Was hat sich verändert?	58
c)	Methodische Grundlagen	60
9. Einzel(-Fall-)Supervision zu zweit		61
a)	Allgemeines	61
b)	Anlass und Vorgehensweise	64
c)	Inhaltliche Ebene	66
d)	Unterschiedliche Formate	67
10. Durchführungszeitpunkt einer Einzel(-Fall-)Supervision		72
a)	Während des Ausbildungslehrgangs (Absatz 5, 1. Alt.)	73
b)	Binnen Jahresfrist nach erfolgreicher Beendigung des Ausbildungslehrgangs (Absatz 5, 2. Alt.)	75
11. »Durchgeführte Mediation« als Voraussetzung einer Einzel(-Fall-)Supervision		80
a)	Beendigung der Mediation in früher Phase	82
b)	»Verlaufsbegleitende« Einzel(-Fall-)Supervision	86
c)	»im Anschluss«	90
d)	Als Mediator oder Co-Mediator durchgeführte Mediation	91
e)	Ausschöpfung der Jahresfrist	95
12. Anforderung an Supervisor		96
13. Ausbildungsbescheinigung (Absatz 6)		100

Teil 2 Verordnung über die Aus- und Fortbildung von zertifizierten Mediatoren

        a) Erfolgreicher Abschluss der Ausbildung (Absatz 6 Satz 1) 101
        b) Sperrwirkung (Absatz 6 Satz 2). 103
        c) Mindestinhalt der Bescheinigung (Absatz 6 Satz 3) 104
            aa) Ausbildungsteilnehmer (Satz 3 Nummer 1) 105
            bb) Ausbildungseinrichtung (Satz 3 Nummer 2) 106
            cc) Ausbildungsort und -zeit (Satz 3 Nummer 3) 107
            dd) Ausbildungsumfang (Satz 3 Nummer 4) 110
            ee) Einzelsupervision und Supervisor (Satz 3 Nummern 5 und 6) 111
        d) Ausbildung bei unterschiedlichen Ausbildungseinrichtungen 116
        e) Rechtsschutz 117
  III. Hinweise für die Praxis 118
      1. Ausbildungsvertrag 120
      2. Ausbildungsbescheinigung nach Absatz 6 (Zertifizierter Mediator) 121
      3. Abschluss-Bescheinigung eingeschränkter Qualifikation (Mediator) 122
      4. Klage auf Erteilung einer Ausbildungsbescheinigung nach Absatz 6 123
      5. Checkliste zur Vorbereitung einer telefonischen Einzel-(Fall-)Supervision
         mit vorgeschaltetem schriftlich zu beantwortenden Themenblatt 124
      6. Themenblatt zur Vorbereitung einer Supervision 125
      7. Übersichtsblatt einer mediationsanalogen Supervision 126
      8. Bescheinigung einer durchgeführten (Ausbildungs-)Einzelsupervision 127
      9. Klage auf Erteilung einer (Ausbildungs-)Einzelsupervisionsbescheinigung . . 129

I. Regelungsgegenstand und Zweck

1. Abgrenzung (einfacher) Mediator und zertifizierter Mediator

1 Die Vorschrift benennt die Voraussetzungen, die erfüllt sein müssen, wenn sich eine Person des Gütesiegels »Zertifizierter Mediator« bedienen will. Denn als zertifizierter Mediator darf sich gem. § 5 Abs. 2 MediationsG nur bezeichnen, wer eine Ausbildung zum Mediator abgeschlossen hat, die den Anforderungen der Rechtsverordnung nach § 6 MediationsG, also der ZMediatAusbV, entspricht.

2 Damit unterscheidet das Gesetz zwischen dem (einfachen) Mediator und dem zertifizierten Mediator (beides sog. freie Berufe i.S.d. § 18 EStG), wobei die Voraussetzung für ersteren in § 5 Abs. 1 MediationsG niedergelegt sind: Er stellt in eigener Verantwortung durch eine geeignete Ausbildung und regelmäßige Fortbildung sicher, dass er über theoretische und Kenntnisse sowie praktische Erfahrungen verfügt, um Parteien in sachkundiger Weise durch eine Mediation zu führen. Eine geeignete Ausbildung vermittelt dabei insbesondere
– Kenntnisse über Grundlagen der Mediation sowie deren Ablauf und Rahmenbedingungen,
– Verhandlungs- und Kommunikationstechniken,
– Konfliktkompetenz,
– Kenntnisse über das Recht der Mediation sowie über die Rolle des Rechts in der Mediation sowie
– praktische Übungen, Rollenspiele und Supervision.

3 Da die Qualifizierung auf der Basis des (einfachen) Mediators aufbaut, wie aus § 6 Satz 2 Nr. 1 MediationsG folgt, muss der zertifizierte Mediator über die dort aufge-

führten Kenntnisse und Fähigkeiten ebenfalls verfügen, aber in der qualifizierten Form, wie sie durch die Anforderungen der Rechtsverordnung vorgegeben sind (§ 5 Abs. 3, § 6 MediationsG). Im hier interessierenden Kontext ist die Ermächtigung in § 6 Satz 2 Nr. 1, 3, 6 und 7 MediationsG von Bedeutung, die sich mit den Inhalten der Ausbildung und den erforderlichen Praxiserfahrungen, der Dauer der Ausbildung (Mindeststundenzahl), der Teilnahmebestätigung und dem Abschluss der Ausbildung befasst. In diesem vorgegebenen Rahmen bewegen sich die einzelnen Regelungen des § 2 ZMediatAusbV.

Was die Mindeststundenzahl anbelangt, so ist die Schlacht um die Ausbildungsdauer (120 Stunden) zwar geschlagen. Den Ausbildungsinstituten fällt es allerdings noch immer schwer, dies zu akzeptieren. Sie versuchen daher, eine höhere Ausbildungsdauer mit neuen Begrifflichkeiten (»verbandsgeprüft«, »lizenziert« etc.) zu legitimieren.[1]

2. Abweichungen vom Verordnungsentwurf

Der Verordnungsgeber hat den nunmehr geltenden § 2 ZMediatAusBV gegenüber dem Entwurf völlig umgestaltet: Dieser hatte noch Regelungen über Grundqualifikationen (§ 2 E-ZMediatAusbV) vorgesehen, die aus einem berufsqualifizierenden Abschluss einer Berufsausbildung oder einem Hochschulstudium sowie aus einer mindestens zweijährigen praktischen beruflichen Tätigkeit bestehen sollten. Diese Anforderungen sind nach entsprechender Kritik im Schrifttum zu Recht entfallen.[2]

Zudem hatte der Entwurf in seinem § 5 E-ZMediatAusbV praktische Erfahrungen durch vier innerhalb von zwei Jahren durchzuführenden und zu dokumentierenden Mediationen vorgesehen, die nunmehr durch die Anforderung von Einzelsupervision ersetzt wurde. Die Inhalte der §§ 3, 6 Abs. 1, 2 E-ZMediatAusbV hingegen wurden fast wortgleich übernommen, so dass die hierzu vorliegende Entwurfsbegründung zur Interpretation der nunmehr geltenden Verordnung herangezogen werden kann:

§ 3 Entwurf-ZMediatAusbV (Ausbildung) lautete:

(1) Die Ausbildung zum zertifizierten Mediator muss die in der Anlage aufgeführten Inhalte vermitteln. Die Ausbildung umfasst auch praktische Übungen, Rollenspiele und Supervision.

---

1 Vgl. *Greger* Mediation aktuell 31.Januar 2018, https://www.mediationaktuell.de/news/zertifizierung-oder-lizensierung-was-ist-erlaubt?pk_campaign=2018_01_MA_NL_Im_Fokus__Zertifizierung__Lizensierung_und_die_Professionalisierung_de&pk_kwd=03_Zertifizierung_oder_Lizensierung__Was_ist_erlaubt__01_Empfehlungen_ (Datum des Zugriffs: 31.10.2019); 1. Frankfurter Erklärung des Qualitätsverbundes Mediation, https://www.deutscher-mediationsrat.de/downloads/1.Frankfurter-Erklaerung.pdf (Datum des Zugriffs: 31.10.2019).

2 Vgl. nur *Fritz* ZKM 2014, 62 ff; *Ponschab*, http://www.disputeresolution-magazin.de/stolpersteine-aus-dem-weg-raeumen/(Datum des Zugriffs: 31.10.2019).

(2) Die Dauer der Ausbildung zum zertifizierten Mediator beträgt insgesamt mindestens 120 Zeitstunden.

(3) Die jeweiligen Ausbildungsinhalte müssen mindestens die in Spalte III der Anlage aufgeführten Zeitstunden umfassen.

8   In der Entwurfsbegründung zu § 3 E-ZMediatAusbV (S. 15 f) heißt es:

»§ 3 Absatz 1 Satz 1 legt in Verbindung mit der Anlage fest, welche Inhalte die Ausbildung zum zertifizierten Mediator mindestens umfassen muss.

Die in der Anlage genannten Inhalte für eine Ausbildung zum zertifizierten Mediator gehen auf die im Arbeitskreis »Zertifizierung für Mediatorinnen und Mediatoren« erarbeiteten Standards zurück. Der Rechtsausschuss des Deutschen Bundestages hat sich diese Inhalte für die Mindestausbildung von zertifizierten Mediatoren in der Beschlussempfehlung vom 1. Dezember 2011 (Drs. 17/8058) zu eigen gemacht.

Gegenstand der Ausbildung zum zertifizierten Mediator sind nach § 3 Absatz 1 Satz 2 auch praktische Übungen, Rollenspiele und Supervision. Es bleibt jedoch der Ausbildungseinrichtung überlassen, welcher Inhalt gemäß der Anlage mit der Methode des Rollenspiels vermittelt wird und wie praktische Übungen und Supervision in die Ausbildung eingebettet werden.

Nach § 3 Absatz 2 beträgt die Dauer der Ausbildung zum zertifizierten Mediator insgesamt mindestens 120 Zeitstunden. Diese Mindeststundenzahl schließt die praktischen Übungen, Rollenspiele und Supervision mit ein. Die Mindeststundenzahl von 120 Stunden soll eine solide Grundausbildung des zertifizierten Mediators sichern, bei der die Vermittlung theoretischer Kenntnisse im Vordergrund steht.

Die in § 3 Absatz 3 vorgesehenen Zeitvorgaben für die jeweiligen Ausbildungsinhalte dienen der angemessenen Gewichtung der einzelnen Ausbildungsinhalte. Die weitere Zeitaufteilung im Hinblick auf die genannten Ausbildungsinhalte bleibt der Ausbildungseinrichtung in eigener Verantwortung überlassen, um die nötige Flexibilität zu gewährleisten.

Jeder, der eine Ausbildung zum Mediator erfolgreich abschließt, die die Voraussetzung von § 3 erfüllt, und daneben über die Qualifikation nach § 2 verfügt, darf sich mit Inkrafttreten der Rechtsverordnung als zertifizierter Mediator bezeichnen. Dies gilt auch für Mediatoren, die bereits vor dem Inkrafttreten der Rechtsverordnung eine Ausbildung zum Mediator absolviert haben, die den zeitlichen und inhaltlichen Mindestvorgaben dieser Rechtsverordnung entspricht. Soweit die bereits absolvierte Ausbildung nicht alle nach der Rechtsverordnung erforderlichen Ausbildungsinhalte enthält oder weniger als 120 Stunden umfasst, ist eine Nachschulung erforderlich, sofern nicht die Übergangsbestimmung des § 7 einschlägig ist.

Der Zugang zur Ausbildung nach § 3 ist nicht an das Vorliegen der Grundqualifikation nach § 2 geknüpft. Die Ausbildung zum zertifizierten Mediator nach § 3 steht deshalb grundsätzlich allen angehenden oder bereits tätigen Mediatoren offen. Sie kann auch bereits vor oder während einer Berufsausbildung oder eines Studiums begonnen werden. Als zerti-

fizierter Mediator darf sich jedoch erst bezeichnen, wer sowohl die Ausbildung nach § 3 absolviert hat als auch über die Qualifikation nach § 2 verfügt.«

§ 6 Abs. 1, 2 Entwurf-ZMediatAusbV (Bescheinigung) sah Folgendes vor: 9

(1) Über die erfolgreiche Teilnahme an einer Ausbildungsveranstaltung nach § 3 sowie an einer Fortbildungsveranstaltung nach § 4 ist von der jeweiligen Aus- oder Fortbildungseinrichtung eine Bescheinigung auszustellen.

(2) Die Bescheinigung über die Teilnahme an einer Ausbildungsveranstaltung nach § 3 muss enthalten:
1. *Name, Vornamen, Geburtsort und Geburtsdatum des Teilnehmers oder der Teilnehmerin,*
2. *Name und Anschrift der Ausbildungseinrichtung,*
3. *Datum und Ort der Ausbildungsveranstaltung sowie*
4. *vermittelte Ausbildungsinhalte nach der Anlage und die jeweils darauf verwendeten Zeitstunden.«*

Die Entwurfsbegründung zu § 6 Abs. 1, 2 E-ZMediatAusbV (S. 17) führt aus: 10

»*§ 6 Absatz 1 verpflichtet die Aus- und Fortbildungseinrichtungen über die angebotenen Veranstaltungen eine Bescheinigung auszustellen. Die Bescheinigung dient dem Nachweis der erfolgreichen Teilnahme an einer entsprechenden Aus- oder Fortbildungsveranstaltung.*

§ 6 Absatz 2 legt die für die Bescheinigung über die Teilnahme an einer Ausbildungsveranstaltung erforderlichen Mindestangaben fest.«

II. Grundsätze/Einzelheiten

1. Berechtigung zum Führen des Gütesiegels (Absatz 1)

Absatz 1 regelt abstrakt, wer sich als zertifizierter Mediator bezeichnen darf: derjenige, der eine Ausbildung zum zertifizierten Mediator abgeschlossen hat. 11

»**Ausbildung**« meint dabei die zielgerichtete Vermittlung von Fertigkeiten und Wissen im Kontext des Berufsbildes »Zertifizierter Mediator« (vgl. hierzu § 1 ZMediatAusbV, Rdn. 13 ff.), »**Abschluss**« ist formal betrachtet die Erfüllung aller für dieses Berufsbild geforderten Ausbildungsvoraussetzungen. Um welche es sich dabei im Einzelnen handelt, ergibt sich aus den weiteren Anforderungen der Absätze 2 bis 6 i.V.m. der Anlage »Inhalte des Ausbildungslehrgangs«. 12

2. Formale Anforderungen an eine Ausbildung (Absatz 2)

Absatz 2 legt (ebenfalls abstrakt) fest, dass sich eine **Ausbildung** zum zertifizierten Mediator aus **zwei Teilen** zusammen setzt, nämlich 13
– einem Ausbildungslehrgang und
– einer Einzelsupervision.

Nähere Einzelheiten zum Ausbildungslehrgang ergeben sich aus den Absätzen 3 und 4, zur Einzelsupervision aus Absatz 5.

3. Ausbildungsteilnehmer

14 Die Verordnung stellt keine Voraussetzungen an die Teilnehmer einer Ausbildung zum zertifizierten Mediator (vgl. oben Rdn. 5). Insoweit herrscht Privatautonomie und Vertragsfreiheit zwischen Ausbildungseinrichtung und Ausbildungsteilnehmer.

Gleichwohl hat die Zusammensetzung einer Ausbildungsgruppe Einfluss auf die Güte der Ausbildung. Je unterschiedlicher die Herkunftsberufe, die die Ausbildungsteilnehmer aufweisen, desto detaillierter und breiter angelegt kann bspw. die Sicht auf Konflikte, ihre Faktoren und ihre Dynamik erfolgen. Je einheitlicher die Quellberufe (bspw. Juristen), desto mehr kann einheitliches Vorwissen genutzt und spezifische Ausbildungsinhalte (in diesem Fall »Recht«) aus der Präsenzzeit herausgenommen und stattdessen für praktische Übungen und Rollenspiele genutzt werden. Vergleichbares gilt für Teilnehmergruppen, die sich bspw. aus Psychologen zusammensetzen oder aus Berufen mit soziologischen Schwerpunkten.[3]

4. Ausbildungslehrgang (Absätze 3 und 4)

15 Im Gegensatz zum Entwurf-ZMediatAusbV verwendet die nunmehr gültige Verordnung die Begrifflichkeit »**Ausbildungslehrgang**«. Dies ist im Schrifttum so interpretiert worden, dass es sich um ein »in sich geschlossenes Ausbildungskonzept« handeln müsse und – im Umkehrschluss – der Ausbildungslehrgang daher nicht bei verschiedenen Ausbildungseinrichtungen durchgeführt werden könne.[4]

Als Beleg für diese Auffassung wird auf die Regelung in Absatz 6 über die Ausstellung einer Bescheinigung über den erfolgreichen Abschuss »von der Ausbildungseinrichtung« verwiesen, während der Entwurf in seinem § 3 E-ZMediatAusbV noch von einer Bescheinigung der »jeweiligen Ausbildungseinrichtungen« über die »erfolgreiche Teilnahme an einer Ausbildungsveranstaltung nach § 3« gesprochen hatte.

16 Diese Interpretation überzeugt allerdings nicht: Der Begriff Ausbildungslehrgang ist **nicht** so zu verstehen, dass dieser ausschließlich im Rahmen einer von einem Ausbildungsträger angebotenen Ausbildung durchgeführt werden kann.

17 Das »geschlossene Ausbildungskonzept«, von dem die Vertreter der o.g. Auffassung sprechen, war und ist in seinem Kernbereich durch die Anlage vorgegeben, die im Entwurf »Ausbildungsinhalte« hieß und nunmehr als »Inhalte des Ausbildungslehrgangs« bezeichnet wird. Damit hat der Verordnungsgeber klar gestellt, was er als »inhaltlich« unabdingbar erachtet, um das Gütesiegel führen zu können.[5]

18 Wie unten (Rdn. 22) im Einzelnen ausgeführt ist, bleibt es den jeweiligen Ausbildungseinrichtungen überlassen, wie sie ihr Ausbildungsprogramm ausgestalten und insbe-

---

3 Umfassend zur Eignung und Auswahl von Teilnehmern: *Hornung* Spektrum der Mediation 66/2017, 19 ff.
4 *Röthemeyer* ZKM 2014, 65 ff (66), ZKM 2016, 195 ff (196); *Plassmann* AnwBl 1/2017, S. 26 ff (29).
5 *Wenzel* Spektrum der Mediation 66/2017, 46 ff (47); *Eicher* ZKM 2016, 160.

sondere **Präsenzausbildung mit Fern- bzw. Eigenstudium kombinieren**, soweit sie nur die inhaltlichen (aber auch die zeitlichen) Vorgaben der ZMediatAusbV beachten. Am Ende jedenfalls müssen im Ausbildungslehrgang die Voraussetzungen der Absätze 3 und 4 des § 2 ZMediatAusbV erfüllt sein. Diese Voraussetzung – und nur diese, ergänzt um die durchgeführte Einzelsupervision – ist nach Absatz 6 zu bescheinigen. Wenn es also möglich ist, vom Verordnungsgeber in der Anlage als unabdingbar bezeichnete Inhalte sich im Eigenstudium anzueignen, dann muss es bspw. auch möglich sein, diese Inhalte bei einem anderen Ausbildungsinstitut »bereits erlernt zu haben«, »nachzuholen«, »zu ergänzen« oder »zu komplettieren« (vgl. hierzu auch Rdn. 37).

Jede andere Auslegung des Begriffs »Ausbildungslehrgang« würde der Bedeutung der **Berufsfreiheit des Art. 12 Abs. 1 GG** nicht gerecht werden, denkt man bspw. an die Vielzahl von Möglichkeiten, die dem Abschluss eines Ausbildungslehrgangs bei einer Ausbildungseinrichtung entgegenstehen könnten: Krankheit des Auszubildenden, Verschiebung von Terminen durch die Ausbildungseinrichtung, Insolvenz der Ausbildungseinrichtung, schwerwiegende Konflikte mit Ausbildern, Verstöße gegen die Anforderungen des § 5 ZMediatAusbV, Fristversäumnisse nach §§ 3, 4 ZMediatAusbV etc., um nur einige zu nennen. Den Auszubildenden jeweils zu nötigen, einen Ausbildungslehrgang erneut zu beginnen, wäre als unverhältnismäßiger Eingriff in die Berufsfreiheit zu erachten. 19

Auch mit Blick auf die Übergangsfälle des § 7 Abs. 2 ZMediatAusbV wäre es unverhältnismäßig, wollte man von einem Mediator rückwirkend verlangen, dass er die nach § 2 Absätze 3 und 4 ZMediatAusbV zu fordernden Voraussetzungen zwar aufweist, diese aber bspw. nur bei einem einzigen Ausbildungsinstitut erlernt haben sollte oder fehlende Stundenzahlen bzw. Inhalte nicht ergänzen dürfte.[6] 20

Als **Fazit** bleibt somit festzuhalten, dass die bei einer Ausbildungseinrichtung in einem angebotenen Ausbildungslehrgang versäumte Zeit und/oder Inhalte sowohl bei dieser Ausbildungseinrichtung als auch bei einer anderen Ausbildungseinrichtung nachgeholt bzw. erworben werden können und nach Absatz 6 auch in die Bescheinigung aufzunehmen sind (siehe unten Rdn. 100 ff.). 21

5. Ausbildungscurriculum (Absatz 3)

Was die **Inhalte** des Ausbildungslehrgangs zum zertifizierten Mediator anbelangt so verlangt Absatz 3 **zweierlei**: 22
– zum einen, dass die in der Anlage aufgeführten Inhalte vermittelt werden und
– zum anderen, dass die Ausbildung auch praktische Übungen und Rollenspiele umfasst.

---

[6] Insoweit ebenfalls für eine verfassungskonforme Interpretation plädierend *Röthemeyer*, ZKM 2016, 195 ff (204); vgl. zur »Aufstockung« vom einfachen zum zertifizierten Mediator auch *Fries* https://www.mediatorenausbildung.org/mediator-vs-zertifizierter-mediator-was-ist-der-unterschied/(Datum des Zugriffs: 31.10.2019), ferner *Klowait/Gläßer*, § 2 ZMediatAusbV, Rn. 7, 11.

Das sind die **Mindeststandards**, die nach den Vorstellungen des Verordnungsgebers eine Ausbildung vermitteln muss. Darüber hinausgehende Angebote einzelner Ausbildungsinstitute – namentlich die Inhalte, aber auch den Zeitrahmen (vgl. § 2 Absatz 4 ZMediatAusbV) betreffend – sind dadurch nicht ausgeschlossen.

a) Ausbildungsinhalte (Absatz 3)

23 Die Anlage »Inhalte des Ausbildungslehrgangs« orientiert sich an den einschlägigen Ausführungen des Rechtsausschusses des Deutschen Bundestages in der Beschlussempfehlung vom 1. Dezember 2011 (BR-Drs. 17/8058, S. 19). Der Rechtsausschuss seinerseits hatte sich die Aus- und Fortbildungsinhalte zum Vorbild genommen, auf die sich der vom Bundesministerium der Justiz initiierte und moderierte Arbeitskreis »Zertifizierung für Mediatorinnen und Mediatoren« bereits im Mai 2010 geeinigt hatte.[7] An den jeweiligen Inhalten ist vereinzelt Kritik geübt worden, namentlich den zeitlichen Umfang des Rechts oder auch das Harvard-Verhandlungsmodell betreffend,[8] andererseits hat der Verordnungsgeber in diesen Zusammenhängen aber auch explizit Zustimmung erfahren.[9]

24 Die Anlage sieht **acht im Einzelnen bezeichnete Bereiche** mit teilweise ausdifferenzierten Inhalten vor, für die zudem **Stundenzahlen** angegeben sind, die in ihrer Addition 120 **Zeitstunden** ergeben. Der Verordnungsgeber unterscheidet hier bewusst zwischen Zeitstunden und Präsenzzeitstunden (siehe unten Rdn. 35). Die acht Bereiche konkretisieren die in § 5 Abs. 1 Satz 2 MediationsG für den (einfachen) Mediator aufgeführten Ausbildungsinhalte, gliedern sich wie folgt und benennen folgende Zeitvorgaben:
1. Einführung und Grundlagen der Mediation (18 Stunden)
2. Ablauf und Rahmenbedingungen der Mediation (30 Stunden)
3. Verhandlungstechniken und –kompetenz (12 Stunden)
4. Gesprächsführung, Kommunikationstechniken (18 Stunden)
5. Konfliktkompetenz (12 Stunden)
6. Recht der Mediation (6 Stunden)
7. Recht in der Mediation (12 Stunden)
8. Persönlich Kompetenz, Haltung und Rollenverständnis (12 Stunden).

aa) Einführung und Grundlagen der Mediation (Nr. 1 der Anlage)

25 Mit **Einführung** ist die Abgrenzung der Mediation zum streitigen Verfahren sowie zu anderen ADR-Verfahren wie Schlichtung, Moderation, Cooperative Praxis, Coaching etc. gemeint. Die **Grundlagen** umfassen die Prinzipien, den Verfahrensablauf

---

7 *Leutheusser-Schnarrenberg* ZKM 2012, 72 ff (73).
8 *Rafi* Spektrum der Mediation 65/2016, S. 41 f (42).
9 *Gläßer* Spektrum der Mediation 65/2016, 42; *Plassmann* AnwBl. 1/2017, 26 ff (28).

und das Phasenmodell der Mediation sowie einen Überblick über Kommunikations- und Arbeitstechniken sowie die möglichen Anwendungsfelder.[10]

bb) **Ablauf und Rahmenbedingungen der Mediation (Nr. 2 der Anlage)**

Hierzu zählen die Einzelheiten des Phasenmodells einschließlich besonderer Ausgestaltungen wie bspw. Kurz-Zeit-Mediation, die unterschiedlichen Settings wie Einzelgespräche und Co-Mediation, aber auch die Einbeziehung Dritter und schließlich sonstige Umstände wie Vor- und Nachbereitung, Protokollierung etc. 26

cc) **Verhandlungstechniken und -kompetenz (Nr. 3 der Anlage)**

Neben den Grundlagen der Verhandlungsanalyse betrifft dies vor allem Verhandlungsführung und -management, mithin Kenntnis und Vermittlung des Harvard-Konzepts, nicht zuletzt in Abgrenzung zum intuitiven Verhandeln etc. 27

dd) **Gesprächsführung, Kommunikationstechniken (Nr. 4 der Anlage)**

Hierunter fallen Grundlagen der Kommunikation, Kommunikationstechniken wie aktives Zuhören, Fragetechniken etc., Techniken zur Entwicklung und Bewertung von Lösungen, Visualisierungs- und Moderationstechniken sowie der Umgang mit komplexen und schwierigen Situationen etc. 28

ee) **Konfliktkompetenz (Nr. 5 der Anlage)**

Zur Konfliktkompetenz zählt vor allem das Wissen über Konfliktfaktoren, -dynamiken, -analyse, –typen und Eskalationsstufen, das Erkennen von Konfliktdynamiken und die entsprechende Anwendung von Interventionstechniken etc. 29

ff) **Recht der Mediation (Nr. 6 der Anlage)**

Das Recht der Mediation betrifft jedenfalls die Kenntnis der Vorschriften des Mediationsgesetzes und der dadurch bedingten rechtlichen Rahmenbedingungen wie bspw. Mediatoren- und Mediationsvertrag, Honorarregelungen, Haftungs- und Versicherungsfragen, aber auch berufsrechtliche Regelungen, die sich aus dem jeweiligen Herkunftsberuf wie auch der Zusammenarbeit mit unterschiedlichen Grundberufen (Rechtsanwälte, Psychologen etc.) ergeben einschließlich der Grundzüge des Rechtsdienstleistungsgesetzes. 30

gg) **Recht in der Mediation (Nr. 7 der Anlage)**

Die Bedeutung des Rechts in der Mediation umfasst u.a. die Abgrenzung von zulässiger rechtlicher Information zur unzulässigen Rechtsberatung und damit auch der Rolle des Mediators gegenüber der eines Schlichters oder eines Parteianwalts, die 31

---

10 Vgl. umfassend zu den acht im Einzelnen bezeichneten Bereichen der Anlage *Lütkehaus/Pach*, Basiswissen Mediation, 2019.

Umstände und Problematiken der Einbeziehung und Mitwirkung externer Beratung, den rechtlichen Stellenwert und das Zustandekommen einer Abschlussvereinbarung einschließlich ihrer Durchsetzbarkeit.

hh) Persönliche Kompetenz, Haltung und Rollenverständnis (Nr. 8 der Anlage)

32　Rollendefinition nebst -konflikten einschließlich des Selbstverständnisses eines Mediators zählen neben weiteren Bereichen wie Allparteilichkeit, Umgang mit eigenen Gefühlen, Bedeutung beruflicher Sozialisation etc. zu den Inhalten, die im Rahmen der Ausbildung kennengelernt und reflektiert werden sollen.

b) Praktische Übungen und Rollenspiele (Absatz 3)

33　Dem Verordnungsgeber ist es, in Anlehnung an § 5 Abs. 1 Satz 2 Nr. 5 MediationsG, wichtig, dass neben den theoretischen Inhalten auch der Praxisbezug in die Ausbildung integriert wird. Er verlangt deshalb, dass die Ausbildung praktische Übungen und Rollenspiele umfassen muss und unterstreicht damit die Bedeutung der **Wechselseitigkeit von Theorie und Praxis**: Die theoretische Kenntnis von Gesprächsführung und Kommunikationstechniken alleine ist nicht ausreichend, um Konfliktparteien bei der Lösung ihres Problems zu unterstützen, wenn es an der praktischen Erfahrung mangelt, mit diesem Wissen zu arbeiten und es effektiv und fallbezogen einzusetzen.[11]

34　**Praktische Übungen** während der Ausbildung vermitteln dem Ausbildungsteilnehmer bspw. wie ein Gespräch emphatisch und zielführend zugleich geführt werden kann. Andererseits mag ein Ausbildungsteilnehmer aufgrund seines Herkunftsberufes durchaus über Erfahrungen im Umgang mit schwierigen Personen verfügen; mangelt es aber am notwendigen theoretischen Rüstzeug, sei es bspw. über die Rolle des Rechts in der Mediation oder über die Bedeutung von Macht und Fairness, so wird sich eine die Parteien zufriedenstellende Lösung kaum erarbeiten lassen. **Rollenspiele** bieten dem Mediator die Möglichkeit, Theorie und Praxis miteinander in Einklang zu bringen: Unter Anleitung eines erfahrenen Trainers lassen sich im Rollenspiel Mediationen, die durch spannungsreiche zwischenmenschliche Beziehungen geprägt sind, realitätsnah üben und anschließend analysieren.

6. Ausbildungsdauer (Absatz 4)

a) Präsenzzeitstunden (Absatz 4 Satz 1)

35　Den erforderlichen zeitlichen Umfang für den Ausbildungslehrgang legt die Verordnung in ihrem Absatz 4 Satz 1 auf **120 Präsenzzeitstunden** fest. Eine Zeitstunde umfasst im Gegensatz zur Unterrichtsstunde volle 60 Minuten. Durch die Beifügung des Substantives »Präsenz« soll klargestellt werden, dass diese 120 Stunden nicht im Fernstudium oder im Selbststudium erbracht werden können. Vielmehr muss der

---

11　Vgl. Teil 1 C., § 5 MediationsG Rdn. 18, 31.

Ausbildungsteilnehmer an den vom Ausbildungsinstitut festgesetzten Kursen, Modulen, Übungen im Umfang von 120 Zeitstunden teilnehmen. Diese können jedoch auch online durchgeführt werden, solange die Präsenz der Teilnehmer sichergetellt ist.[12]

b) Zeitvorgaben der Anlage (Absatz 4 Satz 2)

Indem Absatz 4 Satz 2 bestimmt, dass die jeweiligen Inhalte des Ausbildungslehrgangs mindestens die in der **Anlage aufgeführten Zeitstunden** (nicht: Präsenzzeitstunden) umfassen müssen, wird deutlich, dass diese Zeitvorgaben nicht während der Mindestausbildungszeit von 120 Präsenzzeitstunden erbracht werden müssen,[13] sondern bspw. im Wege des Fernstudiums abgeleistet werden können. Anderenfalls ließen sich die praktischen Übungen und Rollenspiele, die zentraler Teil der Ausbildung sind, kaum sinnvoll in die Mindestausbildungszeit integrieren. 36

c) Kombination von Präsenzzeitstunden und Fern-/Eigenstudium

Es bleibt der einzelnen Ausbildungseinrichtung überlassen, wie sie ihr Ausbildungscurriculum entwickelt, das einerseits den Inhalten der Anlage als auch der vorgegebenen Präsenzstundenzahl entsprechen muss: Es kann in diesem Kontext nur angeraten werden, möglichst viele Übungen und Rollenspiele während der Präsenzzeitstunden durchzuführen, die Vermittlung von Wissen hingegen z. T. auf das Eigen- bzw. Fernstudium zu verlagern. Hier sind verschiedene Modelle denkbar, wie sich Präsenz- und Selbststudium kombinieren lassen, ohne dass einer Lösung der Vorzug zu geben wäre.[14] Jedenfalls sollte im Curriculum hierfür eine hinreichende Stundenzahl vorgesehen sein, um den Zeitanforderungen der Anlage gerecht werden zu können. 37

7. Teilnahme an einer Einzelsupervision (Absatz 5)

Der für die Zertifizierung geforderte Praxisnachweis wird nunmehr – im Gegensatz zum Entwurf der ZMediatAusbV, der noch die Verpflichtung zur Durchführung fortlaufender Mediationen vorgesehen hatte – im Rahmen der Ausbildung (»während des Ausbildungslehrgangs oder innerhalb eines Jahres nach.... Beendigung«) durch eine **Einzelsupervision** erbracht (Absatz 5). Die Teilnahme an der Einzelsupervision ist **nicht abdingbar** (»müssen«). Zu Art und Umfang einer Einzelsupervision verhält sich die Verordnung hingegen nicht, was in der Literatur mit Recht Kritik erfahren hat.[15] 38

---

12 Vgl. hierzu umfassend Teil 5 F.
13 *Eicher* ZKM 2016, 160 ff (161).
14 *Wenzel* Spektrum der Mediation 66/2017, 46 ff (48).
15 *Eidenmüller/Fries* AnwBl 1/2017, 23 ff (25).

a) Begrifflichkeit und Definition

39 Die im Kontext der Mediationsausbildung neu eingeführte **Begrifflichkeit** »Einzelsupervision« ist unglücklich gewählt und führt zu **Irritationen**, zumal der Entwurf der ZMediatAusbV in Anlehnung an seine Ermächtigungsnorm des § 5 Abs. 1 Satz 2 Nr. 5 MediationsG noch von »Supervision« gesprochen hatte.

40 Unter einer Supervision im Sinne des Mediationsgesetzes ist eine **Selbstreflexion** erlebter Situationen und erlebten Verhaltens der eigenen Berufstätigkeit als Mediator mit dem Ziel einer Verbesserung, einer Neuorientierung zu verstehen – begleitet und unterstützt durch einen erfahrenen Dritten, den Supervisor.[16]

41 Damit stellt sich die Frage, ob unter einer Einzelsupervision etwas grundsätzlich anderes gemeint sein könnte, möglicherweise der Psychotherapeuten-Ausbildung vergleichbar,[17] die ebenfalls Einzelsupervisionen kennt. Das ist jedoch zu verneinen.

42 Äußerungen im Schrifttum aus dem Bereich des für die Verordnung zuständigen Bundesministeriums der Justiz und für Verbraucherschutz legen zunächst einmal die Vermutung nahe, dass die Begrifflichkeit gewählt wurde um sicherzustellen, dass tatsächlich eine **von dem Ausbildungsteilnehmer selbst durchgeführte Mediation** oder Co-Mediation Inhalt des Supervisionsgesprächs ist.[18] Das wird deutlich durch den Verordnungstext selbst, wonach gem. Absatz 5 die Einzelsupervision »**im Anschluss an eine als Mediator… durchgeführte Mediation**« erfolgen soll.

43 Und anders als in der Einzelsupervision der Psychotherapeuten-Ausbildung, in der die Person des Therapeuten in seiner Beziehung zum Patienten im Blickfeld steht,[19] geht es in der Mediations-Supervision um die **Gestaltung des Mediationsprozesses** unter den Aspekten:
– Wie verhalten sich die Konfliktparteien in der Mediation?
– Wie verläuft das Mediationsgespräch?
– Welche Rolle spielt dabei der Mediator?

44 Als Fazit ist somit festzuhalten, dass die Mediations-Supervision stets auf einen **konkreten Einzelfall** ausgerichtet und mithin als **Einzel(-Fall-)Supervision** zu verstehen ist.

b) Setting einer Einzel(-Fall-)Supervision

45 Eine Einzel(-Fall-)Supervision kann in unterschiedlichen Settings durchgeführt werden: als **Fall-Supervision in einer Gruppe** (im Folgenden unter 8.) oder als **Fall-Supervision zu zweit**, also zwischen Supervisor und Supervisand (im Folgenden unter 7.). Dabei ist allerdings zu berücksichtigen, dass bei einer Gruppensupervision nur der-

---

16 Vgl. im Übrigen die Ausführungen unter Teil 5 B. III.
17 Umfassend hierzu: *Fritz/Krabbe* ZKM 2017, 89 ff (91).
18 *Eicher* ZKM 2016, 160 ff (161); *Wenzel* Spektrum der Mediation 66/2017, 46 ff (48).
19 *Fritz/Krabbe* ZKM 2017, 89 ff (93).

jenige dem Erfordernis einer Einzelsupervision gem. Absatz 2, 5, 6 Satz 3 Nr. 5 genügt, dessen eigener Fall in der Gruppe supervidiert wurde.[20]

c) Zeitdauer und Kosten

Für beide Varianten ist jeweils mit einer Dauer von etwa einer Stunde pro Fall zu rechnen.[21] In der Gruppen-Supervision werden insgesamt regelmäßig drei bis vier Fälle vorgetragen. Die Kosten belaufen sich zum Zeitpunkt der Drucklegung für eine Supervision zu zweit auf etwa 150.- Euro pro Stunde, ggf. zzgl. MwSt. In der Gruppen-Supervision sind bei einer Teilnehmerzahl von etwa einem halben Dutzend Personen Kosten in Höhe von etwa 120.- Euro pro Person ggf. zzgl. MwSt anzusetzen.[22]

46

8. Einzel(-Fall-)Supervision in einer Gruppe

Eine Einzel(-Fall-)Supervision in einer Gruppe hat gegenüber dem Zweier-Setting den Vorteil, dass der »Resonanzraum« in einer Gruppe wesentlich größer ist als der in der dyadischen Beratungskonstellation: Das betrifft sowohl das Fallverstehen als auch die Entwicklung neuer Handlungsoptionen, die dann vom Supervisanden umgesetzt werden können.

47

Methodisch bietet sich hierfür die **mediationsanaloge Supervision** an, die im Schrifttum mittlerweile allgemein anerkannt ist.[23] Sie orientiert sich an der Philosophie der Mediation und läuft in Prozessschritten analog der Mediation ab.[24]

48

---

20 *Fritz/Krabbe* ZKM 2017, 89 ff (90); *Ade/Alexander,* Rn. 616, Fn. 480; a. A., dabei die Systematik verkennend: *von Oertzen* Spektrum der Mediation 2019, S. 45 f (46). Siehe aber auch jüngst die Stellungnahme der BReg (BT-Drucks. 19/13854 auf eine kleine Anfrage der FDP-Fraktion), die sich für Einzelsupervisionen ausspricht und hierzu sodann (nicht ganz eindeutig) *Röthemeyer* ZKM 2019, 226, der einerseits von »einer vorläufigen Klärung« spricht, zugleich aber zutreffend auf die Auslegungsfähigkeit des Verordnungstextes und den Umstand hinweist, dass dies nur eine Meinungsäußerung unter vielen sei. Dem Supervisanden sollte, so die hier vertretene Auffassung, es nicht nur überlassen bleiben, sich für einen Supervisor seiner Wahl zu entscheiden (vgl. unten Rdn. 98) sondern zugleich auch für das Setting, dass ihm am besten zusagt; vgl. insoweit auch *Fritz*, https://adribo.de/supervisionen-als-instrument-der-aus-und-fortbildung-worum-es-geht-und-wie-es-geht/ (Datum des Zugriffs: 15.03.2020).
21 Kritisch zur Telefon-Supervision: *Eidenmüller/Fries* AnwBl 2017, 23 ff (25, Fn. 22).
22 Vgl. beispielhaft zu Anbietern und Kosten: http://www.adribo.de/die-uhr-tickt-drohender-fristablauf-zur-erlangung-des-guetesiegels-zertifizierter-mediator/; www.heiner-krabbe.de/Dauer-Kosten.340.0.html (jeweils Datum des Zugriffs: 31.10.2019).
23 Vgl. beispielhaft *Krabbe* Kon:Sens 1999, 160 ff; *Diez* ZKM 2000, 161 ff; *Belz/Habermacher* FAMPRA.ch 2005, 490 ff; *Thomsen* Spektrum der Mediation 2009, 24 ff; *Fritz/Krabbe* Betrifft JUSTIZ 2016, 65 ff; *Krabbe/Fritz* NJW 2016, 694 ff).
24 *Krabbe/Fritz* ZKM 2017, 149 ff (150); siehe im Übrigen Teil 5 B. III.

a) Prinzipien der mediationsanalogen Supervision

aa) Selbstbestimmtheit

49 In der Supervision werden keine Ratschläge, Bewertungen, Deutungen, Regeln vorgegeben, sondern neue Blickwinkel, neue Ideen und Möglichkeiten entwickelt, über die dann derjenige, der seine Mediation/seinen Fall vorstellt, selbst entscheidet, ob und inwieweit er diese aufgreifen möchte.

bb) Zukunftsorientierung

50 Nicht die Vergangenheit oder die Biografie der Mediationsbeteiligten werden aufgearbeitet, sondern Lösungswege für zukünftiges Vorgehen gesucht.

cc) Ressourcenorientierung

51 Die Aufmerksamkeit wird nicht ausschließlich den im Fall angelegten Problemen gewidmet, sondern auch den Ressourcen und Chancen, die im jeweiligen Fall angelegt sind.

dd) Optionalität

52 Es werden stets mehrere Sichtweisen, mehrere Annahmen, mehrere Möglichkeiten entwickelt, aus denen der Mediator/Fallvorsteller dann auswählen kann.

b) Prozessschritte einer mediationsanalogen Supervision

aa) Vereinbarung über Verfahren und Form, Arbeitskontrakt

53 Die Eröffnung der Supervision beginnt mit dem Vorstellen des Supervisionsverfahrens sowie den **Absprachen zur Vertraulichkeit** unter den Teilnehmern (Mediatoren) der Supervision (sog. Arbeitskontrakt; vgl. in diesem Kontext auch die Regelung des § 4 MediationsG). Dann folgt die **Sammlung der Fäll**e, die supervidiert werden sollen sowie die Festlegung der Reihenfolge (*entsprechend Phase 1 einer Mediation, Einführung und Kontrakt*).

bb) Fallpräsentation – Worum geht es?

54 Im nächsten Schritt trägt der fallvorstellende Mediator den Fall vor, indem er ihm zunächst ein Codewort gibt sowie **zwei Fragen** formuliert, die sich **zum Fall** und **zu seiner Person als Mediator** in dem vorzustellenden Mediationsverfahren beziehen. Die erste Frage bezieht sich auf die eigene Handlungsfähigkeit (und hat bei nicht abgeschlossenen Verfahren den nächsten konkreten Schritt des Vorgehens im Blick), während sich die zweite Frage mit den persönlichen Anteilen und der eigenen Verantwortlichkeit des Mediators befasst.

55 Dann beginnt der Mediator mit der Schilderung des anonymisierten Sachverhaltes und beantwortet anschließend Verständnis- und Informationsfragen der zuhörenden

Teilnehmern zum geschilderten Fall (*entsprechend Phase 2 einer Mediation, Themensammlung*).

cc) Bildung von Arbeitsannahmen/Hypothesen – Was ist wohl geschehen?

Der Supervisor fordert in der nächsten Phase die Gruppenmitglieder auf, ihrerseits Annahmen, **Hypothesen zum Fall, zum Prozessverlauf, zu den Mediationsparteien, zur Person des Mediators** zu bilden. Diese Hypothesen sollen für den geschilderten Fall vorstellbar bzw. nachvollziehbar, brauchbar und nützlich sein. Ziel ist es, neue Aspekte zu präsentieren. Der Fallvorsteller soll die von den Teilnehmern gebildeten Hypothesen mitschreiben, sie sichten und anschließend entscheiden, welche Hypothesen ihn ansprechen, mit welchen er in der Supervision weiterarbeiten möchte (*entsprechend Phase 3 einer Mediation, Erforschung der Interessen*).

dd) Suche nach Lösungsmöglichkeiten – Wie kann fortgefahren werden?

Auf der Basis der ausgewählten Hypothesen ersucht der Supervisor nun die Gruppe, **Handlungsmöglichkeiten und Ideen** zu **entwickeln**, wie ein weiteres Vorgehen aussehen könnte; was die Teilnehmer machen würden, wenn es ihr Fall wäre. Die Optionen können sich auf das Setting, den Verfahrensablauf, auf Methoden und Techniken beziehen. Dabei geht es nicht um fertige Resultate, sondern um neue Ideen, neue Pläne etc. Die genannten Ideen notiert nun wiederum der fallvorstellende Mediator und wählt die für ihn passenden Ideen aus (*entsprechend Phase 4 einer Mediation, Optionensuche*).

ee) Verhandeln und vereinbaren – Was hat sich verändert?

Schließlich wird das weitere konkrete Vorgehen des Fallvorstellers – auf der Basis der von ihm ausgewählten Optionen – verhandelt und vereinbart. Der Mediator soll genau wissen, wie seine **nächsten Schritte im Verfahren** sein werden bzw. hätten sein können (*entsprechend Phasen 5 und 6 der Mediation, Verhandeln und Vereinbaren*).

Die Supervision des Falles endet mit dem Rückblick des Supervisanden auf die von ihm zu Beginn gestellten beiden Fragen zum Fall und zur eigenen Person.[25]

c) Methodische Grundlagen

Was die methodischen Grundlagen einer Supervision anbelangt, so ist neben den bereits erwähnten Hypothesen und Optionen ferner an die Assoziationsmethode, an Skulpturarbeit und an Rollenspiele zu denken, um nur beispielhaft einige zu benennen; wegen der Einzelheiten muss auf das einschlägige Schrifttum verwiesen werden.[26]

---

25 Vgl. auch die Praxisbeispiele von *Becker/Brandt/Rühl* ZKM 2009, 118 ff.
26 Vgl. *Krabbe/Fritz* ZKM 2017, 149 ff (150 f); *van Kaldenkerken*, Supervision und Intervision in der Mediation, S. 98 ff; *dies.*, Wissen was wirkt, S. 285 ff.

9. Einzel(-Fall-)Supervision zu zweit

a) Allgemeines

61 Die **dyadische Beratungskonstellation** bietet sich an, wenn
 – eine kurzfristige Unterstützung des Mediators erforderlich ist,
 – die Zustimmung zur Erörterung in der Gruppe nicht gegeben wird,
 – eine Supervisionsgruppe nicht besteht oder
 – persönliche Anteile/Verwicklungen des Mediators/Fallvorstellers im geschützten Rahmen zu zweit erörtert werden sollen.

62 Die Einzel(-Fall-)Supervision zu zweit verlangt vom Supervisor einen umfassenderen Einsatz als dies in der Gruppensupervision der Fall ist, lassen sich doch bestimmte methodische Möglichkeiten wie bspw. Rollenspiele nicht einsetzen; zudem fehlt es an der Vielstimmigkeit der Gruppe. All dies ist vom Supervisor zu kompensieren. Es kommt hinzu, dass die Beziehung zwischen Supervisor und Supervisand stärker im Mittelpunkt steht, ist doch sein Redeanteil umfangreicher, seine Rolle bedeutungsvoller und seine Beteiligung höher.[27]

63 Zum hier beschriebenen Format zählen auch solche Konstellationen, in denen der **Supervisor mit einem Mediator und Co-Mediator zugleich** eine Einzel(-Fall-) Supervision durchführt. Geht es nämlich um die Art und Weise der Zusammenarbeit der Mediatoren untereinander, so lässt sich dies zielgerichtet nur in Anwesenheit der beiden Mediatoren supervidieren. Bisweilen übertragen sich Konfliktdynamiken der Parteien auf die Mediatoren, sodass sie sich mit Problemen in ihrer Zusammenarbeit konfrontiert sehen. Aber auch andere Fragestellungen einer Co-Mediation werden sich vielfach sinnvollerweise nur zusammen mit beiden Mediatoren bearbeiten lassen.

b) Anlass und Vorgehensweise

64 **Anlässe und Vorgehensweise** für eine »Einzel(-Fall-)Supervision zu zweit« unterscheiden sich nicht von denen einer Gruppensupervision und umfassen im Hinblick auf den Zweck der Einzel(-Fall-)Supervision im Rahmen der Ausbildung regelmäßig
 – Fragen der Allparteilichkeit,
 – Rollenkonflikte aus dem Herkunftsberuf,
 – Schwierigkeiten mit Phasen, Methoden und Techniken, aber auch
 – Probleme mit Emotionalität, Konfliktniveau und Machtungleichgewicht.[28]

65 Vom **formalen Ablauf** her orientiert sich auch die »Einzel(-Fall-)Supervision zu zweit« an der Methodik der mediationsanalogen Supervision:
 – Supervisionskontrakt mit Vertraulichkeitsabrede und Honorarvereinbarung
 – Fallbezeichnung mit Code-Wort, Fragen und Fallschilderung
 – Hypothesenbildung zum Fall, zum Gesprächsprozess, zu den beteiligten Medianden, zur Person des Mediators

---

27 *Van Kaldenkerken*, Wissen was wirkt, S. 246 ff.
28 Vgl. hierzu schon *Thomsen/Krabbe* ZKM 2013, 115 ff (117).

- Entwicklung von Handlungsmöglichkeiten und Ideen
- Verhandeln und Vereinbaren des weiteren Vorgehens
- Reflexion des Supervisionsprozesses.

c) Inhaltliche Ebene

Von der inhaltlichen Ebene aus betrachtet stehen in der dyadischen Beratungskonstellation Assoziationen, Hypothesen und Optionen im Vordergrund, ergänzt durch Visualisierung von Methapern und Konfliktspiegelbildern sowie der Arbeit an Übertragungen und Gegenübertragungen.[29] Auch Geno-, Sozio- und Organigramme können einbezogen werden.[30] Eine klare Strukturierung hilft der Gefahr einer Psychologisierung der Supervision vorzubeugen. 66

d) Unterschiedliche Formate

Das Gelingen einer Supervision ist abhängig vom vertrauensvollen Verhältnis zwischen Supervisand und Supvervisor – nicht umsonst wird im Schrifttum von einer Kontakt- und Aufwärmphase gesprochen.[31] Es stellt sich daher die Frage, ob neben der herkömmlichen Face-to-face-Supervision auch Settings sinnvoll eingesetzt werden können, die sich technischer Hilfsmittel (**Telefon; internetbasierte Kommunikationsformen**) bedienen. In Literatur und Praxis werden Supervisionen per Telefon, per Mail, per Chat und per Video-Chat zunehmend favorisiert[32] und haben sich in der aktuellen COVID-19-Pandemie innerhalb kurzer Zeit etabliert. 67

Die **Vorteile** dieser Formate bestehen darin, dass sie flexibel eingesetzt werden können und zeit- und energiesparend sind: Wartezeiten und Anfahrten entfallen. Zudem sind Konstellationen denkbar, in denen aus der räumlichen Distanz gerade bei der Mail- und Telefonsupervision mehr Offenheit erwachsen kann, bedingt durch die anonyme Art des Kontaktes. 68

Andererseits lassen sich **Nachteile** nicht verleugnen: E-Mails gehen zeitlich versetzt beim Empfänger ein, Nachfragen gestalten sich u. U. als schwierig, ein kontinuierlicher Kontakt ist (insbesondere bei Chats) letztlich (auch) von der Schreibfähigkeit und – 69

---

29 *Krabbe* ZKM 1999, 160 ff (165).
30 Umfassend *van Kaldenkerken*, Wissen was wirkt, S. 246 ff.
31 *Van Kaldenkerken*, Wissen was wirkt, S. 292.
32 *Engelhardt*, Online-Supervision, Neue Perspektiven für die Praxis, https://www.dgsf.org/service/wissensportal/online-supervision-neue-perspektiven-fuer-die-praxis-2014 (Datum des Zugriffs 31.10.2019); *Ziemons*, Internet basierte Ausbildungssupervision, (Opladen & Farmington Hills 2010); *Berger*, Internetbasierte Interventionen bei psychischen Störungen, (Göttingen 2015); *Knaevelsrud/Wagner/Bottche*, Online-Therapie und – Beratung. Ein Praxisleitfaden zur onlinebasierten Behandlung psychischer Störungen, (Göttingen 2016); http://www.skype-supervision.de/index.php?page=home&f=1&i=home; http://www.online-supervisor.de; http://www.telefonseelsorge-muenster.de/fileadmin/downloads/pdfs/Unsere_Seelsorge_2012/US0912_Telefonseelsorge_online.pdf (Datum des jeweiligen Zugriffs 31.10.2019). Vgl. im Übrigen die Ausführungen unter Teil 5 F.

geschwindigkeit des Einzelnen abhängig, Erkenntnisse nonverbaler Kommunikation gehen verloren.

70 Greift man hingegen auf das Format »Video-Chat (bspw. Skype, Zoom.de oder Jitsi.org)« zurück, das einen Dialog in Echtzeit garantiert bei gleichzeitiger Möglichkeit, Mienenspiel und Körperhaltung des Gesprächspartners zu erfassen, so lassen sich die eben geschilderten Schwierigkeiten überwinden. Es kommt hinzu, dass sich Telefon- wie auch Video-Konferenzen durch **Check-Listen** und durch den Einsatz bestimmter schriftlicher Formate wie eines vorab auszufüllenden **Themen-** oder **Arbeitsblattes** zur Beschreibung des Supervisions-Anlasses und der -Umstände gut vorbereiten lassen.[33]

71 Welches Beratungsformat gewählt wird, bleibt dem jeweiligen Ausbildungsteilnehmer überlassen. Die ZMediatAusbV macht keine Vorgaben, wie eine Supervision durchzuführen ist, sodass telefonische wie internetbasierte Einzel(-Fall-)Supervisionen zulässig sind.

10. Durchführungszeitpunkt einer Einzel(-Fall-)Supervision

72 Die Verordnung benennt **zwei** gleichberechtigte **Zeitfenster** für die Durchführung der Einzel(-Fall-)Supervision, nämlich während des Ausbildungslehrgangs (1. Alt.) oder im Anschluss daran binnen Jahresfrist (2. Alt.).

a) Während des Ausbildungslehrgangs (Absatz 5, 1. Alt.)

73 Es dürfte auf der Hand liegen, dass eine Einzel(-Fall-)Supervision, der ja eine durchgeführte Mediation oder Co-Mediation vorangegangen sein muss, erst dann sinnvollerweise erfolgen kann, wenn der Auszubildende bereits einige **Erfahrungen** während des Ausbildungslehrganges hat sammeln können. Mit nachvollziehbaren Gründen wird im Schrifttum darauf abgestellt, dass dies nach der Hälfte der Ausbildung der Fall sein dürfte.[34] Dementsprechend sollten zu Beginn nach Möglichkeit auch nur Fälle mediiert werden, die sich auf einer **niederen Eskalationsstufe** befinden.[35] Ein anderweitiges Vorgehen zeitigt allerdings keine Konsequenzen.

74 Soweit die Auffassung vertreten wird, die zu supervidierende Mediation dürfe überhaupt erst nach Beginn des Ausbildungslehrganges durchgeführt worden sein, weil es doch darum gehe, das Erlernte in die Praxis umzusetzen, so ist dem grundsätzlich zuzustimmen.[36] Handelt es sich allerdings um einen Ausbildungsteilnehmer, der bspw. bereits früher eine Ausbildung zum (sog. einfachen) Mediator gem. § 5 Abs. 1 MediationsG durchlaufen hat oder einen Ausbildungslehrgang zum zertifizierten Mediator

---

33 *Van Kaldenkerken*, Supervision und Intervision in der Mediation, S. 130; beispielhaft für die telefonische Konfliktberatung von Arbeitsplatzkonflikten http://sfinc.ch/wp-content/uploads/2017/06/SFINC-Vorbereitung-telefonische-Konfliktberatung.pdf (Datum des Zugriffs 31.10.2019).
34 *Metzger* Spektrum der Mediation 66/2017, 30 ff (31); siehe aber auch Rdn. 74.
35 Vgl. hierzu *Glasl*, Konfliktmanagement, 11. Aufl., Bern/Stuttgart 2017.
36 *Klowait/Gläßer*, § 2 ZMediatAusbV, Rn. 19.

wiederholt, so sind keine vernünftigen Gründe erkennbar, eine vor Beginn des Ausbildungslehrgangs durchgeführte Mediation nicht in einer Einzelsupervision nach Absatz 5 kritisch zu reflektieren.

b) **Binnen Jahresfrist nach erfolgreicher Beendigung des Ausbildungslehrgangs (Absatz 5, 2. Alt.)**

Demjenigen, der die Schwelle der ersten eigenen Mediation oder Co-Mediation nebst entsprechender Einzel(-Fall-)Supervision während des Ausbildungslehrganges noch nicht überschreiten konnte, dem räumt der Verordnungsgeber hierfür eine Frist von längstens einem Jahr nach erfolgreicher Beendigung des Ausbildungslehrganges ein. 75

Erfolgreiche Beendigung des Ausbildungslehrganges meint in diesem Kontext nicht eine besondere Qualifikation im Sinne des Bestehens einer »Abschlussprüfung«, denn eine solche kennt die ZMediatAusbV nicht.[37] Es würde auch seltsam anmuten, wollte man dies als Voraussetzung fordern, wenn gleichzeitig die Alternative eingeräumt wird, bereits während des Ausbildungslehrgangs eine Einzel(-Fall-)Supervision durchzuführen. **Erfolgreich** ist vielmehr dahin gehend zu verstehen, als an das Erfüllen der in den Absätzen 3 und 4 aufgeführten Voraussetzungen angeknüpft werden soll: an einen Ausbildungslehrgang mit 120 Präsenzzeitstunden, in dem die in der Anlage aufgeführten Inhalte nebst entsprechenden Zeitvorgaben vermittelt und praktische Übungen und Rollenspielen durchgeführt wurden. 76

Die **konkrete Ausgestaltung** der inhaltlichen Anforderungen der Absätze 3 und 4 bleibt der einzelnen Ausbildungseinrichtung überlassen, wenngleich Grenzen einzuhalten sind: Eine Abschlussprüfung ist ausgeschlossen. Jedoch ist es nicht zu beanstanden, wenn ein Ausbildungsinstitut andere Formen der begleitenden Leistungskontrolle einführt wie bspw. Live-Rollenspiele, die zu dokumentieren sind oder die Anfertigung von Essays betreffend solcher Ausbildungsinhalte, die im Eigenstudium erarbeitet wurden. Auch könnte einer »erfolgreichen« Beendigung der Ausbildung entgegenstehen, wenn sich ein Ausbildungsteilnehmer beharrlich weigerte, an praktische Übungen und Rollenspielen teilzunehmen.[38] Hat eine Ausbildungsteilnehmer die Anforderungen der Absätze 3 und 4 in der konkreten Ausgestaltung erfüllt, die die jeweilige Ausbildungseinrichtung vorgegeben hat, so beginnt die **Jahresfrist** zu laufen. 77

Das kann, was den **Fristbeginn** anbelangt, zu Problemen führen. Denn die ZMediatAusbV sieht nicht vor, dass seitens der Ausbildungsinstitute zu diesem (frühen) Zeitpunkt eine Bescheinigung zu erteilen ist, sondern erst bei Vorliegen weiterer Voraussetzungen, wie sie sich aus Absatz 6 ergeben. 78

Ausbildungseinrichtungen wie Mediatoren ist daher zu empfehlen, auch zukünftig die bereits in der Vergangenheit bewährte Praxis fortzuführen, die Teilnahme an einzelnen

---

37 Vgl. Teil 1 C., § 6 MediationsG Rdn. 32.
38 So auch *Röthemeyer* ZKM 2016, 195 ff (198); realitätsfern *Eidenmüller/Fries* AnwBl 2017, 23 ff (25), wenn es genügen soll, die Ausbildungszeit abzusitzen.

Modulen/Ausbildungsabschnitten nebst Ausbildungsinhalten durch entsprechende Bescheinigungen zu **dokumentieren**, mithin auch die erfolgreiche Beendigung des (gesamten) Ausbildungslehrganges (sog. »Abschluss-Bescheinigung eingeschränkter Qualifikation«, vgl. unten Rdn. 122).

Eine entsprechende vertragliche Vereinbarung zwischen Ausbildungsinstitut und angehendem Mediator vor Beginn der Ausbildung abzuschließen ist daher dringend zu empfehlen.

79 Wird die Jahresfrist des Absatzes 5, 2. Alt. versäumt, so muss sich der Mediator erneut einem Ausbildungslehrgang entsprechend den Vorgaben des § 2 unterziehen.

Es spricht jedoch nichts dagegen, bei einem erneuten Ausbildungslehrgang Inhalte und Zeiten der Erstausbildung anzurechnen, ähnlich dem Fall, in dem ein Mediator fehlende Ausbildungszeit und –inhalte ergänzt, um den Anforderungen für das Gütesiegel zu genügen (vgl. Rdn. 19 f.).

11. »Durchgeführte Mediation« als Voraussetzung einer Einzel(-Fall-)Supervision

80 Die in Absatz 5 geforderte Einzel(-Fall-)Supervision muss »im Anschluss an eine… durchgeführte Mediation« erfolgen, an der die Ausbildungsteilnehmenden selbst »als Mediator oder als Co-Mediator« teilgenommen haben. Soweit die Verordnung im Plural von Ausbildungsteilnehmenden spricht, ist dies als gesetzgeberisches Versehen einzuordnen. Es ist nicht so zu verstehen, dass für den einzelnen Auszubildenden die Voraussetzung nur dann erfüllt wäre, wenn auch alle anderen eine Einzel(-Fall-)Supervision durchgeführt hätten.

81 Allerdings stellt sich die Frage, ob die Einzel(-Fall-)Supervision nur möglich ist,
– wenn die Mediation nach Durchführung des Phasenmodells zu einem formalen Abschluss gelangt ist, u. U. gar mit einer Lösung/einer Abschlussvereinbarung beendet wurde,
oder ob eine Einzel(-Fall-)Supervision auch durchgeführt werden kann,
– wenn sich der Ausbildungsteilnehmer im Rahmen einer noch laufenden Mediation bei auftretenden Fragen/Problemen/Ungereimtheiten des Beratungsformats einer Einzel(-Fall-)Supervision bedient.[39]

a) Beendigung der Mediation in früher Phase

82 Das im Verordnungstext verwendete Adjektiv »durchgeführte« könnte dafür sprechen, dass dem Verordnungsgeber vorschwebte, die Mediation müsse zu einem (formalen) Abschluss gekommen sein: sei es, weil die Parteien zu einer Lösung gelangten, sei es, weil sie nach langwierigen Verhandlungen eine Weiterführung als nicht mehr als sinnvoll erachten.

---

39 *Krabbe/Fritz* ZKM 2016, 149 ff (152 f).

83 Im Gegensatz zur Begrifflichkeit (»durchgeführte«) der ZMediatAusbV verwendet das Mediationsgesetz eine andere Terminologie: § 2 Abs. 5 MediationsG spricht von einer »beendeten« Mediation, in § 3 Abs. 2, 3 MediationsG heißt es »nach einer Mediation«.

84 Eine Mediation kann, wie sich aus dem Regelungszusammenhang des § 2 Abs. 5 MediationsG ergibt, von den Parteien jederzeit »beendet« werden, ohne dass es zu einer Einigung, einer Lösung gekommen sein muss.[40] Und auch dem Mediator steht ein an die Voraussetzungen des § 2 Abs. 5 Satz 2 MediationsG geknüpftes Beendigungsrecht zu.[41]

85 Im freiwilligen und strukturierten Mediationsverfahren (vgl. § 1 Abs. 1 MediationsG) kann diese »Beendigung« und damit der Zustand »nach einer Mediation« (§ 3 Abs. 2 MediationsG) bereits in einer frühen oder auch in einer späten Verfahrensphase erreicht werden, somit vom Beginn der Eröffnungssequenz in Phase 1 bis unmittelbar vor Unterzeichnung der abschließenden Vereinbarung in Phase 6.[42] Tritt ein derartiger (Beendigungs-)Fall ein, dann ist entsprechend Absatz 5 von einer »durchgeführten« Mediation auszugehen.

b) »Verlaufsbegleitende« Einzel(-Fall-)Supervision

86 Nun würde es aber, stellt man auf Sinn und Zweck einer Einzel(-Fall-)Supervision im Kontext des Absatzes 5 ab, wenig Sinn machen, »durchgeführt« stets mit »beendet« gleichzusetzen. Dem Ausbildungsteilnehmer soll bekanntlich Gelegenheit gegeben werden, mit professioneller Hilfe den Konflikt, das Verfahren, sein Verhalten und das der Parteien kritisch zu durchleuchten. Das im Ausbildungslehrgang Erlernte soll zeitnah einem Praxistest unterzogen werden mit der Möglichkeit, es sodann mit einem erfahrenen Supervisor zu hinterfragen.[43]

87 Ist eine Mediation bspw. bereits nach Phase 1 beendet, so ist sie – wie im vorhergehenden Abschnitt dargelegt (siehe oben Rdn. 85) – zugleich auch durchgeführt, eine Einzel(-Fall-)Supervision daher möglich. In der daraufhin durchzuführenden Supervision könnte beispielhaft Beratungsgegenstand sein, warum die Parteien in einem so frühen Verfahrensstadium davon Abstand genommen haben, das Verfahren weiter durchzuführen: Lagen die Gründe in der Person des Mediators? War das gewählte Format falsch? Wurden bereits zu Beginn tragende Prinzipien verletzt?

88 Nimmt der Ausbildungsteilnehmer hingegen, um beim obigen Beispiel zu bleiben, nach Phase 1 **verlaufsbegleitend professionelle Hilfe** im Rahmen einer Einzel(-Fall-)Supervision in Anspruch bspw.
  – um zu verhindern, dass seitens der Parteien das Verfahren frühzeitig beendet wird,
  – um zu hinterfragen, wie mit einer hocheskalierten Konfliktsituation professionell umzugehen ist,
  – um zu prüfen, ob Dritte am Verfahren zu beteiligen sind,

---

40 Vgl. Teil 1 C, § 2 MediationsG Rdn. 112; *Greger/Unberath/Steffek*, § 2 MediationsG Rn. 261).
41 Vgl. Teil 1 C., § 2 MediationsG Rdn. 114 ff.
42 *Klowait/Gläßer*, § 2 MediationsG Rn. 196.
43 *Eicher* ZKM 2016, 160 ff (161).

so unterscheidet sich diese Einzel(-Fall-)Supervision nicht grundsätzlich von einer solchen, die ebenfalls nach Phase 1 durchgeführt wird, weil die Mediation beendet wurde.

89 »Durchgeführt« ist daher in diesem Kontext nicht dahin gehend zu interpretieren, dass die Mediation beendet sein muss, sondern so zu verstehen dass es genügt, wenn Teile einer Mediation durchlaufen wurden und das bis dahin Geschehene einem kritischen Überblick, einer Supervision unterzogen wird (verlaufsbezogene oder verlaufsbegleitende Einzel[-Fall-]Supervision).[44]

c) »im Anschluss«

90 Eine Einzel(-Fall-)Supervision im Sinne des Absatzes 5 nach einer frühen Beendigung wie auch verlaufsbegleitend zu ermöglichen steht auch nicht die im Verordnungstext verwendete Präposition »im Anschluss« entgegen. Sie will lediglich sicherstellen, dass **nicht im Vorfeld einer** noch nicht begonnenen **Mediation** – quasi verfahrensvorbereitend – eine Supervision »anrechenbar« durchgeführt wird sondern erst danach.

d) Als Mediator oder Co-Mediator durchgeführte Mediation

91 Die Einzel(-Fall-)Supervision soll an eine Mediation anknüpfen, die der Ausbildungsteilnehmer **selbst** durchgeführt hat, und zwar entweder als der den Parteien allein verantwortliche Mediator oder zusammen mit einem oder mehreren anderen Mediatoren – sog. **Co-Mediation** (vgl. § 1 Abs. 1 MediationsG). Co-Mediation kann mithin auch in einem Team von mehr als zwei Mediatoren (sog. Team-Mediation) erfolgen.

92 **Ratio legis** ist, dass der Ausbildungsteilnehmer die Aufgaben erfüllt, die das Mediationsgesetz dem Mediator zuschreibt, nämlich
 – sich zu vergewissern, dass die Parteien die Grundsätze und den Ablauf des Mediationsverfahrens verstanden haben und freiwillig an der Mediation teilnehmen,
 – sich allen Parteien gleichermaßen verpflichtet zu fühlen,
 – die Kommunikation zu fördern,
 – zu gewährleisten, dass die Parteien in angemessener und fairer Weise in das Verfahren eingebunden sind,
 – die Parteien durch die Mediation zu führen,
 – im Fall einer Einigung auf Informiertheit hinzuwirken (vgl. §§ 1 Abs. 2, 2 Abs. 2, 3, 6 MediationsG).

93 Mit dieser Aufgabenbeschreibung wird zugleich deutlich, dass es sich um die **Mediation eines** echten, in der Lebenswirklichkeit (noch immer) **vorliegenden** (oder durch die Mediation beendeten) **Konfliktfalles** handeln muss, nicht hingegen um die Mediation eines Rollenspiels während der Ausbildung, selbst wenn die Konfliktparteien nicht

---

[44] So auch *Becker/Brandt/Rühl* ZKM 2009, 118 ff; zu eng hingegen *Klowait/Gläßer*, § 2 ZMediatAusbV, Rn. 21, die anscheinend von mehreren verlaufsbegleitende Einzelsupervisionen ausgehen.

von anderen Ausbildungsteilnehmern sondern von ausbildungsfremden Personen verkörpert werden.

Für den **Co-Mediator** bedeutet dies, dass er einen **substanziellen Anteil** der Aufgaben eines Mediators (mit-)verantwortlich erbringen muss.[45] Passive Teilnahme im Wege einer Hospitation ist ebenso wenig ausreichend wie die Übernahme reiner Hilfstätigkeiten, bspw. das Beschriften von Flipcharts. In welcher spezifischen Ausgestaltung eine Co-Mediation[46] praktiziert wird, ist hingegen zweitrangig.[47]   94

e) Ausschöpfung der Jahresfrist

Ein enger zeitlicher Kontext zwischen Mediation und anschließender Supervision wird nicht verlangt, müsste es sonst doch heißen »im direkten Anschluss« an eine Mediation. Vielmehr gilt auch hier die **Jahresfrist** (»innerhalb eines Jahres«, vgl. oben Rdn. 75) insoweit, als die Einzel(-Fall-)Supervision jedenfalls bis zu diesem Zeitpunkt erfolgt sein muss, gleich ob die Mediation noch während der Ausbildung, im direkten Anschluss daran oder erst wenige Tage vor der Supervision erfolgte.   95

12. Anforderung an Supervisor

An die Person des Supervisors stellt die Verordnung keine Anforderungen. Das ist im Schrifttum mit guten Gründen kritisiert worden,[48] dürfte aber (auch) dem Umstand geschuldet sein, dass der Begriff des Supervisors gesetzlich nicht geschützt ist.   96

Da durch die Einzel(-Fall-)Supervision die Umsetzung des Erlernten in die Praxis kritisch hinterfragt und reflektiert werden soll, wird zu Recht gefordert, dass der Supervisor nicht nur die für eine Supervision zu verlangenden Kenntnisse und Fertigkeiten besitzen sollte, sondern zudem selbst über eine umfangreiche Mediationspraxis verfügt: Er soll mithin ein »Meister seines Fachs mit einer Zusatzqualifikation in fallbezogener Supervisionsarbeit« sein.[49]   97

Als Idealfall wird im Schrifttum für die Ausbildungssupervision eine Trennung zwischen Ausbildungsinstitut und Supervisor angeregt und zur Begründung angeführt, dass sich die Ausbildungsteilnehmenden gegenüber der bewertenden Instanz, die die Ausbildung durchführe, nicht in dem Maße öffnen könne, wie es für eine Selbstreflektion in der Supervision erforderlich sei.[50] Diese grundsätzlich richtigen Überlegung treffen allerdings für die Mediationsausbildung, wie sie in der ZMediatAusbV angelegt ist, gerade nicht zu: Diese kennt keine Prüfungen und/oder Eignungsentscheidungen,   98

---

45 *Röthemeyer* ZKM 2016, 195 ff (198).
46 Vgl. hierzu *Haft/Schlieffen*, 3. Aufl., § 19 Rn. 3 ff.
47 A. A. *Kloweit/Gläßer*, 2. Aufl., § 2 ZMediatAusbV Rn. 20 f., die eine permanente Co-Mediation verlangen, dabei aber nicht hinreichend in den Blick nehmen, dass auch eine Co-Mediation in einer früheren Phase zu einem Ende kommen kann; siehe oben Rdn. 85.
48 *Plassmann* AnwBl 1/2017, 26 ff (29).
49 *Van Kaldenkerken* Spektrum der Mediation 65/2016, 45.
50 *Van Kaldenkerken* Spektrum der Mediation 78/2019, 44 ff., *dies*. Supervision und Intervision in der Mediation, S. 42.

sodass die Befürchtung mangelnder Offenheit eher theoretischer Natur sein dürfte. Und es kommt hinzu, dass es dem Ausbildungsteilnehmer selbst überlassen bleibt, bei wem er eine Supervision durchführen will.[51]

99 Allerdings sollte auch derjenige, der eine Einzel(-Fall-)Supervision in Anspruch nimmt, ein Eigeninteresse daran haben, dass die Supervision qualifiziert erfolgt und nicht nur pro forma erledigt wird, stehen doch sonst Aufwand und Nutzen für ihn in keinem vernünftigen und zukunftsgerichteten Verhältnis. Der Vollständigkeit halber sei noch darauf hingewiesen, dass der eher seltene Fall einer **Co-Supervision** durch die ZMediatAusbV jedenfalls nicht ausgeschlossen ist.

13. Ausbildungsbescheinigung (Absatz 6)

100 Absatz 6 verpflichtet die Ausbildungseinrichtung, dem Ausbildungsteilnehmer über den erfolgreichen Abschluss der Ausbildung eine Bescheinigung auszustellen. Diese Bescheinigung entfaltet im Hinblick auf die Berechtigung, das Gütesiegel »Zertifizierter Mediator« zu führen, allerdings keine konstitutive Wirkung.

a) Erfolgreicher Abschluss der Ausbildung (Absatz 6 Satz 1)

101 Wie bereits im Zusammenhang mit Absatz 5 und dem dort verlangten Erfordernis der »erfolgreichen Beendigung des Ausbildungslehrganges« dargelegt wurde (vgl. oben Rdn. 76), knüpft das Merkmal »**erfolgreich**« an die Erfüllung der für die Zertifizierung notwendigen Voraussetzungen an, wie sie sich aus den Absätzen 3 bis 5 ergeben. Es kommt im hier vorliegenden Zusammenhang darauf an, dass diese gesamte Ausbildung, wie sie in den Absätzen 3, 4 und 5 beschrieben ist, ordnungsgemäß beendet (und nicht etwa abgebrochen) ist.[52]

102 Die konkrete Ausgestaltung der inhaltlichen Anforderungen der Absätze 3 und 4 bleibt der einzelnen Ausbildungseinrichtung überlassen, wenngleich Grenzen einzuhalten sind: Eine Abschlussprüfung sieht die Ermächtigungsnorm des § 6 MediationsG nicht vor[53] und dementsprechend auch nicht die ZMediatAusbV (vgl. oben Rdn. 76).

b) Sperrwirkung (Absatz 6 Satz 2)

103 Die Bescheinigung darf nach Absatz 6 **Satz 2** »erst ausgestellt werden, wenn der gesamte nach den Absätzen 3 und 4 vorgeschriebene Ausbildungslehrgang erfolgreich beendet und die Einzelsupervision nach Absatz 5 durchgeführt ist«. Diese Sperre für die Bescheinigung nach Absatz 6 steht aber der Ausstellung einer »**Abschluss-Bescheinigung eingeschränkter Qualifikation**«, also zum (einfachen) Mediator nicht entgegen, in der einem Ausbildungsteilnehmer ausschließlich die Anforderungen nach Absätzen 3 und 4 bestätigt werden. Im Gegenteil: Nicht zuletzt im Hinblick auf die Jahresfrist nach Absatz 5 ist es wichtig zu wissen, wann diese

---

51 *Röthemeyer* ZKM 2016, 195 ff (198).
52 *Klowait/Gläßer*, § 2 ZMediatAusbV, Rn. 22.
53 Teil 1 C., § 6 MediationsG, Rdn. 32.

Frist zu laufen beginnt. Ausbildungsteilnehmern kann daher bei Abschluss des Ausbildungsvertrages nur angeraten werden darauf zu achten, dass dieser kontinuierliche Bescheinigungen über die von ihnen jeweils erbrachten Zeiten und Inhalte und eine »Abschlussbescheinigung eingeschränkter Qualifikation« vorsieht. Eine derartige Abschluss-Bescheinigung kann sich, was ihre Inhalte anbelangt, an der Regelung des Satzes 3 orientieren, d.h. ohne die Nummern 5 und 6.

c) **Mindestinhalt der Bescheinigung (Absatz 6 Satz 3)**

Absatz 6 **Satz 3** enthält nähere Angaben darüber, was in der Bescheinigung als **Mindestinhalt** zu stehen hat. Ersichtlich geht es dem Verordnungsgeber um eine eindeutige Zuordnung hinsichtlich des jeweiligen Ausbildungsteilnehmers, der Ausbildungseinrichtung, der Ausbildungsinhalte und der Einzelsupervision. Der Ausbildungseinrichtung, die die **Bescheinigung** auszustellen hat, bleibt es überlassen, wie sie diese **gestaltet** und im Einzelnen **bezeichnet** (Urkunde, Bescheinigung, Zertifikat etc.). Jedoch ist anzuraten, in der Bescheinigung selbst auf ihre **Rechtsgrundlage**, mithin auf § 2 Abs. 6 ZMediatAusbV, zu verweisen.   104

aa) **Ausbildungsteilnehmer (Satz 3 Nummer 1)**

Was die Anforderungen des Satzes 3 Nummer 1 hinsichtlich der **Daten des Absolventen** der Ausbildung betrifft, so bedürfen diese keiner näheren Erläuterung, sprechen mithin für sich selbst. U. U. kann allerdings daran gedacht werden, über die Mindestanforderungen Name, Vornamen und Geburtsdatum hinaus den aktuellen Beruf, akademische Grade und Wohnort des Absolventen mit aufzunehmen.   105

bb) **Ausbildungseinrichtung (Satz 3 Nummer 2)**

Nach Satz 3 Nummer 2 sind **Name und Anschrift der Ausbildungseinrichtung** aufzuführen; sinnvollerweise wird dies in der Kopfzeile der Bescheinigung geschehen. Zudem empfiehlt es sich, die vollständigen Kontaktdaten der Ausbildungseinrichtung aufzunehmen und die Bescheinigung vom Leiter der Ausbildungseinrichtung unterschrieben zu lassen; auch an die Beifügung eines Stempelabdrucks ist zu denken.   106

cc) **Ausbildungsort und -zeit (Satz 3 Nummer 3)**

Datum und Ort der Ausbildung zählen ebenfalls zu den Mindestangaben. Was das Datum anbelangt so ist zu unterscheiden zwischen dem Datum der Ausstellung der Bescheinigung und dem Datum des Ausbildungsendes: 107
- auf das Ausstellungsdatum kommt es im Hinblick auf den Fristbeginn für die Fortbildungen nach §§ 3 und 4 ZMediatAusbV an,
- das Ausbildungsende ist von Bedeutung dafür, ab wann sich ein Mediator als zertifiziert bezeichnen darf. Fallen Ausstellungsdatum und Datum des Ausbildungsendes auseinander, so ist auch für den Fristbeginn nach §§ 3, 4 ZMediatAusbV allein auf das Datum des Ausbildungsendes bzw. der durchgeführten Einzelsupervision abzustellen (vgl. unten § 3 Rdn. 25; § 4 Rdn. 4).

108 Hat ein Mediator die Voraussetzung des Absatzes 5 während des Ausbildungslehrganges erbracht, so ist mit Beendigung des Ausbildungslehrganges berechtigt, das Gütesiegel zu führen. Im Schrifttum herrscht insoweit Einigkeit, dass der Bescheinigung nach Absatz 6 keine für die Zertifizierung konstituierende Wirkung beizumessen ist.[54] Die Bescheinigung hat lediglich Beweiskraft gegenüber Dritten, dass der Mediator die Voraussetzungen zum Führen des Gütesiegels erfüllt hat.

109 Nach Satz 3 Nummer 3 ist ferner anzugeben, an welchem Ort bzw. an welchen Orten die Ausbildung stattgefunden hat. U. U. kann es sinnvoll sein, auch den gesamten Ausbildungszeitraum mit aufzunehmen.

dd) Ausbildungsumfang (Satz 3 Nummer 4)

110 Erforderlich sind ferner die entsprechend der Anlage vermittelten **Inhalte** des Ausbildungslehrgangs und die jeweils darauf **verwendeten Zeitstunden**. Obgleich die Bescheinigung nicht vorsehen muss, dass der Ausbildungslehrgang mindestens 120 Präsenzzeitstunden betragen hat, ist dringend anzuraten, diese Information in die Bescheinigung mit aufzunehmen. Umfasst die Ausbildung 120 Präsenzzeitstunden und zusätzliche Stunden im Eigenstudium, so sollte die Bescheinigung auch dies grundsätzlich ausweisen.

ee) Einzelsupervision und Supervisor (Satz 3 Nummern 5 und 6)

111 Die Erfordernisse des **Datums** und des **Ortes der durchgeführten Einzelsupervision** sowie des **Namens und der Anschrift des Supervisors** bedürfen keiner näheren Erläuterung, sprechen vielmehr für sich selbst. Das Datum ist deshalb erforderlich um die Einhaltung der Jahresfrist des Absatzes 5 dokumentieren zu können.

112 Es stellt sich in diesem Zusammenhang allerdings die Frage, wie der Ausbildungsabsolvent gegenüber der Ausbildungseinrichtung nachweisen soll, dass er eine Einzelsupervision durchgeführt hat, da die Bescheinigung nach § 4 Abs. 2 ZMediatAusbV nicht für die Einzelsupervision nach Absatz 5 erteilt werden muss. Wenn dem die Bescheinigung ausstellenden Ausbildungsinstitut kein schriftlicher Nachweis zu den Voraussetzungen der Nummern 5 und 6 vorgelegt werden kann, ist dieses genötigt, sich mit der Person des Supervisors in Verbindung zu setzen um die Angaben des Absolventen zu verifizieren. Von daher ist auch in diesem Kontext eine **vertragliche Vereinbarung** anzuraten, wie es bereits im Zusammenhang mit einer Bescheinigung betreffend die Erfüllung der Voraussetzungen der Absätze 3 und 4 (siehe oben Rdn. 103) empfohlen wurde: Im Vertrag zwischen Mediator und Supervisor über die Durchführung einer Supervision sollte aufgenommen werden, dass eine **Bescheinigung entsprechend § 4 Abs. 2 ZMediatAusbV** erteilt wird (vgl. hierzu das **Muster Supervisionsvertrag** unter § 4 Rdn. 59). Diese kann dann dem Ausbildungsinstitut vorgelegt werden. Für Übergangsfälle nach § 7 Abs. 2 ZMediatAusbV sah die Verordnung zwingend eine Bescheinigung entsprechend § 4 Abs. 2 ZMediatAusbV vor.

---

54 *Röthemeyer* ZKM 2016, 195 ff (199); *Klowait/Gläßer*, § 2 ZMediatAusbV, Rn. 24.

Sich über die durchgeführte Supervision nach Absatz 5 eine Bescheinigung entspre- 113
chend § 4 Abs. 2 ZMediatAusbV stets ausstellen zu lassen ist insbesondere dann von
Vorteil, wenn die Supervision innerhalb der Jahresfrist des Absatzes 5 durchgeführt
wird. Denn mit abgeschlossener Supervision ist der Mediator unmittelbar berechtigt,
das Gütesiegel »Zertifizierter Mediator« zu führen, erfüllt er dann doch die Voraussetzungen der Absätze 1 und 2. Zusammen mit der Bescheinigung betreffend die Absätze 3
und 4 (siehe oben Rdn. 22 ff., 35 f.) ist er dann in der Lage sich gegenüber Dritten
(vgl. nur die Informationspflicht des Mediators nach § 3 Abs. 5 MediationsG) qualifiziert zu erklären, auch wenn die Bescheinigung nach Absatz 6 erst später erteilt werden sollte.

Da das Ausstellungsdatum einer Bescheinigung nach Absatz 5 für den Beginn der Fort- 114
bildungen nach § 3 Abs. 1 Satz 3 ZMediatAusbV und § 4 Abs. 1 Satz 2 ZMediatAusbV
von Bedeutung ist, hätte es ein zertifizierter Mediator demnach in der Hand, auf das
Ausstellungsdatum der Abschlussbescheinigung und damit auf den Beginn der Vierjahresfrist Einfluss zu nehmen: denn er muss der Ausbildungseinrichtung mitteilen,
dass er zwischenzeitlich eine Supervision durchgeführt hat. Angesichts der (scheinbar)
klaren und eindeutigen Regelung des Satzes 2 ist allerdings auch an dieser Stelle das
Regelwerk nur unvollkommen erstellt, sind Verordnungstext mit Sinn und Zweck der
Vorschrift nur schwerlich in Einklang zu bringen. Um Missbrauch vorzubeugen bietet
sich eine Korrektur im Rahmen einer teleologischen Reduktion an: Entsprechend einem
Vorschlag in der Kommentarliteratur ist daher, wenn das Datum des Ausbildungsendes
und das Ausstellungsdatum der Bescheinigung auseinanderfallen, für den Fristenlauf
nach § 3 Abs. 1 Satz 3 ZMediatAusbV und § 4 Abs. 1 Satz 2 ZMediatAusbV alleine
auf das in der Ausbildungsbescheinigung festgehaltene **Datum des Ausbildungsendes**
bzw. das Datum der durchgeführten Einzelsupervision abzustellen.[55]

Erteilt der Supervisor trotz entsprechenden Vertrages nicht die gewünschte Beschei- 115
nigung so erhebt sich die Frage, welche Schritte der Ausbildungsteilnehmer dagegen
einleiten kann (zu **Rechtsschutzmöglichkeiten** im Einzelnen vgl. die Ausführungen
unter § 4 ZMediatAusbV Rdn. 42, 46 sowie § 3 ZMediatAusbV Rdn. 57).

d) Ausbildung bei unterschiedlichen Ausbildungseinrichtungen

Wird die Ausbildung zum zertifizierten Mediator zulässigerweise bei verschiedenen 116
Ausbildungsinstituten absolviert (siehe hierzu oben Rdn. 18), so stellt sich die Frage,
welches Institut zur Ausstellung der Bescheinigung nach Absatz 6 verpflichtet ist.
Die Verordnung verhält sich hierzu nicht und es könnte schwierig sein, in Anbetracht der ganz unterschiedlichen Gründe, die für eine Ausbildung bei zwei (oder
gar mehreren) Instituten ausschlaggebend sein können, eine Lösung über zivilrechtliche Vertragserfüllungsansprüche erreichen zu wollen. Von daher ist abermals dringend zu empfehlen, bei Abschluss des Ausbildungsvertrages darauf zu achten, dass
eine entsprechende Vereinbarung getroffen wird.

---

[55] *Klowait/Gläßer*, § 3 ZMediatAusbV, Rn. 5, ferner unten § 3 ZMediatAusbV Rdn. 25 f. und § 4 ZMediatAusbV Rdn. 44.

e) Rechtsschutz

117 Ist die Ausbildung ausschließlich bei **einer** Ausbildungseinrichtung durchgeführt worden und kommt diese ihrer Verpflichtung zur Erteilung einer entsprechenden Bescheinigung nach Absatz 6 Satz 3 nicht nach und ist zudem der Versuch einer konsensualen Lösung nicht zustande gekommen oder gescheitert, so muss – um Rechtsschutz zu erlangen – der Zivilrechtsweg beschritten und Klage beim Amtsgericht erhoben werden. Der Anspruch ergibt sich aus dem Ausbildungsvertrag i.V.m. § 2 Abs. 6 ZMediatAusbV.

III. Hinweise für die Praxis

118 Die folgenden Hinweise für die Praxis befassen sich mit einem Muster für einen Ausbildungsvertrag(1.), gefolgt von zwei Mustern betreffend Ausbildungsbescheinigungen (2., 3.) und Hinweisen für den Fall, dass Rechtsschutz in Anspruch genommen werden muss (4.).

119 Die sich daran anschließenden Muster betreffen eine Checkliste zur Durchführung einer Supervision (5.), ein Themen- (bzw. Arbeits-) Blatt zur Vorbereitung (6.), ein Übersichtsblatt über mediationsanaloge Supervision (7.) und eine (Teilnahme-)Bescheinigung (8.), gefolgt von Hinweisen für den Fall einer Klageerhebung (9.).

1. Ausbildungsvertrag

120 Um Streitigkeiten vorzubeugen empfiehlt sich der **schriftliche Abschluss eines Ausbildungsvertrages** zwischen Ausbildungseinrichtung und Ausbildungsteilnehmer. Dieser Vertrag sollte die im Folgenden aufgeführten Mindestinhalte aufweisen, namentlich eine Regelung über versäumte Präsenzzeitstunden, Anrechenbarkeit von früheren Ausbildungen, über auszustellende Bescheinigungen und eine Mediationsklausel. Was Letztere anbelangt, so empfiehlt es sich, auf eine Mediationsordnung zu verweisen; hierfür kommen bspw. in Betracht die Mediationsordnung der Deutschen Institution für Schiedsgerichtsbarkeit e.V. – DIS- (www.dis-arb.de) oder ggf. die einer Industrie und Handelskammer, IHK:

> ▶ **Muster: Ausbildungsvertrag zum Zertifizierten Mediator**
>
> Vertrag über die Ausbildung
>
> zum Zertifizierten Mediator
>
> zwischen
>
> Ausbildungsinstitut
>
> adribo ACADEMY
>
> vertreten durch…..   -Ausbildungseinrichtung-
>
> und

Herrn

Max Mustermann, geb. am 17.1.1982

Mittelweg 14

60313 Frankfurt am Main -Ausbildungsteilnehmer-

1. Gegenstand des Vertrages

Gegenstand des Vertrages ist die Ausbildung zum zertifizierten Mediator gem. den Vorgaben der ZMediatAusbV. Sie setzt sich zusammen aus einem Ausbildungslehrgang und einer Einzelsupervision.

2. Umfang und Inhalt des Ausbildungslehrgangs

Der Umfang des Ausbildungslehrgangs beträgt insgesamt mindestens 120 Präsenzzeitstunden. Die jeweiligen Inhalte ergeben sich aus der Anlage zur ZMediatAusbV und umfassen mindestens die in Spalte III der Anlage aufgeführten Zeitstunden.

3. Einzelsupervision

Während des Ausbildungslehrgangs oder innerhalb eines Jahres nach dessen erfolgreicher Beendigung muss der Ausbildungsteilnehmer gem. § 2 Abs. 5 ZMediatAusbV an einer Einzelsupervision im Anschluss an eine als Mediator oder Co-Mediator durchgeführte Mediation teilnehmen. Der Ausbildungsteilnehmer weist gegenüber der Ausbildungseinrichtung durch eine Bescheinigung entsprechend § 4 Abs. 2 ZMediatAusbV nach, dass er eine Einzelsupervision durchgeführt hat.

4. Ort und Zeit

Die Ausbildung findet in der Räumlichkeiten der Ausbildungseinrichtung in.... statt.

Der Ausbildungslehrgang beginnt am... und endet am...

Er gliedert sich in sechs Module, die jeweils donnerstags bis samstags in der Zeit von... bis... durchgeführt werden, ergänzt durch Aufgaben, die im Eigenstudium im Umfang von... Stunden zu erbringen sind.

Modul 1 beginnt am...

Modul 2 beginnt am...

..... (etc.)

5. Versäumte Präsenzzeitstunden

Versäumte Präsenzzeitstunden können bei der Ausbildungseinrichtung kostenpflichtig nachgeholt werden. Hierfür werden im Anschluss an den Ausbildungslehrgang Ergänzungsmodule von 5, 10 und 20 Präsenzzeitstunden angeboten.

6. Anrechenbare Ausbildungen

Ausbildungen, die bei fremden Ausbildungsinstituten abgeleistet wurden, können hinsichtlich ihrer Inhalte und Präsenzzeitstunden auf den Ausbildungslehrgang angerechnet werden, soweit sie mit dem Curriculum der Ausbildungseinrichtung kompatibel sind.

6. Gebühr

Die Gebühr für den Ausbildungslehrgang beträgt.... Euro zzgl. gesetzlicher Mehrwertsteuer, mithin.... Euro und ist binnen zwei Wochen nach Unterzeichnung dieses Vertrages auf das Konto IBAN... zu überweisen.

Die Gebühr für ein 5 stündiges Ergänzungsmodul beträgt... Euro, für ein 10 stündiges Ergänzungsmodul... Euro und für ein 20 stündiges Ergänzungsmodul... Euro, jeweils zzgl. gesetzlicher Mehrwertsteuer (mithin.... Euro); Fälligkeit zwei Wochen nach Rechnungsstellung.

7. Lehrkräfte

Die in der Ausbildung eingesetzten Lehrkräfte verfügen über einen berufsqualifizierenden Abschluss einer Berufsausbildung oder eines Hochschulstudiums und über die jeweils erforderlichen fachlichen Kenntnisse, um die in der Anlage zur ZMediatAusbV aufgeführten oder sonstige Inhalte der Ausbildung zu vermitteln.

Einzelheiten zu den Trainern und ihren Qualifikationen finden sich auf der Homepage der Ausbildungseinrichtung unter www.adribo-academy.de

8. Bescheinigungen

Die Ausbildungseinrichtung erteilt dem Ausbildungsteilnehmer für jedes Modul eine Bescheinigung über die Präsenzzeitstunden und die vermittelten Inhalte binnen einer Woche nach Beendigung des Moduls in entsprechender Anwendung der Vorgaben des § 2 Abs. 6 Satz 3 ZMediatAusbV.

Nach Beendigung des Ausbildungslehrgangs erteilt die Ausbildungseinrichtung eine Bescheinigung über die Präsenzzeitstunden und die vermittelten Inhalte binnen einer Woche in entsprechender Anwendung der Vorgaben des § 2 Abs. 6 Satz 3 ZMediatAusbV (»Ausbildung zum Mediator«).

Die Ausbildungseinrichtung erteilt eine (Abschluss-)Bescheinigung nach § 2 Abs. 6 Satz 3 ZMediatAusbV, wenn der gesamte nach den Absätzen 3 und 4 vorgeschriebene Ausbildungslehrgang erfolgreich beendet und die Einzelsupervision nach Absatz 5 durchgeführt ist. Die Bescheinigung wird binnen einer Woche nach erfolgtem Nachweis der durchgeführten Einzelsupervision erstellt (»Ausbildung zum zertifizierten Mediator«).

9. Datenschutzerklärung

Die Ausbildungseinrichtung speichert und verarbeitet Name, Geburtsdatum, Wohnort und Kommunikationsdaten des Ausbildungsteilnehmers auf der Rechtsgrundlage des Art. 6 DSGVO. Wegen näherer Einzelheiten wird auf die Datenschutzerklärung auf der Homepage der Ausbildungseinrichtung unter www.adribo-academy.de verwiesen.

10. Mediationsklausel

Die Vertragsparteien verpflichten sich bei Streitigkeiten, die sich aus diesem Vertrag ergeben oder im Zusammenhang mit seiner Durchführung entstehen, vor Beschreiten des Rechtswegs auf Antrag einer Partei gegenüber der anderen ein Mediationsverfahren (ggf.: nach der im Zeitpunkt der Anrufung geltenden Verfahrensordnung der DIS) durchzuführen.

Der Rechtsweg ist erst eröffnet, wenn sich die Parteien nicht innerhalb einer Frist von 21 Tagen seit Antrag einer Partei auf Durchführung einer Mediation gütlich geeinigt haben oder beide Parteien einander schriftlich erklären, auf die Durchführung eines Mediationsverfahrens zu verzichten.

Verfahrensort für das Verfahren nach dieser Bestimmung ist....

(Ort)...., (Datum)....

(Unterschriften)

2. Ausbildungsbescheinigung nach Absatz 6 (Zertifizierter Mediator)

Die Bescheinigung nach Absatz 6 (»Zertifizierter Mediator«) muss Mindestangaben enthalten. Es steht der Ausbildungseinrichtung frei, diese Angaben um weitere zu ergänzen (siehe oben Rdn. 104). Das im Folgenden dargestellte Muster enthält nur die Mindestangaben und – nicht abgedruckt –die Inhalte des Ausbildungsganges entsprechend der Anlage zur ZMediatAusbV mit den tatsächlichen Zeitstunden.

▶ **Muster: Ausbildungsbescheinigung Zertifizierter Mediator**

HERA Fortbildungs GmbH

der Hess. Rechtsanwaltschaft

Bockenheimer Anlage 36

60322 Frankfurt am Main

Herr...... (Name, Vorname)

geb. am......

hat gem. § 2 der Verordnung über die Aus- und Fortbildung von zertifizierten Mediatoren vom 21. August 2016 (BGBl. I S. 194) bei der HERA Fortbildungs GmbH

erfolgreich die Ausbildung zum

Zertifizierten Mediator

abgeschlossen.

Teil 2 Verordnung über die Aus- und Fortbildung von zertifizierten Mediatoren

Die Ausbildung erfolgte in Frankfurt am Main bis zum...

Sie umfasste praktische Übungen und Rollenspiele und betrug 120 Präsenzzeitstunden zzgl. ... Stunden Eigenstudium.

Die Inhalte des Ausbildungslehrganges und die jeweils darauf verwendeten Mindest-Zeitstunden ergeben sich aus der umseitigen Aufstellung.

Die **Einzelsupervision** wurde in Frankfurt am Main am.... bei Prof. Dr. Roland Fritz, M.A., adribo-Büro Frankfurt, Wolfsgangstr. 22a, 60322 Frankfurt am Main durchgeführt.

Frankfurt,........ (Datum)

(Unterschrift,

Geschäftsführerin HERA)

3. **Abschluss-Bescheinigung eingeschränkter Qualifikation (Mediator)**

122 In Anbetracht der Sperrwirkung des Absatzes 6 Satz 2, wonach eine Bescheinigung nach Absatz 6 erst erteilt werden darf, wenn eine Einzelsupervision durchgeführt worden ist, kann eine »Abschluss-Bescheinigung eingeschränkter Qualifikation« gleichwohl von Nutzen für den Ausbildungsteilnehmer sein (vgl. oben Rdn. 103). Sie unterscheidet sich von der vorhergehenden Ausbildungsbescheinigung Zertifizierter Mediator (Rdn. 121) dadurch, dass sie nur die erfolgreiche Ausbildung zum Mediator bestätigt.

▶ **Muster: Abschluss-Bescheinigung Mediator**

HERA Fortbildungs GmbH

der Hess. Rechtsanwaltschaft

Bockenheimer Anlage 36

60322 Frankfurt am Main

Herr...... (Name, Vorname)

geb. am......

hat entsprechend der Verordnung über die Aus- und Fortbildung von zertifizierten Mediatoren vom 21. August 2016 (BGBl. I S. 194) bei der HERA Fortbildungs GmbH

erfolgreich die Ausbildung zum

Mediator

abgeschlossen.

Die Ausbildung erfolgte in Frankfurt am Main bis zum...

Sie umfasste praktische Übungen und Rollenspiele und betrug 120 Präsenzzeitstunden zzgl. 60 Stunden Eigenstudium.

Die Inhalte des Ausbildungslehrganges und die jeweils darauf verwendeten Mindest-Zeitstunden ergeben sich aus der umseitigen Aufstellung.

Frankfurt,........ (Datum)

(Unterschrift,

Geschäftsführerin HERA)

4. Klage auf Erteilung einer Ausbildungsbescheinigung nach Absatz 6

Kommt eine Ausbildungseinrichtung ihrer Verpflichtung aus dem Ausbildungsvertrag i.V.m. § 2 Abs. 6 ZMediatAusbV auf Erteilung einer Bescheinigung trotz Vorliegens der Voraussetzungen nach den Absätzen 3, 4 und 5 und trotz entsprechender Aufforderung nebst Fristsetzung beharrlich nicht nach und ist zudem der Versuch einer konsensualen Lösung nicht zustande gekommen oder gescheitert, so verbleibt nur die Möglichkeit, Klage vor dem für den Sitz der Ausbildungseinrichtung zuständigen Amtsgericht zu erheben. Diese Klage kann ohne Anwalt erhoben werden. Es ist sinnvoll in der Klageschrift dazu Stellung zu nehmen, ob bereits der Versuch einer konsensualen Lösung unternommen wurde und ob einem solchen Verfahren Gründe entgegenstehen (§ 253 Abs. 3 Nr. 1 ZPO). 123

Insoweit kann auf das »**Muster Klageschrift**« (siehe die Ausführungen zu § 3 ZMediatAusbV Rdn. 46) verwiesen werden, das mit jeweils veränderten Daten und Fakten entsprechend verwendet werden kann.

5. Checkliste zur Vorbereitung einer telefonischen Einzel-(Fall-)Supervision mit vorgeschaltetem schriftlich zu beantwortenden Themenblatt

Supervisoren ist anzuraten eine telefonische Supervision anhand einer **Checkliste** vorzubereiten, gekoppelt mit einem vorab vom Supervisanden auszufüllenden Themen- bzw. Arbeitsblatt. 124

▶ **Muster: Checkliste für Supervisoren**

A. Im Vorfeld
(1) Supervisionskontrakt übersenden
(2) Themenblatt übersenden und nach Rückerhalt durcharbeiten
(3) (Erste) Hypothesen zum Fall, zu den Konfliktbeteiligten und zum Mediator bilden und in eine tabellarische Liste eintragen

B. Während des Telefonats
(1) Fallschilderung durch Supervisanden
(2) Ergänzende Fragen zum Fallgeschehen und zur Problemidentifizierung durch Supervisor

(3) Hypothesenbildung durch Supervisor, Ressourcen orientiert, abhängig von Fragen des Supervisanden oder des Problemfeldes, unter Berücksichtigung des Inhalts des vorbereitenden Themenblatts
(4) Reflektion: Außensicht des Supervisors versus Innensicht des Supervisanden
(5) Erörterung möglicher Optionen
(6) Bewertung der Optionen
(7) Abschließende Reflektion durch Supervisand

C. Nach Abschluss der Supervision
(1) Bescheinigung über durchgeführte Supervision erstellen und
(2) an Supervisanden übersenden

6. Themenblatt zur Vorbereitung einer Supervision

125 Zur Vorbereitung der telefonischen Supervision empfiehlt es sich, bereits beim Erstkontakt mit dem Supervisanden darauf hinzuweisen, dass der Supervisor zur eigenen Vorbereitung ein Themenblatt übersenden wird, dass vom Supervisanden ausgefüllt zurückgesandt werden soll. Das kann per Post als auch per E-Mail erfolgen.

▶ **Muster: Schreiben für Vorbereitung der Supervision mit Themenblatt**

(Briefkopf)

Prof. Dr. Roland Fritz, M.A.

adribo-Büro Frankfurt

Wolfsgangstr. 22a

60322 Frankfurt am Main

An

Empfänger

(Name und Adresse des

Supervisanden)

Datum

Betrifft: Vorbereitendes Themenblatt für Supervision

Sehr geehrter Herr.....

zur Vorbereitung der für

.... (Tag, Uhrzeit)

vorgesehenen telefonischen Supervision erbitte ich im Vorfeld Ihre Angaben
 – zum Konflikt
 – zu den Konfliktparteien
 – zum Mediationsverlauf
 – zu Ihrer Rolle als Mediator.

Beantworten Sie zudem folgende Fragen (alternativ oder kumulativ):
- Was beschäftigt Sie?
- Was belastet Sie?
- Worum geht es Ihnen?
- Was sind Ihre Fragen?
- Was sind Ihre Befürchtungen?
- Was möchten Sie für sich klären?
- Was ist Ihnen wichtig?
- Was sind Ihre Erwartungen an die Supervision?

Ihre Antworten im Umfang von längsten zwei DIN A 4 Seiten senden Sie bitte

– gerne auch elektronisch – an:

Prof. Dr. Roland Fritz, M. A. adribo-Büro Frankfurt, Wolfsgangstr. 22a,

60322 Frankfurt am Main

roland.fritz1@gmx.net

Mit freundlichen Grüßen

(Unterschrift)

7. **Übersichtsblatt einer mediationsanalogen Supervision**

Wer als Supervisor eine mediationsanaloge Supervision durchführt, erklärt zu Beginn den Teilnehmern den Ablauf des Verfahrens (siehe oben Rdn. 49 ff.). Zum besseren Verständnis bietet es sich an den Teilnehmern ein Übersichtsblatt auszuhändigen welches die einzelnen Prozessschritte beschreibt. 126

▶ Muster: Übersichtsblatt mediationsanaloge Supervision

I. Falldarstellung

(»Worum geht es?«)
1. zwei Eingangsfragen des Supervisanden
    - zu den beteiligten Personen oder zum Verfahren
    - zur eigenen Person
2. Schilderung des Fallgeschehens durch den Supervisanden
3. Verständnisfragen der Teilnehmer der Supervisionsgruppe

II. Bildung von Hypothesen/Arbeitsannahmen

(»Was ist wohl geschehen?«)
1. im Kontext der Fragen durch die Teilnehmer der Supervisionsgruppe
2. Auswahl von Hypothesen durch den Supervisanden

III. Suche von Handlungsoptionen

(»Und wenn es mein Fall wäre?«)
1. zu den ausgewählten Hypothesen und den Fragen durch die Teilnehmer der Supervisionsgruppe

2. Auswahl von Optionen durch den Supervisanden

IV. Verhandeln und Vereinbaren

(»Was hat sich verändert?«)
1. Blick des Supervisanden auf die Eingangsfragen
2. Mögliche Veränderungen
3. Handlungsmöglichkeiten, die der Supervisand umsetzen möchte

8. Bescheinigung einer durchgeführten (Ausbildungs-)Einzelsupervision

127 Obgleich § 2 Abs. 5 ZMediatAusbV eine Bescheinigung über eine durchgeführte Einzelsupervision grundsätzlich nicht verlangt, empfiehlt sich im Hinblick auf die Jahresfrist des Absatzes 5 sowie aus Beweisgründen entsprechend Absätzen 1, 2 und den Informationsverpflichtungen nach § 3 Abs. 5 MediationsG (vgl. oben Rdn. 112 ff.) die Ausstellung eine entsprechenden Bescheinigung durch den jeweiligen Supervisor. Sie sollte inhaltlich den Vorgaben des § 4 Abs. 2 ZMediatAusbV entsprechen und auf die Rechtsgrundlage des § 2 Abs. 2, 5 ZMediatAusbV Bezug nehmen.

Handelte es sich um einen Übergangsfall nach § 7 Abs. 2 ZMediatAusbV, so ist eine Bescheinigung nach § 4 Abs. 2 ZMediatAusbV auszustellen und dies ebenfalls in der Bescheinigung zu vermerken.

128 Was die Mindestangaben einer Bescheinigung entsprechend § 4 Abs. 2 ZMediatAusbV anbelangt, namentlich die »**anonymisierten** Angaben zur in der Einzelsupervision besprochenen **Mediation**«, wird auf die Ausführungen zu § 4 ZMediatAusbV, Rdn. 50 ff. verwiesen.

▶ **Muster: Bescheinigung Einzelsupervision**

Prof. Dr. Roland Fritz, M.A.

adribo-Büro Frankfurt

Wolfsgangstr. 22a

60322 Frankfurt am Main

Bescheinigung

über eine durchgeführte Einzelsupervision

gem. § 2 Abs. 2, 5 ZMediatAusbV

Herr   ……

geb. am   ……

wohnhaft   ……

hat am   ……

in   ……

bei	Prof. Dr. Roland Fritz, M.A., adribo-Büro Frankfurt
	Wolfsgangstr. 22a, 60322 Frankfurt am Main
	(mediator-fritz-frankfurt.de)
	(oder im Falle einer Co-Supervision bspw.:
	in Co-Supervision mit Dr. Piet Sellke,
	adribo-Büro Stuttgart, Weidenweg 2,
	73733 Esslingen (sellke@adribo.com))

eine Einzelsupervision zu der von ihm in der Zeit vom.... bis..... geleiteten Mediation (oder: mitgeleiteten Co-Mediation) durchgeführt.

Anonymisierte Angaben zu der in der Einzelsupervision besprochenen Mediation:

.... (Konfliktgegenstand, Anzahl der Beteiligten, besprochene Thematiken zum Verfahren, den Teilnehmenden, dem Mediator)

Frankfurt,........ (Datum)

(Unterschrift)

9. Klage auf Erteilung einer (Ausbildungs-)Einzelsupervisionsbescheinigung

Kommt ein Supervisor seiner Verpflichtung aus dem Supervisionsvertrag auf Erteilung einer Bescheinigung trotz entsprechender Aufforderung nebst Fristsetzung beharrlich nicht nach und ist zudem der Versuch einer konsensualen Lösung nicht zustande gekommen oder gescheitert, so verbleibt nur die Möglichkeit, Klage vor dem für den (Wohn-)Sitz des Supervisors zuständigen Amtsgericht zu erheben. 129

Insoweit kann auf das »**Muster: Klageschrift**« (siehe § 3 ZMediatAusbV Rdn. 46) verwiesen werden, das mit jeweils angepassten Daten und Fakten entsprechend verwendet werden kann.

§ 3 Fortbildungsveranstaltung

(1) Der zertifizierte Mediator hat nach Abschluss der Ausbildung regelmäßig an Fortbildungsveranstaltungen teilzunehmen. Der Umfang der Fortbildungsveranstaltungen beträgt innerhalb eines Zeitraums von vier Jahren mindestens 40 Zeitstunden. Die Vierjahresfrist beginnt erstmals mit Ausstellung der Bescheinigung nach § 2 Absatz 6 zu laufen.

(2) Ziel der Fortbildungsveranstaltungen ist
1. eine Vertiefung und Aktualisierung einzelner in der Anlage aufgeführter Inhalte oder

Teil 2 Verordnung über die Aus- und Fortbildung von zertifizierten Mediatoren

2. eine Vertiefung von Kenntnissen und Fähigkeiten in besonderen Bereichen der Mediation.

(3) Über die erfolgreiche Teilnahme an einer Fortbildungsveranstaltung ist von der Fortbildungseinrichtung eine Bescheinigung auszustellen. Die Bescheinigung muss enthalten:
1. Name, Vornamen und Geburtsdatum der oder des Teilnehmenden,
2. Name und Anschrift der Fortbildungseinrichtung,
3. Datum und Ort der Fortbildungsveranstaltung sowie
4. vermittelte Fortbildungsinhalte und Dauer der Fortbildungsveranstaltung in Zeitstunden.

Übersicht

	Rdn.
I. Regelungsgegenstand und Zweck	1
II. Grundsätze/Einzelheiten	10
1. Fortbildungsveranstaltungen nach »Abschluss der Ausbildung« (Absatz 1 Satz 1)	10
2. Fortbildungsveranstaltung	11
3. Teilnahme	14
4. »regelmäßig(e)« Teilnahme an Fortbildungsveranstaltung	18
5. Umfang der Fortbildung (Absatz 1 Satz 2)	20
6. Beginn der Vierjahresfrist (Absatz 1 Satz 3)	23
7. Versäumung der Vierjahresfrist	28
8. Ziel der Fortbildungsveranstaltung (Absatz 2)	30
9. Fortbildungsbescheinigung (Absatz 3)	34
a) Erfolgreiche Teilnahme an einer Fortbildungsveranstaltung (Absatz 3 Satz 1)	35
b) Mindestinhalt der Bescheinigung (Absatz 3 Satz 2)	36
aa) Fortbildungsteilnehmer (Satz 2 Nummer 1)	37
bb) Fortbildungseinrichtung (Satz 2 Nummer 2)	38
cc) Fortbildungsdatum und -ort (Satz 2 Nummer 3)	39
dd) Fortbildungsinhalte und -dauer (Satz 2 Nummer 4)	41
c) Rechtsschutz	42
III. Hinweise für die Praxis	43
1. Vertrag über die Teilnahme an einer Fortbildungsveranstaltung	44
2. Bescheinigung über die erfolgreiche Teilnahme an einer Fortbildungsveranstaltung nach Absatz 3	45
3. Klage auf Erteilung einer Fortbildungsbescheinigung nach Absatz 3	46
4. Keine Doppelanrechnung von Fortbildungsbescheinigungen	47

I. Regelungsgegenstand und Zweck

1 Die Sinnhaftigkeit regelmäßiger Fortbildung steht außer Frage. Sie ist notwendig und geboten, um durch Ausbildung und Praxis erlerntes Wissen und erworbene Fähigkeiten zu erhalten, zu überprüfen und fortzuentwickeln. Dies kann grundsätzlich auf vielfältige Weise geschehen, im Eigen- wie im Fernstudium, durch Fortbildungsmaßnahmen bei einem Fortbildungsinstitut wie auch im Rahmen eines Arbeits-

kreises oder eines Netzwerkes. Im Hinblick auf die Bedeutung der praktischen Aspekte der Mediation dürfte gerade der fachliche Austausch mit anderen Mediatoren über konkrete Fälle etc. zuvörderst in Betracht zu ziehen und von besonderem Nutzen sein.[1]

Mit der Vorschrift des § 3 ZMediatAusbV begründet die Verordnung die Pflicht und die Voraussetzungen für ein lebenslanges Lernen durch Fortbildungsveranstaltungen, solange sich ein Mediator der Gütesiegels bedienen möchte. Vergleichbare Fortbildungsverpflichtungen sind auch anderen Berufsgruppen (Ärzten, Rechtsanwälten, Psychologen etc.) nicht fremd. Das bereits in der Ausbildung zum zertifizierten Mediator deutlich werdende Konzept der Verknüpfung von Theorie und Praxis setzt sich für den Bereich der Fortbildung fort. Dabei ist die Regelung des § 3 ZMediatAusbV noch um die Vorschrift des § 4 ZMediatAusbV zu ergänzen, wonach in den ersten zwei Jahren nach Ausbildungsende praktische Mediatorentätigkeit durch vier zu supervidierende Mediationen oder Co-Mediationen nachzuweisen ist.

§ 3 ZMediatAusbV hält sich im Rahmen der Ermächtigungsnorm des § 6 Satz 2 Nrn. 2, 3, 4, 6 MediationsG und knüpft an die Regelungen der §§ 4 Abs. 1, 2; 5 Abs. 3 E-ZMediatAusbV an. Sah der Entwurf noch vor, dass binnen zwei Jahren 20 Stunden Fortbildung durchgeführt werden sollte, so ist dies nunmehr zeitlich auf vier Jahre gestreckt und im Übrigen auf 40 Stunden erhöht worden. Nicht übernommen wurde die Regelung des § 5 E-ZMediatAusbV über »praktische Erfahrungen«, die vorsah, dass der zertifizierte Mediator ohne zeitliche Begrenzung alle zwei Jahre jeweils vier Mediationen durchzuführen und zu dokumentieren hatte.

Was die Ziele der Fortbildung anbelangt, so hatte der Entwurf noch auf die besonderen Bereiche der Mediation in Familie und Wirtschaft sowie auf Supervision, Intervision oder Covision abgestellt und zudem in § 4 Abs. 3 E-ZMediatAusbV vorgesehen, dass sich die Fortbildung nicht auf Inhalte beziehen dürfe, die im Zusammenhang mit dem ausgeübten Grundberuf des Mediators stünden. Dies ist nunmehr entfallen.

§ 4 Abs. 1, 2 E-ZMediatAusbV (Fortbildung) im hier interessierenden Kontext lautete:

(1) Der zertifizierte Mediator hat sich regelmäßig fortzubilden, und zwar innerhalb von zwei Jahren mindestens im Umfang von 20 Zeitstunden.

(2) Ziel der Fortbildung ist
1. *eine Vertiefung und Aktualisierung einzelner in der Anlage aufgeführter Inhalte oder*
2. *eine Vertiefung von Kenntnissen und Fähigkeiten in besonderen Bereichen, insbesondere der Mediation in Familie oder Wirtschaft oder der Supervision, Intervision oder Covision.*

In der Entwurfsbegründung zu § 4 Abs. 1, 2 E-ZMediatAusbV (S. 16) heißt es:

»§ 4 Absatz 1 regelt die Verpflichtung des zertifizierten Mediators, sich nach Abschluss der Ausbildung zum zertifizierten Mediator regelmäßig fortzubilden. Der für die Fortbildungs-

---

1 Vgl. Teil 1 C., § 6 MediationsG Rdn. 26.

verpflichtung maßgebliche Zeitpunkt ist der Abschluss der Ausbildung zum zertifizierten Mediator. Hierfür genügen der Erwerb eines berufsqualifizierenden Abschlusses nebst einer zweijährigen Berufspraxis im Sinne von § 2 als Grundqualifikation und die erfolgreiche Teilnahme an einer Ausbildung, die gemäß § 3 in mindestens 120 Stunden die in der Anlage aufgeführten Inhalte mit der jeweils vorgesehenen Stundenzahl vermittelt. Die damit abgeschlossene Ausbildung zum zertifizierten Mediator lässt die Verpflichtung zur Fortbildung entstehen. Der zertifizierte Mediator hat sich im Anschluss daran alle zwei Jahre mindestens 20 Zeitstunden fortzubilden.

Der Umfang der Fortbildungsverpflichtung orientiert sich mit zehn Zeitstunden pro Jahr an den Fortbildungsverpflichtungen in anderen Bereichen zum Erhalt einer besonderen Qualifikation.

§ 4 Absatz 2 regelt die Inhalte der Fortbildung. Diese kann entweder nach § 4 Absatz 2 Nummer 1 in einer Vertiefung oder Aktualisierung einzelner in der Anlage aufgeführter Inhalte bestehen oder sich darüber hinaus nach § 4 Absatz 2 Nummer 2 vertiefend besonderen Bereichen widmen. Beispielhaft sind im Regelungstext die Spezialgebiete Mediation in der Familie und Mediation in der Wirtschaft sowie Supervision, Intervision und Covision als Formen der kollegialen Beratung aufgeführt, bei denen eine Vertiefung je nach dem jeweiligen Tätigkeitsschwerpunkt des Mediators sinnvoll sein kann.«

7 § 5 Abs. 3 E-ZMediatAusbV (Bescheinigung) sah Folgendes vor:

(1) Über die erfolgreiche Teilnahme an einer Ausbildungsveranstaltung nach § 3 sowie an einer Fortbildungsveranstaltung nach § 4 ist von der jeweiligen Aus- oder Fortbildungseinrichtung eine Bescheinigung auszustellen.

(2)…

(3) Die Bescheinigung über die Teilnahme an einer Fortbildungsveranstaltung nach § 4 muss enthalten:
1. Name, Vornamen, Geburtsort und Geburtsdatum des Teilnehmers oder der Teilnehmerin,
2. Name und Anschrift der Fortbildungseinrichtung,
3. Datum und Ort der Fortbildungsveranstaltung sowie
4. vermittelte Fortbildungsinhalte und Dauer der Fortbildungsveranstaltung in Zeitstunden.

8 In der Entwurfsbegründung zu § 5 Abs. 3 (S. 17) wird ausgeführt:

»§ 6 Absatz 1 verpflichtet die Aus- und Fortbildungseinrichtungen über die angebotenen Veranstaltungen eine Bescheinigung auszustellen. Die Bescheinigung dient dem Nachweis der erfolgreichen Teilnahme an einer entsprechenden Aus- oder Fortbildungsveranstaltung.

§ 6 Absatz 3 legt die für die Bescheinigung über die Teilnahme an einer Fortbildungsveranstaltung erforderlichen Mindestangaben fest.«

9 Die seinerzeitigen Bedenken, die im Hinblick auf die Festlegung einer Mindeststundenzahl von 20 Stunden binnen zwei Jahren unter dem Aspekt der Berufsfreiheit des

Art. 12 Abs. 1 GG in der Erstauflage des Kommentar zum Mediationsgesetz[2] aufgeworfen wurden, haben allerdings im Schrifttum keinen Widerhall gefunden und stellen sich in Anbetracht des jetzt veränderten Bezugszeitraums so nicht mehr.

II. Grundsätze/Einzelheiten

1. Fortbildungsveranstaltungen nach »Abschluss der Ausbildung« (Absatz 1 Satz 1)

Die Pflicht zur Teilnahme an Fortbildungsveranstaltungen beginnt mit **Abschluss der Ausbildung**. Damit knüpft der Verordnungsgeber an die Regelung in § 2 Abs. 6, 2 ZMediatAusbV an, mithin an den erfolgreichen Abschluss des Ausbildungslehrgangs und die Durchführung einer Einzelsupervision.[3]   10

2. Fortbildungsveranstaltung

Unter einer Fortbildung wird eine Qualifizierung verstanden, die die in einer (Grund-) Ausbildung erworbenen Fähigkeiten und Techniken erhält, erweitert, anpasst oder ausbaut. Hieran knüpft die Vorschrift des § 3 ZMediatAusbV an und konkretisiert dies hinsichtlich Umfang, Ziel, Inhalt und Verifizierung.   11

Soweit der Begriff »Fortbildungsveranstaltungen« im Plural verwendet wird, steht dies im Zusammenhang mit dem wiederkehrenden Turnus der Fortbildungsveranstaltungen im Vierjahresrhythmus gem. Absatz 1 Satz 2; Blockveranstaltungen sollen dadurch jedenfalls nicht ausgeschlossen werden. Auch insoweit leidet die ZMediatAusbV an einer präzisen Formulierung.   12

In welchem **Format** Fortbildungsveranstaltungen nach § 3 ZMediatAusbV durchgeführt werden sollen legt die Verordnung nicht fest. Herkömmlicherweise finden sie als **(Live-)Veranstaltung** statt, jedoch sind auch Fortbildungen als **Fernkurse** sowie als **Online-Veranstaltung** denkbar. Bei Letzteren wird sich für die Fortbildungseinrichtungen die Frage der Verifizierung stellen: Insoweit wäre an schriftliche Ausarbeitungen wie auch an sog. »Button-Lösungen« zu denken.   13

3. Teilnahme

Soweit Absatz 1 Satz 1 dem zertifizierten Mediator die Verpflichtung zur »**Teilnahme**« an Fortbildungsveranstaltungen auferlegt, stellt sich die Frage, ob hierunter ausschließlich der Besuch einer Fortbildung als Konsument, als Rezipient gemeint ist (**sog. hörende Teilnahme**) oder ob die Tätigkeit als Dozent/als Lehrkraft einer Fortbildungsveranstaltung ebenfalls als Erfüllung der Pflicht zur Fortbildung angesehen werden kann (**sog. dozierende Teilnahme**). Für die zweite Alternative streiten drei Gründe: 14
– **Ziel der Fortbildung** nach Absatz 2 ist eine Vertiefung und Aktualisierung einzelner in der Anlage aufgeführter Inhalte oder eine Vertiefung von Kenntnissen und Fähigkeiten besonderer Mediationsbereiche. Dieses Ziel trifft zweifellos auch auf   15

---

2 Vgl. die Ausführungen unter Teil 1 C., § 6 MediationsG Rdn. 27.
3 Zu Begriff und Inhalt der Einzelsupervision vgl. § 2 ZMediatAusbV Rdn. 38 ff.

Fritz

Dozenten zu, wenn diese spezifische Fortbildungsinhalte an Rezipienten einer Fortbildungsmaßnahme (die ja zertifizierte Mediatoren sind) vermitteln und mit ihnen im fachlichen Dialog stehen. Fortbildungsveranstaltungen im Kontext von Mediation sind ohnehin regelmäßig auf die Interaktion zwischen teilnehmenden Konsumenten und Lehrkräften ausgerichtet, sodass – sieht man einmal von der ohnehin nur noch in Ausnahmefällen praktizierten »bewährten Form des Frontalunterrichts« ab – sich stets auf beiden Seiten ein Erkenntnisgewinn einstellt.

16 – Absatz 1 Satz 2 verlangt für Fortbildung – im Gegensatz zur Ausbildung nach § 2 Abs. 4 ZMediatAusbV – **keine Präsenzzeitstunden**, sondern definiert den Mindestumfang nach Zeitstunden. Das wird in der Kommentarliteratur dahin gehend interpretiert, dass für die hörende Teilnahme auch solche Zeiten anrechnungsfähig seien, die bspw. im Heimstudium erbracht werden.[4] Wenn dies mithin für Rezipienten zulässig ist, dann muss dieser Gedanke auch für Dozenten gelten, die sich auf Fortbildungsmaßnahmen vorbereiten und diese dann durchführen.

17 – In der Begründung zum Entwurf der ZMediatAusbV wird im Kontext des seinerzeit vorgesehenen Umfangs von 10 Stunden Fortbildung pro Jahr ausgeführt, sie orientiere sich »an den Fortbildungsverpflichtungen **in anderen Bereichen** zum Erhalt einer besonderen Qualifikation« (vgl. oben Rdn. 6). Andere Bereiche wie bspw. die Fachanwaltsfortbildung oder auch die Fortbildung für Psychotherapeuten kennen –wenngleich unter anderen gesetzlichen Regelungen als dies bei der ZMediatAusbV der Fall ist – durchaus die Anerkennung dozierender Tätigkeit als Fortbildung, wenn auch nicht immer im vollen Umfang.[5]

4. »regelmäßig(e)« Teilnahme an Fortbildungsveranstaltung

18 Die Bestimmung einer »**regelmäßigen**« Teilnahme an Fortbildungsveranstaltungen bezieht sich nicht auf die Teilnahme an einer spezifischen Fortbildungsveranstaltung, deren ggf. modular aufgeteilte Abschnitte regelmäßig zu besuchen sind, sondern meint die **Vierjahresfrist** des Satzes 3. Nach ihrem Ablauf beginnt wiederum ein vierjähriger Fortbildungszeitraum usf., der »regelmäßig« im Verständnis von »immer wieder«, von »**fortlaufend**« wahrzunehmen ist.

19 Ebenfalls nicht gemeint ist, dass die 40 Stunden Fortbildung auf die vier Jahre so aufzuteilen wären, dass jedes Jahr 10 Stunden Fortbildung zu absolvieren sind. Denn mit dem verlängerten Zeitraum wollte der Verordnungsgeber dem einzelnen Mediator persönliche und flexible Regelungen ermöglichen und ihn nicht auf ein bestimmtes Konzept festlegen.[6] So ist es bspw. zulässig, viele kleinere stundenweise Fortbildungen bei ganz unterschiedlichen Fortbildungseinrichtungen zu absolvieren, zwei verschiedene Fortbildungen an verlängerten Wochenenden von zwei mal 20 Stunden zu besuchen oder eine einzige, auf 40 Stunden ausgelegte Wochen-Fortbildung (sog. **Block-Veran-**

---

4 *Klowait/Gläßer*, § 3 ZMediatAusbV, Rn. 3.
5 *Podszun* KammerReport (RAK Hamm) Heft 5/2010; Bayerische Landeskammer der Psychologischen Psychotherapeuten: https://www.ptk-bayern.de/ptk/web.nsf/id/li_faq_fobi4_2.html (Datum des Zugriffs: 31.10.2019).
6 *Eicher* ZKM 2016, 160 (161).

staltung). Jedenfalls scheitert eine einzige Fortbildung im Umfang von 40 Stunden nicht an der Verwendung des Plurals »Fortbildungsveranstaltungen«, hätte doch die Verwendung des Singulars »Fortbildungsveranstaltung« bedeutet, dass stets nur eine einzige (Block-) Veranstaltung hätte besucht werden können.

5. Umfang der Fortbildung (Absatz 1 Satz 2)

Den Umfang der Fortbildungsveranstaltungen bestimmt die Verordnung auf 40 Zeitstunden, die innerhalb von **vier Jahren** erbracht werden müssen. Indem die Verordnung nicht auf Präsenzzeitstunden abstellt, wird daraus in der Kommentarliteratur[7] zutreffend geschlossen, dass bei (Live-)Fortbildungsveranstaltungen nicht die gesamte Zeitvorgabe von 40 Stunden in einer Veranstaltung präsent erbracht werden müsse, sondern auch Zeiten für Heimstudium sowie Vor- und Nachbereitung dazu gerechnet werden können. Macht man sich diesen Gedanken zu eigen, dann muss dies auch entsprechend für Online-Angebote gelten. 20

Den Vorgaben des Satzes 2 genügt nicht, wer sich ausschließlich im Wege des Selbststudiums fortbildet, geht doch das Regelwerk ersichtlich davon aus, dass »Fortbildungsveranstaltungen« bei »**Fortbildungseinrichtungen**« durchgeführt werden. Problematisch erscheint, einen vernünftigen Maßstab für das Verhältnis von präsenter Fortbildungs-Teilnahme und nicht präsenter, eigenständiger Fortbildungsleistung zu finden. Wollte man auch insoweit auf »Fortbildungsverpflichtungen in anderen Bereichen« (siehe oben Rdn. 6, 17) abstellen, so böte sich an, eigenständige Fortbildungsleistungen nur in einem eingeschränkten zeitlichen Umfang von höchstens 20 % zuzulassen, wie dies bspw. bei der Psychotherapeuten-Fortbildung der Fall ist.[8] Jedenfalls sind hier die Fortbildungseinrichtungen im Sinne einer soliden, qualitätsvollen und nachhaltigen Pflichtfortbildung gefordert, ihre Anforderungen nicht zu sehr herunterzuschrauben und wahrheitsgemäße Bescheinigungen auszustellen. 21

Angesichts der eindeutigen Regelung des Satzes 2 hinsichtlich Dauer und Zeitraum der Fortbildungsverpflichtung steht fest, dass »überschüssige« Fortbildungsstunden nicht in einen neuen Vierjahresrhythmus übertragen werden können. 22

6. Beginn der Vierjahresfrist (Absatz 1 Satz 3)

Der **erstmalige Beginn** der Fortbildungsverpflichtung im Vierjahresrhythmus knüpft an die Ausstellung der Bescheinigung nach § 2 Abs. 6 ZMediatAusbV an: Sie darf erst ausgestellt werden, wenn die Ausbildung erfolgreich abgeschlossen ist, mithin der gesamte nach § 2 Abs. 3 und 4 ZMediatAusbV vorgeschriebene Ausbildungslehrgang erfolgreich beendet und die Einzelsupervision nach § 2 Abs. 5 ZMediatAusbV durchgeführt ist. 23

---

7 *Klowait/Gläßer*, § 3 ZMediatAusbV, Rn. 3.
8 https://www.ptk-bayern.de/ptk/web.nsf/id/li_faq_fobi4_2.html (Datum des Zugriffs: 31.10.2019); vgl. auch § 15 Abs. 4 FAO, wonach 5 von 15 Zeitstunden im Selbststudium absolviert werden können.

24 Da sich nach § 2 Abs. 1 ZMediatAusbV bereits als zertifizierter Mediator bezeichnen darf, wer eine entsprechende Ausbildung abgeschlossen hat, kann es zu einem **Auseinanderfallen** des Datums des Abschlusses der Ausbildung und des Ausstellungsdatums der Bescheinigung nach § 2 Abs. 6 ZMediatAusbV kommen. Dies wird regelmäßig dann der Fall sein, wenn für die die Ausbildung abschließende Einzelsupervision die Jahresfrist des § 2 Abs. 5 (2. Alt.) ZMediatAusbV in Anspruch genommen wird, muss doch der zertifizierte Mediator den Umstand der Teilnahme an einer Einzelsupervision der Ausbildungseinrichtung erst mitteilen, bevor diese (nach entsprechender Verifizierung) eine Bescheinigung erstellen wird.

25 Der zertifizierte Mediator hat es demnach in der Hand, auf das Ausstellungsdatum der Abschlussbescheinigung und damit auf den Beginn der Vierjahresfrist Einfluss zu nehmen. Angesichts der (scheinbar) klaren und eindeutigen Regelung des Satzes 2 ist allerdings auch an dieser Stelle das Regelwerk nur unvollkommen erstellt und der Verordnungstext mit Sinn und Zweck der Vorschrift nur schwerlich in Einklang zu bringen. Um Missbrauch vorzubeugen, bietet sich eine Korrektur im Rahmen einer teleologischen Reduktion an: Entsprechend einem Vorschlag in der Kommentarliteratur ist daher, wenn das Datum des Ausbildungsendes und das Ausstellungsdatum auseinanderfallen, für den **Fristbeginn nach Satz 3** alleine auf das in der Ausbildungsbescheinigung festgehaltene **Datum des Ausbildungsendes** (§ 2 Abs. 6 Nr. 3 ZMediatAusbV) abzustellen,[9] wenn denn während der Ausbildung bereits die Supervision erbracht wurde. Diesem Ansatz ist zu folgen.

26 Wird hingegen die Supervision während der Jahresfrist des § 2 Abs. 5 ZMediatAusbV durchgeführt, so ist für den Beginn der Vier-Jahres-Frist auf das Datum der Superversion abzustellen, wie es sich aus § 2 Abs. 6 Nr. 5 ZMediatAusbV ergibt.

27 Für diejenigen zertifizierten Mediatoren, die als Alt- oder als Übergangsfälle nach § 7 Abs. 1, 2 ZMediatAusbV zum Zeitpunkt des Inkrafttretens der ZMediatAusbV am 1. September 2017 berechtigt waren, sich als »Zertifizierter Mediator« zu bezeichnen, begann die Frist bereits am 1. September 2017 zu laufen mit der Folge, dass die 40 Stunden Fortbildung bis spätestens 31. August 2021 absolviert sein müssen (§ 7 Abs. 3 ZMediatAusbV).

7. Versäumung der Vierjahresfrist

28 Kommt der Zertifizierte Mediator seiner Fortbildungsverpflichtung innerhalb des Vierjahreszeitraumes nicht nach, bspw. weil er weniger als die vorgeschriebenen 40 Stunden Fortbildung erbracht hat, so stellt sich die Frage nach etwaigen Konsequenzen. Interpretiert man die Verordnung dahin gehend, die Erfüllung der Fortbildungsverpflichtung nach § 3 ZMediatAusbV sei Voraussetzung für die (Weiter-)Führung des Gütesiegels, so darf der Mediator die Bezeichnung jedenfalls nach Ablauf des Zeitraums von vier Jahren nicht mehr führen. Wegen des Fehlens einer Zertifizierungsstelle

---

9 *Klowait/Gläßer*, § 3 ZMediatAusbV, Rn. 5,

kann eine unberechtigte Nutzung des Gütesiegels durch einen fortbildungssäumigen Mediator allein im Wege des Wettbewerbsrechts sanktioniert werden.[10]

Davon zu unterscheiden ist die Überlegung, **ob versäumte Fortbildungszeiten nachgeholt werden können** und dann die Berechtigung zum Führen der Bezeichnung »Zertifizierter Mediator« wieder auflebt. Dies ist nicht zuletzt im Hinblick auf den Grundsatz der Verhältnismäßigkeit und das Grundrecht der Berufsfreiheit **zu bejahen**, wäre doch sonst die Konsequenz, dass die gesamte Ausbildung nach § 2 ZMediatAusbV erneut durchlaufen werden müsste. Ebenso unverhältnismäßig erschiene es, würde man für den abgelaufenen Vierjahreszeitraum – quasi als Sanktion – erneut die volle Stundenzahl von 40 Stunden verlangen. Hingegen führt eine Nachholung versäumter Fortbildungsstunden nicht dazu, dass die konkrete Fristenfolge des Vierjahresrhythmus sich verändern würde. Wer im abgelaufenen Vierjahreszeitraum bspw. nur 35 Stunden Fortbildung absolviert hat, muss nach hier vertretener Auffassung im sich anschließenden Vierjahreszeitraum zunächst fünf Stunden nachholen und sodann noch weitere 40 Stunden absolvieren. 29

8. Ziel der Fortbildungsveranstaltung (Absatz 2)

Die Vorschrift beschreibt – wie sich aus der Verwendung des Wortes »oder« ergibt – (anscheinend alternativ) zwei Ziele, denen Fortbildungsveranstaltungen dienen sollen: 30
– Entweder geht es nach Nummer 1 um eine Vertiefung und Aktualisierung einzelner in der Anlage aufgeführter Inhalte »oder«
– nach Nummer 2 um eine Vertiefung von Kenntnissen und Fähigkeiten in besonderen Bereichen der Mediation.

Damit bleibt es zunächst einmal grundsätzlich dem einzelnen Mediator überlassen, für welche der beiden Alternativen er sich entscheidet: Entspricht es bspw. seinem individuellen Fortbildungsbedürfnis oder -interesse, sich mit der Kurz-Zeit-Mediation,[11] zu befassen, so wird er einen Kurs besuchen, der dies entsprechend der »Anlage, laufende Nr. 2« als Vertiefung und Aktualisierung von »Besonderheiten unterschiedlicher Settings in der Mediation« anbieten wird. Trägt er sich hingegen mit dem Gedanken, sein mediatorisches Portfolio um den Bereich der Wirtschaftsmediation zu erweitern, so wird er eine hierauf gerichtete Fortbildungsveranstaltung besuchen, mit der er seine Kenntnisse und Fähigkeiten in diesem besonderen Bereich vertiefen kann. 31

Nicht nachvollziehbar und praktisch kaum umsetzbar ist allerdings, dass die jeweiligen Ziele nach Nummern 1 oder 2 nur exklusiv Inhalt **einer** Fortbildungsveranstaltung sein sollen. Nimmt man bspw. die Nummer 2 in den Blick und unterstellt eine Vertiefung von Kenntnissen und Fähigkeiten im besonderen Bereich der Familienmediation, so dürften hiervon regelmäßig die laufenden Nrn. 4 und 8 der Anlage (Umgang 32

---

10 *Röthemeyer*, ZKM 2016, 195 ff (201); a. A. *Klowait/Gläßer*, § 6 MediationsG, Rn. 32; vgl. ferner § 1 ZMediatAusbV Rdn. 24 ff.
11 Vgl. hierzu *Krabbe/Fritz* ZKM 2013, 76 ff, ferner die Ausführungen unter Teil 5 D.

mit schwierigen Situationen bzw. Umgang mit eigenen Gefühlen) betroffen sein. Damit geht es aber zugleich um eine Vertiefung und Aktualisierung nach Nummer 1.

33 **Absatz 2 ist** daher **nicht alternativ** zu verstehen und zu handhaben, sondern sinnvollerweise als Aufzählung von möglichen Inhalten von Fortbildungsveranstaltungen zu interpretieren, die sich weder gegenseitig ausschließen noch verlangen, dass die gesamte Fortbildungszeit von 40 Stunden ausschließlich dem einen oder dem anderen Ziel gewidmet sein müsste. Dem einzelnen Mediator bleibt es überlassen, welche Schwerpunkte er für sich im Rahmen der Fortbildung setzen möchte. Dies schließt nicht aus, dass bestimmte Fortbildungsangebote auch mehrfach besucht werden.

9. Fortbildungsbescheinigung (Absatz 3)

34 Absatz 3 verpflichtet die Fortbildungseinrichtung, dem Absolventen der Fortbildung über die erfolgreiche Teilnahme an der Fortbildungsveranstaltung eine Bescheinigung auszustellen. Mit dieser Bescheinigung kann der »Zertifizierte Mediator« gegenüber den Parteien einer Mediation (vgl. § 3 Abs. 5 MediationsG) wie auch gegenüber sonstigen Dritten die Erfüllung seiner Fortbildungspflicht und mithin die Berechtigung zum Führen des Gütesiegels nachweisen. Von daher ist diese Bescheinigung **zeitnah**, idealiter im Anschluss an die durchgeführte Fortbildung zu erstellen.

a) Erfolgreiche Teilnahme an einer Fortbildungsveranstaltung (Absatz 3 Satz 1)

35 Wie bereits im Zusammenhang mit § 2 Abs. 5 und 6 ZMediatAusbV ausgeführt, bedeutet das Merkmal »erfolgreich« nicht, dass eine besondere Qualifikation im Sinne einer Abschlussprüfung etc. zu absolvieren ist, sondern dass die Fortbildung mit ihren jeweiligen durch die Fortbildungseinrichtung konkretisierten Anforderungen ordnungsgemäß beendet wurde. So sind u.U. bei einem Fernkurs Aufgaben zu erfüllen, um die entsprechende Befassung mit den einschlägigen Fortbildungsinhalten zu verifizieren oder bei einer Online-Fortbildung zufallsgesteuerte Anwesenheits-Kontroll-Buttons anzuklicken oder Kontrollfragen zu beantworten.

b) Mindestinhalt der Bescheinigung (Absatz 3 Satz 2)

36 Absatz 3 **Satz 2** enthält nähere Angaben darüber, was die Bescheinigung als **Mindestinhalt** aufzuweisen hat. Ersichtlich geht es dem Verordnungsgeber um eine eindeutige Zuordnung hinsichtlich des jeweiligen Ausbildungsteilnehmers, der Fortbildungseinrichtung, des Zeitpunktes und der Fortbildungsinhalte nebst Zeitaufwand. Gegen die Aufnahme weiterer Daten, bspw. des Dozenten, ist nichts einzuwenden. Der Fortbildungseinrichtung, die die **Bescheinigung** auszustellen hat, bleibt es überlassen, wie sie diese **gestaltet** und im Einzelnen **bezeichnet** (Urkunde, Bescheinigung, Zertifikat etc.). Jedoch ist zu empfehlen in der Bescheinigung selbst auf ihre **Rechtsgrundlage**, mithin auf § 3 Abs. 3 ZMediatAusbV, zu verweisen.

aa) Fortbildungsteilnehmer (Satz 2 Nummer 1)

Was die Anforderungen des Satzes 2 Nummer 1 hinsichtlich der **Daten des Absolventen** der Fortbildung anbelangt, so bedürfen diese keiner näheren Erläuterung, sprechen mithin für sich selbst. U. U. kann allerdings daran gedacht werden, über die Mindestanforderungen Name, Vornamen und Geburtsdatum hinaus den aktuellen Beruf, akademische Grade und Wohnort des Absolventen mit aufzunehmen. 37

bb) Fortbildungseinrichtung (Satz 2 Nummer 2)

Nach Satz 2 Nummer 2 sind **Name und Anschrift der Fortbildungseinrichtung** aufzuführen; sinnvollerweise wird dies in der Kopfzeile der Bescheinigung geschehen. Zudem empfiehlt es sich, die vollständigen Kontaktdaten der Ausbildungseinrichtung zu benennen und die Bescheinigung vom Leiter der Fortbildungseinrichtung unterschreiben zu lassen; auch an die Beifügung eines Stempelabdrucks ist zu denken. 38

cc) Fortbildungsdatum und -ort (Satz 2 Nummer 3)

Datum und Ort der Fortbildung zählen ebenfalls zu den Mindestangaben. Was das Datum anbelangt so ist zu unterscheiden zwischen dem Datum der Ausstellung der Bescheinigung und dem Datum des Fortbildungsendes: 39

Von rechtlicher Relevanz ist hier lediglich das Datum der Fortbildung selbst, nicht das der Ausstellung der Bescheinigung. Denn die Fortbildung muss innerhalb des Vierjahreszeitraumes des Absatzes 1 Satz 2 stattgefunden haben.

Nach Satz 2 Nummer 3 ist weiterhin anzugeben, an welchem Ort die Fortbildung stattgefunden hat. 40

dd) Fortbildungsinhalte und -dauer (Satz 2 Nummer 4)

Erforderlich sind ferner die **Inhalte** des Fortbildungslehrgangs entsprechend Absatz 2 Nummer 1 und 2 und die jeweils darauf **verwendeten Zeitstunden**. Weitere Angaben sind möglich: So kann bspw. angegeben werden, wer die Fortbildung geleitet hat. 41

c) Rechtsschutz

Kommt eine Fortbildungseinrichtung ihrer Verpflichtung nicht nach, eine Fortbildungsbescheinigung nach Absatz 3 zu erteilen und ist auch der Versuch einer konsensualen Lösung nicht zustande gekommen oder gescheitert, so verbleibt dem »Zertifizierten Mediator« letztlich nur die Möglichkeit, den Zivilrechtsweg zu beschreiten und Klage zu erheben. Der Anspruch folgt aus dem zwischen ihm und der Fortbildungseinrichtung abgeschlossenen Vertrag zur Durchführung der Fortbildungsveranstaltung i.V.m. § 3 Abs. 3 ZMediatAusbV. 42

III. Hinweise für die Praxis

Die Hinweise für die Praxis beziehen sich zunächst auf einen Mustervertrag über die Teilnahme an einer Fortbildungsveranstaltung (1.), gefolgt von einer Muster- 43

Teil 2 Verordnung über die Aus- und Fortbildung von zertifizierten Mediatoren

bescheinigung über die erfolgreiche Teilnahme an einer Fortbildung (2.). Den Abschluss bilden das Muster für eine Klageschrift auf Erteilung einer Fortbildungsbescheinigung (3.) und Ausführungen zur Doppelanrechnung einer Fortbildungsbescheinigung (4.).

1. Vertrag über die Teilnahme an einer Fortbildungsveranstaltung

44 Um Streitigkeiten vorzubeugen empfiehlt sich der schriftliche Abschluss eines Vertrages zwischen »Zertifiziertem Mediator« und Fortbildungseinrichtung. Dieser Vertrag sollte zumindest Ausführungen zu Gegenstand und Thematik der Fortbildung, Datum und Ort der Veranstaltung, Umfang in Zeitstunden, Kosten und auszustellenden Bescheinigung enthalten, zudem eine Mediationsklausel. Was Letztere anbelangt, so empfiehlt es sich auf eine Mediationsordnung zu verweisen, was jedoch nicht zwingend ist; hierfür kommt in Betracht die Mediationsordnung der Deutschen Institution für Schiedsgerichtsbarkeit e.V. – DIS- (www.dis-arb.de) oder ggf. die einer IHK. Das folgende Muster enthält die Mindestinhalte eines Vertrages über eine Fortbildungsveranstaltung aus der Sicht des Zertifizierten Mediators.

▶ **Muster: Vertrag über Fortbildungsveranstaltung**

Vertrag über die Durchführung einer Fortbildungsveranstaltung

zwischen

adribo ACADEMY

Wolfsgangstr. 22a

60322 Frankfurt am Main

vertreten durch....   -Fortbildungseinrichtung-

und

Herrn Zertifizierten Mediator

Max Mustermann, geb. am 17.1.1982

Mittelweg 14

60313 Frankfurt am Main   -Zertifizierter Mediator-

1. Gegenstand des Vertrages

Gegenstand des Vertrages ist die Durchführung einer Fortbildungsveranstaltung gem. § 3 Abs. 1, 2 ZMediatAusbV.

2. Thematik und Inhalt der Fortbildungsveranstaltung

Die Fortbildung zum dem Thema »**Mediationen in Bewegung bringen: Mediation und Konflikt-Coaching-Tools im Einzelgespräch**« befasst sich u.a. mit Unterschieden und Gemeinsamkeiten von Mediation und Coaching, der Bedeutung von Einzelgesprächen im Rahmen einer Mediation und der Vorstellung spezieller Interventionswerkzeuge aus dem Konflikt-Coaching für eine Anwendung im Rahmen von Einzelgesprächen. Live-Demos und Rollenspiele runden die Fortbildung ab.

3. Datum, Dauer und Ort der Veranstaltung

Die Fortbildung findet statt am 5. und 6. Oktober 2018 im Saalbau Gutleut, Rottweiler Straße 32, 60327 Frankfurt am Main, jeweils von 09.00 bis 18.00 Uhr. Die Fortbildungsdauer beträgt 15 Zeitstunden.

4. Lehrkräfte

Die in der Fortbildung eingesetzten Lehrkräfte verfügen über einen berufsqualifizierenden Abschluss einer Berufsausbildung oder eines Hochschulstudiums und über die jeweils erforderlichen fachlichen Kenntnisse, um die in der Anlage zur ZMediatAusbV aufgeführten oder sonstige Inhalte der Fortbildung zu vermitteln (vgl. im Übrigen die Informationen auf der Homepage der Fortbildungseinrichtung).

5. Kosten

Die Kosten belaufen sich auf 440.- Euro netto (= Tagespreis 2 x 220.- netto) zzgl. MwSt, inclusive Mineralwasser, Kaffee und Gebäck/Snacks: Gesamtpreis 523,60 Euro. Die Teilnehmer erhalten schriftliche Seminarunterlagen. Die Teilnahmegebühr ist bis zum 15. Juli 2020 auf das Konto IBAN…. zu überweisen.

6. Bescheinigung

Im Anschluss an die Veranstaltung, längstens binnen einer Woche, erhält der Teilnehmer eine Fortbildungsbescheinigung entsprechend den Vorgaben des § 3 Abs. 3 Satz 2 ZMediatAusbV.

7. Datenschutzerklärung

Die Fortbildungseinrichtung speichert und verarbeitet Name, Geburtsdatum, Wohnort und Kommunikationsdaten des Fortbildungsteilnehmers auf der Rechtsgrundlage des Art. 6 DSGVO. Wegen näherer Einzelheiten wird auf die Datenschutzerklärung auf der Homepage der Fortbildungseinrichtung unter www.adribo-academy.de verwiesen.

8. Mediationsklausel

Die Vertragsparteien verpflichten sich bei Streitigkeiten, die sich aus diesem Vertrag ergeben oder im Zusammenhang mit seiner Durchführung entstehen, vor Beschreiten des Rechtswegs auf Antrag einer Partei gegenüber der anderen ein Mediationsverfahren (ggf.: nach der im Zeitpunkt der Anrufung geltenden Verfahrensordnung der DIS) durchzuführen.

Der Rechtsweg ist erst eröffnet, wenn sich die Parteien nicht innerhalb einer Frist von 21 Tagen seit Antrag einer Partei auf Durchführung einer Mediation gütlich geeinigt haben oder beide Parteien einander schriftlich erklären, auf die Durchführung eines Mediationsverfahrens zu verzichten.

Verfahrensort für das Verfahren nach dieser Bestimmung ist Frankfurt am Main.

Frankfurt am Main,…..(Datum)

(Unterschriften)

2. Bescheinigung über die erfolgreiche Teilnahme an einer Fortbildungsveranstaltung nach Absatz 3

45 Die Bescheinigung nach Absatz 3 muss Mindestangaben enthalten. Es steht der Fortbildungseinrichtung frei, diese Angaben um weitere zu ergänzen (siehe oben Rdn. 36). Das im Folgenden dargestellte Muster enthält nur die Mindestangaben.

▶ **Muster: Fortbildungsbescheinigung**

IAJ – Institut für anwaltsorientierte

Juristenausbildung der Justus-Liebig-Universität

Licher Str. 76

35394 Gießen

Herr..... (Name, Vorname)

geb. am......

hat gem. § 3 der Verordnung über die Aus- und Fortbildung von zertifizierten Mediatoren vom 21. August 2016 (BGBl. I S. 1994) beim

Institut für anwaltsorientierte Juristenausbildung

erfolgreich an einer **Fortbildung** zum Thema

»Mediationen in Bewegung bringen: Mediation und Konflikt-Coaching-Tools im Einzelgespräch«

teilgenommen.

Die Fortbildung erfolgte in Gießen in der Zeit von.... bis....

und betrug 15 Zeitstunden.

Gießen,........ (Datum)

(Unterschrift,

Geschäftsführender Direktor (oder Fortbildungsleiter))

3. Klage auf Erteilung einer Fortbildungsbescheinigung nach Absatz 3

46 Kommt eine Fortbildungseinrichtung ihrer Verpflichtung auf Erteilung einer Bescheinigung nach Absatz 3 trotz entsprechender Aufforderung und Fristsetzung durch den »Zertifizierten Mediator« beharrlich nicht nach, so verbleibt nur die Möglichkeit, Klage vor dem für den Wohnsitz bzw. Sitz der Beklagten zuständigen Amtsgericht zu erheben. Eine Klage vor dem Amtsgericht, das für Streitigkeiten bis 5000.- Euro zuständig ist, kann ohne Anwalt erhoben werden. Es ist sinnvoll in der Klageschrift dazu Stellung zu nehmen, ob bereits der Versuch einer konsensualen Lösung unternommen wurde und ob einem solchen Verfahren Gründe entgegenstehen (§ 253 Abs. 3 Nr. 1 ZPO).

► **Muster: Klageschrift**

An das

Amtsgericht Frankfurt am Main

Zeil 46

60400 Frankfurt am Main

Klage

In dem Rechtsstreit

Victor Fuchs

Mittelweg 20

60318 Frankfurt -Kläger-

gegen

Fortbildungseinrichtung Schwach

Bockenheimer Anlage 395

60320 Frankfurt am Main

vertreten durch den Geschäftsführer

Bernd Kröger -Beklagte-

wegen Erteilung einer Teilnahmebescheinigung

Streitwert: 500.-

erhebe ich Klage mit den Anträgen:
1. Die Beklage wird verurteilt, dem Kläger eine Bescheinigung über die Teilnahme an dem Fortbildungsseminar »Macht und Ungleichgewicht in der Mediation«, Kurs-Nr. 2/2018, Umfang 10 Stunden, entsprechend den Vorgaben des § 4 Abs. 2 ZMediatAusbV zu erteilen.
2. Die Kosten des Verfahrens trägt die Beklagte.

Soweit das Gericht das schriftliche Vorverfahren anordnet, beantragt der Kläger bereits jetzt bei Säumnis des Beklagten den Erlass eines entsprechenden Versäumnisurteils, im Falle eines Anerkenntnisses den Erlass eines entsprechenden Anerkenntnisurteils ohne mündliche Verhandlung.

Begründung:

1. Sachverhalt

Die Beklagte betreibt eine Fortbildungseinrichtung und bietet für zertifizierte Mediatoren Fortbildungsveranstaltungen im Sinne von § 3 ZMediatAusbV an.

Beweis:

Ausschreibungsunterlagen der Beklagten, in Kopie beigefügt als Anlage K1

Der Kläger hat sich am 10. Oktober 2017 für das Seminar »Macht und Ungleichgewicht in der Mediation«, Kurs-Nr. 2/2018 im Umfang von 10 Stunden angemeldet. Er hat – nachdem er eine Zusage erhalten hat – die Teilnahmegebühr in Höhe von 500.- Euro entrichtet und am Samstag, 13. Januar 2018, von 08.00 bis 19.00 Uhr an der Fortbildung in den Räumlichkeiten des Hotels Maritim in Frankfurt am Main teilgenommen.

Beweis:

Schriftliche Zusage der Beklagten per Mail vom 15. Oktober 2017, in Kopie beigefügt als Anlage K2

Überweisungsträger über Zahlung von 500.- Euro durch den Kläger, ebenfalls in Kopie beigefügt als K3

Am Ende des Seminars hat der Seminarleiter Herr Tobias Walde an alle Teilnehmer der Veranstaltung Bescheinigungen über die erfolgreiche Teilnahme ausgehändigt. Für den Kläger war die Teilnahmebescheinigung vergessen worden. Herr Walde versprach, sie würde dem Kläger umgehend postalisch zugesandt werden.

Beweis:

Zeugnis des Tobias Walde, zu laden über den Beklagten

Nachdem 10 Tage nach der Veranstaltung verstrichen waren, ohne dass dem Kläger eine Teilnahmebescheinigung zugesandt worden war, hat er diese ohne Erfolg sowohl telefonisch als auch am 24. Januar 2018 schriftlich angemahnt.

Beweis:

Schreiben des Klägers vom 24. Januar 2018, in Kopie beigefügt als Anlage K4

Mit Schreiben vom 7. Februar hat der Kläger der Beklagten eine letzte Frist bis zum 20. Februar 2018 gesetzt, die ebenfalls verstrichen ist, ohne dass die Bescheinigung zugesandt worden wäre.

Beweis:

Schreiben des Klägers vom 7. Februar 2018 sowie Einschreiben-Rückschein des Klägers vom 7. Februar 2018, jeweils in Kopie beigefügt als Anlagen K 5 und 6

2. Rechtliche Würdigung

Die Klage ist zulässig.

Vor Klageerhebung haben Kläger und Beklagte keinen Versuch einer konsensualen Streitbeilegung unternommen (§ 253 Abs. 3 Nr. 1 ZPO). Nach diesseitiger Auffassung stehen in Anbetracht der beharrlichen Weigerung der Beklagten, auf die verschiedenen Schreiben des Klägers zu antworten, einem konsensualen Verfahren beachtliche Gründe entgegen.

Die Klage ist auch begründet.

Der Kläger hat aus dem mit der Beklagten abgeschlossenen Vertrag über die Durchführung einer Fortbildungsveranstaltung i.V.m. § 3 Abs. 2 ZMediatAusbV einen Anspruch auf Erteilung einer entsprechenden Bescheinigung mit den im Klageantrag aufgeführten Details.

Die Beklagte ist der Aufforderung des Klägers die Teilnahmebescheinigung bis zum 20. Februar 2018 zu übersenden nicht nachgekommen. Sie befindet sich mithin seit dem 21. Februar 2018 gem. § 286 Abs. 1 BGB in Verzug.

(Unterschrift Victor Fuchs)

Anlagen

4. Keine Doppelanrechnung von Fortbildungsbescheinigungen

Ausgehend von der Rechtsprechung des Niedersächsischen Anwaltsgerichtshofs (Urteil vom 12.11.2018 – AGH 13/18 [II 12/12] BRAK-Mitteilungen 2/2019, 87 ff) kommt die Doppelanrechnung **einer** Fortbildung (bspw. im Familienrecht) für die Fortbildungsverpflichtung nach § 15 FAO und die nach § 3 ZMediatAusbV nicht in Betracht.[12] Nur dann, wenn eine Veranstaltung abtrennbare Inhalte aufweist, die bspw. einerseits der Mediation und andererseits dem Familienrecht zuzuordnen sind und der Veranstalter hierfür Bescheinigungen ausgibt, die dies mit der jeweiligen Stundenzahl ausweisen, kommt eine auf die jeweilige Stundenzahl begrenzte Anrechnung in Betracht.

§ 4 Fortbildung durch Einzelsupervision

(1) Innerhalb der zwei auf den Abschluss seiner Ausbildung nach § 2 folgenden Jahre hat der zertifizierte Mediator mindestens viermal an einer Einzelsupervision, jeweils im Anschluss an eine als Mediator oder Co-Mediator durchgeführte Mediation, teilzunehmen. Die Zweijahresfrist beginnt mit Ausstellung der Bescheinigung nach § 2 Absatz 6 zu laufen.

(2) Über jede nach Absatz 1 durchgeführte Einzelsupervision ist von dem Supervisor eine Bescheinigung auszustellen. Diese Bescheinigung muss enthalten:
1. Name, Vornamen und Geburtsdatum des zertifizierten Mediators,
2. Datum und Ort der durchgeführten Einzelsupervision,
3. anonymisierte Angaben zur in der Einzelsupervision besprochenen Mediation sowie
4. Name und Anschrift des Supervisors

---

12 Umfassend hierzu https://adribo-academy.de/zwei-fliegen-mit-einer-klappe-doppelte-anrechnung-von-fortbildungen/(Datum des Zugriffs: 31.10.2019).

Teil 2 Verordnung über die Aus- und Fortbildung von zertifizierten Mediatoren

Übersicht

	Rdn.
I. Regelungsgegenstand und Zweck	1
II. Grundsätze/Einzelheiten	3
1. Teilnahme an Einzelsupervisionen (Absatz 1 Satz 1)	3
a) Begrifflichkeit und Definition	5
b) Setting einer Einzel(-Fall-)Supervision	8
aa) Einzel(-Fall-)Supervision in einer Gruppe	9
bb) Einzel(-Fall-)Supervision zu zweit	14
c) Zeitdauer und Kosten	20
2. Durchführungszeitpunkt und Anzahl der Einzel(-Fall-)Supervisionen	21
a) Binnen zwei Jahren nach erfolgreicher Beendigung des Ausbildungslehrgangs	21
b) Vier Einzel(-Fall-)Supervisionen	22
3. »Durchgeführte Mediation« als Voraussetzung einer Einzel(-Fall-)Supervision	23
a) Beendigung der Mediation in früher Phase	24
b) »Verlaufsbegleitende« Einzel(-Fall-)Supervision	28
c) »im Anschluss«	32
d) Als Mediator oder Co-Mediator durchgeführte Mediation	33
e) Ausschöpfung der Zweijahresfrist	37
4. Anforderung an Supervisor	38
5. Beginn der Zweijahresfrist (Absatz 1 Satz 2)	42
6. Versäumung der Zweijahresfrist	46
7. Einzel-Bescheinigung über durchgeführte Einzel(-Fall-)Supervision (Absatz 2 Satz 1)	48
8. Mindestinhalt der Bescheinigung (Absatz 2 Satz 2)	50
a) Angaben zum zertifizierten Mediator (Satz 2 Nummer 1)	51
b) Angaben zur Einzelsupervision (Satz 2 Nummer 2)	52
c) Angaben zum Mediationsfall (Satz 2 Nummer 3)	53
d) Angaben zum Supervisor (Satz 2 Nummer 4)	56
9. Rechtsschutz	57
III. Hinweise für die Praxis	58
1. Supervisionsvertrag	59
2. Checkliste zur Vorbereitung einer telefonischen Einzel-(Fall-)Supervision mit vorgeschaltetem schriftlichem Themenblatt	60
3. Supervision vorbereitendes Themenblatt	61
4. Übersichtsblatt einer mediationsanalogen Supervision	62
5. Bescheinigung über durchgeführte Einzelsupervision nach Absatz 2	63
6. Klage auf Erteilung einer Supervisions-Bescheinigung nach Absatz 2	64

I. Regelungsgegenstand und Zweck

1 Für die Vorschrift findet sich kein Vorläufer im Entwurf der ZMediatAusbV. Sie ist für die nicht umgesetzte Norm des § 5 E-ZMediatAusbV neu aufgenommen worden, die noch vorgesehen hatte, dass der zertifizierte Mediator praktische Erfahrungen dadurch gewinnen sollte, dass er fortlaufend innerhalb von zwei Jahren vier Mediationen durchführen und entsprechend dokumentieren sollte. Zudem sollte er

praktische Erfahrungen im Rahmen von Supervision, Intervision und Covision sammeln.[1]

Die nunmehr gewählte Überschrift der Vorschrift als »Fortbildung« führt in die Irre, handelt es sich doch vielmehr um eine Verifizierung der in der Ausbildung erlernten Inhalte und Fähigkeiten und mithin um einen (endgültigen) Abschluss der Ausbildung: Der zertifizierte Mediator soll zeitnah zum Abschluss seiner Ausbildung seine theoretischen Kenntnisse in die Praxis umsetzen und bei der kritischen Betrachtung seiner Tätigkeit sich der Unterstützung eines erfahrenen Supervisors bedienen.[2] 2

II. Grundsätze/Einzelheiten

1. Teilnahme an Einzelsupervisionen (Absatz 1 Satz 1)

Der für die Beibehaltung der Zertifizierung geforderte Praxisnachweis muss nunmehr im Rahmen einer sog. Fortbildung (»innerhalb der zwei auf den Abschluss der Ausbildung folgenden Jahre«) durch mindestens vier **Einzelsupervision** erbracht werden (Absatz 1 Satz 1). Die Teilnahme an den Einzelsupervisionen ist nicht abdingbar (»hat...teilzunehmen«). Zu Art und Umfang einer Einzelsupervision verhält sich die Verordnung hingegen nicht, was in der Literatur mit Recht Kritik erfahren hat.[3] 3

Die Einzelsupervisionen nach Absatz 4 Satz 1 unterscheiden sich **nicht** von der Ausbildungssupervision nach § 2 Abs. 5 ZMediatAusbV. Von daher kann, was **Begrifflichkeit**, **Setting**, **Zeitdauer** und **Kosten** anbelangt, im Wesentlichen auf die Ausführungen zu § 2 Abs. 5 ZMediatAusbV verwiesen werden.[4] 4

a) Begrifflichkeit und Definition

Der in der ZMediatAusbV verwendete Terminus »**Einzelsupervision**« ist zumindest unglücklich gewählt und zieht **Irritationen** nach sich, worauf im Kontext der Ausführungen zu § 2 Abs. 5 ZMediatAusbV bereits umfassend hingewiesen wurde. Ersichtlich geht es darum sicherzustellen, dass tatsächlich eine vom zertifizierten Mediator selbst durchgeführte Mediation oder Co-Mediation Inhalt des Supervisionsgesprächs ist.[5] Das wird deutlich durch den Verordnungstext, wonach gem. § 4 Abs. 1 Satz 1 ZMediatAusbV die Einzelsupervision »im Anschluss an eine als Mediator oder Co-Mediator durchgeführte Mediation« erfolgen soll. 5

In der Mediations-Supervision geht es mithin um die Gestaltung bzw. Betrachtung eines konkreten Mediationsprozesses unter den Aspekten:
- Wie verhalten sich die Konfliktparteien in der Mediation?
- Wie verläuft das Mediationsgespräch? 6

---

1 Vgl. auch Entwurfsbegründung zu § 5 (Praktische Erfahrung), S. 16 f.
2 *Eicher* ZKM 2016, 160 ff (161).
3 *Eidenmüller/Fries* AnwBl 1/2017, 23 ff (25).
4 Vgl. im Übrigen die Ausführungen unter Teil 5 B. 3.
5 Vgl. § 2 Abs. 5 ZMediatAusbV, Rn 39 ff, ferner *Eicher* ZKM 2016, 160 ff (161); *Wenzel* Spektrum der Mediation 66/2017, 46 ff (48).

– Welche Rolle spielt dabei der Mediator?

7 Die Mediations-Supervision ist somit stets auf einen konkreten Einzelfall ausgerichtet und mithin als **Einzel(-Fall-)Supervision** zu verstehen ist. Sie stellt eine **Selbstreflexion** erlebter Situationen und erlebten Verhaltens der eigenen Berufstätigkeit als Mediator dar mit dem Ziel einer Verbesserung, einer Neuorientierung – begleitet und unterstützt durch einen erfahrenen Dritten, den Supervisor.

b) Setting einer Einzel(-Fall-)Supervision

8 Eine Einzel(-Fall-)Supervision kann in unterschiedlichen Settings durchgeführt werden: als **Fall-Supervision in einer Gruppe** (im Folgenden unter aa)) und als **Fall-Supervision zu zweit**, also zwischen Supervisor und Supervisand (im Folgenden unter bb)). Welches Beratungsformat letztlich gewählt wird bleibt dem jeweiligen zertifizierten Mediator überlassen. Die ZMediatAusbV macht hierzu keine Vorgaben.

aa) Einzel(-Fall-)Supervision in einer Gruppe

9 Eine Einzel(-Fall-)Supervision in einer Gruppe hat gegenüber dem Zweier-Setting den Vorteil, dass der »Resonanzraum« in einer Gruppe wesentlich größer ist als der in der dyadischen Beratungskonstellation: Das betrifft sowohl das Fallverstehen als auch die Entwicklung neuer Handlungsoptionen, die dann vom Supervisanden umgesetzt werden können.

10 Methodisch bietet sich hierfür die **mediationsanaloge Supervision** an, die im Schrifttum mittlerweile allgemein anerkannt ist.[6] Sie orientiert sich an der **Philosophie der Mediation** und läuft in **Prozessschritten analog der Mediation** ab.[7]

11 Zu den **Prinzipien einer mediationsanalogen Supervision** vgl. die Ausführungen zu § 2 ZMediatAusbV Rdn. 49 ff.

12 Zu den **Prozessschritten einer mediationsanalogen Supervision** vgl. die Ausführungen zu § 2 ZMediatAusbV Rdn. 53 ff.

13 Im Kontext einer Gruppensupervision ist allerdings zu berücksichtigen, dass nur derjenige dem Erfordernis einer Einzel(-Fall-)Supervision gem. Absatz 1 Satz 1 genügt, dessen **eigener Fall in der Gruppe supervidiert** wurde.[8]

bb) Einzel(-Fall-)Supervision zu zweit

14 Die **dyadische Beratungskonstellation** bietet sich an, wenn
– eine kurzfristige Unterstützung des zertifizierten Mediators erforderlich ist,

---

6 Vgl. beispielhaft *Krabbe* Kon:Sens 1999, 160 ff; *Diez* ZKM 2000, 161 ff; *Thomsen* Spektrum der Mediation 2009, 24 ff; *Fritz/Krabbe* Betrifft JUSTIZ 2016, 65 ff; *Krabbe/Fritz* NJW 2016, 694 ff. Zur erneut aufgeflammten Debatte über deren Zulässigkeit vgl. Kommentierung zu § 2 ZMediatAusbV Rdn. 45 m.w.N.
7 *Krabbe/Fritz* ZKM 2017, 149 ff (150).
8 *Fritz/Krabbe* ZKM 2017, 89 ff (90).

- zeitliche Umstände nur eine Supervision zu zweit zulassen,
- die Zustimmung zur Erörterung in der Gruppe nicht gegeben wird,
- eine Supervisionsgruppe nicht besteht oder
- persönliche Anteile/Verwicklungen des zertifizierten Mediators/Fallvorstellers im geschützten Rahmen zu zweit erörtert werden sollen.

Die Einzel(-Fall-)Supervision zu zweit verlangt vom Supervisor ein umfassenderen Einsatz als dies in der Gruppensupervision der Fall ist, lassen sich doch bestimmte methodische Möglichkeiten wie bspw. Rollenspiele nicht einsetzen; zudem fehlt es an der Vielstimmigkeit der Gruppe. All dies ist vom Supervisor zu kompensieren. Es kommt hinzu, dass die Beziehung zwischen Supervisor und Supervisand stärker im Mittelpunkt steht, ist doch sein Redeanteil umfangreicher, seine Rolle bedeutungsvoller und seine Beteiligung höher.[9] 15

Zur Einzel(-Fall-)Supervision zählen auch solche Konstellationen, in denen der **Supervisor mit einem Mediator und Co-Mediator** zugleich arbeitet (vgl. hierzu umfassend die Ausführungen zu § 2 Abs. 5 ZMediatAusbV Rdn. 63) 16

Anlässe und Vorgehensweise für eine »Einzel(-Fall-)Supervision zu zweit« unterscheiden sich nicht grundsätzlich von denen einer Gruppensupervision (vgl. hierzu die Ausführungen zu § 2 Abs. 5 ZMediatAusbV Rdn. 64). 17

Vom **formalen Ablauf** her orientiert auch sie sich an der Methodik der mediationsanalogen Supervision und umfasst 18
- Supervisionskontrakt mit Vertraulichkeitsabrede und Honorarvereinbarung
- Fallbezeichnung mit Code-Wort, Fragen und Fallschilderung
- Hypothesenbildung zum Fall, zum Gesprächsprozess, zu den beteiligten Medianden, zur Person des Mediators
- Entwicklung von Handlungsmöglichkeiten und Ideen
- Verhandeln und Vereinbaren des weiteren Vorgehens
- Reflexion des Supervisionsprozesses.

Für die **konkrete Umsetzung** einer Einzel(-Fall-)Supervision stehen in der Praxis neben der herkömmlichen face-to-face-Supervision auch noch andere Settings wie telefonische und internetbasierte Kommunikationsformen zur Verfügung. 19

Sie alle lassen sich durch den Einsatz bestimmter schriftlicher Formate wie eines vorab auszufüllenden Themen- oder **Arbeitsblattes** zur Beschreibung des Supervisions-Anlasses und der -Umstände gut vorbereiten (umfassend hierzu § 2 Abs. 5 ZMediatAusbV Rdn. 70, 125)

c) Zeitdauer und Kosten

Für beide Varianten ist erfahrungsgemäß von einer Dauer von etwa einer Stunde pro Fall auszugehen.[10] In der Gruppen-Supervision werden regelmäßig drei bis vier 20

---

9 *Van Kaldenkerken*, Wissen was wirkt, S. 246 ff.
10 Kritisch zur Telefon-Supervision: *Eidenmüller/Fries* AnwBl 2017, 23 ff (25, Fn. 22).

Fälle vorgetragen. Die Kosten belaufen sich zum Zeitpunkt der Drucklegung für eine Supervision zu zweit auf etwa 150.- Euro pro Stunde, ggf. zzgl. MwSt. In der Gruppen-Supervision sind bei einer Teilnehmerzahl von etwa einem halben Dutzend Personen Kosten in Höhe von etwa 120.- Euro pro Person anzusetzen.

2. Durchführungszeitpunkt und Anzahl der Einzel(-Fall-)Supervisionen

a) Binnen zwei Jahren nach erfolgreicher Beendigung des Ausbildungslehrgangs

21 Für die Durchführung der geforderten Einzel(-Fall-)Supervisionen stellt die Verordnung ein Zeitfenster von zwei Jahren zur Verfügung. Innerhalb dieses Zeitfensters müssen die Einzel-(Fall-)Supervisionen vollständig durchgeführt worden sein.

b) Vier Einzel(-Fall-)Supervisionen

22 Der Verordnungsgeber verlangt vier Einzel(-Fall-)Supervisionen als Mindestzahl.

3. »Durchgeführte Mediation« als Voraussetzung einer Einzel(-Fall-)Supervision

23 Die in Absatz 1 verlangten Einzel(-Fall-)Supervision müssen jeweils »im Anschluss an eine… durchgeführte Mediation« erfolgen, an der der zertifizierte Mediator selbst »als Mediator oder als Co-Mediator« teilgenommen hat. Dabei stellt sich die Frage, ob eine Einzel(-Fall-)Supervision nur möglich ist,
– wenn die Mediation nach Durchführung des Phasenmodells zu einem formalen Abschluss gelangt ist, u. U. gar mit einer Lösung/einer Abschlussvereinbarung beendet wurde,
oder ob eine Einzel(-Fall-)Supervision auch durchgeführt werden kann,
– wenn sich der der zertifizierte Mediator im Rahmen einer noch nicht beendeten Mediation bei auftretenden Fragen/Problemen/Ungereimtheiten des Beratungsformats einer Einzel(-Fall-)Supervision bedient.[11]

a) Beendigung der Mediation in früher Phase

24 Das im Verordnungstext verwendete Adjektiv »durchgeführte« könnte dafür sprechen, dass dem Verordnungsgeber vorschwebte, die Mediation müsse zu einem (formalen) Abschluss gekommen sein: sei es, weil die Parteien zu einer Lösung gelangten, sei es, weil sie nach langwierigen Verhandlungen eine Weiterführung als nicht mehr als sinnvoll erachten.

25 Im Gegensatz zur Begrifflichkeit (»durchgeführte«) der ZMediatAusbV verwendet das Mediationsgesetz eine andere Terminologie: § 2 Abs. 5 MediationsG spricht von einer »beendeten« Mediation, in § 3 Abs. 2, 3 MediationsG heißt es »nach einer Mediation«.

26 Eine Mediation kann, wie sich aus dem Regelungszusammenhang des § 2 Abs. 5 MediationsG ergibt, von den Parteien jederzeit »beendet« werden, ohne dass es zu einer Eini-

---

11 *Krabbe/Fritz* ZKM 2016, 149 ff (152 f).

gung, einer Lösung gekommen sein muss.[12] Und auch dem Mediator steht ein an die Voraussetzungen des § 2 Abs. 5 Satz 2 MediationsG geknüpftes Kündigungsrecht zu.[13]

Im freiwilligen und strukturierten Mediationsverfahren (vgl. § 1 Abs. 1 MediationsG) kann diese »Beendigung« und damit der Zustand »nach einer Mediation« (§ 3 Abs. 2 MediationsG) bereits in einer frühen oder auch in einer späten Verfahrensphase erreicht werden, mithin vom Beginn der Eröffnungssequenz in Phase 1 bis unmittelbar vor Unterzeichnung der abschließenden Vereinbarung in Phase 6.[14] Tritt ein derartiger (Beendigungs-)Fall ein, dann ist entsprechend Absatz 1 von einer »durchgeführten« Mediation auszugehen. 27

b) »Verlaufsbegleitende« Einzel(-Fall-)Supervision

Nun würde es aber, stellt man auf das Telos einer Einzel(-Fall-)Supervision im Kontext des Absatzes 1 ab wenig Sinn machen, »durchgeführt« stets mit »beendet« gleichzusetzen. Dem zertifizierten Mediator soll bekanntlich Gelegenheit gegeben werden, mit professioneller Hilfe den Konflikt, das Verfahren, sein Verhalten und das der Parteien kritisch zu durchleuchten. Das im Ausbildungslehrgang Erlernte soll zeitnah einem Praxistest unterzogen werden mit der Möglichkeit, es sodann mit einem erfahrenen Supervisor zu hinterfragen.[15] 28

Ist eine Mediation bspw. bereits nach Phase 1 beendet, so ist sie – wie im vorhergehenden Abschnitt dargelegt (siehe oben Rdn. 27) – zugleich auch durchgeführt, eine Einzel(-Fall-)Supervision mithin möglich. In der daraufhin durchzuführenden Supervision könnte beispielhaft Beratungsgegenstand sein, warum die Parteien in einem so frühen Verfahrensstadium davon Abstand genommen haben, das Verfahren weiter durchzuführen: Lagen die Gründe in der Person des Mediators? War das gewählte Format das falsche? Wurden bereits zu Beginn tragende Prinzipien verletzt? 29

Nimmt der zertifizierte Mediator hingegen, um beim obigen Beispiel zu bleiben, nach Phase 1 **verlaufsbegleitend professionelle Hilfe** im Rahmen einer Einzel(-Fall-)Supervision in Anspruch bspw. 30
– um zu verhindern, dass seitens der Parteien das Verfahren frühzeitig beendet wird,
– um zu hinterfragen, wie mit einer hocheskalierten Konfliktsituation professionell umzugehen ist,
– um zu prüfen, ob Dritte am Verfahren zu beteiligen sind,

so unterscheidet sich diese Einzel(-Fall-)Supervision nicht grundsätzlich von einer solchen, die ebenfalls nach Phase 1 durchgeführt wird, weil die Mediation beendet wurde. Gelangt der zertifizierte Mediator zu der Überzeugung, im weiteren Verlauf oder nach Abschluss der Mediation noch einmal auf professionelle Hilfe zurückgreifen zu wollen,

---

12 Vgl. Teil 1 C., § 2 MediationsG Rdn. 112; *Greger/Unberath/Steffek*, § 2 MediationsG Rn. 261.
13 Vgl. Teil 1 C., § 2 MediationsG Rdn. 114 ff.
14 *Klowait/Gläßer*, Mediationsgesetz, § 2 Rn. 187 ff.
15 *Eicher* ZKM 2016, 160 ff (161).

so kann dies dann allerdings nicht als eigenständige Einzel(-Fall-)Supervision im Sinne des Absatzes 1 angerechnet werden. M.a.W.: Pro Mediationsfall kann i.S.d. § 4 ZMediatAusbV nur eine Supervision angerechnet werden.

31 »Durchgeführt« darf daher in diesem Kontext nicht dahin gehend interpretiert werden, dass die Mediation beendet sein muss, sondern ist so zu verstehen dass es **genügt, wenn Teile einer Mediation durchlaufen** wurden und das bis dahin Geschehene einem kritischen Überblick, einer Supervision unterzogen wird (verlaufsbezogene oder verlaufsbegleitende Einzel[-Fall-]Supervision).[16]

c) »im Anschluss«

32 Einzel(-Fall-)Supervisionen im Sinne des Absatzes 1 nach einer frühen Beendigung wie auch verlaufsbegleitend durchzuführen steht auch nicht die im Verordnungstext verwendete Präposition »im Anschluss« entgegen. Sie will lediglich sicherstellen, dass **nicht im Vorfeld einer** noch nicht begonnenen **Mediation** – quasi verfahrensvorbereitend – eine Supervision »anrechenbar« durchgeführt wird sondern erst danach.

d) Als Mediator oder Co-Mediator durchgeführte Mediation

33 Die Einzel(-Fall-)Supervision soll an eine Mediation anknüpfen, die der zertifizierte Mediator **selbst** durchgeführt hat, und zwar entweder als der den Parteien allein verantwortliche Mediator oder zusammen mit einem oder mehreren anderen Mediatoren – sog. **Co-Mediation** (vgl. § 1 Abs. 1 MediationsG).

34 **Ratio legis** ist, dass der zertifizierte Mediator die Aufgaben erfüllt, die das Mediationsgesetz dem Mediator zuschreibt, nämlich
 – sich zu vergewissern, dass die Parteien die Grundsätze und den Ablauf des Mediationsverfahrens verstanden haben und freiwillig an der Mediation teilnehmen,
 – sich allen Parteien gleichermaßen verpflichtet zu fühlen,
 – die Kommunikation zu fördern,
 – zu gewährleisten, dass die Parteien in angemessener und fairer Weise in das Verfahren eingebunden sind,
 – die Parteien durch die Mediation zu führen,
 – im Fall einer Einigung auf Informiertheit hinzuwirken (vgl. §§ 1 Abs. 2, 2 Abs. 2, 3, 6 MediationsG).

35 Mit dieser Aufgabenbeschreibung wird zugleich deutlich, dass es sich um die **Mediation eines** echten, in der Lebenswirklichkeit (noch immer) **vorliegenden** (oder durch die Mediation beendeten) **Konfliktfalles** handeln muss, nicht hingegen um die Mediation eines Rollenspiels.

---

16 So auch *Becker/Brandt/Rühl* ZKM 2009, 118 ff; zu eng hingegen *Klowait/Gläßer*, § 2 ZMediatAusbV, Rn. 21, die anscheinend von mehreren verlaufsbegleitenden Einzelsupervisionen ausgehen.

Für den (zertifizierten) **Co-Mediator** bedeutet dies, dass er einen **substanziellen Anteil** 36
der Aufgaben eines Mediators (mit-)verantwortlich erbringen muss.[17] Passive Teilnahme
im Wege einer Hospitation ist ebenso wenig ausreichend wie die Übernahme reiner
Hilfstätigkeiten, beispielsweise das Beschriften von Flipcharts. In welcher spezifischen
Ausgestaltung eine Co-Mediation[18] praktiziert wird ist hingegen zweitrangig.[19]

e) Ausschöpfung der Zweijahresfrist

Einen engen zeitlichen Kontext zwischen Mediation und anschließender Supervision 37
verlangt die ZMediatAusbV nicht, müsste es sonst doch heißen »im direkten Anschluss«
an eine Mediation. Vielmehr gilt auch hier die **Zweijahresfrist** (»innerhalb der zwei….
Jahre«, vgl. oben Rdn. 21) insoweit, als die Einzel(-Fall-)Supervision jedenfalls bis
zu diesem Zeitpunkt erfolgt sein muss, gleich ob die »Mediation noch während der
Ausbildung, im direkten Anschluss daran oder erst wenige Tage vor der Supervision
erfolgte.[20]

4. Anforderung an Supervisor

An die Person des Supervisors stellt die Verordnung keine Anforderungen. Das ist 38
im Schrifttum mit guten Argumenten kritisiert worden,[21] dürfte aber (auch) dem
Umstand geschuldet sein, dass der Begriff des Supervisors gesetzlich nicht geschützt
ist.

Da durch die vier Einzel(-Fall-)Supervisionen die Umsetzung des Erlernten in die Pra- 39
xis kritisch hinterfragt und reflektiert werden soll wird zu Recht gefordert, dass der
Supervisor nicht nur die für eine Supervision zu verlangenden Kenntnisse und Fertigkeiten besitzen sollte, sondern zudem selbst über eine umfangreiche Mediationspraxis
verfügt: Er soll mithin ein »Meister seines Fachs mit einer Zusatzqualifikation in fallbezogener Supervisionsarbeit« sein.[22]

Dem zertifizierten Mediator bleibt es überlassen, bei wem er eine Supervision durch- 40
führen will.[23] Allerdings liegt es in seinem ureigenen Interesse dafür zu sorgen, dass
die Supervision qualifiziert erfolgt und nicht nur pro forma erledigt wird, stehen doch

---

17 *Röthemeyer* ZKM 2016, 195 ff (198).
18 Vgl. hierzu *Haft/Schlieffen*, 3. Aufl., § 19 Rdn. 3 ff.
19 A. A. *Kloweit/Gläßer*, § 2 ZMediatAusbV Rn. 20 f., der eine permanente Co-Mediation
verlangt, dabei aber nicht hinreichend in den Blick nimmt, dass auch eine Co-Mediation
in einer früheren Phase zu einem Ende kommen kann, siehe oben Rdn. 85.
20 Weitergehend *Eidenmüller/Hacke/Fries*, die auch Mediationen aus der Zeit vor der Ausbildung gelten lassen wollen: https://www.mediatorenausbildung.org/zertifizierter-media-
tor/#praxisfaelle (Datum des Zugriffs: 15.2.2018); vgl. ferner § 2 ZMediatAusbV Rdn. 74.
21 *Plassmann* AnwBl 1/2017, 26 ff (29).
22 *Van Kaldenkerken* Spektrum der Mediation 65/2016, 45; *dies.* Spektrum der Mediation 78/2019, 42 ff.
23 *Röthemeyer* ZKM 2016, 195 ff (198).

sonst Aufwand und Nutzen für ihn in keinem vernünftigen und zukunftsgerichteten Verhältnis.

41 Der Vollständigkeit halber sei noch darauf hingewiesen, dass der eher seltene Fall einer **Co-Supervision** durch die ZMediatAusbV jedenfalls nicht ausgeschlossen ist.

5. Beginn der Zweijahresfrist (Absatz 1 Satz 2)

42 Der **Beginn** der Zweijahresfrist des Satzes 2 knüpft – ebenso wie die Vierjahresfrist des § 3 Abs. 1 Satz 3 ZMediatAusbV – an die Ausstellung der Bescheinigung nach § 2 Abs. 6 ZMediatAusbV an: Diese darf erst ausgestellt werden, wenn die Ausbildung erfolgreich abgeschlossen ist, mithin der gesamte nach § 2 Abs. 3 und 4 ZMediatAusbV vorgeschriebene Ausbildungslehrgang erfolgreich beendet und die Einzelsupervision nach § 2 Abs. 5 ZMediatAusbV durchgeführt ist (vgl. § 2 ZMediatAusbV Rdn. 103)

43 Da sich nach § 2 Abs. 1 ZMediatAusbV bereits als zertifizierter Mediator bezeichnen darf, wer eine entsprechende Ausbildung abgeschlossen hat, kann es zu einem **Auseinanderfallen** des Datums des Abschlusses der Ausbildung und des Ausstellungsdatums der Bescheinigung nach § 2 Abs. 6 ZMediatAusbV kommen. Dies wird regelmäßig dann der Fall sein, wenn für die die Ausbildung abschließende Einzelsupervision die Jahresfrist des § 2 Abs. 5 (2. Alt.) ZMediatAusbV in Anspruch genommen wird. Denn dann muss der zertifizierte Mediator den Umstand der Teilnahme an einer Einzelsupervision der Ausbildungseinrichtung mitteilen, damit diese (nach entsprechender Verifizierung) eine Bescheinigung erstellen wird.

44 Der zertifizierte Mediator hat es demnach in der Hand auf das Ausstellungsdatum der Abschlussbescheinigung und damit auf den Beginn der Zweijahresfrist für die Durchführung von vier Einzel(-Fall-)Supervisionen Einfluss zu nehmen. Vielfache Gründe für eine Verzögerung sind denkbar. Angesichts der (scheinbar) klaren und eindeutigen Regelung des Satzes 2 ist allerdings auch an dieser Stelle das Regelwerk wiederum unvollkommen erstellt, sind Verordnungstext mit Sinn und Zweck der Vorschrift nur schwerlich in Einklang zu bringen. Um Missbrauch vorzubeugen bietet sich eine Korrektur im Rahmen einer teleologischen Reduktion an: Fallen das Datum des Ausbildungsendes (vgl. § 2 Abs. 6 Nr. 3 ZMediatAusbV) und das Ausstellungsdatum der Bescheinigung auseinander, so ist entscheidend der Zeitpunkt der Erfüllung der materiellen Voraussetzungen nach § 2 Abs. 1 ZMediatAusbV. Für den **Fristbeginn nach Satz 2** ist, wenn die Supervision bereits während der Ausbildung durchgeführt wurde, alleine auf das sich aus der Ausbildungsbescheinigung ergebende **Datum des Ausbildungsendes** abzustellen.[24] Wird hingegen die Supervision während der Jahresfrist des § 2 Abs. 5 ZMediatAusbV durchgeführt, so ist für den Beginn der Zwei-Jahres-Frist auf das Datum der Superversion abzustellen, wie es sich aus § 2 Abs. 6 Nr. 5 ZMediatAusbV ergibt.

---

24 So auch *Klowait/Gläßer*, § 4 ZMediatAusbV, Rn. 7.

Für diejenigen zertifizierten Mediatoren, die als Alt- oder als Übergangsfälle nach § 7 Abs. 1, 2 ZMediatAusbV zum Zeitpunkt des Inkrafttretens der ZMediatAusbV am 1. September 2017 berechtigt waren, sich als »Zertifizierter Mediator« zu bezeichnen, begann die Frist bereits am 1. September 2017 zu laufen mit der Folge, dass die vier Einzel(-Fall-)Supervisionen bis spätestens 31. August 2019 absolviert sein mussten (§ 7 Abs. 3 ZMediatAusbV). 45

6. Versäumung der Zweijahresfrist

Keine explizite Regelung enthält die ZMediatAusbV zu der Frage, welche Konsequenzen eine Versäumung der vier Einzel(-Fall-)Supervisionen innerhalb des Zweijahreszeitraumes nach sich zieht. Nach Sinn und Zweck der Vorschrift darf derjenige, der innerhalb der Frist des Absatzes 1 nicht alle vier Einzelfallsupervisionen durchgeführt hat, sich dann nicht mehr als »Zertifizierter Mediator« bezeichnen.[25] 46

Die Möglichkeit, eine versäumte Einzelsupervision nachzuholen, sieht die Verordnung ebenfalls nicht vor. Das hat zur Konsequenz, dass die zeitintensive und in aller Regel kostspielige Ausbildung wiederholt werden muss.[26] Im Unterschied zur vergleichbaren Regelung des § 3 Abs. 1 Satz 2 ZMediatAusbV kommt eine verfassungsgemäße Auslegung im Hinblick auf das Grundrecht der Berufsfreiheit und den Grundsatz der Verhältnismäßigkeit mit dem Ergebnis einer Nachholung einer versäumten Einzelfallsupervision vorliegend nicht in Betracht. Bei § 4 ZMediatAusbV handelt es sich – anders als bei der echten Fortbildung nach § 3 ZMediatAusbV – weniger um eine reine Fortbildung als um einen (späteren) praxisbetonten Ausbildungsteil, der an die während der Ausbildung zu erbringende Einzelsupervision anknüpft.[27] Auch diese muss innerhalb der Frist des § 2 Abs. 5, 2. Alt. ZMediatAusbV erbracht werden, ohne dass die Möglichkeit besteht, sie nachzuholen. Zur Möglichkeit, bei einer Wiederholung des Ausbildungslehrgangs frühere Ausbildungselemente anzurechnen, vgl. oben § 2 ZMediatAusbV Rdn. 79. Darüber hinaus ist auch daran zu denken, eine Lösung über eine entsprechende Regelung im Rahmen einer Ausbildung im Ausland nach § 6 ZMediatAusbV (vgl. unten § 6 ZMediatAusbV Rdn. 6) zu suchen. 47

7. Einzel-Bescheinigung über durchgeführte Einzel(-Fall-)Supervision (Absatz 2 Satz 1)

Nach Absatz 2 **Satz 1** ist über jede durchgeführte Einzel(-Fall-)Supervision vom Supervisor **eine** Bescheinigung zu erstellen. Die klare Regelung des Satzes 1 schließt es aus, dass alle vier erforderlichen Einzelsupervisionen gemeinsam in einer einzigen 48

---

25 *Reinhardt/Ludolph*, http://www.dgmw.de/wp-content/uploads/2016/09/ZMediatAusbVerordnung-Der-zertifizierte-Mediator.pdf (Datum des Zugriffs: 31.10.2019).
26 *Fries*, https://www.mediatorenausbildung.org/synopse-zur-zertifizierte-mediatoren-ausbildungsverordnung/(Datum des Zugriffs 31.10.2019); *Reinhardt/Ludolph*, http://www.dgmw.de/wp-content/uploads/2016/09/ZMediatAusbVerordnung-Der-zertifizierte-Mediator.pdf (Datum des Zugriffs: 31.10.2019).
27 Vgl. auch *Plassmann* AnwBl 1/2017, 26 ff (29).

Bescheinigung dokumentiert werden. Ratio legis dürfte sein, dass der zertifizierte Mediator zeitnah nach einer durchgeführten Mediation oder Co-Mediation sich mit dem Supervisor zusammensetzen soll, um die Mediation zu analysieren und um den Erkenntnisgewinn aus dieser Supervision für die dann folgenden Mediationen sogleich verwenden zu können. Ersichtlich war es dem Verordnungsgeber ein Anliegen, den zertifizierten Mediator zu der kritischen Analyse zu bewegen, ob und wie der Transfer der Inhalte der Ausbildung in die Mediationspraxis geglückt ist.

49 Mit den vier Bescheinigungen nach Absatz 2 kann der zertifizierte Mediator gegenüber den Parteien einer Mediation (vgl. § 3 Abs. 5 ZMediatAusbV) wie auch gegenüber sonstigen Dritten die Erfüllung seiner gesetzlichen Verpflichtungen und die Berechtigung zum Führen des Gütesiegels nachweisen.

8. Mindestinhalt der Bescheinigung (Absatz 2 Satz 2)

50 Absatz 2 **Satz 2** enthält nähere Angaben darüber, was in der Bescheinigung als **Mindestinhalt** zu stehen hat. Ersichtlich geht es dem Verordnungsgeber um eine eindeutige Zuordnung hinsichtlich des jeweiligen zertifizierten Mediators, der durchgeführten Einzel(-Fall-)Supervision, des durchgeführten Mediationsfalles in anonymisierter Form und der Identifizierung des Supervisors. Gegen die Aufnahme weiterer Daten ist nichts einzuwenden. Dem Supervisor, der die **Bescheinigung** auszustellen hat, bleibt es überlassen, wie er diese **gestaltet** und im Einzelnen **bezeichnet** (Urkunde, Bescheinigung, etc.). Jedoch ist anzuraten, in der Bescheinigung selbst auf ihre **Rechtsgrundlage**, mithin auf § 4 Abs. 2 ZMediatAusbV zu verweisen.

a) Angaben zum zertifizierten Mediator (Satz 2 Nummer 1)

51 Was die Anforderungen des Satzes 2 Nummer 1 hinsichtlich der **Daten des zertifizierten Mediators** anbelangt, so bedürfen diese keiner näheren Erläuterung, sprechen mithin für sich selbst. U. U. kann allerdings daran gedacht werden, über die Mindestanforderungen Name, Vornamen und Geburtsdatum hinaus den aktuellen Beruf, akademische Grade und Wohnort mit aufzunehmen.

b) Angaben zur Einzelsupervision (Satz 2 Nummer 2)

52 **Datum und Ort der Einzel(-Fall-)Supervisionen** zählen ebenfalls zu den Mindestangaben. Was das Datum anbelangt so ist zu unterscheiden zwischen dem Datum der Ausstellung der Bescheinigung und dem Datum der durchgeführten Einzel(-Fall-)Supervision: Von rechtlicher Relevanz ist hier lediglich das Datum der durchgeführten Einzel(-Fall-)Supervision selbst, nicht das der Ausstellung der Bescheinigung. Denn die Supervision muss innerhalb des Zweijahreszeitraumes des Absatzes 1 Satz 1 stattgefunden haben.

c) Angaben zum Mediationsfall (Satz 2 Nummer 3)

53 Zu den Mindestangaben der Bescheinigung zählen auch »**anonymisierte** Angaben zur in der Einzelsupervision besprochenen **Mediation**«. Damit will der Verordnungs-

geber einerseits sicherstellen, dass jeweils unterschiedliche Mediationen supervidiert werden, andererseits der gesetzlichen Verschwiegenheitspflicht des Mediators gem. § 4 MediationsG Rechnung tragen. Die geforderten Angaben können, da es sich nicht um eine Dokumentation des Mediationsfalles handeln soll, nur allgemeiner Art sein und sich daher auch nur in einer kursorischen Beschreibung erschöpfen.[28]

Mindestangaben zur besprochenen Mediation sind 54
– die Darstellung des Konflikts und seine inhaltlichen Zuordnungen (bspw. »Trennungskonflikt«, »Gesellschafterauseinandersetzung«, »Erbstreitigkeit«, »Teamkonflikt in einer Unternehmensabteilung eines mittelständischen Unternehmens« etc.)
– die Anzahl der Konfliktbeteiligten und ggf. hinzugezogener Dritter (bspw. »Eheleute und Schwiegereltern der Ehefrau«, »vier aktive und ein stiller Gesellschafter«, »die drei Kinder des Erblassers und der Steuerberater des ältesten Sohnes«, »die fünf Mitarbeiter des für die Buchhaltung zuständigen Teams«etc.)
– der Mediationsprozess und seine besondere Dynamik im Hinblick auf Parteien und Mediator (bspw. »Rollenkonflikt des Mediators wegen persönlicher Betroffenheit«, »Möglichkeit des Scheiterns in Phase 3 wegen fehlender Offenheit des geschäftsführenden Gesellschafters«, »Gefahr des Verlustes der Professionalität des Mediators im Einzelgespräch«, »Schwierigkeiten bei der konkreten Umsetzung des Verhandlungsergebnisses in Phase 6« etc.)
– Schwerpunkte der Reflexion in der Supervision.

Die Supervisor bleibt es freigestellt, in welcher Form er die Mindestangaben zur besprochenen Mediation darstellt, sei es in tabellarischer Form oder in einem Fließtext. 55

d) **Angaben zum Supervisor (Satz 2 Nummer 4)**

Nach Satz 2 Nummer 4 sind **Name und Anschrift des Supervisors** aufzuführen; 56
sinnvollerweise wird dies in der Kopfzeile der Bescheinigung geschehen, ggf. auch noch einmal in der Bescheinigung selbst (vgl. unten Rdn. 63). Zudem empfiehlt es sich, die vollständigen Kontaktdaten des Supervisors aufzunehmen und die Bescheinigung von ihm persönlich unterschreiben zu lassen; auch an die Beifügung eines Stempelabdrucks ist zu denken.

9. **Rechtsschutz**

Kommt ein Supervisor seiner Verpflichtung nicht nach, eine Bescheinigung nach 57
Absatz 2 zu erteilen und ist auch der Versuch einer konsensualen Lösung nicht zustande gekommen oder gescheitert, so verbleibt dem »Zertifizierten Mediator« nur die Möglichkeit, den Zivilrechtsweg beschreiten und Klage erheben. Der Anspruch folgt aus dem Vertrag zur Durchführung der Einzel(-Fall-)Supervision i.V.m. § 4 Abs. 2 ZMediatAusbV.

---

28 *Röthemeyer* ZKM 2016, 195 ff (198).

III. Hinweise für die Praxis

58 Die Hinweise für die Praxis befassen sich mit einem Mustervertrag über die Durchführung einer Supervision (1.), gefolgt von einer Checkliste für Supervisoren (2.), dem Muster eines Themenblattes zur Vorbereitung einer Supervision (3.), einem Übersichtsblatt über den Ablauf einer mediationsanalogen Supervision (4.), dem Muster einer Bescheinigung über eine durchgeführte Einzel(-Fall-)Supervision (5.) und schließlich Hinweisen für die Geltendmachung von Rechtsschutz (6.).

1. Supervisionsvertrag

59 Um Streitigkeiten vorzubeugen empfiehlt sich der schriftliche Abschluss eines Supervisionsvertrages zwischen Supervisor und Zertifiziertem Mediator. Dieser Vertrag sollte zumindest Ausführungen zum Vertragsgegenstand, zu den Aufgaben des Supervisors, zur Verschwiegenheit, zur auszustellenden Bescheinigung, zu Datum, Dauer und Honorar enthalten, zudem eine Mediationsklausel. Was Letztere anbelangt, so empfiehlt es sich, auf eine Mediationsordnung zu verweisen, was jedoch nicht zwingend ist; hierfür kommt in Betracht die Mediationsordnung der Deutschen Institution für Schiedsgerichtsbarkeit e.V. – DIS- (www.dis-arb.de) oder ggf. die einer IHK.

▶ **Muster: Supervisionsvertrag**

Vertrag über die Durchführung einer Einzelsupervision

zwischen

Rechtsanwalt, Zertifizierter Mediator und Supervisor

Prof. Dr. Roland Fritz, M.A.

adribo-Büro Frankfurt

Wolfsgangstr. 22a

60322 Frankfurt am Main   -Supervisor-

und

Herrn Zertifizierten Mediator

Max Mustermann, geb. am 17.1.1982 Mittelweg 14

60313 Frankfurt am Main   -Zertifizierter Mediator-

1. Gegenstand des Vertrages

Gegenstand des Vertrages ist die Durchführung einer Einzelsupervision gem. § 4 ZMediatAusbV.

2. Aufgaben des Supervisors

Die Gesprächsführung obliegt dem Supervisor, wobei Inhalt und Tempo vom Zertifizierten Mediator mitbestimmt werden. Der Supervisor unterstützt ihn bei seiner Reflexion in Bezug auf die von ihm durchgeführte Mediation hinsichtlich der Konfliktparteien, des Gesprächsverlaufs und seiner Person. Die Zertifizierte Mediator wird sich hierzu mit größtmöglicher Offenheit und Ehrlichkeit äußern.

3. Verschwiegenheitspflicht

Der Supervisor und ggf. von ihm in das Supervisionsverfahren eingebundene Personen sind zur Verschwiegenheit hinsichtlich vertraulicher Informationen, der zugrundeliegenden Mediation und des Ablaufs der Supervision verpflichtet.

Der Supervisor respektiert die Verschwiegenheitspflicht des Zertifizierten Mediators gem. § 4 MediationsG.

Der Zertifizierte Mediator verpflichtet sich zur Verschwiegenheit über Inhalt und Ablauf der Supervision.

4. Bescheinigung

Der Supervisor erteilt dem Zertifizierten Mediator binnen einer Woche nach durchgeführter Mediation eine Bescheinigung entsprechend den Vorgaben des § 4 Abs. 2 Satz 2 ZMediatAusbV.

5. Datum, Ort, Dauer und Honorar

Die Supervision findet am… (Datum) um… (Uhrzeit) in den Räumlichkeiten des Supervisors (oder: telefonisch) statt.

Für die Supervision wird ein Zeitdauer von einer Stunde vereinbart.

Das Honorar beträgt 150.- Euro zzgl. gesetzlicher Mehrwertsteuer, mithin 178,50 Euro und ist binnen zwei Wochen nach Unterzeichnung dieses Vertrages auf das Konto IBAN… zu überweisen.

Ein Ausfallhonorar in Höhe eines halben Stundensatzes zzgl. gesetzlicher Mehrwertsteuer (89,50 Euro) wird fällig, wenn der vereinbarte Supervisionstermin seitens des Zertifizierten Mediators später als zwei Tage vor dem festgelegten Termin abgesagt wird.

6. Datenschutzerklärung

Der Supervisor speichert und verarbeitet Name, Geburtsdatum, Wohnort und Kommunikationsdaten des Fortbildungsteilnehmers auf der Rechtsgrundlage des Art. 6 DSGVO. Wegen näherer Einzelheiten wird auf die Datenschutzerklärung auf der Homepage des Supervisors unter www. … verwiesen.

7. Mediationsklausel

Die Vertragsparteien verpflichten sich bei Streitigkeiten, die sich aus diesem Vertrag ergeben oder im Zusammenhang mit seiner Durchführung entstehen, vor Beschreiten des Rechtswegs auf Antrag einer Partei gegenüber der anderen ein Mediationsverfahren (ggf.: nach der im Zeitpunkt der Anrufung geltenden Verfahrensordnung der DIS) durchzuführen.

Der Rechtsweg ist erst eröffnet, wenn sich die Parteien nicht innerhalb einer Frist von 21 Tagen seit Antrag einer Partei auf Durchführung einer Mediation gütlich geeinigt haben oder beide Parteien einander schriftlich erklären, auf die Durchführung eines Mediationsverfahrens zu verzichten.

Verfahrensort für das Verfahren nach dieser Bestimmung ist Frankfurt am Main.

Frankfurt am Main,......(Datum)

(Unterschriften)

2. Checkliste zur Vorbereitung einer telefonischen Einzel-(Fall-)Supervision mit vorgeschaltetem schriftlichem Themenblatt

60 Supervisoren ist anzuraten, eine telefonische Supervision anhand einer Checkliste vorzubereiten, gekoppelt mit einem vorab vom Zertifizierten Mediator auszufüllenden Themen- bzw. Arbeitsblatt.

Vgl. zu Einzelheiten und zum **Muster** »Checkliste« § 2 ZMediatAusbV Rdn. 124.

3. Supervision vorbereitendes Themenblatt

61 Zur Vorbereitung der telefonischen Supervision empfiehlt es sich, bereits beim Erstkontakt mit dem Supervisanden darauf hinzuweisen, dass der Supervisor zur eigenen Vorbereitung ein Themenblatt übersenden wird, dass vom Supervisanden ausgefüllt zurückgesandt werden soll. Das kann per Post als auch per E-Mail erfolgen.

Vgl. zu Einzelheiten und zum **Muster** »Schreiben für Vorbereitung der Supervision mit Themenblatt« § 2 ZMediatAusbV Rdn. 125.

4. Übersichtsblatt einer mediationsanalogen Supervision

62 Wer als Supervisor die Einzel(-Fall-)Supervision in Form einer mediationsanaloge Supervision durchführt, erklärt zu Beginn den Teilnehmern den Ablauf des Verfahrens (siehe § 2 ZMediatAusbV Rdn. 49 ff.). Zum besseren Verständnis bietet es sich an den Teilnehmern ein Übersichtsblatt auszuhändigen, das die einzelnen Prozessschritte beschreibt.

Vgl. zu Einzelheiten und zum **Muster** »Übersichtsblatt« § 2 ZMediatAusbV Rdn. 126.

5. Bescheinigung über durchgeführte Einzelsupervision nach Absatz 2

63 Die Mindestangaben für die Bescheinigung über eine durchgeführte Supervision ergeben sich aus Absatz 2 Satz 2. Hieran orientiert sich die folgende Musterbescheinigung. Es empfiehlt sich stets auf die Rechtsgrundlage Bezug zu nehmen. Handelte es sich um einen Übergangsfall nach § 7 Abs. 2 ZMediatAusbV, so bedurfte es ebenfalls einer Bescheinigung nach § 4 Abs. 2 ZMediatAusbV; auch hierauf sollte in der Bescheinigung Bezug genommen werden (»*Bescheinigung.... gem. §§ 7 Abs. 2 Satz 2, 4 Abs. 2 ZMediatAusbV*«).

▶ **Muster: Bescheinigung Einzelsupervision**

Prof. Dr. Roland Fritz, M.A.

adribo-Büro Frankfurt

Wolfsgangstr. 22a

60322 Frankfurt am Main

Bescheinigung

über eine durchgeführte Einzelsupervision

gem. § 4 Abs. 2 ZMediatAusbV

Herr Zertifizierter Mediator	……
geb. am	……
wohnhaft	……
hat am	……
in	……
bei	Prof. Dr. Roland Fritz, M.A., adribo-Büro Frankfurt, Wolfsgangstr. 22a, 60322 Frankfurt am Main (mediator-fritz-frankfurt.de)
	(oder im Falle einer Co-Supervision bspw.:
	in Co-Supervision mit Helga Jaspersen, M.A., adribo-Büro Hannover, Brandensteinstr. 39, 30519 Hannover (jaspersen@adribo.com))

eine Einzelsupervision zu der von ihm in der Zeit vom…. bis….. geleiteten Mediation (oder: mitgeleiteten Co-Mediation) durchgeführt.

Anonymisierte Angaben zu der in der Einzelsupervision besprochenen Mediation:

…….. (Konfliktgegenstand; Anzahl der Beteiligten; besprochene Thematiken zum Verfahren, den Teilnehmenden, dem Mediator etc.)

Frankfurt am Main,…….. (Datum)

(Unterschrift)

6. Klage auf Erteilung einer Supervisions-Bescheinigung nach Absatz 2

Kommt der Supervisor seiner Verpflichtung aus dem Supervisionsvertrag i.V.m. § 4 Abs. 2 ZMediatAusbV auf Erteilung einer Bescheinigung trotz Vorliegens der Vor-

64

aussetzungen des Vertrages und trotz entsprechender Aufforderung nebst Fristsetzung beharrlich nicht nach und ist zudem der Versuch einer konsensualen Lösung nicht zustande gekommen oder gescheitert, so verbleibt nur die Möglichkeit, Klage vor dem für den (Wohn-)Sitz des Supervisors zuständigen Amtsgericht zu erheben. Die Klage ist gerichtet auf Ausstellung einer Bescheinigung nach Absatz 2 und kann ohne Anwalt erhoben werden. Es ist sinnvoll in der Klageschrift dazu Stellung zu nehmen, ob bereits der Versuch einer konsensualen Lösung unternommen wurde und ob einem solchen Verfahren Gründe entgegenstehen (§ 253 Abs. 3 Nr. 1 ZPO).

Insoweit kann auf das »**Muster: Klageschrift**« (siehe § 3 ZMediatAusbV Rdn. 46) verwiesen werden, das mit jeweils veränderten Daten und Fakten entsprechend verwendet werden kann.

§ 5 Anforderungen an Aus- und Fortbildungseinrichtungen

(1) Eine Ausbildung nach § 2 oder eine Fortbildung nach § 3 darf nur durchführen, wer sicherstellt, dass die dafür eingesetzten Lehrkräfte
1. über einen berufsqualifizierenden Abschluss einer Berufsausbildung oder eines Hochschulstudiums verfügen und
2. über die jeweils erforderlichen fachlichen Kenntnisse verfügen, um die in der Anlage aufgeführten oder sonstige Inhalte der Aus- oder Fortbildung zu vermitteln.

(2) Sofern eine Lehrkraft nur eingesetzt wird, um bestimmte Aus- oder Fortbildungsinhalte zu vermitteln, müssen sich ihre fachlichen Kenntnisse nur darauf beziehen.

Übersicht Rdn.
I. Regelungsgegenstand und Zweck 1
II. Grundsätze/Einzelheiten 6
   1. Adressaten der Vorschrift (Absatz 1) 6
   2. Anforderungen an eingesetzte Lehrkräfte nach Absatz 1 Nummer 1 8
   3. Anforderungen an eingesetzte Lehrkräfte nach Absatz 1 Nummer 2 11
   4. Anforderungen an eingesetzte Lehrkräfte nach Absatz 2 14
   5. Nichterfüllen der Anforderungen, Rechtsfolgen und Konsequenzen 15
III. Hinweise für die Praxis 18
   1. Dokumentation der Qualifikation eingesetzter Lehrkräfte 18
   2. Aus- und Fortbildungsverträge 19
   3. Rechtsschutz 20

I. Regelungsgegenstand und Zweck

1 Der Verordnungsgeber hat von der Ermächtigung des § 6 Satz 1 MediationsG »Anforderungen an Aus- und Fortbildungseinrichtungen zu erlassen« nur insoweit Gebrauch gemacht, als er Anforderungen betreffend der dort eingesetzten Lehrkräfte formuliert hat. Ansonsten verhält sich die Verordnung zu den Einrichtungen nicht näher. Insbesondere gibt es keine – wie auch immer organisierte – Stelle oder Einrichtung,

die Aus- und Fortbildungseinrichtungen zertifizieren oder zumindest registrieren könnte, wovon der Gesetzgeber des Mediationsgesetzes noch ausgegangen war. Dementsprechend kritisch fällt die Reaktion im Schrifttum im Hinblick auf die fehlende Qualitätssicherung aus.[1] Die nunmehr gültige Regelung des § 5 ZMediatAusbV bleibt im Rahmen der Ermächtigungsnorm des § 6 Satz 2 Nr. 5 MediationsG und knüpft nahezu wortgleich an die Vorschrift des § 7 E-ZMediatAusbV an. Die Anforderungen verletzen nicht die Berufsfreiheit der Lehrkräfte, da diese im Hinblick auf Verbraucherschutz und Qualitätssicherung gerechtfertigt und verhältnismäßig sind.

§ 7 E-ZMediatAusbV (Anforderungen an Aus- und Fortbildungseinrichtungen) lautete:

(1) Eine Ausbildung nach § 3 oder eine Fortbildung nach § 4 darf nur anbieten, wer sicherstellt, dass die für die Aus- oder Fortbildung eingesetzten Lehrkräfte
1. *über eine Qualifikation nach § 2 Nummer 1 verfügen und*
2. *über die jeweils erforderlichen fachlichen Kenntnisse verfügen, um die in der Anlage aufgeführten oder sonstigen Inhalte in einer Aus- oder Fortbildungsveranstaltung zu vermitteln.*

(2) Soweit eine Lehrkraft nur zur Vermittlung bestimmter Aus- oder Fortbildungsinhalte eingesetzt wird, müssen sich ihre fachlichen Kenntnisse nach Absatz 1 Nummer 2 nur darauf beziehen.

In der Entwurfsbegründung zu § 7 E-ZMediatAusbV (S. 17) heißt es:

»*§ 7 legt die Anforderungen an die in den Aus- und Fortbildungseinrichtungen eingesetzten Lehrkräfte fest. Nach dem Wortlaut von § 7 sind die Ausbildung zum zertifizierten Mediator und die Erfüllung der Fortbildungsverpflichtung allein durch Selbststudium ausgeschlossen.*

Die jeweilige Aus- und Fortbildungseinrichtung hat sicherzustellen, dass die eingesetzten Lehrkräfte für die Aus- und Fortbildung gemäß § 3 und § 4 qualifiziert sind.

Nach § 7 Absatz 1 Nummer 1 ist hierfür als Mindestvoraussetzung vorgeschrieben, dass jede Lehrkraft über einen berufsqualifizierenden Abschluss im Sinne von § 2 Nummer 1 verfügen muss. Diese Grundqualifikation ist erforderlich, um die eigenen beruflichen Erfahrungen in die Aus- und Fortbildung einfließen lassen und dadurch die Inhalte in geeigneter Weise vermitteln zu können.

Zusätzlich hat die eingesetzte Lehrkraft über die fachlichen Kenntnisse zu verfügen, die für die jeweiligen Inhalte der Aus- und Fortbildung erforderlich sind, § 7 Absatz 1 Nummer 2.

In § 7 Absatz 2 ist klargestellt, dass sich die fachlichen Kenntnisse der eingesetzten Lehrkraft nur auf die von ihr vermittelten Inhalte beziehen müssen. Es bleibt damit den Aus- und Fortbildungseinrichtungen überlassen, ob sie für einzelne Inhalte spezialisierte Lehrkräfte oder für alle Inhalte umfassend ausgebildete Lehrkräfte einsetzen wollen.«

---

1 *Plassmann* AnwBl 2017, 26 ff (32); *Röthemeyer* ZKM 2014, 65 ff (66).

4 Und die Verweisung auf § 2 Nummer 1 E-ZMediatAusbV sah in der Entwurfsbegründung (S. 15) vor:

»Unter einer Berufsausbildung im Sinne von § 2 Nummer 1 sind anerkannte Ausbildungsberufe im Sinne von § 4 Absatz 1 des Berufsbildungsgesetzes, Berufsausbildungen in einem öffentlich-rechtlichen Dienstverhältnis oder in Berufen der Handwerksordnung sowie in vergleichbaren Berufsausbildungen zu verstehen.

Hochschulen im Sinne von § 2 Nummer 1 sind Universitäten, Pädagogische Hochschulen, Kunsthochschulen, Fachhochschulen und sonstige Hochschulen, an denen ein staatlich anerkannter akademischer Abschluss erworben werden kann.

Gleichwertige im Ausland abgeschlossene Berufsausbildungen oder Studiengänge sind gleichgestellt.«

5 Die Kritik, die der Verordnungsentwurf an dieser Stelle erfahren hatte, gilt entsprechend für die nunmehr gültige Regelung des § 5 ZMediatAusbV, die sich bezüglich der Kompetenzanforderungen an die in der Aus- und Fortbildung eingesetzten Lehrkräfte sehr zurückhält.[2] Die Ermächtigungsnorm des § 6 Satz 2 Nr. 5 MediationsG hätte durchaus die Möglichkeit eröffnet, strengere Maßstäbe an die Kompetenz der eingesetzten Lehrkräfte anzulegen.[3]

II. Grundsätze/Einzelheiten

1. Adressaten der Vorschrift (Absatz 1)

6 Ausweislich der amtlichen Überschrift des § 7 ZMediatAusbV sind Adressaten der Vorschrift die Aus- und Fortbildungseinrichtungen. Was unter einer Aus- und Fortbildungseinrichtung zu verstehen ist, lässt die Verordnung offen. Sie stellt an diese keinerlei Anforderungen, weder in organisatorischer Hinsicht noch hinsichtlich etwaiger Qualitätsmaßstäbe. Eine Aus- und Fortbildungseinrichtung kann demzufolge aus einer universitären Einrichtung, einem privatrechtlich organisierten Ausbildungsinstitut oder auch nur aus einer einzigen Person bestehen,[4] solange jeweils sichergestellt ist, dass die eingesetzten Dozenten und Trainer den Anforderungen des Absatzes 1 Nummern 1 und 2 genügen. Adressat der Norm sind jedoch nur in der Bundesrepublik Deutschland ansässige Aus- und Fortbildungseinrichtungen. Ausländische Institute, die eine Zweigstelle in Deutschland unterhalten und über diese in der Bundesrepublik eine Aus- oder Fortbildung anbieten, müssen ebenfalls die Regelungen des § 7 ZMediatAusbV beachten.

7 Die vorstehend entwickelten Überlegungen entsprechen der bundesrepublikanischen Ausbildungswirklichkeit, die sich durch eine breite Palette von Anbietern auszeichnet, angefangen von Hochschulen (bspw. Europa-Universität Viadrina, Institut für anwalts-

---

2 *Fritz* ZKM 2014, 62 ff (64); *Röthemeyer* ZKM 2014, 65 ff (66) spricht von »niederschwelligen Anforderungen«.
3 Teil 1 C., § 6 MediationsG, Rdn. 30; *Greger/Unberath/Steffek*, § 6 MediationsG, Rn. 15.
4 *Eidenmüller* NJW-aktuell, 46/2016, 15.

orientierte Juristenausbildung der Justus-Liebig-Universität) über privatrechtlich organisierte Institute (bspw. Deutsches Anwaltsinstitut e.V., HERA-Fortbildungs GmbH) bis hin hin zu kleinen (bspw. adriboACADEMY – www.adribo-academy.de –) und kleinsten Organisationseinheiten (bspw. Mediationswerkstatt Münster, pro re – Partizipation und Mediation).

2. **Anforderungen an eingesetzte Lehrkräfte nach Absatz 1 Nummer 1**

Wer als Trainer/Dozent in der Ausbildung zum zertifizierten Mediator eingesetzt werden soll, muss »über einen berufsqualifizierten Abschluss einer Berufsausbildung oder eines Hochschulstudiums verfügen«. Ausgehend von der Überlegung, dass die Mediatorentätigkeit ein interdisziplinäres Arbeitsfeld darstellt, das auf den beruflichen Kenntnissen und Erfahrungen zahlreicher und völlig unterschiedlicher Grundberufe aufbauen kann, will der Verordnungsgeber ersichtlich sichergestellt wissen, dass diese Kenntnisse und Erfahrungen, vermittelt über die jeweiligen Dozenten, in die Ausbildung einfließen. Es geht ihm mithin um Qualitätssicherung. 8

Unter einer **Berufsausbildung** im Sinne von Absatz 1 Nummer 1 sind anerkannte Ausbildungsberufe im Sinne von § 4 Abs. 1 des Berufsbildungsgesetzes, Berufsausbildungen in einem öffentlich-rechtlichen Dienstverhältnis oder in Berufen der Handwerksordnung sowie in vergleichbaren Berufsausbildungen zu verstehen,[5] unter einem **berufsqualifizierenden Abschluss** die jeweiligen, den Ausbildungsberufen entsprechenden Abschlüsse (bspw. Beamter, Verwaltungsfachangestellter, Geselle, Meister etc.). Dabei ist allerdings in den Blick zu nehmen, dass die alternative Konfliktbeilegung auch und gerade vom (internationalen) Wissenstransfer lebt. Die Einbeziehung von (ausländischen) Trainern oder Praktikern wird daher durch die Regelung nicht ausgeschlossen, soweit diese über gleichwertige im Ausland abgeschlossene Berufsausbildungen verfügen.[6] 9

Hochschulen im Sinne der Vorschrift sind Universitäten, Pädagogische Hochschulen, Kunsthochschulen, Fachhochschulen und sonstige Hochschulen, an denen ein staatlich anerkannter akademischer Abschluss (bspw. Staatsexamen, Diplom, Bachelor etc.) erworben werden kann; gleichwertige im Ausland abgeschlossene Studiengänge sind den deutschen Abschlüssen gleichgestellt.[7] 10

3. **Anforderungen an eingesetzte Lehrkräfte nach Absatz 1 Nummer 2**

Die Verordnung verlangt für die einzusetzenden Lehrkräfte zudem abstrakt **Fachkenntnisse** in den in der **Anlage zur Verordnung** aufgeführten oder sonstigen Inhalten, also beispielsweise über Verhandlungstechniken, Gesprächsführung, Konfliktentwicklung etc., aber auch über die Ausgestaltung von praktischen Übungen und Rollenspielen. Während sich die Anforderungen nach Absatz 1 Nummer 1 unschwer 11

---

5 Vgl. Entwurfsbegründung ZMediatAusbV, S. 15.
6 Teil 1 C., § 6 MediationsG, Rdn. 30.
7 Bspw. Master en Droit; vgl. Entwurfsbegründung ZMediatAusbV, S. 15.

anhand der jeweils vorhandenen Abschlussdokumente überprüfen lassen, fällt dies bei den Anforderungen nach Absatz 1 Nummer 2 entsprechend schwerer. Aus der Abgrenzung zu Absatz 2 folgt, dass mit den Lehrkräften nach Absatz 1 jedenfalls solche Trainer und Ausbilder gemeint sind, die alle Inhalte nach Nummer 2 zu vermitteln in der Lage sind, die also über umfassende theoretische und praktische Kenntnisse verfügen. Im Schrifttum wird deshalb die Auffassung vertreten, eine Lehrkraft sollte neben ihrem theoretischen Wissen zumindest über die Kompetenzen, Erfahrungen und Praxis eines »Zertifizierten Mediators« verfügen.[8]

12 Es kommt hinzu, dass die Lehrkräfte in der Lage sein sollen, die entsprechenden Inhalte »zu vermitteln«, mithin auch über pädagogische Fähigkeiten verfügen sollen. Wenn die Aus- und Fortbildungsinstitute insoweit nicht allein auf Einschätzungen und Selbsteinschätzungen angewiesen sein wollen, sollten sie nur solche Lehrkräfte einsetzen, die selbst »Zertifizierte Mediatoren« sind und ggf. über eine von den Mediationsverbänden ausgestellte Qualifikation als »Ausbilder« verfügen, zumindest aber Erfahrung in der Lehre (erlangt über bspw. universitäre Lehraufträge oder Hospitationen etc.) wie auch die Durchführung eigener Mediationsfälle nachweisen können. Qualitätssichernd wäre außerdem an die Einholung und Auswertung regelmäßiger Feedbacks durch die Ausbildungsteilnehmer zu denken.[9]

13 Selbstverständlich kommt auch in Betracht, dass ein Institut Lehrkräfte, die noch nicht über die erforderliche Qualifikation nach Absatz 1 Nummer 2 verfügen, eine gewissen Zeit bei erfahrenen Lehrkräften hospitieren lässt, bis diese über die notwendigen Fähigkeiten verfügen, um die entsprechenden Inhalte vermitteln zu können. Zudem wird im Schrifttum dafür geworben, Abstufungen nach den einzelnen Funktionen (Ausbildungsleiter, Referent etc.) vorzunehmen, die die eingesetzten Lehrkräfte in der Aus- und Fortbildungseinrichtung ausüben.[10]

4. Anforderungen an eingesetzte Lehrkräfte nach Absatz 2

14 Lehrkräfte nach Absatz 2 müssen nicht über umfassende Kenntnisse im Sinne der Anlage zur Verordnung besitzen; vielmehr ist es ausreichend, wenn sie (nur) bestimmte Inhalte vermitteln können. Damit soll die Möglichkeit eröffnet werden, bestimmte Spezialisten (bspw. erfahrene Wirtschaftsmediatoren oder Mediatoren mit spezifischen Kenntnissen im Erbschaftsrecht etc.) in die Ausbildung integrieren zu können.

5. Nichterfüllen der Anforderungen, Rechtsfolgen und Konsequenzen

15 Ungeregelt bleibt, wie die einzelne Aus- und Fortbildungseinrichtung die Qualifikation des von ihr eingesetzten Personals überwachen soll. Hier kann nur angeraten werden, die einschlägigen Dokumente der Lehrkräfte besonders sorgfältig in Augenschein zu nehmen.

---

8 *Lägler/Will* ZKJ 2016, 435 f (436).
9 *Klowait/Gläßer*, § 5 ZMediatAusbV, Rn. 4.
10 *Greger/Unberath/Steffek*, § 6 MediationsG, Rn. 15.

Verstößt eine Aus- oder Fortbildungseinrichtung gegen die Anforderungen des § 7 ZMediatAusbV, so bleibt offen, welche Konsequenzen dies zeitigen soll. Infolge des Fehlens einer staatlichen Zertifizierungsstelle kommt auch hierbei nur eine wettbewerbsrechtliche Abmahnung durch Mitkonkurrenten in Betracht. 16

Ebenfalls nicht geregelt ist, welche Konsequenzen hieraus für den einzelnen Teilnehmer erwachsen. Aus dem zwischen ihm und dem jeweiligen Institut geschlossenen **Aus- oder Fortbildungsvertrag** kann er einen Anspruch auf Erfüllung ableiten, dem jedoch u. U. das Institut nicht entsprechen kann, wenn es nur über eine beschränkte Zahl von Lehrkräften verfügt, Ersatzkräfte nicht zur Verfügung stehen und die entsprechende, von einem nicht hinreichend qualifizierten Dozenten durchgeführte Aus- oder Fortbildungseinheit deshalb nicht nachgeholt werden kann. Dann käme eine Anfechtung des Vertrages nach § 123 BGB in Betracht mit der Folge, dass der Vertrag nichtig (§ 142 BGB) und die Vergütung zurückzuzahlen wäre. Ferner ist an eine Anfechtung wegen (Eigenschafts-)Irrtums (§ 119 Abs. 2 BGB, Folge: § 142 BGB) zu denken sowie (im Fall einer Schädigung, die angenommen werden könnte, wenn die Aus- oder Fortbildung insgesamt oder in wesentlichen Teilen wiederholt werden müsste) an eine Haftung wegen Verschuldens bei Vertragsschluss (§§ 311 Abs. 2, 241 Abs. 2, 280 Abs. 1 BGB). 17

III. Hinweise für die Praxis

1. Dokumentation der Qualifikation eingesetzter Lehrkräfte

Aus- und Fortbildungseinrichtungen ist anzuraten die **Qualifikation** ihrer eingesetzten **Lehrkräfte** zumindest auf ihrer **Homepage** auszuweisen. Dazu zählen 18
– Name,
– Bezeichnung des berufsqualifizierenden Abschlusses einer Berufsausbildung oder eines Hochschulstudiums,
– Ausführungen
  – zu den fachlichen Kenntnissen und
  – zu Lehrerfahrungen,

wobei die beiden letzten sich bspw. daraus ergeben können, dass der Dozent/Trainer selbst »Zertifizierter Mediator« ist und zudem in der Vergangenheit bei verschiedenen Ausbildungsinstitutionen bereits als Dozent tätig war.

2. Aus- und Fortbildungsverträge

Der Abschluss **schriftlicher Verträge** mit den Teilnehmern von Aus- und Fortbildungen beugt späteren Konflikten vor. Musterverträge für eine Ausbildung zum Zertifizierten Mediator oder für eine Fortbildungsveranstaltung finden sich unter § 2 ZMediatAusbV Rdn. 120 und § 3 ZMediatAusbV Rdn. 44. 19

3. Rechtsschutz

Im Fall der **Anfechtung eines Ausbildungs- oder Fortbildungsvertrages** (siehe oben Rdn. 15) und des Scheiterns einer gütlichen Einigung (bspw. im Rahmen einer 20

Teil 2 Verordnung über die Aus- und Fortbildung von zertifizierten Mediatoren

Mediation) über die Rückzahlung der Ausbildungsvergütung kommt die Erhebung einer Klage bei dem für den Sitz der Ausbildungseinrichtung zuständigen Amtsgericht in Betracht.

21 Die Klage ist auf **Rückzahlung der Ausbildungs- oder Fortbildungsvergütung** zu richten und kann ohne Anwalt erhoben werden. Insoweit kann auf das »**Muster: Klageschrift**« (siehe hierzu § 3 ZMediatAusbV Rdn. 46) verwiesen werden, das mit den jeweilig veränderten Daten und Fakten entsprechend verwendet werden kann.

§ 6 Gleichwertige im Ausland erworbene Qualifikation[1]

Als zertifizierter Mediator darf sich auch bezeichnen, wer
1. im Ausland eine Ausbildung zum Mediator im Umfang von mindestens 90 Zeitstunden abgeschlossen hat und
2. anschließend als Mediator oder Co-Mediator mindestens vier Mediationen durchgeführt hat.

Übersicht

	Rdn.
I. Regelungsgegenstand und Zweck	1
II. Grundsätze/Einzelheiten	3
1. Die Anforderungen nach Nummer 1	3
a) Ausbildung im Ausland	3
b) Fehlende Regelung über Formalien und Curriculum	6
c) Zeitumfang	7
2. Die Anforderungen nach Nummer 2	8
a) »anschließend«	8
b) Anzahl der Mediationen	9
c) »als Mediator oder Co-Mediator«	10
d) »durchgeführte« Mediation	14
3. (Weitere) Privilegierung der Auslandsqualifikation	18

---

[1] § 6 dieser Verordnung dient der Umsetzung der Richtlinie 2005/36/EG des Europäischen Parlaments und des Rates vom 7. September 2005 über die Anerkennung von Berufsqualifikationen (ABl. L 255 vom 30.9.2005, S. 22, L 271 vom 16.10.2007, S. 18, L 93 vom 4.4.2008, S. 28, L 33 vom 3.2.2009, S. 49, L 305 vom 24.10.2014, S. 115), die zuletzt durch die Richtlinie 2013/55/EU (ABl. L 354 vom 28.12.2013, S. 132, L 268 vom 15.10.2015, S. 35, L 95 vom 9.4.2016, S. 20) geändert worden ist, sowie der Richtlinie 2013/55/EU des Europäischen Parlaments und des Rates vom 20. November 2013 zur Änderung der Richtlinie 2005/36/EG über die Anerkennung von Berufsqualifikationen und der Verordnung (EU) Nr. 1024/2012 über die Verwaltungszusammenarbeit mithilfe des Binnenmarkt-Informationssystems (»IMI-Verordnung«) (ABl. L 354 vom 28.12.2013, S. 132, L 268 vom 15.10.2015, S. 35, L 95 vom 9.4.2016, S. 20).

I. Regelungsgegenstand und Zweck

Die Vorschrift über »gleichwertige im Ausland erworbene Qualifikation« unterscheidet sich grundlegend von der im Entwurf der ZMediatAusbV vorgesehenen Regelung. § 8 E-ZMediatAusbV hatte noch auf europarechtlich gleichwertige und durch Vorlage von behördlichen Ausbildungs- und Befähigungsnachweisen zu dokumentierenden Qualifikationen abgestellt. Nunmehr orientiert sich die geltende Regelung inhaltlich an der Übergangsvorschrift des § 7 Abs. 1 ZMediatAusbV, ohne jedoch eine Übergangsvorschrift zu sein. Die Voraussetzungen nach § 6 ZMediatAusbV können daher in der Vergangenheit, mithin vor Inkrafttreten der ZMediatAusbV, erworben worden sein oder erst in Zukunft erworben werden.

1

Die Vorschrift ist europarechtlichen Vorgaben geschuldet, wie sie sich im Einzelnen aus der Fußnote zur Vorschrift ergibt, die Teil der Veröffentlichung der Verordnung im Bundesgesetzblatt ist (zur inhaltlichen Erforderlichkeit vgl. hingegen unten Rdn. 18).

2

II. Grundsätze/Einzelheiten

1. Die Anforderungen nach Nummer 1

a) Ausbildung im Ausland

§ 6 ZMediatAusbV stellt, wie sich aus dem Wort »auch« ergibt, neben § 2 ZMediatAusbV eine weitere Erwerbsnorm zum Führen des Gütesiegels »Zertifizierter Mediator« dar (»… darf sich *auch* bezeichnen,….«) Sie stellt auf den **Ort der Ausbildung** ab, nämlich auf das Ausland. Dieser Begriff ist umfassend im Sinne einer Weltgeltung zu verstehen.

3

Als zertifizierter Mediator darf sich danach in der Bundesrepublik Deutschland jedermann bezeichnen, der seine Ausbildung **im Ausland** abgeschlossen hat. Dies kann ein deutscher Staatsangehöriger sein, ein Angehöriger eines EU-Staates oder ein Angehöriger eines Drittstaates, wobei das Führen der Bezeichnung – ohne zugleich die Tätigkeit als Mediator auszuüben – wenig Sinn macht. Von daher müssen EU-Ausländer und Drittstaatsangehörige zur Ausübung der freiberuflichen Tätigkeit als Mediator immer auch die arbeitsrechtlichen Voraussetzungen erfüllen.

4

Die Unbestimmtheit der Vorschrift lässt auch vorliegend verschiedene Interpretationen zu, wann die Voraussetzung einer »**im**« Ausland absolvierte Ausbildung vorliegt.[2] Ausgehend von einer systematischen Auslegung und dem Zweck, dass § 6 ZMediatAusbV eine Ausnahmevorschrift darstellt, ferner im Hinblick auf Eindeutigkeit und Klarheit stellt sich die Frage, ob die Ausbildungseinrichtung ihren Sitz im Ausland haben muss und ob sich die Ausbildungsteilnehmer ihrerseits zum Zwecke der Ausbildung im Ausland aufhalten müssen.[3]

5

---

2 So zutreffend *Röthemeyer* ZKM 2016, 195 ff (201).
3 Vgl. auch die Fallkonstellationen bei *Eidenmüller/Fries* AnwBl. 2017, 23 ff (25, Fn. 25, 26), ferner *Plassmann* AnwBl. 2017 26 ff (30), zudem *Snuck*, S. 197.

b) Fehlende Regelung über Formalien und Curriculum

6 Was die **Formalien** und **Inhalte** der Ausbildung anbelangt, so mangelt es ebenfalls an detaillierten Regelungen. Ein der Anlage zur ZMediatAusbV vergleichbares Curriculum wird nicht verlangt, auch nicht die Durchführung einer Supervision und ebenso wenig eine Anknüpfung an die Regelung des § 4 MediationsG. Aus der Überschrift »gleichwertige Ausbildung« lässt sich für die inhaltliche Ausgestaltung der im Ausland durchgeführten Ausbildung ebenfalls nichts herleiten: Denn die »Gleichwertigkeit« bezieht sich (nur) auf die (formale) Berechtigung zur Führung des Gütesiegels, nicht auf etwaige, einer Ausbildung nach § 2 ZMediatAusbV vergleichbare Anforderungen. Das Fehlen einschlägiger Vorgaben würde es daher bspw. auch erlauben, eine Ausbildung im Ausland von deutschen Dozenten in deutscher Sprache durchführen zu lassen. Auch der Zeitpunkt der Ausbildung im Ausland ist nicht beschränkt: Dies kann eine Ausbildung sein, die bereits vor Inkrafttreten der ZMediatAusbV erfolgte, ebenso eine Ausbildung die erst danach erfolgen soll.

c) Zeitumfang

7 Der notwendigen Zeitumfang beträgt **90 Zeitstunden**, mithin 60 min pro Zeiteinheit. Der vorgeschriebene Umfang muss nicht als Präsenzausbildung erbracht werden, vielmehr können auch hier, vergleichbar der Fortbildung nach § 3 ZMediatAusbV, Zeiten für Eigen- und Fernstudium sowie für Vor- und Nachbereitung berücksichtigt werden.[4] Auch Online-Angebote sind danach denkbar, wenngleich kaum vorstellbar ist, wie eine Mediationsausbildung ohne praktische Übungen und Rollenspiele erfolgreich absolviert werden kann.

2. Die Anforderungen nach Nummer 2

a) »anschließend«

8 Nummer 2 bestimmt, dass »anschließend« an die Ausbildung vier Mediationen durchgeführt wurden. Damit wird klargestellt, dass diese Mediationen nicht während der Ausbildung absolviert werden dürfen, sondern erst danach. Wann dies dann der Fall ist, bleibt – mangels einer entsprechenden Regelung – dem einzelnen Mediator überlassen. Zudem müssen diese Mediationen nicht im Ausland durchgeführt werden; dies kann auch in der Bundesrepublik Deutschland geschehen.

b) Anzahl der Mediationen

9 Die Regelung der Nummer 2 verlangt eine Mindestanzahl von durchgeführten Mediationen, nämlich vier. Diese Anforderungen an den Praxiserwerb erweisen sich als außerordentlich gering.

---

4 Vgl. *Eidenmüller/Fries* AnwBl. 2017, 23 ff (25)).

c) »als Mediator oder Co-Mediator«

Die Voraussetzung der Nummer 2 verlangt Mediationen, die entweder **selbst** durchgeführt wurden, mithin als von dem den Parteien allein verantwortlichen Mediator oder zusammen mit einem oder mehreren anderen Mediatoren – als sog. **Co-Mediator** (vgl. § 1 Abs. 1 MediationsG). 10

Damit ist nach dem Verständnis des MediationsG gemeint, dass der Mediator ein Mediationsverfahren »nach den Regeln der Kunst« durchführt, mithin 11
– sich vergewissert, dass die Parteien die Grundsätze und den Ablauf des Mediationsverfahrens verstanden haben und freiwillig an der Mediation teilnehmen,
– sich allen Parteien gleichermaßen verpflichtet fühlt,
– die Kommunikation fördert,
– gewährleistet, dass die Parteien in angemessener und fairer Weise in das Verfahren eingebunden sind,
– die Parteien durch die Mediation führt,
– im Fall einer Einigung auf Informiertheit hinwirkt (vgl. §§ 1 Abs. 2, 2 Abs. 2, 3, 6 MediationsG).

Mit dieser Aufgabenbeschreibung wird zugleich deutlich, dass es sich um die **Mediation eines** echten, in der Lebenswirklichkeit (noch immer) **vorliegenden** (oder durch die Mediation beendeten) **Konfliktfalles** handeln muss, nicht hingegen um die Mediation eines Rollenspiels nach der Ausbildung, selbst wenn die Konfliktparteien nicht von anderen Ausbildungsteilnehmern sondern von ausbildungsfremden Personen verkörpert werden. 12

Für den **Co-Mediator** bedeutet dies, dass er einen **substanziellen Anteil** der Aufgaben eines Mediators (mit-)verantwortlich erbringen muss.[5] Passive Teilnahme im Wege einer Hospitation ist ebenso wenig ausreichend wie die Übernahme reiner Hilfstätigkeiten, beispielsweise das Beschriften von Flipcharts. In welcher spezifischen Ausgestaltung eine Co-Mediation[6] praktiziert wird ist hingegen zweitrangig.[7] 13

d) »durchgeführte« Mediation

Auslegungsbedürftig ist, was unter einer »durchgeführten« Mediation zu verstehen ist. Das Adjektiv findet sich in ähnlichem Kontext in § 2 Abs. 5 ZMediatAusbV, § 4 Abs. 1 Satz 1 ZMediatAusbV und 7 Abs. 1, 2 Satz 1 ZMediatAusbV. Es könnte daran gedacht werden, dass dem Verordnungsgeber vorschwebe, die Mediation müsse zu einem formalen Abschluss, einer Lösung des Konfliktes, gelangt sein. Eine derartige Interpretation würde jedoch weder der Lebenswirklichkeit einer Konflikt- 14

---

5 *Röthemeyer* ZKM 2016, 195 ff (198).
6 Vgl. hierzu *Haft/Schlieffen*, 3. Aufl., § 19 Rn. 3 ff.
7 A. A. *Kloweit/Gläßer*, § 2 ZMediatAusbV Rn. 20 f., der eine permanente Co-Mediation verlangt, dabei aber nicht hinreichend in den Blick nimmt, dass auch eine Co-Mediation in einer früheren Phase zu einem Ende kommen kann.

behandlung im Rahmen einer Mediation entsprechen noch der Terminologie des MediationsG.

15 Im Gegensatz zur Begrifflichkeit (»durchgeführte«) der ZMediatAusbV verwendet das Mediationsgesetz eine andere Terminologie: § 2 Abs. 5 MediationsG spricht von einer »beendeten« Mediation, in § 3 Abs. 2, 3 MediationsG heißt es »nach einer Mediation«.

16 Eine Mediation kann, wie sich aus dem Regelungszusammenhang des § 2 Abs. 5 MediationsG ergibt, von den Parteien jederzeit »beendet« werden, ohne dass es zu einer Einigung, einer Lösung gekommen sein muss.[8] Und auch dem Mediator steht ein an die Voraussetzungen des § 2 Abs. 5 Satz 2 MediationsG geknüpftes Kündigungsrecht zu.[9]

17 Im freiwilligen und strukturierten Mediationsverfahren (vgl. § 1 Abs. 1 MediationsG) kann diese »Beendigung« und damit der Zustand »nach einer Mediation« (§ 3 Abs. 2 MediationsG) bereits in einer frühen oder auch in einer späten Verfahrensphase erreicht werden, mithin vom Beginn der Eröffnungssequenz in Phase 1 bis unmittelbar vor Unterzeichnung der abschließenden Vereinbarung in Phase 6.[10] Tritt ein derartiger (Beendigungs-)Fall ein, dann ist entsprechend Nummer 1 von einer »durchgeführten« Mediation auszugehen.

3. (Weitere) Privilegierung der Auslandsqualifikation

18 Über die im Verordnungstext des § 6 ZMediatAusbV selbst bereits angelegten Privilegierungen (90 Zeitstunden Ausbildung, vier durchgeführte Mediationen) folgt aus der Stellung der Vorschrift im Regelwerk der Verordnung zudem, dass die Fortbildungsverpflichtungen der §§ 3 und 4 ZMediatAusbV für den Zertifizierten Mediator mit Auslandsqualifikation nicht gelten:[11] Er muss weder eine kontinuierliche, lebenslange Fortbildung im Vier-Jahres-Rhythmus mit 40 Stunden absolvieren noch sich vier Einzelsupervisionen unterziehen.[12] Das ist, namentlich was die Fortbildung nach § 3 ZMediatAusbV anbelangt, nur schwerlich nachzuvollziehen und erklärt sich auch nicht aus der Verpflichtung zur Umsetzung europarechtlicher Vorgaben.[13]

19 Von daher stellt sich die Frage, ob die Privilegierungen des § 6 ZMediatAusbV eine unzulässige Inländerdiskriminierung darstellen; im Schrifttum wird dies bislang unterschiedlich beantwortet.[14]

---

8 Teil 1 C., § 2 MediationsG Rdn. 112; *Greger/Unberath/Steffek,* § 2 MediationsG Rn. 261.
9 Teil 1 C., § 2 MediationsG Rdn. 114 ff.
10 *Klowait/Gläßer,* § 2 MediationsG Rn. 196.
11 *Eidenmüller* NJW-aktuell 46/2016, 15; *Plassmann* AnwBl. 2017 26 ff (30).
12 A.A. *Klowait/Gläßer,* § 6 ZMediatAusbV Rn. 5; missverständlich insoweit auch *Eicher* ZKM 2016, 160 ff (162), die davon spricht, ausländische Mediatoren seien inländischen Mediatoren gleichgestellt, die bereits vor Inkrafttreten des MediationsG eine Mediationsausbildung absolviert hätten. § 7 Abs. 1, 3 ZMediatAusbV sieht für diese jedoch Fortbildungsverpflichtungen vor.
13 Siehe oben Fußnote 1 zum Verordnungstext des § 6 ZMediatAusbV; vgl. ausführlich hierzu *Röthemeyer* ZKM 2016, 195 ff (202).
14 *Eidenmüller/Fries* AnwBl. 2017, 23 ff (25 m.w.N.); *Röthemeyer* ZKM 2016, 195 ff (202).

§ 7 Übergangsbestimmungen

(1) Als zertifizierter Mediator darf sich bezeichnen, wer vor dem 26. Juli 2012 eine Ausbildung zum Mediator im Umfang von mindestens 90 Zeitstunden abgeschlossen und anschließend als Mediator oder Co-Mediator mindestens vier Mediationen durchgeführt hat.

(2) Als zertifizierter Mediator darf sich auch bezeichnen, wer vor dem 1. September 2017 einen den Anforderungen des § 2 Absatz 3 und 4 genügenden Ausbildungslehrgang erfolgreich beendet hat und bis zum 1. Oktober 2018 an einer Einzelsupervision im Anschluss an eine als Mediator oder Co-Mediator durchgeführte Mediation teilgenommen hat. Wird die Einzelsupervision erst nach dem 1. September 2017 durchgeführt, ist entsprechend § 4 Absatz 2 eine Bescheinigung auszustellen.

(3) In den Fällen der Absätze 1 und 2 beginnen die Fristen des § 3 Absatz 1 Satz 3 und des § 4 Absatz 1 am 1. September 2017 zu laufen. Im Fall des Absatzes 2 Satz 2 beginnen die Fristen abweichend von Satz 1 mit Ausstellen der Bescheinigung zu laufen.

Übersicht

	Rdn.
I. Regelungsgegenstand und Zweck	1
II. Grundsätze/Einzelheiten	5
1. Altfälle nach Absatz 1	5
a) Personenkreis	5
b) Fehlende Regelung über Formalien und Curriculum	7
c) Zeitumfang	8
d) »anschließend«	10
e) Anzahl der Mediationen	11
f) »als Mediator oder Co-Mediator«	12
g) »durchgeführte« Mediation	16
2. Übergangsfälle nach Absatz 2	20
a) Beendigung der Ausbildung gem. § 2 vor dem 1. September 2017 (Satz 1)	21
b) Beendigung des Ausbildungslehrgangs gem. § 2 Abs. 3, 4 vor dem 1. September 2017 (Sätze 1, 2)	22
3. Fristbeginn für Fortbildungen nach § 3 und § 4 (Absatz 3)	24
a) Normadressaten und Fortbildungspflichten	25
aa) Wortinterpretation	25
(1) Adressatenkreise	26
(2) Fortbildungsverpflichtungen	27
(3) Resümee	28
bb) Systematische Interpretation	29
cc) Teleologische Interpretation	32
dd) Ergebnis	35
b) Fristenlauf (Absatz 3 Sätze 1 und 2)	36

Teil 2 Verordnung über die Aus- und Fortbildung von zertifizierten Mediatoren

I. Regelungsgegenstand und Zweck

1 § 7 Abs. 1 ZMediatAusbV hält sich im Rahmen der Ermächtigungsnorm des § 6 Satz 2 Nr. 8 MediationsG und ist im Wesentlichen identisch mit § 9 E-ZMediatAusbV.

2 Die Entwurfsbegründung zu § 9 E-ZMediatAusbV (S. 18) lautete:

»Die Übergangsregelung in § 9 betrifft die Mediatoren, die vor dem Inkrafttreten des Mediationsgesetzes am 26. Juli 2012 eine Ausbildung zum Mediator abgeschlossen haben, die den Anforderungen und der Mindeststundenzahl nach der Rechtsverordnung nicht genügt. Bei Einhaltung einer Mindestausbildung von 90 Zeitstunden können die fehlenden Ausbildungsstunden und -inhalte durch praktische Erfahrungen als Mediator oder Co-Mediator in mindestens vier Mediationsverfahren ausgeglichen werden…

Die Mindeststundenzahl von 90 Zeitstunden entspricht der bisherigen durchschnittlichen Mindestausbildungsdauer und gewährleistet grundsätzlich, dass der Mediator zumindest die in § 5 Absatz 1 MediationsG festgelegten Kenntnisse und Kompetenzen hat. Diese abgesenkte Mindeststundenzahl in Kombination mit einer ausreichenden Praxiserfahrung gewährleistet, dass Mediatoren mit einer solchen verkürzten Ausbildung Kenntnisse und Kompetenzen besitzen, die den Anforderungen der Rechtsverordnung gleichzustellen sind. Sie dürfen deshalb die Bezeichnung »zertifizierter Mediator« ohne weitere Nachschulung führen.

Auch Mediatoren, die zwar eine Ausbildung mit der erforderlichen Mindeststundenzahl von 120 Zeitstunden absolviert haben, deren Ausbildung jedoch nicht sämtliche Ausbildungsinhalte gemäß der Anlage oder die dort aufgeführten Ausbildungsinhalte nicht in der vorgesehenen Mindeststundenzahl umfasst hat, können diese fehlenden Ausbildungsteile durch praktische Erfahrung ausgleichen.

Die Festlegung der praktischen Erfahrung auf mindestens vier Mediationsverfahren als Ausgleich für bis zu 30 fehlende Ausbildungsstunden berücksichtigt die für ein Mediationsverfahren durchschnittlich aufzuwendende Zeit.«

3 § 7 ZMediatAusbV ist nunmehr erweitert worden um die Absätze 2 und 3, die im Entwurf noch nicht enthalten waren. Bedenken im Hinblick auf Art. 80 Abs. 1 GG bestehen insoweit nicht, als es sich um spezifische Inkrafttretensregelungen der eigentlichen Verordnung handelt.

4 § 7 ZMediatAusbV umfasst als Übergangsvorschrift zwei Bereiche für das Führen des Gütesiegels Zertifizierter Mediator: nach Absatz 1 die sog. Altfälle, mithin Mediatoren, die vor dem Inkrafttreten des MediationsG ihre Ausbildung beendet haben und nach Absatz 2 die sog. Übergangsfälle, also Mediatoren, die ihre Ausbildung unter der Ägide des MediationsG, aber vor Inkrafttreten der ZMediatAusbV zum Abschluss gebracht haben.

II. Grundsätze/Einzelheiten

1. Altfälle nach Absatz 1

a) Personenkreis

Bei den sog. **Altfällen** nach Absatz 1, also den Mediatoren, die **vor Inkrafttreten des** 5
MediationsG ihre Ausbildung absolviert haben, handelt es sich um die Mediatoren der sog. ersten und zweiten Generation. Zur ersten Generation zählen diejenigen, die z.T. noch von US-amerikanischen Trainern ausgebildet wurden und Idee und Praxis der konfliktangemessenen Konfliktbeilegung, namentlich der Mediation, in der Bundesrepublik Deutschland verankert haben. Etliche von ihnen sind zudem im Bereich der Aus- und Fortbildung tätig geworden und bilden ihrerseits in der Bundesrepublik Deutschland Mediatoren (sog. zweite Generation) aus.

Die Mediatoren der ersten und zweiten Generation, die eine Ausbildung entsprechend 6
§ 7 Absatz 1 ZMediatAusbV (90 Zeitstunden, vier durchgeführte Mediationen) absolviert haben, dürfen die Bezeichnung »Zertifizierter Mediator« führen.

b) Fehlende Regelung über Formalien und Curriculum

Was die **Formalien** und **Inhalte** der Ausbildung anbelangt, die die sog. Altfälle durch- 7
laufen haben müssen, mangelt es der Vorschrift an detaillierten Regelungen. Ein der Anlage zur ZMediatAusbV vergleichbares Curriculum wird nicht verlangt, auch nicht die Durchführung einer Supervision im Rahmen der Ausbildung.

c) Zeitumfang

Der notwendigen Zeitumfang beträgt **90 Zeitstunden**, d. h. 60 min pro Zeiteinheit. 8
Der vorgeschriebene Umfang muss nicht als Präsenzausbildung erbracht worden sein, vielmehr können auch hier, vergleichbar der Fortbildung nach § 3 ZMediatAusbV, Zeiten für Eigen- und Fernstudium sowie für Vor- und Nachbereitung berücksichtigt werden.[1] Auch Online-Ausbildung zählt hierzu, wenngleich eine solche ohne praktische Übungen und Rollenspiele kaum vorstellbar ist.

Infolge des Fehlens von Ausführungen zum Inhalt der Ausbildung wird auch derjenige, 9
der bspw. an einer auf 120 oder gar 200 Stunden angelegten Ausbildung teilgenommen hat, den Zeitanforderungen nach Absatz 1 genügen, wenn er denn vor dem Stichtag 26. Juli 2012 bereits 90 Stunden Ausbildung erfahren hat. Gleichwohl wird dies in den meisten Fällen nicht zur Führung des Gütesiegels berechtigen, weil es auch noch der Durchführung von vier Mediationen bis zum Stichtag bedurfte.

d) »anschließend«

Nummer 2 verlangt, dass »**anschließend**« an die Ausbildung vier Mediationen durch- 10
geführt wurden. Damit wird klargestellt, dass diese Mediationen nicht während der

---

1 Vgl. *Eidenmüller/Fries* AnwBl. 2017, 23 ff (25).

Ausbildung erbracht worden sein dürfen, sondern erst danach, aber **vor dem Stichtag des 26. Juli 2012**.[2]

e) Anzahl der Mediationen

11 Die Regelung der Nummer 2 verlangt ein Minimum an durchgeführten Mediationen, nämlich vier. Der Verordnungsgeber ließ sich dabei von der Überlegung leiten, dass die für vier Mediationen aufgebrachte Zeit (regelmäßig) die fehlenden 30 Ausbildungsstunden kompensiert. Es kommt hinzu, dass bei den Mediatoren der 1. und 2. Generation regelmäßig unterstellt werden kann, dass sie im Hinblick auf den Zeitablauf insgesamt hinreichende Praxiserfahrungen gesammelt haben (vgl. oben Rdn. 4).

f) »als Mediator oder Co-Mediator«

12 Die Voraussetzung der Nummer 2 verlangt Mediationen, die entweder **selbst** durchgeführt wurden, d. h. von dem den Parteien allein verantwortlichen Mediator, oder zusammen mit einem oder mehreren anderen Mediatoren – als sog. **Co-Mediator** (vgl. § 1 Abs. 1 MediationsG).

13 Damit ist nach dem Verständnis des MediationsG gemeint, dass der Mediator ein Mediationsverfahren »nach den Regeln der Kunst« durchgeführt hat, er
– sich vergewissert hat, dass die Parteien die Grundsätze und den Ablauf des Mediationsverfahrens verstanden haben und freiwillig an der Mediation teilnehmen,
– sich allen Parteien gleichermaßen verpflichtet gefühlt hat,
– die Kommunikation gefördert hat,
– gewährleistet hat, dass die Parteien in angemessener und fairer Weise in das Verfahren eingebunden waren,
– die Parteien durch die Mediation geführt hat,
– im Fall einer Einigung auf Informiertheit hingewirkt hat (vgl. §§ 1 Abs. 2, 2 Abs. 2, 3, 6 MediationsG).

14 Mit dieser Aufgabenbeschreibung wird zugleich deutlich, dass es sich um die **Mediation** von echten, in der Lebenswirklichkeit sich ereignet habende **Konfliktfälle** gehandelt haben muss, nicht hingegen um eine Mediation im Rahmen von Rollenspielen.

15 Für den **Co-Mediator** bedeutet dies, dass er einen **substanziellen Anteil** der Aufgaben eines Mediators (mit-)verantwortlich erbracht haben muss.[3] Passive Teilnahme im Wege einer Hospitation ist ebenso wenig ausreichend wie die Übernahme reiner Hilfstätig-

---

2 *Fritz* Die Mediation 2017, 60 ff (61); a.A. *Röthemeyer* ZKM 2016, 195 (203); *Klowait/ Gläßer*, § 7 ZMediatAusbV, Rn. 6, die nur verlangen, dass die Mediationen vor Inkrafttreten der ZMediatAusbV absolviert wurden.
3 *Röthemeyer* ZKM 2016, 195 ff (198).

keiten, beispielsweise das Beschriften von Flipcharts. In welcher spezifischen Ausgestaltung eine Co-Mediation[4] praktiziert wurde ist hingegen zweitrangig.[5]

g) »durchgeführte« Mediation

Auslegungsbedürftig ist, was unter einer »durchgeführten« Mediation zu verstehen ist. Das Adjektiv findet sich in ähnlichem Kontext in § 2 Abs. 5 ZMediatAusbV, § 4 Abs. 1 Satz 1 ZMediatAusbV und 7 Abs. 1, 2 Satz 1 ZMediatAusbV. Es könnte daran gedacht werden, dass dem Verordnungsgeber vorschwebte, die Mediation müsse zu einem formalen Abschluss, einer Lösung des Konfliktes, gelangt sein. Eine derartige Interpretation würde jedoch weder der Lebenswirklichkeit einer Konfliktbehandlung im Rahmen einer Mediation entsprechen noch der Terminologie des MediationsG. 16

Im Gegensatz zur Begrifflichkeit (»durchgeführte«) der ZMediatAusbV verwendet das Mediationsgesetz eine andere Terminologie: § 2 Abs. 5 MediationsG spricht von einer »beendeten« Mediation, in § 3 Abs. 2, 3 MediationsG heißt es »nach einer Mediation«. 17

Eine Mediation kann, wie sich aus dem Regelungszusammenhang des § 2 Abs. 5 MediationsG ergibt, von den Parteien jederzeit »beendet« werden, ohne dass es zu einer Einigung, einer Lösung gekommen sein muss.[6] Und auch dem Mediator steht ein an die Voraussetzungen des § 2 Abs. 5 Satz 2 MediationsG geknüpftes Kündigungsrecht zu.[7] 18

Im freiwilligen und strukturierten Mediationsverfahren (vgl. nur § 1 Abs. 1 MediationsG) kann diese »Beendigung« und damit der Zustand »nach einer Mediation« (§ 3 Abs. 2 MediationsG) bereits in einer frühen oder auch in einer späten Verfahrensphase erreicht worden sein, mithin vom Beginn der Eröffnungssequenz in Phase 1 bis unmittelbar vor Unterzeichnung der abschließenden Vereinbarung in Phase 6.[8] War bei einer der vier durchgeführten Mediationen ein derartiger (**Beendigungs-)Fall** eingetreten, dann ist entsprechend Absatz 1 von einer »**durchgeführten**« Mediation auszugehen. 19

2. Übergangsfälle nach Absatz 2

Absatz 2 betrifft die sog. Übergangsfälle, also diejenigen Mediatoren, die nach Inkrafttreten des Mediationsgesetzes und vor dem 1. September 2017 eine Ausbildung entsprechend § 2 ZMediatAusbV beendet haben. Sie müssen für den Erwerb des Gütesiegels grundsätzlich die gleichen Voraussetzungen nach § 2 ZMediatAusbV erfüllen wie Mediatoren, die erst nach Inkrafttreten der ZMediatAusbV ausgebildet werden. 20

---

4 Vgl. hierzu *Haft/Schließen*, 3. Aufl., § 19 Rn. 3 ff.
5 A. A. *Klowait/Gläßer*, § 2 ZMediatAusbV Rn. 20 f., der eine permanente Co-Mediation verlangt, dabei aber nicht hinreichend in den Blick nimmt, dass auch eine Co-Mediation in einer früheren Phase zu einem Ende kommen kann).
6 Teil 1 C., § 2 MediationsG, § 2 Rdn. 112; *Greger/Unberath/Steffek*, § 2 MediationsG Rn. 261.
7 Teil 1 C., § 2 MediationsG Rdn. 114 ff.
8 *Klowait/Gläßer*, § 2 MediationsG Rn. 196.

a) Beendigung der Ausbildung gem. § 2 vor dem 1. September 2017 (Satz 1)

21 Wer seine Ausbildung vor dem 1. September 2017 entsprechend § 2 ZMediatAusbV beendet hatte, mithin auch bereits eine Mediation als Mediator oder Co-Mediator durchgeführt und diese im Anschluss supervidiert hatte, durfte sich bereits ab dem 1. September 2017 als »Zertifizierter Mediator« bezeichnen.

b) Beendigung des Ausbildungslehrgangs gem. § 2 Abs. 3, 4 vor dem 1. September 2017 (Sätze 1, 2)

22 Mediatoren, die zum Inkrafttreten der ZMediatAusbV zwar die Anforderungen nach § 2 Abs. 3, 4 ZMediatAusbV erfüllten, aber noch keine Einzel(-Fall-)Supervision durchgeführt haben, eröffnete Absatz 2 Satz 1 hierfür ein Zeitfenster bis zum 1. Oktober 2018.

Die Jahresfrist des § 2 Abs. 5 ZMediatAusbV begann für diese Mediatoren ab dem 1. September 2017 zu laufen unabhängig davon, wann immer sie nach dem 26. Juli 2012 einen Ausbildungslehrgang entsprechend § 2 Abs. 3 und 4 ZMediatAusbV beendet hatten.

23 Für Einzel(-Fall-)Supervision, die nach dem 1. September 2017 durchgeführt wurden bzw. werden, ist vom Supervisor eine Bescheinigung auszustellen, die den Anforderungen des § 4 Abs. 2 ZMediatAusbV genügen muss (Satz 2).

3. Fristbeginn für Fortbildungen nach § 3 und § 4 (Absatz 3)

24 Absatz 3 Satz 1 ZMediatAusbV enthält eine weitere Übergangsbestimmung: Sie betrifft den Fristenlauf für Fortbildungen nach § 3 Abs. 1 Satz 3 ZMediatAusbV und § 4 Abs. 1 ZMediatAusbV und bestimmt, dass für die Fälle der Absätze 1 (Altfälle) und 2 (Übergangsfälle) die Frist am 1. September 2017 zu laufen beginnt. Die Regelung ist ein weiteres Beispiel für die zahlreichen »unglücklichen« Formulierungen, die diese Verordnung kennzeichnen. Denn im Schrifttum wird die Vorschrift überwiegend dahin gehend verstanden, dass sowohl Alt- wie Übergangsfälle die beiden in Satz 1 benannten Fortbildungspflichten zu erfüllen hätten. Mit dem zwischenzeitlich erfolgten Fristablauf des 31. August 2019 hat sich die bereits in der Vorauflage vertretene Auffassung, dass Altfälle nach Absatz 1 keine Supervisionen nach § 4 ZMediatAusbV zu absolvieren hätten, der sich jedoch die h. M. im Schrifttum nicht angeschlossen hat, weitgehend erledigt. Allein für diejenigen Mediatoren, die als Altfälle keine vier Supervisionen aufzuweisen haben, gleichwohl aber das Gütesiegel führen und sich ggf. rechtfertigen müssen, soll die im Folgenden (Rdn. 25 bis 35) dargestellte Argumentationsschiene weiterhin abgedruckt bleiben.

a) Normadressaten und Fortbildungspflichten

aa) Wortinterpretation

Der **Wortlaut** von Absatz 3 Satz 1 ist **keineswegs**, wie dies im Schrifttum angenommen wird, **eindeutig**: Er ist vielmehr einer Auslegung zugänglich.[9] Die Lesart, dass Alt- und Übergangsfälle **jeweils** Fortbildungen nach § 3 ZMediatAusbV und § 4 ZMediatAusbV zu absolvieren hätten, stellt lediglich eine auf den ersten Blick sich aufdrängende Interpretationsmöglichkeit dar. Dabei verkennt diese Auffassung, dass die Vorschrift des Absatzes 3 Satz 1 **zwei unterschiedliche Adressatenkreise** (nämlich Altfälle einerseits und Übergangsfälle andererseits) mit **zwei unterschiedlichen Fortbildungsverpflichtungen** (nämlich regelmäßige, sich kontinuierlich wiederholende Fortbildungen und einmalige, sich an die Ausbildung anschließende Supervisions-Fortbildungen) kombiniert. Von daher kann die Vorschrift auch so verstanden werden, dass in den Fällen der Absätze 1 und 2 die Fristen des § 3 Absatz 1 Satz 3 ZMediatAusbV und des § 4 Absatz 1 ZMediatAusbV am 1. September 2017 zu laufen beginnen, **soweit sie auf die jeweiligen Alt- und Übergangsfälle** anwendbar sind. 25

Ein genauer Blick auf Adressatenkreis und Fortbildungsverpflichtungen macht dies deutlich.[10]

(1) Adressatenkreise

Die Adressatenkreise, die die Vorschrift behandelt, unterscheiden sich grundlegend: 26
– Es sind einerseits die Mediatoren der ersten und zweiten Generation, die sog. Altfälle nach Absatz 1, deren Ausbildung zum Zeitpunkt des Inkrafttretens der ZMediatAusbV mindestens 5 Jahre zurückliegt, unter anderen Voraussetzungen durchgeführt wurde und die über eine Mindest-Praxiserfahrung von vier Mediationen verfügen.
– Andererseits nimmt die Vorschrift diejenigen Mediatoren in den Blick, die zwar vor Inkrafttreten der ZMediatAusbV ihre Ausbildung beendet haben, deren Ausbildung sich jedoch hinsichtlich Dauer und Inhalt an den Vorgaben der ZMediatAusbV orientiert und für die – über die Integration von Supervision in die Ausbildung und zudem zusätzlich in einem Zeitfenster von längstens zwei Jahren danach – ein hoher Qualitätsstandard, namentlich eine gutes Zusammenspiel von Theorie und Praxis[11] bzw. ein ausbildungsnaher Erfahrungsgewinn[12] gewährleistet werden soll (sog. Übergangsfälle nach Absatz 2).

---

9 A. A. *Klowait/Gläßer*, § 7 ZMediatAusbV, Rn. 4 f.
10 Vgl. grundlegend hierzu *Fritz* Die Mediation 2017, 60.
11 *Eicher* ZKM 2016, 160 (162).
12 *Röthemeyer* ZKM 2016, 195 (203).

(2) Fortbildungsverpflichtungen

27 Absatz 3 bezieht sich auf zwei Fortbildungen, die unterschiedlicher nicht sein könnten:
   - Zum einen auf die **einmalige Qualifizierung nach § 4 ZMediatAusbV**, die im Anschluss an die spezifische Ausbildung nach § 2 ZMediatAusbV zu erbringen ist und die mithilfe eines Dritten – des Supervisors – den Praxistransfer durch vier Einzel(Fall-)Supervisionen binnen zwei Jahren unterstützt und quasi »abschließt«.
   - Zum anderen auf die **nach § 3 ZMediatAusbV** sich **regelmäßig wiederholende »berufslange«** Fortbildung für alle zertifizierten Mediatoren, wie sie auch anderen Berufen nicht fremd ist: Der Mediator soll für Veränderungen von Methoden und Techniken sowie für gesellschaftliche Implikationen gewappnet sein, um die Parteien entsprechend § 5 Abs. 1 Satz 1 MediationsG stets in sachkundiger Weise durch eine Mediation führen zu können. Um dies zu gewährleisten, soll er einzelne der in der Anlage aufgeführten Inhalte immer wieder vertiefen und aktualisieren oder auch Kenntnisse und Fähigkeiten in besonderen Bereichen vertiefen (§ 3 Abs. 2 ZMediatAusbV).

(3) Resümee

28 Die jeweiligen Zuordnungen in Absatz 3 Satz 1 müssen differenziert verstanden werden, d.h. die spezifischen Fortbildungsverpflichtungen müssen zu dem jeweiligen Adressatenkreis passen. Dabei ist zu berücksichtigen, dass sich die einmalige Supervisions-Fortbildung nach § 4 ZMediatAusbV konkret auf eine »Ausbildung nach § 2 ZMediatAusbV« bezieht, die regelmäßige Fortbildung nach § 4 ZMediatAusbV hingegen nur allgemein auf eine »Ausbildung«.

bb) Systematische Interpretation

29 Systematisch gesehen knüpft die Supervisions-Fortbildung des § 4 ZMediatAusbV zeitlich wie inhaltlich an eine abgeschlossene Ausbildung nach den **Maßstäben des § 2 ZMediatAusbV** an. Nach einem Lehrgang von 120 Präsenzzeitstunden mit vorgeschriebenem Mindestinhalt und einer Supervision soll sichergestellt werden, dass der Transfer in die Praxis gelingt und das Erlernte auf hohem Niveau umgesetzt wird. Daher die in den beiden Anfangsjahren nach der Ausbildung bestehende Pflicht zur kritischen Überprüfung eigenen Handelns durch vier weitere (Fall-)Supervisionen. Dies betrifft neu auszubildende Mediatoren, aber auch die sogenannten **Übergangsfälle**, weil diese sich hinsichtlich ihrer Ausbildung ebenfalls an den Voraussetzungen des § 2 ZMediatAusbV zu orientieren haben.

30 Anders hingegen stellt sich die Situation für **Altfälle** dar: Das Gütesiegel für Mediatoren nach § 7 Abs. 1 ZMediatAusbV geht von einer anderen Ausbildung als der nach § 2 ZMediatAusbV aus und privilegiert Praxiserfahrung durch mindestens vier durchgeführte Mediationen. Es wird unterstellt, dass dadurch eine qualitätsvolle Umsetzung der durch Ausbildung erworbenen Kenntnisse bereits stattgefunden hat. Mediatoren der ersten und zweiten Generation haben gerade keine »Ausbildung nach § 2 ZMediatAusbV«, wie es in § 4 Abs. 1 Satz 1 ZMediatAusbV heißt, durchlaufen.

Für dieses Ergebnis spricht auch ein Vergleich mit der Regelung für Auslandsqualifikationen nach § 6 ZMediatAusbV: Dies entspricht denen für Altfälle und sieht ebenfalls keine Fortbildungsverpflichtung nach § 4 ZMediatAusbV vor. 31

cc) Teleologische Interpretation

Das Ergebnis der systematischen Interpretation wird gestützt durch die nach Sinn und Zweck fragende Auslegungsmethode, hier konkret in der Form der teleologischen Reduktion. 32

Mit der Pflicht zur kontinuierlichen Fortbildung gemäß § 3 ZMediatAusbV will der Verordnungsgeber dem Umstand Rechnung tragen, dass insbesondere die Praxis der konsensualen Streitbeilegung einem steten und zum Teil auch raschen Wandel unterworfen ist.[13] Das zeigt sich an der Vielzahl unterschiedlicher Formate wie auch neuer Techniken, die sich in diesem Bereich entwickelt haben und immer wieder neu entwickeln. An derartigen Entwicklungen sollen »zertifizierte Mediatoren« teilhaben. Daher die Pflicht zur regelmäßigen Fortbildung gleich auf welchem Wege die Zertifizierung zuvor erworben wurde, sieht man einmal von der Auslandsausbildung nach § 6 ZMediatAusbV ab. 33

Doch was für eine kontinuierliche Fortbildung nachvollziehbar, sinnvoll und auch wünschenswert ist, gilt nicht für die einmalige Fortbildung nach § 4 ZMediatAusbV durch vier zu dokumentierende Einzelsupervisionen. Diese sind, wie der zeitliche Zusammenhang (»innerhalb von zwei Jahren«) deutlich macht, eng an den Abschluss einer Ausbildung nach § 2 ZMediatAusbV und den Beginn der Praxisphase als Mediator geknüpft (vgl § 4 ZMediatAusbV Rdn. 2) Durch die qualitätsvolle Unterstützung eines erfahrenen Supervisors soll sichergestellt werden, dass das Niveau der Ausbildung nach § 2 ZMediatAusbV in den ersten beiden Jahren eine adäquate Umsetzung in der Anwendung erfährt[14] – ein Ansatz, der sich bei den Altfällen, d. h. den Mediatoren der ersten und zweiten Generation, durch Zeitablauf und eigene Praxis überholt hat. 34

dd) Ergebnis

Altfälle nach Absatz 1 müssen sich jedenfalls nach § 3 ZMediatAusbV regelmäßig fortbilden, nach der hier vertretenen Auffassung (Mindermeinung) würde für sie die Verpflichtung des § 4 ZMediatAusbV keine Anwendung finden. 35

Übergangsfälle nach Absatz 2 müssen hingegen eine einmalige Supervisions-Fortbildungen nach § 4 ZMediatAusbV absolvieren und zudem regelmäßige Fortbildungen im Vierjahreszyklus nach § 3 ZMediatAusbV.

---

13 *Fritz* IHKWirtschaftsforum 03.2017, 45.
14 *Eicher* ZKM 2016, 160 (162).

b) Fristenlauf (Absatz 3 Sätze 1 und 2)

36 Satz 1 legt die Fristen für die Berechnung des Vierjahreszyklus nach § 3 ZMediatAusbV und für die des Zweijahreszeitraums nach § 4 ZMediatAusbV auf den 1. September 2017 fest. Da den Übergangsfällen nach Absatz 2 Satz 1 eine Frist bis zur Beendigung ihrer Ausbildung durch Ableistung einer Einzel(-Fall-)Supervision bis zum 1. Oktober 2018 eingeräumt ist und über diese Einzelsupervision nach Satz 2 eine Bescheinigung auszustellen ist (vgl. oben Rdn. 22), beginnt der Fristenlauf des Satzes 1 mit dem Ausstellen der Bescheinigung.

37 Die Probleme, die im Kontext der Vorschriften des § 3 Abs. 1 Satz 3 ZMediatAusbV (vgl. dort Rdn. 25 f.) und des 4 Abs. 1 Satz 2 ZMediatAusbV (vgl. dort Rdn. 43 f.) durch etwaigen Verzögerungen im Zusammenhang mit der Ausstellung von Bescheinigungen beschrieben wurden, dürften im Rahmen der Übergangsvorschrift des Absatzes 3 eine eher untergeordnete Rolle eingenommen haben, weil das Fristende in jedem Fall bereits am 1. Oktober 2018 eingetreten ist (Absatz 3 Satz 1).

§ 8 Inkrafttreten

Diese Verordnung tritt am 1. September 2017 in Kraft.

Übersicht

	Rdn.
I. Regelungsgegenstand und Zweck	1

I. Regelungsgegenstand und Zweck

1 Die Verordnung wurde am 31. August 2016 veröffentlicht (BGBl. I. S. 1994). Bis zum Inkrafttreten hatte der Verordnungsgeber einen Zeitraum von einem Jahr eingeräumt und damit der Erwartung des Gesetzgebers entsprochen, der sich vom Zeitraum zwischen Veröffentlichung und Inkrafttreten der Verordnung versprochen hatte, dass die maßgeblichen Mediatoren- und Berufsverbände, die berufsständischen Kammern, die Industrie- und Handelskammern sowie andere berufsständische Gruppen die Zeit nutzen würden, um sich auf eine Stelle zu einigen, die für die Zertifizierung zuständig sein soll.[1] Bekanntlich ist eine entsprechende Einigung nicht zustande gekommen.[2]

2 Schließlich sollte den Ausbildungsträgern die Möglichkeit eröffnet werden, in der Jahresfrist ihre Lehrpläne auf die Anforderungen der ZMediatAusbV abzustimmen und angehenden Mediatoren, ihre Ausbildung bereits auf die Anforderungen der Rechtsverordnung hin auszurichten (Entwurfsbegründung zu § 10, S. 18).

---

[1] Vgl. Teil 1 C., § 6 MediationsG Rdn. 39.
[2] https://www.mediationaktuell.de/news/keine-einigung-quo-vadis-gemeinsame-zertifizierungsstelle (Datum des Zugriffs: 31.10.2019).

Teil 3 Verbraucherstreitbeilegungsgesetz

A. Gesetzestext

Gesetz über die alternative Streitbeilegung in Verbrauchersachen (Verbraucherstreitbeilegungsgesetz – VSBG) vom 19. Februar 2016 (BGBl. I S. 254, ber. S. 1039), geändert durch Art. 1 des Gesetzes vom 30. November 2019 (BGBl. I. S. 1942)

Abschnitt 1 Allgemeine Vorschriften

§ 1 Anwendungsbereich

(1) [1] Dieses Gesetz gilt für die außergerichtliche Beilegung von Streitigkeiten durch eine nach diesem Gesetz anerkannte private Verbraucherschlichtungsstelle oder durch eine nach diesem Gesetz eingerichtete behördliche Verbraucherschlichtungsstelle unabhängig von dem angewendeten Konfliktbeilegungsverfahren. [2] Dieses Gesetz gilt auch für Verbraucherschlichtungsstellen, die auf Grund anderer Rechtsvorschriften anerkannt, beauftragt oder eingerichtet wurden, soweit diese anderen Rechtsvorschriften keine abweichende Regelung treffen; von den §§ 2 und 41 darf nicht abgewichen werden.

(2) Dieses Gesetz ist nicht anwendbar auf Kundenbeschwerdestellen oder auf sonstige Einrichtungen zur Beilegung von Streitigkeiten, die nur von einem einzigen Unternehmer oder von mit ihm verbundenen Unternehmen getragen oder finanziert werden oder die nur im Auftrag eines solchen Unternehmers oder von mit ihm verbundenen Unternehmen tätig werden.

§ 2 Verbraucherschlichtungsstelle

(1) Verbraucherschlichtungsstelle ist eine Einrichtung, die
1. Verfahren zur außergerichtlichen Beilegung zivilrechtlicher Streitigkeiten durchführt, an denen Verbraucher oder Unternehmer als Antragsteller oder Antragsgegner beteiligt sind, und
2. nach diesem Gesetz oder auf Grund anderer Rechtsvorschriften als Verbraucherschlichtungsstelle anerkannt, beauftragt oder eingerichtet worden ist.

(2) [1] Eine Einrichtung, die nicht nach diesem Gesetz oder auf Grund anderer Rechtsvorschriften als Verbraucherschlichtungsstelle anerkannt, beauftragt oder eingerichtet ist, darf sich nicht als Verbraucherschlichtungsstelle bezeichnen. [2] Sie darf von ihrem Träger nicht als Verbraucherschlichtungsstelle bezeichnet werden. [3] Das Verbot in den Sätzen 1 und 2 gilt nicht, wenn die Einrichtung in einem anderen Vertragsstaat des Abkommens über den Europäischen Wirtschaftsraum nach der Richtlinie 2013/11/

EU des Europäischen Parlaments und des Rates vom 21. Mai 2013 über die alternative Beilegung verbraucherrechtlicher Streitigkeiten und zur Änderung der Verordnung (EG) Nr. 2006/2004 und der Richtlinie 2009/22/EG (ABl. L 165 vom 18.6.2013, S. 63) anerkannt und in die von der Europäischen Kommission geführte Liste aller im Europäischen Wirtschaftsraum anerkannten Streitbeilegungsstellen aufgenommen worden ist.

Abschnitt 2 Private Verbraucherschlichtungsstellen

§ 3 Träger der Verbraucherschlichtungsstelle

[1] Träger der Verbraucherschlichtungsstelle muss ein eingetragener Verein sein. [2] Für den Betrieb der Verbraucherschlichtungsstelle muss ein vom Haushalt des Trägers getrennter, zweckgebundener und ausreichender Haushalt zur Verfügung stehen, wenn der Träger
1. Unternehmerinteressen oder Verbraucherinteressen wahrnimmt oder
2. ausschließlich oder überwiegend wie folgt finanziert wird:
    a) von einem eingetragenen Verein, der Unternehmerinteressen wahrnimmt (Unternehmerverband),
    b) von einem eingetragenen Verein, der Verbraucherinteressen wahrnimmt (Verbraucherverband), oder
    c) von einem Unternehmer oder mehreren Unternehmern.

§ 4 Zuständigkeit von Verbraucherschlichtungsstellen

(1) Die Verbraucherschlichtungsstelle führt auf Antrag eines Verbrauchers Verfahren zur außergerichtlichen Beilegung von Streitigkeiten aus einem Verbrauchervertrag nach § 310 Absatz 3 des Bürgerlichen Gesetzbuchs oder über das Bestehen eines solchen Vertragsverhältnisses durch; arbeitsvertragliche Streitigkeiten sind ausgenommen.

(1a) Die Verbraucherschlichtungsstelle kann ihre Zuständigkeit beschränken
1. auf bestimmte Wirtschaftsbereiche,
2. auf bestimmte Vertragstypen,
3. auf bestimmte Unternehmer oder
4. auf Unternehmer, deren Niederlassung sich in einem bestimmten Land befindet.

(2) [1] Hat die Verbraucherschlichtungsstelle keine einschränkende Zuständigkeitsregelung getroffen, führt sie die Bezeichnung »Allgemeine Verbraucherschlichtungsstelle« und ist für Anträge nach Absatz 1 zuständig, mit Ausnahme von
1. Streitigkeiten aus Verträgen über
    a) nichtwirtschaftliche Dienstleistungen von allgemeinem Interesse,
    b) Gesundheitsdienstleistungen,
    c) Weiter- und Hochschulbildung durch staatliche Einrichtungen,
2. Streitigkeiten, für deren Beilegung Verbraucherschlichtungsstellen nach anderen Rechtsvorschriften anerkannt, beauftragt oder eingerichtet werden.

²Die Allgemeine Verbraucherschlichtungsstelle kann ihre Zuständigkeit auf in einem Land niedergelassene Unternehmer beschränken; in diesem Fall führt sie die Bezeichnung »Allgemeine Verbraucherschlichtungsstelle« mit einem Zusatz, der das Land angibt, für das sie zuständig ist. ³ Eine solche Zuständigkeitsbeschränkung kann sich auch auf mehrere Länder beziehen und muss dann dementsprechend angegeben werden.

(3) Die Verbraucherschlichtungsstelle kann ihre Tätigkeit auf die Beilegung sonstiger zivilrechtlicher Streitigkeiten, an denen Verbraucher oder Unternehmer als Antragsteller oder Antragsgegner beteiligt sind, erstrecken; arbeitsvertragliche Streitigkeiten sind ausgenommen.

(4) Die Verbraucherschlichtungsstelle kann ihre Zuständigkeit ausschließen für Verbraucher, die ihren Wohnsitz oder gewöhnlichen Aufenthalt nicht in einem Mitgliedstaat der Europäischen Union oder in einem anderen Vertragsstaat des Abkommens über den Europäischen Wirtschaftsraum haben, oder für Unternehmer, die nicht im Inland niedergelassen sind.

§ 5 Verfahrensordnung

(1) ¹ Die Verbraucherschlichtungsstelle muss eine Verfahrensordnung haben. ² Die Verfahrensordnung bestimmt das Konfliktbeilegungsverfahren und regelt die Einzelheiten seiner Durchführung.

(2) Die Verbraucherschlichtungsstelle darf keine Konfliktbeilegungsverfahren durchführen, die dem Verbraucher eine verbindliche Lösung auferlegen oder die das Recht des Verbrauchers ausschließen, die Gerichte anzurufen.

§ 6 Streitmittler

(1) ¹ Die Verbraucherschlichtungsstelle ist mit mindestens einer Person zu besetzen, die mit der außergerichtlichen Streitbeilegung betraut und für die unparteiische und faire Verfahrensführung verantwortlich ist (Streitmittler). ² Ist nur ein Streitmittler bestellt, muss er einen Vertreter haben; auf den Vertreter des Streitmittlers sind Satz 1, die Absätze 2 und 3 sowie die §§ 7 bis 9 entsprechend anzuwenden.

(2) ¹ Der Streitmittler muss über die Rechtskenntnisse, insbesondere im Verbraucherrecht, das Fachwissen und die Fähigkeiten verfügen, die für die Beilegung von Streitigkeiten in der Zuständigkeit der Verbraucherschlichtungsstelle erforderlich sind. ² Der Streitmittler muss die Befähigung zum Richteramt besitzen oder zertifizierter Mediator sein.

(3) ¹ Der Streitmittler darf in den letzten drei Jahren vor seiner Bestellung nicht tätig gewesen sein
1. für einen Unternehmer, der sich zur Teilnahme an Streitbeilegungsverfahren der Verbraucherschlichtungsstelle verpflichtet hat oder auf Grund von Rechtsvorschriften zur Teilnahme verpflichtet ist,
2. für ein mit einem Unternehmer nach Nummer 1 verbundenes Unternehmen,

3. für einen Verband, dem ein Unternehmer nach Nummer 1 angehört und der Unternehmerinteressen in dem Wirtschaftsbereich wahrnimmt, für den die Verbraucherschlichtungsstelle zuständig ist,
4. für einen Verband, der Verbraucherinteressen in dem Wirtschaftsbereich wahrnimmt, für den die Verbraucherschlichtungsstelle zuständig ist.

[2] Die Tätigkeit als Streitmittler für einen Verband nach Satz 1 Nummer 3 oder 4 steht einer erneuten Bestellung als Streitmittler nicht entgegen.

§ 7 Unabhängigkeit und Unparteilichkeit des Streitmittlers

(1) [1] Der Streitmittler ist unabhängig und an Weisungen nicht gebunden. [2] Er muss Gewähr für eine unparteiische Streitbeilegung bieten.

(2) [1] Der Streitmittler darf nicht nur von einem Unternehmer oder von nur mit einem Unternehmer verbundenen Unternehmen vergütet oder beschäftigt werden. [2] Die Vergütung des Streitmittlers darf nicht mit dem Ergebnis von Streitbeilegungsverfahren in Zusammenhang stehen.

(3) Der Streitmittler ist verpflichtet, Umstände, die seine Unabhängigkeit oder Unparteilichkeit beeinträchtigen können, dem Träger der Verbraucherschlichtungsstelle unverzüglich offenzulegen.

(4) [1] Der Streitmittler hat den Parteien alle Umstände offenzulegen, die seine Unabhängigkeit oder Unparteilichkeit beeinträchtigen können. [2] Der Streitmittler darf bei Vorliegen solcher Umstände nur dann tätig werden, wenn die Parteien seiner Tätigkeit als Streitmittler ausdrücklich zustimmen.

(5) [1] Ist die Aufgabe des Streitmittlers einem Gremium übertragen worden, dem sowohl Vertreter von Verbraucherinteressen als auch von Unternehmerinteressen angehören, so müssen beide Seiten in gleicher Anzahl vertreten sein. [2] § 6 Absatz 3 ist auf Mitglieder des Gremiums, die Unternehmerinteressen oder Verbraucherinteressen vertreten, nicht anzuwenden.

§ 8 Amtsdauer und Abberufung des Streitmittlers

(1) [1] Der Streitmittler muss für eine angemessene Dauer bestellt werden. [2] Die Amtsdauer soll drei Jahre nicht unterschreiten. [3] Wiederbestellung ist zulässig.

(2) Der Streitmittler kann nur abberufen werden, wenn
1. Tatsachen vorliegen, die eine unabhängige und unparteiische Ausübung der Tätigkeit als Streitmittler nicht mehr erwarten lassen,
2. er nicht nur vorübergehend an der Ausübung der Tätigkeit als Streitmittler gehindert ist oder
3. ein anderer wichtiger Grund vorliegt.

§ 9 Beteiligung von Verbraucherverbänden und Unternehmerverbänden

(1) [1] Die Festlegung und die Änderung der Zuständigkeit der Verbraucherschlichtungsstelle, die Aufstellung und Änderung der Verfahrensordnung sowie die Bestellung und Abberufung eines Streitmittlers bedürfen der Beteiligung eines Verbraucherverbands, wenn der Träger der Verbraucherschlichtungsstelle
1. ein Unternehmerverband ist oder
2. ausschließlich oder überwiegend finanziert wird
   a) von einem Unternehmerverband oder
   b) von einem Unternehmer oder mehreren Unternehmern.

[2] Der Verbraucherverband muss eine qualifizierte Einrichtung nach § 3 Absatz 1 Satz 1 Nummer 1 des Unterlassungsklagengesetzes sein und sich für die Vertretung von Verbraucherinteressen im Zuständigkeitsbereich der Verbraucherschlichtungsstelle fachlich eignen. [3] Die Beteiligung ist in den Regeln über die Organisation der Verbraucherschlichtungsstelle vorzusehen.

(2) [1] Ist der Träger der Verbraucherschlichtungsstelle ein Verbraucherverband oder wird der Träger der Verbraucherschlichtungsstelle von einem Verbraucherverband ausschließlich oder überwiegend finanziert, ist Absatz 1 Satz 1 und 3 mit der Maßgabe anzuwenden, dass an Stelle des Verbraucherverbands ein Unternehmerverband tritt. [2] Der Unternehmerverband muss sich für die Vertretung von Unternehmerinteressen im Zuständigkeitsbereich der Verbraucherschlichtungsstelle fachlich eignen.

§ 10 Informationspflichten der Verbraucherschlichtungsstelle

(1) Die Verbraucherschlichtungsstelle unterhält eine Webseite, auf der die Verfahrensordnung und klare und verständliche Informationen zur Erreichbarkeit und zur Zuständigkeit der Verbraucherschlichtungsstelle sowie zu den Streitmittlern, zur Anerkennung als Verbraucherschlichtungsstelle sowie zum Ablauf und zu den Kosten des Streitbeilegungsverfahrens veröffentlicht sind.

(2) Auf Anfrage werden die Informationen nach Absatz 1 in Textform übermittelt.

Abschnitt 3 Streitbeilegungsverfahren

§ 11 Form von Mitteilungen

Der Antrag auf Durchführung eines Streitbeilegungsverfahrens, Stellungnahmen, Belege und sonstige Mitteilungen können der Verbraucherschlichtungsstelle in Textform übermittelt werden.

§ 12 Verfahrenssprache

(1) Verfahrenssprache ist Deutsch.

(2) [1] Die Verfahrensordnung kann weitere Sprachen vorsehen, in denen ein Streitbeilegungsverfahren durchgeführt werden kann, wenn eine Partei dies beantragt und die

andere Partei sich darauf einlässt. 2 Der Streitmittler kann mit den Parteien durch Individualabrede auch eine nicht in der Verfahrensordnung vorgesehene Verfahrenssprache vereinbaren.

§ 13 Vertretung

(1) Die Parteien können sich im Streitbeilegungsverfahren durch einen Rechtsanwalt oder durch eine andere Person, soweit diese zur Erbringung außergerichtlicher Rechtsdienstleistungen befugt ist, vertreten lassen.

(2) Die Parteien dürfen nicht verpflichtet werden, sich im Streitbeilegungsverfahren vertreten zu lassen.

§ 14 Ablehnungsgründe

(1) Der Streitmittler lehnt die Durchführung eines Streitbeilegungsverfahrens ab, wenn
1. die Streitigkeit nicht in die Zuständigkeit der Verbraucherschlichtungsstelle fällt,
2. der streitige Anspruch nicht zuvor gegenüber dem Antragsgegner geltend gemacht worden ist,
3. der streitige Anspruch oder das Rechtsverhältnis des Verbrauchers, das den Gegenstand des Streitbeilegungsverfahrens bildet, zum Klageregister nach § 608 Absatz 1 der Zivilprozessordnung angemeldet ist und die Musterfeststellungsklage noch rechtshängig ist, oder
4. der Antrag offensichtlich ohne Aussicht auf Erfolg ist oder mutwillig erscheint, insbesondere weil
    a) der streitige Anspruch bei Antragstellung bereits verjährt war und der Unternehmer sich auf die Verjährung beruft,
    b) die Streitigkeit bereits beigelegt ist,
    c) zu der Streitigkeit ein Antrag auf Prozesskostenhilfe bereits mit der Begründung zurückgewiesen worden ist, dass die beabsichtigte Rechtsverfolgung keine hinreichende Aussicht auf Erfolg bietet oder mutwillig erscheint.

(2) ¹ Die Verfahrensordnung kann vorsehen, dass der Streitmittler die Durchführung eines von einem Verbraucher eingeleiteten Streitbeilegungsverfahrens nach § 4 Absatz 1 in folgenden Fällen ablehnt:
1. eine Verbraucherschlichtungsstelle hat bereits ein Verfahren zur Beilegung der Streitigkeit durchgeführt oder die Streitigkeit ist bei einer anderen Verbraucherschlichtungsstelle anhängig,
2. ein Gericht hat zu der Streitigkeit bereits eine Sachentscheidung getroffen oder die Streitigkeit ist bei einem Gericht rechtshängig, es sei denn, das Gericht ordnet nach § 278a Absatz 2 der Zivilprozessordnung im Hinblick auf das Verfahren vor der Verbraucherschlichtungsstelle das Ruhen des Verfahrens an,
3. der Streitwert überschreitet oder unterschreitet eine bestimmte Höhe,
4. die Behandlung der Streitigkeit würde den effektiven Betrieb der Verbraucherschlichtungsstelle ernsthaft beeinträchtigen, insbesondere weil
    a) die Verbraucherschlichtungsstelle den Sachverhalt oder rechtliche Fragen nur mit einem unangemessenen Aufwand klären kann,

b) eine grundsätzliche Rechtsfrage, die für die Bewertung der Streitigkeit erheblich ist, nicht geklärt ist.

² Die Ablehnungsgründe dürfen den Zugang von Verbrauchern zu dem Streitbeilegungsverfahren nicht erheblich beeinträchtigen. ³ Für Anträge nach § 4 Absatz 3 gelten die in den Sätzen 1 und 2 vorgesehenen Beschränkungen der zulässigen Ablehnungsgründe nicht.

(3) ¹ Die Verbraucherschlichtungsstelle teilt dem Antragsteller und, sofern der Antrag bereits an den Antragsgegner übermittelt worden ist, auch dem Antragsgegner die Ablehnung in Textform und unter Angabe der Gründe mit. ² Sie übermittelt die Ablehnungsentscheidung innerhalb von drei Wochen nach Eingang des Antrags.

(4) ¹ Der Streitmittler kann die weitere Durchführung eines Streitbeilegungsverfahrens aus den in den Absätzen 1 und 2 aufgeführten Gründen ablehnen, wenn der Ablehnungsgrund erst während des Verfahrens eintritt oder bekannt wird. ² Der Ablehnungsgrund nach Absatz 1 Nummer 2 greift nicht, wenn der Antragsgegner in die Durchführung des Streitbeilegungsverfahrens einwilligt oder Erklärungen zur Sache abgibt. ³ Absatz 3 Satz 1 ist anzuwenden.

(5) ¹ Der Streitmittler setzt das Streitbeilegungsverfahren aus, wenn der Antragsgegner geltend macht, dass seit der Geltendmachung des streitigen Anspruchs durch den Antragsteller gegenüber dem Antragsgegner nicht mehr als zwei Monate vergangen sind, und der Antragsgegner den streitigen Anspruch in dieser Zeit weder anerkannt noch abgelehnt hat. ² Der Streitmittler lehnt die weitere Durchführung des Streitbeilegungsverfahrens ab, wenn der Antragsgegner den streitigen Anspruch innerhalb von zwei Monaten seit dessen Geltendmachung vollständig anerkennt; Absatz 3 Satz 1 ist anzuwenden. ³ Erkennt der Antragsgegner den streitigen Anspruch nicht innerhalb von zwei Monaten seit dessen Geltendmachung vollständig an, so setzt der Streitmittler das Verfahren nach Ablauf von zwei Monaten ab Geltendmachung des streitigen Anspruchs fort.

§ 15 Beendigung des Verfahrens auf Wunsch der Parteien

(1) Das Streitbeilegungsverfahren endet, wenn der Antragsteller seinen Antrag zurücknimmt oder der weiteren Durchführung des Verfahrens widerspricht.

(2) Erklärt der Antragsgegner, an dem Streitbeilegungsverfahren nicht teilnehmen oder es nicht fortsetzen zu wollen, so beendet der Streitmittler das Verfahren, es sei denn, Rechtsvorschriften, Satzungen oder vertragliche Abreden bestimmen etwas anderes.

(3) Das Recht einer Partei, das Streitbeilegungsverfahren bei Vorliegen eines erheblichen Verfahrensmangels zu beenden, darf nicht beschränkt werden.

§ 16 Unterrichtung der Parteien

(1) Die Verbraucherschlichtungsstelle muss den Antragsteller unverzüglich nach Eingang des Antrags auf Durchführung eines Streitbeilegungsverfahrens und den Antragsgegner zugleich mit der Übersendung des Antrags über Folgendes unterrichten:

1. dass das Verfahren nach der Verfahrensordnung durchgeführt wird und dass deren Wortlaut auf der Webseite der Verbraucherschlichtungsstelle verfügbar ist und auf Anfrage in Textform übermittelt wird,
2. dass die Parteien mit ihrer Teilnahme am Streitbeilegungsverfahren der Verfahrensordnung der Verbraucherschlichtungsstelle zustimmen,
3. dass das Ergebnis des Streitbeilegungsverfahrens von dem Ergebnis eines gerichtlichen Verfahrens abweichen kann,
4. dass sich die Parteien im Streitbeilegungsverfahren von einem Rechtsanwalt oder einer anderen Person, soweit diese zur Erbringung von Rechtsdienstleistungen befugt ist, beraten oder vertreten lassen können,
5. dass die Parteien im Streitbeilegungsverfahren nicht durch einen Rechtsanwalt oder durch eine andere Person vertreten sein müssen,
6. über die Möglichkeit einer Beendigung des Streitbeilegungsverfahrens nach § 15,
7. über die Kosten des Verfahrens und
8. über den Umfang der Verschwiegenheitspflicht des Streitmittlers und der weiteren in die Durchführung des Streitbeilegungsverfahrens eingebundenen Personen.

(2) Von der wiederholten Unterrichtung eines Unternehmers, der regelmäßig an Streitbeilegungsverfahren der Verbraucherschlichtungsstelle teilnimmt und auf weitere Unterrichtungen verzichtet hat, kann abgesehen werden.

§ 17 Rechtliches Gehör

(1) [1] Die Parteien erhalten rechtliches Gehör und können Tatsachen und Bewertungen vorbringen. [2] Die Verbraucherschlichtungsstelle kann den Parteien eine angemessene Frist zur Stellungnahme setzen. [3] Die Frist beträgt in der Regel drei Wochen und kann auf Antrag verlängert werden.

(2) Der Streitmittler kann die Streitigkeit mit den Parteien mündlich erörtern, wenn diese Möglichkeit in der Verfahrensordnung der Verbraucherschlichtungsstelle vorgesehen ist und die Parteien zustimmen.

§ 18 Mediation

Führt der Streitmittler nach der Verfahrensordnung der Verbraucherschlichtungsstelle eine Mediation durch, so sind die Vorschriften des Mediationsgesetzes mit Ausnahme des § 2 Absatz 1 des Mediationsgesetzes ergänzend anzuwenden.

§ 19 Schlichtungsvorschlag

(1) [1] Hat der Streitmittler nach der Verfahrensordnung den Parteien einen Vorschlag zur Beilegung der Streitigkeit (Schlichtungsvorschlag) zu unterbreiten, so beruht dieser auf der sich aus dem Streitbeilegungsverfahren ergebenden Sachlage. [2] Der Schlichtungsvorschlag soll am geltenden Recht ausgerichtet sein und soll insbesondere die zwingenden Verbraucherschutzgesetze beachten. [3] Der Schlichtungsvorschlag ist mit einer Begründung zu versehen, aus der sich der zugrunde gelegte Sachverhalt und die rechtliche Bewertung des Streitmittlers ergeben.

(2) Die Verbraucherschlichtungsstelle übermittelt den Parteien den Schlichtungsvorschlag in Textform.

(3) ¹ Die Verbraucherschlichtungsstelle unterrichtet die Parteien mit der Übermittlung des Schlichtungsvorschlags über die rechtlichen Folgen einer Annahme des Vorschlags und darüber, dass der Vorschlag von dem Ergebnis eines gerichtlichen Verfahrens abweichen kann. ² Sie weist auf die Möglichkeit hin, den Vorschlag nicht anzunehmen und die Gerichte anzurufen. ³ Die Verbraucherschlichtungsstelle setzt den Parteien eine angemessene Frist zur Annahme des Vorschlags.

(4) Von einer Unterrichtung des Unternehmers nach Absatz 3 ist abzusehen, wenn sich dieser dem Schlichtungsvorschlag bereits vorab unterworfen hat.

§ 20 Verfahrensdauer

(1) ¹ Die Verbraucherschlichtungsstelle benachrichtigt die Parteien, sobald sie keine weiteren Unterlagen und Informationen mehr benötigt (Eingang der vollständigen Beschwerdeakte). ² Der Eingang der vollständigen Beschwerdeakte ist in der Regel anzunehmen, wenn die Parteien nach § 17 Absatz 1 Gelegenheit zur Stellungnahme hatten.

(2) Die Verbraucherschlichtungsstelle übermittelt den Parteien den Schlichtungsvorschlag oder, sofern kein Schlichtungsvorschlag zu unterbreiten ist, den Inhalt der Einigung über die Beilegung der Streitigkeit oder den Hinweis auf die Nichteinigung innerhalb von 90 Tagen nach Eingang der vollständigen Beschwerdeakte.

(3) ¹ Die Verbraucherschlichtungsstelle kann die Frist von 90 Tagen bei besonders schwierigen Streitigkeiten oder mit Zustimmung der Parteien verlängern. ² Sie unterrichtet die Parteien über die Verlängerung der Frist.

§ 21 Abschluss des Verfahrens

(1) ¹ Die Verbraucherschlichtungsstelle übermittelt den Parteien das Ergebnis des Streitbeilegungsverfahrens in Textform mit den erforderlichen Erläuterungen. ² Mit dieser Mitteilung ist das Streitbeilegungsverfahren beendet.

(2) Kommt es nicht zu einer Einigung, ist die Mitteilung nach Absatz 1 als Bescheinigung über einen erfolglosen Einigungsversuch nach § 15a Absatz 3 Satz 3 des Gesetzes betreffend die Einführung der Zivilprozessordnung in der im Bundesgesetzblatt Teil III, Gliederungsnummer 310-2, veröffentlichten bereinigten Fassung, das zuletzt durch Artikel 5 des Gesetzes vom 31. August 2013 (BGBl. I S. 3533) geändert worden ist, in der jeweils geltenden Fassung zu bezeichnen.

§ 22 Verschwiegenheit

¹ Der Streitmittler und die weiteren in die Durchführung des Streitbeilegungsverfahrens eingebundenen Personen sind zur Verschwiegenheit verpflichtet, soweit durch Rechtsvorschrift nichts anderes geregelt ist. ² Die Pflicht bezieht sich auf alles, was

ihnen in Ausübung ihrer Tätigkeit bekannt geworden ist. [3] § 4 Satz 3 des Mediationsgesetzes gilt entsprechend.

§ 23 Entgelt

(1) [1] Ist ein Unternehmer an dem Streitbeilegungsverfahren beteiligt, so kann von dem Verbraucher ein Entgelt nur erhoben werden, wenn der Antrag des Verbrauchers unter Berücksichtigung der gesamten Umstände als missbräuchlich anzusehen ist; in diesem Fall beträgt das Entgelt höchstens 30 Euro. [2] In sonstigen Fällen kann die Verbraucherschlichtungsstelle vom Verbraucher ein angemessenes Entgelt verlangen, wenn
1. sie diesen unverzüglich nachdem ihr bekannt wurde, dass an dem Verfahren kein Unternehmer beteiligt ist, auf diese Kosten hingewiesen hat, und
2. der Verbraucher an dem Verfahren weiterhin teilnehmen wollte.

(2) Die Verbraucherschlichtungsstelle kann vom Unternehmer, der zur Teilnahme an dem Streitbeilegungsverfahren bereit ist oder verpflichtet ist, ein angemessenes Entgelt verlangen.

Abschnitt 4   Anerkennung privater Verbraucherschlichtungsstellen

§ 24 Anerkennung

[1] Die zuständige Behörde erkennt auf Antrag eine Einrichtung als Verbraucherschlichtungsstelle an, wenn die Einrichtung die organisatorischen und fachlichen Anforderungen an die Streitbeilegung in Verbrauchersachen nach den Abschnitten 2 und 3 erfüllt, die Einrichtung ihren Sitz im Inland hat, auf Dauer angelegt ist und ihre Finanzierung tragfähig erscheint. [2] Weitergehende Anforderungen an die Einrichtung, die sich aus anderen Rechtsvorschriften ergeben, bleiben unberührt.

§ 25 Antrag auf Anerkennung und Mitteilung von Änderungen

(1) [1] Der Antrag auf Anerkennung als Verbraucherschlichtungsstelle ist zu begründen. [2] Dem Antrag sind beizufügen:
1. die Verfahrensordnung der Einrichtung und
2. die Regeln über die Organisation und die Finanzierung der Einrichtung, einschließlich der Regeln über die Verfahrenskosten.

(2) Die Verbraucherschlichtungsstelle unterrichtet die zuständige Behörde unverzüglich über Änderungen der für die Anerkennung relevanten Umstände und sonstiger im Antrag mitgeteilter Angaben.

(3) [1] Das Ergebnis einer nach § 9 erforderlichen Beteiligung eines Verbraucherverbands oder eines Unternehmerverbands ist der zuständigen Behörde zusammen mit den Angaben nach den Absätzen 1 oder 2 zu übermitteln. [2] Abweichungen von Empfehlungen des beteiligten Verbands sind zu begründen, es sei denn, der Verband hat als Mitglied eines paritätisch besetzten Gremiums an der Entscheidung mitgewirkt.

§ 26 Widerruf der Anerkennung

(1) Erfüllt die Verbraucherschlichtungsstelle die für ihre Anerkennung notwendigen Voraussetzungen nicht mehr oder verstößt sie bei ihrer Tätigkeit systematisch gegen gesetzliche Vorschriften oder ihre eigene Verfahrensordnung, so hat die zuständige Behörde den Träger der Verbraucherschlichtungsstelle in Textform aufzufordern, die notwendigen Maßnahmen zu treffen, um die Widerrufsgründe innerhalb von drei Monaten nach Zugang der Aufforderung zu beseitigen.

(2) Die zuständige Behörde hat die Anerkennung zu widerrufen, wenn der Träger die Widerrufsgründe innerhalb der gesetzten Frist nicht beseitigt.

(3) Wird die Anerkennung widerrufen, ist die Eintragung der Verbraucherschlichtungsstelle in der Liste der Verbraucherschlichtungsstellen nach § 33 des Verbraucherstreitbeilegungsgesetzes zu löschen.

§ 27 Zuständige Behörde und Verordnungsermächtigung

(1) Zuständige Behörde ist, soweit nicht durch Bundesgesetz etwas anderes bestimmt ist, das Bundesamt für Justiz.

(2) ¹ Ist durch Bundesgesetz bestimmt, dass eine andere Behörde als das Bundesamt für Justiz für die Anerkennung einer Einrichtung als Verbraucherschlichtungsstelle zuständig ist, so ist diese andere Behörde im Verhältnis zum Bundesamt für Justiz ausschließlich zuständig. ² Die Anerkennung richtet sich nach den für die Anerkennung durch diese andere Behörde maßgeblichen Vorschriften, auch wenn die Zuständigkeit der Verbraucherschlichtungsstelle über den Anwendungsbereich der Vorschrift hinausgeht, der die Zuständigkeit dieser anderen Behörde begründet.

Abschnitt 5   Behördliche Verbraucherschlichtungsstellen

§ 28 Behördliche Verbraucherschlichtungsstellen

¹ Für behördliche Verbraucherschlichtungsstellen gelten die §§ 4 bis 7 Absatz 1 und 3 bis 5, die §§ 8, 10 und 11 sowie 13 bis 22 sinngemäß. ² § 9 Absatz 1 ist nur anzuwenden, wenn die Verbraucherschlichtungsstelle bei einer Kammer eingerichtet ist. Anforderungen an behördliche Verbraucherschlichtungsstellen, die sich aus anderen Rechtsvorschriften ergeben, bleiben unberührt.

Abschnitt 6   Universalschlichtungsstellen der Länder

§ 29 Errichtung der Universalschlichtungsstelle des Bundes

(1) Der Bund errichtet eine ergänzende Verbraucherschlichtungsstelle (Universalschlichtungsstelle des Bundes).

(2) ¹ Der Bund kann
1. selbst eine behördliche Universalschlichtungsstelle errichten,
2. eine geeignete anerkannte Verbraucherschlichtungsstelle mit der Aufgabe der Universalschlichtungsstelle einschließlich der Befugnis, für die Durchführung des Streitbeilegungsverfahrens Gebühren zu erheben, beleihen oder
3. eine geeignete anerkannte Verbraucherschlichtungsstelle mit der Aufgabe der Universalschlichtungsstelle beauftragen.

² Ist eine anerkannte Verbraucherschlichtungsstelle mit der Aufgabe der Universalschlichtungsstelle beauftragt, handelt sie als private Verbraucherschlichtungsstelle nach den Abschnitten 2 und 3. ³ Für ihre Tätigkeit als Universalschlichtungsstelle gelten die besonderen Bestimmungen des § 30.

(3) ¹ Das Bundesamt für Justiz ist für die Beleihung und die Beauftragung einer geeigneten anerkannten Verbraucherschlichtungsstelle mit der Aufgabe einer bundesweiten Universalschlichtung zuständig. ² Es hat die Rechts- und Fachaufsicht über die behördliche Universalschlichtungsstelle des Bundes oder die nach Absatz 2 Satz 1 Nummer 2 beliehene Verbraucherschlichtungsstelle.

§ 30 Zuständigkeit und Verfahren der Universalschlichtungsstelle des Bundes

(1) ¹ Die Universalschlichtungsstelle des Bundes führt auf Antrag eines Verbrauchers Verfahren zur außergerichtlichen Beilegung folgender Streitigkeiten durch:
1. Streitigkeiten aus einem Verbrauchervertrag nach § 310 Absatz 3 des Bürgerlichen Gesetzbuchs oder über das Bestehen eines solchen Vertragsverhältnisses;
2. Streitigkeiten, zu welchen in einem rechtskräftigen Urteil über eine Musterfeststellungsklage nach § 613 Absatz 1 Satz 1 der Zivilprozessordnung oder einem Vergleich nach § 611 Absatz 1 der Zivilprozessordnung bindende Feststellungen getroffen wurden und zu denen die streitgegenständlichen Ansprüche oder Rechtsverhältnisse des Verbrauchers nach § 608 Absatz 1 der Zivilprozessordnung zum Klageregister wirksam angemeldet waren.

² Dies gilt nicht, wenn es sich um arbeitsvertragliche Streitigkeiten oder um Streitigkeiten, für deren Beilegung Verbraucherschlichtungsstellen nach anderen Rechtsvorschriften anerkannt, beauftragt oder eingerichtet werden, handelt oder wenn eine Verbraucherschlichtungsstelle, die eine einschränkende Zuständigkeitsregelung gemäß § 4 Absatz 1a Nummer 1 bis 3 getroffen hat, für die außergerichtliche Beilegung der in Satz 1 genannten Streitigkeiten zuständig ist.

(2) Die Universalschlichtungsstelle des Bundes lehnt die Durchführung eines Streitbeilegungsverfahrens ab, wenn
1. eine andere Verbraucherschlichtungsstelle mit einer einschränkenden Zuständigkeitsregelung gemäß § 4 Absatz 1a Nummer 1 bis 3 oder einer vorrangigen Zuständigkeit gemäß § 4 Absatz 2 Satz 1 Nummer 2 für die Beilegung der Streitigkeit zuständig ist,
2. sich die Niederlassung des Unternehmers nicht im Inland befindet,

3. es sich um eine Streitigkeit aus einem in § 4 Absatz 2 Satz 1 Nummer 1 genannten Vertrag handelt,
4. wenn der Wert des Streitgegenstands weniger als 10 Euro oder mehr als 50 000 Euro beträgt,
5. der streitige Anspruch oder das Rechtsverhältnis des Verbrauchers, das den Gegenstand des Streitbeilegungsverfahrens bildet, zum Klageregister einer Musterfeststellungsklage nach § 608 der Zivilprozessordnung angemeldet ist oder während des Streitbeilegungsverfahrens wirksam angemeldet wird und die Musterfeststellungsklage noch rechtshängig ist,
6. der streitige Anspruch nicht zuvor gegenüber dem Unternehmer geltend gemacht worden ist oder
7. der Antrag offensichtlich ohne Aussicht auf Erfolg ist oder mutwillig erscheint, insbesondere weil
   a) der streitige Anspruch bei Antragstellung bereits verjährt war und der Unternehmer sich auf die Verjährung beruft,
   b) die Streitigkeit bereits beigelegt ist,
   c) zu der Streitigkeit ein Antrag auf Prozesskostenhilfe bereits mit der Begründung zurückgewiesen worden ist, dass die beabsichtigte Rechtsverfolgung keine hinreichende Aussicht auf Erfolg bietet oder mutwillig erscheint.

(3) Die Verfahrensordnung der Universalschlichtungsstelle des Bundes kann weitere nach § 14 Absatz 2 Satz 1 Nummer 1, 2 und 4 und Satz 2 zulässige Ablehnungsgründe vorsehen.

(4) Die Universalschlichtungsstelle des Bundes teilt dem Verbraucher im Fall des Absatzes 2 Nummer 1 mit der Ablehnungsentscheidung eine zuständige Verbraucherschlichtungsstelle mit, an die er sich wenden kann.

(5) Die Universalschlichtungsstelle des Bundes kann einen Schlichtungsvorschlag nach Aktenlage unterbreiten, wenn der Unternehmer, der zur Teilnahme am Verfahren der Universalschlichtungsstelle bereit oder verpflichtet ist, zu dem Antrag des Verbrauchers keine Stellungnahme abgibt.

(6) [1] Von der Bereitschaft des Unternehmers zur Teilnahme am Streitbeilegungsverfahren ist auszugehen, wenn er gegenüber dem Verbraucher, auf seiner Webseite oder in seinen Allgemeinen Geschäftsbedingungen erklärt hat, an Streitbeilegungsverfahren vor der Universalschlichtungsstelle des Bundes teilzunehmen. [2] Von der Bereitschaft des Unternehmers ist auch dann auszugehen, wenn er zwar keine Teilnahmebereitschaft nach Satz 1 erklärt hat, aber die Teilnahme am Verfahren nicht innerhalb von drei Wochen ablehnt, nachdem ihm der Antrag des Verbrauchers von der Universalschlichtungsstelle des Bundes übermittelt worden ist. [3] Die Universalschlichtungsstelle des Bundes muss den Unternehmer zugleich mit der Übermittlung des Antrags auf die in Satz 2 geregelte Rechtsfolge hinweisen und ferner darauf hinweisen, dass für die Durchführung des Streitbeilegungsverfahrens eine Gebühr nach § 31 oder im Fall der beauftragten Universalschlichtungsstelle des Bundes ein Entgelt nach § 23 erhoben werden kann.

§ 31 Gebühr

(1) ¹ Die Universalschlichtungsstelle des Bundes nach § 29 Absatz 2 Satz 1 Nummer 1 und 2 erhebt für die Durchführung des Streitbeilegungsverfahrens vom Unternehmer, der zur Teilnahme am Streitbeilegungsverfahren bereit oder verpflichtet ist, eine Gebühr. ² Die Höhe der Gebühr richtet sich nach der Höhe des Streitwerts oder dem tatsächlichen Aufwand des Schlichtungsverfahrens.

(2) Erkennt der Unternehmer den geltend gemachten Anspruch sofort vollständig an, kann die Gebühr ermäßigt werden; die Gebühr entfällt im Fall der Ablehnung der weiteren Durchführung des Streitbeilegungsverfahrens nach § 14 Absatz 5 Satz 2.

(3) Vom Verbraucher, der die Durchführung eines Streitbeilegungsverfahrens beantragt hat, kann eine Gebühr nur erhoben werden, wenn der Antrag unter Berücksichtigung der gesamten Umstände als missbräuchlich anzusehen ist.

Abschnitt 7 Zentrale Anlaufstelle für Verbraucherschlichtung, Liste der Verbraucherschlichtungsstellen und Berichtspflichten

§ 32 Zentrale Anlaufstelle für Verbraucherschlichtung und Mitteilungspflichten der zuständigen Behörden und Aufsichtsbehörden

(1) Das Bundesamt für Justiz ist zentrale Anlaufstelle für die Europäische Kommission (Zentrale Anlaufstelle für Verbraucherschlichtung).

(2) Die zuständige Behörde teilt der Zentralen Anlaufstelle für Verbraucherschlichtung mit:
1. die Anerkennung sowie den Widerruf und die Rücknahme der Anerkennung einer privaten Verbraucherschlichtungsstelle; eine private Verbraucherschlichtungsstelle nach § 4 Absatz 2 Satz 1 und 2 ist entsprechend auszuweisen;
2. die Angaben, die für die Eintragung der privaten Verbraucherschlichtungsstelle in die Liste nach § 33 Absatz 1 erforderlich sind.

(3) Die für die Aufsicht einer behördlichen Verbraucherschlichtungsstelle zuständige Behörde (Aufsichtsbehörde) teilt der Zentralen Anlaufstelle für Verbraucherschlichtung mit:
1. die Errichtung und die Auflösung einer behördlichen Verbraucherschlichtungsstelle;
2. die für die Eintragung der behördlichen Verbraucherschlichtungsstelle in die Liste der Verbraucherschlichtungsstellen (§ 33 Absatz 1) erforderlichen Angaben.

(4) Änderungen der Angaben nach den Absätzen 2 und 3 sind der Zentralen Anlaufstelle für Verbraucherschlichtung unverzüglich mitzuteilen.

§ 33 Liste der Verbraucherschlichtungsstellen sowie Zugang zur Liste der Europäischen Kommission und zur Europäischen Plattform zur Online-Streitbeilegung

(1) ¹ Die Zentrale Anlaufstelle für Verbraucherschlichtung führt eine Liste der Verbraucherschlichtungsstellen. ² Diese Liste wird der Europäischen Kommission unter Hinweis auf Artikel 20 Absatz 2 der Richtlinie 2013/11/EU übermittelt und regelmäßig aktualisiert. ³ Die Zentrale Anlaufstelle für Verbraucherschlichtung macht die jeweils aktuelle Fassung der Liste auf ihrer Webseite zugänglich und macht die Liste mit Stand 1. Januar jeden Jahres im Bundesanzeiger bekannt.

(2) ¹ Die zuständigen Behörden und die Zentrale Anlaufstelle für Verbraucherschlichtung machen die von der Europäischen Kommission erstellte Liste aller im Europäischen Wirtschaftsraum anerkannten Streitbeilegungsstellen auf ihren Webseiten zugänglich, indem sie einen Link zur Webseite der Europäischen Kommission einstellen. ² Auf Anfrage stellen sie diese Liste in Textform zur Verfügung.

§ 34 Berichtspflichten und Auskunftspflichten der Verbraucherschlichtungsstelle

(1) ¹ Die Verbraucherschlichtungsstelle erstellt jährlich einen Tätigkeitsbericht. ² Sie veröffentlicht den Tätigkeitsbericht auf ihrer Webseite und übermittelt ihn auf Anfrage in Textform. ³ Für die Übermittlung eines Berichts auf Papier kann sie vom Empfänger Ersatz der dafür notwendigen Auslagen verlangen.

(2) ¹ Die Verbraucherschlichtungsstelle erstellt alle zwei Jahre einen Bericht mit einer umfassenden Darstellung und Bewertung ihrer Tätigkeit (Evaluationsbericht). ² Die private Verbraucherschlichtungsstelle übermittelt den Evaluationsbericht der zuständigen Behörde und die behördliche Verbraucherschlichtungsstelle übermittelt den Evaluationsbericht der Aufsichtsbehörde. ³ Die Universalschlichtungsstelle des Bundes übermittelt ihren Bericht an die Zentrale Anlaufstelle für Verbraucherschlichtung.

(3) Die Verbraucherschlichtungsstelle berichtet insbesondere über Geschäftspraktiken, die auffällig häufig Anlass für Anträge auf Durchführung von Streitbeilegungsverfahren waren.

(4) Die Verbraucherschlichtungsstelle gibt über Geschäftspraktiken nach Absatz 3 auch außerhalb der Berichte nach Absatz 1 oder Absatz 2 eine aktuelle Auskunft, wenn eine nach § 2 des EG-Verbraucherschutzdurchsetzungsgesetzes vom 21. Dezember 2006 (BGBl. I S. 3367), das zuletzt durch Artikel 2 des Gesetzes vom 7. Januar 2015 (BGBl. I S. 2) geändert worden ist, zuständige Behörde sie im Rahmen ihrer Zuständigkeit darum ersucht.

§ 35 Verbraucherschlichtungsbericht

(1) Die Zentrale Anlaufstelle für Verbraucherschlichtung veröffentlicht zum 9. Juli 2018 und danach alle vier Jahre einen Bericht über die Tätigkeit der Verbraucherschlichtungsstellen im Bundesgebiet (Verbraucherschlichtungsbericht) und übermittelt diesen der Europäischen Kommission.

(2) Für den Verbraucherschlichtungsbericht übermitteln die zuständigen Behörden und die Aufsichtsbehörden der Zentralen Anlaufstelle für Verbraucherschlichtung erstmals zum 31. März 2018 und danach alle zwei Jahre eine Auswertung der ihnen nach § 34 Absatz 2 übermittelten Evaluationsberichte.

Abschnitt 8 Informationspflichten des Unternehmers

§ 36 Allgemeine Informationspflicht

(1) Ein Unternehmer, der eine Webseite unterhält oder Allgemeine Geschäftsbedingungen verwendet, hat den Verbraucher leicht zugänglich, klar und verständlich
1. in Kenntnis zu setzen davon, inwieweit er bereit ist oder verpflichtet ist, an Streitbeilegungsverfahren vor einer Verbraucherschlichtungsstelle teilzunehmen, und
2. auf die zuständige Verbraucherschlichtungsstelle hinzuweisen, wenn sich der Unternehmer zur Teilnahme an einem Streitbeilegungsverfahren vor einer Verbraucherschlichtungsstelle verpflichtet hat oder wenn er auf Grund von Rechtsvorschriften zur Teilnahme verpflichtet ist; der Hinweis muss Angaben zu Anschrift und Webseite der Verbraucherschlichtungsstelle sowie eine Erklärung des Unternehmers, an einem Streitbeilegungsverfahren vor dieser Verbraucherschlichtungsstelle teilzunehmen, enthalten.

(2) Die Informationen nach Absatz 1 müssen
1. auf der Webseite des Unternehmers erscheinen, wenn der Unternehmer eine Webseite unterhält,
2. zusammen mit seinen Allgemeinen Geschäftsbedingungen gegeben werden, wenn der Unternehmer Allgemeine Geschäftsbedingungen verwendet.

(3) Von der Informationspflicht nach Absatz 1 Nummer 1 ausgenommen ist ein Unternehmer, der am 31. Dezember des vorangegangenen Jahres zehn oder weniger Personen beschäftigt hat.

§ 37 Information nach Entstehen der Streitigkeit

(1) [1] Der Unternehmer hat den Verbraucher auf eine für ihn zuständige Verbraucherschlichtungsstelle unter Angabe von deren Anschrift und Webseite hinzuweisen, wenn die Streitigkeit über einen Verbrauchervertrag durch den Unternehmer und den Verbraucher nicht beigelegt werden konnte. [2] Der Unternehmer gibt zugleich an, ob er zur Teilnahme an einem Streitbeilegungsverfahren bei dieser Verbraucherschlichtungsstelle bereit ist oder verpflichtet ist. [3] Ist der Unternehmer zur Teilnahme am Streitbeilegungsverfahren einer oder mehrerer Verbraucherschlichtungsstellen bereit oder verpflichtet, so hat er diese Stelle oder diese Stellen anzugeben.

(2) Der Hinweis muss in Textform gegeben werden.

A. Gesetzestext **Teil 3**

Abschnitt 9 Grenzübergreifende Zusammenarbeit

§ 38 Zusammenarbeit mit ausländischen Streitbeilegungsstellen

Die Verbraucherschlichtungsstelle arbeitet mit Streitbeilegungsstellen zusammen, die in Umsetzung der Richtlinie 2013/11/EU in einem anderen Mitgliedstaat der Europäischen Union oder in einem sonstigen Vertragsstaat des Abkommens über den Europäischen Wirtschaftsraum für die außergerichtliche Beilegung vergleichbarer Streitigkeiten zuständig sind.

§ 39 Zusammenarbeit mit der Europäischen Plattform zur Online-Streitbeilegung

Die Verbraucherschlichtungsstelle ist Stelle für alternative Streitbeilegung im Sinne der Verordnung (EU) Nr. 524/2013 des Europäischen Parlaments und des Rates vom 21. Mai 2013 über die Online-Beilegung verbraucherrechtlicher Streitigkeiten und zur Änderung der Verordnung (EG) Nr. 2006/2004 und der Richtlinie 2009/22/EG (ABl. L 165 vom 18.6.2013, S. 1).

§ 40 Unterstützung von Verbrauchern bei grenzübergreifenden Streitigkeiten; Kontaktstelle für die Europäische Plattform zur Online-Streitbeilegung

(1) Das Bundesamt für Justiz
1. unterstützt Verbraucher bei der Ermittlung der zuständigen Streitbeilegungsstelle in einem anderen Mitgliedstaat der Europäischen Union oder in einem sonstigen Vertragsstaat des Abkommens über den Europäischen Wirtschaftsraum,
2. erfüllt die Aufgaben der Kontaktstelle für die Europäische Plattform zur Online-Streitbeilegung nach Artikel 7 Absatz 2 und 4 der Verordnung (EU) Nr. 524/2013.

(2) [1] Das Bundesamt für Justiz wird ermächtigt, eine juristische Person des Privatrechts, eine rechtsfähige Personengesellschaft oder eine andere geeignete Stelle mit den Aufgaben nach Absatz 1 zu beleihen. [2] Der Beliehene hat die notwendige Gewähr für die ordnungsgemäße Erfüllung der ihm übertragenen Aufgaben zu bieten. [3] Er bietet die notwendige Gewähr, wenn
1. er über die zur Erfüllung der ihm übertragenen Aufgaben notwendige Ausstattung und Organisation verfügt, und
2. die Personen, die seine Geschäftsführung oder Vertretung wahrnehmen, zuverlässig und fachlich geeignet sind.

[4] Der Beliehene untersteht der Rechts- und Fachaufsicht des Bundesamts für Justiz.

(3) Erfüllt der Beliehene die ihm nach Absatz 2 Satz 1 übertragenen Aufgaben nicht sachgerecht, so kann das Bundesamt für Justiz unbeschadet des § 49 des Verwaltungsverfahrensgesetzes die Beleihung ohne Entschädigung beenden.

(4) [1] Der Beliehene kann die Beendigung der Beleihung jederzeit schriftlich verlangen. [2] Dem Begehren ist innerhalb einer angemessenen Frist, die zur Fortführung der Aufgabenerfüllung erforderlich ist, zu entsprechen.

(5) Das Bundesamt für Justiz macht die Beleihung im Bundesanzeiger bekannt.

Teil 3 Verbraucherstreitbeilegungsgesetz

Abschnitt 10   Schlussvorschriften

§ 41   Bußgeldvorschriften

(1) Ordnungswidrig handelt, wer vorsätzlich oder fahrlässig
1. entgegen § 2 Absatz 2 Satz 1 sich als Verbraucherschlichtungsstelle bezeichnet oder
2. entgegen § 2 Absatz 2 Satz 2 eine Einrichtung als Verbraucherschlichtungsstelle bezeichnet.

(2) Die Ordnungswidrigkeit kann mit einer Geldbuße bis zu fünfzigtausend Euro geahndet werden.

(3) Verwaltungsbehörde im Sinne des § 36 Absatz 1 Nummer 1 des Gesetzes über Ordnungswidrigkeiten ist das Bundesamt für Justiz.

§ 42   Verordnungsermächtigung

(1) Das Bundesministerium der Justiz und für Verbraucherschutz wird ermächtigt, im Einvernehmen mit dem Bundesministerium für Wirtschaft und Energie durch <u>Rechtsverordnung</u> mit Zustimmung des Bundesrates
1. die Anforderungen an Inhalt und Form des Antrags auf Anerkennung als Verbraucherschlichtungsstelle nach § 25 Absatz 1 und an die beizufügenden Unterlagen und Belege näher zu bestimmen,
2. die Angaben zu einer Verbraucherschlichtungsstelle, die die zuständige Behörde nach § 32 Absatz 2 und 4 oder die Aufsichtsbehörde nach § 32 Absatz 3 und 4 der Zentralen Anlaufstelle für Verbraucherschlichtung mitzuteilen hat, näher zu bestimmen,
3. die Inhalte der Informationen, die die Verbraucherschlichtungsstelle auf ihrer Webseite nach § 10 Absatz 1 bereitzustellen hat, näher zu bestimmen und weitere Informationen für die Webseite vorzusehen,
4. Einzelheiten zu Inhalt und Form des Tätigkeitsberichts und des Evaluationsberichts der Verbraucherschlichtungsstelle nach § 34 Absatz 1 und 2, zu Inhalt und Form des Verbraucherschlichtungsberichts der Zentralen Anlaufstelle für Verbraucherschlichtung nach § 35 Absatz 1 und der Auswertungen der zuständigen Behörden und Aufsichtsbehörden nach § 35 Absatz 2 näher zu bestimmen,
5. die Zusammenarbeit der Verbraucherschlichtungsstellen zu regeln
   a) nach § 34 Absatz 4 mit den nach § 2 des EG-Verbraucherschutzdurchsetzungsgesetzes zuständigen Behörden,
   b) nach § 38 mit Streitbeilegungsstellen anderer Mitgliedstaaten der Europäischen Union oder eines sonstigen Vertragsstaats des Abkommens über den Europäischen Wirtschaftsraum.

(2) Das Bundesministerium der Justiz und für Verbraucherschutz wird ermächtigt, durch Rechtsverordnung, die nicht der Zustimmung des Bundesrates bedarf, Folgendes zu regeln:
1. die Einzelheiten der Organisation und des Verfahrens der Universalschlichtung, insbesondere die Höhe der Gebühr, die von dem an einem Schlichtungsverfahren

beteiligten Unternehmer durch eine behördliche Universalschlichtungsstelle des Bundes oder eine mit der Aufgabe der Universalschlichtungsstelle des Bundes einschließlich der Befugnis, für die Durchführung des Streitbeilegungsverfahrens Gebühren zu erheben, beliehene geeignete anerkannte Verbraucherschlichtungsstelle zu erheben ist, sowie die weiteren Voraussetzungen für eine Gebührenerhebung durch eine solche Stelle,
2. die Voraussetzungen für eine Beendigung der Beleihung oder der Beauftragung einer geeigneten anerkannten Verbraucherschlichtungsstelle mit der Aufgabe der Universalschlichtungsstelle durch den Bund.

§ 43 Projektförderung, Forschungsvorhaben, Bericht

(1) Das Bundesministerium der Justiz und für Verbraucherschutz fördert bis zum 31. Dezember 2019 die Arbeit einer ausgewählten Allgemeinen Verbraucherschlichtungsstelle (§ 4 Absatz 2 Satz 1), die bundesweit tätig ist.

(2) [1] Begleitend untersucht das Bundesministerium der Justiz und für Verbraucherschutz in einem wissenschaftlichen Forschungsvorhaben die Funktionsweise dieser Allgemeinen Verbraucherschlichtungsstelle, um Erkenntnisse in Bezug auf Inanspruchnahme, Fallzahlen, Arbeitsweise, Verfahrensdauer, Erfolgsquoten, Kosten und Entgelte zu sammeln und auszuwerten. [2] Das Forschungsvorhaben muss bis zum 31. Dezember 2020 abgeschlossen sein.

(3) Das Bundesministerium der Justiz und für Verbraucherschutz berichtet dem Deutschen Bundestag und dem Bundesrat nach Abschluss des wissenschaftlichen Forschungsvorhabens über die Ergebnisse; ein Zwischenbericht ist bis zum 31. Dezember 2018 vorzulegen.

B. Einleitung

Übersicht	Rdn.
I. Regelungshintergrund	1
1. Zweck des VSBG	3
2. Systematik	7
3. Praktische Bedeutung	8
II. Bezug zur Mediation	9
1. Prinzip der Verfahrensoffenheit	9
2. Freiwilligkeit und Parteiherrschaft	11
3. Ausnahmen von der grundsätzlichen Vereinbarkeit von Mediation und Verbraucherstreitschlichtung nach VSBG	12
4. Anwendbarkeit des MediationsG im Rahmen der Verbraucherschlichtung nach VSBG	14

I. Regelungshintergrund

1 Das Verbraucherstreitbeilegungsgesetz (»VSBG«) dient der Umsetzung von Europarecht, nämlich der sog. »ADR-Richtlinie«.[1] Diese Richtlinie verpflichtete die Bundesrepublik Deutschland zum Erlass von Rechtsvorschriften, die Verbrauchern bei Streitigkeiten mit Unternehmen aus Kauf- und Dienstleistungsverträgen Zugang zu außergerichtlichen Streitbeilegungsstellen zur Verfügung stellen. Dieser Zugang wird durch das VSBG als Rahmengesetz ermöglicht, das die Schaffung derartiger Schlichtungsstellen ermöglicht und die Anforderungen an diese Schlichtungsstellen regelt. Ein Rahmengesetz ist das VSBG insoweit, als es weder eigene Schlichtungsstellen fasst, noch das Verfahren im Detail regelt. Für beide Aspekte der außergerichtlichen Verbraucherstreitbeilegung schafft das VSBG lediglich einen rechtlichen Rahmen.

2 Zum Regelungshintergrund des VSBG gehören weiterhin zahlreiche vor Inkrafttreten des VSBG bestehende Angebote der außergerichtlichen Streitbeilegung im Verhältnis zwischen Unternehmern und Verbrauchern, so z.B. im Versicherungsrecht, im Bankrecht, im Personenverkehrsrecht und im Bereich der Arzthaftung.[2]

1. Zweck des VSBG

3 Das VSBG soll es Verbrauchern **erleichtern, Ansprüche gegenüber Unternehmern geltend zu machen.** Aufgrund empirischer Untersuchungen verzichten Verbraucher häufig auf die Geltendmachung von Ansprüchen Verträgen mit Unternehmen, da förmliche Verfahren kostenintensiv sind und es häufig lediglich um Beträge unter 500 Euro geht, sodass Nutzen und Ertrag eines gerichtlichen Vorgehens aus Sicht der

---

1 »Richtlinie 2013/11/EU des Europäischen Parlaments und des Rates vom 21. Mai 2013 über die alternative Beilegung verbraucherrechtlicher Streitigkeiten und zur Änderung der Verordnung (EG) Nr. 2006/2004 und der Richtlinie 2009/22/EG«, ABl. L 165 vom 18.6.2013, vgl. BT-Drs. 18/5089, S. 1.
2 Überblick bei *Berlin*, in: *Klowait/Gläßer*, Mediationsgesetz, VSBG, 2. Auflage 2018, Rn 22–35.

Verbraucher selbst im Erfolgsfall kaum in einem angemessenen Verhältnis stehen.[3]
§ 23 Abs. 1 VSBG legt dementsprechend fest, dass ein Schlichtungsverfahren nach dem VSBG für den Verbraucher kostenlos sein muss. Dies gilt nur dann nicht, wenn der Verbraucher das Verfahren nach den gegebenen Umständen missbräuchlich betrieben hat. Doch selbst in diesem Fall kann ihm maximal ein Entgelt von 30 Euro auferlegt werden. Hingegen kann nach § 23 Abs. 2 VSBG von den Unternehmern ein »angemessenes« Entgelt für die Beteiligung an dem Streitbeilegungsverfahren gefordert werden. Durch die Kostenfreiheit soll der Verbraucher dazu ermutigt werden, auch vor Geschäften im europäischen Ausland nicht zurückzuschrecken.[4] Und selbst im Fall des Scheiterns der einvernehmlichen Konfliktbewältigung erhält der Verbraucher zumindest potenziell eine kostenfreie Bewertung des Sachverhalts durch einen Dritten (vgl. § 19 Abs. 1 VSBG), wodurch er die Erfolgsaussichten für einen etwaigen späteren Prozess besser beurteilen kann.[5] Wichtig ist aus Sicht des Verbrauchers auch, dass durch die Einleitung eines **Verbraucherschlichtungsverfahrens** nach dem VSBG gemäß **§ 204 Abs. 1 Nr. 4 lit. a) BGB** die **Verjährung gehemmt** wird.

Den Zweck, zur Überwindung des »rationalen Desinteresses« Ansprüche von Verbrauchern möglichst ohne Aufwand und Kosten für den Verbraucher durchzusetzen, teilt das VSBG mit dem Gesetz über die Einführung der **Musterfeststellungsklage**.[6] Während das VSBG aber eine außergerichtliche Streitbeilegung im Einzelfall ermöglichen soll, will die Musterfeststellungsklage eine möglichst gleichförmige Erledigung von Ansprüchen in gerichtlichen Einzelverfahren dadurch erleichtern, dass einzelne Tatsachen- und Rechtsfragen vorab mit Breitenwirkung für alle angemeldeten Verbraucher festgestellt werden. Insgesamt zeigt sich damit in den neueren Gesetzgebungsvorhaben zur Verbraucherstreitbeilegung ein Trend dazu, die Schwelle zur Geltendmachung von Ansprüchen eines Verbrauchers gegen Unternehmer herabzusetzen. Hierbei ist zu berücksichtigen, dass damit auch die Schwelle zur Erhebung von unbegründeten Ansprüchen (»Trittbrettfahrer«) sinkt und durch die erfolgsunabhängige Verlagerung des Kostenrisikos der Streitbeilegung auf Unternehmer insgesamt die Kosten der verbrauchsgüterproduzierenden Unternehmen steigen, die dann ihrerseits zwangsläufig auf die Gesamtheit der Verbraucher umgelegt werden. Ob vor diesem Hintergrund die Überwindung des »rationalen Desinteresses« gesamtgesellschaftlich als erstrebenswertes Ziel angesehen werden sollte, kann in diesem Rahmen nicht vertieft werden.

4

Auch für Unternehmen stellt sich die Frage, ob die Beteiligung an einem Konfliktbeilegungsversuch nach dem VSBG zweckmäßig erscheint. Denn ein Unternehmen ist zur Teilnahme an einem Streitbeilegungsversuch vor einer Schlichtungsstelle nicht verpflichtet, soweit nicht eine anderweitige gesetzliche Verpflichtung außerhalb des VSBG besteht (§ 15 Abs. 2 VSBG, siehe auch §§ 36, 37 VSBG). Einerseits dürfte ein Streit-

5

---

3 *Hakenberg* EWS 2016, 312, 316.
4 *Gössl* NJW 2016, 838.
5 *Gössl* in: ADR-Formularbuch, 2. Auflage 2017, Kap 10 Rn. 11.
6 Vgl. zu den Zielen der Musterfeststellungsklage *Nordholtz* in: *Nordholtz/Mekat*, Musterfeststellungsklage, 1. Auflage 2019, § 1 Einleitung Rn. 7 ff.

beilegungsversuch nach VSBG im Vergleich zur gerichtlichen Beilegung der Streitigkeit schneller zum Ziel führen, wenn es denn erfolgreich ist. Zudem belastet eine einvernehmliche Lösung von Streitigkeiten regelmäßig die Beziehung zwischen Unternehmen und Kunden weniger als ein streitiges Gerichtsverfahren.[7] Gleichzeitig ist die **Streitbeilegung nach dem VSBG kein Drittentscheidungsverfahren**, das in jedem Fall den Rechtsstreit zwischen den Parteien erledigt. Ohne eine einvernehmliche Einigung am Ende des Streitbeilegungsverfahrens nach VSBG besteht der Konflikt also fort. Ebenso wenig schließt die Teilnahme des Unternehmens an einem Verfahren nach dem VSBG die gerichtliche Geltendmachung von Ansprüchen durch den Verbraucher aus. Es besteht aus Sicht des Unternehmens daher keine Gewissheit, dass das Verfahren nach VSBG den Rechtsstreit beendet. Stattdessen besteht die reale Gefahr, dass das Verbraucherstreitbeilegungsverfahren lediglich eine Vorphase für einen späteren Gerichtsprozess darstellt, wodurch sich die Gesamtkosten der Streitbeilegung im Vergleich zur alleinigen Durchführung eines staatlichen Gerichtsverfahrens deutlich erhöhen. Dies mag die bislang fehlende Akzeptanz des VSBG in der Unternehmenspraxis erklären.[8]

6 Unternehmen können nach dem insoweit offenen Wortlaut des Gesetzes[9] auch Ansprüche gegen Verbraucher nach dem VSBG durchsetzen. Daran werden sie jedoch regelmäßig kein Interesse haben, da das Verfahren nach dem VSBG auch im Erfolgsfall nicht mit einem Vollstreckungstitel endet, sondern mit einem rein privatrechtlichen Vertrag.[10] Dementsprechend erscheint es aus Sicht des Unternehmens, das als Erbringer der charakteristischen Leistung unter dem Austauschvertrag regelmäßig einen Anspruch auf Zahlung von Geld haben wird, die Einleitung eines förmlichen (Mahn-) Verfahrens oder die Inanspruchnahme von Inkassodienstleistungen zweckmäßiger.[11]

2. Systematik

7 Das VSBG beginnt mit den Allgemeinen Vorschriften (§§ 1, 2). Daneben differenziert es zwischen den privaten Verbraucherschlichtungsstellen (§§ 3–10) und deren Anerkennung (§§ 24–27), den behördlichen Verbraucherschlichtungsstellen (§ 28) und den Universalschlichtungsstellen der Länder (§§ 29–31). Der 3. Abschnitt des Gesetzes befasst sich mit dem Streitbeilegungsverfahren (§§ 11–23). Im 8. Abschnitt sind die Informationspflichten des Unternehmers geregelt (§§ 36, 37), gefolgt von den Vorschriften zur grenzüberschreitenden Zusammenarbeit (§§ 38–40) und den Schlussvorschriften (§§ 41–43). In der vorliegenden Kommentierung werden die Vorschriften des VSBG insoweit kommentiert, als ein unmittelbarer Bezug zur Mediation als Streitschlichtungsmechanismus besteht. Dies betrifft die Vorschriften §§ 1, 6, 7, 15, 16, 17, 18, 19, 20 21 und 22 VSBG.

---

7 BT-Drs. 18/5089, S. 38.
8 Siehe unten Rn. 6.
9 § 2 Abs. 1 VSBG: »Verbraucherschlichtungsstelle ist eine Einrichtung, die 1. Verfahren zur außergerichtlichen Beilegung zivilrechtlicher Streitigkeiten durchführt, an denen Verbraucher oder Unternehmer als Antragsteller oder Antragsgegner beteiligt sind.
10 *Gössl* NJW 2016, 838, 840.
11 *Berlin* in: *Klowait/Gläßer*, Mediationsgesetz, 2. Auflage 2018, VSBG Rn 2.

3. Praktische Bedeutung

Die praktische Bedeutung des VSBG für die Beilegung von Streitigkeiten ist gering, was weitgehend an der **fehlenden Teilnahmebereitschaft der Unternehmer** liegen soll.[12] Dies bestätigt, dass das VSBG die Interessen von Verbrauchern und Unternehmen in Verbraucherstreitbeilegungsverfahren nicht in zweckmäßiger Weise ausbalancieren.[13] Aus Sicht der Unternehmen dürfte die Beilegung von Streitigkeiten mit Verbrauchern nach dem VSBG einen zu hohen personellen Aufwand für den Einzelfall generieren, der auch nicht zweckmäßig auf anwaltliche Berater ausgelagert werden kann und der zusätzlich zu einer zu hohen finanziellen Belastung führt. 8

II. Bezug zur Mediation

1. Prinzip der Verfahrensoffenheit

Nach § 5 Abs. 1 VSBG muss jede Verbraucherschlichtungsstelle eine Verfahrensordnung besitzen, in der das Konfliktbeilegungsverfahren geregelt ist und die Einzelheiten seiner Durchführung geregelt sind. Dabei sind die Schlichtungsstellen in der Wahl der Konfliktbeilegungsmethode frei (**Prinzip der Verfahrensoffenheit**).[14] Das Gesetz erwähnt zwar nur die Schlichtung und die Mediation namentlich; es war aber der erklärte Wille des Gesetzgebers, grundsätzlich **auch andere Mechanismen der außergerichtlichen Streitbeilegung** zuzulassen.[15] § 18 VSBG regelt ausdrücklich, dass die Mediation ein taugliches Streitbeilegungsverfahren ist. 9

Der Grundsatz der Verfahrensoffenheit wird modifiziert durch § 5 Abs. 2 VSBG. Nach dieser Vorschrift dürfen dem Verbraucher von der Verbraucherschlichtungsstelle keine verbindlichen Lösungen auferlegt werden. Auch das Recht des Verbrauchers, die Gerichte anzurufen, darf nicht ausgeschlossen oder beschränkt werden. Damit kommt ein Schiedsgerichtsverfahren (§§ 1025 ff. ZPO) im Rahmen des VSBG nicht in Betracht, da ansonsten § 1032 Abs. 1 ZPO dem Unternehmen eine prozessuale Einrede gegen die Durchführung staatlichen Gerichtsverfahrens zur Verfügung stellte, die § 5 Abs. 2 VSBG widerspräche. Für die Mediation gilt eine solche Einschränkung jedoch nicht, weil der Verbraucher jederzeit die Mediation abbrechen und ein staatliches Gerichtsverfahren einleiten kann. 10

2. Freiwilligkeit und Parteiherrschaft

Die Mediation ist auch ansonsten grundsätzlich mit dem VSBG kompatibel, da die Grundsätze der Freiwilligkeit und der Parteiherrschaft gewährleistet sind. Sowohl eine Mediation als auch eine Konfliktbewältigung nach dem VSBG kommt nur auf 11

---

12 Siehe »Hinweis der Redaktion« im Anschluss an den Aufsatz von *Greger* VuR 2019, 43, 48.
13 Näher dazu *Greger* VuR 2019, 43, 43.
14 Vgl. BT-Drs. 18/5089, S. 41; ferner *Hörl/Weiser* ZKM 2019, 231 ff.
15 Letzteres schließt Schiedsverfahr+n als Streitbeilegungsmechanismus aus, vgl. BT-Drs. 18/5089, S. 54 f.

Initiative der Parteien zustande, wobei beide Parteien der Durchführung des Verfahrens zustimmen müssen. Genauso steht es den Parteien auch frei, das Verfahren jederzeit wieder zu beenden und zwar ohne Angabe von Gründen (§ 2 Abs. 5 MediationsG und § 15 VSBG)[16].

3. Ausnahmen von der grundsätzlichen Vereinbarkeit von Mediation und Verbraucherstreitschlichtung nach VSBG

12 Die grundsätzliche Vereinbarkeit von Mediation als Streitbeilegungsmechanismus und dem VSBG unterliegt Einschränkungen, die aus der Rechtsnatur des VSBG als Rahmengesetzgebung folgen. Wesentliche Details des Verfahrens zur Streitbeilegung hängen deshalb von den Verfahrensregelungen ab, die sich die Schlichtungsstelle selbst gibt (§ 5 VSBG). **Die Verfügbarkeit der Mediation im Verfahren vor der konkreten Verbraucherschlichtungsstelle hängt dementsprechend davon ab, dass die Verfahrensordnung dies vorsieht (§ 18 VSBG).** Selbst wenn dies der Fall ist, können die Parteien den Mediator in Abweichung von § 2 Abs. 1 MediationsG nicht frei bestimmen, sondern sind auf den oder die Streitmittler der angerufenen Verbraucherschlichtungsstelle beschränkt (§ 5 VSBG). Gleichzeitig wiegen diese Einschränkungen nicht besonders schwer, ist doch die Teilnahme an einer Verbraucherschlichtung selbst freiwillig. Zudem kann die Partei, die das Verfahren einleitet, die Institution frei auswählen. Mittelbar mit der Institution wählt sie dann auch die Person des Streitmittlers und Mediators.[17] Die Verfahrensordnung der Verbraucherschlichtungsstelle kann weiterhin vorsehen, dass die Parteien die Auswahl zwischen mehreren Streitmittlern dieser Schlichtungsstelle haben.[18] Bei der Entscheidung, welche Institution mit der Durchführung des Verfahrens beauftragt werden soll, sollte deshalb die Ausgestaltung der Verfahrensordnung ebenso berücksichtigt werden, wie die Erfahrung und Qualifikation der dort verfügbaren Streitmittler.

13 Entsprechendes gilt aus demselben Grund für das Unternehmen und dessen Entscheidung darüber, ob es sich an der Streitbeilegung vor der angerufenen Schlichtungsstelle beteiligen soll.

4. Anwendbarkeit des MediationsG im Rahmen der Verbraucherschlichtung nach VSBG

14 Soll der Verbraucher nach der Verfahrensordnung der Schlichtungsstelle und im Einklang mit § 18 VSBG als Mediator fungieren, gilt für die Tätigkeit des Mediators das MediationsG gemäß § 18 VSBG ergänzend, mit Ausnahme der Vorschrift des § 2 Abs. 1 MediationsG.

---

16 *Greger* MDR 2016, 365.
17 BR-Drs. 258/15, 75.
18 *Röthemeyer* in: Boroswki/Röthemeyer/Steike, VSBG, 1. Auflage 2016, § 18 Rn. 13.

C. Vorschriften

§ 1 Anwendungsbereich

(1) Dieses Gesetz gilt für die außergerichtliche Beilegung von Streitigkeiten durch eine nach diesem Gesetz anerkannte private Verbraucherschlichtungsstelle oder durch eine nach diesem Gesetz eingerichtete behördliche Verbraucherschlichtungsstelle unabhängig von dem angewendeten Konfliktbeilegungsverfahren. Dieses Gesetz gilt auch für Verbraucherschlichtungsstellen, die auf Grund anderer Rechtsvorschriften anerkannt, beauftragt oder eingerichtet wurden, soweit diese anderen Rechtsvorschriften keine abweichende Regelung treffen; von den §§ 2 und 41 darf nicht abgewichen werden.

(2) Dieses Gesetz ist nicht anwendbar auf Kundenbeschwerdestellen oder auf sonstige Einrichtungen zur Beilegung von Streitigkeiten, die nur von einem einzigen Unternehmer oder von mit ihm verbundenen Unternehmen getragen oder finanziert werden oder die nur im Auftrag eines solchen Unternehmers oder von mit ihm verbundenen Unternehmen tätig werden.

Übersicht	Rdn.
I. Regelungsgegenstand und Zweck	1

I. Regelungsgegenstand und Zweck

Die Verbraucherstreitbeilegung stellt eine Möglichkeit der Konfliktlösung zwischen Unternehmern im Sinne des § 14 BGB und Verbrauchern nach § 13 BGB außerhalb eines gerichtlichen Verfahrens dar, unabhängig davon, ob bereits ein gerichtliches Verfahren anhängig ist oder nicht.[1] Die Streitbeilegung findet in diesen Fällen vor einer Verbraucherschlichtungsstelle statt, die entweder privat oder behördlich organisiert sein kann, jedoch gesetzlich anerkannt sein muss. Hierdurch soll ein hoher Standard bei der Streitbeilegung vor Verbraucherschlichtungsstellen erreicht werden.[2] Ein Verfahren nach dem VSBG gilt als Einigungsverfahren im Sinne des § 15a Abs. 3 Satz 1 EGZPO und der Richter kann im Rahmen des § 278a ZPO auch die Durchführung eines Verfahrens nach dem VSBG anregen.[3]

1

§ 6 Streitmittler

(1) Die Verbraucherschlichtungsstelle ist mit mindestens einer Person zu besetzen, die mit der außergerichtlichen Streitbeilegung betraut und für die unparteiische und faire Verfahrensführung verantwortlich ist (Streitmittler). Ist nur ein Streitmittler

---

1 *Ulrici* in: MüKo ZPO, Verbraucherstreitbeilegungsgesetz, 5. Auflage 2016, §§ 41–43 Rn. 14.
2 *Gössl* in: ADR-Formularbuch, 2. Auflage 2017, Kap. 10 Rn. 6.
3 *Göss,* in: ADR-Formularbuch, 2. Auflage 2017, Kap. 10 Rn. 22.

bestellt, muss er einen Vertreter haben; auf den Vertreter des Streitmittlers sind Satz 1, die Absätze 2 und 3 sowie die §§ 7 bis 9 entsprechend anzuwenden.

(2) Der Streitmittler muss über die Rechtskenntnisse, insbesondere im Verbraucherrecht, das Fachwissen und die Fähigkeiten verfügen, die für die Beilegung von Streitigkeiten in der Zuständigkeit der Verbraucherschlichtungsstelle erforderlich sind. Der Streitmittler muss die Befähigung zum Richteramt besitzen oder zertifizierter Mediator sein.

(3) Der Streitmittler darf in den letzten drei Jahren vor seiner Bestellung nicht tätig gewesen sein
1. für einen Unternehmer, der sich zur Teilnahme an Streitbeilegungsverfahren der Verbraucherschlichtungsstelle verpflichtet hat oder auf Grund von Rechtsvorschriften zur Teilnahme verpflichtet ist,
2. für ein mit einem Unternehmer nach Nummer 1 verbundenes Unternehmen,
3. für einen Verband, dem ein Unternehmer nach Nummer 1 angehört und der Unternehmerinteressen in dem Wirtschaftsbereich wahrnimmt, für den die Verbraucherschlichtungsstelle zuständig ist,
4. für einen Verband, der Verbraucherinteressen in dem Wirtschaftsbereich wahrnimmt, für den die Verbraucherschlichtungsstelle zuständig ist.

Die Tätigkeit als Streitmittler für einen Verband nach Satz 1 Nummer 3 oder 4 steht einer erneuten Bestellung als Streitmittler nicht entgegen.

Übersicht   Rdn.
I.   Regelungsgegenstand und Zweck..................................   1
II. Mediator als Streitmittler...   3

I. Regelungsgegenstand und Zweck

1 Anders als bei der Mediation im Anwendungsbereich des § 2 Abs. 1 MediationsG wählen die Parteien bei einem Verfahren nach dem VSBG den Streitmittler nicht selbst aus. Es stehen als Mediatoren nur der oder die als Streitmittler bei der Verbraucherschlichtungsstelle vorgehaltenen Personen zur Verfügung.

2 Der Streitmittler ist zur Verschwiegenheit verpflichtet. Dies gilt unabhängig davon, ob der Streitmittler als Mediator fungiert. Insoweit verweist § 22 VSBG explizit auf § 4 S. 3 MediationsG. Für den als Mediator tätigen Streitmittler ergibt sich dasselbe Ergebnis aus § 18 VSBG i.V.m. § 4 S. 3 MediationsG.

II. Mediator als Streitmittler

3 Fungiert der Streitmittler nach der Verfahrensordnung der Verbraucherschlichtungsstelle als Mediator, so gelten die Vorschriften des § 5 MediationsG und des § 6 Abs. 2 VSBG kumulativ. Das VSBG verlangt lediglich Rechtskenntnisse im Verbraucherrecht und im Recht der Streitbeilegung, wohingegen das MediationsG eine Ausbildung voraussetzt. Während die genannten Rechtskenntnisse zumindest bei Volljus

risten unwiderleglich vermutet werden dürften[1], sind die Anforderungen des § 5 MediationsG an die Ausbildung des Mediators spezifischer.[2] Sowohl das VSBG als auch das MediationsG stellen aber an die Tiefe dieser »erforderlichen« Kenntnisse bzw. der »geeigneten Ausbildung« keine konkreten Anforderungen und überlassen diese Beurteilung der Selbsteinschätzung des einzelnen Streitmittlers bzw. Mediators.

§ 7 Unabhängigkeit und Unparteilichkeit des Streitmittlers

(1) Der Streitmittler ist unabhängig und an Weisungen nicht gebunden. Er muss Gewähr für eine unparteiische Streitbeilegung bieten.

(2) Der Streitmittler darf nicht nur von einem Unternehmer oder von nur mit einem Unternehmer verbundenen Unternehmen vergütet oder beschäftigt werden. Die Vergütung des Streitmittlers darf nicht mit dem Ergebnis von Streitbeilegungsverfahren in Zusammenhang stehen.

(3) Der Streitmittler ist verpflichtet, Umstände, die seine Unabhängigkeit oder Unparteilichkeit beeinträchtigen können, dem Träger der Verbraucherschlichtungsstelle unverzüglich offenzulegen.

(4) Der Streitmittler hat den Parteien alle Umstände offenzulegen, die seine Unabhängigkeit oder Unparteilichkeit beeinträchtigen können. Der Streitmittler darf bei Vorliegen solcher Umstände nur dann tätig werden, wenn die Parteien seiner Tätigkeit als Streitmittler ausdrücklich zustimmen.

(5) Ist die Aufgabe des Streitmittlers einem Gremium übertragen worden, dem sowohl Vertreter von Verbraucherinteressen als auch von Unternehmerinteressen angehören, so müssen beide Seiten in gleicher Anzahl vertreten sein. § 6 Absatz 3 ist auf Mitglieder des Gremiums, die Unternehmerinteressen oder Verbraucherinteressen vertreten, nicht anzuwenden.

Übersicht   Rdn.
I.   Regelungsgegenstand und Zweck 1
II. Parallele zum § 3 MediationsG 3

I. Regelungsgegenstand und Zweck

§ 7 VSBG vertieft die Anforderungen an die Unabhängigkeit des Streitmittlers. 1 Dieser ist verpflichtet, die Streitbeilegung weisungsfrei und insbesondere nicht von einzelnen Unternehmen oder Unternehmensverbänden beeinflusst zu begleiten. Der Streitmittler darf nicht nur von einem Unternehmer oder von nur mit einem Unternehmer verbundenen Unternehmen vergütet oder beschäftigt werden. Die Vergütung des Streitmittlers darf nicht mit dem Ergebnis von Streitbeilegungsverfahren in

---

1 Vgl. *Gössl* in: ADR-Formularbuch, 2. Auflage 2017, Kap 10 Rn. 9.
2 Siehe die Ausführungen in Teil 1 C. § 5 MediationsG.

Zusammenhang stehen. Ist eine Beeinträchtigung der Unparteilichkeit des Streitmittlers zu befürchten, muss er dies den Parteien und der Schlichtungsstelle unverzüglich offenlegen, sog. Offenbarungspflicht. Es reicht bereits die abstrakte Gefahr fehlender Unabhängigkeit aus; konkrete Umstände müssen noch nicht vorliegen.[1] Als Herren des Verfahrens können die Parteien jedoch entscheiden, das Verfahren dennoch mit dem betroffenen Streitmittler durchzuführen.

2 Die Vorschrift soll neben § 6 Abs. 3 VSBG die Unabhängigkeit des Streitmittlers sicherstellen und Interessenkonflikte vermeiden. Fraglich ist, ob diese Anforderungen auch für das Hilfspersonal des Streitmittlers gelten (z.B. Praktikanten, Referendare oder Sekretariatsmitarbeiter). Es empfiehlt sich daher, eine § 7 VSBG entsprechende Offenbarungspflicht auch für diese Personengruppen mit in die interne Verfahrensordnung aufzunehmen.[2]

II. Parallele zum § 3 MediationsG

3 Die Regelung des § 7 VSBG ergänzt § 3 MediationsG in allen Fällen, in denen der Streitmittler nach VSBG als Mediator fungiert. Nach § 3 Abs. 1 MediationsG hat der Mediator den Parteien alle Umstände offenzulegen, die seine Unabhängigkeit und Neutralität beeinträchtigen können. Auch der Mediator darf bei Vorliegen derartiger Umstände nur tätig werden, wenn die Parteien als Herren des Verfahrens dem ausdrücklich zustimmen. § 3 Abs. 2 MediationsG legt zudem eine dem VSBG vergleichbare aber vorrangige Tätigkeitsbeschränkung für Mediatoren fest, die in derselben Sache bereits für eine Partei tätig gewesen sind oder während oder nach der Mediation für eine der Parteien tätig werden.

§ 15 Beendigung des Verfahrens auf Wunsch der Parteien

(1) Das Streitbeilegungsverfahren endet, wenn der Antragsteller seinen Antrag zurücknimmt oder der weiteren Durchführung des Verfahrens widerspricht.

(2) Erklärt der Antragsgegner, an dem Streitbeilegungsverfahren nicht teilnehmen oder es nicht fortsetzen zu wollen, so beendet der Streitmittler das Verfahren, es sei denn, Rechtsvorschriften, Satzungen oder vertragliche Abreden bestimmen etwas anderes.

(3) Das Recht einer Partei, das Streitbeilegungsverfahren bei Vorliegen eines erheblichen Verfahrensmangels zu beenden, darf nicht beschränkt werden.

Übersicht

	Rdn.
I. Regelungsgegenstand und Zweck	1
1. Anwendungsbereich	1
2. Beendigung einer Mediation im Rahmen des VSBG	2
II. Verfahrensbeendigung durch Mediationsvereinbarung	3

---

[1] *Röthemeyer* in: *Borowski/Röthemeyer/Steike*, VSBG, 1. Auflage 2016, § 6 Rn. 60.
[2] *Gössl* in: ADR-Formularbuch, 2. Auflage 2017, Kap. 10 Rn. 19; näher dazu in § 7 Rn. 1.

I. Regelungsgegenstand und Zweck

1. Anwendungsbereich

Das Verfahren kann auf Initiative der Parteien jederzeit vorzeitig beendet werden. 1
Es kann jedoch zu einem späteren Zeitpunkt wieder aufgenommen werden, soweit
Treu und Glauben dem nicht entgegenstehen. Hierfür bedarf der Antragsteller
weder eines Sachgrundes noch der Zustimmung des Antragsgegners.[1] Für den Antragsgegner gilt dies im Wesentlichen auch, mit der Ausnahme, dass hier Rechtsvorschriften, Satzungen oder vertragliche Abreden etwas anderes bestimmen können. Der
Wille, das Verfahren zu beenden, muss der Verbraucherschlichtungsstelle gem. § 11
VSBG in Textform nach § 126b BGB mitgeteilt werden.

2. Beendigung einer Mediation im Rahmen des VSBG

Der Abbruch einer Mediation im Rahmen eines Streitbeilegungsversuches nach 2
VSBG führt nicht automatisch zum Scheitern des gesamten Verfahrens, sondern
nur zum Scheitern dieses speziellen Verfahrensabschnitts.[2] Eine Mediation kann
jederzeit durch die Parteien beendet werden. Dies ergibt sich aus § 2 Abs. 5 MediationsG und gilt für Mediationen unabhängig davon, ob sie im Anwendungsbereich
des VSBG durchgeführt werden. Das Verfahren nach VSBG kann also weitergeführt
werden, auch wenn eine Mediation scheitert.

II. Verfahrensbeendigung durch Mediationsvereinbarung

Sollten sich die Parteien in einem Verfahren nach dem VSBG befinden, bei dem die 3
Verfahrensordnung der angerufenen Verbraucherschlichtungsstelle die Mediation
nicht vorsieht, oder sollten sie zu dem Schluss kommen, dass die Verbraucherschlichtungsstelle aufgrund der als Streitmittler zur Verfügung stehenden Personen nicht
geeignet sind, können die Parteien das Verfahren mit einer Mediationsvereinbarung
beenden. Der Gegenstand dieser Vereinbarung besteht dann darin, dass die Parteien
das Verfahren nach dem VSBG beenden und ein selbstständiges Mediationsverfahren außerhalb des VSBG einleiten. Die Details obliegen der konkreten Vereinbarung
zwischen den Parteien. Diese unterliegt dann jedenfalls nicht mehr dem VSBG.

Unberührt von dieser Beendigung bleibt die Regelung der Verfahrenskosten. Diese 4
können auch dann anfallen, wenn ein Antrag nach § 15 Abs. 1 wieder zurückgenommen wird oder das Verfahren nach § 15 Abs. 2 oder nach § 2 Abs. 5 MediationsG
beendet wird. Dies richtet sich nach der von der Verbraucherschlichtungsstelle in der
Verfahrensordnung vorgesehenen Entgeltregelung.[3]

---

1 *Ulrici* in: MüKo ZPO, 5. Auflage 2016, Verbraucherstreitbeilegungsgesetz, §§ 41–43 Rn. 70 f.
2 *Ulric*, in: MüKo ZPO, 5. Auflage 2016, Verbraucherstreitbeilegungsgesetz, §§ 41–43 Rn. 70.
3 BT-Drucks. 18/5089 – S. 62, vgl. § 23.

§ 16 Unterrichtung der Parteien

(1) Die Verbraucherschlichtungsstelle muss den Antragsteller unverzüglich nach Eingang des Antrags auf Durchführung eines Streitbeilegungsverfahrens und den Antragsgegner zugleich mit der Übersendung des Antrags über Folgendes unterrichten:
1. dass das Verfahren nach der Verfahrensordnung durchgeführt wird und dass deren Wortlaut auf der Webseite der Verbraucherschlichtungsstelle verfügbar ist und auf Anfrage in Textform übermittelt wird,
2. dass die Parteien mit ihrer Teilnahme am Streitbeilegungsverfahren der Verfahrensordnung der Verbraucherschlichtungsstelle zustimmen,
3. dass das Ergebnis des Streitbeilegungsverfahrens von dem Ergebnis eines gerichtlichen Verfahrens abweichen kann,
4. dass sich die Parteien im Streitbeilegungsverfahren von einem Rechtsanwalt oder einer anderen Person, soweit diese zur Erbringung von Rechtsdienstleistungen befugt ist, beraten oder vertreten lassen können,
5. dass die Parteien im Streitbeilegungsverfahren nicht durch einen Rechtsanwalt oder durch eine andere Person vertreten sein müssen,
6. über die Möglichkeit einer Beendigung des Streitbeilegungsverfahrens nach § 15,
7. über die Kosten des Verfahrens und
8. über den Umfang der Verschwiegenheitspflicht des Streitmittlers und der weiteren in die Durchführung des Streitbeilegungsverfahrens eingebundenen Personen.

(2) Von der wiederholten Unterrichtung eines Unternehmers, der regelmäßig an Streitbeilegungsverfahren der Verbraucherschlichtungsstelle teilnimmt und auf weitere Unterrichtungen verzichtet hat, kann abgesehen werden.

Übersicht

	Rdn.
I. Regelungsgegenstand und Zweck	1

I. Regelungsgegenstand und Zweck

1 Die Vorschrift regelt die Informationspflichten, die der Verbraucherschlichtungsstelle gegenüber den Beteiligten obliegen. So muss die Verbraucherschlichtungsstelle den Verbraucher nach Stellung des Antrages über die wesentlichen Aspekte des Verfahrens informieren. Dazu gehören etwa die Informationen über die Möglichkeit der anwaltlichen Vertretung (Nr. 4), über die Optionen zur Verfahrensbeendigung (Nr. 6), über die Zulässigkeit eines Abweichens des Verfahrensergebnisses von dem Ergebnis eines gerichtlichen Verfahrens (Nr. 3) und über die Kosten (Nr. 7). Diese Vorschrift zeigt einige Parallelen zur Mediation auf. Auch hier weist der Mediator die Parteien zu Beginn der Mediation auf die wesentlichen Aspekte der Mediation hin und vergewissert sich nach § 2 Abs. 2 MediationsG, dass die Parteien die Grund-

sätze und den Ablauf des Mediationsverfahrens verstanden haben und freiwillig an der Mediation teilnehmen.

Von der wiederholten Unterrichtung eines Unternehmers, der regelmäßig an Verfahren teilnimmt, weil er sich allgemein den Verfahren dieser Schlichtungsstelle angeschlossen hat, und der auf weitere Unterrichtung verzichtet hat, kann abgesehen werden. § 2 Abs. 2 MediationsG ist ergänzend in Bezug auf das Mediationsverfahren und die Freiwilligkeit der Teilnahme beider Parteien an diesem Verfahren anzuwenden.[1] 2

§ 17 Rechtliches Gehör

(1) Die Parteien erhalten rechtliches Gehör und können Tatsachen und Bewertungen vorbringen. Die Verbraucherschlichtungsstelle kann den Parteien eine angemessene Frist zur Stellungnahme setzen. Die Frist beträgt in der Regel drei Wochen und kann auf Antrag verlängert werden.

(2) Der Streitmittler kann die Streitigkeit mit den Parteien mündlich erörtern, wenn diese Möglichkeit in der Verfahrensordnung der Verbraucherschlichtungsstelle vorgesehen ist und die Parteien zustimmen.

Übersicht	Rdn.
I. Regelungsgegenstand und Zweck	1
II. Auswirkungen auf Mediationsverfahren	4

I. Regelungsgegenstand und Zweck

Die Norm stellt sicher, dass das **Grundrecht aus Art. 103 Abs. 1 GG** im Schlichtungsverfahren gewährleistet wird und sieht keine Ausnahme für das Mediationsverfahren vor. Das rechtliche Gehör muss aber nur so weit gewährt werden, wie es vor dem Hintergrund der angewandten Konfliktbeilegungsmethode erforderlich ist.[1] Für die Praxis heißt das konkret, dass das rechtliche Gehör in seiner strengen Ausprägung nur für Drittentscheidungsverfahren Anwendung findet. Denn hier bindet die Entscheidung des Dritten die Parteien, die das Verfahren nicht einseitig abbrechen können. 1

Anders verhält es sich bei Schlichtung und Mediation. Bei diesen Verfahrensweisen können die Parteien das konkrete Verfahren jederzeit einseitig beenden. Umgekehrt müssen sie die Bindung an eine Lösung für ihren Konflikt selbst noch durch eine eigene Willenserklärung herbeiführen. Allerdings ist zu berücksichtigen, dass bei der Schlichtung noch ein gewisser präjudizieller Effekt durch den Schlichtungsvorschlag z.B. für Folgeverhandlungen oder ein späteres gerichtliches Verfahren eintritt. Auch dieser Effekt lässt es aus Sicht des Schlichters erforderlich erscheinen, dass die Parteien ähn- 2

---

1 siehe § 18; vgl. BT-Drucks. 18/5089, S. 62 ff.
1 *Ulrici* in: MüKo ZPO, 5. Auflage 2016, Verbraucherstreitbeilegungsgesetz, §§ 41–43 Rn. 58.

lich wie vor dem staatlichen Richter Gehör erhalten, bevor der Schlichtungsvorschlag unterbreitet wird.

3 Zusätzlich wird unabhängig von dem konkret angewendeten Streitbeilegungsmechanismus zu berücksichtigen sein, dass ein Streitmittler, der einer der Parteien unzureichend Gehör gewährt, Zweifel an seiner Unparteilichkeit weckt.

II. Auswirkungen auf Mediationsverfahren

4 Führt der Streitmittler im Rahmen des Verfahrens nach dem VSBG eine Mediation durch, müssen sich die Parteien zu allen Aspekten des Mediationsverfahrens äußern können, die sie für wichtig erachten.[2] Dabei ist es nicht die Aufgabe des Mediators, sämtliche Argumente und in Bezug genommene Unterlagen der Parteien zu sichten, sowie Gutachten Dritter zu berücksichtigen. Die Medianden entscheiden vielmehr selbst über den Gang und den Inhalt der Verhandlung, wobei der Mediator eine begleitende, moderierende Rolle einnimmt.[3] Die eigentliche Herausforderung des Mediators besteht in diesem Zusammenhang vor allem in der Herstellung einer geordneten Kommunikation der Parteien untereinander, damit diese eine beiderseits akzeptable, eigenverantwortliche Lösung ihres Konflikts finden können.

§ 18 Schlichtungsvorschlag

Führt der Streitmittler nach der Verfahrensordnung der Verbraucherschlichtungsstelle eine Mediation durch, so sind die Vorschriften des Mediationsgesetzes mit Ausnahme des § 2 Absatz 1 des Mediationsgesetzes ergänzend anzuwenden.

Übersicht

		Rdn.
I.	Regelungsgegenstand und Zweck	1
II.	Ergänzende Anwendung und Normkonflikte	2
III.	Praxisrelevanz der Mediation im VSBG	4

I. Regelungsgegenstand und Zweck

1 Das VSBG legt die Verbraucherschlichtungsstelle nicht auf ein Verfahren fest (**Prinzip der Verfahrensoffenheit**). Die Vorschrift des § 18 VSBG stellt klar, dass Mediation ein Streitbeilegungsmechanismus ist, den die Verfahrensordnung der Schlichtungsstelle vorsehen darf. Die Vorschrift ordnet weiterhin an, dass das MediationsG insoweit ergänzend anzuwenden ist. Das MediationsG hat dabei grundsätzlich Vorrang, soweit dadurch der Zweck der ADR-Richtlinie unberührt bleibt.[1] Die Regelungen des MediationsG treten im Kollisionsfall aber dann zurück, wenn es sich bei der fraglichen Regelung im VSBG um eine überschießende mitgliedstaatliche Umset-

---

2 *Röthemeyer* in: *Boroswki/Röthemeyer/Steike*, VSGB, 1. Auflage 2016, § 18 Rn. 19.
3 *Röthemeyer* in: *Boroswki/Röthemeyer/Steike*, VSGB, 1. Auflage 2016, § 18 Rn. 19.
1 *Röthemeyer* in: *Boroswki/Röthemeyer/Steike*, VSGB, 1.Auflage 2016, § 18, Rn. 11.

zung handelt; die Norm also nicht auf der Mediations-Richtlinie beruht.[2] Der Gesetzgeber hat dementsprechend in § 18 die Anwendung des § 2 Abs. 1 MediationsG ausgeklammert. Die freie Wahl des Mediators nach dem MediationsG würde die Zuständigkeit der Schlichtungsstelle untergraben und damit dem Zweck der ADR-Richtlinie widersprechen. An die Stelle der Auswahl des Mediators tritt die Auswahl der zuständigen Schlichtungsstelle.[3] Die Schlichtungsstelle kann dem Zweck des § 2 Abs. 1 MediationsG aber teilweise entsprechen, indem sie in ihrer Verfahrensordnung den Parteien die Auswahl zwischen mehreren Mediatoren überlässt.[4]

II. Ergänzende Anwendung und Normkonflikte

Bei der Anwendung des VSBG auf die Mediation können sich noch weitere Normkollisionen ergeben, die in der Regel durch Auslegung aufgelöst werden können. Das Recht auf Hinzuziehung eines Dritten (etwa eines Rechtsanwalts) nach § 13 Abs. 1 VSBG steht beispielsweise **im Konflikt zum § 2 Abs. 4 MediationsG**, der für dafür die Zustimmung aller Medianden voraussetzt. Da diese Vorgabe aber nicht der Mediationsrichtlinie entspringt, sondern das Ergebnis einer überschießenden Umsetzung ist, kann ein Dritter auch ohne Zustimmung der anderen Partei an der Mediation teilnehmen.[5] Unzulässig wäre es aber, wenn entgegen Art. 3 lit. a der Mediationsrichtlinie der Rechtsanwalt als Stellvertreter der Partei geschickt wird und der Mediand nicht persönlich erscheint.[6] Insofern hat das MediationsG als Durchführung der Mediations-Richtlinie Vorrang vor den Bestimmungen der ADR-Richtlinie. 2

Darüber hinaus ergeben sich ähnliche Konflikte bei der Rolle des Mediators nach § 6 Abs. 1 VSBG[7], der Ergebnisdokumentation nach § 21 VSBG[8] sowie der Verpflichtung zur Gewährleistung rechtlichen Gehörs nach § 17 VSBG.[9] 3

III. Praxisrelevanz der Mediation im VSBG

In der bisherigen Kommentierung wird teilweise bezweifelt, dass die Mediation für Streitigkeiten zwischen Verbrauchern und Unternehmen zweckmäßiges Mittel der Streitbeilegung sein kann. Der Verbraucher zielt zumeist auf die Durchsetzung von seiner Meinung nach begründeten Ansprüchen ab und nicht auf den Ausgleich von Interessen; regelmäßig fehlt es auch an einer interpersonellen Komponente des Konflikts.[10] Zudem wird das Gefälle zwischen rechtlicher Kompetenz und finanziellen Ressourcen, das potenziell häufig im Verhältnis zwischen Unternehmer und Ver- 4

---

2 *Röthemeyer* in: *Boroswki/Röthemeyer/Steike*, VSGB, 1.Auflage 2016, § 18, Rn. 11.
3 BR-Drs. 258/15, 75.
4 *Röthemeyer* in: *Boroswki/Röthemeyer/Steike*, VSGB, 1. Auflage 2016, § 18, Rn. 13.
5 *Röthemeyer* in: *Boroswki/Röthemeyer/Steike*, VSGB, 1. Auflage 2016, § 18, Rn. 16 ff.
6 *Röthemeyer* in: *Boroswki/Röthemeyer/Steike*, VSGB, 1. Auflage 2016, § 18, Rn. 18.
7 Siehe dazu § 6, Rn. 3.
8 Näher dazu unter § 21, Rn. 3.
9 Siehe oben § 17, Rn. 1.
10 Ähnlich *Röthemeyer* in: *Boroswki/Röthemeyer/Steike*, VSGB, 1. Auflage 2016, § 18, Rn. 22.

braucher bestehen dürfte, als Hindernis für Mediationen angesehen.[11] Mediationsverfahren werden deshalb teilweise nur für rechtlich nicht erfassbare Konflikte als geeignet angesehen, wie z.B. für Kulanzleistungen.[12]

5 Aus Sicht der hier vertretenen Auffassung ist jedoch eine Kombination von zwei Faktoren ausschlaggebend für die fehlende Annahme des VSBG und der Mediation im Rahmen des VSBG in der verbraucherrechtlichen Praxis. **Erstens** ist das Verfahren nach VSBG von vornherein kein Drittentscheidungsverfahren, sodass aus Sicht des Unternehmens der Konflikt mit dem Verbraucher in einem Verfahren nach VSBG nicht rechtssicher abgeschlossen werden kann. **Zweitens** erfordert die Streitbeilegung nach VSBG und insbesondere auch im Wege der Mediation einen hohen personellen Einsatz aufseiten des Unternehmens. Während die Streitbeilegung vor Gericht auf Rechtsanwälte ausgelagert werden kann, soll bei Mediationen die Partei selbst am Tisch sitzen und den Konflikt eigenverantwortlich lösen. Die Streitbeilegung von Streitigkeiten mit Verbrauchern erforderte daher insbesondere bei überregional tätigen und größeren Unternehmen einen immensen personellen Aufwand, der in den meisten Fällen in keinem Verhältnis zu den Vorteilen dieses Verfahrens stehen dürfte.[13]

§ 19 Schlichtungsvorschlag

(1) Hat der Streitmittler nach der Verfahrensordnung den Parteien einen Vorschlag zur Beilegung der Streitigkeit (Schlichtungsvorschlag) zu unterbreiten, so beruht dieser auf der sich aus dem Streitbeilegungsverfahren ergebenden Sachlage. Der Schlichtungsvorschlag soll am geltenden Recht ausgerichtet sein und soll insbesondere die zwingenden Verbraucherschutzgesetze beachten. Der Schlichtungsvorschlag ist mit einer Begründung zu versehen, aus der sich der zugrunde gelegte Sachverhalt und die rechtliche Bewertung des Streitmittlers ergeben.

[...]

Übersicht Rdn.
I. Regelungsgegenstand und Zweck 1
II. Bezug zur Mediation 3

I. Regelungsgegenstand und Zweck

1 § 19 VSBG regelt als weiteren Mechanismus der außergerichtlichen Streitbeilegung im Rahmen der Streitbeilegung die Anwendung der Schlichtung durch Streitmittler. Insoweit stellt das Gesetz ausdrücklich klar, dass der Schlichter den Sach- und Streitstand aus dem Streitbeilegungsverfahren seiner Beurteilung im Schlichtungsvorschlag

---

11 *Unberath* in: *Greger/Unberath*, MediationsG, 1. Auflage 2012, Einl., Rn. 107.
12 *Röthemeyer* in: *Boroswki/Röthemeyer/Steike*, VSGB, 1. Auflage 2016, § 18, Rn. 23.
13 So auch *Röthemeyer* in: *Boroswki/Röthemeyer/Steike*, VSGB, 1. Auflage 2016, § 18, Rn. 23 mit Blick auf Kosten der Mediation.

zu Grunde legen soll. Der Schlichtungsvorschlag enthält eine Begründung, die den Sachverhalt und die rechtliche Beurteilung durch den Schlichter wiedergeben. Das Wichtigste aber ist an dieser Vorschrift, dass sie den Streitmittler im Rahmen der Schlichtung verpflichtet, den Schlichtungsvorschlag »*am geltenden Recht [auszurichten]*«. Der Schlichtungsvorschlag ist also – anders als ein Urteil – nicht unmittelbar durch das Gesetz vorgegeben, soll sich aber am geltenden Recht offensichtlich orientieren.[1]

Die Norm weist in der praktischen Handhabung einige Probleme auf. Erstens soll der Schlichter nach dem Willen des Gesetzgebers keine Amtsermittlung betreiben, sondern sich an den Vortrag der Parteien halten.[2] Dabei soll auch eine Beweisaufnahme zulässig sein, wenn dies die Verfahrensordnung der Schlichtungsstelle zulässt.[3] Inwieweit der Schlichter also von einem offenen oder einem erwiesenen Sachverhalt ausgehen darf und muss, bleibt nach dem VSBG offen und bedarf der Regelung in der Verfahrensordnung. Zweitens bleibt unklar, was eine »Ausrichtung« am geltenden Recht bedeutet. Der Gesetzgeber möchte die Schlichtungsstelle einerseits sogar dazu verpflichten, ausländisches Recht nach dem anwendbaren (Verbraucher-)Kollisionsrecht zu bestimmen und anzuwenden.[4] Andererseits erscheint die Bindung an das Recht weniger streng zu sein als im staatlichen Gerichtsverfahren. Für eine Anwendung von Billigkeitsgesichtspunkten über die Fallgruppen des § 242 BGB (vielleicht in Anlehnung an § 1051 Abs. 3 ZPO?) scheint Raum zu sein. Allerdings darf die geltende Rechtslage nicht unberücksichtigt bleiben. Konkrete Leitlinien für die Ausübung von Billigkeitserwägungen sollte daher die Verfahrensordnung der Schlichtungsstelle ausarbeiten.

II. Bezug zur Mediation

Die Vorschrift des § 19 VSBG gilt **nur, wenn der Streitmittler als Schlichter tätig** wird. Dies ergibt sich bereits aus dem Wortlaut der Vorschrift. Der **Mediator**, der in einem Streitbeilegungsverfahren nach VSBG tätig wird, ist an diese Vorschrift **nicht gebunden**. Insbesondere muss er nicht den Sachverhalt und das anwendbare Recht ermitteln.

Umgekehrt schließt aber auch die Durchführung des Streitbeilegungsverfahrens nach den Grundsätzen der Schlichtung die Anwendung mediativer Techniken nicht aus. Der Schlichter darf also zunächst die Rolle eines Mediators einnehmen und eine einvernehmliche Lösung versuchen herbeizuführen, bevor er einen Schlichtungsvorschlag unterbreitet.[5] Nach dem Willen des Gesetzgebers, der insoweit aber keinen Nieder-

---

1 BT-Drucks. 18/5089, S. 63.
2 BT-Drucks. 18/5089, S. 62.
3 BT-Drucks. 18/5089, S. 63.
4 BT-Drucks. 18/5089, S. 62.
5 *Greger* VuR 2019, 43, 47; *Greger* in: *Greger/Unberath/Steffek*, § 19 Rn 1.

schlag im Gesetzestext gefunden hat, soll der Schlichter bei Unterbreitung eines Vergleichsvorschlages die Sach- und Rechtslage berücksichtigen.[6]

§ 20 Verfahrensdauer

(1) Die Verbraucherschlichtungsstelle benachrichtigt die Parteien, sobald sie keine weiteren Unterlagen und Informationen mehr benötigt (Eingang der vollständigen Beschwerdeakte). Der Eingang der vollständigen Beschwerdeakte ist in der Regel anzunehmen, wenn die Parteien nach § 17 Absatz 1 Gelegenheit zur Stellungnahme hatten.

(2) Die Verbraucherschlichtungsstelle übermittelt den Parteien den Schlichtungsvorschlag oder, sofern kein Schlichtungsvorschlag zu unterbreiten ist, den Inhalt der Einigung über die Beilegung der Streitigkeit oder den Hinweis auf die Nichteinigung innerhalb von 90 Tagen nach Eingang der vollständigen Beschwerdeakte.

(3) Die Verbraucherschlichtungsstelle kann die Frist von 90 Tagen bei besonders schwierigen Streitigkeiten oder mit Zustimmung der Parteien verlängern. Sie unterrichtet die Parteien über die Verlängerung der Frist.

Übersicht	Rdn.
I. Regelungsgegenstand und Zweck	1
1. Anwendungsbereich	1
2. Regelungshintergrund	2
II. Verfahrensdauer in der Mediation	5

I. Regelungsgegenstand und Zweck

1. Anwendungsbereich

1 Alle Verfahren die unter den Anwendungsbereich gem. § 1 VBSG fallen, einschließlich der Mediation, müssen innerhalb der in § 20 VSBG normierten Verfahrensdauer abgeschlossen werden.

2. Regelungshintergrund

2 Den Parteien ist häufig eine zügige Beilegung der Streitigkeit wichtig, um Rechtsfrieden zu erzielen.[1] Daher gilt im Grundsatz die 90-tägige Frist zur Verfahrensbeendigung. **Die Verfahrensdauer kann verlängert werden**, wenn eine besonders schwierige Streitigkeit vorliegt oder die Parteien zustimmen. Die Streitbeilegungsstelle unterrichtet die Parteien über die Verlängerung. Da es sich um eine »kann«- und damit Ermessensvorschrift handelt, steht es der Verbraucherschlichtungsstelle offen, von den Fristvorgaben des § 20 Abs. 3 VSBG abzuweichen.

---

6 BT-Drucks. 18/5089, S. 63.
1 BT-Drucks. 18/5089, S. 63.

Die Schlichtungsstelle informiert über den Eingang der vollständigen Beschwerdeakte. 3
Mit der Mitteilung über die Vollständigkeit der Beschwerdeakte beginnt die 90-Tagesfrist zu laufen. Die Beschwerdeakte ist vollständig, wenn die Parteien ausreichend rechtliches Gehör erhalten haben, ihr Anliegen vorzutragen und zum Vorbringen der anderen Partei, sonstigen Gutachten sowie verfahrensrelevante Äußerungen Dritter, Stellung zu nehmen. In der Regel ist mit Eingang der Stellungnahmen gem. § 17 oder mit einem ergebnislosem Ablauf der Stellungnahmefristen von einer vollständigen Beschwerdeakte auszugehen. Mit Ablauf der 90 Tage übermittelt die Schlichtungsstelle den Parteien das Verfahrensergebnis (siehe § 21) oder teilt den Parteien eine Verlängerung mit.

Die Bedenkzeit der Parteien zur Annahme des Schlichtungsvorschlags muss nicht in 4
die Berechnung der Frist hineingerechnet werden.[2]

II. Verfahrensdauer in der Mediation

Auch bei der Mediation im Rechtsrahmen des VSBG ist ein konkreter Verfahrens- 5
ablauf nicht vorgeschrieben, sondern wird regelmäßig zwischen den Parteien und dem Mediator abgestimmt werden.[3] Solange eine Einigung noch möglich erscheint, kann die Schlichtungsstelle – mit oder ohne Zustimmung der Parteien – die Frist nach § 21 VSBG verlängern. Genauso ist es aber auch möglich, dass die Beteiligten einvernehmlich die Frist zur Beilegung der Streitigkeit verkürzen.[4] Die praktische Bedeutung des § 21 VSBG dürfte deshalb gering sein, auch wenn sie eine gewisse Erwartung an die Regeldauer des Verfahrens weckt.

Eine Möglichkeit zur Verkürzung der Verfahrensdauer kann der Einsatz von LegalTech 6
sein. So kann bei einer Online-Mediation der Gesamtzeitaufwand durch die Vermeidung von Reisezeiten verringert werden.[5]

§ 21 Abschluss des Verfahrens

(1) Die Verbraucherschlichtungsstelle übermittelt den Parteien das Ergebnis des Streitbeilegungsverfahrens in Textform mit den erforderlichen Erläuterungen. Mit dieser Mitteilung ist das Streitbeilegungsverfahren beendet.

(2) Kommt es nicht zu einer Einigung, ist die Mitteilung nach Absatz 1 als Bescheinigung über einen erfolglosen Einigungsversuch nach § 15a Absatz 3 Satz 3 des Gesetzes betreffend die Einführung der Zivilprozessordnung in der im Bundesgesetzblatt Teil III, Gliederungsnummer 310-2, veröffentlichten bereinigten Fassung, das zuletzt durch Artikel 3 des Gesetzes vom 5. Dezember 2014 (BGBl. I S. 1962) geändert worden ist, in der jeweils geltenden Fassung zu bezeichnen.

---

2 BT-Drucks. 18/5089, S. 63 f.
3 *Ulrici* in: MüKo ZPO, 5. Auflage 2016, Verbraucherstreitbeilegungsgesetz, §§ 1–9, Rn. 39.
4 Vgl. BT-Drucks. 18/5089, S. 64 f.
5 *Gössl* ADR Formularhandbuch, Kap. 10, Rn. 36; vgl. umfassend unter Teil 5 F. 4.

Teil 3 Verbraucherstreitbeilegungsgesetz

Übersicht

	Rdn.
I. Regelungsgegenstand und Zweck	1
II. Verfahrensabschluss in der Mediation	4

I. Regelungsgegenstand und Zweck

1 Die Verbraucherschlichtungsstelle beendet das Streitbeilegungsverfahren nach Einigung durch eine Mitteilung in Textform »mit den erforderlichen Erläuterungen«. Die Gesetzesbegründung nennt als mögliche Inhalte einer Mitteilung der Verfahrensbeendigung die Mitteilung, dass eine Einigung zwischen den Parteien geschlossen ist, die Mitteilung, dass ein Schlichtungsvorschlag von beiden Seiten angenommen worden ist, und die Mitteilung, dass keine einvernehmliche Einigung zustande gekommen ist.[1] Die Mitteilungspflicht besteht aber grundsätzlich unabhängig von der konkret angewendeten Streitbeilegungsmethode, sodass auch andere Inhalte der Mitteilung denkbar sind.

2 Der **Normzweck** besteht darin, das Ende des Verfahrens vor der Schlichtungsstelle durch einen Abschlussakt **nachweisbar zu dokumentieren**.

3 Zu den »erforderlichen Hinweisen« kann z.B. der Hinweis darauf gehören, dass eine erfolgreiche Einigung nur einen einfachen Vertrag gem. § 311 Abs. 1 BGB darstellt, der nicht vollstreckbar ist. Die Parteien können diese Einigung aber nachträglich notariell beurkunden lassen oder bei anwaltlicher Vertretung einen Vergleich gem. §§ 796a ff. ZPO abschließen, um einen vollstreckbaren Titel zu erhalten.[2]

II. Verfahrensabschluss in der Mediation

4 Ein Verfahren nach VSBG, das nach den Grundsätzen der Mediation geführt worden ist, kann auf zwei unterschiedliche Weisen abgeschlossen werden: Erstens durch Mitteilung eines abgeschlossenen Vergleiches und zweitens durch die Mitteilung, dass keine Vereinbarung geschlossen werden konnte und der Mediationsversuch damit gescheitert ist.[3]

§ 22 Verschwiegenheit

Der Streitmittler und die weiteren in die Durchführung des Streitbeilegungsverfahrens eingebundenen Personen sind zur Verschwiegenheit verpflichtet, soweit durch Rechtsvorschrift nichts anderes geregelt ist. Die Pflicht bezieht sich auf alles, was ihnen in Ausübung ihrer Tätigkeit bekannt geworden ist. § 4 Satz 3 des Mediationsgesetzes gilt entsprechend.

---

1 BT-Drucks. 18/5089, S. 64.
2 *Gössl* in: ADR-Formularbuch, 2. Auflage 2017, Kap. 10, Rn. 38 mwN.
3 Vgl. BT-Drucks. 18/5089, S. 64.

Die Norm stellt klar, dass in Verfahren im Anwendungsbereich des VSBG der Vertrau- 1
lichkeitsmaßstab nach § 4 S. 3 MediationsG[1] gilt, unabhängig davon, ob das angewendete Streitbeilegungsverfahren eine Mediation ist oder nicht.

---

1 Siehe die Ausführungen in Teil 1 C. § 4.

Teil 4 Gesetz über außergerichtliche Rechtsdienstleistungen

A. Gesetzestext

Gesetz über außergerichtliche Rechtsdienstleistungen
(Rechtsdienstleistungsgesetz – RDG)
vom 12. Dezember 2007 (BGBl. I S. 2840), zuletzt geändert durch Gesetz vom 20. November 2019 (BGBl. I. S. 1724)

Teil 1 – Allgemeine Vorschriften

§ 1 Anwendungsbereich

(1) [1]Dieses Gesetz regelt die Befugnis, in der Bundesrepublik Deutschland außergerichtliche Rechtsdienstleistungen zu erbringen. [2]Es dient dazu, die Rechtsuchenden, den Rechtsverkehr und die Rechtsordnung vor unqualifizierten Rechtsdienstleistungen zu schützen.

(2) Wird eine Rechtsdienstleistung ausschließlich aus einem anderen Staat heraus erbracht, gilt dieses Gesetz nur, wenn ihr Gegenstand deutsches Recht ist.

(3) Regelungen in anderen Gesetzen über die Befugnis, Rechtsdienstleistungen zu erbringen, bleiben unberührt.

§ 2 Begriff der Rechtsdienstleistung

(1) Rechtsdienstleistung ist jede Tätigkeit in konkreten fremden Angelegenheiten, sobald sie eine rechtliche Prüfung des Einzelfalls erfordert.

(2) [1]Rechtsdienstleistung ist, unabhängig vom Vorliegen der Voraussetzungen des Absatzes 1, die Einziehung fremder oder zum Zweck der Einziehung auf fremde Rechnung abgetretener Forderungen, wenn die Forderungseinziehung als eigenständiges Geschäft betrieben wird (Inkassodienstleistung). [2]Abgetretene Forderungen gelten für den bisherigen Gläubiger nicht als fremd.

(3) Rechtsdienstleistung ist nicht:
1. die Erstattung wissenschaftlicher Gutachten,
2. die Tätigkeit von Einigungs- und Schlichtungsstellen, Schiedsrichterinnen und Schiedsrichtern,
3. die Erörterung der die Beschäftigten berührenden Rechtsfragen mit ihren gewählten Interessenvertretungen, soweit ein Zusammenhang zu den Aufgaben dieser Vertretungen besteht,
4. die Mediation und jede vergleichbare Form der alternativen Streitbeilegung, sofern die Tätigkeit nicht durch rechtliche Regelungsvorschläge in die Gespräche der Beteiligten eingreift,

5. die an die Allgemeinheit gerichtete Darstellung und Erörterung von Rechtsfragen und Rechtsfällen in den Medien,
6. die Erledigung von Rechtsangelegenheiten innerhalb verbundener Unternehmen (§ 15 des Aktiengesetzes).

§ 3 Befugnis zur Erbringung außergerichtlicher Rechtsdienstleistungen

Die selbständige Erbringung außergerichtlicher Rechtsdienstleistungen ist nur in dem Umfang zulässig, in dem sie durch dieses Gesetz oder durch oder aufgrund anderer Gesetze erlaubt wird.

§ 4 Unvereinbarkeit mit einer anderen Leistungspflicht

Rechtsdienstleistungen, die unmittelbaren Einfluss auf die Erfüllung einer anderen Leistungspflicht haben können, dürfen nicht erbracht werden, wenn hierdurch die ordnungsgemäße Erbringung der Rechtsdienstleistung gefährdet wird.

§ 5 Rechtsdienstleistungen im Zusammenhang mit einer anderen Tätigkeit

(1) ¹Erlaubt sind Rechtsdienstleistungen im Zusammenhang mit einer anderen Tätigkeit, wenn sie als Nebenleistung zum Berufs- oder Tätigkeitsbild gehören. ²Ob eine Nebenleistung vorliegt, ist nach ihrem Inhalt, Umfang und sachlichen Zusammenhang mit der Haupttätigkeit unter Berücksichtigung der Rechtskenntnisse zu beurteilen, die für die Haupttätigkeit erforderlich sind.

(2) Als erlaubte Nebenleistungen gelten Rechtsdienstleistungen, die im Zusammenhang mit einer der folgenden Tätigkeiten erbracht werden:
1. Testamentsvollstreckung,
2. Haus- und Wohnungsverwaltung,
3. Fördermittelberatung.

Teil 2 – Rechtsdienstleistungen durch nicht registrierte Personen

§ 6 Unentgeltliche Rechtsdienstleistungen

(1) Erlaubt sind Rechtsdienstleistungen, die nicht im Zusammenhang mit einer entgeltlichen Tätigkeit stehen (unentgeltliche Rechtsdienstleistungen).

(2) ¹Wer unentgeltliche Rechtsdienstleistungen außerhalb familiärer, nachbarschaftlicher oder ähnlich enger persönlicher Beziehungen erbringt, muss sicherstellen, dass die Rechtsdienstleistung durch eine Person, der die entgeltliche Erbringung dieser Rechtsdienstleistung erlaubt ist, durch eine Person mit Befähigung zum Richteramt oder unter Anleitung einer solchen Person erfolgt. ²Anleitung erfordert eine an Umfang und Inhalt der zu erbringenden Rechtsdienstleistungen ausgerichtete Einweisung und Fortbildung sowie eine Mitwirkung bei der Erbringung der Rechtsdienstleistung, soweit dies im Einzelfall erforderlich ist.

§ 7 Berufs- und Interessenvereinigungen, Genossenschaften

(1) ¹Erlaubt sind Rechtsdienstleistungen, die
1. berufliche oder andere zur Wahrung gemeinschaftlicher Interessen gegründete Vereinigungen und deren Zusammenschlüsse,
2. Genossenschaften, genossenschaftliche Prüfungsverbände und deren Spitzenverbände sowie genossenschaftliche Treuhandstellen und ähnliche genossenschaftliche Einrichtungen

im Rahmen ihres satzungsmäßigen Aufgabenbereichs für ihre Mitglieder oder für die Mitglieder der ihnen angehörenden Vereinigungen oder Einrichtungen erbringen, soweit sie gegenüber der Erfüllung ihrer übrigen satzungsmäßigen Aufgaben nicht von übergeordneter Bedeutung sind. ²Die Rechtsdienstleistungen können durch eine im alleinigen wirtschaftlichen Eigentum der in Satz 1 genannten Vereinigungen oder Zusammenschlüsse stehende juristische Person erbracht werden.

(2) ¹Wer Rechtsdienstleistungen nach Absatz 1 erbringt, muss über die zur sachgerechten Erbringung dieser Rechtsdienstleistungen erforderliche personelle, sachliche und finanzielle Ausstattung verfügen und sicherstellen, dass die Rechtsdienstleistung durch eine Person, der die entgeltliche Erbringung dieser Rechtsdienstleistung erlaubt ist, durch eine Person mit Befähigung zum Richteramt oder unter Anleitung einer solchen Person erfolgt. ²§ 6 Abs. 2 Satz 2 gilt entsprechend.

§ 8 Öffentliche und öffentlich anerkannte Stellen

(1) Erlaubt sind Rechtsdienstleistungen, die
1. gerichtlich oder behördlich bestellte Personen,
2. Behörden und juristische Personen des öffentlichen Rechts einschließlich der von ihnen zur Erfüllung ihrer öffentlichen Aufgaben gebildeten Unternehmen und Zusammenschlüsse,
3. nach Landesrecht als geeignet anerkannte Personen oder Stellen im Sinn des § 305 Abs. 1 Nr. 1 der Insolvenzordnung,
4. Verbraucherzentralen und andere mit öffentlichen Mitteln geförderte Verbraucherverbände,
5. Verbände der freien Wohlfahrtspflege im Sinn des § 5 des Zwölften Buches Sozialgesetzbuch, anerkannte Träger der freien Jugendhilfe im Sinn des § 75 des Achten Buches Sozialgesetzbuch und anerkannte Verbände zur Förderung der Belange von Menschen mit Behinderungen im Sinne des § 15 Absatz 3 des Behindertengleichstellungsgesetzes

im Rahmen ihres Aufgaben- und Zuständigkeitsbereichs erbringen.

(2) Für die in Absatz 1 Nr. 4 und 5 genannten Stellen gilt § 7 Abs. 2 entsprechend.

§ 9 Untersagung von Rechtsdienstleistungen

(1) ¹Die für den Wohnsitz einer Person oder den Sitz einer Vereinigung zuständige Behörde kann den in den §§ 6, 7 Abs. 1 und § 8 Abs. 1 Nr. 4 und 5 genannten Per-

sonen und Vereinigungen die weitere Erbringung von Rechtsdienstleistungen für längstens fünf Jahre untersagen, wenn begründete Tatsachen die Annahme dauerhaft unqualifizierter Rechtsdienstleistungen zum Nachteil der Rechtsuchenden oder des Rechtsverkehrs rechtfertigen. ²Das ist insbesondere der Fall, wenn erhebliche Verstöße gegen die Pflichten nach § 6 Abs. 2, § 7 Abs. 2 oder § 8 Abs. 2 vorliegen.

(2) Die bestandskräftige Untersagung ist bei der zuständigen Behörde zu registrieren und im Rechtsdienstleistungsregister nach § 16 öffentlich bekanntzumachen.

(3) Von der Untersagung bleibt die Befugnis, unentgeltliche Rechtsdienstleistungen innerhalb familiärer, nachbarschaftlicher oder ähnlich enger persönlicher Beziehungen zu erbringen, unberührt.

Teil 3 – Rechtsdienstleistungen durch registrierte Personen

§ 10 Rechtsdienstleistungen aufgrund besonderer Sachkunde

(1) ¹Natürliche und juristische Personen sowie Gesellschaften ohne Rechtspersönlichkeit, die bei der zuständigen Behörde registriert sind (registrierte Personen), dürfen aufgrund besonderer Sachkunde Rechtsdienstleistungen in folgenden Bereichen erbringen:
1. Inkassodienstleistungen (§ 2 Abs. 2 Satz 1),
2. Rentenberatung auf dem Gebiet der gesetzlichen Renten- und Unfallversicherung, des sozialen Entschädigungsrechts, des übrigen Sozialversicherungs- und Schwerbehindertenrechts mit Bezug zu einer gesetzlichen Rente sowie der betrieblichen und berufsständischen Versorgung,
3. Rechtsdienstleistungen in einem ausländischen Recht; ist das ausländische Recht das Recht eines Mitgliedstaates der Europäischen Union, eines anderen Vertragsstaates des Abkommens über den Europäischen Wirtschaftsraum oder der Schweiz, darf auch auf dem Gebiet des Rechts der Europäischen Union und des Rechts des Europäischen Wirtschaftsraums beraten werden.

²Die Registrierung kann auf einen Teilbereich der in Satz 1 genannten Bereiche beschränkt werden, wenn sich der Teilbereich von den anderen in den Bereich fallenden Tätigkeiten trennen lässt und der Registrierung für den Teilbereich keine zwingenden Gründe des Allgemeininteresses entgegenstehen.

(2) ¹Die Registrierung erfolgt auf Antrag. ²Soll die Registrierung nach Absatz 1 Satz 2 für einen Teilbereich erfolgen, ist dieser im Antrag zu bezeichnen.

(3) ¹Die Registrierung kann, wenn dies zum Schutz der Rechtsuchenden oder des Rechtsverkehrs erforderlich ist, von Bedingungen abhängig gemacht oder mit Auflagen verbunden werden. ²Im Bereich der Inkassodienstleistungen soll die Auflage angeordnet werden, fremde Gelder unverzüglich an eine empfangsberechtigte Person weiterzuleiten oder auf ein gesondertes Konto einzuzahlen. ³Auflagen können jederzeit angeordnet oder geändert werden. ⁴Ist die Registrierung auf einen Teilbereich beschränkt,

muss der Umfang der beruflichen Tätigkeit den Rechtsuchenden gegenüber eindeutig angegeben werden.

§ 11 Besondere Sachkunde, Berufsbezeichnungen

(1) Inkassodienstleistungen erfordern besondere Sachkunde in den für die beantragte Inkassotätigkeit bedeutsamen Gebieten des Rechts, insbesondere des Bürgerlichen Rechts, des Handels-, Wertpapier- und Gesellschaftsrechts, des Zivilprozessrechts einschließlich des Zwangsvollstreckungs- und Insolvenzrechts sowie des Kostenrechts.

(2) Rentenberatung erfordert besondere Sachkunde im Recht der gesetzlichen Renten- und Unfallversicherung und in den übrigen Teilbereichen des § 10 Abs. 1 Satz 1 Nr. 2, für die eine Registrierung beantragt wird, Kenntnisse über Aufbau, Gliederung und Strukturprinzipien der sozialen Sicherung sowie Kenntnisse der gemeinsamen, für alle Sozialleistungsbereiche geltenden Rechtsgrundsätze einschließlich des sozialrechtlichen Verwaltungsverfahrens und des sozialgerichtlichen Verfahrens.

(3) Rechtsdienstleistungen in einem ausländischen Recht erfordern besondere Sachkunde in dem ausländischen Recht oder in den Teilbereichen des ausländischen Rechts, für die eine Registrierung beantragt wird.

(4) Berufsbezeichnungen, die den Begriff »Inkasso« enthalten, sowie die Berufsbezeichnung »Rentenberaterin« oder »Rentenberater« oder diesen zum Verwechseln ähnliche Bezeichnungen dürfen nur von entsprechend registrierten Personen geführt werden.

(5) Personen, die eine Berufsqualifikation im Sinne des § 12 Absatz 3 Satz 4 besitzen und nur für einen Teilbereich nach § 10 Absatz 1 Satz 2 registriert sind, haben ihre Berufstätigkeit unter der in die deutsche Sprache übersetzten Berufsbezeichnung ihres Herkunftsstaates auszuüben.

§ 11a Darlegungs- und Informationspflichten bei Inkassodienstleistungen

(1) [1]Registrierte Personen, die Inkassodienstleistungen erbringen, müssen, wenn sie eine Forderung gegenüber einer Privatperson geltend machen, mit der ersten Geltendmachung folgende Informationen klar und verständlich übermitteln:
1. den Namen oder die Firma ihrer Auftraggeberin oder ihres Auftraggebers,
2. den Forderungsgrund, bei Verträgen unter konkreter Darlegung des Vertragsgegenstands und des Datums des Vertragsschlusses,
3. wenn Zinsen geltend gemacht werden, eine Zinsberechnung unter Darlegung der zu verzinsenden Forderung, des Zinssatzes und des Zeitraums, für den die Zinsen berechnet werden,
4. wenn ein Zinssatz über dem gesetzlichen Verzugszinssatz geltend gemacht wird, einen gesonderten Hinweis hierauf und die Angabe, aufgrund welcher Umstände der erhöhte Zinssatz gefordert wird,
5. wenn eine Inkassovergütung oder sonstige Inkassokosten geltend gemacht werden, Angaben zu deren Art, Höhe und Entstehungsgrund,

6. wenn mit der Inkassovergütung Umsatzsteuerbeträge geltend gemacht werden, eine Erklärung, dass die Auftraggeberin oder der Auftraggeber diese Beträge nicht als Vorsteuer abziehen kann.

²Auf Anfrage sind der Privatperson folgende Informationen ergänzend mitzuteilen:
1. eine ladungsfähige Anschrift der Auftraggeberin oder des Auftraggebers, wenn nicht dargelegt wird, dass dadurch schutzwürdige Interessen der Auftraggeberin oder des Auftraggebers beeinträchtigt werden,
2. der Name oder die Firma desjenigen, in dessen Person die Forderung entstanden ist,
3. bei Verträgen die wesentlichen Umstände des Vertragsschlusses.

(2) Privatperson im Sinne des Absatzes 1 ist jede natürliche Person, gegen die eine Forderung geltend gemacht wird, die nicht im Zusammenhang mit ihrer gewerblichen oder selbständigen beruflichen Tätigkeit steht.

§ 12 Registrierungsvoraussetzungen

(1) Voraussetzungen für die Registrierung sind
1. persönliche Eignung und Zuverlässigkeit; die Zuverlässigkeit fehlt in der Regel,
   a) wenn die Person in den letzten drei Jahren vor Antragstellung wegen eines Verbrechens oder eines die Berufsausübung betreffenden Vergehens rechtskräftig verurteilt worden ist,
   b) wenn die Vermögensverhältnisse der Person ungeordnet sind,
   c) wenn in den letzten drei Jahren vor Antragstellung eine Registrierung nach § 14 oder eine Zulassung zur Rechtsanwaltschaft nach § 14 Abs. 2 Nr. 1 bis 3 und 7 bis 9 der Bundesrechtsanwaltsordnung widerrufen, die Zulassung zur Rechtsanwaltschaft nach § 14 Abs. 1 der Bundesrechtsanwaltsordnung zurückgenommen oder nach § 7 der Bundesrechtsanwaltsordnung versagt worden oder ein Ausschluss aus der Rechtsanwaltschaft erfolgt ist,
2. theoretische und praktische Sachkunde in dem Bereich oder den Teilbereichen des § 10 Abs. 1, in denen die Rechtsdienstleistungen erbracht werden sollen,
3. eine Berufshaftpflichtversicherung mit einer Mindestversicherungssumme von 250.000 Euro für jeden Versicherungsfall.

(2) ¹Die Vermögensverhältnisse einer Person sind in der Regel ungeordnet, wenn über ihr Vermögen das Insolvenzverfahren eröffnet worden oder sie in das vom Vollstreckungsgericht zu führende Verzeichnis (§ 26 Abs. 2 der Insolvenzordnung, § 882b der Zivilprozessordnung) eingetragen ist. ²Ungeordnete Vermögensverhältnisse liegen nicht vor, wenn im Fall der Insolvenzeröffnung die Gläubigerversammlung einer Fortführung des Unternehmens auf der Grundlage eines Insolvenzplans zugestimmt und das Gericht den Plan bestätigt hat, oder wenn die Vermögensinteressen der Rechtsuchenden aus anderen Gründen nicht konkret gefährdet sind.

(3) ¹Die theoretische Sachkunde ist gegenüber der zuständigen Behörde durch Zeugnisse nachzuweisen. ²Praktische Sachkunde setzt in der Regel eine mindestens zwei Jahre unter Anleitung erfolgte Berufsausübung oder praktische Berufsausbildung vor-

aus. ³In der Regel müssen im Fall des § 10 Absatz 1 Satz 1 Nummer 1 zumindest zwölf Monate, im Fall des § 10 Absatz 1 Satz 1 Nummer 2 zumindest 18 Monate der Berufsausübung oder -ausbildung im Inland erfolgen. ⁴Ist die Person berechtigt, in einem anderen Mitgliedstaat der Europäischen Union, einem anderen Vertragsstaat des Abkommens über den Europäischen Wirtschaftsraum oder der Schweiz einen der in § 10 Absatz 1 Satz 1 Nummer 1 oder 2 genannten Berufe oder einen vergleichbaren Beruf auszuüben, und liegen die Voraussetzungen des § 1 Absatz 2 und 3 des Gesetzes über die Tätigkeit europäischer Patentanwälte in Deutschland sinngemäß vor, so kann die Sachkunde unter Berücksichtigung der bestehenden Berufsqualifikation auch durch einen mindestens sechsmonatigen Anpassungslehrgang nachgewiesen werden. ⁵Das Berufsqualifikationsfeststellungsgesetz ist nicht anzuwenden.

(4) ¹Juristische Personen und Gesellschaften ohne Rechtspersönlichkeit müssen mindestens eine natürliche Person benennen, die alle nach Absatz 1 Nr. 1 und 2 erforderlichen Voraussetzungen erfüllt (qualifizierte Person). ²Die qualifizierte Person muss in dem Unternehmen dauerhaft beschäftigt, in allen Angelegenheiten, die Rechtsdienstleistungen des Unternehmens betreffen, weisungsunabhängig und weisungsbefugt sowie zur Vertretung nach außen berechtigt sein. ³Registrierte Einzelpersonen können qualifizierte Personen benennen.

(5) Das Bundesministerium der Justiz und für Verbraucherschutz wird ermächtigt, durch Rechtsverordnung mit Zustimmung des Bundesrates die Einzelheiten zu den Voraussetzungen der Registrierung nach den §§ 11 und 12 zu regeln, insbesondere die Anforderungen an die Sachkunde und ihren Nachweis einschließlich der Anerkennung und Zertifizierung privater Anbieter von Sachkundelehrgängen, an die Anerkennung ausländischer Berufsqualifikationen und den Anpassungslehrgang sowie, auch abweichend von den Vorschriften des Versicherungsvertragsgesetzes für die Pflichtversicherung, an Inhalt und Ausgestaltung der Berufshaftpflichtversicherung.

§ 13 Registrierungsverfahren

(1) ¹Der Antrag auf Registrierung ist an die für den Ort der inländischen Hauptniederlassung zuständige Behörde zu richten. ²Hat eine Person im Inland keine Niederlassung, so kann sie den Antrag an jede nach § 19 für die Durchführung dieses Gesetzes zuständige Behörde richten. ³Das Registrierungsverfahren kann auch über eine einheitliche Stelle nach den Vorschriften des Verwaltungsverfahrensgesetzes abgewickelt werden. ⁴Mit dem Antrag, der alle nach § 16 Absatz 2 Satz 1 Nummer 1 Buchstabe a bis d in das Rechtsdienstleistungsregister einzutragenden Angaben enthalten muss, sind zur Prüfung der Voraussetzungen nach § 12 Abs. 1 Nr. 1 und 2 sowie Abs. 4 beizubringen:
1. eine zusammenfassende Darstellung des beruflichen Ausbildungsgangs und der bisherigen Berufsausübung,
2. ein Führungszeugnis nach § 30 Abs. 5 des Bundeszentralregistergesetzes,
3. eine Erklärung, ob ein Insolvenzverfahren anhängig oder in den letzten drei Jahren vor Antragstellung eine Eintragung in ein Schuldnerverzeichnis (§ 26 Abs. 2 der Insolvenzordnung, § 882b der Zivilprozessordnung) erfolgt ist,

4. eine Erklärung, ob in den letzten drei Jahren vor Antragstellung eine Registrierung oder eine Zulassung zur Rechtsanwaltschaft versagt, zurückgenommen oder widerrufen wurde oder ein Ausschluss aus der Rechtsanwaltschaft erfolgt ist, und, wenn dies der Fall ist, eine Kopie des Bescheids,
5. Unterlagen zum Nachweis der theoretischen und praktischen Sachkunde.

⁵In den Fällen des § 12 Abs. 4 müssen die in Satz 3 genannten Unterlagen sowie Unterlagen zum Nachweis der in § 12 Abs. 4 Satz 2 genannten Voraussetzungen für jede qualifizierte Person gesondert beigebracht werden.

(2) ¹Über den Antrag ist innerhalb einer Frist von drei Monaten zu entscheiden; § 42a Absatz 2 Satz 2 bis 4 des Verwaltungsverfahrensgesetzes gilt entsprechend. ²Wenn die Registrierungsvoraussetzungen nach § 12 Absatz 1 Nummer 1 und 2 sowie Absatz 4 vorliegen, fordert die zuständige Behörde den Antragsteller vor Ablauf der Frist nach Satz 1 auf, den Nachweis über die Berufshaftpflichtversicherung sowie über die Erfüllung von Bedingungen (§ 10 Absatz 3 Satz 1) zu erbringen. ³Sobald diese Nachweise erbracht sind, nimmt sie die Registrierung vor und veranlasst ihre öffentliche Bekanntmachung im Rechtsdienstleistungsregister.

(3) ¹Registrierte Personen oder ihre Rechtsnachfolger müssen alle Änderungen, die sich auf die Registrierung oder den Inhalt des Rechtsdienstleistungsregisters auswirken, der zuständigen Behörde unverzüglich in Textform mitteilen. ²Diese veranlasst die notwendigen Registrierungen und ihre öffentliche Bekanntmachung im Rechtsdienstleistungsregister. ³Wirkt sich eine Verlegung der Hauptniederlassung auf die Zuständigkeit nach Absatz 1 Satz 1 aus, so gibt die Behörde den Vorgang an die Behörde ab, die für den Ort der neuen Hauptniederlassung zuständig ist. ⁴Diese unterrichtet die registrierte Person über die erfolgte Übernahme, registriert die Änderung und veranlasst ihre öffentliche Bekanntmachung im Rechtsdienstleistungsregister.

(4) ¹Das Bundesministerium der Justiz und für Verbraucherschutz wird ermächtigt, durch Rechtsverordnung mit Zustimmung des Bundesrates die Einzelheiten des Registrierungsverfahrens zu regeln. ²Dabei sind insbesondere Aufbewahrungs- und Löschungsfristen vorzusehen.

§ 13a Aufsichtsmaßnahmen

(1) Die zuständige Behörde übt die Aufsicht über die Einhaltung dieses Gesetzes aus.

(2) ¹Die zuständige Behörde trifft gegenüber Personen, die Rechtsdienstleistungen erbringen, Maßnahmen, um die Einhaltung dieses Gesetzes sicherzustellen. ²Sie kann insbesondere Auflagen nach § 10 Absatz 3 Satz 3 anordnen oder ändern.

(3) Die zuständige Behörde kann einer Person, die Rechtsdienstleistungen erbringt, den Betrieb vorübergehend ganz oder teilweise untersagen, wenn begründete Tatsachen die Annahme rechtfertigen, dass
1. eine Voraussetzung für die Registrierung nach § 12 weggefallen ist oder
2. erheblich oder dauerhaft gegen Pflichten verstoßen wird.

(4) ¹Soweit es zur Erfüllung der der zuständigen Behörde als Aufsichtsbehörde übertragenen Aufgaben erforderlich ist, hat die Person, die Rechtsdienstleistungen erbringt, der zuständigen Behörde und den in ihrem Auftrag handelnden Personen das Betreten der Geschäftsräume während der üblichen Betriebszeiten zu gestatten, auf Verlangen die in Betracht kommenden Bücher, Aufzeichnungen, Belege, Schriftstücke und sonstigen Unterlagen in geeigneter Weise zur Einsicht vorzulegen, auch soweit sie elektronisch geführt werden, Auskunft zu erteilen und die erforderliche Unterstützung zu gewähren. ²Der zur Erteilung einer Auskunft Verpflichtete kann die Auskunft verweigern, wenn er sich damit selbst oder einen der in § 383 Absatz 1 Nummer 1 bis 3 der Zivilprozessordnung bezeichneten Angehörigen der Gefahr der Verfolgung wegen einer Straftat oder eines Verfahrens nach dem Gesetz über Ordnungswidrigkeiten aussetzen würde. ³Er ist auf dieses Recht hinzuweisen.

§ 14 Widerruf der Registrierung

Die zuständige Behörde widerruft die Registrierung unbeschadet des § 49 des Verwaltungsverfahrensgesetzes oder entsprechender landesrechtlicher Vorschriften,
1. wenn begründete Tatsachen die Annahme rechtfertigen, dass die registrierte Person oder eine qualifizierte Person die erforderliche persönliche Eignung oder Zuverlässigkeit nicht mehr besitzt; dies ist in der Regel der Fall, wenn einer der in § 12 Abs. 1 Nr. 1 genannten Gründe nachträglich eintritt oder die registrierte Person beharrlich Änderungsmitteilungen nach § 13 Abs. 3 Satz 1 unterlässt,
2. wenn die registrierte Person keine Berufshaftpflichtversicherung nach § 12 Abs. 1 Nr. 3 mehr unterhält,
3. wenn begründete Tatsachen die Annahme dauerhaft unqualifizierter Rechtsdienstleistungen zum Nachteil der Rechtsuchenden oder des Rechtsverkehrs rechtfertigen; dies ist in der Regel der Fall, wenn die registrierte Person in erheblichem Umfang Rechtsdienstleistungen über die eingetragene Befugnis hinaus erbringt oder beharrlich gegen Auflagen oder Darlegungs- und Informationspflichten nach § 11a verstößt,
4. wenn eine juristische Person oder eine Gesellschaft ohne Rechtspersönlichkeit, die keine weitere qualifizierte Person benannt hat, bei Ausscheiden der qualifizierten Person nicht innerhalb von sechs Monaten eine qualifizierte Person benennt.

§ 14a Bestellung eines Abwicklers für Rentenberater

(1) ¹Ist eine als Rentenberater registrierte Person (§ 10 Absatz 1 Satz 1 Nummer 2) verstorben oder wurde ihre Registrierung zurückgenommen oder widerrufen, so kann die für die Registrierung zuständige Behörde einen Abwickler für ihre Praxis bestellen. ²Der Abwickler muss Rechtsanwalt sein oder eine Registrierung für denselben Bereich besitzen wie die registrierte Person, deren Praxis abzuwickeln ist.

(2) Für die Bestellung und Durchführung der Abwicklung gelten § 53 Absatz 5 Satz 3, Absatz 9 und 10 Satz 1 bis 6 sowie § 55 Absatz 1 Satz 4 und 5, Absatz 2 Satz 1 und 4, Absatz 3 Satz 2 und Absatz 4 der Bundesrechtsanwaltsordnung entsprechend mit der

Maßgabe, dass an die Stelle des Vorstands der Rechtsanwaltskammer die Behörde tritt, die den Abwickler bestellt hat.

§ 15 Vorübergehende Rechtsdienstleistungen

(1) ¹Natürliche und juristische Personen sowie Gesellschaften ohne Rechtspersönlichkeit, die in einem anderen Mitgliedstaat der Europäischen Union, in einem anderen Vertragsstaat des Abkommens über den Europäischen Wirtschaftsraum oder in der Schweiz zur Ausübung eines in § 10 Absatz 1 Satz 1 Nummer 1 oder 2 genannten oder eines vergleichbaren Berufs rechtmäßig niedergelassen sind, dürfen diesen Beruf in der Bundesrepublik Deutschland mit denselben Rechten und Pflichten wie eine nach § 10 Absatz 1 Satz 1 Nummer 1 oder 2 registrierte Person vorübergehend und gelegentlich ausüben (vorübergehende Rechtsdienstleistungen). ²Wenn weder der Beruf noch die Ausbildung zu diesem Beruf im Staat der Niederlassung reglementiert sind, gilt dies nur, wenn die Person oder Gesellschaft den Beruf in den in Satz 1 genannten Staaten während der vorhergehenden zehn Jahre mindestens ein Jahr ausgeübt hat. ³Ob Rechtsdienstleistungen vorübergehend und gelegentlich erbracht werden, ist insbesondere anhand ihrer Dauer, Häufigkeit, regelmäßigen Wiederkehr und Kontinuität zu beurteilen.

(2) ¹Vorübergehende Rechtsdienstleistungen sind nur zulässig, wenn die Person oder Gesellschaft vor der ersten Erbringung von Dienstleistungen im Inland einer nach § 19 zuständigen Behörde in Textform eine Meldung mit dem Inhalt nach Satz 2 erstattet. ²Das Registrierungsverfahren kann auch über eine einheitliche Stelle nach den §§ 71a bis 71e des Verwaltungsverfahrensgesetzes abgewickelt werden. ³Die Meldung muss neben den nach § 16 Absatz 2 Satz 1 Nummer 1 Buchstabe a bis c im Rechtsdienstleistungsregister öffentlich bekanntzumachenden Angaben enthalten:
1. eine Bescheinigung darüber, dass die Person oder Gesellschaft in einem Mitgliedstaat der Europäischen Union, in einem anderen Vertragsstaat des Abkommens über den Europäischen Wirtschaftsraum oder in der Schweiz rechtmäßig zur Ausübung eines der in § 10 Absatz 1 Satz 1 Nummer 1 oder 2 genannten Berufe oder eines vergleichbaren Berufs niedergelassen ist und dass ihr die Ausübung dieser Tätigkeit zum Zeitpunkt der Vorlage der Bescheinigung nicht, auch nicht vorübergehend, untersagt ist,
2. einen Nachweis darüber, dass die Person oder Gesellschaft den Beruf in den in Nummer 1 genannten Staaten während der vorhergehenden zehn Jahre mindestens ein Jahr rechtmäßig ausgeübt hat, wenn der Beruf dort nicht reglementiert ist,
3. sofern der Beruf auf dem Gebiet der Bundesrepublik Deutschland ausgeübt wird, einen Nachweis über das Bestehen einer Berufshaftpflichtversicherung nach Absatz 5 oder Angaben dazu, warum der Abschluss einer solchen Versicherung nicht möglich oder unzumutbar ist; anderenfalls eine Erklärung darüber, dass der Beruf ausschließlich aus dem Niederlassungsstaat heraus ausgeübt wird,
4. die Angabe der Berufsbezeichnung, unter der die Tätigkeit im Inland zu erbringen ist.

⁴§ 13 Abs. 3 Satz 1 gilt entsprechend. ⁵Die Meldung ist jährlich zu wiederholen, wenn die Person oder Gesellschaft nach Ablauf eines Jahres erneut vorübergehende Rechtsdienstleistungen im Inland erbringen will. ⁶In diesem Fall ist der Nachweis oder die Erklärung nach Satz 3 Nummer 3 erneut beizufügen.

(3) ¹Sobald die Meldung nach Absatz 2 vollständig vorliegt, nimmt die zuständige Behörde eine vorübergehende Registrierung oder ihre Verlängerung um ein Jahr vor und veranlasst die öffentliche Bekanntmachung im Rechtsdienstleistungsregister. ²Das Verfahren ist kostenfrei.

(4) ¹Vorübergehende Rechtsdienstleistungen sind unter der in der Sprache des Niederlassungsstaats für die Tätigkeit bestehenden Berufsbezeichnung zu erbringen. ²Eine Verwechslung mit den in § 11 Abs. 4 aufgeführten Berufsbezeichnungen muss ausgeschlossen sein.

(5) ¹Vorübergehend registrierte Personen oder Gesellschaften, die ihren Beruf auf dem Gebiet der Bundesrepublik Deutschland ausüben, sind verpflichtet, eine Berufshaftpflichtversicherung zur Deckung der sich aus ihrer Berufstätigkeit in Deutschland ergebenden Haftpflichtgefahren für Vermögensschäden abzuschließen, die nach Art und Umfang den durch ihre berufliche Tätigkeit entstehenden Risiken angemessen ist. ²Ist der Person oder Gesellschaft der Abschluss einer solchen Versicherung nicht möglich oder unzumutbar, hat sie ihre Auftraggeberin oder ihren Auftraggeber vor ihrer Beauftragung auf diese Tatsache und deren Folgen in Textform hinzuweisen.

(6) ¹Die zuständige Behörde kann einer vorübergehend registrierten Person oder Gesellschaft die weitere Erbringung von Rechtsdienstleistungen untersagen, wenn aufgrund begründeter Tatsachen anzunehmen ist, dass sie dauerhaft unqualifizierte Rechtsdienstleistungen zum Nachteil der Rechtsuchenden oder des Rechtsverkehrs erbringen wird oder wenn sie in erheblichem Maß gegen Berufspflichten verstoßen hat. ²Die Voraussetzungen nach Satz 1 sind regelmäßig erfüllt, wenn die Person oder Gesellschaft
1. im Staat der Niederlassung nicht mehr rechtmäßig niedergelassen ist oder ihr die Ausübung der Tätigkeit dort untersagt ist,
2. in erheblichem Umfang Rechtsdienstleistungen über die eingetragene Befugnis hinaus erbringt,
3. beharrlich gegen Darlegungs- und Informationspflichten nach § 11a verstößt,
4. nicht über die für die Ausübung der Berufstätigkeit im Inland erforderlichen deutschen Sprachkenntnisse verfügt,
5. beharrlich entgegen Absatz 4 eine unrichtige Berufsbezeichnung führt oder
6. beharrlich gegen die Vorgaben des Absatzes 5 über die Berufshaftpflichtversicherung verstößt.

(7) ¹Natürliche und juristische Personen sowie Gesellschaften ohne Rechtspersönlichkeit, die in einem in Absatz 1 Satz 1 genannten Staat zur Erbringung von Rechtsdienstleistungen in einem ausländischen Recht (§ 10 Absatz 1 Satz 1 Nummer 3) rechtmäßig niedergelassen sind, dürfen diese Rechtsdienstleistungen in der Bundesrepublik Deutschland mit denselben Befugnissen wie eine nach § 10 Absatz 1 Satz 1 Nummer 3

registrierte Person vorübergehend und gelegentlich ausüben (vorübergehende Rechtsdienstleistungen). ²Absatz 1 Satz 2 und 3 sowie die Absätze 2 bis 6 gelten entsprechend.

§ 15a Statistik

¹Über Verfahren nach § 12 Absatz 3 Satz 4 und § 15 wird eine Bundesstatistik durchgeführt. ²§ 17 des Berufsqualifikationsfeststellungsgesetzes ist anzuwenden.

§ 15b Betrieb ohne Registrierung

Werden Rechtsdienstleistungen ohne erforderliche Registrierung oder vorübergehende Registrierung erbracht, so kann die zuständige Behörde die Fortsetzung des Betriebs verhindern.

Teil 4 – Rechtsdienstleistungsregister

§ 16 Inhalt des Rechtsdienstleistungsregisters

(1) ¹Das Rechtsdienstleistungsregister dient der Information der Rechtsuchenden, der Personen, die Rechtsdienstleistungen anbieten, des Rechtsverkehrs und öffentlicher Stellen. ²Die Einsicht in das Rechtsdienstleistungsregister steht jedem unentgeltlich zu.

(2) ¹Im Rechtsdienstleistungsregister werden unter Angabe der nach § 9 Abs. 1 oder § 13 Abs. 1 zuständigen Behörde und des Datums der jeweiligen Registrierung nur öffentlich bekanntgemacht:
1. die Registrierung von Personen, denen Rechtsdienstleistungen in einem oder mehreren der in § 10 Abs. 1 genannten Bereiche oder Teilbereiche erlaubt sind, unter Angabe
    a) ihres Familiennamens und Vornamens, ihres Namens oder ihrer Firma einschließlich ihrer gesetzlichen Vertreter sowie des Registergerichts und der Registernummer, unter der sie in das Handels-, Partnerschafts-, Genossenschafts- oder Vereinsregister eingetragen sind,
    b) ihres Gründungsjahres,
    c) ihrer Geschäftsanschrift einschließlich der Anschriften aller Zweigstellen,
    d) der für sie nach § 12 Abs. 4 benannten qualifizierten Personen unter Angabe des Familiennamens und Vornamens,
    e) des Inhalts und Umfangs der Rechtsdienstleistungsbefugnis einschließlich erteilter Auflagen sowie der Angabe, ob es sich um eine vorübergehende Registrierung nach § 15 handelt und unter welcher Berufsbezeichnung die Rechtsdienstleistungen nach § 15 Abs. 4 im Inland zu erbringen sind,
2. die Registrierung von Personen oder Vereinigungen, denen die Erbringung von Rechtsdienstleistungen nach § 9 Abs. 1 bestandskräftig untersagt worden ist, unter Angabe
    a) ihres Familiennamens und Vornamens, ihres Namens oder ihrer Firma einschließlich ihrer gesetzlichen Vertreter sowie des Registergerichts und der Registernum-

mer, unter der sie in das Handels-, Partnerschafts-, Genossenschafts- oder Vereinsregister eingetragen sind,
b) ihres Gründungsjahres,
c) ihrer Anschrift,
d) der Dauer der Untersagung.

²Bei öffentlichen Bekanntmachungen nach Satz 1 Nummer 1 werden mit der Geschäftsanschrift auch die Telefonnummer und die E-Mail-Adresse der registrierten Person veröffentlicht, wenn sie in die Veröffentlichung dieser Daten schriftlich eingewilligt hat. ³Wird ein Abwickler bestellt, ist auch dies unter Angabe von Familienname, Vorname und Anschrift des Abwicklers zu veröffentlichen.

(3) ¹Die öffentliche Bekanntmachung erfolgt durch eine zentrale und länderübergreifende Veröffentlichung im Internet unter der Adresse www.rechtsdienstleistungsregister.de. ²Die nach § 9 Abs. 1 oder § 13 Abs. 1 zuständige Behörde trägt die datenschutzrechtliche Verantwortung für die von ihr im Rechtsdienstleistungsregister veröffentlichten Daten, insbesondere für die Rechtmäßigkeit ihrer Erhebung, die Zulässigkeit ihrer Veröffentlichung und ihre Richtigkeit. ³Das Bundesministerium der Justiz und für Verbraucherschutz wird ermächtigt, durch Rechtsverordnung mit Zustimmung des Bundesrates die Einzelheiten der öffentlichen Bekanntmachung im Internet zu regeln.

§ 17 Löschung von Veröffentlichungen

(1) ¹Die im Rechtsdienstleistungsregister öffentlich bekanntgemachten Daten sind zu löschen
1. bei registrierten Personen mit dem Verzicht auf die Registrierung,
2. bei natürlichen Personen mit ihrem Tod,
3. bei juristischen Personen und Gesellschaften ohne Rechtspersönlichkeit mit ihrer Beendigung,
4. bei Personen, deren Registrierung zurückgenommen oder widerrufen worden ist, mit der Bestandskraft der Entscheidung,
5. bei Personen oder Vereinigungen, denen die Erbringung von Rechtsdienstleistungen nach § 9 Abs. 1 untersagt ist, nach Ablauf der Dauer der Untersagung,
6. bei Personen oder Gesellschaften nach § 15 mit Ablauf eines Jahres nach der vorübergehenden Registrierung oder ihrer letzten Verlängerung, im Fall der Untersagung nach § 15 Absatz 6 mit Bestandskraft der Untersagung.

²Wird im Fall des Satzes 1 Nummer 2 oder 4 ein Abwickler bestellt, erfolgt eine Löschung erst nach Beendigung der Abwicklung.

(2) Das Bundesministerium der Justiz und für Verbraucherschutz wird ermächtigt, durch Rechtsverordnung mit Zustimmung des Bundesrates die Einzelheiten des Löschungsverfahrens zu regeln.

Teil 5 – Datenübermittlung und Zuständigkeiten, Bußgeldvorschriften

§ 18 Umgang mit personenbezogenen Daten

(1) ¹Die zuständigen Behörden dürfen einander und anderen für die Durchführung dieses Gesetzes zuständigen Behörden Daten über Registrierungen nach § 9 Abs. 2, § 10 Abs. 1 und § 15 Abs. 3 übermitteln, soweit die Kenntnis der Daten zur Durchführung dieses Gesetzes erforderlich ist. ²Sie dürfen die nach § 16 Abs. 2 öffentlich bekanntzumachenden Daten längstens für die Dauer von drei Jahren nach Löschung der Veröffentlichung zentral und länderübergreifend in einer Datenbank speichern und aus dieser im automatisierten Verfahren abrufen; § 16 Abs. 3 Satz 2 gilt entsprechend. ³Gerichte und Behörden dürfen der zuständigen Behörde personenbezogene Daten übermitteln, soweit deren Kenntnis für folgende Zwecke erforderlich ist:
1. die Registrierung oder die Rücknahme oder den Widerruf der Registrierung,
2. eine Untersagung nach § 9 Absatz 1 oder § 15 Absatz 6,
3. eine Aufsichtsmaßnahme nach § 13a,
4. eine Maßnahme nach § 15b oder
5. die europäische Verwaltungszusammenarbeit nach Absatz 2.

⁴Satz 3 gilt nur, soweit durch die Übermittlung der Daten schutzwürdige Interessen der Person nicht beeinträchtigt werden oder soweit das öffentliche Interesse das Geheimhaltungsinteresse der Person überwiegt.

(2) ¹Für die europäische Verwaltungszusammenarbeit gelten die §§ 8a bis 8e des Verwaltungsverfahrensgesetzes. ²Die zuständige Behörde nutzt für die europäische Verwaltungszusammenarbeit das Binnenmarkt-Informationssystem der Europäischen Union.

(2a) ¹Wird in einem verwaltungsgerichtlichen Verfahren festgestellt, dass eine Person bei einem Antrag auf Anerkennung ihrer Berufsqualifikation nach der Richtlinie 2005/36/EG des Europäischen Parlaments und des Rates vom 7. September 2005 über die Anerkennung von Berufsqualifikationen (ABl. L 255 vom 30.9.2005, S. 22; L 271 vom 16.10.2007, S. 18; L 93 vom 4.4.2008, S. 28; L 33 vom 3.2.2009, S. 49; L 305 vom 24.10.2014, S. 115), die zuletzt durch die Richtlinie 2013/55/EU (ABl. L 354 vom 28.12.2013, S. 132; L 268 vom 15.10.2015, S. 35; L 95 vom 9.4.2016, S. 20) geändert worden ist, in der jeweils geltenden Fassung einen gefälschten Berufsqualifikationsnachweis verwendet hat, hat die zuständige Behörde die Angaben zur Identität der Person und die Tatsache, dass sie einen gefälschten Berufsqualifikationsnachweis verwendet hat, binnen drei Tagen nach Rechtskraft der gerichtlichen Entscheidung über das Binnenmarkt-Informationssystem den anderen Mitgliedstaaten der Europäischen Union, den anderen Vertragsstaaten des Abkommens über den Europäischen Wirtschaftsraum und der Schweiz mitzuteilen. ² § 38 Absatz 2 des Gesetzes über die Tätigkeit europäischer Rechtsanwälte in Deutschland gilt entsprechend.

(3) Das Bundesministerium der Justiz und für Verbraucherschutz wird ermächtigt, die Einzelheiten des Umgangs mit personenbezogenen Daten, insbesondere der Veröffentlichung in dem Rechtsdienstleistungsregister, der Einsichtnahme in das Register, der Datenübermittlung einschließlich des automatisierten Datenabrufs und der Amtshilfe, durch Rechtsverordnung mit Zustimmung des Bundesrates zu regeln.

§ 19 Zuständigkeit und Übertragung von Befugnissen

(1) Zuständig für die Durchführung dieses Gesetzes sind die Landesjustizverwaltungen, die zugleich zuständige Stellen im Sinn des § 117 Abs. 2 des Gesetzes über den Versicherungsvertrag sind.

(2) ¹Die Landesregierungen werden ermächtigt, die Aufgaben und Befugnisse, die den Landesjustizverwaltungen nach diesem Gesetz zustehen, durch Rechtsverordnung auf diesen nachgeordnete Behörden zu übertragen. ²Die Landesregierungen können diese Ermächtigung durch Rechtsverordnung auf die Landesjustizverwaltungen übertragen.

§ 20 Bußgeldvorschriften

(1) Ordnungswidrig handelt, wer
1. einer vollziehbaren Anordnung nach § 9 Absatz 1 Satz 1 oder § 15 Absatz 6 Satz 1, auch in Verbindung mit Absatz 7, zuwiderhandelt,
2. ohne Registrierung nach § 10 Absatz 1 eine dort genannte Rechtsdienstleistung erbringt,
3. einer vollziehbaren Auflage nach § 10 Absatz 3 Satz 1 zuwiderhandelt oder
4. entgegen § 11 Absatz 4 eine dort genannte Berufsbezeichnung oder Bezeichnung führt.

(2) Ordnungswidrig handelt, wer vorsätzlich oder fahrlässig
1. entgegen § 11a Absatz 1 Satz 1 eine dort genannte Information nicht, nicht richtig, nicht vollständig oder nicht rechtzeitig übermittelt,
2. entgegen § 11a Absatz 1 Satz 2 eine Mitteilung nicht, nicht richtig, nicht vollständig oder nicht rechtzeitig macht,
3. entgegen § 15 Absatz 2 Satz 1, auch in Verbindung mit Absatz 7, eine vorübergehende Rechtsdienstleistung erbringt oder
4. entgegen § 15 Absatz 2 Satz 5, auch in Verbindung mit Absatz 7, eine dort genannte Meldung nicht, nicht richtig, nicht vollständig oder nicht rechtzeitig wiederholt.

(3) Die Ordnungswidrigkeit kann mit einer Geldbuße bis zu fünfzigtausend Euro geahndet werden.

B. Einleitung

Übersicht Rdn.
I. Ziele und Regelungstechnik des RDG 1
   1. Ziele 1
   2. Regelungstechnik. 2
II. Bezug des RDG zur Mediation 3
III. Konsequenzen für die Mediationspraxis........................... 5

I. Ziele und Regelungstechnik des RDG

1. Ziele

1 Das am 1. Juli 2008 in Kraft getretene Rechtsdienstleistungsgesetz (RDG) regelt die Befugnis zur Erbringung außergerichtlicher Rechtsdienstleistungen durch nicht als Rechtsanwalt zugelassene Personen und dient dem Schutz der Rechtsuchenden, des Rechtsverkehrs und der Rechtsordnung vor unqualifizierten Rechtsdienstleistungen (§ 1 I RDG).[1] Zugleich sollte mit der Gesetzeseinführung auch eine **Liberalisierung des Rechtsberatungsmarktes** erreicht werden, indem der Zugang zu rechtsdienstleistenden Berufen auch für nichtanwaltliche Berufsgruppen erleichtert und der Abbau des Rechtsberatungsmonopols der deutschen Anwaltschaft vorangetrieben wird. Insbesondere der Trend zum Abbau des Rechtsberatungsmonopols der Anwaltschaft hatte sich schon im Vorfeld der Reform in der Judikatur abgezeichnet.[2] Das überkommene Rechtsberatungsgesetz (RBerG) sollte durch die Reform vollständig abgelöst werden.[3] Gleichzeitig hat der Gesetzgeber die Regelungstechnik eines präventiven Verbotes mit Erlaubnisvorbehalt des RBerG übernommen.[4]

2. Regelungstechnik

2 Der § 3 RDG ist die allgemeine Verbotsnorm, die Erlaubnisnormen finden sich in §§ 5, 6, 7, 8, 10 und 15 RDG wieder.[5] Nach der Regelungstechnik des RDG ist die Erbringung von außergerichtlichen Rechtsdienstleistungen für Nichtanwälte verboten, es sei denn, der Erbringer der Rechtsdienstleistung ist im Sinne des RDG zur Erbringung der Dienstleistung »befugt«. Es handelt sich bei dieser Regulierungsform um ein **präventives Verbot mit Erlaubnisvorbehalt**.[6]

---

1 *Weth* in: *Henssler/Prütting*, BRAO, 5. Auflage 2019, RDG, Einleitung Rn. 1 f.
2 *Henssler* in: *Deckenbrock/Henssler*, RDG, 4. Auflage 2015, Einleitung Rn. 26 ff.; *Kleine-Cosack*, Heidelberger Kommentar zum Rechtsdienstleistungsgesetz, 3. Auflage 2014, Allgemeiner Teil Rn. 6 ff.
3 BT-Drs. 16/3655, S. 26.
4 *Henssle*, in: *Deckenbrock/Henssler*, RDG, 4. Auflage 2015, Einleitung Rn. 30.
5 *Weth* in: *Henssler/Prütting*, BRAO, 5. Auflage 2019, RDG, Einleitung Rn. 42.
6 BT-Drs. 16/3655, S. 31; *Seichter* in: *Deckenbrock/Henssler*, RDG, 4. Auflage 2015, § 3 Rn. 2.

§ 2 Abs. 1 RDG definiert die Rechtsdienstleistung als fremdnützige Tätigkeit in konkreten Angelegenheiten, die eine rechtliche Prüfung des Einzelfalles erfordert. Eine rechtliche Prüfung des Einzelfalles ist nach der Rechtsprechung des BGH dann erforderlich, wenn die Anwendung von Rechtsnormen nicht nur schematisch erfolgt, sondern eine Subsumtion des konkreten Sachverhaltes erforderlich ist.[7]

Im Unterschied zu repressiven Verboten mit Befreiungsvorbehalt betrifft das präventive Verbot unter dem RDG kein sozial schädliches, unerwünschtes Verhalten. Die Rechtsberatung ist vielmehr grundsätzlich erwünscht und die vorsorgliche behördliche Prüfung der Befugnis soll vor allem zum Schutz des Abnehmers von Rechtsdienstleistungen sicherstellen, dass nur qualifizierte Personen Rechtsberatung leisten.[8]

II. Bezug des RDG zur Mediation

Parallel zu der zunehmenden Anerkennung der Mediation als Streitbeilegungsmechanismus seit der Jahrtausendwende begann auch die Diskussion um die Vereinbarkeit von Mediation und dem Recht der Rechtsdienstleistungen.[9] Die Zulässigkeit von Mediation durch nichtanwaltliche Berufsgruppen richtet sich mithin maßgeblich nach den Regelungen des RDG und nicht etwa dem MediationsG.[10] Folgerichtig hat der Gesetzgeber des RDG das Thema Mediation ausdrücklich aufgegriffen und in § 2 Abs. 3 Nr. 4 RDG seine Überzeugung zum Ausdruck gebracht, dass **Mediation keine Rechtsdienstleistung** ist.[11] Diese Auffassung entspricht zunächst dem Verständnis der Mediation als drittunterstützte Verhandlung zwischen Konfliktparteien, die eigenverantwortlich und einvernehmlich eine Lösung für ihren Konflikt finden wollen.[12] Zwar geht mit dem Ergebnis der Mediation – das im Erfolgsfall ein Vergleich ist – eine Änderung, Auflösung oder Neubegründung rechtlicher Beziehungen zwischen den Parteien einher.[13] Damit stellt sich grundsätzlich auch die Frage, ob der Mediator durch die Mitwirkung an diesem Vergleich eine Rechtsdienstleistung erbringt.[14] Bei ihrer Beantwortung muss berücksichtigt werden, dass der Mediator keine Gestaltungsmacht im Hinblick auf die Inhalte der Vereinbarung zwischen den Parteien hat und nach dem zutreffenden Verständnis auch mittelbar keinen Einfluss auf den Inhalt nehmen soll. Die Feststellung des Gesetzgebers in § 2 Abs. 3 Nr. 4 RDG, wonach die Mediation keine Rechtsdienstleistung ist, erscheint daher konsequent. Folglich dürfen auch nicht zur Rechtsdienstleistung

---

7 BGH NJW-RR 2016, 1056.
8 *Weth* in: *Henssler/Prütting*, BRAO, 5. Auflage 2019, RDG, Einleitung Rn. 42.
9 *Deckenbrock/Henssler*, RDG, 4. Auflage 2015, § 2 Rn. 122.
10 *Hacke* in: *Eidenmüller/Wagner*, Mediationsrecht, 1. Auflage 2015, Kap. 6 Rn. 93, 123; *Henssler* in: *Deckenbrock/Henssler*, RDG, 4. Auflage 2015, Einleitung Rn. 47; *Wendler/Thomas* DStR 2012, 1881, 1884.
11 *Henssler*, in: *Deckenbrock/Henssler*, RDG, 4. Auflage 2015, Einleitung Rn. 47.
12 Querverweis im Kommentar
13 *Greger* in: *Greger/Unberath*, MediationsG, 1. Auflage 2012, Teil 2 § 1 Rn. 73; ferner *Mankowski* MDR 2001, 1198, 1199 f.
14 Überblick bei *Deckenbrock/Henssler*, RDG, 4. Auflage 2015, § 2 Rn. 122.

befugte Berufsgruppen bis zu einem gewissen Maße (sog. »*echte*« bzw. »*reine*« Mediation) als Mediatoren tätig werden, ohne gegen § 3 RDG zu verstoßen.[15] Für die Zwecke der hier vorgelegten Kommentierung sind die §§ 2, 3 und 5 RDG relevant, da sie einen Bezug zur Mediation aufweisen.

4 Die Mediation ist nur vom Anwendungsbereich des Rechtsdienstleistungsgesetzes ausgenommen, soweit der Mediator keine eigenen rechtlichen Regelungsvorschläge unterbreitet.[16] Abgesehen davon, dass der Mediator, der mit Zustimmung beider Parteien Lösungsvorschläge unterbreitet, sowieso die Grenze zur Schlichtung überschreiten dürfte, erscheint diese Einschränkung im System des RDG konsequent. Denn mit der Unterbreitung konkreter Lösungsvorschläge nimmt der Mediator bzw. Schlichter eine Position ein, die über die reine Vermittlung zwischen den Parteien hinausgeht. Er wirkt insoweit gestaltend auf die Rechtsbeziehungen zwischen den Parteien ein, als er die ihm von den Parteien verliehene Autorität dazu nutzt, Einfluss auf den Inhalt der Lösung des Konfliktes zu nehmen. Die Annahme, dass hier eine Rechtsanwendung im Einzelfall erfolgen muss und somit eine Rechtsdienstleistung vorliegt, liegt nahe.[17]

Ob allerdings die Differenzierung zwischen der erlaubnisfreien Mediation und der erlaubnispflichtigen Schlichtung sachgerecht und aus Sicht der Streitbeilegung praxistauglich ist, darf bezweifelt werden. Denn die Schlichtung ist ebenfalls kein Drittentscheidungsverfahren, da der Schlichtungsspruch für die Parteien unverbindlich ist. Weiterhin ist die Grenze zwischen Mediation und der Schlichtung in der Praxis auch nicht immer völlig trennscharf zu ziehen. Man denke z.B. an die Mitwirkung des Mediators bei der Entwicklung und Bewertung von Optionen – soll dies dann plötzlich Rechtsberatung sein? Ein pragmatischer Ansatz erscheint aus Praktikersicht sachgerecht. Ausgehend von der Bezeichnung des Verfahrens durch die Parteien sollte jede Form der Mediation erlaubnisfrei sein, bei der ein Mediator jedenfalls keinen den gesamten Streitgegenstand umfassenden Lösungsvorschlag (analog eines Schlichtungsspruches) unterbreitet, sondern den Parteien lediglich punktuell Hinweise bei der Entwicklung und Bewertung von Lösungsoptionen bietet.[18]

III. Konsequenzen für die Mediationspraxis

5 Für die Mediationspraxis ergeben sich folgende Konsequenzen:
– Der **als Anwalt zugelassene Mediator** unterliegt keinerlei Beschränkungen durch das RDG, da dieses auf ihn von vornherein nicht anwendbar ist. Er ist aufgrund seiner Zulassung zur Anwaltschaft vollumfänglich zur Erbringung von Rechtsdienstleistungen befugt und darf daher – zumindest aus der Perspektive des RDG – auch

---

15 *Henssler* in: *Deckenbrock/Henssler*, RDG, 4. Auflage 2015, Einleitung Rn. 47; *Ropeter* in: *Hinrichs*, Praxishandbuch Mediationsgesetz, 2014, S. 216 Rn. 306.
16 *Greger* in: *Greger/Unberath*, MediationsG, 1. Auflage 2012, Teil 2 § 1 Rn. 74.
17 *Prütting*, JZ 2008, 847, 851; *Greger* in: *Greger/Unberath/Steffek*, Recht der alternativen Konfliktlösung, MediationsG, 2. Auflage 2016, § 1 Rn. 86.
18 *Greger,* in: *Greger/Unberath/Steffek*, Recht der alternativen Konfliktlösung, MediationsG, 2. Auflage 2016, § 1 Rn. 86.

in einer Mediation Vorschläge zur zukünftigen Regelung der Rechtsbeziehungen zwischen den Parteien machen und somit die Grenze zum Schlichter überschreiten. Der als Anwalt zugelassene Mediator ist daher für die Erbringung von Mediationsdienstleistungen nicht darauf angewiesen, dass der Gesetzgeber die Mediation nicht als Rechtsdienstleistung einordnet.

– Das ist beim **nichtanwaltlichen Mediator** anders. Er darf Mediation als Dienstleistung anbieten, auch ohne zur Erbringung von Rechtsdienstleistungen »befugt« zu sein. Das ergibt sich in seinem Fall aber allein aus dem Umstand, dass die Mediation keine Rechtsdienstleistung ist. Der nichtanwaltliche Mediator muss deshalb besonderes Augenmerk darauf lenken, nicht die Grenze zur Schlichtung zu überschreiten, da er ansonsten unter das Verbot des § 3 RDG fällt und zumindest theoretisch Sanktionen für die Erbringung von Rechtsdienstleistungen ohne erforderliche Erlaubnis befürchten muss.

– Als **Schlichter** unterfällt der nicht als Anwalt zugelassene Anbieter von Streitbeilegungsdienstleistungen von vornherein dem RDG und dessen Verbot mit Erlaubnisvorbehalt.

C. Vorschriften – Kommentierung

§ 2 Begriff der Rechtsdienstleistung

(1) Rechtsdienstleistung ist jede Tätigkeit in konkreten fremden Angelegenheiten, sobald sie eine rechtliche Prüfung des Einzelfalls erfordert.

(2) Rechtsdienstleistung ist, unabhängig vom Vorliegen der Voraussetzungen des Absatzes 1, die Einziehung fremder oder zum Zweck der Einziehung auf fremde Rechnung abgetretener Forderungen, wenn die Forderungseinziehung als eigenständiges Geschäft betrieben wird (Inkassodienstleistung). Abgetretene Forderungen gelten für den bisherigen Gläubiger nicht als fremd.

(3) Rechtsdienstleistung ist nicht:
1. die Erstattung wissenschaftlicher Gutachten,
2. die Tätigkeit von Einigungs- und Schlichtungsstellen, Schiedsrichterinnen und Schiedsrichtern,
3. die Erörterung der die Beschäftigten berührenden Rechtsfragen mit ihren gewählten Interessenvertretungen, soweit ein Zusammenhang zu den Aufgaben dieser Vertretungen besteht,
4. die Mediation und jede vergleichbare Form der alternativen Streitbeilegung, sofern die Tätigkeit nicht durch rechtliche Regelungsvorschläge in die Gespräche der Beteiligten eingreift,
5. die an die Allgemeinheit gerichtete Darstellung und Erörterung von Rechtsfragen und Rechtsfällen in den Medien,
6. die Erledigung von Rechtsangelegenheiten innerhalb verbundener Unternehmen (§ 15 des Aktiengesetzes).

Übersicht

	Rdn.
I. Regelungsgegenstand und Zweck	1
II. Rechtsdienstleistungen im Mediationsverfahren	3
1. Tatbestand der Rechtsdienstleistung gemäß § 2 Abs. 1, Abs. 3 Nr. 4 RDG	3
2. Abgrenzung zwischen Rechtsinformation und Rechtsdienstleistung in der Mediation	4
3. Strategien des nicht als Anwalt zugelassenen Mediators	6

I. Regelungsgegenstand und Zweck

1 Der § 2 Abs. 1 RDG enthält die Legaldefinition der Rechtsdienstleistung und bestimmt damit zugleich den sachlichen Anwendungsbereich des gesamten RDG.[1] Die Norm ist daher von zentraler Bedeutung für das Rechtsdienstleistungsrecht. Das RDG ist nur dann anwendbar, wenn eine (außergerichtliche, § 1 Abs. 1 RDG) Rechtsdienst-

---

[1] *Deckenbrock/Henssler*, RDG, 4. Auflage 2015, § 2 Rn. 1.

leistung im Sinne der Norm vorliegt.² Tätigkeiten unterhalb dieser Schwelle sind von jedermann ohne Weiteres erlaubnisfrei erbringbar.³ Obwohl die Regelung des RDG einen Teil der Rechtsunsicherheit unter dem RBerG beseitigt⁴, ist die Auslegung des Begriffs der Rechtsdienstleistung auch unter der aktuellen Rechtslage noch kontrovers.⁵

Nach der Legaldefinition des Absatzes 1 bestimmt die Norm in ihrem Absatz 2, dass Inkassodienstleistungen jedenfalls auch als Rechtsdienstleistungen anzusehen sind, unabhängig von den Voraussetzungen des Absatzes 1. Schließlich folgt in Absatz 3 eine Negativabgrenzung von Tätigkeiten, die keine Rechtsdienstleistungen im Sinne des Absatzes 1 darstellen sollen.⁶ Dieser Negativabgrenzung soll den Gesetzesmaterialien zufolge aber insgesamt nur deklaratorische Wirkung zukommen, d.h. sie enthält aus Sicht des Gesetzgebers nur Regelbeispiele der zutreffenden Rechtsanwendung.⁷ 2

II. Rechtsdienstleistungen im Mediationsverfahren

1. Tatbestand der Rechtsdienstleistung gemäß § 2 Abs. 1, Abs. 3 Nr. 4 RDG

Die Rechtsdienstleistung ist in § 2 Abs. 1 RDG legaldefiniert als jede Tätigkeit in konkreten fremden Angelegenheiten, die eine rechtliche Prüfung des Einzelfalls erfordert. Wie bereits in der Einleitung ausgeführt,⁸ ist diese Definition bei einer Mediation grundsätzlich nicht erfüllt, weil der Mediator die Parteien lediglich dabei unterstützt, eine einvernehmliche Lösung für ihren Rechtsstreit zu finden.⁹ Die Tätigkeit des Mediators ist insoweit verfahrensbezogen, als sie hauptsächlich den Rahmen für die Einigung herbeiführen soll, indem z.B. Einigungshindernisse beseitigt und eine effektive Kommunikation gefördert werden soll.¹⁰ Die Mediation ist daher keine Rechtsdienstleistung, weil sie keine rechtliche Prüfung des Einzelfalles erfordert. Die Negativabgrenzung in § 2 Abs. 3 Nr. 4 RDG erhält damit rein klarstellende Funktion.¹¹ 3

---

2 *Overkamp/Overkamp* in: *Henssler/Prütting*, BRAO, 5. Auflage 2019, § 2 RDG Rn. 3.
3 *Deckenbrock/Henssler*, RDG, 4. Auflage 2015, § 2 Rn. 1.
4 *Kleine-Cosack*, Heidelberger Kommentar zum Rechtsdienstleistungsgesetz, 3. Auflage 2014, § 2 Rn. 1.
5 *Deckenbrock/Henssler*, RDG, 4. Auflage 2015, § 2 Rn. 12; *Kleine-Cosack*, Heidelberger Kommentar zum Rechtsdienstleistungsgesetz, 3. Auflage 2014, § 2 Rn. 1.
6 *Overkamp/Overkam*, in: *Henssler/Prütting*, BRAO, 5. Auflage 2019, § 2 RDG Rn. 2.
7 BT-Drs. 13/3655, S. 49.
8 Teil 4 B. Rdn. 3.
9 *Weth* in: *Henssler/Prütting* BRAO, 5. Auflage 2019, § 2 RDG Rn. 81 unter Verweis auf BT-Drs. 13/3655, S. 50.
10 *Deckenbrock/Henssler*, RDG, 4. Auflage 2015, § 2 Rn. 127; BT-Drs. 13/3655, S. 50.
11 *Kleine-Cosack*, Heidelberger Kommentar zum Rechtsdienstleistungsgesetz, 3. Auflage 2014, § 2 Rn. 151, 158; BT-Drs. 13/3655, S. 50.

2. Abgrenzung zwischen Rechtsinformation und Rechtsdienstleistung in der Mediation

4 Ein Spannungsverhältnis zwischen RDG und Mediationsgesetz ergibt sich aus dem Umstand, dass das Mediationsgesetz in § 2 Abs. 6 dem Mediator Aufklärungs- und Hinweispflichten auferlegt, wonach der Mediator darauf hinarbeiten soll, dass die Parteien eine zwischen ihnen ausgehandelte Vereinbarung in Kenntnis der Sachlage abschließen und auch den Inhalt der Vereinbarung zutreffend verstehen.[12] Auf den ersten Blick scheint das Mediationsgesetz dem Mediator Pflichten aufzuerlegen, die er erlaubnisfrei nur als Anwalt erfüllen kann. In der Literatur hat sich zur Lösung dieses scheinbaren Normkonflikts die **Differenzierung** zwischen Rechtsinformation und Rechtsdienstleistung in Form von **Regelungsvorschlägen** durchgesetzt.[13]

Eine bloße **Rechtsinformation** liegt danach vor, wenn der Mediator die Parteien auf rechtliche Fragen hinweist, die für die Einigung der Parteien relevant sind, und sie über die Rechtslage informiert.[14] Es muss sich aber um eine »*allgemeine Darstellung rechtlicher und tatsächlicher Handlungsoptionen*« handeln.[15] Der Mediator muss weiterhin den Parteien die Entscheidung überlassen, welche konkrete Ausgestaltung sie in ihre Vereinbarung übernehmen wollen. Er darf sie nicht mit einem Regelungsvorschlag in eine bestimmte Richtung manövrieren und sollte solch einen Vorschlag dementsprechend von vornherein nicht unterbreiten.[16]

Nach der hier vertretenen Auffassung ist es jedoch noch zulässig, wenn der Mediator die Parteien bei der Ausarbeitung und Bewertung von unterschiedlichen Optionen unterstützt. Bei zutreffender Betrachtung ist dabei keine Subsumtion des Einzelfalles erforderlich. Die Schwelle zur **Rechtsdienstleistung** ist aber überschritten, wenn der Mediator mit einem konkreten und einzelfallbezogenen eigenen Vorschlag zur zukünftigen Gestaltung der Rechtsbeziehungen zwischen den Parteien in die Verhandlungen der Beteiligten eingreift.[17]

5 Als Ergebnis dieser Abgrenzung zwischen Rechtsinformation und Rechtsdienstleistung muss sich ein Mediator nicht jeder Bemerkung über rechtliche Implikationen einer von den Parteien erwogenen Lösung enthalten. Gleichzeitig betont diese Abgrenzung

---

12 Vgl. die Ausführungen unter Teil 1 C. § 2 Abs. 6 MediationsG.
13 Vgl. nur *Wet*, in: *Henssler/Prütting*, BRAO, 5. Auflage 2019, § 2 RDG Rn. 82.
14 *Kreiss*, SchiedsVZ 2012, 230, 241; *Wet* in: Henssler/Prütting, BRAO, 5. Auflage 2019, § 2 RDG Rn. 82; auch die Gesetzesmaterialien nennen Rechtsinformation ausdrücklich als Teil der erlaubnisfreien Mediation, BT-Drs. 13/3655, S. 50.
15 BT-Drs. 16/6634, S. 51.
16 *Kreiss*, SchiedsVZ 2012, 230, 241.
17 *Hacke* in: *Eidenmüller/Wagner*, Mediationsrecht, 1. Auflage 2015, Kap. 6 Rn. 128; *Ropete*, in: *Hinrichs*, Praxishandbuch Mediationsgesetz, 2014, S. 217 Rn. 308; *Wet*, in: Henssler/Prütting, BRAO, 5. Auflage 2019, § 2 RDG Rn. 82, mit Verweis auf *Prütting*, Gutachten zum 65. Deutschen Juristentag 2004, S. 65; differenzierend zwischen allgemeinen Darstellungen und konkreten Einzelfallprüfungen auch BT-Drs. 17/5335, S. 15 f.

das Rollenverständnis des Mediators als Hilfsperson der Parteien ohne Entscheidungs- oder Vorschlagsrecht.[18]

Protokolliert der Mediator die Einigung zwischen den Parteien, kann die Protokollierung eine Rechtsdienstleistung darstellen[19], wenn sie über die reine Schreibarbeit hinausgeht.[20] Der Gesetzesentwurf zum RDG sah ursprünglich vor, die Protokolltätigkeit des Mediators in den Tatbestand der nichtrechtsdienstleistenden Mediationstätigkeit aufzunehmen.[21] Dies wurde nach Kritik der Bundesrechtsanwaltskammer aber ersatzlos gestrichen, da der Entwurf dadurch nicht hinreichend eindeutig die Unzulässigkeit einer rechtlich gestaltenden Mitwirkung bei der Abfassung der Abschlussvereinbarung bestimme.[22] Es bleibt damit auch im Rahmen der Protokollierung bei der allgemeinen Abgrenzungsformel, wonach allgemeine Hinweise zulässig sind, konkrete Rechtsausführungen im Hinblick auf den Einzelfall dagegen nicht.[23]

3. Strategien des nicht als Anwalt zugelassenen Mediators

Aus Sicht der Praxis folgt aus dem Vorstehenden unmittelbar die Frage, ob der nicht als Anwalt zugelassene Mediator die Rechtssicherheit seiner Tätigkeit vor dem Hintergrund des RDG erhöhen kann.

6

Eine erste Strategie könnte darin bestehen, dass der nicht als Anwalt zugelassene Mediator seine Tätigkeit in Co-Mediation arbeitsteilig zusammen mit einem Rechtsanwalt anbietet.[24] Co-Mediationen sind grundsätzlich rechtlich zulässig. § 1 Abs. 1 MediationsG bestimmt, dass auch mehrere Personen die Mediationsverhandlungen leiten können, ohne dass diese ihren Mediationscharakter verliert.[25] Man kann gegen die Zusammenarbeit von Anwalt und Nichtanwalt zwar vorbringen, die Mediation stelle eine einheit-

---

18 *Kreissl* SchiedsVZ 2012, 230, 241.
19 OLG Rostock, Urteil vom 20. Juni 2001 – 2 U 58/00, NJW 2002, 642, 643, entschied noch zum RBerG, dass ein Mediator bei der Protokollierung der Mediationsergebnisse regelmäßig gegen das Verbot unerlaubter Rechtsdienstleistung verstoßen wird, da es lebensfremd sei, anzunehmen, er würde lediglich Schreibarbeit leisten. Dies sei von den beauftragenden Parteien auch nicht gewollt, denn hierfür könnten sie ebenso gut ein wesentlich günstigeres Schreibbüro beauftragen.
20 *Hacke* in: *Eidenmüller/Wagner*, Mediationsrecht, 1. Auflage 2015, Kap. 6 Rn. 127.
21 BT-Drs. 16/3655, S. 50.
22 *Ropete*, in: *Hinrichs*, Praxishandbuch Mediationsgesetz, 2014, S. 216 Rn. 307.
23 Vgl. *Weth* in: *Henssler/Prütting*, BRAO, 5. Auflage 2019, § 2 RDG Rn. 82; BT-Drs. 17/5335, S. 15 f.
24 *Greger* in: *Greger/Unberath/Steffek*, Recht der alternativen Konfliktlösung, MediationsG, 2. Auflage 2016, § 1 Rn. 92; *Kleine-Cosack*, Heidelberger Kommentar zum Rechtsdienstleistungsgesetz, 3. Auflage 2014, § 2 Rn. 161; BT-Drs. 17/5335, S. 15; BT-Drs. 13/3655, S. 50; so noch zum RBerG auch OLG Rostock, Urteil vom 20. Juni 2001, 2 U 58/00 – juris Rn. 52.
25 *Greger*, in: *Greger/Unberath/Steffek*, Recht der alternativen Konfliktlösung, MediationsG, 2. Auflage 2016, § 1 Rn. 16, 92, § 2 MediationsG Rn. 276 ff.

liche Leistung dar, weshalb keine sequenzielle Mediation möglich sei.[26] In der Konsequenz könnte dann die Einschaltung des als Anwalt zugelassenen Mediators im Rahmen der Co-Mediation die Einordnung der Tätigkeit als Rechtsdienstleistung nicht verhindern.[27] Diese Auffassung erscheint aber sehr formal, zumal der Anteil an Rechtsdienstleistungen an der Gesamtleistung im Rahmen der Mediation stets untergeordnet sein dürfte. Es erscheint aus praktischer Sicht dann auch möglich, diese Leistungen durch den anwaltlich zugelassenen Mediator zu erbringen, der dies dann auch darf. Allerdings dürfte die Bereitschaft der Parteien, zwei Mediatoren einzuschalten, in der Praxis regelmäßig eine nahezu unüberwindbare Hürde für die Beauftragung eines nicht als Anwalt zugelassenen Mediators darstellen: In sehr komplexen Verfahren bietet es sich zwar mitunter an, den Sachverstand mehrerer neutraler Personen zu bündeln und eine Co-Mediation durchzuführen; als Mittel für jedes Verfahren dürfte sich diese Strategie aber nicht eignen.

7 Als zweite Strategie für den nicht als Anwalt zugelassenen Mediator kommt in Betracht, die Mediation als Streitmittler einer Schlichtungsstelle unter dem VSBG anzubieten. Schlichtungsstellen erbringen keine Rechtsdienstleistungen, § 2 Abs. 3 Nr. 2 RDG. Der Streitmittler ist deshalb vom Anwendungsbereich des RDG ausgenommen, obwohl er gem. § 6 Abs. 2 VSBG nicht als Anwalt zugelassen sein, sondern lediglich über allgemeine Rechtskenntnisse verfügen muss. Dabei ist zu berücksichtigen, dass eine natürliche Person nicht Schlichtungsstelle im Sinne des VSBG sein kann, sondern nur ein eingetragener Verein (vgl. § 22 VSBG). Die natürliche Person kann lediglich Streitmittler dieser Schlichtungsstelle sein und wäre in ihrer Tätigkeit als Mediator auf die Fälle beschränkt, die dieser Schlichtungsstelle angetragen werden.

8 Im Ergebnis bleibt es dabei, dass der nicht als Anwalt zugelassene Mediator über keine vollkommen sichere Strategie verfügt, um seine Dienstleistung selbstständig und konform mit dem RDG anzubieten. Der relativ sicherste Weg besteht darin, sich möglichst eng an der »reinen« Definition der Mediation zu halten und rechtliche Fragen auf die Klärung durch anwaltliche Vertreter der Parteien zu verlagern.[28]

§ 3 Befugnis zur Erbringung außergerichtlicher Rechtsdienstleistungen

Die selbständige Erbringung außergerichtlicher Rechtsdienstleistungen ist nur in dem Umfang zulässig, in dem sie durch dieses Gesetz oder durch oder aufgrund anderer Gesetze erlaubt wird.

Übersicht	Rdn.
I. Regelungsgegenstand und Zweck..................................	1
II. Rechtsdienstleistungsverbot und Mediation.........................	4

---

26 *Greger* in: *Greger/Unberath/Steffek*, Recht der alternativen Konfliktlösung, MediationsG, 2. Auflage 2016, § 2 Rn. 276.
27 *Mankowski* MDR 2001, 1198, 1200, m.w.N.
28 *Hack*, in: *Eidenmüller/Wagner*, Mediationsrecht, 1. Auflage 2015, Kap. 6 Rn. 134.

I. Regelungsgegenstand und Zweck

Die Verbotsbestimmung des § 3 RDG ordnet an, dass außergerichtliche Rechtsdienstleistungen von Nichtanwälten nur aufgrund gesetzlicher Erlaubnis erbracht werden dürfen und im Übrigen verboten sind.[1] Die Norm stellt damit ein Verbot mit Erlaubnisvorbehalt dar und ist auf sämtliche Rechtsdienstleistungen im Sinne des § 2 Abs. 1, Abs. 2 RDG anwendbar, die selbstständig erbracht werden.[2] Selbstständigkeit liegt dann vor, wenn die Tätigkeit frei von Weisungen, in eigener Entscheidungsfreiheit und Verantwortung ausgeübt wird.[3]

Das Verbot des § 3 RDG richtet sich ausschließlich an Rechtsdienstleister und nicht die Dienstleistungsempfänger, die von der Norm gerade geschützt werden sollen.[4] Die bloße Inanspruchnahme einer Rechtsdienstleistung stellt damit keinen Verstoß gegen § 3 RDG dar.

Der Verbraucherschutz ist nach Auffassung des Gesetzgebers gerade im Rechtsdienstleistungsbereich besonders wichtig, weil in weiterem Umfang als in anderen Lebensbereichen eine Informationsasymmetrie zwischen Auftraggeber und Auftragnehmer besteht, und Rechtsdienstleistungen eher selten als Gut des täglichen Lebens vom Verbraucher in Anspruch genommen werden.[5] Diese Beweggründe sind bei der Auslegung des Verbots besonders zu berücksichtigen.

II. Rechtsdienstleistungsverbot und Mediation

Wie oben im Zusammenhang mit § 2 RDG ausgeführt, ist die Mediation grundsätzlich keine Rechtsdienstleistung und unterfällt nur dann dem Verbot des § 3 RDG, wenn die Grenzen zur Schlichtung überschritten werden. Dann stellt sie allerdings für den nicht als Anwalt Zugelassenen eine Rechtsdienstleistung dar, die dem Verbot unterfällt.[6] Es existiert auch keine darüber hinausgehende gesetzlich geregelte Befugnis, Qualifikation oder gar Zulassungsvoraussetzung für die Mediatorentätigkeit.[7] In §§ 5, 6 MediationsG findet sich lediglich eine Katalog mit Anregungen für eine geeignete Ausbildung des Mediators. Die Formulierung »*geeignete Ausbildung*« lässt weiten Gestaltungsspielraum hinsichtlich der Ausbildungsinhalte zu.[8] Der § 5 Abs. 2 Media-

---

1 BGH NJW 2009 3242, 3244, Rn. 20.
2 *Weth* in: *Henssler/Prütting*, BRAO, 5. Auflage 2019, RDG Einleitung Rn 42, § 3 RDG Rn. 3, 11; BT-Drs. 16/3655, S. 30.
3 *Kleine-Cosack*, Heidelberger Kommentar zum Rechtsdienstleistungsgesetz, 3. Auflage 2014, § 3 Rn. 2; vgl. zum RBerG OLG Stuttgart, NJW 1992, 3051.
4 *Henssler* in: *Deckenbrock/Henssler*, RDG, 4. Auflage 2015, Einleitung Rn. 36; *Weth* in: *Henssler/Prütting*, BRAO, 5. Auflage 2019, § 3 RDG Rn. 1a.
5 BT-Drs. 16/3655, S. 31.
6 *Greger* in: *Greger/Unberath*, MediationsG, 1. Auflage 2012, Teil 2 § 1 Rn. 86, 89.
7 *Thomas* in: *Eidenmüller/Wagner*, Mediationsrecht, 1. Auflage 2015, Kap. 9 Rn. 13; *Kreiss*, SchiedsVZ 2012, 230, 234.
8 *Greger*, in: *Greger/Unberath/Steffek*, Recht der alternativen Konfliktlösung, MediationsG, 2. Auflage 2016, § 5 Rn. 1; *Thomas/Wendle*, DStR 2012, 1881, 1883.

tionsG sieht weiter die Möglichkeit vor, sich nach Ableistung einer nach § 6 MediationsG näher zu spezifizierenden Ausbildung als »*zertifizierter Mediator*« zu bezeichnen. Die Bezeichnung muss aber nicht erworben werden und verleiht keinerlei weitergehende Befugnisse.[9]

5 Der Verstoß eines Mediators gegen § 3 RDG führt nicht zur Unwirksamkeit des Vergleichs zwischen den Parteien, kann aber zur Nichtigkeit des Mediatorvertrages gem. § 134 BGB sowie dem Verlust des Vergütungsanspruchs sowie Schadensersatzansprüchen und wettbewerbsrechtlichen Ansprüchen gegen den Mediator führen.[10] War ihm der Verstoß gegen das Verbot nicht bewusst, kann ein Mediator nach Verlust seines Vergütungsanspruchs unter den Voraussetzungen der §§ 812, 818 Abs. 2 BGB Wertersatz beanspruchen, der sich nach der Höhe der üblichen (hilfsweise: angemessenen) vom Vertragspartner ersparten Vergütung richtet.[11] Ferner kann eine unzulässige Rechtsdienstleistung unter den Voraussetzungen des § 20 RDG eine Ordnungswidrigkeit darstellen, die aber in aller Regel nicht bußgeldbewehrt sein wird.[12] Die Erteilung falscher Rechtsauskunft kann aber Grundlage der Unwirksamkeit einer Abschlussvereinbarung sein (bspw. über § 313 BGB bei entsprechendem Vertrauen der Parteien); dies gilt allerdings unabhängig von der Befugnis des Mediators zur Erbringung von Rechtsdienstleistungen.[13]

§ 5 Rechtsdienstleistungen im Zusammenhang mit einer anderen Tätigkeit

(1) Erlaubt sind Rechtsdienstleistungen im Zusammenhang mit einer anderen Tätigkeit, wenn sie als Nebenleistung zum Berufs- oder Tätigkeitsbild gehören. Ob eine Nebenleistung vorliegt, ist nach ihrem Inhalt, Umfang und sachlichen Zusammenhang mit der Haupttätigkeit unter Berücksichtigung der Rechtskenntnisse zu beurteilen, die für die Haupttätigkeit erforderlich sind.

(2) Als erlaubte Nebenleistungen gelten Rechtsdienstleistungen, die im Zusammenhang mit einer der folgenden Tätigkeiten erbracht werden:
1. Testamentsvollstreckung,
2. Haus- und Wohnungsverwaltung,
3. Fördermittelberatung.

---

9 *Greger* in: *Greger/Unberath/Steffek*, Recht der alternativen Konfliktlösung, MediationsG, 2. Auflage 2016, § 5 Rn. 1 ff; vgl. im Übrigen die Ausführungen zur ZMediatAusbV unter Teil 2 C.
10 *Ropeter,* in: *Hinrichs*, Praxishandbuch Mediationsgesetz, 2014, S. 220 Rn. 316; *Greger,* in: *Greger/Unberath/Steffek*, Recht der alternativen Konfliktlösung, MediationsG, § 1 MediationsG Rn. 88; *Härtling*, in: *Fischer/Unberath*, Grundlagen und Methoden der Mediation, 2014, S. 152.
11 *Greger*, in: *Greger/Unberath/Steffek*, Recht der alternativen Konfliktlösung, MediationsG, § 1 Rn. 88; vgl. noch zum RBerG BGH NJW 2000, 1560.
12 *Weth*, in: *Henssler/Prütting*, BRAO, 5. Auflage 2019, § 3 RDG Rn. 13.
13 *Ropeter,* in: Hinrichs, Praxishandbuch Mediationsgesetz, 2014, S. 220 Rn. 316; *Härtling*, in: *Fischer/Unberath*, Grundlagen und Methoden der Mediation, 2014, S. 152.

Übersicht

	Rdn.
I. Regelungsgegenstand und Zweck	1
II. Anwendung auf Rechtsdienstleistungen im Rahmen des Mediationsverfahrens	2

I. Regelungsgegenstand und Zweck

Der § 5 RDG stellt im Bereich der entgeltlichen Rechtsdienstleistungen die wohl bedeutendste Neuregelung des RDG dar[1] und trägt erheblich zur angestrebten Liberalisierung des Rechtsberatungsmarktes bei. Unter den Voraussetzungen des § 5 Abs. 1 RDG sind grundsätzlich dem Erlaubnisvorbehalt der §§ 2, 3 RDG unterliegende Rechtsdienstleistungen erlaubnisfrei, wobei die Norm auf alle Arten von Rechtsdienstleistungen im Sinne des Gesetzes anwendbar ist.[2] Der Vorschrift kommt zentrale Bedeutung als nicht voraussetzungsfreie Erlaubnisnorm und damit Einschränkung des Erlaubnisvorbehalts für entgeltliche Rechtsdienstleistungen durch hauptsächlich wirtschaftlich tätige Unternehmen zu.[3] Die Heraushebung der einzelnen Tätigkeiten in § 5 Abs. 2 ist nicht als Einschränkung des Anwendungsbereichs zu verstehen, sondern geht vielmehr über diesen hinaus.[4] Die Norm soll vor allem der verfassungsrechtlich gebotenen Korrektur der gesetzlichen Regelungen des Rechtsberatungsmarktes dienen, die bis zur Einführung des RDG vor allem durch eine einschränkende Auslegung des Begriffs *Rechtsbesorgung* durch die Rechtsprechung erreicht worden ist.[5] Im Gegensatz zur Vorgänger- und Korrespondenznorm des RBerG soll die Vorschrift damit eine weite Auslegung der zulässigen Nebentätigkeiten ermöglichen und so den Erlaubnisvorbehalt aus §§ 2, 3 RDG erheblich einschränken.[6] Vor diesem Hintergrund und im Hinblick auf die verfassungsrechtlich geschützte Berufsausübungsfreiheit des Art. 12 GG ist eine weite Auslegung der Vorschrift geboten.[7]

1

II. Anwendung auf Rechtsdienstleistungen im Rahmen des Mediationsverfahrens

Ob sich ein nicht grundsätzlich zur Rechtsdienstleistung befugter Mediator im Fall eines Verstoßes gegen § 3 RDG auf die Annex-Kompetenz des § 5 Abs. 1 RDG und damit die Erlaubnisfreiheit von Rechtsdienstnebenleistungen berufen kann, ist umstrit-

2

---

1 *Henssler,* in: *Deckenbrock/Henssler,* RDG, 4. Auflage 2015, Einleitung Rn. 48.
2 *Kleine-Cosack,* Heidelberger Kommentar zum Rechtsdienstleistungsgesetz, 3. Auflage 2014, § 5 Rn. 1, 20.
3 *Kleine-Cosack,* Heidelberger Kommentar zum Rechtsdienstleistungsgesetz, 3. Auflage 2014, § 5 Rn. 3; *Weth,* in: *Henssler/Prütting,* BRAO, 5. Auflage 2019, § 5 RDG Rn. 1; BT-Drs. 13/3655, S. 51.
4 *Weth,* in: *Henssler/Prütting,* BRAO, 5. Auflage 2019, § 5 RDG Rn. 1; BT-Drs. 13/3655, S. 51.
5 BT-Drs. 13/3655, S. 51.
6 *Kleine-Cosack,* Heidelberger Kommentar zum Rechtsdienstleistungsgesetz, 3. Auflage 2014, § 5 Rn. 3.
7 BGH NJW 2012, 1589, 1590 Rn. 24; *Kleine-Cosack,* Heidelberger Kommentar zum Rechtsdienstleistungsgesetz, 3. Auflage 2014, § 5 Rn. 3; *Weth,* in: *Henssler/Prütting,* BRAO, 5. Auflage 2019, § 5 RDG Rn. 1a; BT-Drs. 13/3655, S. 52.

ten.⁸ Uneinigkeit besteht insbesondere hinsichtlich der Voraussetzung der Zugehörigkeit der Rechtsdienstleistung zum Berufs- oder Tätigkeitsbild des Mediators i.S.v. § 5 Abs. 1 S. 1 RDG.⁹

3   Nach differenzierender Ansicht kann hierzu keine pausschale Aussage getroffen werden. Es komme vielmehr auf die Ausgestaltung des Tätigkeitsbildes des Mediators in der konkreten Mediatorenvereinbarung an.¹⁰ In diesem besonderen Fall könne von der grundsätzlich im Rahmen des § 5 Abs. 1 RDG vorzunehmenden typisierenden Betrachtungsweise der Berufsbilder Abstand genommen werden.¹¹ Demnach sind die Voraussetzungen des § 5 Abs. 1 S. 1 RDG erfüllt, wenn die Hauptleistung des Mediators aufgrund des konkreten Konflikts oder seines Auftrags als rechtsfern zu erachten ist, da die rechtsdienstleistenden begleitenden Tätigkeiten dann als Nebenleistung zu dieser rechtsfernen Hauptleistung angesehen werden können.¹² Dies dürfte nach der hier vertretenen Auffassung regelmäßig der Fall sein, weil die Tätigkeit des Mediators grundsätzlich nicht rechtlich geprägt ist und der gestaltende Teil deutlich untergeordneter Natur sein dürfte.¹³

4   Diese Ansicht entspricht auch am ehesten der allgemeinen Anwendung von § 5 Abs. 1 RDG auf Dienstleistungen außerhalb des Mediationsverfahrens. Bei der Beurteilung der Frage, ob eine rechtsdienstleistende Tätigkeit von der Erlaubnisnorm erfasst ist oder nicht, ist darauf abzustellen, ob die betreffende Tätigkeit den Kern des Vertrages darstellt, beziehungsweise das Gesamtbild der Leistung prägt (dann keine Erlaubnisfreiheit gem. § 5 Abs. 1 RDG).¹⁴ Darüber hinaus ist die Norm auch entwicklungsoffen, ihre Auslegung und Reichweite sind demnach ohnehin dynamisch und anzupassen an jegliche Veränderungen von Berufs- und Tätigkeitsbildern.¹⁵ Ferner legt auch § 5 Abs. 1 S. 2 RDG, welcher die Kriterien für das Bestimmen einer Nebenleistung gerade festlegt, eine dem entsprechende Auslegung nahe.

---

8 Ablehnend: *Greger*, in: *Greger/Unberath*, MediationsG, § 1 Rn. 74; *Offermann-Burckert*, in: *Krenzler*, Rechtsdienstleistungsgesetz, 2. Auflage 2017, § 2 Rn. 221; befürwortend: *Deckenbrock/Henssler*, RDG, 4. Auflage 2015, § 5 Rn. 83; *Hacke*, in: *Eidenmüller/Wagner*, Mediationsrecht, 1. Auflage 2015, Kap. 6 Rn. 129 ff.; *Kleine-Cosack*, Heidelberger Kommentar zum Rechtsdienstleistungsgesetz, 3. Auflage 2014, § 2 Rn. 153; wohl grds. auch *Weth*, in: *Henssler/Prütting*, BRAO, 5. Auflage 2019, § 2 RDG Rn. 82.
9 *Deckenbrock/Henssler*, RDG, 4. Auflage 2015, § 5 Rn. 79; *Weth*, in: *Henssler/Prütting*, BRAO, 5. Auflage 2019, § 2 RDG Rn. 82.
10 *Hacke*, in: *Eidenmüller/Wagner*, Mediationsrecht, 1. Auflage 2015, Kap. 6 Rn. 129.
11 *Deckenbrock/Henssler*, RDG, 4. Auflage 2015, § 5 Rn. 81.
12 *Hacke*, in: *Eidenmüller/Wagner*, Mediationsrecht, 1. Auflage 2015, Kap. 6 Rn. 129.
13 [Verweis innerhalb der Kommentierung.]
14 *Henssler*, in: *Deckenbrock/Henssler*, RDG, 4. Auflage 2015, Einleitung Rn. 52; *Weth*, in: *Henssler/Prütting*, BRAO, 5. Auflage 2019, § 5 RDG Rn. 2; BT-Drs. 16/3655, S. 51; ferner *Ahrens*, NJW 2012, 2465, 2468.
15 *Henssler*, in: *Deckenbrock/Henssler*, RDG, 4. Auflage 2015, Einleitung Rn. 49.

Teil 5 Methodik und Anwendungsbereiche der Mediation

Einleitung

Im Folgenden werden Methodik und Anwendungsbereiche der Mediation im Zusammenhang dargestellt. Zwar enthält die vorhergehende Kommentierung des Mediationsförderungsgesetzes, namentlich der einzelnen Vorschriften des Mediationsgesetzes, an zahlreichen Stellen Ausführungen und Hinweise zum Verfahren wie zu Prinzipien und Methoden. Um die Kommentierung handhab- wie nachvollziehbar zu halten und nicht mit Details des notwendigen Hintergrundwissens zu überfrachten, andererseits jedoch auch denjenigen Benutzern ein umfassende Darstellung zu unterbreiten, die mit der Mediation (noch) nicht (in allen Einzelheiten) vertraut sind, wurde dieser Teil ausgegliedert und hierfür die Form der lehrbuchmäßigen Darstellung gewählt. 1

Das **Kapitel A.** befasst sich u. a. mit den **Ursachen** und der **Entwicklung von Konflikten** und spannt einen Bogen von der Entwicklung der Konflikttheorien über Typisierung, Ursachen und Dynamiken bis hin zu konfliktangemessenen Interventionsmöglichkeiten und verdeutlicht damit deren Bedeutung für eine erfolgversprechende Tätigkeit als Mediator. 2

Das folgende **Kapitel B.** widmet sich im Wesentlichen der **Methodik der Mediation** und stellt im Zusammenhang das Handwerkszeug dar, dessen Kenntnis und Beherrschung für eine erfolgreiche Konfliktlösung unabdingbar sind: Prinzipien, Phasen und Kommunikationstechniken der Mediation. Dabei geht es nicht (allein) um abstraktes Wissen, sondern um das Beherrschen ihrer konkreten und konfliktangemessen Verwendung. Abgerundet wird dieses Kapitel daher mit Ausführungen zur mediationsanalogen Supervision, die dem Mediator einen »Über-Blick« auf die eigene Arbeit und deren Perfektionierung ermöglicht. 3

Mit dem **Kapitel C.** wird das Wissen eines Mediators für **psychologische Aspekte, Hintergründe und Dynamiken** geschärft. Dementsprechend finden sich Schwerpunkte zur Bedeutung von Emotionen und zu hocheskalierten Konflikten, ferner zu dem Konfliktfeld Familie, namentlich bei Trennung und Scheidung, sowie dem Konfliktfeld Arbeit mit dem Schwerpunkt Mobbing. 4

Die anschließenden Kapitel **Kapitel D., E. und F.** stellen einige **besondere Formen der Mediation** dar, die sich zum Teil erst in den letzten Jahren herausgebildet bzw. einen stärken Stellenwert erhalten haben. So macht die vermehrte Hinwendung von Mediationen im Bereich von Arbeit und Gemeinwesen es in zahlreichen Konflikten erforderlich, eine Mediation nicht allein, sondern in Zusammenarbeit mit einem oder mehreren Mediatoren anzubieten und durchzuführen (Co-Mediation). Zudem sind Konfliktparteien aus vielfachen Gründen nur dann zu einem Mediationsverfahren bereit, wenn für den gesamten Prozess ein überschaubarer Zeitrahmen eingehalten wird, äußere Umstände mithin, die ebenfalls ein Umdenken im Verfahren erforderlich machen: Mit der Kurz-Zeit-Mediation steht daher für solche Konfliktparteien ein 5 methodisches Angebot zur Verfügung, deren Streit überschaubar ist und die für dessen Bearbeitung nur eine knappes Zeitbudget aufbringen wollen oder können. Schließlich wird ein zukunftsorientierter Blick auf die Möglichkeiten geworfen, die sich aus dem Einsatz elektronischer Medien im Bereich der konsensualen Konfliktlösung ergeben (Online-Mediation). Die aktuelle COVID-19-Pandemie macht bereits deutlich, dass in Mediatorenkreisen ein verstärktes Bedürfnis nach umfassender Information und seriöser Unterstützung in diesem Bereich besteht.

6 Die letzten Kapitel **Kapitel G. bis I.** widmen sich den **unterschiedlichen Anwendungsbereichen** der Mediation und beschreiben u. a. exemplarisch erfolgreiche Beispielsfälle aus ganz verschiedenen zivilrechtlichen Feldern wie beispielsweise dem Familienrecht (in Ergänzung zu obigem Kapitel C. V.), dem Arbeitsrecht oder dem Wirtschaftsrecht.

A. Ursache und Entwicklung von Konflikten

Übersicht

	Rdn.
I. Einführung	1
II. Begriff	6
III. Die Entwicklung der Konflikttheorien	10
1. Die Vorgeschichte konflikttheoretischen Denkens	11
2. Die Entwicklung der klassischen Konflikttheorie	14
3. Soziale Konflikttheorie in der Gegenwart	17
4. Aktuelle Entwicklung in der Konfliktforschung	23
5. Ergebnis	24
IV. Die Typisierung von Konflikten	25
1. Unterscheidung nach den Streitgegenständen	27
a) Sachkonflikte	27
b) Beziehungskonflikte	28
c) Interessenkonflikte	29
d) Verteilungskonflikte	30
e) Wertekonflikte	31
f) Rollenkonflikte	32
g) Strukturkonflikte	33
h) Machtkonflikte	34
i) Identitätskonflikte	35
2. Unterscheidung nach den Konfliktbeteiligten	36
a) Intrapersonelle Konflikte	37
b) Interpersonelle Konflikte	38
c) Intergruppenkonflikte	39
d) Internationale und globale Konflikte	40
3. Unterscheidung nach der Erscheinungsform des Konflikts	41
a) Äußere Erscheinungsform und Konfliktintensität	42
b) Austragungsform	43
4. Unterscheidung nach dem Konfliktrahmen	44
a) Mikrosozialer Raum	45
b) Mesosozialer Raum	46
c) Makrosozialer Raum	47
V. Die Ursachen von Konflikten	48
1. Konfliktverhalten und Sozialisation	51
2. Selbstbild und Rollenverständnis	53
3. »Gestörte« Kommunikation	54
a) Was ist Kommunikation?	54
b) Kommunikationsstörungen als Konfliktursache	61
4. Machtverhältnisse und Erwartungen	65
5. Kulturkreis und Geschlecht	67
VI. Die Dynamik von Konflikten	69
1. Konfliktentwicklung	71
a) Naming	71
b) Blaming	72
c) Claiming	73

2. Konfliktstufen nach Glasl	75
VII. Konflikteskalation und Interventionsmöglichkeiten	88

I. Einführung

1 **Konflikte** sind alltäglich. Sie gehören zum Leben des Menschen ebenso wie die morgendliche Tasse Tee oder Kaffee. Die Konfrontation mit ihnen findet in vielen Bereichen statt: in der Familie zwischen Eltern und Kindern, in der Berufswelt zwischen Arbeitgebern und Arbeitnehmern oder Mitgesellschaftern, in Politik und Wirtschaft zwischen Parteien, Organisationen, Koalitionen und zwischen verschiedenen Ländern.

2 Konflikte treiben den Menschen an und sind eine grundlegende Bedingung für soziale Interaktion und Veränderungsprozesse. Produktiv gehandhabt, sind sie eine wichtige **Quelle für Fortschritt** und Weiterentwicklung – in der Mediation wird auch von der Krise als Chance gesprochen. Und dennoch: Konflikte werden allgemein eher als belastend empfunden und wahrgenommen. Sie verursachen Magendrücken und Unwohlsein, sie schleichen sich ein und wirken meist lähmend, oft werden sie nicht einmal bemerkt, bewusst oder unterbewusst verdrängt. In ihrer Alltäglichkeit stellen Konflikte für die Betroffenen meist eine Bedrohung dar: Sie werden unterdrückt, um den vermeintlichen Frieden nicht zu gefährden oder die vorhandenen Strukturen zu schützen. Tritt der Streit dann zutage, ist der Konflikt oft so weit eskaliert, dass die Beteiligten nicht mehr in der Lage sind, miteinander zu kommunizieren und Anwälte und Gerichte für die Durchsetzung ihrer Belange in Anspruch nehmen.

3 **Moderne Konfliktlösungsmöglichkeiten** wie die Mediation fördern den produktiven Umgang mit Konflikten und Streit und die Erarbeitung konstruktiver Lösungen. Die Mediation kann dabei auch schon **präventiv** – zur Vermeidung vom Konflikten – und/oder **begleitend**, z. B. während eines großen Bauvorhabens oder in der Trennungsphase eines Paares eingesetzt werden. Insbesondere in sog. nicht oder schwer justiziablen Bereichen (z. B. Familie, Nachbarschaft), in denen die Erlangung und Durchsetzung einer juristischen Entscheidung zwar praktisch möglich, aber eigentlich nie zu einer nachhaltigen Lösung oder Befriedung der Situation führt, zeigt die Mediation ihre Stärke: Mithilfe des Mediators besteht die Chance, manifeste Konflikte aufzubrechen und die streitenden Parteien zu befähigen, einander zuzuhören und wieder ins Gespräch zu bringen.

4 Wenn Konflikte unerkannt und ungelöst bleiben, destruktiv ausgetragen oder gar nicht behandelt werden, besteht die Gefahr umfangreicher Verwerfungen und Schäden. Der berühmte Tropfen, der das Fass zum Überlaufen bringt, kann zu Trennungen, zum Abbruch von Geschäftsbeziehungen, langjährigen und streitigen Gerichtsverfahren oder in internationalen Beziehungen gar zu kriegerischen Auseinandersetzungen führen. Zurück bleibt oft ein politisches, wirtschaftliches oder emotionales Schlachtfeld.

5 Die **Ursachen für Konflikte** sind vielfältig und vielschichtig. Sie tauchen regelmäßig nicht isoliert auf sondern sind ein Zusammenspiel einzelner, miteinander verzahnter Faktoren: Sozialisation, kulturelle Prägung und eigene Verhaltensmuster spielen eine

ebenso große Rolle wie Gefühle, Interessen, Werte, Erwartungen, subjektive Wahrnehmung und individuelle Vorstellungen. Die Kenntnis der individuellen Prägung eines Konflikts und seiner verschiedenen Ursachen gehört zum fundamentalen Basiswissen des Mediators, der mit der Klärung in einem Mediationsverfahren beauftragt ist.

II. Begriff

Bei der Recherche nach einer allgemein gültigen Definition von »Konflikt« wird schnell klar, dass es einen einheitlichen Begriff ebenso wenig gibt, wie eine einzige Konflikttheorie. Der Konfliktbegriff sei einer der »**schillerndsten und widersprüchlichsten Begriffe** der Sozialwissenschaft«,[1] konstatiert *Thorsten Bonacker*. Dieser Erkenntnis kann man nur beipflichten. 6

Der Duden definiert Konflikt als »**Zusammenstoß, Zwiespalt oder Widerstreit**«;[2] der Brockhaus beschreibt Konflikt (lat. ›Widerstreit‹) als »Streit, Zwiespalt.«[3] Bereits an dieser Stelle setzt in der (Sozial-) Wissenschaft eine kontroverse Diskussion ein: Es sei unzulässig, nicht klar zwischen einem neutralen Arbeitsbegriff und einer Bewertung des Phänomens Konflikt sowie dessen Kontext und Ursächlichkeit zu unterscheiden. Zwar lasse sich ein Streit und jeder Zusammenprall immer auf einen Konflikt zurückführen, doch nicht jeder Konflikt führe zwangsläufig zu diesen Austragungsformen.[4] 7

Tatsächlich gibt es eine **Vielzahl von Definitionen**, die den Begriff »Konflikt« in Bezug zu seinen möglichen Austragungsformen, seinen Ursachen oder seinen Kontext setzen und dadurch mit einer Bewertung versehen. In der Friedensforschung wird Konflikt als »eine Eigenschaft eines Systems, in dem es miteinander unvereinbare Zielvorstellungen gibt, sodass das Erreichen des einen Zieles das Erreichen des anderen ausschließen würde«[5] definiert. Hier wird auf die Ursache eines Systems Bezug genommen. 8

Das Wörterbuch der Soziologie definiert: »Konflikt (lat.: *confligere* = Zusammenstoß), im sozialwissenschaftlichen Sinn allgemeine Bezeichnung für Auseinandersetzungen, Spannungen, Gegnerschaften, Gegensätzlichkeiten, Streitereien und Kämpfe verschiedener Intensität und Gewaltsamkeit zwischen einzelnen Personen, Personen und Gruppen, Organisationen, Verbänden, Gesellschaften, Staaten u. a. untereinander über Werte, Lebensziele, Status-, Macht- oder Verteilungsverhältnisse knapper Güter.«[6] Auch bei dieser Definition werden verschiedene Ebenen – Kontext, Ursachen und Austragungsformen – vermischt. *Josef H. Fichter* definiert in »Grundbegriffe der Soziologie« den Konflikt als »jene Form der Interaktion, durch die zwei oder auch mehr als zwei Personen einander zu beseitigen suchen, und zwar entweder durch vollkommene Vernichtung oder Unschädlichmachung. Die elementarste Form des Konflikts ist der Krieg

---

1 Vgl. *Bohnacker/Imbusch*, in: *Imbusch/Zoll*, Friedens- und Konfliktforschung, S. 77.
2 *Duden*, Bd. 1, Rechtschreibung.
3 *Brockhaus*, Bd. 3, S. 198.
4 http://www.friedenspädagogik.de.
5 *Galtung*, in: *Senghaas*, Kritische Friedensforschung, S. 235.
6 *Hartfiel*, Wörterbuch der Soziologie, S. 347.

…«.[7] Bei dieser Definition steht die Konfliktaustragungsform im Vordergrund, die zwangsläufig zu einer negativen Bewertung führt: Konflikt bedeutet Destruktion.

9   Die verschiedenen Definitionen[8] verdeutlichen, dass der Konfliktbegriff nicht isoliert als »Arbeitsbegriff« aussagekräftig ist, sondern er auch nach seinen Austragungsformen (z. B. Streit), nach seiner Ursächlichkeit (z. B. unvereinbare Zielvorstellungen) und/ oder der Konfliktart (z. B. Verteilungskonflikt) beschrieben und ergänzt wird. Als Minimalkonsens gilt heute, dass Konflikte **Auseinandersetzungen zwischen zwei oder mehreren Individuen** oder Gruppen sind. Auch bezüglich der Grundeinteilung in Interessen- und Wertekonflikte besteht mittlerweile Einigkeit.[9]

III. Die Entwicklung der Konflikttheorien

10 Um Konflikte nach unserem heutigen Verständnis zu begreifen und zu erkennen, ist ein kurzer Überblick über die Entstehung und Entwicklung der Konflikttheorien hilfreich. Die unterschiedlichen Begrifflichkeiten sind eine Folge des sich **wandelnden Konfliktverständnisses**, die sich in unzähligen theoretischen Positionen widerspiegeln.

1. Die Vorgeschichte konflikttheoretischen Denkens

11 Die Wurzeln der Konflikttheorie liegen in der Renaissancezeit.[10] Bis zu diesem Zeitpunkt galt die Neigung des Menschen zu Streit und Auseinandersetzungen als unerwünschte Erscheinungen, die den inneren Frieden der Gesellschaft und die Moral der Menschen gefährden. Die Angst vor dem Auseinanderbrechen der Gesellschaft verbot es, Konflikte als normale Handlungsprozesse wahrzunehmen. Das menschliche Handeln, welches sich bis dahin an **religiösen und moralischen Geboten** orientierte, wurde mit dem Säkularisierungsprozess zunehmend einer eigenen Gesetzmäßigkeit unterstellt. Dadurch änderte sich auch die Betrachtung sozialer Konflikte. Der Italiener *Niccolo Machiavelli* (1469 – 1527) und die Engländer *Thomas Hobbes* (1588 – 1678) und *Charles Darwin* (1809 – 1882) gelten als Wegbereiter des konflikttheoretischen Denkens.

Machiavelli stellte erstmals Politik und Kriegsführung als rationale und weltliche Unternehmungen dar. Nach seinen Erkenntnissen musste zum Gewinn und zum Erhalt politischer und militärischer Macht die Moral zurückstehen und wenn erforderlich sogar auch missachtet werden. Durch die Abkoppelung der moralischen Gebote vom politischen Handeln wurde der Weg geebnet zu einer neuen, revolutionären Sichtweise auf soziale Konflikte. Von nun an wurde das menschliche Handeln als eine Sphäre betrachtet, das eigenen rationalen Gesetzen unterliegt und einer empirischen Untersuchung zugänglich ist. An dieser Stelle entspringt die konflikttheoretische Tradition,

---

7 *Fichter*, Grundbegriffe der Soziologie, S. 25.
8 Vgl. auch *Dahrendorf*, Gesellschaft und Freiheit, S. 201; *Wasmuth*, in: *Imbusch/Zoll*, Friedens- und Konfliktforschung, S. 180 f.; *Glasl*, Konfliktmanagement, S. 17.
9 *Endruweit/Trommsdorf*, Wörterbuch der Soziologie, S. 281.
10 *Giesen*, in: *Endruweit*, Moderne Theorien der Soziologie, S. 87.

die Konflikte als strategische Spiele zwischen rationalen Akteuren betrachtet und die Analyse des Handelns in den Mittelpunkt stellt.[11]

Eine weitere Grundlage für die Entstehung der modernen Konflikttheorien liefert der Engländer *Thomas Hobbes* in seinem Werk »Leviathan«:[12] Vor dem Hintergrund des englischen Bürgerkrieges und des ständigen Wechsels staatlicher Autorität mit chaotischen, ärmlichen und gewalttätigen Verhältnissen entwickelte er seine Vorstellung von der **konfliktträchtigen Grundnatur der Menschen**, die ihre Bedürfnisse nach Macht und Eigennutz ungehemmt ausleben und sich damit schließlich ins Unglück stürzen. Diese Wahrnehmung brachte ihn zu seiner Überzeugung, dass der Verzicht auf einen Teil der Freiheit durch die Unterordnung unter eine zentrale Autorität, den »Leviathan«, zu einer sozialen Ordnung führt, die wechselseitige Sicherheit gibt und eine geregelte Kooperation ermöglicht. Ebenso wie bei *Machiavelli* herrscht auch bei ihm die Überzeugung vor, dass nicht die moralische Verpflichtung auf göttliche Gebote die Menschen dazu bringt, sich einem Souverän zu unterwerfen, sondern die vernünftige Wahrnehmung der eigenen Interessen. Für das konflikttheoretische Denken setzte *Hobbes* mit dieser Annahme vor 450 Jahren Maßstäbe: Durch die von ihm geschaffenen Gegenpole des anarchischen Naturzustandes einerseits und der sozialen Ordnung andererseits schaffte er erstmals einen analytischen Rahmen, der bis in die moderne Gesellschaftstheorie fortwirkt. 12

Obwohl die Evolutionstheorie *Charles Darwins* zunächst nur auf natürliche Prozesse ausgerichtet war, hat sie auch intensiven Einfluss auf die Sozialtheorie des späten 19. und beginnenden 20. Jahrhunderts ausgeübt. Darwins Erkenntnis, dass sich die Arten aufgrund eines natürlichen Ausleseprozesses entwickeln, indem sich die an die Umwelt angepassten Individuen im Kampf um knappe Ressourcen durchsetzen, bedeutete im gesellschaftlichen Sinn schließlich auch, dass Konkurrenz und Konflikt im Verteilungskampf zu **Entwicklung, Wandel und Fortschritt** führt.[13] Der sozialdarwinistische Ansatz geht von naturwissenschaftlichen Determinanten aus, der auf das menschliche Sozialverhalten übertragen wird. Erstmals wird Konflikt und Wettbewerb als eine natürliche Entwicklung begriffen, die im Hinblick auf geschichtlichen Wandel ein Fortkommen darstellen. Ohne auf die christliche Vorstellung zurückgreifen zu müssen, ermöglichte der Ansatz von *Darwin* die Erklärung einer natürlichen Folge bei Kampf und Konkurrenz um knappe Ressourcen und bereitete den Boden für die Betrachtung sozialer Prozesse. *Darwins* Evolutionstheorie trägt in erheblichem Maße zur Entstehung der klassischen Konflikttheorie bei, die Konflikt und Konkurrenz als Motor für Wandel und Fortschritt entdeckte. 13

---

11 *Giesen*, in: *Endruweit*, Moderne Theorien der Soziologie, S. 87.
12 *Hobbes*, Leviathan or the Matter, Forme and Power of a Commonwealth Ecclesiastical and Civil.
13 Vgl. *Schellenberg*, The Science of Conflict, S. 19 ff. (33).

2. Die Entwicklung der klassischen Konflikttheorie

14 Die Basis für die konflikttheoretische Tradition ist eng verbunden mit dem Werk von *Karl Marx* (1818 –1883) und den Begriffen des Klassenkampfes und des gesellschaftlichen Widerspruchs der klassischen Gesellschaftstheorie des 19. Jahrhunderts. *Marx* wandte die Modelle der sozialen Prozesse in umfassender Weise auf die Beziehungen zwischen unterschiedlichen gesellschaftlichen Gruppen an. Im Mittelpunkt seiner Theorie steht die Erkenntnis, dass nicht der Mensch selbst und sein individuelles Handeln ursächlich für Konflikte sind, sondern die **Strukturen einer Gesellschaft der Nährboden für Konflikt** und Kampf sind. Konflikt im Marxschen Sinn ist das Ergebnis der Ungleichheit in der Gesellschaft, die mit der Entwicklung der Arbeitsteilung und des Eigentums zu einer Hierarchie zwischen Herrschern und Beherrschten führt. Diese durch Herrschaft geschaffene Ungleichheit der Besitzenden und der Besitzlosen und den damit einhergehenden grundsätzlich gegensätzlichen Interessen führen zu einem Klassenkampf, der im Kern unauflösbar ist. Nur unter Aufhebung aller Klassengegensätze, ohne Privateigentum, ohne Herrschaft und gesellschaftlicher Arbeitsteilung sei es möglich, die Dynamik individueller Interessen und sozialer Konflikte zu brechen. Bei *Marx* gelten Konflikte nicht mehr als soziale Beziehungsprozesse zwischen Individuen, sondern sie sind das Ergebnis gesellschaftlicher Strukturen: der Klasse der Herrschenden und der Beherrschten.

15 Die Theorie des Klassenkonfliktes von *Marx* war für den Gesellschaftstheoretiker *Max Weber* (1864 – 1920) Hintergrund und Anknüpfungspunkt für seine eigenen Theorien. Insbesondere seine Herrschaftssoziologie führte auch in der Konflikttheorie wieder zu neuen Fragestellungen. *Weber* verstand unter Herrschaft im Gegensatz zu *Marx* nicht nur eine auf Zwang zurück zu führende feindliche Beziehung zwischen Herrschenden und Beherrschten, sondern für ihn bedeutete es auch eine soziale Ordnung, die zwar ebenfalls Ungleichheit erzeugte, aber von den Beherrschten aufgrund ihrer Legitimität auch Anerkennung erhalten kann, jedoch Gehorsam voraussetzt. *Weber* war der erste, der den Begriff **Legitimität mit Herrschaft** zusammen dachte und drei Gründe unterschied: die charismatische Herrschaftslegitimation, die auf dem Glauben an die Fähigkeiten des Herrschers beruht, die traditionelle Herrschaft, die sich auf den Glauben an die Heiligkeit altüberkommener Ordnungen und Herrengewalten stützt und die legal-bürokratische Legitimation, die auf anerkannte formale Verfahren und Rechtsordnungen beruht. Damit ging es künftig nicht mehr nur um den Umsturz gesellschaftlicher Strukturen durch Konflikte, sondern um gesellschaftliches Konflikthandeln, welches im Rahmen der Herrschaftsordnung seinen Sinn erhält und dadurch gerechtfertigt wird.[14]

16 Einen entscheidenden Wendepunkt in der Konfliktsoziologie leitete *Georg Simmel* (1858 – 1918) ein. Er interessierte sich nicht für die konkreten Inhalte zwischenmenschlicher Beziehungen, sondern für die Art und Weise, wie sie sich vollziehen und betrachtete sie aus der Distanz des Beobachters. Seine **Theorie des sozialen Konflikts** führt zur Überwindung des bis dato geltenden dyadischen Konfliktmodells, indem er

---

14 Vgl. Giesen, in: *Endruweit*, Moderne Theorien der Soziologie, S. 90.

seinen Blick – weg von der Substanz des Konflikts – auf die unterschiedlichen Formen der Auseinandersetzungen lenkt und diese als Bestandteil einer konstruktiven Gesellschaftsbildung versteht. Konflikte sind nach *Simmel* keine Ausnahmen oder Erscheinungen, die die »Ordnung« der Gesellschaft in Gefahr bringen oder infrage stellen, sondern sie *sind* die Gesellschaft.[15] Insbesondere die Erkenntnis, dass der Konflikt weder ausschließlich negativ noch ausschließlich positiv zu beurteilen ist und infolgedessen seine sowohl konstruktiven als auch seine destruktiven Wirkungen stets eng miteinander verbunden sind,[16] stellt die Grundlage für die heutige **empirische Konfliktforschung** dar. Wenn man mit *Simmel* von dem Grundsatz der Ambivalenz des Konflikts ausgeht, dann sind damit alle Theoriekonstruktionen überholt, die das Wesen des Konflikts einseitig als dysfunktional oder pathologische Abnormität beurteilen oder ebenso einseitig als Motor für Fortschritt und sozialen Wandel ansehen. Die Entwicklung der Gesellschaft sei nun »nicht mehr als bloße Abfolge von Konflikt- und Integrationsperioden (von der friedlichen »Urhorde« zur »kapitalistischen Gesellschaft« und zum »Klassenkampf« und weiter zur »freien Assoziation von Individuen«, oder von der »militärischen« Konfliktgesellschaft« zur »industriellen« Friedens-Gesellschaft) zu konstruieren,[17] sondern sich bedingen: »Und so verhält sich Kampf und Frieden. Im Nacheinander wie im nebeneinander des gesellschaftlichen Lebens verschlingen sie sich derartig, dass sich in jedem Friedenszustand die Bedingungen für den künftigen Kampf, in jedem Kampf die für den künftigen Frieden herausbilden; verfolgt man die sozialen Entwicklungsreihen unter dieser Kategorie rückwärts, so kann man nirgends haltmachen, in der geschichtlichen Wirklichkeit weisen beide Zustände ununterbrochen aufeinander hin.«[18]

3. Soziale Konflikttheorie in der Gegenwart

In der Soziologie war der Konflikt von Anfang an ein zentrales Thema. Als Wissenschaft nimmt die Konfliktsoziologie jedoch erst seit den 50iger Jahren des 20. Jahrhunderts Gestalt an, in dem sie Typisierungen und Klassifikationen von Konflikten in theoretische Bezugsrahmen setzt.[19]

An die Tradition von *Simmel* knüpfte *Lewis A. Coser*[20] mit seiner strukturfunktionalistischen Konflikttheorie an, die auf der Erkenntnis beruht, dass jedes Element in einer Gesellschaft einen Beitrag zu ihrer Veränderung leistet. Er unterteilt Konflikte grundsätzlich in **funktionale und dysfunktionale Konflikte.** Dabei sind nach seiner Auffassung die funktionalen – produktiven – Konflikte einer Lösung zugänglich, weil sie konsensorientiert sind und für die Konfliktparteien einen Strukturwandel mit sich bringen. Den dysfunktionalen Konflikten fehle es hingegen an dem konsensorientierten Hintergrund gemeinsamer Ziele oder eines Einigungswillens mit der Folge desin-

---

15 Vgl. *Stark*, in: *Bonacker*, Sozialwissenschaftliche Konflikttheorie, S. 85.
16 Vgl. *Simmel*, in: *Bühl*, Konflikt und Konfliktstrategie, S. 186 ff.
17 Vgl. *Bühl*, Konflikt und Konfliktstrategie, S. 12.
18 *Simmel*, in: *Bühl*, Konflikt und Konfliktstrategie, S. 246.
19 Vgl. *Bühl*, Konflikt und Konfliktstrategie, S. 9.
20 Vgl. *Coser*, Theorie sozialer Konflikte, S. 8.

tegrierender Wirkung. So unterscheidet *Coser* »echte« Konflikte, die der Erreichung eines Zieles dienen, und »unechte« Konflikte, in dem der Konflikt an sich im Mittelpunkt steht.

19 *Ralf Dahrendorf*, wie *Coser* ebenfalls ein Vertreter der liberalistischen Theorie, führt Konflikte auf die strukturellen Bedingungen des Systems zurück und definiert Konflikt als »jede Beziehung von Elementen, die sich durch objektive (latente) oder subjektive (manifeste) Gegensätzlichkeit kennzeichnen lässt.«[21] Jeder Konflikt sei auf zwei Elemente zurückzuführen – auch wenn mehrere beteiligt seien: Immer würden sich Koalitionen bilden, die wiederum zur Zweidimensionalität führen. *Dahrendorf* führt zur Klassifizierung der Konflikte eine **neue Typologie** ein und unterscheidet nach dem Umfang von sozialen Einheiten (Rollen, Gruppen, Sektoren, Gesellschaften, übergesellschaftliche Verbindungen) bzw. nach dem Rangverhältnis der Konfliktbeteiligten (Gleicher contra Ungleicher, Übergeordneter contra Untergeordneter, Ganzes contra Teil).

20 In der modernen soziologischen Konfliktforschung sind drei Abgrenzungskriterien für den Konfliktbegriff von Bedeutung: die **soziale Kontextbezogenheit** des Konflikts, die **Mehrdimensionalität** des Konflikts und seine **funktionale Ambivalenz**. Nach heutiger Erkenntnis ist jeder Konflikt sowohl in seinen Ursachen als auch in den Formen der Austragung vom sozialen Kontext zumindest mitbedingt. Ein Konflikt kann u. a. nur »durch die Verweisung auf regelmäßig zugrunde liegende gesellschaftliche Beziehungen und Prozesse«[22] erklärt werden und eben nicht durch das Wesen des Menschen oder der Gesellschaft.

21 Konflikte werden als mehrdimensionale Geschehen angesehen, deren Ursachen und Funktionszusammenhänge vielfältig sind und auf verschiedenen Ebenen stattfinden können. Im Gegensatz zur Eindimensionalität des Konfliktes, bei dem alle Konfliktvarianten auf einen Grundkonflikt reduziert werden – wie bei *Marx* – stehen mehrdimensionale Konflikte eben nicht notwendigerweise in einem Folgeverhältnis zueinander, wie z. B. im Herrschaftskonflikt.

Wie bereits *Simmel* klar herausgestellt hat, kann ein Konflikt schließlich weder ausschließlich negativ oder ausschließlich positiv beurteilt werden. Seine guten und schlechten Funktionen ergänzen sich in unterschiedlichster Weise und Wirkung und sind schließlich Folge vielfältiger individueller Ursachen.

22 Nach dem heutigen Konfliktverständnis sind Konflikte immer im Zusammenhang mit dem sozialen Kontext zu betrachten, sie sind weder alleine »gut« noch »böse« und hängen von vielen äußeren Einflüssen und inneren Einstellungen der Beteiligten ab. In einer gleichen Situation können gleichzeitig mehrere Wirkungen, Funktionen, Beziehungen oder Rollenerwartungen in immer neuer Konstellation Einfluss auf die Entstehung von Konflikten nehmen.[23] Das soziale Handeln ist darüber hinaus von Werten

---

21 *Dahrendorf*, Konflikt und Freiheit, S. 23.
22 *Bühl*, Konflikt und Konfliktstrategie, S. 10.
23 Vgl. *Glasl*, Konfliktmanagement, S. 14 ff.

und Normen, Macht- und Produktionsverhältnissen beeinflusst, die wiederum in engem Zusammenhang mit Gesellschaftssystemen stehen, die das Konfliktverständnis prägen.

Der heute **geltende Begriff des sozialen Konflikts** »ist eine Interaktion zwischen Aktoren (Individuen, Gruppen, Organisationen usw.), wobei wenigstens ein Aktor Unvereinbarkeit im Denken/Vorstellen/Wahrnehmen und/oder Fühlen und/oder Wollen mit einem anderen Aktor (anderen Aktoren) in der Art erlebt, – dass im Realisieren eine Beeinträchtigung durch einen anderen Aktor (die anderen Aktoren) erfolge.«[24]

4. Aktuelle Entwicklung in der Konfliktforschung

Glasl beklagt, dass es oft schon Jahre dauert, bis die Forschungsergebnisse der anwendungsorientierten Wissenschaften, wie u.a. die Konfliktforschung, überhaupt wahrgenommen und diskutiert werden und noch weitere Jahre bis sie angewandt und evaluiert werden[25]. Es sei überdies auffällig, dass die Konfliktforschung überwiegend auf Anregungen der Praktiker reagiert, die sich fortwährend mit neuen Konfliktsituationen auseinandersetzen und neue Interventionen ausprobieren müssen – sie können nicht warten, bis methodische neue Ansätze wissenschaftlich untersucht und evaluiert sind. So kann festgestellt werden, dass nachhaltige Konfliktlösungen erst dann erzielt werden, wenn psychisch signifikante Wendeerlebnisse eingetreten sind, die auf Änderungen von Sichtweisen, Denkmustern, Haltungen und Einstellungen zurückzuführen sind[26].

Wichtige Erkenntnisse zu diesen Prozessen liefert die Hirnforschung u.a. zur Empathie, die nachgewiesen hat, dass Menschen von vornherein zur Einfühlung fähig sind[27]. Zwischen der kognitiven und der emotionalen Empathie muss unterschieden werden: Ein (kognitiver) Perspektivwechsel allein führt zwar zur Wahrnehmung des anderen und der Befähigung, sich in den anderen hineinzuversetzen. Aber nur wenn sich das Ein-Fühlen zu einem Mit-Fühlen (und ggf. Mit-Leiden) entwickelt, können Beziehungen sich nachhaltig verbessern. In der jüngeren wissenschaftlichen Konfliktforschung bilden Emotionen den zentralen Ansatzpunkt, wie z.B. die »Affektlogik«[28] oder der »Positiven Psychologie«[29]. Insbesondere aus letztgenannter Pionierarbeit hat sich eine Schule der lösungsfokussierten Konfliktbearbeitung entwickelt.

---

24 *Glasl*, Konfliktmanagement, S. 17.
25 *Glasl* ZKM 2017, S. 174 ff.
26 *Glasl*, Konfliktfähigkeit statt Streitlust und Konfliktscheue, 2. Auflage, Dornach/Schweiz, 2015.
27 *Bauer*, Warum ich fühle, was du fühlst. Intuitive Kommunikation und das Geheimnis der Spiegelneurone, Hamburg, 2005.
28 *Ciompi*, Die emotionalen Grundlagen des Denkens. Entwurf einer fraktalen Affektlogik, Stuttgart, 1998.
29 *Bannink*, Frederike, Praxis der positiven Psychologie, Göttingen, 2012.

5. Ergebnis

24 Die Schwierigkeit der modernen Konfliktforschung besteht darin, dass einem Konflikt nur multi- oder transdisziplinär beizukommen ist: Neben neurophysiologischen, individual- und sozialpsychologischen Fragestellungen müssen soziologische und juristische Fragestellungen gleichermaßen berücksichtigt werden.[30] Viele Forschungskonzepte verfolgten nach Auffassung von *Glasl* aber – im Gegensatz zu aktuellen wissenschaftlichen Erkenntnissen – zumeist noch linear-kausale Wirkungsbeziehungen obwohl feststeht, dass Konfliktverhalten immer das Resultat vieler vernetzter Faktoren und Mechanismen ist und die Bestimmung, welcher Faktor für die Wirkung entscheidend ist, schwer getroffen werden kann. *Glasl* setzt auf die die Universitäten und Hochschulen, die vermehrt im Rahmen von Dissertationen, Forschungsprojekten und Habilitationsschriften Konflikte in verschiedensten Kontexten erforschen und erwartet hier interessante Erkenntnisse.

IV. Die Typisierung von Konflikten

25 Ebenso wenig wie es einen einheitlichen Konfliktbegriff gibt, lassen sich auch verschiedene Konflikttypen[31] nicht trennscharf voneinander abgrenzen. Weil es sich bei Konflikten immer um **dynamische Vorgänge** handelt, entsprechen sie äußerst selten einem Idealtypus. Vielmehr sind Überschneidungen die Regel in der realen Konfliktwelt. Bei der Vielfalt von Konflikten ist eine Systematisierung für ein tieferes Verständnis von Konflikten für den Mediator hilfreich, um sie zu erkennen, zu bewerten und entsprechende präventive oder konfliktregelnde Maßnahmen ergreifen zu können. Für die Konfliktbeteiligten geht es darum, den Konflikt an der Stelle zu behandeln, wo er gerade akut ist: Deshalb muss der Mediator zum Beispiel möglichst rasch erkennen, ob sich der eigentliche Konflikt schon verselbstständigt hat, die anfängliche Ursache möglicherweise sogar irrelevant und deshalb eine Ursachenforschung konkret nicht zielführend ist. Auf der anderen Seite können Ursachen aus der Vergangenheit immer wieder für neue Konflikte auf verschiedenen Ebenen sorgen, sodass eine Klärung dieser Ursachen vordringlich ist.

26 Die konflikttheoretischen Ansätze zur Kategorisierung von Konflikten sind vielfältig und nahezu unüberschaubar.[32] Damit der Mediator die vielversprechendste Interventionsmethode einsetzen kann, ist eine Kategorisierung nach handlungsorientierten Aspekten, wie auch *Friedrich Glasl*[33] sie vornimmt, für die Konfliktanalyse praktikabel. *Glasl* unterteilt Konflikte in drei Obergruppen: nach dem Streitgegenstand, nach ihrer Erscheinungsform und nach den Eigenschaften der Parteien.[34] Um möglichst alle auf-

---

30 *Glasl* ZKM 2017, S. 174, 176; vgl. auch: *Jochens* ZKM 2019, S. 84 ff.
31 Vgl. http://de.wikipedia.org/wiki/Konflikt#Konfliktart.
32 Vgl. *Glasl*, Konfliktmanagement, S. 53 ff., vgl. auch: *Reiss* ZKM 2018, S. 86 ff.
33 *Glasl*, Konfliktmanagement, S. 54.
34 *Glasl*, Konfliktmanagement, S. 54 ff.

tretenden Konflikte mit einzubeziehen, wird hier zusätzlich noch nach den Beteiligten und nach dem Konfliktraum unterschieden.[35]

1. Unterscheidung nach den Streitgegenständen

a) Sachkonflikte

Bei Sachkonflikten[36] geht es objektiv um eine Sachfrage, z. B. bei größeren Kindern um den Wunsch: Wer darf im Auto vorne sitzen? Hinter dieser vordergründigen objektiven Frage verbirgt sich jedoch regelmäßig auch eine **Frage auf der Beziehungsebene**, verbunden mit Aspekten des Selbstbildes: Tatsächlich bedeutet die Frage nämlich: Wer darf bei Mama/Papa sitzen? Wem schenkt der Elternteil seine Aufmerksamkeit, Anerkennung und Wertschätzung? Wer gewinnt den Verteilungskampf um die knappe Ressource? 27

Bereits hier ist schnell zu erkennen, wie viel Konfliktpotenzial sich um eine Sachfrage ranken kann.

b) Beziehungskonflikte

In Beziehungskonflikten[37] spielen **Emotionen** die größte Rolle. Sympathie und Antipathie, aber auch Vorurteile und Stereotype sowie Kommunikationsformen beeinflussen in hohem Maße das Verhalten der Menschen zueinander. Wir streiten mit Personen in unserem Umfeld, die wir nicht mögen, fühlen uns vom Chef benachteiligt oder vom Partner nicht wertgeschätzt. »Beziehungskonflikte entstehen, wenn eine Partei die andere verletzt, demütigt, missachtet.«[38] 28

c) Interessenkonflikte

Interessenkonflikte treten auf, wenn **persönliche, berufliche oder andere Beweggründe** der Konfliktbeteiligten miteinander kollidieren. Dies können unterschiedliche inhaltliche oder psychologische Interessen oder Bedürfnisse sein, wie z. B. Expansions- oder gegenläufige Sparinteressen im Unternehmen oder die unterschiedlichen Urlaubsideen und -bedürfnisse in der Familie. Im weiteren Sinn kann es sich bei Interessenkonflikten auch um einen Zielkonflikt handeln, wie etwa unter Gesellschaftern in Bezug auf die Unternehmensausrichtung oder -zukunft. 29

d) Verteilungskonflikte

Verteilungskonflikte[39] entstehen, wenn die Beteiligten unterschiedliche Vorstellungen und Empfindungen in Bezug auf die **Nutzung von begrenzten Ressourcen** haben, wie über Lohn und Macht, aber auch über Anerkennung oder Wertschätzung. 30

---

35 Vgl. u. a. *Hennsler/Koch*, Mediation in der Anwaltspraxis, § 16, S. 561 f.
36 Vgl. *Duve/Eidenmüller/Hacke/Fries*, Mediation in der Wirtschaft, S. 25 f.
37 Vgl. *Duve/Eidenmüller/Hacke/Fries*, Mediation in der Wirtschaft, S. 30 f.
38 *Berkel*, Konflikttraining, S. 20.
39 Vgl. *Duve/Eidenmüller/Hacke/Fries*, Mediation in der Wirtschaft, S. 29.

Sie können im familiären, wirtschaftlichen und politischen Bereich auftreten, z. B. bei der Aufteilung des Erbes oder bei der Sicherung von Bodenschätzen, wie z. B. aktuell bei der Frage, wem mögliche zu erwartende Ressourcen am Nordpol zustehen können. Dabei geht es einerseits um die tatsächliche Aufteilung des Vorhandenen, andererseits aber fast immer auch darum, dass man dem anderen etwas – aus persönlichen Gründen – nicht gönnt. So sind Verteilungskonflikte eng verwoben mit Beziehungs- und Machtfragen insbesondere unter Konkurrenten.

e) **Wertekonflikte**

31 Menschen geraten in Wertekonflikte[40] miteinander, wenn **unterschiedliche Vorstellungen von Moral, Verantwortung oder Gerechtigkeit** aufeinanderprallen. Wertekonflikte sind oft mit (inter-) kulturellen Konflikten verzahnt. Hier treten die angelernten Wertmaßstäbe von »gut« und »böse« zutage und können zu heftigen Auseinandersetzungen führen.

f) **Rollenkonflikte**

32 Rollenkonflikte können entstehen, wenn die Beteiligten unterschiedliche Erwartungen – z. B. an Kollegen oder Vorgesetzte – haben und diese dann – in den Augen der anderen – ihrer Rolle nicht gerecht werden. Ausschlaggebend für den Konflikt sind die **verschieden empfundenen Ansprüche** an die Rolle, die damit verbunden werden.

g) **Strukturkonflikte**

33 Strukturkonflikte kommen vorwiegend in Unternehmen und Organisationen vor, wenn es um administrative Abläufe, um Machtverteilung und **Kontrolle oder Hierarchien** geht. Sie können aber auch innerhalb der Familie auftreten, etwa wenn es darum geht, wie Familie und Beruf zwischen den Eltern gleichberechtigt aufgeteilt werden. In engem Zusammenhang damit stehen auch häufig Daten- oder Faktenkonflikte. Dabei spielen Informationsdefizite oder Fehlinformationen bzw. deren unterschiedliche Bewertung oft eine große Rolle.

h) **Machtkonflikte**

34 Überall, wo Menschen miteinander in Beziehung stehen, können auch Machtkonflikte auftreten. Bürger fühlen sich »ohnmächtig« einer Behörde ausgeliefert oder pubertierende Kinder ihren Eltern. Die **Machtverteilung** wird als ungleich und damit als ungerecht empfunden und führt zu Streit.

---

40 Vgl. *Duve/Eidenmüller/Hacke/Fries*, Mediation in der Wirtschaft, S. 27.

A. Ursache und Entwicklung von Konflikten   **Teil 5**

i) Identitätskonflikte

Identitätskonflikte oder innere Konflikte[41] entstehen, wenn die Betroffenen sich in ihrem eigenen Selbstbild oder in ihrer individuellen Persönlichkeit bedroht fühlen. Dies kann aufgrund äußerer Einflüsse geschehen, die Auswirkungen auf unser Innenleben und den seelischen Frieden haben kann. Aber auch umgekehrt werden Identitätskrisen hervorgerufen: Es gibt typische Konflikte, die sich im Inneren entwickeln – etwa während der Pubertät – und **Veränderungen im Verhalten** hervorrufen, die unsere Beziehungen zu anderen Personen neugestalten, was in der Regel nicht konfliktfrei abläuft. 35

2. Unterscheidung nach den Konfliktbeteiligten

Bei der Kategorisierung anhand der Merkmale der Konfliktparteien werden zum einen das Verhältnis der Streitbeteiligten zueinander untersucht und zum anderen nach der Anzahl und der Art der Parteien unterschieden.[42] Es erleichtert dem Mediator zu Beginn einer Mediation die Erfassung der Problematik und der **Dimension des Konflikts**. 36

a) Intrapersonelle Konflikte

Bei **Konflikten im Inneren einer Person** sind zwei (oder mehrere) gegensätzliche Strömungen scheinbar oder tatsächlich unvereinbar. Intrapersonelle Konflikte,[43] die die Beteiligten mit sich selbst austragen, finden in der Mediation nur insoweit Berücksichtigung, als sie sich auf der Sachebene auswirken. In der Persönlichkeit angelegte Konfliktfaktoren beeinflussen aber sehr häufig die Beziehungsebene der Konfliktparteien zueinander und spielen in der Mediation deshalb mittelbar eine nicht zu unterschätzende Rolle. In diesem Rahmen sind sie aber unbedingt zu berücksichtigen. Ein intrapersoneller Konflikt ist nie der Auslöser für eine Mediation, sondern in der Regel Anlass zur Behandlung der Persönlichkeit. 37

b) Interpersonelle Konflikte

Hauptanwendungsbereich der Mediation sind die interpersonellen Konflikte zwischen **zwei oder mehreren Einzelpersonen**. Sie sind alltäglich und kommen in allen Bereichen des Lebens vor, in Unternehmen zwischen Vorgesetzten und Mitarbeitern sowie unter Kollegen, innerhalb der Familie, in der Schule, kurz: überall dort wo Beziehungen zwischen Menschen bestehen. In Bezug auf das Verhältnis der Parteien können strukturelle Unterschiede von Bedeutung sein, etwa wenn sich nicht ebenbürtige Parteien gegenüber stehen.[44] Hinter solchen sogenannten asymmetrischen Konflikten können sich auch ungleiche Verteilungen von Kontrolle, Besitz, Ressourcen, Machtverhältnissen etc. verbergen, die eine Kooperation verhindern kann. 38

---

41 Vgl. *Duve/Eidenmüller/Hacke/Fries*, Mediation in der Wirtschaft, S. 32.
42 *Glasl*, Konfliktmanagement, S. 57.
43 Vgl. *Duve/Eidenmüller/Hacke/Fries*, Mediation in der Wirtschaft, S. 32.
44 *Moore*, The Mediation Process: Practical Strategies for Resolving Conflict, S. 60.

c) Intergruppenkonflikte

39 Konflikte zwischen Interessengruppen oder zwischen verschiedenen Organisationen entstehen, wenn sie **unterschiedliche Ziele verfolgen** oder sich dabei gegenseitig beeinträchtigen. Es können sich im Rahmen von Auseinandersetzungen aber auch Koalitionen bilden, die verschiedene Positionen verfolgen, wie es häufig in Wirtschaftsunternehmen vorkommt, wenn z. B. Abteilungen untereinander Konflikte haben. Insbesondere auch im öffentlichen Bereich spielen Konflikte zwischen Vertretern von Unternehmen, Verbänden und Bürgerinitiativen mit der Verwaltung eine große Rolle. »Stuttgart 21« oder Konflikte um die An- und Abflugrouten von Großflughäfen sind exemplarisch für Intergruppenkonflikte im öffentlichen Bereich.

d) Internationale und globale Konflikte

40 Politische und wirtschaftliche Konflikte auf internationaler Ebene, zwischen Ländern und/oder internationalen Organisationen werden traditionell mithilfe von **Diplomatie und Friedensverhandlungen** gelöst. In diesem Bereich liegen auch die Wurzeln der Mediation.

3. Unterscheidung nach der Erscheinungsform des Konflikts

41 Bei der Kategorisierung nach der Erscheinungsform des Konflikts werden die äußere Erscheinungsform des Konflikts und die **Art und Weise der Austragung** des Konflikts betrachtet.

a) Äußere Erscheinungsform und Konfliktintensität

42 Die Konfliktintensität beschreibt das Ausmaß und die Mittel, mit denen eine Auseinandersetzung geführt und Interessen durchgesetzt werden. Hier wird einerseits zwischen **latenten oder manifesten Konflikten**[45] unterschieden. Erstere schwelen unter der Oberfläche und werden möglicherweise noch nicht einmal konkret wahrgenommen, weil das Verhalten der Parteien miteinander vereinbar ist, nicht jedoch die Bedürfnisse und Wertvorstellungen.[46] Letztere treten offen zutage und werden je nach dem Ausmaß der Spannungen aber auch der taktischen Möglichkeiten sowie der vorhandenen Druckmittel unter Beachtung von Alternativen und Folgen mit dem Gegner ausgetragen. *Glasl*[47] unterscheidet zwischen »**kalten**« **und** »**heißen**« **Konflikten**. Kalte, nicht ausgelebte, Konflikte weisen eine äußerlich beherrschte, indirekte, verdeckte und weitgehend formgebundene Austragung auf, die zu Frustration führt und den Zusammenhalt zerstört. Heiße Konflikte implizieren hingegen eine direkte, offene und höchst emotionale Auseinandersetzung, bei der die Konfliktparteien ihre eigentlichen Motive und die Folgen ihres Handelns aus den Augen verlieren. Man spricht hier auch vom »Tunnelblick«.

---

45 Vgl. *Glasl*, Konfliktmanagement, S. 57.
46 Vgl. grundlegend dazu *Dahrendorf*, Zu einer Theorie des sozialen Konflikts.
47 Vgl. *Glasl*, Konfliktmanagement, S. 77 ff.

b) Austragungsform

Nach ihrer Austragungsform lassen sich Konflikte in institutionalisierte und nicht institutionalisierte Verfahren unterscheiden. Häufig werden Konflikte in formgebundenen oder sog. **institutionalisierten Verfahren**[48] ausgetragen. Neben dem klassischen streitigen Gerichtsverfahren gibt es in vielen Bereichen Schiedsgerichts- und Schlichtungsverfahren, eingerichtete Schiedsstellen, Vermittlungsausschüsse und Selbstverwaltungsgremien, die sich um die Vermittlung und Lösung von Konflikten bemühen.[49] Dazu gehören beispielsweise Tarifstreitigkeiten zwischen Unternehmen und Gewerkschaften. Auch im Vorfeld von Gerichtsverfahren, aber selbst während laufender Gerichtsprozesse, wird verstärkt auf außergerichtliche Konfliktbeilegungsmöglichkeiten hingewiesen[50] und im Gütetermin des Gerichts die Möglichkeit einer außergerichtlichen Einigung ausgelotet.[51]

43

Konflikte werden sehr häufig aber auch vollkommen ohne Form ausgetragen, was die Lösungsmöglichkeiten erschwert. Die Mediation ist hier eine Brücke zwischen unkontrollierter Konflikteskalation und formalisierter Verfahren, indem sie bestimmte Spielregeln beim Verhandeln garantiert und insbesondere eine Struktur zur Verfügung stellt.

4. Unterscheidung nach dem Konfliktrahmen

Welche Personen am Konflikt beteiligt sind, richtet sich auch nach dem **Umfeld**, in dem sich ein Konflikt abspielt.[52]

44

a) Mikrosozialer Raum

In diesem Konfliktraum spielen die interpersonellen Konflikte zwischen zwei oder mehreren Einzelpersonen und kleinen Gruppen die größte Rolle. Kennzeichnend ist die **direkte Auseinandersetzung** zwischen den Beteiligten, die sog. Face-to-Face-Interaktion.[53] Der Konfliktraum kann sich aber ebenfalls ausweiten, wenn weitere Personen von außen dazukommen, die ebenfalls betroffen sind.

45

b) Mesosozialer Raum

Im mesosozialen Umfeld erweitert sich die Konfliktarena. Es sind nicht mehr nur Einzelakteure miteinander in Konflikt, sondern es kommen Organisationen, Koalitionen und Vertreter von Gruppen ins Spiel, was zu **Mehr-Parteien-Konflikten führt**.[54]

46

---

48 Vgl. Übersicht bei *Duve/Eidenmüller/Hacke/Fries*, Mediation in der Wirtschaft, S. 58 ff.
49 Vgl. hierzu die zusammenfassende Darstellung unter Teil 6 A. I. Rdn. 1 ff.
50 Vgl. nunmehr § 278a ZPO.
51 Vgl. § 278 Abs. 5 ZPO.
52 Vgl. *Glasl*, Konfliktmanagement, S. 67 f.
53 Vgl. *Glasl*, Konfliktmanagement, S. 68.
54 Vgl. *Glasl*, Konfliktmanagement, S. 69.

c) Makrosozialer Raum

47 Im makrosozialen Raum ist das Konfliktumfeld von **strukturellen, gesellschaftlichen oder politischen Verflechtungen** geprägt. Kennzeichnend sind verstärkte gegenseitige Abhängigkeiten, die ein hohes und komplexes Konfliktpotenzial bergen.[55]

V. Die Ursachen von Konflikten

48 Konflikte sind wie kulinarische Spezialitäten: Man kennt ungefähr die Zutaten, aber nie die Kombination. Bei der **Komplexität von Konflikten** liegt es nahe, dass auch ihre Ursachen nicht sortiert aus der Schublade zu ziehen sind, um den Konflikt zu erklären und einer Lösung zugänglich zu machen. Es gibt fast nie nur einen Grund für einen Streit, die Konfliktursache liegt immer in einem Zusammenspiel verschiedener Konfliktfaktoren, die nicht isoliert erscheinen und in der Mediation deshalb auch nicht einzeln und nacheinander bearbeitet werden können. Es ist eine der großen Herausforderungen an den Mediator, die Ursachen aufzuspüren und gemeinsam mit den Medianten herauszuarbeiten.

49 Theoretisch besteht die Möglichkeit, Konfliktursachen in **zwei große Bereiche** zu ordnen: Faktoren, die ihren Ursprung in der Persönlichkeit und Psyche der Beteiligten haben und ihrer Art nach den Beziehungskonflikten zugeordnet werden und Faktoren, die objektive Fragen betreffen und zu den Sachkonflikten gezählt werden. In der Konfliktrealität fließen diese Sphären regelmäßig zusammen. So sind z. B. bei einer Scheidungsmediation Gefühle wie Wut, Trauer und Enttäuschung ebenso Teil der Konfliktrealität wie Sachinformationen, Daten und Fakten zur Vermögenssituation.

50 Um die Konfliktursachen zu diagnostizieren ist es für den Mediator wichtig zu wissen, wie viele verschiedene Ursachen an der Entstehung eines Konfliktes beteiligt sein können, damit er auch in der Lage ist, den Konfliktparteien aufzuzeigen, welche Faktoren ihre Wahrnehmung und Wirklichkeit prägen.

1. Konfliktverhalten und Sozialisation

51 Familiäre und **gesellschaftliche Strukturen prägen** das Konfliktverhalten und Konfliktverständnis. Erfahren Kinder und Jugendliche, dass Konflikt und Streit lautstark oder gar mit Gewalt ausgetragen oder niedergeschlagen wird, werden Konflikte als Bedrohung erlebt. Je nach der persönlichen Ausprägung eines Charakters können Negativerfahrungen im Umgang mit Konflikten entweder zu Aggressivität führen oder aber auch zu Vermeidungsstrategien, was wieder zu neuen Konflikten führen kann. Dies geschieht häufig in Paarbeziehungen, wenn ein Partner einen Konflikt erkennt, der andere ihn aber – bewusst oder unbewusst – verdrängt.[56]

---

55 Vgl. *Glasl*, Konfliktmanagement, S. 70.
56 Vgl. umfassend hierzu Teil 5 C. I. Rdn. 1 ff.

Die eigene Einstellung zum Konflikt beeinflusst Wahrnehmung, Gefühle und Gedan- 52
ken und **das individuelle Konfliktverhalten.**[57] Sichtbar wird nach außen jedoch nur
das Verhalten – die Gefühle und psychischen Hintergründe bleiben meist wie bei einem
Eisberg unter der Oberfläche verborgen. In der Mediation gilt es, die Konfliktbeteiligten zu befähigen, ihre unsichtbaren Gefühle, Wünsche und Ziele selbst wahrzunehmen,
zu verstehen und zu formulieren, damit der Andere in die Lage versetzt wird, sein Verhalten nachzuvollziehen.

2. Selbstbild und Rollenverständnis

Jede Person gibt sich eine Eigendefinition, wie sie sich selbst sieht und wie sie auch 53
von der Umwelt wahrgenommen werden möchte. Dieses **Selbstbild ist eine subjektive Vorstellung**, eine eigene Wirklichkeit, die mit dem Anspruch verknüpft ist, dass
es nur diese eine »Wahrheit« über die eigene Person gibt. In dem Moment, in dem
diese Eigendefinition von anderen Menschen nicht bestätigt oder gar infrage gestellt
wird, kann das Selbstverständnis ins Wanken geraten und zu einem Konflikt mit
dem »Angreifer« führen.[58] Hinzu kommt das eigene Rollenverständnis, welches sich
eine Person selbst gibt oder ihr von außen zugedacht wird. Es kann sogar in verschiedenen Sphären differieren, etwa in der Partnerschaft und in der Arbeitswelt.
Eine Person kann sich in der Partnerschaft unterordnen, im Beruf aber eine Führungsrolle übernehmen. Wird sich die Person über ihre Doppelrolle bewusst, kann
dies zu einem inneren Konflikt führen, dessen Auswirkung in der Regel auch nach
außen zutage tritt und zu Konflikten mit dem Partner und Kollegen führen kann.

3. »Gestörte« Kommunikation

a) Was ist Kommunikation?

»Kommunikation ist die menschliche und im weitesten Sinne technisch fundierte 54
Tätigkeit des wechselseitigen Zeichengebrauchs und der wechselseitig adäquaten
Zeichendeutung zum Zwecke der erfolgreichen Verständigung, Handlungskoordinierung und Wirklichkeitsgestaltung.«[59] Kleinster gemeinsamer Nenner aller Kommunikationsforschung ist die Grundannahme, dass Kommunikation aus dem **Senden und Empfangen von Nachrichten** besteht. Kommunikation heißt nicht nur,
Informationen auszutauschen oder zu übermitteln, sondern auch, miteinander in
Verbindung zu treten, sich zu verständigen, sich zu verstehen. Neben Inhalten spielen Appelle und Beziehungen eine entscheidende Rolle in der Kommunikation. Der
Psychotherapeut *Paul Watzlawick* hat sich intensiv mit der menschlichen Kommunikation beschäftigt und Axiome[60] über Kommunikationsabläufe aufgestellt:

---

57 Vgl. *Duve/Eidenmüller/Hacke/Fries*, Mediation in der Wirtschaft, S. 34 ff.
58 Vgl. *Glasl*, Konfliktmanagement, S. 131.
59 *Krallmann/Ziemann*, Grundkurs Kommunikationswissenschaft, S. 13.
60 Definition: Ein fundamentales Prinzip, das als gültig und richtig anerkannt ist, ohne dass
   es schon bewiesen ist.

55 »**Man kann nicht** nicht **kommunizieren.**«[61]

In einem sozialen Miteinander ist es unmöglich, nicht zu kommunizieren. Da Kommunikation nicht allein über verbale Sprache erfolgt – gesprochen oder geschrieben – sondern sich ebenso durch **nonverbales Verhalten** wie Schweigen, Mimik, Gestik und Körperhaltung ausdrückt, kann sich eine Person des Aussendens einer Nachricht nicht erwehren. Kommunikation ist – kurz gefasst – »Verhalten jeder Art.«[62] Hartnäckiges Schweigen kann eine sehr deutliche Mitteilung enthalten, wie z. B. das Beispiel des Fernsehinterviews mit dem deutschen Boxer Norbert Grupe alias Prinz von Homburg in der Sportschau anschaulich beweist.[63]

56 »**Jede Kommunikation hat einen Inhalts- und einen Beziehungsaspekt, derart, dass letzterer den ersteren bestimmt und daher eine Metakommunikation ist.**«[64]

Diese 2. Grundannahme verdeutlicht, dass mit jeder Aussage auch offenbart wird, welche Beziehung zum Empfänger der Botschaft besteht. Der Beziehungsaspekt in der Kommunikation zeigt, *wie* der Inhalt zu verstehen ist. Neben der angesprochenen Sachebene wird durch die Art der Fragestellung und Antwort definiert, wie es um die Beziehung zu der anderen Person steht, z. B. kann durch den Tonfall, aber auch durch Gestik und Mimik die wahre Einstellung zum Kommunikationspartner erkannt werden.

57 Hinter dieser Erkenntnis verbirgt sich das »**Vier-Seiten-Modell**« von *Friedemann Schulz von Thun*,[65] welches auf der der Annahme beruht, dass Nachrichten sowohl vom Sender als auch vom Empfänger nach den vier Seiten als Sachinhalt, Selbstoffenbarung, Beziehung und Appell interpretiert werden können. Jede Botschaft hat demnach vier Aspekte: einen **Sachinhalt**, mit dem der Sender den Empfänger über eine Sache informiert und eine **Beziehungsseite**, indem der Sender ausdrückt, wie er zum Empfänger steht und was er von ihm hält. In jeder Botschaft **offenbart** der Sender auch **etwas über sich selbst**; »Wenn einer etwas von sich gibt, gibt er auch etwas von sich – dieser Umstand macht jede Nachricht zu einer kleinen Kostprobe der Persönlichkeit, was dem Sender nicht nur in Prüfungen und in der Begegnung einige Besorgnis verursacht.«[66]

Schließlich möchte der Sender mit seiner Nachricht auch etwas erreichen: Er **appelliert** an den Empfänger, etwas zu tun oder zu lassen.

---

61 *Watzlawick/Beavin/Jackson,* Menschliche Kommunikation, Formen, Störungen, Paradoxien, S. 53.
62 *Watzlawick/Beavin/Jackson,* Menschliche Kommunikation, Formen, Störungen, Paradoxien, S. 51.
63 http://de.wikipedia.org/wiki/Norbert_Grupe.
64 *Watzlawick/Beavin/Jackson,* Menschliche Kommunikation, Formen, Störungen, Paradoxien, S. 56.
65 *Schulz von Thun,* Miteinander reden, Bd. 1, S. 48.
66 *Schulz von Thun,* Miteinander reden, Bd. 1, S. 53.

A. Ursache und Entwicklung von Konflikten **Teil 5**

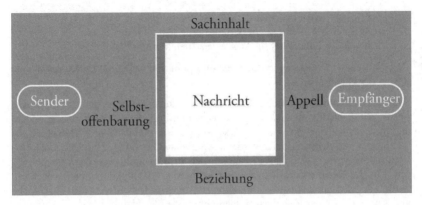

Abb. 1[67]

Das Nachrichtenquadrat wiederholt diese Aspekte einer Botschaft auf der Empfängerseite. Jede Nachricht kann man spiegelbildlich mit 4 Ohren empfangen.[68]

Selbstoffenbarungsohr	Sachverhaltsohr
Was ist das für einer?	Wie ist der Sachverhalt zu verstehen?
Was ist mit ihm?	
Beziehungsohr	**Appellohr**
Wie redet der eigentlich mit mir?	Was soll ich tun, denken und fühlen aufgrund seiner Mitteilung?
Wen glaubt er vor sich zu haben?	

Wie die Nachricht tatsächlich beim Empfänger ankommt, richtet sich danach, auf welchem »Ohr« er hört bzw. hören will. Der Empfänger kann sich aussuchen, auf welche Seite der Nachricht er reagieren will. Sind die Antennen für die Selbstoffenbarungsseite empfindlich, fragt sich der Empfänger: »Was ist das für einer?« »Was ist mit ihm los?« Das Appellohr fragt hingegen: »Was will er mir sagen?« Und das Beziehungsohr möchte heraushören, »Wie steht der Sender zu mir, was hält er von mir, wen glaubt er vor sich zu haben, wie fühle ich mich behandelt?« Die vielen möglichen Kombinationen zwischen dem Sender, der glaubt, seine Nachricht werde so empfangen, wie er sie sendet, und dem Empfänger, der selektiv hört und wählt, lassen erahnen, wie zahlreich und alltäglich Konflikte durch Kommunikation entstehen. Das macht »zwischenmenschliche Kommunikation so kompliziert.«[69]

58

---

67 *Schulz von Thun*, Miteinander reden, Bd. 1, S. 53.
68 *Schulz von Thun*, Miteinander reden, Bd. 1, S. 49.
69 *Schulz von Thun*, Miteinander reden, Bd. 1, S. 44.; vgl. *Brose* ZKM 2018, S. 12, 16.

Sich »richtig« verstehen bedeutet deshalb für den Empfänger auch, zu versuchen, die Bedeutung einer Nachricht zu erfassen und umgekehrt für den Sender, in Erwägung zu ziehen, wie der Empfänger die Worte verstehen könnte.[70]

59 **»Die Natur einer Beziehung ist durch die Interpunktion der Kommunikationsabläufe seitens der Partner bedingt.«**[71]

Eine weitere Grundannahme resultiert aus der Erkenntnis, dass Menschen sich ihre eigene Wirklichkeit aufgrund von persönlichen und subjektiven Erfahrungen bilden, und diese dann für »wahr« halten. Diese **konstruierte »subjektive« Wirklichkeit**, die für objektiv und richtig gehalten wird, bestimmt dann das weitere Handeln. Die Konstruktion der eigenen Wirklichkeit vollzieht sich als Interpunktion, indem Ereignisfolgen – in der Regel willkürlich aber oft im besten Glauben – geschaffen werden. Bestimmten Ereignissen wird ein besonderer Wert zugedacht, dieser wird als Ursache und Anlass für weitere Ereignisse aufgenommen der das Handeln bestimmt und die Entscheidung dazu rechtfertigt.

Ein berühmtes Beispiel für Interpunktion ist das folgende:

▶ Ein Ehepaar hat fortwährend Streit. Die Ehefrau nörgelt an ihrem Mann herum, der Ehemann zieht sich zurück.

Daraus ergibt sich ein kreisförmiges Konfliktschema: Beide rechtfertigen ihr Verhalten als Reaktion auf das Verhalten des anderen, sie interpunktieren diese Ereignisfolgen so, dass jeweils das Tun des anderen als Ursache für das eigene Tun genommen wird.

▶ Sie geht davon aus, dass sie nörgelt, weil er sich zurückzieht. Er geht davon aus, dass er sich zurückzieht, weil sie nörgelt.

60 **»Menschliche Kommunikation bedient sich digitaler und analoger Modalitäten. Digitale Kommunikationen haben eine komplexe und vielseitige logische Syntax, aber eine auf dem Gebiet der Beziehungen unzulängliche Semantik. Analoge Kommunikationen hingegen besitzen dieses semantische Potenzial, ermangeln aber die, für die eindeutige Kommunikation erforderliche, logische Syntax.«**[72]

Aussagekräftiger als die digitale (verbale) Kommunikation über die Beziehung der Menschen zueinander ist die sog. analoge Kommunikation, also die **Körpersprache**. Gestik und Mimik, die Körperhaltung, die Sprechweise (Tonfall, Pausen, Betonung) und der gesamte weitere Kontext verraten die wirkliche Einstellung zum Gegenüber. Insbesondere die Tatsache, dass eine sprachliche Aussage auch deutlich im Widerspruch

---

70 *Krauss/Morsella*, Communications and Conflict, in: *Deutsch/Coleman*, Handbook of conflict resolution, S. 135: »When listening, try to understand the intended meaning of what your counterpart is saying.« »When formulating a message, consider what the listener will take your words to mean«.

71 *Watzlawick/Beavin/Jackson*, Menschliche Kommunikation, Formen, Störungen, Paradoxien, S. 61.

72 *Watzlawick/Beavin/Jackson*, Menschliche Kommunikation, Formen, Störungen, Paradoxien, S. 68.

zu Körperhaltung und Mimik stehen kann, hilft bei der Deutung nach der »wahren« Aussage. »Kindern (…) wird ja seit alters her eine besondere Intuition für die Aufrichtigkeit oder Falschheit menschlicher Haltungen zugeschrieben; denn es ist leicht, etwas mit Worten zu beteuern, aber schwer, eine Aufrichtigkeit auch analogisch glaubhaft zu kommunizieren. Eine Geste oder eine Miene sagt uns mehr darüber, wie ein anderer über uns denkt, als hundert Worte.«[73]

b) Kommunikationsstörungen als Konfliktursache

Häufige Ursachen für Konflikte liegen in der Kommunikation auf der Sach- und Beziehungsebene. Im Idealfall sind sich die Partner sowohl über den Inhalt ihrer Kommunikation, also über die Sache einig, als auch über die Definition ihrer Beziehung. Im schlechtesten Fall sind sich die Beteiligten auf der Sach- und Beziehungsebene uneinig. Dazwischen liegen **unterschiedliche Formen von Kommunikationsstörungen**: Es kann sein, dass sich die Beteiligten über ein Sachthema uneinig sind, aber ihre Beziehungsebene ist davon nicht berührt. Diese Form der Einigkeit »uneins zu sein«[74] gilt als menschlich reifste Form der Auseinandersetzung. 61

Schwieriger ist die Variante gestörter Kommunikation, wenn sich die Partner in der Sache bzw. inhaltlich einig sind, aber nicht auf der Beziehungsebene. Es ist bekannt, dass bei dem **Wegfall der inhaltlichen Einigkeit** Beziehungen gefährlich ins Wanken geraten können, u. a. auch weil diese Ebene gekonnt verdrängt wurde. Sowohl in der Familiendynamik als auch auf politischer Ebene kann man das gleiche Phänomen beobachten: Überwindet ein »Problemkind« seine schwierige Phase, die die Eltern gemeinsam gemeistert haben und der Beziehung eine gewisse Tragfähigkeit verliehen hatte, folgt in der Regel die Ehekrise, die wiederum zu einem Rückfall des Kindes in seine alte Rolle führen kann, um das gewohnte Gleichgewicht in der Familie wieder herzustellen. Ein gleicher Mechanismus vollzieht sich in der Weltpolitik, wenn z. B. eine gemeinsame Bedrohung endet und die ehedem Bedrohten nun zu Feinden werden.

Noch subtiler – und damit schwerer aufzulösen – sind vermeintliche Differenzen auf der Inhaltsebene, die tatsächlich aber auf der Beziehungsebene stattfinden. Eine Meinungsverschiedenheit zwischen zwei Personen über die Wahrheit einer Aussage kann zwar durch Feststellung der objektiven Richtigkeit entschieden werden. Dies umfasst gleichzeitig aber immer die Erfahrung, dass die eine Person Recht und die andere Unrecht hat. Es kommt nun auf die Beziehung der Personen untereinander an, ob sie sie als komplementär oder symmetrisch definieren.[75] Die Person im »Unrecht« kann sich nun entscheiden, ob sie den anderen für sein Wissen bewundert oder sich aus Ärger über die »Niederlage« vornimmt, ihn bei nächster Gelegenheit zu übertrumpfen, 62

---

73 *Watzlawick/Beavin/Jackson*, Menschliche Kommunikation, Formen, Störungen, Paradoxien, S. 68.
74 *Watzlawick/Beavin/Jackson*, Menschliche Kommunikation, Formen, Störungen, Paradoxien, S. 81.
75 *Watzlawick/Beavin/Jackson*, Menschliche Kommunikation, Formen, Störungen, Paradoxien, S. 82 f.

um das intellektuelle Gleichgewicht wieder herzustellen. Symmetrische Beziehungen bergen ein **hohes Konfliktpotenzial**.

63 Menschen, die in Beziehung zu einander stehen, hegen den **Wunsch nach Bestätigung** und Anerkennung der eigenen Person und Identität, was nur durch Kommunikation ermöglicht wird. »Es hat den Anschein, daß wir Menschen mit anderen zum Zwecke unseres Ichbewußtseins kommunizieren *müssen*.«[76] Konflikte entstehen demnach auch dann, wenn einer Person die Bestätigung verweigert, ihre Selbstdefinition verworfen oder gar entwertet wird.

Widersprüchliche Annahmen oder Vorstellungen können zu Konflikten führen, wenn die Kommunikationspartner gegenseitig davon ausgehen, über die gleichen Informationen zu verfügen und auch die gleichen Schlussfolgerungen daraus zu ziehen. Wenn z. B. ein Ostergruß der Tochter an die Mutter in der Post verloren geht – was keiner von beiden weiß – dann ist die Mutter enttäuscht, weil sie glaubt, ihre Tochter habe sie vergessen, während die Tochter gekränkt ist, dass sich die Mutter für die Aufmerksamkeit nicht bedankt. Beide ziehen sich zurück und schweigen. Der Konflikt bleibt unausgesprochen und wird sich – wie von selbst – auflösen, wenn der Konflikt angesprochen und das Missverständnis allein dadurch ausgeräumt werden kann. Die jeweils subjektiv empfundene Wirklichkeit ist das Ergebnis unserer gedachten Vorstellung und Wahrnehmung, die zu Interpunktionskonflikten führt und so lange nicht durchbrochen werden kann, bis die betroffenen Personen die Kommunikation selbst zum Thema machen. Die sog. **Metakommunikation** – ein gutes Gespräch über die verunglückte Kommunikation führen – erfordert einen tieferen Einblick in die eigene Innenwelt und den Mut zur Selbstoffenbarung.[77]

64 Konflikte entstehen in der Kommunikation auch durch das Aussenden sog. inkongruenter Nachrichten,[78] d. h. wenn die sprachlichen und nicht-sprachlichen Signale einer Nachricht nicht stimmig sind oder sich widersprechen. Wer mit traurigem Blick sagt: »Es ist alles in Ordnung«, kann meinen: »Lass mich in Ruhe!« oder genau das Gegenteil, »Kümmere Dich um mich!« Der Empfänger gerät in eine Zwickmühle und weiß in der Regel nicht, welchem Teil der Nachricht er glauben und wie er sich richtig verhalten soll. Inkongruente Nachrichten entstehen beim Sender, wenn er sich selbst nicht klar ist, was er will, *Schultz von Thun* spricht treffend vom inneren »Kuddelmuddel«.[79]

4. Machtverhältnisse und Erwartungen

65 Erwartungen und Ansprüche bestimmen der Alltag der meisten Menschen: Sie stellen Ansprüche an sich selbst und an andere Personen im privaten und beruflichen Umfeld und sind ebenso den Erwartungen von anderen ausgesetzt. Jeder Mensch verfolgt seine Ziele und vertritt eine Grundhaltung, die ihn charakterlich integer erscheinen lassen

---

76 *Watzlawick/Beavin/Jackson*, Menschliche Kommunikation, Formen, Störungen, Paradoxien, S. 84.
77 Vgl. *Schulz von Thun*, Miteinander reden, Bd. 1, S. 91 – 93.
78 *Schulz von Thun*, Miteinander reden, Bd. 1, S. 35.
79 *Schulz von Thun*, Miteinander reden, Bd. 1, S. 39.

soll, er bemüht sich, »gute« Verhaltensweisen zu verstärken oder sich »schlechte« abzugewöhnen. Manchmal werden die eigenen Ziele zu hochgesteckt oder die **Anforderungen an andere** sind überhöht und unerreichbar. Wenn sie nicht zu erfüllen sind, führt das zu Enttäuschung und Frustration, die sich dann unterschiedlich entladen und zu Konflikten in der Familie oder am Arbeitsplatz führen kann.

Hierarchien sowohl in der Familie als auch am Arbeitsplatz begünstigen Erwartungen und führen zu (verdeckten) Konflikten. Mitarbeiter haben Erwartungen an ihren Chef, trauen sich aufgrund der **Machtverhältnisse** aber oft nicht, diese zu formulieren, weil sie möglicherweise Nachteile befürchten. Umgekehrt haben Führungskräfte Erwartungen an ihre Mitarbeiter. Wenn diese nicht klar formuliert werden, eröffnet sich ebenfalls ein Raum für Missverständnisse, weil die Mitarbeiter möglicherweise andere Erwartungen vermuten, als an sie gestellt werden. In Familien und Partnerschaften spielen (angenommene) Machtstrukturen ebenfalls eine Rolle.»Solange Du Deine Füße unter meinem Tisch hast ...« ist bekannt und wenn auch nicht mehr so deutlich ausgesprochen, eine oft vorhandene innere Haltung, die erhebliches Konfliktpotenzial in sich birgt. 66

5. Kulturkreis und Geschlecht

Menschen aus unterschiedlichen Kulturen oder verschiedenen Geschlechts werden individuell geprägt und sozialisiert. **Anerzogene Verhaltensmuster**, die in der Kindheit angelegt sind, verschiedene Erfahrungen und Motive führen zu Handlungen und Reaktionen, die andere Menschen manchmal nicht verstehen oder falsch interpretieren.[80] Selten werden diese höchst persönlichen Bereiche des anderen angesprochen – es wird befürchtet, das könnte verletzend oder zudringlich sein – mit der Folge dass sich ein großes Feld für verzerrte Wahrnehmungen und eigene Annahmen und Vorstellungen eröffnet. In den Konflikt fließen auf diese Weise die Unterschiede von Persönlichkeiten verdeckt und unbewusst ein. 67

Werden diese Faktoren nicht aufgedeckt, wird eine nachhaltige Konfliktlösung schwer. In einem familienrechtlichen Konflikt ist es z. B. hilfreich zu wissen, dass thailändische Mütter mit ihren Kleinkindern nicht so spielen, wie es in unserem Kulturkreis von Eltern erwartet wird. Man könnte annehmen, die Mutter liebe ihr Kind nicht oder sei ignorant und habe 68

kein Interesse an der Förderung des Nachwuchses. Ein Gericht wird sich nicht die Mühe machen können, **der wahren Ursache auf den Grund** zu gehen und möglicherweise eine »falsche« Entscheidung – das Kind soll beim Vater leben – treffen. In der Mediation sollte genug Vertrauen aufgebaut werden, um solche Beweggründe zu erforschen, das gegenseitige Verstehen der Konfliktparteien zu fördern und eine gute Lösung für alle Beteiligten, hier insbesondere für das gemeinsame Kind, zu erarbeiten.

VI. Die Dynamik von Konflikten

Selten entstehen Konflikte von jetzt auf gleich, auch wenn das häufig so erscheinen mag: 69

---

80 Vgl. *Duve/Eidenmüller/Hacke/Fries*, Mediation in der Wirtschaft, S. 34.

Der Partner vergisst den Hochzeitstag, die Tochter bringt den Müll nicht weg, die Chefin erwähnt einen Mitarbeiter bei der Weihnachtsfeier nicht lobend. Drei alltägliche Situationen, die regelmäßig zu **Enttäuschungen** und Konflikten führen. Anlass ist die konkrete Situation – kein Glückwunsch am Hochzeitstag etc. Nicht jede Person empfindet diese Situation gleich: Manche Menschen fühlen sich tief gekränkt, wenn der Partner diesen Tag vergisst, andere messen diesem Umstand keine tiefere Bedeutung zu.

70 Ein entscheidender Anteil an der Entstehung und Entwicklung von Konflikten findet im Inneren einer Person statt.[81] Gefühle und Gedanken verändern sich immer wieder und in unterschiedliche Richtungen, es ist ein **wiederkehrender dynamischer und instabiler Prozess**,[82] »Krankes« nistet sich ein und bleibt meist unentdeckt, wie ein noch nicht diagnostiziertes Geschwür, welches sich ausbreiten kann, wenn es nicht erkannt und behandelt wird.[83] Es gilt demnach, die nicht wahrgenommenen, schädlichen Erlebnisse (»unperceived injurious experience«) in wahrgenommene umzuwandeln (»perceived injurious experience«).[84] *Felstiner u. a.*[85] haben drei Entwicklungsstadien bei der Entfaltung eines Konflikts systematisiert: das sog. Naming, Blaming und Claiming.

1. Konfliktentwicklung

a) Naming

71 In dieser Phase wird sich eine Person über ihren inneren Zustand bewusst: Gefühle zu einer Situation am Arbeitsplatz oder im privaten Bereich verändern sich, es wird z. B. nun etwas als ungerecht empfunden, was vorher unbemerkt geblieben ist und was nun erstmals auch benannt wird. Es handelt sich zunächst um eine Feststellung, die **Transformation vom Unbewussten** in einen wahrgenommenen Zustand.

b) Blaming

72 Wird das »Unrecht« erkannt, folgt in der weiteren Entwicklung die Verknüpfung des erlittenen Schadens mit einer dafür verantwortlichen Person. Es wird ein »**Schuldiger**« gesucht, eine Person, an die »man sich halten kann.«[86] Die »schuldige« Person weiß in dieser Phase noch nicht, dass sie in naher Zukunft mit Ansprüchen konfrontiert wird.

c) Claiming

73 Nachdem der Verantwortliche gefunden wurde, erfolgen nun **Taten:** Es werden Erwartungen ausgesprochen und Ansprüche formuliert. Das bedeutet noch nicht, dass Ansprüche im rechtlichen Sinn geltend gemacht werden. Es kann – nicht muss –

---

81 *Felstiner/Abel/Sarat*, Law and Society Review Vol. 15 Number 3 – 4 (10/81), 632.
82 *Felstiner/Abel/Sarat*, Law and Society Review Vol. 15 Number 3 – 4 (10/81), 637.
83 *Felstiner/Abel/Sarat*, Law and Society Review Vol. 15 Number 3 – 4 (10/81), 633.
84 *Felstiner/Abel/Sarat*, Law and Society Review Vol. 15 Number 3 – 4 (10/81), 635.
85 *Felstiner/Abel/Sarat*, Law and Society Review Vol. 15 Number 3 – 4 (10/81), 635.
86 *Breidenbach*, Mediation, S. 42.

eine Vorstufe sein, indem die Person aufgefordert wird, dem empfundenen Unrecht abzuhelfen oder einen Schaden auszugleichen.

Pondy[87] unterscheidet hingegen fünf Stufen einer Konfliktentwicklung und bezieht mehr die anderen Konfliktbeteiligten mit ein: Er unterteilt die »Naming«-Phase nochmals und setzt die sog. »Latenzphase« voran, in der alte Konflikte und neue Ursachen zu einem unbewussten Konflikt führen, den insbesondere die Betroffenen selbst nicht wahrnehmen. Schließlich setzt er der manifesten Phase, also dem Ausbrechen des Konflikts bzw. dem »claiming« noch eine Nachwirkungsphase hinzu, indem der Konflikt entweder beseitigt oder erneut aufgeladen wird.

74

2. Konfliktstufen nach *Glasl*

Beispielhaft für Konflikte in Organisationen hat *Glasl* die **Dynamik eines Konflikts** von seiner Entstehung bis zur Eskalation in neun Stufen entwickelt.[88]

75

Die Konfliktintensität steigert sich nach diesem Modell nicht linear und kontinuierlich sondern stufenweise. Jede Schwelle zur nächsten Stufe wird von den Konfliktparteien als Wendepunkte in der Entwicklung des Konflikts erlebt, auch wenn die Übergänge fließend sind. Je nach Temperament der Konfliktbeteiligten kann jedoch auch eine Stufe übersprungen werden.

76

Bleiben die Beteiligten auf der gleichen Stufe, wissen sie in der Regel, womit sie bei dem anderen zu rechnen haben. Überschreitet eine Partei eine Schwelle gelten plötzlich neue »Regeln« und eine neue Qualität in der konflikthaften Auseinandersetzung. Der Übergang in eine neue Ebene wirkt dabei für die Konfliktbeteiligten in doppelter Hinsicht: Keiner möchte sich nachsagen lassen, für die Ausweitung des Konflikts verantwortlich zu sein, sodass die nächste Stufe erst einmal unberührt bleibt. Auf der anderen Seite ist jede neue Stufe, die genommen wird, wie ein »point-of-no-return«, weil keine Partei sich eingestehen kann, Fehler gemacht zu haben und durch ein Zurückgehen in der Konfliktdynamik z. B. Gesichtsverlust riskiert.

77

Für den Mediator ist es äußerst wichtig zu Beginn einer Mediation zu ermitteln, in welchem Konfliktstadium sich die Parteien befinden. Danach kann er entscheiden, ob er vermitteln kann und welche Maßnahme er ergreift.

78

Stufe 1: Verhärtung[89]

79

Auf der untersten Ebene kann es zwischen den Parteien zu Meinungsverschiedenheiten kommen, Standpunkte verhärten sich zunehmend, was zu Spannungen führt. Jedoch sind die Konfliktparteien noch überwiegend in der Lage, ihren Disput selbst zu lösen.

---

87 Vgl. *Pondy* Administrative Science Quarterly Vol. 12, Number 2, 306.
88 Vgl. *Glasl*, Konfliktmanagement, S. 234 ff.
89 Vgl. *Glasl*, Konfliktmanagement, S. 234 ff.

80 **Stufe 2: Debatte und Polemik**[90]

Im Streit entsteht eine Diskrepanz zwischen dem Ober- und Unterton; zwischen den Zeilen wird Feindseligkeit spürbar. Die Konfliktbeteiligten beginnen, im Denken, Fühlen und Wollen zu polarisieren, tun aber so, als ob sie rational argumentieren. Es entstehen Kausalitätsstreitigkeiten, extreme Schlussfolgerungen (Schwarz-weiß-Denken), die die Überlegenheit demonstrieren soll. Die Konfliktbeteiligten rechtfertigen den Übergang zu Stufe 2 vor sich selbst, als erlaubte Taktik zur Durchsetzung ihrer Interessen und versprechen sich Verhandlungsvorteile.

81 **Stufe 3: Taten statt Worte**[91]

Wenn die Parteien zu der Überzeugung gelangen, Reden hilft nichts mehr, sind sie im Begriff, die Schwelle zur 3. Eskalationsstufe zu nehmen. Es werden vollendete Tatsachen geschaffen und gerechtfertigt (»Ich habe doch alles versucht, aber nun ist mal Schluss«). Das Einfühlungsvermögen geht den Parteien verloren, Taten werden falsch gedeutet und fehl- oder überinterpretiert, symbolisches und nonverbales Verhalten wird wichtiger, das Vertrauen schwindet. Innerhalb von Gruppen steigt der Druck zur Konformität. In diesem Stadium beginnt das Konkurrenzverhalten gegenüber dem Kooperationswillen zu überwiegen.

82 **Stufe 4: Sorge um Image und Koalitionen**[92]

In dieser Phase erkennen die Konfliktbeteiligten für sich, dass nur einer gewinnen kann – es beginnt eine »Win-Lose-Situation«. Gegenseitig manövrieren sich die Parteien in negative Rollen, es werden Imagekampagnen gestartet, Gerüchte und Klischees bezüglich Wissen und Fachkompetenz verbreitet, verdeckt gereizt und gestichelt. Es bilden sich stereotype Feindbilder heraus, die vor allem auf die Fähigkeiten des Gegners abzielen, noch nicht auf dessen moralische Qualitäten. Dabei liegt das Hauptinteresse auf der Wahrung des eigenen Images. Gleichzeitig wird verstärkt um Anhänger geworben, um Bündnisse zu schmieden: Allianzen gegen den gemeinsamen Feind, Koalitionen für gemeinsame Aktionen oder Symbiosen, die die Selbstständigkeit der Parteien untergraben. Im Mittelpunkt steht nun deutlich das Problem mit dem Gegner, durch die gegenseitige Abhängigkeit wird der Konflikt verstärkt durch Macht geprägt und jede Seite weist dem anderen die Verantwortung zu und sieht sich selbst als nur reagierend auf die Aggressionen des Gegners.

83 **Stufe 5: Gesichtsverlust**[93]

Phase 5 – ein entscheidender Wendepunkt in der Konfliktdynamik. Der Konflikt wandelt sich zum Wertekonflikt; ab jetzt geht es um die Moral des Gegners und nicht mehr um sein Verhalten. Die eigenen Erwartungen und Werte werden ideologisiert und hinsichtlich der Inhalte werden die Parteien zunehmend bewegungsunfähig. Es geht nun darum, den

---

90 Vgl. *Glasl*, Konfliktmanagement, S. 239 ff.
91 Vgl. *Glasl*, Konfliktmanagement, S. 249 ff.
92 Vgl. *Glasl*, Konfliktmanagement, S. 256 ff.
93 Vgl. *Glasl*, Konfliktmanagement, S. 266 ff.

Gegner in Situationen zu bringen, in denen er sich selbst »entlarvt« und das Gesicht verliert. Hier reicht meist schon ein kleiner Vorfall, um die negative Einschätzung des Gegners bestätigt zu wissen. Rückblickend wird nun »erkannt«, dass der Gegner schon lange ein falsches Spiel spielt, was wiederum die Distanzierung zu ihm, aber auch seiner gesamten Verbündeten, rechtfertigt. Es geht nur noch um die Rettung der eigenen Person.

Stufe 6: Drohstrategien[94] 84

Die Konfliktparteien gehen in die Offensive: Das Geschehen wird beherrscht von Drohung und Gegendrohung. Dabei hat der Drohende nur seine Forderung im Auge; die angekündigte Sanktion soll abschreckend wirken und Entschlossenheit demonstrieren. Der Bedrohte interpretiert die Provokation als Gewalt, die sich z. B. im Einschalten der Presse äußern kann. Die Konfliktparteien glauben, durch ihre Drohstrategie zu größerer Glaubwürdigkeit zu gelangen und die Kontrolle über die Situation zurück zu erlangen. Tatsächlich gelangen sie in eine immer größere Abhängigkeit zu der Reaktion des Gegners und in Handlungszwang, Ultimata rufen Gegenultimata hervor, der Weg zurück ist abgeschnitten. Der Konflikt beschleunigt sich in der dieser Phase rapide.

Stufe 7: Begrenzte Vernichtungsschläge[95] 85

Auf dieser Stufe wird der Gegner nur noch als Objekt wahrgenommen, es wird in »Ding«-Kategorien gedacht. Menschliche Qualitäten und Fairness spielen keine Rolle mehr und werden nicht respektiert. Der Gegner soll gefügig gemacht werden, dazu werden begrenzte Vernichtungsschläge vorgenommen, der Gegner soll entmachtet werden. An dieser Stelle werden auch Werte und Tugenden ins Gegenteil umgekehrt: Eigene Verluste werden in Kauf genommen und als Gewinn gewertet, wenn nur die Verluste des Gegners größer sind.

Stufe 8: Zersplitterung[96] 86

Diese Phase ist auf den Zusammenbruch des feindlichen Systems ausgerichtet. Exponierte Vertreter einer Gruppe sollen von der Basis und ihren Verbündeten abgeschnitten werden; vitale Systemfaktoren werden zerstört und damit das System unsteuerbar. Die Konfliktparteien sind fasziniert von den Vernichtungsmöglichkeiten, alleiniges Ziel ist die totale Zerstörung des Gegners.

Stufe 9: Gemeinsam in den Abgrund[97] 87

Es gibt keinen Weg mehr zurück. Der Gegner wird vernichtet, auch um den Preis der Selbstvernichtung und der Bereitschaft, mit dem eigenen Untergang auch die Umgebung und nächste Generation zu schädigen. Die Parteien reagieren irrational und triebgesteuert, es kann zu physischer Gewalt kommen. Hass und Aggressivität auf den Gegner lässt den Blick für die eigene Situation völlig verschwinden; die Lust an der Selbstzerstörung erreicht ihren Höhepunkt.

---

94 Vgl. *Glasl*, Konfliktmanagement, S. 277 ff.
95 Vgl. *Glasl*, Konfliktmanagement, S. 292 ff.
96 Vgl. *Glasl*, Konfliktmanagement, S. 297 ff.
97 Vgl. *Glasl*, Konfliktmanagement, S. 299 f.

VII. Konflikteskalation und Interventionsmöglichkeiten

88 Das Eskalationsmodell von *Glasl* zeigt, dass sich ein ungelöster Konflikt ohne Intervention in der Regel weiterentwickelt und stetig an **Eigendynamik** gewinnt. Je höher sich die Parteien auf der Eskalationstreppe befinden, desto weniger Handlungsmöglichkeiten stehen ihnen zur Verfügung und desto mehr »untermenschliche Energien« werden freigesetzt.[98]

89 Die neun Eskalationsstufen sind insbesondere zur **Konfliktdiagnose** eine hilfreiche Orientierung. In einer Mediation muss der Mediator beleuchten, in welchem Stadium sich die Parteien befinden, um ggf. auch zu erkennen, dass Mediation im konkreten Fall nicht das probate Konfliktlösungsmittel ist. In der Diagnostik hat sich auch die Unterscheidung heißer und kalter Konflikte bewährt, da sie zusätzlich ermöglicht, unterschiedliche Konfliktdynamiken »artgerecht« zu bearbeiten[99]

90 In den ersten drei Stufen besteht noch die Möglichkeit, den Konflikt zwischen den Parteien mithilfe eines **moderierten Gesprächs** zu lösen, »geschulte« Parteien mögen gar in der Lage sein, ihren Streit selbst zu lösen und eine für beide Seiten gute Lösung zu erarbeiten. Auf Stufe 2 und 3 der Konfliktentwicklung steht die Wiederherstellung der Beziehung zwischen den Parteien im Vordergrund. Der Moderator/Mediator hat für eine direkte Kommunikation der Konfliktbeteiligten zu sorgen, um ihnen ihre tatsächlichen Intentionen und Interessen zu verdeutlichen. In diesen drei Stufen können beide Konfliktbeteiligten durch Kooperation noch gewinnen, er herrscht eine »Win-Win-Situation« vor.

91 Der Hauptanwendungsbereich für Mediation sind die Konfliktstufen 4 bis 6, in dem die Parteien den Streit als bereits »Win-Lose-Spiel« begreifen. Er herrscht die Auffassung vor, dass nur einer gewinnen kann und der andere verliert. Auf Stufe 4 hat der Mediator die Aufgabe, den Konfliktparteien zu vermitteln, dass der Gegner zu Entwicklungen fähig und bereit ist. Der Tendenz zur Bildung von Bündnissen kann der Mediator entgegenwirken, indem er die einzelnen Mitglieder sprechen und sich deren Interessen erläutern lässt. So können die Zuhörer erfahren, worum es dem Gegner tatsächlich geht und vorhandene Wahrnehmungsverzerrungen und stereotype Bilder ausgeräumt werden.

Auf der nächsten Stufe muss in der Mediation insbesondere Vertrauen und Nicht-Öffentlichkeit geschaffen werden, damit die Angst vor dem Gesichtsverlust kleiner wird und wieder Raum entsteht, um miteinander zu kommunizieren. Auf Stufe 6 können insbesondere klare Verhaltensregeln, denen sich die Konfliktparteien unterwerfen, helfen, Drohstrategien zu unterbinden. Gelingt das nicht, wird an einer streitigen gerichtlichen Entscheidung kein Weg vorbeiführen.

92 Ab Phase 7 des Eskalationsmodells betreten die Konfliktparteien einen Bereich, in dem beide nur noch verlieren können, es herrscht eine »Lose-Lose-Situation«. Den Kon-

---

98 *Glasl*, Konfliktmanagement, S. 215.
99 *Geiseler* ZKM 2014, S. 171; vgl. Rn 40.

fliktparteien geht es vordringlich darum, dem anderen zu schaden, der Gegner wird nur noch als Objekt wahrgenommen. Dabei werden eigene Verluste in Kauf genommen. Auf dieser Stufe kann der erfahrene Mediator im Einzelfall, je nach konkreter Ausprägung des Konflikts, noch tätig werden und unter Einforderung strenger Verhaltens- und Gesprächsregeln versuchen, eine **Kommunikationsebene herzustellen**, die dazu führt, dass die Parteien wieder den Menschen hinter ihrem Gegner und »Feind« erkennen. Gelingt das nicht, dürfte eine Mediation scheitern. Auf Stufe 8 und 9 sind die Konfliktparteien meist nicht mehr in der Lage, sich auf eine Mediation einzulassen, sodass der Konflikt nur noch durch einen Machteingriff (Gerichtsentscheidung) unterbrochen oder beendet werden kann.

B. Bedeutung und Methodik der Mediation

Übersicht

	Rdn.
I. Bedeutung der Mediation	1
1. Bedeutung der Mediation für Recht und Gerechtigkeit	2
2. Bedeutung der Mediation in der Rechtspolitik	5
3. Bedeutung der Mediation für die Gesellschaft	8
II. Methodik der Mediation	11
1. Die Prinzipien der Mediation	12
a) Freiwilligkeit	14
b) Eigenverantwortlichkeit	18
c) Transparenz und Offenlegung	22
d) Vertraulichkeit	24
e) Neutralität des Mediators	28
f) Informiertheit	31
2. Die Phasen des Mediationsverfahren	35
a) Phase 1: Vorgespräch und Mediationsvertrag	36
b) Phase 2: Themensammlung	42
c) Phase 3: Interessenklärung	46
d) Phase 4: Kreative Lösungssuche	52
e) Phase 5: Lösungsoptionen bewerten und auswählen	55
f) Phase 6: Abschlussvereinbarung	58
3. Die Kommunikationstechniken in der Mediation	61
a) Aktives Zuhören und Paraphrasieren	62
b) Zusammenfassen	63
c) Spiegeln	64
d) Fokussieren	65
e) Reframing	66
4. Die Fragetechniken in der Mediation	67
5. Setting	70
a) Ort	71
b) Raumgestaltung	72
c) Ausstattung	73
d) Rhythmus und Dauer	74
III. Die mediationsanaloge Supervision	75
1. Allgemeines	75
2. Übertragung auf Mediationsverfahren	76
3. Methodik und Verfahren	77
a) Einführung und Kontrakt	78
b) Fallsammlung, Gewichtung, Rangfolge	79
c) Konfliktbearbeitung	80
d) Verhandeln und Vereinbaren	81
4. Methodische Besonderheiten	84
a) »Blitzlicht Supervision«	84
b) Intervision/Supervision	85

B. Bedeutung und Methodik der Mediation **Teil 5**

I. Bedeutung der Mediation

Mediation ist keine Modeerscheinung und schon gar keine Erfindung des 21. Jahrhunderts. Mediation beruht auf dem **Gedanken der Konsensfindung**, die sich bereits im römischen Recht entwickelt hat.[1] Im deutschen Recht fand der Güte- oder auch als Sühnegedanke bezeichnete Ansatz bereits in der Zivilprozessordnung von 1877[2] seinen Niederschlag: Damals wie heute ging und geht es um die Frage, inwieweit der Staat neben der Aufgabe der Rechtsprechung auch »Pflichten prozeßhygienischer Fürsorge«[3] zu übernehmen hat. Mit anderen Worten: Neben der streitigen Gerichtsbarkeit und der Rechtsfortbildung soll den Menschen auch die Möglichkeit gegeben werden, sich mit professioneller Hilfe auf friedlichem Weg zu einigen.

1. Bedeutung der Mediation für Recht und Gerechtigkeit

Gerechtigkeitsvorstellungen des Einzelnen sind überwiegend persönlich geprägt und stehen daher nicht selten im Widerspruch zum Recht: Recht und Gesetz haben die Aufgabe, eine Vielzahl von Situationen und Geschehensabläufen zu umfassen. Sie werden demzufolge unabhängig von den Akteuren abstrakt-generell normiert und dienen der Gesellschaft als verbindliche und für alle Individuen gleich geltende Ordnung, was »richtig« und was »falsch« ist.[4] In den **Gerechtigkeitsideen des Einzelnen** spiegeln sich hingegen die ganz eigenen, konkreten und persönlichen Zielsetzungen, die mitunter nicht im Einklang mit den gesellschaftlichen Vorstellungen von Recht konform gehen oder im Einzelfall als ungerecht empfunden werden. Dabei ist das Recht nicht nur objektiv und Gerechtigkeit nicht allein subjektiv – beides prägt sich gegenseitig. Das Recht beruht auf der Umsetzung dessen, was die Gesellschaft in ihrer Gesamtheit als gerecht empfindet. Umgekehrt wird die Rechtsprechung immer auch beeinflusst durch die individuellen Gerechtigkeitsvorstellungen der Juristen, die an Entscheidungen beteiligt sind.

Die Leitidee des Rechts ist, Ansprüche des einen gegen und auf Kosten des anderen im Rahmen der Gesetze durchzusetzen. Das Ziel der Mediation ist es, einen Konsens zwischen den Konfliktbeteiligten herzustellen und deren Interessen und Bedürfnisse, die regelmäßig mit den individuellen Gerechtigkeitsempfindungen verbunden sind, mit beiderseitigem Gewinn zu realisieren. In der Mediation bekommen die individuellen Gerechtigkeitsvorstellungen der Beteiligten einen größeren Stellenwert und werden besprochen. Häufig löst sich schon über die Gerechtigkeitsdiskussion ein Konflikt, weil deutlich wird, warum die eine Partei so denkt und empfindet und die andere Partei Gelegenheit erhält, sich mit den Gedanken des anderen auseinanderzusetzen. Für diese persönlichen Aspekte bleibt im »normalen« Zivilprozess in der Regel kein

---

1 Vgl. umfassend Einleitung, Teil 1 B.
2 RGBl. S. 83; §§ 268 und 471 CPO enthielten Vorschriften, die sich mit einer gütlichen Beilegung des Rechtsstreits unter Mitwirkung des Gerichts befassten.
3 *Stein/Jonas*, ZPO, S. 1202.
4 Vgl. *Ripke*, in: *Haft/von Schlieffen* (Hrsg.), Handbuch Mediation, 2. Aufl., § 7, S. 161 ff.

Raum. Für die Gerechtigkeit bedeutet Mediation deshalb eine Chance, **individuelle Konfliktlösungen** verwirklichen zu können.

4 Mediation und Recht sind aber kein Gegensatz und schließen sich auch nicht aus: Obwohl die Vorteile der Mediation gerade in der Überwindung einer »schlichten rechtlichen Konfliktbetrachtung, der Loslösung vom »formalen« juristischen »Anspruchs«- bzw. »Positionsdenken« zur Ermöglichung einer selbstbestimmten Verhandlungslösung«[5] liegen, müssen rechtliche Fragestellungen einbezogen werden. Das **Wissen um die rechtliche Position** ist für die eigenverantwortliche Lösungsfindung ebenso wichtig, wie eine rechtlich saubere Abschlussvereinbarung, die ggf. auch durchsetzbar ist.[6]

2. Bedeutung der Mediation in der Rechtspolitik

5 Die Mediation ist nicht nur ein interessengerechtes Verfahren für die Konfliktbeteiligten sondern sie steht auch im Fokus der Justizpolitik. Die **Entlastung der Justiz** und des Staatshaushaltes sind zentrale Anliegen des Gesetzgebers.[7] Das Mediationsverfahren ist, verglichen mit einem rechtsstaatlichen Gerichtsverfahren, effizient und häufig kostengünstiger und deshalb geeignet, die öffentlichen Kassen zu schonen. Dies war einer der Hauptgründe für die Entscheidung des Gesetzgebers, die Mediation zu fördern und durch Pilotprojekte in allen Gerichtsbarkeiten zu unterstützen.[8]

6 Die im Jahr 2007 ergangene Entscheidung des Bundesverfassungsgerichts[9] leitete schließlich einen **Paradigmenwechsel in der Rechtspolitik** ein, in dem es die Bewältigung eines Konfliktes durch eine einverständliche Lösung auch in einem Rechtsstaat als vorzugswürdig gegenüber einer richterlichen Streitentscheidung bewertete. Inwieweit nun das Mediationsgesetz die Mediation bzw. alternativen Konfliktlösungen (im Gericht?) zu fördern vermag, bleibt abzuwarten und ist auch nach wie vor insbesondere in der Anwaltschaft höchst umstritten.[10]

7 Von einem »**Multi-Door-Courthouse**« mit einem umfassenden Konfliktmanagementangebot an den Gerichten, wie es *Frank Sander*[11] schon 1976 für die amerikanischen Zivilgerichte in den USA forderte und dessen »erstes Haus« 1995 in Colorado seine Arbeit aufnahm, sind deutsche Gerichte noch immer weit entfernt.[12]

---

5 *Hess,* in: *Haft/von Schlieffen* (Hrsg.), Handbuch Mediation, 2. Aufl, § 43, S. 1053 ff.
6 Umfassend *Köper,* Die Rolle des Rechts in der Mediation.
7 Vgl. BT-Drucks. 13/6398, S. 17 ff.
8 Beschluss der 76. Justizministerkonferenz am 29./30. 06. 2005, DriZ 2005, 213 f.
9 BVerfG – 1 BvR 1351/01; vgl. auch Einleitung, Rdn. 1 ff.
10 Vgl. *Ewer* AnwBl. 2012, 18 ff.; *Hirtz* AnwBl. 2012, 21 ff.
11 *Sander,* F.R.D. 1976,S. 111, 130 f.; *Sander/Crespo,* http://www.stthomas.edu/law/programs/journal/Volume 5num3/665 – 674 (670 f).
12 *Engel* AnwBl. 2012, 13 ff.; *Fritz,* Kompetenzzentrum für Mediation, Streitschlichtung und Beratung – zur Entwicklung einer Zukunftsperspektive für die Kooperation von gerichtsinterner und außergerichtlicher Mediation sowie sonstiger Streitschlichtungsverfahren, S. 381 ff, in: *Gläßer/Schroeter,* Gerichtliche Mediation, Baden-Baden 2011.

3. Bedeutung der Mediation für die Gesellschaft

»Der Mensch ist dazu verdammt, die Probleme, vor denen er steht, selbst in die Hand zu nehmen: Er muss **wählen**. Dies klarzumachen, ist ein schwieriger Prozess.«[13]

Selbstbestimmung und Eigenverantwortung der Konfliktbeteiligten sind Grundprinzipien des Mediationsverfahrens. Die Parteien sind aktive Teilnehmer am Konfliktlösungsprozess und »verstecken« sich nicht – wie im Gerichtsprozess – hinter ihren Anwälten, die den Prozess für sie als Interessenvertreter führen. Der Mediation liegen nach *Breidenbach/Gläßer*[14] fünf Leitideen zugrunde: Konfliktlösung als Dienstleistung (»Service-Delivery-Project«), Zugang zu Gerechtigkeit (»Access-to-Justice-Project«), Selbstbestimmung (»Individual-Autonomy-Project«), Versöhnung (»Reconciliation-Project«) und gesellschaftliche Veränderung (»Social-Transformation-Project«).

Ein wesentliches Element des Mediationsverfahrens ist die Befähigung der Parteien mithilfe des Mediators, ihre Interessen und Bedürfnisse selbst zu formulieren und sich dem Konfliktpartner gegenüber verständlich zu machen. Die Mediation soll neben der Lösung des konkreten Konflikts auch dazu beitragen, dass die Beteiligten lernen, in Zukunft – etwa durch eine bessere **Kommunikation und Wahrnehmung** – alleine mit einem Problem fertig zu werden und Streitigkeiten nicht so schnell an Dritte abzugeben. Wenn Menschen erfahren, dass eigenverantwortliche und selbstbestimmte Lösungen vorteilhaft sind und positive Auswirkungen im sozialen Umfeld hervorrufen, kann die Gesellschaft langfristig auch eine konstruktive Streitkultur etablieren, die zunehmend in bestimmten Bereichen auf gerichtliche Entscheidungen verzichten kann. Gute Erfahrungen mit Mediation können zu einer Bewusstseinsänderung in der Gesellschaft hin zur konsensualen Konfliktbearbeitung führen. Dazu gehört auch der Dienstleistungsgedanke, den insbesondere die Rechtspolitik interessiert, weil der Bedarf an effektiven und kostengünstigen Konfliktlösungen steigt und zu einer Entlastung der Gerichte und des Staatshaushaltes führt.

II. Methodik der Mediation

Von Kritikern gern als »Freestyle Justiz« ohne Schranken und Einschränkungen,[15] Palaver, juristisches Modethema oder alter Wein in neuen Schläuchen[16] belächelt und verkannt, liegen der Mediation Grundprinzipien zugrunde, die einen **strukturierten Verfahrensablauf** des Konfliktlösungsprozesses ermöglichen und gewährleisten.

1. Die Prinzipien der Mediation

Das Mediationsverfahren folgt bestimmten Grundsätzen, die die Gewähr dafür bieten, dass das Verfahren von den Beteiligten als **ausgewogen und fair** empfunden

---

13 *Fietkau*, www.mediation-fuer-uns.de/.
14 *Breidenbach/Gläßer* ZKM 1999, 207 ff.
15 *Böhlk* BRAK-Mitt. 2002, 207 f.
16 Vgl. u. a. *Wassermann* NJW 1998, 1685 f.; *Spellbrink* DRiZ 2006, 88 ff.

wird.[17] Aufgabe des Mediators ist es, darauf zu achten, dass die Grundprinzipien in allen Verfahrensabschnitten beachtet werden. Dies ist die Voraussetzung für eine dauerhafte Befriedung des Konflikts.

13 Die **Grundprinzipien** sind die freiwillige Teilnahme am Mediationsverfahren und die Eigenverantwortlichkeit der Konfliktbeteiligten, der Grundsatz der Vertraulichkeit und der rechtlichen Informiertheit der Parteien sowie die Neutralität des Mediators. Weitere Verfahrensmerkmale sind Ergebnisoffenheit der Beteiligten, Transparenz und Offenlegung von Informationen im Verfahren.[18] Sie alle haben ihren Niederschlag im »Gesetz zur Förderung der Mediation und anderer Verfahren der außergerichtlichen Konfliktbeilegung« (MediationsG) gefunden.

a) Freiwilligkeit

14 Zentrales Grundprinzip der Mediation ist die **freiwillige Teilnahme** am Verfahren. Dahinter steht der Gedanke, dass eine erzwungene Teilnahme selten zu der erwünschten und von innerer Überzeugung getragenen und damit nachhaltigen Konfliktlösung führt. Wo Freiwilligkeit aufhört und Überredung, Druck oder gar Zwang beginnt, ist in der Praxis schwer abzugrenzen. Häufig geht die Initiative von einer Person aus, die den Vorschlag zur Mediation unterbreitet. Oft lässt sich der Konfliktpartner überreden, zumindest an einem Vorgespräch teilzunehmen und entscheidet sich dann – mitunter auch mit einem gewissen Widerwillen – zur Mediation. Im Hinblick auf die **Möglichkeit der jederzeitigen Beendigung des Verfahrens** – die Medianten können die Mediation ohne Angabe von Gründen und zu jedem Zeitpunkt beenden – dürfte die Freiwilligkeit in solchen Fällen jedoch durchaus gewährleistet sein.

15 Sogenannte »faktische« Unfreiwilligkeit[19] liegt vor, wenn zwischen den Parteien ein Machtungleichgewicht besteht und eine Seite dadurch die Bedingungen der Verhandlungen diktieren kann. In solchen Fällen muss der Mediator genau untersuchen, ob die erforderliche Freiwilligkeit (noch) vorhanden ist oder er die Mediation ggf. abbricht oder gar nicht erst beginnt. Streng genommen wird das Prinzip der Freiwilligkeit auch aufgrund des Gesetzes zur Förderung der Mediation und der zahlreichen Änderungen, z. B. im »Gesetz über das Verfahren in Familiensachen und in den Angelegenheiten der freiwilligen Gerichtsbarkeit« (FamFG), angetastet, indem das Familiengericht gem. § 135 Abs. 1 Satz 1 FamFG anordnen kann, dass die Beteiligten eines Scheidungsverfahrens an einem **Informationsgespräch über Mediation** teilnehmen und darüber eine

---

17 Vgl. *Lütkehaus/Pach,* Basiswissen Mediation, S. 23 ff; *Weiler/Schlickum,* Praxishandbuch Mediation, S. 5 ff., *Kracht,* in: *Haft/von Schlieffen* (Hrsg.), Handbuch Mediation, 2. Aufl., § 12, S. 284 ff.; Richtlinien der BAFM, II. 3, http://www.bafm-mediation.de/ausbildung/ausbildungs-richtlinien-der-bafm/2-richtlinien-der-bafm-fur-mediation-in-familienkonflikten/.

18 Sie lassen sich in der Abkürzung FEEZI(V) zusammenfassen: freiwillig, eigenverantwortlich, ergebnisoffen, zukunftsorientiert, informiert, vertraulich.

19 *Kracht,* in: *Haft/von Schlieffen* (Hrsg.), Handbuch Mediation, 2. Aufl., § 12, S. 284.

Bescheinigung vorlegen müssen. Auch in diesen Fällen ist die Teilnahme an einem späteren Mediationsverfahren formal frei. Es ist jedoch – insbesondere in den Fällen, in denen ein Richter den Parteien die Mediation nahelegt – nicht auszuschließen, dass die »freiwillige« Entscheidung für eine Mediation sowohl unter dem Eindruck der staatlichen Autorität erfolgt als auch weil bei einer Ablehnung Nachteile befürchtet werden,[20] selbst wenn formal die Entscheidungsfreiheit mangels echter Sanktionen gewahrt bleibt.[21] Gleiches wird im Schrifttum im Zusammenhang mit der gerichtsinternen Mediation eingeführt.[22]

Diese den Gerichten eingeräumte Möglichkeit soll auch dazu beitragen, die Konfliktbeteiligten stärker dazu anzuhalten, eine Mediation in Anspruch zu nehmen, alternative Lösungsmöglichkeiten kennen zu lernen und damit gute Erkenntnisse zu gewinnen.[23] Im Hinblick auf das **Ziel des Gesetzgebers**, der Mediation in der Gesellschaft einen größeren Stellenwert zu verschaffen, ist dies mit dem Grundsatz der Freiwilligkeit durchaus vereinbar. 16

Der Gesetzgeber hat den Grundsatz der Freiwilligkeit an mehreren Stellen des MediationsG ausdrücklich normiert: In § 1 Abs. 1 sowie in § 2 Abs. 2 und 5 MediationsG. Während in § 1 MediationsG allgemein eine Begriffsbestimmung der Mediation unter Einbeziehung der Freiwilligkeit als Verfahrensmerkmal erfolgt, wird es in § 2 Abs. 2 und 5 MediationsG konkreter: Der Mediator hat die Pflicht, sich davon zu überzeugen, dass die Parteien freiwillig an der Mediation teilnehmen. Die bereits oben angesprochenen, sicher sehr häufig auftretenden, inneren Widerstände oder Ängste einer Person, an einer Mediation teilzunehmen dürften der Voraussetzung der erforderlichen Freiwilligkeit nicht entgegenstehen. Der (gute) Mediator wird in der Lage sein, diese **Gedanken und Gefühle** zu Beginn aufzuspüren, anzusprechen und auszuräumen oder anderenfalls zu entscheiden, dass eine Mediation nicht sinnvoll erscheint im konkreten Fall. Selbst »Parteien«, die preisgeben, sie seien nur da, weil sie »müssen«, kann der Mediator darauf hinweisen, dass nur eine freiwillige Teilnahme erfolgversprechend ist und niemand gezwungen wird. § 2 Abs. 5 MediationsG bestimmt noch einmal ausdrücklich, dass die Parteien die Mediation jederzeit beenden können, aber auch der Mediator die Möglichkeit hat, das Verfahren abzuschließen.[24] 17

b) Eigenverantwortlichkeit

Das Prinzip der Eigenverantwortlichkeit oder Selbstverantwortlichkeit der Parteien bedeutet, dass der Mediator – im Gegensatz zum Schlichter oder Schiedsrichter – 18

---

20 *Weiler/Schlickum*, Praxishandbuch Mediation, S. 5; *Kracht*, in: *Haft/von Schlieffen* (Hrsg.), Handbuch Mediation, 2. Aufl., § 12, S. 285.
21 § 135 Abs. 1, S. 2 FamFG: »Die Anordnung ist nicht selbständig anfechtbar und nicht mit. Zwangsmitteln durchsetzbar.«.
22 *Etscheit*, Externe Mediation in der Praxis der Berliner Familiengerichte, S. 21.
23 Vgl. *Etscheit*, in: *Gläßer/Schroeter* (Hrsg.), Gerichtliche Mediation, S. 156 ff.
24 Vgl. umfassend die Kommentierung zu § 2 MediationsG, Rdn. 1 ff.

keine Lösung anbietet.[25] Die Konfliktparteien müssen die Lösung des Problems selbst erarbeiten; Aufgabe des Mediators ist es »nur«, die Verhandlungen zu unterstützen. Voraussetzung ist, dass die Beteiligten auch in der Lage sind, ihre Interessen und Bedürfnisse zu formulieren und zu vertreten. Es kommt vor, dass eine Partei sich der anderen gegenüber unterlegen fühlt, weil sie in einem Bereich unerfahren ist, und zweifelt ob sie sich selbst angemessen einbringen kann. Der Mediator kann dafür sorgen, dass die Partei genügend Raum erhält oder anbieten, dass Dritte in das Verfahren mit einbezogen werden. Das Prinzip der Eigenverantwortung ist nicht gewahrt, wenn sich die Parteien auf den Mediator verlassen und von ihm Lösungen erwarten.

19 Das MediationsG normiert in § 1 Abs. 1 und in § 2 Abs. 5 Satz 2 MediationsG die Eigenverantwortlichkeit. Danach kann der Mediator eine Mediation beenden, wenn er der Auffassung ist, dass eine **eigenverantwortliche Kommunikation** zwischen den Parteien nicht möglich ist. Der Gesetzgeber gibt dem Mediator hier die Verantwortung für die Eigenverantwortlichkeit der Parteien in der Mediation. Er als Fachmann muss entscheiden, ob die Konfliktparteien fähig sind, eine gleichberechtigte Kommunikation zu führen und die eigenen Interessen zu vertreten. Wenn die Parteien z. B. überhaupt keine Lösungsideen haben, stellt sich die Frage, ob der Mediator inhaltliche Vorschläge unterbreiten darf, weil sie das Prinzip der Eigenverantwortlichkeit verletzen könnten. Nach der Lehre von der passiven Mediation muss der Mediator jegliche Verantwortung für das Verfahrensergebnis ablehnen und darf auch keine eigenen Vorschläge einbringen, selbst wenn die Einigung der Parteien möglicherweise einen Beteiligen erheblich benachteiligen oder gar gegen geltendes Recht verstößt.

20 In der Praxis wird häufig die sog. aktive Mediation angewandt. Durch seine größere Aktivität im Verfahren hat der Mediator die Möglichkeit, **Machtungleichgewichte** zwischen den Parteien auszugleichen und das Verfahren dadurch besser zu steuern. Soweit er inhaltliche Vorschläge einbringt, muss er darauf achten, dass den Parteien genügend Freiraum bleibt, den Vorschlag zu überdenken, um eine eigene Entscheidung treffen können. Er begibt sich sonst in die Gefahr, das Prinzip der Eigenverantwortlichkeit der Parteien zu verletzen.

21 Eine wesentliche Voraussetzung für das Gelingen einer Mediation ist die **Ergebnisoffenheit** der Parteien. Vermutlich geht jede Partei mit ihren Vorstellungen und Ideen in eine Mediation. Diese dürfen aber nicht starr im Sinne eines festgeschriebenen Zieles oder Ergebnisses sein, weil die Mediation als Lösungsverfahren dann keine Chance hat. Ergebnisoffenheit bedeutet, dass die Parteien zumindest bereit sind, den anderen anzuhören und sich mit seinen Vorschlägen und Lösungsideen auseinanderzusetzen.

---

25 Vgl. u. a. *Kracht*, in: *Haft/von Schlieffen* (Hrsg.), Handbuch Mediation, 2. Aufl, § 12, S. 285 ff.; *Weiler/Schlickum*, Praxishandbuch Mediation, S. 6.

c) Transparenz und Offenlegung

In engem Zusammenhang mit der Möglichkeit, in Eigenverantwortung zu entscheiden, steht der Anspruch auf Transparenz im Verfahren und Offenlegung aller erforderlichen Unterlagen und Dokumente. Dies betrifft in erster Linie Fakten in Vermögensangelegenheiten privater oder geschäftlicher Natur. Die Richtlinien der Bundes-Arbeitsgemeinschaft für Familien-Mediation (BAFM) führen dazu aus:»Jede/r Konfliktpartner/in muss ausreichend Gelegenheit haben, sich **Zugang zu sämtlichen Informationen** zu verschaffen, die entscheidungserheblich sind und sie in ihrer Tragweite erkennen und gewichten können, damit jede/r sich der Konsequenzen der eigenen Entscheidungen voll bewusst ist.«[26]   22

In der Mediation verpflichten sich die Parteien freiwillig zur Offenlegung der erheblichen Daten und Fakten. Es setzt die **Bereitschaft** beider Parteien voraus **zur Offenlegung** voraus. Der Mediator muss darauf achten, dass die Konfliktbeteiligten in gleicher Weise Zugang zu den relevanten Informationen erhält. Ist die Offenlegung nicht gewährleistet, muss die Mediation beendet[27] bzw. darf gar nicht erst begonnen werden.   23

d) Vertraulichkeit

Dem wohl **wichtigsten Prinzip der Mediation**, der Vertraulichkeit, räumt der Gesetzgeber mit einem eigenen Paragrafen, § 4 des MediationsG, einen entsprechenden Stellenwert ein. Vertraulichkeit in der Mediation soll in erster Linie verhindern, dass Informationen, die im Rahmen der Mediation offengelegt wurden, beim Scheitern der Mediation in einem nachfolgenden Gerichtsverfahren gegen die offenbarende Partei verwendet werden.[28]   24

Gleichzeitig hängt der Erfolg einer Mediation u. a. entscheidend davon ab, ob die Konfliktparteien sich in der Mediation offen mitteilen und alle Karten auf den Tisch legen können. Wenn sie die Befürchtung haben müssten, dass Informationen aus der Mediation zu eigenen Zwecken verwandt würden oder daraus Nachteile entstünden, wäre eine offene Kommunikation von vornherein ausgeschlossen. Erforderlich ist ein **geschützter Raum**, um überhaupt die Voraussetzung für eine offene Kommunikation zu schaffen. Der Grundsatz der Vertraulichkeit bekommt an dieser Stelle seine zentrale Bedeutung und Funktion im Kommunikationsprozess.   25

Das Prinzip der Vertraulichkeit dient dem Schutz jeder Partei. Der Mediator hat allen Personen gegenüber Stillschweigen über den Inhalt des Mediationsprozesses zu bewahren mit Ausnahme gegenüber den Personen, die in das Verfahren mit eingebunden werden. Führt der Mediator **Einzelgespräche** mit den Parteien, muss er zusätzlich auch   26

---

26 Richtlinien BAFM Nr. 3.2.2., http://www.bafm-mediation.de/ausbildung/ausbildungs-richtlinien-der-bafm/2-richtlinien-der-bafm-fur-mediation-in-familienkonflikten/.
27 *Weiler/Schlickum*, Praxishandbuch Mediation, S. 7.
28 *Kracht*, in: *Haft/von Schlieffen* (Hrsg.), Handbuch Mediation, 2. Aufl., § 12, S. 289 ff.; *Hartmann*, Handbuch Mediation, § 44 Sicherung der Vertraulichkeit, S. 1088 ff., vgl. auch umfassend die Kommentierung unter Teil 1 C., § 4 MediationsG, Rdn. 1 ff.

diese erlangten Informationen vertraulich behandeln und darf die so gewonnenen Kenntnisse nicht der anderen Partei gegenüber offenbaren.

27 Der Gesetzgeber hat die **Verschwiegenheitspflicht** aller am Verfahren beteiligten Personen normiert. Dazu zählen der Mediator, in die Durchführung der Mediation eingebundene Personen (Hilfskräfte des Mediators, wie z. B. Bürokräfte, Übersetzer), Parteien und Dritte.[29] In allseitigem Einvernehmen können die Beteiligten den Mediator und seine Hilfspersonen aber auch von den Schweigepflichten entbinden.[30]

e) Neutralität des Mediators

28 »Das Herz der Mediation«[31] ist die Neutralität des Mediators, seine Rolle als **allparteilicher Dritter** hat in der Mediation fundamentale Bedeutung[32] und garantiert ein faires Verfahren.[33] Anders als ein Richter hat der Mediator keine vom Staat zugewiesene Autorität, er ist darauf angewiesen, dass die Parteien ihn aufgrund seiner Neutralität und fachlichen Fähigkeiten respektieren. Entscheidend für den Erfolg einer Mediation ist demzufolge, dass sich die Parteien von dem Mediator in gleicher Weise gewürdigt, ernst genommen und nicht benachteiligt fühlen. Tritt ein solcher Zustand ein, kann es geschehen, dass sich ein Beteiligter aus dem Verfahren zurück zieht und die Mediation scheitert.

29 Die Verpflichtung des Mediators zur Wahrung der **Neutralität und Gleichbehandlung** der Parteien geht so weit, dass er jeden Anschein vermeiden muss, der seine Neutralität aus der Perspektive der Parteien infrage stellen könnte.[34] Eine Gefährdung seiner Neutralität kann schon eintreten, wenn die Parteien sich nicht wertgeschätzt fühlen, etwa weil sie den Eindruck haben, die andere Seite erhalte mehr Zeit, um sich zu erklären und damit auch mehr Aufmerksamkeit, obwohl objektiv dazu gar kein Anlass besteht. Dies liegt vor allem daran, dass die Betroffenen hoch empfindliche Sensoren haben, wenn es um ihre Belange geht, die im Streit sind und sich schnell verraten fühlen, wenn sie »Bedrohung« spüren. Es ist auch deshalb von höchster Wichtigkeit, dass der Mediator nicht in Abhängigkeit oder Nähe zu einer Partei steht, der ihn in den Geruch bringt, er könne deshalb nicht allparteilich und neutral sein. Tatsächlich besteht die Gefahr, anders zu fragen oder zu verstehen, wenn zwischen dem Mediator und einer Partei ein Verhältnis besteht, wie z. B. wenn die Mutter eines Kindes auch dessen Klassenlehrerin ist und dieses Kind etwas anstellt. Die Lehrerin wird bei ihrer Entscheidung, wie sie den Schüler bestrafen soll nicht neutral sein können, sei es sie bestraft ihn zu hart, um nicht in den Verdacht zu kommen, ihren Sohn milder zu behandeln als andere Schüler oder zu leicht, weil sie mit ihrem Kind mehr Verständnis hat als mit

---

29 Vgl. auch umfassend die Kommentierung unter Teil 1 C., § 4 MediationsG, Rdn. 1 ff.
30 Vgl. auch umfassend die Kommentierung unter Teil 1 C., § 4 MediationsG, Rdn. 1 ff.
31 *Friedman*, Die Scheidungs-Mediation, S. 28.
32 Vgl. *Breidenbach*, Mediation, S. 145; *Weiler/Schlickum*, Praxishandbuch Mediation, S. 9; *Kracht*, in: *Haft/von Schlieffen* (Hrsg.), Handbuch Mediation, 2. Aufl., § 12, S. 270.
33 *Montada/Kals*, Mediation, S. 38.
34 *Kracht*, in: *Haft/von Schlieffen* (Hrsg.), Handbuch Mediation, 2. Aufl., § 12, S. 270.

den fremden Kindern. Obwohl die Lehrerin ganz sicher neutral sein möchte, kann es ihr nicht gelingen.

Das Prinzip der Neutralität betrifft einerseits die Person des Mediators, wie sie auch in § 2 Abs. 2, S. 1 MediationsG angesprochen ist, andererseits bedeutet Neutralität als Grundsatz auch **Unabhängigkeit im Verfahren** selbst, wie es § 3 Abs. 1 bis 3 MediationsG normiert. Der Mediator darf nicht tätig werden, wenn er bereits vor, während oder nach der Mediation für eine der beteiligten Konfliktparteien in derselben Sache tätig gewesen ist. Dies gilt vor allem für Anwaltsmediatoren, die z. B. bei einer vorangegangenen anwaltlichen Beratung mit dieser Partei keine Mediation mehr durchführen dürfen.[35] 30

f) Informiertheit

Konfliktlösungen sind nachhaltig, wenn sie unter Einbeziehung aller erheblichen Tatsachen und relevanten Informationen sowie in **Kenntnis der Rechtslage** getroffen werden.[36] Um bewusste Entscheidungen zu treffen und diese auch für die Zukunft als richtig und gut zu empfinden, ist es erforderlich, sich darüber im Klaren zu sein, in welchem tatsächlichen und rechtlichen Rahmen man sich bewegt. Jede Partei muss spätestens beim Abschluss der Mediationsvereinbarung wissen, wo sie welche Abstriche in Kauf genommen hat und dem anderen entgegen gekommen ist und umgekehrt. Stellt sich z. B. erst viel später heraus, dass die Ehefrau auf Unterhalt verzichtet hat, weil sie glaubte, ohnehin keinen Anspruch zu haben, obwohl dieser gegeben war, könnte der Konflikt neu ausbrechen. 31

Nur wer seine Rechte kennt, kann sich angemessen verhalten und für eine **dauerhafte Befriedung** sorgen.[37] Aufgabe des Mediators ist es, abzusichern, dass beide Parteien eine Vereinbarung nur in Kenntnis der Sachlage unterzeichnen und sich ggf. rechtlich beraten lassen, bevor sie eine Mediationsvereinbarung unterzeichnen. Problematisch kann es in diesem Zusammenhang für den Anwaltsmediator werden, wenn die Parteien von ihm im Rahmen der Mediation rechtliche Informationen erwarten. Der Anwaltsmediator darf rechtliche Auskünfte erteilen, soweit diese nicht seine Neutralität bzw. Allparteilichkeit infrage stellt. Unbedenklich ist die Darstellung allgemeiner rechtlicher Handlungsoptionen,[38] z. B. der allgemeine Hinweis, dass Voraussetzung für eine einverständliche Scheidung das Vorliegen eines Trennungsjahres ist. Dies ist eine objektive Rechtsauskunft, die weder den einen noch den anderen bevor- oder benachteiligt. 32

Kritischer kann es werden, wenn z. B. beide Parteien davon ausgehen, dass Trennungsunterhalt ein Jahr lang gezahlt wird und danach keine weitere Verpflichtung besteht. Klärt der Anwaltsmediator beide Parteien allgemein über die Rechtslage auf (Trennungsunterhalt wird bis zur Rechtskraft der Scheidung gezahlt, auch wenn die Tren- 33

---

35 Vgl. auch umfassend die Kommentierung unter Teil 1 C., § 3 MediationsG, Rdn. 1 ff.
36 Vgl. *Niedostadek*, Praxishandbuch Mediation, S. 46; ferner auch die Kommentierung unter Teil 1 C., § 2 Abs. 6 MediationsG, Rdn. 1 ff.
37 *Kracht*, in: *Haft/von Schlieffen* (Hrsg.), Handbuch Mediation, 2. Aufl., § 12, S. 270 ff.
38 BT-Drucks. 17/5335, B., Zu Art. 1, Zu § 2.

nungszeit viele Jahre andauert), hat dies zur Folge, dass diese objektive Information für den Unterhaltsberechtigten einen Vorteil aufzeigt und für den Unterhaltsverpflichteten einen Nachteil. Die Parteien könnten nun annehmen, dass der Mediator sich auf die Seite des Unterhaltsberechtigten »schlägt« und parteiisch wirkt, auch wenn er nur die tatsächliche Rechtslage aufzeigt. Der Mediator muss also in jedem **Einzelfall** abschätzen und entscheiden, ob und in welchem Umfang er Rechtshinweise erteilt.

34 Das Gesetz greift den Grundsatz der rechtlichen Informiertheit in § 2 Abs. 6 S. 1 u. 2 MediationsG auf. Der Gesetzgeber hat darauf verzichtet, die Parteien parallel zu der Mediation zu einer rechtlichen Beratung zu verpflichten, wie es bislang als erforderlich angesehen wurde.[39] Vielmehr wird nun dem Mediator die **Verantwortung** übertragen, dass die Parteien in Kenntnis der Sach- und Rechtslage eine für sie richtige und gute Entscheidung treffen, die sie auch inhaltlich verstehen. Dazu wird regelmäßig auch der Hinweis auf die anwaltliche Beratung genügen.[40]

2. Die Phasen des Mediationsverfahren

35 Mediation ist ein **strukturiertes Verfahren**, das in verschiedenen Phasen durchgeführt wird.[41] Der Mediator steuert den prozessualen Ablauf des Verfahrens und ermöglicht dadurch eine gezielte und problembezogene Auseinandersetzung mit den Konfliktbeteiligten. Überwiegend wird die Mediation in sechs Phasen durchgeführt; es gibt auch Modelle mit drei, vier, fünf, sieben, neun oder sogar 12 Phasen.[42] Inhaltlich unterscheiden sie sich kaum und folgen alle einem ähnlichen Verfahrensablauf. Vorliegend wird von einem Verfahren in sechs Phasen ausgegangen:
(1) Vorgespräch und Mediationsvereinbarung
(2) Informations- und Themensammlung
(3) Interessenklärung
(4) Kreative Lösungssuche
(5) Lösungsoptionen bewerten und auswählen
(6) Abschlussvereinbarung

In allen Phasen hat der Mediator die verschiedenen Ebenen des Konflikts[43] – die Sach-, Beziehungs- und Verfahrensebene – mit einzubeziehen, die für eine effektive Konfliktregelung von Bedeutung sind.

a) Phase 1: Vorgespräch und Mediationsvertrag

36 Nach der ersten **Kontaktaufnahme** eines oder mehrerer Konfliktbeteiligten, persönlich, telefonisch oder per Mail, trifft der Mediator die ersten Vorbereitungen.[44] Diese können je nach Auftrag und Konfliktfeld erheblich differieren: Bei einer Familien-

---

39 *Weiler/Schlickum*, Praxishandbuch Mediation, S. 14.
40 Vgl. umfassend die Kommentierung unter Teil 1 C., § 2 MediationsG, Rdn. 1 ff.
41 *Lütkehaus/Pach*, Basiswissen Mediation, S. 25 ff.
42 Vgl. Überblick bei *Zenk*, Mediation im Rahmen des Rechts, S. 28.
43 Vgl. Teil 5 A.
44 Auch »Vorbereitungsphase« genannt.

mediation ist in der Regel keine gesonderte Vorbereitungszeit notwendig und es kann umgehen ein Termin vereinbart werden, während im Wirtschaftsbereich und im öffentlichen Bereich nicht selten zahlreiche Informations- bzw. Einzelgespräche mit Geschäftsführern, Personalchefs oder Betriebsräten und den Konfliktbeteiligten bzw. ihrer Abgesandten vorausgehen.[45] Je besser eine Mediation mit vielen Beteiligten vorbereitet ist, desto größer ist die Aussicht auf eine Konfliktbefriedung im Mediationsverfahren.

Dazu gehört eine umfassende **Konfliktanalyse** zur Sachlage und den beteiligten Personen, wie z. B. in Großmediationen[46] die Feststellung, ob alle relevanten Gruppen vertreten sind, in welchem Stadium sich der Konflikt befindet und welche Erwartungen die Einzelnen bzw. die Gruppen an die Mediation haben. Insbesondere bei Mehr-Parteien-Konflikten sind auch organisatorische Fragen zu klären, wie z. B. die Einigung auf Repräsentanten und Gruppengröße, Ort und Zeit der Sitzungen und die Feststellung, welche Entscheidungskompetenzen und Verhandlungsmandate mitgebracht werden. 37

Ferner müssen den Verfahrensbeteiligten der Mediationsprozess und die Grundprinzipien der Mediation erklärt werden: Welche Ziele werden mit der Mediation verfolgt, welche Rolle und welche Haltung übernimmt der Mediator, welche **Verfahrensregeln** sollen gelten und sollen oder müssen im konkreten Konflikt Experten mit einbezogen werden. 38

Die Vorgespräche bedeuten für jeden Mediator eine **Gratwanderung:** Er muss sich die notwendigen Informationen verschaffen, um z. B. zu entscheiden, ob eine Mediation überhaupt infrage kommt und wenn ja, wie sie gestaltet werden könnte. Gleichzeitig muss er sehr darauf achten, nicht zu viele Informationen und Sichtweisen der Beteiligten zu hören, damit sie ihn nicht in seiner Objektivität beeinflussen. Gelegentlich kann es erforderlich sein, die Parteien in ihren Ausführungen zu bremsen und auf die erste gemeinsame Sitzung mit allen Beteiligten zu vertrösten, was zwar nicht mit Unverständnis aber manchmal mit Unmut aufgenommen wird. Es ist jedoch insbesondere in den Mediationen mit zwei Personen von großer Relevanz, wenn eine Partei die Initiative ergreift und sich bei einem Mediator meldet, wie es ganz üblich ist. Häufig weiß die andere Seite noch gar nicht von diesem Vorstoß, sodass sich auch regelmäßig die Frage stellt, wie die andere Partei möglicherweise am besten von einer Mediation zu überzeugen ist. Es wird oft die Frage gestellt, ob nicht der Mediator die andere Partei anrufen könnte um eine Mediation vorzuschlagen. Dies könnte im Einzelfall problematisch werden, weil nicht ganz auszuschließen ist, dass sowohl das Prinzip der Eigenverantwortlichkeit der Parteien als auch die Neutralität des Mediators berührt wird. Unbedenklich ist es hingegen, die andere Partei durch den Initiator zu bitten, sich mit dem Mediator in Verbindung zu setzen, um sich zu informieren. 39

---

45 Vgl. auch die Besonderheiten bei der Kurz-Zeit-Mediation, Teil 5 D.
46 So beispielsweise beim Flughafen Wien.

40 In der ersten gemeinsamen Sitzung haben die Parteien dann Gelegenheit kurz jeweils ihre Sicht auf den Konflikt zu skizzieren, ohne zu sehr in die Tiefe zu gehen. Der Mediator sollte eine **angenehme Gesprächsatmosphäre** schaffen, die Parteien dafür wertschätzen, dass sie den Weg der Mediation gehen (»Es ist Ihnen sicherlich nicht leicht gefallen, heute in die Mediation zu kommen. Die Entscheidung, ihren Konflikt hier gemeinsam zu regeln, ist bereits ein wichtiger Schritt und erster Erfolg.«)[47] und ihnen das Gefühl geben, dass er ihre Erwartungen und Bedenken versteht und beachtet. Dazu gehört eine professionelle Gesprächsführung, die z. B. Bagatellisierungen (»Das ist doch nicht so schlimm.«), Bewertungen (»Da machen Sie es sich aber einfach.«) oder Vergleiche (»Nach meiner Erfahrung ....«) unterlässt. In dieser frühen Phase kann der Mediator durch gezielte Fragetechniken (»Was würde geschehen, wenn sie keine Mediation machen würden?«) bereits erkennen, wie eskaliert der Konflikt ist und wie die Parteien miteinander kommunizieren, z. B. ob sie einander ausreden lassen oder nicht. Auf dieser Basis werden dann die Verfahrensregeln gemeinsam festgelegt: Vertraulichkeit, Kommunikationsregeln, ob und wann die Sitzung beispielsweise bei starken Emotionen unterbrochen wird, Transparenz und Offenlegung aller Zahlen, falls erforderlich Einzelgespräche, Ort, Dauer und Häufigkeit der Sitzungen sowie die Aufteilung der Kosten.

41 Zum Abschluss des Vorgesprächs bzw. am Ende der ersten Sitzung wird der **Mediationsvertrag** gemeinsam unterzeichnet; gelegentlich möchten die Parteien die selbst geschaffenen Verfahrensregeln noch einmal in Ruhe zu Hause lesen und bringen den unterschriebenen Vertrag dann zur zweiten Sitzung mit.

b) Phase 2: Themensammlung

42 Aus der Sicht der Medianten beginnt jetzt die eigentliche Mediation: Der Mediator bittet die Parteien, ihren Konflikt zu erläutern und fragt, wer beginnen möchte, die Dinge aus seiner Sicht darzustellen. Für den Mediator gilt es nun, jedem Einzelnen aufmerksam, zugewandt und geduldig **zuzuhören**, um die Parteien auch zu ermutigen, weiter zu erzählen und ihnen das Gefühl der Wertschätzung und Akzeptanz zu geben. Dabei sollte der Mediator darauf achten, dass beide bzw. alle Beteiligten in etwa die gleiche Redezeit haben; gelegentlich kann es erforderlich werden, den einen oder anderen in seinen Ausführungen etwas zu bremsen, wenn es entweder schon zu sehr in die Details geht oder in die Selbstdarstellung. Hier ist das Gespür des Mediators gefragt, wann er ggf. eingreift.

43 Gleichzeitig kann der Mediator an dieser Stelle schon viele Informationen über die Parteien und ihr **Konfliktverhalten** und -verständnis erfahren, insbesondere auch durch Beobachtung ihrer non-verbalen Kommunikation. Körperliche Reaktionen wie z. B. Stirnrunzeln oder Nicken, Nervosität oder Gelassenheit, Seufzen oder Zittern sagen meist mehr über die Einstellung und Befindlichkeit einer Person aus als Worte. Die so gezeigten Symptome geben oft wichtige Hinweise auf den wahren Konflikt, *Besemer*[48]

---

47 *Kessen/Troja*, in: *Haft/von Schlieffen* (Hrsg.), Handbuch Mediation, 2. Aufl., § 13, S. 300.
48 *Besemer*, Mediation, S. 117.

spricht von »eingefrorenen« Botschaften. So können Kopfschmerzen verschiedene Botschaften haben und Ausdruck von Angst oder Hilflosigkeit sein ebenso wie z. B. eines Harmoniebedürfnisses. Diese Wahrnehmungen muss der Mediator zu einem geeigneten Zeitpunkt ansprechen und näher ergründen.

Wenn die Parteien mit ihrer Darstellung fertig sind, fasst der Mediator das jeweils Gesagte in seinen **eigenen Worten** zusammen. Dabei wird meist schon sichtbar, um welche Themen es den Beteiligten geht. In Abstimmung mit dem Mediator werden die einzelnen Themen benannt und dann gemeinsam in eine Reihenfolge gebracht, in der sie nacheinander bearbeitet werden sollen. Ab diesem Zeitpunkt arbeiten die Mediatoren meist mit einem Flipchart, auf dem die Themen der jeweiligen Partei notiert werden. Finden alle ihre Themen dort wieder, einigen sich die Beteiligten auf eine Reihenfolge, in der sie die Themen bearbeiten wollen. Eine sorgfältige Themensammlung bietet ein Grundgerüst für die Bearbeitung des Konflikts und führt bei den Beteiligten meist schon zu einem guten Gefühl, die eigenen Anliegen ausgedrückt und niedergeschrieben zu sehen. 44

Der Vorteil der **Visualisierung** besteht zudem in der sichtbaren Präsenz aller Themen und der vereinbarten Reihenfolge der Bearbeitung, aber auch für die Auf- und Nachbereitung einer Sitzung sind diese Unterlagen u. U. wichtig. Sie können jederzeit wieder hervorgeholt werden, wenn es z. B. Unstimmigkeiten geben sollte oder wenn neue Themen im Verlauf der Mediation hinzu kommen. 45

c) **Phase 3: Interessenklärung**

Die intensivste, wichtigste, aber auch anspruchsvollste Phase des Mediationsprozesses ist die Klärung der Interessen der Konfliktparteien. Mediation beruht auf dem Gedanken, dass es keinen Ausgleich zwischen den unterschiedlichen Positionen der Parteien gibt, wohl aber zwischen ihren Interessen.[49] In dieser Phase gilt es also, die **Interessen und Bedürfnisse**, die sich hinter den Positionen verbergen, herauszuarbeiten. Die Bedeutung von Interessen und Wünschen für den Erfolg in Verhandlungen hat erstmals das sog. Harvard-Konzept[50] herausgearbeitet. Um zu vernünftigen Verhandlungsergebnissen zu gelangen, ist zwischen der sachlichen, persönlichen und menschlichen Ebene zu unterscheiden. Eckpunkte des Harvard-Konzeptes sind vier Verhandlungskriterien:[51] 46
(1) Sachfragen sind von der Person zu trennen.
(2) Konzentration auf die Interessen der Beteiligten und nicht auf Ihre Positionen.
(3) Bei der Lösungssuche sind Auswahlmöglichkeiten zu entwickeln.
(4) Lösungsmöglichkeiten sind anhand objektiver Beurteilungskriterien zu messen.

Auf der persönlichen Ebene sind die Interessen und Bedürfnisse angesiedelt, die in Einklang gebracht werden müssen.[52] Nach *Fisher/Ury/Patton* sind die wichtigsten Inte- 47

---

49 *Weiler/Schlickum*, Praxishandbuch Mediation, S. 16.
50 *Fisher/Ury/Patton*, Das Harvard-Konzept, S. 1 ff.
51 Vgl. *Fisher/Ury/Patton*, Das Harvard-Konzept, S. 43 ff.
52 Vgl. *Fisher/Ury/Patton*, Das Harvard-Konzept, S. 71.

ressen die menschlichen **Grundbedürfnisse**, das, was grundsätzlich alle Menschen umtreibt und motiviert:[53]
- Sicherheit,
- wirtschaftliches Auskommen,
- Zugehörigkeitsgefühl,
- Anerkennung,
- Selbstbestimmung.

Der amerikanische Psychologe *Abraham H. Maslow*[54] hat die menschlichen Grundbedürfnisse 1943 in einer Bedürfnispyramide nach fundamentaler Dringlichkeit dargestellt:[55]
- physiologische Bedürfnisse wie Nahrung, Schlaf, Sex,
- materielle Sicherheit,
- sozialer Kontakt (Freundschaft, Liebe, Zugehörigkeit),
- persönliche Bedürfnisse wie Anerkennung,
- selbstverwirklichung, Religion.

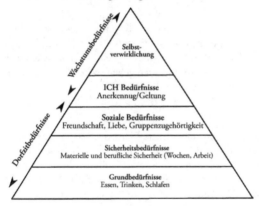

Abb. 1

48 In der Phase der Interessenklärung beginnt der Mediator mit dem ersten der gewählten Konfliktthemen und arbeitet die Interessen heraus. Dabei werden zunächst die möglichen notwendigen Informationen und Positionen zu diesem Thema zusammen getragen und jede Partei teilt nun mit, wie sie dieses Problemfeld betrachtet und was sie erwartet. Im zweiten Schritt fragt der Mediator nach und tastet sich an die **dahinter liegenden Interessen** und Bedürfnisse heran.

▶ **Beispiel für eine Position:**

Partei A: Ich will das Fenster schließen.
Partei B: Das Fenster bleibt offen.

---

53 Vgl. *Fisher/Ury/Patton*, Das Harvard-Konzept, S. 81.
54 *Maslow*, A theory of human motivation, S. 370 ff.
55 Quelle der Grafik: www.informatikkaufmann-azubi.de.

Die Parteien formulieren etwas, dass sie für sich entschieden haben; etwas was sie tun wollen. Ihre Positionen liegen zu hundert Prozent auseinander.

Nun beginnt der Mediator mit seiner Arbeit. Er fragt nach dem »Warum?«, um die dahinter liegenden Interessen der Parteien zu erfahren.

▶ Partei A: Ich möchte das Fenster schließen, weil ich Angst habe, mich wieder zu erkälten. Ich hatte erst eine schwere Grippe.

▶ Partei B: Ich möchte, dass das Fenster offen bleibt, weil ich frische Luft brauche, um zu arbeiten.

Das Interesse ist das, was eine Person zu ihrer Position veranlasst hat. Kennt die andere Partei die Beweggründe, wird sie sich eher den Argumenten öffnen und bereit sein, eine Lösung zu finden. Der Mediator hat also die zentrale Aufgabe, die Parteien zu befähigen, ihre eigenen Interessen und Bedürfnisse zu erkennen und für den anderen verständlich zu formulieren (**Empowerment**). Im Gegensatz zu der Verhandlung über Ansprüche, die regelmäßig ein Nullsummenspiel ist – was der eine gewinnt, verliert der andere –, schließt die Verwirklichung der Interessen des einen die Berücksichtigung der Interessen des anderen nicht unbedingt aus.[56] Indem die Beteiligten in einem wechselseitigen, sich wiederholenden Prozess beginnen, sich auszudrücken, einander zuzuhören und gegenseitig ihre Bedürfnisse zu respektieren, gewinnen sie Selbsterkenntnis und gegenseitige Achtung (**Recognition**).[57]

Durch Empowerment und Recognition wird den Konfliktparteien oft erst bewusst, welche eigenen Interessen hinter ihren Forderungen stehen. Das bessere Selbstverständnis entsteht durch das gezielte Nachfragen des Mediators, gleichzeitig erlebt auch die andere Konfliktpartei diesen Prozess mit und beginnt, den anderen zu verstehen. Über diesen **Perspektivenwechsel** kommen die Beteiligten wieder in das direkte Gespräch, was eine wichtige Voraussetzung für die nachfolgende Lösungssuche ist. Dabei kommt es auf das Geschick und die Empathie des Mediators an, der den Prozess mithilfe von Fragetechniken, Wertschätzung und möglicherweise Einzelgesprächen in Gang hält.

Auch in dieser Phase werden die Interessen, Wünsche und Gefühle jeweils auf dem Flipchart notiert. So sehen die Kontrahenten zusammengefasst und auf das Wesentliche konzentriert, was den anderen bewegt. Die **Visualisierung** ist auch für die spätere Lösungsphase wichtig, um abzugleichen ob die Bedürfnisse hinreichend Berücksichtigung gefunden haben.

d) **Phase 4: Kreative Lösungssuche**

Unter dem Stichwort »**Der Kuchen soll vergrößert werden**«,[58] regt der Mediator die Parteien nun an, sämtliche Ideen und Lösungsmöglichkeiten einzubringen. Mit verschiedenen Kreativitätstechniken sollen die gewohnten Denkmuster gesprengt

---

56 *Kessen/Troja*, in: *Haft/von Schlieffen* (Hrsg.), Handbuch Mediation, 2. Aufl., § 13, S. 303.
57 *Kessen/Troja*, in: *Haft/von Schlieffen* (Hrsg.), Handbuch Mediation, 2. Aufl., § 13, S. 303.
58 *Weiler/Schlickum*, Praxishandbuch Mediation, S. 18.

und die zu lösenden Dinge aus unterschiedlicher Perspektive betrachtet werden. Dies kann z. B. mithilfe eines Brainstormings geschehen. Dabei gilt: Jeder Vorschlag ist »erlaubt«, Quantität geht der Qualität vor, die Beteiligten sollen ihren Ideen freien Lauf lassen;[59] ausdrücklich erlaubt ist auch der »Ideenklau«, um eine Weiterentwicklung der eingebrachten Vorschläge zu ermöglichen.

53 In dieser Phase kommt es nicht darauf an, schon durchdachte Lösungen parat zu haben; vielmehr sollen die Parteien gerade dazu ermutigt werden, ihre spontanen Ideen kund zu tun ohne Rücksicht auf die Praktikabilität oder Angst vor negativer Bewertung durch die andere Seite. Jeder noch so ausgefallene Vorschlag und **scheinbar »verrückte« Ideen** werden aufgenommen.[60] Bei der gemeinsamen Suche nach Lösungen ist es von zentraler Bedeutung, vom »Entweder-Oder-Prinzip« zum »Und-Prinzip« zu wechseln und sich neuen Ideen gegenüber zu öffnen. In der Praxis kann man immer wieder erleben, wie anfangs kategorisch abgelehnte Lösungsideen in modifizierter Form zu einer gemeinsamen guten Idee werden und sich plötzlich der berühmte Knoten löst. Die meisten Teilnehmer an einer Mediation sind erstaunt, dass ein Verfahren ohne starre Regeln trotzdem zielorientiert zu konkreten und maßgeschneiderten Lösungen führen kann. Alle Lösungsideen werden wieder auf dem Flipchart notiert; hier finden sich unterschiedliche Handhabungen: Manche Mediatoren schreiben die Lösungsoptionen getrennt zu den jeweiligen Parteien auf, andere machen ein gemeinsames Blatt ohne die Zuordnung zu den Personen.

54 Mit den folgenden Kreativitätstechniken kann der Mediator die Parteien bei der Suche nach Lösungen unterstützen:

Brainstorming: Es handelt sich um eine klassische Methode, die Kreativität zu fördern, um außergewöhnliche Ideen zu entwickeln. Abhängig von der Fragestellung werden alle Ideen dazu gesammelt. Dabei dürfen bereits genannte Ideen übernommen und weiter entwickelt werden, wodurch völlig unsortiert Ideen und Begriffe gesammelt werden. Kritik und Kommentare zu geäußerten Ideen sind nicht gestattet.

Mind-Map: Die Methode unterscheidet sich vom Brainstorming dadurch, dass bereits zu Beginn eine Frage oder ein Begriff im Mittelpunkt steht. Ideen dazu werden auf einer Karte mit einer Baumstruktur nieder geschrieben und systematisch vernetzt. Die visuelle Darstellung spielt dabei eine größere Rolle als beim Brainstorming.

Methode 653: Es handelt sich um eine Brainwriting-Technik, bei der 6 Personen zu bestimmten Fragestellungen innerhalb von 5 Minuten jeweils 3 Lösungsideen auf einen Bogen Papier aufschreiben. Nach fünf Minuten wird der jeweilige Bogen an den nächsten Teilnehmer weitergereicht, der innerhalb der nächsten 5 Minuten die Ideen ergänzen oder verbessern kann. Am Ende gibt es zu sechs Fragen jeweils achtzehn Ideen.

Kartenabfrage: Zu einer konkreten Fragestellung werden von den Teilnehmern auf Pinnwandkarten Ideen und Antworten geschrieben, die dann strukturiert auf einer

---

59 *Kessen/Troja*, in: *Haft/von Schlieffen* (Hrsg.), Handbuch Mediation, 2. Aufl., § 13, S. 311 f.
60 *Weiler/Schlickum*, Praxishandbuch Mediation, S. 18.

Pinnwand sichtbar gemacht werden. Diese Technik ist besonders bei größeren Gruppen geeignet.

Osborn-Checkliste: Dabei wird anhand einer Checkliste ein Lösungsansatz systematisch im Hinblick auf mögliche Verbesserungen hinterfragt, z. B. nach den Kriterien einer Zweckänderung, Adaption, Modifikation, Substitution etc.

Umkehrmethode: Bei der Umkehrmethode wird das Problem auf den Kopf gestellt bzw. das Ziel ins Gegenteil verkehrt. Die Teilnehmer sollen darüber nachzudenken, was man unterlassen oder unternehmen muss, um genau das Gegenteil dessen zu erreichen, was man eigentlich erreichen möchte. Der damit verbundene Perspektivwechsel eröffnet den Blick für neue Ideen und macht bewusst, was man auf keinen Fall tun bzw. unterlassen sollte.

Vergangenheitsmethode: Die Teilnehmer überlegen, wie die Menschen ein bestimmtes Problem wohl in der Vergangenheit gelöst haben und welcher Mittel/Hilfsmittel sie sich dabei wohl bedient haben.

6-W-Fragetechnik: Die 6-W-Fragetechnik dient dazu, ein Problem oder eine Fragestellung gezielt anzugehen. Dabei werden folgende Fragen gestellt: Was ist das Problem? Wann stellt sich dieses Problem? Wer kann etwas verändern/durch wen entsteht das Problem? Wie kann ich etwas ändern? Wo kann ich etwas tun? Wozu muss ich etwas verändern?

e) **Phase 5: Lösungsoptionen bewerten und auswählen**

In der 5. Phase werden die Ideen von den Konfliktparteien bewertet: Ein gängiges Verfahren ist es, den Beteiligten jeweils einen farbigen Stift zu geben und sie zu bitten, von den Optionen drei auszuwählen und nach Priorität mit Punkten zu versehen. Gibt es Übereinstimmung, wird mit einer Option angefangen, die beide ausgewählt haben und diese wird dann je nach Bedarf weiter ausgearbeitet. Soweit es keine Übereinstimmungen gab, bittet der Mediator die Beteiligten vom jeweils anderen eine Lösungsoption zu wählen. Diese wird dann ggf. im Einzelnen nach integrativen Verhandlungsgrundsätzen[61] überarbeitet. **Integratives Verhandeln** bedeutet, den bekannten Verhandlungsgegenstand zu einem noch unbekannten größeren Ganzen zu integrieren um daraus einen fairen und positiven Interessenausgleich für alle Parteien zu erzielen. Dabei können Kompensationen einbezogen werden, die mit dem Konflikt nicht unmittelbar in Bezug stehen oder auch Dritte eine Rolle spielen.

Sollte sich für das erste Thema noch keine befriedigende übereinstimmende Lösung einstellen, wird ein **Zwischenergebnis** festgestellt. Es empfiehlt sich deshalb, ein neues Thema, auf das sich die Konfliktparteien geeinigt haben, zu beginnen und danach eine Gesamtlösung herzustellen. Erfahrungsgemäß gelingt dies überwiegend, weil auch die Medianten schon routinierter und aufgeschlossener im Mediationsprozess werden.

---

61 *Müller*, Distributives und integratives Verhandeln, S. 4 ff.

57 Sind alle Themen bearbeitet, die Interessen geklärt und in den Lösungen berücksichtigt, bereitet der Mediator zunächst ein Memorandum vor, in dem die Lösungen zusammengefasst werden. Parteien, die nicht in anwaltlicher Begleitung an der Mediation teilgenommen haben, muss der Mediator nun spätestens jetzt darauf aufmerksam machen, dass es vor Abschluss einer Vereinbarung notwendig ist, die erarbeitete **Lösung rechtlich überprüfen** zu lassen. Wichtig ist, dass jede Partei einen eigenen Anwalt zur Rate zieht, der den rechtlichen Rahmen erklärt. Ist der Mediator kein Anwaltsmediator, der die Vereinbarung in eine juristisch abgesicherte Form bringen kann, sollte der beratende Anwalt einen Entwurf machen.

f) **Phase 6: Abschlussvereinbarung**

58 Zum Abschluss der Mediation sollte eine **verbindliche**, klare, verständliche, rechtlich geprüfte und ggf. auch vollstreckbare **Vereinbarung** erstellt sein. Nach dem anwaltlichen Beratungstermin findet meist noch eine weitere Sitzung statt, indem ggf. Änderungen, Details etc. mit aufgenommen werden. Nicht selten müssen z. B. in Scheidungsmediationen noch Sachfragen geklärt werden, etwa ob ein Beteiligter aus einem Darlehensvertrag von der Bank entlassen werden oder ein Ehegatte ein neues Darlehen allein aufnehmen kann, um das Haus zu finanzieren. In solchen Fällen empfiehlt es sich, in einem deutlich früheren Stadium des Verfahrens die anwaltliche Fachberatung in Anspruch zu nehmen, weil solche Sachfragen auch direkten Einfluss auf die Lösungsoptionen haben. Der bessere Zeitpunkt ist am Anfang der Phase 4.

59 Schließlich muss entschieden werden, in **welcher Form** die Vereinbarung abgeschlossen werden soll oder muss. Wurde eine Lösung zu sehr persönlichen, nicht justiziablen Fragen erarbeitet, wie etwa die Ausgestaltung einer Beziehung, dürfte eine informelle gemeinsame Erklärung genügen. Diese kann von den Parteien selbst entworfen werden. Handelt es sich z. B. um eine Scheidungsfolgenvereinbarung, in der auch ein Grundstück übertragen werden soll, muss ein Vertrag verfasst werden, der notariell beurkundet wird. In diesem Fall können entweder die Parteien selbst oder der Mediator dem Notar einen Entwurf überreichen, den dieser in die erforderliche juristische Form bringt. Handelt es sich um einen formfreien Vertrag, der jedoch juristische Qualität haben soll, kann der Anwaltsmediator ihn gemeinsam mit den Parteien formulieren oder der beratende Anwalt übernimmt diese Aufgabe. Zudem ist zu überlegen, ob es gesonderter **Vereinbarung zur Durchsetzung der Abschlussvereinbarung** bedarf, ggf. in Form eines vollstreckbaren Titels, was insbesondere in Wirtschaftsmediationen von Bedeutung sein kann.[62] In diesem Kontext sind einmal Vertragliche Sicherungsmaßnahmen in den Blick zu nehmen, also Bedingungen und Verfallsklauseln, Gestaltungs- und Optionsrechte, ferner Vertragsstrafen, pauschalierter Schadensersatz und vertragliche Verzugszinsen, schließlich auch sonstige Anreize (bspw. Skonti) oder Sicherheiten.

---

62 Umfassend hierzu und zu den im Text aufgeführten Möglichkeiten *Eidenmüller/Wagner*, Mediationsrecht, Kapitel 6 Rdn. 135 ff., ferner *Lütkehaus/Pach*, Basiswissen Mediation, S. 166 ff.

Was unmittelbare vollstreckbare Titel anbelangt, so kommen ein Prozessvergleich wie auch ein Vergleich vor dem Güterichter in Betracht, ein Gütestellenvergleich, eine notarielle Urkunde, ein Anwaltsvergleich und schließlich ein Schiedsspruch mit vereinbartem Wortlaut.

Der Inhalt der Mediationsvereinbarung sollte »SMART«[63] sein: 60

S pecific (spezifisch)

M easurable (messbar)

A chievable (erreichbar)

R ealistic (realistisch)

T imed[64] (zeitlich bestimmt)

Die schriftliche Vereinbarung muss unmissverständlich sein: Wer macht was für wen wie und wann. Sie sollte messbare Indikatoren haben, die es den Parteien auch in der Phase der Umsetzung ermöglichen, ihre vereinbarten Handlungen zu überprüfen. Die vereinbarten Handlungen sollten nicht in gegenseitiger Abhängigkeit voneinander bestimmt und alltagstauglich sein, damit sie auf Dauer erreicht bzw. für die vereinbarte Zeit erfüllt werden können. Dazu gehört auch die Realitätsfähigkeit der Vereinbarung, d. h. die Verabredungen müssen zeitlich, finanziell, rechtlich, technisch und auch psychologisch möglich sein. Ggf. ist anzuregen, hierfür mit dem Mediator einen Überprüfungstermin anzusetzen.

3. Die Kommunikationstechniken in der Mediation

Das Gelingen einer Mediation hängt wesentlich von der Beherrschung der Kommunikationstechniken ab. Aktives Zuhören und Paraphrasieren, Zusammenfassen, Spiegeln, Fokussieren und Reframing sowie verschiedene Fragetechniken gehören zum unabdingbaren Handwerkszeug des Mediators.[65] 61

a) Aktives Zuhören und Paraphrasieren

Das aktive Zuhören ist die **wichtigste Basistechnik** in der Mediation und stellt eine anspruchsvolle Form des Zuhörens dar. Im Mittelpunkt steht die Fähigkeit des Zuhörers, sich ganz auf den Sprecher zu konzentrieren und ihm durch seine volle Aufmerksamkeit zu signalisieren, dass er verstehen möchte, was er denkt und fühlt. Der aktive Zuhörer paraphrasiert und verbalisiert: Er wiederholt die sachliche Aussage eines anderen in seinen eigenen Worten (paraphrasieren, umschreibendes Zuhören) und drückt die emotionale Aussage in Worte aus bzw. was gefühlsmäßig in den Äußerungen des anderen mitschwingt (verbalisiert). Dabei muss der Zuhörer die inneren Zusammenhänge des Gesagten erkennen, seine Wahrnehmungen kritisch 62

---

63 *Kessen/Troja*, in: *Haft/von Schlieffen* (Hrsg.), Handbuch Mediation, 2. Aufl., § 13, S. 318.
64 *Ripke* KonSens 1999, 341 ff; *Seehausen* ZKM 2019, 164 ff.
65 *Lütkehaus/Pach*, Basiswissen Mediation, S. 28 ff.

überprüfen und ohne eigene Ergänzungen wiedergeben. So kann der Mediator dem Sprecher zeigen, dass er verstanden worden ist bzw. die Medianten haben nun die Möglichkeit, vom Mediator falsch Verstandenes zu korrigieren und der anderen Partei direkte Rückmeldungen zu geben.[66]

Aktives Zuhören	
(im Sinne von »konzentrierter Aufmerksamkeit, Erfassen innerer Zusammenhänge, ohne eigene Ergänzungen, kritische Überprüfung von Wahrnehmungen, zurückhaltende Interpretation«)	
Paraphrasieren	Verbalisieren
(Wiederholen der sachlichen Aussage eines anderen mit eigenen Worten)	(Wiederholen der emotionalen Aussage eines anderen mit eigenen Worten)

b) Zusammenfassen

63 Nach längeren Ausführungen einer Partei fasst der Mediator das Gehörte in seinen eigenen Worten zusammen. So kann er insgesamt das Verfahren steuern: Er sortiert das Gesagte nach Sach- und Beziehungsebene, **konzentriert die Aussagen** auf das Wesentliche, strukturiert eventuell schon nach Themen und versichert sich aktiv, ob seine Zusammenfassung so richtig ist, durch Rückfragen, z. B. »Habe ich das richtig verstanden, dass es Ihnen in der Hauptsache um … und … geht?« Den Parteien geben diese Zusammenfassungen einen Überblick und der Mediator kann ggf. auch das Tempo und die Ausführlichkeit des Sprechers steuern, indem er bei Bedarf und zum eigenen Verständnis eine Zusammenfassung einbringt.

c) Spiegeln

64 Eine ebenso viel genutzte Kommunikationstechnik in der Mediation ist das Spiegeln. Ähnlich wie beim Zusammenfassen und auch beim aktiven Zuhören soll dem Sprecher vermittelt werden, dass er von seinem Zuhörer – richtig – verstanden worden ist. Wichtig ist auch hier, dass der Mediator das Gesagte kurz zusammenfasst, **ohne** den Inhalt zu verändern und **zu bewerten** und darüber hinaus auch die Emotionen wahrnimmt und ggf. in Worte kleidet. Die Technik des Spielgens soll dazu beitragen, das die Parteien über den Mediator wieder beginnen, einander zuzuhören und zu verstehen. Den Medianten fällt es in der Regel leichter, eine Botschaft aus dem Mund des Mediators zu hören und zu verstehen, als von ihrem Konfliktgegner.

d) Fokussieren

65 Eine besondere Art des Zusammenfassens ist das Fokussieren. Das Gesagte wird noch etwas trennschärfer herausgearbeitet und dabei konzentriert man sich insbesondere auf die unterschiedlichen Sichtweisen der Konfliktbeteiligten. Die aus der systemischen Therapie stammenden Techniken des Paraphrasierens, Zusammenfas-

---

[66] S. auch: www.teachsam.de/psy/psy_kom.

sens, Spiegelns und Fokussierens lassen sich nicht immer eindeutig voneinander trennen. Während *Hohmann/Morawe*[67] z. B. das Zusammenfassen als Teil des aktiven Zuhörens verstehen, besteht die Kunst des Zusammenfassens für *Diez/Krabbe/Engler*[68] darin, »**das Gesagte** in eigenen Worten so zu formulieren, dass die **Grenze der (Um)Interpretation** oder gar der **Manipulation** nicht überschritten wird.«

e) Reframing

Reframing bedeutet, etwas in einen anderen Rahmen zu setzen und ist eine spezielle Form des Paraphrasierens.[69] Der Einsatz dieser Technik eignet sich besonders, wenn aggressive Stimmungen und negative Gefühle im Spiel sind und die Mediation blockieren.

▶ Beispiel:

Der Ehemann findet die Ängste seiner Frau übertrieben und hysterisch und wirft ihr vor, sie mache sich und andere verrückt.

Der Mediator kann die Aussage in einen neuen Kontext stellen, der es dem anderen erleichtert, darauf einzugehen, z. B.:

»Sie finden es für sich belastend, wenn Ihre Frau sich solche Sorgen macht.«

Der Wechsel vom Positionskampf zu den Interessen und Bedürfnissen kann durch das Reframing eingeleitet werden.

4. Die Fragetechniken in der Mediation

Neben den Kommunikationstechniken gehört auch die **Kunst des Fragens** ebenso zum wichtigen Handwerkszeug des Mediators.[70] Mit seinen »respektvoll, neugierigen«[71] Fragen kann der Mediator den Klärungsprozess entscheidend mit beeinflussen und das Verfahren voran bringen. Fragen lenken das Gespräch und legen fest, worüber der Befragte nachdenkt und welche Informationen der Fragende erhält.

Grundsätzlich wird zwischen offenen und geschlossenen Fragen[72] unterschieden, Geschlossene Fragen, die man nur mit »ja« oder »nein« beantworten kann, können häufig in der Mediation in eine Sackgasse führen, wenn es darum geht, die Bedürfnisse und Interessen der Parteien heraus zu arbeiten. Prozessfördernd hingegen sind in allen Phasen der Mediation die offenen Fragen: Sie dienen der Unterstützung der Parteien, die eigene Sichtweise zu klären, fördern den Perspektivenwechsel und die **Überwindung von Blockaden** und stärken die Eigenverantwortlichkeit und Autonomie. Ins-

---

67 *Hohmann/Morawe*, Praxis der Familienmediation, S. 192.
68 *Diez/Krabbe/Engler*, Werkstattbuch Mediation, S. 194.
69 *Weiler/Schlickum*, Praxisbuch Mediation, S. 31.
70 *Krabbe* ZKM 2014, 185 ff.
71 *Kessen/Troja*, in: *Haft/von Schlieffen* (Hrsg.), Handbuch Mediation, 2. Aufl., § 13, S. 307 ff.
72 *Haynes*, The Fundamentals of Family Mediation, S. 15 ff.

besondere die übergeordneten lösungsorientierten Fragen,[73] die aus der systemischen Beratung stammen, identifizieren im ersten Schritt das Problem (»Was ist genau das Problem?«), arbeiten im zweiten Schritt die Zielvorstellungen heraus und eröffnen den Lösungsraum (»Was wollen Sie erreichen?«), um im letzten Schritt die Ressourcen zu aktivieren (»Was können Sie tun, um Ihre Wunschvorstellung zu verwirklichen?«)

69 Offene Fragen im Einzelnen lassen sich wie folgt unterteilen:[74]
- **Öffnende Fragen** dienen dazu, die Mediation zu beginnen, z. B. »Können sie beschreiben, wie Sie das erleben?«
- **Informationsfragen** führen zur Feststellung von Sachverhalten und Meinungen, z. B. »Wie lang ist Ihr Arbeitstag?«
- **Klärungsfragen** helfen, generelles zu konkretisieren, z. B. »Was meinen Sie genau, wenn Sie sagen, Ihr Mann geht über Ihre Belange hinweg. Können Sie ein Beispiel benennen?«
- **Beurteilungsfragen** stellen die gründe für eine Position heraus, z. B. »Warum ist Ihnen das wichtig?«
- **Teilnehmende Fragen** dienen dazu, sich einen Eindruck über die Wünsche und Vorstellungen zu verschaffen, z. B. »Was macht Sie dabei so unsicher?«
- **Zukunftsfragen** helfen herauszufinden, ob langfristige Ideen vorhanden sind oder nicht, z. B. »Wie würde es in fünf Jahren aussehen, wenn Sie Ihr Problem nicht lösen?«
- **Fragen nach Ausnahmen** zeigen, dass möglicherweise auch Alternativen vorhanden sind, z. B. »Gab es Situationen, in denen es besser lief?«
- **Wunderfragen** sollen aufzeigen, wie es den Beteiligten ergehen mag, wenn der Konflikt gelöst ist, z. B. »Stellen sie sich vor, der Konflikt wäre verschwunden. Woran würden Sie merken, dass das Problem erledigt ist?«
- **Hypothesefragen** sollen Ideen in die Diskussion einbringen, z. B. »Wäre es für Sie denkbar, die Kinder in der Obhut Ihres Mannes zu lassen?«
- **Leitende Fragen** können eine Idee suggerieren, z. B. »Was wünschen Sie sich nicht nur privat, sondern auch beruflich von ihr?«
- **Konzentrierende Fragen** sollen zu den wesentlichen Punkten zurückführen, z. B. Was sind für Sie die wesentlichen Gesichtspunkte?
- **Alternativfragen** helfen, die möglichen Alternativen nebeneinander zu stellen und zu vergleichen, z. B. »Was waren die Probleme bei der anderen Variante?«
- **Schlussfragen** dienen dazu sicherzustellen, dass ein Thema auch wirklich abgeschlossen ist, z. B. »Haben Sie nun alle Informationen, die Sie zur beurteilung brauchen?«
- **Skalafragen** dienen dazu, eine subjektive Bewertung bei den Beteiligten abzufragen und zu ergründen, was die Parteien zu einer positiven Veränderung selbst beitragen können, z. B. »Wo würden Sie sich auf einer Skala von 1 – 10 (1 = schlechteste Vorstellung; 10 = beste Vorstellung) zur Zeit in Bezug auf den Konflikt einordnen? Was könnten Sie tun, damit es zwei Punkte aufwärts geht?«

---

73 Überblick bei *Kuhlmann/Rieforth*, Das Neun-Felder-Modell, S. 52 ff.
74 *Kessen/Troja*, in: *Haft/von Schlieffen* (Hrsg.), Handbuch Mediation, 2. Aufl., § 13, S. 307 f.

– **Verschlimmerungsfragen** (**worst case szenario**) dienen dazu, aufzuzeigen, was passieren müsste, damit sich das Problem noch verschlechtert, z. B.,»Was könnten Sie tun, damit sich Ihr Problem verschlimmert?«
– **Zirkuläre Fragen** sollen einen Perspektivenwechsel anregen, z. B.»Was glauben Sie, wie würde Ihr Verhalten auf einen Außenstehenden wirken?«

5. Setting

Zur Herstellung einer angenehmen **Gesprächsatmosphäre** gehört auch der äußere Rahmen einer Mediation, das sog. Setting. Die Fragen, wo eine Mediation stattfindet, in welcher Häufigkeit, wie die Örtlichkeiten ausgestattet und möbliert sind und welche Technik ggf. erforderlich ist, auch wer daran teilnimmt, hängt von der konkreten Mediation und vom Mediator ab.

a) Ort

Wo die Mediation stattfindet hängt wesentlich vom Mediator und seinem Tätigkeitsgebiet ab. Der Anwaltsmediator wird in seinen Kanzleiräumen tätig werden, der Psychologe in seiner Praxis, der Richtermediator im Gericht, Schulmediationen finden üblicherweise in der Schule statt. Wichtig ist, dass die Mediation auf einem **neutralen Terrain**[75] stattfindet, damit keine Partei von der vertrauten Umgebung profitiert bzw. der andere sich in die »Höhle des Löwen« begeben muss. Reichen die neutralen Räume des Mediators bei Gruppenmediationen nicht aus, können auch externe Räume genutzt oder gemietet werden, etwa Seminarräume in einem Hotel.

b) Raumgestaltung

Innerhalb der Räumlichkeiten ist auf die Raumgestaltung und die Sitzordnung zu achten. Alle Beteiligten sollten so sitzen, dass sie einander und den Mediator sehen können und der Raum darf nicht zu klein sein. Vorteilhaft sind runde oder ovale Tische. Das Ambiente und die **Sitzordnung** sollten auf die jeweilige Zielgruppe zugeschnitten sein. Insbesondere bei Mediationen zwischen Gruppen ist eine durchdachte Sitzordnung wichtig und sollte der systemischen Struktur der Gruppen entsprechen.[76] Frische Luft ist ebenso wichtig wie möglichst wenige störende Geräusche von außen; insgesamt sollten sich die Parteien willkommen und wohl fühlen. Dies kann z. B. auch durch einen bunten Strauß Blumen erreicht werden und eine dezente unaufdringliche Dekoration und Beleuchtung. Sind Raucher unter den Medianten, sind auch kleinere Pausen immer willkommen, ebenso wie warme oder kalte Getränke und ggf. kleine Snacks oder Gebäck.

---

75 *Kracht*, in: *Haft/von Schlieffen* (Hrsg.), Handbuch Mediation, 2. Aufl., § 12, S. 282.
76 *Weiler/Schlickum*, Praxisbuch Mediation, S. 21.

c) Ausstattung

73 Zur Visualisierung ist ein **Flipchart** oder eine Pinnwand, an der die Ergebnisse aufgezeichnet oder Karten mit Nadeln befestigt werden können, unabdingbar. Dies dient einerseits dazu, die Beteiligten in den Mediationsprozess aktiv einzubinden, aber auch der Kontrolle und späteren Abgleichung, ob z. B. alle Interessen auch in einer Vereinbarung berücksichtigt wurden.[77] Es hat sich als vorteilhaft erwiesen, den Medianten die Ergebnisse der Mediationen zugänglich zu machen, um ggf. eine gewisse Nachbearbeitung oder Reflektion zu ermöglichen.[78] Der Mediator kann dazu die Aufzeichnungen aus den Sitzungen abfotografieren und per Mail an die beteiligten Parteien senden, die sie dann je nach Bedarf ausdrucken und abheften können. Bei späteren Unstimmigkeiten kann auf diese Weise auch noch einmal nachvollzogen werden, ob zu diesem Thema etwas gesagt und erarbeitet worden ist.

d) Rhythmus und Dauer

74 Die Dauer einer Sitzung hängt insbesondere von der Anzahl der Beteiligten und dem Konfliktfeld ab. Bei Familienmediationen haben sich **ein bis zwei Stunden** bewährt.[79] Bei Wirtschaftsmediationen können die einzelnen Treffen aber auch länger dauern, insbesondere wenn Beteiligte eine lange Anreise haben, wird man sich auf längere Einheiten verständigen. Je emotionaler das Konfliktfeld ist, desto kürzer sollten die Sitzungen ausfallen, weil es für alle Beteiligten sehr anstrengend ist. Insgesamt gilt gleichwohl eine freie Vereinbarung und Abstimmung zwischen den Parteien und dem Mediator wie lange eine Sitzung geführt wird. Haben sich die Beteiligten z. B. auf Sitzungen von 90 Minuten verständigt und ist nach Ablauf dieser Zeit noch Kapazität, kann die Sitzung natürlich verlängert werden. Auch die Häufigkeit hängt in erster Linie von den Wünschen der Parteien ab und der Art des Konfliktes. In akuten Familienkonflikten wird meist schnelle Linderung gewünscht und entsprechend die Sitzungen im Abstand von wenigen Tagen oder einer Woche vereinbart.

III. Die mediationsanaloge Supervision

1. Allgemeines

75 Supervision wurde gegen Ende des 19. Jahrhunderts in den USA als Leistungskontrolle in Unternehmen und Administrationen eingeführt. In den 20er Jahren des 20.

---

77 Vgl. zu Visualisierungstechniken *Lütkehaus/Pach*, Basiswissen Mediation, S. 88 f., ferner die konkreten Anleitungen bei *Esser/Troja* ZKM 2008, 117 ff.

78 Zutreffend weisen *Eidenmüller/Wagner*, Mediationsrecht, Kapitel 1 Rdn. 76 darauf hin, dass »Mediatoren, die auf die Nutzungs von Visualisierungstechniken verzichten, ... sich eines wichtigen Instruments zur produktiven Gestaltung des Mediationsprozesses (begeben)«. Vgl. im Übrigen die online Angebote für Mindmaps wie bspw. www.mindgenius.de.

79 Vgl. *Weiler/Schlickum*, Praxisbuch Mediation, S. 21; *Kracht*, in: *Haft/von Schlieffen* (Hrsg.), Handbuch Mediation, 2. Aufl., § 12, S. 283.

Jahrhunderts haben die psychoanalytischen Schulen die Supervision zur Reflexion von Behandlungsfällen und von Gruppenphänomenen weiter entwickelt. Damit war die Basis dafür gelegt, dass sich die Supervision als professionelles Angebot in Arbeitsprozessen und in beruflichen Bezügen etablieren konnte. Fragen, Probleme, Konflikte aus dem beruflichen Alltag sind dabei Gegenstand der Supervision. Sie schafft Reflexionsräume, ermöglicht ein vertieftes Verstehen der beruflichen Probleme. Dabei arbeiten Supervisor und Supervisand gemeinsam mittels verschiedener Methoden und Techniken an der Lösung der aufgetauchten Fragen und Probleme. Für die Ausbildung zum zertifizierten Mediator ist sie nunmehr zwingend vorgeschrieben.[80]

2. Übertragung auf Mediationsverfahren

Mit der Etablierung der Mediation wurde auch die Reflexion des beruflichen Handelns in Form von Supervision der Mediation notwendig.[81] Die Nachfrage nach Supervision in der Mediation entwickelte sich. Dabei zeigte sich, dass eine reine Übertragung der Supervision aus therapeutisch-beraterischen Zusammenhängen auf die Mediation allein nicht ausreichte. Die traditionelle Supervision bezog sich nicht hinreichend auf den Prozess der Mediation und blieb so nur begrenzt übertragbar. 76

3. Methodik und Verfahren

Anregung zu einer Supervisionsform, die der Mediation besser entsprach, gab *John Haynes*, indem er vorschlug, die Supervision analog zur Mediation zu gestalten. Aus seiner Sicht bestehen Parallelen zwischen der Mediation und der Supervision was die Prinzipien und den Prozess angeht 77

Die Philosophie von Mediation und Supervision ist jeweils gekennzeichnet durch die Prinzipien der Selbstbestimmtheit, der Zukunftsorientierung, der Ressourcenorientierung, der Optionalität.

Was den Mediations-Prozess angeht, so folgt die Supervision analog einer Mediation folgendem Stufenplan:[82]

a) Einführung und Kontrakt

Der Supervisor bespricht mit den Teilnehmern folgende Checkpunkte: 78
– Vorstellung des Supervisors,
– neue Teilnehmer, abwesende Teilnehmer,

---

80 Vgl. umfassend Teil 2 B. § 2 ZMediatAusbV Rn. 38 ff, insbesondere zum Verständnis der Begrifflichkeit »Einzelsupervision« und deren Umsetzung im Rahmen der Zertifizierung.
81 *van Kaldenkerken,* Supervision und Intervision in der Mediation.
82 Vgl. hierzu bereits *Krabbe* Kon:Sens 1999, 160 ff.; *Diez* ZKM 2000, 227 ff.; *Thomsen,* Spektrum der Mediation 2009, 24 ff, zudem aus jüngerer Zeit *Fritz/Krabbe* ZKM 2017, 89 ff, 149 ff, *dies.* BJ 2016, 65 ff, *Krabbe/Fritz* NJW 2016, 694 ff, *Barth/Krabbe,* Fallsupervision an Gerichten.

- Vorstellung der Teilnehmer sowie Mitteilung über alte und neu einzubringende Mediationsfälle,
- Regeln für die Supervision,
- Regularien: Zeitplan, Pausen, Parkplatz, Honorar, Teilnahmebescheinigungen etc.,
- Absprachen über Dokumentation oder Protokollierung der Supervision.

b) Fallsammlung, Gewichtung, Rangfolge

79 Der Supervisor verschafft sich ein Überblick über die von den Teilnehmern eingebrachten Fälle und klärt mit ihnen, welcher Fall mit welchem Umfang in welcher Reihenfolge in der Supervision behandelt werden soll.

Dabei wählt der Supervisor als ersten Supervisionsfall möglichst einen Fall, an dem der Ablauf der mediationsanalogen Supervision gut demonstriert werden kann; In der Regel eine normale Mediation mit mindestens drei Sitzungen. Die Gewichtung der weiteren Fälle könnte sich am Stand des Mediationsprozesses der jeweiligen Fälle orientieren. Zusätzlich können gruppendynamische Prozesse sowie Ausbildungsstand der Teilnehmer bei der Gewichtung der Fälle beachtet werden. Es sollten nicht ausschließlich Fälle von Mediatoren mit einem bestimmten Grundberuf bearbeitet werden; Teilnehmer, die bisher noch keinen Fall vorstellen konnten, sollten mit ihrem Fall Priorität haben.

c) Konfliktbearbeitung

80 Diese geschieht in folgenden Schritten:

Der Supervisand wird zunächst gebeten, seinen **Fall vorzustellen**. Er gibt dem Fall ein Codewort und erhält die Möglichkeit, jeweils eine Frage zum Mediationsprozess und zu seiner Person als Mediator zu stellen. Nach Vorstellung des Falles können die Teilnehmer noch Informationsfragen zum vorgestellten Fall stellen.

Im nächsten Schritt bittet der Supervisor die Gruppe, **Hypothesen** zu bilden. Diese können sich auf die Parteien, den Mediationsprozess, sowie auf die Person des Mediators beziehen. Dabei können Hypothesen unterschiedlicher Art gebildet werden, Mediationshypothesen, die sich direkt auf die Mediation beziehen, sowie Hintergrundhypothesen, die Hintergrundaspekte des Falls beleuchten. In jedem Fall achtet der Supervisor darauf, dass die gebildeten Hypothesen ressourcenorientiert statt problemorientiert ausgerichtet sind. Am Ende dieses Schrittes bittet der Supervisor den Supervisanden aus den genannten Hypothesen drei bis fünf auszusuchen, mit denen er im konkreten Fall weiterarbeiten möchte.

Danach werden die Teilnehmer aufgefordert, auf der Basis der ausgewählten Hypothesen **Optionen** zu entwickeln. (»Wenn es ihr Fall wäre, was würden sie tun?«) Diese Optionen können sich auf das Setting, den Mediationsprozess, auf Methoden und Techniken beziehen. Zum Schluss dieses Schrittes sucht der Supervisand wiederum drei bis fünf Optionen aus, die für ihn in Bezug auf die Gestaltung des Falles von Interesse sind.

d) Verhandeln und Vereinbaren

Der Supervisor fordert den Supervisanden auf, sich für eine konkrete Option zu entscheiden, die er für seinen Fall direkt anwenden möchte, oder hätte anwenden können. Es wird verhandelt, wie diese Optionen konkret umgesetzt werden können. Bisweilen hilft bei der Klärung auch der Einsatz von Rollenspielen, bei denen der Supervisand probeweise die Option konkretisieren kann, von den Rollenspielern Rückmeldungen zu seinem Vorhaben bekommt, verschiedene Variationen überprüft werden können. 81

Kann sich der Supervisand vorstellen, wie er in dem Fall weiterarbeiten kann, hätte weiterarbeiten können, vereinbart der Supervisor mit dem Supervisanden, wie die nächsten konkreten Schritte aussehen, wer ihn dabei unterstützen kann, mit wem er das Umgesetzte auswerten kann. Der Supervisor schließt nun den vorgestellten Fall ab, indem er den Supervisanden nochmals an die beiden zu Beginn formulierten Fragen erinnert. Die erarbeiteten Ergebnisse zum Fall geben dann oft bereits eine ersten Antwort und Orientierung zu den beiden Fragen. 82

Nach Durchgang aller vorgestellten Fälle der Teilnehmer gibt der Supervisor den Teilnehmern noch Gelegenheit, Rückmeldungen, Auswertungen zu den Fällen, zur Methodik zu geben. Zum Schluss werden noch Formalien abgesprochen (weitere Termine, Teilnahmebescheinigungen etc.). 83

4. Methodische Besonderheiten

a) »Blitzlicht Supervision«

In der Supervision kann der Supervisor unterschiedliche Methoden und Variationen der mediationsanalogen Supervision anbieten. So kann er einen Schnelldurchgang i.S. einer Blitzlicht-Supervision anbieten, bei der die Teilnehmer nach der Fallvorstellung jeweils nur einen Beitrag anbieten, sei es in Form einer Hypothese, Option, Assoziation, Bild oder Ratschlag. Der Supervisor kann nach der Falldarstellung die Teilnehmer bitten zu prüfen, welche Assoziationen ihnen bei der Falldarstellung kommen; er kann eine Skulpturarbeit anbieten, bei der es um die Auflösung von Stress geht; er kann an den persönlichen und beruflichen Fallen des Supervisanden ansetzen und diese deutlich werden lassen mit dem Ziel des Wachstums des Supervisanden. 84

b) Intervision/Supervision

Der Über-Blick auf die eigene Arbeit erfolgt in der Regel in einer Gruppe von Mediatoren, die sich kollegial in der Bearbeitung des Falles unterstützen Intervision oder unter professioneller Anleitung durch den Supervisionsprozess geführt werden (Supervision). Die Notwendigkeit zur Supervision der eigenen Mediationspraxis hat auch der Gesetzgeber erkannt und dies nunmehr in §§ 2 und 4 ZMediatausbV zur Voraussetzung für die Zertifizierung gemacht. Was jedoch noch immer fehlt sind Standards für die Ausbildung und Tätigkeit von Mediations-Supervisoren. 85

C. Psychologische Aspekte, Hintergründe und Dynamiken

Übersicht

	Rdn.
I. Einführung	1
II. »Das Gespräch«	3
1. Kommunikation	3
2. Die vier Seiten einer Nachricht	4
3. Gesprächsvariablen	8
a) Echtheit (Kongruenz)	8
b) Positive Wertschätzung	9
III. Emotionen	11
1. Zur Bedeutung von Emotionen	11
2. Definition von Emotion	12
3. Funktion von Emotion	14
a) Grundbedürfnisse	14
b) Signalfunktion von Emotionen	15
4. Emotion und Kognition	16
5. Grundannahmen der Arbeit mit Emotionen in der Mediation	17
IV. Hocheskalierte Konflikte	19
1. Merkmale von Hocheskalation	19
2. Entstehungsbedingungen von Hocheskalation	20
a) Auf der individuellen Ebene	20
b) Auf der Beziehungsebene und der sozialen Ebene	22
3. Anforderungen an die Mediation bei Hocheskalation	23
4. Hintergrundinformationen zur Hochstrittigkeit	24
a) Narzisstische Krise	25
aa) Definition	25
bb) Zwei Typen des Narzissmus	26
cc) Klinische Symptomatik	27
dd) Grundproblematik: Der eigene Selbstwert	28
ee) Therapie der narzisstischen Persönlichkeitsstörung	29
ff) Stabilisierung/Motivation	30
gg) Beziehungsgestaltung	31
b) Posttraumatische Belastungsstörung	32
aa) Definition	32
bb) Diagnostik	34
cc) Therapie der Posttraumatischen Belastungsstörung	36
dd) Traumabearbeitung	37
V. Konfliktfeld Familie	38
1. Der Wandel von Ehe und Familie	39
a) Ehe und alternative Lebensformen	40
b) Kernfamilie und andere Familienformen	44
c) Die Scheidungsfamilie	45
d) Alleinerziehende	46
e) Zweitfamilien, Patchwork-Familien	47
f) Adoptionsfamilien	49
g) Pflegefamilien	50

C. Psychologische Aspekte, Hintergründe und Dynamiken **Teil 5**

<table>
<tr><td colspan="3">h) Inseminationsfamilien</td><td>51</td></tr>
<tr><td colspan="3">2. Trennung, Scheidung.</td><td>53</td></tr>
<tr><td colspan="3">a) Ablauf von Trennung und Scheidung</td><td>53</td></tr>
<tr><td colspan="3">b) Verlaufsphasen bei Trennung und Scheidung</td><td>54</td></tr>
<tr><td colspan="3">3. Kinder bei Trennung und Scheidung</td><td>55</td></tr>
<tr><td colspan="3">a) Belastende Gefühle von Kindern (Reaktionen von Kindern auf Trennung/Scheidung)</td><td>55</td></tr>
<tr><td></td><td colspan="2">aa) Trennungsentscheidung der Eltern</td><td>55</td></tr>
<tr><td></td><td colspan="2">bb) Folgen der Trennungsentscheidung für die Kinder</td><td>57</td></tr>
<tr><td></td><td></td><td>(1) Kinder im Alter bis 2,5 Jahren</td><td>60</td></tr>
<tr><td></td><td></td><td>(2) Kinder im Alter von 2 – 3 Jahren</td><td>61</td></tr>
<tr><td></td><td></td><td>(3) Kinder im Alter von 3 –5 Jahren</td><td>62</td></tr>
<tr><td></td><td></td><td>(4) Kinder im Alter von 5 – 6 Jahren</td><td>63</td></tr>
<tr><td></td><td></td><td>(5) Kinder im Alter von 6 – 9 Jahren</td><td>64</td></tr>
<tr><td></td><td></td><td>(6) Kinder im Alter von 9 – 12 Jahren</td><td>65</td></tr>
<tr><td></td><td></td><td>(7) Kinder und Jugendliche im Alter von 12 – 15 Jahren</td><td>66</td></tr>
<tr><td></td><td colspan="2">cc) Einschätzung der Reaktionen der Kinder</td><td>67</td></tr>
<tr><td></td><td colspan="2">dd) Kinder in der Mediation</td><td>69</td></tr>
<tr><td colspan="3">b) Gespräche mit Kindern und Jugendlichen</td><td>71</td></tr>
<tr><td></td><td colspan="2">aa) Vorschulkinder</td><td>72</td></tr>
<tr><td></td><td colspan="2">bb) Schulkinder</td><td>80</td></tr>
<tr><td></td><td colspan="2">cc) Jugendliche</td><td>81</td></tr>
<tr><td colspan="3">c) Anhörung von Kindern</td><td>83</td></tr>
<tr><td></td><td colspan="2">aa) Grundsatz</td><td>83</td></tr>
<tr><td></td><td colspan="2">bb) Praxisanregungen für die Anhörung</td><td>84</td></tr>
<tr><td colspan="3">d) Förderliche Bedingungen für die Kinder zur Bewältigung der Scheidung.</td><td>85</td></tr>
<tr><td colspan="3">4. Professionelle Hilfen bei Trennung und Scheidung in Form von Information und Aufklärung</td><td>86</td></tr>
<tr><td colspan="3">a) Konzept der Information/Aufklärung</td><td>87</td></tr>
<tr><td colspan="3">b) Aufklärungsinhalte</td><td>88</td></tr>
<tr><td colspan="3">c) Unliebsame Folgen von Trennung und Scheidung</td><td>89</td></tr>
<tr><td colspan="3">d) Positivmodelle bei Instabilitäten</td><td>90</td></tr>
<tr><td></td><td colspan="2">aa) Mitteilung der Trennung</td><td>91</td></tr>
<tr><td></td><td colspan="2">bb) Auszug/Umzug</td><td>92</td></tr>
<tr><td></td><td colspan="2">cc) Wechsel der Kinder zwischen den Eltern</td><td>93</td></tr>
<tr><td></td><td colspan="2">dd) Scheidungsverfahren</td><td>94</td></tr>
<tr><td></td><td colspan="2">ee) Neue Partner/neue Kinder</td><td>95</td></tr>
<tr><td colspan="3">VI. **Konfliktfeld Arbeit, Mobbing**</td><td>96</td></tr>
<tr><td colspan="3">1. Definition von Mobbing</td><td>96</td></tr>
<tr><td colspan="3">2. Handlungen des Mobbings</td><td>97</td></tr>
<tr><td colspan="3">3. Mobbingverlaufsmodelle</td><td>98</td></tr>
<tr><td colspan="3">4. Parallele soziale und psychische Verläufe bei Mobbing</td><td>99</td></tr>
<tr><td colspan="3">5. Mobbinginterventionen</td><td>101</td></tr>
<tr><td colspan="3">6. Betriebliche Interventionen bei Mobbing im Einzelnen</td><td>102</td></tr>
<tr><td colspan="3">a) Moderation</td><td>102</td></tr>
<tr><td colspan="3">b) Supervision</td><td>104</td></tr>
<tr><td colspan="3">c) Mediation</td><td>105</td></tr>
</table>

Teil 5 Methodik und Anwendungsbereiche der Mediation

I. Einführung

1 In der Mediation erlebt der Mediator **Menschen im Konflikt.** Es handelt sich dabei um Menschen mit vielfältigen Gefühlen, Kognitionen, Verhaltensweisen, die bisweilen auf den ersten Blick befremdlich und nicht zugänglich erscheinen. Der Mediator kann nicht davon ausgehen, dass die Parteien sich »vernünftig« verhalten; sie stehen in der Mediation vielmehr unter Druck, sind im Stress, zeigen heftige Emotionen, erscheinen bisweilen wie blockiert. Diese Menschen verhalten sich ihrer Krise entsprechend normal. Ein Umgang des Mediators mit diesen Parteien wird erleichtert, bisweilen erst möglich, wenn der Mediator über psychologisches Hintergrundwissen verfügt. Es geht dabei nicht darum, dass der Mediator therapeutische Fähigkeiten erlernt, sondern dass er über psychologisches Wissen verfügt. Dies hilft ihm, Menschen im Konflikt besser einzuschätzen und verstehen zu können.

Psychologisches Hintergrundwissen wirkt insoweit wie eine Lichtquelle, die den Mediator in die Lage versetzt, das Konfliktgeschehen zu erhellen und die Parteien durch den Mediationsprozess so führen zu können, dass sie diesen beilegen können.

2 »Menschen im Konflikt« erfordern vom Mediator **Grundkenntnisse** in den Bereichen Kommunikation, Emotion/Kognition, sowie Kenntnisse zu einzelnen Konfliktfeldern mit dynamischen Konflikten, wie dies z. B. bei interpersonalen Konflikten in der Familie oder in den Konfliktdynamiken der Arbeitswelt.

II. »Das Gespräch«

1. Kommunikation

3 Mediation ist ein kommunikativer Prozess.[1] Zwischen den beteiligten Parteien findet ein Austausch statt. *Watzlawik, Beavin* und *Jackson* haben drei Grundgesetze für jede zwischenmenschliche Kommunikation aufgestellt.[2] **Jedes Verhalten ist Kommunikation** (»Man kann nicht nicht kommunizieren«). Die Kommunikationskanäle können sich auf der verbalen Ebene (das Wort), auf der paralinguistischen Ebene (Klangfarbe, Höhe, Tiefe, Tempo) oder der non-verbalen Ebene (Körpersprache) befinden. Auch der stumme Mensch tauscht aus. Jede Botschaft hat einen Sach- und einen Beziehungsaspekt. Zum einen werden in jeder Aussage sachliche Informationen vermittelt. Gleichzeitig schafft oder erneuert die Aussage eine Beziehung zwischen den Beteiligten. Kommunikation ist unterschiedlich punktierbar. Die am Kommunikationsprozess Beteiligten interpretieren Aussagen entweder als Aktionen oder als Reaktionen. Was Aktion und was Reaktion im Austausch ist nehmen die verschiedenen Personen unterschiedlich wahr. Dabei ist es unmöglich herauszufinden, wer den Anfang gesetzt hat, verursacht hat und daran schuld ist. Vielmehr ist Kommunikation als ein kreisförmiger Prozess zu verstehen.

---

1 Vgl. auch die Ausführungen unter Teil 5 A.
2 *Watzlawick/Beavin/Jackson*, Menschliche Kommunikation, Formen, Störungen, Paradoxien.

2. Die vier Seiten einer Nachricht

Schaut man sich die ausgetauschten Nachrichten in der Kommunikation genauer an, so kann man feststellen, dass jede Nachricht **unterschiedliche Botschaften** enthält.[3] Diese lassen sich in vier Kategorien unterteilen: Sachinhalt (Sachinformationen), Selbstoffenbarung (Person des Senders), Beziehungsaspekt (Verhältnis vom Sender zum Empfänger) und Appellfunktion (Aufforderung etwas zu tun, zu lassen, zu denken, zu fühlen). Wenn bei den Parteien des Gesprächs eine Sensibilität für diese unterschiedlichen Botschaften vorliegt, können Missverständnisse in der Mediation vermieden werden, kann das Verhalten der Parteien besser beurteilt werden, kann effektiver verhandelt werden.

Störungen der Kommunikation können bereits beim Sender auftreten wenn nicht alle Signale, die er sendet, kongruent sind. Der Empfänger kann seinerseits auf »einem der vier Ohren taub« sein oder »nur mit einem Ohr« hören. Schließlich muss die Nachricht vom Sender codiert und vom Empfänger decodiert werden. Hier können bereits subtile Missverständnisse zu gravierenden Kommunikationsstörungen führen.

Wenn Menschen miteinander kommunizieren entsteht eine **Interaktion** zwischen ihnen. Jeder von ihnen ist Sender und Empfänger, nimmt auf den anderen Einfluss. Es entsteht eine Wechselwirkung zwischen den Beteiligten, auch wenn die eine Seite ausschließlich redet und die andere Seite schweigt.

Da in der Mediation die Parteien oft nur auf einen Aspekt einer Nachricht achten und beide Seiten unterschiedliche Aspekte betonen, ist es Aufgabe des Mediators, den **Gesamtaspekt** einer Nachricht zu erfassen und in der Wechselwirkung zwischen den Beteiligten diese Komplexität verständlich und verstehbar zu machen. Dies führt oft schon zu einer Beruhigung der einzelnen Parteien sowie zu einem echten Austausch der Parteien untereinander.

3. Gesprächsvariablen

a) Echtheit (Kongruenz)

Ein Gespräch ist mit größter Wahrscheinlichkeit dann erfolgreich, wenn der Mediator in der Beziehung zu seinem Gesprächspartner er selbst ist, ohne sich hinter einer Fassade oder Maske zu verbergen. Der theoretische Ausdruck hierfür ist **Kongruenz**; er besagt, dass der Mediator sich dessen, was er erlebt oder leibhaft empfindet, deutlich gewahr wird und dass ihm diese Empfindungen verfügbar sind, sodass er sie mitzuteilen vermag, wenn es angemessen ist. Auf diese Weise ist der Mediator in der Beziehung transparent für die beteiligten Parteien. Kongruenz bedeutet, dass der Mediator seiner selbst bewusst ist, dass ihm Erfahrungen und Gefühle zugänglich sind, die er in den Kontakt mit den Parteien mit einbringt. Es handelt sich mithin um eine direkte, personale Begegnung, eine Begegnung von Person zu Person.

---

3 Vgl. auch die Ausführungen unter Teil 5 A.

b) Positive Wertschätzung

9 Dieses Merkmal besagt, dass sich der Mediator bemüht, dem jeweiligen Medianden eine nicht **an Bedingungen gebundene** Wertschätzung entgegenzubringen. Diese Partei wird akzeptiert und vom Mediator angenommen unabhängig davon, was sie äußert, unabhängig davon, wie sie sich gerade verhält. Dieses uneingeschränkte Akzeptieren ist unvereinbar mit einer wertenden, Abneigung oder Missbilligung ausdrückenden Stellungnahme.

10 **Uneingeschränktes Akzeptieren** bedeutet nicht, dass der Mediator allem zustimmen muss, was die Parteien sagen oder tun. Er kann durchaus inhaltlich anderer Meinung sein als die Medianden, doch müssen sie spüren, dass dies die Beziehung zum Mediator nicht beeinträchtigt.

III. Emotionen

1. Zur Bedeutung von Emotionen

11 Menschen habe zwei grundsätzlich unterschiedliche Systeme, um Informationen zu prozessieren: ein **holistisches**,[4] **emotionales System** und ein **analytisch kognitives System**. Die bewusste Kommunikation findet überwiegend sprachlich und zwar mittels des analytisch-kognitiven Systems statt, während das holistisch-emotionale System überwiegend nicht direkt thematisiert wird. Die Thematisierung im Alltag steht häufig im krassen Gegensatz zu deren Bedeutung für Kommunikation, Motivation, Handlungen und Problemlösungen des Menschen. Sämtliche Handlungen, Gedanken, Ziele, Wünsche, Erinnerungen werden von emotionalen Prozessen gesteuert und geprägt. So rational und vernünftig die Gedanken und Pläne auch sein mögen, ohne Emotionen würden sie nicht entwickelt und in Handlungen umgesetzt werden. Emotionale Prozesse verleihen unseren Erlebnissen vor dem Hintergrund von Wünschen, Zielen und Bedürfnissen eine Bedeutung. Emotionen lenken die Aufmerksamkeit und das Verhalten in eine bestimmte Richtung. Es spricht alles dafür, dass die Menschen ohne Emotionen weder einen Sinn bzw. eine Bedeutung im Leben finden können, noch irgendwelche Ziele hätten.[5]

2. Definition von Emotion

12 Unter Emotion versteht man ein kurzzeitiges, stimulusabhängiges Erleben von Reizen (Körper- bzw. Sinnesempfindungen) einhergehend mit Motivation, Ausdruck und häufig auch Kognition. Als Stimuli für eine Emotion kommen hauptsächlich externe Stimuli, Kognitionen und andere Emotionen infrage. Eine Emotion stellt eine Bewertung und eine Reaktion auf einen dieser Stimuli dar und besteht aus mehreren **Komponenten:**
– somatische Komponente (Körperempfindungen),

---

4 Holistisch: Ganzheitlich. Die Elemente eines Systems sind durch ihre Strukturbeziehungen vollständig bestimmt (»Das Ganze ist mehr als die Summer seiner Teile.«).
5 *Lammers*, Emotionsbezogene Psychotherapie, Grundlagen, Strategien und Techniken, S. 9.

- behaviorale Komponente (Handlungsimpuls),
- kognitive Komponente (gedankliche Repräsentation),
- motivationale Komponente (Ausdruck eines Bedürfnisses),
- Gefühlskomponente (subjektiv empfundenes Gefühl).[6]

Man kann die Emotionen in **zwei grundsätzliche Klassen** aufteilen, in negative Emotionen (Ärger, Angst, Traurigkeit usw.) und in positive Emotionen (Freude, Interesse, Zufriedenheit usw.). Dabei stellen die Begriffe »positiv« und »negativ« in diesem Zusammenhang keine objektive Bewertung der Sinnhaftigkeit der Emotion dar, sondern beziehen sich auf den angenehmen bzw. den unangenehmen Charakter einzelner Emotionen. Negative Emotionen zeigen uns einen gefährlichen beeinträchtigenden Stimulus an (Umwelt, Kognition), der von uns besser bearbeitet, also verändert werden sollte. Solange dieser Stimulus unverändert ist, bleibt die negative Emotion bestehen und motiviert uns zu einem Verhalten, das der Veränderung des Stimulus und damit der Beendigung der spezifischen Emotion dient.[7]

3. Funktion von Emotion

a) Grundbedürfnisse

Um die Bedeutung von Emotionen zu verstehen, muss man auf die menschlichen Grundbedürfnisse schauen. Die Grundbedürfnisse und deren individuelle Ausprägung sind **fester Bestandteil** des menschlichen Lebens und daher bei jedem Menschen uneingeschränkt wirksam. Hierzu gehören basale, gewissermaßen biologische Grundbedürfnisse: Nahrung, Fortpflanzung, körperliche Unversehrtheit. Darüber hinaus hat jeder Mensch eine Reihe von sozialen Grundbedürfnissen, die auf die lebensnotwendige Integration in menschliche Gemeinschaften und die soziale Umwelt ausgerichtet sind.[8] Bindungsbedürfnisse, Bedürfnis nach Orientierung und Kontrolle, Lustgewinn/Unlustvermeidung, Bedürfnis nach Selbstwerterhöhung/-schutz. Die Grundbedürfnisse zweigen sich im Laufe der Entwicklung eines Menschen in spezifische Bedürfnisse auf, die eine individuelle Ausprägung und Verfeinerung darstellen. Die Bedürfnisse des Menschen lassen sich mehr oder minder direkt in emotionale Prozesse übersetzen.

b) Signalfunktion von Emotionen

Damit unsere Bedürfnisse in entsprechende Kognitionen und Handlungen umgesetzt werden bedarf es eines Anhalts dafür, ob ein Bedürfnis eher befriedigt oder eher frustriert wird. Diese Einschätzung wird in Form einer Emotion getroffen. Emotionen zeigen uns also an, ob ein Bedürfnis in einer konkreten oder antizipierten Situation eher erfüllt oder eher frustriert wird. Zugleich initiieren Emotionen

---

6 *Scherer*, Appraisal considered as a process of emotion. A component process approach, in: Scherer/Schorr/Johnston (Hrsg.), Appraisal process in emotion.
7 *Lammers*, Emotionsbezogene Psychotherapie, Grundlagen, Strategien und Techniken, S. 30 f.
8 *Epstein* Am. Psychologist 1994, 709 ff.

auch wichtige adaptive physiologische, kognitive und behaviorale Reaktionen.[9] Negative Emotionen initiieren Kognitionen und Verhaltensweisen, die einer Beendigung einer Frustration dienen; positive Emotionen zeigen die Erfüllung bzw. Annäherung eines Grundbedürfnisses an und stimulieren uns zu einer weiteren Verfolgung der hierzu dienlichen Kognitionen und Handlungen. Bei sehr intensiven und basalen Emotionen kann es zu automatischen, instinktiven Handlungen kommen, die über subkortikale Gehirnareale vermittelt werden. Im Alltag schaffen Emotionen jedoch keinen Handlungszwang sondern eher eine Handlungsdisposition, also eine Neigung, sich der Emotion entsprechend zu verhalten.

Zusammenfassend lässt sich feststellen, dass Emotionen uns eine **wichtige Information** über unsere Bedürfnisse und Motive geben und uns eine **adaptive Handlungsmöglichkeit** aufzeigen.[10]

4. Emotion und Kognition

16 Dies führt zu der Frage, ob Emotionen zumindest teilweise ein kognitionsunabhängiges Geschehen sind oder ob kognitive Prozesse eine notwendige Bedingung für Emotionen sind. *Lazarus* hat zu dieser Problematik ein kognitives Modell der Emotionen entwickelt.[11] Eine Emotion wird demnach erzeugt durch eine bewusste oder unbewusste **Bewertung** (primäres Appraisal) der Relevanz eines Stimulus in Bezug auf ein Bedürfnis. Eine positive Emotion entsteht aus der Bewertung, dass ein Bedürfnis befriedigt wurde oder wird, und eine negative Emotion aus einer gegenteiligen Bewertung. Bei bereits aktivierten Emotionen kommt es zu einer weiteren Bewertung (sekundäres Appraisal) im Rahmen von Bewältigungsstrategien (kognitive Regulation des emotionalen Prozesses). Unter Kognitionen werden in diesem Zusammenhang also nicht nur langsame, bewusste, reflexive Prozesse verstanden, sondern auch schnelle, nicht intellektuelle, unbewusste automatische kognitive Prozesse (primäres und sekundäres Appraisal). Die kognitive Einflussmöglichkeit auf emotionale Prozesse in Form des sekundären Appraisals hat einen großen Einfluss auf das emotionale Erleben. Die Fähigkeit zur Regulation von Emotionen, insbesondere die der intensiven Emotionen, gibt dem Menschen eine größere Flexibilität und Anpassungsfähigkeit für sich ständig verändernde Umweltbedingungen.[12] Besteht bei Angst die Bereitschaft zum Weglaufen, so kann diese Angst so weit reguliert werden, dass wir stehen bleiben und uns aktiv mit der Angst auseinandersetzen.

---

9 Vgl. hierzu *Safran*, Widening the Scope of Cognitive Therapy. The therapeutic relationship, emotion and the process of change.
10 *Lammers*, Emotionsbezogene Psychotherapie, Grundlagen, Strategien und Techniken, S. 35.
11 *Lazarus*, Emotion and Adoption.
12 *Lammers*, Emotionsbezogene Psychotherapie, Grundlagen, Strategien und Techniken, S. 42.

5. Grundannahmen der Arbeit mit Emotionen in der Mediation

Die grundlegenden Erkenntnisse zu den Emotionen haben Auswirkungen auf die **Gestaltung des Mediationsprozesses**. Das Bemühen des Mediators um eine Arbeit auf der Sachebene schließt die Existenz von Emotionen nicht aus. Vielleicht muss der Mediator lernen, in bestimmter Weise mit den Emotionen der Parteien umzugehen, ohne in einen therapeutischen Prozess zu gelangen. Hierzu seien einige Grundannahmen aufgezählt: 17

– Emotionen sind **zentraler Bestandteil** von Konflikten, 18
– der Ausdruck von Emotionen allein hat keinen dauerhaften kathartischen Effekt, sondern ist nur Voraussetzung für eine mögliche therapeutische Arbeit an Emotionen,
– die Arbeit an den Emotionen kann nur im gesicherten Rahmen einer Psychotherapie geleistet werden,
– Emotionen haben Signalfunktion für Bedürfnisse; sie sind Ausdruck eines Bedürfnisses. Das Erkennen und Benennen der in Emotionen ausgedrückten Bedürfnisse der Parteien ist von zentraler Bedeutung für die Mediation,
– für das Erleben der emotionalen Prozesse in der Mediation ist eine sichere sowie von Akzeptanz und Wertschätzung geprägte Beziehung des Mediators mit jeder Partei zu jedem Zeitpunkt unabdingbare Grundlage.

IV. Hocheskalierte Konflikte

1. Merkmale von Hocheskalation

»Hocheskalation«, »Hochstrittigkeit« sind **beschreibende Merkmale** für ein bestimmtes Konfliktverhalten der Parteien. Die Definitionen sind dabei nicht diagnostisch sondern rein phänomenologisch zu verstehen, wie z. B. »wiederholte Gerichtspräsenz«, »wechselseitige Schuldzuweisungen«, »Androhung von Gewalt«. Sie sind eher eine erste Orientierung für den Mediator mit dem Hinweis, das Mediationsverfahren in bestimmter Weise zu gestalten.[13] 19

2. Entstehungsbedingungen von Hocheskalation

a) Auf der individuellen Ebene

Die Entstehungsbedingungen von Hocheskalation liegen auf unterschiedlichen Ebenen. *Johnston* spricht in diesem Zusammenhang von Konflikterhaltungsmechanismen.[14] Auf der individuellen Ebene führen persönliche Krisen einer oder beider Parteien zu hochstrittigem Konfliktverhalten. Diese Menschen sind in eine unerträgliche psychische Situation geraten.[15] Sie befinden sich in einer psychischen Ausnahmesituation und müssen vielfältige unbewusste Abwehrmaßnahmen installieren, um wieder ein wenig psychisch ins Gleichgewicht zu kommen. **Persönliche Krisen** tre- 20

---

13 *Krabbe* ZKM 2018, 43 ff; *Spangenberg/Spangenberg* ZKM 2019, 185 ff.
14 Vgl. umfassend: *Johnston*, Sackgasse Scheidung, Wie geht es weiter?
15 *Figdor*, Hochstrittige Scheidungsfamilien und Lösungsstrategien für die Helfer.

ten i. d. R. in zwei Formen auf: in narzisstischer oder traumatischer Form. Bei der narzisstischen Krise befindet sich die Partei in einer Krise um den eigenen Selbstwert. Sie reguliert ihren Selbstwert in doppelter Weise: bewusst, nach außen wird ein positives bewundernswertes Selbstbild inszeniert bis hin zur Grandiosität; unbewusst, nach innen existiert ein negatives geringes Selbstbild, bestehend aus Selbstzweifeln. Hinter der extrovertierten grandiosen Fassade verbergen sich bei diesen Menschen Hilflosigkeit, Angst, Scham.

21 Bei der traumatischen Krise erlebt die Partei eine **massive Überforderung**. Es geht nur noch darum, die gegenwärtige Situation zu überleben, aber nicht mehr zu gestalten. Bei diesen Menschen sind frühere ungelöste, verdrängte Traumata neu aktiviert worden; diese werden als gegenwärtig erlebt.

Parteien in persönlicher Krise sind daher in der gegenwärtigen Lebenssituation nur begrenzt in der Lage, ihre Lage zu verbessern und neu auszuhandeln.

b) **Auf der Beziehungsebene und der sozialen Ebene**

22 Ein weiterer Erklärungsansatz für Hocheskalation bezieht sich auf die Beziehungsgestaltung zwischen den Parteien. Es hat sich zwischen diesen Parteien ein **festes System** der gegenseitigen Anschuldigungen entwickelt und etabliert (Projektionssystem). Das Problem wird auf die andere Seite verlagert (projiziert) und entsprechend wird von ihr die Lösung des Problems verlangt. Da beide Seiten projizieren entsteht eine feste Dynamik, ein Muster, in dem von beiden Seiten ausschließlich Beschuldigungen formuliert werden und jede Partei damit die Verantwortung für eine Lösung des Konflikts an die jeweils andere Seite abgegeben hat. In diese Dynamik werden zudem weitere Personen (privat/beruflich) mit einbezogen, die ihrerseits die Dynamik des gegenseitigen Beschuldigens, Projizierens noch verstärken, sodass die Konflikte auch die soziale Umgebung der Parteien mit erfasst hat und zusätzlich die Hochstrittigkeit noch weiter verstärkt wird.

3. Anforderungen an die Mediation bei Hocheskalation

23 Schaut man sich die Konflikterhaltungsmechanismen in ihrer Gesamtheit an, so kann man für die Mediation mit diesen Parteien zu einer gewissen Vorsicht und Demut raten. Die Mediation ist in diesen Eskalationsstufen nicht ausgeschlossen; es bedarf jedoch **zusätzlicher Bemühungen** des Mediators, um zu diesem Feld zu Vereinbarungen zu kommen. Diese seien hier stichpunktartig aufgezählt. Generell: Die allgemein angewandten Prozessstufen, Methoden und Techniken reichen nicht aus. Veränderung des Settings durch eine längere Vorlaufphase: Einzelsitzungen mit jeder Partei zum Aufbau einer Beziehung sowie als erster Test einer Umsetzung von Gesprächsführung in der Mediation. Gemeinsame Sitzungen im Vorlauf, um das starre Konfliktmuster der Projektion zu lockern i.S. einer Verlagerung der Aufmerksamkeit auf den eigenen Anteil. Einbau der Prozessstufe »Maßstäbe für Fairness und Gerechtigkeit«: Statt Vorwürfe über unfaire Verhaltensweisen in der Mediation zu sammeln, kann der Mediator den Parteien anbieten, sich mit den eigenen Maßstäben von Fairness und Gerechtigkeit zu befassen und die der anderen Seite zu ver-

stehen. Im Verlauf der Mediation begrenzte, überschaubare, vorläufige Vereinbarungen zwischen den Parteien, um die gegenwärtige Krisensituation zu stabilisieren. Viele kleine Vereinbarungen bringen die Gewissheit bei den Parteien, längerfristige Regelungen treffen zu können.

4. Hintergrundinformationen zur Hochstrittigkeit

Für die Mediation mit hochstrittigen Parteien benötigt der Mediator **therapeutisches Wissen**, um die Parteien besser einschätzen zu können und den Kontakt zu ihnen besser gestalten zu können. Dies soll ihm helfen, den Mediationsprozess gestalten zu können. Hier sollte er die Grenze zu therapeutischen Interventionen beachten.

a) Narzisstische Krise[16]

aa) Definition

Narzissten sind **extrovertierte**, gleichzeitig aber sozial unverträgliche Menschen, die sich selbst positiv und andere negativ sehen.[17]

bb) Zwei Typen des Narzissmus

In der therapeutischen Arbeit mit narzisstischen Persönlichkeitsstörungen unterscheidet man zwischen zwei zentralen Typen von Narzissten:

– der unbeirrt offene Typ	typ. narzisstische Kognitionen, Emotionen und entsprechende Verhaltensweisen, herablassend aggressiv (kann soziale Umgebung nicht lesen, eigene Fantasie zählt)
– der hypervigilante, verdeckte Typ	typ. narzisstische Kognitionen und Emotionen jedoch im Verhalten zurückhaltend, bescheiden, unsicher (bekommt soziale Umgebung genau mit, zeigt sich nicht)

cc) Klinische Symptomatik

Im Rahmen der **Diagnostik** narzisstischer Persönlichkeitsstörungen lassen sich folgende Symptome bei diesen Personen feststellen:
– Bedürfnis nach Anerkennung und Bewunderung,
– attraktive Selbstinszenierung,
– hohe Anspruchshaltung,
– Arbeitsstörung insbesondere im Jugendalter,
– Stimmungswechsel zwischen Euphorie und Depression,
– suizidale Krisen,
– häufig Substanzmissbrauch.

---

16 Umfassend *Lammers*, Narzisstische Persönlichkeitsstörungen, Seminarunterlagen.
17 *Paulhus* Psych. Inq. 2001, 228 ff.

dd) Grundproblematik: Der eigene Selbstwert

28 Der intrapsychisch Konflikt bei der narzisstischen Persönlichkeitsstörung betrifft den **Selbstwert** dieser Person. Sie »bewältigt« den inneren Konflikt, indem sie ihren Selbstwert explizit bewusst darstellt und implizit unbewusst verdrängt. Der Selbstwert wird in doppelter Form reguliert:
- **explizit:** offenes kompensatorisches positives Selbstbild (bewundernswert, Abwertung, Neid)
- **implizit:** verborgenes negatives Selbstbild (minderwertig, Scham, Angst)

ee) Therapie der narzisstischen Persönlichkeitsstörung

29 Das therapeutische Konzept zur Behandlung narzisstischer Persönlichkeitsstörungen baut auf einem Grundsatz auf und verläuft in vier Phasen:

Grundsatz: »Die Therapie vom Patienten mit einer Persönlichkeitsstörung ist immer **beziehungs- und klärungsorientiert.**«

Phasen der Therapie:
- Stabilisierung/Motivation,
- Beziehungsgestaltung,
- Integration dissoziierter Selbstzustände,
- Etablierung angemessener Interaktionsmuster.

ff) Stabilisierung/Motivation

30 Für die Mediation kann der **erste Schritt** aus der therapeutischen Behandlung genutzt werden. Dieser umfasst
- die Bewältigung akuter Probleme und
- die Reduktion von Stress und Anspannung

gg) Beziehungsgestaltung

31 Ebenso wie in der therapeutischen Arbeit ist auch der Mediator in der Gestaltung der Beziehung zu Menschen in narzisstischer Krise gefordert. Dabei kann er **Elemente** aus der Beziehungsgestaltung im therapeutischen Rahmen in die Mediation übernehmen:
- Etablierung einer therapeutischen Beziehung auf gleicher Augenhöhe (kooperatives Arbeitsbündnis),
- Akzeptanz und Wertschätzung unabhängig von bzw. gegenläufig zu seinem selbstidealisierenden/selbstabwertenden Schema des Patienten,
- komplementäre Beziehungsgestaltung,
- therapeutische Selbstenthüllung,
- Arbeit im gegenseitigen Kontakt (back to reality),
- Ressourcenaktivierung.

b) **Posttraumatische Belastungsstörung**

aa) **Definition**

Die Posttraumatische Belastungsstörung ist eine mögliche Folgereaktion eines oder mehrerer traumatischer Ereignisse (wie z. B. Erleben von körperlicher und sexualisierter Gewalt, von Natur- oder durch Menschen verursachte Katastrophen, von Unfällen oder auch der Mitteilung einer lebensbedrohlichen Krankheit), die an der eigenen Person, aber auch an fremden Personen erlebt werden können.[18] In vielen Fällen kommt es zum **Gefühl von Hilflosigkeit** und durch das traumatische Erleben zu einer Erschütterung des Selbst- und Weltverständnisses.

Das **Störungsbild** ist geprägt durch:
- sich aufdrängende, belastende Gedanken und Erinnerungen an das Trauma (Intrusionen),
- Erinnerungslücken (Bilder, Albträume, Flashbacks, partielle Amnesie),
- Überregungssymptome (Schlafstörungen, Schreckhaftigkeit, vermehrte Reizbarkeit, Affektintoleranz, Konzentrationsstörungen),
- Vermeidungsverhalten (Vermeidung traumaassoziierter Stimuli),
- emotionale Taubheit (allgemeiner Rückzug, Interessenverlust, innere Teilnahmslosigkeit).

bb) **Diagnostik**

Die Person wurde mit einem traumatischen Ereignis konfrontiert, bei dem die beiden folgenden **Kriterien** erfüllt waren:

Die Person erlebte, beobachtete oder war mit einem oder mehreren Begebenheiten konfrontiert, die den tatsächlichen oder drohenden Tod oder eine ernsthafte Verletzung oder Gefahr der körperlichen Unversehrtheit der eigenen Person oder anderer Personen beinhalteten.

Die Reaktion der Person umfasste intensive Furcht, Hilflosigkeit oder Entsetzen. Entweder während oder nach dem extrem belastenden Ereignis zeigt die Person mindestens drei der folgenden Symptome:
- subjektives Gefühl von emotionaler Taubheit oder Fehlen emotionaler Reaktionsfähigkeit,
- Beeinträchtigung der bewussten Wahrnehmung der Umwelt (z. b. »wie betäubt sein«),
- Derealisationserleben,
- Depersonalisationserleben,[19]
- dissoziative Amnesie (z. b. Unfähigkeit, sich an einen wichtigen Aspekt des Traumas zu erinnern).

---

18 Vgl. hierzu *Reddemann*, Imagination als heilende Kraft zur Behandlung von Traumafolgen und ressourcenorientierten Verfahren.
19 Die veränderte Selbstwahrnehmung dieses Menschen lässt die eigenen psychischen Prozesse oder den eigenen Körper als unwirklich und fremd erscheinen.

35 Das traumatische Ereignis wird ständig auf mindestens eine der folgenden Arten **wiedererlebt:** wiederkehrende Bilder, Gedanken, Träume, Illusionen, Flashback-Episoden, das Gefühl, das Geträumte wieder zu erleben, oder starkes Leiden bei Reizen, die an das Trauma erinnern.

Deutliche Vermeidung von Reizen, die an das Trauma erinnern (z. b. Gedanken, Gefühle, Gespräche, Aktivitäten, Orte oder Personen).

Deutliche Symptome von Angst oder erhöhtem Arousal[20] (z. B. Schlafstörungen, Reizbarkeit, Konzentrationsschwierigkeiten, Hypervigilanz,[21] übertriebene Schreckhaftigkeit, motorische Unruhe).

Die Störung verursacht in klinisch bedeutsamer Weise Leiden oder Beeinträchtigungen in sozialen, beruflichen oder anderen wichtigen Funktionsbereichen oder beeinträchtigt die Fähigkeit der Person, notwendige Aufgaben zu bewältigen, z. B. notwendige Unterstützung zu erhalten oder zwischenmenschliche Ressourcen zu erschließen, indem z. B. Familienmitgliedern über das Trauma berichtet wird.

Die Störung dauert mindestens zwei Tage und höchstens vier Wochen und tritt innerhalb von vier Wochen nach dem traumatischen Ereignis auf.

Das Störungsbild geht nicht auf die direkte körperliche Wirkung einer Substanz (z. B. Droge, Medikament) oder eines medizinischen Krankheitsfaktors zurück, wird nicht besser durch eine kurze Psychotische Störung erklärt.

cc) **Therapie der Posttraumatischen Belastungsstörung**

36 Das therapeutische Grundkonzept der Traumabehandlung sieht zunächst vielfältige **Stabilisierungsmaßnahmen** vor. Eine Reihe dieser Maßnahmen sind auch im Rahmen einer Mediation mit Parteien in traumatischer Krise umsetzbar.

Erste Maßnahmen:
- Herstellen einer sicheren Umgebung (Schutz vor weiterer Traumaeinwirkung),
- Organisation des psychosozialen Helfersystems,
- frühes Hinzuziehen eines in PTSD[22]-Behandlung erfahrenen Psychotherapeuten,
- Informationsvermittlung und Psychoedukation bezüglich traumatypischer Symptome und Verläufe.

Traumaspezifische Stabilisierung:
- Anbindung an engmaschige diagnostische und therapeutische Betreuung,
- Krisenintervention,
- ressourcenorientierte Interventionen (z. B. Distanzierungstechniken, Imaginative Verfahren),
- Pharmakotherapie.

---

20 Arousal: Übererregung.
21 Ein Übermaß an Wachheit bzgl. Wahrnehmung, Aufmerksamkeit, Konzentration, Lernen und Verstehen.
22 PTSD: Posttraumatic Stress Disorder.

dd) Traumabearbeitung

Nach Herstellen einer hinreichenden Stabilität kann die Therapie in Form einer Bearbeitung des Traumas fortgesetzt werden. Dieser Schritt ist im Rahmen der Mediation nicht angebracht. Er kann ausschließlich **im geschützten Rahmen** einer Therapie erfolgen.

Bei nicht-komplexer PTSD: dosierte Reizkonfrontation mit dem auslösenden Ereignis mit dem Ziel der Durcharbeitung und Integration unter geschützten therapeutischen Bedingungen.

Voraussetzung: ausreichende Stabilität, keine weitere Traumaeinwirkung, kein Täterkontakt.

Bei komplexer PTSD: nur bei ausgewählten Patienten möglich (ca. 40 – 50 %); stationäres Setting.

V. Konfliktfeld Familie

Im Folgenden werden einige **grundlegende Informationen** zu Familienformen, zu Trennung, Scheidung sowie den Kindern bei Trennung und Scheidung zusammenfassend dargestellt.[23]

1. Der Wandel von Ehe und Familie

Der **Strukturwandel** im Bereich Ehe und Familie hat dazu geführt, dass sich mehr Zwischenformen und Nebenformen, Vorformen und Nachformen von Ehe und Familie herausgebildet haben: Alleinwohnende, kinderlose Ehepaare, nichteheliche Lebensgemeinschaften, living-apart-together-Beziehungen, Ein-Eltern-Familien, Zweit- oder Stieffamilien, Adoptions- und Pflegefamilien, Inseminationsfamilien. Selbst die moderne Kernfamilie hat zunehmen Schwierigkeit, dem früheren Leitbild von bürgerlicher Ehe und Familie zu entsprechen. Das ursprünglich einheitliche System von Ehe und Familie hat sich in mehrere Privatheitstypen ausdifferenziert. Da gibt es zunächst den kindorientierten Privatheitstyp (Prototyp ist die Kernfamilie); dann den partnerschaftlichen Privatheitstyp (Prototyp ist die nichteheliche Lebensgemeinschaft) und schließlich den individualistischen Privatheitstyp (Prototyp ist der Alleinlebende). Diese Privatheitstypen haben jeweils ihre eigenen charakteristischen Rationalitäten, Themen, Vorzüge und Belastungen. All diese unterschiedlichen Beziehungsformen von Ehe und Familie[24] sind mit ihren Charakteristiken in der Familien-Mediation anzutreffen. Die Familien-Mediation bemüht sich darum, einen geeigneten Rahmen zu geben, um die Themen und Konflikte lösen zu können. Im Folgenden soll stichpunktartig aufgezeigt werden, welche Paare und Familien in

---

23 Vgl. auch *Mähler/Mähler* in *Haft/von Schlieffen*, 3. Aufl., Familienmediation, S. 667 ff.; *Roesler*, Interprofessionelle Kooperation, Mediation und Beratung im Rahmen des FamFG; *Scheuermann*, Mediation bei Trennung und Scheidung; *Strecker*, Versöhnliche Scheidung, 5. Aufl.
24 Vgl. hierzu *Peukert*, Familienformen im sozialen Wandel.

die Familien-Mediation kommen, was ihren Typus kennzeichnet, welche Themen, Verhandlungspunkte sie klären wollen, welche zusätzlichen möglichen Regelungspunkte Kinder und Jugendliche haben.

a) Ehe und alternative Lebensformen

40 In den heutigen Paarbeziehungen treffen zwei Menschen aufeinander, die beide den Möglichkeiten und Zwängen einer **selbstentworfenen Biografie** unterstehen. Die Frage dabei ist, inwieweit in einer Zeit, in der Unabhängigkeit und Selbstverwirklichung von beiden Geschlechtern sehr stark mit dem Beruf verknüpft sind, noch Raum bleibt für die Partnerin bzw. den Partner mit eigenen Ambitionen. Es müssen neue Arrangements für Partnerschaft und Beruf, neue Regelungen und Umgangsformen gefunden werden. Da ein allgemein verbindliches Muster fehlt, muss im Einzelfall ausgehandelt werden, wessen Pläne und Vorstellungen Priorität besetzen bzw. welcher Kompromiss tragfähig erscheint.

41 Ehepaare und nichteheliche Lebensgemeinschaften kommen oft aus den gleichen Anlässen und mit ähnlichen Themen in die Familien-Mediation. Es zeichnen sich bei einem oder beiden Partnern **grundlegende Veränderungen** ab, die Auswirkungen auf die Gestaltung der Beziehung haben und neue Entscheidungen, Veränderungen erfordern.

42 Da allgemein verbindliche Modelle zur Gestaltung der anstehenden Fragen von einem oder beiden Partnern zunehmend infrage gestellt werden, kommen immer mehr Paare zu der Einsicht, diese auszuhandeln und zu vereinbaren. Bisher hat sich die Familien-Mediation auf Trennungs- und Scheidungskonflikte ausgerichtet; Erfahrungen mit Ehe-Mediationen zeigen jedoch, dass Paare auch **innerhalb einer Beziehung** ihre Themen und Konflikte gut mithilfe eines Mediators eigenverantwortlich regeln können. Familien-Mediation sollte daher auch Mediation bei Ehe- und Partnerschaftskonflikten sowie bei Ambivalenzen in der Beziehung mit einbeziehen. Paare, die sich noch nicht entscheiden können, ob sie zusammenbleiben oder sich trennen werden, können Regelungen erarbeiten und zwar für den Fall, dass sie zusammenbleiben und für den Fall, dass sie sich trennen werden. Auf der Grundlage dieser möglichen Regelungen verliert die Frage, ob die Ehe fortgesetzt werden soll oder das Paar sich trennt, ihren existenziell bedrohlichen Charakter.

43 Als weitere alternative Lebensform zur Ehe haben sich die Lebensform des Alleinwohnens und des Getrennt-Zusammenlebens (»living-apart-together«) entwickelt. Insbesondere die Zahl der Alleinwohnenden ist seit Mitte der 60er Jahre drastisch gestiegen. Wichtig für die Lebenssituation, die Identität und Zufriedenheit Alleinwohnender ist, wie ihr Bedürfnis nach Intimität und Sexualität, nach Kontakten zu Freunden befriedigt wird. Viele **Alleinwohnende** haben einen festen Lebenspartner. Aus dieser Lebenssituation ergeben sich eine Fülle von Themen und Konflikten, die im Rahmen der bestehenden Beziehung geklärt werden müssen; so z. B. die Frage, in wieweit Verpflichtungen zwischen den Partnern im Krankheitsfall oder bei finanziellen Problemen bestehen, die Frage des Wohnorts, die Frage beruflicher Entwicklung, der Umgang mit Belastungen.

b) Kernfamilie und andere Familienformen

Auch die Familie hat einen bedeutsamen Strukturwandel durchgemacht. Zum Leitbild der modernen Kernfamilie haben sich noch **weitere** »**Familien**« herausgebildet: unverheiratete Paare mit Kindern, Nachscheidungs-Familien, Zweitfamilien, Adoptivfamilien, Pflegefamilien, Inseminationsfamilien. Die Kernfamilie – Ehepaar mit Kindern – ist vom Leitbild der bürgerlichen Familie abgerückt. Sie ist zum einen stark kindzentriert, strukturprägend sind erzieherische Handlungsschemata. Darüber hinaus hat sich die Polarität zwischen den Geschlechtern verstärkt. Dem entsprechend sind die Themen, die von der Kernfamilie in der Familien-Mediation behandelt werden. So werden zum einen zahlreiche erzieherische Themen und elterliche Aufgaben untereinander verhandelt (pädagogische Absprachen, Betreuungspläne, Einbeziehung von Betreuungspersonen, schulische Angelegenheiten, Religion, Gesundheit, Krankheit, etc.). Zum anderen werden Konflikte um die Verteilung von Hausarbeit und Kinderbetreuung, um Familienzeiten und berufliche Tätigkeiten mithilfe der Familien-Mediation gelöst. Zusätzlich haben Jugendliche im Rahmen ihrer beginnenden Ablösung von den Eltern eigene Themen, die zwischen ihnen und den Eltern von Zeit zu Zeit neu vereinbart werden müssen (so z. B. Ausgehzeiten, Übernachtungen, Auszug, eigenes Konto, Berufsweg, Freundschaften, Alkohol). Im Alltag der Kernfamilie ist mehr Aufwand als früher nötig, um die verschiedenen Einzelbiografien zusammenzuhalten. Konnte man in der Vergangenheit auf eingespielte Regeln und Rollen zurückgreifen, beginnt in der heutigen modernen Kernfamilie eine Inszenierung des Alltags. Die Kernfamilie hat sich zu einer »**Verhandlungsfamilie**« entwickelt. Bei so viel »Akrobatik des Abstimmens und Ausbalancierens« ist die Unterstützung durch einen Mediator im Rahmen eines strukturierten Prozesses oft sehr hilfreich, ist doch der Familienverband fraglich geworden und vom Auseinanderbrechen bedroht, wo die Abstimmungsleistungen nicht gelingen.[25]

c) Die Scheidungsfamilie

Die Familien-Mediation wird inzwischen in starkem Maße von Trennungs- und Scheidungsfamilien in Anspruch genommen. Wo das Ereignis Trennung/Scheidung eintritt, entwickeln sich die Lebenslagen – von Männern und Frauen, Eltern und Kinder – in unterschiedliche Richtungen. Da Trennung und Scheidung nur die Beziehungen zwischen den beiden Ehepartnern beendet, geht die Beziehung zwischen Eltern und Kindern weiter; es bildet sich die Scheidungsfamilie, mit eigenen Themen. Eine neue Alltagsorganisation ist nötig, es muss geklärt werden, wer die Wohnung bekommt, welche Teile des Hausrats, welche Erinnerungsstücke, wie viel Unterhalt gezahlt werden muss, wer mit den Kindern schwerpunktmäßig lebt, ob ein Wechsel der Umgebung, der Schule ansteht, wie mit den Kontakten zu Verwandten und Freunden umgegangen wird. Neue Vereinbarungen werden gesucht. Es stehen sich dabei Einzelpersonen gegenüber, die jeweils eigene Interessen, Wün-

---

25 Umfassend zu dieser Thematik: *Beck/Beck-Gernsheim*, Das ganz normale Chaos der Liebe.

sche zu behaupten und miteinander zu verbinden suchen. Die Familien-Mediation hat für diesen Familientyp ein **umfassendes Repertoire** an Methoden und Techniken zur Unterstützung der Eltern entwickelt. Sie gibt darüber hinaus auch den Kindern und Jugendlichen Gelegenheit, ihre eigenen Themen und Ideen mit in den Prozess einzubringen. So können Kinder ihre Bedürfnisse nach Kontakt mit beiden Elternteilen thematisieren, ihre Ideen zur praktischen Gestaltung des weiteren Familienlebens mit zwei Zuhausen einbringen. Jugendliche können zusätzlich in der Mediation ihre Anliegen im Zusammenhang mit ihrer Ablösung und ihrem Erwachsenwerden thematisieren und z. T. mit den Eltern verhandeln. Die Familien-Mediation als Trennungs- und Scheidungs-Mediation unterstützt die Familie im Prozess der Neustrukturierung. Sie gibt Raum für den Aufbau eines binuklearen Familiensystems (Zwei-Haushalte-Familien), für die Neuregelung der finanziellen Situation sowie die erneute Einbeziehung in ein soziales Netz.

d) Alleinerziehende

46   Die Zahl der Alleinerziehenden hat in den zurückliegenden Jahren deutlich zugenommen: Alleinlebende werden als »**Ein-Eltern-Familien**« beschrieben; ein Elternteil bildet mit einem oder mehreren Kindern eine Hausgemeinschaft und besitzt die alltägliche Erziehungsverantwortung. Oft kümmert sich in Ein-Eltern-Familien jedoch auch der andere Elternteil um die Kinder, wenn auch im weit geringerem Maße als der Alleinerziehende. Bei den Alleinerziehenden geht es in der Familien-Mediation oft um ähnliche Themen wie in der Scheidungsfamilie. Hinzu kommt noch, dass die Koordination von Familie und Beruf geleistet werden muss, minimalisiert, nach außen verlagert werden muss. Im Rahmen der Familien-Mediation können die Alleinerziehenden und ihre Kinder sowie der andere Elternteil zu Vereinbarungen kommen, die der potenziellen Aufgabenüberlastung und emotionalen Überlastung entgegenwirken.

e) Zweitfamilien, Patchwork-Familien

47   Immer häufiger fallen **biologische und soziale Elternschaft** auseinander. Viele getrennte, geschiedene Eltern heiraten wieder oder leben mit neuen Partnern zusammen, die ihrerseits oft selbst schon verheiratet waren und eigene Kinder mitbringen. Zweitfamilien, Patchwork-Familien bringen zwei oder mehrere Familienkulturen zu einem gemeinsamen Haushalt zusammen.

48   Es müssen differierende Werte, Regeln, Routinen, Erwartungen, Arbeitsabläufe ausgehandelt und abgestimmt werden. Zudem sind die Klärung der Beziehungsstrukturen und die Abstimmung der Erziehungskonzepte notwendig. Für diese komplizierten Verhältnisse hat sich die Familien-Mediation erst langsam geöffnet; hier ist die Form der Mehrparteien-Mediation hilfreich. Die beteiligten Familienmitglieder entwickeln oft erst in der Mediation eine **gemeinsame Familiengeschichte**, gemeinsame Regeln für ihre Zweitfamilie. Sie müssen die Beziehungen zu den außerhalb lebenden Elternteilen sowie die Rollen für den jeweiligen neuen Partner und dessen Kinder aushandeln und vereinbaren. Die Regelungspunkte beziehen sich auf die Fragen des Taschengeldes,

der Tischmanieren, der Fernsehauswahl, der Schlafenszeit aber auch auf die Zeiten beim außerhalb lebenden Elternteil. Kinder wollen zudem Klarheit darüber, wen sie zukünftig zu ihrer Familie zählen können, welche Form von »Verwandtschaft« sie zu ihnen haben, wie sie ihre »Verwandten« ansprechen sollen.

f) Adoptionsfamilien

In Konflikten sind Adoptionsfamilien auf die Familien-Mediation angewiesen. Immer häufiger setzen sich offene Adoptionen durch, bei denen die beteiligten Adoptionseltern und die leiblichen Eltern, insbesondere die leibliche Mutter, voneinander wissen. Juristisch haben die leiblichen Eltern keine Pflichten, aber auch keine Rechte mehr gegenüber ihrem Kind. Jedoch hat das Kind ab dem 16. Lebensjahr das Recht zu erfahren, wer seine Eltern sind. Somit geht es bei Adoptionen oft darum, dass die leiblichen Eltern oder das Kind den Wunsch nach Kennenlernen und Kontakt äußern. Die Gestaltung einer **doppelten Elternschaft** bzw. Mutterschaft ist letztlich das Thema in der Familien-Mediation mit einer Fülle praktischer Fragen insbesondere der Einbeziehung der biologischen Eltern in die Adoptivfamilie bzw. das Verhältnis der Adoptierten zu ihren biologischen Eltern. Z. Zt. gibt es ca. 160.000 Kinder und Jugendlichen in Adoptionsfamilien. 49

g) Pflegefamilien

Die Zahl der Pflegefamilien ist in den zurückliegenden Jahren stark gewachsen, da familienersetzende Dauerpflegschaften eine kostengünstige Alternative zur Heimunterbringung darstellen. Bei Pflegefamilien verbleibt das Recht über das Pflegekind weiterhin bei der Herkunftsfamilie oder beim Jugendamt. Daraus ergeben sich im Rahmen der Familien-Mediation eine Fülle von Themen und Konflikten. Thematisch geht es um das Leben mit der **doppelten Elternschaft**, die Kontakte der Kinder zu den sozialen und leiblichen Eltern, der beiden Eltern untereinander sowie zur beteiligten Behörde. Beteiligte einer Familien-Mediation können die Pflegeeltern, die leiblichen Eltern bzw. das Jugendamt und das Kind/der Jugendliche selber sein. 50

h) Inseminationsfamilien

Hinzugekommen ist in den letzten Jahren eine weitere familiäre Lebensform: Sie wird mit den Begriffen der **Inseminationsfamilie** oder der **multiplen Elternschaft** gekennzeichnet. Neue Formen der Unfruchtbarkeitsbehandlung, wie künstliche Befruchtung, In-vitro-Fertilisation haben dazu geführt, dass für Paare die Möglichkeit geschaffen ist, ihren Nachwuchs mit einer Samen- oder Eispende künstlich zeugen zu lassen. In Deutschland gilt bisher als einzig zugelassenes Verfahren, dass die Eizelle der Frau mit der Samenzelle eines anderen als der es Ehemannes künstlich befruchtet wird (Heterologe Insemination). Geschätzt wird die Anzahl von Inseminations-Kindern zum heutigen Zeitpunkt auf etwa 29.000. Es ist zu erwarten, dass ihre Zahl steigen wird. Die Fortpflanzungstechnologien schaffen einerseits neue Handlungsmöglichkeiten. Für die Familien entstehen zugleich neue Fragestellungen. 51

52 Die **bio-soziale Einheit der** Familie ist zur Hälfte nicht mehr gegeben. Damit stellt sich für diese Familie das Thema der doppelten Vaterschaft. Hinzu kommt das Problem der asymmetrischen biologischen Beziehung beider Eltern zum Kind. So sind aufseiten des sozialen Vaters besondere Überlegungen – und Anstrengungen – erforderlich, wie er das Kind ohne biologische Absicherung als eigenes Kind annehmen kann. Zugleich muss geklärt werden, ob und wenn ja, welche Funktionen der biologische Vater in der Familie haben soll, ob das Kind mit ihm Kontakt aufnehmen kann, ob die Beziehung gefördert werden soll. Struktur und Dynamik unterscheiden sich erheblich von der auf »natürlichem Wege« entstandene Familie. Um der Gefahr der »Normalisierung als ob« zu entgehen, könnte die Familien-Mediation diese Familien darin unterstützen, ihrer Andersartigkeit Raum zu geben und die damit zusammenhängenden Themen und Konfliktpunkte zu regeln.[26]

2. Trennung, Scheidung

a) Ablauf von Trennung und Scheidung

53 Trennung, Scheidung ist kein einmaliges Ereignis, sondern ein Prozess, der von den Parteien durchlebt und gestaltet werden muss. Man kann diesen Prozess in Form der **emotionalen Belastungsschritte** beschreiben; hier wird zurückgegriffen auf die emotionalen Phasen von *Kübler-Ross*[27] bei der Bewältigung des Todes eines nahestehenden Menschen. Ebenso kann man den Trennungsprozess in Form von Verläufen verschiedener Phasen beschreiben:
– Verleugnung der Tatsachen,
– Wut, Anklage, Hass,
– Depression, Verzweiflung (evtl. nochmaliger Versuch von Beziehung),
– Trauer,
– Verhandeln, Neuorientierung, neue Ziele und Lebensplanung.

b) Verlaufsphasen bei Trennung und Scheidung

54 Ehekonflikte/Krisen (verdeckt oder offen, oft über Kinder ausgetragen)
– Ambivalenzphase,
– Trennungsphase,
– Scheidungsphase,
– Nachscheidungsphase,
– Neuorientierung, Reorganisation der Familie.

---

26 Vgl. insgesamt *Peukert*, Familienformen im sozialen Wandel.
27 *Kübler-Ross*, Befreiung aus der Angst.

3. Kinder bei Trennung und Scheidung

a) Belastende Gefühle von Kindern (Reaktionen von Kindern auf Trennung/Scheidung)

aa) Trennungsentscheidung der Eltern

In der Regel benötigen Erwachsene für die **Bewältigung** der Trennung/Scheidung 2 – 55
3 Jahre, vom ersten Gedanken an die Trennung (Ambivalenz) bis zum Abschluss der Scheidung, dem Übergang in die Nachscheidungsphase. Oft geht dieser Prozess bei strittigen Eltern über mehrere Jahre, bisweilen wir er nie abgeschlossen.

2 bis 3 Jahre sind für Kinder ein langer Zeitraum, in dem sie je nach Entwicklungs- 56
stand unterschiedliche Entwicklungsaufgaben bewältigen müssen. Dazu benötigen sie den **Rückhalt** ihrer Eltern. Trennen sich die Eltern, so sind diese Entwicklungsprozesse gefährdet, da die Eltern nun ihrerseits mit der Bewältigung ihrer eigenen Krisensituation beschäftigt sind. Die Trennung der Eltern stellt für die Kinder eine starke Belastung dar, zumindest vorübergehend für den Zeitraum der Reorganisation des eigenen Erwachsenenlebens. Die Entscheidung der Eltern zur Trennung mag ein sinnvoller Schritt sein, wenn für die Erwachsenen die Perspektive einer befriedigenden Partnerschaft nicht mehr realisierbar erscheint. Für die Kinder bedeutet die Trennung der Eltern zunächst erst einmal eine Erschütterung ihrer bisherigen gewohnten Lebensumstände. Eine Trennung ohne zumindest kurzfristig belastende Gefühle bei den Kindern ist somit nicht möglich. Jedoch können Eltern Bedingungen für ihre Kinder herstellen, dass die belastenden Gefühle verarbeitet werden können und neue Sicherheiten für die Kinder entstehen, die ihre weitere Entwicklung fördern.[28]

bb) Folgen der Trennungsentscheidung für die Kinder

Die Trennung und Scheidung der Eltern wird zu den **am stärksten belastenden Lebens-** 57
ereignissen für Kinder gezählt. Sie bringt beträchtliche Veränderungen für verschiedene Lebensbereiche der Kinder mit sich. Mit dem Eintritt der Trennung entwickeln sich die Lebenslagen der Kinder in unterschiedliche Richtungen. Zunächst einmal im direkt geografischen Sinn: Umzug in eine andere Wohnung, vielleicht auch in eine andere Stadt. Mit dem geografischen Wechsel der Umgebung gibt es einen Wechsel der Schule, der Freunde, der Nachbarn. Darüber hinaus macht die Trennung eine neue Alltagsorganisation der Kinder mit jedem Elternteil notwendig: Wer kauft ein, passt auf, hilft mit, verdient dazu? Statt gemeinsamem Alltag und gemeinsamer Wohnung mit beiden Eltern gibt es nun Separatzeiten, Besuchsregelungen mit jedem Elternteil. Ökonomisch herrscht eine Umverteilung des Mangels; die finanziellen Einbußen schränken die Gestaltungsmöglichkeiten der Kinder stark ein.

Für viele Kinder beginnt der Stress jedoch bereits **vor der Trennung**, der Zeit der Part- 58
nerschaftskrise ihrer Eltern. Diese Zeit ist in der Regel mit einem hohen elterlichen Konfliktniveau, unerklärlichen Veränderungen im familiären Alltagsleben, Anspannung

---

28 Vgl. auch *Lägler* ZKM 2016, 137 ff; *Bernhardt* ZKM 2015, 68 ff.

und verändertem Verhalten der Eltern verbunden. Die Streitereien zwischen den Eltern – offen oder verdeckt – oder gar Tätlichkeiten und Gewaltausbrüche rufen bei Kindern starke Ängste hervor. Die Kinder müssen in dieser Zeit oft selbst herausfinden, was in ihrer Familie vorgeht. Niemand erklärt ihnen, worum es bei den gegenseitigen Vorwürfen, den halblauten Auseinandersetzungen hinter verschlossenen Türen, beim vorwurfsvollen Schweigen der Eltern geht. Kinder sind sehr sensibel für die Stimmungsschwankungen ihrer Eltern. Nicht selten übernehmen sie die Rolle als Berater, Vermittler, Tröster. In dieser Phase der Ambivalenz können Kinder bereits Symptome entwickeln, die primär den Zweck haben, eine Wiedervereinigung ihrer Eltern herbei zu führen. Solange sich die Eltern auf die Symptome ihrer Kinder konzentrieren, gibt es eine Chance, dass sie zusammenbleiben. Das Kind erlebt wieder eine verstärkte Sorge beider Eltern miteinander; es gibt Austausch, Verständigung, ja sogar gemeinsame Entscheidungen der Eltern, die die Trennungsabsichten der Eltern unterlaufen sollen.

59 Kommt es zur Trennung, so lassen sich **kurzfristige und langfristige Folgen** bei Kindern feststellen. Kurzfristig fallen Kinder um ein bis zwei Entwicklungsstufen zurück, zeigen psychosomatische Reaktionen, sind verunsichert im Kontakt. Langfristig können sich bei ihnen psychische Probleme, insbesondere Selbstwertproblematiken ergeben, die Fähigkeit zur sozialen Integration ist nur schwach entwickelt, das Leistungsvermögen ist eingeschränkt. Es kommt daher zwangsläufig immer zu Reaktionen der Kinder auf die Trennung ihrer Eltern. Die Trennung der Eltern verändert das Beziehungsgefüge zwischen Kindern und Eltern in einer Weise, die für die Kinder nur begrenzt verständlich ist. Was sich da zwischen ihren Eltern abspielt, entzieht sich ihrer Kontrolle. Kinder reagieren auf die Scheidung der Eltern je nach Altersstufe unterschiedlich. Diese unterschiedlichen Reaktionen lassen sich zum einen aus den je nach Entwicklungsstand unterschiedlichen kognitiven Kompetenzen der Kinder, sowie dem je nach Entwicklungsstand unterschiedlichen Verständnis der Kinder von Beziehungen erklären.

Im Folgenden sollen die Reaktionen der Kinder auf die Trennung/Scheidung der Eltern stichpunktartig nach Altersstufen beschrieben werden.

(1) **Kinder im Alter bis 2,5 Jahren**

60 Sie reagieren auf die Trennung mit erhöhter Irritierbarkeit und weinerlichem Verhalten, ziehen sich zurück, können sich nur schwer auf ein Spiel einlassen, sind im Kontakt ängstlich oder im Übermaß anklammernd. Das im Ansatz entwickelte Beziehungsgefüge der Kinder wird durch die Trennung **erheblich erschüttert**. Das Kind wird in diesem Alter in seinen Bemühungen, eine stabile Umwelt zu erschaffen und mit ihr in Beziehung zu treten, zutiefst verunsichert. Die Trennung bedeutet im Erleben einen Verlust an Nähe, Geborgenheit; die Kinder fühlen sich verlassen und getrennt von ihren wichtigsten Bezugspersonen.

(2) **Kinder im Alter von 2 – 3 Jahren**

61 Sie reagieren auf die Trennung mit deutlichen Verhaltensänderungen, z. B. Angstzuständen, akuten Trennungsängsten, Aggressivität und Trotzverhalten. Das Bewusstsein über die existenzielle Abhängigkeit von den Eltern weckt im Fall einer Trennung

massive Ängste, für die nur wenige Fähigkeiten zum Umgang mit Stresssituationen bisher ausgebildet worden sind. Die Kinder sind überfordert mit der Bewältigung dieser neuen Lebenssituation. Diese **Ängste** finden sich in allgemeinen Angstzuständen, akuten Trennungsängsten, verstärkter Masturbation, Aggressivität, Trotzverhalten wieder.

(3) Kinder im Alter von 3 – 5 Jahren

Sie reagieren auf die Trennung vor allem mit aggressivem Verhalten, mit psychosomatischen Störungen (Einnässen, Kopfschmerzen, Bauchschmerzen). Die Trennung der Eltern hat ihr **Vertrauen in die Zuverlässigkeit** von Beziehungen erschüttert. Die Trennung der Eltern kann bereits mit eigenem Fehlverhalten erklärt werden. Daraus resultieren bei diesen Kindern massive Schuldgefühle.

(4) Kinder im Alter von 5 – 6 Jahren

Sie reagieren mit erhöhter Ängstlichkeit und Aggression, verstärktem Weinen. Sie bewerten die Auflösung der Familie als **Trennung von der eigenen Person**. Das Ausbleiben gemeinsamer familiärer Aktivitäten bewerten sie als Liebesentzug.

(5) Kinder im Alter von 6 – 9 Jahren

Sie reagieren auf die Tatsache, dass die Eltern den Bedürfnissen nach Wiedervereinigung der Familie nicht Rechnung tragen, **mit tiefer Trauer und Hilflosigkeit**. Häufig kommt es bei ihnen zu Leistungsabbrüchen, Verhaltensauffälligkeiten und Schwierigkeiten im Umgang mit Gleichaltrigen.

(6) Kinder im Alter von 9 – 12 Jahren

Bei einem beträchtlichen Teil dieser Altersgruppe sind Symptome wie depressive Stimmungen, niedriges Selbstwertgefühl, schulische Schwierigkeiten zu beobachten. Bei der Suche nach der eigenen Identität fühlen sie sich von den Eltern in der Trennung **im Stich gelassen**. Charakteristisch ist oft ein bewusster, intensiver Zorn, der sich direkt auf die Eltern bezieht.

(7) Kinder und Jugendliche im Alter von 12 – 15 Jahren

Die Trennung der Eltern löst bei ihnen **heftige Gefühle** aus. Es verbinden sich Zorn, Trauer, Schmerz und Scham mit dem Gefühl, verlassen worden zu sein. Dennoch sind sie oft in der Lage, konstruktiv mit der Trennung ihrer Eltern umzugehen und einen Beitrag zur Bewältigung zu leisten. Hier besteht bei ihnen die Gefahr, dass ihre eigenen angemessenen Schritte ihrer Ablösung von den Eltern unterbleiben.

cc) Einschätzung der Reaktionen der Kinder

Es lässt sich zum einen feststellen, dass jüngere Kinder durch die elterliche Trennung heftigere und andauernde Belastungen erleben als ältere; zudem ist feststellen, dass Kinder aller Altersklassen zumindest kurzfristig und vorübergehend durch die Trennung der Eltern belastet sind. Die Scheidung bedeutet für Kinder **eine Krise**, die verschiedenste Gefühle bei ihnen hervorruft, hervorrufen muss. Ein gesundes, einigermaßen normales Kind muss auf eine solche Krise reagieren (»**Erlebnisreaktion**«). Die meisten Kinder können sich langfristig ohne weiterreichende Folgen von diesem kritischen Ereignis erholen. Die seelische Struktur des Kindes ist zwar durch die Trennung der Eltern vorübergehend belastet, jedoch noch nicht verändert. Das Kind ist weiterhin in der Lage, unter hilfreichen äußeren Umständen sein Gleichgewicht selbstständig wieder zu finden. Es handelt sich bei dieser Form von belasteten Gefühlen und Reaktionen nicht um pathologische Erscheinungen, sondern um Reaktionen, die auch wieder vorübergehen können, wenn die damit verbundenen Befürchtungen angesichts der neuen Realität sich mildern oder korrigiert werden können. Es sind im Grunde normale und gesunde Antworten der Kinder auf verrückte Lebensumstände. Entscheidend kommt es darauf an, ob es den Eltern gelingt, dem Kind zu vermitteln, dass, bei aller Veränderung der äußeren Lebensumstände, die Welt in ihren Grundfesten sich nicht verändert hat.

68 Diese Grundfesten sind für die Kinder gewahrt, wenn folgende **Bedingungen** (wieder) hergestellt sind:
   – der Kontakt des Kindes mit jedem Elternteil erhalten und für die Zukunft gesichert ist,
   – eine Kooperation der Eltern miteinander neu etabliert wird,
   – die finanzielle Sicherheit für die Kinder hergestellt ist.

dd) Kinder in der Mediation

69 Die Familien-Mediation setzt bei der Regelung der äußeren Veränderungen für jedes Familienmitglied an, mit dem Effekt, dass dadurch auch eine innere Stabilität neu entstehen kann. Die Familien-Mediation bietet den Eltern die Möglichkeit, eigenverantwortlich Lösungen zu entwickeln und Vereinbarungen zu den drei oben genannten Bedingungen zu treffen. In diesen Prozess **bezieht** die Familien-Mediation auch **die Kinder aktiv mit** ein; die Kinder sollen sich am Veränderungsprozess ihrer Familie beteiligen können, ohne die Verantwortung für Entscheidungen übernehmen zu müssen. Auf den Prozessstufen der Themensammlung und der Optionenentwicklung wird den Kindern Gelegenheit gegeben, eigene Themen zu sammeln, die ihre Eltern für sie regeln müssen, sowie Ideen zu entwickeln, zu fantasieren, die die Lösungssuche der Eltern beflügeln können.

Beispielhaft seien einige typische Themen der Kinder in der Mediation genannt, die den Eltern vorher oft nicht bekannt waren:
   – darf ich zu Oma/Opa/Tante/Onkel,
   – mein Kaninchen/Vogel/Fisch,
   – wer kauft meine Kleidung,
   – wer unterschreibt mein Zeugnis,
   – von wem kriege ich Taschengeld,
   – meine Freundin/mein Freund,
   – mit meinem Bruder zusammen sein,

– wo feiere ich meinen Geburtstag,
– Weihnachten/Ferien,
– wer holt mich ab vom Fußball-/Klavierspielen.

Mit diesen Themen können die Kinder aktiv den weiteren Prozess ihrer Familie beeinflussen; ihre Anliegen werden von den Eltern nicht mehr übersehen. Greifen die Eltern die Themen und Wünsche ihrer Kinder auf, dann gelingt es ihnen, die Grundfesten ihrer Kinder neu aufzubauen, es entstehen **neue Sicherheiten** für ihre Kinder. Unter diesen Voraussetzungen bedeutet die Scheidung für Kinder oft eine Entlastung im Vergleich zum konfliktreichen Zusammenleben mit beiden Eltern vor der Trennung. Mit dem Ende der Scheidung kann die neue Sozialstruktur die Kinder frei machen für ihre anstehenden eigenen Entwicklungsschritte. Gelingt es der »Familie nach der Familie« eine neue Struktur aufzubauen, entstehen mit den neuen Aufgaben für die Kinder Entwicklungsgewinne. Entlastung und neue Anregungen erweisen sich als förderlich.[29]

70

b) Gespräche mit Kindern und Jugendlichen

Gespräche mit Kindern und Jugendlichen setzen **entwicklungspsychologische Kenntnisse** und Einschätzungen voraus. Zudem ist die Reflexion der eigenen Haltung als professioneller Helfer ihnen gegenüber sinnvoll. Schließlich sollte man über Kenntnisse bzgl. Setting und Ablauf der Gespräche sowie spezieller Methoden und Techniken der Gesprächsgestaltung verfügen. Kinder und Jugendliche lassen sich ganz grob in 3 Altersgruppen einteilen: Vorschulkinder bis 7 Jahre, Schulkinder von 8 – 14 Jahren, Jugendliche(r) von 14 – 18 Jahren. Diese Entwicklung ermöglicht eine bessere Einschätzung der jeweiligen kognitiven, emotionalen und sozialen Entwicklung eines Kindes. Vor diesem Hintergrund kann man die Möglichkeiten aber auch Grenzen der Gespräche mit ihnen besser einschätzen und entsprechend realisieren.

71

aa) Vorschulkinder

Bei Kindern bis zum Alter von 7/8 Jahren sind die Erlebensinhalte noch nicht kognitiv sondern **symbolisch** repräsentiert. Diese Kinder sind noch nicht in der Lage, sprachlich-begrifflich zu denken. Ausdrucksform der Vorschulkinder ist das direkte Alltagsverhalten sowie das Spiel. Ein Gespräch mit ihnen müsste daher über etwas Drittes, ein Medium geführt werden. Zudem erkennen sie aufgrund ihrer egozentrischen Perspektivübernahme nicht, dass andere die Situation anders einschätzen als sie selbst. Kinder m Vorschulalter nehmen oft unhinterfragt an, dass Perspektiven gleich sind, dass also ihre eigene Perspektive mit der der anderen übereinstimmt. Erst langsam entwickeln Vorschulkinder eine Theorie, die davon ausgeht, dass andere Menschen auch vernunftbegabt Wesen sind, die ihre Voraussetzungen mitunter nicht teilen und dann zu anderen Einschätzungen und Gefühlen kommen.

72

Schließlich können Kinder vor Schulanfang im Allgemeinen keine Geschichten erzählen, in der sie zwei Gefühle gleichzeitig erlebt haben. Dies ist ein Hinweis für die in

73

---

29 *Krabbe* Perspektive Mediation 2009/3, 147 ff.

diesem Lebensabschnitt vorherrschende »**emotionale Spaltung**«. Eine Person ist für sie entweder gut oder böse, nett oder gemein. Dass der eine Elternteil auch schwierige Seiten haben kann, wird von den Kindern vor dem Schulalter meist strikt geleugnet. Diese Entwicklungsstände müssen beim Gespräch mit den Vorschulkindern berücksichtigt werden. So sollte im Kontakt mit dem Kind stets die »Triade« beachtet werden. Der direkte (»dyadische«) Kontakt zum Kind (»Dyade«) würde bei diesem zu viele Spannungen erzeugen, es überfordern. Die »Triade« bietet dem Kind eine leichtere Möglichkeit in das Gespräch ein- bzw. auszusteigen. So sollte ein drittes Medium in das Gespräch eingebracht werden. In der Regel ist das Kind, auch aus seiner Familie daran gewohnt in »Triaden« zu agieren, benötigt es doch im Kontakt zu Mutter bzw. Vater auch jeweils den anderen Elternteil zur eigenen Unterstützung im Kontakt mit dem Elternteil. Daher sollte man im Gespräch mit Vorschulkindern ihnen nicht direkt gegenüber sitzen sondern ein Triade über das Spiel, über die symbolische Kommunikation anbieten.

74 Bis zum Schulanfang haben die allermeisten Kinder ein **differenziertes Bild** von anderen Personen entwickelt. Spätestens bis dann wissen Kinder, dass andere Personen andere Absichten haben als sie selbst und dass normalerweise Wahrnehmungen, Emotionen und Intentionen hinter dem Handeln dieser Personen stecken. Bei der einseitigen Perspektivendifferenzierung erkennen Kinder, dass andere Personen andere Ideen, Meinungen, Bedürfnisse und Absichten als das Subjekt, eben das Kind haben, die von seinem Äußeren abzulesen sind. Für Beziehungen bedeutet dies, dass Kinder die Folgen von Handlungen nur für eine Person bedenken, nämlich nur für sich selbst. Reziprozität existiert nur auf der Ebene der Handlungen: »Wenn der andere haut, haue ich zurück«.

75 Am Ende der Grundschulzeit – zwischen sieben und zwölf Jahren – wissen Kinder, dass andere über vielfältige geistige und emotionale Zustände verfügen, die sie aber manchmal auch verbergen. Auch die Kinder selbst zeigen ihre Gefühle nicht in allen Situation offen; sie bauen eine Fassade auf und bemühen sich oft, den Eindruck zu erwecken, dass sie emotional unbeteiligt, eben »cool« sind. **Die Beziehungsvorstellung ist nun zweiseitig:** Am Ende der Grundschulzeit wissen Kinder, dass sie selbst die Absichten, Meinungen und Wünsche der anderen erkennen, aber sie wissen auch, dass die anderen ihre auch erkennen. Kinder wissen nun also oft, welche Absichten und Meinungen ihre Eltern in einer Situation haben; aber sie verstehen auch, dass die Eltern wissen, was sie sich selbst denken, wünschen und hoffen. Es hat sich eine zweiseitige Perspektivendifferenzierung herausgebildet. Am Ende der Grundschulzeit können Kinder Geschichten erzählen, in denen sie ein positives und negatives Gefühl gleichzeitig erlebt haben, dies aber zu unterschiedlichen Sachverhalten. Neun- und Zehnjährige erzählen von den Ereignissen, bei denen sie sich über das Geschenk des einen Elternteils gefreut haben und sich gleichzeitig über das Schimpfen des anderen Elternteils geärgert haben.

76 Erst mit rund elf Jahren können Kinder **widerstreitende Gefühle gegenüber dem gleichen Sachverhalt** äußern. Bei einer Trennung bedeutet dies z. B., dass erst Elfjährige zugleich positive und negative Gefühle mit Worten ausdrücken können, so etwa ihre Zuneigung und ihre Wut gegenüber demselben Elternteil, weil sie diese Person einer-

seits lieben, sie diese aber andererseits für die ständigen Streitereien verantwortlich machen. Im längerfristigen Verlauf einer Trennung identifizieren sich die Kinder zumeist mit dem Elternteil, mit dem sie zusammenleben, und dessen Konfliktlösungen. Im Bündnis mit dem anwesenden Elternteil wird die innere Beziehung zum abwesenden Elternteil »emotional abgekapselt«, sodass sie dem Erleben nicht mehr unmittelbar zur Verfügung steht. In Gesprächen mit Schulkindern tauchen oft bei Trennung und Scheidung intensive Gefühle auf; Gefühle der Wut, des Ärgers, der Angst, Traurigkeit, Loyalitätskonflikte, Scham und Schuld. Gerade für die emotionale Ebene im kindlichen Erleben ist es sinnvoll, im Gespräch wachsam für diese Gefühle zu sein die das Kind ausdrücken möchte. Der Gesprächspartner fühlt sich ein, verbalisiert dieses emotionale Erlebnis, und holt sich dann die Rückmeldung des Kindes ein. So lernt das Kind, dass es auch den Umgang mit Gefühlen lernen kann. Hierfür eignet sich insbesondere das Zeichnen und Spielen: Familienzeichnungen, Puppen, Playmobilfiguren, Familienbrett.

Familienzeichnungen können Informationen über die Beziehungen des Kindes zu seinen Eltern und auch über Ausdauer oder Ablenkbarkeit des Kindes in einer ungewohnten Situation bringen. Ein Ansatz ist, das Kind zu bitten, sich und einen Elternteil zu malen, wie sie gerade etwas miteinander tun, und dies dann für den anderen Elternteil zu wiederholen. Wenn Kinder Personen aus der Familie nicht mitzeichnen, kann man sie bitten, sie diese auf einem eigenen Blatt zu zeichnen. Wen Kinder zur Familie rechnen, hängt sowohl vom Alter ab (kleine Kinder häufig: Haushaltsgemeinschaft) und von der Familienkonstellation. Die beste Art von Zeichnungen mit kleinen Kindern sind »teilnehmende« Zeichnungen, in denen der Berater und das Kind zusammen ein Bild anfertigen. Der Berater fragt »was wollen wir zeichnen?« und fängt an, das Kind zu zeichnen, oder der Berater zeichnet die Familie des Kindes, wobei er Beschreibungen verwendet, die das Kind im Verlaufe des Zeichnens über die Betreffenden gibt. Dies ist deswegen leichter, weil viele Kinder denken, sie »können« bestimmte Dinge wie Personen oder Tiere usw. nicht zeichnen, und sie zeichnen daher gar nicht (gerne) oder sie zeichnen nicht das, was sie wollen, sondern eben etwas, das sie »können«. Wichtig ist aber, den Vorstellungen des Kindes beim Zeichnen zu folgen, und nicht in suggestiver Weise eigene Inhalte einzubringen. 77

Familienpuppen, wie z. B. Puppenhäuser, Handpuppen, Playmobilfiguren, Familienbrett können den Ausdruck von Gefühlen bei Kindern ermutigen. Ein Ansatz ist, mit den Puppen die Konfliktsituation für die Eltern und für das Kind zu demonstrieren, und das Kind zum Mitspielen aufzufordern, indem man fragt, was jetzt in der dargestellten Familie wohl als Nächstes geschieht. Wenn man Kinder im Puppenspiel ambivalente Szenen spielen lässt und sie dabei optional unterstützt, so können sie ambivalente Haltungen schön früher spielen und verbalisieren, nämlich schon etwa zu Beginn des Schulalters. 78

Die Aufforderung, **Wünsche** zu äußern, zu zaubern, ist ein beliebtes Verfahren für Kinder bis ins Latenzalter. Es können allgemein drei Wünsche, speziell Wünsche bezogen auf die Familie oder sogar ausdrücklich zehn Wünsche erfragt werden. Die mit kleineren Kindern gesammelten Äußerungen und Eindrücke, die in symbolischen Verfahren erhoben wurden, sollten mit der nötigen Vorsicht interpretiert werden. Eine 79

Auswertung kann sich dabei nur auf die erste Symbolebene beziehen. Es ist allgemein besser mit den Eltern darüber zu sprechen was das Kind wohl aufgrund der Eindrücke braucht, statt zu interpretieren, was es gezeichnet hat.

bb) Schulkinder

80 Bei Schulkindern ist eine Kommunikation über die Gespräche mit zunehmendem Alter möglich. Ebenso ist ihre Fähigkeit gewachsen **selbstexplorativ** zu kommunizieren. Angesicht der üblichen Regressionen von Kindern bei Trennung und Scheidung sollte man dennoch die Möglichkeit der symbolischen Arbeit über ein Medium beibehalten. Auch hier kann die Triade noch das tragende Element im Kontakt mit dem Kind bleiben, zumindest als gedachte Möglichkeit. Zumindest macht es auch bei diesen Kindern Sinn, Papier und Stifte bereitzuhalten, um das Kind im Gespräch einladen zu können.

cc) Jugendliche

81 Jugendliche verfügen über die **Sprache** als Kommunikationsmittel. Eine dyadische Gesprächsanordnung ist prinzipiell möglich. Jedoch kann es bei Jugendlichen im Rahmen von Trennung und Scheidung immer wieder vorkommen, dass auch bei ihnen kindliche Anteile hervortreten, sodass auch die Möglichkeit beibehalten werden sollte, sich im Zweifel auf etwas Drittes beziehen zu können. Sinnvoll kann eine Sitzung über Eck mit ihnen sein. Gerade bei Trennung und Scheidung sind Jugendliche auch weiterhin in der Rolle der Kinder der sich trennenden Eltern und insoweit noch auf sie angewiesen. Zudem kämpfen sie oft stellvertretend für einen Elternteil dessen Kämpfe mit dem anderen Elternteil aus und sind insofern noch stark an die Eltern gebunden. Ihre eigene Autonomie ist oft trotz äußeren Anscheins noch gar nicht entwickelt (»Pseudo-Erwachsenheit«). Dennoch hat sich inzwischen bei ihnen die Fähigkeit entwickelt, eine gegenseitige Perspektive zu entwickeln. Sie sind z. B. in der Lage, bei Auseinandersetzungen mit ihren Eltern die Perspektiven Dritter als eine dritte davon abweichende Perspektive wahrzunehmen. Die verschiedenen Perspektiven können miteinander koordiniert werden. Ein Jugendlicher weiß daher, dass das, was er zu seiner Mutter gesagt hat, etwas damit zu tun hat, was sie zu einem früheren Zeitpunkt zu ihm gesagt hat. Mit dieser Fähigkeit erweitern sich die Möglichkeiten der Reflexion über die eigene Person und ihre Wirkung auf andere; komplexere Problemlösungen werden theoretisch möglich. Zudem steht dem Jugendlichen die Möglichkeit offen, mehrdeutige Empfindungen in Worte zu fassen, sodass er über die anstehenden Entscheidungen nachdenken und mit anderen darüber sprechen kann. Sie können damit letztlich auch ihre Wünsche in differenzierter Form formulieren.

82 Von großer Bedeutung im Gespräch mit Jugendlichen ist die Zusicherung von **Vertraulichkeit**. Ihm muss genauestens erklärt werden, was mit den erhaltenden Informationen geschieht. Er muss um ausdrückliche Erlaubnis gefragt werden, ob über das Gespräch den Eltern berichtet werden darf, ob möglicherweise ein Bericht angefertigt oder eine Empfehlung abgegeben wird. Zusammenfassend sollte der Gesprächspartner

dem Jugendlichen Authentizität, Respekt, gleiche Augenhöhe ohne Anbiederung anbieten.

c) Anhörung von Kindern

aa) Grundsatz

Die Anhörung ist geleitet von der Grundhaltung, den Kindern **eine Stimme** zu geben, ihrer Stimme zuzuhören, sie richtig zu verstehen. Dies sollen einige Gedanken näher bringen:
- Kinder sollen ihre Meinung äußern dürfen,
- die Verantwortung für das Wohl des Kindes liegt bei den Erwachsenen,
- ergänzend ist das Kindeswohl auch eine öffentliche Angelegenheit,
- das Wort der Kinder/die Meinung der Kinder muss ernst genommen werden,
- die Aussagen des angehörten Kindes sind zu gewichten unter Berücksichtigung seines Alters, seines Entwicklungsstandes, seiner Lebenssituation,
- die Deutungen eines Kindes entsprechen seiner eigenen Logik. Es deutet und fühlt anders als ein Erwachsener,
- die Deutungen des beurteilenden Erwachsenen basieren auf seinem Erwachsenendenken und seinen andersartigen persönlichen und berufsmäßigen Erfahrungen,
- es besteht die Gefahr, dass subjektives, kindbezogenes, egozentrisches Empfinden auf eine objektivierte Deutungsstufe von Erwachsenen gehoben wird,
- aktueller Kindeswille und langfristige Kindesinteressen können sich widersprechen oder mindestens in einem nicht eindeutigen Verhältnis zueinander stehen. Die Integration der verschiedenen Rechte und Perspektiven auf das Wohl des Kindes ist eine äußerst anspruchsvolle und verantwortungsvolle Aufgabe,
- für Scheidungskinder ist es entscheidend, wie der Kontakt zu beiden Eltern gestaltet wird.

83

bb) Praxisanregungen für die Anhörung

Die Anhörung des Kindes ist keine Befragung des Kindes. Sie erfordert vielmehr ein sorgfältiges Vorgehen. Dazu sollen einige Anregungen gegeben werden.

84

Die Anhörung selbst sollte als ein **Gespräch besonderer Art** verstanden werden, bei dem es darum geht, dass das Kind Gehör finden sollte. Das bedeutet, dass das Kind zu Wort kommen sollte mit der Sicherheit, keine Entscheidungen treffen zu müssen und auch nicht Partei ergreifen zu müssen. Die Anhörung stellt zudem keine therapeutisch ausgerichtete Beratung dar, durch die ein Kind über längere Zeit durch die Krise begleitet würde. Für die anhörende Partei gilt es, einen guten Kontakt zum Kind aufzubauen, einfühlsam und zugleich mit professioneller Distanz das Gespräch zu führen.

Zur Vorbereitung auf das Gespräch kann die Aktenkenntnis hilfreich sein, sowie ein vorgeschaltetes Gespräch mit den Eltern über ihr Kind. Dabei sollte den Eltern die Möglichkeit gegeben werden, ihr Kind zum Termin zu begleiten.

Für Kinder ist bereits der **äußere Rahmen** von Bedeutung: Es sollte ein kindgerecht ausgestatteter Raum sein, eventuell mit gemalten Bildern von anderen Kindern; zudem sollten der Zeitpunkt und der Umfang des Gesprächs kindgerecht sein.

Die Durchführung der Anhörung verläuft in Prozessschritten; nach dem bedeutsamen Anfangskontakt sollte dem Kind Zeit zum Anwärmen gewährt werden. Danach erfolgt eine Einleitung zum Anlass/Thema der Anhörung. Bei der eigentlichen Anhörung ist auf die entsprechenden Frageformen zu achten, aktives Zuhören dem Kind gegenüber verdeutlichen, die Sprache sollte einfach und korrekt sein. Zum Abschluss fasst die anhörende Partei das vom Kind Gesagte zusammen und erstellt ein Protokoll, bevor sie sich vom Kind mit Respekt verabschiedet.

d) Förderliche Bedingungen für die Kinder zur Bewältigung der Scheidung

85 Einerseits bringt eine Trennung für Kinder eine starke Belastung mit sich, andererseits können beide Eltern im Rahmen ihrer Trennungsauseinandersetzungen jedoch auch Bedingungen schaffen, die die weitere **Entwicklung ihrer Kinder** fördern. Dazu zählen zuallererst ausreichende Kontaktmöglichkeiten des Kindes zu beiden Eltern. Die Beziehung zu jedem Elternteil sollte weiterhin gelebt werden können. Vom betreuenden Elternteil sollte das Kind am Kontakt mit dem anderen Elternteil nicht gehindert werden; vom weggezogenen Elternteil sollte es nicht zurückgestoßen zu werden. Dies schafft eine emotionale Sicherheit beim Kind. Notwendig ist zudem eine konfliktfreie Zusammenarbeit beider Eltern. Statt Sprachlosigkeit sollte die direkte Kommunikation beider Eltern über das Kind wieder hergestellt werden. Das emotionale Klima sollte entgiftet werden, da die Gefühle der Eltern die kindlichen Reaktionen verstärken. Zudem sollte sich nach einer Trennung möglichst wenig in der Lebenswelt der Kinder verändern; zumindest kurzfristig sollten Umzüge vermieden, verschoben werden, Kindergarten und Schulwechsel aufgeschoben werden. Weiterhin ist ein verlässliches soziales Beziehungsnetz für Kinder und Eltern förderlich. Es gilt weiterhin den Kontakt der Kinder zu Großeltern und weiteren Verwandten zu pflegen, Freunde um Unterstützung zu bitten. Schließlich sollten die Eltern sich darum bemühen, ihre Erziehungsfähigkeit wieder herzustellen, emotional und real wieder zur Verfügung zu stehen, Grenzen zwischen den Generationen wieder herstellen zu können.

4. Professionelle Hilfen bei Trennung und Scheidung in Form von Information und Aufklärung

86 Die erste früheste Form von professioneller Hilfe besteht in Form einer aktiven Information und **Aufklärung** der Eltern über ihre Kinder bei Trennung und Scheidung. Statt abzuwarten, dass sich im Rahmen der Trennungsauseinandersetzungen Schwierigkeiten entwickeln und verfestigen, sollte professionelle Hilfe früher einsetzen, um Eltern Orientierung bei den Entscheidungen zu den Kindern zu geben. Eine Reihe von Konflikten um die Kinder entsteht aus Unwissenheit, Unsicherheit

der Eltern. Hier sollte ihnen das inzwischen gebildete Fachwissen frühzeitig zur Verfügung gestellt werden.³⁰

a) Konzept der Information/Aufklärung

Die Informationsweitergabe/Aufklärung der Eltern durch einen professionellen Helfer ist eine **Vermittlung besonderen Wissens**. Es sollte über bestimmte Inhalte zur Situation der Kinder bei Trennung und Scheidung aufgeklärt werden. Dabei beziehen sich die Aufklärungsinhalte zum einen auf aktuelle Forschungsergebnisse zu den Reaktionen von Kindern auf die Trennung ihrer Eltern, zum anderen wird Verständnis für die eigenen Belastungen der Eltern gezeigt. Die vorhandenen Schuldgefühle eines Elternteils bzgl. seines Trennungsentschlusses wird umgedeutet in verantwortete Schuld; Ambivalenzen der Kinder zu dem Elternteil als zu Liebesbeziehungen dazu gehörend erläutert. Zudem werden Illusionen abgebaut: Trennung bedeutet für alle Familienmitglieder Schmerzen; eine Trennung hat keinen reibungslosen Ablauf. Am Ende werden den Eltern Positiv-Modelle (anderer Eltern) angeboten für typische Instabilitäten bei einer Trennung, so bei der Mitteilung der Trennung an die Kinder, der Gestaltung des Auszugs/Umzugs, dem Wechsel der Kinder zwischen den beiden Eltern, dem Ablauf des Scheidungsverfahrens, sowie dem Erscheinen neuer Partner, neuer Kinder.

87

Der professionelle Dritte sollte sich im Kontakt mit den Eltern verdeutlichen, dass die meisten Eltern aufgrund ihrer persönlichen Situation vor, während und nach der Scheidung nur bedingt in der Lage sind, die Realität ihrer Kinder zu sehen, einzuschätzen und ihnen wirksam zu helfen.

b) Aufklärungsinhalte

– Der professionelle Dritte sollte zunächst über die **Forschungsergebnisse** zu den Reaktionen der Kinder bei Trennung und Scheidung berichten, so über die Anpassungsfunktion der Erlebnisreaktionen, dass alle Kinder vorübergehend unter der Scheidung leiden, aber langfristig die Trennung der Eltern auch eine Entwicklungschance darstellen kann.

88

– Er sollte den Eltern gegenüber Verständnis äußern, dass es bei den psychischen, sozialen und ökonomischen Belastungen einer Scheidung fast unmöglich ist, das Richtige zu tun.
– Er sollte die **Schuldgefühle** der Eltern den Kindern gegenüber ansprechen:
  – der unmittelbare Schmerz ist normal, ein Zeichen für eine bisher weitgehend gelungene Entwicklung des Kindes,
  – die kindlichen Reaktionen und Symptome sind eine Hilfe für das Kind, sein Selbstgleichgewicht wieder zu finden,
  – der aktuelle Schmerz des Kindes bedeutet keineswegs, dass das Kind die Trennung nicht bewältigen kann; die Trennung sich unter Umständen sogar als Chance für das Kind erweisen kann.

---

30 *Figdor*, Hochstrittige Scheidungsfamilien und Lösungsstrategien für die Helfer.

Es gehört wohl zu den schwierigsten Dingen im Leben von Eltern, akzeptieren zu können, dass sie ihren Kindern wehtun, weil sie es müssen – aus gesellschaftlichen Zwängen heraus oder für ein ausreichendes Quantum an eigenen Lebensglück; diese Schuld lässt sich für die Eltern leichter ertragen, wenn ihnen nur dieser Weg der Trennung bleibt und diese Entscheidungen langfristig ihrem Kind auch zugutekommen können. Es geht also darum, dass Eltern lernen, ihre Schuld gegenüber den Kindern zu verantworten statt sie leugnen zu müssen

– Der professionelle Dritte sollte über die prinzipielle **Ambivalenz** von Liebesbeziehungen aufklären. Die Anerkennung des Umstandes, dass Enttäuschungen und Kränkungen notwendiger Bestandteil aller Liebesbeziehungen sind, lässt verstehen, dass Aggressionen Begleiterscheinungen von Liebe sind; so wird die eigene Wut auf den Partner, auf das Kind, aber auch die Wut der Kinder auf die Eltern leichter verstehbar, akzeptierbar, entschuldbar.

Die Wut des Kindes bedeutet somit nicht, dass »mein Kind mich nicht mehr liebt«. Der Berater kann in diesem Zusammenhang den Eltern vermitteln, dass sie darauf vertrauen können, dass das Kind sie weiter liebt und lieben wird trotz oder wegen der gezeigten Wut.

c) Unliebsame Folgen von Trennung und Scheidung

89 Neben dem Zuwachs an Erkenntnissen geht es in den aufklärenden Gesprächen auch um einen **Abbau von Illusionen:**
– die Trennung bedeutet eine Krisensituation für alle Familienmitglieder,
– es gibt keine Trennung mit reibungslosem Ablauf,
– mit der Trennung ziehe ich keinen endgültigen Schlussstrich unter das bisherige Leben,
– alle Beteiligten (Kind, Mutter, Vater) nehmen neben den neuen Chancen nach der Trennung auch etwas Unliebsames mit:
  – das Kind die Entbehrung, zukünftig mit beiden nicht mehr gemeinsam zusammen zu leben,
  – die Mutter den Umstand, dass der Vater trotz Trennung in Gestalt der Liebe des Kindes für alle Zukunft einen gewissen Rahmen im Leben einnehmen wird, selbst wenn der Vater den Kontakt zum Kind ganz einstellen sollte,
  – der Vater, dass sein Einfluss auf das Kind geringer wird und er im Kontakt zum Kind von der Mutter abhängig ist, da sie die reale »Macht«, den Einfluss über das Kind vergrößern wird.

d) Positivmodelle bei Instabilitäten

90 Schließlich sollte der Berater den Eltern Positiv-Modelle anderer Eltern anbieten im Umgang mit Instabilitäten im Verlaufe der Trennung/Scheidung. Von der Haltung her sollte der Berater den Eltern vermitteln, dass es sich bei den Positiv-Modellen um **Orientierungshilfen**, um Vorschläge, um Anregungen, um Erfahrungen anderer Eltern handelt, die er auch ihnen als Eltern weitergeben möchte. Sie sollen selbst entscheiden, was sie davon übernehmen möchten, wie viel sie davon z. Zt. schon

umsetzen können. Die eher idealtypisch klingenden Modelle müssen von ihnen noch in ihre Realität übertragen werden.

Instabilitäten zeigen sich bei folgenden Ereignissen:

aa) **Mitteilung der Trennung**

- Mitteilung durch beide Eltern, **bei gleichzeitiger Anwesenheit**, Zeitpunkt festlegen, 91
- Kinder ohne Schuld an der Trennung,
- Trennungsgründe für jedem Elternteil unterschiedlich, jedoch beide akzeptieren die Trennung,
- Kontakt jedes Elternteils zu jedem Kind bleibt erhalten,
- eitere gemeinsame Gespräche als Eltern,
- über weitere Schritte werden Kinder auf dem Laufenden gehalten.

bb) **Auszug/Umzug**

- frühzeitige Mitteilung und Information über Auszug/Umzug, 92
- **Kinder ziehen zweimal aus/um** = sind an beiden Auszügen/Umzügen beteiligt; direkt oder indirekt,
- eigene persönliche Sachen und Alltagsgegenstände der Kinder werden aufgeteilt und ziehen z. T. mit um = zwei »Zuhause« mit unterschiedlichem Gewicht/unterschiedlicher Zeit,
- in jeder Elternwohnung werden eigene Sachen der Kinder aufgebaut und eingeräumt.

cc) **Wechsel der Kinder zwischen den Eltern**

- Wechsel Kindern frühzeitig ankündigen, 93
- zumindest zu Beginn Begleitung der Kinder durch jeweils 1 Elternteil,
- **gute Balance** für jeden Elternteil zwischen Bringen und Holen der Kinder,
- Kontakt der Eltern beim Wechsel (kurze Informationen über Kinder, Übergaberitual zwischen den Eltern, Abschiednehmen und Kinder informieren über nächsten Kontakt),
- Erprobungsphasen einbauen.

dd) **Scheidungsverfahren**

- Information über das Verfahren in allgemeiner Form (Prozessverlauf), 94
- Verantwortung für jur. Schritte übernehmen,
- Realitäten, Konfliktpunkte benennen (bei Jugendlichen),
- **keine Loyalitäts-/Entscheidungsfragen** an die Kinder,
- bei Anhörung der Kinder vor Gericht, Kinder begleiten/kein Ausfragen der Kinder danach, sondern Zuhören, Fragen der Kinder beantworten.

ee) Neue Partner/neue Kinder

95 – Betonung der Fortsetzung der eigenen bisherigen Familie der Kinder mit den unangetasteten Rollen aller bisher beteiligten Familienmitglieder,
– Realität des neuen Partners **nicht leugnen,**
– Zeit lassen zum kennen lernen des neuen Partners, der neuen Kinder,
– Zeit lassen zum Aufbau eines eigenen Kontaktes zwischen dem Kind und dem neuen Partner, den neuen Kindern,
– insgesamt behutsame Erweiterung der bisherigen Familie der Kinder um neue Personen sowie der Suche des neuen Partners nach einem Platz in der bisherigen Familie,
– Erprobungsphasen einbauen.

VI. Konfliktfeld Arbeit, Mobbing

1. Definition von Mobbing

96 »Der Begriff Mobbing beschreibt **negative kommunikative Handlungen**, die gegen eine Person gerichtet sind (von einer oder mehreren anderen) und die sehr oft und über einen längeren Zeitraum hinaus vorkommen und damit die Beziehung zwischen Täter und Opfer kennzeichnen.«[31]

2. Handlungen des Mobbings

97 Die verschiedenen Mobbinghandlungen lassen sich in mehrere **Handlungstypen** einteilen; man könnte auch von einer »Typologie der Handlungen« sprechen:
– Angriffe auf die Möglichkeiten, sich mitzuteilen (z. B. ständiges Unterbrechen, Kontaktverweigerung),
– Angriffe auf die sozialen Beziehungen (z. B. Versetzung in andere Räume),
– Angriffe auf das soziale Aussehen (z. B. Gerüchte, schlecht machen, lächerlich machen),
– Angriffe auf die Qualität der Berufs- und Lebenssituation (z. B. sinnlose Arbeiten, kränkende Aufgaben),
– Angriffe auf die Gesundheit (z. B. Denkzettel verpassen, sexuelle Handlungen).[32]

3. Mobbingverlaufsmodelle

98 Das diffuse Mobbinggeschehen lässt sich in einem **Verlaufsmodell** veranschaulichen, das die Auswirkungen beschreibt, die solche Konflikteskalationen bei den Betroffenen herstellen.
– **Konflikte, einzelne Unstimmigkeiten und Gemeinheiten:**
Eine gefahrenträchtige Situation stellt sich ein.
– **Übergang zu Mobbing und Psychoterror:**

---

31 *Leymann*, Mobbing, S. 21.
32 *Leymann*, Mobbing, S. 23.

Es geschieht eine psychische Traumatisierung, die die Möglichkeit der Stigmatisierung in sich trägt.
- **Rechtsbrüche durch Über- und Fehlgriffe der Personalverwaltung:**
Bei seinem Versuch, sich wieder einzugliedern, widerfährt dem Opfer Rechtsverdrehung, Rechtsentzug, Unverständnis, Abweisung, Schuldzusprechung und Ähnliches – das Opfer wird stigmatisiert.
- **Stigmatisierende Diagnosen:**
Ärzte, Psychiater, Psychologen etc. wählen aus unzureichendem Wissen solche Diagnosen, die weiterhin stigmatisierend und schuldzuweisend wirken.
- **Ausschluss aus der Arbeitswelt:**
Das Opfer gleitet in eine Pariasituation hinein. Sein weiterer sozialer Überlebenskampf wird falsch gedeutet und ihm zur Last gelegt. Mehr noch: Dieser verzweifelte Überlebenskampf und das dabei gezeigte Verhalten überzeugt die Umwelt davon, dass die Person an irgendwelchen Charakterfehlern leidet.
- **Folgen:**
Versetzung, Abfindung, Psychiatrie.[33]

4. Parallele soziale und psychische Verläufe bei Mobbing

Der Mobbingprozess braucht in der Regel eine lange Zeit, um sich zu entwickeln. Bis zur endgültigen Ausgrenzung können einige Jahre vergangen sein. Die **Belastungszeit** ist somit in der Regel lang. Der Konfliktverlauf benötigt oft eine lange Zeit, in der sich Veränderungen im Verhalten des Opfers ergeben. Gleichzeitig verändert sich auch die Einschätzung der Umwelt.

Der Konfliktverlauf:

Ein Konflikt bricht aus.

Erste (manchmal wechselseitige) Angriffe.

Es geschehen Machtübergriffe.

Rechtsbrüche geschehen.

Auf dem Weg zur Ausgrenzung.

Veränderungen im Verhalten des Opfers:

Das Opfer kristallisiert sich heraus.

Bewältigungsvermögen nimmt ab

Wilde Verzweiflung entsteht.

Verzweifelte Versuche zur Wiederaufrichtung.

Veränderungen in der Meinung über das Opfer:

---

33 *Kolodey*, Mobbing – Psychoterror am Arbeitsplatz und seine Bewältigung, S. 102.

Meinung sehr oft: »Er/sie ist o.k.«

Meinung: »Es ist schon anstrengend, ihn/sie hier zu haben.«

Meinung: »Er/sie hat Schwierigkeiten mit der Zusammenarbeit.«

Meinung: »Ganz und gar unakzeptables Auftreten.«

Meinung: »Der/die muss doch psychisch krank sein.«

Prozess der Bildung von Mythen:

Psychologische und soziale Mythen entstehen.

Psychologische und soziale Mythen nehmen zu.

Schuldigsprechung und soziale Stigmatisierung des Opfers.[34]

5. Mobbinginterventionen

101 **Individuelle Interventionen** aus betroffener Sicht:
- gesundheitsfördernde Bewältigungsmechanismen,
- Eigenkompetenzen stärken,
- Hilfsangebote in Anspruch nehmen,
- juristische Interventionen, Kündigung,
- therapeutische Interventionen,
- neue berufliche Perspektiven suchen.

Betriebliche Interventionen:
- Moderation,
- Supervision,
- Mediation,
- Organisationsentwicklung und -beratung,
- Schlichtungsverfahren,
- Freisetzung.

6. Betriebliche Interventionen bei Mobbing im Einzelnen

a) Moderation

102 Bei der Moderation handelt es sich um eine Methode, mit der Arbeitsgruppen unterstützt werden können, ein Thema, eine Aufgabe oder einen anstehenden Konflikt zielgerichtet, strukturiert und mittels demokratischer Mittel zu bearbeiten. Der Moderator »bietet sich als methoden- und verfahrenskompetenter **Begleiter** für den Arbeitsprozess an, dessen Ziele und Inhalte die Gruppe grundsätzlich selbst verantwortet«.[35]

---

34 *Leymann*, Mobbing, S. 77.
35 *Hartmann/Rieger/Pajonk*, Zielgerichtet moderieren, S. 15.

Die Moderation beginnt zunächst mit einem Einstieg, geht dann weiter zur Themensammlung, Themenauswahl und Themenbearbeitung und endet mit der Maßnahmenplanung und einer Abrundung des gesamten Prozess in Form eines Abschlusses. Die Methodik der Moderation erlaubt es, dass alle Teilnehmer einer Gruppe ihr Votum abgeben und es somit zur Veranschaulichung von Meinungen, Stimmungen und Einschätzungen kommen kann. Dies hilft, Koalitionen, wie sie im Mobbingprozess vorkommen, erst gar nicht entstehen zu lassen. Das Einbinden aller Gruppenmitglieder, der häufige Wechsel von unterschiedlichen Zweier-, Dreier-, und Großgruppen vertieft die Differenzierung eines Konfliktes. In diesem Sinn kann die Methode der Moderation als **Präventionsmaßnahme** angesehen werden. Darüber hinaus veranschaulicht die Moderation durch ihre unterschiedlichen Methoden die Meinungs- und Prioritätenerweiterung der einzelnen Gruppenteilnehmer und fördert eine konstruktive Zusammenarbeit.

b) Supervision

Supervision i.S. einer Krisenintervention gegen Mobbing kommt dann infrage, wenn frühzeitige Maßnahmen, Schlichtung und gruppendynamische Konfliktbearbeitung zur Bewältigung des Problems nicht mehr greifen und professionelle Hilfe notwendig wird.[36] Ziel der Supervision ist es, eine **Übersicht über den Mobbingprozess** herzustellen, indem die Innenansicht der beteiligten und die Außenansicht des Supervisors ermittelt und verglichen werden. Der Supervisor bemüht sich zudem darum, die Handlungskompetenzen der Mobbingbeteiligten zu erweitern, indem ein gewisses Maß an Kontrollmöglichkeiten über das eigene Verhalten und das des Verursachers aufgebaut wird. Hierzu zählt auch die Information über die psychischen und physischen Folgen von Mobbing. Zur Erweiterung der Handlungsmöglichkeiten bedarf es in der Supervision auch einer gemeinsamen Entwicklung kognitiver und verhaltensbezogener Strategien für einen adäquaten Umgang mit den bestehenden Problemen. Die Supervision kann sowohl im Einzelsetting als auch in der Gruppe erfolgen. Bei weit fortgeschrittenem Mobbingprozess sollte für die Betroffenen eher eine Einzelbetreuung gewährleistet werden, in die auch Angehörige auf Wunsch mit einbezogen werden können.[37]

c) Mediation

Das Ziel der Mediation ist nicht die Klärung der Fragen, ob Mobbing vorliegt oder nicht, wer die wahrhaft Schuldigen sind und ob oder wie jemand zu bestrafen ist. Vielmehr geht es in der Mediation im Bereich von Mobbing um die Klärung zur Bereitschaft zur **gemeinsamen Bearbeitung der Vorwürfe**, die Stärkung der beteiligten Personen, die Anerkennung der jeweils subjektiv erlebten Wahrnehmungen und Empfindungen und die gemeinsame Suche nach Lösungswegen.[38] In der Media-

---

36 *Prosch*, Mobbing am Arbeitsplatz, S. 132.
37 *Kolodey*, Mobbing – Psychoterror am Arbeitsplatz und seine Bewältigung, S. 134.
38 *Auerbach* ZKM 2015, 14 ff.

tion muss zunächst eine Auftragsklärung in zwei Schritten erfolgen: mit den Auftraggebern und mit den beteiligten Parteien. Stimmen beide Seiten der Durchführung einer Mediation unter Wahrung der Vertraulichkeit zu, werden im nächsten Schritt mit der Technik des ›Reframings‹ Themen gesammelt, die verhandelt werden sollen. In der Phase der Konflikterhellung beginnt die Erforschung der Interessen und Bedürfnisse, was bisweilen dadurch erschwert wird, dass sich die Parteien immer noch in einer empfundenen Rolle des Klagens und der Respektlosigkeit befinden. In der Lösungsphase werden auf der Flipchart Ideen gesammelt und bewertet, um schließlich über Verhandlungen zu einer Vereinbarung zu gelangen. Dabei ist stets eine Überprüfung der Vereinbarung nach zwei bis drei Monaten ratsam.[39]

---

39 *Lohmann/Sauthoff* ZKM 2007, 149 ff.

D. Besondere Formen: Kurz-Zeit-Mediation

Übersicht   Rdn.
I.   Allgemeines   1
II. Prüfung von Zeitfenster und Konfliktgeeignetheit   5
III. Umfassende Vorbereitung in der Vorlaufphase   6
     1. Sammeln und Austausch von Informationen   7
     2. Arbeits- und Hintergrundhypothesen   8
     3. Festlegung des äußeren Rahmens   10
     4. Ausgestaltung des Zeitrahmens   11
     5. Konfliktbezogene systematische Vorbereitung.   12
IV. Umsetzung der Vorbereitung und Durchführung der Kurz-Zeit-Mediation... 13
V.   Hinweise für die Praxis   15
     1. Checkliste strukturiertes Telefonat   16
     2. Checkliste systematische Vorbereitung   17
     3. Checkliste hilfreicher Fragen   18

I. Allgemeines

Erfolgreiche Bearbeitung von Konflikten bedarf einer **spezifischen**, auf die jeweiligen Personen und den Grund ihrer Auseinandersetzung abgestellte und abgestimmte **Vorgehensweise**. Dementsprechend wird heute »ADR« auch nicht mehr als »Alternative Dispute Resolution« verstanden, sondern als »**Appropriate Dispute Resolution**«. Was mithin für alternative Streitbeilegungsmethoden allgemein gilt, betrifft jedenfalls auch das Mediationsverfahren selbst. 1

Soll daher als Methode die Mediation zum Einsatz gelangen, so kann es u. U. angezeigt sein, statt der herkömmlichen Langzeitmediation mit mehreren Sitzungstagen eine andere Variante zu wählen, die einem von den Konfliktparteien nur begrenzt zur Verfügung gestellten Zeitbudget besser gerecht wird. Und erweist sich der Konflikt hinsichtlich der Personen wie auch der Auseinandersetzung in der Sache als vielschichtig, so wird ein erfahrener Mediator hierauf ggf. durch Verstärkung der Mediatorenseite zu reagieren wissen. Schließlich sind Personen- und Sachkonstellationen denkbar, die erst durch den Einsatz neuer Technologien adäquat bearbeitet werden können – oder durch eine Kombination der in diesem und in den beiden anschließenden Kapiteln dargestellten Möglichkeiten.

Ausgehend von diesen Überlegungen werden im Folgenden solche besonderen Formen der Mediation vorgestellt, die sich in den letzten Jahren herausgebildet haben und die für ihre jeweiligen spezifischen Anwendungsbereiche anerkannt sind: die **Kurz-Zeit-Mediation**,[1] die **Co-Mediation** und die **Online-Mediation**. 2

---

[1] Das verkennt *Greger* ZKM 2015, 172 ff; klarstellend unter Hinweis auf die das Mediationsverfahren konstituierenden Grundprinzipien und die Verfahrensstruktur *Fritz/Krabbe* ZKM 2016, 103 f.

3 Gegenüber der herkömmlichen Langzeitmediation mit zahlreichen Sitzungsterminen hat sich die Kurz-Zeit-Mediation als eine konkrete Alternative und adäquate Methode für solche Fälle entwickelt, in denen die Konfliktbeteiligten zwar dem Versuch einer konsensualen Lösung ihres Konfliktes positiv gegenüberstehen und ggf. auch den Versuch einer Mediation unternehmen würden, jedoch nur über ein begrenztes Zeit- und/oder Kostenbudget verfügen. Mit der Kurz-Zeit-Mediation eröffnet sich für die Konfliktparteien die Chance, die Motivation und Bereitschaft für ein Mediationsverfahren zu verstärken und zugleich die Konzentration auf eine Lösungsfindung zu erhöhen.[2]

4 Im Schrifttum finden sich zahlreiche Nachweise, die die Vorteile der Kurz-Zeit-Mediation[3] betonen[4] und zudem den erfolgreichen Einsatz dieser Methodik belegen, sei es in der gerichtlichen[5] wie in der außergerichtlichen[6] Mediation und beginnend mit dem Familienrecht[7] einschließlich Kinder- und Jugendhilfe,[8] über das öffentliche Recht[9] und Arbeitsrecht[10] bis hin zum privaten Baurecht.[11] Kurz-Zeit-Mediation ist mithin nicht auf bestimmte Praxisfelder beschränkt, sondern wird vielmehr in nahezu allen Lebensbereichen nachgefragt und eingesetzt und dabei von Mediatoren mit ganz unterschiedlichen Grundberufen (Psychologen, Sozialarbeiter, Personalberater, Anwälte, Richter, Architekten etc.) ausgeübt.

Die Besonderheit der Kurz-Zeit-Mediation besteht
– in einer umfassenden Vorbereitung in der Vorlaufphase (einschließlich der Erstellung eines fallbezogenen präzisen Zeitplans nebst mentaler Vorbereitung) und
– in der hierauf aufbauenden Umsetzung und Durchführung des Mediationsprozesses.

---

2 Zur Methodik der zielgerichteten Krisen- und Konfliktintervention, beginnend im psychotherapeutischen Bereich bis hin zum Coaching vgl. *de Shazer* Wege der erfolgreichen Kurztherapie; *ders.*, Der Dreh. Überraschende Lösungen und Wendungen in der Kurztherapie; *Kim Berg* Familien-Zusammenhalt(en): Ein kurz-therapeutischen und lösungsorientiertes Arbeitsbuch; *Szabo/Kim Berg* Kurz(zeit)coaching mit Langzeitwirkung.
3 Umfassend *Krabbe/Fritz* ZKM 2009, 136 ff, 176 ff; ferner *Paul/Block*, in: *Gläßer/Schroeter* (Hrsg.), Gerichtliche Mediation, S. 215 ff (221), *Probst*, in: *Gläßer/Schroeter* (Hrsg.), Gerichtliche Mediation, S. 227 ff (232), *Diez/Krabbe/Engler*, Werkstattbuch Mediation, S. 252 ff.
4 *Krabbe* in: *Haft/Schlieffen*, 3. Aufl., § 22 (S. 499 ff).
5 *Fritz*, in: *Fritz* u. a. (Hrsg.), FS Gießen, S. 319 ff (336 ff).
6 *Fritz/Krabbe* NJW 2011, 3204 ff.
7 *Krabbe* ZKM 2004, 72 ff.
8 *Lägler/Riehle*, Über Sinn und Unsinn der K-Mediation.
9 *Fritz/Krabbe* NVwZ 2010, 396 ff., 595 ff.
10 *Mattioli/Eyer*, Arbeit und Arbeitsrecht 2011, 468 ff (470), die den Begriff »Intensivmediation« verwenden; vgl. ferner *Tautphäus/Fritz/Krabbe* NJW 2012, 364 ff.
11 *Bubert* 2009, werner-baurecht.de.

II. Prüfung von Zeitfenster und Konfliktgeeignetheit

Muss ein Konflikt in kürzester Zeit geklärt werden, lässt die große Zahl von Kon- 5
fliktbeteiligten nur einen Termin zu oder erfordern die finanziellen, zeitlichen und/
oder gesundheitlichen Ressourcen der Parteien eine Konzentration, so bedeutet die
Konsequenz aus all dem nicht etwa der Verzicht auf eine Mediation, sondern vielmehr mit den Parteien in einen Dialog darüber einzutreten, ob nicht stattdessen
eine Kurz-Zeit-Mediation angezeigt wäre. Das ist jedenfalls dann der Fall, wenn es
sich um einen thematisch begrenzten Konflikt handelt, der auch im Hinblick auf
die involvierten Personen in längstens zwei Tagen geklärt werden kann.[12]

Handelt es sich hingegen um ein weites, schwer eingrenzbares Konfliktfeld und/oder
läuft der Konflikt bereits seit längerer Zeit, ohne dass eingeschaltete Konflikthelfer
einen Durchbruch erzielen konnten, so dürfte eine Kurz-Zeit-Mediation wohl eher
nicht in Betracht kommen. Gleiches gilt, wenn hochemotionalisierte Parteien[13] beteiligt sind oder wenn es um Konflikte ab der Stufe 6 des Eskalationsmodells von *Glasl*[14]
geht.

Zudem dürfte sich die Kurz-Zeit-Mediation nicht für Mediatoren eignen, die sich mit
einem präzisen Zeitmanagement schwer tun, die einer umfassenden Verfahrensvorbereitung einschließlich vorgezogener Einzelgespräche ablehnend gegenüberstehen und
statt eines zielgerichteten und begrenztem Methodeneinsatz vielmehr die herkömmliche Dynamik einer Langzeitmediation bevorzugen.

III. Umfassende Vorbereitung in der Vorlaufphase

Der Erfolg einer Kurz-Zeit-Mediation steht und fällt mit der **umfassenden Vorbe-** 6
reitung in der Vorlaufphase. Ihr kommt insofern eine zentrale Bedeutung zu, als sie
vom Mediator genutzt wird zum
- Sammeln und Austausch von Informationen,
- Entwickeln von Hypothesen,
- Festlegen des Rahmens,

---

12 Im Familienrecht könnte dies (vorläufige) Umgangsregelungen, einen getrenntlebenden Unterhalt oder die alleinige (vorübergehende) Nutzung bestimmter Hausratsgegenstände, einer Wohnung oder eines Fahrzeugs etc. betreffen. Im Zivilrecht kämen bei einem Kaufvertrag Fragen der (Schlecht-)Erfüllung oder von Zahlungsmodalitäten und im Erbrecht die Zuteilung einzelner Erbstücke in Betracht, im Arbeitsrecht könnten die Konsequenzen und Folgen einer Kündigung, im Sozialrecht etwaige Leistungen zur medizinischen Rehabilitation oder Leistungen zur Teilhabe am Arbeitsleben Gegenstand einer Kurz-Zeit-Mediation sein und im Verwaltungsrecht baurechtliche Nachbarstreitigkeiten, Nutzungen von öffentlichen Flächen oder die konkrete Umstände einer Demonstration, um nur einige Beispiele zu nennen. Vgl. im Übrigen die von *Mattioli/Eyer* Arbeit und Arbeitsrecht 2011, 468 ff. (470) benannten Eignungskriterien für das Arbeitsrecht, und die von *Bubert* 2009, werner-baurecht.de aufgeführten Kriterien für das Baurecht.
13 Vgl. hierzu Teil 5 C. 3., 4.
14 *Glasl* Konfliktmanagement: Ein Handbuch für Führungskräfte, Beraterinnen und Berater (2009), S. 126.

- Erarbeiten eines spezifischen, fallangemessenen Zeitmanagements und
- systematischen Vorbereiten.

Da all dies mit einem hohen Zeitaufwand verbunden ist, der u. U. die gleiche Zeit umfasst wie sodann die Durchführung der eigentlichen Kurz-Zeit-Mediation, muss dieser Umstand beim Honorar des Mediators berücksichtigt werden. In Betracht kommt einmal, dies beim Stundensatz der eigentlichen Kurz-Zeit-Mediation zu berücksichtigen, aber auch, bereits im Kontext des ersten Kontakts mit den Medianden eine Verabredung des Inhalts zu treffen, dass die Vorbereitungszeit bei der Abrechnung des Honorars in Ansatz gebracht wird.

1. Sammeln und Austausch von Informationen

7 Bereits in der Vorlaufphase verschafft sich der Mediator ein möglichst umfassendes Bild über Umfang und Intensität des Konflikts, versorgt aber auch seinerseits die Medianten mit den notwendigen Informationen über die das Mediationsverfahren prägenden Prinzipien[15] einschließlich der Besonderheiten der Kurz-Zeit-Mediation, seine eigene Rolle,[16] den Mediationsvertrag und die Kosten.[17] Schriftlich, per Mail, telefonisch – wenn erforderlich auch in **Einzelgesprächen** – holt er Erkundigungen ein[18]

- zum Anlass der Mediation,
- zu den in den Konflikt involvierten Personen,[19]
- ggf. zum Auftraggeber, wenn dieser nicht Konfliktpartei ist[20] sowie
- ggf. zur Organisation und zur Örtlichkeit.[21]

---

15 FEEZI(V): freiwillig, eigenverantwortlich, zukunftsgerichtet, ergebnisoffen, informiert, vertraulich.

16 Der Mediator, §§ 1 Abs. 2, 2 MediationsG, ist VANKK: verschwiegen, allparteilich, neutral, kompetent, kein Rechtsrat/Lösungsvorschlag erteilend.

17 Dies kann mündlich (telefonisch), schriftlich oder durch Hinweis auf die Homepage des Mediators geschehen, soweit dort die erforderlichen Informationen eingestellt sind.

18 Dass hierbei in verstärktem Maße auf die Wahrung der Allparteilichkeit des Mediators geachtet werden muss, ist offensichtlich: Wechselseitige Kundgabe der jeweils eingeleiteten Schritte an die Medianten und Einholung ihres Einverständnis sind ebenso unabdingbar wie die strikte Einhaltung gleicher Zeitbudgets bei Telefonaten und/oder Einzelgesprächen.

19 Begrifflich sollte zwischen den verhandelnden Mediationsparteien und den sonstigen Konfliktbeteiligten differenziert werden: Der Mediator klärt vorab, wer unmittelbar zur Mediationssitzung eingeladen wird und ob bzw. wie Dritte (vgl. § 2 Abs. 4 MediationsG) einbezogen werden sollen. Für Letzteres sind verschiedene Möglichkeiten denkbar: telefonisch, als Anwesende im Pausengespräch oder als anwesende Berater/Unterstützer, mit oder ohne Verhandlungskompetenz.

20 In derartigen Fällen bedarf es zunächst eines Vertrags des Mediators mit dem Auftraggeber, in dem regelmäßig auch das Honorar geregelt wird; daneben ist dann noch ein Mediationsvertrag mit den Medianten abzuschließen.

21 Wird die Mediation durch einen Güterichter (oder als gerichtliche Mediation) durchgeführt, dann lassen sich aus der Gerichtsakte (in der Verwaltungs- und Sozialgerichtsbarkeit

2. Arbeits- und Hintergrundhypothesen

Die erlangten Kenntnisse über den Konflikt, die involvierten Personen etc. bilden die Grundlage, um Klarheit und Struktur für den vorgesehenen Prozessverlauf einer Kurz-Zeit-Mediation zu erhalten: Der Mediator bildet **Arbeitshypothesen**
- zu den Parteien und ihrem Konflikt,[22]
- zur Gestaltung des Mediationsprozesses[23] und
- zu seiner Person und seiner Rolle im beabsichtigten Verfahren,[24]

wobei die Hypothesen stets ressourcen- und nicht etwa problemorientiert zu entwickeln sind.

Eine Kurz-Zeit-Mediation wird sich zudem nur dann erfolgreich durchführen lassen, wenn der Mediator über hinreichende Kenntnis zum Konfliktfeld und Konfliktumfeld[25] besitzt, um hieraus wiederum auf den konkreten Fall bezogene **Hintergrundhypothesen** entwickeln zu können. Die Hypothesen sind im Mediationsverfahren das, was im gerichtlichen Verfahren die Prozessordnungen darstellen: eine Handhabe, wie das Verfahren strukturiert ablaufen könnte. Anhand seiner Hypothesen gestaltet der Mediator den Prozessverlauf, überprüft sie während des konkreten Verfahrens und trifft sodann jeweils weitere Entscheidungen über den Gesprächsfortgang.

3. Festlegung des äußeren Rahmens

Die Festlegung der Rahmenbedingungen **obliegt**, nach Einbindung der Konfliktparteien, letztlich **dem Mediator** und orientiert sich an dem Vierklang »**wer, wie lange, wo und wann**«. Denn es ist der Mediator, der den Mediationsprozess, so wie er ihn geplant hat, verantworten und die Parteien in der zur Verfügung gestellten Zeit durch den Prozess leiten muss.[26]

---

zudem aus der Behördenakte) wichtige Informationen filtern, auch zu der Frage, ob über deren Inhalt hinaus weitere schriftliche Unterlagen benötigt werden.

22 Z.B.: »*Wo liegen die Ressourcen der einzelnen Parteien? Wer ist vom Konflikt zudem betroffen?*«.

23 Z.B.: »*Welche Stufe wird voraussichtlich intensiv bearbeitet werden müssen, welche kann u. U. verkürzt werden oder ganz wegfallen? Welche Interventionen werden möglicherweise erforderlich sein?*«.

24 Z.B.: »*Bedarf es der Unterstützung durch einen Co-Mediator? Welche Anforderungen werden an die Allparteilichkeit gestellt werden?*« Vgl. hierzu auch *Krabbe/Fritz* ZKM 2009, 136 ff. (139).

25 Gemeint ist damit das Umfeld, in dem sich der Konflikt abspielt, z. B.: »*Wie ist der Fachbereich an einer Universität aufgebaut und wie wird er geleitet? Wie funktioniert ein Orchester? Wie ist eine Abteilung an einem Krankenhaus organisiert? Wie sind einzelne Bauabschnitte oder Gewerke miteinander verbunden? Welche Bedeutung haben Abschussquoten und wie ist die Population in einem Jagdrevier?*« Vgl. im Übrigen die weiteren Beispiele bei *Krabbe/Fritz* ZKM 2009, 136 ff. (139).

26 Dieser Ansatz kollidiert nicht mit dem Prinzip der Autonomie/Eigenverantwortlichkeit der Medianden, im Gegenteil: Die Medianden haben sich – ausgehend von einer nur eingeschränkt zur Verfügung stehenden Zeit oder sonstigen Ressource – bewusst für eine

Nach Bestimmung von Datum, Ort, Zeitdauer und teilnehmenden Personen[27] holt der Mediator die Zustimmung der Parteien ein und unterbreitet ihnen sodann den Mediationskontrakt.

4. Ausgestaltung des Zeitrahmens

11 Die Festlegung eines spezifischen Zeitplans zeichnet die Kurz-Zeit-Mediation aus: Unter Berücksichtigung der einschlägigen Prozessstufen entwickelt der Mediator einen **fallspezifischen Zeitplan**, indem er die zur Verfügung stehende Zeit den jeweiligen sechs Mediationsphasen zuordnet, beginnend mit Einführung/Kontrakt und endend mit der Vereinbarung. Neben den herkömmlichen Prozessstufen werden noch zwei zusätzliche Elemente im Zeitplan berücksichtigt. Es ist dies einmal eine **Pause**, die nach den Optionen einzulegen sich in der Praxis bewährt hat,[28] sowie eine sog. **Joker-Zeit**. Dabei handelt es sich um einen Zeitpuffer, der nach Bedarf eingesetzt werden kann, sei es, weil etwas Unvorhergesehenes eintritt, sei es, weil der vorgesehene Zeitplan sich als zu anspruchsvoll erweist. Ein dreistündiges Zeitfenster könnte beispielsweise wie folgt aufgeteilt werden:

- Einführung/Kontrakt   15 Min.,
- Themen   20 Min.,
- Interessen   30 Min.,
- Optionen   30 Min.,
- Pause   15 Min.,
- Verhandeln   40 Min.,
- Vereinbaren   15 Min.,
- Joker-Zei   15 Min.[29]

Kurz-Zeit-Mediation entschieden und erwarten vom Mediator, dass er diesen Prozess entsprechend steuert.

27 Dies ist letztlich abhängig von der jeweiligen Fallgestaltung: Geht es um einen familienrechtlichen Konflikt, so können u. U. neben dem streitenden Ehepaar deren Kinder und/oder die Großeltern hinzuzuziehen sein. In einem arbeitsrechtlichen Mobbing-Fall bietet es sich ggf. an, weitere Arbeitskollegen, Vertreter der Personalvertretung und/oder -abteilung einzubeziehen. In einem Schulstreit wegen ungebührlichen Verhaltens ist es mitunter hilfreich, wenn Mitschüler, Fachlehrer, Schulsprecher, Elternbeiräte, Schulpsychologischer Dienst etc. beteiligt werden; vgl. insoweit *Krabbe/Fritz* ZKM 2009, 136 ff (138).
28 Die Pause wird regelmäßig genutzt, um das bisher Erreichte in den Blick zu nehmen und die Gelegenheit zu nutzen, sich mit dem begleitenden Anwalt und/oder anwesenden Dritten abzusprechen sowie ggf. telefonisch Rat etc. einzuholen. Der Mediator kann, nach Absprache mit den Parteien, die Pause zu Einzelgesprächen und/oder »Shuttle-Diplomatie« nutzen.
29 Vgl. beispielhaft die Erstellung eines Zeitplanes in einem konkreten, jedoch anonymisierten Fall aus dem öffentlichen Recht *Fritz/Krabbe* NVwZ 2011, 396 ff. (400). Ferner für das Familienrecht *Krabbe* ZKM 2004, 72 ff (74 f.).

5. Konfliktbezogene systematische Vorbereitung

Zur eigenen Vergewisserung der anspruchsvollen Prozessleitung in einer Kurz-Zeit-Mediation hat es sich als hilfreich erwiesen, 12
- zunächst einmal die vorhandenen Sachinformationen und Hypothesen Parteien bezogen und übersichtlich zu notieren, ggf. zu ergänzen durch vorhandene juristische, soziologische, psychologische und sonstige Erkenntnisse, und sodann
- die einzelne Stufen oder auch den gesamten Prozess mental durchzugehen und darüber zu reflektieren, wie die einzelnen Stufen erklärt, welche Fragen gestellt, welche Methoden, Techniken und Verkürzungsmöglichkeiten eingesetzt und wie die Stufen abgeschlossen werden sollen.

Der Satz »*luck is what happens when preparation meets opportunity*« gilt für die Vorbereitung der Kurz-Zeit-Mediation in besonderem Maße.

IV. Umsetzung der Vorbereitung und Durchführung der Kurz-Zeit-Mediation

Zur Umsetzung zählt die notwendigen technischen Hilfsmittel einsatzbereit vorzuhalten: vorbereitete Flipcharts, Laptop, Kommunikations- und Kopiermöglichkeiten und die fallspezifischen Überlegungen zum Zeitmanagement, die eingangs den Parteien erläutert werden. Nach Absprache der einzuhaltenden Verfahrens- und Gesprächsregeln gilt es, etwaigen am Mediationsgespräch teilnehmenden anwaltlichen Bevollmächtigten ihre Rolle als Beobachter und rechtskundige Ratgeber zuzuweisen und sicherzustellen, dass diese nicht ihr im kontradiktorischen Verfahren erprobtes Vorgehen in den zeitlich limitierten Mediationsprozess einspeisen.[30] Falls erforderlich, können zudem während des Verfahrens weitere Verkürzungsmöglichkeiten eingesetzt werden, so beispielsweise durch Zuruf von Themen und Optionen, verstärkter Einsatz des Paraphrasierens und ggf. Verzicht auf die Visualisierung von Wechselseitigkeiten, Gemeinsamkeiten, Window II und die Durchführung der Phase Fairness und Gerechtigkeit.[31] 13

Soweit möglich, sollte die Joker-Zeit nicht bereits zu Beginn des Verfahrens eingesetzt werden. Zwar ist der Hinweis des Mediators auf die begrenzte Zeit für die einzelnen 14

---

30 Hier kann es hilfreich sein, bereits im Vorfeld Kontakt mit den Bevollmächtigten aufzunehmen und über ihre Rolle im Mediationsverfahren zu sprechen und die ggf. bestehenden unterschiedlichen Erwartungshaltungen hinzuweisen (Mandant geht [fälschlicherweise] davon aus, dass sich der Bevollmächtigte für ihn im Mediationsverfahren engagieren wird. Der Bevollmächtigte unterstellt dies und sieht sich genötigt, der Erwartungshaltung seines Mandanten zu entsprechen). Zudem können die Bevollmächtigten ersucht werden, ihre Mandantschaft (erneut) auf die Besonderheiten einer Mediation im Gegensatz zu einem streitigen Gerichtsverfahren hinzuweisen und vorzubereiten.
31 Nach Möglichkeit nicht verzichtet werden sollte auf den sog. Viererschritt – auch WAVE genannt: also die Wertschätzung der Medianden für das in der abgeschlossenen Phase bereits Geleistete, den Ausblick auf die nächste Verfahrensstufe, die Abfrage des Verständnisses des zuvor Erläuterten und schließlich die Einholung des Einverständnisses der Medianden zum Fortfahren. Durch diese Vorgehensweise wird das Verfahren für die Medianden nachvollziehbar strukturiert und der Mediator kann sich vergewissern, dass die Medianden das Verfahren und seinen Ablauf verstanden haben (vgl. § 2 Abs. 2 MediationsG).

Phasen dem Fortgang des Prozesses zumeist förderlich, erfahrungsgemäß ist jedoch eine Zeitreserve besonders in der Interessens- und Optionenphase hilfreich.

V. Hinweise für die Praxis

15 Der Prozess der Kurz-Zeit-Mediation lässt sich, wie angedeutet, durch sorgfältigen Vorlauf entscheidend steuern. Die im Folgenden aufgeführten **Checklisten** zu einem strukturierten Telefonat mit den Parteien, zur systematischen Vorbereitung und zu hilfreichen Fragen können dabei unterstützend herangezogen werden.

1. Checkliste strukturiertes Telefonat

16 ▶ (1) Einführung (Vorgabe des Zeitrahmens des Telefonats, Allparteilichkeit etc.)
(2) Darstellung von Mediation und Rolle des Mediators
(3) Fragen nach aktuellem Anlass und Hintergrund für eine Mediation
(4) Erkundigung nach bisherigen Lösungsversuchen und/oder Vereinbarungen
(5) Fragen nach den Verhandlungsparteien und nach Dritten
(6) Darstellung eines möglichen Setting (u. a. Ort, Dauer, Tag)
(7) Abschluss: Hinweis auf das weitere Vorgehen, wozu auch noch einmal vertiefende Einzelgespräche gehören können.[32]

2. Checkliste systematische Vorbereitung

17 ▶ (1) Wie soll in die jeweilige Stufe/Phase eingeführt und wie soll diese Stufe den Parteien erklärt werden?
(2) Welche Fragen sollen in der jeweiligen Stufe gestellt werden, damit die Parteien sich auf die Aufgabe der Stufe konzentrieren können?
(3) Welche Hypothesen bestehen zu den einzelnen Stufen?
(4) Welche Inhalte könnten die Parteien auf der jeweiligen Stufe benennen?
(5) Welche Methoden und Techniken können auf der jeweiligen Stufe eingesetzt werden?
(6) Welche Visualisierungen müssen vorbereitet und was muss insoweit beachtet werden?
(7) Wie soll die Stufe abgeschlossen und wie auf die nächste Stufe übergeleitet werden?[33]

3. Checkliste hilfreicher Fragen

18 ▶ (1) Einführung und Kontrakt: »*Was wäre für Sie wichtig? Welche Regeln sollten verabredet werden? Was müssen Sie noch wissen?*«
(2) Themen: »*Über welche Themen wollen Sie heute sprechen? Benennen Sie bitte Ihre Themen. Was soll geregelt werden?*«

---

32 Vgl. die Umsetzung eines strukturierten Telefonats in einem konkreten, jedoch anonymisierten Fall bei *Fritz/Krabbe* NVwZ 2011, 396 ff. (399).
33 Aus *Krabbe/Fritz* ZKM 2009, 176.

(3) Interessen: »*Was ist Ihnen an dem Thema besonders wichtig? Was steckt dahinter? Worum geht es Ihnen? Weshalb ist das wichtig?*«
(4) Optionen: »*Gibt es bislang »unbekannte« Möglichkeiten? Was fällt Ihnen hierzu ein? Welche Alternativen gibt es? Was für Ideen haben Sie? Was könnte für eine Lösung hilfreich sein?*«
(5) Verhandeln: »*Welche Angebote/Lösungen/Vorschläge hätten Sie bzw. können Sie machen?Haben Sie weitere Anregungen?*«
(6) Vereinbaren: »*Welche Form soll das Ergebnis erhalten?Wie wollen Sie Ihre Vereinbarung verbindlich machen?*«

E. Besondere Formen: Co-Mediation

Übersicht Rdn.

I.	Allgemeines	1
II.	Vorteile einer Co-Mediation	5
III.	Risiken einer Co-Mediation	11
IV.	Problematik der sog. fachlichen Ergänzung	12
V.	Einzelne Aspekte der Co-Mediation	15
	1. Teamarbeit	15
	2. Schwerpunktbildungen	18
	3. Teamkonflikte und -konkurrenz	19
	4. Verabredungen und Rituale	20
VI.	Rechtliche Rahmenbedingungen	21
VII.	Hinweise für die Praxis	26
	1. Checkliste	26
	2. Mustertext: Kooperationsvertrag zwischen Mediatoren	27
	3. Mustertext: Vertragsklausel Co-Mediation mit Medianden	28

I. Allgemeines

1 Die Durchführung einer Mediation durch mehr als einen Mediator zählt zu den bereits lange bekannten und praktizierten Formen, um auf **komplexe**, den einzelnen Mediator u. U. besonders herausfordernde **Konflikte** und Situationen angemessen reagieren zu können.[1] Die Komplexität kann sich aus der Konfliktintensität, der Zahl der beteiligten Personen, aus Geschlechterspezifika, aus kulturellen Besonderheiten etc. ergeben.[2] Namentlich in Großkonflikten aus dem Umweltbereich mit einer Vielzahl beteiligter Gruppen auf der einen Seite und mehreren verantwortlichen bzw. zu beteiligenden Behörden auf der anderen Seite finden sich gelegentlich sogar regelrechte Mediatorenteams mit bis zu einem halben Dutzend Mediatoren[3]

2 Nunmehr geht auch das Mediationsgesetz in seinem **§ 1 Abs. 1 MediationsG** davon aus, dass ein Mediationsverfahren von mehreren Mediatoren geleitet werden kann; hierfür haben sich die Begriffe der Co-Mediation und der Team-Mediation durchgesetzt.[4] Allerdings schweigt das Gesetz hinsichtlich der Umstände, wann eine Co-Mediation in Betracht kommen könnte; auch über die mögliche Zahl der Mediatoren oder sonstiger in diesem Zusammenhang relevanter Faktoren finden sich im Gesetz

---

1 *Troja* ZKM 2005, 161; *ders.* in: *Trenczek/Berning/Lenz/Will*, 3.11 Co Mediation, S. 366 ff; *Proksch* ZKM 2016, 100 ff.
2 *Keydel/Knapp* ZKM 2003, 57 ff.; s. auch die Indikationskriterien bei *Diez*, Werkstattbuch Mediation, S. 229 f.
3 Vgl. die Beispiele bei *Niedostadek*, Praxishandbuch Mediation, S. 93, 123, 457.
4 Von Co-Mediation wird bei einer Zusammenarbeit von zwei Mediatoren gesprochen, von einer Teammediation, wenn die Zahl der Mediatoren darüber geht. Vgl. auch *Diez/Krabbe/Engler*, Werkstattbuch Mediation, S. 241 ff.; *Henssler/Koch*, Mediation in der Anwaltspraxis, § 1 Rn. 16, § 8.

keine Anhaltspunkte, sieht man einmal von der Regelung in § 2 Abs. 1 MediationsG ab, wonach es allein den Medianden obliegt, ob sie sich für einen oder mehrere Mediatoren entscheiden.[5]

Als Ausfluss des Prinzips der Freiwilligkeit wird damit (lediglich) klargestellt, dass eine Co-Mediation nicht gegen den Willen der Beteiligten durchgeführt werden kann, zumal dies in aller Regel mit einem **höheren Honorar** verbunden sein wird.[6]   3

Aber auch gegen den Willen eines Mediators kann dieser nicht zur Durchführung einer Einzelmediation bewegt werden, wenn er eine Co-Mediation für angezeigt erachtet.

Während die Vor- wie Nachteile einer Mediation mit mehreren Mediatoren im Schrifttum gelegentlich nur pauschal dargestellt werden im Sinne eines positiven »Vier Augen sehen mehr« Ansatzes oder einer negativen Bewertung im Hinblick auf »zusätzlichen finanziellen und/oder zeitlichen Aufwand«, finden sich bei genauer Analyse eine Vielzahl von Gründen, die für eine Co-Mediation sprechen, aber auch ernst zu nehmende Gegenargumente.   4

II. Vorteile einer Co-Mediation

Für die Durchführung einer Mediation mit zwei (oder gar mehreren) Mediatoren sprechen folgende Überlegungen: 5

(1) Eine Co-Mediation kann der **Wahrung und Förderung der Neutralität**[7] des einzelnen Mediators in hohem Maße dienlich sein. Je nach Konfliktlage und Fallgestaltung sind im Vorfeld einer Mediation u. U. Gespräche erforderlich, die den Mediator mehr oder weniger stark (vor-) beeinflussen können. Der fachliche Austausch mit dem Co-Mediator erleichtert es, den Konflikt bei den Parteien zu belassen und diese so zu akzeptieren und zu nehmen, wie sie sich geben und wie sie sind.   6

---

5 Vgl. hierzu die Kommentierung unter Teil 1 C., § 2 Abs. 1 MediationsG, Rdn. 1 ff.
6 *Troja* ZKM 2005, 161 ff (163); *Duve/Eidenmüller/Hacke/Fries*, Mediation in der Wirtschaft, S. 291 f. Um den Nachteil der höheren Kosten auszugleichen wird im Schrifttum auch erörtert, Co-Mediationen nur temporär durchzuführen, also beispielsweise phasenbezogen (z. B. bei Akquise und Vorgespräch), sachbezogen (z. B. bei Vereinbarungen) oder situativ (z. B. bei hochemotionalen Situationen); vgl. hierzu auch *Weiler/Schlickum*, Praxisbuch Mediation, S. 59; *Diez/Krabbe/Engler*, Werkstattbuch Mediation, S. 241 ff; *Lütkehaus/Pach*, Basiswissen Mediation, S. 53. Im Hinblick auf die notwendige Akzeptanz der Medianden für diese Vorgehensweise wie auch die erforderliche Abstimmungen der Mediatoren untereinander wird sich eine zeitlich begrenzte Co-Mediation nur in Ausnahmefällen anbieten, zumal die auslösenden Umstände durch den Mediator u. U. auch im Rahmen einer Interoder Supervision bearbeitet werden können; kritisch hierzu *Greger/Unberath/Steffek*, § 2 MediationsG Rn. 276. Von der temporären Co-Mediation zu unterscheiden ist die Einbindung externer Experten in das Mediationsverfahren; vgl. hierzu *Schwartz/Geier* ZKM 2000, 196 ff.
7 *Hansmann* ZKM 2001, 60 ff (61).

7   (2) Durch eine Co-Mediation lässt sich das **Spektrum möglicher Interventionen** in schwierigen Prozessphasen, so bei emotionalen Eruptionen oder bei bestehenden Machtungleichgewichten, unschwer erweitern.[8]

8   (3) Eine Co-Mediation **entlastet** den einzelnen Mediator während des Prozesses, sei es dass ein Mediator über spezifische Kenntnisse und Fertigkeiten verfügt, die dem anderen fremd sind, sei es, dass sich beide in bestimmten Prozessphasen und/oder Arbeitsbereichen **unterstützen und ergänzen**.[9] So ist es denkbar, dass ein Mediator mit einem psychosozialen Grundberuf während der Interessensphase leichter Zugang zu hochemotionalen Konfliktparteien herzustellen in der Lage ist als beispielsweise ein Mediator mit einem juristischen Grundberuf, der dann möglicherweise in der Phase des Verhandelns und Vereinbarens die Parteien sicherer zu führen und zu leiten vermag.[10]

9   (4) Zudem eröffnet die Co-Mediation die Möglichkeit, dass jeweils einer der Mediatoren das Gespräch mit den Beteiligten führt, während der andere die **Visualisierung** übernimmt.[11] Auf diese Weise kann leichter sichergestellt werden, dass der gesprächsleitende Mediator den Kontakt zu den Parteien hält. Soweit die Parteien sich zu Einzelgesprächen entschließen, so eröffnet eine Co-Mediation die Chance, diese **Einzelgespräche** parallel stattfinden zu lassen;[12] bei größeren Gruppen kann auch in Erwägung gezogen werden, diese generell oder in bestimmten Prozessphasen zu teilen und ihnen jeweils einen Mediator zuzuweisen.

10 (5) Durch eine Co-Mediation wird der Einsatz **zusätzlicher Techniken/Instrumentarien** erleichtert, der sonst nicht bzw. so nicht möglich wäre. In diesem Zusammenhang wäre beispielsweise an den Meta-Dialog zu denken, also die Intervention, die den Mediatoren die Möglichkeit eröffnet, ungewöhnliche Fragen zu stellen, besondere Wertschätzung zu vermitteln und Überlegungen sowie Beobachtungen mitzuteilen.[13]

III. Risiken einer Co-Mediation

11 Die Risiken, die im Rahmen einer Co-Mediation auftreten können, sind vielfältiger Art. Etwaige Gefahren für den Mediationsprozess können darin liegen, dass es den

---

8   *Keydel/Knapp* ZKM 2003, 57 ff (59); *Hansmann* ZKM 2001, 60 ff. (61).
9   *Keydel/Knapp* ZKM 2003, 57 ff (58).
10 Zu denken ist hier an Konflikte mit besonderen Psychodynamiken und/oder komplexen Strukturen, wie sie sich in Familien- und Erbmediationen häufig zeigen. Vgl. auch umfassend *Bernhardt/Winograd* in: *Haft/Schlieffen*, § 19 (S. 445 ff).
11 Über die Visualisierung hinaus ist auch an eine mögliche Protokollierung und/oder Dokumentation zu denken.
12 *Duve/Eidenmüller/Hacke/Fries*, Mediation in der Wirtschaft, S. 292; *Troja* ZKM 2005, 161 ff (164).
13 Vgl. umfassend zum Meta-Dialog *Hansmann* ZKM 2001, 60 ff.; *Troja* ZKM 2005, 161 ff (164) verweist zudem auf das »reflecting team« sowie die »Arbeit im Innen- und Außenkreis«, *Keydel/Knapp* ZKM 2003, 57 ff (59) auf das »gemischte Doppel«. In mehr technischer Hinsicht denn als Einsatz eines mediationsbezogenen Instrumentariums ist auch daran zu denken, dass durch die Co-Mediation u. U. die Möglichkeit eröffnet wird, etwaigen Wünschen und/oder Notwendigkeiten nach räumlicher Flexibilität zu entsprechen.

Co-Mediatoren an **Erfahrung** mangelt, wie sie optimal miteinander für die Medianten tätig werden können. Auch ist denkbar, dass sie sich grundsätzlich oder jedenfalls im Hinblick auf den jeweiligen Co-Mediator als **nicht teamfähig** erweisen. Schwierigkeiten können zudem auftreten, wenn beide ein **unterschiedliches Verständnis** von Mediation haben[14] oder aber unterschiedliche innere Haltungen aufweisen.

IV. Problematik der sog. fachlichen Ergänzung

Eine Co-Mediation nach Gesichtspunkte fachlicher Ergänzung (z. B. Psychologe und Jurist;[15] Jurist und Ingenieur;[16] oder aber Mediatoren mit jeweils unterschiedlichem spezifischem kulturellen Hintergrundwissen, Sprachkompetenzen[17] etc.) zusammenzustellen, kann für den Mediationsprozess **Vor- und Nachteile** beinhalten:

(1) Die **Chance** (und die Gefahr) des **schnelleren Verständnisses** fachspezifischer Problembereiche und damit der parteiangemessenen Erfassung. Die Chance (und die Gefahr) besser zu erkennen, ob die Parteien über ihre Situation und die Konsequenzen unterschiedlicher Handlungsalternativen ausreichend informiert sind und wie ggf. fehlende Informationen eingebracht werden können.

(2) Die **Gefahr** (aber auch die kompensierende Chance), aufgrund der eigenen Fachkompetenz in eine **beratende** und gutachterliche **Rolle** zu rutschen und dadurch Eigenverantwortlichkeit und Allparteilichkeit zu gefährden. Die Gefahr (aber auch die kompensierende Chance), den Konflikt ausschließlich auf das zu reduzieren, was durch die eigene Fachkompetenz als relevant und bearbeitbar gesehen wird.

V. Einzelne Aspekte der Co-Mediation

1. Teamarbeit

Den Co-Mediatoren (bzw. dem gesamten Mediatorenteam) obliegt die **gemeinsame Verantwortung**, das für eine erfolgreiche Mediation notwendige Gleichgewicht zwischen dem Prozessanliegen einerseits und dem inhaltlichen Anliegen andererseits zu halten. Von daher ist es notwendig, ein gemeinsames Verständnis für die Dynamik im Prozess zu entwickeln und wichtig, Machtspiele und Aktionen der Konfliktbeteiligten frühzeitig zu erkennen, die zu Missbrauch (sei es der Prozessleitung durch die Mediatoren, sei es der Stellung des anderen Medianten) führen können.

Die Mediatoren benötigen **Flexibilität** und **Diversität** in ihren jeweiligen Interventionen, die Blockaden lösen, gegenseitiges Verständnis fördern, Eigenverantwortung unterstützen, unterschiedliche Ressourcen der Parteien nutzbar machen, Kreativität stimu-

---

14 *Troja* ZKM 2005, 161 (162); *Duve/Eidenmüller/Hacke/Fries*, Mediation in der Wirtschaft, S. 292.
15 Umfassend hierzu *Bernhardt/Winograd* in: *Haft/Schlieffen*, § 19 (S. 445 ff).
16 Vgl. den Beispielsfall, den *Duve/Eidenmüller/Hacke/Fries*, Mediation in der Wirtschaft, S. 291 beschreiben.
17 *Rendon/Bujosa*, Mediating with Interpreters, www.mediate.com/articles/rendon1.cfm.

lieren und Möglichkeiten der freien Kommunikation schaffen sollen. Der einzelne Mediator muss sich über seine eigene Rolle und Aufgabe im Team sowie über das Selbst- und das Fremdbild des Teams im Klaren sein. In diesem Zusammenhang ist von Bedeutung, aus welchen Gründen sich zwei oder mehrere Mediatoren zusammengetan haben: In Betracht kommt eine Qualitätssicherung durch die beteiligten Mediatoren (z. B. bei einer Kombination von Profi und Anfänger[18]) wie auch an eine Qualitätssicherung durch die jeweils angewendete Methode.[19]

17 Treten bei den Mediatoren **Konflikte** auf, so müssen diese professionell gelöst werden – und zwar unmittelbar während des stattfindenden Mediationsprozesses selbst wie auch sodann ergänzend außerhalb desselben, also beispielsweise im Rahmen einer Supervision. Die Mediatoren befinden sich in einem permanenten Lernprozess, den sie nutzen müssen, um das Mediationsverfahren bis zum Ende konstruktiv begleiten zu können. Schon hieraus folgt, dass eine Co- oder Team-Mediation einen deutlich höheren Zeitaufwand erfordert, und zwar sowohl in der Vor- wie auch in der Nachbereitung der einzelnen Mediationssitzungen.

2. Schwerpunktbildungen

18 Um die Vorteile der Co-Mediation im Verfahren nutzbar zu machen, bietet es sich an, dass die Mediatoren bereits in der **Vorbereitung** ihrer gemeinsamen Mediation eine Schwerpunktbildung und **Aufgabenverteilung** bei der Zusammenarbeit festlegen.[20] Dazu zählt z. B.,
– dass sich jeweils ein Mediator auf einen Medianden oder auf eine Gruppe konzentriert,
– dass einer auf inhaltliche Aspekte fokussiert, der andere auf psychodynamische Gesichtspunkte,
– dass ein Mediator für die Gesprächführung zuständig ist, der andere für Visualisierung, Protokollierung und Dokumentation,
– dass der jeweilige Mediator während des Mediationsprozesses für den Bereich zuständig bleibt, der seinem fachlichen Schwerpunkt entspricht.

---

18 Hiervon zu unterscheiden sind sog. Hospitationen, mithin Konstellationen, bei denen erfahrene Mediatoren Berufsanfängern die Möglichkeit eröffnen, beobachtend an Mediationen teilzunehmen, um so notwendige Erfahrungen sammeln und in die Mediationspraxis hineinwachsen zu können.
19 *Klowait/Gläßer*, § 2 MediationsG Rn. 71 verweisen auf die interessante Konstellation, dass die Parteien den jeweils von der anderen Seite vorgeschlagenen Mediator abweisen und schlagen für diese Konstellation vor, dass jede Partei einen Mediator ihres Vertrauens vorschlägt und diese beiden sodann gemeinsam als Co-Mediatoren die Mediation durchführen. Im Hinblick auf Mediationsstil und –ansatz erfordert dies eine gute Abstimmung (von daher insoweit eher kritisch *Eidenmüller/Wagner*, Mediationsrecht, S. 104). Zudem sind beide im Sinne des § 2 Abs. 3 Satz 1 MediationsG allen Parteien gleichermaßen verpflichtet.
20 *Troja* ZKM 2005, 161 ff (163).

3. Teamkonflikte und -konkurrenz

Die Erfahrung mit Co-Mediationen lehrt, dass Voraussetzung für ein erfolgreiches 19 Miteinander **gegenseitiges Vertrauen** ist, jegliches Konkurrenzverhalten hingegen kontraproduktiv wirkt. Der Mediator, der im Mediationsprozess gerade das Gespräch führt, ist in diesem Moment auch hierfür alleine verantwortlich; von daher ist das Vertrauen des Co-Mediators, dass die gestellten Fragen Sinn machen und nicht durch eigene (Zwischen-) Fragen konterkariert werden, unverzichtbar. Kommt es dennoch zu einem Dissens, so darf dieser niemals im Verfahren öffentlich ausgetragen werden, weil dies den gesicherten Rahmen für die Medianden infrage stellen würde. Dementsprechend muss ein Co-Mediator über die **Gelassenheit** verfügen, auch einmal den anderen Mediator mehr reden, mehr agieren, mehr fragen zu lassen. Latentes wie offensichtliches **Konkurrenzverhalten** wird von den Medianden regelmäßig wahrgenommen, führt zu Verunsicherungen und schadet den Mediatoren in ihrer Leitungs- und Verantwortungsfunktion für das Verfahren.

4. Verabredungen und Rituale

Teamkonflikte lassen sich durch Verabredungen und Regelungen im **Vorfeld** redu- 20 zieren.[21] Dazu zählt bspw.,
- dass einer spricht, der andere visualisiert,
- dass die Gesprächsführung nach jeder Mediationsphase wechselt,
- dass einer der Mediatoren aktiv zuhört, während der andere sich auf Mimik und Gestik konzentriert,
- dass immer nur derjenige den Gesprächsprozess leitet, der einen bestimmten Gegenstand in der Hand hält, beispielsweise einen (roten) Textmarker. Will oder kann er nicht mehr weitermachen, dann reicht er den Textmarker an den anderen Mediator weiter.

VI. Rechtliche Rahmenbedingungen

Werden Co-Mediatoren oder gar Mediatoren-Teams tätig, deren einzelne Mitglieder 21 unterschiedliche Grundberufe aufweisen,[22] so können sich hieraus Probleme im Hinblick auf unterschiedliche berufliche Standards und Verhaltensregeln, das sog. Berufsrecht, ergeben.

Der Zusammenschluss in der verfestigten und auf Dauer angelegten Form einer **Sozie-** 22 **tät**, in der die Entgegennahmen und Erfüllung von Aufträgen unter gemeinsamen Namen erfolgt,[23] oder einer **Bürogemeinschaft**, in der unter Beibehaltung der beruf-

---

21 Vgl. hierzu *Keydel/Knapp* ZKM 2003, 57 ff. (58), *Troja* ZKM 2005, 161 ff (164).
22 Aber auch wenn Co-Mediatoren gleiche Grundberufe aufweisen, beispielsweise als Rechtsanwälte zugelassen sind, können aus der Zusammenarbeit rechtliche Konsequenzen erwachsen; beispielhaft sei insoweit auf die Regelungen des § 3 Abs. 2, 3 MediationsG und die jeweilige Kommentierung verwiesen, Teil 1 C., Kommentierung zu § 3 MediationsG, Rdn. 1 ff.
23 *Henssler/Kilian* ZKM 2000, 55 ff (56).

lichen Selbstständigkeit gleichwohl ein gemeinsamer Auftritt gegenüber den Medianten erfolgt,[24] ist **nicht möglich** für Rechtsanwälte, Notare und Steuerberater auf der einen und Dipl.-Psychologen, Dipl.Pädagogen und Sozialpädagogen auf der anderen Seite (vgl. § 59a BRAO, § 9 BNotO, §§ 51 ff. BOStB).[25]

23 Zulässig sind sog. **verfestigte Kooperationen**[26] – auch in der Ausgestaltung der vertraglichen Abrede – sich gegenseitig zu empfehlen, wenn immer möglich gemeinsam tätig zu werden und dementsprechend auch in der Öffentlichkeit gemeinsam aufzutreten und zu werben. Anwälte haben hier die Vorschriften des § 43b BRAO und des § 8 BORA zu beachten.

24 Es kommt hinzu, dass Rechtsanwälten, Notaren und Steuerberatern eine derartige Kooperation nur gestattet ist, wenn auch die anderen Kooperationspartner das anwaltliche Berufsrecht respektieren (vgl. §§ 33, 30 BORA). Gleiches gilt für Psychologen und Psychotherapeuten hinsichtlich der ihnen auferlegten Protokollierungspflichten (vgl. nur § 9 der Muster-BO der BPtK), die dann auch vom Co-Mediator mit anderem beruflichen Hintergrund zu beachten ist.

25 Die verfestige Kooperation hat hinsichtlich des mit den Medianden abzuschließenden Vertrags zur Folge, dass jeweils **eigenständige Verträge** mit den jeweiligen Mediatoren abzuschließen sind, die die gegenseitigen Rechte und Pflichten einschließlich des Honorars regeln (vgl. § 27 BORA). Im Übrigen haftet in einer verfestigten Kooperation nur der jeweils tätig gewordene Mediator.

VII. Hinweise für die Praxis

1. Checkliste

26 In der praktischen Arbeit hat es sich als hilfreich erwiesen, die Frage einer etwaigen Co-Mediation anhand einer Checkliste zu überprüfen. Durch die hier vorgestellte Liste werden zunächst die Konfliktsituation und sodann die Mediatoren in den Blick genommen, um am Ende zudem absolute, einer Co-Mediation entgegenstehende Ausschlusskriterien zu berücksichtigen.

▶ **Checkliste Co-Mediation**

> (Alle im Folgenden aufgeführten Punkte sprechen bei Vorliegen [»ja«] grundsätzlich für eine Co-Mediation; gleichwohl ist für Abschnitt I. und II. eine von den Fähigkeiten, dem Können und den Bedürfnissen des jeweiligen Mediators abschließende Bewertung angezeigt)

---

24 *Henssler/Kilian* ZKM 2000, 55 ff (56).
25 Vgl. BGH, Urteil vom 29.01.2018 – AnwZ (Brfg) 32/17 – und die kritischen Anmerkungen hierzu von *Markworth*, https://www.lto.de/recht/juristen/b/bgh-anwzbrfg32-17-zusammenschluss-anwaelte-mediatoren-verbot-sozietaet/ (Datum des Zugriffs: 31.10.2019).
26 Umfassend zu den verschiedenen Ausgestaltungen dieser Kooperationen als »Best-Friends-System«, »Club-System«, »Allianz-Lösung« und ihrer berufsrechtlichen Zulässigkeit vgl. *Henssler/Kilian* ZKM 2000, 55 ff (57).

E. Besondere Formen: Co-Mediation **Teil 5**

I. Konfliktsituation

1. Hohe Eskalationsstufe (Glasl ab 6)	nein	☐	ja	☐
2. Mehr als 6 Konfliktbeteiligte	nein	☐	ja	☐
3. Vielschichtige Themen	nein	☐	ja	☐
4. Vielschichtige Problemlagen	nein	☐	ja	☐
5. Erfordernis spezifischer Feldkompetenz	nein	☐	ja	☐

6. Besondere kulturelle Spezifik

a) unterschiedliche Nationalität	nein	☐	ja	☐
b) unterschiedliche gesell. Schichten	nein	☐	ja	☐
c) unterschiedliche Geschlechter	nein	☐	ja	☐
d) unterschiedlicher Bildungsgrad	nein	☐	ja	☐
e) unterschiedliches Alter	nein	☐	ja	☐
f) unterschiedliche Muttersprache	nein	☐	ja	☐
g) unterschiedliche Dialekte	nein	☐	ja	☐

Bewertung: Co-Mediation

nein ☐ ja ☐

II. Bedürfnisse der Mediatoren

1. Qualitätssicherung durch Personen

a) Kombination Profi/Anfänger	nein	☐	ja	☐
b) Kombination Profi/Profi	nein	☐	ja	☐
c) Kombination Profi/Übersetzer	nein	☐	ja	☐
d) Kombination Profi/Profi mit bes. Feldkompetenz	nein	☐	ja	☐

2. Qualitätssicherung durch Methode – allgemein

a) Erfordernis intensiver Vor- und Nachbereitung	nein	☐	ja	☐
b) Entlastung allgemein durch Aufgabenverteilung	nein	☐	ja	☐
c) Permanente Co-Mediation	nein	☐	ja	☐
d) Temporäre Co-Mediation	nein	☐	ja	☐

3. Qualitätssicherung durch Methodenvielfalt

a) Erfordernis paralleler Einzelgespräche	nein	☐	ja	☐
b) Reflecting Team	nein	☐	ja	☐

Teil 5   Methodik und Anwendungsbereiche der Mediation

c) Gemischtes Doppel	nein ☐	ja ☐		
d) Unterschiedliche Schwerpunktbildung				
aa) verständnisvoll/konfrontativ	nein ☐	ja ☐		
bb) Sachebene/Gefühlsebene	nein ☐	ja ☐		
e) Verschiedene beruflicher Hintergründe	nein ☐	ja ☐		
Bewertung: Co-Mediation				
	nein ☐			ja ☐
III. Absolute Ausschlusskriterien				
1. Medianten				
a) Akzeptanz für Co-Mediation	j ☐	nein ☐		
b) Bereitschaft zur Zahlung erhöhten Honorars	ja ☐	nein ☐		
2. Mediatoren				
a) Teamfähigkeit	ja ☐	nein ☐		
b) Keine berufsrechtliche Inkompatibilität	ja ☐	nein ☐		

2. Mustertext: Kooperationsvertrag zwischen Mediatoren

▶ »Dauerhafter Kooperationsvertrag

27   Herr/Frau (*Name, Berufsbezeichnung*)

– Kooperationspartner zu 1) –

und

Herr/Frau (*Name, Berufsbezeichnung*)

– Kooperationspartner zu 2) –

schließen folgenden Kooperationsvertrag:
1. Die Kooperationspartner vereinbaren eine dauerhafte Kooperation mit dem Ziel der Durchführung von Mediationen in Co-Mediation und der wechselseitigen Vermittlung von Medianden.
Hierauf weisen sie in beruflich verwendeten Briefköpfen, E-Mail-Adressen und Internet-Auftritten hin, wobei die konkrete Ausgestaltung durch die Kooperationspartner abgestimmt wird. Darüber hinaus wird in ...... (*Benennung von Verzeichnissen, Adressbüchern etc*) auf die dauerhafte Kooperation hingewiesen. Beide Kooperationspartner verpflichten sich, etwaige Werbung ausschließlich mit sachlich zutreffendem Inhalt über die Zusammenarbeit durchzuführen.
2. Die Kooperationspartner werden im Falle einer Co-Mediation mit den Medianden jeweils gesonderte Mediationsvereinbarungen abschließen.

3. Soweit Aufzeichnungen über die Mediationssitzungen gefertigt werden, werden diese beim Kooperationspartner zu 1. geführt. Beide Kooperationspartner verpflichten sich wechselseitig zur Verschwiegenheit, soweit diese nicht bereits durch § 4 MediationsG abgedeckt ist.
4. Beide Kooperationspartner haben eine Berufshaftpflichtversicherung abgeschlossen. Regressansprüche der Kooperationspartner untereinander werden ausgeschlossen. Eine etwaige Haftung im Innenverhältnis ist auf die Versicherungssumme des in Anspruch genommenen Kooperationspartners beschränkt.
5. Beide Kooperationspartner werden den Medianden gesonderte Rechnungen stellen.
6. Finden Co-Mediationen in den Räumen eines Kooperationspartners statt, so zahlt der andere ein jeweils zu vereinbarendes Nutzungsentgelt. Das Gleiche gilt bei Inspruchnahme von Servicepersonal eines Vertragspartners. Wird keine individuelle Regelung getroffen, dann tragen die Kooperationspartner die entstandenen Kosten je zur Hälfte.
7. Sollte eine der vorstehenden Regelungen ungültig sein, so gelten die Übrigen fort. Änderungen dieses Vertrages bedürfen der Schriftform. Dieser Kooperationsvertrag gilt unbefristet und kann mit einer Frist von drei Monaten zum Monatsende schriftlich gekündigt werden. Die Kooperationspartner verpflichten sich, bei etwaigen Auseinandersetzungen aus diesem Vertrag vor Beschreitung des Rechtswegs zunächst eine gütliche Einigung im Wege einer Mediation zu versuchen.

(*Ort, Datum, Unterschriften*)«

3. Mustertext: Vertragsklausel Co-Mediation mit Medianden

Co-Mediatoren ist in jedem Fall anzuraten, bezüglich des Honorars mit den Medianden eine spezifische Vereinbarung zu treffen, sei es, dass das Honorar für jeden Mediator gesondert zu entrichten ist (siehe den folgenden Mustertext) oder dass ein Gesamthonorar anfällt mit der Folge, dass die konkrete Verteilung zwischen den Co-Mediatoren untereinander zu regeln ist.[27]

28

> »Die Mediatoren *(Name)* und *(Name)* arbeiten in einer gefestigten Kooperation zusammen. Vertragspartner der Medianden sind jeweils – für sich getrennt – die zuvor benannten Mediatoren.
>
> Die Honorarvereinbarung erfolgt getrennt mit jedem Mediator, der insoweit eine gesonderte Rechnung erstellen wird. Das Honorar beträgt ...«

---

27 *Greger/Unberath/Steffek*, § 2 MediationsG Rn. 277.

F. Besondere Formen: Online-Mediation

Übersicht

	Rdn.
I. Allgemeines	1
II. Mediation als eine Variante der Alternativen Streitbeilegung, ADR	3
III. Online-Mediation als Sonderform der Mediation	4
1. Einführung und Besonderheiten des Verfahrens	4
a) Begriff: Online-Mediation	8
b) Anwendungsbereiche von ODR	10
c) Besonderheiten von Online-Mediation gegenüber der Mediation	11
aa) Form	12
bb) Mehrparteien-Verfahren	13
cc) Sprache	14
dd) Ort	15
ee) Vollstreckbarkeit	18
ff) Vertraulichkeit/Geheimhaltung	19
d) Erscheinungsformen von Systemen mit Online-Elementen	20
aa) Plattformen mit Elementen elektronischer Kommunikation im staatlichen Bereich	21
bb) Plattformen privater Anbieter	27
2. Technische Voraussetzungen von Online-Mediation	34
a) Grundausstattung: Rechner und Internetverbindung	34
b) Erweiterte Kommunikationsmöglichkeiten	36
c) Verifikations-/Authentifizierungssystem	41
aa) Post- und Video-Ident-Verfahren	45
bb) E-Personalausweis	48
cc) Elektronische Signaturen und Siegel	49
dd) DE-Mail	50
3. Rechtlicher Rahmen für Online-Mediation	51
a) EU-Recht	52
aa) Mediationsrecht	52
bb) eIDAS-VO	54
b) Deutsches Recht	55
IV. Ausblick	56
V. Hinweise für die Praxis	57
1. Ablauf einer Online-Mediation	57
2. Kommunikation über E-Mail	74
3. Mehrparteien-Verfahren	75
4. Teilnahme einer juristischen Person	76
5. Videokonferenz-Systeme	77

I. Allgemeines

1 Die Online-Mediation ist eine spezielle Verfahrensoption der Mediation: Die Online-Variante ist die Ergänzung des Mediationsverfahrens um die Kommunikation über elektronische Mittel, insbesondere über das Internet. Dieser Abschnitt des Handbuchs zeigt, in welcher Form digitale Hilfsmittel zur Vorbereitung und wäh-

rend des Mediationsverfahrens eingesetzt werden können. Abhängig vom Inhalt der Mediation und den beteiligten Personen kann der Mediator elektronische Werkzeuge zur Unterstützung in einzelnen Phasen der Mediation anwenden oder das Verfahren insgesamt online ablaufen lassen.

Als Oberbegriff für den Einsatz von digitalen Methoden in der Alternativen Streitbeilegung wird die sog. Online Dispute Resolution (ODR) verstanden. Diese Möglichkeit der Beilegung von Streitigkeiten im Internet wird seit einigen Jahren in einzelnen Bereichen der Streit-Lösungs-Praxis angeboten und ist auch in der juristischen Literatur vermehrt Gegenstand von Diskussionsbeiträgen, insbesondere im US-amerikanischen Raum. Da ODR und Online-Mediation insbesondere in den USA verbreiteter sind als in Deutschland, ist auch die Fachliteratur zum Teil allein in englischer Sprache erschienen. 2

Dieses Kapitel »Online-Mediation« zeigt auf, welche Möglichkeiten des Einsatzes von digitalen bzw. elektronischen Werkzeugen denkbar sind und worauf hier in der praktischen Anwendung zu achten sein kann.

II. Mediation als eine Variante der Alternativen Streitbeilegung, ADR

Eine Definition von ADR und insbesondere eine Beschreibung der Mediation ist zu finden im Teil 5. 3

III. Online-Mediation als Sonderform der Mediation

1. Einführung und Besonderheiten des Verfahrens

Die Online-Mediation ist **eine Erweiterung der Mediation um die Online-Variante.** Wie die Mediation eine Verfahrensart der ADR[1] ist, ist die Online-Mediation eine Variante unter dem allgemeinen Begriff Online Dispute Resolution (ODR).[2] Bei ODR-Verfahren werden Online-Kommunikationsmittel[3] für die Kommunikation zur Lösung von Streitigkeiten eingesetzt.[4] ODR und entsprechend auch die Online-Me- 4

---

1 Vgl. oben Rdn. 1, ferner Teil 6 A.
2 S. zur Begriffsabgrenzung *Müller/Groscheit* SchiedsVZ 2006, 197 (198), die – zutreffend – betonen, dass ODR als O-ADR gesehen werden sollte, da auch Gerichte »zunehmend« elektronische Kommunikation nutzen.
3 In diesem Zusammenhang verwendet etwa *Yunis*, Alternative Streitbeilegung über elektronische Datennetze, S. 77 ff., m.w.N., den Begriff »CvK« als Abkürzung von »Computervermittelter Kommunikation« in Anlehnung an die Kommunikationspsychologie. Letztendlich ist diese Begrifflichkeit als Abgrenzung zur Face-to-Face-Kommunikation zu sehen, die *Katsh/Rifkin*, Online Dispute Resolution, S. 140 f., als »Screen-to-Screen-Kommunikation« bezeichnen.
4 Näher dazu statt vieler *Radin/Rothchild/Reese/Silverman*, Internet Commerce, 2. Aufl., (1150); UNCTAD, E-COMMERCE AND DEVELOPMENT REPORT 2003, S. 177; s. auch Folgenabschätzung der EU-Kommission (SANCO/12362/2011), S. 3. Für die Ursprünge der ODR siehe grundlegend *Katsh*, ODR: A Look at History, in: *Abdel Wahab/Katsh/Rainey*, Online Dispute Resolution: theory and practice, S. 9 (10 ff.).

diation ist dabei nicht auf reine Beilegung von im Internet auftretenden Disputen beschränkt, sondern kann grundsätzlich auch bei Konflikten aus der realen Welt angewendet werden.[5] Ein ADR-Verfahren – insbesondere die Mediation – kann mithilfe der ODR auf die digitale Ebene verlegt werden.[6]

5 Dabei muss nicht zwingend das gesamte Verfahren online ablaufen, ODR kann auch in bestimmten Phasen des Verfahrens sinnvoll eingesetzt werden. Für ODR gilt im Besonderen, dass die Phasen »fast, fair, flexible, and inexpensive« sein sollen.[7] Insbesondere in Fällen, in denen die Konflikte durch das Agieren der Parteien über das Internet entstanden sind, kann Online-Mediation eine Möglichkeit bieten, die Konflikt dort zu lösen, wo er entstanden ist: eben im Internet.[8] Mit weiterhin steigenden Nutzerzahlen beim E- oder M-Commerce wird es auch eine steigende Zahl an Disputen zwischen den Akteuren geben – diese können dann mittels Elementen der Online-Mediation gelöst werden.[9] Die Online-Mediation vermeidet hier einen Medienbruch, der mit einer Übertragung in die analoge Welt einhergehen würde.

6 Die **historische Entwicklung von ODR**[10] ist zeitlich vergleichsweise überschaubar, da sich ODR in den letzten rund 30 Jahren entwickelt hat: Anfänge der ODR sind zu Beginn der 1990er Jahre auszumachen.[11] Die Idee war damals, dass Konflikte, die aus der analogen Welt bekannt waren, im und über das Internet vermieden werden könnten.[12] Breiteren Nutzergruppen wurde erst durch den ersten Internet Service Provider im Jahr 1992 ein Zugang zum Internet ermöglicht – ursprünglich waren das Militär

---

5 So auch UNCTAD, E-COMMERCE AND DEVELOPMENT REPORT 2003, S. 177; *Radin/Rothchild/Reese/Silverman*, Internet Commerce, 2. Aufl., (1147): »online medium as a tool to resolve disputes, whether they arise online or offline«.
6 *Yunis*, Alternative Streitbeilegung über elektronische Datennetze, S. 77 (»ADR wird in erster Linie schlichtweg dadurch zu ODR, dass die Verfahrensbeteiligten »online« miteinander kommunizieren«) mit Verweis auf *Gobbins et al.* N. M. L. Rev. (2002) S. 28 und 48, die sich auf Computer-Unterstützung beziehen.
7 Was für die Mediation im Allgemeinen gilt, gilt für die Online-Mediation im Besonderen.
8 Ähnlich *Kaufmann-Kohler*, Online Dispute Resolution and its Significance for International Commercial Arbitration, in: *Aksen/Böckstiegel/Mustill/Patocchi/Whitesell*, Global Reflections on International Law, Commercial and Dispute Resolution, S. 437 (453): »dispute is resolved in the same manner as the contract was entered into«.
9 Zu ODR als Lösung von Streitigkeiten s.a. *Del Duca/Rule/Loebl* Penn. St. J.L. & Int'l Aff. 1 (2012), 59 (63).
10 Entwicklungsschritte zeichnen auch *Rabinovich-Einy/Katsh* Harvard Negotiation Law Review 17 (2012), 151 (164 f.) mit Beispielen nach, jeweils mit Verweisen.
11 Wenngleich es damals noch eher als »Vorsehung« angenommen wurde, da etliche der heutigen Probleme und Konflikte nicht bestanden, so *Katsh*, ODR: A Look at History, in: *Abdel Wahab/Katsh/Rainey*, Online Dispute Resolution: theory and practice, S. 9, mit einer Aufzählung von Beispielen.
12 *Katsh*, ODR: A Look at History, in: *Abdel Wahab/Katsh/Rainey*, Online Dispute Resolution: theory and practice, S. 9, (9).

oder Forschergruppen die Nutzer des Internets.¹³ Durch den nun freieren Zugang zum Internet wurde der Anteil der Studenten an den Nutzerzahlen insgesamt geringer, da ein Zugang zur Universität nicht mehr notwendig für den Zugang zum Internet war.¹⁴ Dass ODR als Streitschlichtung über das Internet nicht bereits früher eingesetzt wurde, lag schlicht daran, dass es wegen der geringen Nutzerzahlen keine Streitigkeiten gab – es gab bis etwa Mitte der 1990er Jahre keine Notwendigkeit für ODR.¹⁵ 1996 erschienen die ersten wissenschaftlichen Beiträge zu ODR.¹⁶ In diesem Jahr befassten sich zudem erste wissenschaftliche Institute mit der Thematik.¹⁷ Durch die breitere Nutzerschicht und das damit einhergehende breitere Angebot an Internetdiensten stiegen auch Umfang sowie die Bandbreite der Konflikte im Netz.¹⁸

Das Bedürfnis nach ODR – jedenfalls in den Anfängen – wird mit steigenden E-Commerce-Zahlen begründet.¹⁹ Eines der zahlenmäßig größten Systeme ist das des Internetplattformanbieters eBay²⁰, welches als ausgelagertes Pilotprojekt im Jahr 1999 gestartet ist und heute als nun plattformeigenes System ca. 60 Millionen Fälle bearbeitet. Während der sog. »Internet-Blase« der Jahre 1999/2000 wurden etliche ODR-Anbieter gegründet, stellten ihre Dienste allerdings häufig später wieder ein.²¹ Das ebenfalls 1999 aufgebaute UDRP-Angebot der ICANN²² war zunächst noch weitgehend offline-konzipiert, später aber zunehmend internetbasiert.²³ Aktuell ist erneut eine Zunahme an ODR-Anbietern zu erkennen, wenngleich keine neue Blase wie 1999/2000 entstehen dürfte.²⁴

7

---

13 Die Entwicklungsstufen des Internets von der militärischen Nutzung bis heutigen Form beschreiben zusammenfassend bspw. *Johnston/Handa/Morgan*, Cyberlaw, S. 16 ff.
14 *Katsh*, ODR: A Look at History, in: *Abdel Wahab/Katsh/Rainey*, Online Dispute Resolution: theory and practice, S. 9, (14).
15 *Katsh*, ODR: A Look at History, in: *Abdel Wahab/Katsh/Rainey*, Online Dispute Resolution: theory and practice, S. 9, (10).
16 Siehe *Katsh* 28 ConnLRev 953 (1996), 953 ff. und *Lide* 12 OhioStJDispResol. (1996), 193 ff.
17 Mit Beispielen und jeweils Verweisen *Rabinovich-Einy/Katsh* Harvard Negotiation Law Review 17 (2012), 151 (165) sowie *Katsh*, ODR: A Look at History, in: *Abdel Wahab/Katsh/Rainey*, Online Dispute Resolution: theory and practice, S. 9 (11).
18 Je mehr Dienste und Interaktion angeboten wird, desto größer auch die Gefahr von Konflikten, so *Katsh*, ODR: A Look at History, in: *Abdel Wahab/Katsh/Rainey*, Online Dispute Resolution: theory and practice, S. 9 (17).
19 *Katsh*, ODR: A Look at History, in: *Abdel Wahab/Katsh/Rainey*, Online Dispute Resolution: theory and practice, S. 9, (11).
20 Dazu näher die Ausführungen unten Rdn. 27 ff.
21 Mit Beispielen *Katsh*, ODR: A Look at History, in: *Abdel Wahab/Katsh/Rainey*, Online Dispute Resolution: theory and practice, S. 9 (15).
22 Dazu näher unten Rdn. 28.
23 *Katsh*, ODR: A Look at History, in: *Abdel Wahab/Katsh/Rainey*, Online Dispute Resolution: theory and practice, S. 9 (15).
24 Mit ausführlicher Begründung *Katsh*, ODR: A Look at History, in: *Abdel Wahab/Katsh/Rainey*, Online Dispute Resolution: theory and practice, S. 9 (15), der unterschiedliche Faktoren berücksichtigt.

a) Begriff: Online-Mediation

8 Der Begriff »Online-Mediation« kann sowohl eng gefasst werden, als dass darunter nur solche Verfahren verstanden werden, bei denen ein vollständiges Mediationsverfahren online durchgeführt wird. Anderseits ist ein weites Begriffsverständnis denkbar, wonach jegliche Elemente, die im Rahmen eines Mediationsverfahrens – gleich ob analog oder digital – mit Unterstützung von elektronischer Kommunikation vorgenommen werden.[25] Diese Frage des Begriffsverständnisses soll in diesem Handbuch nicht umfangreich und abschließend bewertet werden, da aus Sicht der Praxis die unterschiedlichen Möglichkeiten der Einbeziehung von elektronischen Hilfsmitteln aufgezeigt werden sollen.

9 Wenngleich der Begriff nicht verbreitet ist, ist in diesem Zusammenhang auch die sog. **Computer Assisted Dispute Resolution (CADR)** zu nennen: Hierunter wird eine (Unter-)Form von ODR verstanden, bei welcher Streitigkeiten unter Einsatz von Software gelöst werden. Dies kann beispielsweise ein softwarebasierter Algorithmus sein, der die Parteien in der Lösungsfindung unterstützt.[26] CADR unterfällt dem Begriff der ODR, da sie sich zwar der IT bedient, allerdings kein eigenständiges Verfahren darstellt, sondern vielmehr im Rahmen von ODR eingesetzt werden kann.[27] Da CADR nicht an ein bestimmtes Verfahren gebunden ist, kann eine solche Software auch im Rahmen von Online-Mediation unterstützend eingesetzt werden.[28]

b) Anwendungsbereiche von ODR

10 Als technologiebasierte Form von ADR kann ODR sowohl für die Beilegung von Streitigkeiten aus der realen Welt (»offline«) als auch für Streitigkeiten, die im Internet (»online«) entstanden sind, angewendet werden. Als Anwendungsbereiche erscheint ODR besonders sinnvoll zum einen im Rahmen von Verträgen über geringwertige Güter und zum anderen um in bestehenden Kooperationen Kosten und Aufwand

---

25 So instruktiv etwa *Hofmeister*, Online Dispute Resolution bei Verbraucherverträgen S. 41 f. m.w.N. (»sämtliche ADR-Verfahren, bei denen die Kommunikation zwischen den hieran Beteiligten zumindest hauptsächlich online erfolgt«); im Ergebnis ähnlich *Calliess*, Grenzüberschreitende Verbraucherverträge (321 f.) m.w.N., der ODR sowohl auf internetbezogene Konflikte bezieht als auch auf »Dienstleistungen der alternativen Streitschlichtung, die über das Internet erbracht werden (eADR)«.

26 S. dazu *Radin/Rothchild/Reese/Silverman*, Internet Commerce, 2. Aufl., (1150).

27 *Radin/Rothchild/Reese/Silverman*, Internet Commerce, 2. Aufl., (1150): »CADR is a type of ADR that is particularly well suited to play a role in ODR.«.

28 Sieht man Konfliktlösung auf Basis von Kommunikation und (wechselseitigem) Austausch von Informationen, kann Software (»per Definition« auf die Verwaltung des Austausches von Information ausgerichtet), diesen Austausch erleichtern und fördern, so *Katsh*, ODR: A Look at History, in: *Abdel Wahab/Katsh/Rainey*, Online Dispute Resolution: theory and practice, S. 9. Software wird mitunter auch als sog. »fourth party« und insofern ergänzend zum Mediator eingesetzt, s. hierzu vertiefend etwa *Rabinovich-Einy/Katsh*, Lessons from Online Dispute Resolution for Dispute Systems Design, in: *Abdel Wahab/Katsh/Rainey*, Online Dispute Resolution: theory and practice, S. 51 (54 f.).

zu sparen²⁹ – insbesondere bei großen räumlichen Entfernungen der Vertragsparteien. Die weit überwiegende Zahl der Streitigkeiten, die von ODR-Verfahren beigelegt werden sollen, haben ihren Ursprung im Internet: Da diese online entstanden sind, erscheint auch deren Lösung online naheliegend – als großes Einsatzfeld von ODR ist daher der Bereich E-Commerce zu nennen.³⁰ Insbesondere betrifft dies Fälle, in denen gekaufte Waren gar nicht geliefert werden, tatsächlich gelieferte Artikel sich von den beschriebenen Produkten unterscheiden oder aber falsche Bewertungen online gestellt werden. Allein die Internetplattform eBay hat 60 Millionen derart vergleichbarer Fälle pro Jahr.³¹

c) Besonderheiten von Online-Mediation gegenüber der Mediation

Inwiefern ODR-Techniken und -Technologien im Rahmen einer Mediation eingesetzt werden können, zeigen die folgenden Abschnitte. In der Praxis werden aktuell im Wesentlichen sog. »hybride Verfahren« angewendet, bei denen ODR-Werkzeuge in Mediations-Verfahren als einzelne Elemente eingesetzt werden, die Mediation also teilweise on- und teilweise »klassisch« offline durchgeführt wird. Hinsichtlich der bekannten allgemeinen Vorteile der Mediation als ADR-Verfahren gilt im Besonderen für die Online-Variante:

11

aa) Form

Um ein ADR-Verfahren einleiten zu können, bedarf es keiner speziellen Form: Basierend auf dem Gedanken der freien Parteiübereinkunft können die Beteiligten bekanntermaßen jegliche Form vereinbaren oder ausschließen. Für die Vereinbarung, eine Mediation durchzuführen bedarf es lediglich einer (nachweisbaren) Erklärung in Form einer Nachricht der Beteiligten, s. § 1 Abs. 1 MediationsG.³² Das bedeutet speziell für die Online-Mediation, dass auch eine Mediationsvereinbarung per (wechselseitiger) E-Mail oder anderer digitaler (aufgezeichneter) Nachricht genügt. Auf eine bestimmte Form der Kommunikation kommt es hierbei nicht an. Es muss allerdings sichergestellt sein, dass eine insbesondere elektronisch durchgeführte Kommunikation auch tatsächlich von den Parteien stammt.³³ Während einer laufenden

12

---

29 Beispielhaft sieht *Engel* AnwBl. 2012, 13 (17) insbesondere bei Fällen, in denen zuvor eine enge Zusammenarbeit der Beteiligten bestand, »häufig eine erstaunliche Bereitschaft [...], auf die persönliche Begegnung zu verzichten, um Zeit und Geld zu sparen«.
30 So benennen etwa *Del Duca/Rule/Loebl* Penn. St. J.L. & Int'l Aff. 1 (2012), 59 (61): »real driver for the expansion of ODR was and is commerce«.
31 S. näher *Katsh*, ODR: A Look at History, in: *Abdel Wahab/Katsh/Rainey*, Online Dispute Resolution: theory and practice, S. 9, (12). So gilt Online-Streitbeilegung laut der EU-Kommission in der Zusammenfassung der Folgenabschätzung zur ADR-RL und ODR-VO, S. 6 aufgrund der praktischen Relevanz gilt als »unverzichtbares Instrument zur Förderung des elektronischen Geschäftsverkehrs«.
32 Näher dazu Teil 1 C. § 1 MediationsG Rdn. 1.
33 Die technischen Aspekte der Authentifizierung sind daher besonders beleuchtet, s. dazu näher unten A.III.2.c).

Mediation bestehen ebenfalls keine festen Formerfordernisse, solange eine gewisse Strukturierung des Verfahrens vorgenommen wird.[34]

bb) Mehrparteien-Verfahren

13 Wie auch sämtliche »Offline«-Varianten der Mediation ist auch die Online-Mediation als Mehrparteien-Verfahren durchführbar.[35]

cc) Sprache

14 Die Sprache des Mediationsverfahrens kann frei vereinbart werden. Das Online-Verfahren bietet wegen der Internetverbindung den großen Vorteil, dass Online-Übersetzungsdienste ggf. direkt hinzugezogen werden können, um etwaige Sprachschwierigkeiten der Beteiligten kurzfristig ausräumen zu können.

dd) Ort

15 Die bekannte **freie Wahl des Ortes**, an welchem das Mediationsverfahren stattfinden soll, ist bei der Online-Mediation nochmals gesteigert: Die Parteien können – vorbehaltlich einer funktionierenden Internetverbindung – praktisch von jedem Ort aus an dem Verfahren teilnehmen.

Auch etwaige **Inaugenscheinnahmen** können online erfolgen: So können Kameras die fraglichen Objekte abfilmen und die Bilder, ggf. auch live, direkt an alle Beteiligten übertragen werden.

16 Die Parteien können den **Mediator** selbst und unmittelbar wählen. Wie der Mediator rein tatsächlich organisatorisch ausgesucht werden, soll hier nicht weitergehend thematisiert werden. Für die Online-Mediation kann festgehalten werden, dass der Mediator insbesondere auch räumlich bzw. entfernungsunabhängig von den anderen Beteiligten sein kann, da die Durchführung der Online-Mediation gänzlich unabhängig vom aktuellen Standort der Beteiligten stattfinden kann.[36] Auf diese Weise ist die Wahl auf einen bestimmten Mediator (noch) weniger eingeschränkt und kann noch stärker auf die Qualifikation und Person fokussiert werden. Dies gilt sowohl für die Benennung der Experten als Mediatoren als auch entsprechend für eine (gutachterliche) Expertise im Laufe des Verfahrens – sei es durch Einbeziehung externer Sachverständiger oder auch bestimmter Mitarbeiter auch (Fach-)Abteilungen der Medianden.

17 **Praktische Durchführung**: Je nach konkreter Ausgestaltung der Online-Mediation können die Spezialisten an einem Chat teilnehmen, mittels Video-Übertragung zugeschaltet werden oder ihre Stellungnahme den Beteiligten als aufgezeichnetes Video zur

---

34 Für die Mediation etwa *Ahrens* NJW 2012, 2465 (2466) sowie (2467) »entformalisierte[s], dynamisches Konzept der Mediation«.
35 So ermöglicht § 2 Abs. 4 MediationsG die Einbeziehung Dritter, s. ausdrücklich *Ahrens* NJW 2012, 2465 (2466): »Obwohl regelmäßig nur zwei Medianten beteiligt werden, ist eine größere Anzahl gesetzlich zulässig.«
36 Maßgeblich ist allein eine stabile Internetverbindung, s. Rdn. 34.

Verfügung stellen (Letzteres ggf. über eine nur den Beteiligten zur Verfügung stehende Internetseite). Denkbar ist auch der Versand von Stellungnahmen als Anhang einer Nachricht oder – angesichts der zu erwartenden Dateigröße – die Bereitstellung über einen Link in einem Cloud-Dienst.

ee) **Vollstreckbarkeit**

Ein Mediationsergebnis kann grundsätzlich auch vollstreckbar ausgestaltet sein.[37] Im Rahmen einer Online-Mediation können die persönlichen Unterschriften der Beteiligten durch Einsatz von qualifizierten Signaturen und De-Mail ersetzt werden.[38] Die Identität der Anwälte ließe sich durch das beA-Verfahren gewährleisten (oder über die beA-Karte), eventuell speziell einzurichtende Signaturen oder elektronische Siegel zur »Beglaubigung« ersetzen die etwaig notwendige händische Unterzeichnung.

18

ff) **Vertraulichkeit/Geheimhaltung**

Die Vertraulichkeit der Mediation ist unabdingbar. Bei einer Online-Mediation ist daher insbesondere auf die Verschlüsselung der Daten(-verbindungen) zu achten. Hierzu sind entsprechende technische Maßnahmen zu ergreifen, die unten (im Abschnitt 2.) näher beschrieben werden.

19

d) **Erscheinungsformen von Systemen mit Online-Elementen**

Im Folgenden sind Online-Angebote sowohl aus dem (teil-)staatlichen Bereich aa) als auch von Privatanbieter bb) genannt. Die Auswahl der Plattformen erfolgt rein beispielhaft[39] und soll die Bandbreite des Spektrums aufzeigen.

20

aa) **Plattformen mit Elementen elektronischer Kommunikation im staatlichen Bereich**

Wenngleich der deutschen Justiz eine gewisse »Trägheit« in der Implementierung neuer Technologien zugeschrieben wird,[40] finden zumindest nach und nach Elemente elektronischer Kommunikation Einzug in die Gerichte und die Kommunikation mit der Justiz.[41]

21

---

37 *Kaufmann-Kohler*, Online Dispute Resolution and its Significance for International Commercial Arbitration, in: *Aksen/Böckstiegel/Mustill/Patocchi/Whitesell*, Global Reflections on International Law, Commercial and Dispute Resolution, S. 437 (453 f.) schlägt für Online-Verfahren spezielle Möglichkeiten wie Anreize durch Geld, technische Kontrolle und Reputation vor.
38 Siehe dazu Rdn. 50.
39 Weitere finden sich auch bei *Katsh*, ODR: A Look at History, in: *Abdel Wahab/Katsh/Rainey*, Online Dispute Resolution: theory and practice, S. 9.
40 So etwa von *Duve/Sattler* AnwBl. 2012, 2 (10).
41 Die folgende Aufzählung ist beispielhaft. Nicht aufgenommen wurden hier einzelne, teils kurzzeitige Pilot- und Test-Projekte von Gerichten in einzelnen Bundesländern oder Regionen.

22 Das **Elektronische Gerichts- und Verwaltungspostfach (EGVP)**[42] ist eine Software, mit welcher zwischen Bürgern, Behörden und Gerichten ein sicherer und rechtlich wirksamer Austausch von elektronischen Dokumenten erfolgen kann.[43] Die Übertragung der Daten erfolgt verschlüsselt nach dem OSCI-Standard.[44] Die versendeten Dokumente können über das EGVP mit einer qualifizierten elektronischen Containersignatur versehen werden.[45]

23 Für Rechtsanwälte hat das »**besondere elektronische Anwaltspostfach (beA)**« gem. § 31a BRAO die bisherige Schnittstelle zum EGVP abgelöst[46]. Der EGVP-Client ist für Rechtsanwältinnen und Rechtsanwälte durch das beA ersetzt worden. Für Anwälte ist das beA ein »sicherer Übermittlungsweg« anstelle der qualifizierten elektronischen Signatur gem. § 130a Abs. 3 i.V.m. Abs. 4 Nr. 2 ZPO.

24 **E-Codex** ist eine Plattform, welche technische Lösungen für staatenübergreifende Kommunikation im Bereich der Justiz anbietet.[47] So soll ein Verfahren im Heimatland

---

42 S. die Internetseite www.egvp.de (Datum des Zugriffs: 10.10.2019).

43 Zu einer frühen Version des EGVP s. bereits *Berlit*, Das Elektronische Gerichts- und Verwaltungspostfach bei Bundesfinanzhof und Bundesverwaltungsgericht, abrufbar unter http://www.jurpc.de/jurpc/show?id=20060013&q= (Datum des Zugriffs: 24.11.2019); mit einem Glossar relevanter Begriffe zum EGVP s. *Bacher* NJW 2009, 1548 (1551).

44 OSCI (Online Services Computer Interface) ist ein Protokollstandard, welcher für das eGovernment entwickelt wurde, s. *Bernhardt*, in: *Heckmann*, Juris-PraxisKommentar Internetrecht, 4. Aufl. (2014), Kap. 6 Rn. 118 mit Fn. 232; s.a. die Internetseite www.osci.de (Datum des Zugriffs: 22.04.2015).

45 Durch eine solche Signatur wird nicht das jeweilige einzelne Dokument signiert, sondern die gesamte elektronische Nachricht einschließlich der Einzeldokumente. Umstritten ist, ob eine solche Signatur den Anforderungen des § 130a Abs. 1 S. 2 ZPO genügt. Zutreffend bejaht dies der *Bundesgerichtshof (BGH)* NJW 2013, 2034, wie auch der *Bundesfinanzhof (BFH)* MMR 2007, 234 = BFHE 215, 47 (zu § 77a Abs. 1 S. 2 FGO a.F.) und das *Bundesverwaltungsgericht (BVerwG)* NJW 2011, 695 = BVerwGE 138, 102 (zu § 55a Abs. 1 S. 3 VwGO); s.a. *Viefhues* NJW 2005, 1009 (1010); zust. zum BFH *Fischer-Dieskau/Hornung* NJW 2007, 2897 (2899). Kritisch gesehen wird die Containersignatur allerdings im Vergleich mit einem Siegel auf einem Briefumschlag, welches seinerseits keinen Rückschluss auf die Urheberschaft für die einzelnen Dokumente im Inneren des Umschlags zulasse, so *Müller* NJW 2013, 3758 (3759) und *Müller* NJW 2015, 822 (823), der eine Beschränkung nachträglicher Überprüfbarkeit sieht; *Bacher* NJW 2009, 1548 (1549) rät als »sicherstem Weg« zusätzlich zu einer Signatur jedes einzelnen Dokuments. Der Auffassung von *Müller* ist aber entgegenzuhalten, dass der Absender eines entsprechend unversehrten Umschlags mit der Containersignatur deutlich gemacht hat, dass er mit der Absendung des Umschlaginhalts einverstanden war. Insofern kann eben eine willentliche Absendung angenommen werden. Soweit die Containersignatur einschließlich der Dokumente dem Absender zuzuordnen ist, genügt sie den Voraussetzungen des § 130a ZPO (einschließlich der Parallelnormen der anderen Prozessordnungen), s.a. *Hadidi/Mödl* NJW 2010, 2097 (2099).

46 Zu früherem Stadium der Planungen *Hoffmann/Borchers* CR 2014, 62.

47 Internetseite des Angebots abrufbar unter http://www.e-codex.eu/(Datum des Zugriffs: 10.10.2019).

eingeleitet werden können, das über standardisierte Bausteine in einem anderen Staat an die nationalen Gerichte weitergeleitet wird. Das Projekt ist mit Mitteln der EU kofinanziert.

Über das **E-Curia-Portal des EuGHs** können Vertreter der Parteien Verfahrensschrift- 25 stücke in elektronischer Form einreichen, empfangen und einsehen. Die Möglichkeit steht grundsätzlich allein Vertretern eines anhängigen Verfahrens offen, das Portal ist erreichbar unter https://curia.europa.eu/e-Curia/login.faces.

Die EU-Kommission hat – basierend auf der ODR-VO[48] – eine Internetplattform 26 eingerichtet, über welche Streitigkeiten zwischen einem EU-Verbraucher und einem EU-Unternehmer außergerichtlich beigelegt werden können (»**OS-Plattform**«). Die Plattform soll bei online abgeschlossenen Kauf- oder Dienstleistungsverträgen Anwendung finden.[49] Über die Internetplattform können die Nutzer ihre Beschwerden online einreichen. Diese werden dann an die zuständigen AS-Stellen in den jeweiligen Mitgliedsländern weitergeleitet werden (»Interaktive Website« [Art. 5 Abs. 2 S. 2 ODR-VO]). Die Streitigkeiten werden also nicht auf bzw. über die Plattform beigelegt; die Plattform fungiert hier lediglich als Vermittler, die konkrete Lösung wird durch die lokalen AS-Stellen vorgelegt.[50]

bb) Plattformen privater Anbieter

Im Folgenden werden beispielhaft und allein um die Bandbreite kurz zu skizzieren 27 ohne Anspruch auf Vollständigkeit[51] ODR-Plattformen dargestellt, die teilweise von rein privatrechtlichen Anbietern stammen, teils aber auch mit staatlicher Unterstützung als Alternative zu Gerichtsverfahren aufgebaut wurden.[52]

Die Internetplattform **eBay** hat seit bereits etlichen Jahren ein Streitbeilegungssystem 28 eingerichtet.[53] Das Unternehmen beauftragte im Jahr 1999 das University oft Massa-

---

[48] Verordnung (EU) Nr. 524/2013 des Europäischen Parlaments und des Rates vom 21. Mai 2013 über die Online-Beilegung verbraucherrechtlicher Streitigkeiten und zur Änderung der Verordnung (EG) Nr. 2006/2004 und der Richtlinie 2009/22/EG (Verordnung über Online-Streitbeilegung in Verbraucherangelegenheiten), vgl. dazu Teil 7.
[49] S. Art. 2 Abs. 1 der VO. Die VO soll ausweislich des Erwägungsgrundes 9 für Streitigkeiten gelten, welche die ADR-RL erfassen will.
[50] Diese Arbeitsweise möchte die EU-Kommission auch nicht grundsätzlich ändern, sondern lediglich erweiterte Informationen bereitstellen, wie sie in dem aktuellen Evaluierungsbericht COM(2019) 425 final vom 25.09.2019, dort S. 21, bestätigt hat.
[51] Eine umfassende Liste mit Plattformen ist abrufbar bspw. unter http://odr.info/provider-list/(Datum des Zugriffs: 20.10.2019). Zudem findet sich auch eine Aufzählung bei *Abdel Wahab/Katsh/Rainey*, Online Dispute Resolution: theory and practice (2012), S. XVII f. Ein Anspruch auf Vollständigkeit kann nicht erhoben werden, ständig neue Anbieter dazu kommen, allerdings auch Plattformen eingestellt werden.
[52] Beispiele mit »Geschichte virtueller Streitbeilegungseinrichtungen« nennt *Schiffer*, Rechtsbeziehung, Rechtsdurchsetzung und Haftung in virtuellen Schlichtungsverfahren, S. 28/31 ff.
[53] Das System ist eingerichtet unter http://resolutioncenter.ebay.de/(Datum des Zugriffs: 20.10.2019).

chusetts Amherst Center for Information Technology and Dispute Resolution, ein Pilotprojekt durchzuführen, die dem zwischen Käufern und Verkäufern mediiert werden sollte.[54] Nach dessen erfolgreicher Durchführung verpflichtete eBay den Dienstleister SquareTrade, ein Start-Up, welches später von eBay übernommen wurde, mit der Durchführung des Streitbeilegungsprozesses der Internetplattform.[55] Die Plattform von eBay ist jährlich mit 60 Mio. E-Commerce-Fällen befasst[56] und hat dabei eine Erfolgsrate von 80% bei automatisierter Konfliktlösung[57].

29 Die **Internet Corporation for Assigned Names and Numbers (ICANN)** ist – vereinfacht dargestellt – zuständig u.a. für die Koordinierung bzw. Zuordnung Top-Level-Domain-Adressen. Im Zusammenhang mit missbräuchlicher Registrierung von Domain hat die ICANN ein Streitbeilegungsverfahren entwickeln lassen und als eigenen Dienst eingerichtet.[58] Daneben bietet die ICANN mittlerweile auch umfangreiche weitere Streitbeilegungsmechanismen an.[59]

30 Ähnlich wie die ICANN hat die **WIPO** ein »Arbitration and Mediation Center« eingerichtet[60], welches gleichfalls Streitbeilegung in Bezug auf Domainnamen aber auch andere Bereiche anbietet.

31 Die Plattform **Cybersettle**[61] bietet seit etlichen Jahren eine Streitbeilegung durch »blind bidding«, wobei die Parteien einen Geldbetrag angeben, den sie bereit sind zu zahlen/akzeptieren, um die Streitigkeit beizulegen; das Verfahren selbst läuft weitestgehend automatisiert.[62]

---

54 Näher dazu der Aufsatz von *Katsh/Rifkin/Gaitenby* Ohio State Journal on Dispute Resolution 15 (2000), 705.
55 Mit Projektzahlen zusammenfassend *Katsh*, ODR: A Look at History, in: *Abdel Wahab/Katsh/Rainey*, Online Dispute Resolution: theory and practice, S. 9 (15); ausführlich *Katsh/Rifkin/Gaitenby* Ohio State Journal on Dispute Resolution 15 (2000), 705 (15). Zur weiteren Geschichte und Entwicklung des eBay-ODR-Angebots (PayPal, Einrichtung der Plattform, etc.) s. *Del Duca/Rule/Loebl* Penn. St. J.L. & Int'l Aff. 1 (2012), 59 (63) m.w.N.
56 *Del Duca/Rule/Loebl* Penn. St. J.L. & Int'l Aff. 1 (2012), 59 (63); diese Zahl auch bei *Rule/Singh*, ODR and Online Reputation Systems – Maintaining Trust and Accuracy Through Effective Redress, in: *Abdel Wahab/Katsh/Rainey*, Online Dispute Resolution: theory and practice, S. 163.
57 So *Rabinovich-Einy/Katsh*, Lessons from Online Dispute Resolution for Dispute Systems Design, in: *Abdel Wahab/Katsh/Rainey*, Online Dispute Resolution: theory and practice, S. 51 (51).
58 Zum Hintergrund s. einführend *Yunis*, Alternative Streitbeilegung über elektronische Datennetze, S. 62 ff. sowie ausführlich *Froomkin* Brooklyn Law Review 67 (2002), 605. Zum anwendbaren Recht bei UDRP-Verfahren s. *Schmelz* GRUR-Prax 2012, 127 ff.
59 Siehe die Auflistung unter https://www.icann.org/resources/pages/dispute-resolution-2012-02–25-en (Datum des Zugriffs: 11.11.2019).
60 Abrufbar unter https://www.wipo.int/amc/en/(Datum des Zugriffs: 14.11.2019).
61 Abrufbar unter http://www.cybersettle.com/(Datum des Zugriffs: 14.11.2019).
62 Näher dazu *Rabinovich-Einy/Katsh* Harvard Negotiation Law Review 17 (2012), 151 sowie *Hofmeister/Slopek* ZKM 2013, 28.

F. Besondere Formen: Online-Mediation **Teil 5**

Für Deutschland war der sog. **Cybercourt** als Pilot-Projekt eines Online-Schiedsgerichts geplant,[63] die Realisierung der Plattform wurde allerdings bereits vor Vollendung eingestellt.[64]

2. Technische Voraussetzungen von Online-Mediation

Im folgenden Abschnitt werden technische Komponenten aufgezeigt, ob und inwiefern sie sich für den Einsatz bei Online-Mediation eignen. Es werden zum einen die medialen Möglichkeiten wie bspw. Internettelefonie, Chat, Kommunikation über asynchrone Nachrichten wie E-Mails o.Ä. aufgezeigt, zum anderen die Frage der sicheren Identifizierung und Authentifizierung der Beteiligten näher betrachtet.

a) Grundausstattung: Rechner und Internetverbindung

Grundlegend für eine Online-Mediation ist selbstverständlich ein **Internetzugang**. Als Gerät für einen Internetzugang kommen grundsätzlich sämtliche internetfähigen **Endgeräte** in Betracht wie insbesondere ein PC, MAC, Tablet, Smartphone oder sonstige Geräte. Je nach Mediations-Plattform/System ist **Software** wie ein internetfähiger Browser oder eine spezielle App des Anbieters nötig. Zudem werden weitere Programme benötigt, die aber üblicherweise vorhanden sind: Beispielsweise ein Textverarbeitungsprogramm, Software zum Anzeigen von Dateien wie PDFs oder Bilddateien, etc. Als optionale Ausstattung – je nach konkretem ODR-Portal/Verfahren – kommen noch eine Webcam für Videokonferenzen und/oder Mikrofon und Lautsprecher/Kopfhörer in Betracht.

Für die Online-Mediation ist eine **verschlüsselte Verbindung** als sinnvoll zu erachten. Wenn vertrauliche Informationen über das Internet verschickt werden, ist die Verschlüsselung eine Grundvoraussetzung sicherer Kommunikation. Unterschieden wird zwischen der Verschlüsselung der Datenverbindung und der Verschlüsselung der Daten vor deren Absenden.[65] Etliche Anbieter verschlüsseln bereits, indem sie TLS-Protokolle (Transport Layer Security, als Nachfolger des Secure Layer Protokolls/SSL) einsetzen.[66] TLS bzw. SSL bieten die Möglichkeit einer authentifizierten, vertraulichen und grds. vor unbefugten Veränderungen geschützten Datenkommunikation.[67] Hierbei ist zu beachten, dass die Daten zwar auf dem Transportweg zwischen Kommunikationsendpunkten verschlüsselt sind (sog. Tunnel), allerdings ein »Angreifer-Server« als insofern unbefugter Endpunkt fungieren kann und dort die Daten im Klartext vorliegen können.[68] Bei einer Ende-zu-Ende-Verschlüsselung hingegen werden Datenpakete vom Absender verschlüsselt und erst vom Empfänger wieder entschlüsselt.

32

33

34

35

---

63 S. hierzu *Niedermeier/Damm/Splittgerber* K&R 2000, 431.
64 *Müller/Broscheit* SchiedsVZ 2006, 197.
65 S. dazu einführend *Eckert,* IT-Sicherheit, 9. Aufl., S. 770 ff.
66 Näher dazu s. *Eckert,* IT-Sicherheit, 9. Aufl., S. 809 ff.
67 *Eckert,* IT-Sicherheit, 9. Aufl., S. 819.
68 So etwa beim Phishing, wenn SSL-geschützte Nutzereingaben auf einen solchen Angreifer-Server umgeleitet werden, s. *Eckert,* IT-Sicherheit, 9. Aufl., S. 819; zur Transportver-

b) Erweiterte Kommunikationsmöglichkeiten

36 Ergänzend zu den Basis-Programmen wie einem Browser und Text-Anzeige- bzw. -Verarbeitungsprogrammen kann eine Online-Mediation mit einer Vielzahl von technischen und technologischen Kommunikations-Möglichkeiten durchgeführt werden.[69] So kann das Verfahren durchgeführt werden
- mittels **E-Mail**-Kommunikation (ggf. als »shuttle diplomacy«, sodass die entsprechende Kommunikation an dem Mediator gerichtet wird und nicht an den »Alle Beteiligten«-Verteiler);
- über Instant Messaging/**Messengerdienste**, die auch mobil auf etlichen Smartphones und in Tablet-Versionen verfügbar sind[70];
- über **spezielle Apps** zur Arbeit in Gruppen[71];
- in **Chatboxen** oder
- in (computergestützten) **Videokonferenzen**[72];
- über eine sog. **Threaded Discussion**, einer Form der asynchronen Kommunikation, wie sie etwa in Foren praktiziert wird: Hier sind die einzelnen Beiträge der Beteiligten hierarchisch und in chronologischer Reihenfolge sichtbar, ein späterer Beitrag nimmt jeweils Bezug auf einen früheren Beitrag oder Auszüge daraus;
- **Video-/Audio-Streams** in Form von einzelnen aufgezeichneten Nachrichten.

---

schlüsselung bei De-Mail über den Kanal zwischen Anwender und Provider s. *Geis*, Beweisqualität elektronischer Dokumente, in: *Hoeren/Sieber/Holznagel*, Handbuch Multimedia-Recht, Teil 13.2, D. Beweiswert der De-Mail-Kommunikation, Rn. 23.

69 Ausführlich zu Möglichkeiten synchroner und asynchroner Kommunikation *Rule*, Online Dispute Resolution for Business, S. 46 ff.; mit einer Aufschlüsselung nach Phasen der Mediation s. *Lüer/Splittgerber*, Kommunikationsmöglichkeiten in der Online-Mediation, in: *Märker/Trénel*, Online-Mediation, S. 63 (66 ff.); differenzierend nach asynchroner und synchroner Kommunikation *Hofmeister*, Online Dispute Resolution bei Verbraucherverträgen, S. 42 ff.; weitere Methoden zählen *Conley Tyler/Raines* Conflict Resolution Quarterly 2006, 334 auf; ähnliche Beispiele auch bei *Radin/Rothchild/Reese/Silverman*, Internet Commerce, 2. Aufl., (1150), wo ergänzend die Möglichkeit einer Fernsteuerung von Computersystemen über das Internet genannt wird.

70 Ein bekanntes Beispiel eines solchen Dienstes ist WhatsApp, wobei dieser Dienst aus Datenschutz- und Geheimhaltungsgesichtspunkten nicht zu empfehlen ist. Alternativ kommen Anbieter wie Threema in Betracht, die zwar kostenpflichtig sind, allerdings mitunter Verschlüsselung und ein hohes Schutzniveau bieten. Vor dem Hintergrund der Relevanz der zu schützenden Inhalte sollte mit den Beteiligten ernsthaft erwogen werden, kostenpflichtige Angebote einzusetzen, zumal die App Threema mit einem nur einmal zu zahlenden Preis von derzeit 2,99 Euro (Google Play Store für Android-Geräte) bzw. 3,49 Euro (im Apple-Store) kostenmäßig als überschaubar anzusehen sein dürfte; weitere Informationen zu Threema sind abrufbar unter https://threema.ch/de.

71 Neuere Apps, die auf eine möglichst einfache Zusammenarbeit von Gruppen ausgerichtet sind, können beispielsweise »Slack« (Informationen abrufbar unter https://slack.com/intl/de-de/features) oder »Teams« (https://products.office.com/de-de/microsoft-teams/free) sein.

72 Zum mittlerweile eingestellten Projekt des »Cybercourts« *Niedermeier/Damm/Splittgerber* K&R 2000, 431.

F. Besondere Formen: Online-Mediation **Teil 5**

Wann immer sich ein Einsatz verschiedener Kommunikationsmöglichkeiten anbietet, sollten diese genutzt werden, um ein bestmögliches Verfahren gewährleisten zu können – auch und gerade in Kombination einzelner Möglichkeiten. Angesichts der Vielzahl von Möglichkeiten sollte es zwar sicherlich keine Nutzung möglichst vieler Werkzeuge nur um deren Nutzung willen geben. Zudem kommt es auch auf die **Beteiligten und deren Erfahrungen** und Affinität zu (neuen) Angeboten an.[73] Gleichwohl können erweiterte Angebote zu medialer Einbettung auch neue Perspektiven in der Lösungsfindung eröffnen. Ob Mediatoren die Werkzeuge kombiniert[74] oder situationsangemessen einzeln anbieten, sollte von den Mediatoren im konkreten Verfahren entschieden werden. 37

E-Mails und Dokumentenplattformen lassen die zeitlich **flexible Zeitnutzung** der Technik zu – gerade in grenzüberschreitenden Streitigkeiten lassen sich die Zeitverschiebungen zwischen einzelnen Ländern unproblematisch miteinander verbinden. Die Parteien können zu ihnen angenehmen Tageszeiten die Dokumente bearbeiten und Lösungen entwickeln. Bei einer Mediation mit internationalen Beteiligten können die Beteiligten jeweils bei sich tagsüber ihre Eingaben machen und Dokumente einreichen, der Mediator oder die anderen Beteiligten dann (zur jeweils eigenen Tageszeit) diese bearbeiten und den Beteiligten praktisch ohne Zeitverzug anbieten. Jeder Beteiligte arbeitet tagsüber, Rückmeldungen und Vorschläge/Lösungen kommen so praktisch »über Nacht«. 38

Sind **direkte Gespräche** sinnvoll, bieten sich etwa Internet-Telefonie oder -Videokonferenzen an[75], die dann im Anschluss ggf. durch die genannten »asynchronen« Techniken ergänzen lassen. Näher zu Videokonferenzen siehe unten Rdn. 77. 39

Zur **Kombination von Werkzeugen** wäre beispielsweise an eine Videokonferenz zu denken, bei der in einem parallel aufgerufenen Text- oder Chat-Fenster die wichtigen Stichpunkte »schriftlich« mit aufgeführt/angezeigt werden. In ähnlicher Form ließe sich auch eine Art »Tagesordnung« einblenden, die flexibel geändert/ergänzt werden kann. Denkbar ist auch ein Festhalten von (Zwischen-)Ergebnissen; so kann den Parteien des Verfahrens ein Vorankommen praktisch vor Augen geführt werden. 40

---

73 *Gibbons/Kennedy/Gibbs* New Mexico Law Review 32 (2002), 27 (68) nennen hier das Schlagwort »the right tool for each job«.
74 *Yunis,* Alternative Streitbeilegung über elektronische Datennetze, S. 253 schlägt hierzu einen gebündelten »Workspace« vor, der verschiedene »Arbeitsräume« sowie Softwaretools beinhalten soll.
75 *Hofmeister,* Online Dispute Resolution bei Verbraucherverträgen, S. 48 weist in diesem Zusammenhang auf die Notwendigkeit ausreichender Übertragungskapazität hin, damit die Qualität der Gespräche gewährleistet ist.

c) Verifikations-/Authentifizierungssystem

41 Da bei einer »rein digitalen Bekanntschaft« der Beteiligten der unmittelbare Kontakt und die damit einhergehende **Vertrauensbildung** entfällt[76], muss dieses – mögliche – Defizit ausgeglichen werden. Ein höherer Grad an Vertrauen in die Durchführung einer Mediation online wird etwa durch gesicherte Identitätsfeststellung und Authentifizierung der Verfahrensbeteiligten erreicht[77]. In diesem Abschnitt werden daher Varianten möglicher Identifizierungs- und Authentifizierungsinstrumente aufgezeigt, ob und ggf. inwiefern sie sich für einen Einsatz bei Online-Mediationen eignen. Es sei darauf hingewiesen, dass ein Einsatz von solchen Instrumenten auch unter dem Gesichtspunkt der Verhältnismäßigkeit und auch im Vergleich zu einer Verfahrensdurchführung in der realen Welt, also offline, zu sehen ist: In vergleichsweise seltenen Fällen wird in einem offline stattfindenden Verfahren eine vollständige Identitätsprüfung von Beteiligten durchgeführt. Eine solche nun bei jeglichen Verfahren über das Internet zu fordern, erscheint daher zwar durchaus sinnvoll, allerdings nicht unbedingt in allen Fällen zwingend. In der weit überwiegenden Zahl der Fälle eines Vertragsschlusses oder sonstiger Kooperation über das Internet funktioniert der Kontakt reibungslos. Nichtsdestotrotz sollen die technologischen Möglichkeiten aber durchaus eingesetzt werden, um ein Verfahren zum bestmöglichen Abschluss für alle Beteiligten zu bringen und ein möglichst hohes Maß an Vertrauen in ein solches System der Online-Mediation aufzubauen. Der folgende Abschnitt soll die Möglichkeiten von Identifizierung und Authentifizierung von Beteiligten aufzeigen, damit Mediatoren für – mögliche – Streitfälle ein höheres Maß an Sicherheit und/oder Vertrauen anbieten können.

42 Regelmäßig wird in der Praxis auf ein **zweistufiges Verfahren** zurückgegriffen: Zunächst wird über einen persönlichen Kontakt (»face-to-face-Kontrolle«) die Identität des Nutzers mit dem Personalausweis oder Reisepass (Letzterer ggf. in Kombination mit einer Meldebescheinigung zum Verifizieren der Postadresse) abgeglichen. Im zweiten Schritt meldet sich der Nutzer mit (nur ihm bekannten) Daten auf der entsprechenden

---

76 S. hierzu zusammenfassend die Problemlage in Bezug auf E-Commerce *Hoeren* NJW 1998, 2849 (2854): »bei elektronischen Bestellungen [weiß] niemand, ob wirklich derjenige bestellt hat, der sich als Besteller ausgibt. Auch der Inhalt einer Bestellung kann auf dem langen Internet-Weg zum Erklärungsempfänger aufgefangen und umgestaltet worden sein. [...] wer gewährleistet, daß eine verschlüsselte Nachricht wirklich von demjenigen stammt, den den Text unter einem bestimmten Namen erstellt hat?«; ausf. zu Erkennbarkeit des Vertragspartners und Vertrauensbildung *Mankowski*, RabelsZ 63 (1999), 203, 224 ff.

77 S. dazu hinsichtlich E-Commerce gleichwohl aber insofern übertragbar auf Online-Mediation mit konkreten Beispielen *Spindler/Rockenbauch* MMR 2013, 139: »Erfolgreicher eCommerce hängt davon ab, dass die Anwender Vertrauen in die Dienste besitzen, was wirksame Mechanismen erfordert, die die Sicherheit, Vertraulichkeit und Integrität von Daten sowie die Identität der Kommunikationspartner einschließlich der zweifelsfreien Feststellung eines bestimmten Identitätsmerkmals (z.B. der Volljährigkeit) gewährleisten.«. Zum rechtlichem Rahmen von Identifizierung und Authentifizierung nach der eIDAS-VO s.u. A.III.3.a)(2) Rdn. 54.

Online-Plattform an. Diese Anmeldung kann durch einen Benutzernamen und Passwort/PIN oder – je nach gewünschtem Sicherheitsniveau – auch mit Hardware-Komponenten wie einem Lesegerät für Karten, Token, biometrische Daten, etc. erfolgen. Je nachdem, wie der Anbieter der Dienstleistung das Verfahren konkret ausgestaltet, bekommt der Nutzer bereits nach der face-to-face-Identifikation die Zugangsdaten/-mittel. Alternativ können ihm diese auch später zugestellt werden, etwa mit Einschreiben, das allerdings als »Einschreiben eigenhändig« (ggf. mit vom Berechtigten unterschriebenem Rückschein) erfolgen muss, um hier wieder die Berechtigung des Adressaten sicherzustellen.

Ergänzend zur Anmeldung mit Benutzernamen und Passwort können für den Zugang in besonders sensible Bereiche der Plattform oder für bestimmte Aktionen in dem Online-Verfahren **zusätzliche Authentifizierungsmerkmale** vorgesehen werden: Wie aus dem Online-Banking bekannt, ist denkbar, eine Transaktion mit Eingabe einer sog. TAN (Transaktionsnummer) bestätigen zu lassen. Wenn diese TANs nur bestimmten Personen zugänglich sind, kann das Vertrauen darin, dass die Aktion tatsächlich von Berechtigten durchgeführt wurde, nochmals erhöht werden. 43

Alternativ zu einer Anmeldung über Benutzernamen und Passwort kommt eine **Identifikation mit biometrischen Daten** in Betracht. Hierunter wird die Identifikation einer Person mit ihren unverwechselbaren körperlich (physischen) Merkmalen verstanden.[78] Denkbar sind hier Anmeldung mittels Fingerabdrucks, Retinascans (Adernmuster mit Augenhintergrund), Handgeometrie (Verhältnis der Länge von Fingern und Handballen), Gesichtsgeometrie oder Stimmerkennung durch Sprachmuster.[79] Auch kann der Anschlagrhythmus an einer Tastatur als Identifizierungsinstrument genutzt werden. Der Vorteil biometrischer Daten ist, dass sie in der Regel dauerhaft an eine Person gebunden sind.[80] Die biometrischen Merkmale werden durch Sensoren wie Kamera, Mikrofon, Tastatur, Druckpads, Geruchssensoren oder Fingerabdrucksensoren erfasst.[81] Hier kann bei Smartphones auf die, zumindest bei Modellen der Mittel- und Oberklasse eingebauten, Fingerabdrucksensoren zurückgegriffen werden. Diese können von einer entsprechend programmierten App als Identifizierungsinstrument genutzt werden. 44

---

78 *Gassen,* Digitale Signaturen in der Praxis, S. 65; einführende Informationen zu biometrischen Verfahren sind abrufbar unter https://www.bsi.bund.de/DE/Themen/DigitaleGesellschaft/Biometrie/BiometrischeVerfahren/biometrischeverfahren_node.html (Datum des Zugriffs: 13.11.2019).
79 Aufzählung nach *Gassen,* Digitale Signaturen in der Praxis, S. 65 mit Verweis auf *Wirtz,* DuD 1999, 129 (130 ff.).
80 So und mit weiteren Einzelheiten die Information des BSI, abrufbar unter https://www.bsi.bund.de/DE/Themen/DigitaleGesellschaft/Biometrie/AllgemeineEinfuehrung/allgemeineeinfuehrung_node.html (Datum des Zugriffs: 13.11.2019).
81 Einzelheiten dazu zusammenfassend unter https://www.bsi.bund.de/DE/Themen/DigitaleGesellschaft/Biometrie/AllgemeineEinfuehrung/allgemeineeinfuehrung_node.html (Datum des Zugriffs: 13.11.2019).

aa) Post- und Video-Ident-Verfahren

45 Als Verfahren für die vorab mögliche face-to-face-Kontrolle kann das »**PostIdent**«-Verfahren[82] der Deutschen Post AG eingesetzt werden, mit welchem Kunden eines Unternehmens identifiziert werden können.[83] Bei dem Verfahren in einer Filiale werden alle Daten des Ausweises (Personalausweis oder Reisepass) übernommen und die Unterschrift des Kunden eingeholt bzw. abgeglichen. Die Deutsche Post AG bietet zudem Videochat- oder Foto-Identifizierungsmöglichkeiten.

46 Alternativ werden am Markt auch **Identitätsüberprüfungen mittels Videoidentifikation** angeboten, wie sie etwa Finanzdienstleister ohne eigenes Filialnetz anbieten, die ihre Dienstleistungen vollständig online erbringen.[84] Dabei wird ein Kunde im Rahmen der Anmeldung über die App des Anbieters über Videotelefonie mit einem Mitarbeiter verbunden, der über die Kameras des Smartphones verschiedene Merkmale des Kunden abgleicht und sich das Ausweisdokument zeigen lässt.

47 Für sämtliche Vorab-Identifikations-Verfahren gilt, dass sie »lediglich« einmalig die Identität des überprüften Nutzers feststellen, nicht aber, dass sich derjenige später unter bestimmten Zugangsdaten auf einer Plattform anmeldet. Mit anderen Worten: Ob es tatsächlich der Vorab-Identifizierte ist, der sich mit bestimmten Zugangsdaten anmeldet, lässt sich über das PostIdent-Verfahren nicht sicherstellen. Zwar kann dieses Verfahren gewährleisten, dass bestimmte Daten einer bestimmten Person zugeordnet werden können; ob sich dann tatsächlich diese Person bei einer Online-Mediation beteiligt, kann das Verfahren nicht gewährleisten.

bb) E-Personalausweis

48 Der **Personalausweis mit Online-Ausweisfunktion** kann über die sog. eID-Funktion den Inhaber des Ausweises identifizieren. Da der Ausweis bereits einer bestimmten Person fest zugeordnet ist und diese über persönlichen Kontakt beim Amt identifiziert wurde, entfällt der o.g. Prozess des PostIdent- bzw. Video-Identifizierungsverfahrens.[85] Für das Online-Ausweisen ist neben dem Ausweis mit freigeschalteter Online-Ausweisfunktion ein Kartenlesegerät oder geeignetes Smartphone, die PIN

---

82 Zu Rechtsproblemen die im Zusammenhang mit dem Verfahren/den vom Kunden zu leistenden Unterschriften stehen, sei etwa auf *Möller* NJW 2005, 1605 verwiesen, der sich auf S. 1605 ff. mit Fragen des Vertragsschlusses durch die Unterschrift beim »Postident Special«-Verfahren beschäftigt, ab S. 1607 f. mit wettbewerbsrechtlichen Fragestellungen.
83 Nähere Informationen zu den einzelnen Optionen bietet die Deutsche Post AG unter https://www.deutschepost.de/de/p/postident/identifizierungsverfahren.html (Datum des Zugriffs: 13.11.2019).
84 Dieses Verfahren nutzt etwa die Tomorrow GmbH, https://www.tomorrow.one/de-de/ueber-uns (Datum des Zugriffs: 13.11.2019).
85 Es entfällt die Notwendigkeit der neuen »Erstauthentisierung«, da keine gesonderte Rechtsbeziehung begründet werden muss, s. näher *Borges*, Rechtsfragen der Haftung im Zusammenhang mit dem elektronischen Identitätsnachweis, S. 12.

des Ausweises sowie eine Software für eine sichere Verbindung erforderlich.[86] Der Ausweis kann dann als sichere Variante für die Anmeldung statt des einfachen Benutzernamens und Passworts fungieren.[87] Ein weiterer Vorteil aus der Nutzung des elektronischen Personalausweises ergibt sich aus der Möglichkeit, diesen in Kombination mit einem entsprechenden Lesegerät als Signaturerstellungseinheit zur Erstellung elektronischen Signatur zu verwenden, dazu Rdn. 49.

cc) Elektronische Signaturen und Siegel

Als eine Möglichkeit, einzelne Erklärungen bestimmten Personen zuzuordnen, sind die elektronische Signatur und elektronische Siegel zu nennen. Basierend auf den Regelungen der des BGB und der eIDAS-VO[88] sollen **elektronische Signaturen** die handschriftliche Unterschrift der Beteiligten ersetzen. Dabei können Dokumente einzeln signiert oder von einer sog. Containersignatur umfasst werden, die mehrere Dokumente in einem sog. »Container« zusammenfasst.[89] **Elektronische Siegel** sollen als Nachweis dafür dienen, dass ein elektronisches Dokument von einer juristischen Person ausgestellt wurde und den Ursprung und die Unversehrtheit des Dokuments belegen.[90]

49

dd) De-Mail

Die **De-Mail** ist eine mit einem gesetzlichen Rahmen[91] versehene elektronische Kommunikation, über welche der verbindliche und vertrauliche Versand elektronischer Dokumente und Nachrichten erfolgen kann.[92] Der Versand von De-Mails

50

---

86 Zusammenfassende Informationen sind abrufbar unter https://www.personalausweisportal.de/DE/Buergerinnen-und-Buerger/Online-Ausweisen/das-brauchen-Sie/das-brauchen-Sie_node.html (Datum des Zugriffs: 13.11.2019).
87 Einzelheiten zum ePersonalausweis sollen hier nicht vertieft werden, s. dazu einführend *Schulz*, CR 2009, 267, ausf. *Hornung*, Die digitale Identität sowie *Eckert*, IT-Sicherheit, 9. Aufl., S. 540 ff. Zum tatsächlichen Ablauf und der Anzeige des Zertifikats des datenabfragenden Diensteanbieters *Heckmann* DuD 2009, 656, der zudem krit. »ergänzende Regelungen zu den Technikfolgen« fordert.
88 Verordnung (EU) Nr. 910/2014 des Europäischen Parlaments und des Rates vom 23. Juli 2014 über elektronische Identifizierung und Vertrauensdienste für elektronische Transaktionen im Binnenmarkt und zur Aufhebung der Richtlinie 1999/93/EG, ABl. L 257/73.
89 Zu Fragen, ob eine Containersignatur ausreichend sein kann, s. etwa *Gennen* DuD 2009, 661.
90 So Erwägungsgrund 59 der eIDAS-VO.
91 De-Mail-Gesetz vom 28. April 2011 (BGBl. I S. 666), das zuletzt durch Artikel 5 Absatz 4 des Gesetzes vom 21. Juni 2019 (BGBl. I S. 846) geändert worden ist: abrufbar unter http://www.gesetze-im-internet.de/de-mail-g/BJNR066610011.html; s. zum De-Mail-Gesetz instruktiv *Roßnagel* NJW 2011, 1473.
92 Informationen und Grafiken zu De-Mail sind abrufbar unter www.de-mail.de (Datum des Zugriffs: 13.11.2019); einführend zu De-Mail s. *Dietrich/Keller-Herder*, DuD 2010, 299, *Lapp* DuD 2009, 651 sowie mit besonderem Augenmerk zur Sicherheit *Lechtenbörger*, DuD 2011, 268; ausführlicher auch zum »E-Brief« *Hofmeister*, Online Dispute Resolution bei Verbraucherverträgen, S. 125 ff.

ähnelt grundsätzlich dem von E-Mails, ergänzt Letztere jedoch durch die Möglichkeiten des Nachweises der Identitäten von Absender und Adressat sowie der Übertragung der Nachrichten über verschlüsselte Kanäle.[93] De-Mail ist damit gegenüber der E-Mail als sichererer Übermittlungsweg anzusehen. Hinsichtlich der Identifizierung der Absender gilt aber wie beim PostIdent-Verfahren, dass der De-Mailer nach erstmalig erfolgter Identifizierung systemseitig nicht noch einmal (re-)identifiziert wird.[94] Zwar ist der De-Mail-Nutzer – je nach Anbieter auch unterschiedlich – über die AGB des Anbieters angehalten, seine Daten aktuell zu halten, jedoch ist hier keine Gewährleistung systemseitig möglich.

3. Rechtlicher Rahmen für Online-Mediation

51 In diesem Abschnitt werden überblicksartig die für die Online-Mediation hauptsächlich relevanten Regelungen aufgezeigt.

a) EU-Recht

aa) Mediationsrecht

52 Maßgeblich ist die Online-Mediation, wie die Mediation auch, vom EU-Recht bestimmt. Zur ADR-RL[95] sei auf die Ausführungen in Teil 7 verwiesen. Entsprechendes gilt für die ODR-VO[96] sowie die Mediations-RL[97].

Festgehalten werden soll unter dem besonderen Gesichtspunkt der Online-Mediation, dass Art. 9 der Mediations-RL (wie auch Erwägungsgrund 17) zwar das Internet benennt, dies allerdings rein bezogen auf die *Information* der Öffentlichkeit über Mediation(sangebote), nicht in Bezug auf die Durchführung einer Mediation über das Internet, d.h. mit Mitteln der ODR. Die Online-Mediation ist daher zwar nicht positiv berücksichtigt, allerdings auch in keiner Weise vom EU-Recht ausgeschlossen.

53 Die OS-Verordnung hat nur einen begrenzten Anwendungsbereich und sieht im Übrigen keine Regelungen für die Online-Mediation im Einzelnen vor. Vielmehr schafft

---

93 Eine Informationsbroschüre zu den Eigenschaften und Vorteilen ist online abrufbar unter https://www.cio.bund.de/SharedDocs/Publikationen/DE/Innovative-Vorhaben/De-Mail/de_mail_broschuere_bsi_2016.pdf?__blob=publicationFile (Datum des Zugriffs: 12.11.2019).
94 *Lapp/Reimer* DuD 2009, 647.
95 Richtlinie 2013/11/EU des Europäischen Parlaments und des Rates vom 21. Mai 2013 über die alternative Beilegung verbraucherrechtlicher Streitigkeiten und zur Änderung der Verordnung (EG) Nr. 2006/2004 und der Richtlinie 2009/22/EG (Richtlinie über alternative Streitbeilegung in Verbraucherangelegenheiten).
96 Verordnung (EU) Nr. 524/2013 des Europäischen Parlaments und des Rates vom 21. Mai 2013 über die Online-Beilegung verbraucherrechtlicher Streitigkeiten und zur Änderung der Verordnung (EG) Nr. 2006/2004 und der Richtlinie 2009/22/EG (Verordnung über Online-Streitbeilegung in Verbraucherangelegenheiten).
97 Richtlinie 2008/52/EG des Europäischen Parlaments und des Rates vom 21. Mai 2008 über bestimmte Aspekte der Mediation in Zivil- und Handelssachen.

die Verordnung den rechtlichen Rahmen für die von der EU-Kommission initiierte Plattform, welche Streitigkeiten nicht auf bzw. über die Plattform beigelegt. Die Plattform fungiert lediglich als Vermittler, die konkrete Lösung wird durch die lokalen AS-Stellen in den EU-Mitgliedsstaaten vorgelegt.

bb) eIDAS-VO

Die eIDAS-VO[98] stellt per se keine Regelung für die alternative Streitbeilegung auf, legt aber den rechtlichen Rahmen für Aspekte der Identifizierung und Authentifizierung im Rahmen von Online-Aktivitäten und damit eben auch ODR-Verfahren wie die Online-Mediation fest.[99] 54

b) Deutsches Recht

Das deutsche Recht, einschließlich des MediationsG sieht eine Online-Mediation nicht ausdrücklich vor, lässt diese aber als Möglichkeit grundsätzlich offen.[100] 55

IV. Ausblick

Es ist anzunehmen, dass sich mittel- bis langfristig[101] bestimmte Standards für Online-Mediation durchsetzen[102] und die Nutzung von Online-Elementen selbstverständlicher wird. Mit zunehmender Verbreitung von mobilen Endgeräten wie insbesondere Smartphones, Tablets und Wearables in unterschiedlichen Variationen werden sich Technologien weiter etablieren. Dies wird sowohl den Bereich der Kommunikation allgemein verstärken, d.h. die Möglichkeiten, bestimmte Schritte eines Mediationsverfahrens über elektronische Kommunikationsmittel vorzunehmen. Daneben wird die Entwicklung der Software zu automatisierter Unterstützung in Online-Verfahren voranschreiten – hier ist langfristig gesehen der Einsatz von softwarebasierten Algorithmen und Künstlicher Intelligenz (KI) zu erwarten.[103] Auto- 56

---

98 Verordnung (EU) Nr. 910/2014 des Europäischen Parlaments und des Rates vom 23. Juli 2014 über elektronische Identifizierung und Vertrauensdienste für elektronische Transaktionen im Binnenmarkt und zur Aufhebung der Richtlinie 1999/93/EG, ABl. L 257/73.
99 S. näher zur eIDAS-VO *Spindler/Rockenbauch* MMR 2013, 139; unter dem Augenmerk der Beweissicherung *Jandt* NJW 2015, 1205.
100 Der Entwurf der Bundesregierung (BT-Drs. 17/5335, S. 11) nennt »Online-Schlichtung« (neben weiteren) als Verfahrensart nach Risse/Wagner, Handbuch der Mediation, 2. Auflage, § 23 Rn. 93 ff.
101 Für die Umsetzung von Grundlagen eines »globalen ODR-Systems« werden ein bis zwei Jahre genannt: *Del Duca/Rule/Loebl* Penn. St. J.L. & Int'l Aff. 1 (2012), 59 (80), wobei dieser Zeitraum angesichts des Erscheinungsdatums dieses Aufsatzes bereits vergangen ist.
102 Zu einem europaweiten Standard *Busch/Reinhold* EuCML 2015, 50 ff.
103 *Rabinovich-Einy/Katsh* Harvard Negotiation Law Review 17 (2012), 151 (168) sprechen hier von einer »Evolution« zu immer leistungsfähigerer Software, die nicht mehr »nur« als Unterstützung des Mediators dient, sondern darüber hinaus geht; differenzierend hierzu *Montoya Zorrilla*, SchiedsVZ 2018, 106.

matisierte ODR-Verfahren werden auch bei Sachverhalten einsetzbar sein, die nach heutigen Maßstäben zu komplex für eine automatisierte Bearbeitung erscheinen.[104]

V. Hinweise für die Praxis

1. Ablauf einer Online-Mediation

57 Die Flexibilität von ADR-Verfahren zeichnet sich u.a. dadurch aus, dass die Parteien das Verfahren weitgehend frei nach ihren Vorstellungen von Zeit und tatsächlichem Ablauf selbst steuern können.[105] Dies gilt insbesondere auch für die Einbeziehung von elektronischen Werkzeugen, Methoden und Elementen. Die folgend aufgezeigten Phasen stellen einen üblichen Verlauf eines Mediationsverfahrens dar[106] und sind mit entsprechenden Hinweisen zu den technischen Möglichkeiten und Voraussetzungen angereichert. Die Einteilung der Phasen erfolgt hier in knapper Form, Ziele der einzelnen Verfahrensabschnitte sollen nicht im Detail thematisiert werden.[107]

58 1. Phase – Einstieg und Vorbereitung

Wie im Teil 5 B. II. beschrieben, müssen sich die Parteien in der Phase der **Verfahrenseröffnung und -vorbereitung** zunächst auf die Mediation als Verfahren zur Beilegung ihrer Streitigkeit einlassen.[108] Haben sie sich darauf und den Mediator geeinigt, wird vom diesem bewertet, ob sich eine Lösung durch dieses ADR-Verfahren überhaupt anbietet.[109] Zudem werden die Formalitäten wie ein Vertrag mit dem Mediator, der Ort des Verfahrens und die Kostentragung geregelt.[110] In der Vorbereitungsphase wer-

---

104 So auch *Rabinovich-Einy/Katsh*, Lessons from Online Dispute Resolution for Dispute Systems Design, in: *Abdel Wahab/Katsh/Rainey,* Online Dispute Resolution: theory and practice, S. 51 (51).
105 Im Einzelnen dazu Teil 1 C. § 2 MediationsG Rdn. 29 ff.
106 S. Teil 5 B. Zu einem »typischen Ablauf eines Mediationsverfahrens« mit ODR-Elementen s.a. *Hofmeister,* Online Dispute Resolution bei Verbraucherverträgen, S. 185 ff. Zwar wird die Anzahl der Phasen mitunter unterschiedlich angegeben, dies ist letztlich aber unerheblich: *Duve/Eidenmüller/Hacke,* Mediation in der Wirtschaft, 2. Aufl., S. 77 ff., beginnen etwa mit »Phase 0« und schließen dann 5 Phasen an; *Eisele* ZRP 2011, 113 (114 ff.) benennt insgesamt 5 Phasen; gar 12 Phasen einer Mediation schlägt *Moore,* The mediation process, 3. Aufl., S. 68 f. mit einer Übersicht, vor. Zusammenfassend treffend (für Mediationsverfahren) *Trenczek,* Ablauf und Phasen einer Mediation – Mediationsleitfaden, in: *Trenczek/Berning/Lenz,* Mediation und Konfliktmanagement, Kap. 3.2.0 Rn. 1, der darauf hinweist, dass es letztlich nicht ankommt, in wie viele Phasen man das Verfahren teilt und wie man diese bezeichnet, sondern dass das Verfahren in mehreren Schritten »einer methodisch begründeten, spezifischen Logik zur Konsensfindung folgt«; ähnlich *Ahrens* NJW 2012, 2465 (2466): »Letztlich genügt jede Form von Strukturierung«.
107 Hierzu sei auf die Literaturhinweise in den jew. Abschnitten verwiesen.
108 Ähnlich *Duve/Eidenmüller/Hacke,* Mediation in der Wirtschaft, 2. Aufl., S. 78 in einer dem Verfahren vorgeschalteten »Phase 0«.
109 Siehe auch *Eisele* ZRP 2011, 113 (114).
110 Siehe im Einzelnen dazu Teil 1 C § 2 MediationsG Rdn. 47 ff. *Kessen/Troja,* § 14 Die Phasen und Schritte der Mediation als Kommunikationsprozess, in: *Haft/Schlieffen,* Hand-

den erste (Kennenlern-)Gespräche des Mediators mit den Parteien sowie möglichen anderweitig an der Mediation beteiligten Personen geführt; in Betracht kommen hier insbesondere natürliche Personen, die eine Funktion/Organstellung wahrnehmen wie etwa Vorstände, Geschäftsführer, Personalverantwortliche, Betriebsratsmitglieder, Aufsichtsratsmitglieder, etc.[111] Des Weiteren ist zu prüfen, ob und ggf. inwiefern auch Interessen von Gruppen oder Einzelpersonen eine Rolle spielen, die nicht von Beginn an Partei im Verfahren sind oder waren.[112] Weiterer Teil dieser Phase ist die Analyse der Erwartungen der jeweiligen Parteien; hier ist deutlich, dass sich die Phasen des Verfahrens nicht strikt trennen lassen, da sich dieser Punkt inhaltlich mit der anschließenden Phase 2 überschneidet.[113] Gegen Ende der Phase muss eingeschätzt werden, ob Mediation tatsächlich als Verfahrensart infrage kommt, sich sonstige Arten von ADR-Verfahren anbieten oder gar gänzlich nicht empfehlenswert sind. Zum Abschluss der ersten Phase kann vom Mediator ein (grober) Verlauf des weiteren Verfahrens skizziert werden, um diesen dann mit den Parteien zu beraten.[114]

Diese 1. Phase des Mediationsverfahrens sollte vom Mediator (auch) genutzt werden, um mit den Parteien die technischen Abläufe und technologischen Möglichkeiten einer Online-Mediation zu erörtern.[115] So kann mit den Parteien entschieden werden, inwiefern das Verfahren über einzelne Online-Kommunikationsmittel oder gänzlich online ablaufen soll. Die Abstimmung der Beteiligten kann beispielsweise unter Einbeziehung der folgenden elektronischen Kommunikationsmittel erfolgen: Ganz grundsätzlich können sämtliche Mitteilungen und Absprachen sowohl textbasiert bspw. mittels E-Mail[116]

59

---

buch Mediation, 3. Aufl. § 14 Rn. 5; *Eisele* ZRP 2011, 113 (115).

111 *Kessen/Troja*, § 14 Die Phasen und Schritte der Mediation als Kommunikationsprozess, in: *Haft/Schlieffen*, Handbuch Mediation, 3. Aufl. § 14 Rn. 11 bezeichnen solche Personen als »kontaktaufnehmende Personen«, die »de facto« als Auftraggeber agieren (innerer Auftrag), wenngleich die offiziellen Auftraggeber (und damit die das Verfahren zahlende Partei) die Unternehmen als juristische Personen (äußerer Auftrag) sein werden.

112 *Eisele* ZRP 2011, 113 (114) nennt im Fall des Verfahrens um das Bahnhof-Projekt »Stuttgart 21« die Gruppe der »Parkschützer«.

113 Zu dem Problem in der Phase 1 auch *Kessen/Troja*, § 14 Die Phasen und Schritte der Mediation als Kommunikationsprozess, in: *Haft/Schlieffen*, Handbuch Mediation, 3. Aufl. § 14 Rn. 12, die von einer »Gratwanderung« zwischen notwendiger Informationssammlung und Vorprägung durch die Parteien sprechen.

114 Näher dazu und zu einzelnen Rahmenbedingungen für die Mediation im Vorfeld *Kessen/Troja*, § 14 Die Phasen und Schritte der Mediation als Kommunikationsprozess, in: *Haft/Schlieffen*, Handbuch Mediation, 3. Aufl. § 14 Rn. 11 ff.

115 *Hofmeister*, Online Dispute Resolution bei Verbraucherverträgen, S. 185 schlägt für Online-Verfahren an dieser Stelle die Übersendung von Verfahrensregeln per E-Mail oder Zurverfügungstellen per Link vor; festzuhalten ist aber, dass sich Webseiten schnell ändern lassen und daher die Übersendung als PDF sinnvoll ist, um etwaige spätere Diskussionen zu vermeiden.

116 *Müller/Broscheit* SchiedsVZ 2006, 197 (202) beschreiben eine Variante, in der per E-Mail Links auf eine Art Cloudlösung verschickt werden, statt die Inhalte/Dokumente selbst per E-Mail zu verschicken.

oder Chats, als auch mit Sprache wie etwa (Internet-)Telefonie oder Videokonferenzen erfolgen. Denkbar sind auch Sprachnachrichten über Messenger-Dienste.[117]

60 Allgemein kann die Authentifizierung zu einem Thema werden, da bei Fernkommunikationsmitteln und zwischen Personen, die sich bisher nicht persönlich bekannt sind, evtl. die Identität der anderen Person nicht völlig zweifelsfrei geklärt ist. Zu Lösungsmöglichkeiten dieser Problematik der Authentifizierung siehe näher Rdn. 41 ff.

61 2. Phase – Themensammlung/Bestandsaufnahme

In der 2. Phase nehmen die Beteiligten im Rahmen einer konkreten **Informationssammlung** eine Bestandsaufnahme[118] vor, um zu klären, welche Themen sie im Verfahren behandelt wissen wollen und welche Sichtweise sie auf diese Themen haben.[119] In diesem Verfahrensschritt sind auch die für entscheidungserheblich gehaltenen Dokumente auszutauschen.[120] Maßgeblich ist dabei der »Grundsatz der Informiertheit«, der Mediator hat in dieser Phase dafür zu sorgen, dass die einzelnen Parteien ihre Sicht möglichst vollständig darstellen können und nicht von der anderen Partei unterbrochen werden.[121] Der Mediator kann dabei auf verschiedene Methoden und Mittel zurückgreifen, um den Informationsfluss zu erhöhen und/oder die Informationen zu bündeln und ggf. an die andere Partei weiterzugeben.[122]

62 Dieser wechselseitige Austausch von Informationen kann beispielsweise wie folgt online oder mit elektronischen Mitteln erfolgen: Die (subjektive) Sachverhaltsdarstellung ist durch asynchrone Verfahren wie E-Mail möglich[123], da die Parteien so ihre jeweilige

---

[117] Ein bekanntes Beispiel eines solchen Dienstes ist WhatsApp, wobei dieser Dienst aus Datenschutz- und Geheimhaltungsgesichtspunkten nicht zu empfehlen ist. Alternativ kommen Anbieter wie Threema in Betracht, die zwar kostenpflichtig sind, allerdings mitunter Verschlüsselung und ein hohes Schutzniveau bieten. Vor dem Hintergrund der Relevanz der zu schützenden Inhalte sollte mit den Beteiligten ernsthaft erwogen werden, kostenpflichtige Angebote einzusetzen, zumal die App Threema mit einem nur einmal zu zahlenden Preis von derzeit 2,99 Euro (Google Play Store für Android-Geräte) bzw. 3,49 Euro im Apple-Store kostenmäßig als überschaubar anzusehen sein dürfte; weitere Informationen zu Threema sind abrufbar unter https://threema.ch/de.

[118] So der Ausdruck von *Duve/Eidenmüller/Hacke*, Mediation in der Wirtschaft, 2. Aufl., S. 79.

[119] *Kessen/Troja*, § 14 Die Phasen und Schritte der Mediation als Kommunikationsprozess, in: *Haft/Schlieffen*, Handbuch Mediation, 3. Aufl. § 14 Rn. 6, 20.

[120] So *Mähler/Mähler* AnwBl. 1997, 535 (536); *Kessen/Troja*, § 14 Die Phasen und Schritte der Mediation als Kommunikationsprozess, in: *Haft/Schlieffen*, Handbuch Mediation, 3. Aufl. § 14 Rn. 25 sprechen allgemeiner von maßgeblichen Daten und Informationen. In diese Richtung ebenfalls *Duve/Eidenmüller/Hacke*, Mediation in der Wirtschaft, 2. Aufl., S. 79: »gemeinsames Verständnis [...] entwickel[n]«.

[121] S. im Einzelnen dazu Teil 1 C. § 2 MediationsG Rdn. 31 ff., Teil 5 B. II.; instruktiv *Eisele* ZRP 2011, 113 (115).

[122] Dazu Teil 1 C. § 2 MediationsG Rdn. 31 ff.

[123] S. dazu auch *Hofmeister*, Online Dispute Resolution bei Verbraucherverträgen S. 187 unter Verweis auf *Schröder*, Rechtsstreitigkeiten in der IT außergerichtlich beilegen, S. 28.

F. Besondere Formen: Online-Mediation **Teil 5**

Sichtweise in der von ihnen gewollten Ausführlichkeit darlegen können. Die Ausführungen können entweder im Text der E-Mail selbst oder über das Beifügen von Anlagen zur E-Mail gemacht werden.[124] Die Beteiligten sind dabei nicht auf reine textliche Wiedergabe beschränkt, sondern können unterschiedlichste Dateiformate an die E-Mail anhängen. Bei solch asynchroner Kommunikation[125] ist die Gefahr von Einwänden und Unterbrechungen der anderen Partei von vorneherein ausgeschlossen. Situationsabhängig kann entschieden werden, ob die Beteiligten ihre Positionen den anderen unmittelbar übersenden oder der Mediator Informationen und Daten einseitig bündelt und dann mit der anderen Seite in Kontakt tritt.[126]

Bei einem Chat kann auf die Darstellungen der Partei direkt Bezug genommen werden und beispielsweise in gewisser Form paraphrasiert werden, auch Fragetechniken[127] können hier gut genutzt werden. Eine unmittelbare, direkte Reaktionsmöglichkeit bietet sich bei einem E-Mail-Kontakt aber naturgemäß nicht; hier kann die Gefahr bestehen, dass sich Reaktionen aufgrund der Dauer des Schreibens von Text überschneiden und so Unklarheiten oder Missverständnisse auftreten. Vorteilhaft erscheint bei letztgenannter Variante aber, dass die Reaktion auf eine Mitteilung ausgefeilter ausfallen kann, da sie nicht sofort erwartet wird und die Worte im Grundsatz bedachter gewählt werden können. 63

Denkbar ist an dieser Stelle auch, dass eine – nur den Beteiligten zugängliche – Homepage oder ein entsprechender Chatroom o.Ä. genutzt wird, wo der Mediator die Punkte festhält. Auf diese Weise können die Informationen etwa ähnlich einem Flipchart oder einem Plakat in der realen Welt dargestellt werden. Je nach technischer Umsetzung ist es dann auch möglich, Punkte zu überarbeiten; diese könnten dann entweder überschrieben/gelöscht werden oder als durchgestrichen markiert werden, sodass der Überarbeitungsprozess für alle Beteiligten sichtbar ist. Eine andere Variante kann die Aufzeichnung von Videokonferenzen sein, die im Anschluss vollständig oder als geschnittene Videos der Gegenseite zugeleitet werden (sei es durch direkten Versand oder via Link auf die Datei). Findet ein direktes persönliches Gespräch statt, kann etwa ein vom Mediator angefertigtes Gesprächsprotokoll per E-Mail an die Beteiligten ver- 64

---

124 S. mit Vor- und Nachteilen zur E-Mail-Kommunikation in dieser Phase auch *Lüer/Splittgerber*, Kommunikationsmöglichkeiten in der Online-Mediation, in: *Märker/Trénel*, Online-Mediation, S. 63 (67).
125 Unter asynchroner Kommunikation wird die zeitlich versetzte Kommunikation verstanden, während die synchrone Kommunikation diejenige Variante beschreibt, bei welcher die Beteiligten zeitgleich online sind, s. *Kielholz*, Online-Kommunikation, S. 12 f. mit Beispielen der Kommunikationsformen; *Schiffer*, Rechtsbeziehung, Rechtsdurchsetzung und Haftung in virtuellen Schlichtungsverfahren, S. 29 bezeichnet die asynchrone Kommunikation als diejenige »ohne unmittelbare Reaktionsmöglichkeit des Kommunikationspartners« und synchron »mit unmittelbarer Reaktionsmöglichkeit des Kommunikationspartners«.
126 Dazu auch *Hofmeister*, Online Dispute Resolution bei Verbraucherverträgen S. 187.
127 Dazu Teil 5 B. II., ferner *Kessen/Troja*, § 14 Die Phasen und Schritte der Mediation als Kommunikationsprozess, in: *Haft/Schlieffen*, Handbuch Mediation, 3. Aufl. § 14 Rn. 41 ff mwN.

Sturm

sendet werden oder ein Gespräch, das als Online-Chat stattgefunden hat, der anderen Partei zugänglich gemacht werden.

65 3. Phase – Interessenerarbeitung

In der 3. Phase wird die **Interessenlage der Parteien** erarbeitet, sie gilt mit als der wichtigste Teil der Mediation.[128] In diesem Verfahrensteil soll auf die »Wurzeln des Konflikts«[129] eingegangen werden: Die Beteiligten erarbeiten hier die unterschiedlichen (Zukunfts-)Interessen und Bedürfnisse hinter den Positionen.[130] Wichtig für den Erfolg des Verfahrens ist, dass die Parteien die Interessen und Bedürfnisse (Motive, Beweggründe, Ziele, etc.) offenlegen.[131]

66 Im Hinblick auf die Fernkommunikation ist für den Mediator darauf zu achten, auch mit elektronischen Mitteln Offenheit für die Positionen und Ansichten der jeweiligen Parteien zu zeigen, um den Beteiligten das Gefühl zu geben, gehört und akzeptiert zu werden. Dazu wird grundsätzlich empfohlen, entsprechende Körpersignale auszusenden, die entsprechende Offenheit ausdrücken.[132] Dies dürfte in einer Videokonferenz oder einem Videochat durch die Kamerabilder möglich sein, bei rein textbasierter Kommunikation stellen sich hier aber größere Hürden auf. Bei besonders emotional aufgeladenen Verfahren[133] wird sich elektronische Kommunikation für diese Phase eher nicht anbieten bzw. zumindest auf einen Teil beschränken – als ein Hilfsmittel kann ODR aber grds. jedenfalls eingesetzt werden. Alternativ kann ein persönliches Gespräch auch mit nur jeweils einer Partei (sog. caucus[134]) oder über einzelne Mails/Chats etc.

---

128 *Eisele* ZRP 2011, 113 (115) bezeichnet es als »Kern der Mediation«; ähnlich *Kessen/Troja*, § 14 Die Phasen und Schritte der Mediation als Kommunikationsprozess, in: *Haft/Schlieffen*, Handbuch Mediation, 3. Aufl. § 14 Rn. 26: »Herzstück der Mediation«. Näher dazu Teil 5 B. II.
129 *Ponschab* AnwBl. 1997, 520 (521): »Worum geht es Euch eigentlich?«, nicht »Wer hat Recht?«.
130 So *Mähler/Mähler* AnwBl. 1997, 535 (536), die zudem eine »Aktivierung möglicher Ressourcen und synergetischer Aspekte« vornehmen wollen; eine ähnliche Formulierung nutzt auch *Gottwald* WM 1998, 1257 (1260): »Interessen der Beteiligten, also ihren Bedürfnissen und Wünschen für die Zukunft«.
131 Näher dazu Teil 5 B. II., ferner *Kessen/Troja*, § 14 Die Phasen und Schritte der Mediation als Kommunikationsprozess, in: *Haft/Schlieffen*, Handbuch Mediation, 3. Aufl. § 14 Rn. 7; *Duve/Eidenmüller/Hacke*, Mediation in der Wirtschaft, 2. Aufl., S. 79 f., näher S. 167 ff.: Mediator soll Interessen und Bedürfnisse erforschen und gewichten.
132 »Regeln« für Mediatoren dazu etwa bei *Kessen/Troja*, § 14 Die Phasen und Schritte der Mediation als Kommunikationsprozess, in: *Haft/Schlieffen*, Handbuch Mediation, 3. Aufl. § 14 Rn. 31.
133 Beispielhafte knappe Aufzählung solcher Situationen bei *Grilli* AnwBl. 1997, 533 (534); eine Studie der Universität Tilburg aus dem Jahr 2011 nennt die emotionale Komponente als Herausforderung, s. *Gramatikov/Klaming*, Getting Divorced Online: Procedural and Outcome Justice in Online Divorce Mediation, abrufbar unter https://papers.ssrn.com/sol3/papers.cfm?abstract_id=1752903 (Datum des Zugriffs: 14.11.2019).
134 *Grilli* AnwBl. 1997, 533 (534), S. auch die Begründung zum MediationsG (BT-Drs. 17/5385 S. 15) li Spalte; auch *Ahrens* NJW 2012, 2467 re Spalte unter Verweis auf § 2 III 3 Media-

praktisch als shuttle diplomacy[135] ablaufen. Gleichwohl kann die fehlende persönliche Rückmeldung Anwesender für manche Beteiligte aber gerade als Chance genutzt werden: Während sich einige Beteiligte aufgrund der Nicht-Anwesenheit des Mediators schwer tun, ihre Interessen zu offenbaren, mag es für andere gerade der Vorteil sein, da für sie ein direkter (menschlicher) Kontakt hinderlich ist. Festzuhalten ist, dass der Einsatz von ODR-(Anteilen) in dieser Phase besonders abgewogen werden muss und sich keine allgemeine Empfehlung für deren Einsatz geben lässt.

Eine Zusammenfassung und (Ein-)Ordnung der Ergebnisse[136] am Ende der Phase 3 kann bei online-Verfahren unproblematisch und geradezu prädestiniert in Form von E-Mails, aufbereiteten Grafiken, einer Zusammenstellung von Bildern oder in Form einer digitalen Präsentation geschehen. Da Versand und Empfang von derartigen Mitteilungen in aller Regeln schneller abläuft als per regulärer Post, können die Beteiligten etwaige Einwände zeitnäher erheben, sodass diese Phase umso früher abgeschlossen ist.

4. Phase – Optionen/Entwicklung von Lösungsideen

In Phase 4 entwickeln die Parteien gemeinsam **Ideen zur Lösung des Konflikts**. Diese Phase wird auch als »kreative Ideensuche« bezeichnet[137]: Es geht darum, ein weites Feld an Optionen und Möglichkeiten der Lösung des Streits auf der Basis der in Phase 3 festgestellten Interessen zu entwickeln.[138] Soweit die gewählte Verfahrensart eine entsprechend aktive Beteiligung des Mediators vorsieht, werden hier auch dessen Vorschläge einbezogen.

Während der stark von Kreativität geprägten Form der Lösungsfindung wie etwa Brainstorming, bei denen es auf spontane Einfälle und deren Weiterbearbeitung ankommt, eignen sich textbasierte Formen wie E-Mail-Kommunikation weniger, da bereits während des Niederschreibens der Idee in der E-Mail eine Reflexion des Gedankens erfolgen dürfte und dieser daher möglicherweise verworfen und nicht an den Adressaten

---

tionsG und *Risse*, Wirtschaftsmediation, 2003, § 7 Rn. 86 ff.; einführend zur Caucus-Mediation und deren Vereinbarkeit mit dem MediationsG s. *Eidenmüller* ZIP 2016, Beilage zu Heft 22, S. 18 ff. m.w.Nachw.

135 S. *Steinbrück* AnwBl. 1999, 574 (575) sowie *Grilli* AnwBl. 1997, 533 (534) weisen darauf hin, dass der frühere US-Außenministers Kissinger Verhandlungen nach dem Prinzip der shuttle diplomacy führte; *Gottwald* WM 1998, 1257 (1260) nennt diese vertraulichen Einzelgespräche den »Schlüssel zum Erfolg in der Mediation«. Nach *Hopt/Steffek*, Mediation, in: *Hopt/Steffek*, Mediation, S. 1, S. 54 ist in den US-amerikanischen Bundesstaaten Arizona und Illinois die Shuttle Mediation auch verfahrensrechtlich anerkannt; näher dazu mit Verweisen auf die Regelungen *Kulms*, Alternative Streitbeilegung durch Mediation in den USA, in: *Hopt/Steffek*, Mediation, S. 403 S. 439 f.

136 Begriff aus *Kessen/Troja*, § 14 Die Phasen und Schritte der Mediation als Kommunikationsprozess, in: *Haft/Schlieffen*, Handbuch Mediation, 3. Aufl. § 14 Rn. 32.

137 So *Kessen/Troja*, § 14 Die Phasen und Schritte der Mediation als Kommunikationsprozess, in: *Haft/Schlieffen*, Handbuch Mediation, 3. Aufl. § 14 Rn. 46.

138 Auch »unrealistisch oder gar verrückt erscheinende« Ideen sollen gesammelt werden, *Duve/Eidenmüller/Hacke*, Mediation in der Wirtschaft, 2. Aufl., S. 80.

der E-Mail versendet wird.[139] Denkbar sind Computerprogramme oder Internet-Plattformen, die etwa verschiedene Fenster aufweisen, sodass in einem Fenster Text erscheint, in einem zweiten eine Visualisierung (Zeichnung, Bild, etc.) und in einem dritten möglicherweise auch die Videoanzeige der Beteiligten. Interaktive Beteiligungen sind hier angezeigt. In Betracht kommen allgemein am Markt erhältliche Applikationen, die kollaboratives Entwickeln von Lösungen ermöglichen: so grundsätzlich bspw. Cloud-Lösungen, »Smart-Boards«/digitale Whiteboards/Flipcharts, Mindmapping-Programme, etc. oder Apps, die explizit auf eine möglichst einfache Zusammenarbeit von Gruppen ausgerichtet sind, wie beispielsweise »Slack«[140] oder »Teams«[141].

70   **5. Phase – Verhandeln/Konkrete Lösungsentwicklung**

Im Anschluss an die Optionsfindungsphase werden die gebildeten Ideen in der 5. Verfahrensphase bewertet und konkretisiert – Hauptziel ist in dieser Phase nun die **Entscheidungsfindung**.[142] Eine strikte Trennung dieser und der vorherigen Phase ist praktisch kaum möglich[143], angesichts der Freiheiten des Mediationsverfahrens aber auch nicht weiter relevant. Dieser Verfahrensabschnitt endet mit der Ausarbeitung realisierbarer Vorschläge.

71   Die bereits genannten jeweiligen Methoden und Techniken können auch im Online-Verfahren angewendet werden. In diesem Stadium kann zudem spezielle Software genutzt werden, die ihrerseits eine automatisierte Bewertung der Einigungsmöglichkeiten vornimmt.[144]

---

139 In diese Richtung auch Kessen/Troja Rn. 55, s. auch Rn. 60 aE (»kein gründliches Nachdenken«). Näher dazu *Hofmeister,* Online Dispute Resolution bei Verbraucherverträgen, S. 188 f., welche die Vor- und Nachteile von Techniken wie E-Mail und Diskussionsforen anspricht.
140 Informationen abrufbar unter https://slack.com/intl/de-de/features (Datum des Zugriffs: 13.11.2019).
141 Informationen abrufbar unter https://products.office.com/de-de/microsoft-teams/free (Datum des Zugriffs: 13.11.2019).
142 Näher dazu Teil 5 B. II.
143 *Eisele* ZRP 2011, 113 (115) sieht diese Phase als Bestandteil der vorherigen Phase und nicht als gesonderten neuen Abschnitt; *Duve/Eidenmüller/Hacke,* Mediation in der Wirtschaft, 2. Aufl., S. 80, nehmen eine Bewertung bereits in Phase 4 vor, betonen jedoch, dass die Prüfung auf Realisierbarkeit im Anschluss an die zunächst bewertungsfreie Ideensammlung erfolgen, mithin eine gewisse Trennung innerhalb der Phase vorgenommen werden muss; ähnlich sehen *Mähler/Mähler* AnwBl. 1997, 535 (536) in ihrer 5-phasigen Struktur nur eine Phase: »Optionsbildung und Entscheidungsfindung unter Einbeziehung und Nutzung aller Erfahrungswerte und unter Abwägung aller Vor- und Nachteile«.
144 Siehe *Duve/Eidenmüller/Hacke,* Mediation in der Wirtschaft, 2. Aufl., S. 208 ff. mit Übersicht zu smartsettle als automatisierter Bewertung, indem jede Seite Punkte vergibt und das System ein Ergebnis liefert.

6. Phase – Vereinbaren/Abschlussphase

Mit der 6. Phase, der **Abschluss- und Einigungsphase**, endet das Verfahren: Die gefundenen Lösungen werden nun in einem Abschlussdokument zusammengefasst.[145] Zu differenzieren ist dabei zwischen einer rechtlich bindenden Erklärung der Parteien oder einer Vereinbarung im Sinne einer Absichtserklärung. Je nach gewolltem Ergebnis ist es möglich, das Abschlussdokument in vollstreckbarer Form zu gestalten.[146]

Soweit für die Vereinbarung eine bestimmte Form vorgeschrieben ist, können online geschlossene Verträge etwa elektronische Signaturen oder Siegel ggf. die Schriftform ersetzen und Dokumente daher entsprechende Wirksamkeit erlangen.[147] Alternativ ist es auch denkbar, dass das online verhandelte Dokument gedruckt, den Parteien zugesendet wird und von diesen dann entsprechend unterschrieben an die andere Partei oder den Mediator zurückgeschickt wird, um so die Unterschriften aller Beteiligter auf dem Dokument zu haben. Eine Überarbeitung des Entwurf-Dokuments bietet sich im sog. Markup-Modus an, bei welchem die vorgenommenen Änderungen sichtbar bleiben.[148] Falls dieser Modus nicht durchgeführt oder unterbrochen wurde, können Vergleichsversionen mittels Software wie »Workshare Compare«[149] erstellt werden.

2. Kommunikation über E-Mail

Bei der Kommunikation über E-Mail, insbesondere bei sog. Freemail-Anbietern, ist darauf achten, dass **ausreichend Speicherplatz** im Postfach vorhanden ist und die Speicherdauer der Nachrichten genügt. Wenn Verfahrensbeteiligte sich Nachrichten nebst Anhängen an ihre private Adresse schicken lassen, sollten die Postfächer ausreichende Kapazität aufweisen. Ggf. sollten die Nachrichten über eine Software lokal auf dem Rechner der Beteiligten gesichert und/oder eine neue E-Mail-Adresse bei einem anderen, ggf. kostenpflichtigen Anbieter eingerichtet werden. Falls Beteiligte den Aufwand scheuen, verschiedene Postfächer regelmäßig auf neu eingegangene Nachrichten zu prüfen, könnte eine Benachrichtigung bei dem für die Mediation genutzten Postfach eingerichtet werden, die eine »*Sie haben eine neue Nachricht*«-Information an das regelmäßig genutzte Postfach sendet.

---

145 Dazu ausführlich *Hofmeister*, Online Dispute Resolution bei Verbraucherverträgen S. 278 ff. sowie Teil 5 B. II.
146 S. dazu Teil 5 B. II.
147 *Hofmeister*, Online Dispute Resolution bei Verbraucherverträgen S. 191 m.w.N. betont dabei auch den Vorteil erhöhter Beweiskraft.
148 So auch *Hofmeister*, Online Dispute Resolution bei Verbraucherverträgen S. 190 f. mit Verweis auf *Lüer/Splittgerber*, Kommunikationsmöglichkeiten in der Online-Mediation, in: *Märker/Trénel*, Online-Mediation, S. 63 (69), die den Vorteil von E-Mails darin sehen, dass im »Ein-Text-Verfahren« Lösungen schriftlich erarbeitet und der Inhalt eines Vergleichs festgelegt werden könne.
149 Informationen dazu abrufbar unter https://www.workshare.com/product/compare (Datum des Zugriffs: 13.11.2019).

3. Mehrparteien-Verfahren

75 Bei einem Mehrparteien-Verfahren sind ggf. die technischen Voraussetzungen anzupassen: Eine Telefonkonferenz, die über Computer/Rechner vermittelt wird, ist technisch absolut durchführbar, bei einer Video-Konferenz sollte der Organisator die ausreichende Größe des jeweiligen Anzeigefensters beachten, damit sämtliche Beteiligten auch tatsächlich erkannt ausreichend werden können. Zudem sollte sichergestellt sein, dass sämtliche Beteiligten über eine ausreichende und stabile Internetverbindung verfügen, da die Datenmengen insbesondere bei Videoübertragungen in hoher Auflösung mitunter sehr hoch sein können. Ratsam ist hier eine Verbindung über einen Breitband-Internetanschluss, ggf. mit einem W-LAN, oder eine Handy-Mobilanbindung nicht unter 4G.

4. Teilnahme einer juristischen Person

76 Nimmt als Partei in einem Mediations-Verfahren eine **juristische Person** teil, ist sicherzustellen, dass die natürlichen Personen, welche für die juristische handeln, zum einen intern mit der entsprechenden Vertretungsmacht/Vollmacht ausgestattet sind und zum anderen der Anmeldevorgang (Authentifizierung) nur für die berechtigten Personen möglich ist. Eine Weitergabe der Zugangsdaten/-mittel kann bei juristischen Personen sinnvoll und notwendig sein. Zur Sicherstellung der Berechtigung können **unternehmenseigene Richtlinien** aufgestellt werden, in welchen die Form der Weitergabe geregelt wird. Ggf. sind mit den entsprechenden Mitarbeitern **Vereinbarungen** zu schließen, in welchen **Sanktionen** für einen nicht mit den Richtlinien konformen Umgang mit den Zugangsdaten festgehalten werden.

5. Videokonferenz-Systeme

77 In den letzten Jahren und nicht zuletzt im Zusammenhang mit der – während des Erscheinens dieser Auflage des Handbuchs hochaktuellen – sog. Corona-Krise (globale Ausbreitung des Corona-Virus SARS-CoV-2) sind etliche Anbieter von Videokonferenz-Systemen in Erscheinung getreten.[150] Die Bandbreite der Angebote ist groß, zudem ändern und ergänzen die Anbieter die Funktionen ihrer Software mitunter grundlegend.[151] Aufgrund dieser kurzfristigen Funktionsänderungen erscheint es bei derartiger Software derzeit wenig sinnvoll, in einem im Print erscheinenden

---

150 Als Beispiele seien etwa Skype (s. dazu die Informationen unter https://www.skype.com/de/ (Datum des Zugriffs: 14.04.2020)), Microsoft Teams (https://products.office.com/de-de/microsoft-teams/group-chat-software (Datum des Zugriffs: 14.04.2020)) oder Zoom (https://zoom.us/ (Datum des Zugriffs: 14.04.2020)) genannt.

151 Beispielsweise soll der Anbieter Zoom die Nutzerzahlen von zehn auf 200 Millionen gesteigert haben (so in einem Beitrag des Handelsblatts benannt, s. https://www.handelsblatt.com/meinung/kommentare/kommentar-zoom-muss-schleunigst-an-seinem-ruf-arbeiten/25721884.html (Datum des Zugriffs: 14.04.2020)), zugleich offenbaren sich aber auch diverse Probleme der Software, insbesondere in den Bereichen Datenschutz (zusammenfassend bspw. https://www.zeit.de/digital/datenschutz/2020-04/datenschutz-zoom-videokonferenz-sicherheit-homeoffice (Datum des Zugriffs: 15.04.2020))

F. Besondere Formen: Online-Mediation Teil 5

Handbuch bestimmte Anbieter besonders hervorzuheben oder deren Funktionen im Einzelnen zu beschreiben; verwiesen sei daher auf Online-Angebote, die mehrere Anbieter und deren Funktionen aktuell auflisten und vergleichen.[152]

Unabhängig vom jeweiligen Anbieter sollte der Mediator bei der Durchführung einer Mediation über ein Videokonferenz-System sich an der folgenden Checkliste orientieren:

▶ **Checkliste Videokonferenz**
- ☐ Ausrichter muss der Mediator sein (so ist die tatsächliche Kontrolle über die Konferenz gesichert einschließlich der Administrator-Rechte)
- ☐ Verschlüsselte Übertragung, insbesondere auch von Dateien (manche Anbieter stellen bereits in der Software die empfehlenswerte Ende-zu-Ende-Verschlüsselung zur Verfügung, ansonsten ist mit den Teilnehmern die Verschlüsselung abzustimmen, sodass die notwendigen Schlüssel ausgetauscht werden können)
- ☐ Passwortschutz der jeweiligen Videokonferenz
- ☐ Gewährleistung eines ausreichenden Datenschutz-Niveaus (DSGVO-konformer Anbieter)
- ☐ Bestätigung der Teilnehmer (nur die konkret Beteiligten dürfen an der Videokonferenz teilnehmen können; abhängig vom Anbieter sollte die sogenannte Wartezimmer-Funktion aktiviert werden, wonach Teilnehmer vom Ausrichter ausdrücklich bestätigt werden müssen, bevor sie an der Videokonferenz teilnehmen können; soweit möglich sollte die Videokonferenz anschließend für weitere Teilnehmer manuell gesperrt werden)
- ☐ Einrichtung einer individuellen Konferenz-ID (nicht die persönliche ID des Mediators verwenden, sondern eine individuelle für die jeweilige Konferenz einrichten)
- ☐ Geheimhaltung der ID (nur die geplanten Teilnehmer sollten die ID erhalten, die Weitergabe sollte vertraglich und soweit möglich auch rein praktisch ausgeschlossen werden)
- ☐ Zusendung von Sicherheits -und Geheimhaltungshinweisen vorab an die Teilnehmer (in diesen sollten allgemeine Hinweise enthalten sein zu den Sicherheitseinstellungen am Rechner der Teilnehmer wie aktuellem Schutz

78

---

sowie https://www.heise.de/security/meldung/Videokonferenz-Software-Ist-Zoom-ein-Sicherheitsalptraum-4695000.html (Datum des Zugriffs: 15.04.2020).

152 Empfehlenswert hier die insbesondere unter dem Gesichtspunkt des Datenschutzes erstellte Übersicht der Gesellschaft für Datenschutz und Datensicherheit e.V., abrufbar unter https://www.gdd.de/aktuelles/startseite/neue-praxishilfe-videokonferenzen-und-datenschutz-erschienen (Datum des Zugriffs: 14.04.2020), sowie die Zusammenstellung des BSI mit allgemeinen Hinweisen zu Videokonferenzsystemen und deren Einrichtung, abrufbar unter https://www.bsi.bund.de/DE/Presse/Kurzmeldungen/Meldungen/KoViKo_140420.html (Datum des Zugriffs: 15.04.2020). Einführend zur Verschlüsselung das Angebot des BSI mit weiteren Hinweisen und Links, abrufbar unter https://www.bsi-fuer-buerger.de/BSIFB/DE/Empfehlungen/Verschluesselung/Verschluesselung_node.html (Datum des Zugriffs: 15.04.2020).

Sturm

vor Viren und Schadsoftware, Angaben zu der genutzten Software/Plattform sowie deren Funktionen und Einstellungsmöglichkeiten, Hinweise zur Geheimhaltung der Zugangsdaten/Passwörter, Anleitungen zur Nutzung der Verschlüsselung soweit einsetzbar, etc., jeweils ggf. mit Links und Hinweisen zu den Hilfeseiten und FAQs der Anbieter)

G. Anwendungsbereiche der Mediation: Zivilrecht

Übersicht

	Rdn.
I. Allgemeines	1
1. Vielfältige Einsatzgebiete der Mediation	
2. Besonderheiten des Zivilrechts	8
a) Zivilprozessuale Vorgaben	8
b) Schiedsverfahren	13
c) Mediationsgeeignetheit	18
II. Wirtschaftsrecht	20
1. Gesellschaftsrecht	21
a) Beschlussmängelstreitigkeiten	25
b) Streitigkeiten über die Gewinnverwendung und -verteilung	26
c) Konflikte zwischen Mehrheits- und Minderheitsgesellschaftern	27
d) Streitigkeiten der Gesellschaft mit ihren Organen über Geschäftsführungsmaßnahmen oder Organhaftungsansprüche	28
e) Auflösung von Deadlocks bei Joint Ventures	29
f) Mediation in Post-M&A-Streitigkeiten	30
g) Zwischenfazit	31
2. Vertriebsrecht	32
3. Insolvenzrecht	33
4. Gewerblicher Rechtsschutz	40
5. Sonstiges Wirtschaftsrecht	42
III. Erbrecht	45
1. Mediation vor dem Eintritt des Erbfalles	47
2. Streitigkeiten nach dem Eintritt des Erbfalles	51
3. Testamentsvollstreckung und Unternehmensnachfolge	55
4. Mediation durch das Nachlassgericht	57
IV. Familienrecht	58
1. Eignung von Konfliktfällen für die Mediation	59
2. Rechtliche Einfalltore für Mediation und alternative Konfliktlösung im Familienrecht	64
3. Besondere Lösungsfreundlichkeit in der Praxis	71
a) Vermögensaufteilung	73
b) Aufteilung der Haushaltsgegenstände	74
c) Ehegattenunterhalt	75
d) Elterliche Personensorge und Umgang	80
4. Chancen und Risiken der Mediation im Familienrecht	82
a) Der Mythos des ›gemeinsamen Anwalts‹	86
b) Probleme des Anwaltsmediators	90
c) Auflösung der Problemlage	91
5. Hinweise für die Praxis	95
V. Arbeitsrecht	96
VI. Nachbarrecht	105
VII. Mietrecht	109
VIII. Wohnungseigentumsrecht	117

IX. »Allgemeines« Zivilrecht 119
   1. Streitigkeiten mit Verbraucherbeteiligung 120
   2. Sonderfall: Musterfeststellungsklage 122
   3. Arzthaftungsrecht 124
   4. Privates Baurecht 125

I. Allgemeines

1. Vielfältige Einsatzgebiete der Mediation

1 Das Recht dient dem Ausgleich von Interessengegensätzen zwischen verschiedenen Beteiligten. Rechtlichen Regelungen liegt daher immer ein abstrakter Interessenkonflikt zugrunde. In der Rechtspraxis konkretisiert sich dieser abstrakte Interessenkonflikt: Es kommt daher in allen Rechtsgebieten zu streitigen Auseinandersetzungen über Ansprüche und sonstige Rechtspositionen. Mithin bieten sich **Einsatzgebiete** für Mediatoren und Mediationen über die **gesamte Bandbreite des Rechts**, vom Zivilrecht über das öffentliche Recht hin bis zum Strafrecht. **Grenzen** des Einsatzbereiches ergeben sich lediglich dort, wo das öffentliche Interesse eine Erledigung durch Einigung inhaltlich beschränkt. Dies gilt vor allem im Bereich des Strafrechts, im Sozialrecht und in Rechtsgebieten, die dem **Legalitätsprinzip** staatlichen Handelns unterworfen sind.

2 Im Folgenden soll ein **Überblick** über die Besonderheiten des Einsatzes der Mediation durch unterschiedliche Beteiligte des Rechtsverkehrs in den jeweiligen Rechtsgebieten vermittelt, spezifische rechtliche Konfliktsituationen als mögliche Einsatzgebiete der Mediation identifiziert und – soweit vorhanden und sinnvoll – auf **Fallstudien** und Berichte über erfolgreich durchgeführte Mediationen im jeweiligen Rechtsgebiet verwiesen werden.

Der **Begriff der Mediation** ist für die Zwecke dieser Darstellung weit gefasst und beschränkt sich nicht auf Mediationen im Sinne des § 1 MediationsG. Vielmehr wird auch auf die zahlreichen Teilnehmer des Rechtsverkehrs Bezug genommen, die in Ausübung anderer Funktionen auch mediative Techniken anwenden.

Hohe Relevanz hat die in § 278 ZPO gesetzlich vorgesehenen gerichtliche Güteverhandlung, der Einsatz von Güterichtern (bei zutreffendem Rollenverständnis als Konfliktmanager)[1], der Ausgleich von Interessenkonflikten durch den Notar, aber auch das Auftreten des Rechtsanwalts als Konfliktmanager, der – im Interesse seines Mandanten – auf Mandant und Gegner einwirkt, um die interessengerechte Beilegung eines Rechtsstreits im zweckmäßigen Forum jenseits des durch Streitbeilegungsklauseln vorgegebenen Status Quo zu ermöglichen.[2]

---

1 *Fritz/Schroeder* NJW 2014, 1910, 1911.
2 *Fritz/Schroeder* NJW 2014, 1910 ff.

G. Anwendungsbereiche der Mediation: Zivilrecht Teil 5

Eine konsensuale Beilegung von Rechtsstreitigkeiten hat – trotz einiger sehr kritischer 3
Stimmen (»Palaver«)³ – auch von Seiten des Gesetzgebers und des Bundesverfassungsgerichts einen **höheren Stellenwert** eingeräumt bekommen als die streitige Durchsetzung von Ansprüchen. Das Bundesverfassungsgericht betont die Chancen, die sich aus Lösungsoptionen jenseits der rechtlich vorgegebenen Positionen ergeben:

»*Im Erfolgsfalle führt die außergerichtliche Streitschlichtung dazu, dass eine Inanspruchnahme der staatlichen Gerichte wegen der schon erreichten Einigung entfällt, so dass die Streitschlichtung für die Betroffenen kostengünstiger und vielfach wohl auch schneller erfolgen kann als eine gerichtliche Auseinandersetzung. Führt sie zu Lösungen, die in der Rechtsordnung so nicht vorgesehen sind, die von den Betroffenen aber – wie ihr Konsens zeigt – als gerecht empfunden werden, dann deutet auch dies auf eine befriedende Bewältigung des Konflikts hin. Eine zunächst streitige Problemlage durch eine einverständliche Lösung zu bewältigen, ist auch in einem Rechtsstaat grundsätzlich vorzugswürdig gegenüber einer richterlichen Streitentscheidung.*«⁴

Nun mag man die pauschale Gleichsetzung einer einvernehmlichen Einigung mit einer 4
»gerechten« Lösung mit einer gewissen Skepsis betrachten, hat doch der Zivilgesetzgeber zahlreiche Regelungen zur gerichtlichen Inhaltskontrolle privatautonomer Einigungen gesetzt, vgl. u. a. §§ 134, 138, 305 ff BGB. In bestimmten Konstellationen erscheint Parteien eine richterliche Entscheidung zwingend erforderlich, entweder wegen der Präzedenzwirkung einer obergerichtlichen Entscheidung oder wegen der Autorität und Objektivität der Gerichte als staatliche Institutionen. Dessen ungeachtet ist ein Mediationsverfahren fast immer ressourcenschonender und effektiver als ein staatlicher Gerichtsprozess. Nicht zuletzt befolgen Parteien eine selbst getroffene Einigung häufig freiwillig, sodass Kosten und Aufwand einer Zwangsvollstreckung entfallen.

Zieht man im Verhältnis zur Vorauflage eine vorsichtige **Bilanz**, so scheint sich der 5
Anteil der Mediationen an der Streitbeilegung in Deutschland zwischen 2013 und 2019 **nicht signifikant erhöht** zu haben.⁵ Auch wenn die Anzahl der tatsächlich durchgeführten Mediationen mangels belastbarer Zahlen oder öffentlicher Aufzeichnungen nicht bekannt ist, deuten empirische Berichte darauf hin, dass die Akzeptanz der Mediation allgemein auch im Wirtschaftsverkehr gestiegen ist⁶, dies aber bislang nicht zu

---

3 *Schütze* ZVglRWiss 97, 117, 123.
4 BVerfG, Beschluss v. 14.2.2007 – 1 BvR 1351/01, Rn. 35.
5 *Gößl* in: *Hannemann/Wiegner* (Hrsg.), Münchener Anwaltshandbuch Mietrecht, § 40 Rn. 23; zu den gleichbleibenden Zahlen der durchgeführten Mediationen auch: *Masser/Engewald/ Scharpf/Ziekow*, Die Entwicklung der Mediation in Deutschland. Bestandaufnahme nach 5 Jahren Mediationsgesetz, S. 212; zu ungenutzten Potenzialen im deutschen Raum auch: vgl. *Aschauer* in: *Czernich/Geimer* (Hrsg.), Streitbeilegungsklauseln im internationalen Vertragsrecht. Rechtswahlvereinbarung, Gerichtsstandsvereinbarung, Schiedsvereinbarung und Mediation in Deutschland, Österreich und der Schweiz, S. 493 ff.
6 Vgl. Bericht der Bundesregierung über die Auswirkungen des Mediationsgesetzes auf die Entwicklung der Mediation in Deutschland und über die Situation der Aus- und Fortbildung der Mediatoren, S. 3, Juli 2017; Darauf wiesen schon die Ergebnisse einer Studie der

einer signifikanten Steigerung des Marktanteils von Mediationen geführt hat. Zwar wird von Richterseite teils die Abwanderung von Parteien in die außergerichtliche Streitbeilegung beklagt; die dadurch vermeintlich eintretende Gefahr des Bedeutungsverlustes höchstrichterlicher Entscheidungen wird allerdings eher der Schiedsgerichtsbarkeit als der Mediation angelastet.[7]

6   Ein wichtiger **Grund** für den weiterhin nur zögerlichen Einsatz von Mediationen dürfte darin bestehen, dass der Zeit- und Kostenaufwand für staatliche Gerichtsprozesse in Deutschland sich im internationalen Vergleich noch im moderaten Rahmen bewegt.[8]

Zudem sanktionieren andere Rechtsordnungen auch in Europa (z.B. Irland, Slowenien und Italien) eine fehlende Mediationsbereitschaft zumindest auf Kostenebene.[9] Wieder andere Rechtsordnungen – prominentestes Beispiel: Australien – verlangen sogar eine »*mandatory mediation*« bevor ein staatlicher Zivilprozess eingeleitet werden kann.[10]

7   Zwar ist das Modell der erfolglosen außergerichtlichen Streitbeilegung als Prozessvoraussetzung für eine Klage zum staatlichen Gericht ist auch in Deutschland nicht unbekannt, jedoch muss nach § 15a EGZPO ein obligatorisches Güteverfahren nur für eine eng gefasste Auswahl an materiellen Streitgegenständen durchgeführt werden.[11]

Es wird vor diesem Hintergrund vereinzelt vorgeschlagen, auch in Deutschland eine **verpflichtende vorgerichtliche Mediation** einzuführen.[12] Hierdurch könne eine deutliche Steigerung der durchgeführten Mediationsverfahren erreicht werden. Zudem könnten bislang mediationsfremde Parteien praktische Erfahrungen mit diesem Instrument der Streitbeilegung sammeln. Eine **Pflicht zur Mediation** erscheint aber aus drei Gründen **problematisch**: **Erstens** ist die Freiwilligkeit der Teilnahme an einer Mediation nicht nur eine Forderung der Theorie. Die Verpflichtung eines Mediations- bzw. Verhandlungsunwilligen zur Durchführung eines Mediationsverfahrens stellt, insofern das Verfahren bereits anfänglich unwilliger Parteien in der ersten Sitzung scheitert, eine reine Ressourcenvergeudung dar. **Zweitens** bestärkt die Verfahrensverzögerung die Abwehrhaltung der Parteien und führt allgemein zu Reputationseinbußen des Mediationsverfahrens. Praktische Erfahrungen mit mehrstufigen Streitbeilegungs-

---

PricewaterhouseCoopers und der Europa-Universität Viadrina Frankfurt (Oder) aus dem Jahre 2005 hin: *Breidenbach* u.a., Commercial Dispute Resolution, S. 4 f.; So auch *Schmelz-Buchhold*, Mediation bei Wettbewerbsstreitigkeiten, S. 32.

7   *Duve/Keller* SchiedsVZ 2005, 169, 178; *Trittmann/Schroeder* SchiedsVZ 2005, 71, 72; *Hoffmann/Maurer*, Bedeutungsverlust staatlicher Zivilgerichte: Einem empirischen Nachweis auf der Spur, TranState working papers No. 133, Universität Bremen (2010).
8   *Trenczek* SchiedsVZ 2008, 135, 139.
9   *Gößl* in: *Hannemann/Wiegner* (Hrsg.), Münchener Anwaltshandbuch Mietrecht, § 40 Rn. 23.
10 *Magnus* in: *Hopt/Steffek* (Hrsg.), Mediation Principles and Regulation in Comparative Perspective, S. 872 f.
11 Vgl. *Steiner* in: *Eidenmüller/Wagner* (Hrsg.), Mediationsrecht, S. 297.
12 *Gößl* in: *Hannemann/Wiegner* (Hrsg.), Münchener Anwaltshandbuch Mietrecht, § 40 Rn. 23.

verfahren bestätigen diese Einschätzung.[13] **Drittens** scheint eine zu enge Begrenzung auf die Mediation ebenfalls nicht in allen Konfliktsituationen und Rechtsgebieten (s.u.) sachgerecht. Dergestalt wäre es zweckmäßiger, Parteien, Anwälte und Richter noch stärker zum aktiven Konfliktmanagement zu ermutigen, um Effektivität und Effizienz der Streitbeilegung zu verbessern. Denn die Mediation ist bei zutreffender Würdigung nicht das Allheilmittel für jeden Konflikt.[14]

2. Besonderheiten des Zivilrechts

a) Zivilprozessuale Vorgaben

In nahezu **allen Bereichen des Zivilrechts** werden mit Erfolg Mediationsverfahren durchgeführt.[15]   8

Verfahrensanlass sind sowohl **Mediations- und Eskalationsklauseln** in Verträgen als auch Streitbeilegungsklauseln, die von den Konfliktparteien ad hoc nach der Entstehung der konkreten Streitigkeit abgeschlossen werden. Auch vor Gericht anhängige Streitigkeiten können durch Mediation beigelegt werden. So sieht § 278 Abs. 1 ZPO vor, dass das Gericht in jeder Lage des Verfahrens auf eine **gütliche Beilegung** des Rechtsstreits oder einzelner Streitpunkte bedacht sein soll. Von besonderem Interesse kann die Beilegung auch in der Rechtsmittelinstanz werden.[16]

Außerhalb klassischer gerichtlicher Vergleiche (vgl. § 278 Abs. 6 ZPO[17]) fanden mediative Techniken lange Zeit am häufigsten durch gerichtsinternen Mediationen Eingang in das zivilgerichtliche Verfahren.[18] So ist nach § 278 Abs. 2 ZPO der mündlichen Verhandlung regelmäßig eine Güteverhandlung vorgeschaltet, für die auch das Erscheinen der Parteien angeordnet wird, § 278 Abs. 3 ZPO. Für die gerichtsinterne Mediation steht es dem Gericht gemäß des infolge des MediationsförderungsG[19] neuformulierten § 278 Abs. 5 ZPO frei, das Verfahren an einen nicht entscheidungsbefugten **Güterichter** zu verweisen.[20]

---

13 *Gläßer/Kirchhoff/Wendenburg*, Konfliktmanagement in der Wirtschaft: Bestandsaufnahme und Entwicklung, S. 11 ff.
14 *Risse* NJW 2000, 1614, 1618 ff.
15 Dies in Europa auch grenzüberschreitend, vgl. *Aschauer* in: *Czernich/Geimer* (Hrsg.), Streitbeilegungsklauseln im internationalen Vertragsrecht. Rechtswahlvereinbarung, Gerichtsstandvereinbarung, Schiedsvereinbarung und Mediation in Deutschland, Österreich und der Schweiz, S. 493.
16 Mit Blick auf den regelmäßig bereits geklärten Sachverhalt, Ressourcenknappheit und etwaigen Ermüdungserscheinungen, *Steiner* in: *Eidenmüller/Wagner* (Hrsg.), Mediationsrecht, S. 304.
17 Wobei auch das Ergebnis von Mediationen über § 286 Abs. 6 ZPO durchsetzbar gestellt werden kann.
18 Vgl. nur *Gläßer/Schroeter* (Hrsg.), Gerichtliche Mediation.
19 Gesetz zur Förderung der Mediation und anderer Verfahren der außergerichtlichen Konfliktbeilegung vom 21. Juli 2012.
20 Zu den stark variierenden Verweisquoten und ihren Hintergründen, *Masser/Engewald/Scharpff/Ziekow*, Die Entwicklung der Mediation in Deutschland. Bestandaufnahme nach 5

9 Mit Umsetzung der **Europäischen Mediationsrichtlinie** im Jahre 2012 hat auch die außergerichtliche Mediation an Bedeutung gewonnen. Über den neu eingefügten § 278a ZPO wird nunmehr auch der Einsatz außergerichtlicher Mediation und Konfliktlösung[21] in allen Phasen zivilrechtlichen Gerichtsverfahren[22] gefördert.[23] Gemäß § 278a Abs. 1 ZPO steht es im Ermessen des Gerichtes, den Parteien eine außergerichtliche Konfliktbeilegung vorzuschlagen. Ausweislich der Gesetzesbegründung soll es dies insbesondere dann tun, wenn dem Rechtsstreit Konflikte zugrunde liegen, die durch das gerichtliche Verfahren nicht oder nur unzureichend beseitigt werden können.[24] Diese fehlende Eignung für die streitige Beilegung im gerichtlichen Verfahren kann einerseits an der rechtlichen oder tatsächlichen Komplexität des Rechtsstreits oder an einer rechtlichen oder faktischen Dauerbeziehung zwischen den Parteien festgemacht werden, die unter einer langwierigen gerichtlichen Auseinandersetzung zwangsläufig leiden würde. § 278a ZPO soll – vermittelt über das Gericht – **Anreize zur einverständlichen Streitbeilegung schaffen**, um die Streitkultur zu verbessern, die Konfliktlösung zu beschleunigen, den Rechtsfrieden zu stärken und die staatlichen Gerichte zu entlasten.[25]

10 Vor dem Hintergrund der weiterhin kritischen Qualitätsunterschiede zwischen Mediatoren ist die **Einrichtung von Clearingstellen** an einigen Gerichten hilfreich, die Mediatorenverzeichnisse führen und Empfehlungen aussprechen dürfen.[26]. Neben der Mediation kann das Gericht u. a. auch ein Verfahren durch **Gütestellen oder Ombudsleute**[27] anregen.[28]

11 Nicht zu vernachlässigen ist die ebenfalls auf Grundlage des MediationsförderungsG eingeführte **Verordnungsermächtigung des § 69b GKG** mittels derer Landesgesetzgeber Bestimmungen treffen können, denen zufolge Verfahrensgebühren ermäßigt werden oder entfallen können, wenn eine Klage- oder Antragsrücknahme infolge eines erfolgreichen Mediationsverfahrens oder sonstigen Verfahrens außergerichtlicher Konfliktlösung erfolgt.[29] Entsprechende Verordnungen können auch außerhalb des Zivil-

---

Jahren Mediationsgesetz, S. 60 ff.
21 Hiervon kann auch die Mediation durch einen nicht entscheidungsbefugten Richter umfasst sein, siehe hierzu vertiefend die Kommentierung unter Teil 1 D. § 278a ZPO Rn. 50 ff.
22 Zur noch zögerlichen Verweisungspraxis der Richter siehe jedoch: *Bushart*, § 278a ZPO als Schnittstelle zwischen Gerichtsverfahren und außergerichtlicher Mediation. Eine Untersuchung richterlichen Verweisungsverhaltens, S. 22 ff.
23 Siehe Kommentierung unter Teil 1 D. § 278a ZPO Rn. 50 ff.
24 Vgl. BT-Drs. 17/5335, S. 11.
25 Vgl. BT-Drs. 17/5335, S. 11.
26 *Steiner* in: *Eidenmüller/Wagner* (Hrsg.), Mediationsrecht, S. 295 f.
27 Zu Geschichte, Arten und Einsatzgebieten von Ombudsleuten im Überblick: *Hirsch* ZKM 2013, 15 f.
28 Vgl. *Foerste* in: *Musielak/Voit* (Hrsg.), ZPO, § 278a Rn. 2.
29 Dies insbesondere insofern zufolge einer aktuellen Befragung der zweithäufigste Grund für die Entscheidung gegen eine Mediation ihre Kosten sind, *Masser/Engewald/Scharpf/Ziekow*, Die Entwicklung der Mediation in Deutschland. Bestandaufnahme nach 5 Jahren Mediationsgesetz, S. 136, was auch daran liegen mag, dass die Kosten einer Mediation nicht von allen Rechtsschutzversicherungen und wenn, dann zumeist in der Höhe nur

verfahrens geschaffen werden. Es ist davon auszugehen, dass sich entsprechende Anreize gerade bei Verfahren mit niedrigem Streitwert wie dem Nachbarschafts-, Miet-, Kauf- oder Familienrecht positiv auswirken werden.[30] Bedauerlicherweise ist hiervon noch kein Gebrauch gemacht worden.

Gemäß § 253 Abs. 3 Nr. 1 ZPO soll überdies bereits in der Klageschrift dargelegt werden, »*ob der Klageerhebung der Versuch einer Mediation oder eines anderen Verfahrens der außergerichtlichen Konfliktbeilegung vorausgegangen ist, sowie eine Äußerung dazu, ob einem solchen Verfahren Gründe entgegenstehen«.*[31] Handelt es sich hierbei auch nur um eine Sollvorschrift, können etwaige Nachfragen des Gerichts bei Fehlen dieser Angabe die Zustellung verzögern[32], was u. a. die Vorwirkung nach § 167 ZPO gefährden kann.[33] Zur Abwendung dieser Nachteile sollte der sorgfältige Anwalt die entsprechende Angabe regelmäßig in die Klageschrift aufnehmen. Es steht zu erwarten, dass alleine dieses Memento zu weiteren Verfahren der außergerichtlichen Streitbeilegung führt, weil Parteien erstmals auf diese Möglichkeit aufmerksam gemacht werden und sich aus Sicht der Betroffenen bislang unbekannte Lösungsoptionen eröffnen.

In der Gesamtbetrachtung hat sich das Zivilrecht bereits auf prozessualer Ebene dem Einsatz mediativer Techniken geöffnet. Mediation und staatlicher Zivilprozess weisen zahlreiche Schnittstellen auf, die eine Überleitung eines streitigen Verfahrens in eine Mediation ermöglichen. Jenseits dieses formellen Übertritts von einem Verfahren in das andere ermöglichen viele verfahrensrechtliche Normen einen situationsangepassten Einsatz von mediativen Techniken, welche ein besseres Ergebnis und damit auch eine erhöhte Zufriedenheit der Parteien mit der angebotenen Rechtsdienstleistung herbeiführen können.

12

b) Schiedsverfahren

Auch in komplexen **Schiedsverfahren** – insbesondere, wenn sie einen wirtschaftsrechtlichen Hintergrund aufweisen – kommt zunehmend zu Situationen, in denen die Parteien mediative Elemente in das Schiedsverfahren einbeziehen wollen. Dies kann bereits einleitend über die Anwendung erweiterter Mediations- bzw. Eskala-

13

---

beschränkt, übernommen werden, siehe S. 139, beziehungsweise sich oftmals auf von der Versicherung vorausgewählte Mediatoren und kostengünstig durchführbare Mediationsleistungen, wie die Telefonmediation, beschränken, S. 247; siehe hierzu auch *Wendt* in: *Klowait/Gläßer* (Hrsg.), Mediationsgesetz, S. 755 Rn. 8 ff.

30 Dies insbesondere insofern die in § 7 Abs. 2 MediationsG geschaffene und an die Prozesskostenhilfe angelehnte Möglichkeit der Mediationskostenhilfe höchst unbestimmt und bislang wenig ausgefüllt worden sind, *Masser/Engewald/Scharpf/Ziekow*, Die Entwicklung der Mediation in Deutschland. Bestandaufnahme nach 5 Jahren Mediationsgesetz, S. 242 ff, S. 250 ff. Diese Thesen erhellende Berechnungsbeispiele finden sich auch bei: *Paul/Weber* in: *Klowait/Gläßer* (Hrsg.), Mediationsgesetz, § 69b GKG Rn. 8 ff.

31 Vgl. die Kommentierung unter Teil 1 D. § 253 ZPO.

32 *Fritz/Schroeder* NJW 2014, 1910, 1913 f.

33 *Foerste* in: *Musielak/Voit* (Hrsg.), ZPO, § 253 Rn. 36.

tionsklauseln[34] geschehen. Auch kann *ad hoc* ein sogenanntes »Mediation Window« im bereits laufenden Schiedsverfahren vereinbart werden.

14 **Mediations- oder Eskalationsklauseln**, die eine Einleitung des Schiedsverfahrens von der vorherigen Durchführung eines Mediationsverfahrens abhängig machen, werden im internationalen Rechtsverkehr häufig eingesetzt.[35] Der Trend wird dadurch verstärkt, dass die meisten großen Schiedsinstitutionen zudem Mediationsverfahren nach eigenen Regeln anbieten.[36] Eine gestufte Streitbeilegungsklausel kann somit unter der Schirmherrschaft ein- und derselben Institution umgesetzt werden.

Bei der **Vorschaltung einer Mediation** in der Streitbeilegungsklausel sollte ein festes Zeitfenster vereinbart werden, innerhalb dessen die Mediation zu erfolgen hat, bevor ein Schiedsgerichtsverfahren zulässig eingeleitet werden darf.[37]

Alternativ wird teils explizit vereinbart, dass nach Scheitern der Mediation eine bestimmte Frist zu verstreichen hat, bevor das Verfahren anderweitig vorangetrieben werden kann (sog. **cooling-off Phase**).[38] In Abhängigkeit von den Regelungen des anwendbaren materiellen Rechts ist bei solchen kombinierten Klauseln stets eine Regelung zur Verjährungshemmung zu treffen, z.B. dahingehend, dass die Aufforderung zur Teilnahme an einer Mediation die Verjährung bereits hemmt.

15 Bei einem »**Mediation Window**«, das sich nach anekdotischen Berichten zunehmender Beliebtheit erfreut[39], nimmt das Schiedsgericht vorübergehend die Rolle des Mediators ein. Das streitige Schiedsverfahren wird für die Dauer des »Mediation Windows« nicht weitergeführt, um eine weitere Eskalation zu vermeiden. Bei einem erfolgreichen Abschluss des »Mediation Windows« endet das Verfahren durch den Vergleich. Scheitert die Mediation vor dem Schiedsgericht, treten die Parteien vor dem Schiedsgericht wieder in das streitige Verfahren über. Der Ablauf ähnelt insoweit dem Güterichterverfahren im staatlichen Gerichtssystem. Wichtigster Unterschied zum staatlichen Verfahren ist allerdings, dass im Schiedsverfahren häufig Personenidentität von Schieds-

---

34 Die bei Scheitern eines Mediationsverfahrens die Einleitung eines Schiedsgerichtsverfahrens vorsehen, siehe für ein Formulierungsbeispiel unter Teil 1 C. § 1 MediationsG Rdn. 50.
35 Zu Med-Arb-Klausel, vgl. *Aschauer* in: *Czernich/Geimer* (Hrsg.), Streitbeilegungsklauseln im internationalen Vertragsrecht. Rechtswahlvereinbarung, Gerichtsstandsvereinbarung, Schiedsvereinbarung und Mediation in Deutschland, Österreich und der Schweiz, S. 497, S. 515 ff.
36 Ein aktueller Überblick findet sich bei: *Aschauer* in: *Czernich/Geimer* (Hrsg.), Streitbeilegungsklauseln im internationalen Vertragsrecht. Rechtswahlvereinbarung, Gerichtsstandsvereinbarung, Schiedsvereinbarung und Mediation in Deutschland, Österreich und der Schweiz, S. 497, S. 500 f.
37 Vgl. ICC, Arbitration Rules/Mediation Rules (2017), S. 98.
38 *Aschauer* in: *Czernich/Geimer* (Hrsg.), Streitbeilegungsklauseln im internationalen Vertragsrecht. Rechtswahlvereinbarung, Gerichtsstandsvereinbarung, Schiedsvereinbarung und Mediation in Deutschland, Österreich und der Schweiz, S. 497, S. 512 f.
39 *Alexander*, International and Comparative Mediation. Legal Perspectives, S. 10 f.

richtern und Co-Mediatoren besteht.⁴⁰ Schließt das Schiedsgericht als Mediator die Mediationsphase erfolgreich ab, hat die Identität von Schiedsgericht und Mediatoren den Vorteil, dass das Schiedsgericht das Verfahren wieder aufnehmen und den Vergleich zwischen den Parteien als Schiedsspruch mit vereinbartem Wortlaut nach §§ 1053, 1054 ZPO als vollstreckbaren Titel erlassen kann.⁴¹ Scheitert aber die Mediationsphase, so wirft die Personenidentität im weiteren streitigen Verfahren gewisse praktische und rechtliche Folgeprobleme auf⁴², die nur durch eine ausdifferenzierte Gestaltung des Verfahrens im Einzelfall reduziert – aber nicht ausgeschlossen – werden können.⁴³

Folgende Themen sollten zwischen dem Schiedsgericht und den Parteien des Schiedsverfahrens durch eine **gesonderte Verfahrensvereinbarung vor dem Eintritt in die Mediationsphase** geregelt werden:
– Ausdrückliche Erwähnung des Wunsches der Parteien, keinen Dritten als Mediator einzuschalten, sondern das Schiedsgericht mit einem zeitweise geänderten Auftrag seine Arbeit fortsetzen zu lassen
– Verzicht der Parteien auf Ablehnung der Schiedsrichter im möglichen weiteren Verfahren aufgrund der »Vorbefassung« als Mediatoren⁴⁴
– Regelung der Befugnisse des Schiedsgerichts (z.B. Durchführung von Einzelgesprächen, Vorschlag von eigenen Lösungsalternativen, etc.), um Streitigkeiten über die Zulässigkeit des Vorgehens des Schiedsgerichts möglichst im Ansatz zu vermeiden
– Verwertungsverbote im Hinblick auf vertrauliche (z.B. in Einzelgesprächen) erlangte Informationen

Insbesondere der letzte Punkt verdeutlicht, dass das **unterschiedliche Rollenverständnis** (Allparteilichkeit vs. Unabhängigkeit, Autonomie vs. Drittentscheidung) von Mediator und Schiedsrichter den Rollenwechsel im selben Verfahren schwierig erscheinen lässt.

Zusammenfassend lässt sich festhalten, dass auch das Schiedsverfahren ähnlich wie der staatliche Zivilprozess an den unterschiedlichsten Stellen des Verfahrens durchlässig für den Übertritt in die Mediation ist. Möglich ist dabei sowohl der Übertritt vom Schiedsverfahren in die Mediation (»**Med-Arb**«), als auch der mehrfache Mediationsversuch, z.B. nach Scheitern eines ersten vorprozessualen Mediationsversuches (»Med-

---

40 Anders allerdings das Regelungsmodell der Prague Rules, das in Art. 9.2 und 9.3 Prague Rules Personenverschiedenheit vorsieht. Vertiefend: *Rombach/Shalbanava* SchiedsVZ 2019, 53 ff.
41 Vgl. *Bühring-Uhle/Kirchhoff/Scherer*, Arbitration and Mediation in International Business, S. 262. Bei teilweise erfolgreichem Abschluss der Mediationsphase ist auch die Beschränkung des Streitgegenstandes im Schiedsverfahren denkbar.
42 Vgl. *Rosoff* Journal of International Arbitration 2009, 89 ff.; *Blankley* Baylor Law Review 2011, 319 ff.
43 Zu weiteren Details *Pitkowitz/Richter* SchiedsVZ 2009, 225 ff.
44 Ein weitergehender Verzicht auf möglicherweise noch entstehende Ablehnungsgründe ist rechtlich nicht möglich, vgl. *Münch* in: MüKo-ZPO, § 1036 ZPO Rn. 43; *Hanefeld/Wittinghofer* SchiedsVZ 2015, 217, 226.

Arb-Med«).[45] In Anbetracht der Schwierigkeiten, die eine streitige Fortführung des Verfahrens nach Scheitern einer Mediation vor dem Schiedsgericht mit sich bringt, können die Parteien die Einschaltung eines zusätzlichen Mediators erwägen, der seine Tätigkeit parallel zum ruhenden Schiedsverfahren aufnimmt.[46]

c) Mediationsgeeignetheit

18 Bereits an anderer Stelle wurde dargestellt, dass es schwierig bis unmöglich ist, allgemeingültige Kriterien für die **Eignung von Konfliktfällen** für die Mediation aufzustellen.[47] Das liegt vor allem daran, dass jeder Streitbeilegungsmechanismus bestimmte Vor- und Nachteile hat und kein einziger Streitbeilegungsmechanismus alle denkbaren Anforderungen erfüllt, die Parteien an die Streitbeilegung stellen können.[48] Verallgemeinernd lässt sich aber festhalten, dass regelmäßig Konflikte mit einem **starken persönlichen Einschlag** besonders mediationsgeeignet erscheinen, sowie auch Konflikte, die noch in die Zukunft weisenden **Dauerbeziehungen** entstehen. Daneben sollte jedoch auch das Potenzial der Mediation in reinen Verteilungsstreitigkeiten oder in Vertragsbeziehungen mit einer überschaubaren Laufzeit nicht unterschätzt werden. Vielfach entstehen Situationen in Konflikten, in denen die Parteien bemerken, dass bestimmte Interessen nicht einseitig mit der Hilfe der Gerichte oder Schiedsgerichte durchgesetzt werden können. Stattdessen ist die jeweilige Partei zur Verwirklichung dieses Interesses auf die **konkrete Mitwirkung** der Gegenpartei angewiesen. Diese Erkenntnis kann die Bereitschaft der Parteien zur Durchführung eines Mediationsverfahrens erhöhen, wenn ihre rechtlichen Berater ihnen die Vor- und Nachteile dieser Vorgehensweise in der konkreten Situation aufzeigen können.

19 **Mediationsgeeignet sind Streitigkeiten** insbesondere auch dann, wenn die Parteien bereit sind, ihren Konflikt nicht als Nullsummenspiel zu verstehen, sondern eine sachgerechte Lösung jenseits rechtlich begründeter Positionen zu suchen. Die Mediation kann sich auch dann anbieten, wenn förmlichere Verfahren (wie z.B. Schiedsgerichtsbarkeit) aufgrund des **Eilbedarfs** nicht in Betracht kommen. Einer der Autoren hat z.B. in einem vertragsrechtlichen Konflikt, der nach dem ursprünglichen Willen der Parteien durch ein Schiedsverfahren beigelegt werden sollte, eine Mediation empfohlen und erfolgreich abgeschlossen, weil bei einer Durchführung des förmlichen Schieds-

---

45 Vgl. für Med-Arb-Med-Verfahren unter Beteiligung des SIAC: *Reeg* IWRZ 2015, 15.
46 Dies wird überwiegend als unproblematisch eingeordnet, so auch: *Aschauer* in: *Czernich/Geimer* (Hrsg.), Streitbeilegungsklauseln im internationalen Vertragsrecht. Rechtswahlvereinbarung, Gerichtsstandsvereinbarung, Schiedsvereinbarung und Mediation in Deutschland, Österreich und der Schweiz, S. 495; *Pappas* Harvard Negotiation Law Review 2015, 159 ff.
47 Vgl. nur die Kommentierungen unter Teil 1 D. § 278a ZPO Rn. 6 ff.; Teil 1 E. § 36a FamFG Rn. 9 ff.; Teil 1 F. § 54a ArbGG Rn. 7 ff.; Teil 1 G. § 202 SGG Rn. 74 ff.; Teil 1 H. § 173 VwGO Rn. 74 ff.; Teil 1 J. § 155 FGO Rn. 37.
48 *Meller-Hannich/Nöhre* NJW 2019, 2522, 2524 f.; so zur Mediation insb. *Ziegler* in: *Plagemann* (Hrsg.), Münchener Anwaltshandbuch Sozialrecht, § 44 Rn. 55.

verfahrens zum Ablauf des Geschäftsjahres der Klägerin die Insolvenz der Gesellschaft drohte.

Im Idealfall lässt sich durch eine Mediation überdies nicht nur ein in der Vergangenheit begründeter Konflikt bereinigen, sondern sogar die Geschäftsbeziehung oder das persönliche Verhältnis zwischen den Parteien für die Zukunft belastbar gestalten.

Gegenüber staatlichen Gerichtsverfahren hat das Mediationsverfahren überdies den Vorteil, **nichtöffentlich** zu sein und bei einem Impasse **keine Sanktions- oder Bindungswirkung** nach sich zu ziehen, was seine besondere Eignung als **erste Anlaufstelle auch für verhärtete Konflikte** begründet.

All dies sind Ergebnisse, die sich regelmäßig in der »einfachen« Güteverhandlung vor dem staatlichen Richter nach § 278 Abs. 2 ZPO aufgrund des Rahmens und der zeitlichen Vorgaben im Alltag tatrichterlicher Entscheidungsfindung nicht erzielen lassen.

Im Einzelnen stellen sich die Einsatzmöglichkeiten der Mediation im Zivilrecht danach wie folgt dar:

II. Wirtschaftsrecht

Das Wirtschaftsrecht in dem hier verstandenen Sinn lässt sich definieren als das Zivilrecht des Wirtschaftsverkehrs und der Rechtsbeziehungen zwischen Unternehmen bzw. Rechtsträgern von Unternehmen und ihren Anteilseignern. Im Sinne dieser Definition gehören insbesondere das Gesellschaftsrecht,[49] das Vertriebsrecht,[50] das Insolvenzrecht[51] und der gewerbliche Rechtsschutz[52] zum Wirtschaftsrecht. Als Auffangtatbestand erfasst das »sonstige« Wirtschaftsrecht auch noch die überwiegend vertragsrechtlich dominierten sonstigen Transaktionen zwischen Unternehmen.[53]

20

1. Gesellschaftsrecht

Gesellschaftsrechtliche Beziehungen sind von vornherein **auf Dauer** angelegt. Meinungsverschiedenheiten unter den Gesellschaftern hinsichtlich der Unternehmensführung und der Fortentwicklung der Gesellschaft können auftreten, weil sich die Interessen und Risikoeinschätzungen der Gesellschafter im Laufe der Zeit verändern.[54] Aber auch **Trennungen von Gesellschaftern** können weitreichende Folgen für die Zukunft der Gesellschaft haben, weil der ausscheidende Gesellschafter abgefunden werden muss. Zudem haben die einzelnen Anteilseigner einer Gesellschaft, insbesondere bei personalistisch strukturierten Unternehmensträgern wie bei einer derart ausgestalteten GmbH oder der GbR/OHG, regelmäßig **differenzierte Interessen**, die allein mit rechtlichen Mitteln nicht immer voll verwirklicht werden kön-

21

---

49 Vgl. im Folgenden Rdn. 21 ff.
50 Vgl. im Folgenden Rdn. 32.
51 Vgl. im Folgenden Rdn. 33 ff.
52 Vgl. im Folgenden Rdn. 40 f.
53 Vgl. im Folgenden Rdn. 42 ff.
54 *Duve* AnwBl. 2007, 389; *Dendorfer/Krebs* MittBayNot 2008, 1.

nen.⁵⁵ Die Mediation kommt weiterhin auch in **kürzerer Zeit** zu tragfähigen Lösungen. Dies sichert die Handlungsfähigkeit der Gesellschaft, da der Konflikt das Tagesgeschäft bzw. die Entscheidungsfindung im Gesellschafterkreis nicht länger als unbedingt erforderlich beeinträchtigen. Die **Nichtöffentlichkeit** der Mediation kann zudem Geschäftsgeheimnisse sichern, insofern nicht gerichtsöffentlich gestritten werden muss.⁵⁶ Zusätzlich zur Nichtöffentlichkeit können die Parteien durch eine vertragliche Vereinbarung dafür sorgen, dass Beweiserhebungs- und Beweisverwertungsverbote auf die im Mediationsverfahren offengelegten Tatsachen Anwendung finden, so dass im Ergebnis der gesamte Gegenstand des Mediationsverfahrens geheim – und nicht nur nichtöffentlich – bleibt.⁵⁷

22 Ähnlich wie bei der Schiedsgerichtsbarkeit haben die Parteien im Rahmen eines Mediationsverfahrens Einfluss darauf, wer sich konkret mit ihrem Konflikt befasst. Die **Auswahl des Streitschlichters** kann bestimmte rechtliche Kenntnisse, Branchenkenntnisse oder auch die Vertrautheit des Neutralen mit den Abläufen in einem familiengeführten Unternehmen voraussetzen. Allerdings darf nicht unberücksichtigt bleiben, dass eine Einigung auf einen solchen Kandidaten nach Ausbruch der Streitigkeit im Regelfall wegen des Phänomens der reaktiven Abwertung schwierig zu erzielen sein dürfte⁵⁸ und deshalb häufig auf die Ernennung eines Streitschlichters durch eine institutionelle Organisation (wie z.B. die DIS) zurückgegriffen werden muss. Aus diesen Gründen eignen sich gesellschaftsrechtliche Streitigkeiten von vornherein gut für die Mediation; Parteien äußern dementsprechend ein gesteigertes Interesse an einer außergerichtlichen Beilegung von gesellschaftsrechtlichen Streitigkeiten.⁵⁹

23 Bei der Mediation von gesellschaftsrechtlichen Streitigkeiten ist besonderes Augenmerk auf die **Vertretungs- und Entscheidungsbefugnis** der beteiligten Konfliktparteien zu legen. Denn Lösungen können nur dann wirksam implementiert werden, wenn die Parteien einer Einigung tatsächlich über die erforderliche Entscheidungskompetenz verfügen. Dies ist in Konflikten, an denen Gesellschaften und Organe bzw. Teile von Organen beteiligt sind, regelmäßig von größerer Bedeutung als in sonstigen – rein wirtschaftsrechtlichen – Streitigkeiten. Zur Herstellung interner Einigkeit können dergestalt auch mehrstufige Mediationsverfahren erforderlich sein.⁶⁰

---

55 Umfassend zum Genossenschaftsrecht *Fritz* in: *Fritz/Herzberg/Kühnberger*, Festschrift für Jürgen Keßler, S. 35 ff.
56 Vgl. *Bisle* NWB Nr. 27 2019, 1989.
57 *Hagel* in: *Born/Ghassemi-Tabar/Gehle* (Hrsg.), Münchner Handbuch des Gesellschaftsrechts: Gesellschaftsrechtliche Streitigkeiten (Corporate Litigation), § 151 Rn. 25 ff.
58 Zum Phänomen der reaktiven Abwertung siehe *Duve/Eidenmüller/Hacke/Fries*, Mediation in der Wirtschaft, S. 39.
59 *Hagel* in: *Born/Ghassemi-Tabar/Gehle* (Hrsg.), Münchner Handbuch des Gesellschaftsrechts: Gesellschaftsrechtliche Streitigkeiten (Corporate Litigation), § 149 Rn. 1.
60 S. am Beispiel der Konfliktlösung in Familienunternehmen *Habbe/Giesler* NZG 2016, 1010, 1013.

Auch empfiehlt es sich gegebenenfalls, bereits im Gesellschaftsvertrag effiziente **Konfliktlösungsmechanismen** im Rahmen von sog. **Multistep Clauses** anzulegen[61], denen zufolge die Gesellschafter zunächst angehalten werden, etwaige Streitigkeiten durch Verhandlungen untereinander zu lösen.[62] Ist dies nach Ablauf einer vorher bestimmten Zeit nicht möglich – hier lohnt es sich nach Art der Streitigkeit und entsprechenden Dringlichkeit ihrer Auflösung abstrakt zu differenzieren – so sollen die Gesellschafter ein Mediationsverfahren einleiten. Wird dies, durch Zeitablauf oder einseitige Erklärung als für gescheitert erklärt, kann in einer nächsten Eskalationsstufe – möglicherweise bei derselben Institution- ein Schiedsgerichtsverfahren (s.u.) initiiert werden.

Die **Konflikte**, die zwischen Gesellschaftern oder zwischen Gesellschaft und Gesellschafter auftreten können, sind **vielfältiger Natur**. Sie können ihre Wurzel in der Gründung, in der laufenden Geschäftstätigkeit, in der Umstrukturierung sowie in der Abwicklung finden.[63] Exemplarisch sind folgende Typen von Streitigkeiten genannt worden:[64] 24

a) Beschlussmängelstreitigkeiten

Im Rahmen von Beschlussmängelstreitigkeiten wenden sich ein oder mehrere Gesellschafter gegen einen Gesellschafterbeschluss mit der Begründung dieser sei aufgrund rechtlicher oder faktischer Mängel unwirksam.[65] Diese Behauptung kann sodann in einem gerichtlichen Anfechtungsverfahren überprüft werden. Erweist sie sich nach richterlicher Einschätzung als zutreffend, kann das Gericht den Beschluss aufheben. Eine solche Kompetenz kommt einem zwischen dem anfechtenden Gesellschafter und der Gesellschaft vermittelnden Mediator freilich nicht zu. Jedoch kann die Gesellschaft in Folge der Mediation den umstrittenen Beschluss freiwillig aufheben bzw. durch einen von allen Gesellschaftern getragenen Beschluss ersetzen. Hierfür ist ein Einvernehmen aller Gesellschafter erforderlich. Sinnvoll ist eine Mediation mithin nur in Konstellationen, in denen ein Einvernehmen zumindest grundsätzlich möglich erscheint oder in denen die Interessen des anfechtenden Gesellschafters durch Alternativlösungen befriedigt werden können. Jedenfalls ist darauf zu achten, den Entschluss eine Mediation einzuleiten mit einer Klausel zur **Verlängerung der Anfechtungsfrist** zu verbinden.[66] Um höchstmögliche Rechtssicherheit zu erlangen, sollte die Durchführung einer Mediation mit entsprechender Fristenregelung bereits im Gesellschaftsvertrag verankert sein.[67] 25

---

61 Hierzu auch: *Dendorfer/Krebs* MittBayNot 2008, 91.
62 Bei der rechtlichen Ausgestaltung ist jedoch Genauigkeit gefordert. Lesenswert zu den üblichen Fallstricken: *Arntz* SchiedsVZ 2014, 237 ff.
63 *Heckschen* ZKM 2002, 215 ff.; *Lehmann*, Mediation in Beschlussmängelstreitigkeiten.
64 *Dendorfer/Krebs* MittBayNot 2008, 85, 86; *Heckschen* in: *von Schlieffen/Wegmann* (Hrsg.), Mediation in der notariellen Praxis, S. 204 ff.
65 Überblick bei *Weiler/Schlickum*, Praxisbuch Mediation, S. 128 ff.
66 Vgl. hierzu auch: *Zöllner/Noack* in: *Baumbach/Hueck* (Hrsg.), GmbH-Gesetz, Anhang nach § 47 Rn. 43.
67 Zu den verschiedenen Möglichkeiten und ihren rechtlichen Auswirkungen *Dendorfer/Krebs* MittBayNot 2008, 85, 91 f.

b) Streitigkeiten über die Gewinnverwendung und -verteilung

26 Streitigkeiten über Gewinnverwendung und -verteilung können in allen Gesellschaftsformen auftreten. Besonders häufig treten Streitigkeiten jedoch in Kapitalgesellschaften auf.[68] Regelmäßig sind diese Ausdruck einer unausgereiften oder nicht (mehr) interessengerechten Vereinbarung zur **Gewinnentnahme**. Hierfür können im Rahmen einer Mediation Lösungen auf einer Bandbreite eines bloßen Steuerentnahmerecht bis hin zu Mindest- und Vollentnahmerechten entwickelt werden. Ähnliches gilt für Streitigkeiten im Rahmen von Bilanzwahlrechten.[69]

c) Konflikte zwischen Mehrheits- und Minderheitsgesellschaftern

27 Außerhalb von Beschlussmängelstreitigkeiten bietet insbesondere der Fall des **häufigen und umfangreichen Einsichts- und Auskunftsersuchens** von nicht an der Geschäftsführung beteiligten Gesellschaftern Konfliktpotenzial in der Praxis. Im Rahmen von Mediationsverfahren können individuelle Regelungen gestaltet werden, die von der regelmäßigen Berichterstattung über die Auslagerung der Buchführung bis hin zur Einschaltung eines vorfilternden Intermediärs reichen.[70] Auch bei **Abfindungsstreitigkeiten** wegen des Ausschlusses von Mitgesellschaftern, die bei gerichtlicher Verfahrensführung regelmäßig mit hohen Kosten für Gutachten und Rechtsberater verbunden sind, bietet das Mediationsverfahren die Möglichkeit zur ressourcenschonenden Streitbeilegung.[71] Das gleiche gilt entsprechend bei den – in der Praxis häufig eintretenden – Konflikten über die Regelung der **Nachfolge** bei ausscheidenden Gesellschaftern in Familiengesellschaften.[72]

d) Streitigkeiten der Gesellschaft mit ihren Organen über Geschäftsführungsmaßnahmen oder Organhaftungsansprüche

28 Für interne Streitigkeiten im Bereich von Geschäftsführungsmaßnahmen und die Abwicklung etwaiger interner Organhaftungsansprüche können mediative Techniken in der Praxis durch einen allgemein zur Vermittlung und Koordination eingerichteten **Unternehmensbeirat** eingesetzt werden.[73] In der Literatur wird die Auflösung derartiger Konflikte durch den Einsatz eines mediativ geprägten Verfahrens aufgrund der interessengerechten, zügigen, kostengünstigen und vertraulichen Behandlung als geeignet empfunden. Schwierigkeiten können jedoch dort auftreten, wo Bewertungsfragen im Rahmen stehen, insbesondere bei Beteiligung von D&O-Versicherern.[74]

---

68 Hierzu vertiefend: *Dendorfer/Krebs* MittBayNot 2008, 85 ff.
69 *Von Unger* in: *Gummert* (Hrsg.), MAH Personengesellschaftsrecht, § 12 Rn. 46.
70 *Von Unger* in: *Gummert* (Hrsg.), MAH Personengesellschaftsrecht, § 12 Rn. 44 f.
71 *Dendorfer/Krebs* MittBayNot 2008, 85, 91.
72 *Schwartz/Zierbock* ZKM 2001, 224; *Eyer* ZKM 2000, 277; *Weiler/Schlickum*, Praxisbuch Mediation, S. 121 ff.
73 *Uffmann* NZG 2015, 169 ff.
74 Vgl. *Hagel* in: *Born/Ghassemi-Tabar/Gehle* (Hrsg.), Münchner Handbuch des Gesellschaftsrechts: Gesellschaftsrechtliche Streitigkeiten (Corporate Litigation), § 153 Rn. 3.

e) Auflösung von Deadlocks bei Joint Ventures

Auch im Rahmen von sich anbahnenden oder gegenwärtigen Deadlocks zwischen Partnern eines paritätischen Joint Ventures können Mediationsverfahren schnelle und diskrete Lösungen zu Tage bringen.[75] Ein **Deadlock** liegt vor, wenn die Organe einer paritätisch besetzten Gesellschaft in einzelnen oder allen Fragen zur Bildung eines übereinstimmenden Willens nicht mehr in der Lage sind. Es kommt dann zu einer Pattsituation, die zur Handlungsunfähigkeit der Gesellschaft führt.[76] Um diese aufzulösen, haben sich auch in Deutschland Mechanismen eingebürgert, welche die paritätische Beteiligung durch erzwungenen Ausschluss beenden (sog. »Texan Shoot-out«).[77] Ein weniger extremes und auf Herstellung eines Konsens gerichtetes Mittel bietet in diesen Fällen die Mediation. Da diese bei unauflöslichen Interessenkonflikten und völlig zerrütteten Verhältnissen an Grenzen stoßen kann,[78] empfiehlt sich der Abschluss einer **ad-hoc-Mediationsvereinbarung** eher als die Aufnahme einer Mediationsklausel in den Joint Venture-Vertrag.

29

f) Mediation in Post-M&A-Streitigkeiten

Großes Potenzial bietet nicht zuletzt auch die Möglichkeit von Mediationen und alternativen Konfliktbeilegungsmechanismen im Rahmen von M&A Deals. Dies gilt insbesondere für die Phase nach der Unterzeichnung des Unternehmenskaufvertrags (*Signing*) und vor dem dinglichen Vollzug der Transaktion (*Closing*). Hier kann es insbesondere wegen der **zeitnahen Erfüllung gesetzlicher Handlungs- und Abstimmungspflichten** zu Streitigkeiten kommen.[79] Aber auch die vorgeschalteten Verhandlungsabläufe vor Unterzeichnung und nach Abgabe von Exklusivitätsversprechen, sowie die einem *Closing* nachfolgende Bewertung und Integration des Zielunternehmens (*Post Merger Integration*[80]) bergen Konfliktgefahren, denen unter Anwendung mediativer Techniken begegnet werden kann.[81]

30

g) Zwischenfazit

Da die Mediation – anders als das schiedsgerichtliche Verfahren – nicht als Drittentscheidungsverfahren an Stelle des staatlichen Prozesses tritt,[82] stellen sich die Fragen der **Mediationsfähigkeit** des Streitgegenstandes im Gesellschaftsrecht von

31

---

75 Siehe vertiefend: *Elfring* NZG 2012, 895 ff.
76 *Elfring* NZG 2012, 895, 895 f.
77 OLG Nürnberg, Urt. v. 20.12.2013 – 12 U 49/13, NZG 2014, 222, 224.
78 *Elfring* NZG 2012, 895, 898.
79 Eine frühe Erörterung findet sich auch schon bei *Hagel*, in: *Born/Ghassem-Tabar/Gehle* (Hrsg.), Münchner Handbuch des Gesellschaftsrechts: Gesellschaftsrechtliche Streitigkeiten (Corporate Litigation), § 153 Rn. 3.
80 *Hagel* in: *Born/Ghassemi-Tabar/Gehle* (Hrsg.), Münchner Handbuch des Gesellschaftsrechts: Gesellschaftsrechtliche Streitigkeiten (Corporate Litigation), § 151 Rn. 1 f.
81 Vgl. *Göthel* M&A Review 2014, S. 404 ff.
82 Für das Mediationsverfahren fehlt insbesondere eine mit § 1032 Abs. 1 ZPO vergleichbare Regelung, den den Zugang zu den staatlichen Gerichten ausschließt.

vornherein nicht.[83] Denn bei der Mediation muss der neue, vom Konsens der Gesellschafter getragene Beschlussinhalt einstimmig umgesetzt werden, während im Schiedsverfahren der Schiedsspruch die Willensbildung der Gesellschafter ersetzt. Die Mediation hat also **keine gestaltende Wirkung**; die Gesellschafterversammlung übt lediglich die ihr gesetzlich zugewiesenen Kompetenzen aus.

Gleichwohl wird die **Mediationseignung** von Streitigkeiten bezweifelt, die gesetzliche Ansprüche einer Gesellschaft auch im Interesse von außenstehenden Dritten (z.b. den Gläubigern der Gesellschaft) betreffen. Dies gilt zum Beispiel für Streitigkeiten über die Leistung einer Bareinlage.[84] Entsprechend gilt das auch für Streitigkeiten über gesetzliche Ansprüche, die bereits von Gesetzes wegen nur eingeschränkt vergleichsfähig sind (vgl. z.B. §§ 309 Abs. 4 S. 5, 302 Abs. 3 AktG).

Bei bestimmten Arten von Streitigkeiten, z. B. Beschlussmängelstreitigkeiten in der Publikums-AG, ist es aufgrund der Vielzahl der Beteiligten und der spezifischen Interessenlage höchst unwahrscheinlich, dass in der Praxis tatsächlich Mediationsverfahren erfolgreich durchgeführt werden.

2. Vertriebsrecht

32 Vertriebsrecht ist das Recht des Absatzes von neu hergestellten Produkten vom Hersteller zum Verbraucher mit der Hilfe von Absatzmittlern. Das Vertriebsrecht regelt dementsprechend die **Beziehungen** zwischen einem **Hersteller** und dessen **Absatzmittlern**.[85] Absatzmittler sind z. B. Handelsvertreter, Vertragshändler und Franchisenehmer. Auch wenn im Bereich des Vertriebsrechts derzeit noch keine umfangreichen Erfahrungen mit der Mediation als Konfliktbeilegungsmechanismus berichtet werden können,[86] haben einige **Franchisesysteme** nach Berichten in der Literatur[87] Mediation als Streitbeilegungsmechanismus im Rahmen einer Eskalationsklausel vorgesehen. Ob sich hieraus in Zukunft eine stärkere Verbreitung der Mediation in vertriebsrechtlichen Streitigkeiten ergibt, wird abzuwarten bleiben.

3. Insolvenzrecht

33 Das Insolvenzrecht wird in der vorliegenden Darstellung dem Wirtschaftsrecht zugeordnet, da sich nach der Darstellung in der Literatur insbesondere die Bemühungen

---

83 Vgl. *Heckschen* in: *von Schlieffen/Wegmann* (Hrsg.), Mediation in der notariellen Praxis, S. 205.
84 *Dendorfer/Krebs* MittBayNot 2008, 85, 91; so auch *Hagel* in: *Born/Ghassemi-Tabar/Gehle* (Hrsg.), Münchner Handbuch des Gesellschaftsrechts: Gesellschaftsrechtliche Streitigkeiten (Corporate Litigation), § 153 Rn. 3.
85 *Flohr* in: *Martinek/Semler/Habermeier/Flohr*, Vertriebsrecht, § 1 Rn. 4.
86 *Bischof* in: *Martinek/Semler/Habermeier/Flohr*, Vertriebsrecht, § 80 Rn. 52 f. berichtet von einer durchgeführten Mediation (mit Fallbericht).
87 *Flohr*, Masterfranchise-Vertrag, S. 235 ff.; *Erdmann*, www. adribo.de/fortbildungsveranstaltung-des-deutschen-franchiseverbandes/ (Datum des Zugriffs: 25.3.2020).

einer **Sanierung von** international aufgestellten **Unternehmen** für die Einsetzung von Mediationstechniken anbieten.[88][89]

Der **Insolvenzverwalter**, dessen Aufgabenspektrum sich im Spannungsfeld zwischen Kreditor- und Debitorinteressen bewegt, ist bereits explizit in der Literatur als prädestinierter **Konfliktmanager** bezeichnet worden.[90] Bei der Ausübung seines Amtes kommt ihm eine Vermittlungsfunktion zu, da er die Interessen unterschiedlicher Individuen und Gruppen ausgleichen muss. Übersteigt die Auflösung einer Konfliktlage seine zeitlichen oder tatsächlichen Ressourcen, so besteht die Möglichkeit, neben dem laufenden Insolvenzverfahren eine außergerichtliche Mediation einzuleiten, an welcher der Insolvenzverwalter als Partei kraft Amtes stets auch zu beteiligen ist.[91] 34

Besondere Bedeutung kommt dem mediativen Verfahren im Rahmen der **Eigenverwaltung** zu. Hier strebt das Unternehmen einvernehmliche Lösungen mit Gläubigern und Drittschuldnern im Rahmen des Insolvenzverfahrens nach §§ 270 ff InsO an, um eine Fortführung und Sanierung des Unternehmens zu ermöglichen. Insofern es sich oftmals im große Gruppen von Beteiligten auf beiden Seiten handelt, kann der Einsatz eines praxiserfahrenen Sanierungsmediators zweckmäßig sein. So eine Neustrukturierung der Unternehmensfinanzierung erforderlich ist, können überdies Kreditmediationen zum Einsatz kommen.[92]

Ähnlich wie bei der Insolvenz in Eigenverwaltung liegt die Interessenlage bei der **Unternehmenssanierung außerhalb des Insolvenzverfahrens**. Auch hier verhandeln die Gläubiger mit dem Unternehmen und seinen Eignern über das »Ob« und »Wie« einer Fortführung des Unternehmens. Da diese außergerichtlichen Verhandlungen nicht gesetzlich geregelt sind, kann die Mediation bzw. können Mediationstechniken einen Beitrag zur Erreichung eines Verhandlungsergebnisses leisten, ohne dass zuvor verfahrensrechtliche Hürden zu überwinden wären.[93] 35

Für die Durchführung des Insolvenzverfahrens in Konzernkonstellationen (sog. **Konzerninsolvenzrecht**) wurde in den §§ 269d bis 269i InsO n.F. ein Koordinationsverfahren eingeführt. Mittels eines Koordinationsbeauftragten, welcher infolge der Kommunikation mit den Einzelunternehmen und basierend auf seiner fachlichen Expertise unverbindliche Lösungsvorschläge trifft, sollen Insolvenzen in gesellschaftsrechtlichen Gruppierungen zukünftig sachangerechter und effizienter durchgeführt werden kön-

---

88 *Eidenmüller* BB 1998, Beilage 10, 19 ff., insbesondere 23 f.
89 Unabhängig davon besteht natürlich auch die Möglichkeit einer Verbraucherinsolvenz nach §§ 304 ff. InsO, wobei die Möglichkeiten des Einsatzes der Mediation in diesem Bereich kritisch gesehen werden, vgl. *Kassing* in: *Haft/von Schlieffen* (Hrsg.), Handbuch Mediation, § 37 Rn. 4 ff., 12.
90 *Paulus/Hörmann* NZI 2013, 623, 624.
91 Vgl. *Andres/Leithaus/Leithaus*, InsO, § 269d Rn. 7.
92 Siehe hierzu vertiefend: *Neuhof* NZI 2011, 667 ff.
93 *Eidenmüller* BB 1998, Beilage 10, 19, 20.

nen. Insofern hat auch der Gesetzgeber mediative Techniken zur Lösung von Koordinationskonflikten im unternehmerischen Bereich aufgegriffen.[94]

36 Die **Vorteile der Mediation** im Rahmen von Insolvenz und Sanierung werden wie folgt beschrieben:[95]
– Reduzierung von Komplexität durch Steuerung der Verhandlung und Zusammenfassung ihres Ablaufes durch den Mediator,
– Moderation von Verteilungskonflikten,
– Vermeidung von »Trittbrettfahrerverhalten«,
– Ausgleich von Informationsgefällen,
– Lancierung von Sanierungsvorschlägen durch den Mediator, die aus Sicht der Parteien eine höhere Akzeptanz genießen, weil sie von einer Partei ohne Eigeninteresse an der Gestaltung des Sanierungsplanes stammen,
– Sicherung tragfähiger Lösungen durch die Expertise des Insolvenzverwalters,
– Sicherung der Umsetzung gefundener Lösungen durch Verwaltungshoheit des Insolvenzverwalters.

37 Bei der **gerichtlich überwachten Unternehmenssanierung** bieten sich ebenfalls Einsatzgebiete für mediative Techniken. Denn vor allem der Insolvenzplan ist auch bei gerichtlicher Überwachung in erster Linie eine privatautonome Einigung der Mitwirkungsberechtigten untereinander, dessen Inhalt verhandelt werden muss.[96] Der Insolvenzverwalter kann durch den Einsatz von Mediationstechniken den Verlauf des Verfahrens z.B. dadurch effizienter gestalten, dass er zunächst die Interessen der Verfahrensbeteiligten ermittelt, um sie in den Insolvenzplan einfließen zu lassen.[97] Dabei ist jedoch zu berücksichtigen, dass der Insolvenzverwalter aufgrund seiner gesetzlich vermittelten Stellung eine andere Position einnimmt als der Mediator in einem freiwilligen Mediationsverfahren. Der Insolvenzverwalter muss das Verfahren auch dann weiterführen, wenn eine Mediationsphase scheitert.[98] Im Sinne eines Vermittlers oder Mediators greifen vor allem in großen und/beziehungsweise der politisch relevanten Verfahren auch Träger öffentlicher Ämter in die Verhandlungen ein und versuchen, eine Einigung der Gläubiger im Sinne der Unternehmensfortführung zu erreichen.[99]

38 Schließlich soll nicht unerwähnt bleiben, dass die Insolvenz einer Gesellschaft nicht nur zu Streitigkeiten zwischen der Gesellschaft, ihren Eigentümern und ihren Gläubigern führt. Die Insolvenz hat darüber hinaus auch noch **Auswirkungen auf Rechtsbeziehungen Dritter**, die komplexe Streitigkeiten der Betroffenen untereinander nach sich ziehen können. Derartige Insolvenzfolgestreitigkeiten können sich ebenfalls für

---

94 So z.B. bei *Madaus* NZI-Beilage 2018, 4 ff.
95 *Eidenmüller* BB 1998, Beilage 10, 19, 20 ff.
96 *Kassing* in: *Haft/von Schlieffen* (Hrsg.), Handbuch Mediation, § 37 Rn. 42 f.
97 *Eidenmüller* BB 1998, Beilage 10, 19, 24.
98 S. *Frege/Keller/Riedel*, Insolvenzrecht, S. 1158 ff.
99 Prototypisch kann der (in letzter Konsequenz erfolglose) Einsatz des damaligen Bundeskanzlers *Gerhard Schröder* im Jahr 1999 für die Rettung des Bauunternehmens Philipp Holzmann AG genannt werden; siehe allgemein *Eidenmüller* BB 1998, Beilage 10, 19, 25.

die Mediation anbieten, insbesondere wenn die Verflechtungen der einzelnen Rechtsbeziehungen so intensiv sind, dass die Beziehungen der Beteiligten untereinander von vornherein nicht abgebrochen werden können.[100]

Im internationalen Insolvenzrecht ergeben sich vielfach Situationen, in denen verschiedene Landesgesellschaften einer internationalen Unternehmensgruppe von verschiedenen Insolvenzverwaltern[101] gemäß dem jeweils geltenden lokalen Insolvenzrecht behandelt werden müssen. Die bislang größte Insolvenz dieser Art betraf die Investmentbank *Lehman Brothers* im Jahr 2008, bei der die Geschäftstätigkeit von rund 8.000 Unternehmen in 40 Ländern abzuwickeln war.[102] Bei der insolvenzrechtlichen Behandlung derartiger internationaler Unternehmensgruppen besteht die Komplikation, dass die unterschiedlichen Vermögensmassen zwischen den verschiedenen Einheiten (vor allem der Holdinggesellschaft und den einzelnen Landesgesellschaften) abgegrenzt werden müssen. Deshalb wurde bei der Insolvenz von *Lehman Brothers* ein »protocol« genanntes Verfahren der Kooperation und Koordination der einzelnen Verwalter entwickelt, die eine geordnete Abwicklung ermöglichen sollten. Dieses Protokoll sollte ausdrücklich nicht rechtlich verbindlich sein und wurde zwischen den einzelnen Verwaltern unter der Schirmherrschaft des in New York sitzenden Richters (*Judge*) James Peck ausgehandelt und von diesem letztlich auch gebilligt.[103] Es erscheint angebracht, sowohl die Entwicklung des genannten Verfahrens (protocols) als auch die Beilegung einzelner Verteilungsstreitigkeiten anhand dessen[104] unter der Aufsicht von *Judge Peck* als den Einsatz mediativer Techniken zu bezeichnen. **39**

4. Gewerblicher Rechtsschutz

Auch Streitigkeiten des gewerblichen Rechtsschutzes können Gegenstand von Mediationsverfahren sein, da die Parteien über den Streitgegenstand auch dann verfügen können, wenn die Nichtigkeit von Patenten oder die Löschung von anderen gewerblichen Schutzrechten zwischen den Parteien umstritten ist.[105] Besondere Relevanz haben Mediationsverfahren überdies im Rahmen von Lizenzverhandlungen.[106] Dementsprechend sind **sämtliche Arten von Streitigkeiten** über gewerbliche Schutzrechte der Mediation zugänglich.[107] Dies unterscheidet die Mediation als Verfahren der außergerichtlichen Streitbeilegung von der Schiedsgerichtsbarkeit. Denn nach der derzeit überwiegenden Auffassung sind bestimmte Streitigkeiten – z. B. über die **40**

---

100 Ein Bericht über eine solche Mediation findet sich bei *Breunlich/Fürst* ZKM 2008, 189 ff.
101 Der Begriff ist hier nicht im deutschen Verständnis gemeint, sondern bezieht sich auf jede Art von Verwalter/Treuhänder des Vermögens des Insolvenzschuldners.
102 *Cowley* in: *Wilhelm* (Hrsg.), Konzerninsolvenzrecht, S. 267.
103 *Cowley* in: *Wilhelm* (Hrsg.), Konzerninsolvenzrecht, S. 266 ff.
104 *Cowley* in: *Wilhelm* (Hrsg.), Konzerninsolvenzrecht, S. 271.
105 *Chroczielvon Samson-Himmelstjerna* in: *Haft/von Schlieffen* (Hrsg.), Handbuch Mediation, § 39 Rn. 5 ff.
106 Siehe hierzu: *Hinojal/Mohsler* GRUR 2019, 674, 681.
107 *Chroczielvon Samson-Himmelstjerna* in: *Haft/von Schlieffen* (Hrsg.), Handbuch Mediation, § 39 Rn. 12 f.

Löschung von Patenten – nicht schiedsfähig.[108] Über § 82 Abs. 1 MarkenG und § 99 Abs. 1 PatG finden §§ 278a, 278 V ZPO auch vor den Patentgerichten grundsätzlich Anwendung, sofern »*die Besonderheiten des Verfahrens (...) dies nicht ausschließen.*« Im Rahmen von – mittlerweile häufig eingesetzten – Güteverhandlungen wurden mediative Lösungen beispielsweise gefunden in Patentvindikationsklage, Marken- und Arbeitnehmererfindervergütungsstreitigkeiten und sonstigen Schutzrechtsstreitverfahren.[109]

41 Insofern Streitigkeiten des gewerblichen Rechtsschutzes **grenzüberschreitend** sind und Schutzrechte betreffen, die in mehreren Rechtsordnungen bestehen, kann Mediation als Streitbeilegungsmethode geeignet sein, um den Rechtsstreit insgesamt interessengerecht beilegen zu können.[110] Vor diesem Hintergrund lassen sich insbesondere für internationale Sachverhalte Tendenzen zur Förderung von Mediationsverfahren erkennen.[111]

5. Sonstiges Wirtschaftsrecht

42 Auch in sonstigen Streitigkeiten zwischen Wirtschaftsunternehmen kann die Mediation eine Alternative zur Lösung von Streitigkeiten darstellen. Vielfach berühren die Gegenstände dieser Konflikte **mehrere Rechtsgebiete**, was wiederum eine Gesamtlösung besonders attraktiv erscheinen lässt. In der Literatur wird zunehmend über **erfolgreiche Mediationen in komplexen Fällen** berichtet:
– Mediation einer Streitigkeit u. a. über Ansprüche aus Darlehensverträgen einer Bank und den dazu eingeräumten Kreditsicherungsrechten,[112]
– Mediation mit Coaching-Elementen in einer unternehmensinternen Streitigkeit bei einem Vertriebsunternehmen,[113]
– Mediation eines Konfliktes innerhalb eines Familienunternehmens über die Kompetenzordnung mit Bezügen zur Problematik der Unternehmensnachfolge,[114]
– Schätzungsweise 15.000 Unternehmensübergaben mit familieninternen Nachfolgeregeln im Jahr[115], bei denen rechtliche Überlappungen zwischen Erb-, Familien- und Gesellschaftsrecht sowie Vernetzung der Beteiligten auf verschiedenen professionellen und privaten Beziehungsebenen besonders hohe Risiken für die Entstehung von Konflikten schaffen,

---

108 Vgl. *Trittmann/Hanefeld* in: *Böckstiegel/Kröll/Nacimiento* (Hrsg.), Arbitration in Germany, § 1030 ZPO Rn. 14 ff.
109 Vgl. *Groß* in: *Klowait/Gläßer* (Hrsg.), Mediationsgesetz, S. 684 Rn. 9 ff.
110 *Chroziel/von Samson-Himmelstjerna* in: *Haft/von Schlieffen* (Hrsg.), Handbuch Mediation, § 39 Rn. 16 ff., sowie Fallschilderung ebenfalls bei *Chroziel/von Samson-Himmelstjerna* in: *Haft/von Schlieffen* (Hrsg.), Handbuch Mediation, § 39 Rn. 32 ff.
111 Vgl. *Niedostadek* ZKM 2007, 50 ff.
112 *Breunlich/Fürst* ZKM 2008, 189 ff.
113 *Malinowski/Lenz* ZKM 2008, 123 ff; vgl. umfassend zum Coaching unter Teil 6 D.
114 *Neuvians* ZKM 2011, 93 ff.
115 Geschätzt auf Grundlage von: *Klowait* in: *Klowait/Gläßer* (Hrsg.), Mediationsgesetz, S. 619 Rn. 18.

– Mediation eines Konfliktes im Rahmen von Unternehmenskooperationen,[116]
– Mediation eines Konfliktes mit Streitwert von EUR 400 Mio. in der Energiebranche.[117]

Die hier angeführten Beispiele zeigen – gemeinsam mit in den vorangegangenen Abschnitten erörterten Konstellationen – zunächst, dass die Mediation auch **von Wirtschaftsunternehmen zunehmend genutzt** wird, wenngleich die tatsächliche Nutzung in der Praxis der empirischen Präferenz von Mediationsverfahren noch um einiges nachsteht.[118] Die Mediation von Auseinandersetzungen zwischen Wirtschaftsunternehmen weist aus Sicht des Mediators einige Besonderheiten auf, die unter anderem darauf beruhen, dass Unternehmen im Regelfall bereits erfahrene Nutzer von außergerichtlichen Streitbeilegungsverfahren (z. B. Schiedsverfahren) sind.[119] 43

Interessant ist, dass mediative Ansätze zunehmend auch Berücksichtigung in **internationalen Investitionsschutzverfahren**[120] **und Freihandelsabkommen** finden.[121] So erkennt beispielsweise das im Herbst 2017 vorläufig in Kraft getretene Freihandelsabkommen zwischen der Europäischen Union und Kanada CETA in Art. 8.20 explizit die Möglichkeit einer Mediation zur Auflösung von Streitigkeiten unter dem Vertragstext an. Art. 21.6 I des Anfang 2019 in Kraft getretenen Freihandelsabkommen zwischen der EU und Japan (JEFTA) sieht sogar vor, dass jede Vertragspartei die andere zu jedem Zeitpunkt auffordern kann, an einem Mediationsverfahren teilzunehmen. Zur Durchführung dieses Mediationsverfahrens wurden durch ein gemeinsames Repräsentativorgan der Vertragsparteien eigens förmliche Prozessregeln definiert, s. Art. 22.1 IV (f) JEFTA.

Zunehmend fordern Rechtsabteilungen von Unternehmen nach der Entstehung von Streitigkeiten ergebnisoffene Beratung zur Auswahl, Vereinbarung und Durchführung variabler außergerichtlicher Streitbeilegungsmechanismen an.[122] Dieser als »**Konfliktmanagement**« bezeichnete Trend geht auf zwei Annahmen zurück: Abstrakt sind die verschiedenartigen Konfliktbeilegungsmechanismen zwar grundsätzlich gleichwertig, konkret lässt sich jedoch für jeden Konflikt ein Ansatz ermitteln, der am besten geeignet ist, den individuellen Anforderungen der Parteien an die Streitbeilegung gerecht zu werden. »Konfliktmanagement« in diesem Sinne besteht dann darin, unter Einbeziehung eines Neutralen (»Konfliktmanager«) in einer Art Mediation auf Metaebene den Rechtsstreit im Einverständnis mit den Parteien diesem Streitbeilegungsmechanis- 44

---

116 *Theuerkauf*, Konfliktmanagement in Kooperationsverträgen der Wirtschaft, S. 49 ff.
117 *Neuenhahn* ZKM 2000, 281 ff.
118 Siehe die empirische Untersuchung von PricewaterhouseCoopers/Europa-Universität Vidrina Frankfurt (Oder), Konfliktmanagement in der deutschen Wirtschaft – Entwicklungen eines Jahrzehnts, S. 23 f.
119 Siehe hierzu allgemein *Duve/Eidenmüller/Hacke/Fries*, Mediation in der Wirtschaft, passim.
120 Grundlegend: *Titi/Fach Gómez* (Hrsg.), Mediation in International Commercial and Investment Disputes.
121 Zu den gegenwärtigen Entwicklungen siehe *Rauber* ZKM 2019, 93 ff., insb. S. 96.
122 *Duve/Eidenmüller/Hacke/Fries*, Mediation in der Wirtschaft, S. 337.

mus zuzuordnen und ad-hoc – also nach Entstehen der konkreten Streitigkeit – eine Streitbeilegungsvereinbarung zu treffen. Aufgabe des Konfliktmanagers ist es also nicht, den Streit zwischen den Parteien in der Sache beizulegen, sondern den Abschluss einer Streitbeilegungsvereinbarung zu vermitteln.[123]

Dieser Trend zu ist zu begrüßen, da er es den Parteien erleichtert, vom Status Quo (häufig einer Schieds- oder Gerichtsstandsvereinbarung) abzuweichen, wenn sich dieser im Hinblick auf die Beilegung des konkreten Streits als nicht optimal geeignet erweist.[124] Gerade für Streitigkeiten unter Wirtschaftsunternehmen führt dieser **pragmatische Ansatz** zu besseren und interessengerechteren Ergebnissen.

III. Erbrecht

45 Das Erbrecht ist ebenfalls ein konfliktträchtiges Rechtsgebiet, das sich grundsätzlich gut für die Mediation eignet. Insbesondere die **Dauer und Kosten** von Gerichtsverfahren im Erbrecht sowie die nur **schwer kalkulierbaren Prozessrisiken** lassen die Mediation als attraktive Alternative erscheinen.[125] Prozesse über die Verteilung des Erbes können im Übrigen das verteilungsfähige Erbe stark vermindern und im Extremfall sogar vernichten.[126] Hier ist zu beachten, dass die Konflikte besonders emotionsgeladen sind und für die Beteiligten teilweise relativ hohe Summen betreffen.[127] Insbesondere wenn sich das Erbrecht auf Rechtsbeziehungen im Familienverband erstreckt, lässt sich die **erbrechtliche Mediation** nicht mehr klar von der **familienrechtlichen Mediation** trennen. Teils gehen Auseinandersetzungen innerhalb einer Erbengemeinschaft in familienrechtliche Konflikte über.[128] Umgekehrt spiegeln auch erbrechtliche Konflikte häufig die Familienstrukturen und darin bestehende Konflikte wider.[129]

46 **Grundtypen** des erbrechtlichen Konfliktes sind die Auseinandersetzungen *nach* dem Eintritt des Erbfalles, die zwischen Erben untereinander – z. B. als Folge fehlender, fehlerhafter oder lückenhafter Verfügungen von Todes wegen[130] –und zwischen Erben und Nachlassgläubigern auftreten können. Darüber hinaus entstehen jedoch auch

---

123 *Schroeder/Pfitzner* Yearbook on International Arbitration Vol. III 2013, 327, 329 ff.
124 *Schroeder/Pfitzner* Yearbook on International Arbitration Vol. III 2013, 327, 330.
125 *Löning* Kon:Sens 1998, 16, 17; *Beisel* in: *Haft/von Schlieffen* (Hrsg.), Handbuch Mediation, § 32 Rn. 7.
126 Siehe hierzu eindrucksvoll die Fallberichte von dem weiteren Verlauf verschiedener gescheiterter Mediationen im Erbrecht bei *Beisel* in: *Haft/von Schlieffen* (Hrsg.), Handbuch Mediation, § 32 Rn. 29 ff.; *Risse* ZEV 1999, 205 ff.; zu den Möglichkeiten einer Prozessfinanzierung für ein erbrechtliches Mediationsverfahren siehe *Meyer/Schricker* ZKM 2008, 156 ff.
127 *Löning* Kon:Sens 1998, 16; *Beisel* in: *Haft/von Schlieffen* (Hrsg.), Handbuch Mediation, § 32 Rn. 4 ff., 77.
128 Hierzu eingehend *Eyer* ZKM 2000, 227 ff.
129 *Löning* Kon:Sens 1998, 16, 17.
130 *Schwartz* in: *Henssler/Koch* (Hrsg.), Mediation in der Anwaltspraxis, § 14 Rn. 21.

Streitigkeiten *vor* dem Eintritt des Erbfalles,[131] beispielsweise wenn eine Person noch zu Lebzeiten den Vermögensübergang im Wege der Schenkung bewirken will (vorweggenommene Erbfolge) oder eine testamentarische Verfügung über den zukünftigen Nachlass im Einvernehmen mit den späteren Erben regeln will (Nachlassplanung).[132]

1. Mediation vor dem Eintritt des Erbfalles

Die typischen Einsatzfälle der Mediation vor dem Eintritt des Erbfalles bestehen in der Konfliktlösung zwischen potenziellen Erben und dem Erblasser im Rahmen der einvernehmlichen Nachlassplanung bei der vorweggenommenen Erbfolge und in dem Umgang mit Beschränkungen der Testierfreiheit.[133] 47

Bei der **einvernehmlichen Nachlassplanung** besteht oft die Befürchtung des zukünftigen Erblassers, dass bei seinem Ableben Konflikte zwischen den übrigen Familienmitgliedern auftreten. Dies wird insbesondere dann der Fall sein, wenn die gewünschte Nachlassplanung von der gesetzlichen Erbfolge abweicht. Der zukünftige Erblasser hat zudem häufig das Bedürfnis, alle zukünftigen Erben gerecht zu behandeln.[134] Gleichzeitig setzt die einvernehmliche Nachlassplanung auch voraus, dass der zukünftige Erblasser den potenziellen Erben seine Vorstellungen darüber, was aus seiner Sicht eine angemessene oder **faire Verteilung** seiner Vermögensgegenstände darstellt, kommunizieren muss. Dies schließt auch Enterbungen mit ein und ist dementsprechend geeignet, einen Konflikt zu schaffen.[135] 48

Typische Problemkonstellationen aus dem Bereich der **vorweggenommenen Erbfolge** ergeben sich aus ihrer Anrechnung auf zukünftig zu empfangenes Erbe[136] und aus der Versorgung des Übergebers von Vermögen zu Lebzeiten im Alter.[137] Gerade die Versorgung im Alter und die dabei zu erbringenden Leistungen der Nachfolgegeneration kann aufgrund unterschiedlicher Erwartungen der beteiligten Personen und einer als ungerecht empfundener Lastenverteilung zu Streit führen. Die Regelung dieser Themen bedarf einer detaillierten Regelung, die zwischen allen Beteiligten (einschließlich der Ehegatten des Empfängers von Vermögen zu Lebzeiten) ausgehandelt werden muss.[138] Zur Überwindung dieser Interessengegensätze scheint die Mediation sehr gut geeignet zu sein. 49

Beschränkungen der Testierfreiheit können insbesondere aus einem Erbvertrag oder einem früheren gemeinschaftlichen Testament der Erbvertrag resultieren.[139] Diese 50

---

131 S. ausführlich *Schwartz/Zierbock* ZKM 2001, 224 ff.
132 *Schwartz* in: *Hensler/Koch* (Hrsg.), Mediation in der Anwaltspraxis, § 14 Rn. 20.
133 *Schwartz* in: *Hensler/Koch* (Hrsg.), Mediation in der Anwaltspraxis, § 14 Rn. 22 ff.; *Schwartz/Zierbock* ZKM 2001, 224 ff.
134 Siehe Fallstudie bei *Herms/Schwatz* Kon:Sens 1999, 182.
135 *Beisel* in: *Haft/von Schlieffen* (Hrsg.), Handbuch Mediation, § 32 Rn. 51.
136 *Schwartz* in: *Hensler/Koch* (Hrsg.), Mediation in der Anwaltspraxis, § 14 Rn. 25.
137 *Schwartz* in: *Hensler/Koch* (Hrsg.), Mediation in der Anwaltspraxis, § 14 Rn. 29.
138 *Schwartz* in: *Hensler/Koch* (Hrsg.), Mediation in der Anwaltspraxis, § 14 Rn. 30 f.
139 *Schwartz* in: *Hensler/Koch* (Hrsg.), Mediation in der Anwaltspraxis, § 14 Rn. 27.

Beschränkungen binden den zukünftigen Erblasser, soweit sie nicht einvernehmlich aufgehoben werden. Die hierzu erforderliche Einigung kann gut im Rahmen eines Mediationsverfahrens gesucht werden.

2. Streitigkeiten nach dem Eintritt des Erbfalles

51 Nach dem Eintritt des Erbfalles geht es im Wesentlichen um die Auseinandersetzung der Erbengemeinschaft, um Fragen der Vor- und Nacherbfolge, sowie um das besonders streitträchtige Pflichtteilsrecht.[140]

52 Streitigkeiten bei der **Auseinandersetzung einer Erbengemeinschaft** treten insbesondere dann auf, wenn keine letztwillige Verfügung vorliegt oder aus anderen Gründen Streit um die Erbenstellung besteht.[141] Diese Art von Konflikten nimmt besonders häufig einen heftigen Verlauf, weil vielfach der oberflächliche Verteilungskonflikt um das Erbe noch durch jahrelange Beziehungskonflikte unter den Familienmitgliedern verschärft wird.[142] Die Verwaltung und Verteilung des Nachlasses bietet insbesondere aus rechtlichen, tatsächlichen und häufig auch persönlichen sowie emotionalen Gründen ein vielfältiges Konfliktpotenzial.[143]

Erwähnenswert ist insofern die in § 363 Abs. 1 FamFG verankerte Möglichkeit, über den Notar ein **Nachlassverfahren in Form eines Schlichtungsverfahrens sui generis** anzustrengen[144].

53 Bei der **Vor- und Nacherbfolge** geht ein Gegenstand aus dem Vermögen des Erblassers zwar in das Eigentum des Vorerben über; dieser ist aber in seiner Verfügung zu Gunsten des Nacherben beschränkt, §§ 2113 bis 2115 BGB. Typische Konflikte zwischen Vor- und Nacherben resultieren aus dem Umstand, dass der Nacherbe zu Lebzeiten des Vorerben keinen Zugriff auf das Erbe hat, wohingegen der Vorerbe das Erbe in dem Bewusstsein verwaltet, nur auf Zeit an dem Erbe berechtigt zu sein. Dieser Konflikt kann innerhalb einer Familie zu einer unzumutbaren Belastung der Beziehung zwischen Vor- und Nacherben führen. Mit den gesetzlichen Mechanismen ist diesem Konflikt in Ermangelung eines Rechtsbehelfes nicht beizukommen. Daher eignet sich die Mediation zur Auflösung dieser Problemlage durch eine **Vereinbarung** zwischen dem Nacherben und dem Vorerben.[145]

54 Das **Pflichtteilsrecht** schützt einerseits den gesetzlichen Erben vor Enterbung. Andererseits kann auch die Belastung des testamentarisch mit Bedacht eingesetzten Alleinerben mit dem Pflichtteilsrecht mehrerer enterbter Familienmitglieder zu Verwerfungen

---

140 *Schwartz* in: *Henssler/Koch* (Hrsg.), Mediation in der Anwaltspraxis, § 14 Rn. 32 ff.
141 *Beisel* in: *Haft/von Schlieffen* (Hrsg.), Handbuch Mediation, § 32 Rn. 29 ff.
142 *Beisel* in: *Haft/von Schlieffen* (Hrsg.), Handbuch Mediation, § 32 Rn. 29.
143 *Beisel* in: *Haft/von Schlieffen* (Hrsg.), Handbuch Mediation, § 32 Rn. 40.
144 Siehe hierzu vertiefend *Schmitz-Vornmoor* in: *Klowait/Gläßer* (Hrsg.), Mediationsgesetz, S. 734 Rn. 62.
145 *Schwartz* in: *Henssler/Koch* (Hrsg.), Mediation in der Anwaltspraxis, § 14 Rn. 41 ff.; zu dem Umfang etwaiger Befreiungen, vgl. § 2136 BGB.

führen. Letzteres gilt insbesondere immer dann, wenn die Einsetzung als Alleinerbe auf unterschiedlichen wirtschaftlichen Voraussetzungen der gesetzlichen Erben oder aufgrund besonderer Verdienste gegenüber dem Erblasser beruht.[146]

3. Testamentsvollstreckung und Unternehmensnachfolge

Konflikte zwischen den Erben und dem Testamentsvollstrecker bei angeordneter **Testamentsvollstreckung** können ebenfalls für die Mediation geeignet sein.[147]

55

Die **Unternehmensnachfolge** ist ebenfalls besonders konfliktträchtig, insbesondere wenn es sich um die Nachfolge in ein Familienunternehmen handelt. Die Zahl der betroffenen Personen (»*stakeholder*«) ist weit größer als die des Unternehmers und seines oder seiner Nachfolger. Dementsprechend komplex sind die dabei möglicherweise auftretenden Probleme.[148] Insbesondere in Kombination mit dem Pflichtteilsanspruch von gesetzlichen Erben, die nach dem Willen des Unternehmers nicht als Nachfolger agieren sollen, kann es hier zu Konflikten kommen, die selbst den Bestand des Unternehmens bedrohen. In der Literatur wird dabei empfohlen, diesen Konflikt entweder durch jährliche Zahlungen aus den Erträgen des Unternehmens oder durch eine (stille) Beteiligung des Pflichtteilsberechtigten an dem Unternehmen – jeweils im Gegenzug zu einem Verzicht auf das Pflichtteilsrecht – zu lösen.[149] Diese Lösung erfordert jedoch regelmäßig ein Einvernehmen zwischen den Parteien, welches durch Mediation hergestellt werden kann.

56

4. Mediation durch das Nachlassgericht

Gemäß § 363 FamFG hat das **Nachlassgericht** bei der Nachlassauseinandersetzung auf Antrag eines Antragsberechtigten **zwischen den Erben zu vermitteln**. Ähnlich wie bei der Vorgängervorschrift des § 86 FGG handelt es sich nicht um ein echtes Mediationsverfahren, wohl aber um eine attraktive und kostengünstige Alternative zu einem Prozess um das Erbe.[150]

57

IV. Familienrecht

1. Eignung von Konfliktfällen für die Mediation

58

Das Familienrecht wird als ein typisches Beispiel für ein **sehr gut geeignetes Gebiet** angeführt, um Mediationsverfahren durchzuführen.[151] Familienmediationen sind

---

146 Zu den Problemen des Pflichtteilsrecht siehe eingehend *Schröder* DnotZ 2001, 465 ff.
147 Fallstudien bei *Beisel* in: *Haft/von Schlieffen* (Hrsg.), Handbuch Mediation, § 32 Rn. 73 ff.
148 Hierzu ausführlich und mit Fallstudie *Beisel* in: *Haft/von Schlieffen* (Hrsg.), Handbuch Mediation, § 32 Rn. 64 ff.
149 *Wegmann* ZKM 2000, 126 ff.; *Eyer* ZKM 2000, 227 ff.
150 *Beisel* in: *Haft/von Schlieffen* (Hrsg.), Handbuch Mediation, § 32 Rn. 27.
151 Umfassend zum Konfliktfeld Familie siehe den Beitrag unter Teil 5 C.5.

im Übrigen auch bereits früh Gegenstand empirischer Forschungen in Deutschland gewesen.¹⁵²

59 Die **Eignung** von familienrechtlichen Konflikten für die Mediation beruht auf folgenden Erwägungen:

60 Die **Konflikte** sind erstens »**existenzieller**« **Natur**,¹⁵³ da sie die persönlichen Lebensumstände intensiv und nachhaltig beeinflussen. Weiterhin sind die sachlichen und persönlichen Ebenen des Konfliktes meist eng miteinander verschränkt.¹⁵⁴ Während mit den Mitteln des Rechts die sachlichen Aspekte des Konfliktes durch eine Drittentscheidung zumindest in groben Zügen gelöst werden können, bietet die Mediation die Möglichkeit, die sachliche Lösung nicht den Anwälten und dem Gericht zu überlassen, sondern selbst eine Lösung – im Idealfall auch über die persönlichen Aspekte des Problems – zu entwickeln.¹⁵⁵

61 Zweitens liegt familienrechtlichen Auseinandersetzungen im Regelfall eine Sachverhaltskonstellation zu Grunde, in welcher die Beteiligten trotz des Konfliktes **langfristig** miteinander **kooperieren** müssen. Trotz einer Trennung sind z. B. geschiedene Ehegatten über die Fragen des Unterhaltes oder des Sorge-, beziehungsweise Umgangsrechtes langfristig miteinander verbunden.¹⁵⁶ Zudem erhöht auch die Kooperation unmittelbar nicht nur die Lebensqualität der Konfliktparteien, sondern insbesondere auch anderer Betroffener, wie den gemeinsamen Kindern.¹⁵⁷

62 Drittens wird auch in familienrechtlichen Streitigkeiten ein besonderes **Potenzial** gesehen, durch **Überwindung** von **rechtlichen Positionen** zukunftsgerichtete Regelungen zu erzielen, die den Interessen der Parteien näherkommen, als dies eine rein vom Positionsdenken getriebene Lösung im Regelfall vermag.¹⁵⁸

63 Da in der Mediation der **Konflikt als Ganzes** betrachtet wird, können praktisch alle Aspekte einer familienrechtlichen Streitigkeit im Rahmen einer Mediation abgehandelt werden. Dies umfasst insbesondere Trennung und Scheidung,¹⁵⁹ Unterhaltssachen, Versorgungsausgleich sowie Sorge- und Umgangsrecht.¹⁶⁰ Aber auch andere Konflikte im Familienverbund können Gegenstand eines Mediationsverfahrens sein¹⁶¹, z. B. alle

---

152 *Mähler/Mähler* in: *Haft/von Schlieffen* (Hrsg.), Handbuch Mediation, § 31 Rn. 97.
153 *Mähler/Mähler* in: *Haft/von Schlieffen* (Hrsg.), Handbuch Mediation, § 31 Rn. 2.
154 *Fischer* in: *Henssler/Koch* (Hrsg.), Mediation in der Anwaltspraxis, § 13 Rn. 2.
155 *Mähler/Mähler* in: *Haft/von Schlieffen* (Hrsg.), Handbuch Mediation, § 31 Rn. 4.
156 *Fischer* in: *Henssler/Koch* (Hrsg.), Mediation in der Anwaltspraxis, § 13 Rn. 4; *Mähler/Mähler* in: *Haft/von Schlieffen* (Hrsg.), Handbuch Mediation, § 31 Rn. 9.
157 *Fischer* in: *Henssler/Koch* (Hrsg.), Mediation in der Anwaltspraxis, § 13 Rn. 3.
158 Siehe hierzu grundlegend *Mähler/Mähler* in: *Haft/von Schlieffen* (Hrsg.), Handbuch Mediation, § 31 Rn. 37.
159 Fallbericht bei *Kempf* in: *Haft/von Schlieffen* (Hrsg.), Handbuch Mediation, § 50 Rn. 60 ff.
160 Weiterer Fallbericht bei *Kempf* in: *Haft/von Schlieffen* (Hrsg.), Handbuch Mediation, § 50 Rn. 69 ff.
161 Beispiele bei *Mähler/Mähler* in: *Haft/von Schlieffen* (Hrsg.), Handbuch Mediation, § 31 Rn. 61.

Arten von Paarkonflikten (auch ohne Trennungswunsch oder zwischen Unverheirateten) sowie Konflikte in der Stieffamilie oder Mehrgenerationenkonflikte.[162] Insofern können im Rahmen der Mediation im Einvernehmen gerade auch solche Lösungen gefunden werden, die rechtlich nicht durchsetzbar sind.

2. Rechtliche Einfalltore für Mediation und alternative Konfliktlösung im Familienrecht[163]

Ehe- und familienrechtliche Konflikte können unproblematisch einer Mediation oder einem Güterichterverfahren zugeführt werden. So findet sich in § 23 FamFG ein Äquivalent zur § 253 Abs. 3 Nr. 1 ZPO (s.o.), sowie in § 36 FamFG eine dem § 278 Abs. 5 ZPO und in § 36a FamFG eine dem § 278a ZPO entsprechende Bestimmung. 64

Vorgeschaltet und begleitend zu gerichtlichen Zuständigkeiten bieten die Jugendämter im Rahmen ihrer Hilfeleistungen nach §§ 17, 18 SGB VIII **teils kostenfreie Mediationen in Familienkonflikten und Kindschaftssachen** an. Dieses Angebot besteht jedoch nicht flächendeckend.[164] Selbiges gilt auch für das kostenfreie oder vergünstigte Angebot sonstiger gemeinnütziger Stellen.[165] Einen Sonderfall stellt die die Öffentliche Rechtsberatung in Hamburg dar, die in Hamburg lebenden Menschen nach Verfügbarkeit einkommensabhängig bepreiste, teils kostenfreie, Mediationen auf den Gebieten des Familien-, Erb-, Arbeits- und Wirtschaftsrechts anbietet.[166] 65

Nach §§ 135 S. 1, 156 Abs. 1 S. 3 FamFG kann das Gericht anordnen, dass die Betroffenen einzeln oder gemeinsam an einem **kostenfreien Informationsgespräch** über Mediation oder eine sonstige Möglichkeit der außergerichtlichen Konfliktbeilegung bei einer von dem Gericht benannten Person oder Stelle teilzunehmen und dies durch Vorlage einer Teilnahmebestätigung zu belegen haben. Diese nach freiem Ermessen getroffene Anordnung ist nicht selbstständig anfechtbar, § 135 Abs. 1 S. 2 FamFG. 66

In Kindschaftssachen mit Scheidungs- und Trennungshintergrund hat das Gericht **in allen Phasen des Verfahrens** auf ein Einvernehmen der Parteien hinzuwirken, so dies dem Kindeswohl nicht widerspricht, § 156 Abs. 1 S. 1 FamFG. Konkret ist hier die externe Beratung der Jugendämter, das vorbenannte Informationsgespräch zur Mediation bei externen Stellen oder sogar durch das Gericht selbst (vgl. §§ 36, 36a FamFG) vorgesehen. Ein besonderer Anwendungsfall für die gerichtsinterne Mediation ist indes in **grenzüberschreitenden, oft von internationaler Elternschaft geprägten Kindschaftskonflikten** gegeben. Rückkoppelnd stehen extern getroffene Umgangsregelung jedoch 67

---

162 Fallstudie bei *Lindner* ZKM 2008, 12.
163 Vgl. auch die einschlägigen Kommentierungen unter Teil 1 E.
164 *Masser/Engewald/Scharpf/Ziekow*, Die Entwicklung der Mediation in Deutschland. Bestandaufnahme nach 5 Jahren Mediationsgesetz, S. 246.
165 Siehe hierzu im Allgemeinen *Greger*, Mediation und Gerichtsverfahren in Sorge- und Umgangsrechtskonflikten – Pilotstudie zum Vergleich von Kosten und Folgekosten, S. 66.
166 Vgl. *Masser/Engewald/Scharpf/Ziekow*, Die Entwicklung der Mediation in Deutschland. Bestandaufnahme nach 5 Jahren Mediationsgesetz, S. 249.

dem Vorbehalt der gerichtlichen Billigung unter besonderer Gewichtung des Kindeswohls, vgl. § 156 Abs. 2 S. 2 FamFG.

68 Eine Ausnahme der vermittelnden Konfliktlösung muss selbstverständlich für **Fälle der konkreten Gefährdung des Kindeswohls** gelten. In diesen Fällen bleibt der Zugang zur Mediation nach § 36a FamFG gesperrt, vgl. § 1697a BGB.[167]

69 In Kindschaftssachen, die den Aufenthalt, das Umgangsrecht und die Herausgabe des Kindes sowie das Kindeswohl allgemein betreffen, kann das Gericht das Verfahren zur Durchführung einer Mediation oder eines anderen Verfahrens außergerichtlicher Konfliktbeilegung aussetzen und regelmäßig nach 3 Monaten wieder aufnehmen, wenn die Beteiligten keine einvernehmliche Regelung erzielen, § **155 Abs. 4 FamFG**. Insofern ist in dieser Norm ein *Mediation Window* (vgl. Teil 1 E. § 155 FamFG Rdn. 7 ff.) auch im staatlichen Gerichtsverfahren angelegt.

70 Stärker noch als in anderen Rechtsgebieten soll durch die Normen des Familienrechts sichergestellt werden, dass sich die Parteien mit der Möglichkeit der außergerichtlichen Konfliktbeilegung **ernsthaft befasst** haben. Sofern eine Partei an dem Informationsgespräch trotz richterlicher Anordnung nicht teilnimmt, kann diese Weigerung seitens des Gerichts nach §§ 80 Abs. 2 Nr. 5, 150 Abs. 4 S. 2 FamFG negativ in der Verfahrenskostenentscheidung berücksichtigt werden. Das Familienverfahrensrecht eröffnet dem Richter damit die Möglichkeit, die fehlende Kooperationsbereitschaft im Zusammenhang mit außergerichtlichen Streitbeilegungsversuchen **kostenrechtlich zu sanktionieren**. Dies gilt über § 150 Abs. 4 S. 2, Abs. 5 FamFG auch für das Verfahren in Scheidungs- und Folgesachen. In anderen Rechtsordnungen sind derartige Mechanismen auch im allgemeinen Zivilverfahren verbreitet und führen dort zu einer Steigerung der Effizienz der Streitbeilegung.[168]

3. Besondere Lösungsfreundlichkeit in der Praxis

71 Zur Scheidung der Ehe sind regelmäßig Entscheidungen bezüglich des Vermögens, des gemeinsamen Haushalts, der Unterhaltsverpflichtungen und der angesparten Versorgungsleistungen zwischen den Ehegatten sowie des Unterhalts und des Sorge- und Umgangsrechtes betreffend der gemeinsamen Kinder zu treffen.[169] Den Ehegatten steht bei der Lösungsfindung – innerhalb der Grenzen rechtlicher Mindestanforderungen – ein hohes Maß an **Privatautonomie** zu.[170] Nutzen die Parteien diese durch Abschluss einer Parteivereinbarung nicht aus, kommen die gesetzlichen Vorgaben zur Anwendung. Infolge der hohen Bedeutung der **Einzelfallgerechtigkeit** im Ehe- und Fami-

---

167 Hierzu vertiefend *Paul/Weber* in: *Klowait/Gläßer* (Hrsg.), Mediationsgesetz, S. 694 Rn. 6.
168 Für England siehe *Kotzur,* Die außergerichtliche Realisierung grenzüberschreitender Verbraucherforderungen: Eine rechtsvergleichende Untersuchung zur Bedeutung der Verbraucherschlichtung, S. 292 ff.
169 Umfassend *Strecker,* Versöhnliche Scheidung.
170 Vgl. z.B. BGH, Beschluss v. 29.1.2014 – XII ZB 303/13; BGH, Urt. v. 31.10.2012 – XII ZR 129/10; BGH, Urteil v. 11.2.2004 – XII ZR 265/02, sowie grundlegend: BVerfG, Beschluss v. 4.06.1985 – 1 BvL 7/85.

lienrecht als besonders grundrechtssensibler Materie sind die gesetzlichen Regelungen weitgehend offengehalten und enthalten zahlreiche Generalklauseln, sowie ausfüllungsbedürftige Rechtsbegriffe (z.B. die ›ehelichen Lebensverhältnisse‹ als Maß der Höhe von Trennungsunterhaltsansprüchen in § 1578 BGB). Nur so wird dem Richter ermöglicht, Einzelfallgerechtigkeit herzustellen. Aus Sicht der Parteien ist diese Art der Drittentscheidung häufig **intransparent und nicht vorhersehbar**.

Im Folgenden wird erörtert, wie die Parteien unter Einsatz mediativer Techniken sachgerechte und rechtssichere Lösungen in diesen Themenbereichen erzielen können. Gerade im Familienrecht sind **autonome Entscheidungen** Drittentscheidungen vorzuziehen, weil die Parteien ihre persönlichen Verhältnisse selbst am besten kennen und regeln können, wohingegen sich gerichtliche Interventionen der Natur der Sache nach oftmals auf Zahlungspflichten beschränken müssen. 72

a) Vermögensaufteilung

Die Vermögensverteilung im Fall einer Scheidung bestimmt sich in Deutschland – so die Ehegatten mangels abweichender Vereinbarungen im gesetzlichen Güterstand der Zugewinngemeinschaft nach § 1363 BGB leben – grundsätzlich nach dem Halbteilungsgrundsatz.[171] Jedem Ehegatten steht mithin die Hälfte des während der Ehezeit erwirtschafteten Vermögens abzüglich eingegangener Verbindlichkeiten zu, §§ 1373 ff. BGB. Dieses zumindest in der Theorie einfache Prinzip kann in der Praxis jedoch erhebliche Komplikationen mit sich bringen. Häufig bestehen Unklarheiten sowohl hinsichtlich der **Existenz** (z.B. Auslandskonten) als auch hinsichtlich der **Werthaltigkeit** (z.B. Gesellschaftsanteile, Kunstgegenstände, Immobilien) bestimmter Vermögensgegenstände. Auch besteht in der Rechtspraxis Streit darüber, ob bestimmte Positionen (beispielsweise ein amerikanischer Pensionssparplan) als **Vermögen oder im Rahmen des Versorgungsausgleichs** zu berücksichtigt sind.[172] Eine zusätzliche Unsicherheit liegt in der nicht selten genutzten Möglichkeit, gezielt vermögens- und unterhaltsmindernde **Verbindlichkeiten** einzugehen, z.B. die Kreditaufnahme.[173] Nicht zuletzt ist eine hälftige Teilung bestehender Vermögenswerte, die nicht Bargeld sind (sondern z.B. Immobilien oder Versicherungsanwartschaften) oftmals tatsächlich schwierig oder **unwirtschaftlich**. Insofern bietet das Mediationsverfahren nahezu unbegrenzte Möglichkeiten, einen **beidseitig interessengerechten und ökonomisch vorteilhaften Ausgleich** zu schaffen. Gestaltungsmöglichkeiten finden sich insbesondere in gestaffelten oder aufschiebend bedingte Zahlungen oder Immobilienüberschreibungen, zahlungsmindernd zu berücksichtigen Nutzungsrechten und weiteren Ausgestaltungsmöglichkeiten, die Kooperationen wertschöpfend berücksichtigen. 73

---

171 *Siebert* in: *Wendl/Dose* (Hrsg.), Das Unterhaltsrecht in der familienrechtlichen Praxis, § 4 Rn. 750 ff.
172 Vgl. u.a. OLG Frankfurt v. 22.03.2018 – 4 UF 31/17.
173 Wobei angestrebt ist, die Anwendung des § 1375 Abs. 2 BGB zu umgehen. Zum Problem einer etwaigen Doppelberücksichtigung siehe *Pichlmeier* NZFam 2014, 385 ff.

b) Aufteilung der Haushaltsgegenstände

74 Stärker noch als das Ehevermögen sind die in der gemeinsamen Ehewohnung belegenen Haushaltsgegenstände **oftmals emotional belegt**. Konflikte um Kunst, Klavier und Kinderbett können dabei entgegen jeder wirtschaftlicher Vernunft soweit gehen, dass einvernehmlich eingeleitete Scheidungsverfahren in die Streitigkeit umschwenken oder noch Jahre nach Auflösung der Ehe gerichtliche Verfahren zu Einzelgegenständen angestrengt werden, deren Betreibungskosten in einem offensichtlichen **Missverhältnis zu dem konkreten Streitwert** stehen.

Die mediative Auseinandersetzung über die Verteilung von Haushaltsgegenständen mag aus Sicht eines Mediators nicht besonders attraktiv erscheinen. Durch sie können jedoch potenzielle Eskalationsgefahren frühzeitig und umfassend gebannt und dergestalt langfristig hohe finanzielle und emotionale Kosten eingespart werden. Schließlich schont sie im Vergleich zur streitigen Auseinandersetzung auch noch die verbleibende familiäre Bande.

c) Ehegattenunterhalt

75 Ein häufiger Streitpunkt in Trennungs- und Scheidungskonstellationen ist die Leistung von Ehegattenunterhalt. Gestritten wird dabei sowohl für den Trennungsunterhalt (§ 1361 BGB) als auch für den hiervon sachlich zu unterscheidenden nachehelichem Unterhalt (§§ 1569 ff. BGB) über das grundsätzliche **Bestehen, die Höhe, Dauer und Durchsetzbarkeit von Ansprüchen**.

76 Mit Blick auf die Option der gerichtlichen Klärung stellen sich auch hier wieder zahlreiche Beweis- und Berechnungsprobleme. Gemäß §§ 1360, 1578 Abs. 1 BGB ist das Maß des Unterhalts grundsätzlich an die familienrechtlichen Verhältnisse bei wirtschaftlicher Betrachtung gebunden. Die Grundlage der Unterhaltsberechnung stellt das bereinigte Nettoeinkommen dar. **Uneinigkeit und Beweisschwierigkeiten** können sich zunächst hinsichtlich des anzusetzenden Wertes für das Einkommen ergeben. Schwierigkeiten entstehen hier beispielsweise für den Fall, dass Boni laut arbeitsvertraglicher Vereinbarung variabel erst zeitverzögert oder nur anteilig ausgezahlt werden können. Insbesondere bei Selbstständigen erregen plötzliche Vermögenseinbrüche den Argwohn der Gegenseite, die eine Vermögensverschleierung vermutet.

77 Ist der Grundwert ermittelt, können Unklarheiten dabei auftreten um welchen Wert das Einkommen vor dem Hintergrund von berufs-, gesundheits- oder altersvorsorge- und verbindlichkeitsbedingten Abzügen zu bereinigen ist.[174]

78 Wenn das bereinigte Nettoeinkommen erfolgreich ermittelt worden ist, besteht in der Rechtsprechung **keine einheitlich anerkannte Berechnungsmethode** für die Unterhaltshöhe. Zwischen Halbteilungsgrundsatz, Vermögensrückstellung und der prozentualen Berücksichtigung von Erwerbstätigenboni ist die konkrete Berechnung dem Tatrichter

---

[174] Im Detail: *Gerhardt* in: *Wendl/Dose*, Das Unterhaltsrecht in der familienrechtlichen Praxis, § 1 Rn. 1000 ff.

überlassen.[175] Auch sind zahlreiche Sonderkonstellationen, wie beispielsweise die Anrechnung von Wohnwerten oder die Einstellung von Unterhaltszahlungen bei Eingehen einer rechtlich unbestimmten neuen Lebenspartnerschaft zu berücksichtigen (vgl. § 1579 BGB). All diese Aspekte führen dazu, dass bei der gerichtlichen Bewertung für beide Seiten ein hohes Prozessrisiko besteht, das sich aufgrund der Erstreckung von Zahlungen über eine gewisse Dauer und die Volatilität der Lebensverhältnisse in Trennungs- und Scheidungskonstellationen auch nach einer abgeschlossenen Entscheidung stets aktualisieren kann.

Diesen Risiken kann im Rahmen einer Mediation mit anschließender notarieller oder vergleichsweiser Festlegung von Unterhaltstiteln zur Entlastung aller Beteiligten begegnet werden. Durch die Mediation können nachhaltige und maßgeschneiderte Lösungen gefunden werden, die etwaige **Abhängigkeits- und Bedrohungskonstellationen umgehen** und die **finanzielle Handlungsfreiheit** und **zukunftsbezogene Planungssicherheit** beider Parteien maximieren. Lösungen für den nachehelichen Unterhalt können das Vorsehen von Einmal- oder Mehrfachzahlungen nach Fristablauf, beispielsweise mit Rechtskraft der Scheidung, die Verbindung mit einer Vermögensaufteilung oder, in besonders gelagerten Konstellationen, auch den Verzicht umfassen. Auch in diesem Zusammenhang gilt wieder, dass die Parteien wegen ihrer besseren Kenntnis der persönlichen Verhältnisse mit höherer Wahrscheinlichkeit eine sachgerechte Regelung zu treffen in der Lage sind als dies eine dritte Instanz, beispielsweise ein Richter, könnte. 79

d) Elterliche Personensorge und Umgang

Die Umgangsverfahren vor staatlichen Institutionen bieten im Regelfall sachangemessene Lösungen zu bestehenden Problemlagen. Je nach behördlicher Verfügbarkeit können Lösungen jedoch teils nur **verzögert oder nur oberflächlich** gefunden werden. Sofern die vorgerichtlichen Mechanismen zu keiner einvernehmlichen Auflösung der Konfliktlage führen, werden im Rahmen des gerichtlichen Sorge- und Umgangsverfahrens erforderlicherweise auch die betroffenen Kinder angehört, vgl. § 159 FamFG. 80

Diese gerade durch Loyalitätskonflikte des Kindes geschürte, psychisch belastende Situation[176] kann durch eine, die Trennung und Scheidung begleitende, Umgangsmediation zwischen den Elternteilen vermieden werden. Im Rahmen des Mediationsverfahrens können Betreuungsregeln aufgestellt und flexible Betreuungspläne erarbeitet werden. Win-Lose-Situationen, wie beispielsweise der einseitigen Wahrnehmung von Geburts- oder Feiertagen durch nur ein Elternteil, kann effektiv entgegengewirkt werden. Eine Mediation schützt in diesen Fällen nicht nur die Kinder der Streitparteien, sondern legt auch den Grundstein für **ein erfolgreiches »Co-Parenting«**, insofern die Eltern im Rahmen des 81

---

175 Grundlegend: *Weber-Monecke* in: Mü-KoBGB, § 1361 Rn. 41 f; zu variierenden Quoten der Erwerbstätigenboni von 1/5 (vgl. BGH NJW 2007, 511) bis 1/10 (vgl, Ziffer 5.2 der Unterhaltsrechtlichen Leitlinien der Familiensenate in Süddeutschland (SüdL)), zum methodischen Ermessensspielraum des Tatrichters jüngst auch: BGH, Beschluss v. 15.11.2017 – XII ZB 503/16, Rn. 18 ff.
176 Vertiefend: *Dettenborn/Walter*, Familienrechtspsychologie, S. 107 ff.

Mediationsverfahrens Schritt für Schritt darin geschult werden, auf einer neuen Ebene zu kooperieren. Ihm kommt insofern auch langfristig eine **Deeskalationsfunktion** zu.

4. Chancen und Risiken der Mediation im Familienrecht

82 Zusätzliche Chancen bietet die Mediation im Familienrecht, insbesondere aus der in § 2 Abs. 3 S. 3 MediationsG verankerte Kompetenz des Mediators, **Einzelgespräche** zu führen. Insbesondere insofern diese Option im gerichtlichen Verfahren vor dem Hintergrund des Grundsatzes rechtlichen Gehörs (vgl. Art. 103 GG, Art. 6 EMRK, § 1042 ZPO) versperrt ist, bieten Einzelgespräche bei Konflikten im Familienrecht die Möglichkeit, die tatsächlichen Ziele und Interessen der im Konflikt befindlichen Parteien zu Tage zu bringen.[177] Je nach den Erforderlichkeiten des Einzelfalls können Einzelgespräche im Einvernehmen der Parteien vereinzelt oder gar so umfassend eingesetzt werden, dass der Mediator vermittelnd zwischen den Parteien hin- und herpendelt *(»shuttle diplomacy«)*.[178] Besonders gut kann auf diesem Wege solchen Konflikten begegnet werden, die auf persönlicher Ebene hochstreitig, bei sachlicher Betrachtung jedoch größtenteils interessenkongruent sind.

83 Das Bestehen gesetzliche Mindestanforderungen einerseits und das hohe Maß an Parteiautonomie bei der Lösungsfindung andererseits begünstigt den **Einsatz rechtlich besonders geschulter Mediatoren oder Vermittlungshelfer** im Familienrecht. Ausgehend von den rechtlichen Vorgaben an Trennung und Scheidung sind die **Konfliktgebiete bereits vorgehend abstrakt bestimmbar**; es ist für den Einzelfall nur zu ermitteln in welchen Gebieten die Parteien individuell Konfliktherde sehen. Die dahingehende Analyse kann ressourcenschonend durch den gezielten **Einsatz von Fragebögen** im Vorgang oder Beilauf zu der Mediation geschehen. Das Wissen über die Präferenzen der Parteien ermöglicht dem Mediator eine besonders zeit-, kosten- und parteiressourceneffiziente Verfahrensgestaltung.[179] Ein inhaltlicher Leitfaden für die Anfertigung themenspezifischer Fragebögen findet sich nachfolgend in Abschnitt 2. ee) dieses Beitrags.

84 Zur Findung tragfähiger Lösungen im Rahmen des Eherechts wird das Mediationsverfahren auch deshalb als sinnvoll erachtet, da die hier gefundenen Lösungen anschließend im Rahmen von Eheverträgen durch notarielle Beurkundung oder durch Abschluss eines gerichtlichen Vergleichs tituliert werden und im Hinblick auf etwaige Zahlungsansprüche **unmittelbar vollstreckbar** gestellt werden können.[180] Der materielle Interessenausgleich verbleibt somit, im gesetzlichen Rahmen, im Herrschaftsbereich der Parteien. Sofern ein nachträglicher Ehevertrag mit dem Ziel der Trennung und Scheidung wirksam vor dem Notar geschlossen wurde, kann anschließend **kostengünstig**

---

177 Vgl. die Kommentierung unter Teil 1 C. § 2 MediationsG Rdn. 97 ff.
178 *Gläßer* in: *Klowait/Gläßer* (Hrsg.), Mediationsgesetz, § 2 MediationsG Rn. 140.
179 Dies gilt umsomehr bei der Durchführung von Kurzzeitmediationen, vgl. grundlegend hierzu die Ausführungen unter Teil 5 D. 2.
180 Die Erforderlichkeit der notariellen Beurkundung ergibt sich z.B. für die Gütertrennung aus §§ 1408, 1410 BGB oder für die Zahlung von Unterhaltsleistungen aus § 1585c BGB.

ein einziger anwaltlicher Vertreter einseitig beauftragt werden das gerichtliche Scheidungsverfahren formell zu begleiten, vgl. §§ 114 Abs. 1, 4 Nr. 3 FamFG.[181]

Die **Grenzen zwischen rechtlicher Beratung und Mediation** können in der Praxis insbesondere bei der anwaltlichen Erstellung von Trennungs- und Scheidungsvereinbarungen zu Problemen führen, von denen zwei wichtige Problemkonstellationen nachfolgend ausgeführt werden: 85

a) Der Mythos des ›gemeinsamen Anwalts‹

Probleme können entstehen, wenn der für das Verfahren ausgewählte anwaltliche Vertreter als ›gemeinsamer Anwalt‹ auch damit beauftragt sein soll, die Parteien bei der **Abfassung einer beidseitig interessengerechten und rechtssicheren Trennungs- und Scheidungsvereinbarung** zu unterstützen. Diese Konstellation tritt häufig in oberflächlich gütlichen Trennungs- bzw. Scheidungskonstellationen auf, in denen die Parteien ein kostengünstiges Vorgehen priorisieren. 86

In der Praxis wird in der ersten Beratungssitzung nur die beauftragende Partei den Anwalt aufsuchen, in den anschließenden Sitzungen kommen dann beide Parteien zu Wort. Nach § 43 Abs. 4 BRAO ist auch im einvernehmlichen Scheidungsverfahren ein einzelner Anwalt **regelmäßig nicht dazu ermächtigt, als Interessenvertreter beider Parteien aufzutreten und beidseitig umfassend rechtlich zu beraten.** 87

Der Mythos des gemeinsamen Anwalts, der vor Hintergrund der Kostenersparnis und der Prozessnorm des § 114 Abs. 1, 4 Nr. 3 FamFG im Rahmen zahlreicher Werbeanzeigen geschürt wird, widerspricht in den üblichen Konstellationen einer tatsächlich interessengerechten Konfliktlösung.[182] So ist in der beschriebenen Konstellation der Anwalt nur der ihn beauftragenden Partei verpflichtet. Solange die Interessen der Parteien deckungsgleich sind, mögen sich bei dem Entwurf rechtlicher Vereinbarungen keine Schwierigkeiten ergeben. Oberflächlich mag gar das Bild einer Interessenvermittlung nach mediativen Ansätzen gegeben sein, da der Anwalt für die ihn beauftragende Partei subtil verhandelnd auftreten darf.

Im **Eskalationsfall** ist aber zu berücksichtigen, dass der Rechtsanwalt der einen Partei der anderen Partei in keinerlei Hinsicht verpflichtet ist: eingereichte Dokumente, beispielsweise über Vermögenswerte oder Einkommenspositionen, können im streitigen Verfahren uneingeschränkt verwendet werden, eine Schweige- oder Rücksichtnahmepflicht gegenüber der anderen Partei ist rechtlich nicht verankert. 88

Öfter noch als die offene Eskalation wird die beauftragende Partei die Aufnahme von Bestimmungen anstreben, die nicht im Interesse des anderen Ehegatten stehen. Diesem gegenüber treffen den Einzelanwalt jedoch **keinerlei Aufklärungspflichten.** Insofern 89

---

181 *Schmitz-Vornmoor* in: *Klowait/Gläßer* (Hrsg.), Mediationsgesetz, S. 860 f. Rn. 49 f.
182 Eine in der Praxis seltene Ausnahme stellt der Fall dar, dass zwischen den Parteien keinerlei Unstimmigkeiten bestehen. Hiervon ist jedoch dann schon nicht auszugehen, wenn die Bewertung einer Vermögensposition unklar oder die Höhe oder Dauer von Unterhaltsansprüchen strittig ist.

die Vereinbarung sodann unbesehen zur Beurkundung weitergereicht wird, ist für den Notar in der Praxis regelmäßig nicht ersichtlich, dass bestehende rechtliche Asymmetrien einseitig unbeabsichtigt sind. Im Zweifel wird die benachteiligte Partei die rechtlichen Risiken auch auf Nachfrage hin nicht konkret erkennen können.

Der ›gemeinsame Anwalt‹ stellt mithin nur in solchen Situationen eine valide Option dar in denen sämtliche Fragestellungen durch die Parteien änderungsfest besprochen worden sind oder eine einschlägige juristische Vorbildung der nichtvertretenen Partei gegeben ist.

b) Probleme des Anwaltsmediators

90 Anders als der ›gemeinsame Anwalt‹ wird der Anwaltsmediator nicht einseitig von einer Partei beauftragt, sondern soll als Mediator im Interesse beider Parteien zwischen diesen vermitteln. Es ist ihm gerade versagt, im anschließenden Verfahren, wenn auch nur formell, einseitig beauftragt zu werden. Probleme ergeben sich in der Konstellation jedoch, wenn Parteien bewusst einen Anwalt als Mediator auswählen, damit dieser – befähigt durch seine rechtlichen Kenntnisse – im Rahmen der Mediation auf die **relativ rechtssicherste Lösung** hinweisen und hinwirken kann. Denn: Hier ist die Grenze zwischen der erlaubten allgemeinen rechtlichen Beratung (*»Was sind die Voraussetzungen der einvernehmlichen Scheidung?«*) und dem verbotenem konkreten Rechtsrat (*»Ist diese Vermögensposition in den Zugewinnausgleich einzubeziehen?«*) für Laien oftmals nicht nachvollziehbar, vgl. § 43a Abs. 4 BRAO. Ist es dem Anwaltsmediator versagt, konkrete Aussagen zu treffen, so haben die Parteien regelmäßig **zusätzlich juristischen Rat** einzuholen.

Hiermit wird auch der Vorgabe des § 2 Abs. 6 S. 1 MediationsG Rechnung getragen, dass die Mediationsvereinbarung durch die Parteien in Kenntnis der Sachlage und im Verständnis ihres Inhalts zu treffen ist. Insofern in trennungs- und scheidungsrechtlichen Konstellationen häufig **Informationsgefälle** auftreten[183], werden mithin bei regelkonformem Verhalten seitens Anwaltsmediators regelmäßig weitere Kostenposition aufgerufen, die die Parteien durch die Beauftragung eines rechtskundigen Mediators regelmäßig umgehen wollten. Auch kann die Einschaltung von Anwälten auf beiden Seiten, wie sie in Wirtschaftsmediationen üblich ist, in familienrechtlichen Konstellationen zusätzlich konflikterhärtend wirken. Anders als in Unternehmensstreitigkeiten bestehen, vor dem Hintergrund der breitflächigen Abrechnung nach dem RVG oftmals **finanzielle Anreize**, eine Einigung erst vor Gericht zu erzielen.[184] Hiermit wären die Zwecke der Mediation jedoch endgültig ausgehöhlt.

---

183 *Gläßer* in: *Klowait/Gläßer* (Hrsg.), Mediationsgesetz, § 2 MediationsG Rn. 166.
184 Zu den weiteren Risiken siehe vertiefend: *Gläßer* in: *Klowait/Gläßer* (Hrsg.), Mediationsgesetz, § 2 MediationsG Rn. 173. Relativierend ist zu berücksichtigen, dass die dargestellten Anreize mit dem Abschluss von Honorarvereinbarungen sinken, welche vor dem Hintergrund der regelmäßig mangelnden Kostenübernahme durch Rechtsschutzversicherungen im Familienrecht eine valide Option darstellen.

c) Auflösung der Problemlage

Insgesamt ist darauf zu achten, dass Anwaltsmediatoren sich nicht darauf einlassen, das Versprechen abzugeben, auf eigene Faust eine möglichst rechtssichere Mediationsvereinbarung zu entwerfen oder, andersherum, beim Entwurf durch einen Anwalt als Parteivertreter auf die Möglichkeit der anderen Partei hingewirkt wird, Rechtsrat einzuholen. Ist diese Voraussetzung erfüllt, kann der parteivertretende Anwalt durch den Einsatz mediativer Techniken durchaus auch zu einer effektiven Konfliktlösung beitragen. 91

Die Aufgabe der rechtlichen Prüfung, Beratung und Entwurfsgestaltung von rechtsförmigen Vereinbarungen kann jedoch nicht nur Rechtsanwälten, sondern – tatsächlich **kostensparend** – auch dem oftmals zwingend befassten **Notar** (vgl. §§ 1408, 1410, 1585c BGB, § 7 VersAusglG) zukommen. Zumal sein Tätigkeitwerden dem Mediationsverfahren in der Praxis regelmäßig nachgeschaltet ist (vgl. § 15 BeUrkG), wird diese Option von den Parteien jedoch bislang nur selten bedacht.[185] 92

Vor dem Hintergrund der erläuterten Problematik kann es zumindest für vollstreckbare Positionen – mithin Streitgegenstände außerhalb der elterlichen Sorge und des Umgangs – durchaus sinnvoll sein, das **Mediationsverfahren beim Notar** selbst wahrzunehmen. Vorteilhaft ist dies um so mehr, insofern auch immobilien-, erb- oder gesellschaftliche Regelungen betroffen sind.

Der Notar ist bereits von Berufs wegen unparteiischer Betreuer aller Beteiligten (§ 14 BNotO), zur Verschwiegenheit und Vertraulichkeit verpflichtet (§ 18 BNotO). Als Experte für interessengerechte und zukunftsgerichtete Vertragsgestaltung ist ihm gemäß § 17 BeUrkG aufgetragen, den Willen der Beteiligten zu erforschen, den Sachverhalt aufzuklären, die Beteiligten über die rechtliche Tragweite des Geschäfts zu belehren und ihre Erklärungen klar und unzweideutig in der Niederschrift wiedergeben. Dabei hat er darauf zu achten, dass Irrtümer und Zweifel vermieden sowie unerfahrene und ungewandte Beteiligte nicht benachteiligt werden. Insofern ähnelt seine Position der des Mediators, geht aber kompetenziell weit über diese hinaus.[186] 93

Über den Abschluss von Vereinbarungen beim Notar werden nicht nur **doppelte Gebühren für die Vertragsgestaltung eingespart**, sondern auch etwaigen Formprobleme, beispielsweise bei der Vereinbarung von Vermögensfolgen, vermieden. In der Praxis kann sich diese Vergünstigung auf Parteienseite jedoch in einem **mangelnden Gestaltungs- und Verhandlungsinteresse des Notars** niederschlagen. Auch kann die **notarielle Ver-** 94

---

185 Zum notariellen Fokus auf den Beurkundungsauftrag und den Hintergründen auch: *Schmitz-Vornmoor/Vornmoor* ZKM 2012, 51, 53; wenngleich in bestimmten Kreisen erhöhte Sensibilität für diese Problematik besteht, s. *Schmitz-Vornmoor* in: *Klowait/Gläßer* (Hrsg.), Mediationsgesetz, S. 860 f. Rn. 49 ff.
186 Zum Vergleich zwischen Notar und Mediator, s. auch: *Schmitz-Vornmoor* in: *Klowait/Gläßer* (Hrsg.), Mediationsgesetz, S. 846 f. Rn. 3 ff.

pflichtung zur Neutralität den Beratungsspielraum einschränken.[187] Hierdurch besteht wiederum Raum für die anwaltliche Beratung.

5. Hinweise für die Praxis

95 Bei Mediationen im Familienrecht ist die vorbereitende oder begleitende Arbeit mit Fragebögen besonders gut geeignet, den oftmals mehrschichtigen Konflikt effektiv zu durchdringen. Durch die strukturierte Erhebung von Informationen bei den Streitparteien können Konflikte zügiger, umfassender und dadurch insbesondere auch rechtssicherer aufgelöst werden. Eine Übersicht über zentrale Themen in Familienmediationen mit Trennungs- und Scheidungskontext und ihre schrittweise Auflösung und Berücksichtigung vor, während und nach der Mediationssitzung bietet die nachfolgende Grafik.

Zeiteffiziente und zielgenaue Lösungsfindung/-sicherung durch kombinierten Einsatz vorbereitender Fragebögen

EINLEITUNGSPHASE: Verfahrensoptimierung durch einführenden Fragebogen

- Von den Parteien vor/in der ersten Sitzung gesondert auszufüllen und einzureichen
- Dient der zielführenden Verfahrensausgestaltung durch den Mediator
- Frageumfang:
  - Relevante persönliche Daten
  - Vorerfahrung mit Mediationen und Erwartungshaltung
  - Inhaltliche Prioritäten (Ziel-und Risikobereiche)
    - Zielbereiche werden verfahrensfördernd vorangestellt
    - Risikobereiche erfordern verfahrenstaktisches Vorgehen (Indikator z.B. für Einzelgespräche)
  - Umfang bereits bestehender Regelungen (informell/formell)
  - Zeitliche Limitationen (e.g. durch berufliche oder Wohnortveränderungen)

MEDIATIONSVERFAHREN: Effiziente Lösungsfindung durch standardisierte Konfliktfragebögen

- **PHASE 1:** Erarbeitung der typisierten Konfliktbereiche
  - Interne Erarbeitung: Vorbereitung anhand themengebundener Fragebögen
  - Externe Erarbeitung: Geführte Erörterung der Positionen in der Sitzung
    - Ziel der ersten Erörterung: Abstecken von Lösungskorridoren
    - Nicht bereits erforderlich: abschließende Lösung
- **PHASE 2:** Verbindung von Konfliktbereichen zu einer Gesamtlösung
  - Beispiel: "Verzicht auf Zugewinnausgleich und Versorgungsausgleich, dafür: Zahlung einer Gesamtsumme von 80.000€ in drei Raten, fällig am 01.01.2020, 01.01.2021 und 01.01. 2022 "

---

187 Hierzu vertiefend: *Bohnenkamp*, Unparteilichkeit des Notars bei Tätigkeiten nach § 24 Abs. 1 BNotO? (2003).

ZUGEWINNAUSGLEICH

- SCHRITT 1: Ehe- oder Individualvermögen?
- SCHRITT 2: Rechnerische vs. interessengerechte Aufteilung?
- SCHRITT 3: Erarbeitung von Transferbedingungen

TRENNUNGSUNTERHALT

- SCHRITT 1: Bedarfsermittlung
  - Detaillierter Fragebogen zur Bedarfsabfrage (vorbereitende Selbstprüfung)
- SCHRITT 2: Rechnerische Leistungsobliegenheiten vs. interessengerechte Leistungserbringung
- SCHRITT 3: Erarbeitung situationsangepasster Leistungsoptionen

KINDESUNTERHALT

- SCHRITT 1: Bedarfsermittlung
  - Detaillierter Fragebogen zur Bedarfsabfrage (vorbereitende Selbstprüfung)
- SCHRITT 2: Gesetzliche Leistungspflichten vs. übersteigender Bedarf
- SCHRITT 3: Einbindung interessengerechter Leistungsoptionen

NACHEHELICHER UNTERHALT

- SCHRITT 1: Bedarfsermittlung
  - Detaillierter Fragebogen zur Bedarfsabfrage (vorbereitende Selbstprüfung)
- SCHRITT 2: Rechnerische Leistungsobliegenheiten vs. interessengerechte Leistungserbringung
- SCHRITT 3: Leistungsoptionen: (bedingter) Verzicht, Einmal-/Dauerzahlung

ELTERLICHE SORGE UND UMGANG

- SCHRITT 1: Einigkeit über Sorgerecht
  - Wenn (-): Ausklammern aus Mediationsverfahren
- SCHRITT 2: Umgangsplanung
  - Betreuungszeiten
    - Schulwochen
    - Ferienwochen
    - Feier-/Geburtstage
  - Betreuungsregeln
    - u.A. Ermächtigung zu Alltagsgeschäften?

VERSORGUNGSAUSGLEICH

- SCHRITT 1: Ehe- oder Individualanrechte?
- SCHRITT 2: Verzicht bzw. Ausgleichszahlung gewünscht?
  - Transferkonditionen ermitteln
- SCHRITT 3: Interessengerechte Aufteilung einzelner Positionen (ibs. ausländische Anrechte) oder gesetzliche Aufteilung durch das Scheidungsgericht?

HAUSHALTSGEGENSTÄNDE

- SCHRITT 1: Präferenzen der Parteien ermitteln
  - Vorbereitende Selbstprüfung
- SCHRITT 2: Interessengerechte Aufteilung möglich?
- SCHRITT 3: Höhe etwaiger Ausgleichszahlungen?

SONDERPOSITION: ABLAUF & KOSTEN

- SCHRITT 1: Präferenzen der Parteien ermitteln
  - Vorbereitende Selbstprüfung
- SCHRITT 2: Interessengerechte Ablaufplanung/Kostenverteilung als Verhandlungspositionen
  - Trennungsmodalitäten
  - Einvernehmlichkeit der Scheidung
  - Kostentragung durch initiierende Partei

> **LÖSUNGSSICHERUNG: Durch Vertrag und mediative Ablaufbegleitung**
>
> - Notarielle Beurkundung der Mediationsvereinbarung in Form einer Trennungs- und Scheidungsfolgenvereinbarung
>   - (!) Einfügung einer **Mediationsklausel** für hieraus erwachsende Konflikte
>   - (!) Bei erheblichem **Zeitablauf** nach Abschluss und vor Scheidungsverfahren: Materielle Aktualisierung (durch Mediation) ggf. erforderlich
> - Mediative Begleitung der Betreuungsplanung für gemeinsame Kinder in Trennungs-, teils auch nachehelicher Anfangsphase

V. Arbeitsrecht

96 Grundsätzlich bestehen auch im Arbeitsrecht **vielfältige Konfliktpotenziale**, die eine Eignung arbeitsrechtlicher Streitigkeiten für die Mediation nahelegen. Streitigkeiten können in allen Phasen eines Arbeitsverhältnisses entstehen.

97 Im Zusammenhang mit der **Begründung eines Arbeitsverhältnisses** kann die Frage relevant werden, ob ein Arbeitsverhältnis wegen Diskriminierung nicht zustande gekommen ist und der verhinderte Arbeitnehmer deshalb einen Anspruch auf Schadensersatz hat.[188]

98 **Innerhalb eines bestehenden Arbeitsverhältnisses** sind vielfältige Konflikte denkbar, die insbesondere aufgrund vermeintlicher Pflichtverstöße des Arbeitnehmers (Berechtigung einer Abmahnung etc.) oder des Arbeitgebers (Mobbing, sexuelle Belästigung am Arbeitsplatz, etc.) entstehen können.[189] Aber auch sonstige Interessengegensätze zwischen der Belegschaft (bzw. ihren Vertretungsorganen) und dem Arbeitgeber können den Gegenstand eines Mediationsverfahrens bilden.[190] Ein klassisches Anwendungsbeispiel für Mediationen bieten die Auseinandersetzungen zwischen Betriebsrat und Unternehmensleitung[191], die hohes Potenzial für wirtschaftliche und unternehmerische Schadensvermeidung bieten, zugleich jedoch oftmals von einem gesteigerten Eskalationsgrad und Repräsentationsdruck geprägt sind.[192] Konflikte ergeben sich überdies regelmäßig im Anschluss an interne Umstrukturierungsmaßnahmen.[193] Auch über das Bestehen und die Auszahlung von Vergütungsansprüchen kann Streit entbrennen.[194]

---

188 *Prütting* in: *Haft/von Schlieffen* (Hrsg.), Handbuch Mediation, § 33 Rn. 45.
189 *Prütting* in: *Haft/von Schlieffen* (Hrsg.), Handbuch Mediation, § 33 Rn. 46.
190 Siehe Fallbericht bei *Schmidt* ZKM 2006, 90 ff.; vgl. ebenso Fallbericht von *Ripke/Trocha* ZKM 2011, 124 ff.
191 Siehe hierzu auch: *Thomas* in: *Klowait/Gläßer* (Hrsg.), Mediationsgesetz, §§ 54, 54a ArbGG Rn. 27 ff.
192 *Klowait* in: *Klowait/Gläßer* (Hrsg.), Mediationsgesetz, S. 616 f. Rn. 11 ff.
193 *Lukas* in: *Klowait/Gläßer* (Hrsg.), Mediationsgesetz, S. 637 f. Rn. 13.
194 Siehe die Praxisbeispiele bei *Lukas* in: *Klowait/Gläßer* (Hrsg.), Mediationsgesetz, S. 639 f. Rn. 15 ff.

G. Anwendungsbereiche der Mediation: Zivilrecht **Teil 5**

Der **Einsatz von Ombudsmännern** gewinnt im Arbeitsrecht Bedeutung insbesondere 99
im Hinblick auf Compliancefragen. Im Rahmen jüngerer Whistleblowing-Skandale
soll über den Einsatz von Ombudsmännern die Möglichkeit geschaffen werden, Fehlverhalten zu Tage zu bringen ohne hierfür über die Presse die Macht der Öffentlichkeit
zu nutzen. Arbeitnehmer können deshalb anonym Eingaben tätigen.[195] Aber auch
klassische Schlichtungsaufgaben in allen dispositiven Bereichen des Arbeitsrechts können durch Ombudsmänner oder von sonstigen innerbetrieblichen Schlichtungsstellen
übernommen werden.

Besondere Bedeutung hat die Möglichkeit außergerichtlicher Konfliktbeilegung auch 100
im **Tarifvertragsrecht**. So bestehen zwischen den Gewerkschaften und Interessenverbänden teils schon im Voraus abgestimmte Schlichtungskommissionen, denen die
Aufgabe zukommt, im Streikfall einen Ausgleich zwischen den Interessen der Beteiligten zu finden.

Im innerbetrieblichen Kontext ist unter dem Begriff »Konfliktmanagement« die Praxis 101
bekannt, sogenannte **Konfliktmanagementsysteme**[196] einzurichten, die eine Beilegung
von innerbetrieblichen Konflikten unter Anwendung von Mediation oder zumindest
von mediativen Techniken ermöglichen soll. Auch hier werden verschiedene Phasen
unterschieden, die von der Konflikterkennung über die Einschaltung von internen
Konflikthelfern oder Mediatoren, sowie über die Einschaltung einer Beschwerde- bzw.
Einigungsstelle hin zu einer gerichtlichen Auseinandersetzung vor dem Arbeitsgericht
reichen.[197] Ziel ist es jedoch immer, die Eskalation zu vermeiden und den Konflikt auf
einer möglichst niedrigen Stufe beizulegen.[198]

In dem Kontext der **Beendigung von Arbeitsverhältnissen** sind die Fragen des Kün- 102
digungsschutzes und die Folgefragen einer Beendigung des Arbeitsverhältnisses (z. B.
Zeugniserteilung, Abgeltung des Urlaubsanspruches etc.) zu bedenken.[199] Insbesondere
der Umstand, dass Kündigungsschutzstreitigkeiten auch in Verfahren, die gerichtlich
geklärt werden sollen, mit einem Abfindungsvergleich beigelegt werden, legt die generelle Eignung der Mediation für derartige Streitigkeiten nahe.[200]

Die **kurzen Fristen im Kündigungsschutzprozess** und die vergleichsweise geringen 103
Verfahrenskosten im arbeitsgerichtlichen Prozess sind als Gründe dafür identifiziert

---

195 Vgl. zur Entwicklung von Hinweisgebersystemen auf Grundlage des amerikanischen
 Modells auch: *Gerdemann*, Transatlantic Whistleblowing: Rechtliche Entwicklung, Funktionsweise und *status quo* des Whistleblowing in den USA und seine Bedeutung für
 Deutschland.
196 Siehe hierzu *Dendorfer-Ditges/Ponschab* in: Moll (Hrsg.), Münchener Anwaltshandbuch
 Arbeitsrecht, § 82 Rn. 322 ff.
197 *Dendorfer-Ditges/Ponschab* in: Moll (Hrsg.) Münchener Anwaltshandbuch Arbeitsrecht,
 § 82 Rn. 329 ff.
198 Vgl. *Dendorfer-Ditges/Ponschab* in: Moll (Hrsg.) Münchener Anwaltshandbuch Arbeitsrecht, § 82 Rn. 322 ff.
199 *Prütting* in: *Haft/von Schlieffen* (Hrsg.), Handbuch Mediation, § 33 Rn. 47 ff.
200 *Prütting* in: *Haft/von Schlieffen* (Hrsg.), Handbuch Mediation, § 33 Rn. 51.

worden, dass die Mediation in arbeitsrechtlichen Streitigkeiten offensichtlich noch keine nennenswerte Verbreitung erfahren hat.[201] Ein besonderer Konfliktlösungsmechanismus findet sich auch in § 54 ArbGG, welcher das arbeitsrechtliche Güteverfahren ausgestaltet und über welchen insbesondere Kündigungsschutzklagen in der Praxis erfolgreich verglichen werden.[202] Tatsächlich beziehen sich die hier zitierten positiven Erfahrungsberichte vornehmlich generellere Konflikte zwischen der Belegschaft und dem Arbeitgeber. Vor diesem Hintergrund ist nachvollziehbar, dass in der Literatur eine Chance der Mediation in diesem Rechtsbereich lange Zeit vor allem bei der Entwicklung von innerbetrieblichen Konfliktmanagementmechanismen gesehen wurde.[203]

104 Über das MediationsförderungsG wurde mit § 54a ArbGG jedoch eine mit § 278a ZPO wortlautgleiche Norm in das Arbeitsrechtsverfahren eingefügt. Über § 46 Abs. 2 ArbGG, 495 ZPO findet überdies die Soll-Bestimmung des § 253 Abs. 3 Nr. 1 ZPO zur Klageschrift Anwendung. Somit werden vor als auch nach Einleitung eines gerichtlichen Verfahrens außergerichtliche Mediationen befördert.[204] Interessant ist insofern, dass die Sperrung einer Partei gegen eine außergerichtliche Mediation seitens des Gerichtes beispielsweise bei der Berechnung von Abfindungssummen oder bei der Zulässigkeit von Druckkündigungen negativ gewertet wurde.[205]

Für vorgerichtliche Mediationen beachtenswert ist jedoch, dass ihre Einleitung nicht die verkürzten **arbeitsrechtlichen Klagefristen** hemmen kann. Insofern bleibt erforderlich, dass Parteien ihre Ansprüche zur Absicherung noch während der laufenden Mediation auf dem Klagewege geltend machen.[206]

VI. Nachbarrecht

105 Das Nachbarrecht soll die sinnvolle Nutzung von benachbarten Grundstücken ermöglichen und stellt insoweit einen **Ausgleich zwischen** den – zunächst anscheinend unbeschränkten – **Eigentumsrechten** der Nachbarn dar.[207]

106 **Konkrete Streitgegenstände** sind z. B.:[208]
– Streitigkeiten über Immissionen (z. B. Lärm durch Hundegebell[209]),

---

201 *Prütting* in: *Haft/von Schlieffen* (Hrsg.), Handbuch Mediation, § 33 Rn. 47, 52.
202 Siehe *Steiner* in: *Eidenmüller/Wagner* (Hrsg.), Mediationsrecht, S. 286.
203 Siehe näher dazu *Budde* in: *Henssler/Koch* (Hrsg.), Mediation in der Anwaltspraxis, § 19 Rn. 47 ff.
204 Zur Förderung alternativer Konfliktlösungsmechanismen im Instanzenzug siehe auch die Kommentierungen unter Teil 1 F. § 64 ArbGG, § 87 ArbGG.
205 Siehe vertiefend *Thomas* in: *Klowait/Gläßer* (Hrsg.), Mediationsgesetz, §§ 54, 54a ArbGG Rn. 22 ff.
206 Hierzu *Thomas* in: *Klowait/Gläßer* (Hrsg.), Mediationsgesetz, §§ 54, 54a ArbGG Rn. 30.
207 Siehe ausführlich hierzu *Grziwotz* in: *von Schlieffen/Wegmann* (Hrsg.), Mediation in der notariellen Praxis, S. 264 ff.
208 *Grziwotz* in: *von Schlieffen/Wegmann* (Hrsg.), Mediation in der notariellen Praxis, S. 264.
209 Siehe Fallstudie bei *Marx/Prell* ZKM 2006, 59, 61 f.

– Vertiefung eines der Grundstücke mit gefährdender Wirkung für das Nachbargrundstück,
– Errichtung von Bauten über die Grundstücksgrenze hinaus,
– Streitigkeiten über den Grundstückszugang und die Nutzung von Gemeinschaftsflächen.[210]

Das Nachbarrecht ist als ein **besonders typischer Konfliktbereich** beschrieben worden, in welchem es nur vordergründig um rechtliche Fragen geht und in der Hauptsache um einen eskalierten Streit auf der Beziehungsebene.[211] Obwohl teilweise der vordergründige Streit klar durch Rechtsnormen (z. B. Abstandsregeln) geklärt werden kann, wird beobachtet, dass sich die Fortführung des Nachbarkonfliktes in diesen Fällen sodann auf das nächste Thema verlagert.[212] Im Ergebnis ist eine Mediation einer nachbarrechtlichen Streitigkeit insbesondere dann sinnvoll, wenn die Fronten noch nicht so verhärtet und die vordergründigen Konflikte noch nicht so zahlreich sind, dass eine Einigung bereits anfänglich ausgeschlossen erscheint.[213]

107

Bei nachbarrechtlichen Streitigkeiten ist allgemein zu berücksichtigen, dass gem. § 15a EGZPO in Verbindung mit einschlägigen **Landesgesetzen** ein Einigungsversuch vor der **Gütestelle** erforderlich sein kann, bevor der Rechtsweg zu den staatlichen Gerichten eröffnet ist.

108

Für die Mediation im Nachbarrecht spricht insbesondere der häufig geringe Streitwert, der auch den Gesetzgeber zur Einführung des § 15a EGZPO motiviert hat. Eine prozessökonomische und streitwertangemessene vollständige rechtliche Aufarbeitung des Konflikts erscheint daher häufig schwierig. Ein Mediationsverfahren, das in einer Sitzung ohne vorbereitende Schriftsätze durchgeführt werden kann, kommt hier wahrscheinlich eher zum Ziel.

VII. Mietrecht

Das Mietrecht, also die Rechtsbeziehung zwischen dem Mieter und dem Vermieter,[214] ist insbesondere in Wohnraumfällen zu einem **sozialen Schutzrecht** des Mieters ausgestaltet. In der Folge können Konflikte zwischen Mieter und Vermieter für den Vermieter im Regelfall keinen Anlass dafür bieten, das Mietverhältnis ordentlich zu kündigen. Stattdessen muss der Vermieter auch bei Streitigkeiten mit dem Mieter das Mietverhältnis fortsetzen. Ausnahmen gelten nur für den Fall, dass sich der Mieter erheblich vertragswidrig verhält oder dass ein sonstiges berechtigtes Interesse des Vermieters an der Beendigung des Vertragsverhältnisses besteht. Allein diese Fortdauer des Mietverhältnisses als Dauerschuldverhältnis trotz möglicherweise

109

---

210 Zu letzterem Fallstudie bei *Marx/Prell* ZKM 2006, 59, 62.
211 *Schmidt*, ZWE 2009, 432, 433 f.; *Grziwotz* in: *von Schlieffen/Wegmann* (Hrsg.), Mediation in der notariellen Praxis, S. 264 f.
212 *Grziwotz* in: *von Schlieffen/Wegmann* (Hrsg.), Mediation in der notariellen Praxis, S. 265.
213 *Kleinrahm* in: *Henssler/Koch* (Hrsg.), Mediation in der Anwaltspraxis, § 17 Rn. 110.
214 Konflikte zwischen Mietern untereinander sind Nachbarstreitigkeiten, s. oben Rn. 105 ff.

bestehender interpersoneller Konflikte zeigt das Potenzial des Mietrechts für die Mediation auf.[215]

Überdies waren im Jahre 2017 22,9% der vor den Amtsgerichten erledigten Verfahren mit Mietsachen befasst.[216]

110 Als **typische Konfliktfelder** finden sich folgende nach Relevanz[217] geordnete Themenbereiche:
- Streitigkeiten über Vertragsverletzungen während des Mietverhältnisses, insbesondere das Vorliegen von Mietmängeln und die Höhe des Mietzinses
- Uneinigkeit über die Abrechnung von Betriebskosten
- Konflikte über etwaige Mieterhöhungen
- Streitigkeiten im Hinblick auf die (Rück-)Leistung von Mietkautionen
- Anmeldung von Eigenbedarf
- Fristlose Kündigungen
- Modernisierungsmaßnahmen
- Ordentliche Kündigungen
- Schönheitsreparaturen.

111 Wie immer wird auch in mietrechtlichen Streitigkeiten nur im **konkreten Fall** entschieden werden können, ob ein Konflikt sinnvoll in der Mediation geregelt werden kann. Ist der Interessengegensatz offensichtlich (z. B. weil der Mieter in der Wohnung bleiben möchte, der Vermieter aber die Wohnung zurückerhalten möchte) oder sind Fragen der Höhe der ortsüblichen Vergleichsmiete bzw. des Vorliegens eines Mangels streitig, kann eine Mediation im Einzelfall wenig erfolgversprechend sein.[218] Kein Argument gegen eine Mediation stellt indes eine etwaig bestehende übermäßige **Verhandlungsmacht** des Vermieters dar.[219] Wenn überhaupt, hat sich das Machtverhältnis durch das Maß an mieterschützenden Regelungen und Gerichtsentscheidungen in den letzten Jahrzehnten in den Bereichen der Schönheitsreparaturen, Betriebskostenabrech-

---

215 Zum Ganzen unter dem Gesichtspunkt der Eignung der Mediation für Mietkonflikte trotz eines vermeintlichen Machtungleichgewichts zwischen Mieter und Vermieter s. *Kleinrahm* in: *Henssler/Koch* (Hrsg.), Mediation in der Anwaltspraxis, § 17 Rn. 29 ff.
216 Statistisches Bundesamt, Fachserie 10/Reihe 2.1, Rechtspflege Zivilgerichte, 2018, S. 22, zu beziehen über https://www.destatis.de/DE/Themen/Staat/Justiz-Rechtspflege/Publikationen/Downloads-Gerichte/zivilgerichte-2100210187004.pdf?__blob=publicationFile (Datum des Zugriffs: 28.10. 2019).
217 Beruhend auf den Statistiken der Rechtsschutzversicherung des Deutschen Mieterschutzbundes, online abrufbar auf der Website des Mieterschutzbundes unter: https://www.mieterbund.de/presse/pressemeldung-detailansicht/article/50342-unveraendert-hoch-1-million-dmb-rechtsberatungen-im-jahr.html (Datum des Zugriffs: 28.10.2019).
218 Ausführliche Diskussion der Eignung der einzelnen Konfliktsituationen ebenfalls bei *Kleinrahm* in: *Henssler/Koch* (Hrsg.), Mediation in der Anwaltspraxis, § 17 Rn. 37 ff.
219 Vgl. hierzu *Gößl* in: *Hannemann/Wiegner* (Hrsg.), Münchener Anwaltshandbuch Mietrecht, § 40 Rn. 63.

nungen, Kautionsfragen und Eigennutzung – um hier nur einige Beispiele zu nennen – eher umgekehrt.

So kann auch bei offensichtlichen Interessengegensätzen ein konfliktlösendes Verhandeln interessengerechter sein. Als praxisnahes Beispiel hierfür lässt sich die Zahlung eines finanziellen Ausgleichs an einen Mieter für den Abschluss einen Aufhebungsvertrages anführen. Dieses Vorgehen mag einem langjährigen und – infolge der notwendigen Beteiligung eines Gerichtsvollziehers bei etwaigen Räumungen – kostenintensiven Gerichtsverfahren je nach Falllage vorzugswürdig erscheinen, wenngleich es nur bedingt mit den Grundsätzen der Gerechtigkeit in Einklang zu bringen ist. Die Erwägungen von Zeiteffizienz, Kostenrisiken und etwaigen beweistechnischen sowie rechtlichen Unsicherheiten mag auch der Quote der außergerichtlichen Beilegung von Streitigkeiten durch den Mieterschutzbund in Höhe von 97% (!) Rechnung tragen.[220]

Alternative Konfliktlösung gewinnt in diesem Bereich umsomehr Relevanz, insofern seit November 2018 die Möglichkeit besteht, Musterfeststellklage in Mietsachen zu erheben (vgl. § 606 ZPO), die umgehend seitens des Mieterschutzbundes wahrgenommen wurde.[221]

Etwaigen Klageverfahren ist im Mietrecht aufgrund der niedrigen Streitwerte (§ 15a EGZPO) und regelmäßig auftretender Unternehmer-Verbraucher-Konstellationen nach dem Verbraucherstreitbeilegungsgesetz[222] oftmals ein **obligatorisches Konfliktlösungsverfahren** vorgeschaltet. Die freiwillige Schlichtung über Schiedsstellen oder speziell eingerichtete Mietschlichtungsstellen hat sich bei empirischer Betrachtung wohl auch vor dem Hintergrund der rechtlichen Komplexität und der Veränderungsgeschwindigkeit der Materie nicht bewährt.[223]

Zur Bedeutung der Mediation als Konfliktlösungsmechanismus im mietrechtlichen Kontext ist zu unterscheiden zwischen Streitigkeiten zwischen Mietern einerseits und zwischen Mieter und Vermieter andererseits:

Insofern sich **Streitigkeiten in Hausgemeinschaften** (beispielsweise durch einen lärmenden Nachbar) auch auf das mietrechtliche Verhältnis durchschlagen können, sind große Vermietungsgesellschaften teils dazu übergegangen sind, Mediationsverfahren

---

220 Siehe Website des Mieterschutzbundes, online abrufbar unter: https://www.mieterschutzbund.de/faq/(Datum des Zugriffs: 28.10.2019).
221 Siehe Website des Mieterschutzbundes, online abrufbar unter: https://www.mieterbund.de/presse/pressemeldung-detailansicht/article/50342-unveraendert-hoch-1-million-dmb-rechtsberatungen-im-jahr.html (Datum des Zugriffs: 28.10.2019).
222 Vgl. die Kommentierung unter Teil 3.
223 *Gößl* in: *Hannemann/Wiegner* (Hrsg.), Münchener Anwaltshandbuch Mietrecht, § 40 Rn. 42 ff.

eigenständig anzubieten.[224] Dergestalt ist auch möglich, Mediationsklauseln in Mietvertrag oder Hausordnung aufzunehmen, sofern diese eindeutig gekennzeichnet sind.[225]

116 Die Durchführungen von Mediationen bei **Konflikten zwischen Mietern und Vermietern** im Mietrecht als »Zankapfel« des deutschen Rechtssystems wird überdies durch die Ausgestaltung der Vertragsbedingungen von Rechtsschutzversicherungen begünstigt. Gemäß § 125 VVG ist der Versicherung ein weiter Spielraum bei der Ausgestaltung der Vertragsbedingungen gelassen. Es ist unter Anwendung des § 125 VVG nach herrschender Ansicht auch zulässig, die Übernahme gerichtlicher Kosten an die erfolglose Einleitung von Mediationsverfahren zu knüpfen, wodurch eine faktische Zwangswirkung entsteht. Diese Bedingung stellt jedoch keinen in § 129 VVG untersagten Nachteil zulasten des Verbrauchers dar, zumal das Mediationsergebnis nicht ohne die Zustimmung beider Parteien rechtlich wirksam festgehalten wird.[226]

VIII. Wohnungseigentumsrecht

117 Die Mitglieder einer Wohnungseigentümergemeinschaft haben **Sondereigentum** in Form des Alleineigentums an einer Wohnung (§ 1 Abs. 2 WEG) und Sondereigentum in Form des Teileigentums an nicht zur Wohnung gehörenden Flächen (§ 1 Abs. 3 WEG). Bereits daraus folgt, dass die Wohnungseigentümer Nachbarn im Sinne der obig[227] herausgearbeiteten Konfliktlagen sind. Als Besonderheit kommt in Angelegenheiten des Wohnungseigentums noch hinzu, dass die Wohnungseigentümer in der Form einer **Bruchteilsgemeinschaft** miteinander verbunden sind. Streitigkeiten können nicht nur im Verhältnis der Mitglieder der Bruchteilsgemeinschaft untereinander entstehen, sondern auch zwischen der Bruchteilsgemeinschaft und der Verwaltung der Immobilie.[228]

118 Typische **Beispiele für durch Mediation aufgelöste Streitigkeiten** umfassen:
- Die allseits interessengerechte Ausgestaltung gemeinsam genutzter Flächen, wie beispielsweise eines Innenhofes,[229]
- Regelungen der Hausordnung und sonstiger in § 21 Abs. 5 WEG aufgeführter Aspekte,
- sonstige Investitionen in die Immobilie, vgl. u. a. § 22 WEG,[230]

---

224 S. *Gößl* in: *Hannemann/Wiegner* (Hrsg.), Münchener Anwaltshandbuch Mietrecht, § 40 Rn. 64 ff; *Marx/Boggasch* Spektrum der Mediation 77/2019, 32 ff.
225 Dies, damit sie nicht als »überraschend« im Sinne des § 305c BGB aufzufassen sind, s. *Gößl* in: *Hannemann/Wiegner* (Hrsg.), Münchener Anwaltshandbuch Mietrecht, § 40 Rn. 77.
226 S. BGH, Beschluss v. 14.01.2016 – I ZR 98/15; vertiefend zu den europarechtlichen Hintergründen auch: *Wendt* in: *Klowait/Gläßer* (Hrsg.), Mediationsgesetz, S. 765 Rn. 30 ff.
227 Vgl. oben Rn. 105 ff.
228 Zum Ganzen *Kleinrahm* in: *Henssler/Koch* (Hrsg.), Mediation in der Anwaltspraxis, § 17 Rn. 85 ff.
229 S. *Glunz* ZKM 2019, 13, 14 f.
230 Vgl. *Hammacher/Erzigkeit/Sage*, So funktioniert Mediation im Planen + Bauen, S. 141 ff.

– Streitigkeiten um die Bestellung und die Aufgabenerfüllung durch den Verwalter.[231]

IX. »Allgemeines« Zivilrecht

Das »allgemeine« Zivilrecht lässt sich letztlich nur negativ zu den übrigen, hier speziell abgehandelten Rechtsbereichen abgrenzen. Es handelt sich um all jene **Streitigkeiten** mit **vertragsrechtlichem** oder **deliktsrechtlichem Hintergrund**, die keiner der oben abgehandelten Spezialmaterien zugeordnet werden können. Thematisch interessant sind hierbei insbesondere Streitigkeiten mit Verbraucherbeteiligung, das private Baurecht, das Produkthaftpflichtrecht und das Arzthaftungsrecht.[232] Daneben kann aber auch jeder Konflikt aus dem allgemeinen Schuldrecht – also Nichtleistung, Schlechtleistung, unzureichende oder fehlgeschlagene Gewährleistung ebenso wie das Verlangen auf Vertragsanpassung wegen Störung der Geschäftsgrundlage – Gegenstand einer Mediation sein. Die Gründe für die Parteien, ein Mediationsverfahren an Stelle eines staatlichen Prozesses in Betracht zu ziehen, sind letztlich identisch mit den Erwägungen, die die Parteien in den anderen Rechtsbereichen ebenfalls anstellen. 119

1. Streitigkeiten mit Verbraucherbeteiligung

Im Ausgangspunkt sind Streitigkeiten mit Verbraucherbeteiligung wie jede andere Streitigkeit auch mit den allgemeinen Vorbehalten **mediationsgeeignet**. Allerdings zeichnen sich Konflikte zwischen einem Verbraucher und einem Unternehmer häufig durch Charakteristika aus, die **potenzielle Hürden** für die Mediation darstellen: So ist regelmäßig nicht die Beziehungsebene betroffen, sondern findet eine positions- und rechtsorientierte Auseinandersetzung um verhältnismäßig kleine Beträge in Bezug auf Konsumgüter oder verbrauchernahe Dienstleistungen statt.[233] Weiterhin wird vielfach eine strukturelle Benachteiligung der Verbraucher aufgrund von Informations- und Machtasymmetrien beobachtet.[234] Gleichzeitig aber ist auch das Mediationsverfahren vergleichsweise niedrigschwellig, schnell und mit geringem Kostenrisiko verbunden.[235] 120

Vor diesem Hintergrund hat sich der Gesetzgeber entschieden, für Streitigkeiten zwischen Verbrauchern und Unternehmern mit dem Verbraucherstreitbeilegungsgesetz einen rechtlichen Rahmen zu schaffen, innerhalb dessen überwiegend außergerichtliche Streitbeilegung vor Schlichtungsstellen zur Anwendung kommt.[236] Gleichzeitig schlie- 121

---

231 Hierzu hatte der Bundesfachverband der Immobilienverwalter e.V. (BVI) im Jahre 2015 in Anlehnung an die Schlichtungsstellen nach dem Verbraucherstreitbeilegungsgesetzes (VSBG) auch eigens als Verwalter tätige Mediatoren zur Konfliktlösung berufen, s. Pressemeldung des BVI vom 12. Mai 2015.
232 *Günther/Hilber* in: *Hensler/Koch* (Hrsg.), Mediation in der Anwaltspraxis, § 15 Rn. 54.
233 *Hess* ZZP 118 (2005), 427, 438 f.; siehe hierzu auch die Übersicht von *Berlin* in: *Klowait/Gläßer*, Mediationsgesetz, S. 917 Rn. 127.
234 *Engel/Hornuf* SchiedsVZ 2012, 26, 26 f.
235 Vgl. *Engel/Hornuf* SchiedsVZ 2012, 26, 28.
236 Siehe vertiefend *Berlin* in: *Klowait/Gläßer*, Mediationsgesetz, S. 915 Rn. 120 ff.

ßen sich Mediation und Verbraucherschlichtung nicht wechselseitig aus: Im Verbraucherschlichtungsverfahren können mediative Techniken angewendet; umgekehrt können Verbraucherstreitigkeiten auch vor dem Mediator und ohne Einschaltung einer Schlichtungsstelle beigelegt werden.[237]

2. Sonderfall: Musterfeststellungsklage

122 Mediationen oder mediative Techniken können auch im Rahmen von Musterfeststellungsklagen eingesetzt werden. Das Ziel der Mediation wäre dann der Abschluss eines Vergleichs zwischen dem Musterfeststellungskläger und der Musterfeststellungsbeklagten gemäß § 611 ZPO, der für die angemeldeten Verbraucher – die nicht Verfahrensbeteiligte sind – bestimmte Leistungen festsetzt. Zwar sieht § 610 Abs. 5 S. 2 ZPO vor, dass auf die Musterfeststellungsklage die Vorschrift des § 278 Abs. 2 bis 5 ZPO nicht anwendbar ist. Damit ist aber lediglich die obligatorische Güteverhandlung im Verfahren vor dem Landgericht ausgeschlossen. Anwendbar bleiben insbesondere § 278 Abs. 1 ZPO, der die **Pflicht des Gerichtes zur Förderung einer gütlichen Einigung** »*in jeder Lage des Verfahrens*« begründet und § 278a ZPO, nachdem das Gericht den Parteien ein Mediationsverfahren vorschlagen kann. Bei interessengerechter Auslegung § 610 Abs. 5 S. 2 ZPO schließt dieser lediglich den *Verweis* des Verfahrens ohne Zustimmung der Parteien an den Güterichter aus, vor dem Hintergrund der Parteiautonomie und der allgemeinen Pflicht des Gerichts zur Förderung einer gütlichen Einigung erscheint es hingegen nicht sachgerecht, den Parteien den Zugang zum Güterichter entgegen ihres ausdrücklichen beiderseitigen Wunsches zu verweigern.

123 Bei der Mediation in der Musterfeststellungsklage ist allerdings zu berücksichtigen, dass die Begünstigten eines eventuellen Vergleichs nicht mit am Verhandlungstisch sitzen. Ein Vergleich in der Musterfeststellungsklage bedarf nicht nur der Zustimmung beider Verfahrensparteien, sondern darüber hinaus sowohl der **Genehmigung** des Gerichts gem. § 611 Abs. 3 ZPO als auch eines Quorums der angemeldeten Verbraucher in Höhe von mindestens 70%, vgl. § 611 Abs. 5 ZPO.[238] Diese Besonderheiten können interessenbasierten alternativen Streitbeilegungsverfahren wie der Mediation entgegenstehen.

3. Arzthaftungsrecht

124 Seit Einrichtung des **Pilotprojektes »Mediation im Medizinrecht«**[239] hat das Mediationsverfahren zunehmend auch Bedeutung im Arzthaftungsrecht gewonnen. Dabei

---

237 Siehe eingehend die Kommentierungen unter Teil 3 C.
238 Konkret bedeutet das Erfordernis eines Quorums, dass von den angemeldeten Verbrauchern weniger als 30 % von ihrem Austrittsrecht Gebrauch machen dürfen.
239 Seinerseits ins Leben gerufen durch die Patientenbeauftragte des Bayerischen Staatsministeriums für Umwelt und Gesundheit, die Rückversicherung Swiss ReEurope S.A., die Rechtsanwaltskammer München, die Deutsche Gesellschaft für Chirurgie sowie verschiedener Haftpflichtversicherer und wissenschaftlich begleitet durch das das Centrum

werden grundsätzlich solche Fälle als geeignet empfunden, in denen eine Haftung dem Grunde nach mit hoher Wahrscheinlichkeit gegeben ist.[240] Dies hat den Hintergrund, dass der Arzthaftungsprozess von der Erforderlichkeit der oftmals **schwierigen Tatsachenfeststellungen geprägt** ist. Liegt die Beweislast für die anspruchsbegründenden Tatsachen klassischerweise zunächst beim Patienten, hat sich durch die Rechtsprechung des Bundesgerichtshofs jedoch ein ausdifferenziertes System von Beweiserleichterungen ergeben, dass von dem Gesetzgeber im Patientenrechtegesetz nur in Teilen kodifiziert wurde. Insofern besteht auf beiden Seiten eine hohe Unsicherheit über den Verfahrensausgang. Gerichtliche Verfahren beanspruchen aufgrund der Erforderlichkeit von Sachverständigengutachten und durch die Möglichkeit, ein Urteil durch Obergerichte überprüfen zu lassen, überdurchschnittliche zeitliche und finanzielle Ressourcen und werden von den Beteiligten oftmals auch hochgradig belastend empfunden. Mediationen können, sofern sie von der jeweiligen Haftpflichtversicherung als zulässig erachtet werden, den Weg zur Lösungsfindung verkürzen.[241]

4. Privates Baurecht

Der alternativen Konfliktlösung kommt überdies im Bereich des privaten Baurechts eine gesteigerte Bedeutung zu.

Das private Baurecht umfasst all jene Rechtsbereiche, die das Rechtsverhältnis zwischen Bauherren und sonstigen Baubeteiligten, wie Architekten, Käufern, Ingenieure, Bauunternehmen, Handwerkern und Nachbarn, ausgestalten. Es erstreckt sich mithin vom Werkvertragsrecht (§§ 631 ff. BGB) über das Nachbarrecht (§§ 903 ff.) bis hin zu der regelmäßig privatvertraglich einbezogenen Vergabe- und Vertragsordnung für Bauleistungen (VOB) sowie die Entgeltordnung von Architekten und Ingenieuren (HOAI).

Private Bauvorhaben gelten als **sehr streitanfällig**.[242] Hierbei findet die Daumenregel Anwendung: Je umfangreicher das Bauprojekt, desto größer das Konfliktpotenzial. Dies hat nicht zuletzt den Hintergrund, dass Bauverträge bereits ihrer Natur nach unfertig vereinbart werden müssen. Aufgrund der Erforderlichkeit der Einholung öffentlicher Genehmigungen und der Lieferung von Rohstoffen lassen sich Fertigungs- und Liefertermine zu Beginn nur grob schätzen. Die Projektfertigstellung erfordert vielmehr die **Kooperation** von zahlreichen Beteiligten über eine gewisse Dauer, was regelmäßig mit Konflikten behaftet ist.[243] Dies gilt nicht zuletzt, da die Beteiligten teils widersprüchliche Interessen aufweisen: Typischerweise suchen Bauherren ihre Kosten zu senken und den Bau schnell abzuschließen, Dienstleister ihre Haftungsrisiken durch umfassende Bestimmungen abzusichern und Handwerksbetriebe eine möglichst hohe

---

für Verhandlungen und Mediation, eine Forschungsstelle der Juristischen Fakultät der Ludwig-Maximilians-Universität Münchens, siehe *Colberg* MedR 2012, 178.
240 *Wendt* in: *Klowait/Gläßer* (Hrsg.), Mediationsgesetz, S. 773 Rn. 47.
241 *Steiner/Wandl/Colberg* MEDIATOR 2015, 4 ff.
242 *Jung* in: *Klowait/Gläßer* (Hrsg.), Mediationsgesetz, S. 648 Rn. 1.
243 *Jung* in: *Klowait/Gläßer* (Hrsg.), Mediationsgesetz, S. 651 f. Rn. 13 ff.

Vergütung für die angefallenen Leistungen zu erzielen. Vor diesem Hintergrund sind alternative Verfahren der Streitbeilegung auch bereits in § 18 Abs. 3 Satz 1 VOB/B vorgesehen.

128 Wird in **privaten Bauvorhaben** der Klageweg beschritten, so ist dieser mit zahlreichen Hürden versehen:

129 Einerseits erfordert die gerichtliche Klärung **hohe finanzielle Aufwendungen**. So wird geschätzt, dass jede Streitpartei ca. 20% des Streitwerts bereits zur internen Vorbereitung auf das unter hohen Darlegungs- und Substantiierungsanforderungen stehende Verfahren aufzuwenden hat. Überdies sind Gerichts-, Sachverständigen- und Anwaltskosten zu berücksichtigen. Im Verhältnis zum Streitwert sind oft schon die für das Verfahren aufgebrachten Kosten im Verhältnis zum Streitwert unwirtschaftlich.[244] Zudem erhöht der durch die Verfahrensführung bedingte[245] Stillstand am Bau während der Verfahrensdauer das Insolvenzrisiko der Streitparteien.[246]

130 Andererseits sehen sich die Parteien auch **rechtlichen Risiken** ausgesetzt. Aufgrund der hohen Meinungsvielfalt in der Lehre und der teils wenig justiziablen Natur der Streitigkeiten werden die gerichtlich beschlossenen Verfahrensergebnisse von Praktiker regelmäßig als »*unkalkulierbar*« und »*Lotterie-Charakter*« aufweisend empfunden.[247] Vor diesem Hintergrund wird in der Verfahrenspraxis beobachtet: »*Irgendwann sind die Ermüdungserscheinungen so groß, dass ein fauler 50:50-Vergleich geschlossen wird.*«[248] Selbst für den Fall, dass eine Partei vollständig obsiegt und von einer Kostenerstattung profitiert, wird davon ausgegangen, dass im Schnitt 50% des Streitwerts dennoch durch nicht ersatzfähige interne Aufwendungen getilgt werden.[249]

131 Das gerichtliche Verfahren kann somit häufig keine interessengerechte Lösung schaffen. Insofern besteht großes Potenzial für alternative Formen der Konfliktlösung.

132 Von hoher Relevanz ist jedoch, dass die vermittelnde oder entscheidende Instanz mit den Besonderheiten des (privaten) Baurechts besonders vertraut ist. Mediationen eignen sich deshalb nur bedingt, insofern nicht rein rechtliche oder bautechnische Fragen, sondern Kooperationsprobleme betroffen sind. Überdies kann der Einsatz mediativer Techniken insbesondere bei der Vertragsgestaltung oder bei der Begleitung von Großprojekten sinnvoll sein.[250]

---

244 *Lembcke* NJW 2013, 1704, 1705.
245 *Lembcke* moniert pointiert »*endlose Schriftsatzrunden*«, siehe *Lembcke* NJW 2013, 1704, 1705.
246 Dies insbesondere auf Seiten des Bauträgers, der sich weiteren Klagen aussetzt, sollte er die Immobilie bereits veräußert haben.
247 *Lembcke* NJW 2013, 1704, 1705.
248 *Lembcke* NJW 2013, 1704, 1705.
249 *Lembcke* NJW 2013, 1704, 1705.
250 Vgl. *Jung* in: *Klowait/Gläßer* (Hrsg.), Mediationsgesetz, S. 655 Rn. 33 ff; S. 660 Rn. 63 ff; S. 663 Rn. 80 ff; S. 677 Rn. 163 ff; im Detail auch die Sammelbeiträge bei *Hammacher/Erzigkeit/Sage*, So funktioniert Mediation im Planen + Bauen.

G. Anwendungsbereiche der Mediation: Zivilrecht Teil 5

Für sonstige Problemkonstellationen wird bevorzugt das **Adjudikationsverfahren**[251] 133 gewählt.[252] Im Rahmen dessen wählen die Parteien einen sachverständigen Experten aus, welcher auf Antrag innerhalb einer Frist von circa sechs Wochen eine vorläufig verpflichtende Entscheidung zur Auflösung des Konfliktes trifft. Abweichend vom zivilgerichtlichen Verfahren ermittelt der Adjudikator den Sachverhalt selbstständig und von Amts wegen. Seine Entscheidung kann, mit gerichtlicher Hilfe, als Titel verabschiedet und vollstreckt werden.[253]

---

251 Umfassend hierzu der Beitrag unter Teil 6 I.
252 Kritisch zu den Gründen der mangelnden gesetzlichen Einführung des Adjukationsverfahrens auch: *Rohwetter*, Anwalts Lieblinge, ZEIT vom 24.11.2011, abrufbar unter https://www.zeit.de/2011/48/Anwaltslobby-Baurecht (Datum des Zugriffs: 28.10.2019).
253 Siehe zu den etwaigen verfahrensrechtlichen Anforderungen vertiefend: *Lembcke* NJW 2013, 1704, 1705 ff.

H. Anwendungsbereiche der Mediation: Öffentliches Recht

Übersicht   Rdn.
I. Allgemeines 1
II. Verwaltungsrecht 2
III. Sozialrecht 9
IV. Steuerrecht 14

I. Allgemeines

1 Auch im öffentlichen Recht können mediative Techniken und Mediationen mit Erfolg eingesetzt werden. Dies mag auf den ersten Blick überraschen, weil das öffentliche Recht klassischerweise durch ein **Subordinationsverhältnis** gekennzeichnet ist. Gleichwohl hat sich allgemein die Erkenntnis durchgesetzt, dass eine Bürgerbeteiligung im öffentlichen Recht nicht nur wünschenswert, sondern erforderlich ist. Gleichzeitig hat sich das Selbstverständnis der öffentlichen Verwaltung von einer obrigkeitsrechtlichen zu einer eher serviceorientierten Herangehensweise gewandelt.[1] Schließlich ist zu berücksichtigen, dass im Rahmen von **Beurteilungs- und Ermessensspielräumen** oft die Interessen unterschiedlicher Gruppen von Betroffenen ausgeglichen werden müssen und hier auch rechtlicher Spielraum für den Einsatz von Mediationen besteht.[2] Auch in diesem Kontext kann die Mediation einen sinnvollen Beitrag leisten.

II. Verwaltungsrecht

2 Der Mediation im Verwaltungsrecht kommt auch vor dem **Leitbild des »kooperativen Staates«**[3] zunehmende Bedeutung zu.

3 Ein prominentes Beispiel[4] aus der Diskussion im **Verwaltungsrecht** für den Einsatz von Techniken der alternativen Streitbeilegung zum Gesamtinteressenausgleich ist die Schlichtung im Rahmen des Konfliktes um das Bauvorhaben »Stuttgart 21«.[5] Dieses Verfahren, das mit einer unverbindlichen Empfehlung endete, war zwar technisch eine Schlichtung und damit keine Mediation im eigentlichen Sinne. Gleichzeitig hat dieses Projekt aber auch eine Diskussion darüber ausgelöst, ob nicht die **Mediation bei öffent-**

---

[1] Zum Ganzen ausführlich *Voß* in: *Johlen/Oerder* (Hrsg.), MAH Verwaltungsrecht, § 3 Rn. 57 ff.
[2] *Voß* in: *Johlen/Oerder* (Hrsg.), MAH Verwaltungsrecht, § 3 Rn. 75 ff.
[3] Siehe zur Begrifflichkeit: *Voigt*, Der kooperative Staat. Krisenbewältigung durch Verhandlung?.
[4] In der Literatur Aufmerksamkeit erfahren haben aber auch das Mediationsverfahren im Streitfall »Landwehrkanal Berlin«, sowie das Verfahren zum Ausbau des Frankfurter Flughafens, zum Bau einer Biogasanlage in Berlin oder zu dem Vorhaben einer neuen Stadtbahnlinie in Mannheim, s. hierzu: *von Bargen* ZUR 2012, 468, 470.
[5] Eine verhandlungspsychologische Analyse findet sich auch bei: *Müller/Loschelder/Höhe/Huse* ZKM 2019, 8 ff.

lich-rechtlichen **Großprojekten** stärker zum Einsatz kommen oder gar verbindlich vorgeschrieben werden sollte.[6] Mit der Verabschiedung des Planfeststellungsverfahren-VereinheitlichungsG im Mai 2013 wurde in Reaktion auf »Stuttgart 21« eine frühere und umfassendere Öffentlichkeitsbeteiligung in Planfeststellungsverfahren in nahezu allen Bereichen des infrakstrukturbezogenen und allgemeinen Verwaltungsrechts integriert.[7]

Im Schrifttum finden sich zahlreiche **Referenzfälle** für gelungene Mediationen im Verwaltungsrecht.[8]   4

Über § 173 S. 1 VwGO finden sowohl § 278a ZPO als auch § 278 Abs. 5 ZPO Anwendung auf das verwaltungsgerichtliche Verfahren, »*wenn die grundsätzlichen Unterschiede der beiden Verfahrensarten dies nicht ausschließen*«. Beachtenswert ist hier insbesondere der verwaltungsgerichtliche Untersuchungsgrundsatz (§ 86 Abs. 1 Satz 1 VwGO). Zumal das Handeln der öffentlichen Verwaltung durch den Vorbehalt des Gesetzes und den Gleichbehandlungsgrundsatz besonders geprägt ist, erscheinen die Einsatzgebiete der Mediation theoretisch beschränkt. In der verwaltungsgerichtlichen Praxis erfreut sich zumindest die **Konfliktlösung durch den Güterichter** zunehmender Beliebtheit.[9] Dies mag auch daran liegen, dass im gerichtlichen Verfahren naturgemäß der Individualrechtsschutz im Vordergrund steht.[10]   5

Bei einer außergerichtlichen Mediation im Rahmen von Verwaltungsgerichtsverfahren ist besonderer Wert auf den **Aspekt der Geeignetheit des Konflikts und auf die engen rechtlichen Grenzen** etwaiger Lösungsvorschläge zu setzen.[11] Vornehmlich werden politisch umstrittene Vorhaben oder Großvorhaben, die einer umfassenden sachverständigen Aufklärung bedürfen, an externe Konfliktlöser verwiesen.[12]   6

Im Allgemeinen werden folgende Bereiche des **besonderen Verwaltungsrechts** als geeignete Einsatzgebiete für Mediationen bzw. den Einsatz mediativer Techniken angesehen:[13]   7

– **Bauleitplanungsrecht**: Gemäß § 4b BauGB kann die Gemeinde die Vorbereitung und Durchführung von Verfahrensschritten bei der Aufstellung von Flächennutzungs- und Bebauungsplänen zur Beschleunigung einem Dritten übertragen und diesem auch einräumen, hierfür eine Mediation oder ein anderes Verfahren der

---

6 Handelsblatt vom 28. 10. 2010: »Mediation bei Großprojekten im Gespräch«.
7 S. hierzu den Gesetzestext des Gesetzes zur Verbesserung der Öffentlichkeitsbeteiligung und Vereinheitlichung von Planfeststellungsverfahren (PlVereinhG) vom 31. Mai 2013 (BGBl. I S. 1388).
8 Vgl. für einige Beispiele nur *Fritz/Krabbe* NVwZ 2011, 396 ff., 595 ff.; *Korte* SchlHA 2010, 52 ff.; *Scherer* in: *Fritz/Gerster/Karber/Lambeck*, Im Geiste der Demokratie und des sozialen Verständnisses, S. 343 ff.
9 *Steiner* in: *Eidenmüller/Wagner*, Mediationsrecht, S. 287.
10 *Korte* in: *Klowait/Gläßer* (Hrsg.), Mediationsgesetz, § 173 VwGO Rn. 17.
11 *Braun/Binder* in: *Sodan/Ziekow* (Hrsg.), VwGO, § 173 Rn. 22 f.
12 *Korte* in: *Klowait/Gläßer* (Hrsg.), Mediationsgesetz, § 173 VwGO Rn. 7 ff.
13 Beispiele nach *Voß* in: *Johlen/Oerder* (Hrsg.), MAH Verwaltungsrecht, § 3 Rn. 65 – 95.

außergerichtlichen Konfliktbeilegung durchzuführen.[14] Auch im Rahmen städtebaulicher Verträge und vorhabenbezogener Baubauungspläne bestehen weitreichende Möglichkeiten des konsensualen Interessenausgleichs.[15]
- Auch bei sonstigen **Genehmigungsverfahren**, z.b. im **Immissions-, Gewerbe- und Gaststättenrecht** können mediative Elemente eingesetzt werden.[16]
- Im **Beamtenrecht** kann Mediation im Einklang mit den zum Arbeitsrecht entwickelten Grundsätzen angewandt werden.[17] Das gilt sowohl für Streitigkeiten im Kollegium[18] als auch für Streitigkeiten mit dem Dienstherrn über die Ausfüllung von Dienstpflichten.[19]
- Im Bereich des **Gefahrenabwehrrechts** können kooperative und konsensuale Elemente im Rahmen der präventiven Gefährderansprache eingesetzt werden.[20]

8 Wegen der Bindungswirkung nach Art. 20 Abs. 3 GG und wegen des Gleichbehandlungsgrundsatzes nach Art. 3 GG kann das Ergebnis einer Mediation gegenüber der Behörde keine Bindungswirkung entfalten. Gleichwohl ist das Ergebnis des Verfahrens regelmäßig nur auf Abwägungs- und Ermessensfehler hin zu überprüfen. Das Mediationsergebnis **indiziert einen angemessenen Interessenausgleich** und eine abwägungsfehlerfreie Entscheidung, weil es aufgrund eines interessenbasierten Verfahrens erzielt worden ist.[21]

III. Sozialrecht

9 Im Sozialrecht wird der Einsatz mediativer Elemente und von Mediationen ebenfalls befürwortet. Auch wenn das Bestehen sozialrechtlicher Ansprüche grundsätzlich nicht der Verhandlung unterliegt, sind doch die Bedürfnisse des Bürgers im sozialrechtlichen Verfahren meist Interessen im Sinne der Theorie der Mediation. Dies gilt nicht zuletzt, insofern es sich um die **Klärung von komplexen Sachverhalten oder von weitem Ermessen geprägte Entscheidungen** handelt, die für die Beteiligten mit bedeutenden wirtschaftlichen Folgen verbunden sind.[22] Auch stehen Bürger und Sozialbehörde oftmals in einer langjährigen Dauerbeziehung.[23]

---

14 *Holznagel/Ramsauer* in: *Haft/von Schlieffen* (Hrsg.), Handbuch Mediation, § 40 Rn. 99 f.; *Battis* DÖV 2011, 340.
15 Vgl. *Voß* in: *Johlen/Oerder* (Hrsg.), MAH Verwaltungsrecht, § 3 Rn. 61 f.
16 *Von Bargen* Die Verwaltung 2010, 405, 421; S. auch *Ortloff* in: *Schoch/Schneider/Bier* (Hrsg.), Verwaltungsgerichtsordnung, § 104 Rn. 82; *Scherer* in: *Fritz/Gerster/Karber/Lambeck,* Im Geiste der Demokratie und des sozialen Verständnisses, S. 343 ff.
17 Vgl. *Ortloff* in: *Schoch/Schneider/Bier* (Hrsg.), Verwaltungsgerichtsordnung, § 104 Rn. 82; *Scherer* in: *Fritz/Gerster/Karber/Lambeck,* Im Geiste der Demokratie und des sozialen Verständnisses, S. 343 ff.
18 Siehe VG München, Beschluss v. 26.01.2015 – M 5 S 14.5554.
19 Vgl. VG Berlin, Urteil v. 28.03.2017 – VG 5 K 295.16.
20 Vgl. *Hebeler* NVwZ 2011, 1364, 1366.
21 BVerwG, Urteil v. 4.04.2012 – 4 C 8/09, BVerwGE 142, 234 ff., Rn. 3, Rn. 30; s. auch *Voß* in: *Johlen/Oerder* (Hrsg.), MAH Verwaltungsrecht, § 3 Rn. 61 f.
22 Vgl. die Kommentierung unter Teil 1 D. § 278a ZPO Rn. 14.
23 *Friedrich* ZKM 2012, 180, 182.

H. Anwendungsbereiche der Mediation: Öffentliches Recht   Teil 5

Im Sozialrecht stehen – gerade vor dem Hintergrund verfassungsrechtlich geschuldeter Mindestsätze – Sozial- und Verfahrensgerechtigkeit insbesondere dann im Missverhältnis, wenn einer der Beteiligten verfahrensfehlerhaft gehandelt hat.[24] Im Rahmen der Austarierung dieser Erwägungen im Sozialgerichtsverfahren finden über § 202 S. 1 SGG n.F. nunmehr auch die außergerichtliche Konfliktbeilegung (§ 278a ZPO) und das güterrichterliche Verfahren (§ 278 Abs. 5 ZPO) Anwendung, wenn die grundsätzlichen Unterschiede zwischen Sozial- und Zivilgerichtsverfahren dies nicht ausschließen. Im Sozialgerichtsverfahren bestehende Besonderheiten betreffen insbesondere den Untersuchungsgrundsatz des § 103 S. 1 SGG als tragende Prozessmaxime.[25]   10

Dies ist insbesondere auch deshalb sinnig, da Klagen oft ein sehr geringer Streitwert zukommt. In dem sozialgerichtlichen Verfahren ist bei wirtschaftlicher Betrachtung eine **Disproportionalität zwischen gerichtlicher Ressourcenbindung und Verfahrensziel** inhärent angelegt[26], die sich durch den Einsatz alternativer Konfliktlösung innerhalb der Grenzen von Recht und Gesetz zum Vorteil und zur Entlastung aller Beteiligten auflösen lässt.   11

In der Praxis sozialrechtlicher Streitigkeiten kann der Umstand, dass eine außergerichtliche Mediation mit zusätzlichen Kosten für die Parteien verbunden ist (vgl. jedoch § 69b GKG), regelmäßig ein faktisches Hindernis begründen. Das ohne zusätzliche Kosten mögliche Konfliktlösungsverfahren vor dem Güterrichter nach § 278 Abs. 5 ZPO ist, unter Berücksichtigung rechtsgebietsspezifischer Abweichungen, insofern oftmals vorzugswürdig.[27]   12

Die **Bedürfnisse des Bürgers** sind überdies für eine sachgerechte Entscheidung sowohl im Widerspruchsverfahren als auch im sozialgerichtlichen Verfahren zu berücksichtigen. In diesem Zusammenhang ist auch die Einführung eines mündlichen Widerspruchsverfahrens mit mediativer Grundausrichtung angeregt worden.[28] Hingewiesen wird in der Literatur im Übrigen auch auf das Schiedsstellenverfahren, das im SGB V und SGB XI geregelt ist und mediationsähnliche Züge aufweist.[29]   13

---

24 Bürgerseits kann dies beispielsweise durch eine fehlende Mitwirkung mangels Erscheinens zu einem Termin oder Reaktion auf ein Auskunftsersuchen sein. Auf Seiten der Behörde können beispielsweise faktisch nicht bestehende Einnahmen bei der Berechnung angesetzt werden. Nicht zuletzt liegen Streitigkeiten auch in nicht oder nicht fristgerecht eingelegten Einsprüchen gegen inhaltlich fehlerhafte Bescheide begründet, vgl. auch *Friedrich* ZKM 2012, 180, 182.
25 Die Abweichungen sind im Ergebnis jedoch nicht wesentlich, siehe *Korte*, in: *Klowait/Gläßer* (Hrsg.), Mediationsgesetz, § 202 SGG Rn. 7 ff.
26 Beispielhaft die Klage vor dem Sozialgericht Berlin (SG Berlin, Entscheidung v. 12.06.2018 – S 179 AS 12363/17), wo die Klägerin versuchte, für einen Streitwert von 1,85€ im Monat Prozesskostenhilfe zu beantragen.
27 Siehe hierzu im Detail *Dürschke* NZS 2013, 41, 42.
28 *Pitschas* NVwZ 2004, 396, 401; so auch mit weitere Nachweisen *von Bargen* ZUR 2012, 468, 473 f.; ausführlich auch *Kilger* Sozialrecht, in: *Henssler/Koch* (Hrsg.), Mediation in der Anwaltspraxis, § 20.
29 *Schnapp* NZS 2010, 241 ff.

IV. Steuerrecht

14 Auch im Steuerrecht wird die Mediation für **sinnvoll** erachtet, obwohl der Grundsatz der Gesetzmäßigkeit der Verwaltung und das Legalitätsprinzip eine Vereinbarung zwischen Steuerschuldner und Steuerverwaltung über die steuerrechtliche Beurteilung eines Sachverhaltes ausschließen.[30] Zugleich existiert im Steuerverfahren das **richterrechtliche Institut der tatsächlichen Verständigung** (vgl. § 79 Abs. 1 Satz 1 FGO), das ein Einvernehmen zwischen Finanzbehörde und Steuerzahler über die tatsächliche Grundlagen der Besteuerung zulässt.[31] Dies wird damit begründet, dass im Steuerverfahren ein Spannungsverhältnis zwischen dem Grundsatz der Amtsermittlung (§§ 38, 85 AO) und der Kooperationsmaxime (§ 90 AO) besteht, in dessen Rahmen ein solches Einvernehmen als rechtlich zulässig erscheint. Deswegen wird von Praktikerseite empfohlen, eine Einigung inhaltlich stets als »tatsächliche Verständigung« auszugestalten.[32]

15 Zur Herbeiführung der tatsächlichen Verständigung kommen auch **mediative Techniken** zum Einsatz.[33] Hier werden insbesondere **Schätzungen** (z.B. für die Abgrenzung zwischen privater und betrieblicher Nutzung, Nutzungsdauer von Wirtschaftsgütern und Wertschätzungen im Allgemeinen) als gut geeignet für mediierte Verständigungen angesehen.[34]

16 Im Jahr 2012 ist die grundsätzliche Eignung der Mediation zur Lösung steuerrechtlicher Konflikte – zur Überraschung mancher Praktiker[35] – durch die **Einführung des § 155 S. 1 FGO** bestätigt worden. Nach dieser Vorschrift ist der Weg in die außergerichtliche Mediation gem. § 278a ZPO und in das Verfahren vor dem Güterichter gem. § 278 Abs. 5 ZPO grundsätzlich auch in der Finanzgerichtsbarkeit eröffnet, soweit die grundsätzlichen Unterschiede zwischen Finanz- und Zivilverfahren dies nicht ausschließen. Einer dieser Unterschiede dürfte die bereits oben angesprochene fehlende Vergleichsfähigkeit der steuerrechtlichen Beurteilung eines Sachverhaltes sein.

17 Bei Mediationen im Steuerrecht ist zu berücksichtigen, dass durch Mediationen zustande gekommene Einigungen **nicht gegen die öffentliche Hand vollstreckt** werden können

---

30 Vertiefend zum Einsatz der Mediation im steuerlichen Bereich auch: *Heizmann*, Der Steuerberater als Wirtschaftsmediator.
31 Siehe hierzu *Broochs* DStR 2006, 1062; für das finanzgerichtliche Verfahren ablehnend *Paul* DStR 2008, 1111, 1116; befürwortend dagegen *Hölzer/Schnüttgen/Bornheim* DStR 2010, 2538, 2544; zur Erledigung des Verfahrens durch ungeschriebene Zusage vor der Einführung des § 155 FGO, siehe *Hölzer* ZKM 2012, 119, 120.
32 »*Die Beteiligten stimmen überein, dass die tatsächlichen Voraussetzungen für die Behandlung als ... im Sinne von § ... vorliegen.*« – Mit Dank für diesen Hinweis an Christoph Hardt, Rechtsanwalt (vormals Richter am Finanzgericht Hamburg).
33 Vgl. die Kommentierung unter Teil 1 D. § 278a ZPO Rn. 17.
34 *Broochs* DStR 2006, 1062, 1064; vgl. im Übrigen die Kommentierung unter Teil 1 K. § 155 FGO, Rn. 5.
35 Für eine Übersicht: *Hölzer* ZKM 2012, 119 f. sowie *Korte* in: *Klowait/Gläßer* (Hrsg.), Mediationsgesetz, § 155 FGO Rn. 1 f.

(vgl. § 151 FGO[36]) und dass ein Mediator oder Güterrichter sich nicht auf ein Zeugnisverweigerungsrecht berufen kann, sollte sich der Mediationsverhandlung ein Steuerverfahren anschließen.[37]

Obwohl der Einsatz der Mediation den dargestellten Einschränkungen unterliegt, von denen die Beschränkung auf die tatsächliche Verständigung sicherlich besonders einschneidend ist, wird in der Literatur von einer Einigungsquote von 70 % berichtet.[38] Dies liegt vermutlich daran, dass eine Verhandlung zwischen Bürger und Steuerverwaltung außerhalb der förmlichen Verfahren nach Widerspruch oder Klage praktisch unmöglich ist. Mediation in der Finanzgerichtsbarkeit trägt damit nicht nur zur vollständigen Aufklärung des Sachverhaltes bei[39], sondern erhält zudem noch eine besondere **Puffer- und Deeskalationsfunktion**.[40]

18

---

36 In Abgrenzung zu entsprechenden Regelungen beispielsweise im Sozialrecht siehe §§ 197 ff. SGG.
37 Vgl. den mangelnden Verweis von §§ 84 I FGO, § 102 AO auf § 383 I Nr. 6 ZPO, siehe *Hölzer* ZKM 2012, 119, 121.
38 *Hirsekorn*, Rezension: Mediation im Steuerverfahren, 10.12.2012, abrufbar unter: https://managementwissenonline.de/artikel/rezension-mediation-im-steuerverfahren (Datum des Zugriffs: 28.10.2019); von einer hohen Einigungsquote ausgehend auch *Paul* DStR 2008, 1111, 1115.
39 Hierzu *Korte* in: *Klowait/Gläßer* (Hrsg.), Mediationsgesetz, § 155 FGO Rn. 11.
40 So im Ergebnis auch: *Hölzer* ZKM 2012, 119, 121 f.

I. Anwendungsbereiche der Mediation: Strafrecht

Übersicht   Rdn.
I. Allgemeines 1
II. Täter-Opfer-Ausgleich 3
III. Mediation im Strafvollzug 4

I. Allgemeines

1 Zwar ist der Strafprozess in erster Linie ein Verfahren, das auf einen objektiven Ausspruch über die Schuld des Angeklagten, seine Strafe oder sonstige strafrechtliche Maßnahmen gerichtet ist.[1] Allerdings hat auch die **Verständigung** zwischen den Verfahrensbeteiligten im Strafverfahren mittlerweile eine rechtlich geregelte Rolle.[2] Daneben wird im Rahmen des **Täter-Opfer-Ausgleichs** der Versuch unternommen, in einem »kommunikativen Prozess« zwischen Täter und Opfer eine Übernahme der Verantwortung des Täters für sein Verhalten zu erreichen.[3] Eine Verständigung mit dem Opfer kommt weiterhin auch im **Privatklageverfahren** und im **Adhäsionsverfahren** in Betracht.[4] Insoweit als in diesen Aspekten eine konsensuale Beilegung des strafrechtlichen Konfliktes zulässig ist, können auch mediative Techniken im Strafverfahren Anwendung finden.

2 Bei der Verständigung im Strafverfahren über den Ausgang des Ermittlungsverfahrens sind notwendige Teilnehmer der Staatsanwalt, der Beschuldigte, der Verteidiger und einzelfallabhängig je nach angestrebtem Lösungsumfang auch das nebenklageberechtigte Opfer.[5] Im Rahmen der Hauptverhandlung ist auch noch das Gericht mit einzubeziehen. Dies folgt aus § 257c Abs. 1 S. 1 StPO, wonach sich in erster Linie »das Gericht« mit den übrigen Verfahrensbeteiligten verständigt. In der Literatur wird vertreten, dass ein **externer Mediator** grundsätzlich auch zur Vermittlung einer Verständigung eingeschaltet werden kann. Nach dieser Auffassung sollte der Mediator dann aber ein strafrechtlich versierter Jurist sein, der auch ein Verständnis für die angemessene strafrechtliche Sanktion hat.[6] In der Hauptverhandlung kann zwar das Gericht zwischen den übrigen Prozessparteien vermitteln und insoweit als eine Art Schlichter ebenfalls mediative Techniken anwenden. Zu berücksichtigen bleibt aber, dass der vermittelnde Richter – anders als ein Mediator – bei einer fehlgeschlagenen Vermittlung zwischen den Prozessbeteiligten das Urteil aussprechen muss.

---

1 *Meyer-Goßner*, StPO, Einleitung Rn. 1.
2 §§ 265a, 470 StPO.
3 *Fischer*, StGB, § 46a Rn. 10.
4 *Meyer-Goßner*, StPO, Einleitung Rn. 119a.
5 *Eisele* in: *Haft/von Schlieffen* (Hrsg.), Handbuch Mediation, § 46 Rn. 77, 79. Offen bleibt allerdings, wer das Honorar für den Mediator zahlen soll.
6 *Huchel* in: *Haft/von Schlieffen* (Hrsg.), Handbuch Mediation, § 48 Rn. 81.

II. Täter- Opfer-Ausgleich

Im Rahmen des Täter-Opfer-Ausgleichs (»TOA«) soll eine **persönliche Begegnung** zwischen Täter und Opfer die Schadenswiedergutmachung in materieller und immaterieller Hinsicht ermöglichen.[7] Für den Täter lässt sich bei Berücksichtigung der **Wiedergutmachung** ein Vorteil bei der Strafzumessung erzielen (§ 46a StGB). Daneben soll durch die Konfrontation des Täters mit den Folgen der Tat auch die Resozialisierung des Täters gefördert werden.[8] Aus Sicht des Opfers kann der TOA insoweit sinnvoll sein, als es das Strafverfahren nicht nur als Zeuge, sondern auch als Person erlebt, deren erlittenes Leid explizit vom Täter gewürdigt wird.[9] Dem TOA wird daneben auch gesamtgesellschaftlich eine Befriedungsfunktion zugeschrieben, da eine selbstständige Konfliktlösung der Beteiligten ohne Inanspruchnahme staatlicher Institutionen zum allgemeinen Sozialfrieden beiträgt.[10]

3

Im Rahmen des TOA werden häufig **Dritte als Konfliktmittler** eingesetzt, um den kommunikativen Prozess zwischen Täter und Opfer zu moderieren, auch wenn dies nicht zwingend ist.[11] Teilweise wird der Ausgleich mit dem Opfer auch durch den Verteidiger vermittelt. Der Einsatz mediativer Techniken durch den Dritten oder den Verteidiger ist in jedem Falle zielführend.

4

III. Mediation im Strafvollzug

Mediation im Strafvollzug ist grundsätzlich denkbar bei Konflikten zwischen den Gefangenen untereinander, aber auch im Verhältnis zwischen Gefangenem und Justizvollzugsanstalt.

5

Im Verhältnis **zwischen den Gefangenen untereinander** kann die Mediation an Stelle von Disziplinarmaßnahmen treten oder aber ergänzend zu Disziplinarmaßnahmen angewendet werden. Der Vorteil der Mediation kann hier darin bestehen, dass sie ggf. den Konflikt als solches bereinigt.»Strafende« Disziplinarmaßnahmen sind hierzu naturgemäß nicht in der Lage. Allerdings sind die besonderen – auch rechtlichen – Rahmenbedingungen des Strafvollzuges zu berücksichtigen, die auf die möglichen Einigungsoptionen einwirken.

6

Im Verhältnis **zwischen der JVA und dem Gefangenen** kann Mediation ebenfalls zur Anwendung gelangen. Denn naturgemäß ist die Beziehung des Gefangenen zur Institution auf Dauer angelegt, nämlich auf die Dauer des Haftaufenthaltes.

7

---

7 *Kerner* in: *Haft/von Schlieffen* (Hrsg.), Handbuch Mediation, § 47 Rn. 8 f.
8 Hierzu grundsätzlich *Kerner* in: *Haft/von Schlieffen* (Hrsg.), Handbuch Mediation, § 47 Rn. 19 ff.
9 *Kerner* in: *Haft/von Schlieffen* (Hrsg.), Handbuch Mediation, § 47 Rn. 12 f.
10 *Kerner* in: *Haft/von Schlieffen* (Hrsg.), Handbuch Mediation, § 47 Rn. 22; interessant ist insofern auch der gesetzgeberische Kompromiss außergerichtliche Konfliktlösungsmöglichkeiten bei Gewaltschutzverfahren unter dem FamFG zuzulassen, s. *Paul/Weber* in: *Klowait/Gläßer* (Hrsg.), Mediationsgesetz, § 36a FamFG Rn. 92 f.
11 *Streng* in: *Kindhäuser/Neumann/Paeffgen* (Hrsg.), Strafgesetzbuch, § 46a Rn. 12.

8 In diese Richtung deutet auch das **bundesweit erste Pilotprojekt zur Mediation im Strafvollzug**: Das Landgericht Berlin hatte in Absprache mit der Berliner Justizvollzugsanstalt Tegel zwischen 2009 und 2011 gerichtsinterne Mediationen für die Beilegung von Konflikten zwischen Gefangenen und der JVA in Antragsverfahren nach §§ 109 ff. StVollzG angeboten. Die im Rahmen des Modellprojektes durchgeführten Mediationen wurden hinsichtlich ihrer Wirkung und Wirkweise qualitativ evaluiert. Bei einem vergleichsweise kleinen Datensatz (nur 11 Mediationen), wurde positiv berichtet, dass die Interessenkonflikte im Strafvollzug besser gelöst werden konnten. Negativ wurde angemerkt, dass die strukturellen Besonderheiten des Strafvollzugs der vollständigen Auflösung dieser Konflikte auf Augenhöhe entgegenstünden.[12] Zu berücksichtigen ist weiterhin, dass die Möglichkeit, individuelle Lösungen für derartige Konflikte zu finden, im allgemeinen Gleichbehandlungsgrundsatz ihre Grenzen findet.

9 Der Einsatz von Mediation ist auch deshalb interessant, weil gerade im Strafvollzug von einer sehr hohen Bereitschaft berichtet wird, Konflikte zu den Haftbedingungen vor Gericht auszutragen. Diese Klagefreudigkeit kann einerseits damit erklärt werden, dass die Haftbedingungen einen sehr starken Einfluss auf den Lebensalltag des Gefangenen ausüben, der im Vergleich zur restlichen Zivilgesellschaft in hohem Maße fremdbestimmt ist. Gleichzeitig deutet sie aber auch darauf hin, dass im Kern mit dem Rechtsstreit auch noch außerrechtliche Ziele verfolgt werden, nämlich Kontrolle, Teilhabe und ein Dialog auf Augenhöhe. Insbesondere zur **Verwirklichung dieser außerrechtlichen Ziele** ist die Mediation besser geeignet als das förmliche staatliche Gerichtsverfahren.

---

12 S. *Vogt/Vogt* NK2015, S. 81 ff.

Teil 6 Andere Verfahren der außergerichtlichen Konfliktbeilegung

Einleitung

Die **öffentliche Debatte** wie auch die parlamentarischen Beratungen drehten sich vor Verabschiedung des Gesetzes zur Förderung der Mediation und anderer Verfahren der außergerichtlichen Konfliktbeilegung **fast ausschließlich** um das Verfahren der **Mediation**, was damit zusammenhing, dass das Gesetz in erster Linie der nationalen Umsetzung der EU-MediationsRL dient und dementsprechend detaillierte Regelungen hierzu aufweist. 1

Gleichwohl hat der **Gesetzgeber** jedoch durch die Bezeichnung des Regelwerks zu verstehen gegeben, dass er die Mediation nur als eine, wenn auch sehr bedeutsame, Variante von ADR erachtet und den Blick damit **zugleich** auf **andere Verfahren der außergerichtlichen Konfliktbeilegung** gelenkt. Im Gesetz selbst wird im Zusammenhang mit der richterlichen Inkompatibilität in § 41 Nr. 7 ZPO, den Anforderungen an die Klage- bzw. Antragsschrift in § 253 Abs. 3 ZPO, § 23 Abs. 1 Satz 2 FamFG sowie dem gerichtlichen Vorschlagsrecht zur Durchführung eines nichtstreitigen Verfahrens in § 278 a ZPO und den korrespondierenden Vorschriften[1] hierauf abgestellt. 2

Dementsprechend wird es als **Ziel des Gesetzes** bezeichnet, die außergerichtliche Konfliktbeilegung im Bewusstsein der Bevölkerung und der in der Rechtspflege tätigen Berufsgruppen stärker zu verankern.[2] Mit der weiteren Feststellung in der Gesetzesbegründung, dass »zur außergerichtlichen Konfliktbeilegung die unterschiedlichsten Verfahren wie die in zahlreichen Landesgesetzen vorgesehenen Schlichtungs-, Schieds- und Gütestellen, die Ombudsleute, Clearingstellen und neuere Schieds- und Schlichtungsverfahren wie Shuttle-Schlichtung, Adjudikation, Mini Trial, Early Neutral Evaluation und Online-Schlichtung« zu zählen sind und dass »diese Verfahren in den verschiedensten Ausprägungen und Kombinationen praktiziert werden und davon auszugehen ist, dass die Entwicklung neuer innovativer Verfahren der außergerichtlichen Konfliktbeilegung weiter vorangehen wird«, hat es dann allerdings sein Bewenden. 3

Der Gesetzgeber überlässt es bislang im Wesentlichen **Schrifttum und Praxis**, sich auf dem Weg zu einer nachhaltigen Verbesserung der Streitkultur in Deutschland mit diesen anderen Verfahren der außergerichtlichen Konfliktbeilegung zu befassen. Eine 4

---

[1] Vgl. § 278a ZPO; §§ 36a, 81 Abs. 2 Nr. 5, 135, 15 Abs. 4, 156 Abs. 1 Satz 3 FamFG; §§ 54a, 64 Abs. 7, 80 Abs. 2 Satz 1, 87 Abs. 2 Satz 1 ArbGG.

[2] Begr. BT-Drucks. 17/5335, A., II. Zum aktuellen Forschungsstand des Bekanntheitsgrades von ADR vgl. https://www.die-mediation.de/fachartikel-studien/(Datum des Zugriffs: 31.10.2019), ferner zuletzt die Studie der IHK Frankfurt, https://adribo.de/neue-studie-zur-streitbeilegung/(Datum des Zugriffs: 31.10.2019) unter Hinweis auf https://www.frankfurt-main.ihk.de/recht/themen/streitbeilegung/umfrage/index.html (Datum des Zugriffs: 31.10.2019).

Ausnahme bildete die Anfang 2010 einberufene Bund-Länder-Arbeitsgruppe, die unter Federführung des Bundesministeriums der Justiz Leitlinien für ein neues Bauvertragsrecht erarbeitete. Im Zuge dessen wurde auch das sog. Adjudikations-Verfahren für Baustreitigkeiten als ADR-Verfahren erwogen.

5   Das folgende **Kapitel A.** widmet sich den verschiedenen ADR-Verfahren im Kurzüberblick, das **Kapitel B.** den vielfach vernachlässigten ökonomischen Fragen der alternativen Streitbeilegung. Der Ansatz einer ökonomischen Bewertung von ADR-Verfahren anhand der in diesem Beitrag im Einzelnen vorgestellten Kriterien ist in der Bundesrepublik Deutschland noch nicht weit verbreitet. Es hat sich jedoch in der Vergangenheit gezeigt, dass insoweit ökonomische Aspekte für Betroffenen verstärkt an Bedeutung gewonnen haben. Die Veröffentlichung bezweckt daher u. a. weiterhin, die wissenschaftliche Auseinandersetzung und Debatte hierüber zu befördern mit dem Ziel, für Nutzer leicht nachvollziehbare und handhabbare Kriterien zu entwickeln. Schließlich werden in den **Kapiteln C. bis K.** ausgewählte alternative Verfahrensarten (beginnend mit Organisationsentwicklung über Coaching, Moderation, Anwaltliche Vergleichsvermittlung, Cooperative Praxis, Schlichtung, Adjudikation, Schiedsgerichtsbarkeit und Schiedsgutachten) umfassend dargestellt.

6   Ausführlich dargestellt ist die alternative Streitbeilegung über das Internet, wofür zumeist der englische Begriff Online Dispute Resolution (ODR) verwendet wird, bereits bei den »Besonderen Formen« der Mediation;[3] nahezu alle im Folgenden vorgestellten außergerichtlichen Konfliktbeilegungsverfahren lassen sich jedoch auch über das Internet praktizieren. Erste Ansätzen wie die Angebote der Länder Hessen und Baden-Württemberg zur Online-Schlichtung für Online-Shopping und eCommerce[4] wurden zwischenzeitlich ergänzt auf Europäischer Ebene durch die Verordnung über Online-Streitbeilegung in Verbraucherangelegenheiten, die durch das Verbraucherstreitbeilegungsgesetz in nationales Recht umgesetzt wurde.[5] Eine breite ODR-Kultur findet sich vor allem in den USA, und zwar überwiegend im Bereich zwischen Großanbietern und ihren Kunden.[6] Als Folge der Anfang 2020 ausgebrochenen Corona-Pandemie (COVID-19) dürften Online Angebote aber auch in Deutschland verstärkte Bedeutung gewinnen.

---

3   Vgl. die Ausführungen zur Online-Mediation unter Teil 5 F.
4   www.online-schlichter.de.
5   Vgl im Einzelnen die Kommentierung unter Teil 3, ferner *Klowait/Gläßer,* MediationsG, 3, O Rdn. 36 ff.
6   Zur Bedeutung und Entwicklung von ODR bei »Konflikten im öffentlichen Bereich« vgl. *Alexander/Ade/Olbrisch*, Mediation, Schlichtung, Verhandlungsmanagement, S. 197.

A. Zusammenfassende Darstellung alternativer Konfliktbeilegungsmethoden im Überblick

Übersicht Rdn.

I. Einführung 1
II. Verfahren, in denen die Parteien das Ergebnis bestimmen 3
   1. Coaching. 3
   2. Moderation 8
   3. Anwaltliche Vergleichsvermittlung. 11
   4. Cooperative Praxis (Kooperatives Anwaltsverfahren) 13
   5. Schlichtung. 16
   6. Güteverfahren 18
   7. Mini-Trial 22
   8. Early neutral Evaluation 26
III. Verfahren, in denen Dritte das Ergebnis bindend bestimmen. 28
   1. Adjudikation 28
   2. Schiedsgutachten 32
   3. Schiedsgerichtliches Verfahren 35
IV. Verfahrenskombinationen 38
   1. Med-Arb 38
   2. MAX. 40
   3. Med-Adj 43
   4. Ombudsmann 45

I. Einführung

Im Schrifttum finden sich **unterschiedliche Ansätze**, um die zahlreichen ADR-Verfahren **zu kategorisieren:** So wird auf die unterschiedliche Bindungswirkung abgestellt, auf den ungleichen Einfluss der Konfliktparteien auf das Verfahren oder auf die Rolle hinzugezogener Dritter; gelegentlich werden aber auch Mischformen gewählt. Andere wiederum differenzieren nach der Intensität des Konfliktes.[7] 1

Die im Folgenden gewählte Darstellung stellt auf die **Konfliktbeteiligten und deren Selbstbestimmungsverhalten** ab und unterscheidet die vorgestellten Konfliktbeilegungsverfahren in solche, 2
– in denen die Parteien die Konfliktlösung selbst bestimmen (II.),
– in denen dies bindend durch Dritte geschieht (III.) und
– in sog. Verfahrenskombinationen (IV.), also hybride Formen,[8] die sowohl Inhalte eines eigen- wie fremdbestimmten Verfahrens enthalten.

---

7 *Ade/Alexander,* Mediation und Recht, S. 58 ff; *Alexander/Ade/Olbrisch*, Mediation, Schlichtung, Verhandlungsmanagement, S. 7 ff.
8 Umfassend: *Eidenmüller/Wagner*, Mediationsrecht, S. 403 ff; ferner auch *Risse* ZKM 2004, 244.

II. Verfahren, in denen die Parteien das Ergebnis bestimmen
1. Coaching

3   Nach der Position aller in Deutschland maßgeblichen Coachingverbände (sog. »Commitment des Roundtable der Coachingverbände zur Profession Coach«)[9], ist unter **professionellem Coaching** im Wesentlichen folgendes zu verstehen:

»Coaching richtet sich an einzelne Personen (bzw. Personengruppen) und **fördert deren Fähigkeit zur Selbstorganisation im Berufs- und Arbeitsleben.** Coaching unterstützt die Person bei der Gestaltung ihrer persönlichen Entwicklung, ihrer sozialen Rollen und ihrer Kooperationsbeziehungen sowie bei der Bewältigung ihrer Entscheidungs- und Handlungsanforderungen im Arbeitsleben. Coaching wird durch einen **Coach** ausgeübt, dessen **Qualifizierung von einem Berufs- oder Fachverband anerkannt** ist. Im Dialog zwischen Coach und Klient werden Reflexions- und (Selbst-) Erfahrungsräume eröffnet und Klärungsprozesse initiiert. Durch die Erschließung neuer Perspektiven werden Entwicklungspotenziale und Handlungsspielräume erschlossen, Lern- und Veränderungsprozesse angeregt und begleitet sowie die Entscheidungs- und Handlungsfähigkeit gestärkt.«

4   Coaching ist dabei als Form **reflexiver Beratung** zu verstehen, die sich von der Expertenberatung, Weiterbildung und der Psychotherapie unterscheidet. Bezieht man die Bearbeitung privater Anliegen (was gängige Praxis ist)[10] mit ein, kann man zusammenfassend Coaching wie folgt definieren: *Coaching ist eine professionelle **Form reflexiver Beratung zur Erhöhung der Selbstlösungs- und Selbststeuerungskompetenz** des/der Klienten im Berufs-, Geschäfts- wie Privatleben.*

Wesentliche Elemente der **Vorgehensweise**[11] im Coaching sind:
- Coaching ist **vertraulich**, der **Coachingprozess** ist **strukturiert, methodengeleitet** und zeitlich begrenzt
- Grundlage des Coachingprozesses ist das **dialogische Arbeitsbündnis** zwischen Coach und Klient
- **Ziele und Themen bestimmt der Klient,** sie werden zwischen Coach und Klient verbindlich vereinbart
- Trotz der Zielorientierung bleibt der Coachingprozess **ergebnisoffen**
- Der Coach trägt die Prozess- und Methodenverantwortung, der Klient die Ergebnisverantwortung

5   Ist die Bearbeitung von Konflikten Gegenstand eines Coachings, dann stehen die **Konfliktvorbeugung** und die **Konfliktbewältigung**[12] meist im Vordergrund.

---

9   Abrufbar unter: http://www.roundtable-coaching.eu, Menüpunkt »Profession Coach« (Datum des Zugriffs: 15.09.2019).
10   Hierzu *Rauen* in: Coaching-Report, abrufbar unter: https://www.coaching-report.de/einfuehrung (Datum des Zugriffs: 15.09.2019); *Migge*, Handbuch Coaching und Beratung, S. 27.
11   Siehe Fn. 9, dort Links zu »Ethikrichtlinie« sowie »Profession Coach«.
12   *Schreyögg*, Konfliktcoaching, S. 37.

A. Zusammenfassende Darstellung alternativer Konfliktbeilegungsmethoden im Überblick   Teil 6

Erfolgt die Konfliktbearbeitung im **Coaching mit einer Einzelperson** (»unter 4-Augen«), 6
spricht man von einem **Konflikt-Coaching im Einzelsetting**. Wesensmerkmal ist, dass
dies **ohne Anwesenheit der anderen Konfliktpartei** geschieht. Eine anschließende Verhandlung der Parteien zum Zweck einer Einigung kann, muss aber nicht zwingend
Ziel des Coachings sein. Ob dies und insbesondere die Fokussierung auf eine Partei
ein hinreichendes Argument dafür sind, Coaching bzw. Konflikt-Coaching nicht als
ein den anderen Verfahren der außergerichtlichen Konfliktbeilegung gleichwertiges
Format anzuerkennen[13], wird unter Teil 6 D. I. erörtert.

Bei einem **Konflikt-Coaching von mehreren Personen** (Teams, Führungskräfte, Kol- 7
legien) ist die Konfliktbearbeitung vor allem vom Format der Mediation abzugrenzen.
Werden Konflikte *zwischen* zwei und mehr Personen mit dem Ziel der Konfliktbeilegung bearbeitet, so handelt es sich nach der Definition des Mediationsgesetzes (§ 1
Abs. 1 MediationsG) in aller Regel um eine Mediation. Ist die **Personengruppe als
Gesamtheit** hingegen selbst in der Rolle des Klienten (analog zum Einzelsetting) und
wird an ihrem Konflikt mit einer anderen Partei/anderen Beteiligten ohne deren Anwesenheit gearbeitet, dann kann man auch in diesem Fall von einem Konflikt-Coaching
sprechen.[14]

Ausführlich zu Coaching als Weg alternativer Konfliktbeilegung und zum Konflikt-Coaching im Einzelsetting unten Teil 6 D. I. und II.

2. Moderation

Unter Moderation[15] wird die Einschaltung eines **neutralen Dritten** in einen **Gesprächs-,** 8
Diskussions- oder Verhandlungsprozess verstanden, dem die Organisation und Leitung übertragen wird, ohne jedoch auf den Inhalt Einfluss zu nehmen.[16] Es handelt
sich mithin um eine niedrigschwellige Eingriffsmöglichkeit.[17] Moderation kommt
insbesondere in Betracht, wenn ein Konflikt die Eskalationsstufe 3 noch nicht überschritten hat[18] und der Moderator daher davon ausgehen kann, dass die Beteiligten
den Konflikt nach seinen Interventionen selbst bewältigen werden.[19]

Eine Moderation muss die Zusammenhänge besonders in den Blick nehmen, in denen 9
sie stattfinden soll. Geht es bspw. um Meinungsverschiedenheiten/Auseinandersetzungen/Konflikte im Kontext innerbetrieblicher Zusammenarbeit, von Umstrukturierungsmaßnahmen oder von Innovationsentscheidungen, so bedarf es eines anderen Settings
als wenn bspw. eine größere Gruppe von Bürgern, u. U. bereits als Bürgerinitiative
organisiert, Mitsprache bei Investitionen privater Vorhabenträger oder der öffentlichen

---

13 So Vorauflage unter: »Andere Verfahren« I. 2. Rdn. 3 und wohl auch *Greger* in:*Greger/
Unberath/Steffek*, Recht der alternativen Konfliktlösung 2016, D. Rn. 5.
14 Siehe hierzu näher unten Teil 6 D. II. Rdn. 8–11.
15 Vgl. umfassend den Beitrag unter Teil 6 E.
16 *Ponschab/Dendorf*, Konfliktmanagement im Unternehmen, S. 589 ff. (602).
17 *Klowait/Gläßer*, Mediationsgesetz, 1 Rdn. 47.
18 *Glasl*, Konfliktmanagement, 11. Aufl., S. 398 f.
19 *Glasl*, Konfliktmanagement, 11. Aufl., S. 258, 398 f.

Hand begehren. Dementsprechend kann es sinnvoll sein, dass die Beteiligten (zunächst einmal) für den Moderationsprozess Vertraulichkeit verabreden, bspw. um betriebliche Interna etc. zu wahren. Bei Planungs- oder Investitionsvorhaben der öffentlichen Hand dürfte es sich hingegen regelmäßig anbieten, möglichst umfassend über die Diskussion und ihren Verlauf zu berichten und bereits von Beginn an alle Beteiligten in den moderierten Diskussionsprozess mit einzubeziehen. In Absprache mit dem Auftraggeber[20] zählt die Auswahl des jeweiligen Moderationsformats,[21] die Bereitstellung geeigneter Arbeitsbedingungen, die Einführung und Nutzung zweckdienlicher Arbeitstechniken[22] und – sofern gewünscht – die Herstellung und Gewährleistung von Öffentlichkeit[23] zu den vorbereitenden Aufgaben des Moderators.[24]

10 Im Prozess selbst obliegt ihm – unter Wahrung seiner Neutralität – die **Strukturierung der Diskussion** mit dem Ziel, Standpunkte zu klären und Lösungen herbeizuführen. Interventionen des Moderators erfolgen verfahrensorientiert. Dafür kann es u. U. erforderlich sein, Eigeninitiative, Selbstorganisation und Kreativität zu fördern, Ideen anzustoßen und Arbeitsergebnisse zusammenzufassen. Bereits während des Prozesses – oder spätestens in der Nachbereitung – wird der Moderator (Zwischen-) Lösungen und/ oder Ergebnisse dokumentieren und – je nach Arbeitsauftrag – auch der Öffentlichkeit unterbreiten.

3. Anwaltliche Vergleichsvermittlung

11 Von einer anwaltlichen Vergleichsvermittlung[25] spricht man, wenn nach entsprechender Beauftragung durch ihre Mandanten die Anwälte zunächst die grundsätzliche **Verhandlungs- und Vergleichsbereitschaft** der Gegenseite **ausloten** und sodann versuchen, gemeinsam eine Lösung bestehender Streitpunkte herbeizuführen.[26]

---

20 Von Bedeutung ist die Intention des Auftraggebers: will er nur informieren, will er konsultieren, will er einbeziehen, will er kooperieren oder will er gar ermächtigen.
21 Bspw. eine Informationsveranstaltung (mit und ohne Kleingruppen) oder spezifische Formate wie Dialogveranstaltung.
22 Vgl. beispielhaft die Ausführungen von *Stratmann*, https://www.uni-muenster.de/Medienpaedagogik/Moderation/visualisierung.htm#Inhalt (Datum des Zugriffs: 31.10.2019); ferner zur Netzwerkmoderation *Höpfl* Spektrum der Mediation 70/2017, 50 ff und hierzu entgegnend *Walpuski* Spektrum der Mediation 76/2019, 47 ff.
23 Beispielsweise durch eine vom neutralen Moderator eingerichteten Webseite, auf der über Verlauf und Ergebnisse eines moderieren Beteiligunsprozesses berichtet wird.
24 Vgl. die Beispiele von Beteiligungsverfahren bei *Fritz/Sellke* KommJur 2016, 248 ff; dies. Gemeinde und Stadt 2016, 46 f.
25 Vgl. umfassend den Beitrag unter Teil 6 F.
26 »Als unabhängiger Berater und Vertreter in allen Rechtsangelegenheiten hat der Rechtsanwalt seine Mandanten ... konfliktvermeidend und streitentscheidend zu begleiten...«, vgl. § 1 Abs. 3 BORA. Bei Nichtaufklärung über die Vereinbarung und Anwendung von ADR-Verfahren kommt eine Haftung des Anwalts in Betracht; vgl. *Lembcke* JurBüro 2009, 175 ff.; *Riebesell* IBR 2010, 1236 – nur online.

A. Zusammenfassende Darstellung alternativer Konfliktbeilegungsmethoden im Überblick **Teil 6**

Dies kann – konfliktabhängig – fernmündlich, schriftlich oder in Konferenzen erfolgen; je nach Mandatierung können die Anwälte auch weitere Dritte als Sachverständige hinzuziehen.

In aller Regel werden die Bevollmächtigten die gefundene Lösung ihren Mandanten zur Zustimmung zuleiten und – wenn angezeigt – in eine entsprechende Vertragsform bringen, die ggf. nach entsprechender notarieller Beurkundung (§ 794 Abs. 1 Nr. 5 ZPO) oder als anwaltlicher Vergleich (§ 794 Abs. 1 Nr. 4b i.V.m. § 796a bis 796c ZPO) vollstreckt werden kann. 12

4. Cooperative Praxis (Kooperatives Anwaltsverfahren)

Cooperative Praxis (Kooperatives Anwaltsverfahren),[27] auch unter dem englischen Begriff »collaborative law« bekannt, stellt ein Verfahren dar, in dem (als Mediatoren geschulte bzw. über entsprechende Kenntnisse verfügende) **Anwälte zusammen mit ihren Mandanten** versuchen, eine gemeinsame Lösung bestehender Streitpunkte zu erreichen.[28] 13

In einer vertraglichen Abrede (sog. **Partizipationsabkommen**) vereinbaren die Parteien dieses Verfahren, sichern sich die Offenlegung aller relevanten Fakten zu, verabreden Vertraulichkeit und Verschwiegenheit sowie den Verzicht, den Klageweg zu beschreiten; zugleich beschließen sie, dass im Falle des Scheiterns die jeweiligen Anwälte für ein Gerichtsverfahren nicht mehr zur Verfügung stehen (sog. **Disqualifikationsklausel**). 14

Nach vorbereitenden Einzelgesprächen der jeweiligen Konfliktparteien mit ihren Anwälten finden sodann gemeinsame **Vierergespräche** mit dem Ziel der Konfliktbeilegung statt. Falls erforderlich, können Experten (Steuerberater, Psychologen etc.) zum Verfahren hinzugezogen werden. Im Anschluss an die Vierergespräche wird von den Anwälten die gefundene Vereinbarung in eine vertragliche Form, zumeist einen Vergleichsvorschlag, gebracht, die – wenn gewünscht – nach notarieller Beurkundung (§ 794 Abs. 1 Nr. 5 ZPO) oder als anwaltlicher Vergleich (§ 794 Abs. 1 Nr. 4b i.V.m. § 796a bis 796c ZPO) vollstreckt werden kann. 15

5. Schlichtung

Der Begriff der Schlichtung[29] wird im Sprachgebrauch als Synonym für eine Vielzahl unterschiedlicher Verfahrensarten gewählt,[30] soll hier jedoch als ein Verfahren verstanden werden, in dem ein **von** den **Konfliktparteien** bestellter **neutraler Schlichter** auf die Konfliktregulierung Einfluss nimmt.[31] Der Mediation vergleichbar ist der grundsätzlich konsensuale und wenig formalisierte Ansatz sowie die Verwendung mediativer Techniken, wenngleich der Schlichter in der Praxis häufig den **Sachver-** 16

---

27 Vgl. umfassend den Beitrag unter Teil 6 G.
28 *Engel* ZKM 2010, 112 ff.
29 Vgl. umfassend den Beitrag unter Teil 6 H.
30 *Alexander/Ade/Olbrisch*, Mediation, Schlichtung, Verhandlungsmanagement, S. 110.
31 *Heussen*, Die Auswahl des richtigen Verfahrens, S. 217 ff. (218).

Fritz

halt inquisitorisch ermittelt und sodann – und hierin liegt der entscheidende Unterschied zur Mediation – einen (nicht bindenden) **Vorschlag** zur Lösung des Konflikt unterbreitet, den sog. Schlichtungs- oder Schlichterspruch. Lehnt eine Partei den Schlichtungsspruch ab, so gilt die Schlichtung als gescheitert.

17 In der Bundesrepublik Deutschland haben zahlreiche Verbände und Institutionen[32] sog. **Schlichtungsstellen** etabliert,[33] also Einrichtungen, die als Institution auf die gütliche Einigung zwischen verschiedenen Institutionen, Trägern und Angeboten ausgerichtet sind und zugleich für gegenseitige Abrechnung und Dokumentation verantwortlich zeichnen.[34] Im Wesentlichen betrifft dies Schlichtungen bei Verbraucherbeschwerden und unter Berufsangehörigen.[35] Für die Durchführung stehen (jeweils unterschiedliche) Schlichtungsordnungen bereit. Ebenso wie die Schlichtung an sich erfolgt auch die Inanspruchnahme einer Schlichtungsstelle auf freiwilliger Basis; ein Schlichtungsverfahren hemmt die Verjährung (§ 204 Abs. 1 Nr. 4 BGB).

6. Güteverfahren

18 Eine besondere Form der Schlichtung in zivilrechtlichen Streitigkeiten ist das Güteverfahren, das vor **staatlich anerkannten Gütestellen** erfolgt.[36] Diese sind mit Personen besetzt, die die Befähigung zum Richteramt aufweisen oder mit Experten, die besonderes technisches Fachwissen mit sich bringen.[37] Jede Gütestelle hat eine (individuelle) Güteordnung, aus der sich das Verfahren, die Methodik und die Kosten ergeben. Die Kosten sind in der Regel vom Streitwert unabhängig und mithin kalkulierbar, was das Güteverfahren auch für zivilrechtliche Streitigkeiten mit höheren Streitwerten attraktiv machen kann.

19 Die Organisation und Durchführung der Verhandlung obliegt der Gütestelle, während für die inhaltliche Gestaltung einer möglichen Einigung die Konfliktparteien zuständig sind.

---

32 Vgl. beispielhaft zu weiterführenden Informationen über und Anschriften von Schlichtungsstellen/Schlichtungseinrichtungen: http://www.frankfurt-main.ihk.de/recht/themen/streitbeilegung/schlichtungsstellen/index.html. (Datum des Zugriffs: 31.10.2019).
33 Vgl. auch das Angebot der Länder Hessen und Baden-Württemberg zur Online-Schlichtung unter www.online-schlichter.de für Online-Shopping und eCommerce, ferner den Überblick über ausgewählte Einrichtungen bei *Klowait/Gläßer*, Mediationsgesetz, 3, O Rn. 22 ff.
34 Vgl. für den Versicherungsbereich § 214 Versicherungsvertragsgesetz, für den Bankenbereich § 14 Unterlassungsklagengesetz.
35 Vgl. bspw. Gesetz zur Schlichtung im Luftverkehr vom 11.6.2013 (BGBl.I S. 1545) und nunmehr auch das Verbraucherstreitbeilegungsgesetz vom 19.2.2016 (BGBl. I S. 254, ber. S. 1039) sowie die Kommentierung hierzu unter Teil 3 C.
36 Die Nomenklatur dieser staatlich anerkannten Gütestellen ist nicht einheitlich, z. T. werden sie auch als Schlichtungs- oder Schiedsstellen oder als Schiedsamt bezeichnet. Um die Abgrenzung zu den Schiedsgerichten zu gewährleisten bedarf es der Überprüfung, ob die jeweilige Stelle ein Vermittlungs- oder ein Entscheidungsverfahren anbietet.
37 Auch für die Schiedspersonen oder -leute werden unterschiedliche Begriffe verwendet: Schiedsmann bzw. -frau, Friedensrichter(in).

A. Zusammenfassende Darstellung alternativer Konfliktbeilegungsmethoden im Überblick Teil 6

Güteverfahren können als **freiwilliges Verfahren** sowohl vor als auch während eines 20
anhängigen Prozesses durchgeführt werden. Sie bieten den Parteien eine schnelle und
kostengünstige Möglichkeit, ihren Rechtsstreit auf außergerichtlichem Wege beizulegen. Ein freiwilliges Güteverfahren vor einer Gütestelle wird durch den Antrag einer
Konfliktpartei eingeleitet. Dieser Antrag bewirkt die Hemmung der Verjährung eines
zivilrechtlichen Anspruchs (§ 204 Abs. 1 Nr. 4 BGB). Lehnt der Konfliktgegner ein
Güteverfahren ab, so endet die Hemmung der Verjährung sechs Monate nach Beendigung des Verfahrens (§ 204 Abs. 2 S. 1 BGB). Einigen sich die Konfliktparteien auf
einen Vergleich und wird dieser von der Gütestelle protokolliert, so kann daraus zwangsvollstreckt werden (§ 15a Abs. 6 S. 2 EGZPO, § 794 Abs. 1 Nr. 1 ZPO).

Neben dem freiwilligen Güteverfahren gibt es in einigen Bundesländern auch ein **obli-** 21
gatorisches Güteverfahren vor eingerichteten oder anerkannten Gütestellen (vgl. § 15a
Abs. 1 Nr. 5 EGZPO). Da es dem Landesgesetzgeber überlassen bleibt, ob und in welchem Umfang er von der Ermächtigung Gebrauch macht, finden sich nicht in allen
Bundesländern entsprechende Regelungen.[38] Die Erhebung einer Klage[39] ist danach in
bestimmten Fallkonstellationen[40] erst zulässig, nachdem die Konfliktparteien vor einer
Gütestelle versucht haben, ihre Streitigkeit einvernehmlich beizulegen. Nach einer neueren Entscheidung des BGH kann das Verfahren auch noch nach Klageerhebung nachgeholt werden.[41] Im Falle einer Einigung ist der vor der Gütestelle geschlossene Vergleich
Vollstreckungstitel (§ 794 Abs. 1 Nr. 1 ZPO). Kommt eine Einigung nicht zustande, so
stellt die Gütestelle dem Kläger eine Bescheinigung über einen erfolglosen Einigungsversuch aus, der bei Klageerhebung einzureichen ist; eine entsprechende Bescheinigung ist
zudem auf Antrag auszustellen, wenn nicht binnen drei Monaten das beantragte Einigungsverfahren durchgeführt worden ist (§ 15a Abs. 1 Sätze 2, 3 EGZPO).

7. Mini-Trial

Der Mini-Trial stellt ein **privates**, dem (schieds-)gerichtlichen Verfahren vergleich- 22
bares **Verhandlungsverfahren** dar, dessen Durchführung freiwillig geschieht, für das
Vertraulichkeit verabredet wird, das sich auf die zentralen Streitpunkte konzentriert

---

38 Baden-Württemberg, Gesetz vom 28. 06. 2000 (GVBl. S. 470); Bayern, Gesetz vom
25. 04. 2000 (GVBl. S. 268); Brandenburg, Gesetz vom 05. 10. 2000 (GVBl. S. 134);
Hessen, Gesetz vom 06. 02. 2001 (GVBl. I. S. 98), ferner Hess. Schiedsamtsgesetz vom 23.
03. 1994 (GVBl. I. S. 148); Nordrhein-Westfalen, Gesetz vom 26. 01. 2010 (GVBl. 30);
Rheinland-Pfalz, Gesetz vom 10. 09. 2008 (GVBl. S. 204); Saarland, Gesetz vom 30. 05.
2001 (Abl. S. 532); Sachsen-Anhalt, Gesetz vom 22. 06. 2001 (GVBl. LSA, S. 214); Schleswig-Holstein, Gesetz vom 11. 12. 2001 (GVOBl. S. 361).
39 Die Vorschrift gilt nicht für Verfahren des einstweiligen Rechtsschutzes, *Thomas-Putzo*,
ZPO, § 15a EGZPO, Rn. 3. Die Landesgesetzgeber (vgl. Fn. 20), haben davon in unterschiedlicher Weise Gebrauch gemacht.
40 Das Landesrecht kann dies für vermögensrechtliche Ansprüche mit einem Gegenstandswert bis 750 Euro, für bestimmte nachbarrechtliche Streitigkeiten, für Ehrschutzklagen
ohne presserechtlichen Bezug und für Streitigkeiten nach dem Allgemeinen Gleichbehandlungsgesetz vorsehen, § 15a Abs. 1 Nr. 1 bis 4 EGZPO.
41 *Baumbach u. a.*, ZPO, § 15a EGZPO Rn. 24.

Fritz

und das kein Präjudiz für nachfolgende (Schieds-)Gerichtsverfahren darstellt.[42] Vielmehr geht es darum, die Chancen und Risiken eines (schieds-)gerichtlichen Verfahrens herauszuarbeiten und den Konfliktparteien zu verdeutlichen.[43]

23 Das Gremium setzt sich aus je einem hochrangigen, zu einem Vergleichsabschluss berechtigten **Entscheidungsträger der Konfliktparteien**[44] zusammen, die sich auf eine **dritte Person** als Obmann, **als neutralem Vorsitzenden**, einigen.

24 Das Prozedere für das Verfahren wird von den Parteien entweder bereits bei Vertragsabschluss oder vor Durchführung des Verfahrens vereinbart und folgt regelmäßig folgendem Schema:[45] Die Konfliktparteien tauschen sich in knappen schriftlichen Darlegungen aus und stellen vor dem Mini-Trial (mündlich) ihre gegenseitigen Standpunkte dar. Falls erforderlich, wird ein Beweisverfahren mit Zeugen und Sachverständigen durchgeführt. Im Anschluss daran erörtert das Mini-Trial-Gremium den unterschiedlichen Sachstand und führt Vergleichsverhandlungen, wobei der Obmann eine Vergleichsempfehlung abgeben kann.[46] Das gesamte Verfahren wird in einem überschaubaren Zeitrahmen durchgeführt und beendet.[47] Gelangen die Parteienvertreter des Gremiums zu einem Vergleich, so ist das Verfahren abgeschlossen; einigen sie sich nicht, so kann der Weg zu anderen außergerichtlichen oder gerichtlichen Entscheidungsmöglichkeiten beschritten werden.

25 Der Vorteil des bislang überwiegend in den USA[48] und dort wiederum beim Großanlagenbau praktizierten Verfahrens ist darin zu sehen, dass nicht die beauftragten Anwälte (oder Rechtsabteilungen) der jeweiligen Unternehmen, sondern verantwortlichen Unternehmensorgane selbst über den Streit entscheiden. Das Verfahren fördert bei ihnen eine realistische Einschätzung der Prozessaussichten und eine betriebswirtschaftlich sinnvolle Lösung.[49] Die Unternehmensvertreter im Gremium sehen sich mit der Zustimmung zum Mini-Trial-Verfahren grundsätzlich mit der Erwartung konfrontiert, eine Einigung herbeizuführen.[50]

---

42 *Helm/Bechtold* ZKM 2002, 159; *Eidenmüller/Wagner,* Mediationsrecht, Kapitel 11 Rdn. 15.
43 *Borris*, Mini-Trial, S. 67 ff. (68).
44 Im Schrifttum wird es als sinnvoll erachtet, dass diese Unternehmensvertreter aus den Geschäftsleitungen der jeweiligen Unternehmen stammen und zuvor nicht persönlich in die unternehmerische Entscheidung eingebunden waren, die zum Konflikt geführt hat und Gegenstand des Mini-Trials ist, *Grashoff* RIW 1994, 625 ff. (629), *Allmayer-Beck* Öst. AnwBl. 2010, 421 ff. (422).
45 Vgl. insoweit den Verfahrensvorschlag der Zürcher Handelskammer zum Mini-Trial-Verfahren von 1984, *Grashoff* RIW 1994, 625 ff. (629); *Helm/Bechtold* ZKM 2002, 159.
46 *Allmayer-Beck* Öst. AnwBl. 2010, 421 ff. (422).
47 *Borris*, Mini-Trial, S. 67 ff. (72), geht unter Bezugnahme auf das New Yorker Center for Public Resources von bis zu 50 Tagen aus, *Risse/Wagner*, Mediation im Wirtschaftsrecht, S. 553 ff. (580) sprechen von wenigen Stunden oder Tagen.
48 Umfassend zu den Bedingungen, unter denen sich der Mini-Trial entwickelt hat: *Borris*, Mini-Trial, S. 67 ff. (69).
49 *Allmayer-Beck* Öst. AnwBl. 2010, 421 ff. (422).
50 Zur Motivation der Unternehmensvertreter und verhandlungspsychologischen Phänomenen: *Risse/Wagner*, Mediation im Wirtschaftsrecht, S. 581.

8. Early neutral Evaluation

Das Verfahren dient Konfliktparteien dazu, in einem Frühstadium einer Auseinandersetzung sich der Hilfe eines **neutralen Dritten** zu bedienen, der ihnen als **unabhängiger Experte** für das jeweilige Streitgebiet eine vorläufige und unverbindliche, sie **nicht bindende Expertise** ihres Konfliktes liefert.[51] Dazu ermittelt er in kurzen Verhandlungen mit den Parteien den Sachverhalt als auch die jeweiligen Rechtsansichten und begründet dann schriftlich seine Einschätzungen in rechtlicher wie tatsächlicher Hinsicht. Das versetzt die Konfliktbeteiligten in die Lage, ihre möglichen Erfolgsaussichten in einer gerichtlichen Auseinandersetzung besser einschätzen und ihr weiteres Vorgehen konfliktangemessen beurteilen zu können. Typische Überschätzungen der jeweiligen Prozessaussichten werden so auf ein realistisches Maß reduziert.[52]

Auf der Grundlage seiner Expertise kann er, wenn gewünscht, mit den Konfliktparteien in Vergleichsgespräche eintreten;[53] das kann sowohl vor Verkündung seiner Entscheidung als auch danach geschehen.[54] Bei fehlender Einigungsbereitschaft kann der Dritte zudem Hinweise geben, wie ein etwaiges gerichtliches Verfahren unter genauer Abgrenzung des Prozessstoffes effizient zu führen wäre, insbesondere im Hinblick auf ein ggf. erforderliches Beweisverfahren.

III. Verfahren, in denen Dritte das Ergebnis bindend bestimmen

1. Adjudikation

Die Adjudikation[55] zählt zu den Verfahren, in denen ein Dritter – ein **sachverständiger Experte** (Adjudikator) – eine (**vorläufig**) **bindende Entscheidung** in einem zwischen den Parteien streitigen Konflikt trifft. Das Verfahren findet Anwendung im klassischen Baubereich wie auch im Anlagenbau, weil in diesen Wirtschaftszweigen schnelle Lösungen zur Vermeidung von erheblichen Schäden unabdingbar sind und es sich regelmäßig um Konflikte handelt, die schnell die Eskalationsstufe 6 und höher erreichen,[56] wenn sie nicht kurzfristig einer Lösung zugeführt werden.

Bereits in dem **Bauvertrag** einigen sich die Parteien, im Konfliktfall einen Adjudikator einzusetzen, der auf Antrag ad-hoc innerhalb kurzer Zeit vor Baufertigstellung Entscheidungen über Baukonflikte in tatsächlicher und rechtlicher Hinsicht trifft. Dies ist

---

51 *Allmayer-Beck* Öst. AnwBl. 2010, 421 ff. (422); *Eidenmüller/Wagner*, Mediationsrecht, Kapitel 11 Rdn. 16.
52 *Risse/Wagner*, Mediation im Wirtschaftsrecht, S. 583.
53 Der Erfolg dieser Einigungsgespräche liegt bei Wirtschaftsstreitigkeiten u. a. darin, dass entscheidungsbefugte Geschäftsführer ihre Einigungsbereitschaft nunmehr gegenüber anderen Unternehmensorganen mit der Bewertung durch den neutralen Dritten rechtfertigen können, *Risse/Wagner*, Mediation im Wirtschaftsrecht, S. 584.
54 Denkbar ist auch, das Verfahren in eine Mediation zu integrieren und auf diese Weise überzogene Ansichten in Bezug auf einen möglichen Prozesserfolg der Wirklichkeit anzupassen.
55 Vgl. umfassend den Beitrag unter Teil 6 I.
56 *Glasl*, Konfliktmanagement, S. 219.

deshalb von Bedeutung, weil zu diesem frühen Zeitpunkt das Budget noch nicht verbraucht ist und Anpassungen im Bauablauf und der -durchführung noch möglich sind und Schäden infolge von Bauablaufstörungen minimiert werden können. In der Adjudikations-Vereinbarung sollte bereits die Person des Adjudikators benannt oder zumindest eine Benennungsinstitution[57] angegeben und sich für das Verfahren auf eine Adjudikationsordnung[58] verständigen werden.

30 Der Adjudikator setzt dem Antragsgegner eine kurze Erwiderungsfrist und ermittelt ansonsten den Sachverhalt selbst. Seine Entscheidung ist für die Parteien zunächst auch dann bindend, wenn sie grobe tatsächliche und rechtliche Fehler aufweist. Ihre Durchsetzung erfolgt gerichtlich in einem sog. Vollstreckungsprozess. Die Bindung der Parteien an den Spruch des Adjudikators dauert so lange an, bis ggf. innerhalb eines (Schieds-)Gerichts- oder eines anderen ADR-Verfahrens der Konflikt endgültig beigelegt wird.

31 Adjudikation ist auch als **bau- bzw. projektbegleitende Adjudikation** (»Stand-by«) denkbar: Mehrere, in der Regel drei, Adjudikatoren (mit unterschiedlichen, aber auf das Vorhaben abgestellten Grundberufen) begleiten ein größeres Bauprojekt von Anfang an; bei aufkommenden Streitigkeiten benötigen sie keine Einarbeitungszeit.[59] Ihre schnelle Entscheidung hat den Vorteil, dass der Projektfortschritt durch die Auseinandersetzung kaum beeinträchtigt wird und Konflikte auch informell gelöst werden können, da die Schwelle zur Anrufung wegen dauernder Präsenz der Adjudikatoren herabgesenkt wird.[60] Nachteile müssen allerdings in den laufenden Kosten sowie in Folge des Aufwands gesehen werden: Die projektbegleitenden Adjudikatoren müssen kontinuierlich über den Projektfortgang informiert werden.

2. Schiedsgutachten

32 Unter einem Schiedsgutachten[61] ist die von einem **neutralen Dritten**, in aller Regel einem Sachverständigen mit konfliktabhängigem Expertenwissen, gefällte **verbindliche Entscheidung** über den ihm von den Konfliktbeteiligten unterbreiteten streitigen Sachverhalt zu verstehen, §§ 317 ff. BGB. Dabei geht es oftmals um die Beurteilung von Tatsachen; allerdings können die Parteien einem Schiedsgutachter auch rechtliche Beurteilungen innerhalb des Schiedsgutachtens einräumen. Es dient somit der Streitbeendigung und -erledigung.

33 Das **Schiedsgutachten** ist **zwischen** den **Konfliktbeteiligten verbindlich**, erwächst jedoch nicht in Rechtskraft; hierin liegt der wesentliche Unterschied zur Schiedsgerichtsbarkeit.

34 Die Bindungswirkung entfällt, d. h. das Schiedsgutachten ist unverbindlich, wenn es offenbar unbillig oder offenbar unrichtig ist (vgl. § 319 Abs. 1 S. 1 BGB). Die Rechte aus

---

57 Z.B. die Deutsche Institution für Schiedsgerichtsbarkeit -DIS-, www.dis-arb.de.
58 Z.B. die Adjudikations-Ordnung für Baustreitigkeiten, www.ao-bau.com.
59 *Allmayer-Beck* Öst. AnwBl. 2010, 421 ff. (423).
60 *Köntges/Mahnken* SchiedsVZ 2010, 310 ff.
61 Vgl. umfassend den Beitrag unter Teil 6 K.

A. Zusammenfassende Darstellung alternativer Konfliktbeilegungsmethoden im Überblick **Teil 6**

einem Schiedsgutachten können gerichtlich im Rahmen eines Urkundenprozesses durchgesetzt werden, wenn um Geldforderungen oder andere vertretbare Sachen gestritten wird.

3. Schiedsgerichtliches Verfahren

Das schiedsgerichtliche Verfahren[62] ist dem Verfahren vor staatlichen Gerichten stark angenähert und wird überwiegend bei Streitigkeiten im Wirtschaftsrecht – und hier wiederum häufig im internationalen Bereich – angewendet. Nationale Regelungen finden sich im 10. Buch der ZPO, §§ 1025 ff. ZPO; sie dienen in erster Linie der Sicherung von Verfahrensgerechtigkeit. Diese Vorschriften werden **ergänzt durch** internationale (ICC) oder nationale (DIS) **Schiedsgerichtsordnungen**, auf die sich die Konfliktparteien in aller Regel verständigen. 35

Schiedsgerichtliche Verfahren unterscheiden sich von Verfahren vor staatlichen Gerichten vor allem dadurch, dass sie freiwillig und vertraulich sind, dass die Schiedsrichter ausgewählt und die Spruchkörper paritätisch besetzt werden können, dass das Verfahren flexibel gestaltet werden kann und dass häufig nur eine Instanz über den Streitfall befindet. Die lange Zeit als Vorteil beschriebene Schnelligkeit und Kostengünstigkeit des schiedsgerichtlichen Verfahrens wird im jüngeren Schrifttum eher zurückhaltend bewertet.[63] 36

Das schiedsgerichtliche Verfahren bedarf zu seiner Anwendung zunächst einer schriftlichen Schiedsvereinbarung (Schiedsabrede oder Schiedsklausel, § 1029 Abs. 2 ZPO). Gegenstand einer Schiedsvereinbarung kann jeder vermögensrechtliche Anspruch sein sowie solche nichtvermögensrechtlichen Ansprüche, über die die Parteien berechtigt sind, einen Vergleich zu schließen. Der Verfahrensablauf selbst kann weitgehend von den Parteien gestaltet werden, ansonsten steht er im Ermessen des Schiedsgerichts. § 1042 Abs. 1 ZPO schreibt die Beachtung von Gleichbehandlung und rechtlichem Gehör vor. Das schiedsgerichtliche Verfahren endet durch einen (inhaltlichen) schriftlichen Schiedsspruch (§§ 1053, 1054 ZPO), der zwischen den Parteien die Wirkung eines rechtskräftigen gerichtlichen Urteils hat (§ 1055 ZPO) und aus dem nach erfolgter Vollstreckbarkeitserklärung vollstreckt werden kann (§ 1060 ZPO). Entscheidungen der Schiedsgerichte unterliegen nur in beschränktem Maße der staatlichen Jurisdiktion durch die Oberlandesgerichte (§§ 1062 ff. ZPO). 37

IV. Verfahrenskombinationen

1. Med-Arb

Ein Med-Arb-Verfahren[64] stellt eine **Kombination** von **Mediation und schiedsgerichtlichem Verfahren** dar.[65] Da es nach einer gescheiterten Mediation schwierig 38

---

62 Vgl. umfassend den Beitrag unter Teil 6 J.
63 *Helm/Bechtold* ZKM 2002, 159 f. (160); *Heussen*, Die Auswahl des richtigen Verfahrens, S. 217 ff. (219).
64 S. hierzu auch die Ausführungen unter Teil 6 J. 8.
65 Vereinbaren die Parteien hingegen zunächst die Durchführung einer Mediation und im Falle des Scheiterns die Durchführung einer Last-Offer-Schiedsverfahren, so wird hierfür

sein dürfte, mit der Gegenseite eine Schiedsvereinbarung zu treffen, wird die Mediation nicht isoliert, sondern als vorgeschalteter Teil eines einheitlichen Schiedsverfahrens durchgeführt,[66] m. a. W. die Konfliktparteien vereinbaren von vornherein einen entsprechend aufschiebend bedingten Schiedsklausel: Kommt mit Hilfe des Mediators eine Einigung nicht zustande, so werden die (verbleibenden) Streitpunkte durch diesen in der Funktion als Schiedsrichter entschieden.[67]

39 Der Vorteil dieser Kombination liegt darin, dass zunächst eine interessensorientierte Konfliktbeilegung angestrebt wird und für den Fall der Nichteinigung unverzüglich eine vollstreckbare Entscheidung des Schiedsgerichts herbeigeführt werden kann. Der Nachteil besteht in einer mangelnden Offenheit der Parteien: Es ist nur schwer vorstellbar, dass die Parteien dem mit Entscheidungsgewalt ausgestatteten Mediator sensible Informationen hinsichtlich einer umfassenden Bewertung ihres Konfliktes unterbreiten werden; stattdessen werden sie u. U. auch im Mediationsverfahren versuchen, den Mediator und späteren Schiedsrichter von ihrem Rechtsstandpunkt zu überzeugen. Eine interessensorientierte Streitbeilegung wird dadurch zumindest erschwert, die Vorteile des Mediationsverfahrens gelangen nicht umfassend zur Geltung.[68]

2. MAX

40 Den Bedenken, die gegen das Med-Arb-Verfahren vorgebracht werden, lässt sich durch eine **Erweiterung des Schiedsgerichts** begegnen, für das sich die Bezeichnung »**erweitertes Med-Arb-Verfahren**« (**MAX**)[69] anbietet.

41 In dem sich an die Mediation anschließenden schiedsgerichtlichen Verfahren entscheidet nicht der »**Mediationsschiedsrichter**« allein, sondern in einem Spruchkörper **zusammen mit zwei weiteren Schiedsrichtern**, die entweder gemeinsam oder jeweils von

---

der Begriff »MEDALOA« verwendet. Der Schiedsrichter oder das Schiedsgericht kann dann entscheiden, ob es den Einigungsvorschlag des Klägers oder den des Beklagten akzeptiert, ausgehend davon welcher der beiden Vorschläge näher an das Urteil heranreicht, dass das Schiedsgericht gefällt hätte. Dieses Verfahren erhöht das Risiko potenzieller Konfliktparteien, weil es keine vermittelnde Lösung mehr gibt: Sie werden daher bedacht sein, keine überzogenen Forderungen geltend zu machen. Ansonsten laufen sie Gefahr, dass das Schiedsgericht dem Vorschlag der Gegenseite folgen wird, weil dieser näher an der Realität ist, *Allmayer-Beck* Öst. AnwBl. 2010, 421 ff. (423), *Risse* ZKM 2004, 244 ff. (245). Zur »einfachen« Arb-Med vgl. die Ausführungen Teil 6 J. 8., ferner an gleicher Stelle die Ausführungen zur Möglichkeit eines »integrierten/parallelen Mediationsverfahrens«. Im Übrigen umfassend zu Med-Arb *Eidenmüller/Wagner*, Mediationsrecht, Kapitel 11 Rn. 32 ff.

66 Kritisch zu dieser Vorgehensweise *Duve* in: *Duve/Eidenmüller/Hacke* (Hrsg.), Mediation in der Wirtschaft, S. 252, der empfiehlt, ein ggf. erforderliches Schiedsgericht ad hoc zu vereinbaren.

67 Einigen sich die Parteien jedoch auf die Anwendung der ICC-Regeln, so schließt Art. 7 (3) ICC ADR Rules aus, dass der Mediator in späteren Schiedsverfahren tätig wird; vgl. *Koch* in: *Bachmann/Breidenbach/Coester-Waltjen/Heß/Nelle/Wolf* (Hrsg.), Grenzüberschreitungen, S. 402 ff. (403).

68 *Peter* American Review of International Arbitration 1997, 1 ff.

69 »Erweitertes Med-Arb-Verfahren«: MAX = mediation-arbitration-extended.

einer der Parteien bestellt werden. Das Wissen, das der Mediationsschiedsrichter im Rahmen der Mediation erfahren hat, darf er – zur Wahrung der Vertraulichkeit – seinen Mitschiedsrichtern nicht mitteilen. Dass er selbst möglicherweise sensible Informationen im Hinterkopf hat, die seine Entscheidung beeinflussen, kann zwar nicht ausgeschlossen werden, jedoch wird dies durch die Mitentscheidung der beiden anderen Schiedsrichter weitgehend kompensiert.

Das »MAX-Verfahren« hat gegenüber dem sog. Co-Med-Arb[70] den Vorteil, dass der Mediationsschiedsrichter sein allgemeines Wissen zum Verfahrensstand, namentlich zu den bereits gelösten Problemen, in das schiedsgerichtliche Verfahren einbringen und so zu einem zügigen und zugleich konfliktangemessenen Schiedsspruch beitragen kann.[71] Ein weiterer Vorteil besteht gegenüber dem herkömmlichen Med-Arb-Verfahren darin, dass es gerade in komplexen Verfahren schwierig sein dürfte, einen qualifizierten Schiedsrichter zu finden, der zudem die Qualifikation als Mediator besitzt. Beide Funktionen erfordern spezifische Kenntnisse und ein guter Mediator muss nicht zwangsläufig ein guter Schiedsrichter sein und umgekehrt.[72] Im »MAX-Verfahren« kann jedoch die mediative Kompetenz des Mediationsschiedsrichters um die – vom jeweiligen Konfliktfall abhängige – fachspezifische Kompetenz der beiden anderen Schiedsrichter ergänzt werden.

42

3. Med-Adj

Eine **Kombination von Mediations- und Adjudikationsverfahren** (Med-Adj)[73] wird im Schrifttum[74] für die Regelung von Baustreitigkeiten empfohlen, wobei das Mediationsverfahren vor, während und nach dem Adjudikationsverfahren erfolgen kann.

43

---

70 Vgl. hierzu mit weiteren Nachweisen *Schoen*, Konfliktmanagementsysteme für Wirtschaftsunternehmen, S. 153 (Fn. 152). Im »Co-Med-Arb-Verfahren« wird der Konflikt zwei neutralen Dritten geschildert, von denen der eine als Mediator und der andere ggf. sodann als Schiedsrichter tätig wird. *Eidenmüller* RIW 2002, 1 ff. (10) benennt noch das »med-arb-opt-out-Verfahren«, das jeder Partei die Möglichkeit einräumt, den designierten Mediationsschiedsrichter abwählen zu können.

71 Die ebenfalls denkbare Möglichkeit, den Mediator einem schiedsgerichtlichen Spruchkörper allein mit beratender Stimme beizuordnen, ist wenig zielführend, weil so der Spruchkörper unnötig aufgebläht und weitere Kosten entstehen würden. Es wird nicht verkannt, dass das Kostenargument bereits einem mit drei Personen besetzten Schiedsgericht entgegengehalten werden könnte; die Rücksichtnahme auf das Prinzip der Vertraulichkeit wie auch der Umstand, dass das MAX-Verfahren nur eines unter vielen alternativen Verfahren wäre, dürfte die erhöhten Kosten jedoch rechtfertigen.

72 *Eidenmüller* RIW 2002, 1 ff. (10).

73 Siehe hierzu auch die umfassende Darstellung unter Teil 6 I. Rdn. 23 ff.

74 *Lembcke* ZKM 2009, 122 (123); *Wagner* BauR 2009, 1491 (1491); *Englert/Schalk* BauR 2009, 874 (874 ff.); *Jung/Lembcke/Sundermeier/Steinbrecher* ZKM 2010, 50 (50 ff.).

44 Bei personenidentischer Besetzung des Mediations- und Adjudikations-Verfahrens kommen allerdings auch die bereits beim Med-Arb geäußerten Bedenken hinsichtlich der Offenheit der Beteiligten im Mediationsverfahren zum Tragen.[75]

4. Ombudsmann

45 Die Einrichtung des Ombudsmannes[76] – also eines **neutralen Dritten**, der bei Streitfällen verschiedenster Art **zur Streitregelung angerufen** werden kann –, zählt deshalb zu den hybriden Formen der außergerichtlichen Konfliktbeilegung, weil in zahlreichen Fallkonstellationen seine **Entscheidung** (in gewissem Rahmen) **für eine Konfliktpartei bindend** ist, während die andere entscheiden kann, ob sie den Vorschlag des Ombudsmannes zur Konfliktlösung annimmt.

46 So wird beispielsweise der **Ombudsmann der privaten Banken** bei Beschwerden von Kunden jener Banken tätig, die Mitglieder des Bundesverbandes deutscher Banken sind (d. h. private Banken ohne Genossenschaftsbanken). Der Schlichtungsspruch des Ombudsmannes ist für die jeweilige Bank bis zu einem bestimmten Wert des Beschwerdegegenstands bindend (5.000 Euro), während der Kunde dies akzeptieren kann, aber nicht muss und seinen Anspruch auch vor Gericht geltend machen kann.[77]

47 Die Institution des Ombudsmannes findet sich in den verschiedensten Wirtschaftsbereichen,[78] aber auch **bei öffentlichen Einrichtungen** wie Universitäten oder Rundfunkanstalten.[79] Zahlreiche Ombudsmann-Institutionen geben allerdings für beide Seiten nur unverbindliche Empfehlungen oder Lösungsvorschläge hinsichtlich des ihnen unterbreiteten Konfliktgegenstandes ab, so dass sich ihre Tätigkeit von der eines Schlichters (vgl. oben Rdn. 13 ff.) nicht unterscheidet.

---

75 Vgl. die Ausführungen unter Teil 6 J. Rdn. 58.
76 Vgl. die Ausführungen unter Teil 6 H. Rdn. 27.
77 Umfassend *Derleder/Knops/Bamberger* (Hrsg.), Handbuch zum deutschen und europäischen Bankrecht, § 57.
78 So bspw. bei der Privaten Kranken- und Pflegeversicherung, bei (sonstigen) Versicherungen, ferner Ombudsstelle für Investmentfonds sowie Ombudsstelle Geschlossene Fonds; vgl. hierzu *Klowait/Gläßer*, Mediationsgesetz, 3 O Rn 25.
79 Vom privatrechtlich tätig werdenden Ombudsmann ist diejenige (Vertrauens-)Person oder Behörde zu unterscheiden, die – zumeist im Bereich des öffentlichen Rechts – in der Regel von einem Parlament dazu berufen oder eingesetzt wurde, die Rechte und den Rechtsschutz anderer zu überwachen und staatliche (Verwaltungs- oder Dienst-)Stellen zu kontrollieren etc. Dazu zählen beispielsweise die Datenschutzbeauftragten des Bundes- und der Länder oder aber auch der Wehrbeauftragte des Deutschen Bundestages. Der (öffentlich-rechtliche) Ombudsmann verfügt regelmäßig über keine eigenen Eingriffsrechte, kann aber vermittelnd tätig werden und (wenn gesetzlich vorgesehen) öffentlich Bericht erstatten; vgl. hierzu *Schubert/Klein*, Das Politiklexikon; umfassend ferner *Kruse*, Der öffentlich-rechtliche Beauftragte.

B. Ökonomische Aspekte alternativer Streitbeilegung

Übersicht

		Rdn.
I.	**Ökonomische Bedeutung des Konfliktmanagements**	1
	1. Wirtschaftliche Dimension von Konflikten	1
	a) Erwerbswirtschaftliche Austauschbeziehungen	3
	b) Nicht erwerbswirtschaftliche Austauschbeziehungen	6
	2. Erfordernis ökonomischer Auswahlkriterien für ADR-Verfahren	8
	3. ADR-Bewertungsmaßstab: Effizienz	12
	a) Pareto-Effizienz	13
	b) Eliminierung von Akteurrisiken	15
II.	**Ökonomische Kriterien effizienter ADR-Verfahren**	17
	1. Ausgleich asymmetrischer Information	17
	a) Begriffsdefinition	17
	b) Relevanz für das Konfliktmanagement	18
	aa) Beobachtbarkeit	19
	bb) Beurteilbarkeit	20
	cc) Verifizierbarkeit	21
	dd) Sanktionierbarkeit	22
	c) Maßnahmen zum Informationsausgleich	26
	aa) Beiziehung sachverständiger Dritter	27
	bb) Untersuchungsbefugnisse des Sachverständigen	29
	cc) Frühzeitige Streitlösung	31
	2. Reduzierung von Transaktionskosten	33
	a) Begriffsdefinition	33
	b) Relevanz für das Konfliktmanagement	35
	aa) Rechtsschutzhemmnis hoher Transaktionskosten	36
	bb) Problem vielfältiger Kostenentstehung	37
	cc) Auswirkung von Kostentragungsregelungen	38
	dd) Streitpräventions- und -bewältigungskosten	40
	ee) Erfordernis effektiven Mitteleinsatzes	42
	c) Maßnahmen zur Transaktionskostenreduzierung	46
	aa) Vereinbarung üblicher Verfahrensregelungen	47
	bb) Zielorientierte Verfahrensgestaltung	48
	cc) Förderung konsensualer Lösungen	51
	3. Verhinderung von Verhandlungsmacht-Verschiebungen	54
	a) Begriffsdefinition	54
	b) Relevanz für das Konfliktmanagement	56
	aa) Spezifische Investitionen einer Partei	57
	bb) Risiko eines ›Hold-Up‹	58
	cc) Finanzierungsproblem strittiger Ansprüche	60
	dd) Risiko von ›Hold-Out‹-Strategien	63
	ee) Einfluss von Transaktionskosten	65
	ff) Effekt des Prozessrisikos	66
	c) Maßnahmen zum Verhandlungsmachtausgleich	67
	aa) Abbau asymmetrischer Information	68
	bb) Ausgleich und Minimierung der Verfahrenskosten	69

Teil 6 Andere Verfahren der außergerichtlichen Konfliktbeilegung

      cc) Zeitnahe Konfliktentscheidung 72
    4. Absicherung spezifischer Investitionen 73
      a) Begriffsdefinition 73
      b) Relevanz für das Konfliktmanagement 76
        aa) Lock-In-Effekt der investierten Partei. 77
        bb) Gefahr der Unterinvestition. 78
      c) Maßnahmen zur Investitionsabsicherung 80
        aa) Ausgleich der Verhandlungsmacht 81
        bb) Zeitnahe Konfliktentscheidung 82
    5. Minimierung von Residualverlusten. 83
      a) Begriffsdefinition 83
      b) Relevanz für das Konfliktmanagement 85
        aa) Kompensation einseitiger Vertragsänderungen 86
        bb) Bewältigung von Wertschöpfungsproblemen 90
        cc) Strukturdefizite juristischer Konfliktentscheidungen. 92
        dd) Erfordernis interessenorientierter Lösungen 96
        ee) Exkurs: Fallbeispiel 98
      c) Maßnahmen zur Minimierung von Residualverlusten 105
        aa) Frühzeitige Konflikterledigung. 106
        bb) Förderung konsensualer Lösungen 107
        cc) Beiziehung sachverständiger Dritter. 108
    6. Minimierung externer Effekte 109
      a) Begriffsdefinition 109
      b) Relevanz für das Konfliktmanagement 111
        aa) Ungleiche Kostenbelastung der Parteien. 112
        bb) Kostenabwälzung auf Dritte. 114
      c) Maßnahmen zur Minimierung externer Effekte 116
  III. Zusammenfassung/Resümee 118
  IV. Hinweise für die Praxis 121

I. Ökonomische Bedeutung des Konfliktmanagements

1. Wirtschaftliche Dimension von Konflikten

1 Ein Wesensmerkmal moderner Gesellschaften sind Austauschbeziehungen, die Personen, Unternehmen und andere Institutionen miteinander eingehen. Der Austausch von Leistungen bzw. Ressourcen beschränkt sich hierbei keineswegs auf erwerbswirtschaftlich motiviertes Handeln, sondern prägt sämtliche Gesellschaftsbereiche. Austauschbeziehungen basieren in diesem Zusammenhang vor allem auf individuellen, freiwilligen Entscheidungen der Akteure und damit auf einer konkreten individuellen **Nutzen- bzw. Erfolgserwartung.**

2 Unabdingbar für das Zustandekommen des Austausches ist insoweit ein stabiler Erwartungswert des individuellen Nutzens, den die Beteiligten erzielen. M.a.W.: Nur wenn die Akteure die Chancen und Risiken im Vorfeld hinreichend sicher beurteilen und von einer hohen Erfolgswahrscheinlichkeit ausgehen können, werden sie eine Austauschbeziehung aus freiem Willen eingehen. Rechtsgeschäftliche Vereinbarungen basieren insoweit auf der **Erwartungssicherheit einer ordnungsgemäßen Leistungserfüllung.** Dies gilt in besonderem Maße für Verträge mit erwerbswirtschaftlicher Zielstellung.

B. Ökonomische Aspekte alternativer Streitbeilegung **Teil 6**

a) Erwerbswirtschaftliche Austauschbeziehungen

Kommt es im Zuge des Leistungsaustausches zu unterschiedlichen Auffassungen 3
über die Auslegung der Vereinbarungen, so ist dies oft nicht allein Ausdruck einer
unterschiedlichen Wahrnehmung und Beurteilung von Sachverhalten; Meinungsverschiedenheiten sind häufig auch ein Indikator für strukturell **divergierende Vertragsinteressen** der Parteien. Konflikte bergen vor diesem Hintergrund in mehrfacher
Hinsicht akute Gefahren für die Realisierung des von den Parteien individuell erwarteten Vertragsnutzens bzw. wirtschaftlichen Erfolgs:

Je nach Ausgang des Streitfalls drohen zunächst wirtschaftliche Einbußen aus einer 4
Konkretisierung oder (vermeintlichen) Anpassung vertraglicher Rechte und Pflichten,
die die Beteiligten zuvor nicht in ihr Kalkül einbezogen haben. Im Extremfall müssen
die Akteure erhebliche monetäre Verluste hinnehmen.

Hinzu kommt, dass die Beteiligten nur allzu oft einen Gutteil ihrer **Ressourcen** – ins- 5
besondere Zeit, Personal, Sach- oder Geldmittel – **für die Konfliktbewältigung** aufwenden müssen, anstatt diese produktiv einsetzen zu können. Die Kosten dieses Ressourceneinsatzes sind in ökonomischer Hinsicht für eine alternative Verwendung
unwiederbringlich verloren, und zwar unabhängig von der – insoweit nachrangigen –
Frage nach der abschließenden Verteilung dieser Kosten auf die Konfliktparteien.

b) Nicht erwerbswirtschaftliche Austauschbeziehungen

Nicht wesentlich anders liegen die Dinge bei Konflikten in Austauschbeziehungen 6
ohne erwerbswirtschaftlichen Zweck. Auch hier drohen den Beteiligten **konfliktbedingte Einbußen** ihres – ggf. nicht monetär bewerteten – Austauscherfolgs, und
auch hier müssen die Parteien für die Konfliktlösung ggf. beträchtlichen Ressourcenaufwand betreiben. Analoges gilt selbst für Beziehungen, die nicht auf Freiwilligkeit der beteiligten Akteure basieren.

Konflikte haben in allen Lebensbereichen also unmittelbare ökonomische Auswirkun- 7
gen auf die Beteiligten und erreichen mithin eine ggf. ausgeprägte wirtschaftliche
Dimension, weil sie die Erfolgserwartung einer Austauschbeziehung gefährden und
sich nur durch den Einsatz von Zeit, Geld, Personal, Sachmitteln und anderen Ressourcen bewältigen lassen.

2. Erfordernis ökonomischer Auswahlkriterien für ADR-Verfahren

Außergerichtliche Verfahren erfreuen sich in zahlreichen Kulturkreisen und vielen 8
Ländern der Welt als Instrumente zur Bewältigung von Konflikten in weiten Bereichen sozialer und wirtschaftlicher Beziehungen einer hohen Akzeptanz. Das gilt
auch in der Europäischen Union und in der Bundesrepublik Deutschland. Die Verabschiedung des Mediationsgesetzes ist ein deutliches Signal für diese Entwicklung.
Angestrebt wird zwar in besonderem Maße eine Förderung der Mediation. Das
Gesetz greift jedoch noch weiter und zielt explizit darauf ab, auch anderen Verfahren
der außergerichtlichen Konfliktbewältigung die Tür zu öffnen.

Teil 6   Andere Verfahren der außergerichtlichen Konfliktbeilegung

9   Die **Bandbreite der Verfahren** ist allerdings groß, und ihre **Ausgestaltung variiert** nicht nur zwischen den grundlegenden ADR-Modellen, sondern auch innerhalb der einzelnen Verfahrensarten, für die inzwischen eine Fülle unterschiedlicher Verfahrensordnungen bzw. Musterregelungen angeboten wird. Ihre Zahl ist mit steigender Intensität der Diskussion geradezu exponentiell in die Höhe geschnellt. Für interessierte Akteure, die ein ADR-Verfahren vereinbaren wollen oder in einem bereits bestehenden Konflikt auf der Suche nach einem geeigneten Instrument der Konfliktbewältigung sind, gestaltet sich die Auswahl oft schwierig – zu unüberschaubar zeigt sich die ADR-Landschaft inzwischen. Für nicht ausgewiesene Experten ist es daher nur schwer zu beurteilen, welches Verfahrensmodell, welche Verfahrenskombination und welche Ausgestaltung eines Verfahrens im Einzelfall die richtige bzw. beste Wahl ist.

10   Die Entscheidung wird auch dadurch nicht erleichtert, dass die Diskussion über den Sinn und Zweck verschiedener ADR-Verfahren auch in der Fachwelt bisweilen ideologische Züge annimmt. Allzu oft folgt die **Verfahrenswahl** eher einem ›Glaubensbekenntnis‹ als sachlicher Abwägung. In dieser Konsequenz aber geraten der Konflikt und die Anforderungen an seine bestmögliche Bewältigung aus dem Blickfeld. Es droht die Gefahr, dass das Verfahren der Streitlösung nicht mehr als Mittel zur Erreichung eines klar definierten Ziels – einer optimalen Konfliktbewältigung – dient, sondern zum Selbstzweck gerät.

11   Zur Rechtfertigung und Förderung der außergerichtlichen Streitbewältigung vermag dies angesichts der ausgeprägten wirtschaftlichen Dimension von Konflikten nicht mehr zu genügen. Nötig sind deshalb **objektive ökonomische Kriterien**, anhand derer sich verschiedene ADR-Verfahrensmodelle und -Gestaltungsoptionen auf ihre Tauglichkeit hin überprüfen und zur Anwendung in der täglichen Praxis auswählen lassen. Als ›ökonomisch‹ ist hierbei im ursprünglichen Wortsinn der effiziente Einsatz begrenzter Ressourcen zu verstehen.

3. ADR-Bewertungsmaßstab: Effizienz

12   »Winning a lawsuit is not the goal, maximizing profits and minimizing risks and losses is the goal.«[1] – Nicht das Obsiegen vor Gericht ist das Ziel, sondern die Maximierung des wirtschaftlichen Erfolgs resp. die **Minimierung von Risiken und Verlusten.** Diese Feststellung trifft exakt die ökonomische Basisanforderung an ein wirksames Konfliktmanagement für alle Lebensbereiche, in denen Menschen unter Einsatz begrenzter Mittel agieren. Es kommt mithin zunächst darauf an, knappe Ressourcen (Zeit, Geld, Personal, Sachmittel,…) möglichst sinnvoll für die Bewältigung von Streitfällen einzusetzen. Weiterhin gilt es, eine – gemessen an den Nutzenerwartungen der Beteiligten – **ergebnisoptimale Konfliktlösung** zu fördern. Der ökonomische Bewertungsmaßstab für jedwedes Konfliktmanagementinstrument und damit auch für ADR-Verfahren lässt sich insoweit wie folgt beschreiben:
– Verfahrenseffizienz der Konfliktbewältigung,
– Ergebniseffizienz der Konfliktbewältigung.

---

1   *Edward A. Dauer*, Professor of Law and Dean Emeritus, University of Denver, Colorado.

a) Pareto-Effizienz

Effizienz bedeutet unter dem Kriterium der Verfahrens- und Ergebnisorientierung nicht die Maximierung eines Ertrags, also die Durchsetzung von Maximalansprüchen unter Einsatz geringstmöglicher Mittel. Es gilt vielmehr der Maßstab einer gesamtwirtschaftlichen **Effizienz durch optimale Ressourcenverwendung** für das Konfliktmanagement.[2] Das Optimum wird als sog. ›Pareto-Effizienz‹[3] erreicht, wenn sich ADR-Regelungen nur noch dadurch verändern lassen, indem eine Partei benachteiligt wird. Die Ausgestaltung von Regelungen für das Konfliktmanagement wird also auf eine ökonomische Ebene zurückgeführt – genauer: auf eine ›**Ökonomische Analyse des Rechts**‹ (ÖAR). Hierbei geht es darum, rechtliche Regelungen am Maßstab einer effizienten Ressourcenverwendung zu beurteilen. Im Kern stellen sich daher folgende Fragen: 13

- Welche Auswirkungen haben Konfliktmanagementregelungen bzw. ADR-Verfahren auf das Ziel einer optimalen Effizienz?
- Wie sollten Konfliktmanagementregelungen bzw. ADR-Verfahren unter der Zielsetzung ökonomischer Effizienz ausgestaltet werden?

Das ökonomische Kriterium der Effizienz steht hierbei keineswegs in einem grundsätzlichen Widerspruch zu außerökonomischen Zielsetzungen des Konfliktmanagements, sondern korrespondiert nach h.M. mit allgemeinen Rechtsprinzipien wie z. B. der Personenautonomie, der Gegenseitigkeit, der Verteilungs- und der Verfahrensgerechtigkeit.[4] Rechtsdogmatische und ökonomische Erwägungen schließen einander also nicht aus. 14

b) Eliminierung von Akteurrisiken

Verfahrens- und Ergebniseffizienz der Bewältigung von Streitigkeiten erfordern es, sog. ›Akteurrisiken‹ aus ›opportunistischem Verhalten‹ der Streitbeteiligten weitestmöglich zu unterbinden. Als **Opportunismus** bezeichnet man den Versuch einer Partei, ihren (wirtschaftlichen) Nutzen unter bewusster **Schädigung und Täuschung der Gegenseite** zu maximieren. Die Hauptgründe für eine Verwirklichung von Akteurrisiken bei der Bewältigung von Konflikten liegen bei näherer Betrachtung in asymmetrischer Information, hohen Transaktionskosten, Verhandlungsmachtungleichgewichten, einem mangelnden Schutz spezifischer Investitionen und im Problem externer Effekte. Hinzu kommen Residualverluste als mögliche wirtschaftliche Konfliktfolgen. 15

Die ökonomische Effizienz der Bewältigung von Konflikten im Allgemeinen lässt sich insoweit anhand folgender Aspekte bewerten: 16

- Ausgleich asymmetrischer Information,
- Reduzierung von Transaktionskosten,
- Verhinderung von Verhandlungsmacht-Verschiebungen,
- Absicherung spezifischer Investitionen,

---

2 Man spricht insoweit auch von ›Allokationseffizienz‹. S. hierzu etwa *Richter/Furubotn*, Neue Institutionenökonomik, S. 1, und *Schäfer/Ott*, Lehrbuch der ökonomischen Analyse des Zivilrechts, S. 14 ff.
3 Vgl. *Erlei/Leschke/Sauerland*, Institutionenökonomik, S. 15.
4 Vgl. *Schäfer/Ott*, Lehrbuch der ökonomischen Analyse des Zivilrechts, S. 25 ff.

- Minimierung von Residualverlusten,
- Minimierung externer Effekte.

Bisher sind diese Kriterien den wenigsten Parteien bei der Auswahl und Anwendung von ADR-Verfahren bewusst.

II. Ökonomische Kriterien effizienter ADR-Verfahren

1. Ausgleich asymmetrischer Information

a) Begriffsdefinition

17 **Konflikten** liegen häufig **in individuellen Wahrnehmungsunterschieden** der Beteiligten begründet.[5] Sachverhalte oder Situationen werden unterschiedlich wahrgenommen oder interpretiert – je nachdem, welche Qualifikation, welchen Kenntnisstand und welche Erfahrung die Akteure besitzen, in welcher momentanen Stimmung sie sind oder welche Charaktereigenschaften sie prägen.

Im Regelfall verfügen die Beteiligten daher weder der Menge noch dem objektiven Inhalt nach über die gleichen konfliktrelevanten Informationen. Selbst wenn Sie es täten, so würden sie diese Informationen ggf. völlig unterschiedlich verstehen und bewerten. Je komplexer sich Sachverhalte gestalten, desto geringer ist nach aller Erfahrung die Schnittmenge der gemeinsamen Wahrnehmung. Konflikte sind daher ganz wesentlich durch **asymmetrische Information der Akteure** gekennzeichnet.

b) Relevanz für das Konfliktmanagement

18 Für das Konfliktmanagement ist dieses Phänomen unter folgenden Gesichtspunkten von essenzieller Bedeutung:
- Beobachtbarkeit von Handlungen bzw. Verhaltensweisen[6] der Konfliktparteien,
- Beurteilbarkeit des Akteurverhaltens,
- Verifizierbarkeit unfairer, vertrags- oder regelwidriger Handlungen und Verhaltensweisen,
- Sanktionierbarkeit von Regelverstößen und Vertragsbrüchen der Parteien.

Die ersten drei Punkte sind unmittelbar mit dem individuellen Informationsstand der Akteure verknüpft: Herrscht zwischen den Konfliktparteien asymmetrische Information, so schränkt dies unweigerlich die Beobachtbarkeit, Beurteilbarkeit und Verifizierbarkeit von vertrags- oder regelwidrigen bzw. unfairen Handlungen und Verhaltensweisen ein. Gleichzeitig stehen diese Aspekte in einem Stufenverhältnis zueinander:

---

5 Vgl. dazu *Mullins*, Management and Organizational Behavior, S. 31.
6 Ein Konflikt ist nach *Jost* dadurch gekennzeichnet, dass sich gegenläufige Interessen mehrerer Parteien in nicht vereinbaren Handlungen manifestieren. Vgl. *Jost*, Strategisches Konfliktmanagement in Organisationen, S. 12.

aa) Beobachtbarkeit

Die **Beobachtbarkeit von Handlungen und Verhaltensweisen** der Konfliktparteien ist zunächst denklogisch eine notwendige Bedingung, um z. B. unfaires Verhalten, Regelverstöße oder vertragswidriges Handeln überhaupt zu erkennen.

19

bb) Beurteilbarkeit

Beobachtbarkeit allein genügt jedoch nicht. Zusätzlich bedarf es der Fähigkeit, **das beobachtete Verhalten** auch zutreffend am jeweiligen Erwartungsmaßstab eines fairen, ordnungsgemäßen oder vertragskonformen Handelns **beurteilen** zu können. Hierzu sind nicht selten besondere Sach- und Rechtskenntnisse, Erfahrungen und weitere Qualifikationen unabdingbar. Längst nicht jedes beobachtete Verhalten lässt sich deshalb stets richtig bewerten.

20

cc) Verifizierbarkeit

Auch eine zutreffende Beurteilung genügt für die Bewältigung von Konflikten nicht, wenn unfaire Verhaltensweisen, Vertragsbrüche und insbesondere die daraus abgeleiteten Anspruchsfolgen nicht verifizierbar sind. Als ›Verifizierbarkeit‹ bezeichnet man in diesem Zusammenhang die **Möglichkeit der schlüssigen Darlegung oder Nachweisführung** gegenüber Dritten,[7] die den Konflikt z. B. als Schiedsgutachter, Schiedsrichter oder ordentliches Gericht entscheiden. Entscheidend für die Verifizierbarkeit ist insoweit, welche Anforderungen an die Darlegung strittiger Sachverhalte oder (Rechts-)Ansprüche zu stellen sind. Es kommt daher nicht auf die subjektive Einschätzung der entscheidungsbefugten Drittpartei an, sondern auf die Einhaltung der Darlegungs- und Beweisanforderungen im Einzelfall.

21

dd) Sanktionierbarkeit

Erst mit Verifizierung strittiger Sach- und Rechtsfragen ist es generell möglich, unfaires, regel- oder vertragswidriges Verhalten zu sanktionieren, beispielsweise im Wege der **Durchsetzung entsprechender Rechtsfolgen** wie Schadenersatz, Vergütungsanpassung, Nachbesserung o. ä. (vgl. Abb. 1). Ob dies faktisch gelingt, hängt in letzter Konsequenz gleichwohl ab von der materiellen Vollstreckbarkeit einer Streitentscheidung und deshalb nicht selten von der wirtschaftlichen Lage der betroffenen Konfliktpartei.

22

---

7 Vgl. etwa *Hart/Holmström*, in: *Bewley*, Advances in Economic Theory: Fifth World Congress, S. 71 (134); *Tirole*, The Theory of Industrial Organization, S. 38, und *Jost*, Die Prinzipal-Agenten-Theorie in der Betriebswirtschaftslehre, S. 11 (13).

Teil 6 Andere Verfahren der außergerichtlichen Konfliktbeilegung

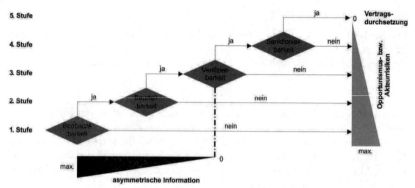

Abb. 1: Problematik asymmetrischer Information bei Vertragsstreitigkeiten

23 Im Ergebnis dieser Überlegungen können also Vertragsverstöße einer Partei, die beobachtbar und beurteilbar sind, von der benachteiligten Vertragsseite gegenüber Dritten längst nicht in jedem Fall auch hinreichend dargetan, nachgewiesen und mit deren Hilfe sanktioniert werden. Vertragsbrüche wiederum, die nicht beobachtet werden können, sind jedoch bereits aufgrund dieses Umstandes niemals beurteilbar und damit auch nicht sanktionsfähig.

24 Für das Konfliktmanagement ist das **Phänomen asymmetrischer Information** zwischen den Vertragsparteien untereinander bzw. zwischen den Vertragsparteien und Dritten insoweit **von elementarer Bedeutung**. Besonders kritisch wirkt es sich aus, wenn Streitigkeiten nicht allein aus sachlich begründeten Wahrnehmungsunterschieden resultieren, sondern durch sog. ›opportunistisches Verhalten‹ einer Seite verursacht werden. Das Merkmal des ›Opportunismus‹ bezieht sich hierbei auf die »unvollständige oder verzerrte Weitergabe von Informationen, insbesondere auf vorsätzliche Versuche irrezuführen, zu verzerren, verbergen, verschleiern oder sonstwie zu verwirren.«[8]

25 Asymmetrische Information zwischen den Beteiligten provoziert in diesem Zusammenhang nicht nur die Entstehung und die Eskalation von Konflikten, sondern **behindert** insbesondere auch eine sach- und interessengerechte **Bewältigung von Streitigkeiten**. Ein Ausgleich asymmetrischer Information trägt mithin unmittelbar dazu bei, die Gefahr der Streitentstehung und -eskalation nicht nur zu verringern, sondern darüber hinaus auch eine effiziente Konfliktlösung zu fördern.

c) Maßnahmen zum Informationsausgleich

26 Welche Maßnahmen sind es nun, die einen **Ausgleich asymmetrischer Informationen** im Rahmen des Konfliktmanagements herbeiführen oder zumindest unterstützen können? Die Beantwortung dieser Frage hängt zunächst davon ab, ob ein Streitfall auf

---

[8] *Williamson*, Die ökonomischen Institutionen des Kapitalismus, S. 54, vgl. auch *Richter/Furubotn*, Neue Institutionenökonomik, S. 155.

Wahrnehmungsunterschieden in der Sache beruht oder ob mindestens eine Seite bestrebt ist, in opportunistischer Weise Kapital aus Informationsvorteilen zu schlagen.

aa) **Beiziehung sachverständiger Dritter**

In einem Sachkonflikt sind die Parteien nach aller Erfahrung bestrebt, alle vorliegenden Informationen in eine Klärung des Konflikts einzubringen. Eine gütliche Einigung scheitert meist daran, dass die Beteiligten entweder nicht über alle maßgeblichen Informationen verfügen oder die ihnen vorliegenden Informationen nicht übereinstimmend bzw. nicht (vollends) zutreffend auslegen. 27

Abhilfe ist in dieser Situation durch die Beiziehung eines neutralen sachverständigen Dritten möglich, sofern dieser in der Lage ist, den **Konfliktstoff** hinreichend zu erfassen und **sicher zu beurteilen**. Der **Experte** kann die Parteien dann bei der Streitbeilegung unterstützen, indem er den Prozess als Mediator faszilitativ moderiert, mit einer evaluativen Mediation ggf. Anstöße für Lösungswege gibt oder in der Rolle eines Schlichters sogar eigenständig Einigungsvorschläge entwickelt. 28

bb) **Untersuchungsbefugnisse des Sachverständigen**

In opportunistisch geprägten Konflikten halten die Parteien dagegen z. B. Unterlagen bewusst zurück, weil sie aus dem Bekanntwerden von Informationen Nachteile für sich befürchten. Die Beiziehung eines neutralen Experten hilft in dieser Situation nur sehr bedingt weiter, wenn dieser sich bei seiner Arbeit nur auf unvollständige Grundlagen stützen kann, weil ihm **konflikt- bzw. wertungserhebliche Informationen vorenthalten** bleiben. Eine sachgerechte Streitbewältigung bzw. Streitentscheidung wird auf diese Weise ggf. beträchtlich erschwert oder sogar vereitelt. 29

Ein Ausweg liegt darin, die Position des neutralen Dritten durch die Übertragung umfassender Amtsermittlungsbefugnisse zu stärken, die ihm eine **eigenständige Sachverhaltsermittlung** gestatten. Ein solches Modell findet sich z. B. im ›Adjudication‹-Verfahren, wie es zur Entscheidung von Bauvertragsstreitigkeiten u. a. in England gesetzlich verankert ist.[9] Diese Ausgestaltung kommt nicht von ungefähr in einer Branche, deren Konfliktstrukturen in hohem Maße von komplexen technisch-baubetrieblichen Sachverhalten geprägt sind. Das Instrument der Amtsermittlung dient hier auch und besonders dem Zweck, die **Informationsgrundlage der Streitentscheidung** zu **verbessern** und eine opportunistisch motivierte Zurückhaltung entscheidungserheblicher Informationen zu verhindern. 30

cc) **Frühzeitige Streitlösung**

Ein nachhaltig positiver Effekt lässt sich durch eine möglichst **frühzeitige Verfahrenseinleitung, -durchführung und Streitentscheidung**. Dies gilt besonders für Streitfälle, die innerhalb einer längerfristigen Vertragsbeziehung auftreten, in die die Parteien jeweils individuelle Leistungsbeiträge einbringen und damit gleichsam als 31

---

9 Zum englischen Adjudication-Verfahren vgl. etwa *Harbst/Winter* BauR 2007, 1974 (1974 ff.); *Schramke* BauR 2002, 409 (409 ff.), und *Wiegand* RIW 2000, 197 (197 ff.).

›Co-Produzenten‹ fungieren. Zu denken ist in diesem Kontext in erster Linie an jegliche Formen des Projektgeschäfts. Typische Beispiele sind etwa industrielle Entwicklungspartnerschaften, die Softwarebranche, die Bauwirtschaft oder der Anlagenbau. Wird die Streitbewältigung hier auf die ›lange Bank‹ geschoben, so besteht immer die Gefahr, dass sich relevante Sachverhalte nachträglich kaum noch feststellen bzw. verifizieren lassen. Mit dem Zeitverlauf wächst zudem das Risiko von Informationsverlusten infolge von Mitarbeiterfluktuation oder schlichtweg aus verblassender Erinnerung der konfliktbeteiligten Personen.

32 Regelungen, die die Parteien auf eine zeitnahe Lösung von Streitigkeiten verpflichten oder zumindest wirksame Anreize hierfür schaffen, tragen daher ebenso zum **Ausgleich asymmetrischer Information** bei wie die Beiziehung sachverständiger Dritter.

2. Reduzierung von Transaktionskosten

a) Begriffsdefinition

33 Als Transaktionskosten (TAK) bezeichnet man den monetär bewerteten Ressourceneinsatz, zur Anbahnung, Vorbereitung und Realisierung sozialer und wirtschaftlicher Austauschbeziehungen. Zwischen Teilnehmern eines Marktes werden TAK als sog. ›Markttransaktionskosten‹ bezeichnet. Über den Phasenverlauf einer Leistungsbeziehung sind in diesem Kontext verschiedene **Transaktionskostenarten** zu unterscheiden.

34 Bis zum Zeitpunkt des Vertragsschlusses entstehen Such-, Informations- und Anbahnungskosten, Verhandlungs-, Entscheidungs- und Vereinbarungskosten. Nach Abschluss eines Vertrags bis zu seiner Beendigung fallen weiterhin Kontrollkosten, Anpassungskosten und Beendigungskosten an (vgl. Abb. 2).

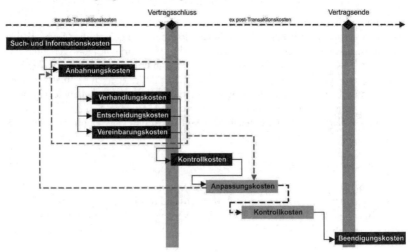

Abb. 2: Transaktionskosten über den Verlauf vertraglicher Leistungsbeziehungen

b) Relevanz für das Konfliktmanagement

Die Leistungsfähigkeit des Konfliktmanagements in Austauschbeziehungen wird durch Transaktionskosten damit in mehrfacher Hinsicht beeinflusst: 35

aa) Rechtsschutzhemmnis hoher Transaktionskosten

Es liegt auf der Hand, dass die Kontrolle und Durchsetzung von Rechtsansprüchen unter ökonomischen Überlegungen nur dann sinnvoll ist, wenn daraus ein **wirtschaftlicher Nutzenzuwachs** resultiert. Die TAK der Rechtsdurchsetzung müssen also niedriger liegen als der monetäre Wert der strittigen Ansprüche. Entscheidend ist hier die individuelle Risikobewertung der Anspruchsdurchsetzung durch die jeweilige Konfliktpartei. Muss ein Akteur Geld zur Entscheidung eines strittigen Anspruchs aufwenden, so wird er dies unter ökonomischer Abwägung nur dann tun, wenn er seinen **Erwartungswert des Streiterfolgs** höher einschätzt als die **Transaktionskosten der Konfliktbewältigung**. Die Anreizwirkung der Anspruchsverfolgung korrespondiert naturgemäß mit der Differenz zwischen dem erwarteten Erfolg und den zur Streitentscheidung anfallenden TAK. Sie ist daher nicht zuletzt abhängig von der **Einschätzung des wirtschaftlichen Verfahrensrisikos**[10] durch die einzelnen Parteien. Die Rechtsschutzqualität des Konfliktmanagements bzw. eines ADR-Verfahrens ist daher tendenziell umso höher, je niedriger die TAK des Verfahrens liegen. Zehren die Transaktionskosten der Konfliktbewältigung hingegen einen Großteil des strittigen Anspruchs auf, so verliert das entsprechende Verfahren an wirtschaftlicher Attraktivität – hohe TAK wirken damit faktisch als Rechtsschutzhemmnis, hindern die Akteure an der Anspruchsverfolgung und zwingen sie mangels Alternativen ggf., wirtschaftlich nachteilige Verhandlungslösungen zu akzeptieren. 36

bb) Problem vielfältiger Kostenentstehung

Zu beachten ist in diesem Zusammenhang, dass sich die TAK des Konfliktmanagements bei Weitem nicht auf die **Kosten der Verfahrensdurchführung** beschränken. Hinzu kommen beispielsweise Kosten zur Auswahl, Entscheidung und Vereinbarung der Konfliktmanagement-Regelungen bzw. der gewünschten ADR-Verfahren. Gleiches gilt für die Beauftragung neutraler Dritter, die im Streitfall etwa als Mediatoren, Schlichter, Schiedsgutachter oder Schiedsrichter fungieren. Weiterhin gilt es zu berücksichtigen, welche Kosten den Parteien für die Dokumentation bzw. die verfahrensgerechte Aufbereitung des Streitstoffs, den Anspruchsnachweis und die Verfahrensbegleitung entstehen. Neben den unmittelbaren Verfahrenskosten gilt es also eine **Vielzahl sekundärer Kosten** zu beachten. 37

---

10 Dieses Risiko wird im Zivilverfahren der ordentlichen Gerichtsbarkeit und im Schiedsgerichtswesen gemeinhin als ›Prozessrisiko‹ bezeichnet.

cc) Auswirkung von Kostentragungsregelungen

38 Bei allen Kostenbetrachtungen ist natürlich zunächst die **Gesamtkostensumme** bedeutsam, weil diese Aufschluss über die volkswirtschaftliche Effizienz der Konfliktbewältigung liefert. Darüber hinaus aber ist nicht minder von Gewicht, ob und welche anfallenden TAK-Bestandteile von den Beteiligten erfolgsunabhängig selbst zu tragen sind oder ob eine **Tenorierung** erfolgt, d. h. ob den Parteien bestimmte Kosten beispielsweise im reziproken Verhältnis zur Obsiegensquote auferlegt werden.

39 Beteiligen sich die Akteure nach einem fixen Kostenschlüssel (z. B. 50:50-Quote) an den Verfahrenskosten des Konfliktmanagements, so schmälert dies den wirtschaftlichen Erfolg im Obsiegensfall, mindert allerdings auch die **Verfahrensrisiken** bei unklarer Anspruchssituation. Vereinbaren die Parteien hingegen eine ergebnisabhängige Quotelung, so erhöht sich das wirtschaftliche Risiko der Anspruchsverfolgung bei geringen Erfolgsaussichten in dem Maße, wie das Ergebnis im Obsiegensfall entsprechend besser ausfällt.

dd) Streitpräventions- und -bewältigungskosten

40 Bei der Organisation des Konfliktmanagements ist ferner zu bedenken, dass die Transaktionskosten der Streitprävention und -bewältigung immer in einer **Wechselbeziehung** stehen: Werden zunächst nur geringe **Kosten für die vertragliche Risikoabsicherung** aufgewandt, so steigt unweigerlich die Konfliktgefahr und damit der **Erwartungswert konfliktbedingter TAK**. Gleiches gilt im Umkehrschluss.

41 Verzichten die Transaktionspartner wegen hoher Verhandlungs- und Vereinbarungskosten auf detaillierte schriftliche Regelungen zu wesentlichen Vertragsthemen, dann erschwert dies ganz zwangsläufig die Verifizierbarkeit dieser Themen gegenüber Dritten. Kommt es später zum Streit, müssen für die Konfliktbewältigung meist beträchtliche Anstrengungen unternommen werden, wodurch die TAK der Vertragsdurchsetzung resp. Anpassung unausweichlich ansteigen. Treffen die Parteien hingegen bei Vertragsschluss detaillierte Vereinbarungen, so müssen sie hierfür zwar vergleichsweise hohe Transaktionskosten aufwenden. Sie sparen diese ggf. aber später dadurch wieder (mehr als) ein, dass einerseits die Konfliktgefahr reduziert wird und dennoch aufkommende Streitigkeiten andererseits unter geringeren Kosten zu bewältigen sind.

ee) Erfordernis effektiven Mitteleinsatzes

42 In der Gesamtsicht geht es unter diesen Überlegungen also nicht primär um die Minimierung der Kostensumme für die Konfliktbewältigung, sondern um eine Optimierung des Verhältnisses zwischen den aufzuwendenden TAK und dem **Zugewinn an Rechtsschutzqualität** bzw. Rechtssicherheit für die Parteien, die sich letztlich in einem belastbaren und dauerhaft stabilen **Erwartungswert des (wirtschaftlichen) Nutzens** aus der Austauschbeziehung niederschlägt.

43 Insoweit kann selbst ein vergleichbar teures ADR-Verfahren durchaus sinnvoll sein – nämlich dann, wenn es mit deutlich höherer Wahrscheinlichkeit zu einer sachgerechten, wirtschaftlich effizienten und abschließenden Streiterledigung führt als ein anderes Verfahren, obschon dieses ggf. kostengünstiger zu haben ist. Die anfallenden TAK sind

daher stets im Zusammenklang mit allen anderen ökonomischen Aspekten des Konfliktmanagements zu bewerten.

Die Kosten einer Mediation beispielsweise liegen im Regelfall deutlich unterhalb denen eines Schlichtungs- oder Schiedsverfahrens. Gleichwohl wird ein Mediationsverfahren ggf. ökonomisch ineffizient sein, wenn die Aussichten auf eine akzeptable Streitlösung mangels Einigungswillen der Konfliktparteien nur gering sind. Scheitert eine konsensuale Lösung, so belasten die erfolglos aufgewandten TAK die Kostenbilanz des anschließend meist unausweichlichen Drittentscheidungsverfahrens. Wenig sinnvoll ist ein kostenminimales, konsensuales Verfahren wie die Mediation zumeist auch in den Fällen, in denen eine Partei über eine starke Verhandlungsposition verfügt und diese mit hoher Wahrscheinlichkeit nutzen wird, um der anderen Seite einen wirtschaftlich nachteiligen Vergleich aufzuzwingen. 44

Die Rechtsverfolgung im Gerichts- oder Schiedsgerichtsverfahren wird demgegenüber kaum Sinn machen, wenn das Verfahren zwar prinzipiell mit einem besseren wirtschaftlichen Ergebnis endet, dieser Vorteil letztlich aber durch hohe TAK wieder aufgezehrt wird. 45

c) **Maßnahmen zur Transaktionskostenreduzierung**

Ein erster Ansatzpunkt zur Senkung der TAK liegt unter den oben skizzierten Überlegungen darin, die **Kosteneffektivität** innerhalb der unterschiedlichen ADR-Verfahren durch geeignete Maßnahmen zu verbessern. 46

aa) **Vereinbarung üblicher Verfahrensregelungen**

Hierzu gehört beispielsweise die Vereinbarung von Verfahrensregelungen, die in den Verkehrskreisen der Parteien gebräuchlich, den handelnden Personen bekannt und in ihrer Anwendung sicher vertraut sind. Es bietet sich daher an, auf ›marktetablierte‹ Regelungsmuster bzw. Verfahrensordnungen zurückzugreifen, wie sie von einschlägigen ADR-Institutionen angeboten werden. Auf diese Weise lassen sich Transaktionskosten der Verfahrensvereinbarung und -durchführung gegenüber einer Individualvereinbarung oft signifikant reduzieren. 47

bb) **Zielorientierte Verfahrensgestaltung**

Spielräume für TAK-Einsparungen eröffnet auch die Gestaltung des Verfahrens an sich. Der Kosten- bzw. Ressourcenaufwand für das Konfliktmanagement hängt nämlich ganz wesentlich davon ab, welche **verfahrens- und materiellrechtlichen Anforderungen** zu beachten sind. Genügt beispielsweise eine summarische Sachverhaltsprüfung des Streitstoffs, so lässt sich eine Konfliktentscheidung in aller Regel erheblich zügiger und kostengünstiger herbeiführen, als wenn im Verfahren sämtliche strittigen Detailfragen Berücksichtigung finden müssen. 48

Ähnliches gilt im Hinblick auf den rechtlichen **Maßstab der Konfliktbeurteilung**. Eine Entscheidung nach billigem Ermessen z. B. wird deutlich kostengünstiger zu treffen sein als eine Entscheidung in ›Gerichtsqualität‹ (vgl. Abb. 3). Wesentlichen Einfluss 49 auf die Höhe der anfallenden TAK hat schließlich auch die **Verfahrensorganisation**. Es liegt auf der Hand, dass ein ADR-Verfahren umso kostenintensiver sein wird, je umfassender den Parteien rechtliches Gehör zu gewährleisten ist, je aufwendiger die einzelnen Verfahrensschritte zu dokumentieren sind und je ausführlicher das Verfahrensergebnis zu begründen ist.

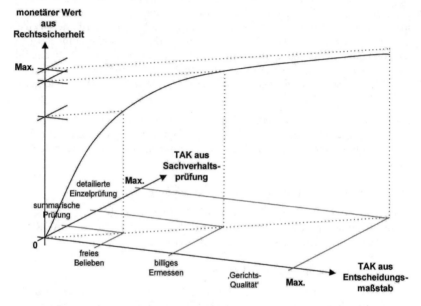

Abb. 3: Zusammenhang zwischen Transaktionskosten und monetärem Wert einer Streitentscheidung

50 Die Beteiligten sind mithin gefordert, ihr Rechtsschutzinteresse bei der **Verfahrenswahl und -gestaltung sorgfältig abzuwägen** (vgl. Abb. 3, Rdn. 49). Besonders in Wirtschaftsstreitigkeiten wird bisweilen noch außer Acht gelassen, dass der monetäre Wert einer letztlich ›rechtssicheren‹ Entscheidung häufig in einem signifikanten Missverhältnis zu den hierfür anfallenden Transaktionskosten steht.

cc) Förderung konsensualer Lösungen

51 Eine Reduzierung bzw. eine Minimierung der für die Konfliktbewältigung erforderlichen Transaktionskosten (TAK) ist grundsätzlich am besten mit konsensualen Verfahren wie Mediation oder Schlichtung zu erreichen, die bereits auf einer niedrigen Eskalationsstufe **unter geringem Ressourcen- und Kostenaufwand** durchführbar sind. Dieser Strukturvorteil lässt sich allerdings nur dann ausschöpfen, wenn die Konfliktlösung auch tatsächlich – und mit akzeptablem Ergebnis – gelingt. Insoweit muss die **Anreizwirkung** konsensualer Lösungen gestärkt werden.

Möglichkeiten hierfür bieten sog. ›**hybride Verfahren**‹[11] unter Kopplung verschiedener   52
ADR-Instrumente, wie sie vor allem international bzw. im Ausland etwa als ›MedArb‹
(Mediation-Arbitration)[12] oder ›MEDALOA‹ (Mediation and Last-Offer-Arbitration)[13]
bekannt sind. Diese Modelle bieten den Konfliktparteien die Option, beim Scheitern
einer gütlichen Einigung unverzüglich die Konfliktentscheidung im Schiedsverfahren
einzuleiten. Andere Regelungen sehen im Rahmen eines Drittentscheidungsverfahrens
mit dem sog. ›**Mediation-Window**‹[14] ein Zeitfenster vor, innerhalb dessen die Parteien
explizit angehalten sind, (letztmals) Einigungsanstrengungen zu unternehmen.

Der Kern dieser Verfahrensgestaltung liegt in der Absicht, den **Einigungsdruck auf die**   53
Parteien durch die Möglichkeit eines zeitnahen Übergangs in ein Drittentscheidungsverfahren zu erhöhen, was letztlich die Erfolgschancen einer konsensualen Lösung verbessert und damit – unabhängig von ggf. darüber hinaus gehenden Vorteilen – auch
zu einer Transaktionskostenreduzierung beiträgt.

3. Verhinderung von Verhandlungsmacht-Verschiebungen

a) Begriffsdefinition

Der Begriff der Verhandlungsmacht beschreibt die relative **Stärke der Verhandlungs-**   54
position, welche Akteure im Zuge eines Interessenausgleichs einnehmen (können).[15]
Ausgeprägte Verhandlungsmacht versetzt eine Partei in die Lage, ihren Nutzen aus
einer Austauschbeziehung durch die **Vorgabe von Preisen, Leistungen oder anderen**
Konditionen zu maximieren. Akteure mit geringerer Verhandlungsmacht sind daher
gezwungen, Vertragsbedingungen bzw. Preise zu akzeptieren, die nicht ihren tatsächlichen wirtschaftlichen Interessen entsprechen.

Als besonders problematisch zeigt sich dieses Phänomen, wenn sich die Verhandlungs-   55
macht nach Vertragsschluss zugunsten einer Partei verschiebt und diese Partei den so
gewonnenen Vorteil ausnutzt, um der anderen Vertragsseite **im Wege von Nachver-**
handlungen schlechtere Vertragskonditionen aufzuzwingen als ursprünglich vereinbart. Die verhandlungsschwächere Partei erleidet auf diese Weise ungeplante bzw. unvorhergesehene **Nutzeneinbußen** und wird die Transaktion ggf. insgesamt mit
wirtschaftlichem Verlust abschließen. Die Austauschbeziehung wird damit ökonomisch
ineffizient, denn sie wäre – sofern die schwächere Partei bereits vor Vertragsschluss
Kenntnis von dieser Entwicklung gehabt hätte – unter freier Entscheidung wohl kaum
zustande gekommen.

---

11 S. *Eidenmüller* RIW 2002, 1 (1 ff.).
12 *Risse*, Wirtschaftsmediation, S. 524 ff.
13 Vgl. *Eidenmüller* RIW 2002, 1 (8); *Risse* BB 2001, 16 (19), sowie *Risse*, Wirtschaftsmediation, S. 534 ff., und *Coulson* Journal of International Arbitration 1994, 111 (111 ff.).
14 Vgl. dazu etwa *Eidenmüller* RIW 2002, 1 (5).
15 Vgl. *Dixit/Skeath*, Games of Strategy, S. 571.

b) Relevanz für das Konfliktmanagement

56 Eine Verschiebung der Verhandlungsmacht stellt sich im Verlauf der Vertragsabwicklung grundsätzlich immer dann ein, wenn eine Partei **Vorleistungen** (z. B. Lieferung von Waren, Herstellung von Bauteilen) erbracht hat, für die die geschuldete Gegenleistung (z. B. Vergütung) noch nicht getätigt ist.

aa) Spezifische Investitionen einer Partei

57 Gelingen kann diese Strategie, wenn es sich bei den Vorleistungen um sog. ›vertrags- bzw. transaktionsspezifische Investitionen‹[16] handelt, die der Gläubiger anderweitig nicht oder nur unter **Hinnahme hoher wirtschaftlicher Einbußen** (sog. ›Sunk Costs‹ – versunkene Kosten) weiterverwenden kann. Der Gläubiger deshalb gleichsam in der Leistungsbeziehung gefangen und wirtschaftlich angewiesen auf eine ordnungsgemäße Vertragserfüllung.

bb) Risiko eines ›Hold-Up‹

58 Spezifische Investitionen wären unproblematisch, wenn sich die Gegenleistung des Schuldners ohne Risiken durchsetzen ließe. In der Vertragswirklichkeit jedoch ist die Situation häufig eine andere: Mit zunehmender technischer und/oder organisatorischer Komplexität einer vertraglichen Leistungsbeziehung wächst naturgemäß das **Risiko von Lücken, Unklarheiten oder Widersprüchen** innerhalb des Vertragswerks, die im Wege der Auslegung geschlossen werden müssen. Ebenso steigt die Wahrscheinlichkeit, dass **Leistungsstörungen** eintreten oder **Leistungsmodifikationen** erforderlich werden. Sofern der Vertrag für derartige Fälle Anpassungsregelungen vorsieht, sind diese notwendigerweise auf eine Vielzahl möglicher Konstellationen ausgelegt – für den konkreten Einzelfall verbleiben daher zumeist **Auslegungsspielräume**.

59 Gelingt keine einvernehmliche Anpassung, so laufen die Parteien Gefahr, ihre Auslegung des Vertrags im Streit nur unter hohem Kosten- und Zeitaufwand, ggf. nur eingeschränkt oder letztlich überhaupt nicht durchsetzen zu können. In wirtschaftlicher Hinsicht trifft dieses Risiko primär den Gläubiger, der bereits in Vorleistung getreten ist und seinen Anspruch auf die geschuldete Gegenleistung darlegen und beweisen muss. Der Schuldner hingegen ist zumeist in einer komfortablen Position: Er kann über die erbrachte Vorleistung faktisch verfügen und versuchen, die Vertragskonditionen – z. B. den Preis der Leistung – durch opportunistisch motivierte Nachverhandlungen (sog. ›Hold-Up‹ – ›Raubüberfall‹) zu seinen Gunsten zu verändern. Seine **Verhandlungsmacht resultiert** dabei aus dem Wert der erbrachten Vorleistung, vor allem aber **aus dem Risiko des Gläubigers** bei der Rechtsdurchsetzung.

---

16 S. hierzu ausführlich nachfolgend Rdn. 73 ff.

cc) **Finanzierungsproblem strittiger Ansprüche**

Von hoher Bedeutung ist in diesem Kontext bereits die Zeitdauer von der Entstehung bis zur Lösung des Konflikts: Selbst, wenn dem Gläubiger eine Durchsetzung strittiger Ansprüche im Wege einer Schlichtung, eines Schiedsgutachtens, eines Gerichts- oder eines Schiedsgerichtsverfahrens prinzipiell möglich ist, so wird das Rechtsschutzziel torpediert, wenn er den Streiterfolg mit einer überlangen Verfahrensdauer ›erkaufen‹ muss. Die Problematik liegt dabei nur zum Teil in den mit der Zeit anwachsenden **Transaktionskosten der Streitbewältigung**. Noch weit gravierender sind oft die ökonomischen Konsequenzen zum Vorteil des Anspruchsgegners. 60

Greifbar wird dieses Phänomen am **Beispiel des sog.** ›Justizkredits‹, dem Verzögern fälliger Zahlungen mit Hilfe des Gerichtsprozesses. Bis der Gläubiger vertragliche Forderungen gegenüber seinem Schuldner bzw. Vertragspartner im Klageweg durchgesetzt hat, kann der Schuldner als Beklagter die strittigen Mittel frei verwenden. Der klagende Gläubiger ist auf der anderen Seite zur **Zwischenfinanzierung** – meist bereits ausgabewirksam – **erbrachter Vorleistungen** gezwungen und kann das zu diesem Zweck erforderliche Kapital nicht anderweitig ertragbringend einsetzen. Seine wirtschaftliche Handlungsfähigkeit wird auf diese Weise gleich in doppelter Weise beschnitten. 61

Hinzu kommt, dass der Gläubiger vielfach zur **Abdiskontierung** seiner Forderungen gezwungen ist, weil der Schuldner die strittige Leistung (z. B. Zahlung) erst um die Dauer der rechtskräftigen Streitentscheidung verzögert erbringen muss. Die in der zivilgerichtlichen Prozesspraxis übliche Tenorierung von Verzugszinsen erweist sich in diesem Kontext nicht immer als hinreichend, um dem Gläubiger einen vollen Ausgleich dieser Kosten zu gewähren. 62

dd) **Risiko von ›Hold-Out‹-Strategien**

Mit zunehmender Dauer eines Gerichtsprozesses und hohem monetären Volumen der streitbefangenen Forderungen droht einem wirtschaftlich schwachen Gläubiger ggf. die Insolvenz, wenn die **Finanzierungsmittel des** ›Justizkredits‹ erschöpft sind. Umgekehrt verbessert sich die Position des beklagten Schuldners im Prozess kontinuierlich, weil der klagende Gläubiger bei drohender Insolvenz ggf. Vergleichsvereinbarungen akzeptieren wird, die weit unter seinen in der Sache gerechtfertigten Forderungen liegen. Der strukturell bevorteilte und mithin verhandlungsstärkere Schuldner resp. Anspruchsgegner wird in dieser Konstellation buchstäblich dazu verleitet, das Streitverfahren opportunistisch durch sog. ›Hold-Out‹ – ›Ausharren‹ zu verzögern, um die Gegenpartei mit der Zeit mürbe zu machen und schließlich in einen für sie nachteiligen Vergleich zu zwingen. 63

Die **Strategie der Obstruktionspolitik** ist allerdings nicht beschränkt auf die staatliche Zivilgerichtsbarkeit. Sie ist generell auch bei Schiedsgerichten und bei außergerichtlichen Verfahren ein Problem, wenn diese auf eine konsensuale Streitbeilegung ausgerichtet sind oder eine schnelle, abschließende Entscheidung nicht gewährleisten können. Ein effizientes Konfliktmanagement braucht deshalb ein Instrumentarium, mithilfe dessen ein taktisches Verzögern der Streitlösung wirksam unterbunden werden kann. 64

Sundermeier

Teil 6 Andere Verfahren der außergerichtlichen Konfliktbeilegung

ee) Einfluss von Transaktionskosten

65 Neben der Zeitdauer haben auch **hohe Transaktionskosten (TAK)** der Konfliktbewältigung hohen Einfluss auf eine **Verschiebung der Verhandlungsmacht.** Kann die vorleistende Partei z. B. Dokumentations- und Verfahrenskosten nicht aufbringen oder stehen die TAK der Rechtsverfolgung nicht in einem angemessenen Verhältnis zur strittigen Anspruchshöhe bzw. zum Erwartungswert des Streiterfolgs, so wirken die Kosten zwangsläufig als **Rechtsschutzhemmnis** und stärken auf diese Weise die Verhandlungsposition des Schuldners bzw. Anspruchsgegners.

ff) Effekt des Prozessrisikos

66 Ist der Ausgang eines gerichtlichen oder außergerichtlichen Streitverfahrens zudem wegen der juristischen oder fachlichen Komplexität des Streitstoffs nur unzureichend prognostizierbar, so hat auch dies einen Effekt auf die **Verhandlungsmacht der Konfliktbeteiligten.** Bei hoher **Einschätzung des Prozessrisikos** resp. niedrigem Erwartungswert eines Streiterfolgs wird die betroffene Partei etwa trotz eines in der Sache berechtigten Anspruchs auf eine Klageerhebung verzichten. Dieses Resultat wird z. B. auch dann zu beobachten sein, wenn (Schieds-)Richter, Schiedsgutachter oder andere Drittentscheider nicht qualifiziert oder erfahren genug sind, um den ggf. komplexen Streitstoff juristisch und fachlich sicher zu erfassen und ›richtig‹ zu beurteilen, obwohl dieser von den Parteien ordnungsgemäß vorgetragen wird. Die Verschiebung der Verhandlungsmacht ist an diesem Punkt durch **asymmetrische Information** zwischen den unmittelbar Konfliktbeteiligten und entscheidungsbefugten Dritten bedingt.

c) Maßnahmen zum Verhandlungsmachtausgleich

67 Die Problematik einer Verhandlungsmachtverschiebung nach Vertragsschluss und ihre Konsequenzen für den Umgang mit Konflikten gestalten sich vielschichtig. **Ausgangspunkt sind** jedoch stets **vertragsspezifische Investitionen** einer Partei, die das Risiko opportunistisch motivierter Nachverhandlungen mit sich bringen. Die Gefahr eines solchen ›Hold-Up‹ durch die verhandlungsstärkere Partei ist in denjenigen Fällen besonders ausgeprägt, in denen eine Rechtsverfolgung mit Hilfe Dritter nicht oder nicht hinreichend möglich ist.

aa) Abbau asymmetrischer Information

68 Der notwendige Ausgleich der Verhandlungsmacht setzt deshalb zwingend voraus, dass den Parteien im Streitfall der Weg in ein **leistungsfähiges Drittentscheidungsverfahren** offen steht. Ein wesentliches Rechtsschutzhemmnis liegt insoweit im Problem mangelnder **Verifizierbarkeit** strittiger Sachverhalte resp. Ansprüche gegenüber dem entscheidungsbefugten Dritten. Grundlegende Ansatzpunkte zum Verhandlungsmachtausgleich bieten zunächst also sämtliche Maßnahmen, die auf einen **Abbau asymmetrischer Information zwischen den Parteien und Dritten** abzielen – z. B. die Streitstoffbeurteilung und ggf. Konfliktentscheidung durch sachverständige Experten, die ggf. mit eigenen Amtsermittlungsbefugnissen ausgestattet sind.

bb) Ausgleich und Minimierung der Verfahrenskosten

Darüber hinaus gilt es, die Zugangsschwelle zur Drittentscheidung durch die Bereitstellung eines kostengünstigen Verfahrens möglichst niedrig zu halten. Maßnahmen zur **Transaktionskostenreduzierung** haben von daher einen positiven (Neben-)Effekt auf den Verhandlungsmachtausgleich der Konfliktparteien. 69

Einfluss haben in diesem Zusammenhang auch die Regelungen zur Übernahme bzw. **Tenorierung der Verfahrenskosten:** Eine – unabhängig vom Ausgang des Konflikts – eine jeweils **hälftige Kostentragung** beschränkt das Verfahrenskostenrisiko und senkt die Rechtsschutzbarriere nicht zuletzt in komplexen Streitfällen, die tendenziell einen höheren Verfahrensaufwand erfordern und in denen signifikante Unsicherheit über die Streitentscheidung herrscht. Erfolgt hingegen eine Tenorierung im Verhältnis Unterliegen/Obsiegen, so wächst mit der Prognoseunsicherheit des Streitergebnisses auch das Kostenrisiko der Verfahrensdurchführung. Die wirtschaftlich schwächere Konfliktpartei wird aus diesem Grund bei komplexen Streitsachen ggf. auf eine Rechtsverfolgung verzichten. 70

Von Bedeutung für den Ausgleich der Verhandlungsmacht ist unter diesem Gesichtspunkt, dass alle Konfliktparteien strukturell identische Kostenrisiken tragen. Die Gerichtskostenbefreiung von Landes- und Bundeskörperschaften beispielsweise hemmt latent die Bereitschaft dieser Institutionen, in Verträgen mit privaten Partnern ADR-Verfahren zu vereinbaren, deren Kosten die Haushalte der einzelnen Ressorts unmittelbar belasten würden. Dies wiederum schwächt die Verhandlungsmacht privater Partner, die ihr Prozesskostenrisiko bei der Rechtsverfolgung wirtschaftlich ins Kalkül ziehen müssen. 71

cc) Zeitnahe Konfliktentscheidung

Nicht übersehen werden darf schließlich das bereits angesprochene Problem der **Zwischenfinanzierung strittiger Vorleistungen** über den Zeitraum bis zur Konfliktentscheidung und das damit einhergehende Risiko eines Hold-Out. Ist eine Vertragsseite vorleistungspflichtig bzw. stehen bereits erbrachte Leistungsteile im Streit, so muss der betroffenen Partei die **Möglichkeit** einer zeitnahen Verfahrenseinleitung und **einer kurzfristigen Entscheidung** eröffnet werden, die in materieller Hinsicht mindestens **vorläufige Bindungswirkung** entfaltet und ggf. unter Einlegung von Rechtsmitteln – z. B. in einem gerichtlichen Urkundsverfahren[17] – durchsetzbar ist. Beispielgebend für eine solche Verfahrensgestaltung steht etwa das ›Adjudication‹-Verfahren, das als Regelverfahren für die Lösung bauvertraglicher Vergütungsstreitigkeiten in zahlreichen Ländern gesetzlich eingeführt ist.[18] 72

---

[17] S. dazu etwa *Lembcke* BauR 2009, 19 (19 ff.).
[18] Vgl. dazu etwa *Harbst/Winter* BauR 2007, 1974 (1974 ff.); *Schramke* BauR 2002, 409 (409 ff.), und *Wiegand* RIW 2000, 197 (197 ff.).

4. Absicherung spezifischer Investitionen

a) Begriffsdefinition

73 Als (vertrags-) spezifische Investitionen bezeichnet man solche Investitionen, die **innerhalb einer Vertragsbeziehung** als Leistungsvoraussetzung getätigt werden (müssen) und sich nur mit einer ordnungsgemäßen Vertragserfüllung **vollständig amortisieren**. Sie sind grundsätzlich dort erforderlich, wo Leistungsbeiträge bzw. Produktionsfaktoren in technischer und/oder organisatorischer Hinsicht aufeinander abgestimmt oder im Einzelfall an die Anforderungen einer Transaktion angepasst werden müssen, damit der Leistungsaustausch durchgeführt werden kann.

74 Die Zweckbestimmung bzw. Ausrichtung der Investitionen auf eine bestimmte Leistungsbeziehung hat unweigerlich zur Folge, dass sie als sog. ›**Einzweckinvestitionen**‹[19] innerhalb des konkreten Vertrags erheblich werthaltiger sind als im Rahmen einer anderen Verwendung, die mit hohen Gewinneinbußen verbunden wäre.[20] Sind die Investitionen innerhalb der vorgesehenen Verwendung nicht rückerlösbar – etwa infolge von Vertragsänderungen oder vorzeitiger Vertragsbeendigung, so müssen sie als sog. ›Sunk Costs‹ – ›**versunkene Kosten**‹[21] abgeschrieben werden. Probleme drohen deshalb insbesondere dort, wo Leistung und Gegenleistung Zug um Zug erfolgen und mindestens eine Partei zeitweise in Vorleistung geht.

75 Der Spezifitätsgrad einer Investition verstärkt sich hierbei in dem Maße, wie die **Langfristigkeit des Vertragsverhältnisses, Individualität bzw. Kundenspezifität** der Leistung und **Integrativität** des Produktionsprozesses zusammenkommen.

b) Relevanz für das Konfliktmanagement

76 Das wesentliche Kriterium vertragsspezifischer Investitionen und der Ausgangspunkt möglicher Probleme bei Streitfällen liegt darin, dass die Investitionen sich nur bei ordnungsgemäßer Erfüllung des Vertrags vollständig rücklösen lassen.

aa) Lock-In-Effekt der investierten Partei

77 Je größer der Unterschied des spezifisch investierten Kapitals zwischen den Vertragsparteien ist, desto stärker ist die höher investierte Partei **unter wirtschaftlichen Gesichtspunkten** davon **abhängig**, dass der Leistungsaustausch so erfolgt wie bei Vertragsschluss vorgesehen. Man bezeichnet dies als sog. ›Lock-In-Effekt‹, als ›Gefangensein‹ in der Vertragsbeziehung. Besteht keine oder keine hinreichende bzw. gegenüber Dritten verifizierbare vertragliche Absicherung der Investitionen, eröffnet dieser Lock-In-Effekt **Spielräume für eine opportunistisch motivierte Nachverhandlung** bzw. Änderung von Vertragskonditionen zulasten der stärker gebundenen Partei im

---

19 In diesem Kontext wird auch der Begriff ›Einzwecktechnologie‹ verwandt. Vgl. *Göbel*, Neue Institutionenökonomik, S. 139.
20 Vgl. *Erlei/Leschke/Sauerland*, Institutionenökonomik, S. 181, und *Richter/Furubotn*, Neue Institutionenökonomik, S. 599.
21 Vgl. *Richter/Furubotn*, Neue Institutionenökonomik, S. 603.

Wege des Hold-Up. Die Problematik der vertragsspezifischen Investitionen steht hier in direkter Verbindung zur bereits diskutierten Frage der Verhandlungsmacht und ihrer Auswirkung auf das Konfliktmanagement.

bb) **Gefahr der Unterinvestition**

Befürchten die Parteien hingegen schon im Vorfeld oder im Zuge des Leistungsaustausches spätere Nachverhandlungen oder Vertragsbrüche, so werden sie versucht sein, ihre nicht hinreichend geschützten und mithin ›Hold-Up-bedrohten‹ spezifischen **Investitionen** von diesem Zeitpunkt an zu **minimieren** und so dem Zugriff des Vertragspartners zu entziehen. Die negative Konsequenz dieser Strategie ist, dass auch wünschenswerte, wirtschaftlich sinnvolle Investitionen nicht oder nicht in dem erforderlichen Maße getätigt werden – es kommt somit zu einer Unterinvestition, die ein optimales Ergebnis des Leistungsaustausches verhindert und im Extremfall den **Vertragserfolg komplett gefährden** kann. 78

Eine wesentliche Aufgabe des Konfliktmanagements und damit auch ein wesentliches Kriterium zur Bewertung von ADR-Verfahren ist also die Absicherung vertragsspezifischer Investitionen, sofern diese für den Leistungsaustausch erforderlich sind bzw. einen nutzensteigernden Effekt haben. 79

c) **Maßnahmen zur Investitionsabsicherung**

Anknüpfend an die oben skizzierten Problemstellungen müssen Maßnahmen zur Investitionsabsicherung einen doppelten Zweck erfüllen. Einerseits müssen bereits **getätigte Investitionen** wirksam gegen späteren Verlust aus Nachverhandlung bzw. Hold-Up **geschützt** werden. Nicht minder wesentlich ist es andererseits, aktuell oder zukünftig notwendige Investitionen in erforderlichem Umfang sicherzustellen bzw. sinnvolle **Investitionen anreizwirksam** zu fördern. 80

aa) **Ausgleich der Verhandlungsmacht**

Die Absicherung bestehender Investitionen gegen Hold-Up ist vor diesem Hintergrund als typisches **Kompensationsproblem** sachlich eng verbunden mit der Verhinderung von ex-post-Verschiebungen der Verhandlungsmacht zulasten der investierten bzw. vorleistenden Vertragsseite. Die erforderlichen Maßnahmen resp. Gestaltungsansätze des Konfliktmanagements sind deshalb weitestgehend kongruent. Es gilt, die **Bereitstellung eines leistungsfähigen Drittentscheidungsverfahrens** zu gewährleisten, das den Konfliktparteien im Scheiternsfall einer gütlichen Einigung zeitnah kosteneffizienten und sachverständig fundierten Rechtsschutz bietet. 81

bb) **Zeitnahe Konfliktentscheidung**

Etwas anders liegen die Anforderungen, wenn – beispielsweise bei Leistungsstörungen innerhalb einer längerfristigen Austauschbeziehung – Streit darüber besteht, ob und welche vertragsspezifischen **Anpassungsdispositionen** seitens der Beteiligten jeweils vorzunehmen sind. Hier wird es nicht selten auf eine möglichst **kurzfristige** 82 und verbindliche Festlegung ankommen, um den wirtschaftlichen Schaden aus Leistungsverzögerungen oder Schlechtleistungen in Grenzen zu halten. Für den Fall, dass die Akteure nicht zeitnah eine bilaterale Lösung im Konsens erreichen, kann der interessierten Partei bereits ex ante die Verfahrensoption eingeräumt werden, die erforderliche Leistung bzw. Anpassung kurzfristig und – vor allem – materiell verbindlich im Sinne von § 317 BGB durch einen neutralen Experten vornehmen zu lassen. In Betracht kommt hier etwa ein fristgebunden zu erstellendes Schiedsgutachten.

5. Minimierung von Residualverlusten

a) Begriffsdefinition

83 Als Residualverluste bezeichnet man in der Ökonomik **Nutzeneinbußen** einer Transaktionsbeziehung, die aus der Differenz zwischen dem tatsächlich erreichten und dem wirtschaftlich optimalen Leistungsergebnis resultieren.[22] Die Ursache hierfür kann beispielsweise darin liegen, dass geschuldete **Leistungen mangelhaft erbracht** werden – in diesem Zusammenhang ist es unerheblich, ob die Schlechtleistung auf Vorsatz, auf Fahrlässigkeit oder auf unzureichender Qualifikation der Ausführenden beruht. Als Residualverlust der betroffenen Vertragsseite stehen in diesem Fall die Kosten der Mängelbeseitigung sowie die Kosten für Mangelfolgeschäden zu Buche.

84 Der Maßstab des vertraglich vereinbarten und geschuldeten Leistungssolls ist für die Feststellung von Residualverlusten nur dann entscheidend, wenn der Vertrag tatsächlich die bestmögliche Ressourcenallokation vorsieht, d. h. den Parteien Rechte und Pflichten im Hinblick auf das vorgesehene Leistungsziel optimal zuordnet. Ungeachtet des vertraglichen Bewertungsmaßstabs entstehen Nutzeneinbußen der Beteiligten etwa dann, wenn beispielsweise für Probleme lediglich suboptimale Lösungen gefunden werden oder wenn aus anderen Gründen technisch oder wirtschaftlich verbesserungsfähige Leistungsergebnisse erzielt werden.

b) Relevanz für das Konfliktmanagement

85 Eine ökonomisch effiziente Bewältigung von Streitigkeiten setzt zwingend voraus, dass konfliktbedingte Residualverluste minimiert werden. Unter diesem Gesichtspunkt gilt es, zwischen verschiedenen Konfliktsituationen zu differenzieren:

aa) Kompensation einseitiger Vertragsänderungen

86 Streitigkeiten entstehen oftmals dann, wenn eine Partei das vertragliche Äquivalenzgefüge aus Leistung und Gegenleistung durch ihr Handeln aufbricht. Zu denken ist hier etwa an die Anordnung von **Leistungsmodifikationen** durch einseitige rechtsgeschäftliche Willenserklärungen, aber auch an Leistungsstörungen wie beispielsweise

---

22 Vgl. hierzu *Jensen/Meckling* Journal of Financial Economics 1976, 305 (308); *Göbel*, Neue Institutionenökonomik, S. 125, und *Richter/Furubotn*, Neue Institutionenökonomik, S. 64 und 177.

die nicht ordnungsgemäße Wahrnehmung von Mitwirkungsaufgaben. Es kommt folglich nicht darauf an, ob das synallagmatische Gleichgewicht durch vertragskonforme oder vertragswidrige Handlungen eine Beeinträchtigung erfährt.

Wichtig ist allein, wie das hieraus resultierende Kompensationsproblem gelöst wird. Gelingt keine **Wiederherstellung der vertraglichen Balance**, sind Residualverluste der benachteiligten Partei unvermeidbar – sie steht dann wirtschaftlich ggf. erheblich schlechter, als wenn der Vertrag ordnungsgemäß erfüllt resp. unverändert durchgeführt worden wäre. 87

Die Gefahr von Residualverlusten droht insoweit überall dort, wo der Vertrag keine bzw. keine sachgerechten **Anpassungsregelungen** an veränderliche Rahmenbedingungen vorsieht. Das Risiko opportunistischen Verhaltens in Form des sog. Hold-Up oder Hold-Out einer Seite ist zudem besonders ausgeprägt, wenn die geschuldete Leistung bzw. der Anspruch auf eine Vertragsanpassung gegenüber Dritten nicht hinreichend verifizierbar und damit nur unzureichend durchsetzbar ist. 88

Beide Aspekte wiederum münden letztlich in der Frage der **Verhandlungsmacht** und dem ebenfalls bereits angesprochenen Problem der **Absicherung von Vorleistungen** als besonderer Form vertragsspezifischer Investitionen. 89

bb) Bewältigung von Wertschöpfungsproblemen

Etwas anders liegen die Dinge, wenn eine Vertragsmodifikation ansteht und wenn dafür grundsätzlich verschiedene Möglichkeiten in Betracht kommen, über deren Umsetzung erst noch entschieden werden soll. Anders als beim zuvor skizzierten Kompensationsproblem sind also hier sowohl die **Leistungs- als auch die Gegenleistungsseite des Vertrags noch offen.** Die Parteien haben in dieser Situation noch die Möglichkeit, ihren **Wertschöpfungsprozess frei zu gestalten** und den damit verbundenen Nutzenzuwachs (Kooperationsgewinn) frei untereinander aufzuteilen. Sie stehen mithin vor einem Wertschöpfungs- und Verteilungsproblem. 90

Beides hängt miteinander zusammen: Wenn die Parteien frei entscheiden können, so wird sich am Ende nur dann eine Lösung finden und vereinbaren – d. h. eine Wertschöpfung erreichen – lassen, wenn diese grundsätzlich beiden Vertragsseiten einen **Nutzengewinn** beschert. Die Verteilung des insgesamt erwarteten Nutzenzuwachses untereinander muss darüber hinaus so gestaltet werden, dass sie von den Parteien **subjektiv als gerecht empfunden** und akzeptiert wird.[23] Es liegt auf der Hand, dass hierin ein beträchtliches Konfliktpotenzial der Akteure liegt. 91

---

23 Vgl. *Güth/Schmittberger/Schwarze* Journal of Economic Behavior and Organization 1982, 367 (367 ff.); *Roth/Prasnikar/Okuno-Fujiwara/Zamir* American Economic Review 1991, 1068 (1068 ff.), und *Piazolo* Enterprise and Benchmarking 2008, 123 (123 ff.).

cc) Strukturdefizite juristischer Konfliktentscheidungen

92 Eine juristische Entscheidung möglicher Konflikte in dieser Fallkonstellation meist mit beträchtlichen **Unwägbarkeiten** behaftet, weil die Festlegung von Leistung und Gegenleistung unter Zugrundelegung unbestimmter Rechtsbegriffe wie z. B. des billigen Ermessens (§§ 315, 317 BGB), Treu und Glauben (§ 242 BGB) oder der Störung der Geschäftsgrundlage (§ 313 BGB) im Auslegungswege zu erfolgen hat. Aus einer **Vielzahl möglicher Lösungsalternativen** muss durch Auslegung also die ›richtige‹ bzw. ›zutreffende‹ Neubestimmung des vertraglichen Leistungsgefüges gefunden werden.

93 In praxi dürfte eine ›optimale Lösung‹ unter diesen Voraussetzungen zumeist spätestens daran scheitern, dass als (Schieds-)Richter tätige Dritte den Streitstoff in tatsächlicher bzw. fachlicher Hinsicht kaum in jedem Fall hinreichend qualifiziert beurteilen können. Angesichts oftmals hochkomplexer Streitsachverhalte ist ihnen dies auch nicht abzuverlangen. Auch die Beiziehung von Sachverständigen hilft nur begrenzt weiter, denn diese haben sich auf die Beantwortung konkreter Beweisfragen zu beschränken, die ihnen wiederum von den Parteien oder dem Gericht vorgegeben sind. Sie haben keine Befugnis, kraft ihrer fachlichen Expertise eigenständig eine Anpassung von Leistung und Gegenleistung vorzunehmen, die über den Beweisbeschluss des Gerichts hinausgeht.

94 Dessen ungeachtet ist die **Effizienz einer juristischen Konfliktbewältigung** bereits durch den Umstand **limitiert**, dass sich die Leistungsbestimmung bzw. Vertragsauslegung stets am vermuteten Parteiwillen zum Zeitpunkt des Vertragsschlusses bzw. an der ursprünglichen vertraglichen Risikoverteilung orientiert und mithin dauerhaft stabile Präferenzen der Akteure voraussetzt. Eine unter ökonomischen Gesichtspunkten bestmögliche Lösung eines Wertschöpfungs- bzw. Verteilungskonflikts kann daher nur unter folgenden Bedingungen auf juristischem Wege erreicht werden:
– Der Ursprungsvertrag enthält bereits eine optimal effiziente Allokation aller Rechte und Pflichten.
– Die bei Abschluss des Vertrags bestehenden Präferenzen der Parteien gelten unverändert fort.

95 Zweifel an diesen Voraussetzungen nährt schon die Tatsache, dass Menschen nur **begrenzte kognitive und kommunikative Fähigkeiten** besitzen, nur **unvollkommene Voraussicht** auf zukünftige Ereignisse und Entwicklungen besitzen und aus diesen Gründen nur zu eingeschränkt rationalen Handlungen in der Lage sind. Eine rein juristische Konfliktentscheidung geht deshalb unweigerlich mit Residualverlusten einher, die umso größer ausfallen, je stärker sich die Ziele der Konfliktparteien seit Vertragsschluss gewandelt haben oder je weniger ökonomisch sinnvoll der Ursprungsvertrag gestaltet war.

dd) Erfordernis interessenorientierter Lösungen

96 Um solche durch den Entscheidungsmaßstab und damit strukturell bedingten Residualverluste zu minimieren, gilt es, auch **rechtsfremde Aspekte** bei der Streitbewältigung zu **berücksichtigen**. Ein ökonomisch effizientes Konfliktmanagement muss unter diesen Überlegungen vorrangig die Interessen der Parteien als Leitkriterium akzeptieren.

Konsensuale außergerichtliche Verfahren – insbesondere Mediations- und Schlichtungsverfahren – haben unter diesem Gesichtspunkt substanzielle Vorteile, denn sie erlauben und fördern eine stark **interessenorientierte Konfliktbewältigung**. Sie eröffnen somit gleichsam den ›dritten Weg‹ einer freien Lösungsfindung unter dem Kriterium bestmöglicher Wertschöpfung zur Maximierung des Kooperationsgewinns beider Parteien. 97

ee) **Exkurs: Fallbeispiel**

Zum Verständnis dieses Ansatzes zeigt Abb. 4 ein Beispiel. Im Diagramm abgebildet ist das Spektrum der Nutzenverteilung bzw. des Kooperationsgewinns zwischen den Vertragsparteien A (als Auftraggeber) und B (als Auftragnehmer). 98

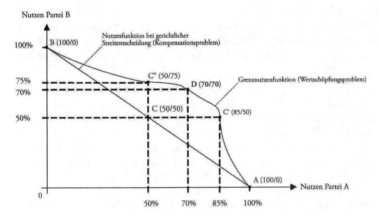

Abb. 4: Ökonomische Nutzenfunktionen verschiedener Lösungsoptionen eines Konflikts

Geht man zunächst davon aus, dass eine Partei in der Lage ist, das Synallagma einseitig zu ihren Gunsten zu verändern, so erreicht sie dadurch einen Nutzengewinn von 100 %. Kann z. B. der Auftraggeber beim Auftragnehmer eine Leistungserweiterung ohne Anpassung der Vergütung durchsetzen, so führt dies zur Nutzenverteilung (A/B) von 100/0, vgl. Punkt A der Nutzenfunktion. Erreicht umgekehrt der Auftragnehmer eine Vergütungserhöhung ohne faktische Ausweitung seiner Leistung, so liegt das Ergebnis mit einer Nutzenverteilung (A/B) von 0/100 auf Punkt B. 99

Erfolgt hingegen eine Kompensation (K) durch entsprechende Leistungs- bzw. Vergütungsanpassung, so gilt: Nutzen B = 100 – K und K = Nutzen A. Wenn also die Leistung oder die Vergütung zuvor feststehen, liegen alle Kompensationsergebnisse auf einer Geraden, welche die beiden Punkte A und B als Extremwerte der Nutzenvertei- 100

Teil 6 Andere Verfahren der außergerichtlichen Konfliktbeilegung

lung miteinander verbindet. Im Idealfall wird bei diesem Verfahren eine vollständige Kompensation erreicht, d. h. 50/50-Aufteilung des Kooperationsgewinns (vgl. Punkt C).

101 Die Gerade AB entspricht allerdings im Regelfall nicht der optimal effizienten Nutzenfunktion – der sog. ›Grenznutzenfunktion‹, denn in der Vertragspraxis sind häufig Lösungen denkbar, die zu einer insgesamt höheren Wertschöpfung bzw. einem höheren **Kooperationsgewinn** führen, ohne dass eine Partei gegenüber der idealen **Kompensationslösung** 50/50 benachteiligt würde. Dargestellt ist dies im Diagramm durch die Nutzenverteilungen C‹ (85/50), C‹ (50/75) und D (70/70).

102 Ein optimales Konfliktmanagement muss insoweit die Vereinbarung von Lösungen bzw. Vertragsanpassungen fördern, mit denen insgesamt die **höchste Wertschöpfung** erreicht wird. Im hier gezeigten Beispiel also die Verteilung D mit einem Gesamtnutzen von 70 þ 70 = 140 %. Jede klassische Kompensationsentscheidung würde dieser Lösung gegenüber also einen nominalen Residualverlust von 40 % bedeuten.

103 Statt der Lösung D würde Partei A im gezeigten Beispiel unter dem Gesichtspunkt der individuellen Nutzenmaximierung die Lösung C‹ bevorzugen, mit der sie einen anteiligen Kooperationsgewinn von nominal 85 % erzielen würde. Partei B hingegen würde mit gleicher Überlegung für Lösung C‹ mit einem Kooperationsgewinn von anteilig nominal 75 % votieren.

104 Die Frage nach der Vereinbarung einer konkreten Lösung und der Aufteilung des daraus entspringenden Kooperationsgewinns hängt insoweit ganz wesentlich von der **Verhandlungsmacht der Parteien** ab. Eine optimal effiziente Lösungsfindung setzt also voraus, dass sich die Parteien auf Augenhöhe bzw. mit **Waffengleichheit** begegnen. Im obigen Beispiel würde auf dieser Basis nur eine ausgeglichene Verteilung der erzielten Wertschöpfung einigungsfähig sein. Bei Lösung C‹ und C‹ müsste die schlechter gestellte Partei vom Vertragspartner also für ihren Nutzenentgang entschädigt werden. Das Ergebnis wäre dementsprechend statt C‹ (85/50) eine Nutzenverteilung C‹* (67,5/67,5); statt C‹ (50/75) würde die Nutzenverteilung dann C‹* (62,5/62,5) lauten. Unter dieser Abwägung aber würden beide Parteien Lösung D wählen.

c) Maßnahmen zur Minimierung von Residualverlusten

105 Die oben skizzierten Überlegungen zeigen auf, dass Wertschöpfungsprobleme grundsätzlich ein höheres Potenzial für die Minimierung von Residualverlusten bieten als Kompensationsprobleme. Die Möglichkeiten der Lösungsgestaltung sind bei Kompensationskonflikten nämlich bereits dadurch limitiert, dass faktisch bereits eine Vertragsänderung erfolgt ist. Dementgegen stellt sich den Parteien bei Wertschöpfungskonflikten zwar eine Anpassungsaufgabe, für deren Lösung prinzipiell unbeschränkte Optionen bereitstehen.

aa) Frühzeitige Konflikterledigung

106 Ein wesentliches Ziel eines effizienten Konfliktmanagements muss es daher sein, **einseitige Vertragsanpassungen** dort zu **vermeiden**, wo sie nicht zwingend erforderlich sind. Dies wiederum setzt voraus, dass ADR-Verfahren sehr frühzeitig nach dem

Entstehen einer Streitigkeit beginnen und sehr zügig abgeschlossen werden. Mit dem Zeitverlauf hingegen schränkt die Macht des Faktischen nach aller Erfahrung die **Spielräume der Streitlösung** zusehends ein. Nur mit einem zeitnah eingeleiteten und zügig durchgeführten Verfahren lässt sich das **Wertschöpfungspotenzial von Konflikten** optimal heben.

bb) **Förderung konsensualer Lösungen**

Eine konsensual erreichte Lösung ist in diesem Zusammenhang regelmäßig leistungsfähiger als eine Drittentscheidung. Es gilt daher, die Anreizwirkung einer gütlichen Einigung durch Maßnahmen zum **Verhandlungsmachtausgleich** der Konfliktparteien zu stärken und in der Verfahrensgestaltung die **Möglichkeit einer parteiautonomen Streitlösung** vorzusehen resp. zu unterstreichen, z. B. mit der Schaffung eines zwingenden ›Mediationsfensters‹. 107

cc) **Beiziehung sachverständiger Dritter**

Ist eine wertschöpfungsorientierte Lösung des Konflikts nicht (mehr) möglich und stehen die Parteien somit vor einem Kompensationsproblem, so gelingt die weitest mögliche Vermeidung von Residualverlusten nur durch eine ›**richtige**‹ Entscheidung. Diese setzt voraus, dass Informationsgefälle – asymmetrische Information – zwischen den Streitbeteiligten bzw. zwischen den Streitbeteiligten und dem mit der Entscheidung betrauten Dritten ausgeglichen wird. Erreichen lässt sich dies nur, wenn eine **möglichst frühzeitige Durchführung** des ADR-Verfahrens gewährleistet ist. Zugleich bedarf es umfassender **Fach- und Sachkunde** des neutralen Dritten, der ggf. mit einem **Amtsermittlungsbefugnis** auszustatten ist. 108

6. **Minimierung externer Effekte**

a) **Begriffsdefinition**

Als externe Effekte[24] bezeichnet man **Auswirkungen des Verhaltens von Akteuren**, wenn diese nicht ihnen selbst zufallen, sondern sich stattdessen **auf Dritte** auswirken. Im Rahmen einer vertraglichen Leistungsbeziehung sind externe Effekte gegeben, wenn die Vertragsparteien den ökonomischen **Wertzuwachs** ihrer Transaktion nicht bzw. nicht vollständig abschöpfen können. Analoges gilt, wenn die Parteien die **Kostenfolgen** ihres Handelns nicht selbst tragen müssen, sondern auf Dritte überwälzen können. Man spricht in diesem Fall auch von sozialen Kosten.[25] 109

Externe Effekte sind grundsätzlich sämtliche Verhaltensfolgen, die nicht auf die Vertragsparteien zurückfallen. Es ist allerdings unbeachtlich, ob sie lediglich aus dem Agieren einer Partei entstehen oder von beiden Vertragsseiten gemeinsam hervorgerufen werden. Ebenfalls ist es für die Klassifizierung grundsätzlich ohne Belang, ob sich 110

---

24 S. hierzu *Richter/Furubotn*, Neue Institutionenökonomik, S. 109 ff., und *Göbel*, Neue Institutionenökonomik, S. 68 f.
25 Vgl. *Coase* Journal of Law and Economics 1960, 1 (1 ff.).

die Akteure über die externen Effekte bewusst sind oder nicht. Externe Effekte, die feststell- und monetär bewertbar sind, können von den Akteuren allerdings ins Kalkül ihres Handelns bei Streitfällen einbezogen werden.

b) Relevanz für das Konfliktmanagement

111 Für das Konfliktmanagement spielen insoweit besonders solche externen Effekte eine Rolle, die sich lediglich auf eine der Parteien auswirken und damit tendenziell ein **wirtschaftliches Ungleichgewicht** hervorrufen. Es drohen in diesem Fall ex-post-Verschiebungen der Verhandlungsmacht.

aa) Ungleiche Kostenbelastung der Parteien

112 Ein Beispiel für diesen Umstand ist etwa die Tatsache, dass Bundes- und Landeskörperschaften sowie die nach Haushaltsplänen des Bundes oder eines Landes verwalteten öffentlichen Anstalten und Kassen – also weite Teile der öffentlichen Hand – nach § 2 Abs. 1 GKG[26] von der Zahlung der Gerichtskosten befreit sind. Bei der Klärung von Vertragsstreitigkeiten vor ordentlichen Gerichten verfügt die öffentliche Hand als Vertragspartei somit über ggf. erhebliche Kostenvorteile und demzufolge über gestärkte **Verhandlungsmacht** gegenüber ihren (privatwirtschaftlichen) Vertragspartnern, die ggf. aus Kostengründen auf den Klageweg verzichten werden. Ähnlich verhält es sich, wenn infolge von **Konfliktkosten** entstehende Budgetüberschreitungen durch nachträglich anforderbare Mittel aus den öffentlichen Haushalten ausgeglichen werden können.

113 Ein starkes Indiz für dieses Phänomen liefert die Tatsache, dass Kommunen beispielsweise mit der Bewältigung von Baustreitigkeiten durch die Zivilgerichtsbarkeit deutlich unzufriedener sind als Landes- oder Bundesbehörden,[27] die einerseits von der Gerichtskostentragung befreit sind und konfliktbedingte Budgetüberschreitungen andererseits leichter nachfinanzieren können.

bb) Kostenabwälzung auf Dritte

114 Auch auf anderer Ebene können externe Effekte zum Auslöser für **opportunistisches Verhalten** werden, wenn die Parteien sich durch die Abwälzung damit verbundener Kosten einen Vorteil verschaffen können. Zu denken ist hier etwa an Umwelt- und Verkehrsbelastungen, die der Allgemeinheit infolge eines Vertragskonflikts privatwirtschaftlicher Parteien entstehen und ihre Ursache in vertrags- oder pflichtwidrigem Verhalten haben.

115 In anderen Fällen münden externe Effekte nicht unmittelbar in Vorteilen für eine einzelne Vertragsseite, haben aber dennoch Einfluss auf den Umgang mit Streitigkeiten. So werden etwa die **Streitbereitschaft** und die **Intensität der Konfliktführung** tenden-

---

26 Gerichtskostengesetz v. 05. 05. 2004, BGBl. I S. 718; zuletzt geändert durch Art. 7 des G. v. 21. 07. 2012, BGBl. I S. 1577.
27 Vgl. dazu *Gralla/Sundermeier* BauR 2007, 1961 (1964 f.).

ziell zunehmen, wenn Akteure die Kostenfolgen ihres Konflikts nicht in Gänze selbst tragen müssen, sondern mindestens teilweise sozialisieren können. Dies ist etwa bei einer Klärung von Zivilstreitigkeiten vor der staatlichen Justiz der Fall, deren Gerichtsgebühren regelmäßig nur einen Teil – im Durchschnitt zwischen 50 und 60 %[28] – der tatsächlich anfallenden Kosten kompensieren, während Deckungsfehlbeträge über die Justizetats der Landes- und Bundeshaushalte vom Steuerzahler ausgeglichen werden müssen. Entsprechende Beispiele lassen sich auf verschiedensten gesellschaftlichen Feldern finden.

c) Maßnahmen zur Minimierung externer Effekte

Zur Minimierung externer Effekte müssen ADR-Verfahren in den Grenzen einer grundlegenden Rechtsschutzgewähr zuvorderst sicherstellen, dass **Konfliktkosten und konfliktbedingte Kosten von den Streitparteien selbst getragen** werden. Mindestens aber dürfen die Beteiligten im Sinne der notwendigen Waffengleichheit bzw. ausgeglichenen Verhandlungsmacht keine unterschiedlichen Möglichkeiten erhalten, diese Kosten auf Dritte abzuwälzen. Im Zentrum steht hierbei eine grundsätzlich vollständige Übernahme der ADR-Verfahrenskosten durch die Streitparteien. 116

In anderen Bereichen stellt sich das Problem, dass sich externe Effekte volkswirtschaftlich kaum bemessen oder zumindest nicht sanktionieren lassen. Sinn machen deshalb ADR-Verfahrensgestaltungen, die dem Entstehen externer Effekte proaktiv entgegenwirken. Umsetzbar ist dies vor allem mit einer möglichst **zeitnahen Streiterledigung**, weil auf diese Weise zumindest die Wirkungsdauer unmittelbar einsetzender Folgewirkungen auf Dritte minimiert wird. 117

III. Zusammenfassung/Resümee

In wirtschaftlichen und sozialen Austauschbeziehungen sind Konflikte oft unvermeidbar. Sie belasten die beteiligten Parteien nicht allein emotional, sondern sie kosten auch Zeit, Geld und binden die Ressourcen der Beteiligten unproduktiv. In allen gesellschaftlichen Bereichen haben Streitigkeiten daher stets auch eine ökonomische Dimension. Die Leistungsfähigkeit außergerichtlicher Konfliktbewältigungsverfahren lässt sich vor diesem Hintergrund auch anhand ökonomischer Kriterien beurteilen. 118

Im Kern geht es unter diesem Gesichtspunkt darum, unfaire Verhaltensweisen der Konfliktbeteiligten – sog. ›Opportunismus‹ zu unterbinden und Anreize einer sachgerechten und interessenausgewogenen Streitlösung zu schaffen. 119

Ein wesentlicher Faktor liegt dabei in der Offenlegung aller streitrelevanten Informationen. Nicht minder bedeutsam für ein effizientes Konfliktmanagement sind die Minimierung aller Kosten der Streitbewältigung und die Verhinderung von Verhandlungs- 120

---

28 So lag etwa der Kostendeckungsgrad der Ordentlichen Gerichte und Staatsanwaltschaften in Niedersachsen 2006 bei 55,7 %. Vgl. Niedersächsisches JM: Justiz in Niedersachsen. Zahlen, Daten, Fakten.

machtverschiebungen innerhalb eines Konflikts. Leistungsfähige ADR-Verfahren müssen darüber hinaus gewährleisten, dass spezifische Investitionen wie z. B. bereits erbrachte Vorleistungen der Konfliktbeteiligten gegen Verlust abgesichert und dass wirtschaftlich optimale Streitlösungen gefördert werden. Abschließend gilt es, Auswirkungen von Streitigkeiten auf unbeteiligte Dritte durch geeignete Instrumente und Verfahren der Konfliktbewältigung weitestgehend zu minimieren.

IV. Hinweise für die Praxis

121 Aus ökonomischer Sicht bergen Streitigkeiten zwar Risiken; sie bieten in vielen Fällen jedoch auch die Möglichkeit einer Wertschöpfung zum Nutzen aller Streitparteien. Eine konsensuale Konfliktbewältigung unter Einbezug rechtsfremder Aspekte und der individuellen Parteiinteressen, wie sie besonders die Mediation oder auch die Schlichtung vorsieht, ist gegenüber einer Streitentscheidung durch Dritte daher generell vorzugswürdig.

122 Die Anreizwirkung einer gütlichen Streitbeilegung auf die Parteien kann bei Bedarf – insbesondere bei ungleicher Verhandlungsmacht der Parteien – durch die alternative Option einer Drittentscheidung nachhaltig gestärkt werden. Es empfiehlt sich dann, hybride ADR-Verfahren zu verabreden oder Mediations- und Schlichtungsvereinbarungen so zu erweitern, dass die Parteien nach dem Scheitern einer einvernehmlichen Streitlösung kurzfristig die Entscheidung eines neutralen Dritten herbeiführen können. Im Sinne eines ökonomisch effizienten Verfahrens gilt es hierbei, folgende Anforderungen zu beachten:
– Möglichkeit einer frühzeitigen Verfahrenseinleitung,
– Vorgabe verbindlicher Entscheidungsfristen,
– Einbindung sachverständiger Experten bei komplexen Streitsachverhalten,
– Amtsermittlungsbefugnis des Entscheidungsgremiums bzw. der Entscheidungsperson,
– Vereinbarung gängiger Verfahrensregelungen,
– Erfolgsunabhängige Verfahrenskostentragung der Parteien,
– Zielorientierte Verfahrensgestaltung, sorgfältige Abwägung des geforderten Entscheidungsmaßstabs.

123 Zur Ergänzung von Mediations- oder Schlichtungsabreden kommt insoweit insbesondere eine Schiedsgutachtenvereinbarung in Betracht. Diese kann entweder eine abschließende Entscheidung des Konflikts vorsehen oder – wie etwa im Fall des ›Adjudication‹-Verfahrens in Bausachen – eine vorläufig verbindliche, aber nachträglich korrigierbare Entscheidung.

C. Organisationsentwicklung und Mediation

Übersicht	Rdn.
I. Einführung	1
1. Problemzentrierte Perspektive	2
2. Visionszentrierte Perspektive	3
3. Organisationsbegriff	5
II. Veränderungsansätze	6
1. Macht- und Zwangsansatz	8
2. Expertenansatz	10
3. Entwicklungsansatz	12
III. Wesenselemente von Organisationen	15
IV. Prozessschritte der Organisationsentwicklung	29
1. Diagnoseprozesse	30
2. Zukunftsgestaltungprozesse	31
3. Psychosoziale Prozesse	34
4. Lernprozesse	37
5. Informationsprozesse	38
6. Changemanagement-Prozesse	40
7. Zwischenfazit	41
V. Mediation und Organisationsentwicklung – das Zusammenspiel	42
1. Organisationsentwicklung in der Mediation	43
2. Mediation in der Organisationsentwicklung	49
3. Zulässigkeit des Rollenübergangs von Mediation zu Organisationsentwicklung und umgekehrt	53
VI. Hinweise für die Praxis	55

I. Einführung

Unternehmen und Organisationen sind keine statischen Gebilde, sondern unterliegen einem ständigen Wandlungsprozess. Die dabei auftretenden Veränderungen sind in Art und im Umfang vielfältig: Seien es Zusammenschlüsse von Firmen, die Umorganisation von Abteilungen, die Einführung neuer Prozesse der Arbeitsabwicklung, das Umsetzen moderner Geschäftsstrategien oder die Suche nach einer verbindenden Vision und Kultur für eine Firma. Allen diesen Vorgängen ist gemeinsam, dass sie zahlreiche Veränderungen auslösen und Mitarbeiter in vielfältiger Weise verunsichern können. 1

1. Problemzentrierte Perspektive

Impulse für Veränderungen werden dabei zumeist von einer spezifischen Perspektive ausgelöst. Beispielsweise kann ein Impuls sein, bestimmte Prozessverbesserungen umsetzen oder neue, agile Methoden einführen zu wollen. Neben dieser **problemzentrierten Perspektive** geht jedoch häufig verloren, dass weitere Bereiche und Aspekte des Unternehmens über den eigentlichen Veränderungsgegenstand hinaus ebenfalls betroffen sind. Dies zieht dann regelmäßig Konflikte nach sich, seien es nun heiße, 2 ausgesprochene und verbalisierte Auseinandersetzungen oder kalte, unterdrückte, zum inneren Rückzug führende Konflikte. In beiden Fällen sind Veränderungen nur schwerlich erfolgreich umzusetzen, es kommt zu versteckten Konflikten oder Schein- bzw. Stellvertreterkonflikten.

2. Visionszentrierte Perspektive

3 Ebenso verhält es sich, wenn statt einer problemzentrierten eher eine **visionszentrierte Perspektive** eingenommen wird. Hierbei werden Veränderungen nicht aufgrund eines bestimmten Sachverhaltes oder Problems besprochen, sondern aufgrund längerfristiger, visionärer Ziele. Dies wiederum steht häufig im Konflikt mit den konkreten Erfahrungen der Mitarbeitenden, die im Arbeitsalltag sich weniger mit Visionen befassen denn mit konkreten Prozessschritten. Die Verunsicherung wirkt somit gleichermaßen wie in der problemzentrierten Sichtweise.

4 Im Folgenden werden die Zusammenhänge der Organisationsentwicklung und der Mediation dargestellt werden.[1] Dabei wird deutlich werden, warum und zu welchen Zeitpunkten bei Veränderungsvorhaben in Unternehmen oder Organisationen immer wieder Mediations-Interventionen notwendig werden können. Gleichzeitig gilt es auch, die Rolle des Mediators und des Organisationsentwicklers zu definieren und zugleich voneinander abzugrenzen.

3. Organisationsbegriff

5 Wenn in diesem Beitrag von Organisationen gesprochen wird, dann sind vielfältige Organisationsformen gemeint: seien es profitorientierte Unternehmen oder gemeinnützige Organisationen, seien es solche aus dem sozialen oder dem produktschaffenden Bereich, seien es kommunale Verwaltungen oder zivilgesellschaftliche Zusammenschlüsse wie Sportvereine, NGOs etc. Schon diese Aufzählung verschiedener Organisationstypen macht deutlich, dass unterschiedliche Thematiken und Problematiken bei Veränderungsvorhaben in der jeweiligen Organisation vorherrschen werden. Gleichwohl sind die zu Grunde liegenden Prozesse in ihrer Logik wesensgleich.[2]

II. Veränderungsansätze

6 In der Mediationspraxis finden sich im organisations- und unternehmensorientierten Kontext (in Abgrenzung zum »privaten« Kontext der Mediation, bspw. bei Familienkonflikten) regelmäßig Situationen, in denen die Leitung der Organisation dem Mediator ein Problem anträgt verbunden mit der Frage, inwiefern die Mediation

---

1 Zur Institutionalisierung von Konfliktmanagementsystemen vgl. *Duve/Eidenmüller/Hacke/Fries*, Mediation in der Wirtschaft, 3. Aufl., S. 303 ff. und zur Bereitschaft von Unternehmen, Mediation zu fördern: *Kals/Prantl* Spektrum der Mediation 76/2019, 13 ff.
2 Die folgenden konzeptionellen Darstellungen basieren insbesondere auf den Trigon – Modellen der Organisationsentwicklung, vgl. insoweit *Glasl u.a.*, Das Trigon Modell der sieben OE-Basisprozesse, 3. Aufl., 2014.

bei der Problemlösung helfen könne. Dabei ist der Regelfall, dass die Darstellung der beauftragenden Person bereits eine spezifische Perspektive einnimmt, die oftmals den Komplexitäten des tatsächlichen Konflikts nicht gerecht werden kann. Dennoch sind alle zuvor durchgeführten Lösungsansätze genau auf diese Perspektive hin ausgerichtet gewesen, so dass in vielen Fällen bereits eine erhebliche Verhärtung der Konfliktlinien stattgefunden hat.

Praxisbeispiel – Ausgangssituation:

Der Vorstand einer Organisation mit ca. 1.000 Mitarbeitern lädt den Mediator zu einem Auftragsklärungsgespräch ein. Hierbei wird berichtet, dass erhebliche Probleme mit einem von fünf Abteilungsleitern auftreten würden. Der Grund für die Probleme wird in persönlichen Problemen des Abteilungsleiters mit seinem direkten Vorgesetzten angegeben, insbesondere fehle die professionelle Akzeptanz einer neu geschaffenen Vorstandsposition. Darüber hinaus seien der Bereich des Abteilungsleiters bzw. seine Aufgaben neu definiert worden, um Überschneidungen mit der neuen Vorstandsposition zu vermeiden. Die neue Ausrichtung der Vorstandsfunktionen und Abteilungsleiterfunktionen sei vom Vorstand und dem Aufsichtsrat beschlossen und allen Mitarbeitern in unterschiedlichen Formaten kommuniziert worden.

1. Macht- und Zwangsansatz

Dieses Praxisbeispiel spiegelt eine typische Situation wider, die bei firmeninternen Mediationsvorhaben so oder vergleichbar vorkommen. Anhand dieser kurzen Beschreibung lassen sich die Ansätze für Veränderungen in Organisationen sowie deren jeweils mögliche Folgen gut nachvollziehbar darstellen:

Der betreffende Vorstand hatte mit den besten Intentionen seiner Organisation eine neue, moderne und den Gegebenheiten angepasste Struktur gegeben, personifiziert in der Person eines neuen Vorstandsmitglieds. Er hatte zuvor intensiv mit dem Aufsichtsrat diskutiert und bestimmt, wie Überschneidungen mit den Abteilungsleitern vermieden werden können bzw. wie deren Stellenbeschreibung sich entsprechend verändern solle.

Diese Vorgehensweise für Veränderungen repräsentiert einen **Macht- bzw. Zwangsansatz**. Es wird rationale Analyse verwendet um tatsächliche Umgestaltungen innerhalb der Organisation umzusetzen (eine Anleihe an den Expertenansatz, s.u.). Es gibt in jedem Fall ›gute Gründe‹, warum die Veränderung so gestaltet ist wie sie gestaltet wird und typischer Weise scheint den Durchführenden diese Veränderungen mit diesen Implikationen auch als alternativlos. Das **Argument der Alternativlosigkeit** dient dabei auch der Legitimation des Machtansatzes: schließlich werden keine Spielräume in den Veränderungen gesehen, die ein Mitwirken der betroffenen Mitarbeiter überhaupt möglich machen würden. Und häufig wird die Veränderung dann mit einer sog.»Bombenwurf-Strategie« umgesetzt[3].

---

3 *Glasl u.a.*, Das Trigon Modell der sieben OE-Basisprozesse, 3. Aufl., 2014, S. 47.

2. Expertenansatz

10 Der Machtansatz wurde im verwendeten Praxisbeispiel erweitert um den **Expertenansatz**. Das bedeutet, dass auf (interne oder externe) Experten zurückgegriffen wird, die analytisch ausarbeiten, welche Vorteile eine Organisationsveränderung mit sich bringen würde bzw. welche Risiken der Organisation durch mangelnde Veränderungs- und Anpassungsbereitschaft entstünden. Die Mischung des Macht- und Expertenansatzes scheint den Machtansatz noch stärker zu legitimieren, sind doch die guten Gründe von Experten bestätigt oder gar entwickelt worden. Welche Argumente lassen sich dann noch gegen diese Übermacht der guten Gründe anführen?

11 Die zuletzt gestellte Frage weist auf die **Problematik des Macht- und des Expertenansatzes** hin. Obgleich beide Ansätze in jedem Veränderungsvorhaben ihren Stellenwert haben und hilfreich sind, so entfremdend können sie auf Mitarbeiter durch die Externalisierung der Verantwortung von Handlungsfolgen (aber nicht der Handlungsfolgen selbst) wirken.

3. Entwicklungsansatz

12 Als dritter Veränderungsansatz kommt der **Entwicklungsansatz** (Prozessansatz) hinzu: Dieser zielt darauf ab, Veränderungsvorhaben durch eine Prozessberatung zu begleiten, die »[...] Denkweisen,

Emotionen, Motive und Interessen der Menschen in der Organisation bewusst [macht], reflektiert und organisch verändert bzw. entwickelt [...].«[4] **Dieser Ansatz** kommt schon in seinem Selbstverständnis dem Verständnis der **Mediation sehr nahe**, ergreift er doch all dies als relevant für das Veränderungsvorhaben auf, was sich tatsächlich bei den Betroffenen abspielt.

13 Das Verständnis dieser Ansätze dient dem Mediator zunächst als diagnostisches Tool bezüglich des Kontexts der Auftragsklärung, so wie oben im Praxisbeispiel dargestellt. Ohne bereits intensive (Vor-) Gespräche geführt zu haben lassen sich Annahmen (Hypothesen) entwickeln, die bei der weiteren Gestaltung des Mediationsverfahrens hilfreich sind.

14 Gleichzeitig dient die Unterscheidung der drei Ansätze aber auch in der Organisationsentwicklung selbst dazu, den hier vertretenen **Prozessansatz gegenüber dem Macht- und dem Expertenansatz abzugrenzen**. Obgleich der Experten- und Machtansatz meist auch in einem Mischungsverhältnis in der Organisationsentwicklung sinnvoll eingesetzt werden kann, so sind doch der Schwerpunkt des hier vertretenen Ansatzes wie auch das Bindeglied zur Mediation die **Prozessorientierung**.

---

[4] *Glasl u.a.*, Das Trigon Modell der sieben OE-Basisprozesse, 3. Aufl., 2014, S. 47.

III. Wesenselemente von Organisationen

Das Organisationsentwicklungsmodell von *Glasl*[5] stellt in der Mediation ein Tool dar, das in vielfältiger Weise eingesetzt werden kann. Umgekehrt ist auch die Mediation eine Methode, die in der prozessorientierten Organisationsentwicklung eine zentrale Rolle spielt. Letzteres entspricht schon dem Metaziel beider Ansätze, das von der selbstbestimmten Verantwortungsübernahme aller Akteure (»individuell-autonomy«) ausgeht, sofern man die dafür notwendigen Rahmenbedingungen methodisch etabliert.

Praxisbeispiel – Vom Vorgespräch zur Mediation:

Nach dem Vorgespräch mit dem Vorstand der Organisation wurde ein weiteres Vorgespräch zwischen Abteilungsleiter und Mediator vom Abteilungsleiter abgelehnt. Zur gemeinsamen Mediationssitzung hingegen bestand Bereitschaft auf allen Seiten.

Nach der Phase 1 der Mediation (Klärung und Vereinbarung der Rahmenbedingungen) war die Phase 2 von der Darstellung der Sichtweisen geprägt. Es zeigte sich, dass eine »innere Kündigung« des Abteilungsleiters offensichtlich kurz bevorstand, weil er das Gefühl hatte, mit seinen Vorschlägen »gegen Wände zu laufen«, weil Absprachen nicht eingehalten wurden, weil unklar blieb, wer was mit wem wann besprechen sollte und weil zudem ein Verlust an Kompetenzen und Entscheidungsbefugnissen durch die neue Vorstandsposition eingetreten war. Auf Vorstandsseite hingegen herrschte das Gefühl, dass der neue Vorstand inhaltlich und menschlich nicht akzeptiert würde, dass er hinterfragt würde, dass neue Vorschläge sabotiert würden. Eskalierend wirkten verschiedene gemeinsamen Sitzungen, in denen der Vorstand den Abteilungsleitern Innovationen vorstellte, die insbesondere vom betroffenen Abteilungsleiter rundweg abgelehnt wurden.

Aus der Aufzählung der unterschiedlichen Sichtweisen ergibt sich, dass diese ganz unterschiedliche Ebenen betreffen. Diese **Ebenen bzw. Wesenselemente von Organisationen** – nämlich Identität, Strategien, Struktur, Menschen, Funktionen, Prozesse, Physische Mittel – sind alle auf vielfältige Weise miteinander verbunden. Sie dienen in der Organisationsentwicklung unter anderem dazu, ein umfassendes Bild eines Veränderungsvorhabens zu gewinnen und somit Organisationsveränderungen planbar zu machen. In der Mediation können sie hingegen als diagnostisches sowie als lösungsorientiertes Werkzeug eingesetzt werden, um den Medianden wie auch dem Mediator eine Strukturierungshilfe für den späteren Lösungsfindungsprozess anzubieten.

Die folgende Aufzählung stellt die **sieben Wesenselemente** dar und wendet diese direkt auf das Fallbeispiel an:

Identität: *Der Abteilungsleiter berichtete, dass er gar nicht mehr wüsste, wofür die Organisation stehe, welche Werte miteinander gelebt werden sollten oder könnten. Dies verunsichere ihn.*

---

[5] *Glasl u.a.*, Das Trigon Modell der sieben OE-Basisprozesse, 3. Aufl., 2014; *Glasl/Lievegoed*, Dynamische Unternehmensentwicklung, 2011.

19 **Strategien**: *Der Vorstand führte aus, dass neue Strategien zur Weiterentwicklung der Organisation sabotiert würden. Der Abteilungsleiter hingegen machte deutlich, dass er das Gefühl habe, dauernd müsse er sich auf neue Strategien und Programme einstellen, seit der neue Vorstand eingesetzt sei.*

20 **Struktur**: *Die strukturelle Veränderung durch Schaffung einer zusätzlichen Vorstandsposition bedeutete für den Abteilungsleiter eine Verlusterfahrung, für den Vorstand eine logische Weiterentwicklung.*

21 **Menschen**: *Der Führungsstil des Vorstands erschien dem Abteilungsleiter unklar und ambivalent: einerseits partizipativ, andererseits dominant. Zudem waren die handelnden Personen durch das Auftreten und durch die Verhaltensweisen der jeweils Anderen zutiefst verunsichert.*

22 **Funktionen**: *Der Vorstand wurde um eine Funktion erweitert. Diese Funktion wurde dem Abteilungsleiter entzogen.*

23 **Prozesse, Abläufe**: *Beide Seiten stellten fest, dass Absprachen und Arbeitsabläufe nicht reibungslos funktionierten. Wer was wann wo mit wem bespricht, entscheidet und kommuniziert, war unklar.*

24 **Physische Mittel**: *Die Geschäftsräume der Organisation waren in mehrfacher Hinsicht von Umbauten betroffen. Allein die Umbauten stellten einen erheblichen Stressfaktor für alle Beteiligten dar.*

25 Diese kurze Aufzählung und Einführung in die sieben Wesenselemente von Organisationen macht deutlich, dass komplexe und miteinander verwobene Gesprächsinhalte, Sichtweisen und Konfliktdynamiken gewinnbringend in eine Ordnung gebracht werden können. In der Mediation hat dies den großen Vorteil, dass insbesondere in der Phase des Lösungsbrainstormings (Optionensuche) spezifisch auf unterschiedliche Kategorien Bezug genommen werden kann. Obgleich stets alles mit allem verwoben ist, sind die Wesenselemente gleichwohl eine Orientierung sowie eine Struktur, mit der Zusammenhänge sichtbar gemacht und Sprechfähigkeiten hergestellt werden können.

26 Aus der Darstellung der **Wesenselemente** folgt zudem, dass alle sieben Elemente systemtheoretisch in **gegenseitiger Abhängigkeit** voneinander stehen.[6] Im Praxisbeispiel ist dies anschaulich zu sehen: unklare Prozessdefinitionen führten zu zwischenmenschlichen Konflikten, die durch machtorientierte Strukturentscheidungen verstärkt wurden und somit zu einem Hinterfragen der Identität der Organisation beigetragen haben usw. Es hat für die Medianden oftmals ein erleichterndes Moment zu erkennen, dass die emotional stark empfundenen Konflikte letztlich durch unklare Prozessabsprachen ausgelöst wurden.

27 Begegnet man den sieben Wesenselementen aus der Perspektive der Organisationsentwicklung, so tragen diese in der umgekehrten Logik dazu bei zu erkennen, wo mög-

---

6 Glasl u.a., Das Trigon Modell der sieben OE-Basisprozesse, 3. Aufl., 2014, S. 83.

C. Organisationsentwicklung und Mediation   **Teil 6**

liche Konfliktfelder im Veränderungsprozess liegen könnten. Wäre das oben dargestellte Praxisbeispiel zu Beginn der Veränderung professionell begleitet worden so wäre ein Verlauf denkbar gewesen, in dem nach der Entscheidung für eine neue Struktur direkt mit den Betroffenen an der Prozessdefinition hätte gearbeitet werden können.

Um das Vorgehen in der Organisationsentwicklung zu verdeutlichen und die Bezüge in den einzelnen Schritten zur Mediation weiter darzustellen, werden im folgenden Abschnitt die Prozessschritte der Organisationsentwicklung dargestellt. Dabei wird deutlich, dass in allen diesen Prozessschritten Elemente der Mediation ihren Platz finden (können) und oftmals angewendet werden (müssen). 28

IV. Prozessschritte der Organisationsentwicklung

Veränderungsvorhaben sind in Organisationen keine Ausnahme, sondern vielmehr die Regel. Daher geht es in der Organisationsentwicklung weniger darum, ein einmaliges Veränderungsvorhaben umzusetzen, sondern vielmehr darum die Fähigkeit zu entwickeln, einen ständigen Wandel zu begleiten und zu gestalten. *Glasl* schlägt für die strukturierte Bearbeitung einer Veränderung in Organisationen sieben zentrale Basisprozesse vor, die Bestandteile des von ihm (mit)entwickelten Ansatzes der Organisationsentwicklung darstellen.[7] 29

Abbildung 1: 7 Basisprozesse der Organisationsentwicklung nach *Glasl* (eigene Darstellung)

1. Diagnoseprozesse

Der **Diagnoseprozess** dient der Schaffung eines umfassenden Bildes der Situation, d.h. in diesem Prozess werden das **Problembewusstsein aktiviert** und **Daten zur Ist-Situation erhoben**. In dieser ersten Phase mag es notwendig sein, dass durch Interviews und evtl. Workshops die Situation in der Organisation umfassend erhoben wird. 30

Die Diagnosephase zur Aktivierung des Problembewusstseins wurde bereits in diesem Kapitel angesprochen. Insbesondere in professionellen Kontexten ist es für die Aufgabe der Mediation wichtig zu erkennen, ob die richtigen Akteure zur Lösung eines Kon-

---

[7] *Glasl u.a.*, Das Trigon Modell der sieben OE-Basisprozesse, 3. Aufl., 2014, S. 149 ff.

fliktes im Raum sind. Die **Arbeit mit den Wesenselementen** von Organisationen dient hier im Diagnoseprozess **als Leitfaden** und kann zunächst nicht verbalisierte Aspekte sichtbar machen. Dies betrifft insbesondere die Auftragsklärung einer Mediation, in der häufig die Hypothesen der Auftraggeber die dominante Sichtweise bestimmen, diese jedoch regelmäßig den tatsächlichen Konflikt nicht umfassend abbilden. Im weiteren Verlauf der Organisationsentwicklung können nun Elemente der Mediation an spezifischen Punkten eingesetzt werden um bereits bestehende oder durch die Veränderung ausgelöste Konflikte frühzeitig anzugehen.

2. Zukunftsgestaltungprozesse

31   Die umfassende Diagnose bereitet auch den Boden dafür, den gewünschten Soll-Zustand zu entwerfen. Der **Zukunftsgestaltungsprozess** umfasst wiederum potenziell alle sieben Wesenselemente. Dabei geht es zentral darum, Willensklarheit gegenüber den gewünschten Veränderungen herzustellen.

32   **Willensklarheit** herzustellen gegenüber den angestrebten Veränderungen ist ein Prozess, der wiederum oftmals mediative Elemente in der Ausgestaltung benötigt. Besteht häufig in der Darstellung der Diagnose schon reichlich Konfliktpotenzial aufgrund der Sorge, im Diagnoseprozess als Akteur übersehen zu werden, so findet dies im Zukunftsgestaltungsprozess umso mehr statt: Denn es wird die Grundfrage jedes einzelnen tangiert, ob und wo er oder sie sich in der zukünftigen Organisation wiederfinden wird. Mediationssitzungen können hier unterstützend wirken um Klarheit und Transparenz über die individuellen Ziele und Bedürfnisse in den Prozess aufzunehmen.

33   Zugleich können Sitzungen mit mediativen Methoden auch helfen, nicht nur das *Wollen*, sondern auch das *Können* der Organisation und ihrer Akteure zu betrachten. Die gemeinsame Arbeit auf Augenhöhe an der Definition dessen, was geleistet werden kann, hilft, die Perspektiven der jeweils anderen verstehen zu lernen und gemeinsam Win-Win Lösungen zu suchen. Auch hier wird der enge Bezug zu Mediationselementen deutlich.

3. Psychosoziale Prozesse

34   Elementar verbunden mit der Logik und den Methoden der Mediation sind die **Psychosozialen Prozesse**, bei denen es um das *Loslassen* und das *Zulassen* geht.[8] Diese beiden Begriffe stellen sich auch in der Mediation als Leitthemen dar. Zulassen der eigenen Emotionalität, der eigenen Perspektive, der eigenen Ziele (Selbstbehauptung, Window I), aber auch der Emotionalität, der Perspektive und der Ziele der jeweils anderen (Wechselseitigkeit, Window II). Loslassen von selbst gewonnenen Überzeugungen, die durch die Perspektive der jeweils anderen erweitert werden kann.

35   Psychosoziale Prozesse finden im Veränderungsprozess dann statt, wenn sie notwendig sind. Dies bedeutet, dass psychosoziale Interventionen einerseits im Vorfeld geplant sein können, andererseits auch auf aktuelle Dynamiken Rücksicht nehmen müssen. Im dargestellten Praxisbeispiel wird dies in den folgenden Abschnitten nochmals verdeutlicht.

---

8   *Glasl u.a.*, Das Trigon Modell der sieben OE-Basisprozesse, 3. Aufl., 2014, S. 221 ff.

Psychosoziale Prozesse können positive Prozesse sein; werden diese im Verfahren aufgedeckt so kann die Energie dieser positiven Prozesse für das Verfahren optimal genutzt werden. Beispielsweise gibt es Prototypen einer gelungenen Mitarbeiterkooperation, die entsprechend beleuchtet und wertgeschätzt werden sollten und zugleich als Beispiel dienen könnten. Die negativen psychosozialen Prozesse hingegen sind diejenigen, die die einzelnen Mitarbeiter belasten. Diese Konflikte werden in mehreren Phasen offen gelegt und bearbeitet, teilweise in der Diagnosephase und teilweise in der Zukunftsgestaltungsphase. Darüber hinaus ist es möglich, dass sich in der Diagnosephase oder während des gesamten Verfahrens eine Situation ergibt, die Einzelgespräche zwischen Mitarbeitern, Mitarbeitergruppen oder auch der Leitungsebene erforderlich machen.

4. Lernprozesse

Die Aufgabe der Organisationsentwicklung ist nicht ausschließlich Beratung zu und Durchführung von Maßnahmen, vielmehr gilt das Selbstverständnis, dass die Mitarbeiter und Abteilungen dazu befähigt werden, zukünftig auf eigene Ressourcen zurückgreifen zu können, um Veränderungen erfolgreich umsetzen zu können. Dies wird in **Lernprozessen** gewährleistet.[9] Entscheidende Fragen sind dabei, wer was wann von wem lernen sollte, damit die Organisation selbstständige Entwicklungen planen und durchlaufen kann. Die Beteiligung von Mitarbeitern an Lernprozessen ist somit elementar, gleichzeitig aber auch möglicher Quell von Konflikten: Eine Auswahl von Mitarbeitern an bestimmten Lernprozessen zu beteiligen kann als Honorierung der Mitarbeiter verstanden werden – oder auch gegenteilig, als zusätzliche Belastung, die sonst niemand übernehmen möchte.

5. Informationsprozesse

Vor allem in großen Organisationen spielen schließlich auch die Information aller Mitarbeiter eine zentrale Rolle. **Informationsprozesse** müssen dabei mit dem **richtigen Maß** hinsichtlich Umfang, Dauer und Art der Übermittlung geplant werden. Ein **zu wenig** an Information überlässt dem »Flurfunk« die Deutungshoheit mit allen Mythen und Gerüchten, die dort entstehen können. Ein **zu viel** an Informationen kann den gleichen Effekt haben, da die Mitarbeiter nicht alle gelieferten Informationen aufnehmen und verarbeiten können.

Informationen müssen **drei Funktionen** erfüllen:
- Information muss **Zusammenhänge herstellen**, damit die Mitarbeiter das Verfahren besser überblicken;
- Information muss **Akzeptanz schaffen** dadurch, dass sie den Mitarbeitern Orientierung und Richtung des Verfahrens aufzeigt;
- Information muss **Sinn geben**, damit die Mitarbeiter sich mit dem Prozess identifizieren können.

---

9 *Glasl u.a.*, Das Trigon Modell der sieben OE-Basisprozesse, 3. Aufl., 2014, S. 271.

6. Changemanagement-Prozesse

40 Als Bindeglied und Monitoring-Instanz zwischen den in der Organisationsentwicklung eingeleiteten Entwicklungsschritten gilt die **Steuerungsgruppe**.[10] Eine Steuerungsgruppe begleitet den Entwicklungsprozess durchgehend. Die Mitglieder der Steuerungsgruppe dienen dabei auch als Promoter des Verfahrens. Einerseits sollen die Mitglieder die unterschiedlichen Sichtweisen der Mitarbeiter bündeln, um gegebenenfalls darauf im Verfahren gezielt reagieren zu können (*Feedback von den Mitarbeitern*). Andererseits sollen Zusammenhänge und Zielrichtungen von den Promotern zu den Mitarbeitern geliefert werden, damit die Identifikation der Mitarbeiter mit dem Verfahren unterstützt wird (somit finden hier auch implizite Informationsprozesse statt). Mitglieder der Steuerungsgruppe sollten aus allen Hierarchiestufen rekrutiert werden.

7. Zwischenfazit

41 Die obige Darstellung der einzelnen Entwicklungsschritte weist auf eines deutlich hin: Elemente der Mediation sind in allen Prozessschritten nicht nur möglich, sondern oftmals auch wahrscheinlich. Diese Zusammenhänge werden im folgenden Abschnitt intensiver dargestellt.

V. Mediation und Organisationsentwicklung – das Zusammenspiel

42 Mediation und Organisationsentwicklung sind in vielfacher Weise miteinander logisch verbunden. Dies zählt insbesondere für den professionellen Kontext von Organisationen, auf private Zusammenhänge trifft dies nur eingeschränkt zu.

1. Organisationsentwicklung in der Mediation

43 Die Befähigung der Medianden zur gemeinsamen Konfliktlösung ist der Anspruch und die Vorgehensweise der Mediation. Grundüberlegung ist dabei, dass Konflikte in der Kooperation beider Seiten so gelöst werden können, dass eine Win-Win-Lösung erarbeitet wird. Diese ist dem Kompromiss oder dem Vergleich als Lösung überlegen.

44 Der Anspruch der Mediation ist zudem, von den Positionen der Parteien zu deren Interessen zu gelangen. In dieser Phase wird von den Medianden eine analytische Reflexionsleistung verlangt, die, insbesondere im Zustand stärkerer Emotionalität, oftmals schwierig zu leisten ist. Die Konfliktlösung ist aufgrund der Emotionalität für die Medianden eine Stresssituation, und Stresssituationen sind typischerweise nicht dazu geeignet, eine hohe Reflexionsstufe zu erreichen und analytisches Denken zu fördern.

45 Eine Strukturierungshilfe kann hier den Druck der Medianden lindern. Dabei ist der Ansatz nicht, dass der Mediator eine inhaltliche Rolle übernimmt, vielmehr ist der Mediator gefordert die Parteien bei der Lösungsfindung durch eine Strukturierung der Inhalte zu unterstützen. Dadurch verändert sich nicht die Rolle des Mediators hinsichtlich seiner Allparteilichkeit oder hinsichtlich des Gebotes keine Vorschläge zu

---

10 *Glasl u.a.*, Das Trigon Modell der sieben OE-Basisprozesse, 3. Aufl., 2014, S. 377.

unterbreiten. Der Mediator bietet aber den Parteien eine systemische Sichtweise an, anhand derer sie zu mehr Klarheit finden können. Das Praxisbeispiel zeigt deutlich, dass allein die Strukturierungshilfe durch die sieben Wesenselemente von Organisationen den Medianden helfen kann, einzelne Sachbereiche voneinander getrennt zu diskutieren und diese dabei trotzdem miteinander verbunden zu wissen.

Die Einbeziehung der Sichtweise der Organisationsentwicklung in die Mediation zeigt im Kontext von Organisationen zudem die Möglichkeit konkreter Problemlösungsschritte in einzelnen Bereichen auf. Innerhalb der Mediation können diese Lösungsschritte häufig nicht detailliert genug ausgearbeitet werden, da beispielsweise weitere Akteure hierfür involviert werden müssen. 46

Praxisbeispiel – Von der Mediation zum Workshop: 47

Nachdem die Mediation eine Darstellung von Verletzungen auf Seiten des Abteilungsleiters wie auch auf Seiten des Vorstands zuließ und nachdem in einem zweiten Schritt mit Hilfe der Wesenselemente eine erhebliche Strukturierung der unklaren Sachverhalte dargestellt werden konnte, wurde eine Lösungsvereinbarung in der Mediation beschlossen. Die Lösungsvereinbarung enthielt zentral die Vereinbarung, einen Prozess der Organisationsentwicklung in einem anderen Format und mit weiteren Akteuren durchzuführen. Als weitere Akteure waren zunächst die übrigen Abteilungsleiter benannt, das andere Format bezog sich auf einen gemeinsamen Workshop, der das Verfahren der Mediation verlässt und zudem mit anderen Methoden und Hilfsmitteln arbeitet. Zudem müssten, so die Entscheidung, auch Mitarbeiter der weiteren Ebenen (Teamleiter, Mitarbeiter insgesamt) in zu klärenden Formaten in die Erarbeitung von weiteren Schritten einbezogen werden.

Das Praxisbeispiel zeigt deutlich, wie die Mediation der Beginn einer umfassenderen Organisationsentwicklung sein kann. In komplexen Organisationen können nur im seltensten Fall Lösungen innerhalb weniger Sitzungen erarbeitet werden, zumal die neben den Konfliktparteien relevanten Akteure häufig nicht anwesend sind. **Innerhalb der Mediation kann aber ein klarer Fahrplan einer erweiterten Lösungsfindung im Sinne einer Organisationsentwicklung stattfinden.** Ob der weitere Prozess der Organisationsentwicklung sodann vom Mediator (bei entsprechender Ausbildung) weitergeführt oder ob eine weiterer externer Akteur für die Organisationsentwicklung hinzugezogen werden sollte, lässt sich nicht generell beantworten. Für beide Varianten gibt es unterstützende und widersprechende Aspekte, die im Einzelfall intensiv vom Mediator wie auch von den Medianden geprüft werden müssen. 48

2. Mediation in der Organisationsentwicklung

Ähnlich wie die Mediation wird auch in der Organisationsentwicklung von den Betroffenen zunächst eine zentrale Frage in den Fokus gerückt. Ziel der **Auftragsklärung** ist es, die Zusammenhänge und Aspekte herauszuarbeiten, die über die Ursprungsfrage hinaus betroffen sein können. 49

Erweitert man das dargestellte Praxisbeispiel um diese Perspektive so wäre es denkbar, dass zunächst die Frage der Organisationsentwicklung hinsichtlich einer neuen Vorstandsposition mit spezifischen Aufgaben gestellt würde. Diese Fragestellung würde 50 das **Wesenselement** der **Funktionen** betreffen, aber auch **Prozesse** würden damit direkt angesprochen werden. Hinsichtlich der weiteren Wesenselemente könnten Fragen formuliert werden, die in der Planung des Entwicklungsprozesses eine Rolle spielen könnten. Aufgrund der Definition von Prozessen und Funktionen würde auch schnell deutlich werden, dass gewisse Überschneidungen mit dem Aufgabenbereich des Abteilungsleiters unausweichlich sein würden.

51 Dieses – hier vereinfacht dargestellte – Vorgehen bietet somit bereits zu einem frühen Zeitpunkt die Möglichkeit in die Klärung möglicher Konflikte mit den betroffenen Parteien einzusteigen. Je nach Betroffenheit können einzelne Personen oder Teams in die Mediation einbezogen werden. Im Gegensatz zu anderen Methoden der Organisationsentwicklung geht es in diesem Fall immer um eine konkrete Klärung von Konflikten, die durch Veränderungen hervorgerufen werden können. Vorteilhaft daran ist zudem, dass die Emotionalisierung und somit auch die Konfliktstufe typischerweise eher niedrig sind, so dass eine Sachklärung aufgrund unterschiedlicher Interessen vereinfacht wird.

52 Im Verlauf der Organisationsentwicklung kommt es vor, dass bestimmte Arbeitsschritte auf **unerwartete Blockaden** stoßen. Diese können vielfältiger Natur sein, offen angesprochen oder verdeckt vermittelt werden. An dieser Stelle wiederum kann die Mediation eine gewinnbringende Intervention darstellen, die aus dem Gesamtprozess der Organisationsveränderung bewusst aussteigt und sich davon absetzt. Beispielsweise ist es möglich, dass Veränderungen nur deshalb von einer Partei nicht umgesetzt, da mit einer anderen Partei ein von der Veränderung unabhängiger Konflikt besteht. Hier bietet die Mediation den richtigen, vertraulichen und geschützten Rahmen, sich unabhängig von anderen Teammitgliedern oder Vorgesetzten in eine Konfliktklärung zu begeben.

3. Zulässigkeit des Rollenübergangs von Mediation zu Organisationsentwicklung und umgekehrt

53 Ein möglicherweise stattfindender Rollenübergang von Mediation zu Organisationsentwicklung oder umgekehrt wird im Mediationsschrifttum im Hinblick auf das MediationsG kritisch gesehen, wenngleich gute und nachvollziehbare Gründe für deren Zulässigkeit streiten.[11] Ebenso wie im Bereich des Coachings muss auch bei der Organisationsentwicklung eine gewisse Rollenflexibilität gegeben sein. Um zu beantworten, ob der gleiche Prozessberater, der die Organisationsentwicklung in einer Organisation durchführt eine daraus entstehende Mediation übernehmen darf oder kann, müssen zwei Fragen geklärt werden: Erstens, können sich die Medianden tatsächlich frei für oder gegen den Mediator entscheiden? Gibt es (z.B. hierarchische) Abhängigkeiten, die es einer Partei schwer machen würde, den Mediator abzulehnen? Zweitens, kann der Mediator allparteilich agieren und das erarbeitete Vorwissen aus der Organisationsberatung *ausschließlich* als wertvolle Hypothese verstehen – aber nicht als tatsächliche Situationsbeschreibung? Wenn die Antwort auf die erste Frage negativ und auf die zweite Frage positiv ausfällt kann es große Vorteile haben, wenn die Mediation in Personalunion weitergeführt wird.

---

11 Vgl. Teil 6 D.2.d), Rdn. 55 ff.

Gleichzeitig gibt es wiederum auch inhaltliche Gründe, warum eine Mediation an einen Dritten zur Durchführung abgegeben werden sollte. Dies ist insbesondere dann der Fall, wenn der Veränderungsprozess und der Inhalt der Mediation in keinerlei Beziehung zu einander stehen. In diesem Fall sollte auch keine Beziehung darüber geschaffen werden, dass Organisationsentwickler und Mediator die gleiche Person sind.

VI. Hinweise für die Praxis

Dieser Beitrag betrachtet die Mediation und die Organisationsentwicklung als methodische Abläufe, die die gleiche Handlungslogik aufweisen und gegenseitig unterstützend wirken können. In beiden Ansätzen geht es zentral darum, dass die Beteiligten zur Gestaltung der eigenen bzw. gemeinsamen Situation ermächtigt werden. **Der Mediator ist dabei in gleicher Weise Begleiter wie der Organisationsentwickler**: er strukturiert den Prozess, für die Inhalte hingegen sind die Beteiligten verantwortlich.

Die Organisationsentwicklung, zumindest in der Konzeptionierung nach *Glasl*, umfasst die Mediation bereits. Sei es durch das Wesenselement der *Menschen*, oder sei es durch die explizite Darstellung *psychosozialer Prozesse* in der Organisationsentwicklung: bei beiden wird auf die Möglichkeit und oftmals auch Notwendigkeit der Mediation eingegangen.

Umgekehrt ist in der Mediation im professionellen Kontext die Organisationsentwicklung weniger prominent vertreten. Insbesondere im Zusammenhang größerer Organisationen ist die Erweiterung des Fokus auf organisationale Zusammenhänge auch zur individuellen Konfliktlösung jedoch notwendig. Diese **systemische Perspektive** trägt dem Sachverhalt Rechnung, dass Menschen in Organisationen in bestimmten Zusammenhängen agieren und sich dementsprechend Konflikte in bestimmten Zusammenhängen entwickeln. Die Fokussierung ausschließlich auf die Konfliktparteien – und auch die Übergabe der Verantwortung für den Konflikt nur an die Konfliktparteien – ist im organisations- und unternehmerischen Kontext nicht ausreichend. Lösungen können hier nur für den direkten Umgang der beiden Parteien miteinander gefunden werden, allerdings nicht für die Quelle des Konfliktes, die beispielsweise in bestimmten Prozessen oder Strukturen angelegt sein mag. In einem solchen Fall ist die Mediation allein eher Symptombekämpfung als nachhaltige Lösungsstrategie.

Die **Sichtweise der Organisationsentwicklung** – und hier insbesondere auch der Organisationsdiagnose – **in die Mediation mit aufzunehmen** bedeutet, dass **Verantwortlichkeiten geklärt** werden können: Wofür sind die Medianden tatsächlich selbst verantwortlich und an welchen Stellen erklären sich ihre jeweiligen Handlungslogiken aus systemimmanenten Strukturen oder Prozessen? Beide Aspekte müssen erarbeitet werden, um einerseits den respektvollen Umgang wiederum zu lernen, andererseits eine tatsächliche Lösungsorientierung aufzuzeigen. Selbst wenn eine Organisationsveränderung nicht in Aussicht steht und auch nicht Teil des Auftrages ist ist es zielführend, die *Bedingungen* des eigenen Verhaltens herauszuarbeiten. Inwiefern sich die Medianden *unter den gegebenen Bedingungen* dann jeweils anders verhalten können, kann wiederum intensiv in der Mediation bearbeitet werden.

D. Coaching

Übersicht   Rdn.
I. **Coaching als Weg alternativer Konfliktbeilegung** 1
   1. Überblick: Coaching als Weg alternativer Konfliktbeilegung 2
   2. Grundsätzliches zum Konflikt-Coaching im Einzelsetting 3
      a) Gegenstand und Ziel von Konflikt-Coachings. 4
      b) Beitrag zur Streitkulturverbesserung durch Konflikt-Coaching 6
   3. Konflikt-Coaching von Personengruppen. 8
      a) Bearbeitung interpersoneller Konflikte von zwei und mehr Personen.... 9
      b) Formatabgrenzung Konflikt-Coaching/Mediation in der
         Mehrparteien-Konfliktberatung 10
      c) Fazit zum Konflikt-Coaching von Personengruppen 11
   4. Wege zum Konflikt-Coaching über die einschlägigen Prozessordnungen
      (insbesondere ZPO und ArbGG) und Verfahrensvorschriften (FamFG) 12
      a) Konflikt-Coaching als Weiterentwicklung eines alternativen Wegs der
         Konfliktbeilegung. 13
      b) Vergleichbares Wirkungsfeld von Mediation und Konflikt-Coaching.... 14
      c) Weg über den Streitrichter (insbesondere § 278a ZPO) 17
         aa) Begriff des Verfahrens 18
         bb) Konflikt-Coaching als Beitrag zur Konfliktbewältigung der
             Parteien. 20
         cc) Abschichtung des Konfliktstoffes durch Konflikt-Coaching 23
         dd) Weg über den Streitrichter möglich 24
      d) Weg über den Güterichter (insbesondere §§ 278 Abs. 5 ZPO) 25
      e) Wege in Kindschaftssachen (insbesondere § 156 Abs. 1 S. 2–4 FamFG) . 26
      f) Fazit: Einbeziehung von Konflikt-Coaching in die gesetzlich
         vorgesehenen Möglichkeiten außergerichtlicher Konfliktbeilegung 29
II. **Vertiefung zum Konflikt-Coaching im Einzelsetting** 32
   1. Voraussetzungen, Gründe und Anliegen eines Konflikt-Coachings 33
      a) Gründe für die einseitige Bearbeitung im Coaching 34
      b) Klienten-Anliegen und Lösungspotenzial im Konflikt-Coaching....... 35
      c) Konflikt-Coaching als erweiterter Teil des ursprünglichen
         Coachingauftrages 38
   2. Abgrenzungen zu anderen Formaten 39
      a) Coaching mit mediativen Ansätzen. 39
         aa) Problematik der Vorbefassung nach § 3 Abs. 2 MediationsG 40
         bb) Folgen für Übergänge von Coaching zu Mediation 45
      b) Mischung von Mediation und Coaching (Mediation und Coaching
         im »Doppelpack«) 46
      c) Coaching-unterstützte Mediation 47
   3. Abgrenzung der Rolle Coach/Mediator 49
      a) Rollenunterschiede Coach/Mediator........................... 49
      b) Problematik der Doppel-Rolle als Coach 50
      c) Verschärfung der Doppel-Rollen-Problematik bei rechtlich geprägten
         Konflikten 51
      d) Fazit zu Format- und Rollenabgrenzungen 52

4.	Exkurs: Kritik an den Tätigkeitsbeschränkungen für Mediatoren nach § 3 Abs. 2 und 3 MediationsG in rechtsfernen Fällen – verfassungskonforme Auslegung	54
	a) Ausgangslage: Anlehnung an § 3 BORA	54
	b) Widerspruch zum Zweck einer Mediation	56
	c) Unverhältnismäßige Einschränkung der Berufsausübung von Mediatoren	58
	aa) Verbots- und Ausnahmelogik des anwaltlichen Berufsrechts	59
	bb) Rechtsferne Beratung und Mediation innerhalb von Organisationen	60
	d) Eingriff in die Privatautonomie der Medianden	64
	aa) Befassungsfälle nicht generell neutralitätsgefährdender als andere Umstände	65
	bb) Pauschaler Entzug der Neutralitätsbeurteilung schränkt Privatautonomie in rechtsfernen Fällen unverhältnismäßig ein	66
	e) Transparenz und aufgeklärte Parteizustimmung in rechtsfernen Fällen ausreichend und verfassungsrechtlich geboten	67
III.	Hinweise für die Praxis	68
1.	Struktur	69
	a) Mediationsanaloge Struktur	70
	b) Anlehnung an das Modell der Bewusstseinsebenen	71
2.	Gesprächstechniken im Coaching	72
3.	Haltung im Coaching	73
4.	Methoden im Konflikt-Coaching	74
	a) Konflikt-Diagnose/Konflikt-Analyse	75
	b) Themensammlung	76
	c) Eigene Sichtweisen/Gefühle und andere Sichtweisen/Gefühle verstehen	77
	d) Eigene und fremde Interessen/Bedürfnisse und Gefühle	79
	e) Handlungs- und Lösungsoptionen	84
	f) Kurzerläuterung weiterer Werkzeuge/Tools	92

I. Coaching als Weg alternativer Konfliktbeilegung

1. Überblick: Coaching als Weg alternativer Konfliktbeilegung

1

Kapitel I. befasst sich damit, ob und unter welchen Voraussetzungen Coaching zu den Wegen der alternativen Konfliktbeilegung zählen kann. Zunächst erfolgen grundsätzliche Ausführungen zum Konflikt-Coaching von Einzelpersonen (2.), sodann wird untersucht, ob und unter welchen Voraussetzungen auch das Coaching von Personengruppen (z.B. Teams) als Konflikt-Coaching zu betrachten ist (3.). Insbesondere bei der Konfliktbearbeitung im Einzelsetting (Coaching unter »Vier-Augen«) spricht man (in zutreffender Weise) von einem Konflikt-Coaching. Bei der Konfliktbearbeitung mit Personengruppen ist auf die Abgrenzung zur Mediation zu achten. Schließlich wird erörtert, ob der Weg zu einem Konflikt-Coaching auch über die einschlägigen Prozessordnungen oder Verfahrensvorschriften (insbesondere der ZPO, des ArbGG und des FamFG) führen kann (4.).

2

Vertiefende Erörterungen zum **Konflikt-Coaching im Einzelsetting** finden sich schließlich im Kapitel II.

2. Grundsätzliches zum Konflikt-Coaching im Einzelsetting

3 Coaching ist eine **professionelle Form reflexiver Beratung**, die im Wesentlichen darauf abzielt, die **Selbstlösungs- und Selbststeuerungskompetenz** der Klienten zu erhöhen. Konfliktbearbeitungen sind dabei einer der häufigsten Anlässe für ein Coaching.[1]

Erfolgt das Coaching mit einer Einzelperson (Einzelcoaching) mit dem Auftrag,[2] einen Konflikt ohne Anwesenheit des Konfliktpartners zu bearbeiten, handelt es sich um ein **Konflikt-Coaching im Einzelsetting**. Für die vom Klienten gewünschte Konfliktbearbeitung in Abwesenheit der anderen Konfliktpartei gibt es eine Vielzahl von Gründen, die höchst individueller Natur sind. Diese reichen von Konfrontationsängsten über bewusst angestrebte Selbstreflexions- und Entwicklungsprozesse bis hin zur Vorbereitung von deeskalierenden Handlungsoptionen oder nachfolgenden Einigungsgesprächen mit der Gegenpartei.[3]

a) Gegenstand und Ziel von Konflikt-Coachings

4 In einem solchen Konflikt-Coaching geht es mit Blick auf eine Konfliktbeilegung zunächst darum, in Abwesenheit der anderen Konfliktpartei einseitig die **Selbstlösungs- und Steuerungskompetenz** des Klienten in Bezug auf den Konflikt zu verbessern.[4] Man kann den Gegenstand eines solchen Coachings auch als Erarbeitung einer **Konfliktbewältigungsstrategie** bezeichnen, wenn sich der Konflikt aus Sicht des Klienten bereits manifestiert hat.

Das Klienten-Anliegen kann dabei z.B. dahin gehen, wie der **Umgang mit einer Konfliktpartei belastungsreduzierend** beeinflusst werden oder wie auf bestimmte als konfliktbehaftet empfundene Verhaltensweisen reagiert werden kann. In solchen Fällen geht das Ziel im Konflikt-Coaching stärker in Richtung erweiterter eigener Verhaltensmöglichkeiten und **Handlungsoptionen im Umgang mit Konflikten** und (noch) nicht zwingend unmittelbar in eine aktive Konfliktbeilegung. Dabei mag insbesondere der Einsatz spezifischer Konflikt-Coaching-Tools[5] häufig schon ausreichen, damit dem

---

1 *Stephan/Rötz*, 4. Marburger-Coaching-Studie, Philipps-Universität Marburg, 2016/17 S. 29, abrufbar unter: https://www.marburgercoachingstudie.de (Datum des Zugriffs: 15.09.2019) sowie *Middendorf*, Coaching-Umfrage Deutschland 2017, abrufbar unter: https://coachingumfrage.wordpress.com (Datum des Zugriffs: 15.09.2019); ebenso *Schreyögg*, Konfliktcoaching 2011, S. 36.
2 Die Konfliktbearbeitung muss Gegenstand des Coaching-Auftrages sein. Es reicht aus, wenn sie sich anlässlich eines ursprünglichen anders gearteten Coaching-Auftrags als Auftragserweiterung ergibt, näher dazu unten unter Rdn. 38. Dabei gilt selbstverständlich der Grundsatz jedes Coachings: »Kein Coaching ohne Ziel!« D.h. das Ziel des Klienten verschafft und begrenzt die Arbeitsgrundlage (den Auftrag) des Coaches.
3 Siehe hierzu die Ausführungen unter Rdn. 34.
4 Zu einer »Roadmap« für den Klienten im Konflikt-Coaching siehe *Erpenbeck*, Coaching Magazin 4/2017 abzurufen unter: https://www.coaching-magazin.de/ausgaben (Datum des Zugriffs: 15.09.2019).
5 Zum Vorgehen innerhalb eines Konflikt-Coachings unten D. III. Rdn. 69 ff.

Klienten nachfolgende Gespräche mit dem Konfliktgegner leichter fallen oder ein im Coaching bewirkter Perspektivenwechsel alleine einer Partei dazu führt, die gesamte Situation zu entspannen und zu lösen.

Weiter kann auch die **Erarbeitung aktiver konkreter Handlungsstrategien** zu einem Konflikt-Coaching gehören, wenn es dem Klienten darum geht, **Mittel und Wege zu einer eigenständigen Konfliktlösung** vermittelt zu bekommen. Genau so können Handlungsoptionen und **Vereinbarungselemente**, die der Klient dann »mitnimmt«, um sie mit dem Kontrahenten in eine gemeinsame Lösung einzubringen, erarbeitet werden. In diesen Fällen steht die aktive, eigenverantwortliche Konfliktbeilegung mehr im Vordergrund.

Letztlich kann mit einem Konflikt-Coaching – abhängig von der Bereitschaft der Konfliktbeteiligten – nahezu alles erreicht werden, was auch in einer Mediation erreicht werden kann. Vom Aufbau und der Struktur her kann sich ein Konflikt-Coaching auch an den Phasen einer Mediation – als grobe Richtschnur – orientieren.[6]

Als **strukturelle Bausteine und methodische Interventionen**[7] in einem Konflikt-Coaching kommen dabei z.b. 5
- Konfliktanalyse (Unterscheidung nach »heißen« und »kalten« Konflikten[8]),
- Themensammlung (Visualisierte »Timeline«[9])
- Wechselseitige Sichtweise/Gefühle (Selbst-/Fremdbild-Abgleich[10])
- Reflexionen zu intra- und interpsychischen Elementen/Mustern des Konflikts (z.b. mit dem »Inneren Team«[11] oder der Transaktionsanalyse nach *Berne*[12]),
- Auflösung von Glaubenssätzen (z.B. mit kognitiven Umstrukturierungen[13])
- De-eskalierende kommunikative Tools (z.B. mit der »Gewaltfreien Kommunikation«[14])
- Bearbeitung Interessen/Bedürfnisse und Perspektivenwechsel (z.B. mit dem Werte- bzw. Entwicklungsquadrat[15] oder Methode »Tauschen«[16]),

---

6 Siehe hierzu unten Rdn. 70, 71.
7 Ausführlich zu Struktur und Methoden im Konflikt-Coaching siehe unten Rdn. 69 ff. m.w. N.
8 *Schwertfeger/Bähner* in: *Knapp* (Hrsg.), Konfliktlösungstools, S. 28 m.w.N.; näher dazu Rdn. 75 ff.
9 *Liefert* in: *Knapp* (Hrsg.), Konfliktlösungstools, S. 104 ff.; näher dazu unten Rdn. 76.
10 Siehe unten Rdn. 77 m.w. N.
11 *Schulz von Thun*, Miteinander reden Band 3; siehe auch Kurzerläuterung unten Rdn. 92.
12 *Dehner/Dehner*, Transaktionsanalyse im Coaching; siehe auch Kurzerläuterung unten Rdn. 92.
13 *Migge*, Handbuch Coaching und Beratung, S. 155, 176 ff, 188, 207; siehe auch Kurzerläuterung unten Rdn. 93.
14 *Rosenberg*, Gewaltfreie Kommunikation; näher dazu unten Rdn. 86.
15 *Schulz von Thun*, Miteinander reden Band 2, S. 43 ff; näher dazu unten Rdn. 78.
16 *Migge*, Handbuch Business-Coaching, S. 200; näher dazu unten Rdn. 79–82.

- Emotions- und Selbstmanagement (z.B. mit Achtsamkeits-Praxis[17] oder imaginativen Methoden[18]),
- Simulationen kritischer Situationen mit lösungsfokussiertem Probehandeln (z.B. mittels systemischer Aufstellungen[19]),
- Vorbereitung von Verhandlungen (mit lösungsfokussiertem Angebots- und Nachfrageverhandeln[20])

u.v.m. in Betracht.

b) Beitrag zur Streitkulturverbesserung durch Konflikt-Coaching

6 Betrachtet man die in der Coachingpraxis sehr vielgestaltig anzutreffenden Konstellationen von Konflikt-Coachings insbesondere von Führungskräften in Organisationen,[21] – seien es in Wirtschaftsunternehmen, in sozialen oder kulturellen Dienstleistungssystemen oder Behörden – in denen abhängig von der Konfliktstärke sehr schnell auch ein arbeitsrechtlicher Hintergrund mitschwingen kann, so zeigt sich, dass Konflikt-Coaching einen wesentlichen Beitrag zur **Konfliktprophylaxe**, vor allem aber zur **Konfliktbewältigung** leisten kann. Anstelle von Machteingriffen qua Hierarchie oder Auseinandersetzungen mittels des Arbeitsrechts tritt vorgeschaltet die Konfliktbearbeitung im Einzelcoaching. Gerade angesichts der verstärkt Platz greifenden neuen und hierarchieungebundenen Arbeitsmethoden (»New Work«) und den Auswirkungen der Digitalisierung auf tradierte hierarchiegeprägte Führungs- und Unternehmenskulturen wird Coaching als Werkzeug in der Führung (und damit auch die Konfliktbearbeitung in einem Coaching) zunehmend zum Mittel erster Wahl.[22]

7 Unter dem Aspekt der **Streitkulturverbesserung** hat Konflikt-Coaching daher bereits eine feste Rolle in Wirtschaft und Gesellschaft. In den angesprochenen Organisationsformen mag es sogar deutlich mehr verbreitet sein als die Mediation, zumal eine (oft nicht gewünschte) direkte Konfrontation mit dem (den) Kontrahenten (zunächst) vermieden werden kann.[23]

---

17 *Maturano*, Mindful Leadership sowie *Kabat-Zinn*, Achtsamkeit für Anfänger; siehe auch Kurzerläuterung unten Rdn. 94.
18 *Kraemer* in: *Rauen* (Hrsg.), Coaching-Tools, S. 272; siehe auch Kurzerläuterung unten Rdn. 94.
19 *Horn/Brick*, Organisationsaufstellung und Systemisches Coaching; siehe auch Kurzerläuterung Rdn. 95.
20 *Ballreich*, Konfliktmanagement und Mediation in Organisationen, S. 296 ff.; näher dazu unten Rdn. 88-91.
21 Ausführlich zu den vielen Fallkonstellationen *Schreyögg*, Konfliktcoaching.
22 Siehe z.B. die Tiefenstudie der »Initiative neue Qualität der Arbeit« zum Thema »Führungskultur im Wandel«, Stand September 2014, abrufbar unter: https://www.inqa.de/DE/Angebote/Publikationen (Datum des Zugriffs: 15.09.2019).
23 Siehe zu den Gründen für ein Konflikt-Coaching unter 2. Rdn. 34.

D. Coaching **Teil 6**

In der heutigen Praxis sind Konflikt-Coachings in Organisationen daher – abhängig von Konfliktstärke und Konstellation – Maßnahmen, die geeignet sind, arbeitsrechtliche Eingriffe und/oder auch Gerichtsverfahren zu vermeiden. Unter Berücksichtigung vorgenannter Aspekte sind Konflikt-Coachings – ebenso wie die Mediation – daher zu den eigenständigen Formen alternativer Konfliktbeilegung zu zählen.

Ob und inwieweit ein Weg über die Prozessordnungen (ZPO, ArbGG etc.) oder andere Verfahrensregelungen (z.b. FamFG) zu einem Konflikt-Coaching führen kann, ist eine separat zu untersuchende Frage, die unter I. 4. erörtert wird.

3. Konflikt-Coaching von Personengruppen

Gegenstand eines Coachings von Personengruppen wie Teams, Gruppen ausgewählter Führungskräfte oder Funktionsträger können je nach Auftrag eine große Bandbreite von Themen sein. In Betracht kommen z.b. 8
– Kommunikation
– Führung und Zusammenarbeit
– Ablaufprozesse
– Aufgaben und Rollenkonkretisierung
– Stressmanagement
– die sogenannte Teamentwicklung u.v.m.

Oft wird von Coaching gesprochen, die Grenzen zu Training, Supervision und Organisationsberatung sind hierbei fließend.

Vielfach steht eine Konfliktbearbeitung aus Sicht des Auftraggebers nicht an erster Stelle, sondern der externe Berater wird ganz unspezifisch gebeten, bei einer Verbesserung der Gesamtsituation oder Stimmung in der betreffenden Gruppe zu unterstützen. Es ist gängige Praxis, dass sich erst im späteren Verlauf der Beratung herausstellt (bzw. erst dann die Einsicht des Auftraggebers vorhanden ist), dass zur Erreichung der übergeordneten Ziele des Auftraggebers auch eine Konfliktbearbeitung notwendig wird, sei es zwischen zwei, oft aber auch zwischen mehr als zwei Personen.

a) Bearbeitung interpersoneller Konflikte von zwei und mehr Personen

In solchen Konstellationen, in denen ein Konfliktberater sodann mit mehreren Beteiligten an der Lösung ihrer **interpersonellen Konflikte** arbeitet (z. B. bei Teamkonflikten aber auch in Konflikten innerhalb anderer Personengruppen wie z.B. Gesellschaftern, Erben, Lehrer/Richterkollegen oder neuerdings in sog. Mietshäuser-Syndikaten) ist zweifelhaft, ob es sich überhaupt um ein Coaching handelt. Im Alltagssprachgebrauch mag hiervon zwar die Rede sein. Die Rolle des Coaches – und folglich die Bezeichnung als Konflikt-Coaching – passt jedoch nicht zu der gegenüber mehreren Konfliktbeteiligten geforderten Neutralität und Allparteilichkeit, die für die Media- 9

Klenk

tion explizit ihren gesetzlichen Niederschlag in §§ 1 Abs. 2 und 2 Abs. 3 S. 1 MediationsG gefunden hat.[24]

b) Formatabgrenzung Konflikt-Coaching/Mediation in der Mehrparteien-Konfliktberatung

10 Coaching ist ein **klientenzentriertes Format** mit einer besonderen **Nähebeziehung** des Coaches zum Klienten.[25]

Eine solche Nähebeziehung wäre bei Personengruppen dann gegeben, wenn der Auftrag dahin ginge, ein gesamtes Team oder eine Personengruppe als Einheit – quasi analog zum Set-up des Konflikt-Coachings mit Einzelpersonen, d.h. ohne Anwesenheit der anderen Konfliktpartei(en) und einseitig bleibend – bei einer konkreten Konfliktbewältigung mit anderen Personen-/Personengruppen oder Organisationsteilen zu unterstützen.[26] Hier wäre es zulässig, von einem Konflikt-Coaching zu sprechen, Klient ist dann die Gruppe bzw. die funktionale Einheit.[27] Denkbar wäre ferner, dass von einem Konflikt-Coaching ausnahmsweise dann gesprochen werden kann, wenn mit allen Konfliktbeteiligten gearbeitet wird, diesen dabei Arbeitsweisen und Methoden zur Konfliktlösung vermittelt werden und die Lösung sodann eigenständig ohne Mitwirkung des Beraters von den Parteien entwickelt wird.

Je stärker mit den anwesenden Konfliktbeteiligten in der Mehrparteien-Konflikt-Beratung an der eigentlichen Konfliktlösung gearbeitet wird, desto mehr bewegt man sich im tatsächlichen und rechtlichen Feld der Mediation, insbesondere der Organisations-Mediation. Der externe Berater hat dabei auf den beim Übergang zur Mediation stattfindenden Rollenwechsel und auch die rechtlichen Anforderungen aus dem MediationsG zu achten.[28]

---

24 Die in der Praxis zu beobachtende unscharfe Verwendung des Begriffs »Coaching« erinnert an die Abgrenzung der (echten) Grippe vom grippalen Infekt. Der für den betreffenden Fall medizinisch falsche Begriff (»Grippe«) setzt sich im Alltagssprachgebrauch durch. Beim Coaching scheint es ähnliche Tendenzen zu geben. Zur Rollenabgrenzung Coach/Mediator siehe ferner unten II. 3. Rdn. 49.
25 Dialogisches Arbeitsbündnis sowie Ziel- und Themenhoheit des Klienten prägen die besondere Beziehung zwischen Coach und Klient. Insofern wird Coaching auch als klientenzentriertes Format bezeichnet. Damit wird – in Anlehnung an die »personenzentrierte Gesprächsführung« der humanistischen Psychologie nach Carl Rogers – die Bedeutung der (nichtdirektiven) Haltung des Coaches und die besondere Beziehungsqualität Coach/Klient angesprochen. Hierzu *Carl. R. Rogers*, Entwicklung der Persönlichkeit.
26 Z.B. dann, wenn Verantwortung oder Aufgaben zwischen verschiedenen Teams strittig sind und (vorläufig) *nur mit einem Team* De-eskalations- und Lösungsstrategien erarbeitet werden.
27 Wechselt der Auftrag hin zu einer Konfliktklärung zwischen Teams oder zwischen einzelnen Team-/Gruppenmitgliedern, dann handelt es sich aus o.g. Gründen nicht mehr um ein Coaching, der Berater ist nicht mehr Coach, sondern in der Regel Mediator.
28 Zur Konfliktvermittlung im Rahmen eines Team-Coaching-Prozesses: *Alf-Jähnig/Hanke/Preuß-Scheuerle*, Teamcoaching, S. 142 ff. (155/156). Die Autoren sprechen insoweit zutreffend dann von einer Mediation.

c) Fazit zum Konflikt-Coaching von Personengruppen

Für ein »Mehrpersonen-Konflikt-Coaching«, in dem es um die interpersonellen Konflikte der Beteiligten geht, bleibt zur Vermeidung einer Konfusion der Beratungsformen nur wenig Raum. Bei der Bearbeitung von Konflikten zwischen zwei[29] und mehr Personen sollte demnach terminologisch nicht von einem Konflikt-Coaching gesprochen werden.[30]

Es fehlt auch ein praktisches Bedürfnis, da als Formate die Mediation oder die Moderation (neutral: Konflikt-Vermittlung) zur Verfügung stehen. Allenfalls wenn eine Personengruppe als Einheit analog zum Konflikt-Einzelcoaching in ihrem Konflikt mit einer anderen Personengruppe, die beim Coaching nicht zugegen ist, »gecoacht« wird, mag man hier von einem Konflikt-Coaching sprechen. Als eigenständige alternative Form der Konfliktbeilegung dürfte diese Konstellation jedoch im Vergleich zum Konflikt-Einzelcoaching in der Praxis eine eher untergeordnete Bedeutung haben. Auf ein Konflikt-Coaching mit Personengruppen wird daher im weiteren Verlauf, auch im Vertiefungsabschnitt unter II., nicht weiter eingegangen.

4. Wege zum Konflikt-Coaching über die einschlägigen Prozessordnungen (insbesondere ZPO und ArbGG) und Verfahrensvorschriften (FamFG)[31]

Nachfolgend wird näher dargelegt, dass auch über die einschlägigen **Prozessordnungen und Verfahrensvorschriften** ein **Weg zum Konflikt-Coaching** führen kann und ein Konflikt-Coaching im oben verstandenen Sinne damit zu den vom Gesetzgeber angesprochenen Formen der außergerichtlichen Konfliktbeilegung zu zählen ist. Es handelt sich hierbei um einen Vorschlag zur **Weiterentwicklung der bisherigen Praxis**.

a) Konflikt-Coaching als Weiterentwicklung eines alternativen Wegs der Konfliktbeilegung

Der deutsche Gesetzgeber verwendet verschiedene Formulierungen im Zusammenhang mit außergerichtlichen Konfliktbeilegungen: In den Prozessordnungen findet sich für

---

29 Gemeint ist hier das Tätigwerden für beide Parteien als Konfliktberater (unter der irreführenden Bezeichnung »Coach«) mit dem Ziel einer Konfliktlösung. In aller Regel liegt hier eine Mediation vor.
30 Zu weiteren Fragen und Fällen der Formatabgrenzung siehe die Ausführungen unter II. Rdn. 39 ff.
31 Im Folgenden beschränken sich die Ausführungen auf die zivilprozessualen und familienrechtlichen Verfahrensvorschriften. Über die einschlägigen Verweisungen der Prozessordnungen der Verwaltungs- (§ 173 S. 1 VwGO), Finanz- (§ 155 S. 1 FGO) und Sozialgerichtsbarkeit (§ 202 S. 1 SGG) auf die §§ 278 Abs. 5 und 278a ZPO gelten die Ausführungen prinzipiell auch für diese Gerichtszweige, wiewohl anzunehmen ist, dass angesichts der dortigen Streitgegenstände und Beteiligten eine praktische Relevanz für die Durchführung von Konflikt-Coachings im Vergleich zu privatrechtlichen Streitigkeiten kaum bestehen dürfte.

die erkennenden Gerichte zunächst in der Regel eine Formulierung wie »… [Mediation oder] anderes Verfahren der außergerichtlichen Konfliktbeilegung…«.[32] Sofern das erkennende Gericht an den Güterichter verweist, spricht das Gesetz davon, dass diesem »alle Methoden der Konfliktbeilegung [einschließlich der Mediation]« zur Verfügung stehen.[33] Schließlich kann das Gericht speziell in Kindschaftssachen ein Informationsgespräch der Eltern über »[Mediation oder] eine sonstige Möglichkeit der außergerichtlichen Konfliktbeilegung bei einer vom Gericht benannten Person oder Stelle« anordnen.[34] Das Gesetz verwendet im Wesentlichen mithin die Worte »Verfahren«, »Methoden« und »sonstige Möglichkeit« der außergerichtlichen Konfliktbeilegung sowie »alternatives Konfliktbeilegungsverfahren«[35] bzw. »alternative Streitbeilegung«.[36]

Ausweislich der Gesetzesbegründungen hat der Gesetzgeber an den zitierten Stellen zu alternativen Konfliktbeilegungswegen – mit Ausnahmen der Mediation – bewusst mit **unbestimmten Rechtsbegriffen** gearbeitet, um die **Weiterentwicklung** hin **zu innovativen Formaten der Praxis** zu überlassen und diese Entwicklung nicht einzuengen.[37]

Um eine solche **Weiterentwicklung** geht es bei der Einbeziehung des Konflikt-Coachings (im Einzelsetting) in die alternativen Wege außergerichtlicher Konfliktbeilegung über die angesprochenen prozessualen bzw. verfahrensrechtlichen Vorschriften.

b) Vergleichbares Wirkungsfeld von Mediation und Konflikt-Coaching

14 Ebenso wie die Mediation entfaltet Konflikt-Coaching sein wesentliches **Wirkungsfeld** bevor es zu gerichtlichen Auseinandersetzungen kommt. Gegenüber der Mediation hat das (Konflikt-) Coaching dabei den »Nachteil«, dass es im Gesetz soweit ersichtlich nirgendwo Erwähnung findet und gesetzliche Berufsregelungen zum Coaching nicht vorliegen. Als alternative Konfliktbeilegungsmöglichkeit dürfte Coaching im Bewusstsein von Gerichten und Anwälten[38] sowie der Konfliktparteien,

---

32 Zum Begriff des »Verfahrens der außergerichtlichen Konfliktbeilegung« für das erkennende Gericht z.B. §§ 253 Abs. 3 Nr. 1, 278a Abs. 1 und 2 ZPO, §§ 54a Abs. 1 und 2 Satz 2 sowie 80 Abs. 1 Satz 1, 87 Abs. 2 Satz 1 ArbGG (Wortlaut: »Mediation und Konfliktbeilegung«), §§ 23 Abs. 1 Satz 3, 36a Abs. 1–3, 155 Abs. 4 FamFG.
33 Zum Begriff »alle Methoden der Konfliktbeilegung« für den Güterichter z.B. § 278 Abs. 5 ZPO, § 54 Abs. 6 ArbGG, § 36 Abs. 5 FamFG.
34 Zum Begriff »einer sonstigen Möglichkeit der außergerichtlichen Konfliktbeilegung bei einer vom Gericht benannten Person oder Stelle« z.B. §§ 81 Abs. 2 Nr. 5, 135, 156 Abs. 1 Satz 3, Abs. 3 Satz 2 FamFG.
35 Diese Terminologie findet sich in der ZMediatausbV in der Anlage zu den Inhalten von Mediationsausbildungslehrgängen in Punkt I. 1 b) »Abgrenzung der Mediation zum streitigen Verfahren und zu anderen alternativen Konfliktbeilegungsverfahren«.
36 Im VSBLG ist in §§ 1 und 5 von »alternativer Streitbeilegung« und in § 2 Abs. 3 Nr. 4 RDG von »[Mediation und] jede vergleichbare Form der alternativen Streitbeilegung« die Rede.
37 Vgl. z.B. Begr. BT-Drucks. 17/5335, A. II.
38 Zum Verhältnis von Coaching und Jura: *Tutschka*, in: Coaching-Magazin 1/2019, S. 17 abrufbar unter: https://www.coaching-magazin.de/ausgaben (Datum des Zugriffs: 15.09.2019).

deren Streit bereits vor Gericht ist oder dort zu landen droht, allein deswegen vermutlich selten als Handlungsoption auftauchen.

Eine Ausnahme in der Konfliktbearbeitungsrealität bildet hier die sogenannte »Cooperative Praxis«[39] bzw. das »Kooperative Anwaltsverfahren«[40], in der über die außergerichtliche Konfliktberatung durch Anwälte hinaus zielgerichtet und koordiniert weitere Berater wie z.B. Coaches, Psychologen, Finanzexperten im Sinne einer umfassenden sach- und parteigerechten Konfliktlösung hinzugezogen werden.   15

Das noch fehlende oder gering ausgeprägte Bewusstsein für die Möglichkeiten von Coaching und fehlende Praxiserfahrung bieten jedoch noch keinen hinreichenden Grund dafür, Konflikt-Coaching angesichts seines dargelegten **Potenzials zur Konfliktbewältigung und zur Streitkulturverbesserung**[41] – d.h. des bereits entstandenen gesellschaftlichen Institutionalisierungsgrades – nicht ebenso wie eine Mediation als Weg der alternativen Konfliktbeilegung einzubeziehen.

Soweit man unter Aspekten des Verbraucherschutzes oder der Qualitätssicherung eine (beim Beruf des Coaches und des Coachings fehlende) der Mediation vergleichbare Verrechtlichung[42] meint für notwendig erachten zu müssen, um von einem der Mediation vergleichbaren Verfahren sprechen zu können, so stünde einem solchen Einwand die weitreichende Gestaltungsfreiheit der Parteien im Rahmen der Privatautonomie entgegen. Die Mediation und alle anderen alternativen Streitbeilegungswege gestatten es den Parteien, Verfahrenstypen und Elemente (siehe hierzu die sog. hybriden Verfahren)[43] zu kombinieren. Abgesehen davon fehlt eine solche Verrechtlichung auch bei anderen in der anerkannten alternativen Konfliktbeilegung tätigen Berufsgruppen (Schiedsgutachter, Schiedsrichter, Schlichter, Adjudikatoren und sonstige Entscheider/Vermittler in ADR-Verfahren) und Formaten.[44] Insofern ist die fehlende Verrechtlichung für sich alleine kein Ausschlussgrund für das Konflikt-Coaching.[45]   16

---

39 Näheres hierzu unter: https://deutsche-vereinigung-cooperative-praxis.de. Dieses Vorgehen wird zum Teil auch als »Kokon«-Verfahren bezeichnet (»Kokon« = Kooperative Konfliktlösung), hierzu *Engel in: Eidenmüller/Wagner*, Mediationsrecht, S. 405.
40 Dazu die Ausführungen im Teil 6 G.
41 Siehe oben Rdn. 6–7.
42 Eine konkrete Verrechtlichung ist auf nationaler Ebene nach der bereits praktizierten gerichtsinternen Mediation (erst) später durch das MediationsG und die ZMediatAusbV erfolgt. Kritisch zur rechtlichen Verankerung der seinerzeitigen gerichtsinternen Mediation *Wunsch*, Das Spannungsverhältnis zwischen außergerichtlicher und gerichtlicher Mediation.
43 *Engel in: Eidenmüller/Wagner*, Mediationsrecht, S. 413.
44 *Thomas in: Eidenmüller/Wagner*, Mediationsrecht, S. 333.
45 Da Coaching und der Beruf des Coaches eine freie und gesetzlich nicht geregelte berufliche Tätigkeit sind, muss es sich selbstverständlich um ein professionelles Coaching handeln, das den Qualitätsanforderungen des Roundtable der Coaching-Verbände standhält. Ähnlich wie die Mediation vor Inkrafttreten des MediationsG und der ZMediatAusbV basiert Coaching auf der Einhaltung freiwilliger Verhaltenskodizes, siehe hierzu auch Art. 4 der Mediations-RL.

c) Weg über den Streitrichter (insbesondere § 278a ZPO)[46]

17 Der Streitrichter kann den Parteien eine Mediation oder ein anderes »Verfahren« der außergerichtlichen Konfliktbeilegung vorschlagen mit der Folge, dass bei dessen Annahme das Verfahren ruht (§ 278a Abs. 2 ZPO).[47]

In einer Konstellation, in der z.B. hochstrittige und emotionalisierte Parteien (noch) nicht in Lage sind, sich in eine gemeinsame Mediation zu begeben, geschweige denn sich auf einen Mediator oder sich sonst gütlich zu einigen, könnte ein Konflikt-Einzelcoaching für jeweils beide Parteien[48] den Boden für eine Konfliktlösung bereiten – sei es vorgeschaltet zu einer Mediation oder auch während eines ruhenden gerichtlichen Verfahrens mit anschließender vergleichsweiser Einigung oder auch zur Erleichterung einer Sachentscheidung des Gerichts.[49]

Statt *eines* Mediationsverfahrens, könnten also *zwei* **parallele Coachingprozesse** mit den Parteien (möglichst mit unterschiedlichen Coaches) stattfinden, auf die sich die Parteien auf Vorschlag des Gerichts verständigen.[50]

Den gesetzlichen Handlungsrahmen für einen solchen – eher ungewöhnlichen – Vorschlag bildet hierbei neben § 278a ZPO auch § 278 Abs. 1 ZPO, der das Gericht in allen Verfahrensstadien zu dem Versuch einer gütlichen Beilegung, unter Umständen auch nur in einzelnen Streitpunkten, anhält.

Verfahrenstechnisch bedeutet der Einstieg in ein **paralleles Konflikt-Coaching**, dass die Parteien einen parteiautonomen außergerichtlichen (Zwischen-) Schritt auf Vorschlag des Gerichts einlegen.

---

46 Stellvertretend für alle anderen vergleichbaren Normen (z.B. §§ 54a Abs. 1 und 2 ArbGG, 36a Abs. 1–3 FamFG) werden an dieser Stelle nur die Vorschriften der ZPO betrachtet. Siehe auch Fn. 31.
47 Siehe zu den zitierten Normen auch die Kommentierungen oben unter Teil 1.
48 Idealerweise für jede Partei mit eigenem Coach.
49 Hier wird die Kommunikation des Gerichts entscheidend zur Motivation der Beteiligten, einen solchen Weg zu gehen, beitragen können, indem z.B. auf eine ungewisse oder sehr komplexe Rechtslage hingewiesen oder angesprochen wird, dass eine gerichtliche Sachentscheidung auch mit Blick auf deren Vollstreckung den Gesamtinteressen der Parteien nur bedingt dienlich sein könnte. Ähnlich *Greger* in: *Greger/Unberath/Steffek,* Recht der alternativen Konfliktlösung, E. Rn. 66 allerdings für den richterlichen Vorschlag einer Mediation.
50 Eine maßgebliche Rolle kommt hier sicherlich auch Anwälten zu, die bereit sein müssten, den Parteien selbstständig eine außergerichtliche Konfliktbeilegung nahe zu legen oder diese auf Anregung des Gerichts zuzulassen, bei der sie dann – eventuell mit nachteiligen Auswirkungen auf ihren Verdienst – möglicherweise nicht direkt beteiligt sind. Das ist aber kein neues Problem und stellt sich gleichermaßen bei einer Mediation ebenso wie die Frage zusätzlicher Kosten für die Parteien. Dabei wäre – aus Sicht der Parteien – zu berücksichtigen, dass die Kosten einer Mediation wie auch eines Konflikt-Coachings sowohl materiell als auch emotional einen geringeren »Preis« haben können als die Fortsetzung eines Rechtsstreits.

aa) Begriff des Verfahrens

Der Wortlaut § 278a ZPO spricht von einem außergerichtlichen »Verfahren« der Konfliktbeilegung. Welche Streitbeilegungsmechanismen darunter konkret fallen, lässt das Gesetz bewusst offen.[51] Das betrifft auch den Begriff des »Verfahrens«, der nicht an den Voraussetzungen eines gerichtlichen Verfahrens zu messen ist, da es bei den alternativen Wegen zur Konfliktbeilegung nicht darum geht, eine Art zweites Rechtsschutzsystem zu etablieren. Vielmehr geht es darum, das existierende Rechtsschutzsystem durch ein differenziertes – und nicht abschließendes – **Angebot konsensualer Konfliktbeilegungsmechanismen** zu ergänzen, um das für den jeweiligen Konflikt (und die Parteien) geeignete Instrument einzusetzen.[52] 18

Soweit man unter dem Begriff des »Verfahrens« zumindest einen nach Prinzipien gestalteten Ablauf in der Konfliktbearbeitung versteht, verlangt ein professionelles Coaching – wie bei der Mediation – ein **strukturiertes, methodengeleitetes Vorgehen**[53] bei gleichzeitig prinzipieller Gestaltungsfreiheit des Coaches.

Auch im Coaching werden **Phasen** unterschieden, die unter dem Aspekt der **Strukturiertheit** ohne weiteres mit jenen der Mediation vergleichbar sind.[54] Dazu gehören die Anfangsphase (Orientierung/Auftragsklärung/Zielfestlegung), die Analyse der Situation (Diagnose/Hypothesenbildung), die Interventionsphase (Methodenanwendung/Veränderung/Praxistransfer) und eine Abschlussphase (»Harbouring«/Ergebnisanalyse/Evaluation).[55] In dieser Hinsicht erfüllt ein Konflikt-Coaching den **Verfahrensbegriff** genauso wie eine Mediation. 19

Unschädlich ist ferner, dass es (zumindest vorläufig) kein gemeinsames Gesprächsforum gibt, wo beide Parteien zusammenkommen. Das verlangen auch andere anerkannte Konfliktbeilegungsverfahren wie bspw. ein Schiedsgutachten nicht und selbst bei der Mediation ist die direkte Kommunikation unter Anwesenheit der Parteien zwar üblich, aber, wie auch die Shuttle-Mediation zeigt, keinesfalls zwingend.

bb) Konflikt-Coaching als Beitrag zur Konfliktbewältigung der Parteien

Das außergerichtliche Verfahren muss nach dem Gesetzeswortlaut eines der *Konfliktbeilegung* sein. 20

Oben[56] wurde bei der Erläuterung der Ziele und des Gegenstandes eines Konflikt-Coachings ausgeführt, dass das Konflikt-Coaching nicht unmittelbar auf die tätige Beile-

---

51 Siehe dazu oben die Kommentierung insbesondere zu § 278a ZPO, Teil 1 C. Artikel 2.
52 *Greger* in: *Greger/Unberath/Steffek*, Recht der alternativen Konfliktlösung, Einl. A Rn. 4.
53 Zu den insoweit bestehenden Anforderungen an die Mediation: *Eidenmüller* in: *Eidenmüller/Wagner* Mediationsrecht, S. 5.
54 Anschaulich hierzu: *Glasl/Kalcher/Piber*, Professionelle Prozessberatung, S. 306.
55 Siehe *Migge*, Businesscoaching, S. 62 ff. in Anlehnung an das »COACH«-Phasen-Modell von *Rauen/Steinhübel*, abrufbar unter: https://www.coaching-report.de/definition-coaching/coaching-ablauf/coach-modell (Datum des Zugriffs: 15.09.2019).
56 Oben Rdn. 4 ff.

gung des Konflikts abzielen muss (es dies aber selbstverständlich kann!),[57] sondern möglicherweise »nur« andere subjektive Ziele im Zusammenhang mit dem Konflikt bearbeitet werden (Selbstreflexion zum Konflikt, anderer Umgang mit der Konfliktsituation, de-eskalierende Strategien und Änderung der Kommunikation, tieferes Verständnis des Konflikts, Reduzierung der emotionalen Belastung etc.), die der **individuellen Konfliktbewältigung** der Parteien dienen. Daher könnte man zum dem Schluss kommen, dass es bei einem richterlich initiierten parallelen Konflikt-Coaching durch die Parteien an einer Streitbeilegungsabsicht fehlt mit der Folge, dass das Verfahren dann möglicherweise nicht der Konfliktbeilegung dient und als zulässiger Weg ausscheidet. Gegen einen solchen Schluss spricht jedoch folgendes:

21 Sollten sich die Parteien – zwar auf Anregung des Gerichts, aber dennoch selbstbestimmt – auf einen parallelen Coachingprozess einlassen, zeigt dies zumindest deren Bereitschaft, von einer Rechtsverfolgung vorläufig abzusehen. D.h. sie geben unter Zeit und Kostenaufwand in einem **konsensualen Verfahrensschritt** einer **alternativen** und **privat-autonomen Konfliktbewältigung** eine Chance. Dies möglicherweise mit unterschiedlichen Erwartungen aber doch so, dass jeweils positive Auswirkungen mit Blick auf den Konflikt z.B. im Sinne einer besseren Verständigung oder eines spannungsfreieren Umgangs angestrebt oder erhofft werden, andernfalls dürfte ein solcher Schritt kaum gewählt werden. Eine solche Übereinkunft hat insoweit **Ähnlichkeit mit der Mediationsabrede.** Dabei ist die ex-ante-Prognose im Hinblick auf den Erfolg des Vorgehens nicht mehr und nicht weniger sicher wie bei der Mediation und anderen Formen der alternativen Konfliktbeilegung.[58]

Und auch von einem Gericht würde dieser Weg sinnvoll nur vorgeschlagen werden können, wenn er dort für einigungsförderlich gehalten und dies den Parteien auch vermittelt wird.[59] Das Gericht bestimmt daher durch seinen Vorschlag[60] den Rahmen und die Richtung des Coachingauftrages mit.[61]

22 Strukturell – **zwei parallele Gesprächsprozesse** – ist das Vorgehen *insoweit* auch mit einvernehmlichen Einzelgesprächen (§ 2 Abs. 3 S. 3 MediationsG) in einer Co-Mediation vergleichbar. Auch bei Einzelgesprächen ist offen, ob sie letztlich zum Erfolg im Sinne einer Konfliktbeilegung führen und ob die Behauptung der Parteien, eine

---

57 Die Einigung kann selbstverständlich explizites Ziel des parallelen Coachingprozesses sein, dann handelt es sich um einen der Beilegung unmittelbar dienenden Verfahrensschritt, siehe dazu oben Rdn. 4.
58 Auch bei einer Mediation weiß man nicht, ob die Parteien – verbalen Bekundungen zum Trotz – eine Einigung tatsächlich anstreben.
59 Der Vorschlag des Gerichts kann nach pflichtgemäßem Ermessen erfolgen, was zugleich die Prüfung der Geeignetheit des Falles für ein solches Vorgehen beinhaltet. Siehe Kommentierung zu § 278a ZPO unter Teil 1 C. Artikel 2.
60 Zur praktischen Anwendung bei Verweisung auf außergerichtliche Konfliktbeilegungswege: *Greger* in: *Greger/Unberath/Steffek*, Recht der alternativen Konfliktlösung, Einl. E. Rn. 65 ff.
61 Da der Verfahrensvorschlag nur mit Zustimmung der Parteien zur Umsetzung kommt, ist dies im Hinblick auf die Autonomie der Coach/Klienten-Beziehung unproblematisch.

Beilegung anzustreben mit der inneren Bereitschaft korrespondiert, dies tatsächlich tun zu wollen. Dennoch sind solche Einzelgespräche in jeder Phase einer Mediation zulässig und ein legitimer Weg. Der Unterschied besteht lediglich darin, dass nicht der Mediator, sondern dass Gericht einen parallelen außergerichtlichen Gesprächsprozess mit einem speziellen Instrumentarium (Konflikt-Coaching) vorschlägt.

Insofern wird man das auf richterlichen Vorschlag erfolgte **konsensuale Eintreten in eine Konfliktbewältigung** mittels Konflikt-Coaching auch dann, wenn es nicht unmittelbar auf eine Einigung, sondern (zunächst) mehr auf die konstruktive Verständigung der Parteien oder zur Förderung einer späteren Einigung (z.B. in einer Mediation oder in einem Vergleich) abzielt oder auch nur der Akzeptanzerhöhung einer von den Parteien erwünschten gerichtlichen Sachentscheidung dient, als ausreichendes Ziel ansehen dürfen[62].

cc) **Abschichtung des Konfliktstoffes durch Konflikt-Coaching**

Zusätzlich ließe sich anführen, dass ein solches Vorgehen mit der gütlichen Beilegung einzelner Streitfragen (bzw. dem Versuch hierzu) im Sinne einer **Abschichtung des Konfliktstoffes** vergleichbar ist, wie es insbesondere § 278 Abs. 1 ZPO fordert und zulässt. 23

Auch alle anderen Verfahren der außergerichtlichen Konfliktbeilegung einschließlich der Mediation fordern keine vollumfängliche Beilegungsabsicht, sondern dürfen sich auf Teilaspekte des Konflikts oder auf die Wiederherstellung des Vertrauens der Parteien begrenzen.[63] Als Mediationsziel reicht es sogar aus, die Parteien wieder ins Gespräch zu bringen, so dass sie sich zu einer eigenständigen Lösung in der Lage sehen (sog. »ermöglichende Mediation«)[64]. Letzteres ist die schlüssige Folge daraus, dass die Mediation ein parteiautonomes Verfahren ist, die Parteien also das Ziel der Mediation festlegen. Wenn eine solches Ziel für das Konfliktbeilegungsverfahren Mediation für ausreichend erachtet wird, muss gleiches auch für einen **beidseitigen Konflikt-Coaching-Prozess der Parteien** gelten. Insofern überzeugt das verschiedentlich auftauchende Argument, Coaching befähige allenfalls zur Konfliktlösung und es sei deshalb fraglich, ob Coaching zu den alternativen Verfahrensarten zählen könne,[65] nicht, jedenfalls nicht ohne weitere Differenzierung wie Coaching im Einzelfall eingesetzt wird.

---

62 »Positive Nebenwirkungen« dahingehend, dass die Parteien anschließend doch bereit sind, sich in eine gemeinsame Mediation zu begeben oder sich sonst zu einigen, sind in der Praxis nach der Durchführung von Konflikt-Coachings keinesfalls unüblich.
63 *Greger* in: *Greger/Unberath/Steffek*, Recht der alternativen Konfliktlösung, D. Rn. 52.
64 *Wagner/Eidenmüller* in: *Eidenmüller/Wagner*, Mediationsrecht, S. 31.
65 So Vorauflage unter »Andere Verfahren« 2. a) Coaching Rdn. 3; ähnlich wohl auch *Greger* in *Greger/Unberath/Steffek*, Recht der alternativen Konfliktlösung, D. Rn. 5.

Teil 6 Andere Verfahren der außergerichtlichen Konfliktbeilegung

In diesem Sinne lässt sich ein **gerichtlich initiiertes paralleles Konflikt-Coaching** der Parteien als **Ansatz zur Abschichtung des Konfliktstoffs**[66] verstehen, der der Konfliktüberwindung zu dienen bestimmt ist und damit die Voraussetzungen eines außergerichtlichen Konfliktbeilegungsverfahrens erfüllt.

dd) Weg über den Streitrichter möglich

24 Für die Praxis der Gerichte mag ein solcher Weg über §§ 278 Abs. 1, 278a ZPO zu einem Konflikt-Coaching noch sehr fernliegend sein und viele Fragen aufwerfen. Das war jedoch bei der Entwicklung der Mediation (vor allem bevor sie ihren Niederschlag im Gesetz gefunden hat) nicht anders. Auch die Frage, wer als Coach in Betracht kommt und ob das Gericht hier eine Anregung bei der Auswahl geben soll und darf, ist offen und ähnlich gelagert wie bei der Mediation.[67] All dies sind Aspekte einer **zukünftigen Weiterentwicklung**, für die hier lediglich ein Anstoß gegeben werden soll (siehe dazu unten Rdn. 29).

d) Weg über den Güterichter (insbesondere §§ 278 Abs. 5 ZPO)[68]

25 Für die **Einbeziehung von Konflikt-Coaching** in die Palette der vom Gesetzgeber beschriebenen alternativen Konfliktbeilegungswege spricht ferner, dass auch der nicht entscheidungsbefugte Güterichter nach § 278 Abs. 5 ZPO – in der Güteverhandlung und damit innerhalb eines gerichtlichen Verfahrens[69] – »alle Methoden der Konfliktbeilegung einschließlich der Mediation« einsetzen kann.

Im Interesse der Konfliktbereinigung zeigt sich hier eine Methoden-Offenheit (»alle Methoden«) des Gesetzgebers.[70]

Konflikt-Coachings sind ohne weiteres eine »**Methode« zur Konfliktbeilegung**, wie oben in Rdn. 6 ff. gezeigt wurde. Der Güterichter darf nicht nur selbst mediieren, sondern er ist vor allem in der Gestaltung seines Vorgehens freier als das erkennende Gericht. Er kann z.B. den Kreis der Beteiligten um Außenstehende (Fachexperten, Wissensträger in Unternehmen oder sonstige »Hilfspersonen«) erweitern und dies in

---

66 Dem Zivilprozess sind vorgeschaltete, den Streitstoff »abschichtende« Verfahrensschritte unter Beteiligung Dritter (z.B. Sachverständiger) keinesfalls fremd, wie die selbstständigen Beweisverfahren (die im Übrigen auch der Prozessvermeidung dienen können) zeigen, siehe § 485 Abs. 2 S. 2 ZPO.
67 Siehe hierzu *Steiner* in: *Eidenmüller/Wagner*, Mediationsrecht, S. 295/296, Stichwort: Richter als »Case-Manager« sowie *Greger* in: *Greger/Unberath/Steffek*, Recht der alternativen Konfliktlösung, Einl. E. Rn. 64.
68 Ebenso § 54 Abs. 6 ArbGG und § 36 Abs. 5 FamFG, siehe im Übrigen Fn. 46.
69 Das eigentliche gerichtliche Verfahren verbleibt beim Streitrichter; hierzu *Steiner* in: *Eidenmüller/Wagner*, Mediationsrecht, S. 291.
70 Ausführlich zur Rolle und zu Möglichkeiten des Güterichters: *Fritz/Schroeder* NJW 27/2014, 1910 ff.

die Verfahrensgestaltung einbeziehen.[71] Ferner kann er auch verschiedene Methoden der Konfliktbeilegung kombinieren und variabel einsetzen.[72]

So stünde es auch dem Güterichter im Rahmen seiner Verfahrensleitung frei, den Parteien ein Konflikt-Coaching mit jeweils einem externen Coach als **Zwischenschritt zu einer gütlichen Einigung** vorzuschlagen. Denn anstelle der Beurteilung der Rechtslage kann es für den Güterichter – selbstverständlich fallabhängig – angezeigt sein, vorrangig eine **Konflikt-Diagnose** vorzunehmen und die hinter den Rechtspositionen stehenden Interessen zu ermitteln, um darauf aufbauend eine gütliche Einigung der Parteien zu fördern.

Insofern kann der **Vorschlag, in ein paralleles Konflikt-Coaching** einzusteigen, nicht anders beurteilt werden, als die für zulässig erachtete Einschaltung gerichtsexterner Vermittler oder Shuttle-Diplomatie in Ergänzung zu einer gerichtlichen Moderation.[73] Wenngleich ein solcher Vorschlag in der Praxis derzeit noch wenig relevant sein dürfte, ist nicht ersichtlich, warum das – ebenso wie beim Streitrichter – nicht zulässig sein sollte.[74] Dem Güterichter bleibt es selbstverständlich unbenommen, Einzelgespräche mit den Parteien zu führen, bei denen er sich sogenannter »Konflikt-Coaching-Tools« bedient.[75] Der Güterichter bleibt dabei in seiner gesetzlichen Funktion.

e) Wege in Kindschaftssachen (insbesondere § 156 Abs. 1 S. 2–4 FamFG)

Im Kindschaftsverfahrensrecht kann das Gericht zum Zwecke des **Hinwirkens auf ein Einvernehmen der Eltern** 26

---

71 *Steiner* in: *Eidenmüller/Wagner*, Mediationsrecht, S. 301.
72 *Greger* in: *Greger/Unberath/Steffek*, Recht der alternativen Konfliktlösung 2016, E. Rn. 160.
73 *Greger* in: *Greger/Unberath/Steffek*, Recht der alternativen Konfliktlösung 2016, E. Rn. 159.
74 Möglichen kritischen Einwänden sei folgendes entgegnet: Es geht hier nicht darum, die Parteien vom Streitrichter zum Güterichter und dann zu einem Coach (und wieder zurück) »durchzureichen«, denn schließlich haben die Parteien auch einen Justizgewährungsanspruch und es ist Aufgabe der Gerichte im Rahmen der Gewaltenteilung Recht zu sprechen. Dennoch mag es Fälle geben, in denen die – mit Einverständnis der Parteien geschehende – Beteiligung weitere Dritter (wie Coaches) konflikt-angemessen sein kann, auch im Interesse der sachgerechten Ausübung der Funktion der Gerichte. Dabei kann Konflikt-Coaching *eine* »Verfahrens«- Option sein, genauso wie die Mediation. Es braucht hier also ein gewisses Überblicksbewusstsein des Güterichters, welches Vorgehen im Rahmen seines (weit gefassten) gesetzlichen Auftrags sinnvoll ist. Das kann in einem Fall ein eher rechtlich-orientiertes Vorgehen und im anderen Fall eine interessenbasierte Lösungssuche sein.
75 Zum Einsatz von Konflikt-Coaching-Tools im Rahmen von Einzelgesprächen einer Mediation *Fritz/Klenk*, ZKM 5/2016, 164 und ZKM 6/2016, 210.

– nach § 156 Abs. 1 S. 3 FamFG[76] den Eltern gegenüber die *Teilnahme* an einem *Informationsgespräch über* [Mediation] oder *eine sonstige Möglichkeit*[77] der außergerichtlichen Konfliktbeilegung« bei einer gerichtsexternen Person/Stelle *anordnen*
– und nach § 156 Abs. 1 S. 2 auf Möglichkeiten einer *Beratung* der Eltern (z.b. zur Entwicklung eines einvernehmlichen Konzepts zur elterlichen Sorge) bei den Beratungsstellen der Kinder- und Jugendhilfe[78] *hinweisen* und eine solche *Beratung* nach S. 4 ebenfalls *anordnen*.

Neben dem Hinwirken auf das Einvernehmen hat das Gericht hier vermehrt die Rolle des Koordinators und Moderators.[79] Denn abhängig vom jeweiligen Fall und der Fähigkeit der Beteiligten zu einer **elternautonomen Konfliktlösung** stehen dem Gericht eine Vielzahl von Instrumentarien und Vorgehensweisen unter Einschaltung gerichtsexterner Dritter zur Verfügung (z.b. Informationsgespräch/Mediator, Berater der Beratungsstellen, Verfahrensbeistand, Gutachter), um das Einvernehmen herzustellen.

27 Vom Spektrum einer »*sonstigen Möglichkeit* der Konfliktbeilegung« nach § 156 Abs. 1 S. 3 dürfte ein Konflikt-Coaching nach dem hier dargelegten Verständnis – unabhängig von der derzeitigen Praxis – vom Wortlaut und der ratio legis umfasst sein. Der Begriff der »sonstigen Möglichkeit« scheint im Vergleich zu einem »Verfahren« oder einer »Methode« der Konfliktbeilegung sprachlich am weitesten gefasst, wiewohl nicht davon auszugehen ist, dass damit abweichende Streitbeilegungsmechanismen gemeint oder zulässig wären. Angesichts der uneinheitlichen Terminologien[80] und der vom Gesetzgeber angenommenen Entwicklungsoffenheit der unbestimmten Rechtsbegriffe im Recht der alternativen Konfliktlösung, sind keine Anhaltspunkte ersichtlich, dass bei Verwendung der diversen Begrifflichkeiten inhaltliche Unterschiede intendiert waren.

Das Gericht kann also auf die Möglichkeit eines Informationsgesprächs zu einem Konflikt-Coaching für beide Parteien – genauso wie auf eine Mediation – hinweisen[81] und

---

76 § 156 FamFG betrifft Fragen der elterlichen Sorge, des Kindes-Aufenthalts, Umgangs und der Kindes-Herausgabe. Siehe zu § 156 FamFG auch die Kommentierung unter Teil 1 C. Artikel 3.
77 Statt von »Verfahren« spricht der Gesetzgeber von der »sonstigen Möglichkeit« einer Konfliktbeilegung (siehe auch § 156 Abs. 3 S. 3 FamFG). Ebenso in § 135 S. 1 FamFG, wo das Gericht zur außergerichtlichen Konfliktbeilegung in Folgesachen ebenfalls ein Informationsgespräch der Ehegatten mit einer von ihm benannten Person/Stelle anordnen kann. Terminologisch anders wiederum in § 155 Abs. 4 i.V.m § 36a FamFG, wo der Begriff des »Verfahrens« verwendet wird.
78 Es kommen insbesondere die Beratungsangebote nach §§ 17 Abs. 1 und 2, 18 Abs. 1 und 3 und 28 SGB VIII in Betracht.
79 *Hammer* in: *Prütting/Helms*, Gesetz über das Verfahren in Familiensachen und in Angelegenheiten der freiwilligen Gerichtsbarkeit, § 156 Rn. 16.
80 *Greger* in: *Greger/Unberath/Steffek*, Recht der alternativen Konfliktlösung, D. Rn. 1, 4.
81 Das Gericht kann anstelle einer Anordnung als milderes Mittel auch auf die Mediation oder anderen Möglichkeiten der Konfliktbeilegung *hinweisen*, auch wenn das nicht unmittelbar aus dem Wortlaut folgt. Siehe auch *Hammer* in: *Prütting/Helms*, Gesetz über das

anordnen, dass die Eltern einzeln oder gemeinsam an einem solchen *Gespräch* teilnehmen.[82] Ebenso wie bei den Wegen über den Streit- oder Güterichter ist es erforderlich, dass das Gericht – ähnlich wie bei der Mediation – eine Vorstellung von der Sinnhaftigkeit eines solchen Vorgehens hat und die Parteien von den Vorteilen (z.b. Schaffung einer Basis für eine selbstbestimmte Lösung, separate Gespräche mit einer Vertrauensperson) überzeugen kann.[83] Eine Anordnung eines Konflikt-Coachings scheidet ebenso wie die einer Mediation wegen des Charakters der Freiwilligkeit der Formate aus.

Ein derzeit praxisnäherer Weg zu einem Konflikt-Coaching kann sich über die Einschaltung der Beratungsstellen ergeben. Eine Beratung nach § 156 Abs. 1 S. 2 und 4 FamFG kann eine Konfliktberatung bei Ehe-, Familien-/Erziehungsberatungsstellen sein, die ggf. auch in Einzelgesprächen[84] mit den Parteien stattfinden kann. § 28 S. 2 SGB VIII sieht bei der Erziehungsberatung explizit das Zusammenwirken von Fachkräften verschiedener Fachrichtungen vor, die mit unterschiedlichen methodischen Ansätzen (»multidisziplinärer Ansatz«) vertraut sind, um einen differenzierten und flexiblen Zugang zur Situation der Klienten zu ermöglichen.[85]

28

Die innerhalb oder im Auftrag der Beratungsstellen tätigen Konfliktberater (im Regelfall spezialisierte Sozialarbeiter, Psychologen, Pädagogen) können die Einzelberatung (bei entsprechender Qualifikation) grundsätzlich auch als Coaching gestalten.

Allerdings kann im Fall der (sanktionsfähigen) gerichtlichen Anordnung der Konfliktberatung wegen der fehlenden Freiwilligkeit und öffentlicher Überlagerung des Auftrags nicht mehr von einem Coaching ausgegangen werden. Gleichwohl kann sich die Konfliktberatung aller geeigneten psychosozialen Methoden einschließlich spezifischer Konflikt-Coaching-Tools bedienen.

Bei einer nicht gerichtlich angeordneten, sondern einer nach Hinweis gemäß Satz 2 freiwillig durch die Parteien gewählten Beratung, lässt die freie Ausgestaltung der Bera-

---

Verfahren in Familiensachen und in Angelegenheiten der freiwilligen Gerichtsbarkeit, § 156 Rn. 20.

82 Entsprechend der Kenntnis über geeignete Mediatoren müssten die Gerichte dann auch Informationen zu spezialisierten Coaches vorhalten. Allerdings ist die gerichtliche Auswahl von Mediatoren wie von Coaches mit Blick auf die Kostentragung durch die Parteien und das angestrebte Arbeitsbündnis problematisch. Sachgerechter wäre es, das Gericht legt eine Liste geeigneter Personen zur Auswahl vor. Siehe auch *Hammer* in: *Prütting/Helms*, Gesetz über das Verfahren in Familiensachen und in Angelegenheiten der freiwilligen Gerichtsbarkeit, § 156 Rn. 39.

83 Auch bei einem stärker eskalierten Streit der Ehegatten über Folgesachen kann ein solches Vorgehen – dann nach § 135 S. 1 FamFG – der Konfliktsituation angemessener sein als eine alleinige Information über Mediation.

84 *Hammer* in: *Prütting/Helms*, Gesetz über das Verfahren in Familiensachen und in Angelegenheiten der freiwilligen Gerichtsbarkeit, § 156 Rn. 23; *Krabbe* ZKM 2016, 392 f (393).

85 *Nonninger* in: *Kunkel/Kepert/Pattar*, Sozialgesetzbuch VIII, § 28 SGB VIII, Rn. 32, 33.

tung[86] in Form von Einzelgesprächen hingegen auch Konflikt-Coachings in einer Coaching-Beziehung zu den Klienten zu.

Die Regelung in § 156 Abs. 1 FamFG schafft daher eine Grundlage für eine institutionalisierte Kooperation[87] zwischen Gericht, Parteien und externen Konfliktberatern, die als Informationsstelle für oder je nach Sachlage auch zur Durchführung von Konflikt-Coachings in Betracht kommen.

f) **Fazit: Einbeziehung von Konflikt-Coaching in die gesetzlich vorgesehenen Möglichkeiten außergerichtlicher Konfliktbeilegung**

29   Vor dem Hintergrund
– des **Konfliktlösungspotenzials**,
– des im außergerichtlichen Raum bereits bestehenden **Institutionalisierungsgrades**,
– der gesetzgeberischen Zielsetzung der **Streitkulturverbesserung**,
– der vom Gesetzgeber anerkannten **Entwicklungsoffenheit** alternativer Streitbeilegungsmechanismen,[88]
– der in der Strukturiertheit, den Zielen und Wirkungen gegebenen **Vergleichbarkeit** mit einer **Mediation**,
– sowie der **Eignung zur Abschichtung des Konfliktstoffes**

sind keine gewichtigen Bedenken ersichtlich, ein auf richterliche Initiative für beide Parteien eingeleitetes Konflikt-Einzelcoaching (**paralleler Coachingprozess**) nicht auch wie die Mediation als »außergerichtliches Verfahren«, »Methode« oder »sonstige Möglichkeit« u.s.w. der alternativen Konfliktbeilegung im Sinne der genannten prozessualen bzw. verfahrensrechtlichen Vorschriften anzuerkennen. Dabei sind seitens der Parteien – wie bei der Mediation – mit Blick auf den Rechtsstreit prozessuale sowie materiell-rechtliche Wirkungen zu beachten und sonstige der Parteiautonomie unterliegende Maßnahmen (z.B. Kostentragung, Dauer, vertragliche Regelungen etc.) zu treffen.[89]

30   Bei diesem Ansatz ist einzuräumen, dass es sich um eine **Weiterentwicklung** handelt, die ihren Weg in die Praxis erst noch finden muss. Wenn ein solcher Weg beschritten wird, dann sind die Grundsätze der **Transparenz, Informiertheit** für die Parteien und die **Freiwilligkeit** wesentliche Erfolgsfaktoren.[90] Das wiederum setzt zumindest auf Seiten des handelnden Richters ein Bewusstsein von der **breiten Palette alternativer Streitbeilegungsmechanismen** und ihren spezifischen Möglichkeiten und Vorteilen voraus, welche den Parteien mit dem Vorschlag zu vermitteln sind. Dieses Bewusstsein

---

86   *Fischer* in: *Schellhorn* u.a. SGB VIII, § 28 SGB VIII Rn. 6.
87   Siehe hierzu insbesondere das »Münchner Modell«, wonach Beratungsstellen sehr eng mit den Familiengerichten kooperieren und Konfliktberater teilweise schon am frühen ersten Termin teilnehmen. https://www.muenchen.de/rathaus/Stadtverwaltung/Sozialreferat/Jugendamt/Beratungsstellen-und-Elternbriefe (Datum des Zugriffs: 15.09.2019).
88   BT-Drs. 17/8058, 17 (III zu Art. 1, § 1 Abs. 1).
89   Hierzu *Hacke* in: *Eidenmüller/Wagner*, Mediationsrecht, S. 115 ff.
90   Siehe dazu auch *Fritz/Schroeder* NJW 27/2014, 1910 ff.

wird an den Gerichten derzeit eher bei den Güterichtern zu verorten sein, weshalb ein entscheidungsbefugter Richter von vorneherein geneigt sein könnte, allenfalls den Güterichter einzuschalten und nicht selbst einen solchen Vorgehensvorschlag zu unterbreiten. Da aber Güterichter in anderen Angelegenheiten auch streitentscheidend tätig sind, ist es auf längere Sicht denkbar, dass hier Richter generell beginnen, das gesamte zur Verfügung stehende **Handlungsspektrum alternativer Beilegungsmechanismen** stärker zu nutzen.

Auch in der Anwaltschaft hat sich – beeinflusst durch die Nachfrage der Mandanten und durch gesellschafts- und wirtschaftspolitische Trends – in den letzten Jahrzehnten eine **Rollenwandel** in der Tätigkeit vollzogen. Längst prägt nicht mehr »der Kampf für das Recht des Mandanten« (herkömmliches Berufsverständnis) das alleinige Berufsbild[91], sondern es werden umfassende Beratungsansätze praktiziert, die sich außerhalb der Gerichte abspielen. Insofern bleibt abzuwarten, ob sich – gleich aus welcher Motivlage heraus – vergleichbare **Änderungen im Rollenverständnis und der Wahl von Handlungsoptionen bei den Gerichten** einstellen, auch Rückkopplungen aus den Erfahrungen der Anwaltschaft können hierbei eine Rolle spielen.

Außerhalb des erwähnten gesetzlichen Rahmens ist der Ansatz des Konflikt-Coachings vor allem mit Einzelpersonen bereits integraler Bestandteil der außergerichtlichen Konfliktbearbeitungsrealität und lässt sich daher ohne weiteres als eigenständiger und alternativer Weg der Konfliktbeilegung begreifen. 31

Näheres zu den Voraussetzungen eines Konflikt-Coachings im Einzelsetting und Abgrenzungen zu anderen Formaten nachfolgend unter II.

II. Vertiefung zum Konflikt-Coaching im Einzelsetting

Unter Rdn. 6 ff. wurde ausgeführt, dass ein Konflikt-Coaching in der Konfliktbearbeitungsrealität vor allem innerhalb der Arbeitswelt, d.h. in wirtschaftlichen oder sozialen, kulturellen, hoheitlichen oder sonstigen Dienstleistungsorganisationen als außergerichtliches Konfliktbeilegungsverfahren bereits etabliert ist. Auf diese Ausgangslage Bezug nehmend werden zum Konflikt-Coaching nachfolgend 32
– die Voraussetzungen, Gründe und Klienten-Anliegen,
– Format- und Rollenabgrenzungen,
– die Problematik von Tätigkeitsbeschränkungen,
– sowie praktische Hinweise (Struktur, Gesprächstechniken, Haltung und Methoden im Konflikt-Coaching)

erörtert.

---

91 *Zukunft* in: *Hinrichs* (Hrsg.), Praxishandbuch MediationsG, D. Rn. 36.

1. Voraussetzungen, Gründe und Anliegen eines Konflikt-Coachings

33 Ein Konflikt-Coaching im Einzelsetting liegt vor, wenn Gegenstand und Auftrag des Coachings die Bearbeitung eines Konflikts[92] des Klienten mit einer anderen Person (ggf. auch mit mehreren Personen) ist und die Durchführung unter physischer Abwesenheit der anderen Konfliktpartei(en) geschieht. Es handelt sich dabei also grundsätzlich um einem einseitigen Coachingprozess. Die Konfliktbearbeitung kann, braucht aber nicht zwingend der initiale Hauptauftrag des Coachings sein,[93] sie muss jedoch vom Coachingauftrag umfasst sein, der sich z.b. aus einer Auftragserweiterung ergibt, siehe dazu unten Rdn. 38.

a) Gründe für die einseitige Bearbeitung im Coaching

34 Für die einseitige Bearbeitung gibt es eine Vielzahl von Gründen, z.B.:
- Der **Klient/die Klientin scheut die direkte Konfrontation** mit dem/den anderen Konfliktbeteiligten (z.B. bei hoher Emotionalität oder Eskalation oder aus Diskretion oder zur Vermeidung erwarteter Nachteile innerhalb der Organisation),
- es haben bereits **vergebliche Versuche zur Beilegung des Konflikts** stattgefunden oder die **Kultur des Umfelds** steht einer direkten Bearbeitung entgegen,
- der Klient hofft, durch das Coaching mittels neuer Einsichten oder eines erweiterten Handlungsrepertoires einen **eigenständigen Beitrag zur Konfliktentspannung** leisten zu können,
- der **Eskalationsgrad des Konflikts** benötigt aus Sicht des Klienten (noch) keine direkte Bearbeitung mit der anderen Person/anderen Beteiligten,
- eine **Konfliktpartei zieht nach anfänglicher Zustimmung zur Mediation noch vor deren Beginn zurück** oder steigt aus, so dass der Klient »alleine dasteht«,
- der Klient hat die Hoffnung auf eine einvernehmliche Beilegung des Konflikts aufgegeben, will aber an einem für ihn/sie erträglichen und **selbstbestimmten Umgang mit der Situation** arbeiten (**Belastungsreduzierung**),
- der Klient möchte vorbereitend für nachfolgende Gespräche mit der Gegenpartei **Handlungs- und Lösungsoptionen** erarbeiten, diese gedanklich durchspielen, antizipativ erproben oder schriftlich formulieren.

---

92 Zur Definition des Konflikts siehe die Ausführungen unter Teil 5 A. sowie *Schreyögg*, Konfliktcoaching S. 41 ff. Verkürzt dargestellt kann man unter einem Konflikt eine Spannungssituation zwischen zwei oder mehreren Personen verstehen, in der wenigstens eine Seite das Verhalten der anderen Seite als Beeinträchtigung erlebt. Für ein Konflikt-Coaching im Einzelsetting ist die subjektive Sicht des Klienten maßgeblich, ob das Geschehen als Konflikt empfunden wird. Das subjektive Beeinträchtigungsempfinden – auf den Ebenen des Wahrnehmens, Denkens, Fühlens, Wollens und Handelns – grenzt den Konflikt von der bloßen »Differenz« ab. Zu den angesprochenen Ebenen Wahrnehmen, Denken, Fühlen, Wollen und Handeln siehe *Glasl*, Konfliktmanagement, S. 17; *Ballreich/Glasl*, Konfliktmanagement und Mediation in Organisationen, S. 103 ff.
93 Die »klassische« Ausgangslage ist jene, in der die Klienten ausdrücklich um die Bearbeitung konflikthafter Situationen (häufig im Business-Coaching) mit anderen Personen bitten, die Konfliktbearbeitung damit unmittelbar der Hauptauftrag des Coachings ist.

b) Klienten-Anliegen und Lösungspotenzial im Konflikt-Coaching

Zu den Zielen und zum Gegenstand eines Konflikt-Coachings siehe zunächst oben, Rdn. 4. 35

Konflikt-Coachings haben häufig **Bezug zur Arbeits- und Berufswelt der Klienten**, denn innerbetriebliche Konflikte (mit Kollegen, Vorgesetzten, zwischen Teams) sind eher der Regelfall in der Betriebswirklichkeit als die Ausnahme. Und auch partnerschaftliche, familiäre oder sonstige private Konflikte sind Gegenstand von Konfliktbearbeitungen im Coaching.

Werden solche Konflikte im Einzelcoaching thematisiert, dann zielt das Coaching im Allgemeinen darauf ab, die **Selbstlösungs- und/oder die Steuerungskompetenz** des Klienten im Hinblick auf den konkreten Konflikt zu verbessern. Eine einvernehmliche Konfliktbeilegung mit der anderen Konfliktpartei kann, muss aber nicht das primäre Ziel sein, sondern die **individuelle Konfliktbewältigung** steht im Vordergrund. Neben konkreten Handlungsstrategien zur eigenverantwortlichen Konfliktbeilegung gehen Anliegen im Konflikt-Coaching auch dahin, wie mit der Konfliktpartei, die im Coaching nicht zugegen ist, umgegangen werden oder wie auf bestimmte als konflikthaft empfundene Verhaltensweisen reagiert werden kann.

Für die aktive und erfolgreiche Umsetzung von solchen erwünschten Verhaltensmöglichkeiten und Handlungsoptionen gilt es im Konflikt-Coaching dem Klienten einen neuen Handlungs- (und Lösungs-) raum zu eröffnen, der diesem bislang nicht ersichtlich oder verfügbar war. Dieser **Handlungs- (und Lösungs-) raum** kann im Konflikt-Coaching methodisch über verschiedene Ebenen (von einer Arbeit an inneren psychischen Prozessen bis hin zu konkreten Handlungsstrategien und deren Umsetzung gegenüber der anderen Konfliktpartei) und mittels einer sehr großen Bandbreite an Interventionen hergestellt werden.[94] 36

Ändert sich bei den Klienten etwas (die Perspektive auf den Konflikt, die Art des Umgangs mit der Konfliktpartei, die subjektive Belastung durch den Konflikt nimmt ab, die Beeinträchtigung seelischer Funktionen[95] geht zurück, ein erweitertes Handlungsrepertoire ist verfügbar u.s.w.), dann kann dies eine Voraussetzung dafür sein, dass sich der Konflikt entspannt, ohne dass es in der Sache zu einer direkten, auf einer Vereinbarung basierenden Konfliktbeilegung gekommen wäre. Oder eine nachfolgende Konfliktbeilegung wird wesentlich leichter, da ein **Perspektivenwechsel** bzw. eine Änderung der Sichtweise gelungen ist und bestimmte konfliktsteigernde Eskalationsmechanismen nunmehr erfolgreich umschifft werden können. Dahinter steht, dass bildlich gesprochen zu einem Konflikt immer zwei gehören, die Konfliktparteien sind nolens volens über den Konflikt miteinander verbunden, auch wenn sie selbst eine solche

---

94 Zu den Methoden/Interventionen im Konflikt-Coaching siehe oben Rdn. 5 m.w.N. sowie unten III. 4. Rdn. 74 ff.
95 Zum Verständnis von psychischen Prozessen als vernetztes System wechselwirkender »seelischer Funktionen«: *Ballreich/Glasl*, Konfliktmanagement und Mediation in Organisationen, S. 103 ff.

»Verbindung« in Abrede stellen würden oder behaupten, der Konflikt tangiere sie nicht. Gelingt es an einem Ende einen Teil des »Konfliktknäuels« zu entwirren/zu lösen, so kann sich der ganze Knoten lösen.

37 Konflikt-Coaching hat daher ein **Gesamt-Lösungspotenzial**, was es in der Coaching-Praxis für Klienten – vor allem bei konfliktbedingt starken emotionalen Belastungen – besonders attraktiv macht. Als »Hilfe zur Selbsthilfe« betont **Konflikt-Coaching zugleich die Eigenverantwortung der Klienten im Umgang mit dem Konflikt und seiner Lösung.** Wegen dieser Eigenschaften eignet es sich auch als Vorstufe zu einer anderen Form der konsensualen Streitbeilegung – sei es zu einem (außergerichtlichen) Verfahren wie der Mediation oder zu einem gerichtlichen Vergleich. Denkbar ist auch, dass durch ein vorgeschaltetes (paralleles) Konflikt-Coaching der Konfliktparteien die Akzeptanz einer gerichtlichen Sachentscheidung erleichtert wird (dazu oben Rdn. 17, 22).

c) Konflikt-Coaching als erweiterter Teil des ursprünglichen Coachingauftrages

38 Nicht immer ist die Konfliktbearbeitung initial für ein Coaching, sondern sie ergibt sich erst im Verlaufe eines begonnenen Coachings als **Erweiterung des ursprünglichen Coachingauftrages.** So kann sich im Laufe des initialen Auftrags zu einem Führungscoaching beispielsweise herausstellen, dass Konflikte mit Mitarbeitern, Kollegen oder Vorgesetzten ein wesentliches Hindernis für die Führungskraft bedeuten, die Führungsrolle wie gewünscht auszuüben. Mit Wunsch des Klienten können diese Konflikte dann mitbearbeitet werden, der ursprüngliche Coachingauftrag wird dadurch erweitert.

In einem solchen Konflikt-Coaching geht es mit Blick auf die Führungsrolle in der Regel darum, in Abwesenheit der anderen Konfliktpartei(en) einseitig die **Selbstlösungs- und Steuerungskompetenz** der Führungskraft in Bezug auf den Konflikt oder als spannungsvoll empfundene Situationen zu verbessern. Der souveräne und schlussendlich eigenverantwortliche Umgang mit Konflikten/Spannungssituationen steht hier im Mittelpunkt des Anliegens. Insbesondere mit dem **Einsatz spezifischer Konflikt-Coaching-Tools** kann es gelingen, die Kompetenzen im Konflikt-Management bis hin zu Konfliktbeilegungen oder -beruhigungen zu schärfen.

2. Abgrenzungen zu anderen Formaten

a) Coaching mit mediativen Ansätzen

39 Manche sprechen von einem »Konflikt-Coaching mit mediativen Ansätzen«[96], wenn der zunächst als Einzelcoaching angelegte Rahmen mit Einverständnis des Coachees für eine direkte Bearbeitung mit der anderen Konfliktpartei geöffnet wird und diese sich sodann zu einer gemeinsamen Konfliktbearbeitung mit dem Coach in einer »3-er Konstellation« bereit erklärt.

---

96 S. hierzu *von Schumann,* Coaching-Magazin 3/2013, abrufbar unter: https://www.coaching-magazin.de/ausgaben (Datum des Zugriffs: 15.09.2019).

aa) Problematik der Vorbefassung nach § 3 Abs. 2 MediationsG

Spätestens nach dem Inkrafttreten des Mediationsgesetzes und der dortigen Legaldefinition der Mediation in § 1 und der in § 1 Abs. 2 und § 2 Abs. 3 S. 1 MediationsG geforderten Neutralität und Allparteilichkeit bewegt sich der Konflikthelfer in einem solchen Set-up im tatsächlichen und vor allem rechtlichen Feld der Mediation und nicht mehr im »Konflikt-Coaching mit mediativen Ansätzen«. Formal trifft diese Variante ferner auf das Tätigkeitsverbot des § 3 Abs. 2 MediationsG. 40

Nach § 3 Abs. 2 S. 1 MediationsG darf der Mediator nicht tätig werden, wenn er vor der Mediation in derselben Sache für eine Partei tätig gewesen ist. Dieses Verbot der Tätigkeit für eine Partei in derselben Sache gilt auch während und nach der Mediation.[97] Der Schutzzweck der Norm geht dahin, Medianden vor einem möglicherweise parteilichen, nicht mehr neutralen Mediator zu bewahren.[98]

Im »Konflikt-Coaching mit mediativen Ansätzen« wäre der zunächst als Coach agierende Berater für die nachfolgende »3-er Konstellation« (als Mediator) damit präkludiert. Trotz dieses Befundes ist davon auszugehen, dass eine solche Verfahrensweise (der Übergang von einem Ein-Parteien-Format in ein mediatives Mehrparteienformat ohne Beraterwechsel) zum Praxisalltag vieler Konfliktberater gehört – vor allem in nicht juristisch geprägten Fällen oder in umfänglichen Organisationsentwicklungs- oder ähnlichen Beratungsmandaten.[99] Klienten können sich nach anfänglichem Zögern durch die Arbeit mit einem Coach ermutigt fühlen, nun doch das direkte Gespräch mit der anderen Partei und somit eine Mediation durchzuführen. In einem solchen Fall dann einen neuen Konfliktberater einschalten zu müssen, kann zu einem unerwünschten Bruch in der entstandenen einigungsförderlichen Dynamik führen, da sich der neue Berater persönlich und sachlich in die Bearbeitung erst wird einfinden müssen. 41

Die Tätigkeitsbeschränkung ließe sich nach dem Wortlaut des Gesetzes dann überwinden, wenn man davon ausgeht, es handele sich nicht mehr um dieselbe Sache, wenn zunächst mit einer Person (unter dem Vorzeichen eines Einzelcoachings) und sodann mit beiden Parteien (unter den Vorzeichen der Mediation) an dem Konflikt gearbeitet wird. Das Hinzukommen der weiteren Partei (mit ihren Sichtweisen/ihrem Erleben des Konflikts, ggf. aber auch mit bislang nicht thematisierten Konfliktarealen) bewirkt aber nicht, dass es sich nicht mehr um dieselbe Sache handelt, da ein sich auch nur teilweises Überschneiden des Konfliktstoffes für die Annahme einer insoweit schädlichen Sachverhaltsidentität ausreicht.[100] 42

---

97 Zur Vereinfachung der Darstellung wird nachfolgend nur der Fall der Vorbefassung exemplarisch erörtert. Die Ausführungen gelten dann gleichermaßen für die Befassung während und nach der Mediation.
98 Siehe unter Teil 1 C. Artikel 1 die Kommentierung zu § 3 MediationsG, dort insbesondere II.
99 Siehe dazu unten Rdn. 60.
100 Siehe unter Teil 1 C. Artikel 1 die Kommentierung zu § 3 MediationsG II.

43 Die Tätigkeitsbeschränkung wird ferner nur ausgelöst, wenn die Vorbefassung »für eine Partei« erfolgt ist.[101] In Bezug auf den vom Klienten präsentierten Konflikt wird ein professioneller Coach in aller Regel neutral sein. Gleichzeitig dürfte jedoch bereits ein Nähe- und Vertrauensverhältnis zum Klienten entstanden sein, was dem Schutzzweck der Norm entsprechend für die Annahme einer parteilichen Befassung ausreichen dürfte.[102]

44 Im »Coaching mit mediativen Ansätzen« würde das Tätigkeitsverbot des § 3 Abs. 2 MediationsG formal (zunächst) also greifen.[103] Auch die in § 3 Abs. 4 MediationsG vorgesehene Ausnahme vom Tätigkeitsverbot – diese bezieht sich nur auf die in § 3 Abs. 3 MediationsG genannten Fälle – greift in dem beschriebenen Format von Wortlaut her ebenfalls nicht. Zu den Lösungsmöglichkeiten siehe hierzu den Exkurs unter 4.

bb) Folgen für Übergänge von Coaching zu Mediation

45 In dem hier behandelten Fall des »Coachings mit mediativen Ansätzen« oder ähnlichen Fällen ist unabhängig von den erörterten Formalien in der Praxis entscheidend, inwieweit die später einbezogene Konfliktpartei der **Neutralität und Allparteilichkeit des Konflikthelfers**, der dann zum Mediator wird, noch vertrauen kann, nachdem zuvor im Coachingprozess mit einer Partei der Konflikt schon thematisiert (ggf. auch intensiv bearbeitet) wurde.[104]

Hier muss unbedingt »Augenhöhe« hergestellt werden, d.h. dem neu einbezogenen Konfliktbeteiligten müssen in Bezug auf den Konflikt die gleichen Bearbeitungsmöglichkeiten vor einem gemeinsamen Gespräch angeboten werden, wie dem vormaligen Coachee[105]. Ist hier schon sehr viel einseitige Vorarbeit im Coachingprozess erfolgt, sind die Hürden eines fairen Einbezugs der Partei umso höher. Wenn der Berater sodann im nächsten Schritt mit der neuen Partei separate Gespräche führt, handelt es um nur im allseitigen Einverständnis zulässige Einzelgespräche innerhalb einer Mediation (§ 2

---

101 *Eidenmüller* in: *Eidenmüller/Wagner*, Mediationsrecht, S. 145 Fn. 3 spricht von einer »parteilichen« Befassung.

102 *Greger* in: *Greger/Unberath/Steffek*, Recht der alternativen Konfliktlösung, § 3 Rn. 52 zur Vorbefassung als Coach.

103 Zu Rechtsfolgen eines Verstoßes gegen das II. Tätigkeitsverbot siehe unter Teil 1 C. Artikel 1 die Kommentierung zu § 3 MediationsG II. (§ 134 BGB Vertragsnichtigkeit) sowie andererseits *Eidenmüller* in: *Eidenmüller/Wagner*, Mediationsrecht, S. 146 Rn. 35 (allenfalls Schadensersatz); bei verfassungskonformer einschränkender Auslegung wie Rn. 54 ff. droht m.E. weder Nichtigkeit noch Schadensersatz (vgl. § 134 BGB: »...wenn sich nicht aus dem Gesetz ein anderes ergibt.«).

104 Kritisch hierzu *Middendorf*, Coaching-Magazin 4/2013, abrufbar unter: https://www.coaching-magazin.de/ausgaben mit Replik von *v. Schumann* (Datum des Zugriffs: 15.09.2019).

105 Bei Einbeziehung der neuen Partei ist § 2 Abs. 3 S. 2 MediationsG einschlägig, wonach der Mediator zu gewährleisten hat, dass die Parteien in angemessener und fairer Weise in die Mediation eingebunden sind.

Abs. 3 S. 3 MediationsG).[106] Die dabei veränderte Rolle des Beraters ist im Sinne der Transparenz beiden Parteien zu erläutern (Wechsel vom personenzentrierten Coaching zum Mehrparteienformat Mediation). Die Trias aus Transparenz, Informiertheit und Freiwilligkeit ist seitens des Beraters gegenüber den Parteien bei solchen Übergängen besonders zu beachten.

Beim »Konflikt-Coaching mit mediativen Ansätzen« handelt es sich also in dem Moment, in dem die andere Konfliktpartei einbezogen wird, um eine Mediation und nicht um ein Konflikt-Coaching im oben verstandenen Sinn.

b) Mischung von Mediation und Coaching (Mediation und Coaching im »Doppelpack«)

In der Literatur werden auch Prozess-Designs geschildert, in der Mediation und Coaching gemischt werden.[107]

In einer Konstellation mit zwei Kolleginnen als Mediandinnen und dem Vorgesetzten von beiden als Coachee finden – durch entsprechende Sitzordnung und Gesprächsführung gesteuert – eine Mediation und parallel im selben Raum ein Coaching statt, wobei der Coachee (Vorgesetzter der Mediandinnen) in der Phase der Mediation die Rolle des schweigenden/zuhörenden/reflektierenden Beobachters hat und in der Phase des Coachings die Mediandinnen (Mitarbeiterinnen des Vorgesetzten) schweigen, zuhören und über das Gehörte reflektieren.

In der zitierten Fallkonstellation geht es zunächst um einen Konflikt zwischen den Mitarbeiterinnen, in den jedoch auch die Führung durch den Vorgesetzten mit hineinspielt. Dessen Einbeziehung erfolgte auf expliziten Wunsch der Mitarbeiterinnen. Durch diese Verbindung und die wechselseitige (zunächst schweigende, das Gehörte aber zugleich reflektierende) Teilhabe an den Gesprächen der jeweils anderen Personen wird trotz der getrennten Gesprächsführung ein einheitlicher Rahmen geschaffen. Die Rolle des anfangs eher als einbezogener Dritter im Sinne von § 2 Abs. 4 MediationsG zu betrachtenden Vorgesetzten wandelte sich im Verlauf hin zu einem Beteiligten an der Mediation mit Lösungsverantwortung. Dass er an dem Konflikt unbewusst mitbeteiligt war, offenbarte sich dem Vorgesetzten erst nach und nach im Laufe des Verfahrens.

Bei diesem offenen – und ungewöhnlichen – Mehrparteien-Format dürfte es sich schlussendlich auch um eine Mediation zwischen allen drei Beteiligten gehandelt haben.[108]

---

106 Zu Lösungsmöglichkeiten in Bezug auf das Tätigkeitsverbot in diesen Fällen, siehe unten Rdn. 54 ff.
107 *Fürst*, Coaching und Mediation im Doppelpack, in: *Huber* (Hrsg), Mut zur Konfliktlösung, S. 37 ff. der sich aufgrund der besonderen Umstände (budgetäre Restriktion des Auftraggebers) zu diesem Vorgehen »aus der Not« entschieden hat.
108 Der Begriff des Coachings scheint in diesem Fall – von außen betrachtet – eher als ein Mittel zur Überzeugung des Vorgesetzten gewählt worden zu sein, sich auf die Bearbeitung der konfliktbehafteten Situation mit einzulassen.

c) Coaching-unterstützte Mediation

47 Im Schrifttum findet sich ferner der Ansatz der »Coaching-unterstützten Mediation«.[109] Nach einer begonnenen Mediation wird dabei im Einverständnis mit beiden Parteien das als Mediation begonnene Verfahren unterbrochen (»time-out«) und es werden sodann abwechselnd mehrere als Coaching bezeichnete Einzelgespräche mit den Parteien geführt, um anschließend in einem »follow-up« in einer (Schluss-) Mediation die Konfliktbearbeitung zu beenden. Die als Coaching geführten Einzelgespräche sollen in diesem Fall der Festigung des bisher erreichten Ergebnisses der Mediation durch vertiefte Reflexion der Handlungsmuster der Parteien in einem Coaching dienen.[110]

48 Bei der »Coaching-unterstützten Mediation« dürfte es sich bei den als Coaching bezeichneten Gesprächen um Einzelgespräche innerhalb einer Mediation (§ 2 Abs. 3 S. 3 MediationsG) und nicht um Konflikt-Coachings handeln, da die einvernehmliche Beilegung des Konflikts mit Hilfe eines Dritten hier weiter den äußeren Rahmen und auch das Ziel des Vorgehens bildet (siehe § 1 Abs. 1 MediationsG). Die Mediation bleibt hier die »Hauptstraße«, die Einzelgespräche bilden die »Nebenstraße« und werden nicht zum Coachingprozess, auch wenn der Ablauf (Abwesenheit der anderen Partei, Coachingauftrag) zunächst auf parallele Konflikt-Coachings hindeutet.[111]

3. Abgrenzung der Rolle Coach/Mediator

a) Rollenunterschiede Coach/Mediator

49 In allen zuvor geschilderten drei Settings – »Coaching mit mediativen Ansätzen«, »Coaching und Mediation im Doppelpack«, »Coaching-unterstützte Mediation« – gilt formal ab einem bestimmten Zeitpunkt das MediationsG, d.h. der Konfliktberater ist (ggf. unbewusst) als Mediator tätig, obwohl von Coaching die Rede ist.

Dabei wird ganz unabhängig von den rechtlichen Rahmenbedingungen unter Umständen zu wenig beachtet, dass auch die eingenommene und kommunizierte Rolle des Konflikt-Beraters einen Einfluss auf die zutage tretenden Themen hat. Coaching zielt mehr auf die intrapsychischen, Mediation mehr auf die interpersonellen Aspekte. Coaching ist personenzentriert, Mediation »konfliktzentriert«.

---

109 *Huber*, Coaching-unterstützte Mediation, in: *Huber* (Hrsg), Mut zur Konfliktlösung, S. 73 ff.

110 *Huber*, Coaching-unterstützte Mediation, in: *Huber* (Hrsg), Mut zur Konfliktlösung, S. 73 ff. führt weitere Settings an, die nicht mit einer Mediation enden, sondern in denen nach einer Mediation parallele Coachings mit den Parteien stattfinden und weitere, einer Mediation bedürfende Themen nicht auftauchen. In diesen Fällen handelt es sich dann um reine Coachings außerhalb des Mediationsrahmens, für die die in Folge gemachten Ausführungen grundsätzlich nicht gelten (allerdings wäre das Tätigkeitsverbot nach § 3 Abs. 2 MediationsG zu prüfen). Schwenkt man – wider Erwarten – erneut in eine Mediation ein, müssen sich die Coachings rückwirkend am MediationsG messen lassen.

111 Zu Einzelgesprächen innerhalb einer Mediation *Fritz/Klenk* ZKM 2016, 164 ff und 2016, 210 ff.

Der Mediator verkörpert *eine Rolle*, er tritt den Parteien sozusagen als funktionale Einheit gegenüber. Die Parteien müssen sich bildlich gesprochen den Mediator teilen, es entsteht *eine Mediationsbeziehung*, von *einem* Mediator zu zwei Parteien.[112]

Demgegenüber hat der Coach – insbesondere im Design der »Coaching-unterstützten Mediation«- in einer Person *zwei Rollen* gegenüber *zwei* Personen auszufüllen, denen er insoweit nicht als funktionale Einheit gegenübersteht. Der Berater ist Coach für Partei A und für Partei B, es entstehen *zwei individuelle Coach-/Klient-Beziehungen*. Die Parteien teilen sich hier nicht den Coach, sondern beanspruchen jeder für sich einen Coach.

b) Problematik der Doppel-Rolle als Coach

In der Doppel-Rolle als Coach für zwei Konfliktparteien (insbesondere in der »Coaching unterstützten Mediation«) kann die Gefahr bestehen, sich von intrapsychischen Themen der Parteien zu sehr einnehmen zu lassen und das von den Parteien (auch) gewünschte Hauptziel (Konfliktbeilegung) aus den Augen zu verlieren. 50

Durch Transparenz, Aufklärung, Supervision, professionelle Rollenreflexion und viel Erfahrung kann hier zwar vorgesorgt werden. Und auch bei Einzelgesprächen im Rahmen einer Mediation ist ein Mediator vor den geschilderten Effekten nicht gefeit. Nur dürfte die Erwartungshaltung der Parteien an einen zur Allparteilichkeit und Neutralität verpflichteten Mediator (entsprechende Rollenklärung vorausgesetzt) eine andere sein als jene, die um Konfliktberatung Nachsuchende üblicherweise an einen (»ihren«) Coach richten. Die Rolle als Coach impliziert eine stärkere und exklusivere Nähebeziehung und diese kann hier unbeabsichtigt die beschriebenen Folgen zeitigen.

Die vom Berater verinnerlichte und nach außen kommunizierte Rolle als allparteilicher, neutraler Mediator hingegen scheint eher geeignet, den Nähe- und möglichen Mitteilungsbedürfnissen einer Partei oder umgekehrt den eigenen Versuchungen des Coaches in Richtung einer vertieften Bearbeitung intrapsychischer Prozesse entgegenzuwirken und den Weg zurück auf die Hauptstraße der Mediation sicher zu ebnen.

c) Verschärfung der Doppel-Rollen-Problematik bei rechtlich geprägten Konflikten

Das zuvor Gesagte gilt umso mehr, wenn der Konflikt rechtlich geprägt ist (z.B. erb-, arbeits-, gesellschafts- oder familienrechtliche Streitigkeiten), eine einvernehmliche Beilegung des Konflikts womöglich nicht gelingt und eine gerichtliche Klärung erfolgen muss. In solchen Fällen ist ohnehin zunächst zu beachten, dass die Tätigkeit eventuell Anwälten vorbehalten ist, da es sich um eine Rechtsdienstleistung 51

---

112 Daran würde auch eine Co-Mediation nichts ändern, da es bei einer einheitlichen »Mediationsbeziehung« bleibt und lediglich eine Aufgabenteilung erfolgt.

nach § 2 Abs. (3) Nr. 4 RDG handeln kann, wenn die Tätigkeit durch rechtliche Regelungsvorschläge in die Gespräche der Beteiligten eingreifen sollte.[113]

Bei stärker hineinwirkenden rechtlichen Interessen ist man – je wahrscheinlicher die Nichteinigung wird – in der Rolle als Coach beider Seiten dem individuellen Erwartungsdruck der Parteien oder auch einer psychologischen oder gar rechtlichen Instrumentalisierung möglicherweise noch intensiver ausgesetzt als ein Mediator. Dieser kann sich im Falle der Nichteinigung kraft gesetzlicher Absicherung auf seine Rolle als neutraler, unabhängiger und allparteilicher Dritter leichter zurückziehen und das Verfahren beenden.

Vor diesem Hintergrund gibt es gute Gründe, insbesondere in der hier behandelten Konstellation einer »Coaching-unterstützten Mediation« die Gespräche mit den Parteien als Einzelgespräche innerhalb einer Mediation zu führen und entsprechend zu bezeichnen und nicht als zwei parallele Coachingprozesse anzugehen.[114] Nach der oben getroffenen Definition liegt hier erst recht auch kein Konflikt-Coaching im Einzelsetting vor.

d) Fazit zu Format- und Rollenabgrenzungen[115]

52 Ein Konflikt-Coaching im Einzelsetting zeichnet sich nach hiesiger Sicht durch die Abwesenheit der Konfliktpartei(en) aus, dabei muss die Konfliktbearbeitung vom Coachingauftrag umfasst sein. Der Konfliktberater agiert dabei als Coach, d.h. es handelt sich um einen **klientenzentrierten Coachingprozess**. Konflikt-Coaching ist als eigenständiger Ansatz von folgenden Konfliktbearbeitungsformaten abzugrenzen:
- Von Mediationen mit zwei oder mehreren Parteien, die nach der weiten Definition des Mediationsgesetzes in vielen Fällen vorliegen können, ohne dass sich der Berater dessen bewusst ist (§ 1 Abs. 1 MediationsG)
- Von Einzelgesprächen innerhalb einer Mediation (§ 2 Abs. 3 S. 2 MediationsG), innerhalb derer der Mediator allerdings methodisch frei ist, sich auch sogenannter Konflikt-Coaching-Tools zu bedienen; er bleibt dabei jedoch Mediator![116]

---

113 Siehe dazu oben unter Teil 4 B., C. Kommentierung zu § 3 RDG sowie *v. Lewinski* in: *Kloweit/Gläser* Mediationsgesetz, § 2 RDG Rn. 39 mit dem Hinweis, dass der Wortlaut »rechtliche Regelungsvorschläge« weit auszulegen ist; ebenso *Krenzler*, Rechtsdienstleistungsgesetz, § 3 Rn. 234 ff.; *Hartung/Scharmer*, Berufs- und Fachanwaltsordnung, § 18 BORA Rn. 22.

114 Methodisch können im Einzelgespräch einer Mediation sogenannte Konflikt-Coaching-Tools angewendet werden, dabei bleibt der Berater jedoch Mediator. Siehe *Fritz/Klenk* ZKM 2016, 164 ff und 2016, 210 ff.

115 Es sollte in diesem Abschnitt deutlich werden, dass es oftmals keiner neuen Formate bzw. Bezeichnungen bedarf, sondern dass man sich in der Konfliktberatung sehr häufig bereits im Bereich der Mediation und des Mediationsgesetzes bewegt. Ferner dienen die Ausführungen dazu, das Rollenbewusstsein im Interesse der Qualität der Konfliktberatung zu schärfen. In den oben zur Abgrenzung zitierten Formaten und Ansätzen, die sich von dem hier gewählten Verständnis eines Konflikt-Coachings im Einzelsetting unterscheiden, werden die Rollenfragen von den Autoren auch jeweils thematisiert.

116 Siehe *Fritz/Klenk* ZKM 5/2016, 164 ff und 6/2016, 210 ff.

Auch wenn hier der Unterschied zwischen Coaching und Mediation sehr betont wird, 53
so kommt es in der Praxis vor, dass Parteien eine Mediation ablehnen, aber gleichwohl
zu einem »moderierten Gespräch«, einem »Vermittlungsgespräch«, einer »Konfliktmoderation«, »Aussprache mit externer Unterstützung« oder »Schnittstellenklärung« oder
sogar zu einem »Coaching« bereit sind. Und auch umgekehrt können Vorbehalte gegen
ein »Coaching« bestehen und Kunden bevorzugen eine »Beratung«, ein »Sparring« o.ä.
Die Motive hierfür können mannigfaltig sein.

Konfliktbearbeitungen mittels Mediation oder Coaching werden wechselweise gelegentlich als Zeichen der besonderen »Pathologie« eines Falles aufgefasst, welche sich
die Parteien nicht eingestehen wollen. Oder ein Auftraggeber möchte nicht, dass in
der weiteren Organisation von einer Mediation bzw. einem Coaching gesprochen wird,
da – abhängig vom (unternehmens-) kulturellen Kontext – nachteilige Auswirkungen
auf den Ruf und eine Infragestellung der Führungskompetenz befürchtet werden.
Mediation oder Coaching können – immer noch – einem Stigma von Beratungsformaten mit psychosozialem Einschlag unterliegen.

In diesen oder ähnlichen Fällen, in denen Parteien das eigentlich zutreffende Format
ablehnen, tatsächlich aber dem **Parteianliegen** entsprechend formal eine Mediation
oder ein Coaching stattfindet, ist die Bezeichnung zweitrangig, soweit der Berater die
für das Format und die Rolle erforderlichen fachlichen und formalen Voraussetzungen
beachtet und das Vorgehen für die Parteien transparent ist.

Im Zweifel kann man als Berater ausnahmsweise eine **dem Anliegen gerecht werdende
Sprachregelung** mit den Parteien bzw. Auftraggebern treffen, wie das **Bearbeitungs-
format bezeichnet** werden soll und unabhängig vom Inhalt die Bezeichnung wählen,
auf die sich der Kunde am besten einlassen kann.[117]

4. Exkurs: Kritik an den Tätigkeitsbeschränkungen[118] für Mediatoren nach § 3 Abs. 2 und 3 MediationsG in rechtsfernen[119] Fällen – verfassungskonforme Auslegung

a) Ausgangslage: Anlehnung an § 3 BORA

Oben unter Rdn. 40 wurden im Zusammenhang mit dem Format des »Coachings 54
mit mediativen Ansätzen« bereits die Tätigkeitsverbote in § 3 Abs. 2 und 3 MediationsG angesprochen. Bei einem Wechsel vom Ein-Parteien-Konflikt-Coaching hin

---

117 Gleichzeitig ist Vorsicht geboten, da eine gewisse Instrumentalisierungs- oder Manipu-
lationsgefahr bestehen kann und Bezeichnungen die Beraterrollen und -inhalte (unbewusst) prägen können. Formatbezeichnungen sind keinesfalls beliebig. Gleichzeitig
verschaffen solche Situationen wertvolle Informationen zum Klientensystem.
118 Grundsätzlich hierzu unter Teil 1 C. Artikel 1 Kommentierung zu § 3 MediationsG II.
119 Rechtsfern meint alle Tätigkeiten als Berater oder Mediator, die weder dem Anwalts-
noch dem RDG-Vorbehalt unterliegen (bspw. Zusammenarbeitskonflikte/Streit um Verantwortlichkeiten in Organisationen, zwischenmenschliche/familiäre Konflikte,
Führungskonflikte zwischen Vorgesetzten und Mitarbeitern o.ä., ohne Bedeutung rechtlicher Fragen).

zu einer gemeinsamen späteren Konfliktbearbeitung mit dem anderen Konfliktbeteiligten (dann formal Mediation) handelt es sich um einen »Vorbefassungsfall«, der das Tätigkeitsverbot nach § 3 Abs. 2 MediationsG auslöst.

Auch die in § 3 Abs. 4 MediationsG vorgesehene Ausnahme vom Tätigkeitsverbot greift in dem beschriebenen Format vom Wortlaut nicht, da sie sich ausschließlich auf die in § 3 Abs. 3 MediationsG beschriebene Konstellation bezieht: Nur bei einer Vorbefassung durch einen Kollegen in einer Berufsausübungs- oder Bürogemeinschaft, umfassender Information und u.a. nach ausdrücklichem Dispens durch die Parteien, kann das Tätigkeitsverbot des später tätig werdenden Mediators überwunden werden.[120] Auftragsübergaben bzw. Beraterwechsel im beruflichen Verbund werden damit privilegiert. Die Regelungen sollen der Wahrung der Neutralität des Mediators zur Sicherstellung eines fairen Verfahrens für die Parteien dienen.[121]

Die Beschränkungsnormen sind § 3 BORA[122] nachgebildet, der dem Anwalt verbietet, nacheinander widerstreitender Partei-Interessen zu vertreten. Dort kann das Verbot überwunden werden, wenn der »Seitenwechsel« innerhalb einer Berufsausübungs- oder Bürogemeinschaft erfolgt und dies u.a. mit ausdrücklichem Einverständnis der Mandanten in den widerstreitenden Mandaten (!) geschieht.[123] Die Wahrnehmung *widerstreitender rechtlicher* Mandate durch beruflich verbundene Personen ist daher nach der BORA ausnahmsweise zulässig.

55 Diese an das **anwaltliche Berufsrecht angelehnte Verbots- und Ausnahmelogik** in § 3 Abs. 2–4 MediationsG ist sowohl systematisch und als auch **verfassungsrechtlich** wegen Eingriffen in die Berufsausübungsfreiheit von Mediatoren (Art 12 Abs. 1 GG) und in die Privatautonomie der Medianden (Art 2 Abs. 1 GG) **bedenklich**.[124] Speziell bei nicht-juristischen (Vor-) Befassungen oder Mediationen (»rechtsfernen« Tätigkeiten)[125] kann der Schutzzweck der Norm, – Vertrauen in die Neutralität des Mediators – mit weniger einschneidenden und »mediationsgerechteren« Mitteln erreicht werden. Eine solches milderes Mittel findet sich in der vom Mediator zu schaffenden umfassenden

---

120 Das gilt im Verhältnis zum aktiven Mediator ebenso für die parallele oder zum aktiv gewesenen Mediator für die nachträgliche Befassung durch den beruflich verbundenen Berater.
121 Siehe unter Teil 1 C. Artikel 1 die Kommentierung zu § 3 MediationsG; *Goltermann* in: *Kloweit/Gläser* Mediationsgesetz, § 3 Rn. 23.
122 § 3 BORA ergänzt als Satzungsbestimmung § 43a Abs. 4 BRAO (Verbot der Vertretung widerstreitender Interessen) um die sog. Sozietätserstreckung.
123 Zur verfassungsrechtlichen Problematik von § 3 BORA: *Kleine-Cosack*, Bundesrechtsanwaltsordnung, § 3 BORA Rn. 3 ff.
124 Ebenso *Zukunft* in: *Hinrichs* (Hrsg.), Praxishandbuch Mediationsgesetz 2014, D. Rn. 47 ff., insbesondere Rn. 64, 68. Kritisch auch *Greger* in: *Greger/Unberath/Steffek*, Recht der alternativen Konfliktlösung, § 3 Rn. 48, der jedoch keinen Spielraum für eine verfassungskonforme Auslegung, sondern nur den Ausweg über eine Normenkontrolle (Art 100 GG) sieht.
125 Siehe oben Fn. 119.

Transparenz und dem aufgeklärten Einverständnis durch die Parteien nach § 3 Abs. 1 S. 1 und 2 MediationsG.

Dagegen führt eine strikt am Wortlaut orientierte Auslegung und Übertragung der anwaltsberufsrechtlichen Logik auf *rechtsferne* Tätigkeiten letztlich zu einer **verfassungsrechtlich problematischen Gleichbehandlung ungleicher Fälle**. Die Verfassungskonformität der Regelungen kann durch eine hier vorgeschlagene teleologische Reduktion von § 3 Abs. 2 und 3 MediationsG gewahrt werden. Dies ergibt sich aus nachfolgenden Überlegungen.[126]

b) Widerspruch zum Zweck einer Mediation

Weder in § 3 Abs. 2 noch in Abs. 3 MediationsG ist das Tätigkeitsverbot an die Wahrnehmung widerstreitender (rechtlicher) Interessen geknüpft. Ausschlaggebend ist nach dem Wortlaut der Regelung allein die Befassung für eine Partei (d.h. in deren rechtlichem oder tatsächlichem Interesse) vor, während oder nach der Mediation, um die Beschränkung bis hin zum absoluten Tätigkeitsverbot auszulösen. Das macht die Regelung zum einen vergleichsweise strenger als jene in §§ 3 BORA, 43a Abs. 4 BRAO. 56

Zum anderen besteht der Zweck einer Mediation gerade darin, widerstreitende Interessen zu überbrücken und nicht die Vertretung unterschiedlicher Interessen zu ermöglichen. Die mediative Überbrückung widerstreitender Interessen[127] hin zu einer einvernehmlichen, eigenverantwortlichen und freiwilligen (privatautonomen) Konfliktbeilegung der Parteien ist etwas signifikant anderes als ein anwaltlicher »Seitenwechsel« zur Vertretung widerstreitender Mandate. Die »1:1-Übertragung« der anwaltsberufsrechtlichen Verbots- und Ausnahmelogik für die Wahrnehmung *widerstreitender* Interessen widerspricht damit dem Grundanliegen und Zweck einer Mediation. Sie führt in der Konsequenz insoweit bereits zu einer systematischen »Schräglage« und fragwürdigen Regulierung der Mediatortätigkeit. 57

c) Unverhältnismäßige Einschränkung der Berufsausübung von Mediatoren

aa) Verbots- und Ausnahmelogik des anwaltlichen Berufsrechts 58

Der Gesetzgeber hatte bei Übertragung der anwaltsberufsrechtlichen Verbots- und Ausnahmelogik – insoweit von der ratio noch nachvollziehbar – stark die dezidierte juristische (Vor-) Befassung durch Anwälte im Blick, die dann (nachfolgend) in derselben Sache mediieren.[128] Insoweit mag das Tätigkeitsverbot noch zu rechtfertigen 59

---

126 Grundsätzlich anderer Auffassung sind: *Goltermann* in: *Kloweit/Gläßer*, Mediationsgesetz, § 3 Rn. 24; *Henssler* in: *Henssler/Prütting* Bundesrechtsanwaltsordnung § 3 MediationsG Rn. 27 sowie unter Teil 1 C. Artikel 1 die hiesige Kommentierung zu § 3 MediationsG II.
127 Häufig sind die Interessen von Medianden sogar gleichgerichtet und verbergen sich nur hinter widerstreitend erscheinenden Positionen.
128 Siehe unter Teil 1 C. Artikel 1 die Kommentierung zu § 3 II; *Hartung/Scharmer*, § 18 BORA Rn. 34; *Goltermann* in: *Kloweit/Gläßer* Mediationsgesetz, § 3 Rn. 22, wonach der

sein, da vor allem bei bereits erfolgter Rechtsberatung oder dem RDG unterfallenden Tätigwerden[129] die Gefahr von neutralitätsbeeinflussenden Interessenkollisionen stärker zu Tage treten kann als in rechtsfernen (Vor-)Befassungen.[130]

Auch mögen **einheitliche Maßstäbe für Anwälte als Organe der Rechtspflege**, gleich in welcher Tätigkeit sie aktiv sind, und die bereits gesetzlich abgesicherten **Berufsbildziele des Anwaltsberufs** noch als legitimes Gemeinwohlziel des Gesetzgebers anzuerkennen sein. Auch der Schutzzweck des § 1 S. 2 RDG mag die Einschränkung noch hergeben.

Allein: Nicht alle Mediatoren sind Anwälte (oder unterliegen dem RDG-Vorbehalt) und nicht alle (Vor-) Befassungen und damit in Beziehung stehende Mediationen sind rechtsnah. In der Mediations- und Konfliktberatungsrealität sind die juristischen Konstellationen keineswegs der Regelfall. Insbesondere in den (Vor-) Befassungen können andere nicht-juristische Beratungsformen wie ein Konflikt-Coaching, eine Supervision oder Organisations- oder sonstige Unternehmensberatung in Betracht kommen[131] und in damit in Verbindung stehenden Mediationen können rechtliche Fragestellungen, d.h. ein Interessenausgleich, bei dem staatlich gesetztes Recht hineinwirkt, irrelevant sein. (z.B. in Zusammenarbeitskonflikten, zwischenmenschlichen/familiären Konflikten, Konflikten in Organisationen, siehe dazu unten Rdn. 60).

bb) Rechtsferne Beratung und Mediation innerhalb von Organisationen

60 Gerade in der **Organisationsberatung**, in der vielfältige Beziehungsgeflechte aus ganz unterschiedlichen Blickwinkeln bearbeitet werden – die Palette reicht von Prozess-, Strategie-, Kultur-, Führungs-, Kommunikations- bis zur Konfliktberatung/Mediation – spielen im Beratungsansatz juristische Fragen so gut wie keine Rolle, weil vornehmlich psychosoziale oder ökonomische Komponenten im Vordergrund stehen. Dabei nehmen die Zusammenarbeitsfragen der Menschen und damit die Konfliktbearbeitung einen zentralen Stellenwert ein, sie durchziehen in der Praxis alle anderen Beratungskomplexe und sind oft nicht von diesen zu trennen.

Kundenorientierte Beratungsansätze gehen dabei bewusst nicht punktuell-isoliert, sondern ganzheitlich-integriert vor. D.h. ein Berater, der an einem Komplex bereits mit

---

Gesetzgeber eine bewusste Ausdehnung der anwaltlichen Regelungen auf andere Grundberufe vorgenommen habe. Ähnlich *Henssler* in: *Henssler/Prütting*, Bundesrechtsanwaltsordnung, § 3 MediationsG Rn. 3. Verfassungsrechtlich fraglich erscheint, aus welchem Kompetenztitel der Bundesgesetzgeber hierzu befugt ist.

129 Wenn die Schwelle zu § 2 Abs. 1 bzw. § 2 Abs. 3 Nr. 4 RDG erreicht ist, ist von einer insoweit »schädlichen« Befassung auszugehen; näher dazu Teil 4 C. Kommentierung § 2 RDG II.

130 Berufsrechtlich – nicht mediationsrechtlich – gelten für Anwälte in diesen Fällen ohnehin §§ 45 Abs. 1 Nr. 4 und Abs. 2 Nr. 2 BRAO.

131 Solche Konfliktbearbeitungen werden in der Praxis eher durch nicht-anwaltliche Berufsgruppen durchgeführt (selbstverständlich stehen Anwälten diese Tätigkeiten zweitberuflich auch offen).

einem Organisationsteil gearbeitet hat und dort Sachkenntnis und auch Vertrauen erworben hat, kann als Mediator in einem Konflikt mit einem fachlich/sachlich verbundenen anderen Organisationsteil besonders gefragt sein. Häufig stellt sich erst im Laufe der Prozessberatung – quasi als deren vorläufiges Ergebnis – heraus, dass Konflikte mit anderen Organisationsteilen bestehen und deswegen unternehmerische Prozesse notleidend sind. Die Konfliktbearbeitung ist dann sozusagen das fehlende Mosaikstück für eine erfolgreichen Prozessberatung, sie ist integraler Bestandteil bei der Problemlösung im Auftrag der Organisation. Es geht dabei weder um einen »Seitenwechsel« in widerstreitenden Mandaten noch um Rechtliches, sondern um die **auftragsgemäße Kontinuität** in der Beratung einer Organisation als Ganzes.

Gleichermaßen beginnen Beratungsaufträge nicht selten mit einem Coaching von Einzelpersonen und erst im weiteren Verlauf stellt sich heraus, dass Konfliktbearbeitungen bzw. Mediationen zu Sachverhalten (und Organisationsteilen) notwendig werden, die auch in den Coachings Gegenstand waren oder noch sind. Der Berater wäre nach dem Gesetz dann gesperrt. Das gleiche gälte, wenn bei einer abteilungsübergreifenden Organisationsentwicklung mit einzelnen Personen zu konflikthaften Situationen beratende Einzelgespräche geführt wurden und anschließend zwischen den Beteiligten mediiert werden soll. Hingegen, wenn der Berater zunächst innerhalb eines Teams z.B. im Rahmen einer Teamentwicklung arbeitet, dort zwischen Teammitgliedern Konflikte auftauchen, welche der Berater anschließend im Team mediiert, griffe die Beschränkung nicht.[132] Hier wird deutlich, dass die Absolutheit der Tätigkeitssperren einer differenzierten Betrachtung weichen müsste, um zu widerspruchsfreien Ergebnissen zu führen.

Denn in einer zunehmend vernetzten Arbeitsorganisation, die sich durch eine Abkehr von Hierarchien und abgegrenzten Zuständigkeiten auszeichnet, erstrecken sich Konflikte, die zugehörigen Konfliktstoffe und folglich auch die involvierten Personen über weite Organisationsteile bzw. formelle Teamgrenzen hinweg. Als Berater kommt man mit einer Vielzahl von Personen und sich überlappenden Sachverhalten in Berührung und genau dies gehört zur sachgerechten Ausführung des Auftrages dazu. Die Reihenfolge der eingesetzten Instrumentarien und Formate ist dabei kunden- und einzelfallabhängig. Und da Mediationen wie oben gezeigt oft erst die Voraussetzungen für die eigentliche Problemlösung in Organisationen schaffen, schließen sich in der Praxis auch nach einer Mediation noch weitere Tätigkeiten des Beraters an, um den Auftrag den Zielen des Auftraggebers entsprechend auszuführen.

Ähnlich liegt es bei Supervisionen in sozialen Organisationen. Supervisoren erhalten in der Regel den Auftrag, mehrere Personen/Teams zu supervidieren. Wird z.B. in einer Einzelsupervision ein Konflikt mit einem ebenfalls supervidierten Kollegen im Team oder der Organisation thematisiert, schiede der Supervisor für eine eventuelle spätere

---

132 *Zukunft* in: *Hinrichs* (Hrsg.), Praxishandbuch Mediationsgesetz, D. II. Rn. 43 mit dem Beispiel, dass ein (Einzel-)Coaching zur Arbeitssituation im Team nach dem Gesetzeswortlaut eine nachfolgende Teammediation bereits sperrt, nicht aber eine nachfolgende Team- oder Organisationsentwicklung.

Mediation aus, obwohl sein Auftrag in aller Regel von ihm verlangt, in solchen Fällen aktiv zu werden.[133]

62 Der als Mediator qualifizierte Berater wäre in diesen Auftragskonstellationen in den allermeisten Fällen nach den Buchstaben des Gesetzes für mediative oder einer Mediation nachfolgende Tätigkeiten ausgeschlossen[134], weil eine Logik gilt, die vollkommen andere Realitäten im Blick hat, nämlich die Wahrnehmung widerstreitender *und rechtlicher* Mandate durch Anwälte.

Insoweit passt die **Übernahme der anwalts-berufsrechtlichen Logik** für die Wahrnehmung *rechtlicher* Mandate auf rechtsferne (Vor-) Befassungen und Mediationen **nicht** und **bewirkt** – wie schon die Anlehnung an den anwaltlichen »Seitenwechsel« im widerstreitenden Mandat – eine zusätzliche **systematische Verwerfung**. Im Interesse einer für die Tätigkeit und Funktion von Anwälten (als Organ der Rechtspflege) konsistenten Beschränkungsregelung (das zumindest bewirken die Regelungen in § 3 Abs. 2–4 MediationsG) ist eine solche auch nur soweit erforderlich, als es sich um erlaubnispflichtige Tätigkeiten handelt, die Anwälten vorbehalten sind.[135] Dem Schutzzweck von § 1 S. 2 RDG Rechnung tragend mag das ebenso für alle anderen Tätigkeiten gelten, die dem RDG-Vorbehalt unterliegen.

63 Für die Fälle nicht-rechtlich geprägter Befassungen/Mediationen sind diese »Hürden« jedoch zur Sicherstellung der Neutralität des Mediators – welche selbstverständlich auch bei allen **rechtsfernen Befassungen/Mediationen** und den zuvor geschilderten Fällen zu gewährleisten ist[136] – nicht erforderlich. Sie schränken die Berufsausübungsfreiheit gemäß Art 12 Abs. 1 GG unverhältnismäßig ein, zumal der Schutzzweck mit weniger restriktiven Mitteln erreicht werden kann (siehe dazu im Folgenden).

---

133 Die Beispielsfälle lassen sich auch nicht dadurch zufriedenstellend lösen, indem man die Organisation als Partei ansieht und annimmt, eine Tätigkeit mit verschiedenen Parteien im Sinne der §§ 3 Abs. 2–4 MediationsG läge dann nicht vor. Nimmt man das Neutralitätsgebot ernst, dann kommt es auf die konkreten Personen/Medianden an, mit denen gearbeitet wird – deren Vertrauen in die Neutralität des Beraters ist entscheidend.
134 So z.B. *Trenczek*, ZKM 6/2016 S. 230 (231), der eine organisatorische und personelle Trennung des Mediators von anderweitigen Beratungskontexten für unabdingbar hält.
135 Mediationen mit rechtlichem Einschlag können nach § 2 Abs. 3 Nr. 4 RDG – entgegen dem ersten Eindruck – schnell die Schwelle zur Rechtsdienstleistung überschreiten und einer anwaltlichen Mitwirkung bedürfen, siehe hierzu Teil 4 C. Kommentierung § 2 RDG II. sowie: *Hartung/Scharmer*, Berufs- und Fachanwaltsordnung, § 18 BORA, Rn. 44; *Eidenmüller* in: *Eidenmüller/Wagner*, Mediationsrecht, S. 131. Im Weiteren sind für Anwälte berufsrechtlich die Tätigkeitsverbote gemäß §§ 45 Abs. 1 Nr. 4 und Abs. 2 Nr. 2 BRAO einschlägig. Auch diese werden im Schrifttum verfassungsrechtlich für problematisch gehalten, siehe hierzu *Kleine-Cosack*, Bundesrechtsanwaltsordnung, § 45 BRAO Rn. 9, 23, wonach die Anwendung der Regelungen auf echte Interessenkollisionen zu beschränken sei. Ähnlich *Kilian* in: *Henssler/Prütting*, Bundesrechtsanwaltsordnung, § 45 Rn. 11b.
136 Hierzu oben Rdn. 45.

d) Eingriff in die Privatautonomie der Medianden

Die Anlehnung an die anwaltlichen Beschränkungsregeln wirkt sich nicht nur im Hinblick auf die Einschränkung der Mediatortätigkeit aus, sondern sie greift – quasi als Kehrseite – auch erheblich in die **privatautonome Dispositionsfreiheit der Medianden** bei der Auswahl des Mediators ein, welche den Parteien in erheblichem Umfang entzogen wird. Die Dispositionsfreiheit der Parteien ist im Rahmen einer Mediation – ihrem Charakter als Instrument zur eigenverantwortlichen und selbstbestimmten Konfliktbeilegung entsprechend – sehr weitgehend.[137]

64

aa) Befassungsfälle nicht generell neutralitätsgefährdender als andere Umstände

Selbst wenn die Unabhängigkeit und Neutralität des Mediators und damit konstitutive Elemente einer Mediation potenziell beeinträchtigt sind, darf der Mediator nach Offenlegung aller Umstände mit Zustimmung der Parteien nach § 3 Abs. 1 S. 2 MediationsG (weiter) tätig werden. Die Zustimmung der Parteien kann also prinzipiell alle die Neutralität und Unabhängigkeit des Mediators in Frage stellenden Umstände überwinden – auch solche, die im Einzelfall sogar schwerer wiegen als die Befassungsfälle. Nur entzieht der Gesetzgeber sodann die **Befassungsfälle** (die ja gerade die Neutralität und ggf. auch die Unabhängigkeit tangieren) und damit die Auswahl des Mediators der **Parteidisposition** wieder, jedenfalls weitestgehend (§ 3 Abs. 2, Ausnahme Abs. 4 MediationsG).[138]

65

Eine solche **Einschränkung der Parteidisposition** wäre nur dann verhältnismäßig, wenn sich die vom Mediator pflichtgemäß zu offenbarenden Befassungsfälle von sonstigen die Neutralität und Unabhängigkeit beeinträchtigenden Umständen stets so stark unterschieden, dass sie ein Mehr an Schutzwürdigkeit bräuchten, welche die Nichtanwendbarkeit des Parteidispenses nach § 3 Abs. 1 S. 2 MediationsG und ein »Kippen« in ein ausnahmsloses Tätigkeitsverbot nach § 3 Abs. 2 MediationsG sowie die alleinige Beschränkung auf die engen Ausnahmen nach § 3 Abs. 4 MediationsG rechtfertigten.[139]

---

137 Die Medianden sind insbesondere dispositionsbefugt bei der Wahl des Mediators, bei Beginn und in der Beendigung der Mediation, in der Freiwillig- und Eigenverantwortlichkeit der Durchführung des Verfahrens, bei der Durchführung von Einzelgesprächen, der Einbeziehung Dritter in die Mediation, in der Dispensmöglichkeit von der Verschwiegenheit sowie in der Zustimmung zur Tätigkeit des Mediators bei Zweifeln an dessen Neutralität oder Unabhängigkeit und der Mediator ist den Medianden gegenüber zu seiner Qualifikation auskunftspflichtig. Siehe dazu auch *Eidenmüller* in: *Eidenmüller/Wagner*, Mediationsrecht S. 145.

138 Demgegenüber unterliegt die Verschwiegenheitspflicht, die den Vertrauensschutz der Medianden in besonderem Maße verkörpert, der Disposition der Parteien. Auch diese unterschiedliche Gewichtung zeigt, zu welcher systematischen Verwerfung die Regelung führt.

139 Haben die Parteien durch ihre Zustimmung ausgedrückt, dass sie an der Neutralität des Mediators keinen Zweifel haben, so die dürfte sich dies – umfassende Aufklärung vorausgesetzt – auch auf die Allparteilichkeit erstrecken. Die Allparteilichkeit kann daher

Für ein solches Mehr an Schutz ist kaum ein Grund ersichtlich: Befassungsfälle sind nicht generell schwerwiegender als andere die Neutralität potenziell beeinträchtigende Gründe[140] wie z.b. das Tätigwerden innerhalb der Organisationen der Parteien in anderen Angelegenheiten, Auftragsverhältnisse mit einer Partei in ganz anderer Sache, private Verbindungen oder persönliche Bekanntschaft mit einer Partei, Durchführung von Seminaren für eine Partei, Verbindungen zu Personen, die zu einer oder beiden Parteien in einem kritischen Verhältnis stehen u.s.w.[141] Die Schutzwürdigkeit der Parteien ist in Befassungsfällen nicht automatisch höher als in anderen neutralitätsgefährdenden Fällen des § 3 Abs. 1 Satz MediationsG.

bb) **Pauschaler Entzug der Neutralitätsbeurteilung schränkt Privatautonomie in rechtsfernen Fällen unverhältnismäßig ein**

66 Für die fallangemessene Beurteilung der Auswirkungen solcher Umstände auf die Neutralität des Mediators wird es auf den Einzelfall ankommen, nur ist den Parteien diese **einzelfallbezogene Neutralitätsbeurteilung** (z.b. nach Art, Umfang, Dauer, zeitliche Nähe/Distanz, genauer Auftragsgegenstand der Befassung) pauschal verwehrt (Ausnahme Abs. 4).

Das mag man für die der *anwaltlichen Mitwirkung bedürftigen Tätigkeiten* aus den oben genannten Gründen im Interesse einer tätigkeitsunabhängigen einheitlichen Beschränkungsregelung für Anwälte als Organe der Rechtspflege und wegen der bei rechtlichen Implikationen höheren Wahrscheinlichkeit von Interessenkollisionen (noch) rechtfertigen können.

Die dabei in § 43a Abs. 4 BRAO, § 3 BORA wurzelnden – und in das MediationsG transportierten – Schutzinteressen sind ursprünglich einerseits stark durch öffentlich-rechtliche Belange geprägt (*Rechtspflege*, Schutz des Vertrauens von Mandanten *im staatlichen Rechtssystem*, Vertrauen in *Integrität der Anwaltschaft als Organe der Rechtspflege*).[142] Andererseits dienen § 43a Abs. 4 BRAO, § 3 BORA auch dem individuellen Vertrauensschutz im Verhältnis Anwalt/Mandant.[143] Die Normen sind wegen der objektiv rechtsstaatlichen Funktionen grundsätzlich nicht, oder nur eingeschränkt (§ 3 Abs. 2 BORA) disponibel.[144] Gleichzeitig kommt es aber für die entscheidende Frage, ob tatbestandlich eine (pflichtwidrige) Interessenkollision vorliegt, nach nahezu einhelliger

---

insoweit auch nicht als »überschießendes« Schutzgut herangezogen werden, um die Eingriffstiefe der Verbote zu legitimieren.

140 Dieser Gedanke trifft in gleicher Weise auf die rechtsnahen Befassungen/Mediationen zu.
141 Beispiele hierzu bei *Eidenmüller* in: *Eidenmüller/Wagner*, Mediationsrecht, S. 141.
142 *Henssler* in: *Henssler/Prütting*, Bundesrechtsanwaltsordnung, § 43a Rn. 161; *Kleine-Cosack*, Bundesrechtsanwaltsordnung § 43a Abs. 4 Rn. 139.
143 *Henssler* in: *Henssler/Prütting*, Bundesrechtsanwaltsordnung, § 43a Rn. 161; *Kleine-Cosack*, Bundesrechtsanwaltsordnung § 43a Abs. 4 Rn. 139.
144 *Henssler* in: *Henssler/Prütting*, Bundesrechtsanwaltsordnung, § 43a Rn. 161; *Kleine-Cosack*, Bundesrechtsanwaltsordnung § 43a Abs. 4 Rn. 139.; *Henssler* aaO. auch unter Hinweis auf BGHZ, 174, 186.

Auffassung[145] auf die subjektive Sicht der Mandanten, mithin auf den konkreten Parteiwillen an. Überträgt man nun diese Grundsätze auf die den Parteien nach dem MediationsG entzogene Neutralitätsbeurteilung des Mediators in rechtsfernen Fällen, so ergibt sich folgendes:

Die angesprochenen öffentlich-rechtlichen Belange werden in rechtsfernen Fällen nicht berührt, sondern die Tätigkeiten der Berater und Anliegen der Klienten/Medianden spielen sich in einem vollkommen anderen – rein privaten – Rahmen ab. Der ins MediationsG übernommene Schutzzweck geht insoweit ins Leere und wird dadurch im Ergebnis zur unverhältnismäßigen Einschränkung. Und da selbst in den »Vorbildnormen« § 43a Abs. 4 BRAO, § 3 BORA schlussendlich (tatbestandlich) der Parteiwille maßgeblich ist, ob ein Interessenwiderstreit tatsächlich vorliegt, kann es in den rechtsfernen Konstellationen verfassungsrechtlich kaum gerechtfertigt sein, den Medianden die Dispositionsfreiheit (als Ausdruck des Parteiwillens) in Bezug auf die Beurteilung der Neutralität des Mediators zu entziehen.

Vielmehr reicht für die Gewährleistung der wichtigen Neutralität des Mediators zum Schutz der Parteien die Regelung in § 3 Abs. (1) MediationsG im Falle rechtsferner Tätigkeiten aus.

e) **Transparenz und aufgeklärte Parteizustimmung in rechtsfernen Fällen ausreichend und verfassungsrechtlich geboten**

Unter **Offenlegung** aller für die Neutralität relevanten Umstände (§ 3 Abs. 1 Satz 1 MediationsG)[146] sowie einer umfassenden Information und Sicherstellung der **fairen und angemessenen Einbeziehung aller Parteien** in das Verfahren durch den Mediator (§ 2 Abs. 3 HS. 2 MediationsG) kann die **explizite Zustimmung der Parteien** nach § 3 Abs. 1 Satz 2 MediationsG (unter Anknüpfung an das Merkmal der Neutralität) in den *rechtsfernen* Befassungen/Mediationen als ausreichende Regelung erachtet werden,[147] um die Verbote in § 3 Abs. 2 und 3 MediationsG zu überwinden.[148]

67

---

145 Ausführlich *Henssler* in: *Henssler/Prütting*, Bundesrechtsanwaltsordnung, § 43a Rn. 172.
146 Siehe dazu unter Teil 1 C. Artikel 1 Kommentierung zu § 3 II.
147 In den hier behandelten Konstellationen ist anzuraten, Offenlegung und explizite Zustimmung schriftlich zu fixieren.
148 Daraus resultiert auch keine Diskriminierung von Anwälten: Konfliktberater, die *auch* Anwälte sind, können in einem *Zweitberuf* (z.B. als Coach, Organisations-/Unternehmensberater, Supervisor) rechtsferne Tätigkeiten und Mediationen durchführen. § 18 BORA schreibt zwar vor, dass für Anwälte als Mediatoren das Berufsrecht gilt. Das kann sich aber nur auf *anwaltliche* Rechte/Pflichten beziehen (so auch *Kleine-Cosack*, Bundesrechtsanwaltsordnung, § 18 BORA Rn. 1 sowie § 45 BRAO Rn. 41). Wird der Berater zweitberuflich in keiner Weise anwaltlich und auch nicht dem RDG unterliegend tätig, handelt er also *durchgängig rechtsfern (keine Rechtssache, keine Beauftragung wegen Anwaltseigenschaft)*, gilt der vorgeschlagene Weg über eine teleologische Reduktion gleichermaßen. In solchen Fällen stellen auch §§ 45 Abs. 1 Nr. 4, Abs. 2 Nr. 2 BRAO kein Hindernis dar. Ferner: § 2 Abs. 3 Nr. 4 HS. 2 RDG schränkt für nicht-anwaltliche

Das ergibt sich letztlich aus der im Rahmen der gebotenen verfassungskonformen Auslegung erfolgenden teleologischen Reduktion der §§ 3 Abs. 2 und 3 MediationsG.[149] Die Privatautonomie ist die Basis jeder Mediation, ganz besonders, wenn sich Befassungen bzw. Mediationen vollständig im privaten Bereich, d.h. außerhalb der (öffentlich determinierten) Aufgaben und Angelegenheiten der Rechtspflege vollziehen.

Die Tätigkeitsverbote für Mediatoren und spiegelbildlichen Handlungseinschränkungen für die Medianden in § 3 Abs. 2 und Abs. 3 MediationsG widersprechen in ihrer Absolutheit
- der inneren Teleologie (dem »Daseinszweck«) des MediationsG – nämlich der eigenverantwortlichen und selbstbestimmten Konfliktlösung durch die Parteien
- sowie dem expliziten Ziel des Gesetzes, Mediationen und andere Verfahren der außergerichtlichen Konfliktbeilegung zu *fördern* (vgl. Titel des MediationsG: »Gesetz zur *Förderung* der Mediation…«).

Um diesen Zielen des Gesetzgebers in der Praxis dennoch zur Geltung zu verhelfen, besteht Raum für eine teleologische Auslegung, die die *rechtsfernen* Fälle vom Wortlaut der Vorschriften ausnimmt und über die Anwendung von § 3 Abs. 1 MediationsG die **Verfassungskonformität** der Regelung wahrt. Andernfalls würden die Regelungen in den *rechtsfernen* Fällen die **Berufsausübungsfreiheit** von Mediatoren und die **Privatautonomie** der Medianden **unverhältnismäßig einschränken** und wesentlich ungleiche Fälle (rechtsferne vs. rechtsnahe) ohne verfassungsrechtlich hinreichenden Grund gleichbehandelt.[150]

Für die rechtsnahen Fallkonstellationen, deren Durchführung von Gesetzes wegen dem Anwalts- bzw. RDG-Vorbehalt unterliegen, verbleibt es hingegen bei der Anwendung der Regelungen in § 3 Abs. 2–4 MediationsG.[151]

Grundberufe bereits die Bearbeitung eines signifikanten Anteils an Konflikten ein. Anderen Grundberufen bei Tätigwerden in rechtsfernen Fällen dann noch zusätzlich den in das MediationsG transportierten Mechanismen des anwaltlichen Berufsrechts auszusetzen, legt eher eine Benachteiligung dieser Berufsgruppen und Tätigkeitsfelder nahe.

149 *Greger* in: *Greger/Unberath/Steffek*, Recht der alternativen Konfliktlösung, § 3 Rn. 48 weist ebenfalls auf die verfassungsrechtlichen Bedenken hin, sieht angesichts des Wortlauts aber keinen Raum für eine Auslegung, sondern nur den Ausweg der Normenkontrolle (Art. 100 GG).

150 Entbehrlich ist dann auch der »Ausweg« über § 3 Abs. 4 MediationsG. Sicherlich kann ein Beraterwechsel innerhalb eines Berufsverbundes eine der Neutralität förderliche Maßnahme sein und insofern wird man dem Gesetzgeber eine solche »Stellschraube« noch zubilligen dürfen. Andererseits ist schwer einzusehen, warum ein nicht im Verbund tätiger Mediator nicht ebenso in der Lage sein sollte, das notwendige Vertrauen in seine Neutralität und Allparteilichkeit (über § 3 Abs. 1 MediationsG) herzustellen wie der neue Berater.

151 Wünschenswert wäre auch hier eine Abstufung nach Art, Umfang, Dauer, zeitlicher Nähe/Distanz, genauem Auftrag der (Vor-) Befassung, die dem Parteidispens unterstellt wird, anstatt der einzigen Überwindungsmöglichkeit über das Konstrukt des beruflichen Verbunds nach § 3 Abs. 4 MediationsG. Ebenso *Zukunft*, in: *Hinrichs* (Hrsg.), Praxishandbuch Mediationsgesetz D. II Rn. 57. Für den als Anwalt tätigen Mediator sind die

III. Hinweise für die Praxis

Für die praktische Durchführung eines Konflikt-Coachings im Einzelsetting können im Rahmen dieser Darstellung nur einzelne besonders wichtig erscheinende Aspekte beleuchtet werden. Zur weiteren Vertiefung ist auf die einschlägige Fachliteratur zu verweisen.[152] Die praktischen Hinweise zum Konflikt-Coaching gliedern sich in solche zur Struktur (1.), zu den einzusetzende **Gesprächstechniken** (2.), zur **Haltung im Coaching** (3.) und zu **Methoden/Interventionen** (4.).[153] 68

1. Struktur

Zunächst sind die allgemeinen Grundsätze jedes Coachings zu beachten: Das ist hauptsächlich der Grundsatz »Kein Coaching ohne Ziel«[154], d.h. ein **zielbezogenes am Klienten-Anliegen orientiertes Vorgehen** sowie eine Strukturierung (z.b. Anfangs-, Analyse-, Interventions- und Schlussphase) des Coachings bei gleichzeitig bestehender Gestaltungsfreiheit des Coachs.[155] 69

Von Bedeutung und in gewisser Hinsicht auch vorbestimmend für die Vorgehensstruktur als auch die auszuwählenden Methoden ist beim Konflikt-Coaching – wie es hier verstanden wird – die Tatsache, dass die betreffende Konfliktpartei nicht zugegen ist.

Besonders geeignet sind daher alle Vorgehensweisen und Instrumente, die einerseits die **Selbstbehauptung/den Selbstausdruck** des Klienten fördern (sog. »Window 1« oder »Empowerment«) und zugleich als komplementäres Gegenstück die **Hinwendung zum Konfliktpartner** bzw. den Perspektivenwechsel unterstützen (sog. »Window 2« oder »Recognition«)[156] Es bietet sich an, diese Metaebene dem Klienten auch mitzuteilen (man kann diese »Begegnungsdynamik«[157] auch grafisch auch auf eine Flipchart zeichnen) und beim weiteren Vorgehen im Bewusstsein zu halten.

Tätigkeitsverbote aus § 45 Abs. 1 Nr. 4 sowie § 45 Abs. 2 Nr. 2 BRAO zu beachten, die nach Auffassung von *Kleine-Cosack*, Bundesrechtsanwaltsordnung, § 45 BRAO Rn. 9, 23, verfassungsrechtlich (Art 12 Abs. 1 GG »Zweitberuf«) nur haltbar sind, wenn sie in verfassungskonformer Auslegung auf echte Interessenkollisionsfälle beschränkt werden. Ähnlich *Kilian* in: *Henssler/Prütting*, Bundesrechtsanwaltsordnung § 45 Rn. 11b. Eine solche Einschränkung wäre im MediationsG für die juristisch-geprägten Befassungen und Mediationen ebenfalls überlegenswert. Zu den Folgen der hier vertretenen Auffassung für Anwälte Fn. 148.

152 Exemplarisch: *Knapp* (Hrsg.), Konfliktlösungs-Tools; *Schreyögg*, Konfliktcoaching; sowie generell: *Rauen* (Hrsg.), Coaching-Tools I-IV.
153 Zur Methodik der Mediation siehe die Ausführungen unter Teil 5 B.
154 *Migge*, Handbuch Coaching und Beratung, S. 87 ff.
155 Siehe dazu oben Rdn. 19 m.w.N.
156 Siehe zu »Empowerment« und »Recognition« hierzu unter Teil 5 B. II., ebenso *Gläßer* in: *Kloweit/Gläßer*, Mediationsgesetz, § 2 Rd. 123 ff m.w.N. und *Glasl*, Konfliktmanagement, S. 417.
157 Zur Begegnungsdynamik »Selbstausdruck/Hinwendung«: *Ballreich/Glasl*, Konfliktmanagement und Mediation in Organisationen, S. 251.

Teil 6 Andere Verfahren der außergerichtlichen Konfliktbeilegung

a) Mediationsanaloge Struktur

70 Dies als übergeordneten Ausgangspunkt nehmend kann man sich sodann als Struktur für das Coaching durchaus an den herkömmlichen Stufen bzw. **Phasen einer Mediation** orientieren, ohne sie dabei zwingend nacheinander abarbeiten zu müssen.

Im Wesentlichen kommen – unabhängig von den verschiedenen Mediationsansätzen – nach einer **Konflikt-Diagnose/Konflikt-Analyse** folgende Struktur*elemente* in Betracht:
- Themen/Streitpunkt-Sammlung
- eigene Sichtweisen ausdrücken, andere Sichtweisen verstehen,
- eigene Gefühle ausdrücken, andere empathisch nachvollziehen,
- eigene Interessen/Bedürfnisse herausfinden, andere Interessen/Bedürfnisse sehen und nachvollziehen
- Handlungs- und Lösungsoptionen (Vereinbarungselemente) entwickeln.

b) Anlehnung an das Modell der Bewusstseinsebenen[158]

71 Weitere Strukturbausteine könnten aufbauend auf einer **Konflikt-Diagnose/Konflikt-Analyse** darin bestehen, dass in einem Konflikt die von einer Partei empfundene Unvereinbarkeit auf einer oder mehrerer der nachfolgenden **Bewusstseinsebenen** zugrunde liegt und mit diesen Ebenen gearbeitet wird.

Bewusstseinsebenen:
- Wahrnehmen (Wahrnehmungen zum faktischen Geschehen: Trennung der Wahrnehmung von Denkurteilen/von der Bewertung)
- Denken (Unterschiedliche Bewertungen/Urteile der Parteien zu Personen und Ereignissen: Lösungen der Fixierungen im Denken/Bewerten)
- Wollen (Unterschiedliche oder gleich gelagerte Interessen/Bedürfnisse der Parteien: Herausarbeiten der zentralen im Konflikt betroffenen Interessen/Bedürfnisse
- Gefühle (als Ausdruck erfüllter/nicht erfüllter Interessen/Bedürfnisse der Parteien: Aufzeigen der Verknüpfung von Gefühlen mit den Interessen/Bedürfnissen)
- Handeln (Analyse des Verhaltens bzw. der Impulshandlungen als Reiz-/Reaktion im Konflikt: Befähigung zur Unterbrechung von impulsgesteuerten Reiz-Reaktionen), Entwicklung alternativer Handlungsoptionen bis hin zu Lösungsmöglichkeiten (Vereinbarungselemente)

Ballreich/Glasl sprechen bei diesen Ebenen von seelischen Funktionen bzw. **Bewusstseinsfunktionen** eines Menschen, die nicht isoliert dastehen, sondern innerlich miteinander vernetzt sind. In Konflikten kommt es bei den Konfliktparteien zu **Deformationen dieser Funktionen** z.B. verzerrte Wahrnehmungen/»Tunnelblick«, Fixierungen im Denken/negative Urteile, Fixierungen im Wollen/ultimative Forderungen, Deformation im Fühlen/Stress- bzw. Ohnmachtsgefühle, Deformation im Handeln/reizgetriebene, impulsgesteuerte Reaktionen. Die **Veränderung bzw. Auflösung dieser Deformationen** auf den jeweiligen Ebenen kann eine Leitlinie im Konflikt-Coaching sein.

---

158 *Ballreich/Glasl*, Konfliktmanagement und Mediation in Organisationen, S. 103 ff.

Es sei darauf hingewiesen, dass die unter a) und b) angesprochenen Punkte keinesfalls alle hintereinander abgearbeitet werden müssen, sondern hier ist dem vom Klienten gesetzten Anliegen und Ziel des Coachings folgend situativ zu entscheiden, was den Klienten am meisten unterstützt. Ebenso wie in der Mediation kann sich auch im Konflikt-Coaching die Konfliktdynamik so darstellen, dass ein pragmatisch-situatives Vorgehen angezeigt ist.

2. Gesprächstechniken im Coaching

Was die einzusetzenden **Gesprächstechniken**[159] angeht, besteht trotz unterschiedlicher Rollen eine enge Verwandtschaft zwischen Coaching und Mediation.

Aktives Zuhören/Paraphrasieren[160] und Fragetechniken[161] sind das Grundhandwerkszeug jedes Coaches wie auch des Mediators mit dem Ziel, dies so einzusetzen, dass das im jeweiligen Fall angemessene Verhältnis von Zugewandtheit und Distanz den Klienten gegenüber entsteht. Aufgrund der schon geschilderten **Nähebeziehung zum Klienten als Charakteristikum von Coaching** kann der Coach stärker in intrapsychische Muster eintauchen. Hierzu eignet sich als Hilfsmittel[162] das sogenannte »Pacing« (engl. »Schritt halten/Mitgehen«) und »Leading« (engl. »Führen«).[163] »Pacing« dient dem Beziehungsaufbau (sog. »Rapport«) durch partielle Verhaltensanpassungen des Coaches an den Klienten auf den Ebenen
- Körpersprache: Angleichen der Haltung, Gestik und Atemfrequenz
- Mimik: Angleichen des Gesichtsausdrucks
- Stimme: Angleichen der Stimmlage, der Lautstärke und der Sprechgeschwindigkeit
- Sprache: Verwendung ähnlicher Wörter

und kann so den Boden für eine vertiefte und (insoweit geführte – »Leading«) Themenbearbeitung bereiten.[164]

3. Haltung im Coaching

Von der Bedeutung her wichtiger als im Einzelfall einzusetzende Techniken/Methoden ist die **professionelle Grundhaltung**[165] des Coaches, die mindestens auf folgen-

---

159 Zu den Kommunikationstechniken in der Mediation siehe die Ausführungen in Teil 5 B. II.
160 Siehe dazu *Migge*, Handbuch Coaching und Beratung, S. 31 ff.
161 Siehe dazu *Krabbe*, ZKM 2014, 185 ff.
162 »Pacing und Leading« sind genau genommen keine Gesprächstechnik, sondern ein methodisches Vorgehen.
163 *Migge*, Handbuch Coaching und Beratung, S. 31/32.
164 Das ist selbstverständlich auch auf andere Art und Weise möglich.
165 Siehe dazu auch *Neumann*, Coaching-Magazin 1/2014 abzurufen unter: https://www.coaching-magazin.de/themen/haltung-im-coaching; grundsätzlich hierzu die »Ethikrichtlinie« des »Roundtable der Coachingverbände« abrufbar unter: www.roundtable-coaching.eu (Datum des Zugriffs: 15.09.2019).

den drei Prinzipien basieren sollte, welche vom Coach stets im Bewusstsein zu halten sind:
- Das Problem/der Konflikt und die Lösung »gehören« dem Klienten (Schaffung von angemessener **Problemdistanz**)
- »Der Kunde ist kundig« (Haltung des »Nicht-Wissens«. Coaching ist **Beratung ohne Ratschlag**, wahrt die **Autonomie des Klienten** und ist vom Ansatz her **Hilfe zur Selbsthilfe**)
- **Respekt und Wertschätzung** der Person des Klienten gegenüber (Trennung der Person des Klienten vom »Problem«)

Haltung kann nicht durch möglichst viel Technik/Methoden ersetzt werden. Ein im Sinne des Klienten wirkungsvolles Coaching ergibt sich vielmehr erst aus dem sinnvollen **Zusammenwirken von Haltung und Methodenkompetenz**. Dieses Zusammenwirken ist wiederum *ein* Schlüsselfaktor für die **Beziehungsqualität** zwischen Coach und Klient, die die Basis für eine vertrauensvolle und professionelle Zusammenarbeit bildet.

4. Methoden im Konflikt-Coaching

74 Das **Beratungsformat Coaching** ist ein relativ junges Format, das in seinen Wurzeln und Methoden viele Überschneidungen mit anderen, bereits länger praktizierten und etablierten Beratungsformaten aufweist (insbesondere die Psychotherapie, Organisations-, und Managementberatung, Supervision, soziale Beratung und philosophische oder seelsorgerische Lebensberatung). Die Entwicklung dieser älteren Beratungsformen war auch dadurch gekennzeichnet, dass Kombinationen und Varianten unterschiedlichster psychosozialer Methoden und Interventionsverfahren praktiziert wurden. Dies gilt vor allem auch für den Zweig der Psychotherapie, innerhalb dessen sich viele Ansätze wechselseitig beeinflussten.

In diese Entwicklung reiht sich **Coaching** ein, das sich nachfrageorientiert – und »amerikanisch-pragmatisch« – als **eigenständiger Beratungsansatz** etabliert hat und sich verschiedenster Methoden und Werkzeuge aus den beschriebenen Wurzeln bedient und diese ebenfalls weiterentwickelt. Als stärkste Wurzel sind dabei sicherlich die in therapeutischen Verfahren entwickelten Interventionen anzusehen.[166]

Jeglicher **Methodeneinsatz** hat dem **Klienten-Anliegen**, d.h. dessen Ziel zu dienen. Dabei wird ein professioneller Coach nur die Methoden einsetzen, zu denen er selbst eine Affinität besitzt.

Wie oben in Rdn. 70 angesprochen, ist ein zentraler Hebel in der Konfliktbearbeitung auf der Metaebene die Frage, inwieweit es gelingt, einerseits **Selbstausdruck/Selbst-**

---

[166] Coaching hat sich als Beratung dabei außerhalb der Heilkunde zu bewegen (vgl. § 1 Abs. 1 und Abs. 3 Psychotherapeutengesetz). Substanzmissbrauch, tief greifende Ängste und Traumata, Burn-out, Depressionen und alle sogenannten Störungen mit Krankheitswert gehören in ein therapeutisches Verfahren und nicht ins Coaching. Diese Einschränkungen zu erkennen ist Pflicht und Aufgabe jedes professionellen Coaches.

behauptung des Klienten (Klienten-Perspektive, sog. »Window 1« oder »Empowerment«) mit dem notwendigen Maß an **Hinwendung zu den Perspektiven des Konfliktgegners** (Perspektivenwechsel, sog. »Window 2« oder »Recognition«) andererseits zu verbinden.

Dieser Grundgedanke ist sodann im Konflikt-Coaching zu operationalisieren, d.h. für den Klienten nachvollziehbar und erlebbar zu machen. Nach dem hier vertretenen Verständnis findet ein Konflikt-Coaching in Abwesenheit der anderen Konflikt-Partei statt. Auch das bestimmt den Einsatz der Werkzeuge, wobei sich in der Praxis feststellen lässt, dass sich viele Interventionen, die in der Literatur unter Anwesenheit beider (mehrerer) Konfliktparteien angewendet werden, bei leichter Anpassung unproblematisch im Konflikt-Einzelcoaching eingesetzt werden können. Dennoch gibt es Spezifika, die sich aus der 1:1 Situation ergeben.

Im Folgenden werden entsprechend dem oben gemachten Vorschlag, sich bei der äußeren Struktur des Konflikt-Coachings an den Phasen einer Mediation zu orientieren, entlang dieser Phasen – ohne die Vorphase – Methoden/Interventionen (»Tools«) in **komprimierter Form** vorgestellt. Schwerpunkte werden dem Charakter des Konflikt-Coachings Rechnung tragend bei den Interessen/Bedürfnissen und dem Perspektivenwechsel gesetzt.

a) **Konflikt-Diagnose/Konflikt-Analyse**

Neben den bekannten Eskalationsstufen nach *Glasl*[167] kann man zu Beginn des Coachings den **Konflikttypus** analysieren und den Konflikt danach unterteilen, ob es sich – subjektiv – um einen »kalten Konflikt« oder »heißen Konflikt« handelt.[168]

Nachfolgende Abbildung gibt einen Überblick über die wesentlichen Merkmale und Unterschiede.

Die Konflikttemperatur (kalt/heiß) kann bei den Parteien gegenläufig oder gleich ausgeprägt sein, sie kann innerhalb einer Person auch schwanken. Diese Unterscheidung bietet eine gute Basis, um daran dann die Interventionen auszurichten.

– »Kalte Konflikte« sind tendenziell (langsam) anzuwärmen, methodisch ist viel Schutz und Unterstützung für den betroffenen Klienten nötig, um die abgekapselten Emotionen behutsam zu verarbeiten (Wiederherstellung der Selbstwahrnehmung) und schlussendlich die Selbststeuerung sukzessive wieder zu erlangen (z.B. dichtes aktives Zuhören in Verbindung mit Fragen zur Körperwahrnehmung und emotionalem Erleben des Klienten,[169] imaginative Methoden[170]).

---

167 Siehe dazu die Darstellung unter Teil 5 A. VII.
168 *Ballreich/Glasl* Konfliktmanagement und Mediation in Organisationen, S. 77 für Organisationen; *Schwertfeger/Bähner* in: *Knapp* (Hrsg.), Konfliktlösungs-Tools, S. 28 ff, siehe auch die Darstellung unter Teil 5 A. IV.
169 *Bähner* in: *Knapp* (Hrsg.), Konfliktlösungs-Tools, S. 129 ff.
170 Ausführlich hierzu: *Migge*, Businesscoaching, S. 140 ff; siehe auch Kurzerläuterung unten Rdn. 94.

– »Heiße« Konflikte« sind eher abzukühlen, geeignet sind distanzierende/dissoziierende Methoden, die dem Klienten helfen, die Konfliktdynamik mental und im Alltag zu unterbrechen (z.B. durch achtsamkeitsbasierte Selbststeuerungstechniken wie Atemfokussierung[171], Arbeit mit dem inneren Team,[172] Symbolaufstellungen[173]).

Wesentliche Merkmale/Unterschiede[174]		
	Kalter Konflikt	Heißer Konflikt
Verhalten	Verdeckt/Vermeidend	Aktiv/für Beteiligte und Dritte sichtbar
Reaktion/Folgen	Rückzug/Isolation	Kampf/Konfrontation
Gefühle	Angst, Einsamkeit, Ohnmacht, Unsicherheit	Wut, Aggression, Erregung, Euphorie
Haupt-Bedürfnisse	Schutz, Distanz, Ruhe, Sicherheit	Unterstützung, Solidarität, Beziehung, Miteinander
Psychische Verarbeitung	Konflikt-Stress geht nach innen (Autoaggression, Grübeln, Selbstvorwürfe, ggf. Implosion bis zur Selbstzerstörung)	Konflikt-Stress geht nach außen (Impulsive Reaktionen, Konfrontation im Außen, ggf. Kampf bis in den Abgrund)

b) Themensammlung

76 Hier gibt es im Konflikt-Einzelcoaching wenig Spezifika. Zur Aufarbeitung der **Konfliktgeschichte und Sammlung der Themen** bietet sich die Arbeit mit der »**Timeline**«[175] an, da hier die Klienten in ein selbstverantwortliches Tun gebracht werden können. Dabei wird die Historie samt Themen visualisiert, was bereits eine reflektive Auseinandersetzung mit dem Konflikt bewirken kann.

Vorgehen bei Arbeit mit der »Timeline«:

Anhand eines Zeitstrahls auf einer Flipchart oder Metaplanwand oder auch mit Hilfe einer Schnur auf dem Fußboden (hilfsweise einer gedachten Linie) kann der Klient mithilfe von beschrifteten Karten, ggf. auch zusätzlich mit Symbolen wesentliche Momente/Ereignisse/Meilensteine der Konfliktgeschichte visualisieren. Mit verschiedenartigen Farben/Größen/Formen können äußere unkritische Abläufe und kritische,

---

171 Z.B. aus dem »MBSR« (Mindfulness Based Stress Reduction) nach *Kabat-Zinn*, Im Alltag Ruhe finden; siehe auch Kurzerläuterung unten Rdn. 94.
172 *Schulz von Thun*, Miteinander reden, Band 3; siehe auch Kurzerläuterung unten Rdn. 92.
173 *Schwertfeger* in: *Knapp* (Hrsg.), Konfliktlösungstools, S. 99 ff; *Migge*, Businesscoaching, S. 209, 226; siehe auch Kurzerläuterung unten Rdn. 95.
174 In Anlehnung an *Schwertfeger/Bähner* in: *Knapp* (Hrsg.), Konfliktlösungs-Tools, S. 28 ff.
175 *Liefert* in: *Knapp* (Hrsg.), Konfliktlösungstools, S. 104 ff.

konfliktbestimmende Ereignisse differenziert werden und parallel oder nach einem Gesamtblick auf die **Visualisierung** die Themen herausgearbeitet werden.

c) **Eigene Sichtweisen/Gefühle und andere Sichtweisen/Gefühle verstehen**

Mit dem nachfolgenden **reflexiven Fragenset** aus der Ich-Perspektive kann eine **Selbst-/Fremdbild Reflexion** auch in Abwesenheit der anderen Konfliktpartei stattfinden. Ziel ist es, eine Veränderung der Fixierungen und der zugrunde liegenden **kognitiven Prozesse** zu erreichen.

Fragenset zu Selbstbild/Fremdbild	
Denken/Mentale Ebene	
1. Selbstbild	– Wie sehe ich mich selbst in dem betreffenden Konflikt? (Ergänzung um Stärken/Schwächen möglich) – Ggf. jeweils Bild oder eine bildhafte/metaphorische Umschreibung
2. Fremdbild	– Wie sehe ich mein Gegenüber? – Welches Bild habe ich von meinem Gegenüber im Kopf? Ggf. jeweils Bild oder eine bildhafte/metaphorische Umschreibung
3. Sichtweisen-Wechsel	– Was denke ich, wie mein Gegenüber mich sieht? – Welches Bild von mir ist beim Gegenüber vermutlich vorherrschend?
4. Verhalten des Klienten	– Welche Handlungen/welches Verhalten von mir, denke ich, haben dazu beigetragen, dass mich mein Gegenüber so sieht wie in 3.? – Was wollte ich in der jeweiligen Handlungs-/Verhaltens-Situation?
Fühlen/Wollen (Gefühle/Bedürfnisse)	
5. Eigene Gefühle/Bedürfnisse	– Wie fühle ich mich in dem Konflikt? Was geht in mir vor? – Ggf. jeweils Bild oder eine bildhafte/metaphorische Umschreibung – Was fehlt mir? Was ist mir wichtig? Welches sind meine Bedürfnisse?
6. Perspektivenwechsel-Gefühle/Bedürfnisse	– Wie fühlt sich mein Gegenüber vermutlich? – Worum geht es ihm/ihr? Welches sind seine/ihre Bedürfnisse? – Was »treibt« mein Gegenüber vermutlich zu seinem/ihrem Verhalten?

Das Fragenset knüpft an das Modell der Bewusstseinsebenen an (siehe oben Rdn. 72)[176] und nimmt Anleihen an die Methode »**Perzeptionsklärungen**«.[177] Beim Modell der Bewusstseinsebenen ist wichtig, dass negative Gefühle als Ausdruck nicht erfüllter Bedürfnisse (»**Bedürfnisnot**«) verstanden werden.

Durch den Einsatz kann bereits ein (partieller) Perspektivenwechsel auf der kognitiven Ebene stattfinden. Die Fragen können vom Klienten auf einem vorbereiteten Bogen, an der Flipchart zunächst für sich oder im gemeinsamen Gespräch offen beantwortet werden.

Die Antworten sollten anschließend vertiefend reflektiert/verdichtet werden. Das kann offen geschehen oder in der Gestalt, dass der Coach allgemein nach wesentlichen Erkenntnissen/Einsichten/Gedanken des Klienten zum Set fragt, wenn der Klient die Antworten im Detail für sich behalten möchte.

78 Ähnlich methodisch geeignet, um auf der **kognitiven Ebene** einen **Perspektivenwechsel** zu fördern, sind das **Werte bzw. Entwicklungsquadrat** sowie das daraus abgeleitete **Polaritätenquartett**.[178]

Mit Hilfe dieser Formate kann es gelingen, die oft verzerrte Wahrnehmung und negative Bewertung der jeweils anderen Konfliktpartei zu relativieren und eine **spannungsreduzierende emotionale Distanz herzustellen**. Die Formate basieren auf der psychologischen Annahme, dass Konfliktgegner *wechselseitig* vielfach Werte oder Eigenschaften verkörpern, die beim Klienten selbst schwach ausgeprägt bis verdrängt oder unbewusst sind und daher abgelehnt werden. Hinter einem vom Klienten z.B. als aggressiv eingestuften Verhalten der Gegenseite, kann sich konstruktiv betrachtet eine Durchsetzungsstärke verbergen, die sich der Klient nur schwer erschließen kann. Oder eine Gegenpartei wird als völlig unflexibel, starr, borniert, altmodisch o.ä gehalten, wohingegen sie doch »unverzerrt« auch als lediglich traditionsbewusst gesehen werden könnte.

Kann ein solcher Wechsel der Perspektive vollzogen werden, können handlungsleitende Motive der anderen Seite besser verstanden werden. Die oberflächlich konfliktgetrübte Wahrnehmung und Bewertung kann in den Hintergrund treten zugunsten einer **tiefergehenden Sicht der Interessen und Bedürfnisse**, was sich wiederum einigungsfördernd auswirken kann.

d) Eigene und fremde Interessen/Bedürfnisse und Gefühle

79 Da im Konflikt-Coaching im Einzelsetting die andere Konfliktpartei nicht zugegen ist, besteht eine Herausforderung darin, diesen Umstand methodisch auszugleichen, denn die angestrebte **Transformation der stressbedingten Konfliktmuster** und Hal-

---

176 *Ballreich/Glasl*, Konfliktmanagement und Mediation in Organisationen, S. 103 ff.
177 *Huber* in: *Huber* (Hrsg.) Mut zur Konfliktlösung, S. 403; *Ballreich/Glasl*, Konfliktmanagement und Mediation in Organisationen, S. 292 für Organisationen. In der »Perzeptionsklärung« geht es darum, fixierte Zuschreibungen (Feindbilder/Stereotypen), die den Blick der Konfliktbeteiligten aufeinander verstellen, in Bewegung zu bringen.
178 *Schulz von Thun*, Miteinander reden Band 2, S. 43 (Werte und Entwicklungsquadrat) sowie zum Polaritätenquartett *Fritz/Klenk* ZKM 2016, 210 ff (213) m.w.N.

tungen braucht neben dem Selbstausdruck auch die Hinwendung zu den Perspektiven der anderen Partei.

Um diesen Spagat zu bewerkstelligen eignet sich die sog. »**Stuhlarbeit**«[179] bzw. die Methode des »**Tauschens**«[180] oder das »**Tauschen und Doppeln**«[181] besonders.

Hier können nicht nur eigene Interessen/Bedürfnisse ausgedrückt und eigene Gefühle erlebbar gemacht werden, sondern auch der Perspektivenwechsel kann in gleicher Erlebnistiefe erfolgen. Dazu ist je nach Situation und emotionalem Zustand des Coachees ein in der Intensität abgestuftes Vorgehen möglich. Voraussetzung ist in jedem Fall Methodenbeherrschung und Erfahrung durch den Coach sowie eine stabile Beratungsbeziehung zwischen Coach und Klient.

Ein **leerer Stuhl** repräsentiert dabei den nicht anwesenden Konfliktpartner.
- Für die **Grundvariante der** »**Stuhlarbeit**« braucht es zunächst einen leeren Stuhl, der räumlich in Beziehung zum Klienten positioniert wird.[182] Der Klient stellt sich dabei vor, der Konfliktpartner sitze auf dem Stuhl oder der Stuhl repräsentiere diesen jedenfalls symbolisch. In diesem Setting kann dann eine vom Coach angeleitete **Beziehungserkundung** zum imaginativen Gegenüber erfolgen. Anliegen, Gefühle, Interessen/Bedürfnisse oder sonstige Mitteilungen können gegenüber dem imaginativen Konfliktpartner »gefahrlos« ausgesprochen werden. Neben dem Selbstausdruck können auch Probehandlungen/Rollentrainings für künftige soziale Situationen durchgeführt werden.

Ablauf Grundvariante:
Zunächst wird der leere Stuhl positioniert (1). Sodann wird der Klient gebeten, sich den Konfliktpartner auf dem leeren Stuhl vorzustellen (Sitzhaltung, Aussehen, Habitus etc.) (2).
Im nächsten Schritt kann der Coach den Klienten bitten, seinem fiktiven Gegenüber in Bezug auf die konflikthafte Situation mitzuteilen, was ihm wichtig ist (Interessen/Bedürfnisse), wie es ihm aktuell geht oder wie es ihm in einer bestimmten Situation ergangen ist (Gefühle), welche Anliegen/Bitten er hat oder was sonst noch wichtig wäre. (3).
Nach Ende des Gesprächs und Auflösung des Settings – ggf. auch in einer Unterbrechung des Gesprächs – sollte eine gemeinsame Reflexion (räumlich außerhalb des entstandenen Beziehungsfeldes/Metaposition, s.u.) stattfinden (4).
Durch die Inszenierung mittels der Stühle entsteht eine spürbare räumlich-physische Beziehung (»Feld«), in die der Klient eintaucht. Der Coach bleibt während der Beziehungserkundung auf einer neutralen Position (Metaposition), außerhalb des Felds

---

179 *Schreyögg* in: *Rauen* (Hrsg.) Coaching-Tools, S. 206.
180 *Migge*, Businesscoaching, S. 200 (203).
181 *Migge*, Doppeln im Rollentausch in: *Rauen* (Hrsg.), Coaching Tools II, S. 244 ff.
182 An dieser Stelle gibt es etliche Subvarianten, z.B. kann man mit zwei leeren Stühlen arbeiten, der Klient sucht sich also seinen Platz aus und kehrt dann am Ende in das Besprechungssetting zum Coach zurück oder der Klient bleibt auf seinem Stuhl und verrückt diesen in Richtung des leeren Stuhls.

Klient/Konfliktpartner. Er sorgt dafür, dass der Klient zu seinem imaginativen Gegenüber (und nicht zu ihm) spricht. Er kann den Klienten bei der Artikulation unterstützen, indem er die Äußerungen, präzisiert, verstärkt, verdichtet oder zu bestimmten Aussagen schrittweise Anregungen gibt oder nachfragt. Auf diese Weise kann die Beziehung des Klienten zum Konfliktpartner mit Hilfe des Coaches auf verschiedenen Ebenen (Gedanken, Gefühle, Erinnerungen, Erlebnisse etc.) erforscht werden.

81 – Die Methode des »**Tauschens**«[183] baut auf der Grundvariante auf und führt zum **physischen, psychisch-seelischen und kognitiven Erleben des Perspektivenwechsels.**[184]

Ablauf »Tauschen«:
Der Klient richtet seine Position und Blickrichtung auf den anderen Stuhl; auf diesem befindet sich »fiktiv« die andere Konfliktpartei (Bsp. Herr X). Der Coach befindet sich in einer neutralen Position außerhalb des Beziehungsfeldes, etwa in Höhe der Mitte zwischen den Stühlen. Nunmehr artikuliert der Klient auf Anregung des Coachs z.B. seine Anliegen, Interessen/Bedürfnisse, Gefühle und sonstige ihm wichtige Mitteilungen gegenüber der fiktiven Konfliktpartei. Dabei wird er vom Coach unterstützt, der aktiv zuhört und ggf. die Aussagen des Klienten verstärkt, präzisiert oder verdichtet und der ggf. auch nachfragt (1).

Der Klient begibt sich sodann auf Bitten des Coaches (Coach erhebt sich auch) auf den Stuhl der »fiktiven Konfliktpartei« und nimmt dort Platz. Er fühlt und denkt sich in die fremde Rolle hinein und wird vom Coach hierzu instruiert, indem er den Klienten mit dem Namen des Konfliktpartners anspricht. Bsp: »Sie sind jetzt ganz der Herr X… Also Herr X, wie sitzen Sie normalerweise und wie sprechen Sie sonst…?« Der nächste Schritt folgt erst, wenn der Coach den Eindruck hat, dass der Klient mit der Rolle vertraut ist. (2).

Der Coach bewegt sich sodann langsam hinter den anderen, nunmehr freien Stuhl des Klienten und wiederholt von dort die zuvor gemachten wesentlichen Aussagen des Klienten gegenüber der fiktiven Konfliktpartei. Dabei spricht er als Rollenstellvertreter des Klienten in der Ich-Form. Danach begibt er sich wieder in die neutrale Position (3).

Der Klient schildert sodann seine Eindrücke und Perspektiven aus der Sicht der fiktiven Konfliktpartei (als Herr X) in Richtung seines eigenen, früheren Platzes. Der Coach unterstützt ihn (den Klienten als Herrn X) dabei durch aktives Zuhören, Fragen und Verdichten der Aussagen (4).[185]

Der Klient begibt sich anschließend wieder auf seinen (früheren) Platz und der Coach stellt sich hinter den Stuhl der fiktiven Konfliktpartei. Er wiederholt die wesentlichen zuvor gemachten Aussagen der fiktiven Konfliktpartei als deren Rollenvertreter in der Ich-Form gegenüber dem nun auf »seinem« Platz befindlich Klienten und geht dann wieder in die neutrale Position (5).

---

183 Zum Ablauf im Einzelgespräch einer Mediation: *Fritz/Klenk* ZKM 2016, 210 ff (213).
184 Die durch die Methode bewirkten Körperwahrnehmungseffekte (Spüren, Fühlen) spielen für die Veränderung der dem Konfliktverhalten zugrunde liegenden Denkmuster eine wichtige Rolle.
185 Hier ist wichtig, dass der Coach den Klienten in der Rolle des Herrn X anspricht!

Der Coach befragt den Klienten, wie das Prozedere auf ihn gewirkt habe, wie es ihm dabei ergangen sei und ob er etwas Neues und/oder Überraschendes gehört habe. Und ob er der fiktiven Konfliktpartei noch etwas mitzuteilen habe (6).
Der Coach beendet den fiktiven Dialog und begibt sich in eine nachträgliche Reflexion mit dem Klienten – außerhalb des Beziehungsfeldes in der Metaposition (7). Der Coach hat während des Ablaufs darauf zu achten und ggf. darauf hinzuweisen, dass die wechselseitigen Äußerungen nicht ihm gegenüber, sondern in der Achse der Konfliktbeteiligten bleiben. Der Rollentausch sollte ohne Unterbrechung durch eine Zwischenreflexion nicht mehr als zwei bis drei Mal stattfinden.
- Die Methode des »**Tauschens und Doppelns**«[186] ergänzt das Tauschen und fügt eine weitere Erlebnis- und Erkenntnisstufe hinzu. Unter »Doppeln« versteht man das durch den Coach erfolgende Aussprechen von Gedanken, Gefühlen, Anliegen des Klienten, von denen der Coach annimmt, dass der Klient sie in sich trägt, und nicht in der Lage oder bereit ist, diese zu äußern.[187]

Ablauf »Doppeln«:
Gedoppelt wird aus der **Sprechperspektive des Klienten in der Ich-Form** und ausschließlich dann, wenn der Klient an »seinem Platz« sitzt. Zum Doppeln begibt/setzt sich der Coach neben den Klienten und spricht stellvertretend für den Klienten dessen (vermutete) Gedanken, Gefühle, Anliegen etc. aus. Der Coach kann beim Klienten nachfragen, ob sein Verbalisierungsvorschlag stimmig war. War er es nicht, bittet er den Klienten, selbst eine stimmigere alternative Variante vorzuschlagen, die der Klient dann verbalisiert. In der Abfolge des »Tauschens« eignet sich das Doppeln eher zum Ende des fiktiven Dialogs.

Bei den drei geschilderten Konflikt-Coaching-Methoden handelt es sich um kraftvolle Interventionen, die mit Bedacht durch den Coach *geführt* werden müssen. Mit ihnen können **folgende Effekte**[188] erzielt werden:
- **Stärkung des Selbstausdrucks** des Klienten (Bewusstwerden eigener Interessen/Bedürfnisse, Gefühle und Förderung der Fähigkeit, diese zu artikulieren),
- Erkunden der emotionalen, mentalen und handlungsbezogenen Welt des Konfliktpartners (**Perspektivenwechsel**),
- **Probehandeln** für zukünftige soziale Situationen (z.B. für Begegnungen mit der anderen Konfliktperson,)
- **Installation neuer Handlungsmöglichkeiten** und Öffnen von Lösungsräumen,
- **Einblick** für den Coach in die **Interaktion** zwischen dem Klienten und seinem Gegenüber,
- **Identifizieren von Handlungsmustern** des Klienten.

---

186 *Migge*, Doppeln im Rollentausch in: Rauen (Hrsg.), Coaching Tools II, S. 244 ff.
187 Dazu *Migge*, Handbuch Coaching und Beratung, S. 376. Möglichkeiten des Doppelns sind nach *Migge* aaO.: Einfaches Doppeln (Unausgesprochenes erwähnen), Klärendes Doppeln (Naheliegende Erkenntnisse aussprechen), Aufdeckendes Doppeln (Unbewusstes bewusst machen), Konfrontierendes Doppeln (Unvereinbarkeiten/Widersprüche aussprechen).
188 Nach *Schreyögg* in: *Rauen* (Hrsg.) Coaching-Tools, S. 206 ff. und *Migge*, Doppeln im Rollentausch, in: Rauen (Hrsg.), Coaching Tools II, S. 244 ff.

e) Handlungs- und Lösungsoptionen

84 **Handlungsoptionen** können sich im Konflikt-Einzelcoaching auf Handlungsstrategien zur Verbesserung der Selbststeuerung richten, d.h. wie z.B. ein spannungsfreierer Umgang mit der anderen Konfliktpartei erreicht werden kann oder welche Schritte de-eskalierend wirken können. Sie können sich ferner auf potenzielle Lösungs- oder Vereinbarungselemente beziehen, die später eigenständig oder im Einvernehmen mit der Gegenpartei umgesetzt werden.

Dazu können im Coaching **kommunikative Techniken** vermittelt werden, die der Klient dann im Alltag praktizieren kann. Diese kommunikativen Techniken dienen dazu, **Impulsreaktionen** in potenziell **konfliktbehafteten Situationen** zu vermeiden. Dadurch können Räume für eine bewusste Selbststeuerung geschaffen werden, die es dem Klienten ermöglichen, alternative Handlungsmöglichkeiten (anstelle von impulsgesteuerten Reiz-Reaktionen) umzusetzen.

85 – Methodisch zählen hierzu z.B. **aktives Zuhören/Paraphrasieren** oder der **Empathie-Dialog**.[189]

Der Empathie-Dialog ist eine spezielle Form des aktiven Zuhörens, bei der weniger der Inhalt des Gesprochenen wiedergegeben wird, sondern der Zuhörer stärker auf die wahrgenommenen Gefühle fokussiert und nur diese empathisch spiegelt.

86 – Ferner können Elemente der »**Gewaltfreien Kommunikation**« (Wertschätzende Kommunikation)[190] bzw. des **konstruktiven Feedbacks** eingesetzt werden.[191] Gewaltfreie bzw. **wertschätzende Kommunikation** und konstruktives Feedback zeichnen sich durch drei wesentliche Merkmale aus:

Erstens: Bei Rückmeldungen an den Gesprächspartner erfolgt eine Trennung zwischen Wahrnehmung (tatsächlich Erlebtes, Beobachtetes, Bezugnahme auf konkrete Ereignisse) und der Bewertung/Interpretation eines bestimmten Geschehens (Denkurteile, Einschätzungen, Meinungen) eines bestimmten Geschehens.).

Zweitens: Der Sprecher kommuniziert seine Interessen/Bedürfnisse und lädt auch den Gesprächspartner hierzu ein. *Drittens*: Bei der Frage, inwieweit den wechselseitigen Interessen/Bedürfnissen Rechnung getragen werden kann, wird dem Gegenüber eine echte Wahl (statt dem Erheben einer Forderung) eingeräumt.[192]

87 Im Konflikt-Coaching können auch **Lösungsoptionen** entwickelt werden, die der Klient sodann »mitnimmt« und eigenverantwortlich in lösungsorientierte Gespräche mit dem Kontrahenten einbringt. Voraussetzung hierfür ist in der Regel, dass es im Coachingverlauf bis dato gelungen ist, ein Bewusstsein für die Notwendigkeit eines Perspektivenwechsels als Teil einer für beide Seiten tragfähigen Lösung zu schaffen und

---

189 Hierzu *Döring/Martin* in: *Glasl/Kalcher/Piber*, Professionelle Prozessberatung, S. 244.
190 *Rosenberg*, Gewaltfreie Kommunikation; *Rosenberg/Seils*, Konflikte lösen durch gewaltfreie Kommunikation; *Döring/Martin* in: *Glasl/Kalcher/Piber*, Professionelle Prozessberatung, S. 243 Fn. 184.
191 In Anlehnung an die »Gewaltfreie Kommunikation« nach Rosenberg.
192 Genau genommen handelt es sich hier nicht um Techniken, sondern um eine Grundhaltung in der Kommunikation.

dass es meistens beiderseits einer wie auch immer gearteten Veränderung (eines Angebots) bedarf, um zu einer gemeinsamen Lösung zu gelangen.
– Als Methode kann hier eine Adaption des **lösungsfokussierten Angebots- und Nachfrageverhandelns**[193] gewählt werden. Dieses Format lebt eigentlich von der Dynamik der anwesenden Konfliktparteien, die bei der Anwendung in einen unmittelbaren Verhandlungsprozess eintreten. Dennoch lässt sich das Format so anpassen, dass es auch nutzbringend in einem Konflikt-Einzelcoaching eingesetzt werden kann. Zum besseren Verständnis wird zunächst die **Ausgangsform** erläutert, die unter Anwesenheit der Konfliktparteien praktiziert wird.

Ablauf Ausgangsform (Gegenpartei ist anwesend):
Wesensmerkmals des Formats ist es, dass sich die Parteien einerseits **Angebote** an die andere Seite überlegen und andererseits auch **Bitten/Nachfragen**, die sie selbst gegenüber dem Kontrahenten haben, formulieren.

Angebots-Struktur: Das jeweils gemachte Angebot soll dazu dienen, dass die Gegenpartei ihre Funktion, Rolle, Aufgabe etc. besser/leichter/effektiver ausüben bzw. durchführen kann. Auf Basis von *Interessen/Bedürfnissen der anderen Partei* überlegen beide Seiten, was sie bereit sind, *der anderen Partei* im Sinne von *konkreten Handlungen* oder *Verhaltensänderungen* anzubieten. Das Angebot ist unterteilt in drei Handlungs-/Verhaltens-Kategorien nämlich: Mehr/häufiger/neu, weniger/weniger oft/weniger stark, beibehalten/wie bisher.

Bitte-/Nachfrage-Struktur: Die Bitten/Nachfragen sollen dazu dienen, dass die Partei *selbst* ihre Funktion, Rolle, Aufgabe etc. besser/leichter/effektiver ausüben bzw. durchführen kann. Auf Basis der *eigenen Interessen/Bedürfnisse* werden Bitten/Nachfragen/Wünsche formuliert, die sich in Form *konkreter Handlungen* oder *Verhaltensänderungen* an die Gegenpartei richten. Die Bitten/Nachfragen sind unterteilt in drei Handlungs-/Verhaltens-Kategorien nämlich: Mehr/häufiger/neu, weniger/weniger oft/weniger stark, beibehalten/wie bisher.

In einem moderierten Prozess werden zunächst nacheinander die zuvor erarbeiteten Angebote (auf Flipchart-Papier o.ä.) präsentiert, erläutert und konkretisiert. Dann wird überprüft, welche Punkte der Angebote beiderseits akzeptiert werden. Anschließend werden nacheinander die Bitten/Nachfragen vorgestellt, erläutert, konkretisiert. Im nächsten Schritt erfolgt der Abgleich der Angebote zu den Nachfragen. Über die dann noch offenen Punkte wird verhandelt. Zum Schluss werden die Ergebnisse oder der Stand verbindlich dokumentiert. Das Format richtet den Blick nach vorne und fokussiert auf konkrete Lösungen in der Zukunft.

---

193 *Ballreich/Glasl*, Konfliktmanagement und Mediation in Organisationen, S. 296 ff; *Ballreich* in: Knapp (Hrsg), Konfliktlösungs-Tools, S. 294; *Huber* in: Huber (Hrsg.), Mut zur Konfliktlösung, S. 413/414.

Optisch sieht die Struktur des Formats so aus:

Struktur des lösungsfokussierten Angebots- und Nachfrageverhandelns (Konfliktparteien anwesend)	
Partei A	Partei B
Angebot an die Partei B	Angebot an die Partei A

Damit Sie Ihre Funktion, Rolle, Aufgabe etc. besser/leichter/effektiver ausüben können, biete ich an, folgende Handlungen vorzunehmen bzw. folgendes Verhalten zu zeigen:
– Mehr/häufiger/neu
  – ... (konkrete [s] Handlungen/Verhalten)
  – ...
– Weniger/weniger oft/weniger stark
  – ... konkrete (s) Handlungen/Verhalten)
  – ...
– Beizubehalten/wie bisher
  – ... (konkrete [s] Handlungen/Verhalten)
  – ...
	Damit Sie Ihre Funktion, Rolle, Aufgabe etc. besser/leichter/effektiver ausüben können, biete ich an, folgende Handlungen vorzunehmen bzw. folgendes Verhalten zu zeigen:
	– Mehr/häufiger/neu
	  – ... (konkrete [s] Handlungen/Verhalten)
	  – ...
	– Weniger/weniger oft/weniger stark
	  – ... konkrete (s) Handlungen/Verhalten)
	  – ...
	– Beizubehalten/wie bisher
	  – ... (konkrete [s] Handlungen/Verhalten)
	  – ...

Partei A	Partei B
Bitten/Nachfragen an die Partei B	Bitten/Nachfragen an die Partei A

Damit ich meine Funktion, Rolle, Aufgabe etc. besser/leichter/effektiver ausüben kann, bitte ich Sie, folgende Handlungen vorzunehmen bzw. folgendes Verhalten zu zeigen:
– Mehr/häufiger/neu
  – ...(konkrete [s] Handlungen/Verhalten)
  – ...
– Weniger/weniger oft/weniger stark
  – ...konkrete (s) Handlungen/Verhalten)
  – ...
– Beizubehalten/wie bisher
  – ...(konkrete [s] Handlungen/Verhalten)
  – ...
	Damit ich meine Funktion, Rolle, Aufgabe etc. besser/leichter/effektiver ausüben kann, bitte ich Sie, folgende Handlungen vorzunehmen bzw. folgendes Verhalten zu zeigen:
	– Mehr/häufiger/neu
	  – ...(konkrete [s] Handlungen/Verhalten)
	  – ...
	– Weniger/weniger oft/weniger stark
	  – ...konkrete (s) Handlungen/Verhalten)
	  – ...
	– Beizubehalten/wie bisher
	  – ...(konkrete [s] Handlungen/Verhalten)
	  – ...

- Im Konflikt-Coaching im Einzelsetting kann das Format des **lösungsfokussierten** 90
Angebots- und Nachfrageverhandelns in einer Adaption eingesetzt werden. Diese
Variante hat zunächst mehr **reflexiven** und **handlungs- bzw. verhandlungsvorbereitenden Charakter.** Die Ergebnisse können entweder für eine später stattfindendes eigenverantwortliches Gespräch mit der Gegenpartei genutzt werden oder der
Klient richtet sein eigenes Verhalten im Alltag an seinen Angeboten aus und kommuniziert zugleich auch – möglichst in konstruktiver Form, s.o[194] – seine Nachfragen situationsabhängig gegenüber der anderen Seite, er lässt die Ergebnisse sozusagen in sein Alltagshandeln einfließen. Die geeigneten Umsetzungsvarianten
hängen auch von der Konfliktstärke ab, bei sehr stark eskalierten Konflikten sind,
wie in der Mediation auch, zunächst die Voraussetzungen für das Zulassen und
konstruktive Aufnehmen von Angeboten/Nachfragen zu schaffen.

Ablauf Adaption des lösungsfokussierten Angebots -und Nachfrageverhandelns im 91
Konflikt-Einzelcoaching

Zunächst kann der Klient mit Hilfe des Coaches seine Angebote und Bitten/Nachfragen erarbeiten (1).

Im nächsten Schritt kann sich der Klient auf die mutmaßlichen Angebote/Nachfragen
der Gegenseite vorbereiten. Welche zu den eigenen Nachfragen korrespondierende
Angebote können von der Gegenpartei realistischerweise erwartet werden? Welche
Interessen/Bedürfnisse drücken sich in evtl. Nachfragen der Gegenseite aus? (2).

Im Anschluss können die **Umsetzungsvarianten** besprochen und diese vorbereitet werden (3).

Möchte der Klient eigenverantwortlich ein **lösungsorientiertes Gespräch** führen, ist mit
dem Klienten zu besprechen, wie er der Gegenseite das Format näherbringen kann, z.B.
indem der Gegenpartei die Struktur auf einer Flipchart vorgestellt wird und diese eingeladen wird, sich entlang der Struktur Vorschläge zu überlegen, die ggf. dann in einem weiteren Termin zusammen mit den eigenen Vorschlägen des Klienten besprochen werden (a).

Geht das Anliegen des Klienten dahin, zunächst nur sein eigenes **Alltagsverhalten** an
seinen Angeboten und Nachfragen auszurichten und ggf. auch die antizipierten Nachfragen der anderen Seite zu berücksichtigen, braucht der Klient hierfür die notwendigen – oben Rdn. 85, 86 beschriebenen – kommunikativen Tools (b).

In der Praxis beschränken sich Klienten manchmal auch nur auf die **Reflexion** des
Formats (c). Auch dies bleibt zumeist nicht ohne Wirkungen, da den Klienten durch
die Struktur und die Verhaltens-Kategorisierungen (Mehr/häufiger/neu, weniger/weniger oft/weniger stark, beibehalten/wie bisher) deutlich wird, in welchem Umfang und
auf welche Art Verhaltensänderungen möglich aber auch erforderlich sind, um zu einer
gemeinsamen Lösung zu gelangen. Das Denken kommt so in Bewegung und es entsteht Raum für kreative Lösungen.

---

[194] Wie dies erfolgversprechend z.B. mit wertschätzender Kommunikation oder konstruktivem Feedback gelingen kann, kann im Coaching erarbeitet werden.

f) **Kurzerläuterung weiterer Werkzeuge/Tools**[195]

92 – Reflexionen zu intra- und interpsychischen Elementen/Mustern des Konflikts z.B. mit dem »**Inneren Team**«[196] oder der **Transaktionsanalyse** nach Berne[197]
Das »**Innere Team**« nach *Schulz von Thun* ist eine Metapher für den Aufbau der menschlichen Persönlichkeit. Ähnlich einem Team und seiner Mitglieder, existieren heterogene und gegensätzliche Strömungen in der Persönlichkeit, die – in der Regel unbewusst – auch das Konfliktverhalten von Menschen mitbestimmen. Werden die inneren Strukturen transparent und bewusst(er), können eigene und fremde Handlungsmuster anders verstanden und für eine besonnenere Selbststeuerung im Konflikt genutzt werden.
Die **Transaktionsanalyse** macht deutlich, wie in Konflikten in jeder Partei urtypische Rollenmuster nämlich das sogenannten »Eltern-Ich« und »Kind-Ich« angesprochen werden, die dann abwechselnd und beidseitig unbewusst und nahezu »automatisch« ausagiert werden. Eine Begegnung auf Augenhöhe bzw. zwischen den »Erwachsenen-Ichs« gelingt nicht. In der Konfliktbearbeitung kann es hilfreich sein, diese Strukturen aufzuzeigen und an einer bewussten Steuerung der Interaktionsmuster zu arbeiten, um einen reflektierten und spannungsfreieren Umgang der Parteien zu ermöglichen.

93 – Auflösung von Glaubenssätzen z.B. mit **kognitiven Umstrukturierungen**.[198]
Glaubenssätze sind tiefe innere, nicht hinterfragte Überzeugungen (Denkmuster), die zumeist in Form eines unbewussten inneren Monologs oder einer Verhaltensvorschrift wirken.[199] Sie äußern sich dann in entsprechenden Sprachmustern (Bsp.: »Mit Frau X kann man nicht reden!«). Sie können dysfunktional werden, wenn sie zu Einschränkungen oder Leiden wie z.B. in Konflikten führen. Diese sprachlich identifizierbaren Denkmuster lassen sich mit diversen Methoden »**kognitiv umstrukturieren**«. Dazu gehören Umdeutungen (Reframing), alle Techniken des NLP (Neuro Linguistisches Programmieren) oder Verfahren, die auf der »Rational-Emotiven Therapie (RET)« nach *Ellis* basieren. Im Wesentlichen geht es bei diesen Ansätzen darum, die Glaubenssätze durch strukturiertes Hinterfragen bewusst zu machen und hierdurch Denkalternativen (die schlussendlich in Verhaltensalternativen münden) anzubieten, die die einschränkenden Wirkungen relativieren oder entkräften können.

94 – Emotions- und Selbstmanagement z.B. mit **Achtsamkeits-Praxis**[200] oder **Imaginative Methoden**.[201]

---

195 Es handelt sich um die bereits oben in Rdn. 5 angesprochenen Interventionswerkzeuge, die hier zur Verschaffung eines ersten grundsätzlichen Eindrucks sehr vereinfacht beschrieben werden.
196 *Schulz von Thun*, Miteinander reden, Band 3.
197 *Dehner/Dehner*, Transaktionsanalyse im Coaching.
198 *Migge*, Handbuch Coaching und Beratung, S. 155, 176 ff, 188, 207.
199 *Migge*, Handbuch Coaching und Beratung, Fn. 193, S. 152.
200 *Maturano*, Mindful Leadership; *Kabat-Zinn*, Achtsamkeit für Anfänger.
201 *Kraemer*, in: Rauen (Hrsg.) Coaching-Tools, S. 272; *Migge*, Handbuch Business-Coaching, S. 142 ff.

Achtsamkeits-Übungen können im Konflikt-Coaching insbesondere zur Verbesserung der emotionalen Selbststeuerung eingesetzt werden. Dazu können z.b. gezielte und bewusste (achtsame) Körperwahrnehmungsübungen helfen, bestehende – unbewusst, quasi automatisch ablaufende – Reiz-Reaktionsmuster zu erkennen und sich nach und nach von diesen zu lösen (dis-soziieren). Anstelle impulsgesteuerter Reaktionen können in spannungsgeladenen Situationen dann besonnene Handlungsalternativen abgerufen werden.

Imaginative Methoden setzen an dem bildhaften, inneren Konflikt-Ereignisfeld (Gedanken, Körperempfindungen, Emotionen, Dynamiken, die sich in inneren Bildern ausdrücken) des Klienten an. Diese inneren Bilder oder Symbole können bewusst gemacht, analysiert oder entschlüsselt und in der inneren Vorstellung auch verändert werden. Hypno-basierte, Trance-induzierte und geführt-meditative Ansätze können hier u.a. eingesetzt werden. Anstelle kognitiv-rational erzeugter Einsicht, die beim Klienten eventuell vorhanden ist, aber nicht umgesetzt werden kann, wird eine andere Informationsebene genutzt, die dem Klienten unterstützen kann, die Konfliktrealität anders als bisher zu bewältigen.

- Simulationen kritischer Situationen mit lösungsfokussiertem Probehandeln z.b. mittels **systemischer Aufstellungen**.[202]

In sogenannten Aufstellungen werden **Strukturelemente** des vom Klienten erlebten **Konflikt-Feldes** durch Gegenstände/Symbole oder reale Personen räumlich »abgebildet« (aufgestellt). Strukturelemente können – neben der Person des Klienten selbst – innere Vorgänge/Ressourcen des Klienten sein (z.B. Emotionen, mentale Ressourcen, Eigenschaften) oder äußere Elemente, die für die Konflikt-Struktur wichtig sind und die in einer bewussten oder auch unbewussten Beziehung zum Klienten stehen (z.B. Konfliktpartner, Personen im Beziehungsumfeld, Organisationen, Ereignisse u.v.m.). Die Gegenstände/Symbole und/oder Personen repräsentieren *stellvertretend* die Strukturelemente des zum Klienten gehörenden Feldes. Dieses Feld (einschließlich des Klienten) wird als System bezeichnet.

Die **Beziehungs- und Konfliktdynamik** in diesem System kann **analysiert** und **Veränderungen** innerhalb des Systems können durch räumliche Veränderung der Strukturelemente **simuliert** und ihre Rückwirkungen auf den Klienten bzw. dessen Stellvertreter sichtbar gemacht und »erprobt« werden. Bei realen Personen als Stellvertreter kann deren Wahrnehmung (emotional, kognitiv, körperlich) abgefragt werden, bei Gegenständen kann sich der Klient selbst an den Platz der Gegenstände in das aufgestellte System hineinbegeben und seine Wahrnehmungen schildern. Dadurch können vielfältige Perspektiven und ansonsten **rational kaum zugängliche Informationen** zum Konflikt erschlossen werden. Daraus wiederum können gegenüber sonstigen Verfahren **erweiterte Handlungs- und Lösungsebenen** zum Konflikt gefunden werden. Der Zugang zu diesen Handlungs- und Lösungsebenen vermittelt sich dem Set-up entsprechend eher bildhaft-intuitiv und über die Sinneswahrnehmung als verbal und kognitiv.

---

202 *Horn/Brick*, Organisationsaufstellung und Systemisches Coaching.

E. Moderation – einschließlich Beteiligungs- und Dialogverfahren

Übersicht

		Rdn.
I.	**Moderation von Konflikten**	1
	1. Einführung	1
	2. Indikationsparameter für eine Moderation	2
	a) Konflikteskalationsstufen	3
	b) Konflikttypus	4
	c) Spezifischer Kontext	9
	d) Auftragsvorgaben	10
II.	**Moderation im Rahmen von Beteiligungs- und Dialogverfahren (Partizipationsverfahren)**	11
	1. Grundzüge	11
	2. Verfahrensprinzipien bei der Moderation von Partizipationsverfahren	12
III.	**Hinweise für die Praxis**	13
	1. Vorgehen und Methodeneinsatz in der Moderation	13
	a) Mediationsanaloges Vorgehen in Konflikten	13
	b) Generelle Hinweise zu Methoden in der Moderation	15
	2. Besondere Anforderungen an Moderatoren	17
	a) Umgang mit Gruppendynamik	18
	b) Umgang mit Spannungen und Eskalationen	19
	c) Feldkompetenz des Moderators	20

I. Moderation von Konflikten

1. Einführung

1 Die Moderation von Konflikten zählt zu den **niedrigschwelligen Interventionen** in der Konfliktbearbeitung.[1] Der Begriff »niedrigschwellig« bezieht sich in der Regel auf den Eskalationsgrad des Konflikts. Als »Daumenregel« ist an eine Moderation noch bis zur Eskalationsstufe 3 einschließlich zu denken. In Anlehnung an Glasl[2] geht man bis zur Stufe 3 davon aus, dass das Selbstheilungspotenzial der Konfliktparteien zwar bereits herausgefordert, aber die Selbststeuerungskraft noch (wenn auch mit Einschränkungen) als funktionsfähig betrachtet werden kann. Zur Entscheidung, ob die Moderation noch das geeignete Verfahren zur Konfliktbehandlung darstellt, können neben der Eskalationsstufe weitere Kriterien herangezogen werden (siehe unten Indikationsparameter).

Die Moderation kommt sowohl für klassische »Konfliktkonstellationen« (Zwei Konfliktparteien) als auch für Konflikte innerhalb von Gruppen/Teams in Betracht. Darüber hinaus hat die Moderation gesellschaftspolitisch innerhalb von öffentlichen **Beteiligungs- bzw. Dialogverfahren (Partizipationsverfahren)** z.B. bei der Raum-,

---

1 Siehe oben Einführung Teil 6. A. II. 2.
2 *Glasl*, Konfliktmanagement, S. 235 ff., 398.

Infrastruktur- und Verkehrsplanung sowie der Industrieansiedlung/-erweiterung stark an Bedeutung gewonnen (dazu unten 3.).

Von der Rolle her obliegt dem Konflikt-Moderator als **neutralem Dritten die methodenunterstützte**[3] **Leitung der Gesprächsprozesse zwischen mehreren Personen.** Schwerpunkt der Moderation ist das in Gang bringen und Steuern eines Verständigungs- und Dialogprozesses und (jedenfalls zunächst) weniger der konkrete Einigungsprozess in einem Konflikt zwischen den Beteiligten. Insofern ist die Moderation noch mehr **Hilfe zur Selbsthilfe** als die Mediation. Zur professionellen Ausgestaltung der Rolle gehört ein transparenter und geordneter Ablauf der Moderation in einem fairen Verfahren. Analog zu anderen konflikthelfenden Tätigkeiten ist **Vertraulichkeit**, soweit die Tätigkeit nicht-öffentlich stattfindet[4], als Teil der Verkehrssitte vorauszusetzen.

2. Indikationsparameter für eine Moderation

Folgende Parameter können zur Entscheidung, ob die Moderation als Interventionsmöglichkeit gewählt werden sollte, herangezogen werden:[5]
- Eskalationsstufe (i.d.R. bis Stufe 3 einschließlich)
- Konflikttypus (z.B. heißer/kalter Konflikt, Machtkampf, Austragungsort und -ebene des Konflikts)
- Spezifischer Kontext (z.B. kulturell, wirtschaftlich, rechtlich)
- Auftragsvorgaben

Diese **Indikationsparameter** sind nicht als zwingende Checkliste zu verstehen, sie sind vielmehr bei der Auftragsvergabe an den Berater von diesem **gesamthaft abzuwägen** und im Zweifel mit dem Auftraggeber zu besprechen, bevor ein Vorschlag zur Konfliktmoderation als Intervention erfolgt. In der Praxis ist stets eine Einzelfallbetrachtung anzustellen.

a) Konflikteskalationsstufen

Ab der **Konflikteskalationsstufe 3** (»Taten statt Worte«) verschärft sich die **Konfliktdynamik** erheblich. Der Konflikt wird zunehmend weniger verbal als dadurch ausgetragen, dass die Gegenpartei durch vollendete Tatsachen (»fait accompli«) unter Druck gesetzt wird, um die eigene Position durchzusetzen. Wechseln die Parteien ihre Aktionsmuster von verbalen Scharmützeln hin zu stärker verletzend wirkenden faktischen Maßnahmen, so hat dies Rückwirkungen auf die methodisch als (noch) geeignet anzusehenden Methoden des Konfliktberaters. Spiegelbildlich zur Schwellenverschiebung durch die Parteien kommt die Moderation als stärker verbal geprägte niedrigschwellige Intervention an ihre Grenzen. Wenn durch die Parteien die Ebenen der lediglich unterschiedlichen Wahrnehmungen und Bewertungen (Urteile/negativ

---

3 Siehe dazu unten II. »Hinweise für die Praxis«.
4 Auch in (teil-) öffentlichen Moderationen kann selbstverständlich Vertraulichkeit für bestimmte Themenkomplexe vereinbart werden.
5 Orientiert an *Glasl*, Konfliktmanagement S. 405. Die Parameter können über die Moderation hinaus für jede Interventionsmöglichkeit herangezogen werden.

bewertende Zuschreibungen) verlassen werden und die Interessendurchsetzung und das Handeln in den Vordergrund treten, braucht es zur Konfliktlösung tiefergreifende Formate (Mediation, Prozessbegleitung mit Konfliktberatung u.s.w.). Insofern ist es für den potenziellen Moderator wichtig, die **Konfliktgeschichte** zu kennen, um die Eskalationsstufe sachgerecht beurteilen zu können.

b) **Konflikttypus**

4   Schon mangels einheitlicher Typologie können im Kontext der Moderation nur einige bekannte **Konflikttypen exemplarisch** herausgegriffen werden. Es handelt sich schließlich auch nur um Hilfskategorien zur Entscheidung, ob eine Moderation möglich und sinnvoll ist oder nicht.

5   Bei sogenannten *heißen Konflikten*[6], bei denen die Energie der Handelnden mehr nach außen geht, sind die Emotionen greifbarer, sie scheinen daher eher zugänglich, so dass eine Moderation ein probates Mittel für einen Verständigungsprozess sein kann. Bei *kalten Konflikten* hingegen, in denen tief sitzende (abgekapselte) Emotionen unterschwellig und häufig unbewusst das Verhalten steuern, erscheint eher fraglich, ob eine nachhaltige Konfliktlösung (sofern diese angestrebt wird) mittels Moderation möglich ist; andererseits kann zur ersten Erwärmung des kalten Konflikts eine Moderation durchaus einen wertvollen Beitrag liefern.

6   Bei *Machtkonflikten bzw. Machtkämpfen* ist nicht nur die Dynamik zwischen den unmittelbar Beteiligten, sondern auch die Involvierung anderer nicht unmittelbar Beteiligter in den Blick zu nehmen, da deren Verhalten (z.B. Zustimmung/Ablehnung) die Konfliktdynamik maßgeblich beeinflussen oder in eine zusätzliche **Paralleldynamik** münden kann (Lagerbildung). Machtkämpfe insbesondere in Unternehmen und Organisationen (z.B. auch in politischen Parteien) gehen in aller Regel mit **Verletzungen des Gegners** einher. Da es um »die Macht« bzw. Einfluss und Geltung geht, sind Machtkämpfe auch **Verdrängungskämpfe**. Abgesehen von der jeweiligen Eskalationsstufe sind Machtkämpfe daher für Moderationen als weniger geeignetes Feld anzusehen.

7   Bei *Wertkonflikten* wird es entscheidend darauf ankommen, inwieweit die **Lebenssphäre** (berufliche, private oder auch öffentliche in Institutionen wie Schulen) der Beteiligten durch unterschiedliche Wertvorstellungen, die bestimmend für die konfliktären Verhaltensmuster sind, beeinträchtigt wird. Selbst bei sehr konträren Vorstellungen, die sich aber in der jeweiligen Lebenssphäre der Parteien nur eingeschränkt äußern, können moderative Interventionen ausreichen, um zumindest ein sozial verträgliches Nebeneinander zu ermöglichen. Je mehr sich **Wertdifferenzen** jedoch in den **Lebensbereichen** der Beteiligten **manifestieren** (oder dies ohne objektive Beeinträchtigung subjektiv ähnlich stark empfunden wird, wie jüngst z.B. beim Bau von Moscheen), desto **weniger Raum besteht für eine Moderation**. Ist der eigene Lebensbereich stärker betroffen, sind zu einer gemeinsamen Konfliktlösung in der Regel Änderungen in den

---

6   Zur Unterscheidung von heißen und kalten Konflikten, siehe auch oben Teil 6 D. III. 4 a) Rdn. 75.

jeweiligen Lebensbereichen erforderlich, die den Beteiligten naturgemäß schwerfallen. Die Interventionsstärke einer Moderation wird hierfür meist nicht ausreichen. Gleiches dürfte gelten, wenn insbesondere politisch-religiös geprägte – und medial aufgeladene – Werte so weit differieren, dass auch ohne Hineinragen in die jeweiligen Lebensbereiche nur die reiz-reaktive wechselseitige Fundamentalablehnung die Handlungsmuster bestimmt.

Konflikte können danach typisiert werden, auf *welcher Ebene oder an welchem Austra-* 8 *gungsort (in welchem sozialen Rahmen)* sie stattfinden. Diese Art von Typisierung kann insbesondere in Organisationen (Unternehmen, Behörden, Körperschaften, sonstige exekutive oder legislative Institutionen) relevant werden. Beschränkt sich ein Konflikt auf wenige Mitglieder eines Teams oder spielen Nachbar-Teams, Kunden, Lieferanten, höhere Unternehmensebenen, Arbeitnehmervertreter, Gremien etc. mit hinein? Bei einer komplexen und **multi-polaren Konflikt-Beteiligtenstruktur** können unterschiedliche Eskalationsgrade und vielschichtige Interessenlagen der unmittelbar Konfliktbeteiligten gegeben sein. Je weiter der **soziale Rahmen** reicht, um so komplexer dürfte das Gesamtgeschehen sein, das sich auf verschiedenen Ebenen mit entsprechend vielen Akteuren durchdringt, überlagert und beeinflusst. Mit Ausweitung des sozialen Rahmens nimmt die Eskalation erfahrungsgemäß zu, so dass mit Moderationen wenig bewirkt werden kann. In solchen Fällen braucht es ein **professionelles Überblicksbewusstsein des Beraters** und es ist im Einzelfall mit dem Auftraggeber zu entscheiden, wo den Beteiligten noch mit einer Moderation gedient ist und wo nicht. Je weniger komplex, desto eher dürfte eine Moderation noch in Betracht kommen.

c) **Spezifischer Kontext**

Die Beteiligten einer Moderation und/oder das zu moderierende Thema bzw. Konfliktgeschehen können durch einen spezifischen Kontext geprägt sein, welcher dem Ganzen bildlich gesprochen (zumindest vordergründig) den »Stempel« aufdrückt. Dazu können z.B. kulturelle, wirtschaftliche oder auch rechtliche Aspekte gehören.

Spielen *kulturelle Aspekte* in das Konfliktgeschehen hinein, ist zu berücksichtigen, dass 9 **Kultur/Identität/Zugehörigkeit** ein für viele Menschen wichtiges **soziales Bedeutungssystem** bilden. D.h. kulturelle Fragen sprechen oft sehr fundamentale menschliche Bedürfnisse wie jenes der Identität oder die Zugehörigkeit zu einer sozialen Gruppe an. Damit verbunden können starke Emotionen und Spannungen bei den Beteiligten auftreten, die sich wiederum auf die Konfliktstärke auswirken. Auch in diesen Fällen ist vom potenziellen Moderator zu prüfen, wie stark diese Aspekte (Identität/Zugehörigkeit) den Konflikt prägen. Sie stehen einer Moderation sicher nicht prinzipiell im Wege. Sie können in der Praxis vom Moderator aktiv angesprochen und thematisiert werden, um zu verhindern, dass sie im späteren Verlauf als unbewusste Verhaltenstreiber die Moderation erschweren oder zum Scheitern bringen.

In *wirtschaftlichen Kontexten* können **Verteilungskonflikte** das Geschehen bestimmen. Hier ist in Erfahrung zu bringen, ob und in welchem Umfang wirtschaftliche Verteilungsgesichtspunkte (z.B. Preis, Gehalts-, Kosten-, Qualitätsvorstellungen der Parteien) der tatsächliche Haupttreiber für das Verhalten der Parteien sind. Eine Konflikt-Moderation wird in solchen Themenbereichen in der Regel wenig ausrichten können und auch kaum nachgefragt werden. Werden solche Fragen jedoch entweder bewusst ausgeblendet oder sind sie aus Sicht der Parteien nicht das eigentliche Problem, sind moderative Interventionen z.b. in Verfahrensfragen, Umgang/Vertrauen oder Kommunikation/Informationsaustausch zwischen den Parteien ohne weiteres möglich.

In *rechtlichen Kontexten* kommen Moderationen ähnlich wie bei wirtschaftlichen Zusammenhängen eher für Nebenaspekte in Betracht. Für die Bearbeitung der tiefergehenden Kernprobleme und Interessen, die hinter Rechtspositionen stehen, ist die **Mediation** das geeignetere Mittel (siehe aber unten Beteiligungsverfahren).

d) **Auftragsvorgaben**

10 Letztlich entscheidet auch der Inhalt des Konfliktbearbeitungsauftrages über das einzusetzende Interventionsmittel. Der **Parteiwille** der unmittelbar am Konflikt Beteiligten ist vom Berater zu respektieren. Ist nur eine Moderation gewünscht, hat der Berater dem Parteiwillen unter Aufzeigen der Chancen/Risiken und Grenzen zu folgen, ggf. ist der Auftrag bei Zweifeln an der Sinnhaftigkeit der Konfliktbearbeitungsweise abzulehnen oder abzubrechen. Bei »Dreiecksverhältnissen« in Organisationen, wo nicht unmittelbar am Konflikt Beteiligte (Vorgesetzte, Aufsichtsgremien, Leitungsfunktionen, Personalabteilungen etc.) formal im Namen der Organisation Auftraggeber sind, ist wie bei anderen Formaten auch eine **saubere Auftragsklärung** unter Einbeziehung obiger Parameter (Eskalationsgrad, Konflikttypus, sozialer Kontext) Teil jedes professionellen Beratungsansatzes. Innerhalb der Auftragsklärung ist dann zu entscheiden, ob eine Moderation oder andere Interventionen gewählt werden.

II. **Moderation im Rahmen von Beteiligungs- und Dialogverfahren (Partizipationsverfahren)**

1. **Grundzüge**

11 Die Bedeutung sogenannter **Beteiligungs- und Dialogverfahren**[7] (oder Partizipationsverfahren) hat in den letzten zwei Jahrzehnten gesellschaftspolitisch vor allem im Rahmen der Raum-, Infrastruktur- und Verkehrsplanung sowie bei der Ansiedlung/Ausweitung industrieller Vorhaben stark zugenommen. Im Kern geht es dabei darum, relevante **Interessengruppen** (z.B. Bürger, Anwohner, interessierte Öffentlichkeit, Nutzer- und Kundengruppen, Vertreter/Repräsentanten gesellschaftlicher und wirtschaftlicher Gruppierungen, Experten) – zumeist außerhalb formalrechtlich vorgesehener Anhörungen/Beteiligungen, **d.h. fakultativ** – in **Willensbildungs- und**

---

[7] Bei der Namensgebung solcher Verfahren ist eine große sprachliche und strukturelle Vielfalt zu verzeichnen, so sind Beteiligungen denkbar als »Runder Tisch«, »Zukunftswerkstatt«, »Planungszellen«, »Regionalkonferenzen«, »Forum Flughafen und Region«, »Bürgerdialoge«, »Labore«, »Plattformen« u.v.m. Siehe zu weiteren Formaten das *»Grundsatzpapier des Bundesministeriums für Bildung und Forschung zur Partizipation«*, S. 16 m.w.N., Stand 06/2016, abrufbar unter: https://www.zukunft-verstehen.de (Datum des Zugriffs: 25.11.2019).

E. Moderation – einschließlich Beteiligungs- und Dialogverfahren **Teil 6**

Entscheidungsprozesse behördlicher, legislativer oder wirtschaftlicher Art einzubeziehen und dabei den Interessengruppen ein kommunikatives Forum für die Artikulation und das Einbringen eigener Sichtweisen und Vorschläge zu bieten.[8] Inzwischen ist ferner zu beobachten, dass über die Beteiligung der Interessengruppen hinaus Vorhabenträger/Unternehmen zunehmend auch am Wissen und Erfahrungsschatz der Einbezogenen interessiert sind (Stichworte: »Bürgerwissen« und »Crowd Sourcing«).

Die aktive Beteiligung der Interessengruppen und der wechselseitige Austausch mit Vertretern der Vorhabenträger (bei deren Anwesenheit) beziehungsweise zwischen und innerhalb von Interessengruppen wird dabei von (einem) **neutralen Dritten moderiert**. Die **übergeordnete Zielsetzung** solcher Partizipationsverfahren ist meist die **präventive (Rechts-) Streitvermeidung** sowie das Bestreben, eine möglichst breite **Akzeptanz- und Legitimität von Vorhaben** zu erreichen.

Das **Arbeitsziel** eines solcher Art moderierten Beteiligungsprozesses kann von der bloßen **Information** Beteiligter, des **Dialogs oder der Konsultation** über **Interessenausgleichsmechanismen** bis zu konkreten **Konfliktlösungen** mittels Vereinbarungen reichen. Dabei kann die Anzahl der Teilnehmer je nach Fallkonstellation erheblich variieren – von zahlenmäßig einstelligen Kleingruppen bis zu Großgruppen von mehreren Hundert Personen. Die Arbeitsziele und die Gruppengröße bestimmen dabei maßgeblich den Methodeneinsatz für den/die Moderator(en).

2. Verfahrensprinzipien bei der Moderation von Partizipationsverfahren

Da die Bandbreite der Partizipationsverfahren sehr groß und die damit verfolgten Arbeitsziele (u.a. Information, Dialog/Konsultation, Interessenausgleich, Konfliktlösung) höchst unterschiedlich sein können, beschränken sich die nachfolgend genannten **Verfahrensprinzipien**[9] für die Moderation von Partizipationsverfahren auf einige wesentliche Punkte, die sich nur zum Teil auch aus einer Analogie zur Mediation ableiten.[10] Wichtig erscheint, die Verfahrensprinzipien bereits im Vorfeld mit dem Auftraggeber ausführlich zu besprechen und hierüber Konsens herzustellen, um eine

12

---

8 Siehe hierzu auch: »*Beteiligungskompass der Bertelsmann Stiftung*«, abrufbar unter: http://www.beteiligungskompass.org (Datum des Zugriffs: 25.11.2019), ferner *Wachinger u.a.*, Kommunale Planung. Bürger erfolgreich beteiligen.
9 Wertvolle und hier aufgenommene Anregungen bietet ferner die Aufstellung »Qualitätsstandards für die Planung und Durchführung von Partizipationsverfahren«, die sich in einem »*Grundsatzpapier des Bundesministeriums für Bildung und Forschung zur Partizipation*«, S. 11 m.w.N., Stand 06/2016, findet, abrufbar unter: https://www.zukunft-verstehen.de (Datum des Zugriffs: 25.11.2019).
10 Weitere umfangreiche Checklisten für Moderatoren finden sich bei: *Strategiegruppe Partizipation (2012): Arbeitsblätter zur Partizipation, Wien.* Abrufbar unter: https://www.partizipation.at/praxiswissen (Datum des Zugriffs: 25.11.2019), insbesondere das dort abrufbare *Handbuch Öffentlichkeitsbeteiligung* der Österreichischen Gesellschaft für Umwelt und Technik (ÖGUT), bietet vielfältiges Praxismaterial. Demnächst zudem *Altendorf-Bayha/Wachinger*, Mediation in Wirtschafts- und Umweltkonflikten.

gemeinsame »Geschäftsgrundlage« für das Verfahren zu schaffen. Des Weiteren sind die gegenüber einer Mediation bzw. Kleingruppen-Moderation erhöhten organisatorischen Maßnahmen (Räume, Ressourcen, Medien, Dokumentation etc.) möglichst frühzeitig zu klären, der Moderator sollte hier soweit wie möglich von Seiten des Auftraggebers entlastet werden.

Wichtige Verfahrensprinzipien in Partizipationsverfahren

Allparteilichkeit:
- Faire Gestaltung/Leitung von Diskussions-, Gesprächs-, ggf. von Verhandlungs- und Entscheidungsprozessen im Namen aller Beteiligter (also nicht nur der Interessengruppen, sondern auch der Vorhabenträger/Behörden/Unternehmen)

Transparenz:
- Wer sind die Beteiligten?
- Welches sind (nach welchen Kriterien) weitere teilnahmeberechtigte Akteure?
- Wie erfolgt (e) die Einbeziehung der Beteiligten?
- Welche Vorgespräche haben stattgefunden?
- Wie werden die Arbeitsergebnisse dokumentiert und weiterverwendet?
- Inwieweit ist ggf. für Teilkomplexe Vertraulichkeit erforderlich?

Zielklarheit:
- Kommunikation der Ziele des Verfahrens an alle Beteiligte (Richtungsvorgabe)
- Aufzeigen eines realistischen Erwartungshorizonts in Bezug auf das Verfahren

Ergebnisoffenheit:
- Die Ergebnisse entstehen ohne Vorfestlegung aus dem moderierten Prozess heraus

Rollenklarheit:
- Prozessverantwortung beim Moderator
- Inhaltliche (Input-) Verantwortung bei den Beteiligten
- Welche ggf. vorbereiteten Beiträge erfolgen vom Auftraggeber oder Experten?
- Rolleninstruktion für alle Beteiligten und entsprechende Kommunikation

Verfahrensregeln:
- Zu Beginn zu kommunizieren: Regeln zum Ablauf des Gesamtverfahrens sowie zum Umgang (»Spielregeln« u.a. auch Reihenfolge der Redebeiträge)
- Situativ: Regeln/Erläuterungen zu den im Einzelnen angewandten Methoden/Formaten

Auftrags- und Zeitrahmen:
- Einordnung des Partizipationsverfahrens in den Gesamtkontext
- Verhältnis zu anderen formellen Verfahrensschritten (Rechtsbehelfen, formellen Anhörungen) klären
- Informationen zum Auftraggeber: Wer stellt/finanziert die Ressourcen?
- Informationen zu Dauer/Terminen/Organisation und ggf. zu Ansprechpartnern
- Ggf. Verabredungen zur Kommunikation gegenüber der Presse (Wer? In welcher Form? Abgestimmte Sprachregelung ja/nein?)

Glaubwürdigkeit des Verfahrens:
- Die angekündigten Berücksichtigungsmöglichkeiten der Inputs durch die Interessengruppen müssen (ggf. auch erst im weiteren Verfahrensgang des Vorhabens) konsequent eingelöst werden
- Welches »Commitment« gibt es hierzu vom Initiator (Vorhabenträger/Unternehmen) des Partizipationsverfahrens?

III. Hinweise für die Praxis

1. Vorgehen und Methodeneinsatz in der Moderation[11]

a) Mediationsanaloges Vorgehen in Konflikten

Der **Methodeneinsatz** in der Moderation hängt maßgeblich vom (auftragsgemäßen) **Arbeitsziel** (siehe Rdn. 10) ab. Je mehr das Arbeitsziel in Richtung **Interessenausgleich oder Konfliktbewältigung** geht, desto mehr eignen sich sämtliche Methoden (einschließlich der Hypothesenbildung), die auch in einer Mediation angewandt werden können.[12] Ein mediationsorientiertes oder **mediationsanaloges Vorgehen** entlang der aus der Mediation bekannten Phasen (i.w. Themen/Streitpunkte sammeln, Interessen/Bedürfnisse herausarbeiten, Optionen kreieren, ggf. Vereinbarung abschließen) kann daher *ein* probates Grundgerüst sein. Ferner kann sich der Moderator in Bezug auf seine Rolle (z.B. Allparteilichkeit, Neutralität) und wesentliche Verfahrensprinzipien (u.a. Transparenz, Informiertheit/fairer Einbezug, Parteiautonomie/Eigenverantwortlichkeit, Freiwilligkeit, Vertraulichkeit) an den Maßstäben einer Mediation orientieren.

13

Neben den **Gesprächsmethoden** (Aktives Zuhören, Paraphrasieren) sind vor allem die **Fragetechniken** zur Identifikation der **Streitthemen** und Steuerung des Gesprächsverlaufs sowie alle Interventionen, welche die hinter Positionen liegenden **Interessen/Bedürfnisse** der Beteiligten herausarbeiten und einen **Perspektivenwechsel** fördern, von Bedeutung. Je nach Stärke und Dimension des Konflikts ist zu entscheiden, ob die Beteiligten in der Lage sind, Optionen mit oder ohne Unterstützung des Moderators zu erarbeiten und der Abschluss einer Vereinbarung/Einigung notwendig und wenn ja, ggf. auch ohne den Moderator selbsttätig durch die Parteien erfolgen kann.

Solange sich der Interessenwiderstreit bzw. der Konflikt **nicht über die Eskalationsstufe 3** hinaus bewegt, sind bei der Moderation folgende Umstände ins Bewusstsein zu nehmen:
- Auf den **ersten beiden Konflikteskalationsstufen** (**Verhärtung** und **Debatte**) finden hauptsächlich verbale Auseinandersetzungen statt. Die mit Spannungen/Konflikten einhergehenden **seelischen Deformationen** (Tunnelblick, einseitige Verzerrungen) im Wahrnehmen, Denken, Fühlen, Wollen und Handeln[13] der Parteien sind zwar

14

---

11 Zur Moderation auch außerhalb von Konflikten: *Funcke/Havenith*, Moderations-Tools.
12 Siehe Kommentierung unter Teil 5 B.
13 Hierzu *Glasl*, Konfliktmanagement, S. 39 ff.

bereits vorhanden, die konfliktbedingten Fixierungen – vor allem im Wollen – sind aber noch nicht so stark ausgeprägt, als dass sie nicht von den Parteien durch Gespräche noch für lösbar gehalten würden. Dazu korrespondierend sind die Parteien für den Moderator auf der **verbalen und kognitiven Ebene** noch ohne größeren Aufwand erreichbar. Von der Interventionstiefe kann es daher ausreichen, neben den Streitgegenständen/Themen, die Interessen/Bedürfnisse der Beteiligten herauszuarbeiten (allein die Auffächerung/Separierung von Positionen, Themen, Interessen/Bedürfnissen kann als positiver Lösungs-Katalysator wirken), um eine selbstverantwortliche Lösung der Parteien in Gang zu bringen.

- Ab der **Stufe 3** (»Taten statt Worte«) ändert sich der Austragungsmodus hin zu **non-verbalen Aktionen**. Durch die Taten kommt das individuelle Wollen stärker in den Vordergrund und der Druck nimmt zu. Wille prallt gegen Wille und die Einschätzung der Parteien, dass Reden noch hilft, schwindet. In aller Regel nehmen auch die wechselseitigen (seelischen) Verletzungen durch aktives Handeln zu. Die Parteien wollen ihr (oft gerade erst vorgenommenes) Handeln nicht in Frage gestellt wissen, sie sind in ihren Mustern tiefer eingegraben und daher für den Moderator schwerer erreichbar. Hier sind **intensivere Interventionen** seitens des Moderators insbesondere zur Auflösung der stärker verzerrten Wahrnehmungen, negativen Denkmuster und Emotionen erforderlich.[14] Da die Selbstheilungskräfte bereits angeschlagen sind, kann es angezeigt sein, die Parteien bei der Ausarbeitung von Lösungsoptionen und ggf. auch bis zu einer Vereinbarung zu begleiten. In solchen Fällen dürfte dann der vollständige Übergang in eine Mediation vollzogen sein.

b) Generelle Hinweise zu Methoden in der Moderation

15 Moderation ist die zielorientierte **Vermittlungsarbeit** zwischen Menschen und einem Thema.[15] Der Moderator ist dabei der Prozessverantwortliche, d.h. er sorgt dafür, dass der Arbeitsprozess (häufig der Verständigungs- und Dialogprozess) in Bewegung kommt und bleibt (**Prozesssteuerung** und **Prozessbegleitung**). Zu den Kernaufgaben eines Moderators gehören hauptsächlich
- die zusammenfassende **Verdichtung** und **Strukturierung der Gesprächsinhalte**,
- das **Beleben** der Gespräche, **Mäßigen** und **Ausgleichen** zwischen den Beteiligten,
- das gleichberechtigte **Einbeziehen** der Beteiligten,
- das Verschaffen von **Orientierung** für die Beteiligten,
- sowie die **Visualisierung**, ggf. die Dokumentation.

16 Zur Erfüllung dieser Aufgaben kommen eine nahezu unbegrenzte Fülle anregender, kreativer und reflexiver Methoden in Betracht, insoweit ist auf die einschlägige Fachliteratur zu verweisen.[16] Als Ausdruck der tragenden Verfahrensprinzipien (s.o. Rdn. 12)

---

14 Methodisch können hier Elemente der »Gewaltfreien Kommunikation« nach Rosenberg hilfreich sein, wo es u.a. darum geht, die Wahrnehmung (Beobachtung/faktisches Geschehen) von der subjektiven Bewertung (Urteile, Feindbilder) zu trennen. Siehe dazu auch Teil 6 D. Rdn. 86.
15 *Funcke/Havenith*, Moderations-Tools S. 10 ff.
16 Exemplarisch: *Funcke/Havenith*, Moderations-Tools.

einer professionellen Moderation sollen an dieser Stelle drei Instrumente besonders angesprochen werden:
- Als Teil der **Transparenz** hat die **Visualisierung/Dokumentation** eine hervorgehobene Stellung. Hier kommen – mit verschiedenen Hilfsmitteln (Boards, Metaplanwänden, Flipcharts, Raum- und Glaswänden) z.b. die Arbeit mit Zeitstrahl, Mindmaps, Organigrammen, Karten- und Punktabfragen, das Aufhängen von erläuternden Plakaten, Kartenausschnitte, Filmbeiträge u.v.m. in Betracht. Bei **softwaregestützten Visualisierungstools**, mit denen Beiträge von Parteien/Beteiligten mit Echtzeit-Feedback verarbeitet werden können, ist die technische Seite (z.b. W-Lan-Kapazität) in einem Probelauf vorher hinreichend zu testen. Ferner ist zu gewährleisten, dass alle gleichermaßen Zugang haben und niemand aus technischen oder Know-how-Gründen ausgeschlossen wird oder im Zweifel gleichwertige Alternativen vorhanden sind.
- **Gruppenarbeit** (insbesondere bei der Moderation von Teams oder im Rahmen von Partizipationsverfahren) ist besonders geeignet, Beteiligte in die **Eigenverantwortung** zu bringen. Daneben bietet Gruppenarbeit die Chance, dass die Teilnehmer die Wirksamkeit eigener Beiträge in einem kleineren Kreis erleben können. Vorbereitend muss sich der Moderator Gedanken über Kriterien für die Gruppeneinteilung machen, um arbeitsfähige Gruppen zu erhalten.
- Zur **Informiertheit** und **Fairness** gehört die **Vorstellung der** wesentlichen **Verfahrensprinzipien** und **Rollen** sowie ein **klarer Beginn und ein klares Ende** (z.B. mit einer Abschlussrunde oder eines Feedbacks und der Kommunikation, wie mit den Arbeitsergebnissen verfahren wird).

2. Besondere Anforderungen an Moderatoren

Nachfolgend werden selektiv einige Aspekte herausgegriffen und thematisiert, die vor allem bei der Moderation von Gruppen Bedeutung erlangen können.

a) Umgang mit Gruppendynamik

Ein besonderes Augenmerk hat – insbesondere bei größeren Gruppen im Rahmen von Beteiligungsverfahren – der Gruppendynamik zu gelten. Unter **Gruppendynamik** ist das – oft unbewusste – Kräftespiel und sind die Veränderungen, die zwischen den Beteiligten ablaufen, zu verstehen (z.b. Umgang mit Macht, Autorität, Führung, Außenseiterrollen, Anpassungsdruck, Kontrolle, Normen, Werte).[17] Je nach Thema, Vorgeschichte, sachlicher und emotionaler Betroffenheit der Beteiligten können hier konstruktive aber auch destruktive Effekte den Moderationsprozess fördern oder erheblich stören. Insofern ist gerade bei größeren Gruppen unbedingt eine **Co-Moderation empfehlenswert**, bei der abwechselnd der eine Moderator mehr den organisatorischen Ablauf und der andere mehr die Inhalte im Blick hat (Aufgabenteilung). Ferner kann vorsorglich abgesprochen werden, wer sich in welcher Art und Weise Störungen annimmt.

---

17 Siehe hierzu: *König/Schattenhofer,* Einführung in die Gruppendynamik, S. 9, 11, 12.

b) Umgang mit Spannungen und Eskalationen

19 Hinter **Spannungen** verbirgt sich Energie, die produktiv genutzt werden kann, ggf. aber auch reguliert werden muss, um einen geordneten und sicheren Ablauf der Moderation zu gewährleisten. Deshalb gehören ein Portfolio an Interventionen zum Umgang mit Spannungen/hoher Emotionalität sowie De-Eskalationsstrategien zum Handwerkszeug jedes Moderators. Dazu zählen z.b. nachfolgende **Interventionen**, die lediglich eine beschränkte Auswahl repräsentieren.

Kommunikative Interventionen
– Intensiviertes aktives Zuhören (Raum geben, zugleich auch Grenzen setzen), ggf. in Verbindung mit Paraphrasieren des sachlichen Kerns von Vorwürfen, Spiegeln der Gefühle und lösungsorientierten Fragen [18]
– Emotionen als Ausdruck nicht erfüllter Interessen/Bedürfnisse (Bedürfnisbedrohung) empathisch verstehen und wertschätzen [19]
– In Spannung liegende Energie bzw. Emotionen als Zeichen für Beteiligungswillen/-Interesse explizit würdigen oder Verschlimmerungsfrage stellen [20]
Prozessorientierte Interventionen
– Störungen ansprechen (den Arbeitsprozess unterbrechen und z.B. mittels Blitzlichtmethode [21] eine sog. Klärungsschleife durchführen – Prinzip: Störungen haben Vorrang)
– Verlangsamen/Unterbrechen (verbal einen »Stop« machen; Pausen einlegen)
– Einen (u.U. überraschenden) Modus-Wechsel vornehmen (z.B. mit einem Moment der Konzentration und Stille oder indem man räumlich von einem anderen Ort aus moderiert)
– Kurze bio-energetische Übungen zur Lockerung/Entspannung durchführen (nur bei Affinität und nach gutem Beziehungsaufbau zur Gruppe!)

---

18 Bsp. (Vorwurf): »Das ist doch alles ein abgekartetes Spiel hier diese Veranstaltung, wir sollen doch nicht wirklich gehört werden!« Moderator (paraphrasiert): »Sie sind der Meinung, dass hier Dinge im Vorfeld bereits feststehen und Ihre Beiträge keine Rolle spielen? Sie scheinen deswegen auch frustriert und verärgert, oder? (Ihr Anliegen ist es also, dass Ihre Beiträge ernsthaft berücksichtigt und gewürdigt werden, sehe ich das richtig?). Was müsste geschehen, damit Sie das Gefühl haben, Ihre Beiträge werden ernsthaft berücksichtigt?«
19 Moderator (zugewandt): »Sie sind sehr besorgt um die Gesundheit Ihrer Kinder. Sie haben bereits ein schwer krankes Kind und Sie haben aller größtes Zweifel, ob die Behandlung sinnvoll ist. Nachdem, was Sie durchgemacht haben, ist das nur zu verständlich.«.
20 Verschlimmerungsfrage: »Angenommen es wäre das Ziel, die Veranstaltung zum Scheitern zu bringen/die Situation zu verschlimmern, was genau müssten Sie dann (weiter/mehr) tun?«.
21 Blitzlichtmethode: Stichwortartiges Abfragen des momentanen (emotionalen) Erlebens der Teilnehmer. »Was erleben Sie hier gerade?« als prozessunterbrechende Intervention.

Interventionen durch Set-up- und Rollen-Änderungen
– Separate Gespräche führen – Rollenwechsel mit Co-Moderator vornehmen – Die Teilnehmer (und sich selbst) räumlich in Bewegung bringen (z.B. Ergebnispräsentation von Gruppenarbeiten im Stehen und an verschiedenen Orten im Raum durchführen)
Verfahrensorientierte Interventionen
– An vereinbarte Regeln erinnern oder ad hoc Regeln vereinbaren – Vertrauensbildende Maßnahmen ergreifen (ggf. mit Hilfe des Auftraggebers z.B. bestimmte Aufklärungen, Ortsbegehungen zusagen, Unterlagen oder Gutachten zur Verfügung stellen) – Gespräch vertagen oder abbrechen

Diese Interventionen sind situativ und einzelfallabhängig anzuwenden, ihr Einsatz hängt auch von der Gruppengröße und u.U. vom bereits erfolgten Beziehungsaufbau zur Gruppe ab.

c) **Feldkompetenz des Moderators**

Ob es sich bei der **Feldkompetenz** des Moderators um eine Anforderung oder lediglich eine wünschenswerte Zusatzqualifikation des Moderators handelt, hängt vom Einzelfall ab. Mit Feldkompetenz sind besondere Kenntnisse und Erfahrungen in dem zu moderierenden Sachkontext gemeint, also **z.B. Erfahrungen in der Raum- und Infrastrukturplanung, im Verkehrsbereich, in sozialen, juristischen, industriellen, naturwissenschaftlichen, politischen Tätigkeitsfeldern** etc. In den meisten Fällen dürfte eine Feldkompetenz hilfreich sein: Sie verschafft dem Moderator Sicherheit, so dass die Konzentration auf den Moderationsprozess leichter fällt. Das wiederum kann die Verbindung zu den Beteiligten verbessern. Die Feldkompetenz stärkt auch die Position gegenüber dem Auftraggeber. Der Befürchtung einer mangelnden thematischen Distanz des feldkompetenten Moderators ist mit einer professionellen (allparteilichen) Haltung, ggf. auch unter gelegentlicher Durchführung einer Supervision, zu begegnen.

F. Anwaltliche Vergleichsvermittlung

Übersicht

	Rdn.
I. Einführung	1
II. Verfahrensanforderungen	5
1. Verändertes anwaltliches Rollenverständnis	5
2. Verhandlungsvorbereitende Aktivitäten	6
3. Einbeziehung der wechselseitigen Interessen	8
4. Systematische Vorbereitung	11
5. Form	12
6. Hinzuziehung Dritter	13
7. Rückkoppelung zur Mandantschaft	14
III. Hinweise für die Praxis	16

I. Einführung

1 Im Schrifttum[1] werden verschiedene **Vermittlungsmodelle** identifiziert, die sich durch eine Kombination von **Interventions- und Interaktions-Dimensionen** auszeichnen. In der Vergleichsvermittlung (Settlement Mediation) sollen die auf einen Vergleich der Konfliktpositionen ausgerichteten Verhandlungen direkt zwischen den Parteien stattfinden, wobei primäres Ziel dieser Vermittlungsform schnelle und sachorientierte Einigungen sein sollen.

2 Die Beschreibung und Ausdifferenzierung in verschiedene Vermittlungsmodelle ist als eher theoretisch und wenig praxisnah anzusehen, wenn man nicht generell direkte Verhandlungen zwischen den Parteien über streitige Themen schon als eigentliche Vergleichsvermittlung ansehen will. Wenn dann solche Gespräche noch von anwaltlichen Interessenvertretern begleitet werden, so nähert man sich der **anwaltlichen Vergleichsvermittlung**.

3 Von der Definition her findet die eigentliche anwaltliche Vergleichsvermittlung ausschließlich direkt zwischen den beteiligten Anwälten statt, die von ihren jeweiligen Mandanten beauftragt sind, die grundsätzliche Verhandlungs- und Vergleichsbereitschaft der von ihnen vertretenen Parteien unter **Berücksichtigung der jeweiligen Interessenlage** und der **wechselseitigen Positionen** auszuloten und sodann zu versuchen, im anwaltlichen Dialog gemeinsam eine Lösung bestehender Streitpunkte herbeizuführen.

4 Der Anwalt in einer solchen Vergleichsvermittlung folgt dabei individuell dem anwaltlichen Leitbild der Berufsordnung der Rechtsanwälte, nämlich mit dem Ziel »konfliktvermeidend und streitschlichtend« tätig zu werden[2].

---

[1] Vgl. *Ade/Alexander*, Mediation und Recht, S. 62 ff.
[2] § 1 Abs. 3 BORA: »Als unabhängiger Berater und Vertreter in allen Rechtsangelegenheiten hat der Rechtsanwalt seine Mandanten vor Rechtsverlusten zu schützen, rechtsgestaltend, konfliktvermeidend und streitschlichtend zu begleiten....«.

II. Verfahrensanforderungen

1. Verändertes anwaltliches Rollenverständnis

Das Verfahren der Vergleichsvermittlung setzt allerdings voraus, dass in der Regel als Mediatoren ausgebildete Rechtsanwälte tätig werden und so in den Personen der hinzugezogenen Anwälte die Bereitschaft vorhanden ist, Konflikt- und Streitpotenziale zu reduzieren und lösungsorientierte ökonomische Aspekte in den Vordergrund der Verhandlungen zu stellen. Das **Anforderungsprofil** für ein solches Verfahren der anwaltlichen Vergleichsvermittlung erfordert eine **Abkehr von klassischen Verhandlungs- und Streitkulturen**, um in einem strukturierten außergerichtlichen Konfliktbearbeitungsverfahren mit dem Ziel tätig zu werden, eine im Wege der Verhandlung gewonnene gemeinsame Lösung einer streitigen Angelegenheit zu erreichen.[3]

2. Verhandlungsvorbereitende Aktivitäten

Schon im Vorfeld ist es allerdings erforderlich, die Verhandlung und den Verhandlungsweg zu strukturieren und vor der eigentlichen Verhandlung durch die beteiligten Anwälte eine Analyse der bestehenden Beziehungen, der Verantwortungsbereiche und eine Risikoabschätzung durchzuführen, ferner ein eigenes gewünschtes oder mögliches Verhandlungsziel in Abstimmung mit der vertretenen Partei zu formulieren und eine Konzeption für einen stabilen Verhandlungsprozess zu definieren.[4]

Der »Spagat« und interne Konflikt der handelnden Anwälte liegt darin, trotz dieser Vorbereitung weiterhin lösungsoffen zu agieren und zu verhandeln. Es gelten im Übrigen perspektivisch ähnliche Qualifikationsanforderungen auf der Inhalts- und Verfahrensebene mit dem Ziel einen inneren und äußeren Paradigmenwechsel vollziehen zu können, wie dies für tätige Anwälte im Kooperativen Anwaltsverfahren (»CP«) beschrieben wird.[5]

---

3 Vgl. auch *Wambach-Schulz* Die Mediation IV/2019, 9 ff.; ferner *Schmidt/Lapp/Monßen*, Mediation in der Praxis des Anwalts, Rdn. 88 ff.

4 Umfassend *Friedrichsmeier/Hammann*, Der Rechtsanwalt als Mediator in *Haft/von Schlieffen*, Handbuch Mediation, 3. Aufl.

5 Vgl. hierzu die Ausführungen zur »Cooperativen Praxis« und den Qualitätsanforderungen der Anwälte unter Teil 6 G. V. Zur **Abgrenzung** der Aufgaben eines **Parteianwalts** von denen eines **Mediators** vergl. die Gegenüberstellung bei *Lütkehaus/Pach*, Basiswissen Mediation, S. 162, die auf folgende Kriterien rekurrieren: **Der Parteianwalt** ist mit seiner Mandantschaft parteilich und finanziell verbunden und nur ihr verpflichtet, fördert die Kommunikation nur im Interesse seines Mandanten, unterbreitet diesem Vorschläge, wirkt im Prozess mit Argumenten und Beweisanträgen auf die Entscheidung des Richters ein und macht Entscheidungsvorschläge, verhält sich positionsfixiert, betrachtet das Recht als Hauptkriterium, hat Positionen und Ansprüche im Fokus mit dem Ziel, für seinen Mandanten den Prozess zu gewinnen, sucht nach Argumenten, die dessen Position untermauern und nimmt eine Bewertung in »falsch« oder »richtig« vor. Der **Mediator** hingegen ist im Hinblick auf die Medianden persönlich und beruflich unabhängig, ist allen Medianden verpflichtet, fördert die Kommunikation im Interesse aller Beteiligten, unterbreitet keine Vorschläge, hat keine Entscheidungsbefugnis, verhält sich ergebnisoffen, erachtet das Recht

3. Einbeziehung der wechselseitigen Interessen

8   Krisen- und Streitverhandlung setzt **wechselseitiges und wertschätzendes Verstehen und Respekt** zum Gegenüber voraus, in diesem Falle nicht nur gegenüber der gegnerischen Partei, sondern auch gegenüber dem für diese Partei tätigen Anwalt. Eben offene Kommunikation im klassischen Verständnis, die nicht davon geprägt ist, den Verhandlungsgegner von der eigenen Position zu überzeugen und niederringen zu wollen.

9   Der in der anwaltlichen Vergleichsvermittlung tätige Rechtsanwalt muss daher die Bereitschaft mitbringen, das Motiv oder die Handlungsweise der Gegenseite zu verstehen oder zumindest nachzuvollziehen. Konkret bedeutet dies, neben der klassischen Frage »wer will was von wem« die Ergänzung durch das »warum«, mithin das Augenmerk auf die **Interessen der Gegenseite** zu richten.

10 Allein dies erfordert eine Abkehr von klassischen Verhandlungsstrategien und Taktiken und wird in der Regel dem anwaltlichen Vertreter ein anderes Selbstverständnis und den Verzicht auf den letzten »Trumpf im Ärmel« abfordern.

4. Systematische Vorbereitung

11 Die Vorbereitung des Verfahrens der Vergleichsvermittlung ist nicht zu unterschätzen. Es ist eben nicht damit getan, nach Kenntnis der reinen Aktenlage in ein Vergleichsgespräch hineinzugehen und zu schauen, wie sich dies im Einzelfall entwickelt. Im Vorgespräch mit den Mandanten ist vielmehr zu klären, welches Verhandlungsziel möglichst erreicht werden soll und es müssen Vor- und Nachteile abgewogen werden. Um ein tragfähiges Ergebnis im Anwaltsgespräch zu erzielen, ist es notwendig, mögliche Wege dahin im Vorgespräch mit den Mandanten zu klären und zur **Vermeidung von Haftungsrisiken** ausreichend zu dokumentieren.

5. Form

12 Die anwaltliche Vergleichsvermittlung kann, jeweils abhängig von Art und Umfang der Auseinandersetzung und des Sach- und Streitstandes, auch telefonisch, schriftlich oder in Konferenzen erfolgen.

6. Hinzuziehung Dritter

13 Je nach Interessenlage, Umfang des Anwaltsmandats und Erforderlichkeit können die beteiligten Anwälte im Rahmen einer Vergleichsvermittlung auch andere dritte Personen, ggf. auch als **Sachverständige und Gutachter**, hinzuziehen.

---

nur als ein Kriterium unter vielen, stellt Gefühle und Bedürfnisse in den Fokus mit dem Ziel, allen Beteiligten zu einem Win-Win zu verhelfen, sucht nach Gemeinsamkeiten und anerkennt subjektive Sichtweisen.

7. Rückkoppelung zur Mandantschaft

Soweit nicht die jeweilige anwaltliche Bevollmächtigung der Mandanten auch eine **Abschlussvollmacht** beinhaltet – was eher selten sein und die Suche nach Lösungsansätzen erschweren wird – werden die Bevollmächtigten die in der Vergleichsvermittlung gefundene Lösung ihren jeweiligen Mandanten zuleiten, deren Zustimmung einholen und schriftlich niederlegen sowie in eine entsprechende Vertragsform bringen, ggf. mit entsprechender notarieller Beurkundung, ggf. auch als vollstreckbarer **anwaltlicher Vergleich**.[6] 14

In jedem Falle birgt die anwaltliche Vergleichsvermittlung des Risiko, nach einer in der Verhandlung möglicherweise mühsam gefundenen Lösung gleichwohl nicht zu einer Vereinbarung kommen zu können, weil zuvor die Zustimmung der beteiligten Mandanten einzuholen ist, soweit nicht – wie zuvor ausgeführt – auch eine **Abschlussvollmacht** erteilt wurde. 15

III. Hinweise für die Praxis

Verantwortung für ein gewonnenes Ergebnis tragen auch die beteiligten Rechtsanwälte. Ihre Aufgabe ist es, im Nachhinein ihre jeweilige Partei vom verhandelten Ergebnis überzeugen zu müssen. 16

Ein Unterfangen, was häufig mit der Mandatsbindung schwer in Einklang zu bringen sein kann. 17

Die eindeutige anwaltliche Bindung an das Interesse des Mandanten und an seine Weisungen kann daher zu einer **Einschränkung des Verhandlungsspielraumes** und an ein zu verhandelndes Ergebnis führen, nicht zuletzt weil die agierenden Rechtsanwälte nach Ihrem Berufsbild an Recht und Gesetz gebunden sind, anderes als in einer reinen Mediation, in welcher die im Vordergrund stehenden Parteien auch Ergebnisse »contra legem« finden und vereinbaren dürfen.

Hieraus folgt im Ergebnis, dass man sich aus **Kosten- und Effektivitätsgesichtspunkten**, der anwaltlichen **Interessenbindung und Fürsorgepflicht** gegenüber dem Mandanten häufig eher dafür entscheiden wird, eine Vergleichsvermittlung im Beisein oder unter Hinzuziehung der Mandanten durchzuführen. 18

---

6 Im Rahmen der gesetzlichen Regelungen des § 794 Abs. 1 Nr. 5 ZPO und § 794 Abs. 4b ZPO i.V.m. § 796b ZPO oder § 796c ZPO sowie der Anwaltsvergleich in § 796a ZPO.

G. Cooperative Praxis – »CP« (Kooperatives Anwaltsverfahren)

Übersicht
	Rdn.
I. Begriffsbildung und Definition	1
II. Verfahrensbeschreibung	3
1. Disqualifikationsklausel	3
2. Grundkonstellation (Collaborative Law/CL)	5
3. Teamkonstellation	6
III. Verfahrensablauf	15
1. Systemischer Ansatz	15
2. Phasenmodell	16
a) Vorphase: Verfahrensberatung/Screening/Assessment/Einbindung des Konfliktpartners	17
b) Phase 1: vertragliche Einigung (Arbeitsbündnis/Prinzipienklärung/ Einbindung des professionellen Netzwerks)	19
c) Phase 2: Themenklärung/Bestandsaufnahme und Beschaffung der Informationen und Unterlagen/»Roadmap«	25
d) Phase 3: Interessenklärung/Entwicklung eines gegenseitigen Verständnisses	27
e) Phase 4: Optionsbildung/Verhandlungsphase und Erarbeiten der Lösungen	28
f) Phase 5: Implementierung/Umsetzung/Juristische Abschlussvereinbarung	32
3. Modellhafter Ablauf	35
IV. Dogmatische Einordnung und Abgrenzung zu anderen ADR-Verfahren	36
V. Rolle der Anwälte und Qualifikationsanforderungen	39
VI. Anwendungsbereiche der Cooperativen Praxis	44
1. Verbreitung/Konflikt- und Themenbereiche	44
2. Indikation	46
VII. Hinweise für die Praxis	49
1. Netzwerk	49
2. Vertragsmuster	51
3. Kosten	52
4. Akquise/Marketing	57

I. Begriffsbildung und Definition

1 Für das, was in der Überschrift mit »Cooperative Praxis / Kooperatives Anwaltsverfahren« beschrieben wird, gibt es im deutschen Sprachraum keine einheitliche Bezeichnung. Gemeint ist das Verfahren, für das sich in der englischen Sprache die Begriffe »**collaborative law**« – CL – oder »**collaborative practice**« – CP –[1] herausgebildet

---

[1] In Teilen des Schrifttums wird unterschieden zwischen Collaborative Law als anwaltszentriertem Ansatz und Collaborative Practice als interdisziplinärem Ansatz; vgl. *Lenz/Schwarzinger* (Hrsg.), Konflikt, Kooperation, Konsens, 2. Aufl. 2012, S. 15 ff., 33. Die IACP, verwendet den Begriff »collaborative practice« mittlerweile als Oberbegriff für anwaltszen-

haben und das, wie so viele ADR-Verfahren, im amerikanischen Rechtskreis seinen Ursprung hat.[2] In Deutschland hat sich in der Praxis mittlerweile in erster Linie der Begriff »**Cooperative Praxis (CP)**«[3] etabliert, der auch hier im Folgenden verwendet wird. Der Begriff »**Kooperatives Anwaltsverfahren**« wurde zunächst in Österreich verwendet; mittlerweile wird hier jedoch primär wieder der Anglizismus »**Collaborative Law (CL)**« benutzt. In der Schweiz läuft dieses Verfahren allgemeinhin unter »**Collaborative Law & Practice**« **(CLP)**[4]. Im Interesse einer Klarheit im Rechtsverkehr für Praktizierende sowie Mandanten/Klienten und um eine einheitliche »Marke« zu fördern, wird eine **einheitliche Wortwahl** und Verwendung des mittlerweile etablierten Begriffes »Cooperative Praxis« in Deutschland als wünschenswert angesehen.[5]

Definiert werden kann die »Cooperative Praxis« zusammenfassend als ein strikt außergerichtliches Konfliktlösungsmodell, in dem die Beteiligten auf der Grundlage einer besonderen Verfahrensvereinbarung zusammen mit speziell ausgebildeten »cooperativen« Anwälten als »Fürsprechern« an ihrer Seite – und nach Bedarf gegebenenfalls 2

---

trierte und interdisziplinäre Konstellationen; vgl. http://www.collaborativepractice.com/what-collaborative-practice; *Diel*, The Definition of Collaborative Practice, Collaborative Review, Spring 13, S. 22. Zu differenzieren ist die US-amerikanische Praxis des sog. »Cooperative Law/Practice« (ohne Verbot von Prozessdrohungen und die sog. Disqualifikationsklausel); *Engel*, Collaborative Law, S. 184 ff. m.w.N.

2 Die »Erfindung« von »collaborative law« wird einem Anwalt aus Minneapolis, USA, Stuart G. Webb zugeschrieben, der Anfang der 1990er Jahre – desillusioniert vom »Kampf ums Recht« – nach konstruktiveren Verfahrensoptionen für Scheidungsfamilien suchte. Im Austausch mit Psychologen in Kalifornien (Peggy Thompson und Rodney Nurse) bzw. später einer Sozialarbeitern (Nancy Ross), die ein »collaborative divorce«-Modell (unter Einbeziehung von »divorce coaches« und anderen Fachexperten) entwickelten, wurde Mitte der 1990er Jahre »collaborative practice« als interdisziplinäres Modell geboren. Vgl. http://www.collaborativepractice.com/about-iacp/history. Vgl. zur internationalen und europäischen Entwicklung: *Mähler/Mähler* ZKM 2009, 70f.

3 Da «kollaborativ« im Deutschen historisch bedingt über eine negative Konnotation verfügt, wurde auf eine wörtliche Übersetzung bewusst verzichtet. Um jedenfalls in der Abkürzung (CP) international verbunden zu sein, wurde kooperativ bewusst mit C geschrieben. Vgl. *Mähler/Mähler* Interview in mediationaktuell vom 7.1.2014, www.mediationaktuell.de/news/; *Mähler/Mähler/Frank/Wölke* Collaborative Review, Fall 13, S. 9.

4 Zum Teil ist – neben den Anglizismen – in der deutschen Praxis nach wie vor auch der Begriff »kooperative Praxis» in Gebrauch, (vgl. z.B. die Website der RAK Köln, http://www.mediation.rak-koeln.de/koop.html. Zur österreichischen Begriffsverwendung vgl. auch http://www.collaborativelaw.eu/, https://www.avm.or.at/. Zur Schweiz: vgl. *Ziehe* Perspektive/ Schwerpunkt 1/2014, 4 ff.; www.clp.ch. Umfassend zur Terminologie: vgl. auch *Engel* ZKM 2010, 112 ff., (115), der sich für den Terminus »KoKon«-Verfahren ausspricht, der sich jedoch nicht durchgesetzt hat.

5 Vgl. auch *Diel* Collaborative Review, Spring 13, S. 22: Nach den Erkenntnissen des *Public Education Committee der IACP* ist eine »clear, concise and consistent definition of the work we do« bzw. eine entsprechende einheitliche »public message throughout the collaborative community« Grundlage einer wirksamen Öffentlichkeitsarbeit.

Coaches und sonstigen Fachexperten – zusammenarbeiten. Ziel ist eine eigenverantwortliche und für beide Seiten interessengerechte Einigung. Das Verfahren folgt einem mediationsanalogen Ablauf und ist geprägt von unmittelbarem und wertschätzendem Verhandeln bei Verpflichtung zur Transparenz aller relevanten Informationen. Zur Verfahrenssteuerung arbeiten »cooperative« Anwälte, Coaches und ggf. sonstige Fachexperten auf der Verfahrensebene strukturiert zusammen, was ein **Novum** in der Konfliktlösungskultur darstellt. Das Mandat der professionell Beteiligten ist dabei verpflichtend bewusst **nur** außergerichtlich und verbietet eine gerichtliche Vertretung in der gleichen Angelegenheit.[6]

II. Verfahrensbeschreibung

1. Disqualifikationsklausel

3   Die Besonderheit der Cooperativen Praxis gegenüber traditionellen Verhandlungskonstellationen besteht – in **allen** Konstellationen – zunächst darin, dass sich CP-Anwälte (sowie Coaches und etwaige weitere beteiligte Fachexperten) vertraglich bewusst verpflichten, **nur rein außergerichtlich** zu arbeiten und im Falle des Scheiterns der Verhandlungen den jeweiligen Mandanten bewusst **nicht** mehr als Bevollmächtigte zur Verfügung stehen (sog. **Disqualifikationsklausel**).[7] Dies dient dem Ziel, die Aufgeschlossenheit und Kreativität der Beteiligten während des Verhandlungsprozesses zu fördern und aufrecht zu erhalten.[8] Das ist richtungsweisend, da so die gesamte Energie auf eine Einigung ausgerichtet werden kann; das Drohschwert einer Klage entfällt. Für die Konfliktparteien wie für ihre Bevollmächtigten liegt eine Art **Selbstbindung** für einigungsorientiertes Verhandeln vor.[9]

---

[6] Vgl. zur Definition auch Lit. A. der vom *DVCP* und den angeschlossenen Regionalgruppen veröffentlichten »Vertragsgrundlagen für alle Vereinbarungen« Stand 5.2.2020 (vgl. hierzu auch Rdn. 21). Zur Definition der *IACP* vgl. https://www.collaborativepractice.com/what-collaborative-practice und Ziff. I.1.0 A. der IACP Standards and Ethics (Stand 21.6.2017) sowie *Diel* Collaborative Review, Spring 13, S. 22.

[7] *Mähler/Mähler* mediationaktuell Interview v. 5.3.2014; www.mediationaktuell.de/news/; *Engel* ZKM 2010, 112 ff. (113). Der damit einhergehende Verzicht auf Klagedrohung während der Verhandlungen im Cooperative Praxis-Verfahren hindert die Konfliktparteien aber nicht, etwaige Folgen einer gerichtlichen Auseinandersetzung in den Verhandlungsprozess einzubringen und diese zu reflektieren. Die Grenzen zu einer unzulässigen Drohung, die gleichbedeutend mit einem Ausstieg aus dem Cooperative Praxis-Verfahren ist, sind allerdings fließend. Zutreffend weist daher Engel, Collaborative Law, S. 74, darauf hin, dass u. U. ein gerichtliches Verfahren die beste Handlungsalternative (BATNA) darstellen könnte und es von daher unklug wäre, diese nicht in den Blick zu nehmen.

[8] *Engel*, Collaborative Law, S. 74.

[9] Vgl. auch *Engel*, Collaborative Law, S. 173 ff. Ob die Konfliktparteien nach Scheitern der Cooperativen Praxis gehindert sind, ihre bisherige Vereinbarung durch einen Änderungsvertrag nach § 311 Abs. 1 BGB anzupassen und die Disqualifikationsklausel abzubedingen, wurde in der Praxis kontrovers diskutiert. Nach Ziff. I. 3.12. B der *IACP Standards and Ethics* (Stand 21.6.2017) soll das Verbot für die professionell Beteiligten, sich an einem nachfolgenden Gerichtsverfahren zu partizipieren, explizit nicht von den Mandanten abbe-

Außerdem wird hierdurch Raum für eine Entbindung von der Verschwiegenheitsverpflichtung und Optimierung auf der Verfahrensebene zwischen den beteiligten Professionellen geschaffen.[10] Gerade für die CP-Anwälte ist die Beendigung des Mandats bei Scheitern der Verhandlungen ein zentraler Schritt, da sie sich für einen potenziellen Gang zum Gericht **nicht »rechtspositionsfähig«** halten müssen.[11]

Einigkeit besteht im Familienrecht jedoch, dass die CP-Anwälte ausnahmsweise als Verfahrensbevollmächtigte in nachfolgenden **einvernehmlichen Scheidungsverfahren** auftreten dürfen, sofern im Cooperative Praxis-Verfahren eine Vereinbarung ausgehandelt wurde und durch gerichtliche Entscheidung lediglich noch die Scheidung als solche, gegebenenfalls im Verbund mit dem Versorgungsausgleich zu erfolgen hat.[12]   4

2. Grundkonstellation (Collaborative Law/CL)

In seiner Grundform stellt die Cooperative Praxis ein sog. **Vier-Personen-Verhandlungsverfahren** dar, das von den jeweiligen Konfliktbeteiligten zusammen mit ihren Anwälten geführt wird. Diese vier Hauptbeteiligten verabreden sich zusammenzuarbeiten, um akzeptable Lösungen für den jeweiligen Konflikt zu finden. Dabei stehen die Anwälte **parteilich** an der Seite ihrer Mandanten. Statt der Delegation der Entscheidung eines Konflikts auf einen fremden Dritten, entscheiden die Konfliktpartner – mit entsprechender koordinierter fachlicher, parteilicher Stütze – **selbst** im Verständnis der eigenen Sicht, der Sicht des anderen und der Gegebenheiten, mit denen sie sich auseinandersetzen müssen. CL mag das »Mittel der Wahl« vor allem dann sein, wenn die Beziehung der Konfliktpartner noch durchaus intakt ist   5

---

dungen werden können; einzige Ausnahme hiervon soll sein: bei Einverständnis der Mandanten, »to implement or make legally enforceable agreements reached in the Collaborative Process, including participating in procedures that are appropriate to preserve the ability of a court or other authority to approve such agreements«. *Engel*, Collaborative Law, S. 257 f meint unter Hinweis auf das Schrifttum, dass die Anwälte dadurch Vertrauen und Reputation im regionalen Netzwerk verlieren würden. Dies wurde im Hinblick auf die Parteiautonomie einerseits und die Vertraulichkeitsabrede andererseits in der Vorauflage bezweifelt, hat in der Praxis aufgrund der besonderen Dynamik der CP-Netzwerke jedoch durchaus Bedeutung. Unabhängig hiervon ginge die besondere Kraft der Selbstbindung gegebenenfalls verloren.

10 Vgl. *Mähler/Mähler* mediationaktuell, Interview v. 5.3.2014, S. 4; http://www.mediationaktuell. de/news/, sowie Engel ZKM 2010, 112 ff. (113); auch *Engel*, Collaborative Law, S. 257, der darauf hinweist, dass die Verpflichtung zur Mandatsbeendigung notfalls durch Zwangsgeld nach § 888 Abs. 1 ZPO durchgesetzt werden kann. Vgl. hierzu auch Rdn. 22.

11 *Mähler/Mähler* ZKM 2009, 71 f (72).

12 Vgl. Lit. B. 1. der von der *DVCP* und den angeschlossenen regionalen Praxisgruppen verwendeten Vertragsgrundlagen für alle Vereinbarungen (Stand 05.02.2020); *Mähler/Mähler* ZKM 2009, 1 ff. (2).

und die Schwierigkeiten primär in der Lösung von komplexen rechtlichen Fragestellungen liegt.[13]

3. Teamkonstellation

6 Neben der oben beschriebenen Grundform der Cooperativen Praxis hat sich in der Praxis vor allem eine sog. **Teamform** herausgebildet, in der neben den erwähnten vier Hauptbeteiligten (je zwei Parteien und zwei Anwälte) **weitere Personen** am Verfahren beteiligt werden, um von deren speziellen Wissen und Erfahrung für eine Konfliktlösung zu profitieren.[14] Die Besonderheit des Verfahrens besteht also darin, dass sich die Konfliktpartner bei Bedarf professionell in verschiedener Hinsicht koordiniert unterstützen lassen können: **rechtlich, wirtschaftlich, persönlich und emotional.**

7 In Deutschland entspricht das sog. »**Lego-Modell**« nach *Nancy Cameron* dem Selbstverständnis der Praxis. Hierbei verstehen sich die professionell Beteiligten als ein Netzwerk, auf das die Konfliktpartner als Ressource **optional** zurückgreifen können, sofern sie konkret professionelle Unterstützung benötigen. Hierdurch wird ein **maßgeschneiderter** Verfahrensablauf ermöglicht.[15] Die Besetzung eines Teams orientiert sich insbesondere an den Bedürfnissen der Mandanten/Klienten, vorhandenen Ressourcen, ihrer jeweiligen Aufgeschlossenheit und ihren Anweisungen.[16] Eine Einbeziehung kann im Einzelfall bereits **zu Beginn** des Verfahrens stattfinden; oftmals wird ein Team jedoch erst im weiteren Verlauf **situativ** gebildet.[17]

8 In der Praxis hat sich insbesondere die Beteiligung von **Coaches** bewährt, vor allem wenn die Konfliktparteien miteinander sehr emotional verstrickt sind und es der Herstellung einer Gesprächsbasis bedarf.[18] Es kann differenziert werden zwischen Coaches als **parteilichen** »Fürsprechern« und **neutralen** Experten (wenn nur ein gemeinsamer Coach bestellt wird). Die Coaches können den Klienten einen besonderen Raum für Gefühle, Bedenken und Wünsche im Hinblick auf das Konfliktgeschehen geben und dadurch eine Klärung herbeiführen. Sie unterstützen ferner den Verständnisprozess für die eigenen Interessen sowie die Interessen der anderen Konfliktpartei. Sie geben den Klienten bei Bedarf Kommunikationsformen an die Hand, wie der Prozess möglichst effektiv voran gebracht und der gegenseitige Respekt gestärkt werden kann. Sie sind

---

13 vgl. *Schwarzinger* in *Lenz/Schwarzinger* (Hrsg.), Konflikt, Kooperation, Konsens, 2. Aufl., S. 25 ff. (32).
14 *Engel* ZKM 2010, 112 ff. (113).
15 *Mähler/Mähler* ZKM 2009, 70 ff. (70); vgl. ausführlich auch *Lenz* in *Lenz/Schwarzinger*, Konflikt, Kooperation, Kosens, 2. Aufl., S. 69 ff.
16 Die Besetzung eines ausgewogenen Teams sollte ferner auch unter Berücksichtigung von »Gender«-Aspekten erfolgen. Vgl. *Cameron*, Deepening the Dialogue, 2. Aufl., S. 438 f; *Reetz* in *Lenz/Schwarzinger* (Hrsg.), Konflikt, Kooperation, Konsens, 2. Aufl., S. 171 ff. (186).
17 vgl. *Cameron*, Deepening the Dialogue, 2. Aufl., S. 54 ff.
18 vgl. *Schwarzinger* in *Lenz/Schwarzinger* (Hrsg.), Konflikt, Kooperation, Konsens, 2. Aufl., S. 25 ff. (32).

als Teammitglied für die Förderung des Einigungsprozesses und die Optimierung des Verfahrens mitverantwortlich.[19]

Weitere involvierte Fachexperten können bspw. auch **Therapeuten oder Psychologen**[20], **Steuer – oder Finanzberater**[21] oder auch **Sachverständige zur Grundstücksbewertung, Versicherungsangelegenheiten** oder **Fragen der Rentengestaltung** sein, die in jeweils spezifischen Verhandlungssituationen den Hauptbeteiligten mit ihrem **Expertenwissen** zur Seite stehen. In Trennungs- und Scheidungsverfahren sind insbesondere **Kinderspezialisten** gefragt, deren Aufgabe auch darin besteht, den Kindern im Prozess eine hörbare Stimme zu geben, die Interessen der Kinder im Team zu vertreten und den Eltern aufgrund ihrer Erfahrung in den Kinderthemen beizustehen als Grundlage für ein am Kindeswohl und Kindeswunsch orientiertes tragfähiges Zukunftskonzept.[22] Während Anwälte und persönliche Coaches auf der Inhaltsebene ihren Mandanten/ Klienten **parteilich** verpflichtet sind, werden der gemeinsame Coach und die weiteren Fachexperten grundsätzlich von beiden Seiten gemeinsam in **neutraler** Funktion bestellt, müssen also strikt unparteilich agieren und ihr Wissen allen Hauptbeteiligten zur Verfügung stellen. Hierdurch findet eine deeskalierende Rückkoppelung auf das Gesamtverfahren statt, das objektiviert wird.[23] Sie nehmen in aller Regel nicht an allen Verhandlungen teil, sondern werden nur **selektiv** hinzugezogen. Denkbar sind jedoch auch Konstellationen, in denen die Experten an **allen** Gesprächen beteiligt sind.[24]

Durch diese **Interdisziplinarität** werden zum einen die Möglichkeiten einer Konfliktlösung erweitert, zum anderen den Anwälten die Chance eingeräumt, sich auf ihre Kernkompetenzen, mithin die juristische Beratung, und die Gesprächsgestaltung zu konzentrieren. Anders als in herkömmlichen Verfahren kann das CP-Team auf der Grundlage einer wechselseitigen Schweigepflichtentbindung jedoch **koordiniert und transparent auf der Verfahrensebene zusammenarbeiten**, was ein Novum ist.[25] Hier-

---

19 *Mähler/Mähler* ZKM 2009, 70 ff. (72); vgl. zum Familien-Coach in CP: *Sommerhuber* in *Lenz/Schwarziner*, 2. Aufl.; S. 117 ff.; vgl. zum Wirtschafts-Coach in CP: Klinhammer in *Lenz/Schwarziner*, 2. Aufl. S. 117 ff.; vgl. zum sog. »Collaborative Divorce Coaching« (CDC) auch *Gamache* Collaborative Review, Spring 2013, S. 24 ff. sowie zum Ganzen vgl. Gamache in Cameron, Deepening the Dialogue, 2. Aufl., S. 470 ff.
20 *Schopper-Brigel* Öst. AnwBl. 2003, 392.
21 *Leiss* IDR 2005, 174 ff. (175); vgl. zum Ganzen ausführlich *Tauscher* in *Lenz/Schwarzinger*, Konflikt, Kooperation, Konsens, 2. Aufl., S. 129 ff; *Gardner Brown* in *Cameron*, Deepening the Dialogue, 2. Aufl., S. 526 ff.
22 Vgl. zum Ganzen ausführlich *Wölke* in *Lenz/Schwarzinger*, Konflikt, Kooperation, Konsens, 2. Aufl., S. 136 ff. und *Shapiro* in *Cameron*, Deepening the Dialogue, 2. Aufl., S. 526 ff.; *McGeary Fossum/Fossum* Collaborative Review, Spring 2006, S. 12 ff; *Hansen/Schroeder* Collaborative Review, Spring 2013, S. 13 ff.
23 *Mähler/Mähler* ZKM 2009, S. 71 ff.
24 Vgl. hierzu die instruktiven Fallbeispiele bei *Lenz* in *Lenz/Schwarzinger*, Konflikt, Kooperation, Konsens, 2. Aufl., S. 39 ff.
25 Vgl. hierzu *Ammon* in *Lenz/Schwarzinger* Konflikt, Kooperation, Konsens, 2. Aufl., S. 77 ff. (86).

durch können in direkter und zeitschonender Kommunikation unbürokratische und effiziente Abläufe geschaffen werden.

11 Allerdings stellt eine derartige Erweiterung des Teams auch ein u. U. nicht unerheblicher **Kostenfaktor** dar, den es zu bedenken gilt. Eine Kontrolle findet jedoch von Natur aus bereits durch den Wunsch der Mandanten/Klienten nach dem einfachsten und kostengünstigsten Setting statt.[26] Auch von den professionell Beteiligten ist stets auf den spezifischen **Bedarf** der Klienten besonders zu achten. In der Praxis wird erfahren, dass die Einbeziehung zusätzlicher Coaches bzw. sonstiger Fachexperten gerade in Fällen mit einer höheren Komplexität oder Emotionalität vielfach zu einer **Verfahrensbeschleunigung** führt und damit auch den finanziellen Aufwand **vermindert**, zumal die Honorarsätze der Experten in der Regel unter den Anwaltssätzen liegen.[27] Abgesehen davon ist das Einbeziehen verschiedener Fachexperten auch bei traditionellen Gerichtsverfahren anzutreffen, die jedoch auf der Verfahrensebene **nicht** koordiniert zusammenarbeiten.[28] Bei Vorbehalten der Mandanten/Klienten gegen eine Einbeziehung weiterer Experten hat sich in der Praxis teilweise auch das Abhalten einer (gegebenenfalls kostenlosen oder kostenreduzierten) **Probeteamsitzung** bewährt, damit die Klienten ein »Gefühl« für das Teamsetting und dessen Vorteile bekommen.

12 Ähnlich wie bei der Disqualifikationsklausel für Anwälte wird vor Hinzuziehung von Experten oder Beratern vereinbart, dass im Falle des Scheiterns des Verfahrens diese **nicht** vor Gericht aussagen und ihre Expertisen, Vorschläge, Unterlagen etc. **nicht** verwendet werden dürfen.[29]

13 In der Praxis werden zuweilen auch **Hybrid-Verfahren** durchgeführt. Insbesondere in komplexen Sachverhalten und bei einer Beteiligung einer Vielzahl von CP-Professionellen mag im Hybrid mit der Mediation das Beiziehen eines sog. »**Case-Managers**« oder »**Facilitators**« hilfreich sein. Sie haben insbesondere die Aufgabe das Verfahren zu organisieren, zum Teil aber auch unmittelbar das Verfahren zu leiten und zu moderieren.[30] Aus einer Mediation heraus kann aus dem beratenden, externen Anwalt ggf. auch ein »cooperativer« Anwalt werden. Aber auch in nicht cooperativen Verfahren, in denen die Anwälte ihre Parteien auch vor Gericht vertreten, können »**cooperative**« **Elemente** integriert werden, z.B. indem die Anwälte während eines laufenden Coaching- oder Beratungsprozesses bei einer Beratungsstelle gerichtliche Folgesachen ruhen lassen oder

---

26 Vgl. *Cameron*, Deepening the Dialogue, 2. Aufl., S. 57 f.
27 Vgl. *Cameron*, Deepening the Dialogue, 2. Aufl., S. 57 f. (58); vgl. hierzu die These von *Ziehe* Perspektive Schwerpunkt, 1/2014, 4 ff. (5), dass aus Erfahrung »jede zusätzliche Fachperson« mindestens eine Vierersitzung »einspart« und auch die begleitenden Vor- und Nacharbeiten hierfür reduziert werden.
28 Vgl. *Mähler/Mähler* ZKM 2009, 70 ff. (74) unter Hinweis darauf, dass dies in Familienrechtsstreitigkeiten teilweise dazu führt, dass Kinder (mit entsprechenden Belastungen) in hochstrittigen Fällen teilweise bis zu fünf Mal (oder sogar mehr) angehört werden, während im CP in der Regel eine einmalige Anhörung der Kinder ausreicht.
29 *Leiss* IDR 2005, 174 ff (176). Vgl. Rdn. 3.
30 *Mähler/Mähler* ZKM 2009, 70 ff. (72); *Mähler/Mähler* mediationaktuell, Interview v. 7.2.2014, S. 4, www.mediationaktuell.de/news/.

entsprechende Klagen zurückhalten und diese Prozesse im Geiste der Cooperativen Praxis zielorientiert unterstützen, bei Bedarf z.b. auch durch die Teilnahme an den Sitzungen. In einem Mediationssetting kann als »cooperatives« Element z.b. auch ein Coach zur Klärung der persönlichen Themen oder ein sonstiger Experte integriert werden u.a. Ebenso kann in der Mediation ein externer Coach zur Klärung der persönlichen und psychologischen Themen der Klienten einbezogen werden.[31]

Alle am CP-Verfahren professionell Beteiligten sind der **eigenverantwortlichen** Ergebnisfindung der Konfliktparteien verpflichtet. Das Team kooperiert auf der Verfahrensebene, darf sich auf der Sachebene allerdings **nicht** als »**Helferkonferenz**« verstehen, das »über den Kopf« der Mandanten/Klienten hinweg inhaltliche Lösungen untereinander aushandelt.[32]

14

III. Verfahrensablauf

1. Systemischer Ansatz

Die Cooperative Praxis geht von einem **ganzheitlichen** Ansatz aus. Nicht das Recht soll die Konfliktlösung bestimmen, sondern das Ziel der Verhandlungen soll sich an den **Interessen** orientieren. CP nimmt neben den juristischen Implikationen eines Konflikts somit zugleich dessen **wirtschaftliche, soziale und emotionale Aspekte** in den Blick; insoweit liegen die Parallelen zum Mediationsverfahren auf der Hand.[33]

15

2. Phasenmodell

Ähnlich dem Mediationsverfahren orientiert sich auch das Cooperative Praxis-Verfahren an **verschiedenen Phasen**, beginnend mit der sog. Vorphase, in der die jeweiligen anwaltlichen Bevollmächtigten über das Verfahren und die Anwendbarkeit auf den konkreten Konfliktgegenstand informieren. Sodann gefolgt von fünf weiteren Phasen, deren Choreographie sich in der Praxis im Einzelfall jedoch **überschneiden bzw. ineinander übergehen kann**[34]:

16

---

31 *Mähler/Mähler* ZKM 2009, 70 ff. (72); *Mähler/Mähler* mediationaktuell, Interview v. 7.2.2014, S. 4, www.mediationaktuell.de/news/; vgl. auch *Ammon* in *Lenz/Schwarzinger*, Konflikt, Kooperation, Konsens, 2. Aufl. S. 69 ff.
32 *Mähler/Mähler* ZKM 2009, 70 ff. (72); zum »Team-Modell« vgl. auch Ammon in *Lenz/Schwarzinger*, Konflikt, Kooperation, Konsens, 2. Aufl. S. 77 ff. (85 f.).
33 *Mähler/Mähler* ZKM 2009, 70 ff. (72).
34 Vgl. so auch die Homepage des MNCP, http://www.cooperative-praxis.de/cooperative praxis/ Wie funktioniert Cooperative Praxis; *Tesler*, Collaborative Law, 3. Aufl., S. 59 ff, 117 die in Analogie zu einem Theaterstück drei Phasen unterscheidet Akt 1: vom Erstkontakt bis zur Etablierung des Arbeitsbündnisses im ersten Vierer-Gruppentreffen (»setting the container«), Akt 2: Informationsbeschaffung und –austausch, Einbeziehung von Fachexperten, Brainstorming, Optionen evaluieren, Vorschläge reflektieren und verhandeln, (»walk around the estate« und »get to yes«), Akt 3: Vereinbarung entwerfen und abstimmen, unterzeichnen, wertschätzen, evaluieren, feiern. Vgl. zum Drei-Phasen-Modell auch *Cameron*, Deepening the Dialogue, 2. Aufl., S. 367 ff unter Verwendung des Bildes Empfängnis, Schwangerschaft, Geburt.

a) **Vorphase: Verfahrensberatung/Screening/Assessment/Einbindung des Konfliktpartners**

17 In der Vorphase sollte der CP-Anwalt seinen Mandanten im Sinne einer bestmöglichen anwaltlichen Beratung, die heutzutage mehr als rein juristische Fragen beinhaltet, zunächst ergebnisoffen über die verschiedenen Konfliktlösungsmöglichkeiten (inklusive des möglichen Cooperative Praxis-Verfahrens) mit allen etwaigen Vor- und Nachteilen im Rahmen eines ausführlichen **Erstgesprächs umfassend aufklären**[35] (**Verfahrensberatung**).[36] Es ist zu ermitteln, ob er/sie selbst für diesen Fall und diese Person der geeignete Professionelle ist, seine Angebotspalette dem konkreten Mandanten dienlich sein kann bzw. welche anderen Vorgehensweisen möglicher Weise besser geeignet sind (sog. **Screening** und **Assessment**). Um sich für keine der aus Mandantensicht vorzugswürdigen Rolle schon zu Beginn zu »verbrennen«, hat es sich in der Praxis bewährt, die eigene Rolle und das Setting in einem neuen Mandat dabei gegebenenfalls zunächst **offen** zu halten. Insgesamt sollte nicht (nur) der vordergründige Informationsbedarf bedient, sondern die für die mittel- und langfristige Perspektive wirklich hilfreichen Antworten im Blick behalten werden.[37] In der Praxis bietet sich eine entsprechende Verfahrensaufklärung aber auch durch **Coaches** an, sofern sie für einen Konfliktpartner die erste Anlaufstelle darstellen.

18 Eine besondere Hürde stellt in der Vorphase erfahrungsgemäß die **Etablierung von CP beim anderen Konfliktpartner** dar. Dabei sollte der eigene Mandant/Klient unterstützt werden. In der Praxis haben sich hier Flyer des eigenen Pools und die Bezugnahme auf Websites bewährt oder auch das Mitgeben von CP-Infomappen (zweifach) insbesondere auch für die andere Konfliktpartei bzw. Listen von CP- Anwälten.[38] Teilweise wird angeraten, die Verfahrensberatung auch nochmals schriftlich in einer ausführlichen (standardisierten) E-Mail zusammenzufassen, die der Mandant an seinen Konfliktpartner weitergeben kann.[39] Zum Teil werden in der Praxis auch **gemeinsame Verfahrensberatungen** für beide Konfliktpartner durchgeführt.[40]

---

35 Vgl. § 1 Abs. 3 BORA, der der Anwaltschaft die Verpflichtung auferlegt, ihre Mandanten konfliktvermeidend und streitschlichtend zu begleiten.
36 In der Praxis werden entsprechende Verfahrensberatungen zur Reduzierung der Hemmschwelle, sich auch mit alternativen Konfliktlösungsverfahren auseinanderzusetzen, zum Teil zu einem deutlich reduzierten Tarif oder sogar umsonst angeboten.
37 Vgl. zum Ganzen *Reetz* in *Lenz/Schwarzinger*, Konflikt, Kooperation, Konsens, 2. Aufl. S. 150 ff. (166 f.) unter Hinweis auf den »Tunnelblick« der Konfliktpartner zu Verfahrensbeginn mit unklaren Interessen und oftmals ambivalentem Verhalten. Vgl. ferner *Cameron*, Deepening the Dialogue, 2. Aufl., S. 372 ff.: sog. »Schattenzustand« der Mandanten.
38 Soweit schon ein Vertrauensverhältnis aufgebaut werden konnte, ggf. auch ein direkter Vorschlag für einen oder mehrere CP-Kollegen.
39 Zum Inhalt einer derartigen E-Mail: vgl. *Reetz* in *Lenz/Schwarzinger*, Konflikt, Kooperation, Konsens, 2. Aufl. S. 150 ff. (166 f.)
40 Wichtig ist dabei zur Vermeidung einer Interessenkollision jedoch Klarheit in der eigenen Rolle als potenzieller CP-Anwalt eines Konfliktpartners und eine Beschränkung auf eine reine Verfahrensberatung.

b) Phase 1: vertragliche Einigung (Arbeitsbündnis/Prinzipienklärung/ Einbindung des professionellen Netzwerks)

Für die Etablierung des CP-Verfahrens bedarf es einer vertraglichen Einigung auf verschiedenen Ebenen.[41] In der Praxis geschieht dies üblicher Weise durch **verschiedene hintereinander geschaltete** Verträge, die die CP-Anwälte aus Paritätsgründen üblicher Weise im Vorfeld untereinander abstimmen.

Zunächst übertragen die jeweiligen Konfliktbeteiligten ihren Anwälten im Rahmen der üblichen Kontaktaufnahme ein anwaltliches Mandat im Rahmen eines speziell auf das CP-Verfahren ausgerichteten **Mandatsvertrags**. Rechtsdogmatisch handelt es sich um einen Rechtsdienstleistungsvertrag gem. §§, 675, 611 BGB i.V.m. § 2 Abs. 1 RDG mit entsprechenden Modifikationen.[42] Parallel vereinbaren die Anwälte mit ihren jeweiligen Mandanten eine gesonderte **Vergütungsvereinbarung**, sofern die Vergütung nicht bereits in einen zusammenfassenden Mandatsvertrag integriert ist. Der Abschluss der Verträge zwischen Anwalt und Mandant erfolgt üblicher Weise in der **Vorphase**, spätestens jedoch **zu Beginn der ersten gemeinsamen Gruppensitzung**.[43] Dabei sind die Pflichten der Anwälte (insbesondere die Verpflichtung zu einer konstruktiven Grundhaltung, zu Fairness und gutem Willen auch gegenüber der Gegenseite) bezüglich der jeweiligen Gegenmandanten auf die ordnungsgemäße Verfahrensleitung beschränkt (sog. **Verfahrensleitungsvertrag**). Zwischen den Anwälten oder den sonstigen CP-Professionellen selbst bestehen untereinander **keine** vertraglichen Beziehungen.[44]

Zur Etablierung des CP-Verfahrens und als Grundlage für das weitere Verfahren schließen die **Konfliktparteien untereinander** in der Folge einen gemeinsamen **Verfahrensvertrag**.[45] Es ist dies die vertragliche Übereinkunft der Konfliktparteien, ihre Fragen

---

41 Vgl. hierzu ausführlich *Engel*, Collaborative Law, 2010 S. 192 ff., der zwischen der zwischen den Parteien abzuschließenden Verfahrensvereinbarung, dem Mandatsvertrag (zwischen Anwalt und Mandant) und dem sog. »Verfahrensleitungsvertrag« (als erweiternder Bestandteil des Rechtsdienstleistungsvertrags zwischen Mandant und Anwalt) differenziert.
42 Vgl. bspw. die Mustervereinbarungen des deutschen CP-Dachverbands (DVCP) unter http://www.deutsche-vereinigung-cooperative-praxis.de/dvcp/downloads zum sog. »CP-Auftrag« bzw. auch des österreichischen Dachverbands unter www.collaborativelaw.eu/infos/muster-vorlagen/ zum sog. »Mandatsvertrag für ein Collaborative Law Verfahren«.
43 Zur Ermöglichung einer Vorbereitung des CP-Verfahrens, insbesondere eines ersten Austauschs bzw. Offenlegung der erforderlichen Informationen zwischen den einvernehmlich hinzugezogenen CP-Professionellen, wird in der Praxis teilweise auch ein verkürzter sog. »begrenzter CP-Auftrag« geschlossen, der einen neuen (insbesondere auch streitigen) Auftrag nicht ausschließt, falls das CP-Verfahren nicht zustande kommt.
44 Vgl. hierzu ausführlich *Engel*, Collaborative Law, 2010, S. 205 unter Hervorhebung, dass dies selbst dann gilt, wenn der interparteiliche Verfahrensvertrag, der für das CP-Verfahren modifiziere Mandatsvertrag und die Verfahrensleitungsverträge in einem, von allen Beteiligten unterzeichneten Dokument zusammengefasst werden.
45 sog. »Vereinbarung der Vertragspartner zum CP-Verfahren«; vgl. http://www.deutsche-vereinigung-cooperative-praxis.de/dvcp/downloads. In der Schweiz wird hierfür nach Mitteilung von Schweizer CP-Anwälten der Begriff »Collaborative Law & Practice Vereinbarung« verwendet. In Österreich wird unter Bezugnahme auf die anglo-amerika-

und ihren Regelungsbedarf im Zusammenhang mit dem zu definierenden Themenkomplex im Wege Cooperativer Praxis außergerichtlich einer Lösung zuzuführen und auf den Gang vor Gericht solange zu verzichten, als die Gespräche andauern. Die Vertragspartner verständigen sich dabei explizit vertraglich unter anderem auch auf die allgemein anerkannten **Vertragsgrundlagen des CP-Verfahrens** und die sog. **Disqualifikationsklausel**.[46] Die nationalen CP-Dachverbände haben auch hier zur Vereinheitlichung, zur Qualitätssicherung sowie zur Entlastung der professionell Beteiligten entsprechend standardisierte **Formulierungsvorschläge** erarbeitet, die in der Praxis Verwendung finden.[47]

22 Besondere Bedeutung kommt dabei auch der Vereinbarung von **Verschwiegenheit und Vertrauensschutz** zu: Alle CP-Professionellen entbinden sich hiernach untereinander im **Innenverhältnis** ausdrücklich von ihrer Verschwiegenheitsverpflichtung, um sich auf der Verfahrensebene besser koordinieren zu können.[48] Außerdem verpflichten sich die Vertragspartner nach **außen** zu einem Vertrauensschutz, namentlich keinen der am Verfahren professionell Beteiligten (einschließlich der Parteivertreter des anderen Vertragspartners) in einem Gerichtsverfahren, Schiedsverfahren bzw. sonstigen Entscheidungsverfahren als Zeugen zu benennen, Äußerungen und Dokumente, die von dem

---

nische Praxis zwischen den beiden Konfliktparteien und ihren CP-Anwälten eine sog. »Participation Agreement« (bzw. zum Teil »Partizipationsabkommen«) abgeschlossen; vgl. www.collaborativelaw.eu/infos/muster-vorlagen/.

46 Vgl. Rdn. 3. Eine Disqualifikationsklausel sollte sich auch auf Sozietätsangehörige erstrecken, auch wenn diese nicht ausdrücklich in der Klausel aufgeführt sind (vgl. für das Mediationsverfahren nunmehr das Verbot in § 3 Abs. 3 MediationsG und in Ziff. 3.12.A der IACP Standards & Ethics; http://www.collaborativepractice.com/. Die Disqualifikation der Anwälte für einen Gerichtsprozess kann gerichtlich durchgesetzt und ein entsprechender Titel gem. § 888 Abs. 1 ZPO vollstreckt werden.

47 Vgl. hierzu die vom deutschen CP-Dachverband DVCP entwickelten und in der deutschen Praxis verwendeten sog. »Vertragsgrundlagen für alle Vereinbarungen« http://www. deutsche-vereinigung-cooperative-praxis.de/dvcp/downloads, die durch entsprechende Bezugnahmen ein integraler Bestandteil sowohl des »CP-Auftrags« als auch der »Vereinbarung der Vertragspartner zum CP-Verfahren« darstellen. In den in Österreich verwendeten Vertragsformularen sind diese Regelungen unmittelbar in den Mandatsvertrag und die »Participation Agreement« integriert; vgl. www.collaborativelaw.eu/infos/muster-vorlagen/.

48 Vgl. z.B. für Anwälte §§ 43 a Abs. 2 BRAO, 18 BORA, für Steuerberater § 57 Abs. 1 StBerG. Praxishinweis: Ebenso wie im Mediationsverfahren dürfte es auch bei der Cooperativen Praxis schwierig sein, ein effektives Beweisverbot für im Verfahren erlangte Informationen durchzusetzen; für Mediationen ist dies nunmehr in § 4 MediationsG ausdrücklich geregelt. Ein Verstoß gegen die Vertraulichkeitsabrede wird regelmäßig eine Beendigung des CP-Verfahrens nach sich ziehen und ggf. Schadensersatzansprüche auslösen, § 280 Abs. 1 i.V.m. § 241 Abs. 1, 2 BGB. In besonders sensiblen Fallgestaltungen wird zur Disziplinierung der Konfliktpartner in der Praxis auch mit entsprechenden Vertragsstrafeklauseln gearbeitet, die optional in die Verfahrensvereinbarung aufgenommen werden. Auch hierzu existieren zum Teil entsprechende Formulierungsvorschläge in den von den nationalen CP-Dachorganisationen vorgeschlagenen Vertragsmustern.

anderen Vertragspartner in das CP-Verfahren eingebracht wurden, nicht vorzutragen oder vorzulegen, wenn nicht der an der Offenlegung interessierte Vertragspartner auch ohne das CP-Verfahren die jeweilige Tatsache hätte vortragen oder die jeweilige Urkunde hätte vorlegen können bzw. Auskunft hinsichtlich der Tatsache oder die Vorlage der Urkunde hätte verlangen können.[49]

Die das CP-Verfahren etablierende Verfahrensvereinbarung wird den Konfliktpartnern zur Vorbereitung der ersten gemeinsamen Gruppensitzung bereits im Vorfeld vorgelegt und ausführlich erörtert. Die Unterzeichnung des Verfahrensvertrags erfolgt in der Praxis zum Teil im Umlaufverfahren bereits **vor** der ersten Gruppensitzung. Bewährt hat sich in der Praxis jedoch, die CP-Verträge gemeinsam **zu Beginn der ersten Gruppensitzung** zu unterzeichnen (sog. »**Container**«-Sitzung)[50], zumal hiermit ein besonderes Kommitment verbunden ist, die wechselseitige Motivation für das CP-Verfahren formal bekräftigt wird, die Beteiligten Gelegenheit haben, vorab auch den CP-Anwalt der anderen Seite kennenzulernen und sie sich an das CP-Setting insgesamt gewöhnen bzw. Vertrauen für die nachfolgenden Sitzungen schöpfen können. 23

Entweder von Anfang an oder ggf. bei Bedarf können als Besonderheit des CP-Verfahrens **Coaches oder sonstige Experten** in das CP-Verfahren einbezogen werden, die einen unschätzbaren Mehrwert für die interdisziplinäre Teamarbeit darstellen.[51] Die Klienten schließen mit diesen üblicher Weise einen **separaten Auftrag mit Honorarvereinbarung** und verabreden auch für diese eine **Disqualifikationsklausel**. Auch für diese Verträge liegen für die Praxis entsprechende Formulierungsvorschläge der nationalen Dachverbände vor.[52] 24

c) Phase 2: Themenklärung/Bestandsaufnahme und Beschaffung der Informationen und Unterlagen/»Roadmap«

Die Phase 2 schließt in der Praxis zeitlich oftmals unmittelbar an das gemeinsame Unterzeichnen der Vertragskonvolute an und wird noch in der ersten gemeinsamen 25

---

49 Vgl. Lit. A. II. 3. a), b) der von der deutschen Dachorganisation (DVCP) veröffentlichten »Vertragsgrundlagen für alle Vereinbarungen« (Stand 5.2.2020). Derartige Beweismittelverträge werden grundsätzlich als zulässig angesehen, es sei denn in Verfahren für die der Untersuchungsgrundsatz gilt (vgl. *Thomas/Putzo-Reichold*, vor § 284 ZPO, Rn 41).
50 Zum »Container« vgl. *Tesler*, Collaborative Law, 3. Aufl., S. 86, 117, im Sinne der unsichtbaren Struktur (Unterbau, Wände, Dach), die alle CP-Beteiligten im »cooperativen« Team durch alle »Ups und Downs« zusammenhält, auf der Grundlage geteilter Philosophie, Zielen, und (formellen und informellen) Vereinbarungen zum Verfahrensablauf.
51 Vgl. Rdn. 6 ff.
52 Vgl. hierzu bereits Rdn. 12; Zu den Vertragsmustern vgl. für die deutsche Praxis http://www.deutsche-vereinigung-cooperative-praxis.de/dvcp/downloads« und für die österreichische Praxis www.collaborativelaw.eu/infos/muster-vorlagen/ bzw. für die Praxis in der Schweiz das von einer Arbeitsgruppe von 4 CP-Anwälten und 2 CP-Coaches federführend von *Ziehe/Reetz* zusammengestellte CLP Handbuch (als online Version/Dropbox in Kombination mit einem Webinar erhältlich); vgl. auch *Hauter/Spiegel* Perspektive/Schwerpunkt 1/2014, S. 16 ff.

CP-Sitzung durchgeführt; teilweise wird jedoch auch eine separate Gruppensitzung hierfür veranschlagt. In Phase 2 benennen die Konfliktpartner – üblicher Weise jeder für sich – im gemeinsamen Gruppentreffen zunächst alle Themen, die sie mit Hilfe des CP-Verfahrens klären möchten und einigen sich über die Reihenfolge der zu bearbeitenden Themen (**Themensammlung**). Der jeweilige Mandant wird dabei in der Praxis von seinem CP-Anwalt im Vorfeld auf das gemeinsame Vierertreffen entsprechend **vorbereitet**: Der CP-Anwalt erörtert mit seinem Mandanten zunächst den Sachverhalt und hilft zur Verfahrensbeschleunigung der Gruppensitzungen gegebenenfalls schon im Vorfeld bei der Bestimmung der Regelungspunkte. Ausgehend hiervon nimmt der CP-Anwalt **Kontakt** mit dem **CP-Bevollmächtigten der anderen Konfliktpartei** auf, um mit diesem Informationen auszutauschen, die es ihm wie auch dem anderen Anwalt gestatten, den Konflikt zu managen und eine Tagesordnung für den gemeinsamen Gesprächstermin abzustimmen.[53]

26   Außerdem gilt es eine **Bestandsaufnahme zu den vorhandenen bzw. von den Konfliktbeteiligten noch beizuschaffenden Unterlagen und Informationen** zu machen und das diesbezügliche weitere Prozedere zu besprechen. In der Praxis hat es sich bewährt, noch in der ersten gemeinsamen Gruppensitzung die weitere Vorgehensweise im Beisein aller Beteiligter zu strukturieren und eine sog. »**Roadmap**«[54], also einen Fahrplan für das weitere Verfahren zu erarbeiten, der optimaler Weise auch einen mit den Beteiligten selbst abgestimmten Zeitplan für die weiteren CP-Schritte enthält.

d)   **Phase 3: Interessenklärung/Entwicklung eines gegenseitigen Verständnisses**

27   In Phase 3 werden – ebenso wie in der Mediation – die hinter den jeweiligen Themen stehenden eigentlichen Interessen, Wünsche und Ziele der Konfliktpartner sowie auch etwaige Ängste – jeweils persönlich und gemeinsam – zukunftsorientiert herausgearbeitet. Zur Vorbereitung einer gemeinsamen Entscheidungsfindung gilt es zunächst ein gegenseitiges Verständnis der Konfliktparteien zu entwickeln. Die Interessenklärung kann zur Verfahrensbeschleunigung bereits **vor** der gemeinsamen Sitzung **vorbereitend** durch die Anwälte (oder Coaches) erfolgen und ggf. in der Gruppensitzung vorgestellt werden. Neben der Erörterung des Ablaufs der nächsten Gruppensitzung wird der Mandant auch darauf vorbereitet, in den anstehenden Verhandlungen auf seine Interessen statt auf seine (Rechts-)Positionen abzustellen. Auch ein (ggf. situatives) gemeinsames Erarbeiten **in** der Gruppensitzung im Team kommt in Betracht.

e)   **Phase 4: Optionsbildung/Verhandlungsphase und Erarbeiten der Lösungen**

28   Phase 4 umfasst mediationsanalog zunächst das **Bilden kreativer Optionen** ausgehend von einem umfassenden, fallbezogenen Brainstorming aller Verfahrensbeteiligten mit dem Ziel, den »Kuchen zu vergrößern«. Ferner ist in Phase 4 der **gemeinsame Verhandlungsprozess** verortet, der je nach Konfliktlage ggf. mehrere Termine

---

53   *Tesler* American Journal of Family Law, Vol. 13 (1999), 215–225 (220).
54   Vgl. zur »Roadmap« *Tesler*, Collaborative Law, 3. Aufl. S. 117.

(jeweils mit entsprechender Vor- und Nachbereitung) erforderlich machen kann. Auch ist es möglich, bei Bedarf zur vertieften Klärung von Detailfragen einzelner Optionen **Fachexperten** in das CP-Team mit einzubeziehen, sofern dies nicht von Beginn an erfolgt ist.

Der eigentliche Verhandlungsprozess findet in den gemeinsamen Gruppensitzungen statt und erfolgt durch **offene Kommunikation** aller Beteiligter, um so zu einer interessenbasierenden Konfliktlösung zu gelangen. Dies unterscheidet die Verhandlungsphase der Cooperativen Praxis von der herkömmlicher anwaltlicher Verhandlungen, in denen sich – argumentativ wie kommunikativ – zwei Seiten kontradiktorisch gegenüberstehen, während in der Cooperativen Praxis durch den Einsatz **mediativer Elemente** durch die CP-Anwälte wie auch die Kommunikation aller Anwesenden untereinander ein konfrontativer Verhandlungscharakter vermieden wird.[55]   29

Ziel dieser offenen Kommunikation ist es, die Interessen und Bedürfnisse der Konfliktparteien herauszuarbeiten und zu gewichten (vgl. Phase 3), um sodann in einem weiteren Schritt Optionen und Lösungsmöglichkeiten zu erarbeiten und ebenfalls zu bewerten, auch unter Reflektion der Rechtslage und der Rolle des Rechts mit dem jeweiligen CP-Anwalt. Das Verhandeln und Erarbeiten einer Gesamtlösung erfolgt sodann unter Einbeziehung der rechtlichen Gegebenheiten, faktischen Machbarkeiten und den wirtschaftlichen, emotionalen und sonstigen Interessen der Beteiligten. Ziel ist auf dieser Grundlage gemeinsam eine **maßgeschneiderte, wechselseitig faire und endgültige Lösung in einer Gesamtvereinbarung** zu verabreden.   30

Die eigentlichen Verhandlungen finden **nur** in den gemeinsamen Sitzungen statt (und nicht »über den Kopf« der Konfliktpartner).[56] Sind mehrere Verhandlungsgespräche erforderlich, so werden diese regelmäßig von den Anwälten, wie bereits beschrieben, in gemeinsamen Treffen/Gesprächen zwischen Anwalt und Mandant aber auch zwischen den Anwälten bzw. gegebenenfalls den Coaches und sonstigen Experten **vorbereitet** und auch nachbereitet (sog. **Debriefing**).   31

f) Phase 5: Implementierung/Umsetzung/Juristische Abschlussvereinbarung

In Phase 5 wird schließlich von den Anwälten auf der Grundlage der von den Konfliktparteien gebilligten Lösung des Streites eine konkrete vertragliche Regelung entworfen. Dabei bietet es sich an, diese Abschlussvereinbarung an den (**SMART-) Kriterien** zu messen, die auch in der Mediation angewendet werden.[57] Die Abschlussvereinbarung kann durch einen **Notar beurkundet** und dadurch vollstreckbar gemacht (§ 794 Abs. 1 Nr. 5 ZPO) oder als **anwaltlicher Vergleich** gem. § 796a ZPO für vollstreckbar erklärt werden[58]. In einvernehmlichen Scheidungsverfahren kommt   32

---

55 Leiss IDR 2005, 174 ff (176).
56 Vgl. Rdn. 14.
57 *Fritz/Fritz*, Wirtschaftsmediation, S. 51.
58 Zu den einzelnen Verfahrensschritten vgl. § 794 Abs. 1 Nr. 4b ZPO i.V.m. §§ 796a Abs. 1, 796b Abs. 2 Satz 2, 796c Abs. 1 Satz 2 ZPO.

gegebenenfalls auch eine **Titulierung durch gerichtliche Protokollierung** (§ 278 Abs. 6 ZPO) im Termin zur mündlichen Verhandlung in Betracht.[59]

33 Endet Phase 5 **ergebnislos** und entscheidet sich daraufhin eine Konfliktpartei, den Rechtsweg zu beschreiten, so greift die **Disqualifikationsklausel**, d.h. die bisherigen CP-Anwälte stehen für das Gerichtsverfahren nicht zur Verfügung und auch etwaige hinzugezogene Fachexperten können weder als Zeugen noch als Gutachter in den Prozess einbezogen werden. Durch entsprechende Abreden und Vereinbarungen in den zugrunde liegenden Verträgen zur Vertraulichkeit ist es in der Regel auch **nicht** zulässig, in einem Folgeprozess solche **Fakten zu verwerten**, die von einem Konfliktbeteiligten der jeweils anderen Seite offenbart wurden, es sei denn es greift eine der vertraglich vereinbarten Ausnahmen.[60]

34 Die Cooperative Praxis lebt – ebenso wie die Mediation – als **freiwilliges** Verfahren vom Willen der Streitbeteiligten, in dem hier beschriebenen Verfahren den Versuch einer Einigung zu unternehmen. Ist dieser Wille nicht wirklich vorhanden oder kommt er im Laufe des Prozesses abhanden, so ist den Parteien die Beschreitung des **Rechtswegs nicht verwehrt**; allerdings gelten auch dann die oben beschriebenen Besonderheiten hinsichtlich Anwälten, Experten und Fakten basierend auf der vereinbarten Disqualifikationsklausel.

3. Modellhafter Ablauf

35 Das Setting in den einzelnen CP-Fällen ist **unterschiedlich** und richtet sich nach dem spezifischen Bedarf der Konfliktpartner im Einzelfall. Es bestehen **verschiedene, zeitlich parallele Gesprächsebenen**: (1) zwischen Anwalt und Mandant (2) ggf. zwischen Klient(en) und Coach bzw. neutralen Fachexperten (3) in der Gruppe (Konfliktparteien, Anwälte, ggf. sonstiges Team nach Bedarf) (4) im Team (Anwälte untereinander, ggf. mit Coaches bzw. sonstigen Experten nach Bedarf ohne Konfliktparteien). Zusammenfassend *kann* ein CP-Verfahren für die Arbeit des CP-Anwalts im Einzelnen **modellhaft** wie folgt ablaufen[61]:
(1) **Erstgespräch** des CP-Anwalts mit Mandant (Verfahrensberatung, Screening und Assessment des Falles und der beteiligten Personen auf CP-Geeignetheit; ggf. Unterstützung des Mandanten bei der Einbindung des Konfliktpartners)
(2) **Kontakt zwischen den CP-Anwälten** (Planungstreffen/-telefonat: Absprache zu Termin, Agenda und Ort der ersten gemeinsamen Sitzung sowie etwaigen »hot

---

59 Vgl. Rdn. 4.
60 Vgl. Rdn. 3 und 22.
61 Vgl. hierzu ausführlich auch *Tesler*, Collaborative Law, 3. Aufl., S. 61 ff. (67); *Cameron*, Deepening the Dialogue, 2. Aufl., S. 167 ff.; sowie *Ziehe* Perspektive/Schwerpunkt, 1/2014, S. 4 ff. sowie *Hauter/Spiegel* Perspektive/ Schwerpunkt, 1/2014, S. 16 ff. mit einem instruktiven Fallbeispiel zu einem CP-Ablauf unter Coach Beteiligung.

buttons«[62]; Abstimmung der CP-Verträge; ggf. auch Sondierung, ob bzw. wann Coaches bzw. sonstige Fachexperten zugezogen werden sollen)
(3) **Vorbesprechung des jeweiligen Anwalts mit seinem Mandanten** (Mandatierung; Besprechen der CP-Verträge, Vorbereiten der ersten Gruppen-Sitzung)
(4) **Erste Gruppen-Sitzung (Vierer-Sitzung)**: Etablierung des »CP-Rahmens« und des Arbeitsteams durch gemeinsames Unterzeichnen der CP-Verträge (»**Container**«); nach kurzer Pause ggf. unmittelbar anschließend **Themensammlung** und »**Roadmap**«[63]; Sammlung bzw. Klärung der vorliegenden/noch beizubringenden **Unterlagen bzw. Informationen**; Klärung mit Mandanten, ob ein **Coach** oder **sonstige Fachexperten** zugezogen werden bzw. wer hierfür in Frage kommt und wie hier weiter verfahren wird; ausnahmsweise gegebenenfalls vorläufige Regelung **unaufschiebbarer, dringlicher Themen**; **Agenda** und Setting für die nächste »große« Sitzung und **Hausaufgaben**
(5) Nachbesprechung (**Debriefing**) mit Mandant und anderem CP-Anwalt (Was ist gut gelaufen, was nicht? Was können wir beim nächsten Mal verbessern?)
(6) **Vorbereitung zweite CP-Sitzung zwischen Anwalt und Mandant** (Treffen bzw. Telefonat zur ergänzenden Interessenklärung, ggf. erstes Briefing zur Rechtslage und Rolle des Rechts, ggf. Sammeln und Vorsondieren von Optionen); ggf. auch **Treffen der Klienten mit Coaches bzw. sonstigen Experten** zur Interessenklärung bzw. Bearbeitung von bestimmten Themen; ggf. auch **Team-Treffen zwischen CP-Anwälten und Coaches** oder Interessenklärung in der »großen« Gruppe
(7) **Vorbesprechung zweite CP-Sitzung** mit anderem CP-Anwalt bzw. ggf. Coaches und sonstigen Fachexperten.
(8) **Zweite Gruppen-Sitzung** (Setting nach Bedarf Vierer-, Fünfer-, oder Sechser-Sitzung): Verständnis für Interessen des anderen erarbeiten; kreative Ideen- und Lösungssuche, Agenda für nächste gemeinsame Sitzung und Hausaufgaben
(9) **Debriefing** mit Mandant und mit anderem CP-Anwalt sowie ggf. weiteren Fachexperten
(10) **Lösungsberatung** des Mandanten durch CP-Anwalt incl. Rechtslage und der »Rolle des Rechts«; ggf. erneut Hinzuziehung der Coaches?
(11) **Dritte Gruppen-Sitzung** (nach Vorbesprechung mit Mandant, dem anderen CP-Anwalt bzw. ggf. Coaches und sonstigen Fachexperten): Auswahl und Bewertung von Lösungsoptionen; Verhandeln der Konfliktfragen gemäß Agenda; »Gerüstarbeiten« für die Gesamtvereinbarung
(12) **Debriefing**
(13) **Besprechung und Vertragsgestaltung** durch CP-Anwälte; Abstimmung mit jeweiligen Mandanten

---

62 *Ziehe* Perspektive/ Schwerpunkt, 1/2014, S. 4 ff. (6): Unter »hot buttons« sind besondere Empfindlichkeiten der eigenen Mandanten zu verstehen, also Themen, Reaktionen, Bemerkungen, die »emotionale Störungen« hervorrufen können. Die CP-Anwälte verständigen sich hierzu sinnvoller Weise vorab, wie derartige Störungen vermieden werden bzw. wie mit dem eigenen Mandanten daran gearbeitet werden und wie achtsam hierauf reagiert werden kann.
63 Vgl. Rdn. 26.

(14) **Vierte Gruppen-Sitzung** (Vierer-Sitzung; nach Vorbesprechung mit Mandant und anderem CP-Anwalt): Finalisieren der Abschlussvereinbarung bzw. Besprechen der Umsetzung
(15) **Umsetzung** (z.B. notarielle Beurkundung der Abschlussvereinbarung); ggf. Feedback/Evaluation; ggf. Abschiedsritual.

IV. Dogmatische Einordnung und Abgrenzung zu anderen ADR-Verfahren

36 Die Cooperative Praxis zählt zu den Verfahren, die von den Beteiligten **selbst bestimmt** werden und ist, was Prinzipien, Grundsätze und einzusetzende Techniken sowie seinen Ablauf anbelangt, der **Mediation in vielem vergleichbar**. Freiwilligkeit, Offenheit, Eigenverantwortlichkeit, Verschwiegenheit und Vertraulichkeit, Informiertheit und Kooperations- und Konsensbereitschaft bestimmen auch hier das Verfahren, das ebenfalls interessens- und nicht rechtszentriert ausgestaltet ist.[64]

37 Die Cooperative Praxis unterscheidet sich somit deutlich von **fremd**bestimmten Entscheidungsverfahren (wie Schiedsgericht und staatlicher Gerichtsbarkeit) und wird dogmatisch zum Teil **zwischen** der Anwaltsmediation und der klassischen Anwaltsvertretung bzw. dem konventionellen außergerichtlichen Verhandeln verortet[65]. Zum Teil wird sie auch als »**Mediation ohne Mediator**« bezeichnet.[66] Nach anderer Auffassung ist diese Einordnung jedoch verkürzt; es handelt sich hiernach um ein **eigenständiges außergerichtliches Konfliktlösungsverfahren**, das Elemente aus anderen Modellen sowie eigene Verhandlungsmomente verwendet.[67]

38 Im Schrifttum wird im Vergleich mit der Mediation das starke **Potenzial zur Problemlösung** betont: In der Cooperativen Praxis haben die Konfliktpartner durch die Teilnahme ihrer Anwälte permanenten Zugang zu rechtlicher Beratung und Unterstützung[68]. Auch können die Rechtsbeistände unvernünftige und unkooperative Mandanten beiseite nehmen und unter vier Augen mit ihnen »arbeiten« bzw. diese Arbeit z.B. auch an speziell hierfür ausgebildete Coaches delegieren, bis die Verhandlungen zum allseitigen Nutzen fortgesetzt werden können. Die Anwälte bürgen zudem mit ihrer eigenen Integrität, weil sie sich verpflichtet haben, bei einseitigen Verzögerungstaktiken, Widerständen und Vorenthaltungen von Informationen, an denen eine Verhandlung scheitern kann, den Mandanten nicht prozessual zu vertreten.[69]

---

64 *Mähler/Mähler*, Familienmediation, Rn. 88.
65 So auch die Vorauflage.
66 *Engel*, Collaborative Law – »Mediation ohne Mediator«, Diss. Tübingen 2010.
67 Vgl. *Ziehe* FamPra.ch 2/2017, *dieselbe* in Perspektive/Schwerpunkt 1/2014 ff. (9).
68 Namentlich in rechtlich wie tatsächlich komplex gelagerten Konfliktfällen wird – im Gegensatz zur nichtanwaltlich begleiteten Mediation – die Gefahr von Übertragungsfehlern, Kommunikationsschwierigkeiten und Missverständnissen reduziert, da die Parteien keine externen Rechtsauskünfte einzuholen brauchen; vgl. *Schwarz*, Mediation – Collaborative Law – Collaborative Practice, S. 130.
69 *Tesler* American Journal of Family Law, Vol. 13 (1999), 215–225 (222). Vgl. in diesem Zusammenhang auch die IACP Standards & Ethics; www.collaborativepractice.com.

V. Rolle der Anwälte und Qualifikationsanforderungen

In der Cooperativen Praxis nimmt der CP-Anwalt im Vergleich zu einer Einbindung von Parteianwälten in ein Mediationsverfahren eine **stärkere** Rolle ein.[70] Sein Handeln beinhaltet dabei eine **Doppelrolle** als **rechtlicher Berater** und **Verfahrensleiter**, die besondere Anforderungen an ihn stellt[71]: 39

Auf der **Inhaltsebene** ist er als parteilicher Vertreter »**Fürsprecher**« seines Mandanten, indem er ihn rechtlich berät und bei der Benennung seiner Interessen, Bedürfnisse und Ziele unterstützt und bei der Abschlussvereinbarung dafür Sorge trägt, dass die Interessen umfassend berücksichtigt werden. Bereits das unterscheidet ihn von der eines ausschließlich auf die Durchsetzung von Rechtspositionen seines Mandanten verpflichteten Bevollmächtigten. 40

Auf der **Verfahrensebene** obliegt ihm zudem die Aufgabe, zusammen mit dem anderen Anwalt und dessen Partei sowie ggf. den weiteren professionell Beteiligten einen Konsens zu finden. Der CP-Anwalt ist dabei im Team für den strukturierten Ablauf des Verfahrens (mit)verantwortlich. Dabei ist neben dem Verzicht auf eine mögliche Prozessvertretung vor Gericht von besonderer Bedeutung die Verpflichtung des Anwalts, mit dem Konflikt in kreativer Weise umzugehen.[72] Es gibt somit keine »verbösernden« gegenseitigen Anwaltsschreiben mehr, kein Drohen mit dem »Damoklesschwert« des gerichtlichen Verfahrens und die Arbeitswege sind verkürzt. 41

Der CP-Anwalt ist dabei gefordert, einerseits die Spannungen von inhaltlicher, parteilicher Beratung und Vertretung »seines« Mandanten (sog. »**Standortparteilichkeit**«) und andererseits Überparteilichkeit in Bezug auf die verfahrensmäßige Struktur und den angestrebten fairen Konsens auszubalancieren.[73] Insgesamt muss der CP-Anwalt dabei einen **inneren und äußeren Paradigmenwechsel** vollziehen. Der **innere** Paradigmenwechsel bezieht sich auf die eigene professionelle Haltung bzw. Wahrnehmung und fordert z.B. eine besondere Achtsamkeit in Bezug auf das eigene »Ego« und die »Selbstgefälligkeit« in Bezug auf das eigene Fachgebiet. Der **äußere** Paradigmenwechsel bezieht sich auf das objektive, sichtbare Verhalten, insbesondere auch in Bezug auf 42

---

70 Vgl. *Engel*, Collaborative Law, S. 92 f.
71 In der Literatur (*Binder*, Die sog. »Kooperative Praxis« als »Konvergenz« von Rechtsverfahren und Mediation, S. 28 ff., *Engel* ZKM 210, 112 ff. (113), *Leiss* IDR 2005, 174 ff. (179)) wird auf die Schwierigkeiten aufmerksam gemacht, die aus dem dualen Rollenverständnis erwachsen können: Dies betrifft u.a. die sachgerechte Wahrnehmung der Mandanteninteressen im Falle des drohenden Scheiterns von Verhandlungen sowie die Vereinbarkeit mit anwaltlichen Grundpflichten (Loyalitätspflicht, Verschwiegenheitspflicht). Umfassend zum anwaltlichen Berufs- und Haftungsrecht: *Engel*, Collaborative Law, S. 206 ff.
72 Verstößt ein Anwalt gegen seine vertraglichen Pflichten (parteilich in der Sache, neutral im Verfahren, konstruktiv in der Begleitung des Verhandlungsprozesses, kompromisslos in der Verschwiegenheit), so stellt dies eine vertragliche Pflichtverletzung dar, die zu Schadensersatz führen kann, §§ 280 Abs. 1 i.V.m. 241 Abs. 1, 2 BGB.
73 vgl. *Mähler/Mähler* mediationaktuell, Interview v. 7.2.2014, S. 3 f., http://www.mediationaktuell.de/news/.

die Dynamik innerhalb des Teams sowie die notwendige Transparenz und das Vertrauen im Team, aber auch auf das Bewusstsein für die eigene Berufsausbildung und den eigenen Hintergrund.[74] Hierfür bedarf es zunächst einer **veränderten Einstellung des eigenen Denkens, Sprechens und Verhaltens, einer Neujustierung der Beziehung** zum eigenen Mandanten, zum Anwalt der Gegenseite sowie zu dessen Mandanten und ferner einer Offenheit und Bereitschaft, die Verhandlungsgespräche **kooperativ** zu konzipieren und durchzuführen.[75] Eine weitere Veränderung für den CP- Anwalt richtet sich darauf, das eigene Handeln – entsprechend der in therapeutischen Berufen gängigen Praxis – regelmäßig zu reflektieren (sog. »**reflecting practice**«).[76] Darüber hinaus sind in besonderem Maße **Kenntnisse über Konflikte und Kommunikation** gefragt, wie sie in aller Regel auch von Mediatoren gefordert werden und es bedarf der Fähigkeit, Kommunikations-, Frage-, Kreativitäts- und Organisationstechniken konfliktbezogen anwenden zu können.[77, 78]

43 Die **Vorteile des CP-Verfahrens** insbesondere auch für die Anwälte liegen auf der Hand: CP hat sich alle Erfahrungen und Erkenntnisse der Mediation als erlernbare Methode zunutze gemacht und in sich integriert. Die Anwälte müssen dabei ihr **Selbstverständnis als Interessenvertreter** nicht aufgeben, auch wenn sie ein neues Verständnis ihrer Rolle hinzulernen müssen. Gleichzeitig ist es das erste Verfahren mit einer eingebauten **professionellen Reflexion** zur Optimierung des Verfahrens, die nicht nur in komplexeren Konfliktsituationen einen großen Reiz ausübt.[79] Sofern ein außergerichtliches Konfliktlösungsmodell geeignet und gewünscht ist muss der Parteianwalt, der gleich-

---

74 Vgl. auch *Meistrich/Plant* Perspektive/Schwerpunkt 1/2014, S. 10 ff. (12 ff., 14); zum Ganzen Vgl. *Gamache* in *Cameron*, Deepening the Dialogue, 2. Aufl., S. 110 ff. und 235 ff.; *Tesler*, Collaborative Law, 3. Aufl., S. 30 ff.
75 *Tesler* American Journal of Family Law, Vol. 13 (1999), 215–225 (222); ausführlich auch *Tesler*, Collaborative Law, 3. Aufl., S. 30 ff, 41 f.
76 Vgl. auch *Meistrich/Plant* Perspektive/Schwerpunkt 1/2014, S. 10 ff (10).
77 Vgl. *Engel* ZKM 2010, 112 ff (113f); *Mähler/Mähler* ZKM 2009, 70 ff (72); *Leiss* IDR 2005, 174 ff (177f).
78 Seit 2007 werden entsprechende Ausbildungen auch an deutschen Instituten angeboten, die – jedenfalls nach den Standards des deutschen Dachverbands DVCP – eine Mediationsausbildung voraussetzen. Die CP-Ausbildung ist (mit diesen abrufbaren Vorkenntnissen aus einer Mediationsausbildung) auf 22 Stunden angelegt. Vgl. auch *Mähler/Mähler* mediationaktuell Interview v. 5.3.2014. In der Praxis wird eine Mediationsausbildung insbesondere auch für die nichtanwaltlichen Experten teilweise als nicht notwendig und Hemmnis bei der Etablierung von CP kritisiert. Der Schweizer Dachverband (clp Schweiz) setzt in seinem »Reglement« (Stand 1/2019) ebenfalls eine anerkannte Mediationsausbildung voraus, lässt alternativ aber auch eine nicht mehr als fünf Jahre zurückliegende spezifische »Aus- und Weiterbildung in interessen- und lösungsorientierter Kommunikation und Verhandlungsfähigkeit (45 Stunden à 60 Minuten gemäß IACP-Minimum Standards) ausreichen.
79 Vgl. auch *Mähler/Mähler* ZKM 4/2016, 150 f (151); *Mähler/Mähler* mediationaktuell, Interview v. 5.3.2014, S. 5, www.mediatioaktuell.de/news/ sowie Imfeld, Kammerforum 2/2012 der RAK Köln, der in einem »Plädoyer« für CP als »Mehrwert eines modernen Anwalts« auf die »Methodenvielfalt bei der Konfliktlösung« hinweist. Vgl. ferner *Mähler/*

zeitig Mediator ist, die Verfahrensleitung auch nicht an einen externen dritten Mediator abgeben, sondern kann seinen Mandanten entsprechend weiter begleiten. Insgesamt kann der Anwalt damit als **flexibler Berater und lebensnaher Konfliktmanager** agieren. Die Qualifikation zum CP-Anwalt avanciert also zum **Wettbewerbsvorteil.**

VI. Anwendungsbereiche der Cooperativen Praxis

1. Verbreitung/Konflikt- und Themenbereiche

Das Verfahren der Cooperativen Praxis ist als kreative Ergänzung der vorhandenen Verfahren international im Vordringen und wird auch in Deutschland **zunehmend erfolgreich praktiziert**, wenngleich die deutsche Praxis sich regional sehr unterschiedlich entwickelt.[80] Die Anwendungsbereiche für die Cooperative Praxis sind, soweit ersichtlich, im deutschsprachigen Raum bislang allerdings noch **unter ihrem Potenzial**.[81] In einzelnen regionalen Netzwerken haben sich mittlerweile jedoch agile Pools von CP-Professionellen gebildet, insbesondere im Bereich der Begleitung von Trennungs- und Scheidungsfamilien.[82] Auch die Bundes-Arbeitsgemeinschaft für Familienmediation (**BAFM**) hat die Cooperative Praxis mittlerweile als **eigenständige Fachgruppe** anerkannt, um ihre Verbreitung als mediationsbasiertes Verfahren zu fördern.[83] Die »Pioniere« haben ohnehin keinen Zweifel daran, dass sich CP auf dem Markt weiter durchsetzen wird, da die **Vorteile** des Verfahrens – für Mandanten **und** Anwälte sowie sonstige Fachexperten – auf der Hand liegen.[84]

44

Grundsätzlich ist Cooperative Praxis in einer **Vielzahl von Konflikt- und Themenbereichen** denkbar. CP hat sich zunächst im **Familienrecht** etabliert, vor allem in Verfahren von Trennung und Scheidung; für diesen Bereich finden sich in der Literatur auch die meisten Veröffentlichungen.[85] Daneben sind **erbrechtliche Streitigkeiten** zu

45

Mähler/Frank/Wölke Collaborative Review, Vol. 2013, 2. Zur erfolgreichen Anwendung in den USA vgl. *Engel*, Collaborative Law, S. 3 m.w.N.

80 Neben z.B. USA, Kanada, Australien, Brasilien und Israel ist das Verfahren mittlerweile in Europa heimisch z.B. in England, Schottland, den Niederlanden, Belgien, Frankreich, Italien, Tschechien, Österreich und der Schweiz. Nach Mitteilung des Ausbildungsinstituts »Eidos-Projekts Mediation« ist in Deutschland von über 400 ausgebildeten CP-Professionellen auszugehen(Herbst 2019). Vgl. auch *Mähler/Mähler* ZKM 4/2016, 150 f (151) und *Mähler/Mähler* ZKM 2009, 70 ff. (72).

81 *Mähler/Mähler* ZKM 4/2016, 150 f (151); *Mähler/Mähler/Frank/Wölke* Collaborative Review, Vol. 2013, 2; *Engel* ZKM 2010, 112 ff.

82 Nach Mitteilung der regionalen CP-Netzwerke ist in Deutschland aktuell insbesondere im Freiburger und Münchner Raum in der Praxis eine zunehmende Etablierung des Verfahrens zu verzeichnen, vor allem im Familienrecht. Zum Teil entwickeln sich dabei CP-Verfahren insbesondere auch aus vorausgegangener psychologischer Beratung bzw. einem Coaching. vgl. hierzu auch *Mähler/Mähler* ZKM 4/2016, 150 f (151).

83 http://www.bafm-mediation.de/verband/erweitertes-profil-der-familien-mediation/.

84 Vgl. Rdn. 43.

85 *Schopper-Brigel* Öst. AnwBl. 2003, 392 f; *Tesler* American Journal of Family Law, Vol. 13 (1999), 215–225, jeweils m.w.N.

nennen, die für das CP-Verfahren in Betracht kommen. Erfolgreich praktiziert werden kann die Cooperative Praxis auch **präventiv**, z.B. bei Eheverträgen oder testamentarischen Verfügungen. Aber auch Konflikte im **Wirtschaftsbereich** (zwischen Personen und Unternehmen und in Organisationen bzw. Unternehmen oder auch zwischen Organisationen bzw. Unternehmen), vor allem in Familienunternehmen bei Unternehmensnachfolgen, ferner bei Gesellschafterstreitigkeiten[86], arbeitsrechtlichen Streitigkeiten, aber auch bei sonstigen Konflikten im Wirtschaftsbereich liegt ein Anwendungsbereich für Cooperative Praxis[87]. Im **Gesundheitswesen** (Konflikte zwischen Arzt und Patienten einschließlich der Haftung der Ärzte bzw. ihrer Versicherungen, unter Ärzten, in der Zusammenarbeit) bildet sich gerade eine regional übergreifende Fachgruppe.[88]

2. Indikation

46 Fälle und Personen, sie sich **für eine Mediation eignen**, sind grundsätzlich **auch** für das Cooperative Praxis-Verfahren geeignet. Die **Indikationskriterien** sind damit denen des Mediationsverfahrens ähnlich; von einer Indikation kann ausgegangen werden,
- wenn es den Konfliktbeteiligten um **flexible und individuelle Lösungen** ihrer Probleme geht,[89]
- wenn die **emotionale Belastung reduziert** werden soll,[90]
- wenn **bestehende Geschäftsbeziehungen geschont** werden sollen,[91]
- wenn es gilt, die **Verfahrenskosten überschaubar** zu halten,[92]
- wenn **Zeitersparnis** von Bedeutung ist,[93]

---

86 *Engel*, Collaborative Law, S. 116, erwägt in diesem Kontext allerdings ein modifiziertes Verfahren, das die Rechtsanwälte durch innerhalb eines Unternehmens tätige Konfliktberater ersetzt.
87 *Mähler/Mähler/Frank/Wölke* Collaborative Review, Vol 13, S. 11 ff.; *Binder*, Die sog. »Kooperative Praxis« als »Konvergenz« von Rechtsverfahren und Mediation, S. 40 ff.; *Mähler/Mähler* ZKM 2009, 70 ff. (72).
88 Vgl. *Mähler/Mähler/Frank/Wölke* Collaborative Review, Vol 13, Issue 2, S. 10.
89 *Leiss* IDR 2005, 174 ff (178).
90 Aufgrund der parteilichen Zuordnung der für die Verhandlung verantwortlichen Anwälte zu den jeweiligen Konfliktparteien ist eine Deeskalation eines Konflikts u.U. einfacher und nachhaltiger zu bewerkstelligen als in einer Mediation, *Schwarz*, Mediation – Collaborative Law – Collaborative Practice, S. 128.
91 Im Rahmen eines konsensualen Streitschlichtungsverfahrens lassen sich, im Gegensatz zu einer fremdbestimmten Entscheidung, nachhaltige Ergebnisse mit einem hohen Wirkungsgrad erzielen, die sich an den Geschäfts- und Vertragsbeziehungen der Parteien sowie deren sonstigen Interessen orientieren, *Fritz/Fritz*, Wirtschaftsmediation, S. 19.
92 Im Vergleich zur Mediation, die nicht notwendig die ständige Teilnahme von (ggf. gut honorierten) Anwälten erfordert, ist beim CP-Verfahren zu bedenken, dass die Kosten für zwei Anwälte und ggf. für weitere Experten aufzubringen sind.
93 Dies gilt jedenfalls im Vergleich zu aufwändigen Gerichts- und schiedsgerichtlichen Verfahren, durch die u. U. ganze betriebliche Abteilungen durch das Sammeln von Beweisen etc. gebunden werden; *Leiss* IDR 2005, 174 ff. (178). Ob die Methodik der Kurz-Zeit-Me-

– wenn der Konflikt **nicht in der Öffentlichkeit** ausgetragen werden soll,[94]

Wenn beide Mandanten das erforderliche Maß an Selbstbehauptung zum selbstbestimmten Verhandeln mitbringen, wenn die rechtliche Materie nicht zu komplex und nach den konkreten Bedürfnissen des Falles keine Einbeziehung weiterer Fachexperten indiziert scheint, mag im Einzelfall eine **Mediation** als das in dieser Konstellation kostengünstigere Verfahren vorzuziehen sein. **Cooperative Praxis** wird hingegen beispielsweise insbesondere dann **vorzugswürdig** sein,[95]
– wenn zumindest ein Konfliktbeteiligter das Bedürfnis nach einer **stärkeren Begleitung durch den eigenen Anwalt** wünscht,
– wenn zumindest für einen der Beteiligten auf der emotionalen Seite eine besondere **psychologische Unterstützung** indiziert ist,
– wenn **komplexe tatsächliche, rechtliche oder finanzielle Fragen** anstehen, wenn aber dennoch der ausdrückliche Wunsch nach einer fairen und außergerichtlichen Lösungsfindung besteht,
– wenn ein (dominierendes) **Machtungleichgewicht** zwischen den Konfliktparteien vorliegt, das in einer Mediation kaum noch ausgeglichen werden kann,[96]
– wenn zumindest einer der Konfliktpartner sich **besonders unsicher** in der Formulierung der eigenen Interessen bzw. Wünsche fühlt und überzeugt ist, dass der andere sich viel besser äußern und durchsetzen kann oder er/sie aus einem sonstigen Grund **nicht in rechter Weise selbst für sich einstehen** kann oder meint, dies nicht zu können.

Eine **Kontraindikation** wird hingegen anzunehmen sein, wenn ein **Assessment** des Falles ergibt, dass
– der Mandant bezogen auf seinen jeweiligen Bevollmächtigten einer **Disqualifikationsklausel ablehnend** gegenübersteht,[97]

---

diation, die in diesem Bereich zu einer deutlichen Zeitersparnis geführt hat, sich auch auf die Cooperative Praxis übertragen lässt, ist allerdings im Schrifttum bislang noch nicht untersucht worden.
94 Namentlich bei Streitigkeiten im Wirtschafts- und Gesellschaftsrecht beinhaltet eine öffentliche Auseinandersetzung über betriebsinterne, ggf. sogar absolut vertraulich zu behandelnde Vorgänge oder Geschäftsbeziehungen die Gefahr einer Konfliktpotenzierung und eines Imageverlustes im Hinblick auf Gesellschafter, Aktionäre, Geschäftspartner, Kunden oder Dritte, *Fritz/Fritz*, Wirtschaftsmediation, S. 19.
95 Vgl. *Mähler/Mähler* mediationaktuell, Interview v. 5.3.2014, S. 3, www.mediationaktuell.de/news/; *Ziehe* Perspektive/ Schwerpunkt 1/2014, 4 ff.
96 Dies kann sowohl familienrechtliche Streitigkeiten als auch wirtschaftsrechtliche Streitigkeiten betreffen. Machtungleichgewichte vermag ein Mediator im Hinblick auf seine Allparteilichkeit u. U. nur schwer auszugleichen, während dies durch die Anwesenheit der (auch parteilichen) Anwälte leichter gelingen kann: *Ziehe* Perspektive/ Schwerpunkt 1/2014, 4 ff.; *Schwarz*, Mediation – Collaborative Law – Collaborative Practice, S. 128. Vgl. zum Umgang mit Machtungleichgewichten im Familienrecht: *Gläßer*, Mediation und Beziehungsgewalt; *Matefi* FamPra 2003, S. 260 ff.
97 Für die Konfliktbeteiligten kann es vielfache Gründe geben, auf ihre Anwälte nicht verzichten zu wollen: angefangen von der Qualität des mandatierten Anwalts bis hin zu den

- wenn rechtlich wie tatsächlich relevante Fakten gegenüber dem anderen Konfliktbeteiligten **nicht offengelegt** werden sollen bzw. können,
- wenn das Verfahren (z.b. zum Zeitgewinn, zur Informationsbeschaffung oder auch dem Verstecken von Informationen bzw. Vermögensgegenständen) **missbraucht** wird,[98]
- wenn die grundsätzliche Eignung aus einer **differenzierten Betrachtung von verschiedenen Faktoren** nicht gegebenen scheint, (z.b. bei Gewalt oder Suchterkrankung bzw. psychischer Erkrankung in der ganzheitlichen Betrachtung mit der Fähigkeit zu Empathie, Transparenz, Selbstreflexion, Einhalten von Abmachungen, Selbstbehauptung, Trauer).[99]

48 In der Praxis ist vor Etablierung eines CP-Verfahrens ein sorgfältiges »**Screening**«[100] der Konfliktparteien und Konfliktsituationen in Bezug auf ihre grundsätzliche Eignung für Cooperative Praxis hilfreich. Dabei bietet sich zum Erstgespräch unterstützend auch der Einsatz eines speziell hierfür ausgearbeiteten standardisierten (fakultativen) **Fragebogens** an, den der Mandant gebeten wird, vorab auszufüllen.[101]

VII. Hinweise für die Praxis

1. Netzwerk

49 Wer als Anwalt das Cooperative Praxis praktizieren möchte, bedarf eines **funktionierenden Netzwerkes**, das sich in den vergangenen Jahren im deutschsprachigen Raum (mit regional zum Teil erheblichen Unterschieden) bereits etabliert hat und ständig weiterentwickelt. Im Dienste einer einheitlichen CP-Entwicklung und Qualitätssicherung sowie zur Ressourcenschonung ist vor der Gründung eines neuen regionalen Netzwerks die **Anbindung und Abstimmung mit dem jeweiligen nationalen Dachverband sowie anderen regionalen Netzwerken** anzuraten, die bei der Gründung mit einem Know-how-Transfer zur Seite stehen. Für die laufende Arbeit der CP-Professionellen ist ferner der ständige interprofessionelle Erfahrungsaus-

---

weiteren Kosten, die durch neue Bevollmächtigungen entstehen; vgl. *Lenz/Schwarzinger* (Hrsg.), Konflikt, Kooperation, Konsens, 2. Aufl. S. 185 ff.

98 Nachdem der CP-Anwalt sehr viel »näher« an seinem Mandanten ist als der Mediator an seinen Medianden, wird in der Praxis teilweise davon ausgegangen, dass im CP-Verfahren eine mögliche Manipulation oder Missbrauch möglicherweise schneller entdeckt werden kann; *Ziehe* Perspektive/ Schwerpunkt 1/2014, 4 ff., 9.

99 *Reetz* Perspektive/ Schwerpunkt 1/2014, S. 33 ff.

100 Vgl. zum Screening auch *Reetz* in *Lenz/Schwarzinger* (Hrsg.), Konflikt, Kooperation, Konsens, 2. Aufl., S. 171 ff. unter Hinweis auf die amerikanische Literatur darauf, dass ein unsorgfältiges Screening einer der größten Stolpersteine bzw. Risiken für ein CP-Verfahren darstellt; ferner die Checklisten bei *Tesler*, Collaborative Law, 3. Aufl., S. 107 sowie *Cameron*, Deepening the Dialogue, 2. Aufl., S. 735 ff.

101 Vgl. hierzu auch das Formular von *Reetz* für Trennungs- und Scheidungskonflikte, das nach den Erfahrungen in der Praxis bereits im Erstgespräch ein »Gesamtmuster« von Informationen liefert; *Reetz* Perspektive/ Schwerpunkt 1/2014, S. 33 ff.; vgl. auch *Reetz* in *Lenz/Schwarzinger*, Konflikt, Kooperation, Konsens, 2. Aufl., S. 171 ff.

tausch, gemeinsame Fortbildungen und die Weiterentwicklung CP-spezifischer Themen sowie die begleitende Fall-Covision und Supervision im Netzwerk und ggf. kleineren CP-»Pools« essenziell. Mit im Internet veröffentlichten Listungen der CP-Professionellen auf den jeweiligen Websites und sonstigen gemeinsamen Marketingaktivitäten des Netzwerks wird zudem die Akquise der einzelnen CP-Professionellen unterstützt.[102]

Im Folgenden werden einige **Links**[103] aufgeführt, über die sich erste Kontakte aufbauen lassen: 50

deutschlandweit:
- **DVCP,** Deutsche Vereinigung für Cooperative Praxis e.V (dt. Dachverband) www.deutsche-vereinigung-cooperative-praxis.de
- **DVCP assoziierte Regionalgruppen**
  CP Netzwerk für München und Bayern, www.cooperative-praxis.de (MNCP e.V.)
  CP Netzwerk Südwest für Freiburg, Konstanz, Oberrhein, Oberschwaben und Stuttgart, www.cooperative-praxis-südwest.de
  CP Netzwerk Rheinland, www.cp-rheinland.de
  CP Netzwerk Frankfurt, www.cooperative-praxis-frankfurt.de (AN.KOM e.V.)
- **Nicht im DVCP assoziierte Regionalgruppen**
  CP Netzwerk Nord, e.V., www.cooperative-praxis-nord.de
  CP Netzwerk Region Stuttgart, www.cpstuttgart.de
- **CP-Ausbildungen (DVCP anerkannt)**
  CP-Ausbildungsinstitut Dres. Gisela & Hans-Georg Mähler (eidos-Projekt e.V.; München, Resterhöhe,), www.eidos-projekt-mediation.de
  CP Fort- und Ausbildungsinstitut Liane Frank & Walter J. Lehmann (München)
  CP Aus- und Fortbildungen Irmgard Göttler-Rosset & Klaus Zimmer (Freiburg)
  CP Aus- und Fortbildung Gertrud Wölke und Jörg Malinowski (Nürnberg)
- sog. »**Basisausbildung**« des Schweizer Dachverbands »CLP Schweiz«
- **proCP** e.V. (München), Verein mit dem Ziel, Konfliktlösungen für Paare und Familien durch Cooperative Praxis zu fördern, www.pro-cp.de

europaweit bzw. international:
- **IACP,** International Academy of Collaborative Professionals, www.collaborative-practice.com
  ENCP, European Network for Collaborative Practice, www.encp.eu
- **CLP Schweiz,** www.clp.ch
- **Collaborative Law Österreich,** www.collaborativelaw.eu

---

102 *Mähler/Mähler* ZKM 2009, 70 ff. (74).
103 Stand April 2020; ohne Anspruch auf Vollständigkeit. Die Entwicklung der regionalen CP-Netzwerke befindet sich im Fluss.

2. Vertragsmuster

51 Unter den folgenden Links finden sich beispielhaft jeweils Vertragsmuster für den Abschluss eines CP-spezifischen Mandatsvertrages, die Vereinbarung eines CP-Verfahrens, die Beauftragung eines CP-Coaches bzw. sonstiger Fachexperten
- www.deutsche-vereinigung-cooperative-praxis.de/dvcp/downloads
- www.cooperative-praxis.de/Mitglieder-Login/downloads
- www.cooperative-praxis-südwest.de/downloads
- www.collaborativelaw.eu/infos/muster und vorlagen

Auch die weiteren regionalen Netzwerke erteilen auf Anfrage gerne entsprechende Auskünfte.

3. Kosten

52 Im Hinblick auf die mit § 612 Abs. 2 BGB verbundenen Unklarheiten des Begriffs »übliche Honorierung« empfiehlt sich eine **Honorarvereinbarung** auf der Basis eines **Zeithonorars**[104]. Während in der Mediation gelegentlich empfohlen wird, die notwendige Vor- und Nacharbeit (Berechnungen, Sichtung von Unterlagen, Erstellung von Protokollen etc.) pauschal in die Höhe des Stundenhonorars einzuarbeiten, bietet sich diese Vorgehensweise beim Cooperative Praxisverfahren gerade im Hinblick auf die u. U. zeitintensive Vorbereitung mit dem Anwalt des Konfliktpartners weniger an. Insoweit ist anzuraten, auch hier auf die tatsächlich aufgewendete Zeit abzustellen. Aus der Sicht der Konfliktparteien kann es für das anwaltliche Honorar auch Sinn machen, ein in der Höhe moderates Stundenhonorar mit einer **Vertrags- oder Einigungsgebühr** zu koppeln.[105] Zugleich mag es sinnvoll sein, den Gegenstandswert einer Vereinbarung verbindlich abzusprechen; in der Praxis wird dies jedoch in den meisten Fällen schwer fallen, da der Umfang und Inhalt der Vereinbarung (und damit der Gegenstandswert) zu Beginn noch nicht klar ist.

53 Das Honorar sollte bezüglich der gemeinsamen (neutralen) Fachexperten stets als **Gesamtschuld** i.S.v. § 420 BGB ausgestaltet werden.[106] Die Kosten des **eigenen** CP-Anwalts oder eines persönlichen Coaches sollte der jeweilige Mandant/Klient jedoch in der Regel **selbst** tragen, damit keine Zweifel an der Parteilichkeit der eigenen Fürsprecher auftreten. In der Praxis stimmen die professionell Beteiligten ihre Vergütungsvereinbarungen in der Regel im Vorfeld ab, um ein Ungleichgewicht zu Lasten eines Beteiligten zu vermeiden. Bei finanziellen Ungleichgewichten können die Kosten auch als Thema mit auf die im CP-Verfahren zu klärende Agenda gesetzt werden.

---

104 Das übliche Stundenhonorar der CP-Anwälte liegt in der Regel zwischen EUR 200,00 und EUR 300,00 zzgl. USt (vgl. so auch *Kloster-Harz*, Handbuch des Fachanwalts Familienrecht, 11. Aufl., Kap. 20 Rn. 405).
105 1,5-Gebühr (§ 2 Abs. 2 RVG, 1000 VV RVG) Zur Problematik von Erfolgshonoraren, die gem. § 4a RVG nur eingeschränkt möglich sind, *Engel*, Collaborative Law, S. 247.
106 *Friedrichsmeier*, Der Rechtsanwalt als Mediator, in: *Haft/von Schlieffen* (Hrsg.), Handbuch Mediation, S. 837 ff., Rn. 53 ff.

G. Cooperative Praxis – »CP« (Kooperatives Anwaltsverfahren) Teil 6

In der Praxis haben sich aufgrund der besonderen Gegebenheiten insbesondere die von den potenziellen Mandanten/Klienten zum Teil befürchteten Kosten im Einzelfall als **Hürde für die Etablierung von CP** erwiesen, zumal die (mutmaßlich) größere »Manpower« oftmals abschreckt.[107] Bewährt hat sich insofern, zum Abbau bestehender Vorbehalte eine (gegebenenfalls kostenlose oder kostenreduzierte) umfassende **Verfahrensberatung** durchzuführen. In jedem Fall sollte der Mandant auch zum Beginn des Mandats auch zu den Kosten umfassend aufgeklärt werden. Dabei kann die Kostenfrage sogar als wichtige Ressource im Erstgespräch genutzt werden, um beim Mandanten schon früh durch Offenheit, Klarheit und Aufrichtigkeit zu punkten und die spezifischen Erwartungen der Mandanten an die Rolle der CP-Anwälte bei der Konfliktlösung zu klären. Zum Teil wird empfohlen für die Kostenschätzung mit **Metaphern** zu arbeiten, zumal eine realistische Prognose zu Beginn oftmals schwer fällt.[108] Hingewiesen werden sollte dabei auch auf die sog. »**Drittkosten**« (z.B. für sonstige Experten bzw. Berater oder »Unterstützer«) bzw. vor allem in Trennungs- und Scheidungskonflikten die »**emotionalen Kosten**« und oftmals großen psychischen Belastungen bei herkömmlichen Verfahren, aber auch auf das »**Sparpotenzial**« bei selbstständiger Aufgabenerledigung durch die Mandanten (z.B. durch Abgabe vollständiger und geordneter Unterlagen) und insbesondere den **kostensenkenden Faktor der im CP zusammenarbeitenden Fachpersonen**, die miteinander denken und nicht gegeneinander arbeiten.[109]

54

In einvernehmlichen Scheidungsverfahren[110] kommt zur finanziellen Entlastung der Mandanten auch eine Inanspruchnahme von **Verfahrenskostenhilfe** durch den/die CP-Anwälte (ggf. inklusive der Protokollierung einer Scheidungsvereinbarung) in Betracht.

55

In USA und Kanada haben sich zahlreiche Programme im Bereich des sog. »**pro bono**« (ohne Bezahlung der Mandanten), bzw. »**low bono**« und »**modest means**« (mit reduzierter Bezahlung der Mandanten bei kleinem bzw. mittlerem Einkommen) als fester Bestandteil der CP-Kultur etabliert.[111] Besondere Bedeutung kommt bei der Etablierung in der Praxis in derartigen Fällen insbesondere auch dem sog. »**Streamlining**« zu,

56

---

107 Vgl. *Kloster-Harz*, Handbuch des Fachanwalts Familienrecht, 11. Aufl., Kap. 20 Rn. 62 a.E. Nach teilweise aufgestellten Hypothesen der Praxis sollen CP-Verfahren bei Streitwerten bis € 50.000,00 in der Regel teurer sein; vgl. *Mähler/Mähler/Frank/Wölke* Collaborative Review, Vol. 13, S. 10. Aus den Erfahrungen der Pool-Praxis kann dies nicht unbedingt bestätigt werden.

108 Vgl. *Reetz* in *Lenz/Schwarzinger*, Konflikt, Kooperation, Konsens, 2. Aufl. S. 150 ff. (166 f): unter Vergleich mit den Kosten für eine »aufwendige Hochzeit« oder eines »gebrauchten«, aber gut gepflegten Mittelklassewagens«.

109 Vgl. *Reetz*, in *Lenz/Schwarzinger*, Konflikt, Kooperation, Konsens, 2. Aufl. S. 150 ff. (166 f) unter Hinweis auf den Kabarettist Dieter Hildebrandt: »Es hilft nichts, das Recht auf seiner Seite zu haben. Man muss auch mit der Justiz rechnen« unter der Ergänzung von CP: »..und mit Albträumen«.

110 Vgl. Rdn. 4.

111 Vgl. zur Gründung derartiger Programme auch den Leitfaden der IACP Collaborative Review, Winter 2014, Issue 1 sowie zu Pro Bono-Projekten: *Jenkins*, A Free Divorce Handbook, 2015, mit zahlreichen Formularen aus der US-amerikanischen Praxis.

namentlich Tools oder Designelementen, den CP-Prozess zu straffen, zu verkürzen, rationalisieren, verschlanken, zu beschleunigen bzw. insgesamt zeit- und kosteneffizient bzw. kostenreduziert zu gestalten, bei Wahrung der hohen Qualität des Verfahrens.[112, 113]

4. Akquise/Marketing

57 Der CP-Professionelle wird sich persönlich nicht als »Verkäufer« der Cooperativen Praxis verstehen, sondern bei seinem Marketing einen Schwerpunkt auf **Aufklärung und Information** legen. Tools wie **Expertenlistings auf Websites** eines Netzwerks, **Pool-Flyer** etc. sind beim Marketing hilfreich. Das persönliche CP-Marketing dient dabei grundsätzlich auch dem Netzwerk, da CP nie »allein« praktiziert werden kann. Im Spannungsverhältnis zwischen Wettbewerb und Kooperation ist der Kooperation im Netzwerk im Zweifel der Vorzug zu geben. In der Praxis ist insbesondere die persönliche Ansprache der Klienten zu Beginn einer Zusammenarbeit im Rahmen eines umfassenden (**offenen**) **Erstgesprächs** und die **Vernetzung** im lokalen Kollegen-Kreis wichtig, ebenso wie die **Sensibilisierung** der außerhalb des Netzwerks stehenden Anwalts- und Mediationskollegen bzw. sonstiger »Verweiser« für das CP-Modell.[114]

58 Insbesondere am Anfang der CP-Karriere ist es für die Fallakquise hilfreich, für verschiedene Empfängerhorizonte bzw. Situationen (z.B. Mandanten/Klienten, potenzielle CP-Kollegen bzw. »Verweiser«) eine sog. **Pitch-Präsentationen** vorzubereiten (und anzuwenden!), die – allzu ohne technische Details – verkürzt und plakativ die Vorteile des CP-Verfahrens sowie der eigenen Arbeitsweise vermitteln und Neugierde wecken. Auch das **Umgestalten der eigenen Kanzlei** und die **spezifische Schulung der Kanzleimitarbeiter** ist hilfreich.[115]

59 Zu den **fünf Säulen des persönlichen CP-Marketing** (die »5 P« des Marketings) gehören dabei
   – Klarheit und Überzeugungskraft in der eigenen CP-Botschaft erreichen (**Pitch**)

---

112 Zur Förderung des Zugangs zu einem CP-Verfahren bei Trennung und Scheidung für Familien mit begrenzten finanziellen Mitteln und zur Verbreitung von CP wurde in München mit Unterstützung der *Access to Collaboration Task Force* des internationalen CP-Dachverbands, der IACP, 2016 der Verein proCP gegründet; vgl. www.pro-cp.de. Der Verein proCP steht in Kooperation mit dem Münchner Netzwerk für Cooperative Praxis (MNCP) und stellt eine Ergänzung (keine Konkurrenz) des Netzwerks dar.
113 Besonderes Interesse gilt dabei auch Programmen mit einer zeitlichen Limitierung (z.B. der sog. »Dispute Resolution Day« des CCRE (*Collaborative Council of the Redwood Empire*) oder auch mit einem Fixpreis-Angebot für Mandanten (z.B. das »Fixed Fee Model Pilot Project« der *British Columbia Collaborative Roster Society*).
114 Vgl. *Reetz* in *Lenz/Schwarzinger*, Konflikt, Kooperation, Konsens, 2. Aufl. S. 150 ff. (166 f).
115 Vgl. hierzu ausführlich *Jenkins*, Managing your Collaborative Practice for Passion & Profit, 2016, S. 167 ff.; *Jenkins*, Changing The Way The World Gets Divorced, 2016, S. 41-187 mit umfassenden Hinweisen zu Aufbau und Inhalt sowie instruktiven Beispielen zum sog. »Elevator/quick Pitch« (15 bis 30 Sekunden), »Social Pitch« (1 bis 2 Minuten) und »Media Pitch« (5 Minuten) u.a.

- seine persönliche »Marke« stimmig herausbilden sowie konsequent und einheitlich anwenden z.B. auf der eigenen Website, Kanzleibroschüren u.a. aber auch in den traditionellen und sozialen Medien wie Facebook, LinkedIn, Twitter, YouTube, Twitter, Blogs u.a. (**Profil**)[116]
- die eigene Glaubwürdigkeit und entsprechendes Renommee im CP aufbauen und sichtbar machen z.B. auf der eigenen Website, in Kanzleibroschüren, Veröffentlichungen, Blogs[117], aber auch durch entsprechende Beiträge im lokalen Netzwerk u.a. (**Publizieren**)
- situativ auf den jeweiligen Empfängerhorizont abgestimmte Präsentationen, Vorträge u.a. zu CP und verwandten Themen vorbereiten und im lokalen Netzwerk bzw. der Öffentlichkeit halten (**Präsentieren**)[118]
- sich vernetzen (vor allem auch mit potenziellen CP-Kollegen, »Verweisern« u.a.), an Covisionen und Supervisionen teilnehmen, ggf. »pro/low bono«[119] im CP arbeiten (**Partner**).[120]

---

116 Vgl. *Jenkins*, Changing the Way the World Gets Divorced, 2016, S. 27 ff., 257 – 289 unter Hinweis darauf, dass das Personal Branding in allen Medien hervorstechend, sichtbar und leicht zu indentifizieren bzw. einheitlich sein sollte (»conspicious, visible, and easily identified«). Hilfreich ist bei der Entwicklung auch das Erarbeiten eines sog. »mission statement« zur eigenen Arbeit (z.B. was, wie, für wen, welcher Nutzen, warum?) und einer Zielerklärung/ Vision (z.B. wohin, welche Ziele sollen erreicht werden, wer ist mein potenzieller Kundenstamm, was will ich für diesen tun?).
117 vgl. *Jenkins*, Changing the Way the World Gets Divorced, 2016, S. 187-227.
118 vgl. *Jenkins*, Changing the Way the World Gets Divorced, 2016, S. 229-289.
119 vgl. hierzu Rdn. 56.
120 vgl. *Jenkins*, Changing the Way the World Gets Divorced, 2016, S. 289-337.

H. Schlichtung

Übersicht

	Rdn.
I. Definition und Ablauf des Schlichtungs-Verfahrens	1
II. Rechtsdogmatische Einordnung	4
1. Auslegung des Parteiwillens	4
2. Nicht bindende Empfehlung	5
3. Bindend bei ausbleibendem Widerspruch einer Partei	8
4. Materiell-rechtliche Präklusionsfrist	12
III. Auswirkung der Schlichtung auf die Verjährung	14
1. Gütestelle	14
2. Beginn der Hemmung	15
3. Ende und Wirkung der Hemmung	17
4. § 203 BGB	20
IV. Vollstreckbarkeit eines im Schlichtungsverfahren erzielten Vergleichs	21
1. Durch die Landesjustizverwaltung eingerichtete oder anerkannte Gütestelle (§ 15 a Abs. 1 EGZPO)	22
2. Sonstige Gütestellen (§ 15 a Abs. 3 EGZPO)	23
V. Hinweise für die Praxis	24
1. Mustertext für Schlichtungsklausel	24
2. Schieds- und Schlichtungsstellen nach Branchen	27
a) Banken und Versicherungen	27
b) Freie Berufe	28
aa) Ärzte und Apotheker	28
bb) Architekten und Ingenieure	29
cc) Rechtsanwälte und Steuerberater	30
c) Handwerk	31
d) Weitere Branchen	32

I. Definition und Ablauf des Schlichtungs-Verfahrens

1 In Schlichtungs-Verfahren gibt ein Dritter eine **nicht bindende Empfehlung** ab.[1] Das Verfahren ist konsensual und wie das Mediations-Verfahren meist wenig formalisiert, sodass die Regelungen für den Ablauf je nach Schlichtungs-Ordnung unterschiedlich ausfallen. Der Schlichter kann sich daher auch **mediativer Techniken** bedienen. In der Praxis wird die Schlichtung aber meistens als inquisitorisches Verfahren gelebt, in dem der Schlichter den Sachverhalt ermittelt und dann einen Schlichtungs-Spruch fällt. Ein prominentes Beispiel für eine Schlichtung lieferte die Auseinandersetzung um »Stuttgart 21«, die symptomatisch teilweise als »Mediations-Verfahren« bezeichnet wurde.

---

[1] OLG Hamm, Urt. v. 22. 01. 1992 – 12 U 142/91, BauR 1992, 812 (812, Ls. 1); *Greger/Stubbe*, Schiedsgutachten, Rn. 26; *Heussen*, in: *Haft/von Schlieffen* (Hrsg.), Handbuch Mediation, § 10 Rn. 5; *Ponschab/Dendorfer*, in: *Haft/von Schlieffen* (Hrsg.), § 24 Rn. 44. Unscharf OLG Hamm, Urt. v. 22. 01. 2001 – 8 U 66/00, Juris Rn. 36 = NZG 2001, 652 (652 ff.).

Der Schlichter genießt wegen **hoher Fachkompetenz** meist entsprechend hohes Ansehen,[2] sodass die Parteien seiner Empfehlung folgen und auf dieser Grundlage eine Vereinbarung schließen.[3] In der Praxis wird vielfach auch nach einer gescheiterten Mediation durch den Mediator eine Empfehlung unterbreitet, sodass dieser dann als Schlichter tätig wird. Im Gerichtsverfahren oder anderen Drittentscheidungsverfahren wird vor einem Urteil bzw. einer bindenden Entscheidung regelmäßig eine Empfehlung abgegeben – etwa wenn der Richter seine Sicht der Dinge im Rahmen der Güteverhandlung schildert und den Parteien gewisse Risiken aufzeigt, um diese zu einem Vergleich zu bewegen.

§ 15 a Abs. 1 EGZPO eröffnet den Landesgesetzgebern die Regelung eines **obligatorischen Schlichtungs-Verfahrens** für vermögensrechtliche Streitigkeiten bis € 750,00, Nachbarstreitigkeiten und Streitigkeiten wegen Verletzung der persönlichen Ehre. Hiervon haben 16 Bundesländer Gebrauch gemacht.[4]

II. Rechtsdogmatische Einordnung

1. Auslegung des Parteiwillens

Bei Schlichtungsvereinbarungen ist grundsätzlich der Parteiwille dafür maßgebend, ob tatsächlich eine Schlichtung gewollt ist oder ein anderes ADR-Verfahren vereinbart ist (§§ 133, 157 BGB). Sie können grundsätzlich innerhalb allgemeiner Geschäftsbedingungen vereinbart werden.[5]

2. Nicht bindende Empfehlung

In der Literatur werden Schlichtungs-Vereinbarungen teilweise als »Schiedsgutachten ohne Bindungswirkung«[6] bezeichnet. Rechtsdogmatisch ist die Abweichung von den §§ 317 ff. BGB aber so groß, dass eine **analoge Anwendung des Schiedsgutachtenrechts nicht** in Frage kommt.[7] Zunächst einmal fällt es schwer eine Empfehlung unter das Tatbestandsmerkmal »Bestimmung der Leistung« (§ 317 Abs. 1 BGB) zu subsumieren. Die §§ 317 ff. BGB sollen gerade denjenigen schützen, der sich an eine »Empfehlung« eines Dritten bindet (= Entscheidung). Auch dürfte der Parteiwille regelmäßig nicht darauf gerichtet sein, dass die im Anschluss an die Empfehlung des Dritten geschlossene Vereinbarung dann nicht bindend sein soll, wenn die Empfehlung »offenbar unbillig« ist (§ 319 Abs. 1 S. 1 BGB).

Sicherlich wollen die Parteien für diesen Fall auch keine Empfehlung durch ein Gericht erhalten, wie es aber § 319 Abs. 1 S. 2, 1. Hs. BGB vorsieht. Etwas anderes kann sich

---

2 *Risse/Wagner*, in: *Haft/von Schlieffen* (Hrsg.), Handbuch Mediation, § 23 Rn. 94.
3 *Prütting*, in: *Haft/von Schlieffen* (Hrsg.), Handbuch Mediation, § 21 Rn. 5.
4 Überblick bei *Greger* NJW 2011, 1478 (1479 ff.).
5 LG Bielefeld, Urt. v. 26. 01. 2006 – 3 O 12/05, Juris Rn. 22.
6 *Greger/Stubbe*, Schiedsgutachten, Rn. 208; *Hamann/Lennarz* BB 2007, 1009 (1011).
7 LG Bielefeld, Urt. v. 26. 01. 2006 – 3 O 12/05, Juris Rn. 23; wohl auch *Rieble*, in: *Staudinger*, Kommentar zum Bürgerlichen Gesetzbuch, § 317 Rn. 8.

aber dann ergeben, wenn das **Schlichtungsverfahren mit einer Schiedsgutachtenklausel** derart **eng verbunden** ist, dass der Schiedsgutachter ohne den Schlichtungsspruch (fachlich) nicht in der Lage ist, sein Schiedsgutachten zu erstellen.[8] Dann führt auch das Ausbleiben des Schlichterspruches zur Ersatzbestimmung nach § 319 Abs. 1 S. 1 BGB.

7 Letztendlich dominiert im Schlichtungsverfahren die Vereinbarung oder der Vergleich der Parteien, sodass die Regelung des **Vergleichsvertrages** nach § 779 BGB herangezogen werden können.[9] Da unter Vergleich nur gegenseitiges Nachgeben verstanden wird (§ 779 Abs. 1 BGB), kann es sich im Einzelfall auch um einen Feststellungsvertrag handeln.

3. Bindend bei ausbleibendem Widerspruch einer Partei

8 Eine weitere denkbare Konstellation des Schlichtungs-Verfahrens stellt die Empfehlung eines Dritten dar, die zwischen den Parteien nach Ablauf einer Frist, binnen derer kein Widerspruch erhoben wird, Bindungswirkung entfalten soll.

9 Insoweit ist fraglich, ob die §§ 317 ff. BGB grundsätzlich herangezogen werden können, man also von einem »**aufschiebend bedingtem Schiedsgutachten**«[10] sprechen muss oder es sich nur um eine Empfehlung eines Schlichters handelt, wobei die Willenserklärung des Schlichters zum Vergleichsschluss[11] bzw. Schluss eines Feststellungsvertrages dann durch Schweigen der Parteien angenommen wird.

10 Da es in der Hand der Parteien liegt, die Bindungswirkung durch einen Widerspruch zu verhindern, könnte man davon ausgehen, dass es sich nur um eine Empfehlung handelt, der Schutz der §§ 317 ff. BGB daher nicht notwendig ist.[12] Jedoch wird man für diese Konstellation »**im Zweifel**« (§ 317 Abs. 1 BGB) annehmen müssen, dass der nicht Widersprechende nicht an sein Schweigen gebunden werden will, wenn das Votum des Dritten »offenbar unbillig« (§ 319 Abs. 1 S. 1 BGB) ist. Auf den Schutz der §§ 317 ff. BGB soll daher im Zweifel nicht verzichtet werden.[13] Der Einwand der fehlenden Bindungswirkung kann aber verwirkt sein.

---

8 BGH, Urt. v. 21. 12. 1977 – VIII ZR 141/76, Juris Rn. 32 = NJW 1978, 631 (631 ff.).
9 In diese Richtung auch *Prütting*, in: *Haft/von Schlieffen* (Hrsg.), Handbuch Mediation, § 21 Rn. 5; *Hess*, in: *Haft/von Schlieffen* (Hrsg.), Handbuch Mediation, § 43 Rn. 50.
10 *Lembcke* IBR 2008, 1223; »*aufschiebend bedingt bindend*«, vgl. *Greger/Stubbe*, Schiedsgutachten, Rn. 39 u. 49; *Illies*, Forum Baukonfliktmanagement, werner-baurecht.de, 13. 10. 2010, S. 8. Auch *Franke/Englert/Halstenberg/Meyer-Postell/Miernik*, Kommentar zur SL-Bau, Rn. 243 wollen die Regelungen des §§ 317 ff. BGB teilweise analog anwenden.
11 Für diese Lösung *Franke*, in: *Franke/Englert/Halstenberg/Meyer-Postell/Miernik*, Kommentar zur SL-Bau, Rn. 233. Widersprüchlich aber die analoge Anwendung der §§ 317 ff. BGB, vgl. *Franke*, in: *Franke/Englert/Halstenberg/Meyer-Postell/Miernik*, Kommentar zur SL-Bau, Rn. 243.
12 So wohl *Rieble*, in: *Staudinger*, Kommentar zum Bürgerlichen Gesetzbuch, § 315 Rn. 97.
13 So wohl auch OLG Karlsruhe, Urt. v. 22. 12. 1998 – 17 U 189/97, IBR 2000, 155 (155); a.A. *Rieble*, in: *Staudinger*, Kommentar zum Bürgerlichen Gesetzbuch, § 315 Rn. 97;

Bei dieser besonderen Ausgestaltung des Schlichtungs-Verfahrens muss der Schlichter 11
daher die **Regelungen zum Schiedsgutachtenrecht beachten.**[14] Ansonsten besteht die
Gefahr, dass seine Empfehlung auch bei einem ausbleibenden Widerspruch keine Bindung für die Parteien entfaltet. Innerhalb einer Schlichtungs-Vereinbarung empfiehlt
sich daher eine klare Regelung, dass beide Parteien in den Grenzen von §§ 138, 242 BGB
bei ausbleibendem Widerspruch an den Schlichterspruch gebunden sind.

4. Materiell-rechtliche Präklusionsfrist

Von der Konstellation des aufschiebend bedingt bindenden Schiedsgutachtens (c) 12
ist wiederum die Vereinbarung einer materiell-rechtlichen Präklusionsfrist zu unterscheiden. Bei dieser Konstellation vereinbaren die Parteien eine (sofortige) Bindungswirkung der Entscheidung – also ein Schiedsgutachten im Sinne der §§ 317 ff. BGB.
Wird **nicht rechtzeitig Widerspruch** gegen das Schiedsgutachten erhoben, wird
dieses **auch dann bindend, wenn** es nicht nach dem vereinbarten Entscheidungsmaßstab getroffen wurde, es also nach der Zweifelsregelung des § 319 Abs. 1 S. 1 BGB
»offenbar unbillig« ist. Die gerichtliche Prüfung ist in dieser Ausgestaltungsform
nur möglich, wenn der Widerspruch rechtzeitig erhoben wurde. Eine Überprüfung
im Rahmen der §§ 138, 242 BGB bleibt aber immer möglich.

Grundsätzlich handelt es sich auch bei dem Verfahren für Baustreitigkeiten nach **§ 18** 13
Abs. 2 VOB/B rechtsdogmatisch um eine Leistungsbestimmung der vorgesetzten Stelle,[15] die mit einer materiell-rechtlichen Präklusionsfrist versehen ist und um kein Schlichtungs-Verfahren.

III. Auswirkung der Schlichtung auf die Verjährung

1. Gütestelle

Die Verjährung wird durch eine Schlichtungsverfahren **gehemmt** (§ 204 Abs. 1 14
Nr. 4 BGB). Dieses gilt für landesrechtlich anerkannte oder eingerichtete Gütestellen im Sinne des § 15a Abs. 1 EGZPO, als auch für sonstige Gütestellen im Sinne
von § 15a Abs. 3 EGZPO. Selbst bei sachlicher[16] oder örtlicher[17] Unzuständigkeit
der Gütestelle tritt die Hemmung ein.[18] Nach überwiegender Ansicht gilt dies auch

---

Franke, in: *Franke/Englert/Halstenberg/Meyer-Postelt/Miernik*, Kommentar zur SL-Bau,
Rn. 233. Ähnlich BGH, Urt. v. 21. 04. 1993 – XII ZR 126/91, NJW-RR 1993, 1034
(1034 f.); OLG Hamm, Urt. v. 05. 11. 1993 – 26 U 61/93, Juris Rn. 6 = NJW-RR 1994,
1551 (1551 f.).
14 S. hierzu die Ausführungen unter Teil 6 K. Rdn. 1 ff.
15 *Lembcke* BauR 2010, 1666 (1666 ff.); *Lembcke* IBR 2008, 1223; wohl auch *Greger/Stubbe*, Schiedsgutachten, Rn. 53, 183 u. 249.
16 BGH, Urt. v. 06. 07. 1993 – VI ZR 306/92, NJW-RR 1993, 1495 (1496); *Friedrich*
NJW 2003, 1781 (1782) m.w.N.
17 OLG Brandenburg, Urt. v. 03. 03. 2010 – 4 U 40/09, BeckRS 2010, 07659; *Friedrich*
NJW 2003, 1781 (1782) m.w.N.
18 Vgl. *Staudinger/Eidenmüller* NJW 2004, 23 (23 ff.).

bei der Anrufung einer ausländischen Gütestelle, soweit diese die Kriterien erfüllt, die für eine sonstige Gütestelle erforderlich sind.[19]

2. Beginn der Hemmung

15 Die Hemmung der Verjährung beginnt mit **Veranlassung der Bekanntgabe** des Güteantrags. Dies ist der Zeitpunkt, in welchem die Gütestelle die Übersendung des Güteantrags an den Schuldner aktenmäßig nachprüfbar verfügt.[20] Der Zeitpunkt der tatsächlichen Bekanntgabe bzw. Zustellung des Güteantrags bei dem Antragsgegner ist unerheblich, da § 15a EGZPO keine förmliche Zustellung vorschreibt.

16 Gemäß § 204 Abs. 1 Nr. 4, 2. Hs. BGB beginnt die Hemmung mit *Einreichung* des Güteantrags, wenn die Bekanntgabe des Güteantrags **demnächst** nach der Einreichung veranlasst wird (§ 167 ZPO).[21] Grundsätzlich wird dem Antragsteller eine Verzögerung nicht zugerechnet, die auf eine fehlerhafte Sachbehandlung durch die Gütestelle zurückzuführen sind – etwa wegen Arbeitsüberlastung der Gütestelle.[22]

3. Ende und Wirkung der Hemmung

17 Die Hemmung endet sechs Monate nach der Beendigung des Schlichtungsverfahrens (§ 204 Abs. 2 S. 1 BGB) – durch Einigung, die Erfolglosigkeit des Einigungsversuchs (Erfolglosigkeitsbescheinigung), die Zurückweisung des Antrags als unzulässig, die Antragsrücknahme oder die Fiktion der Rücknahme, aufgrund der Säumnis einer Partei.[23]

18 Wird das Schlichtungsverfahren von den Parteien nicht weiter betrieben, endet die Hemmung sechs Monate nach der letzten Verfahrenshandlung der Parteien oder der Schlichtungsstelle (§ 204 Abs. 2 S. 2 BGB). Der Hemmungszeitraum wird in die Verjährungsfrist nicht eingerechnet (§ 209 BGB).

19 Die Hemmung beginnt erneut, wenn eine der Parteien das Verfahren weiter betreibt (§ 204 Abs. 2 S. 3 BGB).

4. § 203 BGB

20 Da einer Schlichtung regelmäßig **Verhandlungen zwischen den Parteien** vorausgehen, tritt die Hemmung dann bereits **vor** der Einleitung des Schlichtungsverfahrens ein.[24] Bei einer vereinbarten Mediationspflicht genügt bereits die Aufforderung zur

---

19 *Friedrich* NJW 2003, 1781 (1782).
20 BT-Drucks. 14/7052, S. 181.
21 BGH, Urt. v. 22. 09. 2009 – XI ZR 230/08, NJW 2010, 222 (222 ff.).
22 BGH, Urt. v. 22. 09. 2009 – XI ZR 230/08, NJW 2010, 222 (222 ff.).
23 Vgl. *Krafka*, Außergerichtliche Streitschlichtung, Rn. 216.
24 *Ellenberger*, in: *Palandt*, § 204 Rn. 19.

Verhandlung (Mediation) durch eine Partei.[25] Diese wirkt dann sogar auf den Zeitpunkt der ersten Geltendmachung der Ansprüche zurück.[26]

IV. Vollstreckbarkeit eines im Schlichtungsverfahren erzielten Vergleichs

In der Praxis ist der Schlichtungsspruch in der Regel von so hoher Akzeptanz der Parteien getragen, dass es nicht zu einer Vollstreckung kommt. Die Parteien folgen dem Schlichtungsspruch überwiegend freiwillig. Im Rahmen einer gleichwohl möglichen Vollstreckung ist zwischen der Art der Gütestelle zu differenzieren. 21

1. Durch die Landesjustizverwaltung eingerichtete oder anerkannte Gütestelle (§ 15 a Abs. 1 EGZPO)

Für die durch die Landesjustizverwaltung eingerichteten oder anerkannten Gütestellen (§ 15a Abs. 1 EGZPO) ist der Schlichtungsspruch einem Prozessvergleich gleichgestellt und somit unmittelbar durchsetzbar. Die Schlichtungsstellen können als Gütestelle im Sinne von § 794 Abs. 1 Nr. 1 ZPO eine vollstreckbare Ausfertigung ausstellen.[27] 22

2. Sonstige Gütestellen (§ 15 a Abs. 3 EGZPO)

§ 794 Abs. 1 Nr. 4 ZPO ist auf Schlichtungssprüche einer sonstigen Gütestelle nicht anwendbar. Da die Parteien regelmäßig die Niederlegung der Vereinbarung (= des Schlichtungsspruches) in einer notariellen Urkunde nicht vornehmen (§ 794 Abs. 1 Nr. 5 ZPO) und auch ein Anwaltsvergleich im Sinne von § 796 a ZPO (§ 794 Abs. 1 Nr. 4 b ZPO) nicht schließen, bleibt oft nur der Klageweg. Der materielle Anspruch aus dem Schlichtungsspruch sollte im Wege des Urkundenprozesses geltend gemacht werden. 23

V. Hinweise für die Praxis

1. Mustertext für Schlichtungsklausel

Die Bedeutung von Schlichtungs-Verfahren scheint zuzunehmen. Wird im Rahmen eines Mediations-Verfahrens ein branchenkundiger Mediator ausgewählt, so kann dieser im Falle des Scheiterns mit einem Schlichtungsspruch betraut werden. Jedoch ist die Schlichtung gewissermaßen nichts Halbes und nichts Ganzes: Sie bedient sich weder zwangsläufig mediativer Techniken noch ist eine garantierte Entscheidung zu erlangen. Oftmals sind die Parteien aber nicht von einem anderen ADR-Verfahren zu überzeugen. 24

Eine **Schlichtungsklausel** sollte folgende **Minimalanforderungen** erfüllen: 25
– Anwendungsbereich,

---

25 *Eidenmüller* SchiedsVZ 2003, 163 (163 ff.).
26 BGH, Urt. v. 01. 03. 2005 – VI ZR 101/04, NJW-RR 2005, 1044 (1044 ff.).
27 Vgl. die Ausführungen unter Teil 6 I. Rdn. 35 ff.

- Verfahrensablauf,
- Benennung des Schlichters und einer Benennungsinstitution,
- Kostenregelung.

▶ **Beispiel Schlichtungsklausel:**

26 Streitigkeiten aus und in Zusammenhang mit diesem Vertrag, werden auf Antrag durch eine Schlichtung beigelegt. Eine Streitigkeit liegt vor, wenn ein Vertragspartner schriftlich einen Anspruch anmeldet und dieser nicht binnen angemessener Frist erfüllt oder schriftlich anerkennt wird. Der Schlichter macht in tatsächlicher und rechtlicher Hinsicht für die Streitigkeit einen Lösungsvorschlag. Die Parteien sind hieran nicht gebunden. Der Schlichter bestimmt den Verfahrensablauf. Können sich die Parteien nicht binnen von zwei Wochen nach Antrag auf einen Schlichter einigen, wird dieser auf Antrag von der örtlichen Industrie und Handelskammer benannt. Die Kosten bemessen sich entsprechend §§ 91 ff. ZPO.

2. Schieds- und Schlichtungsstellen nach Branchen

a) Banken und Versicherungen

27 Geldinstitute und Versicherungen haben in den vergangenen Jahren zahlreiche Schlichtungs- und Schiedsstellen ins Leben gerufen; es sind dies
- Schlichtungsstelle der Deutschen Bundesbank
  Deutsche Bundesbank
  www.bundesbank.de
- Ombudsmann der öffentlichen Banken
  Bundesverband der Öffentlichen Banken
  www.voeb.de
- Ombudsmann der privaten Banken
  Bundesverband deutscher Banken
  www.bankenombudsmann.de
- Ombudsmann der genossenschaftlichen Bankengruppe
  Bundesverband der Deutschen Volksbanken und Raiffeisenbanken e.V.
  www.bvr.de
- Schlichtungsstellen der Landesbausparkassen
  www.lbs.de
- Ombudsleute der Privaten Bausparkassen
  Bundesverband der Privaten Bausparkassen
  www.bausparkassen.de
- Versicherungsombudsmann
  www.versicherungsombudsmann.de
- Ombudsmann Private Kranken- und Pflegeversicherung
  Verband der Privaten Krankenversicherer
  www.pkv-ombudsmann.de
- Deutscher Sparkassen- und Giroverband
  www.dgb.de

(Liste der regionalen Schlichtungsstellen der Sparkassen dort abrufbar)
- Europäisches Verbraucherzentrum Deutschland
  Zentrum für Europäischen Verbraucherschutz e.V.
  www.euroinfo-kehl.com
- BaFin-Schlichtungsstelle
  Bundesanstalt für Finanzdienstleistungsaufsicht
  www.bafin.de

b) **Freie Berufe**

aa) **Ärzte und Apotheker**

Die einzelnen Landeskammern und die dort eingerichteten Gutachterkommissionen und Schlichtungsstellen sind über die Kammern auf Bundesebene zu erreichen. 28
- Bundesärztekammer
  www.baek.de
- Bundeszahnärztekammer
  www.bzaek.de
- Bundesvereinigung Deutscher Apothekerverbände
  www.abda.de
- Bundestierärztekammer
  www.bundestierärztekammer.de

bb) **Architekten und Ingenieure**

Die einzelnen Landesarchitektenkammern bzw. Landesingenieurkammern und deren Schlichtungsstellen sind über die Kammern auf Bundesebene zu erreichen. 29
- Bundesarchitektenkammer
  www.bak.de
- Bundesingenieurkammer
  www.bingk.de

cc) **Rechtsanwälte und Steuerberater**

Auf nationaler Ebene stehen jeweils zur Verfügung: 30
- Schlichtungsstelle der Rechtsanwaltschaft
  Bundesrechtsanwaltskammer
  www.brak.de
- Bundessteuerberaterkammer
  www.bstbk.de

c) **Handwerk**

Die einzelnen Handwerkskammern und die dort eingerichteten Schieds- oder Vermittlungsstellen sind über den Dachverband der Handwerkskammern zu erreichen. 31
- Zentralverband des Deutschen Handwerks
  www.zdh.de

d) Weitere Branchen

32 Die unterschiedlichsten Branchen weisen mittlerweile entsprechende Stellen auf:
- Schiedsstellen des Kfz-Gewerbes
Zentralverband Deutsches Kraftfahrzeuggewerbe e.V.
www.kfz-schiedsstellen.de
- Schlichtungsstelle beim Verband der Bergungs- und Abschleppunternehmer e.V.
www.vba-service.de
- Schlichtungsstelle Mobilität
Verkehrsclub Deutschland e.V.
www.schlichtungsstelle-mobilitaet.de
- Reiseschiedsstelle
www.reiseschiedsstelle.de
- Schlichtungsstelle für den öffentlichen Personenverkehr e.V.
www.soep-online.de

Bei Fahrten im Nahverkehr können auch regionale Schlichtungsstellen angerufen werden, deren Kontaktdaten über die Zentralstelle abrufbar sind
- Schlichtungsstelle bei der Bundesnetzagentur
www.bundesnetzagentur.de
- Ombudsmann bei der Verbraucher Initiative e.V.
www.ombudsmann.de
- Bundesverband Deutscher Bestatter e.V.
www.bestatter.de
- Handelskammer Bremen
www.handelskammer-bremen.ihk24.de
- Handelskammer Hamburg
www.hk24.de

I. Adjudikation

Übersicht

	Rdn.
I. Definition und Ablauf des Adjudikations-Verfahrens	1
II. Rechtsdogmatische Einordnung und Abgrenzung zu anderen ADR-Verfahren und dem Schiedsgerichtsverfahren	4
1. Auflösend bedingtes Leistungsbestimmungsrecht	4
2. Auslegung des Parteiwillens	9
III. Adjudikation als besonderes ADR-Verfahren für Baukonflikte	11
1. Konfliktstruktur des Bauvertrages	11
a) Gegensätzliche Interessen	11
b) Strukturmerkmale des Bauvertrages	13
2. Effiziente Streitbeilegung durch Adjudikation	16
IV. Anwendungsbereich der Adjudikation und Verzahnung mit anderen ADR-Verfahren (Systematisches Baukonfliktmanagement).	22
1. Mediation-Adjudikation (MedAdj)	23
a) Schwierigkeiten der Mediation in Bausachen	26
aa) Hohe Eskalationsstufe	27
bb) Machtgefälle	28
cc) Eingeschränkter Verhandlungsspielraum nach Fertigstellung	29
dd) Komplexität der Streitigkeit	30
b) Positive Auswirkungen der Adjudikation auf die Mediation	31
2. Keine eigenständige Bedeutung der Schlichtung	35
3. Clearing-Instanz	37
V. Hinweise für die Praxis	39

I. Definition und Ablauf des Adjudikations-Verfahrens

Im MediationsG findet das Adjudikations-Verfahren keine Erwähnung. Lediglich in der Gesetzesbegründung ist »Adjudikation« als »Verfahren der außergerichtlichen Konfliktbeilegung« genannt.[1]

Nach klassischem Verständnis trifft ein sachverständiger Experte (Adjudikator) auf Antrag eine (**vorläufig**) **bindende Entscheidung** über Baukonflikte in tatsächlicher und rechtlicher Hinsicht in kürzester Frist. Diese Entscheidung kann mit gerichtlicher Hilfe zwangsweise durchgesetzt werden (Vollstreckungsprozess). Der Antragsgegner hat in der Regel nur eine kurze Erwiderungsfrist. Der Adjudikator nimmt überdies die Sachverhaltsermittlung eigenständig war (Amtsermittlung). Seine Entscheidung ist auch dann bindend, wenn diese grobe tatsächliche oder rechtliche Fehler aufweist. Die Bindungswirkung dauert so lange an, bis innerhalb eines (Schieds-)Gerichts- oder eines anderen ADR-Verfahrens der Konflikt endgültig beigelegt wird. In diesem nachfolgenden Gerichtsverfahrens (Hauptsache- bzw. Rückforderungsprozess) wird eine *de novo*,[2]

---

1 BT-Drucks. 17/5335, S. 11.
2 *Schramke* BauR 2007, 1983 (1986 Fn. 5); *Harbst/Winter* BauR 2007, 1974 (1980).

also eine eigenständige Entscheidung getroffen; die Adjudikations-Entscheidung ist mithin nicht Streitgegenstand, sondern der Anspruch aus dem Bauvertrag.

3 In England ist das Adjudication-Verfahren seit 1998 **gesetzlich normiert** und ein großer Erfolg.[3] Adjudikations-Entscheidungen werden dort selten einer weiteren gerichtlichen Auseinandersetzung unterzogen.[4] Auch der deutsche Gesetzgeber erwog das Adjudikations-Verfahren im Rahmen der Diskussion um ein neues Bauvertragsrecht.[5] Die Bemühungen scheiterten aber maßgeblich an der Rechtsanwaltslobby, die einzige Nutznießer kostenintensiver Rechtsstreitigkeiten sind.

II. Rechtsdogmatische Einordnung und Abgrenzung zu anderen ADR-Verfahren und dem Schiedsgerichtsverfahren

1. Auflösend bedingtes Leistungsbestimmungsrecht

4 Für die umstrittene[6] rechtsdogmatische Einordnung des Adjudikations-Verfahrens ist entscheidend, dass sich das Adjudikations-Verfahren jedenfalls **nicht unter Beachtung der formalisierten Vorschriften des Schiedsgerichtsrechts (§§ 1025 ff. ZPO) abbilden lässt**.[7] In diesem ist wie im staatlichen Gerichtsverfahren ist zwingend rechtliches Gehör zu gewährleisten (§ 1042 Abs. 1 ZPO), was gerade in Bausachen ein zeittreibender Faktor ist. Auch müssen innerhalb des Schiedsgerichtsrechts beide Parteien gleichermaßen bei der Benennung des Schiedsrichters eingebunden werden (§ 1034 Abs. 2 S. 1 ZPO). Es besteht ein Ablehnungsrecht bei Befangenheit des Schiedsrichters (§ 1036 Abs. 2 S. 1 ZPO).

5 Nach §§ 317 ff. BGB ist hingegen **kein rechtliches Gehör** zu gewährleisten.[8] Ein **Benennungsverfahren** ist für den Schiedsgutachter weder vorgesehen, noch wird eine gleichgewichtige Berücksichtigung beider Parteien gefordert.[9] Schließlich gibt es **kein Ablehnungsrecht** wegen Befangenheit des Schiedsgutachters.[10] Die §§ 317 ff. BGB wurden daher bereits von *Bötticher* als »ungewöhnlich trächtige Vorschriften« bezeichnet[11] und

---

3 *Harbst* SchiedsVZ 2003, 68 (68 ff.).
4 In ca. 2 % der Fälle.
5 *Lembcke* BauR 2010, 1122 (1122 ff.); *Lembcke* ZRP 2010, 260 (260 ff.).
6 Zum Streitstand vgl. *Lembcke* BauR 2009, 19 (24 Fn. 59).
7 *Voit*, in: *Musielak*, ZPO (2008), § 1025 Rn. 20.
8 BGH, Urt. v. 25. 06. 1952 – II ZR 104/51, BGHZ 6, 335 (335).
9 BGH, Urt. v. 14. 07. 1987 – X ZR 38/86, Juris, Rn. 47 = BGHZ 101, 307 (307 ff.); *Rieble*, in: *Staudinger*, Kommentar zum Bürgerlichen Gesetzbuch, § 317 Rn. 40; a.A. *Köntges/Mahnken* SchiedVZ 2010, 310 (314).
10 RG, Urt. v. 21. 08. 1936 – II 154/36, RGZ 152, 201 (201 ff.); BGH, Urt. v. 06. 06. 1994 – II ZR 100/92, NJW-RR 1994, 1314 (Ls.); OLG München, Urt. v. 09. 01. 2008 – 20 U 3478/07, IBR 2008, 301 (m. Anm. *Lembcke*); OLG – Hamm, Urt. v. 16. 10. 2006 – 17 U 30/06, Juris Rn. 73 = ZfB 2007, 61 (61). Weitere Umstände sprechen für die §§ 317 ff. BGB, vgl. *Lembcke* IBR 2008, 1014 (1014).
11 *Bötticher*, Gestaltungsrecht, S. 17. Ferner *Borowsky*, Schiedsgutachten, S. 185.

können »als Grundmuster der externen Leistungsbestimmung«[12] angesehen werden. Sie ermöglichen die Ausgestaltung des Adjudikations-Verfahrens.[13]

Die Leistungsbestimmung durch einen Schiedsgutachter ist nach den §§ 317 ff. BGB nur dann bindend, wenn die vereinbarte Bindungswirkung eingehalten wurde (»ist ... nicht verbindlich, wenn«, § 319 Abs. 1 S. 1 BGB). Ein unwirksames Schiedsgutachten ist daher weder vorläufig bindend oder anfechtbar,[14] wie es für den Verwaltungsakt gilt.[15] Ausgehend hiervon wird innerhalb des Adjudikations-Verfahrens die vorläufige Bindungswirkung durch eine auflösende Bedingung erreicht – die Verkündung eines erstinstanzlichen Urteils oder einer schiedsgerichtlichen Entscheidung. Die weitgehende Bindungswirkung innerhalb der Interimszeit bis zur endgültigen gerichtlichen Klärung lässt sich über eine weitgehende Bindungswirkung gem. § 319 Abs. 2 BGB erreichen: Die Entscheidung des Adjudikators kann »nach freiem Belieben« getroffen werden.[16] Das weitgehende Ermessen des Adjudikators hinsichtlich der Verfahrensgestaltung kann durch entsprechende Regelungen eingeschränkt werden, etwa binnen einer Frist rechtliches Gehör zu gewährleisten.

Wegen ihres **materiell-rechtlichen Charakters** können Adjudikations-Entscheidungen nicht unmittelbar vollstreckt werden. Sie können aber als zulässige Beweismittel im Urkundenprozess vorgelegt werden.[17] Die gerichtliche Durchsetzung ist zeitnah möglich, da der Gegner Privatgutachten nicht vorlegen kann.[18] Selbst im Nachverfahren ist ein Verteidigung nur schwer möglich, da die Adjudikations-Entscheidung grundsätzlich auch dann bindet, wenn sie nach »gerichtlichen Maßstäben« fehlerhaft wäre (§ 319 Abs. 2 BGB).[19]

Soweit eine Partei mit der (bindenden) Adjudikations-Entscheidung nicht einverstanden ist, kann die vorläufige Bindung durch ein Gerichtsurteil im Hauptsache- bzw. Rückforderungsprozess beendet werden.[20] Im Rückforderungsprozess erfolgt im Gegensatz zu § 319 Abs. 1 S. 2 BGB rechtstechnisch **keine Überprüfung des Schiedsgutachtens**. Streitgegenstand im Hauptsache- bzw. Rückforderungsprozess ist der Anspruch, der dem Adjudikator zur Entscheidung vorlag – nicht hingegen die Adjudikations-Entscheidung selbst. Nach gerichtlichen Beurteilungsmaßstäben »fehlerhafte« Adjudikations-Entscheidungen können in der Regel über das Bereicherungsrecht revidiert wer-

---

12 *Joussen*, Schlichtung als Leistungsbestimmung, S. 33.
13 *Lembcke* IBR 2008, 1198 (1198); *Lembcke* ZfIR 2008, 36 (36 ff.).
14 *Lembcke* ZGS 2010, 261 (261 ff.).
15 *Lembcke* NVwZ 2008, 42 (42 ff.).
16 BGH, Urt. v. 28. 02. 1972 – II ZR 151/69, WM 1972, 474 (474).
17 *Lembcke* BauR 2009, 19 (24 f.); zustimmend *Voit*, in: *Musielak*, ZPO (2019), § 592 Rn. 12; a.A. *Hök* IBR 2007, 55 in Bezug auf § 416 ZPO.
18 BGH, Urt. v. 18. 09. 2007 – XI ZR 211/06, Juris, Rn. 24 = BGHZ 173, 366; *Olzen*, in: *Wieczorek*, ZPO, § 592 Rdnr. 42; a. A. OLG Brandenburg, Beschl. v. 04. 09. 2006 – 3 U 67/06, Juris, Rn. 12.
19 Vgl. BGH, Urt. v. 17. 10. 1996 – IX ZR 325/95, NJW 1997, 255 (255); BGH, Urt. v. 28. 10. 1993 – IX ZR 141/93, NJW 1994, 380 (380).
20 *Lembcke* IBR 2008, 1198 (1198).

den (§§ 158 Abs. 2, 159 i.V.m. § 812 Abs. 1 S. 2 BGB). Allerdings können auch **vollende Tatsachen** geschaffen werden, wenn innerhalb der Adjudikations-Vereinbarung keine entsprechenden Regelungen getroffen werden.[21]

2. Auslegung des Parteiwillens

9 Die rechtsdogmatische Einordnung des Adjudikations-Verfahrens bedeutet aber nicht, dass alles, was mittlerweile unter dem Begriff Adjudikation gehandelt wird, als auflösend bedingtes Schiedsgutachten zu verorten ist. Der Parteiwille ist im Wege der Auslegung zu ermitteln (§§ 133, 157 BGB). Dieses ist insbesondere bei den **unterschiedlichen Adjudikations-Verfahrensordnungen**,[22] die im Umlauf sind und zu denen es bereits vereinzelt Kommentierungen gibt, zu beachten:
- Adjudikations-Ordnung für Baustreitigkeiten von *Lembcke/Sundermeier* (AO-Bau/Alpha),[23]
- Entwurf einer Adjudikations-Ordnung für Baustreitigkeiten des Deutschen Baugerichtstages (AO-Bau-E/DBGT),[24]
- Schiedsgutachtenordnung der Deutschen Institution für Schiedsgerichtsbarkeit (DIS-SchGO),[25]
- Streitlösungsordnung für das Bauwesen (SL-Bau) der Deutschen Gesellschaft für Baurecht.[26]

10 – Insbesondere die Regelungen zur Adjudikation, die die SL-Bau bereithält, sind eher als Schiedsgutachten im klassischen Sinne zu verorten (§§ 133, 157 BGB), da die Bindungswirkung der Entscheidung im Vergleich zu gesetzlichen Regelvermutung »offenbar unbillig« (§ 319 Abs. 1 BGB) wesentlich aufgelockert wurde: Der »Adjudikator« darf nur eine Entscheidung treffen, wenn eine »hohe Wahrscheinlichkeit für den Anspruch besteht« (§ 25 Abs. 2 S. 3 SL-Bau). Anderenfalls ist die Entscheidung unverbindlich. Dieser Entscheidungsmaßstab fordert wiederum vom »Adjudikator« eine **Tatsachenermittlung**, die **zu seiner vollen Überzeugung** führt. Eine summarische Prüfung, wie es für das Adjudikations-Verfahren typisch ist, findet also nach der SL-Bau gerade nicht statt.

---

21 Allerdings können auch vollendete Tatsachen entstehen, vgl. *Lembcke* BauR 2011, 1897 (1897 ff.).
22 Veröffentlicht unter ao-bau.de.
23 *Lembcke/Sundermeier* BauR 2009, 741 (741 ff.).
24 Kommentierung in *Lembcke*, Handbuch Baukonfliktmanagement.
25 Hierzu *Stubbe* SchiedsVZ 2010, 130 (135).
26 Kommentierungen: *Lembcke*, Handbuch Baukonfliktmanagement; *Franke/Englert/Halstenberg/Meyer-Postell/Miernik*, Kommentar zur SL-Bau.

III. Adjudikation als besonderes ADR-Verfahren für Baukonflikte

1. Konfliktstruktur des Bauvertrages

a) Gegensätzliche Interessen

Die Auftraggeberseite strebt innerhalb eines Bauprojektes Kostenminimierung, die Auftragnehmerseite Gewinnmaximierung an.[27] Auf jeder Seite werden Ansprüche aufgetürmt, sodass Mängel versus Nachträge schnell zu einer unentwirrbaren Gemengelage – einem sog. »Claimgebirge«[28] – führen.[29] Die **Justiziabilität** ist kaum möglich,[30] sodass der staatliche Bauprozess häufig mit dem Justizgewährleistungsanspruch unvereinbar und damit als verfassungswidrig einzustufen ist.[31]

11

Dieser Umstand wird maßgeblich durch eine fragwürdige **Vergabepraxis** beflügelt, innerhalb derer die Auftragnehmerseite anfänglich unauskömmliche Angebote abgibt, um den Auftrag zu erhalten.[32] Später muss über Nachträge das Geschäftsergebnis gerettet werden.[33] Die Durchsetzung einer berechtigten Forderung kostet den Auftragnehmer 50 % des Streitwertes an nicht tenorierbaren Konfliktkosten bei vollständigem Obsiegen.[34] Selbst berechtigte Ansprüche werden daher wegen der schwierigen Durchsetzbarkeit vom Auftraggeber zurückgewiesen. Der vorleistungspflichtige Auftragnehmer ist infolge geringer Liquiditätsstärke aber auf zeitnahe Zahlungen angewiesen.[35] Die Positionen von Auftraggeber und Auftragnehmer sind folglich von einem **erheblichen Machtgefälle** gekennzeichnet.[36]

12

---

27 Hierzu *von Damm* in seinem Plenarvortrag auf dem Braunschweiger Baubetriebsseminar 2007 des *Institutes für Bauwirtschaft und Baubetrieb* (IBB) der Technischen Universität Braunschweig, vgl. *Lembcke* BauR 2007, 939 (939); *von Damm* IBB, 1 (5 f.). Ferner *Englert*, FS Kapellmann, S. 97 (98).
28 *Stubbe*, in: *Böckstiegel/Berger/Bredow* (Hrsg.), Schiedsgutachten versus Schiedsgerichtsbarkeit, S. 75 (75). »Sammelclaim«, vgl. *Risse*, in: *Nicklisch* (Hrsg.), Öffentlich-private Großprojekte, S. 169 (171).
29 *Stubbe* BB 2001, 685 (687); *Stubbe* SchiedsVZ 2006, 150 (151); *Hobeck/Mahnken/Koebke* SchiedsVZ 2007, 225 (226).
30 *Greger/Stubbe*, Schiedsgutachten, Rn. 235.
31 *Lembcke* ZRP 2010, 260 (261 f.).
32 *Kniffka* BauR 2006, 1549 (1550).
33 So werden je nach konjunktureller Lage etwa Pauschalpreise vereinbart, obwohl der Umfang der Aufwendungen unüberschaubar ist, vgl. *Kniffka* BauR 2006 1549 (1551).
34 Für eine typische Punktesache eines Globalpauschalvertrags, vgl. *Sundermeier*, Gestaltungsvorschläge, Kap. VII. 3.
35 *Gralla/Sundermeier* Bauingenieur 2008, 393 (396); *Grieger*, in: *Kuffer/Wirth*, Handbuch des Fachanwalts. Bau- und Architektenrecht, 8. Kap. Rn. 9.
36 *Falke/Gessner*, in: *Blankenburg/Gottwald/Strempel* (Hrsg.), Alternativen in der Ziviljustiz, S. 289 (300); *Franke*, in: *Viering/Liebchen/Kochendörfer* (Hrsg.), Managementleistungen im Lebenszyklus von Immobilen, S. 393 (394); *Wagner* BauR 2004, 221 (228); *Hammacher* BauSV 1/2008, 48 (50).

b) Strukturmerkmale des Bauvertrages

13 Der Bauvertrag ist dynamisch.[37] Zum einen ist die Planung bei Vertragsschluss nicht annähernd vollkommen (baubegleitende Ausführungsplanung), weil es sich um *technisch* **komplexe** und oft neuartige Einzelanfertigungen handelt, sodass ein erheblicher Konkretisierungs- bzw. Anpassungsbedarf besteht (Rahmencharakter).[38] So kann es sein, dass sich zwischen Vertragsschluss und Projekterstellung der Stand der Technik (*State of the Art*)[39] oder die Rechtsprechung[40] grundlegend verändern. Zum anderen geht die Projekterstellung voran, sodass die Beweislage mit Zeitablauf risikobelasteter wird: Mängel werden verbaut.[41] Zudem fällt es den beweisbelasteten Parteien schwer, die nichtjuristischen Projektverantwortlichen verfügbar zu halten, insbesondere wenn diese innerhalb neuer Projekte eingesetzt werden sollen oder sogar das Unternehmen gewechselt haben.[42] Zeugen erinnern sich nicht mehr an die Vorgänge. Es besteht daher ein Bedürfnis, dass Baustreitigkeiten zeitnah beigelegt werden.

14 Die Projektabwicklung (Planung, Finanzierung und ggf. Unterhaltung) ziehen sich über einen langen Zeitraum hin (sog. *Langzeitcharakter*). Viele Beteiligte[43] führen zu *netzwerkartigen* Vertragsverhältnissen mit »vielschichtigen Risikozuweisungen«[44] und multikausalen Verursachungsbeiträgen.[45] Deren Arbeitsschritte greifen ineinander, sodass eine nicht unerhebliche *Komplexität* erreicht wird. Handelt es sich zudem um neuartige Einzelanfertigungen, so kann nicht auf einen breiten Erfahrungsschatz zurückgegriffen werden, m. a. W.: Es fehlen verlässliche Kalkulationsgrundlagen.

15 Die Projektabwicklung steht zudem unter erheblichem **Zeitdruck:**[46] Jede Störung bringt die Gefahr von Verzögerungen mit sich, die regelmäßig auf verschiedene Vertragsverhält-

---

37 *Nicklisch* 1988 IBL 253 (253 ff.); *Nicklisch* NJW 1985, 2361 (2362); *Nicklisch*, in: *Nicklisch* (Hrsg.), Öffentlich-private Großprojekte, S. 365 (365 ff.).
38 Das Phänomen der Vertragsbeziehungen innerhalb komplexer Langzeitverträge hat starke wissenschaftliche Beachtung gefunden, vgl. etwa die Idee des »*relational contract*«, *Macneil*, The New Social Contract; *Macneil*, 1981 Nw. U. L. Rev. 75, 1018 (1018 ff.); *Macneil*, 1977 Nw. U. L. Rev. 72, 854 (854 ff.); *Macneil*, 1974 S. Cal. L. Rev. 47, 691 (691 ff.); aus deutscher Sicht hierzu *Oechsler* RabelsZ 60 (1996), 91 (91 ff.).
39 *Horvath*, in: *Nicklisch* (Hrsg.), Öffentlich-private Großprojekte, S. 135 (145 f.); *Wagner* BauR 2004, 221 (226).
40 *Wagner* BauR 2004, 221 (226).
41 »*Einbetoniert*«, vgl. *Risse*, in: *Nicklisch* (Hrsg.), Öffentlich-private Großprojekte, S. 169 (172).
42 *Hobeck/Mahnken/Koebke* SchiedsVZ 2007, 225 (227).
43 Aus Sicht des Generalunternehmers oder Bauherrn regelmäßig 20 Vertragsverhältnisse, vgl. *Acker*, in: Partnering und PPP, S. 135 (137).
44 *Böhm*, in: *Böckstiegel/Berger/Bredow*, Schiedsgutachten versus Schiedsgerichtsbarkeit, S. 87 (88).
45 *Risse*, in: *Nicklisch* (Hrsg.), Öffentlich-private Großprojekte, S. 169 (170); a.A. *Duve* BauR 2008, 1531 (1533), der meint, dass »die Häufung von Streitgegenständen meist auf eine einzige Ursache zurückzuführen« sei.
46 Vgl. *Risse*, in: *Nicklisch*(Hrsg.), Öffentlich-private Großprojekte, S. 169 (171); *von Gehlen* NJW 2003, 2961 (2962 f.); *Westpfahl/Busse* SchiedsVZ 2006, 21 (21).

nisse ausstrahlen.[47] Im schlimmsten Fall droht sogar ein Baustillstand.[48] Der monetäre Schaden einer verzögerten Fertigstellung kann die Entstehungskosten unschwer übersteigen,[49] die verspätete Übergabe eines Flughafens oder eines Einkaufszentrums kann ruinös sein.[50] Soweit Mängel nicht zeitnah behoben werden, können erhebliche Mangelfolgeschäden entstehen. Auch aus diesen Gründen ist eine zeitnahe Streitbeilegung wichtig.

Die baubegleitende Streitbeilegung ist deswegen vor Fertigstellung erforderlich, weil das Budget noch nicht verbraucht ist und Anpassungen im Bauablauf möglich sind.

2. Effiziente Streitbeilegung durch Adjudikation

Durch Adjudikation kann eine effiziente Streitbeilegung sichergestellt werden.[51] 16

Bei Baukonflikten geht es (überwiegend) nicht um juristische Probleme, sondern es stehen vor allem **technische und baubetriebliche Fragestellungen** im Vordergrund.[52] Dieser Umstand erfordert aus ökonomischer Sicht, dass die Person des Adjudikators beispielsweise mit einem Bausachverständigen besetzt wird, der überdies zur Sachverhaltsaufklärung befugt ist; *Informationsasymmetrien* lassen sich dadurch leicht überwinden. 17

Streitbeilegung durch Adjudikation ist im Vergleich zu gerichtlichen Entscheidungen wesentlich kostengünstiger, sodass hierdurch das ***Machtgefälle*** zwischen Auftragnehmer und Auftraggeber wegen vereinfachter Durchsetzung berechtigter Forderungen egalisiert werden kann. Zugleich können die *Transaktionskosten* minimiert werden. 18

Adjudikation ermöglicht zudem eine ***Absicherung spezifischer Investitionen*** und damit zugleich eine Sicherung des *cash flow*. Im Gegensatz zum Gerichtsverfahren sind die Konfliktkosten besser kalkulierbar, weil das Adjudikations-Verfahren innerhalb einer bestimmten Frist eine Entscheidung hervorbringt und die Einzelstreitigkeiten erledigt werden: Bei einem Gerichtsverfahrens bedeutet ein Ausstieg den Verlust aller angehäuften Ansprüche, wenn diese gemeinsam geltend gemacht werden. 19

Mit Adjudikation wird eine ***Internalisierung externer Effekte*** möglich: Die Verlagerung der Streitbeilegung in den privaten Bereich trägt zu einer Minimierung der sozialen Kosten bei, da die Justiz in Bausachen in der Regel nicht kostendeckend arbeiten kann. 20

---

47 Sodass auch aus diesem Grund die Ausschreibung teilweise schon vor dem Vorliegen einer Baugenehmigung und eines Nutzungskonzepts beginnt, vgl. *Acker*, in: *Partnering und PPP Institut für Bauwirtschaft(IBW)*(Hrsg.), S. 135 (137).
48 A.A. *Duve* BauR 2008, 1531 (1533): »*Viele Meinungsverschiedenheiten der Vertragspartner haben auf den weiteren Bauablauf keinen Einfluss*«.
49 *Risse*, in: *Nicklisch* (Hrsg.), Öffentlich-private Großprojekte S. 169 (171).
50 *Wagner* BauR 2004, 221 (227).
51 Zur Effizienz s. Andere Verfahren, II. Rdn 1 ff.
52 *Vygen*, FS Werner, S. 1 (17); *Vygen*, in: *Vygen/Schubert/Lang*, Bauverzögerung und Leistungsänderung, I, Rn. 395; *Hobeck/Mahnken/Koebke* SchiedsVZ 2007, 225 (226); *Gralla/Sundermeier* Bauingenieur 2008, 393 (399); *Wiesel*, in: *Wirth*, Darmstädter Baurechtshandbuch, XIV. Teil, Rn. 5; *Hammacher* BauSV 1/2008, 48 (51). Aus empirischer Sicht, *Rothhaupt*, Außergerichtliche Streitbeilegung, S. 169, wonach nur 23 % der Befragten angaben, es handele sich um rein rechtliche Fragestellungen.

21 Schließlich werden *Residualverluste* minimiert. Die Parteien haben einen Anreiz, möglichst zeitnah die Konflikte in das Adjudikations-Verfahren einzubringen. Zum einen ist die Position des Antragstellers »attraktiver«, da der Antragsgegner innerhalb kurzer Fristen erwidern muss, der Antragsteller hingegen seinen Antrag in aller Ruhe vorbereiten kann. Je mehr Einzelstreitigkeiten in das Verfahren eingespeist werden, desto größer ist zudem das Risiko, dass der Adjudikator seinen Ermessensspielraum ausschöpft und eine weitgehend summarische Prüfung erfolgt. Im Gerichtsverfahren ist die Kostenstruktur hingegen so angelegt, dass die Partei, die Streitigkeiten sammelt, belohnt wird: Die Gerichtskosten entwickeln sich nicht linear.

IV. Anwendungsbereich der Adjudikation und Verzahnung mit anderen ADR-Verfahren (Systematisches Baukonfliktmanagement)

22 Adjudikation ist kein Allheilmittel für Baustreitigkeiten. »Es gibt kein Instrument, das für jeden Konflikt geeignet wäre; es gibt aber für jeden Konflikt ein geeignetes Instrument der außergerichtlichen Streitbeilegung«.[53]»Tatsache ist, dass die Adjudikation die Mediation nicht ersetzen kann und umgekehrt die Mediation nicht die Adjudikation«.[54] Wichtig ist ein planvoller Umgang mit Baukonflikten, der in einer bewussten Entscheidung liegt, bestimmte Verfahren zu verwenden und diesen Prozess gezielt steuert (Systematisches Konfliktmanagement).[55]

1. Mediation-Adjudikation (MedAdj)

23 Einem systematischen Baukonfliktmanagement entspricht grundsätzlich ein **hybrides Verfahren** aus Mediation und Adjudikation (MedAdj[56]).[57] Innerhalb von MedAdj kann eine Partei jederzeit das Adjudikations-Verfahren einleiten. Ergänzend steht das Mediations-Verfahren bereit, das allerdings auch im konkreten Konfliktfall den Konsens beider Parteien voraussetzt. Das Mediations-Verfahren kann vor, während oder nach dem Adjudikations-Verfahren betrieben werden. Es besteht auch die Möglichkeit, im Rahmen eines Mediations-Verfahrens einen Teilvergleich zu schließen und die offenen Streitigkeiten innerhalb eines Adjudikations-Verfahrens zu klären:[58] in das Mediations-Verfahrens wird somit eine Sachverständigenentscheidung implementiert.[59] Auch eine bereits getroffene Adjudikations-Entscheidung kann wiederum als Ausgangspunkt für eine Mediation dienen (*settlement event*). Schließlich ist denkbar, Mediations- und Adjudikations-Verfahren personenidentisch zu besetzen.

---

53 *Troja/Stubbe* ZKM 4/2006, 121 (125); *Stubbe* SchiedsVZ 2009, 321 (324).
54 *Wagner* BauR 2009, 1491 (1491).
55 *Kirchhoff* ZKM 4/2007, 108 (109, Fn. 10). Ferner *Stubbe* SchiedsVZ 2009, 321 (321 ff.).
56 *Lembcke* BauR 2010, 1 (1).
57 *Wagner* BauR 2009, 1491 (1491); *Englert/Schalk* BauR 2009, 874 (874 ff.); *Jung/Lembcke/Sundermeier/Steinbrecher* ZKM 2010, 50 (50 ff.). Zur Mediation *Wagner* BauR 2004, 221 (221 ff.); zur Kurz-Zeit-Mediation vgl. die Darstellung unter Methodik, IV. Rdn. 3 ff. Der Adjudikator kann sich auch mediativer Techniken bedienen, sodass keine Kombination, sondern eine Synthese erfolgt, *Berger* RiW 2001, 881 (885). Ferner *Kleine* SchiedsVZ 2008, 145 (146).
58 Vgl. OLG Hamburg, Urt. v. 11. 09. 1998 – 11 U 102/98, NZG 1999, 202 (202 ff.).
59 Vgl. *Enaux*, FS Franke, S. 47 (51).

Das Adjudikations-Verfahren ist nur dann ungeeignet, wenn der Konflikt schon zu 24
einer komplexen Gemengelage angewachsen ist oder nach Fertigstellung des Bauvorhabens kein Bedürfnis mehr für eine schnelle Streitbeilegung besteht. Dann wäre es denkbar die kurzen Fristen des Adjudikations-Verfahrens auszuweiten oder sogleich ein endgültig bindendes **Schiedsgutachtenverfahren** an Stelle des Adjudikations-Verfahrens zu vereinbaren (**MedSchGA**).

Für Baukonflikte werden auch sog. **Kaskadenmodelle** diskutiert,[60] im Zuge derer eine 25
Eskalationsleiter von Mediation, Schlichtung, Adjudikation und Schiedsgerichtsbarkeit nacheinander durchlaufen werden muss. Ein solches Modell scheint wenig effizient, zumal es ein Bedürfnis geben kann, sogleich mit der Adjudikation zu beginnen und auch noch nach dieser wieder in eine Mediation einzutreten.[61] Die Schlichtung wiederum hat keine eigenständige Bedeutung in Baustreitigkeiten.[62]

a) Schwierigkeiten der Mediation in Bausachen

Baustreitigkeiten stellen an den Mediator ganz besondere Herausforderungen.[63] 26

aa) Hohe Eskalationsstufe

Baukonflikte sind meist weitgehend *eskaliert*, bevor diese innerhalb eines Mediations-Verfahrens gelöst werden sollen. Der Ton auf der Baustelle ist ein ganz besonderer.[64] Dieses 27
liegt maßgeblich an dem ausgeprägten **Machtungleichgewicht** der Baubeteiligten. Für den Mediator ist es daher nicht einfach, die Streitigkeit von Konfliktstufe 6 oder höher[65] herunterzuholen und die Parteien wieder aneinander anzunähern. So ist das Resultat einer Mediation in Bausachen oftmals, dass »die Verhandlungsbarrieren »Positionsdenken« und »kompetitive« Strategie nicht (…) wesentlich abgebaut werden« konnten.[66]

bb) Machtgefälle

Das ausgeprägte *Machtgefälle* ist eine weitere Schwierigkeit. Der Auftraggeber erhofft 28
sich große Vorteile, wenn er sich nicht auf eine zeitnahe Einigung mit dem Auftragnehmer einlässt. Der Auftragnehmer ist vorleistungspflichtig, bis zur Abnahme beweisbelastet und gerät durch zunehmenden Zeitablauf mehr und mehr in Liquiditätsnot. Der »Justizkredit« bedeutet für den Auftraggeber einen Zinsvorteil. Auch hat der Auftraggeber kein besonderes Interesse daran, die Geschäftsbeziehung zum Auftragnehmer für künftige Geschäfte unbelastet zu halten, weil er sich ohnehin aussuchen kann, mit wem er in der Zukunft baut.

---

60 *Englert/Schalk* BauR 2009, 874 (877).
61 *Lembcke*, FS Blecken 2011, Bd. II, S. 417 (418).
62 Siehe die Ausführungen unter Rdn. 35 ff.
63 *Lembcke* ZKM 2009, 122 (122 ff.).
64 *Wiesel*, in: *Wirth*, Darmstädter Baurechtshandbuch, XIV. Teil, Rn. 77.
65 *Glasl*, Konfliktmanagement, S. 219.
66 *Kraus*, in: *Haft/von Schlieffen* (Hrsg.), Handbuch Mediation, § 22 Rn. 92.

cc) Eingeschränkter Verhandlungsspielraum nach Fertigstellung

29 Weiter ist der *Verhandlungsspielraum* der Baubeteiligten nach Fertigstellung des Bauvorhabens sehr begrenzt. Das kalkulierte Budget kann dann nicht mehr durch andere Anpassungen im geplanten Rahmen gehalten werden. Kompensationsgeschäfte wiederum sind für den Auftraggeber meist wenig interessant, weil er dann wieder in dem Dilemma steckt, vom Liquiditätsfluss abgeschnitten zu sein.

dd) Komplexität der Streitigkeit

30 Die *Komplexität* der Streitigkeiten führt im Mediationsverfahren dazu, dass die Parteien zumeist nicht absehen können, wie ein Gericht über ihre Ansprüche befinden würde. Eine realistische Einschätzung der eigenen Position ist nicht mehr möglich und die Parteien können nicht beurteilen, welche Folgen eine Nichteinigung nach sich zieht. Daher werden die scheinbaren Forderungen lieber in der Bilanz erhalten.

b) Positive Auswirkungen der Adjudikation auf die Mediation

31 Die Rahmenbedingungen für ein erfolgreiches Mediations-Verfahren lassen sich durch die Vereinbarung eines Adjudikations-Verfahrens wesentlich verbessern, weil sich das **Machtungleichgewicht** zwischen den Parteien **relativiert:** es entsteht eine gleichgewichtige Verhandlungsstärke, die einen »heilsamen Einigungsdruck«[67] bewirkt. Denn beiden Parteien droht ein schneller Endpunkt durch eine Adjudikations-Entscheidung – auch der unkooperativen. Verzögerungstaktiken und die Motivation für die Inspruchnahme eines Justizkredits schwinden schon im Vorwege.

32 Durch das Erfordernis, Streitigkeiten zeitnah in das Adjudikations-Verfahren einzubringen, wird eine **Eskalation vermieden.** Konflikte befinden sich so erst auf unterer Eskalationsstufe, wenn sie im Mediationsverfahren anlanden, sodass es für den Mediator wesentlich einfacher[68] ist, die Parteien aneinander anzunähern und Vertrauen herzustellen. Die Parteien können in ihre Interessen offenlegen.

33 Daneben wird der Verhandlungsspielraum durch die **baubegleitende Konfliktlösung** erweitert. Innerhalb eines Mediationsverfahrens, das schon vor Fertigstellung angestrengt wird, können noch Anpassungen vorgenommen werden, ohne das Budget zu überschreiten. Streitigkeiten, die von geringerer Komplexität gezeichnet sind, können zudem von den Parteien wesentlich realistischer eingeschätzt werden. So wird es dem Mediator wesentlich besser gelingen, den Parteien ihre Nichteinigungsalternative vor Augen zu führen.

34 Konsensuale Verfahren werden in der Praxis durch eine Adjudikations-Vereinbarung beflügelt.[69] Die Vermeidung eines Adjudikations-Verfahrens wirkt gewissermaßen als

---

67 *Kraayvanger/Richter* SchiedsVZ 2008, 161 (165).
68 *Grieger*, FS Franke, S. 91 (94).
69 30 % der Adjudikation-Verfahren enden nicht mit einer Entscheidung des Adjudikators, vgl. *Borowsky* ZKM 2/2007, 54 (57); *Risse*, in: *Nicklisch* (Hrsg.), Öffentlich-private Großprojekte S. 169 (176 f.); *Harbst/Winter* BauR 2007, 1974 (1983); *Gralla/Sundermeier* Bauinge-

Anreiz aus (*Incentiv*).⁷⁰ Die Adjudikations-Verfahren in England sind daher rückläufig, weil die Parteien vermehrt konsensuale Lösungen für ihre Konflikte suchen.⁷¹

2. Keine eigenständige Bedeutung der Schlichtung

Vielfach wird Schlichtung als eine weitere Säule oder eigenständiges ADR-Verfahren begriffen.⁷² Für Baukonflikte ist diese Sichtweise aber nur eine theoretische. Nach einer gescheiterten Mediation können die Parteien den Mediator um eine nicht bindende Empfehlung ersuchen. Eine erneute Sachverhaltsaufbereitung im Rahmen eines anschließenden Schlichtungs-Verfahrens wäre nicht effizient. 35

Der Adjudikator empfiehlt den Parteien vor einer bindenden Drittentscheidung als wesensgleiches Minus ohnehin, wie der Streit im Wege einer Vereinbarung beizulegen sein könnte, um sich eine lange Begründung seiner Entscheidung zu sparen. Aus ökonomischer Sicht bedarf es hierfür aber keines gesonderten Schlichtungs-Verfahrens, weil die Schlichtung im Adjudikations-Verfahren aufgeht. 36

3. Clearing-Instanz

Es kann sinnvoll sein, eine Clearing-Instanz im Sinn eines Konfliktlotsens⁷³ oder eines Konfliktmanagers zur Kanalisierung des Konfliktes hin zum »passenden« ADR-Verfahren zu installieren – etwa wenn die zu erwartenden Konflikte so unterschiedlich sind, dass ein systematisches **Konfliktmanagement** nur in einem gewissen **Rahmen** möglich ist. Wenn eine Institution ein breites Spektrum an Konfliktlösung anbietet – beispielsweise von IT- bis Baustreitigkeiten, muss erst ein passendes Verfahren ausgesucht werden. Es erfolgt gewissermaßen eine Streitbeilegung über die Streitbeilegung. In Bausachen erscheint der Einsatz einer Clearing-Instanz aber wenig effizient, weil ein systematisches Baukonfliktmanagement weitgehend spezifiziert werden kann, sodass kein Rahmen verbleibt, der durch eine Clearing-Instanz ausgefüllt werden müsste. Durch ein Clearing können **AGB-Probleme** von Anbeginn ausgeschlossen werden, da die Verfahrensordnung von der Institution eingebracht wird. 37

Eine Clearing-Instanz dürfte aus ökonomischer Sicht nur dann effizient sein, wenn diese Instanz die Parteien nicht allein darüber berät, welches ADR-Verfahren zu Anwendung kommen sollte, sondern in letzter Konsequenz die zu durchlaufenden ADR-Verfahren – jedenfalls wenn konsensuale Versuche gescheitert sind – im Sinn von § 317 Abs. 1 BGB anordnen können muss, damit eine Streitbeilegung garantiert wird. 38

---

nieur 2008, 393 (398 f.); *Duve*, in: *Breyer* (Hrsg.), Unternehmerhandbuch Bau, S. 125; *Schröder/Gerdes/Teubner-Oberheim*, in: *Kapellmann/Vygen*, Jahrbuch Baurecht 2009, S. 81 (93).
70 *Risse*, in: *Nicklisch* (Hrsg.), Öffentlich-private Großprojekte S. 169 (179).
71 *Harbst/Winter* BauR 2007, 1974 (1981).
72 *Englert/Schalk* BauR 2009, 874 (875 ff.).
73 *Greger/Stubbe*, Schiedsgutachten, Rn. 230 f.

V. Hinweise für die Praxis

39 Adjudikation ist ein höchst effizientes Verfahren für die Beilegung von Baustreitigkeiten. Eine Adjudikations-Vereinbarung sollte jedoch stets durch eine Mediations-Vereinbarung ergänzt werden.

40 Im Gegensatz zum Mediations-Verfahren ist die Adjudikations-Verfahrensordnung für das Gelingen von zentraler Bedeutung. Von dieser hängt es ab, ob die Entscheidung die Parteien bindet und entsprechend eine gerichtliche Durchsetzung möglich ist. Die Parteien sollten daher auf die
 - **Adjudikations-Ordnung für Baustreitigkeiten (AO-Bau/Alpha)**[74]
 - **Schiedsgutachtenordnung der Deutschen Institution für Schiedsgerichtsbarkeit (DIS-SchGO)**[75]

zurückgreifen. Andere Verfahrensordnungen sind nicht zu empfehlen. Da die Adjudikations-Ordnung für Baustreitigkeiten (AO-Bau/Alpha) keine institutionelle Verfahrensordnung ist, sollte der Adjudikator und eine Benennungsinstitution mit vereinbart werden.

41 **Qualifizierte Adjudikatoren und Baumediatoren** findet man über folgende Institutionen, die gleichzeitig als Benennungsinstitution vereinbart werden können und im Streitfall den passenden Adjudikator stellen:
 - Handelskammer Hamburg (Recht und fair play),[76]
 - Deutsche Gesellschaft für Außergerichtliche Streitbeilegung in der Bau- und Immobilienwirtschaft e. V. (DGA-Bau)[77]
 - MKBauImm Mediation und Konfliktmanagement in der Bau- und Immobilienwirtschaft e.V.,[78]
 - Royal Institution of Chartered Surveyors (RICS),[79]
 - Deutsche Institution für Schiedsgerichtsbarkeit (DIS),[80]
 - ARGE Baurecht im Deutschen Anwaltverein,[81]
 - Deutsche Gesellschaft für Baurecht (DGfBR),[82]
 - Verband der Bausachverständigen Deutschlands (VBD),[83]
 - Bundesverband öffentlich bestellter und vereidigter sowie qualifizierter Sachverständiger e. V. (BVS).[84]

---

74 Veröffentlicht unter www.ao-bau.com.
75 Veröffentlicht unter www.disarb.org/de/.
76 www.hk24.de/recht_und_fair_play/schiedsgerichtemediationschlichtung.
77 www.dga-bau.de.
78 www.mkbauimm.de.
79 www.joinricsineurope.eu.
80 www.dis-arb.de.
81 www.arge-baurecht.de.
82 www.dg-baurecht.de.
83 www.vbd-ev.de.
84 www.bvs-ev.de.

J. Schiedsgerichtsbarkeit

Übersicht

	Rdn.
I. Begriff und Wesen der Schiedsgerichtsbarkeit	1
1. Rechtsdogmatische Grundlage und verfassungsrechtliche Zulässigkeit	6
2. Charakteristika der Schiedsgerichtsbarkeit	7
3. Verhältnis zur staatlichen Gerichtsbarkeit	16
II. Abgrenzung zu anderen Verfahren der außergerichtlichen Konfliktbeilegung	22
1. Mediation	22
2. Schiedsgutachtenverfahren	24
III. Rechtsquellen der Schiedsgerichtsbarkeit	25
IV. Schiedsvereinbarung	28
1. Allgemeine Voraussetzungen und Schiedsfähigkeit	29
2. Inhalt der Schiedsvereinbarung	32
3. Form der Schiedsvereinbarung	34
V. Institutionelle Schiedsgerichtsbarkeit und ad-hoc-Schiedsgerichtsbarkeit	37
1. Institutionelle Schiedsgerichtsbarkeit	38
2. Ad-hoc-Schiedsgerichtsbarkeit	42
VI. Ausgestaltung und Ablauf des Schiedsverfahrens	44
1. Ausgestaltung des Schiedsverfahrens	44
2. Ablauf des Schiedsverfahrens	50
a) Beginn des Verfahrens	51
b) Bildung des Schiedsgerichts	52
c) Durchführung des Verfahrens	58
d) Schiedsspruch	63
VII. Gerichtliche Aufhebung und Vollstreckbarerklärung eines Schiedsspruchs	66
1. Aufhebung eines Schiedsspruchs	66
2. Vollstreckbarerklärung eines Schiedsspruchs	71
a) Inländische Schiedssprüche	72
b) Ausländische Schiedssprüche	75
VIII. Gestufte Konfliktlösungsverfahren/Hybridverfahren	79
1. Vorgeschaltetes Mediationsverfahren (Med-Arb)	85
2. Nachgeschaltetes Mediationsverfahren (Arb-Med)	92
3. Integriertes/paralleles Mediationsverfahren	95
IX. Hinweise für die Praxis	99
1. Institutionelles Schiedsverfahren oder ad-hoc-Schiedsverfahren?	99
2. Fast-Track-Arbitration/Expedited-Arbitration/Beschleunigte Schiedsverfahren	104
3. »Pathologische Schiedsklauseln«	107

I. Begriff und Wesen der Schiedsgerichtsbarkeit

Schiedsgerichtsbarkeit bezeichnet ein Verfahren zur **Entscheidung** von Rechtsstrei- 1
tigkeiten **durch private Gerichte**, die aus einem oder mehreren Schiedsrichtern

bestehen und denen die Streitentscheidung übertragen wird.[1] Das private Schiedsgericht trifft eine für die Parteien verbindliche Entscheidung und tritt damit grundsätzlich an die Stelle der staatlichen Gerichte.

2   Die Ursprünge der Schiedsgerichtsbarkeit reichen weit zurück.[2] Regelungen, die schiedsgerichtliche Verfahren betreffen, finden sich etwa bereits im antiken römischen Recht.[3] Auch in Deutschland haben private Schiedsgerichte eine lange Tradition.[4]

3   In der Praxis kommt der **Handelsschiedsgerichtsbarkeit**, d. h. dem Einsatz von Schiedsgerichten zur Entscheidung bürgerlich-, handels- und gesellschaftsrechtlicher Streitigkeiten zwischen kaufmännischen Parteien, die größte Bedeutung zu.[5] In einigen Branchen und Rechtsgebieten wird die staatliche Gerichtsbarkeit in der Praxis – jedenfalls auf internationaler Ebene – inzwischen von der Schiedsgerichtsbarkeit zu einem erheblichen Teil verdrängt.[6] Dies gilt beispielsweise für den internationalen Großanlagenbau, Streitigkeiten im Zusammenhang mit Unternehmenstransaktionen (»post M&A«) sowie den globalen Warenhandel. Bei Streitigkeiten auf diesen Gebieten besteht in der Praxis oftmals ein besonderes Interesse der Beteiligten an den (möglichen) Vorzügen eines privaten Schiedsgerichts, insbesondere der Sachkunde und Neutralität der Schiedsrichter, der Flexibilität des Verfahrens, der Nichtöffentlichkeit des Verfahrens sowie der international sehr hohen Durchsetzbarkeit (Vollstreckung) von Schiedssprüchen.[7]

4   Der Einsatz von Schiedsgerichten ist jedoch nicht auf das Gebiet des Privatrechts beschränkt, sondern erfolgt auch auf anderen Rechtsgebieten, wie dem öffentlichen Recht[8] und dem Völkerrecht.[9] Im Rahmen der Verhandlungen um das transatlantische

---

1   *Schwab/Walter*, Schiedsgerichtsbarkeit, Kap. 1, Rn. 1.
2   Vgl. dazu: *Böckstiegel* SchiedsVZ 2009, 3 (3); *Schütze*, Schiedsgericht und Schiedsverfahren, Rn. 1.
3   In einem vermutlich im 2. Jahrhundert v. Chr. entstandenen prätorischen Edikt (EP Tit. XI § 48) droht der Prätor an, einen Schiedsrichter – sofern erforderlich – dazu zu zwingen, eine Entscheidung zu treffen, vgl. *Schütze*, Schiedsgericht und Schiedsverfahren, Rn. 3; *Ziegler*, Das private Schiedsgericht im antiken römischen Recht, S. 6 f. Eingehend zur Schiedsgerichtsbarkeit im antiken römischen Recht: *Ziegler*, Das private Schiedsgericht im antiken römischen Recht, S. 5 ff.
4   Zur Geschichte der Schiedsgerichtsbarkeit in Deutschland vgl. *Baumbach/Garnier* SchiedsVZ 2019, 181 ff.; MüKo-ZPO/*Münch*, Vorb. § 1025, Rn. 152 ff.
5   *Lachmann*, Handbuch für die Schiedsgerichtspraxis, Rn. 1; *Lionnet*, Handbuch der internationalen und nationalen Schiedsgerichtsbarkeit, S. 40; *Schwab/Walter*, Schiedsgerichtsbarkeit, Kap. 1, Rn. 1; *Trittmann/Salger/von Essen*, in: *Salger/Trittmann* (Hrsg.), Internationale Schiedsverfahren, § 1, Rn. 1.
6   MüKo-ZPO/*Münch*, Vorb. § 1025, Rn. 24; *Zöller/Geimer*, ZPO, Vorb. § 1025, Rn. 6.
7   Zu den Vor- und Nachteilen von (internationalen) Schiedsverfahren im Allgemeinen vgl.: *Schütze*, Schiedsgericht und Schiedsverfahren, Rn. 37 ff.; *Trittmann/Salger/von Essen*, in: *Salger/Trittmann* (Hrsg.), Internationale Schiedsverfahren, § 1, Rn. 6 ff. Zu den Vorteilen und den verfahrensrechtlichen Herausforderungen von Schiedsverfahren bei gesellschaftsrechtlichen Streitigkeiten vgl. *Borris* SchiedsVZ 2018, 242 ff.
8   Vgl. § 168 Abs. 1 Nr. 5 VwGO.
9   Vgl. dazu: *Lachmann*, Handbuch für die Schiedsgerichtspraxis, Rn. 14 ff.

Freihandelsabkommen »TTIP«[10] ist die **Investitionsschiedsgerichtsbarkeit** in den (kritischen)[11] Blick einer breiteren Öffentlichkeit gerückt. Die Investitionsschiedsgerichtsbarkeit ist von der Handelsschiedsgerichtsbarkeit klar zu trennen. Es handelt sich bei der Investitionsschiedsgerichtsbarkeit – anders als bei der Handelsschiedsgerichtsbarkeit – nicht um die schiedsgerichtliche Beilegung von Rechtsstreitigkeiten zwischen (kaufmännischen) Privaten, sondern um die schiedsgerichtliche Entscheidung von Konflikten zwischen einem ausländischen privaten Investor und einem Gaststaat.[12] Ihre Grundlage findet die Investitionsschiedsgerichtsbarkeit insbesondere in völkerrechtlichen Investitionsschutzabkommen.[13]

Gegenstand der nachfolgenden Darstellung ist die im Buch 10 (Schiedsrichterliches Verfahren) der deutschen Zivilprozessordnung (ZPO) geregelte private Schiedsgerichtsbarkeit in Deutschland.[14] Das autonome deutsche Schiedsverfahrensrecht in seiner derzeitigen Fassung (§§ 1025 – 1066 ZPO) entstammt im Wesentlichen der am 1. Januar 1998 in Kraft getretenen gesetzlichen Neufassung des Schiedsverfahrensrechts.[15] Der deutsche Gesetzgeber folgte bei der damaligen Neufassung einem weiterhin andauernden internationalen Trend zur Rechtsvereinheitlichung bzw. Rechtsangleichung auf dem Gebiet des Schiedsverfahrensrechts[16] und orientierte sich weitgehend an den Regelungen des »Model Law on International Commercial Arbitration« der UNCITRAL[17] von 1985, dem sogenannten »UNCITRAL-Modellgesetz«.[18]

1. Rechtsdogmatische Grundlage und verfassungsrechtliche Zulässigkeit

»Niemand darf seinem gesetzlichen Richter entzogen werden« bestimmt Art. 101 Abs. 1 Satz 2 Grundgesetz und statuiert damit die verfassungsrechtliche Garantie des gesetzlichen Richters. Dieses grundrechtsähnliche Recht verbietet es dem Staat

---

10 »Transatlantic Trade and Investment Partnership«.
11 Zur Kritik an dem Investitionsschutzkapitel des TTIP-Entwurfs vgl. *Treier/Wernicke* EuZW 2015, 334 (337 f.).
12 BeckOK-ZPO/*Wolff/Eslami*, § 1025, Rn. 9a.
13 *Trittmann/Salger/von Essen*, in: *Salger/Trittmann* (Hrsg.), Internationale Schiedsverfahren, § 1, Rn. 2.
14 Die Umbenennung von »Zehntes Buch« in »Buch 10« erfolgte mit Gesetz zur Reform des Zivilprozesses (Zivilprozessreformgesetz – ZPO-RG) v. 27. 07. 2001, BGBl. I 2001, 1887.
15 Gesetz zur Neuregelung des Schiedsverfahrensrechts (SchiedsVfG) v. 22. 12. 1997, BGBl. I 1997, 3224.
16 Zu den internationalen Bestrebungen einer Rechtsangleichung vgl. MüKo-ZPO/*Münch*, Vorb. § 1025, Rn. 160 ff.
17 »United Nations Commission on International Trade Law«.
18 BT-Drucks. 13/5274, S. 24 f.; *Wolff* JuS 2008, 108 (108); Zöller/*Geimer*, ZPO, Vorb. § 1025, Rn. 9. Zu den Abweichungen zwischen deutschem Schiedsverfahrensrecht und UNCITRAL Model Law on International Commercial Arbitration (1985) vgl. MüKo-ZPO/*Münch*, Vorb. § 1025, Rn. 181. Zu Überlegungen einer Reform des deutschen Schiedsverfahrensrechts vgl.: *Kröll*, in: *Bosman* (Hrsg.), ICCA International Handbook on Commercial Arbitration, Ergänzung Nr. 98, März 2018, Germany, Note General Editor, S. 1; *Wolff* SchiedsVZ 2016, 293 ff.

jedoch nicht, die private Schiedsgerichtsbarkeit zuzulassen.[19] Es besteht grundsätzlich kein Interesse des Staates, die staatliche Gerichtsbarkeit aufzuzwingen, wenn die Parteien freiwillig vereinbaren, diese nicht in Anspruch nehmen zu wollen.[20] Die Befugnis der Parteien, die Entscheidung ihrer Streitigkeiten, die keine öffentlichen Interessen oder Belange betreffen, einem privaten Gericht zu übertragen, ergibt sich aus dem **Grundsatz der Privatautonomie**.[21] Rechtsdogmatische Grundlage der Zuständigkeit und Befugnis eines privaten Schiedsgerichts zur Entscheidung einer Streitigkeit ist demgemäß die rechtsgeschäftliche Übertragung der Entscheidungsgewalt durch die Parteien auf das Schiedsgericht.[22]

2. Charakteristika der Schiedsgerichtsbarkeit

7   Die Schiedsgerichtsbarkeit ist geprägt von dem **Grundsatz der Parteiherrschaft**.[23] Die Schiedsparteien können wesentlichen Einfluss auf den Gang und die Ausgestaltung des Verfahrens nehmen. Dies betrifft insbesondere auch die Auswahl des Schiedsrichters bzw. der Schiedsrichter. Anders als bei einem Verfahren vor den staatlichen Gerichten, bei dem die Person des gesetzlichen Richters gewollt »von den Zufälligkeiten der Geschäftsverteilung und der Vertretungsrichter abhängig«[24] ist, können die Schiedsparteien grundsätzlich selbst entscheiden, wer ihre Streitigkeit entscheiden soll.

8   Damit haben es die Parteien auch in der Hand, ihre Streitigkeit durch eine Person bzw. **Personen mit spezieller Sachkunde oder spezifischen Qualifikationen**, beispielsweise besonderen Sprach-, Rechts- oder Branchenkenntnissen, entscheiden zu lassen.[25] Dies kann insbesondere bei Konflikten, die spezielle Rechtsgebiete betreffen, in denen aus-

---

19 *Pieroth*, in: *Jarass/Pieroth*, Grundgesetz für die Bundesrepublik Deutschland, Art. 92, Rn. 6. Auch das in Art. 92 GG normierte Richtermonopol steht der Schiedsgerichtsbarkeit grundsätzlich nicht entgegen, vgl. dazu: *Hillgruber,* in: *Maunz/Dürig* (Hrsg.), Grundgesetz, Art. 92, Rn. 87. Zur Vereinbarkeit mit Art. 6 Abs. 1 EMRK und Art. 47 Abs. 2 Charta der Grundrechte der EU vgl. *Matscher*, FS Nagel, S. 227 ff.; *Zöller/Geimer*, ZPO Vorb. § 1025, Rn. 4.
20 *Schwab/Walter*, Schiedsgerichtsbarkeit, Kap. 1, Rn. 7; *Schütze*, Schiedsgericht und Schiedsverfahren, Rn. 7; *Zöller/Geimer*, ZPO, Vorb. § 1025, Rn. 3.
21 *Lachmann*, Handbuch für die Schiedsgerichtspraxis, Rn. 3; *Saenger*, in: *Saenger/Eberl/Eberl*, Schiedsverfahren, Vorb. §§ 1025 ff., Rn. K7; *Schütze*, Schiedsgericht und Schiedsverfahren, Rn. 7; *Zöller/Geimer*, ZPO, Vorb. § 1025, Rn. 3.
22 *Lionnet*, Handbuch der internationalen und nationalen Schiedsgerichtsbarkeit, S. 46; *Schütze*, Schiedsgericht und Schiedsverfahren, Rn. 7. Einen Sonderfall betrifft § 1066 ZPO, wonach die Bestimmungen des Buches 10 der ZPO entsprechend auf Schiedsgerichte anzuwenden sind, die »in gesetzlich statthafter Weise« durch »nicht auf Vereinbarung beruhende Verfügungen angeordnet« werden, vgl. dazu *Zöller/Geimer*, ZPO, § 1066, Rn. 1 ff.
23 *Lögering* ZfBR 2010, 14; MüKo-ZPO/*Münch*, § 1042, Rn. 4.
24 *Bombe* IBR 2006, 1312, Rn. 5.
25 *Lachmann*, Handbuch für die Schiedsgerichtspraxis, Rn. 130; *Lögering* ZfBR 2010, 14 (16); *Schütze*, Schiedsgericht und Schiedsverfahren, Rn. 98; *Schwab/Walter*, Schiedsge-

ländisches Recht anzuwenden ist oder in denen spezifische technische oder wirtschaftliche Expertise und Erfahrung erforderlich sind, zu einer erheblichen Effizienzsteigerung führen und zudem eine höhere Gewähr für richtige Entscheidungen bieten.[26]

Im internationalen Handelsverkehr bestehen teilweise besondere Vorbehalte gegenüber den staatlichen Gerichten einiger Länder wegen der Besorgnis mangelnder Neutralität bzw. Korruption. Ein Schiedsverfahren mit einer Entscheidung des Rechtsstreits durch ein privates Schiedsgericht kann in diesen Fällen auch eine größere Gewähr für ein **faires Verfahren** bieten.[27]   9

Im Vergleich zu staatlichen Gerichtsverfahren kann ein **Schiedsverfahren deutlich flexibler ausgestaltet** und damit auf die spezifischen Bedürfnisse der Parteien und die Besonderheiten der Konflikte zugeschnitten werden.[28] Es besteht insbesondere keine Bindung an die für staatliche Gerichtsverfahren festgelegte Verfahrensausgestaltung, sodass grundsätzlich auch der ZPO unbekannte Elemente in ein Schiedsverfahren implementiert werden können.[29]   10

Im Unterschied zu einem vor den staatlichen Gerichten geführten Prozess – jedenfalls, wenn dieser über drei Instanzen betrieben wird – weisen Schiedsverfahren regelmäßig eine **kürzere Verfahrensdauer** auf.[30] Dennoch stellt die tatsächliche Dauer von Schiedsverfahren in der Praxis oftmals einen Kritikpunkt dar.[31] Dieser Kritik haben einige Schiedsinstitutionen in den letzten Jahren zum einen durch die Entwicklung von Schiedsordnungen für »beschleunigte Schiedsverfahren« zu begegnen versucht, bei denen die Verfahrensdauer etwa durch kürzere Fristen für Verfahrenshandlungen bzw. Verfahrensabschnitte verkürzt werden soll. Zum anderen haben viele Schiedsinstitutionen bei der Überarbeitung ihrer Schiedsordnungen ein besonderes Augenmerk auf   11

---

richtsbarkeit, Kap. 1, Rn. 8. Kritisch zur Festlegung besonderer Qualifikationen der Schiedsrichter in der Schiedsvereinbarung: *Bombe* IBR 2006, 1312, Rn. 12.
26 *Schütze*, Schiedsgericht und Schiedsverfahren, Rn. 40.
27 *Schütze*, Schiedsgericht und Schiedsverfahren, Rn. 38. Kritisch hingegen: *Lachmann*, Handbuch für die Schiedsgerichtspraxis, Rn. 120 f.
28 *Böckstiegel* SchiedsVZ 2009, 3 (6); *Bombe* IBR 2006, 1312, Rn. 5; *Lachmann*, Handbuch für die Schiedsgerichtspraxis, Rn. 139 ff.; *Schwab/Walter*, Schiedsgerichtsbarkeit, Kap. 1, Rn. 8.
29 *Böckstiegel* SchiedsVZ 2009, 3 (7); *Schütze*, Schiedsgericht und Schiedsverfahren, Rn. 45.
30 *Schütze*, Schiedsgericht und Schiedsverfahren, Rn. 41; *Schwab/Walter*, Schiedsgerichtsbarkeit, Kap. 1, Rn. 8. Kritisch: *Lachmann*, Handbuch für die Schiedsgerichtspraxis, Rn. 155 ff. Die Notwendigkeit eines Vollstreckbarerklärungsverfahrens und etwaige Durchführung eines Aufhebungsverfahrens können Vorteile auf Seiten der Verfahrensdauer in der Praxis teilweise aufzehren.
31 Vgl. dazu: *Decker* SchiedsVZ 2019, 75 (75); *Lögering* ZfBR 2010, 14 (14 ff.); *Schütt* SchiedsVZ 2017, 81 (81). Zu den Ursachen von Verfahrensverzögerungen: *Berger* SchiedsVZ 2009, 289 (291 ff.).

eine Steigerung der Effizienz des Schiedsverfahrens und die Vermeidung unnötiger Verfahrensverzögerungen gelegt.[32]

12 Die grundsätzliche Beschränkung von Schiedsverfahren auf eine Instanz[33] hat der Schiedsgerichtsbarkeit den Ruf eingebracht, nicht nur geringere Verfahrensdauern, sondern auch **geringere Verfahrenskosten** aufzuweisen.[34] Die schiedsgerichtliche Praxis zeigt jedoch, dass dies nicht immer der Fall ist. Tatsächlich stellen in der Praxis die Verfahrenskosten neben der Verfahrensdauer einen weiteren regelmäßigen Kritikpunkt in der Diskussion um die Vor- und Nachteile der Handelsschiedsgerichtsbarkeit dar.[35] Ein Faktor ist dabei, welche Regelungen die Parteien hinsichtlich des Schiedsrichterhonorars und hinsichtlich des Umfangs der Erstattungsfähigkeit von Anwaltskosten treffen.[36]

13 Da Schiedsverfahren nicht öffentlich geführt werden, weisen sie insoweit ein **besonderes Maß an Vertraulichkeit** auf.[37] Dies macht die Schiedsgerichtsbarkeit für solche Konflikte attraktiv, deren Inhalte nicht öffentlich zugänglich gemacht werden sollen, beispielsweise bei Streitigkeiten, in denen Geschäftsgeheimnisse betroffen sind.

---

32 Zu Ansätzen zur Beschleunigung und Effizienzsteigerung in verschiedenen Schiedsordnungen vgl.: *Decker* SchiedsVZ 2019, 75 (zur DIS-Schiedsgerichtsordnung 2018); *Ehle/Jahnel* SchiedsVZ 2012, 169 (zu den »Swiss Rules« 2012); *Schardt* SchiedsVZ 2019, 28 (zur DIS-Schiedsgerichtsordnung 2018); *Schütt* SchiedsVZ 2017, 81 (zur ICC-Schiedsgerichtsordnung 2017). Ebenso einige von schiedsrechtlichen Vereinigungen herausgegebene Schiedsordnungen vgl. *Lögering* HANSA International Maritime Journal, 03/2017, 36 (zur GMAA-Schiedsgerichtsordnung 2017).
33 Eine schiedsgerichtliche Berufungsinstanz wird in der Praxis nur sehr selten vereinbart. Ein Praxisbeispiel für eine solche Berufungsinstanz findet sich in der Schiedsgerichtsordnung des Waren-Vereins der Hamburger Börse e.V. (www.waren-verein.de), die eine solche Berufungsinstanz in Form eines Oberschiedsgerichts unter bestimmten Bedingungen vorsieht. Vgl. dazu auch: BGH, Beschl. v. 09. 05. 2018 – I ZB 77/17, NJW-RR 2018, 1334.
34 *Schwab/Walter*, Schiedsgerichtsbarkeit, Kap. 1, Rn. 8.
35 *Schardt* SchiedsVZ 2019, 28 (28); *Schütt* SchiedsVZ 2017, 81 (81).
36 *Lachmann*, Handbuch für die Schiedsgerichtspraxis, Rn. 163 f.; *Lögering* ZfBR 2010, 14 (17); *Schütze*, Schiedsgericht und Schiedsverfahren, Rn. 43.
37 *Lachmann*, Handbuch für die Schiedsgerichtspraxis, Rn. 144; *Schütze*, Schiedsgericht und Schiedsverfahren, Rn. 47; *Schwab/Walter*, Schiedsgerichtsbarkeit, Kap. 1, Rn. 8; *Wolff* JuS 2008, 108 (108). Die Möglichkeit einer (anonymisierten) Veröffentlichung des Schiedsspruchs ist in den Schiedsordnungen der Schiedsinstitutionen unterschiedlich ausgestaltet, z. B.: Art. 44.3 DIS-Schiedsgerichtsordnung (2018) sieht vor, dass die DIS Schiedssprüche »nur mit schriftlicher Einwilligung der Parteien veröffentlichen« darf; das »Merkblatt für die Parteien und das Schiedsgericht über die Durchführung des Schiedsverfahrens nach der ICC-Schiedsgerichtsordnung« v. 01. 01. 2019 informiert die Parteien, dass ein ab dem 01. 01. 2019 ergangener Schiedsspruch grundsätzlich »in vollem Umfang veröffentlicht werden kann« (Ziff. III. D-42.), wobei jede Partei dagegen vor der Veröffentlichung Einspruch erheben kann (Ziff. III. D-43.; für den Fall einer Vertraulichkeitsvereinbarung vgl. Ziffer III. D-44.).

Aufgrund internationaler Übereinkommen ist die **Anerkennung und Vollstreckung** 14
von Schiedssprüchen auf internationaler Ebene erleichtert, sodass Schiedssprüche global betrachtet regelmäßig eine »größere Freizügigkeit«[38] als Urteile staatlicher Gerichte aufweisen.

In bestimmten Vertrags- bzw. Fallkonstellationen gibt es in der Praxis typischerweise 15
ein besonderes Interesse von Verfahrensbeteiligten, **Dritte** in gewisser Weise an das Ergebnis der Streitentscheidung zu binden, beispielsweise bei Bauprojekten mit einer Vielzahl von Subunternehmern oder bei Lieferketten im Warenhandel. Bei Verfahren vor den deutschen staatlichen Gerichten ist in diesen Konstellationen oftmals die Möglichkeit einer Streitverkündung (§ 72 ZPO) mit Interventionswirkung eröffnet.[39] Im Schiedsverfahrensrecht gilt jedoch im Grundsatz, »daß nur derjenige eine Schiedsvereinbarung gegen sich gelten lassen muß, der an ihrem Abschluß beteiligt war«[40]. Wie bereits erläutert, beruht die Befugnis eines Schiedsgerichts zur Streitentscheidung grundsätzlich auf der freiwilligen Unterwerfung der Parteien unter dessen Entscheidungskompetenz. Die Bindung eines Dritten, der nicht Partei der Schiedsvereinbarung ist, an das Ergebnis eines Schiedsverfahrens ist gegen dessen Willen demgemäß grundsätzlich nicht möglich.[41]

3. Verhältnis zur staatlichen Gerichtsbarkeit

Im Grundsatz tritt das Schiedsgericht an die Stelle der staatlichen Gerichte.[42] Gleichwohl kann den staatlichen Gerichten eine wichtige Funktion im Zusammenhang 16

---

38 *Schütze*, Schiedsgericht und Schiedsverfahren, Rn. 48.
39 § 74 Abs. 3 ZPO i. V. m. § 68 ZPO. Zur Interventionswirkung vgl.: Zöller/*Althammer*, ZPO, § 68, Rn. 1.
40 BGH, Urt. v. 12. 11. 1990 – II ZR 249/89, NJW-RR 1991, 423 (424). Zur Frage einer etwaigen Bindung Dritter an eine Schiedsvereinbarung in bestimmten Fallkonstellationen (Sukzession, Konzernunternehmen, Vertrag zugunsten Dritter, Insolvenz, etc.) vgl.: *Busse* SchiedsVZ 2005, 118 (119 ff.); *Schütze* SchiedsVZ 2014, 274 (275 ff.).
41 *Elsing* SchiedsVZ 2004, 88 (94); *Kreindler/Harms/Rust*, in: *Heussen/Hamm* (Hrsg.), Beck'sches Rechtsanwalts-Handbuch, § 7, Rn. 42; *Müller/Keilmann* SchiedsVZ 2007, 113 (119); MüKo-ZPO/*Münch*, § 1029, Rn. 64. Einen Sonderfall betrifft § 1066 ZPO, wonach die Bestimmungen des Buches 10 der ZPO entsprechend auf Schiedsgerichte anzuwenden sind, die »in gesetzlich statthafter Weise« durch »nicht auf Vereinbarung beruhende Verfügungen angeordnet« werden. Dies betrifft beispielsweise Schiedsklauseln in Testamenten, wonach Streitigkeiten zwischen Erben bei der Durchführung des Testaments durch ein Schiedsgericht entschieden werden sollen (vgl. dazu: BGH, Beschl. v. 08. 11. 2018 – I ZB 21/18, NJW 2019, 857). In diesen Fällen beruht die Kompetenz des Schiedsgerichts zur Streitentscheidung nicht auf einer zweiseitigen Vereinbarung, sondern auf einem einseitigen rechtsgestaltenden privatrechtlichen Rechtsgeschäft (vgl. BGH, Urt. v. 22. 05. 1967 – VII ZR 188/64, NJW 1967, 2057 (2059)).
42 Die Parteien können unter bestimmten Voraussetzungen ein Wahlrecht zwischen der Anrufung des Schiedsgerichts oder der staatlichen Gerichte vereinbaren, vgl. dazu: BGH, Urt. v. 18. 12. 1975 – III ZR 103/73, NJW 1976, 852; BeckOK-ZPO/*Wolf/Eslami*, § 1029, Rn. 11; *Schütze*, Schiedsgericht und Schiedsverfahren, Rn. 7. Ein Instanzenzug mit Schieds-

mit schiedsgerichtlichen Verfahren zukommen. Da das Schiedsgericht seine Befugnis aus der privatautonomen Schiedsvereinbarung der Parteien ableitet, steht ihm keine Befugnis zur Anwendung von Zwangsmitteln zu.[43] Zudem ist dem Schiedsgericht die Vornahme bestimmter richterlicher Handlungen verwehrt, etwa die Abnahme von Eiden und eidesstattlichen Versicherungen, Zwangsmaßnahmen gegen Zeugen oder die Vornahme einer öffentlichen Zustellung.[44] In diesen Bereichen können die staatlichen Gerichte bei Bedarf unterstützend tätig werden (§ 1050 ZPO).[45]

17 Zudem können die staatlichen Gerichte bei der Bildung des Schiedsgerichts mit einer ersatzweisen Schiedsrichterbestellung aushelfen, etwa wenn sich die Parteien bei einem Schiedsverfahren mit einem Einzelschiedsrichter nicht über dessen Bestellung einigen können oder wenn sich bei einem Schiedsverfahren mit drei Schiedsrichtern die von den Parteien bestellten Schiedsrichter nicht auf den dritten Schiedsrichter (Vorsitzenden) einigen können (§ 1035 Abs. 3 ZPO). Neben dieser unterstützenden Funktion kommt den staatlichen Gerichten auch eine eng begrenzte Kontrollfunktion zu, z. B. im Rahmen der Verfahren zur Aufhebung und Vollstreckbarerklärung von Schiedssprüchen (§§ 1059 – 1061 ZPO).[46]

18 Auch bei Vorliegen einer Schiedsvereinbarung können die staatlichen Gerichte zudem auf Antrag einer Partei **vorläufige oder sichernde Maßnahmen**, d. h. einstweilige Verfügungen und Arreste anordnen (§ 1033 ZPO). Da auch das Schiedsgericht, sofern die Parteien nichts anderes vereinbart haben, bei Vorliegen eines entsprechenden Antrags einer Partei zur Anordnung vorläufiger oder sichernder Maßnahmen[47] befugt ist (§ 1041 Abs. 1 Satz 1 ZPO), besteht auf dem Gebiet des einstweiligen Rechtsschutzes nach der

---

gericht als 1. Instanz und staatlichen Gerichten als Berufungsinstanz kann hingegen nicht vereinbart werden, vgl. dazu: Zöller/*Geimer*, ZPO, § 1042, Rn. 47.

43 MüKo-ZPO/*Münch*, § 1049, Rn. 44; *Schwab/Walter*, Schiedsgerichtsbarkeit, Kap. 17, Rn. 16; *Wyss* SchiedsVZ 2011, 194 (194); Zöller/*Geimer*, ZPO, § 1050, Rn. 1.

44 Vgl. dazu: OLG Saarbrücken, Urt. v. 27. 02. 2007 – 4 Sch 1/07, SchiedsVZ 2007, 323 (326); *Lachmann*, Handbuch für die Schiedsgerichtspraxis, Rn. 9 und Rn. 1621; MüKo-ZPO/*Münch*, § 1049, Rn. 52; Zöller/*Geimer*, ZPO, § 1050, Rn. 8. Zuständig ist das Amtsgericht, in dessen Bezirk die richterliche Handlung vorzunehmen ist, vgl. § 1062 Abs. 4 ZPO.

45 Die Antragsbefugnis steht dem Schiedsgericht zu, aber mit dessen Zustimmung kann auch eine der Schiedsparteien den Antrag auf Vornahme der begehrten richterlichen Handlung stellen, vgl. dazu: *Lachmann*, Handbuch für die Schiedsgerichtspraxis, Rn. 1631; Zöller/*Geimer*, ZPO, § 1050, Rn. 3.

46 Einen Überblick zu den Entscheidungen des Schiedsgerichts, die einer gewissen Überprüfung seitens der staatlichen Gerichte unterliegen, gibt *Schütze* SchiedsVZ 2009, 241.

47 Ob das Schiedsgericht neben einstweiligen Verfügungen und Arresten auch Maßnahmen anordnen kann, die nicht in der ZPO vorgesehen sind (z. B. mareva injunctions, freezing orders) wird nicht einheitlich beurteilt. Ablehnend: *Schütze*, Schiedsgericht und Schiedsverfahren, Rn. 622. Bejahend: *Schroeder* SchiedsVZ 2004, 26 (30); *Schwab/Walter*, Schiedsgerichtsbarkeit, Kap. 17a, Rn. 5; Zöller/*Geimer*, ZPO, § 1041, Rn. 1.

gesetzlichen Regelung eine parallele Rechtsschutzmöglichkeit durch das Schiedsgericht und die staatlichen Gerichte.[48]

Die Notwendigkeit, einstweiligen Rechtsschutz durch die staatlichen Gerichte trotz Vorliegens einer Schiedsvereinbarung erlangen zu können, zeigt sich in der Praxis insbesondere in der Phase vor der Konstituierung des Schiedsgerichts und bei der Vollstreckung der Anordnung vorläufiger oder sichernder Maßnahmen durch ein Schiedsgericht. 19

Ist das Schiedsgericht, das über eine Maßnahme des einstweiligen Rechtsschutzes entscheiden soll, noch nicht konstituiert, kann dies zu nicht unerheblichen zeitlichen Verzögerungen bis zur Anordnung der Maßnahme führen. Einige Schiedsinstitutionen haben sich daher dieser Problematik in den letzten Jahren angenommen und einen »**Emergency Arbitrator**« (Eilschiedsrichter) eingeführt, der auf Antrag vor Konstituierung des Schiedsgerichts zwecks kurzfristiger Entscheidung über Anträge auf Anordnung von Maßnahmen des einstweiligen Rechtsschutzes ernannt wird.[49] 20

Eine vom Schiedsgericht angeordnete vorläufige oder sichernde Maßnahme bedarf zur Durchsetzung im Wege der Zwangsvollstreckung der vorherigen Zulassung der Vollziehung (»Vollziehbarerklärung«[50]) durch das zuständige Oberlandesgericht[51] (§ 1041 Abs. 2 ZPO). Auch hier kommt den staatlichen Gerichten demgemäß eine mitwirkende und, in eng begrenztem Umfang, kontrollierende Funktion zu.[52] Dieses Erfordernis einer vorherigen gerichtlichen »Vollziehbarerklärung« führt zu einer gewissen zeitlichen Verzögerung im Vergleich zur Vollstreckung von Maßnahmen des einstweiligen Rechtsschutzes inländischer staatlicher Gerichte. 21

II. Abgrenzung zu anderen Verfahren der außergerichtlichen Konfliktbeilegung

1. Mediation

Das schiedsgerichtliche Verfahren unterscheidet sich wesentlich von den anderen gängigen Verfahren der außergerichtlichen Konfliktbeilegung. Der **zentrale Unterschied** ist die echte **streitentscheidende Funktion**, die dem Schiedsgericht zukommt. Das Schiedsgericht trifft mit dem Schiedsspruch grundsätzlich eine endgültige und 22

---

48 *Schütze*, Schiedsgericht und Schiedsverfahren, Rn. 621. Doppelte Entscheidungen sollen insbesondere aufgrund des Erfordernisses eines Rechtsschutzbedürfnisses verhindert werden, vgl. dazu: BT-Drucks. 13/5274, S. 39; Zöller/*Geimer*, ZPO, § 1033, Rn. 6.
49 Vgl. beispielsweise: Art. 29 ICC-Schiedsgerichtsordnung (2017); Art. 43 »Swiss Rules« (2012); Art. 9B LCIA-Schiedsgerichtsordnung (2014). Eingehend zum »Emergency Arbitrator« vgl. *Horn* SchiedsVZ 2016, 22 (23 ff.).
50 Saenger/*Saenger*, ZPO, § 1041, Rn. 4.
51 § 1041 Abs. 2 ZPO, § 1062 Abs. 1 Nr. 3 ZPO. Die Zuständigkeitsbestimmung des § 1062 Abs. 1 ZPO ist nach h. M. derogationsfest, vgl. etwa: OLG München, Beschl. v. 01. 04. 2010 – 34 Sch 19/09, BeckRS 2010, 8692; Zöller/*Geimer*, ZPO, § 1062, Rn. 1. A.A. MüKo-ZPO/*Münch*, § 1062, Rn. 22.
52 MüKo-ZPO/*Münch*, § 1041, Rn. 37 ff.

verbindliche Entscheidung des Rechtsstreits[53] und nach Vollstreckbarerklärung kann der Schiedsspruch im Wege der Zwangsvollstreckung durchgesetzt werden. Hier zeigen sich die Unterschiede zur Mediation, bei welcher der Mediator die Parteien dabei unterstützt, eine einvernehmliche Lösung des Rechtsstreits zu finden, aber keine streitentscheidende Funktion hat.

23 Der Erfolg eines Mediationsverfahrens ist daher in starkem Maße davon abhängig, dass sich die streitenden Parteien ernsthaft auf die Mediation einlassen und pro-aktiv an dem Finden einer einvernehmlichen Lösung mitwirken. Das Schiedsgericht kann den Rechtsstreit hingegen grundsätzlich auch dann entscheiden, wenn eine der Schiedsparteien untätig bleibt und sich nicht an dem Schiedsverfahren beteiligt.[54]

2. Schiedsgutachtenverfahren

24 Von besonderer praktischer Bedeutung ist die Abgrenzung zwischen Schiedsverfahren und Schiedsgutachtenverfahren.[55] Dabei ist zu berücksichtigen, dass die Begriffe »Schiedsgutachten« und »Schiedsgutachtenverfahren« in der Praxis nicht immer einheitlich und teilweise auch im Zusammenhang mit Verfahren verwendet werden, bei denen es sich nicht um »klassische« Schiedsgutachtenverfahren nach deutschem Rechtsverständnis handelt.[56] Das »klassische« Schiedsgutachtenverfahren unterscheidet sich vom Schiedsverfahren zunächst durch die streitentscheidende Funktion des Schiedsgerichts.[57] Während das Schiedsgericht grundsätzlich eine Entscheidung des gesamten Rechtsstreits trifft, werden durch ein **Schiedsgutachtenverfahren** lediglich **einzelne Aspekte** eines Rechtsstreits **verbindlich geklärt**.[58] Einem Schiedsgutachter kann aber nicht nur die Feststellung von Tatsachen, sondern grundsätzlich auch die Beurteilung der insoweit vorgreiflichen Rechtsfragen übertragen werden.[59] Insbesondere in einem solchen Fall sind die Grenzen zwischen einem Schiedsverfahren

---

53 *Schütze*, Schiedsgericht und Schiedsverfahren, Rn. 12. Die Parteien können ihre Bindung an den Schiedsspruch unter bestimmten Voraussetzungen an bestimmte Modalitäten knüpfen, vgl. dazu: BGH, Beschl. v. 01. 03. 2007 – III ZB 7/06, NJW-RR 2007, 1511, Rn. 18 (Schiedsvereinbarung mit Rechtswegvorbehalt); *von Schlabrendorff*, in: *Salger/Trittmann* (Hrsg.), Internationale Schiedsverfahren, § 2, Rn. 62.
54 Allerdings führt eine solche Untätigkeit oder gar ein obstruktives Verhalten einer der Schiedsparteien in der Praxis oftmals zu nicht unerheblichen zeitlichen Verzögerungen im Verfahrensablauf.
55 Ausführlich zum Schiedsgutachtenverfahren s. Teil 6, K.
56 Vgl. dazu *Stubbe* SchiedsVZ 2010, 130 (131).
57 BGH, Beschl. v. 18. 12. 2013 – IV ZR 207/13; OLG München, Beschl. v. 23. 12. 2015 – 34 SchH 10/15, SchiedsVZ 2016, 165 (166 f.); *Schütze*, Schiedsgericht und Schiedsverfahren, Rn. 12; *Schwab/Walter*, Schiedsgerichtsbarkeit, Kap. 2, Rn. 1; *Wolff* JuS 2008, 108 (108).
58 *Schütze*, Schiedsgericht und Schiedsverfahren, Rn. 12; *Schwab/Walter*, Schiedsgerichtsbarkeit, Kap. 2, Rn. 1.
59 BGH, Urt. v. 21. 05. 1975 – VIII ZR161/73, MDR 1975, 837; BGH, Urt. v. 07. 05. 1967 – VIII ZR 58/66, BGHZ 48, 30; OLG München, Beschl. v. 23. 12. 2015 – 34 SchH 10/15, SchiedsVZ 2016, 165 (166); LG Hamburg, Urt. v. 04. 03. 2016 –

und einem Schiedsgutachtenverfahren fließend.[60] Dies kann in der Praxis zu Auslegungsschwierigkeiten führen, wenn die Regelungen eines Vertrages nicht klar erkennen lassen, ob die Parteien ein Schiedsgutachtenverfahren oder ein Schiedsverfahren vereinbaren wollten.[61]

III. Rechtsquellen der Schiedsgerichtsbarkeit

Neben den autonomen nationalen Schiedsverfahrensrechten ist die Schiedsgerichtsbarkeit in besonderem Maße geprägt durch staatsvertragliche Übereinkommen und ein internationales Bestreben nach Rechtsvereinheitlichung bzw. Rechtsangleichung.[62] 25

Besondere Bedeutung kommt dabei dem bereits erwähnten **UNCITRAL-Modellgesetz**[63] aus dem Jahre 1985 zu. Dabei handelt es sich um eine modellhafte Vorlage für nationale Schiedsgesetze, welche die Vereinten Nationen ihren Mitgliedstaaten zur Umsetzung vorgeschlagen[64] haben.[65] Eine erhebliche Zahl von Staaten hat sich – in unterschiedlicher Ausprägung[66] – bei der Ausgestaltung ihrer nationalen Schiedsverfahrensrechte an dem UNCITRAL-Modellgesetz orientiert, was im Ergebnis zu einer Angleichung, teilweise auch Vereinheitlichung der nationalen Schiedsverfahrensrechte dieser als »Model Law Countries« bezeichneten Staaten geführt hat.[67] 26

Einen wesentlichen Beitrag zum Erfolg der Schiedsgerichtsbarkeit leistete zudem die »Convention on the Recognition and Enforcement of Foreign Arbitral Awards« (**New** 27

---

404 HKO 6/14, BeckRS 2016, 15242; *Schütze*, Schiedsgericht und Schiedsverfahren, Rn. 12; *Schwab/Walter*, Schiedsgerichtsbarkeit, Kap. 2, Rn. 1.

60 *Schütze*, Schiedsgericht und Schiedsverfahren, Rn. 12.

61 Vgl. etwa: BGH, Urt. v. 14. 01. 2016 – I ZB 50/15, MDR 2016, 480; BGH, Urt. v. 04. 06. 1981 – III ZR 4/80, MDR 1982, 36; OLG Düsseldorf, Urt. v. 29. 01. 2019 – 23 U 16/18, BauR 2019, 1154; OLG München, Beschl. v. 23. 12. 2015 – 34 SchH 10/15, SchiedsVZ 2016, 165. Dazu auch: *Lachmann*, Handbuch für die Schiedsgerichtspraxis, Rn. 80 f.

62 Zur Bestimmung des anwendbaren Verfahrensrechts bei ausländischen Schiedsverfahren vgl.: *Schmidt-Ahrendts/Höttler* SchiedsVZ 2011, 267 (268); *Zöller/Geimer*, ZPO, § 1025, Rn. 8 ff. Ein Überblick über die wichtigsten Staatsverträge auf dem Gebiet der Schiedsgerichtsbarkeit findet sich bei *Schütze*, Schiedsgericht und Schiedsverfahren, Rn. 29 ff.

63 »Model Law on International Commercial Arbitration«. Der Text des UNCITRAL-Modellgesetzes ist abrufbar auf der Website der UNCITRAL: www.uncitral.un.org (zuletzt abgerufen am 30. 08. 2019). Eine Kommentierung des UNCITRAL-Modellgesetzes findet sich bei: *Roth*, in: *Baumann/Weigand*, (Hrsg.), Practitioner's Handbook on International Commercial Arbitration, Kapitel 20.

64 Resolution der UN-Vollversammlung Nr. A/RES/40/72.

65 MüKo-ZPO/*Münch*, Vorb. § 1025, Rn. 165.

66 Vgl. dazu: MüKo-ZPO/*Münch*, Vorb. § 1025, Rn. 173.

67 *Schütze*, Schiedsgericht und Schiedsverfahren, Rn. 28; *Zöller/Geimer*, ZPO, Vorb. § 1025, Rn. 10. Eine fortlaufend aktualisierte Übersicht über die »Model Law Countries« findet sich auf der Website der UNCITRAL: www.uncitral.un.org (zuletzt abgerufen am 30. 08. 2019).

York Convention)[68] aus dem Jahre 1958.[69] Die Vertragsstaaten der New York Convention verpflichten sich zur grundsätzlichen Anerkennung und Vollstreckung ausländischer Schiedssprüche.[70] Aufgrund der sehr hohen Anzahl von Vertragsstaaten[71] bietet die New York Convention die Gewähr für die internationale Durchsetzbarkeit von Schiedssprüchen,[72] teilweise auch in Staaten, in denen Entscheidungen ausländischer staatlicher Gerichte nicht oder nicht in gleicher Weise durchsetzbar sind.

IV. Schiedsvereinbarung

28 Die Schiedsvereinbarung ist von zentraler Bedeutung, denn mit dieser treffen die Parteien die Entscheidung, sich in den erfassten Streitigkeiten nicht der staatlichen Gerichtsbarkeit, sondern einem privaten Schiedsgericht zu unterwerfen.[73] In der Praxis werden Schiedsvereinbarungen regelmäßig im Rahmen der Schlussbestimmungen eines Vertrages getroffen (Schiedsklausel), daneben besteht auch die Möglichkeit, eine Schiedsvereinbarung in Form einer selbständigen Vereinbarung zu treffen (Schiedsabrede).[74]

1. Allgemeine Voraussetzungen und Schiedsfähigkeit

29 Für den wirksamen Abschluss einer Schiedsvereinbarung müssen zunächst die allgemeinen Voraussetzungen für den Abschluss von Verträgen vorliegen, insbesondere auch die Rechtsfähigkeit der beteiligten Personen und im Falle des Handelns von Vertretern zudem das Bestehen wirksamer Vertretungsmacht.[75] Neben diesen allgemeinen Voraussetzungen ist des Weiteren erforderlich, dass die von der Schiedsvereinbarung erfassten Streitgegenstände allgemein einem Schiedsgericht zur Entschei-

---

68 Der Text der New York Convention ist auf der Website der UNCITRAL verfügbar: www.uncitral.un.org (zuletzt abgerufen am 30. 08. 2019).
69 *Kröll* SchiedsVZ 2009, 40.
70 Vgl. Art. III. New York Convention.
71 Über 160 Vertragsstaaten per April 2020. Eine fortlaufend aktualisierte Übersicht über die Vertragsstaaten der New York Convention (einschließlich des jeweiligen Datums des Inkrafttretens für die einzelnen Vertragsstaaten) findet sich auf der Website der UNCITRAL: www.uncitral.un.org (zuletzt abgerufen am 14. 04. 2020).
72 *Quinke* SchiedsVZ 2011, 169 (170).
73 Zur Rechtsnatur der Schiedsvereinbarung vgl. *Lachmann*, Handbuch für die Schiedsgerichtspraxis, Rn. 266; *Schütze*, Schiedsgericht und Schiedsverfahren, Rn. 244.
74 Vgl. § 1029 Abs. 2 ZPO. Bei der Beurteilung der Schiedsfähigkeit und der Anforderungen an die Schiedsvereinbarung ist es empfehlenswert auch zu prüfen, welche ggf. abweichenden bzw. ergänzenden Anforderungen und Bedingungen nach den bei einer späteren Vollstreckung des Schiedsspruchs anwendbaren Vorschriften bestehen.
75 *Lachmann*, Handbuch für die Schiedsgerichtspraxis, Rn. 272 ff.; MüKo-ZPO/*Münch*, § 1029, Rn. 16; Zöller/*Geimer*, ZPO, § 1029, Rn. 18 f. Zu dem auf die Schiedsvereinbarung anwendbaren Recht (Schiedsvereinbarungsstatut, Schiedsfähigkeitsstatut) bei Fällen mit Auslandsbezug vgl.: MüKo-ZPO/*Münch*, § 1029, Rn. 27 ff.; *Schmidt-Ahrendts/Höttler* SchiedsVZ 2011, 267 (272 ff.); Zöller/*Geimer*, ZPO, § 1029, Rn. 1.

dung übertragen werden können (objektive Schiedsfähigkeit)[76] und dass die Parteien der Schiedsvereinbarung zu deren Abschluss fähig sind (subjektive Schiedsfähigkeit)[77].

Objektiv schiedsfähig ist nach autonomem deutschem Schiedsverfahrensrecht grundsätzlich jeder vermögensrechtliche Anspruch (§ 1030 Abs. 1 Satz 1 ZPO).[78] Nichtvermögensrechtliche Ansprüche sind hingegen nur objektiv schiedsfähig, soweit die Parteien berechtigt sind, über den Streitgegenstand einen Vergleich zu schließen (§ 1030 Abs. 1 Satz 2 ZPO). Damit hat der Gesetzgeber insbesondere diejenigen Streitigkeiten ausgenommen, für die ein Entscheidungsmonopol der staatlichen Gerichte besteht.[79] Ausgenommen sind ferner bestimmte mietrechtliche Streitigkeiten (§ 1030 Abs. 2 ZPO).[80] Vereinzelte weitere Beschränkungen der objektiven Schiedsfähigkeiten finden sich in gesetzlichen Regelungen außerhalb des Buches 10 der ZPO, deren Geltung § 1030 Abs. 3 ZPO ausdrücklich normiert.[81]   30

Die **subjektive Schiedsfähigkeit** erfordert insbesondere die Geschäfts- bzw. Abschlussfähigkeit der beteiligten Parteien.[82] In bestimmten Rechtsbereichen ist die Schiedsfähigkeit nur bestimmten Personengruppen vorbehalten[83] oder von bestimmten Genehmigungen abhängig[84].   31

---

76 MüKo-ZPO/*Münch*, § 1030, Rn. 11; *Schütze*, Schiedsgericht und Schiedsverfahren, Rn. 267 ff..
77 *Lachmann*, Handbuch für die Schiedsgerichtspraxis, Rn. 286 ff.; *Lehmann*, SchiedsVZ 2003, 219 (221); MüKo-ZPO/*Münch*, § 1030, Rn. 11; *Schmidt-Ahrendts/Höttler* SchiedsVZ 2011, 267 (274); *Schütze*, Schiedsgericht und Schiedsverfahren, Rn. 189 ff.; *Wolff* JuS 2008, 108 (109).
78 Die objektive Schiedsfähigkeit vermögensrechtlicher Ansprüche ist nach der jetzigen gesetzlichen Regelung nicht mehr abhängig von einer Berechtigung der Parteien, über den Streitgegenstand einen Vergleich zu schließen, vgl. dazu: BT-Drucks. 13/5274, S. 34; *Schütze*, Schiedsgericht und Schiedsverfahren, Rn. 267.
79 BT-Drucks. 13/5274, S. 35; *Lachmann*, Handbuch für die Schiedsgerichtspraxis, Rn. 279; *Zöller/Geimer*, ZPO, § 1030, Rn. 2. Nicht schiedsfähig sind beispielsweise Ehe- und Kindschaftssachen (vgl. *Voit*, in: *Musielak*, Kommentar zur Zivilprozessordnung, § 1030, Rn. 6; zur Schiedsfähigkeit güter- und versorgungsrechtlicher Ansprüche vgl. *Huber* SchiedsVZ 2004, 280 (281)), Lebenspartnerschaftssachen (vgl. *Saenger/Saenger*, ZPO, § 1030, Rn. 6), Betreuungsangelegenheiten (vgl. *Schütze*, Schiedsgericht und Schiedsverfahren, Rn. 269) und Angelegenheiten der freiwilligen Gerichtsbarkeit, soweit es sich dabei nicht um echte Streitsachen handelt (vgl. *Zöller/Geimer*, ZPO, § 1030, Rn. 6).
80 Vgl. dazu: *Lachmann*, Handbuch für die Schiedsgerichtspraxis, Rn. 298 ff.; *Zöller/Geimer*, ZPO, § 1030, Rn. 20.
81 Vgl. beispielsweise § 101 Abs. 3 ArbGG.
82 MüKo-ZPO/*Münch*, § 1059, Rn. 10; *Schmidt-Ahrendts/Höttler* SchiedsVZ 2011, 267 (274); *Schütze*, Schiedsgericht und Schiedsverfahren, Rn. 189; *Voit*, in: *Musielak*, Kommentar zur Zivilprozessordnung, § 1029, Rn. 5; *von Schlabrendorff*, in: *Salger/Trittmann* (Hrsg.), Internationale Schiedsverfahren, § 2, Rn. 45 ff..
83 Vgl. beispielsweise: § 101 WpHG (§ 37h WpHG a. F.), vgl. dazu: *Zöller/Geimer*, ZPO, § 1030, Rn. 13.
84 Vgl. beispielsweise: § 160 Abs. 2 Nr. 3 InsO; § 1822 Nr. 12 BGB. Vgl. dazu: *Voit*, in: *Musielak*, Kommentar zur Zivilprozessordnung, § 1029, Rn. 5.

2. Inhalt der Schiedsvereinbarung

32 Eine **wirksame Schiedsvereinbarung** setzt zumindest eine Vereinbarung der Parteien voraus, alle oder einzelne Streitigkeiten, die zwischen ihnen in Bezug auf ein bestimmtes Rechtsverhältnis vertraglicher oder nichtvertraglicher Art entstanden sind oder künftig entstehen, der Entscheidung durch ein Schiedsgericht zu unterwerfen (§ 1029 Abs. 1 ZPO). Es muss demnach der Wille der Parteien feststellbar sein, dass die Entscheidung der erfassten Streitigkeiten anstelle der staatlichen Gerichte durch ein Schiedsgericht erfolgen soll.[85]

33 Neben dem notwendigen Inhalt der Schiedsvereinbarung werden in der Praxis regelmäßig auch Vereinbarungen hinsichtlich des Ortes des Schiedsverfahrens, der Anzahl der Schiedsrichter, der Sprache des Schiedsverfahrens und der weiteren Verfahrensausgestaltung getroffen.[86]

3. Form der Schiedsvereinbarung

34 Nach autonomem deutschem Schiedsverfahrensrecht kann eine Schiedsvereinbarung nicht allein mündlich geschlossen werden, sondern es bedarf stets einer **Form**, die den Nachweis der Schiedsvereinbarung möglich macht (§ 1031 Abs. 1 – 3 ZPO).[87]

35 Ist ein **Verbraucher**[88] an der Schiedsvereinbarung beteiligt, sieht die ZPO zu dessen Schutz **besondere Formerfordernisse** vor. Die Schiedsvereinbarung muss in diesem Fall in einer von den Parteien eigenhändig unterzeichneten Urkunde[89] enthalten sein (§ 1031 Abs. 5 Satz 1 ZPO). Diese darf ausschließlich solche Vereinbarungen enthalten, die sich auf das schiedsrichterliche Verfahren beziehen, sofern nicht eine notarielle Beurkundung erfolgt, bei welcher der Verbraucher durch die Belehrungspflicht des Notars besonders geschützt ist (§ 1031 Abs. 5 Satz 3 ZPO).[90]

---

85 *Lachmann*, Handbuch für die Schiedsgerichtspraxis, Rn. 374; MüKo-ZPO/*Münch*, § 1029, Rn. 93. Zu sogenannten »pathologischen Schiedsklauseln« vgl. *Kröll* IHR 2006, 255. Zu Fragen einer Inhaltskontrolle (AGB-Kontrolle) vgl.: *Hanefeld/Wittinghofer* SchiedsVZ 2005, 217 (222 ff.); MüKo-ZPO/*Münch*, § 1029, Rn. 21 ff.

86 *Lachmann*, Handbuch für die Schiedsgerichtspraxis, Rn. 393 ff.; *Schütze*, Schiedsgericht und Schiedsverfahren, Rn. 307 ff. Zu weiteren Regelungsmöglichkeiten vgl. *Lachmann*, Handbuch für die Schiedsgerichtspraxis, Rn. 401 ff.

87 Vgl. dazu: Zöller/*Geimer*, ZPO, § 1031, Rn. 5 ff. Die frühere Sonderregelung für Konnossemente in § 1031 Abs. 4 ZPO a. F. wurde im Zuge der Reform des Seehandelsrechts aufgehoben (BGBl I 2013, 831). Zu dem für die Form der Schiedsvereinbarung maßgeblichen Recht (Formstatut) bei Fällen mit Auslandsbezug vgl. *Schmidt-Ahrendts/Höttler* SchiedsVZ 2011, 267 (274). Zu den Anforderungen an die Form der Schiedsvereinbarung nach verschiedenen internationalen Übereinkommen auf dem Gebiet der Schiedsgerichtsbarkeit vgl. *Hanefeld/Wittinghofer* SchiedsVZ 2005, 217 (219 f.).

88 Zur Verbrauchereigenschaft vgl. Zöller/*Geimer*, ZPO, § 1031, Rn. 34.

89 Die schriftliche Form kann durch die elektronische Form (§ 126a BGB) ersetzt werden, vgl. § 1031 Abs. 5 Satz 2 ZPO.

90 Vgl. dazu: BGH, Urt. v. 01. 03. 2007 – III ZR 164/06, SchiedsVZ 2007, 163 (164); Zöller/*Geimer*, ZPO, § 1031, Rn. 34.

Etwaige Formmängel beim Abschluss der Schiedsvereinbarung werden jedoch durch 36
ein rügeloses Einlassen auf die schiedsgerichtliche Verhandlung zur Hauptsache geheilt
(§ 1031 Abs. 6 ZPO).[91]

V. Institutionelle Schiedsgerichtsbarkeit und ad-hoc-Schiedsgerichtsbarkeit

Schiedsverfahren werden in der Praxis danach unterschieden, ob das Schiedsverfah- 37
ren durch eine Schiedsinstitution administriert und nach deren Schiedsordnung
durchgeführt wird (institutionelle Schiedsverfahren) oder ob keine Schiedsinstitution
involviert ist (ad-hoc-Schiedsverfahren).

1. Institutionelle Schiedsgerichtsbarkeit

Es existiert weltweit eine Vielzahl von Schiedsinstitutionen, welche die Administ- 38
rierung von Schiedsverfahren anbieten.[92] In Deutschland kommt in der Praxis der
Deutschen Institution für Schiedsgerichtsbarkeit (DIS) und dem **Internationalen
Schiedsgerichtshof der Internationalen Handelskammer** (ICC) eine besondere
Bedeutung zu.

Der Umfang und die Intensität der Administrierung variiert bei den einzelnen Schieds- 39
institutionen deutlich. Während einige Schiedsinstitutionen primär bei organisatorischen Aspekten des Schiedsverfahrens tätig werden, sind andere Schiedsinstitutionen
stärker in den administrierten Schiedsverfahren involviert.[93] Für die Administrierung
des Schiedsverfahrens ist an die Schiedsinstitution eine Gebühr zu entrichten, deren
Höhe bei den einzelnen Schiedsinstitutionen nicht unerhebliche Unterschiede aufweist.

Regelmäßig nehmen die Schiedsinstitutionen den verfahrenseinleitenden Schriftsatz 40
entgegen und übernehmen auch die Übermittlung an den Schiedsbeklagten, was insbesondere in internationalen Streitfällen eine erhebliche Erleichterung bedeuten kann.
Oftmals unterstützt die Schiedsinstitution des Weiteren etwa durch die Anforderung
und Verwaltung von Kostenvorschüssen sowie teilweise auch durch die Bereitstellung
von Konferenzräumen für mündliche Verhandlungen. Einige Schiedsinstitutionen
unterhalten schiedsrechtlich ausgerichtete Bibliotheken und (elektronische) Entscheidungssammlungen, welche den Parteien und Schiedsrichtern zugänglich gemacht werden. Teilweise geben die »Case Manager« der Schiedsinstitutionen den Schiedsrichtern

---

91 Vgl. dazu: Zöller/*Geimer*, ZPO, § 1031, Rn. 40 ff.
92 Von besonderer Bedeutung sind u. a. folgende Schiedsinstitutionen: American Arbitration Association (AAA); Arbitration Institute of the Stockholm Chamber of Commerce (SCC); Asian International Arbitration Centre (AIAC); China International Economic and Trade Arbitration Commission (CIETAC); Deutsche Institution für Schiedsgerichtsbarkeit (DIS); International Court of Arbitration of the International Chamber of Commerce (ICC); London Court of International Arbitration (LCIA); Singapore International Arbitration Centre (SIAC); Swiss Chambers Arbitration Institution (SCAI); Vienna International Arbitral Centre (VIAC).
93 Einen Überblick gibt insoweit *Schütze*, in: *Schütze* (Hrsg.), Institutionelle Schiedsgerichtsbarkeit, I. Kapitel: Einleitung, Rn. 2 ff.

und den Parteien auch Auskunft zu allgemeinen (administrativen) Verfahrensfragen. Regelmäßig leistet die Schiedsinstitution, soweit erforderlich, auch Unterstützung bei der Bildung des Schiedsgerichts, indem sie die Benennung eines Schiedsrichters vornimmt, etwa wenn sich die Parteien nicht über die Bestellung des Einzelschiedsrichters oder die von den Parteien bestellten Schiedsrichter nicht auf den dritten Schiedsrichter (Vorsitzenden) einigen können. Einige Schiedsinstitutionen werden zudem auch in begrenztem Umfang überwachend tätig, etwa im Rahmen der Konstituierung des Schiedsgerichts, der Verfahrensplanung und Verfahrensdauer oder auch der Abfassung des Schiedsspruchs.[94]

41 Alle bedeutenden Schiedsinstitutionen haben eigene **Schiedsordnungen** erarbeitet, die – mit unterschiedlicher Regelungstiefe – den Ablauf des Schiedsverfahrens und regelmäßig auch Aspekte des Rechtsverhältnisses der Schiedsparteien zu den Schiedsrichtern, einschließlich des Honorars der Schiedsrichter, regeln.[95] Die Schiedsinstitutionen haben zudem **Musterschiedsklauseln** veröffentlicht, mit denen für die erfassten Streitigkeiten die Durchführung eines Schiedsverfahrens nach der Schiedsordnung der jeweiligen Schiedsinstitution vereinbart wird.[96]

2. Ad-hoc-Schiedsgerichtsbarkeit

42 Ad-hoc-Schiedsverfahren sind solche, die nicht durch eine Schiedsinstitution administriert werden. Die Parteien und das Schiedsgericht sind daher insbesondere in organisatorischer Hinsicht stärker gefordert als bei einem institutionellen Schiedsverfahren. Gleichzeitig besteht für die Parteien teilweise eine größere Freiheit bei der Ausgestaltung des Verfahrens und es entfallen die Gebühren für die Tätigkeit einer Schiedsinstitution.

43 Auch für ad-hoc-Schiedsverfahren gibt es »vorgefertigte« Schiedsordnungen, auf welche die Parteien zur näheren Ausgestaltung des Schiedsverfahrens zurückgreifen können. Von besonderer Bedeutung sind dabei die **UNCITRAL Arbitration Rules**,[97] die im Jahre 1976 von der Vollversammlung der Vereinten Nationen verabschiedet und im Jahre 2010 einer ersten Revision unterzogen wurden.[98] Die UNCITRAL Arbitration

---

94 Vgl. dazu *Schütze*, in: *Schütze* (Hrsg.), Institutionelle Schiedsgerichtsbarkeit, I. Kapitel: Einleitung, Rn. 8.
95 *Schütze*, Schiedsgericht und Schiedsverfahren, Rn. 54 f. Die Schiedsordnungen der bedeutenden Schiedsinstitutionen sind auf der Website der jeweiligen Schiedsinstitution (zumeist in verschiedenen Sprachen) verfügbar.
96 *Schütze*, Schiedsgericht und Schiedsverfahren, Rn. 55. Die Musterschiedsklauseln sind auf den Websites der Schiedsinstitutionen (zumeist in verschiedenen Sprachen) verfügbar.
97 Der Text der UNCITRAL Arbitration Rules ist abrufbar auf der Website der UNCITRAL: www.uncitral.un.org (zuletzt abgerufen am 30. 08. 2019).
98 Eine Kommentierung der UNCITRAL Arbitration Rules findet sich bei: *Aden*, Internationale Handelsschiedsgerichtsbarkeit, S. 573 ff. Zur Revision 2010 vgl. *Pörnbacher/Loos/Baur* BB 2011, 711. In 2013 wurden die »UNCITRAL Rules on Transparency in Treaty-based Investor-State Arbitration« durch den neu eingefügten Art. 1 Abs. 4 UNCITRAL Arbitration Rules einbezogen.

Rules enthalten zunächst Regelungen über den Ablauf und die Ausgestaltung des ad-hoc-Schiedsverfahrens und sehen mit der sogenannten »appointing authority« einen Lösungsmechanismus z. B. für Schwierigkeiten im Zusammenhang mit der Schiedsrichterbestellung vor.

VI. Ausgestaltung und Ablauf des Schiedsverfahrens

1. Ausgestaltung des Schiedsverfahrens

Wie bereits erwähnt, können die Schiedsparteien das Schiedsverfahren grundsätzlich ihren Vorstellungen und Bedürfnissen entsprechend ausgestalten.[99] Der deutsche Gesetzgeber hat diese Regelungsbefugnis der Parteien und die in weiten Teilen dispositive Natur der gesetzlichen Verfahrensregelungen im Wortlaut zahlreicher Vorschriften des Buches 10 der ZPO ausdrücklich hervorgehoben.[100] Die Ausgestaltung des Schiedsverfahrens richtet sich demnach primär nach den Vereinbarungen der Schiedsparteien. Dabei sind die Schiedsparteien insbesondere nicht gehalten, das Verfahren analog zu den Regelungen der ZPO für staatliche Gerichtsverfahren auszugestalten, sondern sie können individuelle Regelungen treffen, beispielsweise hinsichtlich der Fristen für Verfahrenshandlungen, der Übermittlung von Schriftsätzen und Mitteilungen oder auch der Durchführung von Beweisaufnahmen.[101] In der Praxis sind sich die Parteien der Chancen und Risiken sowie der Bedeutung einzelner Verfahrensausgestaltungen, etwa Regelungen betreffend Beweisaufnahmen, oftmals nicht bewusst.[102]   44

Die weite Regelungsbefugnis der Parteien ist begrenzt durch einige zwingende Vorschriften und **grundlegende Verfahrensprinzipien**, die gewahrt bleiben müssen.[103] Insbesondere sind die Schiedsparteien gleich zu behandeln und es muss ihnen rechtliches Gehör gewährt werden (§ 1042 Abs. 1 ZPO).   45

Weil der Aufwand der Erstellung einer vollständigen individuellen Verfahrensordnung in der Regel in keinem angemessenen Verhältnis zu den dadurch begründeten Vorteilen steht, wird in der Praxis zumeist darauf verzichtet, individuelle Regelungen für das gesamte Schiedsverfahren zu erarbeiten.   46

Haben sich die Parteien für ein institutionelles Schiedsverfahren entschieden, üben sie die Befugnis zur Verfahrensregelung regelmäßig durch die Vereinbarung der Schiedsordnung der von ihnen gewählten Schiedsinstitution aus.   47

Sofern sich die Parteien für den Weg der ad-hoc-Schiedsgerichtsbarkeit entschieden, wird – wie bereits erwähnt – insbesondere bei internationalen Schiedsverfahren nicht   48

---

99 Vgl. § 1042 Abs. 3 ZPO. *Lögering* ZfBR 2010, 14 (14); *Schütze*, Schiedsgericht und Schiedsverfahren, Rn. 374; *Schwab/Walter*, Schiedsgerichtsbarkeit, Kap. 15, Rn. 29.
100 Vgl. etwa § 1044 ZPO: »Haben die Parteien nichts anderes vereinbart, (…)«. Zur grundsätzlichen Regelungsbefugnis der Parteien vgl. § 1042 Abs. 3 ZPO.
101 *Schütze*, Schiedsgericht und Schiedsverfahren, Rn. 375.
102 Vgl. dazu eingehend: *Schütze* SchiedsVZ 2018, 101 (101 f.).
103 *Schütze*, Schiedsgericht und Schiedsverfahren, Rn. 374.

selten auf die UNCITRAL Arbitration Rules zurückgegriffen. Daneben existieren auch eine Vielzahl branchenspezifischer Musterverfahrensordnungen für ad-hoc-Schiedsverfahren, auf welche die Parteien zur Ausgestaltung ihres Schiedsverfahrens zurückgreifen können.

49 Treffen die Parteien – insgesamt oder zu bestimmten Aspekten – keine Verfahrensregelung, gelangen bei einem inländischen Schiedsverfahren, d.h. einem Schiedsverfahren mit Schiedsort (§ 1043 Abs. 1 ZPO) innerhalb Deutschlands,[104] die im Buch 10 der ZPO normierten Verfahrensregelungen zur Anwendung.[105] Soweit die gesetzlichen Bestimmungen in diesem Fall keine Regelungen zu einzelnen Aspekten des Schiedsverfahrens enthalten, werden die Verfahrensregeln insoweit vom Schiedsgericht nach freiem Ermessen bestimmt (§ 1042 Abs. 4 Satz 1 ZPO).[106]

2. Ablauf des Schiedsverfahrens

50 Wie erläutert, werden die für den Ablauf des Schiedsverfahrens maßgebenden Verfahrensregeln in der Praxis oftmals durch die Vereinbarung der Schiedsordnung einer Schiedsinstitution, die Bezugnahme auf eine Musterverfahrensordnung für ad-hoc-Schiedsverfahren oder durch individuelle Verfahrensregelungen bzw. -absprachen der Parteien bestimmt und damit die ansonsten anwendbaren gesetzlichen Verfahrensbestimmungen in unterschiedlichem Ausmaß und Umfang modifiziert bzw. ersetzt. Soweit jedoch keine solche Modifikation der gesetzlichen Bestimmungen seitens der Parteien erfolgt, stellt sich der Ablauf eines inländischen Schiedsverfahrens nach den Regelungen des Buches 10 der ZPO grundsätzlich wie folgt dar:

a) Beginn des Verfahrens

51 Das Schiedsverfahren beginnt an dem Tag, an dem der Schiedsbeklagte den Antrag des Schiedsklägers empfangen hat, die Streitigkeit einem Schiedsgericht vorzulegen (§ 1044 Satz 1 ZPO). Dieser **verfahrenseinleitende Vorlegungsantrag** muss die Parteien bezeichnen, den Streitgegenstand hinreichend angeben und auf die Schiedsvereinbarung hinweisen (§ 1044 Satz 2 ZPO).[107] Der Zugang des Vorlegungsantrags

---

104 § 1025 Abs. 1 ZPO. Das autonome deutsche Schiedsverfahrensrecht folgt damit dem sogenannten Territorialitätsprinzip, vgl. BT-Drucks. 13/5274, S. 31.
105 Zur Bestimmung des autonomen nationalen Schiedsrechts bei internationalen Schiedsverfahren vgl. *Schmidt-Ahrendts/Höttler* SchiedsVZ 2011, 267 (268); Zöller/*Geimer*, ZPO, § 1025, Rn. 7 ff.
106 *Schwab/Walter*, Schiedsgerichtsbarkeit, Kap. 1, Rn. 10. Zu den Grenzen des schiedsrichterlichen Ermessens vgl. *Schütze*, Schiedsgericht und Schiedsverfahren, Rn. 378.
107 Die Gesetzesbegründung weist aus, der Vorlegungsantrag müsse »die zu seiner Schlüssigkeit erforderlichen Angaben« beinhalten, vgl. BT-Drucks. 13/5274, S. 48. Vgl. dazu: BeckOK-ZPO/*Wilske/Markert*, § 1044, Rn. 3.1 (kritisch unter Verweis auf den Gesetzeswortlaut); Zöller/*Geimer*, ZPO, § 1044, Rn. 2 (»Angaben des Kl müssen aber der Prüfung ermöglichen, ob die vorgelegte Streitigkeit der Schiedsvereinbarung unterfällt«).

beim Schiedsbeklagten bewirkt die Schiedshängigkeit und – sofern deutsches Recht anwendbar ist – nach § 204 Abs. 1 Nr. 11 BGB die Hemmung der Verjährung.[108]

b) Bildung des Schiedsgerichts

Im nächsten Schritt muss das Schiedsgericht gebildet werden. Die gesetzlichen Regelungen stellen keine besonderen Anforderungen an die Qualifikation der Schiedsrichter, sodass die Parteien bei der Auswahl sehr weite Freiheit haben, beispielsweise auch Nichtjuristen zum Schiedsrichter bestellen können.[109] 52

Liegt keine Vereinbarung der Parteien über die Anzahl der Schiedsrichter vor, besteht das Schiedsgericht aus drei Schiedsrichtern (§ 1034 Abs. 1 Satz 2 ZPO). In diesem Fall hat zunächst jede Partei einen Schiedsrichter zu bestellen (§ 1035 Abs. 3 Satz 2, 1. HS ZPO).[110] Anschließend haben die beiden von den Parteien bestellten Schiedsrichter den dritten Schiedsrichter als Vorsitzenden[111] auszuwählen (§ 1035 Abs. 3 Satz 2, 2. HS ZPO). 53

Bestellt eine Partei innerhalb eines Monats nach Empfang einer entsprechenden Aufforderung[112] durch die andere Partei keinen Schiedsrichter, kann beim zuständigen Oberlandesgericht[113] eine gerichtliche Bestellung des jeweiligen Schiedsrichters beantragt werden (§ 1035 Abs. 3 Satz 3 ZPO). Dasselbe gilt, wenn sich die beiden von den Parteien bestellten Schiedsrichter nicht innerhalb eines Monats nach ihrer Bestellung über den dritten Schiedsrichter einigen können (§ 1035 Abs. 3 Satz 3 ZPO). 54

Haben die Parteien eine Entscheidung durch einen Einzelschiedsrichter vereinbart, müssen sie sich grundsätzlich um eine Einigung über die Person des Schiedsrichters bemühen. Gelingt dies nicht, kann jede Partei eine gerichtliche Bestellung des Schiedsrichters beantragen (§ 1035 Abs. 3 Satz 1 ZPO). 55

Die gesetzlichen Regelungen gehen im Grundsatz von einem Schiedsverfahren mit nur zwei Parteien aus.[114] In der Praxis sind, wie zuvor bereits erläutert, jedoch nicht selten mehr als zwei Parteien in eine Streitigkeit involviert. Sogenannte **Mehrparteienschiedsverfahren**, d. h. Schiedsverfahren mit einer Beteiligung von mehr als zwei Parteien, sind in der Praxis vor einige besondere Schwierigkeiten und Herausforderungen gestellt. Dies betrifft neben den bereits angesprochenen Aspekten im Hinblick auf die Schiedsvereinbarung insbesondere auch Fragestellungen hinsichtlich der Bestellung der Schieds- 56

---

108 *Lachmann*, Handbuch für die Schiedsgerichtspraxis, Rn. 766; *Schütze*, Schiedsgericht und Schiedsverfahren, Rn. 413; Zöller/*Geimer*, ZPO, § 1044, Rn. 4.
109 Zöller/*Geimer*, ZPO, § 1035, Rn. 3 ff.
110 Zum Inhalt der Bestellungsmitteilung vgl. *Lachmann*, Handbuch für die Schiedsgerichtspraxis, Rn. 790 ff.
111 Zur Stellung und Funktion des Vorsitzenden vgl. *Lachmann*, Handbuch für die Schiedsgerichtspraxis, Rn. 1213 ff.
112 Zu den Anforderungen an eine solche Aufforderung vgl. Zöller/*Geimer*, ZPO, § 1035, Rn. 14.
113 § 1062 Abs. 1 Nr. 1 ZPO.
114 *Benedict* SchiedsVZ 2018, 306 (307); MüKo-ZPO/*Münch*, § 1029, Rn. 55.

richter. Die gesetzliche Regelung, wonach bei einem Dreierschiedsgericht »jede Partei einen Schiedsrichter« bestellt (§ 1035 Abs. 3 Satz 2 ZPO), ist ersichtlich nicht für Schiedsverfahren mit mehr als zwei Parteien konzipiert. Der deutsche Gesetzgeber hat bewusst von gesetzlichen Regelungen für Mehrparteienschiedsverfahren abgesehen und diese Problemstellung »der Konturierung durch die Rechtsprechung«[115] überlassen.[116] Im Hinblick auf die kautelarjuristische Ausgestaltung von Mehrparteienschiedsverfahren hat der BGH im Rahmen seiner schiedsrechtlichen Rechtsprechung zu gesellschaftsrechtlichen Beschlussmängelstreitigkeiten einige Gestaltungsmöglichkeiten und -vorgaben entwickelt und angedeutet.[117]

57 Liegen Umstände vor, die berechtigte Zweifel an der Unparteilichkeit oder Unabhängigkeit eines Schiedsrichters wecken, kann grundsätzlich die **Ablehnung des Schiedsrichters** erfolgen (§ 1036 Abs. 2 Satz 1, 1. Alt. ZPO).[118] Zudem kann ein Schiedsrichter abgelehnt werden, wenn dieser eine von den Parteien vereinbarte Voraussetzung (z. B. die Befähigung zum Richteramt) nicht erfüllt (§ 1036 Abs. 2 Satz 1, 2. Alt. ZPO).[119] Die Parteien können die erste Stufe des Ablehnungsverfahrens grundsätzlich selbst ausgestalten (§ 1037 Abs. 1 ZPO), tun sie dies nicht, stellt sich das Ablehnungsverfahren nach den gesetzlichen Bestimmungen wie folgt dar:[120] Die Partei, die einen Schiedsrichter ablehnen möchte, muss dies beim Schiedsgericht unter Darlegung der Gründe geltend machen, wobei dies binnen einer Frist von zwei Wochen zu erfolgen hat, nachdem die ablehnende Partei Kenntnis von der Zusammensetzung des Schiedsgerichts oder dem Ablehnungsgrund erlangt hat (§ 1037 Abs. 2 Satz 1 ZPO). Über die Ablehnung entscheidet dann im ersten Schritt das Schiedsgericht, sofern der abgelehnte Schiedsrichter nicht zuvor von sich aus zurücktritt oder sich die andere Partei der Ablehnung anschließt (§ 1037 Abs. 2 Satz 2 ZPO). Hat die Ablehnung auf dieser Verfahrensstufe Erfolg, ist in der Folge ein Ersatzschiedsrichter zu bestellen (§ 1039 ZPO).[121] Bleibt die Ablehnung nach der Entscheidung des Schiedsgerichts (oder nach dem von den Parteien vereinbarten Ablehnungsverfahren) hingegen erfolglos, entscheidet über die Ablehnung auf Antrag der ablehnenden Partei das zuständige Oberlandes-

---

115 BT-Drucks. 13/5274, S. 26.
116 Zu Lösungsansätzen in Rechtsprechung und Literatur vgl.: KG, Beschl. v. 21. 04. 2008 – 20 SchH 4/07, NJW 2008, 2719 (§ 1034 Abs. 2 ZPO); MüKo-ZPO/*Münch*, § 1035, Rn. 68 ff.
117 »Sämtliche Gesellschafter müssen an der Auswahl und Bestellung der Schiedsrichter mitwirken können, sofern nicht die Auswahl durch eine neutrale Stelle erfolgt; dabei kann bei Beteiligung mehrerer Gesellschafter auf einer Seite des Streitverhältnisses das Mehrheitsprinzip Anwendung finden«, vgl. BGH, Beschl. v. 06. 04. 2017 – I ZB 23/16, SchiedsVZ 2017, 194 (»Schiedsfähigkeit III«). Siehe in diesem Zusammenhang auch: BGH, Urt. v. 29. 03.1996 – II ZR 124/95, NJW 1996, 1753 (»Schiedsfähigkeit I«); BGH, Urt. v. 06. 04. 2009 – II ZR 255/08, NJW 2009, 1962 (»Schiedsfähigkeit II«). Zu dieser Rspr. vgl. *Borris* NZG 2017, 761.
118 *Schütze*, Schiedsgericht und Schiedsverfahren, Rn. 121 ff.
119 *Saenger*, in: *Saenger/Eberl/Eberl*, Schiedsverfahren, § 1036, Rn. K10.
120 Zum Ablehnungsverfahren vgl. Zöller/*Geimer*, ZPO, § 1037, Rn. 1 ff.
121 Zum Verfahren der Ersatzbestellung vgl. MüKo-ZPO/*Münch*, § 1039, Rn. 10.

gericht¹²² (§ 1037 Abs. 1 Satz 1 ZPO). Die Frist für diesen Antrag beträgt, sofern die Parteien keine abweichende Vereinbarung treffen, einen Monat ab Kenntniserlangung von der die Ablehnung verweigernden Entscheidung (§ 1037 Abs. 3 Satz 1 ZPO). Das Schiedsverfahren kann während des beim staatlichen Gericht anhängigen Antrags fortgesetzt werden (§ 1037 Abs. 3 Satz 2 ZPO).

c) Durchführung des Verfahrens

Der Kläger muss eine **Schiedsklage**¹²³ einreichen, in der er seinen Anspruch und die Tatsachen, auf die er seinen Anspruch stützt, darlegt, und der Beklagte hat zu der Schiedsklage Stellung zu nehmen (§ 1046 Abs. 1 ZPO). Will der Beklagte die Zuständigkeit des Schiedsgerichts bestreiten, muss er dies spätestens in der **Beantwortung der Schiedsklage** tun und die Rüge der Unzuständigkeit des Schiedsgerichts erheben (§ 1040 Abs. 2 Satz 1 ZPO).¹²⁴ 58

Über **weitere Schriftsatzrunden** entscheidet das Schiedsgericht, wobei jedoch der Anspruch der Parteien auf rechtliches Gehör zu wahren ist.¹²⁵ Die Parteien müssen hinreichende Möglichkeit haben, zu allen Tatsachen und Beweismitteln Stellung zu nehmen, die das Schiedsgericht seiner Entscheidung zugrunde legen will, und ihre Angriffs- und Verteidigungsmittel vorzubringen.¹²⁶ 59

Die Durchführung einer **mündlichen Verhandlung** ist – anders als in Zivilverfahren vor den deutschen staatlichen Gerichten, wo der Grundsatz der Mündlichkeit gilt (§ 128 ZPO)¹²⁷ – im Rahmen des Schiedsverfahrens grundsätzlich nicht zwingend.¹²⁸ Haben die Parteien insoweit keine Vereinbarung getroffen, entscheidet das Schiedsgericht über die Durchführung einer mündlichen Verhandlung (§ 1047 Abs. 1 Satz 1 ZPO). Sofern eine Partei dies beantragt, ist jedoch mündlich zu verhandeln, wenn die Parteien die mündliche Verhandlung nicht ausgeschlossen haben (§ 1047 Abs. 1 Satz 2 ZPO).¹²⁹ 60

---

122 § 1062 Abs. 1 Nr. 1 ZPO.
123 Zu Form und Inhalt der Schiedsklage vgl. *Lachmann*, Handbuch für die Schiedsgerichtspraxis, Rn. 1442 ff.
124 Zur Zulassung einer späteren Rüge bei hinreichender Entschuldigung der Verspätung vgl. § 1040 Abs. 2 S. 4 ZPO. Zum Verfahren nach Rüge der Unzuständigkeit des Schiedsgerichts vgl. Zöller/*Geimer*, ZPO, § 1040, Rn. 8 ff.
125 Zu den Beschränkungsmöglichkeiten des schriftlichen Vortrags der Parteien vgl. *Lögering* ZfBR 2010, 14 (16).
126 BGH, Urt. v. 02. 07. 1992 – III ZR 84/91, NJW-RR 1993, 444; BGH, Beschl. v. 12. 07. 1990 – III ZR 218/89; BGH, Urt. v. 18. 01. 1990 – III ZR 269/88, BGHZ 110, 104; BGH, Urt. v. 11. 11. 1982 – III ZR 77/81, BGHZ 85, 288; OLG Stuttgart, Beschl. v. 14. 10. 2003 – 1 Sch 16/02; *Lögering* ZfBR 2010, 14 (16).
127 Zum Grundsatz der Mündlichkeit im staatlichen Gerichtsverfahren (einschl. Ausnahmen) vgl. Zöller/*Greger*, ZPO, § 128, Rn. 2 ff.
128 BT-Drucks. 13/5274, S. 49; *Lachmann*, Handbuch für die Schiedsgerichtspraxis, Rn. 1586.
129 Nach der Gesetzesbegründung zu § 1047 ZPO ist es »unter dem Gesichtspunkt des rechtlichen Gehörs« denkbar, dass in Ausnahmefällen auf Antrag auch dann mündlich

61 Anders als noch in der früheren Regelung des § 1034 Abs. 1 Satz 1 ZPO a. F. findet sich in der am 1. Januar 1998 in Kraft getretenen Neufassung des Schiedsverfahrensrechts keine explizite Aussage des Gesetzgebers mehr zu der Frage, in welchem Umfang das Schiedsgericht den **Sachverhalt**, welcher der von ihm zu entscheidenden Streitigkeit zugrunde liegt, aufzuklären hat.[130] Die herrschende Auffassung in der schiedsrechtlichen Literatur nimmt eine inhaltliche Fortgeltung des bisherigen Grundsatzes an und geht davon aus, dass das Schiedsgericht nach autonomem deutschem Schiedsverfahrensrecht den zugrunde liegenden Sachverhalt grundsätzlich zu ermitteln hat.[131] *Lachmann* spricht insoweit von einem »beschränkten Untersuchungsgrundsatz«.[132] Dies bedeutet aber nicht, dass den Parteien im Schiedsverfahren nur eine passive Rolle zukäme. Tatsächlich sind die Parteien bzw. deren Verfahrensbevollmächtigte in der Schiedspraxis, je nach Ausgestaltung des konkreten Verfahrens, nicht selten mehr gefordert als bei einem staatlichen Gerichtsverfahren.

62 Das Schiedsgericht entscheidet über die Zulässigkeit einer **Beweiserhebung**, führt diese durch und ist befugt, das Ergebnis der Beweiserhebung frei zu würdigen (§ 1042 Abs. 4 Satz 2 ZPO). Dabei ist das Schiedsgericht bei der Beweiserhebung nicht an die Regelungen der ZPO für staatliche Gerichtsverfahren gebunden.[133] Zudem ist das Schiedsgericht befugt, Sachverständige zur Erstattung von Gutachten über vom Schiedsgericht festzulegende Fragen zu bestellen, sofern die Parteien keine entgegenstehende Vereinbarung getroffen haben (§ 1049 Abs. 1 Satz 1 ZPO).

---

verhandelt wird, wenn die Parteien die mündliche Verhandlung an sich ausgeschlossen haben, vgl. BT-Drucks. 13/5274, S. 49. Zustimmend: MüKo-ZPO/*Münch*, § 1047, Rn. 7; Zöller/*Geimer*, ZPO, § 1047, Rn. 1 (»Ggf auch vAw«).

130 § 1034 Abs. 1 Satz 1 ZPO in der bis zum 31. 12. 1997 geltenden Fassung lautete: »Bevor der Schiedsspruch erlassen wird, haben die Schiedsrichter die Parteien zu hören und das dem Streit zugrunde liegende Sachverhältnis zu ermitteln, soweit sie die Ermittlung für erforderlich halten.«.

131 Für eine Fortgeltung des bisherigen Grundsatzes: *Hilger* BB 2000, Beilage 8, 2 (5); *Lachmann*, Handbuch für die Schiedsgerichtspraxis, Rn. 1281; MüKo-ZPO/*Münch*, § 1042 Rn. 114; Saenger/*Saenger*, ZPO, § 1042, Rn. 16; *Seiler*, in: *Thomas/Putzo*, Zivilprozessordnung, § 1042, Rn. 7; *Trittmann*, in: *Salger/Trittmann* (Hrsg.), Internationale Schiedsverfahren, § 10, Rn. 74; Zöller/*Geimer*, ZPO, § 1042, Rn. 30. Zurückhaltender: v. *Bernuth* SchiedsVZ 2018, 277 (278).

132 *Lachmann*, Handbuch für die Schiedsgerichtspraxis, Rn. 1281. Ebenso: *Laumen* MDR 2015, 1276 (1277); *Sachs/Lörcher*, in: *Böckstiegel/Kröll/Nacimiento* (Hrsg.), Arbitration in Germany: The Model Law in Practice, Part II, § 1042, Rn. 33. Ähnlich: *Trittmann*, in: *Salger/Trittmann* (Hrsg.), Internationale Schiedsverfahren, § 10, Rn. 74 (»eingeschränkter Amtsermittlungsgrundsatz«).

133 OLG München, Beschl. v. 20. 08. 2014 – 34 SchH 10/14, NJOZ 2015, 597 (598); Saenger/*Saenger*, ZPO, § 1042, Rn. 17; Zöller/*Geimer*, ZPO, § 1042, Rn. 33. Einschränkend: *Schwab/Walter*, Schiedsgerichtsbarkeit, Kap. 16, Rn. 33. Zur Anwendung ausländischer Beweisregeln vgl. *Schütze*, Schiedsgericht und Schiedsverfahren, Rn. 469 ff.

d) Schiedsspruch

Am Ende des Schiedsverfahrens hat das Schiedsgericht grundsätzlich eine Entscheidung der Streitigkeit zu treffen. Im Falle eines Schiedsgerichts, das aus mehreren Schiedsrichtern besteht, entscheidet – sofern die Parteien nichts anderes vereinbart haben – die **Mehrheit der Stimmen** (§ 1052 Abs. 1 ZPO). Das Schiedsgericht hat seine Entscheidung in Form eines **schriftlichen** Schiedsspruchs zu erlassen (§ 1054 Abs. 1 ZPO).[134] Der Schiedsspruch muss eine **Begründung**[135] enthalten, sofern die Parteien keine gegenteilige Vereinbarung getroffen haben oder ein Schiedsspruch mit vereinbartem Wortlaut (dazu sogleich) vorliegt (§ 1054 Abs. 2 ZPO). Zudem ist der Schiedsspruch vom Einzelschiedsrichter oder den Schiedsrichtern zu **unterschreiben** (§ 1054 Abs. 1 Satz 1 ZPO) und mit der Angabe des Erlassdatums und des Ortes des Schiedsverfahrens[136] zu versehen (§ 1054 Abs. 3 Satz 1 ZPO). Jeder Partei ist ein unterschriebener Schiedsspruch zu übermitteln (§ 1054 Abs. 4 ZPO). 63

Das Schiedsgericht hat, wenn keine abweichende Vereinbarung der Parteien vorliegt, auch über die **Verteilung der Verfahrenskosten** zu entscheiden (§ 1057 Abs. 1 ZPO) und eine Kostenfestsetzung vorzunehmen (§ 1057 Abs. 2 ZPO). Dabei entscheidet das Schiedsgericht insbesondere auch über die Erstattung der Rechtsanwaltskosten der Parteien.[137] Aufgrund des »Verbots, als Richter in eigener Sache zu entscheiden«[138], ist es dem Schiedsgericht aber versagt, auch das eigene Schiedsrichterhonorar durch Schiedsspruch festzusetzen.[139] Die Verteilung der Verfahrenskosten erfolgt in der Regel »nach dem Grad des Obsiegens und Unterliegens«[140].[141] Sofern das Schiedsgericht die Kostenentscheidung nicht bereits in dem Schiedsspruch zur Hauptsache vornimmt, trifft es diese in einem gesonderten Kostenschiedsspruch.[142] 64

---

134 Zu Zwischen-, Teil- und Vorbehaltsschiedssprüchen vgl. *Schütze*, Schiedsgericht und Schiedsverfahren, Rn. 570 ff. Zum auf die Entscheidung der Streitigkeit anwendbaren Sachrecht vgl. *Lachmann*, Handbuch für die Schiedsgerichtspraxis, Rn. 1672 ff.; Zöller/*Geimer*, ZPO, § 1051, Rn. 1 ff.
135 Zu den Anforderungen an die Begründung vgl. *Schütze*, Schiedsgericht und Schiedsverfahren, Rn. 562.
136 Zum Ort des schiedsrichterlichen Verfahrens: § 1043 Abs. 1 ZPO.
137 *Lögering* ZfBR 2010, 14 (17).
138 Zöller/*Geimer*, ZPO, § 1057, Rn. 4.
139 BGH, Urt. v. 07. 03. 1985 – III ZR 169/83, BGHZ 94, 92; *Schütze*, Schiedsgericht und Schiedsverfahren, Rn. 608. Eine ziffernmäßige Festsetzung der Schiedsrichtervergütung als Teil der Verfahrenskosten in einem Schiedsspruch ist nur dann möglich, »wenn ihre Höhe feststeht und der dafür benötigte Betrag bereits vorschußweise eingezahlt worden ist«, so: BGH, Urt. v. 25. 11. 1976 – III ZR 112/74, MDR 1977, 583.
140 Zöller/*Geimer*, ZPO, § 1057, Rn. 2; *Schütze*, Schiedsgericht und Schiedsverfahren, Rn. 601.
141 Zöller/*Geimer*, ZPO, § 1057, Rn. 2.
142 Zöller/*Geimer*, ZPO, § 1057, Rn. 1a. Möglich ist auch eine weitere Aufspaltung in einen Kostengrundschiedsspruch und einen bezifferten Kostenschiedsspruch, vgl. dazu: Zöller/*Geimer*, ZPO, § 1057, Rn. 1a.

65 Gelingt es den Parteien, während des Schiedsverfahrens einen Vergleich über die Streitigkeit zu erzielen, wird das Schiedsverfahren beendet (§ 1053 Abs. 1 Satz 1 ZPO). Sofern beide Parteien dies beantragen, erlässt das Schiedsgericht einen **Schiedsspruch mit vereinbartem Wortlaut**, der den Vergleich festhält (§ 1053 Abs. 1 Satz 2 ZPO).[143]

VII. Gerichtliche Aufhebung und Vollstreckbarerklärung eines Schiedsspruchs

1. Aufhebung eines Schiedsspruchs

66 Einem inländischen Schiedsspruch, d. h. einem Schiedsspruch, der einem Schiedsverfahren mit Schiedsort (§ 1043 ZPO) innerhalb Deutschlands entstammt,[144] kommen zwischen den Parteien die Wirkungen eines rechtskräftigen Urteils zu (§ 1055 ZPO). In Anbetracht dieser weitreichenden Wirkung gewährt das deutsche Schiedsverfahrensrecht für inländische Schiedssprüche einen Rechtsbehelf, mit dem bei den staatlichen Gerichten aktiv die Aufhebung des Schiedsspruchs begehrt werden kann (§ 1059 ZPO). Für ausländische Schiedssprüche, d. h. Schiedssprüche, die einem Schiedsverfahren mit Schiedsort (§ 1043 ZPO) außerhalb Deutschlands entstammen,[145] hat der deutsche Gesetzgeber hingegen keinen solchen Rechtsbehelf geschaffen.[146]

67 Bei dem gerichtlichen Aufhebungsverfahren nach § 1059 ZPO handelt es sich aber keinesfalls um eine Art Berufungsverfahren, mit dem eine zweite Instanz begründet oder ein Verfahren zur umfassenden Überprüfung des Schiedsspruchs durch die staatliche Gerichtsbarkeit eröffnet würde. Denn einer sachlichen Nachprüfung, d.h. einer »Inhaltskontrolle«[147] bezogen auf die materielle Richtigkeit der Entscheidung, durch die staatlichen Gerichte ist ein Schiedsspruch grundsätzlich entzogen (**Verbot der révision au fond**).[148] Allein die sachliche Unrichtigkeit der Entscheidung des Schiedsgerichts begründet daher grundsätzlich keinen Aufhebungsgrund.[149] Das Aufhebungs-

---

143 Weitere Voraussetzung für den Erlass eines Schiedsspruchs mit vereinbartem Wortlaut ist gemäß § 1053 Abs. 1 Satz 2 ZPO, dass dessen Inhalt nicht gegen die öffentliche Ordnung (ordre public) verstößt. Vgl. dazu: BeckOK-ZPO/*Wilske/Markert*, § 1053, Rn. 18 f.
144 *Schwab/Walter*, Schiedsgerichtsbarkeit, Kap. 30, Rn. 6.
145 *Schwab/Walter*, Schiedsgerichtsbarkeit, Kap. 30, Rn. 6.
146 Zöller/*Geimer*, ZPO, § 1059, Rn. 1b. Für ausländische Schiedssprüche besteht daher nur die Möglichkeit einer Verweigerung der Anerkennung und Vollstreckbarerklärung seitens der deutschen Gerichte.
147 BT-Drucks. 13/5274, S. 58 f.
148 BGH, Beschl. v. 14. 02. 2019 – I ZB 33/18, BeckRS 2019, 4597, Rn. 21; OLG Köln, Beschl. v. 26. 11. 2002 – 9 Sch 18/02, BeckRS 2012, 1194; MüKo-ZPO/*Münch*, § 1059, Rn. 7; *Schütze*, Schiedsgericht und Schiedsverfahren, Rn. 680. Zur begrenzten inhaltlichen Überprüfung des Schiedsspruchs unter dem Gesichtspunkt eines Verstoßes gegen den materiellrechtlichen ordre public vgl. *Saenger*, in: *Saenger/Eberl/Eberl*, Schiedsverfahren, § 1059, Rn. K30 ff.
149 BGH, Beschl. v. 14. 02. 2019 – I ZB 33/18, BeckRS 2019, 4597, Rn. 21; OLG *München*, Beschl. v. 14. 11. 2011 – 34 Sch 10/11; OLG Köln, Beschl. v. 03. 06. 2003 – 9 Sch 23/01, BeckRS 2010, 30836; BeckOK-ZPO/*Wilske/Markert*, § 1059, Rn. 27; Zöller/

verfahren eröffnet vielmehr nur eine Möglichkeit, die (vollständige oder teilweise)[150] Aufhebung des Schiedsspruchs wegen eng begrenzter Gründe beim zuständigen Oberlandesgericht[151] zu beantragen.[152]

Zu den möglichen Aufhebungsgründen zählen zunächst die folgenden vom Antragsteller geltend zu machenden Mängel des Schiedsverfahrens (§ 1059 Abs. 2 Nr. 1 ZPO):[153] 68
- Fehlende subjektive Schiedsfähigkeit (§ 1059 Abs. 2 Nr. 1 lit. a, 1. Alt. ZPO),[154]
- Ungültigkeit der Schiedsvereinbarung (§ 1059 Abs. 2 Nr. 1 lit. a, 2. Alt. ZPO),[155]
- Behinderung des Antragstellers in der Geltendmachung seiner Angriffs- und Verteidigungsmittel (§ 1059 Abs. 2 Nr. 1 lit. b ZPO),[156]
- Kompetenzüberschreitungen des Schiedsgerichts, weil die betroffene Streitigkeit von der Schiedsvereinbarung nicht erfasst war oder die Grenzen der Schiedsvereinbarung überschritten sind (§ 1059 Abs. 2 Nr. 1 lit. c ZPO)[157] sowie

---

Geimer, ZPO, § 1059, Rn. 47. Zum materiellrechtlichen ordre public vgl. in diesem Zusammenhang: *Saenger*, in: *Saenger/Eberl/Eberl*, Schiedsverfahren, § 1059, Rn. K30 ff.
150 Zöller/*Geimer*, ZPO, § 1059, Rn. 6.
151 § 1062 Abs. 1 Nr. 4 ZPO.
152 Zu den Einzelheiten des Aufhebungsverfahrens und den einzelnen Aufhebungsgründen vgl. *Schütze*, Schiedsgericht und Schiedsverfahren, Rn. 754 ff.
153 Der Wortlaut des § 1059 Abs. 1 ZPO beschränkt das Aufhebungsverfahren auf die in § 1059 Abs. 2 ZPO benannten Aufhebungsgründe. Nach der Rspr. des BGH (Beschl. v. 02. 11. 2000 – III ZB 55/99, NJW 2001, 373) kommt als ungeschriebener zusätzlicher Aufhebungsgrund eine sittenwidrige Schädigung (§ 826 BGB) des Gegners zu wertendes Erschleichen oder Gebrauchen eines Schiedsspruchs in Betracht. Zustimmend: OLG Köln, Urt. v. 07. 08. 2015 – 1 U 76/14, SchiedsVZ 2015, 295; OLG Stuttgart, Beschl. v. 16. 07. 2002 – 1 Sch 8/02, SchiedsVZ 2003, 84; BeckOK-ZPO/*Wilske/ Markert*, § 1059, Rn. 66; *Schwab/Walter*, Schiedsgerichtsbarkeit, Kap. 24, Rn. 2a. Zurückhaltend: Zöller/*Geimer*, ZPO, § 1059, Rn. 69.
154 Zu diesem Aufhebungsgrund vgl.: BeckOK-ZPO/*Wilske/Markert*, § 1059, Rn. 31 ff. Zum anwendbaren Recht bei Auslandsbezug: *von Schlabrendorff*, in: *Salger/Trittmann* (Hrsg.), Internationale Schiedsverfahren, § 2, Rn. 46 ff.
155 Zu diesem Aufhebungsgrund, einschließlich möglicher Präklusion, vgl.: Zöller/*Geimer*, ZPO, § 1059, Rn. 39. Hat eine Partei zunächst im Verfahren beim staatlichen Gericht die Schiedseinrede (§ 1032 Abs. 1 ZPO) erhoben, kann es eine unzulässige Rechtsausübung darstellen, wenn sich diese Partei hinsichtlich des anschließenden Schiedsverfahrens dann auf eine Unwirksamkeit der Schiedsvereinbarung beruft, vgl. BGH, Beschl. v. 16. 03. 2017 – I ZB 49/16, SchiedsVZ 2018, 37 (41).
156 Ausdrücklich benannt als mögliche Fälle einer Behinderung in der Geltendmachung der Angriffs- und Verteidigungsmittel werden in § 1059 Abs. 2 Nr. 1 lit. b ZPO die nicht gehörige Inkenntnissetzung von der Bestellung eines Schiedsrichters oder dem schiedsrichterlichen Verfahren. Zum Aufhebungsgrund § 1059 Abs. 2 Nr. 1 lit. b ZPO, einschließlich möglicher Präklusion (§ 1027 ZPO), vgl. Zöller/*Geimer*, ZPO, § 1059, Rn. 40.
157 Gemäß § 1059 Abs. 2 Nr. 1 lit. c ZPO kommt eine teilweise Aufrechterhaltung des Schiedsspruchs in Betracht, wenn nur hinsichtlich abtrennbarer Streitpunkte eine Kompetenzüberschreitung vorliegt. Zum Aufhebungsgrund § 1059 Abs. 2 Nr. 1 lit. c ZPO,

- Verstoß gegen zulässige Parteivereinbarungen oder Bestimmungen des Buches 10 der ZPO bei der Bildung des Schiedsgerichts oder der Verfahrensdurchführung, wenn anzunehmen ist, dass sich dieser Verstoß auf die Entscheidung ausgewirkt hat (§ 1059 Abs. 2 Nr. 1 lit. d ZPO).[158]

69 Hinzu kommen die im Rahmen eines Aufhebungsverfahrens von Amts wegen zu berücksichtigenden Aufhebungsgründe (§ 1059 Abs. 2 Nr. 2 ZPO):
- Fehlende objektive Schiedsfähigkeit nach deutschem Recht (§ 1059 Abs. 2 Nr. 2 lit. a ZPO) und
- der öffentlichen Ordnung (ordre public) widersprechendes Ergebnis im Falle der Anerkennung oder Vollstreckung des Schiedsspruchs (§ 1059 Abs. 2 Nr. 2 lit. b ZPO).[159]

70 Der Aufhebungsantrag muss, sofern die Parteien nichts anderes vereinbart haben, grundsätzlich innerhalb von drei Monaten nach Empfang des Schiedsspruchs eingereicht werden (§ 1059 Abs. 3 ZPO). Wird der gerichtliche Aufhebungsbeschluss formell rechtskräftig, entfallen rückwirkend die Wirkungen des Schiedsspruchs.[160] In geeigneten Fällen kann das staatliche Gericht auf Antrag einer Partei mit der Aufhebung des Schiedsspruchs die Zurückverweisung an das Schiedsgericht aussprechen (§ 1059 Abs. 4 ZPO).[161]

2. Vollstreckbarerklärung eines Schiedspruchs

71 Schiedssprüchen fehlt die Vollstreckbarkeit, d. h. die Möglichkeit zur Durchsetzung mit »staatlicher Hilfe im Wege der Zwangsvollstreckung«[162].[163] Hintergrund ist, dass es sich bei der Zwangsvollstreckung um einen grundrechtlich relevanten Vorgang handelt, sodass der zugrunde liegende Titel »von Organen der öffentlichen Gewalt verantwortet werden«[164] muss.[165] Diese Voraussetzung erfüllt das privat-autonom konstituierte Schiedsgericht nicht. Für die Vollstreckbarkeit bedürfen (inländische

---

einschließlich möglicher Präklusion (§ 1040 ZPO), vgl. Zöller/*Geimer*, ZPO, § 1059, Rn. 41.
158 Zu diesem Aufhebungsgrund, einschließlich möglicher Präklusion (§ 1027 ZPO), vgl. Zöller/*Geimer*, ZPO, § 1059, Rn. 43.
159 Zu den Aufhebungsgründen des § 1059 Abs. 2 Nr. 2 ZPO vgl. *Schütze*, Schiedsgericht und Schiedsverfahren, Rn. 784 ff. Zum Begriff der öffentlichen Ordnung (ordre public) vgl. BGH, Beschl. v. 16. 12. 2015 – I ZB 109/14, juris, Rn. 10.
160 *Schütze*, Schiedsgericht und Schiedsverfahren, Rn. 791; Zöller/*Geimer*, ZPO, § 1059, Rn. 86.
161 Vgl. dazu MüKo-ZPO/*Münch*, § 1059, Rn. 78.
162 MüKo-ZPO/*Gottwald*, § 322, Rn. 21.
163 BT-Drucks. 13/5274, S. 61; *Lachmann*, Handbuch für die Schiedsgerichtspraxis, Rn. 2044; *Schütze*, Schiedsgericht und Schiedsverfahren, Rn. 651.
164 *Geimer* DNotZ 1991, 266 (Fn. 27).
165 *Schwab/Walter*, Schiedsgerichtsbarkeit, Kap. 1, Rn. 7.

und ausländische) Schiedssprüche daher einer Vollstreckbarerklärung, die dann gemäß § 794 Abs. 1 Nr. 4a ZPO Vollstreckungstitel ist.[166]

a) Inländische Schiedssprüche

Auf Antrag wird ein inländischer endgültiger Schiedsspruch durch das zuständige Oberlandesgericht[167] für vollstreckbar erklärt, wenn die formellen Antragsvoraussetzungen gewahrt sind und keine zu berücksichtigenden Aufhebungsgründe im Sinne des § 1059 Abs. 2 ZPO vorliegen (§ 1060 Abs. 1, Abs. 2 ZPO).[168] Auch im Rahmen des Vollstreckbarerklärungsverfahrens erfolgt damit nur eine sehr eingeschränkte Kontrolle seitens der staatlichen Gerichte und insbesondere keine Überprüfung der inhaltlichen Richtigkeit des Schiedsspruchs (Verbot der révision au fond).[169] Das staatliche Gericht prüft grundsätzlich nur, ob von Amts wegen zu berücksichtigende Aufhebungsgründe im Sinne des § 1059 Abs. 2 Nr. 2 ZPO vorliegen oder ob geltend gemachte Aufhebungsgründe im Sinne des § 1059 Abs. 2 Nr. 1 ZPO begründet sind, die weder bereits im Rahmen eines Aufhebungsverfahrens nach § 1059 ZPO rechtskräftig abgewiesen noch nach § 1059 Abs. 3 ZPO verfristet sind (§ 1060 Abs. 2 ZPO).[170]

Liegt ein zu berücksichtigender Aufhebungsgrund vor, hebt das staatliche Gericht den Schiedsspruch auf (§ 1060 Abs. 2 Satz 1 ZPO). Andernfalls erklärt es den Schiedsspruch für vollstreckbar.[171]

Im Fall eines inländischen Schiedsspruchs mit vereinbartem Wortlaut kann die Vollstreckbarerklärung, wenn die Parteien zustimmen, auch durch einen zuständigen Notar erfolgen (§ 1053 Abs. 4 Satz 1 ZPO).[172] Verstößt der Inhalt des in dem Schiedsspruch mit vereinbartem Wortlaut festgehaltenen Vergleichs gegen die öffentliche Ordnung

---

166 Sofern die Vollstreckbarerklärung rechtskräftig oder für vorläufig vollstreckbar erklärt ist, vgl. § 794 Abs. 1 Nr. 4a ZPO.
167 § 1062 Abs. 1 Nr. 4 ZPO.
168 Der Schiedsspruch muss die Förmlichkeiten des § 1054 ZPO erfüllen und ist gemäß § 1064 Abs. 1 ZPO mit dem Antrag im Original oder in beglaubigter Abschrift vorzulegen. Zu den Einzelheiten des Vollstreckbarerklärungsverfahrens vgl. *Schütze*, Schiedsgericht und Schiedsverfahren, Rn. 662 ff.
169 OLG Frankfurt, Beschl v. 24. 01. 2019 – 26 Sch 8/18, juris.
170 Zur Frage der Möglichkeit einer Berücksichtigung von Einwendungen, die zwischen Erlass des Schiedsspruchs und Beendigung des Verfahrens über die Vollstreckbarerklärung entstanden sind, vgl. Zöller/*Geimer*, ZPO, § 1060, Rn. 9. Nach der Rspr. des BGH (Beschl. v. 08. 11. 2007 – III ZB 95/06, BeckRS 2007, 19236) können im Vollstreckbarklärungsverfahren über die Aufhebungsgründe des § 1059 Abs. 2 ZPO hinaus unter bestimmten Voraussetzungen auch Einwendungen, auf die eine Vollstreckungsgegenklage (§ 767 ZPO) gestützt werden könnte, berücksichtigt werden.
171 Zur teilweisen Vollstreckbarerklärung bzw. Aufhebung bei Durchgreifen von Aufhebungsgründen nur hinsichtlich einzelner abgrenzbarer Teile des Schiedsspruchs, vgl. Zöller/*Geimer*, ZPO, § 1060, Rn. 1.
172 Zuständig sind gemäß § 1053 Abs. 4 Satz 1 ZPO die Notare mit Amtssitz im Bezirk des nach § 1062 Abs. 1, Abs. 2 ZPO für die Vollstreckbarerklärung zuständigen Gerichts.

(ordre public), hat der Notar die Vollstreckbarerklärung jedoch abzulehnen (§ 1053 Abs. 4 Satz 2 ZPO).

b) Ausländische Schiedssprüche

75 Die Voraussetzungen der Anerkennung und Vollstreckung ausländischer Schiedssprüche regelt das Buch 10 der ZPO nicht selbst, sondern verweist insoweit auf die New York Convention[173] (§ 1025 Abs. 4 ZPO, § 1061 Abs. 1 Satz 1 ZPO). Eine Unterscheidung danach, ob der Schiedsort des Schiedsverfahrens, dem der ausländische Schiedsspruch entstammt, in einem Vertragsstaat der New York Convention oder in einem Nichtvertragsstaat belegen war, wird dabei nicht vorgenommen.[174] Der Verweis auf die New York Convention gilt demgemäß für alle ausländischen Schiedssprüche.

76 Unberührt durch den Verweis auf die New York Convention hinsichtlich der Anerkennung und Vollstreckung ausländischer Schiedssprüche bleiben die einschlägigen Regelungen anderer (bilateraler oder multilateraler) Staatsverträge (§ 1061 Abs. 1 Satz 2 ZPO).[175]

77 Wird die Vollstreckbarerklärung eines ausländischen Schiedsspruchs beim zuständigen Oberlandesgericht[176] beantragt, prüft das Gericht anhand der anzuwenden Bestimmungen, ob die Voraussetzungen für eine Anerkennung und Vollstreckung des ausländischen Schiedsspruchs vorliegen und ob zu beachtende Versagungsgründe gegeben sind.[177] Liegen danach die Voraussetzungen für eine Anerkennung und Vollstreckbarerklärung des Schiedsspruchs vor und stehen dem auch keine zu beachtenden Versagungsgründe entgegen, erklärt das Gericht den Schiedsspruch für vollstreckbar.[178] Andernfalls stellt das staatliche Gericht fest, dass der Schiedsspruch im Inland nicht

---

173 »Convention on the Recognition and Enforcement of Foreign Arbitral Awards« vom 10. Juni 1958.
174 *Schütze*, Schiedsgericht und Schiedsverfahren, Rn. 694.
175 Vgl. dazu BeckOK-ZPO/*Wilske/Markert*, § 1061, Rn. 33. Zum Meistbegünstigungsprinzip vgl.: BT-Drucks. 13/5274, S. 62; Zöller/*Geimer*, ZPO, § 1061, Rn. 2. Zur Anwendung des Meistbegünstigungsprinzips unter der New York Convention im Verhältnis zum autonomen deutschen Schiedsverfahrensrecht vgl. BGH, Beschl. v. 16. 12. 2010 – III ZB 100/09, SchiedsVZ 2011, 105 (107).
176 § 1025 Abs. 4 ZPO, § 1062 Abs. 1 Nr. 4 ZPO.
177 Zu den Versagungsgründen gemäß der New York Convention vgl. *Saenger*, in: *Saenger/Eberl/Eberl*, Schiedsverfahren, § 1061, Rn. K7 ff. Zur Berücksichtigung materiellrechtlicher Einwendungen im Rahmen des Anerkennungs- und Vollstreckbarerklärungsverfahrens vgl. Zöller/*Geimer*, ZPO, § 1061, Rn. 21.
178 BeckOK-ZPO/*Wilske/Markert*, § 1061, Rn. 67. Zur teilweisen Vollstreckbarerklärung bei Durchgreifen von Versagungsgründen nur hinsichtlich einzelner abgrenzbarer Teile des Schiedsspruchs, vgl. BGH, Beschl. v. 02. 03. 2017 – I ZB 42/16, SchiedsVZ 2017, 200 (202).

anzuerkennen ist (§ 1061 Abs. 2 ZPO).[179] Eine Aufhebung des ausländischen Schiedsspruchs durch das deutsche Gericht kommt in diesem Fall, wie zuvor bereits erläutert, nicht in Betracht.[180]

Da die gerichtliche Vollstreckbarerklärung und nicht der für vollstreckbar erklärte ausländische Schiedsspruch selbst Vollstreckungstitel ist, berührt eine Aufhebung des Schiedsspruchs im Ausland nicht unmittelbar die Vollstreckbarkeit im Inland. Aus diesem Grunde kann die Aufhebung der gerichtlichen Vollstreckbarerklärung beantragt werden, wenn der ausländische Schiedsspruch im Ausland aufgehoben wird, nachdem bereits eine Vollstreckbarerklärung im Inland erfolgt ist (§ 1061 Abs. 3 ZPO). 78

VIII. Gestufte Konfliktlösungsverfahren/Hybridverfahren

In der Praxis wird verstärkt versucht, Schiedsverfahren mit anderen Verfahren der außergerichtlichen Konfliktbeilegung zu kombinieren, um die Vorteile der verschiedenen Konfliktlösungsinstrumente zu nutzen und dadurch eine möglichst kosten- und zeiteffiziente Konfliktlösung zu erzielen.[181] In einer im Jahre 2017 durchgeführten Studie zur Entwicklung der internationalen Schiedsgerichtsbarkeit haben 60% der befragten Unternehmensjuristen eine Kombination von Schiedsverfahren und anderen Verfahren der außergerichtlichen Konfliktbeilegung (»international arbitration together with ADR«), als bevorzugte Methode der Konfliktlösung in grenzüberschreitenden Streitigkeiten angegeben.[182] 79

In der Praxis werden zum einen **gestufte Konfliktlösungsverfahren** durch sogenannte »Eskalationsklauseln«[183] vereinbart, die beispielsweise vorsehen, dass im Konfliktfall zunächst Vergleichsverhandlungen geführt werden, an die sich beim Scheitern eine Mediation anschließt und erst, wenn auch diese ohne Erfolg beendet wird, eine Entscheidung der Streitigkeit durch ein Schiedsverfahren herbeigeführt wird.[184] 80

Zum anderen wird die Implementierung von anderen Verfahren der außergerichtlichen Konfliktbeilegung in ein Schiedsverfahren vorgesehen. Diese Form von **Hybridverfahren** versucht teilweise auch, die besonderen Vorteile von Schiedssprüchen auf der Ebene der (internationalen) Anerkennung und Vollstreckung für die durch jene ande- 81

---

179 Zur Situation bei einer Ablehnung des Antrags auf Vollstreckbarerklärung wegen Gründen, die nicht die Anerkennungsfähigkeit des Schiedsspruchs betreffen (z. B. fehlende Prozessvoraussetzungen) vgl.: BeckOK-ZPO/*Wilske/Markert*, § 1061, Rn. 66; MüKo-ZPO/*Münch*, § 1061, Rn. 27.
180 Zöller/*Geimer*, ZPO, § 1061, Rn. 1.
181 *Nigmatullina* b-Arbitra 2019, 7 (8 f.).
182 2018 International Arbitration Survey: The Evolution of International Arbitration, durchgeführt von Queen Mary University of London und White & Case, S. 6.
183 International als »escalation clauses« oder auch »multi-tiered dispute resolution clauses« bezeichnet.
184 Vgl. dazu: *Hobeck/Mahnken/Koebke* SchiedsVZ 2007, 225 (234). Ein Beispiel einer Eskalationsklausel findet sich z.B. bei *Risse*, in: *Hoffmann-Becking/Gebele* (Hrsg.), Beck'sches Formularbuch Bürgerliches, Handels- und Wirtschaftsrecht, Form. XII. 11.

ren Verfahren der außergerichtlichen Konfliktbeilegung erzielten Ergebnisse nutzbar zu machen. Die Mediationsverfahrensregelungen einiger Institutionen sehen demgemäß vor, dass die Parteien im Falle einer erfolgreichen Mediation den Mediator als Schiedsrichter bestellen können, damit dieser die in der Mediation erzielte Einigung als Schiedsspruch (mit vereinbartem Wortlaut) erlässt.[185] In der Praxis kann ein solches Vorgehen, insbesondere bei der Vollstreckung, jedoch mit besonderen Herausforderungen oder auch Schwierigkeiten verbunden sein.[186]

82 Dem teilweisen Bedürfnis nach einer Vollstreckbarkeit von im Rahmen der Mediation erzielten Vergleichsvereinbarungen widmet sich für den Bereich internationaler handelsrechtlicher Streitigkeiten auch die »United Nations Convention on International Settlement Agreements Resulting from Mediation« (**Singapore Convention on Mediation**), welche im Dezember 2018 von der Hauptversammlung der Vereinten Nationen verabschiedet wurde[187] und seit August 2019 zur Zeichnung aufliegt.[188] Vorbild der Singapore Convention on Mediation war die für die internationale Anerkennung und Vollstreckung von Schiedssprüchen sehr erfolgreiche New York Convention. Die Singapore Convention on Mediation verpflichtet ihre Vertragsstaaten dementsprechend grundsätzlich zur Vollstreckung von im Rahmen einer Mediation erzielten internationalen Vergleichsvereinbarungen.[189] Die Singapore Convention on Mediation hat viel Aufmerksamkeit erlangt und den Blick auf die Mediation als mögliches Konfliktlösungsverfahren in internationalen handelsrechtlichen Streitigkeiten gelenkt. Ob die Konvention auch in der Praxis ein Erfolg wird und eines Tages vielleicht an den Erfolg der New York Convention wird anknüpfen können, werden die kommenden Jahre zeigen.

83 Zu berücksichtigen ist, dass für die einzelnen Typen von gestuften Konfliktlösungsverfahren bzw. Hybridverfahren nicht immer einheitliche feststehende Begriffsdefinitionen bzw. Begriffsverständnisse existieren und auch die Einordnung von kombinierten Konfliktlösungsinstrumenten als Hybridverfahren oder gestufte Konfliktlösungsverfahren variiert, insbesondere auch auf internationaler Ebene. Zudem gibt es in der Praxis

---

185 Vgl. dazu z. B.: Art. 14 SCC-Mediation-Rules (2014); Art. 8 NAI-Mediation-Rules (2017).
186 Es ist daher grundsätzlich ratsam, bei einem solchen Vorgehen vorab zu beurteilen, ob ein in einem solchen Verfahren zustande gekommener Schiedsspruch in den Staaten, in denen die Vollstreckung erfolgen würde, anerkannt und für vollstreckbar erklärt würde.
187 Resolution der UN-Vollversammlung Nr. 73/198.
188 Der Text der Singapore Convention on Mediation ist auf der Website der UNCITRAL verfügbar: www.uncitral.un.org (zuletzt abgerufen am 30. 08. 2019). Die Konvention tritt sechs Monate nach Hinterlegung der dritten Ratifikations-, Annahme-, Genehmigungs- oder Beitrittsurkunde in Kraft (Art. 14 Abs. 1 Singapore Convention on Mediation). Ein Inkrafttreten der Konvention ist demgemäß frühestens für das Jahr 2020 zu erwarten. Eine fortlaufend aktualisierte Übersicht über den Status findet sich ebenfalls auf der Website der UNCITRAL.
189 Art. 3 Abs. 1 Singapore Convention on Mediation. Zum Begriff der »internationalen Vergleichsvereinbarung« vgl. Art. 1 Abs. 1 Singapore Convention on Mediation.

zahlreiche Variationen¹⁹⁰ gebräuchlicher gestufter Konfliktlösungsverfahren bzw. Hybridverfahren, die vereinbart und angewandt werden.

Nachfolgend wird ein Überblick zu einigen Hybridverfahren gegeben, die eine Kombination von Mediations- und Schiedsverfahren vorsehen. 84

1. Vorgeschaltetes Mediationsverfahren (Med-Arb)

In der Praxis wird ein erheblicher Teil der Schiedsverfahren durch einen Vergleich 85 beendet. Dieses Einigungspotenzial versuchen sogenannte Med-Arb-Verfahren zu nutzen.¹⁹¹ Es handelt sich dabei um ein Verfahren, bei dem zunächst eine Mediation durchgeführt wird. Gelingt es im Rahmen der Mediation nicht, eine Lösung des Konflikts zu erzielen, wird die Streitigkeit anschließend durch ein Schiedsverfahren entschieden. Die Konfliktparteien haben damit zum einen die Möglichkeit, ihre Streitigkeit kosten- und zeiteffektiv im Wege der Mediation beizulegen, und zum anderen aber auch die Sicherheit, dass eine Streitentscheidung erfolgt, wenn die Mediation scheitert.¹⁹² In der Praxis zeigt sich, dass das »drohende« Schiedsverfahren teilweise die Einigungsbereitschaft der Parteien erhöht.

Die praktische Bedeutung von Med-Arb-Verfahren variiert im internationalen Vergleich deutlich. Während in einigen Jurisdiktionen Med-Arb-Verfahren, vornehmlich 86 wenn ein und dieselbe Person zunächst als Mediator und anschließend als Schiedsrichter tätig sein soll, Vorbehalten begegnen, kommen Med-Arb-Verfahren in anderen Teilen der Welt, etwa in China, in der Praxis häufiger zum Einsatz.¹⁹³

Die Doppelfunktion einer Person als Mediator und Schiedsrichter kann sich als problematisch erweisen.¹⁹⁴ Die Mediationsordnungen zahlreicher Schiedsinstitutionen 87 bzw. schiedsrechtlicher Vereinigungen sehen daher vor, dass eine Person, die in einer Streitigkeit als Mediator tätig war, nicht als Schiedsrichter in jener Streitigkeit tätig

---

190 Zu verschiedenen Varianten eines Med-Arb-Verfahrens vgl. etwa: *Bühring-Uhle*, in: *Bühring-Uhle/Kirchhoff/Scherer* (Hrsg.), Arbitration and Mediation in International Business, S. 251 f.; *Oghigian* JIntArb 2003, 75 (76).
191 Allgemein zum Med-Arb-Verfahren vgl. *Berger* RIW 2001, 881 (884); *Dendorfer/Lack* SchiedsVZ 2007, 195 (200); *Eidenmüller* RIW 2002, 1 (10); *Horvath* SchiedsVZ 2005, 292 (298); *Lachmann*, Handbuch für die Schiedsgerichtspraxis, Rn. 90; *Leonhard* BB 1999, Beilage Nr. 9, 13 (16).
192 Zu der Möglichkeit, die Einigung im Mediationsverfahren in einen Schiedsspruch mit vereinbartem Wortlaut (§ 1053 Abs. 1 Satz 2 ZPO) zu überführen vgl. *Eidenmüller* RIW 2002, 1 (5 f.).
193 *Lew*, in: *van den Berg* (Hrsg.), New Horizons in International Commercial Arbitration and Beyond, 2005, S. 422 ff.; *Rombach/Shalbanava* SchiedsVZ 2019, 53 (58 f.). Zur Entwicklung vgl. *Ross*, in: *Rovine* (Hrsg.), Contemporary Issues in International Arbitration and Mediation – The Fordham Papers 2012, S. 353 ff.
194 Vgl. dazu: *Berger* RIW 2001, 881 (883 f.); *Eidenmüller* RIW 2002, 1 (6); *Lachmann*, Handbuch für die Schiedsgerichtspraxis, Rn. 90; *Nigmatullina* b-Arbitra 2019, 7 (14); *Pitkowitz/Richter* SchiedsVZ 2009, 225 (228).

werden darf, sofern die Parteien insoweit keine abweichende Vereinbarung treffen.[195] Andererseits wird die Doppelfunktion einer Person als Mediator und Schiedsrichter von einigen Autoren als besonderer Vorzug[196] und – jedenfalls international betrachtet – nicht selten auch als Regelfall[197] eines Med-Arb-Verfahrens angesehen. Die einschlägige Literatur zeigt, dass die aus einer solchen Doppelfunktion einer Person resultierenden Fragestellungen insbesondere auch auf internationaler Ebene unterschiedlich bewertet werden. Dies dürfte auch ein Grund für die Unterschiede in der Häufigkeit des Einsatzes von Med-Arb-Verfahren in den verschiedenen Regionen bzw. Jurisdiktionen der Welt sein.

88   Die Diskussion um eine Doppelfunktion einer Person als Mediator und Schiedsrichter betrifft nicht nur rechtliche Aspekte. Denn im Falle einer solchen Doppelfunktion besteht in der Praxis die Gefahr, dass die Parteien im Hinblick auf das mögliche anschließende Schiedsverfahren bereits in der Mediation ein prozesstaktisches Verhalten zeigen und beispielsweise nicht bereit sind, vertrauliche Informationen preiszugeben oder Schwächen der eigenen Position einzuräumen, wie sie dies in einem isolierten Mediationsverfahren gegebenenfalls wären.[198] Dies kann die Chancen auf eine erfolgreiche Konfliktlösung im Rahmen des vorgeschalteten Mediationsverfahrens schmälern.

89   Die Doppelfunktion einer Person als Mediator und Schiedsrichter kann auch in rechtlicher Hinsicht problematisch sein. Hat sich etwa der spätere Schiedsrichter zuvor als Mediator zu der Rechtslage des Streitfalles geäußert und gegebenenfalls auch Prozessrisiken der Parteien aufgezeigt oder einen eigenen Lösungsvorschlag unterbreitet, kann im Rahmen des anschließenden Schiedsverfahrens ein Antrag auf Ablehnung des Schiedsrichters wegen Zweifeln an dessen Unparteilichkeit drohen (§ 1036 Abs. 2 ZPO).[199] In der Praxis wird teilweise versucht, dem durch (frühzeitige) Verzichtserklärungen (»waiver«)

---

195 Vgl. z.B.: Art. 10 (3) ICC-Mediation-Rules (2014); Art. 7 (2) SCC-Mediation-Rules (2014); Art. 13 (3) Swiss-Mediation-Rules (2019); Art. 6 (6) NAI-Mediation-Rules (2017). Auch Art. 13 des »UNCITRAL Model Law on International Commercial Mediation and International Settlement Agreements Resulting from Mediation« (2018) enthält eine entsprechende Bestimmung.
196 Vgl. etwa: *Dendorfer/Lack* SchiedsVZ 2007, 195 (200); *Limbury*, in: *Ingen-Housz* (Hrsg.), ADR in Business: Practice and Issues across Countries and Cultures II, S. 451; *Ross*, in: *Rovine* (Hrsg.), Contemporary Issues in International Arbitration and Mediation – The Fordham Papers 2012, S. 357.
197 *Baizeau/Loong*, in: *Arroyo* (Hrsg.), Arbitration in Switzerland: The Practitioner's Guide, 2013, S. 1451 f.; *Berger*, Private Dispute Resolution in International Business: Negotiation, Mediation, Arbitration, S. 154; *Dendorfer/Lack* SchiedsVZ 2007, 195 (200); *Lew*, in: *van den Berg* (Hrsg.), New Horizons in International Commercial Arbitration and Beyond, 2005, S. 422; *Pitkowitz* SchiedsVZ 2005, 81 (89); *Player/de Westgaver*, in: *Cook/Garcia*, International Intellectual Property Arbitration, S. 333; *Rosoff* JIntArb 2009, 89 (89).
198 Vgl. dazu: *Boog* Asian Dispute Review 2015, 91 (93); *Dendorfer/Lack* SchiedsVZ 2007, 195 (201); *Eidenmüller* RIW 2002, 1 (10); *McIlwrath/Savage*, International Arbitration and Mediation, Rn. 1 – 197.
199 *Eidenmüller* RIW 2002, 1 (3). Vgl. dazu auch: *Sussman*, in: *Ingen-Housz* (Hrsg.), ADR in Business: Practice and Issues across Countries and Cultures, 384 ff.

der Parteien im Hinblick auf etwaige Ablehnungsrechte wegen der vorherigen Tätigkeit des Schiedsrichters als Mediator zu begegnen, wobei die Reichweite und Wirksamkeit solcher Verzichtserklärungen unterschiedlich beurteilt wird.[200]

Führt der spätere Schiedsrichter zuvor als Mediator Einzelgespräche mit den Parteien, besteht im Rahmen des anschließenden Schiedsverfahrens zudem die Gefahr einer Verletzung des Anspruchs der jeweils anderen Partei auf rechtliches Gehör, wenn Informationen aus den Einzelgesprächen Einfluss auf den Schiedsspruch haben, zu denen die jeweils nicht beteiligte Partei keine Stellung nehmen konnte.[201] Vor diesem Hintergrund weist *Bühring-Uhle* darauf hin, die zuvor als Mediator tätige Person müsse in ihrer späteren Rolle als Schiedsrichter im Kopf eine »Chinese Wall« bauen und alle diejenigen Informationen außer Betracht lassen, die in Einzelgesprächen der Mediation preisgegeben wurden und zu der die jeweils andere Partei nicht Stellung nehmen konnte.[202] 90

In Anbetracht des Konfliktpotenzials im Zusammenhang mit der Doppelfunktion einer Person als Mediator und Schiedsrichter kann es zur Vermeidung von Streitigkeiten und daraus resultierenden Verfahrensverzögerungen in der Praxis sinnvoll sein, bereits bei der Vereinbarung eines Med-Arb-Verfahrens auch eine klare Regelung dazu zu treffen, ob der Mediator in dem sich gegebenenfalls anschließenden Schiedsverfahren als (Mit-)Schiedsrichter tätig werden kann oder nicht, und gegebenenfalls geeignete begleitende Vereinbarungen und Verfahrensregelungen vorzusehen. 91

2. Nachgeschaltetes Mediationsverfahren (Arb-Med)

Das sogenannte Arb-Med-Verfahren ist ebenso wie das Med-Arb-Verfahren eine Kombination von Mediations- und Schiedsverfahren, allerdings in umgekehrter Reihenfolge.[203] Ebenso wie bei Med-Arb-Verfahren existieren auch bei Arb-Meb-Verfahren teilweise unterschiedliche Begriffsverständnisse und zudem werden in der Praxis ver- 92

---

200 *Lew*, in: *van den Berg* (Hrsg.), New Horizons in International Commercial Arbitration and Beyond, 2005, S. 428 f. (auch zur Frage der Wirksamkeit); *Rosoff* JIntArb 2009, 89 (93 ff.); *Ross*, in: *Rovine* (Hrsg.), Contemporary Issues in International Arbitration and Mediation – The Fordham Papers 2012, S. 363 ff. Vgl. dazu auch Part I (4) der IBA Guidelines on Conflicts of Interest in International Arbitration.
201 *Eidenmüller* RIW 2002, 1 (3); *Oghigian* JIntArb 2003, 75 (76 f.); *Rosoff* JIntArb 2009, 89 (90 ff.).
202 *Bühring-Uhle*, in: *Bühring-Uhle/Kirchhoff/Scherer* (Hrsg.), Arbitration and Mediation in International Business, S. 249.
203 Allgemein zum Arb-Med-Verfahren vgl.: *Dendorfer/Lack* SchiedsVZ 2007, 195 (202); *Horvath* SchiedsVZ 2005, 292 (299); *Lachmann*, Handbuch für die Schiedsgerichtspraxis, Rn. 91; *Lack*, in: *Ingen-Housz* (Hrsg.), ADR in Business: Practice and Issues across Countries and Cultures II, S. 358; *Player/de Westgaver*, in: *Cook/Garcia*, International Intellectual Property Arbitration, S. 334; *Ross*, in: *Rovine* (Hrsg.), Contemporary Issues in International Arbitration and Mediation – The Fordham Papers 2012, S. 359.

schiedene Variationen von Arb-Med-Verfahren angewandt.[204] Überwiegend wird ein Arb-Med-Verfahren als ein Verfahren verstanden, bei dem zunächst ein Schiedsverfahren durchgeführt, der Schiedsspruch den Parteien gegenüber aber vorerst nicht offengelegt, sondern z. B. versiegelt verwahrt wird. Die Parteien versuchen dann im Rahmen eines Mediationsverfahrens eine Einigung zu erzielen. Scheitert die Mediation, wird die Streitigkeit durch die Bekanntgabe des Schiedsspruchs entschieden.

93 Der Vorteil eines Arb-Med-Verfahrens ist, dass die Parteien aufgrund des Schiedsverfahrens oftmals eine sehr viel bessere und vor allem auch realistischere Einschätzung ihrer Erfolgsaussichten vornehmen können. Nachteilig ist, dass die Parteien regelmäßig auch dann mit den Kosten des Schiedsverfahrens belastet werden, wenn es ihnen gelingt, eine gütliche Einigung im Rahmen der nachgeschalteten Mediation zu erzielen.

94 Auch im Zusammenhang mit Arb-Med-Verfahren wird eine Diskussion um die Doppelfunktion einer Person als Mediator und Schiedsrichter geführt. Allerdings wird in der Literatur insoweit hervorgehoben, dass bei einem Arb-Med-Verfahren in der oben beschriebenen Variante die schiedsgerichtliche Entscheidung bereits getroffen und nur noch nicht bekannt gegeben ist, bevor die Mediation durchgeführt wird.[205] Informationen, die der Schiedsrichter im Rahmen des Mediationsverfahrens (in Einzelgesprächen) erlangt, beeinflussen die in dem Schiedsspruch bereits niedergelegte Entscheidung in dieser Variante eines Arb-Med-Verfahrens daher grundsätzlich nicht mehr.

3. Integriertes/paralleles Mediationsverfahren

95 Anstelle eines Verfahrens mit einer vor- oder nachgeschalteten Mediation werden Mediationsverfahren in der Praxis auch integriert bzw. parallel zu einem Schiedsverfahren durchgeführt.

96 Die Integration einer Mediation in ein Schiedsverfahren erfolgt dann oftmals in Form eines sogenannten »**Mediation Window**«, d. h. eines bestimmten Verfahrensabschnitts, in dem eine einvernehmliche Beilegung der Streitigkeit im Wege der Mediation gesucht wird.[206] In den letzten Jahren sind derartige Verfahrensgestaltungen von verschiedenen schiedsrechtlichen Initiativen bzw. Institutionen in unterschiedlicher Weise aufgegriffen worden. Als Beispiel seien hier die sogenannten »Prague Rules« (2018)[207], ein von einer Gruppe von Schiedsrechtlern erarbeitetes Regelwerk für die Verfahrensführung

---

204 Vgl. dazu: *Baizeau/Loong*, Multi-tiered and Hybrid Arbitration Clauses, in: *Arroyo* (Hrsg.), Arbitration in Switzerland: The Practitioner's Guide, 2013, S. 1452; *Lack*, in: *Ingen-Housz* (Hrsg.), ADR in Business: Practice and Issues across Countries and Cultures II, S. 358.
205 *Player/de Westgaver*, in: *Cook/Garcia*, International Intellectual Property Arbitration, S. 334; *Ross*, in: *Rovine* (Hrsg.), Contemporary Issues in International Arbitration and Mediation – The Fordham Papers 2012, S. 539.
206 Vgl. dazu: *Dendorfer* SchiedsVZ 2009, 276 (281); *Dendorfer/Lack* SchiedsVZ 2007, 195 (202); *Eidenmüller* RIW 2002, 1 (5 f.).
207 »Rules on the Efficient Conduct of Proceedings in International Arbitration« (Prague Rules), 2018. Die »Prague Rules« sind verfügbar unter: www.praguerules.com (zuletzt abgerufen am 30. 08. 2019).

in internationalen Schiedsverfahren, erwähnt, welche die Möglichkeit der Implementation einer Mediation in ein Schiedsverfahren ausdrücklich ansprechen.[208] Ein weiteres Beispiel sind die »Rules for the Facilitation of Settlement in International Arbitration« (2009) des »Centre for Effective Dispute Resolution« (CEDR), welche explizit auf die Möglichkeit eines »Mediation Window« verweisen.[209] Ergänzende Verfahrensregelungen für ein Arb-Med-Arb-Verfahren hat beispielsweise das »Singapore International Arbitration Centre« (SIAC) zusammen mit dem »Singapore International Mediation Centre« (SIMC) erarbeitet und das »SIAC-SIMC Arb-Med-Arb-Protocol« nebst »Arb-Med-Arb Clause« herausgegeben.[210]

Bei einem **parallel** zu einem Schiedsverfahren durchgeführten Mediationsverfahren kann dieses zum einen auf eine einvernehmliche Beilegung der gesamten Streitigkeit ausgerichtet sein.[211] Zum anderen kann es aber auch lediglich zu einzelnen Aspekten oder Streitpunkten durchgeführt werden, deren Ergebnisse dann bei Erfolg der Mediation in das laufende Schiedsverfahren einfließen. Vorteil einer parallel zu einem Schiedsverfahren durchgeführten Mediation ist, dass das Schiedsverfahren nicht verzögert wird, falls es nicht zu einer Einigung im Rahmen der Mediation kommt. Eine solche, parallel zum Schiedsverfahren durchgeführte Mediation sehen beispielsweise die »AAA-Commercial Arbitration Rules« (2013), die Schiedsordnung der American Arbitration Association (AAA), standardmäßig ab einem bestimmten Streitwert vor, sofern nicht eine der Parteien widerspricht oder die Parteien ohnehin etwas anderes vereinbart haben.[212]

Sofern ein und dieselbe Person als Mediator und Schiedsrichter bei einem in ein Schiedsverfahren integrierten oder dazu parallel durchgeführten Mediationsverfahren tätig werden soll, stellen sich auch hier in der Praxis die zuvor bereits erörterten, aus einer solchen Doppelfunktion resultierenden Fragen. Die bereits angesprochenen »Prague Rules« (2018) sehen daher vor, dass ein Schiedsrichter, der in einer im Rahmen des Schiedsverfahrens erfolglos durchgeführten Mediation als Mediator tätig war, sein Schiedsrichteramt niederlegen soll, sofern nicht alle Parteien einer Fortsetzung seiner Tätigkeit als Schiedsrichter schriftlich zustimmen.[213]

---

208 Vgl. Art. 9 »Prague Rules« (2018).
209 Vgl. Art. 5, 3.1. »CEDR Settlement Rules« (2009).
210 »SIAC-SIMC Arb-Med-Arb-Protocol« und »Arb-Med-Arb Clause« sind verfügbar auf der Website der SIAC: www.siac.org.sg (zuletzt abgerufen am 30. 08. 2019).
211 Vgl. dazu: *Berger* RIW 2001, 881 (885); *Dendorfer/Lack* SchiedsVZ 2007, 195 (203); *Lack*, in: *Ingen-Housz* (Hrsg.), ADR in Business: Practice and Issues across Countries and Cultures II, S. 320.
212 Vgl. R-9. AAA-Commercial Arbitration Rules (2013). Die AAA-Commercial Arbitration Rules sind verfügbar unter: www.adr.org (zuletzt abgerufen am 30. 08. 2019).
213 Vgl. Art. 9.3 »Prague Rules« (2018).

IX. Hinweise für die Praxis
1. Institutionelles Schiedsverfahren oder ad-hoc-Schiedsverfahren?

99 Die Entscheidung der Parteien für die institutionelle Schiedsgerichtsbarkeit oder die ad-hoc-Schiedsgerichtsbarkeit beruht, wenn diese Entscheidung in den Vertragsverhandlungen bewusst und sorgfältig getroffen wird, in der Praxis regelmäßig auf einer Vielzahl von Faktoren. Ausgangspunkt ist regelmäßig die Frage, ob die Parteien eine Administrierung ihrer Schiedsverfahren wünschen oder nicht. Daneben treten oftmals zusätzliche Aspekte, zu denen (neben weiteren) die folgenden Fragen zählen: Wird ein internationales oder ein rein inländisches Vertragsverhältnis begründet? Welchen Jurisdiktionen gehören die Vertragsparteien an? Ist das intendierte Vertragsverhältnis einer spezifischen Branche zugehörig? Liegt dem intendierten Vertrag ein spezifisches Vertragsmuster zugrunde? Sind Mehrparteienschiedsverfahren zu erwarten? Besteht voraussichtlich ein Erfordernis für ein besonders schnelles Verfahren (beschleunigtes Schiedsverfahren)? Mit welchen Streitwerten ist voraussichtlich zu rechnen und welche Vorstellung haben die Parteien hinsichtlich der Schiedsrichtervergütung? Über welchen Erfahrungsgrad verfügen die Parteien mit der Schiedsgerichtsbarkeit?

100 Auch Fragen der Anerkennung und Vollstreckung können bei der Entscheidung eine Rolle spielen.[214] Grundsätzlich ist es empfehlenswert, vor Abschluss der Schiedsvereinbarung auch bereits von der Vollstreckung her zu denken und zu beurteilen, ob ein Schiedsspruch, der aus einem Schiedsverfahren gemäß der beabsichtigten Schiedsvereinbarung resultiert, im potenziellen Vollstreckungsstaat grundsätzlich anerkannt und vollstreckt würde.

101 Entscheiden sich die Parteien für die institutionelle Schiedsgerichtsbarkeit, finden sie bei den etablierten Schiedsinstitutionen grundsätzlich erprobte Schiedsregeln, die regelmäßig auch bereits Regelungen zur Vergütung der Schiedsrichter enthalten, sie erhalten zumeist eingespielte Unterstützung bei organisatorischen und administrativen Belangen und – soweit erforderlich – auch bei der Schiedsrichterbestellung. In Anbetracht der teilweise erheblichen Unterschiede in den Schiedsordnungen der verschiedenen Schiedsinstitutionen sollten die Parteien dabei in jedem Fall eine sorgfältige und informierte Wahl treffen, um spätere Überraschungen zu vermeiden.[215]

102 Die meisten Schiedsinstitutionen stellen ihre jeweiligen Schiedsordnungen auf ihren Websites in verschiedenen Sprachen als Download zur Verfügung, vgl. etwa:

---

214 Vgl. dazu *Trittmann/Salger/von Essen*, in: *Salger/Trittmann* (Hrsg.), Internationale Schiedsverfahren, § 1, Rn. 17.

215 Neben den allgemeinen Verfahrensausgestaltungen durch die Schiedsordnung der jeweiligen Schiedsinstitution sollten die Parteien u. a. auch ein Augenmerk richten auf: Etwaige opt-out-Regelungen, besondere Fristen für Verfahrenshandlungen und Verfahrensabschnitte, etwaige Regelungen für Mehrparteienschiedsverfahren oder die Beteiligung Dritter, etwaige Schiedsrichterlisten oder besondere Anforderungen an die Qualifikation der Schiedsrichter, Regelungen zu Gebühren und Honoraren, etc.

- DIS-Schiedsgerichtsordnung (2018): www.disarb.org[216]
- ICC-Schiedsgerichtsordnung (2017): www.iccwbo.org[217]
- LCIA-Arbitration-Rules (2014): www.lcia.org[218]
- SCAI-Schiedsordnung, »Swiss Rules« (2012): www.swissarbitration.org[219]
- VIAC-Schiedsordnung, »Wiener Regeln« (2018): www.viac.eu[220]
- SCC-Schiedsgerichtsordnung (2017): www.sccinstitute.com[221]

Für (erfahrenere) Parteien kann die besondere Flexibilität der ad-hoc-Schiedsgerichtsbarkeit interessant sein. In der Vertragspraxis zeigt sich zudem, dass gerade Vertragsparteien aus Entwicklungsländern teilweise Vorbehalte gegen die Wahl einer westlichen Schiedsinstitution haben. Entscheiden sich die Parteien daher für die ad-hoc-Schiedsgerichtsbarkeit, stellen die UNCITRAL Arbitration Rules ein Regelungswerk dar, das international hohe Anerkennung findet und oftmals auch von Vertragsparteien aus Entwicklungsländern akzeptiert wird. Die UNCITRAL Arbitration Rules sind auf der Website der UNCITRAL in verschiedenen Sprachen als Download verfügbar: www.uncitral.un.org[222]   103

2. Fast-Track-Arbitration/Expedited-Arbitration/Beschleunigte Schiedsverfahren

Zahlreiche Schiedsinstitutionen haben in den letzten Jahren Verfahrensregeln für sogenannte Fast-Track-Schiedsverfahren, Expedited-Schiedsverfahren bzw. beschleunigte Schiedsverfahren entwickelt, die entweder der allgemeinen Schiedsordnung als Anlage beigegeben[223] oder als gesonderte spezielle Schiedsordnung veröffentlicht wurden[224]. Diese Verfahrensregeln für beschleunigte Schiedsverfahren zielen auf eine **Verkürzung der Verfahrensdauer** ab, insbesondere durch kürzere Fristen für Verfahrenshandlungen bzw. Verfahrensabschnitte.[225]   104

---

[216] Schiedsordnung der Deutschen Institution für Schiedsgerichtsbarkeit e.V. (zuletzt abgerufen am 30. 08. 2019).
[217] Schiedsordnung der Internationalen Handelskammer (zuletzt abgerufen am 30. 08. 2019).
[218] Schiedsordnung des London Court of International Arbitration (zuletzt abgerufen am 30. 08. 2019).
[219] Schiedsordnung der Swiss Chambers Arbitration Institution (zuletzt abgerufen am 30. 08. 2019).
[220] Schiedsordnung der Internationalen Schiedsinstitution der Wirtschaftskammer Österreich (zuletzt abgerufen am 30. 08. 2019).
[221] Schiedsordnung des Arbitration Institute of the Stockholm Chamber of Commerce (zuletzt abgerufen am 30. 08. 2019).
[222] Zuletzt abgerufen am 30. 08. 2019.
[223] Z. B.: DIS-Schiedsgerichtsordnung (2018), Anlage 4 (Beschleunigtes Verfahren); ICC-Schiedsgerichtsordnung (2017), Anhang VI (Verfahrensordnung zum beschleunigten Verfahren).
[224] Z. B.: SCC Rules for Expedited Arbitrations (2017); WIPO Expedited Arbitration Rules (2020).
[225] *Lögering* ZfBR 2010, 14 (15 f.).

105 Die Erfahrung mit solchen beschleunigten Schiedsverfahren hat gezeigt, dass die ambitionierten Verfahrensfristen regelmäßig nur dann eingehalten werden können, wenn die Parteien pro-aktiv mitwirken und die Eigenarten des Streitfalles für eine solche Verfahrensausgestaltung geeignet sind.[226] In der Praxis sollte daher vor der Entscheidung, für alle oder bestimmte Arten von Streitigkeiten (die von der Schiedsvereinbarung erfasst werden) ein beschleunigtes Schiedsverfahren zu vereinbaren, geprüft werden, ob ein solches beschleunigtes Schiedsverfahren für die betreffenden Streitigkeiten tatsächlich geeignet ist bzw. wäre.

106 Besondere Beachtung im Zusammenhang mit beschleunigten Schiedsverfahren verdienen in der Praxis solche Schiedsordnungen, welche die Durchführung eines beschleunigten Schiedsverfahrens nicht als eine Option vorsehen, welche nur Anwendung findet, wenn die Parteien dies vereinbaren (opt-in Modell), sondern welche die Durchführung des Schiedsverfahrens (zumeist bis zu einer Streitwertgrenze) standardmäßig als beschleunigtes Verfahren vorsehen, sofern die Parteien nichts Gegenteiliges vereinbaren (opt-out Modell). Ein opt-out Modell sieht beispielsweise grundsätzlich die ICC-Schiedsgerichtsordnung aus dem Jahre 2017 vor.[227]

3. »Pathologische Schiedsklauseln«

107 Der Schiedsvereinbarung kommt im Rahmen der Schiedsgerichtsbarkeit eine zentrale Bedeutung zu, denn diese markiert bildlich gesprochen die Brücke, über welche die Parteien mit den von der Schiedsvereinbarung erfassten Streitigkeiten die staatliche Gerichtsbarkeit verlassen und sich in die private Schiedsgerichtsbarkeit begeben. Diese »Brücke« muss von den Parteien mit hinreichender Sorgfalt und Präzision geschaffen sein, damit sie im späteren Konfliktfall auch tatsächlich hält und trägt und effektiv den Weg zur Streitentscheidung durch ein Schiedsgericht eröffnet.

108 In der Praxis wird bei der Ausgestaltung und Formulierung von Schiedsklauseln nicht immer die gebotene Sorgfalt angewandt, was dann zu mehrdeutigen, unvollständigen oder widersprüchlichen Klauseln führt. Derartige Schiedsklauseln, welche als »pathologische Schiedsklauseln«[228] bezeichnet werden, können gravierende Folgen haben. Zeigt sich bei Auftreten eines Konflikts, dass die im Vertrag enthaltene Schiedsklausel »pathologisch« ist, führt dies nicht selten zu weiteren Streitpunkten, was oftmals mit zusätzlichen Verfahrensrisiken, Kosten und auch Zeitverlust verbunden ist.

---

226 *Hobeck/Mahnken/Koebke* SchiedsVZ 2007, 225 (232); *Lögering* ZfBR 2010, 14.
227 Vgl. Art. 30 ICC-Schiedsgerichtsordnung (2017). Zu Einzelheiten, insbes. Anwendungsbereich und Ausnahmen, vgl. *Reiner/Petkutei/Kern*, in: *Schütze* (Hrsg.), Institutionelle Schiedsgerichtsbarkeit, II. Kapitel: ICC-Schiedsgerichtsordnung, Art. 30, Rn. 4 ff.
228 *Girsberger/Ruch*, in: *Kröll/Mistelis* u.a. (Hrsg.), International Arbitration and International Commercial Law: Synergy, Convergence and Evolution, S. 123 ff.; *Kröll* SchiedsVZ 2007, 145 (147). Beispiele für »pathologische Schiedsklauseln« gibt: *Berger*, in: *Shaughnessy/Tung* (Hrsg.), The Powers and Duties of an Arbitrator: Liber Amicorum Pierre A. Karrer, S. 33.

J. Schiedsgerichtsbarkeit **Teil 6**

Naturgemäß wächst das Risiko einer »pathologischen« Klausel, je komplexer das Konfliktlösungsverfahren vertraglich ausgestaltet wird, beispielsweise im Falle komplexer mehrstufiger Konfliktlösungsverfahren. Bei gestuften Konfliktlösungsklauseln kann sich, wenn diese Klauseln nicht hinreichend ausgestaltet und formuliert sind, in der Praxis etwa Streit entspinnen um die Fragen, ob das Durchlaufen der einzelnen Stufen zwingend und verbindlich ist und wann der Übergang in die jeweils nächste Stufe zulässig ist. Um zu vermeiden, dass sich im Streitfall zu dem Streit in der Sache zusätzlicher Streit um die Auslegung oder Wirksamkeit der Konfliktlösungsvereinbarung gesellt, sollten Konfliktlösungsklauseln (einschließlich Schiedsvereinbarungen) daher mit hinreichender Sorgfalt abgefasst werden. 109

K. Schiedsgutachten

Übersicht

		Rdn.
I.	Definition des Schiedsgutachtens.................................	1
II.	Rechtsdogmatische Einordnung des Schiedsgutachtens	4
	1. Schiedsgutachten im engeren und im weiteren Sinn..................	4
	2. Abgrenzung zum Schiedsgerichtsverfahren........................	6
III.	Möglichkeit rechtlicher Beurteilung...............................	8
IV.	Person des Schiedsgutachters....................................	10
	1. Benennung..	10
	2. Unabhängigkeit..	12
V.	Entscheidung..	16
	1. Entscheidungsgrundlage und -zeitpunkt	16
	a) Maßgeblicher Sachverhalt.....................................	16
	b) Zeitpunkt...	25
	2. Entscheidungsmaßstab und Bindungswirkung.....................	26
	a) Billiges Ermessen	27
	aa) Inhalt des billigen Ermessens.............................	27
	bb) Abgrenzung von Entscheidungsmaßstab und Bindungswirkung...	30
	cc) Grenzen der Bindungswirkung (»offenbar unbillig«)............	32
	dd) Keine Teilunverbindlichkeit.............................	33
	ee) Fehlerkategorien	35
	(1) Methodische Fehler bei der Gutachtenerstellung	35
	(2) Verfahrensfehler..	38
	(3) Rechtliche Beurteilungsfehler............................	40
	(4) Fehler im Ergebnis.......................................	41
	b) Freies Ermessen	44
	c) Freies Belieben	46
	3. Keine vorläufige Verbindlichkeit des Schiedsgutachtens	51
	4. Begründung und Änderung der Entscheidung.....................	52
	5. Eintritt der Bindungswirkung durch Zugang......................	55
VI.	Verfahrensgarantien im Schiedsgutachten und materiell-rechtliche Natur....	58
VII.	Richterliche Ersatzbestimmung..................................	60
	1. Pactum de non petendo, selbstständiges Beweisverfahren, Eilverfahren.....	62
	2. Ersatzbestimmung für billiges und freies Ermessen..................	63
	3. Zweistufiges richterliches Vorgehen..............................	67
	a) Prüfung der Verbindlichkeit...................................	67
	b) Aufhebung und Ersatzbestimmung.............................	69
VIII.	Verfahrenskosten	72
IX.	Gerichtliche Durchsetzung eines Schiedsgutachtens	73
	1. Beweis- und Darlegungslast...................................	73
	2. Urkundenprozess als besondere Klageart	75
X.	Haftung des Bürgen..	78
XI.	Hinweise für die Praxis...	79

I. Definition des Schiedsgutachtens

Der Terminus Schiedsgutachten wird als »Sammelkategorie für sämtliche Drittent- 1
scheidungen mit (beanspruchtem[1]) verbindlichem Charakter außerhalb der Schiedsgerichtsbarkeit«[2] begriffen.[3] Richtig an dieser Definition ist, dass die Erfassung des
Schiedsgutachtens nur in **Abgrenzung zum Schiedsgerichtsverfahren** gelingt. Allerdings lässt sich die Fähigkeit der Rechtskraft als elementarer Unterschied dieser beiden Rechtsinstitute herausstellen. Insoweit ergibt sich für das Schiedsgutachten
folgende Definition:

**Schiedsgutachten sind materiell-rechtliche Drittentscheidungen mit beanspruchter
Verbindlichkeit, die nicht der Rechtskraft fähig sind.**[4]

Schiedsgutachten dienen der »raschen, einfachen, fachkundigen und kostengünstigen 2
Beilegung etwaiger Meinungsverschiedenheiten«.[5] Die §§ 317 ff. BGB wurden bereits
von *Bötticher* als »ungewöhnlich trächtige Vorschriften« bezeichnet.[6] »Letztlich schlägt
wohl zugunsten des Schiedsgutachtens aus, dass der Praxis so ein formloses und in der
Regel zügiges wie billiges Verfahren zur Verfügung steht«.[7]

Leider sind diese Möglichkeiten in der Praxis noch weitgehend unbekannt.[8] Schieds- 3
gutachter könnten angeblich nur über Tatsachen entscheiden, dürfen keine rechtlichen
Wertungen vollziehen und fehlende Verfahrensgarantien wie die Gewähr rechtlichen
Gehörs bedeuteten ein Risiko für die Parteien.

Ob die Parteien jedoch die Gewähr rechtlichen Gehörs verfolgen, kann von Fall zu
Fall ganz unterschiedlich aussehen. Das **Spannungsverhältnis zwischen Schutz- und
Beschleunigungsfunktionen** lässt sich mit dem Schiedsgutachten vor dem Hintergrund
der Bedürfnisse des Konfliktes im Einzelfall lösen. Daher ist das deutsche Schiedsgutachtenrecht alles andere als defizitär.[9]

II. Rechtsdogmatische Einordnung des Schiedsgutachtens

1. Schiedsgutachten im engeren und im weiteren Sinn

Das Schiedsgutachten wird in zwei Teile untergliedert. Das Schiedsgutachten im 4
weiteren Sinn (sog. rechtsgestaltendes Schiedsgutachten) spiegele den klassischen

---

1 Für diese Ergänzung *Schlosser*, in: *Böckstiegel/Berger/Bredow* (Hrsg.), Schiedsgutachten versus Schiedsgerichtsbarkeit, S. 1 (1).
2 *Borowsky*, Schiedsgutachten, S. 194.
3 In Abgrenzung zu anderen ADR-Verfahren, vgl. *Stubbe*, in: *Böckstiegel/Berger/Bredow* (Hrsg.),
Schiedsgutachten versus Schiedsgerichtsbarkeit, S. 75 (75 ff.); *Greger/Stubbe*, Schiedsgutachten, Rn. 8 u. 61 ff.
4 *Lembcke* ZGS 2009, 548 (553); zu eng daher *Wolf*, in: *Soergel*, BGB, § 317 Rn. 17.
5 OLG Hamm, Urt. v. 16. 10. 2006 – 17 U 30/06, Juris Rn. 73 = ZfB 2007, 61 (61 ff.).
6 *Bötticher*, Gestaltungsrecht, S. 17. Ferner *Borowsky*, Schiedsgutachten, S. 185.
7 *Borowsky*, Schiedsgutachten, S. 85 f.
8 Exemplarisch *Borris* BB 2008, 294 (295 f.).
9 A.A. *Sieveking*, Schiedsgutachtenverträge, S. 422 ff.

Anwendungsfall des § 317 BGB wieder, der eine rechtsfolgenorientierte, ermessensausfüllende Vertragsergänzung (rechtsbegründend) oder Vertragsänderung (rechtsändernd) beinhalte.[10] Das Schiedsgutachten im engeren Sinn[11] (sog. feststellendes Schiedsgutachten) sei auf die Feststellung des Bestehens oder Nichtbestehens eines Rechtsverhältnisses (rechtserklärend) oder den Unterfall der Feststellung von Tatbestandselementen (rechtsfeststellend) gerichtet.[12]

5   Aus dieser Differenzierung folgt, dass der Schiedsgutachter im engeren Sinn **keinen Ermessensspielraum** nutze, sondern feststelle, ob ein Tatbestand erfüllt sei oder nicht. Er treffe die »richtige Entscheidung« und keine Ermessensentscheidung, beurteile kognitiv, nicht voluntativ.[13] Hinsichtlich des Schiedsgutachtens im engeren Sinn werden überwiegend die §§ 317 ff. BGB analog angewendet,[14] weil das Rechtsverhältnis der Parteien unverändert bliebe. Die Differenzierung überzeugt allerdings wenig, da auch die Feststellungen des Schiedsgutachters im engeren Sinn verbindlich sein können, wenn dieser gerade nicht »die richtige Entscheidung« getroffen hat.

2. Abgrenzung zum Schiedsgerichtsverfahren

6   Eine Abgrenzung zwischen Schiedsgutachten- und Schiedsgerichtsverfahren ist nicht unter Bezugnahme auf **feststehende Abgrenzungskriterien** möglich.[15] »Es mag sein, dass im Ergebnis die Stellung eines Schiedsgutachters (im engeren Sinn) der eines Schiedsrichters sehr ähnlich sein kann.«[16] Von daher ist eine Auslegung des Parteiwillens im Einzelfall erforderlich (§§ 133, 157 BGB): Im Zweifel wollen die Parteien den **weitergehenden Schutz der §§ 1025 ff. ZPO** durch Verfahrensgarantien für sich in Anspruch nehmen.

7   Es kann jedoch auch ein **schnelles** und wenig formalisiertes **Verfahren gem. §§ 317 ff. BGB** gewollt sein. In letzter Konsequenz wird daher bei der Auslegung zu ergründen

---

10   BGH, Urt. v. 26. 04. 1991 – V ZR 61/90, NJW 1991, 2761 (2761); *Habscheid*, FS Lehmann, S. 789 (789); *Volmer* BB 1984, 1010 (1010).
11   Teilweise auch als »*echtes Schiedsgutachten*« bezeichnet, vgl. *Greger/Stubbe*, Schiedsgutachten, Rn. 85 u. 129.
12   RG, Urt. v. 23. 05. 1919 – II 22/19, RGZ 96, 57 (57 ff.); *Habscheid*, FS Lehmann, S. 789 (789 ff.); *Nicklisch* ZHR 136 (1972), 1 (7). Gleichwohl hat sich das RG im Zuge seiner Begründung im Dickicht verheddert, weil es von der »*Produktion von Beweismitteln*« sprach, vgl. RG, Urt. v. 23. 05. 1919 – II 22/19, RGZ 96, 57 (59), was der materiellen Sichtweise widerspricht.
13   BGH, Urt. v. 16. 11. 1987 – II ZR 111/87, NJW-RR 1988, 506 (506); *Gehrlein* VersR 1994, 1009 (1010).
14   Für eine direkte Anwendung, vgl. *Blomeyer*, Schuldrecht, S. 31; *Esser*, S. 141. *Habscheid* KTS 1957, 129 (136) will ausnahmslos die §§ 64 Abs. 1, 184 Abs. 1 VVG als Sonderregeln anwenden. Andere wollen ausnahmslos die §§ 1025 ff. ZPO analog anwenden, vgl. *Kornblum*, Probleme, S. 102 f.; *Rauscher*, Schiedsgutachtenrecht, S. 150 f. u. S. 158 ff.; *Sieg* VersR 1965, 629 (634 f.); *Schlosser*, in *Stein/Jonas*, ZPO, Vor § 1025, Rn. 32 ff.
15   Grundlegend *Lembcke* ZGS 2009, 548 (548 ff.).
16   BGH, Urt. v. 17. 05. 1967 – VIII ZR 58/66, Juris, Rn. 32 = BGHZ 48, 25 (25 ff.).

sein, ob die Parteien einen vollstreckbaren Titel (Schiedsgerichtsurteil) oder nur eine materielle Bindungswirkung (Schiedsgutachten) beabsichtigen – insbesondere ob die Entscheidung der Rechtskraft fähig sein soll.[17]

III. Möglichkeit rechtlicher Beurteilung

Dem Schiedsgutachter kann auch die rechtliche Beurteilung innerhalb eines Schiedsgutachtens eingeräumt werden.[18] Diese Möglichkeit ist durch Auslegung des Parteiwillens zu ermitteln. Im Zweifel ist dem Schiedsgutachter auch die rechtliche Entscheidung übertragen, da die Parteien mit einer Schiedsgutachtenvereinbarung die Streitigkeit umfänglich befrieden wollen und dieses nicht nur ein Vorverfahren – vergleichbar dem Selbstständigen Beweisverfahren – zu einer gerichtlichen Auseinandersetzung sein soll (§§ 133, 157 BGB). 8

Hinsichtlich der Tätigkeit des Schiedsgutachters im weiteren Sinn sind die **Parteien** (und damit das Gericht) an die Rechtsgestaltung des Schiedsgutachters **gebunden.** Auch soweit der Schiedsgutachter feststellend tätig wird (Schiedsgutachter im engeren Sinn), ergibt sich kein anderes Ergebnis: Auch hier ist das Gericht an die Feststellungen in tatsächlicher und rechtlicher Hinsicht gebunden. Der Grundsatz »iura novit curia« begrenzt die Bindungswirkung nicht auf die Tatsachenfeststellungen.[19] Die Parteien machen dem Gericht nämlich keine Vorgaben für die rechtliche Beurteilung, weil das Schiedsgutachten vergleichbar einem materiell-rechtlichen Feststellungsvertrag unmittelbar die Parteien untereinander bindet. Mit einer **Disposition über Rechte** geht denknotwendig ein Rechtsmittelverzicht einher. Das Gericht kann daher auch nicht nach § 411 Abs. 3 ZPO vorgehen.[20] 9

IV. Person des Schiedsgutachters

1. Benennung

Als Schiedsgutachter kann eine natürliche oder juristische[21] Person benannt werden. Die namentliche Benennung des Schiedsgutachters muss nicht zwingend mit Vertragsschluss erfolgen. Es besteht auch die Möglichkeit, ein **Verfahren zur Benennung** 10

---

17 »*Ein Schiedsgericht kommt in Betracht, wenn der Berufene den Streit durch einen dem Urteil gleichen Spruch beenden soll. Dagegen hat der Schiedsgutachter nicht eine solche abschließende Folgerung zu ziehen, sondern die Grundlage für das etwa zu erlassende Urteil zu schaffen*« (Vollstreckung also durch Gericht), vgl. BGH, Urt. v. 21. 01. 1963 – VII ZR 162/61, BB 1963, 281 (281). Ferner *Joussen*, Schlichtung als Leistungsbestimmung, S. 62.
18 RG, Urt. v. 21. 08. 1936 – II 154/36, RGZ 152, 201 (201); BGH, Urt. v. 20. 03. 1953 – V ZR 5/52, BGH 9, 138 (144); *Priebe*, Forum Baukonfliktmanagement, werner-baurecht. de, 26. 06. 2009, S. 7.
19 A.A. *Greger/Stubbe*, Schiedsgutachten, Rn. 158;); *Zerhusen*, Außergerichtliche Streitbeilegung, Rn. 118; wohl auch *Boldt*, Vorläufige baubegleitende Streitentscheidung, Rn. 854: »(…) *bestenfalls Beweiskraft darüber, ob bestimmte Tatsachen gegeben sind oder nicht*«.
20 KG, Urt. v. 13. 05. 2004 – 12 U 3/03, Juris Rn. 21 = KGR Berlin 2004, 560 (560 ff.).
21 BAG, Urt. v. 17. 01. 1979 – 5 AZR 498/77, NJW 1980, 470 (471).

der Person des Schiedsgutachters zu vereinbaren. So kann eine Institution als Dritter zur Benennung des Schiedsgutachters benannt werden, sodass wiederum die §§ 317 ff. BGB auf das Benennungsverfahren Anwendung finden.[22]

11 Auch kann einer Partei die Bestimmung des Schiedsgutachters nach § 315 Abs. 1 BGB übertragen werden. Diese Benennung bewegt sich nur dann im Rahmen der Billigkeit, wenn die Partei einen unabhängigen und unparteilichen Dritten benennt. Anderenfalls ist die Leistungsbestimmung von Anfang an unverbindlich. Soweit eine Partei ihr Benennungsrecht nicht ausübt, muss aber nicht erst eine richterliche Ersatzbestimmung bezogen auf die Benennung vorgenommen werden, sondern es kann sogleich eine richterliche Ersatzbestimmung hinsichtlich des Schiedsgutachtens erfolgen.[23]

2. Unabhängigkeit

12 Fehlende Unabhängigkeit des Schiedsgutachters führt zur Unverbindlichkeit des Schiedsgutachtens. Der Bundesgerichtshof stellt auf die »Geeignetheit« des Schiedsgutachters ab,[24] welche verwirkt sei, wenn es sich in der Sache um ein Privatgutachten im einseitigen Parteiinteresse handelt. Ein Schiedsgutachter darf nicht im Interesse nur einer Partei tätig werden.[25]

13 In einer *vertraglich* vereinbarten Schiedsgutachterabrede[26] (Vertrag zwischen den Parteien und dem Schiedsgutachter) hat der Bundesgerichtshof ein **Sonderkündigungsrecht** für den Fall mangelnder Neutralität des Schiedsgutachters erblickt, welche »das rechtliche Schicksal der Schiedsgutachtervereinbarung (Vertrag zwischen den Parteien, Anm. d. Verf.) auf diese Weise mit dem des Auftrags an den Gutachter verknüpf(t)(e) (...)«[27] sei. Es ist aber entgegen des Bundesgerichtshofes nicht notwendig die verschiedenen Vertragsverhältnisse (Schiedsgutachten- und Schiedsgutachtervertrag) derart mitein-

---

22 Hierzu OLG Brandenburg, Urt. v. 04. 12. 2008 – 5 U 67/05, IBR 2009, 429 (m. Anm. *Lembcke*).
23 BGH, Urt. v. 30. 03. 1979 – V ZR 150/77, BGHZ 74, 341 (341 ff.).
24 BGH, Urt. v. 06. 06. 1994 – II ZR 100/92, Juris, Rn. 19 = NJW-RR 1994, 1314 (Ls.): »*Ein in einer Schiedsgutachtenvereinbarung vorgesehener Gutachter, der anstatt eines Gutachtens, das die Voraussetzungen eines Schiedsgutachtens erfüllt, ein Gutachten im einseitigen Interesse der einen Vertragspartei erstattet, verliert die Eignung zur Bestimmung der Leistung.*«; OLG Köln, Urt. v. 11. 05. 2001 – 19 U 27/00, Juris Rn. 25 = OLGR Köln 2001, 388 (388 ff.).
25 RG, Urt. v. 27. 10. 1899 – VIa 155/99, RGZ 45, 350 (352).
26 »*Sollte der Gutachter den Anregungen der Parteien nicht oder nicht sachgerecht nachgehen, würde darin eine schwerwiegende Verletzung der dem Schiedsrichter obliegenden Pflicht liegen, die zu einer fristlosen Kündigung des dienstvertragsähnlichen Verhältnisses berechtigt*«, BGH, Urt. v. 05. 12. 1979 – VIII ZR 155/78, Juris, Rn. 18 = WM 1980, 108 (108 ff.); für einen Rücktritt bei Vereinbarung eines Fixtermins *Greger/Stubbe*, Schiedsgutachten, Rn. 198.
27 BGH, Urt. v. 05. 12. 1979 – VIII ZR 155/78, Juris, Rn. 92 = WM 1980, 108 (108 f.). A.A. *Greger/Stubbe*, Schiedsgutachten, Rn. 106, die als Kompensation für ein fehlendes Ablehnungsrecht immer ein Kündigungsrecht annehmen.

ander zu verknüpfen, weil schon die **Auslegung des Tatbestandsmerkmals »Dritter«** (§ 317 Abs. 1 BGB) zu einem sachgerechten Ergebnis führt.

Ein Schiedsgutachter ist nicht per se durch den Umstand befangen, dass er zuvor als Mediator zwischen den Parteien den Verhandlungsprozess geleitet hat. Hinzutreten müssen vielmehr weitere Umstände aufgrund des spezifischen Ablaufs des Mediationsverfahrens.[28]   14

Ein Befangenheitsgrund ergibt sich nicht aus dem Umstand, dass der Schiedsgutachter einem Mediator Verfahrensdetails mitteilt, weil diese Verschwiegenheitspflichtverletzung nicht so schwer wiegt, als hieraus auf die Voreingenommenheit gegenüber einer Partei geschlossen werden kann.[29] Zweifel an der Unparteilichkeit oder Unabhängigkeit eines Schiedsgutachters ergeben sich auch nicht, wenn dieser im selben Verein wie einer der Prozessbevollmächtigten aktiv ist, mit diesem auf Tagungen als Redner gemeinsam auftritt oder dieser Mitautor in einem vom Prozessbevollmächtigten herausgegebenen Werk ist.[30]   15

V. Entscheidung

1. Entscheidungsgrundlage und -zeitpunkt

a) Maßgeblicher Sachverhalt

Das Schiedsgutachtenverfahren ist grundsätzlich **inquisitorisch** ausgestaltet, sodass der Schiedsgutachter den Sachverhalt aufzuklären hat.[31] Er kann grundsätzlich Hinweise der Parteien aufnehmen, ohne hierzu etwa die Zustimmung der anderen Partei einholen zu müssen.[32] Aus dem Wesen eines Schiedsgutachtenvertrages ergibt sich nach Treu und Glauben für beide Parteien die Pflicht, die Tätigkeit des Schiedsgutachters zu fördern und alles zu unterlassen, was seine Ermittlungen stören könnte.[33] Wird diese Pflicht verletzt, kann die andere Partei auf Erfüllung klagen und gegebenenfalls auch Schadensersatzansprüche geltend machen. Hierbei handelt sich nicht etwa nur um eine Obliegenheit.[34]   16

---

28 LAG Frankfurt, Beschl. v. 07. 07. 2009 – 12 Ta 304/09, IBR 2009, 3370 (m. Anm. *Lembcke*).
29 OLG Frankfurt, Beschl.v. 26. 06. 2008 – 26 SchH 2/08, IBR 2008, 549 (m. Anm. *Lembcke*).
30 OLG München, Beschl. v. 10. 04. 2008 – 34 SchH 5/07, IBR 2008, 482 (m. Anm. *Lembcke*).
31 OLG Frankfurt, Urt. v. 26. 01. 2006 – 26 U 24/05, Juris Rn. 28 = BauR 2006, 1325 (1325 f.).
32 *Bock*, in *Bayerlein*, Praxishandbuch Sachverständigenrecht, § 26 Rn. 29.
33 BGH, Urt. v. 11. 06. 1976 – IV ZR 84/75, Juris Rn. 27 = MDR 1976, 1008 (1008).
34 So aber *Franke/Englert/Halstenberg/Meyer-Postelt/Miernik*, Kommentar zur SL-Bau, Rn. 270 für das Schlichtungsverfahren. Bei dieser Ansicht wäre zudem eine entsprechende Anwendung von § 446 ZPO ausgeschlossen.

Teil 6 Andere Verfahren der außergerichtlichen Konfliktbeilegung

17 Der Schiedsgutachter kann bei verweigerter Mitwirkung nach **Aktenlage** entscheiden; er darf allerdings keine Unterstellungen vornehmen.[35] Dieses bedeutet aber nicht, dass er den Inhalt der Akte als wahr unterstellen darf. Er muss wegen des inquisitorischen Charakters ergänzend eigene Maßnahmen zur Überprüfung des Sachverhaltes treffen. Erst wenn diese zu keinem Ergebnis führen, kann die verweigerte Mitwirkung gegen die Partei gewertet werden. Soweit eine Partei Unterlagen nicht vorlegt, obwohl sie hierzu vertraglich verpflichtet ist, kann der Schiedsgutachter dieses gegen diese Partei werten.[36] Die Regelungen der ZPO sind hingegen **unanwendbar**.[37] Der Schiedsgutachter sollte im Falle mangelnder Mitwirkung einer Partei in der Begründung des Schiedsgutachtens hierauf hinweisen.

18 Der Schiedsgutachter kann Gespräche mit den Parteien, Mitarbeitern oder Dritten führen. Auch bestehen gegen **Einzelgespräche** keine Bedenken,[38] wenn diese aufgrund der Beschleunigung des Verfahrens geboten sind.[39] Für Entscheidungen, die im Zusammenhang mit einem Schiedsgutachten im engeren Sinn stehen, können Einzelgespräche sogar notwendig werden, um die Interessen einer Partei herauszufinden, die im Plenum nicht genannt werden würden.

19 Nach Ansicht der Rechtsprechung muss der Schiedsgutachter unbestrittenen Angaben folgen, sofern ihm seine Feststellungen vor Ort keine Veranlassung geben, an der Richtigkeit der Angaben zu zweifeln.[40] Insoweit wird man annehmen müssen, dass der Schiedsgutachter den **unstreitigen Parteivortrag** als wahr unterstellen muss.[41] Der Fall des OLG Hamm betraf nämlich die Anhörung zweier Sachverständiger der Parteien, die keine Vollmacht zur Abgabe von den Schiedsgutachtenvertrag ändernden Willenserklärungen hatten, sodass diese auch nicht dazu befugt waren, Dinge unstreitig zu stellen. Stellen die Parteien (oder bevollmächtigte Vertreter) hingegen das Vorbringen unstreitig, so ist hierin wenigstens eine **konkludente Änderung der Schiedsgutachtenvereinbarung** zu sehen, an die auch der Schiedsgutachter gebunden ist.

20 Regelmäßig ist der Schiedsgutachter ohnehin nur befugt, über »Streitigkeiten« zu entscheiden. Die Parteien sind nämlich gewissermaßen »Herren des Verfahrens«[42] und wollen nur streitige Umstände entschieden wissen. Der Schiedsgutachter soll nur anstelle

---

35 *Greger/Stubbe*, Schiedsgutachten, Rn. 111; a. A. für den Schlichter *Franke/Englert/Halstenberg/Meyer-Postelt/Miernik*, Kommentar zur SL-Bau, Rn. 271.
36 BGH, Urt. v. 11. 06. 1976 – IV ZR 84/75, VersR 1976, 821 (823); OLG Koblenz, Urt. v. 20. 09. 1996 – 10 U 964/95, VersR 1997, 963 (963); *Döbereiner*, VersR 1983, 712 (713).
37 A.A. *Franke/Englert/Halstenberg/Meyer-Postelt/Miernik*, Kommentar zur SL-Bau, Rn. 318.
38 BGH, Urt. v. 11. 06. 1976 – IV ZR 84/75, VersR 1976, 821 (823); a.A. *Franke/Englert/Halstenberg/Meyer-Postelt/Miernik*, Kommentar zur SL-Bau, Rn. 56.
39 A.A. für das Adjudikations-Verfahren, *Boldt*, in: *Kapellmann/Vygen*, Jahrbuch Baurecht 2009, S. 115 (148).
40 OLG Hamm, Urt. v. 20. 03. 2003 – 21 U 76/02, Juris Rn. 52 = BauR 2003, 1400 (1400 ff.). Wohl auch OLG Köln, Urt. v. 13. 12. 1995 – 19 U 69/94, BauR 1996, 582 (582).
41 Ähnlich *Bock*, in: *Bayerlein*, Praxishandbuch Sachverständigenrecht, § 26 Rn. 47.
42 *Laule* DB 1966, 769 (769).

der Parteien Feststellungen treffen. Dieser Auftrag entfällt, wenn die Parteien dieses bereits in persona übernommen haben und auch dann, wenn die Parteien dem Schiedsgutachter (übereinstimmend) konkrete Vorgaben für die Ausübung seines Ermessens machen.[43] Zudem führt eine Bewertung durch den Schiedsgutachter außerhalb des Willens beider Parteien auch zu einem erheblichen Akzeptanzverlust des Schiedsgutachtens bei den Parteien – mögen die Bewertungen auch noch so zutreffend sein.[44] Sie laufen nämlich in jedem Fall den Erwartungen der Parteien entgegen.

Soweit das Schiedsgutachten neben dem inquisitorischen Charakter auch **Elemente** 21 **des kontradiktorischen (Schieds-)Gerichtsverfahrens** beinhaltet – etwa wenn ein Antrag und eine Erwiderung oder gar mehrere Schriftsatzrunden vorgesehen sind – gilt Folgendes: Der Schiedsgutachter muss dann den streitigen Sachverhalt, die streitigen technischen und rechtlichen Begründungen aus den Schriftsätzen herausfiltern. Dieser streitige Sach- und Rechtsvortrag markiert den Umfang der Entscheidung. Insoweit ergibt sich der genaue Umfang des Schiedsgutachtens nicht nur aus einem gemeinsamen Auftrag der Parteien, sondern auch aus dem schriftsätzlichen Vorbringen.

Allerdings ist für streitiges Vorbringen in Ermangelung einer ausdrücklichen Regelung 22 innerhalb des Schiedsgutachtenvertrages **kein substanziiertes Bestreiten** – wie im Zivilprozess (§ 138 Abs. 3 ZPO) – **notwendig**, da die Parteien eine schnelle Lösung durch Amtsermittlung durch den Schiedsgutachter begehren (§§ 133, 157 BGB). Auch muss eine Partei im Gegensatz zu § 138 Abs. 2 ZPO überhaupt keine Erwiderung abgeben. Der Parteiwille einer Schiedsgutachtenvereinbarung ist aufgrund der Beschleunigungsmaxime grundsätzlich so auszulegen, dass gerade formalisierte Anforderungen vermieden werden sollen (§§ 133, 157 BGB). Zudem wird ein Schiedsgutachter, der vornehmlich einen technischen Ausbildungshintergrund vorzuweisen hat, mit der juristischen Reichweite der Substanziierungspflicht überfordert sein. Die Parteien wollen auch deswegen kein substanziiertes Bestreiten, da anderenfalls Fehlbeurteilungen der Reichweite der Substanziierungslast des Schiedsgutachters zur Unverbindlichkeit der Entscheidung führen würden: Der Ermessensspielraum des Schiedsgutachters wäre begrenzt und das Risiko mangelnder Bindungswirkung würde steigen.

Die Pflicht des substanziierten Bestreitens passt schließlich nicht zum inquisitorischen 23 Charakter des Schiedsgutachtens. Der Schiedsgutachter soll den streitigen Sachverhalt eigenständig anstelle der Parteien aufklären. Er tritt gerade an die Stelle der Parteien, denen es nicht gelungen ist, den Streit beizulegen. Dieses beinhaltet auch, dass er gewissermaßen den Sachvortrag für die Parteien durch seine fachliche Expertise substanziiert.

Daher gibt es innerhalb eines Schiedsgutachtenverfahrens, das durch kontradiktorische 24 Elemente wie Antrages und Erwiderung ergänzt wird, auch **keine Säumnis oder Entscheidung nach Aktenlage**, ohne dass der Schiedsgutachter alles ihm mögliche getan haben muss, den Sachverhalt aufzuklären.

---

43 BGH, Urt. v. 19. 01. 2001 – V ZR 217/00, Juris Rn. 17 = NJW 2001, 1930 (1930 ff.).
44 Hierzu *Lembcke* DS 2007, 303 (303 ff.).

b) Zeitpunkt

25 Die Beurteilung der Verbindlichkeit des Schiedsgutachtens ist nach dem Sach- und Streitstand zu entscheiden, den die Parteien dem Schiedsgutachter zum **Zeitpunkt**[45] **der Beurteilung** vorgelegt haben[46] und für diesen erkennbar war.[47] Nachträglich zur Kenntnis gelangte Umstände sind unerheblich.[48] Der Schiedsgutachter hat daher »eigenständig die notwendigen Informationen einzuholen und die für sein Gutachten erforderlichen Tatsachen zu ermitteln und im Gutachten darzustellen«.[49] »Neuer Sachvortrag (im Gerichtsverfahren, Anm. d. Verf.) ist nicht zu berücksichtigen, da es nur darauf ankommt, ob dem Schiedsgutachter bei der Beurteilung des ihm vorgelegten (…) ein Fehler unterlaufen ist«.[50]

2. Entscheidungsmaßstab und Bindungswirkung

26 Die §§ 317 ff. BGB beinhalten Regelungen für den Entscheidungsmaßstab des Schiedsgutachters und die Bindungswirkung des Schiedsgutachtens. Die Parteien können vertraglich auch das Ermessen des Schiedsgutachters binden, indem bestimmte **Vorgaben für die Ermessensausübung** gemacht werden.[51] Diese Vorgaben können sich auf die Verfahrensführung und den Entscheidungsmaßstab beziehen.

---

45 BGH, Urt. v. 04. 06. 1975 – VIII ZR 243/72, NJW 1975, 1557 (1557).
46 BGH, Urt. v. 26. 10. 1972 – VII ZR 44/71, Juris Rn. 20 = MDR 1973, 210 (210 ff.); BGH, Urt. v. 01. 10. 1997 – XII ZR 269/95, WM 1998, 628 (629); OLG Brandenburg, Urt. v. 13. 11. 2003 – 8 U 29/03, BauR 2005, 605 (605); OLG Düsseldorf, Urt. v. 26. 07. 2000 – 22 U 4/00, BauR 2000, 1771 (1771); OLG Düsseldorf, Urt. v. 28. 03. 2008 – I-16 U 88/07, 16 U 88/07, Juris Rn. 35 = IBR 2008, 550 (m. Anm. *Lembcke*); OLG Hamm, Urt. v. 14. 02. 1992 – 12 U 97/91, OLGR Hamm 1992, 160 (160).
47 BGH, Urt. v. 25. 01. 1979 – X ZR 40/77, NJW 1979, 1885 (1885); BGH, Urt. v. 09. 06. 1983 – IX ZR 41/82, NJW 1983, 2244 (2245); OLG Frankfurt, Urt. v. 10. 06. 1992 – 19 U 194/91, Juris Rn. 5 = ZMR 1993, 114 (114).
48 OLG Düsseldorf, Urt. v. 27. 02. 1996 – 4 U 282/94, NJW-RR 1996, 1117 (1117 ff.).
49 OLG Frankfurt, Urt. v. 26. 01. 2006 – 26 U 24/05, Juris Rn. 28 = BauR 2006, 1325 (1325 f.).
50 BGH, Urt. v. 25. 1. 1979 – X ZR 40/77, NJW 1979, 1885 (1886); »*Für die Annahme einer offenbaren Unrichtigkeit des Schiedsgutachtens genügt es nicht, wenn ein mit der Überprüfung des Gutachtens beauftragter Sachverständiger erst nachträglich vom Versicherungsnehmer eingereichte Belege verwertet hat und so zu anderen Ergebnissen gekommen ist als die Schiedsgutachter*«, vgl. OLG Koblenz, Urt. v. 20. 9. 1996 – 10 U 964/95, VersR 1997, 963 (963).
51 BGH, Urt. v. 12. 01. 2001 – V ZR 372/99, BGHZ 146, 280 (280); BGH, Urt. v. 03. 11. 1995 – V ZR 182/94, NJW 1996, 452 (452 ff.).

a) Billiges Ermessen

aa) Inhalt des billigen Ermessens

Der Schiedsgutachter soll seine Entscheidung im Zweifel nach »billigem Ermessen« treffen (§ 317 Abs. 1 BGB) was »sachverständigem Ermessen« entspricht.[52] Diese Zweifelsregelung erfordert daher keine weiteren Richtlinien für die Ausübung[53] oder muss ausdrücklich innerhalb des Schiedsgutachtenvertrages geregelt werden.

Zwar ist Billigkeit ein unbestimmter Rechtsbegriff, Ermessen hingegen eine rechtsfolgenorientierte Wahlmöglichkeit; jedoch muss insgesamt von einem **Ermessensspielraum des Schiedsgutachters** ausgegangen werden – alles andere wäre widersprüchlich.[54] Die einzig richtige Entscheidung kann allenfalls als »Denkfigur«[55] herangezogen werden.

Letztlich verbirgt sich hinter dem Terminus »billigem Ermessen« nichts anderes als konkrete Einzelfallgerechtigkeit,[56] die in einem **Abwägungsvorgang** zu ergründen ist:
- Interessen der Beteiligten,
- Tatsachen, die den Interessen zugrunde liegen,
- Bewertung der widerstreitenden Interessen und deren Gewichtung.

Der Schiedsgutachter muss also den Vertragsinhalt[57] und den Vertragszweck berücksichtigen und den Interessen beider Parteien Rechnung tagen.[58] Er muss den Willen der Parteien respektieren und weiterdenken.[59] Bei der Zumutbarkeit der Ersatzbeschaffung für verloren gegangenes Baugerät kann beispielsweise berücksichtigt werden, dass eine Partei mit ihren Gläubigern einen außergerichtlichen Vergleich abgeschlossen hat, und aus diesem Grunde die Zumutbarkeit einer Ersatzbeschaffung nur in Höhe der Vergleichsquote besteht.[60]

Drittinteressen sind jedenfalls zu berücksichtigen, soweit die §§ 138, 242 BGB betroffen sind.[61] Deren Berücksichtigung macht das Schiedsgutachten nicht unverbindlich.[62]

---

52 RG, JW 1936, 502 (502); RG, WarnRspr. 1910 Nr. 20.
53 So aber *Wolf*, in: *Soergel*, BGB, § 315 Rn. 1 u. 37, § 317 Rn. 16; *Gottwald*, in: *MüKo* BGB, § 317 Rn. 2.
54 BGH, Urt. v. 02. 04. 1964 – KZR 10/62, BGHZ 41, 271 (280); *Mayer-Maly*, in: *Staudinger*, Kommentar zum Bürgerlichen Gesetzbuch, § 315 Rn. 55; a.A. *Kornblum* AcP 168 (1968), 450 (462 ff.).
55 *Rieble*, in: *Staudinger*, Kommentar zum Bürgerlichen Gesetzbuch, § 315 Rn. 121.
56 BGH, Beschluss v. 06. 06. 1955 – GSZ 1/55, BGHZ 18, 149 (151). Daher muss die Ortsüblichkeit diesem Kriterium nicht unbedingt entsprechen, vgl. BGH, Urt. v. 29. 01. 2003 – XII ZR 6/00, NJW-RR 2003, 727 (727).
57 *Hager*, in: *Erman*, Bürgerliches Gesetzbuch, § 315 Rn. 21.
58 KG, Urt. v. 28. 01. 1985 – 8 U 1420/84, ZMR 1986, 194 (194).
59 *Rieble*, in: *Staudinger*, Kommentar zum Bürgerlichen Gesetzbuch, § 315 Rn. 125.
60 BGH, Urt. v. 14. 10. 1958 – VIII ZR 118/57, NJW 1958, 2067 (2067 f.).
61 Streitig, vgl. *Rieble*, in: *Staudinger*, Kommentar zum Bürgerlichen Gesetzbuch, § 315 Rn. 125 ff.
62 BGH, Urt. v. 14. 10. 1958 – VIII ZR 118/57, NJW 1958, 2067 (2067 f.).

bb) Abgrenzung von Entscheidungsmaßstab und Bindungswirkung

30 Die zwischen den Parteien vereinbarte Bindungswirkung des Schiedsgutachtens ändert nichts am Entscheidungsmaßstab, den der Schiedsgutachter zu beachten hat. Im Gegensatz zum Entscheidungsmaßstab ist die Kontrolle des Entscheidungsmaßstabes über die Bindungswirkung **enger**, weil die Entscheidung nur unverbindlich ist, wenn diese »offenbar« (§ 319 Abs. 1 S. 1 BGB) unbillig ist.[63] Die »offenbare« Unbilligkeit liegt zwischen dem billigen Ermessen und dem freien Ermessen.[64] Allerdings ist zuzugeben, dass die Kontrolldichte – mithin die Bindungswirkung – letztlich faktisch den Ausschlag gibt.[65] Bei offenbarer Unbilligkeit nimmt der Bundesgerichtshof eine grobe Pflichtverletzung des Schiedsgutachters an.[66]

31 Obwohl der Gesetzgeber »billiges Ermessen« vermutet, sollte dieses im Schiedsgutachtenvertrag klar geregelt werden.[67] Auch kann eine im Vergleich zum Schiedsgutachtenvertrag andere Regelung innerhalb des Schiedsgutachtervertrages getroffen werden.

cc) Grenzen der Bindungswirkung (»offenbar unbillig«)

32 Eine Leistungsbestimmung durch einen Dritten ist offenbar unbillig, wenn die Bestimmung in grober Weise gegen **Treu und Glauben** verstößt und sich dies bei unbefangener, sachkundiger Prüfung **sofort aufdrängt**.[68] Ein unverbindliches Schiedsgutachten kann bestätigt und damit wirksam gemacht werden.[69]

dd) Keine Teilunverbindlichkeit

33 Für die Beurteilung der (Un-)Verbindlichkeit ist **Bezugspunkt die** »**Leistung**«, mithin das Schiedsgutachten als Ganzes. Es verbietet sich daher, bei einem teilbaren Gutachtenauftrag die Einzelpunkte als Bezugsgröße heranzuziehen und etwa bei einer baurechtlichen Punktesache jeden einzelnen Mangel auf den Prüfstand zu stel-

---

63 Die Überprüfung findet nicht etwa nach § 319 Abs. 2 BGB statt, so aber OLG Frankfurt, Urt. v. 10. 06. 1992 – 19 U 194/91, Juris Rn. 3 = ZMR 1993, 114 (114).
64 Etwas weiter BGH, Urt. v. 14. 10. 1958 – VIII ZR 118/57, NJW 1958, 2067 (2067 f.); *Ballhaus*, in: RGRK BGB, § 319 Rn. 5; *Laule* DB 1966, 769 (770).
65 *Rieble*, in: *Staudinger*, Kommentar zum Bürgerlichen Gesetzbuch, § 315 Rn. 132.
66 BGH, Urt. v. 13. 12. 1956 – VII ZR 22/56, Juris Rn. 7 = BGHZ 22, 343 (343 ff.). Zu Haftung des Schiedsgutachters, *Lembcke*, DS 2011, 96 (96 ff.).
67 Vgl. insoweit die zweifelhafte Entscheidung BGH, Urt. v. 27. 01. 1971 – VIII ZR 151/69, BGHZ 55, 248 (250); kritisch *Rieble*, in: *Staudinger*, Kommentar zum Bürgerlichen Gesetzbuch, § 315 Rn. 250.
68 BAG, Urt. v. 10. 12. 2008 – 4 AZR 801/07, Juris Rn. 73.
69 Etwas schief daher OLG Frankfurt, Urt. v. 13. 05. 1993 – 3 U 39/92, OLGR Frankfurt 1993, 217 (217 ff.).

len.⁷⁰ Dieses wird von einigen Stimmen in der Literatur⁷¹ unter Bezugnahme auf den Bundesgerichtshof⁷² zu Unrecht⁷³ anders beurteilt.

Der Bundesgerichtshof hat festgestellt, dass abtrennbare Gutachtenteile, die für sich genommen nicht zu beanstanden sind, nicht einer richterlichen Ersatzleistungsbestimmung zugänglich sind. Aus der Rechtsprechung des Bundesgerichtshofes folgt keine Teilunwirksamkeit, sondern eine **Teilverbindlichkeit bei Gesamtunverbindlichkeit**.⁷⁴ Der Bundesgerichtshof stellt nämlich klar, dass ein einzelner fehlerhafter Punkt nur im Gesamtkontext des Schiedsgutachtens dazu angetan ist, dieses unverbindlich erscheinen zu lassen.

34

ee) **Fehlerkategorien**

(1) **Methodische Fehler bei der Gutachtenerstellung**

Zur Beurteilung methodischer Fehler bei der Schiedsgutachtenerstellung haben sich eine Reihe von Fallgruppen herausgebildet. Diese betreffen etwa **Lücken** innerhalb der Bewertung des Gutachtens, sodass die Annahme einer offenbaren Unrichtigkeit schon deshalb veranlasst ist, wenn der Sachverständige **zwingend zu berücksichtigende Beurteilungsfaktoren** unbeachtet gelassen hat.⁷⁵ Gleiches gilt, wenn den Feststellungen des Schiedsgutachters **unrichtige Bewertungsmaßstäbe** zugrunde liegen⁷⁶ oder ein **nicht aussagekräftiges Überprüfungsprogramm** eingesetzt wird. Stichprobenartige Überprüfungen als Solche sind aber nicht zu beanstanden.⁷⁷

35

Eine offenbare Unbilligkeit wird ferner ausgelöst, wenn die getroffene Bestimmung mangels **Angabe einer wesentlichen Grundlage** nicht überprüft werden kann,⁷⁸ so etwa, wenn bei der Bewertung von Grundstücken und Ertragswerten Vergleichsobjekte

36

---

70 OLG Stuttgart, Urt. v. 23. 06. 1960 – 2 U 43/60, MDR 1961, 230 (230 f.); OLG Köln, Urt. v. 27. 08. 1999 – 19 U 198/98, Juris Rn. 56 = ZfBR 2000, 105 (105 ff.); OLG Hamm, Urt. v. 20. 03. 2003 – 21 U 76/02, Juris Rn. 44 = BauR 2003, 1400 (1400 ff.); *Laule* DB 1966, 769 (771); *Franke/Englert/Halstenberg/Meyer-Postelt/Miernik*, Kommentar zur SL-Bau, Rn. 293; wohl auch *Ballhaus*, in: RGRK BGB, § 319 Rn. 7.
71 *Hager*, in: Erman, Bürgerliches Gesetzbuch, § 319 Rn. 4; *Wagner*, in: *Dauner-Lieb/Heidel/Ring*, BGB, § 318 Rn. 8; *Gottwald*, in: MüKo BGB, § 319 Rn. 25; wohl auch *Laule* DB 1966, 769 (771); alle unter Bezug auf BGH, Urt. v. 03. 10. 1957 – II ZR 77/56, NJW 1957, 1834 (1834).
72 BGH, Urt. v. 03. 10. 1957 – II ZR 77/56, NJW 1957, 1834 (1834).
73 *Lembcke* ZGS 2010, 261 (261 ff.).
74 *Lembcke* ZGS 2010, 261 (261 ff.).
75 BGH, Urt. v. 21. 05. 1975 – VIII ZR 161/73, NJW 1975, 1556 (1557).
76 BGH, Urt. v. 01. 10. 1997 – XII ZR 269/95, WM 1998, 628 (628); OLG Koblenz, Urt. v. 15. 07. 2002 – 5 U 1668/00, Juris Rn. 22 = VIZ 2002, 651 (651 ff.).
77 OLG Hamm, Urt. v. 20. 03. 2003 – 21 U 76/02, Juris Rn. 68 = BauR 2003, 1400 (1400 ff.).
78 BGH, Urt. v. 21. 01. 2004 – VIII ZR 74/03, Juris Rn. 14 = NJW-RR 2004, 760 (760 ff.); BGH, Urt. v. 21. 05. 1975 – VIII ZR 161/73, NJW 1975, 1556 (1557)); BGH, Urt. v. 02. 02. 1977 – VIII ZR 155/75, NJW 1977, 801 (802); BGH, Urt. v. 25. 01. 1979 – X ZR 40/77, NJW 1979, 1885 (1885); BGH, Urt. v. 16. 11. 1987 – II ZR 111/87,

und Vergleichspreise nicht berücksichtigt oder nicht benannt werden.[79] Auch muss innerhalb des Schiedsgutachtens dargestellt werden, auf welche **Art und Weise** die in dem Gutachten aufgeführten Einheitspreise ermittelt wurden.[80]

37 Die Unrichtigkeit eines Schiedsgutachtens kann ferner dann offen zu Tage treten, wenn sich die Bestimmung des zu ermittelnden Leistungsinhalts maßgeblich an einem Kriterium orientiert, das mit sachgerechter Überlegung schlechthin nichts gemein hat, welches also sachfremd erscheint.[81] Die fehlende Berücksichtigung bedeutsamer Umstände und der **Einbezug falscher oder irrelevanter Tatsachen** macht das Schiedsgutachten also unverbindlich.[82] Ein Schiedsgutachten über den anteiligen Wert der erbrachten Leistungen aus einem gekündigten Pauschalpreisvertrag ist aber nicht unverbindlich, wenn der Schiedsgutachter auf statistische Werte zurückgreift.[83]

(2) Verfahrensfehler

38 Das Schiedsgutachtenverfahren hat der Schiedsgutachter grundsätzlich nach billigem Ermessen zu leiten.[84] Dieses ist nicht erst dann fehlerhaft, wenn die »Grenze in den guten Sitten und der öffentlichen Ordnung« überschritten wurde.[85] Die Unverbindlichkeit kann sich auch aus Verstößen gegen die der Schiedsgutachtenvereinbarung zugrunde liegenden Verfahrensregeln ergeben, weil damit das Ermessen des Schiedsgutachters entsprechend reduziert ist.[86]

39 **Flüchtigkeit oder Oberflächlichkeit** genügen nicht, um eine offenbare Unbilligkeit zu begründen.[87] Der Schiedsgutachter darf sich zur Beurteilung nicht mehr sichtbarer Bauteile auch auf Angaben der bei den Ortsterminen anwesenden Parteivertreter stützen, um das mit erheblichen Kosten verbundene Öffnen von Bauteilen zu vermeiden.[88] Er darf nämlich keine unnötigen Kosten verursachen. Maßnahmen der Sachverhaltsermittlung müssen in einem **wirtschaftlich vernünftigen Verhältnis** zur Streitigkeit

---

NJW-RR 1988, 506 (506); OLG Düsseldorf, Urt. v. 28. 04. 1999 – 11 U 69/98, NJW-RR 2000, 279 (279); *Gehrlein* VersR 1994, 1009 (1012).
79 BGH, Urt. v. 17. 05. 1991 – V ZR 104/90, NJW 1991, 2698 (2698).
80 KG, Urt. v. 13. 05. 2004 – 12 U 3/03, Juris Rn. 20 = KGR Berlin 2004, 560 (560 ff.).
81 BGH, Urt. v. 03. 11. 1995 – V ZR 182/94, NJW 1996, 452 (454); KG, Urt. v. 28. 01. 1985 – 8 U 1420/84, ZMR 1986, 194 (195).
82 BGH, Urt. v. 16. 11. 1987 – II ZR 111/87, NJW-RR 1988, 506 (506).
83 OLG Dresden, Urt. v. 26. 08. 1999 – 16 U 931/99, Juris Rn. 39 = IBR 2002, 457 (457).
84 *Mayer-Maly*, in: *Staudinger*, Kommentar zum Bürgerlichen Gesetzbuch, § 317 Rn. 28; *Wolf*, in: *Soergel*, BGB § 317 Rn. 22; wohl auch *Gottwald*, in: MüKo BGB, § 317 Rn. 52; *Franke/Englert/Halstenberg/Meyer-Postelt/Miernik*, Kommentar zur SL-Bau, Rn. 48. Hierzu gehört aber nicht die Gewähr rechtlichen Gehörs, a.A. *Mayer-Maly*, in: *Staudinger*, Kommentar zum Bürgerlichen Gesetzbuch, § 317 Rn. 28.
85 So aber *Laule* DB 1966, 769 (769).
86 LAG Frankfurt, Urt. v. 13. 08. 2008 – 18 Sa 1618/07, Juris Rn. 49.
87 RG, JW 1908, 711 (711); RG, JW 1909, 315 (315); RG, JW 1936, 502 (502).
88 OLG Hamm, Urt. v. 20. 03. 2003 – 21 U 76/02, Juris Rn. 52 = BauR 2003, 1400 (1400 ff.).

stehen. Fehler des Schiedsgutachters bei der Durchführung von Besichtigungsterminen sind grundsätzlich unerheblich.[89]

(3) **Rechtliche Beurteilungsfehler**

Ein Gutachten ist dann offenbar unrichtig und unverbindlich, wenn der Gutachter **zwingende gesetzliche oder vertragliche Vorschriften** nicht oder nicht zutreffend angewendet hat.[90] Der Schiedsgutachter muss daher auch die vertraglichen Regelungen zwischen den Parteien zutreffend anwenden.[91] Der Schiedsgutachter darf **fachliche Fragen an Dritte delegieren**, wenn er selbst über das notwendige Fachwissen nicht verfügt.[92] Die rechtliche Beurteilung von Nichtjuristen beinhaltet **keinen Verstoß gegen das Rechtsdienstleistungsgesetz (RDG)**.[93] 40

(4) **Fehler im Ergebnis**

Wenn das Schiedsgutachten zum selben Ergebnis wie ein gerichtliches Sachverständigengutachten kommt, ist das Schiedsgutachten nicht zu beanstanden.[94] Maßgebend ist allein das Ergebnis. **Fehler in der Bewertung sind** daher **unschädlich**, wenn sie durch andere gegenteilige Fehler ausgeglichen werden.[95] 41

Es kommt also darauf an, inwieweit das Schiedsgutachten von der wirklichen Sachlage abweicht (vgl. § 84 Abs. 1 S. 1 VVG). Als Abweichungswert seien 15 % nicht zu beanstanden,[96] was auch außerhalb des VVG gelte.[97] Das OLG Frankfurt hat für die Bewertung einer Aktie eine Abweichung von 20 % für unproblematisch befunden,[98] da die 42

---

89 OLG Düsseldorf, Urt. v. 26. 07. 2000 – 22 U 4/00, Juris Rn. 13 = BauR 2000, 1771 (1771 ff.).
90 BGH, Urt. v. 23. 01. 1976 – I ZR 15/74, DAR 1976, 162 (162); OLG Düsseldorf, Urt. v. 20. 03. 2009 – I 23 U 82/08, Juris Rn. 34. Einschränkend OLG Düsseldorf, Urt. v. 23. 02. 1989 – 5 U 161/88, Juris.
91 OLG München, Urt. v. 03. 12. 2009 – 23 U 3904/07, Juris Rn. 46.
92 Sogar an einen nicht öffentlich bestellten und vereidigten Sachverständigen, vgl. OLG Köln, Urt. v. 27. 08. 1999 – 19 U 198/98,Juris Rn. 45 = ZfBR 2000, 105 (105 ff.); a.A. *Rieble*, in: *Staudinger*, Kommentar zum Bürgerlichen Gesetzbuch, § 315 Rn. 84 vgl. aber Rn. 270 und wohl auch *Bock*, in Bayerlein, § 26 Rn. 28; *Miernik*, in: *Franke/Englert/Halstenberg/ Meyer-Postell/Miernik*, Kommentar zur SL-Bau, Rn. 308; *Greger/Stubbe*, Schiedsgutachten, Rn. 107.
93 *Lembcke* IBR 2009, 1362 (1362).
94 OLG Brandenburg, Urt. v. 02. 10. 2008 – 12 U 92/08, Juris Rn. 21 = IBR 2008, 724.
95 BGH, Urt. v. 01. 04. 1953 – II ZR 88/52, BGHZ 9, 195 (198); LG Dortmund, Urt. v. 30. 05. 2008 – 3 O 50/07, Juris Rn. 24.
96 BGH, VersR 1987, 601. 10 % sind nicht zu beanstanden, vgl. AG Herborn, Urt. v. 08. 12. 2000 – 5 C 358/00, Schaden-Praxis 2001, 138 (138 f.). Nur 14 richtige von 18 Mängeln sind unproblematisch, vgl. AG Bad Berleburg, Urt. v. 05. 11. 2003 – 1 C 73/02, ZfSch 2004, 72 (72 ff.).
97 16,79 %, vgl. BGH, Urt. v. 26. 04. 1991 – V ZR 61/90, NJW 1991, 2761 (2761); 18 % vgl., BGH, Urt. v. 26. 04. 1991 – V ZR 61/90, Juris Rn. 17 = NJW 1991, 2761 (2761 ff.).
98 OLG Frankfurt, Urt. v. 21. 02. 2007 – 23 U 86/06, Juris Rn. 43 = AG 2007, 699 (699 ff.).

»Vielzahl der Einflussfaktoren eine schwierige, komplexe Aufgabe« sei. Das OLG Rostock geht von einer allgemein anerkannten Toleranzgrenze von 20 – 25 % aus.[99] Eine frühe Entscheidung des Bundesgerichtshofes meint, 23,5 % seien nicht mehr hinnehmbar.[100] Auch andere sehen die Grenze bei 25 %.[101] 28,5 % machten das Schiedsgutachten unverbindlich.[102] 50 % Abweichung seien grob unbillig.[103]

43 Bei dem Gewicht möglicher Abweichungen, die hinnehmbar sind, berücksichtigt die Rechtsprechung den Zweck des Schiedsgutachtens – die **Vermeidung eines kostspieligen Gerichtsverfahrens** (Beschleunigungsmaxime) – und die **Komplexität der Entscheidung**.[104] Je schwieriger und komplexer die dem Schiedsgutachter überantworteten Fragestellungen sind, desto weitergehender ist das Schiedsgutachten bindend, wenn der Schiedsgutachter von seinem Beurteilungsspielraum Gebrauch macht. Insbesondere bei Schiedsgutachten, die innerhalb einer **bestimmten Entscheidungsfrist** erstellt werden müssen, ist die für die offenbare Unbilligkeit akzeptable Abweichung an der Komplexität der Entscheidung zu messen. So können auch Abweichungen von 40 % und mehr hinnehmbar sein. Je sicherer die Anhaltspunkte für eine billige Entscheidung aber sind, desto enger wird das Ermessen des Schiedsgutachters.[105]

b) Freies Ermessen

44 »Freies Ermessen« kann an Stelle des »billigen Ermessens« vereinbart werden. Für § 375 HGB ist umstritten, ob hier eine gesetzliche Regelung das »freie Ermessen«

---

99 OLG Rostock, Urt. v. 26. 05. 2004 – 6 U 13/00, Juris Rn. 58 = OLGR Rostock 2006, 2 (2 ff.); OLG München, Urt. v. 15. 05. 1959 – 8 U 1490/56, VersR 1959, 1017 (1017); *Grüneberg*, in: *Palandt*, § 319 Rn. 3; *Hager*, in: *Erman*, Bürgerliches Gesetzbuch, § 319 Rn. 6; *Gehrlein*, in: *Bamberger/Roth*, BGB, § 319 Rn. 2; *Wagner*, in: *Dauner-Lieb/Heidel/Ring*, BGB, § 319 Rn. 7; *Schulze*, in: Hk-BGB, § 319 Rn. 2; *Gottwald*, in: MüKo BGB, § 319 Rn. 6.
100 BGH, Urt. v. 28. 09. 1964 – II ZR 181/62, Juris Rn. 21 = NJW 1964, 2401 (2401 ff.).
101 *Laule* DB 1966, 769 (770); *Mayer-Maly*, in: *Staudinger*, Kommentar zum Bürgerlichen Gesetzbuch, § 319 Rn. 12; *Wolf*, in: *Soergel*, BGB, § 319 Rn. 8.
102 OLG Rostock, Urt. v. 26. 05. 2004 – 6 U 13/00, Juris Rn. 58 = OLGR Rostock 2006, 2 (2 ff.).
103 BGH, Urt. v. 03. 11. 1995 – V ZR 182/94, Juris Rn. 43 = NJW 1996, 452 (452 ff.). Ebenso 70 %, vgl. LG Bielefeld, Urt. v. 15. 07. 1976 – 6 O 99/75, RuS 1977, 251 (251).
104 BGH, Urt. v. 20. 02. 1970 – V ZR 35/67, Juris Rn. 27 = AP Nr. 1 zu § 319 BGB; BGH, Urt. v. 09. 06. 1983 – IX ZR 41/82, NJW 1983, 2244 (2245); BGH, Urt. v. 16. 11. 1987 – II ZR 111/87, NJW-RR 1988, 506 (506); BGH, Urt. v. 21. 04. 1993 – XII ZR 126/91, NJW-RR 1993, 1034 (1035); OLG – Hamm, Urt. v. 20. 03. 2003 – 21 U 76/02, Juris Rn. 44 = BauR 2003, 1400 (1400 ff.); OLG Hamm, Urt. v. 22. 01. 2001 – 8 U 66/00, Juris Rn. 39 = NZG 2001, 652 (652 ff.); OLG Köln, Urt. v. 27. 08. 1999 – 19 U 198/98, Juris Rn. 53 = ZfBR 2000, 105 (105 ff.); KG, Urt. v. 26. 05. 1998 – 21 U 9234/97, Juris Rn. 42 = KGR Berlin 1998, 409 (409 ff.).
105 *Laule* DB 1966, 769 (770).

anordnet.[106] Die Leistungsbestimmung des Schiedsgutachters bei freiem Ermessen ist unverbindlich, wenn sie eine Unbilligkeit enthält, die sich dem sachkundigen und unbefangenen Beurteiler sofort aufdrängt[107] und nicht erst eine tiefer gehende Prüfung erforderlich ist, wie es für § 319 Abs. 1 S. 1 BGB angenommen wird. Das freie Ermessen ist daher nicht vollständig mit der »offenbaren Unbilligkeit« im Sinn des § 319 Abs. 1 S. 1 BGB gleichzusetzen,[108] da das freie Ermessen weiter geht.[109]

»Freies Ermessen« ist nicht mit »freiem Belieben«[110] (vgl. § 319 Abs. 2 BGB) oder gar 45 mit der äußersten Grenze der §§ 138, 242 BGB gleichzusetzen.[111] Eine Leistungsbestimmung, die nur freiem Belieben entspricht macht eine Leistungsbestimmung, die freies Ermessen erfordert, unverbindlich.[112] Die Disposition der Bindungswirkung zwischen den Parteien ändert aber grundsätzlich nichts daran, dass der Schiedsgutachter gegenüber den Parteien eine Entscheidung nach billigem Ermessen zu treffen hat.[113]

c) Freies Belieben

Die Parteien können sich auch dem »freien Belieben« des Schiedsgutachters unter- 46 werfen (§ 319 Abs. 2 BGB). Dieses ist bei näherer Betrachtung nicht weiter verwunderlich, weil auch der Inhalt andere Verträge in der Regel nur sehr begrenzt überprüfbar ist.[114] Die Vertragsgestaltung liegt nach wie vor in den Händen der Parteien, da diese ein entsprechendes Leistungsbestimmungsrecht »dem Grunde

---

106 Dafür *Rieble/Gutfried* JZ 2008, 593 (596); für »freies Ermessen«, *Neumann-Duesber*, JZ 1952, 705 (707); *Hopt*, in: *Baumbach/Hopt*, HGB, § 375 Rn. 5; *Koller*, in: *Staub*, HGB, § 375 Rn. 2; *Grunewald*, in: MüKo HGB, § 375 Rn. 6. Zum Streitstand ferner *Müller*, in: *Ebenroth/Boujong/Joost*, HGB, § 375 Rn. 16.
107 RG, WarnRspr. 1909 Nr. 395; RG, Urt. v. 12. 05. 1920 – I 23/20, RGZ 99, 105 (106).
108 So aber BAG, Urt. v. 16. 03. 1982 – 3 AZR 1124/79, Juris Rn. 40 = BB 1982, 1486 (1486 ff.); *Gottwald*, in: MüKo BGB, § 315 Rn. 32.
109 Zum Zeitpunkt der Rechtsprechung des Reichsgerichts mag das »freie Ermessen« noch mit der »offenbaren Unbilligkeit« übereingestimmt haben. Die Rechtsprechung hat die »offenbare Unbilligkeit« im Laufe der Jahre jedoch nach und nach konkretisiert und vom freien Ermessen hin zur Billigkeit abgekoppelt.
110 BGH, Urt. v. 20. 11. 1975 – III ZR 112/73, Juris Rn. 43 = WM 1976, 251 (251 ff.); BAG, Urt. v. 16. 03. 1982 – 3 AZR 1124/79, BB 1982, 1486 (1486); a.A. AG Hannover, Beschluss v. 15. 11. 1985 – 86 II 56/85, Juris Rn. 13 = WuM 1986, 227 (227 f.); *Wolf*, in: *Soergel*, BGB, § 315 Rn. 41, denn man eine weitere Kategorie des »freien Ermessens« zwischen »billigem Ermessen« und dem »freien Ermessen« angesiedelt sein solle. Ferner *Mayer-Maly*, in: *Staudinger*, Kommentar zum Bürgerlichen Gesetzbuch, § 315 Rn. 51.
111 So aber *Gottwald*, in: MüKo BGB, § 315 Rn. 32, der aber gleichzeitig für eine Gleichsetzung mit § 319 Abs. 1 S. 1 BGB eintritt, aber wiederum zu § 319 Abs. 1 S. 1 BGB einen anderen Maßstab vertritt, vgl. *Gottwald*, in: MüKo BGB, § 319 Rn. 6.
112 *Ballhaus*, in: RGRK BGB, § 315 Rn. 12.
113 *Ballhaus*, in: RGRK BGB, § 319 Rn. 16.
114 *Joussen*, Schlichtung als Leistungsbestimmung, S. 485.

nach« vereinbaren müssen. Auch der Kauf auf Probe beinhaltet eine gesetzliche Regelung für das »freie Belieben«.[115]

47 Freies Belieben im Sinn von § 319 Abs. 2 BGB steht im Gegensatz zum »billigen Ermessen« und dem »freien Ermessen« **nahe der Willkür.** Willkürliche Entscheidungen sind aber nach §§ 138, 242 BGB ausgeschlossen.[116] Bei § 319 Abs. 2 BGB sind »die Angriffsmöglichkeiten (...) auf die Fälle nachweisbarer Sittenwidrigkeit oder Gesetzeswidrigkeit beschränkt.«[117] Wirksam sind auch »offenbar unbillige« Leistungsbestimmungen.[118]

48 Der Schiedsgutachter ist bei freiem Belieben in seiner Entscheidung frei und **nicht mehr an die »objektiven« Interessen der Parteien gebunden.** Es können daher auch subjektive Interessen nur einer Partei den Ausschlag für die Entscheidung geben.[119] Eine einseitige Parteinahme macht das Schiedsgutachten aber unverbindlich.[120] Soll der Schiedsgutachter »nach allgemeinen wirtschaftlichen Grundsätzen« entscheiden, so ist die Entscheidung gerade nicht in sein freies Belieben gestellt,[121] sondern das Ermessen entsprechend gebunden.

49 Die Parteien können auch einen noch freieren Entscheidungsmaßstab vereinbaren, der bis zur Grenze der §§ 138, 242 BGB reicht.[122] Daher verbleibt zwischen dem »freien Belieben« und der Grenze zu den §§ 138, 242 BGB ein minimaler Unterschied,[123] auch wenn sich hier nur ein nur sehr schmaler Grad auftut.[124]

50 Entsprechend der Bindungswirkung des § 319 Abs. 2 BGB sind die Parteien auch an entsprechende Entscheidungen gebunden, sodass es sich nicht nur um eine Verpflichtung handelt, die den Schiedsgutachtervertrag betrifft.[125] Ob eine solche **weitgehende Bindungswirkung** zwischen den Parteien (Schiedsgutachtenvertrag) auch im Schiedsgutachtervertrag gelten soll, muss durch Auslegung ermittelt werden (§§ 133, 157 BGB).

---

115 *Neumann-Duesberg* JZ 1952, 705 (707).
116 A.A. wohl *Engel/Schricker-Heinke*, Forum Baukonfliktmanagement, werner-baurecht.de, 18. 11. 2010, S. 6.
117 OGHBrZ Köln, Urt. v. 25. 05. 1950 – I ZS 85/49, NJW 1950, 781 (782).
118 A.A. *Gottwald*, in: MüKo BGB, § 315 Rn. 33.
119 BAG, Urt. v. 12. 10. 1961 – 5 AZR 423/60, BAGE 11, 318 (318 ff.); BAG, Urt. v. 16. 03. 1982 – 3 AZR 1124/79, Juris Rn. 38 = BB 1982, 1486 (1486 ff.).
120 *Rieble*, in: Staudinger, Kommentar zum Bürgerlichen Gesetzbuch, § 319 Rn. 2.
121 BGH, Urt. v. 20. 11. 1975 – III ZR 112/73, Juris Rn. 43 = WM 1976, 251 (251 ff.).
122 *Rieble*, in: Staudinger, Kommentar zum Bürgerlichen Gesetzbuch, § 315 Rn. 132.
123 A.A. *Gehrlein*, in: Bamberger/Roth, BGB, § 319 Rn. 7.
124 *Ballhaus*, in: RGRK BGB, § 315 Rn. 13.
125 *Grüneberg*, in: Palandt, § 319 Rn. 2; a.A. aber für § 315 BGB, vgl. *Grüneberg*, in: Palandt, § 315 Rn. 5 unter Bezug auf RG, Urt. v. 12. 05. 1920 – I 23/20, RGZ 99, 105 (107), in welchem aber gerade klar gestellt wird, dass die Parteien auch eine abweichende Bindungswirkung vereinbaren können (»*die Parteien können auch der Entscheidung des einen Vertragsteils einen größeren Spielraum einräumen.*«); diesem folgend BAG, Urt. v. 16. 03. 1982 – 3 AZR 1124/79, BB 1982, 1486 (1486 ff.); widersprüchlich *Gehrlein*, in: Bamberger/Roth, BGB, einerseits § 315 Rn. 5 andererseits Rn. 12.

K. Schiedsgutachten   **Teil 6**

Im Zweifel hat der Schiedsgutachter innerhalb des Schiedsgutachtervertrages »billiges Ermessen« zu beachten (§§ 133, 157 BGB).

3. Keine vorläufige Verbindlichkeit des Schiedsgutachtens

Nach § 319 Abs. 1 S. 1 BGB »ist« die getroffene Bestimmung »unverbindlich«, wenn 51
sie »offenbar unbillig« ist bzw. für das Schiedsgutachten im engeren Sinn analog
§ 319 Abs. 1 S. 1 BGB »offenbar unrichtig« ist. Das Schiedsgutachten hat nicht etwa
den Charakter eines Verwaltungsaktes, der für sich trotz Rechtswidrigkeit (= Unverbindlichkeit) solange Rechtswirkung entfaltet, bis er aufgehoben wird.[126] Das Schiedsgutachten entfaltet daher keine »vorläufige Verbindlichkeit«,[127] wie einigen Stimmen
zu entnehmen sein könnte, auch wenn es nicht der vereinbarten Bindungswirkung
genügt.[128] Nach diesen Stimmen würde das Schiedsgutachten die Parteien auch dann
binden, wenn es »offenbar unbillig« wäre und müsste erst mit gerichtlicher Hilfe
wie ein Verwaltungsakt aufgehoben werden. Dies entspricht weder dem Gesetzeswortlaut noch dem Parteiwillen.

4. Begründung und Änderung der Entscheidung

Die Feststellungen des Schiedsgutachters müssen für einen Fachmann **verständlich** 52
und nachprüfbar sein. Bei fehlender, lückenhafter oder fehlerhafter Begründung[129]
ist das Schiedsgutachten unverbindlich, sodass eine gewisse »Gutachtentransparenz«[130]
erforderlich ist.

---

126 *Bötticher*, FS Dölle I, S. 41 (67). Das Adjudication-Verfahren in der Gegenüberstellung zum Verwaltungsverfahren, vgl. *Lembcke* NVwZ 2008, 42 (42 ff.). Ferner *Oster*, Normative Ermächtigung, S. 77 f.
127 OLG Frankfurt, Urt. v. 26. 01. 2006 – 26 U 24/05, Juris Rn. 27 = OLGR 2006, 708 (708 ff.); OLG Jena, Urt. v. 26. 09. 2007 – 2 U 227/07, Juris Rn. 17 = IBR 2009, 485 (m. Anm. *Lembcke*); *Rieble*, in: *Staudinger*, Kommentar zum Bürgerlichen Gesetzbuch, § 319 Rn. 16; *Ballhaus*, in: RGRK BGB, § 315 Rn. 17; *Wagner*, in: *Dauner-Lieb/Heidel/Ring*, BGB, § 315 Rn. 15; *Gottwald*, in: MüKo BGB, § 315 Rn. 44; *Schwintowski* ZIP 2006, 2302 (2305).
128 OLG Frankfurt, Urt. v. 03. 12. 1998 – 3 U 257/97, NJW-RR 1999, 379 (379); *Mayer-Maly*, in: *Staudinger*, Kommentar zum Bürgerlichen Gesetzbuch, § 315 Rn. 73; *Wolf*, in: *Soergel*, BGB, § 315 Rn. 46 f. u. § 319 Rn. 16; *Medicus*, in: PWW, § 315 BGB Rn. 9; *Hager*, in: *Erman*, Bürgerliches Gesetzbuch, § 315 Rn. 24; *Grüneberg*, in: *Palandt*, § 315 Rn. 16; *Gehrlein*, in: *Bamberger/Roth*, BGB, § 315 Rn. 10; *Schulze*, in: Hk-BGB, § 315 Rn. 10; *Motzke*, in: *Motzke/Bauer/Seewald*, Prozesse in Bausachen, § 4 Rn. 766; *Bock*, in: *Bayerlein*, Praxishandbuch Sachverständigenrecht, § 26 Rn. 49; »aufgehoben« *Schlehe* DS 2010, 10 (13).
129 BGH, Urt. v. 02. 02. 1977 – VIII ZR 155/75, NJW 1977, 801 (801); BGH, Urt. v 25. 01. 1979 – X ZR 40/77, NJW 1979, 1885 (1885); BGH, Urt. v. 16. 11. 1987 – II ZR 111/87, NJW-RR 1988, 506 (506); OLG Brandenburg, Urt. v. 04. 12. 2008 – 5 U 67/05, Juris Rn. 64.
130 *Rieble*, in: *Staudinger*, Kommentar zum Bürgerlichen Gesetzbuch, § 319 Rn. 10.

Es genügen also nicht Begründungen wie: »Nach den von (ihm) gewonnenen Erkenntnissen anhand der Unterlagen, der Gespräche mit den Beteiligten, insbesondere der örtlichen Überprüfung und Inaugenscheinnahme«[131] oder dass »umfangreiche Recherchen«[132] durchgeführt worden seien. Es bedarf insbesondere eines prüfbaren Berechnungsmaßstabes.[133]

53 Die **Entscheidung muss** daher ausreichend **begründet werden**, weil die Unverbindlichkeit ansonsten indiziert wird. Die Begründung könne nach zweifelhafter Ansicht des OLG Hamm auch noch innerhalb eines möglichen Prozesses nachgeholt werden.[134] Dieses ist aber sehr zweifelhaft, weil die Abschätzung der Erfolgsaussichten innerhalb eines Gerichtsverfahrens so nicht gewährleistet ist.

54 Der Schiedsgutachter kann keine **Schreib- und Rechenfehler** korrigieren, soweit dieses nicht ausdrücklich geregelt ist, weil diesem kein Anfechtungsrecht zusteht (§ 318 Abs. 2 BGB)[135] und sein Gestaltungsrecht mit Abgabe verbraucht ist. Fehler sind dann im Wege der Auslegung des Willens des Schiedsgutachters nach §§ 133, 157 BGB zu beheben. Es dürfen vom Schiedsgutachter daher auch **keine Ergänzungsfragen** beantwortet werden, wenn dies nicht ausdrücklich vereinbart ist.[136]

5. Eintritt der Bindungswirkung durch Zugang

55 Das Schiedsgutachten ist als Drittleistungsbestimmung eine einseitige empfangsbedürftige Gestaltungserklärung. Das Schiedsgutachten muss daher einer Partei zugehen, um bindend zu werden (§ 318 Abs. 1 BGB).

56 Dieses gilt auch für ein rein feststellendes Schiedsgutachten im engeren Sinn.[137] Eine solche Feststellung tritt an die Stelle des ursprünglich vereinbarten Vertragsinhaltes.[138]

---

131 OLG Düsseldorf, Urt. v. 28. 05. 1999 – 22 U 248/98, Juris Rn. 29 = NJW-RR 1999, 1694 (1694 ff.).
132 BGH, Urt. v. 23. 11. 1984 – V ZR 120/83, WM 1985, 174 (174).
133 BGH, Urt. v. 21. 05. 1975 – VIII ZR 161/73, Juris Rn. 22 = NJW 1975, 1556 (1556).
134 OLG Hamm, Urt. v. 22. 01. 2001 – 8 U 66/00, Juris Rn. 42 = NZG 2001, 652 (652 ff.).
135 *Laule* DB 1966, 769 (770); *Rieble*, in: *Staudinger*, Kommentar zum Bürgerlichen Gesetzbuch, § 318 Rn. 8; a.A. *Mayer-Maly*, in: *Staudinger*, § 318 Rn. 7; *Döbereiner*, VersR 1983, 712 (713); *Bock*, in: Bayerlein, Praxishandbuch Sachverständigenrecht, § 26 Rn. 38; *Gehrlein*, in: *Bamberger/Roth*, BGB, § 318 Rn. 1 und *Gottwald*, in: MüKo BGB, § 318 Rn. 3 für § 319 BGB analog. Für die Änderung einer Berechnungsgrundlage gilt dieses jedoch nicht BGH, Urt. v. 29. 11. 1965 VII ZR 265/63 – Juris Rn. 18 = NJW 1966, 539 (539 ff.); *Ballhaus*, in: RGRK BGB, § 315 Rn. 16.
136 *von Behr*, in: *Althaus/Heidl*, Der öffentliche Bauauftrag, Kap. 8, Rn. 43.
137 *Mayer-Maly*, in: *Staudinger*, Kommentar zum Bürgerlichen Gesetzbuch, § 318 Rn. 4; *Wolf*, in: *Soergel*, BGB, § 317 Rn. 15.
138 »(...), sodass nach Vertragsschluss eine neue Rechtsgrundlage in Form eines neuen Schuldverhltnisses besteht«, vgl. Halstenberg, in: *Franke/Englert/Halstenberg/Meyer-Postelt/Miernik*, Kommentar zur SL-Bau, Rn. 81.

Die Partei, die das Schiedsgutachten erhält, ist verpflichtet, die andere Partei über den 57
Inhalt zu informieren.[139] Mit dem Zugang beginnt die Verjährung des Anspruches zu
laufen, soweit es sich um eine Vertragsänderung oder -ergänzung handelt.[140] Die **Wirkung des Schiedsgutachtens** entfaltet sich grundsätzlich ex nunc,[141] wobei der Parteiwille etwas anderes ergeben kann.[142] Insbesondere feststellende Schiedsgutachten dürften nach dem Parteiwillen überwiegend ex tunc Wirkung entfalten.

VI. Verfahrensgarantien im Schiedsgutachten und materiell-rechtliche Natur

Die §§ 317 ff. BGB schweigen dazu, ob innerhalb eines Schiedsgutachtens Verfah- 58
rensgarantien zu beachten sind.[143] Eine Minderansicht in der Literatur knüpft an
das Schiedsgutachten im engeren Sinn, welches auf die Feststellung des Bestehens
oder Nichtbestehens eines Rechtsverhältnisses oder einzelner Tatbestandselemente
gerichtet ist, besondere Anforderungen hinsichtlich der Beachtung von Rechtsschutzgarantien und wendet die §§ 1025 ff. ZPO teilweise analog an.[144] Die Rechtsprechung[145] und herrschende Literaturansicht[146] hält hingegen völlig zu Recht **Rechtsschutzgarantien nicht für erforderlich**.

---

139 *Rieble*, in: *Staudinger*, Kommentar zum Bürgerlichen Gesetzbuch, § 318 Rn. 4.
140 *Rieble*, in: *Staudinger*, Kommentar zum Bürgerlichen Gesetzbuch, § 315 Rn. 276.
141 *Rieble*, in: *Staudinger*, Kommentar zum Bürgerlichen Gesetzbuch, § 318 Rn. 5; *Mayer-Maly*, in: *Staudinger*, Kommentar zum Bürgerlichen Gesetzbuch, § 315 Rn. 65; *Wolf*, in: *Soergel*, BGB, § 315 Rn. 44 (vgl. aber § 318 Rn. 7); *Grüneberg*, in: *Palandt*, § 315 Rn. 10; *Gottwald*, in: MüKo BGB, § 315 Rn. 36; wohl auch *Ballhaus*, in: RGRK BGB, § 315 Rn. 15; a.A. *Hager*, in: *Erman*, Bürgerliches Gesetzbuch, § 315 Rn. 18.
142 *Habersack/Tröger* DB 2009, 44 (45 ff.). Zeitpunkt des ersten Änderungsbegehrens, vgl. BGH, Urt. v. 12. 10. 1977 – VIII ZR 84/76, NJW 1978, 154 (154).
143 *Habscheid* KTS 1957, 129 (130).
144 *Habscheid* KTS 1957, 129 (132); *Nicklisch*, FS Bülow, S. 159 (160); *Schlosser*, in: Stein/Jonas, ZPO, Vor § 1025 ff., Rn. 28; *Greger/Stubbe*, Schiedsgutachten, Rn. 131, 163 ff.; *Rothhaupt*, Außergerichtliche Streitbeilegung, S. 43.
145 BGH, Urt. v. 19. 06. 1975 – VII ZR 177/74, Juris, Rn. 13 = WM 1975, 1043 (1043); ferner BGH, Urt. v. 11. 03. 1982 – III ZR 171/80, MDR 1982, 828 (828); BGH, Urt. v. 04. 06. 1981 – III ZR 4/80, Juris, Rn. 17 = ZIP 1981, 1097 (1097); BGH, Urt. v. 17. 05. 1967 – VIII ZR 58/66, Juris, Rn. 28 = BGHZ 48, 25 (25 ff.); OLG Frankfurt, Urt. v. 25. 08. 2006 – 19 U 54/06, Juris, Rn. 26; OLG Sachsen-Anhalt, Urt. v. 10. 11. 1999 – 6 U 40/99, Juris, Rn. 18 = OLG-NL 2001, 188 (188); OLG Nürnberg, Urt. v. 28. 07. 1994 – 8 U 3805/93, Juris, Rn. 25 = NJW-RR 1995, 544 (544); OLG Hamm, Urt. v. 16. 10. 2006 – 17 U 30/06, Juris Rn. 73 = ZfB 2007, 61 (61 ff.).
146 *Mayer-Maly*, in: *Staudinger*, Kommentar zum Bürgerlichen Gesetzbuch, § 317 Rn. 26; *Grüneberg*, in: *Palandt*, § 317 Rn. 4; *Ballhaus*, in: RGRK BGB, § 317 Rn. 19; *Münch*, in: MüKo ZPO, Vor § 1025 Rn. 45 ff.; *Wolf*, in: *Soergel*, BGB § 317 Rn. 21; *Gehrlein*, in: *Bamberger/Roth*, BGB, § 317 Rn. 10; *Gottwald*, in: MüKo BGB, § 317 Rn. 41; *Roquette/Otto*, Vertragsbuch, C. VII. 3. Rn. 10; *Akker/Konopka* SchiedsVZ 2003, 256 (258).

Teil 6 Andere Verfahren der außergerichtlichen Konfliktbeilegung

59 Soweit der Schiedsgutachter rechtsgestaltend tätig wird, bedarf es nach einhelliger Ansicht keiner Beachtung von Rechtsschutzgarantien (Schiedsgutachten im weiteren Sinn),[147] was die rechtsdogmatische Unschlüssigkeit der Minderansicht unterstreicht.

Die Parteien können dem Schiedsgutachter aber Vorgaben im Hinblick auf Verfahrensgarantien machen und so sein Ermessen bei der Verfahrensgestaltung begrenzen.

VII. Richterliche Ersatzbestimmung

60 Eine richterliche Ersatzbestimmung findet statt »wenn der Dritte die Bestimmung nicht treffen kann oder will oder wenn er sie verzögert« (§ 319 Abs. 1 S. 2. 2. Hs. BGB). Allerdings kann die richterliche Ersatzbestimmung (im Gegensatz zur Kassation des Schiedsgutachtens) abbedungen werden,[148] sodass nur die feststellende nicht hingegen die gestaltende Kassation dispositiv ist.

61 Wenn aber vom mittleren Standard (billiges Ermessen) abgewichen wird, ist der Vertrag (bzw. die Leistungsbestimmung) unwirksam,»wenn der Dritte die Bestimmung nicht treffen kann oder will oder wenn er sie verzögert« (§ 319 Abs. 2 BGB).

1. Pactum de non petendo, selbstständiges Beweisverfahren, Eilverfahren

62 Mit der Schiedsgutachtenabrede geht regelmäßig ein *pactum de non petendo* (Vertrag, nicht zu fordern) einher. Das bedeutet, dass das **Gericht** grundsätzlich **erst angerufen werden kann, wenn ein Schiedsgutachten bereits erstellt wurde.** Die Auslegung der Schiedsgutachtenabrede kann aber auch etwas anderes ergeben. Insbesondere auf ein gerichtliches Eilverfahren wird man das *pactum de non petendo* regelmäßig nicht erstrecken können (§§ 133, 157 BGB). Das *pactum de non petendo* gilt auch für ein selbstständiges Beweisverfahren,[149] es sei denn es soll in diesem die offenbare Unrichtigkeit des Schiedsgutachtens festgestellt werden.[150]

2. Ersatzbestimmung für billiges und freies Ermessen

63 Das gesetzliche Leitbild beinhaltet für den mittleren Standard (billiges Ermessen) drei Varianten für gerichtliche Hilfe, und zwar wenn
- eine Entscheidung des Schiedsgutachters ausbleibt – etwa beim Tod des Schiedsgutachters –,
- oder das Schiedsgutachten verzögert wird – etwa durch Krankheit –,

---

147 Vgl. RG, Urt. v. 21. 08. 1936 – II 154/36, RGZ 152, 201 (204): »*Auf Schiedsgutachtenverträge findet die Vorschrift des § 1027 BGB weder unmittelbar noch entsprechend Anwendung. Das ist einhellige Meinung*«. (204 f.):»*Auf Schiedsgutachtenverträge werden insgemein die Vorschriften der §§ 317 flg. BGB schlechthin und unmittelbar angewendet*«. Ferner *Habscheid*, FS Kralik, S. 189 (190); *Schlosser*, FS Horn, S. 1023 (1029); *Greger/Stubbe*, Schiedsgutachten, Rn. 89 u. 107.
148 *Rieble*, in: *Staudinger*, Kommentar zum Bürgerlichen Gesetzbuch, § 315 Rn. 65.
149 OLG Düsseldorf, Beschl. v. 28. 4. 1998 – 23 W 25/98, BauR 1998, 1111 (1111).
150 OLG Bremen, Beschl. v. 30. 01. 2009 – 1 W 10/09, IBR 2009, 431 (m. Anm. *Lembcke*).

K. Schiedsgutachten **Teil 6**

– oder der Schiedsgutachter eine Entscheidung nicht treffen kann – etwa in Folge mangelnder persönlicher Qualifikation.

Eine richterliche Ersatzbestimmung ist auch bei der Vereinbarung von »freiem Ermessen« möglich.[151] 64

Für die Annahme einer **Verzögerung** werden von der Rechtsprechung strenge Anforderungen gestellt.[152] Verschulden ist jedoch nicht erforderlich.[153] Im Falle von Verzögerungen kommt es zu einem Wettlauf zwischen primärer und richterlicher Leistungsbestimmung,[154] weil die Parteien eine zügige Streitbeilegung mit der Vereinbarung eines Leistungsbestimmungsrechts bezwecken. Auch führt ein Verschulden einer Partei nicht zum Verlust des Rechts auf richterliche Vertragshilfe.[155] 65

Ein Nichtkönnen im Sinne der 1. Variante liegt auch vor, wenn das Schiedsgutachtenverfahren undurchführbar ist.[156] Dieses ist aber nur ausnahmsweise anzunehmen, etwa wenn beide Parteien ihre Mitwirkung bei der Schiedsgutachtenerstellung verweigern,[157] weil der Schiedsgutachter nur in besonderen Ausnahmefällen gehindert ist, den Sachverhalt ohne eine sich weigernde Partei zu ermitteln. Eine analoge Anwendung der 2. Variante für den nachträglichen Wegfall des Schiedsgutachters ist nicht erforderlich, weil die 1. Variante direkt anwendbar ist.[158] 66

3. Zweistufiges richterliches Vorgehen

a) Prüfung der Verbindlichkeit

Die richterliche Erstbestimmung ist im Schiedsgutachtenrecht die absolute Ausnahme (§ 319 Abs. 1 S. 2, 2. Hs. BGB), sodass der Richter regelmäßig nur als Ersatz- 67

---

151 *Gottwald*, in: MüKo BGB, § 319 Rn. 28.
152 »*Rechtserhebliche Verzögerung (noch) nicht festgestellt werden, zumal an eine solche Feststellung strengste Anforderungen zu stellen sind*«, OLG München, Urt. v. 27. 10. 1999 – 7 U 3147/99, Juris, Rn. 50 = OLGR München 2000, 43 (43 ff.) unter Verweis auf BGH, Urt. v. 26. 10. 1989 – VII ZR 75/89, NJW 1990, 1231 (1231 f.). Im konkreten Fall hat der BGH eine Verzögerung von 3 Jahren, gerechnet ab Aufnahme der schiedsgutachterlichen Tätigkeit, ohne Vorliegen eines sachlichen Grundes als hinreichend im Sinn von § 319 Abs. 1 BGB angesehen, weil ansonsten der von den Parteien mit der Schiedsgutachterabrede verfolgte Zweck in Frage gestellt würde. Allerdings stellt sich bei dieser Begründung die Frage, ob es nicht dem Parteiwillen entsprochen hätte, eine Ersatzbestimmung zu treffen, da hierfür bereits alles vorlag.
153 BGH, Urt. v. 06. 11. 1997 – III ZR 177/96, NJW 1998, 1388 (1388).
154 A.A. *Wagner*, in: *Dauner-Lieb/Heidel/Ring*, BGB, § 315 Rn. 19.
155 BGH, Urt. v. 07. 04. 2000 – V ZR 36/99, NJW 2000, 2987 (2987).
156 Nachträglicher Wegfall des Schiedsgutachters, vgl. BGH, Urt. v. 14. 07. 1971 – V ZR 54/70, BGHZ 57, 47 (52); bei Fristablauf, auch wenn dieser durch eine Partei verschuldet ist, vgl. BGH, Urt. v. 07. 04. 2000 – V ZR 36/99, Juris Rn. 18 = NJW 2000, 2986 (2986 ff.); Befangenheit des Gutachters und fehlende Einigung auf neuen Gutachter, BGH, Urt. v. 06. 06. 1994 – II ZR 100/92, NJW-RR 1994, 1314 (1315).
157 A.A. *Gehrlein*, in: *Bamberger/Roth*, BGB, § 319 Rn. 6.
158 A.A. wohl *Ballhaus*, in: RGRK BGB, § 319 Rn. 13.

bestimmer tätig wird (§ 319 Abs. 1 S. 2, 1. Hs. BGB). Nur wenn der Schiedsgutachter »die Bestimmung nicht treffen kann oder will oder wenn er sie verzögert« (§ 319 Abs. 1 S. 2, 2. Hs. BGB) findet eine richterliche Erstbestimmung statt, sodass dies im Prozess (hilfsweise) beantragt werden muss. Daher gibt es im Gegensatz zum Schiedsgerichtsrecht auch kein (außerordentliches) Kündigungsrecht des Schiedsgutachtenvertrages einer Partei.[159] Grundsätzlich ist der Richter nur befugt, die Verbindlichkeit des Schiedsgutachtens zu prüfen.

68 Hierfür ist der Zeitpunkt des Zugangs des Schiedsgutachtens gegenüber einer Partei maßgeblich, weil Gestaltungsrechte zu dem Zeitpunkt ihres Wirksamwerdens zu beurteilen sind.[160] Daraus folgt, dass sich die **Entscheidung**, die eigentlich schon durch den Schiedsgutachter getroffen werden sollte, **sich mit Zeitablauf zufällig**[161] **verändern kann**, da für die richterliche Ersatzbestimmung der Schluss der mündlichen Verhandlung maßgeblich ist.[162] Hierfür haftet der Schiedsgutachter nicht.[163] Es kann einer Partei aber auch verwährt sein, sich auf eine zunächst unverbindliche Leistungsbestimmung zu berufen, die mit der Zeit in die Verbindlichkeit hineinwächst.[164]

b) Aufhebung und Ersatzbestimmung

69 Erst wenn der Richter das Schiedsgutachten für unverbindlich befindet und dieses aufhebt, kann er in einem zweiten Schritt als Ersatzbestimmer tätig werden soweit die Parteien ihm einen justiziablen Maßstab an die Hand geben und eine Entscheidung beantragt wurde.

70 Bei »freiem Belieben« im Sinn von § 319 Abs. 2 BGB findet im Gegensatz zum »freien Ermessen«[165] **keine richterliche Ersatzbestimmung** statt. Hier ordnet das Gesetz lediglich die Kassation des Schiedsgutachtens an; nicht aber eine richterliche Ersatzbestimmung wie bei § 319 Abs. 1 S. 2, 1. Hs. BGB. Der Richter kann nur eine rationale Leistungsbestimmung vornehmen[166] und darf hierzu im Übrigen nicht nur ein weiteres Schiedsgutachten beauftragen.[167] Die richterliche Ersatzbestimmung erfolgt an Stelle der Parteien, sodass auch der Richter einen Ermessensspielraum hat, den er vollständig[168] ausschöpfen kann, weil den Parteien auch im Gerichtsprozess an Beschleunigung gelegen ist (§§ 133, 157 BGB).

---

159 A.A. *Bock*, in *Bayerlein*, Praxishandbuch Sachverständigenrecht, § 26 Rn. 17.
160 BGH, Urt. v. 26. 04. 1991 – V ZR 61/90, NJW 1991, 2761 (2762).
161 *Rieble*, in: *Staudinger*, Kommentar zum Bürgerlichen Gesetzbuch, § 315 Rn. 146.
162 *Rieble*, in: *Staudinger*, Kommentar zum Bürgerlichen Gesetzbuch, § 315 Rn. 148.
163 *Lembcke* DS 2011, 96 (96 ff.).
164 *Mayer-Maly*, in: *Staudinger*, Kommentar zum Bürgerlichen Gesetzbuch, § 315 Rn. 71.
165 *Gottwald*, in: MüKo BGB, § 319 Rn. 28; a.A. *Neumann-Duesber* JZ 1952, 705 (707), der aber das frei Ermessen mir dem des § 375 HGB gleichsetzt.
166 *Rieble*, in: *Staudinger*, Kommentar zum Bürgerlichen Gesetzbuch, § 315 Rn. 215.
167 BGH, Urt. v. 02. 02. 1977 – VIII ZR 271/75, Juris Rn. 17 = MDR 1977, 572 (572); *Ballhaus*, in: RGRK BGB, § 317 Rn. 16; *Wolf*, in: *Soergel*, BGB, § 319 Rn. 17.
168 *Neumann-Duesberg* JZ 1952, 705 (707); a.A. *Gottwald*, in: MüKo BGB, § 319 Rn. 23; *Medicus*, in: PWW, § 315 BGB Rn. 12.

Die Parteien können dem Richter für seine Ersatzbestimmung bei § 319 Abs. 2 BGB 71
aber auch einen justiziablen Maßstab vorgeben.[169] Hierfür trägt wiederum die Partei
die Beweislast, die sich hierauf beruft.[170]

VIII. Verfahrenskosten

Die Aufwendungen für ein Schiedsgutachten sind **nicht als Prozesskosten erstat-** 72
tungsfähig.[171] Wie die Kosten zu verteilen sind, wird man im Wege der Auslegung
des Parteiwillens ermitteln müssen (§§ 133, 157 BGB). Es können insbesondere
auch dem Obsiegenden individualvertraglich die Kosten auferlegt werden;[172] eine
Kostenteilung ungeachtet des Verfahrensausganges ist ebenfalls denkbar. Die Parteien
können zudem eine Quotelung der Kosten im Verhältnis des Obsiegens/Unterliegens
vereinbaren.

IX. Gerichtliche Durchsetzung eines Schiedsgutachtens

1. Beweis- und Darlegungslast

Wer Rechte aus einem Schiedsgutachten für sich beansprucht, muss nachweisen, 73
dass dieses vereinbart und die Leistungsbestimmung ausgeübt wurde. Dieses gilt
auch dann, wenn die Bindungswirkung bis zum freien Ermessen des Schiedsgutachters reicht.[173] Die Tatsachen, die zur Unverbindlichkeit der Leistungsbestimmung
führen, müssen **von der Partei bewiesen werden, die sich auf die Unverbindlichkeit**
beruft.[174] Hierzu genügt nicht nur der Nachweis, dass zwischen dem Gutachten und
einer anderen Schätzung ein Unterschied besteht.[175] Erforderlich ist die nähere Darlegung, dass der Schiedsgutachter sachwidrig und in einer das Interesse des die Verbindlichkeit der Schätzung bestreitenden Vertragspartners in offenbar verletzender
Weise erfolgt ist.[176]

Die darlegungspflichtige Partei kann gegen die andere Partei ein **Auskunftsrecht** nach 74
§ 242 BGB haben,[177] weil der mit der Schiedsgutachtenabrede vereinbarte Zweck,
jeden Streit zu vermeiden, nicht das Auskunftsrecht betrifft, welches zur Begründung
der »offenbaren Unbilligkeit« notwendig ist. Anderenfalls könnte die unterliegende

---

169 *Mayer-Maly*, in: *Staudinger*, Kommentar zum Bürgerlichen Gesetzbuch, § 319 Rn. 29.
170 *Wolf*, in: *Soergel*, BGB, § 315 Rn. 59.
171 OLG Düsseldorf, Beschl. v. 14. 01. 1999 – 10 W 1/99, NJW-RR 1999, 1667 (1667).
172 Zur Auslegung der Kostentragungspflicht, vgl. auch OLG Düsseldorf Urt. v. 20. 3. 1998 –
     22 U 151/97, OLGR Düsseldorf 1998, 279 (279 ff.); OLG Celle, Urt. v. 24. 11. 1993 –
     2 U 65/91, OLGR Celle 1994, 51 (51 ff.).
173 *Hager*, in: *Erman*, Bürgerliches Gesetzbuch, § 315 Rn. 25.
174 BGH, Urt. v. 21. 09. 1983 – VIII ZR 233/82, NJW 1984, 43 (43 ff.).
175 *Ballhaus*, in: RGRK BGB, § 319 Rn. 9.
176 RG, WarnRspr. 1909, Nr. 395.
177 OGHBrZ Köln, Urt. v. 25. 05. 1950 – I ZS 85/49, NJW 1950, 781 (782); *Grüneberg*,
    in: *Palandt*, § 319 Rn. 7; *Gehrlein*, in: *Bamberger/Roth*, BGB, § 319 Rn. 5; *Wolf*, in:
    Soergel, BGB, § 319 Rn. 15.

Partei, die ohne Verschulden nicht über die notwendigen Informationen verfügt und einem solchen Schiedsgutachten gegenübersteht, den Beweis der »offenbaren Unbilligkeit« nicht führen, sodass das Schiedsgutachten für sie de facto nur nach § 319 Abs. 2 BGB bindend wäre. Ein Auskunftsrecht kann aber bei der Vereinbarung von § 319 Abs. 2 BGB ausgeschlossen sein.[178]

2. Urkundenprozess als besondere Klageart

75 Als schnelle Durchsetzungsmöglichkeit kommt der Urkundenprozesses[179] als besondere Klageart in Betracht, wenn es um **Geldforderungen** oder andere vertretbare Sachen geht. Der Urkundenprozess ist beispielsweise für die Anspruchsverfolgung auf Sicherheitsleistung unstatthaft.[180]

76 **Schiedsgutachten** sind als unmittelbare Urkunden zu klassifizieren und damit **zulässige Beweismittel** im Urkundenprozess.[181] Der Anspruch muss nicht in einer Urkunde verbrieft sein.[182] Es ist daher unschädlich, wenn sich der Anspruch erst durch die Vorlage des Schiedsgutachtens und dem Schiedsgutachtenvertrag und anderen vertraglichen Vereinbarungen kumulativ beweisen lässt.[183]

77 Dem Gegner sind Einwendungen im Urkundenprozess insoweit abgeschnitten, als er diese nicht mit unmittelbaren Urkunden – nur diese sind zulässige Beweismittel – widerlegen kann.[184] So sind **private Gegengutachten nicht als Beweismittel zugelassen,**

---

178 OGHBrZ Köln, Urt. v. 25. 05. 1950 – I ZS 85/49, NJW 1950, 781 (782).
179 Grundlegend *Lembcke*, BauR 2009, 19 (19 ff.); *Lembcke*, MDR 2008, 1016 (1016 ff.).
180 *Greger*, in: *Zöller*, ZPO, § 592 Rdnr. 1; *Lembcke* IBR 2008, 629 (629); zustimmend *Voit*, in: *Musielak*, ZPO (2009), § 592 Rn. 5; *Klose* NJ 2009, 89 (91 f.); *Weyer* IBR 2008, 701 (701); *Koppmann* IBR 2009, 1084 (1084); *Scholtissek* NZBau 2009, 91 (94); a. A. *Heiland* IBR 2008, 493 (493).
181 BGH, Urt. v. 16. 11. 1987 – II ZR 111/87, Juris, Rn. 7 = KTS 1988, 405 (405 ff.); BGH, Urt. v. 13. 02. 2006 – II ZR 62/04, Juris, Rn. 18 = NJW-RR 2006, 760 (760 ff.); OLG Brandenburg, Urt. v. 13. 11. 2003 – 8 U 29/03, BauR 2005, 605 (605); wohl auch OLG Düsseldorf, Urt. v. 26. 04. 1996 – 22 U 230/95, Juris, Rn. 80 = OLGR Düsseldorf 1997, 345 (345 ff.); *Schlosser*, in: *Böckstiegel/Berger/Bredow* (Hrsg.), Schiedsgutachten versus Schiedsgerichtsbarkeit, S. 1 (8); *Greger*, in: *Zöller*, ZPO, § 592 Rn. 15; *Schwab/Walter*, Schiedsgerichtsbarkeit, Kap. 30, Rn. 3; *Schramke* BauR 2007, 1983 (1991); *Sessler*, in: *Böckstiegel/Berger/Bredow* (Hrsg.), Schiedsgutachten versus Schiedsgerichtsbarkeit, S. 97 (108); *Werner/Pastor*, Der Bauprozess, Rn. 538; *Bock*, in: *Beyerlein*, Praxishandbuch Sachverständigenrecht, § 26 Rn. 49; *Boldt*, Vorläufige baubegleitende Streitentscheidung, Rn. 263; wohl auch *Schulze-Hagen* BauR 2007, 1950 (1959) bezogen auf § 416 ZPO einerseits, auf das Urteil des OLG Brandenburg andererseits.
182 BGH, Urt. v. 13. 02. 2006 – II ZR 62/04, NJW-RR 2006, 760 (761); OLG Brandenburg, Urt. v. 13. 11. 2003 – 8 U 29/03, BauR 2005, 605 (605); a.A. *Hök* IBR 2008, 308 (308).
183 A.A. *Hök* IBR 2008, 308 (308).
184 Insoweit kann nicht pauschal von fehlenden gesetzlichen Regelungen gesprochen werden. So aber *Acker*, in: *Partnering und PPP Institut für Bauwirtschaft (IBW)* (Hrsg.), S. 135 (153).

K. Schiedsgutachten **Teil 6**

weil die Auswertung des schriftlichen Gutachtens durch Befragung des Sachverständigen in der mündlichen Verhandlung (§§ 402, 395 ff., 411 Abs. 3 ZPO) abgeschnitten würde.[185] Auch die Widerklage ist im Urkundenprozess ausgeschlossen.

X. Haftung des Bürgen

Die Rechtsprechung überträgt die Rechtsprechung der Bürgenhaftung des Schieds- 78 verfahrens-[186] auf das Schiedsgutachtenrecht.[187] Die herrschende Meinung[188] ist der Rechtsprechung kritiklos gefolgt. Allerdings sind nur Schiedsgerichtsurteile der materiellen Rechtskraft fähig. Hieraus folgt, dass nur bei Schiedsgerichtsurteilen die Rechtskraft auf die unmittelbar am Rechtsstreit Beteiligten beschränkt ist. Diese Beschränkung kann der Bürge bei einem Schiedsgutachten für sich aber nicht beanspruchen. Der **Bürge** ist wegen der Akzessorietät der Bürgschaft **an** Vertragsänderungen und Feststellungen des **Schiedsgutachters gebunden.**[189] Auch § 767 Abs. 1 S. 3 BGB steht einer Haftung des Bürgen nicht entgegen. Versicherer sind ebenfalls an Schiedsgutachten gebunden; Schiedsgutachtenvereinbarungen beinhalten insbesondere keine Obliegenheitsverletzung des Versicherungsnehmers.[190]

XI. Hinweise für die Praxis

Eine Schiedsgutachtenklausel sollte folgende **Minimalanforderungen** erfüllen: 79
– Anwendungsbereich,
– Verfahrensablauf/-garantien,
– Bindungswirkung des Schiedsgutachtens,
– Benennung des Schiedsgutachters und einer Benennungsinstitution,
– Kostenregelung.

▶ **Beispiel Schiedsgutachtenklausel:**

Streitigkeiten aus und in Zusammenhang mit diesem Vertrag, werden auf Antrag 80 durch ein Schiedsgutachten beigelegt. Eine Streitigkeit liegt vor, wenn ein Vertragspartner schriftlich einen Anspruch anmeldet und dieser nicht binnen ange-

---

185 BGH, Urt. v. 18. 09. 2007 – XI ZR 211/06, Juris, Rn. 24 = BGHZ 173, 366; *Olzen*, in: *Wieczorek*, ZPO, § 592 Rdnr. 42; a. A. OLG Brandenburg, Beschl. v. 04. 09. 2006 – 3 U 67/06, Juris, Rn. 12.
186 BGH, Urt. v. 12. 11. 1990 – II ZR 249/89, NJW-RR 1991, 423 (423 ff.).
187 OLG Düsseldorf, Urt. v. 13. 11. 2003 – I-12 U 55/03, 12 U 55/03, BauR 2004, 874 (874).
188 *Greger/Stubbe*, Rn. 157; *Franke/Zanner*, in: *Franke/Kemper/Zanner/Grünhagen*, VOB, § 18 Rn. 64 u. 120; *Franke*, in: *Viering/Liebchen/Kochendörfer*, Managementleistungen im Lebenszyklus von Immobilien, S. 393 (396), *Böhm*, in: *Böckstiegel/Berger/Bredow* (Hrsg.), Schiedsgutachten versus Schiedsgerichtsbarkeit S. 87 (91); *Roquette/Otto*, C. VII. 3. Rn. 8; *Sienz* IBR 2004, 13 (13); *Wiesel*, in: *Wirth*, Darmstädter Baurechtshandbuch, Rn. 10; wohl auch *Schwarzmann*, in: *Walz*, Formularbuch – Außergerichtliche Streitbeilegung, § 21 Rn. 21; zutreffend a.A. wohl *Gralla/Sundermeier* Bauingenieur 2008, 393 (399).
189 *Lembcke* NZBau 2009, 421 (425); *Lembcke* NZBau 2010, 158 (160).
190 *Lembcke* VersR 2010, 723 (723 ff.).

messener Frist erfüllt oder schriftlich anerkennt wird. Der Schiedsgutachter entscheidet die Streitigkeit in tatsächlicher und rechtlicher Hinsicht. Die Parteien sind hieran in den Grenzen von § 319 Abs. 1 S. 1 BGB gebunden. Der Schiedsgutachter muss rechtliches Gehör gewährleisten. Können sich die Parteien nicht binnen von zwei Wochen nach Antrag auf einen Schiedsgutachter einigen, wird dieser auf Antrag von der örtlichen Industrie und Handelskammer benannt. Die Kosten bemessen sich entsprechend §§ 91 ff. ZPO.

Teil 7 Europäische Regelungen

A. Entstehungsprozess der Richtlinie 2008/52/EG des Europäischen Parlaments und des Rates (Mediationsrichtlinie)

Übersicht	Rdn.
I. Einführung	1
II. Hintergrund und Dilemma des europäischen Gesetzgebers	9
III. Grünbuch 2002	16
1. Inhalt	17
2. Gründe für den Regelungsbedarf	21
3. Diskussion über Grünbuch 2002	24
4. Stellungnahmen zum Grünbuch	31
IV. Europäischer Verhaltenskodex für Mediatoren	38
V. Erster Entwurf der EU-Mediationsrichtlinie 2004	39
1. Allgemeines	39
2. Inhalt	40
3. Stellungnahmen	46
a) Art. 65 EGV	47
b) Europäischer Wirtschafts- und Sozialausschuss	49
c) Ausschuss für bürgerliche Freiheiten, Justiz und Inneres	51
d) Bundesrechtsanwaltskammer	52
e) Deutscher Anwaltsverein	53
f) Deutscher Richterbund	55
g) Schrifttum/Wissenschaft	57
h) Britische Advice Services Alliance	60
i) Eurochambres	63
j) Council of the Bars and Law Societies of the European Union	64
k) Conference of the Notariats of the European Union	66
VI. Weitere Entwürfe der EU-Mediationsrichtline	67
1. Vorschlag vom 29. Juli 2005	67
2. Entschließung des Europäischen Parlaments vom 29. März 2007	68
3. Politische Einigung auf Richtlinienvorschlag vom 8. November 2007	71
4. Gemeinsamer Standpunkt des Rates vom 28. Februar 2008	73
VII. EU-Mediationsrichtlinie vom 21. Mai 2008	75
1. Allgemeines	75
2. Erwägungsgründe	76
3. Regelungsinhalt	80
VIII. Zwischen-Resümee	81
IX. Europäische Entwicklung seit der EU-MedRL	86
1. Richtlinie 2013/11/EU des Europäischen Parlaments und des Rates vom 21. Mai 2013 über die alternative Beilegung verbraucherrechtlicher Streitigkeiten und zur Änderung der Verordnung (EG) Nr. 2006/2004 und der Richtlinie 2009/22/EG (Richtlinie über alternative Streitbeilegung in Verbraucherangelegenheiten)	86

2. Verordnung (EU) Nr. 524/2013 des Europäischen Parlaments und des
Rates vom 21. Mai 2013 über die Online – Beilegung verbraucherrechtlicher
Streitigkeiten und zur Änderung der Verordnung (EG) Nr. 2006/2004 und
der Richtlinie 2009/22/EG (Verordnung über Online-Streitbeilegung in
Verbraucherangelegenheiten) 90

I. Einführung

1 Am 21. Mai 2008 hat der europäische Gesetzgeber nach jahrelanger Vorbereitungszeit die **EuMed-RL 2008/52/EG** verabschiedet. »Ziel der Richtlinie ist es, aktiv den Einsatz der Mediation zu fördern und für ein ausgewogenes Verhältnis zwischen Mediation und Gerichtsverfahren zu sorgen, um auf diese Weise den Zugang zur alternativen Streitbeilegung bei grenzüberschreitenden Fällen zu erleichtern und die gütliche Beilegung von Streitigkeiten zu unterstützen.«[1]

2 Die EuMed-RL wurde **von vielen Seiten begrüßt**: u. a. vom Europäischen Parlament, das von einem »boost for mediation«[2] sprach, von der Europäischen Kommission,[3] von der deutschen Bundesjustizministerin, die in einer Pressemitteilung[4] mit dem Titel »Aufwind für Mediation in Europa« zitiert wurde: »*Ich bin davon überzeugt, dass die Parteien in unserer Zivilgesellschaft ihre Konflikte auch ohne Inanspruchnahme der Gerichte eigenverantwortlich beilegen können. Diese Rechtskultur will ich weiterentwickeln.*« Andere kritisierten hingegen, dass die EuMed-RL nur auf grenzüberschreitende Fälle anzuwenden sei, und sahen darin eine vertane Chance.[5]

3 Dem europäischen Gesetzgeber ging es bei Erlass der EuMed-RL um die **Verwirklichung europäischer Ziele**, nämlich um die Gewährleistung der rechtlichen Absicherung des freien Personenverkehrs und des reibungslosen Funktionierens des Binnenmarktes innerhalb der Europäischen Union (nachfolgend auch »EU« oder »Gemeinschaft«) über Ländergrenzen hinweg sowie um die Gewährleistung des Prinzips und die Erleichterung des Zugangs zum Recht,[6] als eine Voraussetzung, das den EU-Bürgern garan-

---

1 Pressemitteilung der Europäischen Kommission v. 23. 04. 2008, Reference:IP/08/628.
2 Pressemitteilung der Europäischen Kommission v. 23. 04. 2008, Reference:IP/08/628.
3 Vizepräsident der EU-Kommission *Jacques Barrot*: »Mit Hilfe der Mediation lassen sich Streitigkeiten in Zivil- und Handelssachen kostengünstig und rasch in einem außergerichtlichen Verfahren, das auf die Bedürfnisse der Parteien zugeschnitten ist, beilegen. Bei Vereinbarungen, die aus einer Mediation hervorgehen, ist die Wahrscheinlichkeit größer, dass sie freiwillig befolgt werden und ein wohlwollendes, zukunftsfähiges Verhältnis zwischen den Parteien gewahrt wird«, Pressemitteilung der Europäischen Kommission v. 23. 04. 2008, Reference:IP/08/628.
4 Pressemitteilung des Bundesministerium der Justiz v. 18. 04. 2008.
5 Eurochambers, Press Release v. 23. 04. 2008 »Today the European Institutions missed a great opportunity to improve access to dispute resolution with the adoption of a weak Directive on mediation in civil and commercial matters.«.
6 ABl. L 136 v. 24. 05. 2008, S. 3, Erwägungsgründe Nr. 1 und 2; *Arlene McCarthy* (Berichterstatterin im Europäischen Parlament zur EuMed-RL) führt dazu in der Plenardebatte am 23. 04. 2008 in Straßburg aus: »Mediation can therefore be a valuable tool for citizens to achieve access to justice and potentially reduce the cost of dispute resolution without

A. Entstehungsprozess der Richtlinie 2008/52/EG **Teil 7**

tierte umfassende Freiheitsrecht[7] zu erreichen. Als weiterer Grund wurde die Einsparung von Ressourcen, d. h. die Entlastung der Justiz[8] in den europäischen Ländern, genannt.

Es gibt gute Gründe daran zu zweifeln, ob es dem europäischen Gesetzgeber bei Erlass 4 der (EUMed-RL) tatsächlich um die Etablierung der Mediation als einem probaten Mittel der alternativen Streitbeilegung ging oder ob er allein das politische Ziel des freien Personen- und Handelsverkehrs innerhalb der EU verfolgte, welches mithilfe der EUMed-RL besser zu erreichen ist – die **Mediation** als Verfahren also nur **Mittel zur Erzielung eines anderen Zwecks** ist. Beides scheint richtig zu sein, wobei mal das eine, mal das andere Argument in den Vordergrund rückt. In der Begründung zum ersten Vorschlag der EU-Richtlinie vom 22. Oktober 2004 wurde mit der Anwendung der Mediation die Hoffnung verbunden, Gerichte zu entlasten, Gerichtsverfahren zu verkürzen und so öffentliche Gelder einzusparen.[9] Gleichzeitig betonte die Kommission, dass die Mediation keine Alternative zum Gerichtsverfahren sei; »es handelt sich dabei vielmehr um eines mehrerer Schlichtungsverfahren, die in einer modernen Gesellschaft verfügbar sind und für einige, aber sicherlich nicht alle, Streitsachen die beste Lösungsmöglichkeit darstellen.«[10]

Die EU-Mitgliedstaaten (mit Ausnahme von Dänemark[11]) waren nun gehalten, die 5 EUMed-RL vor dem 21. 5. 2011 in landeseigene Rechts- und Verwaltungsvorschriften umzusetzen (Art. 12 Abs. 1 EUMed-RL), wobei sie den vorgegebenen Regelungsrahmen im Auge behalten mussten. Zum einen beschränkte dieser den Regelungsbedarf auf »grenzüberschreitenden Streitigkeiten für Zivil- und Handelssachen« (Art. 1 Abs. 1, Art. 2 EUMed-RL). Zum anderen sollten die Ausbildung von Mediatoren, die Entwicklung und Einhaltung von freiwilligen Verhaltenskodizes und Verfahren zur Qualitätskontrolle für die Erbringung von Mediationsdiensten, die Vertraulichkeit der Mediation, die Vollstreckbarkeit von Mediationsvereinbarungen und eine Änderung der Verjährungsfristen, um die Einleitung eines Gerichtsverfahrens nach erfolgloser Mediation nicht auszuschließen, geregelt werden.

---

the often acrimonious process of going to trial .... This new law should assist people across Europe in getting quick, affordable access to justice.« (Europäisches Parlament CRE 23/04/2008 – 4.3).

7 »Freiheit im Sinne des freien Personenverkehrs innerhalb der Europäischen Union bleibt ein grundlegendes Ziel des Vertrags, zu dem die flankierenden Maßnahmen im Zusammenhang mit den Konzepten Sicherheit und Recht einen wesentlichen Beitrag leisten müssen.« Vgl. Aktionsplan des Rates und der Kommission zur bestmöglichen Umsetzung der Bestimmungen des Amsterdamer Vertrags über den Aufbau eines Raumes der Freiheit, der Sicherheit und des Rechts. ABl. C. 19 v. 23. 01. 1999, S. 3.

8 *Arlene McCarthy*, »It has the added benefit of freeing up court time for cases that require a court judgment.« In der Plenardebatte des Europäischen Parlaments in Straßburg bei Aussprache über die EUMed-RL am 23. 04. 2008.

9 Vorschlag für eine Richtlinie des Europäischen Parlaments und des Rates über bestimmte Aspekte der Mediation in Zivil- und Handelssachen v. 22. 10. 2004, S. 4; KOM(2004) 718 endgültig 2004/0251 (COD); nachfolgend: Vorschlag für EU-Med-RL v. 22. 10. 2004.

10 Vorschlag für EUMed-RL v. 22. 10. 2004, S. 4.

11 ABl. L 136 v. 24. 05. 2008, S. 6, Erwägungsgrund Nr. 30.

Pielsticker 1101

Teil 7 Europäische Regelungen

6 Der durch die EUMed-RL vorgegebene Regelungsrahmen hindert die Gesetzgeber der jeweiligen EU-Mitgliedstaaten allerdings nicht, **darüber hinaus gehende Regelungen** zu schaffen; auch Regelungen, die Streitigkeiten innerhalb eines EU-Mitgliedstaates betreffen. Denn die Einschränkung der EU-Med-RL auf »grenzüberschreitende« Streitigkeiten erfolgte aufgrund des allgemein gültigen Subsidiaritätsprinzips (vgl. Präambel und Art. 2 EUV,[12] Art. 5 EGV[13]), wonach es dem europäischen Gesetzgeber verwehrt ist, den Mitgliedstaaten Regelungen aufzuerlegen, die keine grenzüberschreitende, sondern nur innerstaatliche Bedeutung haben.

7 Damit bestand nun die Chance, im Rahmen der Umsetzung der EUMed-RL, weitere gesetzliche Regelungen zu erlassen, u. a. die Mediation gesetzlich zu etablieren, den Berufsstand der Mediatoren zu schaffen und die Zulassungsvoraussetzungen zu diesem Berufsstand zu definieren. Dies galt nahezu für alle EU-Mitgliedstaaten, denn lediglich Österreich,[14] Lichtenstein,[15] Bulgarien[16] und Ungarn[17] hatten innerhalb der EU eigene Mediationsgesetze. Die anderen Mitgliedstaaten hatten lediglich durch Ergänzung zivilprozessualer Vorschriften die Mediation als Verfahren ermöglicht.[18] In Deutschland gab es neben § 15a EGZPO und § 278 Abs. 5 Satz 2 ZPO keine bundesweit gültigen Rechts- oder Verwaltungsvorschriften über Mediation.[19]

8 Die deutsche Bundesregierung hat bereits im April 2008 eine **Expertenkommission** einberufen und damit den Gesetzgebungsprozess für ein Mediationsgesetz eingeleitet, das nicht nur auf bilaterale Konflikte über Staatsgrenzen hinaus, sondern auch den Markt der Mediation in Deutschland regelt.

---

12 Vertrag über die Europäische Union v. 07. 02. 1992 i.d.F. v. 16. 04. 2003 und 25. 04. 2005 (BGBl. 1992 II, S. 1253; 2003 II, S. 1410; ABl. L. 157 v. 21. 06. 2005, S. 11).
13 Vertrag zur Gründung der Europäischen Gemeinschaft v. 25. 03. 1957 (BGBl. 1957 II, S. 766) zuletzt geändert durch die Akten zum Beitrittsvertrag v. 16. 04. 2003 (BGBl. 2003 II, S. 1410).
14 Bundesgesetz für Mediation in Zivilrechtssachen, Österreichisches BGBl 2003 I, S. 29.
15 Zivilrechts-Mediations-Gesetz (ZMG) v. 15. 12. 2004; Liechtensteinisches Landesgesetzblatt Jahrgang 2005 Nr. 31 v. 22. 02. 2005.
16 Vgl. *Datcheva* OER 2007, 430.
17 Mediationsgesetz v. 03. 12. 2002 (Gesetz Nr. LV. aus dem Jahre 2002, 2002. évi LX törvény a közvetítői tevékenys-égről).
18 Vgl. auch die Übersicht bei *Ortloff* NVwZ 2007, 35.
19 Im Land Niedersachsen wurde am 24. 04. 2007 das Gesetz über die Einführung eines Mediations- und Gütestellengesetzes sowie zur Änderung anderer Gesetze in den Landtag eingebracht; vgl. Niedersächsischer Landtag, 15. Wahlperiode Drucksache 15/3708; das Gesetz sollte nach der Landtagswahl in Niedersachsen 2008 erneut in den Landtag eingebracht werden.

A. Entstehungsprozess der Richtlinie 2008/52/EG **Teil 7**

II. Hintergrund und Dilemma des europäischen Gesetzgebers

Der **Vertrag von Amsterdam**[20] aus dem Jahre 1997 veränderte die Zusammenarbeit der EU-Mitgliedstaaten in den Bereichen Justiz und Inneres.[21] Nachdem im Handel der Binnenmarkt nahezu verwirklicht war, wollte man nun innerhalb der EU als politische Priorität einen Raum der Freiheit, der Sicherheit und des Rechts[22] mit konkreten Ansprüchen der Bürger und wirksameren und demokratischeren Methoden zur Durchsetzung dieser Ansprüche schaffen. Dies bedeutete eine konkrete Umsetzung des Grundrechts auf Zugang zum Recht für jedermann (Art. 6 Europäische Konvention zum Schutz der Menschenrechte und Grundfreiheiten; EMRK[23]) und des Rechts auf einen wirksamen Rechtsbehelf, das als Grundrecht Eingang in die Charta der Grundrechte der Europäischen Union fand (Art. 47 Charta der Grundrechte der Europäischen Union[24]). Auch für die weitere Gestaltung des einheitlichen Wirtschaftsraums innerhalb der EU wurde es zunehmend erforderlich, einen ausreichenden Rechtsschutz bei grenzüberschreitenden Sachverhalten zu gewährleisten,[25] zumal das internationale Privatrecht kein geeignetes Instrument mehr für den bereits so weitgehend integrierten europäischen Binnenmarkt darstellte.[26]

9

Obwohl der Vertrag von Amsterdam erst am 1. Mai 1999 in Kraft trat, war diese Zielsetzung seit 1997 Gegenstand der Politik der EU und damit Grundlage für die weiteren Entwicklungen in den Jahren 1998 und 1999, die man als Beginn der Geschichte der EUMed-RL bezeichnen kann. Zwar hatte die EU-Kommission bereits im März 1998 in ihrer Empfehlung über die außergerichtliche Beilegung von Verbraucherrechtsstreitigkeiten (98/257/EG)[27] über alternative Streitbeilegung bei grenzüberschreitenden Konflikten

10

---

20 Vertrag von Amsterdam zur Änderung des Vertrags über die Europäische Union, der Verträge zur Gründung der Europäischen Gemeinschaften sowie einiger damit zusammenhängender Rechtsakte v. 02. 10. 1997; ABl. C 340 v. 10. 11. 1997.
21 *Neumayr*, Die Verordnung (EG) Nr. 44/2001 (»Brüssel-I«-VO), 14. 6. 2005, S. 5 mit weiteren Hinweisen, beschreibt es als »Vergemeinschaftung der Bereiche Justiz und Inneres, da der Europäische Rat insoweit die Befugnis erhalten hat, Rechtsakte zu erlassen«.
22 Zur Definition dieser Begriffe vgl. Aktionsplan des Rates und der Kommission zur bestmöglichen Umsetzung der Bestimmungen des Amsterdamer Vertrags über den Aufbau eines Raums der Freiheit, der Sicherheit und des Rechts v. 03. 12. 1998; ABl. C 19 v. 23. 01. 1999, S. 1.
23 Europäische Konvention zum Schutz der Menschenrechte und Grundfreiheiten v. 04. 11. 1950; BGBl. 1952 II, S 685, 953 i.d.F. v. 11. 05. 1994, BGBl. 2002 II, S. 1054.
24 ABl. C 364 v. 18. 12. 2000, S. 1.
25 *Neumayr*, Die Verordnung (EG) Nr. 44/2001 (»Brüssel-I«-VO), 14. 6. 2005, S. 3.
26 Bericht über die Annäherung des Zivil- und Handelsrechts der Mitgliedstaaten v. 06. 11. 2001; S. 11.
27 Empfehlung der Kommission v. 30. 03. 1998 betreffend die Grundsätze für Einrichtungen, die für die außergerichtliche Beilegung von Verbraucherrechtsstreitigkeiten zuständig sind; ABl. L 115 v. 17. 04. 1998, S. 31; Bereits 1994 entstand das als Europäische wirtschaftliche Interessenvereinigung gegründete Netz von Schieds- und Schlichtungsstellen in Handelssachen, die in Spanien, Frankreich, Italien und im Vereinigten Königreich bestehen

Teil 7 Europäische Regelungen

nachgedacht, doch beschränkte sich diese auf außergerichtliche Ombudsmann (Schlichter)-Systeme,[28] bei denen die Entscheidung in einem kontradiktorischen Verfahren[29] durch einen Dritten (»...der Einrichtung, der die Entscheidung obliegt, ...«) vorgesehen war.[30] Die Empfehlung vom 4. 4. 2001 (2001/310/EG)[31] sah zwar von dieser aktiven Intervention eines Dritten ab und förderte das Ziel, die Parteien eine einvernehmliche Lösung finden zu lassen, doch blieb auch hier die Mediation als Verfahren noch unerwähnt.

11 Den »Grundstein« für die EUMed-RL legte der Europäische Rat im »Wiener Aktionsplan«[32] 1998, in den »Schlussfolgerungen von Tampere«[33] 1999 und von Lissabon[34] 2000, in denen die Bedeutung der alternativen Streitbeilegung bei grenzüberschreitenden Konflikten erstmals hervorgehoben wurde. Im Mai 2000 trat Art. 65 EGV in Kraft, mit dem der Europäischen Gemeinschaft die Zuständigkeit für die justizielle Zusammenarbeit in Zivil- und Handelssachen mit grenzüberschreitendem Bezug übertragen wurde und am 29. Mai 2000[35] erklärte der Europäische Rat sein Einverständnis

---

und unter dem Namen »Réseau Européen d‹Arbitrage et de Médiation« bzw. »European Network for Dispute Resolution« bekannt sind.

28 Empfehlung der Kommission v. 30. 03. 1998 betreffend die Grundsätze für Einrichtungen, die für die außergerichtliche Beilegung von Verbraucherrechtsstreitigkeiten zuständig sind; ABl. L 115 v. 17. 04. 1998, S. 32.

29 So ausdrücklich in Ziffer III der Empfehlung der Kommission v. 30. 03. 1998 betreffend die Grundsätze für Einrichtungen, die für die außergerichtliche Beilegung von Verbraucherrechtsstreitigkeiten zuständig sind, ABl. L 115 v. 17. 04. 1998, S. 32.

30 Empfehlung der Kommission v. 30. 03. 1998 betreffend die Grundsätze für Einrichtungen, die für die außergerichtliche Beilegung von Verbraucherrechtsstreitigkeiten zuständig sind; ABl. L 115 v. 17. 04. 1998, S. 32.

31 Empfehlung der Kommission v. 04. 04. 2001 über die Grundsätze für an der einvernehmlichen Beilegung von Verbraucherrechtsstreitigkeiten beteiligte außergerichtliche Einrichtungen, ABl. L. 109 v. 19. 04. 2001, S. 56.

32 Aktionsplan des Rates und der Kommission zur bestmöglichen Umsetzung der Bestimmungen des Amsterdamer Vertrags über den Aufbau eines Raumes der Freiheit, der Sicherheit und des Rechts v. 03. 12. 1998; ABl. C 19 v. 23. 01. 1999, S. 1; Rn. 41 lit b): »Prüfung der Möglichkeit, Modelle für die außergerichtliche Beilegung von Streitigkeiten, im besonderen von grenzüberschreitenden Ehesachen zu entwerfen; in diesem Zusammenhang sollte das Mittel der Schlichtung zur Beilegung familiärer Streitigkeiten geprüft werden«.

33 *Tampere* Europäischer Rat 15. und 16. 10. 1999, Schlussfolgerungen des Vorsitzes. http://www.europarl.Europa. eusummits/tam_de.htm (Zugriff am 10. 05. 2008); Rn. 30: »Auch sollten alternative außergerichtliche Verfahren von den Mitgliedstaaten geschaffen werden«.

34 Schlussfolgerungen des Vorsitzes Europäischer Rat (Lissabon) 23. u. 24. 03. 2000; Rn. 11: »... zu prüfen, wie das Vertrauen der Verbraucher in den elektronischen Geschäftsverkehr insbesondere durch alternative Streitbeilegungsregelungen gesteigert werden kann.«.

35 Alternative Streitbeilegungsverfahren im Zivil- und Handelsrecht – Schlussfolgerungen, in: Mitteilungen an die Presse über 2266. Tagung des Rates Justiz und Inneres v. 29. 05. 2000; 8832/00 (Presse 183).

mit folgenden Schlussfolgerungen und beauftragte die Kommission mit deren Umsetzung:

»1. *Auf Gemeinschaftsebene sollten Beratungen über alternative Verfahren zur Streitbeilegung im Zivil- und Handelsrecht eingeleitet werden.*   12
2. *Zunächst sollte die derzeitige Lage in den Mitgliedstaaten der Gemeinschaft untersucht werden, wobei der Schwerpunkt auf den außergerichtlichen Streitbeilegungsverfahren unter Ausschluß der Schiedsverfahren zu liegen hätte. (...)*
3. *Die Kommission wird ersucht, auf der Grundlage der zusammengetragenen Daten spätestens bis 2001 ein Grünbuch zu erarbeiten und vorzulegen, das eine Analyse der gegenwärtigen Lage enthält und mit dem ein umfassender Konsultationsprozeß mit dem Ziel konkreter Maßnahmen eingeleitet werden soll.*
4. *Vorrang wird das Bemühen um Aufstellung allgemeiner oder auch speziell auf bestimmte Bereiche zugeschnittener grundlegender Prinzipien haben, die die erforderlichen Garantien dafür bieten sollen, daß die Streitbeilegung durch außergerichtliche Instanzen den für die Rechtspflege gebotenen Grad an Verläßlichkeit bietet.«*

Der Europäische Rat hat im Juni 2000 nachdrücklich auf die **Bedeutung alternativer**   13
Streitbeilegungsverfahren im Hinblick auf den elektronischen Geschäftsverkehr[36] und im Dezember 2001 im Hinblick auf soziale Konflikte,[37] insbesondere soziale Konflikte grenzüberschreitender Art auf freiwillige Schlichtungsmechanismen hingewiesen, hierbei aber ausdrücklich die Art der Schlichtung nicht eingeschränkt, sondern auch z. B. für Schiedsverfahren offen gelassen.[38] Trotz dieser Entwicklung hat der Rat im Dezember 2000 bei Erlass der Verordnung über die gerichtliche Zuständigkeit und die Anerkennung und Vollstreckung von Entscheidungen in Zivil- und Handelssachen (»Brüssel-I«)[39] die Vorschläge des Europäischen Parlaments[40] zur Berücksichtigung der

---

36 Art. 17 der Richtlinie über den elektronischen Geschäftsverkehr 2000/31/EG des Europäischen Parlaments und des Rates v. 8. Juni 2000, ABl. L 178 v. 17. 07. 2000, S. 1.
37 Vgl. Rn. 25 der Schlussfolgerungen des Vorsitzes, Europäischer Rat (Laeken) am 14./15. 12. 2001.
38 Auch in anderen EU-Rechtsakten fand die alternative Streitbeilegung Eingang. Insoweit wird auf die Zusammenstellung in Rn. 28 im »Grünbuch über alternative Verfahren zur Streitbeilegung im Zivil- und Handelsrecht« v. 19. 04. 2002 verwiesen (Grünbuch 2002); es finden sich aber keine Hinweise auf ADR-Verfahren unter Ausschluss der hinlänglich bekannten Schlichtungsverfahren. »Die Mitgliedstaaten ermutigen die für die außergerichtliche Beilegung von Rechtsstreitigkeiten geschaffenen öffentlichen und privaten Einrichtungen zur Kooperation im Hinblick auf die Beilegung grenzübergreifender Rechtsstreitigkeiten;« heißt es z. B. lapidar in Art. 10 Vorschlag für eine Richtlinie des Europäischen Parlaments und des Rates über den Fernabsatz von Finanzdienstleistungen an Verbraucher und zur Änderung der Richtlinie 90/619/EWG des Rates und der Richtlinien 97/7/EG und 98/27/EG; ABl. C 385 v. 11. 12. 1998, S. 10.
39 Verordnung/EG Nr. 44/2001 des Rates v. 22. 12. 2000 über die gerichtliche Zuständigkeit und die Anerkennung und Vollstreckung von Entscheidungen in Zivil- und Handelssachen; ABl. L 12 v. 16. 01. 2001, S. 1.
40 Vorschlag für eine Verordnung des Rates über die gerichtliche Zuständigkeit und die Anerkennung und Vollstreckung von Entscheidungen in Zivil- und Handelssachen;

alternativen Streitbeilegung völlig unbeachtet gelassen. So hatte das Parlament angeregt, dass jede Streitsache einer außergerichtlichen Streitbeilegungsstelle übergeben werden[41] und ein dort geschlossener Vergleich vollstreckbar sein sollte.[42] Begründet wurde diese Ablehnung mit verfassungsrechtlichen Problemen innerhalb einiger EU-Mitgliedstaaten, dem Mangel an den nötigen Strukturen für die Durchführung von alternativen Streitbeilegungsverfahren und Problemen im Verhältnis dieser Verfahren zu gerichtlichen Verfahren, z. B. auch im Bereich der Verjährung.[43] Rat und Kommission wiesen aber in einer gemeinsamen Erklärung[44] auf die Bedeutung der alternativen Streitbeilegung hin.

14 Die **Entwicklungen bis zum Jahre 2000** zeigen, dass es bereits konkrete Bestrebungen gab, Verfahren über alternative Streitbeilegung innerhalb der EU und in den unterschiedlichen EU-Mitgliedstaaten zu etablieren. Es handelte sich dabei allerdings um Verfahren, bei denen die Verfahrensverantwortlichen immer eine Entscheidungskompetenz besaßen und somit den klassischen gerichtlichen Verfahren ähnlicher waren als einem Mediationsverfahren. Innerhalb der EU-Organe hielt man zu dieser Zeit gedanklich noch an den zu einem Rechtsstaat gehörenden gerichtlichen Verfahrensstrukturen fest und dachte weniger an selbstständige, freiwillige und insbesondere eigenverantwortliche Streitbeilegungsverfahren, wie die Mediation. Die Ursache, Mediation noch auszuklammern, bestand in dem Dilemma, in dem sich der europäische Gesetzgeber befand: einerseits war es seine Pflicht, den freien Personenverkehr und das reibungslose Funktionieren des Binnenmarktes innerhalb der EU über die Ländergrenzen hinweg zu gewährleisten und andererseits durfte bei grenzüberschreitenden Konflikten das grundlegende Prinzip des freien Zugangs zum Recht für jeden EU-Bürger nicht dadurch gefährdet werden, dass es kein einheitliches Recht innerhalb der EU gibt. Mangels einheitlichem materiellen Rechts sowie Fehlens eines einheitlichen Verfahrensrechts konnte der europäische Gesetzgeber nicht zulassen, dass die Verwirklichung der Freiheitsrechte der EU-Bürger zwar zu einer Stärkung der Rechte des einzelnen EU-Bürgers führt, gleichzeitig aber Konflikte aus eben diesen neu gewonnenen Rechten nicht beherrscht werden konnten.

15 Daher war der europäische Gesetzgeber gezwungen, über alternative Streitbeilegungsverfahren nachzudenken. Es handelt sich hier um das Spannungsfeld, Freiheitsrechte durch den Abbau nationalstaatlicher Schranken zu gewähren, die EU-Mitgliedstaaten aber nicht zeitgleich zur Anpassung des Rechts oder auch zur Einigung auf einheitliche

---

ABl. C 146 v. 17. 05. 2001, S. 94.
41 Vorschlag für eine Verordnung des Rates über die gerichtliche Zuständigkeit und die Anerkennung und Vollstreckung von Entscheidungen in Zivil- und Handelssachen; ABl. C 146 v. 17. 05. 2001, S. 98.
42 Vorschlag für eine Verordnung des Rates über die gerichtliche Zuständigkeit und die Anerkennung und Vollstreckung von Entscheidungen in Zivil- und Handelssachen; ABl. C 146 v. 17. 05. 2001, S. 100.
43 Grünbuch 2002, S. 22.
44 Gemeinsame Erklärung des Rates und der Kommission zu den Artikeln 15 und 73 der Verordnung aufgenommen in das Protokoll v. 22. 12. 2000, vgl. Grünbuch 2002, S. 12.

A. Entstehungsprozess der Richtlinie 2008/52/EG   **Teil 7**

Rechtssysteme anhalten zu können. Alternative Streitbeilegungsverfahren füllen somit ein von der EU und deren Mitgliedstaaten geschaffenes rechtsstaatliches Vakuum aus.

III. Grünbuch 2002

Am 29. Mai 2000 wurde die Kommission vom Europäischen Rat[45] beauftragt, bis spätestens 2001 ein Grünbuch über alternative Verfahren zur Streitbeilegung im Zivil- und Handelsrecht unter Ausschluss der Schiedsverfahren einschließlich einer Analyse der gegenwärtigen Lage in den EU-Mitgliedstaaten vorzulegen, dem sich ein Beratungsprozess mit dem Ziel, konkrete Maßnahmen einzuleiten, anschließen sollte. 16

1. Inhalt

Die Kommission hat daraufhin eine **Bestandsaufnahme** in den EU-Mitgliedstaaten durchgeführt. Dabei sollte die bereits vorhandene Verankerung von ADR-Verfahren in Form gesetzlicher Rahmenregelungen oder als zivilprozessuale Möglichkeit, die neben bereits anhängigen Gerichtsverfahren genutzt wurden, festgestellt werden. Das »Grünbuch über alternative Verfahren zur Streitbeilegung im Zivil- und Handelsrecht«[46] wurde am 19. 4. 2002 von der Kommission der Europäischen Gemeinschaft vorgelegt. Darin wurde u. a. festgestellt, dass es zum damaligen Zeitpunkt in den Mitgliedstaaten gesetzliche Rahmenregelungen weder zu gerichtlichen noch zu außergerichtlichen ADR-Verfahren gab und nur in wenigen Staaten geplant waren, aber in zahlreichen Staaten bereits Pilotprojekte zu gerichtlichen ADR-Verfahren existierten.[47] Das Grünbuch 2002 regte an, die bereits vorhandenen Initiativen zu außergerichtlichen Streitbeilegungsverfahren im Bereich der grenzüberschreitenden Familienstreitigkeiten zu nutzen und auch auf dem Gebiet des Arbeitsrechts »Maßnahmen zur Förderung von ADR« zu ergreifen.[48] 17

Als wesentliche Aspekte für die Beurteilung von ADR-Verfahren wurden Fragen im Zusammenhang mit dem Zugang zum Recht für jedermann, über die »Reichweite der Vertragsklauseln zur Inanspruchnahme von ADR, Verjährungsfristen, Vertraulichkeit, Wirksamkeit von ADR und die Verantwortung der ADR-Verantwortlichen«[49] identifiziert. So sah die Kommission die Frage, ob eine **Verpflichtung zur Teilnahme** an einem ADR-Verfahren zulässig sein sollte, sehr kritisch. Denn zum einen würde dies das den Parteien zustehende Recht (im Sinne von Art. 6 Abs. 1 EMRK und Art. 47 Charta der Grundrechte der Europäischen Union[50]) auf freien Zugang zur Justiz neh- 18

---

45 Alternative Streitbeilegungsverfahren im Zivil- und Handelsrecht – Schlussfolgerungen, S. 5; in Mitteilungen an die Presse über 2266. Tagung des Rates Justiz und Inneres v. 29. 05. 2000; 8832/00 (Presse 183).
46 KOM (2002) 196, endgültig, nachfolgend »Grünbuch 2002«.
47 Grünbuch 2002, S. 14 f. mit zahlreichen Hinweisen.
48 Grünbuch 2002, S. 23 – 25, auf die dortige Übersicht wird verwiesen.
49 Grünbuch 2002, S. 27.
50 Grünbuch 2002, S. 27.

Pielsticker   1107

men und zum anderen hinge »der Erfolg des Verfahrens von der Kooperationsbereitschaft der Beteiligten« ab.[51] Der freie Zugang zur Justiz sei zudem genommen oder erschwert, wenn bei einem Rückgriff auf ADR-Verfahren Klage- und Verjährungsfristen weiterlaufen würden. Zur Förderung der alternativen Streitbeilegung wäre somit eine Änderung der zivilprozessrechtlichen Verjährungsfristen erforderlich.[52]

19 Besonderen Raum nahmen die Ausführungen zu den **Fragen der Qualitätsnormen** ein. So sei ADR »zwar flexibel«, doch müssten gewisse Qualitätsnormen und Verfahrensgrundsätze beachtet werden.[53] Es solle gewährleistet werden, »dass ADR den Parteien gewisse Mindestgarantien wie Unabhängigkeit, Unparteilichkeit, Transparenz, Effizienz und Achtung des Rechts bietet. Dadurch wird die Glaubwürdigkeit der Organe gestärkt, die diesen Kriterien entsprechen.«[54] Wobei diese Prinzipien strenger sein sollten, wenn der ADR-Verantwortliche bei den Verhandlungen formell interveniert und aktiv an der Lösungssuche beteiligt ist. Denn dann müssten auch die Prinzipien eines kontradiktorischen[55] Verfahrens Berücksichtigung finden. Diese Verfahrensgarantien könnten gesetzlich oder in Form von Verhaltenskodizes bzw. berufsethischen Regeln festgelegt werden.[56] Festgestellt wurde ferner, dass wichtigste Voraussetzung für den Erfolg von ADR-Verfahren ein hohes Maß an Vertraulichkeit im Hinblick auf die schriftlich oder mündlich ausgetauschten Informationen sei. So sollten entsprechende Informationen bei einem späteren Schieds- oder Gerichtsverfahren als Beweismittel nicht zugelassen werden. Diese Vertraulichkeit werde von den Parteien, wie auch von den ADR-Verantwortlichen eingefordert, die auch in derselben Sache grundsätzlich nicht als Zeugen oder Schiedsrichter heranzuziehen seien, falls das ADR-Verfahren scheitern sollte.[57] Als unbedingt erforderlich wurde die Notwendigkeit gesehen, dass die in einem ADR-Verfahren getroffene Vereinbarung auch dauerhaft Gültigkeit erlange und nicht bei Gericht angefochten werde. Hier wurde angeregt, eine Vereinbarung erst nach einer bestimmten Bedenkzeit zu unterzeichnen oder diese nach Ablauf einer Rücktrittsfrist wirksam werden zu lassen. Auch wurde die Möglichkeit gesehen, die Vereinbarung nach einer Anerkennungsfrist überprüfen und gleichzeitig durch einen Notar oder Richter als Vollstreckungstitel bestätigen zu lassen.[58] Die Effizienz der ADR-Verfahren werde gerade bei grenzüberschreitenden Streitigkeiten maßgeblich von der rechtlichen Bewertung der Tragweite der erzielten Einigung abhängen, die in den EU-Mitgliedstaaten sehr unterschiedlich sei. So sei es nicht nur notwendig, dass die in einem ADR-Verfahren erzielten Vereinbarungen mit einem Vollstreckungstitel ver-

---

51 Grünbuch 2002, S. 28.
52 Grünbuch 2002, S. 29.
53 Grünbuch 2002, S. 30.
54 Grünbuch 2002, S. 30.
55 Das bedeutet u. a. uneingeschränkte Transparenz über das Vorgehen der anderen Partei, Kenntnis von allen Dokumenten und Beweisen.
56 Grünbuch 2002, S. 31.
57 Grünbuch 2002, S. 32.
58 Grünbuch 2002, S. 33, 34.

sehen würden, sondern dass dieser Vollstreckungstitel auch von einer staatlich anerkannten Stelle, z. B. einem Gericht oder einem Notar, erteilt werde.[59]

Im Hinblick auf die **Ausbildung der ADR-Verantwortlichen**, z. B. des Mediators oder Richters, wurde festgestellt, dass die Qualität der alternativen Streitbeilegung in erster Linie von der Kompetenz der Personen abhänge, die diese Verfahren leiten, und dass daher deren Fachausbildung für die »Leistungsfähigkeit der ADR, ihre Qualität und damit für den Schutz der ADR-Nutzer« eine »herausragende Rolle« spiele.[60] Das beinhalte auch Fortbildung, Zulassung und Zertifizierung, Aufstellen von Verhaltenskodizes und Verfahrensregeln, insbesondere dann, wenn die ADR-Verantwortlichen keinem »reglementierten Berufsstand« angehören.[61] So haben die EU-Mitgliedstaaten dafür zu sorgen, dass es »Mindestgarantien für die Qualifikation der ADR-Verantwortlichen gibt.«[62] Abschließend wurde die Frage nach der Haftung der ADR-Verantwortlichen gestellt, wenn diesen z. B. Unregelmäßigkeiten, wie einen Verstoß gegen die Vertraulichkeitspflicht oder die Parteinahme zugunsten eines Beteiligten, vorgeworfen werden können.[63]

20

2. Gründe für den Regelungsbedarf

Das Grünbuch 2002 war u. a. eine **Bestandsaufnahme über Notwendigkeit und Anwendung** alternativer Streitbeilegungsverfahren in den EU-Mitgliedstaaten. Die eigentliche Bedeutung des Grünbuchs 2002 lag darin, dass man Regularien identifizieren wollte, die notwendig erschienen, um alternative Streitbeilegungsverfahren bei grenzüberschreitenden Fällen im Ergebnis eine ähnliche rechtliche Wirkung zu geben wie nationalen gerichtlichen Verfahren. Dabei handelt es sich ganz wesentlich um die Fragen der Durchsetzbarkeit einer Entscheidung oder einer Einigung in einem ADR-Verfahren, also die Vollstreckbarkeit. Denn der Wert einer gerichtlichen Entscheidung wurde neben der rechtsstaatlichen Entscheidung in der Möglichkeit gesehen, das Ergebnis eines gerichtlichen Verfahrens auch mit staatlichen Sanktionen durchsetzen zu können. Dies auch für eine Entscheidung oder Vereinbarung in einem ADR-Verfahren zu gewährleisten, musste daher im Interesse des EU-Gesetzgebers liegen, um solchen Verfahren nicht von vornherein eine geringere Qualität als den Gerichtsverfahren zu geben. Weiterhin muss den Parteien der zwar mühevolle und schwierige, aber für internationale Streitigkeiten bereits vorhandene Rechtsweg für den Fall des Scheiterns der alternativen Streitbeilegung eröffnet bleiben. Dies setzt Änderungen der Verjährungsvorschriften in den EU-Mitgliedstaaten voraus.

21

Warum die Europäische Kommission und der europäische Gesetzgeber eine Bestandsaufnahme in Form eines Grünbuches als notwendig ansahen, hatte folgenden **Grund**: Einerseits wollte man nach Gestaltung eines einheitlichen Wirtschafsraums und der

22

---

59 Grünbuch 2002, S. 34, 35.
60 Grünbuch 2002, S. 36, 37.
61 Grünbuch 2002, S. 37.
62 Grünbuch 2002, S. 37.
63 Grünbuch 2002, S. 38.

Teil 7 Europäische Regelungen

zwischenzeitlich auch erreichten Schaffung eines Raums der Freiheit, der Sicherheit und des Rechts[64] durch den weiteren Abbau nationalstaatlicher Schranken die Grundrechte der EU-Bürger, z. B. auf Niederlassungsfreiheit innerhalb der EU und den freien Binnenmarkt weiter ausbauen und stärken. Dies erforderte aber zumindest in bestimmten Bereichen ein Rechtsinstrumentarium, das anders als der Wirtschafsverkehr nicht vor Staatsgrenzen Halt macht. Da der europäische Gesetzgeber sich am vorhandenen EU-Recht, den allgemeinen Grundsätzen der Rechtsstaatlichkeit und den grundsätzlichen Rechtsprinzipien auszurichten hatte, wurde dort sein Handeln, die Ziele und Grundrechte der EU-Bürger durchzusetzen, eingeschränkt, wo ihm die grenzüberschreitende Gesetzgebungskompetenz fehlte. Diesem Rechtsvakuum, die EU-Mitgliedstaaten nicht zur Anpassung ihres nationalstaatlichen Rechts oder zur Einigung auf einheitliche EU-Rechtssysteme anhalten zu können, dem man auch nicht mit bereits bestehenden internationalen Rechtsvorschriften ausreichend und angemessen begegnen konnte, musste man pragmatisch begegnen, wenn man die Stärkung der persönlichen Freiheitsrechte des Einzelnen in einem freien Binnenmarkt weiter fördern wollte.

23 Eine solche rein pragmatische Lösung bieten die ADR-Verfahren in diesem Zusammenhang an. Auch wenn grundsätzlich das Handeln der EU-Kommission und des EU-Gesetzgebers rechtlichen Vorgaben folgt, was auf dem Weg bis zum Erlass der EUMed-RL immer deutlicher wurde, ist hierin das eigentliche Interesse an ADR-Verfahren zu sehen, ein **Interesse**, das sich am **europäischen Gemeinwohl** ausrichtet.

3. Diskussion über Grünbuch 2002

24 Das Grünbuch 2002 enthielt einen **Katalog von 21 Fragen** und interessierte Kreise, Verbände, berufsständige Organisationen waren eingeladen, diese zu beantworten sowie allgemeine Stellungnahmen abzugeben. Bereits bis zum 31. Januar 2003 hatten 160 »Regierungen von Mitgliedstaaten und Drittländern, verschiedene EU-Ausschüsse, Anbieter allgemeiner oder spezieller ADR-Leistungen (Einzelpersonen oder Vereinigungen), Schulungs- oder Informationsstrukturen im Bereich ADR, Hochschulen, Richter, Anwaltskammern und -kanzleien, Notariate, Handelskammern, Berufsverbände, Handelsgesellschaften und Verbraucherverbände«[65] den Fragenkatalog beantwortet und Stellungnahmen abgegeben. Bei einer Anhörung am 21. Februar 2003 wurde mit der Kommission und ca. 200 Teilnehmern über die Stellungnahmen und das Grünbuch diskutiert.

25 Der **Tenor der Reaktionen** war grundsätzlich **positiv**; u. a. wurde festgestellt: »die ADR-Verfahren sind per se von Nutzen und müssen nicht unbedingt als Lösung für

---

64 Zur Definition dieser Begriffe vgl. Aktionsplan des Rates und der Kommission zur bestmöglichen Umsetzung der Bestimmungen des Amsterdamer Vertrags über den Aufbau eines Raums der Freiheit, der Sicherheit und des Rechts v. 03. 12. 1998; ABl. C 19 v. 23. 01. 1999, S. 1.

65 Zusammenfassung der Antworten zum Grünbuch über alternative Verfahren zur Streitbeilegung im Zivil- und Handelsrecht v. 31. 01. 2003 (nachfolgend: Antworten zum Grünbuch 2002).

A. Entstehungsprozess der Richtlinie 2008/52/EG   **Teil 7**

die Probleme im Zusammenhang mit dem Zugang zum Recht angesehen werden.«⁶⁶ Insbesondere EU-Institutionen wiesen in ihren Stellungnahmen häufig auf die grundsätzliche Bedeutung des Prinzips der Rechtsstaatlichkeit hin und dass europäische Reglungen über ADR nicht zu einer Beeinträchtigung des Grundrechts der Bürger auf freien Zugang zum Recht und zur Justiz führen,⁶⁷ ihnen also nicht das »*right to their day in court*« entzogen werden dürfe.⁶⁸

Dem stand die eher einem **pragmatischen Ansatz** folgende Überzeugung der Rechts- 26 anwaltschaft gegenüber, dass ADR als Verfahren nur als Ausdruck der Vertragsfreiheit zu sehen sei und die Entscheidung über die Durchführung eines solchen Verfahrens sehr wohl durch die beratenden Rechtsanwälte getroffen werden sollte.⁶⁹ Diese Betonung der in Art. 2 Abs. 1 GG verfassungsrechtlich geschützten allgemeinen Handlungsfreiheit der Parteien (Privatautonomie) steht dem Prinzip der Rechtsstaatlichkeit und des freien Zugangs zur Justiz nicht entgegen, sondern sieht darin eine den Parteien nie zu nehmende Möglichkeit, ihre Konflikte selber ohne staatliche Aufsicht oder Reglementierung so zu lösen, wie es tagtäglich mit den meisten Konflikten geschieht, nämlich untereinander.

Übereinstimmung zeigten die Stellungnahmen in der Auffassung, dass der Gegenstand 27 einer Regelung sowohl fachliche als auch soziale Aspekte beinhaltet und die Debatte daher nicht nur juristisch, sondern auch politisch ausgerichtet sei.⁷⁰ Zur Frage, welche Regelungen getroffen werden müssten, gab es allerdings keine Präferenzen; insoweit sind die Ansichten vielmehr »*auffallend verschieden*.«⁷¹ So wurde vorgeschlagen, dass man sich bei einer zukünftigen Richtlinie auf ADR-Formen – meist war Mediation gemeint – beschränken sollte, bei denen der ADR-Verantwortliche die Parteien bei der Lösungssuche unterstützt, aber keine eigenen Lösungsvorschläge macht.⁷²

---

66 Antworten zum Grünbuch 2002, S. 1.
67 Opinion of the Committee on Citizens Freedoms and Rights, Justice and Home Affairs for the Committee on Legal Affairs and the Internal Market on the Commission Green Paper on alternative dispute resolution in civil and commercial law, 18. 02. 2003; Verordnung/EG Nr. 44/2001 des Rates v. 22. 12. 2000 über die gerichtliche Zuständigkeit und die Anerkennung und Vollstreckung von Entscheidungen in Zivil- und Handelssachen; ABl. L. 12 v. 16. 01. 2001, S. 1; Report on the Commission Green Paper on alternative dispute resolution in civil and commercial law of the Committee on Legal Affairs and the Internal Market, 21. 02. 2003.
68 Report on the Commission Green Paper on alternative dispute resolution in civil and commercial law of the Committee on Legal Affairs and the Internal Market, 21. 02. 2003.
69 Response of the CCBE to the European Commission's Green Paper, Verordnung/EG Nr. 44/2001 des Rates v. 22. 12. 2000 über die gerichtliche Zuständigkeit und die Anerkennung und Vollstreckung von Entscheidungen in Zivil- und Handelssachen; ABl. L. 12 v. 16. 01. 2001, S. 2, 3.
70 Antworten zum Grünbuch 2002, S. 1.
71 Antworten zum Grünbuch 2002, S. 1.
72 Antworten zum Grünbuch 2002, S. 1.

Teil 7 Europäische Regelungen

28 Interessant war die Feststellung, dass in den **EU-Mitgliedstaaten** die **Ausgangssituationen** in Bezug auf ADR-Verfahren sehr **unterschiedlich** seien. Wenig Bedarf an einer Weiterentwicklung der ADR-Verfahren hatte man in den Mitgliedstaaten, in denen die Gerichtsverfahren Zeit und Kosten effizient sind. Dort, wo dagegen das Justizsystem nicht ausreichend effizient ist und man über kaum entwickelte ADR-Verfahren verfügt, wurde eine EU-Richtlinie als erforderlich angesehen.[73] Viele waren der Auffassung, dass das, was auf nationaler Ebene im Bereich ADR schon erreicht worden sei, weder zur Disposition gestellt werden dürfte, noch sollte durch eine Richtlinie die Vertragsfreiheit der Parteien beeinträchtigt werden.[74]

29 Eine Mehrheit befürwortete, dass die **einzelnen Bereiche** (z. B. Zivil-, Handels-, Familiensachen) differenziert behandelt werden sollten (»*one does not fit all*«), wogegen andere eher einen **globalen Ansatz** im Rahmen von allgemeinen Grundsätzen vorschlugen, die für die unterschiedlichen Bereiche spezielle Regelungen vorsehen könnten.[75] Es wurde auch die Auffassung vertreten, dass ein Vorgehen durch die EU überhaupt nicht gerechtfertigt sei und sich die Frage nach einer Richtlinie zur Inanspruchnahme von ADR-Verfahren nicht stelle, da diese Verfahren ihre überzeugendste Wirkung hätten, wenn sie auf freiwilliger Basis durchgeführt würden und die Parteien jederzeit Verhandlungen beenden und sich an einen Richter oder Schiedsrichter wenden könnten.[76] Daher befürworteten einige die Verbindlichkeit einer ADR-Klausel, so dass ein gerichtliches oder schiedsgerichtliches Verfahren nur direkt in Anspruch genommen werden kann, wenn vorher das ADR-Verfahren eingeleitet wurde. Andere wollten ein ADR-Verfahren allein auf freiwilliger Basis durchführen.[77] Auch wurde eine Harmonisierung der einzelstaatlichen Rechtsvorschriften gefordert, damit die ADR-Klauseln in den EU-Mitgliedstaaten in rechtlicher Hinsicht gleichwertig seien.[78] Unterschiedliche Ansichten gab es auch hinsichtlich der berufsethischen Regeln. Einige hielten EU weite Regeln, einen europäischen Verhaltenskodex, eine ADR-Charta oder Mediationsregeln, für wünschenswert, andere wollten zwar vergleichbare Regeln, die aber von den einzelnen Berufsverbänden festgelegt werden sollten.[79]

30 Daneben wurden verschiedenen Vorschläge und Anmerkungen zu Fragen der Verjährung, eines möglichen Rücktritts oder der Einräumung einer Bedenkzeit vor Gültigkeit einer ADR-Vereinbarung und deren anschließender Vollstreckbarkeit sowie der Haftung der ADR-Verantwortlichen gemacht.[80]

---

73 Antworten zum Grünbuch 2002, S. 2.
74 Antworten zum Grünbuch 2002, S. 3.
75 Antworten zum Grünbuch 2002, S. 3.
76 Antworten zum Grünbuch 2002, S. 3.
77 Antworten zum Grünbuch 2002, S. 4.
78 Antworten zum Grünbuch 2002, S. 5.
79 Antworten zum Grünbuch 2002, S. 6.
80 Antworten zum Grünbuch 2002, S. 4, 5, 7, 8.

A. Entstehungsprozess der Richtlinie 2008/52/EG   Teil 7

4. Stellungnahmen zum Grünbuch

Die **Bundesrechtsanwaltskammer** hat im Februar 2003 in einer Stellungnahme[81] 31
u. a. die These vertreten, dass es bei einer stärkeren Inanspruchnahme von ADR-Verfahren nicht um »*die Förderung einer bestimmten Form von Konfliktbehandlung*«, sondern um »*die Optimierung des Systems der Streitbearbeitung insgesamt*« bei gleichzeitiger besonderer Hervorhebung der Mediation gehen sollte.[82] Hinsichtlich des Umfangs der rechtlichen Regulierung hieß es: »*So viel Gesetzgebung wie nötig, so wenig Gesetzgebung wie möglich.*«[83] Außerdem wurde empfohlen, dass das Gebot der Durchführung einer Mediation vor Beginn eines Gerichtsverfahrens eine prozesshindernde Einrede sein sollte, da dies die »*effektivste Sanktion zur Durchsetzung einer Mediationsabrede*«[84] sei.

Auch andere Gruppen, wie die Bundes-Arbeitsgemeinschaft für Familien-Mediation 32
(**BAFM**)[85] und der Bundesverband **Deutscher Psychologinnen und Psychologen** gaben Stellungnahmen ab.[86] So wurde die Zusammenarbeit von Anwälten mit anderen Berufsgruppen, insbesondere Psychologen, und die Beseitigung der rechtlichen Hindernisse (z. B. anwaltliches Standesrecht) als »intelligente Verzahnung« vorgeschlagen.[87] Der **Deutsche Richterbund**[88] sprach sich für alternative Streitbeilegungsverfahren, die allerdings nicht zwingend sein sollten, aus.

Die **europäischen Notare** (Conférence des Notariats de l'Union Européenne – CNUE) 33
hoben die besonderen Fähigkeiten der Notare hervor und meinten in Verkennung der Mediation: »Notare haben in der Streitbeilegung und in der Mediation schon immer eine entscheidende Rolle gespielt«.[89] Der Europäische Wirtschafts- und Sozialausschuss,[90]

---

81 Ausschuss Mediation und ZPO/GVG-Ausschuss der Bundesrechtsanwaltskammer, Februar 2003; (nachfolgend: Stellungnahme BRAK Februar 2003).
82 Stellungnahme BRAK Februar 2003, S. 2, 5.
83 Stellungnahme BRAK Februar 2003, S. 2, 5.
84 Stellungnahme BRAK Februar 2003, S. 10.
85 Stellungnahme der Bundes-Arbeitsgemeinschaft für Familien-Mediation (BAFM) zum Grünbuch der EU über alternative Verfahren zur Streitbeilegung v. 27. 09. 2002, S. 4, erhältlich über die BAFM in Berlin; (nachfolgend: Stellungnahme BAFM September 2002).
86 Stellungnahme BAFM September 2002, S. 7.
87 Stellungnahme BAFM September 2002, S. 7.
88 Stellungnahme des Deutschen Richterbundes zum Grünbuch der EU-Kommission über ein europäisches Mahnverfahren und über Maßnahmen zur einfacheren und schnelleren Beilegung von Streitigkeiten mit geringem Streitwert April 2003; zu Frage 40.
89 »Das europäische Notariat möchte betonen, dass der Notar aufgrund seiner öffentlichen Funktion und seiner unparteiischen Beratungstätigkeit in der täglichen Ausübung seines Berufes die Rolle des Mediators übernimmt. Immer, wenn er eine Urkunde erstellt, ist er darum bemüht, die Interessen der Beteiligten auszugleichen, um einen ausgewogenen und rechtmäßigen Vertrag zu erstellen.« vgl. Antwort v. 18. 10. 2002 der CNUE auf das Grünbuch über alternative Verfahren zur Streitbeilegung im Zivil- und Handelsrecht KOM(2002) 196 endgültig v. 19. 04. 2002, S. 1, 2.
90 Opinion of the European Economic and Social Committee on the Green Paper on alternative dispute resolution in civil and commercial law (COM[2002] 196 final).

Pielsticker 1113

Teil 7   Europäische Regelungen

der Ausschusses für bürgerliche Freiheiten, Justiz und Inneres des Europäischen Parlaments[91] und der Ausschusses für Recht und Binnenmarkt des Europäischen Parlaments[92] äußerten übereinstimmend, dass grundsätzlich der Zugang zum Recht neben der uneingeschränkten Niederlassungsfreiheit innerhalb der EU als fundamentale EU-Grundrechte gewährleisten sein müssten. Es dürfe den Bürgern ihr »*right to their day in court*« nicht entzogen werden.[93] Um unterschiedliche Vorschriften in den EU-Mitgliedstaaten unfaire Konsequenzen für die Bürger zu vermeiden, wurde von beiden Ausschüssen ein Mindestmaß an gesetzlichen Vorgaben für ADR für erforderlich gehalten.[94]

34   Zahlreiche **andere öffentliche Institutionen, private Verbände** und Gruppen sowie Privatpersonen[95] aus allen EU-Mitgliedstaaten gaben Stellungnahmen ab. Die britische ADR Group war gegen die Einflussnahme der EU auf die Durchführung der Mediationsverfahren in Großbritannien.[96] Auch das Britische House of Commons zeigte sich in einer Stellungnahme vom 1. November 2002[97] ablehnend gegenüber einer europäischen Regelung der Mediation und bestätigte damit die ablehnende Haltung der britischen Regierung: »*Government's overall response to the questions posed by the Commission is that the regulation of ADR is to be avoided, and that this view is broadly supported by the other UK respondents to the Green Paper ..(…) We agree with the points made in the reply, in particular that ADR depends on the agreement of the parties, and that to regulate the process at EU level would be inappropriate.*«[98]

35   Auch **international tätige Wirtschaftskonzerne** setzten sich mit dem Grünbuch 2002 auseinander. Das in den Vereinigten Staaten ansässige CPR International Institute for Conflict Prevention and Resolution (CPR)[99] begrüßte mit großer Unterstützung eini-

---

91   Opinion of the Committee on Citizens‹ Freedoms and Rights, Justice and Home Affairs for the Committee on Legal Affairs and the Internal Market on the Commission Green Paper on alternative dispute resolution in civil and commercial law, 18. 02. 2003.
92   Report on the Commission Green Paper on alternative dispute resolution in civil and commercial law of the Committee on Legal Affairs and the Internal Market, 21. 02. 2003.
93   Report on the Commission Green Paper on alternative dispute resolution in civil and commercial law of the Committee on Legal Affairs and the Internal Market, 21. 02. 2003.
94   Opinion of the Committee on Citizens‹ Freedoms and Rights, Justice and Home Affairs for the Committee on Legal Affairs and the Internal Market on the Commission Green Paper on alternative dispute resolution in civil and commercial law, 18. 02. 2003; Report of the Committee on Legal Affairs and the Internal Market 2003.
95   Hier sei besonders auf die Stellungnahme von *Butler*, Draft Directive on Mediation, S. 7, hingewiesen, dessen Ergebnis wie folgt lautet: »The Directive is a desirable innovation. It should apply to all disputes, not just to cross-border disputes. There are still serious problems with the details.«.
96   ADR Group am 29. 10. 2002.
97   Parlament des Vereinigten Königreiches, http://www.publications.parliament.uk.
98   Parlament des Vereinigten Königreiches, http://www.publications.parliament.uk.
99   »CPR Institute for Dispute Resolution (www.cpradr.org) is a nonprofit educational and research organization founded in 1979. It is funded by a coalition of approximately 500 corporations and law firms. CPR's mission is to provide information and services to its membership, and to the public at large, regarding alternatives to litigation of complex

ger Mitgliedsunternehmen die Initiative:[100] »*The highly positive and creative approach taken by the Commission in the Green Paper is very much appreciated by CPR and the Endorsing Corporations. We applaud the initiative of the Commission to explore new ways to ensure widespread use of ADR. (…) The Endorsing Corporations have an immediate and vital commercial interest in their relationships with customers, suppliers, trading partners, competitors, regulatory agencies, and other entities with whom occasional disputes are unavoidable, and consider the Green Paper to be a substantial contribution to the discourse of making dispute resolution more efficient, more fair and more conducive to the resumption of mutually beneficial commercial relationships. All of the Endorsing Corporations would like to see substantial growth in commercial ADR in the EU.*«[101]

Nach Ansicht der CPR sei die geringe Verbreitung der kommerziellen ADR-Verfahren auf die Unkenntnis bei insbesondere kleinen und mittelständischen Unternehmen, die den wirtschaftlichen Vorteil noch nicht erkannt hätten, zurückzuführen und auch staatlichen juristischen Einrichtungen gelinge es nicht, ADR zu verbreiten. Dies wiederum führe nach Ansicht der CPR sogar zu einem »*tangible and measurable brake on economic growth throughout the European Union.*«[102] 36

Das **Council of the Bars and Law Societies of the European Union** (CCBE)[103] kritisierte, dass ADR als reine Verfahrensmethode angesehen würde, um den Bürgern der EU den Zugang zum Recht (»*access to justice project*«)[104] zu gewährleisten. ADR sollte vielmehr als ein »*private autonomy and service delivery project*«[105] gesehen werden, bei dem die Parteien von ihrer Vertragsfreiheit in einem Bereich Gebrauch machen, in 37

---

private and public disputes. The CPR Corporate Pledge, pursuant to which companies agree to consider alternatives to litigation in disputes with other signatories, has been endorsed on behalf of over 4,000 companies around the world.« vgl. www.cpradr.org.

100 Z.B. Akzo Nobel N.V., British American Tobacco (Holdings) Limited, Fiat S.p.A., General Electric Company, Johnson & Johnson und Nestlé S.A.; vgl. Response to the European Commission's Green Paper on Alternative Dispute Resolution in Civil and Commercial Law, International Institute for Conflict Prevention & Resolution; www.cpradr.org.

101 Response to the European Commission's Green Paper on Alternative Dispute Resolution in Civil and Commercial Law, International Institute for Conflict Prevention & Resolution, S. 2.

102 Response to the European Commission's Green Paper on Alternative Dispute Resolution in Civil and Commercial Law, International Institute for Conflict Prevention & Resolution, S. 3.

103 Council of the Bars and Law Societies of the European Union/Rat der Europäischen Anwaltschaften (CCBE); www.ccbe.org. CCBE vertritt in Europa mehr als 1.000.000 Rechtsanwälte. Mitglieder sind auch die deutsche Bundesrechtsanwaltskammer und der Deutsche Anwaltsverein e.V.

104 Response of the CCBE to the European Commission's Green Paper on Alternative Dispute Resolution in Civil and Commercial Law of April 19, 2002, v. 10. 10. 2002, S. 2, www.ccbe.org.

105 Response of the CCBE to the European Commission's Green Paper on Alternative Dispute Resolution in Civil and Commercial Law of April 19, 2002, v. 10. 10. 2002, S. 2.

dem ansonsten Gerichte oder Schiedsgerichte Entscheidungen treffen. Diese Vertragsfreiheit sei in dem höchst möglichen Maße zu schützen. Schon die Festlegung von Mindeststandards, wie in Österreich oder Ungarn, führe zu einer Überregulierung.[106] Die Entscheidung, ob ein Konflikt vor Gericht ausgetragen oder in der Mediation gelöst werden kann, soll allein von dem beratenden Rechtsanwalt getroffen werden, der auch den Mediator auswählt, das Verfahren überwacht und bewertet, die nötigen Informationen für das Verfahren zusammenträgt und die Mediationsvereinbarung entwerfen sollte.[107]

IV. Europäischer Verhaltenskodex für Mediatoren

38 Bereits am 26. September 2003 bei Beratungen über das weitere Vorgehen kündigte die Europäische Kommission an, dass sie eine Mediationsrichtlinie und einen Verhaltenskodex für Mediatoren erarbeiten werde.[108] Der nächste Schritt auf dem Wege zur EUMed-RL war nun nicht der erste Entwurf einer solchen Richtlinie, sondern die Verabschiedung des angekündigten Verhaltenskodex für Mediatoren, genannt »**Europäischer Verhaltenskodex für Mediatoren**« (»European Code of Conduct for Mediators«), der am 2. Juli 2004 von der Europäischen Kommission veröffentlicht wurde – allerdings nicht im Amtsblatt, da der Kodex kein Rechtsakt der EU-Organe ist. Dieser Kodex war in Zusammenarbeit mit zahlreichen interessierten Gruppen, Einzelpersonen und Mediatoren erarbeitet und auf einer Expertentagung auf europäischer Ebene angenommen worden.[109] Er enthielt einen Katalog von Prinzipien über die Kompetenz und Ernennung von Mediatoren, Unabhängigkeit und Unparteilichkeit, Mediationsvereinbarung, Verfahren, Mediationsregelung und Vergütung sowie über Vertraulichkeit. Dazu gehörte u. a. die absolute Unparteilichkeit der Mediatoren (Ziff. 2 des Verhaltenskodex), die Durchführung eines fairen Verfahrens (Ziff. 3.2 des Verhaltenskodex) und die Pflicht des Mediators, alle alles zu tun, damit eine einvernehmliche Einigung der Parteien erreicht werden kann (Ziff. 3.3 des Verhaltenskodex). Zahlreiche Mediatoren und Mediationsverbände berufen sich mittlerweile u. a. auf ihren Internetseiten auf den Europäischen Verhaltenskodex für Mediatoren.

V. Erster Entwurf der EU-Mediationsrichtlinie 2004

1. Allgemeines

39 Nur wenige Monate nach Erlass des Europäischen Verhaltenskodex für Mediatoren legte die Europäische Kommission am 22. Oktober 2004 einen »**Vorschlag für eine Richtlinie** des Europäischen Parlaments und des Rates über bestimmte Aspekte der

---

106 Response of the CCBE to the European Commission's Green Paper on Alternative Dispute Resolution in Civil and Commercial Law of April 19, 2002, v. 10. 10. 2002, S. 2.
107 Response of the CCBE to the European Commission's Green Paper on Alternative Dispute Resolution in Civil and Commercial Law of April 19, 2002, v. 10. 10. 2002, S. 2.
108 *Duve* AnwBl. 2004, 1 (3).
109 Ausführungen der Europäischen Kommission.

A. Entstehungsprozess der Richtlinie 2008/52/EG **Teil 7**

Mediation in Zivil- und Handelssachen«[110] (nachfolgend auch nur: Vorschlag) vor, und zwar unter Bezugnahme auf das Grünbuch 2002. Zur Sicherstellung eines besseren Zugangs zum Recht schlägt die Kommission vor, den Zugang zu Streitschlichtung zu erleichtern, indem ein geeignetes Verhältnis zwischen der Mediation und Gerichtsverfahren sichergestellt sowie den Gerichten der Mitgliedstaaten die Möglichkeit gegeben wird, die Anwendung der Mediation aktiv zu fördern.[111] Artikel 1 Abs. 1 des Vorschlags lautet:

»Ziel dieser Richtlinie ist ein leichterer Zugang zu Streitschlichtung durch die Förderung der Anwendung der Mediation und die Sicherstellung eines geeigneten Verhältnisses zwischen der Mediation und Gerichtsverfahren.«[112]

Rechtsgrundlage für den Vorschlag sind Art. 65 EGV, da zivilrechtliche Verfahrensvorschriften betroffen sind.[113] »Die vorgeschlagene Richtlinie ist für das reibungslose Funktionieren des Binnenmarktes erforderlich, da es gilt, den Zugang von Einzelpersonen und Wirtschaftsteilnehmern, die die vier Freiheiten[114] ausüben, zu Streitschlichtungsverfahren und die Freiheit der Erbringung und Nutzung von Mediationsdiensten zu sichern.«[115]

2. Inhalt

Der Vorschlag enthält eine Begründung und einen Entwurf für eine Richtlinie, der 40 wiederum in 18 Erwägungsgründe und den Text der Richtlinie (11 Artikel) untergliedert ist. Vorschriften über das Mediationsverfahren und die Benennung oder Zulassung von Mediatoren sind darin nicht enthalten, weil man aufgrund der Reaktionen auf das Grünbuch 2002 nicht davon ausging, dass »Rechtsvorschriften die beste Lösung darstellen«[116] würden. Erstmals wird aber die **Mediation** als Streitschlichtungsverfahren wegen ihrer besonderen Vorteile **bewusst hervorgehoben** und gefördert: »Es handelt sich dabei um eine schnellere, einfachere und kostengünstigere Möglichkeit der Streitschlichtung, bei der breiter gefasste Interessen der Vertragsparteien berücksichtigt werden können und die Chance auf Erzielung einer Vereinbarung, die freiwillig eingehalten wird und ein freundschaftliches und dauerhaftes

---

110 Vorschlag für eine Richtlinie des Europäischen Parlaments und des Rates über bestimmte Aspekte der Mediation in Zivil- und Handelssachen v. 22. 10. 2004; KOM(2004) 718 endgültig 2004/0251 (COD) (nachfolgend: Vorschlag für EU-Med-RL v. 22. 10. 2004).
111 Bulletin EU 10 – 2004 Raum der Freiheit, der Sicherheit und des Rechts (11/20).
112 Art. 1 Abs. 1 Vorschlag für EUMed-RL v. 22. 10. 2004.
113 Vorschlag für EUMed-RL v. 22. 10. 2004, S. 4.
114 Die »vier Freiheiten« garantieren den Bürgern der EU innerhalb der Mitgliedstaaten grundsätzlich freien Personenverkehr (Art. 39 – 42 EGV) einschließlich Niederlassungsfreiheit (Art. 43 – 48 EGV), freien Warenverkehr (Art. 23 – 31 EGV), freien Dienstleistungsverkehr (Art. 49 – 55 EGV) und freien Kapitalverkehr (Art. 56 – 60 EGV). Vgl. *Brodocz/Vorländer*, Freiheiten im Europäischen Binnenmarkt.
115 Vorschlag für EUMed-RL v. 22. 10. 2004, S. 4.
116 Vorschlag für EUMed-RL v. 22. 10. 2004, S. 2.

Verhältnis zwischen den Parteien bewahrt, größer ist.«[117] Wobei dies nach Ansicht der Kommission auch normative Einschränkungen mit sich bringt, denn »die Rolle der Gemeinschaft bei der direkten Förderung der Mediation ist jedoch zwangsläufig beschränkt; die einzige in diesem Vorschlag enthaltene konkrete Maßnahme zur Förderung der Mediation besteht in der Pflicht der Mitgliedstaaten, den Gerichten die Möglichkeit zu geben, den Parteien eine Mediation vorzuschlagen. Die Sicherstellung eines geeigneten Verhältnisses zwischen Mediation und Gerichtsverfahren wird jedoch indirekt zur Förderung der Mediation beitragen.«[118]

41 Die vorgeschlagene Richtlinie bezweckt **gemeinsame Mindestnormen** in den EU-Mitgliedstaaten über bestimmte wesentliche Aspekte des Zivilverfahrens wie die Aussetzung von Verjährungsfristen, die Vertraulichkeit und die Vollstreckung von Vereinbarungen über die Streitschlichtung vor, um ein geeignetes Verhältnis zwischen der Mediation und Gerichtsverfahren sicherzustellen.[119]

42 Der Vorschlag sieht auch noch vor – was sich später ändern sollte –, dass die Richtlinie **nicht ausschließlich** bei Streitsachen mit **grenzüberschreitenden Bezügen** zur Anwendung kommt. Denn diese Ausschließlichkeit könnte »willkürlich« und »diskriminierend« wirken, da »die Gerichte einigen Parteien eine Mediation allein aufgrund ihres Wohnortes vorschlagen würden«; außerdem, so wird zu Erläuterung weiter ausgeführt,[120] könnte dies zur »Schaffung zweier paralleler Regelungen und möglicherweise sogar unterschiedlicher Standards in Bezug auf die Erbringung und Nutzung von Mediationsdiensten führen«, was den Binnenmarktregeln der EU widersprechen würde.[121] Im Hinblick auf die Grundsätze der »Subsidiarität« und der »Verhältnismäßigkeit« der vorgeschlagenen Richtlinie wird ausgeführt, dass die Form der Richtlinie die »geeignetste Maßnahme darstellt, um bestimmte Ziele zu erreichen, wobei die Form und Mittel zur Erreichung dieser Ziele den Mitgliedstaaten überlassen sind. Der Vorschlag beschränkt sich auf Bereiche, die nur durch rechtliche Maßnahmen geregelt werden können, während Aspekte, für die der Markt geeignete Lösungen bietet, vom Geltungsbereich der Richtlinie ausgenommen wurden.«[122]

43 In den der eigentlichen Richtlinie vorangestellten **18 Erwägungsgründen** werden die Gründe, die sich aus dem Grünbuch 2002, den Stellungnahmen und der Anhörung zu diesem Vorschlag ableiten, sowie dessen Historie dargestellt. So heißt es u. a., dass die Richtlinie »insbesondere in Bezug auf die Erbringung und Nutzung von Mediationsdiensten zum reibungslosen Funktionieren des Binnenmarktes beitragen« soll, wobei die Mediation »eine kostengünstige und rasche außergerichtliche Form der Streit-

---

117 Vorschlag für EUMed-RL v. 22. 10. 2004, S. 3.
118 Vorschlag für EUMed-RL v. 22. 10. 2004, S. 3.
119 Pressemitteilung der EU-Kommission v. 25. 10. 2004 (IP/04/1288).
120 Vorschlag für EUMed-RL v. 22. 10. 2004; Verordnung/EG Nr. 44/2001 des Rates v. 22. 12. 2000 über die gerichtliche Zuständigkeit und die Anerkennung und Vollstreckung von Entscheidungen in Zivil- und Handelssachen; ABl. L. 12 v. 16. 01. 2001, S. 5.
121 Vorschlag für EUMed-RL v. 22. 10. 2004, S. 6.
122 Vorschlag für EUMed-RL v. 22. 10. 2004, S. 6.

schlichtung in Zivil- und Handelssachen darstellen (kann), da die Verfahren auf die Bedürfnisse der Parteien abgestellt sind.«[123] In mehreren Erwägungsgründen wird zudem klargestellt, dass die Richtlinie nur Mediationsverfahren betrifft, »aber schiedsrichterliche Entscheidungen wie Schiedsverfahren, Ombudsmannregelungen, Verbraucherbeschwerdeverfahren, Sachverständigenbenennungen oder Verfahren von Stellen, die eine rechtlich verbindliche oder unverbindliche förmliche Empfehlung zur Streitschlichtung abgeben, nicht umfassen« soll.[124] Damit diese Mediationsverfahren nicht als »geringwertigere Alternative zu Gesetzgebungsverfahren« angesehen werden, muss die Vollstreckung von entsprechenden Vereinbarungen in den Mitgliedstaaten gewährleistet sein, was in allen EU-Mitgliedstaaten ein Verfahren erforderlich macht, »nach dem eine Vereinbarung über die Streitschlichtung in einem Urteil, einer Entscheidung oder Urkunde eines Gerichts oder einer Behörde bestätigt werden kann«, sofern die Vereinbarung nicht gegen europäisches Recht oder innerstaatliches Recht verstößt (Art. 5).[125] Außerdem wird für erforderlich gehalten, dass die zivilrechtlichen Verfahrensvorschriften so geändert werden, dass Verjährungs- oder sonstige Fristen für Ansprüche während der Durchführung eines Streitschlichtungsverfahrens gehemmt sind (Art. 7). Nach dem Wortlaut des Zusatzes »sonstige Fristen« müssen damit auch Klagefristen, z. B. nach § 4 KSchG (3 Wochenfrist zur Erhebung der Kündigungsschutzklage), oder Ausschlussfristen, z. B. § 246 I AktG (1 Monatsfrist zur Anfechtungsklage gegen einen Beschluss der Hauptversammlung einer Aktiengesellschaft) gemeint sein. Der Vorschlag sieht ferner eine Vertraulichkeitspflicht des Mediators vor, nach der der Mediator in einem Zivilverfahren nur aus übergeordneten Erwägungen zum Schutze der öffentlichen Ordnung u. a. nicht über Vorschläge oder Eingeständnisse einer Partei aussagen oder Unterlagen, die zu Zwecken der Schlichtung erstellt wurden, als Beweismittel vorlegen darf (Art. 6).[126] Um dies zu gewährleisten, sind Verfahren zur Qualitätskontrolle für die Erbringung von Mediationsdiensten und für die Ausbildung der Mediatoren sowie die Entwicklung von freiwilligen Verhaltenskodizes auf gemeinschaftlicher und innerstaatlicher Ebene (Art. 4) erforderlich und sollen gefördert werden.[127]

Der Beruf des Schlichters oder Mediators für Zivil- und Handelssachen wird aber mit 44 der Richtlinie weder geschaffen noch geregelt. Die **Richtlinie definiert** lediglich den Begriff »**Mediator**« (Art. 2) als eine »dritte Partei, die eine Mediation durchführt, unabhängig von ihrer Bezeichnung oder ihrem Beruf in dem betreffenden Mitgliedstaat und der Art und Weise, in der sie benannt oder um Durchführung der Mediation ersucht wurde« (Art. 2 lit. b)). Die Richtlinie schreibt auch kein einheitliches Schlichtungsverfahren für diesen Bereich vor, da damit nicht das Ziel verfolgt wird, in den

---

123 Vorschlag für EUMed-RL v. 22. 10. 2004, S. 8, Erwägungsgründe (5) und (6).
124 Vorschlag für EUMed-RL v. 22. 10. 2004, S. 8, Erwägungsgründe (8) »…bei denen zwei oder mehrere Parteien einer Streitsache von einem Mediator unterstützt werden …« Vgl. auch Erwägungsgründe (4), (5), (6), (7), (8), (9), (10), (12), (13) und (14).
125 Vorschlag für EUMed-RL v. 22. 10. 2004, S. 8, Erwägungsgründe (10).
126 Vorschlag für EUMed-RL v. 22. 10. 2004, S. 8, Erwägungsgründe (9).
127 Vorschlag für EUMed-RL v. 22. 10. 2004, S. 9, Erwägungsgründe (12) und (14).

EU-Mitgliedstaaten bereits bestehende Streitschlichtungsmechanismen zu ersetzen oder zu harmonisieren. So wird nur der Begriff »Mediation« näher bestimmt (Art. 2 lit. a)). Ganz wesentlich ist auch die Möglichkeit, dass Gerichte die Konfliktparteien auf die Mediation verweisen dürfen (Art. 3).[128]

45 Damit hat der Vorschlag **vier Vorgaben** zum Inhalt: Die Mediatorentätigkeit soll einen geregelten Rahmen erhalten und qualitativ verbessert werden, Mediationsvereinbarungen sollen vollstreckbar gemacht werden können, der Vertrauensschutz soll gewährleistet und die Verjährung während einer Schlichtung gehemmt werden.

3. Stellungnahmen

46 Zahlreiche Institutionen, Gruppen, Verbände und Personen sowie auch Einrichtungen innerhalb der EU haben zu diesem Vorschlag Stellung genommen. Auf einige Wichtige soll hingewiesen werden.[129]

a) Art. 65 EGV

47 Der **Juristische Dienst des Rates der Europäischen Kommission**[130] zweifelte, ob die Voraussetzungen für die herangezogene Rechtsgrundlage (Art. 61 lit. c) i.V.m. Art. 65 u. Art. 67 Abs. 1 u. 5 EGV) überhaupt vorlagen. Voraussetzung seien Maßnahmen im Bereich der justiziellen Zusammenarbeit in Zivilsachen mit grenzüberschreitenden Bezügen, soweit diese Maßnahmen für das reibungslose Funktionieren des Binnenmarkts erforderlich sind. Zwar wird Art. 65 EGV weit ausgelegt, aber es ist nicht ausreichend, dass ein innerstaatlicher Rechtsstreit später theoretisch grenzüberschreitende Folgen haben kann. »Die grenzüberschreitenden Bezüge müssen tatsächlich und unmittelbar gegeben sein«.[131]

48 Es wurde insoweit **kein ausreichender Grund für den Erlass** dieser Richtlinie gesehen, denn es sein nicht festgestellt worden, dass es ohne diese »Gemeinschaftsvorschrift zu einer Verfälschung des Wettbewerbs im Binnenmarkt kommen könnte, die durch die unterschiedliche Funktionsweise der den Parteien in den einzelnen Mitgliedstaaten zur Verfügung stehenden verfahrensrechtlichen Instrumente bewirkt würde.«[132] Der Vorschlag müsse aber geeignet sein, das reibungslose Funktionieren des Binnenmarkts zu

---

128 Vorschlag für EUMed-RL v. 22. 10. 2004, S. 8, Erwägungsgründe (9).
129 Stellungnahmen von der EU intern und aus dem Deutsch sprachigen Raum.
130 Gutachten des Juristischen Dienstes des Rates der Europäischen Kommission v. 29. 11. 2004; Dok. 15413/04 JUR 476 JUSTCIV 183 CODEX 1300; es gab auch frühere Gutachten des Juristischen Dienstes des Rates aus den Jahren 1999 und 2004; vgl. insbesondere das Gutachten v. 11. 11. 1999, Dok. 11907/99 JUR 379 JUSTCIV 145; Nummer 15, das Gutachten v. 02. 03. 2004, Dok. 7015/s04 JUR 109 JUSTCIV 37, Nummer 16, sowie das Gutachten v. 04. 06. 2004, Dok. 10107/04 JUR 267 JUSTCIV 80 CODEC 800.
131 Gutachten des Juristischen Dienstes des Rates der Europäischen Kommission v. 29. 11. 2004, S. 7.
132 Gutachten des Juristischen Dienstes des Rates der Europäischen Kommission v. 29.11. 2004, S. 2.

erleichtern, indem gute Voraussetzungen für die Streitschlichtung in Zivil- und Handelssachen geschaffen und damit Hindernisse für den freien Waren-, Personen-, Dienstleistungs- oder Kapitalverkehr abgebaut werden, wie es Artikel 65 EGV verlange.[133] Der Mangel an entsprechenden Verfahrensmitteln sei alleine aber noch kein ausreichender Grund für den Richtlinienvorschlag, da die Justiz aller Mitgliedstaaten einen »hohen Wirksamkeitsgrad« habe und im Übrigen sei bisher der Nachweis noch nicht erbracht worden, dass die »derzeitigen Unterschiede in den Rechtsordnungen der Mitgliedstaaten das reibungslose Funktionieren des Binnenmarkts« behinderten.[134]

b) **Europäischer Wirtschafts- und Sozialausschuss**

Der Europäische Wirtschafts- und Sozialausschuss (EWAS)[135] betonte die zentrale Bedeutung einer qualifizierten Ausbildung der Mediatoren, um deren »Autorität und Qualität«[136] zu gewährleisten. Die Ausbildung sollte eine **Mindestharmonisierung** und eine Einheitlichkeit der Ausbildung und der Bestellung der Mediatoren und der Ausübung der Mediatorentätigkeit in den Mitgliedsstaaten gewährleisten.[137]

Der Geltungsbereich der Richtlinie sollte in Art. 1 Abs. 2 so erweitert werden, dass Zivilklagen, die sich aus Straf-, Steuer- oder Verwaltungsverfahren ableiten, und die weitere Ausdehnung auch auf Verwaltungs- und Steuerrechtssache nicht von der Anwendung der Richtlinie und der Möglichkeit der Mediation ausgeschlossen sind.[138]

c) **Ausschuss für bürgerliche Freiheiten, Justiz und Inneres**

Das Europäische Parlament hat über den Ausschuss für bürgerliche Freiheiten, Justiz und Inneres Änderungsanträge[139] verfasst, u. a. weil die Argumentation der Kommission für den Erlass der Richtlinie grundsätzlich nicht »klar genug« erschien.[140] Denn in mehreren Mitgliedstaaten gäbe es bereits Entwicklungen zu alternativen

---

133 Gutachten des Juristischen Dienstes des Rates der Europäischen Kommission v. 29. 11. 2004, S. 4, 5.
134 Gutachten des Juristischen Dienstes des Rates der Europäischen Kommission v. 29. 11. 2004, S. 5, 6.
135 Stellungnahme des Europäischen Wirtschafts- und Sozialausschusses zu dem »Vorschlag für eine Richtlinie des Europäischen Parlaments und des Rates über bestimmte Aspekte der Mediation in Zivil- und Handelssachen«; KOM(2004) 718 endgültig; Abl. C 286 v. 17. 11. 2005, S. 1; (nachfolgend: Stellungnahme des EWSA v. 08./09. 06. 2005).
136 Stellungnahme des EWSA v. 08./09. 06. 2005, Ziff. 4.3.
137 Stellungnahme des EWSA v. 08./09. 06. 2005, Ziff. 3.3, 3.4.
138 Stellungnahme des EWSA v. 08./09. 06. 2005, Ziff. 3.3, 3.4.
139 Stellungnahme des Ausschusses für bürgerliche Freiheiten, Justiz und Inneres für den Rechtsausschuss zu dem Vorschlag für eine Richtlinie des Europäischen Parlaments und Rates über bestimmte Aspekte der Mediation in Zivil- und Handelssachen v. 23. 06. 2 005, 2004/0251(COD); AD\571538DE.doc (nachfolgend: Stellungnahme des Ausschusses für bürgerliche Freiheiten, Justiz und Inneres).
140 Stellungnahme des Ausschusses für bürgerliche Freiheiten, Justiz und Inneres, S. 3.

Teil 7 Europäische Regelungen

Verfahren der Streitbeilegung. »*Rechtsvorschriften nutzen der Entwicklung der Mediation in den Mitgliedstaaten derzeit nicht. Diese Richtlinie kann, in angepasster Form, einen Beitrag zum Vertrauen in die Mediation als Alternative zur Rechtsprechung bei grenzüberschreitenden Streitigkeiten leisten.*«[141] In »Übereinstimmung mit den Richtlinien der internationalen Mediatorenverbände« sollte die Mediation unter Leitung eines »unabhängigen Mediationssachverständigen« durchgeführt und die abschließenden Mediationsvereinbarungen schriftlich niedergelegt werden.[142] Neben der Festlegung von **Qualitätsstandards** für die Durchführung der Mediation sei es erforderlich, eine **gesonderte** »**Beschwerden – und Sanktionsregelung**« zu gewährleisten. Denn nur so kann die Mediation eine »vollwertige Alternative zur Rechtsprechung« werden.[143]

d) Bundesrechtsanwaltskammer

52 Die Bundesrechtsanwaltskammer begrüßte, dass es sich bei der Richtlinie nicht um »ein umfangreiches Regelwerk für die Mediation oder gar das Mediationsverfahren« handele, sondern lediglich um die »**Ausarbeitung von Grundsätzen**«.[144] Unter Hinweis auf Art. 65 EGV als Rechtsgrundlage für Regelungen bei grenzüberschreitenden Streitigkeiten wurde angeregt, die Richtlinie auch nur auf grenzüberschreitende Fälle zu beschränken.[145] Allenfalls in der »Förderung von freiwilligen Verhaltenskodizies, Ergänzungen und Verbesserungen schon bestehender Veröffentlichungen der Kommission«, »Regelungen zur Wirksamkeit und zur Wirkung von Mediationsklauseln sowie Regelungen zur Vollstreckbarkeit des Mediationsvergleiches«, wobei auch bei der Durchsetzung einer Mediations- oder Schlichtungsvereinbarung »Zurückhaltung« geübt werden sollte sah man einen gemeinsamen und einheitlichen Lösungsansatz auf Gemeinschaftsebene.[146]

e) Deutscher Anwaltsverein

53 Der Deutsche Anwaltsverein (DAV) **bedauerte**,[147] dass sich die Europäische Kommission in der vorgeschlagenen Richtlinie »vor allem auf das **Zusammenspiel zwi-**

---

141 Stellungnahme des Ausschusses für bürgerliche Freiheiten, Justiz und Inneres, S. 3, 4.
142 Stellungnahme des Ausschusses für bürgerliche Freiheiten, Justiz und Inneres, S. 3.
143 Stellungnahme des Ausschusses für bürgerliche Freiheiten, Justiz und Inneres, S. 3.
144 Stellungnahme der Bundesrechtsanwaltskammer zum Vorschlag für eine Richtlinie des Europäischen Parlaments und des Rates über bestimmte Aspekte der Mediation in Zivil- und Handelssachen; KOM (2004) 718 endgültig; Dezember 2005; BRAK-Stellungnahme-Nr. 31/2005, S. 3; (nachfolgend: Stellungnahme BRAK im Dezember 2005).
145 Stellungnahme BRAK im Dezember 2005, S. 4.
146 Stellungnahme BRAK im Dezember 2005, S. 5.
147 Stellungnahme des Deutschen Anwaltsvereins durch den Ausschuss Außergerichtliche Konfliktbeilegung zum Vorschlag für eine Richtlinie des Europäischen Parlaments und des Rates über bestimmte Aspekte der Mediation in Zivil- und Handelssachen, März 2005 (nachfolgend: Stellungnahme des Deutschen Anwaltsvereins März 2005).

schen Mediation und dem Gerichtsverfahren konzentriert hat.«[148] Die Förderung der außergerichtlichen Streitbeilegung und gleichzeitig der Privatautonomie hätte man »idealerweise« durch die schlichte Empfehlung erreichen können, dass die Mitgliedstaaten das UNCITRAL Model Law on International Commercial Conciliation[149] in national staatliches Recht umsetzen.[150]

Einerseits sollten sich an den Vorgaben der Richtlinie ableitende rechtliche Regelungen keinen Einfluss auf Vergleichsbemühungen im Gerichtsverfahren haben und sich auch nicht auf die Gerichtsmediation beziehen.[151] Andererseits sollte bei der Durchführung der Gerichtsmediation die Anwaltschaft in höherem Maße beteiligt sein.[152] Für eine »untragbare Einschränkung der Privatautonomie« hielt der DAV die Überprüfung von außergerichtlich geschlossenen Vergleichen (gemeint waren Mediationsvereinbarungen) im Rahmen der Vollstreckbarkeitserklärung durch die Gerichte, was allenfalls bei Verstoß gegen den ordre public zulässig sein sollte.[153] Präferiert wurde vielmehr eine Ausweitung der Anwendung des Anwaltsvergleichs nach § 794 Nr. 4 lit b) ZPO in Verbindung mit §§ 796 a bis 796 c ZPO, womit eine EU-weite Vollstreckungsmöglichkeit zu erreichen sei.[154]

54

f) Deutscher Richterbund

Der Deutsche Richterbund stellte fest,[155] dass der europäische Gesetzgeber unter Berücksichtigung des **Subsidiaritätsgebotes** seine Kompetenzen mit Erlass einer entsprechenden Richtlinie **überschreiten** würde.[156] Mit dem Ziel der Richtlinie, in den

55

---

148 Stellungnahme des Deutschen Anwaltvereins März 2005, S. 3.
149 UNCITRAL Model Law on International Commercial Conciliation (2002) v. 19. 11. 2002; Resolution adopted by the General Assembly (A/57/562 and Corr. 1); United Nations Publication Sales No. E.05.V.4, ISBN 92 – 1–133730 – 5. Auch dieses Model Law enthält keine Ausbildungsrichtlinien, aber bestimmte Vorgaben für den Verfahrensablauf (Art. 6), u. a. Vertraulichkeit (Art. 9), Beweisverwendung (Art. 10), die Beendigung des Verfahrens (Art. 11).
150 Stellungnahme des Deutschen Anwaltvereins März 2005, S. 3.
151 Stellungnahme des Deutschen Anwaltvereins März 2005, S. 5.
152 Stellungnahme des Deutschen Anwaltvereins März 2005, S. 5.
153 Stellungnahme des Deutschen Anwaltvereins März 2005, S. 6.
154 Stellungnahme des Deutschen Anwaltvereins März 2005, S. 6.
155 Stellungnahme des Deutschen Richterbundes zum Vorschlag für eine Richtlinie des Europäischen Parlamentes und des Rates über bestimmte Aspekte der Mediation in Zivil- und Handelssachen (BR-Drs. 870/04) Dezember 2004 (nachfolgend: Stellungnahme Deutscher Richterbund Dezember 2004) und Stellungnahme des Deutschen Richterbundes zum Vorschlag für eine Richtlinie des Europäischen Parlamentes und des Rates über bestimmte Aspekte der Mediation in Zivil- und Handelssachen – Beantwortung des Fragenkatalogs November 2005 KOM(2004) 718 endgültig (nachfolgend: Stellungnahme Deutscher Richterbund November 2005).
156 Stellungnahme Deutscher Richterbund Dezember 2004 u. Stellungnahme Deutscher Richterbund November 2005; (nachfolgend: Stellungnahmen Deutscher Richterbund Dezember 2004 und November 2005).

Teil 7 Europäische Regelungen

EU-Mitgliedstaaten einen leichteren »Zugang zu Streitschlichtung durch die Förderung der Anwendung der Mediation und die Sicherstellung eines geeigneten Verhältnisses zwischen der Mediation und Gerichtsverfahren« (Art. 1 der vorgeschlagenen Richtlinie) zu erreichen, sollte nach Ansicht des Deutschen Richterbundes *»unabhängig vom vorhandenen System eine EU-weite einheitliche Nutzung bestimmter Verfahrensweisen«* geschaffen werden, wodurch den Mitgliedstaaten ggf. »*an der Rechtskultur des fraglichen Mitgliedstaats vorbei*« eine bestimmte Form der Streitschlichtung aufgedrängt und vorgeschrieben würde.[157] Abgelehnt wurde die Begründung, dass die Richtlinie auch wegen der Angleichung der Lebensverhältnisse der EU-Mitgliedstaaten nötig sei; denn in den unterschiedlichen einzelstaatlichen Regelungen hinsichtlich der Durchsetzung von gerichtlichen und außergerichtlichen Einigungen sähe man keine ernsthafte Gefährdung von Interessen.[158] Eine einheitliche Regelung sein nicht zwingend zur Angleichung der Lebensverhältnisse erforderlich, und daher nicht nötig.[159] Als Alternative, die außergerichtliche Streitschlichtung zu fördern, sah der Deutsche Richterbund allein Empfehlungen auszusprechen oder freiwillige Verhaltenskodizies aufzustellen.[160]

56 Ausdrücklich wurde gefordert, dass daneben Modelle der gerichtsinternen Schlichtung nicht ausgeschlossen werden sollten, da diese vom Ansatz her alle Merkmale der Mediation erfüllen.[161]

g) Schrifttum/Wissenschaft

57 Der Entwurf der Richtlinie wurde **grundsätzlich positiv aufgenommen**, da Verfahrensregeln in der Mediation nötig schienen. Allerdings sollten diese weniger verpflichtend, sondern mehr ergänzender Art und geeignet sein, die Offenheit der Parteien für die Mediation zu fördern und sie bei der Suche nach einer effektiven Lösung unterstützen.[162] Verpflichtend sollten Vorschriften nur dort sein, wo private Vertragsmechanismen nicht effektiv funktionierten.[163]

58 Neben der Mediation sollte auch die Schlichtung Gegenstand der Richtlinie sein, solange gewährleistet sei, dass der Mediator oder Schlichter den Parteien keine Lösung auferlegen könne.[164] Ferner sollte der Terminus »Zivil- und Handelssachen« definiert werden, da nicht erkennbar sei, ob dazu auch arbeits- und verbraucherrechtliche Angelegenheiten gehörten.[165] Kritisch wurde gesehen, dass der Entwurf keinerlei Vorgaben oder Mindeststandards für die Ausbildung der Mediatoren, für anzuwendende Mediationsprinzipien und sonstige Verhaltensregeln für Mediatoren enthielt, sondern diese

---

157 Stellungnahme Deutscher Richterbund November 2005.
158 Stellungnahmen Deutscher Richterbund Dezember 2004 und November 2005.
159 Stellungnahme Deutscher Richterbund Dezember 2004.
160 Stellungnahme Deutscher Richterbund Dezember 2004.
161 Stellungnahme Deutscher Richterbund Dezember 2004.
162 *Eidenmüller* SchiedsVZ 2005, 124 ff.
163 *Eidenmüller* SchiedsVZ 2005, 124.
164 *Eidenmüller* SchiedsVZ 2005, 125.
165 *Eidenmüller* SchiedsVZ 2005, 125.

Regelungen den nationalen Gesetzgebern der EU-Mitgliedstaaten überlassen bleiben sollten.[166]

Das Gebot, Vertraulichkeit über die in der Mediation offenbarten Informationen zu wahren, sollte sich nicht nur auf zivilgerichtliche Verfahren beschränken, sondern grundsätzlich und auch außerhalb gerichtlicher Verfahren gelten, wurde angeregt.[167] 59

h) Britische Advice Services Alliance

Die Advice Services Alliance (ASA),[168] die in Großbritannien zu rechtspolitischen Fragen und Initiativen der Regierung Stellung nimmt, hatte im Dezember 2004 auf Bitten des staatlichen Department for Constitutional Affairs (DCA)[169] die vorgeschlagene Richtlinie kommentiert.[170] Die ASA fürchtete, dass der Einfluss der Richtlinie auf zivilgerichtliche Verfahren viel größer als ursprünglich beabsichtigt sein würde. Es **widerspreche bereits Art. 6 EMRK**, Mediation als ein gesetzlich vorgeschriebenes Verfahren einzuführen.[171] 60

Daher sollten Parteien in guter Kenntnis über das Mediationsverfahren und aufgrund rechtlicher Beratung selber entscheiden, welches Verfahren sie zur Konfliktlösung wählen.[172] Soweit Mitgliedstaaten Mediation aber durch Anreize oder Sanktionen fördern möchten, sollten zwei wichtige Einwände bedacht werden: Anreize sollten nicht überproportional attraktiv für arme oder sozial ausgegrenzte Bevölkerungsschichten, wie z. B. die Versagung von Prozesskostenhilfe bei nicht vorher durchgeführter Mediation, sein, da dies den Eindruck eines Zwei-Klassen-Rechtssystems, einerseits für Reiche, die unmittelbaren Zugang zu den ordentlichen Gerichten hätten, und für Arme, die erst die Mediation durchführen müssten, entstehen lassen könnte. Sanktionen sollten nur möglich sein, wenn eine Mediation aus völlig unangemessenen Gründen verweigert werde, wobei den Parteien bereits vorher bekannt sein müsse, was »unangemessen« in diesem Zusammenhang bedeutet.[173] 61

---

166 *Eidenmüller* SchiedsVZ 2005, 126.
167 *Eidenmüller* SchiedsVZ 2005, 127.
168 »The Advice Services Alliance is the umbrella body for independent advice services in the UK. (Its) members are national networks of not-for-profit organisations providing advice and help on the law, access to services and related issues.« Die Mitglieder der ASA repräsentieren wiederum über 2000 Organisationen, die u. a. rechtliche Beratungsdienstleistungen anbieten. Die 1980 gegründete Gesellschaft hat ihren Sitz in London. www.asauk.org.uk.
169 Department for Constitutional Affairs (www.dca.gov.uk) ist heute Teil des Ministry of Justice (www.justice.gov.uk).
170 ASA comments on the proposed EU directive on certain aspects of mediation in civil an commercial matters, v. 22. 10. 2004; (nachfolgend: ASA comments on the proposed EU directive).
171 ASA comments on the proposed EU directive, S. 3, 4.
172 ASA comments on the proposed EU directive, S. 4.
173 ASA comments on the proposed EU directive, S. 4.

Teil 7   Europäische Regelungen

62   Mediation sei »*a form of privatised justice*« und daher sei es nötig, dass die Richtlinie **Vorgaben für die Qualität** der Mediatoren und das Mediationsverfahren mache. Dies dem freien Wettbewerb zu überlassen, können nicht gelingen, da es sich bei den Parteien meist um Personen handelte, die nicht auf Erfahrungen mit Mediation und der Auswahl eines Mediators zurückgreifen könnten.[174] Insbesondere seien dies Vorgaben bei Verfahren wichtig, für die besondere Erfahrungen benötigt würden, wie z. B. in Arbeitsstreitigkeiten oder bei einem offensichtlichen Machtungleichgewicht zwischen den Parteien. Für Case Law Länder sei im Übrigen die Frage ganz wesentlich, inwieweit eine Vereinbarung im Rahmen einer Mediation einen Präzedenzfall für ein anschließendes Gerichtsverfahren schaffen könnte.[175]

i) Eurochambres

63   Die Eurochambres, die Europäische Handelskammer,[176] als Vereinigung von 45 nationalen Handelskammern in ganz Europa hielt es für wichtig,[177] dass der **Zugang zu Mediationsverfahren** verbessert würde:[178] Mediation »*should be a natural part of any conflict solution process between disputing parties.*«[179] Allerdings sollte es sich um ein freiwilliges Verfahren handeln, das nicht durch zu strenge Vorschriften beschränkt wird; vielmehr sollte die Anwendung von Mediation durch weniger verbindliche Gesetzesinitiativen und Projekte gefördert werden.[180] Gleichzeitig sollte die Richtlinie nicht im Widerspruch zum UNCITRAL Model Law on International Commercial Conciliation[181] stehen. Wenn diese Gefahr bereits bei Auslegungsschwierigkeiten der Richtlinie entstehen könnte, so sollte man auf die Richtlinie besser verzichten.[182] Vorgeschlagen wurde, auch Online-Mediation zu berücksichtigen und zu bestimmen, dass eine zwischen den Parteien vereinbarte Mediationsklausel zur Unzulässigkeit eines gerichtlichen Verfahrens führt.[183]

---

174   ASA comments on the proposed EU directive, S. 4.
175   ASA comments on the proposed EU directive, S. 4.
176   The Association of the European Chambers of Commerce and Industry.
177   Eurochambres Position Paper 2004 Preliminary Draft Proposal for a Directive on certain Aspects of Mediation in Civil and Commercial Matters May 2004 (nachfolgend: Eurochambres Position Paper 2004).
178   Die Handelskammer Stockholm sieht allerdings keinen Handlungsbedarf für eine europäische Regelung, wenn die UN das Model Law on International Commercial Conciliation annimmt. Eurochambres Position Paper 2004, S. 2.
179   Eurochambres Position Paper 2004, S. 2.
180   Eurochambres Position Paper 2004, S. 2.
181   UNCITRAL Model Law on International Commercial Conciliation (2002) v. 19. 11. 2002; Resolution adopted by the General Assembly (A/57/562 and Corr. 1); Auch dieses Model Law enthält keine Ausbildungsrichtlinien, aber bestimmte Vorgaben für den Verfahrensablauf (Art. 6), u. a. Vertraulichkeit (Art. 9), Beweisverwendung (Art. 10), die Beendigung des Verfahrens (Art. 11).
182   Eurochambres Position Paper 2004, S. 2.
183   Proposition de directive du Parlement Europeen et du Conseil sur certains aspects de la mediation en matiere civile et commerciale du 22/10/2004 – Reaction de la Chambre

A. Entstehungsprozess der Richtlinie 2008/52/EG **Teil 7**

j) **Council of the Bars and Law Societies of the European Union**

The Council of the Bars and Law Societies of the European Union (CCBE)[184] wies auf die Art. 3.7.1 des Code of Conduct for European Lawyers hin[185] hin, wonach für jeden Rechtsanwalt, der sich diesen Berufsregeln verpflichtet fühlt, gilt: »*The lawyer (...) should advise the client at appropriate stages as to the desirability of attempting a settlement and/or a reference to alternative dispute resolution.*«[186] CCBE forderte daher, dass die Richtlinie die positive Rolle der Rechtsanwälte in Mediationsverfahren, die diese bei einer raschen Lösung von Konflikten als Berater oder neutrale Schlichter einnehmen können, erläutern sollte.[187] 64

Wegen möglicher Interessenskonflikte bei Fragen der Vertraulichkeit und der Schweigepflicht und wegen der in manchen Mitgliedstaaten verbreiteten Arbeitsüberlastung der Gerichte hat die CCBE Vorbehalte, dass die Mediation allein von Richtern durchgeführt werden sollten.[188] Mediatoren sollten vielmehr auch bei gerichtlicher Mediation neben den Richtern den unterschiedlichen Berufsgruppen, z. B. Rechtsanwälten, Psychologen und Ingenieuren, angehören und sie sollten Erfahrung mit Mediationsverfahren haben. Die bei Vollstreckbarerklärung von Mediationsvereinbarungen vorgesehene Überprüfung durch die Gerichte, inwieweit diese im Widerspruch zu europäischem oder nationalem Recht stehen, lehnte die CCBE ab und hielt es für ausreichend, wenn Konfliktparteien bei einer Mediation von unabhängigen Rechtsanwälten beraten würden.[189] 65

k) **Conference of the Notariats of the European Union**

Auch die Conference of the Notariats of the European Union (CNUE)[190] unterstützte[191] die EU-Initiative, die Anwendung von Mediation durch Privatpersonen 66

---

de Commerce et d'Industrie de Paris v. 24. 02. 2005 (nachfolgend: Reaction de la Chambre de Commerce et d'Industrie de Paris).
184 Council of the Bars and Law Societies of the European Union7 Rat der Europäischen Anwaltschaften (CCBE).
185 CCBE Code of Conduct for Lawyers in the European Union Berufsregeln der Rechtsanwälte der Europäischen Union v. 28. 10. 1988, geändert am 28. 11. 1998, 06. 12.2002 und 19. 05. 2006.
186 Der deutsche Text lautet: »Der Rechtsanwalt sollte immer danach trachten, (...) den Mandanten zum geeigneten Zeitpunkt dahingehend zu beraten, ob es wünschenswert ist, eine Streitbeilegung zu versuchen oder auf ein alternatives Streitbeilegungsverfahren zu verweisen«.
187 Response of the CCBE to the European Commission's Green Paper, S. 2.
188 Response of the CCBE to the European Commission's Green Paper, S. 3.
189 Response of the CCBE to the European Commission's Green Paper, S. 3.
190 Conseil des Notariats de l'Union Européenne – Council of the Notariats of the European Union.
191 CNUE responds to the European Parliament's questionnaire regarding the proposal for a directive of the European Parliament and of the Council on certain aspects of mediation in civil and commercial matters (COM/2004/0718 final – COD 2004/0251) (nachfolgend: CNUE Stellungnahme 2005).

wie auch Unternehmen zu fördern, wobei die Anwendungsbereiche nicht eingeschränkt werden sollten.[192] CNUE schlug vor, dass **Mediationsvereinbarungen** durch ein Gericht oder, wo vorhanden, durch einen Notar für **vollstreckbar erklärt** werden sollten.[193] Die Erklärung der Vollstreckbarkeit sei aufgrund des staatlichen Gewaltmonopols ein dem Staat zustehendes Recht, der die Weitergabe dieses Rechts überwachen müsse. Wegen der Wirkungen einer Vollstreckungserklärung sei es ferner erforderlich, Mediationsvereinbarungen auf deren rechtliche Zulässigkeit und inhaltliche Ausgewogenheit im Rahmen der Vollstreckbarkeitserklärung hin zu überprüfen und die Parteien über ihre Rechte und Pflichten und den Umfang ihrer vertraglichen Verantwortung und Bindung zu belehren. Daher stellten die Notare als unabhängige Träger eines öffentlichen Amtes, die zumindest nach deutschem Recht (§ 1 Bundesnotarordnung) für die Beurkundung von Rechtsvorgängen und für andere Aufgaben auf dem Gebiet der vorsorgenden **Rechtspflege** in den Ländern bestellt sind, neben den Gerichten die geborene weitere Institution dar, Mediationsvereinbarungen für vollstreckbar zu erklären.

VI. Weitere Entwürfe der EU-Mediationsrichtline

1. Vorschlag vom 29. Juli 2005

67 Am 29. Juli 2005 kam zu einem weiteren Vorschlag durch den Ausschuss für Zivilrecht,[194] der bereits einige der Stellungnahmen berücksichtigte. So wurde die Anwendung zwar **nicht auf »grenzüberschreitende Konflikte«** beschränkt, obwohl darauf mit guten Argumenten vielfach hingewiesen worden war (s. o.), aber Steuer- und Zollsachen, verwaltungsrechtliche Angelegenheiten und Haftungsfälle des Staates bei Ausübung hoheitlicher Rechte wurden von der Anwendung ausgenommen.[195] Neben redaktionellen Veränderungen gab es zum Teil neue Formulierungen im Hinblick auf die Vollstreckbarkeit einer Mediationsvereinbarung, der Vertraulichkeit (Zulässigkeit von Beweisen) und der Aussetzung von Verjährungsfristen,[196] auf die hier wegen ihrer sehr vorübergehenden Bedeutung nicht näher eingegangen werden soll.

2. Entschließung des Europäischen Parlaments vom 29. März 2007

68 Das Europäische Parlament hat am 29. März 2007 über die vorgeschlagene Richtlinie im Rahmen einer **legislativen Entschließung**[197] abgestimmt und den Vorschlag der Europäischen Kommission gestützt auf die Stellungnahme des Europäischen

---

192 CNUE Stellungnahme 2005, Ziff. 1 u. 3.
193 CNUE Stellungnahme 2005, Ziff. 6.
194 Vorschlag für eine Richtlinie des Europäischen Parlaments und des Rates über bestimmte Aspekte der Mediation in Zivil- und Handelssachen v. 29. 07. 2005, Ausschuss für Zivilsachen (nachfolgend: Vorschlag für EUMed-RL v. 29. 07. 2005).
195 Vgl. Art. 1 Vorschlag für EUMed-RL v. 29. 07. 2005, S. 3.
196 Vgl. Vorschlag für EUMed-RL v. 29. 07. 2005.
197 Legislative Entschließung des Europäischen Parlaments v. 29. 03. 2007 zu dem Vorschlag für eine Richtlinie des Europäischen Parlaments und des Rates über bestimmte Aspekte der Mediation in Zivil- und Handelssachen (KOM(2004) 0718 – C6 – 0154/2004

Wirtschafts- und Sozialausschusses vom 8./9. Juni 2005[198] in geänderter Fassung (mit 33 Abänderungen) gebilligt.

Das Europäische Parlament hob hervor, dass die Schaffung außergerichtlicher Verfahren eine Verbesserung des grundlegenden Prinzips des Zugangs zum Recht darstelle.[199] Die Richtlinie sollte nun ebenfalls für Verbraucherstreitigkeiten gelten, aber auf grenzüberschreitende Fälle beschränkt werden, wobei den Mitgliedstaaten empfohlen werden sollte, sie auch im Inland anzuwenden, um ein »reibungsloses Funktionieren des Binnenmarktes zu erleichtern«.[200] Trotz gerichtlichem Verweis oder gesetzlicher Verpflichtung zur Mediation sollte den Parteien wegen der Freiwilligkeit der Mediation Recht auf Zugang zur Justiz nicht genommen werden.[201] Um die Mediation nicht als eine »geringerwertige Alternative zu Gerichtsverfahren« anzusehen, wurde der **Anspruch der Parteien auf Vollstreckbarkeit der im Mediationsverfahren erzielten Vereinbarungen** betont,[202] wobei auf entsprechende bereits bestehenden europäische Verordnungen hingewiesen wurde.[203]

69

Die Richtlinie sollte auch auf **familienrechtliche Streitfälle** Anwendung finden, soweit die Parteien gemäß dem Recht des Mitgliedstaats, in dem die Mediation erfolgt, über die entsprechenden Rechte verfügen können.[204] Hinsichtlich Qualifikation der Mediatoren und Verfahrensgrundsätzen wurde konkret auf die Anwendung des Europäischen Verhaltenskodex für Mediatoren vom 2. Juli 2004[205] und die in den Empfehlungen der Kommission vom 30. März 1998 (98/257/EG)[206] und vom 4. April 2001

70

−2004/0251(COD)); ABl. C. 27 v. 31. 01. 2008, S. 129 (nachfolgend: Entschließung des Europäischen Parlaments v. 29. 03. 2007).
198 Stellungnahme des Europäischen Wirtschafts- und Sozialausschusses zu dem »Vorschlag für eine Richtlinie des Europäischen Parlaments und des Rates über bestimmte Aspekte der Mediation in Zivil- und Handelssachen«; KOM (2004) 718 endg.; ABl. C 286 v. 17. 11. 2005, S. 1 (nachfolgend: Stellungnahme des EWSA v. 08./09. 06. 2005).
199 2. Erwägungsgrund, Entschließung des Europäischen Parlaments v. 29. 03. 2007, S. 130.
200 9. Erwägungsgrund, Entschließung des Europäischen Parlaments v. 29. 03. 2007, S. 130.
201 10. Erwägungsgrund, Entschließung des Europäischen Parlaments v. 29. 03. 2007, S. 131.
202 12. Erwägungsgrund, wie vor, S. 131.
203 Verordnung (EG) Nr. 44/2001 des Rates v. 22. 12. 2000 über die gerichtliche Zuständigkeit und die Anerkennung und Vollstreckung von Entscheidungen in Zivil- und Handelssachen; ABl. L 12 v. 16. 01. 2001, S. 1. Zuletzt geändert durch die Verordnung (EG) Nr. 1791/2006 (ABl. L 363 v. 20. 12. 2006, S. 1). Verordnung (EG) Nr. 2201/2003 des Rates v. 27. 11. 2003 über die Zuständigkeit und die Anerkennung und Vollstreckung von Entscheidungen in Ehesachen und in Verfahren betreffend die elterliche Verantwortung; ABl. L 338 v. 23. 12. 2003, S. 1. Geändert durch die Verordnung (EG) Nr. 2116/2004 (ABl. L 367 v. 14. 12. 2004, S. 1).
204 14. Erwägungsgrund, Entschließung des Europäischen Parlaments v. 29. 03. 2007, S. 131.
205 S. ZKM 2004, S. 48.
206 Empfehlung der Kommission v. 30. 03. 1998 betreffend die Grundsätze für Einrichtungen, die für die außergerichtliche Beilegung von Verbraucherrechtsstreitigkeiten zuständig sind; ABl. L 115 v. 17. 04. 1998, S. 31.

(2001/310/EG)[207] genannten Kriterien wie Unparteilichkeit, Transparenz, Effizienz, Fairness, Vertretung, Unabhängigkeit, Rechtmäßigkeit und Handlungsfreiheit, aber auch kontradiktorisches Verfahren Bezug genommen; zudem sollten Einrichtungen für die Mediatorenausbildung einem Systems der Zertifizierung unterliegen.[208] Der Text der Richtlinie ist entsprechend dieser Änderungen angepasst worden.[209]

3. Politische Einigung auf Richtlinienvorschlag vom 8. November 2007

71 Dem folgte am 21. September 2007 eine konsolidierte Fassung der Richtlinie durch den Ausschuss für Zivilrecht (alternative Streitbeilegung) des Rates der Europäischen Union, die die vom Ausschuss akzeptierten Änderungen enthielt,[210] und eine weitere Änderung vom 3. Oktober 2007[211] sowie vom 31. Oktober 2007,[212] die als Kompromissvorschlag dem Europäischen Parlament vorgelegt wurde.

72 Der Rat der Europäischen Union (Justiz und Inneres) erzielte dann am 8./9. November 2007 eine **politische Einigung** über den Entwurf der Richtlinie, mit dem Ziel, »den Zugang zur alternativen Streitbeilegung zu erleichtern und die gütliche Beilegung von Streitigkeiten zu fördern, indem zur Nutzung der Mediation ermutigt und für ein ausgewogenes Verhältnis zwischen Mediation und Gerichtsverfahren gesorgt wird«.[213] Der Text dieses Entwurfes entsprach dem Wortlaut der Verhandlungen mit dem Europäischen Parlament. Noch am selben Tag erklärte die belgische Delegation ihr Bedauern über die Beschränkung des Anwendungsbereichs des Richtlinienvorschlags auf grenzüberschreitende Fälle. Um die Mediation auch in den Ländern zu fördern, die dieses Verfahren noch nicht kennen, sei es nötig, dass die Richtlinie auch auf innerstaatlichen Streitigkeiten angewandt werden könne und so eine Annäherung der Rechtsvorschriften erreicht werde.[214] Die Richtlinie sei nur der erste »Schritt Europas auf dem Gebiet der Mediation« und es sei wichtig, die »Anwendung der Richtlinie zu evaluieren, damit die Anpassungen, die sich als erforderlich erweisen, vorgenommen werden können.«[215]

---

207 Empfehlung der Kommission v. 04. 04. 2001 über die Grundsätze für an der einvernehmlichen Beilegung von Verbraucherrechtsstreitigkeiten beteiligte außergerichtliche Einrichtungen, ABl. L. 109 v. 19. 04. 2001, S. 56.
208 16. Erwägungsgrund, Entschließung des Europäischen Parlaments v. 29. 03. 2007, S. 132.
209 Insoweit wird auf die Richtlinie verwiesen.
210 Dok. 12690/07 JUSTCIV 230 CODEC 913.
211 Dok. 13290/07 JUSTCIV 243 CODEC 1000.
212 Dok. 14316/07 JUSTCIV 278 CODEC 1130.
213 Dok. 14316/07 JUSTCIV 278 CODEC 1130 Bulletin der Europäischen Union 11 – 200.
214 Dok. 14707/1/07 JUSTCIV 293 CODEC 1192.
215 Dok. 14707/1/07 JUSTCIV 293 CODEC 1192.

4. Gemeinsamer Standpunkt des Rates vom 28. Februar 2008

Es folgten am 7. Februar 2008[216] und am 28. Februar 2008[217] Entwürfe der Begründung des Europäischen Rates, die wiederum Änderungen und Ergänzungen enthielten. Am 28. Februar 2008 wurde der **Gemeinsame Standpunkt** des Rates zum Entwurf einer Richtlinie über Mediation in Zivil- und Handelssachen[218] **angenommen**. Dieser Entwurf entspricht zum größten Teil der endgültigen Richtlinie vom 21. April 2008, daher wird dort darauf näher eingegangen werden. Da es in der anschließenden Presseerklärung[219] wiederholend hieß, »Ziel der Richtlinie ist es, den Zugang zur alternativen Streitbeilegung zu erleichtern und die gütliche Beilegung von Streitigkeiten zu fördern, indem zur Nutzung der Mediation angehalten und für ein ausgewogenes Verhältnis zwischen Mediation und Gerichtsverfahren gesorgt wird« könnte dies darauf schließen lassen, dass zu diesem Thema nun alles gesagt worden ist.

Die Europäische Kommission sah es allerdings als notwendig an, dem Europäischen Parlament vor Verabschiedung der Richtlinie den eigenen Standpunkt in einer Mitteilung vom 7. März 2008[220] zu verdeutlichen. So akzeptierte die **Kommission** die begrenzte Anwendung der Richtlinie auf »**grenzüberschreitende**« Fälle, widersprach aber einer **restriktiven Auslegung** dieses Begriffes, da es nach ihrer Ansicht »weder machbar noch wünschenswert war, die Mediation nur bei Streitsachen mit Auslandsberührung zu fördern.«[221] Daher sei der Begriff der »grenzüberschreitenden Streitigkeit so weit wie möglich« zu definieren.[222] Diese Ausweitung sah die Kommission, ohne dies näher zu begründen, bereits in den Regelungen über »Vertraulichkeit der Mediation« (Art. 7 Gemeinsamer Standpunkt vom 28. 2. 2008) und »Auswirkung der Mediation auf Verjährungsfristen« (Art. 8 Gemeinsamer Standpunkt vom 28. 2. 2008) als bei den »zwei wichtigsten Artikeln«, was eine besonders interessante Hervorhebung ist,

---

216 Dok. 15003/07 JUSTCIV 301 CODEC 1225; Dok. 15003/07 ADD 1 JUSTCIV 301 CODEC 1225.
217 Dok. 15003/5/07 REV 5 ADD 1 JUSTCIV 301 CODEC 1225.
218 Gemeinsamer Standpunkt (EG) Nr. 11/2008 v. 28. 02. 2008, vom Rat festgelegt gemäß dem Verfahren des Artikels 251 des Vertrags zur Gründung der Europäischen Gemeinschaft im Hinblick auf den Erlass einer Richtlinie des Europäischen Parlaments und des Rates über bestimmte Aspekte der Mediation in Zivil- und Handelssachen, Abl. C. 122 E v. 20. 05. 2008, S. 1; Dok. 15003/5/07 REV 5 JUSTCIV 301 CODEC 1225 (nachfolgend: Gemeinsamer Standpunkt v. 28. 02. 2008).
219 Mitteilung an die Presse, 2853. Tagung des Rates Justiz und Inneres, 28. 02. 2008, C/08/48 6796/08 (Presse 48).
220 Mitteilung der Kommission an das Europäische Parlament gemäß Artikel 251 Absatz 2 Unterabsatz 2 EG-Vertrag zum gemeinsamen Standpunkt des Rates im Hinblick auf die Annahme einer Richtlinie des Europäischen Parlaments und des Rates über bestimmte Aspekte der Mediation in Zivil- und Handelssachen v. 07. 03. 2008, KOM(2008) 131 endgültig (nachfolgend: Mitteilung der Kommission v. 07. 03. 2008).
221 Mitteilung der Kommission v. 07. 03. 2008, S. 2, 3.
222 Mitteilung der Kommission v. 07. 03. 2008, S. 3.

als umgesetzt an.[223] Zustimmend hob die Kommission hervor, dass in Abweichung zur früheren Stellungnahme des Europäischen Parlaments nun der Gemeinsame Standpunkt eine Umsetzung der Richtlinie im Wege einer freiwilligen Vereinbarung der Parteien nicht zulässt; denn die Richtlinie werde sich auf das Prozessrecht der Mitgliedstaaten auswirken, das nur in Einzelfällen von den Parteien abbedungen werden kann.[224] Zusammenfassend akzeptierte die Kommission den Gemeinsamen Standpunkt vom 28. 02. 2008, »da er die wesentlichen Bestandteile ihres ursprünglichen Vorschlags enthält«.[225]

VII. EU-Mediationsrichtlinie vom 21. Mai 2008

1. Allgemeines

75 Dem Europäischen Parlament wurde am 13. März 2008 der Gemeinsam Standpunkt vom 28. Februar 2008 nebst Begründung und Stellungnahme der Kommission übermittelt.[226] Bereits am 23. April 2008 wurde dann die Richtlinie 2008/52/EG des Europäischen Parlaments und des Rates über bestimmte Aspekte der Mediation in Zivil- und Handelssachen (»EUMed-RL«) vom Europäischen Parlament[227] verabschiedet. Bei der Aussprache wies die Berichterstatterin, *Arlene McCarthy*, darauf hin, dass das Parlament erst durch die vielen Stellungnahmen der Mediationsexperten und Mediationspraktiker von der Notwendigkeit der Richtlinie überzeugt worden sei und unterstrich diese Notwendigkeit interessanterweise, indem sie auf die Bedeutung der Richtlinie bei **familienrechtlichen Konflikten** hinwies.[228] Weiter führte sie aus:

»Mediation can therefore be a valuable tool for citizens to achieve access to justice and potentially reduce the cost of dispute resolution without the often acrimonious process of going to trial. It has the added benefit of freeing up court time for cases that require a court judgment. This new law should assist people across Europe in getting quick, affordable access to justice.«[229]

Am 21. Mai 2008 unterzeichneten der Präsident des Europäischen Parlaments und der Präsident des Europäischen Rates die EUMed-RL, die am 24. Mai 2008 im Amts-

---

223 Mitteilung der Kommission v. 07. 03. 2008, S. 3.
224 Mitteilung der Kommission v. 07. 03. 2008, S. 3.
225 Mitteilung der Kommission v. 07. 03. 2008, S. 3.
226 Übermittlung von Gemeinsamen Standpunkten des Rates, ABL. C. 113 E v. 08. 05. 2008, S. 162.
227 ABl. L 136 v. 24. 05. 2008, S. 3; die Richtlinie wurde am 24. 05. 2008 im Amtsblatt der Europäischen Union veröffentlicht.
228 *McCarthy*, Plenardebatte des Europäischen Parlaments in Straßburg bei Aussprache über die EU-Mediationsrichtlinie am 23. 04. 2008.
229 *McCarthy*, Plenardebatte des Europäischen Parlaments in Straßburg bei Aussprache über die EU-Mediationsrichtlinie am 23. 04. 2008.

A. Entstehungsprozess der Richtlinie 2008/52/EG   **Teil 7**

blatt der Europäischen Union[230] veröffentlicht wurde und am Freitag, den 13. Juni 2008, in Kraft trat.[231]

2. Erwägungsgründe

Die EUMed-RL beschreibt außergerichtliche alternative Verfahren als eine **Erleichterung für den besseren Zugang zum Recht** und damit als Teil des grundlegenden »Prinzips des Zugangs zum Recht«.[232] Zwar steht es den Mitgliedstaaten frei, die EUMed-RL auch auf interne Mediationsverfahren anzuwenden, doch das Ziel ist, ein reibungsloses Funktionieren des Binnenmarktes durch die »Verfügbarkeit von Mediationsdiensten« bei grenzüberschreitenden Streitigkeiten zu gewährleisten.[233] Daher möchte der EU-Gesetzgeber vermeiden, dass die Mediation als eine »geringwertige Alternative zu Gerichtsverfahren« angesehen wird, und legt hohen Wert auf die Durchsetzbarkeit von Mediationsvereinbarungen durch von den Mitgliedstaaten gegenseitig anerkannte Vollstreckungsregeln.[234] Auch die Vorschriften über Vertraulichkeit, die Wirkung auf Verjährungsfristen und nicht zuletzt über die Mindestvorgaben für die Ausbildung von Mediatoren und die Qualitätskontrolle von entsprechenden Ausbildungseinrichtungen sowie der Beachtung von bestimmten Verfahrensgrundsätzen dienen dem Ziel, Vertrauen für die Mediation als Verfahren neben dem Gerichtsverfahren zu schaffen.[235] Da Vertrauen und Anwendungsinteresse Kenntnis voraussetzt, sollen der breiten Öffentlichkeit Informationen über Mediation und Kontaktaufnahme zu Mediatoren und Organisationen, die Mediationsdienste erbringen, zur Verfügung gestellt werden und Rechtsanwälte sollen angehalten werden, ihre Mandanten auf die Möglichkeiten der Mediation hinzuweisen.[236]

76

Die **Anwendung** der EUMed-RL neben Zivil- und Handelssachen auch **auf familien- und arbeitsrechtliche Fälle** wird sehr **zurückhaltend** gesehen. Denn die EUMed-RL soll keine Anwendung auf Rechte und Pflichten finden, die nicht zur Disposition der Parteien stehen. Derartige Rechte und Pflichten seien aber häufig im Familienrecht und im Arbeitsrecht zu finden, heißt es in den Erwägungsgründen.[237]

77

Die EUMed-RL zielt allein auf Mediationsverfahren, die die Parteien **freiwillig und eigenverantwortlich** durchführen und jederzeit beenden können; für vorvertragliche Verhandlungen, schiedsrichterliche Verfahren, wie gerichtliche Schlichtungsverfahren, Verbraucherbeschwerdeverfahren, Schiedsverfahren oder Schiedsgutachten, oder auf Verfahren, bei denen Dritte eine Empfehlung zur Streitbeilegung abgeben, ist ihre

78

---

230 EUMed-RL, ABl. L 136 v. 24. 05. 2008, S. 3.
231 Nach Art. 13 EUMed-RL tritt die Richtlinie am zwanzigsten Tag nach ihrer Veröffentlichung im Amtsblatt in Kraft.
232 2. Erwägungsgrund, EUMed-R, S. 3.
233 5., 8. Erwägungsgrund, EUMed-R, S. 3.
234 19. Erwägungsgrund, EUMed-RL, S. 4.
235 16., 18. Erwägungsgrund, EUMed-R, S. 4.
236 25. Erwägungsgrund, EUMed-RL, S. 5.
237 10. Erwägungsgrund, EUMed-RL, S. 4.

Pielsticker

Anwendung ausdrücklich ausgeschlossen.[238] In diesem Rahmen soll die EUMed-RL bei Verweis der Parteien auf Mediation durch ein Gericht oder, wenn Mediation nach nationalem Recht vorgeschrieben ist oder wenn ein Richter als Mediator tätig ist, der nicht für ein Gerichtsverfahren in der oder den Streitsachen zuständig ist, gelten.[239]

79 Soweit sich ein Gericht oder ein Richter aber um eine Streitbeilegung im Rahmen eines Gerichtsverfahrens über die betreffende Streitsache bemüht oder in einem solchen Fall eine sachkundige Person durch Gericht oder Richter zur Unterstützung oder Beratung herangezogen wird, kommt eine Anwendung der EUMed-RL nicht in Betracht.[240] Das gilt auch, um nicht das Recht auf freien Zugang zum Gerichtssystem einzuschränken, wenn nach nationalen Vorschriften die Inanspruchnahme der Mediation verpflichtend oder mit Anreizen oder Sanktionen verbunden ist.[241] Hingegen sollten auch auf der Eigenverantwortlichkeit der Parteien beruhende »Mediationssysteme« der EUMed-RL unterliegen, soweit sie Aspekte betreffen, die unter diese Richtlinie fallen.[242]

3. Regelungsinhalt

80 Die EU-Med-RL enthält zwar alle wesentlichen Regelungstatbestände, die bereits im ersten Vorschlag vom 22. 10. 2004[243] enthalten waren. Doch hat es **einige inhaltliche Änderungen** gegeben. Diese werden kurz vorgestellt. Wegen des Textes der EU-Med-RL wird auf den Anhang verwiesen:

Den Artikeln vorangestellt und für ihre Interpretation bedeutsam sind 30 Erwägungsgründe (vgl. Anhang).

Art. 1 Ziel und Anwendungsbereich

Ziel der Richtlinie ist, den Zugang zur alternativen Streitbeilegung zu erleichtern und die gütliche Beilegung von Streitigkeiten zu fördern, indem zur Nutzung der Mediation angehalten und für ein ausgewogenes Verhältnis zwischen Mediation und Gerichtsverfahren gesorgt werden soll (Abs. 1).

Die Richtlinie findet nur bei grenzüberschreitenden Streitigkeiten für Zivil- und Handelssachen Anwendung, nicht bei Steuer- und Zollsachen, verwaltungsrechtlichen Angelegenheiten oder bei der Haftung des Staates für Handlungen oder Unterlassungen im Rahmen der Ausübung hoheitlicher Rechte (Abs. 2).

Art. 2 Grenzüberschreitende Streitigkeiten

Dieser Artikel definiert den Begriff »Grenzüberschreitende Streitigkeit«, wonach mindestens eine Partei ihren Wohnsitz oder gewöhnlichen Aufenthalt in einem anderen EU-Mitgliedsstaat haben muss als eine der anderen Parteien.

---

238 11., 13.Erwägungsgrund, EUMed-RL, S. 4.
239 12. Erwägungsgrund, EUMed-RL, S. 4.
240 12. Erwägungsgrund, EUMed-RL, S. 4.
241 14. Erwägungsgrund, EUMed-RL, S. 4.
242 14. Erwägungsgrund, EUMed-RL, S. 4.
243 Vorschlag für EU-Mediationsrichtlinie v. 22. 10. 2004.

A. Entstehungsprozess der Richtlinie 2008/52/EG   Teil 7

Art. 3 Begriffsbestimmungen

Die Begriffe »Mediation« (Abs. 1) sowie »Mediator« (Abs. 2) werden definiert. Ausdrücklich erwähnt wird die Mediation auch durch einen Richter.

Art. 4 Sicherstellung der Qualität der Mediation

Die Mitgliedstaaten sollen die Entwicklung und Einhaltung von freiwilligen Verhaltenskodizes für Mediatoren fördern und Verfahren zur Quälitätskontrolle von Mediationsdiensten einführen (Abs. 1). Gleichzeitig soll die Aus- und Fortbildung von Mediatoren gefördert und die Einhaltung von Mindeststandards gewährleisten werden (Abs. 2).

Art. 5 Inanspruchnahme der Mediation

Gerichte sollen Parteien auffordern können, die Mediation zur Streitbeilegung in Anspruch zu nehmen oder zumindest unter bestimmten Umständen an einer Informationsveranstaltung über die Nutzung der Mediation teilzunehmen (Abs. 1). Nationale Vorschriften über die verpflichtende Inanspruchnahme der Mediation bleiben von der Richtlinie unberührt, solange diese die Parteien nicht daran hindern, ihr Recht auf Zugang zum Gerichtssystem wahrzunehmen (Abs. 2).

Art. 6 Vollstreckbarkeit einer im Mediationsverfahren erzielten Vereinbarung

Auf Antrag soll eine Mediationsvereinbarung für vollstreckbar erklärt werden können, solange dem nicht das Recht des Mitgliedstaats, in dem der Antrag gestellt wird, entgegen steht (Abs. 1). Die Mitgliedsstaaten haben der EU-Kommission die entsprechenden Stellen, die die Vollstreckbarkeit erklären (Abs. 2), mitzuteilen (Abs. 3).

Art. 7 Vertraulichkeit der Mediation

Weder Mediatoren noch am Verfahren beteiligte Dritte dürfen gezwungen werden, in Gerichts- oder Schiedsverfahren in Zivil- und Handelssachen Aussagen zu Informationen zu machen, die sich aus einem Mediationsverfahren oder im Zusammenhang mit einem solchen ergeben, es sei denn, dies ist a) ausvorrangigen Gründen der öffentlichen Ordnung, um insbesondere den Schutz des Kindeswohls zu gewährleisten oder eine Beeinträchtigung der physischen oder psychischen Integrität einer Person abzuwenden oder b) die Offenlegung ist für die Umsetzung oder Vollstreckung der Mediationsvereinbarung erforderlich (Abs. 1). Die Mitgliedstaaten können zum Schutz der Vertraulichkeit strengere Vorschriften erlassen (Abs. 2).

Art. 8 Auswirkung der Mediation auf Verjährungsfristen

Der Lauf von Verjährungsfristen wird gehemmt, wenn die Parteien eine Streitigkeit im Wege der Mediation beizulegen versuchen (Abs. 1). Bestimmungen über geltende Verjährungsfristen in internationalen Übereinkommen bleiben von davon unberührt (Abs. 2).

Art. 9 Information der breiten Öffentlichkeit

Die Mitgliedstaaten informieren die Öffentlichkeit mit allen ihnen geeignet erscheinenden Mitteln, insbesondere über das Internet, wie mit Mediatoren und entsprechenden Mediationsdienstleistern Kontakt aufgenommen werden kann.

Art. 10 Informationen über zuständige Gerichte und öffentliche Stellen

Die EU-Kommission veröffentlicht ihrerseits die Angaben der Mitgliedstaaten über die für die Vollstreckbarkeit zuständigen öffentlichen Stellen (Art. 6 Abs. 3) mit allen geeigneten Mitteln.

Art. 11 Überprüfung

Die Kommission wird dem Europäischen Parlament, dem Rat und dem Europäischen Wirtschafts- und Sozialausschuss bis zum 21. Mai 2016 einen Bericht über die Anwendung und Auswirkung der Richtlinie, die Entwicklung der Mediation in der Europäischen Union sowie über Vorschläge zur Anpassung der Richtlinie vorlegen.

Art. 12 Umsetzung

Die Mitgliedstaaten setzen vor dem 21. Mai 2011 die Richtlinie in nationales Recht um. Die für die Erklärung der Vollstreckbarkeit zuständigen öffentlichen Stellen sind der Kommission bis zum 21. November 2010 zu benennen. Bei Erlass der Vorschriften ist auf die Richtlinie Bezug zu nehmen (Abs. 1) und die wichtigsten nationalen Rechtsvorschriften sind der der Kommission mitzuteilen (Abs. 2).

Art. 13 Inkrafttreten

Die Richtlinie tritt am zwanzigsten Tag nach ihrer Veröffentlichung im Amtsblatt der Europäischen Union in Kraft.

Art. 14 Adressaten

Diese Richtlinie ist an die Mitgliedstaaten gerichtet.

VIII. Zwischen-Resümee

81 Die Darstellung und Aufarbeitung der historischen Gründe sowie die Beschreibung der Chronologie des Gesetzgebungsverfahrens im Hinblick auf die EUMed-RL macht die unterschiedlichen Interessenlagen bei der Frage deutlich, ob und wie alternative Streitbeilegungsverfahren, hier Mediation, in den EU-Mitgliedstaaten etabliert werden können, und in welchem Umfang der EU-Gesetzgeber dabei regulatorische Vorgaben machen sollte.

82 Der Erfolg dieser Politik drückt sich in einem ständig zunehmenden Binnenmarkt aus, der in einer immer größer werdenden EU sehr gut funktioniert. Dies hat zu einem veränderten Verhalten der EU-Bürger geführt, das von höherer Mobilität geprägt ist, und die verstärkt von ihren Rechten, sich innerhalb der EU niederzulassen oder Waren aus anderen EU-Mitgliedstaaten zu bestellen, Gebrauch machen. Diese Politik soll als Idee eines gemeinsamen Europas fortgesetzt werden. Das führt aber zu dem bereits beschriebenen Dilemma: einerseits den freien Personenverkehr, die Niederlassungsfreiheit und das Funktionieren des Binnenmarktes in der Europäischen Union zu gewährleisten und andererseits das Grundrecht des EU-Bürgers auf freien Zugang zum Recht bei grenzüberschreitenden Konflikten nicht dadurch zu beseitigen, dass es kein einheitliches Recht gibt. Der EU-Gesetzgeber musste daher einen Weg finden, wie grenz-

überschreitende Konflikte gelöst werden können, wenn ein EU-weites harmonisiertes Rechtssystem noch nicht etabliert werden kann und damit die in einem Rechtsstaat vorgesehenen Mechanismen versagen, was wiederum zu einem nicht gewünschten rechtlichen Vakuum führen könnte.

Dieses **rechtliche Vakuum zu füllen** ist der wichtigste, wenn auch nicht der einzige Grund für die EUMed-RL. Allerdings sind andere überzeugende Gründe nicht erkennbar, insbesondere nicht die Überzeugung, dass es sich bei der Mediation um ein den gerichtlichen Verfahren überlegenes Streitbeilegungsverfahren handelt. Selbst wenn diese Überzeugung vorhanden wäre, ist es fraglich, ob es die Aufgabe des europäischen Gesetzgebers wäre, ein freiwilliges, eigenverantwortliches Streitbeilegungsverfahren wie die Mediation, verpflichtend vorzugeben. Diese Frage würde im Hinblick darauf, dass die EU im Rahmen des Rechtsstaatlichkeitsgebotes den EU-Bürger allein den freien Zugang zur Justiz zu gewährleisten hat, wohl mit »Nein« beantwortet. 83

Daher ist die EUMed-RL Ausdruck dafür, dass die Harmonisierung des Rechts innerhalb der Europäischen Gemeinschaft noch nicht ausreichend fortgeschritten ist. Dieses legt den Schluss nahe, dass niemand über eine EU-Med-RL nachgedacht hätte, wenn ein einheitlicher Rechtsraum bereits existierte. Das wird man in dieser Absolutheit wiederum auch nicht konstatieren können, da in verschiedenen EU-Mitgliedstaaten die Notwendigkeit erkannt wird, auf nationaler Ebene Regularien über Mediation zu erlassen, soweit diese nicht bereits vorhanden sind. So mag, was aus den Stellungnahmen der EU-Gremien immer wieder deutlich wurde, auch die erhoffte Entlastung der Justiz und die damit verbundene Einsparung von öffentlichen Mitteln eine, aber wohl nur untergeordnete Rolle spielen. Die obligatorische Verpflichtung, Mediation z. B. als Vorschaltverfahren vor einem gerichtlichen Verfahren zu bestimmen, mag aus gesellschaftlichen, insbesondere fiskalischen, ressourcenerhaltenden, sozial-transformatorisch/ erzieherischen Gründen (Gemeinwohl) grundsätzlich für angemessen gehalten werden. Doch wird dies kaum auf EU-Ebene durchsetzbar sein, wie die mehrheitlich ablehnenden Stellungnahmen und nationale Rechtsprechung, z. B. im Vereinigten Königreich, zeigen. 84

Der **EU-Gesetzgeber** hat sich daher ganz bewusst bei Erlass der EUMed-RL **auf die wichtigsten Regelungen beschränkt.** Möglicherweise auch in der Kenntnis und der Überzeugung, dass jeder Schritt auf dem Wege der Harmonisierung des Rechts der EU-Mitgliedstaaten – zumindest in den hier relevanten Bereichen – diese Richtlinie wieder überflüssig machen könnte. Die EUMed-RL ist daher die Umsetzung des häufig propagierten Satzes »*So viel Gesetzgebung wie nötig, so wenig Gesetzgebung wie möglich.*«[244] 85

---

244 Stellungnahme der Bundesrechtsanwaltskammer zu dem Grünbuch 2002, S. 5.

IX. Europäische Entwicklung seit der EU-MedRL

1. **Richtlinie 2013/11/EU des Europäischen Parlaments und des Rates vom 21. Mai 2013 über die alternative Beilegung verbraucherrechtlicher Streitigkeiten und zur Änderung der Verordnung (EG) Nr. 2006/2004 und der Richtlinie 2009/22/EG (Richtlinie über alternative Streitbeilegung in Verbraucherangelegenheiten)**

86 Bereits zehn Jahre vor Erlass der EU-MedRL, nämlich am 30. März 1998, hat sich die Kommission der Europäischen Gemeinschaften mit einer Empfehlung[245] an den europäischen Gesetzgeber gewandt, die Einrichtungen für die außergerichtliche Beilegung von Verbraucherstreitigkeiten zu fördern. Ziel war es ein Verfahren zu schaffen, um die Beilegung von Verbraucherstreitigkeiten zu vereinfachen. Dabei war allein an solche Verfahren gedacht, die durch »aktive Intervention eines Dritten, der eine Lösung vorschlägt oder vorschreibt, zu einer Beilegung der Streitigkeit führen.«[246] So sollten außergerichtliche Einrichtungen mit den Verbrauchern bindende Entscheidungen, Empfehlung oder Vergleichsvorschläge entwickeln, die letztlich von den Parteien akzeptiert werden sollten. Dabei sollten die außergerichtlichen Einrichtungen die Grundsätze der Unabhängigkeit (d.h. unparteiisches Handeln der Einrichtung), der Transparenz, der kontradiktatorischen Verfahrensweise (die Parteien haben die Möglichkeit ihre unterschiedlichen Standpunkte zu vertreten), der Effizienz (u.a. kein Anwaltszwang, keine oder moderate Kosten, rasche Verfahrensabwicklung), der Handlungsfreiheit (der Verbraucher kann sich nicht vor Entstehen der Streitigkeit zu diesem Verfahren verpflichten), der Rechtmäßigkeit und der Vertretung (der Verbraucher hat das Recht sich durch einen Dritten vertreten zu lassen) berücksichtigen.

87 Die Kommission hat ihrer Forderung durch eine weitere Empfehlung vom 4. April 2001[247] noch einmal Nachdruck verliehen. Dabei hat sie sich auf die bereits empfohlenen Grundsätze bezogen, diese aber um den Grundsatz der Fairness ergänzt. Angestrebt wurde eine Richtlinie, die u.a. gewährleisten sollte, »dass alle den Verkauf von Waren oder die Bereitstellung von Dienstleistungen betreffenden Streitigkeiten zwischen einem Verbraucher und einem Unternehmer allen rangieren und unabhängig davon, ob der Verbraucher oder der Unternehmer die Beschwerde eingelegt hat, einer Stelle zur alternativen Streitbeilegung vorgelegt werden können,« gleichzeitig aber auch sicherstellen

---

245 Empfehlung der Kommission vom 30. März 1998 betreffend die Grundsätze für Einrichtungen, die für die außergerichtliche Beilegung von Verbraucherrechtsstreitigkeiten zuständig sind, 98/257/EG, ABl. L 115/31 v. 17.04.1998.
246 Empfehlung der Kommission vom 30. März 1998 betreffend die Grundsätze für Einrichtungen, die für die außergerichtliche Beilegung von Verbraucherrechtsstreitigkeiten zuständig sind, 98/257/EG, ABl. L 115/32 v. 17.04.1998.
247 Empfehlung der Kommission vom 4. April 2001 über die Grundsätze für an der einvernehmlichen Beilegung von Verbraucherrechtsstreitigkeiten beteiligte außergerichtliche Einrichtung, 2001/310/EG, ABl. L 109/56 v. 19.04.2001.

A. Entstehungsprozess der Richtlinie 2008/52/EG Teil 7

sollte, »dass die Verbraucher in grenzübergreifenden verbraucherrechtlicher Streitigkeiten Unterstützung erhalten.«[248]

Dies führte nach einem langwierigen Verfahren dann erst im Jahre 2013 zum Erlass 88
der Richtlinie 2013/11/EU des Europäischen Parlaments und des Rates vom 21. Mai 2013 über die alternative Beilegung verbraucherrechtlicher Streitigkeiten und zur Änderung der Verordnung (EG) Nr. 2006/2004 und der Richtlinie 2009/22/ EG (Richtlinie über alternative Streitbeilegung in Verbraucherangelegenheiten)[249]. Art. 1 der Richtlinie[250] führt aus, dass diese Richtlinie Verbrauchern nun die Möglichkeit gibt, »auf freiwilliger Basis Beschwerden gegen Unternehmer bei Stellen einreichen zu können, die unabhängige, unparteiische, transparente, effektive, schnelle und faire AS- Verfahren (Alternative Streitbeilegung) anbieten«. Damit soll, so Art. 1 weiter, ein hohes Verbraucherschutzniveau gewährleistet werden, was wiederum zum reibungslosen Funktionieren des Binnenmarktes beitragen soll. Die Mitgliedstaaten sind gehalten, die erforderlichen Rechts – oder Verwaltungsvorschriften bis spätestens 9. Juli 2015 umzusetzen (Art. 25 der Richtlinie).

Der deutsche Gesetzgeber hat mit dem »Gesetz zur Umsetzung der Richtlinie bei Alter- 89
native Streitbeilegung in Verbraucherangelegenheiten und zur Durchführung der Verordnung über Online-Streitbeilegung in Verbraucherangelegenheiten« vom 19. Februar 2016[251](Verbraucherstreitbeilegungsgesetz – VSBG) die Richtlinie über alternative Streitbeilegung in Verbraucherangelegenheiten umgesetzt. Danach werden Verbraucherschlichtungsstellen eingerichtet, deren Träger eingetragene Vereine sind. Zuständig ist nach § $ VSBG die Verbraucherschlichtungsstelle auf Antrag eines Verbrauchers zur außergerichtlichen Beilegung von Streitigkeiten aus einem Verbrauchervertrag nach § 310 Abs. 3 BGB oder über das Bestehen eines solchen Vertragsverhältnisses. Arbeitsvertragliche Streitigkeiten sind ausgenommen.

2. Verordnung (EU) Nr. 524/2013 des Europäischen Parlaments und des Rates vom 21. Mai 2013 über die Online – Beilegung verbraucherrechtlicher Streitigkeiten und zur Änderung der Verordnung (EG) Nr. 2006/2004 und der Richtlinie 2009/22/EG (Verordnung über Online-Streitbeilegung in Verbraucherangelegenheiten)

Zeitgleich zum Erlass der Richtlinie über alternative Streitbeilegung in Verbraucher- 90
angelegenheiten wurde am 21. Mai 2013 die Verordnung (EU) Nr. 524/2013 des Europäischen Parlaments und des Rates vom 21. Mai 2013 über die Online – Beilegung verbraucherrechtlicher Streitigkeiten und zur Änderung der Verordnung (EG)

---

248 Richtlinie 2013/11/EU des Europäischen Parlaments und des Rates vom 21. Mai 2013 über die alternative Beilegung verbraucherrechtlicher Streitigkeiten und zur Änderung der Verordnung (EG) Nr. 2006/2004 und der Richtlinie 2009/22/EG, 2012/C 181/17, ABl C 181/93 v. 21.06.2012
249 ABl. L 165/63 v. 18.06.2013.
250 ABl. L 165/63 v. 18.06.2013.
251 BGBl. I 2016, S. 254. Vgl. zum VSBG die Ausführungen unter Teil 3.

Nr. 2006/2004 und der Richtlinie 2009/22/EG (Verordnung über Online-Streitbeilegung in Verbraucherangelegenheiten)[252] erlassen. Nach Art. 2 dieser Verordnung soll diese für »die außergerichtliche Beilegung von Streitigkeiten über vertragliche Verpflichtung aus Online-Kaufverträgen oder Online-Dienstleistungsverträgen zwischen einem in der Union wohnhaften Verbraucher und einem in der Union niedergelassenen Unternehmer« gelten. Die Streitigkeiten sollen durch eine AS-Stelle (Alternative Streitbeilegungsstelle) und unter Nutzung der OS-Plattform (Online-Streitbeilegung) beigelegt werden (Art. 2 der Richtlinie). Damit soll eine Vereinfachung des grenzübergreifenden elektronischen Geschäftsverkehrs und eine Stärkung des Vertrauens der Verbraucher beim Online-Shopping erreicht werden.[253]

91 Die OS–Plattform wird von der Kommission entwickelt, die auch für deren Betrieb zuständig ist. So werden auf der offiziellen Webseite der europäischen Kommission https://ec.europa.eu/consumers/odr unterschiedliche Möglichkeiten für die Streitbeilegung angeboten. So kann die Lösung in der direkten Kontaktaufnahme mit einem Unternehmer, aber auch in der Einschaltung von Streitbeilegungsstellen liegen.

92 Am 13.12.2017 hat die Europäische Kommission den »Bericht der Kommission an das Europäische Parlament und den Rat über die Funktionsweise der nach der Verordnung (EU) Nr. 524/2013 über die Online – Beilegung verbraucherrechtlicher Streitigkeiten eingerichteten Europäischen Plattform zur Online – Beilegung von Streitigkeiten«[254] vorgelegt. Der Bericht kommt u.a. zu dem Ergebnis, dass die Reichweite der Plattform unter den Verbrauchern als äußerst positiv zu bewerten sei.[255] durchschnittlich mehr als 2000 Beschwerden pro Monat würden auf der Plattform eingehen von denen rund 44 % im Rahmen erfolgreicher bilateraler Verhandlungen zwischen Händlern und Verbrauchern beigelegt werden.[256]

93 Die Plattform wird zumeist wegen Beschwerden im Bereich Kleidung und Schuhe (11,5 %), Flugtickets (8,5 %) und im Bereich der Information – und Kommunikationstechnologie (8 %) genutzt.[257] Ein Drittel der Beschwerden war auf Probleme grenzübergreifenden Charakters zurückzuführen. Die meisten Beschwerden kamen aus Deutschland und aus dem Vereinigten Königreich.[258]

---

252 ABl. L 165/1 v. 18.06.2013. Umfassend zur Online-Mediation vgl. unter Teil 5 D.4.
253 COM(2017) 744 final v. 13.12.2017, S. 1.
254 COM(2017) 744 final v. 13.12.2017.
255 COM(2017) 744 final v. 13.12.2017, S. 9.
256 COM(2017) 744 final v. 13.12.2017, S. 9.
257 COM(2017) 744 final v. 13.12.2017, S. 7.
258 COM(2017) 744 final v. 13.12.2017, S. 7.

B. Richtlinie 2008/52/EG des Europäischen Parlaments und des Rates (Mediationsrichtlinie) -RL-Text-

DAS EUROPÄISCHE PARLAMENT UND DER RAT DER EUROPÄISCHEN UNION – gestützt auf den Vertrag zur Gründung der Europäischen Gemeinschaft, insbesondere auf Artikel 61 Buchstabe c und Artikel 67 Absatz 5 zweiter Gedankenstrich,

auf Vorschlag der Kommission,

nach Stellungnahme des Europäischen Wirtschafts- und Sozialausschusses,[1]

gemäß dem Verfahren des Artikels 251 des Vertrags,[2]

in Erwägung nachstehender Gründe:

(1) Die Gemeinschaft hat sich zum Ziel gesetzt, einen Raum der Freiheit, der Sicherheit und des Rechts, in dem der freie Personenverkehr gewährleistet ist, zu erhalten und weiterzuentwickeln. Hierzu muss die Gemeinschaft unter anderem im Bereich der justiziellen Zusammenarbeit in Zivilsachen die für das reibungslose Funktionieren des Binnenmarkts erforderlichen Maßnahmen erlassen.

(2) Das Prinzip des Zugangs zum Recht ist von grundlegender Bedeutung; im Hinblick auf die Erleichterung eines besseren Zugangs zum Recht hat der Europäische Rat die Mitgliedstaaten auf seiner Tagung in Tampere am 15. und 16. Oktober 1999 aufgefordert, alternative außergerichtliche Verfahren zu schaffen.

(3) Im Mai 2000 nahm der Rat Schlussfolgerungen über alternative Streitbeilegungsverfahren im Zivil- und Handelsrecht an, in denen er festhielt, dass die Aufstellung grundlegender Prinzipien in diesem Bereich einen wesentlichen Schritt darstellt, der die Entwicklung und angemessene Anwendung außergerichtlicher Streitbeilegungsverfahren in Zivil- und Handelssachen und somit einen einfacheren und verbesserten Zugang zum Recht ermöglichen soll.

(4) Im April 2002 legte die Kommission ein Grünbuch über alternative Verfahren zur Streitbeilegung im Zivil- und Handelsrecht vor, in dem die bestehende Situation im Bereich der alternativen Verfahren der Streitbeilegung in der Europäischen Union darlegt wird und mit dem umfassende Konsultationen mit den Mitgliedstaaten und interessierten Parteien über mögliche Maßnahmen zur Förderung der Nutzung der Mediation eingeleitet werden.

---

1 ABl. C 286 vom 17. 11. 2005, S. 1.
2 Stellungnahme des Europäischen Parlaments v. 29. 03. 2007 (ABl. C 27 E vom 31. 1. 2008, S. 129), Gemeinsamer Standpunkt des Rates v. 28. 02. 2008 (noch nicht im Amtsblatt veröffentlicht) und Standpunkt des Europäischen Parlaments v. 23. 04. 2008 (noch nicht im Amtsblatt veröffentlicht).

(5) Das Ziel der Sicherstellung eines besseren Zugangs zum Recht als Teil der Strategie der Europäischen Union zur Schaffung eines Raums der Freiheit, der Sicherheit und des Rechts sollte den Zugang sowohl zu gerichtlichen als auch zu außergerichtlichen Verfahren der Streitbeilegung umfassen. Diese Richtlinie sollte insbesondere in Bezug auf die Verfügbarkeit von Mediationsdiensten zum reibungslosen Funktionieren des Binnenmarkts beitragen.

(6) Die Mediation kann durch auf die Bedürfnisse der Parteien zugeschnittene Verfahren eine kostengünstige und rasche außergerichtliche Streitbeilegung in Zivil- und Handelssachen bieten. Vereinbarungen, die im Mediationsverfahren erzielt wurden, werden eher freiwillig eingehalten und wahren eher eine wohlwollende und zukunftsfähige Beziehung zwischen den Parteien. Diese Vorteile werden in Fällen mit grenzüberschreitenden Elementen noch deutlicher.

(7) Um die Nutzung der Mediation weiter zu fördern und sicherzustellen, dass die Parteien, die die Mediation in Anspruch nehmen, sich auf einen vorhersehbaren rechtlichen Rahmen verlassen können, ist es erforderlich, Rahmenregeln einzuführen, in denen insbesondere die wesentlichen Aspekte des Zivilprozessrechts behandelt werden.

(8) Die Bestimmungen dieser Richtlinie sollten nur für die Mediation bei grenzüberschreitenden Streitigkeiten gelten; den Mitgliedstaaten sollte es jedoch freistehen, diese Bestimmungen auch auf interne Mediationsverfahren anzuwenden.

(9) Diese Richtlinie sollte dem Einsatz moderner Kommunikationstechnologien im Mediationsverfahren in keiner Weise entgegenstehen.

(10) Diese Richtlinie sollte für Verfahren gelten, bei denen zwei oder mehr Parteien einer grenzüberschreitenden Streitigkeit mit Hilfe eines Mediators auf freiwilliger Basis selbst versuchen, eine gütliche Einigung über die Beilegung ihrer Streitigkeit zu erzielen. Sie sollte für Zivil- und Handelssachen gelten. Sie sollte jedoch nicht für Rechte und Pflichten gelten, über die die Parteien nach dem einschlägigen anwendbaren Recht nicht selbst verfügen können. Derartige Rechte und Pflichten finden sich besonders häufig im Familienrecht und im Arbeitsrecht.

(11) Diese Richtlinie sollte weder für vorvertragliche Verhandlungen gelten noch für schiedsrichterliche Verfahren, wie beispielsweise bestimmte gerichtliche Schlichtungsverfahren, Verbraucherbeschwerdeverfahren, Schiedsverfahren oder Schiedsgutachten, noch für Verfahren, die von Personen oder Stellen abgewickelt werden, die eine förmliche Empfehlung zur Streitbeilegung abgeben, unabhängig davon, ob diese rechtlich verbindlich ist oder nicht.

(12) Diese Richtlinie sollte für Fälle gelten, in denen ein Gericht die Parteien auf die Mediation verweist oder in denen nach nationalem Recht die Mediation vorgeschrieben ist. Ferner sollte diese Richtlinie dort, wo nach nationalem Recht ein Richter als Mediator tätig werden kann, auch für die Mediation durch einen Richter gelten, der nicht für ein Gerichtsverfahren in der oder den Streitsachen zuständig ist. Diese Richtlinie sollte sich jedoch nicht auf Bemühungen zur Streitbelegung durch

das angerufene Gericht oder den angerufenen Richter im Rahmen des Gerichtsverfahrens über die betreffende Streitsache oder auf Fälle erstrecken, in denen das befasste Gericht oder der befasste Richter eine sachkundige Person zur Unterstützung oder Beratung heranzieht.

(13) Die in dieser Richtlinie vorgesehene Mediation sollte ein auf Freiwilligkeit beruhendes Verfahren in dem Sinne sein, dass die Parteien selbst für das Verfahren verantwortlich sind und es nach ihrer eigenen Vorstellung organisieren und jederzeit beenden können. Nach nationalem Recht sollte es den Gerichten jedoch möglich sein, Fristen für ein Mediationsverfahren zu setzen. Außerdem sollten die Gerichte die Parteien auf die Möglichkeit der Mediation hinweisen können, wann immer dies zweckmäßig ist.

(14) Diese Richtlinie sollte nationale Rechtsvorschriften, nach denen die Inanspruchnahme der Mediation verpflichtend oder mit Anreizen oder Sanktionen verbunden ist, unberührt lassen, sofern diese Rechtsvorschriften die Parteien nicht daran hindern, ihr Recht auf Zugang zum Gerichtssystem wahrzunehmen. Ebenso sollte diese Richtlinie bestehende, auf Selbstverantwortlichkeit der Parteien beruhende Mediationssysteme unberührt lassen, insoweit sie Aspekte betreffen, die nicht unter diese Richtlinie fallen.

(15) Im Interesse der Rechtssicherheit sollte in dieser Richtlinie angegeben werden, welcher Zeitpunkt für die Feststellung maßgeblich ist, ob eine Streitigkeit, die die Parteien durch Mediation beizulegen versuchen, eine grenzüberschreitende Streitigkeit ist. Wurde keine schriftliche Vereinbarung getroffen, so sollte davon ausgegangen werden, dass die Parteien zu dem Zeitpunkt einer Inanspruchnahme der Mediation zustimmen, zu dem sie spezifische Schritte unternehmen, um das Mediationsverfahren einzuleiten.

(16) Um das nötige gegenseitige Vertrauen in Bezug auf die Vertraulichkeit, die Wirkung auf Verjährungsfristen sowie die Anerkennung und Vollstreckung von im Mediationsverfahren erzielten Vereinbarungen sicherzustellen, sollten die Mitgliedstaaten die Aus- und Fortbildung von Mediatoren und die Einrichtung wirksamer Mechanismen zur Qualitätskontrolle in Bezug auf die Erbringung von Mediationsdiensten mit allen ihnen geeignet erscheinenden Mitteln fördern.

(17) Die Mitgliedstaaten sollten derartige Mechanismen festlegen, die auch den Rückgriff auf marktgestützte Lösungen einschließen können, aber sie sollten nicht verpflichtet sein, diesbezüglich Finanzmittel bereitzustellen. Die Mechanismen sollten darauf abzielen, die Flexibilität des Mediationsverfahrens und die Autonomie der Parteien zu wahren und sicherzustellen, dass die Mediation auf wirksame, unparteiische und sachkundige Weise durchgeführt wird. Die Mediatoren sollten auf den Europäischen Verhaltenskodex für Mediatoren hingewiesen werden, der im Internet auch der breiten Öffentlichkeit zur Verfügung gestellt werden sollte.

(18) Im Bereich des Verbraucherschutzes hat die Kommission eine förmliche Empfehlung[3] mit Mindestqualitätskriterien angenommen, die an der einvernehmlichen Beilegung von Verbraucherstreitigkeiten beteiligte außergerichtliche Einrichtungen ihren Nutzern bieten sollten. Alle Mediatoren oder Organisationen, die in den Anwendungsbereich dieser Empfehlung fallen, sollten angehalten werden, die Grundsätze der Empfehlung zu beachten. Um die Verbreitung von Informationen über diese Einrichtungen zu erleichtern, sollte die Kommission eine Datenbank über außergerichtliche Verfahren einrichten, die nach Ansicht der Mitgliedstaaten die Grundsätze der genannten Empfehlung erfüllen.

(19) Die Mediation sollte nicht als geringerwertige Alternative zu Gerichtsverfahren in dem Sinne betrachtet werden, dass die Einhaltung von im Mediationsverfahren erzielten Vereinbarungen vom guten Willen der Parteien abhinge. Die Mitgliedstaaten sollten daher sicherstellen, dass die Parteien einer im Mediationsverfahren erzielten schriftlichen Vereinbarung veranlassen können, dass der Inhalt der Vereinbarung vollstreckbar gemacht wird. Ein Mitgliedstaat sollte es nur dann ablehnen können, eine Vereinbarung vollstreckbar zu machen, wenn deren Inhalt seinem Recht, einschließlich seines internationalen Privatrechts, zuwiderläuft oder die Vollstreckbarkeit des Inhalts der spezifischen Vereinbarung in seinem Recht nicht vorgesehen ist. Dies könnte der Fall sein, wenn die in der Vereinbarung bezeichnete Verpflichtung ihrem Wesen nach nicht vollstreckungsfähig ist.

(20) Der Inhalt einer im Mediationsverfahren erzielten Vereinbarung, die in einem Mitgliedstaat vollstreckbar gemacht wurde, sollte gemäß dem anwendbaren Gemeinschaftsrecht oder nationalen Recht in den anderen Mitgliedstaaten anerkannt und für vollstreckbar erklärt werden. Dies könnte beispielsweise auf der Grundlage der Verordnung (EG) Nr. 44/2001 des Rates vom 22. Dezember 2000 über die gerichtliche Zuständigkeit und die Anerkennung und Vollstreckung von Entscheidungen in Zivil- und Handelssachen[4] oder der Verordnung (EG) Nr. 2201/2003 des Rates vom 27. November 2003 über die Zuständigkeit und die Anerkennung und Vollstreckung von Entscheidungen in Ehesachen und in Verfahren betreffend die elterliche Verantwortung[5] erfolgen.

(21) In der Verordnung (EG) Nr. 2201/2003 ist ausdrücklich vorgesehen, dass Vereinbarungen zwischen den Parteien in dem Mitgliedstaat, in dem sie geschlossen wurden, vollstreckbar sein müssen, wenn sie in einem anderen Mitgliedstaat vollstreckbar sein sollen. In Fällen, in denen der Inhalt einer im Mediationsverfahren erzielten Vereinbarung über eine familienrechtliche Streitigkeit in dem Mitgliedstaat,

---

3 Empfehlung 2001/310/EG der Kommission v. 04. 04. 2001 über die Grundsätze für an der einvernehmlichen Beilegung von Verbraucherrechtsstreitigkeiten beteiligte außergerichtliche Einrichtungen (ABl. L 109 v. 19. 04. 2001, S. 56).
4 ABl. L 12 v. 16. 01. 2001, S. 1. Zuletzt geändert durch die Verordnung (EG) Nr. 1791/2006 (ABl. L 363 v. 20. 12. 2006, S. 1).
5 ABl. L 338 v. 23. 12. 2003, S. 1. Geändert durch die Verordnung (EG) Nr. 2116/2004 (ABl. L 367 v. 14. 12. 2004, S. 1).

in dem die Vereinbarung geschlossen und ihre Vollstreckbarkeit beantragt wurde, nicht vollstreckbar ist, sollte diese Richtlinie die Parteien daher nicht dazu veranlassen, das Recht dieses Mitgliedstaats zu umgehen, indem sie ihre Vereinbarung in einem anderen Mitgliedstaat vollstreckbar machen lassen.

(22) Die Vorschriften der Mitgliedstaaten für die Vollstreckung von im Mediationsverfahren erzielten Vereinbarungen sollten von dieser Richtlinie unberührt bleiben.

(23) Die Vertraulichkeit des Mediationsverfahrens ist wichtig und daher sollte in dieser Richtlinie ein Mindestmaß an Kompatibilität der zivilrechtlichen Verfahrensvorschriften hinsichtlich der Wahrung der Vertraulichkeit der Mediation in nachfolgenden zivil- und handelsrechtlichen Gerichts- oder Schiedsverfahren vorgesehen werden.

(24) Um die Parteien dazu anzuregen, die Mediation in Anspruch zu nehmen, sollten die Mitgliedstaaten gewährleisten, dass ihre Regeln über Verjährungsfristen die Parteien bei einem Scheitern der Mediation nicht daran hindern, ein Gericht oder ein Schiedsgericht anzurufen. Die Mitgliedstaaten sollten dies sicherstellen, auch wenn mit dieser Richtlinie die nationalen Regeln über Verjährungsfristen nicht harmonisiert werden. Die Bestimmungen über Verjährungsfristen in von den Mitgliedstaaten umgesetzten internationalen Übereinkünften, z. B. im Bereich des Verkehrsrechts, sollten von dieser Richtlinie nicht berührt werden.

(25) Die Mitgliedstaaten sollten darauf hinwirken, dass der breiten Öffentlichkeit Informationen darüber zur Verfügung gestellt werden, wie mit Mediatoren und Organisationen, die Mediationsdienste erbringen, Kontakt aufgenommen werden kann. Sie sollten ferner die Angehörigen der Rechtsberufe dazu anregen, ihre Mandanten über die Möglichkeit der Mediation zu unterrichten.

(26) Nach Nummer 34 der Interinstitutionellen Vereinbarung über bessere Rechtsetzung[6] werden die Mitgliedstaaten angehalten, für ihre eigenen Zwecke und im Interesse der Gemeinschaft eigene Tabellen aufzustellen, aus denen im Rahmen des Möglichen die Entsprechungen zwischen dieser Richtlinie und den Umsetzungsmaßnahmen zu entnehmen sind, und diese zu veröffentlichen.

(27) Diese Richtlinie soll der Förderung der Grundrechte dienen und berücksichtigt die Grundsätze, die insbesondere mit der Charta der Grundrechte der Europäischen Union anerkannt wurden.

(28) Da das Ziel dieser Richtlinie auf Ebene der Mitgliedstaaten nicht ausreichend verwirklicht werden kann und daher wegen des Umfangs oder der Wirkungen der Maßnahme besser auf Gemeinschaftsebene zu verwirklichen ist, kann die Gemeinschaft im Einklang mit dem in Artikel 5 des Vertrags niedergelegten Subsidiaritätsprinzip tätig werden. Entsprechend dem in demselben Artikel niedergelegten Grundsatz der Verhältnismäßigkeit geht diese Richtlinie nicht über das für die Erreichung dieses Ziels erforderliche Maß hinaus.

---

6 ABl. C 321 v. 31. 12. 2003, S. 1.

(29) Gemäß Artikel 3 des dem Vertrag über die Europäische Union und dem Vertrag zur Gründung der Europäischen Gemeinschaft beigefügten Protokolls über die Position des Vereinigten Königreichs und Irlands haben das Vereinigte Königreich und Irland mitgeteilt, dass sie sich an der Annahme und Anwendung dieser Richtlinie beteiligen möchten.

(30) Gemäß den Artikeln 1 und 2 des dem Vertrag über die Europäische Union und dem Vertrag zur Gründung der Europäischen Gemeinschaft beigefügten Protokolls über die Position Dänemarks beteiligt sich Dänemark nicht an der Annahme dieser Richtlinie, die für Dänemark nicht bindend oder anwendbar ist –

HABEN FOLGENDE RICHTLINIE ERLASSEN:

Artikel 1   Ziel und Anwendungsbereich

(1) Ziel dieser Richtlinie ist es, den Zugang zur alternativen Streitbeilegung zu erleichtern und die gütliche Beilegung von Streitigkeiten zu fördern, indem zur Nutzung der Mediation angehalten und für ein ausgewogenes Verhältnis zwischen Mediation und Gerichtsverfahren gesorgt wird.

(2) Diese Richtlinie gilt bei grenzüberschreitenden Streitigkeiten für Zivil- und Handelssachen, nicht jedoch für Rechte und Pflichten, über die die Parteien nach dem einschlägigen anwendbaren Recht nicht verfügen können. Sie gilt insbesondere nicht für Steuer- und Zollsachen sowie verwaltungsrechtliche Angelegenheiten oder die Haftung des Staates für Handlungen oder Unterlassungen im Rahmen der Ausübung hoheitlicher Rechte (»acta iure imperii«).

(3) In dieser Richtlinie bezeichnet der Ausdruck »Mitgliedstaat« die Mitgliedstaaten mit Ausnahme Dänemarks.

Artikel 2   Grenzüberschreitende Streitigkeiten

(1) Eine grenzüberschreitende Streitigkeit im Sinne dieser Richtlinie liegt vor, wenn mindestens eine der Parteien zu dem Zeitpunkt, zu dem
a) die Parteien vereinbaren, die Mediation zu nutzen, nachdem die Streitigkeit entstanden ist,
b) die Mediation von einem Gericht angeordnet wird,
c) nach nationalem Recht eine Pflicht zur Nutzung der Mediation entsteht, oder
d) eine Aufforderung an die Parteien im Sinne des Artikels 5 ergeht,

ihren Wohnsitz oder gewöhnlichen Aufenthalt in einem anderen Mitgliedstaat als dem einer der anderen Parteien hat.

(2) Ungeachtet des Absatzes 1 ist eine grenzüberschreitende Streitigkeit im Sinne der Artikel 7 und 8 auch eine Streitigkeit, bei der nach einer Mediation zwischen den Parteien ein Gerichts- oder ein Schiedsverfahren in einem anderen Mitgliedstaat als demjenigen eingeleitet wird, in dem die Parteien zu dem in Absatz 1 Buchstaben a, b oder c genannten Zeitpunkt ihren Wohnsitz oder gewöhnlichen Aufenthalt hatten.

(3) Der Wohnsitz im Sinne der Absätze 1 und 2 bestimmt sich nach den Artikeln 59 und 60 der Verordnung (EG) Nr. 44/2001.

Artikel 3   Begriffsbestimmungen

Im Sinne dieser Richtlinie bezeichnet der Ausdruck
a) »Mediation« ein strukturiertes Verfahren unabhängig von seiner Bezeichnung, in dem zwei oder mehr Streitparteien mit Hilfe eines Mediators auf freiwilliger Basis selbst versuchen, eine Vereinbarung über die Beilegung ihrer Streitigkeiten zu erzielen. Dieses Verfahren kann von den Parteien eingeleitet oder von einem Gericht vorgeschlagen oder angeordnet werden oder nach dem Recht eines Mitgliedstaats vorgeschrieben sein. Es schließt die Mediation durch einen Richter ein, der nicht für ein Gerichtsverfahren in der betreffenden Streitsache zuständig ist. Nicht eingeschlossen sind Bemühungen zur Streitbeilegung des angerufenen Gerichts oder Richters während des Gerichtsverfahrens über die betreffende Streitsache;
b) »Mediator« eine dritte Person, die ersucht wird, eine Mediation auf wirksame, unparteiische und sachkundige Weise durchzuführen, unabhängig von ihrer Bezeichnung oder ihrem Beruf in dem betreffenden Mitgliedstaat und der Art und Weise, in der sie für die Durchführung der Mediation benannt oder mit dieser betraut wurde.

Artikel 4   Sicherstellung der Qualität der Mediation

(1) Die Mitgliedstaaten fördern mit allen ihnen geeignet erscheinenden Mitteln die Entwicklung und Einhaltung von freiwilligen Verhaltenskodizes durch Mediatoren und Organisationen, die Mediationsdienste erbringen, sowie andere wirksame Verfahren zur Qualitätskontrolle für die Erbringung von Mediationsdiensten.

(2) Die Mitgliedstaaten fördern die Aus- und Fortbildung von Mediatoren, um sicherzustellen, dass die Mediation für die Parteien wirksam, unparteiisch und sachkundig durchgeführt wird.

Artikel 5   Inanspruchnahme der Mediation

(1) Ein Gericht, das mit einer Klage befasst wird, kann gegebenenfalls und unter Berücksichtigung aller Umstände des Falles die Parteien auffordern, die Mediation zur Streitbeilegung in Anspruch zu nehmen. Das Gericht kann die Parteien auch auffordern, an einer Informationsveranstaltung über die Nutzung der Mediation teilzunehmen, wenn solche Veranstaltungen durchgeführt werden und leicht zugänglich sind.

(2) Diese Richtlinie lässt nationale Rechtsvorschriften unberührt, nach denen die Inanspruchnahme der Mediation vor oder nach Einleitung eines Gerichtsverfahrens verpflichtend oder mit Anreizen oder Sanktionen verbunden ist, sofern diese Rechtsvorschriften die Parteien nicht daran hindern, ihr Recht auf Zugang zum Gerichtssystem wahrzunehmen.

Artikel 6 Vollstreckbarkeit einer im Mediationsverfahren erzielten Vereinbarung

(1) Die Mitgliedstaaten stellen sicher, dass von den Parteien – oder von einer Partei mit ausdrücklicher Zustimmung der anderen – beantragt werden kann, dass der Inhalt einer im Mediationsverfahren erzielten schriftlichen Vereinbarung vollstreckbar gemacht wird. Der Inhalt einer solchen Vereinbarung wird vollstreckbar gemacht, es sei denn, in dem betreffenden Fall steht der Inhalt der Vereinbarung dem Recht des Mitgliedstaats, in dem der Antrag gestellt wurde, entgegen oder das Recht dieses Mitgliedstaats sieht die Vollstreckbarkeit des Inhalts nicht vor.

(2) Der Inhalt der Vereinbarung kann von einem Gericht oder einer anderen zuständigen öffentlichen Stelle durch ein Urteil oder eine Entscheidung oder in einer öffentlichen Urkunde nach dem Recht des Mitgliedstaats, in dem der Antrag gestellt wurde, vollstreckbar gemacht werden.

(3) Die Mitgliedstaaten teilen der Kommission mit, welche Gerichte oder sonstigen öffentlichen Stellen zuständig sind, einen Antrag nach den Absätzen 1 und 2 entgegenzunehmen.

(4) Die Vorschriften für die Anerkennung und Vollstreckung einer nach Absatz 1 vollstreckbar gemachten Vereinbarung in einem anderen Mitgliedstaat werden durch diesen Artikel nicht berührt.

Artikel 7 Vertraulichkeit der Mediation

(1) Da die Mediation in einer Weise erfolgen soll, die die Vertraulichkeit wahrt, gewährleisten die Mitgliedstaaten, sofern die Parteien nichts anderes vereinbaren, dass weder Mediatoren noch in die Durchführung des Mediationsverfahrens eingebundene Personen gezwungen sind, in Gerichts- oder Schiedsverfahren in Zivil- und Handelssachen Aussagen zu Informationen zu machen, die sich aus einem Mediationsverfahren oder im Zusammenhang mit einem solchen ergeben, es sei denn,
a) dies ist aus vorrangigen Gründen der öffentlichen Ordnung (ordre public) des betreffenden Mitgliedstaats geboten, um insbesondere den Schutz des Kindeswohls zu gewährleisten oder eine Beeinträchtigung der physischen oder psychischen Integrität einer Person abzuwenden, oder
b) die Offenlegung des Inhalts der im Mediationsverfahren erzielten Vereinbarung ist zur Umsetzung oder Vollstreckung dieser Vereinbarung erforderlich.

(2) Absatz 1 steht dem Erlass strengerer Maßnahmen durch die Mitgliedstaaten zum Schutz der Vertraulichkeit der Mediation nicht entgegen.

Artikel 8 Auswirkung der Mediation auf Verjährungsfristen

(1) Die Mitgliedstaaten stellen sicher, dass die Parteien, die eine Streitigkeit im Wege der Mediation beizulegen versucht haben, im Anschluss daran nicht durch das Ablaufen der Verjährungsfristen während des Mediationsverfahrens daran gehindert werden, ein Gerichts- oder Schiedsverfahren hinsichtlich derselben Streitigkeit einzuleiten.

(2) Bestimmungen über Verjährungsfristen in internationalen Übereinkommen, denen Mitgliedstaaten angehören, bleiben von Absatz 1 unberührt.

Artikel 9   Information der breiten Öffentlichkeit

Die Mitgliedstaaten fördern mit allen ihnen geeignet erscheinenden Mitteln, insbesondere über das Internet, die Bereitstellung von Informationen für die breite Öffentlichkeit darüber, wie mit Mediatoren und Organisationen, die Mediationsdienste erbringen, Kontakt aufgenommen werden kann.

Artikel 10   Informationen über zuständige Gerichte und öffentliche Stellen

Die Kommission macht die Angaben über die zuständigen Gerichte und öffentlichen Stellen, die ihr die Mitgliedstaaten gemäß Artikel 6 Absatz 3 mitteilen, mit allen geeigneten Mitteln öffentlich zugänglich.

Artikel 11   Überprüfung

Die Kommission legt dem Europäischen Parlament, dem Rat und dem Europäischen Wirtschafts- und Sozialausschuss bis zum 21. Mai 2016 einen Bericht über die Anwendung dieser Richtlinie vor. In dem Bericht wird auf die Entwicklung der Mediation in der gesamten Europäischen Union sowie auf die Auswirkungen dieser Richtlinie in den Mitgliedstaaten eingegangen. Dem Bericht sind, soweit erforderlich, Vorschläge zur Anpassung dieser Richtlinie beizufügen.

Artikel 12   Umsetzung

(1) Die Mitgliedstaaten setzen vor dem 21. Mai 2011 die Rechts- und Verwaltungsvorschriften in Kraft, die erforderlich sind, um dieser Richtlinie nachzukommen; hiervon ausgenommen ist Artikel 10, dem spätestens bis zum 21. November 2010 nachzukommen ist. Sie setzen die Kommission unverzüglich davon in Kenntnis.

Wenn die Mitgliedstaaten diese Vorschriften erlassen, nehmen sie in den entsprechenden Vorschriften selbst oder durch einen Hinweis bei der amtlichen Veröffentlichung auf diese Richtlinie Bezug. Die Mitgliedstaaten regeln die Einzelheiten der Bezugnahme.

(2) Die Mitgliedstaaten teilen der Kommission den Wortlaut der wichtigsten nationalen Rechtsvorschriften mit, die sie auf dem unter diese Richtlinie fallenden Gebiet erlassen.

Artikel 13   Inkrafttreten

Diese Richtlinie tritt am zwanzigsten Tag nach ihrer Veröffentlichung im Amtsblatt der Europäischen Union in Kraft.

Artikel 14 Adressaten

Diese Richtlinie ist an die Mitgliedstaaten gerichtet.

Geschehen zu Straßburg am 21. Mai 2008.

In Namen des Europäischen Parlaments

Der Präsident

H.-G. Pöttering

Im Namen des Rates

Der Präsident

J. Lenarčič

C. Richtlinie 2013/11/EU des Europäischen Parlaments und des Rates (Alternative Streitbeilegung in Verbraucherangelegenheiten) -RL-Text-

RICHTLINIE 2013/11/EU DES EUROPÄISCHEN PARLAMENTS UND DES RATES

vom 21. Mai 2013

über die alternative Beilegung verbraucherrechtlicher Streitigkeiten und zur Änderung der Verordnung (EG) Nr. 2006/2004 und der Richtlinie 2009/22/EG

(Richtlinie über alternative Streitbeilegung in Verbraucherangelegenheiten)

DAS EUROPÄISCHE PARLAMENT UND DER RAT DER EUROPÄISCHEN UNION –

gestützt auf den Vertrag über die Arbeitsweise der Europäischen Union, insbesondere auf Artikel 114,

auf Vorschlag der Europäischen Kommission,

nach Zuleitung des Entwurfs des Gesetzgebungsakts an die nationalen Parlamente,

nach Stellungnahme des Europäischen Wirtschafts- und Sozialausschusses[1],

gemäß dem ordentlichen Gesetzgebungsverfahren[2],

in Erwägung nachstehender Gründe:

(1) Gemäß Artikel 169 Absatz 1 und Artikel 169 Absatz 2 Buchstabe a des Vertrags über die Arbeitsweise der Europäischen Union (AEUV) leistet die Union durch Maßnahmen, die sie nach Artikel 114 AEUV erlässt, einen Beitrag zur Erreichung eines hohen Verbraucherschutzniveaus. Gemäß Artikel 38 der Charta der Grundrechte der Europäischen Union stellt die Politik der Union ein hohes Verbraucherschutzniveau sicher.

(2) Gemäß Artikel 26 Absatz 2 AEUV soll der Binnenmarkt einen Raum ohne Binnengrenzen umfassen, in dem der freie Verkehr von Waren und Dienstleistungen gewährleistet ist. Der Binnenmarkt sollte den Verbrauchern zusätzlichen Nutzen in Form besserer Qualität, größerer Vielfalt, angemessener Preise und hoher Sicherheitsstandards für Waren und Dienstleistungen bringen, was für ein hohes Verbraucherschutzniveau sorgen sollte.

---

[1] ABl. C 181 vom 21.6.2012, S. 93.
[2] Standpunkt des Europäischen Parlaments vom 12. März 2013 (noch nicht im Amtsblatt veröffentlicht) und Beschluss des Rates vom 22. April 2013.

(3) Die Zersplitterung des Binnenmarkts ist nachteilig für die Wettbewerbsfähigkeit, das Wachstum und die Schaffung von Arbeitsplätzen in der Union. Für die Vollendung des Binnenmarkts ist es unerlässlich, direkte und indirekte Hemmnisse für das reibungslose Funktionieren des Binnenmarkts zu beseitigen und das Vertrauen der Bürger zu stärken.

(4) Die Gewährleistung des Zugangs zu einfachen, effizienten, schnellen und kostengünstigen Möglichkeiten der Beilegung inländischer und grenzübergreifender Streitigkeiten, die sich aus Kauf- oder Dienstleistungsverträgen ergeben, sollte Verbrauchern zugute kommen und somit ihr Vertrauen in den Markt stärken. Dieser Zugang sollte sich sowohl auf online als auch offline getätigte Rechtsgeschäfte beziehen und ist besonders wichtig, wenn Verbraucher über die Grenzen hinweg einkaufen.

(5) Alternative Streitbeilegung (im Folgenden »AS«) ist eine einfache, schnelle und kostengünstige Möglichkeit der außergerichtlichen Beilegung von Streitigkeiten zwischen Verbrauchern und Unternehmern. Allerdings ist AS noch nicht in der gesamten Union hinreichend und durchgängig entwickelt. Es ist bedauerlich, dass trotz der Empfehlung der Kommission 98/257/EG vom 30. März 1998 betreffend die Grundsätze für Einrichtungen, die für die außergerichtliche Beilegung von Verbraucherrechtsstreitigkeiten zuständig sind[3], und der Empfehlung der Kommission 2001/310/EG vom 4. April 2001 über die Grundsätze für an der einvernehmlichen Beilegung von Verbraucherrechtsstreitigkeiten beteiligte außergerichtliche Einrichtungen[4], AS nicht in ordnungsgemäßer Weise aufgebaut worden ist und nicht in allen geografischen Gebieten oder Wirtschaftssektoren in der Union zufriedenstellend funktionieren. Verbraucher und Unternehmer haben noch keine Kenntnis über bestehende alternative Rechtsbehelfsverfahren, und nur ein geringer Anteil der Bürger weiß, wie eine Beschwerde bei einer AS-Stelle einzureichen ist. Sofern AS-Verfahren zur Verfügung stehen, haben sie in den verschiedenen Mitgliedstaaten ein sehr unterschiedliches Qualitätsniveau, und grenzübergreifende Streitigkeiten werden von den AS-Stellen oft nicht effektiv bearbeitet.

(6) Die Unterschiede der AS in Bezug auf Flächendeckung, Qualität und Bekanntheit in den Mitgliedstaaten stellen ein Hindernis für den Binnenmarkt dar und sind einer der Gründe dafür, weshalb viele Verbraucher nicht über die Grenzen hinweg einkaufen und nicht darauf vertrauen, dass mögliche Streitigkeiten mit Unternehmern auf einfache, schnelle und kostengünstige Weise beigelegt werden können. Aus den gleichen Gründen verkaufen Unternehmer möglicherweise nicht an Verbraucher in anderen Mitgliedstaaten, in denen kein ausreichender Zugang zu hochwertigen AS-Verfahren besteht. Ferner haben Unternehmer, die in einem Mitgliedstaat niedergelassen sind, in dem hochwertige AS-Verfahren nicht in ausreichendem Maß zur Verfügung stehen, einen Wettbewerbsnachteil gegenüber Unternehmern, die Zugang

---

3 ABl. L 115 vom 17.4.1998, S. 31.
4 ABl. L 109 vom 19.4.2001, S. 56.

zu solchen Verfahren haben und somit verbraucherrechtliche Streitigkeiten schneller und kostengünstiger beilegen können.

(7) Damit Verbraucher die Möglichkeiten des Binnenmarkts voll nutzen können, sollte AS für alle Arten der von dieser Richtlinie erfassten inländischen und grenzübergreifenden Streitigkeiten zur Verfügung stehen, sollten AS-Verfahren in der gesamten Union geltenden einheitlichen Qualitätsanforderungen entsprechen und sollten Verbraucher und Unternehmer von diesen Verfahren Kenntnis haben. Wegen des gestiegenen grenzübergreifenden Handels und Personenverkehrs ist es auch wichtig, dass AS-Stellen grenzübergreifende Streitigkeiten effektiv bearbeiten.

(8) Wie vom Europäischen Parlament in seiner Entschließung vom 25. Oktober 2011 zu der alternativen Streitbeilegung in Zivil-, Handels- und Familiensachen und seiner Entschließung vom 20. Mai 2010 zur Schaffung eines Binnenmarkts für Verbraucher und Bürger befürwortet, sollte jeder ganzheitliche Ansatz in Bezug auf den Binnenmarkt, der Ergebnisse für seine Bürger abwirft, vorrangig ein einfaches, kostengünstiges, zweckmäßiges und zugängliches System des Rechtsschutzes schaffen.

(9) In ihrer Mitteilung vom 13. April 2011 mit dem Titel »Binnenmarktakte – Zwölf Hebel zur Förderung von Wachstum und Vertrauen – ›Gemeinsam für neues Wachstum‹« bezeichnete die Kommission Rechtsvorschriften über AS auch für den elektronischen Geschäftsverkehr als einen der zwölf Hebel zur Förderung des Wachstums und des Vertrauens in den Binnenmarkt sowie der Fortschritte zu seiner Vollendung.

(10) In seinen Schlussfolgerungen vom 24.-25. März und vom 23. Oktober 2011 hat der Europäische Rat das Europäische Parlament und den Rat aufgefordert, bis Ende 2012 ein erstes Bündel vorrangiger Maßnahmen zu verabschieden, um dem Binnenmarkt neue Impulse zu geben. In seinen Schlussfolgerungen vom 30. Mai 2011 zu den Prioritäten für die Neubelebung des Binnenmarktes hat der Rat der Europäischen Union darüber hinaus die Bedeutung des elektronischen Geschäftsverkehrs hervorgehoben und zugestimmt, dass die verbraucherrechtlichen AS-Systeme kostengünstigen, einfachen und schnellen Rechtsschutz für Verbraucher und Unternehmer ermöglichen können. Die erfolgreiche Einführung dieser Systeme erfordert nachhaltiges politisches Engagement und Förderung seitens aller Akteure, ohne die Erschwinglichkeit, Transparenz, Flexibilität, Geschwindigkeit und Qualität der Entscheidungsfindung der AS-Stellen, die in den Anwendungsbereich dieser Richtlinie fallen, zu gefährden.

(11) Angesichts der zunehmenden Bedeutung des elektronischen Geschäftsverkehrs und insbesondere des grenzübergreifenden Handels als eine Säule der Wirtschaftstätigkeit der Union sind eine gut funktionierende AS-Infrastruktur für verbraucherrechtliche Streitigkeiten und ein angemessen berücksichtigter Rahmen zur Online-Streitbeilegung (im Folgenden »OS«) für verbraucherrechtliche Streitigkeiten, die sich aus Online-Rechtsgeschäften ergeben, notwendig, um das Ziel der Binnenmarktakte, die Stärkung des Vertrauens der Bürger in den Binnenmarkt, zu erreichen.

(12) Diese Richtlinie und die Verordnung (EU) Nr. 524/2013 des Europäischen Parlaments und des Rates vom 21. Mai 2013 über die Online-Beilegung verbrau-

cherrechtlicher Streitigkeiten[5] sind zwei Gesetzgebungsinstrumente, die in einem engen Zusammenhang stehen und einander ergänzen. In der Verordnung (EU) Nr. 524/2013 ist die Einrichtung einer Plattform für die Online-Streitbeilegung (im Folgenden »OS-Plattform«) vorgesehen, die Verbrauchern und Unternehmern eine zentrale Anlaufstelle für die außergerichtliche Beilegung von Online-Streitigkeiten – durch AS-Stellen, die mit der Plattform verknüpft sind und AS mittels hochwertiger AS-Verfahren bereitstellen – bietet. Die Verfügbarkeit hochwertiger AS-Stellen in der gesamten Union ist somit eine Vorbedingung für das ordnungsgemäße Funktionieren der OS-Plattform.

(13) Diese Richtlinie sollte nicht für nichtwirtschaftliche Dienstleistungen von allgemeinem Interesse gelten. Nichtwirtschaftliche Dienstleistungen sind Dienstleistungen, die nicht für eine wirtschaftliche Gegenleistung erbracht werden. Daher sollten nichtwirtschaftliche Dienstleistungen von allgemeinem Interesse, die vom Staat oder im Namen des Staates ohne Entgelt erbracht werden, unabhängig von der Rechtsform, durch die diese Dienstleistungen erbracht werden, nicht unter diese Richtlinie fallen.

(14) Diese Richtlinie sollte darüber hinaus nicht für Gesundheitsdienstleistungen im Sinne des Artikels 3 Buchstabe a der Richtlinie 2011/24/EU des Europäischen Parlaments und des Rates vom 9. März 2011 über die Ausübung der Patientenrechte in der grenzüberschreitenden Gesundheitsversorgung[6] gelten.

(15) Die Entwicklung einer gut funktionierenden AS innerhalb der Union ist notwendig, um das Vertrauen der Verbraucher in den Binnenmarkt – unter Einschluss des elektronischen Geschäftsverkehrs – zu stärken und das Potenzial und die Möglichkeiten des grenzübergreifenden und elektronischen Handels in der Praxis auszuschöpfen. Diese Entwicklung sollte unter Wahrung der jeweiligen innerstaatlichen Rechtstraditionen auf den vorhandenen AS-Verfahren in den Mitgliedstaaten aufbauen. Sowohl bestehende als auch neu eingerichtete gut funktionierende Streitbeilegungsstellen, die den Qualitätsanforderungen dieser Richtlinie entsprechen, sollten als »AS-Stellen« im Sinne dieser Richtlinie angesehen werden. Die Verbreitung der AS kann außerdem für jene Mitgliedstaaten von Bedeutung sein, in denen es einen beträchtlichen Rückstand an anhängigen Gerichtsverfahren gibt, wodurch Unionsbürgern das Recht auf einen fairen Prozess innerhalb einer angemessenen Frist vorenthalten wird.

(16) Diese Richtlinie sollte für Streitigkeiten zwischen Verbrauchern und Unternehmern über vertragliche Verpflichtungen gelten, die sich aus sowohl online als auch offline geschlossenen Kaufverträgen oder Dienstleitungsverträgen in allen Wirtschaftssektoren außer den ausgenommenen Sektoren ergeben. Dazu sollten Streitigkeiten gehören, die sich aus dem Verkauf oder der Bereitstellung digitaler Inhalte gegen Entgelt ergeben. Diese Richtlinie sollte für Beschwerden von Verbrauchern gegen

---

5 Siehe Seite 1 dieses Amtsblatts.
6 ABl. L 88 vom 4.4.2011, S. 45.

Unternehmer gelten. Sie sollte nicht für Beschwerden von Unternehmern gegen Verbraucher oder für Streitigkeiten zwischen Unternehmern gelten. Allerdings sollte sie die Mitgliedstaaten nicht daran hindern, Bestimmungen über Verfahren zur außergerichtlichen Beilegung solcher Streitigkeiten einzuführen oder beizubehalten.

(17) Die Mitgliedstaaten sollten nationale Bestimmungen für nicht unter diese Richtlinie fallende Verfahren beibehalten oder einführen können, wie interne Beschwerdeverfahren, die vom Unternehmer betrieben werden. Solche internen Beschwerdeverfahren können ein effektives Mittel zur frühzeitigen Beilegung verbraucherrechtlicher Streitigkeiten darstellen.

(18) Die Definition des Begriffs »Verbraucher« sollte natürliche Personen, die außerhalb ihrer gewerblichen, geschäftlichen, handwerklichen oder beruflichen Tätigkeit handeln, umfassen. Wird ein Vertrag jedoch teils im Rahmen, teils außerhalb des Rahmens des Gewerbes einer Person abgeschlossen (Verträge mit doppeltem Zweck) und ist der gewerbliche Zweck so gering, dass er im Gesamtkontext des Geschäfts als nicht überwiegend erscheint, sollte die betreffende Person ebenfalls als Verbraucher gelten.

(19) Einige bestehende Rechtsakte der Union enthalten bereits Bestimmungen über AS. Damit für Rechtssicherheit gesorgt ist, sollte vorgesehen werden, dass diese Richtlinie bei Kollisionen Vorrang hat, außer es ist in ihr ausdrücklich etwas anderes vorgesehen. Insbesondere sollte diese Richtlinie die Richtlinie 2008/52/EG des Europäischen Parlaments und des Rates vom 21. Mai 2008 über bestimmte Aspekte der Mediation in Zivil- und Handelssachen[7] nicht berühren, die bereits einen Rahmen für Mediationssysteme auf Unionsebene für grenzübergreifende Streitfälle schafft, ohne dass die Anwendung jener Richtlinie auf interne Mediationssysteme ausgeschlossen wird. Die vorliegende Richtlinie soll horizontal für alle Arten von AS-Verfahren gelten, einschließlich der von der Richtlinie 2008/52/EG erfassten AS-Verfahren.

(20) Nicht nur innerhalb der Union, sondern auch innerhalb der Mitgliedstaaten gibt es sehr unterschiedliche AS-Stellen. Diese Richtlinie sollte für alle gemäß dieser Richtlinie in einer Liste geführten Stellen gelten, die auf Dauer eingerichtet sind und die Beilegung von Streitigkeiten zwischen einem Verbraucher und einem Unternehmer in einem AS-Verfahren anbieten. Diese Richtlinie kann auch, wenn die Mitgliedstaaten dies beschließen, Streitbeilegungsstellen erfassen, die den Parteien verbindliche Lösungen auferlegen. Ein außergerichtliches Verfahren, das ad hoc für eine einzelne Streitigkeit zwischen einem Verbraucher und einem Unternehmer eingerichtet wird, sollte jedoch nicht als AS-Verfahren gelten.

(21) Innerhalb der Union und auch innerhalb der Mitgliedstaaten gibt es ebenso sehr unterschiedliche AS-Verfahren. Dies können Verfahren sein, mit denen eine AS-Stelle die Parteien mit dem Ziel zusammenbringt, sie zu einer gütlichen Einigung zu veranlassen, oder Verfahren, mit denen eine AS-Stelle eine Lösung vorschlägt, oder

---

7 ABl. L 136 vom 24.5.2008, S. 3.

Teil 7 Europäische Regelungen

Verfahren, mit denen eine AS-Stelle eine Lösung auferlegt. Es kann sich auch um eine Kombination von zwei oder mehr derartigen Verfahren handeln. Diese Richtlinie sollte die Gestalt der AS-Verfahren in den Mitgliedstaaten unberührt lassen.

(22) Verfahren vor Streitbeilegungsstellen, bei denen die mit der Streitbeilegung betrauten natürlichen Personen ausschließlich vom Unternehmer beschäftigt werden oder ausschließlich von diesem irgendeine Art von Vergütung erhalten, sind häufig einem Interessenkonflikt ausgesetzt. Daher sollten diese Verfahren grundsätzlich aus dem Anwendungsbereich dieser Richtlinie ausgenommen werden, es sei denn, ein Mitgliedstaat beschließt, dass diese Verfahren als AS-Verfahren gemäß dieser Richtlinie anerkannt werden können, und sofern diese Stellen den in dieser Richtlinie dargelegten spezifischen Anforderungen in Bezug auf Unabhängigkeit und Unparteilichkeit vollständig genügen. AS-Stellen, die eine Streitbeilegung im Wege derartiger Verfahren anbieten, sollten einer regelmäßigen Bewertung hinsichtlich ihrer Erfüllung der Qualitätsanforderungen dieser Richtlinie, einschließlich der besonderen zusätzlichen Anforderungen, mit denen ihre Unabhängigkeit sichergestellt wird, unterworfen werden.

(23) Diese Richtlinie sollte weder für Verfahren vor vom Unternehmer betriebenen Verbraucherbeschwerdestellen noch für unmittelbare Verhandlungen zwischen den Parteien gelten. Außerdem sollte sie nicht in Fällen gelten, in denen ein Richter im Rahmen eines Gerichtsverfahrens versucht, eine gütliche Einigung herbeizuführen.

(24) Die Mitgliedstaaten sollten dafür sorgen, dass unter diese Richtlinie fallende Streitigkeiten einer AS-Stelle vorgelegt werden können, die die Anforderungen dieser Richtlinie erfüllt und gemäß der Richtlinie in einer Liste geführt wird. Die Mitgliedstaaten sollten die Möglichkeit haben, dieser Pflicht dadurch nachzukommen, dass sie entweder auf bereits bestehende gut funktionierende AS-Stellen zurückgreifen und gegebenenfalls deren Zuständigkeitsbereich anpassen, oder dadurch, dass sie die Einrichtung neuer AS-Stellen vorsehen. Diese Richtlinie sollte die Arbeit bestehender Streitbeilegungsstellen, die im Rahmen nationaler Verbraucherschutzbehörden der Mitgliedstaaten tätig sind, nicht einschränken, sofern dort staatliche Bedienstete mit der Streitbeilegung betraut sind. Staatliche Bedienstete sollten als Vertreter sowohl der Verbraucher- als auch der Unternehmerinteressen gelten. Diese Richtlinie sollte die Mitgliedstaaten nicht zur Schaffung einer speziellen AS-Stelle für jeden Einzelhandelssektor verpflichten. Falls dies erforderlich ist, um die vollständige sektorspezifische und geografische Abdeckung durch AS und den Zugang zu AS zu gewährleisten, sollten die Mitgliedstaaten die Möglichkeit haben, die Einrichtung einer ergänzenden AS-Stelle vorzusehen, die für diejenigen Streitigkeiten zuständig ist, die nicht in die Zuständigkeit anderer spezieller AS-Stellen fallen. Ergänzende AS-Stellen sollen Verbrauchern und Unternehmern Sicherheit bieten, indem gewährleistet wird, dass keine Lücken hinsichtlich des Zugangs zu AS-Stellen bestehen.

(25) Diese Richtlinie sollte die Mitgliedstaaten nicht daran hindern, Rechtsvorschriften über Verfahren zur außergerichtlichen Beilegung von verbrauchervertraglichen Streitigkeiten beizubehalten oder einzuführen, die den in dieser Richtlinie festgelegten Anforderungen genügen. Darüber hinaus sollten AS-Stellen im Hinblick

auf ihren effektiven Betrieb die Möglichkeit haben, im Einklang mit den Rechtsvorschriften des Mitgliedstaats, in dem sie eingerichtet sind, Verfahrensregeln beizubehalten oder einzuführen, nach denen sie unter bestimmten Umständen ablehnen können, sich mit Streitigkeiten zu befassen, beispielsweise wenn eine Streitigkeit zu komplex ist und deshalb besser vor Gericht gelöst werden sollte. Verfahrensregeln, die es den AS-Stellen ermöglichen, die Behandlung einer Streitigkeit abzulehnen, sollten jedoch den Zugang der Verbraucher zu AS-Verfahren nicht erheblich beeinträchtigen, einschließlich im Fall von grenzübergreifenden Streitigkeiten. Die Mitgliedstaaten sollten daher bei der Festlegung von Schwellenbeträgen stets berücksichtigen, dass der tatsächliche Wert des Streitgegenstandes in den einzelnen Mitgliedstaaten unterschiedlich sein kann und die Festlegung eines unverhältnismäßig hohen Schwellenwertes in einem Mitgliedstaat den Zugang zu AS-Verfahren für Verbraucher aus anderen Mitgliedstaaten beeinträchtigen könnte. Die Mitgliedstaaten sollten nicht verpflichtet sein, dafür zu sorgen, dass der Verbraucher seine Beschwerde bei einer anderen AS-Stelle einreichen kann, wenn eine AS-Stelle, bei der die Beschwerde zuerst eingereicht wurde, es aufgrund ihrer Verfahrensregeln abgelehnt hat, sich damit zu befassen. In solchen Fällen sollte gelten, dass die Mitgliedstaaten ihrer Pflicht zur Gewährleistung der vollständigen Abdeckung der AS-Stellen nachgekommen sind.

(26) Diese Richtlinie sollte es ermöglichen, dass in einem Mitgliedstaat niedergelassene Unternehmer in den Zuständigkeitsbereich einer AS-Stelle fallen, die in einem anderen Mitgliedstaat niedergelassen ist. Um die Abdeckung und den Zugang der Verbraucher zu AS in der Union zu verbessern, sollten die Mitgliedstaaten die Möglichkeit haben, zu beschließen, sich auf AS-Stellen mit Sitz in einem anderen Mitgliedstaat oder regionale, länderübergreifende oder europaweite AS-Stellen zu stützen, wenn Unternehmer aus unterschiedlichen Mitgliedstaaten in den Zuständigkeitsbereich derselben AS-Stelle fallen. Die Inanspruchnahme von AS-Stellen mit Sitz in einem anderen Mitgliedstaat oder länderübergreifender oder europaweiter AS-Stellen sollte jedoch unbeschadet der Verantwortung der Mitgliedstaaten erfolgen, die vollständige Abdeckung durch und den Zugang zu AS-Stellen zu gewährleisten.

(27) Diese Richtlinie sollte das Recht der Mitgliedstaaten zur Beibehaltung oder Einführung von AS-Verfahren zur Beilegung mehrerer gleicher oder ähnlicher Streitigkeiten zwischen einem Unternehmer und mehreren Verbrauchern unberührt lassen. Umfassende Folgenabschätzungen zu kollektiven außergerichtlichen Vergleichen sollten durchgeführt werden, bevor diese Vergleiche auf Unionsebene vorgeschlagen werden. Ein effektives System des kollektiven Rechtsschutzes und der leichte Zugang zu AS sollten einander ergänzende und nicht sich gegenseitig ausschließende Verfahren sein.

(28) Die Verarbeitung von Informationen über unter diese Richtlinie fallende Streitigkeiten sollte mit den Regelungen zum Schutz persönlicher Daten vereinbar sein, die von den Mitgliedstaaten durch Rechts- oder Verwaltungsvorschriften zur Umsetzung der Richtlinie 95/46/EG des Europäischen Parlaments und des Rates

vom 24. Oktober 1995 zum Schutz natürlicher Personen bei der Verarbeitung personenbezogener Daten und zum freien Datenverkehr[8] erlassen wurden.

(29) Vertraulichkeit und Privatsphäre sollten während des AS-Verfahrens jederzeit gewährleistet sein. Die Mitgliedstaaten sollten zum Schutz der Vertraulichkeit der AS-Verfahren in nachfolgenden zivil- und handelsrechtlichen Gerichts- oder Schiedsverfahren angeregt werden.

(30) Die Mitgliedstaaten sollten gleichwohl gewährleisten, dass AS-Stellen alle systematischen oder signifikanten Problemstellungen, die häufig auftreten und zu Streitigkeiten zwischen Verbrauchern und Unternehmern führen, öffentlich zugänglich machen. Die diesbezüglichen Informationen könnten von Empfehlungen begleitet sein, wie derartige Probleme in Zukunft vermieden oder gelöst werden können, um die Standards der Unternehmer zu erhöhen und den Austausch von Informationen und bewährten Verfahren zu fördern.

(31) Die Mitgliedstaaten sollten gewährleisten, dass AS-Stellen in Bezug auf Verbraucher und Unternehmer Streitigkeiten in fairer, praktischer und verhältnismäßiger Art und Weise auf der Grundlage einer objektiven Bewertung der Umstände der Beschwerde und unter gebührender Berücksichtigung der Rechte der Parteien beilegen.

(32) Die Unabhängigkeit und Integrität der AS-Stellen ist wesentlich für das Vertrauen der Bürger darin, dass AS-Verfahren ihnen ein faires und unabhängiges Ergebnis ermöglichen. Die natürlichen Personen oder kollegialen Gremien, die für AS verantwortlich sind, sollten unabhängig von all denen sein, die ein Interesse am Ergebnis haben könnten; sie sollten darüber hinaus keinem Interessenkonflikt unterworfen sein, der sie davon abhalten könnte, eine Entscheidung in fairer, unparteiischer und unabhängiger Art und Weise zu treffen.

(33) Die mit AS betrauten natürlichen Personen sollten nur dann als unparteiisch gelten, wenn auf sie kein Druck ausgeübt werden kann, der ihre Haltung gegenüber der Streitigkeit beeinflussen könnte. Um die Unabhängigkeit ihres Handelns zu gewährleisten, sollten diese Personen auch für einen ausreichend langen Zeitraum berufen werden, und sie sollten an keine Weisungen einer Partei oder ihrer Vertreter gebunden sein.

(34) Damit keine Interessenkonflikte auftreten, sollten die mit AS betrauten natürlichen Personen alle Umstände offenlegen, die geeignet sind, ihre Unabhängigkeit und Unparteilichkeit zu beeinträchtigen oder Interessenkonflikte mit einer der Parteien der Streitigkeit, die sie beilegen sollen, entstehen zu lassen. Hierbei könnte es sich um ein direktes oder indirektes finanzielles Interesse am Ausgang des AS-Verfahrens oder um eine persönliche oder geschäftliche Beziehung mit einer oder mehreren der Parteien innerhalb der drei Jahre vor Beginn der Amtszeit der betreffenden natürlichen Personen, einschließlich ihrer Tätigkeit – außer zum Zweck der AS – für

---

8 ABl. L 281 vom 23.11.1995, S. 31.

einen Berufs- oder Wirtschaftsverband, dessen Mitglied eine der Parteien ist, oder für ein anderes Mitglied des Berufs- oder Wirtschaftsverbands handeln.

(35) Es muss insbesondere dafür gesorgt werden, dass kein derartiger Druck vorhanden ist, wenn die mit AS betrauten natürlichen Personen vom Unternehmer beschäftigt werden oder von diesem irgendeine Art von Vergütung erhalten. Daher sollten spezifische Anforderungen für den Fall vorgesehen werden, dass die Mitgliedstaaten beschließen, dass Streitbeilegungsverfahren als AS-Verfahren gemäß dieser Richtlinie gelten können. Wenn mit der AS betraute natürliche Personen ausschließlich von einem Berufs- oder Wirtschaftsverband, dessen Mitglied der Unternehmer ist, beschäftigt werden oder irgendeine Art von Vergütung erhalten, sollten ihnen ein getrennter zweckgebundener Haushalt in ausreichender Höhe für die Ausübung ihrer Aufgaben zur Verfügung stehen.

(36) Für den Erfolg der AS und besonders für das nötige Vertrauen in die sie betreffenden AS-Verfahren ist es entscheidend, dass die mit der AS betrauten natürlichen Personen über das erforderliche Fachwissen, einschließlich eines allgemeinen Rechtsverständnisses, verfügen. Insbesondere sollten diese Personen über ausreichende allgemeine Rechtskenntnisse verfügen, um die rechtlichen Folgen der Streitigkeit zu verstehen, wobei es nicht erforderlich sein sollte, dass sie für den Berufsstand der Juristen qualifiziert sind.

(37) Die Anwendung bestimmter Qualitätsgrundsätze auf AS-Verfahren stärkt das Vertrauen sowohl der Verbraucher als auch der Unternehmer in diese Verfahren. Solche Qualitätsgrundsätze wurden auf Unionsebene erstmals in den Empfehlungen 98/257/EG und 2001/310/EG entwickelt. Diese Richtlinie verleiht einigen der in den genannten Empfehlungen der Kommission verankerten Grundsätzen Verbindlichkeit und legt damit ein Bündel von Qualitätsanforderungen fest, die für alle AS-Verfahren gelten, die von einer der Kommission gemeldeten AS-Stelle durchgeführt werden.

(38) Diese Richtlinie sollte Qualitätsanforderungen für AS-Stellen schaffen, die das gleiche Schutzniveau und die gleichen Rechte für die Verbraucher sowohl bei inländischen als auch bei grenzübergreifenden Streitigkeiten gewährleisten sollten. Die Richtlinie sollte die Mitgliedstaaten nicht daran hindern, Vorschriften zu erlassen oder beizubehalten, die über die Regelungen in dieser Richtlinie hinausgehen.

(39) AS-Stellen sollten zugänglich und transparent sein. Zur Gewährleistung der Transparenz von AS-Stellen und AS-Verfahren ist es erforderlich, dass die Parteien vor einer etwaigen Einleitung eines AS-Verfahrens klare und zugängliche Informationen erhalten, die sie benötigen, um eine fundierte Entscheidung treffen zu können. Die Bereitstellung dieser Informationen für Unternehmer sollte nicht verpflichtend sein, wenn ihre Teilnahme an AS-Verfahren durch nationales Recht vorgeschrieben ist.

(40) Gut funktionierende AS-Stellen sollten online und offline Streitbeilegungsverfahren zügig innerhalb von 90 Kalendertagen abschließen, gerechnet vom Zeitpunkt des Eingangs der vollständigen Beschwerdeakte mit allen einschlägigen Unterlagen

zu der betreffenden Beschwerde bei der AS-Stelle bis zu dem Zeitpunkt, zu dem das Ergebnis des AS-Verfahrens bekannt gegeben wird. Die AS-Stelle, bei der eine Beschwerde eingereicht wurde, sollte die Parteien benachrichtigen, nachdem sie alle zur Durchführung des AS-Verfahrens nötigen Unterlagen erhalten hat. In hoch komplexen Ausnahmefällen, einschließlich in Fällen, in denen eine der Parteien aus berechtigten Gründen nicht an dem AS-Verfahren teilnehmen kann, sollten die AS-Stellen die Möglichkeit haben, die Frist zwecks Prüfung des jeweiligen Falls zu verlängern. Die Parteien sind von jeder derartigen Fristverlängerung und von der zu erwartenden Zeitspanne bis zur Beilegung der Streitigkeit zu unterrichten.

(41) AS-Verfahren sollten für Verbraucher vorzugsweise kostenlos sein. Werden Kosten geltend gemacht, sollten die AS-Verfahren für die Verbraucher zugänglich, attraktiv und mit niedrigen Kosten verbunden sein. Daher sollten die Kosten eine Schutzgebühr nicht übersteigen.

(42) AS-Verfahren sollten fair sein, sodass die Parteien einer Streitigkeit in vollem Umfang über ihre Rechte und die Folgen von Entscheidungen, die sie im Rahmen eines AS-Verfahrens treffen, informiert sind. AS-Stellen sollten die Verbraucher über ihre Rechte informieren, bevor sie einer vorgeschlagenen Lösung zustimmen oder diese befolgen. Beide Parteien sollten ihre Angaben und Nachweise auch einreichen können, ohne persönlich anwesend zu sein.

(43) Eine Vereinbarung zwischen einem Verbraucher und einem Unternehmer darüber, Beschwerden bei einer AS-Stelle einzureichen, sollte für den Verbraucher nicht bindend sein, wenn sie vor dem Entstehen der Streitigkeit getroffen wurde und wenn sie dazu führt, dass dem Verbraucher das Recht entzogen wird, die Gerichte für die Beilegung des Streitfalls anzurufen. Ferner sollte bei AS-Verfahren, bei denen die Streitigkeit durch das Auferlegen einer verbindlichen Lösung beigelegt werden soll, die auferlegte Lösung nur dann verbindlich für die Parteien sein, wenn die Parteien vorher über den verbindlichen Charakter der Lösung informiert wurden und sie dies ausdrücklich akzeptiert haben. Die ausdrückliche Zustimmung des Unternehmers sollte nicht erforderlich sein, wenn in den nationalen Rechtsvorschriften bestimmt ist, dass diese Lösungen für die Unternehmer verbindlich sind.

(44) In AS-Verfahren, bei denen die Streitigkeit beigelegt werden soll, indem dem Verbraucher eine Lösung auferlegt wird, sollte die auferlegte Lösung – sofern keine Rechtskollision vorliegt – nicht dazu führen, dass der Verbraucher den Schutz verliert, der ihm durch die Bestimmungen gewährt wird, von denen gemäß dem Recht des Mitgliedstaats, in dem der Verbraucher und der Unternehmer ihren gewöhnlichen Aufenthalt haben, nicht durch Vereinbarung abgewichen werden darf. Liegt eine Rechtskollision vor, bei der das für den Kauf- oder Dienstleistungsvertrag geltende Recht gemäß Artikel 6 Absätze 1 und 2 der Verordnung (EG) Nr. 593/2008 des Europäischen Parlaments und des Rates vom 17. Juni 2008 über das auf vertragliche Schuldverhältnisse anzuwendende Recht (Rom I)[9] bestimmt wird, so sollte die von

---

9 ABl. L 177 vom 4.7.2008, S. 6.

der AS-Stelle auferlegte Lösung nicht dazu führen, dass der Verbraucher den Schutz verliert, der ihm durch die Bestimmungen gewährt wird, von denen nicht durch Vereinbarung gemäß dem Recht des Mitgliedstaats, in dem der Verbraucher seinen gewöhnlichen Aufenthalt hat, abgewichen werden darf. Liegt eine Rechtskollision vor, bei der das für den Kauf- oder Dienstleistungsvertrag geltende Recht gemäß Artikel 5 Absätze 1 bis 3 des Übereinkommens von Rom vom 19. Juni 1980 über das auf vertragliche Schuldverhältnisse anzuwendende Recht[10] bestimmt wird, so sollte die von der AS-Stelle auferlegte Lösung nicht dazu führen, dass der Verbraucher den Schutz verliert, der dem Verbraucher durch die zwingenden Vorschriften des Rechts des Mitgliedstaats, in dem der Verbraucher seinen gewöhnlichen Aufenthalt hat, gewährt wird.

(45) Das Recht auf einen wirksamen Rechtsbehelf und das Recht auf ein unparteiisches Gericht gehören zu den durch Artikel 47 der Charta der Grundrechte der Europäischen Union niedergelegten Grundrechten. Daher dürfen AS-Verfahren nicht so gestaltet sein, dass sie gerichtliche Verfahren ersetzen oder Verbrauchern oder Unternehmern das Recht nehmen, den Schutz ihrer Rechte vor Gericht einzufordern. Diese Richtlinie sollte die Parteien nicht daran hindern, ihr Recht auf Zugang zu den Gerichten wahrzunehmen. Konnte eine Streitigkeit nicht mit Hilfe eines bestimmten AS-Verfahrens, dessen Ergebnis nicht verbindlich ist, beigelegt werden, so sollten die Parteien in der Folge nicht daran gehindert werden, ein Gerichtsverfahren hinsichtlich dieser Streitigkeit einzuleiten. Es sollte den Mitgliedstaaten freistehen, die geeigneten Mittel zur Erreichung dieses Ziels zu wählen. Sie sollten die Möglichkeit haben, unter anderem vorzusehen, dass Verjährungsfristen nicht während eines AS-Verfahrens ablaufen.

(46) Um effizient tätig zu werden, sollten AS-Stellen über hinreichende personelle, materielle und finanzielle Ressourcen verfügen. Die Mitgliedstaaten sollten in ihren Hoheitsgebieten über die angemessene Form der Finanzierung von AS-Stellen entscheiden, ohne dabei die Finanzierung von bereits vorhandenen Stellen einzuschränken. Diese Richtlinie sollte die Frage unberührt lassen, ob AS-Stellen durch die öffentliche Hand oder privat oder durch eine Kombination aus beidem finanziert werden. AS-Stellen sollten jedoch dabei unterstützt werden, insbesondere Formen der privaten Finanzierung in Erwägung zu ziehen und eine Finanzierung durch die öffentliche Hand nur nach Ermessen der Mitgliedstaaten zu nutzen. Diese Richtlinie sollte nicht die Möglichkeit von Unternehmen und Berufs- und Wirtschaftsverbänden berühren, Finanzmittel für AS-Stellen bereitzustellen.

(47) Im Fall einer Streitigkeit müssen Verbraucher rasch herausfinden können, welche AS-Stellen für ihre Beschwerde zuständig sind und ob der betreffende Unternehmer sich an einem bei einer AS-Stelle eingeleiteten Verfahren beteiligen wird. Unternehmer, die sich verpflichten, AS-Stellen zur Beilegung von Streitigkeiten mit Verbrauchern einzuschalten, sollten die Verbraucher über die Adresse und die Website der AS-Stelle oder AS-Stellen informieren, die für sie zuständig ist bzw. sind. Die

---

10 ABl. L 266 vom 9.10.1980, S. 1.

Informationen sollten klar, verständlich und leicht zugänglich sein, und zwar, sofern der Unternehmer eine Website besitzt, auf dieser Website und gegebenenfalls in den allgemeinen Geschäftsbedingungen für Kauf- oder Dienstleistungsverträge zwischen dem Unternehmer und dem Verbraucher. Die Unternehmer sollten die Möglichkeit haben, auf ihren Websites und in den allgemeinen Geschäftsbedingungen für die betreffenden Verträge zusätzliche Informationen zu ihren internen Streitbeilegungsverfahren oder zu anderen Möglichkeiten, wie sie zur Beilegung verbraucherrechtlicher Streitigkeiten ohne Einschaltung einer AS-Stelle direkt kontaktiert werden können, aufzuführen. Kann eine Streitigkeit nicht direkt beigelegt werden, sollte der Unternehmer dem Verbraucher auf Papier oder einem anderen dauerhaften Datenträger die Informationen zu den einschlägigen AS-Stellen bereitstellen und dabei angeben, ob er sie in Anspruch nehmen wird.

(48) Die Verpflichtung der Unternehmer, die Verbraucher über die AS-Stellen zu informieren, die für diese Unternehmer zuständig sind, sollte unbeschadet der Bestimmungen über die Information der Verbraucher über außergerichtliche Rechtsbehelfsverfahren in anderen Unionsrechtsakten, die zusätzlich zu den einschlägigen Informationspflichten gemäß dieser Richtlinie gelten sollten, gelten.

(49) Diese Richtlinie sollte nicht vorschreiben, dass Unternehmer sich an AS-Verfahren beteiligen müssen oder dass das Ergebnis solcher Verfahren für sie verbindlich ist, wenn ein Verbraucher eine Beschwerde gegen sie eingereicht hat. Um jedoch sicherzustellen, dass Verbraucher Zugang zu Rechtsbehelfen haben und nicht verpflichtet sind, auf ihre Ansprüche zu verzichten, sollten Unternehmer so weit wie möglich ermutigt werden, an AS-Verfahren teilzunehmen. Diese Richtlinie sollte daher nationale Rechtsvorschriften unberührt lassen, nach denen die Teilnahme von Unternehmern an solchen Verfahren verpflichtend ist oder durch Anreize oder Sanktionen gefördert wird oder die Ergebnisse der Verfahren für die Unternehmer bindend sind, sofern diese Rechtsvorschriften die Parteien nicht daran hindern, ihr Recht gemäß Artikel 47 der Charta der Grundrechte der Europäischen Union auf Zugang zum Gerichtssystem wahrzunehmen.

(50) Um einen unnötigen Aufwand für AS-Stellen zu vermeiden, sollten die Mitgliedstaaten die Verbraucher ermutigen, vor Einreichen einer Beschwerde bei einer AS-Stelle Kontakt mit dem Unternehmer aufzunehmen, um das Problem bilateral zu lösen. In vielen Fällen würde dies den Verbrauchern ermöglichen, ihre Streitigkeiten rasch und frühzeitig beizulegen.

(51) Mitgliedstaaten sollten bei der Entwicklung von AS-Systemen Vertreter von Berufsverbänden, Wirtschaftsverbänden und Verbraucherverbänden einbeziehen, insbesondere im Hinblick auf die Grundsätze der Unparteilichkeit und Unabhängigkeit.

(52) Die Mitgliedstaaten sollten dafür sorgen, dass AS-Stellen bei der Beilegung grenzübergreifender Streitigkeiten kooperieren.

(53) Netze von AS-Stellen, wie beispielsweise das Streitbeilegungs-Netzwerk für den Finanzdienstleistungssektor »FIN-NET« im Bereich der Finanzdienstleistungen,

sollten innerhalb der Union gestärkt werden. Die Mitgliedstaaten sollten den Beitritt von AS-Stellen zu solchen Netzen fördern.

(54) Eine enge Zusammenarbeit zwischen AS-Stellen und nationalen Behörden sollte die wirksame Anwendung von Rechtsakten der Union im Bereich des Verbraucherschutzes stärken. Die Kommission und die Mitgliedstaaten sollten die Zusammenarbeit zwischen den AS-Stellen unterstützen, um den Austausch von bewährten Verfahren und Fachwissen zwischen AS-Stellen zu fördern und Probleme im Zusammenhang mit der Durchführung der AS-Verfahren zu diskutieren. Diese Zusammenarbeit sollte unter anderem durch das bevorstehende Verbraucherprogramm der Union unterstützt werden.

(55) Damit gewährleistet ist, dass AS-Stellen ordnungsgemäß und effektiv funktionieren, sollten sie genau überwacht werden. Zu diesem Zwecke sollte jeder Mitgliedstaat eine oder mehrere zuständige Behörden benennen, die diese Aufgabe ausführen. Die Kommission und die nach dieser Richtlinie zuständigen Behörden sollten eine Liste der dieser Richtlinie entsprechenden AS-Stellen veröffentlichen und aktualisieren. Die Mitgliedstaaten sollten gewährleisten, dass die AS-Stellen, das Europäische Netz der Verbraucherzentren und gegebenenfalls die gemäß dieser Richtlinie bezeichneten Einrichtungen diese Liste auf ihren Websites durch einen Link zur Website der Kommission und wann immer möglich auf einem dauerhaften Datenträger in ihren Räumlichkeiten veröffentlichen. Außerdem sollten die Mitgliedstaaten ebenfalls einschlägige Verbraucher- und Wirtschaftsverbände dazu ermutigen, die Liste zu veröffentlichen. Die Mitgliedstaaten sollten ferner für die angemessene Verbreitung von Informationen darüber sorgen, was Verbraucher im Fall einer Streitigkeit mit einem Unternehmer machen sollten. Außerdem sollten die zuständigen Behörden regelmäßige Berichte über die Entwicklung und das Funktionieren der AS-Stellen in ihren Mitgliedstaaten veröffentlichen. Die AS-Stellen sollten den zuständigen Behörden die spezifischen Informationen liefern, auf denen diese Berichte beruhen sollten. Die Mitgliedstaaten sollten den AS-Stellen empfehlen, sich bei der Bereitstellung dieser Informationen an die Empfehlung 2010/304/EU der Kommission vom 12. Mai 2010 zur Verwendung einer harmonisierten Methodik zur Klassifizierung und Meldung von Verbraucherbeschwerden und Verbraucheranfragen[11] zu halten.

(56) Es ist notwendig, dass die Mitgliedstaaten Vorschriften über Sanktionen für Verstöße gegen die zur Einhaltung dieser Richtlinie angenommenen nationalen Bestimmungen festlegen und dafür sorgen, dass diese Vorschriften durchgesetzt werden. Die Sanktionen sollten wirksam, verhältnismäßig und abschreckend sein.

(57) Im Interesse einer verstärkten grenzübergreifenden Zusammenarbeit bei der Durchsetzung dieser Richtlinie sollte die Verordnung (EG) Nr. 2006/2004 des Europäischen Parlaments und des Rates vom 27. Oktober 2004 über die Zusammenarbeit zwischen den für die Durchsetzung der Verbraucherschutzgesetze zuständigen natio-

---

11 ABl. L 136 vom 2.6.2010, S. 1.

nalen Behörden (»Verordnung über die Zusammenarbeit im Verbraucherschutz«)[12] durch Aufnahme eines Verweises auf diese Richtlinie in ihren Anhang geändert werden.

(58) Die Richtlinie 2009/22/EG des Europäischen Parlaments und des Rates vom 23. April 2009 über Unterlassungsklagen zum Schutz der Verbraucherinteressen[13] (Richtlinie über Unterlassungsklagen) sollte durch Aufnahme eines Verweises auf die vorliegende Richtlinie in ihren Anhang geändert werden, damit die durch die vorliegende Richtlinie geschützten kollektiven Interessen der Verbraucher gewahrt bleiben.

(59) Gemäß der Gemeinsamen Politischen Erklärung vom 28. September 2011 der Mitgliedstaaten und der Kommission zu Erläuternden Dokumenten[14] haben sich die Mitgliedstaaten verpflichtet, in begründeten Fällen zusätzlich zur Mitteilung ihrer Umsetzungsmaßnahmen ein oder mehrere Dokumente zu übermitteln, in denen der Zusammenhang zwischen den Bestandteilen einer Richtlinie und den entsprechenden Teilen nationaler Umsetzungsinstrumente erläutert wird. In Bezug auf diese Richtlinie hält der Gesetzgeber die Übermittlung derartiger Dokumente für gerechtfertigt.

(60) Da das Ziel dieser Richtlinie, nämlich durch Erreichen eines hohen Verbraucherschutzniveaus ohne Einschränkung des Zugangs der Verbraucher zu den Gerichten einen Beitrag zum reibungslosen Funktionieren des Binnenmarkts zu leisten, auf Ebene der Mitgliedstaaten nicht ausreichend verwirklicht werden kann und daher besser auf Unionsebene zu verwirklichen ist, kann die Union im Einklang mit dem in Artikel 5 des Vertrags über die Europäische Union niedergelegten Subsidiaritätsprinzip tätig werden. Entsprechend dem in demselben Artikel genannten Grundsatz der Verhältnismäßigkeit geht diese Verordnung nicht über das zur Erreichung dieses Ziels erforderliche Maß hinaus.

(61) Diese Richtlinie steht im Einklang mit den Grundrechten und Grundsätzen, die insbesondere in der Charta der Grundrechte der Europäischen Union, namentlich in den Artikeln 7, 8, 38 und 47, anerkannt sind.

(62) Der Europäische Datenschutzbeauftragte wurde gemäß Artikel 28 Absatz 2 der Verordnung (EG) Nr. 45/2001 des Europäischen Parlaments und des Rates vom 18. Dezember 2000 zum Schutz natürlicher Personen bei der Verarbeitung personenbezogener Daten durch die Organe und Einrichtungen der Gemeinschaft zum freien Datenverkehr[15] konsultiert und hat am 12. Januar 2012 eine Stellungnahme[16] abgegeben –

HABEN FOLGENDE RICHTLINIE ERLASSEN:

---

12 ABl. L 364 vom 9.12.2004, S. 1.
13 ABl. L 110 vom 1.5.2009, S. 30.
14 ABl. C 369 vom 17.12.2011, S. 14.
15 ABl. L 8 vom 12.1.2001, S. 1.
16 ABl. C 136 vom 11.5.2012, S: 1.

KAPITEL I   ALLGEMEINE BESTIMMUNGEN

Artikel 1   Gegenstand

Der Zweck dieser Richtlinie ist es, durch das Erreichen eines hohen Verbraucherschutzniveaus zum reibungslosen Funktionieren des Binnenmarkts beizutragen, indem dafür gesorgt wird, dass Verbraucher auf freiwilliger Basis Beschwerden gegen Unternehmer bei Stellen einreichen können, die unabhängige, unparteiische, transparente, effektive, schnelle und faire AS-Verfahren anbieten. Diese Richtlinie berührt nicht die nationalen Rechtsvorschriften, die die Teilnahme an solchen Verfahren verbindlich vorschreiben, sofern diese Rechtsvorschriften die Parteien nicht an der Ausübung ihres Rechts auf Zugang zum Gerichtssystem hindern.

Artikel 2   Geltungsbereich

(1) Diese Richtlinie gilt für Verfahren zur außergerichtlichen Beilegung von inländischen und grenzübergreifenden Streitigkeiten über vertragliche Verpflichtungen aus Kaufverträgen oder Dienstleistungsverträgen zwischen einem in der Union niedergelassenen Unternehmer und einem in der Union wohnhaften Verbraucher durch Einschalten einer AS-Stelle, die eine Lösung vorschlägt oder auferlegt oder die Parteien mit dem Ziel zusammenbringt, sie zu einer gütlichen Einigung zu veranlassen.

(2) Diese Richtlinie gilt nicht für
a) Verfahren vor Streitbeilegungsstellen, bei denen die mit der Streitbeilegung betrauten natürlichen Personen ausschließlich von einem einzelnen Unternehmer beschäftigt oder bezahlt werden, es sei denn, dass die Mitgliedstaaten beschließen, solche Verfahren als AS-Verfahren gemäß dieser Richtlinie zu gestatten, und dass die in Kapitel II vorgesehenen Anforderungen, einschließlich der spezifischen Anforderungen an die Unabhängigkeit und Transparenz gemäß Artikel 6 Absatz 3, erfüllt sind;
b) Verfahren vor Verbraucherbeschwerdestellen, die vom Unternehmer betrieben werden;
c) nichtwirtschaftliche Dienstleistungen von allgemeinem Interesse;
d) Streitigkeiten zwischen Unternehmern;
e) direkte Verhandlungen zwischen dem Verbraucher und dem Unternehmer;
f) Bemühungen von Richtern um die gütliche Beilegung eines Rechtsstreits im Rahmen eines Gerichtsverfahrens, das diesen Rechtsstreit betrifft;
g) von Unternehmern gegen Verbraucher eingeleitete Verfahren;
h) Gesundheitsdienstleistungen, die von Angehörigen der Gesundheitsberufe gegenüber Patienten erbracht werden, um deren Gesundheitszustand zu beurteilen, zu erhalten oder wiederherzustellen, einschließlich der Verschreibung, Abgabe und Bereitstellung von Arzneimitteln und Medizinprodukten;
i) öffentliche Anbieter von Weiter- oder Hochschulbildung.

(3) Mit dieser Richtlinie werden harmonisierte Qualitätsanforderungen für AS-Stellen und AS-Verfahren festgelegt, um dafür Sorge zu tragen, dass nach ihrer Umsetzung

Verbraucher unabhängig davon, wo sie sich in der Union aufhalten, Zugang zu hochwertigen, transparenten, effektiven und fairen außergerichtlichen Rechtsbehelfsverfahren haben. Die Mitgliedstaaten können über die Vorschriften dieser Richtlinie hinausgehende Regelungen beibehalten oder einführen, um ein höheres Maß an Verbraucherschutz zu gewährleisten.

(4) Mit dieser Richtlinie wird anerkannt, dass es in der Zuständigkeit der Mitgliedstaaten liegt, festzulegen, ob AS-Stellen in ihrem Hoheitsgebiet Lösungen auferlegen dürfen.

Artikel 3   Verhältnis zu anderen Unionsrechtsakten

(1) Sofern in dieser Richtlinie nichts anderes vorgesehen ist, hat in dem Fall, dass eine Bestimmung dieser Richtlinie mit einer Bestimmung eines anderen Unionsrechtsakts über von einem Verbraucher gegen einen Unternehmer eingeleitete außergerichtliche Rechtsbehelfsverfahren kollidiert, die Bestimmung dieser Richtlinie Vorrang.

(2) Die Richtlinie 2008/52/EG wird durch die vorliegende Richtlinie nicht berührt.

(3) Artikel 13 der vorliegenden Richtlinie berührt nicht die Bestimmungen über Information der Verbraucher über außergerichtliche Rechtsbehelfsverfahren in anderen Unionsrechtsakten, die zusätzlich zu jenem Artikel gelten.

Artikel 4   Begriffsbestimmungen

(1) Im Sinne dieser Richtlinie bezeichnet der Ausdruck
a) »Verbraucher« jede natürliche Person, die zu Zwecken handelt, die nicht ihrer gewerblichen, geschäftlichen, handwerklichen oder beruflichen Tätigkeit zugerechnet werden können;
b) »Unternehmer« jede natürliche oder juristische Person – unabhängig davon, ob sie in privatem oder öffentlichem Eigentum steht –, die zu Zwecken handelt, die ihrer gewerblichen, geschäftlichen, handwerklichen oder beruflichen Tätigkeit zugerechnet werden können, wobei sie dies auch durch eine in ihrem Namen oder Auftrag handelnde Person tun kann;
c) »Kaufvertrag« jeden Vertrag, durch den der Unternehmer das Eigentum an Waren an den Verbraucher überträgt oder deren Übertragung zusagt und der Verbraucher hierfür den Preis zahlt oder dessen Zahlung zusagt, einschließlich Verträgen, die sowohl Waren als auch Dienstleistungen zum Gegenstand haben;
d) »Dienstleistungsvertrag« jeden Vertrag, der kein Kaufvertrag ist und nach dem der Unternehmer eine Dienstleistung für den Verbraucher erbringt oder deren Erbringung zusagt und der Verbraucher hierfür den Preis zahlt oder dessen Zahlung zusagt;
e) »inländische Streitigkeit« eine vertragliche Streitigkeit aus einem Kauf- oder Dienstleistungsvertrag, sofern der Verbraucher zum Zeitpunkt der Bestellung der Waren oder Dienstleistungen in demselben Mitgliedstaat wohnt, in dem der Unternehmer niedergelassen ist;
f) »grenzübergreifende Streitigkeit« eine vertragliche Streitigkeit aus einem Kauf- oder Dienstleistungsvertrag, sofern der Verbraucher zum Zeitpunkt der Bestellung der

Waren oder Dienstleistungen in einem anderen als dem Mitgliedstaat wohnt, in dem der Unternehmer niedergelassen ist;
g) »AS-Verfahren« ein Verfahren im Sinne des Artikels 2, das den Anforderungen dieser Richtlinie genügt und von einer AS-Stelle durchgeführt wird;
h) »AS-Stelle« jede Stelle, die unabhängig von ihrer Bezeichnung auf Dauer eingerichtet ist und die Beilegung einer Streitigkeit in einem AS-Verfahren anbietet und in einer Liste gemäß Artikel 20 Absatz 2 geführt wird;
i) »zuständige Behörde« jede von einem Mitgliedstaat für die Zwecke dieser Richtlinie benannte öffentliche Stelle auf nationaler, regionaler oder lokaler Ebene.

(2) Ein Unternehmer ist dort niedergelassen, wo
- er seinen Geschäftssitz hat, falls der Unternehmer eine natürliche Person ist;
- sich sein satzungsmäßiger Sitz, seine Hauptverwaltung oder sein Geschäftssitz einschließlich einer Zweigniederlassung, Agentur oder sonstigen Niederlassung befindet, falls der Unternehmer eine Gesellschaft oder sonstige juristische Person oder eine aus natürlichen oder juristischen Personen bestehende Vereinigung ist.

(3) Eine AS-Stelle ist eingerichtet:
- wenn die Stelle von einer natürlichen Person betrieben wird, dort, wo die Stelle ihre AS-Tätigkeit ausübt;
- wenn die Stelle von einer juristischen Person oder einer aus natürlichen oder juristischen Personen bestehenden Vereinigung betrieben wird, dort, wo diese juristische Person oder die aus natürlichen oder juristischen Personen bestehende Vereinigung ihre AS-Tätigkeit ausübt;
- wenn die Stelle von einer Behörde oder sonstigen öffentlichen Einrichtung betrieben wird, dort, wo die Behörde oder sonstige öffentliche Einrichtung ihren Sitz hat;

KAPITEL II ZUGANG ZU UND ANFORDERUNGEN AN AS-STELLEN UND AS-VERFAHREN

Artikel 5 Zugang zur AS-Stellen und AS-Verfahren

(1) Die Mitgliedstaaten erleichtern den Zugang der Verbraucher zu AS-Verfahren und sorgen dafür, dass unter diese Richtlinie fallende Streitigkeiten, an denen ein in ihrem jeweiligen Hoheitsgebiet niedergelassener Unternehmer beteiligt ist, einer AS-Stelle vorgelegt werden können, die den Anforderungen dieser Richtlinie genügt.

(2) Die Mitgliedstaaten sorgen dafür, dass AS-Stellen
a) eine laufend aktualisierte Website unterhalten, die den Parteien einen einfachen Zugang zu den Informationen über das AS-Verfahren bietet und es Verbrauchern ermöglicht, Beschwerden und die erforderlichen einschlägigen Dokumente online einzureichen;
b) den Parteien auf Antrag die Informationen gemäß Buchstabe a auf einem dauerhaften Datenträger zur Verfügung stellen;
c) es den Verbrauchern gegebenenfalls ermöglichen, Beschwerden offline einzureichen;

d) den Austausch von Informationen zwischen den Parteien auf elektronischem Wege oder gegebenenfalls auf dem Postweg ermöglichen;
e) sowohl inländische als auch grenzübergreifende Streitigkeiten akzeptieren, und zwar auch Streitigkeiten, die unter die Verordnung (EU) Nr. 524/2013 fallen, und
f) in Verfahren zur Beilegung von unter diese Richtlinie fallenden Streitigkeiten die notwendigen Maßnahmen treffen, um dafür zu sorgen, dass die Verarbeitung personenbezogener Daten im Einklang mit den nationalen Rechtsvorschriften zur Umsetzung der Richtlinie 95/46/EG des Mitgliedstaats erfolgt, in dem die AS-Stelle eingerichtet ist.

(3) Die Mitgliedstaaten können ihrer Verpflichtung nach Absatz 1 dadurch nachkommen, dass sie für die Einrichtung einer ergänzenden AS-Stelle sorgen, die für diejenigen in jenem Absatz genannten Streitigkeiten zuständig ist, für deren Beilegung keine bereits existierende AS-Stelle zuständig ist. Die Mitgliedstaaten können dieser Verpflichtung auch nachkommen, indem sie sich auf AS-Stellen mit Sitz in einem anderen Mitgliedstaat oder regionale, länderübergreifende oder europaweite AS-Stellen stützen, wenn Unternehmer aus unterschiedlichen Mitgliedstaaten in den Zuständigkeitsbereich derselben AS-Stelle fallen, unbeschadet ihrer Verantwortung zur Gewährleistung der vollständigen Abdeckung und des Zugangs zu AS-Stellen.

(4) Die Mitgliedstaaten können nach ihrem Ermessen den AS-Stellen gestatten, Verfahrensregeln beizubehalten und einzuführen, die es ihnen erlauben, die Bearbeitung einer Beschwerde abzulehnen, wenn
a) der Verbraucher nicht zuerst versucht hat, Kontakt mit dem betreffenden Unternehmer aufzunehmen, um seine Beschwerde zu erörtern und die Angelegenheit unmittelbar mit dem Unternehmer zu lösen;
b) die Streitigkeit mutwillig oder schikanös ist;
c) die Streitigkeit von einer anderen AS-Stelle oder einem Gericht behandelt wird oder bereits behandelt worden ist;
d) der Streitwert unter oder über einem im Voraus festgelegten Schwellenbetrag liegt;
e) der Verbraucher die Beschwerde nicht innerhalb einer im Voraus festgelegten Frist, die mindestens ein Jahr nach dem Zeitpunkt, zu dem der Verbraucher die Beschwerde beim Unternehmer eingereicht hat, beträgt, bei der AS-Stelle eingereicht hat;
f) die Behandlung dieser Art von Streitigkeit den effektiven Betrieb der AS-Stelle ansonsten ernsthaft beeinträchtigen würde.

Ist eine AS-Stelle gemäß den Verfahrensregeln nicht in der Lage, eine bei ihr eingereichte Beschwerde zu behandeln, so übermittelt die betreffende AS-Stelle beiden Parteien innerhalb von drei Wochen nach Eingang der Beschwerdeakte eine Erklärung, in der die Gründe angegeben sind, aus denen sie die Streitigkeit nicht behandeln kann.

Solche Verfahrensregeln dürfen den Zugang der Verbraucher zu AS-Verfahren, einschließlich im Fall von grenzübergreifenden Streitigkeiten, nicht erheblich beeinträchtigen.

(5) Die Mitgliedstaaten sorgen dafür, dass AS-Stellen – wenn es ihnen gestattet ist, im Voraus festgelegte Schwellenbeträge zu verwenden, um den Zugang zu AS-Verfahren

zu beschränken – die Schwellenbeträge nicht in einer Höhe festsetzen, in der sie den Zugang der Verbraucher zur Bearbeitung von Beschwerden durch AS-Stellen erheblich beeinträchtigen.

(6) Ist eine AS-Stelle nach den Verfahrensregeln gemäß Absatz 4 nicht in der Lage, eine ihr vorgelegte Beschwerde zu behandeln, so ist ein Mitgliedstaat nicht verpflichtet, dafür zu sorgen, dass der Verbraucher seine Beschwerde bei einer anderen AS-Stelle einreichen kann.

(7) Ist eine AS-Stelle, die Streitigkeiten in einem speziellen Wirtschaftssektor bearbeitet, die zuständige Stelle für die Behandlung von Streitigkeiten, die einen Unternehmer betreffen, der in diesem Sektor tätig, aber nicht Mitglied der Organisation oder des Verbands ist, die/der die AS-Stelle eingerichtet hat oder Finanzmittel für sie bereitstellt, so gilt, dass der Mitgliedstaat seine Pflicht nach Absatz 1 – auch in Bezug auf Streitigkeiten, die diesen Unternehmer betreffen – erfüllt hat.

Artikel 6   Fachwissen, Unabhängigkeit und Unparteilichkeit

(1) Die Mitgliedstaaten sorgen dafür, dass die mit AS betrauten natürlichen Personen über das erforderliche Fachwissen verfügen und unabhängig und unparteiisch sind. Dies ist dadurch zu gewährleisten, dass sichergestellt wird, dass diese Personen
a) über das Wissen und die Fähigkeiten verfügen, die für die Arbeit im Bereich der AS oder der gerichtlichen Beilegung verbraucherrechtlicher Streitigkeiten erforderlich sind, sowie ein allgemeines Rechtsverständnis besitzen;
b) für einen Zeitraum berufen werden, der ausreichend lang ist, um die Unabhängigkeit ihres Handelns zu gewährleisten, und nicht ohne triftigen Grund ihres Amtes enthoben werden können;
c) an keine Weisungen einer Partei oder ihrer Vertreter gebunden sind;
d) in einer Weise vergütet werden, die nicht mit dem Ergebnis des Verfahrens im Zusammenhang steht;
e) der AS-Stelle unverzüglich alle Umstände offenlegen, die ihre Unabhängigkeit und Unparteilichkeit beeinträchtigen oder Interessenkonflikte mit einer der Parteien der Streitigkeit, die sie beilegen sollen, entstehen lassen könnten oder diesen Eindruck erwecken könnten. Die Verpflichtung zur Offenlegung solcher Umstände gilt ununterbrochen während des gesamten AS-Verfahrens. Sie gilt nicht, wenn die AS-Stelle nur aus einer natürlichen Person besteht.

(2) Die Mitgliedstaaten sorgen dafür, dass AS-Stellen über Verfahren verfügen, mit denen sichergestellt wird, dass – falls Umstände nach Absatz 1 Buchstabe e vorliegen –
a) die betreffende natürliche Person durch eine andere natürliche Person ersetzt wird, die mit der Durchführung des AS-Verfahrens betraut wird, oder anderenfalls
b) die betreffende natürliche Person auf die Durchführung des AS-Verfahrens verzichtet und, soweit möglich, die AS-Stelle den Parteien vorschlägt, eine andere entsprechend befugte AS-Stelle mit der Streitigkeit zu befassen; oder anderenfalls
c) die Umstände den Parteien offengelegt werden und die betreffende natürliche Person nur dann ermächtigt wird, das AS-Verfahren fortzusetzen, wenn die Parteien

keine Einwände erhoben haben, nachdem sie über die Umstände und über ihr Recht, Einwände zu erheben, unterrichtet wurden.

Dieser Absatz lässt Artikel 9 Absatz 2 Buchstabe a unberührt.

Besteht die AS-Stelle nur aus einer natürlichen Person, gilt allein Unterabsatz 1 Buchstaben b und c dieses Absatzes.

(3) Wenn Mitgliedstaaten beschließen, Verfahren gemäß Artikel 2 Absatz 2 Buchstabe a als AS-Verfahren gemäß dieser Richtlinie zu gestatten, so sorgen sie dafür, dass diese Verfahren zusätzlich zu den allgemeinen Anforderungen gemäß den Absätzen 1 und 5 den folgenden spezifischen Anforderungen genügen:
a) Die mit der Streitbeilegung betrauten natürlichen Personen werden von einem kollegialen Gremium ernannt oder gehören einem solchen an, das sich aus jeweils der gleichen Anzahl von Vertretern von Verbraucherverbänden und von Vertretern des Unternehmers zusammensetzt, und werden nach einem transparenten Verfahren ernannt;
b) die Amtszeit der mit der Streitbeilegung betrauten natürlichen Personen beträgt mindestens drei Jahre, damit die Unabhängigkeit ihres Handelns gewährleistet ist;
c) die mit der Streitbeilegung betrauten natürlichen Personen verpflichten sich, für einen Zeitraum von drei Jahren nach Ablauf ihrer in der Streitbeilegungsstelle zurückgelegten Amtszeit weder für den Unternehmer noch für einen Berufs- oder Wirtschaftsverband, dessen Mitglied der Unternehmer ist, tätig zu sein;
d) die Streitbeilegungsstelle hat keine hierarchische oder funktionale Beziehung zu dem Unternehmer und ist von den betrieblichen Einheiten des Unternehmers eindeutig getrennt und ihr steht für die Wahrnehmung ihrer Aufgaben ein ausreichender Haushalt, der vom allgemeinen Haushalt des Unternehmers getrennt ist, zur Verfügung.

(4) Wenn die mit der AS betrauten natürlichen Personen ausschließlich von einem Berufs- oder Wirtschaftsverband, dessen Mitglied der Unternehmer ist, beschäftigt oder vergütet werden, sorgen die Mitgliedstaaten dafür, dass ihnen zusätzlich zu den allgemeinen Anforderungen gemäß den Absätzen 1 und 5 ein getrennter zweckgebundener Haushalt in ausreichender Höhe für die Erfüllung ihrer Aufgaben zur Verfügung steht.

Dieser Absatz gilt nicht, wenn die betreffenden natürlichen Personen einem kollegialen Gremium angehören, das mit einer jeweils gleichen Anzahl von Vertretern des Berufs- oder Wirtschaftsverbands, von dem sie beschäftigt oder vergütet werden, und von Verbraucherverbänden besetzt ist.

(5) Die Mitgliedstaaten sorgen dafür, dass AS-Stellen, bei denen die mit der Streitbeilegung betrauten natürlichen Personen einem kollegialen Gremium angehören, mit einer jeweils gleichen Anzahl von Vertretern der Verbraucherinteressen und von Vertretern der Unternehmerinteressen besetzt sind.

(6) Für die Zwecke von Absatz 1 Buchstabe a ermutigen die Mitgliedstaaten die AS-Stellen dazu, Schulungen für die mit AS betrauten natürlichen Personen zur Verfügung zu stellen. Werden solche Schulungen zur Verfügung gestellt, so überwachen

die zuständigen Behörden die von den AS-Stellen erstellten Schulungsprogramme auf der Grundlage der Informationen, die ihnen gemäß Artikel 19 Absatz 3 Buchstabe g übermittelt werden.

Artikel 7 Transparenz

(1) Die Mitgliedstaaten sorgen dafür, dass AS-Stellen auf ihren Websites, auf Anfrage auf einem dauerhaften Datenträger sowie auf jede andere Weise, die sie für geeignet halten, in eindeutiger und leicht verständlicher Weise folgende Informationen öffentlich zugänglich machen:
a) ihre Kontaktangaben, einschließlich Postanschrift und E-Mail-Adresse;
b) die Tatsache, dass die AS-Stellen in einer Liste gemäß Artikel 20 Absatz 2 geführt sind;
c) welche natürlichen Personen mit der AS betraut sind, wie sie ernannt werden und wie lange ihre Amtszeit dauert;
d) das Fachwissen, die Unparteilichkeit und die Unabhängigkeit der mit der AS betrauten Personen, wenn sie ausschließlich von dem Unternehmer beschäftigt oder vergütet werden;
e) gegebenenfalls ob sie Netzwerken von AS-Stellen zur Erleichterung grenzübergreifender Streitbeilegung angehören;
f) für welche Arten von Streitigkeiten sie zuständig sind, einschließlich etwaiger Schwellenwerte;
g) welche Verfahrensregeln für die Beilegung einer Streitigkeit gelten sowie die Gründe, aus denen eine AS-Stelle im Einklang mit Artikel 5 Absatz 4 es ablehnen kann, eine bestimmte Streitigkeit zu bearbeiten;
h) in welchen Sprachen Beschwerden bei der AS-Stelle eingereicht werden können und in welchen Sprachen das AS-Verfahren geführt wird;
i) auf welche Regelungen sich die AS-Stelle bei der Streitbeilegung stützen kann (zum Beispiel Rechtsvorschriften, Billigkeitserwägungen, Verhaltenskodizes);
j) welche Vorbedingungen die Parteien gegebenenfalls erfüllen müssen, damit ein AS-Verfahren eingeleitet werden kann, einschließlich der Bedingung, dass der Verbraucher versucht haben muss, die Angelegenheit unmittelbar mit dem Unternehmer zu lösen;
k) ob die Parteien das Verfahren abbrechen können;
l) die Kosten, die gegebenenfalls von den Parteien zu tragen sind, einschließlich der Regelungen zur Kostentragung am Ende des Verfahrens;
m) die durchschnittliche Dauer des AS-Verfahrens;
n) die Rechtswirkung des Ergebnisses des AS-Verfahrens, einschließlich gegebenenfalls der Sanktionen bei Nichtbefolgung im Fall einer die Parteien bindenden Entscheidung;
o) gegebenenfalls die Vollstreckbarkeit der AS-Entscheidung.

(2) Die Mitgliedstaaten sorgen dafür, dass AS-Stellen auf ihren Websites, auf Anfrage auf einem dauerhaften Datenträger sowie auf jede andere Weise, die sie für geeignet halten, jährliche Tätigkeitsberichte öffentlich zugänglich machen. Diese Berichte ent-

halten folgende Informationen sowohl zu inländischen als auch zu grenzübergreifenden Streitigkeiten:
a) Anzahl der eingegangenen Streitigkeiten und Art der Beschwerden, auf die sie sich beziehen;
b) systematische oder signifikante Problemstellungen, die häufig auftreten und zu Streitigkeiten zwischen Verbrauchern und Unternehmern führen; diese Informationen können von Empfehlungen begleitet sein, wie derartige Probleme in Zukunft vermieden oder gelöst werden können, um die Standards der Unternehmer zu erhöhen und den Austausch von Informationen und bewährten Praktiken zu fördern;
c) Prozentsatz der Streitigkeiten, deren Bearbeitung eine AS-Stelle abgelehnt hat und prozentualer Anteil der verschiedenen Gründe für eine solche Ablehnung gemäß Artikel 5 Absatz 4;
d) bei den in Artikel 2 Absatz 2 Buchstabe a genannten Verfahren den jeweiligen Prozentsatz der zugunsten des Verbrauchers und zugunsten des Unternehmers vorgeschlagenen oder auferlegten Lösungen und der durch gütliche Einigung gelösten Streitigkeiten;
e) Prozentsatz der AS-Verfahren, die ergebnislos abgebrochen wurden und, sofern bekannt, die Gründe für den Abbruch;
f) durchschnittlicher Zeitaufwand für die Lösung von Streitigkeiten;
g) sofern bekannt, Prozentsatz der Fälle, in denen sich die Parteien an die Ergebnisse der AS-Verfahren gehalten haben;
h) gegebenenfalls Zusammenarbeit der AS-Stellen mit Netzwerken von AS-Stellen, die die Beilegung grenzübergreifender Streitigkeiten erleichtern.

Artikel 8 Effektivität

Die Mitgliedstaaten sorgen dafür, dass AS-Verfahren effektiv sind und die folgenden Anforderungen erfüllen:
a) Das AS-Verfahren ist für beide Parteien online und offline verfügbar und leicht zugänglich, und zwar unabhängig davon, wo sie sind;
b) die Parteien haben Zugang zu dem Verfahren, ohne einen Rechtsanwalt oder einen Rechtsberater beauftragen zu müssen, aber das Verfahren nimmt den Parteien nicht das Recht auf unabhängige Beratung oder darauf, sich in jedem Verfahrensstadium von einem Dritten vertreten oder unterstützen zu lassen;
c) das AS-Verfahren ist für Verbraucher entweder kostenlos oder gegen eine Schutzgebühr zugänglich;
d) die AS-Stelle, bei der eine Beschwerde eingereicht wurde, benachrichtigt die Parteien der Streitigkeit, sobald sie alle Unterlagen mit den erforderlichen Informationen zur Beschwerde erhalten hat;
e) das Ergebnis des AS-Verfahrens ist binnen 90 Kalendertagen nach Eingang der vollständigen Beschwerdeakte bei der AS-Stelle verfügbar. Bei hoch komplexen Streitigkeiten kann die mit der Beilegung betraute AS-Stelle die Frist von 90 Kalendertagen nach eigenem Ermessen verlängern. Die Parteien sind von jeder Verlängerung dieser Frist und von der zu erwartenden Zeitspanne bis zur Beilegung der Streitigkeit zu unterrichten.

Artikel 9   Fairness

(1) Die Mitgliedstaaten sorgen dafür, dass in AS-Verfahren
a) die Parteien die Möglichkeit haben, innerhalb einer angemessenen Frist ihre Meinung zu äußern, von der AS-Stelle die von der Gegenpartei vorgebrachten Argumente, Beweise, Unterlagen und Fakten sowie etwaige Feststellungen und Gutachten von Experten zu erhalten und hierzu Stellung nehmen zu können;
b) die Parteien darüber unterrichtet werden, dass sie keinen Rechtsanwalt oder Rechtsberater beauftragen müssen, sich jedoch in jedem Verfahrensstadium von unabhängiger Seite beraten oder von einer dritten Partei vertreten oder unterstützen lassen können;
c) den Parteien das Ergebnis des AS-Verfahrens schriftlich oder auf einem dauerhaften Datenträger mitgeteilt wird und sie eine Darlegung der Gründe, auf denen es basiert, erhalten.

(2) Die Mitgliedstaaten sorgen dafür, dass in AS-Verfahren, die auf eine Beilegung der Streitigkeit durch Vorschlag einer Lösung abzielen,
a) die Parteien in jedem Stadium die Möglichkeit haben, das Verfahren abzubrechen, wenn sie die Durchführung oder den Ablauf des Verfahrens für unbefriedigend erachten. Sie müssen vor Einleitung des Verfahrens von diesem Recht unterrichtet werden. Wenn nationale Rechtsvorschriften eine verpflichtende Teilnahme des Unternehmers an AS-Verfahren vorsehen, gilt dieser Buchstabe ausschließlich für den Verbraucher;
b) die Parteien über Folgendes informiert werden, bevor sie einer vorgeschlagenen Lösung zustimmen oder diese befolgen:
  i) dass sie die Wahl haben, der vorgeschlagenen Lösung zuzustimmen oder diese zu befolgen oder nicht;
  ii) dass die Beteiligung an dem Verfahren die Möglichkeit nicht ausschließt, die Durchsetzung ihrer Rechte vor Gericht zu suchen;
  iii) dass die vorgeschlagene Lösung anders sein kann als das Ergebnis eines Gerichtsverfahrens, in dem Rechtsvorschriften angewandt werden;
c) die Parteien über die Rechtswirkungen informiert werden, die die Zustimmung zu einer vorgeschlagenen Lösung oder die Befolgung einer vorgeschlagenen Lösung hat, bevor sie einer vorgeschlagenen Lösung zustimmen oder diese befolgen;
d) den Parteien eine angemessene Überlegungsfrist eingeräumt wird, bevor sie einer vorgeschlagenen Lösung oder einer gütlichen Einigung zustimmen.

(3) Sehen AS-Verfahren im Einklang mit nationalem Recht vor, dass ihre Ergebnisse für den Unternehmer verbindlich werden, sobald der Verbraucher die vorgeschlagene Lösung akzeptiert hat, so gilt Artikel 9 Absatz 2 nur für den Verbraucher.

Artikel 10   Handlungsfreiheit

(1) Die Mitgliedstaaten stellen sicher, dass eine Vereinbarung zwischen einem Verbraucher und einem Unternehmer darüber, Beschwerden bei einer AS-Stelle einzureichen, für den Verbraucher nicht verbindlich ist, wenn sie vor dem Entstehen der Strei-

tigkeit getroffen wurde und wenn sie dazu führt, dass dem Verbraucher das Recht entzogen wird, die Gerichte zur Beilegung des Streitfalls anzurufen.

(2) Die Mitgliedstaaten stellen sicher, dass bei AS-Verfahren, bei denen die Streitigkeit durch das Auferlegen einer verbindlichen Lösung beigelegt werden soll, die auferlegte Lösung nur dann verbindlich für die Parteien sein kann, wenn die Parteien vorher über den verbindlichen Charakter der Lösung informiert wurden und sie dies ausdrücklich akzeptiert haben. Die ausdrückliche Zustimmung des Unternehmers ist nicht erforderlich, wenn in den nationalen Rechtsvorschriften bestimmt ist, dass die Lösungen für die Unternehmer verbindlich sind.

Artikel 11   Rechtmäßigkeit

(1) Die Mitgliedstaaten sorgen dafür, dass in AS-Verfahren, bei denen die Streitigkeit mittels einer dem Verbraucher auferlegten Lösung beigelegt werden soll,
a) die auferlegte Lösung – sofern keine Rechtskollision vorliegt – nicht dazu führen darf, dass der Verbraucher den Schutz verliert, der ihm durch die Bestimmungen gewährt wird, von denen nicht durch Vereinbarung gemäß dem Recht des Mitgliedstaats, in dem der Verbraucher und der Unternehmer ihren gewöhnlichen Aufenthalt haben, abgewichen werden darf;
b) die von der AS-Stelle auferlegte Lösung – sofern eine Rechtskollision vorliegt, bei der das für den Kauf- oder Dienstleistungsvertrag geltende Recht gemäß Artikel 6 Absätze 1 und 2 der Verordnung (EG) Nr. 593/2008 bestimmt wird – nicht dazu führen darf, dass der Verbraucher den Schutz verliert, der ihm durch die Bestimmungen gewährt wird, von denen nicht durch Vereinbarung gemäß dem Recht des Mitgliedstaats, in dem er seinen gewöhnlichen Aufenthalt hat, abgewichen werden darf;
c) die von der AS-Stelle auferlegte Lösung – sofern eine Rechtskollision vorliegt, bei der das für den Kauf- oder Dienstleistungsvertrag geltende Recht gemäß Artikel 5 Absätze 1 bis 3 des Übereinkommens von Rom vom 19. Juni 1980 über das auf vertragliche Schuldverhältnisse anzuwendende Recht bestimmt wird – nicht dazu führen darf, dass der Verbraucher den Schutz verliert, der ihm durch die zwingenden Vorschriften des Rechts des Mitgliedstaats, in dem er seinen gewöhnlichen Aufenthalt hat, gewährt wird.

(2) Für die Zwecke dieses Artikels wird der »gewöhnliche Aufenthalt« nach Maßgabe der Verordnung (EG) Nr. 593/2008 bestimmt.

Artikel 12   Auswirkung von AS-Verfahren auf Verjährungsfristen

(1) Die Mitgliedstaaten stellen sicher, dass die Parteien, die zur Beilegung einer Streitigkeit AS-Verfahren in Anspruch nehmen, deren Ergebnis nicht verbindlich ist, im Anschluss daran nicht durch den Ablauf der Verjährungsfristen während des AS-Verfahrens daran gehindert werden, in Bezug auf dieselbe Streitigkeit ein Gerichtsverfahren einzuleiten.

(2) Absatz 1 gilt unbeschadet der Bestimmungen über die Verjährung in internationalen Übereinkommen, denen die Mitgliedstaaten angehören.

KAPITEL III   INFORMATION UND KOOPERATION

Artikel 13   Information der Verbraucher durch Unternehmer

(1) Die Mitgliedstaaten sorgen dafür, dass in ihrem Hoheitsgebiet niedergelassene Unternehmer die Verbraucher über die AS-Stelle oder AS-Stellen in Kenntnis setzen, von der/denen diese Unternehmer erfasst werden, sofern diese Unternehmer sich verpflichten oder verpflichtet sind, diese Stellen zur Beilegung von Streitigkeiten mit Verbrauchern einzuschalten. Zu dieser Information gehört die Website-Adresse der betreffenden AS-Stelle oder AS-Stellen.

(2) Die in Absatz 1 genannten Informationen werden auf der Website des Unternehmers – soweit vorhanden – und gegebenenfalls in den allgemeinen Geschäftsbedingungen für Kauf- oder Dienstleistungsverträge zwischen dem Unternehmer und einem Verbraucher in klarer, verständlicher und leicht zugänglicher Weise aufgeführt.

(3) Die Mitgliedstaaten sorgen dafür, dass in den Fällen, in denen eine Streitigkeit zwischen einem Verbraucher und einem in ihrem Hoheitsgebiet niedergelassenen Unternehmer im Anschluss an das direkte Einreichen einer Beschwerde durch den Verbraucher beim Unternehmer nicht beigelegt werden konnte, der Unternehmer dem Verbraucher die Informationen gemäß Absatz 1 bereitstellt und dabei angibt, ob er die einschlägigen AS-Stellen zur Beilegung der Streitigkeit nutzen wird. Diese Informationen werden auf Papier oder einem anderen dauerhaften Datenträger bereitgestellt.

Artikel 14   Unterstützung für Verbraucher

(1) Die Mitgliedstaaten sorgen dafür, dass die Verbraucher bei Streitigkeiten, die sich aus grenzübergreifenden Kauf- und Dienstleistungsverträgen ergeben, Unterstützung erhalten können, um in einem anderen Mitgliedstaat die AS-Stelle zu finden, die für ihre grenzübergreifende Streitigkeit zuständig ist.

(2) Die Mitgliedstaaten übertragen die Zuständigkeit für die in Absatz 1 genannte Aufgabe ihren Zentren des Europäischen Netzes der Verbraucherzentren, Verbraucherverbänden oder jeder anderen Einrichtung.

Artikel 15   Allgemeine Informationen

(1) Die Mitgliedstaaten sorgen dafür, dass die AS-Stellen, die Zentren des Europäischen Netzes der Verbraucherzentren und gegebenenfalls die gemäß Artikel 14 Absatz 2 benannten Einrichtungen auf ihren Websites durch einen Link zur Website der Kommission und, wann immer möglich, auf einem dauerhaften Datenträger in ihren Räumlichkeiten die in Artikel 20 Absatz 4 genannte Liste der AS-Stellen öffentlich zugänglich machen.

(2) Die Mitgliedstaaten regen an, dass einschlägige Verbraucher- und Wirtschaftsverbände auf ihren Websites und in jeder anderen Weise, die sie für geeignet halten, die in Artikel 20 Absatz 4 genannte Liste der AS-Stellen öffentlich zugänglich machen.

(3) Die Kommission und die Mitgliedstaaten sorgen für eine angemessene Verbreitung der Informationen darüber, wie die Verbraucher Zugang zu AS-Verfahren zur Beilegung von Streitigkeiten im Rahmen dieser Richtlinie erhalten können.

(4) Die Kommission und die Mitgliedstaaten ergreifen flankierende Maßnahmen, um die Verbraucher- und Berufsverbände zu ermutigen, auf Unions- und auf nationaler Ebene die Kenntnis von AS-Stellen und ihren Verfahren zu verbessern und die Inanspruchnahme von AS durch Unternehmer und Verbraucher zu fördern. Diese Vereinigungen werden ferner ermutigt, den Verbrauchern Informationen über die zuständigen AS-Stellen bereitzustellen, wenn Verbraucher sich mit Beschwerden an sie wenden.

Artikel 16   Kooperation und Erfahrungsaustausch zwischen AS-Stellen

(1) Die Mitgliedstaaten sorgen dafür, dass AS-Stellen bei der Beilegung grenzübergreifender Streitigkeiten kooperieren und sich regelmäßig über bewährte Verfahren zur Beilegung von grenzübergreifenden und inländischen Streitigkeiten austauschen.

(2) Die Kommission unterstützt und erleichtert die Vernetzung nationaler AS-Stellen sowie den Austausch und die Verbreitung ihrer bewährten Verfahren und Erfahrungen.

(3) Gibt es für einen bestimmten Sektor auf Ebene der Union ein Netzwerk von AS-Stellen zur Erleichterung der Beilegung grenzübergreifender Streitigkeiten, so fördern die Mitgliedstaaten den Beitritt von AS-Stellen, die sich mit Streitigkeiten aus diesem Sektor befassen, zu diesem Netzwerk.

(4) Die Kommission veröffentlicht eine Liste mit den Namen und Kontaktangaben der in Absatz 3 genannten Netzwerke. Die Kommission aktualisiert diese Liste, sobald dies erforderlich ist.

Artikel 17   Kooperation zwischen AS-Stellen und den für die Durchsetzung der Unionsrechtsakte über Verbraucherschutz zuständigen nationalen Behörden

(1) Die Mitgliedstaaten sorgen dafür, dass AS-Stellen und nationale Behörden, die für die Durchsetzung der Unionsrechtsakte über Verbraucherschutz der Union zuständig sind, miteinander kooperieren.

(2) Diese Kooperation umfasst insbesondere den Austausch von Informationen über Geschäftspraktiken in spezifischen Wirtschaftssektoren, über die wiederholt Beschwerden von Verbrauchern eingegangen sind. Dazu gehört auch, dass die betreffenden nationalen Behörden technische Bewertungen und Informationen zur Verfügung stellen, wenn diese für die Bearbeitung individueller Streitigkeiten erforderlich und bereits verfügbar sind.

(3) Die Mitgliedstaaten sorgen dafür, dass die Kooperation und der Informationsaustausch gemäß den Absätzen 1 und 2 den Bestimmungen der Richtlinie 95/46/EG über den Schutz personenbezogener Daten entsprechen.

(4) Dieser Artikel gilt unbeschadet der Bestimmungen über das Berufs- und Geschäftsgeheimnis, die für nationale Behörden gelten, die Unionsrechtsakte über Verbraucherschutz durchsetzen. Die AS-Stellen unterliegen der beruflichen Geheimhaltungspflicht oder gleichwertigen Verpflichtungen zur Vertraulichkeit gemäß den Rechtsvorschriften der Mitgliedstaaten, in denen sie eingerichtet sind.

KAPITEL IV ROLLE DER ZUSTÄNDIGEN BEHÖRDEN UND DER KOMMISSION

Artikel 18 Benennung der zuständigen Behörden

(1) Jeder Mitgliedstaat benennt eine zuständige Behörde, die die in den Artikeln 19 und 20 genannten Aufgaben ausübt. Jeder Mitgliedstaat kann mehr als eine zuständige Behörde benennen. In diesem Fall legt er fest, welche der zuständigen Behörden die zentrale Anlaufstelle für die Kommission ist. Jeder Mitgliedstaat teilt der Kommission die zuständige Behörde oder gegebenenfalls die zuständigen Behörden mit, einschließlich der zentralen Anlaufstelle, die er benannt hat.

(2) Die Kommission erstellt eine Liste der ihr gemäß Absatz 1 gemeldeten zuständigen Behörden, in der gegebenenfalls auch die zentralen Anlaufstellen aufgeführt sind, und veröffentlicht diese Liste im Amtsblatt der Europäischen Union.

Artikel 19 Informationen, die den zuständigen Behörden von den Streitbeilegungsstellen mitzuteilen sind

(1) Die Mitgliedstaaten sorgen dafür, dass in ihrem Hoheitsgebiet eingerichtete Streitbeilegungsstellen, die als AS-Stellen gemäß dieser Richtlinie angesehen und in eine Liste gemäß Artikel 20 Absatz 2 aufgenommen werden möchten, der zuständigen Behörde Folgendes mitteilen:
a) ihren Namen, Kontaktangaben und Website-Adresse;
b) Informationen zu ihrer Struktur und Finanzierung, darunter Informationen zu den mit Streitbeilegung betrauten natürlichen Personen sowie dazu, wie sie vergütet werden, wie lange ihre Amtszeit ist und von wem sie beschäftigt werden;
c) ihre Verfahrensregeln;
d) gegebenenfalls ihre Gebühren;
e) die durchschnittliche Dauer des Streitbeilegungsverfahrens;
f) in welchen Sprachen Beschwerden eingereicht werden können und in welchen Sprachen das Streitbeilegungsverfahren geführt werden kann;
g) eine Erklärung zu den Arten von Streitigkeiten, die unter das Streitbeilegungsverfahren fallen;
h) die Gründe, aus denen die Streitbeilegungsstelle die Bearbeitung einer bestimmten Streitigkeit gemäß Artikel 5 Absatz 4 ablehnen kann;

i) eine mit Gründen versehene Erklärung dazu, ob die Stelle als in den Geltungsbereich dieser Richtlinie fallende AS-Stelle zu qualifizieren ist und ob sie die Qualitätsanforderungen nach Kapitel II erfüllt.

Ergeben sich Änderungen hinsichtlich der in den Buchstaben a bis h genannten Informationen, so teilen die AS-Stellen der zuständigen Behörde diese Änderungen ohne unnötige Verzögerung mit.

(2) Wenn die Mitgliedstaaten beschließen, Verfahren gemäß Artikel 2 Absatz 2 Buchstabe a zuzulassen, sorgen sie dafür, dass AS-Stellen, die solche Verfahren durchführen, der zuständigen Behörde neben den Angaben und Erklärungen gemäß Absatz 1 auch die Informationen übermitteln, die erforderlich sind, um die Einhaltung der besonderen zusätzlichen Anforderungen an die Unabhängigkeit und Transparenz nach Artikel 6 Absatz 3 zu beurteilen.

(3) Die Mitgliedstaaten sorgen dafür, dass AS-Stellen den zuständigen Behörden alle zwei Jahre Informationen über Folgendes mitteilen:
a) Anzahl der eingegangenen Streitigkeiten und Art der Beschwerden, auf die sie sich beziehen;
b) Prozentsatz der AS-Verfahren, die ergebnislos abgebrochen wurden;
c) durchschnittlicher Zeitaufwand bei der Lösung der eingegangenen Streitfälle;
d) sofern bekannt, Prozentsatz der Fälle, in denen sich die Parteien an die Ergebnisse der AS-Verfahren gehalten haben;
e) systematische oder signifikante Problemstellungen, die häufig auftreten und zu Streitigkeiten zwischen Verbrauchern und Unternehmern führen. Die diesbezüglichen Informationen können von Empfehlungen begleitet sein, wie derartige Probleme in Zukunft vermieden oder gelöst werden können;
f) gegebenenfalls eine Einschätzung der Effektivität ihrer Kooperation mit Netzwerken von AS-Stellen zur Erleichterung grenzübergreifender Streitbeilegung;
g) gegebenenfalls Schulungen für die natürlichen Personen, die mit AS betraut sind, gemäß Artikel 6 Absatz 6;
h) eine Einschätzung der Effektivität des von der betreffenden Stelle angebotenen AS-Verfahrens und der Möglichkeiten zur Verbesserung ihrer Leistungsfähigkeit.

Artikel 20   Rolle der zuständigen Behörden und der Kommission

(1) Jede zuständige Behörde beurteilt insbesondere aufgrund der Informationen, die sie gemäß Artikel 19 Absatz 1 erhalten hat, ob die ihr gemeldeten Streitbeilegungsstellen als AS-Stellen im Sinne dieser Richtlinie anzusehen sind und die Qualitätsanforderungen von Kapitel II und von nationalen Durchführungsbestimmungen, einschließlich nationaler Bestimmungen, die – im Einklang mit dem Unionsrecht – über die Anforderungen dieser Richtlinie hinausgehen, erfüllen.

(2) Jede zuständige Behörde erstellt auf der Grundlage der Beurteilung gemäß Absatz 1 eine Liste sämtlicher AS-Stellen, die ihr gemeldet wurden und bei denen die in Absatz 1 genannten Bedingungen erfüllt sind.

Die Liste enthält folgende Angaben:

a) Name, Kontaktangaben und Website-Adressen der im ersten Unterabsatz genannten AS-Stellen;
b) gegebenenfalls ihre Gebühren;
c) in welchen Sprachen Beschwerden bei der AS-Stelle eingereicht werden können und in welchen Sprachen das AS-Verfahren geführt werden kann;
d) die Arten von Streitigkeiten, die unter das AS-Verfahren fallen;
e) die Sektoren und Kategorien der Streitigkeiten, die von jeder AS-Stelle abgedeckt werden;
f) gegebenenfalls Notwendigkeit der Anwesenheit der Parteien oder ihrer Vertreter, einschließlich der Erklärung der AS-Stelle, ob das AS-Verfahren als mündliches oder schriftliches Verfahren durchgeführt wird oder durchgeführt werden kann;
g) Verbindlichkeit oder Unverbindlichkeit des Verfahrensergebnisses und
h) die Gründe, aus denen die AS-Stelle die Bearbeitung einer bestimmten Streitigkeit gemäß Artikel 5 Absatz 4 ablehnen kann.

Jede zuständige Behörde übermittelt der Kommission die im ersten Unterabsatz dieses Absatzes genannte Liste. Werden der zuständigen Behörde Änderungen gemäß Artikel 19 Absatz 1 Unterabsatz 2 mitgeteilt, so wird diese Liste ohne unnötige Verzögerung aktualisiert und die Kommission entsprechend informiert.

Erfüllt eine gemäß dieser Richtlinie als AS-Stelle in einer Liste geführte Streitbeilegungsstelle die Anforderungen gemäß Absatz 1 nicht mehr, so nimmt die zuständige Behörde Kontakt mit dieser Streitbeilegungsstelle auf, teilt ihr mit, welche Anforderungen sie nicht erfüllt, und fordert sie auf, für deren unverzügliche Erfüllung zu sorgen. Erfüllt die Streitbeilegungsstelle nach Ablauf einer Frist von drei Monaten immer noch nicht die Anforderungen gemäß Absatz 1 dieses Artikels, so streicht die zuständige Behörde die Streitbeilegungsstelle von der in Unterabsatz 1 dieses Absatzes genannten Liste. Diese Liste wird ohne unnötige Verzögerung aktualisiert und die Kommission wird entsprechend informiert.

(3) Hat ein Mitgliedstaat mehr als eine zuständige Behörde benannt, so werden die Liste und ihre Aktualisierungen gemäß Absatz 2 der Kommission über die in Artikel 18 Absatz 1 genannte zentrale Anlaufstelle übermittelt. Diese Liste und diese Aktualisierungen beziehen sich auf alle AS-Stellen, die in dem betreffenden Mitgliedstaat eingerichtet sind.

(4) Die Kommission erstellt eine Liste der ihr gemäß Absatz 2 gemeldeten AS-Stellen und aktualisiert diese Liste bei jeder Mitteilung von Änderungen. Die Kommission macht diese Liste und ihre Aktualisierungen auf ihrer Website und auf einem dauerhaften Datenträger öffentlich zugänglich. Die Kommission übermittelt diese Liste und ihre Aktualisierungen den zuständigen Behörden. Hat ein Mitgliedstaat eine einzige Anlaufstelle gemäß Artikel 18 Absatz 1 benannt, übermittelt die Kommission die Liste und ihre Aktualisierungen der einzigen Anlaufstelle.

(5) Jede zuständige Behörde macht die konsolidierte Liste der in Absatz 4 genannten AS-Stellen auf ihrer Website öffentlich zugänglich, indem sie einen Link zu der entsprechenden Website der Kommission einstellt. Zusätzlich macht jede zuständige

Behörde diese konsolidierte Liste auf einem dauerhaften Datenträger öffentlich zugänglich.

(6) Spätestens 9. Juli 2018 und danach alle vier Jahre veröffentlicht jede zuständige Behörde einen Bericht über die Entwicklung und die Arbeitsweise von AS-Stellen und übermittelt ihn der Kommission. Dieser Bericht umfasst insbesondere
a) eine Beschreibung der bewährten Verfahren von AS-Stellen;
b) gegebenenfalls eine statistisch belegte Darlegung der Unzulänglichkeiten, die das Funktionieren von AS-Stellen zur Beilegung sowohl inländischer als auch grenzübergreifender Streitigkeiten behindern;
c) gegebenenfalls Empfehlungen dazu, wie das effektive und effiziente Funktionieren von AS-Stellen verbessert werden könnte.

(7) Hat ein Mitgliedstaat gemäß Artikel 18 Absatz 1 mehr als eine zuständige Behörde benannt, so wird der Bericht gemäß Absatz 6 dieses Artikels von der zentralen Anlaufstelle gemäß Artikel 18 Absatz 1 veröffentlicht. Dieser Bericht bezieht sich auf alle AS-Stellen, die in dem betreffenden Mitgliedstaat eingerichtet sind.

KAPITEL V   SCHLUSSBESTIMMUNGEN

Artikel 21   Sanktionen

Die Mitgliedstaaten legen fest, welche Sanktionen bei einem Verstoß gegen die insbesondere gemäß Artikel 13 erlassenen nationalen Vorschriften zu verhängen sind, und treffen die zu deren Durchsetzung erforderlichen Maßnahmen. Die vorgesehenen Sanktionen müssen wirksam, verhältnismäßig und abschreckend sein.

Artikel 22   Änderung der Verordnung (EG) Nr. 2006/2004

Im Anhang der Verordnung (EG) Nr. 2006/2004 wird folgende Nummer angefügt:

»20. Richtlinie 2013/11/EU des Europäischen Parlaments und des Rates vom 21. Mai 2013 über die alternative Beilegung verbraucherrechtlicher Streitigkeiten (ABl. L 165 vom 18.6.2013, S. 63): Artikel 13.«

Artikel 23   Änderung der Richtlinie 2009/22/EG

In Anhang I der Richtlinie 2009/22/EG wird folgende Nummer angefügt:

»14. Richtlinie 2013/11/EU des Europäischen Parlaments und des Rates vom 21. Mai 2013 über die alternative Beilegung verbraucherrechtlicher Streitigkeiten (ABl. L 165 vom 18.6.2013, S. 63): Artikel 13.«

Artikel 24   Mitteilungen

(1) Bis zum 9. Juli 2015 teilen die Mitgliedstaaten der Kommission Folgendes mit:

a) gegebenenfalls Namen und Kontaktangaben der gemäß Artikel 14 Absatz 2 benannten Einrichtungen und
b) die gemäß Artikel 18 Absatz 1 benannten zuständigen Behörden, einschließlich gegebenenfalls der zentralen Anlaufstelle.

Die Mitgliedstaaten teilen der Kommission etwaige spätere Änderungen dieser Angaben mit.

(2) Bis zum 9. Januar 2016 übermitteln die Mitgliedstaaten der Kommission die erste Liste gemäß Artikel 20 Absatz 2.

(3) Die Kommission übermittelt den Mitgliedstaaten die in Absatz 1 Buchstabe a genannten Informationen.

Artikel 25 Umsetzung

(1) Die Mitgliedstaaten setzen die erforderlichen Rechts- oder Verwaltungsvorschriften in Kraft, um dieser Richtlinie spätestens am 9. Juli 2015 nachzukommen. Sie teilen der Kommission unverzüglich den Wortlaut dieser Rechtsvorschriften mit.

Bei Erlass dieser Vorschriften nehmen die Mitgliedstaaten in den Vorschriften selbst oder durch einen Hinweis bei der amtlichen Veröffentlichung auf diese Richtlinie Bezug. Die Mitgliedstaaten regeln die Einzelheiten dieser Bezugnahme.

(2) Die Mitgliedstaaten teilen der Kommission den Wortlaut der wichtigsten nationalen Rechtsvorschriften mit, die sie auf dem unter diese Richtlinie fallenden Gebiet erlassen.

Artikel 26 Bericht

Bis zum 9. Juli 2019 und danach alle vier Jahre übermittelt die Kommission dem Europäischen Parlament, dem Rat und dem Europäischen Wirtschafts- und Sozialausschuss einen Bericht über die Anwendung dieser Richtlinie. In diesem Bericht wird auf die Entwicklung und Nutzung von AS-Stellen sowie auf die Auswirkungen dieser Richtlinie auf Verbraucher und Unternehmer, insbesondere auf die Kenntnis der Verbraucher und die Akzeptanz durch die Unternehmer, eingegangen. Diesem Bericht sind gegebenenfalls Vorschläge zur Änderung dieser Richtlinie beizufügen.

Artikel 27 Inkrafttreten

Diese Richtlinie tritt am zwanzigsten Tag nach ihrer Veröffentlichung im Amtsblatt der Europäischen Union in Kraft.

Artikel 28 Adressaten

Diese Richtlinie ist an die Mitgliedstaaten gerichtet.

D. Verordnung (EU) Nr. 524/2013 des Europäischen Parlaments und des Rates (Online-Streitbeilegung in Verbraucherangelegenheiten) -Verordnungstext-

VERORDNUNG (EU) Nr. 524/2013 DES EUROPÄISCHEN PARLAMENTS UND DES RATES

vom 21. Mai 2013

über die Online-Beilegung verbraucherrechtlicher Streitigkeiten und zur Änderung der Verordnung (EG) Nr. 2006/2004 und der Richtlinie 2009/22/EG (Verordnung über Online-Streitbeilegung in Verbraucherangelegenheiten)

DAS EUROPÄISCHE PARLAMENT UND DER RAT DER EUROPÄISCHEN UNION –

gestützt auf den Vertrag über die Arbeitsweise der Europäischen Union, insbesondere auf Artikel 114,

auf Vorschlag der Europäischen Kommission,

nach Zuleitung des Entwurfs des Gesetzgebungsakts an die nationalen Parlamente,

nach Stellungnahme des Europäischen Wirtschafts- und Sozialausschusses[1],

gemäß dem ordentlichen Gesetzgebungsverfahren[2],

in Erwägung nachstehender Gründe:

(1) Gemäß Artikel 169 Absatz 1 und Artikel 169 Absatz 2 Buchstabe a des Vertrags über die Arbeitsweise der Europäischen Union (AEUV) leistet die Union durch Maßnahmen, die sie nach Artikel 114 AEUV erlässt, einen Beitrag zur Erreichung eines hohen Verbraucherschutzniveaus. Gemäß Artikel 38 der Charta der Grundrechte der Europäischen Union hat die Politik der Union ein hohes Verbraucherschutzniveau sicherzustellen.

(2) Gemäß Artikel 26 Absatz 2 AEUV soll der Binnenmarkt einen Raum ohne Binnengrenzen umfassen, in dem der freie Verkehr von Waren und Dienstleistungen gewährleistet ist. Damit die Verbraucher Vertrauen in den digitalen Binnenmarkt haben und diesen in vollem Umfang nutzen können, müssen sie Zugang zu einfachen, effizienten, schnellen und kostengünstigen Möglichkeiten der Beilegung von Streitigkeiten haben, die sich aus dem Online-Verkauf von Waren oder der Online-Erbringung von Dienstleistungen ergeben. Dies gilt insbesondere, wenn Verbraucher Einkäufe über die Grenzen hinweg tätigen.

---

1 ABl. C 181 vom 21.6.2012, S. 99.
2 Standpunkt des Europäischen Parlaments vom 12. März 2013 (noch nicht im Amtsblatt veröffentlicht) und Beschluss des Rates vom 22. April 2013.

D. Verordnung (EU) Nr. 524/2013   **Teil 7**

(3) In ihrer Mitteilung vom 13. April 2011 mit dem Titel »Binnenmarktakte – Zwölf Hebel zur Förderung von Wachstum und Vertrauen – ›Gemeinsam für neues Wachstum‹« bezeichnete die Kommission Rechtsvorschriften über alternative Streitbeilegung (im Folgenden »AS«) auch für den elektronischen Geschäftsverkehr als einen der zwölf Hebel zur Förderung des Wachstums und des Vertrauens in den Binnenmarkt.

(4) Eine Fragmentierung des Binnenmarktes behindert Bemühungen um die Steigerung von Wettbewerbsfähigkeit und Wachstum. Darüber hinaus stellt die ungleichmäßige Verfügbarkeit, Qualität und Bekanntheit einfacher, effizienter, schneller und kostengünstiger Möglichkeiten zur Beilegung von Streitigkeiten, die sich aus dem Verkauf von Waren oder der Bereitstellung von Dienstleistungen innerhalb der gesamten Union ergeben, ein Hindernis auf dem Binnenmarkt dar, durch das das Vertrauen von Verbrauchern und Unternehmern in den grenzübergreifenden Ein- und Verkauf untergraben wird.

(5) In seinen Schlussfolgerungen vom 24.-25. März und vom 23. Oktober 2011 hat der Europäische Rat das Europäische Parlament und den Rat aufgefordert, bis Ende 2012 ein erstes Bündel vorrangiger Maßnahmen zu verabschieden, um dem Binnenmarkt neue Impulse zu geben.

(6) Verbraucher erfahren den Binnenmarkt in ihrem täglichen Leben als eine Realität, wenn sie reisen, einkaufen oder Zahlungen vornehmen. Verbraucher sind wichtige Akteure im Binnenmarkt und sollten daher in dessen Mittelpunkt stehen. Die digitale Dimension des Binnenmarkts ist sowohl für die Verbraucher als auch für die Unternehmer von entscheidender Bedeutung. Verbraucher tätigen immer häufiger Einkäufe online und immer mehr Unternehmer verkaufen online. Verbraucher und Unternehmer sollten sich bei der Online-Durchführung von Rechtsgeschäften sicher fühlen; daher ist es unerlässlich, bestehende Hindernisse zu beseitigen und das Vertrauen der Verbraucher zu stärken. Die Verfügbarkeit einer zuverlässigen und effizienten Online-Streitbeilegung (im Folgenden »OS«) könnte einen großen Beitrag zur Verwirklichung dieses Ziels leisten.

(7) Die Tatsache, dass eine Möglichkeit zur einfachen und kostengünstigen Beilegung von Streitigkeiten besteht, kann das Vertrauen der Verbraucher und Unternehmer in den digitalen Binnenmarkt stärken. Noch stoßen Verbraucher und Unternehmer bei der Suche nach außergerichtlichen Lösungen jedoch auf Hindernisse, insbesondere, wenn die Streitigkeiten von grenzübergreifenden Online-Rechtsgeschäften ausgehen. Daher bleiben solche Streitigkeiten oft ungeklärt.

(8) Die OS bietet eine einfache, effiziente, schnelle und kostengünstige außergerichtliche Lösung für Streitigkeiten, die sich aus Online-Rechtsgeschäften ergeben. Allerdings fehlt es gegenwärtig an Mechanismen, die es Verbrauchern und Unternehmern erlauben, solche Streitigkeiten auf elektronischem Wege beizulegen; dies ist nachteilig für Verbraucher, stellt ein Hemmnis insbesondere für grenzübergreifende Online-Rechtsgeschäfte dar, schafft ungleiche Ausgangsvoraussetzungen für die Unternehmer und behindert so die allgemeine Entwicklung des Online-Geschäftsverkehrs.

(9) Diese Verordnung sollte für die außergerichtliche Beilegung von Streitigkeiten gelten, bei denen in der Union wohnhafte Verbraucher gegen in der Union niedergelassene Unternehmer vorgehen und die unter die Richtlinie 2013/11/EU des Europäischen Parlaments und des Rates vom 21. Mai 2013 über die alternative Beilegung verbraucherrechtlicher Streitigkeiten (Richtlinie über alternative Streitbeilegung in Verbraucherangelegenheiten)[3] fallen.

(10) Um zu gewährleisten, dass die Plattform zur OS (im Folgenden »OS-Plattform«) auch für AS-Verfahren genutzt werden kann, die es Unternehmern ermöglichen, Beschwerden gegen Verbraucher einzureichen, sollte diese Verordnung auch für die außergerichtliche Beilegung von Streitigkeiten gelten, bei denen Unternehmer gegen Verbraucher vorgehen, sofern die betreffenden AS-Verfahren von AS-Stellen angeboten werden, die in einer Liste gemäß Artikel 20 Absatz 2 der Richtlinie 2013/11/EU geführt sind. Die Anwendung dieser Verordnung auf solche Streitigkeiten sollte die Mitgliedstaaten nicht verpflichten sicherzustellen, dass die AS-Stellen solche Verfahren anbieten.

(11) Obwohl insbesondere Verbraucher und Unternehmer, die grenzübergreifende Online-Rechtsgeschäfte durchführen, Nutzen aus der OS-Plattform ziehen werden, sollte diese Verordnung auch für inländische Online-Rechtsgeschäfte gelten, um tatsächlich gleiche Wettbewerbsbedingungen im Bereich des Online-Geschäftsverkehrs zu schaffen.

(12) Die Richtlinie 2008/52/EG des Europäischen Parlaments und des Rates vom 21. Mai 2008 über bestimmte Aspekte der Mediation in Zivil- und Handelssachen[4] sollte von dieser Verordnung nicht berührt werden.

(13) Die Definition des Begriffs »Verbraucher« sollte natürliche Personen, die außerhalb ihrer gewerblichen, geschäftlichen, handwerklichen oder beruflichen Tätigkeit handeln, umfassen. Wird ein Vertrag jedoch teils im Rahmen, teils außerhalb des Rahmens des Gewerbes einer Person abgeschlossen (Verträge mit doppeltem Zweck) und ist der gewerbliche Zweck so gering, dass er im Gesamtkontext des Geschäfts als nicht überwiegend erscheint, sollte die betreffende Person ebenfalls als Verbraucher gelten.

(14) Die Definition des Begriffs »Online-Kaufvertrag oder Online-Dienstleistungsvertrag« sollte einen Kauf- oder Dienstleistungsvertrag erfassen, bei dem der Unternehmer oder der Vermittler des Unternehmers Waren oder Dienstleistungen über eine Website oder auf anderem elektronischen Weg angeboten hat und der Verbraucher diese Waren oder Dienstleistungen auf dieser Website oder auf anderem elektronischen Weg bestellt hat. Dies sollte auch Fälle abdecken, in denen der Verbraucher die Website oder den anderen Dienst der Informationsgesellschaft über ein mobiles elektronisches Gerät aufruft, beispielsweise über ein Mobiltelefon.

---

3 Siehe Seite 63 dieses Amtsblatts.
4 ABl. L 136 vom 24.5.2008, S. 3.

(15) Diese Verordnung sollte weder für Streitigkeiten zwischen Verbrauchern und Unternehmern, die aus offline geschlossenen Kauf- oder Dienstleistungsverträgen erwachsen, noch für Streitigkeiten zwischen Unternehmern gelten.

(16) Diese Verordnung sollte in Verbindung mit der Richtlinie 2013/11/EU gesehen werden, wonach die Mitgliedstaaten gewährleisten müssen, dass jede Streitigkeit zwischen in der Union wohnhaften Verbrauchern und in der Union niedergelassenen Unternehmern im Zusammenhang mit dem Verkauf von Waren oder der Erbringung von Dienstleistungen einer AS-Stelle vorgelegt werden kann.

(17) Die Mitgliedstaaten sollten die Verbraucher dazu anhalten, vor der Einreichung ihrer Beschwerde über die OS-Plattform bei einer AS-Stelle auf geeignetem Wege mit dem Ziel einer gütlichen Einigung Kontakt mit dem Unternehmer aufzunehmen.

(18) Ziel dieser Verordnung ist die Einrichtung einer OS-Plattform auf Unionsebene. Die OS-Plattform sollte eine interaktive Website sein, die eine zentrale Anlaufstelle für Verbraucher und Unternehmer darstellt, die aus Online-Rechtsgeschäften entstandene Streitigkeiten außergerichtlich beilegen möchten. Die OS-Plattform sollte allgemeine Informationen über die außergerichtliche Beilegung von aus Online-Kaufverträgen und Online-Dienstleistungsverträgen erwachsenden vertraglichen Streitigkeiten zwischen Verbrauchern und Unternehmern enthalten. Verbraucher und Unternehmer sollten die Möglichkeit haben, auf dieser Plattform durch Ausfüllen eines in allen Amtssprachen der Organe der Union verfügbaren Online-Formulars Beschwerden einzureichen und einschlägige Unterlagen beizufügen. Die Beschwerden sollten dann über die Plattform an die für die betreffende Streitigkeit zuständige AS-Stelle weitergeleitet werden. Die OS-Plattform sollte ein kostenloses elektronisches Fallbearbeitungsinstrument bereitstellen, das es den AS-Stellen ermöglicht, das Streitbeilegungsverfahren mit den Parteien über die OS-Plattform abzuwickeln. AS-Stellen sollten nicht verpflichtet sein, das Fallbearbeitungsinstrument zu verwenden.

(19) Die Kommission sollte für die Entwicklung, den Betrieb und die Pflege der OS-Plattform zuständig sein und die für den Betrieb der Plattform notwendige technische Ausstattung bereitstellen. Die OS-Plattform sollte eine elektronische Übersetzungsfunktion bieten, die es den Parteien und der AS-Stelle ermöglicht, gegebenenfalls Informationen, die über die OS-Plattform ausgetauscht werden und die für die Beilegung der Streitigkeit erforderlich sind, übersetzen zu lassen. Durch diese Funktion sollten – erforderlichenfalls mit menschlicher Unterstützung – alle notwendigen Übersetzungen erledigt werden können. Die Kommission sollte die Beschwerdeführer über die OS-Plattform ferner von der Möglichkeit unterrichten, dass sie um Unterstützung durch die OS-Kontaktstellen ersuchen können.

(20) Die OS-Plattform sollte den sicheren Datenaustausch mit den AS-Stellen ermöglichen und die zugrunde liegenden Prinzipien des Europäischen Interoperabilitätsrahmens achten, der gemäß dem Beschluss 2004/387/EG des Europäischen Parlaments und des Rates vom 21. April 2004 über die interoperable Erbringung

europaweiter elektronischer Behördendienste (eGovernment-Dienste) für öffentliche Verwaltungen, Unternehmen und Bürger (IDABC)[5] verabschiedet wurde.

(21) Die OS-Plattform sollte insbesondere über das gemäß Anhang II des Beschlusses 2004/387/EG eingerichtete Portal »Ihr Europa« zugänglich sein, das Zugang zu europaweiten, mehrsprachigen und interaktiven Online-Informationsdiensten für Unternehmen und Bürger in der Union bietet. Die OS-Plattform sollte auf dem Portal »Ihr Europa« an herausragender Stelle platziert werden.

(22) Eine OS-Plattform auf Unionsebene sollte auf den existierenden AS-Stellen der Mitgliedstaaten aufbauen und die Rechtstraditionen der Mitgliedstaaten achten. Wird eine Beschwerde über die OS-Plattform an eine AS-Stelle weitergeleitet, sollten daher auch hinsichtlich der Kosten die dieser Stelle eigenen Verfahrensregeln gelten. In dieser Verordnung werden jedoch einige gemeinsame Regeln festgelegt, die für diese Verfahren gelten und deren Effektivität gewährleisten sollen. Dazu sollten Regeln gehören, die sicherstellen, dass für eine solche Streitbeilegung die Anwesenheit der Parteien oder ihrer Vertreter bei der AS-Stelle nicht notwendig ist, es sei denn, die Verfahrensregeln der AS-Stelle sehen diese Möglichkeit vor und die Parteien stimmen zu.

(23) Indem dafür Sorge getragen wird, dass alle in einer Liste gemäß Artikel 20 Absatz 2 der Richtlinie 2013/11/EU geführten AS-Stellen auf der OS-Plattform registriert sind, sollte eine vollständige Abdeckung bei der außergerichtlichen Online-Beilegung von Streitigkeiten, die aus Online-Kaufverträgen oder Online-Dienstleistungsverträgen erwachsen, ermöglicht werden.

(24) Durch diese Verordnung sollte keine der in der Union existierenden Online-Streitbeilegungsstellen an ihrer Arbeit gehindert werden; dies gilt auch für OS-Mechanismen. Auch sollte diese Verordnung nicht dazu führen, dass Streitbeilegungsstellen oder -mechanismen Online-Streitigkeiten, die direkt bei ihnen eingereicht wurden, nicht bearbeiten.

(25) OS-Kontaktstellen, in denen mindestens zwei OS-Berater tätig sind, sollten in allen Mitgliedstaaten benannt werden. Die OS-Kontaktstellen sollten die Parteien einer Streitigkeit, die über die OS-Plattform eingereicht wurde, unterstützen, ohne jedoch verpflichtet zu sein, mit dieser Streitigkeit verbundene Unterlagen zu übersetzen. Die Mitgliedstaaten sollten die Möglichkeit haben, ihre Zentren des Europäischen Netzes der Verbraucherzentren mit der Betreuung der OS-Kontaktstellen zu beauftragen. Die Mitgliedstaaten sollten diese Möglichkeit nutzen, damit die OS-Kontaktstellen sich uneingeschränkt auf die Erfahrung der Zentren des Europäischen Netzes der Verbraucherzentren stützen können, um die Beilegung von Streitigkeiten zwischen Verbrauchern und Unternehmern zu erleichtern. Die Kommission sollte ein Netz von OS-Kontaktstellen einrichten, um ihre Zusammenarbeit und ihre Tätigkeit zu erleichtern, und sie sollte – in Zusammenarbeit mit den Mitgliedstaaten – geeignete Schulungen für die OS-Kontaktstellen anbieten.

---

5 ABl. L 144 vom 30.4.2004, S. 62.

(26) Das Recht auf einen wirksamen Rechtsbehelf und das Recht auf ein unparteiisches Gericht gehören zu den in Artikel 47 der Charta der Grundrechte der Europäischen Union niedergelegten Grundrechten. OS ist nicht dazu bestimmt, gerichtliche Verfahren zu ersetzen und kann nicht dementsprechend gestaltet sein; außerdem sollte sie Verbrauchern oder Unternehmern nicht das Recht nehmen, die Durchsetzung ihrer Rechte vor Gericht zu suchen. Diese Verordnung sollte daher die Parteien in keiner Weise daran hindern, ihr Recht auf Zugang zum Gerichtssystem wahrzunehmen.

(27) Die Verarbeitung von Daten im Rahmen dieser Verordnung sollte strengen Sicherheitsgarantien unterliegen und den datenschutzrechtlichen Bestimmungen der Richtlinie 95/46/EG des Europäischen Parlaments und des Rates vom 24. Oktober 1995 zum Schutz natürlicher Personen bei der Verarbeitung personenbezogener Daten und zum freien Datenverkehr[6] sowie der Verordnung (EG) Nr. 45/2001 des Europäischen Parlaments und des Rates vom 18. Dezember 2000 zum Schutz natürlicher Personen bei der Verarbeitung personenbezogener Daten durch die Organe und Einrichtungen der Gemeinschaft und zum freien Datenverkehr[7] genügen. Diese Bestimmungen sollten für die gemäß dieser Verordnung durchgeführte Verarbeitung personenbezogener Daten durch die verschiedenen Akteure der OS-Plattform gelten, unabhängig davon, ob sie alleine oder zusammen mit anderen solcher Akteure der Plattform tätig werden.

(28) Die Betroffenen sollten durch einen umfassenden Datenschutzhinweis gemäß den Artikeln 11 und 12 der Verordnung (EG) Nr. 45/2001 und den gemäß den Artikeln 10 und 11 der Richtlinie 95/46/EG erlassenen nationalen Rechtsvorschriften über die Verarbeitung ihrer personenbezogenen Daten im Rahmen der OS-Plattform unterrichtet werden und dieser zustimmen sowie über ihre diesbezüglichen Rechte unterrichtet werden; dieser Datenschutzhinweis wird von der Kommission öffentlich zugänglich gemacht und legt in klarer und verständlicher Sprache dar, welche Verarbeitungsschritte von den verschiedenen Akteuren der Plattform vorgenommen werden.

(29) Diese Verordnung sollte die Bestimmungen zur Vertraulichkeit in nationalen Rechtsvorschriften über AS unberührt lassen.

(30) Damit möglichst viele Verbraucher Kenntnis von dem Bestehen der OS-Plattform haben, sollten in der Union niedergelassene Unternehmer, die Online-Kaufverträge oder Online-Dienstleistungsverträge eingehen, auf ihren Websites einen Link zur OS-Plattform bereitstellen. Unternehmer sollten ferner ihre E-Mail-Adresse angeben, damit die Verbraucher über eine erste Anlaufstelle verfügen. Ein wesentlicher Anteil der Online-Kaufverträge und Online-Dienstleistungsverträge wird über Online-Marktplätze abgewickelt, die Verbraucher und Unternehmer zusammenführen oder Online-Rechtsgeschäfte zwischen Verbrauchern und Unternehmern erleich-

---

6 ABl. L 281 vom 23.11.1995, S. 31.
7 ABl. L 8 vom 12.1.2001, S. 1.

tern. Online-Marktplätze sind Online-Plattformen, die es Unternehmern ermöglichen, den Verbrauchern ihre Waren und Dienstleistungen anzubieten. Diese Online-Marktplätze sollten daher gleichermaßen verpflichtet sein, einen Link zur OS-Plattform bereitzustellen. Diese Verpflichtung sollte Artikel 13 der Richtlinie 2013/11/EU bezüglich der Pflicht der Unternehmer, Verbraucher über die AS-Verfahren in Kenntnis zu setzen, von denen diese Unternehmer erfasst werden, sowie darüber, ob sie sich dazu verpflichten, zur Beilegung von Streitigkeiten mit Verbrauchern auf AS-Verfahren zurückzugreifen, nicht berühren. Auch sollte diese Verpflichtung Artikel 6 Absatz 1 Buchstabe t und Artikel 8 der Richtlinie 2011/83/EU des Europäischen Parlaments und des Rates vom 25. Oktober 2011 über die Rechte der Verbraucher[8] unberührt lassen. Gemäß Artikel 6 Absatz 1 Buchstabe t der Richtlinie 2011/83/EU hat der Unternehmer bei Fernabsatzverträgen und bei außerhalb von Geschäftsräumen geschlossenen Verträgen den Verbraucher über die Möglichkeit des Zugangs zu einem außergerichtlichen Beschwerde- und Rechtsbehelfsverfahren, dem der Unternehmer unterworfen ist, und die Voraussetzungen für diesen Zugang zu informieren, bevor dieser durch einen Vertrag gebunden ist. Aus den gleichen Gründen der Kenntnis der Verbraucher sollten die Mitgliedstaaten den einschlägigen Verbraucher- und Wirtschaftsverbänden empfehlen, auf ihren Websites einen Link zur Website der OS-Plattform bereitzustellen.

(31) Um den Kriterien, nach denen AS-Stellen ihren Zuständigkeitsbereich bestimmen, Rechnung zu tragen, sollte der Kommission die Befugnis zum Erlass von Rechtsakten gemäß Artikel 290 AEUV übertragen werden, um die Informationen anzupassen, die ein Beschwerdeführer in dem elektronischen Beschwerdeformular auf der OS-Plattform angeben muss. Bei ihren Vorbereitungsarbeiten sollte die Kommission dabei unbedingt angemessene Konsultationen unter Einbeziehung der Sachverständigenebene durchführen. Bei der Vorbereitung und Ausarbeitung delegierter Rechtsakte sollte die Kommission gewährleisten, dass die einschlägigen Dokumente dem Europäischen Parlament und dem Rat gleichzeitig, rechtzeitig und auf angemessene Weise übermittelt werden.

(32) Damit eine einheitliche Umsetzung dieser Verordnung gewährleistet ist, sollten der Kommission hinsichtlich des Betriebs der OS-Plattform, der Modalitäten der Einreichung von Beschwerden sowie der Zusammenarbeit mit dem Netz der OS-Kontaktstellen Durchführungsbefugnisse übertragen werden. Diese Befugnisse sollten gemäß der Verordnung (EU) Nr. 182/2011 des Europäischen Parlaments und des Rates vom 16. Februar 2011 zur Festlegung der allgemeinen Regeln und Grundsätze, nach denen die Mitgliedstaaten die Wahrnehmung der Durchführungsbefugnisse durch die Kommission kontrollieren[9], ausgeübt werden. Die Annahme von Durchführungsrechtsakten zum elektronischen Beschwerdeformular sollte in Anbetracht seines rein technischen Charakters im Wege des Beratungsverfahrens erfolgen. Zur Annahme der Regeln über die Modalitäten der Zusammenarbeit der Mitglieder des

---

8 ABl. L 304 vom 22.11.2011, S. 64.
9 ABl. L 55 vom 28.2.2011, S. 13.

Netzes der OS-Kontaktstellen untereinander sollte das Prüfverfahren angewandt werden.

(33) Bei der Anwendung dieser Verordnung sollte die Kommission gegebenenfalls den Europäischen Datenschutzbeauftragten konsultieren.

(34) Da das Ziel dieser Verordnung, nämlich die Einrichtung einer gemeinsamen Regeln unterliegenden Europäischen OS-Plattform von Online-Streitigkeiten, auf Ebene der Mitgliedstaaten nicht ausreichend verwirklicht werden kann und daher wegen ihres Ausmaßes und ihrer Auswirkungen besser auf Unionsebene zu verwirklichen ist, kann die Union im Einklang mit dem in Artikel 5 des Vertrags über die Europäische Union niedergelegten Subsidiaritätsprinzip tätig werden. Entsprechend dem in demselben Artikel genannten Grundsatz der Verhältnismäßigkeit geht diese Verordnung nicht über das zur Erreichung dieser Ziele erforderliche Maß hinaus.

(35) Diese Verordnung steht im Einklang mit den Grundrechten und Grundsätzen, die insbesondere in der Charta der Grundrechte der Europäischen Union, speziell in den Artikeln 7, 8, 38 und 47, anerkannt sind.

(36) Der Europäische Datenschutzbeauftragte wurde gemäß Artikel 28 Absatz 2 der Verordnung (EG) Nr. 45/2001 konsultiert und hat am 12. Januar 2012 eine Stellungnahme[10] abgegeben –

HABEN FOLGENDE VERORDNUNG ERLASSEN:

KAPITEL I   ALLGEMEINE BESTIMMUNGEN

Artikel 1 Gegenstand

Der Zweck dieser Verordnung ist es, durch Erreichen eines hohen Verbraucherschutzniveaus zum reibungslosen Funktionieren des Binnenmarktes, insbesondere seiner digitalen Dimension, beizutragen, indem eine Europäische OS-Plattform (im Folgenden »OS-Plattform«) eingerichtet wird, die eine unabhängige, unparteiische, transparente, effektive, schnelle und faire außergerichtliche Online-Beilegung von Streitigkeiten zwischen Verbrauchern und Unternehmern ermöglicht.

Artikel 2 Geltungsbereich

(1) Diese Verordnung gilt für die außergerichtliche Beilegung von Streitigkeiten über vertragliche Verpflichtungen aus Online-Kaufverträgen oder Online-Dienstleistungsverträgen zwischen einem in der Union wohnhaften Verbraucher und einem in der Union niedergelassenen Unternehmer, die durch Einschalten einer in einer Liste gemäß Artikel 20 Absatz 2 der Richtlinie 2013/11/EU geführten AS-Stelle und unter Nutzung der OS-Plattform erfolgt.

---

10 ABl. C 136 vom 11.5.2012, S. 1.

(2) Diese Verordnung gilt für die außergerichtliche Beilegung von Streitigkeiten im Sinne des Absatzes 1 dieses Artikels, bei denen ein Unternehmer gegen einen Verbraucher vorgeht, sofern die Beilegung von Streitigkeiten durch Einschalten einer AS-Stelle nach den Rechtsvorschriften des Mitgliedstaats, in dem der Verbraucher seinen gewöhnlichen Aufenthalt hat, zulässig ist.

(3) Die Mitgliedstaaten teilen der Kommission mit, ob die Beilegung von Streitigkeiten im Sinne des Absatzes 1, bei denen ein Unternehmer gegen einen Verbraucher vorgeht, durch Einschalten einer AS-Stelle nach ihren Rechtsvorschriften zulässig ist oder nicht. Bei Übermittlung der Liste gemäß Artikel 20 Absatz 2 der Richtlinie 2013/11/EU teilen die zuständigen Behörden der Kommission mit, welche AS-Stellen solche Streitigkeiten bearbeiten.

(4) Die Anwendung dieser Verordnung auf Streitigkeiten im Sinne des Absatzes 1, bei denen ein Unternehmer gegen einen Verbraucher vorgeht, verpflichtet die Mitgliedstaaten in keiner Weise dazu sicherzustellen, dass die AS-Stellen Verfahren für die außergerichtliche Beilegung solcher Streitigkeiten anbieten.

Artikel 3   Verhältnis zu anderen Rechtsakten der Europäischen Union

Die Richtlinie 2008/52/EG wird durch diese Verordnung nicht berührt.

Artikel 4   Begriffsbestimmungen

(1) Für die Zwecke dieser Verordnung bezeichnet der Ausdruck
a) »Verbraucher« einen Verbraucher im Sinne des Artikels 4 Absatz 1 Buchstabe a der Richtlinie 2013/11/EU;
b) »Unternehmer« einen Unternehmer im Sinne des Artikels 4 Absatz 1 Buchstabe b der Richtlinie 2013/11/EU;
c) »Kaufvertrag« einen Kaufvertrag im Sinne des Artikels 4 Absatz 1 Buchstabe c der Richtlinie 2013/11/EU;
d) »Dienstleistungsvertrag« einen Dienstleistungsvertrag im Sinne des Artikels 4 Absatz 1 Buchstabe d der Richtlinie 2013/11/EU;
e) »Online-Kaufvertrag oder Online-Dienstleistungsvertrag« einen Kauf- oder Dienstleistungsvertrag, bei dem der Unternehmer oder der Vermittler des Unternehmers Waren oder Dienstleistungen über eine Website oder auf anderem elektronischen Wege angeboten hat und der Verbraucher diese Waren oder Dienstleistungen auf dieser Website oder auf anderem elektronischen Wege bestellt hat;
f) »Online-Marktplatz« einen Diensteanbieter im Sinne des Artikels 2 Buchstabe b der Richtlinie 2000/31/EG des Europäischen Parlaments und des Rates vom 8. Juni 2000 über bestimmte rechtliche Aspekte der Dienste der Informationsgesellschaft, insbesondere des elektronischen Geschäftsverkehrs, im Binnenmarkt (»Richtlinie über den elektronischen Geschäftsverkehr«)[11], der es Verbrauchern und

---

11 ABl. L 178 vom 17.7.2000, S. 1.

Unternehmern ermöglicht, auf der Website des Online-Marktplatzes Online-Kaufverträge und Online-Dienstleistungsverträge abzuschließen;
g) »auf elektronischem Wege« elektronische Verfahren zur Verarbeitung (einschließlich digitaler Kompression) und Speicherung von Daten, die vollständig über Kabel, Funk oder auf optischem oder anderem elektromagnetischem Wege gesendet, übermittelt und empfangen werden;
h) »Verfahren zur alternativen Streitbeilegung« (im Folgenden »AS-Verfahren«) ein Verfahren zur außergerichtlichen Beilegung von Streitigkeiten im Sinne des Artikels 2 dieser Verordnung;
i) »Stelle für alternative Streitbeilegung« (im Folgenden »AS-Stelle«) eine AS-Stelle im Sinne des Artikels 4 Absatz 1 Buchstabe h der Richtlinie 2013/11/EU;
j) »Beschwerdeführer« den Verbraucher oder Unternehmer, der über die OS-Plattform eine Beschwerde eingereicht hat;
k) »Beschwerdegegner« den Verbraucher oder Unternehmer, gegen den über die OS-Plattform eine Beschwerde eingereicht wurde;
l) »zuständige Behörde« eine Behörde im Sinne des Artikels 4 Absatz 1 Buchstabe i der Richtlinie 2013/11/EU;
m) »personenbezogene Daten« alle Informationen über eine bestimmte oder bestimmbare natürliche Person (im Folgenden »betroffene Person«); als bestimmbar wird eine Person angesehen, die direkt oder indirekt identifiziert werden kann, insbesondere durch Zuordnung zu einer Kennnummer oder zu einem oder mehreren spezifischen Elementen, die Ausdruck ihrer physischen, physiologischen, psychischen, wirtschaftlichen, kulturellen oder sozialen Identität sind.

(2) Der Niederlassungsort des Unternehmers und der AS-Stelle werden gemäß Artikel 4 Absätze 2 und 3 der Richtlinie 2013/11/EU bestimmt.

KAPITEL II   OS-PLATTFORM

Artikel 5   Einrichtung der OS-Plattform

(1) Die Kommission entwickelt die OS-Plattform und ist für den Betrieb, einschließlich sämtlicher für die Zwecke dieser Verordnung erforderlichen Übersetzungsfunktionen, die Pflege, die Finanzierung und die Datensicherheit dieser Plattform zuständig. Die OS-Plattform ist benutzerfreundlich. Im Hinblick auf Entwicklung, Betrieb und Pflege der OS-Plattform wird darauf geachtet, dass der Schutz der Privatsphäre der Nutzer bereits bei der Planung berücksichtigt wird (»eingebauter Datenschutz«), und dass sie möglichst für alle zugänglich ist und von allen genutzt werden kann, auch von schutzbedürftigen Personen (»Design für alle«).

(2) Die OS-Plattform stellt eine zentrale Anlaufstelle für Verbraucher und Unternehmer dar, die Streitigkeiten, die in den Anwendungsbereich dieser Verordnung fallen, außergerichtlich beilegen möchten. Sie ist eine interaktive Website, auf die in allen Amtssprachen der Organe der Europäischen Union elektronisch zugegriffen werden kann; ihre Nutzung ist kostenfrei.

Teil 7 Europäische Regelungen

(3) Die Kommission macht die OS-Plattform gegebenenfalls über ihre Websites, auf denen sie Informationen für die Bürger und Unternehmen der Union veröffentlicht, und insbesondere über das Portal »Ihr Europa«, das sie gemäß dem Beschluss 2004/387/EG eingerichtet hat, zugänglich.

(4) Der OS-Plattform kommen folgende Funktionen zu:
a) Bereitstellung eines elektronischen Beschwerdeformulars, das vom Beschwerdeführer gemäß Artikel 8 ausgefüllt werden kann;
b) Unterrichtung des Beschwerdegegners über die Beschwerde;
c) Ermittlung der zuständigen AS-Stelle oder der zuständigen AS-Stellen und Übermittlung der Beschwerde an die AS-Stelle, auf die sich die Parteien gemäß Artikel 9 geeinigt haben;
d) kostenlose Bereitstellung eines elektronischen Fallbearbeitungsinstruments, das es den Parteien und der AS-Stelle ermöglicht, das Streitbeilegungsverfahren online über die OS-Plattform durchzuführen;
e) Versorgung der Parteien und der AS-Stelle mit Übersetzungen der Informationen, die für die Streitbeilegung erforderlich sind und über die OS-Plattform ausgetauscht werden;
f) Bereitstellung eines elektronischen Formulars, mithilfe dessen die AS-Stellen die in Artikel 10 Buchstabe c genannten Informationen übermitteln;
g) Bereitstellung eines Feedback-Systems, über das sich die Parteien zur Funktionsweise der OS-Plattform und der AS-Stelle, die ihre Streitigkeit bearbeitet hat, äußern können;
h) öffentlich zugängliches Machen
   i) allgemeiner Information über AS als eine Möglichkeit zur außergerichtlichen Beilegung von Streitigkeiten;
   ii) von Informationen zu den gemäß Artikel 20 Absatz 2 der Richtlinie 2013/11/EU in einer Liste geführten AS-Stellen, die für die Bearbeitung der von dieser Verordnung erfassten Streitigkeiten zuständig sind;
   iii) eines Online-Leitfadens für die Einreichung von Beschwerden über die OS-Plattform;
   iv) von Informationen, einschließlich Kontaktangaben, über die von den Mitgliedstaaten gemäß Artikel 7 Absatz 1 dieser Verordnung benannten OS-Kontaktstellen;
   v) statistischer Daten über den Ausgang der Streitigkeiten, die über die OS-Plattform an die AS-Stellen weitergeleitet wurden.

(5) Die Kommission stellt sicher, dass die in Absatz 4 Buchstabe h genannten Informationen richtig, aktuell, eindeutig, verständlich und leicht zugänglich sind.

(6) AS-Stellen, die gemäß Artikel 20 Absatz 2 der Richtlinie 2013/11/EU in einer Liste geführt werden und für die Bearbeitung der von dieser Verordnung erfassten Streitigkeiten zuständig sind, werden elektronisch bei der OS-Plattform angemeldet.

(7) Die Kommission erlässt im Wege von Durchführungsrechtsakten Maßnahmen in Bezug auf die Modalitäten der Ausübung der in Absatz 4 dieses Artikels genannten

Aufgaben. Die Annahme dieser Durchführungsrechtsakte erfolgt gemäß dem Prüfverfahren nach Artikel 16 Absatz 3 dieser Verordnung.

Artikel 6   Test der OS-Plattform

(1) Die Kommission testet bis zum 9. Januar 2015 die technische Funktionalität und die Benutzerfreundlichkeit der OS-Plattform und des Beschwerdeformulars, auch im Hinblick auf die Übersetzung. Der Test wird in Zusammenarbeit mit Sachverständigen der Mitgliedstaaten für OS sowie mit Vertretern der Verbraucher und Unternehmer durchgeführt und bewertet. Die Kommission unterbreitet dem Europäischen Parlament und dem Rat einen Bericht über die Ergebnisse des Tests und ergreift gegebenenfalls geeignete Maßnahmen zur Behebung von Problemen, um das effektive Funktionieren der OS-Plattform sicherzustellen.

(2) In dem Bericht nach Absatz 1 dieses Artikels legt die Kommission zudem dar, welche technischen und organisatorischen Maßnahmen sie zu ergreifen gedenkt, um sicherzustellen, dass die OS-Plattform die Datenschutzbestimmungen der Verordnung (EG) Nr. 45/2001 erfüllt.

Artikel 7   Netz der Kontaktstellen für die OS

(1) Jeder Mitgliedstaat benennt eine OS-Kontaktstelle und teilt der Kommission deren Bezeichnung und Kontaktangaben mit. Die Mitgliedstaaten können die Zuständigkeit für die OS-Kontaktstellen ihren Zentren des Europäischen Netzes der Verbraucherzentren, Verbraucherverbänden oder jeder anderen Einrichtung übertragen. In jeder OS-Kontaktstelle sind mindestens zwei Online-Streitbeilegungsberater tätig.

(2) Die OS-Kontaktstellen unterstützen die Beilegung der Streitigkeiten im Zusammenhang mit Beschwerden, die über die OS-Plattform eingereicht werden, indem sie
a) auf Verlangen die Kommunikation zwischen den Parteien und der zuständigen AS-Stelle erleichtern, wozu insbesondere Folgendes gehören kann:
   i) Hilfe bei der Einreichung der Beschwerde und gegebenenfalls der einschlägigen Unterlagen;
   ii) Versorgung der Parteien und AS-Stellen mit allgemeinen Informationen über die Rechte der Verbraucher in Bezug auf die Kauf- und Dienstleistungsverträge, die in dem Mitgliedstaat der OS-Kontaktstelle, bei der der betreffende OS-Berater tätig ist, gelten;
   iii) Bereitstellung von Informationen zur Funktionsweise der OS-Plattform;
   iv) Erläuterungen für die Parteien zu den von den ermittelten AS-Stellen angewandten Verfahrensregeln;
   v) Information des Beschwerdeführers über andere Möglichkeiten des Rechtsschutzes, wenn eine Streitbeilegung über die OS-Plattform nicht möglich ist;
b) alle zwei Jahre Übermittlung eines auf Grundlage der in Ausübung ihrer Aufgaben erworbenen praktischen Erfahrungen erstellten Tätigkeitsberichts an die Kommission und die Mitgliedstaaten;

(3) Die OS-Kontaktstelle ist nicht verpflichtet, die in Absatz 2 aufgeführten Aufgaben auszuführen, wenn die Parteien ihren gewöhnlichen Aufenthalt im selben Mitgliedstaat haben.

(4) Unbeschadet des Absatzes 3 können die Mitgliedstaaten in Anbetracht der nationalen Gegebenheiten beschließen, dass die OS-Kontaktstelle auch dann eine oder mehrere der in Absatz 2 aufgeführten Aufgaben ausführt, wenn die Parteien ihren gewöhnlichen Aufenthalt im selben Mitgliedstaat haben.

(5) Die Kommission richtet ein Netz von Kontaktstellen (im Folgenden »OS-Kontaktstellennetz«) ein, das eine Zusammenarbeit der Kontaktstellen ermöglicht und zur Erfüllung der in Absatz 2 aufgeführten Aufgaben beiträgt.

(6) Mindestens zweimal im Jahr beruft die Kommission eine Versammlung der Mitglieder des OS-Kontaktstellennetzes ein, um einen Austausch bewährter Verfahren und eine Erörterung wiederkehrender Probleme beim Betrieb der OS-Plattform zu ermöglichen.

(7) Die Kommission legt im Wege von Durchführungsrechtsakten Regeln in Bezug auf die Modalitäten der Zusammenarbeit der OS-Kontaktstellen untereinander fest. Die Annahme dieser Durchführungsrechtsakte erfolgt gemäß dem Prüfverfahren nach Artikel 16 Absatz 3.

Artikel 8 Einreichen einer Beschwerde

(1) Um eine Beschwerde auf der OS-Plattform einzureichen, füllt der Beschwerdeführer das elektronische Beschwerdeformular aus. Das Beschwerdeformular ist benutzerfreundlich und über die OS-Plattform leicht zugänglich.

(2) Die Angaben des Beschwerdeführers müssen zur Ermittlung der zuständigen AS-Stelle ausreichen. Diese Angaben sind im Anhang dieser Verordnung aufgelistet. Der Beschwerdeführer kann Dokumente beifügen, die seine Beschwerde unterstützen.

(3) Um den Kriterien Rechnung zu tragen, nach denen AS-Stellen, die gemäß Artikel 20 Absatz 2 der Richtlinie 2013/11/EU in einer Liste geführt sind und die für die Bearbeitung der von dieser Verordnung erfassten Streitigkeiten zuständig sind, ihren jeweiligen Zuständigkeitsbereich definieren, wird die Kommission ermächtigt, delegierte Rechtsakte gemäß Artikel 17 dieser Verordnung zu erlassen, um die im Anhang dieser Verordnung aufgeführten Informationen anzupassen.

(4) Die Kommission legt die Regeln bezüglich der Einzelheiten des elektronischen Beschwerdeformulars mittels Durchführungsrechtsakten fest. Die Annahme dieser Durchführungsrechtsakte erfolgt gemäß dem Beratungsverfahren nach Artikel 16 Absatz 2.

(5) Über das elektronische Beschwerdeformular und seine Anlagen werden nur Daten verarbeitet, die richtig und zweckdienlich sind und nicht über den Zweck hinausgehen, für den sie erhoben werden.

Artikel 9   Bearbeitung und Übermittlung einer Beschwerde

(1) Eine über die OS-Plattform eingereichte Beschwerde wird bearbeitet, wenn alle notwendigen Felder des Beschwerdeformulars vollständig ausgefüllt wurden.

(2) Wurde das Beschwerdeformular nicht vollständig ausgefüllt, so wird dem Beschwerdeführer mitgeteilt, dass seine Beschwerde erst dann weiterbearbeitet werden kann, wenn er die fehlenden Informationen nachgereicht hat.

(3) Nach Eingang eines vollständig ausgefüllten Beschwerdeformulars übermittelt die OS-Plattform in leicht zugänglicher Weise und unverzüglich dem Beschwerdegegner in der von ihm gewählten Amtssprache der Organe der Union die Beschwerde sowie Folgendes:
a) die Information, dass sich die Parteien auf eine zuständige AS-Stelle einigen müssen, damit die Beschwerde an diese weitergeleitet werden kann, und dass die Beschwerde nicht weiter bearbeitet wird, falls sich die Parteien nicht einigen oder keine zuständige AS-Stelle ermittelt werden kann;
b) Informationen über die AS-Stelle oder AS-Stellen, die für die Beschwerde zuständig ist oder sind, falls AS-Stellen im elektronischen Beschwerdeformular angegeben sind oder von der OS-Plattform auf Grundlage der darin enthaltenen Informationen ermittelt wurden;
c) falls es sich beim Beschwerdegegner um einen Unternehmer handelt, eine Aufforderung, innerhalb von zehn Kalendertagen anzugeben,
 – ob der Unternehmer sich verpflichtet hat oder verpflichtet ist, eine bestimmte AS-Stelle für die Beilegung von Streitigkeiten mit Verbrauchern zu nutzen, und
 – ob der Unternehmer bereit ist, eine AS-Stelle aus den unter Buchstabe b aufgeführten AS-Stellen zu nutzen, es sei denn, er ist verpflichtet, eine bestimmte AS-Stelle nutzen;
d) falls es sich bei dem Beschwerdegegner um einen Verbraucher handelt und der Unternehmer verpflichtet ist, eine bestimmte AS-Stelle zu nutzen, eine Aufforderung, sich innerhalb von zehn Kalendertagen mit dieser AS-Stelle einverstanden zu erklären, oder falls der Unternehmer nicht verpflichtet ist, eine bestimmte AS-Stelle zu nutzen, eine Aufforderung, eine oder mehrere AS-Stellen aus den unter Buchstabe b aufgeführten auszuwählen;
e) Name und Kontaktangaben der OS-Kontaktstelle in dem Mitgliedstaat, in dem der Beschwerdegegner seine Niederlassung oder seinen Wohnsitz hat, sowie eine kurze Beschreibung der in Artikel 7 Absatz 2 Buchstabe a genannten Aufgaben.

(4) Nach Eingang der in Absatz 3 Buchstabe c oder d genannten Informationen des Beschwerdegegners teilt die OS-Plattform dem Beschwerdeführer in der von ihm gewählten Amtssprache der Organe der Union leicht verständlich und unverzüglich Folgendes mit:
a) die in Absatz 3 Buchstabe a genannten Informationen,
b) falls es sich bei dem Beschwerdeführer um einen Verbraucher handelt, Informationen über die AS-Stelle oder die AS-Stellen, die der Unternehmer gemäß Absatz 3 Buchstabe c angegeben hat, und eine Aufforderung, sich innerhalb von zehn Kalendertagen mit einer AS-Stelle einverstanden zu erklären;

c) falls es sich bei dem Beschwerdeführer um einen Unternehmer handelt und der Unternehmer nicht verpflichtet ist, eine bestimmte AS-Stelle zu nutzen, Informationen über die AS-Stelle oder die AS-Stellen, die der Verbraucher gemäß Absatz 3 Buchstabe d angegeben hat, und eine Aufforderung, sich innerhalb von zehn Kalendertagen mit einer AS-Stelle einverstanden zu erklären;
d) Name und Kontaktangaben der OS-Kontaktstelle in dem Mitgliedstaat, in dem der Beschwerdeführer seine Niederlassung oder seinen Wohnsitz hat, sowie eine kurze Beschreibung der in Artikel 7 Absatz 2 Buchstabe a genannten Aufgaben.

(5) Die in Absatz 3 Buchstabe b und Absatz 4 Buchstaben b und c genannten Informationen enthalten folgende Angaben zu jeder AS-Stelle:
a) Name, Kontaktangaben und Website-Adresse der AS-Stelle;
b) die gegebenenfalls für das AS-Verfahren anfallenden Gebühren;
c) Sprache oder Sprachen, in der/denen das AS-Verfahren durchgeführt werden kann;
d) die durchschnittliche Dauer des AS-Verfahrens;
e) die Verbindlichkeit oder Unverbindlichkeit des Ergebnisses des AS-Verfahrens;
f) die Gründe, aus denen die AS-Stelle die Bearbeitung einer bestimmten Streitigkeit gemäß Artikel 5 Absatz 4 der Richtlinie 2013/11/EU ablehnen kann.

(6) Die OS-Plattform leitet die Beschwerde automatisch und unverzüglich an die AS-Stelle weiter, auf die sich die Parteien gemäß den Absätzen 3 und 4 geeinigt haben.

(7) Die AS-Stelle, an die die Beschwerde weitergeleitet wurde, teilt den Parteien unverzüglich mit, ob sie die Bearbeitung der Streitigkeit nach Artikel 5 Absatz 4 der Richtlinie 2013/11/EU übernimmt oder ablehnt. Die AS-Stelle, die die Bearbeitung der Streitigkeit übernommen hat, unterrichtet die Parteien zudem über ihre Verfahrensregeln und gegebenenfalls über die Kosten des betreffenden Streitbeilegungsverfahrens.

(8) Können sich die Parteien nicht innerhalb von 30 Kalendertagen nach Einreichung des Beschwerdeformulars auf eine AS-Stelle einigen oder lehnt die AS-Stelle die Bearbeitung der Streitigkeit ab, so wird die Beschwerde nicht weiter bearbeitet. Der Beschwerdeführer wird darüber informiert, dass er sich an einen OS-Berater wenden kann, um allgemeine Informationen über andere Möglichkeiten des Rechtsschutzes zu erhalten.

Artikel 10 Beilegung der Streitigkeit

Eine AS-Stelle, die die Bearbeitung einer Streitigkeit gemäß Artikel 9 dieser Verordnung übernommen hat,
a) schließt das AS-Verfahren innerhalb der in Artikel 8 Buchstabe e der Richtlinie 2013/11/EU genannten Frist ab;
b) verlangt nicht die persönliche Anwesenheit der Parteien oder ihrer Vertreter, es sei denn, ihre Verfahrensregeln sehen diese Möglichkeit vor und die Parteien stimmen zu;
c) übermittelt unverzüglich folgende Angaben an die OS-Plattform:
   i) das Datum des Eingangs der Beschwerdeakte,
   ii) den Streitgegenstand,
   iii) das Datum des Abschlusses des AS-Verfahrens,

iv) das Ergebnis des AS-Verfahrens;
d) ist nicht verpflichtet, das AS-Verfahren über die OS-Plattform durchzuführen.

Artikel 11 Datenbank

Die Kommission trifft die erforderlichen Maßnahmen zur Einrichtung und Pflege einer elektronischen Datenbank, in der die gemäß Artikel 5 Absatz 4 und Artikel 10 Buchstabe c verarbeiteten Daten gespeichert werden, wobei sie Artikel 13 Absatz 2 gebührend Rechnung trägt.

Artikel 12 Verarbeitung personenbezogener Daten

(1) Zugang zu den erforderlichen Informationen im Zusammenhang mit einer Streitigkeit, einschließlich personenbezogener Daten, die in der in Artikel 11 genannten Datenbank gespeichert sind, wird ausschließlich der AS-Stelle gewährt, an die die Streitigkeit gemäß Artikel 9 weitergeleitet wurde, und zwar zu den in Artikel 10 genannten Zwecken. Den OS-Kontaktstellen wird ebenfalls soweit erforderlich Zugang zu diesen Informationen gewährt, und zwar zu den in Artikel 7 Absätze 2 und 4 genannten Zwecken.

(2) Die Kommission hat zum Zweck der Überwachung der Verwendung und der Funktionsweise der OS-Plattform sowie der Erstellung der in Artikel 21 genannten Berichte Zugang zu den gemäß Artikel 10 verarbeiteten Daten. Sie verarbeitet die personenbezogenen Daten der Nutzer der OS-Plattform nur, soweit dies für den Betrieb und die Pflege der OS-Plattform – einschließlich der Überwachung der Nutzung der OS-Plattform durch die AS-Stellen und die OS-Kontaktstellen – erforderlich ist.

(3) Personenbezogene Daten im Zusammenhang mit einer Streitigkeit werden in der in Absatz 1 dieses Artikels genannten Datenbank nur so lange gespeichert, wie dies erforderlich ist, um die Zwecke, zu denen sie erhoben wurden, zu erreichen und um sicherzustellen, dass die betreffenden Personen Zugang zu den Daten haben und ihre diesbezüglichen Rechte ausüben können; danach werden die Daten automatisch gelöscht, und zwar spätestens sechs Monate nach Abschluss der Streitigkeit, dessen Datum der OS-Plattform gemäß Artikel 10 Buchstabe c Ziffer iii mitgeteilt wurde. Diese Speicherfrist gilt auch für personenbezogene Daten, die in den nationalen Akten der AS-Stelle oder der OS-Kontaktstelle, die die Streitigkeit bearbeitet hat, erfasst wurden, es sei denn, in den von der AS-Stelle angewendeten Verfahrensregeln oder in besonderen nationalen Rechtsvorschriften ist eine längere Speicherfrist vorgesehen.

(4) Jeder OS-Berater gilt hinsichtlich der eigenen Datenverarbeitungstätigkeit im Rahmen dieser Verordnung als für die Verarbeitung Verantwortlicher im Sinne des Artikels 2 Buchstabe d der Richtlinie 95/46/EG und stellt sicher, dass diese Tätigkeit unter Beachtung der nationalen Rechtsvorschriften stattfindet, die in dem Mitgliedstaat der OS-Kontaktstelle, bei der der betreffende OS-Berater tätig ist, gemäß der Richtlinie 95/46/EG erlassen wurden.

(5) Jede AS-Stelle gilt hinsichtlich der eigenen Datenverarbeitungstätigkeit im Rahmen dieser Verordnung als für die Verarbeitung Verantwortliche im Sinne des Artikels 2

Buchstabe d der Richtlinie 95/46/EG und stellt sicher, dass diese Tätigkeit unter Beachtung der nationalen Rechtsvorschriften stattfindet, die in dem Mitgliedstaat, in dem sie eingerichtet ist, gemäß der Richtlinie 95/46/EG erlassen wurden.

(6) Die Kommission gilt hinsichtlich ihrer Pflichten im Rahmen dieser Verordnung und der damit verbundenen Verarbeitung personenbezogener Daten als für die Verarbeitung Verantwortliche im Sinne von Artikel 2 Buchstabe d der Verordnung (EG) Nr. 45/2001.

Artikel 13 Vertraulichkeit und Sicherheit der Daten

(1) Die OS-Kontaktstellen unterliegen der beruflichen Geheimhaltungspflicht oder gleichwertigen Verpflichtungen zur Vertraulichkeit gemäß den Rechtsvorschriften des betreffenden Mitgliedstaats.

(2) Die Kommission trifft technische und organisatorische Maßnahmen gemäß Artikel 22 der Verordnung (EG) Nr. 45/2001, die geeignet sind, die Sicherheit der im Rahmen dieser Verordnung verarbeiteten Daten sicherzustellen, einschließlich einer geeigneten Überwachung des Datenzugangs, eines Sicherheitsplans und der Behandlung von Sicherheitsvorfällen.

Artikel 14 Information der Verbraucher

(1) In der Union niedergelassene Unternehmer, die Online-Kaufverträge oder Online-Dienstleistungsverträge eingehen, und in der Union niedergelassene Online-Marktplätze stellen auf ihren Websites einen Link zur OS-Plattform ein. Dieser Link muss für Verbraucher leicht zugänglich sein. In der Union niedergelassene Unternehmer, die Online-Kaufverträge oder Online-Dienstleistungsverträge eingehen, geben zudem ihre E-Mail-Adressen an.

(2) In der Union niedergelassene Unternehmer, die Online-Kaufverträge oder Online-Dienstleistungsverträge eingehen und sich verpflichtet haben oder verpflichtet sind, eine oder mehrere AS-Stellen für die Beilegung von Streitigkeiten mit Verbrauchern zu nutzen, informieren die Verbraucher über die Existenz der OS-Plattform und die Möglichkeit, diese für die Beilegung ihrer Streitigkeiten zu nutzen. Sie stellen auf ihren Websites sowie, falls das Angebot über E-Mail erfolgt, in dieser E-Mail einen Link zu der OS-Plattform ein. Diese Informationen sind gegebenenfalls auch in die allgemeinen Geschäftsbedingungen für Online-Kaufverträge oder Online-Dienstleistungsverträge aufzunehmen.

(3) Absätze 1 und 2 dieses Artikels gelten unbeschadet des Artikels 13 der Richtlinie 2013/11/EU und der in anderen Rechtsakten der Union enthaltenen Bestimmungen über die Information der Verbraucher über außergerichtliche Rechtsbehelfsverfahren, die zusätzlich zu diesem Artikel gelten.

(4) Die in Artikel 20 Absatz 5 der Richtlinie 2013/11/EU genannte Liste der AS-Stellen und ihre aktualisierten Fassungen werden auf der OS-Plattform veröffentlicht.

(5) Die Mitgliedstaaten sorgen dafür, dass AS-Stellen, die Zentren des Europäischen Netzes der Verbraucherzentren, die zuständigen Behörden im Sinne des Artikels 18 Absatz 1 der Richtlinie 2013/11/EU und gegebenenfalls die gemäß Artikel 14 Absatz 2 der Richtlinie 2013/11/EU bezeichneten Einrichtungen auf ihren Websites einen Link zu der OS-Plattform einstellen.

(6) Die Mitgliedstaaten empfehlen den einschlägigen Verbraucher- und Wirtschaftsverbänden, auf ihren Websites einen Link zu der OS-Plattform einzustellen.

(7) Unternehmer, die verpflichtet sind, Informationen gemäß den Absätzen 1 und 2 und den in Absatz 3 genannten Bestimmungen zu veröffentlichen, veröffentlichen diese Informationen möglichst gebündelt.

Artikel 15   Rolle der zuständigen Behörden

Die zuständige Behörde des jeweiligen Mitgliedstaats beurteilt, ob die in diesem Mitgliedstaat eingerichteten AS-Stellen die in dieser Verordnung festgelegten Verpflichtungen erfüllen.

KAPITEL III   SCHLUSSBESTIMMUNGEN

Artikel 16   Ausschussverfahren

(1) Die Kommission wird von einem Ausschuss unterstützt. Dabei handelt es sich um einen Ausschuss im Sinne der Verordnung (EU) Nr. 182/2011.

(2) Wird auf diesen Absatz Bezug genommen, so gilt Artikel 4 der Verordnung (EU) Nr. 182/2011.

(3) Wird auf diesen Absatz Bezug genommen, so gilt Artikel 5 der Verordnung (EU) Nr. 182/2011.

(4) Wird die Stellungnahme des Ausschusses gemäß den Absätzen 2 und 3 im schriftlichen Verfahren eingeholt, so wird das Verfahren ohne Ergebnis abgeschlossen, wenn der Vorsitz des Ausschusses dies innerhalb der Frist für die Abgabe der Stellungnahme beschließt oder eine einfache Mehrheit der Ausschussmitglieder dies verlangt.

Artikel 17   Ausübung der Befugnisübertragung

(1) Die Befugnis zum Erlass delegierter Rechtsakte wird der Kommission unter den in diesem Artikel festgelegten Bedingungen übertragen.

(2) Die Befugnis zum Erlass delegierter Rechtsakte gemäß Artikel 8 Absatz 3 wird der Kommission auf unbestimmte Zeit ab dem 8. Juli 2013 übertragen.

(3) Die Befugnisübertragung gemäß Artikel 8 Absatz 3 kann vom Europäischen Parlament oder vom Rat jederzeit widerrufen werden. Der Beschluss über den Widerruf beendet die Übertragung der in diesem Beschluss angegebenen Befugnis. Er wird am

Tag nach seiner Veröffentlichung im Amtsblatt der Europäischen Union oder zu einem darin angegebenen späteren Zeitpunkt wirksam. Die Gültigkeit von delegierten Rechtsakten, die bereits in Kraft sind, wird von dem Beschluss über den Widerruf nicht berührt.

(4) Sobald die Kommission einen delegierten Rechtsakt erlässt, übermittelt sie ihn gleichzeitig dem Europäischen Parlament und dem Rat.

(5) Ein gemäß Artikel 8 Absatz 3 erlassener delegierter Rechtsakt tritt nur in Kraft, wenn weder das Europäische Parlament noch der Rat innerhalb einer Frist von zwei Monaten ab dem Tag der Übermittlung des Rechtsakts an das Europäische Parlament und den Rat Einwände erhoben haben oder wenn sowohl das Europäische Parlament als auch der Rat vor Ablauf dieser Frist der Kommission mitgeteilt haben, dass sie keine Einwände erheben werden. Auf Initiative des Europäischen Parlaments oder des Rates wird diese Frist um zwei Monate verlängert.

Artikel 18   Sanktionen

Die Mitgliedstaaten legen fest, welche Sanktionen bei einem Verstoß gegen diese Verordnung zu verhängen sind, und treffen die zu deren Durchsetzung erforderlichen Maßnahmen. Die vorgesehenen Sanktionen müssen wirksam, verhältnismäßig und abschreckend sein.

Artikel 19   Änderung der Verordnung (EG) Nr. 2006/2004

Im Anhang der Verordnung (EG) Nr. 2006/2004 des Europäischen Parlaments und des Rates[12] wird die folgende Nummer angefügt:
»21. Verordnung (EG) Nr. 524/2013 des Europäischen Parlaments und des Rates vom 21. Mai 2013 über die Online-Beilegung verbraucherrechtlicher Streitigkeiten (Verordnung über Online-Streitbeilegung in Verbraucherangelegenheiten) (ABl. L 165 vom 18.6.2013, S. 1): Artikel 14.«

Artikel 20   Änderung der Richtlinie 2009/22/EG

Die Richtlinie 2009/22/EG des Europäischen Parlaments und des Rates[13] wird wie folgt geändert:
1. In Artikel 1 Absätze 1 und 2 und in Artikel 6 Absatz 2 Buchstabe b werden die Worte »in Anhang I aufgeführten Richtlinien« durch die Worte »in Anhang I aufgeführten Rechtsakte der Union« ersetzt.
2. In der Überschrift des Anhangs I werden die Worte »LISTE DER RICHTLINIEN« durch die Worte »LISTE DER RECHTSAKTE DER UNION« ersetzt.
3. Im Anhang I wird die folgende Nummer angefügt:

---

12 ABl. L 364 vom 9.12.2004, S. 1.
13 ABl. L 110 vom 1.5.2009, S. 30.

»15. Verordnung (EG) Nr. 524/2013 des Europäischen Parlaments und des Rates vom 21. Mai 2013 über die Online-Beilegung verbraucherrechtlicher Streitigkeiten (Verordnung über Online-Streitbeilegung in Verbraucherangelegenheiten) (ABl. L 165 vom 18.6.2013, S. 1): Artikel 14.«

Artikel 21 Berichte

(1) Die Kommission erstattet dem Europäischen Parlament und dem Rat jährlich und erstmals ein Jahr nach Inbetriebnahme der OS-Plattform über die Funktionsweise dieser Plattform Bericht.

(2) Bis zum 9. Juli 2018 und alle drei Jahre danach legt die Kommission dem Europäischen Parlament und dem Rat einen Bericht über die Anwendung dieser Verordnung vor, in dem sie insbesondere auch auf die Benutzerfreundlichkeit des Beschwerdeformulars und die eventuell erforderliche Anpassung der im Anhang aufgeführten Informationen eingeht. Diesem Bericht sind gegebenenfalls Vorschläge zur Anpassung der Verordnung beizufügen.

(3) Fallen die in den Absätzen 1 und 2 genannten Berichte im selben Jahr an, so wird nur ein einziger gemeinsamer Bericht vorgelegt.

Artikel 22 Inkrafttreten

(1) Diese Verordnung tritt am zwanzigsten Tag nach ihrer Veröffentlichung im Amtsblatt der Europäischen Union in Kraft.

(2) Diese Verordnung gilt ab dem 9. Januar 2016; ausgenommen sind die folgenden Bestimmungen:
– Artikel 2 Absatz 3 und Artikel 7 Absätze 1 und 5, die ab 9. Juli 2015 gelten;
– Artikel 5 Absätze 1 und 7, Artikel 6, Artikel 7 Absatz 7, Artikel 8 Absätze 3 und 4 und Artikel 11, 16 und 17, die ab 8. Juli 2013 gelten.

Diese Verordnung ist in allen ihren Teilen verbindlich und gilt unmittelbar in jedem Mitgliedstaat.

ANHANG

Beim Einreichen einer Beschwerde anzugebende Informationen
1. Angabe, ob es sich bei dem Beschwerdeführer um einen Verbraucher oder einen Unternehmer handelt;
2. Name, E-Mail-Adresse und Anschrift des Verbrauchers;
3. Name, E-Mail-Adresse und Website-Adresse sowie Anschrift des Unternehmers;
4. gegebenenfalls Name, E-Mail-Adresse und Anschrift des Vertreters des Beschwerdeführers;
5. Sprache(n) des Beschwerdeführers oder gegebenenfalls seines Vertreters;
6. Sprache des Beschwerdegegners, sofern bekannt;
7. die Art der Waren oder Dienstleistungen, auf die sich die Beschwerde bezieht;
8. Angabe, ob das Angebot der Waren oder Dienstleistungen durch den Unternehmer und die Bestellung durch den Verbraucher über eine Website oder auf anderem elektronischen Wege erfolgt sind;
9. Preis der erworbenen Ware oder Dienstleistung;
10. Datum, an dem der Verbraucher die Ware oder die Dienstleistung erworben hat;
11. Angabe, ob der Verbraucher direkt Kontakt mit dem Unternehmer aufgenommen hat;
12. Angabe, ob die Streitigkeit zur Zeit von einer AS-Stelle oder einem Gericht behandelt wird oder bereits von einer AS-Stelle oder einem Gericht behandelt worden ist;
13. Art der Beschwerde;
14. Beschreibung der Beschwerde;
15. falls es sich bei dem Beschwerdeführer um einen Verbraucher handelt, Angabe der AS-Stellen, zu deren Einschaltung der Unternehmer gemäß Artikel 13 Absatz 1 der Richtlinie 2013/11/EU verpflichtet ist oder sich verpflichtet hat, sofern bekannt;
16. falls es sich bei dem Beschwerdeführer um einen Unternehmer handelt, Angabe der AS-Stellen, zu deren Einschaltung der Unternehmer sich verpflichtet hat oder verpflichtet ist.

E. Europäischer Verhaltenskodex für Mediatoren

Der vorliegende Verhaltenskodex[1] stellt Grundsätze auf, zu deren Einhaltung einzelne Mediatoren sich freiwillig und eigenverantwortlich verpflichten können. Der Kodex kann von Mediatoren in den verschiedenen Arten der Mediation in Zivil- und Handelssachen benutzt werden.

Organisationen, die Mediationsdienste erbringen, können sich ebenfalls zur Einhaltung verpflichten, indem sie die in ihrem Namen tätigen Mediatoren zur Befolgung des Verhaltenskodexes auffordern. Organisationen können Informationen über die Maßnahmen, die sie zur Förderung der Einhaltung des Kodexes durch einzelne Mediatoren ergreifen, zum Beispiel Schulung, Bewertung und Überwachung, zur Verfügung stellen.

Für die Zwecke des Verhaltenskodexes bezeichnet Mediation ein strukturiertes Verfahren unabhängig von seiner Bezeichnung, in dem zwei oder mehr Streitparteien mit Hilfe eines Dritten (nachstehend »Mediator«) auf freiwilliger Basis selbst versuchen, eine Vereinbarung über die Beilegung ihrer Streitigkeiten zu erzielen.

Die Einhaltung des Verhaltenskodexes lässt die einschlägigen nationalen Rechtsvorschriften oder Bestimmungen zur Regelung einzelner Berufe unberührt.

Organisationen, die Mediationsdienste erbringen, möchten möglicherweise detailliertere Kodexe entwickeln, die auf ihr spezielles Umfeld, die Art der von ihnen angebotenen Mediationsdienste oder auf besondere Bereiche (z. B. Mediation in Familiensachen oder Verbraucherfragen) ausgerichtet sind.

I. Fachliche Eignung, Ernennung und Vergütung von Mediatoren sowie Werbung für ihre Dienste

1. Fachliche Eignung

Mediatoren müssen in Mediationsverfahren sachkundig und kenntnisreich sein. Sie müssen eine einschlägige Ausbildung und kontinuierliche Fortbildung sowie Erfahrung in der Anwendung von Mediationstechniken auf der Grundlage einschlägiger Standards oder Zulassungsregelungen vorweisen.

2. Ernennung

Die Mediatoren müssen mit den Parteien die Termine für das Mediationsverfahren vereinbaren. Mediatoren müssen sich hinreichend vergewissern, dass sie einen geeigneten Hintergrund für die Mediationsaufgabe mitbringen und dass ihre Sachkunde in einem bestimmten Fall dafür angemessen ist, bevor sie die Ernennung annehmen, und müssen den Parteien auf ihren Antrag Informationen zu ihrem Hintergrund und ihrer Erfahrung zur Verfügung stellen.

---

[1] Abrufbar unter: http://ec.europa.eu/civiljustice/adr/adr_ec_code_conduct_de.pdf.

3. Vergütung

Soweit nicht bereits verfügbar, müssen die Mediatoren den Parteien stets vollständige Auskünfte über die Vergütungsregelung, die sie anzuwenden gedenken, erteilen. Sie dürfen kein Mediationsverfahren annehmen, bevor nicht die Grundsätze ihrer Vergütung von allen Parteien akzeptiert wurden.

4. Werbung für Mediationsdienste

Mediatoren dürfen für ihre Tätigkeit werben, sofern sie dies auf professionelle, ehrliche und redliche Art und Weise tun.

II. Unabhängigkeit und Unparteilichkeit

1. Unabhängigkeit

Gibt es Umstände, die die Unabhängigkeit eines Mediators beeinträchtigen oder zu einem Interessenkonflikt führen könnten oder den Anschein erwecken, dass sie seine Unabhängigkeit beeinträchtigen oder zu einem Interessenkonflikt führen, muss der Mediator diese Umstände offenlegen bevor er seine Tätigkeit wahrnimmt oder bevor er diese fortsetzt, wenn er sie bereits aufgenommen hat.

Zu diesen Umständen gehören
- eine persönliche oder geschäftliche Verbindung zu einer oder mehreren Parteien,
- ein finanzielles oder sonstiges direktes oder indirektes Interesse am Ergebnis der Mediation,
- eine anderweitige Tätigkeit des Mediators oder eines Mitarbeiters seines Unternehmens für eine oder mehrere der Parteien.

In solchen Fällen darf der Mediator die Mediationstätigkeit nur wahrnehmen bzw. fortsetzen, wenn er sicher ist, dass er die Aufgabe vollkommen unabhängig durchführen kann, sodass vollkommene Unparteilichkeit gewährleistet ist, und wenn die Parteien ausdrücklich zustimmen.

Die Offenlegungspflicht besteht während des gesamten Mediationsverfahrens.

2. Unparteilichkeit

Die Mediatoren haben in ihrem Handeln den Parteien gegenüber stets unparteiisch zu sein und sich darum zu bemühen, in ihrem Handeln als unparteiisch wahrgenommen zu werden, und sind verpflichtet, im Mediationsverfahren allen Parteien gleichermaßen zu dienen.

III. Mediationsvereinbarung, Verlauf und Ende des Verfahrens

1. Verfahren

Der Mediator muss sich vergewissern, dass die Parteien des Mediationsverfahrens das Verfahren und die Aufgaben des Mediators und der beteiligten Parteien verstanden haben.

Der Mediator muss insbesondere gewährleisten, dass die Parteien vor Beginn des Mediationsverfahrens die Voraussetzungen und Bedingungen der Mediationsvereinbarung, darunter insbesondere die einschlägigen Regelungen über die Verpflichtung des Mediators und der Parteien zur Vertraulichkeit, verstanden und sich ausdrücklich damit einverstanden erklärt haben.

Die Mediationsvereinbarung kann auf Antrag der Parteien schriftlich abgefasst werden.

Der Mediator muss das Verfahren in angemessener Weise leiten und die jeweiligen Umstände des Falls berücksichtigen, einschließlich einer möglichen ungleichen Kräfteverteilung und eventueller Wünsche der Parteien, sowie des Rechtsstaatsprinzips, und der Notwendigkeit einer raschen Streitbeilegung. Die Parteien können unter Bezugnahme auf vorhandene Regeln oder anderweitig mit dem Mediator das Verfahren vereinbaren, nach dem die Mediation vorgenommen werden soll.

Der Mediator kann die Parteien getrennt anhören, wenn er dies für zweckmäßig erachtet.

2. Faires Verfahren

Der Mediator muss sicherstellen, dass alle Parteien in angemessener Weise in das Verfahren eingebunden sind.

Der Mediator muss die Parteien davon in Kenntnis setzen und kann das Mediationsverfahren beenden, wenn
- er aufgrund der Umstände und seiner einschlägigen Urteilsfähigkeit die vereinbarte Regelung für nicht durchsetzbar oder für rechtswidrig hält oder
- er der Meinung ist, dass eine Fortsetzung des Mediationsverfahrens aller Voraussicht nach nicht zu einer Regelung führen wird.

3. Ende des Verfahrens

Der Mediator muss alle erforderlichen Maßnahmen ergreifen, um sicherzustellen, dass eine Vereinbarung der Parteien in voller Kenntnis der Sachlage einvernehmlich erzielt wird und dass alle Parteien den Inhalt der Vereinbarung verstehen.

Die Parteien können sich jederzeit aus dem Mediationsverfahren zurückziehen, ohne dies begründen zu müssen.

Der Mediator muss auf Antrag der Parteien im Rahmen seiner Sachkunde die Parteien darüber informieren, wie sie die Vereinbarung formalisieren können und welche Möglichkeiten bestehen, sie durchsetzbar zu machen.

IV. Vertraulichkeit

Der Mediator muss die Vertraulichkeit aller Informationen aus dem Mediationsverfahren und im Zusammenhang damit wahren, einschließlich des Umstands, dass die Mediation stattfinden soll oder stattgefunden hat, es sei denn, er ist gesetzlich oder aus Gründen der öffentlichen Ordnung (ordre public) zur Offenlegung verpflichtet. Informationen, die eine der Parteien dem Mediator im Vertrauen mitgeteilt hat, dürfen nicht ohne Zustimmung an die anderen Parteien weitergegeben werden, es sei denn, es besteht eine gesetzliche Pflicht zur Weitergabe.

Sachregister

Halbfett gedruckte Ziffern verweisen auf den Teil oder Paragrafen, Großbuchstaben auf das Kapitel und mager gedruckte Ziffern auf die Randnummer.

A
Abgrenzung
- Abgrenzung von Rechtsdienstleistungen und Mediation **4 B** 3
- Abgrenzung von Rechtsinformation und Rechtsdienstleistung **4 C § 2 RDG** 4
- Negativabgrenzung in § 2 Abs. 3 **4 C § 2 RDG** 1
- Schlichtungsstellen **4 C § 2 RDG** 7

Abgrenzung von Konflikt-Coaching zu Mediation
- Abgrenzung zu Einzelgesprächen **6 D** 52

Ablauf und Rahmenbedingungen der Mediation 2 C § 2 ZMediatAusbV 26

Abmahnungsschreiben
- Muster **2 C § 1 ZMediatAusbV** 26

Abschichtung des Konfliktstoffes
- Streitstoff **6 D** 23

Abschluss-Bescheinigung eingeschränkter Qualifikation 2 C § 2 ZMediatAusbV 122

Abschlussvereinbarung, Vollstreckbarkeit 5 B 58

Adhäsionsverfahren 5 I 1

Ad-hoc-Schiedsgerichtsbarkeit 6 J 42 f.

Adjudication 6 A 28 ff.; **6 B** 30, 72; **6 I** 1
- Anwendungsbereich **6 I** 22
- Ausgestaltung **6 I** 5
- Definition **6 I** 1
- positive Auswirkungen auf die Mediation **6 I** 31
- rechtsdogmatische Einordnung **6 I** 4
- Urkundenprozess **6 I** 7
- Verfahrensordnung **6 I** 9, 40
- vollstreckt **6 I** 7

Adjudikationsentscheidung
- fehlerhafte **6 I** 8

Adjudikatoren 6 I 41

ADR Verfahren – Grünbuch 2002 7 A 17 ff.
- Ausbildung **7 A** 20
- freier Zugang zur Justiz **7 A** 18
- Mindestgarantien **7 A** 19
- Qualitätsnormen **7 A** 19 f.

- Verjährungsfrist **7 A** 18
- Verpflichtung zur Teilnahme **7 A** 18
- Vertraulichkeit **7 A** 18

ADR-RL
- Online-Mediation **5 D** 98

Akteneinsicht
- Güterichter **1 C § 278 ZPO** 60 f.

Akteurrisiken 6 B 15

Aktives Zuhören 5 B 61

Allgemeines Zivilrecht 5 G 119

Altenkirchener Modell – Integrierte Mediation 1 B 34, 44

Alternative Konfliktbeilegungsmethoden 6 A 1 ff.
- Adjudikation **6 A** 28 ff.
- anwaltliche Vergleichsvermittlung **6 A** 11 f.
- Early Neutral Evaluation **6 A** 26 ff.
- Güteverfahren **6 A** 18 ff.
- kooperatives Anwaltsverfahren **6 A** 13 ff.
- MAX **6 A** 40 ff.
- Med-Adj **6 A** 43 f.
- Med-Arb **6 A** 38 f.
- Mini-Trial **6 A** 22 ff.
- Moderation **6 A** 8 f.
- Ombudsmann **6 A** 45 ff.
- schiedsgerichtliches Verfahren **6 A** 35 f.
- Schiedsgutachten **6 A** 32 ff.
- Schlichtung **6 A** 16 f.

Altfälle nach § 7 Abs. 1
- anschließende Mediationen **2 C § 7 ZMediatAusbV** 10 ff.
- fehlende Formalien **2 C § 7 ZMediatAusbV** 7
- fehlendes Curriculum **2 C § 7 ZMediatAusbV** 7
- keine Fortbildungspflicht nach § 4 **2 C § 7 ZMediatAusbV** 5
- Personenkreis **2 C § 7 ZMediatAusbV** 5 ff.
- Zeitumfang **2 C § 7 ZMediatAusbV** 8 f.

Amtsermittlung 6 B 108

1207

Sachregister

Andere Verfahren außergerichtlicher Konfliktbeilegung
- eigener Vorschlag der Parteien 1 C § 278a ZPO 56 f.
- Entscheidung der Parteien 1 C § 278a ZPO 54 ff.
- gerichtlicher Vorschlag 1 C § 278a ZPO 44 ff.
- Liste von Streitschlichtern 1 C § 278a ZPO 49

Anfertigung eines Vermerks
- Güterichter 1 C § 28 FamFG 7 ff.
- keine Pflicht zur Fertigung eines Vermerks 1 C § 28 FamFG 1 ff.
- Mustertext Protokoll, Güterichter 1 C § 28 FamFG 27
- Protokollpflicht bei übereinstimmendem Antrag 1 C § 28 FamFG 12
- Verstoß gegen Protokollersuchen 1 C § 28 FamFG 22 ff.

Anforderungen an Aus- und Fortbildungseinrichtungen 2 C § 5 ZMediatAusbV 1 ff.

Angaben über bisherige Konfliktlösungsversuche
- Klageschrift 1 C § 253 ZPO 11

Angaben über zukünftige Konfliktlösungsversuche
- Klageschrift 1 C § 253 ZPO 12 f.

Annexkompetenz 4 C § 5 RDG 1

Anrechenbarkeit von Ausbildungsmodulen 2 C § 2 ZMediatAusbV 19 f., 79

Anreizwirkung 6 B 36, 51, 107, 122

Anspruch auf Leistung
- Gegenleistung 1 C § 2 MediationsG 30

Anwaltliche Vergleichsvermittlung 6 A 11 ff.
- Abschlussvollmacht 6 F 14
- Anforderungsprofil 6 F 5
- Anwaltliches Rollenverständnis 6 F 5
- Anwaltsvergleich 6 F 14
- Berufsordnung 6 F 4
- Cooperative Praxis 6 F 7
- Einbeziehung Dritter 6 F 13
- Form 6 F 12
- Interessenorientierte Verhandlung 6 F 8
- Rückkoppelung zur Mandantschaft 6 F 14
- Sachverständige 6 F 13
- Systematische Vorbereitung 6 F 11
- Teilnahme der Mandantschaft 6 F 17
- Verhandlungsvorbereitung 6 F 6

- Vermittlungsmodelle 6 F 1

Anwaltlicher Mediator 4 B 5

Anwendbarkeit VSBG
- Unternehmen 3 B 6

Anwendbarkeit MediationsG
- Verbraucherstreitbeilegung 3 C § 6 VSBG 3

Anwendungsbereich
- Persönlicher Anwendungsbereich 4 B 5
- Sachlicher Anwendungsbereich 4 B 3; 4 C § 2 RDG 1, 3; 4 C § 3 RDG 4
- Schlichtungsstellen 4 C § 2 RDG 7

Anwendungsbereich der Verordnung 2 C § 1 ZMediatAusbV 1 ff.

Anwendungsbereiche der Mediation 5 G 1 ff.

Arbeitsgemeinschaft Mediation 1 B 36

Arbeitsgerichtsprozess
- andere Verfahren außergerichtlicher Konfliktbeilegung 1 C § 54a ArbGG 32 ff.
- Mediation 1 C § 54a ArbGG 1 ff.

Arbeitsrecht 5 G 96 ff.

Arbeitsverhältnis
- Streitigkeiten im Zusammenhang mit der Beendigung 5 G 102
- Streitigkeiten im Zusammenhang mit der Begründung 5 G 97
- Streitigkeiten innerhalb des bestehenden Arbeitsverhältnisses 5 G 98

Arb-Med 6 J 92 f.

Arzthaftungsrecht 5 G 124

Aufhebung eines Schiedsspruchs 6 J 66 ff.

Auftragsannahme 1 C § 2 MediationsG 22

Auftragsvorgaben
- Parteiwille 6 E 10

Aus- und Fortbildung
- geeignete Ausbildung 1 C § 5 MediationsG 13, 24
- Herkunftsberufe, unterschiedliche 1 C § 5 MediationsG 19
- Kenntnisse über Grundlagen und Rahmenbedingungen 1 C § 5 MediationsG 25 f.
- Konfliktkompetenz 1 C § 5 MediationsG 28
- praktische Erfahrungen 1 C § 5 MediationsG 17
- praktische Übungen 1 C § 5 MediationsG 31 f.

Sachregister

- Prinzip der Eigenverantwortung **1 C § 5 MediationsG** 9 ff.
- rechtliche Kenntnisse **1 C § 5 MediationsG** 29 ff.
- regelmäßige Ausbildung **1 C § 5 MediationsG** 14
- Regelungsgegenstand und Zweck **1 C § 5 MediationsG** 1 ff.
- Supervision, Intervision **1 C § 5 MediationsG** 31 f.
- theoretische Kenntnisse **1 C § 5 MediationsG** 16
- Verhandlungs- und Kommunikationstechniken **1 C § 5 MediationsG** 27
- Wechselseitigkeit von Theorie und Praxis **1 C § 5 MediationsG** 18
- zertifizierter Mediator **1 C § 5 MediationsG** 33 ff.
- Zielsetzung **1 C § 5 MediationsG** 20 ff.

Aus- und Fortbildungseinrichtung 2 C § 5 ZMediatAusbV 1 ff.
- Adressat der Vorschrift **2 C § 5 ZMediatAusbV** 6 f.
- Anforderungen an Lehrkräfte **2 C § 5 ZMediatAusbV** 8 ff., 11 ff.

Aus- und Fortbildungsvertrag 2 C § 5 ZMediatAusbV 17, 19

Ausbildung 1 C § 3 MediationsG 94; **2 C § 1 ZMediatAusbV** 13 ff.
- formal **2 C § 1 ZMediatAusbV** 14 f.
- inhaltlich **2 C § 1 ZMediatAusbV** 17 f.

Ausbildung im Ausland 2 C § 6 ZMediatAusbV 1 ff.
- anschließende Mediationen **2 C § 6 ZMediatAusbV** 8 ff.
- fehlende Formalien **2 C § 6 ZMediatAusbV** 6
- fehlendes Curriculum **2 C § 6 ZMediatAusbV** 6
- weitere Privilegierungen **2 C § 6 ZMediatAusbV** 18 f.
- Zeitumfang **2 C § 6 ZMediatAusbV** 7

Ausbildung zum zertifizierten Mediator 2 C § 2 ZMediatAusbV 1 ff.

Ausbildung, formale Anforderungen 2 C § 2 ZMediatAusbV 13

Ausbildungsbeendigung
- erfolgreiche **2 C § 2 ZMediatAusbV** 76 ff.

Ausbildungsbescheinigung 2 C § 2 ZMediatAusbV 100 ff.
- erfolgreicher Abschluss **2 C § 2 ZMediatAusbV** 101
- Mindestinhalt **2 C § 2 ZMediatAusbV** 104 ff.
- Rechtsschutz **2 C § 2 ZMediatAusbV** 117
- Rechtsschutz, Muster **2 C § 2 ZMediatAusbV** 117, 123
- Sperrwirkung **2 C § 2 ZMediatAusbV** 103
- Supervisor **2 C § 2 ZMediatAusbV** 111 ff.
- unterschiedliche Ausbildungseinrichtungen **2 C § 2 ZMediatAusbV** 18, 116

Ausbildungsbescheinigung zertif. Mediator, Muster 2 C § 2 ZMediatAusbV 121

Ausbildungscurriculum 2 C § 2 ZMediatAusbV 22 ff.

Ausbildungsinhalte 2 C § 2 ZMediatAusbV 23 ff.
- Ablauf und Rahmenbedingungen **2 C § 2 ZMediatAusbV** 26
- Dauer **2 C § 2 ZMediatAusbV** 35 ff.
- Einführung und Grundlagen **2 C § 2 ZMediatAusbV** 25
- Gesprächsführung, Kommunikationstechniken **2 C § 2 ZMediatAusbV** 28
- Konfliktkompetenz **2 C § 2 ZMediatAusbV** 29
- Pers. Kompetenz, Haltung, Rollenverständnis **2 C § 2 ZMediatAusbV** 32
- Prakt. Übungen, Rollenspiele **2 C § 2 ZMediatAusbV** 33 f.
- Recht der Mediation **2 C § 2 ZMediatAusbV** 30
- Recht in der Mediation **2 C § 2 ZMediatAusbV** 31
- Verhandlungstechniken und -kompetenz **2 C § 2 ZMediatAusbV** 27

Ausbildungslehrgang 2 C § 2 ZMediatAusbV 15 ff.
- Anrechenbarkeit von Ausbildungselementen **2 C § 2 ZMediatAusbV** 19
- erfolgreiche Beendigung **2 C § 2 ZMediatAusbV** 76 ff.
- Präsenzausbildung kombiniert mit Fern-/Eigenstudium **2 C § 2 ZMediatAusbV** 18, 37

Ausbildungsteilnehmer 2 C § 2 ZMediatAusbV 14

Sachregister

Ausbildungsvertrag
- Datenschutzerklärung **2 C § 2 ZMediatAusbV** 120

Ausbildungsvertrag, Muster 2 C § 2 ZMediatAusbV 120

Ausland
- Qualifikation **1 C § 3 MediationsG** 100

Auslandsqualifikation 2 C § 6 ZMediatAusbV 1 ff.

Auslegung
- Begriff der Rechtsdienstleistung **4 C § 2 RDG** 1
- Verbraucherfreundliche Auslegung **4 C § 3 RDG** 1
- Vertragsauslegung **6 B** 3, 58 f., 92 ff.
- Vorliegen erlaubter Nebenleistungen **4 C § 5 RDG** 1, 4

Ausnahmen
- Mediation **4 B** 3; **4 C § 2 RDG** 3; **3 B** 12

Ausscheidender Gesellschafter 5 G 21

Ausschluss von Ausübung des Richteramtes
- Begriff der Mitwirkung **1 C § 41 ZPO** 16 ff.
- Begriff der Mitwirkung, Sachidentität **1 C § 41 ZPO** 23
- Begriff der Mitwirkung, sonstige Beteiligung **1 C § 41 ZPO** 20 f.
- Begriff der Mitwirkung, Verfahrensverantwortlicher **1 C § 41 ZPO** 16 ff.
- Folgen eines Verstoßes **1 C § 41 ZPO** 24
- kraft Gesetzes **1 C § 41 ZPO** 2
- Regelungsgegenstand und Zweck **1 C § 41 ZPO** 1 ff.
- Verfahren **1 C § 41 ZPO** 25
- vorausgegangene andere Verfahren außergerichtlicher Konfliktbeilegung **1 C § 41 ZPO** 13 ff.
- vorausgegangenes Mediationsverfahren **1 C § 41 ZPO** 9 ff.

Ausschlussgründe
- derselben Berufsausübungsgemeinschaft **1 C § 2 MediationsG** 54
- derselben Sache **1 C § 2 MediationsG** 53 f.
- Eigeninteresse **1 C § 2 MediationsG** 53
- persönliche und geschäftliche Beziehung **1 C § 2 MediationsG** 53
- Sachverständige und Zeugen **1 C § 2 MediationsG** 53

Ausschuss für bürgerliche Freiheiten, Justiz und Inneres des Europäischen Parlaments 7 A 33

Ausschuss für Recht und Binnenmarkt des Europäischen Parlaments 7 A 33

Außergerichtliche Streitbeilegung
- Einzelverfahren **3 B** 4
- Musterfeststellungsklage **3 B** 4

Außergerichtliche Streitbeilegung im Einzelfall 3 B 4

Austauschbeziehung 6 B 1 ff., 54, 82
- erwerbswirtschaftliche **6 B** 3 ff.
- nicht erwerbswirtschaftliche **6 B** 6 ff.

Auswahl des Mediators 1 C § 2 MediationsG 7 ff.
- konkludente Auswahl **1 C § 2 MediationsG** 8 ff.
- Selbstbestimmungsrecht **1 C § 2 MediationsG** 7

Auswahlkriterien
- ökonomische **6 B** 11

Auswirkungen Beendigung Mediation
- Verbraucherschlichtungsverfahren **3 C § 15 VSBG** 2

Authentifizierung 5 D 87

B

Baden-Württemberg 1 B 39

Baukonflikte
- Gemengelage **6 I** 11
- Justiziabilität **6 I** 11
- Vergabepraxis **6 I** 12

Bauleitplanung 5 H 7

Baumediatoren 6 I 41

Baurecht
- privates **5 G** 125

Bauvertrag
- Strukturmerkmale **6 I** 13

Bayern 1 B 46

Beamtenrechtliche Konflikte 5 H 7

Beendigung der Mediation durch Mediator 1 C § 2 MediationsG 139, 145
- eigenverantwortliche Kommunikation **1 C § 2 MediationsG** 148 f.
- Ermessen **1 C § 2 MediationsG** 154 ff.
- Erwartung **1 C § 2 MediationsG** 146 f.
- gesetzliche Tätigkeitsbeschränkungen **1 C § 2 MediationsG** 155
- Gründe **1 C § 2 MediationsG** 145 ff.

Sachregister

- keine Einigung 1 C § 2 MediationsG 150
- sonstige Gründe 1 C § 2 MediationsG 152 f.

Beendigung der Mediation durch Parteien 1 C § 2 MediationsG 139 ff.
- Freiwilligkeit 1 C § 2 MediationsG 140 ff.
- Kündigung 1 C § 2 MediationsG 144
- Zeitpunkt 1 C § 2 MediationsG 143

Beendigung des Verfahrens 3 B 11
- selbstständiges Mediationsverfahren 3 C § 15 VSBG 3
- Verfahrenskosten 3 C § 15 VSBG 4

Beendigung des Verfahrens durch Parteien - VSBG 3 C § 15 VSBG 1

Begriff des Verfahrens nach 1 C § 278a ZPO
- Phasen im Coaching 6 D 18

Beobachtbarkeit 6 B 19

Berater 1 C § 2 MediationsG 166 ff.
- Bedarf 1 C § 2 MediationsG 170 f.
- externe Berater 1 C § 2 MediationsG 166, 174 ff.
- Hinweispflicht 1 C § 2 MediationsG 172 f.
- Teilnahme ohne fachliche Beratung 1 C § 2 MediationsG 169

Beratung
- Anordnung 1 C § 156 FamFG 1, 16 f.
- Beratungsstellen und -dienste 1 C § 156 FamFG 16
- Jugendamt 1 C § 156 FamFG 17
- Kosten 1 C § 156 FamFG 19
- Rechtsmittel 1 C § 156 FamFG 18

Beratungsformat Coaching
- Wurzeln 6 D 74

Bericht der Kommission an das Europäische Parlament, den Rat und den Europäischen Wirtschaft- und Sozialausschuss über die Anwendung der Richtlinie 2008/52/EG des Europäischen Parlaments und des Rates über bestimmte Aspekte der Mediation in Zivil- und Handelssachen
- Richtlinie 1 C § 8 MediationsG 5

Berlin 1 B 43

Berufsausübungs- oder Bürogemeinschaft 1 C § 3 MediationsG 59 ff.
- andere Berufe 1 C § 3 MediationsG 59, 64
- andere Person 1 C § 3 MediationsG 61 f.
- Bundesverfassungsgericht 1 C § 3 MediationsG 60

- Rechtsanwalt 1 C § 3 MediationsG 59 f., 63
- Verbundenheit 1 C § 3 MediationsG 66 ff.
- vor der Mediation 1 C § 3 MediationsG 69 f.
- während und nach der Mediation 1 C § 3 MediationsG 71
- Zustimmung der Parteien s. a. unter Dispensierung; 1 C § 3 MediationsG 73

Berufsausübungsfreiheit 4 C § 5 RDG 1

Berufsbezeichnung 2 C § 1 ZMediatAusbV 8 ff.

Berufsethos 1 C § 2 MediationsG 44, 53, 104

Berufsfreiheit 2 C § 1 ZMediatAusbV 3 f.; 2 C § 2 ZMediatAusbV 19; 4 C § 5 RDG 1

Berufsrecht 1 C § 2 MediationsG 2 f.

Bescheinigung Einzelfallsupervision
- Klage 2 C § 2 ZMediatAusbV 129

Bescheinigung Fortbildung 2 C § 3 ZMediatAusbV 46

Bescheinigung über Fortbildung Einzelfallsupervision 2 C § 4 ZMediatAusbV 48 ff.

Bescheinigung, Fortbildung, Doppelanrechnung 2 C § 3 ZMediatAusbV 47

Beschleunigte Schiedsverfahren 6 J 104 f.

Beschlussmängelstreitigkeiten 5 G 25

Besetzungsfragen
- Streitigkeiten der Gesellschaft mit ihren Organen 5 G 28

Besonderes elektronisches Anwaltspostfach (beA) 5 D 69

Beteiligte
- in Scheidungs- und Folgesachen 1 C § 150 FamFG 8

Beteiligungs- und Dialogverfahren
- Partizipationsverfahren 6 E 11

Beurteilbarkeit 6 B 20

Beurteilungs- und Ermessensspielräume 5 H 1

Beweisbeschluss 6 B 93

Bewusstseinsfunktionen
- Bewusstseinsebenen 6 D 71

Beziehungsebene 5 A 27, 49

Billiges Ermessen 6 K 28

Bindung
- freies Belieben 6 I 6
- vorläufige 6 I 6

1211

Sachregister

- weitgehende **6 I 6**
Bindungswirkung
- sofortige **6 H 12**
biometrische Daten 5 D 90
Brandenburg 1 B 53
Bremen 1 B 50
Britische ADR Group 7 A 34
Britische Advice Service Alliance (ASA) 7 A 60 ff.
British House of Commons 7 A 34
Brüssel I 7 A 13
Bundes-Arbeitsgemeinschaft für Familien-Mediation e.v. (BAFM) 1 B 30; **7 A** 32
Bundesgerichtshof 1 B 56
Bundesrechtsanwaltskammer 7 A 52
Bundesverband Deutscher Psychologinnen und Psychologen 7 A 32
Bundesverband Mediation e.V. 1 B 30
Bundesverfassungsgericht 1 B 56

C
Camp David 1 B 5
Change Management
- Organisationsentwicklung **6 C** 40
Checkliste
- Co-Mediation **5 E** 326
- Kurz-Zeit-Mediation, hilfreiche Fragen **5 D** 18
- Kurz-Zeit-Mediation, strukturiertes Telefonat **5 D** 16
- Kurz-Zeit-Mediation, systematische Vorbereitung **5 D** 17
Checkliste Einzelfallsupervision 2 C § 2 ZMediatAusbV 124
Clearing-Instanz 6 I 37
Coaching
- Coaching als Weg alternativer Konfliktbeilegung **6 D** 1
Coaching als Weg alternativer Konfliktbeilegung
- Überblick **6 D** 2
Coachingauftrag
- Erweiterung des Coachingsauftrags **6 D** 38
Coaching-unterstützte Mediation
- Einzelgespräch im Rahmen einer Mediation und Coaching **6 D** 47
Cochemer Praxis – 1992 1 B 32, 44

Co-Mediation 1 C § 1 MediationsG 30 ff.; **4 C § 2 RDG** 6; **5 E** 1 ff.
- Checkliste **5 E** 26
- Co-Mediation von anwaltlichem und nicht anwaltlichem Mediator **4 C § 2 RDG** 6
- fachliche Ergänzung **5 E** 12 ff.
- Mustertext Kooperationsvertrag **5 E** 27
- Mustertext Vertragsklausel **5 E** 28
- rechtliche Rahmenbedingungen **5 E** 21 ff.
- Risiken **5 E** 11
- Rituale **5 E** 20
- Schwerpunktbildungen **5 E** 18
- Teamarbeit **5 E** 15 ff.
- Teamkonflikt und -konkurrenz **5 E** 19
- Verabredungen **5 E** 20
- Vorteile **5 E** 5 ff.
- Zulässigkeit **4 C § 2 RDG** 6
Conference of the Notariats of the European Union (CNUE) 7 A 66
Contarini, Alvise 1 B 3
Cooperative Praxis
- Anwälte, Qualitätsanforderungen **6 G** 39 ff.
- Begriffsbildung und Definition **6 G** 1 ff.
- Disqualifikationsklausel **6 G** 3 f.
- dogmatische Einordnung **6 G** 36 ff.
- Grundkonstellation **6 G** 5
- Indikation **6 G** 46 ff.
- Kosten **6 G** 52 ff.
- Marketing **6 G** 57 ff.
- Modellhafter Ablauf **6 G** 35 ff.
- Netzwerk **6 G** 49 f.
- Phasenmodell **6 G** 16 ff.
- systemischer Ansatz **6 G** 15
- Teamkonstellation **6 G** 6 ff.
- Verbreitung, Anwendungsbereiche **6 G** 44 ff.
- Verfahrensablauf **6 G** 15 ff.
- Verfahrensbeschreibung **6 G** 3 ff.
- Vertragsmuster **6 G** 51
Council of the Bars and Law Societies of the European Union (CCBE) 7 A 37, 64
Cybersettle 5 F 31

D
Darlehensvertrag 5 G 58
Dauer der Ausbildung 2 C § 2 ZMediatAusbV 35 ff.
DDR 1 B 16 ff.
De-Mail 5 F 50

1212

Sachregister

Deutscher Anwaltverein 7 A 53 f.
Deutscher Richterbund 7 A 32, 55 f.
Diagnoseprozess 6 C 30
Dienstvertrag
– Geschäftsbesorgungsvertrag 1 C § 2 MediationsG 14
Dispensierung 1 C § 3 MediationsG 74 ff.
– Anwendungsbereich 1 C § 3 MediationsG 75
– Belang der Rechtspflege 1 C § 3 MediationsG 87 ff.
– Berufsausübungs- oder Bürogemeinschaft 1 C § 3 MediationsG 74
– Bundesverfassungsgericht 1 C § 3 MediationsG 87 ff., 110
– Einverständniserklärung 1 C § 3 MediationsG 81 ff.
– Einzelfall 1 C § 3 MediationsG 80
– Form und Dokumentation 1 C § 3 MediationsG 85 f.
– Muster einer Zustimmungserklärung 1 C § 3 MediationsG 109 ff.
– Parteien 1 C § 3 MediationsG 76 ff.
– Zeitpunkt 1 C § 3 MediationsG 84
Doppelanrechnung Fortbildung 2 C § 3 ZMediatAusbV 47
Doppel-Rolle als Coach
– Nähebeziehung 6 D 50
Doppel-Rollen-Problematik
– Verschärfung 6 D 51
Dritte 1 C § 2 MediationsG 133 ff.
– Einbeziehung 1 C § 2 MediationsG 135
– Vertraulichkeit 1 C § 2 MediationsG 138
– Zustimmung (allseitiges Einverständnis) 1 C § 2 MediationsG 136 f.
Drittentscheidung 6 B 44, 107, 122
Drittentscheidungsverfahren 4 B 4; 6 B 44, 52 f., 68 f., 81

E

Early Neutral Evaluation
– Überblick 6 A 26 f.
eBay-Streitbeilegungssystem 5 F 28
E-Codex 5 F 24
E-Curia 5 F 25
Effekte
– externe 6 B 109 ff.
Effizienz 6 B 94
– Ergebnis 6 B 12, 15

– Kriterien 6 B 16
– Pareto- 6 B 13 ff.
– Verfahren 6 B 12, 15
eID 5 F 48
eIDAS-VO 5 F 54
Eigenes Interesse 1 C § 3 MediationsG 20 ff.
Eigenverantwortliche Konfliktlösung 1 C § 156 FamFG 1
Eigenverantwortlichkeit 1 C § 2 MediationsG 7 ff., 46, 63 f.
Eigenverantwortung 5 B 9
Eignung von Konfliktfällen für die Mediation
– besonderes Verwaltungsrecht 5 H 7
– Zivilrecht 5 G 8
Einbindung der Parteien 1 C § 2 MediationsG 116 ff.
– Angemessenheit und Fairness 1 C § 2 MediationsG 116
– Empowerment 1 C § 2 MediationsG 118
– Gewährleistung 1 C § 2 MediationsG 119
Einbußen
– wirtschaftliche 6 B 4, 55, 57
Einführung und Grundlagen der Mediation 2 C § 2 ZMediatAusbV 25
Eingriff in Privatautonomie
– Dispositionsfreiheit 6 D 64
Einigung s. a. unter Vereinbarung; 1 C § 2 MediationsG 158 ff.
Einigungsdruck 6 B 53
Einigungsstellenverfahren 1 C § 54a ArbGG 39
Einleitung des Verfahrens 3 B 11
Einsatzgebiete der Mediation 5 G 1 ff.
Einschränkungen
– Mediation 3 B 12
Einstweilige Anordnung
– Anhörung 1 C § 156 FamFG 21
– Rechtsmittel 1 C § 156 FamFG 22
– Umgangsrecht 1 C § 156 FamFG 5, 20
Einverständnis
– allseitiges 1 C § 2 MediationsG 130
Einzelfallsupervision 2 C § 2 ZMediatAusbV 44
– binnen Jahresfrist nach Ausbildungsende 2 C § 2 ZMediatAusbV 75 f.
– Checkliste 2 C § 2 ZMediatAusbV 70, 124
– Co-Mediation 2 C § 2 ZMediatAusbV 63, 91 ff.

1213

Sachregister

- durchgeführte Mediation 2 C § 2 ZMediatAusbV 80
- Formate 2 C § 2 ZMediatAusbV 67 ff.
- Fristversäumnis 2 C § 2 ZMediatAusbV 79
- Telefonische Durchführung 2 C § 2 ZMediatAusbV 67
- Themen-/Arbeitsblatt 2 C § 2 ZMediatAusbV 70, 125
- verlaufsbegleitend 2 C § 2 ZMediatAusbV 86 ff.
- während des Ausbildungslehrgangs 2 C § 2 ZMediatAusbV 73 f.
- Zeitpunkt 2 C § 2 ZMediatAusbV 72 ff.

Einzelfallsupervision als Fortbildung 2 C § 4 ZMediatAusbV 1 ff.

Einzellfallsupervision
- Bescheinigung 2 C § 2 ZMediatAusbV 112 ff., 127

Einzelsupervision siehe Einzelfallsupervision; 2 C § 2 ZMediatAusbV 38 ff., 44
- Begrifflichkeit 2 C § 2 ZMediatAusbV 39 ff.
- in Gruppe 2 C § 2 ZMediatAusbV 47 ff.
- Setting 2 C § 2 ZMediatAusbV 45
- Zeitdauer, Kosten 2 C § 2 ZMediatAusbV 46
- zu Zweit 2 C § 2 ZMediatAusbV 61 ff.

elektronische Signatur 5 F 49
Elektronisches Gerichts- und Verwaltungspostfach (EGVP) 5 F 22
elektronisches Siegel 5 F 49
Emminger Novelle 1 B 12 ff.
Emotionen 5 A 28, 49
Empfehlung
- nicht bindende 6 H 1, 5

Empirische Konfliktforschung 5 A 16
Empowerment und Recognition 5 B 49
Entlastung der Justiz 5 B 5
Entscheidung über Baukonflikte
- Adjudikator 6 I 2
- Amtsermittlung 6 I 2
- in England 6 I 3
- tatsächliche oder rechtliche Fehler 6 I 2
- Vollstreckungsprozess 6 I 2
- vorläufig bindende Entscheidung 6 I 2

Entwicklungsansatz bei Veränderungen in Organisationen 6 C 12
Erbengemeinschaft
- Auseinandersetzung einer 5 G 52 f.

Erbfall
- Mediation vor dem Eintritt 5 G 47 f.
- Streitigkeiten nach dem Eintritt 5 G 51 ff.

Erbfolge
- Vor- und Nacherbfolge 5 G 53
- vorweggenommene 5 G 49

Erbrecht 5 G 45 ff.
Erfahrung 1 C § 3 MediationsG 101
Erfolglosigkeitsbescheinigung 6 H 17
erfolgreiche Beendigung
- Ausbildungslehrgang 2 C § 2 ZMediatAusbV 76 ff.

Erfolgreicher Abschluss 2 C § 2 ZMediatAusbV 76, 101
Erfolgserwartung 6 B 1, 7
Ergebnisoffenheit 5 B 21
Erheblich erweitertes Institut des Güterichters 1 C § 54 ArbGG 12 ff.
Erlaubnisnorm 4 C § 5 RDG 1
- Anwendbarkeit auf Mediationsverfahren 4 C § 5 RDG 2

Ermessen
- billiges 6 B 49, 92

Ersatzbestimmung nach § 319 Abs. 1 S. 1 BGB 6 H 6
Erteilung falscher Rechtsauskunft 4 C § 3 RDG 5
Eskalationsstufe 6 I 27
EU Mediationsrichtlinie 2004 – Stellungnahmen zum ersten Entwurf 7 A 46 ff.
- Angleichung der Lebensverhältnisse 7 A 55
- Anwaltsvergleich 7 A 54
- Ausbildung 7 A 49 f.
- Ausschuss für bürgerliche Freiheiten, Justiz und Inneres 7 A 51
- Beschwerden- und Sanktionsregelungen 7 A 51
- freier Waren-, Personen-, Dienstleistungs- oder Kapitalverkehr 7 A 48
- Funktionieren des Binnenmarktes 7 A 48
- Mediationsvereinbarungen 7 A 66
- Online Mediation 7 A 63
- ordre public 7 A 54
- Prozesskostenhilfe 7 A 61
- Qualität 7 A 62
- Schlichtung 7 A 58
- Schrifttum 7 A 57 ff.
- Subsidiaritätsgebot 7 A 55
- Wissenschaft 7 A 57 ff.

Sachregister

- Zugang zum Mediationsverfahren 7 **A** 63
- Zwei-Klassen-Rechtssystem 7 **A** 61

EU Mediationsrichtlinie 2004 – Weitere Entwürfe 7 A 67 ff.
- Entschließung des Europäischen Parlaments 29.3.2007 7 **A** 68 ff.
- Gemeinsamer Standpunkt des Rates vom 28. 2. 2008 7 **A** 73 ff.
- politische Einigung auf Richtlinienvorschlag vom 8.11.2007 7 **A** 71 ff.
- Vorschlag vom 29.7.2005 – Ausschuss für Zivilrecht 7 **A** 67 f.

EU Mediationsrichtlinie 2004 – Erster Entwurf 7 A 39 ff.
- Erwägungsgründe 7 **A** 40, 43
- Funktionieren des Binnenmarktes 7 **A** 43
- grenzüberschreitende Streitigkeiten 7 **A** 41
- Grünbuch 2002 7 **A** 39, 43
- Inhalt 7 **A** 40 ff.
- Mediator 7 **A** 44
- Mindestnormen 7 **A** 41
- Ombudsmannregelungen 7 **A** 43
- Sachverständigenbenennungen 7 **A** 43
- Schiedsverfahren 7 **A** 43
- Stellungnahmen zum Vorschlag der EU – Mediationsrichtlinie v. 22. 10. 2004 (2004/0251) s. a. unter EU Mediationsrichtlinie 2004 – Stellungnahmen zum ersten Entwurf; 7 **A** 46 ff.
- Subsidiarität 7 **A** 42
- Verbraucherbeschwerdeverfahren 7 **A** 43
- Verhältnismäßigkeit 7 **A** 42
- Vertraulichkeitspflicht des Mediators 7 **A** 43

EU Med-RL 2008/52/EG 1 B 7 f., 59 f.; **1 C § 2 MediationsG** 4 ff., 57, 73; **1 C § 3 MediationsG** 6; **1 C § 7 MediationsG** 4; **1 C § 8 MediationsG** 4, 25; **1 C § 135 FamFG** 7; **1 C § 150 FamFG** 5; **1 C § 156 FamFG** 6; 7 **A** 1 ff.
- § 15a EGZPO 7 **A** 7
- Binnenmarkt 7 **A** 2, 76
- Erwägungsgründe 7 **A** 76 ff.
- EU Mediationsrichtlinie 2004 s. a. unter EU – Mediationsrichtlinie 2004 – erster Entwurf; 7 **A** 4, 39 ff.
- Europäische Kommission 7 **A** 2
- Europäisches Parlament 7 **A** 2
- familien- und arbeitsrechtliche Streitigkeiten 7 **A** 77
- freier Personenverkehr 7 **A** 2
- grenzüberschreitende Streitigkeiten 7 **A** 5 f.
- Grünbuch 2002 s. a. unter Grünbuch 2002; 7 **A** 16 ff.
- Hintergrund s. a. unter EU Med-RL 2008/52/EG – Hintergrund; 7 **A** 9 ff.
- Mediation 7 **A** 1, 4, 7, 78
- nationale Umsetzung 7 **A** 5
- Regelungsinhalt 7 **A** 80 ff.
- Resümee s. a. unter EU Med-RL 2008/52/ EG – Resümee; 7 **A** 81 ff.
- Stellungnahmen 7 **A** 2
- Streitigkeiten für Zivil- und Handelssachen 7 **A** 5 f., 77
- Subsidiaritätsprinzip 7 **A** 6
- Verabschiedung 7 **A** 1, 75
- Ziel 7 **A** 1, 3 f.
- Zugang zum Recht 7 **A** 2, 76

EU Med-RL 2008/52/EG – Hintergrund 7 A 9 ff.
- Art. 65 EGV 7 **A** 11
- Brüssel I 7 **A** 13
- einheitlicher Wirtschaftsraum 7 **A** 9
- Empfehlungen der EU-Kommission 7 **A** 10
- Europäischer Rat 7 **A** 11 ff.
- Europäisches Parlament 7 **A** 13
- freier Personenverkehr 7 **A** 14
- freier Zugang zum Recht 7 **A** 14
- Funktionieren des Binnenmarktes 7 **A** 14
- Grundrecht auf Zugang zum Recht für jedermann (Art. 6 EMRK) 7 **A** 9
- Schlussfolgerungen von Lissabon 7 **A** 11
- Schlussfolgerungen von Tampere 7 **A** 11
- Vertrag von Amsterdam 7 **A** 9 f.
- Wiener Aktionsplan 7 **A** 11

EU Med-RL 2008/52/EG – Resümee 7 A 81 ff.
- Binnenmarkt 7 **A** 82
- Einsparung von öffentlichen Mitteln 7 **A** 84
- Entlastung der Justiz 7 **A** 84
- Europa 7 **A** 82
- freier Zugang zur Justiz 7 **A** 83
- Gemeinwohl 7 **A** 84
- Interessenlagen 7 **A** 81 f.

1215

Sachregister

- Rechtsstaatlichkeitsgebot **7 A** 83
EUMed-RL 2 B 1 ff.
Eurochambres 7 A 63 f.
Europäische Notare 7 A 33
Europäischer Verhaltenskodex 1 C § 2 MediationsG 1 f.
Europäischer Verhaltenskodex für Mediatoren 1 C § 3 MediationsG 6; **7 A** 38 ff.
- Europäische Kommission **7 A** 38
- Veröffentlichung **7 A** 38
Europäischer Wirtschafts- und Sozialausschuss (EWAS) 7 A 33, 49 f.
Evaluationsbericht 1 C § 7 MediationsG 21; **1 C § 8 MediationsG** 9
- Bundesregierung **1 C § 8 MediationsG** 27
Evaluierung
- Auswirkungen des MediationsG **1 C § 8 MediationsG** 11 f.
- Begriff **1 C § 8 MediationsG** 6 ff.
- Bericht **1 C § 8 MediationsG** 1 ff., 9 ff.
- Entwicklung der Mediation **1 C § 8 MediationsG** 2 f., 12
- EU Med-RL **1 C § 8 MediationsG** 4, 25
- finanzielle Förderung **1 C § 8 MediationsG** 3
- Frist **1 C § 8 MediationsG** 1, 10
- gesetzgeberische Maßnahme **1 C § 8 MediationsG** 2 f., 19 f., 25 f.
- Inhalt des Berichts **1 C § 8 MediationsG** 11 ff.
- kostenrechtliche Länderöffnungsklausel **1 C § 8 MediationsG** 2, 16 ff.
- Qualitätssicherung **1 C § 8 MediationsG** 13, 19 ff.
- Situation der Aus- und Fortbildung **1 C § 8 MediationsG** 2 f., 11, 13 ff.
- Verbraucherschutz **1 C § 8 MediationsG** 13, 19 f., 24
Expedited-Arbitration 6 J 104 f.
Expertenansatz bei Veränderungen in Organisationen 6 C 10

F

Fachgerichtsbarkeiten
- Güterichter **1 C § 278 ZPO** 80
Fachlicher Hintergrund 1 C § 3 MediationsG 93
Fachverbände 1 B 30 ff.
faires Verfahren 1 C § 2 MediationsG 65

Familiengerichtliches Verfahren – andere Verfahren außergerichtlicher Konfliktbeilegung 1 C § 36a FamFG 44 ff.
Familiengerichtliches Verfahren – Informationsgespräch
- Kostentragungspflicht **1 C § 81 FamFG** 1 ff.
- Nichtbefolgen einer richterlichen Anordnung **1 C § 81 FamFG** 20
- richterliche Anordnung **1 C § 81 FamFG** 17 ff.
- Versäumen einer richterlichen Anordnung **1 C § 81 FamFG** 21
Familiengerichtliches Verfahren – Mediation 1 C § 36a FamFG 1 ff.
Familienrecht 5 G 58 ff.
Familienunternehmen 5 G 45
Fast-Track-Arbitration 6 J 104 f.
Feldkompetenz 6 E 20
Feststellungsvertrag 6 H 9
Finanzgerichtliches Verfahren
- andere Verfahren außergerichtlicher Konfliktbeilegung **1 C § 155 FGO** 46
- gerichtliche Mediaton im Übergangszeitraum **1 C § 155 FGO** 47
- Güterichter **1 C § 155 FGO** 21 ff., 27 f.
- Güterichter, Verfahrensablauf **1 C § 155 FGO** 29 ff.
- Güterichter, Verweisung durch Gericht **1 C § 155 FGO** 29
- Güterichter, Vorgehensweise **1 C § 155 FGO** 31 ff.
- Güterichter, Zeugnisverweigerungsrecht **1 C § 155 FGO** 33
- Inkompatibilität für Richter **1 C § 155 FGO** 8 ff.
- Inkompatibilität für Richter, verfahrensrechtliche Konsequenzen **1 C § 155 FGO** 14
- Klageschrift **1 C § 155 FGO** 19 f.
- Klageschrift, Normzweck **1 C § 155 FGO** 20
- Klageschrift, Sollvorschrift **1 C § 155 FGO** 20
- Mediation **1 C § 155 FGO** 37 ff.
- Mediation, Anwendungsgebiete **1 C § 155 FGO** 5
- Mediation, Entscheidung der Beteiligten **1 C § 155 FGO** 48

Sachregister

- Mediation, gerichtlicher Ruhensbeschluss **1 C § 155 FGO** 49
- Mediation, gerichtlicher Vorschlag **1 C § 155 FGO** 39 f.
- Mediation, gerichtlicher Vorschlag, Ermessen **1 C § 155 FGO** 39
- Mediation, gerichtlicher Vorschlag, formale und inhaltliche Kriterien **1 C § 155 FGO** 40
- Mediation, gerichtlicher Vorschlag, Zeitpunkt **1 C § 155 FGO** 39
- Verweisungsnorm **1 C § 155 FGO** 1 ff.
- Wegfall der Protokollpflicht **1 C § 155 FGO** 15 ff.
- Wegfall der Protokollpflicht, Adressat der Vorschrift **1 C § 155 FGO** 17

Folgesachen
- abgetrennte Folgesachen **1 C § 150 FamFG** 6, 8, 14
- Beteiligte **1 C § 150 FamFG** 8
- Kosten **1 C § 150 FamFG** 1 ff., 6, 14
- Verbundsprinzip **1 C § 150 FamFG** 6

Forbildung durch Einzelsupervision 2 C § 4 ZMediatAusbV 1 ff.

Förderung
- Antrag **1 C § 7 MediationsG** 10, 18
- Bedürftigkeit **1 C § 7 MediationsG** 19
- Begriff/Inhalt **1 C § 7 MediationsG** 10, 17, 26
- Bewilligung **1 C § 7 MediationsG** 16
- Einzelheiten **1 C § 7 MediationsG** 10, 26 f.
- Entscheidung **1 C § 7 MediationsG** 24
- Ermessen **1 C § 7 MediationsG** 2, 5, 23
- Kommunikationsmethoden **1 C § 2 MediationsG** 114 f.
- Kosten der Mediation **1 C § 7 MediationsG** 20
- Mediationskostenhilfe **1 C § 7 MediationsG** 1 f., 10, 13, 32 ff.
- Mutwilligkeit **1 C § 7 MediationsG** 22
- Rechtsverfolgung/Rechtsverteidigung **1 C § 7 MediationsG** 22
- Unanfechtbarkeit **1 C § 7 MediationsG** 25

Form
- Dienste höherer Art **1 C § 2 MediationsG** 16

Formatabgrenzung
- Coaching mit mediativen Ansätzen **6 D** 39

- Formatabgrenzung Konflikt-Coaching zu Mediation **6 D** 10

Forschungsvorhaben
- Begriff **1 C § 7 MediationsG** 6, 9 f.
- Erfahrungen und Erkenntnisse **1 C § 7 MediationsG** 31
- Ermessen **1 C § 7 MediationsG** 2, 5, 7
- EU Med-RL **1 C § 7 MediationsG** 4
- finanzielle Förderung **1 C § 7 MediationsG** 1 f., 10 ff., 15 ff., 32, 42
- Folgen **1 C § 7 MediationsG** 10, 12 f.
- Inhalt **1 C § 7 MediationsG** 10
- Länderöffnungsklausel **1 C § 7 MediationsG** 2
- Rechtsbereiche **1 C § 7 MediationsG** 3
- Träger **1 C § 7 MediationsG** 14
- Umsetzung **1 C § 7 MediationsG** 1, 5 ff.
- Unterrichtung des Bundestages **1 C § 7 MediationsG** 29 f.
- Vereinbarung **1 C § 7 MediationsG** 8, 10, 17, 26 f.
- wissenschaftlich **1 C § 7 MediationsG** 9
- Ziel/Zweck **1 C § 7 MediationsG** 1 ff., 11 ff.

Fortbildung
- Einzelsupervision **1 C § 3 MediationsG** 99

Fortbildung durch Einzelfallsupervision 2 C § 4 ZMediatAusbV 1 ff.
- Anzahl **2 C § 4 ZMediatAusbV** 22
- Co-Mediation **2 C § 4 ZMediatAusbV** 33 ff.
- Durchführungszeitpunkt **2 C § 4 ZMediatAusbV** 21
- durchgeführte Mediation **2 C § 4 ZMediatAusbV** 24 ff.
- Gruppe **2 C § 4 ZMediatAusbV** 9 ff.
- im Anschluss an Mediation **2 C § 4 ZMediatAusbV** 32
- Setting **2 C § 4 ZMediatAusbV** 8 ff.
- verlaufsbegleitend **2 C § 4 ZMediatAusbV** 28 ff.
- Zeitdauer und Kosten **2 C § 4 ZMediatAusbV** 20
- zu Zweit **2 C § 4 ZMediatAusbV** 14 ff.
- Zweijahresfrist **2 C § 4 ZMediatAusbV** 37

Fortbildungsbescheinigung
- Inhalt **2 C § 3 ZMediatAusbV** 36 ff.

1217

Sachregister

- Rechtsschutz **2 C § 3 ZMediatAusbV** 42, 46
- Voraussetzung **2 C § 3 ZMediatAusbV** 35

Fortbildungsveranstaltung 2 C § 3 ZMediatAusbV 1 ff.
- andere Berufsgruppen **2 C § 3 ZMediatAusbV** 2
- Bescheinigung **2 C § 3 ZMediatAusbV** 34 ff., 45
- Eigen-/Fernstudium **2 C § 3 ZMediatAusbV** 1
- nach Ausbildung **2 C § 3 ZMediatAusbV** 10
- regelmäßige Teilnahme **2 C § 3 ZMediatAusbV** 18
- Sinnhaftigkeit **2 C § 3 ZMediatAusbV** 1
- Umfang **2 C § 3 ZMediatAusbV** 20
- verpflichtende Teilnahme **2 C § 3 ZMediatAusbV** 14
- Vierjahresfrist **2 C § 3 ZMediatAusbV** 23 ff.
- Vierjahresfrist, Versäumung **2 C § 3 ZMediatAusbV** 28 f.
- Zeitstunden **2 C § 3 ZMediatAusbV** 16
- Ziele **2 C § 3 ZMediatAusbV** 4, 15, 30

Fortbildungsvertrag 2 C § 3 ZMediatAusbV 44
- Muster **2 C § 3 ZMediatAusbV** 44

Fragetechniken 5 B 66 ff.
Freiwilligkeit 1 C § 2 MediationsG 57, 102 ff.
- Beendigung der Mediation **1 C § 2 MediationsG** 140 ff.
- Berufsethos **1 C § 2 MediationsG** 104
- Informationsgespräch **1 C § 2 MediationsG** 102, 106
- Parteiherrschaft **3 B** 11
- Vergewisserung und Gewährleistung durch Mediator **1 C § 2 MediationsG** 102, 104
- Zeitpunkt **1 C § 2 MediationsG** 102 f., 103, 108

Friedensrichter 1 B 11
Funktionale Ambivalenz 5 A 20
Funktionale, dysfunktionale Konflikte 5 A 18

G

Gehör
- rechtliches **6 B** 49

Genehmigungsverfahren
- Bau-, Emissionsschutz-, Gewerbe- und Gaststättenrecht **5 H** 7

Generalklausel 1 C § 2 MediationsG 53
Gerechtigkeitsvorstellungen 5 B 2 ff.
Gerichtsgebühren s. a. unter Gerichtskosten; **6 B** 115
Gerichtsintegrierte Mediation 1 B 39
Gerichtsinterne Mediation 1 B 48, 50 f.
Gerichtskosten 6 B 71, 112
Geschäftliche Verbindungen 1 C § 3 MediationsG 17 ff., 27 ff.

Geschäftsführungsmaßnahmen
- Streitigkeiten der Gesellschaft mit ihren Organen **5 G** 28

Geschäftsverteilungsplan
- Güterichter **1 C § 278 ZPO** 73, 83 ff.

Geschichte der Mediation 1 B 1 ff.
- Afrika **1 B** 1
- Alvise Contarini **1 B** 3
- Australien **1 B** 6
- China **1 B** 1
- Deutschland **1 B** 6
- Europa **1 B** 2
- Familienkonflikte **1 B** 6
- Frankreich **1 B** 2, 6
- Friedensschluss von Camp David **1 B** 5
- Griechenland **1 B** 2
- Gütegedanke **1 B** 9
- Japan **1 B** 1
- Mediator **1 B** 4
- Neutralität **1 B** 3
- öffentliche Planungsvorhaben **1 B** 6
- Solon **1 B** 2
- Sorge- und Besuchsstreitigkeiten **1 B** 6
- Tarifverhandlungen **1 B** 6
- USA **1 B** 6
- Vermittlungsgedanke **1 B** 1, 5, 9
- Westfälischer Frieden s. a. unter Westfälischer Frieden; **1 B** 3

Gesellschaftsrecht 5 G 21 ff.
Gesetz zur Förderung der Mediation 1 B 8 ff.
- EU Med-RL 2008/52/EG **1 B** 8
- Güteverfahren s. a. unter Güteverfahren; **1 B** 10 ff.

Gesetzesreform
- Einwand der Bundesrechtsanwaltskammer **4 C § 2 RDG** 5

Sachregister

- Neuregelung in § 5 RDG **4 C § 5 RDG** 1
Gesetzgebungsmaterialien 1 C § 278 ZPO
38 ff.
Gesprächsführung, Kommunikationstechniken 2 C § 2 ZMediatAusbV 28
Gesprächstechniken
- Aktives Zuhören **6 D** 72
Getrennte Gespräche 1 C § 2 MediationsG
124 ff.
- allseitiges Einverständnis **1 C § 2 MediationsG** 130
- Begriff **1 C § 2 MediationsG** 124
- Einzelgespräche **1 C § 2 MediationsG** 125 ff.
- Offenlegung der Informationen **1 C § 2 MediationsG** 127
- Vertraulichkeit **1 C § 2 MediationsG** 127 ff.
- Zustimmung **1 C § 2 MediationsG** 130 f.
Gewerblicher Rechtsschutz 5 G 40 f.
Gewinnverwendung und -verteilung 5 G 26
Gleichwertige im Ausland erworbene Qualifikation 2 C § 6 ZMediatAusbV 1 ff.
Grenzüberschreitende Streitigkeiten
- Schutzrechte betreffend **5 G** 41
Grünbuch 2002 7 A 16 ff.
- ADR-Verfahren s. a. unter ADR-Verfahren – Grünbuch 2002; **7 A** 17 ff.
- Ausgangssituation der EU Mitgliedstaaten **7 A** 28
- Bestandsaufnahme **7 A** 16, 21 ff.
- Diskussion **7 A** 24 ff.
- Europäischer Rat **7 A** 16
- Fragenkatalog **7 A** 24
- freier Zugang zur Justiz **7 A** 18, 25 f.
- Gründe für Regelungsbedarf **7 A** 21 ff.
- Handlungsfreiheit der Parteien **7 A** 26
- Harmonisierung der einzelstaatlichen Rechtsvorschriften **7 A** 29
- Inhalt **7 A** 17 ff.
- Prinzip der Rechtsstaatlichkeit **7 A** 26
- Stellungnahmen s. a. unter Grünbuch 2002 – Stellungnahmen; **7 A** 25 ff.
Grünbuch 2002 – Stellungnahmen 7 A 31 ff.
Gründe des Klienten
- einseitige Bearbeitung im Konflikt-Coaching **6 D** 34
Gruppendynamik
- Co-Moderation **6 E** 18

- Umgang mit Spannungen **6 E** 17
Gütegedanke 1 B 1, 5, 9, 16 ff., 27
- in der DDR **1 B** 16 ff.
Güterichter 1 B 46, 51; **1 C § 2 MediationsG** 59; **1 C § 3 MediationsG** 1
- Akteneinsicht **1 C § 278 ZPO** 60 f.
- Änderungen des Rechtsausschusses **1 C § 278 ZPO** 32 ff.
- Änderungen des Vermittlungsausschusses **1 C § 278 ZPO** 37
- bayerisch-thüringisches Modell **1 C § 278 ZPO** 27 ff.
- Einverständnis der Parteien **1 C § 278 ZPO** 50
- erheblich erweitertes Institut **1 C § 278 ZPO** 24 ff.
- Freiwilligkeit **1 C § 278 ZPO** 50
- Geschäftsverteilungsplan **1 C § 278 ZPO** 83 ff.
- Geschäftsverteilungsplan, Mustertext **1 C § 278 ZPO** 84 ff.
- Informationsbeschaffung **1 C § 278 ZPO** 60 f.
- keine Protokollpflicht **1 C § 159 ZPO** 1 ff.
- Konzept **1 C § 278 ZPO** 45 ff.
- Koordinatoren, richterassistierende Tätigkeit **1 C § 278 ZPO** 52
- Methoden der Konfliktbeilegung **6 D** 25
- Mustertext, Geschäftsverteilungsplan **1 C § 278 ZPO** 84 ff.
- Mustertext, Verschwiegenheitsverpflichtung, Dritte **1 C § 278 ZPO** 87
- Mustertext, Verschwiegenheitsverpflichtung, Parteivereinbarung **1 C § 278 ZPO** 86
- nicht entscheidungsbefugt **1 C § 278 ZPO** 37
- Normentwicklung **1 C § 278 ZPO** 13 ff.
- Präsidium **1 C § 278 ZPO** 48
- Setting, Festlegung **1 C § 278 ZPO** 64
- Terminabsprache **1 C § 278 ZPO** 62 f.
- Verfahren, Durchführung **1 C § 278 ZPO** 65 ff.
- Verfahren, Ergebnisse **1 C § 278 ZPO** 71 ff.
- Verfahrensablauf **1 C § 278 ZPO** 47 ff.
- Verfahrensabsprache **1 C § 278 ZPO** 62 f.
- Verfahrensbeendigungen **1 C § 278 ZPO** 72 ff.

1219

Sachregister

- Verhältnis zur Mediation **1 C § 278 ZPO** 82
- Verweisungsbeschluss, Ermessen **1 C § 278 ZPO** 49 ff.
- Verweisungsbeschluss, Gericht **1 C § 278 ZPO** 47 f.
- Vorgehensweise **1 C § 278 ZPO** 60 ff.
- Zeugnisverweigerungsrecht **1 C § 278 ZPO** 79

Güterichter – Arbeitsgerichtsprozess
- Ausschluss einer Verweisung **1 C § 54 ArbGG** 22 ff.
- Durchführung des Güteversuchs **1 C § 54 ArbGG** 34 ff.
- Einverständnis der Parteien **1 C § 54 ArbGG** 18 ff.
- Ergebnisse **1 C § 54 ArbGG** 41 ff.
- Folgen einer Verweisung **1 C § 54 ArbGG** 26 f.
- Setting **1 C § 54 ArbGG** 33
- Terminabsprache **1 C § 54 ArbGG** 30 ff.
- Verfahrensablauf **1 C § 54 ArbGG** 14 ff.
- Verfahrensabsprache **1 C § 54 ArbGG** 30 ff.
- Verfahrensbeendigungen **1 C § 54 ArbGG** 41 ff.
- Verweisung **1 C § 54 ArbGG** 8 ff.
- Verweisung durch Vorsitzenden **1 C § 54 ArbGG** 10 ff.
- Vorgehensweise **1 C § 54 ArbGG** 28 ff.
- Zeugnisverweigerungsrecht **1 C § 54 ArbGG** 48

Güterichter – familiengerichtliches Verfahren 1 C § 36 FamFG 12 ff.
- Abweichung zu § 278 Abs. 5 ZPO **1 C § 36 FamFG** 10
- Anwendungsbereich der Norm **1 C § 36 FamFG** 8 ff.
- Durchführung des Güteversuchs **1 C § 36 FamFG** 34 ff.
- Einverständnis der Beteiligten **1 C § 36 FamFG** 18 ff.
- Ergebnisse **1 C § 36 FamFG** 41 ff.
- erheblich erweitertes Institut **1 C § 36 FamFG** 12 ff.
- Regelungsgegenstand und Zweck **1 C § 36 FamFG** 1 ff.
- Setting **1 C § 36 FamFG** 33
- Terminabsprache **1 C § 36 FamFG** 32
- Verfahrensablauf **1 C § 36 FamFG** 14 ff.

- Verfahrensabsprache **1 C § 36 FamFG** 30 f.
- Verfahrensbeendigungen **1 C § 36 FamFG** 41 ff.
- Verweisungsbeschluss, Ermessen **1 C § 36 FamFG** 17 ff.
- Verweisungsbeschluss, Gericht **1 C § 36 FamFG** 15 ff.
- Vorgehensweise **1 C § 36 FamFG** 28 ff.
- Zeugnisverweigerungsrecht **1 C § 36 FamFG** 50 ff.

Güterichterkonzept 1 C § 278 ZPO 45 ff.

Gütesiegel
- Anfechtung Mediatorenvertrag **2 C § 1 ZMediatAusbV** 12
- Checkliste Informationsverpflichtung **2 C § 1 ZMediatAusbV** 23
- Informationspflicht **2 C § 1 ZMediatAusbV** 23
- irreführende Werbung **2 C § 1 ZMediatAusbV** 11
- unberechtigtes Führen **2 C § 1 ZMediatAusbV** 11 f.
- zutreffende Verwendung **2 C § 1 ZMediatAusbV** 21 f.

Güteverfahren 1 B 10 ff.
- amerikanische Besatzungszone **1 B** 15
- britische Besatzungszone **1 B** 15 f.
- DDR, Gütegedanke **1 B** 16 ff.
- Ehesachen **1 B** 10
- Emminger Novelle **1 B** 12 ff.
- Entlastungsverordnung vom 9.9.1915 **1 B** 11, 22
- französische Besatzungszone **1 B** 15 f.
- Friedensrichter **1 B** 11
- Güteverfahren seit 1944 **1 B** 15
- obligatorisches Güteverfahren s. a. unter Obligatorisches Güteverfahren; **1 B** 12 ff.
- Öffnungsklausel § 15 a EGZPO **1 B** 21 ff.
- Rechtseinheitsgesetz 1950 **1 B** 15
- Regelungen in der ZPO **1 B** 10 f.
- Sühnetermin **1 B** 10
- Sühneversuch **1 B** 10
- Überblick **6 A** 18 ff.
- Vereinfachungsnovelle zur ZPO v. 1.1.1977 **1 B** 19
- Vergleich **1 B** 10
- Zwangsvollstreckung **1 B** 10

Güteverfahren, Arbeitsgerichtsprozess
- obligatorisches **1 C § 54 ArbGG** 5 ff.

Sachregister

Güteverhandlung 1 C § 278 ZPO 8 ff.
– semi-obligatorische **1 C § 278 ZPO** 20
Gütliche Streitbeilegung 1 C § 278 ZPO 1 ff.

H
Haftung 1 C § 2 MediationsG 41, 45 f.
– andere Berufsgruppen **1 C § 2 MediationsG** 37
– Anwaltsmediatior **1 C § 2 MediationsG** 35
– Berufshaftpflicht **1 C § 2 MediationsG** 35 f.
– Haftpflichtversicherung **1 C § 2 MediationsG** 41
– Haftungsrisiko **1 C § 2 MediationsG** 24, 119, 156, 183, 202
– Hinweis an Parteien **1 C § 2 MediationsG** 38
– Notar **1 C § 2 MediationsG** 36
– Pflichten des Mediators **1 C § 2 MediationsG** 110 f., 201 ff.
– schuldhaftes Handeln **1 C § 2 MediationsG** 23
– Vermögensschadenversicherung **1 C § 2 MediationsG** 34 f., 38
Haftungsbegrenzung
– berufsspezifische Regelungen **1 C § 2 MediationsG** 33
Haftungsmaßstab
– Anwaltsmediator **1 C § 2 MediationsG** 26
Haftungsumfang
– Anwaltsmediator **1 C § 2 MediationsG** 25
Haltung im Coaching
– Problemdistanz **6 D** 73
Hamburg 1 B 52
Handlungsoptionen
– kommunikative Techniken **6 D** 84
Heidelberger Mediationsprojekt 1 B 39
Heiße und kalte Konflikte 5 A 42
Hemmung 6 H 15
– Aufforderung zur Verhandlung **6 H** 20
– Ende **6 H** 17
– Wirkung **6 H** 17
Hessen 1 B 42
Hinwirkungspflicht
– Eigenverantwortlichkeit **1 C § 2 MediationsG** 164
Hold-Out 6 B 63, 88

Hold-Up 6 B 58, 77, 80 ff., 88
Honorar
– Anwaltsmediator **1 C § 2 MediationsG** 88 f., 92
– Anwaltsnotar **1 C § 2 MediationsG** 96
– Einigungsgebühr **1 C § 2 MediationsG** 90
– Erfolgshonorar **1 C § 2 MediationsG** 90
– Gerichtsverfahren **1 C § 2 MediationsG** 94
– Höhe **1 C § 2 MediationsG** 84 ff.
– Honorarvereinbarung s. a. unter Honorarvereinbarung; **1 C § 2 MediationsG** 1 ff.
– Notar **1 C § 2 MediationsG** 95 f.
– Pauschalhonorar **1 C § 2 MediationsG** 90
– rechtliche Auskunft **1 C § 2 MediationsG** 92
– Rechtsanwalt **1 C § 2 MediationsG** 93
– Rechtsschutzversicherung **1 C § 2 MediationsG** 91
– Schuldner **1 C § 2 MediationsG** 83
– sonstige Berufe **1 C § 2 MediationsG** 97
– Stundenhonorar **1 C § 2 MediationsG** 88 f.
Honorarvereinbarung 1 C § 2 MediationsG 83 ff.
– anwaltliche Tätigkeit **1 C § 2 MediationsG** 85
– Gebührenvereinbarung **1 C § 2 MediationsG** 85 ff.
– Inhalt **1 C § 2 MediationsG** 86
– Schriftform **1 C § 2 MediationsG** 83, 86
Hybrides Verfahren
– Mediation und Adjudikation (MedAdj) **6 I** 23
Hybridverfahren 6 J 79 ff.
– Arb-Med **6 J** 92 f.
– integriertes/paralleles Mediationsverfahren **6 J** 95
– Med-Arb **6 J** 85 ff.
Hypothesen
– mediationsanaloge Supervision **2 C § 2 ZMediatAusbV** 56

I
Identifizierung 5 F 41 ff.
Indikation
– Indikationsparameter **6 E** 2
Information
– asymmetrische **6 B** 17 ff., 66, 68

1221

Sachregister

Information über Qualifikation 2 C § 1
ZMediatAusbV 23
Informationen über Ausbildung und Fortbildung 1 C § 2 MediationsG 47
Informationsasymmetrie 4 C § 3 RDG 1
Informationsgespräch
- Anfechtung der Anordnung 1 C § 135 FamFG 17
- Anordnung 1 C § 135 FamFG 2 f., 5 f., 9 ff., 19
- Begründung der Anordnung 1 C § 135 FamFG 11
- Dokumentation 1 C § 2 MediationsG 50
- Durchführung, Person oder Stelle 1 C § 135 FamFG 12 ff., 20
- Ermessen 1 C § 135 FamFG 10, 19
- EU Med-RL 1 C § 135 FamFG 7
- Freiwilligkeit 1 C § 2 MediationsG 39, 102, 106
- Frist 1 C § 135 FamFG 11
- Haftung 1 C § 2 MediationsG 38
- Honorar 1 C § 2 MediationsG 82
- Inhalt 1 C § 135 FamFG 14
- Kosten 1 C § 135 FamFG 2, 15, 18; 1 C § 150 FamFG 11, 12
- Mediationsverbände 1 C § 135 FamFG 12
- Nichterscheinen 1 C § 150 FamFG 11 f.
- Offenbarungspflichten s. a. unter Offenbarungspflichten; 1 C § 3 MediationsG 1 ff.
- Regelungszweck 1 C § 135 FamFG 1
- schriftliche Bestätigung 1 C § 2 MediationsG 204
- Tätigkeitsbeschränkungen s. a. unter Tätigkeitsbeschränkungen; 1 C § 3 MediationsG 1 ff.
- Teilnahmebestätigung 1 C § 135 FamFG 16, 21
- Umfang des Kenntnisstandes 1 C § 2 MediationsG 43 ff.
- unentschuldigtes Nichterscheinen 1 C § 135 FamFG 2, 18
- Verständnis der Parteien 1 C § 2 MediationsG 39 ff.
- Vollstreckbarkeit 1 C § 135 FamFG 17
- Zeitpunkt 1 C § 2 MediationsG 41, 79
Informationsgespräch über Mediation oder außergerichtliche Streitbeilegung
- Anordnung 1 C § 156 FamFG 1, 3, 5, 7 ff.

- Eltern 1 C § 156 FamFG 3, 7
- Ermessen 1 C § 156 FamFG 9
- EU Med-RL 1 C § 156 FamFG 6
- Freiwilligkeitsprinzip 1 C § 156 FamFG 8
- Fristsetzung 1 C § 156 FamFG 10
- Inhalt 1 C § 156 FamFG 7 f., 13
- Kosten 1 C § 156 FamFG 1, 12, 14
- Personen und Stellen 1 C § 156 FamFG 11 f., 23
- Rechtsmittel 1 C § 156 FamFG 18
- Teilnahmebestätigung 1 C § 156 FamFG 7, 15, 23
- unentschuldigtes Nichterscheinen 1 C § 156 FamFG 19
Informationspflicht
- Bescheinigung 1 C § 3 MediationsG 96
Informationspflichten 1 C § 3 MediationsG 91 ff.
- Adressat 1 C § 3 MediationsG 102
- Ausbildung 1 C § 3 MediationsG 94
- Erfahrung 1 C § 3 MediationsG 101
- EUMed-RL 1 C § 3 MediationsG 3
- fachlicher Hintergrund 1 C § 3 MediationsG 93
- Form 1 C § 3 MediationsG 105
- Qualitätssicherung 1 C § 3 MediationsG 91 f.
- Verlangen 1 C § 3 MediationsG 103
- Verzicht 3 C § 16 VSBG 2
- Wahrheitsgebot 1 C § 3 MediationsG 104
Informationspflichten gegenüber den Beteiligten 3 C § 16 VSBG 1
Informationspflichten VSBG
- Mediation 3 C § 16 VSBG 1
Informationsprozesse
- Organisationsentwicklung 6 C 38
Informationsvorteil 6 B 26
Informiertheit
- Fachkenntnisse 1 C § 2 MediationsG 68
- Fachwissen 1 C § 2 MediationsG 71
- gleicher Informationsstand 1 C § 2 MediationsG 67
- Prinzip 1 C § 2 MediationsG 66
- Rechtslage 1 C § 2 MediationsG 69 f.
- Waffengleichheit 1 C § 2 MediationsG 70
Inhalt
- gesetzliche Verbote 1 C § 2 MediationsG 195

Sachregister

Inhalte des Ausbildungslehrgangs 2 C § 2 ZMediatAusbV 23 ff.
Inkassodienstleistungen 4 C § 2 RDG 1
– Einordnung als Rechtsdienstleistungen 4 C § 2 RDG 1
Inkompatibilität 1 C § 3 MediationsG 31
Inkrafttreten 1 L 1 f.; 2 C § 8 ZMediatAusbV 1
Inneres Team
– Transaktionsanalyse 6 D 92
Inquisitorisches Verfahren 6 H 1
Insolvenzrecht 5 G 33 ff.
Institutionelle Schiedsgerichtsbarkeit 6 J 38 ff.
Integrierte Mediation 1 B 32, 44; 6 J 96
Interessenkonflikt
– Mitarbeiter des Streitmittlers 3 C § 7 VSBG 2
– Pflicht zur Offenbarung 3 C § 7 VSBG 1
International Institute for Conflict Prevention and Resolution (CPR) 7 A 35 f.
Internationale Familienmediation Deutschland-Frankreich 1 B 41
Internationale Sachverhalte
– Schutzrechte betreffend 5 G 41
Internationales Insolvenzrecht: Kooperation zwischen Insolvenzverwaltern (»Lehman-Protokoll«) 5 G 39
Internet Corporation for Assigned Names and Numbers (ICANN)-Streitbeilegungsmechanismen 5 F 29
Interpersonelle Konflikte 6 D 9
Investitionen
– spezifische 6 B 57, 67, 73 ff., 89

J

Jahresfrist
– Einzelfallsupervision 2 C § 2 ZMediatAusbV 75 ff.
Juristischer Dienst des Rates der Europäischen Kommission 7 A 47 f.
Justizkredit 6 B 61 ff.

K

Kaskadenmodell 6 I 25
Kindeswohl
– eigenverantwortliche Konfliktlösung 1 C § 156 FamFG 1
– elterliche Pflicht 1 C § 156 FamFG 1, 16

– Hinwirken auf Einvernehmen 1 C § 156 FamFG 1, 16 f.
– verfassungsrechtliche Verankerung 1 C § 156 FamFG 1
Kindschaftssachen
– Begriff nach § 155 FamFG s. a. unter Vorrang und Beschleunigungsgebot; 1 C § 155 FamFG 1
– Begriff nach § 156 FamFG 1 C § 156 FamFG 1
– eigenverantwortliche Konfliktlösung 1 C § 156 FamFG 1
– Kindeswohl 1 C § 156 FamFG 1
Kindschaftsverfahrensrecht
– Methodenoffenheit 6 D 26
Klage
– Ausbildungsbescheinigung 2 C § 2 ZMediatAusbV 123
– Einzelsuperisionsbescheinigung nach § 2 2 C § 2 ZMediatAusbV 129
– Fortbildungsbescheinigung 2 C § 3 ZMediatAusbV 46
– Supervisionsbescheinigung nach § 4 2 C § 4 ZMediatAusbV 64
Klageschrift
– Angaben über bisherige Konfliktlösungsversuche 1 C § 253 ZPO 11 ff.
– Anwendbarkeit der Norm 1 C § 253 ZPO 6 ff.
– Fachgerichtsbarkeiten 1 C § 253 ZPO 21 ff.
– Regelungsgegenstand und Zweck 1 C § 253 ZPO 1 ff.
– Soll-Vorschrift 1 C § 253 ZPO 16 ff.
Klassenkampf 5 A 14
Klienten-Anliegen
– Selbstlösungs- und Steuerungskompetenz 6 D 35
Kölner Modell 1 B 49
Kommunikationsstörungen 5 A 61
Kompensation 6 B 98 ff.
Kompensationsproblem 6 B 81, 87, 105, 108
Kompetenzordnung in der Gesellschaft
– Konflikt über die 5 G 42
Komplexe Fälle
– Beispiele erfolgreicher Mediationen 5 G 42
KON:SENS 1 B 36
Konflikt 5 A 1 ff.
Konflikt-Analyse

1223

Sachregister

- Konflikttypus **6 D** 75
Konfliktbeilegung
- Streitbeilegungsabsicht **6 D** 20
Konflikt-Coaching
- Voraussetzungen **6 D** 32
Konflikt-Coaching als außergerichtliches Konfliktbeilegungsverfahren
- Konflikt-Coaching als Weiterentwicklung **6 D** 13
Konflikt-Coaching im Einzelsetting
- Konflikt-Coaching **6 D** 3
Konflikt-Coaching von Personengruppen 6 D 11
- Konfliktbearbeitung **6 D** 8
Konfliktdynamik 5 A 69 ff.
Konflikteskalationsstufe
- Konfliktdynamik **6 E** 3
Konfliktkompetenz 2 C § 2 ZMediatAusbV 29
Konfliktkosten 6 I 12
Konfliktlösungsverfahren 1 C § 2 MediationsG 100
Konfliktlotsen 6 I 37
Konfliktmanagement 5 G 44
Konflikttypologie 5 A 25 ff.
Konflikttypus
- heißer Konflikt **6 E** 4
Konkurrenz 5 A 11
Konsensfindung 5 B 1
Kooperationsgewinn 6 B 91, 98 ff.
Kooperatives Anwaltsverfahren
- Überblick **6 A** 13 ff.
Kosten
- Beteiligte **1 C § 150 FamFG** 8
- Billigkeitsklausel **1 C § 150 FamFG** 3, 8 ff.
- dritter Personen **1 C § 150 FamFG** 6
- Eheaufhebung **1 C § 150 FamFG** 3
- einstweilige Anordnung **1 C § 150 FamFG** 16
- erfolgloser Scheidungsantrag **1 C § 150 FamFG** 3
- erfolgreicher Scheidungsantrag **1 C § 150 FamFG** 6 f.
- Erledigung des Scheidungsverfahrens **1 C § 150 FamFG** 7
- Ermessen **1 C § 150 FamFG** 9 ff.
- EU Med-RL **1 C § 150 FamFG** 5
- Folgesachen **1 C § 150 FamFG** 1 ff., 6, 14
- Höhe **1 C § 2 MediationsG** 99

- Honorar des Mediators s. a. unter Honorar; **1 C § 2 MediationsG** 82 ff.
- in Ehe- und Familienstreitsachen **1 C § 150 FamFG** 1 ff.
- Informationsgespräch s. a. unter Informationsgespräch; **1 C § 150 FamFG** 11 f.
- Parteivereinbarung **1 C § 150 FamFG** 13
- Rechtsmittelinstanz **1 C § 150 FamFG** 15
- soziale **6 B** 109
- Unternehmen **3 B** 5
- Verbundsprinzip **1 C § 150 FamFG** 6
- versunkene **6 B** 74
- weitere Kosten der Mediation **1 C § 2 MediationsG** 82, 98 ff.
Kosten des Verfahrens 3 C § 15 VSBG 4
Kostenfrei
- Verbraucher **3 B** 3
Kostenrisiko 6 B 71
Kostentragung 6 B 38, 70, 113
Kreditsicherungsrecht 5 G 42
Kurz-Zeit-Mediation 5 D 3 ff.
- Besonderheit **5 D** 4
- Checkliste hilfreicher Fragen **5 D** 18
- Checkliste strukturiertes Telefonat **5 D** 16
- Checkliste systematische Vorbereitung **5 D** 17
- Hypothesen **5 D** 8 f.
- Konfliktgeeignetheit **5 D** 5
- Sammeln und Austausch von Informationen **5 D** 7
- Setting **5 D** 10
- systematische Vorbereitung **5 D** 13 f.
- Vorlaufphase **5 D** 6
- Zeitrahmen **5 D** 11

L

Länderöffnungsklausel 1 C § 7 MediationsG 2
Landesrechtliche Güterstellen 6 H 14
Lehrkräfte für Aus- und Fortbildung
- ausländische Trainer **2 C § 5 ZMediatAusbV** 9
- Berufsausbildung **2 C § 5 ZMediatAusbV** 9
- Dokumentation der Qualifikation **2 C § 5 ZMediatAusbV** 18
- Fachkenntnisse, spezifische **2 C § 5 ZMediatAusbV** 14

1224

Sachregister

- Fachkenntnisse, umfassend **2 C § 5 ZMediatAusbV** 11
- Nichterfüllen der Anforderungen **2 C § 5 ZMediatAusbV** 15 ff.

Leistungsmodifikation 6 B 86
Leistungsstörung
- Schadensersatzansprüche **1 C § 2 MediationsG** 28

Lernprozesse
- Organisationsentwicklung **6 C** 37

Lock-In-Effekt 6 B 77

M
Machtansatz bei Veränderungen in Organisationen 6 C 8
Machtgefälle 6 I 28
Machtungleichgewicht 5 A 34, 66
MAX
- Überblick **6 A** 40 ff.

Mecklenburg-Vorpommern 1 B 45
Med-Adj
- Überblick **6 A** 43 f.

MEDALOA 6 B 52
Med-Arb 6 B 52; **6 J** 85 ff.
- Überblick **6 A** 38 f.

Mediation
- Abgrenzung zur Rechtsdienstleistung **4 B** 3; **4 C § 2 RDG** 3; **4 C § 3 RDG** 4
- Abgrenzung zur Schlichtung **4 B** 4; **4 C § 3 RDG** 4
- Ablauf **1 C § 2 MediationsG** 75
- aktiv **1 C § 2 MediationsG** 64
- Allparteilichkeit **1 B** 8
- Als erlaubte Nebenleistung **4 C § 5 RDG** 2
- Alternativen zur Mediation **1 C § 2 MediationsG** 100
- Anwendungsausschluss **4 B** 3
- Beendigung durch Mediator s. a. unter Beendigung; **1 C § 2 MediationsG** 121 ff., 145 ff.
- Beendigung durch Parteien s. a. unter Beendigung; **1 C § 2 MediationsG** 139 ff.
- Beginn **1 B** 8
- Begrifflichkeit **4 B** 3
- Berater s. a. unter Berater; **1 C § 2 MediationsG** 166 ff.
- Co-Mediation **1 C § 1 MediationsG** 30 ff.
- Dokumentation **1 C § 2 MediationsG** 184
- Dritte s. a. unter Dritte; **1 C § 2 MediationsG** 133 ff.
- eigener Vorschlag der Parteien **1 C § 278a ZPO** 56 f.
- Eigenverantwortlichkeit **1 C § 1 MediationsG** 22 ff.
- Einbindung der Parteien s. a. unter Einbindung der Parteien; **1 C § 2 MediationsG** 116 ff.
- Einigung **1 C § 2 MediationsG** 158
- Einsatzfeld **1 C § 1 MediationsG** 13
- einvernehmliche Konfliktbeilegung **1 C § 1 MediationsG** 15
- Einzelgespräche s. a. unter Getrennte Gespräche; **1 C § 2 MediationsG** 1 ff.
- Entscheidung der Parteien **1 C § 278a ZPO** 54 ff.
- erfolgreiche, Beispielsfälle aus dem Verwaltungsrecht **5 H** 3 f.
- erfolgreiche, Beispielsfälle aus dem Wirtschaftsrecht **5 G** 42
- evaluative **6 B** 28
- faszilitative **6 B** 28
- Förderung der Mediation **1 C § 2 MediationsG** 114 ff.
- Freiwilligkeit s. a. unter Mediationsverfahren und unter Freiwilligkeit; **1 C § 1 MediationsG** 19 ff.; **1 C § 2 MediationsG** 57, 102 ff.
- Gebührenvereinbarung **1 C § 2 MediationsG** 85 f.
- gerichtlicher Ruhensbeschluss **1 C § 278a ZPO** 58 ff.
- gerichtlicher Ruhensbeschluss, Wiederaufnahme **1 C § 278a ZPO** 61 ff.
- gerichtlicher Vorschlag **1 C § 278a ZPO** 4 ff.
- gerichtlicher Vorschlag, Adressatenkreis **1 C § 278a ZPO** 4
- gerichtlicher Vorschlag, arbeitsgerichtliches Verfahren **1 C § 278a ZPO** 15 f.
- gerichtlicher Vorschlag, Ermessen **1 C § 278a ZPO** 5
- gerichtlicher Vorschlag, familiengerichtliches Verfahren **1 C § 278a ZPO** 9 f.
- gerichtlicher Vorschlag, Form **1 C § 278a ZPO** 26 ff.
- gerichtlicher Vorschlag, sozialgerichtliches Verfahren **1 C § 278a ZPO** 14

1225

Sachregister

- gerichtlicher Vorschlag, verwaltungsgerichtliches Verfahren **1 C § 278a ZPO** 11 ff.
- gerichtlicher Vorschlag, Zeitpunkt **1 C § 278a ZPO** 21 ff.
- gerichtlicher Vorschlag, zivilgerichtliches Verfahren **1 C § 278a ZPO** 6 ff.
- gerichtsintern **1 C § 2 MediationsG** 8 f.
- getrennte Gespräche s. a. unter Getrennte Gespräche; **1 C § 2 MediationsG** 39, 124 ff.
- Grundsätze s. a. unter Mediationsverfahren; **1 C § 2 MediationsG** 7, 51 ff.
- Gütegedanke **1 B** 9
- Haftung s. a. unter Haftung; **1 C § 2 MediationsG** 1 ff.
- historische Entwicklung s. a. unter Mediation – historische Entwicklung in Deutschland; **1 B** 27 ff.
- Informiertheit s. a. unter Mediationsverfahren und unter Informiertheit; **1 C § 1 MediationsG** 23 ff.; **1 C § 2 MediationsG** 66 ff.
- Konsequenzen für die Mediationspraxis **4 B** 5
- Kosten s. a. unter Kosten; **1 C § 2 MediationsG** 82 ff.
- Lebenssachverhalt **1 C § 1 MediationsG** 5
- Legaldefinition **1 C § 1 MediationsG** 4 ff.
- MediationsG **4 B** 3; **4 C § 2 RDG** 4
- Mediationsklauseln **1 C § 2 MediationsG** 12
- Mediatior, Legaldefinition **1 C § 1 MediationsG** 33
- Mediator, fehlende Entscheidungsmacht **1 C § 1 MediationsG** 43 ff.
- Mediator, Führen der Parteien **1 C § 1 MediationsG** 45 ff.
- Mediator, Grundberufe **1 C § 1 MediationsG** 48 f.
- Mediator, Neutralität **1 C § 1 MediationsG** 38 ff.
- Mediator, Unabhängigkeit **1 C § 1 MediationsG** 34 ff.
- Mediator, zertifizierter **1 C § 1 MediationsG** 50
- Mediatorenliste **1 C § 278a ZPO** 43, 68
- Mustertext, Honorarvereinbarung **1 C § 1 MediationsG** 55 f.

- Mustertext, Mediationsklausel **1 C § 1 MediationsG** 51 ff.
- Neutralität s. a. unter Mediationsverfahren und unter Neutralität; **1 C § 2 MediationsG** 52 ff.
- Parteibegriff **1 C § 1 MediationsG** 9
- passiv **1 C § 2 MediationsG** 64
- rechtlicher Rahmen **1 C § 1 MediationsG** 26 ff.
- Rollenverständnis **4 B** 3; **4 C § 2 RDG** 3
- Schwierigkeiten in Bausachen **6 I** 26
- Selbstverantwortlichkeit s. a. unter Mediationsverfahren und unter Selbstverantwortlichkeit; **1 C § 2 MediationsG** 63 ff.
- Vereinbarung s. a. unter Vereinbarung; **1 C § 2 MediationsG** 159 ff.
- Verfahrensprinzipien **1 C § 1 MediationsG** 16 ff.
- Vertraulichkeit s. a. unter Mediationsverfahren und unter Informiertheit; **1 C § 1 MediationsG** 16 ff.; **1 C § 2 MediationsG** 72 ff.
- Zulässigkeit **4 B** 3

Mediation – Arbeitsgerichtsprozess 1 C § 54a ArbGG 1 ff.
- Abgrenzung zum Einigungsstellenverfahren **1 C § 54a ArbGG** 39
- Adressatenkreis **1 C § 54a ArbGG** 4 f.
- Aussetzung des Verfahrens **1 C § 55 ArbGG** 3 ff.
- Berufungsverfahren **1 C § 64 ArbGG** 1 ff.
- Beschlussverfahren **1 C § 80 ArbGG** 1 ff.
- Beschwerdeverfahren **1 C § 87 ArbGG** 1 ff.
- Entscheidung der Parteien **1 C § 54a ArbGG** 40 ff.
- Ermessen **1 C § 54a ArbGG** 6 ff.
- Form **1 C § 54a ArbGG** 15 ff.
- Fortsetzung des Verfahrens **1 C § 54a ArbGG** 48 ff.
- gerichtliche Wiederaufnahme **1 C § 54a ArbGG** 51 ff.
- gerichtlicher Ruhensbeschluss **1 C § 54a ArbGG** 44 ff.
- gerichtlicher Vorschlag **1 C § 54a ArbGG** 4 ff.
- Ruhen des Verfahrens **1 C § 55 ArbGG** 6 ff.
- Vergleich **1 C § 83a ArbGG** 1 ff.

Sachregister

- Vorsitzendenentscheidung **1 C § 55 ArbGG** 1 ff.
- Zeitpunkt **1 C § 54a ArbGG** 1 ff.
- Mediation – Entwicklung auf Europäischer Ebene **1 B** 58 ff.
- Mediation – familiengerichtliches Verfahren
- Adressatenkreis **1 C § 36a FamFG** 4 ff.
- Aussetzung des Verfahrens **1 C § 36a FamFG** 56 ff.
- Entscheidung der Beteiligten **1 C § 36a FamFG** 53 ff.
- Ermessen **1 C § 36a FamFG** 8 ff.
- Form **1 C § 36a FamFG** 26 ff.
- gerichtliche Anordnungs- und Genehmigungsvorbehalte **1 C § 36a FamFG** 60 ff.
- gerichtlicher Vorschlag **1 C § 36a FamFG** 4 ff.
- Gewaltschutzsachen **1 C § 36a FamFG** 14 ff.
- Regelungsgegenstand und Zweck **1 C § 36a FamFG** 1 ff.
- Zeitpunkt **1 C § 36a FamFG** 17 ff.
- Mediation – historische Entwicklung in Deutschland **1 B** 27 ff.
- Alternativen in der Ziviljustiz – 1977 **1 B** 27
- Aus- und Weiterbildung **1 B** 29
- Bundesgerichtshof **1 B** 56
- Bundesverfassungsgericht **1 B** 56 f.
- Erfahrungsberichte aus USA **1 B** 28
- Förderung und Projekte auf Bundes- und Landesebene s. a. unter Projekte; **1 B** 38 ff.
- Gesetz zur Neuordnung des Kinder- und Jugendhilferechts (KJHG) **1 B** 29
- Gründung erster Fachverbände – 1992 s. a. unter Fachverbände; **1 B** 30 ff.
- KON:SENS und Zeitschrift für Konfliktmanagement ZKM **1 B** 36
- OSZE Übereinkommen über Vergleichs- und Schiedsverfahren **1 B** 31
- Projekte zu alternativen Verfahren s. a. unter Alternative Verfahren; **1 B** 32 ff.
- Rechtsanwaltschaft und Juristenausbildung s. a. unter Mediationsausbildung; **1 B** 35 ff.
- Stuttgarter Modell **1 B** 28
- Mediation – Nationales Gesetzgebungsverfahren **1 B** 60 ff.
- Anträge der Bundesländer **1 B** 65
- Ausbildung **1 B** 64, 66
- außergerichtliche Mediation **1 B** 61, 72
- Beschlussempfehlung v. 1.12.2011 **1 B** 69
- Bundesrat **1 B** 65 ff., 71 ff.
- Bundesregierung **1 B** 63 ff., 65
- Bundestag **1 B** 71 ff.
- EU Med-RL 2008/52/EG **1 B** 60
- gerichtsinterne Mediation **1 B** 61 f., 64, 66 ff., 71 f.
- gerichtsnahe Mediation **1 B** 61, 63
- Gesetzesentwurf 12.1.2011 **1 B** 63
- Güterichter **1 B** 69 ff., 73
- Inkrafttreten des MediationsG **1 B** 75
- Rechtsausschuss **1 B** 65 ff., 71 ff.
- Referentenentwurf 19.7.2010 **1 B** 61
- richterliche Mediation **1 B** 61
- Stellungnahmen **1 B** 61 ff.
- Verabschiedung des Gesetzes **1 B** 71 f., 74
- Vermittlungsausschuss **1 B** 72 f.

Mediation im Strafvollzug 5 I 4

Mediation in der Musterfeststellungsklage 5 G 122

Mediation Window 5 G 13; 6 B 52, 107

Mediation, durchgeführt
- Beendigung in früher Phase **2 C § 2 ZMediatAusbV** 89 ff.

Mediation-Adjudikation (MedAdj) 6 I 23

Mediationsabschlussvereinbarung 1 C § 2 MediationsG 17, 186 ff.
- Begriff **1 C § 2 MediationsG** 17, 186 ff.
- Dokumentation **1 C § 2 MediationsG** 184, 196
- Formulierungsvorschlag **1 C § 2 MediationsG** 197 ff.
- rechtlicher Charakter **1 C § 2 MediationsG** 189 f.
- Schriftform **1 C § 2 MediationsG** 191
- Vollstreckbarkeit **1 C § 2 MediationsG** 189

Mediationsanaloge Struktur
- Konflikt-Diagnose **6 D** 70

Mediationsanaloge Supervision 2 C § 2 ZMediatAusbV 49 ff.
- Methodische Grundlagen **2 C § 2 ZMediatAusbV** 60
- Prinzipien **2 C § 2 ZMediatAusbV** 49 ff.
- Prozessschritte **2 C § 2 ZMediatAusbV** 53 ff.
- Übersichtsblatt **2 C § 2 ZMediatAusbV** 126

Mediationsanaloges Vorgehen
- seelische Deformationen **6 E** 13

1227

Sachregister

Mediationsausbildung 1 B 35 ff.
- Berufsordnung der Rechtsanwälte (BORA) **1 B** 35 f.
- Gesetz zur Reform der Juristenausbildung v. 11.7.2002 **1 B** 37
- Mediation als anwaltliche Tätigkeit **1 B** 35
- Rechtsanwaltsvergütungsgesetz (RVG) **1 B** 37

Mediationsfähigkeit 5 G 31
- des Streitgegenstandes im Gesellschaftsrecht **5 G** 31

Mediationsklauseln 1 C § 2 MediationsG 12
Mediationskosten
- § 135 FamFG **1 C § 7 MediationsG** 28

Mediationskostenhilfe s. a. unter Förderung; **1 C § 7 MediationsG** 1 ff.

Mediationsorganisation 1 C § 2 MediationsG 15

Mediationsprojekte auf Bundes- und Landesebene 1 B 39 ff.

Mediationsvereinbarung 1 C § 2 MediationsG 17
- Abgrenzung zu anderen Vereinbarungen **1 C § 2 MediationsG** 20
- Beendigung des Verfahrens **3 C § 15 VSBG** 3
- Zeitpunkt **1 C § 2 MediationsG** 21

Mediationsverfahren
- Ablauf **1 C § 2 MediationsG** 75
- Allparteilichkeit **1 C § 2 MediationsG** 56
- Ausschlussgründe **1 C § 2 MediationsG** 53 f.
- Dauer **1 C § 2 MediationsG** 79 ff.
- Freiwilligkeit **1 C § 2 MediationsG** 57, 102 ff.
- Gerichtsverfahren **1 C § 2 MediationsG** 81
- Grundsätze **1 C § 2 MediationsG** 7, 9, 51 ff.
- Informiertheit s. a. unter Informiertheit; **1 C § 2 MediationsG** 66 ff.
- Mindestnorm **1 C § 2 MediationsG** 1
- Neutralität s. a. unter Neutralität; **1 C § 2 MediationsG** 52 ff., 110 ff.
- Phasen **1 C § 2 MediationsG** 76 f.
- Selbstbestimmungsrecht **1 C § 2 MediationsG** 7, 9, 11
- Selbstverantwortlichkeit **1 C § 2 MediationsG** 63 f.
- Teilnehmer **1 C § 2 MediationsG** 78, 133 ff.
- Unabhängigkeit **1 C § 2 MediationsG** 53 f.
- Vertraulichkeit s. a. unter Informiertheit; **1 C § 2 MediationsG** 67, 72 ff.
- zeitliche Abfolge **1 C § 2 MediationsG** 79 f.

Mediationsverfahrensvereinbarung 1 C § 2 MediationsG 17, 55

Mediationvereinbarung
- Schriftform **1 C § 2 MediationsG** 20

Mediator
- Abgrenzung zu zertif. Mediator **2 C § 2 ZMediatAusbV** 1 ff.
- Ablehnung **1 C § 2 MediationsG** 10 f.
- Aufgaben **1 C § 2 MediationsG** 1
- Aufgaben des Mediators **4 C § 2 RDG** 3, 4
- Ausbildung **4 C § 3 RDG** 4
- Ausschlussgründe **1 C § 2 MediationsG** 53 f.
- Auswahl des Mediators **1 C § 2 MediationsG** 7 ff.
- Begriff **1 B** 4
- Einbindung der Parteien **1 C § 2 MediationsG** 116 ff.
- Förderung der Kommunikation **1 C § 2 MediationsG** 114 ff.
- Gewährleistung **1 C § 2 MediationsG** 43 ff., 100 f., 116, 119 ff.
- Informationsgespräch s. a. unter Informationsgespräch; **1 C § 2 MediationsG** 38, 39 ff., 102
- Informationspflichten s. a. unter Informationspflichten; **1 C § 3 MediationsG** 1 ff.
- Neutralität s. a. unter Neutralität; **1 C § 2 MediationsG** 53 f., 110 ff.
- Offenbarungspflichten s. a. unter Offenbarungspflicht; **1 C § 3 MediationsG** 1 ff.
- Pflichten **1 C § 2 MediationsG** 1 f., 39 ff.
- Prüfungspflicht **1 C § 3 MediationsG** 49 ff., 110
- Rechtsinformation durch den Mediator s. a. unter Rechtsinformation; **1 C § 2 MediationsG** 178 ff.
- Rollenverständnis **4 C § 2 RDG** 5
- Tätigkeitsbeschränkung s. a. unter Tätigkeitsbeschränkung; **1 C § 3 MediationsG** 1 ff.
- Tätigkeitsverbot s. a. unter Tätigkeitsverbot; **1 C § 3 MediationsG** 1 ff.

Sachregister

- Unabhängigkeit **1 C § 2 MediationsG** 53
- Vergewisserung **1 C § 2 MediationsG** 39, 42, 100 f., 204
- Verhältnis zu Parteien **1 C § 2 MediationsG** 110 ff.
- Verpflichtung (gleichermaßen verpflichtet) **1 C § 2 MediationsG** 110 ff.
- Vorschlag Dritter **1 C § 2 MediationsG** 7 ff.
- zertifizierter **1 C § 1 MediationsG** 50
- Zertifizierter Mediator **4 C § 3 RDG** 4

Mediatoren
- Anzahl in Deutschland **2 C § 1 ZMediatAusbV** 1 ff.

Mediatorenliste 1 C § 278a ZPO 43, 49, 68
Mediatorenvertrag 1 C § 2 MediationsG 17, 52, 75
Mediatorvertrag
- Inhalt Mediatorvertrag **1 C § 2 MediationsG** 13

Mehrdimensionalität des Konflikts 5 A 20
Mehrere Rechtsgebiete 5 G 42
Mehrheitsgesellschafter
- Konflikt mit Minderheitsgesellschaftern **5 G** 27

Meta-Kommunikation 5 A 63
Methoden in der Moderation
- Vermittlungsarbeit **6 E** 15

Mietrecht 5 G 109 ff.
- typische Konfliktfelder **5 G** 110

Minderheitsgesellschafter
- Konflikt mit Mehrheitsgesellschaftern **5 G** 27

Mindestinhalt Ausbildungsbescheinigung 2 C § 2 ZMediatAusbV 104 ff.
Mindestinhalt Fortbildungsbescheinigung
- Fortbildungsdatum/-ort **2 C § 3 ZMediatAusbV** 39
- Fortbildungseinrichtung **2 C § 3 ZMediatAusbV** 38
- Fortbildungsinhalte/-dauer **2 C § 3 ZMediatAusbV** 41
- Fortbildungsteilnehmer **2 C § 3 ZMediatAusbV** 37

Mindestinhalt Fortbildungsbescheinigung Einzelsupervision
- Angaben zu zertifiziertem Mediator **2 C § 4 ZMediatAusbV** 51

- Angaben zum Mediationsfall **2 C § 4 ZMediatAusbV** 53 ff.
- Angaben zur Einzelsupervision **2 C § 4 ZMediatAusbV** 52

Mindeststundenzahl
- Ausbildung **2 C § 2 ZMediatAusbV** 4

Mini-Trial
- Überblick **6 A** 22 ff.

Mischung von Mediation und Coaching
- Mehrparteien-Format **6 D** 46

Moderation
- Moderator **6 E** 1
- Überblick **6 A** 8 ff.

Moralvorstellung 5 A 31
Multi-Door-Courthouse 5 B 6
Muster
- Abmahnungsschreiben **2 C § 1 ZMediatAusbV** 26
- Abschlussbescheinigung Mediator **2 C § 2 ZMediatAusbV** 122
- Ausbildungsbescheinigung Zertifizierter Mediator **2 C § 2 ZMediatAusbV** 121
- Ausbildungsvertrag Zertifizierter Mediator **2 C § 2 ZMediatAusbV** 120
- Bescheinigung **2 C § 2 ZMediatAusbV** 127
- Bescheinigung Einzelsupervision **2 C § 4 ZMediatAusbV** 63
- Checkliste Vorbereitung telef. Einzelfallsupervision **2 C § 2 ZMediatAusbV** 124; **2 C § 4 ZMediatAusbV** 60
- Fortbildungsbescheinidung **2 C § 3 ZMediatAusbV** 45
- Klageschrift, Erteilung Fortbildungsbescheinigung **2 C § 3 ZMediatAusbV** 46
- Supervisionsvertrag **2 C § 4 ZMediatAusbV** 59
- Themenblatt Einzelfallsupervision **2 C § 2 ZMediatAusbV** 125
- Übersichtsblatt mediationsanaloge Supervision **2 C § 2 ZMediatAusbV** 126
- Unterlassungserklärung **2 C § 1 ZMediatAusbV** 27

Musterschiedsklauseln 6 J 41

N
Nachbarrecht 5 G 105 ff.
- konkrete Streitgegenstände **5 G** 106

Nachlassgericht
- Mediation durch das **5 G** 57

1229

Sachregister

Nachlassplanung
– einvernehmliche **5 G** 47 f.
Nachweisführung 6 B 22
Nebenleistungen 4 C § 5 RDG 1, 4
– Zusammenhang mit Hauptleistung **4 C § 5 RDG** 1
Nebentätigkeiten 4 C § 5 RDG 1
– Einordnung als Nebenleistung **4 C § 5 RDG** 1
Neutralität 1 C § 3 MediationsG 1 f., 4 f., 10 f., 23 ff., 32, 39; **5 B** 28 ff.
– Befassung **6 D** 65
– des Mediators **1 C § 2 MediationsG** 53 f., 110 ff.
– des Verfahrens **1 C § 2 MediationsG** 55 f.
– Einzelgespräche **1 C § 2 MediationsG** 127 ff.
– Mediatorenvertrag, Mediatorenvereinbarung **1 C § 2 MediationsG** 52, 55
– relative Neutralität **1 C § 2 MediationsG** 55
New York Convention 6 J 27
Nicht anwaltlicher Mediator 4 B 5; **4 C § 2 RDG** 6
– Rechtssicherheit **4 C § 2 RDG** 6
– Strategie **4 C § 2 RDG** 6
Nichtanwälte 4 C § 3 RDG 1
Nichterfüllung
– Unmöglichkeit der Leistung **1 C § 2 MediationsG** 29
Niedersachsen 1 B 40 f.
Nonverbales Verhalten 5 A 55
Nordrhein-Westfalen 1 B 49
Notar
– Neutralitätspflicht des Notars **1 C § 2 MediationsG** 177
Notar als Berater 1 C § 2 MediationsG 177

O

Obligatorisches Güteverfahren 1 B 12 ff.
– Öffnungsklausel des § 15 a EGZPO s. a. unter Öffnungsklausel des § 15 a EGZPO; **1 B** 21 ff.
Obstruktion 6 B 64
Offenbarungspflicht
– Transparenz **6 D** 67
Offenbarungspflichten 1 C § 3 MediationsG 7 ff.
– Adressat **1 C § 3 MediationsG** 3, 9

– andere Berufe **1 C § 3 MediationsG** 4, 8
– Bundesgerichtshof **1 C § 3 MediationsG** 7
– Dokumentation **1 C § 3 MediationsG** 109
– EU Med-RL 2008/52/EG **1 C § 3 MediationsG** 6
– Europäischer Verhaltenskodex für Mediatoren **1 C § 3 MediationsG** 6
– Hinweise für Praxis **1 C § 3 MediationsG** 108 ff.
– Inhalt s. a. unter Umstände; **1 C § 3 MediationsG** 15 ff.
– Inkompatibilität **1 C § 3 MediationsG** 31
– Neutralität **1 C § 3 MediationsG** 23 ff.
– persönliche Verbindung **1 C § 3 MediationsG** 27 ff.
– Rechtsanwalt **1 C § 3 MediationsG** 4
– Schiedsrichter **1 C § 3 MediationsG** 8
– Tätigkeitsverbot s. a. unter Tätigkeitsverbot; **1 C § 3 MediationsG** 4
– Umfang s. a. unter Umstände; **1 C § 3 MediationsG** 10 ff.
– Umstände s. a. unter Umstände; **1 C § 3 MediationsG** 1 ff.
– Unabhängigkeit s. a. unter Unabhängigkeit; **1 C § 3 MediationsG** 1 f., 4, 6, 10 f.
– Verschwiegenheitspflicht **1 C § 3 MediationsG** 12
– Zeitpunkt **1 C § 3 MediationsG** 13 f.
öffentlicher Dienst
– Verwaltungshandeln **1 C § 2 MediationsG** 62
Öffentliches Recht 5 H 1 ff.
Öffnungsklausel des § 15 a EGZPO 1 B 21 ff.
– Baden-Württemberg **1 B** 24
– Bayern **1 B** 24
– Brandenburg **1 B** 24
– gesetzliche Umsetzung in den Bundesländern **1 B** 23 ff.
– Gleichbehandlungsgesetz **1 B** 23
– Hamburg **1 B** 24
– Hessen **1 B** 24
– Niedersachsen **1 B** 24
– Nordrhein-Westfalen **1 B** 24
– Saarland **1 B** 24
– Sachsen-Anhalt **1 B** 24
– Schleswig-Holstein **1 B** 24
– Streitschlichtungsstellen **1 B** 21

Sachregister

Ombudsmann
- Überblick **6 A** 45 ff.

Online Dispute Resolution (ODR) 5 F 4 ff.
- Anwendungsbereiche **5 F** 10
- Computer Assisted Dispute Resolution (CADR) **5 F** 9
- historische Entwicklung **5 F** 6
- Systeme **5 F** 20 ff.

Online-Mediation 5 F 1 ff.
- Ablauf einer Online-Mediation **5 F** 57
- Ausblick **5 F** 56
- Begriff **5 F** 8
- Form **5 F** 12 ff.
- Geheimhaltung **5 F** 19
- hybride Verfahren **5 F** 11
- Mehrparteien-Verfahren **5 F** 75
- Ort **5 F** 15
- Rechtlicher Rahmen **5 F** 51
- Sprache **5 F** 14
- Technische Voraussetzungen **5 F** 34 ff.
- Verfahrensablauf **5 F** 57
- Vertraulichkeit **5 F** 19
- Vollstreckbarkeit **5 F** 18

Opportunismus 6 B 15, 24, 59, 63, 77, 114

Ordnungswidrigkeit 4 C § 3 RDG 5

Ordre public
- Gefährdung des Kindeswohls **1 C § 4 MediationsG** 33 ff.
- physische Integrität **1 C § 4 MediationsG** 36 ff.
- psychische Integrität **1 C § 4 MediationsG** 39
- vorrangige Gründe öffentlicher Ordnung **1 C § 4 MediationsG** 31 f.

Organhaftungsansprüche
- Streitigkeiten der Gesellschaft mit ihren Organen über **5 G** 28

Organisationsbegriff 6 C 5

Organisationsentwicklung
- Changemanagement **6 C** 40
- Diagnoseprozess **6 C** 30
- Entwicklungsansatz der Veränderung **6 C** 12
- Expertenansatz der Veränderung **6 C** 10
- Informationsprozesse **6 C** 38
- Lernprozesse **6 C** 37
- Machtansatz der Veränderung **6 C** 8
- Mediation in der Organisationsentwicklung **6 C** 49

- Problemzentrierte Perspektive **6 C** 2
- Prozessschritte **6 C** 29
- Psychosoziale Prozesse **6 C** 34
- Rollenübergang **6 C** 53
- Veränderungsprozesse in Unternehmen **6 C** 1
- Visionszentrierte Perspektive **6 C** 3
- Wesenselemente von Organisationen **6 C** 15
- Willensklarheit **6 C** 32
- Zukunftsgestaltung **6 C** 31
- Zusammenspiel mit Mediation **6 C** 42

Organisationsentwicklung in der Mediation 6 C 43

»OS«-Plattform der EU-Kommission 5 D 72

P

Paradigmenwechsel in der Rechtspolitik 5 B 6

Paralleles Mediationsverfahren 6 J 97

Paraphrasieren 5 B 61

Parteien
- Auswahl des Mediators **1 C § 2 MediationsG** 7 ff.
- Dispensierung der Tätigkeitsbeschränkung s. a. unter Dispensierung; **1 C § 3 MediationsG** 4, 32 ff., 73
- eigenverantwortliche Kommunikation **1 C § 2 MediationsG** 11 ff.
- Eigenverantwortlichkeit **1 C § 2 MediationsG** 7 ff., 46, 63 f.
- Einbindung in die Mediation s. a. unter Einbindung der Parteien; **1 C § 2 MediationsG** 116 ff.
- Einigung **1 C § 2 MediationsG** 158 ff.
- Freiwilligkeit **1 C § 2 MediationsG** 102
- getrennte Gespräche **1 C § 2 MediationsG** 124 ff.
- Kenntnis aller Umstände **1 C § 3 MediationsG** 33
- Parteifähigkeit **3 C § 1 VSBG** 1
- Selbstbestimmungsrecht **1 C § 2 MediationsG** 7, 9
- Teilnahme **1 C § 2 MediationsG** 39
- Verständnis **1 C § 2 MediationsG** 42
- volle Informiertheit **1 C § 2 MediationsG** 43 ff., 66, 75, 172

1231

Sachregister

Parteien Herren des Verfahrens 3 C § 15 VSBG 1
Partizipationsverfahren
– Verfahrensprinzipien 6 E 12
Pathologische Schiedsklauseln 6 J 107
Person des Streitmittlers
– Wahlfreiheit 3 C § 6 VSBG 1
Personalausweis
– Online-Ausweisfunktion 5 F 48
Persönliche Kompetenz, Haltung, Rollenverständnis 2 C § 2 ZMediatAusbV 32
Perspektivenwechsel 5 B 50
Pflichten des Streitmittlers
– Beeinträchtigung de Unabhängigkeit 3 C § 7 VSBG 1
– Unabhängigkeit 3 C § 7 VSBG 1
Pflichten Streitmittler
– VSBG 3 C § 6 VSBG 1
Pflichtteilsrecht 5 G 51, 54
Planfeststellungsverfahren 5 H 3
Post-Ident-Verfahren 5 F 45
Präkluobstruktion sionsfrist 6 H 12
Praktische Übungen 2 C § 2 ZMediatAusbV 33 f.
Präsenzzeitstunden 2 C § 2 ZMediatAusbV 35
Präsenzzeitstunden und Fern-/Eigenstudium 2 C § 2 ZMediatAusbV 37
Präsidium
– gerichtlicher Mediator 1 C § 9 MediationsG 10
– Güterichter 1 C § 278 ZPO 48
Privatklageverfahren 5 I 1
Problemzentrierte Perspektive 6 C 2
Protokollpflicht, Ausnahme
– Güterichter 1 C § 159 ZPO 6
– Mustertext Protokoll, Güterichter 1 C § 159 ZPO 25
– Protokollpflicht bei übereinstimmendem Antrag 1 C § 159 ZPO 9 ff.
– Regelungsgegenstand und Zweck 1 C § 159 ZPO 1 ff.
– Verstoß gegen Protokollersuchen 1 C § 159 ZPO 19 f.
Protokolltätigkeit
– Protokolltätigkeit des Mediators 4 C § 2 RDG 5
Prozessschritte der Organisationsentwicklung 6 C 29

Psychosoziale Prozesse
– Organisationsentwicklung 6 C 34

Q
Qualifikation von Lehrkräften 2 C § 5 ZMediatAusbV 8 ff., 11 ff., 14

R
Recht der Mediation 2 C § 2 ZMediatAusbV 30
Recht in der Mediation 2 C § 2 ZMediatAusbV 31
Rechtliches Gehör
– Mediation 3 C § 17 VSBG 4
– Schlichtungsverfahren 3 C § 17 VSBG 1
Rechtsauskünfte
– Neutralität 1 C § 3 MediationsG 26
Rechtsberatungsgesetz 4 B 1; 4 C § 5 RDG 1
Rechtschutzversicherung
– Privatautonomie 1 C § 2 MediationsG 60
Rechtsdienstleistungen
– Abgrenzung zur Mediation 4 B 3; 4 C § 2 RDG 3
– Abgrenzung zur Rechtsinformation 4 C § 2 RDG 4
– Auslegung 4 C § 2 RDG 1
– Begrifflichkeit 4 B 2; 4 C § 2 RDG 1, 3
– Erbringung durch Nichtanwälte 4 C § 3 RDG 1
– Erlaubte Nebenleistungen 4 C § 5 RDG 1, 4
– Inanspruchnahme 4 C § 3 RDG 1
– Inkassodienstleistungen 4 C § 2 RDG 1
– Protokolltätigkeit 4 C § 2 RDG 5
– Schutz der Rechtsuchenden 4 B 2
– Unzulässige Erbringung 4 C § 3 RDG 1, 5
Rechtsferne Befassung
– Organisationsberatung 6 D 60
Rechtsferne Befassungen
– Rechtsferne Mediationen 6 D 58
Rechtsferne Tätigkeiten
– Neutralitätsbeurteilung 6 D 66
Rechtsfolge
– privatrechtlicher Vertrag 3 B 6
– Unternehmen 3 B 5
– Vollstreckungstitel 3 B 6
Rechtsfolgen 6 B 22

Sachregister

- Beendigung des Verfahrens **3 C § 15 VSBG** 4
- Verjährung **3 B** 3
- Verstoß gegen § 3 RDG **4 C § 3 RDG** 5

Rechtsfremde Aspekte 6 B 96
Rechtsfriedensbewegung 1 B 11
Rechtsinformation 4 C § 2 RDG 4
- Abgrenzung zur Rechtsdienstleistung **4 C § 2 RDG** 4
- Begrifflichkeit **4 C § 2 RDG** 4

Rechtsinformation durch den Mediator 1 C § 2 MediationsG 178 ff.
- Abgrenzung zu Rechtsdienstleistungsgesetz Nichtigkeit **1 C § 2 MediationsG** 179 ff.
- Abschlussvereinbarung **1 C § 2 MediationsG** 181
- Haftung **1 C § 2 MediationsG** 183
- Neutralität **1 C § 2 MediationsG** 182

Rechtsschutz 6 B 116
- Hemmnis **6 B** 36, 65, 68

Rechtsschutzversicherung
- Kosten **1 C § 2 MediationsG** 91

Reframing 5 B 65
Regelbeispiele 4 C § 2 RDG 1
Regeln 1 C § 2 MediationsG 19
Regelungsgegenstand
- Rahmengesetz **3 B** 1

Regelungshintergrund
- Rechtsunsicherheit **4 C § 2 RDG** 1
- Umsetzung von Europarecht **3 B** 1

Regelungstechnik
- Verbot mit Erlaubnisvorbehalt **4 B** 2

Regensburger Justizprojekt 1 B 33
Residualverluste 6 B 83 ff.
Ressourcen 6 B 5, 7, 12, 41, 84
- Aufwand **6 B** 51

Rheinland-Pfalz 1 B 44
Richterliche Mediation 1 B 49
Rollenabgrenzung Mediator und Coach
- Rollenunterschiede **6 D** 49

Rollenspiele 2 C § 2 ZMediatAusbV 33 f.
Rückforderungsprozess 6 I 8

S

Saarland 1 B 54
Sachebene 5 A 27, 49
Sachsen 1 B 55
Sachsen-Anhalt 1 B 48
Sachverhaltsermittlung 6 B 29 f.

Sachverhaltsidentität 1 C § 3 MediationsG 45 ff.
- andere Berufsgruppen **1 C § 3 MediationsG** 47
- Beispiele **1 C § 3 MediationsG** 46
- dieselbe Sache **1 C § 3 MediationsG** 45
- Rechtsanwalt **1 C § 3 MediationsG** 48

Sanierung des Unternehmens 5 G 33 ff.
- außergerichtliche **5 G** 36
- gerichtlich überwachte **5 G** 37

Sanktionierbarkeit 6 B 22
Schadensersatzanspruch
- Honorar **1 C § 2 MediationsG** 132

Schiedsgericht 6 J 52 ff.
- Bildung **6 J** 52 ff.

Schiedsgerichtliches Verfahren
- Überblick **6 A** 35 ff.

Schiedsgerichtsbarkeit 6 J 1 ff.
- Abgrenzung zu Schiedsgutachten **6 J** 24
- Abgrenzung zur Mediation **6 J** 22
- Begriff **6 J** 1
- Charakteristika **6 J** 7 ff.
- rechtsdogmatische Grundlagen **6 J** 6
- Rechtsquellen **6 J** 25 f.
- verfassungsrechtliche Zulässigkeit **6 J** 6
- Verhältnis zur staatlichen Gerichtsbarkeit **6 J** 16 ff.

Schiedsgerichtsverfahren
- Mediation **3 B** 10

Schiedsgutachten 6 B 82
- Abgrenzung von Entscheidungsmaßstab und Bindungswirkung **6 K** 30
- Abgrenzung zum Schiedsgerichtsverfahren **6 K** 1, 6
- Abwägungsvorgang **6 K** 28
- Änderung der Entscheidung **6 K** 52
- Aufhebung **6 K** 69
- aufschiebend bedingtes **6 H** 9
- Begründung der Entscheidung **6 K** 52
- Beispiel **6 K** 80
- Beschleunigungsmaxime **6 K** 22
- billiges Ermessen **6 K** 27
- Bindungswirkung **6 K** 26, 55
- Definition **6 K** 1
- Eilverfahren **6 K** 62
- Einzelgespräch **6 K** 18
- Enscheidungsmaßstab **6 K** 26
- Entscheidung nach Aktenlage **6 K** 24
- Ermessen **6 K** 20

1233

Sachregister

- Ersatzbestimmung **6 K** 60
- Fehler im Ergebnis **6 K** 41
- freies Belieben **6 K** 46
- freies Ermessen **6 K** 44
- gerichtliche Durchsetzung **6 K** 73
- Grenzen der Bindungswirkung **6 K** 32
- Haftung des Bürgen **6 K** 78
- im engeren und weiteren Sinn **6 K** 4
- kontradiktorische Elemente **6 K** 21
- maßgeblicher Sachverhalt **6 K** 16
- methodische Fehler bei der Gutachtenerstellung **6 K** 35
- ohne Bindungswirkung **6 H** 5
- pactum de non petendo **6 K** 62
- rechtliche Beurteilung **6 K** 8
- rechtliche Beurteilungsfehler **6 K** 40
- rechtsdogmatische Einordnung **6 K** 4
- Regelung der ZPO **6 K** 17
- Säumnis **6 K** 24
- selbstständiges Beweisverfahren **6 K** 62
- Teilunverbindlichkeit **6 K** 33
- Überblick **6 A** 32 ff.
- unstreitiger Parteivortrag **6 K** 19
- Urkundenprozess **6 K** 75
- Verfahrensfehler **6 K** 38
- Verfahrensgarantien **6 K** 56
- Verfahrenskosten **6 K** 72
- Verzögerung **6 K** 60
- Vorgaben für die Ermessensausübung **6 K** 26
- vorläufige Verbindlichkeit **6 K** 51
- Zeitpunkt **6 K** 25

Schiedsgutachter
- Befangenheitsgrund **6 K** 15
- Benennung **6 K** 10
- Unabhängigkeit **6 K** 12
- Verfahren zur Benennung **6 K** 10

Schiedsinstitutionen 6 J 38 ff.

Schiedsordnungen 6 J 41
- DIS-Schiedsgerichtsordnung **6 J** 102
- ICC-Schiedsgerichtsordnung **6 J** 102
- UNCITRAL Arbitration Rules **6 J** 43, 103

Schiedsrichter 6 J 52

Schiedsspruch 6 J 63 ff.
- Aufhebung **6 J** 66 ff.
- Form **6 J** 63
- Kostenentscheidung **6 J** 64
- Schiedsspruch mit vereinbartem Wortlaut **6 J** 65

- Vollstreckbarerklärung **6 J** 71 f.

Schiedsvereinbarung 6 J 28
- Form **6 J** 34 ff.
- Inhalt **6 J** 32 f.
- objektive Schiedsfähigkeit **6 J** 30
- subjektive Schiedsfähigkeit **6 J** 31

Schiedsverfahren 6 J 44 ff.
- Ablauf **6 J** 50 ff.
- Ausgestaltung **6 J** 44 ff.
- Beweiserhebung **6 J** 62
- mündliche Verhandlung **6 J** 60
- Sachverhaltsermittlung **6 J** 61
- Schiedsklage **6 J** 58
- Verfahrensdauer **6 J** 11
- Verfahrenskosten **6 J** 64
- vorläufige/sichernde Maßnahmen **6 J** 18

Schlechtleistung
- Hauptpflichten **1 C § 2 MediationsG** 31

Schleswig Holstein 1 B 47

Schlichtung 6 H 1, 4
- Abgrenzung zur Mediation **4 B** 4; **4 C § 3 RDG** 4
- obligatorische **6 H** 3
- Schlichtungsspruch **4 B** 4
- Überblick **6 A** 16 f.
- Wirkung **6 I** 35

Schlichtungsklausel
- Anforderungen **6 H** 25
- Beispiel **6 H** 26

Schlichtungsstellen 4 C § 2 RDG 7
- nach Branchen **6 H** 27

Schlichtungsverfahren
- Vergleichsvertrag **6 H** 7
- Widerspruch **6 H** 8

Schuldrecht
- allgemeines **5 G** 119

Selbstausdruck
- Tauschen **6 D** 79

Selbstbestimmung 5 B 9

Selbstbestimmungsrecht 1 C § 2 MediationsG 7, 9

Selbstbild 5 A 35, 53

Selbstverantwortlichkeit
- Prinzip **1 C § 2 MediationsG** 63
- Umfang **1 C § 2 MediationsG** 64

Selbstverpflichtung 1 C § 2 MediationsG 61

Selbstzertifizierung 2 B 7

Sachregister

Semi-obligatorische Güteverhandlung 1 C § 278 ZPO 20
Setting 5 B 69 ff.
Sichtweisen
– Selbstbild **6 D** 77
Singapore Convention on Mediation 6 J 82
Solon 1 B 2
Sonstiges Wirtschaftsrecht 5 G 42 ff.
Soziale Kontextbezogenheit 5 A 20
Sozialer Konflikt
– Theorie des sozialen Konflikts **5 A** 16 ff.
Sozialgerichtliches Verfahren
– andere Verfahren außergerichtlicher Konfliktbeilegung **1 C § 202 SGG** 101 ff.
– Güterichter **1 C § 202 SGG** 27 ff.
– Güterichter, mögliche Ergebnisse **1 C § 202 SGG** 59 ff.
– Güterichter, Verfahrensablauf **1 C § 202 SGG** 34 ff.
– Güterichter, Verweisung durch Gericht **1 C § 202 SGG** 31
– Güterichter, Vorgehensweise **1 C § 202 SGG** 47 ff.
– Güterichter, Zeugnisverweigerungsrecht **1 C § 202 SGG** 66
– Inkompatibilität für Richter **1 C § 202 SGG** 6 ff.
– Inkompatibilität für Richter, Sachidentität **1 C § 202 SGG** 12
– Inkompatibilität für Richter, verfahrensrechtliche Konsequenzen **1 C § 202 SGG** 13 f.
– Klageschrift **1 C § 202 SGG** 22 ff.
– Klageschrift, Angaben über bisherige oder zukünftige Konfliktlösungsversuche **1 C § 202 SGG** 24
– Klageschrift, Angaben über entgegenstehende Gründe **1 C § 202 SGG** 25 f.
– Klageschrift, Sollvorschrift **1 C § 202 SGG** 26
– Mediation **1 C § 202 SGG** 69 ff.
– Mediation, Entscheidung der Beteiligten **1 C § 202 SGG** 108 ff.
– Mediation, gerichtlicher Ruhensbeschluss **1 C § 202 SGG** 112 ff.
– Mediation, gerichtlicher Vorschlag **1 C § 202 SGG** 71 f.
– Mediation, gerichtlicher Vorschlag, Ermessen **1 C § 202 SGG** 73 ff.
– Mediation, gerichtlicher Vorschlag, Form **1 C § 202 SGG** 83 ff.
– Mediation, gerichtlicher Vorschlag, formale und inhaltliche Kriterien **1 C § 202 SGG** 97 ff.
– Mediation, gerichtlicher Vorschlag, Zeitpunkt **1 C § 202 SGG** 78 ff.
– Verweisungsnorm **1 C § 202 SGG** 1 ff.
– Wegfall der Protokollpflicht **1 C § 202 SGG** 15 ff.
– Wegfall der Protokollpflicht, Adressat der Vorschrift **1 C § 202 SGG** 17
– Wegfall der Protokollpflicht, keine Anwendbarkeit **1 C § 202 SGG** 20
Sozialisation 5 A 51
Sozialrecht 5 H 9
Spezifischer Kontext
– Kultur **6 E** 9
Steuerrecht 5 H 14
Strafrecht 5 I 1 ff.
Strafrechtlicher Haftungsmaßstab 1 C § 2 MediationsG 27
Streitbeilegung 6 I 37
– baubegleitende **6 I** 15
– effiziente **6 I** 16
Streitbeilegungsmechanismen
– Aufgabe von **5 G** 44
– Gleichwertigkeit aller **5 G** 44
Streitentscheidung 6 B 31
Streitkulturverbesserung
– Konfliktprophylaxe **6 D** 6
Streitmittler
– Interessenkonflikt **3 C § 7 VSBG** 2
– Mediator **3 B** 12; **3 C § 6 VSBG** 3; **4 C § 2 RDG** 7
Streitmittler als Mediator 3 C § 7 VSBG 3
Streitrichter
– Paralleles Konflikt-Coaching **6 D** 17
Streitschlichtungsvorschlag
– Gesetzesorientierung **3 C § 19 VSBG** 1
Struktur
– Gesprächstechniken **6 D** 68
– mediationsanaloge Struktur **6 D** 69
Stundensatz 1 C § 2 MediationsG 89
Stuttgarter Modell 1 B 28
Stuttgarter Modellversuch 1 B 39
Subjektive Wahrnehmung 5 A 52
Sühnetermin 1 B 10
Sühneversuch 1 B 10 f.

Sachregister

- Rechtsfriedensbewegung **1 B 11**
Summarische Prüfung
- Adjudikation **6 I 10**
- SL-Bau **6 I 10**
Supervisionsvertrag 2 C § 4 ZMediatAusbV 59
Supervisor 2 C § 2 ZMediatAusbV 96 ff.; **2 C § 4 ZMediatAusbV** 38 ff., 56
Systematisches Baukonfliktmanagement
- Verzahnung mit anderen ADR-Verfahren **6 I 22**

T
Täter-Opfer-Ausgleich 5 I 3
Tätigkeitsbeschränkung 1 C § 3 MediationsG 4, 15 ff.
- Dispensierung durch Parteien s. a. unter Dispensierung; **1 C § 3 MediationsG** 4, 32 ff., 73
- eigenes Interesse **1 C § 3 MediationsG** 20 ff.
- geschäftliche Verbindungen **1 C § 3 MediationsG** 17 ff.
- Inkompatibilität **1 C § 3 MediationsG** 31
- Neutralität **1 C § 3 MediationsG** 23 ff.
- persönliche Verbindungen **1 C § 3 MediationsG** 27 ff.
- Streitmittler **3 C § 7 VSBG** 3
- Unabhängigkeit **1 C § 3 MediationsG** 16 ff.
Tätigkeitsbeschränkungen für Mediatoren
- § 3 Abs. 2 und 3 MediationsG **6 D 54**
Tätigkeitsverbot
- Berufsausübungs- oder Bürogemeinschaft s. a. unter Berufsausübungs- oder Bürogemeinschaft; **1 C § 3 MediationsG** 4, 59 ff.
- Bundesverfassungsgericht **1 C § 3 MediationsG** 60
- EU Med-RL 2008/52/EG **1 C § 3 MediationsG**
- europäischer Verhaltenskodex für Mediatoren **1 C § 3 MediationsG** 6
- nicht abdingbare Tätigkeitsbeschränkung **1 C § 3 MediationsG** 4, 39 ff.
- Prüfungspflicht des Mediators **1 C § 3 MediationsG** 49 ff., 110
- Rechtsanwalt **1 C § 3 MediationsG** 4, 41 ff., 59 ff.
- Sachverhaltsidentität s. a. unter Sachverhaltsidentität; **1 C § 3 MediationsG** 45 ff.

- Tätigwerden für eine Partei **1 C § 3 MediationsG** 41 ff.
- vor der Mediation (Vorbefassung) **1 C § 3 MediationsG** 40, 59 ff.
- während oder nach der Mediation **1 C § 3 MediationsG** 53 ff.
- Zeitraum **1 C § 3 MediationsG** 53 ff.
- Zustimmung der Parteien **1 C § 3 MediationsG** 58
Telefon
- Einzelfallsupervision **2 C § 2 ZMediatAusbV** 67 f.
Tenorierung 6 B 38, 62, 70
Testamentsvollstreckung 5 G 55
Testierfreiheit
- Beschränkungen der **5 G** 47, 50
Themenblatt Einzelsupervision 2 C § 2 ZMediatAusbV 125
Themenblatt, Vorbereitung Einzelfallsupervision 2 C § 2 ZMediatAusbV 125
Themensammlung
- Konfliktgeschichte **6 D** 76
Thüringen 1 B 51
Transaktionskosten 6 B 33 ff., 60, 65, 69
Transparenz 5 B 22 f.
Trennungen von Gesellschaftern 5 G 21
Treu und Glauben 6 B 92
Typisierende Betrachtungsweise der Berufsbilder 4 C § 5 RDG 3
- Ausnahmen **4 C § 5 RDG** 3

U
Überblick
- Coaching **6 A** 3
Übergänge von Coaching zu Mediation
- Neutralität **6 D** 45
Übergangsbestimmung
- Fachgerichtsbarkeiten **1 C § 9 MediationsG** 12 ff.
- gerichtlicher Mediator, Status **1 C § 9 MediationsG** 9 ff.
- gerichtlicher Mediator, zeitliche Limitierung **1 C § 9 MediationsG** 8
- Regelungsgegenstand und Zweck **1 C § 9 MediationsG** 1 ff.
- Weiterführung gerichtlicher Mediationen **1 C § 9 MediationsG** 6 ff.
- zeitliche Begrenzung des Begriffs »gerichtlicher Mediator« **1 C § 9 MediationsG** 8

Sachregister

Übergangsbestimmungen
- Altfälle nach Abs. 1 **2 C § 7 ZMediatAusbV** 5 ff.
- Fristbeginn für Fortbildungen **2 C § 7 ZMediatAusbV** 24 ff.
- Fristenlauf **2 C § 7 ZMediatAusbV** 36 f.
- Normadressaten für Fortbildungspflichten **2 C § 7 ZMediatAusbV** 25 ff.
- Übergangsfälle nach Abs. 2 **2 C § 7 ZMediatAusbV** 20 ff.

Übergangsfälle nach § 7 Abs. 2
- Ausbildungsende **2 C § 7 ZMediatAusbV** 21

Übersichtsblatt mediationsanaloge Supervision 2 C § 2 ZMediatAusbV 126

Umfang rechtliches Gehör
- Mediation **3 C § 17 VSBG** 4
- Schlichtungsverfahren **3 C § 17 VSBG** 1

Umgang mit Spannungen
- Umgang mit Eskalationen **6 E** 19

Umgangsregelung
- Anhörung **1 C § 156 FamFG** 21
- Rechtsmittel **1 C § 156 FamFG** 22

Umstände
- Bundesgerichtshof **1 C § 3 MediationsG** 7
- eigenes Interesse **1 C § 3 MediationsG** 20 ff.
- geschäftliche Verbindungen **1 C § 3 MediationsG** 17 ff.
- Inkompatibilität **1 C § 3 MediationsG** 31
- Neutralität **1 C § 3 MediationsG** 23 ff.
- parteiobjektivierter Maßstab **1 C § 3 MediationsG** 10
- persönliche Verbindungen **1 C § 3 MediationsG** 27 ff.
- Schiedsrichter **1 C § 3 MediationsG** 10
- subjektiver Maßstab **1 C § 3 MediationsG** 10 f.
- Unabhängigkeit **1 C § 3 MediationsG** 16 ff.
- Verschwiegenheitspflicht **1 C § 3 MediationsG** 12

Unabhängigkeit 1 C § 3 MediationsG 1 f., 4, 6, 10 f., 16 ff., 32, 39
- eigenes Interesse **1 C § 3 MediationsG** 20 ff.
- geschäftliche Verbindung **1 C § 3 MediationsG** 17 ff.

UNCITRAL Arbitration Rules 6 J 43

UNCITRAL-Modellgesetz 6 J 26
Unterinvestition 6 B 78
Unterlassungserklärung
- Muster **2 C § 1 ZMediatAusbV** 27

Unternehmensinterne Streitigkeit 5 G 42
Unternehmenskaufverträge 5 G 24
Unternehmenskooperationen
- Konflikt im Rahmen von **5 G** 42

Unternehmensnachfolge 5 G 56
- Familienunternehmen **5 G** 42

Unterrichtsstunde 2 C § 2 ZMediatAusbV 35

Unzulässigkeit rechtlich mitgestaltender Wirkung 4 C § 2 RDG 5

Urkundsverfahren 6 B 72

V

Veränderungsansätze 6 C 6
Verbesserung der Selbstlösungs- und Steuerungskompetenz
- Konfliktbewältigungsstrategie **6 D** 4

Verbot mit Erlaubnisvorbehalt 4 C § 3 RDG 1

Verbraucher
- Streitigkeiten mit Beteiligung durch einen **5 G** 120 f.
- Unternehmer **3 C § 1 VSBG** 1

Verbraucherschutz 4 C § 3 RDG 1

Verbraucherstreitbeilegung
- Rechtsnatur ZPO **3 C § 1 VSBG** 1
- Verschwiegenheitspflicht **3 C § 22 VSBG** 1

Verbraucherstreitschlichtung
- Mediation, Praxisrelevanz **3 C § 18 VSBG** 4
- Normenkollisionen **3 C § 18 VSBG** 2
- Streitschlichtungsvorschlag **3 C § 19 VSBG** 1
- Verfahrensabschluss **3 C § 21 VSBG** 1
- Verfahrensdauer **3 C § 20 VSBG** 1
- Verfahrensoffenheit **3 C § 18 VSBG** 1

Vereinbarung 1 C § 2 MediationsG 159 ff.; **6 H** 5
- Abschlussvereinbarung **1 C § 2 MediationsG** 17, 186 ff.
- Berater § 2 s. a. unter Berater; **1 C § 2 MediationsG** 166 ff., 174
- Einigung **1 C § 2 MediationsG** 158
- Hinweispflicht **1 C § 2 MediationsG** 172 f.

1237

Sachregister

- Kenntnis der Sachlage **1 C § 2 MediationsG** 161
- Rechtsinformation **1 C § 2 MediationsG** 178 ff.
- Schriftform **1 C § 2 MediationsG** 160
- Vergewisserung Hinwirken **1 C § 2 MediationsG** 163 f.
- Verständnis des Inhalts **1 C § 2 MediationsG** 162

Verfahren 1 C § 278 ZPO 20 ff.
- hybride **6 B** 52

Verfahren für Baustreitigkeiten nach 18 Abs. 2 VOB/B 6 H 13

Verfahrens Einleitung 6 B 31

Verfahrensdauer 6 B 60
- Verbraucherstreitschlichtung **3 C § 20 VSBG** 1

Verfahrenseinleitender Antrag nach FamFG
- Angaben über bisherige Konfliktlösungsversuche **1 C § 23 FamFG** 7
- Angaben über zukünftige Konfliktlösungsversuche **1 C § 23 FamFG** 8 f.
- Angaben über zukünftige Konfliktlösungsversuche, entgegenstehende Gründe **1 C § 23 FamFG** 10 f.
- Anwendbarkeit der Norm **1 C § 23 FamFG** 6 ff.
- Regelungsgegenstand und Zweck **1 C § 23 FamFG** 1 ff.
- Soll-Vorschrift **1 C § 23 FamFG** 13

Verfahrensgebühr
- Ermäßigung **1 C § 69b GKG** 1 ff.
- Ermäßigung, Ankündigung in der Klageschrift **1 C § 69b GKG** 33 f.
- Ermäßigung, Beendigung des gesamten Verfahrens **1 C § 69b GKG** 28
- Ermäßigung, gerichtlicher Vorschlag **1 C § 69b GKG** 35
- Ermäßigung, Rechtsmittelverfahren **1 C § 69b GKG** 36
- Gebührentatbestände, Kostenverzeichnis **1 C § 69b GKG** 13 ff.
- Klage- oder Antragsrücknahme **1 C § 69b GKG** 25 ff.
- Länderöffnungsklausel **1 C § 69b GKG** 5

Verfahrensgebühr – familienrechtliches Verfahren
- Ermäßigung **1 C § 61a FamGKG** 1 ff.

- Ermäßigung, Antragsrücknahme **1 C § 61a FamGKG** 5 ff.
- Ermäßigung, Antragsverfahren **1 C § 61a FamGKG** 4 ff.
- Ermäßigung, Beschwerdeverfahren **1 C § 61a FamGKG** 12
- Ermäßigung, Umfang **1 C § 61a FamGKG** 4 f.
- Länderöffnungsklausel **1 C § 61a FamGKG** 3

Verfahrensgestaltung 6 B 48, 117

Verfahrenskosten 6 B 37, 69 ff., 116

Verfahrensoffenheit
- Prinzip **3 B** 9

Verfahrensordnung 6 B 9, 47
- Mediation **3 B** 9
- Verhältnis **3 B** 9

Verfahrensorganisation 6 B 49

Verfahrensregelungen 6 B 47

Verfahrensrisiko 6 B 36, 66
- wirtschaftliches **6 B** 36, 38

Verfahrensvereinbarung 1 C § 2 MediationsG 17 ff.
- Abgrenzung zu anderen Vereinbarungen **1 C § 2 MediationsG** 17
- Inhalt **1 C § 2 MediationsG** 18 ff.

Verfahrenswahl 6 B 10, 50

Vergleich
- außergerichtliche Streitbeilegung **3 B** 5

Verhaltensmuster 5 A 67

Verhältnis
- Mediation **3 B** 12

Verhältnis von VSBG zum MediationsG 3 C § 7 VSBG 3

Verhandlungsmacht 6 B 54 ff., 59, 63, 65, 77, 89, 104, 111 f., 116, 122
- Ausgleich **6 B** 67 ff., 107
- Verschiebung **6 B** 54 ff., 65, 66

Verhandlungsposition 6 B 44, 54

Verhandlungstechniken und -kompetenz 2 C § 2 ZMediatAusbV 27

Verifikation 5 F 41 ff.

Verifizierbarkeit 6 B 21, 41, 68

Verifizierung
- Bescheinigung **1 C § 3 MediationsG** 98

Verjährung 1 D Einf ZPO 5
- Hemmung **1 D Einf ZPO** 6

Verlangen 1 C § 3 MediationsG 103

Sachregister

Verordnung
- Entstehungsgeschichte **2 B** 2 ff.
- Inkrafttreten **2 B** 8; **2 C § 8 ZMediatAusbV** 1

Verordnungsermächtigung für Aus- und Fortbildung
- Abschluss der Ausbildung **1 C § 6 MediationsG** 32
- Anforderungen an Lehrkräfte **1 C § 6 MediationsG** 30
- Ermächtigungsadressat **1 C § 6 MediationsG** 6
- gesetzgeberische Erwartungen an Curriculum **1 C § 6 MediationsG** 36 ff.
- Inhalt der Ausbildung **1 C § 6 MediationsG** 17 ff.
- Inhalt der Fortbildung **1 C § 6 MediationsG** 21 ff.
- Inhalt, Zweck und Ausmaß **1 C § 6 MediationsG** 7 ff.
- Konkretisierung nach Satz 2 **1 C § 6 MediationsG** 16 ff.
- Mindeststundenzahl **1 C § 6 MediationsG** 23 ff.
- Regelungsbereich, abstrakt **1 C § 6 MediationsG** 12 ff.
- Regelungsgegenstand und Zweck **1 C § 6 MediationsG** 1 ff.
- Übergangsbestimmungen **1 C § 6 MediationsG** 33 ff.
- vorgesehenes Inkrafttreten **1 C § 6 MediationsG** 39 ff.
- zeitliche Abstände **1 C § 6 MediationsG** 29
- Zertifizierung durch Aus- und Fortbildungseinrichtungen **1 C § 6 MediationsG** 31

Versäumung Vierjahresfrist 2 C § 3 ZMediatAusbV 28 f.

Versäumung Zweijahrefrist
- Nachholung **2 C § 4 ZMediatAusbV** 47

Verschwiegenheitspflicht 1 C § 4 MediationsG 6 ff.
- Dritte **1 C § 4 MediationsG** 21 ff.
- Entbindung **1 C § 4 MediationsG** 26
- fehlende Geheimhaltung **1 C § 4 MediationsG** 40
- gesetzlicher Ausschluss **1 C § 4 MediationsG** 27 ff.
- gesetzlicher Ausschluss, ordre public **1 C § 4 MediationsG** 31 ff.
- Hilfspersonen **1 C § 4 MediationsG** 17 ff.
- Informationspflicht über Umfang **1 C § 4 MediationsG** 41 f.
- Inhalt **1 C § 4 MediationsG** 6 ff.
- Mediator **1 C § 4 MediationsG** 14 ff.
- Mustertext **1 C § 4 MediationsG** 51
- Mustertext, Information **1 C § 4 MediationsG** 47 f.
- Mustertext, Parteivereinbarung **1 C § 4 MediationsG** 49 f.
- Parteien **1 C § 4 MediationsG** 21 ff.
- Personenkreis **1 C § 4 MediationsG** 14 ff.
- Sicherung der Vertraulichkeitsabrede **1 C § 4 MediationsG** 44 f.
- Umfang **1 C § 4 MediationsG** 6 ff., 24 f.
- Verstoß, Folgen **1 C § 4 MediationsG** 43
- Zeugnisverweigerungsrecht **1 C § 4 MediationsG** 9 ff.

Verstoß gegen § 3 RDG 4 C § 3 RDG 1

Vertrag
- Ausbildung **2 C § 2 ZMediatAusbV** 120
- Fortbildung **2 C § 3 ZMediatAusbV** 44
- Supervision **2 C § 4 ZMediatAusbV** 59

Vertragsinteressen
- divergierende **6 B** 3

Vertrauen 5 F 19

Vertraulichkeit
- Beweisverwertungsverbot **1 C § 2 MediationsG** 74
- Dritte **1 C § 2 MediationsG** 138
- EU Med-RL 2008/52/EG **1 C § 2 MediationsG** 73
- Geheimhaltung **1 C § 2 MediationsG** 74
- Prinzip **1 C § 2 MediationsG** 72
- Sanktionen **1 C § 2 MediationsG** 74
- Zeugnisverweigerungsrecht **1 C § 2 MediationsG** 73

Vertriebsrecht 5 G 32

Verwaltungsgerichtliches Verfahren
- andere Verfahren außergerichtlicher Konfliktbeilegung **1 C § 173 VwGO** 100 ff.
- Güterichter **1 C § 173 VwGO** 27 ff.
- Güterichter, mögliche Ergebnisse **1 C § 173 VwGO** 59 ff.
- Güterichter, Verfahrensablauf **1 C § 173 VwGO** 34 ff.

Sachregister

- Güterichter, Verweisung durch Gericht **1 C § 173 VwGO** 31
- Güterichter, Vorgehensweise **1 C § 173 VwGO** 47 ff.
- Güterichter, Zeugnisverweigerungsrecht **1 C § 173 VwGO** 66
- Inkompatibilität für Richter **1 C § 173 VwGO** 6 ff.
- Inkompatibilität für Richter, Sachidentität **1 C § 173 VwGO** 12
- Inkompatibilität für Richter, Verfahrensrechtliche Konsequenzen **1 C § 173 VwGO** 13 f.
- Klageschrift **1 C § 173 VwGO** 22 ff.
- Klageschrift, Angaben über bisherige oder zukünftige Konfliktlösungsversuche **1 C § 173 VwGO** 24
- Klageschrift, Angaben über entgegenstehende Gründe **1 C § 173 VwGO** 25 f.
- Klageschrift, Sollvorschrift **1 C § 173 VwGO** 26
- Mediation **1 C § 173 VwGO** 69 ff.
- Mediation, Entscheidung der Beteiligten **1 C § 173 VwGO** 107 ff.
- Mediation, gerichtlicher Ruhensbeschluss **1 C § 173 VwGO** 111 ff.
- Mediation, gerichtlicher Vorschlag **1 C § 173 VwGO** 71 ff.
- Mediation, gerichtlicher Vorschlag, Ermessen **1 C § 173 VwGO** 73 ff.
- Mediation, gerichtlicher Vorschlag, Form **1 C § 173 VwGO** 83 ff.
- Mediation, gerichtlicher Vorschlag, formale und inhaltliche Kriterien **1 C § 173 VwGO** 96 ff.
- Mediation, gerichtlicher Vorschlag, Zeitpunkt **1 C § 173 VwGO** 78 ff.
- Verweisungsnorm **1 C § 173 VwGO** 1 ff.
- Wegfall der Protokollpflicht **1 C § 173 VwGO** 15 ff.
- Wegfall der Protokollpflicht, Adressat der Vorschrift **1 C § 173 VwGO** 17
- Wegfall der Protokollpflicht, keine Anwendbarkeit **1 C § 173 VwGO** 20

Verwaltungsrecht 5 H 2 ff.
- besonderes **5 H** 7

Verwirkung 6 H 10
Video-Ident-Verfahren 5 F 45
Vierjahresfrist 2 C § 3 ZMediatAusbV 23
Vier-Seiten-Modell 5 A 57
Visionszentrierte Perspektive 6 C 3
Vollstreckbarerklärung eines Schiedsspruchs 6 J 71 f.
Vollstreckbarkeit 5 B 58
- durch die Landesjustizverwaltung eingerichtete oder anerkannte Gütestelle **6 H** 22
- eines im Schlichtungsverfahren ergangenen Vergleichs **6 H** 21
- sonstige Gütestellen **6 H** 23

Vollstreckungsunterwerfung
- Vollstreckbarkeit **1 C § 2 MediationsG** 192

Voraussetzungen
- Coachingauftrag **6 D** 33

Voraussetzungen der Beendigung des Verfahrens durch Parteien 3 C § 15 VSBG 1
Voraussetzungen Streitmittler
- erforderliche Kenntnis **3 C § 6 VSBG** 3

Voraussicht
- unvollkommene **6 B** 95

Vorbefassung nach § 3 Abs. 2 MediationsG
- Tätigkeitsbeschränkung **6 D** 40

Vorlagepflicht
- Besonderheiten **1 C § 3 MediationsG** 97

Vorläufige Bindung
- Rückforderungsprozess **6 I** 8

Vorleistung 6 B 56 ff., 61, 72, 89
Vorrang- und Beschleunigungsgebot 1 C § 156 FamFG 5, 18
- Aussetzung des Verfahrens **1 C § 155 FamFG** 7, 9
- Informationsgespräch **1 C § 155 FamFG** 2, 9
- Kindeswohl **1 C § 155 FamFG** 3, 7
- Kindschaftssachen **1 C § 155 FamFG** 1, 7
- Normzusammenhang **1 C § 155 FamFG** 2, 9
- Termin nach § 155 Abs. 2 **1 C § 155 FamFG** 4 f.
- Verfahrenslage **1 C § 155 FamFG** 3
- Wiederaufnahme des Verfahrens **1 C § 155 FamFG** 7, 10 f.

Vorschlag
- Gericht, anderes Verfahren außergerichtlicher Konfliktbeilegung **1 C § 278a ZPO** 44 ff.
- Gericht, Mediation **1 C § 278a ZPO** 35 ff.

Vorschlagsrecht des Gerichts 1 C § 2 MediationsG 58

Sachregister

Vorteile der Mediation
- außergerichtliche Unternehmenssanierung **5 G** 36
VSBG 4 C § 2 RDG 7
- Beendigung der Mediation **3 C § 15 VSBG** 2
- Parallelen zum MediationsG **3 C § 7 VSBG** 3
- Zweck **3 B** 3

W

Wandel und Fortschritt 5 A 13
Weg über den Streitrichter
- Weiterentwicklung **6 D** 24
Wege zum Konflikt-Coaching
- Konflikt-Coaching als außergerichtliches Konfliktbeilegungsverfahren **6 D** 12
Weitere Dritte 1 C § 2 MediationsG 137
Weiterentwicklung
- Einbeziehung von Konflikt-Coaching **6 D** 29
Wertschöpfung 6 B 90 f., 97, 102 ff.
Wertschöpfungsproblem 6 B 90 f., 105
Wesenselemente von Organisationen 6 C 15
- Funktionen **6 C** 22
- gegenseitige Abhängigkeit **6 C** 26
- Identität **6 C** 18
- Menschen **6 C** 21
- Physische Mittel **6 C** 24
- Prozesse, Abläufe **6 C** 23
- Strategien **6 C** 19
- Struktur **6 C** 20
Westfälischer Frieden 1 B 3
Widerspruch
- gegen das Schiedsgutachten **6 H** 12
- rechtzeitig **6 H** 12
Wiederaufnahme des Verfahrens
- Frist **1 C § 155 FamFG** 10 f.
- Kindschaftssachen **1 C § 155 FamFG** 7
Wiener Aktionsplan 7 A 11
Willensklarheit 6 C 32
WIPO-Arbitration and Mediation Center 5 F 30
Wirkungsfeld von Mediation und Konflikt-Coaching
- Cooperative Praxis **6 D** 14
Wirtschaftsrecht 5 G 20 ff.

Wirtschaftsunternehmen
- Besonderheiten aus Sicht des Mediators bei Auseinandersetzungen zwischen **5 G** 43
Wohnungseigentumsrecht 5 G 117

Z

Zeitschrift für Konfliktmanagement ZKM 1 B 36
Zeitstunde 2 C § 2 ZMediatAusbV 36
Zeitumfang Auslandsausbildung 2 C § 6 ZMediatAusbV 7
Zerifizierungskonzept
- privatrechtlich organisierte Zertifizierungsstelle **2 C § 1 ZMediatAusbV** 7
- privatrechtliches Gütesiegel **2 C § 1 ZMediatAusbV** 6
Zertif. Mediator
- Abgrenzung zu Mediator **2 C § 2 ZMediatAusbV** 1 ff.
zertifizierter Mediator
- Ausbildung **1 C § 3 MediationsG** 95
- Bescheinigung **1 C § 3 MediationsG** 106
Zertifizierter Mediator 1 C § 3 MediationsG 95; **1 C § 5 MediationsG** 33 ff.
- Fortbildungsverpflichtung **1 C § 5 MediationsG** 39
- Rechtsverordnung **1 C § 5 MediationsG** 36 ff.
Zertifizierungsstelle 2 C § 1 ZMediatAusbV 7
Zeugnisverweigerungsrecht 1 C § 2 MediationsG 73
Zivilrecht 5 G 8 ff.
ZMediatAusbV
- Ausbildung **1 C § 3 MediationsG** 91
Zukunftsgestaltung 6 C 31
Zulässigkeit
- gerichtliches Verfahren anhängig **3 C § 1 VSBG** 1
Zusammenspiel von Organisationsentwicklung und Mediation 6 C 42
Zustimmung
- Einigung **1 C § 2 MediationsG** 193
Zustimmung der Parteien s. a. unter Dispensierung; **1 C § 3 MediationsG** 1 ff.
Zwang
- Drohung **1 C § 2 MediationsG** 107
Zweck
- Kosten **3 B** 3

1241

Sachregister

- Rechtsberatungsmonopol **4 C § 5 RDG** 1; **4 B** 1
- Schutz der Rechtssuchenden **4 B** 1
- Zugangserleichterungen **4 B** 1

Zweckmäßigkeit
- Verbraucherstreitbeilegungen **3 B** 5

Zweijahresfrist 2 C § 4 ZMediatAusbV 37
- Beginn **2 C § 4 ZMediatAusbV** 42
- Versäumung **2 C § 4 ZMediatAusbV** 46 f.

Zwischenfinanzierung 6 B 61